中華人民共和國國務院批准的重大文化出版工程

國家文化發展規劃綱要的重點出版工程項目

新聞出版總署列爲「十一五」國家重大工程出版規劃之首

國家出版基金重點支持項目

中華大典

法律典

西南師範大學出版社
巴蜀書社

《中華大典》工作委員會

《中華大典》編纂委員會

總主編：任繼愈

副主編：席澤宗　程千帆　戴　逸　吳文俊　柯　俊
傅熹年

編　委：卞孝萱　任繼愈　李明富　余瀛鰲　林仲湘
郁賢皓　馬繼興　袁世碩　席澤宗　陳美東
黃永年　章培恒　張永言　張晉藩　葛劍雄
董治安　程千帆　傅世垣　曾棗莊　龐　樸
趙振鐸　劉家和　潘吉星　錢伯城　戴　逸
楊寄林　穆祥桐　吳文俊　金正耀　戴念祖
柯　俊　金維諾　白化文　汪子春　周少川
孫培青　朱祖延　傅熹年　李　申　郭書春
熊月之　柴劍虹　吳子勇　寧　可　江曉原
鄭國光　吳征鎰　尹偉倫　魏明孔

《中華大典》前言

《中華大典》是運用我國歷代漢文古籍編纂的一部大型工具書。其目的是爲學術界及願意瞭解中國古代珍貴文化典籍的人士提供準確詳實、便於檢索的漢文古籍分類資料。

中國是世界文明古國之一，幾千年來纂寫和聚集的文化典籍浩如烟海。我國歷代都有編纂類書的優良傳統，具有代表性的《永樂大典》等大多已佚失，現存《古今圖書集成》編就距今也已數百年。爲了適應今天和以後研究和檢索的需要，一九八八年海内外三百多位專家學者和各古籍出版社同仁倡議，在已有類書的基礎上，用現代科學方法編纂一部新的類書《中華大典》。

國務院在關於編纂《中華大典》問題的批覆中指出，編纂《中華大典》「是我國建國以來最大的一項文化出版工程」。本書所收漢文古籍上起先秦，下迄清末，約三萬種，達七億多字，分爲二十四個典，近百個分典，内容廣博，規模宏大，前所未有。

《中華大典》的編纂工作堅持科學態度和百花齊放、百家争鳴方針。儘量採用古精校精刻本，優先採用我國建國後文獻學和考古學的優秀成果。對傳統文化中重要的不同學派的資料，兼收並蓄。運用現代圖書分類的方法，對收集到的資料，精選、精編，力求便於檢索、準確可信。

這項工作從開始起就受到中共中央、國務院和有關部門的重視和支持。國家主席江澤民、國務院總理李鵬分别爲《中華大典》題詞。江澤民的題詞是：「同心同德群策群力認真編好中華大典爲建設有中國特色的社會主義服務」。李鵬的題詞是：「繼承和弘揚民族優秀傳統文化」。全國政協主席李瑞環、國務委員李鐵映也作了重要指示，要求抓緊辦理。一九九零年五月，國務院批准

《中華大典》爲國家重點古籍整理項目。一九九二年九月，正式成立了《中華大典》工作委員會和《中華大典》編纂委員會，召開了《中華大典》工作、編纂會議。自此，《中華大典》的編纂工作由試點轉入正式啓動，逐步鋪開。

編纂《中華大典》，學術性很强，工作量很大，工程十分艱巨，全賴廣大專家學者和全國各有關高等院校、科研院所、圖書館、出版單位的鼎力支持與積極參與。大家本着弘揚中華民族優秀文化的心願，發揚奉獻精神，克服各種困難，團結協作，給這部巨大類書的出版提供了根本保證。在此謹表示誠摯的謝意。

對本書批評與建議，我們將十分歡迎。

《中華大典》編纂委員會

一九九七年四月

二〇〇六年十一月修訂

《中華大典》編纂通則

一、性質：《中華大典》（以下簡稱《大典》）是對漢文古籍（含已翻譯成漢文的少數民族古籍）進行全面的、系統的、科學的分類整理和彙編總結的新型類書，是在繼承歷代類書優良傳統、攷慮漢文古籍固有特點的基礎上，借鑒和參照近代編纂百科全書的經驗和方法編纂而成。編纂《大典》的目的，是爲學術界及願意瞭解中國古代珍貴文化典籍的人士提供各種分門别類的、準確詳細的古代漢文專題資料。

二、規模和體例：《大典》所收古籍的時限，上自先秦，下迄辛亥革命。全書共收各類漢文古籍三萬餘種，七億多字。全書體例，着重汲取清代《古今圖書集成》所採用的經目和緯目相交織這一統一框架結構的模式，同時參照現代科學的學科，目録分類方法，並根據各類學科内容的實際情況，一般將每一大類學科輯爲一典，也有將幾個相關學科共輯爲一典的。對各典名稱，均以現代學科命名，對於所收入的各種古籍資料，亦儘可能納入現代科學分類體系之中。

三、經目：大典共分二十四個典，即哲學典、宗教典、政治典、軍事典、經濟典、法律典、教育典、語言文字典、文學典、藝術典、歷史典、歷史地理典、民俗典、數學典、物理化學典、天文典、地學典、生物學典、醫藥衛生典、農業典、林業典、工業典、交通運輸典、文獻目録典。典以下以分典、總部、部、分部分級，分部之下的標目根據各學科特點由各典自行擬定。

四、緯目：共設置九項緯目，用以包容各級經目的具體内容：

①題解：對有關學科的名稱、概念、涵義、特點等作總體介紹的資料。

②論説：有關理論部分的資料。

③綜述：有關學科或事物的系統性資料，凡有關學科或事物的性狀、制度、範疇、特點及學科地位、發展情況等具體内容均編入此緯目中。

④傳記：　有關人物的傳記資料。

⑤紀事：　有關學科或事物的具體活動或事例的資料。

⑥著録：　重要人物或文獻的有關著作資料，如專集介紹、序跋、藏書題記，以及有關著作的成書經過、版本源流等。

⑦藝文：　有關屬於文學欣賞性的散文或韻文。

⑧雜録：　凡未收入以上各緯目，而又有較高參攷價值的資料，均入雜録。

⑨圖表：　根據有關經目的内容需要，圖與表附於相關專題之下，或集中彙總於某級經目之後。

《大典》以内容分類安排各級緯目，各級緯目的正文，一般以原書爲單位，按時代順序排列。每一條資料前標明出處，包括書名或作者名、篇名或卷次，以利讀者核對原書。

五、書目：　每分典後附有該分典所收書之書目，書目包括書名、作者、時（年）代、版本等内容。時代以成書時代爲準，成書時代不詳者，以作者主要活動時代爲準，並遵從歷史習慣。

六、版本：　《大典》在選用版本時儘量採用古人的精校精刻本，亦採用學術界通用的近、現代整理圈點本及現代學者校點整理本。

七、校點：　爲儘可能保存古籍原貌，《大典》祇對底本中明顯的脱、訛、衍、倒進行勘正。古本中的避諱字一般不作改動，祇對缺筆字補足筆畫。後人刻書時避當朝人諱而改動的字，據古本改回。《大典》採用新式標點法。

一九九六年八月

二〇〇六年十一月修訂

《中華大典·法律典》編纂委員會

《中華大典·法律典》序

中國是法制文明發達較早的國家之一，而且在四千餘年的發展過程中，從未中斷過，這是世界文明古國中所少有的。因此，中華法制文明的歷史具有發展的連貫性、傳承性和系統性。法文化的底蘊十分豐厚，遺留下的法制資料浩如烟海。

在精蕪雜存的法文化遺産中，不乏超越時空的民主性因素，它是中華民族偉大創造力的體現，也是理想思維的結果。

中國古代農本主義的經濟形態、宗法倫常關係的社會結構、專制主義的政治體制、儒家思想爲統治思想的文化政策，構成了中國古代特有的國情，並進而決定了中國古代法制文明的特點。諸如禮法結合，法、理、情三者的統一；倫理法占有重要的地位，重視人命、法律向社會弱勢群體傾斜的人本主義；法自君出、獄由君斷的專制主義法制環境，德禮爲政教之本，道德規範對法律規範的支撑等等。這些特點構成了獨樹一幟的中華法系，影響了周邊國家達數百年之久。

中國古代自夏商起，已有成文法。歷朝具有代表性的法典，自李悝《法經》至《大清律例》，其編纂體例均爲諸法合體、民刑不分。然就法律體系而言，由於社會關係的複雜性與多樣性，以及法律調整的針對性與適應性，使得中國古代的法律體系也爲對象不同、内容有别的部門法所構成，既有行政法律、刑事法律，也有民經法律、訴訟法律，是諸法並存、民刑有分的。

中國古代雖有極其豐厚的法文化資源，但較爲分散，缺乏必要的整理。爲了使這份寶貴的法文化史料更好地服務於法學研究，同時也爲了弘揚中國法律文化史料中的民主性精華，總結它所藴藏的豐富的治國理政的經驗，我們在《中華大典》工作委員會和編纂委員會的領導下，根據《中華大典編纂通則》的要求，彙編了《中華大典·法律典》。這是一項系統整理中國法律文化史料的大規模的文化工程。

《中華大典·法律典》分類彙集中國古代法律史料，全面反映各個歷史時期法制情況，上起堯舜，下至晚清，凡有關律令詔敕、典章制度、格式條例、司法判牘、事件案例、鄉約族規、契約文書、思想學説、人物活動等法律史料，均在收録範圍之内。

根據中華古代法律體系諸法並存、民刑有分的實際狀況，《中華大典·法律典》分爲《法律理論分典》、《刑法分典》、《民法分典》、《經濟法分典》、《行政法分典》、《訴訟法分典》等六個分典。由於中國古人並不具備現代的部門法劃分的認識，因此法制史料大多是籠統的、交錯的、界限不清的，對此加以分類，顯然是一項艱難的科學研究性質的工作。但正如爲了觀星而將滿天繁星劃分爲星座一樣，我們把史料按部門法分類歸納，也是爲了查找和使用的方便。同時也借以證明古代中國法律體系内涵的豐富，以及刑法以外的各種部門法律規範的存在和發展狀況。

自一九九四年《法律典》開始正式工作以來，我們在前人的基礎上，廣泛查閱歷代典籍與建國以來的新發現，與此同時，對於史料的真僞、記事的虛實、文字的錯漏，進行了必要的鑒别、攷訂和校勘，力求凸顯《法律典》的珍稀價值和有用性。

「以古爲鑒，可知興替」。今天的中國是歷史中國的發展，今天的法律文化是歷史的法律文化的繼受和光大。編纂和出版《中華大典·法律典》，不僅爲法學、歷史學研究者和世界各國的法學研究者提供豐富可靠的物質資料，從而奠下法學新發展的基礎，它還雄辯地昭示中國悠久法文化所具有的世界地位，這將增强中華民族的自豪感和建設社會主義强國的自信心。

盛世修典，《中華大典·法律典》力爭無愧於盛世，也無愧於後人。

《中華大典·法律典》編纂至今，已歷時十六年，期間人事變動頗多，《行政法分典》原定主編汪漢卿教授業已過世。在《訴訟法分典》、《刑法分典》和《法律理論分典》即將出版之際，《法律典》全體同仁深表悼念之忱。令人欣喜的是，在十六年時間裏，參與大典工作的一代新人，已經崛起，他們不僅是完成大典强有力的後續力量，也是弘揚與發展中華法制文明的中堅力量，我們將在總結前十六年經驗教訓的基礎上，更好地安排力量，開展工作，使各個分典均能早日問世。

從事此項具有開創性的法史類書編纂工作，掛一漏萬之處在所難免，期待讀者提出批評建議，以爲再版時修改參攷。

張晉藩

二〇一〇年七月十八日

《中華大典·法律典》編纂説明

中國法制，萌芽于堯舜時期，濫觴于夏代，源遠流長，内容豐富。反映中國四千多年法制發展變化的史料，浩如烟海，載體形式多種多樣。挖掘整理這份文化遺産，用比較恰當的組織形式編纂起來，以便學術界更好地閲覽使用，是一項十分有意義的工作。

《中華大典·法律典》是分類彙集中國古代法制史料、全面反映各個歷史時期法制情況的一部新型專科類書。上起堯舜，下至清末，凡有關律令詔敕、典章制度、格式條例、司法判牘、事件案例、鄉約族規、契約文書、思想理論、人物活動等法律史料，都在收録範圍之内。

根據中國古代法律體系的實際情況及現代部門法的理論，《法律典》分設法律理論、刑法、民法、經濟法、行政法、訴訟法六個分典。分典之下，一般設總部、部、分部三級經目。緯目主要設在分部之下。大典原設緯目有九，各分典視其史料情況，可權宜處置。有則設之，無則闕如。分典卷首有説明，卷末附引用書目。

史料分類，以其能反映的社會關係進行劃分，判罪量刑可以作為參攷依據。如户籍管理入行政法，賦税徵收入經濟法，丁男入籍獲得行為能力入民法，官吏貪贓即使未受到刑事處分，仍歸入刑法。

同一史料，見于不同載體者，選録原始文獻（如檔案實録、契約文書）。如無原始文獻，則視其典籍的權威性程度或記載的詳略，從善選擇。甲骨金文、竹簡帛書，係珍稀史料，如有可取者，自當選録。

史料涉及不同内容而又難以分割者，就其主要内容劃分歸類。如一案例，刑法、訴訟法之内容兼而有之，既不能分割，亦不宜删減，按上述原則，側重前者的入刑法，側重後者的入訴訟法。

史料的排列順序，按其能反映的年代而定。後人記述前朝之事者，編入前朝。如是後人對前朝事實的評述，則編入後人所在的年代。

根據大典校點通則的要求，對明顯的脱漏、訛誤、增衍等文句的處理，其方法是：脱漏者、缺少者（原文没有記載，但須補入者，如詔令發佈之時間），查出補入，並括以方括號。錯誤、多餘的字句，一律用圓括號括起，不作删除，補入的正確字句，用方括號括起。史料中删去的内容，用「【略】」標明。

馬建石

二〇一〇年七月三十日

中華大典·法律典

經濟法分典

《中華大典·法律典·經濟法分典》編纂委員會

主　編：周安平　蔣傳光

副主編：徐　泉　張伯元　趙學剛　蔣後強　鄭家福

主要編撰人員：

丁凌華　王仁霞　王紹棠　王　慶　王曉麗
吕鐵貞　任寶菊　巫芳蘭　李文濤　周安平
柯　燕　施陽陽　姚剛應　袁　洋　徐　泉
孫海天　陳恩倫　陳　慶　陳興立　黄阿明
黄　璜　馮　翔　張伯元　張顯成　楊　挺
楊　堪　賈　緯　趙學剛　蔣後強　蔣傳光
鄭家福　魯　幽　劉　英　劉艷強　聶宏光
羅明東　譚小軍

（以上均按姓氏筆畫排序）

《中華大典·法律典·經濟法分典》説明

本書是《中華大典·法律典》中的《經濟法分典》。《中華大典》是國務院批準的重大文化出版工程，是國家「十一五」時期文化發展規劃綱要的重要項目。《中華大典》是以古文獻匯編的形式，用現代科學分類方法編纂出版的中國歷代漢文字古籍的一部新型圖書。作爲《中華大典》重要組成部分的《法律典》，包括六個分典，即《法律理論分典》、《行政法分典》、《民法分典》、《刑法分典》、《經濟法分典》、《訴訟法分典》。本書爲《經濟法分典》，其主要内容是中國古代各類文獻中有關經濟法的内容。

《中華大典·法律典》的編纂，與整個《中華大典》文化工程同時起步於一九九三年，後因種種原因進展較爲緩慢，幾近中止。二〇〇八年五月，由上海師範大學法政學院牽頭，華東政法大學、上海財經大學、蘇州科技學院的部分教師參與，《經濟法分典》的編纂工作重新啓動，資料收集工作於二〇〇九年底完成，在原有已收集到三百萬字的基礎上，增補到八百三十萬字左右。

《經濟法分典》在内容上按經目、緯目交錯組織。經目共有六個部分，即農業法制總部、手工業法制總部、商業法制總部、賦役法制總部、金融法制總部、交通法制總部。每個總部内容分爲三層：總部、部、分部。緯目分爲：1.題解（對法律學科的名稱、概念、涵義、特點等作總體介紹的資料）。2.論説（有關法學理論方面，包括不同學派觀點的資料）。3.綜述（有關法律制度及其發展演變的具體内容的資料，是緯目中的重點部分）。4.紀事（與律令制度相關的案例、判詞、事件等）。

5．人物（與《經濟法分典》内容相關的人物傳及資料）。6．著録（有關法學著作及其制訂經過、内容評介等方面的資料）。7．藝文（與法律有關且欣賞價值較高的文章、詞、賦）。8．雜録（凡未收入上述緯目而又屬《經濟法分典》内容並具有較高參考價值的資料）。9．圖表。緯目涉及資料最多的當推論説、綜述和紀事。對「論説」部分需要説明的是，經世文編、經濟文録、經濟文輯以及議、疏、題、奏、條陳等形式，皇帝及相應主管部門没有采納的、實施的，歸爲論説；皇帝及相應主管部門采納、實施的歸爲綜述；没有完全采納但有批示的歸爲紀事。

下面以「農業法制總部」爲例，對《經濟法分典》的結構體例作一説明：

一、農業法制總部

（一）户籍法制部

1．先秦户籍法制分部（題解、論説、綜述、紀事……）

2．秦漢户籍法制分部（題解、論説、綜述、紀事……）

3．魏晋南北朝户籍法制分部（題解、論説、綜述、紀事……）

4．隋唐五代户籍法制分部（題解、論説、綜述、紀事……）

5．宋遼金元户籍法制分部（題解、論説、綜述、紀事……）

6．明清户籍法制分部（題解、論説、綜述、紀事……）

（二）土地法制部

1．先秦土地法制分部（略）

2．秦漢土地法制分部（略）

3．魏晋南北朝土地法制分部（略）

4．隋唐五代土地法制分部（略）

5. 宋遼金元土地法制分部（略）
6. 明清土地法制分部（略）
（三）農業生產法制部
1. 先秦農業生產法制分部（略）
2. 秦漢農業生產法制分部（略）
3. 魏晋南北朝農業生產法制分部（略）
4. 隋唐五代農業生產法制分部（略）
5. 宋遼金元農業生產法制分部（略）
6. 明清農業生產法制分部（略）

其他各總部、部、分部均按上例類推。

《經濟法分典》在資料的收集方面，主要限於中國古代各類典籍中記載的有關經濟法的内容，先秦時期金文、簡帛中有關經濟法的内容没有收入。

在文獻資料版本的選用上，盡可能做到使用權威版本。《經濟法分典》資料收集所使用的版本，大多使用中華書局版本，也有《學津討原》、《四部叢刊》、文淵閣四庫全書本、中華古籍出版社、上海古籍出版社、上海書店、北京圖書館出版社、商務印書館等版本。

在資料的分類上，由於中國古代法律文化傳統的一個重要特點是諸法合體，有些學科的界限很難截然劃分，如經濟法、行政法、民商法等。因而，基於理解的不同，在材料收集中，可能出現同一材料被歸類爲不同學科的情况。這樣，在《經濟法分典》的資料中，可能存在與其他分典，主要是《行政法分典》、《民法分典》重復交叉的現象。同時，基於學科判斷的差異，使本應該由本分典收集的資料而没有收集，也有可能存在材料疏漏的情况。

中國古代各類典籍中，有關經濟法的内容較爲豐富。在《經濟法分典》資料收集的過程中，深感中華法制文明源遠流長，創造了獨樹一幟的中華法制文明。如何揭示和展現中華法制文明的全貌，古爲今用，爲當代中國特色法治國家建設提供歷史借鑒和本土法律文化資源，是我們面臨的急迫任務。希望《經濟法分典》的出版，能爲瞭解、研究中國古代經濟法的内容提供幫助。本分典在材料的收集過程中，雖然力求做到資料收集齊全，内容全面，但由於項目組成員能力水平所限，在古籍整理方面經驗不足，再加上時間倉促，最終的成果可能很難盡如人意，内容選取失當，資料疏漏，經緯目在分類方面不準確，版本選用不盡科學等不足之處，肯定很多，難免有雞肋之嫌，項目組也感到有很多遺憾之處。敬乞讀者諒解並給予批評指正。今後如有機會修訂，定當盡力完善。

在《經濟法分典》即將出版之際，感謝《中華大典·法律典》總主編張晉藩先生的信任，讓我主持《經濟法分典》的編纂工作；感謝項目組成員的相互配合與協作，使本分典的資料收集工作得以順利完成；也感謝出版社編輯對資料收集工作提出的寶貴意見，以及爲本分典的出版所付出的辛勤勞動。

蔣傳光

二〇一五年十月於上海

總目

第三册

第四册

第五册

第一册目録

農業法制總部

户籍法制部

先秦分部

論説

《管子·立政》 分國以爲五鄉，鄉爲之師，分鄉以爲五州，州爲之長。分州以爲十里，里爲之尉。分里以爲十游，游爲之宗。十家爲什，五家爲伍，什伍皆有長焉。築障塞匿，一道路，博出入，審閭閈，慎筦鍵，筦藏于里尉。置閭有司，以時開閉。閭有司觀出入者，以復于里尉。凡出入不時，衣服不中，圈屬群徒，不順於常者，閭有司見之，復無時。若在長家子弟臣妾屬役賓客，則里尉以譙于游宗，游宗以譙于什伍，什伍以譙于長家，譙敬而勿復。一再則宥，三則不赦。凡孝悌忠信、賢良俊材，若在長家子弟臣妾屬役賓客，則什伍以復于游宗，游宗以復于里尉。里尉以復于州長。州長以計于鄉師。鄉師以著于士師。凡過黨，其在家屬，及于長家。其在長家，及于什伍之長。其在什伍之長，及于游宗。其在游宗，及于里尉。其在里尉，及于州長。其在州長，及于鄉師，其在鄉師，及于士師。三月一復，六月一計，十二月一著。凡上賢不過等，使能不兼官，罰有罪不獨及，賞有功不專與。孟春之朝，君自聽朝，論爵賞校官，終五日。季冬之夕，君自聽朝，論罰罪刑殺，亦終五日。正月之朔，百吏在朝，君乃出令布憲于國，五鄉之師，五屬大夫，皆受憲于太史。大朝之日，五鄉之師，五屬大夫，皆身習憲于君前。太史既布憲，入籍于太府。憲籍分于君前。五鄉之師出朝，遂于鄉官致于鄉屬，及于游宗，皆受憲。憲既布，乃反致令焉，然後敢就舍；憲未布，令未致，不敢就舍。就舍，謂之留令。罪死不赦。五屬大夫，皆以行車朝，出朝不敢就舍，遂行至都之日。遂於廟致屬吏，皆受憲。憲既布，乃發使者致令以布憲之日蚤晏之時，憲既布，使者以發，然後敢就舍；憲未布。使者未發，不敢就舍；就舍，謂之留令，罪死不赦。憲既布，有不行憲者，謂之不從令，罪死不赦。考憲而有不合于太府之籍者，侈曰專制，不足曰虧令，罪死不赦。首憲既布，然後可以布憲。

《管子·禁藏》 户籍田結者，所以知貧富之不訾也。故善者必先知其田，乃知其人，田備然後民可足也。

《管子·度地》 令曰：常以秋歲末之時閱其民，案家人、比地、定什伍口數，別男女大小，其不爲用者，輒免之。有錮病不可作者，疾之。可省作者，且事之。並行以定甲士，當被兵之數，上其都。

《管子·國蓄》 凡五穀者，萬物之主也。穀貴則萬物必賤，穀賤則萬物必貴，兩者爲敵，則不俱平，故人君御穀物之秩相勝，而操事於其不平之閒。故萬民無籍，而國利歸於君也。夫以室廡籍，謂之毁成。以六畜籍，謂之止生。以田畝籍，謂之禁耕。以正人籍，謂之離情。以正户籍，謂之養贏。五者不可畢用，故王者徧行而不盡也；故天子籍於幣，諸侯籍於食。中歲之穀糶石十錢。大男食四石，月有四十之籍，大女食三石，月有三十之籍。吾子食二石，月有二十之籍。歲凶穀貴，糴石二十錢，則大男有八十之籍，大女有六十之籍，吾子有四十之籍，是人君非發號令收嗇而户籍也，彼人君守其本委謹，而男女諸君吾子無不服籍者也。

《晏子春秋·内篇雜上》 景公予魯君地，山陰數百社，使晏子致之，魯使子叔昭伯受地，不盡受也。晏子曰：寡君獻地，忠廉也，曷爲不盡受？

《商君書·墾令》 以商之口數使商，令之廝輿徒重者必當名，則農逸而商勞。農逸則良田不荒，商勞則去來賫送之禮無通於百縣，則農民不饑，行不飾。農民不饑，行不飾，則公作必疾，而私作不荒，則農事必勝。農事必勝，則草必墾矣。

《商君書·去彊》 國作壹一歲，十歲彊；作壹十歲，百歲彊；作壹百歲，千歲彊，千歲彊者王。威以一取十，以聲取實，故能爲威者王。能生不能殺，曰自攻之國，必削；能生能殺，曰攻敵之國，必強。故攻官，攻力，攻敵，國用其二，舍其一，必強；令用三者，威必王。十里斷者，國弱；五里斷者，國彊。以日治者王，以夜治者彊，以宿治者削。舉民衆口數，生者著，死者削。民不逃粟，野無荒草，則國富，國富者

彊。【略】

金生而粟死，粟生而金死。本物賤，事者衆，買者少，農困而姦勸；其兵弱，國必削至亡。金一兩生於境內，粟十二石死於境外。粟十二石生於境內，金一兩死於境外。國好生金於境內，則金粟兩死，倉府兩虛，國弱。國好生粟於境內，則金粟兩生，倉府兩實，國彊。彊國知十三數：境內倉口之數，壯男壯女之數，老弱之數，官士之數，以言說取食者之數，利民之數，馬牛芻藁之數。欲彊國，不知國十三數，地雖利，民雖衆，國愈弱至削。國無怨民曰彊國。興兵而伐，則武爵武任，必勝；按兵而農，粟爵粟任，則國富。兵起而勝敵，按兵而國富者，王。

《商君書・徠民》 今秦之地，方千里者五，而穀土不能處什二，田數不滿百萬，其藪澤谿谷名山大川之材物貨寶，又不盡爲用，此人不稱土也。秦之所與鄰者，三晉也；所欲用兵者，韓魏也。彼土狹而民衆，其宅參居而并處，其寶萌賈息。民上無通名，下無田宅，而恃姦務末作以處。人之復陰陽澤水者過半。此其土之不足以生其民也，似有過秦民之不足以實其土也。意民之情，其所欲者，田宅也；而晉之無有也信，秦之有餘也必，如此而民不西者，秦士戚而民苦也。

《商君書・境內》 四境之內，丈夫女子皆有名於上，生者著，死者削。其有爵者乞無爵者以爲庶子，級乞一人。其無役事也，其庶子役其大夫，月六日；其役事也，隨而養之。

《荀子・仲尼篇》 若是而不亡，乃霸，何也？曰：於乎！夫齊桓公有天下之大節焉，夫孰能亡之？倓然見管仲之能足以託國也，是天下之大知也。安忘其怒，出忘其讎，遂立爲仲父，是天下之大決也。立以爲仲父，而貴戚莫之敢妒也；與之高國之位，而本朝之臣莫之敢惡也；與之書社三百，而富人莫之敢距也；貴賤長少，秩秩焉，莫不從桓公而貴敬之，是天下之大節也。諸侯有一節如是，則莫之能亡也；桓公兼此數節者而盡有之，夫又何可亡也！其霸也，宜哉！非幸也，數也。

綜述

《周禮注疏》卷二〇《春官宗伯・司几筵》 若祭天之司民、司禄而獻民數、穀數，則受而藏之。司民，軒轅角也。司禄，文昌第六星，或曰下能也。禄之言穀也。年穀登乃後制禄。祭此二星者，以孟冬既祭之，而上民穀之數於天府。數穀數，上所主反，下所具反。下能，他來反。上，時掌反。

疏：若祭至藏之。釋曰：此主祭祀者，祭天之司民、司禄在孟冬之時，則主民之吏獻民數、穀數，則小司寇受而獻之於王，王得之，登於天府，受而藏之。註司民至天府。釋曰：云司民，軒轅角也者，案《武陵大守星傳》云：軒轅十七星，如龍形，有兩角，角有大民、小民。《傳》又云：文昌宮有六星，第一爲上將，第二爲次將，第三爲貴相，第四爲司命，第五爲司中，第六爲司禄。是其司民在軒轅角，司禄在文昌第六星也。或曰下能也者，此案《石氏星傳》云：上能司命爲大尉，中能司中爲司徒，下能司禄爲司寇。是司禄在下能也。以其二處並有司禄，故舉二文以見義也。云禄之言穀也，年穀登乃後制禄，言此者，欲見祭司禄在孟冬，則制禄之意也。鄭知祭此二星在孟冬者，見《月令・孟冬》云祈來年於天宗，即日月星，是知祭在孟冬也。其獻穀數者，則小司寇職也。

《周禮注疏》卷三五《秋官司寇・小司寇》 及大比，登民數，自生齒以上，登于天府。大比，三年大數民之衆寡也。人生齒而體備男。八月而生齒，女七月而生齒。比，毗志反，註同。上，時掌反，下註同。數，所主反。

疏：註大比三年至七月生齒。釋曰：小司寇至三年大按比之時，使司民之官登上民數，自生齒巳上皆登之，小司寇乃登於天府。云男八月、女七月而生齒者，按《家語・本命》：男子八月生齒，八歲而齔齒。女子七月而生齒，七歲而齔齒。男子陽，得陰而生，得陰而落。女子陰，得陽而生，得陽而落。故男偶女奇也。

內史、司會、冢宰貳之，以制國用。人數定而九賦可知，國用乃可制耳。

疏：註人數至制耳。釋曰：內史掌八柄之等，司會主計會，冢宰所主兼設，故皆取副貳民數簿書。得民數，乃制國用，以其國用出於民故也。云人數定九賦可知，國用乃可制者，鄭偏據九賦而言，至九貢九功，亦可知也。

《周禮注疏》卷三五《秋官司寇・小司寇》 孟冬祀司民，獻民數於王，王拜受之，以圖國用而進退之。司民，星名，謂軒轅角也。小司寇於祀司民而獻民數於王，重民也。進退猶損益也。國用，民衆則益，民寡則損。疏：孟冬至退之。釋曰：前文大比登民數於天府，據三年大比而言。此則據年年民數皆有增減，於孟冬春官祭司民之時，小司寇以民數多少獻於王也。註司民至則損。釋曰：案《星經》，軒轅角有大民。小民之星，是軒轅角也。云國用，民衆則益，民寡則損者，國家所用財物，由民上而來，是以國用多少，要由民衆寡。故民衆則益，豐用之；民寡則損，儉用之。

《周禮注疏》卷三五《秋官司寇·司民》　司民掌登萬民之數，自生齒以上皆書於版，辨其國中與其都鄙及其郊野，異其男女，歲登下其死生。登，上也。男八月女七月而生齒。版，今户籍也。下猶去也。每歲更著生去死。

疏：註登上至去死。釋曰：云辨其國中與其都鄙者，國中據六鄉在城中者，都鄙據三等采地。及其郊野者，郊謂六鄉之民在四郊者，野謂六遂及四等公邑，是偏畿内矣。云男八月女七月而生齒者，《家語·本命》篇，疏已具於上。去，起吕反，下同。著，丁略反。

及三年大比，以萬民之數詔司寇。司寇及孟冬祀司民之日獻其數于王，王拜受之，登于天府。内史、司會、冢宰貳之。以贊王治。鄭司農云：文昌宫三能，屬軒轅角，相與爲體。近文昌爲司命，次司禄，次司民。玄謂司民，軒轅角也。天府，主祖廟之藏者。贊，佐也。三官以貳佐王治者，當以民多少黜陟主民之吏。能，吐才反。近，附近之近。

疏：及三至王治。釋曰：云及孟冬祀司民之日者，謂司寇於春官孟冬祭祀司民星之日，以與司寇爲節，此日司寇獻其民數于王。云王拜受之，登于天府者，重此民數，民爲邦本故也。云内史、司會、冢宰貳之者，以其内史掌八柄，司會掌天下大計，冢宰貳王治事，皆掌大事，故皆寫一通副貳民數藏之，所以贊助王之治也。註鄭司至之吏。釋曰：先鄭云文昌宫三能，屬軒轅角，相與爲體。近文昌爲司命，次司中，次司禄，次司民。《武陵太守星傳》，文昌第一曰上將，第二曰次將，第三曰貴相，第四曰司命，第五曰司中，第六曰司禄。不見有司民。三台六星，兩兩相居，起文昌東南，别在大微，亦無司民之事，故後鄭不從。云司民，軒轅角也者，案軒轅星有十七星，如龍形，有兩角，角有大民、小民，故依之也。云黜陟主民之吏者，即六鄉六遂大夫、公邑大夫、采地之主，皆是也。

《後漢書》志一九《郡國志》　《漢書·地理志》記天下郡縣本末，及山川奇異，風俗所由，至矣。今但録中興以來郡縣改異，及春秋、三史會同征伐地名，以爲郡國志。凡前志有縣名，今所不載者，皆世祖所并省也。前無今有者，後所置也。凡縣名先書者，郡所治也。《帝王世記》曰：自天地設闢，未有經界之制。三皇尚矣。諸子稱神農之王天下也，地東西九十萬里，南北八十五萬里。及黄帝受命，始作舟車，以濟不通。乃推分星次，以定律度。自斗十一度至婺女七度，一名須女，曰星紀之次，於辰在丑，謂之赤奮若，於律爲黄鍾，斗建在子，今吴、越分野。自婺女八度至危十六度，曰玄枵之次，一名天黿，於辰在子，謂之困敦，於律爲大吕，斗建在丑，今齊分野。自危十七度至奎四度，曰豕韋之次，一名娵訾，於辰在亥，謂之大淵獻，於律爲太蔟，斗建在寅，今衛分野。自奎五度至胃六度，曰降婁之次，於辰在戌，謂之閹茂，於律爲夾鍾，斗建在卯，今魯分野。自胃七度至畢十一度，曰大梁之次，於辰在酉，謂之作噩，於律爲姑洗，斗建在辰，今趙分野。自畢十二度至東井十五度，曰實沈之次，於辰在申，謂之涒灘，於律爲中吕，斗建在巳，今晋、魏分野。自井十六度至柳八度，曰鶉首之次，於辰在未，謂之叶洽，於律爲蕤賓，斗建在午，今秦分野。自柳九度至張十七度，曰鶉火之次，於辰在午，謂之敦牂，一名大律，於律爲林鍾，斗建在未，今周分野。自張十八度至軫十一度，曰鶉尾之次，於辰在巳，謂之大荒落，於律爲夷則，斗建在申，今楚分野。自軫十二度至氐四度，曰壽星之次，於辰在辰，謂之執徐，於律爲南吕，斗建在酉，今韓分野。自氐五度至尾九度，曰大火之次，於辰在卯，謂之單閼，於律爲無射，斗建在戌，今宋分野。自尾十度至斗十度百三十五分而終，曰析木之次，於辰在寅，謂之攝提格，於律爲應鍾，斗建在亥，今燕分野。凡天有十二次，日月之所躔也；地有十二分，王侯之所國也。故四方方七宿，四七二十八宿，合百八十二星。東方蒼龍三十二星，七十五度；北方玄武三十五星，九十八度（四分度之一）；西方白虎五十一星，八十度；南方朱雀六十四星，百一十二度。周天三百六十五度四分度之一。一度二千九百三十二里，分爲十二次，一次三十度三十二分度之十四，各以附其七宿閒。距周天積百七萬九百一十三里，徑三十五萬六千九百七十一里。陽道左行，故太歲右轉，凡中外官常明者百二十四，可名者三百二十，合二千五百星。微星之數，凡萬一千五百二十星，萬物所受，咸系命焉。此黄帝創制之大略也。而佗説稱日月所照三十五萬里。考諸子所載，神農之地，過日月之表，近爲虚誕。及少昊氏之衰，九黎亂德，其制無聞矣。洎顓頊之所建，帝嚳受定，則孔子稱其地北至幽陵，南暨交阯，西蹈流沙，東極蟠木，日月所照，莫不底焉，是以建萬國而制九州。至堯遭洪水，分爲十二州，今虞書是也。及禹平水土，還爲九州，今禹貢是也。是以其時九州之地，凡二千四百三十萬八千二十四頃，定墾者九百（一）〔三〕十萬（八）〔六〕千二十四頃，不墾者千五百萬二千頃，民口千三百五十五萬三千九百二十三人。至于塗山之會，諸侯承唐虞之盛，執玉帛亦有萬國。是以山海經稱禹使大章步自東極，至于西垂，二億三萬三千五百里七十五步。又使豎亥步〔自〕南極，（北）盡於北垂，二億三萬三千五百里七十一步。四海之內，則東西二萬八千里，南北二萬六千里，出水者八千里，受水者八千里，〔經〕名山五千三百五十，（經）六萬四千五十六里。出銅之山四百六十七，出鐵之山三千六百九。以供財用，儉則有餘，奢則不足。以男女耕織，不奪其時，故公家有三十年之積，私家有九年之儲。及夏之衰，棄稷弗務，有窮之亂，少康中興，乃復禹迹。孔甲之至桀行暴，諸侯相兼，逮湯受命，其能存者三千餘國，方於塗山，十損其七。民離毒政，將亦如之。殷因於夏，六百餘載，其閒損益，書策不存，無以考之。又遭紂亂，至周尅商，制五等之封，凡千七百七十三國，又減湯時千三百矣。民衆之損，將亦如之。及周公相成王，致治刑錯，民口千三百七十一萬四千九百二十三人，多禹十六萬一千人，周之極盛也。其後七十餘歲，天下無事，民彌以息。及昭王南征不反，穆王失荒，加以幽、厲之亂，平王東遷，三十餘載，至齊桓公二年，周莊王之十三年，五千里內，非天王九儐之御，自世子公侯以下至於庶民，凡千一百八十四萬七千人，除有土老疾，定受田者九百萬四千人。其後諸侯相并，當春秋時，尚有千二百國。二百四十二年之中，殺君三十六，亡國五十二，諸侯奔走不得保社稷者，不可勝數。至于戰國，存者十餘。於是從横短長之說，相奪於時，殘民詐力之兵，動以萬計。故崤有匹馬之禍，宋有易子之急，晉陽之（國）〔圍〕，縣釜而炊，長平之戰，血流漂鹵。周之列國，唯有燕、衛、秦、楚而已。齊及三晉，皆以簒亂，南面稱王。衛雖得存，不絕若綫。然考蘇、張之說，計秦及山東六國，戎卒尚存五百餘萬，推民口數，尚當千餘萬。及秦兼諸侯，置三十六郡，其所殺傷，三分居二，猶以餘力，行參夷之刑，收太半之賦，北築長城四十餘萬，南戍五嶺五十餘萬，阿房、驪山七十餘萬，十餘年閒，百姓死没，相踵于路。陳、項又肆其餘烈，故新安之坑，二十餘萬，彭城之戰，睢水不流。至漢祖定天下，民之死傷，亦數百萬。是以平城之卒，不過三十萬，方之六國，五損其二。自孝惠至文、景，與民休息，六十餘歲，民衆大增，是以太倉有不食之粟，都內有朽貫之錢。武帝乘其資畜，軍征三十餘歲，地廣萬里，天下之衆亦減半矣。及霍光秉政，乃務省役，至于孝平，六世相承，雖時征行，不足大害，民户又息。元始二年，郡、國百三，縣、邑千（四）〔五〕百八十七，地東西九千三百二里，南北萬三千三百六十八里，定墾田八百二十七萬五百三十六頃，民户千三百二十三萬三千六百一十二，口五千九百一十九萬四千九百七十八人，多周成王四千五百四十八萬五十五人，漢之極盛也。及王莽簒位，續以更始、赤眉之亂，至光武中興，百姓虛耗，十有二存。中元二年，民户四百二十七萬千六百三十四，口（三）〔二〕千一百萬七千八百二十人。永平、建初之際，天下無事，務在養民，迄于孝和，民户滋殖。及孝安永初、元初之閒，兵飢之苦，民人復損。至于孝桓，頗增於前。永壽二年，户千六百七萬九百六，口五千六萬六千八百五十六人，墾田亦多，單師屢征。及靈帝遭黃巾，獻帝即位而董卓興亂，大焚宮廟，劫御西遷，京師蕭條，豪桀並争，郭汜、李傕之屬，殘害又甚，是以興平、建安之際，海內凶荒，天子奔流，白骨盈野，故陝津之難，以箕撮指，安邑之東，后裳不完，遂有寇戎，雄雌未定，割剥庶民，三十餘年。及魏武皇帝尅平天下，文帝（授）〔受〕禪，人衆之損，萬有一存。景元四年，與蜀通計民户九十四萬三千四百二十三，口五百三十七萬二千八百九十一人。又案正始五年，揚威將軍朱照日所上吴之所領兵户凡十三萬二千，推其民數，不能多蜀矣。昔漢永和五年，南陽户五十餘萬，汝南户四十餘萬，方之於今，三帝鼎足，不踰二郡，加有食禄復除之民，凶年飢疾之難，見可供役，裁若一郡。以一郡之人，供三帝之用，斯亦勤矣。自禹至今二千餘載，六代損益，備於茲焉。臣昭案：謐記云春秋時有千二百國，未知所出。班固云周之始，爵五而土三，蓋千八百國。轉相吞滅，數百年閒，列國耗盡，至春秋時，尚有數十。

（唐）杜佑《通典》卷三《食貨・鄉黨》 昔黃帝始經土設井以塞諍端，立步制畝以防不足，使八家爲井，井開四道而分八宅，鑿井於中。一則不泄地氣，二則無費一家，三則同風俗，四則齊巧拙，五則通財貨，六則存亡更守，七則出入相司，八則嫁娶相媒，九則無有相貸，十則疾病相救。是以情性可得而親，生産可得而均，均則欺陵之路塞，親則鬭訟之心弭。既牧之於邑，故井一爲鄰，鄰三爲朋，朋三爲里，里五爲邑，邑十爲都，都十爲師，師十爲州。夫始分之於井則地著，計之於州則數詳。迄乎夏殷，不易其制。

周制：大司徒令五家爲比，使之相保；五比爲閭，使之相受；四閭爲族，使之相葬；五族爲黨，使之相救；五黨爲州，使之相賙；五州爲鄉，使之相賓。鄭玄曰：此所以勸民者也。使之者，皆謂立其長而教令使之。保，猶任也。救，救凶災也。賓，賓客其賢者也。受者，宅舍有故相受寄託也。賙者，謂禮物不備相給足也。閭二十五家，族百家，黨五百家，州二千五百家，鄉萬二千五百家。此總謂郊內者也。及三年則大比，大比則受邦國之比要。大比，謂使天下更簡閱人數及其財物也。受邦國之比要，則亦受鄉遂矣。鄭司農云：五家爲比，故以比爲名。今時八月按比是也。要謂其簿。遂人掌邦之野，郊外曰野。此野謂甸稍縣都。以土地之圖經田野，造縣鄙形體之法。五家爲鄰，五鄰爲里，四里爲酇，作管反。五酇爲鄙，五鄙爲縣，五縣爲遂，皆有地域溝樹之。使各掌其政令刑禁，以歲時稽其人民，而授之田野，簡其兵器，教之稼穡。經、形體，皆謂制分界也。鄰、里、酇、鄙、縣、遂猶郊內比、閭、族、黨、州、鄉也。鄭司農云：田野之居，其比伍之名與國中異制，故五家爲鄰。鄭玄謂異其名者，示相變耳。遂之軍法、追胥、起徒役如六鄉。里有序而鄉有庠，序以明教，庠則行禮而視化焉。夫均其厚薄則生產平，統之於鄙則其數舉，家於鄉遂則其户可詳，五人爲伍則人之衆寡可知。故管子曰：欲理其國者必先知其人，欲知其人者必知其地。自昭穆之後，王室中衰，井田廢壞，不足以紀人之衆寡。宣王是以料人於太原，由茲道失之。

齊桓公用管仲，管仲曰：夫善牧者，非以城郭也，輔之以什，司之以伍。伍無非其里，什無非其家，故奔亡者無所匿，遷徙者無所容。不求而得，不召而來，故人無流亡之意，吏無備追之憂。故主政可行於人，人心可繫於主。是以制國，郊內則以五家爲軌，軌十爲里，里四爲連，連十爲鄉，鄉五爲帥，國內十五鄉，自五至帥。郊外則三十家爲邑，邑十爲卒，卒十爲鄉，鄉三爲縣，縣十爲屬。屬有五，自五至屬各有官長，以司其事，以寓軍政焉。而齊遂霸。

（唐）杜佑《通典》卷七《食貨・歷代盛衰户口》 三皇以前尚矣，靡可得而詳也。孔子稱堯曰大哉，舜曰盡善，禹曰無閒。以三聖之德，地方不過數千里，故君臣歌德，含氣之類，各得其宜。禹平水土，爲九州，人口千三百五十五萬三千九百二十三。塗山之會，諸侯承唐虞之盛，執玉帛者萬國。男女耕織，不奪其時，故公家有三十年之積，私家有九年之儲。及其衰也，棄稷不務，續有有窮、孔甲之亂，遭桀行暴，諸侯相兼，逮湯受命，其能存者三千餘國，方於塗山，十損其七。其後紂作淫虐，厚賦以實鹿臺，大斂以積巨橋，人庶苦而無憀，天下去之。

周武王致商之罪，罔有敵於我師，一戎衣天下大定，垂拱而天下治，定五等之封，凡千七百七十三國。又減湯時千三百國，人衆之損亦如之。周公相成王，致理刑措，人口千三百七十萬四千九百二十三，此周之極盛也。及昭王南征不還，穆王荒耄，加以幽之亂，平王東遷，三十餘年。莊王十三年，齊桓公二年，五千里外非天子之御。自太子公侯以下至於庶人，凡千一百八十四萬一千九百二十三人。其後諸侯相并，尚有千二百國。春秋二百四十二年之中，弑君三十六，亡國五十二，諸侯更相征伐，奔走不保社稷者，不可勝數。齊桓救其難，孔子定其文，至於戰國，存者十餘。於是縱横短長之説，相奪於時，殘人詐力之兵，動以萬計。伊闕之敗，斬首二十四萬。長平之戰，血流漂鹵。周之列國，唯秦、楚、燕而已。齊及三晋，皆以篡亂。衛雖得存，不絶如綫。音線。然考蘇、張之説，計秦及山東六國戎卒，尚踰五百餘萬，推人口數尚當千餘萬。

（元）馬端臨《文獻通考》卷一〇《户口考・歷代户口丁中賦役》

夏禹平水土九州，人口千三百五十五萬三千九百二十三。塗山之會，諸侯執玉帛者萬國。及其衰也，諸侯相兼，逮湯受命，其能存者三千餘國，方於塗山，十損其七。周武王定天下，列五等之封，凡千七百七十三國，又減湯時千三百國，人衆之損亦如之。周公相成王，致理刑措，人口千三百七十萬四千九百二十三，此周之極盛也。

小司徒之職，掌建邦之教法，以稽國中及四郊都鄙之夫家；九比之數，以辨其貴賤老幼廢疾，凡征役之施捨，與其祭祀飲食喪紀之禁令。鄭司農云：九比，謂九夫爲井。康成謂：九比者，冢宰職出九賦者人之數也。乃會萬民之卒伍而用之：五人爲伍，五伍爲兩，四兩爲卒，五卒爲旅，五旅爲師，以起軍旅，以作田役，以比追胥，以令貢賦。

乃均土地，以稽人民，而周知其數。上地家七人，可任也者家三人。中地家六人，可任也者二家五人。下地家五人，可任也者家二人可任，謂丁强任力役之事者。出老者，以其餘男女、强弱相半其大數。凡起徒役，毋過家一人，以其餘爲羨，唯田與追胥竭作羨，饒也。田，謂獵也。追，追寇賊也。竭作，盡行。

鄉大夫以歲時登其夫家之衆寡，辨其可任者。國中自七尺以及六十，野自六尺以及六十有五，皆征之。其舍者，國中貴者、賢者、能者、服公事者、老者、疾者皆舍，以歲時入其書征之，給公上事也。國中，城郭內。年十五以下爲六尺；二十爲七尺，國中晚賦而早免之，以其所居復多役少；野早賦而晚免之，以其復少役多。

《朱子語録》曰：問：周制都鄙用助法，八家同井；鄉遂用貢法，十夫有溝。鄉遂所以不爲井者何故？曰：都鄙以四起數，五六家始出一人，故甸出甲士三人，步卒七十二人。鄉遂以五起數，家出一人爲兵，以守衛王畿。役次必簡，故《周禮》惟挽柩則用之，此役之最輕者。

山齋易氏曰：近郊之民，王之內地，共輦之事，職無虚月，追胥之比，無時無之。故七尺而征，六十而舍，則稍優於畿外，非姑息也。遠郊之地，王之外地也，其溝洫之制，各有司存，野役之起，不及其羨。故六尺而征，六十五而舍，則稍重於內地，非荼毒也。園廛二十而一，若輕於近郊也，而草木之毓，夫家之聚，不可以擾，擾則不能以寧居，是故二十而税一。漆林二十而五，若重於遠郊也，而器用之末作，商賈之資利，不可不抑，不抑則必至於忘本，是二十而五，系近郊、遠郊勞佚所系。

《載師》：凡民無職事者，出夫家之征。夫税者，百畝之税；家税者，出士徒車輦，給徭役。橫渠張氏曰：夫家之征，疑無過家一人者，謂之夫；餘夫竭作，或三人，或二人，或二家五人，謂之家。

《閭師》：凡無職者，出夫布。

民無職者一而已，《載師》出夫家之征，《閭師》止言出夫布，何也？《載師》承上文宅不毛、田不耕之後，乃示罰之法也。《閭師》承上文九職任民之役，乃常法也。均一無職之民，而待之有二法，何也？蓋古人於游惰不耕及商賈末作之人，皆於常法之外別立法以抑之。如關市或譏而不征，或征之。譏者，常法也；征者，所以抑之也。閭民或出夫布，或並出夫家之征。夫布，其常也；並出夫家，所以抑之也。夫家解當如橫渠之説，鄭注謂令出一夫百畝之税，則無田而所征與受田者等，不幾太酷矣。

遂大夫以歲時稽其夫家之衆寡、六畜、田野，辨其可任者，與其可施捨者，掌其政令禁戒。司民掌登萬民之數，自生齒以上皆書於版，辨其國中與其都鄙，及其郊野，異其男女，歲登下其死生。及三年大比，以萬民之數詔司寇，司寇及孟冬祀司民之日獻其數於王，王拜受之，登於天府，內史、司會、塚宰貳之，以贊王治三官以貳佐王治者，當以民多少黜陟主民之吏。均人掌均人民、牛馬、車輦之力政政讀爲征。人民，則治城郭、塗巷、溝渠。牛馬、車輦，轉委積之屬。凡均力政以歲上下，豐年，則公旬用三日焉；中年，則公旬用二日焉；無年，則公旬用一日焉旬，均也；凶劄，則無力政。

《王制》：用民之力，歲不過三日。

宣王既喪南國之師，敗於薑戎是也。乃料民於太原。

仲山甫諫曰：民不可料也。夫古者不料民，而知其多少。司民協孤終掌民數者。無父曰孤。終，死也，司商協民姓掌賜族受姓之官，司徒協旅合師旅，司寇協奸刑官，知死刑之數，牧協職牧養犧牲，合其物色之數，工協革百工之官，更制度合其數，場協入場圃黍稷之數，廩協出廩人掌九穀出用之數，是則少多、死生、出入、往來者，皆可知也。於是乎又審之以事事，謂國籍田、蒐狩，簡知其數，王治農於籍、蒐於農隙，耨獲亦於籍，獮於既烝，狩於畢時烝，秋時。畢，冬時，是皆習民數者也，又何料焉。不謂其少而大料之，是示少而惡事也言王不謂其衆少而大料數之，是示以寡少，又厭惡政事，不能修之意也。臨政示少，諸侯避之。治民惡事，無以賦令。且無故而料民，天之所惡也，害於政而妨於後嗣。王卒料之，及幽王乃廢滅。

平王東遷三十餘年。莊王十三年，齊桓公二年，五千裏外非天子之禦，自太子、公侯以下至於庶人，凡千一百九十四萬一千九百二十三人。

戰國之時，考蘇、張之説，計秦及山東六國戎卒，尚餘五百餘萬，推人口數尚當千餘萬。秦兼諸侯，所殺三分居二，猶以餘力北築長城四十餘萬，南戍五嶺五十餘萬，阿房、驪山七十余萬，十余年間，百姓死没，相踵於路。陳、項又肆其酷烈，新安之坑，二十餘萬，彭城之戰，睢水不流。漢高帝定天下，人之死傷亦數百萬，是以平城之卒不過三十萬，方之六國，十分無三。

右杜氏《通典》所考東遷以後，漢初户口數目，大約如此。

秦用商鞅之法，月爲更卒，已復爲正，一歲屯戍，一歲力役，三十倍於古更卒，謂給郡縣一月而更者。正卒，謂給中都官者也。漢興，循而未改。

（明）董説《七國考》卷二《秦食貨・户籍》

《史記》：秦獻公十年，初爲户籍相伍。按杜氏《通典》云：周武王致商之罪，罔有敵於我師。一戎衣，天下大定，垂拱而天下治。定五代之封，凡千七百七十三國，又減湯時千三百國，人衆之損亦如之。周公相成王，致理刑措，人口千三百七十萬四千九百二十三，此周之極盛也。及昭王南征不還，穆王荒耄，加以幽、厲之亂。平王東遷，三十餘年，莊王十三年，齊恒公二年，五千里外非天之之御，自及子、公、侯以下至於庶人，凡千一百八十四萬一千九百二十三人。其後諸侯相并，尚有千二百國。至於戰國，存者十餘。於是縱橫短長之説，相奪於殘人詐力之兵，動以萬計。伊闕之敗，斬首二十四萬，長平之戰，血流漂鹵。周之列國，唯秦、楚、燕而已。齊及三晋皆以篡亂，衛雖得存，不絶如綫。然考蘇、張之説，秦及山東戌卒，尚踰五百餘萬。推人口數，尚當千餘萬也。

紀　事

《春秋左傳正義·成公二年》　宣公使求好于楚。莊王卒，宣公薨，不克作好。在位十八年。好，呼報反，下同。公即位，受盟于晋，元年盟赤棘。會晋伐齊。衛人不行使于楚，不聘楚。使，所吏反。而亦受盟于晋，從於伐齊。故楚令尹子重爲陽橋之役以救齊。將起師，子重曰：君弱，傳曰：寡人生十年而喪先君。共王即位，至是二年，蓋年十二三矣。羣臣不如先大夫，師衆而後可。《詩》曰：濟濟多士，文王以寧。《詩·大雅》。言文王以衆士安。濟，子禮反。夫文王猶用衆，況吾儕乎？儕，等。儕，仕皆反。且先君莊王屬之曰：無德以及遠方，莫如惠恤其民而善用之。乃大户，閲民户口。閲音悦。已責，弃逋責。逋，補吾反。逮鰥，施及老鰥。鰥，古頑反。施，始豉反。救乏，赦罪。

《春秋左傳正義·哀公十五年》　子，周公之孫也。多饗大利，猶思不義。利不可得，而喪宗國，將焉用之？喪宗國，謂以邑入齊，使魯有危亡之禍。焉，於虔反。成曰：善哉！吾不早聞命。傳言仲尼之徒，皆忠於魯國。陳成子館客，使景伯、子贛就館。曰：寡君使恒告曰，寡君願事君如事衛君。言衛與齊同好，而魯未肯。好，呼報反。景伯揖子贛而進之。對曰：寡君之願也。昔晋人伐衛，在定八年。齊爲衛故，伐晋冠氏，喪車五百，在定九年。冠氏，陽平館陶縣。冠，如字，又古喚反。因與衛地，自濟以西，禚、媚、杏以南，書社五百。二十五家爲一社，籍書而致之。

《國語·周語上》　宣王既喪南國之師，乃料民于太原。仲山父諫曰：民不可料也！夫古者不料民而知其少多，司民協孤終，司商協民姓，司徒協旅，司寇協奸，牧協職，工協革，場協入，廪協出，是則少多、死生、出入、往來者皆可知也，于是乎又審之以事，王治農于籍，蒐于農隙，耨獲亦于籍，獮于既烝，狩于畢時，是皆習民數者也，又何料焉？不謂其少而大料之，是示少而惡事也。臨政示少，諸侯避之。治民惡事，無以賦令。且無故而料民，天之所惡也，害于政而妨于後嗣。王卒料之，及幽王乃廢滅。

《國語·齊語》　管子于是制國：五家爲軌，軌爲之長；十軌爲里，里有司；四里爲連，連爲之長；十連爲鄉，鄉有良人焉。以爲軍令：五家爲軌，故五人爲伍，軌長帥之；十軌爲里，故五十人爲小戎，里有司帥之；四里爲連，故二百人爲卒，連長帥之；十連爲鄉，故二千人爲旅，鄉良人帥之；五鄉一帥，故萬人爲一軍，五鄉之帥帥之。

《史記》卷四《周本紀》　宣王既亡南國之師，乃料民於太原。集解韋昭曰：敗於姜戎時所亡也。南國，江漢之閒。料，數也。唐固曰：南國，南陽也。仲山甫諫曰：民不可料也。宣王不聽，卒料民。

《史記》卷六《秦始皇本紀》　獻公立七年，初行爲市。十年，爲户籍相伍。

《史記》卷六《秦始皇本紀》　十六年九月，發卒受地韓南陽假守騰。初令男子書年。

《史記》卷四七《孔子世家》　昭王將以書社地七百里集解：服虔曰：書，籍也。索隱古者二十五家爲里，里則各立社，則書社者，書其社之人名於籍。蓋以七百里書社之人封孔子也，故下冉求云雖累千社而夫子不利是也。封孔子。楚令尹子西曰：王之使使諸侯有如子貢者乎？曰：無有。王之輔相有如顔回者乎？曰：無有。王之將率有如子路者乎？曰：無有。王之官尹有如宰予者乎？曰：無有。且楚之祖封於周，號爲子男五十里。今孔丘述三五之法，明周召之業，王若用之，則楚安得世世堂堂方數千里乎？夫文王在豐，武王在鎬，百里之君卒王天下。今孔丘得據土壤，賢弟子爲佐，非楚之福也。昭王乃止。其秋，楚昭王卒于城父。

《史記》卷六八《商君列傳》　令民爲什伍，而相牧司連坐。不告姦者腰斬，告姦者與斬敵首同賞，匿姦者與降敵同罰。民有二男以上不分異者，倍其賦。有軍功者，各以率受上爵；爲私鬬者，各以輕重被刑大小。僇力本業，耕織致粟帛多者復其身。事末利及怠而貧者，舉以爲收孥。宗室非有軍功論，不得爲屬籍。索隱謂宗室若無軍功，則不得入屬籍。謂除其籍，則雖無功不及爵秩也。明尊卑爵秩等級，各以差次名田宅，臣妾衣服以家次。有功者顯榮，無功者雖富無所芬華。

秦漢分部

論說

（漢）徐幹《中論》卷下《民數》 夫治平在庶功興，庶功興在事役均，事役均在民數周，民數周爲國之本也。故先王周知其萬民衆寡之數，乃分九職焉。九職既分，則劬勞者可見，怠惰者可聞也，然而事役不均者未之有也。事役既均，故民盡其心而人竭其力，然而庶功不興者未之有也。庶功既興，故國家殷富，大小不匱，百姓休和，下無怨疚焉，然而治不平者未之有也。故曰：水有源，治有本。道者審乎本而已矣。

故《周禮》：孟冬，司寇獻民數於王，王拜而受之，登於天府，内史、司會、冢宰貳之。其重之如是也。今之爲政者，未之知恤已矣。譬由無田而欲树藝也，雖有良農，安所措其疆力乎？是以先王制六鄉六遂之法，所以維持其民而爲之綱目也。使其鄰比相保相愛，刑罰慶賞相延相及，故出入存亡臧否順逆可得而知矣。如是姦無所竄，罪人斯得。迨及亂君之爲政也，户口漏於國版，夫家脱於聯伍，避役逋逃者有之，弃捐者有之，浮食者有之，於是姦心競生而僞端並作矣，大則攻刼，嚴刑峻法不能救也。

故民數者，庶事之所自出也，莫不取正焉。以分田里，以令貢賦，以造器用，以制禄食，以起田役，以作軍旅。國以之建典，家以之立度，五禮用脩，九刑用措者，其惟審民數乎？

綜述

《漢書》卷一下《高帝紀》 詔曰：諸侯子在關中者，復之十二歲，其歸者半之。民前或相聚保山澤，不書名數，師古曰：保，守也，安也。守而安之，以避難也。名數，謂户籍也。今天下已定，令各歸其縣，復故爵田宅，吏以文法教訓辨告，勿笞辱。民以飢餓自賣爲人奴婢者，皆免爲庶人。軍吏卒會赦，其亡罪而亡爵及不滿大夫者，皆賜爵爲大夫。故大夫以上賜爵各一級，其七大夫以上，皆令食邑，非七大夫以下，皆復其身及户，勿事。

《漢書》卷八《宣帝紀》 〔地節〕三年春三月，詔曰：蓋聞有功不賞，有罪不誅，雖唐虞猶不能以化天下。今膠東相成勞來不怠，流民自占八萬餘口，治有異等。其秩成中二千石，賜爵關内侯。

《漢書》卷二四上《食貨志》 士農工商，四民有業。學以居位曰士，闢土殖穀曰農，作巧成器曰工，通財鬻貨曰商。聖王量能授事，四民陳力受職，故朝亡廢官，邑亡敖民，地亡曠土。

《漢書》卷四四《淮南王傳》 亡之諸侯，游宦事人，及舍匿者，論皆有法。

《後漢書》卷五《孝安帝紀》 〔元初四年秋七月〕京師及郡國十雨水。詔曰：今年秋稼茂好，垂可收穫，而連雨未霽，懼必淹傷。夕惕惟憂，思念厥咎。夫霖雨者，人怨之所致。其武吏以威暴下，文吏妄行苛刻，鄉吏因公生姦，爲百姓所患苦者，有司顯明其罰。又月令仲秋養衰老，授几杖，行糜粥。方今案比之時，郡縣多不奉行。雖有糜粥，糠秕相半，長吏怠事，莫有躬親，甚違詔書養老之意。其務崇仁恕，賑護寡獨，稱朕意焉。

《後漢書》志五《禮儀志・案户》 仲秋之月，縣道皆案户比民。年始七十者，授之以王杖，餔之糜粥。八十九十，禮有加賜。王杖長〔九〕尺，端以鳩鳥爲飾。鳩者，不噎之鳥也。欲老人不噎。是月也，祀老人星于國都南郊老人廟。

（唐）杜佑《通典》卷七《食貨・歷代盛衰户口》 漢高帝定天下，人之死傷亦數百萬，是以平城之卒不過三十萬，方之六國，十分無三。孝文偃武修文，與人休息，嘗欲作露臺，召工計之，直百金，曰：百金，中人十家之産。吾奉先帝宫室，常恐羞之。乃止。孝景承平，賦役減省，三十而税一，人人自愛。每有詔命頒下鄉閭，垂白戴老扶疾策杖以聽之，思一見太平。至武帝元狩中，六十餘年，人衆大增，太倉之粟紅腐而不食，都内之錢貫朽而不校。孝武帝乘其資□，乃厲兵馬以攘戎狄，廓地遐廣，征伐不休，十數年閒，天下之衆，亦減半矣。末年追悔，故下哀痛之詔，封丞相富人侯。昭宣之後，罷戰務農，户口漸益。元帝時，貢禹上書曰：古者宫女不過九人，秣馬不過八疋。高祖、孝文、孝景皇帝，修古節儉，宫女不過十餘，厩馬不過百餘疋。故時齊三服官輸物不過十笥。方今齊三服官作工各數千人，歲費數鉅萬。蜀廣漢主金銀器，歲各用五百萬，三工官費五千萬，織室亦然。厩馬食粟將萬疋。百姓重困，請從省儉。帝多采納之。至孝平元始二年，人户千二百二十三萬三千，口五千九百五十九萬四千九百七十八，此漢之極盛也。及王莽篡位，續以更始、赤眉之亂，率土遺黎，十纔二三。

後漢光武建武中，兵革漸息。至中元二年，户四百二十七萬六百三十四，口二千一百萬七千八百二十。明、章之後，天下無事，務在養民。至於孝和，人户滋殖。桓帝永壽三年，户千六十七萬七千九百六十，口五千六百四十八萬六千八百五十六。靈帝遭黄巾爲寇，獻帝遇董卓稱亂，大焚宫廟，劫御西遷，是以興平、建安之際，海内荒殘，人户所存，十無一二。

（清）趙翼《陔餘叢考》卷一六《漢時陵寢徙民之令》 漢制：天子即位，即營陵寢，而徙富民以實之。《漢書》：景帝五年作陽陵，募民徙陵，户賜錢二十萬。武帝初置茂陵，賜徙者户錢二十萬、田二頃。昭帝爲母起雲陵，募徙者，賜錢田宅。蓋其時僅徙民而不皆富人也。帝又徙三輔富人平陵，則漸及富民矣。宣帝時募吏民資百萬以上徙于昭帝平陵，以水衡錢爲起第宅。宣帝自作杜陵，徙丞相下將軍、列侯、吏二千石、資百萬以上者，則並及於達官矣。元帝築壽陵乃勿徙，詔曰：安土重遷，民之性也，今使其棄墳墓，破産失業，非計也，今所爲陵，勿置縣邑，使天下咸安土樂業。成帝作初陵，繼又改新豐戲鄉爲昌陵，又徙郡國豪傑資五百萬以上者。哀帝作義陵，始又詔勿徙。今按《主父偃傳》偃奏曰：茂陵初立，天下豪傑兼併之家，皆可徙茂陵，内實京師，外消奸猾。上從之。似此議創於偃。然《車千秋傳》：其先齊諸田，徙長陵。則高祖陵已徙民矣。《史記》籍孺、閎孺皆徙安陵，則惠帝陵亦徙民矣。今見於列傳者：朱雲，魯人；魏相，定陶人，皆徙平陵。何並之，祖父平輿人，以吏二千石徙平陵。平當、鄭崇之祖父皆以資百萬徙平陵。蕭望之，蘭陵人；史丹，魯人；尹翁歸，平陽人；韓延壽，燕人；馮奉世，潞人；皆徙杜陵。又有一家而數徙者，《金敞傳》所謂近臣皆隨陵爲園邸也。張湯本居杜陵地，子安世在武、昭、宣世輒隨陵凡三徙，復還杜陵。杜周徙茂陵，至延年又徙杜陵。韋賢以昭帝時徙平陵，其子玄成别徙杜陵。張敞之祖徙茂陵，敞又徙杜陵。此皆徙民故事也。按漢制，人君即位，即營陵寢，固是先事儲備。然多入貢賦，以實其中，則立法甚謬。《晋書》：建興中盗發霸、杜二陵，多獲珍寶。帝問索□曰：漢陵中物何多耶？□曰：漢天子即位一年而爲陵，天下供賦三分其一入之。武帝享國長久，比崩，而茂陵不能容物。赤眉亂取陵物，不能盡，今猶有委積珠玉。此霸、杜二陵猶是儉者耳。按《史記·孝文紀》言治陵皆以瓦器，不得用金銀銅錫爲飾。劉向諫昌陵疏亦言：孝文薄葬，足以爲式。而《漢書·張湯傳》有人盗發孝文園瘞錢，《晋書·索□傳》又有此盗發霸陵金玉之事，則文帝陵藏物亦已多。《唐書》虞世南亦謂漢家即位之初，便營陵墓三分貢賦，以一入之，後赤眉入長安，取之累月不盡。蓋漢制本如是也。此則徙以耗天下之財，而轉召摸金、發丘之禍矣。

紀事

《史記》卷六《秦始皇本紀》 分天下以爲三十六郡，郡置守、尉、監。更名民曰黔首。大酺。收天下兵，聚之咸陽，銷以爲鍾鐻，金人十二，重各千石，置廷宫中。一法度衡石丈尺。車同軌。書同文字。地東至海暨朝鮮，西至臨洮、羌中，南至北嚮户，北據河爲塞，並陰山至遼東。徙天下豪富於咸陽十二萬户。

《史記》卷六《秦始皇本紀》 南登琅邪，大樂之，留三月。乃徙黔首三萬户琅邪臺下，復十二歲。作琅邪臺，立石刻，頌秦德，明得意。

《史記》卷六《秦始皇本紀》 遷北河榆中三萬家。拜爵一級。

《漢書》卷一上《高帝紀》 元年冬十月，五星聚于東井。沛公至霸上。秦王子嬰素車白馬，係頸以組，封皇帝璽符節，降枳道旁。諸將或言誅秦王，沛公曰：始懷王遣我，固以能寬容，且人已服降，殺之不祥。乃以屬吏。遂西入咸陽，欲止宫休舍，樊噲、張良諫，乃封秦重寶財物府庫，還軍霸上。蕭何盡收秦丞相府圖籍文書。

《漢書》卷一上《高帝紀》〔二年〕五月，漢王屯滎陽，蕭何發關中老弱未傅者悉詣軍。服虔曰：傅音附。孟康曰：古者二十而傅，三年耕有一年儲，故二十三而後役之。如淳曰：律，年二十三傅之疇官，各從其父疇學之，高不滿六尺二寸以下爲罷癃。漢儀注云民年二十三爲正，一歲爲衛士，一歲爲材官騎士，習射御騎馳戰陳。又曰年五十六衰老，乃得免爲庶民，就田里。今老弱未嘗傅者皆發之。未二十三爲弱，過五十六爲老。師古曰：傅，著也。言著名籍，給公家徭役也。服音是。

《漢書》卷一下《高帝紀》呂后與審食其謀曰：諸將故與帝爲編户民，師古曰：編户者，言列次名籍也。編音鞭。北面爲臣，心常鞅鞅，今乃事少主，非盡族是，天下不安。

《漢書》卷一下《高帝紀》〔九年〕十一月，徙齊楚大族昭氏、屈氏、景氏、懷氏、田氏五姓關中，與利田宅。

《漢書》卷六《武帝紀》〔元鼎六年〕秋，東越王餘善反，攻殺漢將吏。遣横海將軍韓説、中尉王温舒出會稽，樓船將軍楊僕出豫章，擊之。又遣浮沮將軍公孫賀出九原，匈河將軍趙破奴出令居，皆二千餘里，不見虜而還。乃分武威、酒泉地置張掖、敦煌郡，徙民以實之。

《漢書》卷六《武帝紀》〔元朔二年〕夏，募民徙朔方十萬口。又徙郡國豪傑及訾三百萬以上于茂陵。

《漢書》卷一〇《成帝紀》〔鴻嘉四年春正月〕流民欲入關，輒籍内。師古曰：録其名籍而内之。

《漢書》卷二四下《食貨志》其明年，山東被水災，民多飢乏，於是天子遣使虚郡國倉廩以振貧。猶不足，又募豪富人相假貸。尚不能相救，乃徙貧民於關以西，及充朔方以南新秦中，七十餘萬口，衣食皆仰給於縣官。

《漢書》卷三九《蕭何傳》及高祖起爲沛公，何嘗爲丞督事。沛公至咸陽，諸將皆争走金帛財物之府分之，何獨先入收秦丞相御史律令圖書臧之。沛公具知天下阸塞，户口多少，彊弱處，民所疾苦者，以何得秦圖書也。

《漢書》卷四三《婁敬傳》敬從匈奴來，因言匈奴河南白羊、樓煩王，去長安近者七百里，輕騎一日一夕可以至。秦中新破，少民，地肥饒，可益實。夫諸侯初起時，非齊諸田，楚昭、屈、景莫與。今陛下雖都關中，實少人。北近胡寇，東有六國彊族，一日有變，陛下亦未得安枕而卧也。臣願陛下徙齊諸田，楚昭、屈、景，燕、趙、韓、魏後，及豪傑名家，且實關中。無事，可以備胡；諸侯有變，亦足率以東伐。此彊本弱末之術也。上曰：善。乃使劉敬徙所言關中十餘萬口。

《漢書》卷四六《萬石慶傳》元封四年，關東流民二百萬口，無名數者四十萬，公卿議欲請徙流民於邊以適之。上以爲慶老謹，不能與其議，乃賜丞相告歸，而案御史大夫以下議爲請者。

《漢書》卷四九《鼂錯傳》錯復言守邊備塞，勸農力本，當世急務二事，曰：臣聞秦時北攻胡貉，築塞河上，南攻楊粤，置戍卒焉。其起兵而攻胡、粤者，非以衛邊地而救民死也，貪戾而欲廣大也，故功未立而天下亂。且夫起兵而不知其勢，戰則爲人禽，屯則卒積死。夫胡貉之地，積陰之處也，木皮三寸，冰厚六尺，食肉而飲酪，其人密理，鳥獸毳毛，其性能寒。楊粤之地少陰多陽，其人疏理，鳥獸希毛，其性能暑。秦之戍卒不能其水土，戍者死於邊，輸者僨於道。秦民見行，如往棄市，因以讁發之，名曰讁戍。先發吏有讁及贅壻、賈人，後以嘗有市籍者，又後以大父母、父母嘗有市籍者，後入閭，取其左。發之不順，行者深怨，有背畔之心。凡民守戰至死而不降北者，以計爲之也。故戰勝守固則有拜爵之賞，攻城屠邑則得其財鹵以富家室，故能使其衆蒙矢石，赴湯火，視死如生。今秦之發卒也，有萬死之害，而亡銖兩之報，死事之後不得一算之復，天下明知禍烈及己也。陳勝行戍，至於大澤，爲天下先倡，天下從之如流水者，秦以威劫而行之敝也。

胡人衣食之業不著於地，其勢易以擾亂邊竟。何以明之？胡人食肉飲酪，衣皮毛，非有城郭田宅之歸居，如飛鳥走獸於廣壄，美草甘水則止，草盡水竭則移。以是觀之，往來轉徙，時至時去，此胡人之生業，而中國之所以離南晦也。今使胡人數處轉牧行獵於塞下，或當燕代，或當上郡、北地、隴西，以候備塞之卒，卒少則入。陛下不救，則邊民絶望而有降敵之心；救之，少發則不足，多發，遠縣纔至，則胡又已去。聚而不罷，爲費甚大；罷之，則胡復入。如此連年，則中國貧苦而民不安矣。

陛下幸憂邊境，遣將吏發卒以治塞，甚大惠也。然今遠方之卒守塞，一歲而更，不知胡人之能，不如選常居者，家室田作，且以備之。以便爲之高城深塹，具藺石，布渠荅，復爲一城其內，城間百五十步。要害之處，通川之道，調立城邑，毋下千家，爲中周虎落。先爲室屋，具田器，乃募辠人及免徒復作令居之；不足，募以丁奴婢贖辠及輸奴婢欲以拜爵者；不足，乃募民之欲往者。皆賜高爵，復其家。予冬夏衣，廩食，能自給而止。郡縣之民得買其爵，以自增至卿。其亡夫若妻者，縣官買予之。人情非有匹敵，不能久安其處。塞下之民，禄利不厚，不可使久居危難之地。胡人入驅而能止其所驅者，以其半予之，縣官爲贖其民。如是，則邑里相救助，赴胡不避死。非以德上也，欲全親戚而利其財也。此與東方之（戎）〔戍〕卒不習地勢而心畏胡者，功相萬也。以陛下之時，徙民實邊，使遠方無屯戍之事，塞下之民父子相保，亡係虜之患，利施後世，名稱聖明，其與秦之行怨民，相去遠矣。

上從其言，募民徙塞下。錯復言：

陛下幸募民相徙以實塞下，使屯戍之事益省，輸將之費益寡，甚大惠也。下吏誠能稱厚惠，奉明法，存卹所徙之老弱，善遇其壯士，和輯其心而勿侵刻，使先至者安樂而不思故鄉，則貧民相募而勸往矣。臣聞古之徙遠方以實廣虚也，相其陰陽之和，嘗其水泉之味，審其土地之宜，觀其中木之饒，然後營邑立城，製里割宅，通田作之道，正阡陌之界，先爲築室，家有一堂二內，門戶之閉，置器物焉，民至有所居，作有所用，此民所以輕去故鄉而勸之新（色）〔邑〕也。爲置醫巫，以救疾病，以脩祭祀，男女有昏，生死相卹，墳墓相從，種樹畜長，室屋完安，此所以使民樂其處而有長居之心也。

臣又聞古之制邊縣以備敵也，使五家爲伍，伍有長；十長一里，里有假士；四里一連，連有假五百；十連一邑，邑有假候：皆擇其邑之賢材有護，習地形知民心者，居則習民於射法，出則教民於應敵。故卒伍成於內，則軍正定於外。服習以成，勿令遷徙，幼則同游，長則共事。夜戰聲相知，則足以相救；晝戰目相見，則足以相識；驩愛之心，足以相死。如此而勸以厚賞，威以重罰，則前死不還踵矣。所徙之民非壯有材力，但費衣糧，不可用也；雖有材力，不得良吏，猶亡功也。

《漢書》卷六四上《主父偃傳》 偃說上曰：古者諸侯地不過百里，彊弱之形易制。今諸侯或連城數十，地方千里，緩則驕奢易爲淫亂，急則阻其彊而合從以逆京師。今以法割削，則逆節萌起，前日朝錯是也。今諸侯子弟或十數，而適嗣代立，餘雖骨肉，無尺地之封，則仁孝之道不宣。願陛下令諸侯得推恩分子弟，以地侯之。彼人人喜得所願，上以德施，實分其國，必稍自銷弱矣。於是上從其計。又說上曰：茂陵初立，天下豪桀兼并之家，亂衆民，皆可徙茂陵，內實京師，外銷姦猾，此所謂不誅而害除。上又從之。

《漢書》卷九六上《西域傳》 漢興至于孝武，事征四夷，廣威德，而張騫始開西域之迹。其後驃騎將軍擊破匈奴右地，降渾邪、休屠王，遂空其地，始築令居以西，初置酒泉郡，後稍發徙民充實之，分置武威、張掖、敦煌，列四郡，據兩關焉。

《漢書》卷九九中《王莽傳》 莽又曰：予前在攝時，建郊宮，定祧廟，立社稷，神祇報況，或光自上復于下，流爲烏，或黄氣熏烝，昭燿章明，以著黄、虞之烈焉。自黄帝至于濟南伯王，而祖世氏姓有五矣。黄帝二十五子，分賜厥姓十有二氏。虞帝之先，受姓曰姚，其在陶唐曰嬀，在周曰陳，在齊曰田，在濟南曰王。予伏念皇初祖考黄帝，皇始祖考虞帝，以宗祀于明堂，宜序於祖宗之親廟。其立祖廟五，親廟四，后夫人皆配食。郊祀黄帝以配天，黄后以配地。以新都侯東弟爲大禖，歲時以祀。家之所尚，種祀天下。姚、嬀、陳、田、王氏凡五姓者，皆黄、虞苗裔，予之同族也。書不云乎？惇序九族。其令天下上此五姓名籍于秩宗，皆以爲宗室。世世復，無有所與。其元城王氏，勿令相嫁娶，以別族理親焉。

《後漢書》卷一下《光武帝紀》 越嶲人任貴自稱太守，遣使奉計。

《後漢書》卷二《孝明帝紀》 〔永平八年冬十月〕丙子，臨辟雍，養三老、五更。禮畢，詔三公募郡國中都官死罪繫囚，減罪一等，勿笞，詣度遼將軍營，屯朔方、五原之邊縣；妻子自隨，便占著邊縣；父母同產欲相代者，恣聽之。其大逆無道殊死者，一切募下蠶室。亡命者令贖罪各有差。凡徙者，賜弓弩衣糧。

《後漢書》卷四九《仲長統傳》 今遠州之縣，或相去數百千里，雖多山陵洿澤，猶有可居人種穀者焉。當更制其境界，使遠者不過二百里。

明版籍以相數閲，審什伍以相連持，限夫田以斷并兼，定五刑以救死亡，益君長以興政理，急農桑以豐委積，去末作以一本業，敦教學以移情性，表德行以厲風俗，覈才蓺以叙官宜，簡精悍以習師田，修武器以存守戰，嚴禁令以防僭差，信實罰以驗懲勸，糾游戲以杜姦邪，察苛刻以絶煩暴。審此十六者以爲政務，操之有常，課之有限，安寧勿懈墮，有事不迫遽，聖人復起，不能易也。

《後漢書》卷七二《董卓傳》 初，長安遭赤眉之亂，宫室營寺焚滅無餘，是時唯有高廟、京兆府舍，遂便時幸焉。後移未央宫。於是盡徙洛陽人數百萬口於長安，步騎驅蹙，更相蹈藉，飢餓寇掠，積尸盈路。

魏晉南北朝分部

論説

《晉書》卷七五《王國寶傳》 古者分土割境，以益百姓之心；聖王作制，籍無黄白之别。昔中原喪亂，流寓江左，庶有旋反之期，故許其挾注本郡。自爾漸久，人安其業，丘壟墳柏，皆已成行，雖無本邦之名，而有安土之實。今宜正其封疆，以土斷人户，明考課之科，修閭伍之法。難者必曰：人各有桑梓，俗自有南北。一朝屬户，長爲人隸，君子則有土風之慨，小人則懷下役之慮。斯誠并兼者之所執，而非通理者之篤論也。古者失地之君，猶臣所寓之主，列國之臣，亦有違適之禮。隨會仕秦，致稱春秋；樂毅宦燕，見褒良史。且今普天之人，原其氏出，皆隨世遷移，何至於今而獨不可？

《宋書》卷二《武帝紀》 先是山湖川澤，皆爲豪強所專，小民薪採漁釣，皆責税直，至是禁斷之。時民居未一，公表曰：

臣聞先王制治，九土攸序，分境畫疆，各安其居。在昔盛世，人無遷業，故井田之制，三代以隆。秦革斯政，漢遂不改，富強兼并，於是爲弊。然九服弗擾，所託成舊，在漢西京，大遷田、景之族，以實關中，即以三輔爲鄉閭，不復係之於齊、楚。自永嘉播越，爰託淮、海，朝有匡復之算，民懷思本之心，經略之圖，日不暇給。是以寧民綏治，猶有未遑。及至大司馬桓温，以民無定本，傷治爲深，庚戌土斷，以一其業。于時財阜國豐，實由於此。自茲迄今，彌歷年載，畫一之制，漸用頽弛。雜居流寓，閭伍弗修，王化所以未純，民瘼所以猶在。

臣荷重任，耻責實深，自非改調解張，無以濟治。夫人情滯常，難與慮始，所謂父母之邦以爲桑梓者，誠以生焉終焉，敬愛所託耳。今所居累世，墳壟成行，敬恭之誠，豈不與事而至。請準庚戌土斷之科，庶子本所弘，稍與事著。然後率之以仁義，鼓之以威武，超大江而跨黄河，撫九州而復舊土，則戀本之志，乃速申於當年，在始暫勤，要終所以能易。

伏惟陛下，垂矜萬民，憐其所失，永懷鴻雁之詩，思隆中興之業。既委臣以國重，期臣以寧濟，若所啓合允，請付外施行。

於是依界土斷，唯徐、兗、青三州居晉陵者，不在斷例。諸流寓郡縣，多被併省。

《南齊書》卷三四《虞玩之傳》 玩之遷驍騎將軍，黄門郎，領本部中正。上患民閒欺巧，及即位，敕玩之與驍騎將軍傅堅意檢定簿籍。建元二年，詔朝臣曰：黄籍，民之大紀，國之治端。自頃氓俗巧僞，爲日已久，至乃竊注爵位，盜易年月，增損三狀，貿襲万端。或户存而文書已絶，或人在而反託死（板）〔叛〕，停私而云隸役，身強而稱六疾。編户齊家，少不如此。皆政之巨蠹，教之深疵。比年雖却籍改書，終無得實。若約之以刑，則民僞已遠；若綏之以德，則勝殘未易。卿諸賢竝深明治體，可各獻嘉謀，以振澆化。又臺坊訪募，此制不近，優刻素定，閑劇有常。宋元嘉以前，茲役恒滿，大明以後，樂補稍絶。或緣寇難頻起，軍蔭易多，民庶從利，投坊者寡。然國經未變，朝紀恒存，相揆而言，隆替何速。此急病之洪源，晷景之切患，以何科算，革斯弊邪？玩之上表曰：

宋元嘉二十七年八條取人，孝建元年書籍，衆巧之所始也。元嘉中，故光禄大夫傅隆，年出七十，猶手自書籍，躬加隱校。隆何必有石建之慎，高柔之勤，蓋以世屬休明，服道脩身故耳。今陛下日旰忘食，未明求衣，詔逮幽愚，謹陳妄説。古之共治天下，唯良二千石，今欲求治取正，其在勤明令長。凡受籍，縣不加檢合，但封送州，州檢得實，方却歸縣。吏貪其賂，民肆其姦，姦彌深而却彌多，賂愈厚而答愈緩。自泰始三年至元徽四年，揚州等九郡四號黄籍，共却七萬一千餘户。于今十一年矣，而所正者猶未四萬。神州奧區，尚或如此，江、湘諸部，倍不可念。愚謂宜以元嘉二十七年籍爲正。民惰法既久，今建元元年書籍，宜更立明科，一聽首悔，迷而不反，依制必戮。使官長審自檢校，必令明洗，然後上州，永以爲正。若有虚昧，州縣同咎。今户口多少，不減元嘉，而板籍頓闕，弊亦有以。自孝建已來，入勳者衆，其中操干戈衛社稷者，三分殆無一焉。勳簿所領，而詐注辭籍，浮游世要，非官長所拘録，復爲不少。尋蘇峻平後，庾亮就温嶠求勳簿，而嶠不與，以爲陶侃所上，多非實録。尋物之懷私，無世不有，宋末落紐，此巧尤多。又將位既衆，舉衈爲禄，實潤甚微，而人領數萬，如此二條，天下合役之身，已據其太半矣。又有改注籍狀，詐入仕流，（苦）〔昔〕爲人役者，今反役人。又生不長髮，便謂爲道〔人〕，填街溢巷，是處皆然。或抱子并居，竟不編户，遷徙去來，公違土斷。屬役無滿，流亡不歸。寧喪終身，疾病長卧。法令必行，自然競反。又四鎮戍將，有名寡實，隨才部曲，無辨勇懦，署位借給，巫媪比肩，彌山滿海，皆是私役。行貨求位，其塗甚易，募役卑劇，何爲投補？坊吏之所以盡，百里之所以單也。今但使募制明信，滿復有期，民無逕路，則坊可立表而盈矣。爲治不患無制，患在不行，不患不行，患在不久。上省玩之表，納之。乃别置板籍官，置令史，限人一日得數巧，以防懈怠。於是貨賂因緣，籍注雖正，猶强推却，以充程限。至世祖永明八年，謫巧者戍緣淮各十年，百姓怨望。世祖乃詔曰：夫簡貴賤，辨尊卑者，莫不取信於黄籍。豈有假器濫榮，竊服非分。故所以澄革虚妄，式允舊章。然釁起前代，過非近失，既往之僁，不足追咎。自宋昇明以前，皆聽復注。其有謫役邊疆，各許還本。此後有犯，嚴加翦治。

綜述

（唐）杜佑《通典》卷七《食貨・歷代盛衰户口》 魏武據中原，劉備割巴蜀，孫權盡有江東之地。三國鼎立，戰争不息。劉備章武元年，有户二十萬，男女口九十萬。及平蜀，得户二十八萬，口九十四萬，帶甲將士十萬二千，吏四萬，通計户九十四萬三千四百二十三，口五百三十七萬二千八百八十一。除平蜀所得，當時魏氏唯有户六十六萬三千四百二十三，口有四百四十三萬二千八百八十一。孫權赤烏五年，有户五十二萬，男女口二百三十萬。

《隋書》卷二四《食貨志》 晋自中原喪亂，元帝寓居江左，百姓之自拔南奔者，並謂之僑人。皆取舊壤之名，僑立郡縣，往往散居，無有土著。而江南之俗，火耕水耨，土地卑濕，無有蓄積之資。諸蠻陬俚洞，霑沐王化者，各隨輕重，收其賧物，以裨國用。又嶺外酋帥，因生口翡翠明珠犀象之饒，雄於鄉曲者，朝廷多因而署之，以收其利。歷宋、齊、梁、陳，皆因而不改。其軍國所須雜物，隨土所出，臨時折課市取，乃無恒法定令。列州郡縣，制其任土所出，以爲徵賦。

其無貫之人，不樂州縣編户者，謂之浮浪人，樂輸亦無定數，任量，准所輸，終優於正課焉。都下人多爲諸王公貴人左右、佃客、典計、衣食客之類，皆無課役。官品第一第二，佃客無過四十户。第三品三十五户。第四品三十户。第五品二十五户。第六品二十户。第七品十五户。第八品十户。第九品五户。其佃穀，皆與大家量分。其典計，官品第一第二，置三人。第三第四，置二人。第五第六及公府參軍、殿中監、監軍、長史、司馬、部曲督、關外侯、材官、議郎已上，一人。皆通在佃客數中。官品第六已上，并得衣食客三人。第七第八二人。第九品及轝輦、跡禽、前驅、由基强弩司馬、羽林郎、殿中冗從武賁、殿中武賁、持椎斧武騎武賁、持鈒冗從武賁、命中武賁武騎，一人。客皆注家籍。其課，丁男調布絹各二丈，絲三兩，綿八兩，禄絹八尺，禄綿三兩二分，租米五石，禄米二石。丁女並半之。男女年十六已上至六十，爲丁。男年十六，亦半課，年十八正課，六十六免課。女以嫁者爲丁，若在室者，年二十乃爲丁。其男丁，每歲役不過二十日。又率十八人出一運丁役之。其田，畝税米二斗。蓋大率如此。其度量，斗則三斗當今一斗，稱則三兩當今一兩，尺則一尺二寸當今一尺。

（唐）杜佑《通典》卷三《食貨・鄉黨土斷版籍並附》 東晋哀帝興寧二年三月庚戌，天下所在土斷。

孝武時，范寧陳時政曰：昔中原喪亂，流寓江左，庶有旋反之期，故許其挾注本郡。自爾漸久，人安其業，丘壟墳柏，皆以成行，無本邦之名，而有安土之實。今宜正其封疆，土斷人户，明考課之科，修閭伍之法。難者必曰：人各有桑土之懷，下役之慮。斯誠并兼之所執，而非通理之篤論也。古者失地之君，猶臣所寓之主，列國之臣，亦有違適之禮。隨會仕秦，致稱春秋；樂毅宦燕，見褒良史。且今普天之人，原其氏出，皆隨代移遷，何至於今而獨不可。帝善之。

安帝義熙九年，宋公劉裕緣人居土，上表曰：臣聞先王制理，九土攸序，分境畫野，各安其居。故井田之制，三代以崇。秦革其政，漢遂不改，富强兼并，於是爲弊。在漢西京，大遷田、景之族，以實關中。即以三輔爲鄉閭，不復係之於齊、楚。九服不擾，所託成舊。自永嘉播越，爰託淮、海，朝運匡復之算，人懷思本之心，經略之圖，日不暇給。是以寧人綏理，猶有未遑。及至大司馬桓温，以人無定本，傷理爲深，庚戌土斷，以一其業。於時財阜國豐，實由於此。自茲迄今，彌歷年載，畫一之制，漸用頹弛。雜居流寓，閭伍不修，王化所以未純，人瘼所以猶在。自非改調，無以濟理。夫人情滯常，難與慮始。謂父母之邦以爲桑梓者，誠以生焉，敬愛所託。請依庚戌土斷之科，庶存其本，稍與事著。然後率之以仁義，鼓之以威聲，超大江而跨黄河，撫九州而復舊土。則戀本之志，乃速申於當年，在始暫勤，要終必易。於是依界土斷，唯徐、兖、青三州人居晋陵者，不在斷限。諸流寓郡縣，多被併省。

（唐）杜佑《通典》卷七《食貨・歷代盛衰户口》 晋武帝太康元年，平吴，收其圖籍，户五十三萬，吏三萬二千，兵二十三萬，男女口二百三十萬，後宫五千餘人。九州攸同，大抵編户二百四十五萬九千八百四十，口千六百一十六萬三千八百六十三，此晋之極盛也。蜀劉禪炎興元年，則魏常道鄉公景元四年，歲次癸未，是歲魏滅蜀。至晋武帝太康元年，歲次庚子，凡一十八年。户增九十八萬六千三百八十一，口增八百四十九萬九百八十二。則當三國鼎峙之時，天下通計户百四十七萬三千四百三十三，口七百六十七萬二千八百八十一，以奉三主，斯以勤矣。後趙石勒，據有河北，初文武官上疏，請依劉備在蜀、魏王在鄴故事，魏王即曹公，以河内、魏、汲等十一郡，并前趙國合二十四，户二十九萬爲趙國。前秦苻堅滅前燕慕容暐，入鄴，閲其名籍，户二百四十五萬八千九百六十九，口九百九十八萬七千九百三十五。徙關東豪傑及諸雜夷十萬户於關中。平燕定蜀之稱，僞代之盛也。時關隴清晏，百姓豐樂，自長安至於諸州，二十里一亭，四十里一驛，旅行者取給於途，工商資販於道。

（宋）李昉等《太平御覽》卷六〇六《文部・札》 晋令曰：郡國諸户口黄籍，皆用一尺二寸札，已在官役者載名。

（唐）杜佑《通典》卷三《食貨・鄉黨土斷版籍並附》 宋孝武大明中，王玄謨請土斷雍州諸僑郡縣。今襄陽、漢東等郡也。

齊高帝建元二年，詔朝臣曰：黄籍，人之大紀，國之理端。自頃氓僞已久，乃至竊注爵位，盗易年月，或户存而文書已絶，或人在而反記死叛，停私而云隸役，身強而稱六疾，皆政之巨蠹，教之深疵。比年雖卻改籍書，終無得實。若約之以刑，則人僞已遠；若綏之以德，又未易可徵。諸賢並深明理體，各獻嘉謀，以何科算能革斯弊也？

虞玩之上表曰：宋元嘉二十七年八條取人，孝建元年書籍，衆巧之所始也。元嘉中，故光禄大夫傅崇，年出七十，猶手自書籍，躬加隱校。古之共理天下，唯良二千石，今欲求理取正，其在勤明令長。凡受籍，縣不加檢勘，但封送州。州檢得實，方卻歸縣。吏貪其賂，人肆其奸，奸彌深而卻彌多，賂逾厚而答逾緩。自泰始三年至元徽四年，揚州等九郡黄籍，共卻七萬一千餘户。於今十一年矣，而所正者猶未四萬。神州奥區，尚或如此，江、湘諸郡，倍不可念。愚謂宜以元嘉二十七年籍爲正。人惰法既久，今建元元年書籍，宜更立明科，一聽首悔。迷而不返，依制必戮。使官長審自檢校，切令明洗，然後上州，永以爲正。若有虚昧，州縣同咎。今户口多少，不減元嘉，而版籍頓闕，弊亦有以。自孝建以來，入勳者衆，其中操干戈衛社稷者，三分殆無一焉。尋蘇峻平後，庾亮就温嶠求勳簿，而嶠不與，以爲陶侃所上，多非實録。物之懷私，無代不有，宋末落紐，此巧尤多。又有改注籍狀，詐入仕流，昔爲人役者，今反役人。又生不長髮，便謂爲道。或抱子并居，竟不編户。遷徙去來，公違土斷。屬役無滿，流亡不歸。法令必行，自然競反。爲理不患無制，患在不行，不患不行，患在不久。帝省表，納之。乃别置校籍官，置令史，限人一日得數巧，以防懈怠。

至武帝永明八年，謫巧者戍緣淮各十年，百姓怨咨。帝乃詔曰：既往之愆，不足追咎，自宋昇明以前，皆聽復注。其有謫役邊疆，各許還本。自此後有犯，嚴加其罰。梁武帝時所司奏，南徐、江、郢逋兩年黄籍不上。尚書令沈約上言曰：晋咸和初，蘇峻作亂，版籍焚燒。此後起咸和三年以至乎宋，並皆詳實，朱筆隱注，紙連悉縫。而尚書上省庫籍，唯有宋元嘉中以來，以爲宜檢之日，即事所須故也。晋代舊籍，並在下省左人曹，謂之晋籍，有東西二庫。既不係尋檢，主者不復經懷，狗牽鼠齧，雨濕沾爛，解散於地，又無扃縢。此籍精詳，實宜保惜，位高官卑，皆可依按。宋元嘉二十七年，始以七條徵發。既立此科，苟有迴避，姦僞互起，歲月滋廣，以至於齊。於是東堂校籍，置郎令史以掌之，而簿籍於此大壞矣。凡粗有衣食者，莫不互相因依，競行姦貨，落除卑注，更書新籍，通官榮爵，隨意高下。以新換故，不過用一萬許錢，昨日卑微，今日仕伍。凡此姦巧，並出愚下，不辨年號，不識官階。或注義熙在寧康之前，或以崇安在元興之後。此時無此府，此年無此國。元興唯有三年，而猥稱四年。又詔書甲子，不與長曆相應。如此詭謬，萬緒千端。校籍諸郎亦所不覺，不才令史更何可言。且籍字既細，難爲眼力，尋求巧僞，莫知所在，徒費日月，未有實驗。假令兄弟三人，分爲三籍，卻一籍父祖官，其二初不被卻，同堂從祖以下固自不論，諸如此例，難可悉數。或有應卻而不卻，不須卻而卻。所卻既多，理無悉當。懷冤抱屈，非止百千，投辭請訴，充曹牣府，既難領理，交興人怨。於是悉聽復注，普停洗卻，既蒙復注，則莫不成官。此蓋核籍不精之巨弊也。臣謂宋齊二代，士庶不分，雜役減闕，職由於此。自元嘉以來，籍多假僞。景平以前，既不係檢，凡此諸籍，得無巧換。今雖遺落，所存尚多，宜有徵驗，可得信實。其永初、景平籍，宜移還上省。竊以爲晋籍所餘，須加寶愛，若不切心留意，則還復散失矣。不識冑胤，非謂衣冠，凡諸此流，罕知其祖。假稱高曾，莫非巧僞，質諸文籍，姦事立露，懲覆矯詐，爲益實弘。又上省籍庫，雖直郎題掌，而盡日料校，唯令史獨入，籍既重寶，不可專委群細。若入庫檢籍之時，直郎、直都，應共監視。寫籍皆於郎、都目前，並加掌置，私寫私換，可以永絶。事畢郎出，仍自題名。臣又以爲，巧僞既多，並稱人士，百役不及，高卧私門，致命公私闕乏，是事不舉。宜選史傳學士諳究流品者，爲左人郎、左人尚書，專共校勘。所作卑姓雜譜，以晋籍及宋永初景平籍在下省者，對共讎校。若譜注通籍有卑雜，則條其巧謬，下在所科罰。帝以是留意譜籍，詔御史中丞王僧孺改定百家譜。由是有令史書吏之職，譜局因此而嚴。始晋太元中，員外散騎侍郎賈弼好簿狀，大披群族，所撰十八州百一十六郡，合七百一十二卷，士庶略無遺闕。其子孫代傳其業。宋王弘、劉湛並好其書。弘日對千客，而不犯一人諱。湛爲選曹，始撰百家譜以助銓序，傷於寡略。齊王儉復加，得繁省之衷。僧孺爲八十卷，東南諸族則爲一部，不在百家之數。

陳文帝天嘉初，詔曰：自頃編户播遷，良可哀惕。其亡鄉失土逐食流移者，今年内隨其適樂，來歲不問僑舊，悉令著籍，同土斷之例。

（唐）杜佑《通典》卷七《食貨・歷代盛衰户口》　宋武帝北取南燕，平廣固，南燕，慕容超。廣固，即今北海郡。西滅後秦，平關洛，後秦，姚泓。長河以南，盡爲宋有。帝素節儉，有司嘗奏東西堂施局腳床，用銀塗釘，帝以爲費，使用直腳床，釘用鐵。公主出適，遣送不過二十萬，無錦繡金玉之費。文帝勵精臨人，江左數代帝王莫及，所以稱元嘉之理，比前漢之文、景焉。既而國富兵彊，更務經略。元嘉二十七年，後魏主太武帝以數十萬衆南伐，河上屯戍，相次覆敗。魏師至瓜步而還。宋之財力，自此衰耗。今按本史，孝武大明八年，户九十萬六千八百七十，口四百六十八萬五千五百一。

齊氏六王，年代短促，其户口未詳。

梁武之初，亦稱爲理，及精華耗竭，貪地邀功，侯景逆亂，竟以幽斃。元帝慘虐，骨肉相殘，纔及三年，便至覆滅，墳籍亦同灰燼。户口不能詳究。陳武帝，荊州之西，既非我有，淮肥之内，力不能加。宣帝勤恤人隱，時稱令主，閲其本史，户六十萬。而末年窮兵黷武，遠事經略，吴明徹全軍隻輪不返，鋭卒利器，從此殲焉。至後主滅亡之時，隋家所收户五十萬，口二百萬。

《魏書》卷一一〇《食貨志》　魏初不立三長，故民多蔭附。蔭附者皆無官役，豪强徵斂，倍於公賦。十年，給事中李沖上言：宜準古，五家立一隣長，五隣立一里長，五里立一黨長，長取鄉人强謹者。隣長復一夫，里長二，黨長三。所復復征戍，餘若民。三載亡愆則陟用，陟之一等。其民調，一夫一婦帛一匹，粟二石。民年十五以上未娶者，四人出一夫一婦之調；奴任耕，婢任績者，八口當未娶者四；耕牛二十頭當奴婢八。其麻布之鄉，一夫一婦布一匹，下至牛，以此爲降。大率十匹爲公調，二匹爲調外費，三匹爲内外百官俸，此外雜調。民年八十已上，聽一子不從役。孤獨癃老篤疾貧窮不能自存者，三長内迭養食之。

書奏，諸官通議，稱善者衆。高祖從之，於是遣使者行其事。乃詔曰：夫任土錯貢，所以通有無；井乘定賦，所以均勞逸。有無通則民財不匱，勞逸均則人樂其業。此自古之常道也。又隣里鄉黨之制，所由來久。欲使風教易周，家至日見，以大督小，從近及遠，如身之使手，幹之總條，然後口算平均，義興訟息。是以三典所同，隨世洿隆；貳監之行，從時損益。故鄭僑復丘賦之術，鄒人獻盍徹之規。雖輕重不同，而當時俱適。自昔以來，諸州户口，籍貫不實，包藏隱漏，廢公罔私。富強者并兼有餘，貧弱者餬口不足。賦税齊等，無輕重之殊；力役同科，無衆寡之别。雖建九品之格，而豐埆之土未融；雖立均輸之楷，而蠶績之鄉無異。致使淳化未樹，民情偷薄。朕每思之，良懷深慨。今革舊從新，爲里黨之法，在所牧守，宜以喻民，使知去煩即簡之要。初，百姓咸以爲不若循常，豪富并兼者尤弗願也。事施行後，計省昔十有餘倍。於是海内安之。

《魏書》卷一一〇《食貨志》 先是，禁網疏闊，民多逃隱。天興中，詔採諸漏户，令輸綸綿。自後諸逃户占爲細繭羅縠者甚衆。於是雜營户帥遍於天下，不隸守宰，賦役不周，户口錯亂。始光三年詔一切罷之，以屬郡縣。

《隋書》卷二四《食貨志》 魏自永安之後，政道陵夷，寇亂實繁，農商失業。官有征伐，皆權調於人，猶不足以相資奉，乃令所在迭相糾發，百姓愁怨，無復聊生。尋而六鎮擾亂，相率内徙，寓食於齊、晋之郊。齊神武因之，以成大業。魏武西遷，連年戰争，河、洛之間，又并空竭。天平元年，遷都於鄴，出粟一百三十萬石，以振貧人。是時六坊之衆，從武帝而西者，不能萬人，餘皆北徙，並給常廪，春秋二時賜帛，以供衣服之費。常調之外，逐豐稔之處，折絹糴粟，以充國儲。於諸州緣河津濟，皆官倉貯積，以擬漕運。於滄、瀛、幽、青四州之境，傍海置鹽官，以煮鹽，每歲收錢，軍國之資，得以周贍。自是之後，倉廪充實，雖有水旱凶饑之處，皆仰開倉以振之。元象、興和之中，頻歲大穰，穀斛至九錢。是時法網寬弛，百姓多離舊居，闕於徭賦。神武乃命孫騰、高隆之，分括無籍之户，得六十餘萬。於是僑居者各勒還本屬，是後租調之入有加焉。及文襄嗣業，侯景背叛，河南之地，困於兵革。尋而侯景亂梁，乃命行臺辛術，略有淮南之地。其新附州郡，羈縻輕税而已。

及文宣受禪，多所創革。六坊之内徙者，更加簡練，每一人必當百人，任其臨陣必死，然後取之，謂之百保鮮卑。又簡華人之勇力絶倫者，謂之勇士，以備邊要。始立九等之户，富者税其錢，貧者役其力。北興長城之役，南有金陵之戰。其後南征諸將，頻歲陷没，士馬死者，以數十萬計。重以修創臺殿，所役甚廣。而帝刑罰酷濫，吏道因而成姦，豪黨兼并，户口益多隱漏。舊制，未娶者輸半牀租調，陽翟一郡，户至數萬，籍多無妻。有司劾之，帝以爲生事。由是姦欺尤甚。户口租調，十亡六七。

是時用度轉廣，賜與無節，府藏之積，不足以供，乃減百官之禄，撤軍人常廪，併省州郡縣鎮戍之職。又制刺史守宰行兼者，並不給幹，以節國之費用焉。

天保八年，議徙冀、定、瀛無田之人，謂之樂遷，於幽州范陽寬鄉以處之。百姓驚擾。屬以頻歲不熟，米糴踊貴矣。廢帝乾明中，尚書左丞蘇珍芝，議修石鼈等屯，歲收數萬石。自是淮南軍防，糧廪充足。孝昭皇建中，平州刺史嵇曄建議，開幽州督亢舊陂，長城左右營屯，歲收稻粟數十萬石，北境得以周贍。又於河内置懷義等屯，以給河南之費。自是稍止轉輸之勞。

至河清三年定令，乃命人居十家爲比鄰，五十家爲閭里，百家爲族黨。男子十八以上，六十五已下爲丁；十六已上，十七已下爲中；六十六已上爲老；十五已下爲小。率以十八受田，輸租調，二十充兵，六十免力役，六十六退田，免租調。

（唐）杜佑《通典》卷三《食貨・鄉黨土斷版籍並附》 後魏初不立三長，唯立宗主督護，所以人多隱冒，五十、三十家方爲一户，謂之蔭附。蔭附者皆無官役，豪強徵斂，倍於公賦矣。

孝文太和十年，給事中李沖以三正理人，所由來遠，於是剏三長之制，曰：宜準古，五家立一鄰長，五鄰立一里長，五里立一黨長，黨長取鄉人強謹者。鄰長復一夫，里長二，黨長三。所復復征戍，餘若人。三長三載亡愆則陟用之一等。太后覽而稱善，引見公卿議之。中書令鄭羲、祕書令高祐等曰：沖求立三長者，乃欲混天下爲一法，言似可用，事實難行。太尉元丕曰：臣謂此法若行，公私有益。咸稱方今有事之月，校比人户，新舊未分，人心勞怨。請過今秋，至冬閑月，徐乃遣使，於事爲宜。沖曰：人可使由之，不可使知之。若不因調時，百姓徒知立長校户之勤，未見均徭省賦之益，心必生怨。宜及課調之月，令知賦税之均。既識其事，又得其利，因人之欲，爲之易行。著作郎傅思益進曰：人俗既異，險易不同，九品差調，爲日已久，一朝改法，恐成擾亂。太后曰：立三長，則課有常準，賦有恒分，苞蔭之户可出，僥倖之人可止，何爲而不可？遂立三長，公私便之。

北齊令人居十家爲鄰比，五十家爲閭，百家爲族黨。一黨之内則有黨族一人，副黨一人，閭正二人，鄰長十人，合有十四人，共領百家而已。至於城邑，一坊僑舊或有千户以上，唯有里正二人，里吏二人。里吏不常置。隅老四人，非是官府，私充事力，坊事亦得取濟。若論外黨，便是煩多。

時宋孝王撰《關東風俗傳》，曰：昔六國之亡，豪族處處而有，秦氏失馭，競起爲亂。及漢高徙諸大姓齊、田、楚、景之輩以實關中，蓋所以強本弱末之計也。文宣之代，政令嚴猛，羊、畢諸豪，頗被徙逐。至若瀛、冀諸劉，清河張、宋，并州王氏，濮陽侯族，諸如此輩，一宗近將萬室，煙火連接，比屋而居。獻武初在冀郡，大族蝟起應之。侯景之反，河南侯氏幾爲大患，有同劉元海、石勒之衆也。凡種類不同，心意亦異，若遇間隙，先爲亂階。時宋世良獻書，以爲魏氏十姓八氏三十六姓，皆非齊代腹心，請令散配郡國無士族之處，給地與人。一則令其就彼仕宦，全其門户，二則分其氣勢，使無異圖。文宣不納。數年之後，乃濫戮諸元。與其酷暴誅夷，未若防其萌漸，分隸諸郡。

（唐）杜佑《通典》卷七《食貨·歷代盛衰户口》 後魏起自陰山，盡有中夏。孝文遷都河洛，定禮崇儒。明帝正光以前，時惟全盛，户口之數，比夫晋太康倍而餘矣。按晋武帝太康元年平吴後，大凡户二百四十五萬九千八百，口千六百一十六萬三千八百六十三。今云倍而餘者，是其盛時則户有至五百餘萬矣。及爾朱之亂，政移臣下，或廢或立，甚於弈碁，遂分爲東西二國，皆權臣擅命，戰争不息，人户流離，官司文簿，又多散棄。今按舊史，户三百三十七萬五千三百六十八。其時以征伐不息，唯河北三數大郡，多千户以下，復通新附之郡，小者户纔二十，口百而已。

北齊承魏末喪亂，與周人抗衡，雖開拓淮南，而郡縣褊小。文宣受禪，性多暴虐，而能委政宰輔楊遵彦，十數年間，亦稱爲理。故其時以爲主昏於上，政清於下。及武成、後主，俱是僻王。至崇國諱改之化三年，爲周師所滅。有户三百三萬二千五百二十八，口二千萬六千八百八十。後周閔、明二帝，主祭而已，俱以弑崩。武帝誅戮權臣，誅宇文護。方覽庶政，躬儉節用，考覈名實，五六年内，平蕩燕齊。滅高齊。嗣子昏虐，亡不旋踵。按大象中，有户三百五十九萬，口九百萬九千六百四。

紀事

《三國志》卷九《魏志·曹仁傳》 仁與徐晃攻破邵，遂入襄陽，使將軍高遷等徙漢南附化民於漢北，文帝遣使即拜仁大將軍。

《三國志》卷一三《魏志·鍾繇傳》 自天子西遷，洛陽人民單盡，繇徙關中民，又招納亡叛以充之，數年間民户稍實。

《三國志》卷一五《魏志·張既傳》 是時，太祖徙民以充河北，隴西、天水、南安民相恐動，擾擾不安，既假三郡人爲將吏者休課，使治屋宅，作水碓，民心遂安。

《三國志》卷二二《魏志·盧毓傳》 魏國既建，爲吏部郎。文帝踐阼，徙黄門侍郎，出爲濟陰相，梁、譙二郡太守。帝以譙舊鄉，故大徙民充之，以爲屯田。而譙土地墝瘠，百姓窮困，毓愍之，上表徙民於梁國就沃衍，失帝意。雖聽毓所表，心猶恨之，遂左遷毓，使將徙民爲睢陽典農校尉。毓心在利民，躬自臨視，擇居美田，百姓賴之。遷安平、廣平太守，所在有惠化。

《三國志》卷二五《魏志·辛毗傳》 帝欲徙冀州士家十萬户實河南。時連蝗民饑，羣司以爲不可，而帝意甚盛。毗與朝臣俱求見，帝知其欲諫，作色以見之，皆莫敢言。毗曰：陛下欲徙士家，其計安出？帝曰：卿謂我徙之非邪？毗曰：誠以爲非也。帝曰：吾不與卿共議也。毗曰：陛下不以臣不肖，置之左右，廁之謀議之官，安得不與臣議邪！臣所言非私也，乃社稷之慮也，安得怒臣！帝不答，起入内；毗隨而引其裾，帝遂奮衣不還，良久乃出，曰：佐治，卿持我何太急邪？毗曰：今徙，既失民心，又無以食也。帝遂徙其半。嘗從帝射雉，帝曰：射雉樂哉！毗曰：於陛下甚樂，而於羣下甚苦。帝默然，後遂爲之稀出。

《晋書》卷五《孝懷帝紀》 〔永嘉五年〕十一月，猗盧寇太原，平北將軍劉琨不能制，徙五縣百姓於新興，以其地居之。

《晋書》卷七《成帝紀》 〔咸康七年〕夏四月丁卯，葬恭皇后于興平陵。實編户，王公已下皆正土斷白籍。

《晋書》卷八《穆帝紀》 〔興寧二年〕三月庚戌朔，大閱户人，嚴法禁，稱爲庚戌制。

《晉書》卷二六《食貨志》　嘉平四年，關中饑，宣帝表徙冀州農夫五千人佃上邽，興京兆、天水、南安鹽池，以益軍實。

《晉書》卷八七《涼武昭王李玄盛傳》　初，苻堅建元之末，徙江漢之人萬餘户于敦煌，中州之人有田疇不闢者，亦徙七千餘户。郭黁之寇武威，武威、張掖已東人西奔敦煌、晉昌者數千户。及玄盛東遷，皆徙之于酒泉，分南人五千户置會稽郡，中州人五千户置廣夏郡，餘萬三千户分置武威、武興、張掖三郡，築城于敦煌南子亭，以威南虜。

《晉書》卷一〇五《石勒載記》　勒徵徐、揚州兵，會石瞻于下邳，劉遐懼，又自下邳奔于泗汭。石生攻劉曜河内太守尹平于新安，斬之，克壘壁十餘，降掠五千餘户而歸。自是劉、石禍結，兵戈日交，河東、弘農間百姓無聊矣。以右常侍霍皓爲勸課大夫，與典農使者朱表、典勸都尉陸充等循行州郡，核定户籍，勸課農桑。農桑最修者賜爵五大夫。

《晉書》卷一一三《苻堅載記》　堅遂攻鄴，陷之。慕容暐出奔高陽，堅將郭慶執而送之。堅入鄴宫，閱其名籍，凡郡百五十七，縣一千五百七十九，户二百四十五萬八千九百六十九，口九百九十八萬七千九百三十五。諸州郡牧守及六夷渠帥盡降於堅。

《晉書》卷一一六《姚萇載記》　以太元十一年萇僭即皇帝位于長安，大赦，改元曰建初，國號大秦，改長安曰常安。立妻虵氏爲皇后，子興爲皇太子，置百官。自謂以火德承苻氏木行，服色如漢氏承周故事。徙安定五千餘户于長安。以弟征虜緒爲司隸校尉，鎮長安。

《晉書》卷一二七《慕容德載記》　其尚書韓諱上疏曰：二寇逋誅，國耻未雪，關西爲豺狼之藪，揚越爲鴟鴞之林，三京社稷，鞠爲丘墟，四祖園陵，蕪而不守，豈非義夫憤歎之日，烈士忘身之秋。而皇室多難，威略未振，是使長蛇弗翦，封豕假息。人懷憤慨，常謂一日之安不可以永久，終朝之逸無卒歲之憂。陛下中興大業，務在遵養，矜遷萌之失土，假長復而不役，愍黎庶之息肩，貴因循而不擾。斯可以保寧于營丘，難以經措于秦越。今羣凶僭逆，實繁有徒，據我三方，伺國瑕釁。深宜審量虚實，大校成敗，養兵厲甲，廣農積糧，進爲雪耻討寇之資，退爲山河萬全之固。而百姓因秦晉之弊，迭相蔭冒，或百室合户，或千丁共籍，依託城社，不懼燻燒，公避課役，擅爲姦宄，損風毁憲，法所不容。但檢令未宣，弗可加戮。今宜隱實黎萌，正其編貫，庶上增皇朝理物之明，下益軍國兵資之用。若蒙採納，冀裨山海，雖遇商鞅之刑，悦綰之害，所不辭也。德納之，遣其車騎將軍慕容鎮率騎三千，緣邊嚴防，備百姓逃竄。以諱爲使持節、散騎常侍、行臺尚書，巡郡縣隱實，得蔭户五萬八千。諱公廉正直，所在野次，人不擾焉。

《宋書》卷五《文帝紀》　〔元嘉二十六年三月〕又詔曰：京口肇祥自古，著符近代，衿帶江山，表裏華甸，經塗四達，利盡淮、海，城邑高明，土風淳壹，苞總形勝，實唯名都。故能光宅靈心，克昌帝業。頃年岳牧遷回，軍民徙散，廛里廬宇，不逮往日。皇基舊鄉，地兼蕃重，宜令殷阜，式崇形望。可募諸州樂移者數千家，給以田宅，并蠲復。

《宋書》卷六《孝武帝紀》　〔大明元年〕秋七月辛未，土斷雍州諸僑郡縣。

《宋書》卷九《後廢帝紀》　〔元徽元年〕八月辛亥，詔曰：分方正俗，著自虞册，川谷異制，焕乎姬典。故井遂有辨，閭伍無雜，用能七教克宣，八政斯序。雖綿代殊軌，沿革異儀，或民懷遷俗，或國尚興徙，漢陽列燕、代之豪，關西熾齊、楚之族，並通籍新邑，即居成舊。洎金行委御，禮樂南移，中州黎庶，襁負揚、越。聖武造運，道一閎區，貽長世之規，申土斷之制。而夷險相因，盈晦遞襲，歲饉凋流，戎役惰散，違鄉寓境，漸至繁積。宜式遵鴻軌，以爲永憲，庶皐俗昌民，反風定保。夷胥山之險，澄瀚海之波，括河圖於九服，振玉軔於五都矣。祕書丞王儉表上所撰七志三十卷。京師旱。甲寅，詔曰：比亢序騫度，留熏燿晷，有傷秋稼，方貽民瘼。朕以眇疚，未弘政道，囹圄尚繁，枉滯猶積，夕厲晨矜，每惻于懷。尚書令可與執法以下，就訊衆獄，使寃訟洗遂，困弊昭蘇。頒下州郡，咸令無壅。癸亥，鎮軍將軍、南徐州刺史建平王景素進號鎮北將軍。庚午，陳留王曹銑薨。

《宋書》卷四四《謝晦傳》　義熙八年，土斷僑流郡縣，使晦分判揚、豫民户，以平允見稱。

《宋書》卷七六《王玄謨傳》　尋復爲豫州刺史。淮上亡命司馬黑石推立夏侯方進爲主，改姓李名弘，以惑衆，玄謨討斬之。還寧蠻校尉、雍州刺史，加都督。雍土多僑寓，玄謨請土斷流民，當時百姓不願屬籍，罷之。

《南齊書》卷二四《柳世隆傳》 虜退，上欲土斷江北，又敕世隆曰：吕安國近在西，土斷郢、司二境上雜民，大佳，民殆無驚恐。近又令垣豫州斷其州內，商得崇祖啓事，已行竟，近無云云，殊稱前代舊意。卿視究部中可行此事不？若無所擾，春便就手也。其見親委如此。

《南齊書》卷一四《州郡志》 永明元年，刺史柳世隆奏：尚書符下土斷條格，并省僑郡縣。凡諸流寓，本無定憇，十家五落，各自星處。一縣之民，散在州境，西至淮畔，東届海隅。今專罷僑邦，不省荒邑，雜居舛止，與先不異。離爲區斷，無革游濫。謂應同省，隨堺并帖。若鄉屯里聚，二三百家，井甸可脩，區域易分者，別詳立。於是濟陰郡六縣，下邳郡四縣，淮陽郡三縣，東莞郡四縣，以散居無實土，官長無廨舍，寄止民村，及州治立，見省，民户帖屬。

《梁書》卷二《武帝紀》 〔天監元年夏四月〕辛未，以中領軍蔡道恭爲司州刺史。以新除謝沐縣公蕭寶義爲巴陵王，以奉齊祀。復南蘭陵武進縣，依前代之科。徵謝朏爲左光禄大夫、開府儀同三司，何胤爲右光禄大夫。改南東海爲蘭陵郡。土斷南徐州諸僑郡縣。

《梁書》卷二《武帝紀》 〔天監〕十七年春正月丁巳朔，詔曰：夫樂所自生，含識之常性；厚下安宅，馭世之通規。朕矜此庶氓，無忘待旦，亟弘生聚之略，每布寬卹之恩；而編户未滋，遷徙尚有，輕去故鄉，豈其本志？資業殆闕，自返莫由，巢南之心，亦何能弭。今開元發歲，品物惟新，思俾黔黎，各安舊所。將使郡無曠土，邑靡游民，鷄犬相聞，桑柘交畛。凡天下之民，有流移他境，在天監十七年正月一日以前，可開恩半歲，悉聽還本，蠲課三年。其流寓過遠者，量加程日。若有不樂還者，即使著土籍爲民，准舊課輸。若流移之後，本鄉無復居宅者，村司三老及餘親屬，即爲詣縣，占請村內官地官宅，令相容受，使戀本者還有所託。凡坐爲市埭諸職割盗衰減應被封籍者，其田宅車牛，是民生之具，不得悉以没入，皆優量分留，使得自止。其商賈富室，亦不得頓相兼併。遁叛之身，罪無輕重，並許首出，還復民伍。若有拘限，自還本役。並爲條格，咸使知聞。

《陳書》卷三《世祖紀》 〔天嘉元年秋七月〕詔曰：自頃喪亂，編户播遷，言念餘黎，良可哀愓。其亡鄉失土，逐食流移者，今年內隨其適樂，來歲不問僑舊，悉令著籍，同土斷之例。

《陳書》卷五《宣帝紀》 〔大建十一年〕三月丁未，詔淮北義人率户口歸國者，建其本屬舊名，置立郡縣，即隸近州，賦給田宅，唤訂一無所預。

《魏書》卷二《太祖紀》 〔天興元年春正月〕辛酉，車駕發自中山，至于望都堯山。徙山東六州民吏及徒何、高麗雜夷三十六萬，百工伎巧十萬餘口，以充京師。

《魏書》卷四上《世祖紀》 〔太延元年〕二月庚子，蠕蠕、焉耆、車師諸國各遣使朝獻。詔長安及平涼民徙在京師，其孤老不能自存者，聽還鄉里。

《魏書》卷七上《高祖紀》 〔延興三年〕秋七月辛丑，詔遣使者十人循行州郡，檢括户口。其有仍隱不出者，州、郡、縣、户主並論如律。

《魏書》卷七上《高祖紀》 〔太和五年秋七月〕甲戌，班乞養雜户及户籍之制五條。

《魏書》卷七下《高祖紀》 〔太和十年〕二月甲戌，初立黨、里、隣三長，定民户籍。

《魏書》卷七下《高祖紀》 〔太和十有一年〕秋七月己丑，詔曰：今年穀不登，聽民出關就食，遣使者造籍，分遣去留，所在開倉賑恤。八月壬申，蠕蠕犯塞，遣平原王陸叡討之。事具蠕蠕傳。庚辰，大議北伐，進策者百有餘人。辛巳，罷山北苑，以其地賜貧民。悉萬斤國遣使朝獻。九月庚戌，詔曰：去夏以歲旱民飢，須遣就食，舊籍雜亂，難可分簡，故依局割民，閱户造籍，欲令去留得實，賑貸平均。然廼者以來，猶有餓死衢路，無人收識。良由本部不明，籍貫未實，廩恤不周，以至於此。朕猥居民上，聞用慨然。可重遣精檢，勿令遺漏。

《魏書》卷一二《孝静紀》 〔武定二年〕冬十月丁巳，太保孫騰、大司馬高隆之各爲括户大使，凡獲逃户六十餘萬。

《魏書》卷一九上《景穆十二王傳》 太興弟遥，字太原。有器望，以左衛將軍從高祖南征，賜爵饒陽男。世宗初，遭所生母憂，表請解任，詔以餘尊所厭，不許。

肅宗初，累遷左光禄大夫，仍領護軍。遷冀州刺史。遥以諸胡先無籍貫，姦良莫辨，悉令造籍。又以諸胡設籍，當欲税之，以充軍用。胡人不願，乃共構遥，云取納金馬。御史按驗，事與胡同，遥坐除名。遥陳枉不已，敕有司重究，乃披雪。遷右光禄大夫。

《魏書》卷八三上《外戚傳·閭毗》 子豆，後賜名莊。太和中初立三長，以莊爲定户籍大使，甚有時譽。十六年，例降爵，後爲七兵尚書，卒。

《魏書》卷九四《閹官傳·仇洛齊》 魏初禁網疏闊，民户隱匿漏脱者多。東州既平，綾羅户民樂葵因是請採漏户，供爲綸綿。自後逃户占爲細繭羅穀者非一。於是雜、營户帥遍於天下，不屬守宰，發賦輕易，民多私附，户口錯亂，不可檢括。洛齊奏議罷之，一屬郡縣。

《周書》卷二三《蘇綽傳》 綽始制文案程式，朱出墨入，及計帳、户籍之法。

隋唐五代分部

論説

（元）朱禮《漢唐事箋前後集》卷八《户口户口之耗由戰傷隱匿之弊》

自昔未有不以户口之登耗爲當世之盛衰，惟唐初户口之盛反不如隋《唐地理志》隋滅陳，天下始合爲一，改州爲郡，依漢制置太守，以司隸刺史相統治，爲户八百九十萬七千五百卅六。開元二十八年，户部帳凡户八百四十一萬二千八百七十一。後百餘年迺得比之，而終不如漢永寧之盛。漢永壽二年，户千六百十七萬九千九百六十。《漢地理志》。隋大業二年，户八百九十萬七千五百三十六。唐興，至天寶十三載，少九百六萬九千一百五十四，蓋嘗論其所以登耗之端不過有二：一曰戰伐死傷，二曰版籍隱匿，此二者，耗之端也。一曰安平無事，二曰編捨有紀，此二者登之端也。其一則可傷，而其一不論可也。其一則可喜，而其一亦不論可也。夫以唐高祖、太宗之盛，豈不過於隋？而户口之數反不及之，豈有他哉？蓋自晉之東，中原版蕩離，而爲南北者二百餘年，其間互相侵伐，大戰不過數四，而其國之亡多出。傳禪至於合之於隋，非一朝夕之積，而無鄉者拏争紛奪，百戰不休之苦，與漢唐初興其勢自異，此其所以盛者一也。又其時人多避役，依於豪室，高熲覩流冗之病，建輸籍之法。《通鑑》時民多妄稱老小以免賦役，山東乘北齊之弊政，户口租調姦僞猶多，隋主命州縣大索貌，户口不實者，里正、黨長遠配，大功以下皆折籍，以防欺隱。於是計帳得新附一百六十四萬餘口，高熲又言民間課輸無定簿，難以推校，請爲輸籍法，徧下諸州，帝從之。自是姦無所客，諸州調物每歲輸長安者相屬不絶。於是定其名，輕其數，使夫人知爲浮客被強家收大半之賦，爲編氓奉公上，迺蒙輕減之租，烝庶懷惠，人俗康阜，此其所以盛者二也。太宗之興，環區城内皆爲盜，藪内剷外除十死八九，其耗一也。安集之始，事尚闊疎，隱冒之弊，理容有之，宇文融一旦根括至八十餘萬。《食貨志》開元八年頒庸調法于天下，然是時天下户口未嘗升降，監察御史宇文融獻策，括籍外擅田、逃户、自占者。以攝御史分行括實。諸道所括得客户八十餘萬，田亦稱是。州縣希旨，張虚數，以正田爲羨，編户爲，客終歲籍錢數百萬緍。是亦其積使然，此其耗二也。蓋其死亡十之八九，而其隱匿居百之一二，由此言之，又何恠户口之不如隋哉？人君承凋瘵之後，要以極力撫摩擠之富實，而户口之登耗不足以爲政治優劣，而隋户口之盛，蘇氏嘗以策進士請以是對。子由。

（唐）韓愈《韓昌黎文集》卷八《雜文・狀・表狀・應所在典貼良人男女等狀》 應所在典貼良人男女等。

右準律不許典貼良人男女作奴婢驅使。臣往任袁州刺史日，檢責州界内，得七百三十一人，並是良人男女。準律計傭折直，一時放免。原其本末，或因水旱不熟，或因公私債負，遂相典貼，漸以成風。名目雖殊，奴婢不别，鞭笞役使，至死乃休。既乖律文，實虧政理。袁州至小，尚有七百餘人；天下諸州，其數固當不少。今因大慶，伏乞令有司重舉舊章，一皆放免。仍勒長吏嚴加檢責，如有隱漏，必重科懲，則四海蒼生，孰不感荷聖德？右前件如前謹具奏聞。伏聽敕旨。

（宋）王溥《唐會要》卷八五《逃户》 證聖元年，鳳閣舍人李嶠上表曰：臣聞黎庶之數、户口之衆，而條貫不失、按比可知者，在於各有管統，明其簿籍而已。今天下之人，流散非一。或違背軍鎮，或因緣逐糧。苟免歲時，偷避徭役。此等浮衣寓食，積歲淹年，王役不供，簿籍不挂。或出入關防，或往來山澤，非直課調虚闕，闕於恒賦；亦自誘動愚俗，堪爲禍患。不可不深慮也。或逃亡之户，或有檢察，即轉入他境，還行自容。所司雖具設科條，頒其法禁，而相看爲例，莫肯遵承。縱欲糾其愆違，加之刑罰，則百州千郡，庸可盡科。前既依違，後仍積習。檢獲者無賞，停止者獲免。浮逃不悛，亦由於此。今縱更搜檢，而委之州縣，則還襲舊蹤，卒於無益。臣以爲宜令御史督察檢校：設禁令以防之，垂恩德以撫之，施權衡以御之，爲制限以一之。然後逃亡可還，浮寓可絶。所謂禁令者：使閭閻爲保，遞相覺察。前後乖避，皆許自新。仍有不出，輒聽相告。每糾一人，隨事加賞。明爲科目，使知勸沮。所謂恩德者：逃亡之徒久離桑梓，糧儲空闕，田地荒廢。即當賑於乏少，助其修營。雖有闕賦懸徭，背軍離鎮，亦皆捨而不問，寬而勿徵。其應還家，而貧乏不能致者，乃給程糧，使達本貫。所謂權衡者：逃人有絶家去鄉，離失本業；心樂所在，情不願還。聽於所在隸名，即編爲户。夫顧小利者失大計，存近務者忘遠圖。今之議者，或不達於變通。以爲軍府之地，户不可移；關輔之民，貫不可改。而越關繼踵，背府相尋。是開其逃亡，而禁其割隸也。就令逃亡者多不能歸，總計割隸，猶當計其户等，量爲節文。殷富者令還，貧弱者令住。檢責已定，計料已明。户無失編，民無廢業。然後案前躅，申舊章，嚴爲防禁，與人更始。所謂限制者：逃亡之民應自首者，以符到百日爲限。限滿不出，依法科罪，遷之邊州。如此則户無所遺，民無所匿矣。

（宋）王溥《唐會要》卷八五《逃户》 景雲二年，監察御史韓琬上疏曰：往年，人樂其業而安其土。頃年，人多失業，流離道路。若此者，臣粗言之，不可勝數。然流離之人，豈愛羇旅而忘桑梓？顧不得已也。然以軍機屢興，賦斂重數，上下逼促，因爲游民。游惰既多，窮詐乃作。既窮而詐，犯禁相仍，又以嚴法束之。法嚴而犯者愈衆。古人譬之亂繩，則已結矣。而不務解結，乃急牽引之，則結逾固矣。今刻薄之吏，是能爲結者；強舉之吏，是能牽引者。解結者，未見其人。

（宋）王溥《唐會要》卷八五《逃户》 〔開元〕十八年，宣州刺史裴耀卿論時政上疏曰：竊見天下所檢客户，除兩州計會歸本貫已外，便令所在編附年限向滿，須準居人，更有優矜，即此輩僥倖。若全徵課稅，目擊未堪。竊料天下諸州，不可一例處置。且望從寬鄉有賸田州作法，竊計有賸田者，減三四十州，取其賸田，通融支給。其賸地者，三分請取一分已下。其浮户，請任其親戚鄉里相就。每十户已上，共作一坊。每户給五畝充宅，并爲造一兩口屋宇。開巷陌，立閭伍，種桑棗，築園蔬。使緩急相助，親鄰不失。丁別量給五十畝已上爲私田，任其自營種。率其户於近坊，更供給一頃，以爲公田。共令營種，每丁一月役功三日。計十丁一年，共得三百六十日。營公田一頃，不啻得計。早收一年，不減一百石，使納隨近州縣。除役功三百六十日外，更無租稅。既是營田户，日免征徭，安樂有餘，必不流散。官司每丁收納十石，其粟更不別支用。每至不熟年，斗判三十價，然後支用。計一丁一年，還出兩年已上，亦與正課不殊。則官收其役，不爲矜縱；人緩其稅，又得安舒。倉廩日殷，久遠爲便。其狹鄉無賸地客户多者，雖此法未該，準式許移窄就寬。不必要須留住。若寬鄉安置得所，人皆悦慕，則三兩年後，皆可改塗。棄地盡作公田，狹鄉總移寬處。倉儲既實，水旱無憂矣。

（宋）司馬光《資治通鑑》卷一九一《唐紀・高祖武德九年》 太史令傅奕上疏唐太史令從五品下，掌觀察天文，稽定曆數，凡日月星辰之變，風雲氣色之異。上，時掌翻。請除佛法曰：佛在西域，言妖路遠，妖，於驕翻。漢譯胡書，恣其假託。使不忠不孝削髮而揖君親，游手游食易服以逃租賦。僞啓三塗，謬張六道，釋氏以地獄、餓鬼、畜生爲三塗，言人之爲惡者必墮此也。又添阿脩羅、天神、地祇爲六道。恐愒愚夫，愒，今人讀如喝，呼葛翻。詐欺庸品。乃追懺既往之罪，懺，楚鑒翻。釋氏以自陳悔過爲懺。虛規將來之福；布施萬錢，希萬倍之報，施，式豉翻。持齋一日，冀百日之糧。遂使愚迷，妄求功德，不憚科禁，輕犯憲章，有造爲惡逆，身墜刑網，方乃獄中禮佛，規免其罪。且生死壽夭，夭，於矯翻。由於自然，刑德威福，關之人主，貧富貴賤，功業所招，而愚僧矯詐，皆云由佛。竊人主之權，擅造化之力，其爲害政，良可悲矣！降自羲、農，至于有漢，皆無佛法，君明臣忠，祚長年久。漢明帝始立胡神，西域桑門自傳其法。事見四十五卷漢明帝永明八年。西晉以上，國有嚴科，不許中國之人輒行髡髮之事。洎于苻、石、羌、胡亂華，主庸臣佞，政虐祚短，梁武、齊襄，足爲明鏡。謂梁武帝餓死臺城，齊文襄爲膳奴所弑也。今天下僧尼，數盈十萬，翦刻繒綵，裝束泥人，競爲厭魅，尼，女夷翻。繒，慈陵翻。厭，於琰翻。魅，音媚。迷惑萬姓。請令匹配，即成十萬餘户，産育男女，十年長養，一紀教訓，可以足兵。

（清）董誥《全唐文》卷一七二《張鷟・疫死實多非故為疏漏户部一條》 《虞書》五教，實委司徒之官；《周禮》六卿，爰開地官之位。莫不織成都邑，編緝甿黎，設九土之綱維，成四方之管轄。班固申犬牙之制，疆埸綺分；應璩論馬齒之規，井田鱗次。户標九等，俱陳萬國之圖；人有十倫，並掛三年之籍。豈容丁口脱漏，任意疎遺，租調破除，恣情抽減？遂使厫庾頓乏，帑藏皆空。軍興於是缺支，國用由其不足。否終則泰，造化之常圖；付法科罪，仍敢簿言。依問款辭，咸推遘厲。福謙害盈，幽明之極數。魏文帝修書永歎，念親故之凋亡；劉孔才矯制徵兵，促黎元之殘喪。薦臻不息，僵斃相仍，遽利人符，多編鬼録。生者固宜存附，死者難以執留，災異不拘，案宜從記。

（清）董誥《全唐文》卷二七一《徐堅・請停募關西户口疏》 伏惟皇帝陛下二儀合德，百姓爲心，一物不安，納隍興想。竊見關西户口，負募赴都，聖旨含宏，不言差送，是以樂住之色，數萬餘家。受使之人，苟徼勞効，務選高户，抑此陪郭，然高户之位，田業已成，安土重遷，人之恒性。使者強送，僶俛進途，一人怨嗟，或傷和氣，數千餘户，深宜察之。臣望令檢勘先投牒樂住者，並令赴都，其差定陪郭者，各任還貫。若神都須人，雍、同等州先有工商户在洛者甚衆，令檢括兼簡；樂住之人，微有資財，情願在洛城者，並酬其宅鋪之地，令漸修立。則洛城不少於邑户，黎庶得安於本業，此《管子》所謂順於人心、施宏均養之人。則臣希冀痊平，有朝覲之望，容居散秩，免負秉之愆，無任悃迫之至。

（清）董誥《全唐文》卷八二一《王説・對户絶判》 景身死，户絶，資財將没官。出嫁女請除葬外悉收之。叔復請分，所由不決，仰斷。

景忝彼齊人，生此王土，逐什一之利。既富家財，服畎畝之勤。方編户籍，既而溘先朝露，遂卜佳城。遠日新封，已供葬備。昔時餘業，可議官收。相彼薄言，將分厚產。且弟惟同氣，女有從人。鳳兆于飛，既歸他族，鴈行以序，自合保家。繼絶請從於叔兮，論財難專於女也。以兹丕蔽，庶叶其宜。

（清）董誥《全唐文》卷八五一《梁文矩・請許收河南北人口奏》 上年平蜀以來，軍人將到西川人口甚多，骨肉阻隔，恐傷和氣，請許收認。

（清）董誥《全唐文》卷九五六《宇文暹・對附貫五年復訖判》 景於會郡，附貫給五年訖，差隴外鎮，並訴不伏，所由以爲無據。

瞻彼景也，是何人斯？逋逃故鄉，離遏爾土。苟不家食，常懷旅游。比巢幕之未安，如轉蓬之不定。聿來兹郡，奠厥攸居，爰歷星霜，載罹寒暑。河源沙塞，地鄰戎狄，必資膂力，以鎮疆埸。惟景伊何，當是役也，自可有死無隕，爲主將之先鋒；結袵抽戈，斷賢王之右臂。不聞爲力，翻事游詞。孰有沐君之恩，食君之土，偏蒙五稔之復，不徇六尺之軀？人之無良，罪宜從重，當復滅鼻，無或噬膚。

（清）董誥《全唐文》卷九六四《闕名・請令納課陪廚户等人歸府縣奏元和二年六月中書門下》 伏以聖政惟新，事必歸本。近又疎理五坊户邑，令府縣却收，萬情欣欣，喜出望外。臣等敢不釐革舊弊，率先有司，上副聖情，用宏至理。其兩省納課陪廚户及捉錢人，總一百二十四人。臣當司並不收管，望各歸府縣。

綜述

《隋書》卷二四《食貨志》 高祖登庸，罷東京之役，除入市之税。是時尉迥、王謙、司馬消難，相次叛逆，興師誅討，賞費鉅萬。及受禪，又遷都，發山東丁，毀造宫室。仍依周制，役丁爲十二番，匠則六番。及頒新令，制人五家爲保，保有長。保五爲閭，閭四爲族，皆有正。畿外置里正，比閭正，黨長比族正，以相檢察焉。男女三歲已下爲黄，十歲已下爲小，十七已下爲中，十八已上爲丁。丁從課役，六十爲老，乃免。

《隋書》卷二四《食貨志》 是時山東尚承齊俗，機巧姦僞，避役惰游者十六七。四方疲人，或詐老詐小，規免租賦。高祖令州縣大索貌閲，户口不實者，正長遠配，而又開相糾之科。大功已下，兼令析籍，各爲户頭，以防容隱。於是計帳進四十四萬三千丁，新附一百六十四萬一千五百口。高熲又以人間課輸，雖有定分，年常徵納，除注恒多，長吏肆情，文帳出没，復無定簿，難以推校，乃爲輸籍定樣，請徧下諸州。每年正月五日，縣令巡人，各隨便近，五黨三黨，共爲一團，依樣定户上下。帝從之。自是姦無所容矣。

（唐）杜佑《通典》卷三《食貨・鄉黨》 隋文帝受禪，頒新令：五家爲保，保五爲閭，閭四爲族，皆有正。畿外置里正，比閭正，黨長比族正，以相檢察。蘇威奏置五百家鄉正，令理人閒詞訟。李德林以爲：本廢鄉官判事，爲其里閭親識，剖斷不平，今令鄉正專理五百家，恐爲害更甚。且今時吏部總選人物，天下不過數百縣，於六七百萬户内銓簡數百縣令，猶不能稱才，迺欲一鄉之内選一人能理五百家者，必恐難得。又即要荒小縣有不至五百家者，復不可令兩縣共管一鄉。敕内外群官，就東宫會議。自皇太子以下，多從德林議。蘇威又言廢郡，德林語之云：修令時，公何不論廢郡爲便？令纔出，其可改乎？然高熲同威之議，遂置之。十年，虞慶則於關東諸道巡省使還，並奏云：五百家鄉正專理詞訟，不便於人，黨與愛憎，公行貨賄。乃廢之。

（唐）杜佑《通典》卷七《食貨·歷代盛衰户口》　隋文帝始以外戚，遂受託孤，不踰數年，便享大位，克勤理道，克儉資費。至於六宫之内，常服浣濯之衣，供御故弊，隨令補用，非享燕，所食不過一肉。有司嘗進乾薑，用布袋盛，帝以爲費，大加譴責。後進香藥，復以氊袋盛，因笞所司，以爲後誡。其時宇内稱理，倉庫盈溢。至開皇九年平陳，帝親於朱雀門勞師行賞，自門外列布帛之積，達於南郭，以次頒給，所費三百餘萬段，而不加賦於人。煬帝大業五年，户八百九十萬七千五百三十六，口四千六百一萬九千九百五十六，此隋之極盛也。後周静帝末授隋禪，有户三百九十九萬九千六百四。至開皇九年平陳，得户五十萬，及是纔二十六七年，直增四百八十萬七千九百三十二。承其全實，遂恣荒淫。登極之初，即建洛邑，每月役丁二百萬人。導洛至河及淮，又引沁水達河北，通涿郡，築長城東西千餘里，皆徵百萬餘人。丁男不充，以婦人兼，役而死者大半。及親征吐谷渾，駐軍青海，遇雨雪，士卒死者十二三。又三駕東征遼澤，皆興百餘萬衆，餽運者倍之。又逆徵數年之賦，窮侈極奢，舉天下之人，十分九爲盗賊。身喪國滅，實自取之，葢資我唐之速有天下也。

（唐）杜佑《通典》卷七《食貨·丁中》　隋文帝頒新令，男女三歲以下爲黄，十歲以下爲小，十七以下爲中，十八以上爲丁，以從課役。六十爲老，乃免。開皇三年，乃令人以二十一成丁。煬帝即位，户口益多，男子以二十二成丁。高熲奏以人閒課税，雖有定分，年常徵納，除注恒多，長吏肆情，文帳出没，既無定簿，難以推校。乃爲輸籍之様，請徧下諸州，每年正月五日，縣令巡人，各隨近五黨三黨共爲一團，依様定户上下。帝從之，自是姦無所容矣。

（宋）鄭樵《通志》卷六一《食貨略·歷代户口》　逮陳之末年，隋家所收五十萬户二百萬口而已。後魏起自陰山，盡有中夏，孝文遷都河洛，定禮崇儒。明帝正光以前，時爲全盛，户口之數比夫晋太康倍而餘矣，可謂盛哉！及經爾朱之亂，東西流移，猶不下三百三十七萬五千三百六十八户焉。北齊承魏末喪亂，與周人抗衡，雖開拓淮南而郡縣褊小。文宣受禪，性多殘虐，武成後主俱爲僻王，至隆化二年爲周所滅，有户三百三萬二千五百二十八，口二千萬六千八百八十。後周大象中，有户三百五十九萬，口九百萬九千六百四。隋以外戚代周，無干戈之患，文帝克己，無誅斂之求。至大業二年，户八百九十萬七千五百三十六，口四千六百一萬九千九百五十六。此隋之極盛也。後周静帝末授隋禪，有户三百九十九萬九千六百四。至開皇九年平陳，得户五十萬，及是纔二十六七年，直增四百八十萬七千九百三十二。煬帝承富庶之資，恣荒淫之行，登極之初，即建洛邑，每月役丁二百萬人。導洛至淮及河，又引沁水達河，北通涿郡，築長城東西千餘里，皆徵百萬餘人。丁男不充，以婦人兼，役而死者大半。及親征吐谷渾，駐軍青海，遇雨雪，士卒死者十二三。又三駕東征遼澤，皆興百餘萬衆，餽軍者倍之。又逆徵數年之賦，窮侈極奢，舉天下之人十九爲盗賊。

（宋）王欽若等《册府元龜》卷四八六《邦計部·户籍》　隋高祖開皇二年受周禪，有户三百六十萬，乃頒新令：男女三歲以下爲黄，十以下爲小，十七以下爲中。十八以上爲丁，以從課役。六十爲老，乃免。

三年正月，初令軍人以二十一成丁。是時山東尚承齊俗，機巧奸僞，避役惰游者十六七，四方疲人或詐老或小，規免雜賦。高祖乃令州縣大索貌閲，户口不實者，正長遠配，而又開相糾之科。大功以下，兼令折籍，各爲户頭，以防容隱。於是計帳進四十萬三千丁，新附一百六十四萬五百户。左僕射高熲以人間課役，雖有定分，年嘗徵納，除注嘗多，長吏肆情，文帳出没，復無定簿，難以推較，乃爲輸籍定樣，請遍下諸州。每年正月五日，縣令巡人，各隨便延，五黨共爲一團，依樣定户上下。帝從之，自是奸無所容矣。

十年五月，詔曰：魏末喪亂，寓縣瓜分，役車歲動，未遑休息，兵士軍人，權置坊府，南征北伐，居處無定，家無完堵，地罕苞桑，嘗爲流寓之人，竟無鄉里之號，朕甚愍之！凡是居人，可悉屬州縣，墾田籍帳，一與民同。軍府統領，互依舊式。

煬帝即位，詔：男子以二十一成丁。大業二年，户八百九十萬七千五百三十六，口四千六百一萬九千五十六。

（元）馬端臨《文獻通考》卷一〇《户口考·歷代户口丁中賦役》

隋文帝頒新令，男女三歲以下爲黄，十歲以下爲小，十七歲以下爲中，十八歲以上爲丁，以從課役，六十爲老，乃免。開皇三年，乃令人以二十一成丁。煬帝即位，户口益多，男子以二十二爲丁。高熲奏：人間課税，雖有定分，年恒徵納，除注常多，長吏肆情，文帳出没，既無定簿，難以推校。乃爲輸籍定樣，請偏下諸州，每年正月五日，縣令巡人，各隨便近，五黨三黨，共爲一團，依樣定户上下。帝從之，自是姦無所容。

《通典》論曰：隋受周禪，至大業二年，有户八百九十萬。蓋承周、齊分據，暴君慢吏，賦重役勤，人不堪命，多依豪室；禁網隳廢，姦僞尤滋。高熲睹流冗之病，建輸籍之法，於是定其名，輕其數，使人知爲浮客，被強家收太半之賦；爲編甿奉公上，蒙輕減之征。浮客悉自歸於編户，隋代之盛由此。

東坡蘇氏曰：古者以民之多寡，爲國之貧富。故管仲以陰謀傾魯、梁之民，而商鞅亦招三晋之人以并諸侯。當周之盛時，其民物之數登於王府者，蓋拜而受之。自漢以來，丁口之蕃息與倉廩府庫之盛莫如隋，其貢賦輸籍之法，必有可觀者。然學者以其得天下不以道，又不過再世而亡，是以鄙之，而無傳焉。孔子曰不以人廢言，而況可以廢一代之良法乎！文帝之初，有户三百六十餘萬，平陳所得又五十萬，至大業之始，不及二十年，而增至八百九十餘萬者，何也？方是時，布帛之積至於無所容，資儲之在天下者至不可勝數，及其敗亡塗地，而洛口諸倉，足以致百萬之衆，豈可少哉！

文帝恭儉爲治，不加賦於人。煬帝大業五年，户八百九十萬七千五百三十六，口四千六百一萬九千九百五十六，此隋之極盛也。後周静帝時，有户三百九十九萬九千六百四，至開皇九年平陳，得户五十萬，及是纔二十六七年，直增四百八十萬七千九百三十二。

煬帝承其全盛，遂恣荒淫，建洛邑，每月役丁二百萬人；導洛至河及淮，又引沁水達河，北通涿郡，築長城東西千餘里，皆徵百萬餘人。丁男不充，以婦女充役，而死者大半。天下之人十分九爲盜賊，以至於亡。

大業五年，民部侍郎裴藴以民間版籍脱漏，户口及詐注老少尚多，奏令貌閲，若一人不實，則官司解職。又許民糾得一丁者，令被糾之家代輸賦役。是時，諸郡計帳進丁二十四萬三千，新附口六十四萬一千五百。帝臨朝覽狀曰：前代無賢才，致此罔冒。今户口皆實，全由裴藴。由是漸見親委。

（唐）長孫無忌等《唐律疏議》卷一二《户婚・脱漏户口增減年狀》

諸脱户者，家長徒三年；無課役者，減二等；女户，又減三等。謂一户俱不附貫。若不由家長，罪其所由。即見在役任者，雖脱户及計口多者，各從漏口法。

疏議曰：率土黔庶，皆有籍書。若一户之内，盡脱漏不附籍者，所由家長合徒三年。身及户内並無課役者，減二等，徒二年。若户内並無男夫，直以女人爲户而脱者，又減三等，合杖一百。注云謂一户俱不附貫，此文不計人數，唯據脱户。縱一身亦爲一户，不附，即依脱户，合徒三年；縱有百口，但一口附户，自外不附，止從漏口之法。若不由家長，謂家長不知脱户之情，罪其所由，家長不坐。即見在役任者，謂身見在官驅使，而户籍無名，雖脱户，從漏口法。即無課調，若一身脱户，合杖六十。及計口多者，各從漏口法，漏有課口，罪止徒三年；漏無課口，罪止徒一年半。

脱口及增減年狀，謂疾、老、中、小之類。以免課役者，一口徒一年，二口加一等，罪止徒三年。

疏議曰：謂脱口及增年入老，減年入中、小及增狀入疾，其從殘疾入廢疾，從廢疾入篤疾，廢疾雖免課役，若入篤疾即得侍人，故云之類；罪止徒三年。

其增減非免課役及漏無課役口者，四口爲一口，罪止徒一年半；即不滿四口，杖六十。部曲、奴婢亦同。

疏議曰：口雖有所增減，非免課役者，謂增減其年，不動課役。其漏無課役口者，謂身雖是丁，見無課役及疾、老、中、小，若婦女。四口爲一口，罪止徒一年半，漏四口徒一年，十二口徒一年半，不滿四口杖六十。並謂無課役者。若其户内漏口，或有課役、無課役罪名不等者，從併滿之法，以課口累不課口科之，若課口自一口至罪止，或累併不加重者，止從一重科之。奴婢、部曲亦同不課之口。律稱以免課役，課、役理不相須，一事得免，即從脱、漏之法。

（唐）長孫無忌等《唐律疏議》卷一二《户婚・里正不覺脱漏增減》

諸里正不覺脱漏增減者，一口笞四十，三口加一等；過杖一百，十口加一等，罪止徒三年。不覺脱户者，聽從漏口法。州縣脱户亦準此。若知情者，各同家長法。

疏議曰：里正之任，掌案比户口，收手實，造籍書。不覺脱漏户口者，脱謂脱户，漏謂漏口，及增減年狀，一口笞四十，三口加一等；過杖一百，十口加一等，罪止徒三年。里正不覺脱户者，聽從漏口法，不限户内口之多少，皆計口科之。州縣脱户，亦準此計口科罪，不依脱户爲法。若知脱漏增減之情者，總計里内脱漏增減之口，同家長罪法。州縣計口，罪亦準此。其脱、漏户口之中，若有知情、不知情者，亦依併滿之法爲罪。

（唐）長孫無忌等《唐律疏議》卷一二《户婚·州縣不覺脱漏增減》

諸州縣不覺脱漏增減者，縣内十口笞三十，三十口加一等；過杖一百，五十口加一等。州隨所管縣多少，通計爲罪。通計，謂管二縣者，二十口笞三十；管三縣者，三十口笞三十之類。計加亦準此。若脱漏增減併在一縣者，得以諸縣通之。若止管一縣者，減縣罪一等。餘條通計準此。各罪止徒三年。知情者，各同里正法。不覺脱漏增減，無文簿者，官長爲首；有文簿者，主典爲首。佐職以下，節級連坐。

疏議曰：州縣不覺脱漏增減者，與上條里正不覺脱漏增減義同，十口笞三十，三十口加一等，即是二百二十口杖一百；過杖一百，五十口加一等。州隨所管縣多少，通計爲罪，若管二縣以上，即須通計，謂管二縣者，二十口笞三十；管三縣者，三十口笞三十之類。計加亦準此，謂一縣三十口，加一等，即州管二縣者，六十口加一等；管三縣者，九十口加一等；若管十縣，三百口加一等。若脱漏增減併在一縣者，謂管三縣，一縣内脱漏三十口，州始笞三十；若管四縣，一縣内脱漏四十口，州亦笞三十，故云得以諸縣通之。若止管一縣者，減縣罪一等，謂縣脱三十口，州得笞二十之類。餘條通計準此，謂一部律内，州管縣，監管牧，折衝府管校尉，應通計者，得罪亦準此，各罪止徒三年。知情者，各同里正法，其州縣知情，得罪同里正法，里正又同家長之法，共前條家長脱漏罪同。

注：不覺脱漏增減，無文簿者，官長爲首；有文簿者，主典爲首。佐職以下，節級連坐。

疏議曰：不覺脱漏增減，無簿帳及不附籍書，宣導既是長官事，由檢察遺失，故以長官爲首，皆同不覺脱漏增減之坐，次通判官爲第二從，判官爲第三從，典爲第四從。見有文簿，致使脱漏增減者，勘檢既由案主，即用典爲首，判官爲第二從，通判官爲第三從，長官爲第四從。其間有知情之官，並同家長之罪，即從私犯首從科之；不知情者，自依公坐之法。

（唐）長孫無忌等《唐律疏議》卷一二《户婚·里正官司妄脱漏增減》

諸里正及官司，妄脱漏增減以出入課役，一口徒一年，二口加一等。贓重，入己者以枉法論，至死者加役流；入官者坐贓論。

疏議曰：里正及州、縣官司，各於所部之内，妄爲脱漏户口，或增減年狀，以出入課役，一口徒一年，二口加一等，十五口流三千里。若有因脱漏增減，取其課調入己，計贓得罪，重於脱漏增減口罪者，即準贓以枉法論，計贓至死者加役流；其贓入官者，坐贓論。其品官受贓雖輕，以枉法論，一疋以上即除名，不必要須贓重。衆人之物，亦累倍而論之。

（唐）長孫無忌等《唐律疏議》卷一二《户婚·私入道》 諸私入道及度之者，杖一百；若由家長，家長當罪。已除貫者，徒一年。本貫主司及觀寺三綱知情者，與同罪。若犯法合出觀寺，經斷不還俗者，從私度法。即監臨之官，私輒度人者，一人杖一百，二人加一等。

疏議曰：私入道，謂爲道士、女官、僧、尼等，非是官度，而私入道，及度之者，各杖一百。注云若由家長，家長當罪，既罪家長，即私入道者不坐。已除貫者，徒一年；及度之者，亦徒一年。本貫主司，謂私入道所屬州縣官司及所住觀寺三綱，知情者，各與入道人及家長同罪。若犯法還俗，合出觀寺，官人斷訖，牒觀寺知，仍不還俗者，從私度法。斷後陳訴，須著俗衣，仍披法服者，從私度法，科杖一百。即監臨之官，不依官法，私輒度人者，一人杖一百，二人加一等，罪止流三千里。若州縣官司所度人，免課役多者，當條雖有罪名，所爲重者自從重論，並依上條妄增減出入課役科之。其官司私度人，被度者知私度情，而受度者爲從坐；若不知私度情者，而受度人無罪。

（唐）長孫無忌等《唐律疏議》卷一二《户婚·子孫别籍異財》 諸祖父母、父母在，而子孫别籍、異財者，徒三年。别籍、異財不相須，下條準此。

疏議曰：稱祖父母、父母在，則曾、高在亦同。若子孫别生户籍，財産不同者，子孫各徒三年。注云别籍、異財不相須，或籍别財同，或户同財異者，各徒三年，故云不相須。下條準此，謂父母喪中别籍、異財，亦同此義。

若祖父母、父母令别籍及以子孫妄繼人後者，徒二年；子孫不坐。

疏議曰：若祖父母、父母處分，令子孫别籍及以子孫妄繼人後者，得徒二年，子孫不坐。但云别籍，不云令其異財，令異財者，明其無罪。

諸居父母喪，生子及兄弟别籍、異財者，徒一年。

疏議曰：居父母喪生子，已於《名例》免所居官章中解訖，皆謂在二十七月内而妊娠生子者，及兄弟别籍、異財，各徒一年。别籍、異財不相須。其服内生子，事若未發，自首亦原。

（唐）長孫無忌等《唐律疏議》卷一二《户婚・立嫡違法》 諸立嫡違法者，徒一年。即嫡妻年五十以上無子者，得立嫡以長，不以長者亦如之。

疏議曰：立嫡者，本擬承襲。嫡妻之長子爲嫡子，不依此立，是名違法，合徒一年。即嫡妻年五十以上無子者，謂婦人年五十以上，不復乳育，故許立庶子爲嫡。皆先立長，不立長者，亦徒一年，故云亦如之。依令：無嫡子及有罪疾，立嫡孫；無嫡孫，以次立嫡子同母弟；無母弟，立庶子；無庶子，立嫡孫同母弟；無母弟，立庶孫。曾、玄以下準此。無後者，爲户絶。

（唐）長孫無忌等《唐律疏議》卷一二《户婚・養雜户等為子孫者》

諸養雜户男爲子孫者，徒一年半；養女，杖一百。官户，各加一等。與者，亦如之。

疏議曰：雜户者，前代犯罪没官，散配諸司驅使，亦附州縣户貫，賦役不同白丁。若有百姓養雜户男爲子孫者，徒一年半；養女者，杖一百。養官户者，各加一等。官户亦是配隸没官，唯屬諸司，州縣無貫。與者，各與養者同罪，故云亦如之。雖會赦，皆合改正。若當色自相養者，同百姓養子之法。雜户養官户，或官户養雜户，依《户令》：雜户、官户皆當色爲婚。據此，即是别色準法不得相養。律既不制罪名，宜依不應爲之法：養男從重，養女從輕。若私家部曲、奴婢，養雜户、官户男女者，依《名例律》部曲、奴婢有犯，本條無正文者，各準良人，皆同百姓科罪。

若養部曲及奴爲子孫者，杖一百。各還正之。無主及主自養者，聽從良。

疏議曰：良人養部曲及奴爲子孫者，杖一百。各還正之，謂養雜户以下，雖會赦，皆正之，各從本色。注云無主，謂所養部曲及奴無本主者。及主自養，謂主養當家部曲及奴爲子孫。亦各杖一百，並聽從良，爲其經作子孫，不可充賤故也。若養客女及婢爲女者，從不應爲輕法，笞四十，仍準養子法聽從良。其有還壓爲賤者，並同放奴及部曲爲良還壓爲賤之法。

（唐）長孫無忌等《唐律疏議》卷一二《户婚・放奴婢部曲還壓》

諸放部曲爲良，已給放書，而壓爲賤者，徒二年；若壓爲部曲及放奴婢爲良，而壓爲賤者，各減一等；即壓爲部曲及放爲部曲，而壓爲賤者，又各減一等。各還正之。

疏議曰：依《户令》：放奴婢爲良及部曲、客女者，並聽之。皆由家長給手書，長子以下連署，仍經本屬申牒除附。若放部曲、客女爲良，壓爲賤者，徒二年。若壓爲部曲者，謂放部曲、客女爲良，還壓爲部曲、客女；及放奴婢爲良，還壓爲賤：各減一等，合徒一年半。即壓爲部曲者，謂放奴婢爲良，壓爲部曲、客女；及放爲部曲者，謂放奴婢爲部曲、客女，而壓爲賤者：又各減一等，合徒一年。仍並改正，從其本色，故云各還正之。此文不言客女者，《名例律》稱部曲者，客女同。故解同部曲之例。

問曰：放客女及婢爲良，却留爲妾者，合得何罪？

答曰：妾者，娶良人爲之。據《户令》：自贖免賤，本主不留爲部曲者，任其所樂。況放客女及婢，本主留爲妾者，依律無罪，準自贖免賤者例，得留爲妾。

又問：部曲娶良人女爲妻，夫死服滿之後，即合任情去住。其有欲去不放，或因壓留爲妾及更抑配與部曲及奴，各合得何罪？

答曰：服滿不放，律無正文，當不應爲重，仍即任去。若元取當色爲婦，未是良人，留充本色，準法無罪。若是良人女壓留爲妾，即是有所威逼，從不應得爲重科。或抑配與餘部曲，同放奴婢爲良却壓爲部曲，合徒一年。如配與奴，同與奴娶良人女，合徒一年半。上籍爲婢者，流三千里。此等轉嫁爲妻及妾，兩和情願者，並不合得罪。唯本是良者，不得願嫁賤人。

（唐）長孫無忌等《唐律疏議》卷一二《户婚・相冒合户》 諸相冒合户者，徒二年；無課役者，減二等。謂以踈爲親及有所規避者。主司知情，與同罪。

疏議曰：依《賦役令》：文武職事官三品以上若郡王期親及同居大功親，五品以上及國公同居期親，並免課役。既爲同居有所蠲免，相冒合户，故得徒二年。無課役者，或籍資蔭贖罪，事既輕於課役，故減二等，得徒一年。注云謂以踈爲親，律、令所蔭，各有等差，若以踈相合，即失户數；規其資蔭，即失課役。如斯合户，得此徒刑。若蠲免更多，或假蔭重者，各依本法，自從重論。主司知情與同罪，主司謂里正以上，知冒户情，有課役、無課役。各與同罪。

即於法應別立户而不聽別，應合户而不聽合者，主司杖一百。

疏議曰：應別，謂父母終亡，服紀已闋，兄弟欲別者。應合户，謂流離失鄉，父子異貫，依令合户。而主司不聽者，各合杖一百。應別、應合之類，非止此條，略舉爲例，餘並準此。

（唐）長孫無忌等《唐律疏議》卷一二《户婚・同居卑幼私輒用財》

諸同居卑幼，私輒用財者，十疋笞十，十疋加一等，罪止杖一百。即同居應分，不均平者，計所侵，坐贓論減三等。

疏議曰：凡是同居之內，必有尊長。尊長既在，子孫無所自專。若卑幼不由尊長，私輒用當家財物者，十疋笞十，十疋加一等，罪止杖一百。即同居應分，謂準令分別。而財物不均平者，準《户令》：應分田宅及財物者，兄弟均分。妻家所得之財，不在分限。兄弟亡者，子承父分。違此令文者，是爲不均平。謂兄弟二人，均分百疋之絹，一取六十疋，計所侵十疋，合杖八十之類，是名坐贓論減三等。

（唐）長孫無忌等《唐律疏議》卷一二《户婚・賣口分田》 諸賣口分田者，一畝笞十，二十畝加一等，罪止杖一百；地還本主，財没不追。即應合賣者，不用此律。

疏議曰：口分田，謂計口受之，非永業及居住園宅。輒賣者，《禮》云田里不鬻，謂受之於公，不得私自鬻賣，違者一畝笞十，二十畝加一等，罪止杖一百，賣一頃八十一畝即爲罪止。地還本主，財没不追。即應合賣者，謂永業田家貧賣供葬，及口分田賣充宅及碾磑、邸店之類，狹鄉樂遷就寬者，準令並許賣之。其賜田欲賣者，亦不在禁限。其五品以上若勳官，永業地亦並聽賣。故云不用此律。

（唐）李林甫等《唐六典》卷三《尚書户部・户部尚書》 凡天下之户八百一萬八千七百一十，口四千六百二十八萬五千一百六十一。開元二十二年數。百户爲里，五里爲鄉。兩京及州縣之郭內分爲坊，郊外爲村。里及村、坊皆有正，以司督察。里正兼課植農桑，催驅賦役。四家爲鄰，五家爲保。保有長，以相禁約。凡男、女始生爲黄，四歲爲小，十六歲爲中，二十有一爲丁，六十爲老。每一歲一造計帳，三年一造户籍。縣以籍成於州，州成於省，户部總而領焉。諸造籍起正月，畢三月，所須紙筆、裝潢、軸帙皆出當户內，口別一錢。計帳所須，户別一錢。凡天下之户，量其資產，定爲九等。每三年，縣司註定，州司覆之，然後注籍而申之於省。每定户以仲年，子、卯、午、酉。造籍以季年。丑、辰、未、戌。州、縣之籍恒留五比，省籍留九比。凡户之兩貫者，先從邊州爲定，次從關內，次從軍府州；若俱者，各從其先貫焉。樂住之制：居狹鄉者，聽其從寬；居遠者，聽其從近；居輕役之地者，聽其從重。畿內諸州不得樂住畿外，京兆、河南府不得住餘州。其京城縣不得住餘縣，有軍府州不得住無軍府州。辨天下之四人，使各專其業：凡習學文武者爲士，肆力耕桑者爲農，功作貿易者爲工，屠沽興販者爲商。工、商皆謂家專其業以求利者；其織紝、組紃之類，非也。工、商之家不得預於士，食禄之人不得奪下人之利。

（唐）李林甫等《唐六典》卷三《尚書户部・户部尚書》 户部尚書一人，正三品；侍郎二人，正四品下。

户部尚書、侍郎之職，掌天下户口井田之政令。凡傜賦職貢之方，經費賙給之筭，藏貨贏儲之准，悉以咨之。其屬有四：一曰户部，二曰度支，三曰金部。四曰倉部；尚書、侍郎總其職務而奉行其制命。凡中外百司之事，由於所屬，皆質正焉。

郎中二人，從五品上；周官司徒屬官有下大夫，蓋郎中之任也。漢尚書郎一人主户口墾田。魏有左民郎曹，西晋兼置右民郎曹，東晋及宋、齊唯有民部曹，梁、陳爲左户郎，後魏爲左户曹郎。北齊有左民郎曹。隋初，民部郎曹置侍郎二人，煬帝除侍字，皇朝爲郎中。貞觀二十三年改爲户部，明慶爲度支，龍朔爲司元大夫，咸亨、光宅、神龍並隨曹改復。員外郎二人，從六品上；周官司徒屬官有上士，後周依焉，蓋今員外之任也。隋開皇六年置民部員外郎，煬帝改爲民曹承務郎，皇朝改爲民部員外郎。貞觀、明慶、龍朔、咸亨、光宅、神龍並隨曹改復。主事四人，從九品上。隋煬帝置。郎中、員外郎掌領天下州縣户口之事。凡天下十道，任土所出而爲貢賦之差。其物產經不盡載，並具下注。舊額貢獻，多非土物。或本處不產，而外處市供；或當土所宜，緣無額遂止。開元二十五年，敕令中書門下對朝集使隨便條革，以爲定準，故備存焉。分十道以總之。

（唐）杜佑《通典》卷三《食貨・鄉黨》 大唐令：諸户以百户爲里，五里爲鄉，四家爲鄰，三家爲保。每里置正一人。若山谷阻險，地遠人稀之處，聽隨便量置。掌按比户口，課植農桑，檢察非違，催驅賦役。在邑居者爲坊，别置正一人，掌坊門管鑰，督察姦非，並免其課役。在田野者爲村，别置村正一人，其村滿百家，增置一人，掌同坊正。其村居如滿十家者，隸入大村，不須别置村正。天下户爲九等，三年一造户籍，凡三本，一留縣，一送州，一送户部。常留三比在州縣，五比送省。儀鳳二年二月敕：自今以後省黄籍及州縣籍也。諸里正縣司選勳官六品以下白丁清平強幹者充，其次爲坊正。若當里無人，聽於比鄰里簡用。其村正取白丁充，無人處，里正等並通取十八以上中男殘疾等充。

（唐）杜佑《通典》卷七《食貨・歷代盛衰户口》 大唐貞觀户不滿三百萬。三年，户部奏，中國人因塞外來歸及突厥前後降附開四夷爲州縣，獲男女一百二十餘萬口。十四年，侯君集破高昌，得三郡、五縣、二十二城，户八千四十六，口三萬七千三十一，馬四千三百匹。

永徽三年，户部尚書高履行奏：去年進户一十五萬。高宗以天下進户既多，謂無忌曰：比來國家無事，户口稍多，三二十年，足堪殷實。因問隋有幾户，今有幾户。履行奏：隋大業中户八百七十萬，今户三百八十萬。永徽去大業末三十六年。

顯慶二年十月，上幸許、汝州，問中書令杜正倫曰：此閒田地極寬，百姓太少。因又問隋有幾户。正倫奏：大業初有八百餘萬户，末年離亂，至武德有二百餘萬户。

總章元年十月，司空李勣破高麗國，虜其王，下城百七十，户六十九萬七千二百。二年，徙高麗民三萬，配江淮以南、山南、京西。【略】

天寶元年，户八百三十四萬八千三百九十五，口四千五百三十一萬一千二百七十二。自十三載以後，安禄山爲范陽節度，多有進奉，駝馬生口，不曠旬月，郡縣供熟食酒肉草料。楊國忠任用之後，即與蠻王閤羅鳳結釁，徵關輔、河南、京兆人討之，去者萬不一全，連枷赴役，郡縣供食。於是當路店肆多藏閉，以懼撓亂，驢馬車牛，悉被虜奪，不酬其直，數年閒，因漸減耗。【略】

十四載，管户總八百九十一萬四千七百九，應不課户三百五十六萬五千五百一，應課户五百三十四萬九千二百八十。管口總五千二百九十一萬九千三百九，不課口四千四百七十萬九百八十八，課口八百二十萬八千三百二十一。此國家之極盛也。按後漢自建武初至桓帝永壽三年，凡百三十年，有户千六十七萬。按自周武帝建德六年平齊，至隋文帝開皇九年滅陳，凡十四年，然後車書混一，甲兵方息。至大業二年，凡十八年，有户八百九十萬。我國家自武德初至天寶末，凡百三十八年，可以比崇漢室，而人户纔比於隋氏，蓋有司不以經國馭遠爲意，法令不行，所在隱漏之甚也。肅宗乾元三年，見到帳百六十九州，應管户總百九十三萬三千一百三十四。不課户總百一十七萬四千五百九十二，課户七十五萬八千五百八十二。管口總千六百九十九萬三百八十六，不課口千四百六十一萬九千五百八十七，課口二百三十七萬七百九十九。自天寶十四年至乾元三年，損户總五百九十八萬二千五百八十四，不課户損二百三十九萬一千九百九，課户損三百五十九萬六百七十五；損口總三千五百九十二萬八千七百二十三，不課口損三千七十一萬三百一，課口損五百二十一萬八千四百三十二。户至大曆中，唯有百三十萬户。建中初，命黜陟使往諸道按比户口，約都得土户百八十餘萬，客户百三十餘萬。

（唐）杜佑《通典》卷七《食貨・丁中》 大唐武德七年定令，男女始生爲黄，四歲爲小，十六爲中，二十一爲丁，六十爲老。

神龍元年，韋皇后求媚於人，上表，請天下百姓年二十二成丁，五十八免役，制從之。韋庶人誅後，復舊。

玄宗天寶三載十二月制，自今以後，百姓宜以十八以上爲中男，二十三以上成丁。

按開元二十五年户令云：諸户主皆以家長爲之。户內有課口者爲課户，無課口者爲不課户。諸視流內九品以上官及男年二十以上、老男、廢疾、妻妾、部曲、客女、奴婢，皆爲不課户。無夫者爲寡妻妾。餘准舊令。諸年八十及篤疾，給侍丁一人，九十二人，百歲三人，皆先盡子孫，次取近親，皆先輕色。無近親外取白丁者，人取家內中男者，并聽。諸以子孫繼絶應析户者，非年十八以上不得析，即所繼處有母在，雖小亦聽析出。諸户欲析出口爲户及首附口爲户者，非成丁皆不合析。應分者不用此令。諸户計年將入丁、老、疾應徵免課役及給侍者，皆縣令貌形狀以爲定簿。一定以後，不須更貌，若有姦欺者，聽隨事貌定，以附於實。

九載制：天下雖三載定户，每載亦有團貌，自今以後，計其轉年合入中男、成丁、五十九者，任退團貌。廣德元年制，天下百姓二十五成丁，五十五入老。

論曰：昔賢云：倉廩實知禮節，衣食足知榮辱。夫子適衛，冉子僕。曰：美哉庶矣。既庶矣，又何加焉？曰：富之。既富矣，又何加焉？曰：教之。故知國足則政康，家足則教從，反是而理者，未之有也。夫家足不在於逃税，國足不在於重斂。若逃税則不土著而人貧，重斂則多養羸而國貧，不其然矣。管子曰：以正户籍，謂之養羸。羸者，大賈蓄家也。正數之户既避其賦役，則至浮浪，以大賈蓄家之所役屬，自收其利也。三王以前，井田定賦。秦革周制，漢因秦法。魏晋以降，名數雖繁，亦有良規，不救時弊。昔東晋之宅江南也，慕容、苻、姚，迭居中土，人無定本，傷理爲深，遂有庚戌土斷之令。財豐俗阜，實由於兹。其後法制廢弛，舊弊復起，義熙之際，重舉而行，已然之效，著在前志。隋受周禪，得户三百六十萬。開皇九年平陳，又收户五十萬。洎於大業二年，干戈不用，惟十八載，有户八百九十萬矣。自平陳後，又加四百八十餘萬。其時承西魏喪亂，周齊分據，暴君慢吏，賦重役勤，人不堪命，多依豪室，禁網隳紊，姦僞尤滋。高熲睹流冗之病，建輸籍之法。於是定其名，輕其數，使人知爲浮客，被彊家收太半之賦，爲編甿奉公上，蒙輕減之征。浮客，謂避公税、依強豪作佃家也。昔漢文三年，除人田租，荀悦論曰：古者什一而税，天下之中正。漢家或百而税一，可謂至輕矣，而豪強占田踰多，浮客輸大半之賦。公家之惠，優於三代，豪強之暴，酷於亡秦，是惠不下通，威福分於豪人也。不正其本，適足以資富強矣。高熲設輕税之法，浮客悉自歸於編户，隋代之盛，實由於斯。先敷其信，後行其令，烝庶懷惠，姦無所容。隋氏資儲遍於天下，人俗康阜，熲之力焉。功規蕭、葛，道亞伊、呂，近代以來未之有也。隋氏西京太倉，東京含嘉倉、洛口倉，華州永豐倉，陝州太原倉，儲米粟多者千萬石，少者不減數百萬石。天下義倉又皆充滿。京都及并州庫布帛各數千萬，而錫賚勳庸，並出豐厚，亦魏晋以降之未有。國家貞觀中有户三百萬，至天寶末百三十餘年，纔如隋氏之數。聖唐之盛，邁於西漢，約計天下編户合踰元始之閒，而名籍所少三百餘萬。自貞觀以後，加五百九十萬，其時天下户都有八百九十餘萬也。漢武黷兵，人户減半，末年追悔，方息征伐。其後至平帝元始二年，經七十餘載，有户千二百二十餘萬。大唐百三十餘年中，雖時起兵戎，都不至減耗，而浮浪日衆，版圖不收。若比量漢時，實合有加數，約計天下人户少猶可有千三四百萬矣。直以選賢授任，多在藝文，才與職乖，法因事弊。隳循名責實之義，闕考言詢事之道。崇秩之所至，美價之所歸，不無輕薄之曹，浮華之伍。習程典，親簿領，謂之淺俗；務根本，去枝葉，目以迂闊。風流相尚，奔競相驅，職事委於群胥，貨賄行於公府，而至此也。自建中初，天下編甿百三十萬，賴分命黜陟，重爲案比，收入公税，增倍而餘。諸道加出百八十萬，共得三百一十萬。遂令賦有常規，人知定制，貪冒之吏，莫得生姦，狡猾之甿，皆被其籍，誠適時之令典，拯弊之良圖。舊制，百姓供公上，計丁定庸調及租，其税户雖兼出王公以下，比之二三十分唯一耳。自兵興以後，經費不充，於是徵斂多名，且無恒數，貪吏横恣，因緣爲姦，法令莫得檢制，烝庶不知告訴。其丁狡猾者，即多規避，或假名入仕，或託跡爲僧，或占募軍伍，或依倍豪族，兼諸色役，萬端蠲除。鈍劣者即被徵輸，困竭日甚。建中新令，並入兩税，恒額既立，加益莫由，浮浪悉收，規避無所。而使臣制置各殊，或有輕重未一，仍屬多故，兵革薦興，浮冗之輩，今則衆矣。徵輸之數，亦以闕矣。舊額既在，見人漸艱，詳今日之宜，酌晋隋故事，版圖可增其倍，征繕自減其半。賦既均一，人知税輕，免流離之患，益農桑之業，安人濟用，莫過於斯矣。計諸道簿帳所收，可有二百五十餘萬户。按歷代户口，多不過五，少不減三，約計天下，除有兵馬多處食鹽，是知見在之數。若採晋、隋舊典制置，可得五百萬矣。以五百萬户共出二百五十萬户税，自然各減半數。古之爲理也，在於周知人數，乃均其事役，則庶功以興，國富家足，教從化被，風齊俗和。夫然，故災沴不生，悖亂不起。所以周官有比、閭、族、黨、州、鄉、縣、遂之制，維持其政，綱紀其人。孟冬司徒獻民數於王，王拜而受之，其敬之守之如此之重也。及理道乖方，版圖脱漏，人如鳥獸，飛走莫制，家以之乏，國以之貧，姦宄漸興，傾覆不悟。斯政之大者遠者，將求理平之道，非無其本歟？

（唐）李吉甫《元和郡縣圖志》卷一五《河東道四》 潞州，上黨。大都督府。開元户六萬四千二百七十六。鄉一百三十三。元和户一萬七千八百。鄉一百二十。今爲澤潞節度使理所。

管州五：潞州，澤州，邢州，洺州，磁州。磁、邢、洺本河北道，今屬澤潞節度使管內。縣三十七。都管户二萬六千二百四十三。

（唐）李吉甫《元和郡縣圖志》卷一八《河北道三》 定州，博陵。上。開元户六萬五千四百六十。鄉一百三十。元和户二萬六千八百三十二。鄉一百一十四。今爲易定節度使理所。

管州二：定州，易州。縣十六。都管户三萬六千四百二。

（唐）李吉甫《元和郡縣圖志》卷二五《江南道一》 潤州，丹陽。上。開元户九萬一千六百三十五。鄉一百。元和户五萬五千四百。鄉八十。墾田六千七百二十七頃。今爲浙西觀察使理所。

管州六：潤州，常州，蘇州，杭州，湖州，睦州。縣三十七。都管户三十一萬三千七百七十二。

（唐）李吉甫《元和郡縣圖志》卷二七《江南道三》 鄂州，江夏。緊。開元户一萬九千一百九十。鄉三十三。元和户三萬八千六百一十八。鄉三十七。今爲鄂岳觀察使理所。

管（縣）〔州〕六：鄂州，沔州，安州，黄州，蘄州，岳州。縣二十五。都管户七萬二千二百四十七。

（唐）李吉甫《元和郡縣圖志》卷二八《江南道四》 洪州，豫章。中都督府。開元户五萬五千四百五。鄉九十四。元和户九萬一千一百二十九。鄉一百一十。今爲江南西道觀察使理所。

管州八：洪州，饒州，虔州，吉州，江州，袁州，信州，撫州。管縣三十八。都管户二十九萬三千一百八十。

（唐）李吉甫《元和郡縣圖志》卷三一《劍南道上》 漢州，德陽。上。開元户四萬二千五百。鄉一百六。元和户二千一百一十三。鄉一百六。

貢、賦：開元貢：布二十匹，交梭羅。元和貢：彌牟布，紵布。

（唐）李吉甫《元和郡縣圖志》卷三三《劍南道下》 梓州，梓潼。上。開元户一萬五千四百七十八。鄉二十六。元和户六千九百八十五。鄉一十六。今爲東川節度使理所。

管州一十二：梓州，劍州，緜州，遂州，渝州，合州，普州，榮州，陵州，瀘州，龍州，昌州。縣六十九。都管户三萬一千七百二十二。

《舊唐書》卷四八《食貨志》 凡天下人户，量其資產，定爲九等。每三年，縣司注定，州司覆之。百户爲里，五里爲鄉。四家爲鄰，五家爲保。在邑居者爲坊，在田野者爲村。村坊鄰里，遞相督察。士農工商，四人各業。食禄之家，不得與下人争利。工商雜類，不得預於士伍。男女始生者爲黄，四歲爲小，十六爲中，二十一爲丁，六十爲老。每歲一造計帳，三年一造户籍。州縣留五比，尚書省留三比。神龍元年，韋庶人爲皇后，務欲求媚於人，上表請以二十二爲丁，五十八爲老，制從之。及韋氏誅，復舊。至天寶三年，又降優制，以十八爲中男，二十二爲丁。天下籍始造四本，京師及東京尚書省、户部各貯一本，以備車駕行幸，省於載運之費焉。【略】

天寶元年正月一日赦文：如聞百姓之內，有户高丁多，苟爲規避，父母見在，乃別籍異居。宜令州縣勘會。其一家之中，有十丁已上者，放兩丁征行賦役；五丁已上，放一丁。即令同籍共居，以敦風教。其侍丁孝假，免差科。

廣德元年七月，詔：一户之中，三丁放一丁。庸調地税，依舊每畝税二升。天下男子，宜二十三成丁，五十八爲老。【略】

建中元年二月，遣黜陟使分行天下，其詔略曰：户無主客，以見居爲簿。人無丁中，以貧富爲差。行商者，在郡縣税三十之一。居人之税，秋夏兩徵之。各有不便者，三之。餘征賦悉罷，而丁額不廢。其田畝之税，率以大曆十四年墾數爲準。徵夏税無過六月，秋税無過十一月。違者進退長吏。令黜陟使各量風土所宜、人户多少均之，定其賦，尚書度支總統焉。

（宋）王溥《唐會要》卷八四《移户》 貞觀元年，朝廷議户殷之處，聽徙寬鄉，陝州刺史崔善爲上表曰，畿內之地，是謂殷户，丁壯之民，悉入軍府，若聽移轉，便出關外，此則虛近實遠，非經通之義，其事遂止。

天授二年七月二十四日，徙關外雍同秦等七州户數十萬，以實洛陽。

開元十六年十月敕，諸州客户，有情願屬緣邊州府者，至彼給良沃田安置，仍給永年優復，宜令所司，即與所管客户州計會，召取情願者，隨其所樂，具數奏聞。

寶歷元年五月敕，黔首如有願於所在編附籍帳者，宜令州縣優恤，給與閑地，二周年不得差遣。

（宋）王溥《唐會要》卷八四《雜録》 貞觀二十年，太宗問民部侍郎盧承慶，歷代户口多少之數，承慶叙夏殷之後，迄於周隋，皆有依據，太宗嗟賞久之。

永徽三年七月二十二日，上問户部尚書高履行，去年進户多少，履行奏言，去年進户，總十五萬，上以天下進户既多，謂長孫無忌曰，比來國家無事，户口稍多，三二十年，足堪殷實，因問隋有幾户，今見在幾户，履行又奏，隋開皇中，有八百七十萬，即今現户三百八十五萬，上曰，自隋末亂離，户口減耗，邇來雖復蘇息，猶大少於隋初。

開元二十四年三月敕，朕以百姓爲心，固非一人獨理，委之牧宰，輯寧兆庶，若考論政績，在户口存亡，不有甄明，何憑賞罰，自今已後，天下諸州户口，或刺史縣令有離任者，並宜分明交付，州縣仍每至年終，各具存亡及增加實數同申，並委採訪使重覆報省，所司明爲課最，具條件奏聞，隨事褒貶，以旌善惡。

貞元三年五月，詔曰，諸州户口減耗，三分去二，其官員亦合減省。

元和二年十二月，史官李吉甫等，撰元和國計簿十卷，總計天下方鎮，凡四十八道，管州府二百九十三，縣一千四百五十三，見定户二百四十四萬二百五十，其鳳翔，鄜坊，邠寧，振武，涇原，銀夏，靈，鹽，河東，易定，魏博，鎮冀，範陽，滄景，淮西，淄青十五道，七十一州，並不申户口數。每歲縣賦入倚辦，止於浙西，浙東，宣歙，淮南，江西，鄂嶽，福建，湖南等道，合四十州，一百四十四萬户，比量天寶供税之户，四分有一，天下兵戎，仰給縣官，八十三萬餘人，比量士馬，三分加一，率以兩户資一兵，其他水旱所損，徵科妄斂，又在常役之外。

六年二月制，自定兩税以來，刺史以户口增減，爲其殿最，故有析户以張虚數，或分産以繫户名，兼招引浮客，用爲增益，至於税額，一無所加，徒使人心易搖，土著者寡，觀察使嚴加訪察，必令指實。

會昌五年八月制，朕聞三代已前，未嘗言佛，漢魏之後，佛教寖興，是逢季時，傳此異俗，且一夫不耕，有受其餒者，一婦不織，有受其寒者，今天下僧尼，不可勝數，皆待農而食，待蠶而衣，貞觀開元，亦常釐革，？除不盡，流衍滋多，中外誠臣，協予正意，濟民利衆，予不讓焉，天下所還俗僧尼二十六萬五千餘人，奴婢爲兩税户十五萬人。

（宋）王溥《唐會要》卷八五《團貌》 武德六年三月，令以始生爲黄，四歲爲小，十六歲爲中，二十一爲丁，六十爲老。

開耀二年十二月七日敕，百姓年五十者，皆免課役，至神龍元年五月十八日制，二十二成丁，五十九免役，因韋庶人所奏。至景雲元年七月二十一日敕，韋庶人所奏成丁入老宜停，省司舉徵租調，殿中侍御史楊瑒執之曰，韋庶人臨朝當國，制書非一，或進階卿士，或赦宥罪人，何獨於已役中男，重徵丁課，恐非保人之術，省司遂依瑒所執，奏停。

延載元年八月敕，諸户口計年將入丁老疾應免課役及給侍者，皆縣親貌形狀，以爲定簿，一定以後，不得更貌，疑有奸欺者，聽隨事貌定，以付手實。

開元二十九年三月二十六日敕，天下諸州，每歲一團貌，既以轉年爲定，復有籍書可憑，有至勞煩，不從簡易，於民非便，事資釐革，自今已後，每年小團宜停，待至三年定户日，一時團貌，仍令所司，作條件處分。

天寶三載十二月二十三日赦文，比者，成童之歲，即挂輕徭，既冠之年，便當正役，憫其勞苦，用軫於懷，自今已後，百姓宜以十八已上爲中男，二十三已上成丁，至廣德元年七月十一日赦文，天下男子，宜二十五歲成丁，五十五入老。

四載七月二十日敕，今載諸郡，因團貌宜便定户，自今已後，任依常式，應緣察問，對衆取平，準今載三月五日敕處分。

八載閏六月五日制，其天下百姓，丈夫七十五已上，宜各給中男一人充侍，仍任自簡擇，至八十已上，依常式處分。

九載十二月二十九日敕，天下郡縣，雖三年定户，每年亦有團貌，計其轉年，合入中男成丁，五十九者，任退團貌。

（宋）王溥《唐會要》卷八五《定户等第》 武德六年三月，令天下户量其貲產，定爲三等。至九年三月二十四日詔：天下户三等，未盡升降，依爲九等。

永徽五年二月八日敕，天下二年一定户。

萬歲通天元年七月二十三日敕：天下百姓，父母令外繼別籍者，所析之户，等第並須與本户同，不得降下。其應入役者，共計本户丁中，用爲等級，不得以析生蠲免。其差科，各從析户祗承，勿容遞相影護。

開元十八年十一月敕：天下户等第未平，升降須實，比來富商大賈，多與官吏往還，遞相憑囑，求居下等。自今已後，不得更然，如有囑請者，所由牧宰録名封進，朕當處分。京都委御史，外州委本道，如有隱蔽不言，隨事彈奏。

天寶四載三月敕：朕聽政之餘，精思治本，意有所得，庶益於人。且十一而税，前王令典，農商異宜，舊制猶闕，今欲審其户等，拯貧乏之人，賦彼商賈，抑浮惰之業。優劣之際，有深察之明，閭里之間，無不均之歎。頃以人不欲擾，法貴從寬，所以比來未全定户。今已經數載，產業或成，適可因兹，平於賦税。自今已後，每至定户之時，宜委縣令與村鄉對定，審於衆議，察以資財，不得容有愛憎，以爲高下。徇其虛妄，令不均平，使每等之中，皆稱允當。仍委太守詳覆定後，明立簿書，每有差科，先從高等，矜兹不足，庶協彝倫。

廣德二年二月十一日赦文：天下户口，委刺史、縣令據見在實户量貧富等第科差，不得依舊籍帳。

貞元四年正月赦文：天下兩税，更審定等第，仍令三年一定，以爲常式。

元和六年正月，衡州刺史吕温奏：當州舊額户一萬八千四百七，除貧窮死絶老幼單孤不支濟等外，堪差科户八千二百五十七。臣到後，團定户税，次檢責出所由隱藏不輸税户一萬六千七。伏緣聖恩，録臣在道州微效，擢授大郡，令撫傷殘。臣昨尋舊案，詢問閭里，承前徵税，並無等第，又二十餘年，都不定户，存亡孰察，貧富不均，臣不敢因循，設法團定，檢獲隱户，數約萬餘，州縣雖不徵科，所由已私自率斂，與其潛資於奸吏，豈若均助於疲民？臣請作此方圓，以救凋瘵，庶得下免偏枯，上不闕供。敕旨：宜付所司。

十五年二月敕節文，天下百姓，自屬艱難，棄于鄉井，户部版籍，虛繫姓名。建中元年已來，改革舊制，悉歸兩税，法久則弊，奸濫益生，自今已後，宜準例三年一定兩税，非論土著客居，但據貲產差率。

（宋）王溥《唐會要》卷八五《籍帳》 舊制，凡丁新附於籍帳者，春附則課役並徵，夏附則免課從役，秋冬附則課役俱免。其詐冒隱避，以免課役，不限附之早晚，皆徵之。

武德六年三月，令每歲一造帳，三年一造籍，州縣留五比，尚書省留三比。

儀鳳二年二月二十四日敕：自今已後，裝潢省籍及州縣籍。

景龍二年閏九月敕：諸籍應送省者，附當州庸調車送，若庸調不入京，雇腳運送，所須腳直，以官物充。諸州縣籍手實計帳，當留五比，省籍留九比，其遠依次。除皇宗祖廟雖毀，其子孫皆於宗正附籍，自外悉依百姓例。

開元十八年十一月敕：諸户籍三年一造，起正月上旬。縣司責手實計帳，赴州依式勘造。鄉別爲卷，總寫三通，其縫皆注某州某縣某年籍，州名用州印，縣名用縣印。三月三十日納訖，並裝潢一通，送尚書省，州縣各留一通。所須紙筆裝潢，並皆出當户内口，户别一錢。其户每以造籍年預定爲九等，便注籍腳，有析生新附者，於舊户後，以次編附。

二十九年二月敕：自今已後，應造籍，宜令州縣長官及録事參軍審加勘覆，更有疏遺者，委所司具本判官及官長等名品録奏。其籍仍寫兩本，送户部。

天寶元年正月制，節文：如聞百姓之内，或有户高丁多，苟爲規避，父母見在，别籍異居，宜令州縣仔細勘會。其一家之中，有十丁已上，放兩丁征行賦役，五丁已上者，放一丁，即令同籍共居，以敦風教。如更犯者，準法科罪。

三年正月十六日敕：天寶三年，改爲載者，所論前後年號，一切爲載，其後造籍記歲月云若干載，自餘表狀文章並準此。

其載二月二十五日制：天下籍造四本，京師、東京、尚書省、户部各貯一本。

五載六月十一日敕：自今已後，應造籍帳及公私諸文書，所言田地四至者，改爲路。

十二載正月十二日敕：應送東京籍宜停。

寶應二年九月敕：客户若住經一年已上，自貼買得田地，有農桑者，無問於莊蔭家住及自造屋舍，勒一切編附爲百姓差科，比居人例量減一半，庶填逃散者。

大歷四年八月敕：名籍一家，輒請移改，詐冒規避，多出此流，自今已後，割貫改名，一切禁斷。

（宋）王溥《唐會要》卷八五《逃户》 開元九年正月二十八日，監察御史宇文融請急察色役僞濫，並逃户及籍田，因令充使。於是奏勸農判官數人：華州録事參軍慕容琦、長安縣尉王冰、太原司録張均、太原兵曹宋希玉、大理評事宋珣、長安主簿韋利涉、汾州録事參軍韋洽、汜水縣尉薛侃、三原縣尉喬夢松、大理寺丞王誘、右拾遺徐楚璧、告成縣尉徐鍔、長安縣尉裴寬、萬年縣尉岑希逸、同州司法邊仲寂、大理評事班景倩、榆次縣尉郭庭倩、河南府法曹元將茂、洛陽縣尉劉日貞。至十二年，又加長安縣尉王燾、河南縣尉于孺卿、左拾遺王忠翼、奉天縣尉何千里、伊闕縣尉梁勛、富平縣尉盧怡、咸陽縣尉庫狄履温、渭南縣尉賈晋、長安縣尉李登、前大理評事盛廙等，皆當時名士。判官得人，於此爲獨盛。分往天下，安輯户口，檢責賸田。議者深以爲擾民不便。陽翟縣尉皇甫憬上疏曰：太上務德，以静爲本，其次務化，以安爲上。但責其疆界，嚴立隄防，山水之餘，即爲見地。何必聚人阡陌，親遣檢量，故奪農時，遂令受弊。又應出使之輩，未識大體所由，殊不知陛下愛人至深，務以勾剥爲計。州縣懼罪，據牒即徵，逃户之家，鄰保不濟，又使更輸。急之則都不謀生，緩之則憲法交及。臣恐逃逸從此更甚。至於澄流在源，止沸由火，不可不慎。今之具寮，向逾萬數，蠶食府庫，侵害黎民，户口逃亡，莫不由此。縱使伊皋申術，管晏陳謀，豈息茲弊。若以此給，將何以堪？雖東海南山，盡爲粟帛，亦恐不足，豈括田税客，能周給也。上方委任融、侍中源乾曜及中書舍人陸堅，贊成其計，貶憬爲盈川尉。於是諸道括得客户凡八十餘萬，田亦稱是。州縣希旨，務於多獲，皆虚張其數，亦有以實户爲客者。歲終，得客户錢百萬，一時進入宮中。由是擢拜御史中丞。言事者卻稱檢客損居民，上令集百寮於尚書省議。公卿以下，懼融恩勢，皆雷同不敢有異詞。惟户部侍郎楊瑒，獨建議以爲括客不利居民，徵籍外田税，使百姓困敝，所得不如所失。無幾，瑒又出爲外職。

二月二十八日敕：檢獲招誘得户口應合酬者，其有課户，皆須待納租庸，然後論功。【略】

二十六年七月敕：諸州應歸首復業者，比來每至年終，皆當州録奏，自今已後，宜令牒報本道採訪使同勘，當道歸首人，每州略單數同一狀奏，仍挾名報所由。

天寶八載正月敕：朕永念黎元，務宏愛育，所以惠政頻及，善貸相仍，亦將克致和平，登於仁壽。如聞流庸之輩，漸亦歸復；浮食未還，其數非廣，静言此色，並見其由。蓋爲牧宰等，授任親民，職在安輯，稍有逃逸，耻言減耗。籍帳之間，虚存户口，調賦之際，旁及親鄰，此弊因循，其事自久，寤寐興念，良用憮然，不有釐革，孰致殷阜。其承前所有虚掛丁户，應賦租庸課税，令近親鄰保代輸者，宜一切並停，應令除削。各委本道採訪使，與外州相知審細檢覆，申牒所由處分。其有逃還復業者，務令優恤，使得安存。縱先爲代輸租庸，不在酬還之限。

十四載八月制：天下諸郡逃户，有田宅產業，妄被人破除，並緣欠負租庸，先已親鄰買賣，及其歸復，無所依投。永言此流，須加安輯，應有復業者，宜並卻還。縱已代出租税，亦不在徵賠之限。國之役力，合均有無，比來應定門夫，殊非得所，每縣中男多者，累歲方始一差，中男少者，一周遂役數遍。既緣偏併，豈可因循。自今已後，諸郡所差門夫，宜於當郡諸縣通率，準式納課分配，分得均平。

至德二載二月敕：諸州百姓，多有流亡，或官吏侵漁，或盗賊驅逼，或賦斂不一，或徵發過多，俾其怨咨，何以輯睦。自今已後，所有科役，須使均平，本户逃亡，不得輒徵近親。其鄰保務從減省，要在安存。

乾元三年四月敕：逃户租庸，據帳徵納，或貨賣田宅，或攤出鄰人，展轉誅求，爲弊亦甚。自今已後，應有逃户田宅，並須官爲租賃，取其價直，以充課税。逃人歸復，宜並卻還，所由亦不得稱負欠租賦，別有徵索。

寶應元年四月敕：近日已來，百姓逃散，至於户口，十不半存。今色役殷繁，不減舊數，既無正身可送。又遣鄰保祗承，轉加流亡，日益艱弊。其實流亡者且量蠲減，見在者節級差科，必冀安存，庶爲均濟。

其月敕：百姓田地，比者多被殷富之家官吏吞併，所以逃散，莫不由茲，宜委縣令，切加禁止。若界内自有違犯，當倍科責。

其年五月十九日敕：逃户不歸者，當户租賦停徵，不得率攤鄰親高户。

廣德二年四月敕：如有浮客，情願編附，請射逃人物業者，便準式據丁口給授。如二年以上，種植家業成者，雖本主到，不在卻還限，任別給授。

大歷元年制：逃亡失業，萍泛無依，時宜招綏，使安鄉井。其逃户復業者，宜給復二年，無得輒有差遣。如有百姓先貨賣田宅盡者，宜委本州縣取逃死户田宅，量丁口充給。

貞元十二年六月，越州刺史皇甫政奏：貞元十年，進綾縠一千七百匹，至汴州，值兵逆叛，物皆散失，請新來客户續補前數。上使謂宰臣，曰：百姓有業則懷土，失業則去鄉，彼客户者，咸以遭罹苛暴，變成瘡痍之人，豈可重傷哉，可罷其率，特免所失物。

長慶元年正月赦文：應諸道管内百姓，或因水旱兵荒，流離死絶，見在桑產，如無近親承佃，委本道觀察使於官健中取無莊田有人丁者，據多少給付，便與公驗，任充永業，不得令有力職掌人妄爲請射。其官健仍借種糧，放三年租稅。

會昌元年正月制：安土重遷，黎民之性，苟非艱窘，豈至逃亡？將欲招綏，必在賫產。諸道頻遭災沴，州縣不爲申奏，百姓輸納不辦，多有逃亡。長吏懼在官之時，破失人户，或恐務免正稅，減剋料錢，祗於見在户中，分外攤配，亦有破除逃户桑地，以充稅錢。逃户產業已無，歸還不得，見在户每年加配，流亡轉多。自今已後，應州縣開成五年已前，觀察使刺史差强明官就村鄉，指實檢會桑田屋宇等，仍勒令長加檢校，租佃與人，勿令荒廢。據所得與納户内征稅，有餘即官爲收貯，待歸還給付。如欠少，即與收貯，至歸還日，不須徵理。自今已後，二年不歸復者，即仰縣司，召人給付承佃，仍給公驗，任爲永業。其逃户錢草斛㪷等，計留使錢物，合十分中三分已上者，並仰於當州當使雜給用錢内。方圓權落下，不得剋正員官吏料錢，及館驛使料，遞乘作民課等錢。仍任本户歸還日，漸復元額。

大中二年正月制：所在逃户，見在桑田屋宇等，多是暫時東西，便被鄰人與所由等計會。雖云代納稅錢，悉將斫伐毁折，及願歸復，多已蕩盡，因致荒廢，遂成閑田。從今已後，如有此色，勒鄉村老人與所由並鄰近等同檢勘分明，分析作狀，送縣入案。任鄰人及無田產人，且爲佃事，與納稅糧。如五年内不來復業者，便任佃人爲主，逃户不在論理之限。其屋宇桑田樹木等，權佃人，逃户未歸五年内，不得輒有毁除斫伐。如有違犯者，據限日量情以科責，並科所由等不檢校之罪。

咸通十一年七月十九日敕：諸道州府百姓，承佃逃亡田地，如已經五年，須準承前赦文，便爲佃主，不在論理之限，仍令所司，准此處分。

（宋）王溥《唐會要》卷八六《奴婢》　舊制，凡反逆相坐，没其家爲官奴婢，反逆家男女及奴婢没官，皆謂之官奴婢，男年十四已下者配司農，十五已上者，以其年長，令遠京邑，配嶺南爲城奴也。一免爲番户，再免爲雜户，三免爲良人，皆因赦宥所及，則免之，凡免，皆因恩言之，得降一等二等，或直入良人，諸律令格式有言官户者，是番户之總號，非謂別有一色。

武德五年，安州刺史李大亮，以破輔公祏功，賜奴婢百人，大亮謂曰，汝輩多衣冠子女，破亡至此，吾亦何忍以汝爲賤隸乎，一一皆放還，高祖聞而嗟賞，更賜奴婢三十人。顯慶二年十二月敕，放還奴婢爲良，及部曲客女者，聽之，皆由家長手書，長子已下連署，仍經本屬申牒，除附諸官奴婢，年六十已上及廢疾者，並免賤。

永昌元年九月，越王貞破，諸家僮勝衣甲者千餘人，於是制王公以下奴婢有數。

如意元年四月十七日敕，逆人家奴婢，及緣坐等色入官者，不須充尚食尚藥驅使，萬歲通天元年九月敕，士庶家僮僕，有驍勇者，官酬主直，並令討擊契丹，時契丹首領李盡忠攻陷營州也。

大足元年五月三日敕，西北緣邊州縣，不得畜突厥奴婢。

景龍三年，司農卿趙履温奏，請以隋代番户子孫數千家，没爲官奴婢，仍充賜口，以給貴倖，監察御史裴子餘，以爲官户承恩，始爲番户，且今又是子孫，不可抑之，奏免之。

天寶八載六月十八日敕，京畿及諸郡百姓，有先是給使在私家驅使者，限勒到五日內，一切送付內侍省，其中有是南口及契券分明者，各作限約，定數驅使，雖王公之家，不得過二十人，其職事官，一品不得過十二人，二品不得過十人，三品不得過八人，四品不得過六人，五品不得過四人，京文武清官，六品七品不得過二人，八品九品不得過一人，其嗣郡王郡主縣主國夫人諸縣君等，請各依本品，同職事及京清資官處分，其有別承恩賜，不在此限，其蔭家父祖先有者，各依本蔭職減，比見任之半，其南口請禁蜀蠻及五溪嶺南夷獠之類。

大歷十四年五月，詔曰，邕府歲貢奴婢，使其離父母之鄉，絕骨肉之戀，非仁也，宜罷之。

其年八月，都官奏，伏准格式，官奴婢，諸司每年正月造籍二通，一通送尚書，一通留本司，並每年置簿，點身團貌，然後關金倉部給衣糧，又準格式，官户受有勳及入老者，並從良，比來因循，省司不立文案，伏恐日月滋深，官户逃散，其受勳及入老者無定數，伏請令諸司準式造籍送省，並孳生及死亡者，每季申報，庶憑勘會，敕旨，宜並準式處分，自今已後，有違闕者，委所司奏聞，準法科罪。

元和四年閏三月敕，嶺南黔中福建等道百姓，雖處遐俗，莫非吾民，多罹掠奪之虞，豈無親愛之戀，緣公私掠賣奴婢，宜令所在長吏切加捉搦，並審細勘責，委知非良人百姓，乃許交關，有違犯者，準法處分。

八年九月詔，自嶺南諸道，輒不得以良口餉遺販易，及將諸處博易，又有求利之徒，以良口博馬，並敕所在長吏，嚴加捉搦，如長吏不任勾當，委御史臺訪察聞奏。

長慶元年三月，平盧軍節度使薛蘋奏，應有海賊？掠新羅良口，將到當管登萊州界，及緣海諸道，賣爲奴婢者，伏以新羅國雖是外夷，常稟正朔，朝貢不絕，與內地無殊，其百姓良口等，常被海賊掠賣，於理實難，先有制敕禁斷，緣當管久陷賊中，承前不守法度，自收復已來，道路無阻，遞相販鬻，其弊尤深，伏乞特降明敕，起今已後，緣海諸道，應有上件賊？賣新羅國良人等，一切禁斷，請所在觀察使嚴加捉搦，如有違犯，便準法斷，敕旨，宜依。

三年正月，新羅國使金柱弼進狀，先蒙恩敕，禁賣良口，使任從所適，有老弱者棲棲無家，多寄傍海村鄉，願歸無路，伏乞牒諸道傍海州縣，每有船次，便賜任歸，不令州縣制約，敕旨，禁賣新羅，尋有正敕，所言如有漂寄，固合任歸，宜委所在州縣，切加勘會，責審是本國百姓情願歸者，方得放回。

寶歷二年十一月敕，朝官及節度觀察使，自今已後，並不許更置私白身驅使。

太和二年十月敕，嶺南福建桂管邕管安南等道百姓，禁斷掠買餉遺良口，前後制敕，處分重疊，非不明白，衛中行李元志等，雖云買致，數實過多，宜各令本道施行，准元和四年閏三月五日，及八年九月十八日敕文，切加約勒，仍逐管各差判官奏當司應管諸司所有官户奴婢等，據要典及令文，有免賤從良條，近年雖赦敕，諸司皆不爲論，致有終身不霑恩澤，今請諸司諸使，各勘官户奴婢，有廢疾及年近七十者，請准各令處分，其新羅奴婢，伏准長慶元年三月十一日敕，應有海賊？掠新羅良口，將到緣海諸道，賣爲奴婢，並禁斷者，雖有明敕，尚未止絕，伏請申明前敕，更下諸道切加禁止，敕旨，宜依。

會昌五年四月，中書門下奏，天下諸寺奴婢，江淮人數至多，其間有寺已破廢，全無僧衆，奴婢既無衣食，皆自營生，或聞洪潭管內，人數倍一千人以下，五百人以上處，計必不少，臣等商量，且望各委本道觀察使，差清強官與本州刺史縣令同點檢，具見在口數，及老弱嬰孩，並須一一分析聞奏，如先自營生，及已輸納者，亦別項分析，深恐無良吏及富豪商人百姓綱維，潛計會藏隱，事須稍峻法令，如有犯者，便以奴婢計估，當二十千已上，並處極法，官人及衣冠，奏聽進止，如有人糾告，便以奴婢充賞，待勘知人數，續具條流，其京城委功德，亦準此條流，仍具數奏聞，敕旨，依奏。

其年八月，中書門下奏，應天下廢寺，放奴婢從良百姓者，今聞有細口，恐刺史以下官人，及富豪衣冠商人百姓，計會藏隱，及量與錢物索取，敕下後，如有此色，並仰首出，卻還父母，如有依前隱蔽，有人糾告，官人已下遠販商人百姓，並處極法，其告事人，每一口賞錢一百千，便以官錢充給，續徵所犯人填納，敕旨，宜依。六年二月敕，山南江淮間，寺家奴婢，比來有敕釐革，或有父母贖男女將歸，歲月既深，今卻搜檢，情非違敕，事恐擾人，如有此色，勘檢有憑，並宜不要進收，自會昌元年以後者，不在此限。大中五年二月敕，邊上諸州鎮，送到投來吐蕃回鶻奴婢等，今後所司勘問了，宜並配嶺外，不得隸內地。

九年閏四月二十三日敕，嶺南諸州，貨賣男女，奸人乘之，倍射其利，今後無問公私土客，一切禁斷，若潛出券書，暗過州縣，所在搜獲，以強盜論，如以男女傭賃與人，貴分口食，任於當年立年限爲約，不得將出外界。

大順二年四月二十日敕，天下州府及在京諸軍，或因收擄百姓男女，宜給內庫銀絹，委兩軍收贖，歸還父母，其諸州府，委本道觀察使取上供錢充贖，不得壓良爲賤。

（宋）王溥《唐會要》卷九〇《食實封數》　舊例，凡有功之臣賜實封者，皆以課户先準户數。州縣與國官邑官，執帳供其租調。各準配租調，遠近州縣官司，收其腳直，然後付國邑官司。其下亦準此。入國邑者，收其庸。

安國相王、太平公主，各一萬户，神龍元年十一月六日敕。安樂公主四千户、長寧公主三千五百户，神龍元年十二月二日敕。

衛王、温王各二千五百户，同上月敕。

寧王憲、薛王業、慶王潭、忠王亨、棣王洽、鄂王清，各二千户，開元二十一年四月一日敕。

滎王琬以下，各三千户，開元二十三年七月二十三日敕。

楚王豫，一千户，至德二載十二月十五日敕。

雍王适，二千户，寶應二年七月十一日敕。

郭子儀，二千户，大歷十四年閏五月十五日敕。

渾瑊，一千八百户。檢年月未獲。

裴寂，一千五百户，貞觀二十三年九月八日敕。

荊王元景，二千五百户，武德九年十月八日敕。

武三思，一千五百户，神龍元年正月五日敕。

李光弼，一千五百户，廣德二年七月十一日敕。

僕固懷恩，一千五百户，同上月日敕。

長孫無忌、王君廓、尉遲敬德、房元齡、杜如晦，各一千三百户，並武德九年十月八日敕。至永徽元年十一月二十八日詔：房元齡所封，不須依例減降。

新都、宜城、定安公主，各一千三百户，並神龍元年十月三日敕。

長孫順德、柴紹、羅藝、趙郡王孝恭，各一千二百户，同上敕。

王武俊，一千二百户。檢敕未獲。

劉宏基，一千一百户，顯慶元年敕。

李勣，一千一百户，總章元年十二月敕。

韓游瓌，一千一百户。檢敕未獲。

侯君集、張公謹、劉師立，各一千户，武德九年十月八日敕。

武士彠，一千户，顯慶四年七月敕。

武攸暨，一千户，神龍元年正月十八日敕。

宣城公主，一千户，神龍元年十二月二日敕。

薛崇簡，一千户，唐隆元年六月二十五日敕。

邠王守禮，一千户，唐隆元年七月四日敕。

永穆公主，一千户，開元十年敕。

樂安王瑗，一千户，開元二十四年七月十四日敕。

高都公主以上，各一千户，開元二十五年四月二十七日敕。

魚朝恩，一千户，大歷五年三月敕。

田承嗣，一千户，大歷八年二月三日敕。

高士廉，九百户，段志元，九百户，貞觀元年敕。

魏徵，九百户，貞觀十七年正月敕。

李晟、李元諒，各九百户。檢敕未獲。

李湛，八百户，神龍元年正月十八日敕。

李輔國，八百户，寶應元年三月三日敕。

宇文士及、秦叔寶、程知節，各七百户，武德九年十月八日敕。

李多祚、敬暉、桓彥範、張柬之、崔元暐，並七百户，神龍元年十二月二日敕。

姜皎，七百户，先天二年七月十八日敕。

劉幽求，七百户，先天二年八月十一日敕。

馬燧，七百户，唐朝臣，五百五十户。檢敕未獲。

安興貴、安修仁、唐儉、竇軌、屈突通、蕭瑀、封德彝、劉義節，各六百户，武德九年十月八日敕。

温嘉順，六百户。檢敕未獲。

魏元忠，五百五十户，神龍元年十二月二日敕。

李靖，五百户，貞觀四年八月敕。永徽二年十月九日詔：李靖所食封，不須減。

段秀實，五百户，李抱真，五百户，興元二年二月敕。

陳仙奇，五百户，貞元二年四月敕。以殺李希烈功也。

李愬，五百户，元和十二年十一月敕。

劉悟，五百户，元和十四年二月敕。以殺李師道功也。

田宏正，三百户，張子良、田少卿、李奉仙，各一百五十户，元和二年十一月敕。以擒李錡功也。

史奉敬，五十户，長慶元年二月敕。以破吐蕃功也。

（宋）鄭樵《通志》卷六一《食貨略·歷代户口》 至唐貞觀間而户猶不滿三百萬。三年，户部奏：中國人因塞外來歸及突厥前後降附，開四夷爲州縣，獲男女一百二十餘萬口。十四年，侯君集破高昌，得三郡五縣二十二城，户八千四十六，口萬七千三十一，馬千三百疋。永徽元年，户部尚書高履行奏：去年進户一十五萬。高宗以天下進户既多，謂長孫無忌曰比來國家無事，户口稍多，三二十年足爲充實。因問隋有幾户，今有幾户。履行奏：隋大業中户八百七十萬，今户三百八十萬。顯慶二年十月，上幸許汝州，問中書令杜正倫曰：此間田地極寬，百姓太少。因又問隋有幾户，正倫奏：大業初有八百餘萬户，末年離亂，至武德有二百餘萬户。總章元年十月，司空李勣破高麗國，虜其王，下城百七十，户六十九萬七千二百，配江淮以南山南、京西。天寶十四載，管户總八百九十一萬四千七百九，應不課户三百五十六萬五千五百一，應課户五百三十四萬九千二百八。管口總五千二百九十一萬九千三百九，不課口四千四百七十萬九百八十八，課口八百二十萬八千三百二十一。此唐家之極盛也。自天寶十四年至乾元三年，損户總五百九十八萬二千五百八十四，不課户損二百三十九萬一千九百九，課户損三百五十九萬六百七十五。損口總三千五百九十一萬八千七百二十三，不課口損三千七十一萬三百一，課口損五百二十一萬八千四百三十二，户至大曆中，唯有百三十萬户。建中初，命黜陟使往諸道按比户口約都，得主户百八十餘萬，客户百有三十餘萬。

（宋）宋敏求《唐大詔令集》卷一〇《帝王·册尊號赦·元和十四年册尊號赦》 比來州縣並不定户，貧富變易，遂成不均，前後頻有制敕，長吏不盡遵守。今宜三年一定，必使均平。

（宋）宋敏求《唐大詔令集》卷一一一《政事·田農·聽逃户歸首敕》 朕臨御天下二十四載，何嘗不孜孜問政，業業興憂，以一德一心，與萬人請命。故宗廟降福，乾坤致和，使匈奴成父子之鄉，犬戎爲姻好之國。西南邛笮皆曰内臣，東北林胡是稱邊扞，何奉天之德，能遠洽於戎夷，而安人之政，獨不行於諸夏，使黎甿失業，户口凋零，忍棄枌榆，轉徙他鄉，傭假取給，浮窳求生。言念於兹，良深惻隱，豈惟朕德所未及，教有未弘歟，亦由牧守專城，莫能共理。令長爲邑，多或非才，俾猾吏侵漁，權豪并奪，故貧窶日蹙，逋逃歲增。若不開恩，何從遷善。天下逃户，所在特聽歸首，容至今年十二月三十日内首盡。其本貫舊有産業者，一切令還。若先無者，具户數聞奏，當別有處分。其有限外不首，潛匿忘歸，靡懷亭育之恩，仍蓄逋亡之計，即當分命專使，在處搜求。散配諸軍，以充兵鎮，懲其犯命，替彼居人。仍各委採訪使及刺史縣令，明加曉喻，令知朕意。開元二十四年正月。

（宋）宋敏求《唐大詔令集》卷一一一《政事·田農·置勸農使安撫户口詔》 有國者必以人爲本，固本必以食爲天，先王於是務其三時，前聖所以分其五土，勸農之道，實在於斯。朕撫圖御曆，殆踰一紀，旰食宵衣，勤乎兆庶，故兢兢翼翼，不敢荒寧。頃歲已來，雖稍豐稔，猶恐地有遺利，人多廢業，游食之徒未盡歸，生穀之疇未均墾。以是軫念，臨遣使臣，恤編户之流亡，閱大田之衆寡。至如百姓逃散，良有所由，當天册神功之時，北狄西戎作梗，大軍之後必有凶年，水旱相仍，逋亡滋甚，自此成弊，至今患之。且違親越鄉，蓋非獲已，暫因規避，旋被兼并，既冒刑綱，復捐産業，客且常懼，歸又無依。積此艱危，遂成流轉。或因人而止，或傭力自資，懷土之思空盈，返本之途莫遂。朕虔荷丕構，子育萬人，立德非宜，而兹弊未革。納隍馭朽，實切於心，既深在予之責，思弘自新之令。其先是逋逃，並容自首。如能服勤壟畝，肆力耕耘，所在閑田勸其開闢，任逐土宜收税，勿令州縣差科。征役租庸，一皆蠲放。若登時不出，或因此更逃，習俗或然，以爲抵法。是阻我誠信，是紊我大綱，爰及所由，須加嚴憲。且天下風壤，多有不同，地既異宜，俗亦殊習。固當因利興事，不可違人立法。宜令兵部員外郎兼侍御史宇文融兼充勸農事使，巡按郡邑，安撫户口，所在與官寮及百姓商量。乃至賦役差科於人非便者，並量事處分，續狀聞奏。務令安輯，勿使勞煩。當行賞罰之科，各竭公忠之力，所到之處宣示百姓，達我勤人之心。開元十二年五月。

《新唐書》卷五一《食貨志》 凡民始生爲黄，四歲爲小，十六爲中，二十一爲丁，六十爲老。授田之制，丁及男年十八以上者，人一頃，其八十畝爲口分，二十畝爲永業；老及篤疾、廢疾者，人四十畝，寡妻妾三十畝，當户者增二十畝，皆以二十畝爲永業，其餘爲口分。永業之田，樹以榆、棗、桑及所宜之木，皆有數。田多可以足其人者爲寬鄉，少者爲狹鄉。狹鄉授田，減寬鄉之半。其地有薄厚，歲一易者，倍授之。寬鄉三易者，不倍授。工商者，寬鄉減半，狹鄉不給。凡庶人徙鄉及貧無以葬者，得賣世業田。自狹鄉而徙寬鄉者，得幷賣口分田。已賣者，不復授。死者收之，以授無田者。凡收授皆以歲十月。授田先貧及有課役者。凡田，鄉有餘以給比鄉，縣有餘以給比縣，州有餘以給近州。【略】

凡里有手實，歲終具民之年與地之闊陿，爲鄉帳。鄉成於縣，縣成於州，州成於户部。又有計帳，具來歲課役以報度支。國有所須，先奏而斂。凡税斂之數，書于縣門、村坊，與衆知之。水、旱、霜、蝗耗十四者，免其租；桑麻盡者，免其調；田耗十之六者，免租調；耗七者，課役皆免。凡新附之户，春以三月免役，夏以六月免課，秋以九月課役皆免。徙寬鄉者，縣覆於州，出境則覆于户部，官以閒月達之。自畿内徙畿外，自京縣徙餘縣，皆有禁。四夷降户，附以寬鄉，給復十年。奴婢縱爲良人，給復三年。没外蕃人，一年還者給復三年，二年者給復四年，三年者給復五年。浮民、部曲、客女、奴婢縱爲良者附寬鄉。【略】

十六年，乃詔每三歲以九等定籍。而庸調折租所取華好，州縣長官勸織，中書門下察濫惡以貶官吏，精者褒賞之。二十二年，詔男十五女十三以上得嫁娶。州縣歲上户口登耗，採訪使覆實之，刺史、縣令以爲課最。【略】

明年，又詔民三歲以下爲黄，十五以下爲小，二十以下爲中。又以民間户高丁多者，率與父母別籍異居，以避征戍，乃詔十丁以上免二丁，五丁以上免一丁，侍丁孝者免傜役。天寶三載，更民十八以上爲中男，二十三以上成丁。五載，詔貧不能自濟者，每鄉免三十丁租庸。男子七十五以上、婦人七十以上，中男一人爲侍；八十以上以令式從事。

《新唐書》卷五二《食貨志》 租庸調之法，以人丁爲本。自開元以後，天下户籍久不更造，丁口轉死，田畝賣易，貧富升降不實。其後國家侈費無節，而大盜起，兵興，財用益屈，而租庸調法弊壞。自代宗時，始以畝定税，而斂以夏秋。至德宗相楊炎，遂作兩税法，夏輸無過六月，秋輸無過十一月。置兩税使以總之，量出制入。户無主、客，以居者爲簿；人無丁、中，以貧富爲差。

商賈税三十之一，與居者均役。田税視大曆十四年墾田之數爲定。遣黜陟使按比諸道丁產等級，免鰥寡惸獨不濟者。敢有加斂，以枉法論。議者以租、庸、調，高祖、太宗之法也，不可輕改。而德宗方信用炎，不疑也。舊户三百八十萬五千，使者按比得主户三百八十萬，客户三十萬。天下之民，不土斷而地著，不更版籍而得其虛實。歲斂錢二千五十餘萬緡，米四百萬斛，以供外；錢九百五十餘萬緡，米千六百餘萬斛，以供京師。【略】

朱泚平，天下户口三耗其二。貞元四年，詔天下兩税審等第高下，三年一定户。

（宋）王應麟《玉海》卷一八五《食貨·會計·唐計帳　開元户部帳　三司》 《六典》：一歲一造計帳，三年一造户籍，縣成於州，州成於省，户部總而領焉。武德六年三月，令每歲一進帳，三年一造籍。後魏蘇綽制計帳户籍之法。顔師古《漢書注》計若今之諸州計帳。

《地理志》：開元二十八年，户部帳凡郡府三百二十八，縣千五百七十三，户八百四十一萬二千八百七十一，口四千八百一十四萬三千六百九，應受田一千四十萬三千八百六十二頃。

《食貨志》：初，乾元末天下上計百六十九州，户百九十三萬三千一百二十四，不課者百一十七萬四千五百九十二，口千六百九十九萬三百八十六，不課者千四百六十一萬九千五百八十七，減天寶户五百九十八萬二千五百八十四，口三千五百九十二萬八千七百二十三。元和中供歲賦者，浙西、浙東、宣歙、淮南、江西、鄂岳、福建、湖南八道，户四百十四萬，比天寶纔四之一。兵食於官者八十三萬，加天寶三之一，通以二户養一兵。京西河北以屯兵廣無上供，至長慶，户三百三十五萬，而兵九十九萬，率三户以奉一兵。至武宗即位，户二百一十一萬四千九百六十。會昌末，户增至四百九十五萬五千一百五十一。宣宗既復河、湟，天下兩税、榷酒茶鹽錢，歲入九百二十二萬緡，歲之常費率少三百餘萬，有司遠取，後年乃濟。

《舊·紀》：開元十四年五月癸卯，户部進計帳：今年管户七百六萬九千五百六十五，管口四千一百四十一萬九千七百一十二。二十年，户部計：户七百八十六萬一千二百三十六，口四千五百四十三萬一千二百六十五。天寶元年，天下郡府三百六十二，縣一千五百二十八，鄉十萬六千八百二十九。户部進計帳：户八百五十二萬五千七百六十三，口四千八百九十萬九千八百。

《通典》：按天寶中天下計帳：户約有八百九十餘萬，計租税庸調，每歲錢粟絹緜布約得五千二百二十餘萬端疋屯貫石。諸色資課及句剥所獲不在其中。其度支歲計粟則二千五百餘萬石，布絹緜二千七百餘萬，錢二百餘萬。自開元及天寶，開拓邊境，軍用日增，糴米粟三百四十萬，疋段給衣則五百二十萬，别支計二百十萬，餽軍百九十萬石。大凡二千二百六十萬，而錫賚不與焉，府藏雖豐，閭閻困矣。

《列傳》：張行成代計吏集京師。裴諝拜河東鹽鐵使，入計問榷酤利歲出内幾，何謂不對。柳冕疏：聖唐稽古，天下朝集，三考一見，皆以十月上計京師，十一月禮見會尚書省。大曆十四年敕：諸州刺史入計如式。

《官志》：度支掌租賦物產豐約之宜，水陸道涂之利，歲計所出支調之。乾元元年十月，第五琦改户侍帶專判，度支自是爲故事。

《藝文志》：刑法類《度支長行旨》五卷。開元二十四年三月六日，户部奏州府諸司，計紙五十餘萬，今編成五卷，每州不過一兩紙。

（宋）高承《事物紀原》卷一《户帳》 又曰：武德六年三月，令天下户每歲一造帳籍；開元十八年十一月，敕諸户籍三年一造。此户口有帳之初也。

（宋）高承《事物紀原》卷一《户等》 又曰：武德六年三月，令天下户量其資産，定爲三等；九年三月二十四日，又爲九等。此户有等第之始也。貞元四年正月，仍令三年一定爲常式。宋朝因之爲五等。

（宋）高承《事物紀原》卷五《户部》 《周禮》地官之掌也。漢置尚書四人，一主財帛委輸，即今户部任矣。吴始有户部名，《通典》曰吴孫休即位，户部尚書讀奏是也。《周禮》司民掌登萬民之數，即户部任也。

（元）馬端臨《文獻通考》卷一〇《户口考·歷代户口丁中賦役》

唐制：民始生爲黄，四歲爲小，六爲中，二十一爲丁，六十爲老。授田法見《田賦門》。

定天下户，量其資産，定爲三等。後詔三等未定升降，宜爲九等。凡丁附籍帳者，春附則課役並征，夏附則免課從役，秋附則課役俱免。其冒詐隱避以免課役者，不限附之早晚，皆征之。制每歲一造帳，三年一造籍，州縣留五比，尚書省留三比。

唐貞觀户不滿三百萬，三年，户部奏：中國人因塞外來歸及突厥前後降附，開四夷爲州縣，獲男子一百二十餘萬口。侯君集破高昌，得三郡、五縣、二十二城，户八千四十六，口萬七千三十一，馬千三百匹。永徽元年，户部奏：去年進户一十五萬，通天下户三百八十萬。

致堂胡氏曰：方隋之盛也，郡縣民户尚版圖者，八百九十餘萬。自李密、王、竇爲倡，而山東盡爲盗區，是後四方並興，擁衆十數萬而加多者，垂五十餘黨，以郡縣反者尚不與焉。至唐武德六十年間，蓋干戈雲擾，狼吞虎噬者十三四年，而後内盗悉平。後二年太宗即位，貞觀仁義之治興，休息生養，至高宗永徽三年，天下樂業阜生，將一世矣，有司奏户口纔及三百八十萬。然則略會之，隋氏極盛之民，經離亂之後，十存不能一二，皆起於獨孤后無《關雎》之德，廢長立少，而其禍至此也。

總章元年，司空李勣破高麗國，虜其王，下城百七十，户六十九萬七千二百，配江淮以南、山南、京西。

證聖元年，鳳閣舍人李嶠上表曰：臣聞黎庶之數，户口之衆，而條貫不失，按此可知者，在於各有管統，明其簿籍而已。今天下流散非一，或違背軍鎮，或因緣逐糧，苟免歲時，偷避徭役。此等浮衣寓食，積歲淹年，王役不供，簿籍不挂，或出入關防，或往來山澤，非直課調虚蠲，闕於恒賦，亦自誘動愚俗，堪爲禍患，不可不深慮也。或逃亡之户，或有檢察，即轉入他境，還行自容，所司雖具設科條，頒其法禁，而相看爲例，莫適遵承；縱欲糾其愆違，加之刑罰，則百州千郡，庸可盡科？前既依違，後仍積習，檢獲者無賞，停止者獲原，浮逃不悛，亦由於此。今縱更搜檢，委之州縣，則還襲舊蹤，卒於無益。臣以爲宜令御史督察檢校，設禁令以防之，垂恩德以撫之，施權衡以御之，爲制限以一之，然後逃亡可還，浮寓可絶。所謂禁令者，使閭閻爲保，遞相覺察，前乖避，皆許自新，仍有不出，輒聽相告，每糾一人，隨事加賞，明爲科目，使知勸沮。所謂恩德者，逃亡之徒久離桑梓，糧儲空闕，田野荒廢，即當賑其乏少，助其修營，雖有缺賦懸徭，背軍離鎮，亦皆舍而不問，寛而勿征；其應還家而貧乏不能致者，乃給程糧，使達本貫。所謂權衡者，逃人有絶家去鄉，失離本業，心樂所住，情不願還，聽於所在隸名，即編爲户。夫顧小利者失大計，存近務者喪遠圖。今之議者，或不達於變通，以爲軍府之地，户不可移，關輔之人，貫不可改；而越關繼踵，背府相尋，是開其逃亡而禁其割隸也。就令逃亡者多，不能總計割隸，猶當計其户等，量爲節文，殷富者令還，貧弱者令住；檢責已定，計料已明，户無失編，人無廢業，然後按前躅，申舊章，嚴爲防禁，與人更始。所謂限制者，逃亡之人應自首者，以符到百日爲限，限滿不出，依法科罪，遷之邊州。如此，則户無所遺，人無所匿矣。

武后神龍元年，户六百三十五萬六千一百四十一。

萬歲通天元年，敕：天下百姓，父母令外繼别籍者，所析之户並須與本户同，不得降下；其應入役者，共計本户丁中，用爲等級，不得以析生蠲免。

元宗開元十四年，户七百六萬九千五百六十五。

八年，宇文融請括籍外逃户羨田，從之。見《田賦門》。

按：開元二十五年《户令》云：諸户主皆以家長爲之，户内有課口者爲課户，無課口者爲不課户。諸視流内九品以上官及男年二十以上，老男、廢疾、妻妾、部曲、客女、奴婢皆爲不課户，無夫者爲寡妻妾。餘准舊令。諸年八十及篤疾，給侍一人；九十，二人；百歲，五人，皆盡子孫，聽取先親，皆先輕色。無近親，外取白丁者，人取家内中男者，並聽。諸以子孫繼絶應析户者，非年十八以上不得析，即所繼處有母在，雖小亦聽析出。諸户欲析出口爲户及首附口爲户者，非成丁皆不合析，應分者不用此令。諸户計年將入丁、老、疾，應徵免課役及給侍者，皆縣令貌形狀，以爲定簿。一定以後，不須更貌，若有奸欺者，聽隨事貌定，以附於實。

九年，制：天下雖三載定户，每載亦有團貌，自今以後，計其轉年合入中丁、成丁、五十者，任退團貌。

天寶十三載，户九百六十一萬九千二百五十四。

《通典》：天寶十四載，管户總八百九十一萬九千三百九，應不課户三百五十六萬五千五百，應課户五百三十四萬九千二百八；管口總五千二百九十一萬九千三百九；不課口四千四百七十萬九百八十八，課口八百二十萬八千三百二十一，唐之極盛也。

三載，更令民十八以上爲中男，二十三以上成丁。又制：如聞百姓或有户高丁多，苟爲規避；父母見在，别籍異居。宜令州縣勘會。一家有十丁以上，放兩丁征行賦役，五丁以上者放一丁，即令同籍共居，以敦風化。如更犯者，准法科罪。

《通典》曰：我國家自武德初至天寶末，凡百三十八年，可以比崇漢室，而人户纔比於隋氏，蓋有司不以經國馭遠爲意，法令不行，所在隱漏之甚也。愚論見《田賦門》。

致堂胡氏曰：世有博古者，言自古人主養民至一千萬户則止矣。三代以上無經據者；兩漢而後，誠未有溢於一千萬户；明皇幾之矣，繁夥既甚，理復虧耗，豈人力所能遏哉！是以數言亦然亦不然也。然者，以漢文、景而武帝繼之，以隋高祖而煬帝繼之，以明皇而禄山出焉。不然者，堯、舜、禹、啓太平凡三百餘年，周成王身致刑措，康王、穆王、昭王嗣守丕業，太平亦二百餘年，豈與後世中國無事之時淺促之比也。然則唐、虞、夏、周之民，豈止一千萬户而已哉！養之既至，教之又備，無夭札瘥及兵革殺戮之禍，父子祖孫連數十世爲太平之民，王者代天理物，於是爲盡矣。明皇享國雖久，户口雖多，不待易世而身自毁之，比禍亂稍平，幾去其半，徒以内有一楊太真，外有一李林甫而致之。嗚呼！可不鑒哉，可不鑒哉！

肅宗至德二載，户八百一萬八千七百一。

乾元三年，户一百九十三萬三千一百二十五。

敕：逃亡户，不得輒徵親近及鄰保，務從減省，要在安存。又敕：應有逃户田宅，並須官爲租賃，取其價直以充課稅。逃人歸復，宜並卻還。所由亦不得稱負欠租賦，別有追索。

《通典》：乾元三年，見到帳百六十九州，應管户總百九十三萬三千一百三十四，不課户總百一十七萬四千五百九十二，課户七十五萬八千五百八十二，管口總千六百九十九萬三百八十六，不課口千四百六十一萬九千五百八十七，課口二百三十七萬七百九十九。自天寶十四載至乾元三年，損户總五百九十八萬二千五百八十四，損口總三千五百九十二萬八千七百二十三。

愚嘗論漢以後以户口定賦，故雖極盛之時，而郡國所上户口版籍終不能及三代、兩漢之數，蓋以避賦重之故，遞相隱漏。且疑天寶以上户不應不課者居三分之一有奇。今觀乾元户數，則不課者反居其太半，尤爲可笑。然則，是豈足憑乎！詳見《田賦門》。

代宗廣德二年，户二百九十三萬三千一百二十五。

詔一户三丁者免一丁，凡畝稅二升，男子二十五爲成丁，五十五爲老，以優民。二年，敕：如有浮客願編附，請射逃人物業者，便准式據丁口給授，如二年以上種植家業成者，雖本主到，不在卻還限，任別給授。

大曆元年，制：逃户復業者，給復二年。如百姓先賣田宅盡者，宜委本州縣取逃死户田宅，量丁口充給。

德宗建中元年，定天下兩稅户，凡三百八十萬五千七十六。

《通典》：主户百八十餘萬，客户百三十餘萬。

《通典》論曰：昔賢云：倉廩實，知禮節；衣食足，知榮辱。夫子適衛，冉子僕曰：美哉，庶矣！既庶矣，又何加焉？曰：富之。既富矣，又何加焉？曰：教之。故知國足則政康，家足則教從，反是而理者，未之有也。夫家足不在於逃稅，國足不在於重斂，若逃稅則不土著而人貧，重斂則多養羸而國貧，不其然矣。《管子》曰：以正户籍，謂之養羸。羸者，大賈蓄家也。正數之户既避其賦，則至浮浪，以大賈蓄家之所役屬，自收其利也。三王以前，井田定賦。秦革周制，漢因秦法。魏晉以降，名數雖繁，亦有良規，不救時弊。昔東晉之宅江南也，慕容、苻、姚迭居中土，人無定本，傷理爲深，遂有庚戌土斷之令，財豐俗阜，實由於兹。其後法制廢弛，舊弊復起，義熙之際，重舉而行，已然之效，著在前志。隋受周禪，得户三百六十萬，開皇九年平陳，又收户五十萬，洎於大業二年，干戈不用，唯十八載，有户八百九十萬矣。自平陳後，又加四百八十餘萬。其時承西魏喪亂，周、齊分據，暴君慢吏，賦重役勤，人不堪命，多依豪室，禁網隳紊，姦僞尤滋。高熲覩流冗之病，建輸籍之法，於是定其名，輕其數，使人知爲浮客，被強家收大半之賦，爲編甿奉公上，蒙輕減之征。浮客，謂避公稅，依強家作佃家也。荀悦論曰：公家之惠，優於三代；豪強之暴，酷於亡秦。是惠不下通，威福分於豪人也。高熲設輕稅之法，浮户悉自歸於編户，隋代之盛，實由於此。先敷其信，後行其令，烝庶懷惠，姦無所容。隋氏資儲，遍於天下，人俗康阜，熲之力焉。國家貞觀中有户三百萬，至天寶末百三十餘年，纔如隋氏之數。聖唐之盛，邁於西漢，約計天下編户，合踰元始之間，而名籍所少三百餘萬。貞觀以後，加五百九十萬，其時天下户都有八百九十餘萬也。漢武黷兵，人口減半，末年追悔，方息征伐。其後至平帝元始二年，經七十餘載，有户千二百二十餘萬。唐百三十餘年中，雖時起兵戎，都不至減耗，而浮浪日衆，版圖不收，若比量漢時，實合有加數。約計天下人户，少猶可有千三四百萬矣。直以選賢授任，多在藝文，才與職乖，法因事弊，隳循名責實之義，闕考言詢事之道。習程典，親簿領，謂之淺俗，務根本，去枝葉，目以迂闊。職事委於郡胥，貨賄行於公府，而至此也。自建中初，天下編甿百三十萬，賴分命黜陟，重爲按比，收入公稅，增倍而餘。諸道加出百八十萬，共得三百一十萬。遂令賦有常規，人知定制，貪冒之吏，莫得生姦。狡猾之甿，皆被其籍。誠適時之令典，拯弊之良圖。舊制：百姓備上，上計丁定庸調及租，其稅户雖兼出王公以下，比之二三十分唯一耳。自兵興以後，經費不充，於是徵斂多名，且無常數，貪吏横恣，因緣爲奸，法令莫得檢制，烝庶不知告訴。其丁狡猾者即多規避，或假名入仕，或托迹爲僧，或占募軍伍，或依倚豪族，兼諸色役，萬端蠲除。鈍劣者即被徵輸，困竭日甚。建中新令，並入兩稅，常額既立，加益莫由，浮浪悉收，規避無所。而使臣置制各殊，或有輕重未一，仍屬多故。兵革洊興，舊額既在，見人漸艱。詳今日之宜，酌晉、隋故事，版圖可增其倍，征繕自減其半。賦既均一，人知稅輕，免流離之患，益農桑之業，安人濟用，莫過於斯矣。計諸簿帳所收，可有二百五十餘萬户。按歷代户口，多不過五，少不減三，約計天下，除有兵馬多處食鹽，足知見在之數。者採晋、隋舊典制置，可得五百萬矣。以五百萬户共黜二百五十萬户税，自然各減數。古之爲理也，在於周知人數，乃均其事役，則庶功以興，國富家足，教從化被，風齊俗一。夫然，故災沴不生，悖亂不起。所以《周官》有比閭族黨，州鄉縣遂之制，維持其政，綱紀其人。孟冬司徒獻民數於王，王拜而受之，其敬之守之如此之重也。及理道乖方，版圖脱漏，人如鳥獸，飛走莫制，家以之乏，國以之貧，奸宄漸興，傾覆不悟，斯政之大者遠者，將求理平之道，非無其本歟！

憲宗元和時，户二百四十七萬三千九百六十三。

史官李吉甫撰《元和國計簿》十卷，總計天下方鎮，凡四十八道，管州府二百九十三，縣一千四百五十三，見定户二百四十四萬二百五十四。其鳳翔、鄜坊、邠寧、鎮武、涇原、銀夏、靈鹽、河東、易定、魏博、鎮冀、范陽、滄景、淮西、淄清十五道七十一州，並不申户口數目。每歲賦入倚辦，止於浙西、浙東、宣歙、淮南、江西、鄂岳、福建、湖南等道，合四十州，一百四十萬户，比量天寶供税之户，四分有一。天下兵戎，仰給縣官八十三萬餘人，比量士馬，三分加一，率以兩户資一兵。其他水旱所損徵科妄斂，又在常役之外。

六年，制：自定兩税以來，刺史以户口增損爲其殿最，故有析户以張虚數，或分産以係户，兼招引浮客，用爲增益，至於税額，一無所加。徒使人心易搖，土著者寡。觀察使嚴加訪察，必令詣實。

衡州刺史吕温奏：當州舊額户一萬八千四百七，除貧窮死絶、老幼單獨不支濟外，堪差科户八千二百五十七。臣到後團定户税，次檢責出所由隱藏不輸税户一萬六千七百。昨尋舊案，詢問閭里，承前徵税，並無等第；又二十餘年都不定户，存亡孰察，貧富不均。臣不敢因循，設法團定，檢獲隱户數約萬餘，州縣并不曾科徵，所由已私自斂率。與其潛資於奸吏，豈若均助於疲人？臣請作此方圓，以救彫瘵，庶得下免偏苦，上不缺供。敕旨：宜付所司。

庫部員外郎李渤上言：臣過渭南長源鄉，舊四百户，今纔百户，閿鄉縣舊三千户，今纔千户，他處皆然。蓋由聚斂之臣，剥下媚上，惟思竭澤，不慮無魚故也。執政惡之，渤謝病免。

致堂胡氏曰：天寶初，户幾一千萬，元和初，合方鎮有户百四十四萬，是十失其八也。憲宗急於用兵，則養民之政不得厚，重以用异，鑄聚斂，受諸道貢獻，百姓難乎，其阜蓄矣。

穆宗長慶時，户三百九十四萬四千五百九十五。

敬宗寶曆時，户三百九十七萬八千九百八十二。

文宗開成四年，户四百九十九萬六千七百五十二。

《唐·食貨志》：天寶户數通以二户養一兵，長慶以後，率三户養一兵。詳見《國用門》。

武宗會昌時，户四百九十五萬五千一百五十一。

會昌元年正月，制：安土重遷，黎民之性，苟非難窘，豈至流亡！將欲招綏，必在資産。諸道頻遭災沴，州縣不爲申奏，百姓輸納不辦，多有逃移。長吏懼在官之時破失人户，或恐務免徵税，減剋料錢，衹於見在户中分外攤配；亦有破除逃户桑地，以充税錢。逃户產業已無，歸還不得，見户每年加配，流亡轉多。自今以後，應州縣開成五年已前觀察使、刺史差強明官，就鄉村詣實檢會桑田屋宇等，仍勒令長加檢校，租佃與人，勿令荒廢，據所得與納户内徵税，有餘即官爲收貯，待歸還給付，如欠少，即與收破，至歸還日，不須徵理。自今以後，二年不歸復者，即仰縣司召人給付承佃，仍給公憑，任爲永業。其逃户錢草斛斗等，計留使錢物合十分中三分已上者，並仰於當州、當使雜給用錢内，方圓權落下，不得剋正員官吏料錢及館驛使料。遞乘作人課等錢，仍任大户歸還日，漸復元額。

大中二年正月制：所在逃户見在桑田屋宇等，多是暫時東西，便被鄰人與所由等計會，推云代納税錢，悉將斫伐毁拆，及願歸復，多已蕩盡，因致荒廢，遂成閑田。從今已後，如有此色，勒村老人，與所由并鄰近等同檢勘分明，分析作狀，送縣入案，任鄰人及無田産人，且爲佃事與納税。如五年内不來復業者，便任佃人爲主，逃户不在論理之限。其屋宇桑田樹木等，權佃人，逃户未歸五年内不得輒有毁除斫伐，如有違犯者，據根口量情科責，并科所由等不檢校之罪。

會昌五年，天下所還俗僧尼二十六萬五千餘人，奴婢爲兩税户十五萬人。

（清）董誥《全唐文》卷一《高祖皇帝・赦逃亡募人詔》 朕祇膺靈命，君臨區宇，承凋弊之餘，拯橫流之難。雖復蠲除徭賦，督課耕農，安集黎元，與之休息，然而鯨鯢未翦，四海多虞，師旅洊興，事不獲已。及其士卒浮惰，苟求逸樂，憚於征役，離其營伍，因此逃竄，潛匿崎嶇，盜竊爲資，規免朝夕。良繇勸勵不明，部署失所，弛慢之責在於朕躬。琴瑟不調，已云變革，多墜刑網，情兼軫悼，宜從寬宥，許以自新。其義士募人有背軍逃亡者，自武德二年十月二十日已前，罪無輕重，皆赦除之。饑寒困弊不能自存者，所在官司隨事賑給。士非素厲，難以應敵，設法垂憲，期於不犯。自今已後，有背軍鎮征役者，隨即科處，必無容貸。宜明宣告，咸使知聞。

（清）董誥《全唐文》卷一《高祖皇帝・定户口令》 比年寇盜，郡縣饑荒，百姓流亡，十不存一。貿易妻子，奔波道路，雖加周給，無救倒懸。京師倉廩，軍國資用，罄以恤民，便闕支擬。今岷嶓款服，蜀漢沃饒，閭里富於猗陶，菽粟同於水火。曩者儲蓄，徵斂實繁，帑藏猶殷，宜垂拯濟。木牛流馬，非可轉輸，樂土重遷，理無從薄，則窮通之道，將由革變。外内户口見在京者，宜依本土置令以下。下官部領，就食劍南諸郡。所有官物，隨至糴給。明立條格，務使穩便。秋收豐實，更聽進止。

（清）董誥《全唐文》卷二二《玄宗・科禁諸州逃亡制》 國家祖武宗文，重熙累洽，克清寰極，大庇生人。元德獨化，放乾元而資始；至道無名，合帝先而首出。自削平區宇，混一車書，六合晏然，百有餘歲，則我文武之業，大造於上靈。朕嗣守丕運，纘承洪緒，恐不能誕敷前烈，光闡睿圖，夙夜祇畏，如臨泉谷，曷嘗不恭默思道，夢寐求政。從人之欲，每以萬姓爲心；屈己之勞，嘗矜一物失所。但以法久而弊，法弊則通。制國以立法爲先，教人以占著爲事。自屬清晏，人多偷息，國章或弛，甿僞實繁。今正朔所及，封疆無外。雖户口既增，而税賦不益，莫不輕去鄉邑，共爲浮惰。或豪人成其泉藪，或奸吏爲之囊橐，逋亡歲積，流蠹日滋。州縣不以爲矜，鄉隣實受其咎。雖朕之薄德，罪則在予，非官無政，吏不守法耳。若浸以久安而肆之，則國之隄防，於是踰紊。今欲去其末而歸其本，閉其邪而正其德，使法有所立，人知向方，是用恤孤窮，免逋貸，式廣自新之路，俾申莫厚之恩。諸州背軍逃亡人，限制到日百日内，各容自首。準令式合所在編户，情願住者，即附入簿籍，差科賦歛於附入令式，仍與本貫計會停徵。若情願歸貫，及據令式不合附者，首訖明立案記，不須差遣，先牒本貫知，容至秋收後遞還。情願即還者，聽待本鄉訖免今年賦租課役。如滿百户以上，各令本貫差官，就户受領。過限不首，並即括取，遞邊遠附爲百姓。家口隨逃者，亦便同送。若限外州縣公私容在界内居停，及事有未盡，所司明爲科禁。其天下勾徵逋懸，及貸糧種子地税，在百姓限内，先有追收之文案未納者，自開元七年十二月以前，並宜放免。官典隱欺，不在免限，將使百度伊始，萬邦在宥，人復其業，官修其方，凡厥庶寮，各虔爾職，俾率訓典，以康政途。布告遐邇，使知朕意。

（清）董誥《全唐文》卷二八《玄宗・禁逃亡詔》 四海清晏，百年於兹，雖户口至多，而逃亡未息，良繇牧宰之任，訓道無方，不能綏撫，令其浮惰。且寰宇一統，天下爲家，去此就彼，孰非州縣？使其離鄉者則亦無改，成其逋藪者何以居官？遂令邦賦不入，人僞斯甚。政術不理，豈過於兹。宜令所司商量，作一招攜捉搦法奏聞。

（清）董誥《全唐文》卷二九《玄宗・安存流民詔》 近聞河南宋、沛等州百姓，多有沿流逐熟去者，須知所詣，有以安存。宜令本道勸農事與州縣檢責其所去及所到户數聞奏。

（清）董誥《全唐文》卷三五《玄宗・編户籍敕》 諸户籍三年一造，起正月上旬，縣司責手實計帳，赴州依式勘造。鄉别爲卷，總寫三通。其縫皆注某州某縣某年某籍。州名用州印，縣名用縣印。三月三十日納訖，并裝潢。一通送尚書省，州縣各留一通。所須紙筆裝潢，並皆出當户户口，内外一錢。其户每以造籍年預定爲九等，便注籍腳。有折生新附者，於舊户後，以次編附。

（清）董誥《全唐文》卷三五《玄宗・禁隱蔽人户等第敕》 天下户等第未平，昇降須實。比來富商大賈，多與官吏往還，遞相憑囑，求居下等。自今以後，不得更然。如有囑請者，所由牧宰録名封進，朕當處分。京都委御史，外州委本道，如有隱蔽不言，隨事彈奏。

（清）董誥《全唐文》卷三五《玄宗・聽逃户歸首敕》 朕臨御天下

二十四載，何嘗不孜孜問政，業業興憂。以一德一心，與萬人請命，故宗廟降福，乾坤致和，使匈奴成父子之鄉，犬戎爲姻好之國。西南邛筰，皆曰内臣，東北林胡，是稱邊扞。何奉天之德，能遠洽於戎夷，而安人之政，獨不行於諸夏。使黎甿失業，户口凋零，忍棄枌榆，轉徙他土，傭假取給，浮竄求生，言念於兹，良深惻隱。豈惟朕德所未及，教有未宏歟。亦由牧守專城，莫能共理，令長爲邑，多或非才，俾猾吏侵漁，權豪并奪，故貧窶日蹙，逋逃歲增。若不開恩，何從遷善。天下逃户所在，特聽歸首，容至今年十二月三十日内首盡。其本貫有産業者，一切令還。若先無者，具户數聞奏，當别有處分。其有限外不首，潛匿亡歸，靡懷亭育之恩，仍蓄逋亡之計，即當分命專使，在處搜求，散配諸軍，以充兵鎮，懲其犯命，替彼居人。仍各委採訪使及刺史縣令，明加曉諭，使知朕意。

（清）董誥《全唐文》卷三五《玄宗·令諸州年終申報户口實數敕》　朕以百姓爲心，固非一人獨理，委之牧宰，輯寧兆庶。若考論政績，在户口存亡，不有甄明，何憑賞罰。自今以後，天下諸州户口，或刺史縣令自離任者，並宜分明交付。州縣仍每至年終，各具存亡及增加實數同申，並委採訪使重覆報省，所司明爲課最，具條件奏聞。隨事褒貶，以旌善惡。

（清）董誥《全唐文》卷三六《玄宗·均平户籍敕》　朕聽政之餘，精思理本，意有所得，庶益於人。且什一而税，前王令典，農桑異宜，舊制猶闕。今欲審其户等，拯貧乏之人；賦彼商賈，抑浮惰之業。優劣之際，有深察之明；閭里之間，無不均之歎。頃以人不欲擾，法貴從寬，所以比來，未全定户。今已經數載，産業或成，適可因兹，平於賦税。自今已後，每至定户之時，宜委縣令與鄉村對定。審於衆議，察以資財，不得容有愛憎，以爲高下。徇其虚妄，令不均平，使每等之中，皆稱允當。仍委太守詳覆。如有不平，縣令録奏，量事貶降。其鄉村對定之人，便與節級科罪。覆定之後，明立簿書。每有差科，先從高等，務兹不足，庶叶彝倫。

（清）董誥《全唐文》卷四七《代宗·委觀察使安輯流亡詔》　如聞巴南道州，自頃年以來，其有結聚或攻陷城邑者。申明朝旨，曉諭令歸，各許自新，一切不問。庶亦隨材敘用，俾效誠勤，各復其居，勉從所務。展歲時伏臘之祀，洽宗黨鄰里之懽，人之常情，當所思慕。必在長吏敦率，設法安存，勸其農耕，恤其疾苦。如刺史縣令，有能政字人民，使流亡日還，户口歲益，宜委觀察使録狀奏聞，當别加超獎。宣示士庶，令知朕意。

（清）董誥《全唐文》卷五四《德宗·勘造簿籍敕》　内外文武官職田及公廨田，準式州縣每年六月三十日勘造白簿申省，與諸司文解勘會，至十月三十日徵收，給付本官。近來不守常規，多不申報。給付之際，先付清望要官，其閒慢卑官，即被延引不付。自今後準式各令送付本官。又準式職田黄籍每三年一造。自天寶九載以後，更不造籍。宜各委州縣每年差專知官巡覆，仍造簿依限申交所司，不得隱漏及妄破蒿荒。如有違犯，專知官及本典準法科罪。

（清）董誥《全唐文》卷五四《德宗·令二年一造文簿敕》　每年造簿，事乃近煩，三年一申，又爲太簡。如外官並須勘造，一切慮因此擾人。宜令應管京官職田等州府，所造文簿，二年一送。餘依。

（清）董誥《全唐文》卷六八《敬宗·優恤客户敕》　黔首如有願於所在編附籍帳者，宜令州縣優恤，給與閑地，二周年不得差遣。

（清）董誥《全唐文》卷七六《武宗·檢校逃户制》　安土重遷，黎人之性，苟非艱窘，豈至流亡，將欲招綏，必在資産。諸道頻遭災沴，州縣不爲申奏，百姓輸納不辦，多有逃移。長吏懼在官之時，破失人户，或恐務免正税，減剋料錢，秖於見在户中，分外攤配。亦有破除逃户桑地，以充税錢。逃户産業已無，歸還不得，見在户每年加配，流亡轉多。自今已後，應州縣開成五年已前逃户，並委觀察使刺史差強明官就村鄉詣實簡勘桑田屋宇等，仍勒長令切加簡較，租佃與人，勿令荒廢。據所得與納户内徵税，有餘即官爲收貯，待歸還給付，如欠少即與收貯，至歸還日，不須徵理。自今年已後，二年不歸復者，即仰縣司召人給付承佃，仍給公驗，任爲永業。其逃户錢草斛斗等，計留使錢物合十分中三分已上者，並仰於當州使雜給用錢内方圓權落下，不得剋正員官吏料錢，及館驛使料遞乘作人課等錢，仍本户歸復日，漸復元額。

（清）董誥《全唐文》卷七九《宣宗·刺史以户口增減定賞罰制》

刺史交代之時，非因災沴，大郡走失七百户已上，小郡走失百户已上者，三年不得録使，兼不得更與理人官。增加一千户已上者，與超資遷改。仍令觀察使審勘，詣實聞奏。如涉虛妄，本判官重加懲責。

（清）陸心源《唐文拾遺》卷二《中宗·依例送户籍敕》 敕：諸籍應送省者，附當州庸調車送。若庸調不入京，雇腳運送，所須腳直，以官物充。諸州縣籍手實計帳常留五比，省籍留九比，其遠年依次除。皇宗祖廟難毁，其子孫皆於宗正附籍，自外悉依百姓例。

（清）陸心源《唐文拾遺》卷二《中宗·封户甚於征行敕》 應食封邑者一百四十餘家，應出封户凡五十四州，皆天下膏腴物產。其安樂、太平公主封又取富户，不在損免限。百姓著封户，甚於征行。

（清）陸心源《唐文拾遺》卷三《玄宗·定上中下三州敕》 太平時久，户口日殷，宜以四萬户已上爲上州，二萬五千户爲中州，不滿二萬户爲下州。其六雄十望三輔等及别敕同上州。都督及畿内州並同上州。緣邊州三萬户已上爲上州，二萬户已上爲中州。其親王任中州下州刺史者亦爲上州。王去任後仍舊。

（清）陸心源《唐文拾遺》卷三《玄宗·定上中下縣敕》 以六千户已上爲上縣，三千户已上爲中縣，不滿三千户爲中下縣。其赤畿望緊等縣，不限户數，並爲上縣。去京五百里内，並緣邊州縣，户五千已上亦爲上縣，二千已上爲中縣，一千已上爲中下縣。

（清）陸心源《唐文拾遺》卷四《玄宗·招誘户口敕》 檢獲招誘得户口應合酬者，其有課户，皆須待納租庸，然後論功。

（清）陸心源《唐文拾遺》卷四《玄宗·勘覆造籍敕》 自今已後，應造籍，宜令州縣長官及録事參軍審加勘覆。更有疎遺者，委所司具本判官及官長等名品録奏，其籍仍寫兩本送户部。

（清）陸心源《唐文拾遺》卷四《玄宗·定户敕》 定户之時，百姓非商户，郭外居宅，及每丁一牛，不得將入貨財數。其雜匠及幕士並諸色同類，有番役合免征行者，一户之内四丁已上，任此色役，不得過兩人，三丁已上，不得過一人。

（清）陸心源《唐文拾遺》卷四《肅宗·客户編附百姓敕》 客户若住經一年已上，自貼買得田地有農桑者，無問于莊蔭家住及自造屋舍，勒一切編附爲百姓。差科比居人例量減一半，庶填逃散者。

（宋）王溥《五代會要》卷二五《帳籍》 梁開平三年三月，尚書户部奏：請詔天下州府，準舊章申送户口帳籍。從之。

晋天福九年八月敕：天下諸州，各以係省錢穀，秋夏徵科爲帳籍，一季一奏，一年賦税及限，其藩侯郡守更委在任一年。次年又不逋欠，聽三周年爲滿。三年皆辦，别議遷陟。

（宋）王溥《五代會要》卷二五《團貌》 周顯德五年十月詔：諸道州府，令團併鄉村，大率以百户爲一團，選三大户爲耆長，凡民家之有姦盜者，三大户察之；民田之有耗登者，三大户均之。仍每及三載，即一如是。

（宋）王溥《五代會要》卷二五《逃户》 後唐天成三年十二月十日，殿中監李廷範奏：請指揮諸道州府，每逃户歸業後，委州司各與公憑，二年内放免兩税差科。如有違，許州論訐勘責。若州縣官招得五百户已上，乞等第獎酬。從之。

長興三年七月二十七日敕：應諸處凡有今年爲經水潦逃户，莊園屋舍桑棗，一物已上，並可指揮州縣，散下鄉村，委逐村節級、鄰保人，分明文簿，各管見在，不得輒令毁拆房舍，斬伐樹木，及散失動使什物等。候本户歸業日，卻依元數，責令交付訖，具無欠少罪結狀，申本州縣。如元數内稱有事欠少許，歸業户陳狀訴論，所犯節級并鄰保人等，並科違敕之罪，仍勒備償。或至來年春入務後，有逃户未歸者，其桑土即許鄰保人請佃，供輸租税，種後本主歸來，亦準上指揮，至秋收後還之。

周顯德二年正月二十五日敕：

應自前及今後有逃户莊田，許人請射承佃，供納租税。如三周年内，本户來歸業者，其桑土不以荒熟，并莊田交還一半。五周年内歸業者，三分交還一分。應已上承佃户，如是自出力别蓋造到屋舍，及栽種到樹木園圃，並不在交還之限。如五周年外歸業者，莊田除本户墳塋外，不在交付。如有荒廢桑土，承佃户自來無力佃蒔，祇仰交割與歸業人户佃蒔。

一、近北諸州，自契丹離亂，鄉村人户多被番軍打虜向北，近來多有百姓自番界迴來，其莊田已被别户請射，無處歸託。今後如有五周年内，其本主還來識認，不以桑土荒熟，并莊園三分中交還二分；十周年内來者，交還一半；十五周年内來者，三分中交還一分。應上項承佃户，如是自出力別蓋造到屋舍，及栽種到樹木園圃，並不在給還之限。如十五周年外歸業者，其莊田除本户墳塋外，不在交還；如有荒廢桑土，承佃户自來無力佃蒔，祇仰交割與歸業人户佃蒔。

一、應有坐家破逃人户，其户下物業，並許別户陳告，請射承佃，供納租稅，充爲永業，不限年歲，不在論認之限。所有本户及鄉村節級，重行斷決。

一、諸州應有冒佃逃户物業，不納租稅者，其本户歸業之時，不計年限，並許論認。仰本縣立差人檢勘，交割與本户爲主。如本户不來歸業，亦許別户請射爲主。所有冒佃人户及本縣節級，重行科斷。如冒佃人户自來陳首承認租稅者，特與免罪。

一、顯德二年正月二十五日已前，應有逃户拋下莊田，自來全段無人承佃，曾經省司指揮，開闢租稅者，宜令本州縣招攜人户歸業，及許別户請射爲主，與免一年差科色役。至第二年已後，據見在桑土及租蒔到見苗，詣實供通，輸納租稅。

（宋）王欽若等《册府元龜》卷四八六《邦計部・户籍》 梁太祖開平三年，中書侍郎同平章事判户部事于兢奏：伏乞降詔天下州府，各准舊章申送户口籍帳。允之。

晉少帝開運元年八月敕：夏秋徵科爲帳籍，一季一奏。

周世宗顯德五年十月，命左散騎常侍艾穎等三十四人使于諸州，簡定民租。明年春使迴，總計簡到户二百三十萬九千八百一十二，定墾田一百八萬五千八百三十四頃。淮南郡縣不在此數。是月，又詔：諸道州府令團並鄉村，大率以百户爲團，每團選三大户爲耆老。凡夫家之有奸盗者，三大户察之；民田之有耗登者，三大户均之，仍每及三載即一如是。

（元）馬端臨《文獻通考》卷一〇《户口考・歷代户口丁中賦役》

周廣順三年，敕：天下縣邑素有差等，年代既深，增損不一。其中有户口雖衆，地望則卑；地望雖高，户口至少，每至調集，不便銓衡。宜立成規，庶協公共。應天下州府及縣，除赤縣、畿縣、次赤、次畿外，其餘三千户以上爲望縣，二千户以上爲緊縣，一千户以上爲上縣，五百户以上爲中縣，不滿五百户爲中下縣。宜令所司，據今年天下縣户口數，定望、緊、上、中、下次等奏聞。户部據今年諸州府所管縣户數目，合定爲望縣六十四，緊縣七十，上縣一百二十四，中縣六十五，下縣九十七。

（清）董誥《全唐文》卷一〇四《後唐莊宗・量置陵户敕》 關内諸陵，頃因喪亂，例遭穿穴，多未掩修。其下宫殿宇法物等，各令奉陵州府，據所管陵園修製，仍四時各依例薦饗，及逐陵仰差近陵百姓二十户，放雜差遣充陵户，備灑掃。其壽陵等十二陵，亦一例修掩，可量置陵户。

（清）董誥《全唐文》卷一〇七《後唐明宗・令保户自供手狀詔》

今年夏苗，委人户自供手狀，具頃畝多少，仍以五家爲保。委無隱漏攢連，手狀送於本州，本州具帳送省，州縣不得差人簡括。如或人户隱欺，許令保内陳告，其田並令倍徵。

（清）董誥《全唐文》卷一〇九《後唐明宗・廢户部蠲紙敕》 日月流行之處，王人億萬之家，既絶煩苛，無濫力役，唯忠孝二柄，可以旌表户門。若廣給蠲符，深爲弊事。昨日所爲地圖方域，逐閏重疊上供，州郡之中，皆須厚斂。而猶尋降誡敕，並勒廢停。今此倖端，豈合更啓。逐年蠲紙，宜令削去。

（清）董誥《全唐文》卷一二一《後漢隱帝・詳核增户添租敕》 親人之任，務在安民，經國之規，必資徵賦。至於招添户口，增長税租，減選加階，優有處分，勸能行賞，顯降敕文。邇來論課績者甚多，較虚實則未當。外州批上歷子，南曹磨勘解繇，空收招到編民，莫見新添税額。蓋有析居耕種，各立户名，或是避税逃移，併未歸業。所以虚添農户，無益官租。考課涉名，未盡其善。宜兼吏部南曹自今後及已前應有令佐，招添點檢出户口，據數須本處户合徵税賦物數目，於解繇歷子内一一開坐批書，方得準天福八年三月十日敕條施行。如不合前後敕例，不在施行之限。

（清）董誥《全唐文》卷一二二《周太祖・允皇子榮請放免散户詔》

卿作鎮王畿，留心政道。雖米鹽細務，不懈於躬親。而會斂無名，盡思於蠲放，能惠窮困，深協眷懷。已降宣命指揮使，將順則然，諒愛君之心，殊不在此。朕顧寡薄，非所宜當，即斷來章，無至固執，所請宜不允。

（清）董誥《全唐文》卷一二三《周太祖・更定招安户口賞例敕》

朝廷命官，分治州縣，至於招安户口，增益税租，明立賞科，以勸勤吏。

近朝釐革，雖有敕文，俱未適中，難仍舊貫。晉代則傷於容易，啓僥倖之門。漢朝則過於艱難，妨進趨之路。既非允當，須議改更。宜令應州縣官所招添到户口課績，得輒有驚恐。

（清）董誥《全唐文》卷一二四《周太祖・命以天下縣户口定望緊上中下次第敕》 天下縣邑，素有等差，歷年月以既深，或增損之不一。其中有户口雖衆，地望則卑，地望雖高，而户口至少。每至調集，不便銓衡。及有久歷官途，却授隘狹之縣，纔昇仕進，便臨繁庶之民。宜立成規，庶叶公共。應天下縣，除赤縣、畿縣、次赤、次畿外，其餘三千户已上爲望縣，二千户已上爲緊縣，一千户已上爲上縣，五百户已上爲中縣，不滿五百户爲中下縣。選人資叙合入下縣者，今許入中下縣。宜令所司據今年天下縣户口數，定望緊上中下次第聞奏。

（清）陸心源《唐文拾遺》卷一〇《晉少帝・令佐招攜户口加階敕》

諸道州府令佐，在任招攜户口，比初到任交領數目外，如出得百户以上量添得租税者，縣令加一階，主簿減一選。出二百户以上及添得租税者，縣令加兩階，主簿減兩選。出三百户以上及添得租税者，縣令加兩階減二選，别與轉官，主簿加兩階減一選。出四百户至五百户以及添得租税者，縣令加朝散大夫階趨轉官資，罷任後許非時參選，仍録名送中書。如已授朝散大夫及已出選門者，即别議獎酬，主簿加三級。其出剩不及一百户者，據户口及添租税數，縣令加一階，參選日超一資注官，主簿加一階。如是一鄉收到三十户或五十户以上，一村收到三户五户以上，及本鄉村節級等與免本户二年諸雜差使科配。如是一鄉收到一百户以上，一村收到十户以上，本鄉村節級等與免本户三年諸雜差徭。如願且充節級，所由未得差替。如願歸農，便與免放，仍仰本縣准敕分明給與憑據。自災沴已來，户口流散，如歸業者，切在撫安。其浮寄人户，有桑土者，仍收爲正户。其歸業户，天福五年已前逃移者，放一年秋夏一半租税，並放一年雜差遣。其刱收户，如先有租税，即依元額輸納。如元無租税，即據所營地畝且收半税，并放二年差徭。如鄉村妄刱户及坐家破逃者，許人糾告。勘責不虚，其本府與鄉村所由，各決脊杖八十，刺面配本處牢城執役。縣司本典知情並同罪，告事人放三年租税差徭，仍將放免數卻配簽藏。刱户及坐家破逃户，本鄉所由均分輸納。今後天下州縣所收新添户口租税，限十二月二十日以前申送户部點檢，如違限，本處判官録事參軍罰五十直，仍削一級。孔目官勾押人本案人吏，杖七十，降一資。

（清）嵇璜《續通典》卷七《食貨・鄉黨版籍》 周世宗顯德五年，詔諸道州府令團併鄉村，大率以百户爲一團，每團選三大户爲耆長，凡民家之有奸盗者，三大户察之；民田之有耗登者，三大户均之。仍每及三載即一如是。

（清）嵇璜《續通典》卷一〇《食貨・户口丁中》 五代亂亡，相繼疆土分裂，中原户口之數，梁唐晉漢紀載莫詳。梁開平二年，尚書令户部奏，請詔天下州府准舊章申送户口帳籍。從之。唐天成三年，殿中監李延範奏請，指揮諸道州府每逃户歸業後，委州司各與公憑，二年内放免兩税差科，如有違者，許州論訴勘責。若州縣官招得五百户以上，乞等第獎酬。從之。

周廣順三年，敕天下州府及縣，除赤縣、畿縣、次赤、次畿外，其餘三千户以上爲望縣，二千户以上爲緊縣，一千户以上爲上縣，五百户以上爲中縣，不滿五百户爲中下縣。户部奏據，今年諸州府所管縣户數目合定爲望縣六十四，緊縣七十上縣一百二十四，中縣六十五，下縣九十七。顯德六年，總簡户二百三十萬九千八百一十二，此周之户數略可考見者也。

紀事

《隋書》卷二《高祖紀》 〔開皇十年〕五月乙未，詔曰：魏末喪亂，宇縣瓜分，役車歲動，未遑休息。兵士軍人，權置坊府，南征北伐，居處無定。家無完堵，地罕包桑，恒爲流寓之人，竟無鄉里之號。朕甚愍之。凡是軍人，可悉屬州縣，墾田籍帳，一與民同。軍府統領，宜依舊式。罷山東河南及北方緣邊之地新置軍府。

《隋書》卷六七《裴藴傳》 〔大業初〕于時猶承高祖和平之後，禁網疎闊，户口多漏。或年及成丁，猶詐爲小，未至於老，已免租賦。藴歷爲刺史，素知其情，因是條奏，皆令貌閲。若一人不實，則官司解職，鄉正里長皆遠流配。又許民相告，若糾得一丁者，令被糾之家代輸賦役。是歲大業五年也。諸郡計賬，進丁二十四萬三千，新附口六十四萬一千五百。帝臨朝覽狀，謂百官曰：前代無好人，致此罔冒。今進民户口皆從實者，全由裴蘊一人用心。古語云，得賢而治，驗之信矣。由是漸見親委，拜京兆贊治，發擿纖毫，吏民懾憚。

（宋）李昉等《文苑英華》卷五二九《造帳籍判》 户部符下諸州，令造帳籍。州司以百姓艱辛，人未歸復，請待兵散後造。省司不許，云：人爲國本，賦在均平，户若不知，軍何取給？

對　　宋全節

國之彝倫，資於版籍，儻或廢闕，是長姦回。頃者，寰海微波，編户失業，枌榆暫別，蓬轉無歸。聖朝提象握符，再造區夏，矜百姓之流蕩，廢三年之典故。且量地出税，據丁授田，法在畫一，事宜經久，永言州府，恤此疲人，曾無革弊之規，徒徇隨時之義。昔漢朝倉卒，猶或先收；今歷代升平，寧容後造。租賦所繫不可憑虚，豪右主藏須從摭實，欲施小惠，亂我大猷，人有憚於暫勞，國遂忘於固本。州司所見，頓昧通途，爰扣兩端，敢申獨見。

同前　　蘇倩之

四海既清，萬人求理，在乎平均井賦，議計師田。條閭里之政役，辨夫家之名數，是分衆寡，無失重輕，必當按彼版圖，稽其勞逸。故三年大比，國有彝倫；百役小差，人其胥怨。由是周官克崇於大閲，蕭相先務於圖書。瞻言諸州，不克致理，未能洗舊汚之俗，開新政之源，使懷土知歸，起邑如市，而乃拒省司之命，紊軍國之經。此而可容，孰不可忍。

《舊唐書》卷五《高宗紀》 〔總章二年〕五月庚子，移高麗户二萬八千二百，車一千八十乘，牛三千三百頭，馬二千九百匹，駝六十頭，將入内地，萊、營二州般次發遣，量配於江、淮以南及山南、幷、凉以西諸州空閑處安置。

《舊唐書》卷一八五下《良吏傳・楊瑒》 瑒歷遷御史中丞、户部侍郎。上曾於延英殿召中書門下與諸司尚書及瑒議户口之事，瑒因奏人間損益，甚見嗟賞。時御史中丞宇文融奏括户口，議者或以爲不便，敕百僚省中集議，時融方在權要，公卿已下，多雷同融議，瑒獨與盡理争之。尋出爲華州刺史。

《新唐書》卷九一《崔善傳》 貞觀初，爲陝州刺史。時議，户猥地狹者徙寬鄉，善爲奏：畿内户衆，而丁壯悉籍府兵，若聽徙，皆在關東，虚近實遠，非經通計。詔可。

《新唐書》卷一〇六《盧承慶傳》 承慶美儀矩，博學而才。少襲爵。貞觀初，爲秦州參軍，入奏軍事，太宗偉其辯，擢考功員外郎。累遷民部侍郎。帝問歷代户版，承慶叙夏、商至周、隋增損曲折，引據該詳，帝嗟賞。俄兼檢校兵部侍郎，知五品選。辭曰：選事在尚書，臣掌之爲出位。帝不許，曰：朕信卿，卿何不自信？歷雍州别駕、尚書左丞。

《新唐書》卷一二五《蘇瓌傳》 歲旱，兵當番上者不能赴。瓌奏：宿衛不可闕，宜月賜增半糧，俾相給足，則不闕番。又宜却進獻，罷營造不急者。不見省。時十道使括天下亡户，初不立籍，人畏搜括，即流入比縣旁州，更相廋蔽。瓌請罷十道使，專責州縣，豫立簿注，天下同日閲正，盡一月止，使柅姦匿，歲一括實，檢制租調，以免勞弊。武后鑄浮屠，立廟塔，役無虚歲。瓌以爲糜損浩廣，雖不出國用，要自民産日殫。百姓不足，君孰與足？天下僧尼濫僞相半，請併寺，著僧常員數，缺則補。后善其言。

（宋）李昉等《文苑英華》卷五三九《澤虞傷田苗判》 乙爲虞所司夏苗，乙萊田表地，或告有闕，訴稱恐傷夏苗，仰正斷。

對

乙爲澤虞，掌於原獸，司其牝牡，職在畋漁。逢有司之夏苗而猶秉於《周禮》。至於萊田表地，事屬農休，驅豕迎猫，恐爲稼害，何得迷夏令之事，行冬狩之儀。翻罪守官之人，奚勸在公之吏，或者有告訟，則未孚虞人所陳，辭皆可據，請從審允，寧使厚誣。

（宋）司馬光《資治通鑑》卷一九二《唐紀・高祖武德九年》 甲申，民部尚書裴矩奏：民遭突厥暴踐者，厥，九勿翻。踐，慈演翻。請户給絹一匹。上曰：朕以誠信御下，不欲虚有存恤之名而無其實，户有大小，豈得雷同給賜乎！於是計口爲率。

（宋）司馬光《資治通鑑》卷一九三《唐紀・太宗貞觀三年》 是歲，户部奏：中國人自塞外歸及四夷前後降附者，男女一百二十餘萬口。

（宋）司馬光《資治通鑑》卷一九六《唐紀・太宗貞觀十五年》 敕天下括浮游無籍者，限來年末附畢。附者，附籍也。

（宋）司馬光《資治通鑑》卷一九九《唐紀・太宗貞觀二十二年》

初，巂州都督劉伯英上言：松外諸蠻蹔降復叛，請出師討之，以通西洱、天竺之道。此即漢武帝欲通之道，而爲昆明所蔽者也。巂州，漢邛都夷之地，武帝開置越巂郡。後周武帝置嚴州，唐爲巂州。巂，音髓。上，時掌翻。蹔，與暫同。降，户江翻。復，扶又翻。洱，乃吏翻。敕建方發巴蜀十三州兵討之。十三州：益、眉、榮、梓、利、綿、遂、巴、盧、渠、達、集、渝也。蠻酋雙舍帥衆拒戰，酋，慈由翻。帥，讀曰率；下同。建方擊敗之，敗，補邁翻。殺獲千餘人。羣蠻震慴，亡竄山谷。建方分遣使者諭以利害，慴，之涉翻。使，疏吏翻。皆來歸附，前後至者七十部，户十萬九千三百，建方署其酋長蒙和等爲縣令，長，知兩翻；下同。各統所部，莫不感悦。因遣使詣西洱河，《新書》曰：西洱河蠻道，由郎州走三千里。時建方自巂州道千五百里遣奇兵奄至其地。其帥楊盛大駭，具船將遁，使者曉諭以威信，盛遂請降。帥，所類翻。降，户江翻。其地有楊、李、趙、董等數十姓，各據一州，大者六百，小者二、三百户，無大君長，不相統壹，語雖小訛，其生業、風俗，大略與中國同，自云本皆華人，其所異者以十二月爲歲首。

（宋）司馬光《資治通鑑》卷一九九《唐紀·高宗永徽三年》 丁丑，上問户部尚書高履行：去年進户多少？户部尚書即民部尚書，避太宗諱，改焉。進户，新增進之户也。少，詩沼翻。履行奏：去年進户總一十五萬。因問隋代及今日見户，見，賢遍翻。履行奏：隋開皇中，户八百七十萬，即今户三百八十萬。即今，猶言當今也，唐人多有此語。履行，士廉之子也。

（宋）司馬光《資治通鑑》卷二〇二《唐紀·高宗咸亨三年》 庚戌，昆明蠻十四姓二萬三千户内附，置殷、敦、總三州。爨蠻西有昆明蠻，一曰昆彌蠻，以西洱河爲境，即葉榆河也，去長安九千里。殷州居戎州西北，總州居西南，敦州居南，遠不過五百餘里，近三百里。

（宋）司馬光《資治通鑑》卷二〇四《唐紀·則天后天授元年》 太后欲以太平公主妻其伯父士讓之孫攸暨，垂拱四年誅薛紹，太平公主寡居。妻，七細翻；下而妻同。攸暨時爲右衛中郎將，將，即亮翻。太后潛使人殺其妻而妻之。公主方額廣頤，多權略，太后以爲類己，寵愛特厚，常與密議天下事。舊制，食邑，諸王不過千户，公主不過三百五十户；太平食邑獨累加至三千户。此食實户也。若唐制以品爲差，則異於是。劉昫曰：唐制，公主食封三百户，長公主加五百户，有至六百户。高宗以太平公主武后所生，逾於舊制，垂拱中，太平公主至一千二百户，聖曆初至三千户，景雲初增至五千户。

（宋）司馬光《資治通鑑》卷二〇四《唐紀·則天后天授二年》 秋，七月，徙關内户數十萬以實洛陽。

（宋）司馬光《資治通鑑》卷二一二《唐紀·玄宗開元九年》 丁亥，制：州縣逃亡户口聽百日自首，或於所在附籍，或牒歸故鄉，各從所欲。過期不首，首，式又翻。即加檢括，謫徙邊州；公私敢容庇者抵罪。以宇文融充使，括逃移户口及籍外田，所獲巧僞甚衆。使，疏吏翻。遷兵部員外郎兼侍御史。融奏置勸農判官十人，《通典》及《新書》並云二十九人，《通典》且列其姓名。並攝御史，分行天下。其新附客户，免六年賦調。使者競爲刻急，州縣承風勞擾，百姓苦之。陽翟尉皇甫憬上疏言其狀；陽翟縣，漢屬潁川郡，晉屬河南郡，後魏置陽翟郡，隋廢郡爲縣，屬襄城郡，唐初屬嵩州，貞觀元年屬許州，龍朔二年度屬洛州爲畿縣。憬，居永翻。上方任融，貶憬盈川尉。州縣希旨，務於獲多，虚張其數，或以實户爲客，凡得户八十餘萬，田亦稱是。稱，尺證翻。

（宋）司馬光《資治通鑑》卷二一二《唐紀·玄宗開元九年》 監察御史宇文融上言，天下户口逃移，巧僞甚衆，請加檢括。融，弼之玄孫也，宇文弼，見一百七十二卷陳宣帝太建七年。監，古銜翻。上，時掌翻。弼，古弼字。源乾曜素愛其才，贊成之。二月，乙酉，敕有司議招集流移、按詰巧僞之法以聞。詰，去吉翻。

（宋）司馬光《資治通鑑》卷二一三《唐紀·玄宗開元十四年》 五月，癸卯，户部奏今歲户七百六萬九千五百六十五，口四千一百四十一萬九千七百一十二。

（宋）司馬光《資治通鑑》卷二一三《唐紀·玄宗開元十六年》 是歲，制户籍三歲一定，分爲九等。

（宋）司馬光《資治通鑑》卷二一四《唐紀·玄宗開元二十三年》 唐初，公主實封止三百户，中宗時，太平公主至五千户，率以七丁爲限。開元以來，皇妹止千户，皇女又半之，皆以三丁爲限；駙馬皆除三品員外官，而不任以職事。公主邑入至少，至不能具車服，少，詩沼翻。左右或言其太薄，上曰：百姓租賦，非我所有。戰士出死力，賞不過束帛；女子何功，而享多户邪？且欲使之知儉嗇耳。秋，七月，咸宜公主將下嫁，咸宜公主下嫁楊洄。始加實封至千户。公主，武惠妃之女也。於是諸公主皆加至千户。

（宋）司馬光《資治通鑑》卷二一四《唐紀·玄宗開元二十三年》春，正月，庚寅，敕：天下逃户，聽盡今年内自首，有舊産者令還本貫，無者别俟進止；踰限不首，首，式又翻。當命專使搜求，散配諸軍。使，疏吏翻。

（宋）司馬光《資治通鑑》卷二一七《唐紀·玄宗天寶十三載》是歲，户部奏天下郡三百二十一，縣千五百三十八，鄉萬六千八百二十九，户九百六萬九千一百五十四，口五千二百八十八萬四百八十八。有唐户口之盛，極於此。

（宋）司馬光《資治通鑑》卷二二二《唐紀·代宗廣德元年》庚寅，以魏博都防禦使田承嗣爲節度使。承嗣舉管内户口，壯者皆籍爲兵，惟使老弱者耕稼，數年間有衆十萬；又選其驍健者萬人自衛。謂之牙兵。魏牙兵始此，迄于梁、唐。魏以之强，亦以之亡。

（宋）司馬光《資治通鑑》卷二二三《唐紀·代宗廣德二年》是歲，户部奏：户二百九十餘萬，口一千六百九十餘萬。史言喪亂之後，户口減於承平什七八。

（宋）司馬光《資治通鑑》卷二二六《唐紀·德宗建中元年》晏又以爲户口滋多，則賦税自廣，故其理財章：十二行本財下有常字；乙十一行本同。以愛章：十二行本愛作養；乙十一行本同。民爲先。諸道各置知院官，知院官，掌諸道巡院者也。每旬月，具州縣雨雪豐歉之狀白使司，豐則貴糴，歉則賤糶，或以穀易雜貨供官用，及於豐處賣之。知院官始見不稔之端，先申，至某月須如干蠲免，某月須如干救助，使，疏吏翻。如干，猶言若干也。程大昌曰：若干者，設數之言也。干，猶箇也。若箇，猶言幾何枚也。又説：干者，十干，自甲至癸也。亦以數言也。及期，晏不俟州縣申請，即奏行之，應民之急，未嘗失時，不待其困弊、流亡、餓殍，然後賑之也。由是民得安其居業，户口蕃息。殍，居表翻。賑，津忍翻。蕃，音煩。晏始爲轉運使，時天下見户不過二百萬，見，賢遍翻。其季年乃三百餘萬；在晏所統則增，非晏所統則不增也。其初財賦歲入不過四百萬緡，季年乃千餘萬緡。

（宋）司馬光《資治通鑑》卷二二六《唐紀·德宗建中元年》初，安、史之亂，數年間，天下户口什亡八九，州縣多爲藩鎮所據，貢賦不入，朝廷府庫耗竭，中國多故，戎狄每歲犯邊，所在宿重兵，仰給縣官，朝，直遥翻。仰，牛向翻。所費不貲，皆倚辦於晏。晏初爲轉運使，獨領陝東諸道，寶應元年，劉晏充度支、轉運等使。代宗廣德二年，始以晏爲河南、江·淮以來轉運使，乃疏浚汴水以開漕運之利。陝，失冉翻。陝西皆度支領之，末年兼領，未幾而罷。度，徒洛翻。大曆十四年，晏兼判度支，建中元年罷。幾，居豈翻。

（宋）司馬光《資治通鑑》卷二三七《唐紀·憲宗元和二年》是歲，李吉甫撰《元和國計簿》上之，上，時掌翻。總計天下方鎮四十八，州府二百九十五，縣千四百五十三。其鳳翔、鄜坊、邠寧、振武、涇原、銀夏、靈鹽、河東、易定、魏博、鎮冀、范陽、滄景、淮西、淄青等十五道七十一州不申户口外，鳳翔、鄜坊、邠寧、振武、涇原、銀夏、靈鹽、河東皆被邊，易定、魏博、鎮冀、范陽、滄景、淮西、淄青皆藩鎮世襲，故並不申户口，納賦税。夏，户雅翻。每歲賦税倚辦止於浙江東·西、宣歙、淮南、江西、鄂岳、福建、湖南八道四十九州，一百四十四萬户，比天寶税户四分減三。宋白曰：《國計簿》比較數：天寶州郡三百一十五，元和見管總二百九十五，比較天寶應供税州郡計少九十七；天寶户總八百三十八萬五千二百二十三，元和見在户總二百四十四萬二百五十四，比較天寶數税户通計少百九十四萬四千六百九十九；天寶租税、庸、調每年計錢、粟、絹、布、絲、綿約五千二百三十餘萬端、匹、屯、貫、石，元和兩税、榷酒、斛㪷、鹽利、茶利總三千五百一十五萬一千二百二十八貫、石，比較天寶所入賦税計少一千七百一十四萬八千七百七十貫、石。歙，書涉翻。天下兵仰給縣官者八十三萬餘人，仰，牛同翻。比天寶三分增一，大率二户資一兵。其水旱所傷，非時調發，不在此數。水旱所傷，則量減賦税。非時調發，則出於常賦之外。調，徒釣翻。

（宋）司馬光《資治通鑑》卷二四一《唐紀·憲宗元和十四年》戊辰，陳許節度使郗士美薨，以庫部員外李渤爲弔祭使。渤上言：臣過渭南，聞長源鄉舊四百户，今纔百餘户，閿鄉縣舊三千户，今纔千户，閿，音旻。其他州縣大率相似。迹其所以然，皆由以逃户税攤於比鄰，攤，他干翻。比，音毗，又毗至翻。致驅迫俱逃，此皆聚斂之臣剥下媚上，斂，力贍翻。惟思竭澤，不慮無魚。《吕氏春秋》曰：竭澤而漁，豈不得魚，而明年無魚。乞降詔書，絶攤逃之弊；盡逃户之産償税，不足者乞免之。計不數年，人皆復於農矣。執政見而惡之，執政，謂皇甫鎛。惡，烏路翻。渤遂謝病，歸東都。

（宋）司馬光《資治通鑑》卷二四四《唐紀・文宗太和三年》　滄州承喪亂之餘，喪，息浪翻。骸骨蔽地，城空野曠，户口存者什無三四。癸丑，以衛尉卿殷侑爲齊、德、滄、景節度使。是年，始以齊州隸横海。侑至鎮，與士卒同甘苦，招撫百姓，勸之耕桑，流散者稍稍復業。先是，本軍三萬人皆仰給度支，先，悉薦翻。仰，牛向翻。侑至一年，租税自能贍其半；二年，請悉罷度支給賜；三年之後，户口滋殖，倉廩充盈。史言方鎮得其人，則可轉荒殘爲富實。

（宋）司馬光《資治通鑑》卷二四六《唐紀・文宗開成四年》　是歲，天下户口四百九十九萬六千七百五十二。

（宋）司馬光《資治通鑑》卷二四八《唐紀・武宗會昌五年》　是歲，天下户四百九十五萬五千一百五十一。

（宋）王應麟《玉海》卷一八五《食貨・會計・唐元和國計簿》

《藝文志》李吉甫《元和國計簿》十卷，《元和百司舉要》一卷。

《會要》憲宗元和二年十二月，史官吉甫等譔，總計天下方鎮四十八道，管州府二百九十五，鎮縣一千四百五十三，見定户二百四十四萬二百五十四。其鳳翔、鄜坊、邠寧、振武、涇原、銀夏、靈鹽、河東、易定、魏博、鎮冀、范陽、滄景、淮西、淄青一十五道七十一州並不申户口數目外，每歲賦入倚辦止於浙西東、宣歙、淮南、江西、鄂岳、福建、湖南八道，合四十九州一百四十四萬户，比天寶税户四分減三。天下兵戎仰給縣官八十三萬餘人，比天寶士馬三分增一，大率兩户資一兵。其他水旱所損，征科妄斂，又常在役外。以十一月上之凡十卷。

《舊・紀》元和二年十二月己卯，史官李吉甫撰《元和國計簿》，成書十卷。《舊史》又云：李吉甫與史官等録當時户賦、兵籍凡十卷。

《百官志》比部京師倉庫三月一比，諸司諸使京都四時會于尚書省。中興書目《元和國計略》一卷，吉甫以元和間諸道兵將户口、賦入之數總爲書。

《舊五代史》卷三七《唐書・明宗紀》〔天成元年十一月〕癸未，鎮州奏，準詔盧文進所率歸業户口，蠲放租税三年，仍每口給糧五斗。

《舊五代史》卷一四六《食貨志》　周顯德六年春，諸道使臣回，總計檢到户二百三十萬九千八百一十二。

宋遼金元分部

論說

（宋）包拯《孝肅包公奏議》卷七《乞開落登州冶户姓名》 臣竊見登州鐵冶户姜魯等十八户先陳狀，爲家貧無力起冶，遞年祇將田產貨賣抱空，買鐵納官，乞依條例，開落姓名。臣在本路日，累次保明申乞與除免，又準省牒勘會，逐官往彼相度，兼臣親自巡歷，到登州萊州，子細體量得姜魯等逐家，委是貧乏，積年不會起冶，再具保明申奏，至今未見指揮。臣因訪聞得舊來州郡，最出鐵貨，緣人户先乞起冶之後，或遇家產銷折，無鐵興作，官中並不認孤貧，一面監勒送納以元額鐵數，以致破蕩資業，沿及子孫，不能免者，比比皆是。雖遺利甚厚，而富民懼爲後患，莫肯興創，所以鐵貨日削，經久不興。欲乞今後應係冶户，或有委實家產銷折，無力造作者，並仰差官子細勘會，如無弊倖，即畫時保明，申轉運司，與除落姓名訖申省。若州縣故縱，及人户妄有規避，即許人告首，官吏重行朝典，告人與賞錢一百貫文。仍令州縣常切多方招召諸色人起冶，不得住滯邀難。如是人户樂爲，鐵貨增羨，寬民利國，無甚於此。

（宋）包拯《孝肅包公奏議》卷七《請罷同州韓城縣鐵冶務人户》

臣近聞同州韓城縣鐵冶務，自來定占七百餘户，内二百餘户厚有物力，比見充里正人户，並各高強，祇以冶户爲名，經今五十餘年，影占州縣諸般差役。其冶户内係第一等者，每户逐年供給冶務諸般所出錢，不過三貫文，外更別無所費。況官中所得鐵貨，祇及十餘萬斤，仍官支買炭，并工匠錢三百餘貫，更差專監使臣一員，兼體問得本縣人户，以冶務全占却上等力役，及致下等人户差役頻併，供應不前。若將上件鐵數據等第均在一縣人户上，每約納官鐵，歲不過十斤至二三十斤。況本處見賣，每斤價錢二十四五文，每户歲納官鐵費三五百文，雖自來官禁烹煉，彼中私賣甚多，令百姓取便烹煉，必然鐵價轉下。兼令赴本縣送納，於民至便，又減省得監官一員，祇令本縣令佐專管給納，仍得二百餘户兼充重難役次，頗甚均濟。臣在任日，方欲行遣，屬以移任，欲乞下本路轉運司，選差清幹官員往彼相度施行。

（元）馬端臨《文獻通考》卷一一《户口考・歷代户口丁中賦役》

水心葉氏曰：爲國之要，在於得民，民多則田墾而税增，役衆而兵強。田墾税增，役衆兵強，則所爲而必從，所欲而必遂。是故昔者戰國相傾，莫急於致民，商鞅所以壞井田開阡陌者，誘三晉願耕之民以實秦地也。漢末天下殫殘，而三國争利，孫權搜山越之衆以爲民，至於帆海絶徼，俘執島居之夷而用之。諸葛亮行師，號爲秉義，不妄虜獲，亦拔隴上家屬以還漢中。蓋蜀之亡也，爲户二十四萬，吴之亡也，爲户五十餘萬，而魏不能百萬而已。舉天下之大，不當全漢數郡之衆。然則因民之衆寡爲國之強弱，自古而然矣。今天下州縣，直以見入職貢者言之，除已募而爲兵者數十百萬人，其去而爲浮屠、老子及爲役而未受度者，又數十萬人，若此皆不論也。而户口昌熾，生齒繁衍，幾及全盛之世，其衆強富大之形，宜無敵於天下。然而偏聚而不均，勢屬而不親，是故無墾田之利，無增税之入，役不衆，兵不強，反有貧弱之實見於外，民雖多而不知所以用之，直聽其自生自死而已。而州縣又有因其丁中而裁取其絹價者，此其意豈以爲民不當生於王之土地而征之者歟？夫前世之致民甚難，待其衆多而用之，有終不得者，今欲有内外之事，因衆多已成之民，率以北向，夫孰敢争者！而論者曾莫以爲意，此不知其本之甚者也。以臣計之，有民必使之辟地，辟地則增税，故其居則可以爲役，出則可以爲兵。而今也不然，使之窮居憔悴，無地以自業。其駑鈍不才者，且爲浮客，爲傭力，其懷利強力者，則爲商賈，爲竊盜，苟得旦暮之食，而不能爲家。豐年樂歲，市無貴糴，而民常患夫斗升之求無所從給。大抵得以税與役自通於官者不能三之一，有田者不自墾，而能墾者非其田，此其所以雖蕃熾昌衍，而其上不得而用之也。嗚呼！亦其勢之有不得不然者矣。夫吴越之地，自錢氏時獨不被兵，又以四十年都邑之盛，四方流徙盡集於千里之内，而衣冠貴人不知其幾族，故以十五州之衆，當今天下之半。計其地不足以居其半，而米粟穀帛之直三倍於舊，雞豚、菜茹、樵薪之鬻五倍於舊，田宅之價十倍於舊，其便利上腴，争取而不置者，數十百倍於舊。蓋秦制萬户爲縣，而宋、齊之間，山陰最大而難治，然猶不過三萬，而兩浙之縣以三萬户率者，不數也。夫舉天下之民未得其所，猶不足爲意，而此一路之生聚，近在畿甸之間，十年之後，將以救之乎？夫跡其民多而地不足若此，則其窮而無告者，其上豈宜有不察者乎？田無所墾而税不得增，徒相聚搏取攘竊以爲衣食，使其俗貪淫詐靡而無信義忠厚之行，則將盡棄而魚肉之乎！噫！此不可不慮也。漢之末年，荊、楚甚盛，不惟民户繁實，地著充滿，而材智勇力之士森然出於其中，孫、劉資之以争天下。及其更唐、五代，不復振起，今皆爲下州小縣，乃無一士生其間者。而閩、浙之盛，自唐而始，且獨爲東南之望。然則亦古所未有也。極其盛而將坐待其衰，此豈智者之爲乎？且其土地之廣者，伏藏狐兔，平野而居虎狼，荒墟林莽，數千里無聚落，奸人亡命之所窟宅，其地氣蒸鬱而不遂；而其狹者，鑿山捍海，擬决遺利，地之生育有限，民之鋤耨無窮，至於動傷陰陽，侵敗五行，使其地力竭而不應，天氣亢而不屬，肩摩袂錯，愁居戚處，不自聊賴，則臣恐二者之皆病也。夫分閩、浙以實荊、楚，去狹而就廣，田益墾而税益增，其出可以爲兵，其居可以爲役，財不理而自富，此當今之急務也。而論者則又將曰慮其因徙而生變，夫豈有不變之術而未之思乎！抑聽其自變者乎！

（元）馬端臨《文獻通考》卷一五三《兵考·兵制》 元祐元年，殿中侍御史吕陶言：伏見保甲之法，雖已改更，猶有二弊未便於民。其一，爲罷去二十畝已下免教指揮，卻令五等户有三丁者皆赴冬教一月。緣民之貧富，不系丁之多少，而教與不教，則有幸與不幸。今田有百畝，家有二丁，則免教是謂之幸。田有十畝，家有三丁，則赴教是謂之不幸，此貧富力役大爲不均。於是詔府界、三路保甲人户五等已下，地土不及二十畝者，雖三丁以上，並免教。

按籍民爲兵，古法也，雖唐府兵猶然。今熙寧之保甲，則無益而有害。言其無益者，則曰田畝之民，不習戰鬬，不可以代募兵；言有害者，則曰貪污之吏，並緣漁獵，足以困百姓。然民之未諳者，可以教練而能，而吏之爲奸者，則雖加之禁戢，而不能止。故元祐諸賢，議更化理而首欲罷此者，以其厲民也。今觀吕陶之言，以爲民之貧富，不系丁之多少，而教與不教，有幸與不幸，遂令人户五等以下、地土不及二十畝者，雖三丁以上並免教。然則豈貧者不堪爲兵，獨富者堪爲兵乎？蓋所取必五等以上，與田及二十畝者，非取其堪爲兵也，特以其稍有資力，堪充汙吏之誅求耳。蓋介甫所行，刻核亟疾之意多，慘怛忠利之意少。故助役雖良法，保甲雖古法，而皆足以病民。元祐之初，苛刻小人用事，中外未能盡去，知保甲之當罷，而第釋五等之田不及二十畝者，是猶紾兄臂而諭以徐，日攘雞而易以月。法既不能盡革，而又不能擯棄斥絶，其奉法之人，則姑少加末減，裁量以殺其毒，以紓久困之百姓可也。以是爲經武强兵之圖不，亦悖乎！

（元）魏初《青崖集》卷四《奏議·諸投項人户宜併入州縣》 〔至元八年〕五月七日。照得近例，州縣不滿千户者合併，又軍户奥魯、轉運司俱各併入總管府，所以省冗員、禁侵擾也。竊見目今除諸王位下户計外，係大官數目内送納差發米糧種田等户，如耶律丞相、南合中書、楊中書、賈答剌罕等投項甚多，其各官頭目俱有長次及首領官、令史、催差人等。各人既無俸禄以養廉，則侵擾之弊不能不無。以此參詳，既是依例納絲銀人户，合無照依合併州縣奥魯、轉運司體例，并入見住州縣，與民一滚通行科差。若有合回付絲銀去處，令於官庫内驗數支取，不必更爲設官。如此似爲官民俱得便益。據元管頭目，於内若有曾受宣勾當年深人員，擬合量材任用。

（元）王惲《秋澗集》卷八七《烏臺筆補·烏臺日事·論貧難軍合從所屬定奪事狀》 竊見天下新舊軍户，極有生受難以應當者，如貧難、年老、單丁、女户消乏者是也。至如新簽軍人，近年上司略行分檢難易不堪者，卻行收係爲民二千餘户。況在前年分，舊軍中間年老、單丁、女户，消乏貧難數多，獨不蒙分間優恤。何事情一體，而舊軍偏重如此？蓋有司之不省故也。其最可傷者，如貧難等户往往陳告經年累歲，了無投向。如告到總府，府司止備申兵部，部即曰：非我當問。即行下令申合屬。本路依准申覆樞密院，院即曰：我主調發，但恐闕少正數而已。仍散押入案，亦别無定奪。參詳（雖）〔遂〕使貧難軍人無所控訴，而軍前氣力亦不濟用，是軍力人難，上下既無分解，兩相躭誤。今略舉懷孟路舊軍李用、姚三、秦義等三名，俱各單丁，年八十餘歲，無人供給，逐日沿營乞食應役。向申樞密院，不蒙明降。其秦義近於軍前因病身故，本路又將李用等（三）〔二〕名申詳兵部，又行下令申合屬，別無定奪。此明驗也。今檢會到唐制：健兒在軍，皆有年限，更來往額爲勞敝；又諸軍鎮量閑劇利害置兵防，健兒於諸色征行人內及客户中召募，取丁壯情願者充；健兒常住邊面者，每年加常例給賜，兼給永年優復；其家口情願去者聽，至軍州各給田土屋宅。人賴其利，中外獲安。是後州郡之間，永無徵發之役。又舊例諸軍健年六十者罷役；如秦義等八十老人，使之守戍禦敵，何所救其勇健哉？今後合無應貧難軍人陳訴，許從合屬受理定奪，勘當的實，准復寬減差役或別議優恤，庶免致靠損人難，進退無據。不然，請依分間新軍體例，將貧難極生受者，亦從長定奪，似爲安便。外據闕少合補之數，官爲召募，情願者聽，仍優復其家口，遇有戰功，普例給賜。如此，可以收壯健而活疲民，其爲惠恤小民，豈不倍於尋常萬萬也！據此合行舉呈。

（元）王惲《秋澗集》卷八八《烏臺筆補・為陝西鄭縣隱户計事狀》

欽奉聖旨條畫內一款：該載不盡應合糾察事理，委監察並行糾察。又會到陝西行中書省文符該，欽奉聖旨節文：拘刷本路外來交參、析居、放良等户。若州縣官如能用心將民户拘刷，盡數到官，遷官給賞；如有隱藏，定是降官治罪。欽此。今體訪到：京兆路華州官司，將鄭縣刷出漏籍等户六十二户並不申報上司，私下取斂差發。今問得見有華州人劉德亨，並與所察相同。事屬違錯，據此合行糾呈。

（元）王惲《秋澗集》卷九〇《便民三十五事・息兵力・定奪軍户析居地稅》 軍户析居，貼户即目見行取要地稅。當間本是一户，謂如有田六頃，除四頃外納餘上稅石，既是析居，其地兩分，各有地三頃，不在合納之數。即目止憑一户時取要餘上地稅，理合分間定奪除免。

（元）王惲《秋澗集》卷九〇《便民三十五事・停不急之務・省罷鐵冶户》 竊見燕北、燕南通設鐵冶提舉司大小一十七處，約用煽煉人户三萬有餘，週歲可煽課鐵約一千六百餘萬。自至元十三年復立運司以來，至今官爲支用本貨，每歲約支三五百萬斤。況此時供給邊用，雖所費浩大，尚不能支絶。爲各處本貨積垜數多，其窺利之人用官司氣力收買，其價不及一半。當時既是設立提舉司煽煉，本貨以備支持，除支外止合存留積垜，以備緩急。今來卻行盡數發賣。竊詳此事虧官損民，深爲未便。今來止合依驗舊日有名曾煽爐座，存留三五處依例興煽；據煽到本貨，除支持外，盡數存留積垜，並不許發賣。外據近年新添去處，悉行停罷，將所占百姓分撥所屬州縣依例當差。仍許諸人認辦課額，興煽小爐，或抽分本貨，或認辦鈔數，臨時定奪。如綦陽鐵官，中統二年省、部已曾將冶户差發比較歲煉鐵貨，數甚爭懸，以此罷去。其便與否，乞追照元卷，備見其詳。

（元）王惲《秋澗集》卷九一《事狀・定奪儒户差發》 照得丁酉年欽奉聖旨節該：中選儒生，若種田者，輸納地稅；買賣者，出納商稅；開張門面營運者，依行例供出差發。其餘差發，並行蠲免。又照得中統二年欽奉聖旨節該：已前聖旨裏，如今咱每的聖旨裏，和尚、也里可溫、先生，答失蠻體例裏，漢兒人、河西秀才每，不揀甚麽差發休着，秀才的功業習者。欽此。至元十三年，蒙上司差官試驗，分揀元籍除差儒人，該試中儒人內，兩丁近下户計撥充太常寺禮樂户。竊見試中儒人户內，多有户下餘丁不曾就試，官司收係當差。又有因故不及就試儒人，亦行全户收差。若蒙將元籍試中儒人户下餘丁、不曾就試户計，照依丁酉年試驗儒人聖旨體例，全免本户差發；外及因故不及就試儒户，乞差官再行試驗，試中者依例免差，黜落者收係當差，實爲受賜。外有至元八年欽奉聖旨，保勘到委通文學、續報倚差儒人，於至元十三年亦行就試中選，若蒙依例除差，以爲後勸。

《歷代名臣奏議》卷六七《治道》 〔元成宗大德七年鄭介夫上奏曰：〕一、户計。

國家設立諸色户計，最爲得法，古今不能易也。然法久弊生，若能因弊修理，使久而不壞，即是良法。如軍站乃法之尤善者，而弊在乎消乏。且軍户雖困於供給軍期，站户雖疲於造船買馬，亦多是人家子弟不肖，自行破蕩，未可全歸咎於軍站之難當也。然當站必須見鈔，可無丁不可無產；當軍必須親身，可無產不可無丁。實則丁產相資，皆不可無也。如站九户當一馬；四户當一船。消乏者雖多，而興進者亦不少。但驗户稅新收實數，使各相糾覈，有一户消乏，則以他户餘剩者補之。如軍有貼户同當，亦有獨户當者，多因單丁無人當官，以致逃亡。其户雖絶，而遺產尚存也。丁有消乏，則別簽貼户助之；產有消乏，則以逃亡遺產補之，自然俱不至於消乏矣。然軍站二户，出力最多，每歲支持，至甚生受。若又令與民一體和雇和買，則消乏愈甚矣。

今議者紛紜，一則以爲當差便，一則以爲不便，殊不知南北不同，似難一律。北方站户多貧，終歲營生，僅了應辦。南方站户皆巨富，有輸糧百石之家，止以四石當水站，其餘則安享其利，靠損貧難。北方軍户，皆元簽有丁產大户，一家親軀至四五十口，限地之外，餘剩亦多。南方止是新附軍人，間有一二等大户，乃軍官之家，餘皆亡宋時無賴之徒，投雇當軍，歸附後籍爲軍户，僅有妻子而無抵業。以此北站南軍，再當差發，直是貧不聊生；北軍南站，雖重復當之，未爲大損也。如照依元簽頃畝糧石以定則額，仍舊除免，外有餘剩者，卻令與民一體當差，庶南北無偏負之失，繇役免重併之憂矣。

如金户一項，所簽户計散在諸路，而淘金之地聚在數場。雖令各户自行淘採，其實用鈔買金，以辦官課耳。既與之免税免役，以税役之費，爲買金之資，亦無損於民也。在先立淘金漕運司，金户不能自存。革罷之後，皆得稍安，然猶不免金場各官頭目之擾。今金有定額，户有定數，不必設官計户點名，亦不必拘以正月下場、十月閉場之程限，但責任有司官用心提調，依各處里正例，立排子頭催辦，依每歲徵糧例，照元額徵納，則自安生計，不致失所矣。

如匠户一項，隨朝所取匠人，與外路當工者不同。在京都者，月給家口衣糧鹽菜等錢，又就開鋪席買賣，應役之暇，自可還家工作。皆是本色匠人，供應本役，雖無事產可也。外路所簽匠户，盡是貧民，俱無抵業。元居城市者，與局院附近，依靠家生，尚堪存活，然不多户也。其散在各縣村落間者，十中八九與局院相隔數十百里，前迫工程，後顧妻子，往來奔馳，實爲狼狽。所得衣糧，又多爲官司揩除。隨處濫設局官三員，典史、司吏、庫子祗候人等，各官吏又有老小及帶行人，一局之內，不下一二百人，並無俸給，止是捕風捉影，蠶食匠户，以供衣饍。人匠既無寸田尺土，全藉工作營生。親身當役之後，老幼何所仰給？

如抄紙、梳頭、作木雜色匠人，何嘗知會絡絲、打線等事，非係本色，只得顧工。每月顧錢之外，又有支持追往之費，合得口糧，已准公用。工作所獲，不了當官。計無所出，必至逃亡。今已十亡二三，延之數年，逃亡殆盡矣。今後除隨朝匠户外，各路局院宜悉令有司管領，量設局官一員，支給俸禄，其餘職名盡行革去。照依水馬站例，於有税户内簽取人匠，除其税徭，令顧匠當工。如本户自能當匠，或顧匠願入局受顧者，聽。庶貧難下户，可免顧工，又得顧錢，以贍其家，自然人匠不至逃亡，工程易以辦集。凡此所言，皆在民間得之目覩，田野利害，無因上達，而朝廷清問，不及下民，似此弊端，何由知之？所宜早加整救，使民得安心而奉公，官不勞力而辦事，於國於民，兩得其便云爾。

績在湖南，再以户計未盡底藴，赴有司投進，附録于此。聖朝定奪諸色户計，實爲得法。或有未盡善處，非朝廷之失也，不得周知民間之疾苦故耳。若使知之，安得不從而改之？聖朝以仁慈爲政，何嘗一毫損民之事！如水馬站户，與之除糧免差，糧資足以補辦，祗應可抵里役。如金户辦金，則就推本户合納之税。如匠户當工，則官資口糧以贍養之。如竈户燒鹽，則給以工本。銀場煉鍛，既給工本，又與口糧，計所入之課程，正與買價無異。朝廷不以屑較者，將以優恤百姓耳，寧過費於公儲，不以重困於民力，愛民之厚，於此可見。

今各處巡尉司設弓手，少不下三十名，多者至百名。各路縣獄司設禁子、牧民官，各衙設祗候、曳剌。率土皆爲王民，差使特分内事，既免糧以優之，而有司不與開除，乃令税户分任包納，於合輸糧額之外，别立名項曰包米，考古證今，所未嘗見。若以别色户計推之，朝廷豈獨靳此數百石之米？但承流宣化者，不得其人，尸餐苟禄，不以轉達耳。若朝省知有此弊，決不肯作此害民之舉也。移該免之糧，而加於庶姓之家，何分厚薄於磚瓦，而受此池魚之殃邪？且弓手、祗候、曳剌、禁子，與水馬站、匠、金、竈等户，又有勞逸之相懸。站有消乏，金須本色，竈欲辦課，匠不離局，設有不及，訶責踵至。所准税糧，豈了供給？而弓手、祗候、曳剌、禁子等户役甚優閒，無費於己，又可肥家，不知何名而與之免糧哉？當今四方無虞，盜賊潛銷，巡尉之名，有若虚設。遇有煙火、逃亡、詐僞等項公事，巡尉司一番買賣，弓手遍擾鄉落，排門受攤指之害，毀突叫囂，雞犬不得寧焉。閭閻吞聲，無所告訴。如祗候、曳剌，分入各官門下，視同私人，任以腹心，公行關節，倚借氣勢，騙脇吏民。凡有公訟，必先達於祗候，而後得通於官長。每日跟隨到公廨，侍立問事，有衙番錢、就喚錢、行杖錢，多立名色，所獲不少。禁子在獄圄中，則有直監錢、燒紙錢、好看錢、遞飯錢，百端需求，囚人俯首聽命，莫敢誰何。

此數者，少出倍入，利多害寡，更得免糧，誠爲過矣。既與免糧，乃令税户與之包納。以詩禮閥閲之家，而與小夫賤隸代輸户糧，出於無辜，甚抱不平。如蒙垂聽，將包納之米，仍令各户自認輸官，正供使令之末，初無重難，雖不免糧亦可也。如或不然，照各色户計，依例開除，庶不致偏負累及於税家。更或不然，徑令包糧税家自行應當前役，雖不除糧，亦所甘心。此事甚易改正，惜乎未有言之者，惟明良採納焉！

綜述

（宋）曾鞏《曾鞏集》卷四九《本朝政要策・户口版圖》　太祖元年，有州一百一十一，縣六百三十，户九十六萬七千三百五十三。末年，州二百九十七，縣一千八百六，户二百五十萬八千九百六十五。興國初，有上言事以閏爲限，三歲一令天下貢地圖與版籍，上尚書省，所以周知地理之險易，户口之衆寡。至道初，又令更造天下州縣户口之版籍焉。

（宋）李心傳《建炎以來朝野雜記甲集》卷一七《財賦・本朝視漢唐户多丁少之弊》　西漢户口至盛之時，率以十户爲四十八口有奇。東漢户口，率以十户爲五十二口，可準周之下農夫。唐人户口至盛之時，率以十户爲五十八口有奇，可準周之中次。自本朝元豐至紹興户口，率以十户爲二十一口。以一家止於兩口，則無是理，蓋詭名子户漏口者衆也。然今浙中户口，率以十户爲十五口有奇，蜀中户口，率以十户爲三十口弱。蜀人生齒非盛於東南，意者蜀中無丁賦，故漏口少爾。昔陸宣公稱租、庸、調之法，曰：不校閲而衆寡可知。是故一丁授田，決不可令輸二丁之賦。非若兩税鄉司，能開闔走弄于其間也。自井田什一之後，其惟租、庸、調之法乎？

（宋）李心傳《建炎以來朝野雜記甲集》卷一七《財賦・建炎紹興户口數》　建炎三年，兩浙路主客户二百一十二萬二千七十二，口二百五十六萬七千八百。每十户率爲十五口有奇。成都府路户一百十三萬一千四百八十九，口三百二十六萬九千三十六。每十户率爲三十口弱。紹興二十九年，諸路户一千一百九萬餘，口一千六百八十四萬餘。每十户率爲十六口有奇。三十年，户一千一百五十七萬餘，口一千九百二十三萬餘。每十户率爲十六口有弱。三十一年，户一千一百三十六萬餘，口二千四百二十萬餘。每十户率爲十一口有奇。十二年，户一千一百十三萬餘，口二千三百一十一萬餘。每十户率爲二十一口弱。

（宋）李心傳《建炎以來朝野雜紀甲集》卷一七《財賦・四川元豐紹興淳熙户口數》　四川六十州，一百九十九縣。元豐二年，户二百一十萬餘。紹興三十二年，户二百六十四萬餘，口七百五十一萬餘。每十户率爲三十口弱。淳熙二年，户二百五十八萬餘，口七百四十三萬餘。

（元）馬端臨《文獻通考》卷一一《户口考・歷代户口丁中賦役》　西漢户口至盛之時，率以十户爲四十八口有奇，東漢户口率以十户爲五十二口，可准周之下農夫。唐人户口至盛之時，率以十户爲五十八口有奇，可准周之中次。自本朝元豐至紹興户口，率以十户爲二十一口，以一家止於兩口，則無是理，蓋詭名子户漏口者衆也。然今浙中户口，率以十户爲十五口有奇，蜀中户口，率以十户爲二十口弱，蜀人生齒非盛於東南，意者蜀中無丁賦，於漏口少爾。昔陸宣公稱租庸調之法曰：不校閲而衆寡可知，是故一丁授田，決不可令輸二丁之賦，非若兩税，鄉司能開闔走弄於其間也。自井田什一之後，其惟租庸調之法乎！

《宋史》卷八五《地理志》　至道三年，分天下爲十五路，天聖析爲十八，元豐又析爲二十三：曰京東東、西，曰京西南、北，曰河北東、西，曰永興，曰秦鳳，曰河東，曰淮南東、西，曰兩浙，曰江南東、西，曰荊湖南、北，曰成都、梓、利、夔，曰福建，曰廣南東、西。東南際海，西盡巴僰，北極三關，東西六千四百八十五里，南北萬一千六百二十里。崇寧四年，復置京畿路。大觀元年，別置黔南路。三年，幷黔南入廣西，以廣西黔南爲名。四年，仍舊爲廣南西路。當是時，天下有户二千八十八萬二千二百五十八，口四千六百七十三萬四千七百八十四，天下主客户：自至道末四百一十三萬二千五百七十六，天禧五年，主户六百三萬九千三百三十一，客户不預焉。至嘉祐八年，主户一千二百四十六萬二千三百一十一，口二千六百四十二萬一千六百五十一。至治平三年，天下主客户一千四百一十八萬一千四百八十六，口二千五十萬六千九百八十。熙寧十年，户一千四百二十四萬五千二百七十，口三千八十萬七千二百十一。元祐元年，户一千七百九十五萬七千九十二，口四千七萬二千六百六。紹聖元年，户一千九百一十二萬九千二十一，口四千二百五十六萬六千二百四十三。元符三年，户一千九百九十六萬八百一十二，口四千四百九十一萬四千九百九十一。崇寧元年，户二千二十六萬四千三百七，口四千五百三十二萬四千一百五十四。各府、州下户口與總數少異，姑兩存之。

（元）佚名《别本刑統賦解》　見役在官脱户止從於漏口。

脱户者，漏籍也。天下之民皆有版籍户口，所以驗口取丁而當役也。其有漏籍者，情罪重於漏口。若身見當役而漏籍者，尚可察而知之，故止從漏口法科也。

《遼史》卷三一《營衛志》　遼國之法：天子踐位置宫衛，分州縣，析部族，設官府，籍户口，備兵馬。崩則扈從后妃宫帳，以奉陵寢。有調發，則丁壯從戎事，老弱居守。【略】爲正户八萬，蕃漢轉户十二萬三千，共二十萬三千户。

算斡魯朶，太祖置。國語心腹曰算，宫曰斡魯朶。是爲弘義宫。以心腹之衛置，益以渤海俘，錦州户。其斡魯朶在臨潢府，陵寢在祖州東南二十里。正户八千，蕃漢轉户七千，出騎軍六千。

《遼史》卷四一《地理志》　金肅州。重熙十二年伐西夏置。割燕民三百户，防秋軍一千實之。屬西南面招討司。

河清軍。西夏歸遼，開直路以趨上京。重熙十二年建城，號河清軍。徙民五百户，防秋兵一千人實之。屬西南面招討司。

《遼史》卷五九《食貨志》　興宗即位，遣使閲諸道禾稼。是年，通括户口，詔曰：朕於早歲，習知稼穡。力辦者廣務耕耘，罕聞輸納；家食者全虧種植，多至流亡。宜通檢括，普遂均平。

（清）嵇璜《續通典》卷七《食貨・鄉黨版籍》　遼聖宗統和三年，樞密奏：契丹諸役户多困乏，請以富户代之。上因閲諸部籍有一部户少而役重者，併量減之。興宗重熙八年，北院樞密使蕭孝穆請籍天下户口以均徭役，由是通括户口，政賦稍平云。

（清）嵇璜《續通典》卷一〇《食貨・户口丁中》　聖宗統和元年，南京統軍使耶律善補招宋邊七十餘村來附，又招亡入宋者，得千餘户歸國，詔令慰撫。八年七月，詔：東京路併省州縣以其民分隸他郡。九年七月，通括户口。十三年四月，詔：諸道民户應歷以來脅從爲部曲者，仍籍州縣。十四年三月，詔：安集朔州流民。十五年正月，徙梁門遂城泰州北平民於内地。三月，通括宫分人户。

開泰二年四月，詔：從上京請以韓斌所括贍國達魯河奉豪等州户二萬五千四百有奇置長霸、興仁、保和等十縣。

四年四月，以耶律世良所獲于厥衆并達勒達所獲實默里部民城臚朐河上居之。八年五月，遷寧州渤海户於遼土二河之閒。

道宗咸雍時，遣使括三京隱户，不得以耶律引吉代之，得三千餘户，馬人望爲三司度支判官，會檢括户口，未兩旬而畢，同知留守蕭保先怪而問之，人望曰：民户若括之無遺，他日必長厚斂之弊，大率十得六七足矣。保先謝曰：君慮遠，吾不及也。

太康九年六月，詔：諸檢括脱户罪至死者，原之。

大安三年，以民多流亡，除安泊逃户徵償法。

天祚帝天慶三年，籍諸道户徙大牢古山圍場地居民于别土。

八年六月，通祺雙遼四州之民八百餘户降於金，是時蕭博和哩等十五人各率户降於金，劉宏亦以懿州户三千降金，而遼不能國矣。

（清）嵇璜《續通典》卷一〇《食貨・户口丁中》　〔聖宗統和〕十五年正月，徙梁門遂城泰州北平民於内地。三月，通括宫分人户。

開泰二年四月，詔：從上京請以韓斌所括贍國達魯河奉豪等州户二萬五千四百有奇置長霸、興仁、保和等十縣。

四年四月，以耶律世良所獲于厥衆并達勒達所獲實默里部民城臚朐河上居之。

八年五月，遷寧州渤海户於遼土二河之閒。【略】

天祚帝天慶三年，籍諸道户徙大牢古山圍場地居民于别土。

（清）嵇璜《續通志》卷一五四《食貨略・歷代户口丁中》　遼建五京，幅員萬里，其户丁之可見者有五京鄉丁、諸宫衛户丁之目。五京鄉丁者，臨潢爲上京，丁一十六萬七千二百。遼陽爲東京，丁四萬一千四百。遼西爲中京，丁籍莫考，可見者高州三韓一縣丁一萬，蕃漢轉户爲多。析津爲南京，丁五十六萬六千。大同爲西京，丁三十二萬二千七百。諸宫衛户丁者，太祖曰：弘義宫正户八千，轉户七千，正丁一萬六千，轉丁一萬四千。太宗曰：永興宮正户三千，轉户七千，正丁六千，轉丁一萬四千。世宗曰：積慶宮正户五千，轉户八千，正丁一萬，轉丁一萬六千。應天皇太后曰：長寧宮正户七千，轉户六千，正丁一萬四千，轉丁一萬二千。穆宗曰：延昌宮正户一千，轉户三千，正丁二千，轉丁六千。景宗曰：彰愍宮正户八千，轉户一萬，正丁一萬六千，轉丁二萬。承天太后曰：崇德宮正户六千，轉户一萬，正丁一萬二千，轉丁二萬。聖宗曰：興聖宮正户一萬，轉户二萬，正丁二萬，轉丁四萬。興宗曰：延慶宮正户七千，轉户一萬，正丁一萬四千，轉丁二萬。道宗曰：太和宮正户一萬，轉户二萬，正丁二萬，轉丁四萬。天祚帝曰：永昌宮正户七千，轉户一萬，正丁一萬四千，轉丁二萬。孝文皇太弟曰：敦睦宮正户三千，轉户五千，正丁六千，轉丁一萬。文忠王府正户五千，轉户八千，正丁一萬，轉丁一萬六千。五京府十二宮户丁固得若干數焉。太祖即位，親征西部奚，下之。復分兵平東部奚，於是盡有奚霫之地。東際海南暨白檀，西踰松漠，北抵潢水，凡五部咸入版籍。神册元年，平突厥、吐渾、党項、小蕃、沙陀諸部。至八月，拔朔州。十一月，次蔚新武媯儒五州，俘獲不可勝計。自代北至河曲，踰陰山，盡有其地。天贊元年十月，以户口滋繁，糺轄疎遠，分北達努哈爲二部，立兩節度以統之。三年六月，大征吐渾、党項等部，擊索歡納山東部族，破之，遣騎攻卓木布置地，西南又破呼穆蘇山諸蕃部，又遣兵踰流沙拔浮圖城，西鄙諸部悉爲遼有。天顯元年，平渤海地方五千里，五京十五府六十二州盡有其衆，國境益大。太宗大同元年四月，俘晋主重貴，凡歸順七十六處，得户一百九萬一百一十八。景宗保寧三年十一月，臚朐河裕悦阿延聶呢等率户四百來附，乞隸宮籍。詔留其户，分隸敦睦積慶永興三宮。聖宗統和七年，宋雞壁砦守將郭榮率衆來降，砦民二百户徙居擅順薊三州，復分八户隸飛狐。十五年三月，通括宮分人户。二十一年十一月，通括南院部民。開泰二年四月，詔以韓斌所括瞻國塔魯河奉豪等州户二萬五千有奇置長霸、興仁、保和等十縣。道宗大安三年二月，以歲饑民多流散，除安泊逃户徵償法。

（宋）宇文懋昭《大金國志》卷六《紀年》 粘罕密諭諸路，令同日大索兩河之民一日，北境州縣皆閉門，及拘行旅于道，凡三日而罷。應客户並籍入官，刺其耳爲官字，鎖之雲中，及散養民間、立價鬻之，或驅之于回鶻諸國以易馬，及有賣于萌骨子、迪烈子、室韋、高麗之域者。蓋既立劉豫，以舊河爲界，恐在北者逃歸故耳。樂壽縣得客户六十八人，誤作六百八人以報，粘罕必責其數，縣官執窮民以足之。被掠歸雲中者，不令出城，無以自活，士大夫往往乞食于途。粘罕患貧民之多，恐致生事，遂以散米賑濟爲名，誘三千人出城，令甲兵坑之。

（宋）宇文懋昭《大金國志》卷一二《紀年》 金國民軍有二：一曰家户軍，以家產高下定；二曰人丁軍，以丁數多寡定。諸稱家户者，不以丁數論，故家（曰）〔口〕至于一絶，人丁至于傭賤，俱不得免也。

《金史》卷四六《食貨志》 其爲户有數等，有課役户、不課役户、本户、雜户、正户、監户、官户、奴婢户、二税户。有司始以三年一籍，後變爲通檢，又爲推排。凡户隸州縣者，與隸猛安謀克，其輸納高下又各不同。

《金史》卷四六《食貨志·户口》 金制，男女二歲以下爲黄，十五以下爲小，十六爲中，十七爲丁，六十爲老，無夫爲寡妻妾，諸篤廢疾不爲丁。户主推其長充，内有物力者爲課役户，無者爲不課役户。

令民以五家爲保。泰和六年，上以舊定保伍法，有司滅裂不行，其令結保，有匿姦細、盗賊者連坐。宰臣謂舊以五家爲保，恐人易爲計搆而難覺察，遂令從唐制，五家爲隣，五隣爲保，以相檢察。京府州縣郭下則置坊正，村社則隨户衆寡爲鄉置里正，以按比户口，催督賦役，勸課農桑。村社三百户以上則設主首四人，二百户以上三人，五十户以上二人，以下一人，以佐里正禁察非違。置壯丁，以佐主首巡警盗賊。猛安謀克部村寨，五十户以上設寨使一人，掌同主首。寺觀則設綱首。凡坊正、里正，以其户十分内取三分，富民均出顧錢，募强幹有抵保者充，人不得過百貫，役不得過一年。大定二十九年，章宗嘗欲罷坊、里正，復以主首遠，入城應代，妨農不便，乃以有物力謹願者二年一更代。

凡户口計帳，三年一籍。自正月初，州縣以里正、主首，猛安謀克則以寨使，詣編户家責手實，具男女老幼年與姓名，生者增之，死者除之。正月二十日以實數報縣，二月二十日申州，以十日内達上司，無遠近皆以四月二十日到部呈省。

凡漢人、渤海人不得充猛安謀克户。猛安謀克之奴婢免爲良者，止隸本部爲正户。凡没入官良人，隸宫籍監爲監户，没入官奴婢，隸太府監爲官户。

當收國二年時，法制未定，兵革未息，貧民多依權右爲苟安，多隱蔽爲奴婢者，太祖下詔曰：比以歲凶民飢，多附豪族，因陷爲奴隸。及有犯法，徵償莫辦，折身爲奴。或私約立限，以人對贖，過期則以爲奴者。並聽以兩人贖一爲良，元約以一人贖者從便。

天輔五年，以境土既拓，而舊部多瘠鹵，將移其民于泰州，及遣皇弟昱及族子宗雄按視其地。昱等苴其土以進，言可種植，遂摘諸猛安謀克中民户萬餘，使宗人婆盧火統之，屯種于泰州。婆盧火舊居阿注滸水，又作按出虎。至是遷焉。其居寧江州者，遣拾得、查端、阿里徒歡、奚撻罕等四謀克，挈家屬耕具，徙于泰州，仍賜婆盧火耕牛五十。

天輔六年，既定山西諸州，以上京爲内地，則移其民實之。又命耶律佛頂以兵護送諸降人于渾河路，以皇弟昂監之，命從便以居。七年，以山西諸部族近西北二邊，且遼主未獲，恐陰相結誘，復命皇弟昂與孛堇稍喝等以兵四千護送，處之嶺東，惟西京民安堵如故，且命昂鎮守上京路。既而，上聞昂已過上京，而降人復苦其侵擾多叛亡者，遂命孛堇出里底往戒諭之，比至，而諸部已叛去。又以猛安詳穩留住所領歸附之民還東京，命有司常撫慰，且貸一歲之糧，其親屬被虜者皆令聚居。及七年取燕京路，二月，盡徙六州氏族富強工技之民於内地。

太宗天會元年，以舊徙潤、隰等四州之民於瀋州之境，以新遷之户艱苦不能自存，詔曰：比聞民乏食至鬻子者，聽以丁力等者贖之。又詔孛堇阿實賚曰：先皇帝以同姓之人昔有自鬻及典質其身者，命官爲贖。今聞尚有未復者，其悉閲贖之。又命以官粟贖上京路新遷寧江州户口貧而賣身者，六百餘人。二年，民有自鬻爲奴者，詔以丁力等者易之。三年，禁内外官及宗室毋得私役百姓，權勢家不得買貧民爲奴，其脅買者一人償十五人，詐買者一人償二人，罪皆杖百。七年，詔兵興以來，良人被略爲驅者，聽其父母妻子贖之。

熙宗皇統四年詔陝西、蒲、解、汝、蔡等州歲飢，百姓流落典雇爲驅者，官以絹贖爲良，丁男三疋，婦人幼小二疋。

世宗大定二年，詔免二税户爲民。初，遼人佞佛尤甚，多以良民賜諸寺，分其税一半輸官，一半輸寺，故謂之二税户。遼亡，僧多匿其實，抑爲賤，有援左證以告者，有司各執以聞，上素知其事，故特免之。

十七年五月，省奏咸平府路一千六百餘户，自陳皆長白山星顯、禪春河女直人，遼時簽爲獵户，移居於此，號移典部，遂附契丹籍。本朝義兵之興，首詣軍降，仍居本部，今乞釐正。詔從之。

二十年，以上京路女直人户，規避物力，自賣其奴婢，致耕田者少，遂以貧乏，詔定制禁之。又謂宰臣曰：猛安謀克人户，兄弟親屬若各隨所分土，與漢人錯居，每四五十户結爲保聚，農作時令相助濟，此亦勸相之道也。

二十一年六月，徙銀山側民於臨潢。又命避役之户舉家逃於他所者，元貫及所寓司縣官同罪，爲定制。

二十三年，定制，女直奴婢如有得力，本主許令婚娉者，須取問房親及村老給據，方許娉於良人。

是年八月，奏猛安謀克户口、墾地、牛具之數。猛安二百二，謀克千八百七十八，户六十一萬五千六百二十四，口六百一十五萬八千六百三十六，內正口四百八十一萬二千六百六十九，奴婢口一百三十四萬五千九百六十七。墾田一百六十九萬三百八十頃有奇，牛具三十八萬四千七百七十一。在都宗室將軍司，户一百七十，口二萬八千七百九十，內正口九百八十二，奴婢口二萬七千八百八。墾田三千六百八十三頃七十五畝，牛具三百四。迭剌、唐古二部五乣，户五千五百八十五，口十三萬七千五百四十四，內正口十一萬九千四百六十三，奴婢口一萬八千八十一。墾田萬六千二十四頃一十七畝，牛具五千六十六。

二十五年，命宰臣禁有禄人一子、及農民避課役，爲僧道者。

大定初，天下户纔三百餘萬，至二十七年天下户六百七十八萬九千四百四十九，口四千四百七十萬五千八十六。

章宗大定二十九年十一月，上封事者言，乞放二税户爲良。省臣欲取公牒可憑者爲准，參知政事移剌履謂憑驗真僞難明，凡契丹奴婢今後所生者悉爲良，見有者則不得典賣，如此則三十年後奴皆爲良，而民且不病焉。上以履言未當，令再議。省奏謂不拘括則訟終不絶，遂遣大興府治中烏古孫仲和、侍御史范楫分括北京路及中都路二税户，凡無憑驗，其主自言之者及因通檢而知之者，其税半輸官、半輸主，而有憑驗者悉放爲良。

明昌元年正月，上封事者言：自古以農桑爲本，今商賈之外又有佛、老與他游食，浮費百倍。農歲不登，流殍相望，此末作傷農者多故也。上乃下令，禁自披剃爲僧、道者。是歲，奏天下户六百九十三萬九千，口四千五百四十四萬七千九百，而粟止五千二百二十六萬一千餘石，除官兵二年之費，餘驗口計之，口月食五斗，可爲四十四日之食。上曰：蓄積不多，是力農者少故也。其集百官，議所以使民務本廣儲之道，以聞。六月，奏北京等路所免二税户，凡一千七百餘户，萬三千九百餘口，此後爲良爲驅，皆從已斷爲定。

明昌六年二月，上謂宰臣曰：凡言女直進士，不須稱女直字。卿等誤作迴避女直、契丹語，非也。今如分別户民，則女直言本户，漢户及契丹，餘謂之雜户。

明昌六年十二月，奏天下女直、契丹、漢户七百二十一萬三千四百，口四千八百四十九萬四百，物力錢二百六十萬四千七百四十二貫。

泰和七年六月，敕，中物力户，有役則多逃避，有司令以次户代之，事畢則復業，以致大損不逃之户。令省臣詳議。宰臣奏，舊制太輕，遂命課役全户逃者徒二年，賞告者錢五萬。先逃者以百日內自首，免罪。如實銷乏者，內從御史臺，外從按察司，體究免之。十二月，奏天下户七百六十八萬四千四百三十八，口四千五百八十一萬六千七十九。户增於大定二十七年一百六十二萬三千七百一十五，口增八百八十二萬七千六十五。此金版籍之極盛也。

及衛紹王之時，軍旅不息，宣宗立而南遷，死徙之餘，所在爲虚矣。户口日耗，軍費日急，賦斂繁重，皆仰給於河南，民不堪命，率棄廬田，相繼亡去。及屢降詔招復業者，免其歲之租，然以國用乏竭，逃者之租皆令居者代出，以故多不敢還。興定元年十二月，宣宗欲懸賞募人捕亡户，而復慮騷動，遂命依已降詔書，已免債逋，更招一月，違而不來者然後捕獲治罪，而以所遺地賜人。四年，省臣奏，河南以歲飢而賦役不息，所亡户令有司招之，至明年三月不復業者，論如律。時河壖爲疆，烽鞞屢警，故集慶軍節度使温迪罕達言，亳州户舊六萬，自南遷以來不勝調發，相繼逃去，所存者曾無十一，碭山下邑，野無居民矣。

（清）嵇璜《續通典》卷七《食貨·鄉黨版籍》 金制，以民户內有物力者爲課役户，無者爲不課役户。令民以五家爲保。太宗天會二年，禁內外官及宗室毋得私役百姓，權勢家不得買貧民爲奴。世宗大定二年，詔：免二税户爲民。遼時以良民賜諸寺，分其税一半輸官，一半輸寺，故謂之二税户。金制又倣《周禮·大司徒》三年一大比，作通檢推排之法。是時，承正隆師旅之後，民之貧富變更，賦役不均，世宗下詔曰：粤自國初有司常行大比，正隆時兵役並興，調發無度，富者今貧不能自存，版籍所無者今爲富室而猶幸免，是用遣信臣泰寧節度使張宏信等十三人分路通檢天下物力而差定之，以革前弊，俾元元無不均之歎，以稱朕意。凡規措條理，命尚書省畫一以行。又命凡監户事產，除官所撥賜之外，餘凡置到百姓有税田宅皆在通檢之數。五年，有司奏諸路通檢不均，詔再以户口多寡貧富輕重適中定之。既而又定通檢地土等第税法。十五年，上以天下物力自通檢以來十餘年貧富變易，賦調輕重不均，遣濟南尹梁肅等二十六人分路推排，後又制明安穆昆户科差之法，均其貧富，及量其奴婢之多寡定之。詔宰臣明安穆昆多親強舊弱差役不均，其令推排當自中都路始。二十二年，詔令集耆老推貧富驗土地牛具奴婢之數分爲上中下三等，以同知大興府事完顏烏林先推中都路，續遣户部主事諳達等十四人與外官同分路推排，後或推排通檢之法舉行不一。章宗泰和六年，以舊定保伍法有司滅裂不行，其令結保有匿奸細盜賊者連坐。宰臣謂舊以五家爲保，恐人易爲計搆而難覺察，令從唐制，五家爲鄰，五鄰爲保，以相檢察京。府州縣郭下則置坊正村社，則隨户衆寡爲鄉置里正，以按比户口催督賦役勸課農桑。村社三百户以上，則設主首四人。二百户以上，三人。五十户以上，二人。以下，一人。以佐里正禁察非違。置壯丁以佐主首巡警盜賊。明安穆昆部村寨五十户以上設寨使一人，掌同主首。寺觀則設綱首。凡坊正里正以其户十分內取三分，富民均出雇錢募強幹有抵保者充，人不得過百貫，役不得過一年。凡户口計帳三年一籍，自正月初州縣以里正主首，明安穆昆則以寨使，詣編户家責手實，具男女老幼姓名以實轉報，縣申州，再達上司到部呈省。凡漢人、渤海人不得充明安穆昆户，明安穆昆之奴婢免爲良者，止隸本部爲正户。凡籍官良人隷宮籍爲監户，籍官奴婢隷太府監爲官户。七年，敕中物力户有役則多逃避，有司令以次户代之，事畢則復業，以致大損不逃之户。令省臣詳議，宰臣奏：舊制太輕，遂命課役全户逃者，徒二年，賞告者錢五萬。如實銷乏者，內從御史臺、外從按察司體究，免之。宣宗貞祐三年，河北民遷徙河南者甚衆，侍御史劉元規上言：僑户宜與土民均應差役，上留中，而自以其意問宰臣。丞相布薩端、平章穆延盡忠以爲便。尚書左丞賈益謙曰：僑户應役甚非計也。河北人户避兵而來，稍息即歸。今旅寓倉皇之際，又與地著者並應供億，必騷動不能安居。上甚嘉賞。興定五年，省言隨處土民久困徭役，客户鬻販坐獲厚利，官無所斂，亦宜稍及客户，以寬土民。從之。

（清）嵇璜《續通典》卷一〇《食貨・户口丁中》　金制，户有數等，有課役户，不課役户，本户，雜户，正户，監户，官户，按有物力者爲課役户，無者爲不課役户。女直爲本户，漢人及契丹爲雜户。明安之奴婢免爲良者止隸本部爲正户，没入官良人隸宫籍監者爲監户，没入官奴婢隸太府監者爲官户。奴婢户，二税户金承遼制，多以良民賜諸寺，分其税一半輸官，一半輸寺，故名二税户。男女二歲以下爲黄，十五以下爲小，十六爲中，十七爲丁，六十爲老，無夫爲寡，妻妾諸廢篤疾不爲丁。凡户口計帳，三年一籍。自正月初州縣以里正、主首，明安穆昆則以寨使，詣編户家責手實，具男女老幼年與姓名，生者增之，死者除之。正月二十日以實數報縣，二月二十日申州，以十日內達上司，無遠近皆以四月二十日到部呈省。漢人、渤海人不得充明安穆昆户。太祖收國元年六月，遼通祺雙遼等州八百餘户來歸，命分置諸部，擇膏腴地處之。

太宗天會元年十一月，徙遷潤來隰四州之民於瀋州，後海陵南侵，遣使籍諸路明安部族及契丹奚人，不限丁數，悉僉之，凡二十四萬。又僉中都、南都、中原、渤海丁壯年二十以上五十以下者，皆籍之，凡二十七萬。雖親老丁多求一子留侍，亦不聽。世宗大定三年，詔：流民未復業者，增限招誘。十七年五月，省奏：咸平府路一千六百餘户自陳皆長白山錫忻察遜河女直人，遼時移居於此，號移典部，今乞釐正。詔從之。二十一年六月，徙銀山側民于臨潢，又命避役之户舉家逃於他所者，元貫及所寓司縣官同罪，爲定制。

（清）嵇璜《續通志》卷一五四《食貨略・歷代户口丁中》　金制，户有數等，有課役户，不課役户，本户，雜户，正户，監户，官户，奴婢户，二税户。有物力者爲課役户，無者爲不課役户。女真爲本户，漢人及契丹爲雜户。明安穆昆之奴婢免爲良者止隸本部爲正户，没入官良人隸宫籍監者爲監户，没入官奴婢隸太府監者爲官户。户以五家爲保焉。太祖天輔二年，通祺雙遼等州八百餘户來歸，命分置諸部，擇膏腴之地處之。七月，遼户二百來歸，處之泰州。又詔：達囉克部貝勒錫林，凡降附新民，善爲存撫，來者令各從便安居，給以官糧，毋輒動擾。五年，以境土既擴，舊部多瘠鹵，移其民於泰州。先遣皇弟昱及族子宗雄按視其地，昱等苴其土以進，言可種植。遂摘諸明安穆昆中民户萬餘，使宗人博勒和統之。七年二月，取燕京路，盡徙六州氏族富强工技之民於內地。太宗天？元年，徙遷潤來隰四州之民於瀋州，以新遷之户艱苦不能自存，詔民乏食鬻子者，聽以丁力等者贖之。二十年，令明安穆昆人户與漢人錯居。

（元）徐元瑞《吏學指南・户婚》　脱户：率土黔庶皆有籍書，若全家並不附籍，謂之脱户

漏口：户有數口，止報一二，規免課役，謂之漏口。

（元）徐元瑞《吏學指南・良賤孳產》　貴賤：身富位尊曰貴，卑下無位曰賤。《刑統賦釋》曰：貴賤之賤，君子有時居之。

良賤：名編户籍，素本齊民，謂之良；店户、倡優、官私奴婢，謂之賤。《刑統賦釋》曰：良賤之賤，小人亦耻爲之。

人口：同居親屬曰人，役使驅賤曰口。

官監户：謂前代以來配隸相生，或今朝配役，隸屬諸司州縣無貫者，即今之斷按主户是也。其斷没者，良人曰監户，奴婢曰官户。

雜户：謂前代以來配隸諸司課役者。並不同百姓之屬。

部曲：此等幼無所歸，投身衣飯，其主以奴畜之，別無户籍，唯隨本主籍貫，若此之類，名爲部曲，及其長成，許得通娶良人。

客女：謂婢經放良，並出妾者。其部曲之女亦是。

倡優：伎樂曰倡，諧戲曰優。所謂伎樂歌舞之家也。

店户：謂親當旅舍，及停止倡伎之類。

佃客：謂治田分利之人也。

媒保：媒合成婚曰媒，相托信任曰保。

《廟學典禮》卷三《抄户局攢報儒籍始末》　江淮等處行尚書省，至

元二十七年九月初十日劄付：欽奉聖旨節該：抄數南北諸色户計。欽此。行下各道隨路，欽依盡實抄數，劄付本司，令當該官吏本管儒户花名，見住州縣村坊，一應干照文憑，赴省攢報。去後，照得本司所管儒户至元二十四年准尚書省咨數内一款：儒户免差事理，議得：儒户除迤北路分，於十三年選試，外據迤南新附去處，在籍儒户内，若有投充别項名色，别無定奪，其餘籍内見有的儒户，除納地税、商税外，其餘一切差徭並行蠲免。又照得至元二十六年二月初六日國子監承奉集賢院劄付該，奉尚書省劄付，准中書省咨，奏奉聖旨内一款節該：秀才每做買賣呵，與商税者，種田呵，與地税者，其餘横枝兒不揀甚麽差發休與者。欽此。議得：江南秀才甚多，若盡從供具手狀俱作儒户，恐真僞難辨，虚添數多。擬合將歸附之初元籍儒户，於儒户項下作數，外據已後續收儒户，即今科舉未定，合無於民户内抄數。爲此，移准尚書省咨該：都省議得：腹裏儒户，至元十三年試中者，止免一身差役。所據江南儒人，比及選試分揀定奪以來，將歸附之初元籍儒户於儒户項下作數。外據已後續收儒户，收係爲民。合行移咨，依例攢報行事。准此。省府：除外，合下仰照驗，依上施行。〔劄付浙東道儒學提舉司。〕行省先准本省教化右丞咨據徽州路申乞分揀儒户事，議乞驗歸附初籍，將已後續收儒人，分揀爲民，咨請定奪。行省議擬：將歸附之初元籍儒户作數，外據已後續收儒户，收係爲民。咨准都省回咨，遂有此行。

《廟學典禮》卷三《儒户照歸附初籍並葉提舉續置儒籍抄户》 尚書省，至元二十八年正月咨：准來咨欽奉聖旨節該抄户事。欽此。行下各道隨路，欽依盡實抄數。及將諸色户計名項，移准尚書省咨文内一項，議得：腹裏儒户，至元十三年試中者，止免一身差役。所據江南儒人，比及選試分揀定奪以來，將歸附初元籍儒户，於儒户項下作數。外據已後續收儒户，收係爲民。准此，已下各道隨路並儒學提舉司，依上施行去訖。本省照得：各處歸附之初儒户元籍，亦有有者，有無者，若依上將歸附之初無元籍去處儒户，盡行收係爲民，其間恐誤籍内博學碩儒。及照得：見據杭州路申，先聖五十四代孫孔雷龍、饒州傅初菴，歸附之初元籍内無各人姓名，似難於民户内抄數。如杭州路儒户，歸附之初，止是有司憑據坊里正人等一時具寫諸色户計，攢類籍册，經今多年，其間少有完全，却有十八年葉提舉開立儒學衙門，置到儒籍。莫若除有歸附之初元籍者，依准元籍查勘，若委無歸附之初元籍去處，合無憑此，以後續置有印押堪信文卷，籍册查勘攢報，似望不致漏落差池。咨請定奪回咨施行事。省部參詳：歸附之初有籍儒户，已於儒户内作數，外據無籍儒户，既有葉提舉續置印押文卷，合從行省查勘相同，擬作儒户相應。（部）〔都〕省：准呈。咨請照驗施行。〔咨江淮等處行尚書省。〕

《廟學典禮》卷三《儒户照抄户手收入籍》 行省户房，至元二十八年四月初八日，令史馬禧呈：欽奉聖旨節該：抄數南北諸色户計。欽此。行下各道隨路，欽依盡實抄數。及將諸色户計，移准尚書省咨文數内一項，議得：腹裏儒户，至元十三年試中者，止免一身差役。所據江南儒人，比及選試分揀定奪以來，將歸附之初元籍儒户，於儒户項下作數。外據已後續收儒户，收係爲民。准此，已下各道隨路並儒學提舉司，依上攢報。去後，回據浙西道儒學提舉司申，備杭州路儒人謝元卿等連名狀告：至元十八年方有受敕教授齎到印信前來，續有尚書省葉右丞充教授時置立籍册。今户口局官吏不將葉教授等置到學籍查照，却將至元十四年臨安府供報户計須知文册，指作元籍查對，其間止稱張秀李秀張秀、李秀，據本條下文，當係張秀才、李秀才之略。王官人、張進士，並無三代備細名諱，蓋緣止憑坊正（卷）〔里〕長抄數，不曾關會儒學照勘，以致争差。若止憑須知查對，在籍儒人，百不存一，學校廢壞。乞照詳事。得此，本省照得：各處歸附之初元籍，亦有有者，亦有無者，見據杭州路申，先聖五十四代孫孔雷龍並饒州傅初菴，歸附之初元籍内亦無各人姓名，似難於民户内抄數。如杭州歸附之初，止憑坊里正人等具寫諸色户數，類攢籍册，其間少有完全，却有十八年葉提舉開立儒學衙門，置造儒籍。莫若除有歸附之初元籍者，依准元籍查勘，若委無歸附之初元籍去處，合無憑此，已後續置有印押堪信文卷，籍册查報，似望不致漏落差池。移准尚書省咨該，送户部照擬：將歸附之初有籍儒户，已擬作儒，外據無籍儒户，既有葉提舉續置印押堪信文卷，合從行省查照相同，擬作儒户相應。都省：准呈。移咨依上施行。准此，劄付監局總管李嘉議，依上查照攢報。去後，回呈該：元蒙省府發下各處歸附之初有司報省諸色户計籍册，遂令各處儒學官吏一同查照得，於内多稱張秀才、李秀才、上舍進士、官人，比對今抄手狀，姓名争差不同。如杭州九縣四司，止有查同九十九户，江東信州一路，查同四户，廣德一路，查同二户。蓋是歸附之初，官府草創，止憑坊里正人等取到諸色户數，一時應報須知，即非儒籍，於內亡宋登科發解、真材碩學、名卿士大夫，多不在內。又兼淮西、淮東、浙東等處，別無報省須知籍册。若依各處學籍查照，除杭州路有至元十八年葉提舉置到儒户籍册外，其餘諸路儒籍，多係縣學教諭、山長、教授歸附後各年不等自行置到文册，俱各有首無尾，中間增減改抹，真僞不辨，實難憑信。如蒙省府分揀定奪，歸一勘信文憑，查照作數，似望不致差池。呈乞照詳事。得此，照得至元二十四年准尚書省咨該：至元二十四年閏二月初十日奏：在先爲設立學校的事，於二月十五日奏奉聖旨：你說的宜的一般。這裏田地裏立太學，合讀甚麽書，合設學官，並生員飲食分例，合立規矩，外頭設立儒學提舉司去處寫出來，我行奏者。那時分，我回言語。這般聖旨有來。欽此。今與翰林院裏有的衆老每一同商議，定下項合行事理。這般奏呵，那般者。麽道聖旨了也。數內一款，儒户免差事，議得：儒户除迤北路分，於至元十三年選試，外據迤南新附去處在籍儒户，於內若有投充別項名色者，別無定奪，其餘籍內見有的儒户，除納地税、商税外，其餘一切差役並行蠲免。又一款，外道學校生員成材者，申太學，茂異者，申集賢院，聞奏區用。又一款，外道設立儒學提舉司，除迤北外，江淮等處一十一道各立儒學提舉司，正、副各一員，提舉，從五品，副提舉，正七品。欽此。已經遍行了當。爲此，議得：比奉朝廷差官選試以來，擬依歸附之初元籍，並至元十八年葉提舉置到印押文册，及至元二十四年尚書省與翰林、集賢院商議定奏奉聖旨，各道儒學提舉司當時置到儒户印信册內，遞相從實查照，委係在籍儒户，權行作儒攢報，於內若有投充別項名色，別無定奪。外據至元二十四年已後續收户數，收係爲民。移咨都省照驗。去後，今據省委浙東道查户官懷遠軍判高天祐呈：浙東道在先不係葉提舉管領，別無本管置到十八年籍册。外，至元二十四年二月十九日欽依聖旨設立儒學提舉司衙門署事，當時行下各處學院，照勘儒籍，俱各未曾報到。其各處學官人等，雖有齎到年月不等儒户花名文册，多係縣學教諭、山長歸附後，各年不等，俱各有頭無尾，中間增減改抹，真僞不辨，實難憑信。照得：浙東道抄數南北人户約計一百一十四萬，儒户止有八千七百二十四户，較之分數，百不及一。若將見抄儒户權行攢寫入籍，聽候試驗，似望早得完備。及據浙西道查户官懷遠軍知軍宋從政等呈，備據平江等路儒學學正劉惟肖等狀呈儒户事理，至元十四年有籍，歸附之初，官司草創，止憑坊里正人等應報須知，作張秀、李秀進士、官人，比對今抄手狀，姓名争差，即非儒籍，實難查照。至元二十四年設立儒學提舉司，止憑各學官吏將到此在學行供人員，供報提舉司禮上須知。如平江一路，狀元阮登炳、登科文肖翁、發解張西登、范文正公子孫范士貴等，此時或隱避山林，或出仕他處，或游學遠方，至元二十四年須知册內，俱無各人姓名。其他各路如此者多。若使憑准查照，收係爲民，實爲未便。照得：軍站等户，俱有在先官定版籍。所據江南儒户，歸附以來，未經分揀，別無一定籍册，難同其他諸色户計，一體查照。呈乞照詳。外據平江、常州、江陰、建德、湖州、松江、宜興等處儒學官狀告，亦爲此事。得此，今蒙省府官同議得：江淮諸路軍、站、人匠、打捕鷹房別項户計，俱有在先奉到聖旨處分，行省攢定印置籍册。所據儒户，歸附以來，未經上司通行分揀，雖有學官，各年不等，置到花名文簿，其間少有完全。如先聖五十四代孫孔雷龍、饒州傅初菴、衢州劉中齋，及前賢范文正公子孫，亡宋登科發解、真才碩學、名卿士大夫，多不在內。以此看詳，各路年月不等、山長、教授自行籍寫不完文册，似難憑准。止合依據今次欽奉聖旨抄數户計，取到手狀入籍，仍咨都省照驗。都事常裕，員外范，郎中高。

《廟學典禮》卷四《辯明儒人難同諸色户計》 江南浙西道肅政廉訪司分司，至元三十年十一月日指揮：據鹽官縣學教諭黄謙之呈，據本學儒户楊垕等狀告，近承奉司行下爲修築海塘公事，因奉上司劄付，有不問投下是何諸色户計，指揮被縣吏不問元係免役儒户，亦作投下户計，與民一體科差勾擾。伏覩江南浙西道肅政廉訪司榜文內一件該：欽奉聖旨節該：今後在籍秀才，做買賣納商税，種田納地税，其餘一切雜泛差役並行蠲免，所在官司常切存恤。欽此。照得各處官司故縱胥吏，違背詔書，舞文弄法，往往將儒人户計與民一體當差。除已行移各路戒約所屬，欽依聖旨施行，仰司、縣官今後本處附籍儒户，除種田納地税，買賣納商税外，民間一切雜泛差役，欽依聖旨蠲免，毋得亂行勾擾，雷例差撥。如違，定將判署官以故違制書之罪罪之。今來本縣將儒户雷例科差夫役，顯見違別制書。告訖施行。得此，憲司照得：元欽奉聖旨，止該軍、站、禮樂户及弘州納麵户計，和顧和買一例均當，別不曾該載儒户，亦無雜泛差役語句。據此，除外，合下仰照驗，欽依聖旨節該：今後在籍秀才，做買賣納商税，種田納地税，其餘一切雜泛差役並行蠲免，所在官司常切存恤，毋得違錯。〔下鹽官縣。〕浙東道儒學提舉司，至元三十一年二月指揮：承奉浙東海右道肅政廉訪司分司指揮該，來申儒户與醫户係一體事理，誠恐司、縣將儒人動搖不安，（訖）〔乞〕照詳事。得此，憲司：除已移牒紹興路依例施行外，合下仰照驗施行。承此，照得近據本路儒學狀申，亦爲此事。又照得近會驗到江浙等處官醫提舉司申，奉到省府劄付該，元准都省咨文，別不曾令此項户計應當雜泛差役等事。奉此，儒司參詳：醫儒户計，即係一體事理。爲此，已經牒呈本路總管府，並下本處學、院，依例除免施行，及市覆浙東海右道肅政廉訪司分司照詳。去後，今承前奉，除已再牒本路總管府，照依肅政廉訪司分司所行，仍欽依累降聖旨，將所管在籍儒户除免雜泛差役外，合下仰照驗，依上施行。〔下紹興路儒學。〕省府：檢照至元二十九年八月初四日，奏過事內一件節該：太廟裏禮樂户四百餘户，弘州納麵的户計，和顧和買事，不分軍、站、民户，衆人均匀着者。欽依施行外，有常州路申，行省欲令水馬站户、醫、儒等户與民一例當差，因而動搖。遂蒙憲司及醫、儒提舉司申明，迺獲除免。

《通制條格》卷二《户令・户例》 至元七年八月，尚書省户部，據各路見取勘不當差户計協濟見當差人户，於內析居户計，若户長與户下户俱願析居，別無定奪，中間卻有户長願户下不肯從順，户下願户長卻不從順，議得：見欽奉聖旨條畫：壬子年合併抄上户計，自願析居各另者，聽從民便。欽此。所據壬子年同籍同姓叔姪弟兄之類，若有析户另居者，呈准尚書省判，照依下項事理施行：

一、同姓叔姪弟兄，壬子年同籍，至今同户同居當差者，止合依舊一户當差，如有兩願析户者聽。

一、同姓叔姪弟兄，壬子年同籍，異居同户當差，雖是異居，未經分者，兩願析户者聽。

一、同姓叔姪弟兄，已有支析文字並另書，或無文字已經分另異居者，雖壬子年同籍一户當差，不以户長並户下，自願析户者聽。

至元八年三月，欽奉聖旨：據尚書省奏，乙未年元欽奉合罕皇帝聖旨抄數到民户，諸王公主駙馬各投下官員分撥已定。壬子年欽奉先帝聖旨從新再行抄數，當時前行尚書省不曾子細分揀，至今二十年間争理户計，往復取勘，不能裁决，深不便當。今次取勘諸色人户，檢會到累降聖旨，欽依分揀定奪，各各户計，擬到逐款體例，所據取勘到合當差發（口）〔户〕數，依已降聖旨，再不添額，並令協濟額內當差人户事。准奏。仰隨路府州司縣達魯花赤、管民官吏、管軍官及不以是何投下諸色人等，照依尚書省所奏條畫事理施行：

一、諸王公主駙馬並諸官員户計：

諸附籍漏籍諸色人户，如有官司明文分撥隸屬各位下户數，曾經查對，不納係官差發，別無更改者，仰依舊開除。

諸迤北隨營諸色户計，於壬子年籍後前來隨處看守莊子，放（收）〔牧〕頭疋，或諸處寄留人等不曾附籍，即目於本使處送納錢物之人，隸屬各主。

〔諸〕位下並投下人員招收到附籍漏籍放良還俗等人户，會到哈罕皇帝聖旨節該：民户內續數出來底漏籍民户有呵，只教都屬那見住的州城田地裏有者，其元招收來底人不得管領。又欽奉先帝聖旨：諸王公主駙馬並諸投下不得擅行文字招收户計。及中統元年詔書內一款節該：諸路應有漏籍户並老疾女户截日並行分付本路管民官收係，其斷事官元差頭目盡行罷去。又至元七年諸王共議定聖旨條畫內一款：依着先帝聖旨，諸王公主駙馬並諸投下不得擅行文字招收户計來。除將各位下已招人户照依累降聖旨改正，分付各路收係當差，仍常切禁約投下人員，無得似前亂行招收。如有違犯之人，仰管民官捉拿，取問是實，申解赴部，呈省究治。如管民官今後不爲用心收拾，及看順面情，縱令諸人招收人户，定是解任斷罪。

一、五投下軍站户：

上都、北京、西京、隆興、平灤五路户計，爲有争差，至元二年中書省欽奉聖旨：據納陳駙馬、帖里干駙馬、頭輦哥國王、鍜真、忽都虎五投下户計，仰差官與各投下頭目、各州縣管民官，勾喚元主並驅户一同對證得，委係各人出軍時馬後稍將來底人口達達數目裏有呵，分付本投下者，於當差額内除豁。如對證得委係好投拜民户及在外投屬或本投下招收到底人户，作民當差。欽此。中書省差斷事官帖木烈、三島等前去北京、松州、興州、平灤、西京、宣德等處，欽依聖旨，一户户檢照乙未、壬子籍册，對證分揀，定造到備細文册。據今次取勘到前項軍站人户，於元報册内查照相同，依舊開除，外有壬子年元籍無争差蒙古牌甲内當軍站户計，亦仰除豁。

中都迤南路分壬子年元籍除差軍站户，見行應役或納錢物者，依舊開除，外別無身役户數，仰收係當差。

〔中都〕迤北隨營諸色人等於壬子年籍後前來〔見〕應當軍站差役之人，依例開除。

一、各投下軍站户：

壬子年隨路元籍除差軍站户計，見行應役或納錢物者，依例開除，外別無身役户數，即仰收係當差。

迤北隨營諸色人等於壬子年籍後前來〔見〕應當〔差〕軍站差役之人，依例開除。

一、隨路壬子年抄過諸色人户。會到辛亥、乙卯年間兩次先帝聖旨節該：不揀甚麽人底民户，州城裏去了底那田地裏種田蓋下房子住坐有呵，只那住底田地裏，和那本處民户差發鋪馬一般當者。根？千户百户裏有底渾家孩兒人口每，千户百户裏也教依舊體例裏當差發者。俺每底聖旨省諭，聽了呵，不楸差發鋪馬祗應不當，元住處不去，躲避隱藏底人，本人〔處〕死，財産没官。當時前行尚書省依着先帝聖旨，欲將此等户計科差，却稱俺每起移元住田地裏住去，此上除訖差發來。今次取勘得？有不曾起去户數，仰依着先帝聖旨收係當差。

一、軍户：

蒙古探馬赤投下軍人，不在當差額内，無問附籍漏籍，應役不應役，今次取勘到官，發與樞密院收係，就便定奪。漢兒軍户不在當差額内者，諸正軍今次手狀見萬户千户〔有〕當役去處，及不應役人等，或經分揀貧難聽候軍户，無問附籍漏籍，依舊充軍。稱見在軍前當役之人，軍籍内照不見姓名，今次取勘見數，亦仰充軍。稱津貼某人軍錢，查照軍籍内有姓名者作貼户，無姓名者收差。

諸正軍並貼户下合併裏攢户，今次手狀稱乙未、壬子二年另户附籍或漏籍，如軍籍内有姓名者，依舊與户頭同户當軍，如無姓名者，收係當差。

到今不曾應當差役，仰收係當差。諸放罷貧難正軍已收入額當差並改撥作匠人軍人，其元撥貼户兩。

一、站赤户：

蒙古站户，色明白，見有當役去處，依舊當站。

漢兒站户，無問附籍漏籍，於元撥站户籍内查照相同，依舊當站，外查照不見户數，仰收係科差。

一、諸色人匠：

係官諸色元籍正匠並改色人匠，見入局造作者，仰依舊充匠除豁。

諸投下壬子年元籍除差畸零無局分人匠，自備物料造作生活，於各投下送納或納錢物之人，依舊開除，外不當差役人户，收係科差。

諸投下蒙古户並寄留駈口人等習學匠人，隨路不曾附籍，每年自備物料或本投下五户絲内關支物料，造作諸物赴各投下送納者，充人匠除差。

諸壬子年附籍軍民諸色人等，別無上司改撥充匠明文，雖稱即目入局造作，或於各投下送納生活者，仰憑籍收係應當差役。

諸漏籍户投充人匠，改正爲民，收係當差。

一、驅良蒙古牌甲户驅：

壬子年另籍蒙古牌甲驅户，自抄數已後每年争告，雖經省部斷定，終不絶詞。照得甲午年欽奉哈罕皇帝聖旨：不論達達、回回、契丹、女直、漢兒人等，如是軍前虜到人口，在家住坐，做駈口；因而在外住坐，於隨處附籍，便係是皇帝民户，應當隨處差發，主人見，更不得識認，如是主人識認者，斷按答奚罪戾。又照得先帝聖旨節文：這新撮總已後數目裏入去了底體例，阿誰民户有呵，俺每虜來底、寄留下底、種田底、出軍底那般推辭，咱每根底不商量，住來底田地裏休起移者。打捕鷹房，不選是何投下民户有呵，依着您每定下底差發，抄上過本城子裏官人每根底納者。欽此。所據另籍驅户已在當差額内，依？哈罕皇帝聖旨先帝聖旨依舊當差，主人不得識認起移。外今次取勘到驅户，雖稱壬子年另户附籍，當時開除，止納本使錢物，到今不曾應當係官差發，依舊除豁，不行收差。

壬子年另户附籍額内驅口，各處作逃亡事故開除，至今不曾送納係官差發，今次取勘到官，雖壬子年另户附籍，仰依舊開除。

壬子年主奴不曾附籍，依舊開除。若本使附籍户，下漏抄駈口已在當差額内，主人不得識認。外不經收差户計，今次手狀稱見當本使差役者，依舊住坐；不當本使差役者，仰作漏籍户計收係當差。

乙未年另籍駈户，欽依哈罕皇帝聖旨便是係官民户，如壬子年却不曾抄上，仰作漏籍户計收係當差，主人不得識認。

一、軍户：

乙未、壬子二年本使户下附籍人口，各年軍籍内不曾攢報，仰收係當差。

乙未、壬子二年本使户下漏籍人口，因而在外另籍或不曾附籍，在後本使？於軍籍内作？攢報之人，即仰爲良，充貼軍户計。

一、諸色户驅良：

乙未年附籍民户，壬子年於他人户下作驅，抄上或漏籍，仰改正爲民，收係當差。如經趙小哥叛亂，破虜爲驅，及爲李佛兒斷没之人，不在此限。若壬子年另户附籍，依例定奪。

乙未、壬子二年本使户下附籍驅口，因而在外若作驅户，或寄留種田人等附籍，依例收係科差，仰於本使户下除豁重籍人丁差役。本使户下不曾附籍，其驅口在外抄過者，仰依例收係科差。本使户下附籍驅口，在外不曾另籍，今次雖稱宅外另居及好投拜民户，依舊爲驅。

乙未年本使户下附籍驅口，壬子年户下不曾抄上，仰作漏籍户收係當差，主人不得識認。

乙未、壬子二年主奴俱各漏籍，即目另居，今次取勘到官不在當差額内者，依舊爲驅。今次取勘到無使驅，雖稱他人驅，不見本使下落，收係當差，已後主人識認，照勘是實，分付本使。

一、放良户諸良書該寫任便住坐或爲良者，仰依良書收係當差。

諸驅口壬子年已前得訖良書，却於他人户下作驅附籍，比及照籍已來，除軍站急遞鋪駕船人等户下附籍人户照籍相同改正爲良充貼户外，其餘諸色人等户下籍過户數，並仰收係當差。

諸投下放良户，良書上該寫不得投充别管官司户數，仰作本投下人户收係當差。

諸良書該寫如遇抄數爲良或作户者，仰依良書，另立户名，收係當差。

諸良書已放爲良任便住坐，其本使再立津貼錢物或分當差役等文字，並不准使，仰依元放良書爲民，收係當差。

諸人驅口雖與錢物同，若驅口宅外另居，自行置到重驅，元置人出放爲良者，並從爲良，本主底使長不得争理。

諸放良户年限未滿或贖身錢未足者，仰合屬官司籍記收户，候限滿錢足至日科差。

諸壬子年附籍漏籍户，已經上司分撥與各投下並諸官員户計，如户下驅口，本主放良者，憑良書依例歸。

一、斷案主户：

諸犯刑官員已經朝廷斷没家屬並户下人口，並照已斷發付合屬收係。

諸色人等因爲犯事，不問罪名輕重，一例將人口財產斷没給與事主或所斷官員分訖，中間亦有所犯情罪不及斷没人口。今擬：在前已經欽奉聖旨並諸王令旨、忽都虎官人文字斷過者别無定奪外，其餘斷事官、府州達魯花赤官員擅自斷訖之人，除犯重刑者另行定奪外，其餘雜犯人等改正爲良，收係當差。

一、諸斡脱户見賫聖旨諸王令旨隨處做買賣之人，欽奉先帝聖旨：見住處與民一體當差。

一、回回、畏吾兒户，欽奉先帝聖旨，不揀甚麼人底民户州城内去了的人，只那住的地面内，和那本處民户差發鋪馬祗應一體當者。那根脚千户百户内有的渾家大小〔大小，《户口條畫》作孩兒。〕人口，每，千户百户内也教依舊體例内當差發者，仰收係科差。如回回户内有新簽出軍户數，至日開除。

一、答失蠻、迭里威失户，若在回回寺内住坐，並無事産，合行開除外，據有營運事産户數，依回回户例收差。

一、打捕户：

壬子年附籍打捕户應當絲料包銀替頭裏送納皮貨到今，别無定奪。若有争差户計經官陳告者，仰照依乙未年元籍名色歸。

壬子年附籍打捕户送納皮貨不納斤絲，仰揭照壬子元籍相同，止令應當絲料。如不係打捕户計，仰即收係與民一體當差。

手狀指稱打捕户不納皮貨亦不當差之人，無問附籍漏籍，仰〔元〕〔收〕係與民一體當差。

一、儒人户計：

中統四年分揀過儒人内，今次再行保勘到委通文學，依舊免差，不通文學者，收係當差。

中統四年不經分揀附籍漏籍儒人，或本是儒人，壬子年别作名色附籍，並户頭身故，子弟讀書，〔文〕〔又〕高智耀收拾到驅儒，仰從實分揀，委通文學者，依例免差，不通文學者，收係當差。外諸色人户下子弟讀書深通文學者，止免本身差役。

一、析居户：

軍、站、急遞鋪、駕船、漏籍、鐵冶户，户下人口折居者，揭照各籍相同，止令依舊同户當役，如無者，收係當差。

民、匠、打捕鷹房諸色附籍漏籍人等，户下人口析居者，依例收係當差。如局分見役人匠不敷，從尚書省定奪。

運司煎鹽户，户下人口析居者，仰充竈户收係應當絲料。

一、招召女婿：

養老女婿：

〔妻〕亡出舍另居，自行娶到妻室，却稱津貼丈人户下差發，或納本投下差發之人，仰收係當差外，據丈人出備財錢别行求與妻室及分訖事産津貼者，依舊同户應當差役。元議養老女婿有丈人要訖財錢，或因事已將元妻休棄，即目另居，别行娶到妻室，無問籍内有無，收係當差。

諸良人於他人驅户處作養老女婿，即目養老丈人丈母另居，其元使或弟男依舊作驅使用，除軍站急遞鋪兵駕船户揭照各籍内有姓名者爲良作貼户收係外，其餘民匠諸色人等，無問籍内有無，即仰收係當差。

年限女婿

歸宗與父兄同家住坐應當差發之人，别無定奪。

年限已滿，不行歸宗，今次另供到手狀户數，仰收係當差。

年限未滿，即目另居，取到手狀之人，仰合屬官司籍記作户收係，候年限滿日依例科差。

〔一、諸奴婢嫁娶招召良人。至元六年正月内中書省行下户部遍行隨路不得嫁娶招召良人，如委自願者，各立婚書，許聽爲婚，已行禁約來。今擬：照依前例成婚，如正駈已死，仰令良人所生男女别立户名，收係爲民，如軍籍内有姓名者，爲良作貼户。〕

一、諸人户下漏抄親驅人丁，今已成户，雖稱與父兄或本使同户應當差役者，無問軍民人等，並仰收係當差。若軍人户下人口，軍籍内查照有姓名之人，同户當軍。

一、砂井、集寧、静州、按打堡子四處，壬子年元籍愛不花駙馬位下人户，揭照元籍相同，依舊開除。

一、諸附籍漏籍合併户數，如自願析户者，另行收係當差，不願者聽，仍令合屬官司籍記見數，同户應當差役。

一、隨朝並各位下諸色承應人，見不承應者，收係當差。

一、隨路諸色不當差人户，除軍站户限地外，照依累降聖旨，種田納地税，買賣納商税。

一、今次取勘户計若有脱漏者，從尚書省立限拘刷施行，諸投下不得招收，違者治罪。

一、尚書省今次分揀到諸色人户已後，若諸王公主駙馬或投下人員争理户計公事，依差先帝聖旨，不得一面起移，亦不得擅自更改，須管經由尚書省照勘，依例定奪。

一、涿州合蘭木、西京忽蘭、南京張子良各管户計，欽依聖旨已經革罷，隸屬各路。爲恐元管人户争差，且令各管頭目管領科差。今次取勘見數，其元委頭目合行罷去，仰隨路依已行收係科差。

至元十七年十月，中書省户部呈：衛輝路軍户李秀告貼户程玉將男程暗住軍籍内漏報，投充車站户計。本部照得，至元八年程暗住於正軍李秀軍籍内攢報，雖已未年漏報程暗住姓名，止是漏丁，終是元簽正軍程玉親男。以此參詳，擬令程暗住與李秀依舊同户當軍，别行撥補車站身役。

都省准呈。

《通制條格》卷二《户令·投下收户》　中統二年六月，欽奉聖旨：道與十路宣撫司，今體知得諸投下差使臣告奉到聖旨及令旨文字，不經由本路官司，徑直於州縣開讀，拘刷民户人匠便行拘收起移，及取索錢債搔擾。爲此特降聖旨：今後遇有各投下拘刷起移人匠民户，取索錢債，先須經由本路宣撫司行下達魯花赤、管民官。若不係大數民匠合拘收起移者，依上拘刷，並不得似前徑直於州縣一面搔擾。如委實不係大數合拘刷起移底民匠，各路官司却不得遮當。外據錢債公事，不得一面拘收人員取索。若係己身借過錢債，照依元降聖旨，於宣撫司定奪，立限歸還。違者並行治罪。欽此。

至元二年二月，欽奉聖旨：諸王共議條畫内一款：依先帝聖旨，諸王公主駙馬並諸投下不得擅行文字招收户計。

至元十九年十月，欽奉詔書内一款：元降聖旨，諸投下不得招收户計。近年諸投下往往將不干礙人户濫行收拾，爲此，已令中書省遍行文字禁斷去訖，違者依理究治。諸人亦不得將州縣人户及辦課處所係官田土各人已業，於諸投下處呈獻。

至元二十八年五月十九日，欽奉聖旨節該：中書省官人每奏，月哥歹皇帝時分忽都忽官人抄數户計時節落後下的漏籍户，還俗和尚先生每，弟兄析居，放良來的，這等户每，不揀是誰休拘收者，麽道聖旨行了有來。那的後頭鼠兒年抄數户計時分，忙哥皇帝也依那體例裏教行有來。蠻子百姓收附了，教見數目來，漢兒蠻子每不揀那投下百姓每根底聖旨教行呵，怎生？麽道奏來。如今不揀那箇投下，不揀是誰，漏籍户，還俗和尚先生每，弟兄析居，放良，這等户根底，依已前聖旨體例裏休拘收者，休隱藏者。這般的户計每有呵，城子裏官人每數目要了，續續的中書省裏報知者，麽道來這般曉諭了。這般的户計，諸王、諸子、公主、駙馬休拘收者，休隱藏者。別箇百姓每隱藏呵，有罪過者。

《通制條格》卷二《户令·冒户》　至元三年七月，中書省照得：係官當差人户往往投充諸王位下曳剌祗候，恃勢搔擾百姓。欽奉聖旨節該：今後應有係官當差人户，非奉朝省文面，不得擅便投屬隨諸王並投下官員勾當。如有投屬根隨諸王並投下官員勾當的，不有罪過那甚麽？隨路遍行文字者。

至大三年十月，欽奉詔書内一款：諸色户計各已占籍，其有妄投各枝兒怯薛歹等名色，規避差役、冒請錢糧者，並行禁止。

《通制條格》卷二《户令·以籍爲定》　至元三年七月，中書省樞密院呈：隨路爭差正軍並貼户津濟、驅口訴良等事，不見委的憑准是何年分軍籍歸斷。右三部議得：西路憑乙卯年軍籍，山後憑丁巳年籍，山前憑己未年查定軍册，揭照歸斷。都省准呈。

至元九年正月初四日，樞密院奏：漢軍的體例軍每生受的多有，告的人勘當得端的決斷不得；又三四年其間裏爭差的多有；又無箇真數目。爲這上頭，前年箇與中書省、尚書省、御史臺一同商量這軍的體例來，勾集管軍官、管民官一處查對軍籍，分揀當得軍的、當不得軍的，一就攢寫新籍。這般商量過聞奏呵，聖旨准來。如今文書查對出來也，當得軍的，當不得軍的，爭差的數目見也。如今擬定體例，與中書省安童爲頭官人每再商量過聞奏。奉聖旨：這奏的公事都依您，與聖旨行者。

一、丁多有氣力軍更有驅户，如今析那貼户丁多的，每户除本身軍外，親驅丁至伍拾丁者，添軍壹名，已上每伍拾丁再添軍壹名。添至拾名，止充本翼内軍數。軍官添到軍人，作闕端赤。軍户添到軍人，止於本牌甲内一處出軍，不得另行差撥。

一、軍籍内漏報壬子年同户附籍親屬人口，除至元六年已前經中書省已斷有文憑者，依已斷有定，不經省斷，及至元七年已後收差已未到官者，俱各除差同户當軍。

一、諸軍户析居人口，軍籍内有姓名者，除差同户當軍。

一、至元七年以前軍籍内裏攢合併户計，依舊當軍。

一、女婿。養老者依舊養老。出舍者，如軍籍已前出舍，軍籍内有姓名，同裏攢户例同户當軍；如軍籍已後出舍，有同户主婚親人，復歸本户，無同户主婚親人，止津貼軍户，從樞密院定奪。

一、軍驅。乙未、壬子二年本主户下附籍驅口，軍籍内漏報姓名，除至元六年已前經中書省已斷有文憑者，依已斷爲定；不經省斷，及至元七年已後收差已未到官者，爲本主漏報，止爲良作貼户。乙未、壬子二年本主户下漏報驅口，因而在外另籍，或爲不曾附籍，在後本主？於軍籍內攢報過人口，爲良作貼户。

一、諸正軍若有雇覓慣熟好人出軍者聽。管軍官不得代替本翼軍人。

一、五投下蒙古漢軍內有准充柒拾貳萬户元僉數目軍人，依舊止隨各投下當軍。

一、在先僉軍時已前倚閣，並磨問時未補，逃亡事故等，軍册內空有名頭委無軍，今次開除。

一、除前項體例外止憑至元八年軍籍爲定。

一、軍户內放良驅口，除至元六年終已前收差者依舊當差外，至元七年已後收差户計，如良書該寫爲民，准良書當差，如不該寫爲民者，除差另作貼户，從樞密院定奪。

大德三年四月，中書省江西行省咨：臨江路軍人劉貴將男劉賢弟於至元十七年過房與民户楊四五爲男。二十七年抄户，楊四五將劉賢弟立名楊繼生，於户下供籍外，據劉貴爲係户絶，萬户府將本人除豁了當。户部議得：劉賢弟雖係軍人劉貴親男，？緣伊父自願過房與民户楊四五爲男，之後本人充軍身故，楊四五既於至元二十七年抄户時分已將劉賢弟立名楊繼生供報入籍，擬合爲民當差。都省准擬。

大德三年六月初十日樞密院奏：四川省官人每使將人來，拔都萬户裏貳伯伍拾箇漢軍，至元七年僉充軍來到，今當軍三拾年也。如今晉王的令旨，塔察兒小名的人說有，這軍每是忽蘭皇后斡耳朵裏民户有來，軍的數目裏不教行有。俺根底說將來。在前大王駙馬並似這般道是俺的户計來麼道奏將來，合除了的也有。在後屬納木罕、闊闊出太子每的户計也那般說將來呵，俺每世祖皇帝根底奏來，青册裏籍定的軍每似這般除豁了呵，軍的數目減少的一般。麼道，奏呵，但是青册裏入去了的，折莫是誰的呵，休除豁者，依前教做軍者。麼道聖旨有來。如今晉王令旨裏教收百姓者說將來。奏呵，奉聖旨：依着在先世祖皇帝聖旨了的勾當，但是軍籍裏入去了的，不揀是誰的，休回付者。又奉聖旨：火兒赤也這裏有，晉王根底明白說將去者。

《通制條格》卷三《户令・隱户占土》 百姓每根底宣諭的聖旨行呵，怎生？麼道奏來。如今不揀那箇諸王公主駙馬，依在先聖旨體例裏，漏籍並不干礙他每的户計，休收拾者，休隱藏者，地土也休占者。已收拾來的户計，已占來的地土，依體例回付者。這般宣諭了呵，庶人每隱藏户計、自意占地土、諸王公主駙馬每根底呈獻户計地土呵，有罪過者。欽此。大德三年正月，欽奉聖旨：中書省官人每奏，月哥歹皇帝時分，忽都魯官人抄數了户計，漏籍、放良等户，不揀誰休收拾者，麼道行聖旨來。壬子年抄數户計時分，蒙哥皇帝依前再行聖旨來。在後收附了江南，抄數了户計呵，漢兒、蠻子不以是何漏籍、析居、放良、還俗僧道等户，依在先聖旨體例，諸王公主駙馬休收拾者，隱藏呵，有罪過者，似這般户計，隨處管民官每取見數目中書省裏申報者，麼道，世祖皇帝行聖旨來。孛羅歡爲頭河南行省官題說，俺管轄的地面裏，將係官並民田每，有一等歹人，諸王駙馬每根底官人每根底各投下呈獻的多有，不係諸王駙馬各投下分撥到的户計地土有，若不禁治呵，漸漸的做學的多了去也，麼道說有。

《通制條格》卷三《户令・被虜平民》 至元二十五年六月，中書省御史臺備監察御史呈：若有叛亂去處，各軍虜得人口，合委按察司官與軍民官審問分揀，將從賊妻屬出給公據分付各軍，如無公據，即與虜掠良人一體斷治。刑部議得：迤南叛亂收捕各軍拿住人口，如准監察御史所呈，出給公據相應。都省准擬。

至元二十七年十一月二十五日，御史臺奏：行臺官人說將來，蠻子田地裏賊每生發呵，咱每底軍每收捕呵，投拜入來，將他每在先做賊行時討虜得好百姓每媳婦孩兒每根底，咱每收捕官人每根底拜見物與有。俺商量得，賊每投拜入來呵，好人根底委付者，根脚裏賊每討虜將來的好百姓根底收拾聚，他每親眷每根底分付與做百姓，無親眷的配做夫妻教做百姓。那般好百姓根底做拜見要的，無體例有，麼道。尚書省官人每一處商量呵，您的言語有體例。如今那般賊每討虜來的百姓根底，好人根底委付着，教做百姓呵，怎生？麼道。奏呵，則那般者，麼道聖旨了也。欽此。

《元典章》卷二《聖政・重民籍》 至元二十八年三月，欽奉聖旨內一款：

江淮迤南，近因抄數户口，民間意謂科取差發，妄生驚疑。自來户籍乃有司當知之事，其勿疑懼。

《元典章》卷二《聖政・重民籍》 大德二年正月初十日，欽奉聖旨節該：

諸王、公主、駙馬，依在前聖旨體例裏，漏籍並不干礙他每的户計，休收拾者，休隱藏者，地土也休占者。已收拾來的户計，已占來的地土，依體例回付者。這般宣諭了呵，庶人每隱藏户計，自意占地土，諸王、公主、駙馬每根底呈獻户計、地土呵，有罪過者。欽此。

《元典章》卷二《聖政·重民籍》 大德八年二月□日，恤隱省刑詔書内一款：

軍站民匠諸色户計，近年以來，往往爲僧爲道，影蔽門户，苟避差役。若不整治，久而靠損貧下人民。今後除色目人外，（自）〔其〕願出家，若本户丁力數多，差役不闕，及有昆仲侍養父母者，赴元籍官司陳告，勘當是實，申覆各路給據，方許簪剃。違者斷罪，勒令歸俗。

《元典章》卷二《聖政·重民籍》 大德十年五月十八日，整治詔書内一款：

諸色户計，已有定籍。仰各安生理，毋得妄投别管名色，影蔽差役，冒請錢糧。違者許鄰佑諸人首告，並行治罪。

《元典章》卷二《聖政·重民籍》 大德十一年五月，登寶位詔書内一款：

諸色人等户，各務本業，毋得别投户名，影避差徭，及諸人不得將官民田土妄詞呈獻。

《元典章》卷二《聖政·重民籍》 大德十一年十二月，至大改元詔書内一款：

近爲漢人南人軍、站、民、匠等户，多有投充怯薛歹、鷹房子等名色，影占差徭，濫請錢糧，靠損其他人户。已自元貞元年爲始分揀，今後除正當怯薛歹蒙古、色目人外，毋得似前亂行投屬。其怯薛歹、各枝兒官員，亦不得妄自收係。違者並皆治罪，監察御史、廉訪司嚴加體察。

《元典章》卷二《聖政·重民籍》 至大三年（四）〔十〕月十八日，上皇太后尊號詔書内一款：

諸色户計，各已占籍，其有妄投各枝兒、怯薛歹等名色，規避差役，冒請錢糧者，並行禁治。

《元典章》卷二《聖政·重民籍》 至大四年三月十八日，欽奉登寶位詔書内一款：

諸色人户，各有定籍。近者脱脱收聚康禮，創立軍衛，濫及各投下並州郡百姓、諸色驅奴人等，多至數萬，已經散遣。今後各投下諸色人等，並遵世祖皇帝以來累朝定制，不得擅招户計，誘占驅奴，違者治罪。

《元典章》卷一七《户部·籍册·户口條畫》 至元八年三月，欽奉皇帝聖旨：

據尚書省奏：乙未年元欽奉合罕皇帝聖旨，抄數到民户，諸王、公主、駙馬各投下官員分撥已定。壬子年欽奉先帝聖旨，從新再行抄數，當時行尚書省不曾子細分揀，至今二十年間，争理户計，往復取勘，不能裁決，深不便當。今次取到逐項諸色人户，檢會到累降聖旨，欽依分間定奪各各户計，擬到逐款體例，所據取勘到合當差發户數，依已降聖旨，再（行）〔不〕添額，並令協濟額内當差人户事。准奏。仰隨路府州司縣達魯花赤、管民官吏、管軍官及不以是何投下諸色人等，照依尚書省所奏條畫事理施行。

一、諸王公主駙馬并諸官員户計：

諸附籍、漏籍諸色人户，如有官司明文分撥隸屬各位下户數，曾經查對，不納係官差發，别無經改者，仰依舊開除。

諸迤北隨營諸色户計，於壬子年籍後，前來隨處看守莊子、放牧頭疋，或諸處寄留人等不曾附籍、即目於本使處送納錢物之人，隸屬各道。

諸位下并諸投下人員招收到附籍、漏籍、放良、還俗等人户，會到合罕皇帝聖旨節該：民户内續數出來底漏籍民户有呵，只教都屬那見住州城田地裏有者。其元招收來底人不須管領。又奉先帝聖旨：諸王、公主、駙馬并諸投下，不得擅行文字，招收户計。及中統元年詔書内一款節該：諸路應有漏籍户并老疾、女户，截日並行分付本路管民官收係，其斷事官元差頭目盡行罷去。又至元元年諸王共議定聖旨條畫内一款：依着先帝聖旨，諸王、公主、駙馬并諸投下不得擅行文字招收户計，除將各位下已收人户，照依累降聖旨改正，分付各路收係當差，仍常切禁約投下人員，無得似前亂行招收。如有違犯之人，仰管民官捉拿取問是實，申解赴部，呈省究治。如管民官今後不肯用心收拾，及看循面情，縱令諸人招收人户，定是解任斷罪。

一、五投下户：

上都、北京、西京、隆興、平灤五路户計，爲有争差，至元二年中書省欽奉聖旨：據納陳駙馬、帖里干駙馬、連哥國王、鍛真、忽都五投下户計，仰差官與各投下頭目、各州縣管民官，勾集元主并驅户一同對證得，委係各人出軍時馬後捎將來底人口，達達數目裏有呵，分付本投下者，於當差額内除豁。如對證委係好投拜人户，及在後投屬，或本投下招收到底人户，作民當差。欽此。中書省差斷事官帖木烈、三島前去北京、松州、興州、平灤、西京、宣德等處，欽依聖旨，一户户檢照乙未、壬子籍册，對證分間，定造到備細文册。據今次取勘到前項軍、站人户，於元報册内查照相同，依舊開除。外，有壬子年元籍無争差蒙古牌甲内當軍站户計，亦仰開除。

中都迤南路分壬子年元籍除差軍、站户，見行應役或納錢物者，依舊開除。外，别無身役户數，仰收係當差。

中都迤北隨營諸色人等，於壬子年籍後前來，見應當軍、站差役之人，依舊開除。

一、各投下軍、站户：

壬子年隨路元籍除差軍、站户計，見行應役或納錢物者，依舊開除外，别無身役户數，即仰收係當差。

迤北隨營諸色人等於壬子年籍後前來，見應當軍、站差役之人，依例開除。

一、隨路壬子年抄過諸色人等户：會到辛亥、乙卯年間兩次先帝聖旨節該：不揀甚麼人底民户，州城子裏去了，那田地裏種田，蓋下房子住坐有呵，只那住底田地裏，和那本處民户差發、鋪馬〔祗應〕一般當者。根脚千户、百户裏有底渾家，孩兒人口每，千户、百户裏也教依舊體例裏當差發者。俺每底聖旨省諭聽了呵，不揀差發鋪馬祗應不當、元住處不去，躲避隱藏底人，本人處死，財産没官。當時前行尚書省依着先帝聖旨，欲將此等户計科差，却稱俺每起移元住田地裏去，此上，除了差發來。今次取勘，却有不曾起去户數，仰依着先帝聖旨，收係當差。

一、軍户：

蒙古、探馬赤投下軍人不在當差額内，無問附籍漏籍、應役不應役，今次取勘到官，發與樞密院收係，就便定奪。

漢兒軍户不在當差額内者：

諸正軍今次手狀：

見萬户、千户有當役去處及不應役人等，或經分間貧難聽候軍户，無問附籍漏籍，依舊充軍。

稱見在軍前當役之人，軍籍内照不見姓名，今次取勘見數，亦仰充軍。

稱津貼某人軍身，查照軍籍内有姓名者，作貼户，無姓名者收差。

諸正軍并貼户下合併裏攢户今次手狀：

稱乙未、壬子兩年另户附籍或漏籍，如軍籍内有姓名者，依舊與户頭貼户當軍，如無姓名者，收係科差。

諸放罷貧難正軍，已收入額當差、并改撥作匠軍人，其元籍貼户兩眈到今，不曾應當差役，仰收係當差。

一、站赤户：

蒙古站户，脚色明白，見在當役去處，依舊當站。

漢兒站户，無問漏籍附籍，於元撥站户户籍内查照相同，依舊當站。外，查照不見户數，收係當差。

一、諸色人匠：

係官諸色元籍正匠并改色人匠，見入局造作者，依舊充匠除（是）〔豁〕。

諸投下壬子年元籍除差畸零無局分人匠，自備物料造作生活，於各投下送納或納錢物之人，依舊開除。外，不當差役人户，收係當差。

諸投下蒙古户并寄留驅口人等習學匠人，隨路不曾附籍，每年自備物料，或本投下五户絲内關支物料，造作諸物，赴本投下送納者，充人匠除差。

諸壬子年附籍軍（人）〔民〕諸色人等，别無上司改撥充匠明文，雖稱即（日）〔目〕入局造作，或於各投下送納者，仰憑籍收係，應當差役。

諸漏籍户投充人匠，改正爲民，收係當差。

一、驅良：蒙古牌甲户驅：

壬子年另籍蒙古牌甲驅户，自抄數已後，每年争告，雖經省部斷定，終不絶詞。照得甲午年欽奉合罕皇帝聖旨：不論達達、回回、契丹、女真、漢兒人等，如是軍前虜到人口，在家住坐，做驅口。因而在外住坐，於隨處附籍，便係是皇帝民户，應當隨處差發。主人見，更不得識認，如是主人識認者，斷按打奚罪戾。又照得先帝聖旨節文：這新撮總已後數目裏入去了底體例呵，誰民户有呵，俺每虜來底、寄留下底、種田底、出軍底，那般推辭，咱每根底不商量，住來底田地裏休起移者。打捕鷹房不問是何投下民户有呵，依着您每定下底差發抄上，過本城子裏官人每根底納者。欽此。所據另籍驅户已在當差額内，依着合罕皇帝聖旨、先帝聖旨裏，依舊當差，主人不得識認起移。外，今次取〔勘〕到驅（口）〔户〕，雖係壬子年另（作）〔户〕附籍，當時開除，止納本使錢物，到今不曾應當係官差發，依舊除豁，不行收差。

壬子另户附籍額内驅口，各處作逃亡事故開除，至今不曾送納係官差發，今次取勘到官，雖壬子年另户附籍，仰依舊開除。

壬子年主、奴不曾附籍，依舊開除。若本使附籍，户下漏抄驅口，已在當差額内，主人不得識認。外，不經收差户計，今次手狀稱見當本使差役者，依舊住坐；不當本使差役者，仰作漏籍户，收係當差。

乙未年另籍驅户，欽依合罕皇帝聖旨，便是係官民户。如壬子年却不曾抄上，仰作漏籍户收係當差，主人不得識認。

〔一、軍户驅：〕乙未、壬子二年本使户下附籍人口，各年軍籍内不曾攢報，並仰收係當差。

乙未、壬子二年本使户下漏籍人口，因而在外另籍或不曾附籍，在後本使却於軍籍内作驅攢報之人，即仰爲良，充貼軍户計。

一、諸色户驅良：

乙未年附籍民户，壬子年於他人户下作驅抄上或漏籍，仰改正爲民，收係當差。如經過趙小（來）〔哥〕叛亂被虜爲驅，及爲李佛兒斷没之人，不在此限。若壬子年另户附籍，依例定奪。

乙未、壬子二年：本使户下附籍驅口，因而在外另作驅口，或寄留種田人等附籍，依例收係科差，仰於本使户下除〔豁〕重籍人丁差役。

本使户下不曾附籍，其驅口在外抄過者，仰依例收係科差。

本使户下附籍驅口，在外不曾另籍，今次雖稱宅外另居及好投拜民户，依舊爲驅。

乙未年本使户下附籍驅口，壬子年户下不曾抄上，仰作漏籍户，收係當差，主人不得識認。

乙未、壬子二年主、奴俱各漏籍，即目另居，今次取勘到官，不在當差額内者，依舊爲驅。

今次取勘到無使驅，雖稱他人驅，不見本使下落，收係當差，已後主人識認，照勘是實，分付本使。

一、放良（民）户：

諸良書該寫任便住坐或爲良者，仰依良書收係當差。

諸驅口壬子年已前得訖良書，却於他人户下作驅附籍，比及照勘以來，除軍、站、急遞鋪、駕船人等户下附籍人（口）〔户〕照籍相同，改正爲良，充貼户外，其餘諸色人等户下籍過户數，並仰收係當差。

諸投下放良户，良書上該寫不得投屬别管官司户數，仰作本投下人户，收係當差。

諸良書該寫如遇抄過爲良或作户者，仰依良書，另立户名，收係當差。

諸良書已放爲良，任便住坐，其本使再立津貼錢物或分當差役等文字，並不准使，仰依元放良書爲民，收係當差。

諸人驅口雖與財物同，若驅口宅外另居，自行置到重驅，元買人出放爲良者，並從爲良，本主底使長不得争理。

諸放良户年限未滿，或贖身錢未足者，仰合屬官司籍記收户，候限滿錢足，至日科差。

諸壬子年附籍、漏籍户，已經上司分撥與各投下并諸官員户計，如户下驅口本主放良者，憑良書依例歸着。

一、斷案主户：

諸犯刑官員，已經朝廷斷没家屬并户下驅口，並依已斷，發付合屬收係。

諸色人等因爲犯事，不問罪名輕重，一例將人口財産斷没給與事主，或所斷官員分訖。中間亦（無）〔有〕所犯情罪不及斷没人口。今擬，在前已經欽奉聖旨并諸王令旨、忽都虎官人文字斷過者，别無定奪。外，其餘斷事官、府州達魯花赤官員擅自斷訖之人，除犯重刑者另行定奪外，餘者雜犯人等改正爲民，收係當差。

一、斡脱户：見奉聖旨、諸王令旨，隨路做買賣之人，欽依先帝聖旨，見住處與民一體當差。

一、回回、畏吾兒户：欽奉先帝聖旨：不揀甚麼人底民户，州城裏去了底，只那住地面裏，和那本處民户差發、鋪馬祗應一般當者。那千户、百户裏有底渾家，孩兒人口每，千户、百户裏也教依舊體例裏當差發者。仰收係科差。如回回户内有新僉出軍户數，至日開除。

一、答失蠻、迭里威失户：若在回回寺内住坐，並無事產，合行開除。外，據有營運事產户數，依回回户體例收差。

一、打捕户：

壬子年附籍打捕户應當絲料、（色）〔包〕銀，替頭裏送納皮貨到今，别無定奪。若有争差户計，經官陳告者，仰照乙未年元籍名色歸着。

壬子年附籍打捕户送納皮貨，不納斤絲，仰揭照壬子元籍相同，止令應當絲料。如不係打捕户計，即便收係與民一體當差。

手狀指稱打捕户，不納皮貨亦不當差之人，無問附籍、漏籍，收係與民一體當差。

一、儒人户：

〔中統四年分揀過儒人内，今次再行保勘到委通文學，依舊當差；不通文學者，收係當差。〕

中統四年不經分揀附籍、漏籍儒人，或本是儒人，壬子年别作名色附籍，并户頭身故，子弟讀書，又高智耀收拾到驅儒，仰從實分揀，能通文學者，依例免差。不通文學者，收係一例當差。外，諸色人户下子弟讀書深通文學者，止免本身雜役。

一、析居户：

軍、站、急遞鋪、駕船、漏籍鐵冶户下人口析居者，揭照各籍相同，止令依舊同户當役。如無者，收係當差。

民、匠、打捕鷹房諸色附籍、漏籍人等户下人口析居者，依例收係當差。如局分見役人匠不敷，從尚書省定奪。

運司煎鹽竈户〔户〕下人口析居者，仰充竈户，收係〔應〕當絲料。

一、召女婿：

養老女婿：

妻亡出舍另居，自行娶到妻室，却稱津貼丈人户下差發，或納本投下差發之人，仰收係當差。外，據丈人出備財錢、别行求與妻室及分訖事産津貼者，依舊同户當差。

元議養老女婿，有丈人要訖財錢，或因事已將元妻休棄，即目另居，别行娶到妻室，無問籍内有無，收係當差。

良人於他人驅户（住）〔處〕作養老女婿，即目養老丈人、丈母另居，其元使或弟男依舊作驅使用，除軍、站、急遞鋪兵、駕船户，揭照各籍内有姓名者，爲良作貼户收係外，其餘民、匠諸色人等，無問籍内有無，即仰收係當差。

年限女婿：

歸宗與父兄同家住坐、應當差役之人，别無定奪。

年限已滿不行歸宗，今次另供到手狀户數，仰收係當差。

年限未滿，即目另居，取到手狀之人，仰合屬官司籍記作户收係，候年限滿日，依例科差。

一、諸奴婢嫁、娶、招召良人：至元六年正月内，中書省行下户部：遍行隨路，不得嫁、娶、招召良人。如委自願者，各立婚書，許聽爲婚。已行禁約來。今擬：照依前例成婚，如正驅已死，仰令良人所生男女另立户名，收係爲民。如軍籍内有姓名者，爲良作貼户。

一、諸人户（丁）〔下〕漏抄親驅人丁，今已成（丁）〔户〕，雖稱與父兄或本使同户應當差役者，無問軍民人等，並仰收係當差。若軍（籍）〔人〕户下人口，軍籍内查照有姓名之人，同户當軍。

一、砂井、集寧、静州、按打堡子四處，壬子年元籍愛不花駙馬位下人户，揭照元籍相同，依舊開除。

一、諸附籍、漏籍合併户數，如自願析户者，另行收係當差。不願者聽，仍令合屬官司籍記見數，〔同户〕應當差役。

一、隨朝并各位下諸色承應人，見不承應者，收係當差。

一、隨路諸色不當差人户，除軍站户限地外，照依累降聖旨，種田納

〔地〕稅，買賣納商稅。

一、今次取勘户計，若有隱漏者，從尚書省立限刷勘施行，諸投下不得招收，違者治罪。

一、尚書省今次分間到諸色人户，已後諸王、公主、駙馬或投下人員争理户計公事，依着先帝聖旨，不得一面起移，亦不得擅自更改，須管經由尚書省照勘，依例定奪施行。

一、涿州合蘭木、西京忽蘭、南京張子良各管户計，欽依聖旨已經革罷，隸屬各路。爲恐元管人户争差，且令各投下頭目管領科差。今次取勘見數，其元委頭目合行罷去，仰各路依已行收係科差。

《元典章》卷一七《户部・籍册・照勘漢兒户計》 至元二十一年十一月，中書省咨：

十一月初一日奉聖旨：這裏漢兒每，蠻子田地裏去了的多少有？各城子裏出榜，交要數目者。隱匿的人有罪過者。欽此。都省咨請欽依聖旨事意，行下取勘上項户計元籍州縣村坊、見住去處、根脚應當是何差役，造册咨來。仍出榜省諭，無得隱匿。如有違犯之人，斷罪施行。

《元典章》卷一七《户部・籍册・抄數户計事産》 至元二十六年，尚書省咨：欽奉聖旨事意節該：不以是何投下大小人户，若居山林畬洞，或於江湖河海船居浮户，並赴拘該府州司縣一體抄數，毋得隱漏。據抄數訖户計，有司隨即出給印押户貼，付各户收執。於内土居、寄住人户，編立保甲，遞相覺察，毋令擅自起移。隱漏口數，裹攢户口，死罪。鄰佑漏報人口，知情不首，一百七下。漏報事産，七十七下。欽此。

又

至元二十八年三月，欽奉聖旨内一款該：

江淮迤南，近因抄數户口，民間意謂科取差發，妄生驚疑。自來户籍乃有司當知之事，其勿疑懼。

《元典章》卷一七《户部・籍册・檢舉户地籍册》 至元二十九年八月，准御史臺咨：

監察御史呈爲大都路失散户地籍册事。今後，擬令各路府州司縣，將自前至今抄數到諸色户籍地畝干照文册，取勘見數，補寫完備，如法架閣。正官、首領官得替，相沿交割，解由内依式開寫。察官照勘卷時，依期檢舉，但有不完，隨即究治。呈奉中書省，准呈施行。

《元典章》卷一七《户部・籍册・軍民已籍爲定》 至元二十一年，江西行省：據撫州路民户黎孟一告：自亡宋至歸附後，係民户附籍。有叔黎千三亡宋時係不請鹽糧寨兵，各居，歸附後已行身死。本路軍官李彈壓强捉鎖縛充軍監禁不放等事。參詳，各翼新附軍人俱有定籍，民户已有抄數到官户册，各依已籍爲定，不許軍官徑直差人勾擾百姓充軍，是爲便當。都省准擬，劄付樞密院，照驗施行。

《元典章》卷一七《户部・籍册・軍男與民已籍爲定》 大德三年四月，江西行省准中書省咨：

來咨：臨江路軍人劉貴，將男劉賢弟於至元十七年過房與民户楊四五爲男，二十一年，劉貴告首充軍，隔兩月身死。二十三年，伊妻阿陳改嫁他人。二十七年抄户，楊四五將劉賢弟立名楊繼生，於户下供籍。外，據劉貴爲係户絶，萬户府將本人除豁了當。若准所擬爲民，係爲例事理，請定奪。送户部，行據省架閣庫拖照得臨江路至元二十七年抄户册内民户項下楊四五籍内，委有男楊繼生名字。本部看詳：劉賢弟雖係軍人劉貴親男，却係伊父劉貴將本人自願過房與民户楊四五爲男。之後本人充軍身故。楊四五既於至元二十七年抄户時分已將劉賢弟立名楊繼生，供報入籍，擬合爲民當差。乞照詳。都省准擬，咨請依上施行。

《元典章》卷一七《户部・籍册・儒醫抄數爲定》 大德五年二月，湖廣行省劄付：

檢會到至元二十七年八月初六日欽奉聖旨，抄數户計。又准尚書省咨：議到抄數諸色户計數内儒人户計，議得：腹裏儒户，至元十三年試中者，止免一身差役。所據江南儒人，比及選試分揀定奪以來，將歸附之初元籍儒户，於儒户項下作數。外據已後續收儒户，收係爲民。又醫人户計，議得：除先收拾到醫户内有名字、并節續赴上承應醫户作醫户攢報外，據其餘各年續收醫户，擬合於民户項下攢報。省府相度，至元二十七年抄數籍定儒醫户計，擬合欽依除免雜泛差役。外據續收户計，別無定奪。合下，仰照驗施行。

《元典章》卷一七《户部・籍册・打捕户計》 皇慶元年正月，江西行省准中書省咨：

來咨：南康路申：打捕提領趙高所管打捕户計，未經各處州縣發遣，乞照驗。得此。咨請回示。准此。送據兵部呈：行送管領諸路打捕鷹房總管府狀申，於仁虞（縣）〔院〕交割到元行文卷内，檢照得別無上項卷宗。照得至大四年三月十八日欽奉詔書内一款節該：諸色人等，各有定籍。今後各投下諸色人，並遵世祖皇帝以來累朝定制，不得擅招户計，誘占驅奴，違者治罪。欽此。除欽依外，擬合將趙高依例革罷。外據打捕人等額納皮貨，有司依舊管領相應。庶望不致擾民違錯，申乞照驗。得此。本部參詳，合准本府所擬，移咨行省，將趙高革去，所納皮貨令有司管領相應。具呈照詳。都省准擬。

《元典章》卷一七《户部·軍户·漏籍軍户為民》 至元六年三月，中書户部：

來申：管紅花辛保本管民户張鈞男張文煥狀告：有壬子年間籍收張聚，刷作私走小路軍人。其元供手狀，止報張聚三口，別無文喚姓名。依例收係爲民當差事。省部照得近據平陽路申：私走小路軍常德告：與伊父常存一同當軍，乞除合着差發。爲元供私走小路手狀内止該寫常德并妻男當房五口，別無伊父常存并其次弟男家口，合令常德充軍。外，常存依舊當差。呈奉省劄，准擬去訖。今據見申，准抄到張聚當房三口元供私走小路手狀，別不見元供的本手狀。仰更爲照勘張聚元供的本手狀，如委係當房三口，別無張文煥姓名家屬，依上施行。

《元典章》卷一七《户部·軍户·年限女婿不入軍籍》 至元七年三月，中書右三部：

近據來申：涿州范陽縣李帖驢狀告：壬子年於姑夫馬郁户下附籍。丁巳年姑姑李氏主婚，於本州軍户馬十家内與伊女青兒爲婿，一十年爲滿。如是丈人户下但有軍役，並不干帖驢之事。此時，令韓先生寫訖合同婚書，各自收執。却有丈人馬十，令伊姪男鄭家奴前來帖驢處，取要貼軍錢物，乞定奪事。得此。責得馬十妻阿劉狀供相同，拖照己未年軍籍内阿劉名下，將婿李帖驢籍定。府司若便依元立婚書歸斷，誠恐未應。得此。本部參詳，李帖驢已是出舍，雖是己未年革籍内馬十户下籍過，擬合出籍，與壬子年同户馬郁一同當差。呈奉都堂鈞旨，送本部，准擬施行。

《元典章新集至治條例·刑部·人口·隱藏人口·延祐七年革後稟到隱藏人口例》 延祐七年八月□日，江西廉訪司奉臺劄：准御史臺咨：奉中書省劄付：

來呈延祐七年三月十一日革後稟例，送刑部，照擬到下項事理。都省准呈，仰依上施行。

一、諸人誘略良人等，罪經原免，其被賣之人，雖未勘會完備，合無發付給親？訴良之人，或有寄養坊正、主首，或於本主之家，勘會歲月未完，因而養主推稱在逃，隱匿不令赴官，罪經原免，其人合無追究給聚？刑部照得延祐四年二月十二日呈准中書省劄付：，諸誘略人等，罪經原免，其被賣之人，雖未勘會完備，理合發付給親，庶免羈留迷失之苦。訴良之人，或有寄養於本主之家，勘會歲月未完，因而本主推稱在逃，隱匿不令赴官，罪經原免，其人擬合着落追徵，給親完聚。今承見奉，本部議得：諸誘略刀藏、圖利興販及轉於遠方軀良人等，罪經原免，合依前例追究，給親完聚。已經照會，今承見奉，本部議得：上項事理，合依前例一體施行相應。

（元）蘇天爵《元名臣事略》卷五《中書耶律文正王》 甲午，詔括户口，以大臣忽覩虎領之。（虎初）〔國初〕，方事進取，所降下者，因以與之，自一社一民，各有所主，不相統屬，至是始隸州縣。朝臣共欲以丁爲户，公獨以爲不可。皆曰：我朝及西域諸國，莫不以丁爲户，豈可捨大朝之法，而從亡國政耶！公曰：自古有中原者，未嘗以丁爲户。若果行之，可輸一年之賦，隨即逃散矣。卒從公議。時諸王大臣及諸將校所得驅口，往往寄留諸郡，幾居天下之半，公因奏括户口，皆籍爲編民。

（清）嵇璜《續通典》卷七《食貨·鄉黨版籍》 元太宗時，耶律楚材條便宜事，言：中原之地，財用所出，宜存卹其民，州縣非奉上命不得擅行科差。世祖至元七年，令縣令所屬村疃凡五十家立一社，擇高年曉農事者爲之長，增至百家別設長一員，不及五十家者與近村合爲一社，地遠人稀不能相合各自爲社者，聽。其合爲社者，仍擇數村之中立社長、官司長，以教督農桑爲事。凡種田者立牌橛於田側，書某社某人於其上，社長以時點視勸誡。不率教者，籍其姓名以授提點官責之。其有不敬父兄及凶惡者亦然，仍大書所犯於門，俟其改過自新乃毁。如終歲不改，罰其代充本社夫役。社中有事不能耕種者，衆爲合力助之。一社之中多事者，兩社助之。凡爲長者，復其身，郡縣官不得以社長與科差事。十年，令特默齊隨處列社與編民等。十三年，詔：民之蕩析離居及僧道漏籍諸色人不當差役者萬餘人充貴徹。後又詔京師勢家等皆與民均役焉。英宗至治三年，詔行助役法，遣使考視税籍高下，出田若干畝，使應役之人更掌之，收其税租以充役，用官不得與，時浙右苦於徭役，民充坊里正者，皆破家。朝廷令行省召八郡集議便民之法，杭州總管趙璉獻議以屬縣坊正爲雇役里正，用田賦以均之，民稱其便。泰定帝泰定二年，命江南民户有田一頃之上者，於所輸税外，每頃量出助役之田，具書於册，里正以次掌之，歲收其租以充助役之用。凡寺觀田，除宋舊額，其餘亦驗其多寡，令出田助役，民賴以不困。吕思誠爲蓚縣令，差民力爲三等，均其徭役。又刻孔子像，令社學事之。印識文簿畀社長記其善惡，季月報縣，不孝弟不事生業者，罰其輸作。

（清）嵇璜《續通典》卷一〇《食貨·户口丁中》 元代幅員既廣，户口殷繁，計其盛時，雖漢唐之世，有不逮焉。初太宗併金，得中原州郡。七年，下詔籍民。自燕京、順天等三十六路，户八十七萬三千七百八十一，口四百七十五萬四千九百七十五。憲宗二年，籍漢地民户，增二十餘萬。世祖中統二年，計天下户一百四十一萬八千四百九十九。三年，天下户一百四十七萬六千一百一十六。四年，天下户一百五十七萬九千一百十。至元元年，天下户一百五十八萬八千一百九十五。二年，天下户一百五十九萬七千六百一。三年，天下户一百六十萬九千九百三。四年，天下户一百六十四萬四千三十。五年，天下户一百六十五萬三百八十六。六年，天下户一百六十八萬四千一百五十七。七年，天下户一百九十二萬九千四百四十九。八年，天下户一百九十四萬六千二百七十。九年，天下户一百九十五萬五千八百八十。十年，天下户一百九十六萬二千七百九十五。十一年，天下户一百七十六萬七千八百九十八。十二年，天下户四百七十六萬四千零。十三年，平宋，全有版圖。二十七年，籍天下户一千六百八十四萬八百有奇。於是南北之户總書於策者一千三百一十九萬六千二百有六，口五千八百八十三萬四千七百一十有一，而山澤谿洞之民不與焉。文宗至順元年，户部錢糧户數一千三百四十萬六百九十九，視前世又增二十萬有奇矣。

（清）嵇璜《續通志》卷一五四《食貨略·歷代户口丁中》 元初，筭賦之制，中原以户，西域以丁，蒙古以馬牛羊。至世祖定户籍之制，則有元管户、交參户、漏籍户、協濟户，於諸户之中又有絲銀全科户，減半科户，止納絲户，止納鈔户。太宗五年八月，括中州户，得户七十三萬餘。八年初，定中原户賦。憲宗二年，立儒人免丁之令。中原凡業儒者，試通一經，即不同編户。世祖中統元年，立十路宣撫司，定户籍。凡元管、交參等户籍皆於此時定。二年六月，括漏籍老幼等户協濟編户賦税。八月，核實新增户口，措置諸路轉輸法。至元六年二月，免單丁貧乏軍一千九百餘户爲民。六月，免益都新僉軍單丁者千六百二十一人爲民。【略】十九年二月，籍福建户數。九月，籍雲南新附民。二十二年二月，定京城民居。時修完大都城，詔舊城居民之遷京城者，以貲高及居職者爲先。仍定制以地八畝爲一分，其或地過八畝及力不能作室者，皆不得冒據聽民作室。二十九年八月，敕禮樂户仍與軍站民户均輸賦。總之世祖時之户口，其在中統二年天下户一百四十一萬八千四百九十九。至元十二年，天下户四百七十六萬四千七十七二十。八年，户部上天下户數，内郡百九十九萬九千四百四十四，江淮四川一千一百四十三萬八百七十八，口五千九百八十四萬八千九百六十四，游食者四十二萬九千一百一十八，僧尼二十一萬三千一百四十八人。成宗大德三年七月，放江南僧寺佃户五十萬爲編民。十一年十一月，禁軍站鷹坊控鶴等户冒占編民。泰定帝泰定元年七月，罷廣州、福建等處採珠蜑户爲民。文宗至順元年，户部錢糧户數一千三百四十萬六百九十九，視前世又增二十萬有奇矣。

紀事

（宋）李燾《續資治通鑑長編》神宗元豐二年十二月 提舉廣南東路常平等事林顏言：今天下之民，家爲之保，保爲之長，長爲之正者，豈特不容其姦而已，蓋歸兵食于農，藏武士於耕夫，所謂教而後使之道也。其故其法一總於兵部，而畿内之人，陛下又歲賜引見，旌其藝能以勸之。其在五路，則又使有司以時遣官，分行案視。法既久而令益信。然則舉而加諸四方，其無不聽者。今二廣之民，亦有五保之籍。竊聞廣西緣邊稍已肄習武藝。東路雖間有槍手，然保甲之教尚闕。欲乞本路沿江海諸州，依西路法訓閲，使其人既熟山川之險易，而又知夫弓矢金鼓之習，則一方自足爲備，可以不勞北兵矣。詔下廣南東路經略、轉運、提舉、鈐轄司相度，皆言廣、惠、潮、封、康、端、南恩七州皆並邊及江海，外接蠻賊，可依西路保甲教習武藝。從之。顔，福州人也。

（宋）李燾《續資治通鑑長編》神宗元豐三年六月　權發遣京東路轉運副使李察言：保甲之法，蓋防檢姦盜，緩急得以呼集追捕。本路排定累年，既不教習，復無點閲之法，進丁開户，簿籍不明，寖成空文。乞每歲農隙，委提點刑獄司選官分縣就鄉村對籍閲丁數，其不同者正之。詔送司農寺。

（宋）李燾《續資治通鑑長編》神宗元豐五年六月　提舉河東路保甲司言：準朝旨，保甲以家聯保，以丁聯兵，小保長以上緣兵置，令三路施行，如有未便事理，條畫以聞。本司今相度以家聯保：差免敕內，保甲以二丁、義勇以三丁入保，單丁、客户並爲附保。今欲乞除官户、女户、歸明人子孫、刺事人、河北沿邊弓手户合依舊附保外，其客户、單丁户及免丁之人自合排人家保，責以互相覺察。以丁聯兵：詳差免敕，本縣與都係別置簿，遇有事故，如外來及進丁，限五日申舉開收、分併。今欲乞限五日申舉開收，限一年分併；其未分之間，多者就近權附，少者姑闕。若地里相遠，餘丁不可聯者，從舊法。小保長以上緣兵置：家保之法無所與於兵政，至其覺察欺詐，襲逐姦盜，亦其所當有事，於保伍之間非有總率，無緣齊一。今欲應家保之內，有大小保長，亦既干預本保內事，並令就轄家保，所貴上下有分，緩急易使。從之，其分併限三年。

（宋）李燾《續資治通鑑長編》神宗元豐六年春正月　河北提舉保甲司言：都副保正多於教成大保長內選補，係主教人員，團教一都保人武藝。方且責成，又令管本都保公事，應副州縣役使，以至期會稽違，必遭刑責，不惟有妨主教，恐非朝廷教養之意。乞應合係本縣於本都保追呼公事，止責承帖人計會追呼，毋令親身勾當及管解赴縣。從之。

（宋）李燾《續資治通鑑長編》神宗元豐七年五月　提舉河東保甲司言：保甲并起團教，乞輸小保人户逐村修鋪屋，備更鼓巡宿。從之。

（宋）李燾《續資治通鑑長編》哲宗元祐元年閏二月　御史中丞劉摯言：伏覩近制，保甲罷團教，朝廷所以惠綏疲氓，恩施甚厚。民得去其所苦，就其所安，遠近承風，莫不鼓舞。然臣竊有私憂過計者，夫鄉野之民，其性易於轉習，臣往見農人或被差役，一爲弓手、手方、耆壯之類，及罷滿而歸，則拱手閒惰，已不復能反業於農。蓋出入公門，游集市井，有所誘怵使之然也。今之保甲則又甚焉，衣必華細，食必酒肉，固已變其向者布麻麤糲之習矣；羣聚而笑喧，奮臂而矜勇，固已移其向者椎魯勞苦之性矣。其家質田賣屋，出錢以濟其所用，官司歲時教試，與之金帛寵之名目，以養其欲。故凡保甲之父母、兄弟、妻子，一家憔悴，終歲困擾，而身爲保甲者，未必不自喜以爲樂也。今既歲教止於一月，罷其團集，省其監督，去其羈縻勞費之患，則保甲之父母、兄弟、妻子，欣歡休息，復有生理，而身爲保甲者，又未必不自失以爲戚也。彼有自失之意，而欲使人人俛首甘心，盡如平日，肯復從事於耕，勢蓋難矣。惡少而失其欲，悍强以成其性，又挾素所教弓刀刺擊之技，以爲之資，臣懼其非獨不能從事於耕而已也，亦恐其得爲陛下之良民者少也。臣愚以爲宜有法以斂制之。蓋保甲之技藝强弱、高下，州縣皆有等籍，今按取優等之人，召其情願，刺以爲本州禁軍。若舊係保長等名色，則比類軍中之階級，隨其等差對換補之。自餘中下藝等，亦召願充公人者，依近制募以爲弓手、手力、耆壯、户長之役。所貴在軍者，既團隸部束之有法，又使得伸其素習之技能；其在役者，既不失服職於公家，比之召雇浮浪，乃得熟事，鄉民必賴其用爲多。伏望詳酌。

又言：保甲既有換充軍者，若本保階級人闕，或丁有闕數，即乞遇冬教日，推擇排連填補，則不損保甲之額。若換對他役，則自不廢教集。

（宋）李燾《續資治通鑑長編》哲宗元祐元年四月　右司諫蘇轍言：臣近奏乞招河北保甲充禁軍，聞已有朝旨，令逐州軍長吏等優給例物，寄招在京禁軍去訖。臣竊謂京畿諸縣保甲事體與河北無異，而所在闕額禁軍尚多，欲乞指揮京畿諸縣，一依河北已得指揮招募施行。臣又聞河北、河東舊有義勇，自來每年冬教以爲邊補，民所習慣，不以爲怪。畿內百姓非邊民之比，今來保甲雖罷按閲，而未免冬教民，情未安，亦乞特與放罷。

（宋）李燾《續資治通鑑長編》哲宗元祐元年十一月　户部言：淮南路提刑司乞罷保正、大小保長并年終供申開收刺狀、都帳。本部勘當，若係不教閱去處，即三年一造保甲簿，逐州軍依舊條具帳，申本路提刑司勾考，本司更不具都帳并刺狀申户部。從之。

（宋）李燾《續資治通鑑長編》哲宗元祐元年十二月 左諫議大夫鮮于侁言：開封府界保甲授班行人不少，官户既多，縣道差役頗難。聞祥符縣内，一鄉止有一户可差。伏以武舉試策及弓馬入等，方得近下班行。今來保甲人事藝入等，纔受恩便與公卿大夫一等爲官户免役，頗爲僥倖。臣欲乞保甲授班行人依進納官例，候改轉陞朝官方免户下色役，庶令縣道差役得行。其三路保甲，亦乞依此。從之。

（宋）李燾《續資治通鑑長編》哲宗元祐二年六月 又言：府界、三路初置保甲，分隸巡檢，輪月上番，盡替正兵歸營，卻據逐路替下兵數銷廢兵額，樁管請受，收充上番及聚教支費。自行團教，後來雖罷保甲上番，緣逐處巡檢仍舊卻差正兵，以所收銷廢軍兵請受充團教支費，更不復招兵補元額；致逐路闕人。今既已罷團教，止令冬教一月，所支賞物又已等第裁減，費用不多，自來封樁銷廢軍兵請受，合撥歸轉運司依舊額撥補禁軍。其冬教備賞物，只以逐路自來封樁義勇保甲冬教錢糧給之，已是有餘，亦合就加裁減。詔：三路保甲司合用冬教賞物，據本路舊義勇保甲各支冬教錢糧，各依支賞定數，令轉運司每年分四季撥與保甲司充賞，並令轉運司應副。餘應合封樁錢物、並府界銷廢退軍請受，自今年正月一日以後，特免封樁，已封樁撥還。所有京東鹽息錢，本路轉運司更不支撥，只於本路封樁五萬貫，準備保甲賞費；餘一十萬貫，關尚書省封樁。內合增置軍兵，並依下項。河北併廢馬軍一十一指揮，今復置馬軍二、步軍丸；濱州置驍武第六，德州置驍武第十，爲馬軍二，各以四百一十人爲額；懷州武衛第十、恩州武衛第七十一、冀州神鋭第二十三、莫州神鋭第二十四、相州神鋭第二十五、真定府振武第四十一、定州振武第四十五、廣信軍振武第五十四、安肅軍振武第六十，爲步軍九，各以五百一十人爲額。河東併廢禁軍五指揮，元併廢馬、步軍五指揮皆有見存軍數，並立額如舊。陝西併廢禁軍十指揮，其以河州武衛第六十八指揮於秦州置營，立額如舊，聽熙河蘭會路抽使；商州置制勝第五，虢州置制勝第七，并同州澄城縣保捷第四十四指揮，各以四百一十人爲額；餘馬、步軍七指揮立額如舊。府界銷廢六指揮，皆有見存軍數，其以雍邱捧日第五軍第一指揮改爲雄勇第二指揮，咸平天武第五軍第一指揮改爲雄勇第三指揮，各以五百一十人爲額，見存軍人許帶舊請受；餘馬、步軍四指揮立額如舊。從之。

（宋）李燾《續資治通鑑長編》哲宗元祐二年八月 樞密院言河北、河東、陝西保甲不一，請並以五家爲保，丁雖多，止作一保，其長、正合隨家保置。從之。

（宋）李燾《續資治通鑑長編》哲宗紹聖四年十一月 三省、樞密院奏：河北、河東、陝西三路相度保甲人才小弱不堪教武藝者，皆免教。上許之。因問：保甲幾何？曾布曰：三路共八十萬。上曰：如此當減三五十萬。章惇曰：不至如此。先是，裁定此令，即欲頒行，而蔡卞不以爲然。故且令相度，而三路皆稱免，遂使行之。

（元）梁寅《策要》卷四《户口》 宋崇寧中，户二千一萬九千五十，口四千三百八十二萬七百九十六。

（元）馬端臨《文獻通考》卷一一《户口考·歷代户口丁中賦役》 開寶四年，詔曰：朕臨禦以來，憂恤百姓，所通抄人數目，尋常別無差徭，只以春初修河，蓋是與民防患。而聞豪要之家，多有欺罔，並差貧闕，豈得均平？特開首舉之門，明示賞罰之典。應河南、大名府、宋亳宿潁青徐兗鄆曹濮單蔡陳許汝鄧濟衛淄濰濱棣滄德貝冀澶滑懷孟磁相邢洺鎮博瀛莫深楊泰楚泗州、高郵鄆所抄丁口，宜令逐州判官互相往彼，與逐縣令佐子細通檢，不計主户、牛客、小客，盡底通抄，差遣之時，所冀共分力役。敢有隱漏，令佐除名，典吏決配，募告者以犯人家財賞之，仍免三年差役。

（元）馬端臨《文獻通考》卷一一《户口考·歷代户口丁中賦役》 至道元年，詔復造天下郡國户口版籍。自唐末四方兵起，版籍亡失，故户稅賦莫得周知，至是始命復造焉。

（元）馬端臨《文獻通考》卷一一《户口考·歷代户口丁中賦役》 〔天禧五年〕詔：諸州縣自今招來户口，及創居入中開墾荒田者，許依格式申入户籍，無得以客户增數。舊制，縣吏能招增户口，縣即申等，仍加其俸緡，至有析客户者，雖登於籍，而賦稅無所增入。故條約之。

（元）馬端臨《文獻通考》卷一一《户口考·歷代户口丁中賦役》

政和三年，詳定《九域圖志》蔡攸、何志同言：本所取會天下户口數類多不實，且以河北二州言之：德州主客户五萬二千五百九十九，而口才六萬九千三百八十五；霸州主客户二萬二千四百七十七，而口才三萬四千七百一十六。通二州之數，率三户四口，則户版刻隱，不待校而知之。乞詔有司申嚴法令，務在核實。從之。八月，淮南轉運副使徐閎中言：《九域志》在元豐間主客户共一千六百餘萬，大觀初已二千九十一萬，乞詔諸路應奏户口，歲終再令提刑、提舉司參考同保。從之。

六年，户部言：淮南轉運司申：《政和格》知、通、令、佐任内增收漏户一千至二千户常格，一縣户口多者止及三萬，脱漏難及千户，少得應賞之人，繇此不盡心推括。看詳令、佐任内增收漏户八百户，升半年名次；一千五百户，免試；三千户，減磨勘一年；七千户，減二年；一萬二千户，減三年。知、通隨所管縣通理，比令、佐加倍。從之。

按：以史傳考之，則古今户口之盛，無如崇寧、大觀之間。然觀當時諸人所言，則版籍殊欠核實所紀似難憑，覽者詳之。

（元）馬端臨《文獻通考》卷一一《户口考·歷代户口丁中賦役》

淳熙八年，臣僚言：饑饉之時，遺棄小兒爲人收養者，於法不在取認之限，聽養子之家申官附籍，依親子孫法。昨葉夢得守潁昌，歲大饑，仍爲空名券，坐上件法印版付裏胥，凡有收養者給其券，所全活甚衆。乞下州縣鏤版，諭民通知。

《宋史》卷六《真宗紀》〔咸平五年〕夏四月壬申，詔陝西民輓送緣邊芻糧者，賜租之半。壬午，命三司歲較户口。

《宋史》卷七《真宗紀》〔大中祥符二年〕六月乙酉，頒幕職、州縣官招集户口賞條。

《宋史》卷二八三《丁謂傳》景德四年，契丹犯河北，真宗幸澶淵，以謂知鄆州兼齊、濮等州安撫使，提舉轉運兵馬巡檢事。契丹深入，民驚擾，争趣楊劉渡，而舟人邀利，不時濟。謂取死罪紿爲舟人，斬河上，舟人懼，民得悉渡。遂立部分，使並河執旗幟，擊刁斗，呼聲聞百餘里，契丹遂引去。明年，召爲右諫議大夫、權三司使。上會計録，以景德四年民賦户口之籍，較咸平六年之數，具上史館，請自今以咸平籍爲額，歲較其數以聞，詔獎之。尋加樞密直學士。

《宋史》卷三〇〇《周湛傳》初，江、湖民略良人，鬻嶺外爲奴婢。湛至，設方略搜捕，又聽其自陳，得男女二千六百人，給飲食還其家。徙京西路，鄧州美陽堰歲役工數十萬，溉州縣職田，而利不及民，湛奏罷之。爲鹽鐵判官，三司帳籍浩煩，吏胥離析爲弊欺。湛爲立勘同法，歲減天下計帳七千。爲江南西路轉運使，州縣簿領案牘，淆混無紀次，且多亡失，民訴訟無所質，至久不能決。湛爲立號，以月日比次之，詔下其法諸路。又以徭賦不均，百姓巧於避匿，因條其詭名挾佃之類十二事，且許民自言，凡括隱户三十萬。

《宋史》卷三〇一《梅詢傳》仁宗御邇英閣，讀正説養民篇，覽歷代户口登耗之數，顧謂侍臣曰：今天下民籍幾何？詢對曰：先帝所作，蓋述前代帝王恭儉有節，則户口充羨；賦斂無藝，則版圖衰減。炳然在目，作鑒後王。自五代之季，生齒彫耗，太祖受命，而太宗、真宗休養百姓，天下户口之數，蓋倍於前矣。因詔三司及編修院檢閲以聞。

《宋史》卷三一七《錢彦遠傳》又上疏曰：

農爲國家急務，所以順天養財，禦水旱，制蠻夷之原本也。唐開元户八百九十餘萬，而墾田一千四百三十餘萬頃。今國家户七百三十餘萬，而墾田二百一十五萬餘頃，其間逃廢之田，不下三十餘萬，是田疇不闢，而游手者多也。勸課其可不興乎？本朝轉運使、提點刑獄、知州、通判，皆帶勸農之職，而徒有虚文，無勸導之實。宜置勸農司，以知州爲長官，通判爲佐，舉清强幕職、州縣官爲判官。先以墾田頃畝及户口數、屋塘、山澤、溝洫、桑柘，著之於籍，然後設法勸課，除害興利。歲終農隙，轉運司考校之，第其賞罰。

《宋史》卷三四〇《蘇頌傳》蘇頌字子容，泉州南安人。父紳，葬潤州丹陽，因徙居之。第進士，歷宿州觀察推官，知江寧縣。時建業承李氏後，税賦圖籍，一皆無藝，每發斂，高下出吏手。頌因治訊他事，互問民鄰里丁産，識其詳。及定户籍，民或自占不悉，頌警之曰：汝有某丁某産，何不言？民駭懼，皆不敢隱。

《宋史》卷四一五《袁韶傳》袁韶字彦淳，慶元府人。淳熙十四年進士。嘉泰中，爲吴江丞。蘇師旦侍韓侂冑威福，撓役法，提舉常平黄棠檄韶覈田以定役。師旦密諭意言：吴江多姻黨，儻相容，當薦爲京朝官。

詔不聽。是歲更定户籍，承徭賦，皆師旦黨，師旦諷言者將論去。榮亟以是事白於朝，且薦之。未幾，師旦敗。改知桐廬縣。

（清）徐松《宋會要輯稿·食貨一一·版籍》 哲宗元符元年二月二日，新權提舉廣南西路常平等事盧君佐言：京東河北有山林陂澤，盜賊結集，乞置籍以記浮名。詔户部立法以聞。

（清）徐松《宋會要輯稿·食貨一一·版籍》〔神宗熙寧〕四年五月十六日，司農寺言：乞差府界提點司委官分詣諸縣，同造五等簿升降人户。如敢將四等已下户不及得自來中等已上物力升在三等，致人户（被）〔披〕訴，其當職官吏並從違制，不用赦降。從之。

（清）徐松《宋會要輯稿·食貨一一·版籍》 徽宗宣和二年四月二十一日，江浙淮南等路宣撫使童貫奏：奉詔措置東南兇賊，切詳平賊之後，民事最爲急務。勘會經賊燒劫州縣，圖書散失，理當重造户口版籍，以定將來税役。從之。

（清）徐松《宋會要輯稿·食貨一一·版籍》 高宗皇帝紹興元年二月二十八日，原書天頭注云：高宗一作光堯。按本書食貨六九之二〇作光堯。臣寮言：州縣經兵火處，版籍殘缺，姦吏並緣爲私，所存無幾，不可鉤考，使户口未寔，賦役不均，豹用莫知所從出。今乞嚴敕諸路監司，應經兵火州縣，自來所有丁產、錢穀簿書，皆依法置造。如委無舊本，許以帳狀及寔可照驗事跡類聚攢成。又無，即從諸司用幹證文字，與州縣見存案牘互相點勘，以成新書。監司以逐州名數開具申尚書，本部立爲定制。所有期限，乞從朝廷處分。原從字下衍一自字，據本書食貨六九之二一刪。户部契勘：見行下槩諸路轉運司取索供申外，如内有曾經兵火去處，欲依本官所乞，用幹照文字互相照勘成書。詔依，仍限半年。

（清）徐松《宋會要輯稿·食貨一一·版籍》〔紹興二年〕閏四月三日，右朝奉郎姚沇言：欲乞朝廷行下諸路轉運司，相度曾被燒劫去處失契書歸業人，許經所屬州縣陳狀。本縣行下本保鄰人依寔供證，即出户帖付之，以爲永遠照驗。如本保鄰人作情弊故意邀阻，不爲依寔勘會，及本縣人吏不即時給户帖，並許人越訴，其合幹人重寘典憲。

（清）徐松《宋會要輯稿·食貨一一·版籍》〔紹興〕七年五月七日，比部員外郎薛徽言：欲望明飭有司覈考州縣丁帳，覈正文籍，死亡生長，以時書落。歲終，縣以丁之數上州，州以縣之數上漕，漕以州之數上之户部，户部合天下之數上之朝廷。殘破之處，計登耗而爲之賞罰。其重困之由，願講明之；其傷殘之法，願申嚴之。從之。

（清）徐松《宋會要輯稿·食貨一一·版籍》〔紹興〕十二年七月十八日，户部言：州縣人户產業簿，依法三年一造，坊郭十等，鄉村五等，以農隙時當官供通，自相推排，對舊簿批注陞降。今欲乞行下諸路州縣，依平江府等處已降指揮，西北流寓之人，候合當造簿年分推排施行。從之。

（清）徐松《宋會要輯稿·食貨一二·户口雜録》 藝祖取天下之後，户三百九萬。開寶四年七月，詔曰：朕臨禦以來，憂恤百姓，所通抄人數目，尋常别無差徭，只是春初修河，是：原書天頭注云：是一作以。按本書食貨六九之七八、《文獻通考》卷一一均作以。蓋是與民防患。而聞豪要之家，多有欺罔，併差貧闕，豈得均平？特開首舉之門，明示賞罰之典。應河南大名府、宋、亳、宿、（穎）〔潁〕、青、徐、兖、鄆、曹、濮、單、蔡、陳、許、汝、鄧、濟、衛、淄、濰、濱、滄、德、貝、冀、澶、滑、懷、孟、磁、相、邢、洺、鎮、博、瀛、莫、深、（楊）〔揚〕、泰、楚、泗州、高郵軍所抄丁口，宜令逐州判官互相往彼，與逐縣令佐子細通檢，不計主户、牛客、小客，盡底通抄，差遣之時，所貴共分力役。敢有隱漏，令佐除名，典吏決配。募告者以犯人家豹賞之，仍免三年差役。

（清）徐松《宋會要輯稿·食貨一二·户口雜録》 太宗淳化四年三月，詔：户口、税賦帳籍，皆不整舉，吏胥私隱税賦，坐家破逃，冒佃侵耕，（鬼）〔詭〕名挾户，賦税則重輕不等，差役則勞役不均。所申户口逃移，皆不件析，田畝税數，無由檢括。斯蓋官吏吒循，致其積弊。今特釋前罪，咸許上言。詔到，知州、通判、幕職、州縣官各具規畫何以得均平賦税，招葺流亡，惠恤孤貧，止絶姦倖，及鄉縣積弊、民間未合便行條貫事，令知州、通判共爲一狀，通：原脱，據本書食貨六九之七八補。縣令、簿尉共爲一狀，限一月内附驛以聞。如有異見，亦許别上封章。須並畫一指陳，直書實事。已差中書舍人看詳可否，如事理優長，當議旌賞；若公然鹵莽，今後不得任親民官。

（清）徐松《宋會要輯稿·食貨一二·户口雜録》 至道元年六月，

詔復天下郡國户口版籍。自唐末四方兵起，版籍亡失，故户口賦税，莫得周知。至是始命復造焉。

（清）徐松《宋會要輯稿・食貨一二・户口雜録》　真宗咸平五年四月，詔三司取天下户口數置籍，較定以聞。

（清）徐松《宋會要輯稿・食貨一二・户口雜録》〔景德四年〕九月，詔：諸路所供升降户口，自今招到及創居户委的開落得帳上荒税合該升降，即撥入主户供申。内分煙析生不增税賦，及新收不納税浮居客户，並不得虛計在内，方得結罪保明，申奏升降。

（清）徐松《宋會要輯稿・食貨一二・户口雜録》　大中祥符二年六月，頒幕職州縣官招攜户口旌賞條制。

四年正月四日，詔：諸州縣自今招來户口，及創居入中開墾荒田者，許依格式申入户籍，無得以客户增數。舊制：縣吏能招增户口，縣即申等，乃功其俸緡，至有析客户者，雖登於籍，而賦税無所增入，故條約之。

（清）徐松《宋會要輯稿・食貨一二・户口雜録》〔天禧〕四年十二月，詔諸升降户口，每年正月具新收人户所增税賦句磨訖，結罪申三司。

（清）徐松《宋會要輯稿・食貨一二・户口雜録》　徽宗大觀三年正月二十一日，户部侍郎吴擇仁言：地官之職，掌户口版籍，寔賦税力役之所自出，民事之先務么。今承平日么，生齒繁庶，而天下所上，上：原作尚，據本書食貨六九之七九改。吒仍舊籍，略功增損，具文而已，户口登耗，無由盡知。乞自今歲具增减實帳，每路委監司一員，類聚上户部，置籍銷注。從之。

（清）徐松《宋會要輯稿・食貨一二・户口雜録》〔政和〕六年七月二十日，户部言：淮南轉運司申，淮：原作准，據本書食貨六九之七九改。政和格：知、通縣令佐任内增收漏户一千至二萬户，賞格此句疑有脱誤。一縣户口，多者止及三萬，脱漏難及千户，少得應賞之人，繇此不盡心推括。看詳令佐任内增收漏户八百户，陞半年名次；一千五百户，免試；三千户，減磨勘二年；一萬二千户，減磨勘三年。知、通隨所管縣通理，比令佐功倍。從之。

（清）徐松《宋會要輯稿・食貨一二・户口雜録》〔乾道二年五月九日〕臣僚言：兩浙路去年百姓以疾疫死亡、以飢餓流移者至多，州縣丁籍，自應虧減，今年開收，所宜從實。切聞州縣至今往往未曾申聞銷豁，按籍而催，尚仍故目。誠慮將來以年未及之人籍爲成丁，或家計所虧之額，多取之於見存之人，或仰令保正長合力償備。乞下兩浙州縣覆實流移死亡丁數保明申上，權行倚閣，候流移歸業，候：原作侯，據本書食貨六九之八一改。中小成丁漸次增補。從之。

《遼史》卷一三《聖宗紀》〔統和九年〕秋七月癸卯，通括户口。

《遼史》卷一八《興宗紀》〔重熙八年〕夏六月乙丑，詔括户口。

《遼史》卷二四《道宗紀》〔大康九年六月〕庚午，詔諸路檢括脱户，罪至死者，原之。

《遼史》卷七二《宗室傳》　義宗倍嘗從征烏古、党項，爲先鋒都統，及經略燕地。太祖西征，留倍守京師，因陳取渤海計。天顯元年，從征渤海。拔扶餘城，上欲括户口，倍諫曰：今始得地而料民，民必不安。若乘破竹之勢，徑造忽汗城，克之必矣。太祖從之。

《遼史》卷八七《蕭孝穆傳》　興宗即位，徙王秦，尋復爲南京留守。重熙六年，進封吴國王，拜北院樞密使。八年，表請籍天下户口以均徭役，又陳諸部及舍利軍利害。從之。由是政賦稍平，衆悦。

《遼史》卷九七《耶律引吉傳》　引吉寅畏好義。以廕補官，累遷東京副留守、北樞密院侍御。時蕭革、蕭圖古辭等以佞見任，鬻爵納賄；引吉以直道處其間，無所阿唯。改客省使。時朝廷遣使括三京隱户不得，以引吉代之，得數千餘户。

《遼史》卷一〇五《能吏傳・馬人望》　徙知涿州新城縣。縣與宋接境，驛道所從出。人望治不擾，吏民畏愛。近臣有聘宋還者，帝問以外事，多薦之，擢中京度支司鹽鐵判官。轉南京三司度支判官，公私兼裕。遷警巡使。京城獄訟填委，人望處決，無一寃者。會檢括户口，未兩旬而畢。同知留守蕭保先怪而問之，人望曰：民産若括之無遺，他日必長厚斂之弊，大率十得六七足矣。保先謝曰：公慮遠，吾不及也。

《金史》卷二《太祖紀》〔天輔二年〕六月甲寅，詔有司禁民凌虐典雇良人，乃倍取贖直者。甲戌，遼通、祺、雙、遼等州八百餘户來歸，命分置諸部，擇膏腴之地處之。

七月癸未，詔曰：匹里水路完顔术里古、渤海大家奴等六謀克貧乏之民，昔嘗給以官糧，置之漁獵之地。今歷日已久，不知登耗，可具其數以聞。胡突衮還自遼。耶律奴哥復以國書來。丙申，胡突衮如遼。遼户二百來歸，處之泰州。詔遣阿里骨、李家奴、特里底招諭未降者。仍詔達魯古部勃堇辭列：凡降附新民，善爲存撫。來者各令從便安居，給以官糧，毋輒動擾。

《金史》卷六《世宗紀》〔大定四年十月〕己卯，命泰寧軍節度使張弘信等二十四人分路通檢諸路物力。

《金史》卷一一《章宗紀》〔泰和元年六月〕己亥，用尚書省言，申明舊制，猛安謀克户每田四十畝樹桑一畝，毁樹木者有禁，鬻地土者有刑。其田多汙萊，人户闕乏，并坐所臨長吏。按察司以時勸督，有故慢者量決罰之，仍減牛頭税三之一。敕尚書省舉行風俗奢僭之禁。【略】

八月庚辰，初命户絶者田宅以三分之一付其女及女孫。戊子，特改授司空襄河間府路算注海世襲猛安。乙未，至自萬寧宫。丙申，宋遣使來報謝。壬寅，制猛安謀克並隸按察司，監察御史止按部糾舉，有罪則併坐監臨之官。詔推排西、北京、遼東三路人户物力。

《金史》卷七一《斡魯傳》 太祖還京師，宗翰爲西北、西南兩路都統，斡魯及蒲家奴副之。宗翰朝京師，詔：以夏人言，宋侵略新割地，以便宜决之。斡魯奏曰：夏人不盡歸户口資帑，又以宋人侵賜地求援兵。宋之邊臣將取所賜夏人疆土，蓋有異圖。詔曰：夏人屢求援兵者，或不欲歸我户口，沮吾追襲遼主事也。宋人敢言自取疆土于夏，誠有異圖。宜謹守備，盡索在夏户口，通聞兩國，事審處之。

《金史》卷七四《宗翰傳》 上以宗翰破遼，經略夏國奉表稱藩，深嘉其功，以馬十匹，使宗翰自擇二匹，餘賜羣帥。及斡魯奏宋不遣歲幣户口事，且將渝盟，不可不備。太宗命宗翰取諸路户籍按籍索之。

《金史》卷九二《曹望之傳》 上書論便宜事：其一，論山東、河北猛安謀克與百姓雜處，民多失業。陳、蔡、汝、潁之間土廣人稀，宜徙百姓以實其處，復數年之賦以安輯之。百姓亡命及避役軍中者，閲實其人，使還本貫。或編近縣以爲客户，或留爲佃户者，亦籍其姓名。州縣與猛安事干涉者無相黨匿，庶幾軍民協和，盜賊弭息。

《金史》卷九五《蒲察通傳》 大定十七年，拜尚書右丞，轉左丞。詔議推排猛安謀克事，大臣皆以爲止驗見在産業，定貧富，依舊科差爲便。通言：必須通括各謀克人户物力多寡，則貧富自分。貧富分，則版籍定，如有緩急，驗籍科差，富者不得隱，貧者不重困。與一例科差者，大不侔矣。上是通言，謂宰臣曰：議事當如通之盡心也。閲三歲，進平章政事，封任國公。

《金史》卷九七《張大節傳》 入爲太府丞、工部員外郎。盧溝水齧安次，承詔護視堤城。擢修内司使，推排東京路户籍，人服其平。

《元史》卷二《太宗紀》〔二年〕冬十月，括人户。

《元史》卷二《太宗紀》〔八年〕夏六月，復括中州户口，得續户一百一十餘萬。耶律楚材請立編修所於燕京，經籍所於平陽，編集經史，召儒士梁陟充長官，以王萬慶、趙著副之。秋七月，命陳時可閲刑名、科差、課税等案，赴闕磨照。詔以真定民户奉太后湯沐，中原諸州民户分賜諸王、貴戚、斡魯朶。

《元史》卷三《憲宗紀》〔二年〕是歲，籍漢地民户。

《元史》卷三《憲宗紀》〔八年二月〕遣參知政事劉太平括興元户口。

六月癸巳，括漏籍老幼等户，協濟編户賦税。【略】

秋七月辛酉朔，立軍儲都轉運使司，以馬月合乃爲使，周鍇爲副使。癸亥，初立翰林國史院。王鶚請修遼、金二史，又言：唐太宗置弘文舘，宋太宗設内外學士院。今宜除拜學士院官，作養人才。乞以右丞相史天澤監修國史，左丞相耶律鑄、平章政事王文統監修遼、金史，仍採訪遺事。並從之。賑和林饑民。賞鞏昌路總帥汪惟正將校斬渾都海功銀二千五百兩、馬價銀四千九百兩。諸王昌童招河南漏籍户五百，命付之有司。

《元史》卷五《世祖紀》〔中統四年〕夏四月庚戌朔，以漏籍户一萬一千八百，附籍户四千三百於各處起冶，歲課鐵四百八十萬七千斤。

《元史》卷六《世祖紀》〔至元二年閏五月〕詔：諸路州府，若自古名郡，户數繁庶，且當衝要者，不須改併。其户不滿千者，可併則併之。各投下者，併入所隸州城。其散府州郡户少者，不須更設録事司及司候司。附郭縣止令州府官兼領。括諸路未占籍户任差職者以聞。

《元史》卷六《世祖紀》〔至元二年〕六月戊（申）〔辰〕朔，新得州安撫向良言：頃以全城内附，元領軍民流散南界者，多欲歸順，並乞招徠。從之。又敕良以所領新降軍民移戍通江縣，行新得州事。【略】樞密院臣言：各路出征逃亡漢軍，及貧難未起户，並投下隱匿事故者，宜一概發遣應役。從之。

《元史》卷七《世祖紀》〔至元七年五月〕丙辰，括天下户。【略】秋七月辛丑，設上林署。乙卯，賜諸王拜答寒印及海青、金符二。庚申，初給軍官俸。壬戌，簽諸道回回軍。乙丑，閱實諸路礮手户。【略】九月庚子，敕僧、道、也里可温有家室不持戒律者，占籍爲民。

《元史》卷七《世祖紀》〔至元八年三月〕命尚書省閱實天下户口，頒條畫，諭天下。

《元史》卷七《世祖紀》〔至元九年秋七月〕拘括開元、東京等路諸漏籍户。

《元史》卷七《世祖紀》〔至元〕八年春正月乙丑朔，高麗國王王禃遣其祕書監朴恒、郎將崔有渰來賀，兼奉歲貢。丙寅，太陰犯畢。己卯，以同僉河南等路行中書省事阿里海牙參知尚書省事。中書省臣言：前有旨令臣與樞密院、御史臺議河南行省阿里伯等所置南陽等處屯田，臣等以爲凡屯田人户，皆内地中產之民，遠徙失業，宜還之本籍。其南京、南陽、歸德等民賦，自今悉折輸米糧，貯於便近地，以給襄陽軍食。前所屯田，阿里伯自以無效引伏，宜令州郡募民耕佃。從之。史天澤告老，不允。敕：前築都城，徙居民三百八十二户，計其直償之。

《元史》卷八《世祖紀》〔至元〕十二年春正月乙亥，徙襄陽新民七百户於河北。

《元史》卷一〇《世祖紀》〔至元十六年六月〕庚子，拘括河西、西番闌遺户。

《元史》卷一一《世祖紀》〔至元十七年〕八月庚午朔，蕭簡等十人歷河南五路，擅招闌遺户。事覺，謫其爲首者從軍自效，餘皆杖之。

《元史》卷一一《世祖紀》〔至元十八年五月〕壬戌，詔括契丹户。

《元史》卷一一《世祖紀》〔至元十八年六月〕丁亥，放乞赤所招獵户七千爲民。

《元史》卷一一《世祖紀》〔至元十八年閏八月〕壬戌，詔諭斡端等三城官民及忽都帶兒，括不闌奚人口。

《元史》卷一一《世祖紀》〔至元十八年九月〕辛巳，大都立蒙古站屯田，編户歲輸包銀者及真定等路闌遺户，並令屯田，其在真定者與免皮貨。

《元史》卷一二《世祖紀》〔至元十九年二月〕籍福建户數。

《元史》卷一二《世祖紀》〔至元十九年九月〕己巳，命軍站户出錢助民和顧和買。籍雲南新附户。自兀良合帶鎮雲南，凡八籍民户，四籍民田，民以爲病。至是，令已籍者勿動，新附者籍之。

《元史》卷一二《世祖紀》〔至元二十年冬十月〕癸卯，諸王只必帖木兒請括閱常德府分地民户，不許。

《元史》卷一三《世祖紀》〔至元二十一年閏五月己卯〕命總帥汪惟正括四川民户。

《元史》卷一五《世祖紀》〔至元二十六年〕二月辛亥朔，詔籍江南户口，凡北方諸色人寓居者亦就籍之。

《元史》卷一五《世祖紀》〔至元二十六年五月己亥〕尚書省臣言：括大同、平陽、太原無籍民及人奴爲良户，略見成效。益都、濟南諸道，亦宜如之。詔以農時民不可擾，俟秋冬行之。

《元史》卷一五《世祖紀》〔至元二十六年閏十月庚寅〕詔籍江南及四川户口。

《元史》卷一六《世祖紀》〔至元二十七年二月〕辛巳，括河間昔寶赤户口。

《元史》卷一六《世祖紀》〔至元二十七年五月〕括天下陰陽户口，仍立各路教官，有精于藝者，歲貢各一人。

《元史》卷一六《世祖紀》〔至元二十八年十二月辛卯〕户部上天下户數，内郡百九十九萬九千四百四十四，江淮、四川一千一百四十三萬八百七十八，口五千九百八十四萬八千九百六十四，游食者四十二萬九千一百一十八。司農司上諸路所設學校二萬一千三百餘，墾地千九百八十三頃有奇，植桑棗諸樹二千二百五十二萬七千七百餘株，義糧九萬九千九百六十石。宣政院上天下寺宇四萬二千三百一十八區，僧、尼二十一萬三千一百四十八人。斷死刑五十五人。

《元史》卷一七《世祖紀》〔至元二十九年春正月〕丙辰，播州洞蠻因籍户懷疑竄匿，降詔招集之。

《元史》卷一八《成宗紀》〔元貞元年〕五月戊寅，以魯國大長公主建佛寺于應昌，給鈔千錠、金五十兩。命麥朮丁、何榮祖等釐正選法。己卯，竄忙兀部别闍于江西，俾從月底迷失討賊。庚辰，詔各省止存儒學提舉司一，餘悉罷之。陞江南平陽等縣爲州。以户爲差，户至四萬五萬者爲下州，五萬至十萬者爲中州。下州官五員，中州六員。凡爲中州者二十八，下州者十五。又以户不及額，降連州路爲連州。

《元史》卷一九《成宗紀》〔元貞二年三月〕壬辰，詔駙馬亦都護括流散畏吾而户。

《元史》卷一九《成宗紀》〔大德元年十二月〕壬申，徙乃顏民户于內地。

《元史》卷二二《武宗紀》〔大德十一年秋七月〕辛卯，詔唐兀禿魯花户籍已定，其入諸王、駙馬各部避役之人及冒匿者，皆有罪。

《元史》卷二二《武宗紀》〔至大元年〕三月庚申朔，中書省臣言：鄃王抽忽難人户散失，詔有司括索。臣等議：昔阿只吉括索所失人户，成宗慮其爲例，不許。今若括索，未免擾民。且諸王必多援例，乞寢其事。從之。又莊聖皇后及諸王忽禿禿人户散入他郡，阿都赤、脱歡降璽書，俾括索。陝西行省及真定等路言：百姓均在國家版籍，今所遣使，輒奪軍、驛、編民等户，非宜。中書省臣以聞，帝曰：彼奏誤也，卿等速追以還。

《元史》卷一三〇《不忽木傳》〔至元〕二十三年，改工部尚書。九月，遷刑部。河東按察使阿合馬，以貲財諂媚權貴，貸錢於官，約償羊馬，至則抑取部民所產以輸。事覺，遣使按治，皆不伏，及不忽木往，始得其不法百餘事。會大同民饑，不忽木以便宜發倉廩賑之。阿合馬所善幸臣奏不忽木擅發軍儲，又鍛鍊阿合馬使自誣服。帝曰：使行發粟以活吾民，乃其職也，何罪之有。命移其獄至京師審視，阿合馬竟伏誅。吐土哈求欽察之爲人奴者增益其軍，而多取編民。中書僉省王遇驗其籍改正之。吐土哈遂奏遇有不臣語。帝怒欲斬之，不忽木諫曰：遇始令以欽察之人奴爲兵，未聞以編民也。萬一他衛皆倣此，户口耗矣。若誅遇，後人豈肯爲陛下盡職乎？帝意解，遇得不死。

《元史》卷一三四《朶兒赤傳》因問欲何仕，朶兒赤對曰：西夏營田，實占正軍，儻有調用，則又妨耕作。土瘠野壙，十未墾一。南軍屯聚以來，子弟蕃息稍衆，若以其成丁者，别編入籍，以實屯力，則地利多而兵有餘矣。請爲其總管，以盡措畫。帝可之，乃授中興路新民總管。

《元史》卷一三六《哈剌哈孫傳》〔至元〕三十年，平章劉國傑將兵征交趾，哈剌哈孫戒將吏無擾民。會有奪民魚菜者，杖其千户，軍中肅然。俄有旨發湖湘富民萬家，屯田廣西，以圖交趾。哈剌哈孫密遣使奏曰：往年遠征無功，瘡痍未復，今又徙民瘴鄉，必將怨叛。吏莫知其奏，抱卷請署，弗答。吏再請，則曰：姑緩之。未幾，使還報罷，民皆感悦。及廣西元帥府請募南丹五千户屯田，事上行省，哈剌哈孫曰：此土著之民，誠爲便之，內足以實空地，外足以制交趾之寇，可不煩士卒而餽餉有餘。

《元史》卷一三七《察罕傳》至大元年，閱户口江南諸省，還進太子府正，加昭文館大學士，遷家令。

《元史》卷一四六《耶律楚材傳》甲午，議籍中原民，大臣忽都虎等議，以丁爲户。楚材曰：不可。丁逃，則賦無所出，當以户定之。爭之再三，卒以户定。時將相大臣有所驅獲，往往寄留諸郡，楚材因括户口，並令爲民，匿占者死。

《元史》卷一五六《董文炳傳》朝廷初料民，令敢隱實者誅，籍其家。文炳使民聚口而居，少爲户數。衆以爲不可，文炳曰：爲民獲罪，吾所甘心。民亦有不樂爲者，文炳曰：後當德我。由是賦斂大減，民皆富完。

《元史》卷一六三《馬亨傳》庚寅，太宗始建十路徵收課税使，河北東西路使王晋辟亨爲掾，以才幹稱。甲午，晋薦於中書令耶律楚材，授轉運司知事，尋陞經歷，擢轉運司副使。庚戌，太保劉秉忠薦亨於世祖，召見潛邸，甚器之。既而籍諸路户口，以亨副八春、忙哥撫諭西京、太原、平陽及陝西五路，俾民弗擾。

《元史》卷一六七《張惠傳》〔至元〕十（二）〔三〕年春，宋降，伯顔命惠與參知政事阿剌罕等入城，按閱府庫版籍，收其太廟及景靈宫禮樂器物、册寶、郊天儀仗。籍江南民爲工匠凡三十萬户，惠選有藝業者僅十餘萬户，餘悉奏還爲民。

《元史》卷一七三《崔彧傳》〔至元〕二十年，復以刑部尚書上疏，言時政十八事：【略】十一曰内地百姓流移江南避賦役者，已十五萬户。去家就旅，豈人之情，賦重政繁，驅之致此。乞特降詔旨，招集復業，免其後來五年科役，其餘積欠並蠲，事産即日給還。民官滿替，以户口增耗爲黜陟，其徙江南不歸者，與土著一例當役。【略】

二十一年，彧劾奏盧世榮不可居相職，忤旨，罷。二十三年，加集賢大學士、中奉大夫、同僉樞密院事。尋出爲甘肅行省右丞。召拜中書右丞。與中書平章政事麥朮丁奏曰：近者，桑哥當國四年，中外諸官，鮮有不以賄而得者。其昆弟故舊妻族，皆授要官美地，唯以欺蔽九重、朘削百姓爲事。宜令兩省嚴加考覈，凡入其黨者，皆汰逐之。其出使之臣，及按察司官受賕者，論如律，仍追宣敕，除名爲民。又奏：桑哥所設衙門，其閑冗不急之官，徒費禄食，宜令百司集議汰罷，及自今調官，宜如舊制，避其籍貫，庶不害公。又大都高貲户，多爲桑哥等所容庇，凡百徭役，止令貧民當之。今後徭役，不以何人，宜皆均輸，有敢如前以賄求入容庇者，罪之。又，軍、站諸户，每歲官吏非名取索，賦税倍蓰，民多流移。請自今非奉旨及省部文字，敢私斂民及役軍匠者，論如法。又，忽都忽那顔籍户之後，各投下毋擅招集，太宗既行之，江南民爲籍已定，乞依太宗所行爲是。皆從之。

《元史》卷一九一《良吏傳・譚澄》 澄幼穎敏，爲交城令時年十九。有文谷水，分溉交城田，文陽郭帥專其利而堰之，訟者累歲，莫能直，澄折以理，令決水，均其利於民。豪民有持吏短長爲奸者，察得其主名，皆以法治之。歲乙未，籍民户，有司多以浮客占籍，及征賦，逃竄殆盡，官爲稱貸，積息數倍，民無以償。澄入覲，因中書耶律楚材，面陳其害，太宗惻然，爲免其逋，其私負者，年雖多，息取倍而止；亡民能歸者，復三年。詔下，公私便之。壬子，復大籍其民，澄盡削交城之不土著者，賦以時集。

《元史》卷二〇五《姦臣傳・阿合馬》〔至元〕七年正月，立尚書省，罷制國用使司，又以阿合馬平章尚書省事。阿合馬爲人多智巧言，以功利成效自負，衆咸稱其能。世祖急於富國，試以行事，頗有成績。又見其與丞相線真、史天澤等争辨，屢有以詘之，由是奇其才，授以政柄，言無不從，而不知其專愎益甚矣。丞相安童含容久之，言於世祖曰：臣近言尚書省、樞密院、御史臺，宜各循常制奏事，其大者從臣等議定奏聞，已有旨俞允。今尚書省一切以聞，似違前奏。世祖曰：汝所言是。豈阿合馬以朕頗信用，敢如是耶！其不與卿議非是，宜如卿所言。又言：阿合馬所用部官，左丞許衡以爲多非其人，然已得旨咨請宣付，如不與，恐異日有辭。宜試其能否，久當自見。世祖然之。五月，尚書省奏括天下户口，既而御史臺言，所在捕蝗，百姓勞擾，括户事宜少緩。遂止。

《元史》卷二〇五《姦臣傳・阿合馬》〔至元〕八年三月，尚書省再以閱實户口事，奏條畫詔諭天下。

《元名臣事略》卷一四《樞密董正獻公》 公嘗進言：田器古無算，所以劭農。今治官列肆以求贏利，至鋤鎛之屬亦皆市鬻於耕者，非便。詔遂罷之。又言：職虞者將盡徙獵户無慮數千戍郢中，往往質妻賣子，哭聲震路，或自經死。實單弱不中徙，徒紛擾無益。詔止之。

（清）孫承澤《元朝典故編年考》卷一《計户定賦》 八年初。括中原民户定賦税。時群臣共欲以丁爲户，耶律楚材以爲不可，衆皆曰：我朝及西域諸國莫不以丁爲户，豈可捨大朝之法而從亡國之政邪。楚材曰：自古有中原者未嘗以丁爲户，若果行之，可輸一年之賦，隨即逃散矣。

圖　表

《元典章》卷一七《户部·户計》

斷例	州官占户供送粟麥米麵柴草	縣官占户供送粟麥米豆油草	録事司官隱占户計供送油菜	縣吏占户取要差發	縣官一面科差
一十七	州判	簿尉			
二十七	達魯花赤、知州、同知	縣尹			
三十七			達魯花赤		
四十七					主簿
五十七					縣尹
六十七				權司吏	
八十七				請俸司吏	
	各解見任，期年後降先職一等叙用。	同前	解見任，别行求仕。	罷役	俱各罷役。擅科差發，依公支用不追，人情錢用追給元主。

明清分部

論説

（清）趙吉士《牧愛堂編告諭》卷九《興除・一件為黄册之攢造當寛等事》 太原府交城縣奉本府帖文，蒙山西等處承宣布政使司劄付，蒙廵撫達案驗准户部咨前事等因到縣，奉此照得，五年審編一次，葢以審户口之消長，而編人丁之上下也。若不按户稽查，照丁陞擦，貧老者不爲開除，富彊者不爲頂補，傜役何由均平哉。查得交邑歷來編審俱屬套行，縣官既不留心料理，一任富民賄脱蠹書作奸，有一世無差終身不入版籍者，有一家父子老幼不遺一人者，有昔貧今富、昔富今貧而等則如故者，有百年故丁永不開除苦累窮人賠納者。六年新編諸丁，署篆拱手聽命，一任武定邦高下其手，減富增貧，扯多補少，是以丁加數百而丁銀反虧。以致部駁再三，受累非小。今本縣莅任三載餘矣，愛吾民如愛吾子，辦邑事如辦家事，幸逢編審，定當竭吾心力之所及，務使數十年抑欝不平氣一旦揭雲霧而青天正，不必矢天日而質鬼神，邑人早有以諒之于素也。但官防嚴密，大堂訊鞫，聞見難周，凡歷來積弊及賄漏隱報等情，許爾公正弱甲受累諸人等，每日大堂投文時，具詞首禀。誠恐畏勢不敢聲説，但投匣内封進本縣，寸心自明，不必指出投首者姓氏，以招爾一身之怨也。吾今乃奉勸爾富民矣，本縣任内無詞訟之拖累，無地棍之騙詐，無差提之需索，兼以時和年豐，生聚有日，自應殷饒。每歲不過爲朝廷辦納數錢之丁差，又何須着意賄脱苦累貧民。且五年一過，另自編審，爾家破敗，下輪又當開除，算來一年數錢，十年數兩，百年不過數十兩，爾又安能保爾百年盡如今日乎。勸爾富民不必過爲之慮也。吾今又奉勸爾蠹書矣，爾邑士民眼光最小，你得人一錢，便説你得人一兩，無有不攻發出來者，一經攻發，身命難保。何不存心至正，盡改前非，如武定邦何等勢焰，何等趂錢，今身斃財散，徒成話柄。爾等昔年作弊之人即是今日除弊之人，一反掌間，閤縣之人無不視頌，爾等在局書役又當猛省矣。爲此示仰閤邑里老公正暨各人丁知悉，除挨都甲編審月日另行示諭外，所有一應開註故老幼壯丁册已入籍未入籍確應開除頂差備細開造。每都于公正之中另報才行兼優者兩人，充爲都正，某甲公正另造某甲丁册，先行呈驗，以凴臨審應用，定限九月三日彙送。如有指名科斂使費，或故爲隱除，或朦朧混開，以及作奸賄漏種種不法者，查出，輕則枷懲，重必杖斃，幸無以身試法悔無及也。慎之諒之，須至示者。

（清）陳朝君《莅蒙平政録・告示・為痛革編審之積弊以均傜役以甦民困事》 照得五年編審，大典攸關，計户口之盈虚，核國課之增減。凡有脱漏，處分甚嚴。玆編審臨邇，誠恐里書藏奸，因循陋弊。有殷實人多之户，而狥情隱漏。有蕭條式微之家，而包納空丁。賣富差貧，深爲未便。爲此示仰闔縣軍民人等知悉，現今奉文編審，除紳衿優免本身外，十五以上者盡入册内，毋得自蹈遺漏之罪。外有流寓人民置有産業者，如本籍無丁，亦應一體均編。前已出示飭知，凡係本年單頭里書身膺編審重任，即宜秉公，實力奉行，將該管處所逐户嚴查，毋論紳衿除優免本身外，應增者增，不得貪目前之小利，以貽將來之大害。至若老廢逃亡以及孤獨無告者，尤須據實開報，以凴臨時親驗酌除。其餘不在開除新增之例者，俱行免審。以省往返盤費，敢有賣富差貧，偏苦隱漏以及指稱造册紙張等弊科斂濫泒者，一經訪聞，立斃杖下，決不輕貸。特示。

（清）陳朝君《莅蒙平政録・告示・為請定編審畫一之期等事》 照得三十年奉文編審，大典攸關。凡有老廢逃亡應開應除者，俱已從公彙册。至從前陋規，指稱人丁使費，併造册紙張巧立名色科斂等弊，本縣業已屢示嚴禁，盡行革除訖。恐有深山窮谷窵遠鄉村曉諭不到之處，有等不肖單頭通同該管經承，指稱開除人丁，希圖詐騙侵漁肥己者，亦未可定。擬合出示曉諭，爲此示仰闔縣軍民人等知悉，如有單頭勾通經承，指稱開除人丁，索取詐騙，許被害人等赴縣稟報，以凴按律重處，決不姑恕。特示。

（清）陳朝君《莅蒙平政録・告示・為請定編審畫一之期等事》 照得丁徭入册，錢糧攸關。三十年奉文編審，凡有老廢逃亡應開除者，俱已查明註册，豁除在案。其一切編審陋規本縣悉行痛革，約計千金，絲毫未染。皇天后土，無不洞鑒。但恐有窎遠鄉村未盡周知，又或不肖單頭勾通該管經承借名需索，亦未可定。今因丁册造完，特將豁除人丁遍爲曉諭，爲此示仰闔縣人等知悉。自示之後，如有指稱開除人丁索取毫厘者，爾被害人等立即赴縣稟明，以憑鎖拿，立斃杖下，决不姑貸。特示。

（清）陳朝君《莅蒙平政録・告示・為請定編審畫一之期等事》　照得本縣編審人丁，一切陋規盡行革除。今恐三十九社軍民人等内有老廢殘疾寡婦孤兒以及歷年逃亡併十六歲以下有者開除未盡，貽累匪輕。擬合出示，再爲曉諭。爲此示仰闔縣單頭人等知悉，自示之後，各單頭星夜速赴各社，内有老廢殘疾寡婦孤兒以及歷年逃之併十六歲以下不應成丁數目，盡行查出，速具併無捏報如虚甘罪甘結□□以憑開除，勿得自悮。特示。

（清）李紱《穆堂初稿》卷三九下《疏・請通融編審之法疏》　竊查丁差納銀即古時力役之征，國家定例五年編審一次，稽查户口，仍造具滋生册籍進呈御覽，所以重民生恤民力也。第向來編審之法有未能稽户口之實而徒滋民人之費者，查直省户口殷蕃，有司編審之時，不過查照原册畧爲添新補舊，取足成額而已，從未將實在人丁盡數開戰。康熙五十二年奉聖祖仁皇帝諭旨，大沛鴻恩，續增人丁永不加賦。而愚昧之民尚多顧慮，終未能據實盡報。是名爲編審，而實數究未可稽也。再查每逢編審之歲，民間派費甚多，有里書及州縣書吏造册之費，有里長候審飯食之費，有黄綾紙張夾板繩索樱包之費，各省皆然，直隸尤甚。雖嚴加飭禁，而民人候審動需旬月，吏書抄寫册籍浩繁，飯食紙張不能無費。是既有編審，即不能盡除積弊也。臣查天下丁銀，蒙聖祖永不加增之旨。直隸地方又蒙皇上軫念貧民照糧攤丁，則編審與否於丁銀毫無關涉。若爲鄭重民數起見，則有無庸編審而稽查户口之詳更勝於編審者。臣伏見皇上愛民深切，安愈求安，特諭直省臣工力行保用，現在九卿會議，俟命下之日，一體欽遵。竊思保甲之法，按户查丁，豈惟稽察奸民，即可周知户口。請嗣後嚴飭州縣於編排保甲時逐户清查實在人丁，自十五歲以上毋許一名遺漏，造册申送，布政司彙齊另造總册送臣。歲終具題，進呈御覽。册内止開里户人丁實數，免列花名，則簿籍不繁，而丁數大備。其編審之例，在直隸永行停止。既可省里民之費，又周知户口之詳。其滋生實數必更勝於編審之册，而國家富庶之盛亦永光於史册矣。臣冒昧陳奏，伏乞皇上睿鑒，敕部議覆施行。再查條陳事理，貼黄照例不限字數，合併聲明。

（清）戴兆佳《天台治略》卷五《告示・禁革編審陋規等事》　一件禁革編審繳官一切陋規以甦民困事。

照得天台地瘠民貧，兼之連年荒歉，百姓困苦已極。今歲幸獲有秋，然而瘡痍未復，本縣時廑於懷。今届六十年編審，聞各圖派有繳官公禮種種陋規不一，其名不一，其事即如各圖書算手名下派有花紅酒禮銀七十二兩。大涓滴所出，悉窮民之膏血，分毫所入，即官府之賍私。况乎時届大造，爾民之費用不知凡幾，即使閒錢不費一文，猶慮家衿户肘疲力難勝，若再派繳官陋例，是猶病夫方在呻吟而又加之箠楚，痛上加痛，其何以堪。除現在逐項密訪察究外，所有各圖書算手名下繳官花紅酒禮銀兩合先出示禁革。爲此示仰闔縣里民知悉。此番編審大造，務必矢慎矢公，以期風清弊絶，不但革除派繳花紅酒禮一項，並從前一切繳官陋例盡行嚴禁，與民更始。敢有不法蠹棍利令智昏，愍不畏法，仍然指名在外科派輾轉剥削者，不論諸色人等，許即據實密稟，以憑嚴拿，按照新例盡法究擬。言出必行，各宜凜遵毋違。特示。

（清）戴兆佳《天台治略》卷五《告示・編審重務等事》　一件編審重務開誠布告奉公守法共保身家事。

照得十年大造，有關國計民生，其事甚重，自宜矢慎矢公。所有從前編審一切陋規，久經出示盡行革除。即户丁一項，本縣稔悉此中苦累，亦經豁免在案。但立法不嚴，告戒不切，種種弊害，由此而起，小民貽害無窮。查爾等現充書算人役，俱係有身家要體面之人，自宜洗滌肺腸，打點精神，諸事奉公守法，以期弊絶風清。今當開局伊始，合行出示曉諭，爲此示仰在局任事書算人等及闔邑紳衿耆庶遠近各業户知悉，速速開填舊管新收田地山塘各項産業，彙歸某都辦納情由，及歷年累害從前脱隱各弊，應控者據實具控，應首者據實自首。統限牛月内赴縣投明，以憑察核。毋朋名飛詭，毋隱漏侵欺，毋捏名分拍自取罪戾。各業户仍將本縣税過印契當堂查驗推收，務使本户親自填單，親自持契到局。在局書算人役驗明印契，一秉成法，實心辦事，毋受賄隱弊，毋狥情骫法，毋怠惰偷安。總在本年八月内平編審定報憲，以免催提。不得狃於前届積頑陋習，希圖六十一年平編，六十二年申報，致干法處。要知各都田地，現在畫圖分撥清丈，刻期可以告竣。自必坵坵有四至，號號有圖形，户户有的名。不容移坵換段，隱漏飛詭。今番大造清理，必須逐段逐號逐圖一一對册查契核明，稍有舛錯，即行澈底清查，不容絲毫假借。是清丈所以去清理之病根，而清理又以搜清丈之弊竇，則丈量大造二項固有並行而不背者。自示之後，徜敢以身試法，作奸犯科，一經訪聞告發，本縣薑桂性成，惟有盡法重懲，斷不稍爲寬假。爾等若身家而圖小利，豈不惑乎。再有示者，據各書算手環庭稟稱，革去户丁則甲内田産買賣無入稽查，勢必隱漏等語。第查户丁向有繳官之費，有紙筆之費，有幫貼衙門之費，有日用盤纏之費，一名户丁非得十數兩不得了事。天台三十六都坊共計户丁七百二十名，約費八九千兩，窮民膏血無幾，遭此剥削，其何以堪，是以决意批免。嗣後甲内凡有買賣業主俱各速速自行報明，印收入户。如有隱漏，許書算手查明稟報，嚴拿究訊，除照律問罪外，仍押充當户丁。勿爲本縣言之不早也，各宜猛省。特示。

（清）馮桂芬《校邠廬抗議》卷下《稽户口議》 小司徒之職，乃均土地以稽人民，而周知其數。意在均其役而已。蓋田則税之，身則役之，未有税其身者。漢高初爲算賦，爲後世地丁銀之始。民年十五而算口賦，二十而傅，給徭役，是既税之且役之矣。今地丁并於田賦，南省徭役亦并於田賦，取諸民也簡，不可謂非今勝於古。於是煙户門牌則以意造之，遂無從周知户口之數。其弊也，民輕去其鄉，五方雜處，逋逃爲藪，名捕關提，十不獲一，是謂有利即有弊。另議復宗法，復鄉職，以族人而周知本族人數，以鄉董而周知本鄉人數。事必不難，宜由部頒一照式，人與一照，鄉董造册，州縣鈐印。男女一律，貴賤一律，如淳曰：丞相子亦在戍邊之調。令藏弆之，若貢單捐照然。滋生物故關鄉董，出行流寓亦如之。老子曰：至治之極，老死不相往來。孟子曰：死徙無出鄉。在今日已不可行，有此一法，他鄉可執禁以譏奸宄，游民庶幾少衰息乎。或疑案牘之煩，曰蒙諸議所省案牘不知凡幾，所增亦僅耳。且古法也，無可疑也。

（清）張之洞《張之洞全集》卷六《奏議・籌議七廳改制事宜摺光緒九年九月二十九日》 一、户籍宜編立也。查七廳，半係客民寄居，五方雜處，良莠不齊。村舍零星，人情涣散。雖居已祖孫數世，實則蓋藏千箱，人無定名，籍無定户。不特賦役保甲難于稽考，案件人証難于查傳，而奸匪之藪匿，贓盜之攀誣，詞訟之波累，弊不勝窮。現欲整齊治理，非查造户籍，無從措手。應令該管道督飭該廳員逐一清查。歸廳交涉之四子部落王達爾漢貝勒、茂明安臺吉等旗，薩廳交涉之烏拉特三公、鄂爾多斯郡王、達拉特貝子等旗，托、清二廳交涉之准格爾貝子等旗，豐、寧二廳交涉之察哈爾各旗，雖爲蒙部，然該處寄民衆多。因非該廳管轄，外來游匪，往往恃爲逋逃淵藪。以後七廳與旗屬交涉地方，應請議定，由察哈爾都統、綏遠城將軍、歸化城副都統揀派旗蒙各員，會該道各廳員于交涉各蒙部寄居民人，每年編查一次。其土默特各旗界，與察哈爾各旗界，本爲各該廳該管境地者，應令各廳員分爲三等辦法，將種地納糧者編爲糧户，無論久暫，均編入籍。置有房産，種有田地者，編爲業户。雖不納糧，亦應編籍。攜有眷口并無房産，不常厥居者，編爲寄户。如寄居年久，情愿入籍，准取里甲保結，編入現住里甲，准其一體應試。其有只身傭趁，無户可編者，應附于三等户籍之内。倘三等中皆不具保容留，即行驅逐遞籍管束。蒙古仍隸該旗，不入民籍。回民與漢民一體編審，但注明回民字樣，以備稽考。此次編定以後，如有新來寄民，應令呈明入籍，擬視内地之例，量爲從寬。即以呈明之年起，扣足十年，方准與考。倘僅係寄户，未請入籍，年分雖遠，不在應考之例，以示限制。仿照内地，按村查明老幼男婦，及所業士農工賈，編造牌册，分别良莠。編審之時，嚴禁需索攤派，一應差徭，悉仍其舊。其有孝悌方正之士，隨時由官給予花紅奬賞。節婦貞女，照例旌表，以端風化。庶治理可期，而糧賦亦不致逋累無著。

（清）張之洞《張之洞全集》卷八《奏議・口外編籍無礙游牧摺光緒十年二月二十六日》 竊臣接准綏遠城將軍豐紳、歸化城副都統奎英來咨，具奏土默特界内歸化五廳寄居編籍，勢必占礙該旗游牧，擬請各廳體制復舊，勿編民籍一摺，抄奏咨會到臣，當即飛飭布政使奎斌、歸綏道阿克達春詳切查覆去後。茲據奎斌稟稱：遵查七廳議編户籍，原以種地，客民生齒日繁，故就邊外原有民人編户立籍，原有田地清畝立册，既非招内地之民添移邊外，亦非使邊外之民另占蒙地。清其根柢，定其法制，將來增丁減口，有籍可稽，奪地逃糧，有册可考，可以詰奸宄，可以禁侵占，不使如前之漫無稽查，于游牧何礙？前請編查户籍，實與該將軍等所引雍正十二年理藩院奏准設立牌甲之意，正相符合。今該旗以民、蒙雜居則相安，編籍則有礙，豈雜居足以禁侵占盜賣？一經編籍，反無以禁之。如此持論，誠不可以理測。窺其不願之隱，所謂慌懼者，非懼客民占其地，實懼蒙官失其權耳。從前歸化等五廳，蒙民交涉命盜重案，及有關徒罪以上之案，例有土默特蒙員會審。尋常詞訟，向歸廳員自理，并無會審明文。近來無論地土錢債細故，一經在廳，涉訟蒙古，即赴副都統衙門具呈。該衙門不問事之大小，即委蒙員會審。其興訟也，多係典荒、奪熟、逐佃、增租，有利則偏徇，無利則驅逐，恣意營私，已非一日。今知改設廳制，恐難施其故智，此不願之在蒙員者也。各處副都統于地方公事，例不干預。而歸化五廳，向有交涉事件，儼然盡屬管轄。遇有商民事務，副都統亦出示曉諭。一經改制，慮失攙越之權，此又不便之在副都統者也。軍興以後，五方游民，雜居其間，強悍漸形，土客混淆，殊非所宜。目前編籍清賦，實足綏邊彌患，乃庸常淺識，見不及此，上下謬執，殊難理解。該藩司去歲奉檄查邊，悉心體察，各廳編查户籍，係屬地方要政，且與土默特蒙古毫無妨礙。該蒙古安居自適，初不知改設爲何事，焉有無故慌懼之理，此不過無知蒙員，造言生事，意在阻撓。合將慌懼實非出自蒙情。編籍不致有礙游牧各情形，查明稟覆等語。又據阿克達春稟稱：查歸化等廳之在土默特地面，與直隸張、獨、多等廳之在察哈爾地面情形，稍有不同者，察哈爾蒙古，在本朝已編隸八旗，而土默特蒙古，自命外藩，欲私分土，故邊制更難于措手。溯查土默特蒙部，明季時實已爲察哈爾林丹漢所襲滅，其部人或役屬于察罕，或逃匿于他處。我朝天聰年間，大軍征破察哈爾，進師歸化城，林丹漢由歸化城西遁，土默特頭目等始得集衆投誠。我朝興滅繼絶，令其仍居土默特游牧，復其前明順義王封爵。未幾，該蒙人有與明邊將通謀，欲邀截大兵歸路，遂執其王，削其爵，因分土默特爲兩翼，而以投誠兩頭目世襲二都統分統之。嗣後裁并爲一副都統，又改爲由京簡放。當土默特投誠時，地已非其所有，而該參領等，尚謂帶地投誠，一若不知其地爲我朝賞還之地。

觀其所稱：我朝定鼎，分界邊墻，各守各土，不容越占等語，殊有乖於普天王土之義。至其所虞，民人一編户籍，即成土著，必致占蒙古之牧地，礙蒙古之生計，則有必不然者。查土默特附近邊内，其服食起居，竟與内地人民無異，漸至惰窳成性，有地而不習耕耘，無畜而難爲孳牧，惟賴民人租種其地，彼才有糧可食，有租可用。故現在該蒙古以耕牧爲生者十之二三，藉租課爲生者十之七八。至該旗所謂游牧地、户口地者，自康熙年間以來，久已陸續租給民人，以田以宅，二百年于兹矣。該民人等，久已長其子孫，成其村落。各廳民户，何止煙火萬家？此等寄民，即不編籍，亦成土著。歷年既久，寄民漸多。迨同治年間，因陝甘回氛不靖，口外剿防吃緊，各軍有在此駐紮者、有由此經過者，迄今遺勇尚多。在雍正年間，寄民尚少之時，僅止設立牌甲，已足稽查邊氓。而近來寄居之久居者益多，若僅設立牌甲而不爲編定户籍，則人無定名，籍無定户，土客混淆而莫辨，賦役散亂而難稽，欲施治理，誠難措手。現定編籍章程，亦無非就各廳原有之民人，查明户口，編立册籍，且所編既名爲户籍，則籍内亦只編户口，本與地土不相關涉。况蒙地例准民租，不准民買。民人雖編定户籍，地土則仍屬蒙古。

嗣後蒙古所留爲牧廠者，蒙古若不租給民人，民人焉能占及牧地？且民人之編户籍，亦與蒙古之比丁册無異。蒙古比丁有年，初不聞生齒日繁，將民人擠回口裏。民人編籍以後，亦何至人稠地窄，將蒙古擠往後山。况邊外寄民，若不編定户籍，則現在者既漫無稽考，未來者更漫無限制，不但有人滿之患，且恐盜賊竊發，蒙、民械鬬，釁皆由此而起。若一編户籍，良民之有業者，方能編收入籍，游民之無籍者，亦即可驅逐出境。并將後來寄民，定有入籍年分，則續來者，亦有限制。庶客民不至麕集，蒙地亦無慮鳩居。而且户籍既編，則客土分而良莠易别，盜賊息而蒙民皆安。乃反謂不編籍則雜居尚可相安，一編籍則闔旗無不慌懼，此理甚不可解。至于著籍之户，或有滋事之人，輕則查明原籍，遞回管束。重則徒流軍遣，國有常刑，當不慮滋事難逐，一登天府之版圖，即成莠民之淵藪也。至沿邊州縣，如晉省之保德州、河曲、偏關等縣，亦皆有會審蒙民交涉事件。該州縣不但印文内并無管理蒙古字樣，即官銜内未必有加理事銜明文，然蒙古不能不服。其訊斷者，以國家自有成倒也。况我朝制度，凡理事官員，皆能管旗民、蒙民各交涉事件，并不在乎印文内有無管理旗、蒙字樣。即如綏遠城將軍印文，并無管轄駐防旗人字樣，歸化城副都統印文，亦無管轄土默特蒙古字樣。若必將管轄事件逐一鎸入印章，恐數寸篆文，殊難一一賅載矣。總之，廳員雖改撫民，印文雖經改鑄，而撫民同通，仍請加有理事銜，業經奏明在案。該蒙古若恪遵朝廷定制，皇上諭旨交涉事件，斷不至難于辦理等情，先後稟覆、請奏前來。臣查口外七廳，因歷年吏治不修，邊政廢弛，深恐藪匪養癰，蒙民不能綏緝，是以奏請改爲撫民同通，奉旨允准。後復飭藩臬兩司、歸綏雁平兩道，籌議未盡事宜。因阿克達春久任塞外，奎斌熟悉邊情，特飭該道詳擬條目，該藩司親往體察。奎斌周歷回省後據稱，目前改章整飭，衆情帖然，欣欣望治。臣復加察核，兼考諸歷任邊外各員，始行陳列十二條，于上年九月二十九日奏請敕議施行。茲閲豐紳等鈔奏，實深駭異。查户籍三等之外，里甲不具保結者，即行驅逐遞籍。并議編造牌册，分别良莠，此臣原奏之第五條也。清界限，察蒙情，使蒙無失牧之憂，此臣原奏之第六條也。臣仰體朝廷一視同仁之義，綏邊彌患之規。現在辦法，皆民、蒙兩益之事，編籍一條，正是原本雍正年間，奏准設立牌甲舊章辦理，既非遷內地流民以實邊方，亦非使現有客民另占蒙地。夫大青山以南，歸化城以東以西，延袤數千里。西漢元朔以來，久爲郡縣，即定襄、雲中、五原三郡之境。況以國家休養生聚二百餘年，士農工商數十萬户，斷無驅還口內之理。著籍與否，于蒙古生計何干？若如所奏，則是土客淆雜，轉可相安。法制井然，反生疑慮！臣愚思之，良所未解。竊惟遼沈以北、吉林以東，乃聖朝龍興豐鎬之地。今皆編有民籍，版册蕃庶，學校莘莘，豈土默特一區便應自爲風氣？至摺尾所請體制復舊一條，尤近枝蔓。考七廳規制，祖宗以來，屢有變通。無非因時制宜，日臻美備。土默特初設蒙古世襲副都統，繼改爲由京簡放副都統，并設常駐將軍。七廳初設協理筆帖式，繼改爲通判，繼又改爲同知，繼又增設歸綏道。若必復舊而後可，然則將盡罷將軍、副都統、一切文武各官，仍復世襲副都統，蒙部乃能安居乎？茲據奎斌、阿克達春先後查明稟覆各節，甚爲明晰淺顯。總之，因編户籍而侵奪牧產，實無此理。因改撫民而蒙衆慌懼，實無其事。相應據實奏陳，仰懇敕部，仍照臣前奏各條，迅速議覆，以便遵行。

奉旨：前據豐紳等奏，業經户部議覆，仍著該撫等妥商具奏。該部知道。欽此。

（清）賀長齡《皇朝經世文編》卷三〇《户政・賦役・紀順治間户口數目張玉書》 古者司民掌登萬民之數，自生齒以上，皆書於版，歲登下其死生，三年大比，而民數上於天府，則王者拜而受之。其重民如此。户口之有算賦，非古也。有田則税，有身則役，未有既役之復税之者也。公家之事，國中自七尺以及六十，野自六尺以及六十有五，皆征之。其貴者賢者能者服公事者老者疾者皆舍，亦以歲時上其書。是則生齒之數，與力役之數，當各有籍，而非以賦役之多寡，爲生齒之贏絀也。自西漢初有口錢算賦，而户口之賦以起，歷代相沿未變，獨所紀户口登耗之差，不知自生齒以上悉紀之歟。抑收口錢算賦，然後列于丁男之數歟。如以口錢算賦爲紀，則民間漏籍不可勝指，而即據此以爲贏絀可歟。隋制男女三歲以下爲黄，十歲以下爲小，十七歲以下爲中，十八歲以上爲丁，六十爲老。唐制始生爲黄，四歲爲小，十六爲中，二十一爲丁，六十爲老。不知隋唐所紀户口，抑自黄口以上悉紀之否歟。我國家户口册，仍前明黄册之制，分舊管、新收、開除、實在四則，以田土從户口分豁上中下三等，立軍民匠竈等簿，而役之輕重準焉。顧西北土滿人稀，隱避恒寡，東南則有田然後有丁，其載諸册籍者，皆實輸丁糧之人。而一户之中，生齒雖盛，所籍丁口，率自其高曾所遺，所析產不增丁，則入丁籍者，常不過數人而已。其在仕籍及舉貢監生員與身隸營伍者，皆例得優免，而傭保奴隸，又皆不列于丁，則所謂户口登耗之數，於生齒之贏絀總無與也。夫丁之不能無隱避者勢也，東南之賦繁役重極矣。欲審丁以增賦，雖奸無所容，而民益不堪命，是固不可行也。按黄册載某户丁幾名，于某丁下注男婦若干口，而總數專載實在當差丁若干名。似宜變通昔人之法，分爲二册，一載實在當差丁共若干名，一載不當差人口共若干名，以爲每歲登耗之驗。其輸丁糧者，俾日增日盛，不至有流移轉徙之患，而不輸丁糧者，亦生息蕃衍，有登而無耗，則民氣盛而國勢強，庶幾乎王政矣。頃康熙九年，以省無益之費，議令罷造黄册。夫每縣造册煩費，罷之良是，然而各省布政使司彙造簡明册，開列人丁户口總數，上之天府，以示重民事之義，倘亦古人存餼羊之遺意乎。茲紀順治間户口數如左，我國家幅員以次開拓，自十六年雲貴下，而後輿地盡入版圖，故户口亦歲有增益，而世祖章皇帝休養疲氓，勝殘去殺。仁漸義育者十八年，然後兵燹孑遺之民，得悉宥于成周太和之治，則夫奕葉而後所以保有元元者，可無慎歟！

《東方雜誌》一九〇九年第一期《憲政篇・民政部奏調查户口章程

摺》 奏爲遵擬調查户口章程，繕單具陳，請旨頒行，恭摺仰祈聖鑒事。

光緒三十四年八月初一日，内閣奉上諭：朕欽奉慈禧端佑康頤昭豫莊誠壽恭欽獻崇熙皇太后懿旨，憲政編查館資政院王大臣奕劻、溥倫等，會奏進呈憲法議院選舉各綱要，暨議院未開以前逐年應行籌備事宜一摺。單開逐年應行籌備事宜，均係立憲國應有之政，必須秉公認真次第推行，責成内外臣工遵照單開各節，依限舉辦。凡各部及外省同辦事宜，部臣本有糾察外省之責，應嚴定殿最，分別奏聞。自本年起，務在第九年内，將各項籌備事宜一律辦齊。屆時即行頒布欽定憲法，並頒布召集議員之詔等因。欽此。

又本年十一月初十日，内閣奉上諭：本年八月初一日，大行皇帝欽奉大行太皇太后懿旨，嚴飭内外臣工，務在第九年内將各項籌備事宜一律辦齊，屆時即行頒布欽定憲法，並頒布召集議員之詔各等諭。煌煌聖訓，薄海同欽。自朕以及大小臣工，均應恪遵前次懿旨。仍以宣統八年爲限，理無反汗，期在必行，内外諸臣斷不准觀望遷延，貽誤事機等因欽此，欽遵恭録到部。

臣等伏查憲政編查館資政院會奏逐年籌備事宜清單，内開城鎮鄉地方自治章程調查户口章程，爲臣部第一年應辦之件，除城鎮鄉自治章程，業由臣部擬訂。於本年七月二十八日，奏請飭交憲政編查館核議施行，奉旨俞允欽遵在案外，其第一年應行頒布之調查户口章程，自應遵照期限悉心妥擬，請旨頒布，以符定章。臣等竊維立憲政體以建設議院爲成效，而採用兩院制度之國，其議員必有半數以上出於民間之公選，額數之分配不可不以人口之多寡爲衡，而選舉權及被選舉權之限制，又不可不以年齡、職業、籍貫、住址等資格爲準。若户籍登記之法不能實行，則議員選舉之事必多窒礙。

此外，如劃分自治區域，普及教育，徵集民兵，整理租税等項，凡豫備立憲應行籌及之事，無不以户籍爲根本。非有執簡馭繁之術，決不能收循序漸進之功。東西各國以户口爲内務行政之大端，有户籍公所以爲處理之地，有户籍吏以當執行之任，有身分登記簿以詳一人之履歷，有户籍簿以詳家族之關繫。觀其所行户籍法，詳細精密，誠我國所宜則傚。而曲折繁重，亦非一時所能遽行。故籌備事宜單内，以編訂户籍法列於每三年内，而於第一年先頒布《調查户口章程》。由淺入深，誠爲至當不易之序。臣部前於光緒三十二年四月，曾經奏請試辦清查京城户籍。又於三十三年正月，奏請再行詳查丁口。又於三十三年三月，奏請清查各省户口，頒發表式各在案。試辦年餘，尚無阻礙。嗣復欽奉諭旨，飭訂專章，謹參考東西各國之良規，並依據疊次奏辦之成案，督飭員司詳細編訂，計成章程十一章四十條，表式五件。計自本年起，調查户數，以第三年十月以前爲報齊之期；調查口數，以第五年十月以前爲報齊之期，務除從前各省保甲填寫門牌奉行故事之積習，以植將來實行户籍法選舉議員之始基。

擬請明降諭旨，責成各該管有司，按照此次定章，認真舉辦，并按所定期限一律彙報。如有奉行不力者，一經確實查明，惟有稟遵八月初一日諭旨，據實糾參，用示懲儆。臣部並應隨時派員，親赴各省切實考察，以期實行而免延誤。再逐年籌備清單内臣部本年應辦事宜，係城鎮鄉地方自治章程，及調查户口章程兩項，現均辦理完竣。其清單内臣部未盡事宜，應另行籌議，按期具奏，合併聲明。所有遵擬調查户口章程，請旨頒行緣由，謹恭摺具陳。伏乞皇上聖鑒訓示，謹奏。光緒三十四年十二月初十日，奉旨依議。欽此。

綜述

《大明令·户令》 凡各處漏口脱户之人，許赴所在官司出首，與免本罪，收籍當差。

《大明令·户令》 凡軍民、醫匠、陰陽諸色户計，各以原報抄籍爲定，不得妄行變亂。違者治罪，仍從原籍。

《大明令·兵令》 凡軍民以籍爲定。軍官頭目無得巧立名色，徑行勾捉百姓充軍。民户亦不得詐稱各官軍人貼户，躲避差役。果有在逃軍人，在内申奉大都督府，在外申奉行中書省明文，方許勾取。

《大誥續編·互知丁業》 先王之教，其業有四，曰士、農、工、商。昔民從教，專守四業，人民大安。異四業而外乎其事，未有不墮刑憲者也。朕本無才，申先王之教，與民約告。《誥》出，凡民鄰里，互相知丁，互知務業，具在里甲，縣、州、府務必周知。市村絶不許有逸夫，若或異四業而從釋道者，户下除名。凡有夫丁，除公佔外，餘皆四業，必然有效。若或不遵朕教，或頑民丁多，及單丁不務生理，揑巧於公私，以搆患民之禍，許鄰里親戚諸人等拘拿赴京，以憑罪責。若一里之間，百户之內，見《誥》仍有逸夫，里甲坐視，鄰里親戚不拿，其逸夫者，或於公門中，或在市閭裏，有犯非爲，捕獲到官，逸民處死；里甲四鄰，化外之遷，的不虛示。

一、知丁之法，某民丁幾，受農業者幾，受士業者幾，受工業者幾，受商業者幾。且欲士者，志於士。進學之時，師友某氏，習有所在。非社學則入縣學，非縣必州府之學，此其所以知士丁之所在。已成之士，爲未成士之師。鄰里必知生徒之所在，庶幾出入可驗，無異爲也。

一、農業者，不出一里之間，朝出暮入，作息之道，互知焉。

一、專工之業，遠行則引明所在。用工州里，往必知方。巨細作爲，鄰里採知。巨者歸遲，微者歸疾。工之出入，有不難見也。

一、商，本有巨微，貨有重輕。所趨遠邇，水陸明於引間。歸期難限其業，鄰里務必周知。若或經年無信，二載不歸，鄰里當覺之，詢故本户。或若託商在外非爲，鄰里勿干。朕所以命知丁者，但願民得其壽爾。若不申明先王之教，使民恣肆冗雜，搆非成禍，身墮刑憲，乃朕不能申明先王之教，致民墮於刑憲，將不得其死者多矣。若或遵朕申明之教，頓然皆入仁壽之鄉，樂天之樂，豈不快哉！而民從之。

《大明律》卷四《户律·户役·人户以籍為定》 凡軍民、驛竈、醫卜、工樂諸色人户，並以籍爲定。若詐冒脱免，避重就輕者，杖八十。其官司妄准脱免，及變亂板籍者，罪同。若詐稱各衛軍人，不當軍民差役者，杖一百，發邊遠充軍。

《大明律》卷四《户律·户役·脱漏户口》 凡一户全不附籍，有賦役者，家長杖一百；無賦役者，杖八十，附籍當差。若將他人隱蔽在户不報，及相冒合户附籍，有賦役者，亦杖一百；無賦役者，亦杖八十。若將另居親屬隱蔽在户不報，及相冒合户附籍者，各減二等。所隱之人，並與同罪，改正立户，别籍當差。其同宗伯叔、弟姪及婿，自來不曾分居者，不在此限。其現在官役使辦事者，雖脱户，止依漏口法。若隱漏自己成丁人口不附籍，及增減年狀妄作老幼廢疾以免差役者，一口至三口，家長杖六十，每三口加一等，罪止杖一百；不成丁，三口至五口，笞四十，每五口加一等，罪止杖七十，入籍當差。若隱蔽他人丁口不附籍者，罪亦如之。所隱之人與同罪，發還本户附籍當差。若里長失於取勘，致有脱户者，一户至五户，笞五十，每五户加一等，罪止杖一百。漏口者，一口至十口，笞三十，每十口加一等，罪止笞五十。本縣提調正官、首領官吏，脱户者，十户笞四十，每十户加一等，罪止杖八十。漏口者，十口笞二十，每三十口加一等，罪止笞四十。知情者，並與犯人同罪。受財者，計贓以枉法從重論。若官吏曾經三次立案取勘，已責里長文狀，叮嚀省諭者，事發，罪坐里長。

《皇明條法事類纂》卷一二《户部類·荊襄撫治流民例》 成化六年二月初九日，户部尚書楊等題，爲陳言事。該刑科左給事中白昂題，內一件：禁流民。

臣節該伏覩《大明律》，內一款：凡民户逃鄰境州縣躲避差役者，杖一百，發〔還〕原籍當差。其親管里長、提調官吏故縱，及鄰境人户隱蔽在己者，各與同罪。若里長知而不（遂）〔逐〕遣，及原管官司不移文起取，〔若移文起取〕，而所在官司占恡不發者，名杖六十。又一款：親管頭目不行用心鈐束，（敢）〔致〕有軍人在逃。小旗名下，逃去五名者，降充軍人。總旗名下，逃去二十〔五〕名者，降充小旗。百户名下，逃去一十名者，減俸一石；二十名者，減俸二石；三十名者，減俸三石；四十名者，減俸四石；逃去五十名者，（追）奪〔俸〕降充總旗。千户名下，逃去一百名者，減俸一石；二百名〔者〕，減俸二石；三百名者，減俸三石；四百名者，減俸四石；逃去五百名者，降充百户。其管軍多者，驗數折算減降；不及數者不坐。欽此。是皆祖宗良法美意，萬世所當遵行者也。今各處軍衛有司，視爲泛常，坐視軍民流移，漫不加意。武職歲報，文職給由，揑作文册，皆稱軍伍不虛，户口增益，虛應故事。幸免罪責且得陞擢者，往往有之。以致河南、荊襄等處流民聚集，上廑聖慮，差官撫治，仁愛至矣。但各處貧窮軍民，每見原籍全無關防，風聞彼處時有賑濟，所以逃往日多，動以數十萬計，賑之不勝其費，遣之不勝其多。況逢彼處年饑，兼以漢陽地（賑）〔震〕，誠不可以不（累）〔慮〕也。

如蒙乞敕都察院計議，通行河南、山東、山西、四川、北直隸等地方巡按御史，通委司、府、州、縣正官，查勘各該地方軍民衙門革（役）〔後〕逃去軍民數目明白，將經該人員參問如律。其州縣官員職該牧民，任内逃民數多者，合無比依管軍律例，驗數減俸、降職。仍督令各該官吏，將逃去軍民姓名、鄉貫，備申荊襄撫治流民都御史處，從公查勘。彼處地方流民，除已附籍（往）〔住〕成家業外，今後新到流民，不許入境潛住。事發，將地方官吏、里鄰人等依律究治。惟此流民多係難苦，情有可矜，例應免罪。合無審實鄉貫，量與路費，差人程遞回還。經過處所，驗丁給與口糧。原籍官司依例優免賦役。無田產者，量爲設法安插，無令失所。其撫治流民都御史，通將發遣過流民原籍、原衛合問人（買）〔等〕，移文各該按察司及巡按直隸御史查究治罪。仍要各將問過事由，回文本官知會等因，具題。奉聖旨：該衙門看了來説。欽此。欽遵。

查得先該本部署郎中事主事王弁、河南按察使柯本芳等節奏，河南、山東並直隸鳳陽等處逃民屯聚數多，要行差官安撫等因。本部累經擬議奏准，請敕通行各處巡撫、巡按都御史等官，並布、按二司撫民官員，着落各該官吏從公查勘。除正統十四年六月以前逃移各處附籍已定者不自動外，其十四年六月以後，但係山西等布政司及順天等府人民逃去河南等處躲住者，務要逐一挨出，俱待秋收發回原籍復業。沿途給與口糧，及免糧差五年。（許）應繼軍匠亦聽三年後方許解補。中間若有官豪勢要豪強軍民占恡不發，及中途邀截者，正犯發邊衛充軍。逃民徑解原籍收發。各該司府州縣撫民並當該官吏，年終將境内屯住並逃去民户，分豁已、未發遣招回數目，明白具奏，造册繳部。候考滿，俱（於）〔將〕事跡開報吏部，以憑黜陟。及景（太）〔泰〕、天順等年，節次行移申明招撫去後。今白昂又奏前因，誠中時弊。除查勘逃軍、參問軍職行移兵部外，所據逃民一節，應合申明整理。欲行都察院轉行河南、山東、山西、陝西、四川、湖廣並南北直隸等處巡按御史，嚴督彼處布、按二司並直隸府州縣撫民分巡官員，分投前去各府州縣，照依本部所言，從實查勘各該逃户若干，選差的當人員前去逃所，設法招撫。仍備開人户姓名，申達撫治流民都御史楊璇處，查勘各該流民有無在彼躲住。除年遠附籍住成家業外，其有新到未成家業者，逐一供出，俱待秋成後逐施遣送，隨招撫人員回還，（原）〔沿〕途驗口給糧，原籍官司仍照本部前項奏准事例，免其糧差五年。如無田產者，量爲設法安插。一應官錢私債，俱不許索取。敢有故違，致令失所，及將見在人户不行撫恤，以致逃移者，從巡按、分巡等官查究治罪。年終仍將境内屯住並逃出民户，分豁已、未招到數目，明白奏繳，及行都御史楊璇清查（拔）〔彼〕處流民，亦要斟酌人情，曉喻禍福，用心關防，加意撫恤，務令去留得所，不許下人指以查勘爲由科擾，因而驚疑。及禁約所在官司，今後流民入境潛住，務要撫諭回還。敢有故違容留者，一體治罪。其言務將革後逃民數多州縣官員，比管軍千户律例，驗數減俸、降職者，係比附律條，合無仍行都察院詳議定奪施行。緣係禁治流民事理，未敢擅便，具題。奉聖旨：是。欽此。

《皇明詔令》卷九《宣宗章皇帝・優免軍户丁差敕宣德四年六月二十八日**》** 敕諭：天下衛所軍士，拋離鄉土在伍，務要治辦軍裝等件艱難。自今後凡是軍户，每軍一名，優免其原籍户下一丁差役。若在營有餘丁，亦免一丁差使。令其專一供給軍士盤纏，庶不失所。爾等其欽承朕命。毋怠。

《皇明詔令》卷一二《景皇帝・上皇還京寬恤詔景泰元年八月十九日**》** 一、各處造册，有被里書作弊，故將平民報作軍户，卻將軍户改作民户，以此民受其害，軍被埋没。詔書至日，所司即與查理，改正分豁。違者，罪之。

《皇明詔令》卷二一《今聖上皇帝下・九廟災寬恤詔嘉靖二十年四月二十日**》** 一、十年大造黄册，乃里甲賦役所關，最爲要務。各府州縣掌印管册官員，多有通同縱容吏胥、里書人等，受財挪移里甲，更改户籍，飛灑詭寄税糧，虧折糧數，負累糧里包賠，致起丈量之議，深爲民害。即今正當攢造黄册之年，各該撫、按官嚴督布政司管册及府州縣掌印管册官，各要持廉秉公，用心督造，禁革奸弊。册完之日，設法查對，如有前弊，官員以罷軟參黜，里書照例從重問擬發遣。

《重修問刑條例》 一、軍户子孫畏懼軍役，另開户籍，或於别府州縣，入賚寄籍等項，及至原衛發册清勾，買囑原籍官吏里書人等，捏作丁盡户絶回申者，俱問罪。正犯發煙瘴地面，里書人等發附近衛所，俱充軍。官吏參究治罪。

（明）何廣《律解辯疑・大明律卷第五・荒蕪田地》 凡里長部內已入籍納糧當役田地，無故荒蕪及應課種桑麻之類而不種者，俱以十分爲率，(止) 杖八十。

議曰：謂如一里之內，該管田地十頃，荒蕪一頃，是謂一分，笞二十。本條荒蕪者，損小者謂荒，損大者謂蕪。縣官各減二等。長民爲首，佐職爲從。

議曰：謂如里長，荒蕪一分，笞二十，二分笞三十；縣官減二等，笞一十，每一分加一等，罪止杖六十。仍以正官爲首，佐職爲從，首領官俱不坐罪。

（明）雷夢麟《讀律瑣言》卷四《人户以籍為定》 凡軍民驛竈醫卜工樂諸色人户並以籍爲定，若詐冒脱免避重就輕者，杖八十。其官司妄准脱免及變亂版籍者，罪同。若詐稱各衛軍人不當軍民差役者，杖一百，發邊遠充軍。

瑣言曰：軍民驛竈醫卜工樂諸色人户並以原報版籍爲定，若有詐冒別籍脱免本色户計以避重就輕者，杖八十。官司不行取勘妄准脱免及與民紛更里甲而變亂版籍以致脱免者，罪同。若詐稱各衛軍人影射差役欺瞞官司全然不當軍民本色差役者，杖一百，發邊遠充軍。充軍之意，全在詐稱。

國初軍強民弱，詐冒軍人便有倚強之意，故遂坐充軍之罪。不然脱户止杖一百，何邊充軍也哉。

（明）海瑞《海瑞集》上編《招撫逃民告示》 淳安縣知縣海示，諭各都圖逃流他方人等知悉：爾等割舍鄉土，遠離了平日所聚會的親戚交游，遠離了平日遇時節所摽掛的祖宗丘冢者，非獨無天性不忍之心，與人殊也，蓋因不能賠貱錢糧。些小產業，賤賣與富家者再無可賣；或本身、或男女，寫作奴婢於富家者再無可寫。衣食不充，錢糧何出？妻啼子號，苦惱萬端，而里遞多科尚未已，官府刑徵猶不息。致小民不願有斗酒彘肩之賜，惟願無催税打門之聲；不願有連篇累牘之詔，惟願無放黄催白之文。奈人願不從，籲天無路，所以忍割天性之愛，含淚逃流他方，以求衣食，以避繁刑，非事稍可已而爾等爲之也。雖然，竊爲爾等籌之，泣《碩鼠》而適樂國，爰得我直矣。萬一不測，賦《杕杜》者呼昆弟而不見恤；歌采菖者，依婚姻而不見收。空擲百年夜室，致使樵童躑躅其上，此時懸想故都，寧無脊令之嘆乎？歲時伏臘，寧無故舊之思乎？迨至回首山陽，荒煙野蔓，走燐飛螢，種種凄其，寧無廬墓之悲乎？雖云人心去潰，孔明扶之不足；若本縣與爾百姓，不啻子父視之也。我實爲父，而使他人之子吾子，吾無忍矣。我實有子，而向他人之父爲父，爾百姓寧忍之乎？言念及此，遄歸之志，應有不遑脂車者矣。今本縣丈量田山，必有一畝收成者，方與一畝差税，無則除豁。自此以後無賠貱，無虛錢糧，爾等可回還原籍，赴縣告查迷占產業，取贖男女。無業者本縣將荒田給助工力，與爾開墾，區處住屋牛種，與爾安生。不能耕作者照鄉例日給銀貳分，或用充答應使客夫役，或用充脩理夫役，各隨所能使用。凡爾新回之人，給與執照，待三年之後，生理充足，然後科派爾等本身役，多方區處。如是則室家相保，上下相安，此亦淳安再造之天日也。爾宜體之諒之，毋疑遲貽悔。

（明）何良俊《四友齋叢説》卷一四《史十》 余始創爲經緯二册之説，今亦采用之。但當時不曾講求，失其初意。蓋經册是户册，即太祖黄册，以户爲主而田從之。户有定額，而田每年有去來。緯册乃田册也，以田爲主而户從之。田有定額，而業主每歲有更革。田有定額，則糧有定數。每年只將經册內各户平米總數合着緯册內田糧總數，照會計輕重派糧，則永無飛走隱匿之弊矣。

經册圖式

一户某人

人幾丁。

田幾頃幾拾幾畝。

上鄉田若干。

若干坐落某區某圖。

若干坐落某區某圖。

中鄉田若干。

若干坐落某區某圖。

若干坐落某區某圖。

下鄉田若干。

若干坐落某區某圖。

若干坐落某區某圖。

此户册也，即太祖所定黄册，凡徵糧編役用之。每年推收過割，各圖逐一開注，送縣會計其數，查筭明白，攢造一册，據此徵收，庶無脱漏。若一户而各區納糧，則吏書得以出入隱弊，而其弊不可勝言矣。是即舊規所謂白册。至十年後大造黄册之時，亦有依據。將第九年之册爲主，再加查審，不甚費力。二册俱要各圩里長編造，蓋一圩之田亦不甚多，其業户佃户里長必自知之。若佃户還此人之租，而田在别人名下，即係詭寄，極易稽查。若里長造册，通同容隱，嚴爲禁約，處以重罪，亦可以革詭寄影射之弊矣。

《明會典》卷一九《户部·户口·户口總數》　凡立户收籍。洪武二年，令凡各處漏口脱户之人，許赴所在官司出首，與免本罪，收籍當差。凡軍民醫匠陰陽諸色户，許各以原報抄籍爲定，不許妄行變亂，違者治罪，仍從原籍。

三年，令户部榜諭天下軍民。凡有未占籍而不應役者許自首，軍發衛所，民歸有司，匠隸工部。

又詔户部：籍天下户口及置户帖，各書户之鄉貫丁口名歲，以字號編爲勘合，用半印鈐記，籍藏於部，帖給於民，令有司點閘比對。有不合者發充軍，官吏隱瞞者處斬。

十九年，令各處民，凡成丁者務各守本業，出入鄰里必欲互知。其有游民及稱商賈，雖有引，若錢不盈萬文、鈔不及十貫，俱送所在官司，遷發化外。

正統三年，令四川清軍官員取勘各府州縣人户，有三姓五姓十姓合爲一户者，俱各另爲立户，應當糧差，不許合户附籍。

天順八年，令在營官軍户丁舍餘，不許附近寄籍。如原籍丁盡，許摘丁發回。

成化二年，令在京軍職漏報户下舍人者，發邊方立功三年。

六年令，軍户不許將弟男子姪過房與人，脱免軍伍。

弘治十三年奏准：軍户子孫，畏懼軍役，另開户籍，或於别府州縣入贅寄籍等項，及至原衛發册清勾，買囑原籍官吏里書人等，捏作丁盡户絶回申者，俱問罪。正犯發煙瘴地面，里書人等發附近衛所充軍，官吏參究治罪。

凡分户繼嗣。洪武二年，令嫡庶子男，除有官廕襲，先儘嫡長子孫。其分析家財田產，不問妻妾婢生，止依子數均分。姦生之子，依子數量與半分。如别無子，立應繼之人爲嗣，與姦生子均分。無應繼之人，方許承紹全分。

凡無子者，許令同宗昭穆相當之姪承繼，先儘同父周親，次及大功小功緦麻。如俱無，方許擇立遠房及同姓爲嗣。若立嗣之後卻生親子，其家產與原立子均分。並不許乞養異姓爲嗣，以亂宗族，立同姓者亦不得尊卑失序以亂昭穆。

凡婦人夫亡無子守志者，合承夫分，須憑族長擇昭穆相當之人繼嗣。其改嫁者，夫家財產及原有粧奩，並聽前夫之家爲主。

凡户絶財產，果無同宗應繼者，所生親女承分，無女者入官。

凡祖父母、父母在者，子孫不許分財異居。其父祖許令分析者聽。

弘治十三年奏准：凡無子立嗣，除依律令外，若繼子不得於所後之親，聽其告官别立。其或擇立賢能及所親愛者，不許宗族指以次序告争，並官司受理。若義男女婿爲所後之親喜悦者，聽其相爲依倚，不許繼子並本生父母用計逼逐，仍依《大明令》分給財產。若無子家貧，聽其賣產自贍。

《明會典》卷一九《户部·户口·富户》　凡富户，洪武二十四年，令選取各處富民充實京師。

永樂元年，令選浙江、江西、湖廣、福建、四川、廣東、廣西、陝西、河南及直隸、蘇松、常鎮、揚州、淮安、廬州、太平、寧國、安慶、徽州等府，無田糧並有田糧不及五石殷實大户，充北京富户，附順天府籍，優免差役五年。

宣德三年，令應當富户之家，所在官司再免二丁雜泛差役，以備供送。

六年，令富户在京入籍，逃回原籍或躲避他處，順天、應天府官查出申部，令所在官司即時挨究解發。若親鄰里老知者，許於官司出首免罪，本人能自首赴京者亦免罪。若知而不首及有司占悋不發，即便究問，正犯發口外充軍，事故死絶等項，各該官司照數僉補。

正統元年，令刑部都察院所犯死罪官吏及糧長大户，免運磚，收籍順天府。其原僉富户，有病故者，免僉補。

七年詔：免年七十以上無依、單丁無力富户，仍照數於本州縣殷實人户内僉補。逃者，本身問罪，全家起發永遠充軍。

十一年，令順天府每十年一次委官審勘富户，若有年老消乏等項，行移原籍官司僉補。

天順八年詔：在京富户今後如有事故，不必僉補。

成化十四年，令順天府查勘在逃富户，應清勾者造册送部，發各該司府州縣拘解補役。

十六年，令各府委官清理原造富户籍册，不得違例僉補勾丁及以應放免者重役。其富户爲事抵充在廂病故者，免勾補，逃亡病故者，仍勾一丁終身除豁。

弘治五年題准：順天府在逃富户，各省不必起解，每户每年徵銀三兩，總類進表官順齎到部，轉發宛大二縣幫貼見在廂長當差。

嘉靖二十四年議准：直隸海州地方疲憊，其原額富户俱停革。

二十九年題准：將原收富户銀内，動支四百兩，給宛大二縣廂長代役。仍行各原籍查各富户，果係逃亡節年累徭户幫僉者，自本年爲始，每名減銀一兩，止徵二兩解部，如前收給，立法稽考。如本户尚有丁者，於本户徵銀不許累及別甲。其二十八年以前全徵在官者，立限解部，轉發濟邊。

《明會典》卷一九《户部·户口·逃户》 凡逃户。洪武二十三年，令監生同各府州縣官，拘集各里甲人等，審知逃户。該縣移文，差親鄰里甲於各處起取。其各里甲下，或有他郡流移者，即時送縣官給行糧，押赴原籍州縣復業。

永樂十九年，令原籍有司覆審逃户。如户有税糧，無人辦納，及無人聽繼軍役者發回，其餘准於所在官司收籍撥地耕種，納糧當差，其後仍發回原籍。有不回者，勒於北京爲民種田。

宣德五年奏准：逃户已成產業，每丁種有成熟田地五十畝以上者，許告官寄籍。見當軍民匠竈等差，及有百里之内開種田地；或百里之外有文憑分房趁田耕種，不誤原籍糧差；或遠年迷失鄉貫，見住深山曠野未經附籍者，許所在官司取勘，見數造册，送部查考。其餘不回原籍逃民及窩家，俱發所在衛所充軍，照例撥與田地耕種，辦納子粒。若軍衛屯所容隱者，逃民收充本衛所屯軍，窩家軍餘人等，照隱藏逃軍榜例發邊衛充軍，該管軍衛有司官吏旗軍鄰里容隱者，照例坐罪。若逃軍詐作逃民，許限内自首，各還原衛所著役。限外不首者，逃軍並窩家亦照榜例問斷。

正統元年，令山西、河南、山東、湖廣、陝西、南北直隸、保定等府州縣，造逃户周知文册，備開逃民鄉里、姓名、男婦、口數，軍民匠竈等籍，及遺下田地税糧若干，原籍有無人丁應承糧差。若係軍籍，則開某衛軍役及有無缺伍，送各處巡撫并清軍御史處，督令復業。其已成家業願入册者，給與户由執照，仍令照數納糧。若本户原有丁多，税糧十石以上，今止存一二丁者，認種地五十畝。原籍有人辦糧者，每人認種地四十畝，俱照輕租民田例，每畝起科五升三合五勺。原係軍匠籍者，仍作軍匠附籍。該衛缺人，則發遣一丁補役。該輪班匠，則發遣一丁當匠。原籍民竈籍者俱作民竈籍，竈户免鹽課量加税糧。如仍不首，雖首而所報人口不盡，或展轉逃移及窩家不舉首者，俱發甘肅衛所充軍。

八年，令逃軍、逃匠、逃囚人等自首免罪，各發著役。罪重者，從實開奏，量與寬減。其逃民不報籍復業，團聚非爲，抗拒官府，不服招撫者，户長照南北地方發缺軍衛所充軍，家口隨住，逃軍、逃匠、逃囚人等不首者，發邊衛充軍。

成化二十三年詔：陝西、山西、河南等處軍民，先因饑荒逃移，將妻妾子女典賣與人者，許典買之家首告，准給原價贖取歸宗。其無主及願留者聽，隱匿者罪同。

《明會典》卷一九《户部·户口·流民》 凡流民。正統二年，令各處有司委官，挨勘流民名籍、男婦大小丁口，排門粉壁，十家編爲一甲，互相保識，分屬當地里長帶管。若團住山林湖濼，或投託官豪勢要之家藏躲，抗拒官司，不服招撫者，正犯處死，户下編發邊衛充軍，里老窩家知而不首及占悋不發者罪同。

四年，添設山東、山西、河南、陝西、湖廣布政司所屬，并順天等府州佐貳官各一員，撫治流民，事簡地方革罷。

天順八年，添設湖廣布政司參議一員，於荊襄漢陽等府，撫治流民。

成化元年，添設陝西按察司副使一員，於漢中府撫治流民。

六年奏准：流民願歸原籍者，有司給與印信文憑，沿途軍衛有司每口給口糧三升。其原籍無房者，有司設法起蓋草房四間，仍不分男婦，每大口給與口糧三斗，小口一斗五升，每户給牛二隻，量給種子，審驗原業田地給與耕種，優免糧差五年，仍給下帖執照。

七年，令荊襄南陽等處深山窮谷，係舊禁山場，若不附籍流民潛住，團聚爲非者，許軍衛有司、巡捕官兵、里老人等拘送，各該官司問刑衙門問發邊遠充軍，窩藏之家罪同。若不係禁約山場，止於餘外平地、州縣軍屯官莊藏住，不報籍者，遞發原籍當差。逃囚軍匠人等不分山内山外，俱發邊衛充軍。

十七年，添設四川按察司副使一員，於重、夔、保、順四府，撫治流民。

弘治八年，添設河南布政司參政一員，於南陽府撫治流民。

九年，令河南分巡汝南道僉事，兼理撫民，聽撫治鄖陽都御史節制。

十七年，令撫按官嚴督所屬清查地方流民，久住成家不願回還者，就令附籍，優免糧差三年。如隻身無産，并新近逃來軍匠等籍遞回原籍，仍從實具奏稽考。

嘉靖六年詔：今後流民有復業者，除免三年糧役，不許勾擾。其荒白田地，有司出給告示曉諭，許諸人告種，亦免糧役三年。三年後，如果成熟，量納輕糧。如有不遵官吏里甲人等，一體治罪。各州縣官有設法招撫流民復業，及招人開墾承種荒白田地數多者，俱作賢能官保薦擢用。

九年，令各省乘大造之年，查勘各屬流民，置有産業、住種年久者，准令附籍當差，其餘俱各省令回籍生理。如或曾經爲盜爲非事露，改易姓名越境潛住者，許地方里老舉首拏問。若富豪大户容留，及知而不舉者，查照律例，從重問擬。

又令撫按官招撫流民，令各還鄉，查將本處倉庫堪動錢糧，并近開事例銀兩，量給牛具種子，使各安生業，毋致失所。

四十一年，令遼東饑民流入永平河間海傍住居，及航海渡登萊者，給文遣歸，勢家占恡不發者，以隱匿逃軍論。

《明會典》卷一九《户部·户口·附籍人户》 凡附籍人户。正統十三年奏准：天下諸司衙門老疾、致仕、事故等項官員，離原籍千里之外，不能還鄉者，許各所在官司行原籍官司照勘。原係軍民匠籍，照舊收附。如遇缺伍失班，即送壯丁補役。若原籍無人辦納税糧，於附近州縣照數撥與地畝，承種納糧，抵補原籍該納之數。若附近原籍不及千里者，仍發回納糧當差。

景泰三年，令文職改調、事故等項官員，遺下家人子弟，如有畏避原籍軍匠竈役，朦朧報作民籍寄住，以致原籍缺役者，不分年月久近，已未附籍，押發原籍官司收管聽繼。

正德六年議准：各文武官員吏典人等，有因陞降、改調、死亡等事故，遺下家人弟男子姪，寄住年久成家，看守墳塋，除已經附籍，不許紛更外，中間若有遺漏人丁并有遺下地土，文職官吏務要移文原籍官司，武職官員亦要行移陞降改調衛所，照勘别無詐冒。許將丁産盡數報官，編入正圖甲首，納糧當差，仍於户下註寫原籍原任貫址，及今收籍緣由。如仍作寄籍見任，當差隨住，田産入官。若先前漏報，今續有遺下，願回原籍願去見任者，所在官司仍移文前去知會。

嘉靖六年詔：巡城御史嚴督各該兵馬司官，查審京師附住各處軍民人等，除浮居客商外，其居住年久，置立産業房屋鋪面者，責令附籍宛大二縣，一體當差，仍暫免三年，以示存恤。若有冒假衛所籍貫者，行勘發遣。

九年題准：今後大造之年，各該州縣如有流民在彼寄住年久，置有田産家業，不願還鄉者，查照流民事例，行文原籍，查勘明白，許令收造該州縣册内。填入格眼，照例當差納糧，不許捏爲畸零等項名色，及破調容隱作爲貼户，查出依律治罪。其不願入籍者，就令還鄉，仍行該州縣安輯得所，免其雜泛差役三年。

《明會典》卷二〇《户部·户口·黄册》 國初令中書省臣，凡行郊祀禮，以天下户口、賦籍陳於臺下，祭畢，收入内庫藏之。其重如此，後著爲成式。每歲類報總數，十年攢造黄册，以定賦役，覈隱漏，清逃亡，法例甚詳，具列於後。

凡攢造黄册，洪武十四年詔：天下府州縣編賦役黄册，以一百一十户爲里，推丁多者十人爲長。餘百户爲十甲，甲凡十人，歲役里長一人，管攝一里之事。城中曰坊，近城曰廂，鄉都曰里，凡十年一周。先後，則各以丁數多寡爲次，每里編爲一册，册首總爲一圖。鰥寡孤獨不任役者，則帶管於百一十户之外，而列於圖後，名曰畸零。册成一本進户部，布政司及府州縣各存一本。

二十四年奏准：攢造黄册格式，有司先將一户定式，謄刻印板，給與坊長、廂長、里長，并各甲首，令人户自將本户人丁事產依式開寫，付該管甲首。其甲首將本户并十户造到文册，送各該坊、廂、里長。坊、廂、里長各將甲首所造文册攢造一處，送赴本縣。本縣官吏將册比照先次原造黄册查算。如人口有增，即爲作數。其田地等項，買者從其增添，賣者准令過割，務不失原額。排年里長，仍照黄册内原定人户應當，設有消乏，許於一百户内，選丁糧近上者補充。圖内有事故户絶者，於畸零内補輳。如無畸零，方許於鄰圖人户内撥補。其上中下三等人户，亦照原定編排，不許更改。果有消乏事故，有司驗其丁產，從公定奪，仍於各文册前面，本縣照依式樣類總填圖。所在有司官吏里甲，敢有團局造册，科斂害民，或將各處寫到如式無差文册故行改抹，刁蹬不收者，許老人指實，連册綁縛害民吏典，赴京具奏，犯人處斬。若頑民粧誣排陷者，抵罪。若官吏里甲通同人户隱瞞作弊，及將原報在官田地，不行明白推收過割，一概影射，減除糧額者，一體處死，隱瞞人户家長處死，人口遷發化外。

凡編排里長，務不出本都。且如一都有六百户，將五百五十户編爲五里，剩下五十户分派本都，附各里長名下帶管當差，不許將别都人口補輳。其畸零人户，許將年老殘疾，并幼小十歲以下，及寡婦外郡寄莊人户編排。若十歲以上者，編入正管，且如編在先次十歲者，今已該二十歲，其十歲以上者，各將年分遠近編排，候長一體充當甲首。其有全種官田人户，亦編入圖内輪當。

凡册式内，定到田地、山塘、房屋、車船各項款目，所在官司有者依式開寫，無者不許虚開。若類縣總都總收除項下，止許開寫人丁事產總數，不必備開花户。其州縣將各里文册類總填圖完備，仍依定式，將各里人丁事產攢造一處，另造類册一本，於内分豁各鄉都人丁事產總數。正官首領官吏躬親磨算，查對相同，於各里并本州縣總册後書名畫字用印，解赴本府。其提調正官、首領官吏，於各州縣造到文册，躬親檢閲磨算相同，本府依定式另造總册一本，於内分豁各州縣人丁事產總數，并州縣造到各項册後一體開寫年月，書名畫字用印。直隸府州本府委官一員，率各州縣提調造册官吏親齎。其布政司所轄府州，仍申解布政司。本司官吏躬親檢閲，磨算相同，依式類造總册一本，於内分豁各府州人丁事產總數，於各府州造到總册後填寫年月，書名畫字用印，委官一員，率各府州縣官吏親齎，俱限年終進呈。

凡菴觀寺院，已給度牒僧道，如有田糧者，編入黄册，與里甲納糧當差，於户下開寫一户：某寺院菴觀、某僧、某道、當幾年里長甲首。無田糧者，編入帶管畸零下作數。

凡黄册字樣皆細書，大小行款高低照坐去式樣，面上鄉都保分等項照式刊印，不許用紙浮貼。其各州縣每里造册二本，進呈册用黄紙面，布政司府州縣册用青紙面。

二十六年定，凡各處户口，每歲取勘明白，分豁舊管、新收、開除、實在總數，縣報於州，州類總報之於府，府類總報之於布政司，布政司類總呈達户部，立案以憑稽考。仍每十年，户部具奏，行移各布政司、府、州縣攢造黄册，編排里甲，分豁上中下三等人户，遇有差役以憑點差。若有逃移者，所在有司必須窮究所逃去處，移文勾取赴官，依律問罪，仍令復業。

景泰二年奏准：凡各圖人户，有父母俱亡，而兄弟多年各爨者；有父母存，而兄弟近年各爨者；有先因子幼而招婿，今子長成而婿歸宗另爨者；有先無子，而乞養異姓子承繼，今有親子而乞養子歸宗另爨者，俱准另籍當差。其兄弟各爨者，查照各人户内，如果别無軍匠等項役占規避窒礙，自願分户者，聽。如人丁數少，及有軍匠等項役占窒礙，仍照舊不許分居。

凡各里舊額人户，除故絶并全户充軍不及一里者，許歸併一里當差。餘剩人户，發附近外里輳圖編造，不許寄莊。若有詭立姓名者，許首告改正。其有自願賣與本處人民爲業，除豁寄莊户籍者，聽。若違例寄莊者，所在有司拘問，田地入官。其軍衛官下家人，旗軍下老幼餘丁，曾置附近州縣田地，願將人丁事產於所在州縣附籍納糧當差者，聽。

凡各處招撫外郡人民在境居住，及軍民官員事故改調等項，遺下家人弟男子姪，置有田地已成家業者，許令寄籍。將户内人丁事産報官，編入圖甲，納糧當差，仍於户下註寫原籍貫址軍民匠竈等户，及今收籍緣由，不許止作寄籍名色。如違所在官司，解京發口外充軍，田産入官。

凡攢造黄册，如有姦民豪户通同書手，或詭寄田地，飛走税糧，或瞞隱丁口，脱免差徭，或改换户籍，埋没軍伍匠役者，或將里甲那移前後應當者，許自首，改正入籍，免本罪。其各司府州縣委官，并當該官吏、提督、書算，從實攢造，仍先以提調委官并書算姓名貫址造册一本繳部，如有似前作弊者，事發，問罪充軍。

三年，令各處攢造黄册，官吏里書人等，揑甲作乙、以有爲無、以無爲有者，事發，所在法司解京，並發口外爲民。

天順五年奏准：各處流移人户及軍民官員事故，遺下家人，先年編成里甲，開墾荒地爲業已久者，各府委官丈量，俱照輕則。每畝起科秋糧米三升三合、草一斤，造入黄册，納糧當差。如仍寄籍及不附籍者，解原籍復業，田産入官。凡各司府州縣總册，各委官吏親賫進呈。其各里文册，另差官徑送南京户部。

弘治四年奏准：先年造册之時，有將丁口漏報，或税糧詭寄、户籍那移者，許先行備開緣由自首本管州縣，申詳合干司府，查對相同，明白改正，免罪。其官吏里書人等，如有通同作弊，照例問罪。造册完日，州縣各計人户若干，填寫帖文各一紙，後開年月，并填委官里書人役姓名，用印鈐蓋，申達司府知會，給發各户親領執照，使知本户舊管、新收、開除實在丁糧各若干。憑此納糧當差，下次造册，各户抄謄似本，開報州縣，以爲憑據。

十三年，令攢造黄册係軍户者，務備開某户、某人，及於某年月日，爲某事，發充某衛所軍，其有事故等項，亦備細開具，以便查考。

正德六年奏准：排年里長僧道有田糧者，編入黄册，同里甲納糧當差，無糧者編入帶管畸零，世家大族規避重，差花分小户者，許令首改歸併。

十五年議准：今後攢造里甲，止據人户丁産見在官第其等則，如或本里人户不敷十甲之數，就於附近里内人户撥補完足，若分析户籍，不問本里他圖本圖，果有消乏，亦許還併。

嘉靖九年題准：各處州縣查審消乏里分不成甲者，驗其丁産歸併，務使一十一户爲一甲。

十年，令巡按御史備行布政司及南北兩直隸府州縣，今次黄册照依舊式穿甲攢造，違者，聽後湖管册官查究。

四十一年，令大造黄册完解後湖之日，管册官即會大數繕寫，首列祖宗以來户口、田土、税糧總數，繼開今日總數，務期簡核，進獻御覽。在湖庫匠舊止一百一十名，各庫册雖及二年難以曬晾一周，今後每一大造，庫房三十間量加四十二名，聽將查册書手分派，每書手二名領匠八名，將庫册清曬。周而復始，永爲定規。有作弊毁裂册籍等項，比棄毁制書律論。

凡查造委官。正統十二年奏准：南京户部清查各處黄册，於國子監取監生四十名，户部委官一員，提督另謄查對。發各該司府州縣，對款改造。差吏徑送南京户部，仍類造改過總册一本送部查考。差錯官吏人等，查提問罪。

弘治三年奏准：各處大造黄册，俱責成分巡分守知府正官。其州縣監造官不拘正佐，但推選行止端莊、年力精鋭、幹辦明敏者專管。仍先令里書抄寫原本舊管，交監造官，即拘排年里甲親供似册供詞，細開人口正耗、税糧出入、户籍緣由。其有舊本宿弊，許自首改正免罪。監造官參詳考訂攢造册稿，然後别選諳曉書手依稿謄寫，定限二三月完送本府。知府親自磨對，仍拘原供排年里甲，覆審明白，申送分巡分守處，辨驗印封類解。如經該官吏不用心查對，里書故將原册改抹，致有丁口增減、田糧飛走、户籍錯亂者，本犯發附近衛所充軍，里書發口外爲民。若干礙監造官員，亦治以枉法重罪。其黄册字俱照題本字様，真楷書寫。事完，選委司府官員，率領各屬經該官吏，定限年終到部，送後湖查考。中間查有洗改字様，過違限期，先將差來人問罪。若事干軍伍税糧重情，一體查究，照例處治。其黄册俱用厚紙，背面如法裝釘，仍於册内鄉都圖里之上，書寫某府州縣里保軍民匠竈等籍，易於查究。

嘉靖九年題准：吏部將浙江等十三布政司官，每司各推一員，疏名上請。及行南北直隸撫按官，會推所屬佐貳官，每府州各一員，疏名上聞。各提調督理大造黄册，不許别項差占，仍降敕各該委官以便行事。若有紙張粉飾、差錯、稽遲等弊，俱聽後湖管册官指名參究，不分已未陞遷，俱照例以罷軟黜退。

凡免造地方。洪武二十四年奏准：凡雲南各府攢造黄册，除流官及土官馴熟府分依式攢造外，其土官用事邊遠頑野之處，里甲不拘定式，聽從實編造。貴州宣慰司不造，播州宣慰司附近通漢語者編造，其餘夷民不造。

景泰六年奏准：四川威州并保縣極邊番夷，黄册免造。

《明會典》卷四二《户部・南京户部・黄册》 洪武初定：凡各處造到黄册，每年終後湖管册主事將查過黄册起數造册進繳。凡各處軍民户籍不明，解人前來挨查後湖黄册，不許將概府州縣全抄，止許查本户糧田軍民丁產來歷明白。即便發回，亦不許因而帶抄别户，以泄事機。

二十四年，令各處布政司及直隸府州縣并各土官衙門所造黄册俱送户部，轉送後湖收架。委監察御史二員、户科給事中一員、户部主事四員、監生一千二百名以舊册比對清查。如有户口田糧埋没差錯等項，造册徑奏取旨。其官員監生合用飲饌器皿等項，并膳夫俱於國子監取用，如不敷，於都税司并上元江寧縣衙門支撥，紙劄於刑部都察院關領，不敷之數并筆墨於應天府支給官錢買辦。查册房屋、册架、過湖船及卓凳什物，俱工部等衙門添撥夫匠修造。官員監生吏卒人匠等每五日一次過湖曬晾，司禮監、户部收掌鎖鑰，並不許一應諸人往來。

正統十二年奏准：本部清查各處黄册，於國子監取監生四十名，本部委官一員提督，另謄查對，發各該司府州縣對款改造，差吏徑送本部。仍類造改過總册一本，送户部查考，差錯官吏人等，查提問罪。

弘治三年題准：春秋祭後湖黄册庫土地神，行應天府所屬支給官錢買辦牲醴致祭，遣管册官行禮。

十二年題准：後湖該駁青册，于該户下印一駁字，仍收作正册，止將所駁人户聲説明白類行各布政司并直隸等衙門改正。類造總册解送後湖查册官處，查對明白照款改訖，本部該司用印鈐蓋，仍將改正過人户開寫册面副葉，亦用印記，以防攙入之弊。其司府等衙門遇有駁回青册，自駁回之日爲始，除水程外，定限半年以裏造完印封送部。如有違限，及不用印封送者，經該官吏里書人等通提問罪，仍照違限月日住俸，滿日方許開支。若係解人在途遲延違限，止將解人送問。

十八年奏准：後湖清理黄册監生敢有放肆違法姦嬾悞事，初查無駁，再查扶同仍苟且頂名代替，及越湖抗拒羣衆喧攘者，許監臨官指實叅問。若有受財雇替代抄丁糧者，照依行止有虧事例發落。

正德五年題准：查册監生人等患病，應天府撥給醫生二名，量帶藥餌依班過湖調理。九年題准：各司府州縣但有因駁查青册追問過官吏人等贓罰紙價，俱解本部以供後湖查册之費。

嘉靖十七年，令後湖查册官員事完，止令給事中主事各一員赴京復命。又議准：後湖册庫庫夫，令上元江寧二縣僉審在京的實少壯之人過湖應當。應天府就將駁問贓罰寄庫銀兩每名每月給與工食銀六錢，其溧水高淳等縣俱免編送。

四十二年，令南京後湖管册各官每遇大造黄册完解後湖之日，會其大數彙成一帙，上呈御覽。量增庫匠人役，其工食於應天府庫貯里書紙贖銀兩動支，每名每月六錢，仍令書手二名、領匠八名常川曬晾。

《明會典》卷一六三《刑部・律例・户律・户役・脱漏户口》 凡一户全不附籍，有賦役者，家長杖一百，無賦役者，杖八十。附籍當差。若將他人隱蔽在户不報，及相冒合户附籍，有賦役者，亦杖一百，無賦役者，亦杖八十。若將另居親屬隱蔽在户不報，及相冒合户附籍者，各減二等。所隱之人，並與同罪。改正立户，别籍當差。其同宗伯叔弟姪及婿，自來不曾分居者，不在此限。

其見在官役使辦事者，雖脱户，止依漏口法。

若隱漏自己成丁人口不附籍，及增減年狀，妄作老幼廢疾，以免差役者，一口至三口，家長杖六十。每三口加一等，罪止杖一百。不成丁三口至五口，笞四十。每五口加一等，罪止杖七十，入籍當差。

若隱蔽他人丁口不附籍者，罪亦如之。所隱之人與同罪，發還本户，附籍當差。

若里長失於取勘，致有脱户者，一户至五户，笞五十。每五户加一等，罪止杖一百。漏口者，一口至十口，笞三十。每十口加一等，罪止笞五十。本縣提調正官，首領官吏脱户者，十户笞四十。每十户，加一等，罪止杖八十。漏口者，十口笞二十。每三十口加一等，罪止笞四十。知情者，並與犯人同罪。受財者，計贓，以枉法從重論。若官吏曾經三次立案取勘，已責里長文狀，叮嚀省諭者，事發，罪坐里長。

《明會典》卷一六三《刑部·律例·户律·户役·人户以籍為定》

凡軍、民、驛、竈、醫、卜、工、樂諸色人户，並以籍爲定。若詐冒脱免，避重就輕者，杖八十。其官司妄准脱免，及變亂版籍者，罪同。若詐稱各衛軍令不當軍民差役者，杖一百，發邊遠充軍。

一、軍户子孫，畏懼軍役，另開户籍，或於別府州縣，入贅寄籍等項，及至原衛發册清勾，買囑原籍官吏里書人等，捏作丁盡户絶回申者，俱問罪。正犯發煙瘴地面，里書人等發附近衛所，俱充軍。官吏參究治罪。

一、各處衛所，并護衛、儀衛司官軍舍餘人等，及竈户置買民田，一體坐派糧差。若不納糧當差，致累里長包陪者，俱問罪，其田入官。

（明）徐學聚《國朝典彙》卷八九《户部·户口》 丙午五月，太祖還自濠州，諭中書省曰：吾往濠州，所經州縣，見百姓稀少、田野荒蕪。由兵興以來，人民死亡，或流徙他郡，不得以歸鄉里，骨肉離散，生業蕩盡，此輩寧無怨嗟？怨嗟之起，皆足傷和氣。爾中書其命有司徧加體訪，俾各還鄉土，仍復舊業，以遂生業，庶幾不致失所。

洪武二年二月，先是，上問户部，天下民孰富産孰優，户部臣對曰：以田税之多寡較之，惟浙西多富民厚産。

上曰：富民多豪強，元時此輩欺凌小民，武斷鄉曲，人受其害，宜召之來，朕勉諭之。至是，諸郡富民至入見。上曰：汝等居田里安享富税者，汝知之乎？古人有言，民生有欲，無主乃亂，使天下一日無主，則強凌弱，衆暴寡，富者不得自安，貧者不得自存矣。今朕爲爾主，立法定制，使富者得以保其富，貧者得以存其生。爾等當循分守法，能立法則能保身矣。毋凌弱，毋吞貧，毋虐小，毋欺老，孝敬父兄，和睦親族，周給貧乏，遜順鄉里，如此則爲良民。若效昔之所爲，非良民矣。衆皆頓首謝。於是賜酒食遣之。時翰林學士宋濂、詹同及待制王禕、起居注陳敬等侍左右，上顧謂之曰：朕諭此輩，欲勉之爲善耳。禕對曰：自古帝王皆兼君師之任，三代而下，爲人主者知爲治而不知爲教。今陛下訓諭之，不啻嚴師教弟子，恩之厚也。誠所謂兼治教之道矣。

三年，詔户部籍天下户口，置户帖，書各户之鄉貫、丁口、名歲，以字號編爲勘，合用半印鈐記，籍貯於部，帖給與民。令有司點閘比對，有不同者問發充軍，官隱瞞者處斬。

二月，命中書省臣：凡行郊祀禮，以天下户口錢糧之籍陳於臺下，祭畢，收入内庫藏之。

六月，上諭中書省曰：蘇、松、嘉、湖、杭五郡，地窄民衆，細民無田，往往逐末利而食不給。臨濠，朕故鄉也，田多未闢，土有遺利，宜令五郡民無田産者往臨濠開種，就以所種田永爲己業，官給牛種，舟糧資遣之，三年不徵其税。於是徙者凡四千餘户。

四年六月，魏國公徐達徙北平山後之民三萬五千八百户，一十九萬七千二十七口散處衛府，籍爲軍者，給衣糧；籍爲民者，給田以耕。凡已降而内徙者，户三萬四千五十六。

十月，詔覈民數給以户帖。

六年四月，太僕寺丞梁埜先、帖木兒請寧夏境内，及四川西南至船城，東北至塔灘，相去八百里，土田膏沃，舟楫通行，宜招集流亡務農屯田，兼行種鹽之法，以足兵食。從之。

七年十月，上謂李善長曰：濠州是吾鄉里，兵革之後，人民稀少，田土荒蕪，天下無田耕種村民，儘多於富處起取數十萬，散與濠州鄉村居住，給與耕牛、穀種，使之開墾荒田，永爲己業。數年之後，豈不富庶？遂移江南民十有四萬詣鳳陽，命官監墾田畝，以善長同列侯吴良、周德興等總督之。

二十一年八月，户部郎中劉九皐言：古者狹鄉之民遷於寬鄉，蓋欲天地不失利，民有恒産。今河北諸處，兵後田荒，居民鮮少，山東、西之民生齒日繁，宜令分丁徙居寬閑之地，開種田畝，則國賦增而民生遂矣。上諭户部侍郎楊靖曰：山東地廣，民不必遷。山西民衆，宜如其言。於是遷山西澤、潞二州民之無田者，往彰德、真定、臨清、歸德、太康諸閑曠之地，令自耕種，免其賦役三年，仍户給鈔二十錠，以備農具。

二十二年四月，命杭、湖、温、台、蘇、松諸郡民無田者，許令往淮河迤南滁、和等處就耕，官給鈔户三十錠，使備農具，免其賦役三年。

九月，山西沁州民張從整等一百一十六户告願應募屯田。户部以聞，命賞從整等鈔錠，送後軍都督僉事徐禮分田給之，仍令回沁州召募舍民。時上以山西地狹民稠，下令許其民分丁於北平、山東、河南曠土耕種，故從整等應募。

十一月，命後軍都督僉事李諭等往諭山西之民，願徙河南彰德、歸德，山東臨清、東昌諸處者，驗丁給田，其冒名多占者罪之。

二十四年七月，徙富民實京師。

二十七年，上元典史隋吉言：農民中有一夫一婦者，當耕種時，或不幸夫病，而婦給湯藥，農務既廢，田亦隨荒。及病且愈，則時已過矣。上無以供國賦，下無以養室家。請令小民或二十家或四五十家團爲一社，每遇農時，有疾病則一社協力助其耕耘，庶田不荒蕪，民無饑窘。上善其言，諭户部曰：古者風俗淳厚，民相親睦，貧窮患難，親戚相救，婚姻死喪，鄰保相助。近世教化不行，風俗頽敝，鄉鄰親戚不相周恤，甚者強凌弱，衆暴寡，富呑貧，大失忠厚之道。朕今置民百户爲里，一里之間有貧有富，凡遇婚姻、死喪、疾病、患難，富者助財，貧者助力，民豈有窮苦急迫之憂？又如春秋耕穫之時，一家無力，百家貸之。推此以往，百姓安有不親睦者乎？爾户部以此意諭民知之。

二十八年二月，山東布政司言：青、兗、濟南、登、萊五府，民稠地狹，東昌則地廣民稀，雖嘗遷閑民以實之，而地之荒閑者尚多。乞令五府之民，五丁以上田不及一頃，十丁以上田不及二頃，十五丁以上田不及三頃，并小民無田耕者，皆令分丁就東昌開墾閑田。庶國無游民，地無曠土，而民食可足也。上可其奏，命户部行之。

建文二年二月，初置後湖衹候所。

按：後湖事體，十一月、十二月、正月、二月天寒，及三月楊花不晒册。凡新盔册庫，該部佑值工料，重大行文，中府取撥軍士搬運到湖。如遇隆冬盛暑，優恤軍人暫歇，如止係小修，工料不多，但令匠人量帶小工數名應用，完日給與工食，其物料令鋪户雇運赴湖，量給脚價。

四年八月，户部奏：直隸、淮安及北平、永平、河間諸郡，避兵流移，今復業者七萬一千三百餘户，詔所司善加撫綏。

九月，命户部覈實山西太原、平陽二府，澤、潞、遼、沁、汾五州無田之家，實北平各府州縣，仍户給鈔，使置牛具種子，五年後徵其税。

命武康伯徐理往北平度地，以處民之罪徙者。

永樂元年三月，河南裕州言：地廣民稀，請於山西澤、潞等州縣無田之家分丁耕種，上命户部行之。

八月，簡直隸、蘇州等十郡，浙江等九布政司富民實北京。

閏十一月，南陽縣言：本縣民多逃徙他縣，賦役無所出，乞下令捕之。上顧謂户部尚書郁新等曰：人情懷土，誰肯樂去其鄉？河南諸郡連歲水旱蝗螟，饑饉相仍，守令又鮮能盡撫綏之道，不得已舉家逃徙，自圖存活之計耳。今歸其鄉，田廬生業必已廢棄，歸且何依？捕之益困之耳，所言不可聽。

八年正月，皇太子除肇慶府絶户租糧九百八十餘石。

七月，工部侍郎蔣廷瓚招撫莒州等州縣復業民一萬三千四百户。

十二月，邵武府言：境内疫死民一萬二千餘户，所遺田地，乞以杖罪囚徙耕種輸税。從之。

十年正月，濟寧州同知潘叔正言：兗州、東昌、定陶等縣地曠民稀，青、登、萊諸郡民多無田，宜擇丁多者分居就耕，蠲其役三年，庶地無荒蕪，民不失業。從之。

十四年十一月，徙山東、山西、湖廣流民三千三百餘户於保安州，免賦役三年。

宣德三年七月，青州府民劉中等奏：永樂中因歲歉流徙至棗強縣凡三百餘户，居二十年已成家業。今有司追還，山東乞就附籍棗強。上謂夏原吉曰：彼此皆吾土，但得民安即已。唐宇文融檢括流民過期不守者，謫邊州縣，容庇者抵罪。州縣承風勞擾，百姓愈弊，逃竄益多。爾其申飭有司，以此爲戒。

八月，上御武英殿，問侍臣歷代户口盛衰，侍臣等曰：禹平水土，民奠厥居，至桀而耗之。湯始受命，視禹時不及。及紂淫虐，武王得天下之初，視湯時又不及，成康致理，遂多於禹時。春秋戰國以至嬴秦，所耗尤多。漢高至文景，民庶大增，武帝征伐不息，十數年間，天下之衆亦減其半。昭帝罷戰務農，至成帝初，户口極盛。東漢承王莽之後，率土之民，十纔二三。明章之後，天下無事，人口滋殖。三國六朝，疆宇分裂，所存無幾。隋文節儉，大業之初户口極盛，煬帝荒淫，役人以百萬計，丁男不足，役及婦人，由是天下之人聚而爲盗。唐貞觀以後及於永徽，户口日增，至開元極盛，安史之亂，遂大耗矣。宋承五季之後，自太祖至神宗户口日盛，高宗南渡，中原板蕩，所存者東南之民。此歷代户口之大概也。上曰：户口之盛衰，足以見國家之治忽。其盛也，本於休養生息；其衰也，必由土木兵戈。觀漢武承文景之餘，煬帝繼隋文之後，開元之盛，遂有安史之亂，豈非恃其富庶而不知儆戒乎？漢武末年乃知悔過，煬帝遂以亡國，玄宗至於播遷，皆足爲世主大戒。

四年七月，户部上户口登耗之數。上視朝退，因語侍臣曰：隋文帝時户口繁殖，財賦充足，自漢以來莫及。議者謂當時必有良法，後世因其享國不永，故無取焉，此未必然。夫有治人無治法，漢唐初間之法未嘗不善，至其子孫力役煩興，費用無度，天下凋敝。隋文勤政節儉，足致富庶，豈徒以其法哉？且如秦法多非先王之制，後世猶有存者，亦未嘗計其享國長短也。大抵人君恭儉，國家無事，則生齒日繁，財賦自足。使煬帝能謹守隋文之業，安得遽至敗亡哉？

六年三月，尚書胡濙等條奏：户口事宜各處軍衛有司常宜省諭旗甲里老人等，除有引客商外，但係他處人民，即報官拘審，發回原籍。若縱容不舉，該管旗甲親鄰里老俱坐以罪。

正統元年四月，巡撫河南山西侍郎于謙招撫流民，請令有司考績，以有無流民爲殿最。從之。時災，傷民多流徙，謙設法撫之，又恐復業者憚於徵輸，無復固志，奏免所欠税銀。

成化七年三月，楊璿巡撫荆襄，恐流民爲變累及於己，因爲危言以動朝廷。自巡按御史薛承學及藩臬，守巡官皆附璿議，遂遷發流民各歸故土。

十二年二月，命左副都御史原傑經略鄖陽，撫定流民。成化初，元陝西至荊襄唐鄧一路，皆長山大谷，綿亘千里，所至流逋藏聚爲梗，劉千斤之亂因之。至李胡子復亂，流民無慮百萬。都御史項忠下令有司逐之，弗率令者皆發戍邊衛，當盛夏，渴死疫死者不可勝計。祭酒周洪謨憫之，乃著《流民説》，略曰：昔同修天下《地理志》，而見東晉時，廬、松之民流至荊州，乃僑置松滋縣於荊江之南。雍州之民流聚襄陽，乃僑置南雍州於襄水之側。其後，松滋遂隸荆州，南雍遂併襄陽，垂今千載，寧謐如故。此前代處置荆襄流民者甚得其道。若今聽其近諸縣者附籍，遠諸縣者設州縣以撫之，置官吏，編里甲，寬傜役，使安生理，則流民皆齊民矣，何以逐爲？右都御史李賓深然其説。至是，流民復集如前。時賓乃援洪謨説，疏上之，上可焉，命傑往涖其事。

七月，北城兵馬吏目文會言：荊襄自古用武之地，宣德間，有流民鄒百川、楊繼保等聚衆爲惡。正統間，民人胡忠等開墾荒田，始入版籍，編成里甲。成化年來，石和尚、劉千斤、李胡子相繼作亂，遣大臣撫治，而處置失宜，終未安輯。今河南歲歉民饑，入山就食者勢不容已，敢保無後日之患。謹條陳處流民三事：其一，荊襄之地土地肥饒，皆可耕種，遠年入籍流民可給還田土，收籍管業，其新附籍領種田土，編成里甲，量加存恤，欲回原籍者聽。其發充軍逃回者，就編本處衛所。其二，流民潛處，出没不常，乞選府州縣正官及軍衛守禦，文武皆得其人，則流民自安。其三，荊襄上流爲吴楚要害，道路多通，必於總隘處所添設府衛州縣，立爲保甲，通貨賄以足其衣食，立學校以厚其風俗，則其民自日趨於善矣。都察院是其議，請移文撫治，都御史原傑斟酌處置。從之。

九月，户部以河南巡撫張瑄言，河南各府流民蟻聚，宜設法撫卹。請行河南、山西、山東及北直隸各巡撫官，俾曉諭各屬府州縣官，凡有流民入境，審其原籍，省令復業，沿途給以口糧並移文。原籍官司復其事產之被人侵占者，給以牛具、種子，免其賦役三年。若無家不願歸者，暫爲安插，令所司招回，撥與閑地，如例賑卹，仍稽有司之加意與不而黜陟之。制可。

弘治十一年二月，管後湖黄册南京户科給事中楊廉奏行清查黄册，請與户部委官各行回報以相參對。由是所查户籍無弗實者。兵部議謄洪、永年間册，廉奏言：遠册或不完，暴之天下，奸且日滋，非便。然遠年之册，誠户籍根源，宜添造册庫、稀架、薄堆，以便揭查晒晾。從之。

十八年二月，户部獻民數。上按圖數户以爲當今生齒繁盛，户口宜盈而虧，宜登而耗，弊在逃亡、流移、脱漏埋没。命簡大臣查覈，廷舉刑部侍郎何鑑，遂命往稽覈河南、湖廣、陝西三省户口。

正德元年五月，何鑑疏處置地方十事：一請官給散户，二處置附籍人户，三處置還鄉人户，四查理軍匠奸弊，五嚴户籍以革脱漏，六嚴版籍以清里甲，七嚴禁捕以靖地方，八專委任以總地方，九均田賦以安小民，十設衙門以控地方。復歸功於王瓊等一十二人，請量加旌擢，俱下部議行之。

十六年，户部覆御史寧欽奏國家攢造黄册事例。凡各里舊額人户，除故絶並全户充軍不及一里者，許歸一里當差。餘剩人户發附近外里附圖編造。先年攢造黄册之時，當事諸臣拘泥舊册格眼，不肯遵照前規，將消乏里分歸併，致各州縣以逃絶入户，或捏名，或立女户，或父子兄弟拆分户籍，或里分實在二三十户虚填一里，或排年實在三四五户虚填一甲，節年逃亡、逋欠，及勢要奸民飛詭税糧，負累賠補，小民丁産不敷亦行竄避，以致逋租日多，里甲日耗。今屆攢造之期，宜申明前例，通行天下郡邑，每里務以實在人户一百一十户爲準。如有消乏，許以附近流守。有司軍衛人丁及軍民官員事故遺下家人子弟，寄居日近，置成家業者，補入。不及額，許以相近外里歸併，不許仍前捏詭名女户，將逃絶人户湊數虚填。庶幾官民兩便。議上，從之。

嘉靖元年，順天府尹萬鏜奏：弘治間定各州縣計畝徵糧之法，軍需料價俱從此出。其文武職官及諸當優免者，止免人丁不，及地畝。近來，差繁賦重，援例投充及陵墳海户，一概優免，偏累小民逃，亡殆盡，請申明舊制，以甦民困。部覆：請如鏜奏，申明均徵地畝之法，及禁約各陵户不得倚内臣聲勢，規免地税，沮撓縣官。上曰：然，今後順天府屬州縣編審均徭，仍酌量人丁、地畝兼徵銀兩。應免之家，照例止免人丁，不得濫將地畝一概折免。

二十一年，御史黎循典言：山東費縣、沂州、郯城、嶧縣、滕縣地方曠土，積逋甚多，宜下所司招撫流移，令復舊業，措取牛具種子，假以歲月，免其征役，使得盡力田事，少裨國課。部覆從之。

隆慶六年五月，復廣西灌陽縣編户。國初，編户十四里，以徭寇殘破，居民流徙，田多荒蕪，僅存八里。又調他衛軍屯守，許自占田墾種，田租歸軍衛者十六七，民籍日減，僅存六里。至是，撫臣郭應聘以占田賊平，清丈田畝，請以軍餘承種民田者皆入有司，以復十四里之額。從之。

（明）吕坤《實政録》卷四《民務·查歸流民》 爲查歸流民以靖地方事。照得各處流民，或因年饑離散，或因犯事脱逃，或僧道以乞食行脚，或竊劫以聚黨潛身，或姦頑躲避差徭，或幼小迷失鄉井，合行分別查歸，庶使在此無虞而在彼得所矣。合行通示。

一、州縣衛所軍民，除屬里屬甲祖籍祖居者，是爲主户，雖係流來，而本州縣衛所置有産業，但必入籍，是爲客户，不得謂之流民。

一、住市匠作，投店客商，或一歲再至，或五年二歸，能貨財以利民生，與夫假館授業、開鋪行醫，地方所敬重者，不得謂之流民。

一、佃户園丁，傭工作僕，久住此間，或父母親戚、房屋墳墓戀戀不能歸者，不得謂之流民。

一、挑擔推車，貧營小販，苦身竭力，時往時來者，不得謂之流民。

一、游食僧道，寄寺宿菴，五七成羣，或頂經説法，或瞑目圜坐，指稱修造化緣，動索斗米匹布，稍不遂意，或含怒結讐，或呪詛魘鎮，晝借賊名以恐嚇，夜入盗夥而劫掠，地方第一大害。掌印官嚴行各寺觀住持僧道主人，查其果有度牒，精於經典者，報名到官，方准容留外，其餘盡數報官，給與丁引，盡令歸還原籍，分給所近寺觀，令其焚修。果行業不類僧道者，勒令還俗。如有所在住持不報官而私隱公留者，地方失盗，所容留者即坐真賊，容留者即坐窩主。近日上官每每嚴查僧道，止爲禮房催一番需索耳，有司當自留心。

一、壯年男子，或避事離鄉，或歇案在逃，寄宿寺廟，潛住窯場，白日行乞，黑夜爲偷，掌印官嚴行房地主家，將籍貫姓名報官，給與丁引，令其還鄉。不報名，地方失盗，乞人即坐真賊，房家即坐窩主。但此人必不肯歸，甚者解回原籍。

一、災荒之後，各處軍民流移數多，傭佃則力不能，經營則財不足，不歸則生養無賴，欲歸則逋負相追。流移失所，去住兩難者，給與丁引，令其還鄉，照引優處。

一、狗黨狐朋，逐娼會賭，妖術邪教，惑世誘民，或迴避鎮壓，或揣骨相面，或卜龜圓光，及一切黄天無爲，傳頭化士，所至地方，即日趕逐。甚者綁赴掌印官解回原籍，查照發落。但有容留者，四鄰訐舉到官，一體坐死。

一、瞽目跛足、老幼孤寡之人，無力歸家者，房主將姓名貫址報官，給與丁引脚力，令之還家。所在官司，應發者發與親族養贍，應收者收養濟院存恤，務令人人得所。

一、流民有隔省者，有隔府者，有隔縣者。州縣衛所官查明，照後刻格式給與丁引，經由州縣驛遞備入引中，每人每站給與炒豆斗升，家口多者照數給足，無令沿途乞丐，致誤歸程。

復業丁引以代路引，免致盤詰。

督撫山西都察院爲資送流民以便復業事。查得某人係某省某州縣衛所人，帶男婦幾名口，仰經過某州某縣某驛，如遇本人到彼，每口給與炒豆半升，定限某月某日到家，將引投本州縣衛所。除舊欠差糧錢債俱免追還外，有宗族親戚者，付與使令存恤。如一無所歸，責令里老鄰佑取結，撥與力差一名，令其應當。須至丁引者：

右給付某處某人准此。

都察院押

老幼殘丁引

督撫山西都察院爲存恤窮獨事。查得某處某人，或年七十以上，或年十五以下，或兩目全瞽，或一肢傷殘，難以回籍。仰經過某州某縣某驛某站衙門，每人每日給銀二分，聽其自買飯食，仍與脚力一頭，送至前路，定限某月某日到家。此引至日投原籍有司，查有户族親戚者，責令養贍，如一無可依，收入養濟院，一體存恤。三年之後，幼者另給生理。須至丁引者：

右給付某處某人準此。

都察院押

遠行丁引

某州縣爲遠行。照得本州縣某里衛所某百户某人，年若干歲，身長幾尺，無鬚、微鬚、多鬚，方面、長面、瓜子面，白色、黑色、紫棠色，有無麻疤。今由某處某處，前至某處。何項生理，家有父某人，母某氏，妻某氏，子某人某人，兄某人，弟某人。如無丁引，或有引而脚色不對者，所至店家鄰佑，或在官各色人等，拏赴所在衙門，即以奸盗解回原籍查究。此引回日繳還原發衙門。須至丁引者：

右給付某處某人准此。

州押印

縣押印

一、歸路衙門備細填寫，防其所在誆詐也。限以日期，防其在道濡滯也。或曰：領引不歸奈何？曰：既逐流民，便無敢留之家。或曰：别處容留奈何？曰：偏逐流民，自無止足之地，若逃之别省，只得聽之耳。

一、流民還家，有地宅者，除免舊逋外，仍取保人借給穀種。無居止者，聽給官樹若干，以爲椽柱。里老但有指稱賠補逼要舊日差糧者，重責枷號。

一、《大明律》内一款，凡民户逃往鄰境州縣躲避差役者，發回原籍當差。親管里長提調官吏故縱及鄰境人户隱蔽在己者，各與同罪。若里長知而不逐遣，及原管官司不移文起取，若移文起取而所在官司占悋不發者，各杖六十。今後但有逃流之人，里老鄰佑户長近門知而不留，方去不追，久去不尋，又不即日報官者，除逃差令其包賠外，仍責限跟尋。其大荒之年，有司不能賑濟，大家各逃性命者，不在此限。

一、招撫之行，不啻三令五申矣。有司既無仁恩以致其來，里老利其遺業而惡其來，不如各州縣查歸客户，各省直不留逃民，雖欲不歸，無所於歸矣。此法嚴行，民不失家，差不拖欠，墳墓有依，盗賊衰止。乃實户口一急務，而有司慢不留心也。可嘆！可嘆！

（明）吕坤《實政録》卷四《民務・禁諭樂户》 爲禁約事。今將樂户應禁事宜開列于後：

一、樂户與民分良賤，難以入約。但無爲首之人，私下其誰鈐制？凡州縣有籍樂人，亦選有身家公正、衆樂推服者二人爲樂首，將概州縣樂户造一簿籍，有司用印給發，聽其管理，不服者呈治。如有因而詐財者，許被害告發，坐贓問罪。

一、但有流來水户在於地方惑誘良家者，許樂首禀官，趕逐出境。如有通同店主詐財懼惡朦朧不報者，一體究罪。

一、各樂户家，但有容留大户及賭博光棍面生可疑之人者，許樂首挨查禀官。違者，事發一例同罪。

一、祈報祭賽、敬事鬼神、祭奠喪門、哀痛死者，俱不許招集娼優，淫言褻語，以亂大禮。違者，招家與應招之人一體重治。

一、樂户但有與老户良民互罵同毆者，加倍問罪，情重者枷號。

一、娼婦不許與良家一樣妝束，及穿織金妝花補衣，戴金珠翡翠首飾。違者盡追入官，變價充孤老布花之用。

一、娼婦所入之家，必有夫婦之禍。今後娼家婦女但有在於良民之家經宿住留及包占者，除將容留者陞户二則、罰穀三十石輸邊外，娼婦重加搒打。樂首不舉者，重責枷號問罪。其以禮聘娶從良者，聽從其便，不許一概攀擾。

一、樂户買良，及勾引良家婦女暗行淫邪，除依律問罪外，仍加責枷號。

一、原籍良民，夫婦不才，甘心賣姦度日者，辱祖羞親，最爲無耻。見官，樂户叩頭傍坐，訶罵不許還口，以示激改之意。凡犯到官，比官樂加倍重處。

一、樂工之家擅用銅鑼鼓響器，送字號軸帳，及用圍裙坐褥者，枷號重責。

一、樂工有地者，既納糧差，又朝賀祭祀接官，一歲在官不減一月，原無工食，丁銀免出。蓋下三則人户，力差銀差，二者無並出之法也。

（明）何棟如《皇祖四大法》卷七《治法》〔洪武十八年春正月〕己卯，命天下府州縣官第其民户上中下三等，爲賦役册，貯於廳事。凡遇徭役則發册驗其輕重而役之，以革吏弊。

（明）佚名《重刻律條告示活套》卷二《人户以籍為定》　前件某府爲版籍事，竊惟人户無籍則軍民不分，户籍一定則稽考有條。今查得所屬人户内除軍籍民籍之外，又有匠竈醫卜工樂之籍，俱明載方策，秩然不紊。柰何有等姦巧之徒或躲軍以投民，或脱匠而入竈，或醫更爲卜，或工改爲樂，不顧版籍爲一定之成規，任意變亂，精俏人户徒適己之便，肆意妄爲。言及于此，誠爲可惡，若不禁約，深爲未便，爲此合出告示，發仰各屬人煙輳集去處張掛曉諭，敢有似前變亂户籍者，定行從重究問不恕。

（明）佚名《新纂四六合律判語》卷上《户律・人户以籍為定》　九職任民，周室善一王之治；三壤則賦，漢宣成百代之規。故惟户口減增，實係國家隆替。蕭相急取於秦庫，漢王入關中，諸將争取玉帛，蕭何獨入秦庫，急取民籍户口版圖，曰：此國家之本也。深懷國計之關；陸宣稽察乎唐時，正謂民生之賴。今某官邦計，志涉怠荒。忍心詐脱，有違私室之差；肆意更張，故亂王家之籍。惡勞好逸，避重飛輕。放富差貧，不顧逃亡之苦。西遺東餽，誰憐杼柚之空。《詩》：小東、大東，杼柚其空。言機杼空而民窮也。未免作弊而容奸，豈計欺公而壞法。萬竈軍民，惟事那移之巧。逋逃流竄，止爲影射之工。宜正奸欺，用昭國典。

（明）劉時俊《居官水鏡・告示類・清理煙門示並式》　吴江縣爲清理煙門事。照得本縣分爲父母，一邑之民皆如子弟眷屬，必須情形相習、名姓相聞、人數之多寡盈虚時在眼下，鄉分之剛柔善惡盡入胸中，都啚之災熟瘠饒如指掌上，然後精神貫徹，意氣流通，可使禁令行，可爲移風計，諸如窩主流徒冒籍逃拐之弊亦可漸次革除矣。爲此特仰該啚里長督令各圩甲造煙門册一本以便清查，另編保甲無得隱匿，無得混開，本縣仍別行設法查訪，稍有朦朧不的，將圩甲分別重責。里長不行駁正，亦同責治不饒。各宜仔細，列式於後：

一、先開正户若干。不論士夫舉監及有田人家皆是，其虚立户名實無田產者不得混開。

一、次開副户若干。凡官户知數人家義男有田別居者皆是，其與家主同居者即附在正户男僕幾人之内，不另開户。

一、又次開佃户若干。凡自己無田佃人田種者皆是，其自己田少兼佃人田者，亦以佃户論，止註本身有田，不得混開正户。又次浮户，凡無田工伴或別作生理異籍寄居，或開張鋪面者皆是，若無業之人不列名浮户者，即係流棍歹人，查出另議。寄居有田者，仍入正户之中。

一、開户不照舊册亦不依户名，須要的名的字的號，士夫止書字號官啣。若名本三字即開三字，二字即開二字。一人兩三名即開又名某名某，不得混寫詭名，不得音同字異。又要見係某人子、年幾十歲、是何職分、作何生理、住居某地方，或瓦房、或草屋幾間，莊田幾處，子幾人，一名某、一名某，各年若干，各是何職分生理，不許遺漏混添一名。男僕幾人名某名某，女僕幾口，毋得錯漏。

一、正户有住在此莊在彼者，住處詳開，其立莊之處，止註瓦房草房幾間，係莊屋。

一、此册定後，本縣坐即置之案上，出即置之行廂，詞訟問理一一查核，若脱漏捏添，不惟里排究責，各户亦後悔無及也。仔細仔細。

一、凡年五六十歲以上淳篤無過通達事體之人，揭出列名册後，務要從實開報，本縣另行體訪，如狥私妄報者，重責。

一、紙刷係官銀置備，如里排指稱使用索小民毫釐者，計户筭贓，責究不恕。

一、各圩發印册一本，里長類領散給各圩長，照册填註，限十五日填完，里長收齊類呈本縣。違限者重責不恕。

式定於後，聽圩甲據實填空。内有款項無可填者，即用筆勾之，以免過後混增。

一、正户共　户

一、户姓　名　又名　字　號　係　子年　歲職分　生理居住　地方　屋　間莊田　處子　人名名男僕　人　女僕　口【略】

一、副户共　户

一、户　原姓　原名　係　户人見爲　户義男年　歲　生理住居　地方　屋　間莊田　處子　人名名男僕　人　女僕　口【略】

一、佃户共　户

一、户姓　名　又名　年　歲　生理住居　地方　屋　間　本身有無田子　人　佃種【略】

一、浮户共　户

一、户姓　名　字　號年　歲住居　地方　屋　間　生理　子　人男僕　人

（明）何棟如《皇祖四大法》卷四《治法》　〔洪武三年十一月辛亥〕覈民數給以户帖。先是，上諭中書省臣曰：民，國之本。古者司民歲終獻民數於王，王拜受而藏諸天府。是民數有國之重事也。今天下已定，而民數未覈實，其命户部籍天下户口，每户給以户帖。於是户部製户籍户帖各書，其户之鄉貫丁口名歲合籍與帖以字號編爲勘合，識以部印，籍藏于部。帖給之民，仍令有司歲計其户口之登耗，類爲籍册以進。著爲令。

（明）何棟如《皇祖四大法》卷五《治法》　〔洪武十四年春正月〕

是月，命天下郡縣編賦役黄册，其法以一百一十户爲里，一里之中，推丁糧多者十人爲之長，餘百户爲十甲，甲凡十人，歲役里長一人，甲首十人，管攝一里之事。城中曰坊，近城曰廂，鄉都曰里。凡十年一周，先後則各以丁糧多寡爲次。每里編爲一册，册之首總爲一圖。其里中鰥寡孤獨不任役者則帶管於百一十户之外，而列于圖後，名曰畸零。册成爲四本，一以進户部，其三則布政司府縣各留其一焉。

（明）何棟如《皇祖四大法》卷七《治法》　〔洪武二十三年〕八月庚申朔丙寅，户部奏重造黄册，以册式一本并合行事宜條例頒行所司。不許聚集團局科擾，止將定式頒與各户，將丁產依式開寫，付該管甲首，造成文册。凡一十一户以附坊廂里長，坊廂里長以十甲所造册，凡一百一十户攢成一本，有餘則附其後曰畸零户，送付本縣。本縣通計其數，比照十四年原造黄册，如丁口有減增者，即爲收除，田地有買賣者，即令過割，務在不虧原額。其排年里甲仍依原定次第應役，如有貧乏，則於百户内選丁糧多者補充事故，絶者於畸零户内選湊。其上中下三等人户，亦依原定編類，不許更改，因而分丁析户以避差徭，其各里册首類爲圖，以總其税糧户口之數，縣州府布政司以次總之，而以上于京師，藏之户部。庶幾無移易倚託之患。上命頒行之。

（明）佚名《重刻律條告示活套》卷二《脱漏户口》　前件某府爲版籍事，准本府知府某關照得守令六事户口爲先。其户口之增減而爲政之賢否所係焉，守令者可不知所務哉。當職才本菲朽叨居郡牧，夙夜憂驚，每以户口爲慮。今訪得所屬州縣人民多有姦巧之徒，不以版籍爲重，或將全家潛躲而脱其所立之户，或將子孫隱瞞而漏其所成之丁，脱漏之弊日滋，户口之數日減，則糧差何自而出，國用何自而充。言及于此，誠爲可惡，合關本府出給告示禁約施行等因，准此，合行備出告示，發仰各州縣及人煙輳集去處張掛曉諭。如有户口脱漏者，許其首官收管，承繼糧差，免其本罪。敢有仍前脱漏者，定行從重究問不恕。

（明）佚名《新纂四六合律判語》卷上《户律・脱漏户口》　率土普天，皆帝王之宇宙；人丁户口，乃庶職之先圖。故以僞增，宋王成僞增户口，以要上賞。王成遺羞於百世；因而實報，唐裴蘊爲郡守，歲報實增户口數千。裴蘊顯績於當年。籍既定於版圖，法豈宜於脱漏？今某不思奉公大

道，惟懷詐計詭圖。丁雖壯而素不附籍，賦本重而並未當差。負固恃強，若苗民之逆命。《書》：三旬苗民逆命。黨好濟惡，猶季氏之欺公。隱者、容者均當杖罪，遷之、改之並責應差。

《明實録》洪武二十四年　天下郡縣更造賦役黄册成，計人户一千六十八萬四千四百三十五，口五千六百七十七萬四千五百六十一。

《明實録》宣德十年十月　［己酉］行在户部奏，奉詔減除天下增額并入户消乏課程。近有福建莆田縣民奏，本縣連江等里，舊課魚户消乏，而續置般隻數多，有司不爲查補。今恐各處亦多，似此寧無冒免不實。乞行浙江等布政司并直隸府州，各委官勘實，如果舊户消耗，准與開除，仍將續置船户補數辦課。有不實者罪原勘官吏。從之。

《明實録》嘉靖四十四年九月　［己未］巡按直隸御史孫丕楊奏：各州縣里甲空缺，乞將流寓人户編入版籍，或補缺户缺丁，通融協濟，應征銀兩照舊追納，仍照客户征入之數以蠲主户之均徭。至于驛遞丁糧，務酌地方之衡僻，稽歲用之多寡派征，照依攤糧之規，立爲可久之法，有餘省登之循環，太少者取之積餘，不得分外加派，其排年里甲買馬鋪陳等項，通令十甲合處，不得仍前，一年一換，以滋侵漁之弊。仍照例通行各省撫按督率有司一體舉行。部覆，從之。

《明史》卷七七《食貨志·户口》　太祖籍天下户口，置户帖、户籍，具書名、歲、居地。籍上户部，帖給之民。有司歲計其登耗以聞。及郊祀，中書省以户籍陳壇下，薦之天，祭畢而藏之。洪武十四年詔天下編賦役黄册，以一百十户爲一里，推丁糧多者十户爲長，餘百户爲十甲，甲凡十人。歲役里長一人，甲首一人，董一里一甲之事。先後以丁糧多寡爲序，凡十年一周，曰排年。在城曰坊，近城曰廂，鄉都曰里。里編爲册，册首總爲一圖。鰥寡孤獨不任役者，附十甲後爲畸零。僧道給度牒，有田者編册如民科，無田者亦爲畸零。每十年有司更定其册，以丁糧增減而升降之。册凡四：一上户部，其三則布政司、府、縣各存一焉。上户部者，册面黄紙，故謂之黄册。年終進呈，送後湖東西二庫庋藏之。歲命户科給事中一人、御史二人、户部主事四人釐校訛舛。其後黄册祇具文，有司徵税、編徭，則自爲一册，曰白册云。

凡户三等：曰民，曰軍，曰匠。民有儒，有醫，有陰陽。軍有校尉，有力士，弓、鋪兵。匠有廚役、裁縫、馬船之類。瀕海有鹽竈。寺有僧，觀有道士。畢以其業著籍。人户以籍爲斷，禁數姓合户附籍。漏口、脱户，許自實。里設老人，選年高爲衆所服者，導民善，平鄉里爭訟。其人户避徭役者曰逃户。年饑或避兵他徙者曰流民。有故而出僑於外者曰附籍。朝廷所移民曰移徙。凡逃户，明初督令還本籍復業，賜復一年。老弱不能歸及不願歸者，令在所著籍，授田輸賦。正統時，造逃户周知册，核其丁糧。

凡流民，英宗令勘籍，編甲互保，屬在所里長管轄之。設撫民佐貳官。歸本者，勞徠安輯，給牛、種、口糧。又從河南、山西巡撫于謙言，免流民復業者税。成化初，荆、襄寇亂，流民百萬。項忠、楊璿爲湖廣巡撫，下令逐之，弗率者戍邊，死者無算。祭酒周洪謨著《流民説》，引東晋時僑置郡縣之法，使近者附籍，遠者設州縣以撫之。都御史李賓上其説。憲宗命原傑出撫，招流民十二萬户，給閒田，置鄖陽府，立上津等縣統治之。河南巡撫張瑄亦請輯西北流民。帝從其請。

凡附籍者，正統時，老疾致仕事故官家屬，離本籍千里者許收附，不及千里者發還。景泰中，令民籍者收附，軍、匠、竈役冒民籍者發還。

其移徙者，明初，嘗徙蘇、松、嘉、湖、杭民之無田者四千餘户，往耕臨濠，給牛、種、車、糧，以資遣之，三年不征其税。徐達平沙漠，徙北平山後民三萬五千八百餘户，散處諸府衛，籍爲軍者給衣糧，民給田。又以沙漠遺民三萬二千八百餘户屯田北平，置屯二百五十四，開地千三百四十三頃。復徙江南民十四萬於鳳陽。户部郎中劉九臯言：古狹鄉之民，聽遷之寬鄉，欲地無遺利，人無失業也。太祖採其議，遷山西澤、潞民於河北。後屢徙浙西及山西民於滁、和、北平、山東、河南。又徙登、萊、青民於東昌、兗州。又徙直隸、浙江民二萬户於京師，充倉脚夫。太祖時徙民最多，其間有以罪徙者。建文帝命武康伯徐理往北平度地處之。成祖覈太原、平陽、澤、潞、遼、沁、汾丁多田少及無田之家，分其丁口以實北平。自是以後，移徙者鮮矣。

初，太祖設養濟院收無告者，月給糧。設漏澤園葬貧民。天下府州縣立義冢。又行養老之政，民年八十以上賜爵。復下詔優恤遭難兵民。然懲元末豪強侮貧弱，立法多右貧抑富。嘗命户部籍浙江等九布政司、應天十八府州富民萬四千三百餘户，以次召見，徙其家以實京師，謂之富户。成祖時，復選應天、浙江富民三千户，充北京宛、大二縣廂長，附籍京師，仍應本籍徭役。供給日久，貧乏逃竄，輒選其本籍殷實户僉補。宣德間定制，逃者發邊充軍，官司鄰里隱匿者俱坐罪。弘治五年始免解在逃富户，每户徵銀三兩，與廂民助役。嘉靖中減爲二兩，以充邊餉。太祖立法之意，本倣漢徙富民實關中之制，其後事久弊生，遂爲厲階。

户口之數，增減不一，其可攷者，洪武二十六年，天下户一千六十五萬二千八百七十，口六千五十四萬五千八百十二。弘治四年，户九百十一萬三千四百四十六，口五千三百二十八萬一千一百五十八。萬曆六年，户一千六十二萬一千四百三十六，口六千六十九萬二千八百五十六。太祖當兵燹之後，户口顧極盛。其後承平日久，反不及焉。靖難兵起，淮以北鞠爲茂草，其時民數反增於前。後乃遞減，至天順間爲最衰。成、弘繼盛，正德以後又減。户口所以減者，周忱謂：投倚於豪門，或冒匠竄兩京，或冒引賈四方，舉家舟居，莫可踪跡也。而要之，户口增減，由於政令張弛。故宣宗嘗與羣臣論歷代户口，以爲其盛也，本於休養生息，其衰也，由土木兵戎，殆篤論云。

（清）嵇璜《續通典》卷七《食貨・鄉黨版籍》 明太祖洪武十四年，詔天下編賦役黄册，以一百十户爲一里，推丁糧多者十户爲長。餘百户爲十甲，甲凡十人，歲役里長一人、甲首一人董一里一甲之事。先後以丁糧多寡爲序，凡十年一週曰排年。在城曰坊，近城曰廂，鄉都曰里。里編爲册，册首總爲一圖。其諸不能任役者，附十甲後爲畸零。僧道給度牒，有田者，編册如民科。無田者，亦爲畸零。有司定其册凡四，一上户部，其三則布政使、府縣各存一焉。上户部者謂之黄册，進呈送後湖東西二庫庋藏之。歲命户科給事中一人、御史一人、户部主事四人釐校訛舛。其後黄册衹具文，有司徵税編徭則自爲一册。凡户三等：曰民，曰軍，曰匠。以其業著籍，人户以籍爲斷。禁數姓合户附籍，漏口脱户許自實。里設老人，選年高爲衆所服者導民爲善，平鄉里争訟。其人户避徭役者曰逃户，年饑或避兵他徙者曰流民，有故而僑於外者曰附籍，朝廷所移民曰移徙。凡逃户，明初督令還本籍復業，賜復一年，其不能歸與不願歸者，令在所著籍授田輸賦。英宗正統時，造逃户周知册，核其丁糧。凡流民，初令勘籍編甲互保，屬所在甲長管轄之。憲宗成化初，荊襄寇亂，流民百萬，項忠、楊璿爲湖廣巡撫，下令逐之。祭酒周洪謨著《流民説》，引東晋時僑置郡縣之法，使近者附籍，遠者設州縣以撫之。都御史李賓上其説。命原傑出撫，招流民十二萬户，給閒田，置鄖陽府，立上津等縣統治之。凡附籍者，正統時，令家屬離籍千里者許收附，不及千里者發還。景泰中，令民籍者收附，軍匠竈役冒民籍者發還。其移徙者，明初户部郎中劉九臯言：狹鄉之民遷于寬鄉，可使地無遺利。太祖採其議，屬有遷徙。永樂中，又遷太原諸郡之民以實北平焉。

《大清律集解附例》卷四《户律・户役・脱漏户口》 凡一家曰户，全不附籍，若有田應出賦役者，家長杖一百；若係無田不應出賦役者，杖八十，准附籍有賦照賦，無賦照丁。當差。若將他家人隱蔽在户不另報立籍，及相冒合户附籍他户有賦役者，本户家長。亦杖一百；無賦役者，亦杖八十。若將内外另居親屬隱蔽在户不報及相冒合户附籍者，各減二等；所隱之人，并與同罪，改正立户，别籍當差。其同宗伯、叔、弟、侄及婿，自來不曾分居者，不在此斷罪改正之。限。其見在官役使辦事者，雖脱户然有役在身，有名在官。止依漏口法。若曾立有户。隱漏自己成丁十六歲以上。人口不附籍及增減年狀，妄作老幼、廢疾，以免差役者，一口至三口，家長杖六十；每三口加一等，罪止杖一百；不成丁三口至五口，笞四十，每五口加一等，罪止杖七十。所隱人口入籍成丁者當差。若隱蔽他人丁口不附籍者，罪亦如之。所隱之人與同罪，發還本户，附籍當差。若里長失於取勘，致有脱户者，一户至五户，笞五十；每五户加一等，罪止杖一百。漏口者，一口至十口，笞三十；每十口加一等，罪止笞五十。本縣提調正官、首領官吏，失於取勘，致有脱户者，十户笞四十，每十户加一等，罪止杖八十；漏口者，十口笞二十，每三十口加一等，罪止笞四十。知情者，並與犯人同罪；受財者，計贜以枉法從重論。若官吏曾經三次立案取勘，已責里長，文狀可嚀省諭者，事發罪坐里長。如里長、官吏知其脱漏之情，而故縱不問者，則里長、官吏與脱漏户口之人同罪。若有受財者，並計贜以枉法從重論。

《大清會典（康熙朝）》卷二三《户部・户口》 國初核實天下丁口，具載版籍。迨生齒漸繁，老弱穉壯，歲有增除。及直省流民，遷移附籍，乃立編審法。凡以均徭役，杜脱漏也。今考直省丁徭，有分三等九則者，有一條鞭徵者，有丁隨田派者，有丁從丁派者，即一省之內，則例各殊，遵行既久，閭里稱便焉。

《大清會典（康熙朝）》卷二三《户部・編審直省人丁》 凡編審直省人丁，原無定期，或三年一次，或五年一次，或十年一次。現行例，五年編審一次。其流民附籍，及招民復業，各有事例，詳載于後。

順治四年題准：編審人丁，凡年老殘疾并逃亡、故絶者，悉行豁免。五年題准：三年一次編審。責成州縣印官，察照舊例造册，年六十以上，開除。十六以上，添注。

十一年覆准：每三年編審之期，逐里逐甲，審察均平，詳載原額開除新收實在，每名徵銀若干，造册送部。如有隱匿捏報，依律治罪。又覆准：編審户口，以順治十二年爲始，直隸，責成守道。各省，責成布政司。至編審之期，或三年，或五年，仍照舊例。

十三年覆准：每五年編審一次。又議准：江西、福建、廣東三省全書內，有婦女鹽鈔銀，按口徵派不等。餘省無婦女名色，其鹽鈔銀，均派地丁內，仍照舊行，不必更張。

十四年題准：編審户口，州縣官增丁至二千名以上，各予紀録。十五年議准：各省編審人丁，五年一次，造册具題，令於編審次年八月內到部。如不照限題報者，經管各官，俱照違限例議處。府州縣官編審年分，借名造册科派小民者，從重處分。督撫不行究參者，一併議處。十七年覆准：直省每歲終，各將丁徭賦籍彙報總數。觀户口消長，以定州縣考成。

康熙二年題准：州縣編審人丁，增至二千名以上者，經管官及督撫布政司，俱准紀録。

十一年覆准：賦役全書內，浙江等省婦女小口徭銀，改爲食鹽鈔銀。直隸流寓及山西久流近流人丁，改爲實在人丁，幼丁改爲新編人丁。十二年覆准：直省編審，概令繕疏具題。

十三年議准：江南有隱佔詭寄包攬諸弊皆因賦役不均，宜通計該州縣田地總額與里甲之數，均分辦糧當差。不計豪户多佔隱役，苦累小民。其推收編審，悉照均田均役，聽民自相配搭。

十七年覆准：直隸、山東、山西、河南、陝西及江蘇等處，歸併衛所屯丁，向俱照州縣例編審徵銀。今安徽等處及浙江、江西、湖廣、福建、廣東歸併衛所屯丁，亦令照州縣人丁例，一體編徵。

二十五年覆准：直省編審人丁，俱以一年爲限，歲終造册具題。

凡流民附籍，順治十一年題准：凡外省流民，附籍年久者與土著之民，一體當差。新附籍者，五年後當差。又覆准：各旗官員及富户，有能捐貲安插窮丁者，報部題請叙録。

十二年覆准：州縣官，安插流民一千名至五千名者，准與紀録，督撫總計通省名數議叙。

十八年詔：江南、浙江、福建、廣東瀕海居民，遷移內地者，令該督撫確察，速給田房。安插得所，仍須親身料理，不得徒委屬員。

康熙四年覆准：罷職官員，本身寄居各省者，照例勒令回籍。若本官既殁，子孫有田土丁糧已入版圖者，回籍、附籍聽其自便。

五年題准：地方官招集流民一百名者，紀録一次。

二十五年覆准：五城棲流所，令該御史酌量修理以卹孤貧。

凡招民復業，順治十七年覆准：四川全定，流民思返故土，令貴州督撫飭沿江州縣隘口，不得攔阻，聽其樂歸。

康熙三年議准：四川寄寓外省流民，各督撫造册，移送川撫，撥給口糧舟車，差官護令復籍。

七年覆准：見任文武大小各官，有能捐貲遷移四川流民歸籍，每一百家以上者，紀録一次。四百家以上者，加一級。五百家以上者，加二級。六百家以上者，加三級。七百家以上者，不論俸滿即陞。招回之民，責令地方官安插得所。

十三年覆准：凡招回原籍之民，照招徠外省流民例議叙。十四年覆准：招回原籍流民，止議叙州縣官，其司道等官，不得議叙。

《大清會典（康熙朝）》卷二三《户部・編審八旗壯丁》 八旗壯丁，歲有增益，立法編審，最爲詳密。其投充買賣人口，漸爲限制，具有成規，備列于後。

國初定，每壯丁三百名，編爲一佐領。

又諭：編審各旗壯丁時，令各該佐領，稽察已成丁者，增入丁册。

其老弱幼丁，不應入册，係瀋陽者，赴瀋陽勘驗。係東京者，赴鞍山勘驗。有隱匿者，壯丁入官。伊主及該佐領撥什庫，各罰責有差。

又定：置買人丁及新成幼丁，許令編入本佐領。誤編入別佐領下者，退回。

又諭：八旗新添壯丁，每旗編佐領三十。有逃亡缺少者，於諸王貝勒貝子等府壯丁內撥補足額，仍將該佐領治罪。嗣後每三年編審一次。又定：每佐領編壯丁二百名。又定：凡旗下人，遠離本佐領居住者，人口財物入官。該佐領撥什庫罰責有差。

又定：旗員子姪，俟十八歲登記部檔後，方許分居。如未及歲數，擅分居者議罰。

又定：首先登城壯丁，准其開户，並將胞兄弟嫡伯叔帶出，仍償原主身價。又定：新滿州壯丁，令酌撥舊丁內，編成佐領。

順治元年題准：王貝勒等府壯丁，每二名，令一名披甲。

八年：令原在盛京編審另分户人，有告稱係伊奴僕者，不准歸併。係户籍內人，有告稱非係伊家奴僕者，亦不准。九年議准：內府及諸王府官員，有勞績素著者，特選數員，令其開出府佐領，各歸所屬佐領。其父子兄弟閑散者，准其帶出。現有職任者，不准帶出。其撥出官員，不必頂替。

十七年題准：凡官員子弟有職任者，不拘定限歲數，准其分户。

康熙四年題准：滿州蒙古，有一佐領餘丁多至百名以上，願分作兩佐領者，聽。八年題准：凡調補管別佐領者，止准帶本家壯丁。若將伊兄弟族中壯丁帶往者，俱令償還。

十三年覆准：八旗每佐領編壯丁一百三四十名，餘丁彙集，另編佐領。或所餘丁僅百名以上，不足定額者，該旗王貝勒貝子公等併都統副都統佐領，酌驗無誤披甲當差。出結移送到部，亦准編作佐領。

二十三年諭：編審八旗佐領事宜，令户兵二部，會同一次具題。

又諭：八旗滿州蒙古，每旗均設佐領一百員。二十四年議准：旗下人家產，原在一佐領者，後雖隨旗分撥，仍令伊親族承受，不拘旗分。

凡撫養承嗣，國初定：無嗣人，撫養他人之子，許報明該旗王貝勒都統，送部註籍，增入本佐領壯丁數內。若私自撫養者，斷回原主。

順治十八年題准：凡無嗣人存日，撫養兄弟族人之子，准承受家產。若撫養他人及奴僕之子，不准承受。若存日未曾立嗣，故後准近房承受。如本族無人，存日保結撫養異姓之子，亦准承受。若無族人，又無撫養異姓人，其家產，本佐領從公撥給。

康熙七年覆准：凡撫養他人子爲嗣，歿後，其子本生父母年老乏嗣仍令歸宗。

又題准：凡無嗣人家產，親兄弟承受者不議。若伯叔及兄弟之子承受，有親生女者，給家產三分之一。若疎族人承受，其女給家產五分之二。若應歸佐領撥給者，其女給家產之半。若數少難分及分撥餘剩者，俱給承受之人。凡分給女子，無論人數，止於應給分內分撥。

凡投充人口，順治元年定：凡旗下漢人，有父母兄弟妻子，情願入旗同居者，地方官給文赴部入册，不許帶田地投獻。

二年題准：畿輔管莊人等強壓愚民及工匠，勒令投充者，在內許赴户部、五城御史、順天府，在外赴道、府、州、縣告理。審實釋放。又題准：有假借投充，冒名奴僕，混託厮養，或悍奴欺壓故主，部民凌厲本官及慢侮縉紳、傾陷富室、占騙人口財物者，事發，治以重罪。

三年題准：自次年爲始，漢人投充旗下，永行禁止。

七年題准：投充人置買民間房地者，房地並價銀入官，兩主從重治罪。八年題准：旗下漢人，欲回籍探視親戚者，該主定限放歸，該佐領報部給票前往。如無部票，即係私逃，許地方官執解。又諭：投充人生事害民，本主該佐領知情者連坐。前此有司責治旗人，問罪，以致投充人益加橫肆。今後地方官遇投充人犯罪，與屬民一體究治。户部刊示曉諭。

十七年題准：投充人誣稱不係投充者，審出，鞭一百。如果不係投充欺壓良民者，亦鞭一百。又題准：有將另户人告稱係伊奴僕者，鞭八十。其投充人先未在地方納糧，後將房地納糧，輒稱不係投充者，審出，枷號一個月，鞭一百。地方官混報者以抗違論，經承責三十板。其民人住種滿洲房地年久，告稱係自己房地者，責三十板。又覆准：各莊俱設屯撥什庫，責成清察。如有指稱投充，欺詐百姓者，真則解部究審。如係假冒，地方官依律究擬。

康熙二年覆准：凡投充人父兄伯叔住種滿洲房地，子弟姪看守故土墳塋，或子弟姪住種滿洲房地，父兄伯叔看守故土墳塋者，行地方官查其輸糧在先紅册載名者，即斷爲民。如投充後輸糧者，仍斷與滿洲。

八年詔：投充人生事害民者，本主及該管佐領連坐，本犯正法，妻孥家產入官。罪不至死者，本犯及妻孥入官。嗣後地方有司，遇投充人犯罪，與屬民一體責治。

九年題准：凡官員將投充人稱爲納糧之民，並改糧册年月移送者，革職。轉申上司降一級調用，巡撫罰俸一年。如先稱不係投充後報投充者，地方官降一級調用，該管上司罰俸一年，巡撫罰俸六個月。

十五年題准：嗣後有以投充滿洲之人稱爲納糧之民者，地方官降一級調用，轉申上司罰俸一年，巡撫罰俸六個月。先稱不係投充後報投充者，地方官罰俸一年，該管上司罰俸六個月，巡撫罰俸三個月。

凡買賣人口，國初定：旗下買賣人口，赴各該旗市交易。若越至他旗市被執者，身價二分入官，一分給拏獲之人。

又定：滿洲壯丁越旗賣出，被首者，身價二分入官，一分給首告之人。買主無罪，該管佐領知情者治罪。壯丁撤回，撥給本旗。不知情者，壯丁撤回撥給本佐領下貧人。

又定：有將人父子兄弟夫婦分賣者，所賣之族俱入官。又題准：陣獲人口，有將夫婦分賣者，仍令給還完聚。不入官賣主鞭責。

順治五年覆准：投充人即係奴僕，本主願賣者聽。

六年題准：漢人不許帶出口外，如口外人有來盛京購買馬匹乘機買人口者，不准放出。

八年題准：朝鮮貢使隱匿人口帶往者，鞭責計日罰銀。若本地人隱匿逃往者，正法。

十年題准：八旗買賣人口，俱令該撥什庫記册備查。其民人令親隣中証立契，赴本管衙門掛號鈐印，俱不必輸税。如不記册無印契者，即治以私買私賣之罪。

十八年覆准：旗下赴市買人記册時，該翼查明，給以印照。

康熙二年題准：八旗買賣人口，兩家赴市納税記册，令撥什庫保結列名，若係漢人，令五城司坊官查有該管官印票准買，永著爲例。

八年題准：旗下買民，令本管官用印。若隔屬官用印，照拏解良民例議處。所買之人，釋放爲民，兩主各鞭責有差。

又題准：有將定例後所買之人捏作定例前年月用印者，事發，用印官及買者賣者俱加等治罪。又詔：差遣官員並督撫提鎮大小各官，不許買良民爲奴及轉相饋送。永行禁飭。違者，照略買良民例治罪。

十一年議准：凡在順治十年以前買人，未用印信，審時中証明白者，斷與原主。或無中証文契，本人自稱賣身是實者，亦斷與買主。自順治十一年以後買人，雖有中保未曾用印者，斷出爲民。

十二年題准：旗下買民，查係白契，斷出爲民者，即遞解原籍，令地方官具文報部，并督撫備照。

十五年題准：旗下買民，令正印官用印准買。若在地方犯罪逃出賣身者，保人係民，枷號三個月，責四十板。係旗人，枷號三個月，鞭一百。原價追還給主。賣身人遞解本地方官枷號三個月。責四十板。仍照所犯罪，依律究治。其旗人詭稱民人賣身者，枷號三個月，鞭一百。保人係旗人，枷號三個月，鞭一百。係民，責四十板，流徙尚陽堡。若係逃人，照常鞭刺。又賣身人謊寫他人姓名者，照光棍爲首例，保人照光棍爲從例治罪。又賣身人假揑籍貫姓名，不從實開寫者，枷號兩個月，鞭一百，仍斷與買主。保人係民，枷號一個月，責四十板。係旗人，枷號一個月，鞭一百。

十七年覆准：滿洲蒙古人口，不許賣與漢軍民人，亦不許給送。違者將所賣人併價入官，買主賣主係官革職。係護軍撥什庫、披甲當差、閑散旗人，枷號兩個月，鞭一百。係民，枷號兩個月，責四十板。該管佐領驍騎校知情者，革職。撥什庫，鞭一百。收税官，亦革職。其喀爾喀厄魯忒人，亦不許賣與漢軍民人，違者亦照此例治罪。

十八年題准：凡旗人買民，用印衙門呈送户部，轉行該撫，令地方官曉諭里甲。如用印官十日內不將買人緣由報部者，罰俸一年。竟不報者，降一級。

二十一年題准：直省駐防各官及提鎮以下等官，概不許買本省之民，違者降二級調用。若縱令家僕買者，照本官買人例議處。該管官失察，降一級留任。其駐防甲兵，量許少買民人，令賣身人親至地方官處，取具口供存案，立契寫情願字樣，用印。若未經取供，文契雖有情願字樣，實係勒賣者，買主枷號一個月，鞭一百。若本官囑託兵丁買者，照本官買人例議處。如本主在京，家僕披甲在外駐防者，准買。其在外駐防官之家僕披甲者，不准買。又題准：地方各官，不遵定例，妄用印信，及非正印官擅用印信者，降一級調用。

二十二年議准，滿洲蒙古家人違禁賣與漢軍民人者，買賣之人，係官，罰俸一年；係旗下人，鞭一百；係民，責四十板。如佐領驍騎校包衣大及收税官知情者，罰俸九個月。撥什庫，鞭八十。所買之人，併價俱入官。其喀爾喀厄魯忒人，不許漢軍民人買。違者，係官，降一級調用。旗下人，鞭一百。係民，責四十板。所買之人入官。又題准：本年十月以前，有白契賣身之人，審供情願，中証明白，仍斷與買主。

凡贖取人口，順治九年題准：陣獲人口，准令贖回。凡有贖人者，令嫡親家屬領歸，其身價兩家各取其平。

康熙三年題准，已撥給山海關外叛逆人犯妻子家僕，有私行偷賣贖去者，賣主係官，革職。係民，杖一百，流三千里。係旗人，枷號兩個月，鞭一百。專管各官俱降二級調用。如偷賣贖軍流等犯妻子家僕者，亦照此例議處。

七年覆准：私贖叛逆家屬照例治罪，人口身價俱入官。

十七年議准：滿洲蒙古家人，其主願令贖身，在本佐領及本旗下者，聽。若違禁放出爲漢軍民人者，照買賣例治罪。

二十一年覆准：旗下用印所買之人及舊奴僕內，有年老疾病各主情願准贖者，呈明都統，移送户部令其贖出爲民。若將年壯舊人借稱贖出者，照買賣例治罪。

《大清會典（康熙朝）》卷一四二《理藩院・丁册》 國初定：外藩壯丁年六十以下十八以上者，皆編入丁册，有疾者除之。每三丁，披甲一副。又定：外藩壯丁三年一次編審，有隱丁者，所隱之丁入官。隱丁至十户者，管旗王貝勒等按罰一户。出首人，令赴願往旗分。

順治四年題准：審丁時數目開載不全，及後，其主雖自聲明遺漏，亦以隱丁治罪。

五年題准：親王各兼壯丁六十名，郡王各五十名，貝勒各四十名，貝子各三十五名，公各三十名，固倫額駙各四十名，和碩額駙各三十名，多羅額駙各二十名，供其役使。

七年題准：外藩蒙古每十五丁，給地橫一里，長二百里。

九年題准：外藩台吉等及喀喇沁土默特塔布囊，一等者各兼壯丁十五名，二等者十二名，三等者八名，四等者四名。又題准：外藩親王守墓人十户，郡王八户，固倫公主同郡王、貝勒、貝子等六户，和碩公主、郡主同貝勒、鎮國公、輔國公四户，郡君同鎮國公、縣君、鄉君同其夫。其大臣護衛及出征効力之人，不許守墓。

十二年題准：外藩首告隱丁者，准在編審之年首告。二三年以後首告者不准。

康熙三年題准：外藩蒙古都統，親隨兵丁四名，副都統二名，各於本旗選擇。叅領佐領各一名，於本佐領中選擇。五年題准：外藩編審丁册，照户部例詳開具題。

十一年題准：額駙等所兼壯丁，雖額駙已没，亦不許裁。

十三年題准：外藩蒙古編審壯丁時，隱丁之旗都統副都統罰三九，叅領佐領罰二九，驍騎校罰一九，給出首人。撥什庫十家長各鞭一百。歸化城二旗無王貝勒等，如有隱丁，都統副都統罰五九，叅領罰三九，佐領革職，罰二九。驍騎校革職，罰一九。給出首之人。其出首之人并所隱之丁，各留舊佐領。家奴若係蒙古，入官。十八年題准：出首隱丁人之子弟在所隱内者，俱准旗内聽所欲往。

二十一年題准：公主、郡主等隨嫁人，許用守墓授護衛官職及閑散使令，不准披甲。

二十二年題准：屬下奴僕出首本主隱丁者，照例旗内聽所欲往外。出首他人者，不許出户。所罰牲畜，給出首人。

《大清會典（雍正朝）》卷三〇《户部・編審直省人丁》 順治四年題准：編審人丁，凡年老殘疾并逃亡故絶者，悉行豁免。

五年題准：三年一次編審，責成州縣印官察照舊例造册，年六十以上開除，十六以上添註。

十一年覆准：每三年編審之期，逐里逐甲，審察均平，詳載原額開除新收實在，每名徵銀若干，造册送部。如有隱匿捏報，依律治罪。又覆准：編審户口以順治十二年爲始，直隸責成守道，各省責成布政司。至編審之期，或三年或五年，仍照舊例。

十三年覆准：每五年編審一次。又議准：江西、福建、廣東三省全書內，有婦女鹽鈔銀，按口徵派不等，餘省無婦女名色，其鹽鈔銀均派地丁內，仍照舊行，不必更張。十四年題准：編審户口，州縣官增丁至二千名以上，各予紀録。

十五年議准：各省編審人丁，五年一次，造册具題，令於編審次年八月內至部。如不照限題報者，經管各官俱照違限例議處。府州縣官編審年分，借名造册，科派小民者，從重治罪。督撫不行究參者，一併議處。

十七年覆准：直省每歲底，各將丁徭賦籍彙報總數，覈户口消長，以定州縣考成。

康熙二年題准：州縣編審人丁增至二千名以上者，經管官及督撫布政司俱准紀録。

十一年覆准：賦役全書內浙江等省婦女小口徭銀改爲食鹽鈔銀，直隸流寓及山西久流近流人丁改爲實在人丁，幼丁改爲新編人丁。

十二年覆准：直省編審概令繕疏具題。十三年議准：江南有隱占詭寄包攬諸弊，皆因賦役不均，宜通計該州縣田地總額與里甲之數，均分辦糧當差，不許豪户多占隱役，苦累小民。其推收編審，悉照均田均役，聽民自相配搭。

十七年覆准：直隸、山東、山西、河南、陝西及江蘇等處歸併衛所屯丁，向俱照州縣例，編審徵銀。今安徽等處及浙江、江西、湖廣、福建、廣東歸併衛所屯丁，亦令照州縣人丁例，一體編徵。

二十五年覆准：編審原限一年八個月，但限期過寬，民人守候無期，胥役任意作弊。嗣後定限一年，歲底造報。

二十六年覆准：編審缺額人丁，令該撫陸續招徠，於下次查編補足。

二十八年覆准：四川松建等衛所，地處極邊，屯丁無幾，建叙二廳所轄，山多土瘠，舊例銀米竝徵，人丁載在銀米之內，與雲南等省衛所不同，亦與四川各州縣大異，免其編審。

三十一年題准：直省編審人丁俱造花名徵銀科則細册送部。又覆准：四川梓潼縣人丁每丁各徵銀一錢八釐一毫零。

三十三年覆准：陝西西鳳二府屬被災，流移人民尚未全復，停其編審，俟本年歲底造報。鳳翔縣於三十年編審後人丁流移，亦再行編審。又覆准：滇省逆屬人員向有包標之分，僞標人員不論在册在逃改名潛匿者，一概免其查拿，分别入伍歸農。

三十五年覆准：雲南省兵丁，除本身外，其兄弟親屬等餘丁，悉行查出，編入丁數，輸納錢糧。

三十六年題准：四川新設會理州原係番彝所管，並無版籍可稽，照松建等衛所之例，免其編審。又覆准：浙江省匠班一項户籍雖存，人丁已絶，其實徵銀七千四百九十餘兩，均派於通省地丁之下帶辦。

三十七年覆准：滇省逆屬人員除食糧外，其閒散之人令其開墾荒蕪田地，照例輸税，其子弟有志上進者，准其一體應試。

三十九年覆准：湖北匠班銀照浙省例歸入地丁徵收。四十年覆准：東川府照會理州之例停其編審。四十一年覆准：東省匠班銀亦歸入地丁徵收。

五十一年題准：州縣官員如有將應增添之丁隱匿，不行填入編審册內，該督撫即行題參。又題准：州縣增丁，若新增俱照下則，開除俱係上則，雖增至二千丁以上，不准議叙。

五十二年恩詔：嗣後編審增益人丁，止將實數奏聞，其徵收辦糧，但據五十年丁册，定爲常額。續生人丁，永不加賦。

五十三年覆准：將甘屬實在無業窮民編入丁册，免其照例納丁。每一户給羊十隻，每二户給牛一隻。又令其蓄養耕種六年之後，將羊羔十隻、牛犢一隻交官變價還項。其買牛羊價值，於存庫銀內動用。

五十五年覆准：嗣後買賣地畝，其丁銀有從地起者，隨地徵丁。倘有地賣而丁留，與受一同治罪。又覆准：編審新增人丁，欽奉皇恩，永不加賦。今以新增人丁補足舊缺額數，除向係照地派丁外，其按人派丁者，如一户之內開除一丁新增一丁，即以所增抵補所除。倘開除二三丁，本户抵補不足，即以親族之丁多者抵補。又不足，即以同甲同圖之糧多者頂補。如有多餘之丁，歸入滋生册內造報。

五十六年題准：續增人丁既不加賦，將增丁之州縣官員停其議叙。又題准：如有州縣將滋生人丁私行科派情弊，該督撫即行題參。

雍正元年覆准：直隸丁銀均攤地糧之內徵收，每地銀一兩，均攤丁銀二錢七釐零。

三年覆准：山東通省州縣衛所各項丁銀均攤地畝糧內徵收，每地銀一兩，攤丁銀一錢一分五釐零。其開墾地畝，俟陞科後，遇五年編審之期，合一縣丁銀，計新舊地銀，按兩攤減，各就一縣之地均算。

四年覆准：雲南太和鄧川等州縣土軍九百零五名，原非承糧軍田之丁，因萬曆年間防守土寇，設此名色。既納民糧，又納軍賦，每丁輸銀一兩，較民丁尤重，誠爲苦累。將太和縣鄧川州嵩明州土軍共丁銀九百五兩，永行豁免。又覆准：陝西額徵丁銀各府輕重不等，嗣後於五年編審之時按丁二錢科則起賦。又覆准：陝甘二屬丁銀均攤入地糧徵收。又覆准：豫省丁銀攤入地畝，嗣後遇有報墾陞科及遇閏之年，將丁銀隨年另行均派。又覆准：滇省丁銀以通省之地畝均攤，其屯軍丁銀，將無主影射田地清查，漸次抵補。又覆准：浙省丁銀以通省之田畝均攤。

五年覆准：江西省丁銀照直隸等省之例，以現在丁銀攤入地畝屯糧內完納。又覆准：粵西全州等三州縣應徵丁銀，自雍正五年爲始，攤入地糧內徵收。

凡流民附籍，順治十一年題准：凡外省流民附籍年久者，與土著之民一體當差。

康熙四年覆准：罷職官員本身寄居各省者，照例勒令回籍。若本官既歿，子孫有田土丁糧已入版圖者，回籍附籍，聽其自便。

十年定招民開墾之例。其有鄰省窮民情願携帶妻孥入蜀開墾者，即准其入籍。

二十六年題准：凡身隸奉天版籍，文武中式，即令於奉天所屬州縣居住。如有居住原籍并別省者，該府尹察出，送部褫革。其入籍出仕之員解任後居住別省，該撫查明題參，仍令於奉天所屬地方居住。如各省容留，不行察出，將地方官及該督撫一併照例處分。

二十九年覆准：四川省民少而荒地多，嗣後流寓之民情願在川省墾荒居住者，伊等子弟即准其入籍考試。如中式之後回原籍并往別省居住者，永行禁止。

五十一年諭：武官駐劄地方不許入民籍立產業，其已立產業者，令變賣回籍。若身殁後有實不能遷移者，該督撫查明具題。又覆准：嗣後湖廣無產窮民有願往四川開墾者，該地方官給與印照令其前往。仍查明年貌姓名住址，造册送與川撫查驗，准其開墾。此開墾田地之民有回楚省者，亦照此查明給照，造册送湖撫，兩相照應稽查。

五十三年覆准：甘屬固原以北地方久旱，百姓流移，速行安插。將所屬無糧荒地通行查出，無水之處開鑿井泉，多置水窖，收回流民，計其人口多寡量給房屋口糧籽種牛具，令其開墾荒地，永遠爲業。

雍正元年議准：提鎮以下官均不許在現任地方置立產業，即丁憂休致解退之後亦不許在彼處入籍居住。

三年議准：江南、浙江、福建三省各山縣內，向有民人搭棚居住，以種麻、種箐、開爐煽鐵、造紙、做菰等項爲資生之計，其間土著甚多，亦有鄰省失業之人流寓。各該督撫將現在各縣棚民照保甲之例，每年按户編查，責成出地主并保甲長出具保結，呈送該州縣官，據册稽查。倘住居星散，不論棚數多寡，自爲一甲，互相稽查。內有棚民已置產業并情願投認倒絶丁糧承納入籍者，俱編入土著，一體當差。至一邑中有四五百户或六七百户以及一千户以上者，該管官即於棚居鄉壯內揀選保甲長，承充巡查。如棚民內有窩匪奸盜等事，而地主并保甲長不行首告，照連坐律治罪，該管官以失察例議處。若有能首獲者，仍照例議叙優賞。該州縣官於農隙時會同該營汛逐棚查點，毋得懈弛，亦不得借端科派。如有需索等情，許受累之人首告，該督撫即據實題參。如該督撫不行查參，事發一併議處。其編查定册之後，有續到流移，即驅逐出境，不得容留。其現在之棚民有願回籍者，聽其回籍。即將册內姓名開除，不許往來自由，去而復至。該管官不時稽查，如有漫不經心，聽其招引匪類，將保册無名之人潛匿於編户之內，該督撫察出，即行題參議處。四年覆准：船廠等處既設立州縣，直隸各省百姓有情願入籍者，應准其入籍。但恐有逃人重犯改換名姓潛居其地，亦未可定，必行文各原籍，詳查咨覆到日，入於户口册內，比照奉天屬民每夫各支錢糧一錢五分。又議准：廣東省山多田少，耕種窮民入山搭寮，取香木、春粉、砍柴、燒炭食力，行令各州縣將山內各廠照保甲之法一例編查。每寮給牌一張，令通寮之人互相保結。寮內遇有遷徙增減，令將牌赴縣添除。再於一寮之內擇老成謹慎有妻室之人點爲寮長，寮户悉聽鈐束。如遇有增減，寮長不將牌赴縣添除，照脱漏户口律治罪。倘有窩藏奸宄等弊，該寮長及互結之人即報官究治。如容隱不報，發覺連坐，寮長照總甲容留棍徒例治罪。至凡有業主山場召佃搭寮，必將寮丁報官。或係無主官山搭寮墾種者，亦必赴官報明查驗，方准搭寮居住。違者照盜耕田畝律治罪，山主照違令律治罪。其不能種五穀之地，尚可種麻靛者，令其墾種，以十年起課，即與爲業。該州縣官撥出民壯、營汛官弁撥出兵丁，每月於所屬山谷巡查一次。遇有未經報官搭寮住宿之人，即送官審究。再匪類在山出入，其山内寮民能獲匪類一名者，賞銀三兩。能獲有犯案之盜賊，每名賞銀二十兩，多獲者按數加賞。嗣後文武各官如漫不經心約束，以致窩藏奸匪等弊，經督撫題參，照溺職例革職，其通詳之上司免議。

又議准：行令四川巡撫及鄰省各該督撫，嚴飭各屬，凡入川開墾之民務令原籍地方官給與印照，至川之日，令其繳送該管地方官，以便稽查。其有久住川省之人欲往他省探親，或他省之人欲至川省探親行者，俱令稟明該地方官，給照前往，回日取所往之地方官回文銷照。如無印照，借開墾探親名色混行出入者，許經過地方官查明即行驅逐，不許容留以致擾累地方。其沿途經過地方官役或不能稽查，或得賄故縱，或借盤查名色肆行需索貽累平民者，該撫及該管上司一經察出，即行題參，從重治罪。如該撫並該管上司不行嚴查，該地方官有受賄需索等弊不即題參者，事發之日，將該撫並該管上司一併交與該部嚴加議處。

五年諭：覽川陝總督奏稱，四川地方有外省人民挈家遠來者甚多，皆稱係上年湖廣、廣東、江西、廣西等省逃荒之人。朕甚訝之，思去歲湖廣省内止有近江濱湖州縣數處被水，廣東省内則圍基之地易於被淹，此二省並非甚歉之歲。江西、廣西之地亦並未題成災。今逃荒人民遠赴四川者如此之衆，其中湖廣、廣東兩省爲尤多，朕心深爲憫惻。此皆本省大小官吏平日全無撫綏，以致百姓失所，顯然可見。身爲司牧，而於地方民瘼漫不經心，尚何以靦顔任職乎。如果歉收，即當題請設法撫恤。况各省皆有耗羡備用兩，即當以此爲賑恤貧民之用，亦何得坐視百姓之窘迫不加賑恤而令其逃往他省乎。今坐據川陝總督奏請設法安插令其開墾，以爲生計，此實安輯貧民之急務。其牛具籽種口糧等項之費，不必別開事例，現今有營田水利捐納銀兩有餘存貯在京，著於此項内酌撥解川應用。但此等遠來多人良奸莫辨，其中若有游手無賴之徒，不行稽查，必轉爲良民之擾。且恐既開招墾之端，愚民無知，但圖目前之利，必至輕去其鄉，亦非所以愛之也。且地方官吏坐視百姓遠徙異鄉，而不知軫念，斷不可不加懲戒。著川陝總督會同四川巡撫，行令四川州縣，將雍正四年秋冬以後各省入川人户逐一稽查姓名籍貫，若果係無力窮民，則暫令酌量安插，再備造細册，咨查原籍州縣造册回覆後，將伊等留川，令其開墾。所用牛種口糧，目前將公項給發，即著落本籍州縣官照數補還。如此，則游惰之民不致冒混，而地方官亦知所儆戒，共以愛養百姓爲務，可杜流移之患於將來矣。其咨查本籍之處，如有實係本地之户而推諉欺瞞希圖卸責，并著該督撫即行參奏，從重治罪。其如何辦理方爲妥協之處，著九卿速議具奏。遵旨議定：查湖廣、江西、廣東、廣西四省之人挈家遠赴川省，户口既多，聽其散往各府州縣佃種傭工，爲餬口之計。該督撫即飭行各府州縣，將佃種之人稽查姓名籍貫，若有踪跡可疑者，即行驅逐。其實係成户窮民，逐一詳細造册，申報該督撫。該督撫據册咨查原籍，令原籍府州縣具將本户居址姓名造册回覆川省。倘該府州縣官有以實在本籍人户推諉欺隱希圖卸責，各該督撫即行指參，交部從重治罪。其或有無處種佃傭工者，令該地方官暫行酌量賑恤，加意撫輯。其有情願回籍者，該地方官量給盤費口糧，并照定例給與印票回籍。所有動用散賑銀兩及回籍路費口糧，先於存庫項内動支。該督撫一面具題，一面行文原籍，令各該府州縣官於文到三月内即照數解川補還原項。如借端遲延，即行指參，交部嚴加治罪。川省荒地除現在報墾自首按地輸糧外，其餘閒空官地及雖有地主而但占爲世業無力開墾者，查明現今來川饑民情願開墾落業，酌量人力多寡，分給五六十畝三四十畝不等。其中有地主無力開墾之地，仍酌給原主數十畝，令其自認一年之内儘力開墾，餘悉丈出，與官地一體招民開墾。倘原主一年之内不能開墾，俱作爲官地，所墾之地照水旱地畝分別年分，報部陞科。至此等赤手窮民，必須給以牛具籽種，借給口糧，將存貯營田水利捐納銀兩酌議撥發銀十萬兩，解川交與巡撫，分委賢員辦理。所發之銀，倘有不敷，該督撫再爲奏請。其所用牛種口糧等項銀兩，即行文各省，著落入川民户本籍之各府州縣官照數賠補。限文到三月内完解藩庫，該布政司即彙行解部。倘逾限不完，各該督撫即行題參，交部嚴加治罪。

又覆准：將各省入川人民令該管官逐户挨查，其佃種者責令佃主出結，貿易者責令市鄰出結，依附親故者責令親故出結，寄宿寺廟者責令留宿地主互結，仍與鄉城土著人民一體編入保甲，互相覺察。如有生事可疑之人，許原出結人呈報地方官驅逐。倘原出結之人知情不報，許鄉保鄰人等首報，一并懲究。仍令該地方官不時稽查，如有失察，即行糸處。又覆准：確查實在入川人户，酌量撫恤。將姓名詳悉開造，移查各原籍，限文到三個月内備造清册回覆川省，細加核實分別。素非良善者，即行驅逐回籍。其實係貧民，酌撥地畝牛種，移咨本籍地方官賠補。其或自行情愿開墾者，令其自行開墾，不必給與牛種口糧。又覆准：嗣後入川流民情愿回籍者，不必借給盤費，仍令川省造册存案。倘日後仍來川省，即行驅逐，不得容留。

凡招徠流民，順治十一年覆准：各旗官及富户有能捐貲安插窮丁者，報部題請叙録。

十二年覆准：州縣官安插流民一千名至五千名者，准與紀録，督撫總計通省名數議叙。

十七年覆准：四川全定，流民思返故土，令貴州督撫飭沿江州縣隘口不得攔阻，聽其樂歸。

十八年詔：江南、浙江、福建、廣東瀕海居民遷移内地者，令該督撫確察，速給房屋，安插得所。仍令親身料理，不得徒委屬員。

康熙三年議准：四川寄寓外省流民，各督撫造册移送川撫，撥給口糧舟車，差官護令復籍。

五年題准：地方官招集流民一萬名者，紀録一次。

七年覆准：現任文武大小各官有能捐貲遷移四川流民歸籍，每一百家以上者，紀録一次。四百家以上者，加一級。五百家以上者，加二級。六百家以上者，加三級。七百家以上者，不論俸滿即陞。招回之民，責令地方官安插得所。

十三年覆准：凡招回原籍之民，照招徠外省流民例議叙。

十四年覆准：招回原籍之民，止議叙州縣官，其司道等官不得議叙。

二十五年覆准：五城棲流所令該御史酌量修理，以卹孤貧。

二十六年覆准：山東登萊二府所屬長山等島居民，前因海氛未靖移居内地。今臺灣歸誠，令其歸還海島墾種，仍將墾過地畝數目報部查核。

二十九年覆准：招徠人丁所徵銀兩，三年後陞科。

三十二年覆准：陝西招徠流民，不論有地無地，一例給銀安插。

三十三年覆准：停止陝西招民事例。

三十六年覆准：窮蒙古人等向年交與口外莊頭等贍養，因三十四年口外糧食歉收，移入内地，安插密雲縣地方，給與口糧。嗣後於守道存庫銀内支給，其未經安插得所之時，每名日給銀一分二釐五毫，該縣於空房寺廟酌量令其居住。

四十二年題准：山東被災人民如有典賣者，逐一查明，造册報部。在京者交與順天府遞送，在直隸各省者該省遞送，責令沿途文武官員捐給脚力口糧，送至原籍。其原價銀兩，將東省俸工銀内通融給發。在京者作速解部，照數給還買主，在直隸各省者亦作速解送該省，各該地方官照數給還買主。如買主不據實舉首，或被災之前所賣借端謊報者，俱從重治罪。

凡買賣人口，雍正四年諭：歷來滿洲風俗尊卑上下秩然整肅，最嚴主僕之分。家主所以約束奴僕者，雖或嚴切，亦無不相安爲固然。及見漢人凌蕩之俗，彼此相形，而不肖奴僕遂生觖望。雖約束之道無加於疇昔，而向之相安者，遂覺爲難堪矣。乃至一二滿洲大臣濳染漢人之俗，亦寛縱其下，漸就陵替者，此於風俗人心大有關係，不可不加整飭。夫主僕之分一定，則終身不能更易。在本身及妻子仰其衣食，賴其養生，固宜有不忍負背之心。而且世世子孫永遠服役，亦當有不敢縱肆之念。今漢人之奴僕，乃有傲慢頑梗，不遵約束，加以訶責，則輕去其主。種種敝俗，朕所洞悉。嗣後漢人奴僕如有頑傲不遵約束，或背主逃匿，或私行訕謗，被伊主覺察者，應作何懲治，與滿洲待奴僕之法作何畫一之處，著定擬具奏。遵旨議定：漢人家生奴僕、印契所買奴僕，並雍正五年以前白契所買，及投靠養育年久，或婢女招配生有子息者，俱屬伊等家奴，世世子孫永遠服役，婚配俱由家主，仍造清册，報明地方官存案。嗣後凡漢人婢女招配併投靠及買奴僕，俱寫立文契，呈明本地方官，鈐蓋印信。如有事犯，驗明報官册結併印契，照例治罪。

《大清會典（雍正朝）》卷三〇《户部・編審八旗壯丁》 内府八旗

壯丁，歲有增益，立法編審，最爲詳密。其餘投充買賣人口，限制甚嚴，具有成規，備列於後。

國初定：每壯丁三百名編爲一佐領。又諭：編審各旗壯丁時，令該佐領稽查。已成丁者增入丁册，其老弱幼丁不應入册。係瀋陽者赴瀋陽勘驗，係東京者赴鞍山勘驗。有隱匿者，壯丁入官，伊主及該佐領、領催各罰責有差。又定：置買人丁及新成幼丁，許令編入本佐領，誤編入別佐領下者退回。又諭：八旗新添壯丁，每旗編佐領三十，有逃亡缺少者於諸王貝勒貝子等府壯丁內撥補足額，仍將該佐領治罪。嗣後每三年編審一次。又定：每佐領編壯丁二百名。又定：凡旗下人遠離本佐領居住者，人口財物入官，該佐領、領催各罰責有差。又定：旗員子姪俟十八歲登記部册後方許分居，如未及歲數擅分居者議罰。又定：首先登城壯丁准其開户，並將胞兄弟嫡伯叔帶出，仍償原主身價。又定：新滿洲壯丁令酌撥舊丁內編成佐領。

順治元年題准：王貝勒等府壯丁每二名令一名披甲。八年定：原在盛京編審另分户人有告稱係伊奴僕者，不准歸併。係户籍內人有告稱非係伊家奴僕者，亦不准。九年議准：內府及諸王府官員有勞績素著者，特選數員，令其開出府佐領，各歸所屬佐領。其父子兄弟閑散者，准其帶出。現有職任者，不准帶出。其撥出官員不必頂替。十七年題准：凡官員子弟有職任者，不拘定限歲數，准其分户。

康熙四年題准：滿洲蒙古有一佐領餘丁多至百名以上願分作兩佐領者，聽。八年題准：凡調補管別佐領者，止准帶本家壯丁。若將伊兄弟族中壯丁帶往者，俱令償還。十三年覆准：八旗每佐領編壯丁一百三四十名，餘丁彙集另編佐領。或所餘丁僅百名以上不足定額者，該旗王貝勒貝子公等併都統、副都統、佐領酌驗無悮披甲當差，出結移送到部，亦准編作佐領。二十三年諭：編審八旗佐領事宜，令户兵二部會同具題。又諭：八旗滿洲蒙古每旗均設佐領一百員。二十四年議准：旗下人家產原在一佐領者，後雖隨旗分撥，仍令伊親族承受，不拘旗分。四十四年議准：盛京滿洲壯丁，該將軍、副都統等官務須逐户詳查數目，造册報部。如有掩揑情弊，該將軍、副都統等交與該部議處。

雍正二年覆准：八旗開檔爲義子之人，係無嗣年老殘病滿洲，不能當差，又無產業，圖食錢糧，故令其披甲養贍伊身。近開檔義子人等不思原主之恩，多越佐領認户，竟與原主無涉，又隔數輩，即爲正户。除現在八旗正户滿洲并已越佐領人等不議外，嗣後開檔及爲義子等人一概停其越佐領認户，仍留在本佐領下當差。如有越佐領認户，自稱正户滿洲與原主無涉者，該旗都統即拿交與該部，從重治罪。

四年覆准：自雍正元年編審壯丁後，今已歷三年，傳知京師、盛京、江寧等省居住滿洲蒙古漢軍都統、將軍、副都統，交與各佐領驍騎校領催等，滿洲蒙古舊壯丁并新投充壯丁，逐户開明，將編審之佐領驍騎校領催名字一併開寫保結，於九月十五日以內俱查明送部。不及丈尺可疑之子弟并滿洲蒙古漢軍，除去人丁，交與各都統、副都統驗看，是實，准其開除。至烏喇打牲人丁，户部派出旗員筆帖式，前往編審，若將滿洲壯丁開除人丁不及丈尺可疑之子弟有假冒隱匿等情，將該旗都統、將軍、副都統以至領催俱行治罪。

五年議准：造審丁户口册，俱令開寫一户另户某人某人。有官之人開明官銜，無官之人開寫閑散某人。將伊父兄職名添寫某人名下，將伊子弟造入户口下，俱作另户分造。滿洲蒙古都統家奴，滿洲蒙古及漢軍家下額丁等，俱開清花名，核明送部。將各省駐防旗員兵丁，地方文武官員子弟家屬，俱著户部行文各該將軍、總督、巡撫等，令其查明，照此造具清册，俟各處册檔到齊之日，各該旗附入佐領册內，用印送部存案。將八旗册檔已送之年作爲審丁之年，自此三年一次，俱令照此造册。

凡撫養承嗣，國初定：無嗣人撫養他人之子，許報明該旗王貝勒都統，送部註籍，增入本佐領壯丁數內。若私自撫養者，斷回原主。

順治十八年題准：凡無嗣人存日撫養兄弟族人之子，准承受家產。若撫養他人及奴僕之子，不准承受。若存日未曾立嗣，故後准近房承受。如本族無人，存日保結撫養異姓之子，亦准承受。若無族人，又無撫養異姓人，其家產本佐領從公撥給。

康熙七年覆准：凡撫養他人之子爲嗣，歿後，其子本生父母年老乏嗣，仍令歸宗。又題准：凡無嗣人家產，親兄弟承受者不議。若叔伯及兄弟之子承受，有親生女者，給家產三分之一。若疎族人承受，其女給家產五分之二。若應歸佐領撥給者，其女給家產之半。若數少難分及分撥餘剩者，俱給承受之人。凡分給女子，無論人數，止於應給分內分撥。

凡投充人口，順治元年定：凡旗下漢人有父母兄弟妻子情願入旗同居者，地方官給文赴部入册，不許帶田地投獻。二年題准：近京地方管莊人等強壓愚民及工匠勒令投充者，在內許赴户部、五城御史、順天府，在外赴道府州縣告理，審實釋放。又題准：有假借投充，冒名奴僕，混託厮養，或悍奴欺壓故主、部民陵厲本官及慢侮縉紳，傾陷富室占騙人口財物者，事發，治以重罪。三年題准：自次年爲始，漢人投充旗下，永行禁止。七年題准：投充人置買民間房地者，房地并價銀入官，買賣兩造從重治罪。八年諭：各旗出征所獲之人，若有欲去探親者，著各主限期發往。若所到之處有生事者，許地方官即行按律治罪。如有大事不能完結，送部治罪。又出征所獲之人之父母兄弟妻子有情願歸旗完聚過日者，著地方官給文赴部，部内記檔完聚，以示朕憐恤滿漢一體之意。又題准：旗下探親回籍之漢人，該佐領報部給票前往。如無部票，即係私逃，許地方官執解。又諭：投充人生事害民，本主該佐領知情者連坐。前此有司責治旗人，問罪，以致投充人益加横肆。今後地方官遇投充人犯罪，與屬民一體究治。户部刊示曉諭。十七年題准：投充人誣稱不係投充者，審出鞭一百。如果不係投充欺壓良民者，亦鞭一百。又題准：有將另户人告稱係伊奴僕者，鞭八十。其投充人先未在地方納糧，後將房地納糧，輒稱不係投充者，審明，枷號一個月，鞭一百。地方官混報者，以抗違諭經承責三十板。其民人住種滿洲房地年久，告稱係自已房地者，責三十板。又覆准：各莊俱設屯領催，責成察清，如有指稱投充欺詐百姓者，如實，解部究審。如係假冒，地方官依律究擬。

康熙二年覆准：凡投充人父兄伯叔住種滿洲房地，子弟姪看守故土墳塋，或子弟姪住種滿洲房地，父兄伯叔看守故土墳塋者，行地方官查其輸糧在先紅册載名者，即斷爲民。如投充後輸糧者，仍斷與滿洲。八年詔：投充人生事害民者，本主及該管佐領連坐，本犯正法，妻孥家産入官。罪不至死者，本犯及妻孥入官。嗣後地方有司遇投充人犯罪，與屬民一體責治。九年題准：凡官員將投充人稱爲納糧之民并改糧册年月移送者，革職。轉申上司降一級調用，巡撫罰俸一年。如先稱不係投充後報投充者，地方官降一級調用，該管上司罰俸一年，巡撫罰俸六個月。十五年題准：嗣後有以投充滿洲之人稱爲納糧之民者，地方官降一級調用。轉申上司罰俸一年，巡撫罰俸六個月。先稱不係投充後報投充者，地方官罰俸一年，該管上司罰俸六個月，巡撫罰俸三個月。十八年覆准：奴僕叛主投營，專管官知而不舉發者，降二級調用。兼轄統轄官各降一級留任。不知者，專管官罰俸一年，兼轄統鍺官各罰俸六箇月。

凡買賣人口，國初定：旗下買賣人口，赴各該旗市交易。若越至他旗市被執者，身價二分入官，一分給拏獲之人。又定：滿洲壯丁越旗賣出被首者，身價二分入官，一分給首告之人，買主無罪。該管佐領知情者治罪，壯丁撤回撥給本旗。不知情者，壯丁撤回撥給本佐領下貧人。又定：有將人父子兄弟夫婦分賣者，所賣之族俱入官。又題准：陣獲人口有將夫婦分賣者，仍令給還完聚，賣主鞭責。

順治五年覆准：投充人即係奴僕，本主願賣者聽。六年題准：漢人不許帶出口外。如口外人有來盛京購買馬匹乘機買人口者，不准放出。八年題准：朝鮮責使隱匿人口帶往者，鞭責，計日罰銀。若本地人隱匿逃往者，正法。十年題准：八旗買賣人口，俱令該領催記册備查。其民人令親鄰中証立契，赴本管衙門掛號鈐印，俱不必輸税。如不記册，無印契者，即治以私買私賣之罪。十八年覆准：旗下赴市買人記册時，該翼查明，給以印照。

康熙二年題准：八旗買賣人口，兩家赴市納税記册，令領催保結列名。若係漢人，令五城司坊官查有該管官印票准買。永著爲例。八年題准：旗下買民，令本管官用印。若隔屬官用印，照拿解良民例議處。所買之人釋放爲民，兩主各鞭責有差。又議准：有將定例後所買之人捏作定例前年月用印者，事發，用印官及買者賣者俱加等治罪。又詔：差遣官員並督撫、提鎮大小各官不許買良民爲奴，及轉相餽送，永行禁飭。違者照略買良民例治罪。十一年議准：凡在順治十年以前買人未用印信。審時中証明白者，斷與原主。或無中証文契本人自稱賣身是實者，亦斷與買主。自順治十一年以後買人，雖有中保未曾用印者，斷出爲民。十二年題准：旗下買民，查係白契斷出爲民者，即遞解原籍，令地方官具文報部，并咨照該督撫。十五年題准：旗下買民，令正印官用印准買。若在地方犯罪逃出賣身者，保人係民，枷號三箇月，責四十板。係旗人，枷號三箇月，鞭一百。原價追還給主，賣身人遞解本地方官，枷號三箇月，責四十板，仍照所犯罪依律究治。其旗人詭稱民人賣身者，枷號三箇，鞭一百。保人係旗人，枷號三箇月，鞭一百。係民，責四十板，流徙尚陽堡。若係逃人，照常鞭刺。又賣身人謊寫他人姓名者，照光棍爲首例，保人照光棍爲從例治罪。又賣身人假揑籍貫姓名不從實開寫者，枷號兩箇月，鞭一百，仍斷與買主。保人係民，枷號一箇月，責四十板。係旗人，枷號一箇月，鞭一百。十七年覆准：滿洲蒙古人口不許賣與漢軍民人，亦不許私贈。違者，將所賣人併價入官。買主賣主係官，革職。係護軍、領催、披甲當差、閑散旗人，枷號兩箇月，鞭一百。係民，枷號兩箇月，責四十板。該管佐領驍騎校知情者，革職。領催鞭一百，收税官亦革職。其喀爾喀厄魯特人，亦不許賣與漢軍民人。違者，亦照此例治罪。十八年題准：凡旗人買民，用印衙門呈送户部，轉行該撫，令地方官曉諭里甲。如用印官十日内不將買人緣由報部者，罰俸一年。竟不報者，降一級。二十一年題准：直省駐防各官及提鎮以下等官，概不許買本省之民，違者降二級調用。若縱令家人買者，照本官買人例議處。該管官失察，降一級留任。其駐防甲兵量許買人，令賣身人親至地方官處取具口供存案，立契寫情願字樣用印。若未經取供，文契雖有情願字樣實係勒賣者，買主枷號一箇月，鞭一百。若本官囑託兵丁買者，照本官買人例議處。如本主在京，家人披甲在外駐防者，准買。其在外駐防官之家人披甲者，不准買。又題准：地方各官不遵定例妄用印信，及非正印官擅用印信者，降一級調用。二十二年議准：滿洲蒙古家人違禁賣與漢軍民人者，買賣之人，係官，罰俸一年。係旗下人，鞭一百。係民，責四十板。如佐領、驍騎校、内管領及收税官知情者，罰俸九個月。領催鞭八十。所買之人併價俱入官。其喀爾喀厄魯特人不許漢軍民人買用，違者，係官降一級調用。旗下人，鞭一百。係民，責四十板。所買之人入官。又題准：本年十月以前有白契賣身之人，審係情願中証明白者，仍斷與買主。二十六年諭：駐防滿洲漢軍將軍以下官員、兵丁本省買人，如有不容行查原籍勒令地方官用印者，著該督撫指名題參，嚴加議處。三十九年題准：鹽竈户賣身旗下者，事發後，將賣身之人枷號三箇月，責四十板。引進保人枷號兩箇月，責四十板。仍行文該地方官，追取身價，交還原主。如不能償，令引進保人代還。五十二年議准：白契所買之人，若在買主家長大年久，即當義子。可以披甲者，亦令披甲。

雍正三年覆准：八旗滿洲蒙古家下開檔另户人等，間有懶惰不能度日，串通原主賣身別人，買後日久，又稱滿洲肆行囮詐。嗣後如有此等之人發覺，將伊原主一併交部議罪，并伊檔案撤回，給後買之人爲奴。四年覆准：船廠等處既設立州縣，嗣後民人有情願入旗爲奴者，照京師例，報知該地方官員，給與印文，准其買賣。

凡贖取人口，順治九年題准：陣獲人口准令贖回。凡有贖人者，令嫡親家屬領歸，其身價兩家各取其平。

康熙三年題准：已撥給山海關外叛逆人犯妻子家僕，有私行偷賣贖去者，賣主係官，革職。係民，杖一百，流三千里。係旗人，枷號兩箇月，鞭一百。專管各官俱降二級調用。如偷賣贖軍流等犯妻子家僕者，亦照此例議處。七年覆准：私贖叛逆家屬照例治罪，人口身價俱入官。十七年議准：滿洲蒙古家人，其主准令贖身，在本佐領及本本旗下者聽。若違禁放出爲漢軍民人者，照買賣例治罪。二十一年覆准：旗下用印所買之人及舊奴僕内有年老疾病各主情願准贖者，呈明都統，移送户部，令其贖出爲民。若將年壯舊人借稱贖出者，照買賣例治罪。三十年議准：出征所獲之人，有親戚情願歸旗完聚者，並非令其爲奴。嗣後此等事發，俱令爲民。五十三年議准：四十三年以前白契所買之人，俱斷與買主。四十三年以後白契所買之人，若給原價，仍准贖出爲民。

雍正元年覆准：自康熙四十三年起至六十一年止，白契所買之人照依四十二年之例，俱不准其贖身。若有逃走，准其遞牌。雍正元年以後白契所買之人，若給原價，俱准贖身爲民。其本人帶妻賣身者，亦准贖出。若白契賣身後買主配有妻室者，不准贖身。再未經賣身之先或已定親未曾完娶，其賣身旗下女家並不知情者，必問女家情願方許配合。如女家不情願者，聽其另聘。三年議准：旗下奴僕或借別旗名色買贖，或自行贖身，旗民兩處俱無姓名者，察出即令歸旗。其有隨家主出差在外，私有積蓄，鑽營勢力，欺壓本主贖身者，自康熙五十二年恩詔以後，雖在民籍，查明欺壓情實，亦令歸旗。若果係數輩出力之人，伊主念其勤勞情願聽其贖身爲民，本旗户部有檔案可稽，州縣地方有册籍可據，仍歸民籍，舊主子孫不得借端控告。其有投充之人私自爲民，後經發覺，將同族之人誣扳爲同祖，或本主因家奴之同族少有産業，誣告爲投充之子孫者，審明，將誣扳誣告之人從重治罪。

《兵部處分則例》緑營卷一一《户口・接任官隱匿前官眷口》　一、接任官任聽前任旗員隱匿家口，不盡行造入册内，或被旁人首告，或被部旗查出，將接任官降一級留任。私罪。若前任旗員隱匿家口，接任官失于詳查遺漏造報者，罰俸一年。公罪。該管上司明知隱匿，不行查參者，罰俸一年。私罪。失察者，罰俸六個月。公罪。

《兵部處分則例》緑營卷一一《户口・旗員病故眷口回旗接任官不行呈報》　一、旗員身任緑營，在任病故，所遺眷口起程回旗，如接任官將起程日期遺漏申報者，罰俸六個月。公罪。如不代請咨文，依限歸旗者，罰俸九個月。私罪。或將該故員眷口遺漏查明造具册結呈報者，罰俸一年。公罪。

《兵部處分則例》緑營卷一一《户口・隱匿家人贖身》　一、旗人外任武職，於到任三個月之内，將所帶家人姓名來歷册報總督、巡撫、提督、總兵，如管事家人有更换者，亦具册申報。倘册報不實，任從家人贖身影射爲民者，降二級調用。私罪。其未經詳查之該管上司，每名罰俸一年。公罪。

《兵部處分則例》緑營卷一一《户口・武職入籍》　一、武職官員不許在現任地方置立産業。如罷職之後，有因在任年久原籍並無産業，宗族無可依歸，不得已而請入籍任所，或已經身故，其子孫欲於任所入籍者，副將以上等官，該總督、巡撫奏明請旨；參將以下等官，該總督、巡撫確實查明報部，兵部咨查該員原籍地方。如果無産業，宗族實在無可依歸，令該原籍地方官出具印結，准其在任所地方入籍。如係假捏，希圖逗遛任所者，將該員照例治罪，失於詳查出結之地方官降一級留任。公罪。

《兵部處分則例》緑營卷一一《户口・申報籍貫》　一、武職由行伍出身非本身籍貫，於投充時取結冒入，將原籍隱匿，至拔補把總、千總時，准其據實呈明。該省總督、巡撫咨部更正註册，免其議處。如有未經呈明，經部推陞守備都司在該員原籍省分府分始行呈明迴避者，降一級留任。私罪。若並不呈明，别經發覺者，降一級調用。私罪。其從前失於查察之出結官罰俸一年。公罪。若推陞之缺並非該員原籍，有因缺規避情節，即照例革職。私罪。

《兵部處分則例》八旗卷一一《户口・編審丁册》　一、八旗人丁三年編審一次，如將應入册之壯丁隱瞞不行造入者，係官罰俸三個月，私罪。係平人鞭二十五。私罪。失於查出之佐領、驍騎校各罰俸一個月。公罪。或將未食錢糧及年未及歲不應造入之幼童編入丁册者，佐領、驍騎校各罰俸三個月。公罪。

《兵部處分則例》八旗卷一一《户口・捏造户口》　一、旗人將族人生前已經開造另户之義子，擅自作爲家僕及分與族人爲僕者，係官革職。私罪。係平人鞭一百。私罪。失於查出之該佐領、驍騎校各罰俸一年。公罪。如佐領、驍騎校將所屬另户人所生之子，捏稱爲奴僕之子者，降一級調用。私罪。

《兵部處分則例》八旗卷一一《户口・隱瞞入官人口》　一、將應行入官人口隱瞞不報，家主係官，一口至三口降一級，私罪。至六口者降二級，私罪。九口者降三級，私罪。十二口者降四級，私罪。俱調用，十五口以上者革職。私罪。所隱人口入官，該佐領、驍騎校明知通同隱匿者，與家主同罪。若不知情，係失於查察者，家主隱瞞三口以上，佐領、驍騎校罰俸六個月，公罪。叅領、副叅領罰俸三個月。公罪。十五口以上，佐領、驍騎校罰俸一年，公罪。叅領、副叅領罰俸六個月。公罪。如佐領、驍騎校隱瞞，該叅領知情，亦照佐領、驍騎校知情例處分。失於查察者，隱瞞三口以上，叅領、副叅領罰俸六個月，公罪。十五口以上，叅領、副叅領罰俸一年，公罪。其都統、副都統俱免議。

《兵部處分則例》八旗卷一一《户口・駐防官兵隱瞞人丁》　一、各省駐防官兵丁册，各該將軍、都統、副都統於比丁之年查明造册二分鈐印，咨報户部，如有隱瞞不行造入者，照在京旗人隱瞞壯丁例議處。見《編審丁册》例内。若將所生之子假捏過繼，潛匿他處居住者革職，私罪。該管官失察者罰俸一年。公罪。明知隱匿情弊，不行查報者降一級留任。私罪。若半年以内能查出揭報者，免議。

《兵部處分則例》八旗卷一一《户口・家人開户為民》　一、累代効力家奴，家主不取身價銀兩，情願放出，已經呈明開户者，准其爲民。若家主得銀放出，潛入民籍，未經呈明本旗報部者，將得銀放出不行呈明之家主，係官降二級調用，私罪。平人鞭七十，私罪。仍准歸入民籍，不必押令歸旗。

《兵部處分則例》八旗卷一一《户口・以民人為僕》 一、官員將所雇民人轉行鬻賣者革職。私罪。若將所雇民人捏爲己僕具告，並將未投充之人作爲投充具告，審實爲民者，俱罰俸一年。私罪。

《兵部處分則例》八旗卷一一《户口・私行併檔》 一、官員將非伊所屬不應入丁册之人私行併入檔內，並將撫養之子冒入檔內者，罰俸九個月，私罪。係平人鞭四十。私罪。失於查出之佐領、驍騎校各罰俸兩個月。公罪。

《兵部處分則例》八旗卷一一《户口・私行開户》 一、旗人將家僕不呈明該旗，私行開爲另户者，係官罰俸一年，私罪。係平人鞭五十。私罪。失於查出之該管佐領、驍騎校各罰俸九個月。公罪。如家主未經放出，佐領受賄私行開户者，革職，私罪。交刑部治罪。

《兵部處分則例》八旗卷一一《户口・捏報出繼歸宗》 一、八旗外任官員，如於出仕之後，始行出繼歸宗者，即著該員取本管佐領圖結呈報，咨部改正三代。倘於父母疾篤之時，假捏出繼歸宗，豫爲匿喪戀職地步者，一經發覺即行革職，私罪。不准援赦。其知情扶同出結之該旗佐領、驍騎校降二級調用。私罪。若並不知情，止於失察者降二級留任。公罪。未經詳查遽行轉報之參領、副參領，罰俸一年，公罪。率行出咨之都統、副都統罰俸六個月。公罪。

《兵部處分則例》八旗卷一一《户口・民人冒入旗籍》 一、另記檔案及養子開户人等出旗爲民，後復行冒入旗檔，及原係民人，繼嗣冒入旗人册檔者，係官革職，私罪。無職人鞭一百。私罪。扶同徇隱具保之佐領、驍騎校降三級調用，私罪。領催族長鞭八十。私罪。失於覺察之參領、副參領降一級留任，公罪。都統、副都統罰俸一年。公罪。如佐領、驍騎校等並不知情者，降一級留任，公罪。領催族長鞭六十。公罪。以上族長係官，照佐領例議處。失於詳查之參領、副參領罰俸一年，公罪。都統、副都統罰俸六個月。公罪。接任佐領、驍騎校不能查出，仍照從前檔册造報者，罰俸一年。公罪。不能查出之接任參領、副參領罰俸六個月，公罪。都統、副都統罰俸三個月。公罪。

（清）嵇璜《清朝通志》卷八五《食貨略・户口丁中》 皇朝户口，初亦有賦役，其制率仍前代。有分三等九則者，有一條鞭徵者，有丁隨地派者，有丁隨丁派者，立編審之法，五年一舉，丁增而賦隨之。自康熙五十年聖祖特頒恩詔：嗣後滋生人丁，永不加賦。雍正間，將額徵丁糧改地徵派，俾無業之民永免催科，實萬世不易之良法也。

順治元年，百户危列宿上言，天津避亂民萬有一千餘户，宜諭有司綏撫安插。而兵部侍郎金之俊亦請諭各道臣所招寇衆，悉令州縣編置牌甲。於是，制編審户口之法。其法：州縣城鄉十户立一牌頭，十牌立一甲頭，十甲立一保長，户給印牌，書其姓名、丁口，出則注其所往，入則稽其所來。其寺觀一體頒給，以稽僧道之出入。其客店令各立一簿，書寓客姓名、行李、牲口及往來何處，以備稽察。

三年詔：天下編審人丁，凡年老殘疾，及逃亡故絶者，免入。始定三年編審一次，繼定五年編審一次。後又定於次年八月各省彙齊到部，其編審事宜責成州縣官，以百有十户爲里，推丁多者十人爲長，餘百户爲十甲。城中曰坊，近城曰廂，在鄉曰里，各有長。凡造册，本户記丁口之數授之甲長，甲長授之坊廂里長，坊廂里長上之州縣，州縣合而上之府，府別造總册上之布政司。民年六十以上者開除，十六以上增注。凡籍有四：曰軍，曰民，曰匠，曰竈，各分上中下三等。丁有民丁，有站丁，有土軍丁、衛丁、屯丁。總其丁之數而登黄册，督撫據布政司所上，達之户部，户部受直省之册彙疏以聞，以周知天下生民之數。十四年，定州縣官增丁二千名以上，各予紀録。至十七年，令以户口消長課州縣吏殿最。十八年，總計直省人丁二千一百六萬八千六百有九口。

康熙二十四年，天下人丁二千三百四十一萬七千四百四十有八口。

二十五年，以原定編審限期太寬，民人等候無期，胥役得以任意作弊，乃更定一年歲底彙報。明年又令編審缺額人丁，該撫臣陸續招徠，於下次查編補足。

五十年，直省人丁二千四百六十二萬一千三百二十四口，於前未甚加增。上以承平已久，滋生日繁，而有司編審時不將所生實數開明具報者，特恐加增錢糧，是以匿隱。乃諭大學士等曰：民之生齒日繁，朕故欲知人丁之實數，不在加徵錢糧也。嗣後祇將見今錢糧册內，有名丁數弗增弗減，永爲定額，以後所生人丁免其加增錢糧，但將所增實數，另造清册具報。尋定：自康熙五十年額定丁册數外新增者，補足舊額，開除缺數，其餘謂之盛世滋生人丁，永不加賦。至六十年，直省人丁二千五百三十八萬六千二百有九口，內滋生人丁不加賦者四十六萬七千八百五十口。

雍正元年，直隸巡撫李維鈞言：請將直隸丁銀攤入地糧內徵收。嗣是各省計人派丁者，以次照例更改，不獨無業之民無累，即有業民户亦甚便之。

二年，天下人丁共二千四百八十五萬四千八百一十八口。時山西省有曰樂籍，浙江紹興府有曰惰民，江南徽州府有曰伴儅，寧國府有曰世僕，蘇州之常熟、昭文二縣有曰丐户，廣東省有曰蜑户者，該地方視爲卑賤之流，不得與齊民同列甲户。上甚憫之，俱令削除其籍，與編氓同列，而江西、浙江、福建又有所謂棚民，廣東有所謂寮民者，亦令照保甲之法案户編查。

乾隆五年，令直省督撫於每歲仲冬，將户口增減實數繕册具奏，其番疆苗界不入編審者，不在此例。

十四年，天下户三千六百二十六萬一千六百二十有三，丁萬有七千七百四十九萬五千三十有九。

二十二年，更定保甲之法，自順天府五城所屬村莊暨直省州縣鄉村，每户歲給門牌，書家長姓名生業，附註丁男名數，不及婦女。十户爲牌，立牌長；十牌爲甲，立甲長；十甲爲保，立保長。凡甲內有盜竊、邪教、賭博賭具、窩逃姦拐、私鑄私銷、私鹽踹麯、販硝斂財聚會等事，及形迹詭秘之徒，責令專司查報，無論紳衿之家與齊民，一體聽保甲稽查。其客民在內地貿易者，與土著一例順編。其商賈來往無定者，責成客長。鹽場、井竈另編排甲，責成場員。礦廠丁户，責成廠員。各處煤窯，責成僱主。山居棚民，責成地主。其濱海商漁舡隻，與內洋採捕小艇，取具澳甲族隣保結。河內船隻，責成埠頭。漁船網户及水次搭棚趁食之民，歸就近保甲管束。其邊外種地民人，亦設牌頭總甲，家長查察。其甘省番子土民，責成土司。其寺觀僧道，責成僧綱道紀。其外來流丐，保正督率丐頭查察。其旗民雜處村莊，苗疆寄籍內地，外省入川民人，與雲南夷民雜處者，同土著一體編入保甲。是年，總計天下人丁共一萬九千三十四萬八千三百二十八口。至二十九年，天下人丁共二萬五百五十九萬一千一十七口。

三十七年，上以户口實數已按年登册報部，則五年編審之例似屬虛文，且滋紛擾，著令停止。四十年，詔諭直省督撫整飭所屬，於仲冬户口册核實登記，以驗阜成之概，不得視爲具文。迄於今，萬億及秭付之史館者，更無數可稽，而八旗之繁庶以及外藩之歸赴回疆之濡育，又別有牌圖也。

《清朝文獻通考》卷二〇《户口・八旗户口》　國初，八旗人丁每三年編審一次，令各佐領稽查，已成丁者增入丁册，其老弱幼丁不應入册有隱匿者，壯丁入官，伊主及該佐領、領催各罰責有差。凡置買人丁及新成幼丁，令編入本佐領。初，定壯丁三百名爲一佐領，後改定爲二百名。凡八旗新添壯丁，每旗編佐領三十。有逃亡缺少者，於諸王貝勒、貝子等府壯丁內撥補，仍將該佐領治罪。

又定家丁壯丁首先登城者，准其開户，並將胞兄弟嫡伯叔帶出，仍償原主身價。

順治元年，凡旗下漢人有父母兄弟妻子情願入旗者，地方官給文赴部，不許帶田地投獻。

三年定：漢人投充旗下永行禁止。

九年，內府及諸王府官員有勞績素著者，特選數員，令其開出府佐領，各歸所屬佐領。其父子兄弟見有職任者，不准帶出。

十七年定：凡官員子弟有職任者，不拘定限歲數，准其分户。先是，旗員子弟年十八以上，載部册後，方許分居。如未及歲先分居者，議罰。自是有此令。

康熙二年定：凡投充人父兄伯叔住種滿洲房地，子弟姪看守故土墳塋，或子弟姪住種滿洲房地，父兄伯叔看守故土墳塋者，行地方官察其輸糧，在先紅册有名者，即斷爲民。如投充後輸糧者，仍斷與旗人。

四年，令滿洲蒙古佐領內餘丁多至百名以上，願分兩佐領者，聽。

十三年，八旗每佐領編壯丁一百三四十名，餘丁彙集另編佐領，或所餘丁僅百名以上者，該旗王、貝勒、貝子、公等併都統、副都統、佐領酌驗無誤，披甲當差，出結送部，亦准編作佐領。

二十三年，諭：八旗滿洲蒙古每旗均設佐領百員。

雍正二年，禁開檔之人越佐領認户，八旗開檔爲義子之人，係年老無嗣不能當差，又無産業，故令其披甲養贍伊身。若不思原主之恩，越佐領自稱正户者，交部從重治罪。

四年諭：上三旗定設漢軍四十佐領，下五旗定設漢軍三十佐領。是年届編審之期，令八旗都統及直省駐防都統將軍等交與佐領、驍騎校、領催，將新舊壯丁逐户開明，并編審各官姓名保結送部。其未成丁及非正身良家子弟，并應除人丁驗實開除。至烏喇打牲人丁，户部派筆帖式前往編審。

五年，申造編審丁册之令。凡編審丁册，每户書另户某人某官，無官者則曰閑散。某上書父兄官職名氏，傍書子弟及兄弟之子及户下若干人，或在籍，或他往，皆備書之。其各省駐防旗員兵丁及外任文武各官子弟家屬，令各該將軍督撫造册咨送該旗。嗣後三年一次編審，亦如之。

七年定：八旗正身壯丁年十五以上，該管官查無假冒，方准入册。

十三年定：八旗壯丁，或寓親友，或流落鄉屯，向未入丁册者，限六月首報補入。若潛匿私往他所者，以逃人論。

乾隆三年，定旗人開户例。凡八旗奴僕原係滿洲蒙古，直省本無籍貫，帶地投充人等，雖有本籍，年遠難考，均准其開户，不得放出爲民。四年又議：國初，俘獲之人年分已遠，及印契所買奴僕之中有盛京帶來、帶地投充之人，係旗人轉相售賣，均應開户，不准爲民。又八旗户下家人，有本主念其世代出力，准令開户者，亦准其開户。又議：乾隆元年以前八旗家奴，經本主放出已入民籍者，准其爲民。若係乾隆元年以前放出，至元年以後始入民籍者，令歸旗作爲原主户下開户壯丁。至於贖身之户，均歸原主佐領下作爲開户。

六年，復定八旗造丁册之例。凡編審各佐領下已成丁及未成丁已食餉之人，皆造入丁册，分别正身開户，户下於各名下開寫三代履歷。其户下人祖父或係契買，或係盛京帶來，或係帶地投充，或係乾隆元年以前白契所買，分别注明正户之子弟，均作正身分造，餘俱照舊例。

又定開户養子别行記檔之例。八旗開户養子，因出兵陣亡及軍功列一等二等改爲另户者，别記檔案。又國初投充俘獲入旗之人後經開户，及民人之子旗人抱養爲嗣，或因親入旗，或良民之子隨母改嫁入於他人户下，或旗奴開户及旗奴過繼與另户爲嗣，已入另户檔内，後經首明者，亦别記檔案，令該旗造册三本，一存旗，一咨户部，一咨呈宗人府存案。不得與宗室聯婚，如别記檔案之人冒入另户檔内者，交部治罪。

七年諭：八旗漢軍其初本係漢人，有從龍入關者，有定鼎後投誠者，有緣罪入旗與夫三藩户下歸入者，有内務府王公包衣撥出者，以及召募之炮手，過繼之異姓，并隨母因親等類，先後歸旗，情節不一。其中惟從龍人員子孫皆係舊有功勳，無庸另議更張。其餘各項民人等，或有廬墓産業在本籍者，或有族黨姻屬在於他省者，朕意欲稍爲變通，以廣其謀生之路。如有情願改歸原籍者，准其該處人民一例編入保甲；有情願外省居住者，准其前往居住。此内如有世職，仍令許其承襲。不願出旗者，聽之。所有願改歸民籍及願移外省者，限一年内具呈本管官查奏。如此屏當原爲漢軍人等，生齒日多，籌久遠安全，計出此特恩，後不爲例。此朕格外施仁原情體恤之意，非逐伊等使之出旗，亦非爲國家糧餉有所不給，可令八旗漢軍都統等詳悉曉諭。

八年諭：前降諭旨，八旗漢軍人等有願改歸民籍及移居外省者，准其具呈本管官查奏。原指未經出仕及微末之員而言，至於服官既久、世受國恩之人，其本身及子弟自不應呈請改籍，朕亦不忍令其出旗。嗣後，文職自同知等官以上，武職自守備等官以上，不必改歸民籍。

十二年，諭曰：朕觀漢軍人等，或祖父曾經外任，置有房産，或有親族在外依賴資生，及以手藝潛往各省居住者，頗自不少。按之功令，究屬違例，與其違例潛居，孰若聽從其便，亦可各自謀生。嗣後，八旗漢軍人等願在外省居住者，在京報明該旗，在外呈明督撫，不拘遠近，任其隨便散處。該督撫咨明該旗，每年彙奏一次，以便稽察，務令安静營生，毋得強横滋事。如此則於功令不相妨礙。伊等亦得安居樂業，生計有資矣。

二十一年諭：八旗别載册籍之人，原係開户家奴冒入正户，後經自行首明，及旗人抱養民人爲子者，至開户家奴則均係旗下世僕，因效力年久，其主願令其出户，凡遇差使，必先儘正户正身選用之後，方准將伊等選補。欲自行謀生，則又以身隸旗籍，不得自出。今八旗户口日繁，與其拘於成例致生計日窘，不若聽從其便，俾得各自爲謀。著加恩將見今在京八旗、在外駐防内別載册籍，及養子開户人等皆准其出旗爲民。其情願入籍何處，各聽其便，所有本身田産並許其帶往。此次辦理之後，隔數年，候朕酌量降旨。此内不食錢糧之人，即令出旗外。其現食錢糧之人，若一時遽令出旗，於伊等生計不無拮据，其如何定以年限裁汰出旗之處，交與該部會同八旗都統等詳悉，定擬具奏，嗣户部八旗都統會議。

凡在京文武官員，其作何調補漢缺之處，交吏兵二部定議。其外任緑營員弁及文職等官，應即令出旗爲民。至現在捐納候缺人員并閑散進士舉人生員、繙譯進士舉人生員等，亦即准其爲民。其如何考試録之處，應交吏、禮、兵等部辦理。又，閑散人等，令各該旗詢明，願入籍何處，由該旗徑咨該地方官入籍，仍造册咨送户部存查。至現食錢糧之人，除情願退糧爲民者一體辦理外，其餘現在當差人等俟缺出時裁汰。又，外省駐防官兵閑散内，令該將軍大臣等詢明願入何省民籍，造册咨送該旗，仍咨報户部轉行地方官。又，開户人等内有設法贖身，經部辦理作爲公中開檔者，若准一例爲民，誠恐漫無區別，或給内務府莊頭名下作爲壯丁，或應准其爲民，會同户部分別請旨。又，另記檔案人等缺出裁汰後，該佐領處並無應挑之人，請將佐領下額外當差食餉之人頂補，至佐領、驍騎校官員仍令在旗當差。如係另户，仍以旗缺對品坐補。如係另記檔案，俟届應陞之期，亦交該部辦理。奏入，得旨允行。

諭：宗室王公包衣户口，向有因其效力年久咨請撥附旗下佐領者，現今八旗另記檔案，及養子開户俱經察明辦理，如仍舊准其撥附，則旗人衆多，伊等不能遽得錢糧，生計未免艱窘，彼此均無裨益。嗣後，宗室王公包衣户口撥附旗下佐領之處，著停止。再，宗室王公等包衣户口滋生日繁，該王公養贍亦恐拮据，著該宗室王公等會同各該旗都統等，將各包衣户口察明辦理，一次隔數年，候酌量降旨。庶此項人等均得一體謀生，該王公、都統等即行遵旨辦理。

二十五年，定清釐旗檔之例。一、另户旗人抱養民人之子及家人之子爲嗣者，從重治罪。一、民人之子自幼隨母改嫁與另户旗人者，該旗詳記檔案，俟成丁後令其爲民。一、另記檔案養子開户人等，業經出旗爲民，如有復行冒入旗籍者，從重治罪。一、旗下家人之子隨母改嫁與另户者，民人之子隨母改嫁與旗下家人者，及家人抱養民人之子者，均以户下造報。一、八旗投充户口，凡旗檔内有名者，造丁册，一分送部，一分發該地方官備案。如有事，故頂充於比丁册内聲明報部，轉行該地方註册備查。至伊等之弟兄叔姪不在旗檔者，責令地方官逐一清查，編入里甲，以免混淆。又定跟役軍功出户之例。凡官兵跟役臨敵時，有能超越前進殺賊敗賊者，本人及父母妻子俱准出佐領爲另户，仍給還本主身價。其跟役有陣亡，蒙恩准其子弟爲民者，本主係官，不給身價；係兵，照例給價。

二十六年，定漢軍爲民之例。凡八旗漢軍現任外省，自同知守備以上，京員自主事以上，旗員自五品以上，俱不准改歸民籍。其父在旗而子願爲民，子在旗而父願爲民者，亦不准改籍。其餘願改歸民籍者，在京報明該旗咨部，轉行各省，在外呈明督撫咨報部旗，編入民籍，並准一體考試。凡出旗爲民，年已成丁者，該州縣給與印票，以便稽查。自京入省入籍者，該旗給照前往至入籍地方換給印票，其願入順天府州縣者，該旗交送順天府。

二十八年，定八旗逃人之例。凡八旗滿洲蒙古逃走，在一月以内自行投回及拏獲者，連家屬派往伊犂，賞給步甲錢糧當差。若仍不悛改，復行逃走，即於旗檔内將名籍消除。如逾一月以外投回，將旗檔圈銷，照例遣發。其漢軍在一月以内投回者免罪，拏獲者分別次數，照例治罪。如逃走至三次及在一月以外，不論投回、拏獲，照民人犯流罪例，安插爲民，同妻削除旗檔。

二十九年，定軍功另户之例。凡八旗另記檔案，養子開户内有現食錢糧未經出旗之人，或因在軍營著有勞績，或因技藝出衆蒙恩作爲另户者，其父母子弟及親弟兄俱准作另户。

三十一年，定迷失幼丁之例。凡八旗迷失幼丁在十五歲以下者，該管官取具本家及族長册結，咨部知照，各旗及步軍統領衙門、都察院、順天府一體查緝，獲日咨旗認領，不更治罪。如在十五歲以上，照逃人例辦理。其十五歲以前失迷，十五歲以後始行投回者，查其失迷之時，如係素好游蕩不省成性者，亦照逃人例辦理。如實係愚蒙幼穉，本無惡習者，奏明請旨。

三十三年，刑部議覆：伊犂將軍阿桂奏伊犂兵丁或自京犯逃發往，或由他處移往駐防，及既經逃逸，復有初次二次之不同，且有拏獲、投回之互異，請通計次數情節，分別示懲，以昭炯戒，得旨允行。

三十七年，將軍增海等具奏：盛京各佐領下所有馬甲多寡不等，請裁馬甲，添設步甲，其餘剩錢糧併隨缺地畝入於正項報銷。經軍機大臣會同該部覆准具奏，諭：盛京額設馬甲並隨缺地畝，皆爲養贍該處滿洲而設，今年久，生齒日繁，若將伊等應得分例裁汰入官，於伊等生計殊屬無益。如現在京中八旗户口繁盛，生計不無拮据，經朕特沛恩施，另賞鰥寡孤獨錢糧，以資生理。其派往西安、涼州、莊浪、寧夏兵丁，俱令照所派之額在京挑補。又添兵缺甚多，每年帑金不下數萬，並無吝惜。盛京滿洲皆朕臣僕，人丁日盛，自宜酌量添給，豈有轉將伊等現在應得分例裁汰之理？今各佐領下，馬甲額設不均，固宜均行辦理。但此項裁汰錢糧、地畝，亦宜斟酌。養贍多人，或添設甲步，或作爲養育兵，俾衆人均沾實惠。著將此項裁汰之馬甲三百六十名錢糧交增海等，或添設步甲，或添設養育兵，惟期普被恩施，辦理具奏。其隨缺三百六十晌如何使衆人均有裨益之處，並著增海等定議具奏，將此通諭中外，示朕優恤滿洲至意。嗣經將軍增海等奏裁汰馬甲，應添步甲三百八十八名，仍照原奏添設外，餘剩銀二千六百一十六兩，請添設每月食五錢錢糧，養育兵四百三十六缺分給八旗滿洲蒙古漢軍，各佐領下仍按鰥寡孤獨人等之多寡酌量添設，以資養贍。又請裁汰隨缺地畝租銀六百三十四兩零，每年賞給步甲三百九十六名，每名銀一兩六錢，置買皮襖穿用。共步甲一千一百八十八名，三年内可以均沾實惠。嗣後，隔二年各兵可得皮襖一件。又請將現議養育兵内匀出一百四十分錢糧賞給盛京官學生，以資學習，於造士實有裨益。經部議，得旨允行。

三十九年，户部議：盛京將軍宗室弘晌等奏：請將各屬陸續查出遺漏人丁，遵照乾隆二十七年恩旨，作爲另户。查：現在查出遺漏正身户口與另記檔案，遵限自行呈首之人不同，日久遷延，難免藉端滋弊，請旨賞限一年，仍交盛京户部會同該將軍詳慎確查，務得實在根據。疏入，從之。

臣等謹按：編審丁册，每户書另户某人某官，無官者則曰閑散，某或在籍或他往，皆備書之。至八旗正身壯丁年十五以上，該管官查無假冒，方准入册。又八旗壯丁或寓親友或流落鄉屯，向未入丁册者，准其首報補入。惟開户養子，則有另記檔案之例。如冒入另户檔内，罪之。凡以慎稽察而杜潛匿，法至善也。今查出遺漏正身與另記檔案之人不同，展限確查，庶不遷延而滋弊矣。

四十三年，定編審打牲壯丁之例。向例：八旗壯丁三年編審一次，烏拉打牲人丁，户部派出旗員筆帖式前往編審。若有假冒隱匿等情，將該都統及領催等俱行治罪。至是，吉林將軍福康安奏：請編審打牲壯丁，停派京員，令該將軍就近編審造册，加具保結送部，如有隱冒，查實題參。疏入，得旨允行。

四十四年，軍機大臣等議覆：盛京將軍福康安奏：盛京旗人並旗下家奴攜帶眷口在吉林地方種地，共四十户一百八十二名，口内除正身旗人仍解回本處，照例辦理。其盛京兵部、工部、内務府之壯丁並王公宗室之家奴及旗下家奴，請入於吉林官莊耕種，納糧當差，并飭該管官嚴加約束，毋許滋事。如再有犯逃者，獲日不論次數，刺字發駐防兵丁爲奴，等因。奉旨：盛京、吉林均係國家根本之地，境壤毗連，盛京旗人有潛往吉林種地謀生本無關礙，並非逃旗可比。從前弘晌奏請解回治罪之處，所辦原屬過當。伊等皆滿洲世僕，盛京、吉林有何區別。其正身旗人六户即著入於吉林當差，毋庸解回盛京辦理，餘依議。

軍機大臣議覆：黑龍江將軍富玉等奏：黑龍江各城地方，歷年由部發遣人犯，隨來子女内有聯親生子，又旗人内挑取兵丁得力窘者放出，另行居住，至今各城滋生共四百三十九户。詳訊伊等有情願回籍者四十二户，勒催起程。有不曉原籍及另住旗人家奴等此二項人，若歸一處，不能管理，難保其不滋事端。請於此二項三百九十七户，五百三十六名内減半，揀選壯丁在於齊齊哈爾、黑龍江城、墨爾根各官莊，每年照例交糧，各官莊設立領催一二名，餘人入於各城舊官莊册内，以便挑補壯丁缺。從之。

四十六年諭：向來各省駐防滿洲已安居百有餘年，京城並無伊等近族，兩京城滿洲生齒日繁，若准其進京，無以爲生，反爲無益，是以概不准其來京。自開闢新疆，分派官兵前往駐劄以來，在京滿洲陸續駐防各省者甚多，此内亦有派往駐防。時因子弟在京當差仍留在京者，爲伊等在駐防處年老退休，並無依賴之人，即不免失所，朕心深爲不忍。嗣後，各省新派駐防人員內，如有年老休退，實無依賴之人，京中尚有子嗣，意欲就養者，著該將軍等查明，令其回京就養。但一概由官辦理回京，則不願在彼之人不無借端，皆欲回京。非朕愛惜旗人之意。其老年退休欲回京就養者，著令自備資斧來京，不必由官辦理。著爲令。

《大清會典（乾隆朝）》卷九《户部・户口》　凡編審八旗户口，以三年爲率，屆期移文八旗滿洲蒙古漢軍都統及盛京將軍、各自省駐防將軍、都統、副都統，飭所屬佐領簡稽丁壯登名於籍達部，彙疏以聞，以周知八旗繁衍之數。

凡編旗丁，每户書某氏某官，未仕者曰閒散某，上書父兄官職名氏，旁書子弟兄弟之子及户下若干人，或在籍或他往皆備書。駐防及居外省者編二册，一申部，一咨旗檢校。

凡八旗氏族載在册籍者曰正户，僮僕而本主聽出户者曰開户。由所隸佐領別宗支、覈真僞、稽遠近、考其譜系以時除注，其有年久丁册脱漏世系無可稽考者，別載册籍，均條晰申部，用資簡閱。

凡八旗漢軍，除從龍勳戚子孫外，或有田宅、或依姻戚、或操工作，需在各省營生食力者，許呈本旗都統及所在督撫，隨其人地之宜聽其生業，督撫於歲終具册咨部彙奏。

凡旗人立後，先兄弟之子，次從兄弟之子，次族姓，擇昭穆相當者聽立爲後。立後時，必聞族長，呈叅佐領押字。若本宗無人，許撫異姓正户之子爲嗣，呈兩家族長，佐領亦如之。有同宗而立異姓及收僮僕並漢人者，禁之。

凡旗人儥僮者，官給印票，記户册稽親鄰，察其非犯罪脱籍假冒者，徵信而質劑焉。所儥繫旗人領催押字，漢人兵馬司書券。在奉天各省者，所在官掌其成市亦如之。若滿洲蒙古壯丁越旗自鬻，及以僮僕鬻漢人者，論。

凡户下人隨主出征，有先登得城者，准其出户，其親伯叔兄弟亦准隨出，編入正户册。【略】

凡編審直省户口，以五年爲期。州縣官通稽境內民數，每百有十户推丁多者十人爲長，餘爲十甲，甲繫以户，户繫以口，編爲一册。城中曰坊，近城曰廂，在鄉曰里。民年十六始傅，六十以上除之。布政使司以所屬比册上之督撫，督撫疏報以册達部，部受直省之册彙疏以聞，以周知天下生民之數。

凡人丁計口出銀，以代徭役，前代相沿，載在版籍者曰徭銀，自昇平歲久，生齒益繁，康熙五十二年迺因恩詔，以五十年編册爲率，永免增丁之賦。雍正二年以册存見數按直省州縣均入田賦代輸，其無田之户悉免之。閒有不便均輸者，仍依舊制，丁地分徵，以從土俗之宜。

凡直省徭銀均入田賦者，二百七十二萬六千二百十有一兩有奇。每五年編審，丁有滋生，徭無加額。若田有墾復升科者，仍取田賦內代輸徭銀，計其輕重而通均之。

凡保甲之法，户給印單，書其姓名習業，出注所往，入稽所來。十户爲牌，立牌長。十牌爲甲，立甲長。十甲爲保，立保長。自城市達於村鄉，使相董率，遵約法，察姦宄，勸孅行，善則相共，辠則相及，以安保息之政。

《大清律例》卷八《户律・户役・別籍異財》　凡祖父母、父母在，子孫別立户籍，分異財產者，杖一百。須祖父母、父母親告，乃坐。若居父母喪，而兄弟別立户籍，分異財產者，杖八十。須期親以上尊長親告，乃坐。或奉遺命，不在此律。

條例

一、祖父母、父母在者，子孫不許分財異居。此謂分財異居，尚未別立户籍者，有犯亦坐滿杖。其父母許令分析者，聽。

《大清律例》卷八《户律・户役・脱漏户口》　凡一家户口全不附籍，若有田應出賦役者，家長杖一百。若係無田不應出賦役者，杖八十。准附籍。有賦照賦、無賦照丁當差。

若將他家人隱蔽在户，不另報立籍及相冒合户附籍他户有賦役者，本户家長亦杖一百，無賦役者亦杖八十。若將內外另居親屬隱蔽在户不報，及相冒合户附籍者，各減二等，所隱之人，並與同罪，改正立户，別籍當差。其同宗伯叔弟姪及壻，自來不曾分居者，不在此斷罪改正之限。

其見在官役使辦事者，雖脱户。然有役在身、有名在官，止依漏口法。

若曾立有户隱漏自己成丁，十六歲以上。人口不附籍，及增減年狀，妄作老幼廢疾，以免差役者，一口至三口，家長杖六十，每三口加一等，罪止杖一百。不成丁三口至五口，笞四十，每五口加一等，罪止杖七十，所隱人口入籍成丁者當差。

若隱蔽他人丁口不附籍者，罪亦如之，所隱之人與同罪，發還本户附籍當差。

若里長失於取勘，致有脱户者，一户至五户，笞五十，每五户加一等，罪止杖一百。漏口者，一口至十口，笞三十，每十口加一等，罪止笞五十。本縣提調正官首領官吏，失於取勘，致有脱户者，十户笞四十，每十户加一等，罪止杖八十。漏口者，十口笞二十，每三十口加一等，罪止笞四十。知情者並與犯人同罪，受財者計贓以枉法，從重論。若官吏曾經三次立案取勘，已責里長文狀叮嚀省諭者，事發罪坐里長。如里長官吏知其脱漏之情，而故縱不問者，則里長官吏與脱漏户口之人同罪。若有受財者，並計贓以枉法，從重論。

條例

一、直隸各省編審察出增益人丁實數，繕册奏聞，名爲《盛世滋生户口册》。其徵收錢糧，但據康熙五十年丁册定爲常額，續生人丁永不加賦。如額徵丁糧數内有開除者，即將各該省新增人丁補足額數。至新增人丁倘不據實開報，或有私派錢糧，及造册之時，藉端需索，該督撫嚴查題參。

一、八旂凡遇比丁之年，各該旂務，將所有丁册逐一嚴查，如有漏隱，即據實報出補行，造册送部。如該旂不行詳查，經部察出，即交部查議。

《大清律例》卷八《户律·户役·人户以籍為定》 凡軍民驛竈醫卜工樂諸色人户，並以原報册籍爲定。若詐軍作民，冒民脱匠，免避己重就人，輕者杖八十。其官司妄准脱免及變亂改軍爲民，改民爲匠。版籍者，罪同。軍民人等各改正當差。

若詐稱各衛軍人，不當軍民差役者，杖一百，發邊遠充軍。

條例

一、各處衛所官軍人等及竈户置買民田，一體坐派糧差。若不納糧當差，致累里長包賠者，俱問罪，其田入官。

一、雍正十三年以前，各旂白契所買之人，俱不准贖身。若有逃走者，准遞逃牌。乾隆元年以後，白契所買單身及帶有妻室子女之人，俱准贖身。若買主配給妻室者，不准贖身。未經賣身之先或已定親未娶，問女家情願，方許配合，不情願者，聽。

一、旂下奴仆或借别旂名色買贖，或自行贖身旂民，兩處俱無姓氏者，察出即令歸旂。其有跟隨家主出差外任，私有蓄積，鑽營勢力，欺壓本主贖身者，自康熙五十二年恩詔以後，雖在民籍，查明强壓情實，亦令歸旂。若果係數輩出力之人，伊主念其勤勞，情願聽其贖身爲民，本旂户部有檔案可稽，州縣地方有册籍可據爲民者，仍歸民籍。舊主子孫不得借端控告。其有投充之人私自爲民，後經發覺，將同族之人誣扳爲同祖，或本主因家奴之同族，少有産業，誣告投充之子孫者，審明，將誣扳誣告之人從重治罪。

一、乾隆元年以後放出，捏稱元年以前，私自營求入於民籍者，察出將該户交刑部照例治罪，仍令歸旂，作爲本主户下家人。其不行詳查之參佐領及朦混收入民籍之地方官，一併交部議處。

一、八旂遠年丁册有名者，即係盛京帶來奴僕，直省本無籍貫。其帶地投充者，亦歷年久遠，雖有籍貫，難以稽查。兩項應仍遵照定例，只准開入旂檔，不得放出爲民。

一、乾隆元年以後白契所買之人，未入丁册者，准照例贖身爲民。其乾隆元年以前白契所買之人，既准作爲印契，仍照例在本主户下挑取步甲等缺，俟三輩後，著有勞績，本主情願放出爲民者，呈明本旂，咨報户部册檔。有伊祖父姓名者，亦准放出爲民，仍行文該地方官查明註册，只許耕作營生，不准考試。

一、各省樂籍并浙省墮民丐户，皆令確查削籍改業爲良。若土豪地棍仍前逼勒陵辱，及自甘污賤者，依律治罪。其地方官奉行不力者，該督撫查參，照例議處。

一、遠年印契所買奴僕之中，如内有實係民人印契，賣與旂人契内尚有籍貫，可查照乾隆元年以前白契所買家人之例，三輩後准其爲民，仍將伊等祖父姓名、籍貫一體造册，咨送户部查核。

一、駐防旂人置買本地家奴，本主因其不堪驅使，情願准其贖身者，亦准放出爲民。

一、凡八旂奴僕放出爲民，未經入籍及入籍在乾隆元年以後之户，應令歸旂，作爲原主名下開户壯丁。至於設法贖身之户，例應作爲開户壯丁者，其已經議結之案毋庸置議外，其未結之案或係自備身價贖身，或親戚代爲贖身者，均應歸原主佐領下作爲開户。若有實在用價契買隨，又交價贖出者，均應在買主佐領下作爲開户。如經開户壯丁給價買出者，伊等原非另户正身，其名下不便復有開户之人，應仍歸原主佐領下作爲開户。

一、凡八旂絶户家奴，如無族人可歸者，無論家下陳人、契買奴僕，俱准在於本佐領下開户，責令看守伊主墳墓。其中如果有年力精壯尚可當差者，在於本佐領下披步甲當差。如内有乾隆元年以後白契所買奴僕，情願贖身爲民者，照例贖身。其身價銀兩照絶户財産入官例辦理。

一、發遣賞給各省駐防兵丁爲奴人犯，除照例不准贖身及不准典賣與别境旂人外，其實有應賣事故，欲行典賣者，報明該管官，酌量准其典賣與本處旂人爲奴。如遇有逃走爲匪等事，即將典買之人照例治罪，原主不坐。如賣與民人並别境旂人爲奴者，杖一百，追價入官。

一、凡另户人之妻因夫亡改嫁與另户，并嫁與户下家人，其前夫所生之子原係另户，應准其隨母改適，俟撫養成丁，仍歸本宗。如子母不忍分離，兩家情願倚依者，准其倚依，仍將本人造入生父本宗丁册。如有民間子弟自幼隨母改嫁與另户旂人，應照户口不清例，另行記檔。其有家人之子隨母嫁與另户，以及民間之子隨母改適與户下家人者，統於户下造報聲明。嗣後，遇有隨母改嫁人等，該參佐領即時確查，報明都統存案，仍於編審之年丁册内註明，咨報户部查核。至從前另户旂人之子自幼給與旂民正身及户下家人撫養，呈請歸宗者，該旂查明情實，取具兩姓族長族人保結并各該參佐領印結，咨送户部存案，准其歸宗。

一、凡民人之子既經給與旂下家人爲嗣，即與家人無異，應造入伊主户下，以備稽查。

一、八旂從前投充及乾隆元年以前契買家奴，果原係竈户，祖父姓名、籍貫確有証據，令該大使查明，出具印甘各結，詳報該管上司核明，行文該處查提，准其放出歸竈，仍將賣身之人枷號三個月，引進保人枷號兩個月，各責四十板，追取原價給主。其並非竈丁指稱竈丁，抗違家主者，杖一百，仍行給主。

一、應試童生如詭捏數名或頂名入場，希圖倖進者，照詐冒律杖八十，保結之廩生知情者同罪。

一、順天府考試審音之時，究出冒籍情弊，將本生及廩保俱照變亂版籍律杖八十，廩保仍革去衣頂。知縣、教官如審音不實，濫行申送，俱照徇庇例交部議處，受財者計贓，從重論。

一、凡八旗漢軍人等，願在外省居住者，在京報明該旗，在外呈明督撫，不拘遠近，任其隨便散處。所在督撫咨明該旗，每年彙奏一次，以便稽查，務令安静營生，不得强横生事。

《大清律例》卷八《户律・户役・私剏庵院及私度僧道》　凡寺觀庵院，除見在處所先年額設外，不許私自剏建增置，違者杖一百。僧道還俗，發邊遠充軍，尼僧女冠入官爲奴。地基材料入官。

若僧道不給度牒，私自簪剃者，杖八十。若由家長，家長當罪。寺觀住持及受業師私度者，與同罪，並還俗。入籍當差。

條例

一、民間子弟户内不及三丁或在十六以上而出家者，俱枷號一箇月，并罪坐所由。僧道官及住持知而不舉者，各罷職還俗。

一、僧道犯罪，雖漏給度牒，悉照僧道科斷。該還俗者，查發各原籍當差。若仍於原寺觀庵院或他寺觀庵院潛住者，並枷號一箇月，照舊還俗。其僧道官及住持知而不舉者，照違令律治罪。

一、民間有願剏造寺觀神祠者，呈明該督撫具題，奉旨方許營建。若不俟題請，擅行興造者，依違制律論。

一、由禮部頒發度牒給在京及各省僧綱司等，如情願出家之人，必須給予度牒，方准披剃，仍飭地方官嚴查。僧官胥吏毋得借端需索，擾累僧徒，違者從重治罪。

一、僧道凡有事故，將原領牒照追出彙繳，毋許改名更替。如有暗行隱匿及私相授受者，僧道照違制律治罪，僧道官斥革還俗，地方官照失察例處分。

一、現在應付火居等項，僧道止於優給本身牒照，不准招受生徒。其合例應招生徒之僧道，所有許其招受之人，即於伊師原發牒照上，註明年貌、籍貫、簪剃年月、伊師身故之日，即爲本人之牒照，不必另行給發。

該州縣歲底彙報該撫，該撫隨五年審丁之期另具清册報部。如所招之人身犯姦盜重罪，除將伊師牒照內名字除去外，伊師亦不准再行續招。如所招之人無罪犯而病故者，准另招一人爲徒，亦於牒照內註明身故、續招緣由。其牒照有水火盜賊遺失等情，准其呈明地方官咨部另給。

一、僧道年逾四十，方准招受生徒一人。如有年未四十即行招受，及招受不止一人者，照違令律笞五十。僧道官容隱者罪同。地方官不行查明交部，照例議處。所招生徒勒令還俗。

一、僧道如有爲匪不法等事，責令僧綱道紀等司隨時舉報。倘瞻徇故縱，別經發覺，犯係逆案者，將該管僧綱道紀照知情故縱逆犯本律，分別已行、未行定罪。若止失於覺察者，照不應重律，杖八十。

《大清律例》卷八《户律・户役・收留迷失子女》 凡收留良人家迷失道路鄉貫子女，不送官司而賣爲奴婢者，杖一百，徒三年；爲妻妾子孫者，杖九十，徒二年半。若得迷失奴婢而賣者，各減良人罪一等。被賣之人不坐，給親完聚。

若收留在逃子女不送官司而賣爲奴婢者，杖九十，徒二年半；爲妻妾子孫者，杖八十，徒二年。若得在逃奴婢而賣者，各減良人罪一等。其被賣在逃之人又各減一等。若在逃之罪重者，自從重論。

其自收留爲奴婢、妻妾、子孫者，罪亦如之。暫時隱藏在家者，不送官司，並杖八十。

若買者及牙保知情，減犯人罪一等，追價入官。不知者，俱不坐，追價還主。

若冒認良人爲奴婢者，杖一百，徒三年；爲妻妾子孫者，杖九十，徒二年半。冒認他人奴婢者，杖一百。

條例

一、八旗凡有呈報迷失幼童幼女者，該管官取具本人族長等並無捏飾甘結，照例移咨兵部存案。如有隱匿寄養情弊，將寄養、受寄之人照隱漏丁口律治罪，改正族長人等照里長失於取勘律治罪。

《大清律例》卷八《户律・户役・逃避差役》 凡民户逃往鄰境州縣躲避差役者，杖一百，發還原籍當差。其親管里長、提調官吏故縱，及鄰境人户隱蔽在己者，各與同罪。若鄰境里長知而不逐遣，及原管官司不移文起取，若移文起取而所在官司占悋不發者，各杖六十。

若丁夫雜匠在役及工樂雜户謂驛竈醫卜等户逃者，一日笞一十，每五日加一等，罪止笞五十。提調官吏故縱者，各與同罪。受財者，計贓以枉法，從重論。不覺逃者，五人笞二十，每五人加一等，罪止笞四十。不及五名者，免罪。上言躲避鄰境，是全不當差役者，故其罪重。此言在役而逃，是猶當差役者，故其罪輕。

條例

一、因兵荒逃避之民，有司多方招撫，仍令附籍復業當差。或年久逃遠，府州縣造逃户周知文册，備開逃民鄉里、姓名、男婦、口數、軍民匠竈等籍及遺下田地、税糧若干，原籍有無人丁應承糧差，送各處督撫，督令復業。其已成家業願入籍者，給與户由執照，附籍當差。如不自首，雖首而所報人口不盡，或展轉逃移及窩家不舉首者，各杖一百。

一、有司委官挨勘流民名籍、男婦、大小、丁口、排門、粉壁，十家編爲一甲，互相保識，分屬當地里長帶管。如或游蕩作非，公舉治罪。若團住山林湖濼，或投託官豪勢要之家，藏躲抗拒官司，不服招撫者，正犯并里老窩家知而不首，及占悋不發者，各依律科。

一、沿邊沿海地方軍民人等躲避差役，逃入土夷峒寨海島潛住，究問情實，俱發邊遠衛分充軍。本管里長管軍人知而不首者，各治以罪。有能擒拏送官者，不問漢土軍民，量加給賞。

《大清律例》卷八《户律・户役・收養孤老》 凡鰥寡孤獨及篤廢之人，貧窮無親屬依倚，不能自存。所在官司應收養而不收養者，杖六十。若應給衣糧而官吏尅減者，以監守自盜論。凡係監守者，不分首從，併贓論。

條例

一、直省州縣所屬養濟院，或應添造，或應修葺者，令地方官酌量修造，據實估計，報明督撫，在於司庫公用銀內撥給，仍不時查勘。遇有滲漏之處，即行粘補完固。倘有陞遷事故，造入交代册內，取具印結送部。其正實孤貧，俱令居住院內，每名各給印烙年貌腰牌一。而該州縣按季到院，親身驗明腰牌，逐名散給口糧。如至期，印官公務無暇，遴委誠實佐貳官代散，加結申報上司，毋許有冒濫扣尅情弊。若州縣官不實力奉行者，該督撫即行查參，照例議處。

一、老人九十以上者，地方官不時存問。其或孤寡及子孫貧，不能養贍者，州縣查明賑恤，詳報督撫奏聞，動用錢糧，務令得沾實惠。

一、軍流等犯，除年逾六十不能食力者，照例撥入養濟院，按名給與孤貧口糧外。或年未六十而已成篤疾不能謀生者，亦應一體撥給。其少壯軍流各犯，實係貧窮，又無手藝者，初到配所，按該犯本身及妻室子女每名每日照孤貧給與口糧，自到配日起以一年爲止，於各州縣存貯倉穀項下動用報銷。各州縣有驛遞之處，一切應用人夫，酌派軍流少壯中無資財手藝之犯充當，給與應得工食。無驛遞之州縣，公用夫役均令一體充當，逐日給與工價，仍令該督撫照各處現行章程妥協辦理。

一、京師五城各設棲流所一處，安頓貧病流民。其修理房屋工料及衣食藥餌之資，每年每城動支户部庫銀二百兩備用。如有不敷，許其赴部具領。如或有餘留，於下年備用。該城御史督率司坊等官實心辦理，如有虛冒侵蝕等弊，照例交部治罪。

一、各省流寓孤貧，如籍隸鄰邑，仍照例移送收養外，其在原籍千里以外者，准其動支公項銀兩一體收養，年底造册報銷。

一、凡被災最重地方饑民外出求食，各督撫善爲安輯，俟本地災祲平復，然後送回。

（清）王慶雲《石渠餘紀》卷三《紀停編審》　明初因賦定役，丁夫出於田畝。迨黄册成而役出於丁，凡役三等，曰里甲，曰均徭，曰雜派。其間累經更制，有銀差、力差、十段錦、一條鞭諸法。厥後工役繁興，加派無藝，編審輕重無法，里甲之弊遂與有明一代相終始。詳《續通考·賦税門》。國初革里正加派諸弊，賦役之法，載在全書，悉沿萬曆條鞭舊制。初定三年一編審，後改五年。順治十三年。凡里百有十户，推丁多者十人爲長，餘百户爲十甲，届期坊、廂、里長城中曰坊，近城曰廂，在鄉曰里。造册送州縣。由是而府而司達於部，皆有册。凡載籍之丁，六十以上開除，十六以上添注。丁增而賦隨之，有市民、鄉民、富民、佃民、客民之分。民丁之外，有軍匠竈屯站土丁名。凡丁賦，均合徭里甲言之，曰徭里銀。凡徵丁賦，有分三等九則者，有一條編徵者，有丁隨丁起者，有丁隨地派者，率因其地之舊，不必盡同。都直省徭里銀三百餘萬兩，閒徵米豆。順治十八年丁銀三百萬兩有奇。至康熙閒，各省衛所歸併州縣，其屯丁次第照民丁編徵。及雍正初，天下丁銀三百二十餘萬兩。其科則輕自每丁一分數釐，重則山西之丁有四兩者，鞏昌有八九兩者。此本《通考》。又按《乾隆會典》，山西人丁有至四兩五分有零者。《嘉慶會典事例》載，陝甘每丁皆二錢。則舉後來定制言之。自康熙五十年定丁額，於是户部議缺額人丁，以本户新添者抵補，不足以親戚丁多者抵補，又不足以同甲糧多者頂補。編審時，所謂擦除、擦補者，大略如此。顧有司於民非能家至而日見，科則既不可強齊，除補且易滋流弊，於是雍正閒以次攤入地糧，爲均徭銀。別爲篇。自丁歸地糧，乾隆五年遂併停編審，以保甲丁額造報。其法除去流寓，以土著爲實數。而十一年詔停江西編審婦女之數，蓋鹽鈔徵派尚未盡除，故各省猶有照常册報者。三十七年上諭：李瀚奏請停編審造册，所見甚是。舊例原恐漏户避差，是以五年編造。今丁既攤入地糧，滋生人丁又不加賦，則編審不過虛文。況各省民穀數俱經督撫年終奏報，更無藉五年查造，嗣後停止。自是惟有漕衛所軍丁四年一編審而已。今距停編審時百有餘年矣。小民自生自息，無册籍之頭會，無官吏之箕斂，寛大之政，實古來所未有。司牧者務休息其民，使盡力於田畝，慎毋忘地糧之中已有均徭銀之輸納也。

案明初丁役，出於田。田一頃，出丁夫一人。不及頃者，以別田足之，曰均工夫。每歲農隙，赴京供役三十日遣歸，此爲按田派丁之始。特其初供役後乃出銀耳。明之銀差大約有二，初行里甲時，富者出財，貧者出力，所謂銀力從所便，此丁之有銀差也。正統以後舉京繇上供之數，按丁糧而均徵之。於是丁糧皆有銀差之科派，而不問出力與否矣。其後上供者，雖官爲支解，而公私所需，復給銀，責里長營辦。給不一二，供者什伯，而京繇解户，爲中官留難，率至破産，民不堪命。於是行一條鞭。一條鞭之法，先查一州縣歲額，各項差役若干。黄册丁糧除應免外，應役丁糧若干，以所用役銀，酌量人一丁、田幾畝，該出銀若干，統徵於民。官爲雇募供億。其法始於嘉靖，而通行於萬曆。凡有丁無糧者，編爲下户，仍納丁銀；有丁糧者，爲中户；及糧多丁少，丁糧俱多者，爲上户。丁糧並納，此本朝編審之制所自昉也。

秀水盛百二曰：自有司視編審爲具文，以至户口不清，貧富不辨。且雇役惟可行於平日，如非時力役河防、土工之類，其勢有不得不出於差者，於是徭役有不均之患，況編審時百姓恐差徭及身，併户減口。平時按籍而常見其少。不幸天災流行，朝廷有大恩卹，計口給發，則數又驟增。於是編審賑卹二册，自相矛盾。雖有才能，亦無所措其手足。意謂編審不可廢，而其法不可不嚴。臣以爲治道惟文與實而已。如其實也，有保甲即不必編審；如其文也，歲歲清查保甲，及一旦有事，尚不能據以施行，況十年、五年一編審乎？善夫賢臣李紱之言曰：雍正四年紱爲直隸總督，請改編審行保甲疏。伏見特諭，直省臣工，力行保甲。臣思編審之法，五年一舉，雖意在清查户口，尚不能稽察游民，不如保甲之法更爲詳密。既可稽察游民，且不必另查户口。自後請嚴飭編排人丁。自十五年以上，毋許一名遺漏。歲底造册，送布政司彙齊，另造總册進呈。册内止開里户人丁實數，免列花户，則簿籍不煩而丁數大備矣。紱之諭可謂達治體矣。

案康熙五年以廣西西隆州改歸内地，停其編丁。二十八年以四川松建等衛，地處極邊，屯丁無幾，建叙二廳山多土瘠，舊例人丁載在銀米之内，俱免其編審。三十六年會理州，四十年東川府，皆以邊地免編。雍正閒廣西東蘭、歸順，雲南緬寧等處，皆以改土歸流，停其編審。

（清）王慶雲《石渠餘紀》卷三《紀賦册糧票》 勝國之季，内官勳戚莊田僭越無等，詭寄者不可究詰，賦入大絀。時疆事孔亟，苟且增餉，官吏侵漁逾倍。公私交敝，以汔於亡。我朝革命，首除三餉。與民休息，收其内監田歸户部，宗禄田歸各省。是爲更名田地。於是田額漸復。順治三年詔定賦役全書，悉復萬曆閒原額。凡賦糧以地肥磽與丁貧富爲差，賦皆以銀，糧則米、豆、麥、草，各視所産以爲之制。全書之例，總載地畝人丁賦税定額，及荒亡開墾招來之數，爲徵斂之大綱。訂正於順治十一年，至康熙二十四年重修，止載切要款目，删去絲杪奇零，以杜飛灑苛駁之弊，名曰《簡明賦役全書》。廷議舊書遵用已久，遂罷頒行。雍正初歸併各省地丁。十二年修全書，分載原額新增總散之數，務爲精覈。定自後十年一修纂。及乾隆三十年，以全書多載不經名目，而奏銷册前列山地田蕩版荒新墾，次列三門九則額徵本折地丁起解存留，極爲明晰，令嗣後全書依奏銷條款，止將十年内新坍舊墾者添注，其不經名目，一概删除。於是全書與奏銷册合而爲一。

凡賦税册籍，有存於官者，有徵於民者。存於官者，一曰赤歷，使糧户自登納數上之布政司。後以州縣日收流水簿解司而停赤歷。康熙十八年停。二曰黄册，歲載户口之登耗，丁賦取焉。後以五年編審者爲黄册，而停歲造。康熙七年停。三曰會計册，專載解部之款而上之。後併入奏銷册。亦康熙七年停。四曰奏銷册，合通省地丁完欠支解存留之款，報部核銷，即四柱册也。五曰丈量册，田之高下邱畝皆載焉，故又曰魚鱗册也。自赤歷與會計册既停，上計專以奏銷册，官司所據以徵斂者，黄册與魚鱗而已。黄册以户爲主而田繫焉。亦謂之糧户册。魚鱗册以田爲主而户繫焉。一經一緯，互相爲用。自併丁賦以入地糧，罷編審而行保甲，於是黄册積輕，魚鱗積重。有司者或期會簿書未遑稽核，惟按一州縣之賦入，責之都圖之吏胥，而某户有某田，某田屬某户，官既視册籍爲筌蹏，吏遂據都圖爲奇貨。臣以爲修舉廢墜，有民社之急務，誠無先於此者。若其徵之於民，因明一條鞭法。一條鞭法者，以州縣每歲夏税秋糧存留起運之數，通爲一條總徵而均支之。至運輸給募，官爲支撥，而民不與其法，不煩而易行。詳《五朝通考》。一曰易知由單，由單之式，以州縣上中下則正雜本折錢糧刊給花户。始頒於順治六年，十五年將申飭私派之令刊入由單。康熙六年以由單款項繁多，小民難以通曉，令將上中下則地每畝應徵實數開明。停止於康熙二十六年。時以各省刊刻由單，官吏揹索紙版之費，用一派十。悉免刊刻，惟江蘇如故。二曰截票，列地丁實數，按月分爲十限，完則截之。其票鈐印中分，官民各執其半，即串票也。順治十年行二聯串票，而姦胥作弊。康熙二十八年乃行三聯串票，一存官，一付役應比，一付民執照。雍正三年更刻四聯串票，一送府，一存根，一給花户，一於完糧時令花户别投一匱，以銷欠。至八年仍行三聯版串。三曰滚單，康熙三十六年行徵糧滚單，每十户五户止用一單，分爲十限，依次滚催，罪其耽閣者。四曰順莊編里。雍正六年行順莊編里之法，以的户爲主。凡寄莊寄糧，悉更正之。乃改十截之法。復三聯串票。自是以後，遵行無改。謹案：開國之初，法制未定。順治八年以後，各省始有奏銷數目。見《張文貞集》。及康熙初，乃除均役提編之弊，詳《免徭役篇》。故給以易知由單。後以繁費累民，一改而爲截票。而輭擡硬駄，未能盡絶。再改而爲滚單。時官吏科派，名色不一，闔邑通里共攤同出者，謂之輭擡；各里輪流獨當者，謂之硬駄。滚單不行，三改而爲的户。累朝因革損益，其要使民易知，而吏不得多取而已。臣讀《會典》催科事例，竊疑國家以土與民付之守令，乃復多爲之防，蓋必民閒有一事之疾苦，而後朝廷有一事之禁令。是故觀方藥，以知其疾之温寒；觀法禁，以知其俗之憂樂。爲守令者，毋徒言愛民。第取《會典》催科禁令，見《事例》一百四十四卷。信守而力行之，是即催科中之撫字也。

案《乾隆會典》曰：凡州縣催科，以分限之法紓民力，以輪催之法免追呼，以印票之法徵民信，以親輸之法防中飽。千條百緒，不出此四語中矣。

（清）王慶雲《石渠餘紀》卷三《紀丁額》 國家户口之登耗，視其時之治亂。若夫以治繼治，無兵革凶荒夭札疵癘之凋耗，日繁月衍，不數十年，輒自倍以登。此可驗之一鄉而知天下者。案馬氏《通考》言：古今户口之盛，無如宋之崇寧、大觀。及考當時實數，户止於二千萬，口止於四千餘萬。金元及明之盛，户數減於宋，而口增多。顧亦不過五六千萬而已。非前代户口之數止於如是，其供徭役出賦税者止於如是也。

我朝初撫方夏，丁徭之法，悉沿明舊。有丁則有賦，時除其逃缺者，以户口消長定州縣吏之殿最。順治十八年編審直省人丁二千一百六萬有奇。至康熙五十年編審二千四百六十二萬有奇。嘗疑聖祖深仁厚澤，休養五十年閒，滋生不過十分之二。蓋各省未以加增之丁盡數造報也。見《諭旨》。先是，巡幸所至，詢民疾苦。或言户有五六丁止納一丁，或言户有九丁、十丁止納二三丁。於是五十一年定丁額。諭曰：海宇承平日久，户口日增。地畝並未加廣，應將現今丁數勿增勿減，永爲定額。自後所生人丁，不必徵收錢糧。編審時止將實數察明，造報廷議。五十年以後謂之盛世，滋生人丁，永不加賦。惟五年一編審如故。雍正初定丁隨地起之法，直省丁賦以次攤入地糧。康熙末年廣東、四川兩省丁隨地起。雍正元年以後通行各省。惟奉天及山西陽曲等十九州縣，廣西之融縣，貴州貴陽等四十三處，仍另編丁銀。又山西平定等二十五州縣有編丁之鄉，詳後篇。於是夫徭口賦，一切取之田畝，而編審之法愈寬。

初，直省滋生户口，報部而已。乾隆初令於每歲仲冬隨穀數上聞。時又減各省重則丁銀，缺額攤賠，輒與蠲免。五年户部請停編審，以保甲丁額造報。康熙閒有以邊遠及被災之處特免編審者。雍正初廣西、雲南二省有以改土歸流免編審者。至是乃通行。於是十四年總計直省人丁一萬七千七百四十九萬有奇，此據《通考》。按《乾隆會典》，乾隆十八年直省人丁三千八百八十四萬餘户，萬有三百五萬口。不應十八年之丁反少於十四年七千餘萬。距定額方三十餘年，所增七八倍。蓋自丁隨地起，無編審之擾，自無減匿之弊。二男三女，皆樂以其數上聞。又是時更定保甲之法，奉行者惟謹户口之數。大致得其實矣。又三十餘歲爲乾隆四十八年，其數二萬八千四百三萬有奇。又十歲五十八年，純廟閱聖祖《實録》，至康熙四十九年，民數二千三百三十萬，因察上年各省奏報民數三萬七百四十六萬，計增十五倍有奇。乃諭曰：國家承平日久，版籍日增，一人耕而供十數人之食。蓋藏不能充裕，有牧民之責者，務當剴切化道，俾皆服勤稼穡，惜物力而盡地利。先是，湖北巡撫陳輝祖奏：應山、棗陽所報滋生民數不實。安徽巡撫長麐亦奏：各屬造報民數未確，請展限查造。諭曰：户口繁庶，即細加查造，亦斷不能一無舛漏，且恐吏胥藉端滋擾，更非安輯閭閻之道。至哉聖訓！重養民之原，而不斷斷科民之數，所謂石稱丈量，徑而鮮失也。又二十歲嘉慶十七年，《會典》載：各省册報丁口吉林、新疆在内。三萬六千一百六十九萬有奇，而京師滿、蒙、漢丁檔掌於八旗俸餉處，外藩扎薩克丁檔掌於理藩院者，尚不在此數云。案各省册報民數，固不能一無舛漏，大抵有少開而無多報。若今户部册載各省丁額二千四百一十七萬，丁銀三百三十九萬各有奇。則康熙五十年原額雍正閒攤入地糧者，蓋賦税之定額，而非滋生之實數也。

（清）王慶雲《石渠餘紀》卷三《除籍為良》 雍正元年令山西、陝西等省樂户，浙江之惰民，俱除籍爲良。樂户者，始以不附靖難兵，編爲樂籍，令世世不得自拔爲良；惰民不知所起，或以爲陳友諒之後，皆明之暴政也。五年開除徽州府伴儅，寧國府世僕，並爲良民。二者江南呼細民。八年除蘇州府之常熟、昭文二縣丐籍。籍業與惰民同。

乾隆三十六年禮部、户部會議削籍之樂户、丐户，原係改業爲良，以報官改業之人爲始，下逮四世，本族親支皆係清白，方准報捐應試。若本身脱籍，或一二世及親伯叔姑姊尚習猥業者，概不許濫厠士類，僥倖出身。至廣東之蜑户，浙江之九姓漁户，及各省凡有似此者，令地方官照此辦理。舊染污俗，咸與維新，而必以四世爲限，蓋寬大之中尤極愛惜名器云。

（清）王慶雲《石渠餘紀》卷四《紀旗人生計》 今之扼腕八旗生計

者，輒曰國有四民功令，獨旗人不得經商逐利；故貧困至此。是亦未聞故事耳。方世祖入關，市肆壺漿以傒。凡前朝召買糧料諸弊，盡蠲除之，以安商旅。而各處莊頭入市强買，恃强鞭撻，詔所在捕送京師。五年禁王府商人及旗員家人外省貿易。初，禁東來之人藉賣蔘爲名，擾害地方，猶許於南京、濟寧、臨清貿易，至是並禁之。止令在京市易，違者重罪。十年賑八旗貧人，滿、蒙每佐領下布六十匹，棉六百斤，米百石，漢軍半之。旋每賑增米至三百石。十二年發内帑銀賑八旗窮兵。十四年同。十七年内大臣伯索尼奏商民捆載至京者，滿洲大臣家人出城迎截强買，商人畏縮不前。又以諸大臣私占邊外商人採木山場，請並禁之。

康熙三年八旗莊田災，賑米粟二百餘萬斛。十年同。五年諭：内外奸棍，妄稱顯要名色，於各處貿易，霸佔船隻關津，著嚴拏送部。十八年廷臣遵旨議定：包衣下人，王公大臣家人，領貲本霸佔關津生理，倚勢欺陵者，立斬。三十年償還八旗兵丁債負，以後許以官銀借貸，特派大臣管理。至六十一年猶有王公家人争買草炭，居積牟利之禁。蓋旗人不善謀生，又悍僕豪奴，衮民駔儈。導之縱暴以爲利，故屢煩朝廷之禁約。

雍正五年諭管理旗務王大臣曰：從前皇考軫念兵丁效力行間，致有債負，曾發帑金五百四十餘萬兩，一家賞至數百，未聞置有產業，一二年間，蕩然無餘。其後又賜帑金六百五十餘萬，亦如前立時費盡。朕即位以來，賞給八旗兵丁一月錢糧者數次，每次三十五、六萬。入手妄用，不十日即爲烏有。庫帑爲國家正項，百姓膏脂，豈可無故濫行賞賚！若不將惡習改除，朕即有加恩之意，亦不可行也。

乾隆元年諭曰：朕因旗兵寒苦者多，借給庫銀營運，自應仰體朕心，撙節以爲久遠之計。乃聞領銀到手，不知愛惜，而市肆將綢緞衣物增長價直，以巧取之。乃令各該管官曉諭。案是年借給官俸兵餉一年，至次年又借給兵餉半年，而帑銀未領。錢物之價已騰。以御史明德奏，復嚴行曉諭。大抵旗人狃於揮霍，炫於鮮衣美食。經商逐利，不待禁而不能。夫借之帑金曰俾資營運，猶謂終禁其經商逐利也，亦徒資惰窳之口實而已。

康熙間度支充實，於八旗兵丁時加恩養。初動公帑數百萬，代清積逋。又各旗設立官庫，資濟匱絀。四十二年貸給帑金六百五十五萬餘兩。四十五年冬計未完者尚三百九十餘萬，詔豁除之。至五十六年又豁除官庫未經扣完銀一百九十萬。年徵旗租解部，冬至後敕賞八旗兵丁一月錢糧，久以爲例。

嘉慶十七年賞八旗兵丁租銀三十九萬五千餘兩，新滿洲六千餘兩。乾隆元年諭曰：八旗從前風俗，最爲近古。迨承平日久，生齒日繁，漸及侈靡。如服官外省，奉差收税，即恣意花銷。虧帑犯法，親戚朋儕牽連困頓，而兵丁閒散惟知鮮衣美食，蕩費成風，旗人貧乏，率由於此。朕即位以來，軫念伊等生計艱難，優卹備至。其虧空錢糧，令部奏免。入官之墳塋地畝，已令給還。革退之世職，亦令查明請旨。無非欲令其家給人足，返樸還淳。惟曠典不可數邀，旗人等宜深思猛省，自爲室家之謀。如但冀朝廷格外之賞，以供其揮霍，濟其窮困，有是理乎！

《蒙古律例》卷二《户口差徭・歸化城蒙古三年一次比丁》 一、歸化城兩旗土默特蒙古三年一次比丁。比丁時如有隱瞞，將該都統、副都統罰五九牲畜，參領罰三九牲畜，佐領革職、罰二九牲畜，驍騎校革職、罰一九牲畜，給付首者。官員内若有由京補放者，送兵部議處。出首之人，隱瞞之丁，仍留於原佐領。若所瞞之丁係蒙古家人，賞給兩旗公事効力官員爲奴。

《蒙古律例》卷二《户口差徭・外藩蒙古三年一次比丁》 一、外藩蒙古三年一次比丁。若隱瞞人丁，將所瞞之丁人入於丁册，計其所瞞丁數，每十丁將管旗之王、貝勒、貝子、公、扎薩克台吉、塔布囊罰俸三個月。比丁稽察不慎，致瞞人丁，將該旗協理台吉、管旗章京、副章京罰三九牲畜，該參佐領罰二九牲畜，驍騎校罰一九牲畜，俱給出首之人；將小領催、十家長各鞭八十。再王、台吉之屬下人，將本王、台吉並王、台吉之子弟所瞞該管之丁首出，及家人將家主并家主之子弟所瞞之丁首出者，將首者連父兄子弟家奴一併聽赴願往之處。若首出他人所瞞之丁，則不令首者出其主家。若所首虚妄，鞭一百，罰三九牲畜。

《乾隆朝山東憲規》第二册《查造編審人丁》 乾隆七年司詳，查編審人丁，五年一次，例係飭令各屬覈實確數，如果額舊存内，有老廢逃亡者，悉行開除，新增人丁，除補足原額外，其餘彙入盛世滋生，續增人丁數内，年底呈請題達。但各屬奉行不善，且以新丁，久奉恩詔，永不加賦，視爲具文，算錯漏造，均所不免。前奉上諭，於每歲仲冬具奏人數又於乾隆五年奉部文照依保甲開造，毋庸逐户挨查，則本年編審，除去婦女小口不開外，其餘應照仲冬具奏之案，畫一辦理，庶免參差。應飭令各屬照依保甲册内成丁人數，據實開造。如有逃亡故絶，未經開除者，入於今次開除項下，從前成丁未入滋生者，入於今次滋生數内，不得遺錯。倘仍有應開除而不開除，應收入而不收入者，查出即行參究。至州縣審丁，每次册報數以千計，若將上次已審之丁，再加更動，仍恐州縣不能按册稽查，反多差擾，事愈紛繁，更難核實，其舊存數目，應僅覈其有無開除，不必概行稽查。至於册費陋規，久奉禁革，惟雍正十二年，奉有部文，册開編審解部飯食銀二十四兩，在於存公耗羡銀内動支，此外並無別項部費。從前（不）〔派〕有書役，借名勒索，□按地加派，或州縣書役，下鄉索取紙張、飯食等費，相應一併嚴禁，並飭州縣官自行捐備。院批：速將册費陋規刊示。發府禁革，餘如詳行繳。

（清）沈書城《則例便覽》卷一八《户口・旗下人買民》　一、旗人買民人用正印、官印、信用印，衙門速呈户部，轉行該撫，令地方官曉諭。如用印官十日内不報部者，罰俸一年。竟不呈報者，降一級留任。

（清）沈書城《則例便覽》卷一八《户口・失察奉天民人賣身》

一、奉天、錦州二府民人，將子女典賣與别省人帶去，并典賣與旗下者，失察之州縣罰俸九個月。

（清）沈書城《則例便覽》卷一八《户口・偷賣贖關外人犯家屬》

一、叛逆人犯妻子、家僕已撥給山海關以外爲奴，有私行賣贖者，賣贖之人係官，革職；專管各官俱降二級調用。偷賣贖軍流等犯妻子、家僕，亦照此例。

（清）沈書城《則例便覽》卷一八《户口・誘賣人口》　一、境内有夥衆哄誘略賣人口藏頓，地方官失察，降一級調用；知情故縱，革職。該管上司徇庇，不將故縱之屬員查參，降三級調用。

（清）沈書城《則例便覽》卷一八《户口・興販人口不報》　一、地方有興販婦人子女轉賣圖利等事，地方官匿不申報，照應申不申律，罰俸九個月。

（清）沈書城《則例便覽》卷一八《户口・略賣人口處分伊主》

一、旗下家人隱藏人口在家，販賣伊主明知不首者，係官，革職；失於覺察罰俸三個月。其城外園内所住家人有犯本主，亦照此例議處，不行查拿之該管官罰俸一年。若該管官訪聞拿獲，或伊主出首及犯人自首，該管官併主人俱免議。

（清）沈書城《則例便覽》卷一八《户口・略賣番仔》　一、内地民人違禁略賣番仔，文武官弁稽查不力，專管官降一級調用，該管上司罰俸一年。知情故縱者，革職；受賄徇縱者，參革治罪。

（清）沈書城《則例便覽》卷一八《户口・謊充户口》　一、外省官員將朋友家人寫入伊家口數内者，降一級調用。

（清）沈書城《則例便覽》卷一八《户口・投充人作民》　一、官員將投充滿洲之人稱爲納糧之民者，地方官降一級調用，轉申之上司罰俸一年，巡撫罰俸六個月。如先稱不係投充，後報投充者，地方官罰俸一年，該管上司、巡撫罰俸六、三個月。如將投充滿洲之人稱爲納糧之民，改糧册年月移送者，革職；轉申之上司降一級調用，巡撫罰俸一年。

（清）沈書城《則例便覽》卷一八《户口・拐帶男婦》　一、地方有搶奪路行婦女，以藥餅迷去幼小子女，用術拐帶男婦子女，或賣或自爲奴婢等事，在京不行查拿之該管司坊官、在外該管州縣吏目典史等官，各降一級留任，府州總捕廳俱罰俸一年，道員罰俸九個月。

（清）沈書城《則例便覽》卷一八《户口・誘騙子女殘害》　一、地方有用符咒騙誘子女，毁其肢體，炙取腦髓等事，本邑地方官不嚴拿懲治，照不能察緝奸民例降二級調用。潛住别邑聽其容留寄頓，不行查拿之地方官，照盜賊經過伊汛不行窮追例，降一級留任。

（清）沈書城《則例便覽》卷一八《户口・八旗迷失幼童幼女》

一、八旗迷失幼童幼女，或因番捕人等不加意巡緝，以致奸徒内外勾通，誘拐轉賣。或係不肖旗人將幼小子女希圖隱匿，因而謊報迷失，寄養他處。應令步軍統領各衙門，一面通行各直省查緝，一面遴選幹捕嚴緝奸拐竝收留不報之人。該管官拿獲一二、三四名者紀録一、二次，五六名以上者紀録三次。倘不行查拿，被别處番捕緝獲，該管官亦按窩誘收留名數處分，一二、三四名不行查拿者，罰俸六個月、一年，五六名以上不行查拿者，降一級留任。倘奸徒將誘拐之人遠遁他方轉賣，經地方官拿獲供出曾在某地方容留者，將拿獲與容留之各該地方官，亦照在京該管官例，按名分别議叙議處。

（清）沈書城《則例便覽》卷一八《户口・查拿拐犯》 一、京城地方有迷失子女之案，該管衙門於報到日，一面行知内外看守城門官兵，一面飛飭所屬該管員弁，竝通飭内外城附近地方官弁，一體稽查嚴緝。如該管官弁不即轉報關緝，以致遲誤者，照推諉事件例議處。至地方官承緝失察處分，查幼童迷失事起倉卒，或逃或拐情節未明，應俟緝獲，審係迷拐，照例議處。如該管官將迷拐人犯實力緝獲者，免其失察處分，准予紀録一次。別處地方員弁有能盤獲者，准其紀録二次。至外省此等案件，各督撫務飭地方文武官員據報，亦即移關嚴緝，照例一體辦理。

（清）沈書城《則例便覽》卷一八《户口・買良為娼》 一、凡旗民人等有買良爲娼，或將家人婦女縱爲娼者，係官革職治罪。家人將伊自置婦女縱爲娼者，若主不知情，係官降一級留任，罰俸一年。若主知情，係官，亦革職治罪，族長係官，罰俸一年。城外令五城司坊官查拿，外省令州縣官查拿，若不查拿，被旁人拿獲，將地方官罰俸一年，該城御史、該管府廳罰俸三個月。

（清）沈書城《則例便覽》卷一八《户口・臺灣民人偷越苗地》 一、臺灣民人偷越苗地，該地方文武員弁一年内拿獲十名者，紀録一次。再有拿獲，按其名數遞加議叙。倘有民人偷越，别經發覺，照失察民人擅入苗地例，降一級調用，上司罰俸一年。若有賄縱情弊，照私放出口例，將該管官革職治罪。如兵役賄縱，該管文武員弁係失察，照失察衙役犯贓例議處；係故縱，照縱役貪贓例議處。

（清）沈書城《則例便覽》卷一八《户口・滿營僱用漢人》 一、各省駐防官兵僱用漢人理事同知造册，交地方官查察立案，倘造報不實，并地方官不實力查察者，均罰俸一年。如有奸匪改易姓名竄入潛匿，有心狥隱，降三級調用。

（清）沈書城《則例便覽》卷一八《户口・出差買女人》 一、官員出差私買女人强娶者，革職；和娶者，降三級調用。

（清）沈書城《則例便覽》卷一八《户口・失察官媒私養婦女》 一、官媒將婦女私養在家，糾結匪類局姦圖騙，以及當官交領婦女久養在家，逾限不賣，希圖重利者，該管地方官不實力查拿，罰俸一年。

（清）萬維翰《成規拾遺・稽察棚民》 浙藩葉臬司爲飭議事。

查得棚民一項，浙東各府所在多有此等之人，籍非土著，來去無定。稽查之法，更宜慎密。是以歷于編查保甲案内議定章程，久有成例。茲據衢州府張守稟請于棚民中選立棚長，責令附近鄉保督率稽察，其有單身無眷之人必取在地同鄉有眷有産之人保結，方准入册等情，稟奉批司核議等因，二本司遵即會同查核，如該府稟稱棚民墾荒而來，俱在深山僻遠之地，搭棚所居，零星散漫，難以稽查。應飭于棚民中來衢年久有眷有産者僉選妥人，立爲棚長數人，稽查保甲，其附近某莊即令某莊土著鄉保督率棚長管理等語。查乾隆十六年于一件嚴飭力行保甲等事案内通飭各屬，著令保甲長將各本里煙户門牌徹底清查，照式開册送縣。其有門牌缺失應補以及人户遷移分析應行繳换者，逐一查明，分别補换繳銷。查竣之日照例設立循環二册，一存縣房，一給該保。遇有丁户增除分析遷移等項，該保隨時填註，于每月赴縣點卯之便繳换一次。其有棚民地方亦著棚長一例清查，仍令該縣于下鄉之便隨時吊簿抽對。倘有脱漏舛錯，即嚴行究處。并令該府留心督察，如地方官不寔力奉行，即行詳揭請叅等因。詳奉批飭通行遵照在案，是有清釐保甲原不僅爲土著居民，而該地方官親身稽察，亦非耑諉之棚長保甲，致啓欺朦，立法已屬詳慎，應遵照辦理。至棚長一項，原應擇其在地年久誠寔可信之人始可選充，其無眷無屬貧民、無聊賴之人自不便遽准濫充，致生弊竇。惟是棚民而充棚長，未免鄉誼偏狥，不能秉公覺察，亦未可定。應如所稟，即令附近鄉保一體督率稽查。該鄉保如敢藉端需索以及托詞擾混者，嚴拏究詳。

又據稟稱外方之人來地耕作覓工必有熟識之人依倚，初至之時，大率單身居多，設或在此犯事，易于脱逃。應飭縣于編查棚民保甲時遇有單身無眷之人，毋論新來舊至，必須取伊同鄉來衢日久有眷有産之人保結，方准入册，一體給與門牌。若止在他人棚中寄居或傭僱耕作者，俱附入棚主工主册内，不許一名遺漏。設有事故回籍，即行稟除以杜影射。如取結入册之後，或係本籍犯事脱逃而來，或不知來歷混行具結者，事發之日，並將混結之人一體究治等因。查單身棚民與投雇寄居之人取結入册，不許遺漏均屬稽察匪類防範周密之意，亦應如所稟，飭令各屬一體遵照辦理。再查上年八月内奉部通行議准，西安藩司張若震條奏内開，其深山大谷湖濱之間有聚集窮民種麻、植靛、燒炭、烘茹、挖礦、開煤、樵採、捉捕等項，應令該州縣親往勘明形勢，細查來歷，繪圖貼説造册，申送督撫，仍按季覆查等因，通行遵照在案。是棚民一項，藉種麻、植靛爲業，住居深山大谷之間，即在奉文查辦之內，應令各該府督率屬邑寔力奉行，隨時留心親往稽查。倘有陽奉陰違及任聽胥役藉端擾累者，立即嚴行揭參。如此，庶奸匪不能溷跡，棚民各安生業，於地方甚有裨益等因。乾隆十八年七月二十七日奉撫院雅批，如詳通飭遵照，仍候督部堂批示繳。

《八旗則例》卷三《孝部·户口·編審丁册》 一、八旗丁册，三年編審一次。各該旗查明佐領下人丁，凡身材已足五尺，或身材未足五尺，已食錢糧之人，造入丁册。分別另户、開户、户下，於各名下開寫三代履歷。其户下人之祖父，或係契買，或係從盛京帶來，或係帶地投充，或係乾隆元年以前白契所買，俱於本名下註明。另户子弟，俱作另户分造。其從前造入丁册之人，有身故、逃走、賣出者，聲明裁除。造册二份，鈐蓋都統印信，一送户部，一存該旗。至外省駐防，及旗人外任文武各官子弟家口，遇比丁之年，户部先期行文該管大員查明，照在京旗人之例，造册二本，鈐蓋印信，咨送户部，一存該部，一送該旗。各該旗按册查明，附入本旗佐領丁册內，鈐印送部。如將應入册之壯丁，隱瞞不行造入，或將未成丁幼童，編入丁册者，查參交部議處。

《王公處分則例》卷二《户口·失察旗人典賣子女》 凡王公於兼攝職任內，失察旗人典賣子女者，罰職任俸三個月。公罪。本府舊例。

《王公處分則例》卷二《户口·失察旗女漏檔》 凡王公於兼攝職任內，失察旗女漏檔者，罰職任俸一個月。公罪。本府舊例。

《王公處分則例》卷二《户口·失察民人冒入旗籍》 凡王公於都統、副都統任內，失察民人冒入旗籍，如係佐領等扶同徇隱者，罰職任俸一年；若佐領等並不知情者，罰職任俸六個月。如冒入旗籍在前，接任後不能查出者，罰職任俸三個月。俱公罪。本府舊例。

《王公處分則例》卷二《户口·失察抱養民人為嗣》 凡王公於兼攝職任內，失察旗人抱養民人之子爲嗣，接任後不能查出者，罰職任俸三個月。公罪。本任內失察者，罰職任俸六個月。公罪。照案入例。

《户部則例》卷一《户口·比丁》 一、八旗壯丁三年編審一次，在京由京城佐領編審造册，在屯者派辦事妥協領催赴屯查對辦理。陵寢各衙門及外省駐防、外任旗員家口由該管官編審造册，凡壯丁以年至十六歲爲准，及歲者覈實入册，未及歲已挑養育兵者於各名下開明三代履歷，子弟幾人，一體造入。每户書某氏某官，未仕者書閑散某，上書父兄官職名字，旁書子弟兄弟之子及户下家奴名字。比較舊册事故者聲明裁除，新增者聲明註入，具册二分。該佐領及驍騎校、領催併於册內列名，聯名畫押，由該管都統鈐印。係由京編審丁册，一在旗一送部；係由外編審丁册送部後，一分户部覈存，一分咨旗檢校，仍行送部。如有隱冒，查實題參。

一、遇比丁之年，在京八旗都統查取各省駐防丁册時，將各該省上届所造丁册內京城更換佐領姓名一併聲明咨部，轉行各省更換造報。

一、吉林烏喇打牲壯丁遇編審之年，令該將軍就近編審造册，加具保結送部。如有隱冒，查實題參。

《户部則例》卷一《户口·清釐旗檔》 一、另户旗人抱養民人之子及家人之子爲嗣者，從重治罪，失察各官議處。

一、民人之子自幼隨母改嫁與另户旗人者，該旗隨時存記，俟成丁後取結報部，令其爲民。

一、業經爲民之另記檔案養子開户人等，有復行冒入旗籍者，從重治罪，失察各官議處。

一、凡旗下家人之子隨母改嫁與另户民人之子隨母改嫁與旗下家人，及家人抱養民人之子者，丁册內註明，均以户下造報。

一、八旗投充户口，凡旗檔內有名者造丁册一分送部，一分發該地方官備案。如有事故頂充，於比丁册內聲明報部，轉行地方官註册。至其弟兄叔姪不在旗檔者，由地方官清查編入里甲。

一、凡旗人犯罪例應刺字者，即銷除旗檔，照民人一例辦理。若旗人行竊，有情同積匪及贓逾滿貫者，該犯子係一併銷除旗檔，各令爲民。

一、旗人逃走，初次或實由病迷，仍准發回挑差。如逾限一月後，無論投回拏獲及二次逃走者，均即行銷檔。官員有心逃走一次，即行革職銷檔。

一、旗人登臺賣藝，寡廉鮮耻，有玷旗籍者，免其發遣治罪，連子孫一併銷檔。

一、旗人及宗室恃勢窩娼、窩賭行使假票、假銀誆騙欺詐扛訟誣告以及賣贓行竊等類，該民人按例治罪，而旗人不顧行止，甘心串通爲匪，亦屬有玷旗籍，應照民人上減一等治罪，併俱銷除旗檔。倘係旗人主使，無分首從，與民人同科。

一、旗人犯竊逃走登臺賣藝等事，該管叅佐領限三月内據實報出，以前失察處分概予寬免。如逾限不報，别經發覺，仍分别議處。

一、旗人初次犯竊，即銷除旗檔。犯該徒罪以上者，照民人一體刺字發配。如罪止笞杖者，免其刺字。後再行竊，依民人以初犯論。其情同積匪及贓逾滿貫者，該犯子孫一併銷除旗檔，各令爲民。

一、食餉人等罪止銷除本身旗檔者，其原食錢糧於緣事之日爲始核計咨追。若罪及子孫一併銷檔者，其子孫所食錢糧以刑部定案之日爲斷核計追繳。仍令該旗於比丁之時，將三年限内銷檔人丁花名造具總册，送部比審，駐防省分一律辦理。

《户部則例》卷二《户口·私出為民》 一、八旗私出爲民人等如根底不清旗民兩無可考者，即行收入民籍。至旗人抱養民間子弟指稱歸宗私入民籍者，照例治以不行呈明之罪，仍令各歸民籍。

《户部則例》卷二《户口·漢軍為民》 一、八旗漢軍除現任職官並一應候補候選告休革退文武官不准改入民籍外，其兵丁閒散人等有情願改入民籍者，准其改入民籍。在内呈明該旗，在外呈明所在省分督撫。該旗該督撫查明核實報部，統由該旗造具家口清册，由部轉行入籍省分州縣，收入民籍。按其成丁人口各給鈐印手票，其願入順天府屬籍貫者，該旗咨部之外，仍造册派員帶領入籍家口交送順天府，轉送入籍州縣查收編管。其由京赴各省入籍者，該旗給與執照，沿途查驗，至入籍地方繳換手票。凡漢軍爲民人數，每年於歲底由部彙奏。

一、凡漢軍請入民籍者，本支家口一體改入。若有父願在旗子願爲民，子願在旗父願爲民情事，概不准行。

《户部則例》卷三《户口·民數》 一、直省民數令督撫統飭所屬各州縣查具實在民數，於每歲十月内同穀數一併造册，咨部彙題。若造報不實，予以議處。凡州縣造報每歲民數，令各按現行保甲門牌底册核計彙總，無庸挨户細查花名，若藉端滋擾或科派者，叅究。若奏報逾限者，即行查叅。至從前五年一次編審，增益人丁造册奏報之處，永行停止。

《户部則例》卷三《户口·人户籍貫》 一、凡軍民商竈諸色人户並以原報册籍爲定，若詐冒及官司變亂版籍者，均依律治罪。

一、凡祖父母父母在，子孫不准别立户籍，分異財産，其父母許令分財異居者，聽。

《户部則例》卷四《户口·官員任所入籍》 一、罷職文員本身寄居别省者，勒令回籍。若本身既歿，子孫有田土丁糧已入别省版圖者，回籍附籍聽其自便。

一、罷職武員原籍無可依歸及已經身故，子孫欲於任所入籍者，叅將以下結報兵部，聽兵部核准。副將以上該督撫奏明請旨定奪。

《户部則例》卷四《户口·禁止堤外居民》 一、直隸、江南、河南等省堤外居民，令地方官查明，乾隆五十五年以前。實在村莊户口房間數目，造册備查，毋許私自增添。其有遷去人口即於册内删除，各督撫於年終彙奏一次。

《户部則例》卷四《户口·安插棚民章程》 一、浙江省棚民，嘉慶二十年奏准。核其租種已逾二十年，現有田産廬墓、娶有妻室者，即准令入籍。其年分未久，業已置産締姻者，俟扣滿年限，亦准呈明入籍。至並未置産締姻者，分别飭退，俱不准再種苞蘆，致礙農田水利。其隻身棚民，本無種山資本，藉稱傭工逗遛者，均驅逐回籍，此後不准再有增添。本地民人私召異籍民人搭棚開墾者，召租之人照子孫盜賣祀産例，承租之人照強占官民山場例，分别治罪。

一、按棚民三十户設立棚長一名，稽查約束，一體編查保甲，每届十月另册報核。如有爲匪不法等事，責成棚長舉報，地方官究辦。棚長容隱，一併懲治。

《户部則例》卷四《户口·安插流民章程》 一、軍流人犯之子孫，係本籍所生隨往配所者，該地方官查明年歲，填註文批，遞交配所驗明立案。倘在籍並無親子或有繼嗣，准將繼子隨配，若到配後復有親子，即將所繼之子查明原籍確有親屬可倚，勒令歸宗。如並無親屬，始准與到配所生之子一體入於軍籍。至本犯原籍子嗣或多不願俱赴配所，其已留本籍者，不得復於配所入籍應試。其已隨配所入籍者，不准復回原籍考試。至隨配入籍之子孫，統俟十年限滿後，由配所督撫將入籍緣由報部查核。如有捏混及跨考兩籍者，本犯及子孫按律治罪，州縣官照例議處。

一、發往新疆人犯限內無過准入該處民籍，就近安插。係由死罪減等發往者，限以五年。係由軍流改發及原發種地者，限□三年。

一、凡赴口外貿易商賈及探親民人，如出山海關至奉天屬各處者，令由原籍起關照一張，到關驗明，留照放行。出山海關至威遠堡法庫邊門外者，令起關照二張，一照存留山海關，一照存留各邊門。並起隨身護票一張，至所往地方繳官備查，不准冒濫入籍。

一、無業貧民到關概行攔阻，不令出關。并查明各流民原籍，州縣官按出口民人多寡分別叅處。如邊門官員容隱不報，著該管大員查叅。倘有偷越出口私墾情事，經各處地方官查出者，將守口員弁查明嚴叅。

一、歸化城大青山十五峪三百餘户墾地民人，令歸化城都統派員會同地方官按年巡查，倘於現有民人外多容一人私墾地畝者，將容留及私墾之人遞回原籍治罪，該處甲長一併治罪驅逐。

一、奉天昌圖廳查出墾地流民三千九百餘户，自嘉慶十四年正月爲始。責成該廳通判巡檢分別立限詳報，如於原額外增添一户，即行責懲，遞籍安插。如原户在原定蒙古地畝外多墾一畝，亦即平毀，并責懲示儆。該地方官容隱不報，查出叅處。仍令盛京將軍按季派委妥員查明有無增添，具結送部備查。

一、伯都訥地方納丁入册流民，令該管官嚴密稽查。如有不安本分恃強占地之徒，即行驅逐出境。至所墾地畝經嘉慶十五年查丈之後，不准再有墾占，其從前入册民人亦不准復占新地。

一、伯都納等處流民，如有争控地畝，責成該管官秉公判斷，理直者照常管業，理曲者追地入官，併治以應得之罪。並查明安插之人內有復歸原籍遷徙地方，將地畝私行典賣及恃有資本私買雇人耕種牟利者，均追地入官。至流民本户無人田產概行撤出入官，仍按地畝多寡酌撥實在貧乏旗人承種，年終造册報部查核。【略】

一、伯都訥等處不准流民入境，責成管界官暨該管同知嚴密稽察，並力行保甲之法。其有鄉約賄縱情弊，責革治罪。如該界官不能實力稽查，以致流民潛入界內，入界後該廳員漫無覺察，一經查出，將界官同知一併叅處，奏交吏兵二部從嚴定擬。

一、伯都訥嘉慶十六年查出。流民九千五百四十八户，均令入册納丁。責令吉林將軍督飭該管官隨時嚴查，保甲互相稽考，各專責成，如有內地民人私行出口，關門官吏容隱縱放，即據實叅辦。

一、在京閒散滿洲移駐阿勒楚喀拉林二處，習勞務農，如有將地畝招民代種及私典與民管業者，將民人治罪驅逐，旗人嚴懲示儆。

一、吉林寧古塔、伯都訥、阿勒楚喀拉林等地方不准無籍流民前往私墾，責成關隘海口邊門等官嚴行查禁。若各該處於例前安插各户外，嘉慶十五年以前。復有流民踵至，查明自何處偷越，將該管關隘海口及看守邊門各官嚴叅議處。

一、吉林長春廳嘉慶五年以前。查出流民二千三百三十户，嘉慶十一年。又查出一千五百餘户，嘉慶十三年。又查出三千一十户，均入於該處民册內，所墾地畝聽蒙古自行收租，毋庸官爲經理。嗣後不得多墾一畝，增居一户，如禁約不嚴，復有流民入境，將該管之長春廳吉林將軍及經由各邊門員弁，盛京管理六邊將軍大臣暨各流民原籍州縣官一體嚴叅，分別辦理。

（清）賀長齡《皇朝經世文編》卷三〇《户政・賦役・畿輔户口志序　李紱》

賦以田科，役由户制，力役之征舊矣。《周禮》制役之法，任以地之媺惡，辨以國野之遠近，均以歲之上下，而實則以家爲率也。顧其役甚繁，或於鄉，或於官，或於兵，他若追捕守衛，治城郭溝渠涂巷，共牛馬車輦委輸，六鄉皆然。而大司徒掌稽國之中及四郊都鄙之夫家，九比之數至冗雜，則畿輔户役爲尤艱矣。漢唐以來，名稍更而實同，名錯出則吏易緣爲奸。自明定條鞭之法，然後名簡而弊清，而地媺惡、國野遠近、歲上下之别，則後世無聞焉。我國家愛民如子，恐民力不齊，貧户丁錢不能時輸，乃酌盈劑虛，視地緩急，稍均丁於地，以紓丁困。蓋天下有貧丁，無貧地，役科於田，則地與國野、與歲之别在其中矣。而直隸猶未被其澤也。雍正初元，皇上從督臣之請，畿輔丁役悉均於糧。於是户役之征，下丁弗擾，視條鞭之法，愈益簡明。雖然，民者，天之心也，户口之繁，以徵昌運，非徒制役而已。《周禮》王拜民數，聖人式負版。明初法，每郊祀，中書省以户籍陳壇下，薦之天，祭畢而藏之。其重若此。我聖祖仁皇帝膺圖既久，念生齒益繁，特降德音，丁口編審如例，而丁錢永不加增。蓋數千年以來所未有之盛事。煌煌聖典，垂爲世法，庶幾天下後世知户口之重，不專在力役之征，而民數之稽不可以已夫。作《户口志》。

（清）賀長齡《皇朝經世文編》卷三〇《户政・賦役・户口説朱雲錦》

周官司民掌登萬民之數，生齒以上，皆書於版，獻其數於王，王拜受之。民爲邦本，故綦重之。皇甫士安《帝王世紀》，歷紀自古至漢户口，遐哉邈乎，不可稽已。惟豫爲土中，在《周禮》爲二男三女之地。國家深仁厚澤，煦育者殆二百年，蕃殖既久，口數滋加，是不可不詳考以志其盛。按《通志》順治十六年，見在丁九十九萬三千一十七丁，至康熙五十五年，編審額管人丁，並收併衛所一百八十四萬一千四百五十五丁，盛世滋生人口，又五萬五千二百餘丁。凡丁按三門九則定等，每丁歲徵銀自八分至三兩四錢有零，通徵丁銀十二萬七千四百餘兩。自康熙五十二年，奉旨徵收錢糧，但據五十年丁册定爲常額，續生人丁，永不加增。欽此。

雍正四年，豫省撫院田文鏡，題請豫省丁糧，按地輸納，以均賦役。疏略云：丁糧同屬正供，與其派在人而多貧民之累，孰若攤在地而使賦役之平。況盛世人丁永不加賦，則丁銀按地徵收，更易爲力。今就一邑之丁，均攤於本邑地糧之内，無論紳衿富户，不分等則，一例輸將。如某縣原額丁銀一千兩，攤入地銀一萬兩之内，則每地銀一兩，應加丁銀一錢。在丁少地多之區，每兩不過增之分釐；即間有丁多地少之處，亦不過增之一二錢而止。如此，則地多之家，力能輸納，而無地之民，得免光丁之累矣。糧如有升增，應將丁糧隨年另行均派攤入，庶額賦無虧，其有裨於國計民生，實非淺鮮。奉旨允行，永著爲例。至乾隆三十一年，編審舊管額丁，並盛世滋生人口，共二百六萬四千六百八十六口，截至嘉慶二十一年烟户册，共二千三百四十萬餘口。近時力行保甲，而編審之法即寓其中，不待料民而户口自無漏數，較定鼎時三倍過之。蓋天地之氣化，日趨於盛，無以蹙其生，則蕃息而未有艾也。毋令敗其羣，則萃處而不相害也。無使游食惰窳之衆，不業作而衣食，其生殖蕃庶，不可數計而億度也。方今休養生息，涵濡太和之效，不彰彰哉。

按：古用民之力，有年則公旬用三日，中年則公旬用二日，無年則公旬用一日，凶札則無力政。秦用商鞅之法，月爲更卒，已復爲正，一歲充役，一歲屯戍。漢初爲算錢，即今丁銀。年十五以上至五十六，出賦錢百二十爲一算，而傅給繇役，則始自二十五至五十六而除。是民之一身，既税之，復役之矣。其後減算錢爲六十三錢。曹魏定冀州，制賦户絹二疋，綿二觔。晉平吴之後，制賦户調之式，丁男之户歲輸絹三疋，綿三觔，女及次丁男爲户者半輸。元魏令每調一夫一婦，帛一疋，粟二石。宇文周置司役掌力役之徵，凡人自十八至五十九，皆任於役，每年不過三旬，中年二旬，下年一旬，起徒役無過家一人，若凶札則無力徵。隋初制，役丁爲十二番，匠則六番。每番約三日，俟考。開皇十三年，減十二番爲三十日。唐制，用人之力，每丁歲二十日，閏加二日，不役者日爲絹三尺。二十一爲丁，六十爲老。宋承諸僞國之後，各路有身丁錢。大正中，每三丁納絹一疋。其後物價貴，乃令每丁輸絹一丈，綿一兩。元時仿唐之庸法制丁税，每户科粟有額，令諸路驗民户成丁之數，每丁歲科粟一石至五升不等。後於丁税之外，又增科差之名，曰絲料，曰包銀。絲料，或二户出絲一觔，或五户出絲一觔。包銀，始徵六兩，既徵四兩、二兩。其徵數多寡，各視其户高下以爲差。明役法定於洪武元年，田一頃，出丁夫一人，不及頃者以他田足之，名曰均工夫。田多丁少者以佃人充之，田主出米一石資其用；非佃人而計畝出夫者，畝資米二升五合。以上中下户爲三等，五歲均役，十歲一更造。自行條鞭法，通計一省丁糧，均派一省徭役，均徭里甲與兩税爲一。其時又有銀差、力差、馬差之分。崇禎時，河南巡撫范景文上疏曰：民所患者，莫若差役。錢糧有收户、解户，即銀差。驛遞有馬户，即馬差。供應有行户，即力差類。皆僉有力之家充之。名曰大户，究之所僉非富民，中人之産，輒爲之罄，是前明丁役竟未畫一。此歷代之大畧也。

夫用民力之輕者，古公旬三日之法極矣。然其時寓兵于農，軍實戍役，一辦之於民。漢率口出賦算，而宰相之子不免戍邊。迨至後世雇役雜泛，名目繁多，又無可論。大約賦税必本田畝，授人以田，而未嘗别有户賦者，三代是也。不授人以田，而輕其户賦者，兩漢是也。因授田之名而重其户賦，田之授否不常，而賦之重者已不可復輕，自魏至唐是也。丁錢徭役，因時所急，而别立名目以取之者，自宋至明是也。本朝立制以來，丁銀既有定額，而復均丁於地，無漏遺偏枯之慮。生斯世者，幾不識丁徭之名。蓋數千年未有之盛，使天下之耕鑿者，相忘帝力於何有，不獨在康衢間矣。又竊計豫省，國初，額報成熟之田，約六十餘萬頃，而行差人丁，亦止九十餘萬丁。按畝計之，則人可得田七十畝。近報墾並額田七十二萬餘頃而人數倍蓰，田無遺利而人益滋繁，此粟米之所以昂而百物爲之增價也。當事者其抑末作，崇儉質，闢墾荒萊，興修水利，一夫之力耕旱田可三十畝，治水田不過十畝，而畝之所入水，較旱可倍增。以仰佐億萬年丕丕基哉。

（清）賀長齡《皇朝經世文編》卷四一《户政・荒政・輯流移楊景仁》

謹按：流民者，饑民也。與其輯之於既流之後，不如撫之於未流之先。然饑饉薦臻，本鄉無可覓食，有不得不轉徙他方者。瑣尾流離，困踣狼狽，不早爲之所，弱者阽於危亡，強者轉爲盜賊，可慮也。前代如漢、如隋、如唐，移民就食，是民之遷流，轉出自在上之意。戰國梁惠王曾行之，雖沿周官大司徒移民通財，廪人移民就穀之制，祗一時權宜之計耳。其餘因時補救，具有良規，國朝尤爲詳盡。而資送留養之法，或行或不行，則變通而與時宜之，期於實惠及民而已。

查康熙三十一年，陝西流民在襄陽等處地方，得旨：有情願運送潼關米石者，即給價令其運送。此令流民就傭以濟轉輸，順便俾之回籍者。四十三年，山東流民流入京城，命大臣官員設飯廠數十處，分行煑賑，嗣直隸、河間等府百姓，來赴賑廠者甚衆，有旨將東、省直隸流民，遣官領送回籍，仍捐給籽粒，俾得耕田畝。

雍正元年，諭：直隸、山東河南流民，有就食京師者，著五城御史察詢口數，量給盤費，送回本籍。等因，欽此。遵旨議定每口每程給銀六分，老病不能行走者，加給三分爲腳力費，委官護送，地方官逐程出具收結，轉送至原籍。中途患病者，令地方官留養醫治，病痊日，再行轉送。此資送流民路費之始。九年議準：直隸、山東、河南窮民，渡河而南，以圖就食。令沿河州縣於各渡口詳察，有力不能自達者，量給路費。如有依親傭工易食者，聽。其乞食者，用截漕米糧照例計口賑給。其欲回本籍者，資給遣回；不願即歸者，於來春耕種之候，仍皆給以資糧，令其回籍。凡資給之費，動用存留公項，造册送部。八年，凡外出窮民，有應冬月留養者，諭令動用常平倉穀，大口日給一升，小口五合，按日動支。

乾隆初，議準嗣後送流民路費，每大口日給制錢二十文，小口減半，老病者照例給腳力三分。水程照大小口應給之數，減半給與船價，奉旨依議速行。與前此定爲每口每程給銀六分之例迥殊。蓋前例以程計，一程約計百里，流民徒步，一日豈能走及一程？若以所過州縣爲程，相去或六七十里、四五十里。流民過一州縣，即給銀六分，又不分大口小口，一日所得，不特倍逾於賑給之數。且較民間營趁爲生者更裕，愚頑將轉以流移爲利，不思復業。是故改以日計，並分別大小口，較爲盡善也。七年，諭：各省督撫嚴飭有司，凡遇江南災民所到之地，即隨地安頓留養，或借寺廟，或蓋棚廠，使有棲止之所。動用該處常平倉穀，計口授糧，據實報銷，並訓諭約束，不得藉端滋事。至於災民聚集衆多之處，更委道府大員，專行督察。及冬月水消，春初耕種之時，有願歸本鄉者，即資送回籍，給以麥種。其不願回籍者，亦不必強，等因。聖主爲流民通盤籌畫者，如是之無微不至也。顧資送之例不皆有益，而間或滋弊，無業愚民，惰游倖澤，挈家結隊，仰給在官。或甫送歸籍，仍復重來。未副朝廷安輯之德意，轉滋閭閻貪詐之澆風，政體所關，防維宜亟。是以八年諭：河間、天津等處，來京就食之民，日益衆多。蓋因愚民無知，見京師既設飯廠，又有資送盤費，是以本地雖有賑濟，伊等仍輕去其鄉而不顧，且有已去而復來者。不但拋荒本業，即京師飯廠，聚人太多，春暖恐染時氣，亦屬未便。著高斌設法安插，妥協辦理，欽此。旋經大學士等，議於通州、良鄉二處添設飯廠蓆棚，以贍續至之流民。又經直隸總督飭屬固安、永清、東安、武清、霸州、文安設粥煑賑，俾北來流民，隨在就食，願回籍者，資給路費，仍令本籍查明補賑。自此流民不致復聚京師矣。自時厥後，則斟酌出之，而不拘成例。

十三年，諭：向來外省有資送流民之例，用意良厚。然至饑饉洊臻，本處米糧乏絕，而鄰封尚可覓食。若必驅還故鄉，豈能坐以待斃，勢又將轉而之他。南北東西，輾轉資送，在鄰省既不勝其煩勞，而於災民轉益流離失所。朕思災輕之地，不可令其拋棄失業，自當照例資送回籍。倘遇積歉之年，本處無以餬口，轉徙他鄉，或倚託親舊，以濟其乏；或傭工種佃，以食其力。且其中有極無倚賴者，國家復有留養之例，地方官憫其流離，無分畛域，隨宜安插，俟災氛平復，本地可耕，然後使回故里，亦未始非權宜之道。惟在權其輕重，相其緩急，斟酌辦理，不可執一而論。應令地方有司，酌量妥辦，不必拘定成例，等因。十八年，諭：御史奏：請敕諭江南鄰省督撫，照舊例留養流民，春融資送回籍等語。留養流民之法，前曾行之，有名無實，轉滋多事，且於災民實無裨益，導之使輕去其鄉耳。近日巡撫已經具奏，故未準行，蓋與其留養于異方，何如厚加賑恤，使不流移轉徙之爲愈。今年淮徐等處被水，朕疊次籌濟，不惜數百萬帑金，以留養資送之費計之，何啻百分之一二，豈有愛焉。若以留養資送所需，增爲本地賑濟，豈不更霑實惠乎？夫以災地專委多員，挨户察賑，尚恐不能一無遺漏。鄰省州縣，各有應辦事務，又何從辨其災黎，徒滋奸民在本地則乘機溷冒，及資送則聚衆強搶，去而復返，日不暇給。而實在被災流民，或依傍親屬，或傭工餬口，又必逐一稽留安插，于伊等生理，益致拘礙，故停止此例，等因。

二十八年，諭：御史奏資送貧民回籍議覆一摺，以此例一開，恐致無業之徒，混冒虛糜，于災黎無益。是僅推其流弊，而未深究夫有名無實之本原。無識者，將未免仍疑爲節省帑項起見。朕因直屬兩年秋霖過多，加恩蠲賑，不啻再三，即費正供鉅萬，無所靳惜，又何有於區區資送一節？然已洞悉其一無實濟，而猶曲徇陳言，矯情示惠，必不出此也。且流民故鄉既無生計，四出傭趁，即揆之古人無常職轉移執事之條，未始不可俾之並生竝育，又何至束縛馳驟，強以勢所不能。朕以爲與其資送無實濟，不如加賑濟之期，俾民獲實惠爲愈也。救荒無奇策，惟以體恤民隱爲要。設令被災至重，甚至有田之户，亦概遠徙，則所以籌撫綏，必更有大設施者，又豈恃此資送虛文，所能濟其萬一哉？將此通諭中外，使明知朕意。欽此。歷觀停止資送留養之諭，可謂深切著明。大抵法積久而生弊，道與時爲變通，是以聖諭一則曰：增爲本地賑濟，再則曰：不如加賑濟之期，良以輯之於既流之後，不如撫之於未流之先。帑不患其多糜，惠必施於實獲。又云：設令被災至重，必更有大設施者，想見神明化裁，包括無數經綸，而不沾沾於一時一事也。至於流民之歸，既無庸資送，亦無庸差送焉。

嘉慶七年，諭萬凝等以現在清苑等縣，有差人領回本處貧民，輒欲令各州縣倣照辦理。勢不能不僉派差役，紛紛押送，竟與遞解人犯無異。是驅之轉於溝壑矣。且各州縣所差人役，豈能於本處饑民，概行指識，彼此認領，徒滋紛擾，此事斷不可行。欽此。此外，出趁食之民，當聽其自歸，不必官差認領也。職司民牧，偶逢災祲，預料民或流移，先期出示各鄉村，諭以即有賑恤，令其静候，毋得遠離。一面設粥平糶，以定民志。其有迫不及待，挈家四出者，查户時即爲登記，以待聞賑歸來，補行賑濟。歸來貸與牛種，以資生理。其流民所至之境，不分此疆爾界，加意拊循，善爲措置。則民雖擐蕩析離居之苦，而得勞來還定之方矣。

《大清法規大全·民政部》卷一《調查户口·民政部暫定京師調查户口規則宣統元年正月》　第一章　通則

第一條　户口調查者就本區内各户調查居民人數身分及異動，並訪察其行爲及現狀，以圖警察之利便。

第二條　關於調查户口事務，以總廳爲監督，以分廳區負管理之專責。

第三條　調查户口以現在劃定區域爲界線，以該管區長督率巡官、長警辦理。

第四條　調查户口分定時、臨時二種，定時謂定期調查其全部。如甲種六月一次之類。臨時謂因特别事故調查其全部或一部。

第五條　調查日期由分廳體察情形定之。

第二章　調查

第六條　爲全部或一部之調查時，由區長派出長警任之，其平時由守望巡警爲之。

第七條　爲全部或一部之調查時，分廳應派員同行監查，以爲長警之表率。

第八條　户籍法未定以前，各區長□□時酌定時間、地段派警抽查。抽查長警由區長派出。

第九條　總、分廳應酌量派員密查，擔任調查長警之勤惰。

第十條　調查户口使擔任調查長警，將區域内居民分爲三種，其分種之當否由區長及同行監查員查實之。甲乙丙之區别，須用甲乙丙之符號，記於異動簿及受持簿之上。

一甲號　貴族世家及其他資産職業，認爲身分正確者。

二乙號　甲號丙號以外者。

三丙號　被監視及曾受官刑者，無業游民、博徒痞棍，及其他認爲性行不良者。

第十一條　定期調查户口，甲號每六個月一次，乙號每三個月一次，丙號每月三次。甲號之家族雇人及同居人等，應分爲何號者，依本號調查之例。如乙號仍照乙號之類。

第十二條　左所揭者不在調查之限。

一、王公府第。

二、官署公所。

三、使館教堂。

四、兵營。

五、監獄、教養局、醫院、養濟院。

六、各級學堂。稟經學部、督學局立案者。

户籍法未行以前，人民身分不能確定居民有在以上各處當差及雇賃者，每次清查後，各依其處開單，由總廳函詢各該管長官及管理人。監獄以下由總廳函請其各該管長官及管理人，將出入人數隨時通知。

第十三條　一住宅編門牌一號，其一住宅住二户以上者，仍依本號各立門牌。惟須於本號之末，另分次序以清眉目。

第十四條　門牌各依區域次序編釘，以圖便利。自此次編釘後，其有另立門户者，作爲附號另編號數，而於號數之首加一附字，以爲記認。

第三章　簿册

第十五條　册分爲《户口調查總》、《户口異動》、《巡警受持》三種。

一、《户口調查總》，總、分廳區各設一分。

二、《户口異動》，該管區設一分，總、分廳有特别事故，得隨時至區查閲。

三、《巡警受持》，每守望所一本，由區長交守望巡警持之。

三種外另立報告，由區長交擔任調查長警，以便隨時報告，不拘定式。

第十六條　《户口調查總簿》，登載各區住户户數、甲乙丙號之區别、丁口總數、鋪户總數、營業種别及其他之各項。《户口異動簿》，登載户主氏名、籍貫、年齡、職業，及其親屬寄居、雇人丁口，以備異動時添註抹消。《巡警受持簿》，登載守望地段内住户門牌、甲乙丙號之區别、户主姓名、職業、丁口數目，以便守望巡警周知。

第四章　調查證

第十七條　户籍法未定以前，暫用調查證，每尺一張。以便查驗。

第十八條　調查證依查口票所規定，詳細登載於各户，繳回查口票時，隨時填寫，發給户主收執。

第十九條　調查證每調查期查閲一次，調查期如甲號六個月一期之類。每年更换一次。

第五章　異動及整理

第二十條　各區受轄内居民異動呈報後，凡出生、死亡、婚姻等，皆謂異動。依照表式按旬彙報於分廳，分廳按月彙報於總廳，總廳於年終統計申部。

第二十一條　各區受人民異動呈報時，應隨時辦理，依日編訂。其《户口異動簿》並分别登記於調查記數各表内。

第二十二條　守望巡警受人民異動呈報時，應即登記於《受持簿》内，回區後稟報於區長，區長受理後，分别登記於調查各表内。

第二十三條　居民由本區移住他區時，宜通知所移之該管區，其由他區移住本區而未得其通知者，宜查詢其原住之該管區。

通知時，並移送其調查證，而記其轉移事由於裏面。受通知之區，宜隨時查實，另給以調查證，而將原調查證付送於舊管轄區取銷。

第二十四條　本區受他區通知後，其户在何守望所者，應即改入《受持簿》，告知於守望巡警。

第六章　户口年表

第二十五條　各區每年統計本區户口，申報分廳，分廳轉申總廳，總廳年終彙齊報部。

第二十六條　總廳每年終製成管内之户口年表，以翌年二月五日爲止。

《大清法規大全・民政部》卷一《調查户口・又調查户口執行法》

第一條　定時、臨時清查及抽查，以隨時派出或休息長警任之。其平日之查察報告，則以守望巡邏長警任之。

第二條　調查時，每户分别給查口票一張，令其填明，於五日内繳區。五日不繳到者，由區派警收取。

第三條　查口票繳到時，每户换給調查證。其調查證内，仍將户丁口分别註明。

第四條　調查時，須就每户審明現在丁口，與該户調查證有溢出或短少時，須詢明原由，分别添註於查口票。

爲上項之手續時，仍添註於該户之調查證。

第五條　凡於查口票規定事項外，於調查時審知有其他事項者，得以另紙爲之，附黏於查口票後。

第六條　揭於左之事項，均宜從間接調查之。

一、資產之有無。

二、職業之勤惰。

三、素行之良否。

第七條　揭於左者於調查時最宜注意。

一、曾受官刑者。

二、無恒產而徒食者。

三、有性行不良之風聞及認爲無正當之職業者。

四、多數人聚集之場。

五、貧民雜居之地。

六、旅館、小店、欒户、酒飯館、茶館戲園及車廠、脚行等處。

旅館以下各處，除欒户另規定查口票外，其有關於營業者均歸入商業調查。

第八條　旅店、欒户等項本廳已專定管理規則，其中有關於調查事項者，仍按原規則辦理，本法不再規定。

第九條　凡鋪户各項有更替等事，須在本廳呈報，由各該管股核辦後傳區者，均須於簿册、表册各依其類分别登記。

第十條　揭於左之事項，該管區確認其事實後，具證明書申報於總分廳。

一、孝子、貞婦、義僕及其他有可表彰之德行。

二、有聲聞不良之人與同居及往來者。

三、驟貧及暴富者。

四、藏有身分不相當之物者。

五有原因不明之死傷及其他家内異狀者。

第十一條　調查時，宜注意其門牌書寫號數及調查證是否相符。

第十二條　調查時，驗其調查證有不相符處，須令其隨時赴區變更。

第十三條　變更調查證時，須於備考中登記其變更之原因。備考中如不敷填載時，得另紙爲之，附黏於後。其變更之原字跡，須用筆鈎去，不得塗抹，致辨認不清。

第十四條　補發調查證時，該管區長須確認其事實。

《大清法規大全·民政部》卷一《調查户口·又户口管理規則》　第一條　凡在外城廳區域内居住之人民，須依查口票規定填寫明白，於發到五日内繳回於本管轄區，本管轄區發給調查證。

第二條　人民有分合、遷移、廢絶及人口出生、死亡、婚姻等事，均須遵守本則，呈報於本管轄區。

第三條　人民有分家各立門户者，其户主須於三日後依遷移呈報之規定，添附原户主、姓名、籍貫、職業、分家年月日，呈報於本管轄區。

第四條　人民有由此區域遷移彼區域者，須依呈報書之規定，於未遷之三日前呈報於舊管轄區，既遷之三日後呈報於新管轄區。

第五條　人民有遷入者，須依呈報書之規定，於五日内呈報於本管轄區。

第六條　人民有廢絶家者，左記諸人從其順序負呈報之義務，並將該廢絶家之調查證繳銷於本管轄區。

一、親屬。

二、近鄰。

第七條　人民有死亡者，由其户主或親屬依呈報書之規定，於五日内呈報於本管轄區。

第八條　人民有出生子女者，依呈報書之規定，於十日内呈報於本管轄區。收養棄兒者，須於五日内依呈報書規定呈報。

第九條　人民有婚嫁者，須依呈報書之規定，於五日內各呈報於本管轄區。

第十條　凡爲以上各項之呈報者，均須以呈報書填載，以免紛歧而歸一律。

第十一條　人民有出外或由此區遷往彼區者，均須將調查證隨呈報書繳銷於舊管轄區，另於呈報新管轄區時，更領新調查證。

第十二條　人民有異動時，須於呈報之日，申請將調查證變更。

第十三條　調查證有遺失時，得隨時申請本管轄區補發，惟須將遺失事由聲叙明白。

第十四條　凡在京無親屬者，有死亡等事項時，其住在何處即由何處人負呈報之義務。

第十五條　各會館、工敞有更换管理人時，均須於三日内報告於本管轄區，並變更其調查證。

第十六條　有違犯本則者，依違犯警察規則例，處以二元以下一元以上之罰金。

《大清法規大全・民政部》卷一《調查户口・民政部咨催各省查報户數照式填表送部文宣統元年九月　日**》**　爲咨行事疆理司案呈：本部於光緒三十四年十二月奏定《調查户口章程》，内載第二十三條：人户總數應自本年起，於第二年十月前彙報一次，至第三年十月前一律報齊。又遵旨妥擬，逐年籌備未盡事宜。宣統元年督催各省，將該省省會及外府所屬各首縣並商埠地方人户總數，照章調查，一律報齊，各等因，通行在案。查豫備立憲應行籌及之事，無不以户籍爲根本。户籍不能尅期舉辦，庶政即無從入手。本部於今年年底即彙造各省第一次查報户數清册，業經奏明有案相應咨行貴將軍、督撫、都統查照迅辦，限於今年十月前，將查報户數照式填表送部，以符定章而重憲政可也，須至咨者。

《大清法規大全・民政部》卷一《調查户口・又咨各省通行調查各項工廠表式文宣統元年九月　日**》**　爲咨行事疆理司案呈：現在清查户籍所有公私營業工場，若鹽務、礦産、茶絲等項及土木、磚石一切工作等項處所，或設於城廂，或設於山野，人類繁雜，良莠不齊。若漫無稽查，善良無由而樂業，宵小亦易於潛蹤，殊非所以維秩序而保治安。本部業將奏定調查户口章程頒行各省，其施行細則仍令各該監督因地制宜，斟酌妥訂。至於本章程中未盡事宜，如以上各項工場，該監督等亦當酌量地方情形載入細則，一併調查，以期完密而便稽核。茲特繪具調查各類工廠表式，分咨各省一律通行，照式核實填註，每年於十月前報部。至調查詳細册籍，仍留存各該省備案，無庸送部，以省繁牘。相應咨行貴將軍、督撫、都統查照辦理可也。須至咨者。

《大清法規大全・民政部》卷一《調查户口・又調查户口員官長警遵守規則》　第一條　調查户口時間，由午前八時至午後五時。臨時調查及抽查不在此限。

第二條　調查户口時，擔任調查之員官長警，須以調查時間告知於守望巡警。

第三條　守望巡警須記明調查員官長警之姓名、時間，回區後禀報於區長。

第四條　派出調查長警，無論定時、臨時，及抽查、出查時，由區長發給調查執照。無執照者不得擅入人家。

第五條　調查時，無論貴賤貧富，當以和顔謹言相與接遇。其有不明之事項，雖應查明者，對於老弱婦女及其他不堪應對之人，不可强爲尋問。

第六條　調查時，遇該户無男丁，必不得已與婦女相問答，務宜莊重。如有不正當之行爲，查明從重懲辦。

第七條　調查時，遇有執行法第六、第七、第十條開列各事項時，宜詳記於《報告簿》，回區交區長檢查。

第八條　派出擔任調查之員官長警，於定日調查時，如有疾病及其他事故，不能辦理者，得申請於總、分廳延期五日。五日後，仍不能辦理者，得申請改派。

《大清法規大全・民政部》卷一《調查户口・民政部咨行各省增訂調查户口章程内學童壯丁年歲文》　疆理司案呈：本部頒發《調查户口章程》，第二十條内載：口數册造齊後，應將册内年届七歲之學童及年届十六歲之壯丁，另計總數附記該册之後等語。尚未規定學童壯丁至若干歲爲止，現擬暫將本章程第二十條增訂年届七歲至十六歲者爲學童，年届十六歲至四十歲者爲壯丁，以憑辦理。俟將來續訂章程後，再行頒布，相應咨行貴將軍、督撫、都統查照，飭遵辦理可也。

《東方雜誌》一九〇九年第一期《憲政篇·民政部調查户口章程》

第一章　總綱

第一條　本章程遵照逐年籌備事宜清單，以實行調查全國户口，務得確數爲主旨。

第二條　調查户口分二次辦理如左。

第一次，調查户數。

第二次，調查口數。

第三條　調查户數，以按照第四章所載，一律編釘門牌爲終結。調查口數，以按照第五章所載，一律填明查口票爲終結。

第二章　調查職員

第四條　調查户口，京師内外城以巡警、總廳廳丞，順天府各屬以府尹，各省以巡警道爲總監督。其未設巡警道各省，暫以布政司爲總監督。

第五條　左列各員，爲調查户口監督。

京師各巡警分廳知事。

順天府各屬知州知縣。

各省廳州縣同知、通判、知州、知縣。

其有本管地方之各府及直隸廳州，以各該知府、同知、通判、知州爲監督。

第六條　調查户口事務歸下級地方自治董事會或鄉長辦理，以總董或鄉長爲調查長，董事或鄉董爲調查員。其自治職尚未成立地方，由各該監督督率所屬巡警，並遴派本地方公正紳董，會同辦理。

第七條　各地方所有巡官長警，均有協助調查户口之責。

第三章　調查區域

第八條　調查監督應就本管地方，按照地方自治區域劃定調查户口區域。其自治區域尚未分劃以前，應由各該監督就本管地方酌量地面廣狹，暫行分劃區域，申請總監督核定，由所派各員分别調查。

第九條　調查長應就劃定區域以内，再行區分地段，每段設立調查處，由調查員分别調查。

第四章　調查户數

第十條　調查户數，應由調查員就區分地段以内，按照部定門牌格式，按户依號編釘。

第十一條　每户編門牌一號，其有二户以上同住者，應以一户爲正户，餘爲附户。凡二户以上同住者，以先住者爲正户，後住者爲附户。若同時移住，則以人口較多之户爲正户。附户應另列號數，標明附户字樣，别釘門牌。

第十二條　調查户數時，應併查明户主姓名。户主指現主家政者而言。

第十三條　門牌編齊後，應由調查員造具本段户數册二份，一份存調查處，一份報告調查長。户數册應載明本段共若干户，編爲若干號，並應載某户户主姓名。

第十四條　調查長接到各段報告後，應彙齊申報監督。監督接到各區申報後，應彙齊申報總監督。總監督接到各監督申報後，應按照部定表式，彙報民政部。

第十五條　自各户門牌編定之日起，嗣後該户如有遷移等事，應責令該户户主，自赴調查處或巡警派出所呈報，至遲不得逾三日。前項遷移等事，應另列表册備查。

第五章　調查口數

第十六條　調查口數，應由調查員就編定户數，按照部定查口票格式，交每户户主，限期填報，至遲不得逾十日。

第十七條　調查口數，應查明姓名、年歲、職業、籍貫、住所等項。

第十八條　查口票之外，應另製調查證，於各户繳回查口票時，發給户主收執。

第十九條　查口票填齊後，仍應由調查員隨時親赴各户，按照所填各節抽查。

第二十條　查口票填齊後，應由調查員造具口數册二份，一份存調查處，一份報告調查長。口數册應載各項，即照查口票所載，按照户數次序編列。口數册造齊後，應將册内年届七歲之學童及年届十六歲之壯丁，另計總數，附記該册之後。

第二十一條　口數册申報及彙報事項，照第十四條辦理。

第二十二條　自查口票填報之日起，嗣後該户如有生死、婚嫁、承繼、來往等事，應責令該户户主，自赴調查處或巡警派出所呈報，至遲不得逾三日。其有一家死亡無人呈報者，應由該親族近鄰代報。前項生死等事，應另列表册備查。

第六章　調查年限

第二十三條　調查户口，應按照所定年限，一律報齊，分期彙報民政部，由部奏明立案。

一、人户總數，應自本年起，於第二年十月前彙報一次，至第三年十月前，一律報齊。

一、人口總數，應自本年起，於第三年及第四年十月前，各彙報一次，至第五年十月前，一律報齊。其人户總數業已查明地方，應將調查人口事宜提前辦理。

第二十四條　自報齊後，户數册應每兩箇月編訂一次，口數册應半年編訂一次，於年終彙報民政部。

第七章　調查經費

第二十五條　調查經費，應由各地方自籌，其從前所有保甲經費，應一律移作此次調查之用。

第八章　調查要則

第二十六條　調查時，應由總監督及各監督分别出示曉諭，詳叙調查宗旨，嚴禁藉端需索，造言生事之弊。

第二十七條　調查務以確實爲主，應力除從前保甲虚行故事之積習。

第二十八條　調查時，凡應由户主自行填報之件，如該户主不識文字，或現當外出，無人書寫者，應由調查員親往，或派員前往，當面詢明，即時録寫。嗣後凡應由户主自行呈報之件，如有前項情節，准由該户主或該户家屬前赴調查處或巡警派出所口述，由調查員或巡警録寫。

第二十九條　調查時，一切詢問口氣，務須和平，並嚴禁需索。凡遇自赴呈報及請求録寫者，一概不准留難收費。

第三十條　調查時，應注意左列各款，另册登記，隨時抽查。

一、户内有曾受監禁以上之刑者。

二、户主無正當之職業者。

三、一户内多數人雜居者。

第三十一條　調查時，有不能直向户主詢問者，應訪問於其鄰右戚族。

第九章　調查罰則

第三十二條　調查職員有不遵定章辦理者，總監督由民政部奏參，監督以下由總監督詳參，分别處罰。其報告申報不實者同。

第三十三條　凡有不受調查，及填報呈報不實，或逾期不報者，處一圓以上、十圓以下之罰金。其有妨害調查之舉動者，處三日以上、一月以下之監禁，或三圓以上、三十圓以下之罰金。

第三十四條　調查員如有不法情事，經告發後，照各本律治罪。

第十章　特别調查

第三十五條　凡各省船户，應另行分段列號，仍照本章程辦理。其來往並應由各該監督另訂專章稽查。

第三十六條　凡未設行省，如内外蒙古、青海、西藏等地方，應由各該管長官，照本章程另訂細則，分别調查，一律按期彙報民政部。

第三十七條　凡旅居外洋，無論游學、經商、作工人等，應由出使大臣督率各領事，照本章程另訂細則，分别調查，一律按期彙報民政部。

第十一章　附條

第三十八條　本章程自奏准頒行後，以文到日爲施行之期。

第三十九條　本章程施行後，所有從前保甲，一概停辦。其民政部前定調查户口表式，應一律改從本章程辦理。

第四十條　本章程施行細則，由各該總監督擬訂通行，仍申報民政部立案。

《大清會典事例（光緒朝）》卷一五七《户部·户口·編審》　順治五年題准：三年一次編審天下户口，責成州縣印官照舊例攢造黄册。以百有十户爲里，推丁多者十人爲長，餘百户爲十甲。城中曰坊，近城曰廂，在鄉曰里，各設以長。每遇造册時，令人户自將本户人丁依式開寫，付該管甲長。該管甲長將本户並十户，造册送坊廂里各長，坊廂里各長將甲長所造文册攢造送本州縣，該州縣官將册比照先次原册攢造類册，用印解送本府，該府依定式別造總册一本，書名畫字，用印申解本省布政使司。造册時，民年六十歲以上者開除，十六歲以上者增註。

十一年覆准：每三年編審之期，逐里逐甲，查審均平，詳載原額、新增、開除、實在四柱，每名徵銀若干，造册報部。如有隱匿捏報，依律治罪。

十三年覆准：五年編審一次。十四年定：州縣官編審户口，增丁至二千名以上，各予紀録。

十五年議准：各省編審人丁五年一次，造册具題，於編審次年八月内到部。如不照限題報者，經管官照違限例議處。府州縣編審年分借名造册科派者，從重治罪。督撫不行糸究，一併議處。

康熙二年定：州縣增丁二千名以上者，督撫、布政司及道府俱准紀録。

十一年覆准：直省編審，概令繕疏具題。二十五年定：編審原限一年八箇月，限期過寬。嗣後限一年歲底造報，州縣將新增之丁隱匿不報者，照例糸處。

二十六年覆准：編審缺額人丁令該撫陸續招徠，於下次編審補足。

五十一年諭：朕覽各省督撫奏編審人丁數目，並未將加增之數盡行開報。今海宇承平已久，户口日繁，若按現在人丁加徵錢糧，實有不可。人丁雖增，地畝並未加廣，應令直省督撫將現今錢糧册内有名丁數毋增毋減，永爲定額。嗣後所生人丁不必徵收錢糧，編審時止將增出實數察明另造册題報。朕凡巡幸地方，所至詢問，一户或有五六人，止一人交納錢糧，或有九丁十丁，亦止一二人交納錢糧。詰以餘丁何事。咸云蒙皇上宏恩，並無差徭，共享安樂，優游閒居而已。此朕之訪聞甚晰者。前雲南、貴州、廣西、四川等省遭叛逆之變，地方殘壞，田畝拋荒。自平定以來，人民漸增，開墾無遺，山谷崎嶇之地已無棄土。由此觀之，民之生齒實繁，朕故欲知人丁之實數，不在加徵錢糧也。今國帑充裕，屢歲蠲免，輒至千萬，而國用所需，並無不足之虞，故將現徵錢糧册内有名人丁永爲定數。嗣後所生人丁免其加增錢糧，但將實數造册具報，豈特有益於民，亦一盛事也。直隸各省督撫及有司自編審人丁時，不將所生實數開明具報者，特恐加徵錢糧，是以隱匿，不據實奏聞，豈知朕並不爲加賦，止欲知其實數耳。

五十二年恩詔：嗣後編審增益人丁止將滋生實數奏聞，其徵收辦糧，但據五十年丁册，定爲常額。續生人丁，永不加賦。

五十五年覆准：新增人丁，欽奉恩旨永不加賦，令以新增人丁補足舊缺額數。除向係照地派丁外，其按人派丁者，如一户之内開除一丁新增一丁，即以所增抵補所除。儻開除二三丁，本户抵補不足，即以親族之丁多者抵補。又不足，即以同甲同圖之糧多者頂補。其餘人丁歸入滋生册内造報。五十六年題准：續增人丁既不加賦，將增丁之州縣官員議叙停止。又題准：如有州縣將滋生人丁私行科派者，該督撫即行題糸。

乾隆元年議准：滋生户口，每逢五年務須據實造報，實力奉行，不得視爲具文，脱户漏口。

五年議定：直省督撫於每歲十一月將各府州縣户口增減，繕寫黄册具奏，仍將奏明數目報部察覈彙奏。又題准：造報民數，每歲舉行，爲時既近，而自通都大邑以及窮鄉僻壤，户口殷繁，若每年皆照編審造報，誠恐紛煩滋擾。直省各州縣設立保甲門牌，土著流寓，一切臚列。原有册籍可稽，若除去流寓，將土著造報，即可得其數目。令該督撫於每年仲冬將户口實數與穀數一併造報，以免紛擾。至番疆苗界，向來不入編審，不必造報。

十一年諭：向來江西省每逢編審之年，丁男之外又有婦女，蓋緣從前有鹽鈔一項，分給小户，計口納鈔。既有婦女應徵之項，則不得不稽其存亡增減，是以入於編審之内也。今食鹽課鈔久經攤入地糧，而該省尚循舊例辦理。朕想從前照鹽納價，編審尚屬有名，今鹽鈔既已攤入地糧之内，則是婦女已無可徵之項，何必存此編審虛名，徒滋擾累。嗣後編審婦女著停止。

三十二年議准：發遣烏魯木齊人犯，原犯死罪減等發遣者，作爲五年，原犯軍流改發及種地當差者作爲三年，准入民籍。將伊等安插昌吉沙東舊堡，指給地畝耕種納糧。

三十七年諭：編審人丁舊例，原因生齒繁滋，恐有漏户避差之弊。是以每届五年查編造册，以備考覈。今丁銀既皆攤入地糧，而滋生人户又欽遵康熙五十二年皇祖恩旨永不加賦，則五年編審不過沿襲虛文，無裨實政。况各省民穀細數俱經該督撫於年底專摺奏報，户部覈實具奏，付之史館紀載。是户口之歲增繁盛，俱可按籍而稽，更無藉五年一次，另行查辦。嗣後編審之例，著永行停止。又議准：四川各府廳州縣土司新舊人丁，並流寓户口，照例歸入地畝項下，按額造地丁奏銷册内題報查覈。

四十年諭：直省滋生户口向惟册報户部，朕臨御之初，即飭各督撫歲計一省户口倉穀實數，於仲冬具摺以聞，並繕册由部臣彙覈以進。蓋仿《周禮・司民》掌登民數拜獻於王之意，即藉以驗海宇富庶豐盈景象，法至善也。顧行之日久，有司視爲具文，大吏亦忽不加察。穀數尚有倉儲可覈，而民數則量爲加增，所報之摺及册，竟有不及實數什之二三者，其何以體朕周知天下民生本計之心乎。我國家累洽重熙，百三十餘年於兹，休養蕃滋，盛於往牒。且我皇祖恩旨，以生齒日繁，人民永不加賦，其利甚溥，閭閻安享昇平，樂利阜寧。歲計倍有增益，詎可不確覈以登，記盛世殷繁之實乎。現今直省通查保甲所在户口人數，俱稽考成編，無難按籍而計。嗣後各督撫飭所屬具實在民數，上之督撫，督撫彙摺，上之於朝。朕以時披覽，既可悉億兆阜成之概。而直省編查保甲之盡心與否，即於此可察焉。其敬體而力行之，毋忽。

又諭：從前歷辦民數册，如應城一縣，每歲止報滋生八口，應山棗陽止報二十餘及五六七口，歲歲滋生，數目一律雷同。各省歲報民數，用驗盛世閭閻繁庶之徵，自當按年確覈，豈有一縣之大，每歲僅報滋生數口之理。可見地方有司，向竟視爲具文，而歷任督撫，亦任其隨意填造，不復加察。似此率略相沿，成何事體。前曾降旨，令各督撫將實在民數通覈上陳，但恐督撫等泥於歲底奏報之期，尚不免草率從事，仍屬有名無實。所有本年各省應進名册，均著展至明年年底繕進，俾得從容確覈，以期得實。嗣後每年奏報民數，各督撫務率屬實力奉行，毋再如前約略開造。儻仍因循疏漏，查出定當予以處分。若各督撫查辦民數既不實心，遇有偏災辦賑，復從而遷就迴護，致窮黎不能普霑實惠，一經訪聞，惟該督撫是問。

《光緒新法令・憲政・民政部奏調查户口章程摺并章程》　光緒三十四年八月初一日，内閣奉上諭：朕欽奉慈禧端佑康頤昭豫莊誠壽恭欽獻崇熙皇太后懿旨，憲政編查館、資政院王大臣奕劻、溥倫等會奏進呈憲法議院選舉各綱要暨議院未開以前逐年應行籌備事宜一摺。單開逐年應行籌備事宜，均係立憲國應有之政，必須秉公認真次第推行，責成内外臣工遵照單開各節依限舉辦。凡各部及外省同辦事宜，部臣本有糾察外省之責，應嚴定殿最，分別奏聞。自本年起，務在第九年内將各項籌備事宜一律辦齊，届時即行頒布欽定憲法，并頒布召集議員之詔等因。欽此。

又，本年十一月初十日，内閣奉上諭：本年八月初一日，大行皇帝欽奉大行太皇太后懿旨，嚴飭内外臣工，務在第九年内將各項籌備事宜一律辦齊，届時即行頒佈欽定憲法，並頒佈召集議員之詔各等諭。煌煌聖訓，薄海同欽，自朕以及大小臣工，均應恪遵前次懿旨，仍以宣統八年爲限，理無反汗，期在必行。内外諸臣，斷不准觀望遷延，貽誤事機等因。欽此。欽遵恭録到部。臣等伏查憲政編查館、資政院會奏逐年籌備事宜清單内開城、鎮、鄉自治章程、調查户口章程爲臣部第一年應辦之件，除城、鎮、鄉自治章程業由臣部擬訂於本年七月二十八日，奏請飭交憲政編查館核議施行，奉旨俞允，欽遵在案外，其第一年應行頒佈之調查户口章程，自應遵照期限，悉心妥擬，請旨頒佈，以符定章。臣等竊維立憲政體以建設議院爲成效，而采用兩院制度之國，其議員必有半數以上出於民間之公選，額數之分配不可不以人口之多寡爲衡，而選舉權及被選舉權之限制，又不可不以年齡、職業、籍貫、住址等資格爲准。若户籍登記之法不能實行，則議員選舉之事必多窒礙。

此外，如劃分自治區域、普及教育、徵集民兵、整理租税等項，凡預備立憲應行籌及之事，無不以户籍爲根本。非有執簡馭繁之術，决不能收循序漸進之功。東西各國以户口爲内務行政之大端，有户籍公所以爲處理之地，有户籍吏以當執行之任，有身分登記簿以詳一人之履歷，有户籍簿以詳家族之關係。觀其所行户籍法，詳細精密，誠我國所宜則效，而曲折繁重，亦非一時所能遽行。故籌備事宜單内以編訂户籍法列於第三年内，而於第一年先頒佈調查户口章程，由淺入深，誠爲至當不易之序。

臣部前於光緒三十二年四月曾經奏請試辦清查京城户籍，又於三十三年正月奏請再行詳查丁口，又於三十三年三月奏請清查各省户口，頒發表式。各在案試辦年餘，尚無阻礙，嗣復欽奉諭旨，飭訂專章，謹參考東西各國之良規，並依據叠次奏辦之成案，督飭員司詳細編訂，計成章程十一章、四十條，表式五件。計自本年起調查户數，以第三年十月以前爲報齊之期，調查口數以第五年十月以前爲報齊之期，務除從前各省保甲填寫門牌奉行故事之積習，以植將來實行户籍法選舉議員之始基。擬請明降諭旨，責成各該管有司按照此次定章，認真舉辦，並按所定期限一律匯報，如有奉行不力者，一經確實查明，惟有懍遵。八月初一日，諭旨據實糾參，用示懲儆，臣部並應隨時派員親赴各省，切實考察，以期實行，而免延誤。再，逐年籌備清單内臣部本年應辦事宜，係城、鎮、鄉地方自治章程及調查户口章程兩項。現均辦理完竣，其清單内臣部未盡事宜，應另行籌議，按期具奏，合併聲明。謹奏。光緒三十四年十二月初十日奉旨：依議。欽此。

謹擬調查户口章程繕具清單恭呈御覽

要　目

第一章　總綱
第二章　調查職員
第三章　調查區域
第四章　調查户數
第五章　調查口數
第六章　調查年限
第七章　調查經費
第八章　調查要則
第九章　調查罰則
第十章　特别調查
第十一章　附條

第一章　總綱

第一條　本章程遵照逐年籌備事宜清單，以實行調查全國户口、務得確數爲主旨。

第二條　調查户口分二次辦理如下：第一次，調查户數；第二次，調查口數。

第三條　調查户數以按照第四章所載，一律編釘門牌爲終結；調查口數以按照第五章所載，一律填明查口票爲終結。

第二章　調查職員

第四條　調查户口，京師内外城以巡警總廳廳丞，順天府各屬以府尹，各省以巡警道爲總監督。其未設巡警道各省，暫以布政司爲總監督。

第五條　下列各員，爲調查户口監督：京師各巡警，分廳知事，順天府各屬知州、知縣，各省、廳、州、縣同知、通判、知州、知縣。其有本管地方之各府，及直隸、廳、州以各該知府、同知、通判、知州爲監督。

第六條　調查户口事務，歸下級地方自治董事會或鄉長辦理，以總董或鄉長爲調查長，董事或鄉董爲調查員。

其自治職尚未成立地方，由各該監督督率所屬巡警，並遴派本地方公正紳董會同辦理。

第三章　調查區域

第七條　各地方所有巡警、官長，均有協助調查户口之責。

第八條　調查監督，應就本管地方，按照地方自治區域，劃定調查户口區域。其自治區域尚未分劃以前，應由各該監督就本管地方，酌量地面廣狹，暫行分劃區域，申請總監督核定，由所派各員分别調查。

第九條　調查長應就劃定區域以内，再行區分地段。每段設立調查處，由調查員分别調查。

第四章　調查户數

第十條　調查户數，應由調查員就區分地段以内，按照部定門牌、格式，按户依號編釘。

第十一條　每户編門牌一號。其有二户以上同住者，應以一户爲正户，餘爲附户。

凡二户以上同住者，以先住者爲正户，後住者爲附户。若同時移住，則以人口較多之户爲正户。附户應另列號數，標明附户字樣，别釘門牌。

第十二條　調查户數時，應並查明户主姓名。户主指現主家政者而言。

第十三條　門牌編齊後，應由調查員造具本段户數册二份。一份存調查處，一份報告調查長。户數册應載明本段共若干户，編爲若干號，並應載某户户主姓名。

第十四條　調查長接到各段報告後，應彙齊申報監督。

監督接到各區申報後，應彙齊申報總監督。

總監督接到各監督申報後，應按照部定表式，匯報民政部。

第十五條　自各户門牌編定之日起，嗣後該户如有遷移等事，應責令該户户主自赴調查處或巡警派出所呈報。至遲不得逾三日。

前項遷移等事，應另列表册備查。

第五章　調查口數

第十六條　調查口數，應由調查員就編定户數，按照部定查口票格式，交每户户主限期填報，至遲不得逾十日。

第十七條　調查口數，應查明姓名、年歲、職業、籍貫、住所等項。

第十八條　查口票之外，應另制調查證，於各户繳回查口票時，發給户主收執。

第十九條　查口票填齊後，仍應由調查員隨時親赴各户，按照所填各節抽查。

第二十條　查口票填齊後，應由調查員造具口數册二份。一份存調查處，一份報告調查長。

口數册應載各項，即照查口票所載，按照户數次序編列。

口數册造齊後，應將册内年届七歲之學童及年届十六歲之壯丁另計總數，附記該册之後。

第二十一條　口數册申報及匯報事項，照第十四條辦理。

第二十二條　自查口票填報之日起，嗣後該户如有生死、婚嫁、承繼、來往等事，應責令該户户主自赴調查處或巡警派出所呈報，至遲不得逾三日。

其有一家死亡無人呈報者，應由該親族近鄰代報。

前項生死等事，應另列表册備查。

第六章　調查年限

第二十三條　調查户口，應按照所定年限一律報齊，分期匯報民政部，由部奏明立案。

一、人户總數，應自本年起於第二年十月前匯報一次，至第三年十月前一律報齊。

一、人口總數，應自本年起於第三年及第四年十月前各匯報一次，至第五年十月前一律報齊。

其人户總數業已查明地方，應將調查人口事宜提前辦理。

第二十四條　自報齊後，户數册應每兩個月編訂一次，口數册應半年編訂一次，於年終匯報民政部。

第七章　調查經費

第二十五條　調查經費，應由各地方自籌。其從前所有保甲經費，應一律移作此次調查之用。

第八章　調查要則

第二十六條　調查時，應由總監督及各監督分別出示曉諭，詳叙調查宗旨，嚴禁藉端需索造言生事之弊。

第二十七條　調查務以確實爲主，應力除從前保甲虚行故事之積習。

第二十八條　調查時，凡應由户主自行填報之件，如該户主不識文字，或現當外出無人書寫者，應由調查員親往或派員前往，當面詢明，即時録寫。嗣後凡應由户主自行呈報之件，如有前項情節，准由該户主或該户家屬前赴調查處或巡警派出所口述，由調查員或巡警録寫。

第二十九條　調查時，一切詢問口氣，務須和平，並嚴禁需索。凡遇自赴呈報，及請求録寫者，一概不准留難、收費。

第三十條　調查時應注意下列各款，另册登記，隨時抽查：

一、户内有曾受監禁以上之刑者；

二、户主無正當之職業者；

三、一户内多數人雜居者。

第三十一條　調查時有不能直向户主詢問者，應訪問於其鄰右戚族。

第九章　調查罰則

第三十二條　調查職員，有不遵定章辦理者，總監督由民政部奏參，監督以下由總監督詳參，分別處罰。其報告申報不實者，同。

第三十三條　凡有不受調查，及填報、呈報不實，或逾期不報者，處一圓以上十圓以下之罰金。

其有妨害調查之舉動者，處三日以上一月以下之監禁，或三圓以上三十圓以下之罰金。

第三十四條　調查員如有不法情事，經告發後，照各本律治罪。

第十章　特別調查

第三十五條　凡各省船户，應另行分段列號，仍照本章程辦理。其來往並應由各該監督另訂專章稽查。

第三十六條　凡未設行省，如内外蒙古、青海、西藏等地方，應由各該管長官照本章程另訂細則，分別調查，一律按期匯報民政部。

第三十七條　凡旅居外洋，無論游學、經商、作工人等，應由出使大臣督率各該領事照本章程另訂細則，分別調查，一律按期匯報民政部。

第十一章　附條

第三十八條　本章程自奏准頒行後，以文到日爲施行之期。

第三十九條　本章程施行後，所有從前保甲，一概停辦。其民政部前定調查户口表式，應一律改從本章程辦理。

第四十條　本章程施行細則，由各該總監督擬訂通行，仍申報民政部立案。

（清）佚名《刑幕要略·户役》　生童呈請入籍，應查明廬墓田園，自立契日起扣足二十年，取具稟保鄰里甘結，加具印結，通報入籍。申送老民册結，應取具該老民里鄰親族年貌籍貫各結，加具印結。

《宣統新法令》第一册《民政部暫定京師調查户口規則宣統元年正月》

要　目

第一章　通則

第二章　調查

第三章　簿册

第四章　調查證

第五章　異動及整理

第六章　户口年表

第一章　通則

第一條　户口調查者，就本區内各户調查居民人數、身分及異動，並訪察其行爲及現狀，以圖警察之利便。

第二條　關於調查户口事務，以總廳爲監督，以分廳區負管理之專責。

第三條　調查户口，以現在劃定區域爲界綫，以該管區長督率，巡官長警辦理。

第四條　調查户口，分定時、臨時二種。定時謂，定期調查其全部如甲種六月一次之類；臨時謂，因特別事故調查其全部或一部。

第五條　調查日期，由分廳體察情形定之。

第二章　調查

第六條　爲全部或一部之調查時，由區長派出長警任之。其平時，由守望巡警爲之。

第七條　爲全部或一部之調查時，分廳應派員同行監查，以爲長警之表率。

第八條　户籍法未定以前，各區長得隨時酌定時間、地段，派警抽查抽查長警由區長派出。

第九條　總分廳應酌量派員密查，擔任調查長警之勤惰。

第十條　調查户口，使擔任調查長警將區域内居民分爲三種，其分種之當否，由區長及同行監查員查實之甲、乙、丙之區別，須用甲、乙、丙之符號記於异動簿及受持簿之上。

一　甲號。貴族世家及其它資産職業認爲身分正確者；

二　乙號。甲號内號以外者；

三　丙號。被監視及曾受官刑者，無業游民，博徒痞棍，及其它認爲性行不良者。

第十一條　定期調查户口，甲號每六個月一次，乙號每三個月一次，丙號每月三次。甲號之家族、雇人及同居人等應分爲何號者，依本號調查之例如乙號仍照乙號之類。

第十二條　下所揭者，不在調查之限：

一　王公府第；

二　官署公所；

三　使館教堂；

四　兵營；

五　監獄、教養局、醫院、養濟院；

六　各級學堂稟經學部督學局立案者。

户籍法未行以前，人民身分不能確定居民有在，以上各處當差及雇賃者，每次清查後，各依其處開單，由總廳函詢各該管長官及管理人。監獄以下，由總廳函請其各該管長官及管理人將出入人數隨時通知。

第十三條　一住宅編門牌一號，其一住宅住二户以上者，仍依本號各立門牌。惟須於本號之末，另分次序，以清眉目。

第十四條　門牌各依區域次序編釘，以圖便利。自此次編釘後，其有另立門户者，作爲附號，另編號數，而於號數之首加一附字，以爲記認。

第三章　簿册

第十五條　簿册分爲户口調查總簿、户口異動簿、巡警受持簿三種：

一　户口調查總簿。總分廳區各設一分；

二　户口異動簿。該管區設一分，總分廳有特别事故，得隨時至區查閲；

三　巡警受持簿。每守望所一本，由區長交守望巡警持之。

三種外另立報告，由區長交擔任調查長警，以便隨時報告，不拘定式。

第十六條　户口調查總簿，登載各區住户户數、甲乙丙號之區别、丁口總數、鋪户總數、營業種别及其它之各項。户口異動簿，登載户主氏名、籍貫、年齡、職業及其親屬寄居、雇人丁口，以備異動時添注抹消。巡警受持簿，登載守望地段内住户門牌、甲乙丙號之區别、户主姓名職業丁口數目，以便守望巡警周知。

第四章　調查證

第十七條　户籍法未定以前，暫用調查證每尺一張以便查驗。

第十八條　調查證，依查口票所規定，詳細登載，於各户繳回查口票時，隨時填寫，發給户主收執。

第十九條　調查證，每調查期查閲一次調查期如甲號六個月一期之類，每年更换一次。

第五章　異動及整理

第二十條　各區受轄内居民異動呈報後凡出生、死亡、婚姻等，皆謂異動，依照表式，按旬匯報於分廳。分廳按月匯報於總廳，總廳於年終統計申部。

第二十一條　各區受人民異動呈報時，應隨時辦理，依日編訂其户口異動簿，並分别登記於調查記數各表内。

第二十二條　守望巡警受人民異動呈報時，應即登記於受持簿内。回區後，稟報於區長。區長受理後，分别登記於調查各表内。

第二十三條　居民由本區移住他區時，宜通知所移之該管區。其由他區移住本區而未得其通知者，宜查詢其原住之該管區。

通知時，並移送其調查證，而記其轉移事由於裏面。受通知之區，宜隨時查實，另給以調查證，而將原調查證付送於舊管轄區取銷。

第二十四條　本區受他區通知後，其户在何守望所者，應即改入受持簿，告知於守望巡警。

第六章　户口年表

第二十五條　各區每年統計本區户口，申報分廳。分廳轉申總廳，總廳年終彙齊報部。

第二十六條　總廳每年終制成管内之户口年表，以翌年二月五日爲止。

《宣統新法令》第一册《又調查户口執行法》　第一條　定時臨時清查及抽查，以隨時派出或休息長警任之。其平日之查察報告，則以守望巡邏長警任之。

第二條　調查時，每户分别給查口票一張，令其填明，於五日内繳區。五日不繳到者，由區派警收取。

第三條　查口票繳到時，每户换給調查證。其調查證内，仍將户丁口分别註明。

第四條　調查時，須就每户審明，現在丁口與該户調查證有溢出或短少時，須詢明原由，分别添注於查口票。

爲上項之手續時，仍添注於該户之調查證。

第五條　凡於查口票規定事項外，於調查時審知有其它事項者，得以另紙爲之，附黏於查口票後。

第六條　揭於下之事項，均宜從間接調查之：

一　資産之有無；

二　職業之勤惰；

三　素行之良否。

第七條　揭於下者，於調查時最宜注意：

一　曾受官刑者；

二　無恒産而徒食者；

三　有性行不良之風聞及認爲無正當之職業者；

四　多數人聚集之場；

五　貧民雜居之地；

六　旅館、小店、樂户、酒飯館、茶館、戲園及車廠、脚行等處。

旅館以下各處，除樂户另規定查口票外，其有關於營業者，均歸入商業調查。

第八條　旅店、樂户等項，本廳已專定管理規則。其中有關於調查事項者，仍按原規則辦理，本法不再規定。

第九條　凡鋪户各項有更替等事，須在本廳呈報，由各該管股核辦後傳區者，均須於簿册表册，各依其類，分别登記。

第十條　揭於下之事項，該管區確認其事實後，具證明書申報於總分廳：

一　孝子、貞婦、義僕及其它有可表彰之德行；

二　有聲聞不良之人與同居及往來者；

三　驟貧及暴富者；

四　藏有身分不相當之物者；

五　有原因不明之死傷及其它家内異狀者。

第十一條　調查時，宜注意其門牌書寫號數，及調查證是否相符。

第十二條　調查時，驗其調查證有不相符處，須令其隨時赴區變更。

第十三條　變更調查證時，須於備考中登記其變更之原因備考中如不敷填載時，得另紙爲之，附黏於後。其變更之原字迹，須用筆鈎去，不得涂抹，致辨認不清。

第十四條　補發調查證時，該管區長須確認其事實。

《宣統新法令》第一册《又調查户口員官長警遵守規則》　第一條　調查户口時間，由午前八時至午後五時臨時調查及抽查，不在此限。

第二條　調查户口時，擔任調查之員官長警，須以調查時間告知於守望巡警。

第三條　守望巡警須記明調查員官長警之姓名、時間，回區後稟報於區長。

第四條　派出調查長警，無論定時、臨時及抽查、出查時，由區長發給調查執照。無執照者，不得擅入人家。

第五條　調查時，無論貴賤貧富，當以和顔謹言，相與接遇。其有不明之事項，雖應查明者，對於老弱婦女及其它不堪應對之人，不可强爲尋問。

第六條　調查時，遇該户無男丁，必不得已與婦女相問答，務宜莊重。如有不正當之行爲查明，從重懲辦。

第七條　調查時，遇有執行法第六、第七、第十條開列各事項時，宜詳記於報告簿，回區交區長檢查。

第八條　派出擔任調查之員官長警，於定日調查時，如有疾病及其它事故不能辦理者，得申請於總分廳延期五日五日後仍不能辦理者，得申請改派。

《宣統新法令》第一册《又户口管理規則》　第一條　凡在外城廳區域内居住之人民，須依查口票規定填寫明白，於發到五日内，繳回於本管轄區。本管轄區發給調查證。

第二條　人民有分合、遷移、廢絶，及人口出生、死亡、婚姻等事，均須遵守本則，呈報於本管轄區。

第三條　人民有分家各立門户者，其户主須於三日後，依遷移呈報之規定，添附原户主姓名、籍貫、職業、分家年月日，呈報於本管轄區。

第四條　人民有由此區域遷移彼區域者，須依呈報書之規定，於未遷之三日前，呈報於舊管轄區。既遷之三日後，呈報於新管轄區。

第五條　人民有遷入者，須依呈報書之規定，於五日内呈報於本管轄區。

第六條　人民有廢絶家者，下記諸人從其順序負呈報之義務，並將該廢絶家之調查證繳銷於本管轄區：

一　親屬；

二　近鄰。

第七條　人民有死亡者，由其户主或親屬依呈報書之規定，於五日内呈報於本管轄區。

第八條　人民有出生子女者，依呈報書之規定，於十日内呈報於本管轄區收養棄兒者，須於五日内依呈報書規定呈報。

第九條　人民有婚嫁者，須依呈報書之規定，於五日内各呈報於本管轄區。

第十條　凡爲以上各項之呈報者，均須以呈報書填載，以免紛歧，而歸一律。

第十一條　人民有出外或由此區遷往彼區者，均須將調查證隨呈報書繳銷於舊管轄區。另於呈報新管轄區時，更領新調查證。

第十二條　人民有異動時，須於呈報之日，申請將調查證變更。

第十三條　調查證有遺失時，得隨時申請本管轄區補發。惟須將遺失事由聲叙明白。

第十四條　凡在京無親屬者有死亡等事項時，其住在何處，即由何處人負呈報之義務。

第十五條　各會館工廠有更換管理人時，均須於三日内報告於本管轄區，並變更其調查證。

第十六條　有違犯本則者，依違犯警察規則例，處以二元以下一元以上之罰金。

《宣統新法令》第二册《又奏定民政統計表式解説下》　直省府廳州縣管轄城鄉市鎮方里户口統計表第四

州縣舊制，城曰坊厢，鄉曰里甲，或稱都圖里保，或稱村莊市集，以及屯鋪、堡寨等項，雖復名號紛歧，亦有遞相管攝之法。今定地方自治章程，概以城鎮鄉畫分區域，然只別其法制，並不改其名稱。此表仍照各廳州縣所轄城鄉各處舊有名目分別登注，每一州縣向分幾鄉、幾圖或分幾村、幾社，但列其數，而不必臚舉其名。貴州、廣西以及東三省、熱河、新疆新設各府，均有自轄地方，是以一並開列。

直省府廳州縣佐治各官分防地方名稱方里户口統計表第五

府廳州縣之下，向有同通、佐貳各官分防佐治，或管軍民，或管糧馬，以及捕務、河務、鹽務、驛務等項，職掌既殊，名稱亦異。除與府廳州縣同城各官無庸列表外，此表專計分治地方方里、户口之數。近年如有移並裁改，並照第三表詳注聲明。至專設旗缺理事、同知、通判等員，如有專轄地方，亦應分列。

直省府廳州縣人口五萬以上城鎮方里户口統計表第六

自古郡縣皆以户口之多寡，分地方之繁簡。曹魏分郡縣爲劇、中、平三等，唐有赤、畿、輔、雄、望、緊、上、中、下等名，莫不以人户爲差。日本亦以此分市、町、村之等級。今定地方自治章程，凡五萬口以上者，始行鎮制。其實各省人口滿此數者，除通商各埠外，殊不多見。西北諸省户口尤稀。前表合計城鄉之數，此表乃由前表提出另計，非僅標明繁要，亦於自治制度有關係也。

直省開設商埠租界方里户口統計表第七

自五口通商以後，各省陸續開設口岸三十餘處，而新約續開尚不在内。然不盡有外國租界，近年乃有特別租借港岸，如旅順、威海、膠州等處，尤關大局。既屬中國地方，自應逐一詳計。至通商口岸有無自設巡警局，及租界内外人所設工部局雇用華洋巡捕，並各分別列表附記，以備查考。

直省管轄土司地方方里户口統計表第八

四川、甘肅、廣西、雲貴各省，俱有土司番族，仍歸土府同知、通判，州縣以及宣慰司、宣撫司、長官司千百總等各土官管轄，貢馬納糧各因其俗，除改設流官各處歸府廳州縣統計外，所有土官管轄地方方里、户口自應別加統計。中國種族，苗爲最古。今東南各省文化早開，婚姻相通，已與漢族合而爲一，土司各族大都苗蠻之遺，而峒黎山獠種類繁多，土族僅存，所宜注意。

【略】

直省府廳州縣户口籍貫分別統計表第十七

中國四百兆人口，雖無確數，而每歲滋生人丁，應由督撫照例奏報。歷年編造保甲門牌，亦有大數可稽。現經民政部奏定清查户口章程，各省自應遵照，次第辦理，此表起自三十三年，縱在未經定章之前，然可查照原編户口分別填報。惟東西國籍之法，對外則有屬地、屬人兩義，對内則有籍貫、住居兩義。中國舊用土斷之制，人户以籍爲定。唐楊炎兩税法稱：户無主客，以見居爲簿，乃用住居主義。而今制寄居入籍，限制甚嚴，現定選舉章程，始於本省寄居人與外省寄居人略示區别，此表即分三項填注。至其籍貫，分别舊有軍、民、匠、竈四種，又有商籍及屯衛站土各丁，應由各省自行分晰。其有蒙民省分，已歸府廳州縣管轄者，即由府廳州縣另立分表。其餘部落，則另歸理藩部統計。

《宣統新法令》第三册《憲政編查館奏遵旨議覆國籍條例摺並清單》

要　目

第一章　固有籍

第二章　入籍

第三章　出籍

第四章　復籍

第五章　附條

本年二月十八日准軍機處鈔交奉旨，外務部會同修訂法律大臣奏擬訂國籍條例繕單呈覽一摺，著憲政編查館迅速核議具奏，單并發。欽此。並據鈔録原奏清單前來。仰見朝廷涵育民生、懷遠招携之至意，欽佩莫名。臣等竊維國以得民爲本，民以著籍爲本，自來言户籍者，不過稽其衆寡、辨其老幼，以令貢賦、以起職復而已。國籍之法則操縱出入之間，上保國權之得失，下關民志之從違。方今列國並争，日以辟土殖民，互相雄長。而中國獨以人民繁庶貿遷耕墾遍於重瀛，衡量彼我之情，揚摧輕重之際，固不必以招徠歸附爲先，而要當以懷保流移爲貴，此則今日立法之本義也。

原奏所稱各國國籍法有地脈係、血脈係，即是屬地、屬人主義，因兩義相持，必生抵觸，故雖各有注重之端，而不能無折衷之制。然各國即取折衷主義，而仍不出於屬地、屬人二者範圍以内。故當施行之際，往往易生辨難之端。而各國通例必先定一法律，以保護己國人民與限制他國人民。此但准乎本國情勢之所宜，而固不能期他國之盡相合也。

今原奏擬訂《國籍條例》四章，以固有籍、入籍、出籍、復籍爲綱，而獨採折衷主義中注重血脈系之辦法，條理分明，取裁允當，所擬施行細則亦係參照歷年交涉情形，藉免抵牾起見。臣等謹督館員，逐條核議，尚屬妥協可行，惟是法律務期久遠，推求不厭精詳。現在我國民法尚未頒佈，領事裁判權尚未收回，惟恃此項條例與爲維繫，必須行之以簡而事無不賅，持之以通而勢無或阻。下可副編氓歸向之忱，上可彰法律修明之效。庶幾推行，盡利内外相安，臣等謹本此義，量爲增損，改爲《國籍條例》二十四條，《實行細則》十條，謹繕清單，恭呈御覽，伏候欽定頒行。謹奏。宣統元年閏二月初七日奉旨：著依議。欽此。

謹將酌擬《大清國籍條例》繕具清單，恭呈御覽。

第一章　固有籍

第一條　凡下列人等，不論是否生於中國地方，均屬中國國籍：

一　生而父爲中國人者；

二　生於父死以後而父死時爲中國人者；

三　母爲中國人而父無可考或無國籍者。

第二條　若父母均無可考或均無國籍而生於中國地方者，亦屬中國國籍。其生地並無可考而在中國地方發見之棄兒同。

第二章　入籍

第三條　凡外國人具備下列各款，願入中國國籍者，准其呈請入籍：

一　寄居中國接續至十年以上者；

二　年滿二十歲以上照該國法律爲有能力者；

三　品行端正者；

四　有相當之資財或藝能足以自立者；

五　照該國法律於入籍後即應銷除本國國籍者。

其本無國籍人，願入中國國籍者，以年滿二十歲以上，並具備前項第一、第三、第四款者，爲合格。

第四條　凡外國人或無國籍人有殊勛於中國者，雖不備前條第一至第四各款，得由外務部、民政部會奏請旨，特准入籍。

第五條　凡外國人或無國籍人有下列情事之一者，均作爲入籍：

一　婦女嫁與中國人者；

二　以中國人爲繼父而同居者；

三　私生子父爲中國人經其父認領者；

四　私生子母爲中國人，父不願認領而經其母認領者。

照本條第一款作爲入籍者，以正式結婚呈報有案者爲限；照第二、第三、第四款作爲入籍者，以照該國法律尚未成年及未爲人妻者爲限。

第六條　凡男子入籍者，其妻及未成年之子應隨同入籍人一並作爲入籍，其照該國法律並不隨同銷除本國國籍者不在此限。若其妻自願入籍或入籍人願使其未成年之子入籍者，雖不備第三條第一至第四各款，准其呈請入籍。其入籍人成年之子現住中國者，雖不備第三條第一至第四各款，並准呈請入籍。

第七條　凡婦人有夫者，不得獨自呈請入籍。

第八條　凡入籍人不得就下列各款官職：

一　軍機處内務府各官及京外四品以上文官；

二　各項武官及軍人；

三　上下議院及各省諮議局議員。

前項所定限制，特准入籍人自入籍之日起十年以後，其餘入籍人自入籍之日起二十年以後，得由民政部具奏，請旨豁免。

第九條　凡呈請入籍者，應聲明入籍後永遠遵守中國法律及棄其本國權利，出具甘結，並由寄居地方公正紳士二人聯名出具保結。

第十條　凡呈請入籍者，應具呈所在地方官詳請該管長官咨請民政部批准牌示給予執照爲憑。自給予執照之日起，始作爲入籍之證。其照第五條作爲入籍者，應具呈所在地方官詳請該管長官咨明民政部存案，其在外國者應具呈領事申由出使大臣或巡呈出使大臣咨部存案。

第三章　出籍

第十一條　凡中國人願入外國國籍者，應先呈請出籍。

第十二條　凡中國人無下列各款者，始准出籍：

一　未結之刑民訴訟案件；

二　兵役之義務；

三　應納未繳之租税；

四　官階及出身。

第十三條　凡中國人有下列情事之一者，均作爲出籍：

一　婦女嫁與外國人者；

二　以外國人爲繼父而同居者；

三　私生子父爲外國人，其父認領者；

四　私生子母爲外國人，其父不願認領，經其母認領者。

照本條第一款作爲出籍者，以正式結婚呈報有案者爲限。若照該國法律不因婚配認其入籍者，仍屬中國國籍。照第二、第三、第四款作爲出籍者，以照中國法律尚未成年及未爲人妻者爲限。

第十四條　凡男子出籍者，其妻及未成年之子一並作爲出籍。若其妻自願留籍或出籍人願使其未成年之子留籍者，准其呈明仍屬中國國籍。

第十五條　凡婦人有夫者，不得獨自呈請出籍。其照中國法律尚未成年及其餘無能力者，亦不准自行呈請出籍。

第十六條　凡中國人出籍者，所有中國人在内地特有之利益，一律不得享受。

第十七條　凡呈請出籍者，應自行出具甘結聲明並無第十二條所列各款及犯罪未經發覺情事。

第十八條　凡呈請出籍者，應具呈本籍地方官詳請該管長官咨請民政部批准牌示，其在外國者應具呈領事申由出使大臣或巡呈出使大臣咨部辦理，自批准牌示之日起，始作爲出籍之證。其未經呈請批准者，不問情形如何仍屬中國國籍，其照第十三條作爲出籍者，照第十條第三項辦理。

第四章　復籍

第十九條　凡因嫁外國人而出籍者，若離婚或夫死後，准其呈請復籍。

第二十條　凡出籍人之妻於離婚或夫死後及未成年之子已達成年後，均准呈請復籍。

第二十一條　凡呈准出籍後，如仍寄居中國接續至三年以上，幷合第三條第三、四款者，准其呈請復籍。其外國人入籍後又出籍者，不在此限。

第二十二條　凡呈請復籍者，應由原籍同省公正紳商二人出具保結，並照第十條第一項辦理。其在外國者，應由同在該國之本國商民二人出具保結呈請領事申由出使大臣或巡呈出使大臣咨部辦理，自批准牌示之日起始作爲復籍之證。

第二十三條　凡復籍者，非經過五年以後不得就第八條所列各款官職，如奉特旨允准者，不在此例。

第五章　附條

第二十四條　本條例自奏准奉旨後即時施行。

謹將酌擬大清國籍條例施行細則繕具清單。恭呈御覽。

大清國籍條例施行細則

第一條　本條例施行以前，中國人有並未批准出籍而入外國國籍者，若向居外國嗣後至中國時，應於所至第一口岸呈明該管國領事，由該管國領事據呈照會中國地方官，聲明於某年月日已入該國國籍，始作爲出籍之證。

第二條　本條例施行以前，中國人有並未批准出籍而入外國國籍者，若向居中國通商口岸租界内者，應於一年以内呈明中國地方官，照會該管國領事，查明於某年月日已入該國國籍，始作爲出籍之證。

第三條　凡不照前兩條所載呈明出籍之證者，則在中國一體視爲仍屬中國國籍。

第四條　本條例施行以前，中國人有並未批准出籍而入外國國籍者，若仍在内地居住營業或購置及承受不動產並享有一切中國人特有之利益，即視爲仍屬中國國籍。

第五條　本條例施行以前，中國人有並未批准出籍而入外國國籍者，若仍列中國官職，即視爲仍屬中國國籍。

第六條　本條例施行以前，中國人有已入外國國籍者，准其隨時遵照本條例第二十二條呈請復籍，毋庸照第二十一條及第二十三條辦理。

第七條　本條例施行以前，中國人有因生長久居外國者，如其人仍願屬中國國籍，一體視爲仍屬中國國籍。

第八條　凡照本條例出籍者，不得仍在内地居住。違者驅逐出境。所有未出籍以前，在内地之不動產及一切中國人特有之利益，限於出籍之日起一年以内盡行轉賣。其逾限尚未轉賣净盡者，一概充公。

第九條　凡照本條例出籍者，若出籍後查有第十二條所列各款及犯罪發覺情事，將出籍批准即行註銷，仍由中國按律處辦。

第十條　凡照本條例出籍者，若所稱願入某國國籍係屬詐稱並未入該國國籍，或所具甘結有諱飾情事，應將出籍批准即行註銷，該本人處六月以上一年以下之監禁。

入、復籍呈式

姓名：　年歲：　籍貫：　職業：

謹呈。

爲呈請入、復籍事今因願入、復中國國籍，謹遵照《國籍條例》第　條、第　條呈請入、復籍，並照章取具保結備查。

伏乞

察核批准須至呈者

附呈

妻某氏　未成年子某某若干人。謹遵照《國籍條例》第　條第　項一並入籍、第條第項自願（願使）入籍。

合併聲明

年　月　日

入、復籍保結式

姓名：　年歲：　籍貫：

業爲出具保結事，今因某某願入、復中國國籍，查某某於《國籍條例》第　條所載確係符合，謹聯名具保所結是實。

年　月　日

入籍甘結式

姓名：　年歲：　籍貫：　職業：

爲出具甘結事，今因呈請入中國國籍。謹願自入籍後照《國籍條例》第　條所載永遠遵守中國法律，並願盡棄本國權利。所具甘結是實。

年　月　日

入籍執照式

爲給予執照事，今據某某願入中國國籍。查與《國籍條例》第　條相符合，行給予執照爲憑，須至執照者上給：

姓名：　年歲：　籍貫：　職業：

年　月　日　印

出籍呈式

姓名：　年歲：　籍貫：　職業：

謹呈。

爲呈請出籍事，今因願入某國國籍，謹遵照《國籍條例》第　條呈請出籍並照章。

另具甘結備查。

伏乞

察核批准須至呈者

附呈

妻某氏　未成年子某某若干人謹遵照《國籍條例》第　條第　項一並出籍、第　條第　項仍願（願使）留籍。

合併聲明

年　月　日

出籍甘結式

姓名：　年歲：　籍貫：　職業：

爲出具甘結事，今因呈請出籍。謹聲明並無《國籍條例》第　條所載各款及犯罪未發情事。如有諱飾，查出後願仍受中國法律處罰，所具甘結是實。

《宣統新法令》第九册《法部咨行各省編纂户籍法調查四大綱要》

據法律館呈開編纂全國户籍法，先從調查入手，按查全國人民户籍，多因其地之風俗成爲一種界域習慣，殊無意識，亟應切實改良，藉資統一。現已將民政部奏定調查户口章程分户數、口數兩項，限以五年辦竣，注意只在全國户口數目爲辦理憲政之預備，其於分户編籍各事，則未議及，自是暫行辦法與户籍法之永遠遵行者不同。惟此次編纂該法，範圍甚廣，不獨征兵，設學屬於定法内所宜統及，至於社會進化，種族强弱諸要端，亦皆歸户籍内應行比較統查之事。兹酌編纂調查大綱四項：一爲民户統計如貴族、户紳、富户、上等户、平民户、下業户、無業户、不正營業之類；二爲民籍統計如民籍、客籍、宦籍、商籍、學籍、工籍、兵籍、苗籍、猺籍、各土番籍之類；三爲國籍統計如殖民籍、僑民籍、女子出嫁外族之籍、男子娶配外族之籍、已入外籍人民、非國籍外族請入國籍等類；四爲國户統計如僑民業户、殖民業户、混居邊界内外屬於國籍之有業無業各户、遣戍配屯邊界之長兵户籍、非國籍之混居各户、外籍商民之寄舍各户等類。以上各項應請通行各處，照所定表式，按期詳查列報，俟匯集各處情形，分擬細目，即照編全法典書案。

紀　事

（明）何楝如《皇祖四大法》卷四《治法》〔洪武三年六月辛巳〕

上諭中書省臣曰：蘇松嘉湖杭五郡地狹民衆，細民無田以耕，往往逐末利而食不給。臨濠，朕故鄉也，田多未闢，土有遺利，宜令五郡民無田産者往臨濠開種。就以所種田爲己業，官給牛種舟糧，以資遣之，仍三年不徵其税。于是徙者凡四千餘户。

（明）何楝如《皇祖四大法》卷六《治法》〔洪武十五年夏四月〕

丙午，户部奏：天下郡縣所進賦役黄册丁糧之數類多錯誤，請逮問之。上曰：里胥或不諳書算致有錯誤耳，若罪之，則當逮者衆。且以郡縣之廣，人民賦税之繁，其間豈無誤者。令官爲給鈔市紙筆再造以進，復有錯誤，然後罪之。

（明）何楝如《皇祖四大法》卷七《治法》〔洪武二十一年〕秋八月壬寅朔，癸丑，户部郎中劉九皋言：古者狹鄉之民遷於寬鄉，蓋欲地不失利，民有恒業。今河北諸處自兵後田多荒蕪，居民鮮少，山東西之民，自入國朝生齒日繁，宜令分丁徙居寬閑之地，開種田畝。如此則國賦增而民生遂矣。上諭户部侍郎楊靖曰：山東地廣，民不必遷。山西民衆，宜如其言。於是遷山西澤潞二州民之無田者往彰德、真定、臨清、歸德、太康諸處閑曠之地，令自便置屯耕種，免其賦役三年。仍户給鈔二十錠，以備農具。

（明）何楝如《皇祖四大法》卷七《治法》〔洪武二十二年〕夏四月己亥朔，命杭湖温台蘇松諸郡民無田者許令往淮河迤南滁和等處就耕，官給鈔，户三十錠，使備農具，免其賦役三年。上諭户部尚書楊靖曰：朕思兩浙民衆地狹，故務本者少，而事末者多。苟遇歲歉，民即不給。其移無田者於有田處就耕，庶田不荒蕪，民無游食。靖對曰：去年陛下念澤潞百姓衣食不足，令往彰德、真定就耕，今歲豐足，民受其利。上曰：國家欲使百姓衣食足給，不過因其利而利之。然在處置得宜，毋使有司侵擾之也。

《明實録》洪武八年三月〔甲子〕户部言：北平河間府獻州交河

縣，洪武四年旱灾，黍麥不收，人民饑窘，流移者一千七十三户，所荒田土三百三十餘頃，至今租税無從徵收。詔免其租税。

《明實録》洪武十年冬十月〔丙辰〕北平、永平二府守臣言：山後來歸之民，以户計者五百三十，以口計者二千一百餘，皆攜挈妻孥，無以爲食。上命有司稽其口之大小賑給之。凡賑米八百一十石。

《明實録》洪武十六年四月〔丁丑〕松州衛指揮僉事耿忠言：臣所轄松潘等處安撫司各簇長官司，宜以其户口之數，量其民力，歲令納馬置驛，而籍其民充驛夫，以供徭役。從之。

《明實録》洪武二十五年二月〔己卯〕監察御史張式奏徙山東登、萊二府貧民無恒産者五千六百三十五户就耕于東昌。

《明實録》洪武二十六年六月〔甲辰〕徙福建海洋孤山斷嶼之民居沿海新城，官給田耕種，從左參議王鈍請也。

《明實録》洪武二十八年六月〔乙未〕山東布政使楊鏞奏：青、兗、登、萊、濟南五府民五丁以上，及小民無田可耕者，起赴東昌編籍屯種，凡一千五十一户，四千六百六十六口。

《明實録》永樂三年九月〔丁巳〕徙山西太原、平陽、澤、潞、遼、沁、汾民一萬户實北京。

《明實録》宣德五年八月〔乙未〕兼掌行在户部事兵部尚書張本言：天下人民國初俱入版籍，給以户帖，父子相承，徭税以定。近年各處間有災傷，人民乏食，官司不能撫恤，多致流徙。朝廷累免差徭，諭令復業，而頑民不遵者多。官吏里甲或徇私情，或受賄賂爲之隱蔽，請嚴禁令，責限回還。仍依先行榜例，如每丁種有成熟田地五十畝之上，已告在官者，准令寄籍，有於百里之内或百里之外分房耕種，原籍徭賦不誤者，或遠年迷失鄉貫，見在居住，未經附籍者，所在有司勘實，書籍送部，查考其不還者，同藏匿之家俱發所在衛所永充屯軍。若軍衛屯所容隱者，逃民收充屯軍。容隱之人，依隱藏逃軍例發邊衛。該管官吏旗甲里鄰徇情容隱者，俱依前榜例論罪。若逃軍詐爲逃民者，亦許限内自首，復役限外不百與藏匿者，俱治罪。上曰：愚民玩法固當治，且與約限三月，違者罪之。

《明實録》宣德十年春正月〔丁亥〕直隸真定、大名、保定三府所屬州縣各奏：去年旱傷澇滂，田禾薄收，逃移人户，負欠糧草，乞暫停徵。從之。

《明實録》宣德十年二月〔辛亥〕直隸大名府濬縣奏：縣有逃民一千七百八十三户，所負糧草，乞如例停徵。從之。

《明實録》正統五年三月〔丁巳〕監察御史丘濬言二事：一、令直隸府州并各布政司通行所屬每歲勘實見在人户，丁糧多者爲上，次者爲中，少者爲下。其雖有糧而産去及雖有丁而家貧者爲貧難户。凡遇差役，驗册僉充，貧難者止聽本縣輕役，其有挪移作弊，放富差貧者，治其官吏之罪。二、令有司取勘寺觀田地無僧道管業者，撥與佃人耕種，計畝征糧，勿令别寺觀僧道兼管收租，有誤糧税。寺觀廢者，毋得重修。事下行在户部覆奏。從之。

《明實録》正統十二年十月〔丙子〕南京户部查理各處黄册，具其埋没户口、田糧之弊以聞，請罪有司。上曰：詔赦已前者，俱宥不問；赦後者，見在府州縣官吏皆罰俸三月，令即改正。復有欺慢，必罪不宥。

《明實録》景泰元年五月〔甲辰〕直隸保定府完縣奏：往者達寇侵擾，民遭殺絶者一十六户，逃散者一千六百一十三户，其見在户口憂惶，况值春旱無麥，請以見在户應徵桑、彩絹俟秋收徵納，逃户絲、絹、糧草俟其復業方可責償，殺絶户一應徵辦乞爲除豁。從之。

《明實録》成化三年冬十月〔癸丑〕工部奏：本部工匠自景泰間編填勘合須給，至今年久，逃亡事故及遺失、遇例分豁等項者多。今宜重編領給，欲行浙江等布、按二司并順天、應天、南、北直隸府縣，各委堂上公正官揭册通查。有舊係住坐，復當輪班者；有舊係輪班，不該住坐者；有舊係一户，分作民户者；有舊係各户匠役，規作一户者；有先爲贅婿、養子，而後不歸宗者；有舊報丁少，而今丁多者；有先幼小紀録，而今出幼者。勘實赴部奏聞，以憑重編頒給。從之。

《明實録》弘治十八年七月〔丁未〕置泰陵陵户四千户。

《明實録》嘉靖二十九年三月〔辛未〕初永樂間，徙浙江、南直隸富民三千户實京師，充宛、大二縣廂長，既而逃亡者衆，有司議以見役人少，每逃户一人，各征銀三兩助役，廂民便之。嘉靖二十八年以虜警轉發助役銀，于各邊充餉，後遂爲常，于是御史阮鶚疏，請仍舊給民。户部言：廂民生齒日繁，不必仰給于逃户，請量發銀四百兩給之。其逃户故絶者止行原籍征銀二兩，未絶者即于本户征銀，無復累及他甲。詔可。

《明仁宗寶訓》卷二《抑倖進》〔永樂二十二年〕十月癸卯，興州左屯衛軍徐翊有子嘗自宫入爲内豎，翊奏乞除軍籍。

上曰：爲父當教子，爲子當養親。爾有子不能教，致自傷其體，背親恩，絶人道，敗壞風化，皆原於爾，尚敢希除軍籍耶。出其子使代軍役。

《明宣宗寶訓》卷一《敬天》〔宣德元年〕三月乙巳，灤縣民充郊壇户者，有司責令養官牛，又俾充遞運夫，民訴于朝。

上謂侍臣曰：國家重祭祀，而郊祀最重。舊制郊壇户悉免他役者，慮其不能專有司，不知所重，不恤民難可責也。姑宥之。遂命行在禮部申明郊壇户免雜役之令。

《明英宗寶訓》卷一《遵舊制》 正統四年十一月己未，皇陵祠祭署奏：昔太祖高皇帝清理鳳陽臨淮二縣土民三千三百四十二户編隸本署，供給祭祀灑掃，迄今存者三之二。内有軍籍一千餘户，有司時常清理拘解，慮後供祭不敷，乞如洪武間欽免陵户陳真保例，存留免解。上曰：祖宗陵户有洪武舊例，户兵二部其遵行之。

《明世宗寶訓》卷七《安民》 嘉靖八年正月己巳，悼靈皇后陵官請增僉陵户。得旨：昌平州賦役浩繁，人户彫弊，不宜偏累，可於順天府附近州縣僉充。

《明世宗寶訓》卷七《恤民》〔嘉靖三十三年〕六月丁酉，工部奏上新僉京師鋪商之籍。上曰：近來京城軍民坐充鋪户負累逃亡者甚多，差官僉選又放富役貧，去留不公。今所僉爾部中再加詳實貧難無力者免之。仍令五城御史嚴查富户僉補。有倚勢營免者重治。

《明史》卷三《太祖紀》〔洪武二十四年〕秋七月庚子，徙富民實京師。

《明史》卷五《成祖紀》〔建文四年九月〕乙未，徙山西民無田者實北平，賜之鈔，復五年。

《明史》卷六《成祖紀》〔永樂元年八月〕甲戌，徙直隸蘇州等十郡、浙江等九省富民實北京。

《明史》卷六《成祖紀》〔永樂二年九月〕丁卯，徙山西民萬户實北京。

《明史》卷六《成祖紀》〔永樂三年秋九月〕丁巳，徙山西民萬户實北京。

（清）谷應泰《明史紀事本末》卷一四《開國規模》〔洪武十三年〕五月，詔免天下今年田租，還山西軍二萬四千人爲民。

（清）谷應泰《明史紀事本末》卷二八《仁宣致治》〔宣德四年〕秋七月，户部上户口登耗之數，上曰：隋文帝户口繁殖，自漢以來，皆莫能及。議者以當時必有良法，享國不永，故無傳焉。此未必然。夫法存乎人，理財國之大務，漢、唐初政，立法未嘗不善，而子孫力役繁興，費用無度，天下不能不凋弊。隋文克勤克儉，足致富庶，豈徒以其法哉。秦法多非先王之制，後世猶有存者，亦未嘗計其享國長短也。大抵人君恭儉，則生齒日繁，財賦自然充足。

《盛京滿文檔案中的律令》天命八年六月 二十六日，都堂致諸千總書曰：前頒告示云：凡地方之人皆詳查各所轄之衆。倘往他處，則所往之人及容納逃人之人，皆賊也。故抄没容納者之家産，使逃人爲奴等語。復州城，原計有七千男丁。據復州之人來此首告稱：復州城比原計七千男丁多出一萬一千男丁。由彼方來之奸細業已受書，其地方之人皆欲叛去等情。首告之言無信，故遣大貝勒往察。經查，男丁果然比原數多一萬一千，且將所有之糧，皆做成炒麵。叛情屬實，故將復州人殺之。各地之人，倘似復州隱匿額外人口，亦照此例。爾千總當詳察所轄之人，其人名皆録於册内。所計之數〔原檔殘缺〕終一次報來。爾千總所轄之人，若往他處，爾查明執之，其窩主之家産，分爾一半，其逃人亦給爾。倘爾容納他人，爲其主查獲，亦按此例將爾治罪。

《清實録》順治十八年十一月〔戊戌〕江南道御史胡秉忠疏言：直隸各省州縣衛所編審花户人丁俱沿襲舊數，壯不加丁，老不除籍，差役偏枯不均，或流入邪教，或逃藏盗藪，或投遁他鄉，漏户逋糧，爲弊匪細。請敕有司核實，年十六以上成丁，六十、七十准與豁免，其有充僧道無度牒者，悉令爲農安插，附入丁册當差。從之。

《清實録》康熙十二年五月〔庚午〕平西王吴三桂疏言：臣駐鎮

滇省，臣下官兵家口於康熙元年遷移，至康熙三年遷完。雖家口到滇九載，而臣身在巖疆已十六年。念臣世受天恩，捐縻難報，惟期盡瘁藩籬，安敢遽請息肩。今聞平南王尚可喜有陳情之疏，已蒙恩鑒，准撤全藩。仰恃鴻慈，冒干天聽，請撤安插。得旨：王自歸誠以來，克殫忠藎，戮力行間，功績懋著。鎮守巖疆，宣勞歲久。覽奏請撤安插，恭謹可嘉。今雲南已經底定，王下官兵家口作何搬移安插，著議政王大臣等會同户兵二部確議具奏。

《清實録》**康熙三十七年閏七月**　乙丑，四川陝西總督葛思泰請將陝西駐防官兵酌議更調遷移。上諭大學士等曰：噶爾丹巴圖爾額爾克濟農皆係逃遁之人，安敢侵犯邊境。縱使侵犯，沿邊官兵自足撲剿。今并無他故，葛思泰忽即内怯，將久駐官兵奏請移駐。各處兵丁駐防年久，俱置有產業，驟然更調，往返遷移，必致苦累。且暫撥民房居住，又必擾及閭閻。兵民爲國家根本久安長治之道，惟在愛兵恤民，培養元氣，此所奏無益，不准行。

《清實録》**嘉慶十八年十二月**　戊申，諭内閣：綿課等奏請嗣後各王貝勒貝子公門下閒散宗室名外屯居包衣人丁，均令各隸州縣管理，各門上亦揀選妥人派爲頭目，在彼專司稽查約束彈壓。並八旗宗室在京外附近居住者，勒限催令遷移進城。八旗覺羅在城外居住者，令各都統查辦等語。王貝勒等屬下屯居包衣人丁甚多，即自派頭目，安能令其遍歷周查。此項人等即著該地方官一體編入保甲，就近管束。其八旗宗室覺羅等在京外附近居住者，各有房產相依，若一概勒令移居城内，亦滋繁擾。著該州縣官一體編查，如有違犯法令情事，詳明該上司，移咨在京該管衙門查辦。

《清實録》**咸豐十年正月**　〔丁丑〕諭軍機大臣等：文煜奏遵籌海疆布置情形一摺，據稱山東海岸迤長三千八百餘里，武定等府均屬濱海，惟青州地處各府之中。擬令該滿緑各營勤加訓練，何處有警，即由該副都統及該營將官帶往何處救援，其餘文登等營官兵同大沽口新設防兵一體會籌堵剿。登標及文登營水師爲數無多，應暫行撤歸陸路，仍由省派兵四百名前往登州，交該鎮曾逢年統帶。并原有官兵以一半守城，一半守險，并勤加了探。如該府所屬及萊州有警，亦即分撥策應。仍勸諭紳民辦理團練，互相保衛等語。所籌尚屬周密，著即照所擬，認真辦理。其各營官兵應如何勤加訓練，以期得力，即著文煜嚴飭該將弁等實力講求，毋得視爲具文，以致臨時貽誤。至所稱煙臺等處濱海居民，有不能辦團者即令遷進内地，自係爲煙户稀少處設法，既難于團練，不若令其遷移内地，以免侵擾失業。前因各路軍務未竣，曾諭令恩夔于青州德州駐防兵内挑選五百名，并令文煜于該省各營内挑兵二千名，一并聽候調遣。現在青州兵既以防海，此外緑營兵二千名及德州兵丁，仍著文煜會同恩夔如數挑選，認真操練。儻捻匪北竄，即可用以堵剿，以備不虞。將此由四百里諭令知之。

《清實録》**同治三年十二月**　〔癸酉〕諭議政王軍機大臣等：明誼奏差旋到城接印日期詳籌善後事宜，麟興等奏查明委員并無騷擾違法，并麟興奏交卸將軍印務現時不克建立界牌鄂博各一摺。明誼所稱豫行嚴飭明年立界大臣先行查勘明晰，以便届時建立界牌鄂博，不得稍有含混，致令侵占愈多一節，最關緊要。至阿勒坦淖爾烏梁海蒙古部落中如有真心内附者，亟須擇地，令該處人丁等移于卡内住牧，不得遲至立界時再行遷移。致令俄人藉口阿勒臺烏梁海游牧内潛居之哈薩克人衆應往卡外驅逐，已與廣鳳商辦等語。即照明誼等所籌，妥爲辦理。

《清實録》**同治七年九月**　戊戌，諭軍機大臣等：富明阿等奏查辦蒙古越旗種地各户竣事請將出力人員獎勵一摺。前因喀喇沁等户私越郭爾羅斯公旗種地，不遵驅逐，諭令富明阿查明辦理。茲據奏稱，派令副都統全英會同各旗委員將喀喇沁等户設法開導，俱各情愿遷移，并經各該旗分別收領，現在郭爾羅斯公旗地面一律肅清。富明阿辦理此事，自係一勞永逸之計。惟究竟該旗境内是否尚有逗遛未去之户，仍著隨時督飭該旗認真辦理，毋得含混塞責，致成未了之局。郭爾羅斯公旗地面既經此次查清，嗣後不得再行招募蒙漢各民任意開墾，致礙游牧。其業經領回各户，并著理藩院飭令各該旗妥籌安插，俾安生業。至喀喇沁王之户，該王并未派員收領，經該户頭目帶領回旗。阿噜科爾庫哩拉嗎等二旗之户，雖經該旗委員帶回，亦未呈遞領結。著理藩院行令各盟長轉飭各旗，將收回各户妥爲安置，并令將收户甘結迅速補送。嗣後務須隨時稽察，毋任所屬人户再行越界滋事，以杜爭端。將此各諭令知之。

《清實録》**同治十三年十一月**　庚戌，諭軍機大臣等：景廉奏籌畫邊疆軍務機宜，請由甘肅遷移户民分居奇古等處各摺片。回逆分踞烏屬各城，相爲掎角，逆焰甚張。景廉擬分路進兵，會同金順由古城直取古牧地爲一路，張曜由天山南直取吐魯番爲一路，并添派大員赴沙山會合沙克都林扎布、錫綸等，直取馬納斯爲一路。即著景廉、金順隨時籌畫，激勵將士，妥速進剿，力埽賊氛，毋得稍事延緩。關外糧餉轉運事宜，前已有旨派左宗棠督辦，并令袁保恒幫辦。移扎肅州，疊據左宗棠、袁保恒奏請撥餉銀并籌糧運各事，左宗棠、景廉、金順、袁保恒同辦一事，即著隨事會商，妥籌辦理。景廉所請飭令户部撥給庫銀六十萬兩，并嚴催各省欠餉等語。著户部議奏。景廉派員赴烏里雅蘇臺等處探辦駝隻，著理藩院知照管轄内外盟蒙古將軍大臣，傳知蒙古王公，轉飭各愛曼隨時出售，按市價官爲采買，毋許委員稍有抑勒。西路奇古等處居民稀少，田地半屬荒蕪，景廉請仿照成案，由甘肅各州縣遷移民人一千户分居奇古等處，以實邊地。此項遷移户民，由官發給盤費車腳牛具籽種，趕于明春到古，俾得盡力耕作，以贍軍糧。著左宗棠體察情形，酌籌妥辦。將此諭知户部、理藩院，并由五百里諭令左宗棠、景廉、金順、袁保恒知之。

圖表

《大清法規大全·民政部》卷一《調查户口·又户口移動簿填載式》

正面

廳　區　街　胡同巷　門牌第　號

戶口姓名年歲藉貫業

親屬男女大小人數　區為何號

學童幾人宗教

背面

寄居男女大小人數

雇人男女大小人數

總計男女大小人數

卜居及遷移年月

正面

廳　區　街　胡同巷　門牌第　號

字號營業種別

□□□姓名□□□□住所

何年月開設

背面

鋪夥人數　工作人人數

學徒人數　雇人人數

總計人數　內有在京住家人數

以上但舉住户、鋪户二種而言，其餘填載之法即按照查口票分別種類，仿此填載。

《大清法規大全·民政部》卷一《調查户口·又户口調查總簿填載式》

廳　區　街　胡同巷　門牌何號起至何號止

總計戶數　現住戶數　空戶戶數

甲號住戶戶數

乙號住戶戶數

丙號住戶戶數

總戶總數

總人口數　男丁數　女口數

官署　所　學堂　所

公所　所　養濟院　所

旅店戶	戲園戶	
酒館戶	樂戶戶	

當鋪戶	金店戶	
銀號戶	錢鋪戶	

以上略舉填載大概。凡有不在調查之內而警察應知悉者，仿官署一條之例；有調查應知悉者，仿當鋪一條之例其餘以此類推。

《大清法規大全・民政部》卷一《調查户口・民政部奏定調查户口表式五件》

門牌式

某縣或府廳州某區某段

第　　號

此式係用橢圓形，圓徑一尺二寸，用洋鐵油，白色，中用紅字。如係附戶，則於第　　號上加註附戶二字。

調查證式

今據本段正戶附戶第　　號填註查口票　　紙

核與定章相符此證

某縣某區某段調查長姓名印

某省各府廳州縣戶數總表

報部口數表式

某府廳州屬某縣州廳	正戶總數	附戶總數

某省各府廳州縣口數總表

報部口數表式

某府廳州屬某廳州縣																		
男子口數																		
女子口數																		
附查 學童總數																		
附查 壯丁總數																		

查口票

某省某縣或府廳州某區某段正戶第　號附戶

調查事項／類別	戶主	尊屬 男	尊屬 女	親屬 男	親屬 女	同居 男	同居 女	傭工 男	傭工 女	
姓名										共計男若干人女若干人
年歲										
職業										
籍貫										
住所										

凡例

一、凡父母以上及伯叔父母以上均填入尊屬格內。

二、凡兄弟、妻妾、子孫、兄弟子孫之妻妾、兄弟之子孫，及其妻妾均填入親屬格內。

三、其餘無論親戚朋友人等，凡係同居，均填入同居格內。

四、婢僕人等填入傭工格內。

五、填註時於尊屬、親屬與户主之稱謂關係，應分別填入姓名格內。

六、姓名格內婦女不便填寫者，婦人得以姓氏，女子得以長次等字代之。

七、填註時惟户主雖當外出，仍應填註，並應將所在之處註明。此外，尊屬、親屬若現非同住，或外出者，毋庸填註。

八、凡人口衆多之户不能填註一票，得分填數票。

（清）王慶雲《石渠餘紀》卷三《直省地丁表》

	舊額徵	今額徵	道光二十一年實徵	道光二十二年實徵	道光二十五年實徵	道光二十九年實徵
直隸	二百萬九千百十三兩有奇	二百五十五萬六千八百六十六兩有奇	二百六十二萬千九百十二兩有奇	二百五十四萬六千七百四十六兩有奇	二百五十一萬六千八百七十二兩有奇	二百六十一萬千七十九兩有奇
奉天	二十四萬九千五百八十四兩有奇	四萬三千八百六十五兩有奇	三萬七千六百二十八兩	全完	四萬九千六十六兩有奇	四萬九千百、十九兩有奇
江蘇	三百六十二萬七千十六兩有奇	三百六十二萬五千八百十四兩有奇	三百五十六萬三千六百八十六兩有奇	二百五十三萬千三百二十兩有奇	二百八十九萬千二十三兩有奇	百八十七萬九千六百十四兩有奇
安徽	百九十三萬二百五十六兩有奇	百八十萬七千五百六十三兩有奇	百八十七萬七千二百八十五兩有奇	百七十九萬八千八百兩有奇	百七十九萬七千三百三十二兩有奇	百六十三萬百九十一兩有奇
江西	二百十五萬八千二百十六兩有奇	二百二十四萬九千三百三十兩有奇	二百二十九萬二千三百六十兩有奇	全完	二百二十三萬七千百三十三兩有奇	二百十六萬三千二百八十二兩有奇
浙江	二百九十五萬二千百九十四兩有奇	二百八十萬八千七百十八兩有奇	百八十八萬七千四十六兩有奇	二百十六萬八百六十一兩有奇	二百三十二萬二百二十二兩有奇	百六十萬八千四百一兩有奇
福建	百三十八萬三百六十兩有奇	百四十二萬千五百四十四兩有奇	百四十五萬千三百六十二兩有奇	全完	百四十六萬二百二十一兩有奇	百三十九萬四千四十三兩有奇
湖北	百十八萬千三百三十四兩有奇	百十四萬四千二百八兩有奇	五十二萬八千四百八十六兩有奇	六十四萬七百六十五兩有奇	七十四萬三千二百三兩有奇	三十三萬四千百七十九兩有奇
湖南	百二十萬四千二兩有奇	九十一萬二千六百四十三兩有奇	八十七萬千三百七十七兩有奇	八十八萬五千六百三十一兩有奇	八十九萬九千八百六十四兩有奇	八十二萬五千七百四十八兩有奇
河南	三百五十三萬四千二十三兩有奇	四百三十五萬四千五百四十三兩有奇	二百九十二萬五千五百二十四兩有奇	三百五十六萬九千二百九十四兩有奇	三百七十三萬二百十三兩有奇	二百八十二萬四千七百三兩有奇
山東	三百四十三萬四千七百五十二兩有奇	三百五十八萬九千六百九十四兩有奇	三百三萬四千百五十一兩有奇	二百九十四萬二百九十三兩有奇	二百七十九萬五千五百七十六兩有奇	二百十萬八千三百三十四兩有奇
山西	三百十四萬千八百兩有奇	三百十五萬八千八百九十兩有奇	三百十四萬二百三兩有奇	三百十二萬三千八百七十九兩有奇	三百十萬九千九百九兩有奇	三百九萬八千三百三十六兩有奇
陝西	百六十五萬九千二百六十五兩有奇	百六十七萬四千九百三十五兩有奇	百六十九萬千六百三十五兩有奇	百六十九萬千六百四十八兩有奇	百六十七萬五千九百三十一兩有奇	百六十七萬九千七百六十八兩有奇
甘肅	三十六萬九千八百十九兩有奇	三十二萬四千七百二十四兩有奇	三十三萬四百四十三兩有奇	全完	三十二萬七千四百十四兩有奇	三十三萬三千八百二十九兩有奇
四川	八十萬七千九百六十六兩有奇	百六萬二千三百八十兩有奇	百八萬九千百七十六兩有奇	全完	百五萬七千三百八十一兩有奇	百九萬七千百四十九兩有奇
廣東	百七萬六千九百九十一兩有奇	百十一萬九千六十六兩有奇	百十三萬六千八百八十九兩	百十萬七千九百二十兩有奇	百十萬七千六百五十八兩有奇	百十三萬百六十五兩有奇
廣西	四十八萬千三百七十五兩有奇	六十九萬四千九百八十四兩有奇	九十六萬二百二十一兩有奇	全完	六十八萬六千三百九十三兩有奇	七十七萬八千百五兩有奇
雲南	三十八萬四千五兩有奇	六十六萬九千百四十四兩有奇	八十六萬二千九百二十九兩有奇	全完	六十八萬二千六百八十三兩有奇	六十五萬三千百二十五兩有奇

貴州	十四萬七千三百二十三兩有奇	十三萬三百七兩有奇	十二萬九千四百三十一兩有奇	全完	十二萬五千八百六兩有奇	十二萬三千五百二兩有奇
	總共三千二百七十二萬四千七百二兩有奇	三千三百三十四萬八千三十七兩有奇	二千九百四十三萬千七百六十五兩有奇	二千九百五十七萬五千七百二十二兩有奇	三千二十一萬三千八百兩有奇	三千二百八十一萬三千三百四兩有奇

內務府等衙門各芻牧銀八萬三千五百六十兩有奇。較會典多。

外藩蒙古朝鮮入貢賞銀約萬兩。

原注：以上歲用之數盈縮不齊，兹就乾隆三十年奏銷約舉其凡。至用之本無常額者不列。

通考京師用額

案《皇朝通考》所載：京師用額以乾隆三十年奏銷爲準，較今會典所載款目不同，盈縮亦異。由會典溯之，作通考時將五十年，今後纂會典時又三十餘年，時勢蓋略殊矣。姑載其目，以備司計者參觀焉。

王公百官俸銀九十三萬八千七百兩，兵餉無閏之年五百三萬三千四百十五兩，各有奇，約錢一百餘萬千。此係應領之數，每年約實領俸餉共四百餘萬兩。

其盛京、熱河圍場、東陵、泰陵各官兵俸餉一百三十至一百六十餘萬兩不等。較會典多。

外藩王公俸銀十二萬八千三百兩有奇。

內閣等處飯銀萬八千三百兩有奇。

吏部、禮部養廉銀萬五千兩有奇。

京官公費飯食錢十一萬千有奇。

八溝、塔子溝收税官路費千六十二兩。

內務府工部太常寺光禄寺理藩院備用銀五十六萬兩。

內務府備用錢五千千。

兵部館所錢糧四千百八十兩。

刑部朝審銀六十兩。

國子監膏火銀六十兩。

欽天監時憲書銀四百九十八兩有奇。遇閏加十八兩有奇。

寶泉、寶源局料銀十萬七千六百七十一兩有奇。遇閏加五千八百餘兩。

在京各衙門役食銀八萬三千三百三十兩有奇。較會典多。

內務府牽駝人米折三千四十一兩有奇。

五城棲流所備賑銀二百兩。

孤貧口糧錢二千九百三十千有奇。

土地法制部

先秦分部

論說

（宋）朱熹《四書章句集注・孟子集注》卷五《滕文公章句上》 方里而井，井九百畝，其中爲公田。八家皆私百畝，同養公田。公事畢，然後敢治私事，所以別野人也。

此詳言井田形體之制，乃周之助法也。公田以爲君子之禄，而私田野人之所受。先公後私，所以別君子野人之分也。不言君子，據野人而言，省文耳。上言野及國中二法，此獨詳於治野者，國中貢法，當時已行，但取之過於什一爾。此其大略也。若夫潤澤之，則在君與子矣。井地之法，諸侯皆去其籍，此特其大略而已。潤澤，謂因時制宜，使合於人情，宜於土俗，而不失乎先王之意也。吕氏曰：子張子慨然有意三代之治。論治人先務，未始不以經界爲急。講求法制，粲然備具。要之可以行於今，如有用我者，舉而措之耳。嘗曰仁政必自經界始。貧富不均，教養無法；雖欲言治，皆苟而已。世之病難行者，未始不以亟奪富人之田爲辭。然兹法之行，悦之者衆。苟處之有術，期以數年，不刑一人而可復。所病者，特上之未行耳。乃言曰：縱不能行之天下，猶可驗之一鄉。方與學者議古之法，買田一方，畫爲數井。上不失公家之賦役。退以其私，正經界，分宅里，立斂法，廣儲蓄，興學校，成禮俗，救菑卹患，厚本抑末。足以推先王之遺法，明當今之可行。有志未就而卒。愚按：《喪禮》經界兩章，見孟子之學，識其大者。是以雖當禮法廢壞之後，制度節文不可復考，而能因略以致詳，推舊而爲新；不屑屑於既往之迹，而能合乎先王之意，真可謂命世亞聖之才矣。

（清）焦循《孟子正義》卷二《梁惠王上》 五畝之宅，樹之以桑，五十者可以衣帛矣。注：廬井邑居，各二畝半以爲宅，冬入保城二畝半，故爲五畝也。樹桑牆下。古者年五十，乃衣帛矣。疏：注廬井至畝也。正義曰：《漢書・食貨志》云：六尺爲步，步百爲晦，晦百爲夫，夫三爲屋，屋三爲井，井方一里，是爲九夫。八家共之，各受私田百晦，公田十晦，是爲八百八十晦，餘二十晦以爲廬舍。春令民畢出在壄，冬則畢入於邑。趙氏所本也。毛氏奇齡《四書賸言補》云：廬井邑居，各二畝半，則已五畝。又云冬入保城二畝半，何解？《漢書・食貨志》云在野曰廬，則廬井者，井間之廬也。又云在邑曰里，則邑居者，里邑之居也。《爾雅》里，邑也，鄭康成稱里居，與趙稱邑居，並同。蓋廬井二畝半在公田中，一名廬舍。何休云：一夫受田百畝，又受公田十畝，廬舍二畝半。謂一夫受田一百十畝，又分受公田之二十畝，各得二畝半作廬居也。此易曉也。至在邑之二畝半，以國城當之，則大謬不然。《管子・内政》云：四民勿使雜處，處工就官府，處商就市井，處農就田野。而韋昭謂國都城郭之域，惟士工商而已，農不與焉。則二畝半在邑，只在井邑，與國邑無涉。蓋古王量地制邑，其在國邑外，如公邑、家邑、丘邑、都邑，類凡所屬井地，皆可置宅。然且諸井邑中，亦惟無城者可處農民；若有城如費邑、郈邑所稱都邑者，則農不得入。管子與韋氏之言稍可據。然而趙邠卿乃有冬入保城之説，或係衍文，或有脱簡，且或原有師承。如《周禮》夫一廛，鄭康成所謂城邑之居者，則或諸邑有城者亦置里居，事未可知。若在國城，則《周禮・載師氏》明有國宅無征，園廛二十而一之文，鄭司農注云：國宅，國城中宅也。而鄭康成即云：國宅者，凡官所有之宫室，與吏所治者，又名國廛。與園宅園廛農民所居者，正相分別，安可以農民園廛溷當之官吏之國宅乎？則此二畝半當云在井邑，不問有城與無城，並得入保。此舉近地井里而言，如四井爲邑，則必邑中有里居，可爲保守之地，故其居名里居，又名邑居。倪氏思寬《二初齋讀書記》云：《晋語》：尹鐸請於趙簡子曰：以爲繭絲乎，抑爲保鄣乎？韋昭注：小城曰保。引《禮記》遇入保者以爲證。然則趙注當亦指井邑中小城言之。若既無城，何云入保？毛氏説未免於率。周氏柄中《辨正》云：季彭山《讀禮疑圖》言：農民所宅，必是平原可居之地，别以五畝爲一處，不占公田，取於便農，功邇饋餉，去田亦不宜遠，其所聚居，或止八家，或倍八家以上，各隨便宜，聚爲一邑，置堡以相守望。故舉成數言，則有十室之邑，千室之邑，非必都邑然後爲邑，而都邑亦豈可寓農民哉？農民之宅，鄉里也，即制里以導其妻子養老者也。國中之廛，市廛也。但爲士旅寄居之所，工商懋遷之區而已。段氏玉裁《説文解字注》云：《説文》：廬，寄也。秋冬去，春夏居。廛，二畝半也。一家之居。《大雅》于時廬旅，毛傳云：廬，寄也。《小雅》中田有廬，箋云：中田，田中也。農人作廬焉，以便其田事。《春秋》宣十五年《公羊傳》注云：一夫受田百畝，公田十畝，廬舍二畝半，凡爲田一頃十二畝半。八家而九頃，共爲一井。在田曰廬，在邑曰里。春夏出田，秋冬入保城郭。按許廬義與下廛義互相足，在野曰廬，在邑曰廛，皆二畝半也。趙氏尤明里即廛也。《詩・伐檀》毛傳云：一夫之居曰廛。《遂人》夫一廛，先鄭云：廛，居也。後鄭云：廛，城邑之居。《載師》以廛里任國中之地，後鄭云：廛里者，若今云邑居。廛，民居之區城也。里，居也。毛、鄭皆未明言二畝半，要其意同也。許於廬不曰二畝半於廛曰二畝半，以錯見互足。

（清）焦循《孟子正義》卷一〇《滕文公上》

孟子曰：子之君將行仁政，選擇而使子，子必勉之！夫仁政必自經界始。經界不正，井地不鈞，穀禄不平。注：子，畢戰也。經，亦界也。必先正其經界，勿侵鄰國，乃可鈞井田，平穀禄。穀，所以爲禄也。《周禮・小司徒》曰乃經土地而井牧其田野，言正其土地之界，乃定受其井牧之處也。疏：子畢至注處也。正義曰：《周禮・地官・司市》以次叙分地而經市，注云：經，界也。趙氏以此經界，即各國之疆界。封建與井田相表裏，故先不相侵奪，而井田乃可鈞也。阮氏元《校勘記》云：井地不鈞，石經、岳本、咸淳衢州本、廖本、孔本、韓本、《考文》古本、足利本同。閩、監、毛三本鈞作均。按均、鈞古字通也。穀禄也，《爾雅・釋言》文。《周禮・天官・冢宰》以八柄詔王馭羣臣，二曰禄，以馭其富，注云：班禄所以富臣下。《書》曰：凡厥正人，既富方穀。是以穀釋禄。《天府》祭天之司民司禄，注云：禄之言穀也。《詩・小雅》蔌蔌方有穀，箋亦云：穀，禄也。禄奉以穀，故穀即禄矣。《小司徒》，《地官》職也。云：乃經土地而井牧其田野，九夫爲井，四井爲邑，四邑爲丘，四丘爲甸，四甸爲縣，四縣爲都，以任地事而令貢賦。凡税斂之事。注云：此謂造都鄙也。采地制井田，異於鄉遂。重立國，小司徒爲經之，立其五溝五塗之界，其制似井之字，因取名焉。《孟子》曰：夫仁政必自經界始。經界不正，井地不均，穀禄不平。是故暴君姦吏，必慢其經界。經界既正，分田制禄，可坐而定也。九夫爲井者，方一里九夫所治之田也。此制小司徒經之，匠人爲之，溝洫相包乃成耳。鄭氏以小司徒所經即井田之界，經土地之經爲經始靈臺之經，謂小司徒經度之，與趙氏説異。**是故暴君汙吏，必慢其經界。經界既正，分田制禄，可坐而定也。**注：暴君，殘虐之君。汙吏，貪吏也。慢經界，不正本也。必相侵陵長争訟也。分田，賦廬井也。制禄，以庶人在官者比上農夫，轉以爲差，故可坐而定也。疏：暴君至定也。正義曰：《周禮・地官・大司徒》：辨其邦國都鄙之數，制其畿疆而溝封之。凡建邦國，以土圭土其地而制其域；凡造都鄙，制其地域而封溝之。邦國爲公侯伯子男附庸，各有界矣。都鄙爲王子弟公卿大夫采地，亦各有界矣。蓋建邦國，造都鄙，必審井田之形勢以爲之界，各滿其爲通、爲成、爲終、爲同、爲封、爲畿以界之。邦國都鄙之界，視井田之界而定；則井田之在各國各采邑者乃均。自諸侯之殘虐者侵奪鄰國，而邦國之界不正；自卿大夫之貪汙者侵占鄰邑，而采地之界不正，於是爲成、爲通、爲井者，將不能滿其數，合其度，而亦不均矣。惟外而邦國之大界正，內而都鄙采邑之小界正，而井田乃正。以之分授於夫，以之制諸臣之禄，皆可定也。此趙氏以正經界爲勿侵鄰國之義也。《荀子・性惡篇》云：所見者，汙慢淫邪貪利之行也。《列女傳・貞順篇》云：且夫棄義從欲者，汙也。見利忘死者，貪也。夫貪汙之人，王何以爲哉？是汙即貪也。劉熙《釋名・釋言語》云：慢，漫也。漫漫，心無所限忌也。心輕慢之，不以先王所定爲制，在邦國必相侵陵，即所云侵鄰國也。在都鄙則長争訟，如郤錡奪夷陽五田，郤犨與長魚矯争田是也。前但言侵鄰國，此兼言之也。廬謂二畝半在田，井謂一夫百畝也。以庶人在官者比上農夫轉以爲等差者，《禮記・王制》云：諸侯之下士，禄食九人，中士食十八人，上士食三十六人，下大夫食七十二人，卿食二百八十八人，君食二千八百八十人。是也。

（清）焦循《孟子正義》卷一〇《滕文公上》

卿以下必有圭田，圭田五十畝，餘夫二十五畝。注：古者卿以下至於士，皆受圭田五十畝，所以共祭祀。圭，絜也。士田，故謂之圭田，所謂惟士無田則亦不祭，言絀士無絜田也。井田之民，養公田者受百畝，圭田半之，故五十畝。餘夫者，一家一人受田，其餘老小尚有餘力者，受二十五畝，半於圭田，謂之餘夫也。受田者，田萊多少有上中下，《周禮》曰餘夫亦如之，亦如上中下之制也。《王制》曰夫圭田無征，謂餘夫圭田，皆不出征賦也。時無圭田餘夫，孟子欲令復古，所以重祭祀，利民之道也。疏：古者至十畝。正義曰：《周禮・地官・載師》以士田任近郊之地，注云：鄭司農云：士田者，士大夫之子得而耕之田也。玄謂士讀爲仕，仕者亦受田，所謂圭田也。孟子曰：自卿以下必有圭田，圭田五十畝。圭田既是仕田，則卿以下通大夫士而言，即《載師》之士田也。《毛詩・小雅・天保篇》吉蠲爲饎，傳云：蠲，絜也。《秋官・蜡氏》凡國之大祭祀，令州里除不蠲，注云：蠲，讀爲吉圭惟饎之圭，圭，潔也。《儀禮・士虞禮記》云圭爲而哀薦之饗，注亦云：圭，絜也。《詩》曰：吉圭爲饎。《吕氏春秋・尊師篇》云必蠲絜，高誘注云：蠲讀曰圭。是圭之義爲絜也。《禮記・王制》云夫圭田無征，注云：夫，猶治也。征，税也。《孟子》曰：卿以下必有圭田。治圭田者不税，所以厚賢也。此則《周禮》之士田，以任近郊之地税什一。孔氏正義云：圭，潔也。言德行潔白也。而與之田。殷所不税者，殷政寬厚，重賢人；周則税之。士以潔白而升，則與以圭田，使供祭祀；若以不潔白而黜，則收其田里，故士無田則不祭，有田以表其潔，無田以罰其不潔也。《説文》田部云：畦，田五十畝曰畦。從田，圭聲。段氏玉裁《説文解字注》云：《離騷》畦留夷與揭車，王逸注：五十畝曰畦。《蜀都賦》劉注云：《楚辭》倚沼畦瀛，王逸云：瀛，澤中也。班固以爲畦田五十畝也。孟子曰：圭田五十畝。然則畦從圭田，會意兼形聲與？孫氏蘭《輿地隅説》云：《孟子》圭田，或以圭訓潔，非也。《九章・方田》有圭田求廣從法，有直田截圭田法，有圭田截小截大法，凡零星不成井之田，一以圭法量之。圭者，合二句股之形。井田之外有圭田，明係零星不井者也。此上二説，與趙氏異。按鄭司農以士田爲士大夫之子所耕，《荀子・王制篇》云：雖王公士大夫之子孫，不能屬於禮義，則歸之庶人。然則士大夫之子孫，其不能嗣爲士大夫者，即授之田，正與餘夫一例。若然，則圭田不以潔取義，正指不能成井者而言。不能成井，則以五十畝爲一畦。畦之數，又即由圭形而稱焉者也。《史記・貨殖傳》云千畦薑韭，集解引徐廣云：一畦二十五畝。《文選》注引劉熙注病於夏畦云：今俗以二十五畝爲小畦，以五十畝爲大畦。然則餘夫二十五畝，亦即蒙上圭田而言。注餘夫至等也。正義曰：宣公十五年《公羊傳》注云：多於五口，名曰餘夫，以率受田二十五畝。此趙氏義也。多於五口，則不拘何人，故趙氏兼言老少也。《漢書・食貨志》云：民受田，上田夫百晦，中田夫二百晦，下田夫三百晦。歲耕種者爲不易上田，休一歲者爲一易中田，休二歲者爲再易下田，三歲更耕之，自爰其處。農民户人已受田，其家衆男爲餘夫，亦以口受田如比。士工商家受田，五口乃當農夫一人。此云如比，則如一夫百畝之例，與《孟子》餘夫二十五畝之餘夫不同。《地官・遂人》：辨其野之土，上地中地下地，以頒田里：上地夫一廛，田百晦，萊五十晦；餘夫亦如之。中地夫一廛，田百晦，萊百晦；餘夫亦如之。下地夫一廛，田百晦，萊二百晦；餘夫亦如之。注云：萊，休不耕者。鄭司農云：户計一夫一婦而賦之田，其一户有數口者，餘夫亦受此田也。廛，居也。揚子雲有田一廛，謂百畝之居也。後鄭此處不注，而注於《載師》云：餘夫在遂地之中如比，則士工商以事入在官，而餘夫以力出耕公邑。賈氏疏云：六鄉七萬五千家，家以七夫爲計，餘子弟多，三十壯有室，其合受地，亦與正夫同。《孟子》云：圭田五十畝，餘夫二十五畝。彼餘夫與正夫不同者，彼餘夫是年二十九已下未有妻，受口田，故二十五畝。若三十有妻，則受夫田百畝。故鄭注《內則》云：三十受田，給征役。士與工商之家，丈夫成人，受田各受一夫，則云半農夫者是也。其家內無丈夫，其餘家口，不得如成人，故五口乃當農夫一人。百里內置六鄉，以九等受地，皆以一夫爲計，其地則盡。至於餘夫無地可受，則六鄉餘夫等，並出耕在遂地之中，百里之外，其六遂之餘夫，並亦在遂地之中受田矣。如是則《遂人》之餘夫，不同於《孟子》之餘夫，乃趙氏引《周禮・遂人》餘夫以證《孟子》，則是以《遂人》所云餘夫亦如之，即此餘夫二十五畝之餘夫也。彼注者，因上言夫一廛，田百晦，下言餘夫亦如之，故以爲此三十授田之餘夫，所授亦如一夫之百畝。趙氏解《遂人》，謂一夫所受田萊多少有上中下，餘夫亦如上中下之等，非亦如百畝也。陳祥道《禮書》云：先王之於民，受地雖均百畝，然其子弟之衆，或食不足而力有餘，則又以餘夫任之。此《載芟》詩所謂侯彊，《周禮》所謂以彊予任甿者也。然餘夫之田不過二十五畝，以其家既受田百畝，而又以百畝予之，則彼力有所不逮矣。故其田四分農夫之一而已。上地田二十五晦，萊半之；中地二十五晦，萊亦二十五晦；下地二十五晦，萊五十晦。所謂如之者，如田萊之多寡而已，非謂餘夫亦受百畝之田如正農夫也。此得趙氏義矣。注王制至道也。正義曰：趙氏佑《温故録》云：《王制》夫圭田無征，注云云。依鄭注，則《王制》夫字直下讀，而夫之訓治，既少證佐。依趙注，則以夫爲餘夫，當讀夫字斷，與圭田爲二事。而餘夫獨省去餘字，以何明之？或讀夫音扶，則本文上承古者，公田藉而不稅，市廛而不稅，關譏而不征，林麓川澤，以時入而不禁，皆以次銜接，不應別用助辭。今按《周禮》每言夫受田征稅，皆必計夫爲率，故有夫家之征，注謂夫稅家稅。夫稅者，百畝之稅；家稅者，出士徒車輦給繇役。《考工記・匠人》注云：《載師職》云：園廛二十而一，近郊十一，遠郊二十而三，甸、稍、縣、都，皆無過十二。謂田稅也，皆就夫稅之近輕遠重耳。下即引《孟子》此章文。云：以《載師職》及《司馬法》論之，則周制畿內用夏之貢法，稅夫無公田，以《詩》、《春秋》、《論語》、《孟子》論之，周制邦國用殷之助法，制公田不稅夫也。則此圭田在畿內，當稅夫而謂無征，正言圭田不稅夫，倒夫字於句上也。蓋井田計夫，畝百爲夫；圭田半之，不合計夫，故不稅夫，以優恤卿士之子孫，使得專力於祭祀也。是《王制》原可作夫字一句讀，與上市、關等一例，不必訓治，更無餘夫在內。餘夫二十五畝，又半於圭田，其人老弱，或當亦不計夫。死徙無出鄉。注：死，謂葬死也。徙，謂爰土易居，平肥磽也。不出其鄉，易爲功也。疏：注死謂至功也。正義曰：爰土，即《國語》之轅田。賈侍中云：轅，易也。爲易田之法。《左傳》作爰田，《食貨志》云：三歲更耕之，自爰其處。《公羊傳》注云：三年一換土易居。然則爰者，換也。平肥磽者，謂一易之地家百畝，再易之地家二百畝，三易之地家三百畝，無偏枯不均也。按晉於是作爰田，見僖公十五年《左傳》，孔疏引服虔、孔晁皆云：爰，易也。賞衆以田，易其疆畔，易亦換也。古爰音與換近，故畔換即畔援也。《說文》走部云：䞠，田易居也。段氏玉裁《說文解字注》云：《周禮・大司徒》：不易之地家百晦，一易之地家二百晦，再易之地家三百晦。大鄭云：不易之地，歲種之，美，故家百晦。一易之地，休一歲乃復，地薄，故家二百晦。再易之地，休二歲乃復種，故家三百晦。《遂人》：辨其野之土上地中地下地，以頒田里：上地夫一廛，田百晦，萊五十晦。中地夫一廛，田百晦，萊百晦。下地夫一廛，田百晦，萊二百晦。注：萊，謂休不耕者。《公羊》何注云：司空謹別田之高下美惡，分爲三品：上田，一歲一墾；中田，二歲一墾；下田，三歲一墾。肥饒不得獨樂，墝埆不得獨苦，故三年一換主易居，財均力平。《漢書・食貨志》云：民受田，上田夫百晦，中田夫二百晦，下田夫三百晦。歲耕種者爲不易上田，休一歲者爲一易中田，休二歲者爲再易下田，三歲更耕，自爰其處。《地理志》云秦孝公用商君制轅田，張晏云：周制三年一易，以同美惡。商鞅始割列田地，開立阡陌，令民各有常制。孟康云：三年爰土易居，古制也。末世浸廢。商鞅相秦，復立爰田。上田不易，中田一易，下田再易，爰自在其田，不復易居也。按何云換主易居，班云更耕自爰其處，趙云爰土易居，許云䞠田易居，爰、轅、䞠、換四字音義同也。古者每歲易其所耕，則田廬皆易。云三年者，三年而上中下田偏焉，三年後一年仍耕上田，故曰自爰其處。孟康説古制易居爲爰田，商鞅自在其田不復易居爲轅田，名同實異，孟説是也。依孟，則商鞅田分上中下而少多之，得上田者百畝，得中田者二百畝，得下田者三百畝，不令得田者彼此相易。其得中田二百畝者，每年耕百畝，二年而徧。得下田三百畝者，亦每年耕百畝，三年而徧。故曰上田不易，中田一易，下田再易，爰自在其田，不復易居。《周禮》之制，得三等田者，彼此相易，今年耕上田百畝，明年耕中田二百畝之百畝，又明年耕下田三百畝之百畝，又明年仍耕上田之百畝，如是乃得有休一歲休二歲之法，故曰三歲更耕，自爰其處。與商鞅法雖異而實同也。鞅之害民，在開阡陌。

（清）焦循《孟子正義》卷一〇《滕文公上》 方里而井，井九百畝，其中爲公田，八家皆私百畝，同養公田，公事畢，然後敢治私事，所以别野人也。注：方一里者，九百畝之地也，爲一井。八家各私得百畝，同共養其公田之苗稼。公田八十畝，其餘二十畝，以爲廬井宅園圃，家二畝半也。先公後私，遂及我私之義也。則是野人之事，所以别於士伍者也。疏：注方一至伍者也。正義曰：方者，開方也。方一里，謂縱横皆一里。畫爲九，則積九百畝者，其方三百畝也。其形如井字，故爲一井也。或云：方是法，不是形，古九數，一曰方田。若其田本方，安用算。山水之性，皆以曲而善走，即廣野平疇，其岷必自山出。大約中出者必中高，邊出者必邊高，斷無百十里直如繩、平如砥者。《孟子》方里云云，亦舉一方者以爲例耳。阮氏元《校勘記》云：以爲廬井宅園圃家一畝半也，閩、監、毛三本同，廖本、孔本、韓本、《攷文》古本無井字，一作二。〔按〕無井字非也。《穀梁傳》云：古者公田爲居，井竈葱韭取焉。一作二，是也。此二畝半合城保二畝半，是爲五畝之宅。徹法九夫爲井，則每家受田一頃一十二畝半，税其一十二畝半，是九分取一也，無所爲公私也。助法八家皆私百畝，同養公田，則每以二畝半爲廬井宅園圃，餘八十畝，八家同養。是八百八十畝税其八十畝，名爲九一，實乃什一分之一也。此助法所以善也。惟是公私之田既分，而先後之期乃定也。野人，謂都鄙之人。《國語·齊語》云罷士無伍，注云：無行曰罷，無伍，無與爲伍也。然則士伍猶云士列也，即謂食禄之君子。公田，君子所食，先之；私田，野人所食，後之：是别野人於君子也。又《地官·小司徒》：乃會萬民之卒伍而用之，五人爲伍，五伍爲兩，四兩爲卒，五卒爲旅，五旅爲師，五師爲軍。《尚書·費誓》云：魯人三郊三遂。孔氏正義云：天子六軍，出自六鄉。則諸侯大國三軍，亦當出自三鄉也。《周禮》又云：萬二千五百人爲遂。《遂人職》云：以歲時稽其人民，簡其兵器，以起征役。則六遂亦當出六軍，鄉爲正，遂爲副也。設百里之國，去國十里爲郊，則諸侯之制，亦當鄉在郊內，遂在郊外。然則軍伍屬鄉郊。《毛詩·小雅·采芑》傳云：宣王能新美天下之士。箋云：士，軍士也。《荀子·王制篇》云：故王者富民，霸者富士。注云：士，卒伍也。則士伍指鄉遂之人，鄉遂什一自賦，無公田私田之分，則無先公後私之法，是别都鄙之人於鄉遂之人也。二者未知孰是。

綜述

《周禮·地官司徒·載師》 載師掌任土之灋，以物地事，授地職，而待其政令。以廛里任國中之地，以場圃任園地，以宅田、士田、賈田任近郊之地，以官田、牛田、賞田、牧田任遠郊之地，以公邑之田任甸地，以家邑之田任稍地，以小都之田任縣地，以大都之田任畺地。凡任地，國宅無征，園廛二十而一，近郊十一，遠郊二十而三，甸稍縣都皆無過十二，唯其漆林之征二十而五。凡宅不毛者，有里布，凡田不耕者，出屋粟；凡民無職事者，出夫家之征。以時徵其賦。

閭師掌國中及四郊之人民、六畜之數，以任其力，以待其政令，以時徵其賦。凡任民：任農以耕事，貢九穀；任圃以樹事，貢草木；任工以飭材事，貢器物；任商以市事，貢貨賄；任牧以畜事，貢鳥獸；任嬪以女事，貢布帛；任衡以山事，貢其物；任虞以澤事，貢其物。凡無職者出夫布。凡庶民，不畜者祭無牲，不耕者祭無盛，不樹者無椁，不蠶者不帛，不績者不衰。

縣師掌邦國都鄙稍甸郊里之地域，而辨其夫家、人民、田萊之數及其六畜車輦之稽。三年大比，則以考羣吏而以詔廢置。若將有軍旅、會同、田役之戒，則受灋于司馬，以作其衆庶及馬牛車輦，會其車人之卒伍，使皆備旗鼓兵器，以帥而至。凡造都邑，量其地，辨其物，而制其域。以歲時徵野之賦貢。

《管子·乘馬》 十仞見水不大潦，大潦，一本作大續，繼也。預貯水也。五尺見水不大旱，十一仞見水輕征。征，税也。十分去二三，謂去十仞之二三。二則去三四，謂去十仞之三。四則去四，謂去十仞四。五則去半。比之於山五尺見水，言平地五仞見水，同於山五尺見水。十分去一，四則去三，八尺曰仞，分九仞，則屈每分有二仞二尺，去其三則餘有一丈八尺。三則去二，二則去一。三尺而見水。比之於澤。續曰：言地高則難澇，故曰十仞見水不大澇。地低則難旱，故曰五尺見水不大旱。當澇之時，若高亢地十一仞見水，則常征十分中免二三分。十二仞見水，則免三四分。十四仞見水，則免四分。十五仞見水，則免五分。以其極高難灌溉，可以比於山也。當旱之時，若汙下地五尺見水，則常征十分免四分。四尺見水，則免三分。三尺見水，則免二分。二尺見水，則免一分。以其極低易灌溉，可以比於澤也。十分去一，當作十分去四，乃字之誤。距國門以外，窮四竟之內，丈夫二犂，童五尺一犂，以爲三日之功。正月，令農台作，服于公田農耕。及雪釋，耕始焉。

（漢）韓嬰《韓詩外傳》卷四《十三章》 古者八家而井田。方里爲一井。廣三百步，長三百步爲一里，其田九百畝。廣一步，長百步爲一畝。廣百步，長百步爲百畝。八家爲鄰，家得百畝。餘夫各得二十五畝。家爲公田十畝，餘二十畝共爲廬舍，各得二畝半。八家相保，出入更守，疾病相憂，患難相救，有無相貸，飲食相招，嫁娶相謀，漁獵分得，仁恩施行，是以其民和親而相好。《詩》曰：中田有廬，壃場有瓜。今或不然。令民相伍，有罪相伺，有刑相舉，使構造怨仇，而民相殘，傷和睦之心，賊仁恩，害上化，所和者寡，欲敗者多，於仁道泯焉。《詩》曰：其何能淑，載胥及溺。

（唐）杜佑《通典》卷一《食貨·田制》 陶唐以前，法制簡略，不可得而詳也。及堯遭洪水，天下分絶，使禹平水土，別九州，其分別疆理所在，具《州郡篇》。冀州，厥土惟白壤，無塊曰壤。厥田惟中中。田第五。兖州，厥土黑墳，色黑而墳起。厥田惟中下。第六。青州，厥土白墳，厥田惟上下。第三。徐州，厥土赤埴墳，土黏曰埴。厥田惟上中。第二。揚州，厥土惟塗泥，地泉濕。厥田惟下下。第九。荊州，厥土惟塗泥，厥田惟下中。第八。荊河豫州，厥土惟壤，下土墳壚，高者壤，下者壚。壚，疎也。厥田惟中上。第四。梁州，厥土青黎，色青黑，沃壤也。厥田惟下上。第七。雍州，厥土惟黄壤，厥田惟上上。第一。九州之地，定墾者九百一十萬八千二十頃。

（唐）杜佑《通典》卷一《食貨·田制》 周文王在岐，今扶風郡岐山縣。用平土之法，以爲治人之道，地著爲本，地著謂安土。故建司馬法：六尺爲步，步百爲畝，畝百爲夫，夫三爲屋，屋三爲井，井十爲通，通十爲成，成十爲終，終十爲同，同方百里，同十爲封，封十爲畿，畿方千里。故丘有戎馬一匹，牛三頭，甸有戎馬四匹，兵車一乘，牛十二頭，甲士三人，步卒七十二人。一同百里，提封萬井，戎馬四百匹，車百乘，此卿大夫采地之大者，是謂百乘之家。一封三百六十六里，提封十萬井，定出賦六萬四千井，戎馬四千匹，車千乘，此諸侯之大者，謂之千乘之國。天子之畿內，方千里，提封百萬井，定出賦六十四萬井，戎馬四萬匹，兵車萬乘，戎卒七十二萬人，故曰萬乘之主。小司徒之職，乃均土地以稽其人民，而周知其數。上地家七人，可任也者家三人。中地家六人，可任也者二家五人。下地家五人，可任也者家二人。【略】乃經土地，而井牧其田野。九夫爲井，四井爲邑，四邑爲丘，四丘爲甸，四甸爲縣，四縣爲都，以任地事而令貢賦，凡税斂之事。【略】任土之法，以物地事，授地職，而待其政令。【略】以廛里任國中之地，以場圃任園地，以宅田、士田、賈田任近郊之地，以官田、牛田、賞田、牧田任遠郊之地，以公邑之田任甸地，以家邑之田任稍地，以小都之田任縣地，以大都之田任畺地。【略】民受田，上田夫百畝，中田夫二百畝，下田夫三百畝。歲耕種者爲不易上田，休一歲者爲一易中田，休二歲者爲再易下田，三歲更耕之，自爰其處。爰，於也。更謂三歲即改與別家佃，以均厚薄。農民户人已受田，其家衆男爲餘夫，亦以口受田如比。比，例也。必寐反。士工商家受田，五口乃當農夫一人。口二十畝。此謂平土可以爲法者也。若山林藪澤原陵淳鹵之地，淳，盡也，澤鹵之田不生穀。各以肥磽多少爲差。磽，磽确，謂瘠薄之田。民年二十受田，六十歸田。七十以上，上所養也；十歲以下，上所長也；十一以上，上所強也。

（唐）杜佑《通典》卷三《食貨·鄉黨》 遂人掌邦之野，郊外曰野。此野謂甸稍縣都。以土地之圖經田野，造縣鄙形體之法。五家爲鄰，五鄰爲里，四里爲酇，五酇爲鄙，五鄙爲縣，五縣爲遂，皆有地域溝樹之。使各掌其政令刑禁，以歲時稽其人民，而授之田野，簡其兵器，教之稼穡。【略】里有序而鄉有庠，序以明教，庠則行禮而視化焉。

《尚書正義》卷二《虞書·堯典》 寅賓出日，平秩東作。寅，敬。賓，導。秩，序也。歲起於東而始就耕，謂之東作。東方之官敬導出日，平均次序東作之事，以務農也。寅，徐以真反，又音夷，下同。賓如字，徐音殯，馬云：從也。出，尺遂反，又如字，註同。平如字，馬作苹，普庚反，云：使也。下皆放此。秩如字。日中，星鳥，以殷仲春。日中謂春分之日。鳥，南方朱鳥七宿。殷，正也。春分之昏，鳥星畢見，以正仲春之氣節，轉以推季孟則可知。中，貞仲反，又如字。殷，於勤反，馬、鄭云：中也。宿音秀，下同。見，賢遍反，下同。

《周禮注疏》卷一〇《地官司徒・大司徒》 乃分地職、奠地守、制地貢而頒職事焉，以爲地灋而待政令。分地職，分其九職所宜也。定地守，謂衡麓虞候之屬。制地貢，謂九職所税也。頒職事者，分命使各爲其所職之事。奠，劉音定。

疏：註分地至之事。釋曰：分地職，分其九職所宜也者，上經既授上中下地，此經云分地職，故知分地職者是分九職所宜。九職，則《大宰》云一曰三農生九穀是也。所宜，謂若《孝經》注高田宜黍稷，下田宜稻麥之類是也。云定地守，謂衡麓虞候之屬者，案昭二十年《左氏傳》，晏子云：山林之木，衡麓守之；澤之萑蒲，舟鮫守之；藪之薪蒸，虞候守之；海之鹽蜃，祈望守之。注云：衡麓、舟鮫、虞候、祈望，皆官名也。守之，令民不得取之，不共利。時景公設此守以致疾，故晏子所非，非其不與民同。鄭引之者，以證地守之官。若然，此《地官》唯有衡虞，無舟鮫、祈望者，此《周禮》舉其大綱，《左氏》言其細別，故詳略不同。云制地貢謂九職所税也者，此地貢文承地職之，下明非諸侯地貢，是其九職任之、九税斂之。若三農生九穀則税九穀，園圃毓草木則税草木之類是也。云頒職事者，分命使各爲其所職之事者，分命之言，案《尚書・堯典》分命羲仲宅嵎夷，申命羲叔宅南郊，分命和仲宅西曰昧谷，申命和叔宅朔方。此間頒職事，亦是分命，使各爲其所職之事。典田之官各有所掌。

《周禮注疏》卷一〇《地官司徒・小司徒》 乃經土地而井牧其田野，九夫爲井，四井爲邑，四邑爲丘，四丘爲甸，四甸爲縣，四縣爲都，以任地事而令貢賦，凡税斂之事。此謂造都鄙也。采地制井田，異於鄉遂，重立國。小司徒爲經之，立其五溝五塗之界，其制似井之字，因取名焉。《孟子》曰：夫仁政必自經界始。經界不正，井地不均，貢禄不平，是故暴君姦吏必慢其經界。經界既正，分田制禄可坐而定也。鄭司農云：井牧者，《春秋傳》所謂井衍沃、牧隰皋者也。玄謂隰皋之地，九夫爲牧，二牧而當一井。今造都鄙，授民田，有不易，有一易，有再易，通率二而當一，是之謂井牧。昔夏少康在虞思，有田一成，有衆一旅。一旅之衆而田一成，則井牧之法先古然矣。九夫爲井者，方一里，九夫所治之田也。此制小司徒經之，匠人爲之溝洫，相包乃成耳。邑丘之屬相連比，以出田税。溝洫爲除水害。四井爲邑，方二里。四邑爲丘，方四里。四丘爲甸，甸之言乘也，讀如衷甸之甸。甸方八里，旁加一里，則方十里，爲一成。積百井，九百夫。其中六十四井，五百七十六夫，出田税；三十六井，三百二十四夫，治洫。四甸爲縣，方二十里。四縣爲都，方四十里。四都方八十里，旁加十里，乃得方百里，爲一同也。積萬井，九萬夫。其四千九十六井，三萬六千八百六十四夫，出田税；二千三百四井。二萬七百三十六夫，治洫；三千六百井，三萬二千四百夫，治澮。井田之法，備於一同。今止於都者，采地食者皆四之一。其制三等：百里之國凡四都，一都之田税入於王；五十里之國凡四縣，一縣之田税入於王；二十五里之國凡四甸，一甸之田税入於王。地事謂農牧衡虞也，貢謂九穀山澤之材也，賦謂出車徒給繇役也。《司馬法》曰：六尺爲步，步百爲畮，畮百爲夫，夫三爲屋，屋三爲井，井十爲通。通爲匹馬，三十家，士一人，徒二人。通十爲成，成百井，三百家，革車一乘，士十人，徒二十人。十成爲終，終千井，三千家，革車十乘，士百人，徒二百人。十終爲同，同方百里，萬井，三萬家，革車百乘，士千人，徒二千人。甸，繩證反，出注，注同。夫仁，音扶。少康，詩照反。洫，況逼反。爲除，于僞反。乘，繩證反，下同。澮，古外反。

疏：乃經至之事。釋曰：此小司徒佐大司徒掌其都鄙，都鄙則三等采地是也。匠人營溝洫於田，掌其經界，故云乃經土地。經謂爲之里數，在土地之中立其里數，謂井方一里，邑方二里之等是也。云而井牧其田野者，井方一里，兼言牧地是次田二牧，當上地一井。授民田之時，上地不易，家百畮；中地一易，家二百畮；下地再易，家三百畮。通率三家受六夫之地，一家受二夫，與牧地同，故云井牧其田野。此與下爲揔目。云九夫爲井者，井方一里，九夫之田。四井爲邑者，邑方二里。四邑爲丘者，丘方四里。四丘爲甸者，甸方八里，旁加一里則爲十里之成。今不言十里成，而言八里甸者，成間有洫，井間有溝，旁加一里者，使治溝洫，不出税，舉其八里之甸，據實出税者而言。四甸爲縣者，縣方十六里。四縣爲都，都方三十二里。以任地事者，謂若《大宰》九職任萬民，謂任役萬民，使營地事。云而令貢賦者，貢則九職之貢，賦謂軍賦，出車徒之等。云凡税斂之事者，采地之中，皆爲井田之法，一井之田，一夫税入於官，故云税斂之事。注此謂至千人。釋曰：鄭知此謂造都鄙者，鄉遂公邑之中，皆爲溝洫之法，此經爲井田之法，故知謂造都鄙也。云采地制井田，異於鄉遂者，案《遂人》夫間有遂之等是溝洫法，鄉田之制與遂同。此經與《匠人》爲井田法，其制與鄉遂不同，故云采地制井田異於鄉遂也。此雖不言異於公邑，公邑亦與遂同，故注《匠人》云異於鄉遂及公邑是也。云重立國，小司徒爲經之，立其五溝五塗之界者，此鄭意匠人於都鄙之中營造溝洫，此小司徒又經之，立五溝五塗之界，則經丘、甸、縣、都並據境界而言。但此都鄙是畿內之國，小司徒與匠人共掌之。云其制似井之字，因取名焉者，此解經井字。謂正方一里之內，方三百步，百步爲一截，縱亦二截，橫亦二截，則爲九夫，夫各百步，其中爲井字，故云似井字，因取名焉，名爲井田也。云《孟子》曰已下至坐而定也者，案《孟子》，滕文公使大夫畢戰問孟子井田之法，孟子對此辭。孟子云經界者，則此經九夫爲井已下，四縣爲都以上，故引以證之。鄭司農云井牧者，《春秋傳》所謂井衍沃、牧隰皋者也，司農引《春秋》者，襄公二十五年，楚蔿掩書土田之事。井衍沃者，衍沃謂上地，下平曰衍，饒沃之地，九夫爲一井。牧隰皋者，下濕曰隰，近皋澤之地。司農之意，經有井牧，故引以當之。玄謂隰皋之地，九夫爲牧，二牧而當一井。今造都鄙，授民田，有不易者家百畝，有一易家二百畝，有再易者家三百畝。通率二而當一者，是三家受六夫之地。是隰皋之地，二牧始當一井，故云二而當一。云是之謂井牧者，此就足司農之義。云昔夏后少康在虞思，有田一成，有衆一旅者，此是哀公元年《左氏傳》，伍員云：昔過澆滅夏后相，后緡方娠，逃出自竇，歸於有仍，生少康焉，爲仍牧正。澆使椒求之，逃奔有虞，爲之庖正。虞思於是妻之以二姚，而邑諸綸，有田一成，有衆一旅。是其事也。言有田一成有衆一旅，則地以上中下爲率者，以爲其成方十里，九百夫之地，一旅五百夫，故知是通率之。通率之法，正應四百五十人，言一旅，舉成數也，亦容不易者多。云一旅之衆而田一成，則井牧之法先古然矣者，鄭言此者，井牧之法自夏而有，非秖於周。云九夫爲井者，方一里，九夫所治之田也者，一井之內，地有九夫，假令盡是上地不易，家有百畝，中一夫入於公，四畔八夫，家治百畝，尚無九夫所治。況其中或有一易、再易，所取數更少。今鄭云方一里，九夫所治之田，鄭據地有九夫而言，非謂有九家也。云此制小司徒經之者，即此文乃經土地是也。云匠人爲之溝洫者，案《匠人》云：井間有溝，成間有洫，同間有澮。是匠人爲之溝洫也。云相包乃成耳者，司徒立其界，匠人爲其溝，相包含乃成其事耳。云邑丘之屬者，之屬中含有甸及縣都。云相連比以出田税者，從井邑至縣都，從內向外，界相連比，井税一夫，故言以出田税。云溝洫爲除水害者，《尚書·益稷》云濬畎澮距川，是其從畎遂溝洫次第入澮入川，故云爲除水害也。云四井爲邑，方二里。四邑爲丘，方四里。四丘爲甸，甸之言乘也者，欲見甸中出長轂一乘。云讀如衷甸之甸者，案哀十七年，衛侯爲虎幄於藉圃，成，求令名者而與之始食焉。大子請使良夫。良夫乘衷甸兩牡，紫衣狐裘而至，袒裘，不釋劍而食。大子數之三罪而殺之。鄭依此而言也。引之者，證甸得爲乘之義。云甸方八里，旁加一里，則方十里，爲一成者，欲就《匠人》解之。《匠人》云成方十里，此言四丘爲甸，甸與成，其實一也，故鄭覆解成與甸相表裏之意。云積百井九百夫者，但一成之內方十里，開方之，得百井，井有九夫，故云九百夫。云其中六十四井，五百七十六夫，出田税者，此就甸方八里而言。八里之內，開方之，八八六十四，故云六十四井。井有九夫，故五百七十六夫。井税一夫，故云出田税。云三十六井，三百二十四夫，治洫者，此據甸方八里之外，四面加一里爲成而言。成有百井，中央八里，除六十四井，餘有三十六井。井有九夫，故三百二十四夫。治洫，不使税。鄭言此者，見經四丘爲甸據實出税而言，故不言成也。若然，方里爲井，井間有溝，溝廣四尺，深四尺；方十里爲成，成間有洫，廣八尺，深八尺。治溝洫者皆不出税。獨言治洫者，據外而言，其實治溝亦不出税，摠在六十四井之內，以洫言之矣。云四甸爲縣，方二十里者，甸方八里，縣應方十六里，云方二十里，據通治洫，旁加一里爲成而言。云四縣爲都，方四十里者，縣方二十里，四縣爲都，故方四十里。云四都方八十里者，自此已上，並據通治洫而言。云旁加十里，乃得方百里，爲一同也者，案《匠人》方百里爲同，同間有澮。今言乃得方百里爲一同者，就《匠人》爲同解之。云積萬井，九萬夫者，據百里開方而言。百里者，縱橫各百，一行方一里者百，百行故萬井，一井有九夫，故有九萬夫。云其四千九十六井，三萬六千八百六十四夫，出田税者，此據從甸方八里出田税。四甸爲縣，縣方十六里，四縣爲都，都方三十二里，四都方六十四里。據六十四里之內開方之，縱橫各一里一截，爲六十四截；行別有六十四井，六十四行，計得四千九十六井；井有九夫，四千九十六井計得三萬六千八百六十四夫，是實出田税者。云二千三百四井二萬七百三十六夫，治洫者，此據甸方八里，旁加一里爲成，是不出税治洫之夫而言之也。從四成積爲一縣，縣方二十里；四縣爲都，都方四十里。四都方八十里，開方之，縱橫各一里一截，爲八十截。一行八十井，八八六十四，爲六千四百井。就裏除四千九十六井，其餘二千三百四井在。井有九夫，二千三百四井爲二萬七百三十六夫，不出税，使之治洫也。云三千六百井，三萬二千四百夫，治澮者，此據四成爲縣，縣方二十里，二十里更加五里，即爲大夫家邑也。縣方二十五里，四縣是小都，五十里是六卿之采地。四都爲方百里一同，即爲三公王子母弟之大都也。但據百里開方之，即爲萬井；就萬井之內除去六千四百井，其餘三千六百井在。井有九夫，則爲三萬二千四百夫，不出税，使之治澮。云井田之法，備於一同者，案《匠人》云井間有溝，成間有洫，同間有澮，是井田之法備於一同也。云今止於都者，采地食者皆四之一者，解此四縣爲都，據小都五十里而言，是止於都也。以其采地食者，皆四分之一税入天子，故云采地食者皆四之一也。案上諸男之地亦四之一，故云采地食者皆四之一。云其制三等者，謂家邑、小都、大都。云百里之國凡四都，一都之田税入於王者，百里國謂大都也。四都謂方五十里者。四小都成一大都，一都之田税入王，其餘三都留自入。云五十里之國凡四縣，一縣之田税入於王者，五十里之國謂小都。一縣田税入於王，餘三縣留自入。云二十五里之國凡四甸，一甸之田税入於王者，二十五里之國謂家邑也。四甸之中以一甸之税入於王，其餘三甸留自入。鄭具言此者，欲見四丘爲甸是家邑，據税於王者而言；四甸爲縣是小都，亦據一縣税入於王者而言；四縣爲都是大都，亦據一都税入於王者而言。故鄭云井田之法備於一同。今止於都者，采地之税四之一，故以此解之。云地事謂農牧衡虞也者，謂采地之中亦有九職。農則三農生九穀，牧則數牧以蕃鳥獸，衡虞則虞衡作山澤之材。九職唯言此三者，以其經言地事，故舉以言之，其餘六者略而不言矣。云貢謂九穀、山澤之材也者，此貢還出於農衡，地事既無九職，則貢中亦無九貢也。云賦謂出車徒、給繇役也者，以其采地之內，無口賦出錢入天子之法，故以賦爲軍賦解之。若然，《大宰》九賦四曰家稍之賦、五曰邦縣之賦、六曰邦都之賦者，謂三等采地之外皆有公邑，公邑之內，口率賦錢，入於王家。但公邑無名，故蒙三等之號以表之。故《禮雜問志》云稍縣都鄙地有公邑之民，口率出泉於王也。邦國都無口率之賦，唯有軍賦，革車、匹馬、士徒而已是也，故此鄭引《司馬法》證之。《司馬法》者，齊景公時大夫田穰苴作《司馬法》。至六國時，齊威王大夫等追論古法，又作《司馬法》，附於穰苴。言晦百爲夫，謂一夫之地方百步。夫三爲屋，屋，具也，具出穀税。屋三爲井者，謂九夫爲井，以井字。云井十爲通者，據一成之內，一里一截，從横各十截，爲行一行，十井十行，據一成一畔通頭，故名井十爲一通。通爲匹馬者，十井之內，井有九夫，十井爲九十夫之地；宮室、塗巷三分去一，唯有六十夫地在。不易、一易、再易，通率三夫受六夫之地，三十夫受六十夫之地。唯三十家使出馬一匹，故云通爲匹馬。云士一人，徒二人，三十家出三人。士謂甲士，徒謂步卒。云通十爲成，成百井，三百家，革車一乘，士十人，徒二十人者，一成之内有十通，言三百家者，亦如前通率法。一成之內，地有九百夫，宮室塗巷三分去一，不易、一易、再易通率二而當一，故一成唯有三百家，革車一乘，士十人，徒二十人。此謂天子畿內采地法。鄭注《論語》道千乘之國亦引《司馬法》，彼是畿外邦國法。彼革車一乘，甲士三人，步卒七十二人，甲士少，步卒多。此士十人，徒二十人，比畿外甲士多，步卒少，外内有異故也。云十成爲終者，謂同方百里之內，十里一截，爲縱横各十截，爲十行，行別十成。言十成爲終，據同一畔終頭而言。云終千井者，十成成百井，故千井三千家，革車十乘，士百人，徒二百人。云十終爲同，同方百里者，謂之爲同者，取象雷震百里所聞同，故名百里爲同，故云十終爲同。同方百里，萬井也。云三萬家，革車百乘，士千人，徒二千人者，所計皆如上一成爲法，其餘可知。凡出軍之法，先六鄉；賦不止，次出六遂；賦猶不止，徵兵於公邑及三等采；賦猶不止，乃徵兵於諸侯，大國三軍，次國二軍，小國一軍，此軍等皆出於鄉遂；賦猶不止，則諸侯有遍境出之法，則千乘之賦是也。

《周禮注疏》卷一三《地官司徒・載師》　載師，掌任土之灋，以物地事、授地職，而待其政令。任土者，任其力勢所能生育，且以制貢賦也。物，物色之，以知其所宜之事，而授農牧衡虞，使職之。

疏：載師至政令。釋曰：此經與下經爲目。言任土之法者，任謂任其力勢所能生育，即下經云廛里任國中之地以下是也。云以物地事者，此文還於任其力勢而物色之，知其種植所宜何種。云授地職者，既知地勢所宜，而授有職事於地者。云而待其政令者，謂因其職事，使出賦貢，即下經園廛二十而一以下是。注任土至職之。釋曰：云任土者，任其力勢所能生育者，力勢、生育，即下文物色是也。云且以制貢賦也者，地勢所能生育，本以字民，但百姓足君孰與不足，故因民九職以制貢，故云且以制貢賦也。但地之所出唯貢而已，口率出錢及軍法乃名賦。鄭并言賦者，以民有地貢，即有錢賦及軍賦，故鄭兼言賦也。且《禹貢》地貢亦名賦，故云厥賦唯上上之等也。云物，物色之，以知其所宜之事者，此言出於《孝經緯》。故《孝經緯・援神契》云：五岳藏神，四瀆含靈，五土出利，以給天下。黄白宜種禾，黑墳宜種麥，蒼赤宜種菽，洿泉宜種稻。所宜處多，故鄭云之屬也。但《草人》所云物地者，據觀形色布種所宜，故二處皆云物地也。云而授農牧衡虞使職之者，既物地知所宜，須有職事。案《大宰職》，九職皆主營地以出貢，山虞、澤虞、川衡、林衡亦主地以出税，故知授地職中有此農牧衡虞之等，但九職中略舉農牧二者。案《小司徒職》云分地域而辨其守，施其職。彼守職文具，故彼鄭注守謂衡虞，職謂九職。此經無守，惟有地職，故鄭以地職中兼見衡虞之守也。

《周禮注疏》卷一六《地官司徒・旅師》　旅師，掌聚野之耡粟、屋粟、間粟，野，謂遠郊之外也。耡粟，民相助作，一井之中，所出九夫之税粟也。屋粟，民有田不耕，所罰三夫之税粟。間粟，間民無職事者所出一夫之征粟。間，音閑，注同。

疏：旅師至間粟。釋曰：此旅師斂六遂之税，六遂在野，故云掌聚野之耡粟之等。注野謂至征粟。釋曰：云野謂遠郊之外也者，案《鄉大夫》野自六尺，彼野謂城外，此野據遠郊之外，六遂之中也。云耡粟，民有相助作，一井之中所出九夫之税粟也者，六鄉、六遂與公邑三處皆爲溝洫法，三等采地乃爲井田。今此六遂之中，鄭云一井之中出九夫之税粟，以爲井田，與例違者，但鄉遂之中雖爲溝洫法，及其出税，亦爲井田税之。是以《小司徒職》云考夫屋，注云：夫三爲屋，屋三爲井，出地貢者三三相任。是出地税亦取井有九夫、三三相保而税之，故以井言之。云屋粟，民有田不耕，所罰三夫之税粟。間粟，間民無職事者所出一夫之征粟者，此並《載師職》文。但彼云出夫家之征，彼注云：夫税者，百晦之税。家税者，出士徒車輦。此經云粟，無取於家征之義，故略不言也。

《周禮注疏》卷三〇《夏官司馬・司勳》　凡頒賞地，參之一食。鄭司農云：不以美田爲采邑。玄謂賞地之税，參分計税，王食其一也，二全入於臣。

疏：注鄭司至於臣。釋曰：先鄭意以參之一食者，謂以下地可食三之一，似下地再易，家得三頃，歲種一頃食之，故云不以美田爲采邑。又以賞田與采邑爲一物。後鄭不從者，不以美田爲采邑，亦無文以言之。又按《載師職》，家邑任稍地，小都任縣地，大都任疆地，自三百里已外爲之，其賞田任在遠郊之內，何得爲一物，故鄭不從也。後鄭云賞地之税，參分計税，王食其一也，二全入於臣者，采地之税四之一，與小國入天子同。今賞田三之一，一分入天子，與次國三之一入天子同。

（宋）高承《事物紀原》卷一《井田》　《通典》曰：黃帝始經土設井，以塞争端；立步制畝，以防不足；使八家爲井，井開四道。此井田之原也。其法肇于黃帝，成于大禹，備于周，壞于秦也。

（宋）王應麟《玉海》卷一七六《食貨·田制》　古者井田之興，必始於唐虞，夏商葺治，至周大備。因口之衆寡以授田，因田之厚薄以制賦，畫溝洫、謹步畝、嚴版圖，經界既定，仁政自成其法。

自春秋時已壞，晉作爰田，則賞衆以田，易其疆畔矣。魯初税畝，則履其餘畝，十取其二矣。用田賦，則二猶不足重困農民矣。鄭子駟爲田洫而四族皆喪。子産使田有封洫而謗以伍田疇，則溝洫廢矣。晉欲使齊封内盡東其畝，而戎車是利，則疆理廢矣。管仲作内政楚蔿掩書土田，亦頗改周典之舊矣。

戰國兵農浸分，孟子言王道之始，魏惠王以爲迂，滕文公問井地，卒莫之行。自秦孝公隳經界開阡陌，而兼并僭踰興矣。

漢承秦舊，董仲舒請限民名田。師丹諫言：限名田言未嘗行也，趙過教民爲代田，乃耕田之法，非受田之制。下及漢唐，風流已遠，然其授田有口分，世業皆取之於官，其斂民財有租庸調皆計之於口。其後變爲兩税，户無主客以見居爲簿，人無丁中以貧富爲差，貧急於售田則田多税少，富利於避役則田少税多。僥倖一興，税役皆弊，既無振貧之術，又許之賣田。後魏以來弊法也。《唐志》謂口分世業之田壞而爲兼并，似指以爲井田失之遠矣。

（宋）王應麟《玉海》卷一七六《食貨·田制·黃帝丘井法》　李靖問對黃帝立丘井之法，因以制兵，故井分四道八家處之，其形井字開方九焉。《通典》黃帝經土設井，立步制畝，使八家爲井，井開四道而分八宅，鑿井於中。

（宋）王應麟《玉海》卷一七六《食貨·田制·堯墾田》　《通典》堯遭洪水，天下分絶，使禹平水土，別九州。冀州厥田惟中中，兗州厥田惟中下，青州厥田惟上下，徐州厥田惟上中，揚州厥田惟下下，荆州厥田惟下中，豫州厥田惟中上，梁州厥田惟下上，雍州厥田惟上上。九州之地定墾者九百一十萬八千二十頃。《禹貢》咸則三壤成賦，中邦注田上中下三品，成九州之賦。《王制》正義：《禹貢》注曰：一井上上出九夫税，上中八夫，上下七，中上六，中中五，中下四，下上三，下中二，下下出一夫税，有九等。故以井田計之，以一州當一井，與《周禮》九等又不同。冀上上出九百萬夫之税，兗下下出一百萬夫之税，鄭玄謂地形高下爲九等，王肅云定肥瘠爲九等。

（宋）王應麟《玉海》卷一七六《食貨·田制·禹丘甸法　九州賦法》　《詩》信彼南山，維禹甸之。甸訓曰乘，稍人注曰維禹敶之，疏曰韓詩。箋：禹治而丘甸之，六十四井爲甸，甸方八里，居一成之中，成方十里，出兵車一乘，以爲賦法。正義：《韓奕》箋云：禹甸之者，決除其災，使成平田，定貢賦於天子。是以治爲義也。《地官·小司徒》四丘爲甸。《稍人》：掌令丘乘之政令。《郊特牲》云：丘乘共粢盛。丘十六井，甸六十四井，邑方二里，丘方四里，甸方八里。《匠人》注云：方十里爲成，成中容一甸，甸方八里出田税，緣邊一里治洫。《論語》注引《司馬法》云井十爲通，通十爲成，成出革車一乘。若然，一乘爲七十五人。而《左傳》説夏少康有田一成，有衆一旅，十里有五百人者，計成方十里，其地有九百夫之田。授田有不易、一易、再易，通率二而當一，有四百五十人。其中上地差多，則容五百人也。其出兵夫，則衆不盡行，故一車士卒唯七十五人。少康盡舉大衆，故與出賦異也。孫毓云：禹除洪水之災，未及丘甸。其田也，且井、邑、丘、甸出於周法，虞夏之制未有聞焉。今以周法爲虞夏之説，非其義也。然《禮運》説大道既隱，而曰以立田里，則三王之初有井甸田里之法。《論語》説禹盡力乎溝洫，與《匠人》井間有洫同也。《皋陶謨》畎澮距川，與《匠人》同間有澮，專達於川同也。是則丘甸之法，禹之所爲。少康之在虞思，有田一成，有衆一旅，於是則十里爲成，非周之賦法也。襄四年《傳》曰：茫茫禹跡，畫爲九州。九州尚畫其界，是田之經界須畫之也。《詩》倬彼甫田，歲取十千。箋於井田之法，則一成之數也。正義曰《司馬法》計之。甫田正義：史傳説助貢之法，唯孟子爲明。《食貨志》云：九夫八家共之，各受私田百畝，公田十畝，是爲八百八十畝，餘二十畝爲廬舍。其言取孟子而失其本旨。何休注《公羊》，范寧解《穀梁》，趙岐注《孟子》，宋均説《樂緯》，咸以爲然。理不可通，何則言其中爲公田其中央百畝共爲公田，不得家取十畝也。言八家皆私百畝，則百畝屬公，何得復以二十畝爲廬舍也。言同養公田，是百家共理公事，何得家分十畝自治之也。《禹貢》注：上上出九夫稅，下下出一夫稅，通率九州一井稅五夫。以禹貢九州之賦法，凡有九等。鄭欲品其多少，遂以九井擬之，非其實稅之也。《禹貢》正義：鄭玄云：服治田出穀稅也。甸主治田，故名甸。下云納總銍秸粟米。

（宋）王應麟《玉海》卷一七六《食貨·田制·殷公田》

《王制》古者公田藉而不稅。注：藉，借也。借民力治公田。美惡取於此，不稅民之所自治。《孟子》曰云云，則所云古者謂殷時。正義：劉氏皇氏曰：夏時民多，家得五十畝而貢；殷時民稍稀，家得七十畝而助；周時民至稀，家得百畝而徹。熊氏説夏政寬簡，一夫之稅惟稅五十畝；殷政稍急，稅七十畝；周政極煩，皆通稅。《孟子》殷人七十而助，惟助爲有公田。注惟殷人之助爲有公田。朱氏注：夏時一夫受田五十畝，而每夫計其五畝之入以爲貢。商人始爲井田之制，以六百三十畝之地畫爲九區，區七十畝中爲公田，其外八家各授一區，但借其力以助耕公田，而不復稅其私田。周時一夫授田百畝。鄉遂用貢法，十夫有溝；都鄙用助法，八家同井。耕則通力而作，收則計畝而分，故謂之徹。貢法固以十分之一爲常數，惟助法乃是九一，而商制不可考。周制公田百畝，中以二十畝爲廬舍，一夫所耕公田實十畝。通私田百畝，爲十一分而取其一，蓋又輕於十一矣。竊料商制亦當似此，而以十四畝爲廬舍，一夫實耕公田七畝，是亦不過什一也。《夏小正》初服於公田。注：先服公田而後服其田也。《公羊》宣十五年，古者什一而藉什一者，天下之中正也。多乎什一，大桀、小桀；寡乎什一，大貉、小貉。什一行而頌聲作矣。

（宋）王應麟《玉海》卷一七六《食貨·田制·周鄉隧田制又見兵制》

《禮·地官》：司徒、鄉師、鄉老、鄉大夫、州長、黨正、族師、閭胥、比長、鄉之屬別自五家之比，積之爲萬二千五百家之鄉。遂人、遂師、遂大夫、縣正、鄙師、酇長、里宰、鄰長。遂之屬，別自五家之鄰，積之爲萬二千五百家之遂。注：百里內爲六鄉，外爲六遂。遂人主六遂，猶司徒主六鄉。《遂人》：掌邦之野。以土地之圖經田野，造縣鄙形體之法。制分界也。五家爲鄰，五鄰爲里，四里爲酇，五酇爲鄙，五鄙爲縣，五縣爲遂，皆有地域，溝樹之。使各掌其政令刑禁，以歲時稽人民，授之田野，簡兵器，教稼穡。注：鄰、里、酇、鄙、縣、遂，猶郊內比、閭、族、黨、州、鄉也。鄭司農云：田野之居，其比伍之名與國中異制。玄謂遂之軍法，追胥起徒役如六鄉。《正義》曰：六遂之內，上地有萊五十晦，並下劑致甿，並異也。《小司徒》注云：鄉之田制與遂同，但彼鄉中唯見出軍；無田制，此遂人唯見田制，無出軍法。故鄭《注》互見其義。細論之，仍有少異。以其六鄉上劑致民，六遂下劑致甿；六鄉上地無萊，六遂上地有萊。凡治野，以下劑致甿，注：民雖受上中下田及會之以下劑爲率，謂可任者家二人。疏：六鄉之中，其家一人爲正卒，已下皆爲羨卒。六遂之中，家一人爲正卒，第二者爲羨卒，自外並爲餘夫，家取二人。以田里安甿，疏：百晦之田，五晦之宅。以土宜教甿稼穡，以興耡利甿，以時器勸甿，以彊予任甿，注：謂民有餘力，復予之田，若餘夫然。以土均平政。注：均平其稅。辨其野之土，上地、中地、下地，以頒田里。上地，夫一廛，田百晦，萊五十晦，餘夫亦如之；中地，夫一廛，田百晦，萊百晦，餘夫亦如之；下地，夫一廛，田百晦，萊二百晦，餘夫亦如之。注：萊，謂休不耕者。廛城邑之居。疏：此乃廛里任國中之地一也。《詩》云：三百廛。自是三百家之稅。易氏以爲此授田之常法。王氏曰：頒田里，所以分民。父祖子孫不可分，故以爲餘夫。凡治野，夫間有遂云云。疏：此雖溝洫法，與井田異制，亦與井田溝澮廣深同，故約《匠人》井田之法而言。《遂師》：經牧其田野，辨其可食者，周知其數而任之。注：經牧，制田界與井也。疏：六遂，制溝洫法，又爲井田法者。遂人兼掌采地，以采地有井田法，故云經牧。與《小司徒》文同，故鄭亦兼言井也。云可食，謂今年所當耕者也。蓋六遂上、中、下地皆有萊不耕者，故云今年所當耕者也。《縣師》：辨夫家人民、田萊之數。注：郊內謂之易，郊外謂之萊。《小司徒》：考夫屋。注：夫三爲屋，屋三爲井，出地貢者三三相任。疏：溝洫雖爲貢，出貢之時亦三三相保，任以出穀稅，似井田之法。亦八家鋤一夫，稅入於公。乃經土地而井牧其田野。疏：案《遂人》夫間有遂之等，是溝洫法，鄉之田制與遂同。此經與《匠人》爲井田法，其制與鄉遂不同。《書·費誓》：三郊三遂。疏：天子六軍，出自六鄉；諸侯大國三軍，出自三鄉。三郊，謂三鄉也。六遂亦當出六軍。鄉爲正，遂爲副。《詩·采芑》疏：天子六軍千乘，今三千乘，則十八軍矣。荊蠻內侵衆少，則不足以敵之，故羨卒盡起，有此三千也。蓋出六遂以足之，或出於公邑，不必皆鄉遂也。《天官》疏：鄉遂爲溝洫，不爲井田，而云鄉田同井，亦三三相任以出稅，與井田同。《大司馬》注：今邦國之賦如六遂。朱氏曰：鄉遂以十爲數，井田以九爲數，所以不同。《王制》疏：《異義》：方千里凡百井，三十六井爲山川坑岸，六十四井爲平地，出稅。鄭注《小司徒》：成方十里，緣邊一里，治爲溝洫，則三十六井。其餘方八里爲甸，六十四井出田稅。與《異義》不同。

（宋）王應麟《玉海》卷一七六《食貨·田制·周采地井田　夏采地數》

《匠人》注：此畿內采地之制。采地制井田異于鄉遂及公邑。《小司徒》注：此謂造都鄙。采地制井田異於鄉遂。疏：《鄉遂》：公邑之中，皆爲溝洫之法，此爲井田之法。都鄙是畿內之國，小司徒與匠人共掌之。一成之內，地有九百，大宮室塗巷三分去一，不易、再易。一易通率二而當一，故一成惟有二百家，革車一乘，士十人，徒二十人，此謂畿內采地法。《司馬法》：革車一乘，甲士三人，步卒七十二人，是畿外邦國法。天子畿內，三等采地，大都、小都、小都、家邑是也。《大司徒》注：都鄙，王子弟、公卿、大夫采地。《王制》曰：天子之縣內，方百里之國九，七十里之國二十有一，五十里之國六十有三。此蓋夏時采地之數，周未聞矣。《司勳》疏：采地稅四之一，與小國入天子同；賞田三之一，與次國三之一入天子同。《郊特牲》：唯社丘乘，疏：丘乘是采地井田之制。《管子》：百乘爲耕田萬頃，户萬户，開口十萬人，爲分者萬人，輕車百乘，馬四百匹。千乘爲耕田十萬頃，户十萬户，開口百萬人，當分者十萬人，輕車千乘，馬四千匹。萬乘爲耕田百萬頃，户百萬户，開口千萬人，當分者百萬人，輕車萬乘，馬四萬匹。

易氏以《匠人》爲前代之制，遂人爲成周之制。《遂人》言夫間有遂，舉一夫而言。《匠人》田首之遂，則舉百畝而言之。《遂人》言十夫有溝，舉旁加而言。《匠人》九夫之溝，則舉實數而言之。此其制之合也。若夫方十里爲成，成間有洫，即九百夫之地也，則有異乎《遂人》百夫之洫。方百里爲同，同間有澮，即九萬夫之地也，則異乎《遂人》千夫之澮。兩山之間必有川焉，則地勢自然之川也，則異乎《遂人》萬夫之川。先儒疑之，遂謂鄉遂采地之不同，非特經無明文，且井田之法通行天下，抑何鄉遂采地之自爲異制也。通十爲成，成十爲終，終十爲同，文王《司馬灋》爲商末之制，則有合乎十里、百里之說。《益稷》之書曰濬畎距川，是自然之川則有合乎兩山之間之說。則《匠人》爲前代之制明矣。

（宋）王應麟《玉海》卷一七六《食貨·田制·周井田　井牧　文王平土法》

《禮·小司徒》：經土地而井牧其田野。九夫爲井，四井爲邑，四邑爲丘，四丘爲甸，四甸爲縣，四縣爲都，以任地事而令貢賦。注：鄭司農云：井牧者，《春秋傳》所謂井衍沃、牧隰皋。玄謂隰皋之地，九夫爲牧，二牧而當一井。今造都鄙授民田有不易、一易、再易，通率二而當一，是謂井牧。昔夏少康在虞，思有田一成，有衆一旅。一旅之衆而田一成，則井牧之法，先古然矣。此制，小司徒經之，匠人爲之溝洫，相包乃成。方百里爲一同，積萬井，九萬夫。其四千九十六井，三萬六千八百六十四夫，出田稅。二千三百四井，二萬七百三十六夫治洫。三千六百井，三萬二千四百夫治澮。井田之法備於一同。今止於都者，采地食者皆四之一。其制三等，百里之國凡四都，五十里之國凡四縣，二十五里之國凡四甸，一都、一縣、一甸之田稅入於王。劉敞曰：受田之制一夫百畝，《小司徒》自井而差之，以至于都；《匠人》自井而差之，以至于同。《遂人》自一夫差之，以至于萬夫，溝洫自遂差之，以至于川。其餘自徑差之，以至于路。《大司馬》見《兵制·軍賦》。易氏曰：遂人總九千二百一十六夫之成數，故曰萬夫。《詩》人總三十二里之成數，故曰終三十里。然未必盡如界畫棋局，一一爲開方之法。蓋有井牧焉。井則上地、中地、下地之殊，牧則不易、一易、再易之辨。計以中數，大率以三夫受六夫之地。《詩·緜》：大王。迺疆迺理，迺宣迺畝。注：疆理其經界，時耕其田畝。《孟子》：文王治岐，耕者九一。注：使岐民修井田，八家耕八百畝，其百畝以爲公田及盧井，故曰九一。西伯制其田里。《通典》：周文王在岐，用平土之法以爲治人之道。地著爲本，故建《司馬法》：六尺爲步，步百爲畝，畝百爲夫，夫三爲屋，屋三爲井，井十爲通，通十爲成，成十爲終，終十爲同，同方百里，同十爲封，封十爲畿，畿方千里。民受田，上田，夫百畝；中田，夫二百畝，下田，夫三百畝。歲耕種者，爲不易。上田，休一歲者爲一易。中田，休二歲者，爲再易。下田，三歲更耕之。自爰其處，農民户人已受田，其家衆男爲餘夫，亦以口受田。如比士工商家受田，五口乃當農夫一人。此謂平土可以爲法者也。若山林、藪澤、原陵、淳鹵之地，各以肥磽多少爲差。民年二十受田，六十歸田。七十以上，上所養也。十歲以下，上所長也。十一以上，上所強也。亦見《漢·志》。《王制》正義案《大司徒》不易之地家百畮，一易之地家二百畮，再易之地家三百畮。地唯有三等者，《大司徒》言其大綱，其實不易、一易、再易各爲三等，則九等也。《司徒》注云：自二人至十人爲九等。易氏以爲此造都鄙之法，非授田之法。先儒以爲鄉遂異制，失之矣。案《異義》左氏説，賈逵注云云。山林之地，九夫爲度，九度而當一井；藪澤之地，九夫爲鳩，八鳩而當一井；京陵，九夫爲辨，七辨而當一井；淳鹵九夫爲表，六表而當一井；疆潦，九夫爲數，五數而當一井；偃豬，九夫爲規，四規而當一井；原防，九夫爲町，三町而當一井；隰皋之地，九夫爲牧，二牧而當一井；衍沃之地，九夫爲井。賦法，積四十五井，除山川坑岸三十六井，定出賦者九井。則千里之畿地方百萬井，除山川坑岸三十六萬井，定出賦者六十四萬井，長轂萬乘。《異義》所云，通山林、藪澤九等言之，鄭注《小司徒》據衍沃、平地言之，所以不同。《異義》九等，據國中山林至衍沃，《周禮》九等，據授民地肥瘠。《禹貢》九州，有上、中、下九等，與《周禮》又不同。注云：農夫皆受田於公，肥墩有五等，收入不同。正義曰：案《周禮》地有九等，從十人至二人。此地唯五等，自九人而下至五人。《大司徒》所云農夫授田，此準庶人在官之禄，最下者猶五人。《左氏傳》襄二十五年：楚蔿掩爲司馬，子木使庀賦，數甲兵。蔿掩書土田，度山林，鳩藪澤，辨京陵，表淳鹵，數疆潦，規偃豬，町原防，牧隰皋，井衍沃，下平曰衍，有溉曰沃。量入修賦。賦車、籍馬、賦車兵、徒兵、甲楯之數。注：書土地之所宜。淳鹵、埆薄之地。表異，輕其賦税。疆界有流潦者，計數減其租入。隄防，間地不得方正。如井田別爲小頃町。隰皋，水涯下濕，爲芻牧之地。衍沃，平美之地。則如《周禮》制以爲井田，六尺爲步，步百爲畝，畝百爲夫，九夫爲井，量九土之所入而治賦税。正義：自度山林以下有九等，賈逵以爲賦税差品。其注云云。衍沃之地，畝百爲夫，九夫爲井，《周禮·小司徒》鄭玄云云。是鄭、賈同此說也。案《周禮》授民田，不過再易，唯有三當一耳，不得有九當一也。度鳩之等，皆爲九夫之名，經傳未有此目，故杜不用其說。九土之内，偃豬、京陵無物可入，而言九土之所入者，總言之。

（宋）王應麟《玉海》卷一七七《食貨·職田·殷圭田　周圭田　士田》

《記·王制》：夫圭田無征。注：圭田不税，以厚賢也。正義：此殷畿內無公田，故有圭田。圭，潔白也。卿大夫德行潔白，乃與之田。此殷禮也。殷政寬重賢，故不税。周則通士税之，故曰士田。任近郊之地，税什一。《周禮·載師》士田，注：仕者亦受田，所謂圭田也。易氏曰：上、中、下士所受之田。疏：凡大夫、士賜地有四種，大夫以上有采有賞田及加田，又有士田及圭田。《王制》：夫圭田無征，復是殷法。故圭田無税入天子法，故言無征。周法近郊十一而税。《孟子》卿以下有圭田，圭田五十畝。注：圭，潔也，以共祭祀。惟士無田，則亦不祭。井田之民，養公田者，受百畝，圭田半之。方氏曰：所以養廉潔之行。《晉語》：大夫食邑，士食田。注：受公田也。官宰食加。大夫之家田。叔向曰：大國之卿一旅之田，五百頃。上大夫一卒之田。百頃。

（宋）王應麟《玉海》卷一七七《食貨·職田·周賞田》

《禮·載師》：賞田，見上。司勳掌六鄉賞地之灋，注：賞田也。在遠郊之內，屬六鄉。頒賞地參之一食，注：賞地之税，參分計税，王食其一也，二全入於臣。疏：與次國三之一入天子同。惟加田無國正。注：加田，既賞之，又加賜以田，所以厚恩也。疏：加田或與賞田同處。仕田在近郊，加田在遠郊。易氏曰：賞地參之一食，其地雖孅，惡多寡之不等，先鄭謂以下地可食三之一，故云不以美田爲采邑。而皆以田百畝、萊二百畝爲準，乃司馬令賦之灋也。一田在遠郊，後鄭說與遠郊二十而三背馳。先鄭以爲禄田亦有給公家之賦貢，若今時侯國有司農少府錢穀諸子。凡國正弗及國子，安得有禄田之税？所謂國正者，均人之力政，此則無力政也。《左傳》：晉以先茅之縣賞胥臣，瓜衍之縣賞士伯，賜公孫叚州田，鄭賜子展先八邑，楚子重請取申呂爲賞田。魏惠王以公叔戰勝，賞田百萬；求吴起後，賞田二十萬。

（宋）王應麟《玉海》卷一七六《食貨·田制·周任土法　畿內貢法　邦國助法》

《地官·載師》：上士二人，中士四人。掌任土之法，以物地事，授地職。載之言事也，事民而税之。《禹貢》曰：冀州既載。載師者，閭、縣師，遺、均人官之長。以廛里任國中之地，以場圃任園地，以宅田、士田、賈田任近郊之地，以官田、牛田、賞田、牧田任遠郊之地，以公邑之田任甸地，以家邑之田任稍地，以小都之田任縣地，以大都之田任畺地。凡任地，國宅無征，園廛二十而一，近郊十一，遠郊二十而三，甸稍縣都皆無過十二，惟漆林之征二十而五。凡宅不毛者，有里布。田不耕者，出屋粟。民無職事者，出夫家之征。注：任土者，任其力勢所能生育，且以制貢賦也。鄭司農云：廛，市城中空地。民宅曰宅。宅田以備，益多也。士田者，士大夫之子得而耕之田。賈田者，吏爲縣官賣財與之田。官田者，公家之所耕田。牛田，以養公家之牛。賞田，賞賜之田。牧田，牧六畜之田。《司馬法》曰：王國百里爲郊，二百里爲州，三百里爲野，四百里爲縣，五百里爲都。杜子春云：五十里爲近郊，百里爲遠郊。玄謂廛里若今云邑里。居廛，民居之區域也。圃，樹果蓏之屬，季秋於中爲場。宅田，致仕者之家所受田也。士讀爲仕。仕者亦受田，所謂圭田也。《孟子》曰：自卿以下必有圭田。圭田五十畝。賈田，在市賈人其家所受田也。官田，庶人在官者其家所受田也。牛田、牧田，畜牧者之家所受田也。公邑謂六遂餘地，天子使大夫治之。自此以外皆然。二百里、三百里，其上大夫，如州長。四百里、五百里，其下大夫，如縣正。是以或謂二百里爲州，四百里爲縣。云遂人，亦監焉。疏云：欲見六鄉之外有九等之田，無公邑之意。以其四等公邑非鄉遂，又非采地，不見有主治之，故知使大夫治之。家邑，大夫之采地。小都，卿之采地。大都，公之采地，王子弟所食邑也。畺五百里，王畿界也。皆言任者，地之形實不方平如圖。授田邑者，遠近不得盡如制，其所生育賦貢，取正於是。《遂人》夫一廛，是廛里不謂民之邑居在都城者與？凡王畿內，方千里，積百同，九百萬夫之地也。山林、川澤、城郭、宮室、塗巷三分去一，餘六百萬夫。又以田不易、一易、再易上中下相通，定受田者三百萬家也。遠郊之內，地居四同，三十六萬夫之地。三分去一，其餘二十四萬夫，六鄉之民七萬五千家，通不易、一易、再易，一家受二夫，則十五萬夫之地，其餘九萬夫。廛里、場圃、宅田、士田、賈田、官田、牛田、賞田、牧田，九者亦通受一夫焉，則半農人也，定受田十二萬家也。甸、稍、縣、都合居九十六同，八百六十四萬夫之地，於三分所去六而存一，餘六百二十四萬夫之地，通計上中下六家，而受十三夫，定受田二百八十八萬家也。其在甸七萬五千家爲六遂，餘則公邑。鄭司農云：任地，謂任土地以起税賦也。玄謂周税輕近而重遠，近者多役也。園廛亦輕之者，廛無穀，園少利也。《冬官・匠人》：爲溝洫，九夫爲井，井間廣四尺，深四尺，謂之溝；方十里爲成，成間廣八尺，深八尺，謂之洫；方百里爲同，同間廣二尋，深二仞，謂之澮。注：此畿内采地之制。九夫爲井。井者，方一里，九夫所治之田也。采地制井田，異於鄉遂及公邑，三夫爲屋，一井之中三屋九夫，以出賦税，共治溝也。方十里爲成，成中容一甸，甸方八里，出田税，緣邊一里，治洫。方百里爲同，同中容四都六十四成，方八十里出田税，緣邊十里治澮。采地者，在三百、四百、五百里之中。《載師職》曰：園廛二十而一，近郊十一，遠郊二十而三，甸稍縣都皆無過十二，謂田税也。皆就夫税之輕近重遠耳。滕文公問爲國，孟子曰：夏五十而貢，殷七十而助，一本作莇。周百畝而徹。又問井田，孟子曰：請野九一而助，國中什一使自賦云云。惟助爲有公田，雖周亦助也。魯哀公問，有若對曰：盍徹，《春秋》宣十五年秋，初税畝。《傳》曰：非禮也。穀出不過藉，以豐財也。此數者，世人謂之錯而疑焉。以《載師職》及《司馬法》論之，周制畿内用夏之貢法，税夫無公田。以《詩》、《春秋》、《論語》、《孟子》論之，周制邦國用殷之助法，制公田，不税夫。貢者，自治其所受田，貢其税穀。助者，借民之力以治公田，又使收斂焉。畿内用貢法者，鄉遂及公邑之吏，旦夕從民事，爲其促之以公，使不得恤其私。邦國用助法者，諸侯專一國之政，爲其貪暴税民無藝。周之畿内，税有輕重，諸侯謂之徹者，通其率以什一爲正。孟子云：野九夫而税一，國中什一。是邦國亦異外内之法耳。鄭司農説以《春秋傳》曰：有田一成，列國一同。《王制》正義：畿外諸侯雖立公田，其實諸侯郊外亦用貢法。故鄭云邦國亦異外内。《載師》正義：除三等采地，鄉遂、公邑皆爲夏之貢法。疏：鄉遂爲溝洫法，而云鄉田同井者，謂殷之助法雖鄉亦爲井田，六鄉、六遂與公邑皆爲溝洫法，三等采地乃爲井田。左氏、杜服引《司馬法》云：甸方八里，出長轂一乘。鄭注《論語》引《司馬法》：成方十里，出長轂一乘。注《小司徒》引《司馬法》：成方十里，士十人，徒二十人。並據郊遂之外及采地法，未見所引證周畿内之事。貢税之法，古來皆什一，故孟子説三代云，其實皆什一。《公羊傳》云什一者，天下之中正也。什一行而頌聲作矣。自古以來，貢與助皆不過什一。《春秋》宣十五年：秋，初稅畝。《穀梁》曰：古者，公田藉而不稅，初稅畝非正也。古者三百步爲里，名曰井田。井田者，九百畝，公田居一。私田稼不善，則非吏。公田稼不善，則非民。左氏曰：穀出不過藉。注：周法，民耕百畝，公田十畆借民力治之，稅不過此。《公羊》注：聖人制井田之法，而口分之一夫一婦受田百畆，以養父母妻子五口爲一家。公田十畆，即所謂什一而稅也，廬舍二畆半。凡爲田一頃十二畆半，八家而九頃，共爲一井，故曰井田。井田之義，一曰無泄地氣，二曰無費一家，三曰同風俗，四曰合巧拙，五曰通財貨。司空謹別田之高、下、善、惡，分爲三品。上田，一歲一墾；中田，二歲一墾；下田，三歲一墾。

《孟子》疏：《周禮》地有三等，《孟子》、《王制》論所入食人之衆寡有五等。《周禮》：上地家七人。《孟子》：上農夫食九人。《管子·地員篇》九州之土爲九十物。每土有常而物有次。凡上土三十物，種十二物；中上三十物，種十二物；凡下土三十物，其種十二物；凡土物九十，其種三十六。《漢·刑法志》：此卿大夫采地之大者。見《乘馬法》。

（宋）鄭樵《通志》卷六一《食貨略·田制》 禹別九州，制田九等：雍州第一等，徐州第二等，青州第三等，豫州第四等，冀州第五等，兖州第六等，梁州第七等，荆州第八等，揚州第九等。九州之地，墾田九百一十萬八千二十頃。周文王在岐，用平土之法以爲治民之道，地著爲本，故建《司馬法》：六尺爲步，步百爲畝，畝百爲夫，夫三爲屋，屋三爲井，井十爲通，通十爲成，成十爲終，終十爲同。同方百里，同十爲封，封十爲畿，畿方千里。故邱有戎馬一疋，牛三頭。甸有戎馬四疋、兵車一乘、牛十二頭，甲士三人，步卒七十二人。一同百里，提封萬井，戎馬四百疋，車百乘，此卿大夫采地之大者，是謂百乘之家。一封三百六十六里，提封十萬井，定出賦六萬四千井，戎馬四千疋，車千乘，此諸侯之大者，謂之千乘之國。天子之畿內方千里，提封百萬井，定出賦六十四萬井，戎馬四萬疋，兵車萬乘，戎卒七十三萬人，故曰萬乘之主。小司徒之職乃經土地而井牧其田野。九夫爲井，四井爲邑，四邑爲邱，四邱爲甸，四甸爲縣，四縣爲都，以任地事而令貢賦。民受田：上田夫百畝，中田夫二百畝，下田夫三百畝。歲耕種者爲不易，上田休一歲者爲一易，中田休二歲者爲再易，下田三歲更耕之。農民户人已受田，其家衆男爲餘夫，亦以口受田。士工商家受田，五口乃當農夫一人。凡一口受田二十畝。此謂平土可以爲法者也。若山林、藪澤、原陵、淳鹵之地，各以肥磽多少爲差。民年二十受田，六十歸田。七十以上，上所養也。十歲以下，上所長也。十一以上，上所彊也。商鞅相秦，孝公以三晉地狹民貧，秦地廣民寡，於是誘三晉之民而廢井田，開阡陌，任其所耕，不限多少，數年之間，國富兵彊，無敵於天下。

（清）孫星衍《尚書今古文注疏·禹貢》 厥田惟中中。

注：馬融曰：土地有高下。鄭康成曰：地當陰陽之中，能吐生萬物者曰土，據人功作力競得而田之，則爲之田。田著高下之等者，當爲水害備也。〔孫星衍疏〕田者，《説文》云陳也，樹穀曰田。象四口，十阡陌之制也。《爾雅·釋文》引李注云：田，陳也。謂陳列種穀之處。馬注見釋文，云土地有高下者，據地勢言之，不論肥瘠也。鄭注見《書》疏，云地著高下之等者，田之九等，以地形高下分之。不與賦同。《漢書》叙傳云：坤作墬埶，高下九則，注引劉德曰：九則，九州土田上中下九等也。是鄭本舊説，且田之九等，上者非肥，下者非磽。《溝洫志》，賈讓奏言若有蕖溉，則鹽鹵下濕，填淤加肥，故種禾麥，更爲秔稻，高田五倍，下田十倍。《詩·信南山》疏：引《孝經》注云，高田宜黍稷，下田宜稻麥，是田之高下，各有宜種之物。故鄭云當爲水害備也。江氏聲云：崑崙高一千里，九州在崑崙東南，故西北高，東南下。雍州在西北，田上上。揚州在東南，田下下。推之餘州，知以高爲上，卑爲下也。王肅等云，土地各有肥瘠，不應冀州中中之田，反出上上之賦。雍州田上上，反出中下之賦。其説非是，云地當陰陽之中者，五行木火爲陽。王于春夏，金水爲陰。王于秋冬，土位中央。王于四者之間，是當陰陽之中也。云吐生萬物者，《白虎通·五行篇》云，土主吐含萬物，土之爲言吐也。云據人功作力競得而田之，則謂之田者。《釋名》云，田，填也。五稼填滿其中也。已耕者曰田，《周書·多方》云，畋爾田是也。

（清）孫希旦《禮記集解》卷一二《王制》 諸侯之下士視上農夫，禄足以代其耕也。中士倍下士，上士倍中士，下大夫倍上士。卿四大夫禄，君十卿禄。次國之卿，三大夫禄，君十卿禄。小國之卿，倍大夫禄，君十卿禄。徐氏曰：下士田百畝，中士二百畝，上士四百畝，大夫八百畝。大國卿三千二百畝，君三萬二千畝；次國卿二千四百畝，君二萬四千畝；小國卿一千六百畝，君一萬六千畝。朱子曰：君以下所食之祿，皆助法之公田，藉庶人之力以耕而收其租。士之無田與庶人在官者，則但受祿於官，如田之入而已。又曰：君十卿祿，君所私用。若貢賦、賓客、朝聘、祭享，別有公儲。愚謂大夫田八百畝，以不易、一易、再易通率之，爲十六井之公田，一邱之地也。小國卿二邱，次國卿三邱，大國卿四邱，則一成之地也。君卿之祿厚，故三等之國，視地之大小而區殺之。大夫以下祿薄，不可復殺，故三等之國同也。

此言諸侯卿大夫之祿止於如此，而又有所謂百乘之家者何也？蓋有千乘之國，乃有百乘之家。斯制也，蓋起於周公擴大諸侯之後，而亦惟魯、衛、齊、晋諸大國已益封土者乃能有之與？

（清）孫希旦《禮記集解》卷一二《王制》 制農田百畝，百畝之分，上農夫食九人，其次食八人，其次食七人，其次食六人，下農夫食五人。庶人在官者，其祿以是爲差也。

制者，言自庶人在官，上迄於君，其頒祿之制也。先言農田者，以其爲祿之所自準而起也。所食多者，地美而力勤也。所食寡者，地惡而功寡也。庶人在官，府、史、胥、徒之屬也。其祿以是爲差者，以是農夫所食之多寡爲等級也。《周禮》疏謂下士視上農夫，食九人，則府食八人，史食七人，胥食六人，徒食五人是也。《小司徒》授地爲三等，以所耕之肥瘠爲差者也。《王制》之所食有五等，以所收之多寡爲差者也。其所以不同者何也？蓋上地百畝，必可任者三人乃能耕之；中地百畝，必可任者二家五人乃能耕之；下地百畝，必可任者二人乃能耕之。其或受上地而家過乎七人，受中地下地而家過乎六人五人者，則擇其餘夫之長者而授以二十五畝之田；其人口減損者，亦但退其餘夫之田。如此則田固不必歲更，而多寡無不均矣。故雖家有不止七人者，而上地止以家七人爲斷也。一家之中，除老幼者一人，其餘男女各半，約家五人，乃有可任者二人。故雖有夫有婦，而未至於五人，則亦但助其家長以耕，而受餘夫之田焉。故雖家有不及五人者，而下地必以家五人爲率也。其糞多而力勤，則受上地者可食九人，中地可食八人，下地可食七人，視其七人、六人、五人者而恒歲餘二人之食焉，所謂耕三年則有一年之食也。若人功不至，則上地、中地、下地適足以食乎七人、六人、五人而止。此所以授地有三等而所食者五等也。庶人在官者之祿，以四等爲差，而其家之人數，則不可以五人、六人、七人、八人爲限。至下士之祿視上農夫，而又有圭田五十畝，雖視庶人在官者爲稍優，然其吉凶禮俗之費，又非庶人在官者之所可例。是皆將不免於不足之患，是以又有士田、官田之授。《漢書・食貨志》云：士、工、商受田，五口乃當農夫一人。度庶人在官者之受田，其法亦如是歟？庶人在官者之祿，當以賈氏之説爲確。蓋自徒以至下士，遞加以一人之食；自下士以至大夫，遞加以一倍之祿，卿之祿視大夫，則倍之、三之、四之，君之祿視卿，則十之，制祿之差然也。至府、史、胥、徒之有賢否勤惰，則馭吏之法在，非制祿之所及也。

（清）孫希旦《禮記集解》卷一三《王制》 古者：【略】田里不粥，墓地不請。

鄭氏曰：皆受於公，民不得私也。粥，賣也。請，求也。《周禮》註曰：里，邑居也。《穀梁傳》曰：古者公田爲居，井竈葱韭皆取焉。班固云：以公田二十畝爲廬舍。趙氏《孟子》註云：公田二十畝，八家分之，得二畝半，以爲廬舍。城邑之居亦二畝半，廬則各在其田中，而邑則聚居也。而彭山季氏非之，謂公田中去二十畝，止存八十畝，則制祿之時，當割別井二十畝，以足百畝之數，失先王經界之意。而又以邑處農民，亦有不便。遠郊之外，必使遠棄田疇，徙入國邑，人誰樂之？所謂廬者，蓋就田中苫小茅舍，以爲息勞守畝之所，不占公田二畝半，而適當其中。農民所居，必是平原，另以五畝爲一處，取於便農功而已。其説似是而實非也。邑者，人之所聚處，猶今之村落然，小則十室，大則千室，或有城，或無城，自近郊以至於五百里之縣。隨處有之。遠郊之人，則有遠郊之邑，曷嘗使之棄田疇而徙於國中哉？《詩》言中田有廬。《説文》云：廬，寄也。春夏居，秋冬去。《月令》孟夏令民勉作，毋休於都，則民自四之日舉趾，以至於秋成，皆處於廬，且桑麻樹焉，果蓏植焉，車牛息焉，田器藏焉，禾稼納焉。若苫小茅舍，豈足以容哉？且如季氏之説，所謂苫小茅舍者，亦不能不取於公田，雖不占二畝半，亦何能無妨於經界乎？蓋計地之法有虚數，有實數。《孟子》言耕者九一，此於公田中并廬舍計之之虚數也。又言貢、助、徹皆什一，此於公田除廬舍計之之實數也。計虚數則公田爲百畝，圭田爲五十畝，計實數則百畝者止爲八十畝，五十畝者止爲四十畝，初未嘗割他井以足之也。自古者藉而不税至此，歷陳古制，蓋將言司空度地居民之事，而以此發其端也。

（清）王聘珍《大戴禮記解詁》卷二《夏小正》 初服于公田。古有公田焉者，古者先服公田而後服其田也。《爾雅》曰：初，始也。服，事也。《詩》曰：亦服爾耕。傳云古有公田焉者者，杜氏《通典》云：黄帝經土設井，立步制畝，使八家爲井，井開四道，而分八宅。云先服公田而後服其田也者，《孟子》曰：方里而井，井九百畝，其中爲公田，八家皆私百畝，同養公田，公事畢然後敢治私事。

紀事

《春秋左傳・魯哀公二年》 〔秋八月，趙〕簡子誓曰：范氏、中行氏，反易天明，斬艾百姓，欲擅晋國而滅其君。寡君恃鄭而保焉。今鄭爲不道，棄君助臣，二三子順天明，從君命，經德義，除詬恥，在此行也。克敵者，上大夫受縣，下大夫受郡，士田十萬，庶人工商遂，人臣隸圉免。

《孟子・滕文公章句上》 使畢戰問井地。

孟子曰：子之君將行仁政，選擇而使子，子必勉之！夫仁政，必自經界始。經界不正，井地不鈞，穀祿不平，是故暴君汙吏必慢其經界。經界既正，分田制祿可坐而定也。

夫滕，壤地褊小，將爲君子焉，將爲野人焉，無君子，莫治野人；無野人，莫養君子。請野九一而助，國中什一使自賦。卿以下必有圭田，圭田五十畝；餘夫二十五畝。死徙無出鄉，鄉田同井，出入相友，守望相助，疾病相扶持，則百姓親睦。方里而井，井九百畝，其中爲公田。八家皆私百畝，同養公田；公事畢，然後敢治私事，所以別野人也。此其大略也；若夫潤澤之，則在君與子矣。

《孟子注疏》卷一《梁惠王章句上》 百畝之田，勿奪其時，數口之家可以無飢矣。注：一夫一婦，耕耨百畝。百畝之田，不可以徭役奪其時功，則家給人足。農夫上中下所食多少各有差，故總言數口之家也。

《國語》卷一《周語上》 宣王即位，不籍千畝。虢文公諫曰：不可。夫民之大事在農，上帝之粢盛於是乎出，民之蕃庶於是乎生，事之供給於是乎在，和協輯睦於是乎興，財用蕃殖於是乎始，敦庬純固於是乎成，是故稷爲大官。古者，太史順時覛土，陽癉憤盈，土氣震發，農祥晨正，日月底于天廟，土乃脉發。

《史記》卷六八《商君列傳》 令民爲什伍，而相牧司連坐。不告姦者腰斬，告姦者與斬敵首同賞，匿姦者與降敵同罰。民有二男以上不分異者，倍其賦。有軍功者，各以率受上爵；爲私鬬者，各以輕重被刑大小。僇力本業，耕織致粟帛多者復其身。事末利及怠而貧者，舉以爲收孥。宗室非有軍功論，不得爲屬籍。明尊卑爵秩等級，各以差次名田宅，臣妾衣服以家次。有功者顯榮，無功者雖富無所芬華。

《史記》卷六八《商君列傳》 爲田開阡陌封疆，而賦稅平。

《漢書》卷二四上《食貨志上》 秦孝公用商君，壞井田，開阡陌，急耕戰之賞。雖非古道，猶以務本之故，傾鄰國而雄諸侯。【略】

董仲舒說上曰【略】至秦則不然，用商鞅之法，改帝王之制，除井田，民得賣買，富者田連仟伯，貧者亡立錐之地。

《漢書》卷二八下《地理志》 十餘世，孝公用商君，制轅田，開仟伯，東雄諸侯。

（宋）王欽若等《册府元龜》卷四九五《邦計部・田制》 秦孝公任商鞅，鞅以三晉地狹人貧，三晉謂韓魏趙，今河東道之地。秦地廣人寡，故草不盡墾，地利不盡出，於是誘三晉之人，利其田宅。復三代，無知兵事，而務本於內，而使秦人應敵於外，故廢井田，制阡陌，任其所耕，不限多少。孝公十二年之制。數年之間，國富兵強，天下無敵。又載秦孝公用商君，壞井田，開阡陌，急耕戰之賞。雖非古道，猶以務本之故，傾隣國，帝雄諸侯。然工制遂滅，僭差亡度，庶人之富累鉅萬，而貧者食糟糠，有國強者兼州域，而弱者喪社稷。王欽若等曰：按《史記》云秦昭襄王四年，爲田開阡陌。今兩載之。

（宋）朱熹《四書章句集注・孟子集注》卷五《滕文公章句上》 使畢戰問井地。孟子曰：子之君將行仁政，選擇而使子，子必勉之！夫仁政，必自經界始。經界不正，井地不鈞，穀祿不平。是故暴君汙吏必慢其經界。經界既正，分田制祿可坐而定也。畢戰，滕臣。文公因孟子之言，而使畢戰主爲井地之事，故又使之來問其詳也。井地，即井田也。經界，謂治地分田，經畫其溝塗封植之界也。此法不修，則田無定分，而豪強得以兼并，故井地有不鈞；賦無定法，而貪暴得以多取，故穀祿有不平。此欲行仁政者之所以必從此始，而暴君汙吏則必欲慢而廢之也。有以正之，則分田制祿，可不勞而定矣。

《春秋左傳正義・僖公十五年》 晉侯使郤乞告瑕呂飴甥，且召之。郤乞，晉大夫也。瑕呂飴甥，即呂甥也，蓋姓瑕呂，名飴甥，字子金。晉侯聞秦將許之平，故告呂甥，召使迎己。飴音怡。子金教之言曰：朝國人而以君命賞，恐國人不從，故先賞之於朝。且告之曰：孤雖歸，辱社稷矣。其卜貳圉也。貳，代也。圉，惠公大子懷公。衆皆哭。哀君不還國。晉於是乎作爰田。分公田之稅應入公者，爰之於所賞之衆。爰，于元反。

疏：作爰田。正義曰：服虔、孔晁皆云，爰，易也。賞衆以田，易其疆畔。杜言爰之於所賞之衆，則亦以爰爲易，謂舊入公者，今改易與所賞之衆。

《春秋左傳正義・襄公三十年》 子產使都鄙有章，國都及邊鄙車服尊卑，各有分部。分，扶運反。上下有服，公卿大夫，服不相踰。田有封洫，封，疆也。洫，溝也。洫，況域反。疆，居良反。廬井有伍。廬，舍也。九夫爲井。使五家相保。大人之忠儉者，謂卿大夫。大人之忠儉者，本或作大夫者，非。從而與之；泰侈者因而斃之。因其罪而斃踣之。踣，蒲比反。豐卷將祭，請田焉。弗許，田，獵也。卷，眷勉反。徐，居阮反。曰：唯君用鮮，鮮，野獸。衆給而已。衆臣祭，以芻豢爲足。芻，初俱反。豢音患。牛羊曰芻，犬豕曰豢。子張怒，子張，豐卷。退而徵役。召兵，欲攻子產。子產奔晋，子皮止之，而逐豐卷。豐卷奔晋。子產請其田、里，請於公不役入。三年而復之，反其田、里及其入焉。田里所收入。從政一年，輿人誦之曰：取我衣冠而褚之，褚，畜也。奢侈者畏法，故畜藏。褚，張吕反。畜，敕六反，又許六反，本又作蓄，同。取我田疇而伍之。並畔爲疇。並，蒲杏反，又蒲頂反。孰殺子產，吾其與之。及三年，又誦之曰：我有子弟，子產誨之。我有田疇，子產殖之。殖，生也。殖，時力反。徐，是吏反。此協下韻。子產而死，誰其嗣之？嗣，續也。傳言鄭所以興。

秦漢分部

論説

（漢）桓寬《鹽鐵論》卷三《園池》 大夫曰：諸侯以國爲家，其憂在內。天子以八極爲境，其慮在外。故宇小者用菲，功臣者用大。是以縣官開園池，總山海，致利以助貢賦，修溝渠，立諸農，廣田牧，盛苑囿。太僕、水衡、少府、大農，歲課諸入田牧之利，池籞之假，及北邊置任田官，以贍諸用，而猶未足。今欲罷之，絶其源，杜其流，上下俱殫，困乏之應也。雖好省事節用，如之何其可也？

文學曰：古者，制地足以養民，民足以承其上。千乘之國，百里之地，公侯伯子男，各充其求贍其欲。秦兼萬國之地，有四海之富，而意不贍，非宇小而用菲，嗜欲多而下不堪其求也。語曰：廚有腐肉，國有饑民，厩有肥馬，路有餒人。今狗馬之養，蟲獸之食，豈特腐肉肥馬之費哉！無用之官，不急之作，服淫侈之變，無功而衣食縣官者衆，是以上不足而下困乏也。今不減除其本而欲贍其末，設機利，造田畜，與百姓爭薦草，與商賈爭市利，非所以明主德而相國家也。夫男耕女績，天下之大業也。故古者分地而處之，制田畝而事之。是以業無不食之地，國無乏作之民。今縣官之多張苑囿、公田、池澤，公家有鄣假之名，而利歸權家。三輔迫近於山、河，地狹人衆，四方並湊，粟米薪菜，不能相贍。公田轉假，桑榆菜果不殖，地力不盡。愚以爲非。先帝之開苑囿，池籞，可賦歸之於民，縣官租税而已。假税殊名，其實一也。夫如是，匹夫之力，盡於南畝，匹婦之力，盡於麻枲。田野闢，麻枲治，則上下俱衍，何困乏之有矣？

《後漢書》卷四九《仲長統傳》 《損益篇》曰：

作有利於時，制有便於物者，可爲也。事有乖於數，法有翫於時者，可改也。故行於古有其迹，用於今無其功者，不可不變。變而不如前，易而多所敗者，亦不可不復也。漢之初興，分王子弟，委之以士民之命，假之以殺生之權。於是驕逸自恣，志意無厭。魚肉百姓，以盈其欲；報蒸骨血，以快其情。上有篡叛不軌之姦，下有暴亂殘賊之害。雖藉親屬之恩，蓋源流形執使之然也。降爵削土，稍稍割奪，卒至於坐食奉禄而已。然其洿穢之行，淫昏之罪，猶尚多焉。故淺其根本，輕其恩義，猶尚假一日之尊，收士民之用。況專之於國，擅之於嗣，豈可鞭笞叱咤，而使唯我所爲者乎？時政彫敝，風俗移易，純樸已去，智惠已來。出於禮制之防，放於嗜欲之域久矣，固不可授之以柄，假之以資者也。是故收其奕世之權，校其從横之執，善者早登，否者早去，故下土無壅滯之士，國朝無專貴之人。此變之善，可遂行者也。

井田之變，豪人貨殖，館舍布於州郡，田畝連於方國。身無半通青綸之命，而竊三辰龍章之服；不爲編户一伍之長，而有千室名邑之役。榮樂過於封君，執力侔於守令。財賂自營，犯法不坐。刺客死士，爲之投命。至使弱力少智之子，被穿帷敗，寄死不斂，冤枉窮困，不敢自理。雖亦由網禁踈闊，蓋分田無限使之然也。今欲張太平之紀綱，立至化之基趾，齊民財之豐寡，正風俗之奢儉，非井田實莫由也。此變有所敗，而宜復者也。

《後漢書》卷四九《仲長統傳》 盜賊凶荒，九州代作，飢饉暴至，軍旅卒發，横税弱人，割奪吏禄，所恃者寡，所取者猥，萬里懸乏，首尾不救，徭役並起，農桑失業，兆民呼嗟於昊天，貧窮轉死於溝壑矣。今通肥饒之率，計稼穡之入，令畝收三斛，斛取一斗，未爲甚多。一歲之間，則有數年之儲，雖興非法之役，恣奢侈之欲，廣愛幸之賜，猶未能盡也。不循古法，規爲輕税，及至一方有警，一面被灾，未逮三年，校計騫短，坐視戰士之蔬食，立望餓殍之滿道，如之何爲君行此政也？二十税一，名之曰貊，況三十税一乎？夫薄吏禄以豐軍用，緣於秦征諸侯，續以四夷，漢承其業，遂不改更，危國亂家，此之由也。今田無常主，民無常居，吏食日稟，（禄）班〔禄〕未定。可爲法制，畫一定科，租税十一，更賦如舊。今者土廣民稀，中地未墾；雖然，猶當限以大家，勿令過制。其地有草者，盡曰官田，力堪農事，乃聽受之。若聽其自取，後必爲姦也。

綜述

《漢書》卷二四上《食貨志》　《洪範》八政，一曰食，二曰貨。食謂農殖嘉穀可食之物，貨謂布帛可衣，及金刀龜貝，所以分財布利通有無者也。二者，生民之本，興自神農之世。斲木爲耜，煣木爲耒，耒（巳）〔耨〕之利以教天下，而食足；日中爲市，致天下之民，聚天下之貨，交易而退，各得其所，而貨通。食足貨通，然後國實民富，而教化成。黄帝以下通其變，使民不倦。堯命四子以敬授民時，舜命后稷以黎民祖飢，是爲政首。禹平洪水，定九州，制土田，各因所生遠近，賦入貢棐，楙遷有無，萬國作乂。殷周之盛，《詩》、《書》所述，要在安民，富而教之。故《易》稱天地之大德曰生，聖人之大寶曰位；何以守位曰仁，何以聚人曰財。財者，帝王所以聚人守位，養成羣生，奉順天德，治國安民之本也。故曰：不患寡而患不均，不患貧而患不安；蓋均亡貧，和亡寡，安亡傾。是以聖王域民，築城郭以居之，制廬井以均之，開市肆以通之，設庠序以教之；士農工商，四民有業。學以居位曰士，闢土殖穀曰農，作巧成器曰工，通財鬻貨曰商。聖王量能授事，四民陳力受職，故朝亡廢官，邑亡敖民，地亡曠土。

理民之道，地著爲本。故必建步立晦，正其經界。六尺爲步，步百爲晦，晦百爲夫，夫三爲屋，屋三爲井，井方一里，是爲九夫。八家共之，各受私田百晦，公田十晦，是爲八百八十晦，餘二十晦以爲廬舍。出入相友，守望相助，疾病（則）〔相〕救，民是以和睦，而教化齊同，力役生産可得而平也。

《漢書》卷二四上《食貨志》　民受田，上田夫百晦，中田夫二百晦，下田夫三百晦。歲耕種者爲不易上田；休一歲者爲一易中田；休二歲者爲再易下田，三歲更耕之，自爰其處。農民户人已受田，其家衆男爲餘夫，亦以口受田如比。士工商家受田，五口乃當農夫一人。此謂平土可以爲法者也。若山林藪澤原陵淳鹵之地，各以肥磽多少爲差。有賦有税。税謂公田什一及工商衡虞之入也。賦共車馬甲兵士徒之役，充實府庫賜予之用。税給郊社宗廟百神之祀，天子奉養百官禄食庶事之費。民年二十受田，六十歸田。七十以上，上所養也；十歲以下，上所長也；十一以上，上所強也。種穀必雜五種，以備災害。田中不得有樹，用妨五穀。力耕數耘，收穫如寇盜之至。還廬樹桑，菜茹有畦，瓜瓠果蓏殖於疆易。雞豚狗彘毋失其時，女修蠶織，則五十可以衣帛，七十可以食肉。

《漢書》卷二四上《食貨志》　於是文帝從錯之言，令民入粟邊，六百石爵上造，稍增至四千石爲五大夫，萬二千石爲大庶長，各以多少級數爲差。錯復奏言：陛下幸使天下入粟塞下以拜爵，甚大惠也。竊恐塞卒之食不足用大渫天下粟。邊食足以支五歲，可令入粟郡縣矣；足支一歲以上，可時赦，勿收農民租。如此，德澤加於萬民，民俞勤農。時有軍役，若遭水旱，民不困乏，天下安寧；歲孰且美，則民大富樂矣。上復從其言，乃下詔賜民十二年租税之半。明年，遂除民田之租税。

後十三歲，孝景二年，令民半出田租，三十而税一也。其後，上郡以西旱，復修賣爵令，而裁其賈以招民；及徒復作，得輸粟於縣官以除罪。始造苑馬以廣用，宫室列館車馬益增修矣。然婁敕有司以農爲務，民遂樂業。至武帝之初七十年間，國家亡事，非遇水旱，則民人給家足，都鄙廩庾盡滿，而府庫餘財。京師之錢累百鉅萬，貫朽而不可校。太倉之粟陳陳相因，充溢露積於外，腐敗不可食。衆庶街巷有馬，仟伯之間成羣，乘牸牝者擯而不得會聚。守閭閻者食粱肉；爲吏者長子孫；居官者以爲姓號。人人自愛而重犯法，先行誼而黜媿辱焉。於是罔疏而民富，役財驕溢，或至并兼豪黨之徒以武斷於鄉曲。宗室有土，公卿大夫以下争於奢侈，室廬車服僭上亡限。物盛而衰，固其變也。

是後，外事四夷，內興功利，役費並興，而民去本。董仲舒説上曰：《春秋》它穀不書，至於麥禾不成則書之，以此見聖人於五穀最重麥與禾也。今關中俗不好種麥，是歲失《春秋》之所重，而損生民之具也。願陛下幸詔大司農，使關中民益種宿麥，令毋後時。又言：古者税民不過什一，其求易共；使民不過三日，其力易足。民財內足以養老盡孝，外足以事上共税，下足以畜妻子極愛，故民説從上。至秦則不然，用商鞅之法，改帝王之制，除井田，民得賣買，富者田連仟伯，貧者亡立錐之地。又顓川澤之利，管山林之饒，荒淫越制，踰侈以相高；邑有人君之尊，里有公侯之富，小民安得不困？又加月爲更卒，已，復爲正一歲，屯戍一歲，力役三十倍於古；田租口賦，鹽鐵之利，二十倍於古。或耕豪民之田，見稅什五。故貧民常衣牛馬之衣，而食犬彘之食。重以貪暴之吏，刑戮妄加，民愁亡聊，亡逃山林，轉爲盜賊，赭衣半道，斷獄歲以千萬數。漢興，循而未改。古井田法雖難卒行，宜少近古，限民名田，以澹不足，塞并兼之路。鹽鐵皆歸於民。去奴婢，除專殺之威。薄賦斂，省繇役，以寬民力。然後可善治也。仲舒死後，功費愈甚，天下虚耗，人復相食。

武帝末年，悔征伐之事，乃封丞相爲富民侯。下詔曰：方今之務，在於力農。以趙過爲搜粟都尉。過能爲代田，一畮三甽。歲代處，故曰代田，古法也。后稷始甽田，以二耜爲耦，廣尺深尺曰甽，長終畮。一畮三甽，一夫三百甽，而播種於甽中。苗生葉以上，稍耨隴草，因隤其土以附（根苗）〔苗根〕。故其《詩》曰：或芸或芓，黍稷儗儗。芸，除草也。（秄）〔芓〕，附根也。言苗稍壯，每耨輒附根，比盛暑，隴盡而根深，能風與旱，故儗儗而盛也。其耕耘下種田器，皆有便巧。率十二夫爲田一井一屋，故畮五頃，用耦犂，二牛三人，一歲之收常過縵田畮一斛以上，善者倍之。過使教田太常、三輔，大農置工巧奴與從事，爲作田器。二千石遣令長、三老、力田及里父老善田者受田器，學耕種養苗狀。民或苦少牛，亡以趨澤，故平都令光教過以人輓犂。過奏光以爲丞，教民相與庸輓犂。率多人者田日三十畮，少者十三畮，以故田多墾闢。過試以離宮卒田其宮壖地，課得穀皆多其旁田畮一斛以上。令命家田三輔公田，又教邊郡及居延城。是後邊城、河東、弘農、三輔、太常民皆便代田，用力少而得穀多。

至昭帝時，流民稍還，田野益闢，頗有畜積。宣帝即位，用吏多選賢良，百姓安土，歲數豐穰，穀至石五錢，農人少利。時大司農中丞耿壽昌以善爲算能商功利得幸於上，五鳳中奏言：故事，歲漕關東穀四百萬斛以給京師，用卒六萬人。宜糴三輔、弘農、河東、上黨、太原郡穀足供京師，可以省關東漕卒過半。又白增海租三倍，天子皆從其計。御史大夫蕭望之奏言：故御史屬徐宮家在東萊，言往年加海租，魚不出。長老皆言武帝時縣官嘗自漁，海魚不出，後復予民，魚乃出。夫陰陽之感，物類相應，萬事盡然。今壽昌欲近糴漕關內之穀，築倉治船，費直二萬萬餘，有動衆之功，恐生旱氣，民被其災。壽昌習於商功分銖之事，其深計遠慮，誠未足任，宜且如故。上不聽。漕事果便，壽昌遂白令邊郡皆築倉，以穀賤時增其賈而糴，以利農，穀貴時減賈而糶，名曰常平倉。民便之。上乃下詔，賜壽昌爵關內侯。而蔡癸以好農使勸郡國，至大官。

元帝即位，天下大水，關東郡十一尤甚。二年，齊地飢，穀石三百餘，民多餓死，琅邪郡人相食。在位諸儒多言鹽鐵官及北假田官、常平倉可罷，毋與民爭利。上從其議，皆罷之。又罷建章、甘泉宮衛，角抵，齊三服官，省禁苑以予貧民，減諸侯王廟衛卒半。又減關中卒五百人，轉穀振貸窮乏。其後用度不足，獨復鹽鐵官。

成帝時，天下亡兵革之事，號爲安樂，然俗奢侈，不以畜聚爲意。永始二年，梁國、平原郡比年傷水災，人相食，刺史守相坐免。

哀帝即位，師丹輔政，建言：古之聖王莫不設井田，然後治乃可平。孝文皇帝承亡周亂秦兵革之後，天下空虚，故務勸農桑，帥以節儉。民始充實，未有并兼之害，故不爲民田及奴婢爲限。今累世承平，豪富吏民訾數鉅萬，而貧弱俞困。蓋君子爲政，貴因循而重改作，然所以有改者，將以救急也。亦未可詳，宜略爲限。天子下其議。丞相孔光、大司空何武奏請：諸侯王、列侯皆得名田國中。列侯在長安，公主名田縣道，及關內侯、吏民名田皆毋過三十頃。諸侯王奴婢二百人，列侯、公主百人，關內侯、吏民三十人。期盡三年，犯者没入官。時田宅奴婢賈爲減賤，丁、傅用事，董賢隆貴，皆不便也。詔書且須後，遂寢不行。宮室苑囿府庫之臧已侈，百姓訾富雖不及文景，然天下户口最盛矣。

平帝崩，王莽居攝，遂篡位。王莽因漢承平之業，匈奴稱藩，百蠻賓服，舟車所通，盡爲臣妾，府庫百官之富，天下晏然。莽一朝有之，其心意未滿，陜小漢家制度，以爲疏闊。宣帝始賜單于印璽，與天子同，而西南夷鉤町稱王。莽乃遣使易單于印，貶鉤町王爲侯。二方始怨，侵犯邊境。莽遂興師，發三十萬衆，欲同時十道並出，一舉滅匈奴；募發天下囚徒丁男甲卒轉委輸兵器，自負海江淮而至北邊，使者馳傳督趣，海內擾矣。又動欲慕古，不度時宜，分裂州郡，改職作官，下令曰：漢氏減輕田租，三十而税一，常有更賦，罷癃咸出，而豪民侵陵，分田劫假，厥名三十，實什税五也。富者驕而爲邪，貧者窮而爲姦，俱陷於辜，刑用不錯。今更名天下田曰王田，奴婢曰私屬，皆不得賣買。其男口不滿八，而田過一井者，分餘田與九族鄉黨。犯令，法至死，制度又不定，吏緣爲姦，天下謷謷然，陷刑者衆。

後三年，莽知民愁，下詔諸食王田及私屬皆得賣買，勿拘以法。然刑罰深刻，它政誖亂。邊兵二十餘萬人仰縣官衣食，用度不足，數橫賦斂，民俞貧困。常苦枯旱，亡有平歲，穀賈翔貴。

末年，盜賊羣起，發軍擊之，將吏放縱於外。北邊及青徐地人相食，雒陽以東米石二千。莽遣三公將軍開東方諸倉振貸窮乏，又分遣大夫謁者教民煑木爲酪；酪不可食，重爲煩擾。流民入關者數十萬人，置養澹官以稟之，吏盜其稟，飢死者什七八。莽耻爲政所致，乃下詔曰：予遭陽九之阸，百六之會，枯旱霜蝗，饑饉荐臻，蠻夷猾夏，寇賊姦軌，百姓流離。予甚悼之，害氣將究矣。歲爲此言，以至於亡。

《漢書》卷九九中《王莽傳中》 莽曰：古者，設廬井八家，一夫一婦田百畝，什一而稅，則國給民富而頌聲作。此唐虞之道，三代所遵行也。秦爲無道，厚賦稅以自供奉，罷民力以極欲，壞聖制，廢井田，是以兼并起，貪鄙生，強者規田以千數，弱者曾無立錐之居。又置奴婢之市，與牛馬同蘭，制於民臣，顓斷其命。姦虐之人因緣爲利，至略賣人妻子，逆天心，誖人倫，繆於天地之性人爲貴之義。《書》曰予則奴戮女，唯不用命者，然後被此辜矣。漢氏減輕田租，三十而稅一，常有更賦，罷癃咸出，而豪民侵陵，分田劫假。厥名三十稅一，實什稅五也。父子夫婦終年耕芸，所得不足以自存。故富者犬馬餘菽粟，驕而爲邪；貧者不厭糟糠，窮而爲姦。俱陷于辜，刑用不錯。予前在大麓，始令天下公田口井，時則有嘉禾之祥，遭反虜逆賊且止。今更名天下田曰王田，奴婢曰私屬，皆不得賣買。其男口不盈八，而田過一井者，分餘田予九族鄰里鄉黨。故無田，今當受田者，如制度。敢有非井田聖制，無法惑衆者，投諸四裔，以禦魑魅，如皇始祖考虞帝故事。

《漢書》卷九九中《王莽傳中》 中郎區博諫莽曰：井田雖聖王法，其廢久矣。周道既衰，而民不從。秦知順民之心，可以獲大利也，故滅廬井而置阡陌，遂王諸夏，訖今海內未厭其敝。今欲違民心，追復千載絶迹，雖堯舜復起，而無百年之漸，弗能行也。天下初定，萬民新附，誠未可施行。莽知民怨，乃下書曰：諸名食王田，皆得賣之，勿拘以法。犯私買賣庶人者，且一切勿治。

《漢書》卷九九下《王莽傳下》 莽又多遣大夫謁者分教民煑草木爲酪，酪不可食，重爲煩費。莽下書曰：惟民困乏，雖溥開諸倉以賑贍之，猶恐未足。其且開天下山澤之防，諸能采取山澤之物而順月令者，其恣聽之，勿令出稅。至地皇三十年如故，是王光上戊之六年也。如令豪吏猾民辜而攉之，小民弗蒙，非予意也。《易》不云乎？損上益下，民説無疆。《書》云：言之不從，是謂不艾。咨虖羣公，可不憂哉！

（唐）杜佑《通典》卷一《食貨・田制》 漢孝文時，民近戰國，皆多背本趨末。賈誼説上曰：古之治天下，至孅至悉，故其畜積足恃。今背本而趨末，游食者甚衆，是天下之大殘也。本，農桑也。末，工商也。言人已棄農而務工商矣，其食米粟者又甚衆也。殘謂傷害。漢之爲漢，幾四十年矣，幾，近。公私之積，猶可哀痛。言年載已多，而無儲積。即不幸有方二三千里之旱，國胡以相恤？卒然邊境有急，數十萬之衆，國胡以餽之？兵旱相乘，天下大屈。今敺人而歸之農，皆著於本，使天下各食其力，末伎游食之民轉而緣南畝，言皆趨農作。則畜積足而人樂其所矣。帝感誼言，始開籍田，躬耕以勸百姓。詔曰：夫度田非益寡，而計民未加益，度謂量計。以口量地，其於古猶有餘，而食之甚不足者，其咎安在？無乃百姓之從事於末以害農者蕃，蕃，多也。爲酒醪以靡穀者多，靡，散也。靡讀曰縻。六畜之食焉者衆與？細大之義，吾未能得其中。竹仲反。其與丞相列侯吏二千石，博士議之，有可以佐百姓者，率意遠思，無有所隱也。

晁錯復説曰：聖王在上而民不凍飢者，非能耕而食之，織而衣之，食讀曰飼。爲開其資財之道也。故堯禹有九年之水，湯有七年之旱，而國亡捐瘠者，捐，謂人饑相棄捐也。瘠，瘦病也。言無相棄捐而瘦病者。以畜積多而備先具也。今海內爲一，土地人民之衆不避湯、禹，加以亡天災數年之水旱，而畜積未及者，何也？地有遺利，民有餘力，生穀之土未盡墾，山澤之利未盡出也，游食之民未盡歸農也。民貧則姦邪生，貧生於不足，不足生於不農，不農則不地著，不地著則離鄉輕家。民如鳥獸，雖有高城深池，嚴法重刑，猶不能禁也。夫寒之於衣，不待輕煖；苟禦風霜，不求靡麗。飢之於食，不待甘旨；旨，美也。飢寒至身，不顧廉耻。夫腹飢不得食，膚寒不得衣，雖慈父不能保其子，君安能以有其民哉！明主知其然也，故務農桑，薄賦斂，廣畜積，以實倉廩，備水旱，故民可得而有也。是故明君貴五穀而賤金玉。今農夫五口之家，其服役者不下二人，服，事也。其能耕者不過百畮，百畮之收不過百石。春耕夏耘，秋穫冬藏，伐薪樵，治官府，給徭役。春不得避風塵，夏不得避暑熱，秋不得避陰雨，冬不得避寒凍，四時之閒亡日休息。又私自送往迎來，弔死問疾，養孤長幼在其中。勤苦如此，尚復被水旱之災，急政暴賦，賦斂不時，朝令而暮改。當其有者半價而賣，本值千金者，價得五百。亡者取倍稱之息，取一償二爲倍。稱，舉也。今俗所謂舉債。於是有賣田宅、鬻子孫以償債者矣。方今之務，莫若使民務農而已矣。欲民務農，在於貴粟；貴粟之道，在於使民以粟爲賞罰。帝從之。其後務敦農本，倉廩充實。

孝景元年，制曰：閒者歲比不登，民多乏食，夭絶天年，朕甚痛之。郡國或地磽陿，無所農桑繫畜；或地饒廣，薦草莽，草稠曰薦，草深曰莽。水泉利，而不得徙。其議民欲徙寬大地者，聽之。後元三年，詔曰：農，天下之本也。黄金珠玉，飢不可食，寒不可衣，以爲幣用，不識其終始。閒歲或不登，意爲末者衆，農民寡也。其令郡國務勸農桑，益種樹，可得衣食物。

孝武外事四夷，内興功利，役費並興，而民去本。董仲舒説上曰：《春秋》它穀不書，至於麥禾不成，則書之，以此見聖人於五穀最重麥與禾也。今關中俗不好種麥，是歲失《春秋》之所重，而損生民之具也。願陛下幸詔大司農，使關中民益種宿麥，令毋後時。宿麥，謂苗經冬。仲舒又説上曰：秦用商鞅之法，改帝王之制，除井田，民得賣買，富者田連阡陌，貧者無立錐之地。漢興，循而未改。古井田法雖難卒音猝行，宜少近古，限民名田，以贍不足，名田，占田也。各爲立限，不使富者過制，則貧弱之家可足也。塞并兼之路，然後可善治也。竟不能用。

元狩三年，遣謁者勸種宿麥，舉吏人能假貸貧人者以名聞。及末年，帝悔征伐之事，乃封丞相田千秋爲富民侯。下詔曰：方今之務，在於力農。以趙過爲搜粟都尉。過能爲代田，一畮三甽，甽，壟也，音工犬反，字或作畎。歲代處，故曰代田，代，易也。古法也。后稷始甽田，以二耜爲耦，併兩耜而耕。廣尺深尺曰甽，長終畮。一畮三甽，一夫三百甽，而播種於甽中。播，布也。種謂穀子。苗生葉以上，稍耨隴草，耨，鉏也。因隤其土以附苗根。隤謂下之。音頽。故其《詩》曰：或芸或芓，黍稷儗儗。音擬。《小雅·甫田》之詩。儗儗，盛貌。芓音子。芸，除草也。芓，附根也。言苗稍壯，每耨輒附根，比必寐反。盛暑，隴盡而根深，能風與旱，能讀曰耐。故儗儗而盛也。其耕耘下種田器，皆有便巧。率十二夫爲田一井一屋，故畮五頃，九夫爲井，三夫爲屋。夫百畮，於古爲十二頃。古百步爲畮，漢時二百四十步爲畮，古千二百畮，則得今五頃也。用耦犂，二牛三人，一歲之收常過縵田畮一斛以上，縵田，謂不甽者。音莫幹反。善者倍之。善爲甽者，又過縵田二斛以上。過使教田太常、三輔，太常主諸陵，有民，故亦謂田種。大農置工巧奴與從事，爲作田器。二千石遣令長、三老、力田及里父老善田者受田器，學耕種養苗狀。爲法意狀。民或苦少牛，無以趨澤，趨讀曰趣，及也。澤，雨之潤澤。故平都令光教過以人輓音晚犂。輓，引也。史失光姓。過奏光以爲丞，教民相與庸輓犂。庸，功也，言換功共作也。義與傭賃同。率多人者田日三十畮，少者十三畮，以故田多墾闢。過試以離宫卒田其宫壖而緣反地，離宫，别處之宫，非天子所常居也。壖，餘也。宫壖地，謂外垣之内，内垣之外也。諸緣河壖地，廟垣壖地，其義皆同。守離宫卒，閒而無事，因令於壖地爲田。課得穀皆多其旁田畮一斛以上。令命家田三輔公田。令，使也。命者，教也。令離宫卒教其家田公田也。又教邊郡及居延城。居延，張掖縣也。時有甲卒也。是後邊城、河東、弘農、三輔、太常民皆便代田，用力少而得穀多。至孝昭時，流民稍還，田野墾闢，頗有畜積。

孝宣地節三年，詔曰：郡國宫館，勿復修治。流民還歸者，假公田，貸種食。種，五穀種。

孝元初元元年，以三輔、太常、郡國公田及苑可省者振業貧民，江海陂湖園池屬少府者以假貧民，勿租賦。建昭五年，詔曰：方春農桑興，百姓戮力自盡之時也。故是月勞農勸桑，無使後時。今不良之吏，覆按小罪，徵召證按，興不急之事，以妨百姓，使失一時之作，亡終歲之功，公卿其明察申敕之。

孝成帝之時，張禹占鄭白之渠四百餘頃，他人兼并者類此，而人彌困。陽朔四年正月，詔曰：夫《洪範》八政，以食爲首，斯誠家給刑錯之本也。先帝劭農，薄其租税，寵其强力，令與孝弟同科。閒者，民彌惰怠，鄉本者少，趨末者衆，將何以矯之？方東作時，其令二千石勉勸農桑，出入阡陌，致勞來之。《書》不云乎，服田力穡，乃亦有秋。其勗之哉！

孝哀即位，師丹輔政，建言：古之聖王莫不設井田，然後治乃可平。孝文皇帝承亡周亂秦兵革之後，天下空虛，故務勸農桑，帥以節儉，民始充實，未有并兼之害，故不爲民田及奴婢爲限。今累世承平，豪富吏民貲數鉅萬，而貧弱逾困。蓋君子爲政，貴因循而重改作，所以有改者，將以救急也。亦未可詳，宜略爲限。天子下其議。丞相孔光、大司空何武奏請：諸侯王、列侯皆得名田國中。列侯在長安，公主名田縣道，及關內侯、吏民名田皆無過三十頃。諸侯王奴婢二百人，列侯、公主百人，關內侯、吏民三十人。期盡三年，犯者没入官。時田宅奴婢賈爲減賤，丁、傅用事，董賢隆貴，皆不便也。詔書且須後，須，待也。遂寢不行。孝平元始元年，置大司農部丞十三人，人部一州，勸農桑。二年，定墾田八百二十七萬五百三十頃。蓋紀漢盛時之數。據元始二年户一千二百二十三萬三千，每户合得田六十七畝百四十六步有奇。

王莽簒位，下令曰：古者設井田，則國給人富而頌聲作。此唐虞之道，三代所遵行也。秦爲無道，壞聖制，廢井田，是以兼并起，貪鄙生，強者規田以千數，弱者曾無立錐之居。於是更名天下田曰王田，奴婢曰私屬，皆不得買賣。其男口不盈八而田過一井者，分餘田與九族鄰里鄉黨。故無田今當受田者，如制度。敢有非井田聖制、無法惑衆者，投諸四裔。於是農商失業，食貨俱廢，百姓涕泣於市道。坐賣買田宅奴婢，自諸侯卿大夫至於庶人，抵罪者不可勝數。經二年餘，中郎區博諫曰：井田雖聖王法，其廢已久。周道既衰，而人不從。秦順人心，改之可以獲大利，故滅廬井而置阡陌，遂王諸夏，訖今海內未厭其弊。今欲違人心，追復千載絶跡，雖堯舜復生，而無百年之漸，不能行也。莽知人愁，乃以許買賣。其後百姓日以凋弊。

（唐）杜佑《通典》卷二《食貨・屯田》 漢昭帝始元二年，詔發習戰射士詣朔方，調徒鈞反故吏將子亮反屯田張掖郡。調，發選之也。故吏，前爲官職者。令其部率習戰射士於張掖爲屯田。孝宣帝神爵元年，遣後將軍趙充國將兵擊先零羌。充國以擊虜殄滅爲期，乃欲罷騎兵屯田，以待其弊。奏曰：臣所將吏士馬牛食，月用糧穀十九萬九千六百三十斛，鹽千六百九十三斛，茭藁二十五萬二百八十六石。石，百二十斤。難久不解，徭役不息。又恐他夷卒有不虞之變。且羌虜易以計破，難用兵碎也，故臣愚心以爲擊之不便。計度臨羌東至浩音告亹，音門。即金城郡廣武縣地。臨羌在今西平郡也。羌虜故田及公田，民所未墾，可二千頃以上。願罷騎兵，留弛刑應募，及淮陽、汝南步兵與吏私從者，合凡萬二百八十一人，用穀月二萬七千三百六十三斛，鹽三百八斛，分屯要害處。冰解漕下，繕鄉亭，浚溝渠，漕下，以水運木而下也。繕，補也。理湟音皇，陿音陝。以西道橋七十所，令可至鮮水左右。田事出，賦人二十畝。田事出，謂至春人出營田也。賦謂班與之。至四月草生，發郡騎及屬國胡騎伉健各千，倅馬什二，就草，倅，副也。什二者，千騎則與副馬二百匹也。爲田者游兵。以充入金城郡，益積蓄，省大費。今大司農所轉穀至者，足支萬人一歲食。謹上田處及器用簿，唯陛下裁許之。上報曰：如將軍之計。充國又奏曰：今留步士萬人屯田，地勢平易，臣愚以爲屯田內有亡費之利，外有守禦之備。騎兵雖罷，虜見萬人留田爲必禽之具，其土崩歸德，宜不久矣。詔罷兵，獨充國留屯田，大獲地利。明年遂破先零。

（宋）鄭樵《通志》卷六一《食貨略・田制》 及漢孝武，外事四夷，內興功利，役費並興，而民去本。董仲舒説上曰：秦用商鞅之法，改帝王之制，除井田，民得賣買，富者田連阡陌，貧者亡立錐之地。漢興，循而未改。古井田法雖難卒行，宜少近古，限民名田，以贍不足，塞兼并之路。然後可善治也，終不能用。及末年悔征伐之事，乃封丞相田千秋爲富民侯，以趙過爲搜粟都尉。過能爲代田，一畝三甽，歲代處故曰代田。代田者，耕田之法耳，而非受田之制也。哀帝時，師丹輔政，建限田之制，以裁抑兼并。天子下其議，丞相孔光、大司空何武奏請：諸侯、列侯皆得名田國中。列侯在長安，公王名田縣道，及關內侯、吏民名田皆無過三十頃。諸侯王奴婢二百人，列侯公主百人，關內侯、吏民三十人。期盡三年，犯者没入官。時田宅、奴婢賈爲減賤，丁、傅用事，董賢隆貴，皆不便也。詔書且須後，遂寢不行。

（宋）鄭樵《通志》卷六一《食貨略・屯田》 漢昭帝始元二年，詔發習戰射士詣朔方，調故吏將屯田張掖郡。孝宣帝神爵元年，遣後將軍趙充國將兵擊先零羌。充國以擊虜殄滅爲期，乃欲罷騎兵屯田，以待其敝。上從之。於是，留步士萬人屯田，大獲其利。明年遂破先零。屯田之詳見《充國傳》。

（宋）王應麟《玉海》卷一七六《食貨·田制·漢代田》

《食貨志》：武帝末年悔征伐之事，乃封丞相爲富民侯，征和四年六月丁巳，封田千秋。下詔曰：方今之務在於力農，以趙過爲搜粟都尉。過能爲代田，一晦三甽，歲代處故曰代田，古法也。注：代，易也。后稷始甽田，以二耜爲耦，注：甽，壟也。耦，並兩耜而耕也。廣尺深尺曰甽，《吕氏春秋·任地篇》：后稷曰：子能使子之野盡爲泠風乎？六尺之耜所以成畝也，其博八寸所以成甽也。耨柄尺，此其度也，其耨六寸，所以間稼也。注古者以耜耕，廣六尺爲畝，二尺爲甽，又《辨土篇》凡耕之道，晦欲廣以平，甽欲小以深。正其行，通其風，夬心中央，帥爲泠風。選注引此云，后稷曰深，選注作清，帥作師。《考工記》匠人爲溝洫，耜廣五寸，二耜爲耦。一耦之伐，廣尺深尺謂之甽。長終晦。一晦三甽，一夫三百甽，而播種於中。苗生葉以上，稍耨隴草，因隤其土以附苗根。《説文》引漢律曰：畱田茠草。故其《詩》曰：或芸或芓，黍稷儗儗。芸，除草也。耔，附根也。言苗稍壯，每耨輒附根，比盛暑隴盡而根深，能風與旱，注：能讀曰耐。故儗儗而盛也。其耕耘下種田器，皆有便巧。率十二夫爲田一井一屋，故晦五頃，注：鄧展曰：九夫爲井三夫爲屋。夫百畝，於古十二頃。古步百爲晦，漢時二百四十步爲晦，古千二百晦，則得今五頃。用耦犂，二牛三人，一歲之收常過縵田晦一斛以上，注：不爲甽者。善者倍之。過使教田太常、三輔，大農置工巧奴與從事，爲作田器。二千石遣令長、三老、力田及里父老善田者受田器，學耕種養苗狀。民或苦少牛，亡以趨澤，故平都令光教過以人輓犂。過奏光以爲丞，教民相與庸輓犂。率多人者田日三十晦，少者十三晦，以故田多墾闢，過試以離宫卒田其宫壖地，課得穀皆多其旁田晦一斛以上。令命家田注：有爵命之家。三輔公田。又教邊郡及居延城。有田卒。是後邊郡、河東弘農、三輔、太常民皆便代田，用力少而得穀多。至昭帝時，流民稍還，田野益辟，頗有蓄積。成帝時，汜勝之使教田三輔，有書十八篇。《周禮正義》周時未有牛耦耕，至漢時搜粟都尉趙過始教民牛耕，絶人耦。或周末兼有半耦。鄭云：合人耦則牛耦，可知。

《山海經》：后稷是播百穀稷之孫，曰叔均，是始作牛耕。《文紀》後元年春三月，詔曰：夫度田非益寡而計民未加益，以口量地，其於古猶有餘而食之。甚不足者，其咎安在。其與丞相、列侯、吏二千石、博士議之。《鹽鐵論》：御史曰：古者，制田百步爲畝，民井田而耕，什而藉一。先帝哀憐百姓之愁苦，衣食不足，制田二百四十步而一畝，率三十而稅一。

（宋）王應麟《玉海》卷一七六《食貨·田制·漢名田》

《志》董仲舒説武帝曰：古井田難卒行，宜少近古，限民名田，以贍不足，塞并兼之路。注：師古曰：名田，占田也。各爲立限，不使富者過制。《大事記》元狩五年。哀帝即位，師丹輔政，建言：聖王莫不設井田，今民田宜畧爲限。天子下其議。丞相孔光、大司空何武奏請諸侯王列侯皆得名田國中。云云同帝《紀》。後遂寢不行。武帝時，賈人有市籍及家屬皆無得名田，犯令没入田貨。《哀紀》綏和二年即位，六月詔曰：制節謹度，爲政所先，諸侯王、列侯、公主吏二千石及豪富民田宅亡限，與民争利，百姓失職。其議限列。條列爲限禁。有司條奏：諸王、列侯得名田國中，列侯在長安及公主名田縣道，關内侯、吏民名田，皆無得過三十頃。賈人皆不得名田、爲吏，犯者以律論。諸名田過品，皆没入縣官。注：如淳曰名田國中者，自所食國中也，既收租稅，又自得有私田三十頃。名田縣道者，令甲，諸侯在國，名田他縣，罰金二兩。今列侯有不之國，雖遥食其國租稅，復自得田於他縣道，公主亦如之，不得過三十頃。市井子孫。王嘉，傳詔書罷苑，而以賜董賢二千餘頃，均田之制從此墮壞，不得爲吏。張禹多買田至四百頃，極膏腴上賈。注：孟康曰：自公卿以下至于吏民名曰均田，皆有頃數，名品制中令均等。仲長統傳《昌言》曰：限夫田以斷并兼。文中子謂：晁厝率井田之序，有心乎復古。注：厝説文帝曰：五口之家，服作者不過二人，能耕者不過百畝。古者一夫一婦受田百畝，此井田之制。

（宋）王應麟《玉海》卷一七六《食貨·田制·漢公田　屬縣草田》

《紀》宣帝地節三年冬十月，詔曰：流民還歸者，假公田，貸種食。元帝初元元年三月丙午詔：以三輔、太常、郡國公田及苑可省者振業貧民。《傳蘇武》始元六年春，賜公田二頃宅一區。貢禹請自城西南至山西至鄠皆復其田，與貧民。趙充國奏：公田民所未墾。東方朔建元三年，上使太中大夫吾丘壽王與待詔能用筭者二人，舉籍阿城以南，盩厔以東，宜春以西，提封頃畝，及其賈直，欲除以爲上林苑，屬之南山。又詔中尉、左右内史表屬縣草田，田未耕墾。以償鄠杜之民。朔進諫。廣陵王胥相勝之奏奪王射陂草田以賦貧民，奏可。《志》趙過令命家田三輔公田。《後紀》明帝永平九年四月甲辰詔：郡國以公田賜貧民各有差。章帝元和元年二月甲戌詔曰：其令郡國募人無因欲徙他界就饒者，恣聽之。到在所，賜給公田，貫與田器，勿收租五歲，除筭三年，其後欲還本鄉者，勿禁。安帝永初元年二月丙午，以廣成游獵地及被災郡國公田假與貧民。《後樊準傳》請如征和元年故事，持節慰安困乏，從之。悉以公田賦貧民。《通鑑》永初二年。《孫寶傳》紅陽侯立因南郡太守李尚占墾草田數百頃，頗有民所假少府陂澤，畧皆開發，上書願以入縣官云云。

（宋）王應麟《玉海》卷一七六《食貨·田制·漢區種增耕》《劉般傳》：永平十一年，兼屯騎校尉。先是，時下令禁民二業，又以郡國牛疫通使區種增耕，謂區隴而種，非漫田也。而吏多失實。般上言：郡國以牛疫水旱，墾田多減，故詔敕區種，增進頃畝，以爲民也。而吏舉度田，欲令多前，至於不種之處，亦通爲租。可申敕刺、吏二千石，務令實覈，其有增加，皆使與奪田同罪。帝悉從之。注《氾勝之書》曰：上農區田法，區方深各六寸，間相去七寸，一畝三千七百區，丁男女種十畝，至秋收區三升粟，畝得百斛。中農區田法，方七寸，深六寸，間相去二尺，一畝千二十七區，丁男女十畝，秋收粟得五十一石。下農區田法，方九寸，深六寸，間相去三尺，秋收畝得二十八石，旱即以水沃之。

（宋）王應麟《玉海》卷一七七《食貨·屯田·漢張掖屯田　三邊屯田》《昭紀》始元二年冬，發習戰射士詣朔方，調故吏將屯田張掖郡。元鳳三年正月詔曰：非丞相御史所請，邊郡受牛者勿收責。注：應劭曰：武帝始開三邊徙民屯田，皆與犂牛。後丞相御史復間有所請，今敕自名所賜與勿收責，丞相所請乃令其顧稅耳。《食貨志》武帝元鼎六年初，置張掖、酒泉郡，而上郡、朔方、西河、河西開田官，斥塞卒六十萬人戍田之。注：師古曰：開田，始開屯田也。《李陵傳》陵將勇敢五千人，教射酒泉、張掖以備胡。數年復留屯張掖。《鹽鐵論》北邊置田官，以贍諸用而猶未足。縣曰效穀，都尉曰宜禾。並燉煌郡。

（宋）王應麟《玉海》卷一七七《食貨·屯田·漢伊循屯田》《西域傳》昭帝元鳳四年，傅介子刺樓蘭王，立尉屠耆爲王，更名其國爲鄯善。王自請天子曰：國中有伊循城，其地肥美，願漢遣一將屯田積穀，令臣得依其威重。於是漢遣司馬一人，吏士四十人田伊循，以填撫之。其後更置都尉，伊循官置始此。夏四月，封介子義陽侯。

（宋）王應麟《玉海》卷一七七《食貨·屯田·漢隴西屯田》《馮奉世傳》永光二年秋，隴西羌多姐旁五種反，遣奉世將萬二千人騎，以將屯爲名。十月兵畢至隴西，十一月並進羌虜，大破，斬首數千級餘，皆走出塞上曰：羌虜破，散亡逃出塞，其罷吏士，頗留屯田，備要害處。明年二月，奉世還京師，領兵屯田。

（宋）王應麟《玉海》卷一七八《食貨·農官·漢農官　田官　農都尉　屯田校尉　宜禾都尉》《食貨志》武帝時，水衡、少府、大農、太僕各置農官，往往即郡縣比没入田田之。元鼎六年，上郡、朔方、西河、河西開田官，斥塞卒六十萬人戍田之。見《屯田類》《元紀》初元五年四月詔：罷北假田官。《王莽傳》五原北假，膏壤殖穀。北假，在五原，今勝州。《鹽鐵論》大夫曰北邊置田官以贍諸用。王褒講《德論》省田官，損諸苑。《匈奴傳》漢遣大將軍青驃騎將軍去病擊匈奴，匈奴遠遁幕南，無王庭。漢度河自朔方以西，至令居，往往通渠置田，官吏卒五六萬人，稍蠶食，地接匈奴以北。《百官表》司農有郡國農監、長丞、農都尉，武帝初置。《續·志》邊郡縣置都尉，主屯田殖穀。《馮參傳》陽朔中爲上河農都尉。師古曰：上河在西河富平。《叙傳》班況爲上河農都尉，奏課連最。《地理志》張掖郡番和農都尉，治敦煌郡，廣至，有宜禾都尉治。見《屯田》《西域傳》宣帝置都護，匈奴益弱，不得近西域，於是徙屯田於北胥鞬披莎車之地，屯田校尉始屬都護。即渠犂田官。元鳳四年，遣司馬一人吏士四十人田伊循，其後更置都尉，伊循官置始此。《後·西域傳》永平十六年，征匈奴，取伊吾廬地，置宜禾都尉以屯田，遂通西域。《魏梁習傳》建安十八年，拜西部都督從事表，置屯田都尉二人，領客六百夫，於道次耕種菽粟。棗祇爲屯田都尉，董祀屯田都尉。宣帝時，蔡癸以好農，使勸郡國，至大官。光武拜梁騰酒泉典農都尉。建武八年。田仁護邊田穀於河上。王莽置田禾將軍屯田北邊。

紀事

《漢書》卷八《宣帝紀》〔宣帝地節元年〕三月，假郡國貧民田。

《漢書》卷九《元帝紀》〔元帝初元元年夏四月詔〕又曰：關東今穀不登，民多困乏。其令郡國被災害甚者毋出租賦。江海陂湖園池屬少府者以假貧民，勿租賦。賜宗室有屬籍者馬一匹至二駟，三老、孝者帛五匹，弟者、力田三匹，鰥寡孤獨二匹，吏民五十户牛酒。

《後漢書》卷三《孝章帝紀》〔建初元年〕秋七月辛亥，詔以上林池籞田賦與貧人。

《後漢書》卷四《孝和帝紀》〔永元五年〕二月戊戌，詔有司省減内外廄及涼州諸苑馬。自京師離宮果園上林廣成囿悉以假貧民，恣得采捕，不收其税。

《後漢書》卷四《孝和帝紀》〔永元五年秋九月〕壬午，令郡縣勸民蓄蔬食以助五穀。其官有陂池，令得采取，勿收假税二歲。

《後漢書》卷四《孝和帝紀》〔永元〕十一年春二月，遣使循行郡國，稟貸被災害不能自存者，令得漁采山林池澤，不收假税。

《後漢書》卷三九《劉般傳》 劉般字伯興，宣帝之玄孫也。

建武八年，隗囂敗，河西始通，般即將家屬東至洛陽，脩經學於師門。明年，光武下詔，封般爲菑丘侯，奉孝王祀，使就國。後以國屬楚王，徙封杼秋侯。

帝曾欲置常平倉，公卿議者多以爲便。般對以常平倉外有利民之名，而内實侵刻百姓，豪右因緣爲姦，小民不能得其平，置之不便。帝乃止。是時下令禁民二業，又以郡國牛疫，通使區種增耕，而吏下檢結，多失其實，百姓患之。般上言：郡國以官禁二業，至有田者不得漁捕。今濱江湖郡率少蠶桑，民資漁採以助口實，且以冬春閑月，不妨農事。夫漁獵之利，爲田除害，有助穀食，無關二業也。又郡國以牛疫、水旱，墾田多減，故詔敕區種，增進頃畝，以爲民也。而吏舉度田，欲令多前，至於不種之處，亦通爲租。可申敕刺史、二千石，務令實覈，其有增加，皆使與奪田同罪。帝悉從之。

〔宋〕陸增祥《八瓊室金石補正》卷二《楊量買山刻石》 地節二年□月，巴州民楊量買山。直錢千百，作業□子孫，永保其母替。

〔唐〕杜佑《通典》卷二《食貨・屯田》 漢昭帝始元二年，詔發習戰射士詣朔方，調徒釣反故吏將子亮反屯田張掖郡。調，發選之也。故吏，前爲官職者。令其部率習戰射士於張掖爲屯田。

孝宣帝神爵元年，遣後將軍趙充國將兵擊先零羌。充國以擊虜殄滅爲期，乃欲罷騎兵屯田，以待其弊。奏曰：臣所將吏士馬牛食，月用糧穀十九萬九千六百三十斛，鹽千六百九十三斛，茭藁二十五萬二百八十六石。石，百二十斤。難久不解，徭役不息。又恐他夷卒有不虞之變。且羌虜易以計破，難用兵碎也，故臣愚心以爲擊之不便。計度臨羌東至浩音告亹，音門。即金城郡廣武縣地。臨羌在今西平郡也。羌虜故田及公田，民所未墾，可二千頃以上。願罷騎兵，留弛刑應募，及淮陽、汝南步兵與吏私從者，合凡萬二百八十一人，用穀月二萬七千三百六十三斛，鹽三百八斛，分屯要害處。冰解漕下，繕鄉亭，浚溝渠，漕下，以水運木而下也。繕，補也理湟音皇陿音陜。以西道橋七十所，令可至鮮水左右。田事出，賦人二十畝。田事出，謂至春人出營田也。賦謂班與之。至四月草生，發郡騎及屬國胡騎伉健各千，倅馬什二，就草，倅，副也。什二者，千騎則與副馬二百匹也。爲田者游兵。以充入金城郡，益積蓄，省大費。今大司農所轉穀至者，足支萬人一歲食。謹上田處及器用簿，唯陛下裁許之。上報曰：如將軍之計。充國又奏曰：今留步士萬人屯田，地勢平易，臣愚以爲屯田内有亡費之利，外有守禦之備。騎兵雖罷，虜見萬人留田爲必禽之具，其土崩歸德，宜不久矣。詔罷兵，獨充國留屯田，大獲地利。明年遂破先零。

魏晉南北朝分部

綜述

（唐）杜佑《通典》卷二《食貨·屯田》 魏武既破黄巾，欲經略四方，而苦軍食不足。羽林監潁川棗祗建置屯田，於是以任峻爲典農中郎將，募百姓屯田於許下，今潁川郡許昌縣也。得穀百萬斛。郡國例置田官，數年之中，所在積粟，倉廩皆滿。

廢帝齊王芳正始四年，司馬宣王督諸軍伐吴，時欲廣田蓄穀，爲滅賊資。乃使鄧艾行陳、項以東至壽春。自今淮陽郡項城縣以東至壽春郡。艾以爲田良水少，不足以盡地利，宜開河渠，可以大積軍糧，又通漕運之道，乃著《濟河論》以喻其指。又以爲：昔破黄巾，因爲屯田，積穀於許都以制四方。今三隅已定，事在淮南，每大軍征舉，運兵過半，功費巨億，以爲大役。陳、蔡之閒，土下田良，可省許昌左右諸稻田，並水東下。令淮北屯二萬人，淮南三萬人，十二分休，常有四萬人且田且守。水豐，常收三倍於西，計除衆費，歲完五百萬斛以爲軍資。六七年閒，可積三千萬斛於淮上，此則十萬之衆五年食也。以此乘吴，無往而不克矣。宣王善之，皆如艾計。遂北臨淮水，自鍾離西南，横石以西，盡沘旁脂反水四百餘里，五里置一營，營六十人，且田且守。兼循廣淮陽、百尺二渠，上引河流，下通淮、潁。大理諸陂於潁南北，穿渠三百餘里，溉田二萬頃，淮南、淮北皆相連接。自壽春到京師，農官兵田，雞犬之聲，阡陌相屬。每東南有事，大軍興衆，汎舟而下，達於江淮，資食有儲，而無水害，艾所建也。

《晉書》卷二六《食貨志》 又制户調之式：丁男之户，歲輸絹三匹，緜三斤，女及次丁男爲户者半輸。其諸邊郡或三分之二，遠者三分之一。夷人輸賨布，户一匹，遠者或一丈。男子一人占田七十畝，女子三十畝。其外丁男課田五十畝，丁女二十畝，次丁男半之，女則不課。男女年十六已上至六十爲正丁，十五已下至十三、六十一已上至六十五爲次丁，十二已下六十六已上爲老小，不事。遠夷不課田者輸義米，户三斛，遠者五斗，極遠者輸算錢，人二十八文。其官品第一至于第九，各以貴賤占田，品第一者占五十頃，第二品四十五頃，第三品四十頃，第四品三十五頃，第五品三十頃，第六品二十五頃，第七品二十頃，第八品十五頃，第九品十頃。而又各以品之高卑蔭其親屬，多者及九族，少者三世。宗室、國賓、先賢之後及士人子孫亦如之。而又得蔭人以爲衣食客及佃客，品第六已上得衣食客三人，第七第八品二人，第九品及舉輦、跡禽、前驅、由基、强弩、司馬、羽林郎、殿中冗從武賁、殿中武賁、持椎斧武騎武賁、持鈒冗從武賁、命中武賁武騎一人。其應有佃客者，官品第一第二者佃客無過五十户，第三品十户，第四品七户，第五品五户，第六品三户，第七品二户，第八品第九品一户。

《晉書》卷二六《食貨志》 及平吴之後，有司又奏：詔書王公以國爲家，京城不宜復有田宅。今未暇作諸國邸，當使城中有往來處，近郊有芻藁之田。今可限之，國王公侯，京城得有一宅之處。近郊田，大國田十五頃，次國十頃，小國七頃。城内無宅城外有者，皆聽留之。

《晉書》卷二六《食貨志》 咸寧元年十二月，詔曰：出戰入耕，雖自古之常，然事力未息，未嘗不以戰士爲念也。今以鄴奚官奴婢著新城，代田兵種稻，奴婢各五十人爲一屯，屯置司馬，使皆如屯田法。

（唐）杜佑《通典》卷一《食貨·田制》 晉武帝泰始八年，司徒石苞奏：州郡農桑未有殿最之制，宜增掾屬令史，有所循行。帝從之。苞既明勸課，百姓安之。平吴之後，有司奏：王公以國爲家，京城不宜復有田宅。今未暇作諸國邸，當使城中有往來之處，近郊有芻藁之田。今可限之，國王公侯，京城得有宅一處。近郊田，大國十五頃，次國十頃，小國七頃。城内無宅城外有者，皆聽留之。男子一人占田七十畝，女子三十畝。其丁男課田五十畝，丁女二十畝，次丁男半之，女則不課。其官第一品五十頃，每品減五頃以爲差，第九品十頃。而又各以品之高卑蔭其親屬，多者及九族，少者三代。宗室、國賓、先賢之後士人子孫亦如之。而又得蔭人以爲衣食客及佃客，量其官品以爲差降。自西晉則有蔭客之制，至東晉其數更加，具《賦税上篇》。

（唐）杜佑《通典》卷二《食貨·屯田》 晉羊祜爲征南大將軍，鎮襄陽。吴石城守去襄陽七百餘里，每爲邊害，祜患之，竟以詭計令吴罷守。於是戍邏減半，分以墾田八百餘頃，大獲其利，祜之始至也，軍無百日之糧，及至季年，有十年之積。

大康元年平吴之後，當陽侯杜元凱在荆州，今襄陽郡。修邵信臣遺蹟，邵信臣所作鉗盧陂、六門堰，並今南陽郡穰縣界，時爲荆州所統。激用滍音蚩淯音育諸水以浸原田萬餘頃，分疆刊石，使有定分，公私同利。衆庶賴之，號曰杜父。舊水道唯沔、漢達江陵千數百里，北無通路。又巴丘湖，沅湘之會，表裏山川，寔爲險固，荆蠻之所恃也。預乃開楊口，起夏水達巴陵千餘里，夏水、楊口在今江陵縣界。巴陵即今郡。内瀉長江之險，外通零、桂之漕。零陵、桂陽並郡。南土歌之曰：後世無叛由杜翁，孰識智名與勇功。

東晋元帝督課農功，二千石長吏以入穀多少爲殿最。其非宿衛要任，皆令赴農，使軍各自佃作，即以爲廪。大興中，三吴大饑，後軍將軍應詹上表曰：魏武帝用棗祗、韓浩之議，廣建屯田，又於征伐之中，分帶甲之士，隨宜開墾，故下不甚勞，大功剋舉。閒者流人奔東吴，東吴今儉，皆已還返。江西良田，曠廢來久，火耕水耨，爲功差易。宜簡流人，興復農官，功勞報賞，皆如魏氏故事。一年中與百姓，二年分税，三年計賦税以使之。公私兼濟，則倉庾盈億，可計日而待之。

穆帝升平初，荀羡爲北部都尉，鎮下邳，今臨淮郡縣。屯田於東陽之石鼇，亦在今臨淮郡界。公私利之。

（宋）鄭樵《通志》卷六一《食貨略・田制》　晋武帝平吴之後，有司奏：王公以國爲家，京城不宜復有田宅。未暇作邸，當使城中有往來之處，近郊有芻藁之田。今可限之，國王公侯京城得有宅一處。近郊田，大國十五頃，次國十頃，小國七頃。城内無宅城外有者，皆聽留之。男子一人占田七十畝，女子三十畝，其丁男課田五十畝，丁女二十畝，次丁男半之，女則不課。其官第一品五十頃，每品減五頃以爲差，第九品十頃。而又各以品之高卑蔭其親屬，多者及九族，少者三代。宗室、國賓、先賢之後士人子孫亦如之。而又得蔭人爲衣食客及佃客，量其官品以爲差降。

（宋）王應麟《玉海》卷一七七《食貨・屯田・晋屯田》　《食貨志》咸寧元年十二月詔：以鄴奚官奴婢著新城，代田兵種稻，五十人爲一屯，屯置司馬，如屯田法。元帝爲晋王，課督農功，詔二千石長吏以入穀多少爲殿最，非宿衛要任皆令赴農，軍各田作，即以爲廪。大興二年三，吴大飢，百官上封事，後軍將軍應詹表曰：軍興以來，征戰運漕用度殷廣，而游食者以十萬計，閒者流民奔東吴。今已還江西良田，曠廢未久，火耕水耨，爲功差易。宜簡流人，興復農官，功勞報賞，如魏氏故事。一年中與百姓，二年分税，三年計賦税，公私兼濟，倉盈庾億，可計日而待也。趙充國農於金城平先零，諸葛亮耕於渭濱抗上國，魏武用棗祗、韓浩之議廣建屯田，於征伐之中分帶甲之士，隨宜開墾，大功克舉。又曰：高祖使蕭何鎮關中，光武令寇恂守河内，魏武委鍾繇以西事。今中州蕭條，壽春一方之會，宜選都督有文武經畧者，遠以振河洛之形勢，近以爲徐豫之藩鎮，綏集流散，專委農功，諸軍不對敵，皆宜齊課。

（唐）杜佑《通典》卷一《食貨・田制》　宋孝武帝大明初，羊希爲尚書左丞。時揚州刺史西陽王子尚上言：山湖之禁，雖有舊科，人俗相因，替而不奉，熂許氣反山封水，保爲家利。自頃以來，頹弛日甚。富強者兼嶺而占，貧弱者薪蘇無託。至漁採之地，亦又如茲。斯實害理之深弊。請損益舊條，更申恒制。有司檢壬辰詔書：擅占山澤，強盜律論，贓一丈以上皆棄市。希以壬辰之制，其禁嚴刻，事既難遵，理與時弛。而占山封水，漸染復滋，更相因仍，便成先業，一朝頓去，易致怨嗟。今更刊革，立制五條。凡是山澤，先恒熂爐力居反。種養竹木雜果爲林仍，及陂湖江海魚梁鰌鮆七由反，即移反。場恒加工修作者，聽不追奪。官品第一、第二品，聽占山三頃。第三、第四品，二頃五十畝。第五、第六品，二頃。第七、第八品，一頃五十畝。第九品及百姓，一頃。皆依定格，條上貲簿。若先已占山，不得更占。先占闕少，依限占足。若非前條舊業，一不得禁。有犯者，水土一尺以上，並計贓，依常盗律論。除晋咸康二年壬辰之科。從之。

時山陰縣人多田少，孔靈符表請徙無貲之家於餘姚、鄮、莫侯反鄞銀音三縣界，墾起湖田。餘姚，今會稽郡縣。鄮、鄞則今餘姚郡地。帝令公卿博議，咸曰：夫訓農修政，有國所同。土著之人，習翫日久，如京師無田，不聞徙居他縣。尋山陰豪族富室，頃畝不少，貧者肆力，非爲無處。又緣湖居人，魚鴨爲業，小人習始既難，勸之未易。遠廢之疇，方翦荆棘，率課窮乏，其事彌難，資徙粗立，徐行無晚。帝違衆議，徙人並成良業。

《魏書》卷一〇一《食貨志》〔太和〕九年，下詔均給天下民田：

諸男夫十五以上，受露田四十畝，婦人二十畝，奴婢依良。丁牛一頭受田三十畝，限四牛。所授之田率倍之，三易之田再倍之，以供耕作及還受之盈縮。

諸民年及課則受田，老免及身没則還田。奴婢、牛隨有無以還受。

諸桑田不在還受之限，但通入倍田分。於分雖盈，没則還田，不得以充露田之數。不足者以露田充倍。

諸初受田者，男夫一人給田二十畝，課蒔餘，種桑五十樹，棗五株，榆三根。非桑之土，夫給一畝，依法課蒔榆、棗。奴各依良。限三年種畢，不畢，奪其不畢之地。於桑榆地分雜蒔餘果及多種桑榆者不禁。

諸應還之田，不得種桑榆棗果，種者以違令論，地入還分。

諸桑田皆爲世業，身終不還，恒從見口。有盈者無受無還，不足者受種如法。盈者得賣其盈，不足者得買所不足。不得賣其分，亦不得買過所足。

諸麻布之土，男夫及課，别給麻田十畝，婦人五畝，奴婢依良。皆從還受之法。

諸有舉户老小癃殘無授田者，年十一已上及癃者各授以半夫田，年踰七十者不還所受，寡婦守志者雖免課亦授婦田。

諸還受民田，恒以正月。若始受田而身亡，及賣買奴婢牛者，皆至明年正月乃得還受。

諸土廣民稀之處，隨力所及，官借民種蒔。役有土居者，依法封授。

諸地狹之處，有進丁受田而不樂遷者，則以其家桑田爲正田分，又不足不給倍田，又不足家内人别減分。無桑之鄉準此爲法。樂遷者聽逐空荒，不限異州他郡，唯不聽避勞就逸。其地足之處，不得無故而移。

諸民有新居者，三口給地一畝，以爲居室，奴婢五口給一畝。男女十五以上，因其地分，口課種菜五分畝之一。

諸一人之分，正從正，倍從倍，不得隔越他畔。進丁受田者恒從所近。若同時俱受，先貧後富。再倍之田，放此爲法。

諸遠流配謫、無子孫、及户絶者，墟宅、桑榆盡爲公田，以供授受。授受之次，給其所親；未給之間，亦借其所親。

諸宰民之官，各隨地給公田，刺史十五頃，太守十頃，治中别駕各八頃，縣令、郡丞六頃。更代相付。賣者坐如律。

《隋書》卷二四《食貨志》至河清三年定令，乃命人居十家爲比鄰，五十家爲閭里，百家爲族黨。男子十八以上，六十五已下爲丁；十六已上，十七已下爲中；六十六已上爲老；十五已下爲小。率以十八受田，輸租調，二十充兵，六十免力役，六十六退田，免租調。

京城四面，諸坊之外三十里内爲公田。受公田者，三縣代遷户執事官一品已下，逮于羽林武賁，各有差。其外畿郡，華人官第一品已下，羽林武賁已上，各有差。

職事及百姓請墾田者，名爲永業田。奴婢受田者，親王止三百人；嗣王止二百人；第二品嗣王已下及庶姓王，止一百五十人；正三品已上及皇宗，止一百人；七品已上，限止八十人；八品已下至庶人，限止六十人。奴婢限外不給田者，皆不輸。其方百里外及州人，一夫受露田八十畝，婦四十畝。奴婢依良人，限數與在京百官同。丁牛一頭，受田六十畝，限止四牛。又每丁給永業二十畝，爲桑田。其中種桑五十根，榆三根，棗五根。不在還受之限。非此田者，悉入還受之分。土不宜桑者，給麻田，如桑田法。

率人一牀，調絹一疋，綿八兩，凡十斤綿中，折一斤作絲，墾租二石，義租五斗。奴婢各准良人之半。牛調二尺，墾租一斗，義租五升。墾租送臺，義租納郡，以備水旱。墾租皆依貧富爲三梟。其賦税常調，則少者直出上户，中者及中户，多者及下户。上梟輸遠處，中梟輸次遠，下梟輸當州倉。三年一校焉。租入臺者，五百里内輸粟，五百里外輸米。入州鎮者，輸粟。人欲輸錢者，准上絹收錢。諸州郡皆别置富人倉。初立之日，准所領中下户口數，得支一年之糧，逐當州穀價賤時，斟量割當年義租充入。穀貴，下價糶之；賤則還用所糶之物，依價糴貯。

每歲春月，各依鄉土早晚，課人農桑，自春及秋，男十五已上，皆布田畝。桑蠶之月，婦女十五已上，皆營蠶桑。孟冬，刺史聽審邦教之優劣，定殿最之科品。人有人力無牛，或有牛無力者，須令相便，皆得納種。使地無遺利，人無游手焉。

緣邊城守之地，堪墾食者，皆營屯田，置都使子使以統之。一子使當田五十頃，歲終考其所入，以論褒貶。

《隋書》卷二四《食貨志》　後周太祖作相，創制六官。載師掌任土之法，辨夫家田里之數，會六畜車乘之稽，審賦役斂弛之節，制畿疆修廣之域，頒施惠之要，審牧產之政。司均掌田里之政令。凡人口十已上，宅五畝；口九已上，宅四畝；口五已下，宅三畝。有室者，田百四十畝，丁者田百畝。司賦掌功賦之政令。凡人自十八以至六十有四，與輕癃者，皆賦之。其賦之法，有室者，歲不過絹一疋，綿八兩，粟五斛；丁者半之。其非桑土，有室者，布一疋，麻十斤；丁者又半之。豐年則全賦，中年半之，下年一之，皆以時徵焉。若艱凶札，則不徵其賦。司役掌力役之政令。凡人自十八以至五十有九，皆任於役。豐年不過三旬，中年則二旬。下年則一旬。凡起徒役，無過家一人。其人有年八十者，一子不從役，百年者，家不從役。廢疾非人不養者，一人不從役。若凶札，又無力征。掌鹽掌四鹽之政令。一曰散鹽，煑海以成之；二曰盬鹽，引池以化之；三曰形鹽，物地以出之；四曰飴鹽，於戎以取之。凡盬鹽形鹽，每地爲之禁，百姓取之，皆稅焉。司倉掌辨九穀之物，以量國用。國用足，即蓄其餘，以待凶荒；不足則止。餘用足，則以粟貸人。春頒之，秋斂之。

（唐）杜佑《通典》卷一《食貨·田制》　後魏明帝永興中，頻有水旱。神瑞二年，又不熟，於是分簡尤貧者就食山東。敕有司勸課田農曰：前志有之，人生在勤，勤則不匱。凡庶人不畜者祭無牲，不耕者祭無盛，不樹者死無椁，不蠶者衣無帛，不績者喪無縗。教行三農，生殖九穀。自是人皆力勤，歲數豐穰，畜牧滋息。

景穆帝初爲太子監國，曾令有司課畿內之人，使無牛家以人牛力相貿，墾殖鋤耨。其有牛家與無牛家一人種田二十畝，償以耘鋤功七畝，如是爲差。至與老小無牛家種田七畝，老小者償以鋤功二畝。皆以五口下貧家爲率。各列家別口數、所種頃畝，明立簿目。所種者於地首標題姓名，以辨播殖之功。

孝文太和元年三月，詔曰：去年牛疫，死傷太半，今東作既興，人須肆業。有牛者加勤於常歲，無牛者倍傭於餘年。一夫制理四十畝，中男二十畝。無令人有餘力，地有遺利。時李安世上疏曰：臣聞量地畫野，經國大式，邑地相參，致理之本。井稅之興，其來日久，田萊之數，制之以限。蓋欲使土不曠功，人罔游力。雄擅之家，不獨膏腴之美；單陋之夫，亦有頃畝之分。竊見州郡之人，或因年儉流移，棄賣田宅，漂居異鄉，事涉數代。三長既立，始返舊墟，廬井荒涼，桑榆改植。事已歷遠，易生假冒，彊宗豪族，肆其侵凌，遠認魏晉之家，近引親舊之驗。年載稍久，鄉老所惑，群證雖多，莫可取據。各附親知，互有長短，兩證徒具，聽者猶疑，争訟遷延，連紀不判。良疇委而不開，柔桑枯而不採，欲令家豐歲儲，人給資用，其可得乎！愚謂今雖桑井難復，宜更均量，審其徑術，令分藝有準，力業相稱。細人獲資生之利，豪右靡餘地之盈。無私之澤，乃播均於兆庶，如阜如山，可有積於比户矣。又所争之田，宜限年斷，事久難明，悉屬今主。然後虚詐之人，絶於覬覦，守分之士，免於凌奪。帝深納之，均田之制起於此矣。

九年，下詔均給天下人田：諸男夫十五以上，受露田四十畝，不栽樹者謂之露田。婦人二十畝，奴婢依良。丁牛一頭受田三十畝，限四牛。所授之田率倍之，三易之田再倍之，以供耕休及還受之盈縮。人年及課則受田，老免及身没則還田，奴婢、牛隨有無以還受。諸桑田不在還受之限，但通入倍田分。於分雖盈，没則還田，不得以充露田之數，不足者以露田充倍。諸初受田者，男夫一人給田二十畝，課蒔餘，種桑五十樹，棗五株，榆三根。非桑之土，夫給一畝，依法課蒔榆、棗。奴各依良。限三年種畢，不畢，奪其不畢之地。於桑榆地分雜蒔餘果及多種桑榆者不禁。諸應還之田，不得種桑榆棗果，種者以違令論，地入還分。諸桑田皆爲代業，身終不還，恒從見口。有盈者無受無還，不足者受種如法。盈者得賣其盈，不足者得買所不足。不得賣其分，亦不得買過所足。諸麻布之土，男夫及課，別給麻田十畝，婦人五畝，奴婢依良，皆從還受之法。諸有舉户老小殘疾無受田者，年十一以上及疾者，各授以半夫田。年踰七十者不還所受。寡婦守志者，雖免課亦授婦田。諸還受人田，恒以正月。若始受田而身亡及賣買奴婢、牛者，皆至明年正月乃得還受。諸土廣人稀之處，隨力所及，官借人種蒔。後有來居者，依法封授。諸地狹之處，有進丁受田而不樂遷者，則以其家桑田爲正田分，又不足不給倍田，又不足家內人別減分。無桑之鄉，準此爲法。樂遷者聽逐空荒，不限異州他郡，唯不聽避勞就逸。其地足之處，不得無故而移。諸人有新居者，三口給地一畝，以爲居室，奴婢五口給一畝。男女十五以上，因其地分，口課種菜五分畝之一。諸一人之分，正從正，倍從倍，不得隔越他畔。進丁受田者，恒從所近。若同時俱受，先貧後富。再倍之田，放此爲法。諸遠流配謫無子孫及户絶者，墟宅、桑榆盡爲公田，以供授受。授受之次，給其所親，未給之間，亦借其所親。諸宰人之官，各隨近給公田；刺史十五頃，太守十頃，治中、別駕各八頃，縣令、郡丞六頃。更代相付。賣者坐如律。

（唐）杜佑《通典》卷二《食貨·田制》　北齊給授田令，仍依魏朝。每年十月普令轉授成丁而授，丁老而退，不聽賣易。文宣帝天保八年，議徙冀、定、瀛無田之人，謂之樂遷，於幽州寬鄉以處之。秦漢州郡則大，魏晉年代又遠，改移分析，或未易知，以此要有解釋。近代制置，今多因習，則不假繁敘，他皆類此。

武成帝河清三年詔：每歲春月，各依鄉土早晚，課人農桑。自春及秋，男子十五以上，皆布田畝。蠶桑之月，婦女十五以上，皆營蠶桑。孟冬，刺史聽審邦教之優劣，定殿最之科品。人有人力無牛，或有牛無人力者，須令相便，皆得納種。使地無遺利，人無游手。又令男子率以十八受田，輸租調，二十充兵，六十免力役，六十六退田，免租調。京城四面諸坊之外，三十里内爲公田。受公田者，三縣代遷户執事官一品以下，逮於羽林武賁，各有差。其外畿郡，華人官第一品以下，羽林武賁以上，各有差。職事及百姓請墾田者，名爲永業田。奴婢受田者，親王止三百人，嗣王二百人，第二品嗣王以下及庶姓王百五十人，正三品以上及皇宗百人，七品以上八十人，八品以下至庶人六十人。奴婢限外不給田者，皆不輸。其方百里外及州人，一夫受露田八十畝，婦人四十畝，奴婢依良人，限數與在京百官同。丁牛一頭受田六十畝，限止四牛。每丁給永業二十畝，爲桑田。其田中種桑五十根，榆三根，棗五根，不在還受之限。非此田者，悉入還受之分。土不宜桑者，給麻田，如桑田法。

《關東風俗傳》曰：其時強弱相凌，恃勢侵奪，富有連畛亘陌，貧無立錐之地。昔漢氏募人徙田，恐遺墾課，令就良美。而齊氏全無斟酌，雖有當年權格，時蹔施行，爭地文案有三十年不了者，此由授受無法者也。其賜田者，謂公田及諸橫賜之田。魏令，職分公田，不問貴賤，一人一頃，以供芻秣。自宣武出獵以來，始以永賜，得聽賣買。遷鄴之始，濫職衆多，所得公田，悉從貨易。又天保之代，曾遥壓首人田，以充公簿。比武平以後，橫賜諸貴及外戚佞寵之家，亦以盡矣。又河渚山澤有可耕墾肥饒之處，悉是豪勢，或借或請，編户之人不得一壟。糾賞者，依令，口分之外知有買匿，聽相糾列，還以此地賞之。至有貧人，實非賸長買匿者，苟貪錢貨，詐吐壯丁口分，以與糾人，亦既無田，即便逃走。帖賣者，帖荒田七年，熟田五年，錢還地還，依令聽許。露田雖復不聽賣買，賣買亦無重責。貧户因王課不濟，率多貨賣田業，至春困急，輕致藏走。亦有懶惰之人，雖存田地，不肯肆力，在外浮游。三正賣其口田，以供租課。比來頻有還人之格，欲以招慰逃散。假使蹔還，即賣所得之地，地盡還走，雖有還名，終不肯住，正由縣聽其賣帖田園故也。廣占者，依令，奴婢請田亦與良人相似。以無田之良口，比有地之奴牛。宋世良天保中獻書，請以富家牛地先給貧人，其時朝列，稱其合理。宋孝王撰。

後周文帝霸政之初，創置六官。司均掌田里之政令。凡人口十以上宅五畝，口七以上宅四畝，口五以下宅三畝。有室者田百四十畝，丁者田百畝。

（唐）杜佑《通典》卷二《食貨·屯田》　齊高帝敕桓崇祖修理芍陂田，曰：卿但努力營田，自然平殄虜寇。昔魏置典農，而中都足食，晋開汝潁，而河汴委儲。卿宜勉之。

後魏孝文帝太和十一年大旱，十二年，祕書丞李彪上表：請別立農官，取州郡户十分之一爲屯田人。相水陸之宜，料頃畝之數，以贓贖雜物市牛科給，令其肆力。一夫之田，歲責六十斛，甄其正課並征戍雜役。行此二事，數年之中則穀積而人足矣。帝覽而善之，尋施行焉。自此公私豐贍，雖有水旱，不爲害也。

北齊廢帝乾明中，尚書左丞蘇珍芝又議修石鼈等屯，歲收數十萬石，自是淮南軍防糧足。

孝昭帝皇建中平州刺史嵇曄建議，開幽州督亢舊陂，今范陽郡范陽縣界。長城左右營屯，歲收稻粟數十萬石，北境得以周贍。又於河内置懷義等屯，以給河南之費。自是稍止轉輸之勞。

武成帝河清三年詔：緣邊城守堪墾食者營屯田，置都子使以統之。

一子使當田五十頃，歲終課其所入，以論褒貶。

（宋）鄭樵《通志》卷六一《食貨略・田制》　後魏文帝時，李安世上疏曰：臣聞量民畫野，經國大式，邑地相參，致理之本。井稅之興，其來日久；田萊之數，制之以限。蓋欲使土不曠功，人罔游力，雄擅之家不獨膏腴之美，單陋之夫亦有頃畝之分。竊見州郡之民，或因年儉流移，棄賣田宅，漂居異鄉，事涉數代。三長既立，始返舊墟，廬井荒涼，桑榆改植。事已歷遠，易生假冒。彊宗豪族肆其侵凌，遠認魏晉之家，近引親舊之驗。年載稍久，鄉老所惑，羣證雖多，莫可取據。爭訟遷延，連紀不判。良疇委而不開，柔桑枯而不採，欲令家豐人給，其可得乎！愚謂今雖桑井難復，宜更均量，審其徑術，令分藝有准，力業相稱。細民獲資生之利，豪右靡餘地之盈。又所爭之田，宜限年斷，事久難明，悉屬今主。帝深納之，均田之制起於此矣。太和九年，下詔均給天下民田：諸男夫十五以上，受露田四十畝，不栽樹者謂之露田。婦人二十畝，奴婢依良。丁牛一頭受田三十畝，限四牛。所授之田率倍之，三易之田再倍之，以供耕休及還受之盈縮。人年及課則受田，老免及身没則還田，奴婢、牛隨有無以還受。諸桑田不在還受之限，但通入倍田分。於分雖盈，不得以充露田之數，不足者以露田充倍。諸初受田者，男夫一人給二十畝，課蒔餘果，種桑五十樹，棗五株，榆三根。非桑之土，夫給一畝，依法課蒔餘果。及多種桑榆者，不禁。諸應還之田，不得種桑榆棗果，種者以違令論，地入還分。諸桑田皆爲世業，身終不還，恒從見口。有盈者無受無還，不足者受種如法。盈者得賣其盈，不足者得買所不足。不得賣其分，亦不得買過所足。諸麻布之土男夫及課，别給麻田十畝，婦人五畝，奴婢依良，皆從還受之法。諸有舉户老小殘疾無受田者，年十一已上及疾者，各授以半夫田。年踰七十者不還所受。寡婦守志者，雖免課亦授婦田。諸還受人田，恒以正月。若始受田而身亡及賣買奴婢、牛者，皆至明年正月乃得還受。諸土廣人稀之處，隨力所及，官借人種。蒔後有來居者，依法封授。諸地狹之處，有進丁受田而不樂遷者，則以其家桑爲正田分，又不足不給倍田，又不足家内人别減分。無桑之鄉，準此爲法。樂遷者聽逐空荒，不限異州他郡，唯不聽避勞就逸。其地足之處，不得無故而移。諸人有新居者，三口給地一畝，以爲居室，奴婢五口給一畝。男女十五以上，因其地分，口課種菜五分畝之一。諸一人之分，正從正，倍從倍，不得隔越他畔。進丁受田者，恒從所近。若同時俱受，先貧後富。再倍之田，放此爲法。諸遠配流謫無子孫及户絶者，墟宅、桑榆盡爲公田，以供授受。授受之次，給其所親，未給之間，亦借其所親。諸宰人之官，各隨近給公田；刺史十五頃，太守十頃，治中别駕各八頃，縣令郡丞六頃，更代相付。賣者坐如律。職分田起於此。

北齊給授田令，仍依魏朝。每年十月普令轉授成丁而授，丁老而退，不聽賣易。文宣帝天保八年，議徙冀、瀛、定無田之人，謂之樂遷，於幽州寬鄉以處之。武成帝河清三年，令男子率以十八受田輸租調，二十充兵，六十免力役，六十六退田免租調。京城四面諸方之外，三十里内爲公田。受公田者，三縣代遷户執事官一品以下，逮於羽林虎賁，各有差。其外畿郡，華人官第一品以下，羽林虎賁以上，各有差。職事及百姓請墾田者，名爲永業田。奴婢受田者，親王止三百人，嗣王二百人，第二品嗣王以下及庶姓王百五十人，正三品以上及皇宗百人，七品以上八十人，八品以上至庶人六十人。奴婢限外不給田者，皆不輸。其方百里外及州人，一夫受露田八十畝，婦人四十畝，奴婢依良人，限數與者在京百官同。丁牛一頭受田六十畝，限止四牛。每丁給永業二十畝爲桑田，其田中種桑五十根，榆三根，棗五根，不在還受之限。非此田者，悉入還受之分。土不宜桑者，給麻田，如桑田之法。《關東風俗傳》曰：其時彊弱相凌，恃勢侵奪，富有連畛亘陌，貧無立錐之地。昔漢氏募民徙田，恐遺墾課，令就良美。而齊氏全無斟酌，雖有當年權格，時暫施行，爭地文案有三十年不了者，此由授受無法者也。

後周文帝霸政之初，創置六官。司均掌田里之政令，凡人口十以上宅五畝，口七《隋志》作九。以上宅四畝，口五以下宅三畝。有室者田百四十畝，丁者田百畝。

（宋）鄭樵《通志》卷六一《食貨略・屯田》　後魏文帝大統十一年大旱，十二年，秘書丞李彪上表，請别立農官，取州郡户千分之一爲屯田人。相水陸之宜，料頃畝之數，以贓贖雜物市牛科給，令其肆力。一夫之田，歲責六十斛，蠲其正課并征戍雜役。行此二事，數年之中則穀積人足矣。帝覽而善之，尋施行焉。自此公私豐贍，雖有水旱，不爲之害也。

北齊廢帝乾明中，尚書左丞蘇珍芝又議修石鼈等屯，歲收數十萬石，自是淮南軍防糧足。孝昭帝皇建中，平州刺史嵇曄建議，開幽州督亢舊陂，長城左右營屯，歲收稻粟數十萬石，北境得以周贍，又於河内置懷義等屯，以給河南之費。自是稍止轉輸之勞。武成帝河清三年，詔：沿邊城守堪墾食者營屯田，置都子使以統之。一子使當田五十頃，歲終課其所入，以論褒貶。

紀　事

《三國志》卷一六《魏志·任峻傳》　是時歲饑旱，軍食不足，羽林監潁川棗祗建置屯田，太祖以峻爲典農中郎將，〔募百姓屯田於許下，得穀百萬斛，郡國列置田官，〕數年中所在積粟，倉廩皆滿。

《三國志》卷一六《魏志·任峻傳》　〔裴松之注〕《魏武故事》載令曰：故陳留太守棗祗，天性忠能。始共舉義兵，周旋征討。後袁紹在冀州，亦貪祗，欲得之。祗深附託於孤，使領東阿令。吕布之亂，兗州皆叛，惟范、東阿完在，由祗以兵據城之力也。後大軍糧乏，得東阿以繼，祗之功也。及破黄巾定許，得賊資業，當興立屯田，時議者皆言當計牛輸穀，佃科以定。施行後，祗白以爲僦牛輸穀，大收不增穀，有水旱災除，大不便。反覆來説，孤猶以爲當如故，大收不可復改易。祗猶執之，孤不知所從，使與荀令君議之。時故軍祭酒侯聲云：科取官牛，爲官田計。如祗議，於官便，於客不便。聲懷此云云，以疑令君。祗猶自信，據計畫還白，執分田之術。孤乃然之，使爲屯田都尉，施設田業。其時歲則大收，後遂因此大田，豐足軍用，摧滅羣逆，克定天下，以隆王室。祗興其功，不幸早没，追贈以郡，猶未副之。今重思之，祗宜受封，稽留至今，孤之過也。祗子處中，宜加封爵，以祀祗不朽之事。

《三國志》卷三五《蜀志·諸葛亮傳》　〔章武十二年〕亮每患糧不繼，使己志不申，是以分兵屯田，爲久駐之基。耕者雜於渭濱居民之間，而百姓安堵，軍無私焉。

《三國志》卷五四《吴志·吕蒙傳》　魏使廬江謝奇爲蘄春典農，屯皖田鄉，數爲邊寇。【略】曹公遣朱光爲廬江太守，屯皖，大開稻田，又令閒人招誘鄱陽賊帥，使作内應。

《晉書》卷一〇《文帝紀》　〔義熙九年〕夏四月壬戌，罷臨沂、湖熟皇后脂澤田四十頃，以賜貧人，弛湖池之禁。

《宋書》卷六《孝武帝紀》　〔宋孝武帝孝建二年七月〕丙子，詔曰：諸苑禁制綿遠，有妨肄業，可詳所開弛，假與貧民。

《宋書》卷六《孝武帝紀》　〔宋孝武帝孝建三年二月〕壬午，内外官有田在近道，聽遣所給吏僮附業。

《宋書》卷六《孝武帝紀》　〔宋孝武帝大明元年〕二月己亥，復親民職公田。

《宋書》卷六《孝武帝紀》　〔宋孝武帝大明七年七月〕丙申，詔曰：前詔江海田池，與民共利。歷歲未久，浸以弛替。名山大川，往往占固。有司嚴加檢糾，申明舊制。

《梁書》卷二《武帝紀》　〔天監七年〕九月丁亥，詔曰：芻牧必往，姬文垂則；雉兔有刑，姜宣致貶。藪澤山林，毓材是出，斧斤之用，比屋所資。而頃世相承，並加封固，豈所謂與民同利，惠茲黔首？凡公家諸屯戍見封熂者，可悉開常禁。

《梁書》卷二《武帝紀》　〔天監〕十七年春正月丁巳朔，詔曰：夫樂所自生，含識之常性；厚下安宅，馭世之通規。朕矜此庶氓，無忘待旦，亟弘生聚之略，每布寬卹之恩；而編户未滋，遷徙尚有，輕去故鄉，豈其本志？資業殆闕，自返莫由，巢南之心，亦何能弭。今開元發歲，品物惟新，思俾黔黎，各安舊所。將使郡無曠土，邑靡游民，鷄犬相聞，桑柘交畛。凡天下之民，有流移他境，在天監十七年正月一日以前，可開恩半歲，悉聽還本，蠲課三年。其流寓過遠者，量加程日。若有不樂還者，即使著土籍爲民，准舊課輸。若流移之後，本鄉無復居宅者，村司三老及餘親屬，即爲詣縣，占請村内官地官宅，令相容受，使戀本者還有所託。凡坐爲市埭諸職割盜衰減應被封籍者，其田宅車牛，是民生之具，不得悉以没入，皆優量分留，使得自止。其商賈富室，亦不得頓相兼併。遁叛之身，罪無輕重，並許首出，還復民伍。若有拘限，自還本役。並爲條格，咸使知聞。

《梁書》卷三《武帝紀》〔大同七年十一月丁丑〕：詔曰：用天之道，分地之利，蓋先聖之格訓也。凡是田桑廢宅没入者，公創之外，悉以分給貧民，皆使量其所能以受田分。如聞頃者，豪家富室，多占取公田，貴價僦稅，以與貧民，傷時害政，爲蠹已甚。自今公田悉不得假與豪家；已假者特聽不追。其若富室給貧民種糧共營作者，不在禁例。

《梁書》卷三《武帝紀》〔大同七年〕十二月壬寅，詔曰：古人云，一物失所，如納諸隍，未是切言也。朕寒心消志，爲日久矣，每當食投箸，方眠徹枕，獨坐懷憂，憤慨申旦，非爲一人，萬姓故耳。州牧多非良才，守宰虎而傅翼，楊阜是故憂憤，賈誼所以流涕。至於民間誅求萬端，或供厨帳，或供廐庫，或遣使命，或待賓客，皆無自費，取給於民。又復多遣游軍，稱爲遏防，姦盜不止，暴掠繁多，或求供設，或責脚步。又行劫縱，更相枉逼，良人命盡，富室財殫。此爲怨酷，非止一事。亦頻禁斷，猶自未已。外司明加聽採，隨事舉奏。又復公私傳、屯、邸、冶，爰至僧尼，當其地界，止應依限守視；乃至廣加封固，越界分斷水陸採捕及以樵蘇，遂致細民措手無所。凡自今有越界禁斷者，禁斷之身，皆以軍法從事。若是公家創内，止不得輒自立屯，與公競作以收私利。至百姓樵採以供煙爨者，悉不得禁；及以採捕，亦勿訶問。若不遵承，皆以死罪結正。

《魏書》卷七上《高祖紀》〔太和九年〕冬十月丁未，詔曰：朕承乾在位，十有五年。每覽先王之典，經綸百氏，儲畜既積，黎元永安。爰暨季葉，斯道陵替，富強者並兼山澤，貧弱者望絶一廛，致令地有遺利，民無餘財，或争畝畔以亡身，或因饑饉以棄業，而欲天下太平，百姓豐足，安可得哉？今遣使者，循行州郡，與牧守均給天下之田，還受以生死爲斷，勸課農桑，興富民之本。戊申，高麗、吐谷渾國並遣使朝貢。辛酉，侍中、司徒、魏郡王陳建薨。詔員外散騎常侍李彪、尚書郎公孫阿六頭使蕭賾。十有二月乙卯，侍中、淮南王他爲司徒。蠕蠕犯塞，詔任城王澄率衆討之。

《魏書》卷四八《高允傳》又詔允與侍郎公孫質、李虚、胡方回共定律令。世祖引允與論刑政，言甚稱旨。因問允曰：萬機之務，何者爲先？是時多禁封良田，又京師游食者衆。允因言曰：臣少也賤，所知唯田，請言農事。古人云：方一里則爲田三頃七十畝，百里則田三萬七千頃。若勤之，則畝益三升，不勤則畝損三升。方百里損益之率，爲粟二百二十二萬斛，況以天下之廣乎？若公私有儲，雖遇饑年，復何憂哉？世祖善之。遂除田禁，悉以授民。

《魏書》卷五三《李安世傳》時民困飢流散，豪右多有占奪，安世乃上疏曰：臣聞量地畫野，經國大式；邑地相參，致治之本。井稅之興，其來日久；田萊之數，制之以限。蓋欲使土不曠功，民罔游力。雄擅之家，不獨膏腴之美；單陋之夫，亦有頃畝之分。所以恤彼貧微，抑兹貪欲，同富約之不均，一齊民於編户。竊見州郡之民，或因年儉流移，棄賣田宅，漂居異鄉，事涉數世。三長既立，始返舊墟，廬井荒毁，桑榆改植。事已歷遠，易生假冒。強宗豪族，肆其侵凌，遠認魏晉之家，近引親舊之驗。又年載稍久，鄉老所惑，羣證雖多，莫可取據。各附親知，互有長短，兩證徒具，聽者猶疑，争訟遷延，連紀不判。良疇委而不開，柔桑枯而不採，僥倖之徒興，繁多之獄作。欲令家豐歲儲，人給資用，其可得乎！愚謂今雖桑井難復，宜更均量，審其徑術，令分藝有準，力業相稱。細民獲資生之利，豪右靡餘地之盈。則無私之澤，乃播均於兆庶，如阜如山，可有積於比户矣。又所争之田，宜限年斷，事久難明，悉屬今主。然後虚妄之民，絶望於覬覦；守分之士，永免於凌奪矣。高祖深納之，後均田之制起於此矣。

（宋）司馬光《資治通鑑》卷一三六《齊紀・武帝永明三年》〔齊永明三年，北魏太和九年〕魏初，民多蔭附；蔭附者，自附於豪強之家以求蔭庇。蔭附者皆無官役，而豪強徵斂倍於公賦。給事中李安世上言：歲饑民流，田業多爲豪右所占奪；占，之贍翻。雖桑井難復，桑井，謂古者井田之制，五畝之宅，樹牆下以桑也。宜更均量，使力業相稱。又，所争之田，宜限年斷，量，音良。稱，尺證翻。斷，丁亂翻。事久難明，悉歸今主，以絶詐妄。魏主善之，由是始議均田。冬，十月，丁未，詔遣使者循行州郡，行，下孟翻。與牧守均給天下之田：守，式又翻。諸男夫十五以上受露田四十畝，婦人二十畝，杜佑《通典》註曰：不栽樹者謂之露田。奴婢依良丁；良丁，謂良人成丁者。牛一頭，受田三十畝，限止四年。所授之田，率倍之；三易之田，再倍之，以供耕作及還受之盈縮。倍之者，合受四十畝，授以八十畝。

此一易之田也。三易之田，三年耕然後復故，故再倍以授之。人年及課則受田，老免及身没則還田。奴婢、牛隨有無以還受。初受田者，男夫給二十畝，課種桑五十株；桑田皆爲世業，身終不還。恒計見口，有盈者無受無還，不足者受種如法，盈者得賣其盈。恒，户登翻。見，賢遍翻。口分，世業之法始此。諸宰民之官，各隨近給公田有差，更代相付；更，工衡翻。賣者坐如律。

（清）朱銘盤《南朝宋會要·食貨·占田》 孝武大明初，羊希爲尚書左丞。時揚州刺史西陽王子尚上言：山湖之禁，雖有舊科，民俗相因，替而不奉，熂山封水，保爲家利。自頃以來，頽弛日甚，富強者兼嶺而占，貧弱者薪蘇無託，至漁採之地，亦又如茲。斯實害治之深弊，爲政所宜去絶。損益舊條，更申恒制。有司檢壬辰詔書：占山護澤，強盜律論，贓一丈以上，皆棄市。希以壬辰之制，其禁嚴刻，事既難遵，理與時弛。而占山封水，漸染復滋，更相因仍，便成先業，一朝頓去，易致嗟怨。今更刊革，立制五條。停除咸康二年壬辰之科。從之。

（清）朱銘盤《南朝宋會要·食貨·公田》 武帝永初二年二月戊申，制中二千石加公田一頃。本《紀》。【略】

文帝元嘉三十年七月辛酉，詔江海田池公家規固者，詳所開弛。本《紀》。

明帝泰始三年十月辛丑，復郡縣公田。本《紀》。

（清）朱銘盤《南朝梁會要·食貨·墾田屯田》 天監元年，荊州刺史始興王憺，加安西將軍。時軍旅之後，公私空乏，憺廣闢屯田。本《傳》。

天監中，裴邃出爲竟陵太守，開置屯田，公私便之。尋遷北梁秦二州刺史，復開創屯田數千頃。本《傳》。

中大通二年，陳慶之除南北司二州刺史，開田六千頃。

隋唐五代分部

論說

（唐）韓愈《韓昌黎文集》卷八《雜文狀・表狀・鱷魚文》 維年月日，潮州刺史韓愈，使軍事衙推秦濟，以羊一猪一投惡谿之潭水，以與鱷魚食，而告之曰：

昔先王既有天下，列山澤，罔繩擉刃，以除蟲蛇惡物爲民害者，驅而出之四海之外。及後王德薄，不能遠有，則江漢之間，尚皆棄之以與蠻夷楚越，況潮嶺海之間，去京師萬里哉？鱷魚之涵淹卵育於此，亦固其所。今天子嗣唐位，神聖慈武，四海之外，六合之内，皆撫而有之；況禹跡所揜，揚州之近地，刺史縣令之所治，出貢賦以供天地宗廟百神之祀之壤者哉？鱷魚其不可與刺史雜處此土也！

刺史受天子命，守此土，治此民，而鱷魚睅然不安谿潭，據處食民畜熊豕鹿麞，以肥其身，以種其子孫，與刺史亢拒，争爲長雄；刺史雖駑弱，亦安肯爲鱷魚低首下心，伈伈俔俔，爲民吏羞，以偷活於此邪！且承天子命以來爲吏，固其勢不得不與鱷魚辨，鱷魚有知，其聽刺史言：

潮之州，大海在其南，鯨鵬之大，蝦蟹之細，無示容歸，以生以食，鱷魚朝發而夕至也。今與鱷魚約：盡三日，其率醜類南徙于海，以避天子之命吏。三日不能至五日，五日不能至七日，七日不能，是終不肯徙也，是不有刺史，聽從其言也；不然，則是鱷魚冥頑不靈，刺史雖有言，不聞不知也。夫傲天子之命吏，不聽其言，不徙以避之，與冥頑不靈而爲民物害者，皆可殺。刺史則選材技吏民，操强弓毒矢，以與鱷魚從事，必盡殺乃止。其無悔！

（唐）元稹《元稹集》卷三八《狀・同州奏均田狀》 當州自於七縣田地數内，均配兩税元額頃畝，便請分給諸色職田、州使田、官田與百姓。其草粟脚錢等，便請於萬户上均率。又均攤左神策部陽鎮軍田粟，及特放百姓税麻，及除去斛斗錢草零數等利宜，分析如後：

當州兩税地

右件地，並是貞元四年檢責，至今已是三十六年。其間人户逃移，田地荒廢。又近河諸縣，每年河路吞侵，沙苑側近，日有沙礫填掩，百姓税額已定，皆是虚額徵率。其間亦有豪富兼并，廣占阡陌，十分田地，纔税二三，致使窮獨逋亡，賦税不辦，州縣轉破，實在於斯。臣自到州，便欲差官檢量，又慮疲人煩擾。昨因農務稍暇，臣遂設法各令百姓自通手實狀，又令里正書手等傍爲穩審，並不遣官吏擅到村鄉。百姓等皆知臣欲一例均平，所通田地，略無欺隱。臣便據所通，悉與除去逃户荒地及河侵沙掩等地，其餘見定頃畝。然取兩税元額地數，通計七縣沃瘠，一例作分抽税。自此貧富强弱，一切均平，徵斂賦租，庶無逋欠，三二年外，此州實冀稍校完全。

天令節，新恩肇降，品彙咸休。皇太后念樞星之祥，重游甲觀；羣執事排閶闔而入，盡唱賡歌。同沾就日之榮，實慶溥天之樂。況百寮承式，萬歲傳聲，永爲利見之規，彌荷無窮之澤。臣等謬參樞務，親奉德音，慶抃之誠，倍萬常品，無任鼓舞歡呼之至。

（唐）元稹《元稹集》卷三八《狀・當州京官及州縣官職田公廨田并州使官田驛田等》 右，臣當州百姓田地，每畝只税粟九升五合，草四分，地頭榷酒錢共出二十一文已下。其諸色職田，每畝約税粟三斗，草三束，脚錢一百二十文。若是京官上司職田，又須百姓變米雇車般送，比量正税，近於四倍加徵。既緣差税至重，州縣遂逐年抑配百姓租佃。或有隔越鄉村，被配一畝二畝之者，或有身居市井，亦令虚額出税之者，其公廨田、官田、驛田等，所税輕重，約與職田相似，亦是抑配百姓租佃，疲人患苦，無過於斯。伏準長慶元年七月赦文，京兆府職田，令於萬户上均配，與臣當州事宜相類。臣今因重配元額税地，便請盡將此色田地，一切給與百姓，任爲永業，一依正税粟草及地頭榷酒錢數納税。其餘所欠職田、斛斗、錢草等，只於夏税地上每畝加一合，秋税地上每畝各加六合，草一分。其餘脚錢，只收地頭榷酒錢上分蠆充數便足，百姓元不加配。其上司職田合變米送城者，比緣百姓自出車牛，及零碎舂碾，動逾春夏，送納不得到城。臣今便於當州近城縣納粟，官爲變碾，取本色脚錢，州司和雇情願車牛般載，差綱送納。計萬户所加至少，使四倍之税永除。上司職禄及時，公私俱受其利。

（唐）白居易《白居易集》卷六四《策林・議百官職田》　臣伏以職田者，職既不同，田亦異數，内外上下各有等差。此亦古者公田稍食之制也。國家自多事已來，厥制不舉，故稽其地籍，而田則具存，考以户租，而數多散失。至有品秩等，官署同，廩禄厚薄之相懸近乎十倍者矣。今欲辨内外之職，均上下之田，不必乎創新規，其在乎舉舊典也。臣謹按國朝舊典，量品而授地，計田而出租，故地之多少必視乎品之高下，租之厚薄必視乎田之肥墝。如此則沃瘠齊而户租均，等列辨而禄食足矣。今陛下求其典而典存焉，索其田而田在焉。誠能申明舉而行之，則前弊必自革矣。

（唐）白居易《白居易集》卷六四《策林・復府兵置屯田分兵權存戎備助軍食》　夫欲分兵權，存戎備，助軍食，則在乎復府兵置屯田而已。昔高祖始受隋禪，太宗既定天下，以爲兵不可去，農不可廢，於是當要衝以開府，因隙地以營田。府有常官，田有常業，俾乎時而講武，歲以勸農，分上下之等，遞勞逸之序，故有虞則起爲戰卒，無事則散爲農夫，不待徵發而封域有備矣，不勞饋餉而軍食自充矣，此亦古者尉候之制兵賦之義也。況今關畿之内，鎮壘相望，皆仰給於縣官，且無用於戰伐，若使反兵於舊府，興利於廢田，張以簿書，頒其廩積，因其卒也，安之以田宅，因其將也，命之以府官，始復於關中，稍置於天下，則兵權漸分，而屯聚之弊日銷矣，戎備漸修，而訓習之利日興矣，軍食漸給，而飛輓之費日省矣。一事作而三利立，唯陛下裁之。

（唐）白居易《白居易集》卷六四《策林・議井田阡陌息游墯，止兼并，實版圖》　問：三代之牧人也，立井田之制，别都鄙之名。其爲名制，可得而知乎？其爲功利，可得而聞乎？

又問：自秦壞井田，漢修阡陌，兼并大啓，游墯實繁；雖歷代因循，誠恐弊深而害甚。如一朝改作，或慮失業而擾人。既廢之甚難，又復之非便。斟酌其道，何者得中？

臣聞：王者之貴，生於人焉；王者之富，生於地焉。故不知地之數，則生業無從而定，財征無從而計，軍役無從而平也。不知人之數，則食力無從而計，軍役無從而均也。不均不平，則地雖廣，人雖多，徒有貴之名，而無富之實。是以先王度土田之廣狹，畫爲夫井；量人户之衆寡，分爲邑居。使地利足以食人，人力足以闢土；邑居足以處衆，人力足以安家。野無餘田，以啓專利；邑無餘室，以容游人。逃刑避役者，往無所之；敗業遷居者，來無所處。於是生業相固，食力相濟。其出財征也，不待徵書而已平矣。其起軍役也，不待料人而已均矣。然後天子可以稱萬乘之貴，四海之富也。洎三代之後，厥制崩壞；故井田廢，則游墯之路啓；阡陌作，則兼并之門開。至使貧苦者無容足立錐之居，富強者專籠山絡野之利。故自秦漢迄于聖朝，因循未遷，積習成弊。然臣以爲井田者廢之頗久，復之稍難，未可盡行，且宜漸制。何以言之？昔商鞅開秦之利也，蕩然廢之；故千載之間，豪奢者得其計。王莽革漢之弊也，卒然復之；故一時之間，農商者失其業。斯則不可久廢，不可速成之明驗也。故臣請斟酌時宜，參詳古制：大抵人稀土曠者，且修其阡陌；户繁鄉狹者，則復以井田。使都鄙漸有名，家夫漸有數。夫然，則井邑兵田之地，衆寡相維；門閭族黨之居，有亡相保。相維則兼并者何所取？相保則游墯者何所容？如此，則庶乎人無浮心，地無遺力，財產豐足，賦役平均；市利歸於農，生業著於地者矣。

《新唐書》卷五一《李元紘傳》　時，廢京司職田，議者欲置屯田。元紘曰：軍國不同，中外異制，若人閑無役，地棄不墾，以閑手耕棄地，省饋運，實軍糧，於是有屯田，其爲益尚矣。今百官所廢職田不一縣，弗可聚也；百姓私田皆力自耕，不可取也。若置屯，即當公私相易，調發丁夫。調役則業廢於家，免庸則賦闕於國，内地爲屯，古未有也。恐得不補失，徒爲煩費。遂止。

（元）朱禮《漢唐事箋前後集》卷六《唐・寬狹鄉雖優寬鄉而啓其賣鬻非是》　古之天下，後之天下，一也。地之有廣狹，人之有衆寡，以彼較此，不能均齊。如一古何以異於後世哉？至唐授田，乃爲寬狹鄉之制。古人所不論，何哉？古者受民之田，田以畝計而有閒民者，豈非餘夫之外亦有不給者耶？民以口計而得有加田者，豈非土廣人稀常有餘地耶？大率附都邑之民常多，遠都邑之民常少，古今一也，故六遂之民可受一廛，雖上地，猶有萊者，所以優遠也。遂人以頒田里，上地夫一廛，田百畝，萊五十畝，餘夫如之；中地夫一廛，田百畝，萊百畝；下地夫一廛，萊二百畝，餘夫亦如之。孟子曰：請野九一而助，國中什一使自賦。亦以優遠而已。必優遠者，遠民稀，近民稠。此其寬狹鄉之喻也。然而古人處此而易爲力者，孟子不過欲行於五十里之滕，周人不過致力於鄉遂二百里之內而止，故曰易也。自漢以來，天子之所自治者既廣，而戰伐相侵，虛實不常，而漢無他經制，顧常有徙民之擾。今唐爲授田之制，則宜於此致詳焉。故唐之法，狹鄉授田減寬鄉之半，而狹鄉工商不給。《食貨志》：田多可以足其人者爲寬鄉，少者爲狹鄉，狹鄉授田減寬鄉之半。其地有厚薄，歲一易者倍授之，寬鄉三易者不倍授，工商寬鄉減半，狹鄉不給。所以優寬鄉也。徙鄉者得賣世業，而自狹徙寬者得併賣口分。《志》凡庶人徙鄉及貧無以葬者，得賣世業田。自狹鄉徙寬鄉者，得并賣口分田。亦以優寬鄉也。四方降户，與奴婢之縱爲良者，皆以附寬鄉。《志》四方降户附於寬鄉，浮民、部曲、客女、奴婢縱爲良者，附寬鄉。狹鄉不許耕占過限，寬鄉則弛其禁，亦以優寬鄉也。此其恩之非不周也。惟其不能禁其自鬻，則他日之貧富之相遠有不能免，且彼豈不知鬻之害而固啓之耶。爲其相賙相保之法，與夫奇衺游惰之禁。《大司徒》令五家爲比，使之相保，五黨爲州，使之相賙，比長掌五家，相受相和，親有罪衺則相及。賙，振贍也。通作周。古人近施之二百里之內，不能遠施於千里之外，則民生不能無貧，貧不能無鬻，要知封建不立，畿甸不分，井田之制未可復也。以天下之廣而欲制纖悉之末，於廟堂之上，雖堯舜不能，則其制度之失，君子無泛議於其末，而移咎於其後。

（清）董誥《全唐文》卷二八三《張九齡・藉田制》 門下：粢盛所以奉神祇，耕藉所以助人力，既義率於下，而敬在其中：是爲先農，存諸大典。故周宣不復於古，而虢公致諫；漢文能修其政，而班史美談。朕自御極以來，動咨故實，惟是千畝，未展三推，匱神困人，降災移歲，庸不在此，良以憮然。今星紀既周，土膏將動，去農祥而不日，考帝藉之以時。朕其親耕，以實御廩，宜令禮官博士詳擇典故，有司速即施行。

（清）董誥《全唐文》卷三五四《敬括・對易田請加倍數判》 乙受易田請加數倍所由以非寬鄉不給訴云三易以上

勞役異等，廣狹殊制，易固有數，授惟從宜。爾乙於何？伊田是職。衣夫襏襫，徒思敏以四支；闞彼萊蕪，難望豐其五穀。因而上請，冀以曲從，但務居墳之嫌，莫原負郭之貴。且一易再易，禮誠舉以加饒；近郊遠郊，義或隨其衆寡。枝辭不已，甚所未然。

（清）董誥《全唐文》卷三六五《萬楚・對糞田判》 楚。開元中進士。

或以齋月屠犬，縣科殺生，曰爲輕㚇所用。

春鳸促農，黎人務穡，用宜穜稑，取化原防。苟磽确之不滋，將彊檕之須糞。或以今茲齋月，言叶上春。東作乃興，咸持錢鎛；南畝斯饁，必漬蕡麻。時器所以勸氓，興耡由其阜俗。我疆我理，庶起芃芃之秀；或耔或耘，思播茫茫之迹。九夫取勸于歲稔，十千期給于公征。貪我上腴，陷茲中典。且農爲理本，法在禁弛，有利輕㚇，誠宜重穀。何繫之屠犬，而謂殺生？應稽諸草人，將勤浸種。縣司麗法，詎曰優農？或且犯齋，期于有獄。

（清）董誥《全唐文》卷三九九《朱濟・對履畝判》 丙爲諸侯履畝，擇其最好者取之，百姓上訴，御史糾違法，云非入己。

俾侯胙土，分茅撫封，視彼黔黎，均其毛澤。今者制田非古，厚歛殘人，履畝尚徇於魯宣，盍徹蔑聞於有若。且農之有畔，穀不過藉，小桀之規是舉，大侵之禮謂何？此而浚我以生，無乃刑人之力。既貪膏壤，取溢京坻，獨阻南薰，盡其東畝。雖非入己，已是盜臣，無罔繡衣，請從褫帶。

（清）董誥《全唐文》卷四〇三《趙良玉・對糞田判》 或以齋月屠犬，縣科殺生，曰爲輕㚇所用。

國著九賦，農分三壤，將助鳴鳩之稔，是用磔犬之法。時惟上月，德在發生，爰取則於周官，遂興功於魯胥。使我疆我理，開膴膴之郊原；如京如坻，藹芃芃之稼穡。蓺或若此，業乃可憑。彼何爲政，義守常典。徒嚴止殺之方，豈曰利人之術？且成物之急，濟時攸重，苟能敦本，孰謂不經？禮合時宜，尚廢犬羊之歎；農爲政本，爰停屠殺之罰。

（清）董誥《全唐文》卷四〇四《傅昇卿・對履判》 丙爲諸侯履畝，擇其最好者取之。百姓上訴，御史糾違法。云非入己。

制邑居民，務農肥國，均大家之閭井，永保士房；徵載師之遠近，將安地著。惟丙職登牧伯，位列諸侯，茂穡勸分，須聞露冕之化；霑體塗足，當務曝髮之勞。而乃不問公私，無論沃墳，取其翼翼之稼，擇彼芃芃之田。同魯公之無恩，穀梁是議；類季孫之苛賦，尼父有言。將刺《大東》，何殊小桀，嗟狐裘之非當，宜豸冠之是糾。何者？倉惟國廩，食則人天，雖欲國實於倉，其若人勤於食。務知遠者，不亦悅乎。

（清）董誥《全唐文》卷四〇五《衛棻·對糞田判》 或以齋月居犬，縣科殺生，曰爲輕輿所用。

三壤克辨，兆民允殖，必廣地財，式崇土訓。載芟載柞，爰盡力乎汙萊，既方既阜，俾恪勤乎稼穡。伊趙爾鎛，有略其耜，荒度厥功，實函斯活。是以粢粱嘉積，曾孫作庾於斯箱；畎畝歌豐，嫠婦栖糧於滯穗。率由茲道，萬邦乃粒，眷彼草人，兼修稼政，無忝厥職，分厚堉之規；靖恭爾司，省高卑之制。雖陽和布始，亟聞乎禁殺，嗣歲將興，必觀其行令。苟能成憲，犬則是屠，將周禮之彝章，功均物土，資漢臣之舊業，事取糞田，葉緹赤以陳宜，相輿彊而有旨，雖云齋月，法欲緩加。且八政食乃爲先，五牲犬實居後，以牲廢食，其傷孔多。棄猶務農，斯利則博，縣道書罰，誠爲昧禮，或者張皇，宜其窒惕。

（清）董誥《全唐文》卷四〇五《趙棲簡·對初稅畝判》 所司初稅畝，怨者實多，僉議罪其變。法中尉云：匪躬之故，兩執不同

大道既行，農不易畝，中孚斯及，國有常稅。各修九賦之職，寧奪三農之勤，惟彼所司，於何妄作？隳周公之垂法，行魯宣之弊政。穀出不過籍，已舉邱明之凡；法迺變於人，寧規商鞅之律。甿則胥怨，誰任其辜？主上情殷納隍，慮一物之乖所；見夫栖畝，欣五穀之薦登。德澤既滂，和氣充塞，誠可減從輕賦，須允下人之喜；遂行厚斂，虛憑中尉之詞。事則匪躬，罪當諸己，則屨校滅趾，茲咎未深；而剥床以膚，取凶斯在。

（清）董誥《全唐文》卷四〇八《賀蘭廣·對屯田佃百姓荒地判》 諸畿縣置屯田，佃百姓荒地。主令復業請自耕種，屯司不與，縣司執申，若不還地，人即却逃。

人散久矣，地廣大荒，開都護之屯田，闢天子之縣內。且耕且戰，歲取十千以餉農；足食足兵，武有七德以威敵。殊管氏之見奪，異周制之不頒，且運屬中興，人多復業。惟桑與梓，詩人興敬止之辭；安土重遷，縣司敦仁人之禮。請從地著之業，無俾流萍之歎。

（清）董誥《全唐文》卷四〇八《袁自求·對糞田判》 自求。元宗時擢書判拔萃科。

或以齋月屠犬，縣科殺生，曰爲輕輿所用。

地邑人居，必參相得，勸功樂事，然後相親。不易之田，畝百而尚逸；再易之地，倍三而猶倦。漆林之征，輕重是舛，園廛之稅，等差斯別。欲均沃堉，必資改更，故載芟載柞，澤澤其耕；不稂不莠，芃芃其稼。且輕輿用犬，彊㮚用蕡，在《禮》經而可遵，於憲章乎何有？《禹貢》成賦，標乎上中之宜；周籍立規，備設牛鹿之制。况明君爲政，動植以安，田祖有神，螟螣不作。科之屠罪，恐涉流言，寧益國以利時，豈棄人而愛犬。食舊德能保全而不忤，田有禽利執言而無咎。小狐汔濟，未出險中，即鹿無虞，往而見悋。刑云不濫，君子盡心，有孚匪終，涣汗何惕？

（清）董誥《全唐文》卷四〇八《盧術·對履畝判》 丙爲諸侯履畝，擇其最好者取之。百姓上訴，御史糾違法。訴云：非入己。

凉以作法，弊尚或貪。謀之不臧，事將奚適？丙桐珪荷寵，茅土分榮，既稱孤之是崇，在養人之爲政，不有如傷之視，遽興厚斂之文。且井屋既殊，收稅有數，人或不足，君何取諸？苟縱欲之斯行，紅粟多積；豈堪命之能久，黔首何安？敢請焚書，將以和衆，遂命持斧，以問剖符。縱非入己之科，須當擅賦之責。

（清）董誥《全唐文》卷四一〇《常衮·廢華州屯田制》 敕：間者戎旅未息，徵求煩重，四郊之賦，乃至五稅其一。居人蕩析，邦廩空虛，遂命宰臣，大修農政，天下郡國，散諸屯田，轉漕入關，以資均濟。兼詔中尉左右內史，表屬州縣閑田，分署農官，俾其耕鑿。南至於華，瀕渭而東，林麓州渚之間，榛莽宂邪之處，非吾人所占者，悉舉籍勸分。載芟載柞，稼多農碩，畝穫數鍾，歲既少殷。軍儲差贍，郡縣之稅，於是十而減七，數從其舊，殆復厥常。今宿麥頗登，秋苗益茂，私田加闢，公用漸充。華州人户，土地非廣，其屯田並宜給以貧下百姓。自頃關中乏牛力，封圻千里，半是邱荒，置屯田已來，皆變良沃。惠散其利，以及困窮，藏之於人，孰與不足？宣示郡縣，宜悉朕懷。

（清）董誥《全唐文》卷四五七《柴少儒·對均輸田判》 吉泰將均

輸地，上已籍下，人告不合。

禹制初闢，周疆肇建；蕭收漢閣，益掌虞邦。井田有差，經隧無紊。順陽和以肅事，映秋霜以畢力。四時得業，萬邦作乎。豈容吉泰愚駑，致心誣妄，析言興盗，亂名改作？革公田以入己，自犯嚴科；移私籍以安居，不知天憲。往聞匡子，今觀吉生，幸付司刑，以議其罪。

（清）董誥《全唐文》卷四五九《杜萬・對名田判》　乙爲列侯名田，縣道有司糾云：既違新制，請没入縣官。乙訴云：雖已受封，實未之國，不伏。

庸功制爵，以國俾侯。司勳是職，太常是紀。錫周官之彝器，分漢家之茅土。古之成憲，今也則殊。乙之所封，義符分陝。介珪入覲，盛君子之威容；家田無征，備優賢之榮寵。何縣道之爲僭？宜有司之見劾。徒用多言，是爲害政。

（清）董誥《全唐文》卷六〇二《劉禹錫・為淮南杜相公論廢楚州營田表》　臣某言：中使曹進玉至，奉宣聖旨存問，兼賜臣墨詔，以楚州營田廢置事。令臣商量奏來者，跪捧天書，恭承睿旨。道存致用，義在隨時云云。伏以本置營田，是求足食。今則徒有縻費，鮮逢順成。刈穫所收，無裨於國用；種糧每闕，常假於供司。較其利害，宜廢已久。比來循守舊制，不敢輕有上陳。皇明鑒微，特革斯弊。取其田蓄，授彼黎蒸。仍俾薄租，誠爲至當。但以田數雖廣，地力各殊。須量沃瘠，用立程度。臣已追里正，與商量利便，謹具別狀奏聞。伏惟聖慮，俯賜詳擇，無任震越屏營之至。

（清）董誥《全唐文》卷八三九《李蕘・奏乞恭陵園林地畝狀》　恭陵所，其山園之内，被民户起舍屋居止，臺觀皆被侵耕。柏城松逕，樵採殆盡。乞下本縣與寺司，重定完本園林地畝。

（清）董誥《全唐文》卷八五〇《杜箮・請開種荒田策》　伏見近年百姓，頗遇災荒。縱納得王租，即不充口食。此蓋播種不廣，頃畝無餘。既税外無溢數之苗，致民中有不及之弊。且國以民爲本，民以食爲天。苟百姓不足，君孰與足！伏請曉示天下，應有荒田，一任百姓開種。候及三年外，即檢照所開種頃畝多少，量納一半租税。所貴國家富饒，上下通濟者。

（清）董誥《全唐文》卷八五六《淳于希顏・請禁括田出剩求功奏》　竊以久不簡田，且仍舊額。無妨耕稼，雖知有勸於農民，復恐不均於衆望。三五年中，時一通括，兼以州縣遭水旱處，比有訴論。差使封量，不宜便有出剩。請今後差官，能敷元額，已不虧官。凡出剩求功，請不收附。所以知朝廷愛民之意，照物之仁。

（清）董誥《全唐文》卷九五一《張憑・對屯田不開渠判》　甲當屯於戊己校尉故地，乙告其常行厭勝之術。御史按。云：唯使丁開渠播種，不伏科罪。

富國強兵，允資重種；闢土殖穀，必俟良農。雖云因地之利，無爽用天之道。惟甲克勤稼穡，受任軍屯。候正歲之布和，乃宣乃理；及王瓜之生夏，或錢或鎛。遂使其茨如梁，必周戊己之地；其比如櫛，不忝京坻之詩，眷此屯功，宜蒙上賞。誰聞興利之舉，翻招厭勝之訟？然而六甲紀則，剛柔異體；五行統歲，禳厭分區。苟獲賴於柔嘉，固無嫌於法術。況丁也爲役，職此開渠，雖決泄之誠勞，豈倉黃而妄告？仰稽古訓，甲則無辜；旁酌人情，乙宜致詰。必若事非政要，術異農祥，請遵持斧之繩，勿恕薄言之訴。

（清）董誥《全唐文》卷九五四《邱峋・對均輸田判》　吉泰將均輸地，上已籍下，人告不合。

禹制初闢，周疆肇建，蕭收漢閣，益掌虞邦。井田有差，徑遂無紊。順陽和以肅事，映秋霜以畢力。四時得業，萬邦作一作永乎，豈容吉泰愚駑，致心誣妄，枏言興盗，亂名改作，革公田以入己，自犯嚴科；移私籍以安居，不知天憲。往聞匡子，今覩吉生。幸付司刑，以議其罪。

（清）董誥《全唐文》卷九五八《鄭楚容・對圭田判》　得甲受圭田，所由什一收税，不伏。

禹別山河，周開井邑。諸侯建國，錫土之義載光；大夫稱家，食采之文攸著。甲因門緒，得賦圭田，傳冀缺之封，襲彤班之賞。外繇取給，私室是殷，雖居五等之尊，猶均什一之税。縣司情深奉法，志在優人，庶貢賦之取均，冀上下之攸利。權豪罔避，貧弱是優。所俾無得其人，今訴誠難爲理。

（清）董誥《全唐文》卷九六四《闕名・請三年一造職田文簿奏貞元

十一年八月屯田》 諸州府送納內外文武官職田及公廨田四至白簿等，前件簿書，准天寶十四年八月十二日敕，每年六月十三日勘造申省，如建本判官牒吏部先用闕本典准法科處者。伏以地段佃户，並無改移，隨年造簿，實有勞費。今請令諸州府及畿內縣，三年一送，違限者准敕科處。

（清）董誥《全唐文》卷九六八《闕名·交替職田合計閏月奏大中元年十月屯田》 應內外官請職田，陸田限三月三十日，水田限四月三十日，麥田限九月三十日，已前上者入後人，已後上者入前人。伏以令式之中，並不該閏月。每遇閏月交替者，即公牒紛紜。有司既無定條，莫知所守。伏以公田給使，須准期程。時限未明，實恐遺闕。今請至前件月遇閏，即以十五日爲定式。十五日已前上者入後人，已後上者入前人，據令條其元闕職田，並限六月三十日，春麥限三月三十日，宿麥限十二月三十日，已前上者入新人，已後上者並入舊人。今亦請至前件月遇閏，即以十五日爲定式。所冀給受有制，永無訴論。

（清）董誥《全唐文》卷九七六《闕名·對澤虞傷田苗判》 乙爲虞所司夏苗，乙萊田表地。或告有闕。訴稱：恐傷夏苗仰正斷

乙爲澤虞，掌於原獸，司其牝牡，職在畋漁。逢有司之夏苗，而猶秉於《周禮》，至於萊田表地，事屬農休；驅豕迎猫，恐爲害稼。何得迷夏令之事，行冬狩之儀？翻罪守官之人，奚勸在公之吏，或者有告，訟則未孚，虞人所陳，辭皆可據。請從審克，寧使厚誣。

（清）董誥《全唐文》卷九八〇《闕名·對多田判》 丁多買田至四百頃，極膏腴，上賈他財物稱是。御史糾之。云：天恩數加，賞賜不是贓賄。

丁家類封君，田成永業，是稱近甸，亦曰膏腴。資貨乃兼於中人，沃野自登於上賈。義殊不穡，頗謂多藏，道則惡盈，志何自滿。必也德均洙泗，學究典墳，專經述鄭元之風，精義盡邱明之奧。學優則仕，道尊爲師，類張禹之置田，殊蕭何之遺子。況稱恩命，豈等平人？御史繩之，終難糾詰。

（清）陸心源《唐文拾遺》卷一八《裴耀卿·營田奏》 竊見天下所檢客户，除兩州計會歸本貫已外，便令所在編附。年限向滿，須准居人，更有優矜。即此輩僥倖，若全徵課税，目擊未堪。竊料天下諸州，不可一例處置，且望從寬鄉有剩田州作法。竊計有剩田者減三四十州，取其剩田，通融支給。其剩地者，三分請取一分已下。其浮户，請任其親戚鄉里相就，每十户已上，共作一坊。每户給五畝充宅，并爲造一兩□屋宇，開巷陌，立閭伍，種桑棗，築園蔬，使緩急相助，親鄰不失。丁別量給五十畝已上爲私田，任其自營種。率其户於近坊，更供給一頃，以爲公田，共令營種。每丁一月役功三日，計十丁一年，其得三百六十日。營公田一頃，不啻得計早收，一年不減一百石，使納隨近州縣。除役功三百六十日外，更無租税。既是營田户，日免征徭，安樂有餘，必不流散。官司每丁收納十石，其粟更不別支用，每至不熟年，斗判三十價，然後支用。計一丁一年，還出兩年已上，亦與正課不殊。則官收其役，不爲矜縱，人緩其税，又得安舒，倉廩日殷，久遠爲便。其狹鄉無剩地客户多者，雖此法未該，准式許移窄就寬，不必要須留住。若寬鄉安置得所，人皆悦慕，則三兩年後，皆可改塗，棄地盡作公田，狹鄉總移寬處，倉儲既實，水旱無憂矣。

（清）陸心源《唐文拾遺》卷五七《闕名·條流諸道俸料職田奏大中六年十二月中書門下》 應諸道節度使觀察團練使防禦經畧等使，所請俸料職田禄粟時服雜給，並諸色人事用度等。先奉聖旨，令條流奏來者，伏以藩鎮之任，寄切分憂。一方慘舒，繫在長吏。近者所在軍府，多稱窮空，因緣增添，費用滋廣，不遵往例，唯徇人情。物力既困于公家，誅歛終歸于百姓。稍能釐革，裨益實多。置使之初，必有定額，歲月深遠，或多改更。望令諸道帥臣及長吏，各詢訪事例，檢尋簿書，其間苟踰舊規，及有新置，並宜除去，務在至公。于軍府州鎮經營利綱等項，相承既久，併絶則難，相害于人，亦宜禁止。

綜述

（唐）杜佑《通典》卷二《食貨·田制》 隋文帝令，自諸王以下至於都督，皆給永業田，各有差。多者至百頃，少者至四十畝。其丁男、中男永業露田，皆遵後齊之制。並課樹以桑榆及棗。其園宅率三口給一畝，奴婢則五口給一畝。京官又給職分田，一品者給田五頃，至五品則爲田三

頃，其下每品以五十畝爲差，至九品爲一頃。外官亦各有職分田。又給公廨田以供用。開皇九年，任墾田千九百四十萬四千二百六十七頃。隋開皇中，户總八百九十萬七千五百三十六。按定墾之數，每户合墾田二頃餘也。開皇十二年，文帝以天下户口歲增，京輔及三河地少而人衆，衣食不給，議者咸欲徙就寬鄉。帝乃發使四出，均天下之田。其狹鄉，每丁纔至二十畝，老小又少焉。至大業中，天下墾田五千五百八十五萬四千四十頃。按其時有户八百九十萬七千五百三十六，則每户合得墾田五頃餘，恐本史之非實。

（宋）王欽若等《册府元龜》卷四九五《邦計部・田制》 開皇十二年，文帝以天下户口歲增，京輔及三河地少而人衆，衣食不給，議者咸欲徙就寬鄉，帝乃發使四出，均天下之地。其狹鄉，每丁纔至二十畝，差小又少焉。太常卿蘇威立議，以爲户口滋多，民田不贍，欲減功臣之地，以給民。王誼奏曰：百官者，歷世勳賢，方蒙爵土，一旦削之，未見其可。如臣所慮，正恐朝臣功德不建，何患民田有不贍。帝然之，竟寢威議。十四年詔：省府州縣皆給公廨田，不得治生與人争利。

煬帝大業中，大夫墾田五千五百八十五萬四千四十一頃。其時有户八百九十萬也千五百三十六，則户合墾田五頃餘，恐本史之非實。

（宋）王欽若等《册府元龜》卷五〇三《邦計部・屯田》 隋郭衍，文帝開皇中爲朔中總管，所部有嘗安鎮，北接蕃境，嘗勞轉運，衍乃選沃饒地置屯田，歲剩粟萬石，民免轉輸之勞。

趙仲卿爲朔州總管，開皇三年突厥犯塞，吐谷渾寇邊，軍旅數起，轉輸勞弊。帝乃令仲卿於長城已北大興屯田，以實塞下，又於河西勒百姓立堡營田。積穀京師，置嘗平監。

煬帝大業中，劉權從征吐谷渾，帝令權過曼頭赤水置河源郡積石鎮大開屯田，留鎮西境。

（宋）王應麟《玉海》卷一七六《食貨・田制・隋均田　永業田》

《通典》：隋文帝令自諸王以下至都督，皆給永業田，各有差，多至百頃，少至三十頃。其丁男、中男永業露田，皆遵後齊之制，並課植以桑榆及棗。其田宅率三口給一畝。開皇九年，墾田千九百四十萬四千二百六十頃。每户二頃餘。十二年，文帝以天下户口歲增，京輔及三河地少而人衆，議者咸欲徙就寬鄉。帝乃發使四出，均天下之田。其狹鄉，每丁纔至二十畝，老小又少焉。至大業中，《志》云五年。天下墾田五千五百八十五萬四千四十一頃，每户各得五頃。

（元）馬端臨《文獻通考》卷七《田賦考・屯田》 隋文帝開皇三年，突厥犯塞，吐谷渾寇邊，轉輸勞敝，乃令朔方總管趙仲卿於長城以北大興屯田。

（唐）長孫無忌等《唐律疏議》卷一三《户婚・占田過限》 諸占田過限者，一畝笞十，十畝加一等；過杖六十，二十畝加一等，罪止徒一年。若於寬閑之處者，不坐。

疏議曰：王者制法，農田百畝，其官人永業準品，及老、小、寡妻受田各有等級，非寬閑之鄉不得限外更占。若占田過限者，一畝笞十，十畝加一等；過杖六十，二十畝加一等，一頃五十一畝罪止徒一年。又，依令：受田悉足者爲寬鄉，不足者爲狹鄉。若占於寬閑之處不坐，謂計口受足以外，仍有剩田，務從墾闢，庶盡地利，故所占雖多，律不與罪。仍須申牒立案，不申請而占者，從應言上不言上之罪。

諸盜耕種公私田者，一畝以下笞三十，五畝加一等；過杖一百，十畝加一等，罪止徒一年半。荒田，減一等。强者，各加一等。苗子歸官、主。下條苗子準此。

疏議曰：田地不可移徙，所以不同真盜，故云盜耕種公私田者。一畝以下笞三十，五畝加一等，三十五畝有餘，杖一百。過杖一百，十畝加一等，五十五畝有餘，罪止徒一年半。荒田減一等，謂在帳籍之內，荒廢未耕種者，減熟田罪一等。若强耕者，各加一等：熟田，罪止徒二年；荒田，罪止徒一年半。苗子各歸官、主，稱苗子者，其子及草並徵還官、主。下條苗子準此，謂妄認及盜貿賣、侵奪私田、盜耕墓地，如此之類，所有苗子各還官、主。其盜耕人田，有荒有熟，或竊或强，一家之中罪名不等者，並依《例》以重法併滿輕法爲坐。若盜耕兩家以上之田，只從一家而斷，併滿不加重者，唯從一重科。若親屬相侵得罪，各依服紀，準親屬盜財物法，應減者節級減科。若已上籍，即從下條盜貿賣之坐。

諸妄認公私田，若盜貿賣者，一畝以下笞五十，五畝加一等；過杖一百，十畝加一等，罪止徒二年。

疏議曰：妄認公私之田，稱爲己地，若私竊貿易，或盜賣與人者，一畝以下笞五十，五畝加一等，二十五畝有餘，杖一百。過杖一百，十畝加一等，五十五畝有餘，罪止徒二年。《賊盜律》云：闌圈之屬，須絶離常處；器物之屬，須移徙其地。雖有盜名，立法須爲定例。地既不離常處，理與財物有殊，故不計贓爲罪，亦無除、免、倍贓之例。妄認者，謂經理已得；若未得者，準妄認奴婢、財物之類未得法科之。盜貿易者，須易訖。盜賣者，須賣了。依令：田無文牒，輒賣買者，財没不追，苗子及買地之財並入地主。

諸在官侵奪私田者，一畝以下杖六十，三畝加一等；過杖一百，五畝加一等，罪止徒二年半。園圃，加一等。

疏議曰：律稱在官，即是居官挾勢。侵奪百姓私田者，一畝以下杖六十，三畝加一等，十二畝有餘，杖一百。過杖一百，五畝加一等，三十二畝有餘，罪止徒二年半。園圃，謂蒔果實、種菜蔬之所而有籬院者，以其沃瘠不類，故加一等。若侵奪地及園圃，罪名不等，亦準併滿之法。或將職分官田貿易私家之地，科斷之法，一準上條貿易爲罪，若得私家陪貼財物，自依監主詐欺。其官人兩相侵者，同百姓例。即在官時侵奪、貿易等，去官事發，科罪並準初犯之時。

諸盜耕人墓田，杖一百；傷墳者，徒一年。即盜葬他人田者，笞五十；墓田，加一等。仍令移葬。若不識盜葬者，告里正移埋，不告而移，笞三十。即無處移埋者，聽於地主口分内埋之。

疏議曰：墓田廣袤，令有制限。盜耕不問多少，即杖一百。傷墳者，謂窀穸之所，聚土爲墳，傷者合徒一年。即將尸柩盜葬他人地中者，笞五十；若盜葬他人墓田中者，加一等，合杖六十。如盜葬傷他人墳者，亦同盜耕傷墳之罪。仍各令移葬。若不識盜葬之人，告所部里正移埋，不告而移，慮失屍柩，合笞三十。即無處移埋者，謂無閑荒之地可埋，聽於地主口分内埋之。

（唐）長孫無忌等《唐律疏議》卷一三《户婚・部内田疇荒蕪》　諸部内田疇荒蕪者，以十分論，一分笞三十，一分加一等，罪止徒一年。州縣各以長官爲首，佐職爲從。户主犯者，亦計所荒蕪五分論，一分笞三十，一分加一等。

疏議曰：部内，謂州縣及里正所管田。稱疇者，言田之疇類，或云：疇，地畔也。不耕謂之荒，不鋤謂之蕪。若部内總計，準口受田，十分之中，一分荒蕪者，笞三十。假若管田百頃，十頃荒蕪，笞三十。一分加一等，謂十頃加一等，九十頃荒蕪者，罪止徒一年。州縣各以長官爲首，佐職爲從，縣以令爲首，丞、尉爲從；州即刺史爲首，長史、司馬、司户爲從；里正一身得罪。無四等罪名者，止依首從爲坐。其檢、勾品官爲佐職。其主典，律無罪名，户主犯者，亦計所荒蕪五分論：計户内所受之田，假有受田五十畝，十畝荒蕪，户主笞三十，故云一分笞三十。一分加一等，即二十畝笞四十，三十畝笞五十，四十畝杖六十，五十畝杖七十。其受田多者，各準此法爲罪。

諸里正，依令：授人田，課農桑。若應受而不授，應還而不收，應課而不課，如此事類違法者，失一事，笞四十；一事，謂失一事於一人。若於一人失數事及一事失之於數人，皆累爲坐。

疏議曰：依《田令》：户内永業田，每畝課植桑五十根以上，榆、棗各十根以上。土地不宜者，任依鄉法。又條：應收授之田，每年起十月一日，里正預校勘造簿，縣令總集應退應受之人，對共給授。又條：授田：先課役，後不課役；先無，後少；先貧，後富。其里正皆須依令造簿通送及課農桑。若應合受田而不授，應合還公田而不收，應合課田農而不課，應課植桑、棗而不植，如此事類違法者，每一事有失，合笞四十。

注：一事，謂失一事於一人。若於一人失數事及一事失之於數人，皆累爲坐。

疏議曰：一事，謂失一事於一人者，假若於一户之上，不課種桑、棗爲一事，合笞四十。若於一人失數事，謂於一人之身，應受不授，又不課桑、棗及田疇荒蕪；及一事失之於數人，謂應還不收之類，在於數人之上：皆累而爲坐。

三事，加一等。縣失十事，笞三十；二十事，加一等。州隨所管縣多少，通計爲罪。州、縣各以長官爲首，佐職爲從。

疏議曰：假有里正，應課而不課是一事，應受而不授是二事，應還而不收是三事，授田先不課役後課役是四事，先少後無是五事，先富後貧是六事，田疇荒蕪是七事，皆累爲坐。其應累者，每三事加一等，即失二十二事徒一年。縣失者，亦準里正，所失十事笞三十，二十事加一等，一百七十事合徒一年。州隨所管縣多少，通計爲罪，謂管二縣者，失二十事笞三十，失三百四十事徒一年。其管縣多者，通計各準此。

注：州、縣各以長官爲首，佐職爲從。

疏議曰：州縣以刺史、縣令爲首，其長官闕者即次官爲首，佐職及判户曹之司爲從。

各罪止徒一年，故者各加二等。

疏議曰：各罪止徒一年，謂州縣長官及里正，各罪止徒一年。故犯者加二等，即是一事杖六十；縣十事笞五十；州管二縣者，二十事笞五十，計加亦準此通計爲罪，各罪止徒二年。其州止管一縣者，各減縣罪一等，若有故、失，罪法不等者，亦依併滿之法。假如授田等失七事，合杖六十；又有故犯三事，亦合杖六十，即以故犯三事，併爲失十事，科杖七十。其州縣應累併者，各準此。

（唐）長孫無忌等《唐律疏議》卷二六《雜律・占山野陂湖利》 諸占固山野陂湖之利者，杖六十。

疏議曰：山澤陂湖，物産所植，所有利潤，與衆共之。其有占固者，杖六十。已施功取者，不追。

（唐）杜佑《通典》卷二《食貨・田制》 大唐開元二十五年令：田廣一步、長二百四十步爲畝，百畝爲頃。自秦漢以降，即二百四十步爲畝，非獨始於國家，蓋具令文耳。國家程式雖則具存，今所存纂録，不可悉載，但取其朝夕要切，冀易精詳，乃臨事不惑。丁男給永業田二十畝，口分田八十畝，其中男年十八以上亦依丁男給，老男、篤疾、廢疾各給口分田四十畝，寡妻妾各給口分田三十畝，先永業者，通充口分之數。黄、小、中、丁男女及老男、篤疾、廢疾、寡妻妾當户者，各給永業田二十畝，口分田二十畝。應給寬鄉，並依所定數；若狹鄉新受者，減寬鄉口分之半。其給口分田者，易田則倍給。寬鄉三易以上者，仍依鄉法易給。其永業田，親王百頃，職事官正一品六十頃，郡王及職事官從一品各五十頃，國公若職事官正二品各四十頃，郡公若職事官從二品各三十五頃，縣公若職事官正三品各二十五頃，職事官從三品二十頃，侯若職事官正四品各十四頃，伯若職事官從四品各十頃，子若職事官正五品各八頃，男若職事官從五品各五頃，上柱國三十頃，柱國二十五頃，上護軍二十頃，護軍十五頃，上輕車都尉十頃，輕車都尉七頃，上騎都尉六頃，騎都尉四頃，驍騎尉、飛騎尉各八十畝，雲騎尉、武騎尉各六十畝。其散官五品以上同職事給，兼有官爵及勳俱應給者，唯從多，不並給。若當家口分之外，先有地非狹鄉者，並即迴受，有賸追收，不足者更給。諸永業田皆傳子孫，不在收授之限，即子孫犯除名者，所承之地亦不追。每畝課種桑五十根以上，榆棗各十根以上，三年種畢。鄉土不宜者，任以所宜樹充。所給五品以上永業田，皆不得狹鄉受，任於寬鄉隔越射無主荒地充。即買廕賜田充者，雖狹鄉亦聽。其六品以下永業，即聽本鄉取還公田充，願於寬鄉取者亦聽。應賜人田，非指的處所者，不得狹鄉給。其應給永業人，若官爵之内有解免者，從所解者追。即解免不盡者，隨所降品追。其除名者，依口分例給，自外及有賜田者並追。若當家之内有官爵及少口分應受者，並聽迴給，有賸追收。其因官爵應得永業，未請及未足而身亡者，子孫不合追請也。諸襲爵者，唯得承父祖永業，不合別請。若父祖未請及未足而身亡者，減始受封者之半給。其州縣界内所部受田，悉足者爲寬鄉，不足者爲狹鄉。諸狹鄉田不足者，聽於寬鄉遥受。應給園宅地者，良口三口以下給一畝，每三口加一畝，賤口五口給一畝，每五口加一畝，並不入永業口分之限。其京城及州郡縣郭下園宅，不在此例。諸京官文武職事職分田：一品一十二頃，二品十頃，三品九頃，四品七頃，五品六頃，六品四頃，七品三頃五十畝，八品二頃五十畝，九品二頃，並去京城百里内給。其京兆、河南府及京縣官人職分田亦準此。即百里外給者亦聽。諸州及都護府、親王府官人職分田：二品一十二頃，三品一十頃，四品八頃，五品七頃，六品五頃，京畿縣亦準此。七品四頃，八品三頃，九品二頃五十畝。鎮戍關津岳瀆及在外監官五品五頃，六品三頃五十畝，七品三頃，八品二頃，九品一頃五十畝。三衛中郎將、上府折衝都尉各六頃，中府五頃五十畝，下府及郎將各五頃，上府果毅都尉四頃，中府三頃五十畝，下府三頃，上府長史、別將各三頃，中府、下府各二頃五十畝。親王府典軍五頃五十畝，副典軍四頃，千牛備身左右、太子千牛備身各三頃。親王府文武官隨府出藩者，於在所處給。諸軍上折衝府兵曹二頃，中府、下府各一頃五十畝。其外軍校尉一頃二十畝，旅帥一頃，隊正副各八十畝，皆於領側州縣界内給。其校尉以下在本縣及去家百里內領者不給。諸驛封田皆隨近給，每馬一匹給地四十畝。若驛側有牧田之處，匹各減五畝。其傳送馬，每匹給田二十畝。諸庶人有身死家貧無以供葬者，聽賣永業田，即流移者亦如之。樂遷就寬鄉者，并聽賣口分。賣充住宅、邸店、碾磑者，雖非樂遷，亦聽私賣。諸買地者，不得過本制，雖居狹鄉，亦聽依寬制，其賣者不得更請。凡賣買，皆須經所部官司申牒，年終彼此除附。若無文牒輒賣買，財没不追，地還本主。諸以工商爲業者，永業口分田各減半給之，在狹鄉者並不給。諸因王事没落外藩不還，有親屬同居，其身分之地，六年乃追。身還之日，隨便先給。即身死王事者，其子孫雖未成丁，身分地勿追。其因戰傷及篤疾廢疾者，亦不追減，聽終其身也。諸田不得貼賃及質，違者財没不追，地還本主。若從遠役外任，無人守業者，聽貼賃及質。其官人永業田及賜田，欲賣及貼賃者，皆不在禁限。諸給口分田，務從便近，不得隔越。若因州縣改易，隸地入他境及犬牙相接者，聽依舊受。其城居之人，本縣無田者，聽隔縣受。雖有此制，開元之季，天寶以來，法令弛寬，兼并之弊，有踰於漢成哀之閒。又田令，在京諸司及天下州府縣監、折衝府、鎮戍、關津、嶽瀆等公廨田、職分田，各有差。諸職分陸田限三月三十日，稻田限四月三十日，以前上者並入後人，以後上者入前人。其麥田以九月三十日爲限。若前人自耕未種，後人酬其功直；已自種者，准租分法。其價六斗以下者，依舊定；以上者，不得過六斗。並取情願，不得抑配。親王出藩者，給地一頃作園。若城內無可開拓者，於近城便給。如無官田，取百姓地充，其地給好地替。

天寶中應受田一千四百三十萬三千八百六十二頃十三畝。按十四年有户八百九十萬餘，計定墾之數，每户合一頃六十餘畝。至建中初，分遣黜陟使按比墾田田數，都得百十餘萬頃。

（唐）杜佑《通典》卷七《食貨・歷代盛衰户口》 大唐貞觀户不滿三百萬。三年，户部奏，中國人因塞外來歸及突厥前後降附，開四夷爲州縣，獲男女一百二十餘萬口。十四年，侯君集破高昌，得三郡、五縣、二十二城，户八千四十六，口三萬七千三十一，馬四千三百匹。

永徽元年，户部尚書高履行奏：去年進户一十五萬。高宗以天下進户既多，謂無忌曰：比來國家無事，户口稍多，三二十年，足堪殷實。因問隋有幾户，今有幾户。履行奏：隋大業中户八百七十萬，今户三百八十萬。永徽去大業末三十六年。

顯慶二年十月，上幸許、汝州，問中書令杜正倫曰：此閒田地極寬，百姓太少。因又問隋有幾户。正倫奏：大業初有八百餘萬户，末年離亂，至武德有二百餘萬户。

總章元年十月，司空李勣破高麗國，虜其王，下城百七十，户六十九萬七千二百。二年，徙高麗民三萬，配江淮以南、山南、京西。

初，自貞觀以後，太宗勵精爲理，至八年、九年，頻至豐稔，米斗四五錢，馬牛布野，外户動則數月不閉。至十五年，米每斗值兩錢。麟德三年，米每斗直五文。永淳元年，京師大雨，饑荒，米每斗四百錢，加以疾疫，死者甚衆。

武太后、孝和朝，太平公主、武三思悖逆庶人，恣情奢縱，造罔極寺、太平觀、香山寺、昭成寺，遂使農功虛費，府庫空竭矣。

睿宗景雲初，又造金仙、玉真二觀，補闕辛替否上書極諫，不從。二年，監察御史韓琬陳時政上疏曰：臣竊聞永淳之初，尹元貞任岐州雍縣令，界內婦人修路，御史彈免之。頃年婦人役，修平道路，蓋其常也。調露之際，劉憲任懷州河內縣尉，父思立在京身亡，選人有通索闕者，於時選司以名教所不容，頃者以爲見譏後人矣。頃年國家和市，所由以刻剥爲公，雖以和市爲名，而實抑奪其價，殊不知民足官孰與不足矣。往年兩京及天下州縣，學生、佐史、里正、坊正每一員闕，先擬者輒十人；頃年差人以充，猶致亡逸。往年選司從容安閑，而以禮數見待；頃年選司無復曩時接引，但如仇敵估道爾。往年效官交替者，必儲蓄什物以待之；頃年替人，必諠競爲隙，互執省符，紛然不已。往年召募之徒，人百其勇，爭以自效；頃年差點勒遣，逃亡相繼。若此者，臣粗言之，不可勝數。即知政令風化，漸已弊也。

開元四年，山東諸州大蝗。紫微令姚崇奏言：臣聞毛詩云秉彼蟊賊，以付炎火。又漢光武詔曰：勉順時政，勸督農桑，去彼螟蜮，以及蟊賊。此並除蝗之義也。又蝗既解飛，夜必投火，臣請切勒所在夜中設火，火邊掘大坑，且焚且瘞，除之可盡。乃遣使分道驅除瘞埋，朝臣多言不可。玄宗以問崇，崇對曰：常人執文，不識通變。凡事有違經而合道者，亦有反道而適權者。魏時山東有蝗傷稼，緣小忍不除，遂使苗稼總盡，人至相食。後秦時有蝗，禾稼及木草俱盡，牛馬至相噉毛尾。今山東蝗蟲，所在充滿，儻不救其收穫，百姓豈免流離，事屬安危，不可膠柱。縱使除之不盡，猶勝養以成災。若驅逐不得，臣在身官爵，並請削除。玄宗許之。黄門監盧懷慎謂崇曰：蝗是天災，豈可制以人事。外議籍籍，咸以爲殺蟲太多，有傷和氣，猶可停罷。崇曰：楚王吞蛭，厥疾用瘳。叔敖斷蛇，其福乃降。趙宣子至賢也，恨用其犬。孔宣父將聖也，不愛其羊。皆志在安人，思不失禮。今既救人殺蟲，天道固應助順。若因此致禍，崇請以身當之。懷慎更不能答。崇令埋瘗之，累月方盡。其後漸豐熟。

八年，天下户口逃亡，色役僞濫，朝廷深以爲患。

九年正月，監察御史宇文融陳便宜，奏請檢察僞濫兼逃户及籍外賸田。於是令融充使推句，獲僞勳及諸色役甚衆，特加朝散大夫，再遷兵部員外兼侍御史。融遂奏置勸農判官，長安尉裴寬等二十九人，並攝御史分往天下。慕容珣、王冰、張均、宋希玉、宋詢、韋洽、薛侃、喬夢松、王誘、徐楚璧、徐鍔、裴寬、崔希逸、邊沖寂、班景倩、郭廷倩、元將茂、劉日正、王燾、于儒卿、王忠翼、何千里、梁勛、盧怡、庫狄履温、賈晋、李登、盛廙等，皆知名士。判官得人，於此爲盛，其後多至顯秩。所在檢責田疇，招攜户口。其新附客户，則免其六年賦調，但輕税入官。陽翟縣尉皇甫憬、左拾遺楊相如並上疏，盛陳煩擾不便。寬等皆當時才彦，使還，得户八十餘萬，田亦稱是。憬遂貶爲衢州盈川尉。融拜御史中丞。

融又上言：天下所檢責客户，除兩州計會歸本貫以外，便令所在編附。年限向滿，須准居人，更合所有優矜，即此輩徼幸，若徵課税，即目擊未堪。竊料天下諸州，不可一例處置，且請從寬鄉有賸田州作法。竊計有賸田者減三四十州，取其賸田，通融支給。其賸地者三分請取其一分以下。其浮户，請任其親戚鄉里相就，每十户以上，共作一坊。每户給五畝充宅，并爲造一兩口室宇，開巷陌，立閭伍，種桑棗，築園蔬，使緩急相助，親鄰不失。丁別量給五十畝以上爲私田，任其自營種。率十丁於近坊更共給一頃，以爲公田，共令營種。每丁一月役功三日，計十丁一年共得三百六十日。營公田一頃，不啻得之，計平收一年不減百石，便納隨近州縣。除役功三十六日外，更無租税。既是營田户，且免征行，安堵有餘，必不流散。官司每丁納收十石，其粟更不別支用，每至不熟年，斗別二十價，然後支用。計一丁年還出兩丁以上，亦與正課不殊。則官收其役，不爲矜縱，人緩其税，又得安舒，倉廩日殷，久長爲便。其狹鄉無賸地客多者，雖此法未該，准式許移窄就寬，不必要須留住。若寬鄉安置得所，人皆悦慕，則三兩年後，皆可改圖，棄地盡作公田，狹鄉總移寬處，倉儲既益，水旱無憂矣。

至十三年封泰山，米斗至十三文，青、齊穀斗至五文。自後天下無貴物，兩京米斗不至二十文，麵三十二文，絹一疋二百一十二文。東至宋、汴，西至岐州，夾路列店肆待客，酒饌豐溢。每店皆有驢賃客乘，倏忽數十里，謂之驛驢。南詣荊、襄，北至太原、范陽，西至蜀川、涼府，皆有店肆，以供商旅。遠適數千里，不持寸刃。二十年，户七百八十六萬一千二百三十六，口四千五百四十三萬一千二百六十五。

天寶元年，户八百三十四萬八千三百九十五，口四千五百三十一萬一千二百七十二。自十三載以後，安禄山爲范陽節度，多有進奉，駝馬生口，不曠旬月，郡縣供熟食酒肉草料。楊國忠任用之後，即與蠻王閣羅鳳結釁，徵關輔、河南、京兆人討之，去者萬不一全，連枷赴役，郡縣供食。於是當路店肆多藏閉，以懼擾亂，驢馬車牛，悉被虜奪，不酬其直，數年間，因漸減耗。

十三載，京城秋霖，米價騰貴，官出太倉米，分爲十場出糶。其所在川谷泛溢，京城坊市牆宇崩壞向盡。東京瀍洛又溢，隄壞，飄損十九坊居人邑屋。二十日，遣京城諸坊人家，於門前作泥人，長三尺，左手指天，右手指地，十月方霽。

十四載，管户總八百九十一萬四千七百九，應不課户三百五十六萬五千五百一，應課户五百三十四萬九千二百八十。管口總五千二百九十一萬九千三百九，不課口四千四百七十萬九百八十八，課口八百二十萬八千三百二十一。此國家之極盛也。按後漢自建武初至桓帝永壽三年，凡百三十年，有户千六十七萬。按自周武帝建德六年平齊，至隋文帝開皇九年滅陳，凡十四年，然後車書混一，甲兵方息。至大業二年，凡十八年，有户八百九十萬。我國家自武德初至天寶末，凡百三十八年，可以比崇漢室，而人户纔比於隋氏，蓋有司不以經國馭遠爲意，法令不行，所在隱漏之甚也。肅宗乾元三年，見到帳百六十九州，應管户總百九十三萬三千一百三十四。

不課户總百一十七萬四千五百九十二，課户七十五萬八千五百八十二。管口總千六百九十九萬三百八十六，不課口千四百六十一萬九千五百八十七，課口二百三十七萬七百九十九。自天寶十四年至乾元三年，損户總五百九十八萬二千五百八十四，不課户損二百三十九萬一千九百九，課户損三百五十九萬六百七十五；損口總三千五百九十二萬八千七百二十三，不課口損三千七十一萬三百一，課口損五百二十一萬八千四百三十二。户至大曆中，唯有百三十萬户。建中初，命黜陟使往諸道按比户口，約都得土户百八十餘萬，客户百三十餘萬。

（唐）李林甫等《唐六典》卷三《尚書户部·户部尚書》　凡天下之田，五尺爲步，二百有四十步爲畝，畝百爲頃。度其肥瘠寬狹，以居其人。凡給田之制有差：丁男、中男以一頃；中男年十八已上者亦依丁男給。老男、篤疾、癈疾以四十畝；寡妻妾以三十畝，若爲户者則減丁之半。凡田分爲二等：一曰永業，一曰口分。丁之田二爲永業，八爲口分。凡道士給田三十畝，女冠二十畝；僧、尼亦如之。凡官户受田減百姓口分之半。凡天下百姓給園宅地者，良口三人已下給一畝，三口加一畝；賤口五人給一畝，五口加一畝，其口分、永業不與焉。若京城及州、縣郭下園宅，不在此例。凡給口分田皆從便近；居城之人本縣無田者，則隔縣給授。凡應收授之田皆起十月，畢十二月。凡授田先課後不課，先貧後富，先無後少。凡州、縣界内所部受田悉足者爲寬鄉，不足者爲狹鄉。凡官人受永業田：親王一百頃，職事官正一品六十頃，郡王及職事官從一品五十頃，國公若職事官正二品四十頃，郡公若職事官從二品三十五頃，縣公若職事官正三品二十五頃，職事官從三品二十頃，侯若職事官正四品十四頃，伯若職事官從四品十一頃，子若職事官正五品八頃，男若職事官從五品五頃；上柱國三十頃，柱國二十五頃，上護軍二十頃，護軍十五頃，上輕車都尉一十頃，輕車都尉七頃，上騎都尉六頃，騎都尉四頃，驍騎尉、飛騎尉各八十畝，雲騎尉、武騎尉各六十畝。其散官五品已上同職事給。其地並於寬鄉請授，亦任隔越請射，莅帥，皆許傳之子孫，不在此授之限。若未請受而身亡者，子孫不合追請。若襲爵者，祖、父未請地，其子、孫減初受封者之半。凡天下諸州公廨田：大都督府四十頃，中都督府三十五頃，下都督、都護、上州各三十頃，中州二十頃，宫總監、下州各十五頃上縣十頃，中縣八頃，中下縣六頃，上牧監、上鎮各五頃，下縣及中牧、下牧、司竹監、中鎮、諸軍折衝府各四頃，諸冶監、諸倉監、下鎮、上關各三頃，互市監、諸屯監、上戍、中關及津各二頃，津隸都水，則不別給。下關一頃五十畝，中戍、下戍、嶽、瀆各一頃。凡諸州及都護府官人職分田：二品一十二頃；三品、四品以二頃爲差，五品至八品以一頃爲差，九品二頃五十畝。鎮、戍、關、津、嶽、瀆及在外監官：五品五頃，六品三頃五十畝，七品三頃，八品二頃，九品一頃五十畝。三衛中郎將、上府折衝都尉各六頃，中府、下府以五十畝爲差，郎將各五頃；上府果毅都尉四頃，中府、下府以五十畝爲差；上府長史、别將各三頃，中府、下府各二頃五十畝。親王府典軍五頃五十畝，副典軍四頃。千牛備身、備身左右、太子千牛備身各三頃。諸軍上折衝府兵曹各二頃，中府、下府各一頃五十畝。其外軍校尉一頃二十畝，旅帥一頃，隊正、副各八十畝。

（唐）李林甫等《唐六典》卷一九《司農寺·諸屯監》　諸屯監一人，從七品下；隋置屯監，畿内者隸司農，自外者隸諸州。皇朝因之。丞二人，從八品下。諸屯監各掌其屯稼穡；丞爲之貳。凡每年定課有差。

九成宫總監：監一人，從五品下；副監一人，從六品下；丞一人，從七品下；主簿一人，從九品下。九成宫監掌檢校宫苑，供進合練藥餌之事；副監爲之貳。丞掌判監事。主簿掌印，勾檢監事。

（宋）吕祖謙《歷代制度詳説》卷九　唐授田之制：男年十八以上者，田一頃，其八十畝爲口分，二十畝爲永業。老及篤、疾、癈疾者，人四十畝，寡妻妾三十畝，當户者增二十畝，皆以二十畝爲永業，其餘皆口分。永業之田，樹榆棗桑及所宜之木，皆有數。田多可以足其人者爲寬鄉，少者爲狹鄉，受田減寬鄉之半。其地有薄厚，歲一易者倍授之，寬鄉三易者不倍，授工商者寬鄉減半，狹不給。凡庶人徙鄉及貧無以葬者，許賣世業田。自狹鄉而徙寬鄉者，得并賣口分田，已賣者不復授。死者，收之以授無田者。

（宋）吕祖謙《歷代制度詳説》卷一〇　唐德宗建中初，楊炎請屯田豐州，發關輔民鑿陵陽渠，嚴郢習朔邊利病，即奏：舊屯肥饒地，今十不墾一，水田甚廣，力不及而廢。若發二京關輔民浚豐渠營田，擾而無利。請以内苑蒔稻驗之，秦地膏腴，田上上，耕者皆畿人，月一代，功甚易，臣猶恐終歲獲不酬費。況二千里發人出塞，而歲一代乎？是虚畿甸，事空徭也。郢又言：五城舊屯地至廣，請以鑿渠糧俾諸城，夏貸冬輸，取渠工布帛給田者，令據直轉谷，則關輔免調發，而諸城闢田。炎不許。《嚴郢傳》唐憲過元和，中振武軍饑，宰相李絳請開營田，可省度支漕運，及絶和糴欺隱。憲宗稱善，乃以韓重華爲振武京西營田和糴水運使，起代北墾田三百頃，出贓罪吏九百餘人，給以耒耜耕牛，假種糧，使償所負粟。一歲大熟，因募人爲十五屯，每屯百三十人，耕百頃。就高爲堡，東起振武，西逾雲州，極於中受降城，凡六百餘里。列柵二十，墾田三千八百餘里，歲收粟二十萬石，省度支錢二十餘萬緡。重華入朝，奏請益開田五千頃，法用人七千，可以盡給五城會。李絳已罷，後宰相持其議而止。

（元）朱禮《漢唐事箋前後集》卷六《唐・口分世業井田所統者近太宗欲通緜字難哉》

自秦廢三代井田之法，未二世而漢興，去古未遠，宜可講復而卒不能。其大儒如仲舒、孔光之徒，亦不敢以一言及之，第以限田、名田之説以救時弊。至王莽，一切規復古制，奪富與貧，而百姓失業至於巷哭。《莽傳》始建國元年，莽曰：古者一夫一婦田百畝，前在大麓始令天下公田口井，時則有嘉禾之祥，今更名天下田曰王田。其男口不盈八而田過一井，分餘田與九族鄰里鄉黨。故無田，今當受田者，如制度。敢有非井田聖制者，投諸四裔。於是農商失業，民人至涕泣於市道。其後荀悦講論其故，以爲高祖、光武之初土廣人稀，宜可爲而不爲，今欲爲制度張本，宜以口數占田爲之立限，不得賣買。本傳論文：帝十三年六月，詔除人民租。且古者什一而税，以爲天下之中正。今漢人田，或百一而税，可謂鮮矣。然豪富强人占田踰多，其賦太半，官收百一之税，而人輸豪强太半之賦。官家之惠優於三代，豪强之暴酷於亡秦。今不正其本，而務租税，適以資富强也。考武帝仲舒嘗言宜限人民占名田。至哀帝時，乃限人田不過三十頃，雖有制率難施行。然三十頃又不平矣，且夫平田之制不宜於人衆之時，田廣人寡，苟爲多也。若欲廢之於寡，立之於衆，土地布列在豪强，卒而革之，並有怨心，則生紛亂，制度難行。由是觀之，若高祖初定天下，光武中興之後，人衆稀少，立之易矣。既未悉備井田之制，宜以口數占田爲之立限，人得耕種，不得賣買，以贍貧弱，以防兼并，且爲制度張本，不亦宜乎。雖古今異制，損益隨時，然紀綱不異，其致一也。而仲長統、崔寔又爲徙民之説，長統，獻帝舉爲尚書郎，因著《昌言論》云云。今遠州之民或相去數百里，或數百十里，雖多山澤汚池，猶有可居人種穀者焉。當更制其境界，明版籍，以相較閲，審什伍以相連持，限夫田以斷兼并云云。崔寔，相帝時，論世便宜數十條曰：政論云云。今當大定其本，使人主師五帝而式三王。盪亡秦之俗，遵先王之風，棄苟全之政，蹈稽古之蹤，復五等之爵，立井田之制，若不然則多爲累而已。召拜議郎。要皆依倣古制而彌縫之，其於井田之制，未嘗以爲後世之可行也。唯唐爲口分世業之法，廼得古制大端，考其所由，則基於後魏孝文之世。初因州郡之民年儉流移，浸失本業，數君之後始返舊墟，尋其廬井，假冒陵奪，靡所不至。於是李安世言：於孝文莫若因而均之。《通鑑・齊太祖紀》魏李安世上言：歲饑民流，田業多爲豪富所占奪，今桑井難復，宜更均量，使力業相稱。又所爭之田，宜限年斷，事久難明，悉歸今主，以絶詐妄。魏主善之，由是始議均田。十月詔遣使者巡行州郡，與牧守均給天下人田。諸男夫十五以上，受露田四十畝，婦人二十畝，奴婢依良。丁牛一頭受田三十畝，限止四牛。新受之田率倍之，三易之田再倍之，以供耕休及還受之盈縮。人年及課則受田，老免身役則還田。奴婢、牛隨有無以還受。初受田者，男夫給二十畝，課種桑五十株，桑田皆爲世業，身終不還。常計見口有盈者，無受無還不足者，受種如法。盈者得賣其盈。諸宰民之官各隨近給公田有差，更代相付，賣者坐如律。後又立黨里鄉三長，定民户籍。周隋仍踵其故，太宗之興，正如荀悦所謂高祖、光武之時也，而又因前人之規，畫而爲之經略。此宜其足以爲一代之良制，上追三代之盛，而下貽子孫千百年之基。上注周文伯政之初，創置六官，司均掌田野之政，令凡人口十以上，宅五畝；口七以上，宅四畝；口五以下，宅三畝。有室者四十四畝，丁者四百畝。北齊給授之令，仍依魏朝。每歲十月普令轉授，成丁而授，丁老而退，不聽賣易。武成帝時，京城四面三十里爲公田，其百里外及州人，一夫受露田八十畝，婦人四十畝奴婢依良人。限數與者，每丁給永業二十畝爲桑田。隋文帝令諸王以下至都督皆給永業田，多者百頃，少者二十頃。其丁男、中男永業、露田並遵後齊之制。然而行之未幾，而壞不旋踵，其可惜也。議者因是論其制之不合者，以爲太宗惜此，何其過謬哉！昔者三代之世，天子所以自治者甚狹，而其所以治之者甚專。王城之外二百里爲鄉遂，鄉遂之外爲都鄙，則以付之都鄙之長，都鄙之外爲邦國則五等諸侯分治之，而天子所自治爲之。聯其鄰里比閭，使之相受相保者，鄉遂之民耳。《族師》五家爲比，四閭爲族，使之相受相保，以受邦職。遂人掌邦之野，五家爲鄰，五鄰爲里，以歲時稽其人民而授之田野，教之稼穡而已也。其夫家之衆寡，與其登耗之數，皆可歲比。鄉師以時稽其夫家衆寡，大夫歲時登其夫家之衆寡。族師登其族之夫家閭胥數，其閭之衆寡。此鄉官也。遂師時登其夫家之衆寡，大夫稽其夫家之衆寡，鄙師以時數其衆庶，酇長以時校登。其夫家比其衆寡，里宰比其邑之衆寡，此遂官也。其田土之廣狹肥磽，所宜升降更易者，皆可家數，其閭閻細民，皆得以登進於天子之庭。其鄉大夫所以臨治之者，皆居相接而朝夕相與周旋者，而其王朝大臣又皆世守其職，見其國事如其家。然若此，則安有籍不時定，升降失實之弊哉？今唐爲授田制，盡使合古，而其衆寡、登耗、進退之數，不能不責於官吏；鄉升之縣，縣升之州，州升之朝，不能不取信於簿籍。《食貨志》凡里有手實，歲具民年與地闊狹爲鄉帳，鄉升於縣，縣升於州，州升於户部。又有計帳具來歲課役，以報度支。而外之官吏更易不常，遠近之相隔，新故之相襲，豈無隱欺之患哉？如此而能無弊者，非但能復漢人之所未復，并廼爲三代之所不能爲也。按唐令受田，每年十月，里正預造簿，縣令總集應退應受人，對共給受。《食貨志》唐制：度田以步，闊一步，長二百四十步爲畝，百畝爲頃。凡民始生爲黄，四歲爲小，十六爲中，二十一爲丁，六十爲老。授田之制，丁及男十八以上者一頃，其八十畝爲口分，二十畝爲永業，餘授有差。永業之田植以榆棗桑及所宜之木，皆有數。凡收授，皆以歲十月注。凡民田收授，縣令給之。脱户者有禁，浮浪者有禁，《食貨志》徙寬鄉者，縣覆於州，出境則覆于户部，官以間月達之。自畿内徙畿外，自京縣徙諸縣，皆有禁。占田過限者有禁。《志》凡民田已賣者，不復授；死者收之，以授無田者。凡田鄉有餘，以給比鄉；縣有餘，以給比縣；州有餘，以給比州。武德初，文武官給禄，皆以歲給。外官則否，一品有職分田十二頃，二品十頃，三品九頃，四品七頃，五品六頃，六品四頃，七品三頃，八品二頃五十畝，九品二頃，皆給百里内之地。諸州都督、都護、親王府三衛中郎將、上府折衝都衛千牛備身、左右太子千牛備身，並有職分田。親王以下又有永業田百頃。職事散官，随品高下，各有職分。解免者追田，除名者受口分田，襲爵者不别給。流内九品以上，口分田終其身。六十以上停免，私廼收。凡給田而無地者，畝給粟二斗。正觀十一年，以職田浸漁百姓者，詔給逃還貧户。官司應田授而不授，應課農桑而不課者，有禁。《志》貞觀中，官吏考課，以鰥寡少者考，如增户法；失勸導者，以減户論配。此其文非不美也，言之則可聽，書之則可觀。然而古人行之於二百里之間者，今取而行之萬里之遠，其弊也，户部歲以空文上之，見後祖庸調注。亦無惑焉爾。大抵古人創法，要使後有僻王而行之如一日者，其制定其事易也。今唐復漢人之所不能復，而爲三代之所不能爲，則是安能而論者，廼於其制度之末議其一二不合者，以爲壞端，此之謂不知本。

《天一閣藏明鈔本天聖令》卷二一《田令卷》　諸丁男給永業田二十畝，口分田八十畝，其中男年十八以上，亦依丁男給。老男篤疾、廢疾，各給口分田四十畝，寡妻妾各給口分田三十畝。先有永業者，兼充口分之數。

諸黄、小、中男女及老男、篤疾、廢疾、寡妻妾當户者，各給永業田貳十畝，口分田三十畝。

諸給田寬鄉，並依前條。若狹鄉新受者，減寬鄉口分之半。

諸給口分田者，易田則倍給。寬鄉二易以上者，仍依鄉法易給。

諸永業田，親王一百頃，職事官正一品六十頃，群王及職事官從一品各五十頃，國公若職事官正二品各四十頃，郡公若職事官從二品各三十五頃，縣公若職事官正三品各二十五頃，職事官從三品二十五頃，若職事官正四品各十四頃。伯若職事官從四品各十一頃，子若職事官從五品各五頃，六品、七品各二頃五十畝，八品、九品各二頃。上柱國三十頃，柱國二十五頃，上護軍二十頃，護軍十五頃，上輕車都尉一十頃，輕車都尉七頃，上騎都尉六頃，騎都尉四頃，驍騎尉、飛騎尉各八十畝，雲騎尉、武騎尉各六十畝。其散官五品以上同職事給兼有官爵及勳俱應給者，唯從多不並給。若當家口分之外，先有地非狹鄉者，並即迴受，有賸追收不足者，更給。

諸永業田，皆傳子孫，不在收授之限，即子孫犯徐名者，所豖之地亦不追。

諸五品以上永業田，皆不得於狹鄉受任，於寬鄉隔越射無主荒地充。即買蔭賜田充者雖狹鄉示聽。其六品以下永業田即聽本鄉取還，公田充頭，於寬鄉取者亦聽。

諸賜人田，非指的處所者，不淂於狹鄉給。

諸應給永業人，若官爵之内有解免者，從所解者追。即解免不尽者，隨所降品追。其除名者，依口分例給。自外及有賜田者，並追。若當家之内，有官爵及少口分應受者，並聽迴給，賸追收不足更給。

諸因官爵應得永業未請及請未足而身亡者，子孫不合追請。

諸襲爵者，唯得承父祖業永業，不合别請。若父祖未請及請未足而身亡者，減始受封者之半給。

諸請永業者，並於本貫陳牒勘驗告身，并檢籍知欠，然後録牒管地州，檢勘給訖具録頃畝四，至報本貫上籍，仍各申省計會附薄。其有先於寬鄉借得無主荒地者，亦聽迴給。

諸州縣界內，所部受田悉足者爲寬鄉，不足者爲狹鄉。

諸狹鄉田不足者，聽於寬鄉遥授。

諸流內九品以上口分田，雖老不在追收之限，聽。終其身其非品官，年六十以上，仍爲官事驅使者，口分亦不追減停。私之後，依例追收。

諸給園宅地者，良口三口以下給一畝，每三口加一畝，賤口五口給一畝，每五口加一畝，並不入永業。口分之限。其京城及州縣郭下園宅地不在此例。

諸庶人有身死家貧無以供葬者，聽賣永業田。即流移者亦如之。樂遷就寬鄉者，並聽賣口分田。賣充住宅、邸店、碾磑者，雖非樂遷，亦聽私賣。

諸買地者，不得過本制。雖居狹鄉亦聽依寬鄉制，其賣者不得更請。凡賣買皆須經所部官司申牒，年終彼此除附。若無文牒輒賣買者，財没不追，地還本主。

諸以工商爲業者，永業、口分田各減半給之，在狹鄉者並不給。

諸因王事没落外藩不還，有親屬同居者，其身分之地六年乃追。身還之日，隨便先給。即身死王事者，其子孫雖未成丁，身分之地勿追。其因戰傷入篤疾廢疾者，亦不追減，聽其身。

諸田不得貼賃及質違者，財没不追，地還本主。若從遠役外任無人守業者，聽貼任及質其官人。永業田及賜田欲賣及貼賃質者，不在禁限。

諸給口分田，務從便近，不得隔越。若因州縣改隸，地入他境，及犬牙相接者，聽依舊受。其城居之人本縣無田者，聽隔縣受。

諸以身死應退永業口、分地者，若户頭限二年追，户內口限一年追。如死在春季者，即以死年統入限內；死在夏季以後者，聽計後年爲始。其絶後無人供祭及女户死者，皆當年追。

諸應還公田，皆令主自量爲一改退，不得零疊割退。先有零者聽。其應追者，皆待至收授時，然後追收。

諸應收授之田，每年起十月十日，里正豫校勘造簿，至十一月一日，縣令摠集應退應授之人，對共給授。十二月三十日內，使訖符下按記，不得輒自請射。其退田户內有合進受者，雖不課役，先聽，自取有餘收授。鄉有餘，授比鄉，縣有餘，申州給比縣。州有餘，附帳申省，量給比近之户。

諸授田，先課役後不課役，先無後少，先貧後富。

諸田有交錯兩求換者，詣本部申牒，判聽手實以次除附。

諸道士、女冠受老子《道德經》以上，道士給田三十畝，女冠二十畝。僧尼受具戒者，各准此。身死及還俗，依法收授。若當觀寺有無地之人，先聽自受。

諸官户受田，隨鄉寬狹，各減百姓口分之半。其在牧官户奴，並於牧所各給田十畝。即配成鎮者，亦於配所準在牧官户奴例。

諸公私荒廢三年以上，有能佃者，經官司申牒借之，雖隔越亦聽。易田於易限之內，不在備限。私田三年還主，公田九年還官。其私田雖廢三年，主欲自佃，先盡其主，限滿之日，所借人口分未足者，官田即聽充口分。若當縣受田悉足者，年限雖滿，亦不在追限。應得永業者，聽充永業。私田不合其借而不耕經二年者，任有力者借之，則不自加功。轉分與人者，其地即回借見佃之人。若佃人雖經熟訖，三年外不能耕種，依式追收改給。

諸田有山崗、砂石、水鹵、溝澗之類，不在給限。若人欲佃者聽之。

在京諸司公廨田：司農寺給二十六頃，殿中省二十五頃，少府監二十二頃，太常寺二十頃，京兆、河南府各一十七頃，太府寺一十六頃，吏部、户部各一十五頃，兵部、內侍省各一十四頃，中書省、將作監各一十三頃，刑部、大理寺各一十二頃，尚書都省、門下省、太子左春坊各一十一頃，工部十頃，光禄寺、太僕寺、祕書省各九頃，禮部、鴻臚寺、都水監、太子詹事府各八頃，御史臺、國子監、京縣各七頃，左右衛太子家令寺各六頃，衛尉寺、左右驍衛、左右武衛、左右威衛、左右領軍衛、左右金吾衛、左右監門衛、太子右春坊各五頃，太子左右衛率府、太史局各四頃，宋正寺、左右千牛衛、太子僕寺、左右司御率府、左右情道率府、左右監門率府各三頃，內坊、左右內率府率更寺各二頃。其有官置局子府之類，各准官品人數均配。

諸京官文武職事職分田，一品一十二頃，二品一十頃，三品九頃，四品七頃，五品六頃，六品四頃，七品三頃五十畝，八品二頃五十畝，九品二頃，並去京城百里內納。其京兆、河南府及京縣官人職分田，亦准此。即百里內地少欲於百里外給者亦聽。

諸州及都護府、親王府官人職分田，二品一十二頃，三品一十頃，四品八頃，五品七頃，六品五頃，京畿縣亦在此。七品四頃，八品三頃，九品二頃五十畝。鎮戍關津嶽瀆及在外監官，五品五頃，六品三頃五十畝，七品三頃，八品二頃，九品一頃五十畝。三衛中郎將、上府折衝都尉各六頃，中府五頃五十畝，下府及郎將各五頃。上府課毅都尉四頃，中府三頃五十畝，下府三頃。上府長史、別將各三頃，中府、下府各二頃五十畝。果毅親王府典軍五頃五十畝，副典軍四頃。千牛備身、左右太子牛備身各三頃。親王府文武官隨府出藩者，於所在處給。諸軍折衝府兵曹二頃，中府、下府各一頃五十畝。其外軍校尉一頃二十畝，旅帥一頃，隊正、隊副各八十畝，皆於鎮側州縣界内給。其校尉以下在本縣及去家百里内鎮者，不給。

諸驛封田，皆隨近給。每馬一疋給地四十畝，驢一頭給地二十頃。若驛側有牧田處，疋別各減五畝。其傳送馬每一疋給田二十畝。

諸公廨職分田等，並於寬閑及還公田内給。

諸内外官應給職田，無地可充，并別敕合給地子者，率一畝給粟二斗。雖有地而不足者，準所欠給之鎮戍官去任處十里内無地可給，亦准此。王府官若王不任外官在京者，其職田給粟減京官之半，應給者五月給半，九月給半，未給解伐者不卻給。劍南、隴右、山南官人不在給限。

諸屯隸司農寺者，每地三十頃以下二十頃以上爲一屯，隸州鎮諸軍者，每五十頃爲一屯。其屯應署者，皆從尚書省處分。

諸屯田應用牛之處，山原川澤土有硬軟，至於耕墾用力不同者，其土軟之處每地一頃五十畝配牛一頭，彊硬之處一頃二十畝配牛一頭。即當屯之内，有硬有軟者，亦准此法。其地皆仰屯官明爲圖狀，所管長官親自問檢，以爲定薄，依此支配。其營稻田之所，每地八十畝配牛一頭。若芟草種稻者，不在此限。

諸屯應役丁之處，每年所管官司與屯官司，準來年所種色目及頃畝多少，依式料功申所司支配。其上役之日，所司仍準役月閑要量事配遣。

諸屯每年所收雜子雜用之外，皆即随便貯納。去京近者，送納司農；三百里外者，納随近州縣。若行水路之處，亦納司農。其送輸斛斗及倉司領納之數，并依限各申所司。

諸屯隸司農寺者，卿及少卿每至三月以後，分道巡歷。有不如法者，監官屯將隨事推罪。

諸屯每年所收稾草，飼牛供屯雜用之外，別處依式貯積，具言去州鎮及驛路遠近，附計帳，申所司處分。

諸屯收雜種，須以車運納者，將當處官物勘量市付。其扶車子力於營田及飼牛丁内，均融取充。

諸屯納雜子無稾之處，應須籧蒢及供窖調度，並於營田丁内，随近有處採取造充。

諸屯之處，每收刈時，若有警急者，所管官司與州鎮及軍府相知量，差管内軍人及夫一千人以下各役五日，功防授助收。

諸管屯處，百姓田有水陸，上次及上熟、次熟畝別，收獲多少，仰當界長官勘問，每年具狀申上，考校屯官之日，量其虚實，據狀褒貶。

諸屯官欠負，皆依本色本處理填。

諸屯課帳，每年與計帳同限，申尚書省。

右令不行

（宋）王欽若等《册府元龜》卷四九五《邦計部・田制》　唐玄宗開元十八年，宣州刺史裴耀卿論時政，上疏曰：竊見天下所簡客户，除兩州計會歸本貫以外，更令所在編附。年限向滿，須准居人，更有優矜，即此輩僥倖，若全徵課税，即目擊未堪。竊料天下諸州，不可一例處置，且望從寬鄉有剩田州作法。竊計有剩田者不減三四十州，取其剩田，通融支給。其剩地者三分請取一分已下。其浮户，任其親戚鄉里相就，每十户已上共作一坊。每户給五畝充宅，并爲造一兩口屋，開巷陌，立閭伍，種桑棗，築園蔬，使緩急相助，親隣不失。丁别量給五十畝已上爲田，任其自營種。卒其户於近坊更供給一頃以爲公田，共令營種。每丁一月役功三日，計十丁一年共得三百六十日。營公田一頃，不啻得足計早收，一年不減一百石，使納隨近州縣。除役三百六十日外，更無租税。既是營田户，且免征行，安樂有餘，必不流散。官司每丁納收十石，其粟更不別支用，每至不熟年，計別三十價，然後支用。計一丁一年還出兩石已上，亦與正課不殊。則官收其役，不爲矜縱，人緩其税，又得安舒，倉廩日殷，久遠爲便。其狹鄉無剩地客户多者，雖此法未該，准式許移窄就寬，不必須要留住。若寬鄉安置得所，人皆悦慕，則三兩年後，皆可改塗，棄地盡作公田，狹鄉總移寬處，倉儲既實，水旱無憂。

二十三年九月，詔曰：天下百姓口分、永業田，頻有處分，不許買賣典貼。如聞尚未能斷貧人失業，豪富兼并，宜更申明處分，切令禁止。若有違犯，科違敕罪。二十五年制，田廣一步，長二百四十步爲畝，畝百爲頃。自秦漢以降，即二百四十步爲畝，非獨始於唐。蓋具令文耳。國家程式雖則具存，令所纂不可悉載。丁男給永業田二十畝，口分田八十畝。其中男年十八以上，亦依丁男給。老幼、篤疾、癈疾，各給口分田四十畝，寡妻妾合給分田三十畝。先永業者，通充口分之數。黄、小、中、丁男女及老男、篤疾、癈疾、寡妻妾當户者，各給永業田二十畝，口分田二十畝。應給寬鄉，並依所定數。若狹鄉新受者，減寬鄉口分之半。其給口分田者，易田則倍給。寬鄉三易以上者，仍依鄉法易給也。其永業田，親王百頃，職事官正一品六十頃，郡王及職事官從一品各五十頃，國公若職事官正二品各四十頃，郡公若職事官從二品各三十五頃，縣公若職事官正三品各二十五頃，郡侯若職事官從三品各二十頃，縣侯若職事官正四品各十五頃，伯若職事官從四品各十頃，子若職事官正五品各八頃，男若職事官從五品各五頃。上柱國三十頃，柱國二十五頃，上護軍二十頃，護軍十五頃，上輕車都尉十頃，輕車都尉七頃，上騎都尉六頃，騎都尉四頃，驍騎尉飛騎尉各八十畝，雲騎尉、武騎尉各六十畝。其散官五品以上同職事給，兼有官爵及勳具應給者，唯從多，不並給。若當家口分之外，先有地非狹鄉者，並即回受，有賸追收，不足者更給。諸永業田皆傳子孫，不在收授之限，即子孫犯除名者，所承之地亦不追。每畝課種桑五十根以上，榆棗各十根以上，三年種畢。鄉土不宜者，任以所宜樹充。所給五品以上永業田，皆不得狹鄉受，任於寬鄉隔越射無主荒地充。即買蔭陽田充者，雖狹鄉，亦聽。其六品以下永業，即聽本鄉取還公田充賴，於寬鄉取者，亦聽。應賜人田，非指的處所者，不得狹鄉給。其應給永業人，若官爵之內有解免者，從所解者追。即解免不盡者，隨所降品追也。其除名者，依口分例給，自外及有賜田者並追。若當家之內有官爵及少口分應受者，並聽迴給，有賸追收，其因官爵應得永業，未請及未足而身亡者，子孫不合追請。諸襲爵者，唯得承父祖永業，不合別請。若父祖未請及未足而身亡者，減始受封者之半給。其州縣界內，所部受田悉足者爲寬鄉，不足者爲狹鄉。諸狹鄉田不足者，聽於寬鄉遥受。應給園宅地者良，口三口以下給一畝，每三口加一畝，賤口五口給一畝，每五口加一畝，並不入永業、口分之限。其京城及州縣郭下園宅，不在此例。諸驛封田，皆隨近給，每馬一匹給地四十畝。若驛側有收田處，匹別各減五畝。其傳遞馬每匹給田二十畝。諸庶人有身死家貧無以供葬者，聽賣永業田，即流移者亦如之。樂遷就寬鄉者，并聽賣口分。賣充住宅、邸店、碾磑者，雖非樂遷亦聽私賣也。諸買地者，不得過本制，雖居狹鄉，亦聽依寬制，其賣者不更請。凡賣買，皆須經所部官司申牒，年終彼此除附。若無文牒輒賣買，財没不追，地還本主。諸以工商爲業者，永業、口分田各減半給之，在狹鄉者並不給。諸因王事没落外蕃不還，有親屬同居，其身分之地，六年乃追。身還之日，隨便先給。即身死王事者，其子孫雖未成丁，身分地勿追。其因戰傷入篤疾癈疾者，亦不追減，聽終其身。諸田不得貼債及質遺者，財没不追，地還本主。若從遠役外任，無人守業者，聽貼債及質。其官人永業田及賜田，欲賣及貼債者，皆不在禁限。諸給口分田，務從便近，不得隔越。若因州縣改隷地入他境，及犬牙相接者，聽依舊受。其城居之人，本縣無田者，聽隔縣受。雖有此制，開元之季，天寶以來，法令寬弛，兼并之弊，有踰於漢成哀之間矣。親王出藩者，給地一頃作園。若城內無可開拓者，於近城便給。如無官田，取百姓地充，其地給好地替。

天寶十一載十一月乙丑，詔曰：周有均土之宜，漢存墾田之法，將欲明其經界，定其等威。食禄之家，無廣擅於山澤；貿遷之伍，罕争利於農收。則歲有豐穰，人無胥怨，永言致理，何莫繇兹。如聞王公百官及富豪之家，比置莊田，恣行吞併，莫懼章程。借荒者，皆有熟田，因之侵奪；置牧者，唯指山谷，不限多少。爰及口分、永業，違法賣買，或改籍書，或云典貼，致令百姓無處安置。乃別停客户，使其佃食，既奪居人之業，實生浮惰之端。遠近皆然，因循亦久，不有釐革，爲弊慮深。其王公百官勳蔭等家，應置莊田，不得踰於式令。仍更從寬典，務使弘通。其有同籍周期以上親俱有勳蔭者，每人占地頃畝，任其累計。某蔭外有餘，如舊是無勳蔭地合賣者，先用錢買得，不可官收，限敕到百日內，容其轉賣。其先不合蔭，又蔭外請射兼借荒，及無馬置牧地之內，并從合蔭者，並不在占限，官還主。其口分、永業地先合買賣。若有主來理者，其地雖經除附，不限載月近遠，宜並却還。至於價值准格並不合酬備，既緣先已用錢，審勘責其有契驗可憑，特宜官爲出錢，還其買人。其地若無主論理，不須收奪，庶使人皆摭實，地悉無遺，百姓知復於田疇，蔭家不失其價值。此而或隱，罪必無容。又兩京去城五百里內，不合置牧地。地內熟田，仍不得過五頃已上十頃已下。其有餘者仰官收。應緣括簡共給授田地等，並委郡縣長官及本判官録事相知勾當，並特給復業。並無籍貫浮逃人，仍據丁口量地好惡，均平給授，便與編附，仍放當載租庸。如給未盡，明立簿帳，且官收租佃，不得輒給官人親識工商富豪兼併之家。如有妄請受者，先決一頓，然後准法科罪。不在官當蔭贖，有能糾告者，地入糾人，各令採訪使按覆，具狀聞奏。使司不糾察，與郡縣官同罪。自今已後，更不得違法買賣口分、永業田，及諸射兼借公私荒廢地。無馬妄請牧田，併潛停客户有官者私營農，如輒有違犯，無官者決杖四十，有官者録奏取處分。又郡縣官人，多有任所寄莊，言念貧弱，慮有侵損，先已定者，不可改移。自今已後，一切禁斷。今所括地授田，務欲優矜百姓，不得妨奪，致有勞損。客户人無使驚擾，緣酬地價值出官錢，支科之間，必資摠統。仍令兩京出納使楊國忠充使，都勾當條件處置。凡在士庶，宜悉朕心。

十四載，受田千四百三十萬三千八百六十二頃一十三畝，其載户八百九十餘萬計，定墾之數每户各一頃六十餘畝。

代宗寶應元年四月敕：百姓田地，比者多被殷富之家官吏吞併，所以逃散，莫不繇兹，宜委縣令切加禁止。若界內自有違法，當倍科責。五月十九日敕：逃户不歸者，當户租賦停徵，不得卒攤隣親高户。

廣德二年四月敕：如有浮客情願編附，請射逃人物業者，便准式。據丁口給授。如二年已上種植家業成者，雖本主到，不在却還，限任別給授。

大曆元年制：逃亡失業，萍泛無依時，宜招綏使安鄉井。其逃户復業者，宜給復，二年不得輒有差遣。如有百姓先貨賣田宅盡者，宜委本州縣取逃死户田宅，量丁口充給。

德宗建中四年六月，判度支户部侍郎趙贊，請置大田。天下田，計其頃畝，官收十分之一。擇其上腴樹桑環之曰公田，公桑自王公至於匹庶差借其力，得穀絲以給國用。詔從其説。贊熟計之，自以爲非，便皆寢不下。

憲宗元和四年十二月，監察御史裏行元稹牒同州奏均田狀。當州自於七縣田地數內，均配兩税元額頃畝，并請分給諸色職田、州使官田與百姓，其草粟腳錢等，便請於萬户上均卒。又均攤左神策部陽鎮軍田粟，及時放百姓税麻，并除去斛斗、錢草零數等利，宜分析如後。當州兩税地。右件地，并是貞元四年簡責，至今已是二十六年。其間人户逃移，田地荒廢，又近河諸縣，每年河路侵，沙苑側近，日有磧填掩，百姓税額已定，皆是虛頭徵卒。其間亦有豪富兼併，廣占阡陌，十分田地纔税二三，致使窮獨逋亡，賦税不辦，州縣轉破，實在於斯。臣自到州，便欲差官簡量，又慮疲人煩擾。昨因農務稍暇，臣遂設法各令百姓自通手狀，又令里正、書手等傍爲穩審，並不遣官吏擅到村鄉。百姓等皆知臣欲一例均平，所通田地略無欺隱。臣便據所通，悉與除去逃户荒地及河侵沙掩等地，其餘見定頃畝，然取兩税額地數，通計七縣沃瘠，一例作分數抽税。自此貧富強弱，一切均平，徵斂賦租，庶無逋欠。三二年外，此州實冀稍較完全。當州京官及州縣官職田、公廨田、并州使官田、驛等。右，臣當州百姓田地，每畝只税粟九升五合，草四分，地頭榷酒錢共出二十一文已下。其諸色職田，每畝約税粟三斛，草三束，脚錢一百二十文。若是京官上司職田，又頃百姓變米雇脚搬送，比量正税，近於四倍加徵。既緣差税至重，州縣遂逐年抑配百姓租佃，或有隔越村鄉被配一畝二畝者，或有身居市井，亦令虛頭出税者。其公廨田、官田等所税輕重，約與職田相似，亦是抑配百姓租田，疲人患苦，無甚於斯。伏准長慶元年七月赦文，京兆府職田，令於萬户上均配，正與臣當州事宜相類。臣今因重配元額税地，便請盡將此色田地，一切給與百姓，任爲永業，一依正税粟、草及地頭榷酒錢數納税。其餘所欠職田斛㪷錢草等，只於夏税地上每畝各加一合，秋税地上每畝各加六合、草一分。其脚錢，只收地頭榷酒錢上分釐充數便足，百姓元不加配。其上司職田合變米送城者，比緣百姓出車牛，及零碎舂碾，動踰春夏，送納不得到城。臣今便於當州近城縣納粟，官爲變碾，取本色脚錢，州司和雇情願車牛搬載，差綱送納。計萬户所加至少，使四倍之税永除，上司職禄及時，公私俱受其利。當州供左神策部陽鎮軍田粟二千石。右，自置軍鎮以來，准敕令，取百姓高荒田地一百頃，給充軍田，其時緣田地零碎，軍司佃田不得，遂令縣司每畝出粟二㪷粟並是一縣百姓秋税上加配。偏當重斂，事實不均。臣今已於七縣應税地止量事配率，自此亦冀均平。當州朝邑等三縣代納夏陽、韓城兩縣率税。又准元和十三年敕，緣夏陽、韓城兩城殘破，量減逃户，率税每年攤配，朝邑、澄城、郃陽三縣，代納錢六百七貫九百二十一文，斛㪷三千一百五十二石一㪷三升三合，草九千九束，零並不計。臣今因令百姓自通田地，落下兩縣已減元額税地，請更不令三縣代納差科。當州税麻，又當州從前税麻地七十五頃六十七畝四壠，每年計麻一萬一千八百七十四斤四兩，充州司諸色公用。臣昨因均配均税，簡尋三數十年兩税文案，只見逐年配率麻地，並不言兩税數内爲復數外。既無條敕可憑，以今一切放免不税。當州所徵斛㪷并草及地頭等錢奇零分數。又從前所徵斛㪷升合之外，有抄勺圭撮，錢草則分釐毫銖。案牘交加，不可勘算。人户輸納，元無奇零，蹙數所成，盡是姦吏欺没。臣令所徵斛㪷並請成合，草亦並請成束，錢並請成文。在百姓分數，元無所加；於官司簿書，永絶姦詐。其蹙數粟、麥、草等，便充填所欠職田等數。其錢當州每畝元税二十文三分六釐，人户納二十一文釐數，臣今只收元納二十一文釐零數，將充職田脚錢，二千六百餘貫便足，更不分外攤徵。迴姦吏隱欺之贓，除百姓重斂之困。如此處置，庶有利宜。以前逐件謹具利宜如前。其兩税元額頃畝，並攤配職田分數及蹙文分合等草、錢、斛、㪷數，謹具後件分析以前件，如前伏。以當州田地𪊲鹵瘠薄，兼帶山原，通計十畝不敵京畿一二，加以簡責年深，貧富偏併，税額已定，徵率轉難。臣昨所奏累年逋懸，其弊實繇於此。臣今並已均於税，又免配佃職田，里閭之間，稍合蘇息。伏緣請配職田地充百姓永業，事須奉敕處分，冀永有遵憑。

穆宗長慶元年正月敕，節文：應諸道管内百姓，或因水旱兵荒，流離死絶，見在桑産如無親承佃，委本道觀察使於官健中取無莊田有人丁者，據多少給付，便與公驗，任充永業，不得令有力職掌人妄爲請射。其官健仍借種糧，放三年租税。

武宗會昌元年正月制：安土重遷，黎民之性。苟非難窘，豈至流亡？將欲招綏，必在資産。諸道頻遭災沴，州縣不爲申奏，百姓輸納不辦，多有逃移。長吏懼在官之時破失人户，或恐務免正税，減尅料錢，只於見在户中分外攤配。亦有破除逃户産業已無，歸還不得，見户每年加配，流亡轉多。自今已後，應州縣開成五年已前逃户，並委觀察使刺史，差強明官，就村鄉詣實，簡勘桑田屋宇等，仍勒長令切加簡較租佃與人，勿令荒廢。據所得與納户内徵税，有餘即官爲收貯，待歸還給付。如欠少，即與收貯，至歸還日，不須徵理。自今年已後，二年不歸復者，即仰縣司召人給付承佃，仍給公驗，任爲永業。其逃户錢草斛㪷等，就留使錢物合十分十三分已上者，並仰於當州使雜給用錢内方圓權落下，不得尅正員官吏料錢，及館驛使料遞乘作人課等錢，仍本户歸復日，漸復元額。

宣宗大中二年正月制，所在逃户見在桑田屋宇等，多時暫時東西，便被隣人與所繇等計會，推云代納税錢，悉欲砍伐毁折。及願歸復，多已蕩盡，因致荒廢，遂成閑田。從今已後，如有此色，勒鄉村老人與所繇并隣近等同簡較勘分明，分折作狀送縣入案，任隣人及無田産人且爲佃事，與納税，如五年不來復業者，便任佃人户主，逃户不在論理之限。其屋宇桑田樹木等，權佃人逃户未歸，五年不得輒有毁除斫伐。如違犯者，據限口量情科責，并科所繇等不簡較之罪。

懿宗咸通十一年七月十九日敕：諸道州府百姓，承佃逃亡田地，如已經五年，須准承前赦文便爲佃，主不在論理之限，仍令所司准此處分。

《舊唐書》卷四八《食貨志》　武德七年，始定律令。以度田之制：五尺爲步，步二百四十爲畝，畝百爲頃。丁男、中男給一頃，篤疾、廢疾給四十畝，寡妻妾三十畝。若爲户者加二十畝。所授之田，十分之二爲世業，八爲口分。世業之田，身死則承户者便授之；口分，則收入官，更以給人。賦役之法：每丁歲入租粟二石。調則隨鄉土所産，綾絹絁各二丈，布加五分之一。輸綾絹絁者，兼調綿三兩；輸布者，麻三斤。凡丁，歲役二旬。若不役，則收其傭，每日三尺。有事而加役者，旬有五日免其調，三旬則租調俱免。通正役，並不過五十日。若嶺南諸州則税米，上户一石二斗，次户八斗，下户六斗。若夷獠之户，皆從半輸。蕃胡内附者，上户丁税錢十文，次户五文，下户免之。附經二年者，上户丁輸羊二口，次户一口，下三户共一口。凡水旱蟲霜爲災，十分損四已上免租，損六已上免調，損七已上課役俱免。

凡天下人户，量其資産，定爲九等。每三年，縣司注定，州司覆之。百户爲里，五里爲鄉。四家爲鄰，五家爲保。在邑居者爲坊，在田野者爲村。村坊鄰里，遞相督察。士農工商，四人各業。食禄之家，不得與天下人争利。工商雜類，不得預於士伍。男女始生者爲黄，四歲爲小，十六爲中，二十一爲丁，六十爲老。每歲一造計帳，三年一造户籍。州縣留五比，尚書省留三比。神龍元年，韋庶人爲皇后，務欲求媚於人，上表請以二十二爲丁，五十八爲老，制從之。及韋氏誅，復舊。至天寶三年，又降優制，以十八爲中男，二十二爲丁。天下籍始造四本，京師及東京尚書省、户部各貯一本，以備車駕行幸，省於載運之費焉。

《新唐書》卷五一《食貨志》　唐之始時，授人以口分、世業田，而取之以租、庸、調之法，其用之也有節。蓋其畜兵以府衛之制，故兵雖多而無所損；設官有常員之數，故官不濫而易禄。雖不及三代之盛時，然亦可以爲經常之法也。及其弊也，兵冗官濫，爲之大蠹。自天寶以來，大盗屢起，方鎮數叛，兵革之興，累世不息，而用度之數，不能節矣。加以驕君昏主，姦吏邪臣，取濟一時，屢更其制，而經常之法，蕩然盡矣。由是財利之説興，聚斂之臣進。蓋口分、世業之田壞而爲兼并，租、庸、調之法壞而爲兩税。至於鹽鐵、轉運、屯田、和糴、鑄錢、括苗、榷利、借商、進奉、獻助，無所不爲矣。蓋愈煩而愈弊，以至於亡焉。

唐制：度田以步，其闊一步，其長二百四十步爲畝，百畝爲頃。凡民始生爲黄，四歲爲小，十六爲中，二十一爲丁，六十爲老。授田之制，丁及男年十八以上者，人一頃，其八十畝爲口分，二十畝爲永業；老及篤疾、廢疾者，人四十畝，寡妻妾三十畝，當户者增二十畝，皆以二十畝爲永業，其餘爲口分。永業之田，樹以榆、棗、桑及所宜之木，皆有數。田多可以足其人者爲寬鄉，少者爲狹鄉。狹鄉授田，減寬鄉之半。其地有薄厚，歲一易者，倍授之。寬鄉三易者，不倍授。工商者，寬鄉減半，狹鄉不給。凡庶人徙鄉及貧無以葬者，得賣世業田。自狹鄉而徙寬鄉者，得并賣口分田。已賣者，不復授。死者收之，以授無田者。凡收授皆以歲十月。授田先貧及有課役者。凡田，鄉有餘以給比鄉，縣有餘以給比縣，州有餘以給近州。

凡授田者，丁歲輸粟二斛，稻三斛，謂之租。丁隨鄉所出，歲輸絹二匹，綾、絁二丈，布加五之一，綿三兩，麻三斤，非蠶鄉則輸銀十四兩，謂之調。用人之力，歲二十日，閏加二日，不役者日爲絹三尺，謂之庸。有事而加役二十五日者免調，三十日者租、調皆免。通正役不過五十日。

自王公以下，皆有永業田。太皇太后、皇太后、皇后緦麻以上親，内命婦一品以上親，郡王及五品以上祖父兄弟，職事、勳官三品以上有封者若縣男父子，國子、太學、四門學生、俊士，孝子、順孫、義夫、節婦同籍者，皆免課役。凡主户内有課口者爲課户。若老及男廢疾、篤疾、寡妻妾、部曲、客女、奴婢及視九品以上官，不課。

凡里有手實，歲終具民之年與地之闊陿，爲鄉帳。鄉成於縣，縣成於州，州成於户部。又有計帳，具來歲課役以報度支。國有所須，先奏而斂。凡税斂之數，書于縣門、村坊，與衆知之。水、旱、霜、蝗耗十四者，免其租；桑麻盡者，免其調；田耗十之六者，免租調；耗七者，課役皆免。凡新附之户，春以三月免役，夏以六月免課，秋以九月課役皆免。徙寬鄉者，縣覆於州，出境則覆于户部，官以閒月達之。自畿内徙畿外，自京縣徙餘縣，皆有禁。四夷降户，附以寬鄉，給復十年。奴婢縱爲良人，給復三年。没外蕃人，一年還者給復三年，二年者給復四年，三年者給復五年。浮民、部曲、客女、奴婢縱爲良者附寬鄉。【略】初，永徽中禁買賣世業、口分田。其後豪富兼並，貧者失業，於是詔買者還地而罰之。

《新唐書》卷五三《食貨志》　唐開軍府以扞要衝，因隙地置營田，天下屯總九百九十二。司農寺每屯三十頃，州、鎮諸軍每屯五十頃。水陸腴瘠、播殖地宜與其功庸煩省、收率之多少，皆決於尚書省。苑内屯以善農者爲屯官、屯副，御史巡行莅輸。上地五十畝，瘠地二十畝，稻田八十畝，則給牛一。諸屯以地良薄與歲之豐凶爲三等，具民田歲穫多少，取中熟爲率。有警，則以兵若夫千人助收。隸司農者，歲三月，卿、少卿循行，治不法者。凡屯田收多者，褒進之。歲以仲春籍來歲頃畝、州府軍鎮之遠近，上兵部，度便宜遣之。開元二十五年，詔屯官叙功以歲豐凶爲上下。鎮戍地可耕者，人給十畝以供糧。方春，屯官巡行，謫作不時者。天下屯田收穀百九十餘萬斛。

初，度支歲市糧於北都，以贍振武、天德、靈武、鹽、夏之軍，費錢五六十萬緡，泝河舟溺甚衆。建中初，宰相楊炎請置屯田於豐州，發關輔民鑿陵陽渠以增溉。京兆尹嚴郢嘗從事朔方，知其利害，以爲不便，疏奏不報。郢又奏：「五城舊屯，其數至廣，以開渠之糧貸諸城，約以冬輸；又以開渠功直布帛先給田者，據估轉糴。如此則關輔免調發，五城田關，比之浚渠利十倍也。」時楊炎方用事，郢議不用，而陵陽渠亦不成。然振武、天德良田，廣袤千里。

元和中，振武軍饑，宰相李絳請開營田，可省度支漕運及絶和糴欺隱。憲宗稱善，乃以韓重華爲振武、京西營田、和糴、水運使，起代北，墾田三百頃，出贓罪吏九百餘人，給以耒耜、耕牛，假種糧，使償所負粟，二歲大熟。因募人爲十五屯，每屯百三十人，人耕百畝，就高爲堡，東起振武，西逾雲州，極於中受降城，凡六百餘里，列柵二十，墾田三千八百餘頃，歲收粟二十萬石，省度支錢二千餘萬緡。重華入朝，奏請益開田五千頃，法用人七千，可以盡給五城。會李絳已罷，後宰相持其議而止。憲宗末，天下營田皆雇民或借庸以耕，又以瘠地易上地，民間苦之。穆宗即位，詔還所易地，而耕以官兵。耕官地者，給三之一以終身。

靈武、邠寧，土廣肥而民不知耕。大和末，王起奏立營田。後党項大擾河西，邠寧節度使畢諴亦募士開營田，歲收三十萬斛，省度支錢數百萬緡。

貞觀、開元後，邊土西舉高昌、龜茲、焉耆、小勃律，北抵薛延陀故地，緣邊數十州戍重兵，營田及地租不足以供軍，於是初有和糴。牛仙客爲相，有彭果者獻策廣關輔之糴，京師糧稟益羨，自是玄宗不復幸東都。天寶中，歲以錢六十萬緡賦諸道和糴，斗增三錢，每歲短遞輸京倉者百餘萬斛。米賤則少府加估而糴，貴則賤價而糶。

貞元初，吐蕃劫盟，召諸道兵十七萬戍邊。關中爲吐蕃蹂躪者二十年矣，北至河曲，人户無幾，諸道戍兵月給粟十七萬斛，皆糴於關中。宰相陸贄以關中穀賤，請和糴，可至百餘萬斛。計諸縣船車至太倉，穀價四十有餘，米價七十，則一年和糴之數當轉運之二年，一斗轉運之資當和糴之五斗。減轉運以實邊，存轉運以備時要。江淮米至河陰者罷八十萬斛，河陰米至太原倉者罷五十萬，太原米至東渭橋者罷二十萬。以所減米糶江淮水菑州縣，斗減時五十以救乏。京城東渭橋之糴，斗增時三十以利農。以江淮糴米及減運直市絹帛送上都。帝乃命度支增估糴粟三十三萬斛，然不能盡用贄議。憲宗即位之初，有司以歲豐熟，請畿内和糴。當時府、縣配户督限，有稽違則迫蹙鞭撻，甚於稅賦，號爲和糴，其實害民。

《新唐書》卷五五《食貨志》

武德元年，文武官給禄，頗減隋制，一品七百石，從一品六百石，二品五百石，從二品四百六十石，三品四百石，從三品三百六十石，四品三百石，從四品二百六十石，五品二百石，從五品百六十石，六品百石，從六品九十石，七品八十石，從七品七十石，八品六十石，從八品五十石，九品四十石，從九品三十石，皆以歲給之。外官則否。

一品有職分田十二頃，二品十頃，三品九頃，四品七頃，五品六頃，六品四頃，七品三頃五十畝，八品二頃五十畝，九品二頃，皆給百里内之地。諸州都督、都護、親王府官二品十二頃，三品十頃，四品八頃，五品七頃，六品五頃，七品四頃，八品三頃，九品二頃五十畝。鎮戍、關津、岳瀆官五品五頃，六品三頃五十畝，七品三頃，八品二頃，九品一頃五十畝。三衛中郎將、上府折衝都尉六頃，中府五頃五十畝，下府及郎將五頃；上府果毅都尉四頃，中府三頃五十畝，下府三頃；上府長史、別將三頃，中府、下府二頃五十畝；親王府典軍五頃五十畝，副典軍四頃；千牛備身左右、太子千牛備身三頃；折衝上府兵曹二頃，中府、下府一頃五十畝。外軍校尉一頃二十畝，旅帥一頃，隊正、副八十畝。

親王以下又有永業田百頃，職事官一品六十頃，郡王、職事官從一品五十頃，國公、職事官從二品三十五頃，縣公、職事官三品二十五頃，職事官從三品二十頃，侯、職事官四品十二頃，子、職事官五品八頃，男、職事官從五品五頃，六品、七品二頃五十畝，八品、九品二頃。上柱國三十頃，柱國二十五頃，上護軍二十頃，護軍十五頃，上輕車都尉十頃，輕車都尉七頃，上騎都尉六頃，騎都尉四頃，驍騎、飛騎尉八十畝，雲騎、武騎尉六十畝。散官五品以上給同職事官。五品以上受田寬鄉，六品以下受於本鄉。解免者追田，除名者受口分之田，襲爵者不別給。流内九品以上口分田終其身，六十以上停私乃收。

凡給田而無地者，畝給粟二斗。

京司及州縣皆有公廨田，供公私之費。其後以用度不足，京官有俸賜而已。諸司置公廨本錢，以番官貿易取息，計員多少爲月料。

貞觀初，百官得上考者，給禄一季。未幾，又詔得上下考給禄一年，出使者稟其家，新至官者計日給糧。中書舍人高季輔言：外官卑品貧匱，宜給禄養親。自後以地租春秋給京官，歲凡五十萬一千五百餘斛。外官降京官一等，一品以五十石爲一等，二品、三品以三十石爲一等，四品、五品以二十石爲一等，六品、七品以五石爲一等，八品、九品以二石五斗爲一等。無粟則以鹽爲禄。

十一年，以職田侵漁百姓，詔給逃還貧户，視職田多少，每畝給粟二升，謂之地子。是歲，以水旱復罷之。

十二年，罷諸司公廨本錢，以天下上户七千人爲胥士，視防閤制而收其課，計官多少而給之。十五年，復置公廨本錢，以諸司令史主之，號捉錢令史。每司九人，補於吏部，所主繦五萬錢以下，市肆販易，月納息錢四千，歲滿受官。諫議大夫褚遂良上疏：京七十餘司，更一二載，捉錢令史六百餘人受職。太學高第，諸州進士，拔十取五，猶有犯禁罹法者，況廛肆之人，苟得無耻，不可使其居職。太宗乃罷捉錢令史，復詔給百官俸。

十八年，以京兆府、岐、同、華、邠、坊州隙地陂澤可墾者，復給京官職田。

（宋）王應麟《玉海》卷一七六《食貨・田制・唐口分世業田》

《食貨志》唐之始時，授人以口分、世業田，而取之以租庸調之法。唐制，二百四十步爲畝，百畝爲頃。授田之制：丁男年十八以上人一頃，其八十畝爲口分，二十畝爲永業。老及疾者人四十畝，寡妻妾三十畝，當户者增二十畝，皆以二十畝爲永業，餘以口分。永業之田，植榆棗桑及所宜木。田多可以足其人者爲寬鄉，少者爲狹鄉，狹鄉授田減寬鄉之半。其地有薄厚，歲一易者倍授之，寬鄉三易者不倍。工商寬鄉減半，狹鄉不給。凡徙鄉及貧無以葬者，得賣世業田。自狹徙寬得并賣口分田。已賣，不復授。死者收之，以授無田者。凡收授皆以歲十月。授田先貧及有課役者。永徽中，禁買賣世業、口分田。其後豪富兼并，於是詔買者還地而罰之。《官志》田曹司、田參軍掌口分、永業及蔭田，凡民田收授，縣令給之。《會要》武德七年三月二十九日始定均田賦税。凡天下丁男給田一頃，十分之二爲世業，餘以爲口分。身死則承户者授之，口分則收入官，更以給人。《通典》天寶中，應受田一千四百三十萬三千八百六十二頃十三畝。按十四年，户八百九十萬餘，每户一頃六十餘畝。建中初，《會要》元年正月五日。分遣黜陟使按比，墾田數得百十餘萬頃。劉恕曰：後魏均田制度，似今世佃官田及絶户田出租税，非如三代井田也。魏齊周隋兵革不息，農民少而曠土多，故均田之制存。至唐承平日久，丁口滋衆，官無閒田，不復給授，故田制爲空文。《唐志》云口分世業之田壞，而爲兼并，似指以爲井田之比失之遠矣。林勳曰：周制步百爲畝，百畝僅得唐之四十餘畝耳。唐之口分人八十畝，幾倍於古。蓋貞觀之盛，户不及三百萬，永徽惟增十五萬。若周，則王畿千里已有三百萬家之田，列國不與焉。是以唐制受田倍於周，而地亦足以容之。狹鄉雖裁其半，猶可當成周之制。然按一時户口而不爲異日計，則後守法難矣。既無振貧之術，乃許之賣田，後魏以來弊法也，是以啓兼并之漸。

《紀》開元九年正月，括田。《通鑑》二月乙酉敕有司議，丁亥以宇文融充使，括逃户及籍外田。《宇文融傳》時，户版刓隱，人去本籍，詭脱繇賦，豪弱相并。融由御史陳便宜，請校天下籍，收匿户羨田。以融爲覆田勸農使，諸道收没户八十萬，田稱是。十一年六月壬辰，爲勸農使。《賈敦頤傳》永徽中，洛多豪右，占田踰制，敦頤舉没三千餘頃賦貧民。

（宋）王應麟《玉海》卷一七七《食貨・屯田・唐軍府營田　屯田頃畝　東都營田》

《食貨志》唐開軍府以捍要衝，因隙地置營田，天下屯總九百九十二。司農寺每屯三頃，州鎮諸軍每屯五十頃。諸本作十頃，《唐書》作五十頃。水陸腴瘠、播殖地宜與其功庸、收率之多少，皆決於尚書省。苑内屯以善農者爲屯官、屯副，御史循行涖輸上地五十畝，瘠地二十畝，稻地八十畝，則給牛一。諸屯以地良薄與歲之豐凶爲三等，具民田歲穫多少，取中熟爲率。有警，則以兵若夫十人助收。隷司農者，歲三月，卿少卿循行，治不法者。凡屯田收多者，褒進之。歲以仲春藉來歲頃畝，州府軍鎮之遠近，上兵部，度便宜遣之。開元二十五年，詔屯官叙功以豐凶爲上下。鎮戍地可耕者，人給十畝以供糧。方春，屯官循行讁作不時者。凡天下屯田收穀百九十餘萬斛。憲宗末，天下營田皆雇民，或借庸以耕，又以瘠地易上地，民間苦之。穆宗即位，詔還所易地而耕以官兵。《百官志》屯田郎中掌天下屯田。司農有諸屯監一人，丞一人，掌營種屯田。會功課，屯主勸率營農督斂地課，每屯主一人，副一人。諸治監令掌鑄兵農之器，給軍士屯田。《通典》大唐開元十五年，令諸屯隸司農寺，名每三十頃以下二十畝以上爲一屯。隸州鎮諸軍者，每五十頃爲一屯。應置者，皆從尚書省處分，取荒閑無籍廣占之地。其屯官取勳官五品以下及武散官并前資邊州縣府鎮戍八品以上文武官內，簡堪者充。據所收斗斛以定等級爲功優劣。天寶八年，天下屯收穀百九十一萬三千九百六十石，關內五十六萬三千八百一十石，河北四十萬三千二百八十石，河東二十四萬五千八百八十石。河西二十六萬八千八百八石，隴右四十四萬九百二石。《六典》天下諸州屯九百九十有二，河東道一百三十一屯，大同軍四十，橫野軍四十二，雲州三十七，朔州三，蔚州三，嵐州一，蒲州五。關內道二百五十八屯，北使二，鹽州監牧四，太原一，長春十，單于三十一，定遠四十，東城四十五，西城二十五，勝州十四，會州五，鹽池、太原州四，夏州二，豐安二十七，中城四十一。河南道一百七屯，陳州至壽州。河西道一百五十六屯，赤水至天山。隴右道一百七十二屯，渭州至西使。河西、隴右二百六十屯，歲入六十萬石。河北道二百八屯，幽州至渝關。劍南道九屯，嶲州、八松州一。開元二十三年，一云二十二年。河南道陳許、豫壽，又置百餘屯。二十五年敕，以爲不便，并長春田三百四十餘頃，並分給貧民。

《會要》開元八年六月，同州刺史姜師度兼營田長春宮使。二十九年十一月十七日敕：新豐、朝邑屯田，令長春宮使檢校。《列傳》韋弘機，高宗時擢司農少卿，主東都營田。苑宦者犯法，杖乃奏，帝嗟賞。李元紘當國時，廢京師職田，議者欲置屯田。元紘曰：軍國異制，以閑手耕弃地，省饋運，實軍糧，於是有屯田。內地爲屯，古未有也。調役則業廢於家，免庸則賦闕於國，遂止。嚴郢上疏論陵陽渠，以內苑蒔稻驗之。秦地膏腴，田上上，耕者皆畿八月一代，功甚易。又人給錢月八千，糧不在。然有司常募不能足。合府縣共之計，一農歲錢九萬六十，米月七斛二斗。大抵歲儩丁三百，錢一千八十八萬，米二千一百六十斛。臣恐終歲獲不酬費。顧少連留守東都，表禁苑及汝閒田募耕以便民。杜亞，貞元中留守東都，奏墾苑中爲營田，可減度支歲稾。詔許之。先是，苑地可耕者，皆留司中人及屯士占假。

（宋）宋敏求《唐大詔令集》卷二《帝王·即位赦·穆宗即位赦》

著大明者日也，出乎震而見乎離，則八紘開朗，萬象昭煥。孚大號者風也，發厚地而鼓羣動，則氛蒙盪滌，鬱伏舒散。王者如日之照臨，故聖功作而庶類覩；如風之號令，故德音降而兆人從。朕以寡薄，方茲法象，荷天地之眷祐，承宗祧之祚運。夙夜祗勵，懼不克周，永惟風教之流弊，甿俗之疾苦，思布濟時之政，宜弘利物之澤。庶有以導迎和氣，感致歡心，宜申在宥之恩，用啓自新之路。可大赦天下。【略】諸州府除京兆河南府外，應有官莊宅舖店碾磑茶菜園鹽畦車坊等，宜割屬所管官府。諸道除邊事營田處，其軍粮既取正税米，分給其所管營田自爲軍中，如要營田任取食粮，健兒不得妄招召。天下百姓等自屬艱難，棄其鄉井，户部版籍，虚繫姓名。建中元年已來，改革舊制，悉歸兩税，法久則姦弊滋生。自今已後，宜准例三年一定兩税，非論土著俗居，但據資産差率。其擇刺史縣令，宜委門下中書尚書省御史臺官有所諳知，即具聞奏。

（宋）宋敏求《唐大詔令集》卷六九《典禮·南郊·貞元元年南郊大赦天下制》

朕當親覽，自立兩税，經今六年。或初定之時，已有偏併，或户口减耗，舊額猶存，輕重不均，流亡轉甚。委度支即折衷條理，以恤困窮。古者雖有水旱，人無菜色，皆由儲蓄不匱，勸導有方。前代所置義倉，國初亦循其制，備災救乏，甚便於人。宜即准貞元故事，天下所墾見田，上自王公，下及百姓，每豐稔之歲，秋夏兩時，州縣長官以理勸課，據頃畝多少，隨所種粟豆稻麥逐便貯納，以爲義倉。如年穀不成，即量取賑給，官司但爲其立法勸課，不得收管，各委本道逐便宜處聞奏。敦本厚生，必資播殖，當今所切，莫甚於斯。自今百姓有墾闢田疇加於常歲者，所加之地，不得輒税徵租。其刺史令長考課，亦以本界墾田多少爲殿最。今年蝗蟲損甚，州府於開春之後，量給子種，以便農功。天下應荒閑田，有肥沃堪置屯田處，委當管官審檢行情愿者，使之營田。如部署精當，收獲數多，本道刺史特加褒升。逃户田地，本主復業，即卻給還。輦轂之下，四方會同，供應既多，難爲定準，急賦煩役，人何以堪。宜令京兆尹與度支計會，長安、萬年兩縣，每縣委與貯備錢五千貫文，縣庫收納，定清幹官專知。應緣卒須別索及雜供擬升工匠等，縣令與專知官先給付價錢，季冬之後，申度支勘會所市和雇，並須先給價錢。兩税外一物以上，不得科配百姓。御史臺，朝廷綱紀。尚書省，理化根本。百度得失，繫乎其人。頃制敕施行，所司多不遵守。王臣奉職，豈所宜然。御史臺左右丞切糾稽違，無壅朕命。

（宋）宋敏求《唐大詔令集》卷一一一《政事·田農·廢華州屯田制》 敕：間者戎旅未息，徵求煩重。四郊之賦，乃至五税其一，居人蕩析，邦廩空虛。遂命宰臣，大修農政，天下郡國，散置諸屯，轉漕入關，以資均濟。兼詔中尉、左右內史、表屬州縣閒田，分署農官。俾其耕鑿，南至於華，瀕渭而東，林麓州渚之間，榛莽窳邪之處，非吾人所占者，悉舉籍勸分。載芟載柞，稼多豐碩。畝獲數鍾，歲既少殷，軍儲差贍，郡縣之税，於是十而減七。數從其舊，殆復厥常。今宿麥頗登，秋苗益茂，私田加闢，公用漸充。華州人户，土地非廣，其屯田並宜給與貧下百姓。自頃關中，□乏牛力，封圻千里，半是丘荒。置屯田已來，皆變良沃，惠散其利，以及困窮。藏之於人，孰與不足。宣示郡邑，宜悉朕懷。

（宋）宋敏求《唐大詔令集》卷一一七《政事·慰撫·遣使宣撫諸道詔》 朕纂承寶位，司牧黎人。夕惕朝兢，期於康乂。一夫不獲，實疚於懷。如聞淮南等道，歉旱頗甚，比頻救援，尚未底寧，言念流庸，豈忘宵旰。又慮災荒之際，賦斂以興，不有矜寬，能無重困。故令宣撫，俾克慰安。令殿中侍御史盧貞往浙東浙西道，殿中侍御史李行修往江南宣歙等道安撫。其淮南管內，減放今年夏税錢二十萬貫文，浙西道七萬貫文，浙東道二萬貫文，宣歙道一十萬貫文。並委宣撫使與所在長吏計議，量管內諸道州縣災歉重輕，於上供及留使州內，均減作等級蠲放。其應合徵者，亦須優容爲理，與長吏商量，度其分數條奏。其四道管內，州縣刑獄，並令疎理，以絕冤滯。如有枉濫，官吏不能奉法，貪冒奇慘，令百姓由此不安者，察訪以聞，仍審與觀察使已下商量，據所在事宜利病，務於綏輯。苟有利於人者，便施行訖聞奏。又訪聞江淮諸道，富商大賈并諸寺觀，廣占良田，多滯積貯，坐求善價，莫救貧人，致令閭里之間翔貴轉甚。夫裒多益寡，著在格言，周急勸分，亦惟善政。應旱歉處州縣，有富商大賈及諸寺觀貯蓄斛㪷，委所在長吏切加曉諭，速令減價出糶。如糶者，即令貸借，量爲取利，各立文記。至秋熟後，勒限填還。其商賈及寺觀，亦宜安住，不得因茲妄有攪擾。所有斛斗，縱是鹽商，亦令准例出糶。所放人户，徵科速定分數，書時牓示州縣，令早知委，用安其心。

（宋）高承《事物紀原》卷一《職田》 《孟子》曰：卿已下必有圭田。《禮·王制》曰：圭田無征。《周官》亦有大夫之采地。此職田之起也。晉有芻蒿之田。後魏給公田，北齊自一品已下各有差。武德元年十二月制，外官各給職分田。則職田之名，唐始有之也。《宋朝會要》曰：咸平二年七月，真宗欲復與職田，詔杜鎬等檢討故事沿革，復給之也。

（宋）高承《事物紀原》卷一《屯田》 《事始》曰：《昭帝紀》始元二年，詔發習戰射士詣朔方，調故將吏屯田於張掖，謂爲屯田之始也。按《西域傳》曰：自武帝初通西域，置校尉屯田於渠犂。又征和中，桑弘羊奏言可遣屯田卒益種五穀於張掖、酒泉。然則屯田蓋起于漢武開西域之時也。

（宋）高承《事物紀原》卷一《井田》 《通典》曰：黄帝始經土設井，以塞争端；立步制畝，以防不足；使八家爲井，井開四道。此井田之原也。其法肇于黄帝，成于大禹，備于周，壞于秦也。

（宋）高承《事物紀原》卷九《田業》 三代之民，皆受田於公，其所受之田，乃王田也，一夫一婦，受地百畝。秦孝公任衛公孫鞅，廢井田，開阡陌，民得賣買，而天下之田爲私業。此民田業賣買之始也。

（宋）高承《事物紀原》卷九《田畝》 《詩》疏曰：《易·繫辭》稱神農始作耒耜。則田起神農矣。《通典》曰：黄帝始立步制畝。是田以畝計，起自軒轅也。《司馬法》：以六尺爲步，步百爲畝。顧野王云：秦孝公以二百三十步爲畝，今又二百四十步也，青、齊諸部，又以三百六十步爲一大畝云。

（宋）王溥《唐會要》卷五八《逃户》 其月敕：百姓田地，比者多被殷富之家官吏吞併，所以逃散，莫不由茲，宜委縣令，切加禁止。若界內自有違犯，當倍科責。【略】長慶元年正月赦文：應諸道管內百姓，或因水旱兵荒，流離死絕。見在桑產，如無近親承佃，委本道觀察使於官健中取無莊田有人丁者，據多少給付。便與公驗，任充永業。不得令有力職掌人，妄爲請射。其官健仍借種糧，放三年租税。

會昌元年正月制：安土重遷，黎民之性，苟非艱窘，豈至逃亡。將欲招綏，必在貲產。諸道頻遭災沴，州縣不爲申奏，百姓輸納不辦，多有逃亡。長吏懼在官之時，破失人户，或恐務免正税，減剋料錢，祗於見在户中，分外攤配，亦有破除逃户桑地，以充税錢。逃户產業已無，歸還不得，見在户每年加配，流亡轉多。自今已後，應州縣開成五年已前，觀察使刺史差強明官就村鄉，指實檢會桑田屋宇等，仍勒令長加檢校，租佃與人，勿令荒廢。據所得與納户內征税，有餘即官爲收貯，待歸還給付，如欠少，即與收貯，至歸還日，不須徵理。自今已後，二年不歸復者，即仰縣司，召人給付承佃，仍給公驗，任爲永業。其逃户錢草斛□等，計留使錢物，合十分中三分已上者，並仰於當州當使雜給用錢內，方圓權落下，不得剋正員官吏料錢，及館驛使料，遞乘作民課等錢，仍任本户歸還日，漸復元額。

大中二年正月制：所在逃户，見在桑田屋宇等，多是暫時東西，便被鄰人與所由等計會。雖云代納税錢，悉將斫伐毁折，及願歸復，多已蕩盡，因致荒廢，遂成閑田。從今已後，如有此色，勒鄉村老人與所由並鄰近等同檢勘分明，分析作狀，送縣入案。任鄰人及無田產人，且爲佃事，與納税糧。如五年內不來復業者，便任佃人爲主，逃户不在論理之限。其屋宇桑田樹木等，權佃人。逃户未歸五年內，不得輒有毁除斫伐。如有違犯者，據限日量情以科責，並科所由等不檢校之罪。

咸通十一年七月十九日敕：諸道州府百姓，承佃逃亡田地，如已經五年，須准承前赦文，便爲佃主，不在論理之限。仍令所司，准此處分。

（宋）王溥《唐會要》卷九二《內外官職田》 武德元年十二月制：內外官各給職分田：京官一品十二頃，二品十頃，三品九頃，四品七頃，五品六頃，六品四頃，七品三頃五十畝，八品二頃五十畝，九品二頃。雍州及外州官：二品十二頃，三品十頃，四品八頃，五品七頃，六品五頃，七品四頃，八品三頃，九品二頃五十畝。

貞觀十一年三月敕：內外官職田，恐侵百姓，先令官收。慮其禄薄家貧，所以別給地子。去歲緣有水旱，遂令總停。茲聞卑官頗難支濟，事須優恤，使得自資。宜準元敕，給其地子。

景龍四年三月，敕旨頒行天下：凡屬文武官員五品以下，各加田五畝，五品以上，各加田四畝。

開元十年正月，命有司收內外官職田，以給逃還貧民户。其職田以正倉粟畝二升給之。

其年六月敕：所置職田本非古法，爰自近制，是以因循。事有變通，應須刪改。其內外官所給職田地子，從今年九月以後，並宜停給。

十八年三月敕：京官職田，將令準令給受，復用舊制。

十九年四月敕，天下諸州縣，並府鎮戍官等職田頃畝籍帳，仍依允租價對定，無過六斗，地不毛者，畝給二斗。

二十九年二月敕：外官職田，委所司準例倉中受納，納畢一時分付，縣官亦準此。

其年三月敕：京畿地狹，民户殷繁，計丁給田，尚猶不足，兼充百官苗子，固難周濟。其諸司官令分在都者，宜令所司，具作定額，計應受職田，並於都畿給付。其應退地，委採訪使與本州長官給貧下百姓。其應給職田，亦委採訪使與所由長官勘會同給，仍永爲常式。

天寶元年六月敕：如聞河東河北官人職田，既納地租，仍收桑課，田樹兼税，民何以堪。自今以後，官人及公廨職田有桑，一切不得更徵絲課。

十二載十月敕：兩京百官職田，承前佃民自送，道路或遠，勞費頗多。自今已後，其職田去城五十里內者，依舊令佃民自送入城，自餘限十月內便於所管州縣並腳價貯納。其腳價五十里外，每斗各徵二文，一百里外不過三文，並令百官差本司請受。

上元元年十月敕：京官職田，準式並令佃民輸送至京。

廣德二年十月，宰臣等奏：減百司職田租之半，以助軍糧。從之。

大歷二年正月詔：京兆府及畿縣官職田，宜令準外州府縣官例，三分取一分。至十月，減京官職田，一分充軍糧，二分給本官。

十四年八月敕：內外文武官職田及公廨田準式：州縣每年六月三十日勘造白簿申省，與諸司文解勘會，至十月三十日徵收，給付本官。近來不守常規，多不申報，給付之際，先付清望要官，其閒慢卑官，即被延引不付。自今以後，準式各令送付本官。又準式：職田黄籍，每三年一造，自天寶九載以後，更不造籍，宜各委州縣，每年差專知官巡覆，仍造簿依限申交所司，不得隱漏，及妄破蒿荒。如有違犯，專知官及本典，準法科罰。

貞元四年八月敕：準《田令》，永業田，職事官從一品、郡王各五十頃，國公若職事官正二品各四十頃，郡公若職事官從二品各三十五頃，縣公若職事官從三品各二十頃，侯若職事官正四品各十四頃，伯若職事官從四品各十一頃。

十四年六月，判度支于頔請收百官闕職田，以贍軍須，從之。

元和六年八月詔：百官職田，其數甚廣。今緣水潦，諸處道路不通，宜令所在貯錢充度支支用，百官卻令據數於太倉請受。

（元）馬端臨《文獻通考》卷七《田賦考·田賦》 唐開軍府以扞要衝，因隙地置營田，天下屯總九百九十二。司農寺每屯三頃，州、鎮諸軍每屯五十頃，水陸腴瘠、播植地宜，與其功庸煩省、收率之多少，皆決於尚書省。苑內屯以善農者爲屯官、屯副，御史巡行蒞輸。上地一頃五十畝，瘠地一頃二十畝，稻田八十畝，則給牛一。諸屯以地良薄與歲之豐凶爲三等，具民田歲獲多少，取中熟爲率。有警，則以兵若夫千人助收。隸司農者，歲三月，卿、少卿循行，治不法者，凡屯田收多者褒進之。歲以仲春籍來歲頃畝、州府軍鎮之遠近，上兵部，度便宜遣之。

開元二十五年，詔：屯官敘功，以歲豐凶爲上下。鎮戍地可耕者，人給十畝以供糧。方春，令屯官巡行，謫作不時者。天下屯田，收穀百九十餘萬斛。初，度支歲市糧於北部，以贍振武、天德、靈武、鹽、夏之軍，費錢五六十萬緡，泝河舟溺甚衆。

建中初，宰相楊炎請置屯田於豐州，發關輔民鑿陵陽渠以增溉。京兆尹嚴郢嘗從事朔方，知其利害，以爲不便，疏奏不報。郢又奏：五城舊屯，其數至廣，以開渠之糧貸諸城官田，約以冬輸；又以開渠功直布帛先給田者，據估轉穀。如此，則關輔免調發，五城田闢，比之浚渠利十倍也。時楊炎方用事，郢議不用，而陵陽渠亦不成，然振武、天德良田，廣袤千里。

元和中，振武軍饑，宰相李絳請開營田，可省度支漕運及絕和糴欺隱。憲宗稱善，乃以韓重華爲振武京西營田和糴水運使，起代北，墾田三百頃，出贓罪吏九百餘人，給以耒耜、耕牛，假糧種，使償所負粟。二歲大熟，因募人爲十五屯，每屯百三十人，人耕百畝，就高爲堡，東起振武，西逾雲州，極於中受降城，凡六百餘里，列柵二十，墾田三千八百餘頃，歲收粟二十萬石，省度支錢二千餘萬緡。重華入朝，奏請益開田五千頃，法用人七千，可以盡給五城。會李絳已罷，後宰相持其議而止。憲宗末，天下營田皆雇民或借庸以耕，又以瘠地易上地，民間苦之。穆宗即位，詔還所易地，而耕以官兵。耕官地者，給三之一以終身。靈武、邠寧土廣肥而民不知耕，太和末，王起奏立營田。後黨項大擾河西，邠寧節度使畢諴亦募士開營田，歲收三十萬斛，省度支錢數百萬緡。

開元令：諸屯田應用牛之處，山原川澤，土有硬軟，至於耕墾，用力不同。土軟處每一頃五十畝配牛一頭，強硬處一頃二十畝配牛一頭。即當屯之內，有軟有硬，亦依此法。其稻田每八十畝配牛一頭。諸營田若五十頃外更有地剩配丁牛者，所以收斛斗皆準頃畝折除。其大麥、蕎麥、乾蘿蔔等，準粟計折斛斗，以定等級。天寶八載，天下屯收百九十一萬三千六百六十石，關內五十六萬三千八百一十石，河北四十萬三千二百八十石，河東二十四萬五千八百石，河西二十六萬八十八石，隴右四十四萬九百二石。

上元中，於楚州古射陽湖置洪澤屯，壽州置芍陂屯，厥田沃壤，大獲其利。

（清）董誥《全唐文》卷三一《玄宗·禁買賣口分永業田詔》 天下百姓口、分永業，田頻有處分，不許買賣典貼。如聞尚未能斷貧人失業，豪富兼并，宜更申明處分，切令禁止。若有違犯，科違敕罪。

（清）董誥《全唐文》卷三三《玄宗·禁官奪百姓口分永業田詔》 周有均土之宜，漢存墾田之法，將欲明其經界，定其等威。食祿之家，無廣擅於山澤；貿遷之伍，罕爭利於農收。則歲有豐穰，人無胥怨，永言致理，何莫繇茲？如聞王公百官，及富豪之家，比置莊田，恣行吞併，莫懼章程。借荒者皆有熟田，因之侵奪；置牧者惟指山谷，不限多少。爰及口分永業，違法賣買，或改籍書，或云典貼，致令百姓，無處安置。乃別停客户，使其佃食，既奪居人之業，實生浮惰之端。遠近皆然，因循亦久，不有釐革，爲弊慮深。其王公百官勳蔭等家，應置莊田，不得踰於式令。仍更從寬典，務使宏通。其有同籍周期以上親俱有勳蔭者，每人占地頃畝，任其累計。某蔭外有餘，如舊是無勳蔭地合賣者，先用錢買得，不可官收，限敕到百日內，容其轉賣。其先不合蔭，又蔭外請射兼借荒，及無馬置牧地之內，並從合蔭者，並不在占限，官還主。其口分、永業地先合買賣。若有主來理者，其地雖經除附，不限載月近遠，宜並却還。至於價值準格並不合酬備，既緣先已用錢，審勘責其有契驗可憑，特宜官爲出錢，還其買人。其地若無主論理，不須收奪，庶使人皆摭實，地悉無遺，百姓知復於田疇，蔭家不失其價值。此而或隱，罪必無容。又兩京去城五百里內，不合置牧地。地內熟田，仍不得過五頃已上十頃已下。其有餘者仰官收。應緣括簡共給授田地等，並委郡縣長官及本判官録事相知勾當，並特給復業。並無籍貫浮逃人，仍據丁口量地好惡，均平給授，便與編附，仍放當載租庸。如給未盡，明立簿帳，且官收租佃，不得輒給官人親識工商富豪兼併之家。如有妄請受者，先決一頓，然後準法科罪。不在官當蔭贖，有能糾告者，地入糾人，各令採訪使按覆，具狀聞奏。使司不糾察，與郡縣官同罪。自今已後，更不得違法買賣口分永業田，及諸射兼借公私荒廢地。無馬妄請牧田，併潛停客户有官者私營農，如輒有違犯，無官者决杖四十，有官者録奏取處分。又郡縣官人，多有任所寄莊，言念貧弱，慮有侵損。先已定者，不可改移。自今已後，一切禁斷。今所括地授田，務欲優矜百姓，不得妨奪，致有勞損。客户人無使驚擾，緣酬地價值出官錢，支科之間，必資總統。仍令兩京出納使楊國忠充使，都勾當條件處置。凡在士庶，宜悉朕心。

（清）董誥《全唐文》卷三四《玄宗・停給職田敕》　所置職田，本非古法，爰自近制，是以因循，事有變通，應須刪改。其內外所給職田，從今年九月以後，並宜停給。

（清）董誥《全唐文》卷四八《代宗・禁富户吞併敕》　百姓田地，比者多被殷富之家官吏吞併，所以逃散，莫不繇茲。宜委縣令，切加禁止。若界內自有違法，當倍科責。

（清）董誥《全唐文》卷七九《宣宗・召募閒田制》　君以人爲本，人以食爲天。有國有家，捨此無急。如聞州府之內，皆有閒田，空長蒿萊，無人墾闢。與其虛棄，曷若濟人。宜令所在長吏設法，召募貧人，課勵耕種，所收苗子，以備水旱及當處軍糧。

（清）董誥《全唐文》卷八一《宣宗・答屯田奏交替職田合計閏月敕》　五歲再閏，固在不刊。二稔職田，須有定制。自此已後，宜依屯田所奏，永爲常式。

（清）董誥《全唐文》卷八一《宣宗・禁加徵熟田敕》　朕以俗未臻於富庶，念每切於黎元，衣食罕充，旰昃興歎。夫百姓田疇，地有高低，歲有善惡，偶有水潦，即低田不稔，稍遇亢旱，即高處無苗。近聞州縣長吏，掩其水旱傷損，務求辦集，唯於熟苗上加徵，將填欠數，致使黎元重困，惠養全乖。自今後州縣百姓，有遭水旱苗稼不收處，簡驗不虛，便準前後敕文破免，不得加徵熟田人户，令本配額外重出斛斗。

（清）董誥《全唐文》卷四一〇《常袞・廢華州屯田制》　敕：間者戎旅未息，徵求煩重，四效之賦，乃至五税其一。居人蕩析，邦廩空虛，遂命宰臣，大修農政，天下郡國，散諸屯田，轉漕入關，以資均濟。兼詔中尉左右內史，表屬州縣閑田，分署農官，俾其耕鑿。南至於華，瀕渭而東，林麓州渚之間，榛莽窊邪之處，非吾人所占者，悉舉籍勸分。載芟載柞，稼多農碩，畝獲數鍾，歲既少殷。軍儲差贍，郡縣之税，於是十而減七。數從其舊，殆復厥常。今宿麥頗登，秋苗益茂，私田加闢，公用漸充。華州人户，土地非廣，其屯田並宜給以貧下百姓。自頃關中乏牛力，封圻千里，半是邱荒，置屯田已來，皆變良沃。惠散其利，以及困窮，藏之於人，孰與不足。宣示郡縣，宜悉朕懷。

（清）陸心源《唐文拾遺》卷二《玄宗・陳許豫壽四州分地均耕詔》　陳、許、豫、壽等四州，本開稻田，將利百姓，慶其收獲，其役功庸，何如分地均耕，令人自種。先所置屯田，宜並定其地，量給逃還及貧下百姓。

（清）陸心源《唐文拾遺》卷五《代宗・諸司闕官職田充修廨宇敕》　京諸司闕官職田苗子，自今以後，宜並充修當司廨宇用。其草准式處分，仍令分司監察御史勾當。

（清）陸心源《唐文拾遺》卷五《代宗・職田徵收各送本官敕》　內外文武官職田及公廨田，準式州縣每年六月三十日徵收，給付本官。近來不守常規，多不申報。給付之際，先付清望要官，其閒慢卑官，即被延引不付。自今以後，準式各令送付本官，又準式職田黄籍每三年一造。自天寶九載以後，更不造籍。宜各委州縣每年差專知官巡覆，仍造簿依限申交所司，不得隱漏及妄破蒿荒。如有違犯，專知官及本典準法科罰。

（清）陸心源《唐文拾遺》卷六《憲宗・職田草粟詔》 百司職田，多少不均，爲弊日久。宜令每司各收職田草粟等數，自長官以下，據多少人作等差，除留闕官外分給。

（清）陸心源《唐文拾遺》卷八《懿宗・承佃逃亡田地敕》 諸道州府百姓，承佃逃亡田地，如已經五年，須准承前赦文，便爲佃主，不在論理之限，仍令所司准此處分。

《舊五代史》卷一一二《周書・太祖紀》〔廣順三年春正月〕乙丑，詔：諸道州府繫屬户部營田及租税課利等，除京兆府莊宅務、贍國軍榷鹽務、兩京行從莊外，其餘並割屬州縣，所徵租税課利，官中只管舊額，其職員節級一切停廢。應有客户元佃繫省莊田、桑土、舍宇，便賜逐户，充爲永業，仍仰縣司給與憑由。應諸處元屬營田户部院及繫縣人户所納租中課利，起今年後並與除放。所有見牛犢並賜本户，官中永不收繫云。帝在民間，素知營田之弊，至是以天下繫官莊田僅萬計，悉以分賜見佃户充永業。是歲出户三萬餘，百姓既得爲己業，比户欣然，於是葺屋植樹，敢致功力。又，東南郡邑各有租牛課户，往因梁太祖渡淮，軍士掠民牛以千萬計，梁太祖盡給與諸州民，輸租課。自是六十餘載，時移代改，牛租猶在，百姓苦之，至是特與除放。未幾，京兆府莊宅務及榷鹽務亦歸州縣，依例處分。或有上言，以天下繫官莊田，甚有可惜者，若遣貨之，當得三十萬緡，亦可資國用。帝曰：苟利於民，與資國何異。

《舊五代史》卷一一五《周書・世宗紀》〔顯德二年春正月略〕乙未，詔：應逃户莊田，並許人請射承佃，（請射，原本作請藉，今從《五代會要》改正。）供納税租：如三周年内本户來歸者，其桑田不計荒熟，並交還一半；五周年内歸業者，三分交還一分；五周年外歸業者，其莊田除本户墳塋外，不在交付之限。其近北地諸州，應有陷蕃人户，自蕃界來歸業者：五周年内來者，三分交還二分；十周年内來者，交還一半；十五周年來者，三分交還一分；十五周年外來者，不在交還之限。

（宋）王欽若等《册府元龜》卷四九五《邦計部・田制》 後唐明宗天成四年夏，詔曰：今年夏苗，委人户自供手狀，具頃畝多少，仍以五家爲保，委無隱漏攢連。手狀送於本州，本州具帳送省，州縣不得差人簡括。如或人户隱欺，許令保内陳告，其田並令倍。

長興二年六月詔：諸道觀察使均補苗税，將有力人户出剩田苗，補貧下不迨頃畝有司者，排段簡括，自今年起爲定額。

九月戊子，午前鄜州縣令竇延岡，上利見營田務，有元屬田户一任管係如是後來投務，乞行止絶。敕旨：凡致營田，比召浮客，若取編户，實紊嘗規。如有係税之人，宜令却還本縣。應諸州府營田務，只許耕無主荒田及召浮客。此後若敢違越，官吏並投名税户，重加懲斷。

三年二月，樞密使奏：城南稻田務每年破錢二千七百貫，獲地利纔及一千六百貫，所得不如所亡。請改種雜田，三司使亦請罷稻田，欲其水利併於諸碾，以資變造。從之。

愍帝應順元年正月，諸處籍没田宅並屬户部，除賜功臣外，禁請射。

晋高祖天福三年六月己丑，金部郎中張鑄奏：臣聞國家以務農是本，勸課爲先用，廣田疇乃資倉。

竊見所在鄉村浮居人户，方思墾闢，正切耕耘，種木未滿於十年，樹穀未臻。於三項似成產業，微有生涯，便被縣司繫名定作鄉村色役。懼其重斂，畏以嚴刑，遂捨所居，却思他適。覩兹阻隔，何以舒蘇。既乖撫卹之門，徒有招攜之令。伏乞皇帝陛下明示州府，特降條流，應所在無主空閑荒地，一任百姓開耕，候及五頃已上，三年外，即許縣司量户科徭。如未及五頃已上者，不在搔擾之限。則致荒榛漸少，賦税增多。非唯下益蒸黎，實亦上資邦國。從之。

漢隱帝乾祐三年，左補闕淳于希顔上言：竊以久不簡田，且仍舊額。無妨耕稼，雖知有勸於農民，復恐不均於衆望。三五年中，時一通括，兼以州縣遭水旱處，比有訴論。差使封量，不宜便有出剩。請今後差官，能敷元額，已不虧官。凡出剩求功，請不收附。所以知朝廷愛民之意，炤物之仁。

周太祖廣順三年九月戊寅朔，敕：京兆府耀州莊宅三百渠使所管莊宅並屬州縣，其本務職員節級一切停廢，除見管水磑及州縣鎮郭下店宅外，應有係官桑土、屋宇、園林、車牛動用，並賜見佃人，充永業。如已有莊田，自來被本務，或形勢影占，令出課利者，並勒見佃人爲主，依例納租。條理未盡處，委三司區分，仍遣刑部員外郎曹匪躬專往點簡，割屬州縣。

十一月敕：廢衛州共城縣稻田務，並歸州縣任人佃蒔，宜令户部郎中趙延休往彼相度利害及所定租賦聞奏。先時三司奏年課無幾，官牛疫死，因廢營田，故有是命。

世宗顯德二年五月乙未，詔曰：起今後應有逃户莊田，並許人請射承田，供納租税。如三周年内本户來歸者，其桑土不以荒熟，并莊園并交還一半。五周年内，歸業者三分交還一分。如五周年外歸業者，其莊田除本户墳塋外，不在交還之限。

五年八月庚子，命殿中侍御史張藹，於京城四面按行稻田之地。

十月庚寅，命殿中侍御史張藹，於鄭州界制置稻田。是月，周世宗因覽唐同州刺史元稹均田之法，始議重定天下民租。申命纂其法制，繕寫爲圖，遍賜於諸侯。詔曰：朕以寰宇雖安，烝民未泰，當乙夜觀書之際，較前賢阜俗之方。近覽《元稹長慶集》，見在同州時，所上均田表，較當時之利病，曲盡其情，俾一境之生靈咸受其賜。傳於方册，可得披尋。因令裂素成圖，直書其事。庶公王觀覽，觸事經心，利於國而便於民，無亂條制；背於經而合於道，盡繫變通。但要適宜所務濟世，繄乃勳舊，奕庇黎元。今賜卿元稹所奏均田圖一面，至可領也。

是月，賜諸道詔曰：朕以干戈既弭，寰海漸寧，言念黎元，務令通濟。須議普行均定所貴永適重輕。卿受任方隅，深窮理本，必能副寡昧平分之意，察鄉閭致弊之源。明示條章，用分憂寄，竚聆集事，允屬推公。今差使臣往被簡括，餘從别敕處分，乃命右散騎常侍艾穎等三十四人使于諸州，簡定民租。明年春，諸道使臣迴，摠計簡到户二百三十萬九千八百一十二，定墾田一百八萬五千八百三十四頃，淮南郡縣不在此。

（宋）王欽若等《册府元龜》卷五〇三《邦計部·屯田》　後唐莊宗同光三年三月，西京奏制置三白渠，起置營田務一十一。

明宗天成二年八月，户部員外郎知詔誥于嶠上言：請邊上兵士起置營田，敦趙充國、諸葛亮之術，庶令且戰且耕，望致輕徭。

十二月，左司郎中盧損上言：以今歲南征，運糧糜費，唐鄧復郢，地利膏腴，請以下軍官健興置營田，庶減民役，以備軍行。

長興元年七月，前洋州節度副使程乂徽陳利見，請於瀛、莫兩州界，起置營田，以備邊。因授乂徽莫州刺史，充兩州營田使。

晋張希崇爲靈州兩使留後。先是，州界與戎人交處，每歲以戍兵運糧經五百里，有剽攘之患，希崇及開故屯田，諭邊士使播種，軍食大濟，璽書褒之，因正授戎節。

（清）吴任臣《十國春秋》卷八一《吴越·忠懿王世家》　〔乾祐二年〕募民能墾荒者，勿取其税，由是境内無棄田。或請糾遺丁以增賦，仍自掌其事。又置營田卒數千人，以淞江闢土而耕。

（清）董誥《全唐文》卷一〇六《後唐明宗·令人户供田數教》　今年夏苗，委人户自供，通頃畝五家爲保，本州具帳送省，州縣不得差人簡括。如人户隱欺，許人陳告，其田倍徵。其百姓合散蠶鹽，每年抵二月内一度俵散，依夏税限納錢，夏秋苗畝税子，除元徵石斗及地頭錢餘外，不得紐配。

（清）董誥《全唐文》卷一一一《後唐明宗·禁營田聽税户越境耕占敕》　凡置營田，比召浮客。若取編户，實紊常規。如有係税之人，宜令却還本縣。應諸州府營田，務只許耕無主荒田，及召浮客。此後若敢違越，官吏并投名税户重加懲斷。

（清）董誥《全唐文》卷一一七《晋高祖·令開墾曠土敕》　鄧唐、隨郢諸州管界，多有曠土。宜令逐處曉諭人户，一任開墾佃蒔，仍自開耕後，與免五年差徭，兼仰指揮其荒閒田土本主。如是無力耕佃，即不得虛自占吝，仍且與招攜到人户，分析以聞。

（清）董誥《全唐文》卷一二三《周太祖·給還籍没田產敕》　朕臨御以來，憂勤無怠，慮庶政之尚闕，恐蒸民之未安，寢食不遑，夙宵若厲。早歲雍岐連叛，兵革薦興，迨至討平，可知傷弊。誠念負罪之黨，尋以誅夷，亡命之徒，近皆滌蕩。則被釋放者皆爲赤子，經釐革者悉是平人。雖性命之永全，在生涯之何著。興言軫憫，未嘗去懷。其京兆鳳翔府，先因攻討之時，及收復之後，應有諸色犯罪人第宅、莊園、店舍、水磑，曾經籍没，及本主未歸者，已宣下本道，却給付罪人骨肉爲主。仍仰逐處嚴切指揮，勿令所繇衷私闌悋，邀求資金。庶令存濟，用副朕懷。

（清）董誥《全唐文》卷一二五《周世宗·賜諸道均田詔》　朕以干

戈既弭，寰海漸寧，言念黎元，務令通濟。須議普行均定，所貴求適重經。卿受任方隅，深窮理本，必能副寡昧平分之意，察鄉閭致弊之源。明示條章，用分憂寄，佇聆集事，允屬推公。今差使臣往彼簡括，餘從別敕處分。

（清）陸心源《唐文拾遺》卷九《後唐莊宗・諸陵臺令不得影占人户敕》 宗正寺嚴切指揮諸陵臺令丞，不得輒令影占人户。其諸陵舊例合破巡人，仍令酌量額定數目。自本州縣於中等人户内差遣交付，陵所切不得自招，影占人户，攪擾鄉村，致妨縣司差遣色役。便仰密具本官姓名申奏，當行朝典，仍具條約，曉示諸陵臺及本州縣訖聞奏。

（清）陸心源《唐文拾遺》卷一〇《後唐閔帝・籍没田宅禁請射敕》 諸州府籍没田宅，並屬户部，除賜功臣外，禁請射。

紀事

（唐）杜佑《通典》卷四六《禮・吉禮・籍田》 隋制，於國南十四里啓夏門外置地千畝，爲壇行禮，播殖九穀，納於神倉，以擬粢盛穰藁，以餉犧牲。

《隋書》卷三《煬帝紀》 〔大業五年春正月〕癸未，詔天下均田。戊子，上自東都還京師。己丑，制民間鐵叉、搭鉤、穳刃之類，皆禁絶之。

（唐）劉肅《大唐新語》卷三《公直》 竇静爲司農卿，趙元楷爲少卿。静頗方直，甚不悦元楷之爲，官屬大會，謂元楷曰：如隋煬帝意在奢侈，竭四海以奉一人者，司農須公矣。方今聖上躬履節儉，屈一人以安兆庶，司農何用於公哉！元楷赧然而退。初，太宗既平突厥，徙其部衆於河南，静上疏極諫，以爲不便。又請太宗置屯田，以省饋餉。皆有弘益。

（唐）元稹《元稹集》卷三八《狀・當州供左神策部陽鎮軍田粟二千石》 右，自置軍鎮日，伏準敕令。取百姓蒿荒田地一百頃，給充軍田。並緣田地零碎，軍司佃用不得，遂令縣司每畝出粟二斗。其粟並是一縣百姓税上加配，偏當重斂，事實不均。臣今已於七縣應税地上，量事配率，自此亦冀均平。

（宋）李昉等《太平廣記》卷四九五《宇文融》 玄宗命宇文融爲括田使，融方恣睢，稍不附己者，必加誣譖。密奏以爲盧從愿廣置田園，有地數百頃。帝素器重，亦倚爲相者數矣。而又族望宦婚，鼎盛於一時，故帝亦重言其罪。但目從愿爲多田翁，從愿少家相州，應明經，常從五舉，制策三等，授夏縣尉。自前明經至吏部侍郎，纔十年。自吏部員外至侍郎，只七箇月。

（宋）司馬光《資治通鑑》卷二〇九《唐紀・中宗景龍三年》 河南道巡察使、監察御史宋務光，使，疏吏翻；下同。以於時食實封者凡一百四十餘家，唐制：食實封者，得真户，户皆三丁以上，一分入國。開元定制，以三丁爲限，租賦全入封家。應出封户者凡五十四州，皆割上腴之田，或一封分食數州；而太平、安樂公主又取高貲多丁者，刻剥過苦，應充封户者甚於征役；滑州地出綾縑，《唐六典》，滑州貢方紋綾。人多趨射，趨，七喻翻。射，而亦翻。尤受其弊，人多流亡；請稍分封户散配餘州。又，徵封使者煩擾公私，請附租庸，每年送納。上弗聽。

（宋）司馬光《資治通鑑》卷二一一《唐紀・玄宗開元二年》 閏月，以鴻臚少卿、朔方軍副大總管王晙兼安北大都護、朔方道行軍大總管，令豐安、定遠、三受降城及旁側諸軍皆受晙節度。靈州界有豐安、定遠等軍，在黄河外。武德四年，分豐州迴樂縣置豐安縣，貞觀十三年，省入迴樂。杜佑曰：豐安軍在靈武西黄河外百八十餘里；定遠軍在靈武東北二百里黄河外。臚，陵如翻。晙，子峻翻。降，户江翻。徙大都護府於中受降城，杜佑曰：安北府東至榆林三百五十里，南至朔方八百里，西至九原三百五十里，北至回紇界七百里。置兵屯田。

（宋）司馬光《資治通鑑》卷二一一《唐紀・玄宗開元五年》 奚、契丹既内附，貝州刺史宋慶禮建議，請復營州。三月，庚戌，制復置營州都督於柳城，制復，扶又翻，又如字。兼平盧軍使，管内州縣鎮戍皆如其舊；武后萬歲通天元年營州陷，至是乃復。以太子詹事姜師度爲營田、支度使，與慶禮等築之，三旬而畢。慶禮清勤嚴肅，開屯田八十餘所，招安流散，數年之間，倉廩充實，市里浸繁。

（宋）司馬光《資治通鑑》卷二一七《唐紀・玄宗天寶十四載》 壬

午，詔陳釋教之弊，宣告中外。凡天下所毀寺四千六百餘區，歸俗僧尼二十六萬五百人，大秦穆護、祆僧二千餘人，毀招提、蘭若四萬餘區。《考異》曰：《會要》：元和二年，薛平奏請賜中條山蘭若額爲大和寺。蓋官賜額者爲寺，私造者爲招提、蘭若，杜牧所謂山臺野邑是也。收良田數千萬頃，奴婢十五萬人。所留僧皆隸主客，不隸祠部。

（宋）王讜《唐語林校證》卷二《政事下》　宣宗賜鄭光雲陽、鄠縣田，皆令免税。宰臣奏不可。上曰：朕初不思爾。卿等每爲匡救，必極言毋避。親戚之間，人所難言，苟非忠愛，何以及此！

（宋）王溥《唐會要》卷九三《諸司諸色本錢上》　十八年，以京兆府岐同華邠坊州隙地陂澤可墾者，復給京官職田。

（宋）李昉等《文苑英華》卷五二三《履畝判》　丙爲諸侯履畝擇其最好者取之，百姓上訴，御史糾違法。云非入己。

對　常日進

政在利人，法難變古。苟非慎舉，事則不經。伊丙列侯，無聞嘉績，未明盡地之力，獨聞履畝之税。且以小惠誅一作殊。怨，莫見安人之理，蘊利生孽，先聞入己之嫌。重税既同於魯侯，盍徹明棄於周典。憲臺糾謬，實可準繩。分土煩言，益爲文過，敢告司敗，宜寘薄刑。

同前　盧術

凉以作法，弊尚或貪。謀之不臧，事將奚適。丙桐珪荷寵，茅土分榮，既稱孤之是崇，在養人之爲政，不有如傷之視，遽興厚斂之文。且井屋既殊，收税有數，人或不足，君何取諸。苟縱欲之斯行，紅粟多積。豈堪命之能久，黔首何安。敢請焚書，將以和衆，遂命持斧，以問剖符。縱非入己之科，須當擅賦之責。

同前　下民唐諱　崔恁

公田有洫，私家有封。人或不康，君孰與足。丙分茅賜爵，剪葉稱孤，奪力役於夫家，怠政教於公府。徒使我疆我理，空對汗萊；爾宅爾田，惟瞻磽确。不勤東作，但履西成。急下民之見糧，既同蝥賊；務公家之厚斂，寧有盗臣。豈漢文施令之心，乃魯宣救弊之術。子行而法，則有周公之典。我愛其禮，請遵尼父之言。未可加刑，宜從削地。

同前　朱濟

俾侯胙土，分茅一作剌。撫封，視彼黔黎，均其毛澤。今者制田，非夫厚斂殘人，履畝尚徇於魯宣，盍徹蔑聞於有若。且農之有畔，穀不過籍，小桀之規是舉，大侵之禮謂何。此而浚我以生，無乃刑人之力。既貪膏壤，取溢京坻，獨阻南勳，盡其東畝。雖非入己，已是盗臣，無罔繡衣，請從褫帶。

同前　傅昇卿

制邑居民，務農肥國，均夫家之閭井，永保士房。疑徵載師之遠近，將安地著。惟丙職登牧伯，位列諸侯，茂稽勸分，須聞露冕之化；霑體塗足，當務曝髮之勞。而乃不問公私，無論沃埆，取其翼翼之稼，擇彼芃芃之田。同魯公之無恩，穀梁是譏；類季孫之苟賦，尼父有言。將刺《大東》，何殊小桀，嗟狐裘之非當，宜豸冠之是糾。何者？倉惟國廩，食則人天，雖欲國實於倉，其若人勤於食。務知遠者，不亦悦乎。

（宋）李昉等《文苑英華》卷五二五《易田請加倍數判後篇作授田判》

乙授易田，請加數倍。所由以非寬鄉不給。訴云三易以上。

對　敬括

勞役異等，廣狹殊制，易固有數，授惟從宜。爾乙干何，伊田是職。衣夫撥襫徒思畝疑作敏。以四支。闞彼萊蕪，難望豐其五穀。因而上請，冀以曲從，但務居埆之嫌，莫原負郭之貴。且一易再易，禮誠舉以加饒。近郊遠郊，義或隨其衆寡。枝辭不已，甚所未然。

（宋）李昉等《文苑英華》卷五二五《田中有樹判》　乙有樹於田中，里人讓之，稱在疆埸。

對　薛季連

天官分政，載師任土，必均三壤，以務九農。乙則匪人，其何妄作，將有樹於田畝，誠害稼而傷農。稽諸古經，則有之矣。考以今制，誰曰其然。里人有孚，可以受服。乙也非古，宜乎褫帶。

同前　張璜

國有謨訓，人惟定居，非周封之井疆，異秦制之阡陌。乙有嘉樹，森乎甫田，上含煙飈，下潤溝洫。擢本抽幹，豈彭澤之五柳。負陰向陽，等江陵之千橘。此乃是地良美，繇條草木。有滋稼穡，看施饁野之勞；益我公私，見滿如坻之積。縱使羣木聳秀，何妨百穀用成。今則不廢蘪蓑，況乎實在疆埸。里人之讓，未知相土之宜；司寇之局，須寘贖金之名。

同前

緬彼古制，攸列埸人，候農祥之戒晨，服先疇之畎畝。乙偶昌運，不知帝功，是蔍是蓘，爰稼爰穡，埸列瓜蔓，圃資蔬材，藿靡芬芳，歲阜其用。多稌多黍，乃顧於中田；優哉游哉，坐矜於老圃。果碩於灌，或成蹊而則妨；積樹於籬，任爲疆而何有。里人不識，輕爲誚一作誥。讓，徒肆無稽之言，難投有戾之任。

（宋）李昉等《文苑英華》卷五二五《均輸田判》 吉泰將均輸地，上已籍下，人告不合。

對

禹制初辟，周疆肇建，蕭收漢閣，益掌虞邦。井田有差，經隧無紊。順陽和以肅事，映秋霜以畢力。四時得業，萬邦作乎，豈容吉泰愚駑，致心誣妄，析言興盗，亂名改作，革公田以入己，自犯嚴科；移私籍以安居，不知天憲。徃聞匡子，今觀吉生。幸付司刑，以議其罪。

同前 焚光

大邦列土，畀畫有則。齊甿分利，割據必書。苟非躬田，無或編版。功以受錫，人其捨諸。吉泰攝生明代，志事耕鑿，率情暗昧，固貪井屋。官未聞於三命，謨亦乏於九功。匡救本無，封賞何有？輒將均輸之地，以載克家之籍，則弘羊蔵事，今也雖存，劉盆祝食，此而安取？既黷常典，合寘常刑。

（宋）李昉等《文苑英華》卷五二五《給地過數判》 甲給地過數，科所由，曰更耕之田。

對 韓秀榮總目作明

掌地之圖，辨邦之數，分疆畫野，度土居民。唐諱。將以均其賦役，一其征繕。俾上下而爲宜，體磽肥而施法。甲之所給，類彼均人。度以物情，須其職事。我疆我理，雖差百畝之田；如茨如梁，何乖一易之地。且稽諸王制，考彼周官，當務審其徵求，而克均其政令。李悝爲魏，方興地力之能；管仲相齊，式廩軍實之要。更耕而穫，豈昧隨時。受以功田，雅符通典。若科之罪，勿使能殖。

同前

磽肥異宜，給授殊制，苟夫田之可易，在公道而奚爽。惟甲奉其所主，念此爲農，無怠無荒，將耕陳鑿之力，是蔍是蓘，以期國家之利。雖在勤不匱，而處塉則勞，風雨每調，莫睹如雲之稼，收穫斯至，空嗟懸磬之室。徒逢時於樂土，終歎乏於良田，懷不足而是憂，思鼓腹而何及。觀其所給，察其所由，在《周典》而無辜，論《漢史》而何著？惟農是恤，於法何乖？寧易地以豐財，豈守株而喪本。更耕之訴，據百畝而何傷；過數之科，在三章而宜捨。

同前 蘇倆

沃土塉土，厥有區分，一易再易，非無異制。實資均政，以利耕者。甲有司也，政實存焉。因資地利之殊，討若農家之請。庶以通其勞逸，齊厥等差。寔謂更耕，克精受授。孰云過數，且曰守經。古可明徵，今寧有罰。

同前

八政交脩，桑農爲本。六官致理，富教居先。將取地財之生成，須辨大家之沃塉。惟甲率是吏職，行乎《周禮》。我疆我理，爰受授於三農。如京如坻，佇陳陳於九穀。足使丁壯盡力，汙萊合宜。何斯有功，輒欲加罪。若也閭閻櫛比，煙火星繁。古天子之牛田，廢將軍之馬埒。則當惟辨布政，求弊是圖。況今邊鄙不聳，流庸適至，宜剪荊棘，俾生稻粱。勸農既任其易耕，給地何限於過數？庶從行古，未可非今。

同前 張澮

凡制農田，是分地職，家給百畝，夫當一廛。矧伊所由，慎乃厥事。善相丘陵坂險，能均地邑人居。使一易之田，加之以二，再易之地，增之以三，蓋居塉土者勞，則宅土沃者逸，將更耕以穫利，與不易而方齊。故俗阜時康，以廣數圻之外；家給人足，寧嗟十畝之間。曠土既無，代田是足，欲科之罪，其名一作善。有詞。

（宋）李昉等《文苑英華》卷五二五《屯田不開渠判》 甲當屯於戊已校尉故地，乙告其常行厭勝之術。御史按云：唯使丁開渠播種，不伏科罪。

對

富國強兵，允資重種；闢土殖穀，必俟良農。雖云因地之利，無爽用天之道。惟甲克勤稼穡，受任軍屯。候正歲之布和，乃宣乃理；及王瓜之生夏，或錢或鎛。遂使其茨如梁，必周戊己之地。其比如櫛，不忝京坻之詩，眷此屯功，宜蒙上賞。誰聞興利之舉，翻招厭勝之訟。然而六甲紀則，剛柔異體；五行統歲，禳厭分區。苟獲賴於柔嘉，固無嫌於法術。況丁也爲役，職此開渠，雖決泄之誠勞，豈蒼黄而妄告。仰稽古訓，甲則無辜。旁酌人情，乙宜致詰。必若事非政要，術農異祥，請遵持斧之繩，勿恕薄言之訴。

（宋）李昉等《文苑英華》卷五二六《工商食貨判》　得乙爲縣令，授田不均，科之。訴云：工食功，商食貨，田故少。

對

三壤異宜，四人差給，用懲末作，示禁滛利。乙任當撫字，能率典禮，以爲播植務農，實粢盛之備。貿遷變業，非禮節之本。遂用均其利役，别以等差。類農家之一夫，視工商之五口。詳夫《周禮》，則異井田之制。稽諸《漢志》，是同平土之法。冀以無而易有，期彼竭而我盈。各適所宜，足見人而無黨。不相僭奪，可謂政之有經。誠往訴之有孚，將議刑而奚據。

同前　　李覯

給受有數，田畝則差。何患不均，是亦爲政。顧惟彼乙，親物爲務。則三壤之典，平四人之利。以爲用貧求富，猶或慕於工商。化有遷無，詎均勞於藨蓘。聿修稼政，式贍農人。罔愆五口之商，俾齊三倍之賈。冀使通財易有，資殖貨以藩身。寒耕熱耘，望豐年而潤屋。不均致訟，且曰未孚。罪欲加之，今有辭矣。

（宋）李昉等《文苑英華》卷五二六《多田判》　丁多買田至四百頃，極膏腴，上賈他財物稱是。御史糾之。云：天恩數加賞賜，不是贓賄。

對

丁家類封君，田成永業，是稱近甸，亦曰膏腴。資貨乃兼於中人，沃野自登於上賈。義殊不穡，頗謂多藏，道則惡盈，志何自滿。必也德均洙泗，學究典墳，專經述鄭玄之風，精義盡丘明之奥。學優則仕，道尊爲師，類張禹之置田，殊蕭何之遺子。況稱恩命，豈等平人。御史繩之，終難糾結。

（宋）李昉等《文苑英華》卷五二六《井田判》　得縣申，歲十月入人里胥，使婦人相從夜績，每月課四十五功。聽其歌詠，行人善之，徇于路，按察禁之，太師以失職致詞。

對　　元稹

天迴地旋，陽生陰息。玉衡指孟冬之野，促績鳴寒。金昴臨短景之昏，厥人當燠。相彼同色，疑作邑。懋哉惟時。戒坐塾之里胥，稽其既入。率同巷之衆婦，績以相從。素緒霜梁，共紛如於永漏。紅光炎上，俱省費於餘輝。夜兼功以日多，日存課而年最。若廉叔之勸蜀，襦袴興謳。類古公之居豳，茅綯斯誦。故令風俗翕習，家室乃宜。有未得其所然，或心傷而發詠，則《摽梅》求吉，編王化之音，《采芑》懷征，列雅章之内。行人掌乎宣布，載在搜揚，得詠言於此邦，將遐徇以遒邁。太師典樂，允被克諧之恭；按察觀風，何爲失職之禁。先王制法，寧罰有詞。

（宋）李昉等《文苑英華》卷五二六《列侯實封判》　得甲爲列侯，以名田縣道，所由以違新制，合没官。訴云雖已受封，實未之國，不伏，抑處分。

對

五等疏封，三壤咸則，其於疆里，各有區分。甲忝居列侯，且未之國。威儀有翼，雖委質於清朝；日月其除，終望歲於嘉穀。爰在芃野，是用占田，將植油油之苗，冀穫芃芃之稼。未侵侯甸之服，且近蠻夷之郊，於典章而莫違，取縣道而何害。所由未詳漢制，恐奪齊人，將欲入官，無寧非法。

（宋）李昉等《文苑英華》卷五二六《名田判》　乙爲列侯，名田縣道，有司糾云既違新制，請没入縣官。乙訴云雖已受封，實未之國，不伏。

對　　李卅

捨爵策勳，必由舉德；撫封胙土，皆以報功。苟薄厚之失宜，在短長而何據？乙之所賞，是曰通侯；皆受名田，享其生禄。權立四夷之制，不殊五等之差。經界本出於有司，賦税不闕於主一作之。國。未知所過，徒肆薄言，寧虧菜地之名，以益王官之邑。宰之所理，事或不然。

同前　　韋建

錫社啓土，開國建侯，惟彼占田，制無踰等。瞻言縣道，未可裂封，乙實無良，不能幅利。槧晏嬰之辭邑，雖謝能賢；非丞相之出關，未宜加罪。必也異蕭何之窮僻，同王立之占求，則漢典可遵，殷鑒斯在。待於閱實，方正爰書。

同前　　杜萬

庸功制爵，以國俾侯。司勳是職，太常是紀。錫周官之彝器，分漢家之茅土。古之成憲，今也則殊。乙之所封，義符分陝。介珪入覲，盛君子之威容；家田無征，備優賢之榮寵。何縣道之爲僭，宜有司之見劾。徒用多言，是爲害政。

（宋）李昉等《文苑英華》卷五三二《小國附庸判》　甲有子男之爵田四十餘里，修附庸之禮於諸侯。所司以違禮科之，不伏。

對

列爵惟五，肇侯伯而成規；分土爲三，自夏殷而立制。爲之中上，次以卿士，式序代耕之禄，攸均列國之田。任土歸餘，則聞恒政，朝宗會正，豈得踰閑。惟甲策名，膺兹利建。朱羽入貢，一作朱縣入仕。漸飛鴻以成儀；白茅致封，均錫馬之蕃庶。子男爲秩，雖居尊爵一作號。之榮；井邑分疆，爰在閑田之列。里不充於五十，國誠在於附庸。文軌則同，朝覲非及，禮不合於天子，事將託於諸侯，抑惟典常，孰爲乖越。科之不伏，誰謂非宜。

（清）董誥《全唐文》卷一七三《張鷟·秦新安穀水社舊是苑内地近被百姓併吞將作數請收入苑百姓不伏苑總監二條》　伊洛瀍澗，八谿九谷之津；少室嵩高，五岳三塗之險。召公相宅，灼龜墨以定王畿；光武建都，因鳳集而成帝業。濯龍芳苑，寶蓋成陰。走馬交衢，金錢滿埒。謻門曲樹，從來別館之基。壽安永寧，舊是離宫之地。眷兹穀水，俯瞰神州，斜連四會之郊，迴控兩京之路。都人接畛，桑棗成林。逆旅分區，閭閻撲地。雖其原是苑內，不合輒許人居。四邊皆有業恒，百姓苦爲吞併。天田大小，先有規模；御圃短長，非無制度。文王百里之囿，不以爲多，齊宣四十之園，猶嫌太廣。利民之於利國，相去幾何。施人之於奪人，失之彌遠。何惜數頃之地，頓傷百姓之情。如愚所裁，宜依舊定。

（清）董誥《全唐文》卷八五〇《于嶠·請禁州使影占人户奏》　諸縣力及人户，多爲州使影占，或臺省投名。惟貧民客户，在縣應役，例有不均之歎，且多僥倖之流，請議禁止。

（清）董誥《全唐文》卷九〇二《李暄·對屯田佃百姓荒地判》　諸畿縣置屯田，佃百姓荒地。主令復業，諸自耕種，屯司不與。縣司執申：若不還他，人即却逃。

敬承畿縣，素匪萊田，是中邦之廬伍，爲上農之井賦。日者旄頭失象，狂寇亂華，王師未赫，國人猶恐，是以苟安便地，多出近關。惜三逕之就荒，數五溝之不樹，人迷可復，土利宜敦。等充國之大開，時欣歲足；類信臣之廣闢，每詠年豐。今乃黎庶重遷，歸還樂土，服先疇之疆畝，守故里之松榆，將持襏襫，願事藨蓘。誠宜饁彼南畝，勞乎東郊。國本必於務農，人安固在循業。永言縣執，何謝屯司。

（清）董誥《全唐文》卷九八六《闕名·少林寺准敕改正賜田牒貞觀六年六月》　少林寺今得牒稱：上件地往因寺莊翻城歸國，有大殊勳，據格合得良田一百頃。去武德八年二月，蒙敕賜寺前件地爲常住僧田，供養僧衆，計勳仍少六十頃。至九年，爲都維那故惠義不閑敕意，妄注賜地爲口分田。僧等比來知此非理，每欲諮改。今既有敕普令改正，請依籍次附爲賜田者。又問僧彦等：既云翻城有勳，准格合得賜田，當時因何不早陳論？翻城之時，頭首是誰？復誰委知？得款稱：但少林及柏谷莊，去武德四年四月翻城歸國，其時即蒙賞物千段。准格合得者，未被酬賚之間。至五年，以寺居僞地，總被廢省，僧徒還俗，各從徭役。於後以有翻城之功，不伏减省，上表申訴。至七年七月，蒙別敕：少林寺聽依舊置立。至八年二月，又蒙別敕：少林寺賜地肆拾頃，水碾磑一具。前寺廢之日，國司取以置莊。寺今既立，地等並宜還寺，其教敕案今並在府縣。少林若無功勳，即是雷同廢限，以有勳勣，別敕更聽存立。其地既張頃數，恩敕還僧。尋省事原，豈非賜田？不早改正，只是僧等不閑憲法。今謹量審，始復申論。其翻城僧曇宗、志操、惠瑒等，餘僧合寺爲從。僧等不願官爵，惟求出家，行道報國。若論少林功勳，與武牢不殊，武牢勛賞合地一百頃，自餘合賞物及闕地數，不敢重論。其地肆拾頃，特敕還寺。既蒙此賚，請爲賜田，乞附籍從正。又准格以論，未蒙僉賞。但以出家之人，不求榮利，少亦爲足。其翻城之人，是誰知委者？僞轘州司馬趙孝宰，僞羅川縣令劉翁重，及李昌運、王少逸等，並具委者。依問僧彦、孝宰等所在，款稱其人屬游仙鄉，任饒州弋陽縣令無身。劉翁重往在偃師縣，李昌運、王少逸等二人屬當縣現在者。依狀牒偃師勘問翁重，得報稱：依追劉翁重勘問。得報稱：少林寺去武德四年四月内，衆僧等翻轘州歸國是實。當翻城之時，重見在城所悉者。又追問李昌運等，問得款與翁重牒狀扶同者。又問僧彦等，既稱少林僧等爲歸國有功勳，未知寺僧得何官。款稱：僧等去武德四年四月二十七日翻城歸國，其月卅日即蒙敕書慰勞，敕書今並見在。又至武德八年二月，奉敕還僧地肆拾頃，敕書今並見在。當時即授僧等官職。但僧等止願出家，行道禮拜，仰報國恩，不取官位。其寺僧曇宗蒙授大將軍，趙孝宰蒙授上開府，李昌運蒙授儀同。身並見在者，并追在手敕教及還僧地符等勘驗有實者。少林僧等先在世充僞地，寺經廢省。爲其有功翻柏谷塢，功績可嘉，道俗俱蒙官賞，特敕依舊置立其寺。寺既蒙立，還地不計俗數，足明賚田非惑。今以狀牒帳次，准敕從實改正，不得因茲浪有出没。故牒。

《舊五代史》卷四二《唐書・明宗紀》〔長興二年九月己亥〕，詔天下營田務，只許耕無主荒田及召浮客，不得留占屬縣編户。

《舊五代史》卷八〇《晋書・高祖紀》〔天福七年略二月〕丙午，詔：鄧、唐、隨、郢諸州，多有曠土，宜令人户取便開耕，與免五年差税。

《舊五代史》卷一一一《周書・太祖紀》〔廣順元年八月辛卯〕是歲，幽州饑，流人散入滄州界。詔流人至者，口給斗粟，仍給無主土田，令取便種蒔，放免差税。

（清）吴任臣《十國春秋》卷一六《南唐・元宗紀》〔保大十四年冬十月〕詔省淮南屯田之害民者。

（清）董誥《全唐文》卷一一五《晋高祖・答杜簉請開種荒田敕》

闢彼汙萊，期於富庶，方當開創，正切施行，往日雖曾指揮，漸恐廢墮，當再申於勸誘，期共樂於豐穰。宜令逐處長吏遍下管内，應是荒田有主者，一任本主開耕；無主者，一任百姓請射佃蒔，三年内並不在收税之限。

宋遼金元分部

論說

（宋）蘇洵《嘉祐集》卷五《衡論·田制》　古之税重乎？今之税重乎？周公之制，園廛二十而税一，近郊十一，遠郊二十而三，稍甸縣都皆無過十二，漆林之征二十而五。蓋周之盛時，其尤重者至四分而取一，其次者乃五而取一，然後以次而輕，始至於十一，而又有輕者也。今之税雖不啻十一，然而使縣官無急征，無横斂，則亦未至乎四而取一與五而取一之爲多也。是今之税與周之税，輕重之相去無幾也。雖然，當周之時，天下之民歌舞以樂其上之盛德，而吾之民反感感不樂，常若擢筋剥膚以供億其上。周之税如此，吾之税亦如此，而其民之哀樂何如此之相遠也？其所以然者，蓋有由矣。周之時用井田，井田廢，田非耕者之所有，而有田者不耕也。耕者之田資於富民，富民之家地大業廣，阡陌連接，募召浮客，分耕其中，鞭笞驅役，視以奴僕，安坐四顧，指麾於其間。而役屬之民，夏爲之耨，秋爲之穫，無有一人違其節度以嬉。而田之所入，己得其半，耕者得其半。有田者一人，而耕者十人，是以田主日累其半以至於富强，耕者日食其半以至於窮餓而無告。夫使耕者至於窮餓，而不耕不穫者坐而食富强之利，猶且不可；而況富强之民輸租於縣官，而不免於怨歎嗟憤。何則？彼以其半而供縣官之税，不若周之民以其全力而供其上之税也。周之十一，以其全力而供十一之税也，使以其半供十一之税，猶用十二之税然也。況今之税，又非特止於十一而已，則宜乎其怨歎嗟憤之不免也。噫，貧民耕而不免於饑，富民坐而飽以嬉，又不免於怨，其弊皆起於廢井田。井田復，則貧民皆有田以耕，穀食粟米不分於富民，可以無饑，富民不得多占田以錮貧民，其勢不耕則無所得食，以地之全力供縣官之税，又可以無怨。是以天下之士争言復井田。既又有言者曰：奪富民之田以與無田之民，則富民不服，此必生亂。如乘大亂之後，土曠而人稀，可以一舉而就。高祖之滅秦，光武之承漢，可爲而不爲，以是爲恨。吾又以爲不然。今雖使富民皆奉其田而歸諸公，乞爲井田，其勢亦不可得。何則？井田之制，九夫爲井，井間有溝。四井爲邑，四邑爲丘，四丘爲甸，甸方八里。旁加一里爲一成，成間有洫，其地百井而方十里。四甸爲縣，四縣爲都，四都方八十里。旁加十里爲一同，同間有澮，其地萬井而方百里。百里之間爲澮者一，爲洫者百，爲溝者萬。既爲井田，又必兼修溝洫。溝洫之制：夫間有遂，遂上有徑。十夫有溝，溝上有畛。百夫有洫，洫上有涂。千夫有澮，澮上有道。萬夫有川，川上有路。萬夫之地，蓋三十二里有半，而其間爲川爲路者一，爲澮爲道者九，爲洫爲涂者百，爲溝爲畛者千，爲遂爲徑者萬。此二者非塞谿壑，平澗谷，夷丘陵，破墳墓，壞廬舍，徙城郭，易疆壠，不可爲也。縱使能盡得平原廣野而遂規畫於其中，亦當驅天下之人，竭天下之糧，窮數百年專力於此，不治他事，而後可以望天下之地盡爲井田，盡爲溝洫。已而，又爲民作屋廬於其中，以安其居，而後可。吁，亦已迂矣！井田成而民之死，其骨已朽矣。古者井田之興，其必始於唐虞之世乎？非唐虞之世，則周之世無以成井田。唐虞啓之，至於夏商稍稍葺治，至周而大備。周公承之，因遂申定其制度，疏整其疆界，非一日而遽能如此也，其所由來者漸矣。夫井田雖不可爲，而其實便於今，今誠有能爲近井田者而用之，則亦可以蘇民矣乎。聞之董生曰：井田雖難卒行，宜少近古，限民名田以贍不足。名田之説，蓋出於此。而後世未有行者，非以不便民也，懼民不肯損其田以入吾法，而遂因以之爲變也。孔光、何武曰：吏民名田無過三十頃，期盡三年，而犯者没入官。夫三十頃之田，周民三十夫之田也。縱不能盡如周制，一人而兼三十夫之田，亦已過矣；而期之三年，是又迫蹙平民，使自壞其業，非人情，難用。吾欲少爲之限，而不禁其田嘗已過吾限者，但使後之人不敢多占田以過吾限耳。要之數世，富者之子孫，或不能保其地以復於貧，而彼嘗已過吾限者，散而入於他人矣，或者子孫出而分之以爲幾矣。如此，則富民所占者少而餘地多，餘地多則貧民易取以爲業，不爲人所役屬，各食其地之全利。利不分於人，而樂輸於官。夫端坐於朝廷，下令於天下，不驚民，不動衆，不用井田之制，而獲井田之利，雖周之井田，何以遠過於此哉？

（宋）范仲淹《范文正集》補編卷一《論職田不可罷天聖八年》 真宗初，賜職田，實遵古制。蓋大賚於多士，俾無蠹於生民。無厭之徒或冒典憲，由濫官之咎，非職田之過。若從而廢罷，則吏困於廉收，而均給則民受其弊。天下幕職州縣官三班使臣俸微禄薄，全藉職田濟贍。其無職田處持廉之人，例皆貧窘。曩時士員尚少，凡得一任，必五六年方有交替。到闕即日差除復便請給。當時條例未密，士寡廉隅，雖無職田，自可優足。今物貴與昔不同，替罷之後，守選待闕動踰二年。官吏衣食不足，廉者復濁，何以治化天下，受弊必如臣言。乞深加詳軫，不以一時之論，廢經遠之制，天下幸甚！

（宋）田錫《咸平集》卷二《書·請修藉田書》 月日，鄉貢進士臣田錫惶恐頓首，獻書皇帝陛下。臣聞農者國之大本也，穀者人之司命也。古先哲王慮農之不勤也，憂人之棄本也，于是設躬耕之儀，立藉田之禮。行於國，化於天下；勤于身，勉于海內。天子履田，誰敢不力于壟畝？天子執耒，誰敢不務于播種？所以孟陬之月，擇日既良，一人齋戒以晨興，百辟肅恭而景從。載耒耜于車右，就阡陌于國東。朱紘以飾禮容，青軨以協時令。春景燭物，和風扇野，千畝之首，三推爲先。內宰詔于后妃，乃獻穜稑；甸人率于黎庶，遂終耕壟。所以供粢盛也，以之備醴酪也。天地山川之祭，用茲而給焉；宗廟社稷之祀，由此而備焉。是知藉田之禮，乃有五利；勸民不忘本，一也；農有餘蓄，二也；俗知廉耻，三也；政教可喻，四也；盜寇不起，五也。用是五利，播于萬民，以之興役則民不雕弊，以之事戰則國有餽運。雖有水旱之災，不害民也；雖值凶荒之歲，不瘁國也。是故上之化下，如璽之在塗；下之從上，若水之在器。所以乃稼乃穡，宜自我勤；乃耕乃殖，宜自我先。雖有貨財，不救餓殍之困；雖有寶玉，不濟災凶之患。故歷代奉于周制，百王修于藉禮。漢、魏、晋、宋之主，齊、梁、隋、唐之朝，或立壇以祀先農，或置廩以爲神倉。或過三推之數，或頒萬斛之種。或許行之于郡縣，或亦因之而賞賚。今陛下嗣守洪業，勤卹黔黎，四方之書軌大同，九牧之貢輸咸至。坐明堂以布政，居宣室以詢賢。謂小大之獄未明，則慎擇法官，喻以無濫之旨；謂朝廷之政未理，則優容直臣，大啓上言之路；謂賢良未至，則虛佇以待。前古未行之事，陛下行之；今日所急之政，陛下修之。是故五星融明，八穀無害，風雨時若，黎元乂安。然于千畝之田，尚曠三推之禮。雖在南之畝，惟西之疇，時斂有多稼之謠，歲取聞如坻之詠，必若載揚之候，或以啓蟄之時，命大司農以飭田，詔太常伯以撰禮。惟月之吉，即晨以興。八鸞鏘鏘，前適東郊之道；百寮翼翼，相從北闕之下。鳴蒼珮于宸衮，建青旂于帝車。閶闔來風，振我發生之德；勾芒司候，佑我播種之儀。簠簋豆籩，薦先農之壇墠；耒耜黍稷，列公藉之阡陌。旭日新景，朝霞暖輝。千乘萬騎，列于左右；金根玉輅，儼于威儀。有司贊禮以降車，侍臣肅容以進耒。綺疇奮一墢之土，褕衣獻五稼之種。然後三公繼禮，九卿就列，庶寮迭耕，黎民終畝。于是順陽和之德，以農爲先；示稼穡之艱，以己率下。以金石絲竹，感和悦之懷；以賞慶錫賚，助禮容之盛。加以發如綸之詔，降藉田之儀，俾諸侯行之以興稼政，俾遠民觀之以知帝心。即民之趣耕，若憂風雨之至；民之務本，不遺天地之利。倉廩實而知禮節，衣食豐而識廉耻，則末作自歸于農畝，游民必復于田業。豈徒粢盛是供，犧牲自養，實將人心無趨末也，民力無枉用也。必父誨其子，兄勉乎弟，不使遺地利，失天時。桑麻之勤，由農而繁矣；鷄豚之畜，由農而孳矣。民以之祠祭則有備，以之賦役則不困，以之饋餉則成禮，以之拯卹則爲仁。若是皆陛下躋之于富壽也，由陛下致之于安逸也。既安且逸，則和樂之氣感乎天地；既富而庶，則禮讓之風行于邦國。天地感，禮讓行，所以麟鳳集于郊藪，圖書出于河洛。故臣以爲千畝之耕，五利斯得，其實在茲。願陛下憲章《周官》之禮，沿革唐朝之制，躬親黛耜，勉勵黔首也。武后，女主也，猶俾中和之節，咸獻農書；昭帝，幼主也，猶弄鉤盾之田，垂芳史策。矧陛下功業高于往古，文武冠于前王，雖湯仁禹聖，纔可同塗；漢祖唐宗，未堪較德。而猶闕于藉禮，何以示于黎元？惟陛下俯循采菲之言，幸復躬耕之禮，無俾前代之主，獨擅務農之美。臣不勝罄伸誠請之願，謹昧死奉書以聞。臣誠惶誠恐，頓首再拜。

（宋）田錫《咸平集》卷一〇《論·復井田論》 井田之法，聖王所以維持萬民，而牢籠甲兵也。何謂維持萬民？一則比閭設而人無流亡，二則審知生齒之衆寡，三則賦役均而勞逸等，四則里有序而鄉有庠，庠以勸學，故謂之維持萬民也。何謂牢籠甲兵？蓋大夫謂之百乘之家，諸侯謂之千乘之國，天子謂之萬乘之主，各以提封賦出兵革，故謂之牢籠甲兵也。洎秦革周制，阡陌驟興，雖富國強兵，一時雄盛，及其弊也，後人不勝其害，蓋兼并者衆，而賦役不均也。豈徒然哉？自春秋時，井田之法亦已弊矣，當魯成公始作丘甲，孔子書之，譏其重斂。又季氏三分公室，各徵其一，皆井田之法已紊于周末矣。遠至于秦，商鞅革其弊，而利于時者也。然富者連阡陌，而貧者困流亡。流亡之患，由不復地著故也。漢興之後，民多末作，賈傅上言，遂開藉田；其有豐歉不均，耿壽昌請置常平之倉。東晋以來，人流不息，乃設土斷之法。齊梁之際，以版圖漏略，不知生齒之衆寡，乃創校籍之吏。皆沿革救弊，而井田之法，歷代卒不能復。惟王莽驟欲復之，而農桑失業。今之論者尚思追復，而事有不可得而復也。何哉？且今之兵異于古也。古之兵散在農畝，力于稼穡，因蒐狩而教戰，爲征伐而徵用，用則爲兵，退則爲農。今則異也，聚之爲營壘，仰食于廩祿，壯則責以干戈之役，老則退爲游惰之民。井田不可復之驗一也。其次六筦之利，歷代攸先，實資豐富之民，俾爲筦課之户。既資豐富，寧去兼并？兼并既存，賦役不籌，此又井田不可復之驗二也。今但復常平之倉，修土斷之法，三歲一閱户籍之數，然後大興水利，博開藉田。藉田既博，則民務本者衆矣；水利既興，歲雖旱而農無害矣。本務因是而日增，末作因此自禁，倉用常平而常得酌劑，民依土斷而不得流亡。夫如是，井田之利存焉。爲理者患在不行不久，苟行而且久，則民安得不庶且富乎。既庶而富，然後制度立乎其中，使輿馬衣服、婚嫁喪葬不得僭差。僭差不生，則費用有節；費用有節，則在上者不敢僭侈，在下者不生覬慕。夫萬貨生于地，萬民依貨而生者也。聖人善用萬貨，善役萬民，以先務于用地。用地者，務農而生貨也。文王善于用地，而爲節制者焉。節制者，井田之謂也。自黄帝、唐、虞、夏、商之代，已有經土設井，立步制畝之數也。至文王用土著之法，而損益舊制，故有比閭鄉遂之別焉。今惟兵革，不可復于井田之制，而于禁流亡，知衆寡，均勞逸，亦有歷代之法存焉，可酌而用之。適時從宜，以便于國，即同實異名于井田也，何必盡法周制，方謂之善哉！

（宋）文彦博《潞公文集》卷二九《奏議・奏坊監草地令百姓出租》

臣竊知太僕寺在京苑坊監牧馬草地，其間甚有自來水占、牧馬不到去處，係人户斷僕，租佃客貧民採捕蒲魚，種植蓮藕，入城貨賣，以資口食。今聞太僕寺爲係牧馬地内一例勾牧入官。臣聞本寺官及供到細狀，稱上件水占牧地，可以依舊令人斷課租佃，濟貧民，并無妨闕。況今來下民艱食之際，伏望聖慈特降指揮，令依舊出課租僕，以紓近京貧下之民。取聖旨。

（宋）梁克家《淳熙三山志》卷一一《版籍類・官莊田》 福州官莊田，自來給與人户主佃，止納夏秋二税，更不他輸物色。雖經朝省均定，緣百姓私産，並用貲買，既輸税又充色役；佃官莊户乃是請射成熟田地耕作，復免隨例差徭，深見虧官。請估價許元佃者承買，與限二年償所得估直，度可三十萬緡。

（宋）李燾《續資治通鑑長編》太宗太平興國八年三月 莊宅多有争訴，皆由吏私妄寫文契，説界至則全無丈尺，昧鄰里則不使聞知，欺罔肆行，獄訟增益。請下兩京及諸道州府商税院，集莊宅行人衆定割移典賣文契各一本，立爲榜樣，違者論如法。

（宋）李燾《續資治通鑑長編》真宗大中祥符九年二月 州民多訟田者，及追取契要，皆云亡失。若召集鄰保，頗爲煩擾。蓋買地之初，未嘗税契改户，以是牒訴繁委。臣即移告屬縣，舊無契者，限兩月詣官首露，輸税印券。凡得新户一千六百二，税錢四千二百三十貫，訟訴頓息。慮諸路亦多此類，望偏行條約。

（宋）李燾《續資治通鑑長編》仁宗康定元年十二月 其二曰盡地利。臣聞昔之畫財利者易爲工，今之言財利者難爲術。昔者之民賦税而已，故其不足，則鑄山煮海，榷酒與茶，征關市而算舟車，尚有可爲之法，以苟一時之用。自漢、魏迄今，其法日增，其取益細，今取民之法盡矣。昔者賦外之征，以備有事之用。今盡取民之法用於無事之時，悉以冗費而靡之矣，至卒然有事，則無法可增。然猶有可爲者：民作而輸官者已勞，而游手之人方逸；地之産物者耕不得代，而不墾之土尚多：是民有遺力，地有遺利，此可爲也。況歷視前世用兵者，未嘗不先營田。漢武帝時，兵興用乏，趙過爲甽田人犁之法以足用；趙充國攻西羌，議者争欲出擊，而充國思全勝之策，能忍而待其弊，至違詔罷兵而治屯田，田於極邊，以游兵而防鈔寇，則其治田不爲易也，猶勉爲之。方曹操屯兵許下時，疆敵四面，以今視之，疑其旦夕戰争而不暇。然用棗祗、韓浩之計，建置田官，募民而田近許之地，歲得數百萬石。其後郡國皆田，積穀數百萬。隋、唐田制尤廣，不可勝舉。其勢艱而難田，莫若充國；迫急而不暇田，莫如曹操，然皆勉焉。不以迂緩而不田者，知地利之溥而可以舒民勞也。今天下之土，不耕者多矣，臣未能悉言，請舉其近者：自京以西，土之不闢者不知其數，非土之瘠而棄也，蓋人不勤農與夫役重而逃爾。久廢之地，其利數倍於營田。今若督之使勤，以免其役，則願耕者衆矣。臣聞鄉兵之不便於民，議者方論之。充兵之人，遂棄農業，託云教習而飲博，取資其家，不顧有無，官吏不加禁，父兄不敢詰，家家自以爲患也。河東、河北、關西之鄉兵，此猶有用；若京東、西者，平居不足以備盗而水旱適足以爲盗。其尤可患者，京西素貧之地，非有山澤之饒，民惟力農是仰。而今三夫之家一人、五夫之家二人爲游手。凡十八九州，以少言之，尚可四五萬人不耕而食，是自相糜耗而重困也。今誠能盡驅之使耕於棄地，官貸其種，歲田之入，與中分之如民之法，募吏之習田者爲田官，優其課最而誘之，則民願田者衆矣。太宗皇帝時，常貸陳、蔡民錢，使市牛而耕。真宗皇帝時，亦用耿望之言，買牛湖南而治屯田。今湖南之牛歲賈於北者，皆出京西，若官爲買之，不難得也。且鄉兵本農也，籍而爲兵，遂棄其業。今幸其去農未久，尚可復驅還之田畝，使不得羣游而飲博，以爲父兄之患，此民所願也。一夫之力不逸，而每歲任耕廢田一頃，使四五萬人皆耕，而久廢之田利又數倍，則歲穀不可勝數矣。京西之田，北有大河，南至漢而西接關，若又通其水陸之運，所在積穀，惟陛下詔有司移用之爾。

（宋）李燾《續資治通鑑長編》仁宗慶曆三年九月　上既擢范仲淹、韓琦、富弼等，每進見，必以太平責之，數令條奏當世務。仲淹語人曰：上用我至矣，然事有後先，且革弊於久安，非朝夕可能也。上再賜手詔督促曰：比以中外人望，不次用卿等，今琦暫往陝西，仲淹、弼宜與宰臣章得象盡心國事，毋或有所顧避。其當世急務有可建明者，悉爲朕陳之。既又開天章閣，召對賜坐，給筆札使疏於前。仲淹、弼皆皇恐避席，退而列奏曰：

五曰均公田。臣聞《易》曰：天地養萬物，聖人養賢以及萬民。此言聖人養民之時，必先養賢，養賢之方，必先厚禄，厚禄然後可以責廉隅、安職業也。皇朝初，承五代亂離之後，民庶凋敝，時物至賤，曁諸國收復，郡縣之官少人除補，至有經五七年不替罷者，或纔罷去，便入見闕。當物價至賤之時，俸禄不輟，士人家無不自足。咸平已後，民庶漸繁，時物遂貴，入仕多門，得官者衆，至有得替守選一二年，又授官待闕一二年者。在天下物貴之後，而俸禄不繼，士人家鮮不窮窘，男不得婚、女不得嫁、喪不得葬者，比比有之。復於守選、待闕之日，衣食不足，求人貸債，以苟朝夕，到官之後，必來見逼。至有冒法受贓，賒貸度日，或不恥賈販，與民争利。既作負罪之人，不守名節，吏有奸贓而不敢發，民有豪猾而不敢制。奸吏豪民得以侵暴，於是貧弱百姓，理不得直，冤不得訴，徭役不均，刑罰不正，比屋受弊，無可奈何，由乎制禄之方有所未至。真宗皇帝思深慮遠，復前代職田之制，使中常之士自可守節，婚嫁以時，喪葬以禮，皆國恩也。能守節者，始可制奸贓之吏，鎮豪猾之人，法乃不私，民則無枉。近日屢有臣僚乞罷職田，以其有不均之謗，有侵民之害。臣謂職田本欲養賢，緣而侵民者有矣，比之衣食不足，壞其名節，不能奉法，以直爲枉，以枉爲直，衆怨思亂而天下受弊，豈止職田之害耶？又自古常患百官重内而輕外，唐外官月俸，尤更豐足，簿尉俸錢尚二十貫。今窘於財用，未暇增復。臣請兩地同議外官職田，有不均者均之，有未給者給之，使其衣食得足，婚嫁喪葬之禮不廢，然後可以責其廉節，督其善政。有不法者，可廢可誅，且使英俊之流，樂於爲郡爲邑之任，則百姓受賜。又將來升擢，多得曾經郡縣之人，深悉民隱，亦致化之本也。十一月壬戌施行。

（宋）程顥　程頤《二程集·河南程氏遺書》卷一〇《二先生語》

正叔謂：某接人，治經論道者亦甚多，肯言及治體者，誠未有如子厚。

二程謂：地形不必謂寬平可以畫方，只可用算法折計地畝以授民。子厚謂：必先正經界，經界不正，則法終不定。地有坳垤處不管，只觀四標竿中間地，雖不平饒，與民無害。就一夫之間，所争亦不多。又側峻處，田亦不甚美。又經界必須正南北，假使地形有寬狹尖斜，經界則不避山河之曲，其田則就得井處爲井，不能就成處，或五七，或三四，或一夫，其實田數則在。又或就不成一夫處，亦可計百畝之數而授之，無不可行者。如此，則經界隨山隨河，皆不害於畫之也。苟如此畫定，雖便使暴君汙吏，亦數百年壞不得。經界之壞，亦非專在秦時，其來亦遠，漸有壞矣。正叔云：至如魯，二吾猶不足，如何得至十一也？子厚言：百畝而徹，言徹取之徹則無義，是透徹之徹。透徹而耕，則功力均，且相驅率，無一家得惰者。及已收穫，則計畝數裒分之，以裒分之數，取十一之數，亦可。或謂：井議不可輕示人，恐致笑及有議論。子厚謂：有笑有議論，則方有益也。若有人聞其說，取之以爲己功。先生云：如有能者，則己願受一廛而爲氓，亦幸也。伯淳言：井田今取民田使貧富均，則願者衆，不願者寡。正叔言：亦未可言民情怨怒，止論可不可爾。須使上下都無怨怒，方可行。正叔言：議法既大備，却在所以行之之道。子厚言：豈敢！某止欲成書，庶有取之者。正叔言：不行於當時，行於後世，一也。子厚曰：徒善不足以爲政，徒法不能以自行。須是行之之道。又雖有仁心仁聞，而政不行者，不由先王之道也。須是法先王。正叔言：孟子於此善爲言。只極目力，焉能盡方圓平直？須是要規矩。

二程問：官户占田過制者如何？如文曾有田極多，只消與五十里采地儘多。又問：其他如何？今之公卿，非如古之公卿。舊有田多者，與之采地多。概與之，則無以別有田者無田者。

（宋）程顥　程頤《二程集·河南程氏文集》卷一《表疏·論十事劄子》　天生蒸民，立之君使司牧之，必制其恒產，使之厚生，則經界不可不正，井地不可不均，此爲治之大本也。唐尚能有口分授田之制，今則蕩然無法，富者跨州縣而莫之止，貧者流離餓殍而莫之恤。幸民雖多，而衣食不足者，蓋無紀極。生齒日益繁，而不爲之制，則衣食日蹙，轉死日多，此乃治亂之機也，豈可不漸圖其制之之道哉？此亦非有古今之異者也。

（宋）程顥　程頤《二程集·河南程氏文集》卷四《行狀、墓誌、祭文·華陰侯先生墓誌銘》　有富人不占地籍，惟以利誘貧民而質其田券，多至萬畝，歲責其入。先生晨馳至其家，發櫝出券，召其主而歸之，失業者復安其生。

（宋）程顥　程頤《二程集·河南程氏文集》卷一一《行狀、墓誌、祭文·明道先生行狀》　官制改，除奉議郎。朝廷遣官括牧地，民田當没者千頃，往往持累世契券以自明，皆弗用。諸邑已定，而扶溝民獨不服。遂有朝旨，改税作租，不復加益，及聽賣易如私田。民既倦於追呼，又得不加賦，乃皆服。先生以爲不可。括地官至，謂先生曰：民願服而君不許，何也？先生曰：民徒知今日不加賦，而不知後日增租奪田，則失業無以生矣。

（宋）朱熹《朱子語類》卷八七《禮·小戴禮·王制》　問：一夫均受田百畝，而有食九人、八人、七人、六人、五人多少之不等者，何以能均？曰：田均受百畝，此等數乃言人勤惰之不齊耳。上農夫勤於耕，則可食得九人；下不勤底，則可食得五人。故庶人在官者之禄，亦準是以爲差也。淳

（宋）趙汝愚《國朝諸臣奏議》卷一〇五《上太宗乞河北緣邊營置屯田柴成名》　臣近以河北緣邊州郡乞置屯田事宜具狀聞奏，於今月二十六日長春殿召對，面奉聖旨，令具營置屯田利害，子細擘劃封進者。切以戎狄騷邊，古今常事。逐之則獸驚而鳥散，守之則師老而費殫。是知帝王歷代置之度外，止於列亭障以遏奔衝之患，營耕戰以圖經久之功。果啓天心，是恢遠略。謹按，古者井田之制以六尺爲步，步百爲畝，畝百爲頃，是一夫之田。夫九爲井，井方一里，井開四道而分八家，鑿井於中，八家共用，是一井之法。一井之法當計九頃之地，室廬溝洫畢在其中，先王所以定邦賦而足食也。三代致理，何莫由斯。今之屯田，取法於是。大率地方四里置爲一屯，一屯之田開十六井，闔井之户當一百二十八家。家立垣墻，井分區域。屯落之外，界以長溝，四四相從，多多益辦。是以地方四十里置屯一百區。若東西展二百里之長，南北止四十里之闊，可以置屯五百，列井八千，居六萬四千之家，侔一國三軍之衆。以之耕則力均而功簡，以之守則食足而心齊。保衆備邊，無易兹道。稽古人之明效，立聖代之宏規。事若果行，敵則無患。其有招納勞徠之户，維持佃守之方，俟允施行，别爲條制。淳化二年上時知制誥。

（宋）莊季裕《雞肋編》卷下　皇祐中，右司諫錢彦遠乞置勸農司云：唐開元年有户口八百九十餘萬，定墾田一千四百三十餘萬頃。國家有户九百五十餘萬，定墾田一千二百一十五萬餘頃。其間逃廢之田，不下三十餘萬頃，不及開元三分之一，是田疇不闢而游手多矣。

（明）陳邦瞻《宋史紀事本末》卷一八《營田之議》　太宗端拱二年春，以陳恕、樊知古爲河北東、西路招置營田使，又詔知代州張齊賢制置河東諸州營田，尋皆罷。

滄州節度副使何承矩上疏曰：臣幼侍先臣關南征行，熟知北邊道路、川源之勢。若於順安砦西開易河蒲口，導水東注於海，東西三百餘里，南北五七十里，資其陂澤，築隄貯水，爲屯田，可以遏敵騎之奔軼。俟期歲間，關南諸泊悉壅闐，即播爲稻田。其緣邊州、軍臨塘水者，止留城守軍士，不煩發兵廣戍，收地利以實邊，設險固以防塞。春夏課農，秋冬習武，休息民力，以助國經。如此數年，將見彼弱我強，彼勞我逸。此禦邊之要策也。其順安軍以西，抵西山百里許，無水田處，亦望選兵戍之，簡其精鋭，去其冗謬。夫兵不患寡，患驕慢而不精；將不患怯，患偏見而無謀。若兵精將賢，則四境可以高枕而無憂。帝嘉納之。屬霖雨爲災，典者多議其非便，承矩引援漢、魏至唐屯田故事，以折衆論，務在必行。又言宜因積潦，蓄爲陂塘，大作稻田以足食。會滄州臨津令閩人黄懋上書言：閩地惟種水田，緣山導泉，倍費功力。今河北州軍多陂塘，引水溉田，省功易就，三五年間，公私必大獲其利。詔承矩按視，還奏如懋言。遂以承矩爲制置河北沿邊屯田使，懋爲大理寺丞，充判官，發諸州鎮兵一萬八千人給其役。凡雄、莫、霸州，平戎、順安等軍，興堰六百里，置斗門，引淀水灌溉。初年種稻，值霜不成。懋以晚稻九月熟，河北霜早而地氣遲，江東早稻七月既熟，取其種，課令種之。是歲八月，稻熟，承矩載稻穗數車，遣吏送闕下，議者乃息，而莞蒲蜃蛤之饒，民賴其利。

度支判官陳堯叟等亦言：漢、魏、晉、唐於陳、許、鄧、潁暨蔡、宿、亳至於壽春，用水利墾田，陳迹具在。請選官大開屯田，以通水利。發江、淮下軍、散卒及募民充役，給官錢市牛，置耕具，導溝瀆，築防堰。每屯十人，人給一牛，治田五十畝，雖古制一夫百畝，今且墾其半，俟久而古制可復也。畝約收三斛，歲可收十五萬斛。七州之間，置二十屯，可得三百萬斛。因而益之，數年可使倉廩充實，省江、淮漕運。民田未闢，官爲種植；公田未墾，募民墾之。歲登所取，並如民間主客之例。《傅子》曰：陸田命懸於天。人力雖修，苟水旱不時，則一年之功棄矣。水田之制由人力，人力苟修則地利可盡，且蟲災之害亦少於陸田，水田既修，其利兼倍矣。帝覽奏嘉之，遣大理寺丞皇甫選、光禄寺丞何亮按視經度。然不果行。

至道二年，直史館陳靖復上言：先王之欲厚生民，莫先於積穀而務農，鹽鐵榷酤斯爲末矣。按天下土田，除江淮、湖湘、兩浙、隴蜀、河東諸路，地里敻遠，雖加勸督，未遽獲利。今京畿周環二十二州，幅員數千里，地之墾者十纔二三，税之入者又十無五六。復有匿里舍而稱逃亡，棄耕農而事游惰，賦額歲減，國用不充。詔書累下，許民復業，蠲其租調，寬以歲時，然鄉縣擾之，每一户歸業，則刺報所由，朝耕尺寸之田，暮入差徭之籍，追胥責問，繼踵而來。雖蒙蠲其常租，實無補於捐瘠。況民之流徙，始由貧困，或避私債，或逃公税。及既亡遯，則鄉里檢其資財，至於室廬什器，桑棗材木，咸計其直，或里胥用以輸税，或債主取以償逋。生計蕩然，還無所詣，以茲浮蕩，絶意歸耕。如授以閒曠之田，廣募游惰，誘之耕墾，未計賦租，許令别置版圖，便宜從事，酌民力豐寡，農畝肥磽，均配督課，令其不倦。其逃民歸業，丁口授田，煩碎之事，並取大司農裁決。耕桑之外，令益樹雜木蔬果，孳畜羊犬雞豚。給授桑土，潛擬井田，營造室居，使立保伍。養生送死之具，慶弔問遺之資，並立條制。候至三五年間，生計成立，即計户定徵，量田輸税。若民力不足，官借糴錢，或以市餱糧，或以營耕具。凡此給授，委於司農，比及秋成，乃令償直，依時價折納，以其成數關白户部。帝覽之喜，詔靖條奏以聞。靖又言：逃民復業及浮客請佃者，委農官勘驗，以給授田土，收附版籍，州縣未得議其差役。乏糧種、耕牛者，令司農以官錢給借。其田制爲三品，以膏沃而無水旱之患者爲上品，雖沃壤而有水旱之患、埆瘠而無水旱之慮者爲中品，既埆瘠復患於水旱者爲下品。上田人授百畝，中田百五十畝，下田二百畝，並五年後收其租，亦只計百畝十收其三。一家有三丁者，請加受田如丁數；五丁者，從三丁之制；七丁者，給五丁；十丁給七丁；至二十、三十丁者，以十丁爲限。若寬鄉田多，即委農官裁度以賦之。其室廬、蔬韭及梨棗榆柳種藝之地，每户十丁者，給百五十畝；七丁者，百畝；五丁者，七十畝；三丁者，五十畝；不及三丁者，三十畝。除桑功五年後計其租，餘悉蠲其税。宰相吕端謂：靖所立田制多改舊法，又大費資用。以其狀付有司，詔鹽鐵使陳恕等共議，請如靖奏。乃以靖爲京西勸農使，按行陳、許、蔡、潁、襄、鄧、唐、汝等州，勸民墾田，以大理寺丞皇甫選、光禄寺丞何亮副之。選、亮上言：功難成，願罷其事。帝志在勉農，猶詔靖經度。未幾，三司以費官錢數多，萬一水旱，恐致散失，事遂寢。

（明）陳邦瞻《宋史紀事本末》卷七五《建炎紹興諸政》〔建炎二年〕七月，廣州教授林勳上《本政書》十三篇，言：國朝兵農之政，率因唐末之故。今農貧而多失職，兵驕而不可用，是以饑民竄卒類爲盜賊。宜倣古井田之制，使民一夫占田五十畝。其有羡田之家，毋得市田，其無田與游惰末作者，皆驅之使爲隸農，以耕田之羡者，而雜紐錢穀以爲什一之税。宋二税之數，視唐增至七倍。今本政之制，每十六夫爲一井，提封百里，爲三千四百井，率税米五萬一千斛，錢萬二千緡。每井賦二兵，馬一匹，率爲兵六千八百人，馬三千四百匹。歲取五之一，以爲上番之額，以給征役。無事則又分爲四番，以直官府，以給守衛，是民凡三十五年而役使一遍也。悉上則歲食米萬九千餘斛，錢三千六百餘緡，無事則減四分之三，皆以一同之租税供之。匹婦之貢，絹三尺，綿一兩。百里之縣，歲收絹四千餘匹，綿三千四百斤。非蠶鄉則布六尺，麻二兩，所收視絹、綿率倍之。行之十年，則民之日算，官之酒酤，與凡茶、鹽、香、礬之榷，皆可弛以予民。其説甚備。書奏，以勳爲桂州節度使掌書記。其後勳又獻《比較書》二篇，大略謂：桂州地東西六百里，以古尺計之，爲方百里之國四十，當墾田二百二十五萬二千八百頃，有田夫二百四萬八千，出米二十四萬八千斛，禄卿大夫以下四千人，禄兵三十萬人。今桂州墾田約萬四十二頃，丁二十一萬六千六百一十五，税錢萬五千餘緡，苗米五萬二百斛有奇，州縣官不滿百員，官兵五千一百人。蓋土地荒蕪，而游手末作之人衆，是以地利多遺，財用不足，皆本政不修之故。當世論者皆韙其言。

（清）嵇璜《續通典》卷二《食貨・田制》光宗時知漳州朱熹條奏經界狀略曰：每遇辰戌丑未之年，逐縣更令諸鄉各造一簿，開具本鄉所管田數四至步畝等第，各注某人管業。有典賣則云某年典賣某人。又造合鄉都簿一扇，類聚諸簿，通結逐户田若干畝，錢産若干文。其有田業散在諸鄉者，併就煙爨地分開排總結，並隨秋科税簿送州印押下縣知佐通行收掌。人户遇有交易，將契書及兩家砧基照鄉縣簿對行批鑿，則版圖一定而民業有經矣。

（清）徐松《宋會要輯稿・食貨一・農田雜録》〔天聖三年〕九月，户部郎中、知制誥夏竦上言：諸州例多曠土。臣曾詢問鄉耆，皆稱舊日逃田，許民挑段請佃。候耕鑿稍熟，牛具有力，即於彊畔接續添請。是以人户甚便，官中又得税賦。自有條貫，須全户請射，後來例無大段事力之人一起請佃。今若許挑段，請領之時，亦不乞減收放料次，情願更添税賦，其餘荒田漸次接連請射。欲乞今日已前，應係田及係官荒田，經三年已上者，許挑段請射。於所請田元額税加十分之二，更於次年起税〔交〕納，仍先許中户等以下户請射，如有餘者，方許豪勢請佃，即不得轉將典賣。州縣別作簿書，主簿逐年具數申奏。又恐議者以爲百姓揀卻沃土，久遠抛下官中瘠田，不肯夾帶請佃。且即令逃田二三十年，荒廢肥瘠之地，空長草萊，上無一粒黍稷入官，下無一粒菽麥濟民，未知空守舊章，（卑）〔俾〕有何益？利害之際，黑白甚明。又慮議者以爲民擇得美田，即棄見佃瘠土。且國家養民，惟恐不富，若令百姓盡得良田，供得賦税，衣食稍足，此合帝王愛民之心，利害相萬，較然可知。

（清）徐松《宋會要輯稿・食貨一・農田雜録》〔天聖三年〕十一月，淮南制置發運使方仲荀言：福州官莊與人户私産田，一例止納二税，中田畝錢四文、米八升，下田畝錢三文七分、米七升四勺。若只依例別定租課，增起升㪷，經久輸納不易。兼從初給帖明言，官中卻要，不得占吝。臣欲乞以本處最下田價賣與見佃户。今準詔爲知福州胡則乞放免官莊租課，令以分析利害。伏緣事理明白，望早施行。

（清）徐松《宋會要輯稿・食貨三七・市易》開寶二年九月，開封府司録參軍孫嶼言：每奉中書及本府令，勘責京畿并諸道州、府論事人等。内論訟典賣物業者，或四鄰争買，以何鄰爲先；或一鄰數家，以孰家爲上？蓋格文無例，致此争端。累集左右軍莊宅牙人議定，稱凡典賣物業，先問房親；不買，次問四鄰。其鄰以東南爲上，西北次之；上鄰不買，遞問次鄰，四鄰俱不售，乃外召錢主。或一鄰至著兩家已上，東、西二鄰，則以南爲上；南、北二鄰，則以東爲上。此是京城則例，檢尋條令，並無此格。乞下法司詳定可否施行。所貴應元典賣物業者詳知次序，民止（端）〔争〕端。

（清）徐松《宋會要輯稿・食貨六三・農田雜録》〔天禧〕二年二月，梓州黄昭益、遂州滕世寧言：川界多争論追贖遠年典賣莊土，及至勘詰，皆於業主生前以錢典市，及業主户絶，本人不經官自陳，便爲己業，直至鄰里争訟，方始承伏，出錢估買。望自今每户絶，如有曾典得物業人，並須具事白官。或隱匿詿誤，事發，即決罰訖，勿許復買。

（清）徐松《宋會要輯稿・食貨六三・農田雜録》〔天聖二年〕十月，提點開封府界縣鎮張君平言：州縣户絶没官莊田，官司雖檢估召人承買蒔佃，其有經隔歲月無人承當。蓋檢估之時，當職官吏準防已後詞訟，多高起估錢，以致年深倒塌荒蕪，陷失租税。望降敕選官重估，實價召人承買。自今須子細看估，不得高起估錢，虚係帳籍。

（清）徐松《宋會要輯稿・食貨六三・農田雜録》〔天聖〕五年六月，三司言：準陝西轉運使杜詹言：緣邊屯田軍馬支費甚多，所入課利全然不足。伏見没納欠拆、户絶莊田不少，自來州縣形勢、鄉村有力食禄之家假名占佃，量出租課。臣體量上件鄉村莊田，人願收買耕佃，如有見佃人户，多豪倖之輩，只計轄下州軍，約得二十八萬貫已來，若將重減卻虚擡數，必是併有承買。欲望許選清幹官估計實直價例，召人承買。

（清）徐松《宋會要輯稿・食貨六三・農田雜録》〔天聖八年〕十二月，知坊州揚及言：民馬固狀：典得馬延順田，計錢六千，後添栽木三百，元契每根贖日理三十錢。臣詳顯是有力百姓將此栽木厄塞貧民，占據地土，豈可元典六千，贖田之日卻理錢十千！從祖作倖，邀勒貧苦，永不收贖。如不止絶，恐豪滑人户轉侵孤弱，競生詞訟。自今後如無典地栽木，年滿收贖之時，兩家商量，要即交還價直，不要取便斫伐，業主不得占吝。

（清）徐松《宋會要輯稿・食貨七〇・經界雜録》〔紹興十二年〕十二月二日，兩浙轉運副使李椿年言：被旨措置經界事。臣今有畫一下項：【略】一、今畫圖合先要逐都耆鄰保在關集田主及佃客逐圻計畝角押字，保正、長於圖四止押字，責結罪狀申措置所，以俟差官按圖覈實。稍有欺隱，不實不盡，重行勘斷外，追賞錢三百貫。因而乞取者，量輕重編配，仍將所隱田没入官。有人告者，賞錢並田並給告人。如所差官被人陳訴，許親自按圖覆實，稍有不公，將所差官按劾取旨，重行竄責。如所訴虚妄，從臣重行勘斷。

（清）徐松《宋會要輯稿・刑法三・田訟》仁宗天聖七年五月十一日，太常博士王告言：昨通判桂州，每歲務開，民多争析財産。洎令追鞫，多是積年舊事。按僞劉時，凡民祖父母、父母在，子孫始娶便析産異爨。或敏於營度，資業益蕃；或惰不自修，田畝蕪廢。其後尊親淪逝，及地歸中國，乃知朝廷編敕，須父亡殁始均産，因萌狡計，以啚規奪。或鄉黨里巷傭筆之人，（替）〔巘〕爲教引，借詞買狀，重請均分。洎勾捕證佐，刑獄滋彰；或再均分，遂成忿競。故每新官到任，動須論訴。游手之輩，僥倖實多；勤懇之民，寃抑無告。今請限乾興元年正月一日以前，凡廣南民若祖父在日分産與子孫者，悉以見佃爲主，不在論理之限。

（清）徐松《宋會要輯稿・兵二一・牧地》大中祥符二年正月，群牧制置使陳堯叟等言：准詔旨，群牧歲息馬及萬，則分爲兩監，監標牧馬地，令臣等規畫以聞。望下京東、京西、河北、陝西轉運使并知鄆州馬元方：除舊係官草地外，應古來坊監、舊牧龍坊草地係官閑田，即標立封堠。其遠年逃土及今閑田有與民田相接者，官利市之，或易以沃壤，無妨農種。仍令判官李克勤、田穀往來巡視，俟標定訖，本司上其勤課，請行旌賞。

（元）王惲《秋澗先生大全文集》卷八六《烏臺筆補・論屯田五利事狀》南北之勢，我可以取彼，此必然理也。然餽餉轉輸，古無良法，正有屯田，待以歲月，爲古今上策耳。朝廷往年已曾施行，不數年積穀幾至百萬，若行至於今，其利有不勝計者。蓋兵足食，民無轉輸之勞，邊有備，官無和糴之弊。兼自古議征不庭，莫不留兵在田，而後收必勝之道。今者，宋人出没不時，止恃山林阻隘，雖云深入，如涉虚境。今者如復令邊民分地雜耕，上自鈞、化，下至蔡、息，不數年翦去荒惡，蕩爲耕野，一利也。民則什什伍伍相望，三時種藝，甲兵在旁。彼欲内寇，野戰實非所長；復欲伺便鼠竊，又無潛伏出入之便。而復嚴烽燧，謹斥堠，少有警急，我則收合餘力，據守要害，而似前日之寇盜不可得矣。彼縱來寇，如獸處平野，獵者蹙而殺之，獲之無不利矣，二利也。至於我軍征進，適當農隙，丁力有餘者，許隨大軍入討，所獲悉付本人，是民因私利勇於公鬭，三利也。又令向裏一切蒙古奥魯，亦編間民屯，使之雜耕，不惟調習水土，可使久居，且免每歲疲於奔命之役，四利也。不數年，根勢深固，使奥魯軍人倒營南下，近則雜兩淮之間，遠則抵大江之北，所謂長江之險，我與共之矣，五利也。合無將河南舊有屯田户計及一切沿邊之民，盡折絲銀，使之輸穀。其屯事於山川出没要害去處，首爲耕墾，官給牛畜，自辦農具。其條法且一依經略司元行。然後選近侍爲大司農官，及内設屯田郎中、員外，專領其事，使通其奏請，趣其應副。歲時令按察司或督軍御史按行屯所，察其成否而賞罰之。不數年，田事可成，坐收必勝之道矣。

（元）王惲《秋澗先生大全文集》卷九〇《便民三十五事·節費用·振武屯田》 竊見每歲北邊於新城、沙井、靖州三倉和糴糧儲，不下五七萬石；如遇軍馬調遣，又豈特十萬石而已。近年穀價湧貴，且以十萬石爲率，所費不貲，用度終不寬廣。兼自古饋餉，雖有智者，終無良法，惟邊地屯營最爲長算。契勘唐憲宗元和七年，李絳言天德今豐州是也振武左右良田約萬餘頃，擇能吏可開置營田以省費足食，從之；四年間開田四千八百頃，收粟四十萬斛，歲省度支錢二十餘萬緡。今體訪得，振武並豐州界河兩傍，地廣民稀，除營帳牧放、百姓耕墾外，其餘荒閑地尚多。若差公幹官僚踏視其宜留兵營田，一切取武清屯例，假以歲月，自非水旱不熟，田功稍集，國儲必有所濟。故陸宣公云：緣邊士沃而久荒，所收必厚。如此費省食足，官無規措和糴之勞，民免輸納虚耗之費，恐亦安固邊防之一策也。

（元）金履祥《仁山文集》卷三《次農説》 宗周班禄之制，自天子而下凡四等國，自諸侯而下凡六等，其下惟農。農田百畝，上農夫食九人，上次食八人，中食七人，中次食六人，下食五人，亦凡五等。百畝均也，而若是差，地有肥磽，力有强弱也。然古者，以周尺爲步，步百爲畝。今以官尺、五尺爲步，二百四十步爲畝。古者周尺，當今浙尺七寸四分，今之浙尺，當今官尺一尺一寸三分。絶長補短，則古者百畝當今東田三十三畝有奇也。以今三十三畝有奇之田，一夫耕之，其屋基與其租税之入，古又出之公田，宜其力贍者食九人而無不足，弱者食五人而亦有餘也。予生二千餘載之後，去周室遠矣。學先王之道，將以措諸國家，謂君心可正，公卿、士大夫可齊，民風可一□□可屏也。而非有庠以養之，非有卿、士大夫以興之，群試有司，類非宗周之制。取聖人之經，副字儷語，謂之程文。少有振厲，則有司駭之，以爲非度。予以是數黜家貧，親老亦甚病焉。知予者以爲有志未遇，責予者以爲未能忘禄仕也。嗟乎！有志未遇者，時也；而未能忘禄仕，亦勢也。使予得百畝之田而耕之，予亦豈能區區然較得失一夫之目哉？顔子一簞食、一瓢飲，不改其樂，孔子賢之。彼顔子猶有簞食瓢飲，足以事育。安知千載之下，其貧又有甚于顔子者！予也，上無可宫之椽，下無可植之畝，進無代耕之禄，退無歸耕之計也！食人之食則多愧，自食其力則無地。不然，予何求哉？予嘗欲於桐山之下、晏原之間爲舍八楹，擬古一畝半之宅；求田三十三畝有奇，擬古百畝之田；注下灌高，擬古遂畝。予負笠而荷蓧，深耕而力耘，畜雞種蔬，上養下教，間歌《七月》之詩、《公劉》之雅。天子清源以厚下，公卿、大夫忘私以爲公。使時和年豐，穡事不擾，則予也，固三代之農也，他何求哉？予力貧而體弱，不能爲上農之事，庶幾其次；次不能爲，庶幾其中；中不能爲，爲中次，亦可矣，故命之曰次農。噫！三代之治不可見，百畝之田未易求，安得遂吾之所求耶？復安得見吾之所不可見者耶？有宋景定甲子十月，次農金履祥吉父記。

（明）楊士奇《歷代名臣奏議》卷二六〇《屯田》 元世祖時，東平布衣趙天麟上策曰：臣聞神農之教曰：有石城十仞，湯池百步，帶甲百萬，而亡粟，弗能守也。由是觀之，兵者城之守也，食者兵之給也，非兵無以守城，非食無以給兵，兵足而城安，食足而兵壯，兵食二者，强國之計也。謹案古者井田之法，地方千里，出兵車萬乘，甲士三萬人，步卒七十二萬人，馬四萬匹，牛十二萬頭，且耕且守，人無阻饑之厄，有室有家，下獲樂業之慶。三代以後，去古既遠，阡陌制起，舊法遂絶。歷代尚患兵食不足，至有令人入粟鬻爵而濫官者矣，又有令人入粟免罪而敗法者矣，亦有賦斂煩劇而失民心者矣，亦有重刑極罰而徵民物者矣。是皆見目前而忘後患，得其一而失其百者也。乃有卓然英乂，思革其弊，屯田之事，由此而興。若充國之於先零，鄧艾之於壽春，以至魏武屯於所在而倉廩靡不皆滿，羊祜屯於襄陽而積粟可支十年，其餘獲利者不可勝數，然猶未達於天下也。唐置六百三十四府，府各有兵，無事之際，乃耕於野，永徽年間，斗米三錢，盗賊遂息，旅行千里，不持寸兵，盛之至也。

今國家大業已定，不忘武備，江湖嶺海閩廣川蜀，西北東北邊塞之地，皆有軍兵以戍之，坐食糧粟。淮南北等處有屯田官府，而屯田實未之廣也。爲今之計，宜廣屯田。況屬承平之秋，非同征伐之日，須立久長之妙法，庶幾威德之並行。使先偏後伍之流，務南畝東皐之事，一朝有事，則厲戈擐甲而奮其戰勝攻取之能；群寇消聲，則力穡服田而求其千倉萬廂之積。畋於農隙以講大事，完其營壘以防不虞，亦既免飛芻輓粟之勞，而又有用寡生多之益也。義歸一致，功可雙成。伏望陛下念茲在茲，凡戍兵之處，命戍卒爲農開墾曠田，每百人限幾頃；凡所用之牛，官爲出直，於南方西方市買而分給之；凡所用之田器，官爲於諸冶鑄造而分給之；凡力田及不力者，明立賞罰以勸懲之可也。雖一時勞費，而實永逸之基，借衆軍餘力，而建此富強之業，庶乎軍民皆以自贍，而各得其所矣。

綜述

（宋）竇儀《宋刑統》卷一三《户婚律·部内田疇荒蕪》 諸部内田疇荒蕪者，以十分論，一分笞三十，一分加一等，罪止徒一年。州縣各以長官爲首，佐職爲從。户主犯者，亦計所荒蕪五分論，一分笞三十，一分加一等。

疏議曰：部内謂州縣及里正所管。田稱疇者，言田之疇類。或云，疇，地畔也。不耕謂之荒，不鋤謂之蕪。若部内總計准口受田，十分之中一分荒蕪者，笞三十。假若管田百頃，十頃荒蕪，笞三十。一分加一等，謂十頃加一等，九十頃荒蕪者，罪止徒一年。州縣各以長官爲首，佐職爲從。縣以令爲首，丞尉爲從。州即刺史爲首，長史、司馬、司户爲從。里正一身得罪，無四等罪名者，止依首從爲坐。其檢句品（自）〔官〕爲佐職，其主典律無罪名。户主犯者，亦計所荒蕪五分論，計户内所受之田，假有受田五十畝，十畝荒蕪，户主笞三十，故云一分笞三十，一分加一等，即二十畝笞四十，三十畝笞五十，四十畝杖六十，五十畝杖七十。其受田多者，各准此法爲罪。

（宋）李燾《續資治通鑑長編》太祖建隆二年正月 周顯德末，分命常參官詣諸州度民田，多爲民所訴，坐譴黜。上將循世宗之制，欲先事戒敕之，因謂侍臣曰：比遣使度田，蓋欲勤卹下民也，而民弊愈甚，得非使臣圖功幸進，致其然哉？今當精擇其人，以副朕意。遣官度田，據《食貨志》，云皇朝受命，頗循周制，而常準、崔遜黜責皆繫之二年正月，則元年蓋嘗遣官矣。《本紀》、《實録》乃無其二事。二年正月壬子，《實録》始載今當精擇其人之言。正月丁巳，《本紀》始書分遣常參官詣諸州度田。據《實録》、《本紀》，則《食貨志》誤矣。崔遜由伊陽令爲太子洗馬，元年四月丁亥也。常準削兩任官，二年四月甲午也。而《食貨志》並二事合言之，疑作志者便文，不考其日月先後，故失其實。然則實未嘗遣官，太祖所言當精選其人，蓋謂前朝所遣或不得其人，如崔遜等也。《實録》又云崔遜責伊陽，未滿歲除洗馬，云未滿歲，則其責當在顯德末矣，若在建隆初，則才逾三月耳，不當云未滿歲也。按《王仁鎬傳》稱：顯德中，國子博士上官瓚括田河中，將大增賦調，比户愁怨，仁鎬奏罷之。蓋當是時，坐度田非實貶黜者，不但崔遜一人也。今皆削去姓名，泛云多爲民所訴，坐譴黜，庶無所牴牾云。

丁巳，分遣常參官詣諸州度民田。此從《本紀》也，《新》、《舊録》盡無之。

（宋）李燾《續資治通鑑長編》太宗太平興國七年閏十二月 庚戌，詔：兩京諸州，擇郡民有練土地之宜、明種樹之法者，補爲農師，縣一人。令相視田畝沃瘠及五種所宜，指言某處土田宜植某物，某家有種，某户有丁男，某人有耕牛。即令鄉三老、里胥與農師同勸民分於曠土種蒔，俟歲熟共取其利。爲農師者，蠲租外，免其佗役。民家有嗜酒蒱博怠於農務者，俾農師謹察之，白於州縣論其罪，以警游惰。所墾田即爲永業，官不取其租。

（宋）李燾《續資治通鑑長編》真宗景德三年七月 詔諸州職田止得召客户佃蒔，案《宋史·食貨志》云：詔諸州不堪牧馬閑田，依職田例招主客户種蒔。此處所載，疑有脱誤。如有災傷，並準例蠲租。《會要》七月事。

（宋）李燾《續資治通鑑長編》真宗天禧四年正月 丙子，改諸路提點刑獄爲勸農使，副使兼提點刑獄公事。仍詔所至取民籍，視其差等，有不如式者懲革之。勸卹農民以時耕墾，招集逃散，檢括陷税，凡農田一事已上悉領之。仍各賜《農田敕》一部。

（宋）李燾《續資治通鑑長編》仁宗天聖六年十月 甲申，除福州民逋官莊錢。初，王氏據福州時，有田千餘頃，謂之官莊。自太平興國中，授券與民耕，歲輸賦而已。天聖二年，發運使方仲荀言：此公田也，鬻之可得厚利。遣屯田員外郎辛惟慶領其事，凡售錢三十五萬餘緡，詔減緡錢三之一，期三年畢償。監察御史朱諫以爲傷民，不可，詔復爲貧弱者寛期。既而期盡，未償者十二萬八千餘緡，知州事章頻具以聞。上曰：遠方民貧，而官司督責甚苦，其悉除之。頻傳數不同，又載事不詳首尾，《實録》亦然。今取本志及《會要》增修之。

（宋）李燾《續資治通鑑長編》仁宗嘉祐四年十二月　甲申，宰臣韓琦言：向曾陳監牧之弊，乞逐路坊監并諸軍牧地除留放牧外，其餘田聽下户請佃。河北一路諸軍牧地剩田三千三百五十餘頃，得歲課斛斗一十一萬七千八百二石，絹萬三千二百五十一匹，草十六萬一千二百三十束。其管勾摽括職方員外郎高訪望特與堂除，虞部員外郎張越與先次指射家便。並從之。

（宋）李燾《續資治通鑑長編》仁宗嘉祐五年七月　初，天下廢田尚多，民罕土著，或棄田流徙爲閑民。自天聖初下赦書，即詔民流積十年者，其田聽人耕，三年而後收賦，減舊額之半。又詔流民能自復者，賦亦如之。既而又與流民期，百日復業，蠲賦役五年，減舊賦十之八；期盡不至，聽他人得耕。自是，每下赦令，輒以招輯流亡，募人耕墾爲言。民被災而流者，又優其蠲復，緩其期招之。又嘗詔：州縣長吏令佐，能勸民修起陂池溝洫之久廢者，及墾闢荒田，增税及二十萬以上，議賞。監司能督部吏經畫，賞亦如之。

久之，天下生齒益蕃，田野加闢，獨京西唐、鄧間尚多曠土。唐州閑田尤多，入草莽者十八九。或請徙户實之，或請以卒屯田，或請廢爲縣。知州事、比部員外郎趙尚寛曰：淮安古稱膏腴，今田獨蕪穢，此必有遺利。且土曠可益墾闢，民稀可益招徠，何必廢郡也？乃案圖記，得召信臣故迹，益發卒復三大陂、一大渠，皆溉田萬餘頃。又教民自爲支渠數十，轉相浸灌。而四方之民來者雲集，尚寛復請以荒地計口授之，及貸民官錢買牛。比三年，廢田盡爲膏腴，增户萬餘。監司上其狀，三司使包拯亦以爲言。丙午，詔留再任。尚寛，安仁子也。《仁宗實録》：包拯奏尚寛所招淮、湖、河北之民萬餘户。本志但云二千餘户，《英宗實録》與本志同。今從《仁宗實録》及本傳。治平元年正月，尚寛再任。

（宋）李燾《續資治通鑑長編》神宗熙寧四年正月　壬辰，詔鬻天下廣惠倉田爲三路及京東常平本，其當賑濟，即以廣惠、常平等倉所貯粟麥給之。初，王安石言：廣惠田可鬻，以實三路常平。曾公亮曰：佃户或百年承佃，有如己業，今鬻之則至失職，非便。上曰：還令佃户買之，則無不可者。安石曰：公亮所言蓋官莊也。若廣惠倉田乃本是户絶，法自當鬻，但因近置廣惠所積不多，何能賑饑？今已修常平法，則凶年固不患無所賑濟。公亮終以爲不可，曰：利不百，不變法。上曰：但義理可行則行之，自無不利。安石曰：利者義之和，義固所爲利也。公亮曰：亦有利於公家不利百姓者，不可謂之義。安石曰：若然，亦非人主所謂利也。於是卒從安石議，而有是詔。

（宋）李燾《續資治通鑑長編》神宗熙寧四年十月　同修起居注曾孝寛言：相度到諸班直、諸軍牧馬，乞不下槽牧放，許民出租請佃牧地，及合立條約等利害。詔馬自來年更不下槽牧放，其五箇月合支草料，令三司速計置。

内外班直、諸軍馬，舊以夏初出牧，迄八月上槽。凡軍士之有馬者，利其草粟之餘與傔兵衣糧，舉族護視之。及其出也，數馬一圉人，出而未至牧與自牧而歸者，常數日草粟無所給。方其在牧，晝縶之於棚，而不得卧休；夕就野而牧，卒有震雷風逸，不知所在，有得之數十百里之外。雨潦霜露之不時，而感寒疾，往往而斃者十常三四。被病而歸，死槽櫪與納换者，不在數。圉人歲被榜罰者，常以千數。又牧地多占良田，圉人侵擾閭里棚井，科率無寧歲，公私苦之。故命孝寛比較相度。及詔下，人以爲便，計租入以補草粟，猶有羨也。自内外班直至有羨，據《密院時政記》。又云：百年積弊，一朝而除者，由上斷之不疑也。今削去。

其後，上論牧事，王安石曰：牧馬每數年蕃息，輒復遇災耗減。吴充曰：此以不下槽故無耗。不然，死者衆矣。而論者以草地租不足以補上槽芻秣之費。安石曰：以草地給耕者，則所收穀非但官租而已。昔人用兩石粟易一石秕，以養雁鶩，重食故也。今賦牧地與民耕，以廣民食，則芻秣雖稍損，於公家不足惜。充曰：見租已可芻秣九分之費，而未租之地尚多也。此段因朱史，蓋《日録》云爾，更詳之。

（宋）李燾《續資治通鑑長編》神宗熙寧五年二月　知都水監丞公事侯叔獻等言：見淤官田，今定赤淤地每畝價三貫至二貫五百，花淤地價二貫五百至二貫。見有七十餘户，乞依定價承買，欲作三年限輸納，仍於次年起税。其有願添錢或近限輸納者，即不以投狀先後給之。其續淤官地亦乞依此。從之。新本削此，以爲淤田事不須備載，今存之。

（宋）李燾《續資治通鑑長編》神宗熙寧七年四月 詔：方田每方差大甲頭二人，以本方上户充，小甲頭三人，同集方户，令各認步畝，方田官躬驗逐等地色，更勒甲頭、方户同定，寫成草帳，於逐段長闊步數下各計定頃畝。官自募人覆算，更不别造方帳，限四十日畢。先點印訖，曉示方户，各具書算人寫造草帳、莊帳，候給户帖，連莊帳付逐户以爲地符。此月二十又六日，又十二月二日，五年八月本志所載地符，與此《實録》小異，今兩存之。

（宋）李燾《續資治通鑑長編》神宗熙寧八年十二月 提舉河北措置牧地所言：侵冒牧地，法許人告，每畝給賞錢千至三百千止。後蔡確嘗請立限兩月，許冒佃人首，與免納；已首前租種，依舊佃種。至今無肯首者。況河北牧地根究未見者，五千七百餘頃。乞自今首，依侵冒諸軍牧地法，仍先備租牧地錢，募人告。從之。《兵志》同。

（宋）李燾《續資治通鑑長編》神宗熙寧十年二月 權御史中丞鄧潤甫言：嘗有興利之臣，議前代帝王陵寢許民請射耕墾，而司農可之。緣此，唐之諸陵悉見芟劉，聞昭陵木已翦伐無遺。熙寧令前代帝王陵寢並禁樵采，遇郊祀則敕吏致祭，其德意可謂遠矣。小人掊克，不顧大體，使其所得不貲，猶不可爲，況其所獲至淺鮮者哉！乞下所屬，依舊禁止樵采、耕墾，并黜責創議之人。詔唐諸陵除立定依條禁止頃畝外，其餘民已請射地，許依舊耕佃爲守陵户，餘並禁止。二十八日，熊本、吕嘉問等並坐展磨勘年。

（宋）李燾《續資治通鑑長編》神宗元豐元年五月 經制熙河路邊防財用司言：準朝旨，以土田分等：近城第一等爲官莊，第二等合種，第三等出租，第四等募人耕，五年起税。欲選附城沃土八百頃爲官莊；有餘，募弓箭手；又有餘，募人合種及出租賦。官莊每五十頃差治田使臣一員，立賞罰格。從之。志有此，六月十四日，七月一日、十月二十七日。

（宋）李燾《續資治通鑑長編》神宗元豐元年六月 京東體量安撫黃廉言：澶州及京東、河北淤官地皆上腴，乞募客户，依其土俗私出牛力、官出種子分收，選曉田利官兩員詣京東、河北計會，轉運、提舉二司及逐縣令佐相度，招募客户自今秋營種，并下司農寺詳定條約。從之，令轉運司選官，如係牧地，即令提點刑獄司選差。

（宋）佚名《宋大詔令集》卷一七八《定職田詔》〔慶曆三年十一月壬辰〕 昔者先帝詔復公田，合《王制》班禄之差，得聖人養賢之義，載原深旨，本自愛民。比者搢紳之間，屢陳利害之意，以謂郡縣受地，無有不齊，銓審補闕，權吏爲幸。辨競以之傷俗，因沿至於害人。故嘗命有司，斷以定數，誠足釐於浮弊，然未安於予懷。《禮》不云乎：厚禄以勸群臣，則下之報禮重。凡厥文武，仕於朝廷，雖廉素者爲士之常行，而富貴者是人之所欲。其全寬大之體，自有公平之制。所宜給其所未給，均其所未均，約爲等差，概令周足。使事父母者得以致其養，蓄妻子者得以致其樂，冠婚喪祭有所奉，慶恤饋問有所資。不牽私室之憂，不專公家之慮，則六計可以弊群吏之治，四方可以期衆職之修。儻自犯於有司，亦何逃於彝憲？上廣先朝之惠，示不敢渝；下俾群臣之言，審兹自定。惟爾中外，體予所存。應天下職田，大藩府長吏二十頃，通判八頃，判官五頃，餘並四頃；節鎮十五頃，通判七頃，判官四頃，餘並三頃五十畝；防團使已下州軍十頃，通判六頃；小軍監七頃，判官三頃五十畝，餘並三頃；縣令萬户已上六頃，五千户已上五頃，不滿五千户並四頃；簿尉萬户以上各三頃，五千户各二頃五十畝，不滿五千户並二頃。發運、轉運使及武臣總管比節鎮長吏，鈐轄比防團州長吏，路分都監比節鎮通判，都監比藩府判官，監押比節鎮判官，監當不得過本處職官之數，在縣鎮監當不得過簿尉之數，録事參軍比本判官，判司比倚郭簿尉。宜令三司具所定職田，並於慶麻四年爲始。內無職田處，及有職田而頃畝少處，并元摽得山石積潦之地不可耕種者，限三年内檢括官荒地并絶户田及五年已上逃田添换其數。若係官莊田見有人户出租者，不得一例支撥。如逐處職田，比今來所定頃畝不足，即據見在頃畝及子利，重與上下衆官等第均分。如地内有桑棗果蔬之利者，即以所收利約度折充職田。其田許自差公人勾當，并招置客户，每頃不得過三户，即不得全令州縣差人及招客户。或遇災傷，並依例檢覆減放。以上違者，官員以違制論。如恐減下職田子利，不肯接災傷詞狀者，亦以違制論，其所收子利並納官。如將職田隱庇却合入差傜及抑配虛作佃户令出課者，並以受所監臨財物論。仍專令逐路提點刑獄司覺察，若犯者情重而失於覺察，亦當以罪坐之。

（宋）謝深甫等《慶元條法事類》卷四九《農桑門·農田水利》　敕

户婚敕

〔隆興二年十二月〕諸瀦水之地，謂衆共溉田者。輒許人請佃承買，并請佃承買人各以違制論，許人告。未給未得者，各杖一百。

（宋）謝深甫等《慶元條法事類》卷四九《農桑門·農田水利》　令

田令〔隆興二年十二月〕

諸田爲水所衝，不循舊流而有新出之地者，以新出地給破衝之家。可辦田主姓名者，自依退復田法。雖在他縣亦如之。兩家以上被衝而地少給不足者，隨所衝頃畝多少均給具。兩岸異管，從中流爲斷。

（宋）謝深甫等《慶元條法事類》卷四九《農桑門·農田水利》　格

賞格〔隆興二年十二月〕

諸色人

告獲請佃承買瀦水之地，謂衆共溉田者。每取畝錢三貫。一百貫止。

（宋）李心傳《建炎以來朝野雜記甲集》卷五《朝事·福建經界》

自紹興經界後，久之諸道經界，圖籍多散佚，吏緣爲姦。淳熙八年，閏三月癸巳，新知江陰軍王師古言於朝，詔漕臣督州縣補葺。八月戊辰，諫官葛楚輔言其擾民，乃止。初，紹興之經界也，漳泉汀三郡，以何白旂作過之後，朝廷恐重擾，止不行，然漳泉富饒，未見其病，惟汀在深山窮谷中。兵火之餘，舊籍無存者。豪民漏税，常賦十失五六，郡邑無以支吾，因有計口科鹽之事。一斤之鹽，出數斤之直，論者患之。淳熙十四年四月，福建轉運判官回，代還入見，爲上言其病，不專在鹽，請先行經界。上是其言。丙申以回爲户部右曹郎官，往汀州措置，未至官，有武臣提刑，言其不便，遂止之。其後朱文公守漳州，亦以爲可行，而迄不聽也。

（宋）李心傳《建炎以來朝野雜記甲集》卷五《朝事·經界法》　經界法，李椿年仲永所建也。紹興十二年，仲永爲兩浙轉運副使，上疏言經界不正十害：一侵耕失税；二推割不行；三衙前及坊場户；虛供抵當；四鄉司走弄税名；五詭名寄產；六兵火後，税籍不信，爭訟日起；七倚閣不實；八州縣隱賦多，公税俱困；九豪猾户自陳税籍貫不實；十逃田税偏重，故税不行。十一月癸巳，疏奏，上納其言。仲永又言平江歲入，昔七十萬斛有奇，今實入才二十萬耳，詢之土人，其餘皆欺隱也。請攷按覈實，自平江始，然後推之天下。因上經界畫一，其法令民以所有田，各置坫基簿圖，田之形狀，及其畝目四至，土地所宜，永爲照應。即田不入簿者，雖有契據可執，并拘入官。諸縣各爲坫基簿三，一留縣，一送漕，一送州。凡漕臣若守令交承，悉以相付。詔專委仲永措置，遂置局於平江。周敦義，時守平江，見仲永言當均税，不當增税，仲永不從，敦義遂坐事免。十三年六月，詔頒其法於天下，仲永亦遷户部侍郎。十五年仲永以憂去，命王承可以户部侍郎代之。承可請員外郎開封李朝正同措置。又請令民十家爲甲，自陳不復圖畫打量，即有隱田以給告者。正月辛未。承可罷，朝正權户部侍郎。十六年二月丙寅。十七年春，仲永免喪復故官，專一措置經界，正月丁卯。仲永復以給甲，自陳爲不便。請令州縣造圖，而遣官覈實，先成有賞，慢令有罰。十九年冬，經界畢，民多詣臺省，訴其不均。曹庭堅筠時爲臺官，因奏仲永私結將帥，典庇家鄉，請罷之，更選官覈實。十一月辛丑。初，朝廷既頒其法於諸道，其後有司，畫圖供帳，分立土色，均認苗税，民始病其煩。仲永既遺官屬，分往諸路，又遺覆視之，議者不以爲便。明年二月壬子，户部請委漕臣，限一季結絶，悉罷先所遣官。三月戊戌，遂下詔曰：昨李椿年乞行經界，初欲去民十害，遂從其請。今聞寖失本意，可令監司，將乖繆害民者日下改正。時敕令所刪定官，開封、鄭充、經界、川峽四路，頗峻責州縣，故蜀中增税亦多。又官田號省班者，所租有米穀粟麥麻豆羊栗桑葉鴨卵之屬，凡十八種，皆令輸以錢，故民至今尤以爲患。時馮濟川檝爲瀘南安撫使論於朝，於是瀘叙長寧，獨免經界。仲永蓋饒州浮梁人云，然諸路田税，由此始均。今州縣坫基簿半不存，黠吏豪民，又有走移之患矣。

（宋）李心傳《建炎以來朝野雜記甲集》卷一六《財賦·官田》　官田東南舊多有之，靖康中，嘗命經制司，鬻蔡京、王黼、田爲羅本，翁端朝中丞爲經制使，言恐生弊，倖乞租與客户，歲收課利，損其二分，從之。然諸道閒田頗多，既利厚而租輕，因有增租以攘之者，謂之剗佃，由是詞訟繁興。紹興二十八年，知温州黄仁榮，請鬻之以止訟，會何內翰溥，亦請鬻官田爲常平本，許之。其後户部會其數，得錢五百萬緡，自是數舉行之，獨營田不廢。

（宋）李心傳《建炎以來朝野雜記甲集》卷一六《財賦·省莊田》 省莊田者，今蜀中有之，號官田。自二税外仍科租，應大小麥、豆、糙白米穀、桑麻、蕎芋之數，十有八種，無不必取之，既高估其直，又每引別輸稱提錢，民甚苦之。然其實皆民閒世業，每貿易，官仍收其算錢，但世相沿襲，謂之官田不知所始也。

（宋）李心傳《建炎以來朝野雜記甲集》卷一六《財賦·屯田》 屯田者，始紹興初，陳密直規，爲安復漢陽軍鎮撫使，以境内多官田荒田，乃倣古屯田之制，命射士民兵，分地耕墾。其説以兵民不可並耕，故使各處一方。凡軍士所屯之田，皆相其險隘，立爲堡寨，寇至則保聚捍禦，無事則乘時田作。其射士皆分半以耕屯田，少增錢糧，官給牛種，收其租利。有急，則罷，從軍。凡民户所營之田，水田一畝，賦粳米一斗，陸田賦豆麥各五升，滿二年，無欠輸，給爲永業。流民自歸者，以田還之。凡營屯田事，府縣官兼行之，皆不更置官吏。條畫既具，乃聞于朝，詔嘉獎焉。元年十一月丁未下詔。三年，下其法于諸鎮，使行之，悉以陳規條畫爲主。其江北無牛之地，仍用古法，以二人拽一鋤。凡授田，以五人爲甲，別給菜田五畝，爲廬舍稻場，初年免田租之半。兵屯以使臣主之，民屯以縣令主之，以歲課多寡爲殿最。三年二月癸巳。其後諸鎮又廢，不果行。四年，朱子發建言：荊襄之閒，沿漢沔上下，膏腴之地，七百餘里，土宜麻麥。古謂之租中，請選良將，領部曲鎮之，招集流亡，務農重穀，寇來則禦，寇去則耕。不過三年，兵食自足，詔送都督府，亦未克行。是時韓蘄王在淮東屯田，上命即閩中市千牛賜之，爲屯田之用。五年閏二月壬申。五年令，張魏公在行府，請屯田。郎中樊賓，往江淮措置，遂改屯田爲營田。後以其擾民，但令諸路監司領其事。三十年，李顯忠爲池州都統制，復請令諸軍屯田。十二月丁酉。俄軍興未暇，及金兵退，議者建言，宜于淮甸屯田，以修兵備。詔兵部侍郎陳應求往淮東，工部侍郎許覺民往淮西措置。三十二年三月庚子。已而上謂大臣曰：士大夫言此者甚衆，然須先有定論，用諸民乎，用諸軍乎。若論既定，當先爲治城壘廬舍，使老小有所歸，蓄積有所藏，然後可爲。陳魯公曰：今西北歸正，人願就耕者甚衆，已降牛種本錢，及治廬舍矣。其後應求請募民耕荒，蠲其徭役，及七年租賦，上可之。五月甲辰。乾道中，有郭震者，以建康都統守廬州，始創屯田，遂除節鉞。俄又罷屯田兵，令歸正人請田蓋得不償費也。荊襄屯田者，自紹興以後，專隸都統司，亦租有所入。乾道二年，乃詔除朝省及總領所外，他司毋得預。三月己酉。其語互見營田事中。

（宋）李心傳《建炎以來朝野雜記甲集》卷一六《財賦·營田》 營田者，紹興元年解潛爲荊南鎮撫使，以所管五州絶户及官田，年來荒廢者甚多，乃以便宜辟直秘閣宗綱爲屯田使，召人使耕，分收子利。及以聞，詔以綱爲鎮撫司營田官。五月辛酉。渡江後屯營田始此。其後荊州軍食，多仰給于營田，省縣官之半焉。其秋，遂命河南、淮南措置屯田。九月庚申。已而河南鎮撫司營田官任直清言，河南殘破，民歸業尚罕，所創營田，全籍軍兵，恐力微難以號令，請命鎮撫使翟興兼營田使。十月戊寅。時諸鎮尚未就緒，獨命公安令，倚營田辦集選官，十一月丁未。蓋解爲帥故也。三年，韓世忠爲江東宣撫司，上命措置建康營田。世忠言荒田雖多，大半有主，難以如陝西例。請募民承佃，蠲三年租，滿五年不言，給佃人爲世業。于是詔江北浙西皆如之，田租初年全蠲，次年半減。四月己丑。尋又免科配役，十月辛卯。自後營田專用諸民。五年，王觀察彦爲荊南帥，言已措置營田八百頃，自蜀中買牛賦民，詔多方措置。十一月丁酉。先是言屯田者甚衆，而行之未見其效。六年，張魏公以都督出行邊，乃奏改江淮屯田爲營田。凡官田若逃田，並無拘籍，以五頃爲一莊，官給耕牛具種子農器，一莊以一人爲長，每莊官募民承佃。其法五家爲一堡，又給畝爲菜田，又貸本錢七十千，分二年償，勿取息，命措置官樊相伯賓、王中孚行之。正月丙午。尋命五大將，韓、劉、張、吴、岳。及江淮荊襄利路帥臣，悉領營田使。時李伯紀爲江西大帥，亦言今日之事，莫利屯田。然兵革災傷之餘，民力必不給，請命江淮、湖北宣撫司，招納京東西、河北流移之人，貸種收田，勿取其入。次年乃收三之一，又次年，則半收之。詔都督行府措置。三月。吕元直時爲湖南大帥，因請錢十萬緡興屯田。五月辛亥。其秋中孚入見，上諭令竭力久任，議者恐張相還朝，欲留措置。于是遷相伯司農少卿，提舉江淮營田公事，置司建康府，擢中孚屯田員外郎，以爲之副。七月壬申除二人。官給牛種，撫存流亡，歲中收本穀三十萬斛有奇。然議者猶以爲奉行峻速，或抑配豪户，或強科保正，田瘠難耕，多收子利，民間有鬻己牛而養官牛，耕己田以償官租者。此監中嶽廟李寀奏。中孚上疏爭之，且言願假歲月，勿責近效，上許之。七年二月辛丑。七年夏，魏公猶在中書，亦覺其擾民，乃言自置營田司數年，已有成效，請罷司，以監司兼領。六月乙丑。十九年夏，兩浙提領營田曹泳，言根括得鎮江荒田二千二百餘頃，請悉以爲營田。六月甲戌。二十一年，鎮江諸軍都統制劉寶，請民户識認營田者，畝償開墾工本五千五百，許之。三月丁未。尋詔諸道倣此，由是營田漸以還民矣。隆興二年，孝宗諭大臣以營田事，欲使歸正人耕之。湯丞相曰：歸正人未可，用諸軍不入隊人，恐可以使。時中孚提舉四川茶馬，已受代，湯丞相因薦其才。正月庚子。上召見之，畀以營田事，後亦不克行而罷。其後淮東西田，卒以歸正人請耕，乾道中，亦詔蠲州縣撮收課子，八年七月。仍免其徭賦焉。

（宋）李心傳《建炎以來朝野雜記甲集》卷一六《財賦・關外營田》

關外營田者，紹興六年，吴玠爲宣撫副使兼營田使，治廢堰于梁洋，率軍民營田凡六十莊，計田八百五十四頃。其初因兵火後，民多失業，故募人耕之，量收租利。李子公爲大漕，奏言漢中之地，古稱沃野，每畝除出糧種外，止收三石爲率，約收二十五萬石。乞付本司贍軍，可省內郡水運，朝廷難之，但賜玠詔書獎諭。時七年秋，吴玠死，胡承公、鄭亨仲代爲宣撫使。休兵後，亨仲又行之關外四州，及興州大安軍，所營田至二千六百十二頃，除糧種分給外，實入官細色十四萬一千四十九石。得旨：撥十二萬石赴成都路對糴米。而金州墾田五百六十七頃，歲入萬八千六百餘石不與焉。時十五年春也，乾道再和後，強將豪民，利于承佃，故爲欠輸，得不償費。虞丞相允文，代吴璘爲宣撫使，乃與利路安撫使晁侍郎公武，總領財賦，查少卿籥共議，以爲軍民雜處，侵漁百端。又于數百里外，差科保甲，指教耕佃，閒有二三年不得替者，水旱則令保甲均認租數，民甚苦之。兼所收之租，不償請給之數，如興元府歲收租九千六百七十三石，而種田官兵請給，乃爲一萬一千四百四十石，他皆類此。于是宣撫司，始以便宜召人承佃，抽兵歸營。時四年秋也。明年春，宣撫司奏其事于朝，詔可。至淳熙初，墾田增至七千五百五十七頃，而租入止有五萬八千石有奇。慶元後，又止爲六萬六千石，而金州田租，亦止二千二百三十一石焉。六年冬，王少卿寧總計，增其課，朝廷以邊民不便，罷之。語在時事中。

（宋）李心傳《建炎以來朝野雜記甲集》卷一六《財賦・圩田》　圩田者，江、浙、淮南有之，蓋以水高于田，故爲之圩岸。宣州化民惠成二圩，相連長八十里，蕪湖縣萬春、陶新、和政三官圩，共長一百四十五里，當塗縣廣濟圩，長九十三里，私圩長五十里。建炎末，爲軍馬所壞。紹興初，命守臣葺治之。建康永豐圩，有田千頃，初以賜韓忠武，後歸秦丞相，今隸行宮。淮西和州無爲軍，亦有圩田。紹興三十年，張少卿初爲漕，徙民于近江，增葺圩岸，官給牛種，始使之就耕。凡圩岸皆如長堤，植榆柳成行，望之如畫云。

（宋）李心傳《建炎以來朝野雜記甲集》卷一六《財賦・圭田》　圭田自三代以來有之，本朝沿唐，不廢其制。咸平初，既定以官莊及遠年逃田以其數。天聖中，言者以謂多寡不均，又貪吏或多取歲租，以害細民。七年八月，詔罷天下職田，悉以其歲入租課送官，具數上三司，以所在時估定價，而均給之。九年二月，復故。慶曆二年九月，更定守令佐職官頃畝之限。靖康元年五月，始借一年輸內帑。建炎初，以國用不足，遂拘天下職田隸提刑司。元年六月乙酉。李伯紀免相，復給之。明年，吕源爲發運副使，復請收圭租以贍軍，上不許。八月壬子。紹興末，東南諸路收圭租二十三萬斛有奇，州縣有過給者。上聞之，命及格則止。二十九年十二月癸酉。舊制：圭租皆給正色。至是，江西、湖南米，斗才數十，而圭租乃命折價至三四千。陳正獻爲殿中侍御史，爲上言之，遂命復輸本色。三十年十一月庚寅。隆興初，又有權借一年之令。元年六月。乾道改元，以軍事故息，又借職田米三年，用王大寶尚書請也。元年七月辛亥。八年冬，復還之。十月丙辰。時四川州縣職田，宣撫司已借十年，爲軍中減汰使臣之用。乾道四年，虞雍公申請。會其數，歲得十一萬八千八百九十九緡而已。淳熙初，亦還之。淳熙末，言者又論州縣守倅，合得圭租，皆折見緡，其他小官，則交本色，非是。事下户部，户部奏：在法，圭租以前後官在任月日均給，不許折錢，即人户願輸錢，而旋增實直者，準律科罪，從之。十四年三月戊辰。今蜀中圭租皆折見錢，又多從隔郡支給，相承已久，莫知始于何年。

（宋）李心傳《建炎以來朝野雜記甲集》卷一六《財賦・僧寺常住田》　僧寺常住田者，所在多有之。紹興中，高宗嘗取其絶産，隸郡國養士。久之，住鬻祠部度牒，其徒寖微。二十年春，命司農寺丞鍾世明，往閩中措置寺觀絶産。自租賦及常往歲用外，歲得羡錢三十四萬緡，入左藏庫。明年，張如瑩節使爲帥，又請于朝，十還六七矣。今明州育王、臨安、徑山等寺，常住上㚒，多至數萬畝。其間又有特旨，免支移科配者，頗爲民間之患焉。

（宋）李心傳《建炎以來朝野雜記甲集》卷一八《兵馬・湖北土丁刀弩手》　湖北土丁刀弩手者，自政和七年，始募土丁爲之，授以閒田，散居邊境，教以武藝。其隸于籍者，至九千餘人。沅州四千二百八十一，辰州三千四百五，澧州一千二百九十四，靖州九百三十。靖康初，全軍調發往河東援太原，爲敵人所陷，僅存千五百人。建炎三年亟罷之。紹興六年冬，壬子尚爲帥，張直柔爾守鼎言於朝，遂命招三千五百人爲額。沅州千五百，辰州千，靖澧各五百。淳熙三年，楊太尉倓爲荊南帥，上因命楊修其政令。八月戊子。已而知辰州尹機代還，請命有司，括田招募，人給例物五千，春秋教閲，犒賜如禁軍例。上即擢機湖北提點刑獄使與之同措置。然刀弩手舊田諸郡已收爲省計，機迫使募人爲之，往往無田可給，但虛立姓名以應命。又土人多憚點集，甚患苦之。會李仁父出守武陵，力言其不便，乞度田立額。事下諸司，張欽夫爲安撫使，頗以仁父爲是。會機卒，馬大同繼之，欲換以土軍，辛幼安時新除漕副，亦乞各具所見，議不合。仁父言當用提刑司近差官點定一千三百七十六人之數，增募爲一千五百人。沅州增二十，澧州十一人，爲七百；辰州增二十五人，爲五百五，增七十二人，爲二百五十；靖州增六人爲二百。欽夫以爲多減，恐不成行列，欲用見數。委提刑躬行檢點，俟有田没官，始令招足元額，仁父復爲言。如此則提舉刀弩手司又當復置，而欲冒賞者，必至横没民田，爲害滋大，不以見點數爲準，專委守臣磨以歲月，令招及今額，仍同欽夫連銜具奏。上從之。而仁父已爲大同所攻，奉祠歸矣。

（宋）留正《皇宋中興兩朝聖政》卷九《高宗皇帝・荊南營田之始》

〔紹興元年五月〕辛酉，荊南鎮撫使解潛言：所管五州，絶户及官田荒廢者甚多。已便宜辟宗綱權屯田使，樊賓副使，募人使耕，分收子利。詔以綱爲鎮撫司，措置營田官，賓爲同措置官。渡江後，營田自此始。其後，荊州軍食多仰給於營田，省縣官之半焉。

（宋）留正《皇宋中興兩朝聖政》卷一〇《高宗皇帝・陳規營田法》

〔紹興元年十一月〕丁未，德安府復州。漢陽軍鎮撫使陳規奏：本鎮營田屯田畫一事件：自中原失守，諸重鎮多失。帷規與羣盜屢戰，羣盜稍息，規以境内多官田荒田，乃倣古屯田之制，命射士民兵分地耕墾。其説以兵民不可並耕，故使各處一方，軍士所屯之田，皆相其險隘，立爲保寨。寇至則保聚捍禦，無事則乘時田作。其射士皆分半以耕屯田，少增錢糧。官給牛種，收其租利，有急則權罷之，使從軍。凡民户所屯之田，水田畝賦粳米一斗，陸田賦麥豆各五升。滿二年無欠輸，給爲永業。流民自歸者，以田還之。凡屯田事，營田司兼行；營田事，府縣官兼行。皆不更置官吏。條畫既具，乃聞于朝。詔嘉奬。明年下其法於諸鎮，使行之。

（宋）留正《皇宋中興兩朝聖政》卷一〇《高宗皇帝・請復湖田》

〔紹興元年十二月〕丁卯，吏部侍郎李光請復東南諸郡湖甸。詔户工部取會聞奏。初，明越州鑑湖、白馬、竹溪、廣德等十三湖，自唐長慶中創立，湖水高於田，田又高於海，旱澇則遞相輸放，其利甚博。自宣政間，樓异守明，王仲嶷守越，皆内交權，臣專事應奉。於是悉廢二郡陂湖以爲田，其租米悉屬御前。民失水利而官失省税，不可勝計。光奏請復之。既而上虞縣令趙不搖以爲便，遂廢餘姚、上虞二縣湖田，而他未及也。

（宋）留正《皇宋中興兩朝聖政》卷一三《高宗皇帝・頒陳規營田法》

〔紹興三年二月〕癸巳，都司檢詳官奏：下營田法於諸路行之，悉以陳規條畫爲主。凡授田五人，爲甲別給。莱田五畝，爲盧舍稻場。初年免田租之半，兵屯以使臣主之，民屯以縣令主之，悉以歲課多寡爲殿最。

（宋）留正《皇宋中興兩朝聖政》卷一三《高宗皇帝・韓世忠論屯田》

〔紹興三年四月〕己丑，韓世忠言：近被旨措置建康府江南北岸荒田爲屯田之計，沿江荒田雖多，太半有主，難以如陝西例，乞募民承佃。都督府奏如世忠，議仍蠲三年租，田主自訟則歸之。滿五年不言，給佃人爲永業。於是，詔湖北、浙西、江西皆如之。尋又免科配徭役。

（宋）留正《皇宋中興兩朝聖政》卷一七《高宗皇帝・李光乞廢湖

田》〔紹興五年二月〕新知湖州李光言：明越之境地濱江海，水易泄而多卑，故自漢唐以來，皆有陂湖灌溉之利。大抵湖高於田，田又高於江。每旱則放湖水溉田，澇則决田水入海。故無水旱之災、凶荒之歲也。本朝慶曆、嘉祐間，民始有盗湖爲田者。宣和以來，創爲應奉，始廢湖爲田。自是歲被水旱之患。臣自壬子歲入朝，首論茲害。蒙朝旨先取會餘姚、上虞兩邑廢置利害，遂蒙獨罷兩邑湖田。其會稽之鑑湖、鄞之廣德湖、蕭山之湘湖等處，其類尚多。州縣官往往利爲圭田，頑滑之侵耕盗種，上下相蒙，未肯盡行廢罷。伏望聖慈專委漕臣考究漢唐之遺利，檢舉祖宗之成法，應明越湖田盡行廢罷。其諸路如江東西圩田、蘇秀圍田，各有未盡利害，望因此東作之府遍下諸路監司守令條具以聞。詔諸路漕臣躬親前去相度利害，限半月申尚書省。

（宋）留正《皇宋中興兩朝聖政》卷一七《高宗皇帝·條約營田司》〔紹興五年四月〕詔諸路營田司官，給種糧者每一耕牛，歲課毋得過十碩。民間自有耕牛者，除輸納税賦外，毋得抑令耕種營田。時言者以爲解潛在荊南，民有耕牛，官爲給種，納課或十餘碩，而租税差科仍舊，是致百姓流移，田業荒蕪，故條約焉。

（宋）留正《皇宋中興兩朝聖政》卷一九《高宗皇帝·改營田為屯田》〔紹興六年二月〕二月，壬寅，都督行府奏改江淮營田爲屯田。張浚出行邊請應事務，並申行府措置，俟就緒日歸省部。許之。於是官田、逃田並行拘籍。仍民間例召莊客承佃，五家相保，官給牛種，每家貸本錢七十千，分二年。儻若收成日願以斛斗折還者，聽。

（宋）留正《皇宋中興兩朝聖政》卷五〇《孝宗皇帝·許承佃營屯田》〔乾道七年九月〕壬午，湖北京西總領兼措置屯田吕游問言本所所管營田、屯田内官兵闕人耕種之處，乞依舊頃畝出榜，召百姓依元額承佃。從之。租課令本所拘取。

（宋）留正《皇宋中興兩朝聖政》卷五一《孝宗皇帝·詔鬻官田》〔乾道八年冬十一月〕丙寅朔，是月詔官田除兩淮京西路不行出賣，應諸路没官田産、屋宇，并營田並措置出賣，以户部左曹郎官主之。諸路委常平司。其錢赴左藏南軍，令置庫眼樁管。

（宋）留正《皇宋中興兩朝聖政》卷五九《孝宗皇帝·禁浙路圍田》〔淳熙九年六月〕辛酉，詔浙漕行下所部州縣，常切禁止官民户，毋得將草蕩圍裹成田。如失覺察，其漕臣取旨施行。

（宋）留正《皇宋中興兩朝聖政》卷六〇《孝宗皇帝·申禁圍田》〔淳熙十年四月〕癸卯，大理寺丞張抑言：浙西諸州豪宗大姓，於瀕河陂蕩，各占爲田，名曰塘田。於是舊爲田者，始隔絶水出入之地。淳熙八年雖因臣僚劄子，有旨令兩浙運司根括，而八年之後，圍裹益甚。乞自今責之知縣，不得給據，責之縣尉，常切巡捕，責之監司，常切覺察。仍許人告。令下之後，尚復圍裹者，論如法。從之。

（宋）留正《皇宋中興兩朝聖政》卷六〇《孝宗皇帝·郭果興襄陽屯田》〔淳熙十年五月〕鄂州都統郭杲言：襄陽屯田二十餘年，雖微有所獲，然未能大益邊計。非田不良，蓋人力有所未至，且無專任責者。或謂戰士屯田恐妨閱習，而不知分番耕作，乃所以去其驕；或謂耕作勞苦恐其不樂，而不知分給穀米，人自樂從，以樂從之人爲實邊之計，可謂兩便。本司見有荒熟田共七百五十畝，乞降錢三萬緡，收買耕牛農具，便可施工，餘力亦可刷荒田開墾。從之。

（宋）留正《皇宋中興兩朝聖政》卷六〇《孝宗皇帝·詔經理屯田》〔淳熙十年六月〕詔經理屯田建康府御前諸軍都統制司奏：近準御筆措置屯田，契勘淮西荒閑田土，如昨來和州興置屯田五百餘所；廬州管下亦有三十六圍，皆瀕江臨湖，號稱沃壤。自後廢罷，撥還逐州召人請佃，尋許承買。今多爲良田。自餘荒地，亦有豪強之户冒耕包占。詔令淮西帥漕司同共取見係官田畝實數聞奏。都統郭剛尋奏：相視得和州歷陽縣荒圩五百餘頃，可以開耕。每田一頃，三人分耕，合用官兵一千五百人。建康留守錢良臣，亦奏上元縣荒圩并寨地五百餘頃，不礙民間泄水，可以修築開耕。

（宋）留正《皇宋中興兩朝聖政》卷六一《孝宗皇帝·錢之望言和州屯田》〔淳熙十一年四月〕乙未，權知和州錢之望奏本州屯田事。先一日，上謂王淮等曰：之望言課耕無法，士卒惰者無以厲，而勤者無所勸。卿等可詳議奏來。既而進呈，欲令淮西總漕同建康副統制詳議以聞。

（宋）留正《皇宋中興兩朝聖政》卷六一《孝宗皇帝·詔郭杲措置耕高仰田》〔淳熙十一年七月〕己丑，郭杲言：木渠下荒田，實有堪耕種田一百九頃四十四畝。除已差撥官兵二百人前去開荒，自餘不通水利高仰田，亦令耕種。官兵差去合請錢米，就屯田官所□稻穀内借支，將來收子課折還。詔郭杲將高仰田□更切措置開耕，毋致荒閑，餘依所乞。

（宋）留正《皇宋中興兩朝聖政》卷六一《孝宗皇帝·補和州不堪開耕田》〔淳熙十一年七月〕乙卯，淮西總領趙汝誼言：和州八家圩西蓑芬散水地，打量得六頃五十畝。乞撥付屯田官兵計置開耕；及下和州將不堪開耕不敷元數田二十九頃七十九畝，日下别踏逐係官荒閑田土，撥付總轄屯田官，補填元管之數。從之。

（宋）留正《皇宋中興兩朝聖政》卷六一《孝宗皇帝·收沙地蘆場税》〔淳熙十一年十二月〕丁丑，户部言建康府申乞將沙田許從官田所取畫降指揮與免十料催科外，其沙地蘆場，乞自初生年分起料，催納税租。從之

（宋）留正《皇宋中興兩朝聖政》卷六二《孝宗皇帝·立奏屯田收麥稻限》〔淳熙十二年九月〕丁酉，進呈郭杲申襄陽府木渠下屯田二麥數。上曰：下種不少，何所收如此之薄？可令郭杲子細開具因依聞奏。上又曰：所在屯田，可令總領副都統制漕臣守臣將每歲所收二麥於六月終，稻穀於十月終，同開具數目帳狀聞奏。仍先具知稟文狀申尚書省。繼以湖廣總領趙彦逾、知襄陽府高夔、京西運判劉立義、鄂州江陵副都統閻世雄奏襄漢之間麥稻熟晚，乃詔二麥於七月終、稻穀於十一月終具數聞奏。

（宋）留正《皇宋中興兩朝聖政》卷六二《孝宗皇帝·展歸正人科税限》〔淳熙十二年十月〕庚申，詔兩淮并沿邊州軍歸正人請占官田，昨累降指揮與免差科税賦，今限滿，理宜優恤。可自淳熙十三年爲始，更與展免三年。

（宋）留正《皇宋中興兩朝聖政》卷六四《孝宗皇帝·禁開掘柴地爲田》〔淳熙十五年二月〕丁丑，禮部郎鄭僑言淮東鹽場人户各有官給煎柴地，不許耕種。年歲既久，亭户私自開墾。自淳熙四年以來，按其所耕之地，履畝而税之。十取其五，名曰子斗，價錢悉歸公庫，歲約可得二萬緡。緣此亭户肆意開耕，遂致柴薪減少，妨廢鹽業。臣昨任提舉日，嘗罷收子斗價錢，禁約亭民，將已耕過地不得布種。今已累年，慮禁戢不謹，此弊復興。乞令監司覺察。從之。

（宋）李心傳《建炎以來繫年要録》建炎二年正月　丁亥，詔録兩河流亡吏士。又於沿河給官田牛種以居流民。〔《中興聖政》〕詔略曰：河東河北郡縣，自太原、真定失守之後，皆困攻圍，官吏軍民，誓以死守。在昔兵火之際，有以城固守不下，則褒載信史，誇耀後世。今數千里之廣，億萬之衆，無一人忍負國者，忠義之俗，前古未有。訪聞失職之吏，失次之軍，失業之民，渡河東南者未有所歸，其令帥臣監司悉心措置，分布收係。〔臣留正等〕曰：親之於子也，有無窮之恩，故子之愛親亦無窮。君之於民也，有無窮之德，故民之戴君也亦無窮。舜、禹之民，謳歌獄訟者皆歸，非私於舜禹也，私其德也。國家一祖八宗，聖聖相承。深仁厚澤，固結民心。兩河千里之廣，億萬之衆，遭罹兵禍，所以寧忘死以捍賊，而不忍偷生以負君。聖詔失職之吏、失次之軍、失業之民，皆在所恤。則其德愈厚，而民戴之也愈固。雖其地未即歸版圖，臣知人心之猶在，恢復之功無難矣。

（宋）李心傳《建炎以來繫年要録》建炎二年四月　癸丑，罷借諸路職田，自軍興始有拘借之名，靖康元年、建炎元年。而逋負甚衆。至是江淮發運使吕源奏留其半，庶可養廉，且令用心催理。詔圭田、士大夫貧者仰以養廉，國用雖乏，其可取此，自今勿得借。熊克《小厯》略載此事於七月壬子。而日厤繫之此日。案：今年九月丙子臣僚上言，亦云五月三十日聖旨，圭田更不拘借，所書實誤。

（宋）李心傳《建炎以來繫年要録》紹興元年十二月　丁卯，吏部侍郎李光請復東南諸郡湖田，詔户工部取會奏聞。初，明越州鑑湖、白馬、竹溪、廣德等十三湖，自唐長慶中刱立，湖水高於田，田又高於海，旱澇則遞相輸放，其利甚博。自宣政間，樓异守明，王仲嶷守越，皆内交權臣，專事應奉。於是悉廢二郡陂湖以爲田，其租米悉屬御前。民失水利，而官失省税，不可勝計。王明清《揮麈録·餘語》云：王仲嶷守會稽，頗著績效。如乾湖爲田，導水入海是也。案：二郡湖田，其租悉屬御前。章和元年二月甲子，詔鑑湖田租，以備繕修原廟之須，不許他司奏請。他皆類此。上虞一縣，考究自宣和元年至建炎四年湖田，凡得米三萬三千餘斛入御前，而約放省税米十四萬六千餘斛。民間所失不在焉。其本亦如此。明清所云誤矣。光奏請復之。既而上虞縣人趙不搖便，不搖申到在明年三月庚申。遂廢餘姚、上虞二縣湖田，而他未及也。

（宋）李心傳《建炎以來繫年要録》紹興二年正月　丁巳，右司諫方

孟卿言：近權户部侍郎劉約請推祖宗限田之制，凡品官名田數過者，科敷一同編户。今郡縣之間，官户田居其半，而占田數過者極少。自軍興以來，科需與編户一同。若以格令免科需，則專取於民，必致重困。臣謂艱難之際，士大夫義當體國，豈可厚享占田之利。又況富商大賈之家，多以金帛竄名軍中，僥倖補官。及假名冒户，規免科需者，比比皆是。願寢前詔弗行。從之。約建請在去年十二月丁丑。宰相呂頤浩、秦檜、神武右軍都統制張俊被旨揀放邵青、單德忠、李捧三盜部曲，青等有衆二萬三千，其疲老不任披帶者皆釋之，所存七千而已。如上所科。《中興聖政》臣留正等曰：始傳漢高帝豫知吴王濞五十年後必反，謂狀有反相可知也。至於五十年之説非通於數者不能，蓋不然。且其知三傑，料陳平，期周勃之安劉氏。此豈數之能及哉？大抵帝王之興，其睿知絶人。太上皇帝料降卒可用之數，妙於蓍龜。其張良所謂沛公殆天授者歟。

（宋）李心傳《建炎以來繫年要録》紹興三年二月　癸巳，都司檢詳官奏下營田法於諸路行之，悉以陳規條畫爲主。其江北無牛之地，仍用古法，以二人拽一鋤。凡授田，五人爲甲，别給菜田五畝爲廬舍稻場，初年免田租之半。兵屯以使臣主之，民屯以縣令主之，悉以歲課多寡爲殿最。

（宋）李心傳《建炎以來繫年要録》紹興三年十一月　丁未，德安府復州漢陽軍鎮撫使陳規奏本鎮營屯田畫一事件。自中原失守，諸重鎮多失。惟規與羣盜屢戰，自楊進、李孝忠、孔彦威、董平、曹成、馬友、桑仲、李横之徒，皆不能犯，由是德安獨存。牢城卒方壽等嘗謀亂，規方會食，有告變者。規捕而詰之，問從謀者幾？壽曰：一城之軍，公之左右皆是，今夕舉事矣。規命誅壽，餘不問。一府皆服。時羣盜稍息，規以境内多官田荒田，乃倣古屯田之制，命射士民兵，分地耕墾。其説以兵民不可並耕，故使各處一方。軍士所屯之田，皆相險隘，立爲堡寨，寇至則保聚捍禦，無事則乘時田作。其射士皆分半以耕屯田，少增錢糧。官給牛種，收其租利。有急則權罷之，使從軍。凡民户所營之田，水田畝賦粳米一㪷，陸田賦麥豆各五升。滿二年無欠輸，給爲永業。流民自歸者，以田還之。凡屯田事，營田司兼行。營田事，府縣官兼行。皆不更置官吏。條畫既具，乃聞於朝。詔嘉獎。明年，下其法於鎮，使行之。

（宋）李心傳《建炎以來繫年要録》紹興四年九月　左宣教郎主管江州太平觀朱震守尚書祠部員外郎，兼川陜荆襄都督府詳議官。震言：荆襄之間，沿漢上下，膏腴之田七百餘里，土宜麻麥，古謂之神皋。若選良將民所信服者，領部曲鎮之，招集流亡，務農重穀，寇來則禦，寇去則耕，不過三年，兵食自足。又給茶鹽鈔於軍中，募人中糴。可以下江西之舟，通湘中之粟。觀釁而動，席卷河南北，以逸待勞之意也。詔送都督府。震奏以此月壬申行下。時震始入見，上首詢以《易》、《春秋》之旨。震以所學對，上大善之。

（宋）李心傳《建炎以來繫年要録》紹興四年九月　乙卯，殿中侍御史張致遠曰：淮南營田四五年閒，不聞獲斗粟之用。是必有不可行者。況士卒驕惰，官吏苟簡，日復一日，歲復一歲，安得不解絃而更張乎？今江北流寓之人，失所者甚衆。而淮甸耕夫，往往多在南方。樵蘇不給，豈無懷土之心？若委逐處守令，誘之歸業，應有照驗物産，盡數給還，仍檢括荒地，許人請佃，隨其力之大小，量給頃畝，定經界，立標表，與爲永業，十年勿問。兼營田而行之，將見鄉聚相望，阡陌相屬，雞犬之聲相聞。異時博糴其盈餘，亦足以紓急闕而省轉餉。願更詔羣臣，商榷利便，斷而行之。詔户工部相度申尚書省。

（宋）李心傳《建炎以來繫年要録》紹興四年十一月　直徽猷閣兩浙轉運副使李謨言：平江今歲苗米三十四萬石，而逃田開閣四萬餘，災傷減於八萬餘。平江最係上色肥田，豈有逃絶若干之理？又慮檢放不實，乞下憲司委官覈實，如所委官隱蔽，許監司互察。先是謨言：浙路上供稽緩，乞秀、湖州、平江府委謨督責，緊切催納。故有是請。户部乞許之。中書舍人王居正言：陛下仁卹百姓之心，形於詔旨，行於赦令。四方守令，固未必能上體聖意，使實惠及人。今州縣一有開閣逃田，及檢放災傷去處，則監司便指以爲官吏作弊，欲寘之於法，臣竊以爲非陛下本意。兼恐提刑司及所委官觀望，保明不實。抑勒敷納，爲害不細。望追寢令降指揮。從之。

（宋）李心傳《建炎以來繫年要録》紹興五年三月　起復秘閣修撰淮東宣撫使司參謀官陳桷言：瀕淮之地，久經兵火，官私廢田，一目千里。連年既失耕耨，草莽覆養，地皆肥饒。臣願敕分屯諸帥，占射無主荒田，度輕重之力，斟酌多寡，給所部官兵，趁時布種。或體倣陜西弓箭手法，從長區處，因地所宜，種麻粟稻麥，一切聽之，無問租税。力耕之人，添破糧米，朝廷逐旋應副耕牛，委之諸帥，計置種子，將來盡還其價。不特人糧可以足辦，如飼馬芻秣之用，亦皆沛然矣。仍乞委自都督府選官兼總其事。令親到逐司與主帥熟議，俟上下情通，然後行之。每軍就令統制，統制領官管認監督，近上謀議官領之。收成受納之日，同認所得之數，並隨時價直，具申都督府籍記，支還價錢。以金銀見錢，品搭給降將逐司所得，除一歲合支數外，餘就令封樁，爲儲積之計。詔關都督行府。

（宋）李心傳《建炎以來繫年要録》紹興五年三月　辛丑，都督行府言：左朝散郎知泰州邵彪具到營田利害。應請射荒田，每畝課子五升。田土瘠薄者，量與裁減。耕種五年，仍不欠官司課子，許認爲己業。限外元主識認，或照驗明白，即許自踏逐荒田，依數指射，以爲己業。如是五年内歸業，即許佃人畫時交還，量出工力錢還佃人。勘會所陳，委可施行。今關送尚書省指揮。從之。初，傅崧卿之經始營田也，十年内許地主識認。後用陳規義，滿三年不欠官税者，許充己業。最後有旨，三年外田主自言者，給還三分之一。餘聽指射荒田，以足元數。彪謂前旨有害力耕之人，後旨有妨歸業之户，故有是請。浚用便宜行之。參知政事孟庾、沈與求見其所關，曰三省樞密院乃奉行行府文書邪？皆不樂。宰相趙鼎一切不較，人以爲難。行府關三省事，以趙鼎事實修入。前此未有稱關送尚書省指揮者，故因此遂書之。

（宋）李心傳《建炎以來繫年要録》紹興五年四月　乙巳，詔諸路係官田自宣和以後者，令先次出賣。其房廊白地園圃等令見賃之家，限一月自陳，依本處體例添納租課，仍與減免二分。限滿不陳，許人告，即以其地給與告人。用言者請也。先是有詔盡鬻官田。事初在正月丁未。而議者以謂竭澤而漁，明年無魚。今軍事未支，錢在民間，猶外府也。一旦欲盡取之，何以善後？所有係官田地，乞且截自宣和以後，應可以賣者，先委官根括，候見著實頃畝四至，即大字榜示人户願買人，各以時價著錢，依已措置事理出賣。庶幾歲月未久，凡事易於考驗，不至分爭。兼多在形勢户下，取之無傷。縱使巧爲占悋，亦須高價承買。其宣和以前田地，且令官司寬緩括責步畝，增減租課，改造砧基簿。賣與不賣，他日臨時相度。事下總制司。故有是命。

（宋）李心傳《建炎以來繫年要録》紹興五年七月　申命淮東西宣撫司優卹淮北士民之來歸者。先是有旨百姓有願耕閒田者，州即時給付，軍人所至州，陞一等軍分收管，舉人免文解一次，有官人轉一官資與見闕差遣，至是三省復奏歸附人民。令所至州計口，以提刑司錢人給一千，所給田免税五年。未就緒者，更與寬展年限。命官舉人之貧乏者，州縣給其資糧，以禮津遣，令宣撫司榜諭。

（宋）李心傳《建炎以來繫年要録》紹興五年十二月　甲子，詔屯田郎中樊賓候都督府出日，隨逐去江、淮措置屯田。時張浚再出江上，欲謀大舉，深慮諸將議論不同，心頗憂之，不欲出口。趙鼎察知其意，與之謀曰：公之此行，未便能舉事。莫若兼領屯田而歸，不爲無補。於是置官屬畫一而去。先是建言屯田者甚衆，至是始爲之。

（宋）李心傳《建炎以來繫年要録》紹興六年二月　都督行府奏改江淮營田爲屯田。先是言屯田者甚衆，而行之未見其效。會張浚出行邊，因出户帖錢二十萬緡爲本。浚請應事務並申行府措置，俟就緒日歸省部，許之。於是官田逃田，並行拘籍，依民間例，召莊客承佃。每五頃爲一莊，客户五家，相保共佃，一人爲佃頭，每莊客給牛五，具種子農器付之。每家别給菜田千畝，又貸本錢七十千，分二年償，勿取息。若收成日，願以斛斗折還者聽。遂命屯田郎官樊賓、提舉糧料院王弗同推行焉。七月壬申，又置營田司。

（宋）李心傳《建炎以來繫年要録》紹興七年四月　右司諫王縉入對，奏疏論江、淮營田利害。以爲地段之零碎，土色之不等，莊屋之難置，耕客之難招，若召募土居人户佃種，取其情願，而輕立租税，庶幾可也。若以官田之總數，均之逐鄉之人，或人丁少而不能耕，或去家遠而不能耕，或瘠薄甚而不堪耕，或不曾摽撥而出租課，人有受其害者。又況輸納之際，專斗多端，邀乞水旱之變，官司艱於檢放。寄養之牛，來自廣西，乍遇寒凍，多有死損。近免陪填，人心欣悦。其有置莊去處，人耕百畝，給牛一具，耕作既勞，尤多困斃。此皆利害之不可不講者。欲望申敕所差之官，所至詢審的確利害，無或苟簡觀望，去其所謂害，成其所謂利，以爲悠久可行之制，輔臣進呈。上曰：營田誠今日大利。如兩淮閒田，不可數計。但恐召募不行，而奪見耕之農，則爲民害矣。要須遲以歲月，以漸爲之，第使耕種日廣，便爲大利。張守曰：但地無曠土，則國用足。上曰：然，所謂百姓足，君孰與不足？乃命以緡章示樞密院計議官李宋及營田官樊賓、王弗，如所請。

（宋）李心傳《建炎以來繫年要録》紹興八年三月　御史中丞常同言：蜀漢之師，艱於運糧，從古已然。今吴玠屯師興利，而乃取粮西川，水陸漕運，是民力未有息肩之期也。玠頃年講營田於漢中，亦諸葛亮分兵屯田之意。朝廷嘗降詔獎諭之矣。願陛下再以璽書存問。大意謂兵不可不養，粮不可不足，而財匱民困，亦不可不恤。今日蜀中糧運，在趙開爲都漕時，其數幾何？在李迨爲都漕時，其數幾何？自講營田以來，積穀幾何？減損饋運之數復幾何？俾制司都轉運司同宣撫司條具以聞，庶幾遠方軍實，朝廷得以盡知。然後寬民之道可得而議。詔吴玠、馮康國同共條畫聞奏。

（宋）李心傳《建炎以來繫年要録》紹興八年五月　樞密副使王庶條上淮南耕種等事。上曰：淮南利源甚博。平時一路上供内藏細絹九十餘萬。其他可知。劉大中曰：淮南桑麻之富，不減京東，而魚鹽之利，他處莫比。今荒殘可惜。上曰：以此知淮甸不可不措置葺理。《中興聖政》史臣曰：唐史臣謂睢陽遮蔽江淮，以全財用，爲中興之本。今之議強兵者，必本於豐財。議豐財者，必本於成賦。荊、蜀之輸入於王府者無幾，而江、浙、閩、廣，民力告病，未有瘳者。淮甸利源，宜在所經理，以寖還全盛之舊。況欲置邊州於度外乎？邊隅未靖之時，高宗猶不忘經理如此，況今邊鄙不聳之時乎？

（宋）李心傳《建炎以來繫年要録》紹興九年十一月　庚辰，言者論今興地復歸，宿師百萬。隸籍諸將，非屯田何以善後。今荊、湖、興、洋、汝、潁、江、淮之間，沃野千里，尚或邱墟，是地有遺利，諸帥所統，自農爲兵者不少。戰士之外，負荷役使之徒，不無可用，是人有餘力。望令諸路宣撫帥臣悉意講行。從之。

（宋）李心傳《建炎以來繫年要録》紹興十年十一月　甲子，右正言万俟卨論營田官莊附種之弊。以爲官莊設，即百里之民應籍者，皆赴莊以待耕耨，已業荒廢，多不能舉。附種行，則斗升之種户種給于民。散斂之擾，率以爲常。欲望逐路選委強明監司一人，遍行郡縣，應有營田去處，核實均放。其帥臣隱蔽，不肯公共商榷者，並許按核以聞。上曰：卨所論極當。大凡營田須軍中自爲之，則不斂于民，而軍食足。若使民舍己之田，營軍之田，恐甚于斂民之爲虐也。乃詔領營田監司措置。

（宋）李心傳《建炎以來繫年要録》紹興十一年三月　三月庚子朔，觀文殿大學士左宣奉大夫福建路安撫大使知福州張浚言：朝廷調發大軍，用度至廣。臣本州措置出賣官田，及勸誘寺院，變易度牒，共得六十三萬緡。節次起發，少助國用。詔俊一意體國，識大臣體，令學士院降詔獎諭。

（宋）李心傳《建炎以來繫年要録》紹興十二年十一月　左司員外郎李椿年言經界不正十害：一，侵耕失税；二，推割不行；三，衙前坊場户賫供抵當；四，鄉司走弄税名；五，詭名寄産；六，兵火後税籍不信，争訟日起；七，倚閣不實；八，州縣隱賦多，公私俱困；九，豪猾户自陳税籍不實；十，逃田税偏重，故税不行。且言：臣聞平江歲入，昔七十萬斛有奇。今案其籍雖三十九萬餘，然實入二十萬耳。詢之士人，其餘皆欺隱也。望考按覈實，自平江始，然後行之天下，則經界正而仁政行矣。上謂宰執曰：椿年之論，頗有條理。秦檜曰：其説簡易可行。程克俊曰：比年百姓避役，止緣經界不正。若行之，誠公私之久利也。乃詔專委椿年措置。椿年請先往平江諸縣。俟其就緒，即往諸州。要在均平，爲民除害，更不增税額。從之。熊克《小厤》於此書兩浙轉運副使李椿年言云云，蓋誤。椿年實自都司上此奏，乃除浙漕爾。

（宋）李心傳《建炎以來繫年要録》紹興十二年十二月　己卯，太傅醴泉觀使潭國公韓世忠奏：先蒙賜到田土，并私家所置良田，歲收數萬石。願以三年所收之數，獻納朝廷，以助軍儲，不許。上謂秦檜曰：唐藩鎮跋扈，蓋由制之不早，遂至養成。今兵權歸朝廷，朕要易將帥，承命奉行，與差文臣無異也。

（宋）李心傳《建炎以來繫年要録》紹興十五年正月　命權户部侍郎王鐵措置兩浙經界。李椿年既以憂去，秦檜請用鐵。上因言經界之法，細民多以爲便。檜曰：不如此則差役不行，賦税不均。積弊之久，今已盡革。去年陛下放免積欠，天下便覺少蘇。鐵言：本部員外郎李朝正嘗知溧水縣，均税不擾，請與共事。又言：今當革詭名挾户，侵耕冒佃。使差有常籍，田有定税。則差役無争訴之煩，催科免代納之弊。然雖不擾而速辦，則實利及民。欲更不畫圖，又造砧基簿，止令逐保排定，十户爲一甲。令遞相糾合，從實供帳二本。積年所隱，一切不問。如有不實，致人陳告，即將隱田給以充賞。從之。朝正同措置，在此月辛未。

（宋）李心傳《建炎以來繫年要録》紹興十五年八月　辛卯，詔諸路州縣出縣歸業人户，其元棄田產可照者，盡行給付。見有人承佃，及官賣了當，即以官田之可耕者比倣給還。先是詔限十年，至是知興國軍宋時條上便民事，乞寬展年限，以招歸業之人，故有是命。

（宋）李心傳《建炎以來繫年要録》紹興十七年正月　左朝議大夫李椿年權尚書户部侍郎，專以措置經界，椿年既建經界之議，會以憂去。有司因稍罷其所施行者，及是椿年免喪還朝。復言：兩浙經界已畢者四十縣，其未行處，若止令人户結甲，慮形勢之家尚有欺隱。乞且依舊圖造簿。本所差官覆實，若先了而民無爭訟，則申朝廷推賞。如守令慢而不職，奏劾取旨。從之。

（宋）李心傳《建炎以來繫年要録》紹興十八年十二月　尚書省批狀：四川營田，就委都統制檢察措置耕種。將每年所收斛㪷，除分給官并椿留次年種子外，盡數報總領所拘收，充減免成都府路對糴米二十二萬之數。舊營田事隸宣撫司，及司廢，乃有是命。此以紹興二十三年三月十八日工部狀修入。狀稱承紹興十八年十二月十三日指揮，而日厤不載，蓋都省批狀也。

（宋）李心傳《建炎以來繫年要録》紹興十九年六月　甲戌，兩浙轉運判官提舉營田曹泳言：根括得鎮江府荒田二千二百餘頃，望悉以爲營田。從之。

（宋）李心傳《建炎以來繫年要録》紹興二十年二月　壬子，權户部侍郎宋貺言：契勘經界本意，務要革去侵耕冒佃。詭名挾户，逃亡死絶，虛供抵當，差科不均，鄉司走弄二税之弊，使民有定產，產有定税，税有定籍。後來緣以畫圖供帳，分立土色等則，均任苗税，轉生姦弊，遂至久不能結絶。今欲乞令轉運并守臣恪意措置，須管革去逐件情弊，使田產税賦著實，依限一切了辦。如州縣尚敢遷延，出違日限，從本部申奏朝廷，乞賜放罷。若轉運不切督責，亦乞黜責。所有每路及本所幹辦官一員，前去説諭催督措置，及諸路所差覆實官，限指揮到日並罷。從之。

（宋）李心傳《建炎以來繫年要録》紹興二十年四月　癸酉，左朝奉大夫新知廬州吳逵言：兩淮之間，平原沃壤，土皆膏腴，宜穀易墾。稍施夫力，歲則有收，而莫加工，茅葦翳塞。望置力田之科，募民就耕淮甸，賞以官資，闢田以廣官莊，自今歲始。今欲江浙、福建委監司守臣，勸誘土豪大姓，赴淮南從便開墾田地歸官莊者，歲收穀五百石，免本户差役一次，七百石，補進義副尉。至四千石，補進武校尉。並作力田出身。其被賞後再開墾及元數，許參選如法理，名次在武舉特奏名出身之上，遇科場並得赴轉運司應舉。從之。熊克《小厤》稱在武舉人之上，去特奏名出身五字，蓋誤也。

（宋）李心傳《建炎以來繫年要録》紹興二十年七月　乙未，左朝散大夫知資州楊師錫代還，入見，上問四川有橫斂否？師錫曰：自和議息兵以來，皆無之。師錫又言：有司奉行經界失當，將肥瘠田畝，更不分段。及將市居丈尺間隙之處，便作屋後空地，非元初均税本意。望戒逐路監司，將貧下户最低土色合減税數，均在侵耕冒佃豪強等人名下。有未均去處，自可將逐鄉畸零就整之數，用與補填。上諭問久之。後二日，遂令諸路看詳改正如先詔。詔在三月戊戌。師錫，彭山人也。

（宋）李心傳《建炎以來繫年要録》紹興二十年七月　丁酉，右朝奉大夫知廬州吳逵言：土豪大姓就耕淮南荒田者，欲除種子外，九分歸佃户，一分歸官。三年後，歲加一分，至五分止。歲收二熟者，勿輸麥，每頃別給二十畝爲菜田，不在分收之限，仍免科借差役。户部看詳如所請。從之。

（宋）李心傳《建炎以來繫年要録》紹興二十一年九月　九月戊戌朔，大理寺主簿丁仲京面對，論贍學公田，多爲權勢之家侵占請佃，望提舉官覺察。上謂大臣曰：緣不度僧，常住多有絶產。其令户部併撥以贍學，既而本部乞令提舉司置籍拘管，其無敕額菴院亦依此施行。從之。

（宋）李心傳《建炎以來繫年要録》紹興二十一年九月　己酉，右朝請郎呂稽中知邵州還，言近取天下係官之田，盡付常平官措置，此養民之本。然湖南沿邊連接廣西一帶，閑田甚多，或爲兼併之家占據阡陌，而其租税終不入官。田野小民，未必蒙被恩惠。若令輕立租米，廣召百姓耕佃，每夫止給五十畝，或有輕赦罪人，無家可歸，亦許依數承佃。寬閑之田，遂可開闢收其所輸，糴其贏餘，可以寬州縣之用。詔户部措置。

（宋）李心傳《建炎以來繫年要録》紹興二十五年七月 尚書省批狀：川路諸軍見耕營田，除逃亡死絶外，有占佃民間田地。如人户陳訴：委本路常平司勘驗。但有契書干照，即行給還。仍據本年合收營田租課，令人户承認送納，與依見今營田，免納二税科須。此以紹興三十年二月十八日工部勘當狀修入，他書無之。同日，知利州趙不愚乞將人户識認營田租課，取一年酌中數目，與減半輸官。工部看詳。下都統制姚仲同總領所相度，未知後如何。

（宋）李心傳《建炎以來繫年要録》紹興二十六年三月 戊辰，詔淮南漕臣樓璹刱立罪賞，令人告首侵耕冒占田，多收租課，致農民重困。可下轉運司相度，條具利害申尚書省取旨。既而轉運副司蔣璨言：璹初被除命，受權臣指意，根括人户侵耕田土，重立罪賞。許人陳告，急若星火，兼出納租課，皆不的實。今每歲侵耕之田，所輸米荳二萬餘數，在於有司，實同毫末。而數州之民，擾費不少。欲放免三年，俟三五年内，人户開墾數多，從本司審實申奏，聽候寬恤處分。如此則歸業衆多，稼穡增廣，誠爲淮甸久遠大利。從之。孫覿撰蔣璨墓志，公在淮南，言朝廷募人治淮上廢田，設有侵冒，變斥鹵爲桑田。奚不可。而無賴告訐，官吏追呼，無寧居者。令丞職任勸耕，實擾之也。以故良田上腴，蕪没爲汙萊，爲可惜矣。令欲占田者免租税三年，使肆耕其中，人人歆艷，相慕相生，無曠土矣。而後按所占田，簡揺薄賦，積穀實邊，爲公私百世之利，不亦善乎？按日厤所書，乃是得旨令璨相度利害，非其建請也。今併附此，更須詳考，奏下在今年四月甲午。

（宋）李心傳《建炎以來繫年要録》紹興二十六年三月 己巳，户部侍郎韓仲通等言：蜀地狹人稠，而京西、淮南係官膏腴之田尚衆，乞許人承佃。官貸種牛，八年乃償，並邊悉免十年租課，次邊半之，滿三年，與充己業，許行典賣。令四川置制司榜諭，願往之人，給據津發。上曰：如此甚善。但貧民乍請荒田，安能便得牛種？若不從官貸，未免爲虚文。可令相度，於合支錢内支破。起居郎兼權給事中吴秉信言：仰惟陛下總攬權綱，日親機政，中外之事，皆出宸斷，合於古而便於今。臣職在記注，竊見本省修注舊本，方至紹興八年六月，新本至十三年四月，其後久闕正官，遂至積年時事，闕然不書。欲乞自紹興二十五年五月爲始，先次修纂，庶得聖神謨訓，不致少有散逸，可詔天下萬世。從之。

（宋）李心傳《建炎以來繫年要録》紹興二十六年六月 六月辛未朔，户部言：江、浙、湖南、福建諸路没官田産，昨許人佃租。近因鍾世明請出賣，而未有買者。見佃人因此失業，今乞仍舊給佃。二月乙亥，鍾世明建請出賣。上曰：建議者不過利於得錢耳。若許民租佃，量立租課民必利之。百姓足，君孰與不足乎？沈該曰：陛下恤民務本如此，天下幸甚。

（宋）李心傳《建炎以來繫年要録》紹興二十六年四月 左奉議郎新通判安豐軍王時升行司農寺丞，時升召對。論淮南州縣地皆膏腴，今邊鄙寧息，然日久地未盡闢，而民不加多者，蓋緣有有其地而無其力者，有有其力而無其地者。且如豪強土著之人，虚占良田，有及百頃者，其實力不足以遍耕也。貧窮流寓之民，襁負而至，而近郊之田，盡爲豪強虚占。唯有僻遠去處，人迹希少，雖欲開墾，勢不可得。欲望不問官私田畝，但係荒間者，並許人指請開耕。雖曾經開墾，而見今復致荒間者，亦許剗佃。詔户部看詳申省。其後本部請未種官田，限二年盡行開墾耕種。如限滿有未種田畝，即依臣僚所請，許諸色剗佃。其京西路亦乞依此施行。從之。時升，剛子也。

（宋）李心傳《建炎以來繫年要録》紹興二十六年九月 潼川府路轉運判官王之望應詔言：臣前在東南日，聞蜀中經界大爲民害。豪富爲姦，例獲輕減。貧弱受弊，多致逃移。上户利之，而下户皆不願。自入本路境，百姓多遮道投牒，乞行經界，與峽外所聞不同。詰其所以願行之意，則曰：人户詭名寄隱産業，有田者無户，有户者無田；差某等充户長，催驅税賦，率皆代納，以此破家者甚衆。若用經界，則户名有歸，此弊可絶。及入遂寧府境，係見行經界地分，百姓陳訴者益多。或以爲便而欲行，或以爲害而欲罷。因數十爲朋，自辯於庭下，各執偏説，互有得失。乃知蜀中經界，不論貧富，大抵税增者願罷，税減者願行。皆出一己之私。而形勢户之不願者爲多。蓋詭名挾户，非下户所爲。蜀人之至東南者皆士大夫，不然則公吏與富民爾。其貧乏之徒，固不能遠適，雖至峽外，亦無緣與士大夫接。故不願者之説獨聞。其願行者，東南不得而知也。六年之間，士夫上書，百姓投狀，言其不便者，不知其幾人。上至朝廷省部，下至諸司郡邑，皆投狀煩紊。陛下憂憫黎元，至誠無已，始也以税賦之不均而行之，終也以論訴之不息而疑之。累詔監司看詳改正，然姦民觀望，詞訟滋繁。諸路監司，累年講究，終無爲別白而言之者，誠以事體至重，衆口不同，利害可疑，不敢以偏辭斷也。臣初到官，適有詔旨。坐知復州，蜀人王駿乞罷經界劄子，委制置司與所屬監司相度。臣於部内詢訪甚詳。而守令所陳，所主相半。臣以謂此田里閒事，見民情然後可決。郡有牒訴，皆一偏之論，不可憑用。遂令州縣取諸鄉税，名爲鼠尾帳，家至户到，問其願否？各使書其名下。鄉雖編類，願用舊税户若干，願用經界户若干，於是究其兩黨之多少。本路管十五州，瀘、叙州、長寧軍以邊郡不行經界，渠、果州、廣安軍既行而復罷。行經界者九州，爲税户三十三萬三千七百有奇。願行經界者十七萬七千五百餘户。此其大略也。别州計之，則昌、榮、資州、懷安軍四州之民願者爲多，潼川、遂寧府、普州、富順監之民願者爲少，而合州適得其中。縣别計之，則願行之多者十有六，願行之少者二十有一。蓋由當時奉行之人有能否之不同故也。臣聞治道去泰甚，雖堯、舜之法不能人人皆利，要當以多者爲正。今之經界，在視民願否之多寡而損益之。若州縣願行者多，自不須復議。願行者少，爲之量行措置。人户之增減者輕，自不須復議。增減者重，爲之少加裁正。如此則公私事省，不至甚擾。即使小有不均，亦可置而不問。何則？經界之釐正，舊税固當有所增減，減者既以爲是，增者必以爲非。若欲每人而悦之，是朝行夕改而無定也。且蜀人之言其不便者，曰：法行之始，驗土色之高下，量頃畝之多少，姦弊百出，賄賂公行。故税之輕重不當。造帳畫圖，爲費甚廣，追呼須索，不勝其擾。是則然矣。事在既往，雖改無及。至於税之輕重，則新舊各有其弊。就二者而較之，經界之弊，在於業多者税或輕，業少者税或重。而舊税之弊，則在於有田者或無税，有税者或無田。要之以輕爲重，以重爲輕，尤庶幾於以有爲無，以無爲有也。而蜀人言其不便者，或過其實。若初行之擾則有之，而今日之弊，不如是之甚也。臣置司遂寧，且以倚郭小溪一縣論之。官户凡五百八十有四，而願用經界者一百六十有七。公吏爲户二百二十有二，而願用者十有八。以此而觀，則或者謂豪富之家皆獲輕減而利之，豈不過哉？至於下户逃移，亦絶無僅有。或以時經旱潦，或以家自貧窮，未必皆經界所致。傳曰，利不百不變法。使經界元初不行，或行之未久而罷，固善，今立爲成法，已經十二三料。舊税圖籍，悉皆散落。中間買賣分折，户眼改新。剗覈見隱寄之後，虛户盡去，創户盡多。承認供輸，已有定分。一旦舉而變之，則陛降紛然，僥倖復啓。實户之刱出者，悉皆走失，虛户之詭立者，不可推尋。吏肆其姦，又將有前日之擾。且終亦不得其平。而催科愈艱，争訴益甚。軍須督責，何以應期。爲官吏者，不亦難乎？臣恐彫瘵之民，無復寧歲矣。惟陛下少安聖慮，静以鎮之。姑去其泰甚者，則紛紛自息。天下幸甚。據本路見行經界，昌、資、榮州、懷安軍民願者多。乞且令仍舊。普、合州、富順監、遂寧、潼山府民願者少，乞量行減正。臣願委監司一員。與所屬守令，委曲計議，各以逐處事宜從長措置。應經界縣分有新税溢於舊額者，乞令逐縣收舊税額外之數，將大段增重人户，通融均減人户。經界新税比舊增減五七分以下者，更不在裁正之限。令所委監司選差見任官五員，分詣諸縣，逐鄉受狀。令佐内選可委官一員。通簽所差官，若事畢日，别無違戾，民訟稀少，乞許保明申奏朝廷量賞，仍候農隙月分措置。左僕射沈該進呈。於是畫旨行下。之望所上議，不得其月日。而狀首稱奉今年七月九日求言詔書，故附九月末。之望又有二十八年三月申省劄子云，蒙取旨依申，亦不知以何日降指揮，以其言經界利害甚悉，故詳載之。按日厤，今年七月二十七日，有令漕臣措置經界指揮，而之望二十八年申省劄子，亦及此事，則知爲九月間之所上無疑也。餘具二十八年三月。

（宋）李心傳《建炎以來繫年要録》紹興二十七年十二月　直秘閣兩浙轉運副使趙子潚言：被旨措置鎮江府沙田，欲選官打量，隨田地肥瘠，輕立租課，就令見佃人耕種，委知縣拘管。如形勢之家，尚敢占吝，不即交割，許本司具奏，所有以前收過租利不少，依條合盡行追納入官。詔人户冒佃積年收過租課，特免追納，其田疾速拘收措置。二十八年正月癸未遣官。

（宋）李心傳《建炎以來繫年要録》紹興二十八年三月　潼州府路提點刑獄公事王之望言：前備員轉運判官，奉詔看詳措置經界利害。乞將本路不均甚處，選見任官五員，農隙月分，分詣諸縣，逐鄉受接人户詞狀。其所訴元初打量步畝，定驗土色，不當增減税數至五七分以上者，會集衆户，如推排法，互相指决，以衆證爲定。不伏者再爲界量。若是未經界買賣田業，不曾推收，及隱寄詭名之家，自當歸併。而非經界不均致輕重者，更不受理。逐縣經界所立税有溢於舊額者，以額外之數，與增重人户通融均減。伏蒙取旨依申，如有人户論訴去處，照應前後指揮施行。自紹興二十七年後，選差清強官，分詣經界不均縣分裁正。其詞訟不多去處，只就本縣委官，緣本司所立狀式，關防周密，杜絶弊倖，無所容姦，以致詞訟不煩。據所委官申，皆只就縣受狀，不曾下鄉，亦不曾追集百姓，多是以逐處溢額税數，與偏重人户對減。民間亦少相指決。雖間有被決增税之家，亦情願承受，别無争執。以此田畝竝不曾復行界量，未結絶間。之望蒙恩就除提點刑獄公事，遂申尚書省，乞就憲司結絶。於今年三月以前，竝已了畢。溢額税色紐計錢四千八百五十餘貫，莊租麥四石有奇。對減税重人户五千六百八十五户，用人户科決狀推排減偏重税八十九户，增偏輕税一百六十六户，已出榜曉示百姓，認定供輸。其普州安岳縣不均最甚。初行經界日，縣令張寧大爲姦弊，走移税額。比及三年，虧官二十五萬七千餘貫，依聖旨除放。自紹興二十四年至今，又虧一十二萬四千餘貫。紹興二十三年，縣官以闕乏之故，分詣諸鄉，巡門驅斂。村民不堪其擾，結集山谷間，抗敵官吏，幾致生事。遂令將新舊税簿，互相參校。於所增減，取其酌中分數，通融裁正。凡新税之增於舊税者，以所增十分爲率，減其七分。新税之減於舊税者，以所減十分爲率，復其六分。其增減不及二分者，仍以舊税爲正。卻收漏户二千七百餘户，補足舊税外，於租額尚有贏餘。又張寧經界之初，既失税額，恐歲入不敷，則擅增折變以補今之。補一切蠲除，悉依古例。伏望特賜詳酌，仍廣行采訪，如别無違戾，乞行下州縣遵守施行。若今後官吏士民，尚敢扇搖，欲復行舊税，以疑誤百姓者，乞從所屬具事因申奏，重寘於法。庶幾遠民得以安業。從之。

（宋）李心傳《建炎以來繫年要録》紹興二十八年十月　初，有旨盡鬻諸司官田，而議者以爲恐見佃人失業，未賣者失租。至是侍御史葉義問力言：今盡鬻其田，而立爲正税，田即歸民，税又歸官，不獨絶欺隱之弊，又可均吏役之法，一舉而四得之矣。時浙東提點刑獄公事邵大受亦申明三事，乞承買官産者，免物力一年。至三年已給賣後，不許執鄰取贖。舊六十日輸錢不足者，錢没官，别召人投買，今倍其日。皆從之。

（宋）李心傳《建炎以來繫年要録》紹興二十九年三月　大理寺評事趙善養言：自古王者制民之産，皆有定法。蓋所以抑兼并而惜民力也。比年以來，形勢之户，收置田畝，連亙阡陌。其爲害甚者，如無差役。今官户田多，差役竝免。其所差役，無非物力低小貧下之民。州縣稍不加察，求其安裕樂業，不可望也。望命有司立限田之制，以抑豪勢無厭之欲。户部奏，品官之家所置田産，依條格合得頃畝已過限者，乞免追改。將格外之數，裒同編户，募民差役。詔給舍同户部措置。其後給事中周麟之等請品官子孫名田，減祖父之半。其詭名寄産皆併之。如滿三月不陳，許人告，以其田之半歸官，餘給告者。其募人充役，並募本縣土著有行止人充。從之。善養，故簡獻王曾孫也。

（宋）李心傳《建炎以來繫年要録》紹興三十一年三月　初，户部奏以官田授揀汰使臣。事下兩省臺諫。事初見正月戊寅。既而給事中黄祖舜、中書舍人虞允文、臺諫杜莘老、梁中敏等言：臨安一府，揀汰使臣軍員凡一千六百八十有八人，歲用料錢等九萬一千餘緡，紬絹布緜二萬五千八百餘匹，米二萬八千餘石。而本府屬邑，除昌化、鹽官、富陽無係官田外，其餘六邑，止有田一千一百七十四畝有奇。是一兵之田，未及一畝。若如議者所陳，紐其衣糧請給，計其價而給其田，則所贍養者，不過數百人。其坐而仰衣糧者，尚千餘人也。不特事體不一，又勞逸不均，謂宜下有司，將賣不盡係官田及户絶、寺觀無主田，并僧道無主田，盡行拘收。又將日後没官田，歲行抄籍，以待兵田之數相當，而後施行。庶無不足不均之患。丁酉，詔吏兵部長貳參酌措置。後不行。日厤就載臺諫給舍議狀於此日，而臺諫止有殿中杜莘老、司諫梁仲敏二人。按：此時汪澈爲侍御，陳俊卿爲殿中，仲敏爲監察，王淮爲正言。今年四月，淮丁憂。六月一日，俊卿出臺。六月六日，莘老遷殿院。七月一日，澈自中司出使。意當在七月以後。是時西掖乃楊邦弼、虞允文二人。九月，邦弼致仕，允文獨員。今邦弼不繫銜，或又是九月已後所上也。

（宋）李心傳《建炎以來繫年要録》紹興三十一年五月　五月癸酉朔，新淮南轉運判官王秬上屯田利害，以爲軍士狃於安閑之久，一旦服勞田畝，其功未必可成。望許令民兵於近便處，人給荒田一頃，有馬者别給五十畝，自行耕作。俟成倫緒，五年之後，十取其一；十年之後，十取其二。雖縣官所得不多，然積之既久，則有不可勝計者。其有日前侵耕冒種之人，一切不問。內有貧下者，量給種概。如是則將見兩淮荒閑之田皆變而爲沃壤矣。從之。

（宋）李心傳《建炎以來繫年要録》紹興三十二年四月　甲戌，宰執進呈次，因論淮上屯田事。上曰：士大夫言此者甚衆，然須有定論。用諸民乎？用諸軍乎？若論既定，當先爲治城壘廬舍，使老少有所歸，蓄積有所藏，然後可爲。陳康伯曰：今西北歸正人，願就耕者甚衆。已降牛種本錢，趙子潚所納，抽解木植，亦分送兩淮，治屯田人廬舍矣。上曰：甚善。上又曰：卿等用人，當收慤實爲上。若好名沽激，如畫餅然，終不可食耳。已而權兵部侍郎陳俊卿自淮東還，乞募民耕荒田，蠲其徭役及七年租税。從之。俊卿陳請，在五月甲辰。

（宋）熊克《中興小紀》卷一〇　辛亥，詔：諸路閒田甚多，百姓慮將來租役。且乏牛種，遂不敢耕，彌望荒蕪。今遣官則慮成搔擾，若立法又土俗不同。宜俾守令，各以所宜措畫。或官耕，或予民，或假貸以取贏，或召募以共利。凡百施設，朝廷並不牽制，唯在簡而可行。公私兼濟，候秋成覆實，其有效者，當擢以不次。如古循吏，入爲公卿，次猶增秩賜金。或怠惰因循，視爲文具，亦必按其罪以懲不恪。

（宋）熊克《中興小紀》卷一一　初，工部侍郎韓肖胄在都司時，嘗言國以兵強，兵以食爲本，宜理淮南以修農事，則轉輸可省，遂命屯田郎官置局建康。行屯田之法於兩淮，上又親書《趙充國傳》，刻石摹本，賜諸將以厲之。於是，荊南鎮撫使解潛於部內五郡屯田。且辟直秘閣宗綱爲措置官。而公安知縣孫倚，率先辦集，詔加兩秩。既而言者復請江之南岸，亦興屯田。戊子，江西大帥李回又言：江州赤地千里，望依淮浙委監司興營田。並從之。

（宋）熊克《中興小紀》卷一六　先是侍御史魏矼論兩淮屯田事。上謂宰執曰：招集流離，使各安田畝，最爲今日急務。因舉鴻雁美宣王詩，謂中興之業，實在於此。胡松年曰：朝廷行屯田累年，惟荊南解潛略措置，其餘皆虚文無實效。上曰：然。松年復曰：漢宣之治，總核名實而已。天下事若因名以責實，無不治者。如屯田尤不可欺。一歲耕墾幾何，收穫幾何，便足以考。上曰：卿可條上，當力行之。癸未，朱勝非上屯田利害。言今日之兵，既令執兵，又令服田，終歲勤勞，所得如故，有未可者。上曰：古者三時務農，一時講武。農即兵也。兵農之制一分，恐不可復合。勝非所陳甚善，可即行之。孟庾等曰：自此兵日以衆，食日以廣。饋餉不更易。容臣等與勝非熟議。

（宋）熊克《中興小紀》卷一九　丙戌，都督張浚以知徐州何洋所條屯田利害來上。癸巳，上謂宰執曰：淮北之民，襁負而至。朕爲民父母，豈可使其失所？可賦田予之，更加優恤，以廣招徠之路。趙鼎曰：彼乍歸無所居，當賑助之。沈與求曰：立國不當爲朝夕計。就耕之民，若蠲租税，更助之。五年以後，兩淮荒土已闢，亦爲無窮之利。上曰：然。

（宋）熊克《中興小紀》卷二〇　都督張浚請親行邊郡，分命諸將，以觀機會。上乃令浚往視師。初言屯田者甚衆，而行之未見其效。至是浚兼領屯田以出，始置官屬。凡所行之事，皆畫一而去。趙鼎《事實》曰：張浚再出江上，欲謀大舉。深慮諸將議論不同，未能成功，心頗憂之，不欲出口。鼎察知其意，與之謀曰：公之此行，未能使舉事。莫若兼領屯田而出，他日歸見上，猶足以藉手。浚大以爲然。曰：邊事未成，當大作屯田而歸，不爲無補。於是置官屬畫一而去。先此言屯田者甚衆，至是始爲之。其後歲收十萬，逮今獲其利也。

（宋）熊克《中興小紀》卷三〇　兩浙轉運副史李椿年言：臣聞仁政必自經界始，自兵火之後，文籍散亡，豪民猾吏因緣爲姦。有田者未必有税，有税者未必有田。富者日益兼併，貧者日益困弱，皆由經界不正。且言其利害有十：臣比訪得平江府歲收七十萬石，著在石刻。今按籍雖有四十萬，而實入纔二十餘萬，皆以爲逃田。嘗聞朝廷有按圖覈實之情，其事始於吴江縣。而知縣石公轍盡復其數，葢按圖而得之也。欲望陛下斷而行之，將吴江之驗，施之一郡一路以及天下。則經界正而仁政行矣。上謂宰執曰：椿年之論，頗有條理。秦檜曰：其說簡易可行。陳克俊曰：比年百姓避役，止緣經界不正。若行之，誠公私之久利也。乃詔專委椿年措置。椿年請先往平江諸縣，俟其就緒，即往諸州。要在均平爲民除害，更不增税額。從之。椿年遂即平江創經界司。於是守臣周葵見椿年曰：今欲均税耶？增税耶？椿年曰：何敢增税！葵曰：若不欲增，何言本州苗米七十萬石？椿年曰：《倉記》云爾！葵曰：《倉記》云穀七十萬石，謂倉中所容總數耳！五穀皆穀也，豈獨米乎？椿年曰：審爾，則用圖經三十萬爲準。未幾，葵罷去。

（宋）熊克《中興小紀》卷三二　初，四川宣撫副使鄭剛中於階成二州開營田，抵秦州界，凡三千餘頃，歲收十八萬石。至是剛中言：川路軍興以來，人户賦外對糴米，惟成都最多。臣今欲以營田所積對減三之一。并本司激賞犒錢一百八十萬貫外，更減二十萬貫。丁卯，詔從之。上曰：累年民力已覺少寬，此皆休兵之效也。

（宋）熊克《中興小紀》卷三三　紹興十七年歲在丁卯。春正月，户部侍郎李椿年言：兩浙經界已畢者四十縣。其未行處，若止令人户結申，慮形勢之家尚有欺隱，乞依舊畫圖造簿本所差官覈實。若先了而民無争訟之煩，則申朝廷推賞。如守令慢而不職，奏劾取旨。丁卯，詔從之。

（宋）熊克《中興小紀》卷三四　二月壬子，户部言經界所已結絶。其未行處，委漕司及守臣依平江行之。本所管幹官四員與諸路覆實官並罷。從之。未幾，詔曰：昨李椿年乞行經界，初欲去民十害，遂從其請。今聞寖失本意，可逐路委監司一員，詳其便民者行之。其反爲民害，則日下改正。詔在三月二十一日，今聯書之。

（宋）熊克《中興小紀》卷三八　初，諸路多閑田，右司郎官鍾世明，嘗請出賣而未行，仍許民佃。緣歲獲厚而租輕，復增租以攘之者，謂之剗佃。故詞訴繁興，官以爲病。知温州黄仁榮建言請盡鬻之，則訟自息而利在官。詔從之。至是，仁榮授淮南帥，入對。上曰：卿嚮論鬻田，户部得緡錢五百萬矣，何必爲淮西行也。遂除度支郎官。

（宋）熊克《中興小紀》卷三九　前池州都統制李顯忠，請令諸軍屯田。丁酉，上謂宰執曰：朕思之甚詳。先須根刷，諸將留池州分荒田，兼取見沿江所在頃畝。初年給牛種，三兩年間且盡與地利，使之歲入有得，則不勸而自耕矣。湯思退曰：當先根刷，别具奏聞。上又曰：此事在今日誠可議，但行之當有先後之序也。

（宋）王應麟《玉海》卷一七六《食貨·田制·建隆度民田　咸平均田》　建隆二年正月丁巳，分遣常參官詣諸州度民田。乾德二年三月，左司外郎張澹上井田制度，户籍沿革數。四年閏八月乙亥，詔長吏諭民開墾荒田，惟納舊租。令佐能勸課，加一階。淳化元年九月，詔江浙多曠土，令諸州籍畝均租，每歲十減其三爲定制。仍給復三年，募民耕殖。三年二月遣使按諸州民田。至道元年六月丁酉，詔募民耕曠土爲永業，蠲三歲租。三年外輸三分之一。墾田之數，書州縣官印紙以俟旌賞。二年七月，直史館陳靖言願募民墾田，官給耕具種糧，五年外輸租税。時皇甫選等相度宿、亳、陳、蔡、許、鄧荒田二十餘萬頃，付靖興置。咸平三年十一月甲申，以靖爲京畿均田使，令自擇京朝官分下諸縣。六年三月，大理丞黄宗旦言潁州陂塘曠土千五百頃。命宗旦經度，民應募者三百餘户，詔免租繇。祥符六年六月，御史張廣言曠土多，請依宇文融條約檢覈。帝曰：此事未可據行。王旦曰：田賦不均，須漸講改定。天禧四年八月，兩淛勸農使請收蕪田之税。慶曆中，二司請於亳、壽、蔡、汝，如方田法均之。而西京均税。郭諮言蔡州多逃田，當先招輯，由是中止。嘉祐四年八月十七日，命孫琳、林之純、席與言、李鳳、高本等相度均税，又令分往均田。五年四月丙戌，詔三司置局詳定。三司使包拯、諫議吕居簡、户部副使吴中復領其事。《實録》云五年四月丙戌，詔均田税。已而復罷。初，王洙請用郭諮、孫琳千步開方爲均田法，班州縣。嘉祐四年六月二十五日，中書言草澤陳師中上《太平通濟策》，言江淮閩浙廣南山水之鄉多堙塞，詔蠲其税。五年七月，知唐州趙尚寬勸民墾闢荒田，民多歸之。熙寧元年六月十五日，京西言知唐州高賦募兩河流民及客户，墾闢荒田，興修陂堰。詔裒之。熙寧五年重修定方田法推行，自京東始。元豐八年十月丙戌罷之。崇寧四年二月十六日尚書省言神宗詔講方田，以土色肥磽别田美惡，定賦調多寡。今以熙寧方田敕可行者爲方田法。即《周官》土均之法。宣和二年六月十六日罷方田。李泰伯著平土書。

乾道五年九月十四日，詔江東路有常平轉運司圩田，建康、寧國、太平、池洲共七十九萬餘畝。不覆賣歲輸租太軍倉。建康永豐圩，紹興二年田二百九十七頃。

（宋）王應麟《玉海》卷一七六《食貨·田制·端拱方田　咸平　景德方田圖又見河渠類》　端拱二年正月，詔興置方田，命八作使竇神興等往。北面興功，東壁則知定州張永德，西壁則知邢州米信，各兼方田都總管。二月癸亥，帝與近臣議方田爲戰守之備。内出手詔諭邊將曰：朕今立法，令緣邊作方田。已頒條制，量地里之遠近，列置塞柵。此可以限其戎馬，而大利我之步兵也。雖使彼衆百萬，亦無所施其勇。自春至秋，其功告畢。持重養鋭，挫彼黠虜。如此開復幽薊，滅林胡有日矣。又見《屯田》。咸平五年四月乙酉，帝謂宰臣曰：太宗朝，翰林天文官孫士龍嘗論請於北邊置方田，及令民田疏溝塍，可以隔礙胡馬。當時爲衆議所沮。邊有殿直牛睿者，亦言其事。吕蒙正對曰：此議當時亦以爲使。尋命方田使副，而中外咸以爲動衆勞費，而武臣輩亦耻於營葺。遂罷之。帝曰：

今若行之，或有所濟。宜令有司詳度之。六年十月八日甲子，静戎軍王能言於軍城東新河之北開方田，廣袤相去皆五尺，深七尺，以限隔戎馬。縱或入寇，亦易爲防。仍以地圖來上。帝詔宰臣李沆等以圖示之。皆對曰：緣邊所開方田，今專委邊臣漸爲之制，故可以爲邊防之備，乞與施行。威虜順安軍亦宜興置。興功之際，虜寇或有侵軼，可選兵五萬人，分據險要，漸須興置之。十月甲子，遂詔静戎、順安、威虜軍界置方田，鑿河以遏胡騎。景德三年六月八日丙子，原渭州鎮戎軍上新開方田圖。且言戎人内屬者，皆依之得以安居。帝以知鎮戎軍曹瑋等能幹其職，嘉之。仍出示輔臣。先是咸平三年十一月十日，知雄州何承矩言：兵有三陣。日月風雲天陣也；山陵泉水地陣也；兵車士卒人陣也。今用地陣設險，以水泉作固，相高下建陂塘，縱有胡騎，何懼奔衝？臣早建屯田之制，後戎人犯塞，高陽一路，士庶安居。雖人役暫勞，亦制匈奴之長策。順安以去因而廣之，審地勢而制塘埭，自戢胡騎而息邊患矣。咸平五年四月乙酉，廣北邊方田，以梗虜騎。六年九月庚子，莫州石普等準詔浚静戎、順戎軍界營田河道畢功。詔奬之。景德二年正月庚申，岢嵐請修舊方田。上以違契丹誓約，不許。河北塘泊自何承矩以後，相循不廢，仍領於沿邊屯田司。明道二年，成德守劉平奏自邊吴淀望長城三口，乃契丹出入之地，東西不及一百五十里。今契丹多事，我乘此以引水植稻爲名，以開方田。四面穿溝，屈曲爲徑路，纔令通步兵。引曹鮑徐河及鷄距泉分注溝中，數載之後，必有成績。遂密敕平漸建方田。而侍禁劉宗言又請種木于西山之麓，以法榆塞，云可以限胡騎。《曹瑋傳》：始置弓箭手，斥塞上弃地人角力，勝者給田二頃。再經秋穫課市一馬，益賦田五十畝。一百人已上團爲一指揮。即要害處爲築堡，使自塹其地。爲方田以環之。塞上諸塹，率以丈五尺爲深，廣之限。山險不塹者，但治使峭絶而已。後皆以爲法。瑋知鎮戎軍，上言鎮戎據平地，便於騎戰，非中國利。請自隴山而東，循古長城鑿塹爲限。弓箭手給閒田，蠲其税。春秋耕斂，出兵護之。

（宋）王應麟《玉海》卷一七六《食貨・田制・至道開公田　三品田　勸農使》　至道元年正月丙辰，度支判官陳堯叟、梁鼎言：陳、許、鄧、潁、蔡、宿、亳、壽，自漢、魏、晋、唐以來，用水利墾田，陳迹具在，可開公田。發法淮州軍散卒，給官錢市牛及耕具。上覽奏，嘉之。詔大理寺丞皇甫選、光禄丞何亮乘傳按視，經度其役。令募民耕墾，免其税。二年七月庚申，直史館陳靖言京畿周環二三州，幅員數千里，地之墾者十才二三，税之入者十無五六。望擇大臣典領大司農事，選郎吏爲副，自京東西申以勸課。上覽之喜，謂宰相曰：此奏可舉行。令條奏以聞。靖又言復業，又請佃者給授附版籍。其田制爲三品：上田，人授百畝，中田百五十畝，下田二百畝。並五年後收其租。計百畝，十收其三。其室廬種藝之地，每户及十丁者給百五十畝，七丁者百畝，五丁七十畝，二丁五十畝。除桑功五年後計其租。吕端請付有司詳議，詔鹽鐵使陳恕等議，請如靖奏。八月辛酉，以靖爲勸農使，按行陳、許、蔡、潁、襄、鄧、唐、汝等州，勸民墾田，而選亮副之。選言功難成，願罷其事。上志在勉農，猶詔靖經度。未幾，三司以爲費多，事遂寢。先是五月辛丑，令開封判官楊徽之等三人按行管内諸州，民田旱甚者蠲其租五分以上。竇儼曰：小畝步百，周之制也；中畝二百四十，漢之制也；大畝三百六十，齊之制也。今所用者漢之中畝。

國史《食貨志》：仁宗即位之初，下詔諭民謹葢藏。上書者言賦役未均，田制不立。因詔限田：公卿已下毋過三十頃，牙前將吏應復役者，毋過十五頃，止於一州之内。任事者以限田不便，未幾即廢。時又禁近臣置别業，京師著爲法。《郭諮傳》：洺州肥鄉田賦不平。諮攝令以千步方田法，四出量括，遂得其數。除無地之租者四百家，正無租之地者百家，收逋賦八十萬。會三司議均税法，知諫院歐陽修言天下不知均括之術，惟諮方田法，簡而易行。詔諮與孫琳均蔡州上蔡税，三司議均田租。諮陳均括之法十條。《吕景初傳》：遷右司諫安撫河北。還奏比部員外郎鄭平，占籍真定，有田七百餘頃。因請均其揺役，著限田令。《志》天下墾田：景德中，丁謂著《會計録》總一百八十六萬餘頃。以是歲七百二十二萬餘户計之，是四户耕一頃，知隱田多矣。川峽、廣南之田，頃畝不備，第以五賦約之。天聖中，國史《志》云：開寶末墾田二百九十五萬餘頃，至道二年三百十二萬餘頃，天禧五年五百二十四萬餘頃。而開寶之數乃已倍於景德。謂所録固未得實。皇祐治平中皆有《會計録》。皇祐中二百二十八萬餘頃，治平中四百四十萬餘頃。相去不及二十年而數增倍。以治平數視天禧猶不及，而叙治平録者謂此特計賦租以知頃畝之數。而賦租所不加者，十居其七。率而計之，天下墾田無慮三千餘萬頃矣。祖宗重擾民，未嘗窮按，故莫得其實。治平中廢田見於籍者猶四十八萬餘頃云。皇祐中，墾田視景德增四十一萬七千餘頃。歲入九穀迺減七十一萬八千餘石。田賦不均，其弊如此。乾興初始立限田法，形勢户敢挾他户田者，聽人告，予所挾田三之一。《錢彦遠傳》：國家户七百三十餘萬，而定墾田二百一十五萬餘頃，其閒逃廢之田不下三十餘萬頃。

蘇轍曰：丁謂之記景德，田況之記皇祐，皆以均税言。然嘉祐中薛向、孫琳始議方田，量步畮，審肥瘠，以定賦税之入；熙寧中吕惠卿復建手實，抉私隱，崇告訐，以實貧富之等；元豐中李琮追究逃絶，均虛數，虐編户，以補失陷之税，三者皆爲國斂怨，所得不補所失。事不旋踵而罷。

（宋）王應麟《玉海》卷一七七《食貨·屯田·端拱河北營田營田使方田》

端拱二年二月壬子朔，《稽古録》二月癸亥。以左諫議大夫陳恕爲河北東路招置營田使，魏羽副之。右諫議樊知古爲河北西路招置營田使，索湘副之。先是自雄州東際海，多積水。戎人患之，未嘗敢由是路。惟順安軍西至北平二百里地方無閡，故多從此入寇。議者以爲宜作方田，實邊廩而限戎馬。於是命使，欲大興營田也。癸亥詔曰：河朔之閒富有膏腴之地，法其井賦，令作方田，三農必致於豐穰，萬世可知於利澤。先是雍熙三年岐溝關君子館敗衂之後，河朔之地耕桑失業者衆，屯戍又倍於往日。故遣恕等爲方田，積粟以實邊。《恕傳》云：詔罷營田，止葺堡壁。《會要》：凡諸路，惟襄、定、唐三州有營田使，而河北、河東，轉運使兼之。

（宋）王應麟《玉海》卷一七七《食貨·屯田·淳化河北屯田　屯田使》

淳化四年三月二十四日壬子，以六宅使何承矩爲制置河北沿邊屯田使，大理寺丞黄懋充判官。懋嘗言河北州郡陂塘甚多，引水溉田，省功易就。乞興水田，三五年内必獲其利。太宗嘉之。以承矩初至滄州建屯田之議，因遣按視，復奏咸如懋言。即令承矩領護以懋爲佐，發諸州戍兵萬八千人給其役。凡雄、莫、霸州、平戎、破虜、順安軍興國堰六百，置斗門，引淀水灌溉。是年八月稻熟，民賴其利。承矩載稻穗數車送闕下。先是四年三月六日甲午，承矩言欲因水利，大興屯田以便民。從之。令河北諸郡發卒墾田，懋以臨津令上書，請興作水田。

《志》河北屯田，治平三年有田三百六十七頃，得穀三萬五千四百六十八石。河北歲入無幾，利在蓄水以限戎馬而已。

（宋）王應麟《玉海》卷一七七《食貨·屯田·咸平屯田務　屯田使　景德屯田圖》

咸平四年十二月壬戌，陝西漕臣劉綜言：鎮戎軍古原州，地衍沃。歲輸芻糧四十五萬，爲錢五十餘萬。請置屯田務。開田五百頃，置軍二千人，牛八百頭，立屯耕殖於城北，至水峽口及城前復置堡寨。四寨，每寨五百人。命知軍李繼和爲屯田制置使。今安國鎮有古制置城壕戍鎮記，謹録上進。從之。五年六月丁亥，以知雄州何承矩兼制置屯田使。先是承矩兼屯田事，知順安軍馬濟亦兼營田事，故承矩特加使額。五年正月甲寅，馬濟建議自静戎軍鮑河開渠，入順安威虜軍，置水陸營田以隔胡騎。詔石普護其役。六年九月十三日庚子，普言浚營田河畢功。十月知保州趙彬奏決鷄距泉，又分徐河水南注運渠，置水陸屯田以聞。庚辰，詔保州都監王昭遜與彬同領。景德元年四月辛未，詔保州置屯田兵籍。十月，詔相州草地不宜牧馬者，官置牛具，選習耕兵士置屯田莊。癸未，羣牧判官王曉請諸州依職田例，募民種蒔，以沃瘠分三等輸課。二年正月丙辰，詔定、保、雄、莫、霸州、順安、平戎、信安軍長吏兼制置屯田事，舊兼使者如故。三月，詔保州塘水以溉屯田，令官吏按視，勿廢前功。九月戊辰，夔漕薛顔言施、黔等州屯田歲獲粟萬餘石。三年十二月己卯，趙彬請於保州城東北廣屯田以圖來獻。上曰：邊封徹警，當勸課農民，咸使樂業，不必侵畎畝，妨墾殖。祥符二年六月辛卯，彬請增屯田務兵五百人。五年正月，令保安軍稻田務旬具墾殖功狀以聞。七月六日，河北安撫副使賈宗言緣邊塘泊隄道圖，下屯田司遵守。九年三月，改定保州順安軍營田務爲屯田務，保州歲墾八十頃。天禧四年四月，盧鑑增至百餘頃。景德元年四月六日，遣郭盛乘傳詣静戎、順安視河渠。先是進《營田河道圖》。嘉祐四年，鹽鐵判官楊佐等往保州視屯田塘泊隄道，以圖上之。命河北提刑薛向、都水丞孫琳同張茂則相度興修。六年三月一日，河南屯田使曹偕請罷每歲進屯田司地圖。從之。熙寧四年二月十三日，興治保州水田。二十三日詔河北緣邊屯田務田，悉以賦民，官兵皆罷。九年二月二十三日，薛向奏安肅軍之東，舊屯田務稻田南有二淀。詔令相視。元豐二年十二月，知定州韓絳以封椿錢市地爲屯田。四年六月二十九日，定州路安撫兼都大制置屯田使，雄保州兼屯田使通判兼判官。先是，寶元二年九月壬寅，河北都轉運兼都大制置屯田使。

（宋）王應麟《玉海》卷一七七《食貨·屯田·慶曆緣邊屯田》　慶曆元年十月十八日甲午，命陝西漕司度隙地，置營田務。辛丑，詔陝西都總管司經置營田，以助邊計。二年正月乙丑，假同州沙苑牧地爲營田。未幾罷。五年七月，通沿邊吴淀塘泊，下河北屯田司爲定制。十二月，詔陝西四路總管及轉運並兼營田使。六年五月丁亥，命户部副使夏安期使陝西，與提刑曹穎權相度興置緣邊屯田。卒不果成。熙寧五年四月十日，延州守趙卨請括閑田置弓箭手。初，卨上營田議曰：昔趙充國興屯田以破先零；唐婁師德爲檢校營田使而河西隴右三百六十屯，歲入六十餘萬石。今陝西曠土未耕，願募民墾闢。至是復有是奏。七年十一月七日，秦鳳提刑鄭民憲以熙河營田圖籍入對，詔兼提舉熙河營田弓箭手。令辟官屬以集事，其法給田募民。

（宋）王應麟《玉海》卷一七七《食貨·屯田·興屯田集議　營田官》　紹興元年九月二十九日庚申，措置河南諸鎮屯田侍御史沈與求言：承詔條畫屯田利害。退而考閱漢昭帝始元二年屯田張掖，始有屯田之令。趙充國留屯以困羌，曹操屯許下，諸葛亮屯渭濱，鄧艾屯於淮南，羊祜、杜預屯於荊襄，應詹屯於江西，荀羨屯於石鼈，皆有遺跡可攷。隋唐以來，頗采舊聞行之。至今沿江諸郡，尚有屯田税租之名，則江淛亦嘗屯田矣。淳化以來，始用何承矩措置。北邊屯田，開塘濼之利以限北虜。西北二邊，相繼益廣屯田。淮南、京西、夔路率常行之。天聖二年，封事請鬻福建屯田，朱諫奏罷估賣。則屯田嘗行之福建矣。今以古今屯田利便可施於江淛者，纂其大略，號曰《屯田集議》。上下二卷。詔付户部。先是，五月辛酉，荊南鎮撫使解潛辟宗綱爲屯田使。詔以綱爲營田官。其秋，命河南淮南措置屯田事。十月十五日，河南翟興兼營田使。二年二月七日，減淮南營田租入。四月二十四日，詔劉光世措置。七月二十四日，司諫吴表臣言：安復漢陽鎮撫使陳規措置屯田有條理。詔奬諭曰：得魯侯之重穀，同漢將之留田。十一月十八日，命孟庾、韓世忠措置建康、江南北岸荒田，將兵馬屯田，倣陝西弓箭手法以省國用。十二月二十八日甲寅，言者謂陳規屯田，深得寓兵於農之意，令淮南倣行之。詔條畫以聞。三年二月七日，左司張綱等言陳規所陳屯田營田，分爲二事，未合古制，欲命安撫鎮撫使各兼營田使。從之。癸巳，下其法於諸鎮，使行之。兵屯以使臣主之，民屯以縣令主之。以歲課多寡爲殿最。四年八月五日，侍御史魏矼論淮東屯田利害。上曰：招集流離，使各安田晦，今日急務也。胡松年對：屯田唯荊南解潛略措置，餘皆虚文無實效。五年十二月，詔諭諸帥曰：朕考觀古昔，斟酌時宜，欲豐軍食之儲，必講屯田之制。充國經畫於金城，而兼得十二便之利。曹操始用於許下，而遂收百萬斛之饒。先積粟以爲資，乃厲兵而必戰。八日，詔吴玠於梁、洋、成、鳳、岷州措置官莊屯田，已就緒，敕奬之。書充國留屯之事，申建隆歲課之法。二十六日，遣屯田郎樊賓隨都督往江淮等路措置屯田。王弗同措置。六年二月庚子，諸路宣撫使制置大使兼營田大使。壬寅，安撫兼營田使。六月二十一日丁巳，營田官王弗侯對。上謂輔臣曰：一二年就緒，庶寬民力。昨在會稽，嘗書《趙充國傳》賜諸將，但上下不能奉承。七月六日壬申，詔提領江淮營田公事，置司建康，樊賓爲之，王弗副之。是歲收七十四萬石。七年六月乙丑，詔帥臣兼提領營田。其提領司限一月結局。九月，吴玠於興元洋州營田，收二十萬石。詔奬之。八年三月，以玠營田法頒示諸軍。十五年正月，四川宣撫副使鄭剛中於階、成二州開營田，抵秦州界，凡三千餘頃，歲收十八萬石，減成都羅三之一。丁卯，從其請。十六年三月，工部奏立營田賞罰法。三十二年三月十六日庚子，兵部侍郎陳俊卿措置淮東堡寨屯田。五月甲辰，俊卿請募民耕荒，蠲其繇役，復租七歲。工侍許尹措置淮西。十一月二十九日，汪澈奏聞襄陽二渠，募兵民雜耕。以措置京西營田司爲名，命姚岳兼領。

隆興初，陳之茂建掘圍田之議。

（宋）王應麟《玉海》卷一七七《食貨·屯田·紹興江淮屯田》　紹興六年二月壬寅，都督行府奏改江淮營田爲屯田。先是言屯田者甚衆，行之未見其效。張浚出行邊，因出户帖錢二十萬緡爲本，於是官田逃田並拘籍。每五頃爲一莊，每莊官給牛五具，種子農器副之。五家共佃，每家別給菜田十畝，又貸本錢。命樊賓、王弗同推行焉。七月壬申，又置營田司。

（宋）王應麟《玉海》卷一七七《食貨·屯田·隆興營田十説》　隆興元年五月十七日丁未，臣僚言營田十説：一曰擇官必審，魏武用任峻，司馬懿用鄧艾是也；二曰募人必廣，趙充國留萬二百八十一人，李彪請取户十分之一是也；三曰穿渠必深，充國浚漕渠，鄧艾開河渠是也；四曰鄉亭必修，充國繕鄉亭是也；五曰器用必備，充國上器用簿是也；六曰田處必利，若漢屯張掖，魏屯許昌是也；七曰食用必充，充國屯田用穀月二萬七千餘斛是也；八曰耕具必足，李彪請以雜物市牛，唐開元二十五年一頃五十畝配一牛是也；九曰定税必輕，晋應詹上表，一年與百姓，二年分税；李彪上表，一夫之田歲責六十斛，蠲其雜役是也；十曰賞罰必行，晋元帝督課長吏，以穀多少爲殿最；齊武成河清中詔營屯田，歲終課所入以論褒貶是也。凡此十者，營田之制盡矣。二年正月，劉寶具到見管營田官莊四十二所田，田四百七十五頃八十五畝，官兵五百五人，客户二百六十五户。先是，詔令寶條具兩淮屯田。

（宋）王應麟《玉海》卷一七七《食貨·屯田·乾道屯田》 乾道元年二月二十四日，詔郭振於六合措置屯田。已就緒淮南東路屯田令郭振、王弗、周淙條具措置。王弗等言紹興六年十二月二十九日指揮，以五十頃爲一屯，作一莊。三月十一日，詔淮西、湖北、荊襄令沈介、張松、王炎、楊倓、王彦、趙撙等措置。三月三日，户部言浙西營田官莊共一百五十九萬餘畝。二年六月十三日，淮西言營田二百七頃六十五畝。五年正月，徐子寅爲大理正，措置兩淮屯田官。

求遂氏治野之灋，修稻人稼澤之政。芟以殄草，剔以除木，風以布種，土以附根，頒其法也。冬耕、春種、夏耘、秋穫，朝循夕課，日考旬會，趨其時也。勤者勞之，惰者勉之，合耦助之，移田救之，宣其力也。下稽功事，達之於上，上制禄食，復之於下，叙其勞也。渠犂之屯，昉于孝武，張掖之屯，倣于孝昭。充國留田於漢鄙，坐制先零；重華給耒於唐軍，卒全振武。羊祜耕屯，得十年之儲；郭元振開置，有數十年之積。漢武帝屯田車師、渠犂，於是始有屯田之名。趙充國留田金城，於是始有屯田之利。田事出賦，人二十畝。至四月草生，發騎就草，爲田者游兵，則有趙充國之策。令諸典農，不復以商事雜亂，專以農桑爲務，則有司馬芝之議。相土處民，計民置吏。明功課之法，有如國淵。大治諸陂，穿渠溉田，又通運漕之道，有如鄧艾。每屯百三十人，就高爲堡，凡六百餘里，列栅二十，有如韓重華。三代之隆，寓兵於農，因厥井田以奠軍賦。出則兵，居則農。如左右手，莫覩厥害。自秦人開阡陌，趨利急戰，而良法掃地矣。繇漢以來，弗克復古，因世制宜，有足稱者。上郡、河西分建屯官，渠犂、張掖調遣將吏。臨羌之屯，充國力厥議；許下之耕，棗祗薦厥功。或資步士，或募諸民。唐諸道爲屯九百二十有二。如張儉治朔州，韓重華、田振武、王起開邠寧，畢誠營河西，皆傑出聞見，迨于今稱之。

（宋）王應麟《玉海》卷一七八《食貨·農官·端拱營田使　淳化屯田使　紹興營田使》 端拱二年二月癸亥，遣營田使副。詔曰：河朔膏腴之地，法井賦，作方田。至道元年六月丁酉，募民耕曠土。紹興元年九月丙午，王實爲淮南東路營田副使。上召對，使往鎮江與劉光世同集其事。四年五月甲寅，詔淮南帥臣兼營田使，知通縣令銜内兼帶營田令。監司守臣條畫屯田利便，限一月聞奏。六年二月庚子，江西制置大使李綱、湖南呂頤浩兼營田大使。辛丑，詔宣撫使劉光世、韓世忠、張俊兼營田大使，招討岳飛、宣副吴玠兼營田使。壬寅，安撫使郭浩等兼營田使。都督行府奏改江淮營田爲屯田。七月壬申，置營田司。

（宋）江少虞《宋朝事實類苑》卷二一《官政治績·蠲田畝》 江南有國時，民田率十畝蠲一畝，以充瘠薄。《退朝録》。

（宋）王得臣《麈史》卷上《利疚》 古之圭田取圭絜之義，今之職田豈其遺制耶？視職高下以限頃畝，著於令甲矣。然郡縣始因其所有之田而占射之，故多寡未必如令。今有職田處多貽民患，歲有旱乾水溢，官病失其所入，往往不受民訴；縱或受之，災傷之十，不過蠲其四五而已。予切以斂職田之租入於常平，會見州縣所得職田之數，以所有均於所無，以所多均於所少之處，估其中直，以常平之緡，月隨俸以給，如此庶幾養廉吏而息貪污也。

《宋季三朝政要》卷三《理宗》 〔景定三年四月〕賈似道爲相，欲行富國强兵之策。時劉良貴爲都曹，繼尹天府吴勢卿餉淮東入爲浙漕，遂交贊公田之事。殿院陳堯道、正言曹孝慶，迎合似道之意，合奏限田之法自昔有之。置官户踰限之田，嚴歸併飛走之弊。回買官田可得一千萬畝。每歲則有六七百萬之入。其於軍餉沛然有餘，可免和糴，可以餉軍。可以住造楮幣，可平物價，可安富室。一事行而五利興，實爲無窮之利。上然之。似道欲用劉良貴、吴勢卿專任公田。時勢卿已死，乃以良貴爲提領，陳峕爲檢閱官以副之。良貴請下都省嚴立賞罰，究歸併之弊。上曰：永免和糴，無如買逾限之田爲良法。然東作方興，權俟秋成續議施行。似道憤然求去。上曰：買田永免和糴，自然良法美意。要當始於浙西，視諸路爲則也。所在利病，各有不同，行移難於一律。可令三省照此施行。似道内引入劄力言其便，上從其言。三省奉行惟謹。似道遂以自己浙西萬畝爲公田倡，嗣榮王繼之。趙立奎自陳投賣。自是朝野無敢言者。獨禮部尚書徐經孫疏言買田之害。以言不行，乞致仕。公田初議以官品逾限田外買官田，猶有抑強嫉富之意。繼而敷泒，除二百畝以下者免，餘各買三分之一。其後雖百畝之家亦不免。立價以租一石者償十八界，會四十楮。不及者減買數。稍多則銀絹各半。又多則以度牒告身准直：登仕三千楮，將仕千楮，許赴漕試，校尉萬楮，承信萬五千楮，承節二萬楮，則理爲進納。安人四千楮，孺人二千楮。

《宋季三朝政要》卷三《理宗》〔景定三年〕五月，公田以江陰軍平江府隸浙西憲司，安吉嘉興隸兩浙運司，常州鎮江隸總所。每歲秋租輸之官倉，特與減饒二分。或水旱則別議放數。遂立四分司：王大吕平江、方夢玉嘉興，董楷安吉、黄震鎮江常州江陰。三郡初以選人爲之，任滿則理爲入班州縣。鄉都則分差莊官，以富饒者充應，兩年一替。每鄉創官莊一所，每租一石，明減二斗不許多收。其間，毗陵、澄江一時迎合，止欲買數之多，凡六七斗者皆作一石。及收租之際，元額有虧，則取足於田主，以爲無窮之害。或内有磽瘠及租佃頑惡之處，又從而責換於田主，其禍尤慘。

（元）劉一清《錢塘遺事》卷五《推排公田》 咸淳壬戌，殿院陳堯道、正言曹孝慶，合奏限田之法自昔有之，置官户踰限之田，嚴歸併飛走之弊，回買官田可得一千萬畝，每歲則有六七百萬石之入。其于軍餉，沛然有餘。可免和糴，可以餉軍，可以製造楮幣，可平物價，可安富室。一事行而五利興，實爲無窮之利。上然之。時賈似道爲相，欲行富國強兵之策。劉良貴爲都曹繼尹天府，吴勢卿餉淮東入爲浙漕，遂交贊公田之事。吴勢卿死，乃以劉良貴爲提領，陳峕爲檢閱官以副之。良貴請下都省嚴立賞罰，究歸併之弊。上曰：永免和糴，無如買逾限之田爲良法。然東作方興，權俟秋成續議施行。賈似道憤怒求去。上曰：買田永免和糴，自是良法美意。要當始于浙西，庶他路視爲則也。所在利病，各有不同，行移難于一律，可令三省照此施行。既賈似道内引入劉力言其便，上從其言，三省奉行惟謹。似道遂先以自己浙西萬畝爲公田倡，嗣榮王繼之。趙孟奎自陳投賣。自是朝野無敢言者。獨禮部尚書徐經孫疏言買田之害。以言不行，乞致仕。後公田但行于浙西，他路竟免和糴自若。由是德經孫者，半天下也。方公田初議以官品逾限田外買之，此猶有嫉富抑強之意。繼而派買。除二百畝以下者免，餘各買三分之一。其後雖百畝之家，亦不免立價。以租一石者，償十八界會四十楮。不及，減買數。稍多，則銀絹相半。又多，則以度牒告身准直：登仕三千楮，將仕千楮，許赴漕試，校尉萬楮，承信萬五千楮，承節二萬楮，則理爲進納。安人四千楮，孺人二千楮。

（元）劉一清《錢塘遺事》卷五《公田專官》 提領劉良貴、檄府丞陳峕往湖、秀，將作丞廖邦傑往常、潤，任督催之責。六郡有專官：平江則知郡包恢、撫參成公策；嘉興則知郡潘墀、幹李輔、寓公焦焕炎；安吉則知郡謝奕、寓公趙與峕、撫幹王唐佳臨安、察判與元演；常州則知郡洪穮、運使劉子庚；鎮江則知郡章堈、漕司准遣鄭夢熊；江陰則知郡楊班、准遣謝某、司户黄伸候。事竣，各轉一官，選人減一削。守臣竝以主管公田繫銜。

（元）劉一清《錢塘遺事》卷五《公田之禍》 壬戌五月，公田以江陰軍平江府隸浙西憲司，安吉、嘉興隸浙西運司，常州、鎮江隸總所。每歲秋租輸之官倉，特與減饒二分。或水旱則別議放數。遂立四分司：王大吕平江，方夢至嘉興、董楷安吉、黄震鎮江常州江陰。三郡初以選人爲之，任滿則理爲入班州縣。鄉都則分差莅官，以富饒者充應，兩年一替。每鄉創官莊一所，每租一石，明減二斗，不許多收。其間毗陵、澄江，一時迎合，正欲買數之多，凡六七斗者皆作一石。及收租之際，元額有虧，則取足于田主，以爲無窮之禍。或内有磽瘠及租佃頑惡之處，又從而更換于田主，其禍尤慘。

《宋史》卷三一《高宗紀》〔紹興二十九年三月丁丑〕限命官子孫制田減父祖之半，併其詭名寄產者，格外田畝同編户科役。

《宋史》卷一七三《食貨志・農田》〔農田之制〕自景德以來，四方無事，百姓康樂，户口蕃庶，田野日闢。仁宗繼之，益務約己愛人。即位之初，下詔曰：今宿麥既登，秋種向茂，其令州縣諭民，務謹蓋藏，無或妄費。上書者言賦役未均，田制不立，因詔限田：公卿以下毋過三十頃，牙前將吏應復役者毋過十五頃，止一州之内，過是者論如違制律，以田賞告者。既而三司言：限田一州，而卜葬者牽於陰陽之説，至不敢舉事。又聽數外置墓田五頃。而任事者終以限田不便，未幾即廢。

時又禁近臣置別業京師及寺觀毋得市田。初，真宗崩，内遣中人持金賜玉泉山僧寺市田，言爲先帝植福，後毋以爲例。繇是寺觀稍益市田。明道二年，殿中侍御史段少連言：頃歲中人至漣水軍，稱詔市民田給僧寺，非舊制。詔還民田，收其直入官。後承平寖久，勢官富姓，占田無限，兼并冒僞，習以成俗，重禁莫能止焉。

帝敦本務農，屢詔勸劭，觀稼於郊，歲一再出；又躬耕籍田，以先天下。景祐初，患百姓多去農爲兵，詔大臣條上兵農得失，議更其法。遣尚書職方員外郎沈厚載出懷、衛、磁、相、邢、洺、鎮、趙等州，教民種水田。京東轉運司亦言：濟、兗間多閑田，而青州兵馬都監郝仁禹知田事，請命規度水利，募民耕墾。從之。是秋，詔曰：仍歲饑歉，民多失職。今秋稼甫登，方事斂穫，州縣毋或追擾，以妨農時。刑獄須證逮者速決之。

帝每以水旱爲憂，寶元初，詔諸州旬上雨雪，著爲令。慶曆三年，詔民犯法可矜者別爲贖令，鄉民以穀麥，市人以錢帛。謂民重穀帛，免刑罰，則農桑自勸，然卒不果行。參知政事范仲淹言：古者三公兼六卿之職，唐命相判尚書六曹，或兼諸道鹽鐵、轉運使。請於職事中擇其要者，以輔臣兼領。於是以賈昌朝領農田，未及施爲而仲淹罷，事遂止。皇祐中，於苑中作寶岐殿，每歲召輔臣觀刈穀麥，自是罕復出郊矣。

帝聞天下廢田尚多，民罕土著，或棄田流徙爲閒民。天聖初，詔民流積十年者，其田聽人耕，三年而後收賦，減舊額之半；後又詔流民能自復者，賦亦如之。既而又與流民限，百日復業，蠲賦役，五年減舊賦十之八；期盡不至，聽他人得耕。至是，每下赦令，輒以招輯流亡、募人耕墾爲言。民被災而流者，又優其蠲復，緩其期招之。詔諸州長吏、令佐能勸民修陂池、溝洫之久廢者，及墾闢荒田、增税二十萬已上，議賞；監司能督責部吏經畫，賞亦如之。

久之，天下生齒益蕃，闢田益廣。獨京西唐、鄧間尚多曠土，入草莽者十八九，或請徙户實之，或議置屯田，或欲遂廢唐州爲縣。嘉祐中，唐守趙尚寬言土曠可闢，民希可招，而州不可廢。得漢邵信臣故陂渠遺跡而修復之，假牛犂、種食以誘耕者，勸課勞來。歲餘，流民自歸及淮南、湖北之民至者二千餘户；引水溉田幾數萬頃，變磽瘠爲膏腴。監司上其狀，三司使包拯亦以爲言，遂留再任。治平中，歲滿當去。英宗嘉其勤，且倚以興輯，特進一官，賜錢二十萬，復留再任。時患守令數易，詔察其有實課者增秩再任，而尚寬應詔爲天下倡。後太守高賦繼之，亦以能勸課被奬，留再任。

《宋史》卷一七三《食貨志・農田》天下墾田：景德中，丁謂著《會計録》云，總得一百八十六萬餘頃。以是歲七百二十二萬餘户計之，是四户耕田一頃，繇是而知天下隱田多矣。又川峽、廣南之田，頃畝不備，第以五賦約之。至天聖中，國史則云：開寶末，墾田二百九十五萬二千三百二十頃六十畝；至道二年，三百一十二萬五千二百五十一頃二十五畝；天禧五年，五百二十四萬七千五百八十四頃三十二畝。而開寶之數乃倍於景德，則謂之所録，固未得其實。皇祐、治平，三司皆有《會計録》，而皇祐中墾田二百二十八萬餘頃，治平中四百四十萬餘頃，其間相去不及二十年，而墾田之數增倍。以治平數視天禧則猶不及，而叙《治平録》者以謂此特計其賦租以知頃畝之數，而賦租所不加者十居其七。率而計之，則天下墾田無慮三千餘萬頃。是時，累朝相承，重於擾民，未嘗窮按，故莫得其實，而廢田見於籍者猶四十八萬頃。

治平四年，詔曰：歲比不登，今春時雨，農民桑蠶、穀麥，衆作勤勞，一歲之功，併在此時。其委安撫、轉運司敕戒州縣吏，省事息民，無奪其時。諸路逃田三十年者除其税十四，四十年以上十五，五十年以上六分，百年以上七分；佃及十年輸五分，二十年輸七分，著爲令。

《宋史》卷一七三《食貨志・農田》〔天下墾田〕崇寧中，廣南東路轉運判官王覺，以開闢荒田幾及萬頃，詔遷一官。其後，知州、部使者以能課民種桑棗者，率優其第秩焉。政和六年，立管幹圩岸、圍岸官法，在官三年，無隳損堙塞者賞之。京畿提點刑獄王本言：前任提舉常平，根括諸縣天荒瘠鹵地一萬二千餘頃入稻田務，已佃者五千三百餘頃，尚慮令、佐不肯究心。詔比開墾𤱔地格推賞。平江府興修圍田二千餘頃，令、佐而下以差減磨勘年。

八年，權淮南、江、浙、荊湖制置發運使任諒奏：高郵軍有逃田四百四十六頃，楚州九百七十四頃，泰州五百二十七頃，平江府四百九十七頃，以六路計之，何可勝數。欲諸縣專選官按籍根括。詔逃田可專委縣丞，無丞處委他官，餘並從之。

宣和二年，臣僚上言：監司、守令官帶勸農，莫副上意，欲立四證驗之：按田萊荒治之迹，較户産登降之籍，驗米穀貴賤之價，考租賦盈虧之數。四證具，則其實著矣。命中書審定取旨。五年，詔：江東轉運司根括到逃田一百六十頃一十六畝，兩浙根括到四百五十六頃，召人出租，專充今年增屯戍兵衣糧。初，政和中，品官限田，一品百頃，以差降殺，至九品爲十頃；限外之數，並同編户差科。七年，又詔：内外宫觀捨置田，在京不得過五十頃，在外不得過三十頃，不免科差、徭役、支移。雖奉御筆，許執奏不行。

《宋史》卷一七三《食貨志・農田》〔天下墾田〕淳祐二年九月，敕曰：四川累經兵火，百姓棄業避難，官以其曠土權耕屯以給軍食，及民歸業，占據不還。自今凡民有契券，界至分明，所在州縣屯官隨即歸還。其有違戾，許民越訴，重罪之。

六年，殿中侍御史兼侍講謝方叔言：

豪強兼并之患，至今日而極，非限民名田有所不可，是亦救世道之微權也。國朝駐蹕錢塘，百有二十餘年矣。外之境土日荒，内之生齒日繁，權勢之家日盛，兼并之習日滋，百姓日貧，經制日壞，上下煎迫，若有不可爲之勢。所謂富貴操柄者，若非人主之所得專，識者懼焉。夫百萬生靈資生養之具，皆本於穀粟，而穀粟之産，皆出於田。今百姓膏腴皆歸貴勢之家，租米有及百萬石者；小民百畝之田，頻年差充保役，官吏誅求百端，不得已，則獻其産於巨室，以規免役。小民田日減而保役不休，大官田日增而保役不及。以此弱之肉，彊之食，兼并浸盛，民無以遂其生。於斯時也，可不嚴立經制以爲之防乎？

去年，諫官嘗以限田爲説，朝廷付之悠悠。不知今日國用邊餉，皆仰和糴。然權勢多田之家，和糴不容以加之，保役不容以及之。敵人睥睨於外，盜賊窺伺於内，居此之時，與其多田厚貲不可長保，曷若捐金助國共紓目前？在轉移而開導之耳。乞諭二三大臣，摭臣僚論奏而行之，使經制以定，兼并以塞，于以尊朝廷，于以裕國計。陛下勿牽貴近之言以搖初意，大臣勿避仇怨之多而廢良策，則天下幸甚。

從之。

十一年九月，敕曰：監司、州縣不許非法估籍民産，戒非不嚴，而貪官暴吏，往往不問所犯輕重，不顧同居有分財産，壹例估籍，殃及平民。或户絶之家不與命繼，或經陳訴許以給還，輒假他名支破，竟成乾没；或有典業不聽收贖，遂使産主無辜失業。違戾官吏，重寘典憲。是歲，信常饒州、嘉興府舉行經界。

景定元年九月，敕曰：州縣檢校孤幼財産，往往便行侵用，洎至年及陳乞，多稱前官用過，不即給還。自今如尚違戾，以吏業估償，官論以違制，不以去官、赦、降原減。

咸淳元年，監察御史趙順孫言：經界將以便民，雖窮閻下户之所深願，而未必豪宗大姓之所盡樂。自非有以深服其心，則亦何以使其情意之悉孚哉？且今之所謂推排，非昔之所謂自實也。推排者，委之鄉都，則徑捷而易行；自實者，責之於人户，則散漫而難集。嘉定以來之經界，時至近也，官有正籍，鄉都有副籍，彪列昈分，莫不具在，爲鄉都者不過按成牘而更業主之姓名。若夫紹興之經界，其時則遠矣，其籍之存者寡矣。因其鱗差櫛比而求焉，由一而至百，由百而至千，由千而至萬，稽其畝步，訂其主佃，亦莫如鄉都之便也。朱熹所以主經界而闢自實者，正謂是也。州縣能守朝廷鄉都任責之令，又隨諸州之便宜而爲之區處，當必人情之悉孚，不令而行矣。從之。

三年，司農卿兼户部侍郎季鏞言：夫經界嘗議修明矣，而修明卒不行；嘗令自實矣，而自實卒不竟。豈非上之任事者每欲避理財之名，下之不樂其成者又每倡爲擾民之説。故寧坐視邑政之壞，而不敢詰猾吏姦民之欺；寧忍取下户之苛，而不敢受豪家大姓之怨。蓋經界之法，必多差官吏，必悉集都保，必徧走阡陌，必盡量步畝，必審定等色，必紐折計等，姦弊轉生，久不迄事。乃若推排之法，不過以縣統都，以都統保，選任才富公平者，訂田畝税色，載之圖册，使民有定產，產有定税，税有定籍而已。臣守吴門，已嘗見之施行。今聞紹興亦漸就緒，湖南漕臣亦以一路告成。竊謂東南諸郡，皆奉行惟謹。其或田畝未實，則令鄉局釐正之；圖册未備，則令縣局程督之。又必郡守察縣之稽違，監司察郡之怠弛，嚴其號令，信其賞罰，期之秋冬以竟其事，責之年歲以課其成，如《周官》日成、月要、歲會以綜核之。於是詔諸路漕、帥施行焉。

《宋史》卷一七四《食貨志·方田》 神宗患田賦不均，熙寧五年，重修定方田法，詔司農以《方田均税條約幷式》頒之天下。以東西南北各千步，當四十一頃六十六畝一百六十步，爲一方；歲以九月，縣委令、佐分地計量，隨陂原平澤而定其地，因赤淤黑壚而辨其色；方量畢，以地及色參定肥瘠而分五等，以定税則；至明年三月畢，揭以示民，一季無訟，即書户帖，連莊帳付之，以爲地符。

均税之法，縣各以其租額税數爲限，舊嘗收蹙奇零，如米不及十合而收爲升，絹不滿十分而收爲寸之類，今不得用其數均攤增展，致溢舊額，凡越額增數皆禁。若瘠鹵不毛，及衆所食利山林、陂塘、溝路、墳墓，皆不立税。

凡田方之角，立土爲埄，植其野之所宜木以封表之。有方帳，有莊帳，有甲帖，有户帖；其分煙析產、典賣割移，官給契，縣置簿，皆以今所方之田爲正。令既具，乃以濟州鉅野尉王曼爲指教官，先自京東路行之，諸路倣焉。六年，詔土色分五等，疑未盡，下郡縣物其土宜，多爲等以期均當，勿拘以五。七年，京東十七州選官四員，各主其方，分行郡縣，以三年爲任。每方差大甲頭二人、小甲頭三人，同集方户，令各認步畝，方田官驗地色，更勒甲頭、方户同定。諸路及開封府界秋田災傷三分以上縣權罷，餘候農隙。河北西路提舉司乞通一縣災傷不及一分勿罷。

元豐五年，開封府言：方田法，取税之最不均縣先行，即一州而及五縣，歲不過兩縣，今府界十九縣，准此行之，十年乃定。請歲方五縣。從之。其後歲稔農隙乃行，而縣多山林者或行或否。八年，帝知官吏擾民，詔罷之。天下之田已方而見於籍者，至是二百四十八萬四千三百四十有九頃云。

崇寧三年，宰臣蔡京等言：自開阡陌，使民得以田私相貿易，富者恃其有餘，厚立價以規利，貧者迫於不足，薄移税以速售，而天下之賦調不平久矣。神宗講究方田利害，作法而推行之，方爲之帳，而步畝高下丈尺不可隱；户給之帖，而升合尺寸無所遺；以賣買，則民不能容其巧；以推收，則吏不能措其姦。今文籍具在，可舉而行。詔諸路提舉常平官選官習熟其法，諭州縣官吏各以豐稔日推行，自京西、河北兩路始。四年，指教官每三縣加一員，點檢官每路二員。未幾，詔諸路添置指教官不得過三員，又不專差點檢官，從提舉司於本路見任人内選差。五年，詔罷方田。大觀二年，復詔行之，四年罷，其税賦依未方舊則輸納。十一月，詔：方田官吏非特妄增田税，又兼不食之山方之，俾出芻草之直，民户因時廢業失所。監司其悉改正，毋失其舊。

政和三年，河北西路提舉常平司奏：所在地色極多，不下百數，及至均税，不過十等。第一等雖出十分之税，地土肥沃，尚以爲輕；第十等只均一分，多是瘠鹵，出税雖少，猶以爲重。若不入等，則積多而至一頃，止以柴蒿之直，爲錢自一百而至五百，比次十等，全不受税；既收入等，但可耕之地便有一分之税，其間下色之地與柴蒿之地不相遠，乃一例每畝均税一分，上輕下重。欲乞土色十等如故外，即十等之地再分上、中、下三等，折畝均數。謂如第十等地每十畝合折第一等一畝，即十等之上，受税十一，不改元則；十等之中，數及十五畝，十等之下，數及二十畝，方比上等受一畝之税，庶幾上下輕重皆均。詔諸路概行其法。五年，福建、利路茶户山園，如鹽田例免方量均税。

宣和元年，臣僚言：方量官憚於跋履，並不躬親，行纏拍埄、驗定土色，一付之胥吏。致御史臺受訴，有二百餘畝方爲二十畝者，有二頃九十六畝方爲一十七畝者，虔之瑞金縣是也。有租税十有三錢而增至二貫二百者，有租税二十七錢則增至一貫四百五十者，虔之會昌縣者是也。望詔常平使者檢察。二年，遂詔罷之。民因方量流徙者，守令招誘歸業；荒閑田土，召人請佃。自今諸司毋得起請方田。諸路已方量者，賦税不以有無訴論，悉如舊額輸納；民逃移歸業，已前逋欠税租，並與除放。

《宋史》卷一七六《食貨志·屯田》 前代軍師所在，有地利則開屯田、營田，以省餽饟。宋太宗伐契丹，規取燕薊，邊隙一開，河朔連歲繹騷，耕織失業，州縣多閑田，而緣邊益增戍兵。自雄州東際于海，多積水，契丹患之，不得肆其侵突；順安軍西至北平二百里，其地平曠，歲常自此而入。議者謂宜度地形高下，因水陸之便，建阡陌，濬溝洫，益樹五稼，可以實邊廪而限戎馬。端拱二年，分命左諫議大夫陳恕、右諫議大夫樊知古爲河北東、西路招置營田使，恕對極言非便。行數日，有詔令修完城堡，通導溝瀆，而營田之議遂寢。時又命知代州張齊賢制置河東諸州營田，尋亦罷。

六宅使何承矩請於順安砦西引易河築堤爲屯田。既而河朔連年大水，及承矩知雄州，又言宜因積潦蓄爲陂塘，大作稻田以足食。會滄州臨津令閩人黄懋上書言：閩地惟種水田，緣山導泉，倍費功力。今河北州軍多陂塘，引水溉田，省功易就，三五年間，公私必大獲其利。詔承矩按視，還，奏如懋言。遂以承矩爲制置河北沿邊屯田使，懋爲大理寺丞充判官，發諸州鎮兵一萬八千人給其役。凡雄莫霸州、平戎順安等軍興堰六百里，置斗門，引淀水灌溉，初年種稻，值霜不成。懋以晚稻九月熟，河北霜早而地氣遲，江東早稻七月即熟，取其種課令種之，是歲八月，稻熟。初，承矩建議，沮之者頗衆；武臣習攻戰，亦耻於營葺。既種稻不成，羣議愈甚，事幾爲罷。至是，承矩載稻穗數車，遣吏送闕下，議者乃息。而莞蒲、蜃蛤之饒，民賴其利。

度支判官陳堯叟等亦言：漢、魏、晉、唐於陳、許、鄧、潁暨蔡、宿、亳至于壽春，用水利墾田，陳迹具在。請選官大開屯田，以通水利，發江、淮下軍散卒及募民充役。給官錢市牛、置耕具，導溝瀆，築防堰。每屯千人，人給一牛，治田五十畝，雖古制一夫百畝，今且墾其半，俟久而古制可復也。畝約收三斛，歲可收十五萬斛，七州之間置二十屯，可得三百萬斛，因而益之，數年可使倉廪充實，省江、淮漕運。民田未闢，官爲種植，公田未墾，募民墾之，歲登所取，並如民間主客之例。傅子曰：陸田命懸於天，人力雖修，苟水旱不時，則一年之功棄矣。水田之制由人力，人力苟修，則地利可盡。且蟲災之害亦少於陸田，水田既修，其利兼倍。帝覽奏嘉之，遣大理寺丞皇甫選、光禄寺丞何亮乘傳按視經度，然不果行。

至咸平中，大理寺丞黄宗旦請募民耕潁州陂塘荒地凡千五百頃。部民應募者三百餘户，詔令未出租税，免其徭役。然無助於功利。而汝州舊有洛南務，內園兵種稻，雍熙二年罷，賦予民，至是復置，命京朝官專掌。募民户二百餘，自備耕牛，立團長，墾地六百頃，導汝水溉灌，歲收二萬三千石。襄陽縣淳河，舊作堤截水入官渠，溉民田三千頃；宜城縣蠻河，溉田七百頃；又有屯田三百餘頃。知襄州耿望請於舊地兼括荒田，置營田上、中、下三務，調夫五百，築堤堰，仍集鄰州兵每務二百人，荊湖市牛七百分給之。是歲，種稻三百餘頃。

四年，陝西轉運使劉綜亦言：宜於古原州建鎮戎軍置屯田。今本軍一歲給芻粮四十餘萬石、束，約費茶鹽五十餘萬，儻更令遠民輸送，其費益多。請於軍城四面立屯田務，開田五百頃，置下軍二千人、牛八百頭耕種之；又於軍城前後及北至木峽口，各置堡砦，分居其人，無寇則耕，寇來則戰。就命知軍爲屯田制置使，自擇使臣充四砦監押，每砦五百人充屯戍。從之。既而原、渭州亦開方田，戎人內屬者皆依之得安其居。

是時兵費浸廣，言屯、營田者，輒詔邊臣經度行之。順安軍兵馬都監馬濟請於静戎軍東壅鮑河，開渠入順安、威虜二軍，置水陸營田於其側。命莫州部署石普護其役，踰年而畢。知保州趙彬復奏決雞距泉，自州西至滿城縣，分徐河水南流注運渠，廣置水陸屯田，詔駐泊都監王昭遜共成之。自是定州亦置屯田。五年，罷襄州營田下務。六年，耿望又請於唐州赭陽陂置務如襄州，歲種七十餘頃，方城縣令佐掌之，調夫耘耨。

景德初，從京西轉運使張巽之請，詔止役務兵。二年，令緣邊有屯、營田州軍，長吏並兼制置諸營田、屯田事，舊兼使者如故。大中祥符九年，改定保州、順安軍營田務爲屯田務，凡九州軍皆遣官監務，置吏屬。淮南、兩浙舊皆有屯田，後多賦民而收其租，第存其名。在河北者雖有其實，而歲入無幾，利在蓄水以限戎馬而已。天禧末，諸州屯田總四千二百餘頃，河北歲收二萬九千四百餘石，而保州最多，逾其半焉。

襄、唐二州營田既廢，景德中，轉運使許逖復之。初，耿望借種田人牛及調夫耨穫，歲入甚廣。後張巽改其法，募水户分耕，至逖又參以兵夫，久之無大利。天聖四年，遣尚書屯田員外郎劉漢傑往視，漢傑言：二州營田自復至今，襄州得穀三十三萬餘石，爲緡錢九萬餘；唐州得穀六萬餘石，爲緡錢二萬餘。所給吏兵俸廪、官牛雜費，襄州十三萬餘緡，唐州四萬餘緡，得不補失。詔廢以給貧民，頃收半稅。

其後陝西用兵，詔轉運司度隙地置營田以助邊計，又假同州沙苑監牧地爲營田，而知永興軍范雍括諸郡牛頗煩擾，未幾遂罷。右正言田況言：鎮戎、原、渭，地方數百里，舊皆民田，今無復農事，可即其地大興營田，以保捷兵不習戰者分耕，五百人爲一堡，三兩堡置營田官一領之，播種以時，農隙則習武事。疏奏，不用。後乃命三司户部副使夏安期等議並邊置屯田，迄不能成。

治平三年，河北屯田三百六十七頃，得穀三萬五千四百六十八石。熙寧初，以内侍押班李若愚同提點制置河北屯田事。三年，王韶言：渭源城而下至秦州成紀，旁河五六百里，良田不耕者無慮萬頃，治千頃，歲可得三十萬斛。知秦州李師中論：韶指極邊見招弓箭手地，恐秦州益多事。詔遣王克臣等按視，復奏與師中同。再下沈起，起奏：不見韶所指何地，雖實有之，恐召人耕種，西蕃驚疑。侍御史謝景温言：聞沈起妄指甘谷城弓箭手地以塞韶妄。而竇舜卿奏：實止有閒田一頃四十三畝。中書言：起未嘗指甘谷城地以實韶奏，而師中前在秦州與韶更相論奏，互有曲直。韶遂以妄指閒田自著作佐郎責保平軍節度推官，師中亦落待制。其後韓縝知秦州，乃言：實有古渭砦弓箭手未請空地四千餘頃。遂復韶故官，從其所請行之。明年，河北屯田司奏：豐歲屯田，入不償費。於是詔罷緣邊水陸屯田務，募民租佃，收其兵爲州廂軍。

時陝西曠土多未耕，屯戍不可撤，遠方有輸送之勤，知延州趙卨請募民耕以紓朝廷憂，詔下其事。經略安撫使郭逵言：懷寧砦所得地百里，以募弓箭手，無閒田。卨又言之，遂括地得萬五千餘頃，募漢蕃兵幾五千人，爲八指揮，詔遷卨官，賜金帛。而熙州王韶又請以河州蕃部近城川地招弓箭手，以山坡地招蕃兵弓箭手，每砦五指揮，以二百五十人爲額，人給地一頃，蕃官二頃，大蕃官三頃。熙河多良田，七年，詔委提點秦鳳路刑獄鄭民憲興營田，許奏辟官屬以集事。

樞密使吴充上疏曰：今之屯田，誠未易行。古者一夫百畝，又受田十畝爲公田，莫若因弓箭手倣古助田法行之。熙河四州田無慮萬五千頃，十分取一以爲公田，大約中歲畝一石，則公田所得十五萬石。官無屯營牛具廩給之費，借用衆力而民不勞，大荒不收而官無所損，省轉輸，平糴價，如是者其便有六。而提點刑獄鄭民憲言：祖宗時屯、營田皆置務，屯田以兵，營田以民，固有異制。然襄州營田既調夫矣，又取鄰州之兵，是營田不獨以民也；邊州營屯，不限兵民，皆取給用，是屯田不獨以兵也；至於招弓箭手不盡之地，復以募民，則兵民參錯，固無異也。而前後施行，或侵占民田，或差借耨夫，或諸郡括牛，或兵民雜耕，或諸州廂軍不習耕種、不能水土，頗致煩擾。至於歲之所入，不償其費，遂又報罷。惟因弓箭手爲助田法，一夫受田百畝，別以十畝爲公田，俾之自備種糧功力，歲畝收一石，水旱三分除一，官無廩給之費，民有耕鑿之利，若可以爲便。然弓箭手之招至，未安其業，而種糧無所仰給，又責其借力於公田，慮人心易搖，乞候稍稔推行。九年，詔：熙河弓箭手耕種不及之田，經略安撫司點廂軍田之，官置牛具農器，人一頃，歲終參較弓箭手、廂軍所種優劣爲賞罰。弓箭手逃地并營田召佃租課，許就近於本城砦輸納，仍免折變、支移。

元豐二年，改定州屯田司爲水利司。及章惇築沅州，亦爲屯田務，其後遂罷之，募民租佃，役兵各還所隸。五年，詔提舉熙河等路弓箭手、營田、蕃部共爲一司，隸涇原路制置司。提舉熙河營田康識言：新復土地，乞命官分畫經界，選知田廂軍，人給一頃耕之，餘悉給弓箭手，人加一頃，有馬者又加五十畝，每五十頃爲一營。四砦堡見缺農作廂軍，許於秦鳳、涇原、熙河三路選募廂軍及馬遞鋪卒，願行者人給裝錢二千。詔皆從之。

知太原府吕惠卿嘗上《營田疏》曰：今葭蘆、米脂裏外良田，不啻一二萬頃，夏人名爲真珠山、七寶山，言其多出禾粟也。若耕其半，則兩路新砦兵費，已不盡資内地，況能盡闢之乎？前此所不敢進耕者，外無捍衛也。今於葭蘆、米脂相去一百二十里間，各建一砦，又其間置小堡鋪相望，則延州之義合、白草與石州之吴堡、尅胡以南諸城砦，千里邊面皆爲内地，而河外三州荒閑之地，皆可墾闢以贍軍用。凡昔爲夏人所侵及蘇安靖棄之以爲兩不耕者，皆可爲法耕之。於是就糴河外，而使河内之民被支移者，量出脚乘之直，革百年遠輸貴糴，以免困公之弊。財力稍豐，又通葭蘆之道於麟州之神木，其通堡砦亦如葭蘆、米脂之法，而横山膏腴之地，皆爲我有矣。

七年，惠卿雇五縣耕牛，發將兵外護，而耕新疆葭蘆、吴堡間膏腴地號木瓜原者，凡得地五百餘頃，麟、府、豐州地七百三十頃，弓箭手與民之無力及異時兩不耕者又九百六十頃。惠卿自謂所得極厚，可助邊計，乞推之陝西。八年，樞密院奏：去年耕種木瓜原，凡用將兵萬八千餘人，馬二千餘匹，費錢七千餘緡，穀近九千石，糗糒近五萬斤，草萬四千餘束；又保甲守禦費緡錢千三百，米石三千二百，役耕民千五百，雇牛千具，皆彊民爲之；所收禾粟、蕎麥萬八千石，草十萬二千，不償所費。又借轉運司錢穀以爲子種，至今未償，增入人馬防拓之費，仍在年計之外。慮經略司來年再欲耕種，乞早約束。詔諭惠卿毋蹈前失。

河東進築堡砦，自麟石、鄜延南北近三百里，及涇原、環慶、熙河蘭會新復城砦地土，悉募廂軍配卒耕種免役。已而營田司言諸路募發廂軍皆不閑田作，遂各遣還其州。

紹興元年，知荆南府解潛奏辟宗綱、樊賓措置屯田，詔除宗綱充荆南府、歸峽州、荆門公安軍鎮撫使司措置五州營田官，樊賓副之。渡江後營田蓋始於此。其後荆州軍食仰給，省縣官之半焉。二年，德安府、復州、漢陽軍鎮撫使陳規放古屯田，凡軍士：相險隘，立堡砦，且守且耕，耕必給費，斂復給糧，依鋤田法，餘並入官。凡民：水田畝賦秔米一斗，陸田豆麥夏秋各五升，滿二年無欠，給爲永業。兵民各處一方，流民歸業寖衆，亦置堡砦屯聚之。凡屯田事，營田司兼之；營田事，府、縣兼之。廷臣因規奏推廣，謂一夫授田百畝，古制也，今荒田甚多，當聽百姓請射。其有闕耕牛者，宜用人耕之法，以二人曳一犂。凡授田，五人爲甲，別給蔬地五畝爲廬舍場圃。兵屯以大使臣主之，民屯以縣令主之，以歲課多少爲殿最。下諸鎮推行之。

詔江東、西宣撫使韓世忠措置建康營田，如陝西弓箭手法。世忠言：沿江荒田雖多，大半有主，難如陝西例，乞募民承佃。都督府奏如世忠議，仍蠲三年租，滿五年，田主無自陳者，給佃者爲永業。詔湖北、浙西、江西皆如之，其徭役科配並免。五年，詔淮南、川陝、荆襄屯田。

六年，都督張浚奏改江、淮屯田爲營田，凡官田逃田並拘籍，以五頃爲一莊，募民承佃。其法五家爲保，共佃一莊，以一人爲長，每莊給牛五具，耒耜及種副之，別給十畝爲蔬圃，貸錢七十千，分五年償。命樊賓、王弗行之。尋命五大將劉光世、韓世忠、張俊、岳飛、吴玠及江、淮、荆、襄、利路帥悉領營田使。遷賓司農少卿，提舉江、淮營田，置司建康，弗屯田員外郎副之。官給牛、種，撫存流移，一歲中收穀三十萬石有奇。殿中侍御史石公揆、監中嶽李寀及王弗皆言營田之害，張浚亦覺其擾，請罷司，以監司領之，於是詔帥臣兼領營田。

九月，以川陝宣撫吴玠治廢堰營田六十莊，計田八百五十四頃，歲收二十五萬石以助軍儲，賜詔獎諭焉。三十二年，督視湖北、京西軍馬汪澈言：荆、鄂兩軍屯守襄、漢，糧餉浩瀚。襄陽古有二渠，長渠溉田七千頃，木渠溉田三千頃，兵後堙廢。今先築堰開渠，募邊民或兵之老弱耕之，其耕牛、耒耜、種糧，令湖北、京西轉運司措置，既省餽運，又可安集流亡。從之。

隆興元年，臣僚言州縣營田之實，其說有十，曰：擇官必審，募人必廣，穿渠必深，鄉亭必修，器用必備，田處必利，食用必充，耕具必足，定税必輕，賞罰必行。且欲立賞格以募人，及住廣西馬綱三年以市牛。會有訴襄陽屯田之擾者，上欲罷之。工部尚書張闡言：今日荆襄屯田之害，以其無耕田之民而課之游民，游民不足而强之百姓，於是百姓舍己熟田而耕官生田，或遠數百里徵呼以來，或名雙丁而役其强壯，老稚無養，一方騷然，罷之誠是也。然自去歲以來，置耕牛農器，修長、木二渠，費已十餘萬，一旦舉而棄之，則荆襄之地終不可耕也。比見兩淮歸正之民，動以萬計，官不能續食，則老弱饑死，强者轉而之他。若使之就耕荆襄之田，非惟可免流離，抑使中原之民聞之，知朝廷有以處我，率皆襁負而至矣。異時墾闢既廣，取其餘以輸官，實爲兩便。詔除見耕者依舊，餘令虞允文同王珏措置。二年，江、淮都督府參贊陳俊卿言：欲以不披帶人，擇官荒田，標旗立砦，多買牛犂，縱耕其中，官不收租，人自樂從。數年之後，墾田必多，穀必賤。所在有屯，則村落無盗賊之憂，軍食既足，則饋餉無轉運之勞。此誠經久守淮之策。詔從之。

乾道五年三月，四川宣撫使鄭剛中撥軍耕種，以歲收租米對減成都路對糴米一十二萬石贍軍。然兵民雜處村疃，爲擾百端；又數百里外差民保甲教耕，有二三年不代者，民甚苦之。知興元府晁公武欲以三年所收最高一年爲額，等第均敷召佃，放兵及保甲以護邊。從之。八月，詔鎮江都統司及武鋒軍三處屯田兵並拘收入隊教閱。六年，罷和、揚州屯田。八年，復罷廬州兵屯田。

淳熙十年，鄂州、江陵府駐劄副都統制郭杲言：襄陽屯田，興置二十餘年，未能大有益於邊計。非田之不良，蓋人力有所未至。今邊陲無事，正宜修舉，爲實邊之計。本司有荒熟田七百五十頃，乞降錢三萬緡，收買耕牛農具，便可施功。如將來更有餘力，可括荒田接續開墾。從之。

紹熙元年，知和州劉煒以剩田募民充萬弩手分耕。嘉定七年，以京西屯田募人耕種。十三年，四川宣撫安丙、總領任處厚言：紹興十五年，諸州共墾田二千六百五十餘頃，夏秋輸租米一十四萬一千餘石，餉所屯將兵，罷民和糴，爲利可謂博矣。乾道四年以後，屯兵歸軍教閱，而營田付諸州募佃，遂致租利陷失，驕將豪民乘時占據，其弊不可概舉。今豪強移徙，田土荒閑，正當拘種之秋，合自總領所與宣撫司措置。其逃絶之田，關内外亦多有之，爲數不貲，其利不在營田之下，乞併括之。初，玠守蜀，以軍儲不繼，治褒城堰爲屯田，民不以爲便。因漕臣郭大中言，約中其數，使民自耕。民皆歸業，而歲入多於屯田。

端平元年八月，以臣僚言，屯五萬人於淮之南北，且田且守，置屯田判官一員經紀其事，暇則教以騎射。初弛田租三年，又三年則取其半。十月，知大寧監邵潛言：昔鄭剛中嘗於蜀之關隘雜兵民屯田，歲收粟二十餘萬石。是後屯田之利既廢，粮運之費益增，宜詔帥臣縱兵民耕之，所收之粟計直以償之，則總所無轉輸之苦，邊關有儲峙之豐，戰有餘勇，守有餘備矣。從之。

嘉熙四年，令流民於邊江七十里内分田以耕，遇警則用以守江；於邊城三五十里内亦分田以耕，遇警則用以守城；在砦者則耕四野之田，而用以守砦。田在官者免其租，在民者以所收十之一二歸其主，俟三年事定則各還元業。

咸淳三年，詔曰：淮、蜀、湖、襄之民所種屯田，既困重額，又困苛取，流離之餘，口體不充，及遇水旱，收租不及，而催輸急於星火，民何以堪！其日前舊欠並除之，復催者以違制論。

（明）陳邦瞻《宋史紀事本末》卷三七《王安石變法》〔熙寧二年十一月〕丙子，頒農田水利約束。自是進計者紛然，數年間，諸路凡得廢田萬七百九十三處，三十六萬一千一百七十八頃有奇，而民給役勞擾。

（明）陳邦瞻《宋史紀事本末》卷七五《建炎紹興諸政》〔紹興十六年〕春正月，帝親饗先農於東郊，行耤田禮。詔曰：朕惟兵興以來，田畝多荒，故不憚卑躬，與民休息。今疆場罷警，流徙復業，朕親耕耤田，以先黎庶，三推復進，勞賜耆老，嘉與世躋於富厚。昔漢文帝頻年下詔，首推農事之本，至於上下給足，減免田租，光於史册。朕心庶幾焉！

（明）陳邦瞻《宋史紀事本末》卷九八《公田之置》理宗淳祐六年十一月，殿中侍御史謝方叔言：豪強兼併之患，至今日而極，非限民名田，有所不可，是亦救世道之微權也。國朝駐蹕錢塘，百有二十餘年矣，外之境土日荒，内之生齒日繁，權勢之家日盛，兼併之習日滋，百姓日貧，經制日壞，上下煎迫，若有不可爲之勢。所謂富貴操柄者，若非人主之所得專，識者懼焉！夫百萬生靈資生養之具皆本於菽粟，而菽粟之産皆出於田。今百姓膏腴皆歸貴勢之家，租米有及百萬石者。小民百畝之田，頻年差充保役，官吏誅求百端，不得已則獻其産於巨室以規免役。小民田日減而保役不休，大官田日增而保役不及，以此弱之肉強之食，兼併浸盛，民無以遂其生。於斯時也，可不嚴立經制以爲之防乎？去年諫官嘗以限田爲説，朝廷付之悠悠，不知今日國用邊餉，皆仰和糴。然權勢多田之家，和糴不容以加之，保役不容以及之。敵人睥睨於外，盜賊窺伺於内，居此之時，與其多田厚貲，不可長保，曷若捐金助國，共紓目前？在轉移而開導之耳！乞諭二三大臣，摭臣僚論奏而行之，使經制以定，兼併以塞，於以尊朝廷，裕國計。陛下勿牽貴近之言以搖初意，大臣勿避仇怨之多而廢良策。帝從之。原注：按方叔此疏，蓋置公田之漸，故載於此。

景定四年二月，賈似道當國，以國計困於造楮，富民困於和糴，思有以變法，而未得其説。知臨安府劉良貴、浙西轉運使吴勢卿獻買公田之策。似道乃命殿中侍御史陳堯道、右正言曹孝慶、監察御史虞毖、張希顔上疏言：三邊屯列，非食不飽；諸路和糴，非楮不行。既未免於廪兵，則和糴所宜廣圖；既不免於和糴，則楮幣未容縮造。爲今日計，欲便國便民，而辦軍食重楮價者，莫若行祖宗限田之制。以官品計頃，以品格計數，下兩浙、江東、西，和糴去處，先行歸併詭析，後將官户田産逾限之數，抽三分之一回買以充公田。但得一千萬畝之田，則每歲可收六七百萬之米，其於軍餉，沛然有餘；可免和糴，可以餉軍，可以住造楮幣，可平物價，可安富室，一事行而五利興矣。帝從之。詔：買公田，置官田所，以劉良貴提領，通判陳訔爲檢閲，副之。良貴請下都省，嚴立賞罰，究歸併之弊。獨徐經孫條具其害，似道諷御史舒有開劾之。罷歸。浙西安撫魏克愚言：取四路民田，立限回買，所以免和糴而益邦儲，議者非不自以爲以且忠也，然未見其利，而適見其害。近給事中徐經孫奏言江西買田之弊甚詳，若浙西之弊，則尤有甚於經孫所言者。因歷述爲害者八事。疏奏，不省。未幾，帝手詔曰：永免和糴，無如買逾限之田爲良法。然東作方興，權俟秋成，續議施行。似道憤然上疏求去，復諷何夢然、陳堯道、曹孝慶抗章留之，且勸帝下詔慰勉。帝乃趣似道出視事，且曰：當始於浙西諸路，視之爲則。似道具陳其制，帝悉從之，二省奉行惟謹。似道首以己田在浙西者萬畝爲公田倡，榮王與芮繼之，趙立奎自陳投賣，由是朝野無敢言者。

六月庚申，詔平江、江陰、安吉、嘉興、常州、鎮江六郡已買公田三百五十餘萬畝，今秋成在邇，其荊湖、江西諸道，仍舊和糴。丙寅，詔：公田竣事，進劉良貴等官。初買官田猶有抑強嫉富之意，繼而敷派，除二百畝以下者免，餘各買三分之一，其後雖百畝之家亦不免。立價，以租一石償十八界會子四十〔楮〕，而浙西之田，石租有值千緡者，亦就此價。價錢稍多，則給銀、絹各半；又多，則給以度牒告身准直，登仕郎誥准三〔十〕〔千〕楮，將仕郎誥准千楮，許赴漕試，校尉誥准萬楮，承信郎誥准萬五千楮，承節郎誥准三萬楮，安人誥准四千楮，孺人誥准二千楮。民失實產而得虛誥，吏又恣爲操切，浙中大擾，民之破家失業者甚衆。官吏有奉行不至者，劉良貴輒劾之，追毀出身，永不收叙，由是有司爭以多買爲功。似道又以陳訔往秀、湖，廖邦傑往常、潤催督。其六郡買田有專官，平江則包恢、成公策，嘉興則潘墀、李補、焦煥炎，安吉則謝奕、趙與訔、王唐珪、馬元演，常州則洪穮、劉子庚，鎮江則章垧、郭夢熊，江陰則楊班、黄伸。恢在平江，至以肉刑從事。邦傑在常州，害民特甚，至有本無田而以歸併抑買自經者。朝廷惟以買公田爲功，詔進良貴官兩轉，餘進秩有差。

五年賈似道言：公田已成，若復以州縣總之，恐害不除而利不可久，請以江陰、平江公田隸浙西憲司，安吉、嘉興公田隸兩浙運司，〔常州〕、鎮江公田隸總所，每歲租輸之官倉，特與減饒二分，或水旱則別議放數，仍立四分司，以主管公田。每鄉置官莊一所，民爲官耕者曰官佃，爲官督者曰莊官，以富饒者充應，兩歲一更。初買時，上下迎合，惟欲買數之多，凡六七斗皆作一石，及租收有虧，則以其額取足於田主，遂爲無窮之害。

秋七月甲戌，彗星見。詔許中外直言，臺諫士庶多上書，以爲公田不便，民間愁怨所致。於是賈似道上書力辯，乞避位。帝曰：言事易，任事難，自古然也。使公田之説不可〔行〕，則卿建議之始，朕已沮之矣。惟其公私兼濟，所以舉意行之。今業已成矣，一歲之軍餉，仰給於此，若遽因人言罷之，雖可快一時之異議，如國計何！卿既任事，亦當任怨，禮義不愆，何恤人言。知臨安府劉良貴亦以人言藉藉，自陳括田之勞，乞從罷免。不允。由是公論頓沮。九月，賈似道請行經界推排法於諸路。由是江南之地，尺寸皆有税，民力益困。

度宗咸淳三年十二月，司農卿（李）〔季〕鏞言：經界嘗議修明矣，而修明卒不行，嘗令自實矣，而自實卒不竟。豈非上之任事者每欲避理財之名，下之害成者又每倡爲擾民之説，故寧坐視邑政之壞，而不敢詰猾吏奸民之欺，寧忍取下户之苛，而不敢受豪家大姓之怨！蓋經界之法，必多差官吏，必悉集都保，必徧走阡陌，必盡量步畝，心審定等色，必（細）〔紐〕折計等，奸弊轉生，久不迄事。乃若推排之法，不過以縣統都，以都統保，選任財富公平者，訂田畝税色，載之圖册，使民有定產，產有定税，税有定籍而已。臣守吴門，已嘗見之施行，今聞紹興亦漸就緒，湖南漕臣亦一路告成。竊謂東南諸郡皆奏行惟謹，其或田畝未實，則令鄉局釐正之；圖册未備，則令縣局程督之。又必郡守察縣之稽（遲）〔違〕，監司察郡之怠弛，嚴其號令，信其賞罰，期之秋冬以竟其事，責之年歲以課其成，如《周官》日成、月要、歲會以綜核之。於是詔諸路漕帥施行焉。

大抵南渡後，水田之利，富於中原，故水利大興。而諸籍没田募民耕者，皆仍私租舊額，每失之重。輸納之際，公私事例迥殊，私租額重而納輕，〔承佃猶可〕，公租額重而納亦重，則佃者不堪命，州縣胥吏與倉庫執事人，皆得爲侵漁之計。〔季世〕，金人乍和乍戰，戰則軍須浩繁，和則歲幣重大，國用常苦不繼。於是因民苦官租之重，下有司括買官田以給用，其初弛其力役以誘之，其終不免於抑配，此官田之弊也。嘉定以後，又有所謂安邊所田，收其租以助歲幣。後又限民名田，買其限外所有，謂之公田。初議欲省和糴以（輸）〔紓〕民力，而其弊極多，其租尤重。迄於宋亡，遺患猶不息云。

（清）畢沅《續資治通鑑》卷八九《宋紀·徽宗》〔崇寧三年七月〕辛卯，蔡京等言：自開阡陌，使民得以田私相賈〔貿〕易。富者恃其有餘，厚立價以規利；貧者迫於不足，薄移税以速售。富者莫非膏腴，而賦調反輕；貧者所存瘠薄，而賦調反重，因循至今，其弊愈甚。熙寧初，神宗灼見此弊，遂詔有司講究方田利害，作法而推行之。蓋以土色肥磽別田之美惡，定賦之多寡，方爲之帳，而步畝高下丈尺不可隱；户給之帖，而賦調升合尺寸無所遺。以賣買則民不能容其巧，以推收則吏無所措其姦，邦財自此豐，民賦自此省。五路州縣有經方田者，至今公私以爲利。遭元祐紛更，美意良法，未徧於天下。今檢會《熙寧方田敕》，推廣神考法意，刪去重複，取其應行者，爲《崇寧方田敕令格式》，乞付三省頒降施行。從之。

（清）畢沅《續資治通鑑》卷九一《宋紀·徽宗》〔政和二年十一月〕丁丑，御筆言：方田之法，本以均税，有司奉行違戾，貨賄公行。豪右形勢之家，類蠲賦役而移於下户，致使流徙，常賦所入，虧額致多，殊失先帝厚民裕國之意。已降指揮，權罷方量；有訴訟賦役不均者，且依未方以前舊數，其流移人户，仰守令多方措置，招誘歸業。

（清）畢沅《續資治通鑑》卷一一六《宋紀·高宗》〔紹興六年〕二月，壬寅，都督府奏改江、淮營田爲屯田。

先是言屯田者甚衆，而行之未見其效。會張浚出行邊，因出户帖錢二十萬緡爲本。浚請應事務並申行府措置，俟就緒日歸省部，許之。於是官田、逃田並行拘籍，依民間例召莊客承佃，每五頃爲一莊。客户五家相保共佃，一人爲佃頭。每客，官給牛五具，種子、農器副之。每家別給萊〔菜〕田十畝，又貸本錢七十千，分二年償，勿取息，若收成日願以斛斗折還者聽。遂命屯田郎官樊賓、提舉糧料院王弗同推行焉。

（清）畢沅《續資治通鑑》卷一二七《宋紀·高宗》〔紹興十六年三月〕己亥，工部奏立淮東、江東、兩浙、湖北諸縣歲較營田賞罰格。其法以紹興七年至十三年所收稞〔課〕利最多，酌中者爲額。每縣令以十分爲率，取二分賞之。歲收增三分至一分以上，並減磨勘年；仍以最虧一縣爲罰。

（清）畢沅《續資治通鑑》卷一七八《宋紀·度宗》〔咸淳四年〕六月，辛巳，詔：罷浙西諸州公田莊，官募民自耕，輸租減什三，毋私相易田，違者以盜賣官田論。

（清）徐松《宋會要輯稿·食貨六六·役法》紹熙元年二月二十九日，臣僚言：近見朝廷從兩浙漕臣之請，所至揭榜，限以兩季，令官民户歸併詭名挾户。限滿不自首者，許鄉司等告首。將及限滿，尚未聞有自首歸併者。臣竊謂欲革此弊，莫若命郡守各於僚屬擇能通練清強者，每邑一員，再展期限，專一措置，嚴行督責，務在必行。其所委之官，措置有方，許令守臣保明，量與推賞。詔潘景珪措置聞奏。既而景珪言：每縣欲置木櫃二口，封□印押於縣門一口，（今）〔令〕展限內許詭名置産人實封狀擲櫃自首，十日一次，知縣躬親開櫃，即與免罪，追鄉司歸併入户內。一口（今）〔令〕展限外許諸色人并見役公吏、鄉司及保正、副保長、户長、承帖催税家人具實封狀，告首詭名挾户之家擲櫃內，十日一次，知縣躬親開櫃拆封，呼及鄉司，究證得實，將告中田産依條給告人，犯人從條斷罪。所告人內有公吏、鄉司等向斷罷已經叙理充役，若被告人出名或結託親知，經官陳訴冒役，官司並不得受理。若首産之後，別有被罷冒役之人，方許受理。仍令轉運、提刑、提舉、安撫司照會。所置木櫃，仍造牌二面，其一書召人自陳詭名挾户，其一書召人告首詭（户）〔名〕挾户。詭名挾户之家，除人力佃客幹當掠米人不許告首外，田鄰并受寄人亦許令擲櫃首。如點檢得實，與免罪，將告中田産亦給與告人。如被他人陳告，田鄰并受寄人知情，依條科斷。告首狀擲櫃日，知縣躬親拆封。若有自首狀，雖已被他人擲櫃告首，知縣點檢得實，亦理爲自首，與免罪歸併。一、官户除登科軍功蔭補外，餘依非泛補授，不得豁除限田。指揮官户於户下書名。若係執政、侍從、兩省、臺諫、卿（諫）〔監〕、郎官，注云見任某官，亡殁者，即云曾任某官。官户既已取見職位、姓名，若已亡殁，即將格内合得田產，據子孫人數均筭。官户合得限田，子孫雖多，須是服闋之後，已曾分析，方合據户均筭。鄉司諸色人能首併人户詭名置產，依今來指揮，照條推賞給產。如逐縣故有阻抑，許直經轉運司陳理。官户依格合破限田，其家田產不及格數，受寄民户田畝入户揍充，並許受寄官户令幹人等首。知縣究證得實，將告中田產盡行給賞。如他人陳告，亦當坐罪。詭名挾户之家，於今展限内不自陳首，又無人告論，即從逐縣知縣索諸鄉户長、催税承帖家人脚頭簿點檢所催税去處，便可照應詭名。詭名置產，依淳熙十六年七月一十八日指揮，先限一季，又展一季，限滿更展一季，係是三次立限。限内不首，更不展日，若被人陳首，即從今降指揮施行。不曾首併田產税色之人，逐縣出榜告示，今後不許作代納銷鈔。典賣田產之人，知典賣主係是詭名，許行陳首。根究（指）〔詣〕實，將元典賣田產給還原主。從之。

（清）徐松《宋會要輯稿·食貨七〇·方田雜録》〔熙寧七年〕四月四日，詔：方田，每方差大甲頭二人，以本方上户充小甲頭，三人同集方户，令各認步畝，方田官躬驗逐等地色，更勒甲頭、方户同定，寫成草帳，於逐段長闊步數下各計定頃畝。官自募人覆筭，更別造方帳，限四十日畢。先點印記曉示方户，各具書筭人寫造草帳、莊帳，候給户帖，連莊帳付逐户以爲地符。

六日，上批：應災傷路分方田、保甲，除已編排方量了畢，止是攢造文字處，許依條限了絶外，其見編排方畢，方造五等簿處，可速指揮並權罷。

（清）徐松《宋會要輯稿·食貨七〇·方田雜録》〔元豐〕八年十月二十五日，詔罷方田。

徽宗崇寧四年二月十六日，尚書省奏：賦調之不平久矣。自開阡陌，使民得以田租私相貿易，富者貪於有餘，厚價以規利，貧者迫於不足，移税以速售。故富者跨州軼縣，所占者莫非膏腴，而賦調反輕。貧者所存無幾，又且瘠（簿）〔薄〕，而賦調反重。熙寧初年，神宗皇帝詔有司講究方田利害，蓋以土色肥磽別田之美惡，定賦調之多寡。已行之五路，至今公私爲利。今取熙寧方〔田〕敕删取重複衝改，取其應行者爲方田法，乞付三省頒降。從之。

大觀三年六月九日，臣僚言：方田之制，即《周官》土均之法，制天下之地征，蓋所以均之，非增之也。訪聞京西南路將方田十等併作五等，又欲以河南府比附輕重，一概增之，殊戾詔旨，以致民間訟訴不絶，或致流徙，甚非經久之策。其張徽言所建增税議，乞不施行。從之。初，徽言爲京西轉運副使，以汝、襄、鄧州税輕，請依唐州用新定十等地色，分五等立税。不及者增之，已重〔者〕如故。至是，言者（諭）其掊克，故寢前議而罷徽言開封府少尹，送吏部。

四年四月二十一日，詔：方田之法，均賦平民。近歲以來，有司推行怠惰，監司督察不嚴，賄賂公行，高下失寔，下户受弊，有害法度。可嚴飭所屬，仍仰監司覺察，如違，當行嚴斷。

（清）徐松《宋會要輯稿·食貨七〇·方田雜録》〔政和二年〕八月十八日，詔令京西南、北路監司：應已方田，並選差官前去體量有無違法不均不寔，出税有無偏重偏輕。如不曾方量處，即且令依舊出税，別選他州縣官互行差委前去重行方量。即不得差本州縣寄居、待闕等官。所委官仰先習熟法内行遣，次第選差非本州縣吏人前去，盡公施行。如違，以違制論。即因而受財乞取，以自盗論。贓輕，吏人、公人並配二千里。

（清）徐松《宋會要輯稿·食貨七〇·方田雜録》〔政和〕三年三月七日，河北西路提舉常平司奏：方田縣分官吏不務盡公，致人户論訴紊煩，官司再行方量，費用不少，其元承行官吏往往替移。乞候方量了當，見得委是頃畝出縮，土色交錯，致所納税賦不均，及有情倖去處，其指教并方量官吏合該罪犯。特乞不許自首，及不以去官赦降原免。詔依，餘路准此。

（清）徐松《宋會要輯稿·食貨七〇·方田雜録》〔政和〕六年九月六日，詔河東、陝西路依鄜延路例權住方田。從童貫請也。

八年九月三日，詔：昨臣僚言事，付之大臣審度，以爲可行，請降親劄。繼聞於民弗便，夙夜靡遑，建議者已行罷斥，如拘收白地、方田增税等，皆搔擾刻削，可並不行。仰三省更條害民蠹國者以聞，朕不憚改。

宣和元年二月十四日，臣僚言：方田以均天下之税，此神考良法也。陛下推而行之，今十餘年，告成者六路，可謂緩而不迫矣。御史臺受訴，乃有二百餘畝方爲二十畝者；有二頃九十六畝方爲一十七畝者，（處）

〔虔〕州之瑞金是也。有租税一十三錢而增至二貫二百者，有租税二十七錢而增至一貫四百五十者，（處）〔虔〕州之會昌是也。問其所以然之故，云：方量官憚於跋履，並不躬親而行纏拍峰，驗定土色，一付之於胥吏，遂使朝廷良法美意壅格而不下究，可勝惜哉！望詔常平使者，如方（官田）〔田官〕不肯躬親，常密行檢察，他時訴者有辭，而提舉司失於覺察，則明加貶黜改正。詔依，仍令逐路提刑司體究詣寔以聞。

（清）徐松《宋會要輯稿·食貨七〇·方田雜録》〔宣和二年十二月〕二十四日，詔：自今後不得諸司起請方田，見方未方、已方而未起税者，並罷。如敢有違，官吏並送御史臺，以違御筆論，吏人不以有無，並配海島。根括納租者，並同。

（清）徐松《宋會要輯稿·刑法二·禁約》〔嘉定〕十六年正月五日，臣僚言：年來僞楮日甚，丁卯舊楮綴補以爲新者有之，蜀道楮綱潛易於中流者有之，小夫寠人之家盜天子之權，私鑄印文者亦有之。如一界之楮爲數若干，行之數年之間，耗於水火，耗於破損，耗於遐方，踰界而不易者，又不知其幾也。及其界滿而收也，其數常溢，則僞楮之多可知。今僞造有禁，刊之印文，編之敕令，非不嚴具，而愚民無知，抵冒自若，意者朝廷過於仁厚，前後犯禁之人未必盡論如法，故小人猶得以玩之歟！乞條具累朝僞造官會之禁，嚴立黄版，揭示都闤，仍下逐路鏤版，其有犯者，斷在必行。官司或失覺察，併寘典憲，仍重捕獲之賞。從之。

（明）王圻《續文獻通考》卷一四《田賦考·屯田》 太宗會同五年正月，詔以契丹分屯南邊。

聖宗統和十二年十二月，賜南軍統司貧户耕牛。

時耶律昭坐事流西北部，撻凜招致門下問曰：今軍旅南罷三邊晏然，惟阻卜伺隙而動，討之則路遠難致，縱之則邊民被掠，增戍兵則餽餉不給。欲苟一時之安，不能終保無虞。計將安出？昭以書答曰：竊聞治得其要，則仇敵爲一家，失其術則部曲爲行路。夫西北諸部，每當農時，一夫爲偵候，一夫治公田，一夫給糺官之役，大率四丁無一室處。芻牧之事，仰給妻孥，一遭寇掠，貧窮立致。春夏賑恤，吏多雜以糠粃，重以掊克，不過數月，又復告困。且畜牧者，富國之本，有司防其隱没，聚之一所，不得各就水草便地。兼以逋亡戍卒，隨時補調，不習風土，故日瘠月削，馴致耗竭。爲今之計，莫若賑窮薄賦，給以牛種，使遂耕獲。置游兵以防盜掠，頒俘獲以助伏臘，散畜牧以就便地，期以數年，富強可望。然後練簡精兵，以備行伍，何守之不固，何動而不尅哉。撻凜然之。太平五年六月，禁諸屯田不得擅貸官粟。

興宗重熙中，西番多叛，欲爲禦守計，命耶律唐古督耕稼，以給西軍。唐古率衆田臚朐河側，歲登上熟。移屯鎮州，凡十四稔，積粟數十萬斛，每斛不過數錢。太安末，太子洗馬劉輝上書言西邊諸番爲患，士卒遠戍，中國之民困於飛輓，非長久之策。爲今之計，莫若城於臚濼，實以漢户，使耕田聚糧，以爲西北之費。言雖不行，識者韙之。十二年四月，詔選南北府兵，富者援山西路，餘令屯田於天德軍。

（清）嵇璜《續通典》卷二《食貨·田制遼》 遼太宗會同三年，詔於諧里河臚朐河之近地，給賜南院鄂津圖嚕伊遜巴勒，北院烏納哈喇錫林爲農田。聖宗統和中，蕭達林爲西北路招討使，以準布部都落伺隙而動，欲增戍兵，又恐餽餉不給，問於耶律昭。昭以書答曰：竊聞治得其要，則仇敵爲一家，失其術則部曲爲行路。夫西北諸部，每當農時，一夫爲偵候，一夫治公田，二夫給糺官之役，大率四丁無一室處。芻收之事，仰給妻孥，一遭寇掠，貧窮立至。春夏賑恤，吏多雜以糠粃，重以掊克，不過數月，又復告困。且商牧者，富國之本，有司防其隱没，聚之一所，不得各就水草便地。兼以逋亡戍卒，隨時補調，不習風土，故日瘠月損，馴至耗竭。爲今之計，若賑窮薄賦，給以牛種，使遂耕穫。置游兵以防盜掠，頒俘獲以助伏臘，散商牧以就便地，期以數年，富彊可望。然後練簡精兵，以備行伍，何守之不固，何動而不克哉。七年，詔括民田。又詔燕樂、密雲二縣荒地，許民耕種，免賦役。十三年，詔昌平、懷柔等縣，諸人請業荒地。十五年，詔諸道勸民種樹。又詔品部曠地，令民耕種。又募民耕灤州荒地，免其租賦。

《金史》卷四七《食貨志·田制》 田制。量田以營造尺，五尺爲步，闊一步，長二百四十步爲畝，百畝爲頃。民田業各從其便，賣質於人無禁，但令隨地輸租而已。凡桑棗，民户以多植爲勤，少者必植其地十之三，猛安謀克户少者必課種其地十之一，除枯補新，使之不闕。凡官地，猛安謀克及貧民請射者，寬鄉一丁百畝，狹鄉十畝，中男半之。請射荒地者，以最下第五等減半定租，八年始徵之。作己業者以第七等減半爲税，七年始徵之。自首冒佃比隣地者，輸官租三分之二。佃黄河退灘者，次年納租。

太宗天會九年五月，始分遣諸路勸農之使者。熙宗天會十四年，罷來流、混同間護邏地，以予民耕牧。海陵正隆元年二月，遣刑部尚書紇石烈婁室等十一人，分行大興府、山東、真定府，拘括係官或荒閑牧地，及官民占射逃絶户地，戍兵占佃宫籍監、外路官本業外增置土田，及大興府、平州路僧尼道士女冠等地，蓋以授所遷之猛安謀克户，且令民請射，而官得其租也。

世宗大定五年十二月，上以京畿兩猛安民户不自耕墾，及伐桑棗爲薪鬻之，命大興少尹完顔讓巡察。

十年四月，禁侵耕圍場地。十一年，謂侍臣曰：往歲，清暑山西，傍路皆禾稼，殆無牧地。嘗下令，使民五里外乃得耕墾。今聞其民以此去之他所，甚可矜憫。其令依舊耕種，毋致失業。凡害民之事患在不知，知之朕必不爲。自今事有類此，卿等即告毋隱。

十三年，敕有司：每歲遣官勸猛安謀克農事，恐有煩擾。自今止令各管職官勸督，弛慢者舉劾以聞。

十七年六月，邢州男子趙迪簡言：隨路不附籍官田及河灘地，皆爲豪强所占，而貧民土瘠税重，乞遣官拘籍冒佃者，定立租課，復量減人户税數，庶得輕重均平。詔付有司，將行而止。復以近都猛安謀克所給官地率皆薄瘠，豪民租佃官田歲久，往往冒爲己業，令拘籍之。又謂省臣曰：官地非民誰種，然女直人户自鄉土三四千里移來，盡得薄地，若不拘刷良田給之，久必貧乏，其遣官察之。又謂參知政事張汝弼曰：先嘗遣問女直土地，皆云良田。及朕出獵，因問之，則謂自起移至此，不能種蒔，斫蘆爲席，或斬芻以自給。卿等其議之。省臣奏，官地所以人多蔽匿盜耕者，由其罪輕故也。乃更條約，立限令人自陳，過限則人能告者有賞。遣同知中都路轉運使張九思往拘籍之。

十九年二月，上如春水，見民桑多爲牧畜齧毁，詔親王公主及勢要家，牧畜有犯民桑者，許所屬縣官立加懲斷。

十二月謂宰臣曰：亡遼時所撥地，與本朝元帥府，已曾拘籍矣。民或指射爲無主地，租佃及新開荒爲己業者可以拘括。其間播種歲久，若遽奪之，恐民失業。因詔括地官張九思戒之。復謂宰臣曰：朕聞括地事所行極不當，如皇后莊、太子務之類，止以名稱便爲官地，百姓所執憑驗，一切不問。其相隣冒占官地，復有幸免者。能使軍户稍給，民不失業，乃朕之心也。

二十年四月，以行幸道隘，扈從人不便，詔户部沿路頓舍側近官地，勿租與民耕種。又詔故太保阿里先於山東路撥地百四十頃，大定初又於中都路賜田百頃，命拘山東之地入官。五月，諭有司曰：白石門至野狐嶺，其間淀濼多爲民耕植者，而官民雜畜往來無牧放之所，可差官括元荒地及冒佃之數。

二十一年正月，上謂宰臣曰：山東、大名等路猛安謀克户之民，往往驕縱，不親稼穡，不令家人農作，盡令漢人佃蒔，取租而已。富家盡服紈綺，酒食游宴，貧者争慕效之，欲望家給人足，難矣。近已禁賣奴婢，約其吉凶之禮，更當委官閲實户數，計口授地，必令自耕，力不贍者方許佃於人。仍禁其農時飲酒。又曰：奚人六猛安，已徙居咸平、臨潢、泰州，其地肥沃，且精勤農務，各安其居。女直人徙居奚地者，菽粟得收穫否？左丞守道對曰：聞皆自耕，歲用亦足。上曰：彼地肥美，異於他處，惟附都民以水害稼者賑之。

三月，陳言者言豪强之家多占奪田者。上曰：前參政納合椿年占地八百頃，又聞山西田亦多爲權要所占，有一家一口至三十頃者，以致小民無田可耕，徙居陰山之惡地，何以自存。其令占官地十頃以上者皆括籍入官，將均賜貧民。省臣又奏，椿年子猛安參謀合、故太師耨盌温敦思忠孫長壽等，親屬計七十餘家，所占地三千餘頃。上曰：至秋，除牛頭地外，仍各給十頃，餘皆拘入官。山後招討司所括者，亦當同此也。又謂宰臣曰：山東路所括民田，已分給女直屯田人户，復有籍官閑地，依元數還民，仍免租税。

六月，上謂省臣曰：近者大興府平、灤、薊、通、順等州，經水災之地，免今年税租。不罹水災者姑停夏税，俟稔歲徵之。時中都大水，而濱、棣等州及山後大熟，命修治懷來以南道路，以來糴者。又命都城減價以糶。又曰：近遣使閲視秋稼，聞猛安謀克人惟酒是務，往往以田租人，而預借三二年租課者。或種而不耘，聽其荒蕪者。自今皆令閱實各户人力，可耨幾頃畝，必使自耕耘之，其力果不及者方許租賃。如惰農飲酒，勸農謀克及本管猛安謀克并都管，各以等第科罪。收穫數多者則亦以等第遷賞。

七月，上謂宰臣曰：前徙宗室户於河間，撥地處之，而不迴納舊地，豈有兩地皆占之理，自今當以一處賜之。山東刷民田已分給女直屯田户，復有餘地，當以還民而免是歲之租。八月，尚書省奏山東所刷地數，上謂梁肅曰：朕嘗以此問卿，卿不以言。此雖稱民地，然皆無明據，括爲官地有何不可？又曰：黄河已移故道，梁山濼水退，地甚廣，已嘗遣使安置屯田。民昔嘗恣意種之，今官已籍其地，而民懼徵其租，逃者甚衆。若徵其租，而以冒佃不即出首罪論之，固宜。然若遽取之，恐致失所。可免其徵，赦其罪，别以官地給之。御史臺奏大名、濟州因刷梁山濼官地，或有以民地被刷者。上復召宰臣曰：雖曾經通檢納税，而無明驗者，復當刷問。有公據者，雖付本人，仍須體問。十月，復與張仲愈論冒占田事。

二十二年，以附都猛安户不自種，悉租與民，有一家百口壠無一苗者，上曰：勸農官，何勸諭爲也，其令治罪。宰臣奏曰：不自種而輒與人者，合科違例。上曰：太重，愚民安知。遂從大興少尹王脩所奏，以不種者杖六十，謀克四十，受租百姓無罪。

又命招復梁山濼流民，官給以田。時人户有執契據指墳壠爲驗者，亦拘在官，先委恩州刺史奚晦招之，復遣安肅州刺史張國基驗實給之，如已撥係猛安，則償以官田。上曰：工部尚書張九思執强不通，向遣刷官田，凡犯秦、漢以來名稱，如長城、燕子城之類者，皆以爲官田。此田百姓爲己業不知幾百年矣，所見如此，何不通之甚也。八月，以趙王永中等四王府冒占官田，罪其各府長史府掾，及安次、新城、宛平、昌平、永清、懷柔六縣官，皆罰贖有差。

九月，遣刑部尚書移剌慥于山東路猛安内摘八謀克民，徙于河北東路酬斡、青狗兒兩猛安舊居之地，無牛者官給之。河間宗室未徙者令盡徙于平州，無力者官津發之，土薄者易以良田。先嘗令俟豐年則括籍官地，至是歲，省臣復以爲奏，上曰：本爲新徙四猛安貧窮，須刷官田與之，若張仲愈等所擬條約太刻，但以民初無得地之由，自撫定後未嘗輸税，妄通爲己業者，刷之。如此，恐民苦之，可爲酬直。且先令猛安謀克人户，隨宜分處，計其丁壯牛具，合得土田實數，給之。不足，則以前所刷地二萬餘頃補之。復不足，則續當議。時有落兀者與婆薩等争懿州地六萬頃，以皆無據驗，遂没入官。

二十七年，隨處官豪之家多請占官地，轉與它人種佃，規取課利。命有司拘刷見數，以與貧難無地者，每丁授五十畝，庶不至失所，餘佃不盡者方許豪家驗丁租佃。章宗大定二十九年五月，擬再立限，令貧民請佃官地，緣今已過期，計已數足，其占而有餘者，若容告訐，恐滋姦弊。況續告漏通地，敕旨已革，今限外告者宜却之，止付元佃。兼平陽一路地狹人稠，官地當盡數拘籍，驗丁以給貧民。上曰：限外指告多佃官地者，却之，當矣。如無主不願承佃，方許諸人告請。其平陽路宜計丁限田，如一家三丁已業止三十畝，則更許存所佃官地一頃二十畝，餘者拘籍給付貧民可也。

七月，諭旨尚書省曰：唐、鄧、潁、蔡、宿、泗等處，水陸膏腴之地，若驗等級，量立歲租，寬其徵納之限，募民佃之，公私有益。今河南沿邊地多爲豪民冒占，若民或流移至彼，就募令耕，不惟貧民有贍，亦增羨官租。其給丁壯者田及耕具，而免其租税。八月，尚書省奏：河東地狹，稍凶荒則流亡相繼。竊謂河南地廣人稀，若令招集他路流民，量給閑田，則河東飢民減少，河南且無曠地矣。上從所請。九月戊寅，又奏：在制，諸人請佃官閑地者免五年租課，今乞免八年，則或多墾。並從之。十一月，尚書省奏：民驗丁佃河南荒閑官地者，如願作官地則免租八年，願爲己業則免税三年，並不許貿易典賣。若豪强及公吏輩有冒佃者，限兩月陳首，免罪而全給之，其税則視其鄰地定之，以三分爲率減一分，限外許諸人告詣給之。制可。

明昌元年二月，諭旨有司曰：瀕水民地，已種蒔而爲水浸者，可令以所近官田對給。

三月，敕當軍人所受田，止令自種，力不足者方許人承佃，亦止隨地所産納租，其自欲折錢輸納者從民所欲，不願承佃者毋强。

六月，尚書省奏：近制以猛安謀克户不務栽植桑果，已令每十畝須栽一畝，今乞再下各路提刑及所屬州縣，勸諭民户，如有不栽及栽之不及十之三者，並以事怠慢輕重罪科之。詔可。

八月，敕隨處係官閑地，百姓已請佃者仍舊，未佃者以付屯田猛安謀克。

三年六月，尚書省奏：南京、陝西路提刑司言，舊牧馬地久不分撥，以致軍民起訟，比差官往各路定之。凡民户有憑驗已業，及宅井墳園，已改正給付，而其中復有官地者，亦驗數對易之矣。兩路牧地，南京路六萬三千五百二十餘頃，陝西路三萬五千六百八十餘頃。

五年，諭旨尚書省：遼東等路女直、漢兒百姓，可並令量力爲蠶桑。二月，陳言人乞以長吏勸農立殿最，遂定制能勸農田者，每年謀克賞銀絹十兩疋，猛安倍之，縣官於本等陞五人。三年不怠者猛安謀克遷一官，縣官陞一等。田荒及十之一者笞三十，分數加至徒一年。三年皆荒者，猛安謀克追一官，縣官以陞等法降之。爲永格。

六年二月，詔罷括陝西之地。又陝西提刑司言：本路户民安水磨、油栿，所占步數在私地有税，官田則有租，若更輸水利錢銀，是重併也，乞除之。省臣奏：水利錢銀以輔本路之用，未可除也，宜視實占地數，除税租。命他路視此爲法。

承安二年，遣户部郎中上官瑜往西京并沿邊，勸舉軍民耕種。又差户部郎中李敬義往臨潢等路規畫農事。舊令，軍人所授之地不得租賃與人，違者苗付地主。泰和四年九月定制，所撥地土十里内自種之數，每丁四十畝，續進丁同此，餘者許令便宜租賃及兩和分種，違者錢業還主。上聞六路括地時，其間屯田軍户多冒名增口，以請官地，及包取民田，而民有空輸税賦、虚抱物力者，應詔陳言人多論之。五年二月，尚書省奏：若復遣官分往，追照案憑，訟言紛何時已乎。遂令虚抱税石已輸送入官者，命於税内每歲續剋之。

泰和七年，募民種佃清河等處地，以其租分爲諸春水處餌鵝鴨之食。

八年八月，户部尚書高汝礪言：舊制，人户請佃荒地者，以各路最下第五等減半定租，仍免八年輸納。若作已業，並依第七等税錢減半，亦免三年輸納。自首冒佃比隣田，定租三分納二。其請佃黄河退灘地者，次年納租。向者小民不爲久計，比至納租之時多巧避匿，或復告退，蓋由元限太遠，請佃之初無人保識故爾。今請佃者可免三年，作已業者免一年，自首冒佃并請退灘地，並令當年輸租，以隣首保識，爲長制。

宣宗貞祐三年七月，以既徙河北軍户於河南，議所以處之者，宰臣曰：當指官田及牧地分界之，已爲民佃者則俟秋穫後，仍日給米一升，折以分鈔。太常丞石抹世勣曰：荒田牧地耕闢費力，奪民素墾則民失所。況軍户率無牛，宜令軍户分人歸守本業，至春復還，爲固守計。上卒從宰臣議，將括之，侍御史劉元規上書曰：伏見朝廷有括地之議，聞者無不駭愕。向者河北、山東已爲此舉，民之塋墓井竈悉爲軍有，怨嗟爭訟至今未絶，若復行之，則將大失衆心。荒田不可耕，徒有得地之名，而無享利之實。縱得熟土，不能親耕，而復令民佃之，所得無幾，而使紛紛交病哉。上大悟，罷之。

八月，先以括地事未有定論，北方侵及河南，由是盡起諸路軍户南來，共圖保守，而不能知所以得軍糧之術。衆議謂可分遣官聚耆老問之，其將益賦，或與軍田，二者孰便。參政汝礪言：河南官民地相半，又多全佃官地之家，一旦奪之，何以自活。小民易動難安，一時避賦遂有捨田之言，及與人能勿悔乎，悔則忿心生矣。如山東撥地時，腴地盡入富家，瘠者乃付貧户，無益於軍，而民有損。惟當倍益官租，以給軍食，復以係官荒田牧地量數與之，令其自耕，則民不失業，官不厲民矣。從之。

三年十月，高汝礪言：河北軍户徙居河南者幾百萬口，人日給米一升，歲費三百六十萬石，半以給直，猶支粟三百萬石。河南租地計二十四萬頃，歲租纔一百五十六萬，乞於經費之外倍徵以給之。遂命右司諫馮開等五人分詣諸郡，就授以荒官田及牧地可耕者，人三十畝。

十一月，又議以括荒田及牧馬地給軍，命尚書右丞高汝礪總之。汝礪還奏：今頃畝之數較之舊籍甚少，復瘠惡不可耕，均以可耕者與之，人得無幾。又僻遠之處必徙居以就之，彼皆不能自耕，必以與人，又當取租於數百里之外。況今農田且不能盡闢，豈有餘力以耕叢薄交固、草根糾結之荒地哉。軍不可仰此得食也，審矣。今詢諸軍户，皆曰：得半糧猶足自養，得田不能耕，復罷其廪，將何所賴。臣知初籍地之時，未嘗按閲其實，所以不如其數，不得其處也。若復考計州縣，必各妄承風旨，追呼究結以應命。不足其數，則妄指民田以充之，則所在騷然矣。今民之賦役三倍平時，飛輓轉輸，日不暇給，而復爲此舉，何以堪之。且軍户暫遷，行有還期，何爲以此病民哉。病民而軍獲利，猶不可爲，況無所利乎。惟陛下加察。遂詔罷給田，但半給糧、半給實直焉。

四年，復遣官括河南牧馬地，既籍其數，上命省院議所以給軍者，宰臣曰：今軍户當給糧者四十四萬八千餘口，計當口占六畝有奇，繼來者不與焉。但相去數百里者，豈能以六畝之故而遠來哉。兼月支口糧不可遽罷，臣等竊謂軍户願佃者即當計口給之。自餘僻遠不願者，宜准近制，係官荒地許軍民耕闢例，令軍民得占蒔之。院官曰：牧馬地少，且久荒難耕，軍户復乏農器，然不給之，則彼自支糧外，更無從得食，非蓄鋭待敵之計。給之則亦未能遽減其糧，若得遲以歲月，俟頗成倫次，漸可以省官廩耳。今奪於有力者，即以授其無力者，恐無以耕。乞令司縣官勸率民户，借牛破荒，至來春然後給之。司縣官能率民户以助耕而無騷動者，量加官賞，庶幾有所激勸。宰臣復曰：若如所言，則司縣官貪慕官賞，必將抑配，以至擾民。今民家之牛，量地而畜之。況比年以來，農功甫畢則併力轉輸猶恐不及，豈有暇耕它人之田也。惟如臣等前奏爲便。詔再議之。乃擬民有能開牧馬地及官荒地作熟田者，以半給之爲永業，半給軍户。奏可。

四年，省奏：自古用兵，且耕且戰，是以兵食交足。今諸帥分兵不啻百萬，一充軍伍咸仰於官，至於婦子居家安坐待哺，蓋不知屯田爲經久之計也。願下明詔，令諸帥府各以其軍耕耨，亦以逸待勞之策也。詔從之。

興定三年正月，尚書右丞領三司事侯摯言：按河南軍民田總一百九十七萬頃有奇，見耕種者九十六萬餘頃，上田可收一石二斗，中田一石，下田八斗，十一取之，歲得九百六十萬石，自可優給歲支，且使貧富均，大小各得其所。臣在東平嘗試行二三年，民不疲而軍用足，詔有司議行之。

四年十月，移剌不言：軍户自徙於河南，數歲尚未給田，兼以移徙不常，莫得安居，故貧者甚衆。請括諸屯處官田，人給三十畝，仍不移屯它所，如此則軍户可以得所，官糧可以漸省。宰臣奏：前此亦有言授地者，樞密院以謂俟事緩而行之。今河南罹水災，流亡者衆，所種麥不及五萬頃，殆減往年太半，歲所入殆不能足。若撥授之爲永業，俟有穫即罷其家糧，亦省費之一端也。上從之。

又河南水災，逋户太半，田野荒蕪，恐賦入少而國用乏，遂命唐、鄧、裕、蔡、息、壽、潁、亳及歸德府被水田，已燥者布種，未滲者種稻，復業之户免本租及一切差發，能代耕者如之，有司擅科者以違制論，闕牛及食者率富者就貸。

五年正月，京南行三司石抹斡魯言：京南、東、西三路，屯軍老幼四十萬口，歲費糧百四十餘萬石，皆坐食民租，甚非善計。宜括逋户舊耕田，南京一路舊墾田三十九萬八千五百餘頃，內官田民耕者九萬九千頃有奇。今飢民流離者太半，東、西、南路計亦如之，朝廷雖招使復業，民恐既復之後生計未定而賦斂隨之，往往匿而不出。若分給軍户人三十畝，使之自耕，或召人佃種，可數歲之後畜積漸饒，官糧可罷。令省臣議之，更不能行。

（元）宇文懋昭《大金國志》卷一二《紀年·熙宗孝成皇帝》 創屯田軍，凡女真、契丹之人皆自本部徙居中州，與百姓雜處，計其户〔口〕授以官田，使其播種，春秋量給衣馬。若遇出軍，始給其錢米。凡屯田之所，自燕山之南，淮、隴之北，皆有之，多至六萬人，皆築壘于村落間。

（元）宇文懋昭《大金國志》卷三六《屯田》 屯田之制出自上古，金國（之）行〔之〕，比上古之制尤簡。廢劉豫後，慮中（國）〔州〕懷二三之意，（姑）〔始〕置屯田軍，非止女真，契丹、奚家亦有之。自本部族徙居中土，與百姓雜處，計其户口給以官田，使自播種，以充口食。春秋量給衣服。若遇出軍之際，始〔月〕給錢米，米不過十㪷，錢不過數千。老幼在家依舊耕耨，亦無不足之歎。今屯田（出）〔之〕處，大名府、山東、河北、關西諸路皆有之，約一百三十餘千户，每千户止三〔四〕百人。所居止處皆不在州縣，築寨處村落間，千户百户雖設官府，亦在其內。

（明）王圻《續文獻通考》卷一四《田賦考·屯田》 金制屯田户佃官地者，有司移猛安謀克督之。

太祖收國，五年二月，遣完顏昱及宗雄分諸路猛安謀克之民萬户屯泰州，以婆盧火統之，賜耕牛五十。

太宗天會九年，宗叙請募貧民戍邊屯田，給以廩粟，既貧者無艱食之患，而富家免更代之苦，得專農業。上善其言。四月，詔新徙戍邊户乏耕牛者，給以官牛，別委官勸督田作。其續遷戍户在中路者，姑止之，即其地種藝，俟畢穫而行，及來春農時至戍所。

世宗大定二十一年八月，諭尚書省曰：黄河已移故道，梁山濼水退甚廣，已嘗遣使安置屯田。民昔嘗恣意種之，今官已籍其地，而民懼徵其租，逃者甚衆，可免其徵，赦其罪，仍以官粟賑之。二十四年，御史中丞言：屯田猛安人爲盜徵償，家貧輒賣所種屯田。凡家貧不能徵償者，止令事主以其地招佃，收其租入估價，與徵償相當，即以其地還之。臨洮尹完顔讓亦論屯田貧人徵償弊，乞用中丞議，從之。章宗明昌二十三月敕：當軍人所受田，止令自種，力不足者，方許人承佃，亦止隨地所產納租。不願承佃者，毋强。八月，敕：隨處係官閑田百姓已佃者，仍舊未佃者，付屯田猛安謀克。承安二年十二月，遣户部侍郎上官瑜體究西京逃亡，勸率沿邊軍士耕種，户部侍郎李敬義規措臨潢等處農務。泰和五年二月，上聞六路括地時，其間屯田軍户多冒名增口以請官地，及包取民田而民有空輸税賦虛抱物力者。應詔陳言，人多論之。至是尚書省言：若復遣官分往追照案憑，訟言紛紛，何時已乎？遂令虛抱税石已輸送入官者，命于税内每歲續扣之。時主兵者言：比歲征伐，兵多敗衄，蓋屯田地寡無以養贍，至有不免饑寒者，故無鬬志。願括民田之冒税者分給之，則戰士氣自倍矣。朝臣議已定，平章政事張萬公獨上疏。略曰：軍旅之後，瘡痍未復，百姓撫摩之不暇，何可重擾，其不可一也。通檢未久，田有定籍，括之必不能盡，適足以增猾吏之弊，長告訐之風，其不可二也。浮費侈用，不可勝紀，推之以養軍可，斂不及民，而何事于奪民之田，以長民怨，其不可三也。兵士失于選擇，强弱不別，而使同田共食，振勵者無以盡其力，疲劣者得以容其奸，其不可四也。奪民而與軍，得軍心而失天下心，其禍有不可勝言者，其不可五也。必不得已乞以冒地之已括者，召民蒔之，以所入贍軍，則軍無坐獲之利，而民無被奪之怨矣。書奏不報。時又括官田以給軍，保州節度使張行簡上疏，略曰：比者括官田給軍，既一定矣。有告欲别給者，輒從其告。至今未已，名曰官田，實取之民以與之，奪彼與此，徒啓争端。臣所管已撥深澤縣地三百餘頃，復告水占沙鹹者三之二，若悉從之，何時可定。臣謂當限以日月，不許再告爲便。尚書省議奏，請如實。有水占河塌不可耕種，本路及運司佐官按視，尚書省下按察司覆同，然後改撥。若沙鹹瘠薄，準已撥爲定。制可。

宣宗貞祐初，田琢上疏，略曰：臣聞古之名將，雖在征行，必須屯田，趙充國、諸葛亮是也。古之良吏，必課農桑以足民，黄霸、虞詡是也。方今曠土多，游民衆，乞明敕有司無蹈虛文，嚴升降之法，選能吏勸課，公私皆得耕墾。富者備牛出種，貧者傭力服勤。若又不足，則教之區種，期于盡闢斯已。官師圉牧，勢家兼併，亦籍其數授之農民，寬其負筭，息其傜役，使盡力南畝，則蓄積歲增，家給人足，富國强兵之道也。宣宗深然之。三年十月，尚書右丞高汝礪言：河北軍户之徙河南者，宜以係官閑田及牧馬草地之可耕者賜之，使自耕以食而罷其月糧。從之。命右司諫馮開隨處按視，人給三十畝，仍命汝礪總之。汝礪還奏：今頃畝之數較之舊籍甚少，復瘠惡不可耕，均以可耕者與人無幾。又僻遠之處必徙居以就之，彼皆不能自耕，必以與人，又當取租于數百里之外。況今農田且不能盡闢，豈有餘力以耕叢薄交固、草根糾結之荒地哉。軍不可仰此得食也，審矣。今詢諸軍户，皆曰：得半糧猶足自給，得田不能耕，又罷其廩，將何所賴。臣知初籍地之時，未嘗按閲其實，所以不如其數，不得其處也。若復考計州縣，必各妄承風旨，連呼糾結以應命。不足其數，則妄指民田以充之，則所在騷然矣。今民之賦役三倍平時，飛輓轉輸，日不暇給，而復爲此舉，何以堪之。且軍户暫遷，行有還期，何爲以此病民哉。病民而利軍，猶不可爲，況無所利乎。惟陛下加察。時石抹世勣與劉元規皆言不便，詔罷給田，但半給糧、半給寔直焉。

四年，復遣官括河南牧馬地，既籍其數，上命省院議所以給軍者，宰臣曰：今軍户當給糧者四十四萬八千餘口，計當口占六畝有奇，繼來者不與焉。但相去數百里者，豈能以六畝之故而遠來哉。兼月支口糧不可遽罷，臣等竊謂軍户願佃者即當計口給之。其不願者宜準近制，係官荒地許軍民耕闢例，令軍民得占蒔之。院官曰：牧馬地少，且久荒難耕，軍户復乏農器，然不給之，則彼自支糧外，更無從得食，非畜鋭待敵之計。給之則亦未能遽減其糧，若得遲以歲月，俟頗成倫次，漸可以省官廩耳。今奪于有力者，即以授于無力者，恐無以耕。乞令司縣官勸率民户，借牛破荒，至來春然後給之。司縣官能率民力以助耕而無騷動者，量加官賞，庶幾有所激勸。宰臣復曰：若如所言，則司縣官貪慕官賞，必將抑配，以至擾民。今民家之牛量地而畜之。況比年以來，農工甫畢則併力轉輸猶恐不及，豈暇耕他人之田。惟如臣等前奏爲便。詔再議之。乃擬民有能開牧馬地及官荒地作熟田者，以半給之爲永業，半給軍户，奏可。

四年，省臣奏：自古用兵，且耕且戰，是以兵食交足。今諸帥分兵不啻百萬，一充軍户咸仰于官，至於婦子居家安坐待哺，蓋不知屯田爲經久之計也。願下明詔，令諸帥府各以其軍耕耨，亦以逸待勞之策也。詔從之。興定四年十月，移剌不言：軍户自徙于河南，數年尚未給田，兼以移徙不常，莫得安居，故貧者甚衆。請括諸屯處官田，人給三十畝，仍不移屯他所。如此則軍户可以得所，官糧可以漸省。宰臣奏：前此亦有言授地者，樞密院謂俟事緩而行之。今河南罹水災，流亡者衆，所種麥不及五萬頃，殆減往年大半歲，所入殆不能足。若撥授之爲永業，俟有獲即罷其家糧，亦省費之一端也。上從之。

五年正月，京南行三司石抹幹魯言：京東西南三路屯軍老幼四十萬口，歲費糧百四十餘萬石，皆坐食民租，甚非善計。宜括逋户舊耕田，南京一路舊墾田三十九萬八千五百餘頃，內官田民耕者九萬九千頃有奇。今饑民流離者大半，東西南路計亦如之。朝廷雖招使復業，民恐既復之後生計未定而賦斂隨之，往往匿而不出。若分給軍户人三十畝，使之自耕，或召人佃種，可數歲之後畜積漸饒，官糧可罷。令省臣議之，竟不能行。

（清）嵇璜《續通典》卷五《食貨·屯田》 金太祖收國元年，敗遼軍於阿婁岡，獲其耕具數千，給賜諸軍。天輔五年二月，分諸路明安穆昆之民萬户屯泰州，賜耕牛五十。其時伐遼取泰州，徙遼降人居之，命千户穆昆、宗雄按視泰州地户。宗雄包其土來奏曰：其土如此可種植也。由是徙萬家屯田泰州，以博勒和爲都統。太宗天會九年，詔新徙戍邊户乏耕牛者，給以官牛，別委官勸督田作。其續遷戍户在中路者，姑止之，即其地種藝俟畢穫而行，及來春農時至戍所。熙宗天眷初年，以既取江南，慮中原士民懷二，始創屯田軍。凡女真奚契丹之人，皆自本部徙居中州，與百姓雜處，計其户口授以官田，使自播種。春夏量給其衣，遇出師始給錢米。凡屯田之所，自燕南至淮隴之北俱有之，皆築壘於村落間。世宗大定三年，以正隆兵興，農桑失業，明安穆昆屯田多不如法，遣户部侍郎魏子平等分道勸農。二十一年，以山東路所括民田分給女真屯田人户。又時以黃河移故道，梁山濼水退地甚廣，遣使安置屯田民。時帝意不欲明安穆昆人户與民户雜居。凡山東兩路屯田與民田互相犬牙者，皆以官田對易。御史中丞張九思言：屯田明安人户爲盜徵償，家貧輒賣屯地。凡家貧不能徵償者，止令事主以其地招佃收其租入估價，與徵償相當，即以其地還之。臨洮尹完顏讓亦論屯田貧人徵償賣田，乞用九思議，詔可。二十二年，以山東屯田户鄰于邊鄙，命聚之一處，俾恊力耕種。章宗明昌元年敕：當軍人所授田止令自種，力不足者，方許承佃，亦止隨所産納租。其有自願折錢輸納者，從民所願。不願承佃者，毋强。又敕：隨處係官閑地，百姓已請佃者，仍舊未佃者，付明安穆昆屯田。承安二年，差户部郎中李敬義往臨潢等路規畫農事。舊令軍人所授之地不得租賃於人，違者，苗付地主。五年中，都山東、河北屯駐軍人地土不贍，官田多爲民所冒佔。主兵者言：比歲征伐，軍多敗衄，盡由屯田地寡，不免饑寒，故無鬭志。願括民田之冒税者分給之，則士氣自倍。朝議已定，平章政事張萬公獨上書言其不可者五，大略以爲：軍旅之後瘡痍未復，百姓拊摩之不暇，何可重擾，一也。通檢未久，田有定籍，括之必不能盡，適足增猾吏之弊，長告訐之風，二也。浮費侈用，不可勝計，推之以養軍，可斂不及民而無待於奪民之田，三也。兵士失於選擇，强弱不別，而使同田共食，振勵者無以盡其力，疲劣者得以容其奸，四也。奪民而與軍，得軍心而失天下心，其禍有不可勝言者，五也。必不得已，乞以冒地之已括者，召民蒔之，以所入贍軍，則軍有坐獲之利，而民無被奪之患矣。書奏，不報。命樞密使宗浩、禮部尚書賈鉉，佩金符行省山東等路括地給軍，凡得地三十餘萬頃。順天軍節度使張行簡上言：比者括官田給軍，既一定矣。有告欲別給者，輒從其告。至今未已，名曰官田，實取之民以與之。臣所管已撥深澤縣地三百餘頃，復告水占沙鹻者三之一，若悉從之，何地可定。臣謂當限以月日，不許再告爲便。下尚書省議奏：請如實。有水占河塌不可耕種，按視覆同，然後改撥。若沙鹻瘠薄，當準已撥爲定。制曰可。泰和四年定制，所撥地（止）〔土〕十里內者自種之，每丁四十畝，續進丁同此，餘者許令便宜租賃及兩和分種，違者錢業還主。五年二月，帝又聞六路括地時，其間屯田軍户多冒民增口，以請官地，及包取民田，而民有空輸税賦、虚抱物力者，應詔陳言，人多論之。遣官分清，追照案憑。尚書省奏遣官徒滋訟言，乃令虚抱税石已輸送入官者，於税内續扣之。宣宗貞祐三年，以時方南遷徙河北軍户於河南，議所以處之者，宰臣言：當指官田及牧地分畀之，已爲民田者則俟秋穫後，仍日給米一升，折以分鈔。大常丞舒穆嚕世勣曰：荒田牧地耕闢費力，奪民素墾則民失所。帝欲從宰臣議，侍御史劉元規復上言，帝乃罷。之後因北方侵及河南，盡起諸路軍户南來，共圖保守，復議得軍糧之術，或益賦，或與軍田，二者孰便。參政高汝礪言：河南官民地相半，又多全佃官地之家，一旦奪之，何以自活。小民易動難安，一時避賦遂有捨田之言，及與人又復悔，悔則忿心生矣。如山東撥地時，腴地盡入富家，瘠者乃付貧户，無益於軍，而民有損。惟當倍益官租，以給軍食，復以係官荒田牧地量數與之，令其自耕，則民不失業，官不厲民矣。從之。又言：河北軍户徙居河南者幾萬口，疑當作百萬口，或係史之誤。人日給粟一升，歲費三百六十萬石，半以給直，猶支三百萬。疑當作二百萬。河南租地計二十四萬頃，歲租計一百五十六萬，乞於經費之外倍徵以給之。帝命右司諫馮開等五人分行諸郡，就授以荒官田及牧地可耕者，人三十畝。至十一月，又以括荒田及牧馬地給軍事，命汝礪總之。汝礪還奏：今頃畝之數較之舊籍甚少，復多瘠惡不可耕，又僻遠之處必徙居以就之，彼皆不能自耕，必以與人，又當取租於數百里之外。況今農田且不能盡闢，豈有餘力以耕叢薄交固、草根糾結之荒地哉。詢諸軍户，皆欲得半糧猶足自養，得田不能耕，復罷其廩，將何所賴。臣知初籍地之時，未嘗按閲其實，所以不如其數，不得其處也。若復考計州縣，必各妄承風旨，追呼究訐以應命。不足其數，則妄指民田以充之，所在又騷然矣。今民之賦役三倍平時，飛輓轉輸，日不暇給，而復爲此舉，將何堪之。且軍户暫遷，行有還期，何爲以此病民。病民而軍獲利，猶不可爲，況無所利乎。遂詔罷給田，但半給糧、半給實直焉。

四年，復遣官括河南牧馬地，既籍其數，帝命省院議所以給軍者，宰臣言：今軍户當給糧者四十四萬八千餘口，計當口占六畝有奇，繼來者不與焉。相去數百里者，豈能以六畝之故遠來。兼月支口糧不可遽罷，臣等竊謂軍户願佃者即當計口給之。其餘僻遠不願者，宜準近制，係官荒地許軍民耕闢例，令軍民得占蒔之。院官言：牧馬地少，且久荒難耕，軍户復乏農器，不給之，則彼自支糧外，更無從得食，非蓄鋭得敵之計。給之則未能遽減其糧，若得遲以歲月，俟頗成倫次，亦漸可以省官廩。今奪於有力者，即以授之其無力者，恐無以耕。乞令司縣官勸率民者，借牛破荒，至來春然後給之。司縣官能率民户以助耕而無騷動者，量加官賞，庶幾有所激勸。宰臣又言：若如所言，則司縣官貪慕官賞，必將抑配以擾民。況民家之牛，量地而畜之。比年以來，農功甫畢併力轉輸猶恐不及，豈有暇耕他人之田。唯如前奏爲便。詔再議之。乃議民有能開牧馬地及官荒地作熟田者，以半給之爲永業，半給軍户。奏可。省臣又奏：自古用兵，且耕且戰，是以兵食交足。今諸帥分兵不啻百萬，一充軍伍咸仰於官，至於婦子居家安坐待哺，蓋不能屯田爲經久之計也。願下明詔，令諸帥府各以其軍耕耨，亦以逸待勞之策。詔從之。

興定二年，帝諭樞密院曰：中京商虢諸州軍人願耕屯田，比已括地授之。聞徐宿軍獨不願受，意謂予田必絶其廩給也。朕肯爾耶。其以朕意曉之，因命諸軍偏授屯田。邳州行省侯摯言：東平以東累經殘燬，邳海之間，貧民失業者甚衆，日食野菜，無所依倚，恐因而嘯聚以益敵，乞募邊爲兵，自十月給糧使充戍役，至二月罷之。人授地三十畝，貸之種粒，而驗其收穫量數取之，逮秋復隸兵伍。且戰且耕，公私交利，亦望被俘之民易於招集也。至三年籍邳海等州義軍及脅從歸國而充軍者，人給地三十畝，有力五十畝，仍蠲差税，日支糧二升。四年移剌不言：軍户自徙河南，數歲尚未給用，兼以移徙不常，莫得安居，故貧者甚衆。請括諸屯處官田，人給三十畝，仍不移屯他所，如此則軍户可以得所，官糧可以漸省。宰臣奏：前此亦有言授地者，樞密院謂俟事緩而行之。今河南罹水災，流亡者衆，所種麥不及五萬頃，殆減往年大半，歲入不能足。若撥授之爲永業，俟有穫即罷其家糧，亦省費之一端也。從之。五年，京南行三司舒穆嚕斡魯言：京南、東、西三路，屯軍老幼四十萬口，歲費糧百四十餘萬石，皆坐食民租，甚非善計。宜括逋户舊耕田，南京一路舊墾田三十九萬八千五百餘頃，内官田民耕者九萬九千頃有奇。今饑民流離者大半，東、西、南路計亦如之，朝廷雖招使復業，民恐既復之後生計未定而賦歛隨之，往往匿而不出。若分給軍户人三十畝，使之自耕，或召人佃種，可數歲之後蓄積漸饒，官糧可罷。令省臣議之，仍不果行。

《通制條格》卷一六《田令・撥賜田土》 皇慶二年四月二十六日，中書省奏：臺官人每與俺文書，江南平江等處有的係官地內，撥賜與了諸王駙馬並寺觀諸官員每的地土，他每自委付着管莊的人每，比官司恣意多取要糧斛分例搔擾，教百姓每生受有。合追復還官，供給國家。麽道說有。杭州行省也這般與文書來。俺與御史臺、集賢翰林院老的每一同商量來，除與了諸王、公主、駙馬、寺觀的田地，依已了的聖旨，與他每佃户合納的租糧，官倉裏收了，各枝兒却於倉裏驗着納來的數目關支。這般呵，百姓每不被擾。其餘官員諸人每根底與來的田地，都教還官呵，怎生？奏呵，那般者。麽道聖旨了也。欽此。

皇慶二年十月二十三日，中書省奏：江南地面裏平江等處有的係官地內，諸王、公主、駙馬根底，各寺觀裏並官人每根底與來的，他每委着人，比官司納來的之上多取糧的上頭，百姓每生受。麽道，臺官每言着呵，今春衆人商量了，諸王駙馬根底並各寺觀裏與來的，將合納的租米官倉裏納了，似阿合探馬兒一般，各投下於官倉裏撥與。奏了，各處行了文書來。前者崇祥院官人每將普慶寺裏江南撥與來的田地內出產的子粒，不教其餘的指例，崇祥院管轄的提舉司收着。麽道奏了，與俺文書來。俺商量來，將那糧他每收呵，止是那裏糶賣。依已了的聖旨，官倉裏收了，取勘了數目，驗本處開倉時估撥與價錢呵，怎生？麽道奏呵，那般者。麽道聖旨了也。欽此。

《通制條格》卷一六《田令・田訟革限》 至大四年四月二十六日，欽奉詔書內一款：近年田宅增價，爭訟日繁。除已到官見有文案，並典質借貸私約分明，依例歸結，其餘在至大元年正月已前者，並仰革撥。

《通制條格》卷一六《田令・妄獻田土》 大德八年正月，欽奉詔書內一款：國家財賦自有常制。比者諸人妄獻田土、户計、山場、窑冶，增添課程，無非徼名貪利，生事害民。今後悉皆禁絶，違者治罪。

至大四年三月，欽奉詔書內一款節該：國家租賦有常，僥倖獻地之人所當懲戒。其劉亦馬罕、小云失不花等冒獻河南地土，已令各還元主，劉亦馬罕長流海南。今後諸陳獻地土並山場窑冶之人，並行治罪。

至元二十八年十二月，中書省樞密院呈：保定路正軍崔忠告貼户孫元不曾告給公憑，將田土壹頃典與張澤等種養，全家老小在逃。户部議得：正軍貼户既同户當軍，破買地土，合相由問。據張澤等典訖孫元地土，別無告到官司公憑，亦不曾由問正軍。既崔忠替當孫元軍役，其元抛下事產，擬令正軍崔忠種養爲主，收到子粒等物，津貼軍錢，合該典價。候孫元還家，依理歸結。都省准擬。

至元七年正月，欽奉聖旨條畫內一款：和尚每根底，歹人每將無主荒閑田地，不經由官司，一面獻與和尚每做主有。高上和尚、下次和尚每並怯里赤每那般做也者，那的每根的當呵，怎生？欽奉聖旨：那般者。拏者。欽此。

《通制條格》卷一六《田令・官田》 大德七年十二月十八日，中書省奏：江南浙西等處係官田土內出的子粒，每年海運將來有。餘剩的，本處省官做軍糧等名項支持有。近年以來，那田土各寺裏並官員人等根底多與了有，不合與。麽道行省官每臺官每並撫安百姓去來的奉使每題說，與將文書來有。商議省事叁箇學士也題說有。俺商量來，每年這裏怯薛歹每、各枝兒裏多人每根底，並工役軍匠闕食的人每根底，多於江南運來的米糧內支與有。他每題說的是，不合與有。這田土出產多是國家必用之物，難比其餘錢物。如今幾箇人根底教與田地者。麽道，奉聖旨，俺根底與將文書來。這的每根底不與。今後有人奏過與俺文書呵，俺回奏呵，怎生？麽道。奏呵，奉聖旨：那般者，欽此。

《通制條格》卷一六《田令・撥賜田土還官》 大德七年四月，中書省江浙行省咨：各路府州司縣所管官房地基，多係官豪勢要人等租賃住坐，故將元舊屋宇改拆間架，欲爲己業，計搆上下路府司縣官吏、主首、坊里正人等通同捏合，推稱年深倒塌，不堪修理，低估價錢變賣；或稱事故，以租就買，朦朧除豁官租，私相典兑，並不申明官司。令後係官房舍基地，毋得似前變賣典兑及以租就買。户部照擬得，合准本省所擬，遍行禁治。都省准呈。

皇慶二年六月初六日，中書省奏：至元十三年收附江南時分，壹箇姓毛的、壹箇姓柴的人不伏歸附、謀叛逃竄了的上頭，將他每的家私物業斷没入官來。曲律皇帝時分，將那斷没了的地土山場都與了劉司徒的爺來。去年，又那地土內教與劉參政，地土山場教與不魯罕丁者。麽道聖旨有呵，行將文書去，依着聖旨體例與了來。前者俺與臺官並翰林集賢院官一同商量定，諸王、公主、駙馬並各寺裏與來的田土，依舊交屬他每官倉裏收了子粒，似阿哈探馬兒一般與。他每官員人等根底與來的，都教還官者。麽道奏了也。依着聖旨已了的都教還官呵，怎生？麽道奏將來有。那地土山場内每年多出產錢物有。這幾年他每要了的勾也者，其餘都教還了官。他每根底與來的，不教還官呵，偏負有。教還官呵，怎生？奏呵，那般者。麽道聖旨了也。欽此。

《通制條格》卷一六《田令·影占民田》　至元十五年七月二十五日，中書省御史臺呈：奏過事内一件節該，官民房舍田土，諸官豪勢要之家毋得擅立宅司莊官，冒立文契，私己影占，取要房錢租米，違者並行糾察。奏呵。奉聖旨：那般者是有。欽此。

《通制條格》卷一六《田令·打量田土》　大德四年十二月初二日，樞密院奏：歸德府趙知府文字裏題説將來，推陽縣官吏每信着歹人每言語，打量軍户地土行呵，踏踐了田禾，軍户每根底使氣力哏搔擾有。麽道説將來有。上位有聖旨，軍的民的田地，通行取數目時分打量呵，是也。民户的地土不打量，軍户底地土打量有。奏呵，奉聖旨：是有。不得咱每的聖旨，軍户每的地土休打量者。欽此。

《元典章》卷二四《户部·租税·軍兵税·不得打量漢軍地土》　大德七年正月日，江浙行省准樞密院咨：准御史臺咨：准江南行臺咨：法有萬世不改者，亦有隨時當改者，不可一概論也。切謂漢軍舊例，每户額定贍軍地四頃，餘上畝數皆令納糧。雖曾累行文字，然於其事實難同行。又況今日事勢，與舊不同。向時人户各家老小人數不多，容易養贍，又無似今日雜泛〔大〕〔夫〕役，軍人止是守把南邊賊。迤南諸軍分屯沂、宿、亳、鄧等州闕，迤西諸軍分屯興元、成都等處，各離本家地程不遠，亦皆容易應當。即今人户口累漸多，所當軍役屯守去處，南至南海，北至和林，別有征行則南者益南，北者益北，動又至於數千里外，去家有踰萬餘里者。家中又與民户同當一切雜泛夫役，其四頃田地只養自家老小猶不能贍，豈能應當如此重役。侍衛軍差役尤爲浩大，其餘科差且置勿論，只計撥往和林軍人，計其起發所費，每户該鈔至有八十定者。尋常莊農之家別無生計，若不典賣田土，何處出辦？往日軍户地有曾至三十二頃，今皆消乏破散，不可勝數。中等人家莊田廢盡，見今乞丐爲生者，處處有之。若更拘勘未曾消乏、見勘當役軍户地畝，但存四頃之外者，必要盡數納糧，此事果行，不過數年，軍户物業盡皆破散，人無雇藉，不復可用。事至於此，其將奈何？近日民間多有訐告軍户隱藏地畝者，地主惟是隨其所欲，承奉買去。又所在官吏不時下鄉，言要打量軍户地畝，以此爲名脅斂錢物，所取各皆饜足，方纔釋免。但凡地過四頃之家，長懷憂懼，心皆不安，致此之由，有自來矣。今於緊急用兵之際，有此事端，深爲可慮。去年樞密院奏奉聖旨，約束管民官司不得打量軍户地畝，文字在官，百姓不知，狡獪之徒恐脅軍户，與舊無異。若令每社置一粉壁，其上只寫不得言告軍户地畝數字，如此則當軍之家，皆得免其逼脅侵擾之患。四頃之外納税一節，待其邊境事寧，用兵稍緩，然後別議，似爲長便。咨請回示。本臺議得，行臺所言，庶免軍人被擾之虞。咨請照驗事。准此。照得大德四年十二月初二日本院官奏過事内一件：歸德府趙知府文字裏提説將來：睢陽縣官吏每信着歹人每的言語，打量軍户地土行呵，踏踐了田禾，軍户每根底使氣力哏搔擾有。麽道，説將來有。上位有聖旨，軍的、民的田地通行取數目的時分，打量呵，是也者。民〔户〕的地土不（得）打量，〔軍〕户每的地土打量有。奏呵，奉聖旨：是有。不得咱每的聖旨，軍户每的地土休打量者。欽此。

《元典章》卷三一《禮部·學校·儒學·種養學校田地》　至元二十三年二月二十一日，中書省：奏過事内一件：江南〔立〕學校呵，怎生先屬學校底田地屬官也？如今師父根底學文書的孩兒每根底種養着喫的田地，與他每呵，怎生？麽道有，奏呵，那般者。麽道，聖旨了也。欽此。

《元典章》卷三一《禮部·學校·儒學·崇奉儒教事理》　至元三十一年七月□日，皇帝聖旨：諭中外百司官吏人等：孔子之道，垂憲萬世，有國家者，所當崇奉。曲阜林廟，上都、大都、諸路府州縣邑廟學書院，照依世祖皇帝聖旨，禁約諸官員、使臣、軍馬，毋得於内安下，或聚集理問詞訟，褻瀆飲宴，工役造作，收貯官物等。其贍學地土產業及貢士莊田，外人毋得侵奪。所出錢糧，供春秋二丁、朔望祭祀及師生廩膳。貧寒老病之士爲衆所尊敬者，月支米糧，優恤贍養。廟宇損壞，隨即修完。

作養後進，嚴加訓誨，講習道藝，務要成材。若德行文學高出時輩者，有司保舉，肅政廉訪司體覆相同，以備選用。本路總管府、提舉儒學、肅政廉訪司，宣明教化，勉勵學校。凡廟學公事，諸人毋得沮壞。據合行儒人事理，照依已降聖旨施行。彼或恃此非理妄行，國有常憲，寧不知懼？宜令准此。

《元典章新集至治條例·户部·田宅·交易·探馬赤軍典賣草地》

延祐七年十月□日，江西行省准中書省咨該：准中書省咨：延祐七年七月十五日奏：大都省官人每備着監察每文書説將來：軍人每年差調置備軍需什物的上頭，將根元分撥與來的草地典與了人的，不交回付元價，將地分撥與軍人每者。麼道，在前樞密院一面上位根底奏了來。若交這般行呵，動摇有。探馬赤軍人典質與了人的地土，驗元價收贖，將地歸還元主。外，貨賣地土，依至元二十五年、至大四年行來的聖旨體例革撥，令買地人爲主。這般與將文書來。俺商量來：根元百姓典（賣）〔買〕地時分，明白立着文契，買了起蓋房舍，栽植種養，應當各處差發。又兼在先地價賤來，如今貴了也。若不交回付元價、追奪地土呵，百姓偏負有。依着他每定擬來的，除立文契買的外，〔典來的〕質當來的，錢業各歸本主呵，怎生？奏呵，奉聖旨：那得這般體例來？依着恁商量來的，錢業各歸本主者。麼道，聖旨了也。欽此。咨請欽依施行。

《元典章新集至治條例·兵部·軍制·整治軍兵·軍中不便事件》

延祐七年四月□日，江南行臺准御史臺咨：准詹事院咨：准詹事丞董中奉咨呈：照得近准詹事院咨該：本院咨：皇帝可憐見，羽林親軍都指揮司一萬軍，聖旨撥與了皇太子也。這一萬軍内立着屯田有，是農種的勾當。撥屬了詹事院管的其間，恐怕相擔着，怠慢農事去也。俺伴當内，交董詹事丞提調屯田呵，怎生？啓呵，那般者。麼道，令旨了也。敬此。咨請敬依施行。准此，除敬依外，切惟國家張官置吏，本爲軍民而設。除民間百姓，有司分辦庶政，遵守承流宣化之治，取據各處軍官，俱受宣命敕牒、印信，佩帶金銀牌面，月支俸秩，傳襲子孫，官爵榮其身，禄賜厚其家。如此優遇，不爲不重，理當律己以廉，報國以公。比年以來，有一等貪饕萬户、千户、百户，不肯奉公優恤軍人，專務剋取益己爲心。既懷無饜之謀，廣設貪奪之計，百般鼇勒擾損軍人，無所不至，使在家者逃，有力者乏。蓋因本管上司不究弊病，關防無法，致令如此。令略舉軍中不便事理，開坐前去，如蒙從長議擬明白，啓奏遍行禁約，似爲便益。咨呈照詳施行。准此。議擬定逐項事理，於延祐六年九月十一日啓過事内一件：董詹事丞爲軍中不便事件，省得的題説有。將他言着一十件勾當，俺衆人議擬定，皇太子根底聽讀了啓。俺衆人商量來，董詹事丞爲大勾當上頭，提説的這勾當内，在先禁治行了的也有，不曾行的也有。如今，左衛率府撥屬皇太子時分，從新交了文書呵，怎生？啓呵，那般者。是衆軍人每根底有益的勾當，從新行文書者。廉訪司、監察每體察者。麼道，令旨了也。敬此。除已劄付左右衛率府敬依施行外，開坐，請照驗敬依施行。【略】

一、屯田軍官，不以恤軍爲念，專務益己，椿價販賣頭畜。謂如屯軍闕少牛隻，有〔一〕等貪饕千户、百户、彈壓，自行販賣。每牛一隻，可直價鈔五定者，便行椿配作十定，聘賣與軍人使用。有錢者避怕煩擾，隨即交檢，無錢者不免議約，下年歸還。小有違期，輒加箠楚，勒倒文契，倍寫作二十定。如此虛錢實契，累累追徵，甚爲害軍，未便。及有一等當役軍人，十月還家，不將元置牛隻牽趕回家，亦不令同户人等知會，却行暗地減價貨賣，己身費用，虛稱倒死，影瞞户長，來年又復户下重科，從新補買到換。消乏軍户，實由於此。如蒙立法禁約相應。本院議得：軍官人等賤買頭畜、貴聘軍人，及當役軍人暗地將元置牛隻臨還減價貨賣，虛稱倒死，下年又復户下重役，刻剥軍力。今後軍官人等若有似此聘賣，許諸人首告，或因事發露到官，依例斷罪，追回元價，牛畜没官。所據軍人還家，將元置頭畜暗地貨賣，虛稱倒死，户下重科補買，發露到官，嚴行斷罪，陪償貨賣頭畜。【略】

一、屯田軍官萬户、千户、百户、彈壓，既受宣命敕牒，職居屯田，責任已專，理當奉公，鈐束軍人趁時布種，施工農作。近有一等不畏公法之人，假託近侍人員姓名，調養鷹鶻爲由，或己身籠養，部領群衆，乘騎馬疋，無問苗稼結秀時月，年年專務飛放鷹犬，官地内如此恣縱圍獵，踏踐田禾。其該管屯地邊界，尚尤不知；所種田苗，何常巡視？所牧者既不用心鈐束，治下軍人安肯效力施工，因而廢惰農務者衆。如蒙立法禁約相應。本院照得至元三十年二月初九日【軍官體飛放例】。欽此，議得：

軍官飛放，已有舊例。今後軍官人等若有違例飛放，踏踐田禾，擬欽依斷罪。

一、各衛翼置立左右手屯田，本欲求以實效。今屯田軍官千户、百户、彈壓，在役年深，與所管屯軍交識已久，倚恃情舊，不肯盡心效力，把持上下，使軍官伸訴未敢啓口，究治何嘗敢言？失於治體，怠惰農務者，係乎此也。況左手屯田軍官，與右手奕分千户、百户、彈壓，名不殊異，品俸相同，如蒙量擬右、左手或二年一次輪流調换，監臨屯種，庶望少有成效。本院照得樞密院皇慶二年二月二十八日奏過事内一件：商議院事的千奴、散朮歹兩個平章并中衛官人每俺根底與文書：在先至元三十年，各衛屯田官員左、右遞相交换委付有來。如今一十五年有餘，不曾交换有。軍官與軍人不親即故，凡百公事，看循覷面也有，種田禾不肯在意〔也〕有。依舊例，將千户、百户、彈壓等通行遞相交换委付的。麽道，説有。俺商量來，依它每商量來的，將千户、百户、彈壓等依着舊例，通行遞相交换委付呵，怎生？奏呵，奉聖旨：那般者。欽此。議得：左衛率府屯田軍官，合准詹事丞董中奉所言，除千户外，百户、彈壓、牌子頭，今次從新於本所内遞相交换。【略】

一、軍官占使軍人，屯田軍官合設扎也，亦有占破定例。其萬户、千户、彈壓，違例多餘濫占，却將合該額種屯地勒令見役軍人包種鋤持，相耽荒蕪，妨悮農作，合行禁約，庶不靠損軍人。本院照得樞密院至元二十八年【軍官占使軍數例】。欽此。又照得大德八年三月二十八日奏過事内一件節該：大都有的高拔都兒、普蘭奚等伴當每奏將來：各衛翼屯田，這幾年田禾不曾收有。屯田軍官每與行軍官每一例占使扎也，却將那扎也合種的田地交別軍每種的上頭，屯種的勾當失悮了的緣故，是這般有。如今將它的扎也減了一半，交屯種，勾當不失悮了也者。説將來有。俺商量來，伴當每言語是的一般，擬定來。奏呵，奉聖旨：減了一半扎也，交屯種者。欽此。議得：軍官合設扎也，已有定例。今後，多餘占使，事發到官，欽依斷罪。

《元典章新集至治條例・刑部・訴訟・停務・互争不結絶地租官收》

延祐六年二月□日，江西行省准中書省咨：延祐五年十一月初四日奏過事内一件：兵部官人每俺根底與文書有：各處探馬赤與百姓相争地土的，七十餘頃有。在先幾遍省裏、樞密院裏、經正監裏差人交歸斷去呵，他每遷延不即予决，直至務停回還，不得杜絶，交多人每生受有。延祐三年調度時分，爲軍人每出征去了的緣故裏，不曾差人歸斷去來。文書裏照呵，大德三年，御史臺備着山東廉訪司文書説：相争田地裏多了有，經十年不得結絶的也有。今後但是相争地土的有呵，交一次務停休問者。候務開時，結絶了者。結絶不得呵，下年雖遇務停，亦教歸結者。如地里窵遠，事不能結絶者，要見不能結絶的緣故，再許一次務停休教問者。又大德六年，河南省官人每與將文書來：應有争告田地的，兩次務停結絶不得，將地内合納官的子粒，教依例納了。其餘數目，官爲收貯，聽候〔斷定〕，隨地給付。麽道，遍行了來。如今俺商量來：各處連年應有争告地土不能杜絶的，各衙門差好人去，比至務停，須要結絶了，回還者。差去的人每不即去呵，斟酌斷罪。到彼，合與决的不與决呵，監察御史、廉訪司官體察者。所争地土的子粒，除合納官外，其餘的官爲收貯者。聽候斷定，隨地給付。除這的外，其餘但有所争地土，連年不得杜絶，只依這例，令歸斷有。奏呵，那般者。麽道，聖旨了也。欽此。咨請欽依施行。

（明）王圻《續文獻通考》卷一四《田賦考・屯田》 元初用兵征討，遇堅城大敵，則必屯田以守之。海内既一，於是内而各衛、外而行省皆立屯田，以資軍餉。或因古之制，或以地之宜，其爲慮蓋甚詳密矣。大抵芍陂、洪澤、甘肅瓜沙因昔人之制，其地利蓋不減於舊。和林、陝西、四川等地則因地之宜而肇爲之，亦未嘗遺其利。於雲南八番海南海北雖非屯田之所，而以爲蠻夷腹心之地，則又因制兵屯旅以控扼之。由是天下無不可屯之兵，無不可耕之地。

憲宗時，忽必烈置經略司于汴，分兵屯田，敵至則戰，退則耕。西起襄、鄧，東連清口、桃源，列障守之。

世祖中統四年，給鈔付劉整市牛屯田。是年張晋亨戍宿州，首言汴隄南北，沃壤閒曠，宜屯田以資軍食。乃分兵列營，以時種藝，選千夫長督勸之，期年皆獲其利。

至元元年，以益都武衛軍千人屯田燕京，官給牛具。

二年，以河南北荒田分給蒙古軍耕種。是年，命四川行院分兵屯田。

三年六月，徙歸化民于清州興濟縣屯田，官給牛具。七年，以李德輝爲西安王相，德輝至，視瀕涇營牧故地可得數千頃，起廬舍，疏溝澮，假牛種田具，與貧民二千家屯田。其中歲得粟麥芻藁萬計。

八年，中書省臣言：前有旨令臣與樞密院、御史臺議河南行省阿里伯等所置南陽等處屯田，臣等以爲：凡屯田人户皆内地中產之民，遠徙失業，宜還之本籍。其南京、南陽、歸德等民賦，自今悉折輸米糧，貯於便近地，以給襄陽軍食。前所屯田阿里伯自以無效引伏，宜令州郡募民耕佃。從之。九年七月，河南省臣言：往歲徙民入邊屯耕，以貧苦悉散還家。今唐鄧蔡息徐邳之民愛其田廬，仍守故屯，願以絲銀準折輸糧。而内地州縣轉粟餉軍者反厭苦之。臣議今歲沿邊州郡宜仍其舊輸糧，内地州郡驗其户數，俾折鈔就沿邊和糴，庶幾彼此方便。制曰：可。十年冬十月，以西川編民、東川義士軍屯田，餉潼川青石戍兵。十一年七月，徙生券軍八十一人屯田和林。十二年五月，以三衛新附生券軍赴八達山屯田。十六年正月，立河西屯田，給畊具，遣官領之。二月，發嘉定新附軍千人屯田脱里北之地。三月，給千户馬乃部下援突軍及土渾川軍屯田牛具。五月，詔漣海等州募民屯田，置總管府及提舉司領之，徙丁子峪所駐侍衛軍萬人屯田昌平。十七年六月，以忽帶都兒收籍闌遺人民牛畜撥荒地，令屯田。十二月，淮西宣慰使昂吉兒請以軍士屯田阿塔海等，以發民兵非便，宜募民願耕者耕之，且免其租三年。從之。是歲，又立營田提舉司置司柳林，割諸色户千三百五十五隸之，官給牛種農具。十八年六月，會中書省會計姚演所領漣海屯田官給之資與歲入之數，便則行之，否則罷去。九月，大都立蒙古站屯田編户，歲輸包銀者及真定等路闌遺户並令屯田。其在真定者，與免皮貨。十月，募民淮西屯田。二十年閏五月，給西川蒙古軍鈔，使備修鎧仗，耕遂寧沿江曠土以食，四頃以下者免輸地稅。十一月，以江淮間自襄陽至于東海多荒田，命司農司立屯田法，募人開耕，免其六年租稅並一切雜役。二十二年正月，闊闊你敦言：二十年有旨遣軍二千屯田芍陂，試土之肥磽。去秋收二萬餘石，請增屯士二千人。從之。詔括京師荒地，令宿衛士耕種。二十三年，以新附軍千人屯田合思罕關東曠地，官給農具牛種。二月，樞密院奏：前遣蒙古軍萬人屯田，所獲除歲費之外，可糴鈔三千錠，乞分廩諸翼軍士之貧乏者。帝悦，令從便行之。四月，敕：免雲南從征交趾蒙古軍屯田租。十月，徙戍甘州新附軍千人屯田中興，千人屯田亦里黑。十一月，遣蒙古千户曲出等總新附軍四百人屯田别十八里。二十四年河西瓜沙等處立閣鄽屯田。八月，以伐木三千户屯田平灤。十月，以别十八里漢軍及新附軍五百人屯田合迷至速曲之地。二十五年，以平江鹽兵屯田于淮東西。江淮行省言：兩淮土曠民寡，兼并之家皆不輸稅。又管内七十餘城止屯田兩所，宜增置淮東西兩道勸農營田司督使耕之。制曰：可。四月，命甘肅行省發新附軍三百人屯田亦集乃，陝西省督鞏昌兵屯田六盤山。時有旨發湖湘富民萬家屯田廣西，以圖交趾。哈剌孫密遣使奏罷之。二十九年，烏古孫澤在廣西時，徼外蠻數爲寇，澤循行並徼，得阸塞處，布畫遠邇，募民伉健者四千六百餘户，置十屯列營堡以守之。陂水墾田，築八堨以節瀦洩，得稻田若干畝，歲收粟若干石爲軍儲，邊民賴之。御史臺因奏澤爲將計萬全，如趙充國，可屬大任。三十年，括所在荒田無主名，令放銀漏籍等户屯田。廣西元帥府請募南丹五千户屯田事，上行省。哈剌哈孫曰：此土著之民，誠爲便之，内足以寔空地，外足以制交趾之寇，可不煩士卒而餽餉有餘。即命度地立爲五屯，統以長，給牛種農具與之。商挺爲安西王相，許楫言：京兆之西荒野數千頃，宋金皆嘗置屯。如募民立屯田，歲可得穀給王府之需。挺以其言入對。三年屯成，果獲其利。時朵兒赤又言：西夏營田實占正軍，儻有調用，則又妨耕，作土瘠野曠十未墾一，南軍屯聚以來，子弟蕃息，若以其成丁者别編入籍以實屯户，則地利多而兵有餘矣。請爲其總管以盡措畫，帝可之，乃授中興路總管至官，録其子弟之壯者墾田，塞黄河九口開其三流。凡三載，賦額增倍，就轉營田使。

成宗元貞二年七月，肇州萬户府立屯田，給以農具種食。大德元年十月，河西總帥汪惟和以所部軍屯田沙州、瓜州，給種牛田具。四年二月，置西京大和嶺屯田。四月，置五條河屯田。九年十月，詔：芍陂、洪澤等屯田爲豪右占據者，悉令輸租。十一年十二月，以漢軍萬人屯田和林。

武宗至大元年十一月，中書省臣言：天下屯田百二十餘所，由所用非人以至廢弛，除四川甘州應昌府雲南爲地絶遠可興者興、可廢者廢，各具籍以聞。從之。二年四月，摘漢軍五千，給田十萬頃，於直沽海口屯種。

仁宗延祐元年十二月，敕經界諸衛屯田。五年，置重慶路江津巴縣等處屯田，省成都歲漕萬二千石。

順帝元統二年，立湖廣黎兵屯田萬户府統千户一十三所，每所兵千人，屯户五百，皆土人爲之，官給田土、牛種、農器，免其差徭。至元三年十一月，立屯田于雄州。至正六十年，命大司農司屯種雄、霸二州以給京師，號京糧。十七年四月，監察御史五十九言：武備莫重於兵，而養兵莫先於食。今朝廷撥降鈔錠，措置農具，命總兵官于河南克復州郡且耕且戰，甚合寓兵于農之意。爲今之計，權命總兵官從，宜于軍官內選委能撫字軍民者兼路府州縣之職務。要農事有成，軍民得所，則擾民之害以除而匱乏之憂亦釋矣。帝嘉納之。

元時屯田户畝之數

樞密院所轄屯田：

左衛屯田。世祖中統年調樞密院二千人於東安州南永清縣東荒土及本衛元占牧地立屯開耕，分置左右手，屯田千户所，爲軍二千名，爲田一千三百一十頃六十五畝。

右衛屯田。屯軍田畝之數與左衛同。

中衛屯田。世祖至元四年，於武清、香河等縣置立，十一年遷於河西務荒莊楊家口青臺楊家白等處。其屯軍之數與左衛同，爲田一千三十七頃八十二畝。

前衛屯田。世祖至元十五年九月，以各省軍入備侍衛者於霸州、保定、涿州荒閑地土屯種，分置左右手，屯田千户所，屯軍與左衛同，爲田一千頃。

後衛屯田。置立歲月與前同。後以永清等處田畝低下，還昌平縣之太平莊。泰定三年五月，以太平莊乃世祖經行之地，營盤所在，春秋往來牧放衛士頭匹不宜與漢軍立屯，遂罷之，止於舊立屯所耕作如故。屯軍與左衛同，爲田一千四百二十八頃一十四畝。

武衛屯田。世祖至元十八年發迤南軍人三千名於涿州、霸州、保定、定興等處，置立屯田，分設廣備萬益等六屯，别立農政院以領之。爲田一千八百四頃四十五畝。

左翼屯田萬户府。世祖至元二十六年二月，罷忙古侍衛軍從人之屯田者，别以斡端别十八里回還漢軍及大名衛輝，兩翼新附軍與前後二衛迤東還戍士卒合併屯田。設左右翼屯田萬户府以領之，遂於大都路霸州及河間等處立屯開耕，爲田一千三百九十九頃五十二畝。

右翼屯田萬户府。置立歲月與左翼同，爲田六百九十九頃五十畝。

忠翊侍衛屯田。世祖至元二十九年十一月，命各萬户府摘大同、隆興、太原、平陽等處軍人四千名於燕只哥赤斤地面及紅成周迴置立屯田，開耕荒田二千頃，仍命西京宣慰司領兵事後，改立大同等處屯儲萬户府以領之。英宗至治元年，始改爲忠翊侍衛屯田如故，爲田二千頃。

左右欽察衛屯田。世祖至元二十四年，發本衛軍一千五百一十二名，分置左右手，屯田千户所及欽察屯田千户所於清州等處屯田，爲田左手千户所一百三十七頃五十畝，右手千户所二百一十八頃五十畝，欽察千户所三百頃。

左衛率府屯田。武宗至大元年六月，命於大都路漷州武清縣及保定路新城縣置立屯田，爲田一千五百頃。

宗仁衛屯田。英宗至治二年八月，發五衛漢中二千人於大寧等處創立屯田，爲田二千頃。

宣宗扈衛屯田。文宗至順元年十二月，命收聚訖一萬斡羅斯給地一百頃，立本衛親軍萬户府屯田，依宗仁衛例。

大農司所轄屯田：

永平屯田總管府。世祖至元二十四年八月，以北京採取材木百姓三千餘户於灤州屯，設官署以領其事。爲田一萬一千六百一十四頃四十九畝。營田提舉司設立，在大都路漷州之武清縣，爲户軍二百五十三，民一千二百三十五，爲田三千五百二頃九十三畝。

廣濟署屯田。世祖至元，以崔黄口空城屯田，歲澇不收，遷於清滄等處。後大司農等以尚珍署舊領屯田濟南、河間、平灤、真定、保定各路屯夫併入本屯，爲户共一千二百三十，爲田一萬二千六百頃三十八畝。

宣徽院所轄屯田：

淮東淮西屯田。打捕總管府，世祖至元十六年募民開耕連海州荒地，官給禾種，自備牛具，所得子粒官得十之四，民得十之六，仍免屯户徭役。爲田一萬五千一百九十三頃三十九畝。

豐閏署。世祖至元二十二年，創立大都路蘇州豐閏縣，爲田三百四十九頃。

寶坻屯。世祖至元十六年，僉大都屬邑編民三百户，立屯於大都之寶坻縣，爲田四百五十頃。

尚寶署。世祖至元二十三年置立於濟寧路之兗州，爲户四百五十六，爲田九千七百一十九頃七十二畝。

腹裏所轄屯田：

大同等處屯儲總管府屯田。成宗大德年，以西京黄華嶺等處田土頗廣，發軍民九千餘人立屯開耕，設屯儲軍，民總管萬户府，爲田五千頃。

虎賁親軍都指揮使司屯田。世祖至元年月，兒魯官人言：近於滅捏怯土赤納赤、高州、忽蘭若班等處改置驛傳，可於舊置驛所設立屯田。於是發虎賁親軍入屯於上都，置司，爲軍三千人，佃户七十九，爲田四千二百二頃七十九畝。

嶺北行省屯田。世祖至元年，併和林阿剌元領軍入五條河屯田。成宗元貞年，摘六衛漢軍赴稱海屯田，爲田六千四百餘頃。

遼陽等處行中書省所轄屯田：

大寧路海陽等處打捕屯田所。世祖至元年，以大寧、遼陽、平灤諸路拘刷漏籍，放良孛蘭奚人户立屯於瑞州之西瀕海荒地開耕，設打捕屯田總管府，爲田二百三十頃五十畝。

浦峪路屯田萬户府。世祖至元年，以蠻軍及女直户於咸平府屯種，命本府萬户和魯古觮領其事，爲田四百頃。

金復州萬户府屯田。世祖至元年，發新附軍於忻都察，置立屯田，又分京師應役新附軍屯田哈思罕關東荒地，又以玉龍帖木兒塔失海牙兩萬户新附軍併入，金復州立屯耕作，爲田二千六百二十三頃。

肇州蒙古屯田萬户府。成宗元貞年七月以乃顏不魯古赤及打魚水達達女直等户於肇州旁近地開耕。

紀事

（宋）李燾《續資治通鑑長編》真宗大中祥符九年三月 戊辰，改定州保州、順安軍營田務爲屯田務，從李允則之請也。

（宋）李燾《續資治通鑑長編》真宗天禧元年八月 丙子，詔京城四郊禁園草地，悉縱民耕墾蓄牧。

（宋）李燾《續資治通鑑長編》仁宗天聖二年六月 京師民居侵占街衢者，令開封府牓示，限一歲依元立表木毁拆。

（宋）李燾《續資治通鑑長編》仁宗皇祐四年三月 禁鄜延路漢户以田産與蕃官賣買者。

（宋）范仲淹《范文正奏議》卷上《奏乞罷陝西近裏州軍營田》 臣等竊見陝西昨來興置營田，本欲助邊以寬民力。除沿邊有空閑膏腴地土處可以開墾外，其近裏州縣官吏不能體朝廷之意，將遠年瘠薄無人請佃逃田，抑勒近隣人户分種，或令送納租課。又自來人户租佃，官莊地土每畝出課不過一二斗，今亦勒令分種，每畝須收數斗。致貧户輸納不前，州縣追擾，無時暫暇。緣人户自用兵以來，科率勞弊，至於已業尚多荒廢，實無餘力更及營田。其所出租課，多是抱虚送納。切覩編敕指揮，不得將逃户田土，抑勒親隣佃蒔，蓋恐害民。況今歲災旱尤甚，理當優恤。不可非理煩亂，使之重困。臣等欲乞特降指揮，應陝西近裏州軍營田一切廢罷。如元係租佃，即令依舊額出課；如元係遠年瘠薄逃田，舊税額重無人請佃者，即與減定税額，召人請佃。所貴疲民受賜，歸感睿仁。臣范仲淹、臣韓琦。

（宋）余靖《武溪集》卷一三《甲授田不入國征里尹責之辭云加田》 賦均三壤，必入地征；賞有加田，豈同民筭？式舉優賢之典，盍寬量歲之科。甲貴列命夫，名高國士。分地之利，禄均既啓於都家；食士之毛，功懋復頒於畎畝。何哉里尹，懵彼邦經。税熟貢新，雖欲歸其王府；方輸錯出，寧宜及彼圭田。既異任民之居，盍視節財之式。奠什一之賦，爾誠務於徇公；取三百之禾，我蓋因於褒德。當遵古制，無亂彝章。本殊食菜之榮，自分公邑；復異連阡之富，止實私囊。賜既表於主恩，貢難從於吏議。指膏腴而固請，況非王翦之謀；美勳勞之所加，宜守周公之法。式期勸善，當許免征。

（宋）周密《癸辛雜識》別集卷下《史宅之》 史宅之字子仁，號雲麓，彌遠之子也。穆陵念其擁立之功，思以政地處之，然思不立奇功，無以壓人望。會殿步司獄蘆蕩以爲可以開爲良田，裨國餉。時宅之爲都司，遂創括田之議，一應天下沙田、圍田圩、没官田等併行撥隸本所，名田事所。仍辟官分往江、浙諸郡，打量圍築。時淳祐丁未，鄭清之當國時也，遂以宅之爲提領官，右司趙與膺爲參詳官，計院汪之埜爲檢閱，趙與旹、謝獻子並爲主管文字。諸郡又各差朝士，分任其事。怨嗟滿道，死於非命者甚衆。分司安吉州権轄毛遇順毅然不就；分司嘉禾奏院王疇刻剥太過，刑罰慘酷，詞訴紛然，隨即汰去。行之期年，有擾無補。朝廷亦知其不可行。乃以趙與膺爲浙西憲司嘉禾提領江浙田事，陳綺爲淮西餉置司會陵提領江淮田事，宅之遂除副樞。於是劉垣、趙汝騰、黄自然皆力陳其不可，皆以罪去。後一年，宅之終於位，趙與膺死於嘉禾，王疇盛如杞，次第皆殂。其後應於官田，遂併歸安邊所，令都司提領焉。

（宋）周密《癸辛雜識》别集下《買地券》　今人造墓，必用買地券，以梓木爲之，朱書云：用錢九萬九千九百九十九文，買到某地云云，此村巫風俗如此，殊爲可笑。及觀元遺山《續夷堅志》，載曲陽燕川青陽壩有人起墓，得鐵券刻金字，云：敕葬忠臣王處存，賜錢九萬九千九百九十九貫九百九十九文。此唐哀宗之時，然則此事由來久矣。已上六事並見《續夷堅志》。

（宋）葉紹翁《四朝聞見録》卷乙《楊沂中穴西湖》　言者疏奏沂中擅灌西湖水入私第，上徐曉言者曰：朕南渡之初，敵人退而羣盗起，朕重困赤子，遂用議者羈縻之策，刻印盡封羣盗，大者郡王，小亦節鉞。朕所自有者，惟淮、浙數郡。計猶豫未決，會諸將盡平羣盗，朕以發願，除地土之外，凡府庫金帛，俱寘不問。沂中故有餘力給泉池。若以諸將平盗之功，雖盡以西湖賜之，曾不爲過。沂中此事，唯卿容之。言者惶恐而退。

（宋）李心傳《建炎以來繫年要録》建炎元年六月　戊子，承務郎張緯上給田募兵法。緯以爲將來防秋之後，應給田土，並畫圖置籍。每出戰，步人一名，給田百畝。有馬人增其半。鞍馬器甲自備。量地肥瘠，紐計第一等折土爲準。凡係官或天荒户絶逃田，聽民從便自占，其税役科配等皆蠲之。逃田雖已給而田主自歸者，聽佃人别占。出戰人疾病事故，許餘丁承佃。緩急點集，並將帶武勇家人投狀效用，官爲置籍，一等支糧。每五十人立一名爲長，五百人又立一名。皆以有材武，可部轄，衆所推者爲之。各等借補官資。若所部技精及無逃亡者，依格遷轉，否則停廢。别選州委通判爲幹辦官選監司提舉。出戰人赴點集後時，或輒逃避，並依軍法。從之。後不克行。

（宋）李心傳《建炎以來繫年要録》紹興三年四月　丁未，工部侍郎李擢言：昨知平江府，所聞民間利病五事。東南有逃田，皆湖浸相連，塍岸久廢，無人耕墾者。且以平江言之，歲失租米四萬三千餘斛，願委官相視可以疏導耕墾者，招誘東親流徙之民，給本施工，與免三歲之租。其決不可施工者，監司復案，除其舊額。平江陷敵之民，所棄田之萬六千餘畝，多有舊佃户主之。諸縣悉已立定租課。除常賦外，餘以三分爲率，一給佃户，一以上供，一拘籍在官。俟其歸業，併田給還。二年不歸，即依户絶法。今三年矣。陷敵之民，豈不願歸，顧力未能脱耳。望且更展二三年以俟之。平江水鄉，不可植桑柘，故祖宗舊法，無和預買絹帛。舊本府租米歲三十四萬餘斛。既取其所有，不責其所無。往因毛友陳請分臨安之數，抑令歲輸數萬匹。逮今累年，未嘗敢斂於民。今户部裁定其數，乃欲始自今歲，使之輸納。實可矜憫。惟睿斷盡罷之。平江去歲租米十六萬五千八百餘石，悉充上供，不許輒用。然兵食吏禄，月費七千餘石，所不可闕。望借撥漕司移用錢三二萬緡，造酒取贏，充收糴軍糧錢本。圭田多瘠薄，有司拘以舊籍，民已告病。願除其不可力耕之田，損其已定過多之額。後皆以次施行，惟和買如故。擢此奏，見平江田租事甚詳。著此爲李椿年經界張本。或可削去繁詞附入。

（宋）李心傳《建炎以來繫年要録》紹興四年八月　辛巳，執政進呈侍御史魏矼論淮東西屯田利害。上顧孟庾等曰：招集流離，使各安田畝，最爲今日急務。遂舉《鴻雁》美宣王詩，謂中興基業實在乎此。孟庾曰：誠如聖諭。胡松年對曰：古人圖必成之功，爲必取之計，於是有屯田。若趙充國破先零，羊祜守襄陽是也。朝廷行屯田累年，除荊南解潛略措置，其餘皆成虚文，無實效。上曰：卿論實效極是。松年復對曰：漢宣之治，總核名實，信賞必罰而已。天下事若因名以責實，無有不治者。如屯田一事，尤不可欺。一歲耕墾田畝若干，收穫幾何，便足以稽考。上曰：卿等可商議條畫來上，當力行之。後二日，朱勝非言：今日之兵，既令執兵，又令服田。終歲勤勞，所得如故。有未可者。上曰：古者三時務農，一時講武，農即兵也。兵農之制一分，恐不可復合。勝非所陳甚善，可便施行。庚等對曰：淮南收復今已數年，守令豈不欲招徠流離？但復業者未甚多。恐自此兵日以衆，食日以廣，不易供給。更容臣等與勝非熟議。上曰：不可，既行下光世、世忠軍中，卻便訴其難行，復議改更。如此則朝廷命令，自爲反覆。議遂寢。

（宋）李心傳《建炎以來繫年要録》紹興六年二月　都督行府奏改江淮營田爲屯田。先是言屯田者甚衆，而行之未見其效。會張浚出行邊，因出户帖錢二十萬緡爲本。浚請應事務並申行府措置，俟就緒日歸省部。許之。於是官田逃田，並行拘籍。依民間例，召莊客承佃。每五頃爲一莊，客户五家，相保共佃，一人爲佃頭。每莊客給牛五，具種子農器付之。每家别給菜田千畝，又貸本錢七十千，分二年償，勿取息。若收成日願以斛斗折還者聽。遂命屯田郎官樊賓、提舉糧料院王弗同推行焉。七月壬申又置營田司。癸卯，司農寺丞蓋諒言：四川提轉牧守之官，恃去朝廷阻遠，輒法外用刑。如軍民少有違犯，其處斷輕重，係於臨時喜怒之私，上負陛下好生之德。乞速加禁止。詔制置大使司密切體究，按劾聞奏。

（宋）李心傳《建炎以來繫年要録》紹興六年十二月　司農少卿提領江淮營田樊賓等言：淮南自兵火之後，肥饒之地今多荒蕪。蓋因民户稀少，艱於廣行召募。深恐所闕田土，不至大段增廣。今諸大帥屯戍淮上，而瀕淮之地，曠土千里。賊馬遠遁，邊境肅清。欲望特睿旨，令諸大帥摽撥係官空閑無主荒田，倣古屯田之制，斟酌多寡，於所部軍兵內，以十分爲率，摘取下等一分或二分，置立屯堡，使就田作。仍差諳曉農事將領主管，使臣監轄。依已降指揮，官給牛具借貸之類，其所收斛㪷，除樁出次年種子，官與力耕之人，中停均分。請給衣糧，並不裁減。其官中所得分數內，支四釐充主管官，六釐充監轄使臣職田。如遇軍事警急，則權住作田，併充軍用。候至歲終，比較以所收斛㪷，從本司保明申奏優異推賞。如蒙俞允，乞以田五十頃爲一屯，作十莊。差主管將領一員，監轄使臣五員，軍兵二百五十人。如次年地熟，人力有餘，願添田，聽從其便。詔二大帥相度可否行之。

（宋）李心傳《建炎以來繫年要録》紹興七年五月　癸酉，起居郎樓炤請命有司講究屯田、鼓鑄、市舶、常平四事：一曰募民以耕，而兵無與焉，是以墾闢未廣。今縱未能使甲士從田，於其中擇所謂不入隊者，十取三四，使之因田致穀，以省大費，何不可之有？二曰鑄錢一司坐費糧食，今銅料不繼，鼓鑄日稀，謂宜廢罷。俟數年之後，銅料稍多，即令逐路運司措置鼓鑄，似亦爲便。三曰蕃舶不至，蓋官吏侵漁之故。宜擇心計之臣，示遠夷之信，明賞以激勸，立法以關防，則所入必豐羨。四曰常平之法，豐則貴取，饑則賤與，今諸道間有豐凶之不齊，宜擇人使之兼總數路，以通其州縣豐凶盈虛而斡旋之，庶有贏貲以給軍用。詔户部侍郎梁汝嘉、王俣條具約確利害申省，後不果行。甲戌，徽猷閣待制提舉江州太平觀，胡安國提舉萬壽觀，兼侍讀，疾速赴行在。

（宋）李心傳《建炎以來繫年要録》紹興十一年三月　戊午，宰執奏御史中丞何鑄論牧馬地事。上曰：已優支地價，或有移屋，又支竹木之費，朕恤民可謂至矣。況湖上地，半是冒佃不納租税，可令臨安索契而驗。凡無契冒佃者，明言其罪而恕之。非特免罪，更給公據及優支所費，使民曉然知朕心也。

（宋）李心傳《建炎以來繫年要録》紹興十七年五月　中書請令軍中揀退人耕江、淮、京西官逃田以自贍。從之。三十一年正月戊寅所書可參考。

（宋）李心傳《建炎以來朝野雜記甲集》卷六《朝事·慶元緊要政目五十事》　慶元五年十月，右諫議大夫陳自強勉之，上緊要政事條目：人才、財用、軍旅、風俗、蓄積、法禁、薦舉、諫諍、學校、爵禄、教化、獄訟、税賦、農田、邊備、禮制、科舉、命令、賞罰、祭祀、銓選、任官、監司、守令、奉天、奉祖宗、馭外、秋馬、政令、任相、荒政等三十門。請令侍從兩省講讀官，進故事日於前項政事條目內選擇一事爲題。先叙前代帝王施行得失，而證以祖宗故事，然後論今日事體，所宜斷以己意。俟其進入，編爲一書。如一旬而講一事，則一歲之間便有三四十事。不過二年，朝廷之大政講究畢矣。疏奏，從之。已而學士高文虎炳如，又以二十事上之，如前請。稽古、勤政、威斷、恤刑、惠民、久任、文章、考課、選吏、救弊、宗廟、奉親、宗室、兵制、歷法、錢幣、漕運、茶鹽、常平、義倉。

（宋）留正《皇宋中興兩朝聖政》卷一〇《高宗皇帝·措置河南屯田》　〔紹興元年九月〕庚申，初措置河南諸鎮屯田，侍御史沈與求亦言：今欲因沿江荒閑之田，募人屯耕。用爲籬落，兼資儲餉，此誠計之得者。乃陳屯田利害，爲《古今集議》上下三卷。詔付户部，後亦未克行。

（宋）留正《皇宋中興兩朝聖政》卷一一《高宗皇帝·減荒田歲收》 〔紹興二年二月〕始，淮南營田司募民耕荒，頃收十五斛。及是，宣諭使傅崧卿言其太重，故百姓歸業者少。詔捐歲輸三之二，俟三年乃征之。仍賜崧卿錢五萬緡，俾貸民爲牛種之費。

（宋）李心傳《建炎以來朝野雜記乙集》卷一六《財賦·紹興至淳熙東南鬻官産本末》 紹興末，黄擇之仁榮守永嘉，始建鬻官田之議。至乾道初，爲錢七百萬緡，而未售者不及四分之一，二年十一月，户部奏已賣到五百四十萬貫，未賣者一百六十萬貫。朝廷乃併營田賣之。兩浙漕副周淙，言本路營田已佃者九十二萬六千餘畝，皆鬻之懼失租課。四川總領所亦以不便爲言，乃詔除四川外盡行出賣。三年六月。後又詔没官田産，除兩淮、京西、湖北勿賣外，江、浙、閩、廣、湖南八路以田計者六百四十二萬畝有奇。以地計者，二萬一千畝有奇。以屋計者，八千四百間有奇。共估錢五百十六萬餘緡。遂命將作監丞折知常往浙西，司農寺丞葉翥往浙東，元年正月。監登聞檢院張孝貢往江東，主管官告院周嗣武往江西措置。是年四月。始限一季，繼展一年。至淳熙初，已折封者僅一百六十二萬餘緡，而直之未輸者猶四之一。其未鬻者，尚三百五十三萬緡。元年六月，户部具到。蓋估價之初，豪民大姓請囑官吏，相爲欺隱。其已賣者，皆輕立價貫，上色之産也。而中下之産，估值反高，是以不售。於是言者以爲不若且令原佃之家，著業納租，一歲之間猶可得米數十萬石。從之。尋命諸路權住賣。三年二月。後數歲，復用軍器監主簿陳杞言，併營田沙田出賣。浙西、淮東、江西二路，元括到沙田凡二百八十餘萬畝。議者多以爲不可。未幾，浙西提舉王尚之，言平江一郡已有當賣田十二萬四千餘畝，歲收租二萬石有奇，乞别擇拘催，或遇歉歲，得以接濟。從之。六年十月。久之，言者又謂盡鬻官田，以爲常平水旱之備。十四年六月。事雖施行，後亦不究也。大抵二十年間，所鬻官田實不過七百萬。

（宋）李心傳《建炎以來朝野雜記乙集》卷一六《財賦·王德和括關外營田》 關外營田始於鄭亨仲，階、成、西和、鳳、金、洋州、興元府皆之，而洋之西鄉爲最。其初因兵火後，民多失業，故募人使耕之，量收租利而已。休兵日久，墾闢歲增，營田之家懼官之增賦也。每三四歲則率投狀退佃，而賂總所之吏，使蠲其租。在紹興中，歲課十二萬斛有奇。乾道末，損爲十萬。每嘉泰初，纔八萬斛而已。隆州學官張均子和，嘗爲西鄉主簿，知其本末，即與王德和言之。德和分遣官屬八人按行，且揭榜諸州縣。大略云：營田户所侵官田甚多，若按行畝目增立税租，所有當數十倍。今不欲擾民，仰民户自陳增墾之數，山田畝收二升，陸田四升，水田六升而止。下户懼，皆以實告，獨豪民大姓則密賂行遣，胥吏以爲無侵，給公據與之。由是有鬻公據之謗矣。諸大姓既不喜郭子明，心欲害其事。鳳守某人者，大將之弟，郭氏之壻也，遂激而成之。子明亟降榜撫定，至欲調兵。時官屬行營田者凡半歲，費總所錢萬緡，州縣供億又倍。子和始議可增三十萬斛，及是所增纔八千斛，而麥居多焉。未及秋成，德和罷去，陳日華代之，盡返其舊，顆粒不收。

（宋）李心傳《建炎以來朝野雜記乙集》卷一六《財賦·關外經量》 劍外諸州之田，紹興以來，久爲諸大將吴、郭、田、楊及勢家豪民所擅，賦入甚薄。議者欲正之而不得其柄，吴氏既破，安觀文爲宣撫副使，乃盡經量之。金州守臣宋子欽曰：此州瘡痍甫瘳，邊民恐不可盡其利。官一入境，將散而之四方矣。於是除金州外，凡興元府洋、沔、階、成、西和、鳳州，大安、天水軍二十縣，經量之數大抵增多，而亦微有所損。舊九郡家業錢凡一千一百五十七萬九千餘緡，二税十四萬五千六百餘石，夏秋役錢十五萬七千餘緡。及是經量，宣撫司命别上中下三等，以定田之高下，分三等爲九則，以均賦之重輕。而所委官吏務於增多，未嘗行歷鄉社，躬親履畝，往往强令有田之家增認租數，而民始怨矣。增虧相補，視舊籍凡增家業錢二百二十九萬七千餘緡，二税三萬五千八百餘石，役錢三萬五千餘緡。安公辭制置大使表中，所謂田廬之均一有倫，蓋指此也。其後代者劉師文言：上件所增，初非田土之廣袤，亦非户口之繁滋，於民有害，於公無益。乞盡行除免，諫官應武緯之亦以爲言，於是盡復其故焉。

（宋）李心傳《建炎以來朝野雜記乙集》卷一七《兵馬·瀘州長寧軍勝兵邑義軍》 瀘州長寧軍勝兵者，政和末所創。而瀘敘州長寧軍邑義軍者，元豐間所團結也。始自大中祥符二年秋，嘉、眉、戎、瀘州都巡檢使孫正辭，被命討江安邑寇，以北兵不諳山川道路，因點集鄉丁，目曰白艻子弟，給兵器使爲鄉導。事平皆錫錢罷歸。皇祐元年秋，始令子弟抽點隨軍者，日給糧米。又令主户名下差撥子弟，人數最多者權立主户，充指揮使等名目以統之。時三邑子弟之籍總三千三百六十有三人，而合江獨有藥箭弩手百餘人，每軍行尤賴其力。三年冬，始立子弟賞格，每捕斬邑賊一人，給錢三緡。五年夏，用知梓州吕士龍奏，又令瀘州江安教藥弩手各一百人。自是三邑皆有藥弩手。至和二年，用轉運司錢中孚奏，始令子弟同官軍把守諸邊寨。五寨共八百五十人。既而又慮妨其農業，治平元年，乃命權放一半，遇有警則盡調之。熙寧九年夏，有知南溪縣史敏孫者，言瀘州疆界闊遠，地皆沃壤，往年因邊事，民多棄而不耕。今淯邑已平，可募人耕墾，給爲永業，漸教武備。詔以付經制邑事熊本，然未有定説也。元豐二年，遂命依黔州義軍法，團結十九姓邑人三千八百九十五人爲邑義軍，凡年十八以上皆刺之，遇句集把隘，則日支錢米。五年，令戎州買馬配之。始時轉運司言：收到邑人山地一萬餘，區田一萬八千五百三十畝。除林菁外，約下種七千五百四十三石，合出納課租一萬六千八百九十九石，乞召人租佃。而瀘南沿邊安撫使王光祖恐邑人生事，乞就給付投降邑人佃食。許之。元豐五年得旨。六年，詔瀘南沿邊諸寨子弟兼丁之家編入保甲教閲，仍不妨子弟差使。七年，又團結新復羅始黨一帶邑族一萬五千六百六十人爲邑義軍。自是戎瀘二州邑義軍之籍至二萬六百三人，歲於農隙，按試量行犒設。元祐二年，罷犒設。政和末，趙遹爲轉運使，既平晏邑，乃言得其膏腴之地，乞倣陝西弓箭手法，召募瀘戎州長寧軍土丁子弟，給田刺手，以實邊防，俾代官軍守禦。奏可，六年閏正月也。其三月，又用安撫使孫羲叟奏，分田以授降羌，使與土丁雜處。遹始度其地，人給百畝，可募兵三千七百有餘。其餘根括並邊逃田之隸於官者，止可贍三千兵。乃奏奪邊民所市邑田以益之。又奏所招凡二千七百人，長寧軍樂共城各五百，梅洞水廬寨、政和堡各三百，武寧寨、板橋、梅嶺、石筍堡各二百。其虚實不可攷也。七年，又調青山史君寨子弟，往錦州捍禦邑賊，失利是歲，更名土丁子弟爲勝兵，而子弟之名廢矣。宣和二年，又詔聯義軍爲保伍，既而瀘、叙諸州皆以爲不便，罷之。淳熙八年，瀘州五城寨勝兵之籍總七百五十有四人，視政和纔三之一，所受水陸田合千頃，樂共城二百八十頃，政和堡二百二十五頃，博望寨一百八十一頃，梅嶺堡一百六十四頃，板橋一百五十頃。而水田纔四之一焉。至開禧間，勝兵所受之田又止爲九百四十四頃，而牛之係於籍者三百而羸，馬之係於籍者五十而弱，皆莫知其虚實也。

（元）劉一清《錢塘遺事》卷五《公田賞罰》 包恢，盱江人，爲陸氏學。公田令行，人心不服，一路騷然。朝廷除包知平江府，專領公田，行以峻急，至施肉刑。時年已八十，酬勞拜簽書而卒。初，提領劉良貴劾奏嘉興宰葉哲佐，以不即奉行之罪。又劾長洲宰何九齡，追毁出身，永不收叙。以不合出給官田，令田主抱納，失田業相離之初意。

《宋史》卷八《真宗紀》 〔天禧元年八月〕丙子，詔京城禁圍草地聽民耕牧。

《宋史》卷一七《哲宗紀》 〔元祐三年九月乙丑〕詔觀察使以上給永業田。

《宋史》卷一七《哲宗紀》 〔元祐五年〕七月壬申，涇原路經略司言：諸人違制典買蕃部田土，許以免罪，自二頃五十畝以下，責其出刺弓箭手及買馬備邊用各有差。

《宋史》卷二〇《徽宗紀》 〔崇寧四年二月〕乙卯，班方田法。

《宋史》卷二二《徽宗紀》 〔宣和元年〕八月戊寅，詔諸路未方田處並令方量，均定租課。

《宋史》卷二七《高宗紀》 〔紹興二年二月〕辛丑，淮南營田副使王宴括閑田三萬頃給六軍耕種。

《宋史》卷三一《高宗紀》 〔紹興二十六年〕六月辛未朔，罷諸路鬻户絶田。

《宋史》卷三一《高宗紀》 〔紹興二十六年閏月〕己酉，命離軍人願歸農者，人給江、淮、湖、廣荒田百畝，復其租税十年。

《宋史》卷三一《高宗紀》 〔紹興二十九年秋七月〕己酉，禁諸路抑買官田。

《宋史》卷三一《高宗紀》 〔紹興三十年三月〕癸未，以淮東茶鹽司錢十萬緡充募民墾田費。

《宋史》卷三四《高宗紀》 〔乾道九年正月〕戊寅，遣官鬻兩浙營田及没官田，次及江東、西，四川如之。

《宋史》卷四四《理宗紀》〔寶祐六年五月〕丁巳，李曾伯言：廣西多荒田，民懼增賦不耕，乞許耕者復三年租，後兩年減其租之半，守令勸墾多者賞之。奏可。

《宋史》卷四四《理宗紀》〔開慶元年二月〕己丑，詔蠲建康、太平、寧國、池州、廣德等處沙田租。壬辰，詔蠲漣水軍制司所收屯田租。

《宋史》卷三〇六《柴成務傳》 會宋州河決，成務上言：河水所經地肥澱，願免其租税，勸民種藝。從之。

《宋史》卷三一九《歐陽修傳》 奉使河東。自西方用兵，議者欲廢麟州以省餽餉。脩曰：麟州天險不可廢，廢之，則河内郡縣，民皆不安居矣。不若分其兵，駐並河内諸堡，緩急得以應援，而平時可省轉輸，於策爲便。由是州得存。又言：忻、代、岢嵐多禁地廢田，願令民得耕之，不然，將爲敵有。朝廷下其議，久乃行，歲得粟數百萬斛。凡河東賦斂過重民所不堪者，奏罷十數事。

《宋史》卷三一九《劉敞傳》 揚之雷塘，漢雷陂也，舊爲民田。其後官取瀦水而不償以它田，主皆失業。然塘亦破決不可漕，州復用爲田。敞據唐舊券，悉用還民，發運使争之，敞卒以予民。

（明）陳邦瞻《宋史紀事本末》卷七《太祖建隆以來諸政》〔建隆〕二年春正月，度民田。周世宗末年，嘗命官詣諸州度民田，而使者多不稱。至是，帝謂侍臣曰：度田蓋欲勤恤小民，而民敝愈甚。今當精擇其人。遂分遣常參官詣諸州。尋詔州縣課民種植，長吏以春秋巡視，著爲令。又置義倉，官所收貳税，每一石别輸一斗，貯之以備凶歉。

（明）陳邦瞻《宋史紀事本末》卷四一《熙河之役》〔熙寧三年〕（王）韶又言：渭源至秦州，良田不耕者萬頃，願置市易司，稍籠商賈之利，取其贏以治田，乞假官錢爲本。詔秦鳳經略司以川交子易物貨給之，命韶領市易事。師中言：韶所指田，乃極邊弓箭手地耳。又將移市易司於古渭，恐秦州自此益多事，所得不補所失。安石主韶議，爲削師中職，徙知舒州，而以竇舜卿知秦州，與内侍李若愚按閒田所在，僅得地一頃，地主有訟，又歸之矣。舜卿、若愚奏其欺，安石又爲謫舜卿而命韓縝；縝遂附會實其事，乃進韶太子中允。

四年八月，命王韶主洮河安撫司事。時議取河湟，自古渭砦接青唐、武勝軍，應招納蕃部市易、募人營田等事，並令王韶主之。

（明）陳邦瞻《宋史紀事本末》卷四三《元祐更化》〔元豐八年〕十一月丙戌，罷方田。

（明）陳邦瞻《宋史紀事本末》卷四九《蔡京擅國》〔崇寧三年〕秋七月辛卯，復行方田法。

（明）陳邦瞻《宋史紀事本末》卷四九《蔡京擅國》〔大觀元年〕二月己卯，復行方田。

（明）陳邦瞻《宋史紀事本末》卷四九《蔡京擅國》〔政和二年〕夏四月，復行方田。

（明）陳邦瞻《宋史紀事本末》卷六六《平群盜》〔紹興五年〕秋七月，飛復襄陽等六郡。【略】飛因奏：金兵所愛惟子女玉帛，志已驕惰；劉豫僭僞，人心終不忘宋。如以精兵二十萬直擣中原，恢復故疆，誠易爲力。襄陽、隨、郢，地皆膏腴，苟行營田，其利甚厚。臣俟糧足，即過江北剿敵。時方重深入之舉，而營田之議自是興矣。

（清）徐松《宋會要輯稿·食貨六一·民産雜録》 太平興國七年閏十二月，詔民以田宅物業倚當與人，多不割税，致多争訟。起今後應已收過及見倚當，並須隨業割税。

（清）徐松《宋會要輯稿·食貨七〇·經界雜録》〔紹興〕十五年正月二十五日，權户部侍郎王鐵言：被旨差措置兩浙經界，竊見户部員外郎李朝正昨任知建康府溧水縣日，曾措置均税，簡易而不擾，至今並無詞訴。乞同共措置。從之。

二月十日，王鐵言：被旨差委措置兩浙經界，除將前後已得指揮參照外，今措置下項：

一、措置經界務要革去詭名挾户、侵耕冒佃，使産有常籍，田有定税，差役無詞訴之煩，催税免代納之弊，然須施行簡易，不擾而速辦，則實利及民。今欲將兩浙諸州縣已措置未就緒去處，更不須圖畫打量，造納砧基簿，止令逐都保先供保伍帳，排定人户住居去處。如寄莊户，用掌管人，每十户結爲一甲，從户部經界所立式，每一甲給式一道。令甲内人遞相糾舉，各自從實供具本户應干田産畝角數目、土風水色、坐落去處、合納苗税則例，如係從來論鈞論把論石論秤論工，並隨土俗。具帳二本。其從來詭名挾户、侵耕冒田之類内，包占逃田，如係十年以上，從實首併於帳内添入。不及十年者，〔令〕作一項供具。若産多税少，或有産無税，亦於帳内開説實管田畝數目、土風水色高下，供認税賦。若田少税多，即具合減數目。若産去税存，即行除豁，務要盡實。如所供田畝水色著實，所有積年隱過苗税一切不問。如有欺隱，不實不盡，致人陳告，其隱田畝並水色人並從杖一百斷罪。仍依紹興條格，將田産盡給告人充賞，仍追理積年減免過税賦入官，仍將所隱田畝上每年合納税苗等依在市時直紐計。每及三百文省，追賞錢三十貫文。不及三百文者，准此。每加一百文，又加一十貫，至三百貫止。其同甲人，每人出賞錢三十貫，盡給告人，亦依隱田人斷罪。若因官司點檢得見，其賞錢並田並行拘没。如有脱户，並仰於鄰近甲内附入。如不附入，依隱田罪賞施行，許田鄰糾。其田鄰不糾，依同甲人結甲不實罪賞施行。逐都差保正、長均散甲帳體式附人户，限一月依式供具，令保正、長拘收甲帳，類聚赴當州縣，以移用錢顧書算人攢造，將田畝並苗税數目謄轉，逐鄉作都簿在官照應。及每保正亦給上件簿書收掌，許人户檢看，庶使各鄉通知。如有不實之人，得以告首，免致鄉司等人作弊。仍將逐甲元供帳狀每户印給一道，付各人家照會。

所管田産並其税賦，如有甲帳上不曾聲説，久後因争競到官，止以帳狀爲定，官司更不得受理。一、欲乞行下諸州知、通，如昨來畫圖打量送納砧基簿已了各處，一面措置結絶，候事畢保明申尚書省。並經界所如有未當及人户不住詞訴，更委自知、通審度，依結甲事理一面施行。

一、比來有力之家規避差役科率，多將田産分作詭名挾户，至有一家不下析爲三二十户者，亦有官户將階官及職官及名分爲數户者，鄉司受倖，得以隱庇。先措置經界，雖令人户自陳首併，往往尚有頑猾未曾盡併之家，仍慮經界之後又有典賣爲名，准前分作詭名挾户，理宜别作措置。除已令於結甲帳歸併，如不歸併，許人告首。依供具税租隱匿不實罪賞施行外，欲候人户供到，從本縣將保伍帳並諸鄉主客保簿參照。若非係保伍籍上姓名，即是詭名挾户。如外鄉人户寄莊田産，亦合關會各鄉保甲簿有無上件姓名。如有，即行將物力於住居處關併作一户。其外州縣寄莊户准此關會。若後來各鄉有創新立户之家，並召上三等兩户作保，仍即時編入保甲簿，庶得永遠杜絶詭名挾户之弊。

一、人户自來多是冒占逃户肥濃上等田土，遞相隱蔽，不納苗税，洎至官司根括，卻計會村保，將遠年荒閑不毛之地椿作逃户産土，或將逃户下瘠瘦不係苗税田産指作苗田，承代税賦，恣爲欺弊。今來既令人户結甲供具，内有人户占據逃産，已令於甲帳内聲説。所有人户不占見行荒廢逃産，自合根括見數置簿拘籍。〔令〕〔今〕措置欲應見逃荒産，並令保正、長逐一著實根究某人全逃産土若干，某人見占若干，已具入甲帳，見荒廢若干，仍令村保田鄰並逃户元住鄰人指定，見今荒廢逃産是與不是元逃産土，有無將遠年荒閑田土虚指作各人逃産，要椿干税在上及以元不係苗税荒閑産土椿作各人户下苗田，意在登帶苗税數目，仍將所供田段立號，逐户謄寫上簿，卻具地名段落畝數，逐一出榜揭示。其包占人不供具入帳及供不盡之人，並許人告，依前項隱産人斷罪理賞施行，别以本户已田計元所包占官田畝數給告人。如本户别無産土，即估價追錢充賞，及依條追理日前隱匿過苗税入官。所有村保、田鄰及元住鄰，並依甲内供具不實罪賞施行。

《金史》卷六《世宗紀》〔大定五年十一月〕癸亥，立諸路通檢地土等第税法。

《金史》卷一二《章宗紀》〔泰和四年九月〕壬申，定屯田户自種及租佃法。

（元）胡祗遹《紫山大全集》卷二二《雜著·革昏田弊榜文》一、昇平無事，民安地著，逋逃者還業，五穀增價，土田每畝價值比數年前踴添百倍，所以典賣之間，不無詐冒昏賴，以致詞訟紛紜，連年不絶。府司今議得，每一社議，令社長集衆公議，推保公平官牙人一名，能書寫、知體例，不枉屈寫契人一名，本縣籍記姓名。凡遇本社買賣租典土田，及一切房屋事産人口頭匹交易合立文契者，止令官牙人作牙官立定，書寫人寫契。違法成交者，此二人當罪，到官毁交。不經此二人成交者，毁交，治買主賣主罪。文契分明，庶革前弊。

一、省部明文，諸交易文契，雖以諸物成交，止合價錢，並以貫鈔，並不得書寫金銀絲絹綿布諸雜物貨。府司照得，濟寧一路諸雜交易，多寫絲貨絲價，或增或減，市色不定，以致詞訟不絶。府司遵依上司格例，今後諸交易交契，並不得書寫雜貨，上寫貫鈔若干。違者先罪牙人、寫契人，買主賣主同罪。

一、昏田屋宇因事到官，縣司兩平斷定，各無詞訟，不半年一歲，吏人與姦人作弊，滅毁訖元斷文卷，再令翻告。新官新吏不知始末根因，見解處心公私不同，以致欺罔百端，反復無定。府司擬定，今後凡經官斷定土田房舍事業等事，隨即當官出結合同公據執照，令各人收執，如有翻告者，後官以爲憑據。斷決公平依法者，不可改斷；偏曲不平者，或欲改斷，備開前斷錯失，亦依前出結公據執給，庶幾杜塞紛競及官吏作姦之弊。

一、昏田相争，事關農務，故有務開務停之限。濫官汚吏不肯公心及早剖決，反執格限以爲姦，是以累年不決。府司擬定，凡遇此事比三月務停不决者，照依格例稽遲日期，嚴行斷罪。

一、作姦造僞之人，務開之月不行告官，直至正月盡二月初，將過務停興辭到官，雖遇明敏公平官吏往復移關勘會，亦不能處决。府司擬定，十月初爲頭，至正月上半月興詞赴官，官爲受理；二月初興詞者，官司不須受理；是月占據争奪人土田者，坐昏賴之罪。

昏姻聘財雖有定例，立格之日民已不從，蓋緣後有自願者聽之一言故也。又兼立格之年絹一匹直鈔一貫，今即絹一匹直八貫，他物類皆長價八九倍十倍，雖嚴加罪責，勿喻定例，民亦不從。百貫實鈔，能買幾多緞匹裏絹金銀頭面？不若再立上、中、下三等嫁財，定立上户嫁財緞子裏絹各幾匹、金銀頭面各錢兩，非品官之家，不得衣金衣服，中、下户近減一等，永爲定例。踰越者各杖七十下。

（清）畢沅《續資治通鑑》卷一八五《元紀·世祖》〔至元十七年十二月丙申〕敕：擅據江南逃亡民田者，罪之。

（清）畢沅《續資治通鑑》卷一八五《元紀·世祖》〔至元十八年十月〕丙申，募民屯田淮西。

（清）畢沅《續資治通鑑》卷一八六《元紀·世祖》〔至元二十一年〕夏四月，令軍民同築隄堰，以利五衛屯田。

（清）畢沅《續資治通鑑》卷一八七《元紀·世祖》〔至元二十三年〕七月己巳，用中書省臣言，以江南隸官之田多爲強豪所據，立營田總管府，其所據田仍履畝計之。

（清）畢沅《續資治通鑑》卷一九二《元紀·成宗》〔元貞元年正月壬申〕罷瓜、汝等州屯田。

（清）畢沅《續資治通鑑》卷一九三《元紀·成宗》〔大德元年十二月戊戌〕禁諸王、駙馬並權豪毋奪民田，其獻田者有刑。復立芍陂洪澤屯田。

（清）畢沅《續資治通鑑》卷一九三《元紀·成宗》〔大德二年正月壬辰〕禁諸王、公主、駙馬受人呈獻公私田地及擅招户者。

（清）畢沅《續資治通鑑》卷一九三《元紀·成宗》〔大德二年〕二月乙丑，立浙西都水營田司，專主水利。

（清）畢沅《續資治通鑑》卷一九七《元紀·武宗》〔至大四年十月〕丁丑，禁諸僧寺毋得冒侵民田。

明清分部

論説

（明）宋應星《野議·屯田議》 時事兵苦無餉，議屯田者何其紛紛也！夫屯田何爲乎？求其生穀以省飛輓之勞耳。以至粗之事而求之精，以至易之事而求之難，以至簡之事而求之猥瑣，世可謂無人也。

今天下剥膚之患，寇在中而虜在外，議屯田以制虜則似矣。至有議平流寇而並策屯田者，可姍笑也。流寇朔在千里之東，望在千里之西，飄忽無定，即有許下之粟，焉能贏糧而從之？

若夫制虜之策，最先屯田。今之議者，先議清屯。夫北方自雲中抵山海，東方自成山抵蓬萊，荒閑生穀之地，廣者百里，促者十里，瀰望而是。近年又增以兵過之地，室廬墟而田畝蕪者，間亦有之。即億萬牛耜，墾之不盡，必區區求百年以前經歷數主影占形改之田，而始議耕，何其愚也。

次議牛種。夫給種則似矣，議牛何爲者？凡責成一卒之身，上食九人，中食八人，則牛誠不可少。若一卒之身，只望其醉飽一人，充飼一馬，則一鋤足矣。昔年樞輔在關外給牛數萬，兵士日夕椎以釃酒，而日以病死報，豈知冶鐵爲鋤爲不病不死之牛乎？天下事上作而下從，貴行而賤效，是必爲督鎮者，躬行三公九推之法；爲偏裨者，不耻從官負薪之勞。一卒之身，畫地五畝而界之。一區五十畝，則十人共墾其中；一區五百畝，則百人共墾其中。宛然井田相友相助之意。先訪習知土宜與穀性者，授銜百户，分隊立爲田畯之長。五畝皆稻耶，得米必十石；五畝皆麥耶，得面必千觔；五畝皆黍稷耶，得小米亦如米之數；五畝皆菽耶，得豆粒亦敵面之值。其室廬之側，隴塍之上，遍繁瓜蔬，寸隙荒閑，並治不毛之罪。此法一行，豈憂枵腹？

蓋計五畝功力：使鋤開荒，以二十日；播種以二日；糞溉以十日；耨草以十日；收獲燥乾以十日。一年之内只費五十二日以足食，其餘三百一十餘日，尚可超距投石，命中並槍。每逢播種之初，成熟之日，督鎮親巡而驗之，其獲多而苗秀者，犒以牛酒；其草茂而實劣者，罰以蒲鞭。行見半載之間，不惟囷窖之盈，而且神氣亦壯，士有不飽而馬有不騰者？此至易之事，而舌干唇敝二十年於此，世可謂無人也。

（明）錢澄之《田間文集》卷七《官田議》 古者，公卿、大夫、士以至庶人，在官者皆分田賦禄，未有用其身而不給其食者也。後世田不屬官，而税盡輸國，故一切俸禄皆取給於國。遇國家有故，所入不足以供所出，於是減俸以給國用，而有省扣之例。至於今，省扣盡矣，而官吏貪益甚。

説者謂：上無以養廉，毋怪其虐取於下，賄賂成風，雖嚴刑懲之不能禁也。夫欲施嚴刑，必先制厚禄。國課不足以供禄，其必廣置禄田乎。夫禄田猶之乎爲官田也。官田自宋賈似道行之，虐遍東南。然其説始於太宗時何承矩營田之議。承矩既有成效矣，至道間，陳靖復上募民墾田之法。廟議舉行，公私便益，卒爲庸人所沮而止。賈似道括買官田以給國用，以致東南失國者，非官田之弊，買官田之弊也。承矩所言，不過順安軍一帶，因曠土，興水利，以開稻田，漢魏故事可遵也。陳靖所言近畿之地，民逃田荒，寬租税，募游惰，以誘之耕墾，略仿古井田制也，非有買民田以爲官田者。買之自官，其與奪之於民者，無以異矣。其害載諸《宋史》，固非一端。若今之堪爲官田者，所在而有，正不必買，但在上之人虚心以詳究之，用之得人，而行之得法，弊亦何自而生乎？大約中原田多而農寡，其法在於集耕衆；東南農多而田寡，其法在於清閑田。

中原經賊亂以來，逃亡死喪，不知凡幾，膏腴沃壤，盡化榛蕪。官誠召號之，使復其業而免其税，而終不至者盡收其田，入官不知幾千萬頃矣。於是，分爲營田、禄田二項：營田給諸將，以兵耕而供軍餉；禄田專設官吏理之，募民墾耕，以賦官禄。若應募者少，則如古法，徙罪人以往，而益嚴游手賭博之禁，犯者必徙毋赦。夫賭博者，盗賊之根源，而頑民之首惡也，究其所至，罪在必誅，徙而之農，固屬寬政。今者，此輩十室而九，倘法在必行，則耕者不勝其衆矣。至於處置得宜，約束有方，則在官吏之得人。給牛種，營屋室，授田器，又在當事之善爲區畫耳。

東南土狹人衆，田有主而耕有佃，而勤農受田，往往不足於耕，則田之荒者少矣。然而逋税積久，計所有不足以償逋而逃亡者有之。或田多賦重，頻遭荒歉，追比莫償，久困刑獄，累及家族，甘心送人而無人受者比比而是。倘官收其田，而悉蠲其逋，猶更生之也。

若夫江涯海澨，常有沙渚突生，廣袤數里，居然沃野。豪家賄通有司，占爲良田，久不起科。欺隱之罪，縱不追論，倘盡行清理，以充官田，豈爲虐乎？

國初，凡腹内衛所有閑地，分軍立屯，歲久軍惰，有屯田之名，而實無其事，管屯者未嘗一巡阡陌，往往平疇沃壤盡歸勢要之家，屯田軍餘有經歲賠糧而不知屯田之所在者。今按籍清查，爲屯軍所棄，而爲朝廷所收，不亦可乎？

至於閩越之間，僧田不應差徭者，亡慮數十萬畝，號爲常住田，所以供十方參學之衆也。僧衆既散，常住久毁，香火僧據其田以爲子孫之資，或爲豪民計奪，或輕鬻與鄰右，其歷來簿籍皆可按比，里册皆可稽也。夫參學之徒，分衛托鉢，本是佛制，常住何取有田？而況不爲常住乎？收爲官田，誰曰不宜？

由是推之，則東南官田亦自不乏，特在清理之人公平寬静，毋刻核，毋煩擾。不半年，愚知所入之田，足以供所賦之禄必有餘矣。

諸如此類，田不必定在一區，亦不限以多寡，隨其田之所在，别爲禄田，以本處約正、保正司之，俾召民佃，或即見耕者留之，照舊額減十之二，而耕者争赴矣。有司一勿預，惟設一勸農吏，擇鄉舉勤干、忠實、習農事者爲之，專司檢察。其勤者，雖厚獲，必量蠲之，以示勸；惰者，雖折收，必盡征之，以示懲；而耕者益力矣。近田鄉保置倉廩以儲之。收畢，吏與會計登簿，上諸縣；縣總計之，以上諸郡；郡又總計之，以上諸藩司，而聽藩司賦禄焉。有贏餘者，存爲常平倉本，嚴敕有司，不許那移别用。自勸農吏以外，不許胥吏一人干涉，違者重罪之。如此通行，似亦無害於民，而有利於國。而凡有職役者皆有禄，然後可以責其廉，而禁其貪也。

（明）張慎言《泊水齋詩文鈔》卷一《第二疏》 開採、鼓鑄臣已言之矣。至開墾屯田之議，臣謹再議之。

臣以爲開墾是也，然今日已熟之田，而民之棄而不耕者，不知凡幾；民之願耕田，而不能耕與不得耕者，又不知凡幾。民之棄而不耕與不能耕、不得耕者，皆各有其故。不求其故，使軍荒殘破之孑遺，樂而饁婦子於南畝，徒使之輟耕太息，而徒曰開墾，是圖未獲之萬一，喪已成之膏腴，不亦左乎！今日之政，但使土著者無所苦而不逃，既逃亡者無觀望而復業，雖閭里未必驟有畝棲野被之盛，國家未必便有貫朽粟紅之效；然是藨是蓘，雖有饑饉，必有豐年。民日歸農而賦税徐足，又況於免盜賊之患、剿捕之餉乎？

至屯之故，蓋難言之矣。前縣丞沈時其言亦持之有故。今天下衛所軍屯之法壞已久矣。若按祖制而核之，不止無屯，亦並無軍矣。不止問他人以屯有幾何、田在某處，即問之軍，而軍亦有不知者。又祖制，軍屯率皆膏腴，如山西澤潞，土瘠民貧，而寧山之屯則在輝縣、獲嘉，潞州之屯則在廣平、大名是也。軍已無屯，不盡豪右占買，亦有平民兩平交易者。但此非一朝一夕之故，父子相繼，已爲永業。今若一旦以國法繩之，使之田盡歸軍，治之罪而勒其原價，國法所在，彼亦何辭！然田非止一畝也，人非止二三也；承爲世業，已非一日，驟奪而置之於法，恐生事端，且非人情。又况奉行不善，其間追呼拷較、凌虐需索；又姦民規壞所怨田産，指非屯爲屯，又以屯爲非屯，天下脊脊多事，豈宜復開此亂端？

乞敕令諸臣講求其故，不必别設官僚，但以本省撫按司道於原敕内添此一款，嚴切責成，撫按下之該道，該道下之郡縣，一道即清，一道之屯足矣。軍之有屯而不能耕也，如敗蕩之子，其祖父貽以千金之産，不能守而鬻之他人，即使族之長者贖其故産而與之，已而又復蕩盡。今日之屯使贖而盡歸之舊軍，决不能守。贖則價無所出，奪則又非情理；但清核其原屯之數在某縣、某人者，於民田之外，另置尺籍，照民田之例而增其賦。蓋河南、山東等處，其徭賦僉馬諸額皆計田而派。民之所以利種屯者，以有民田之利，而無里甲之雜差，且賦額又輕。今或使如民田，或稍加焉，隨民之便而裒益之可也。但此是不得已之計。而祖制衛所軍屯之法，無復有餼羊之迹矣。

臣生居僻野，不習衛所軍屯之事，敕令諸臣考求。要使窮則變，變則通，通則久，既無大壞於祖制，而又便於軍民，兼可以權今日之急，亦便計也。臣無任恐懼待命之至。

（明）**龔詡《野古集》附録《上周文襄公書》**　一、官軍屯田，子粒繁重。詡竊惟聖朝創立官軍屯田，一以藉其子粒，二以自給月糧，誠爲兩便。然其中艱難苦楚有不可勝言者。蓋常例每軍種肥田則十二畝，瘠田則十五畝，俱科子粒六石，上倉餘者抵給本身。週歲月糧每月八斗，計米九石六斗，其給與之田或遠在百里外，或七八十里外，跋涉往來，動輒經日。况其田高低不一，水旱不時，較之中歲，僅可得米八石之數，除工費本力外，抵還官數常恐不及己身週歲月糧，夫復何望及至上倉之日。搬運損折所費不少，忽遇歉收之年，尤更狼狽，是以不免迫於凍餒。强者敢於觸法爲非，弱者甘爲溝瘠以死。如是之情，誠可憐憫。愚以爲軍民一體，比者朝廷既念天下農作之難，得減糧額十之二三，而屯田之卒比之農夫又何異哉。特上人慮未之及爾。今執事軍民利病無不軫念，如蒙轉達朝廷，乞爲量加優恤，或官給與本力，或增與田畝，或輕減其子粒。隨宜處置，則上不嫌於取盈，下不憂乎受害，而聖朝一視同仁之政無所偏矣。

（明）**張燧《經世挈要》卷一四《屯政·屯田總論》**　古之屯田者，軍也，無事則耕，有事則戰，故屯不常恃。今之屯田者，餘丁也，餘丁則管屯田，軍人則管戰守，故屯可常恃。夫屯可常恃而邊餉稱不足者，何也？屯額原少也。

古人師老不息，必議屯田。今防海諸兵既不可減，而不行屯田，非計也。蓋募民爲兵，是驅良民爲强暴；教兵屯田，是化强暴爲良農。今沿海沿江所漲陞科塗田，多被豪占，合遣官丈量，分兵屯種。或豪民占業已久，不容軍屯，即每畝起科給兵充餉。其有積荒田土，累民賠補者，令圖民呈告，田圩四址給軍開墾，且屯且守。果覈實軍糧，則軍儲兵餉諒必有餘。即以餘糧充開墾之資，加給衆兵，計地開墾，各兵得額外之糧，豈不樂從。州縣荒田得熟，又可免奸頑□漏侵欺之弊，且化兵爲農，法之善者也。

（明）**張燧《經世挈要》卷一四《屯政·屯田可以强邊論》**　戰國時，秦孝公以亟耕力戰，遂强其國，莫有與抗者。今以天下之大，反不如戰國一隅之君，此其故何哉。古之地利盡，而今之地利不足也。古之兵皆自食其力，而今之兵悉仰給於官也。按李泌、韓重華所營屯田，即今大同、宣府、陝西諸邊之地，而趙充國所屯，即今甘肅地也。故必修車戰、繁林木、列伏兵，以爲之屏衛捍禦，然後田者有所恃而不恐。宜從諸將中選其有智勇謀略者數人，每將以東西五百里爲制，隨其遠近高下分屯所，領衛兵。斟酌損益，率五百里一將，彼此相望，首尾相應。耕作以時，訓練有法，遇敵則戰，寇去則耕。此長久安邊之策也。夫屯種孰不欲廣，然每差官督勸不能增者，急於起科得利也。今若查照北直隸地方，欽奉太宗皇帝聖訓，聽令各屯原額拋荒及空閑地土，不拘土客官民軍舍，盡力開墾，永不起科。乃正統四年，令大同、宣府、遼東、陝西沿邊閑空之處，許官軍户下人丁儘力耕種，免納子粒。如此，則有利無害，人人奮耕，家家有積。於是令內地該運邊糧州郡，俾其賫價來糴，家積有餘，市價自平，不獨邊軍皆贍，而內地之田亦省矣。屯田既興，即因屯田以制邊縣，略如漢鼂錯所謂制邊縣以備敵者。蓋既重賞以墾屯田，則兵民皆願耕編之，悉使爲兵，一切他役無所預。如佃田百畝，即出一兵，則田千頃即可得千兵，萬頃即可得萬兵矣。兵至滿萬則大縣矣，合數縣爲一郡，則大郡矣。得良守令撫綏之，良將帥統御之，虜雖强不足懼矣。新縣既立，俾沿邊舊所有州縣亦皆一從此制，什伍其民盡習兵戰，專以守邊禦狄，上供歲賦一切除免。凡軍需雜役取諸近邊司府以給之，使邊民自爲兵之外，一無所事事，得專於備禦，樂於戰鬭，藩籬成而邊防永固矣。觀晉郤克，欲使齊人盡東其畝以便戎車，吴玠在蜀，於天水□作地綱，以阻金兵之□，於此可驗矣。【略】

宋太宗時，議者謂安順軍至北平二百里，地平廣，無隔閡。每□胡騎多繇此而入，謂宜度地形高下，因水陸之便，□阡陌，浚溝洫，益樹五穀，所以實倉廪而□□□□，謂古今智謀之士所見略同。

□守邊之議，固當知屯田之利，亦不可不知授田之害。今邊塞可耕之地，近城堡者，固易爲力。若夫邊外之地，地遠而勢孤，必如充國所謂乘塞列隧，□大攻不能爲害，而又有山阜可以望遠。有溝塹可以限隔，有營疊可以休息，架木以爲譙望，聯木以爲排柵，時出游兵以防寇掠。如是則屯耕之卒身有所蔽而無外虞，必有所恃而無內恐，得以盡力於畎畝之中而享收穫之利矣。

（明）**盧象昇《大司馬盧公奏議》卷二《募軍開屯疏》**　臣前具恭報

防剿機宜一疏，奉有净掃餘孽安集遺黎之旨。若房、竹，若鄖、津，雖苦人烟斷絶，千里不毛，而微臣以一身奔走其間，分布防兵，招徠土著，歷山谿之峻險，查地畝之抛荒，日嘔心以從事焉。惟是鄖土雖存，鄖民已盡，客兵既撤，主兵無多，人臣効力疆場，此際正當以真心幹辦。考之記傳，鄖屬地方古稱天獄，蓋甚言其淒涼困苦險阻艱難也。況遭寇患，情景愈益不堪。昔鄭俠繪流民之圖，臣今苦于無民可繪，故他務不遑經理，急求生聚之方。乃數月以來，身披草萊，弔生卹死，勸災黎以復業，諭歲額之停徵，竟無有應者，而臣之心於是乎窮矣。復從而廣懸示約，曲意撫摩，擬修城築舍以奠民居，圖設法通商以濟民食，竟無有應者，而臣之心於是乎又窮矣。更從而董率二三守令，召集二三耆老，議借子種，議給牛具，但求不棄此土，官且代爲經營，亦竟無有應者，而臣之心於是乎益窮矣。然則鄖土既可以無民，則亦可以無官，而不知千里封疆，三方控扼，今日之鄖，極困苦之地，乃極要害之地也。

窮而思變，法在善行，審勢揆時，惟有屯田一著。而屯田之人，屯田之具，屯田之資，逐項通盤打算，措手無門。無已，則抽餘軍以實曠土乎？臣查荆襄等衛，有正軍，有餘軍，各軍各種額田，而餘軍自食其力，猶之民也。但借民於他屬，將見小人懷土，趨避紛紛，無益於鄖，徒以滋擾。若餘軍，每衛不下萬人，抽其壯者，即統以本衛指揮千百户等官，臂指相承，運掉頗易。臣業行襄陽道臣苗胙土、荆州道臣陶崇道，專委推官江禹緒、劉承纓，各將闔衛餘軍，清查抽點，諭以急公大義，務使樂從。又督鄖陽府知府李夢麒，同該府推官姚士鴻，將鄖屬抛荒之田，隨地諮詢，相度孰是無主，孰是可耕，孰是久荒，孰是新棄。如本户死逃，儘其族姓；族姓故絶，儘其里鄰；里鄰無人，然後區别上、中、下三等，計軍而授之田，計田而給以種，計種而課其成。從此極敝難返之鄖疆，增一民得一民之用，闢寸土茹寸土之毛，漸而生聚，漸而教訓，漸而足食，漸而即戎，微臣庶幾少報我皇上乎！

至屯法條分縷晰，左方右圓，因天時，察地利，以劑量輿情，鼓舞衆志。如借子種，資牛具，定編派，立田規，給口糧，設廬舍，一切無中生有之事，臣惟竭犬馬之力以爲之。俟經營略有次第，方敢入告聖明，此時未敢以口説之騰，徒煩天聽。獨委官一節，有不得不仰邀聖明之賞罰黜陟以示激勵者。蓋人情繇苦以就樂，繇難以就易，則争趨之；繇樂以就苦，繇易以就難，則争避之。鄖中景象，聞者咋舌，見者酸鼻。本處孑遺尚且站立不住，招撫不來，一旦抽數百里外之餘軍，使之另闢世界，行之自覺苦難，不行又别無他策。隨屯督率，必須選任本衛之官，是猶以父兄率子弟也。乃衛官世職，各有身家，習故安常，不免畏難規避。縱使軍就臣之鼓舞，而官不提起精神，恐究竟亦無成績。

臣行該道廳，務選其伶俐而精強，忠誠而廉幹者，視軍數多寡，分統赴鄖，隨地安插，授以開屯之法，責以課効之程。拮据一年，俟有成效，即分别而殿最之。有功者百户陞千户，千户陞指揮，指揮加蔭一千百户；有罪者指揮降千户，千户降百户，百户降舍餘，仍以升降定世襲，庶各弁知勸知懲，其誰不急公自効者！初行之即軍即民，久行之即軍即兵，從來有治人，即有治法，又不在難不難，苦不苦也。

竊思鄖地在憲廟以前，原係棄土，後因寇盜蜂屯，流民蟻聚，且劉千斤、石和尚等據之作亂，爲豫、楚、秦三省大患，成化元年遣都御史王恕，成化二年遣尚書白圭，成化十二年遣尚書原傑等相繼討平而安插之，成化十三年乃設撫治，并設府州縣等官。彼時各省晏然，兵多糧足，開疆展土，弭盜安民，先臣尚費拮据乃爾。今日以流聚之孑遺，捍各省鴟張豕突之强寇，其聞籌兵籌餉，計食計民，頭緒多端，無事不當盡力。而獨此募軍屯田一法，海内皆可通行，以之救鄖尤切。

臣故在鄖言鄖，首舉此務爾。除臣刊布條款，通行道府州縣及該衛官軍，共圖實效，少需時日分别殿最上聞外，所有選任衛官及功罪陞降等項事宜，伏乞皇上敕部議覆，以便遵行。

（明）盧象昇《大司馬盧公奏議》卷三《募軍屯田十議》 照得有人有土，有土有財，此經世之至理也。目今民窮財盡，寇盜縱横，封疆之事，難言之矣。況乎鄖屬破殘，人烟斷絶，欲招撫而無民可招，欲設兵而無餉可措。然則千里殘疆，竟成棄土乎？本院謬承其乏，偏際其難，屢奉明旨，諭以靖寇綏民，諭以安集遺黎，諭以奠安重地，聖明在上，敢不嘔心竭蹷，以副責成。

再四籌之，回枯起敝、集衆生財，無如屯田一法。而屯田之人、屯田之具、屯田之資，不可不通盤打筭也。查得房、竹、西、津、保、鄖等縣，人民死亡大半，抛棄地畝不下四五千頃。本處既苦無民，勢不得不招之他屬。而人情狃於便安，恐未肯舍目前而圖久遠之利。莫如抽用衛屯軍餘，該屬荆襄等衛餘軍甚多，鼓而用之，仿古寓兵於農內政寄軍令之意，庶幾足以救鄖。此事職要職詳，治人治法，不能無望於在事之道廳也，理合舉行。爲此牌仰本官備照憲牌并册開款項，通查該衛食糧正軍若干名，不食糧餘軍若干名，不許一毫漏隱，即將軍餘中選擇年力壯健堪以業農者，多則五千，少則三千，開具年貌，併取各官軍結狀，限文到一月內報院，以憑措給牛具子種。仍於本衛指揮千百户中，選忠實廉幹官十員，統領各軍，聽刑官點驗畢，即赴該道過堂起送至鄖鎮，赴本院過堂，以憑分派安插。至於開列各款，該道務督該廳以全副精神行之，務期克底成績。本院定當專疏入告，以爲救鄖首功。慎毋錯違，須至牌者。

一、選衛官。募軍屯田，首須擇官統率，即於本衛指揮千百户中，擇年力精強，身家殷實，忠誠廉幹者十員，分統各所各伍軍餘。俟開屯有功，特疏題叙。

一、抽餘軍。衛所正軍，雖有月糧屯地，諸如守城、團操、運糧等役，亦自苦累多端。今本院所清地畝，皆係故絶民田，無主承業，專募餘軍種之，乃有利而無害者。須遍諭各官軍共悉此意。其抽法通計合衛餘丁，不許一名漏隱，大約以三丁抽一爲率，以年力壯健爲主。仍令本所本伍千百户及正軍各具保結，以防私逃。

一、定編派。所抽軍餘，通計若干名，某衛官名下領軍若干，依照一甲，二甲規則派編。每十名爲一甲，中擇一人爲甲長，以防混亂，以便責成。

一、給官糧。各軍初往開屯，離家頗遠，難以裹糧糊口。每名每日各給米一升，以三月爲率，向後屯種可以資生，不煩官府過計矣。其統率屯軍衛官，除月支俸糧外，每日加給廪糧銀八分，俟開屯成熟再議。至該屯別項差委，概行豁免。

一、設房舍。各軍屯種資生，須有棲身之所，今議每軍二名，用草房一間，本院自捐俸銀，行各縣印官查照地畝坐落處所，如式蓋造，多則三、四十間，少則一、二十間爲一村。俟收成之後，各軍日用寬裕，乃聽自行添設，以便家屬共居。

一、借子種。鄖屬地畝，歷年俱有人民耕種。自遭寇患，止於今歲抛荒，非若久荒之地難以開墾者。但恐各軍子種無出，不免耽誤日時。俟承種之日，本院多方設處，照地畝應用之數以給之。

一、資牛具。每地一頃，用軍三名，給牛二隻。其犁鋤等項，每軍各給銀三錢。如各軍不便打造，仍發銀各州縣製辦，赴鄖給領。以上牛具等銀，本院設處。

一、立田規。無主抛荒之田，高低肥瘠不等，已行各印官從公查勘，分爲上、中、下三等，配搭均匀。其子粒亦照三等起科，官取三分之一，以還牛具、子種并先借月糧，其餘盡歸各軍食用。

一、便輿情。各軍雖有田可種，有房可居，然草創規模，恐家屬一時難以同往。耕種之暇，仍聽其歸省父母妻子。但往返之間，近者以半月爲率，遠者以一月爲率。如某屯官名下軍餘若干，分作幾班，更番給假，不得遷延日時，自廢農業。

一、禁爭擾。本院所清無主民田，原據各屬從公開報，的係本主逃亡故絶，並無親族認種者。倘各軍承種之後，有豪民刁棍，冒名告爭，即重治以法。各軍亦務要安心農業，盡力耕鋤，不許攙越爭競取罪。

（明）盧象昇《大司馬盧公奏議》卷六《屯政疏》 竊維屯政一事，臣前疏不過言其大端耳。宣、雲十分艱窘，屯本無資。所請種具等銀，計部無以應，而仍欲搜之三鎮，及以撫賞貨物變價充之，措手尤難。雖然，畏難則天下事無可爲者矣。粵稽太祖高皇帝嘗諭羣臣曰：興國之本在強兵足食，昔漢武以屯田定西羌，魏武以務農足軍食。我仁宗皇帝曰：古寓兵於農，不奪其時，先帝所立屯種法甚善，後來所司數以征徭擾之，既奪其時，遂無其效。大哉王言，豈非祖宗金石之訓乎！是以洪武元年即命諸將士分軍屯種，開立屯所。永樂五年，令各省直增設按察司僉事一員，專管屯田。正統二年，令各省直巡按御史專管屯田。景泰三年，令南京倉場大臣并兩直巡撫都御史兼提督屯種。正德三年，題准歲差御史一員，督理京省衛屯種。嘉靖二十九年，詔差風力重臣二員經理北直、山東、宣大等處屯牧。成憲班班可考，治法本於治人。

今饑饉荐臻，蒼黎骨立，軍需日耗，邊計日蹙，終無補救之方。乃言及屯務，而中外或以爲迂；詢之地方，而軍民亦以爲苦。此其故有三：

立法膠柱一也，責效嚴促二也，任事乏人三也。屯廢已久，於今經始，貴在用因。何謂因？則因時因地因人是矣。臣與各撫臣不過提挈大綱。而承宣督率，綱舉目張，在該營各道；畢力奉行，隨宜調劑，在各路廳官。卷查督屬拋荒地畝，據宣雲兩鎮所報共一萬六千二百六十餘頃。

當以崇禎十年爲始，設爲借種具、募開墾、用屯軍三法，而歸於專責成、課實效兩條。借種具事宜有四。凡荒地不出軍田、民田二項，因無資本，遂至拋荒，每年納糧拖累，官私交困。地方乏食，大率由斯。今欲以軍種，而地多不在軍；以民種，而民多棄其地。莫若聽從軍民之便，每地一畝，約用僱倩耕牛銀三分，籽種及糞土銀三分，以一頃計之，共用銀六兩，此借種具之大概也。

一、凡軍民種地乏資本者，向民間稱貸，加息不貲，徒滋費累。今議官給種具銀每畝六分，地有上、中、下三等，應均匀配搭，或一頃二頃，以至十數頃，聽從人便領銀開種。俟秋成，每銀一兩，除還本外，納穀息銀二錢，本折隨之，官私庶爲兩便。

一、凡領官銀開種，若概授之貧窶單夫，必有失誤。須於附近地方，總立一大屯長，用義官及各衛指揮之大有德行身家者；再分立小屯長，用義官及該衛千百户之有德行身家者。一切招徠貧民，散給籽種，巡省耕穫，催納種息，皆責成之。仍聽各路糧官從公選舉，親自經理，不必别差吏胥，别委官府，致滋紛擾。

一、凡各路管糧官，原以糧務爲職，即如腹地之州縣官是也。須確查本路有荒地若干，計畝給銀，多方鼓舞，務使所屬無游民曠土，而芻糧賴以充盈，豈非分内事，賢者之所樂爲乎！如某路有荒地百頃，即應發籽種銀六百兩，千頃即應發六千兩。其銀須三次給發，第一次發十分之四，定於正月初旬；次發十分之三，定於二月下旬；次發十分之三，定於四月中旬。責成該管各道計頃計畝，分發該管廳官轉發屯户，先取實收併造細册在案。秋成，即照銀數徵收本息。

募開墾事宜有三：

一、凡地畝拋荒，或因納糧當差之苦，或因籽種牛具之艱，不得已，乃委作沙場耳。今除借種具四款外，不論軍民人等，但有願領牛具籽粒代官耕種者，每地一頃六十畝，用佃户一人，用耕牛二隻。佃户須有妻室，加以鄰佑保結，每月給食米三斗，工銀五錢。牛每隻十二月至三月每月給料草銀一兩，四月至十一月放青，農忙時應用。短工八十工，每工工銀三分，該銀二兩四錢。每工食米一升二合，約該米九斗六升。籽種糞土照數給發。此募開墾之大概也。

一、凡佃户既領地畝牛具，一切工銀食米籽種，俱官爲給發。至秋成，所入米糧草束，俱係在官，升合不許侵没。尤在各路管糧官不憚辛勤，朝夕巡行督課，分别勤惰，多方勸懲，察天時，審地利，計刈穫，軍儲始有賴焉。

一、凡地畝，遠近肥瘠不等，一人所領，不得過十里以外，遠則難於照管。其地亦須上、中、下均匀配搭，始免偏枯。仍於本屯近地，擇殷實有德行，或指揮千百户，或省祭義官，爲之稽查鼓勵，有功加給職銜劄付，旌以門扁，勉其雜差，功最者題叙録用。

用軍屯事宜有三：

一、凡營路邊堡各軍，原供守禦，非戰兵也。若清隱占，汰冗役，覈虚冒，使人人各守信地，亦自安閑。全在道廳臂指相承，實心幹理，督率守操等官，將近地荒田，或每頃用忠實稍有身家軍二名，官牛一隻；以十頃爲一小屯，用軍二十名，用官牛十隻；百頃爲一大屯，用軍二百名，用官牛百隻。仍恐守操官各有地方之責，不能朝夕稽督，再擇本衛所指揮千百户練達有身家者，每百頃或分委二三員專事經理，而以管糧廳官總司其事，該管各道不時親自巡查。此用軍屯之大概也。

一、凡屯軍與民佃不同，原有本身月糧。每年長種官屯之軍，每月止加給銀四錢五分，農時仍用闔衛闔所軍更番力作，每工日給銀二分，工止免給。籽種糞土等費一如民佃。要在各路廳官出納稽查，調停斟酌，不得令守操及衛官染指。

一、凡屯軍既食官餉，種官田，牛具籽種又在官一一措給，每年所入米糧草束，俱屬公家。仍以所收豐歉，定各軍勤惰及守操衛所等官功罪，分别賞罰勸懲。專責成有道，今之屯田，即管子之内政也，日計不足，歲計有餘，衆人成之不足，一人敗之有餘。此須各道廳區畫經理，以匝歲爲期。

舉凡開屯利弊及所入分數，歲終臣等會疏甄别上聞。課實效有道，借種具、募開墾、用軍屯三法，目前屯政要不出此，而人情物理，各鎮不同，各路不同，即在各官做手亦自不同，三者惟從其便，參酌而行，期於不病民，不虧國，務臻實效而止。實效之有無多寡，須從公確覈。最優者爲上等，其次爲上中等，又其次爲中等，無效者爲中下等，紛紜滋擾延卸玩誤者爲下等。上等超陞，上中等加級，中等免議，中下等降罰，下等參究。其守操衛官及義官等官，亦照五等論叙。

總之，屯本一萬，歲可得銀穀之息二千餘金。然而計息其小者也，先賢孟軻云：治天下者使菽粟如水火。蓋王道本諸耕鑿，小民以食爲天，是故千里餽糧，師不宿飽，遠方易粟，道多饑民。今將棄土悉就耕耘，邊地雖甚磽瘠，若時和年豐，上地每畝歲可得穀四斗，中地、下地可得三、二斗。查上中地無幾，而下地居多，酌其盈虛，通計地一頃，歲可得穀二十五石，百頃則二千五百石，千頃則二萬五千石，萬頃則二十五萬石矣。夫此二十五萬石者，不論其在官在民在軍，總皆窮邊至寶。夫孔、桑言利，論者鄙之，臣謂從身家起見則爲墨吏，從朝廷起見則爲賢臣；從聚斂起見則心事可誅，從救時起見則經綸可法，此之不可不力行也，寧待再計決哉？

臣再考宣雲諸鎮，洪武三年曾定出塞軍餉，永樂十三年曾發內郡民丁轉餉，景泰三年曾令京營兵來轉餉，嘉靖二十年曾詔運京粟以助邊餉。是祖宗朝以來，即爲宣雲一塊土，費如許精神。今事勢孔棘，甚於當年，而窮迫又且數倍。內帑空虛，既不敢塑；京倉匱乏，又無可資。兵民鵠面以延生，塞馬嘶風而骨立。反覆思維，必從屯政下手。所慮者道廳遷轉無常，責效太速，稍萌趨避，終亦罔功，此尤不可不權衡其究竟者。他若窮邊戍卒，遠塞愚民，但知坐食以苟安，否則趨時而逐末，語以業農本務，無不首鼠畏難。初行一兩年，必且紛紛指稱不便。惟今擘畫方新，要在經權互用，惟取其劑量合宜，不必拘方偏執。行之一兩年，官府各有成模，軍民習於趨事，天下事似難而易矣。

伏候聖明敕下該部議覆，行令臣等遵奉施行。

崇禎九年十二月初六日

（明）盧象昇《大司馬盧公奏議》卷九《經理崇禎十一年屯政疏》

謹照九邊之地，莫瘠於宣、大、山西，且頻年兵燹，日益彫殘，軍以無食而逃，馬以缺料而斃，塞上孑遺，鵠形菜色，相從溝壑者亦比比也。回枯起敝，莫善於屯。但耕耘於砂磧之中，類多得不償失。今歲屬當經始，得穀四萬有奇，在公家固有補於涓埃，在私室亦稍充其瓶罍。且若軍若民，見官於其地者尚不忘胼胝之勤，則麗於其土者豈得靳耕鋤之力，此生聚之善術也。

微臣自任巖疆，歷陳屯務，前後疏凡四上。明旨更復屢頒，如督飭道廳隨宜酌便恪實力行，如歲終甄別文武一體論叙，煌煌天語，實式臨之。今年小試既已可觀，來歲經營尤當盡力。顧人情慮始者不必慮終，善作者不必善成。況屯之一事，天時既不可知，人力亦難相強。苟能推廣其端，誠多利益，倘或奉行無法，亦釀厲階。原議用軍屯、募開墾、借種具三款，歷取而試之，惟用軍屯一款事半功倍焉。顧軍屯亦自有説，大抵今之有司，多虜使其民，而今之將備，亦多虜使其軍者也。平時無痛癢相關之誼，安望臨事有呼吸必應之情。加以差撥多端，錢糧積欠，祁寒暑雨，愁苦填胸，倘不問該將備爲何如人，各城堡爲何如地，概驅之以終歲勤動，効力公家，此又不可不幾之數也。

來歲興屯，微臣深思熟計，仍以標營爲榜樣，酌屯三萬六千畝，而道將廳官及守操衛所，則通行督飭，將利弊列款詳開，使之各自體認，各自經營，講求至當。至於城堡各軍，有地衝地僻額多額寡之分，如地衝者，如額寡者，或地不衝額不寡而才力不能者，似難強以必行。惟於地僻者，額多者，將備中之有實心而才可用者，即就本城堡近地鼓勵興屯。其行糧，其犒賞，其牛具籽種，臣即會同撫監諸臣預行該道廳，一一爲之經理備辦。

若夫提綱挈領，全在道臣各屬守巡兵備等道，業已分任責成，仍須得一專官協贊，以供臣臂指之使。近蒙皇上允臣所請，設有宣大監軍屯牧道。此一官者，無信地，無衙門，遇援剿則隨營監軍，在平時則專理屯牧，誠便計也。新陞監軍屯牧道僉事鄭獨復，起家耕讀，頗悉農疇，既荷朝廷特拔之恩，尤宜矢心報稱。臣已措發屯本三千金，檄委本官赴省直多市耕牛，以供屯牧。

嘗考祖宗朝，因宣雲邊地磽瘠荒涼，曾赴朝鮮等處買牛，助耕塞上。微臣於此，蓋不勝遐思焉。至今歲奉旨派發屯本七萬餘金，查算原題款項，內中除借動遼賞、撫賞、棚椿、馬價等銀六萬四百三十四兩零一一歸還正項外，其搜括設處捐助及撫貨變價等銀九千九百九十兩零，并今秋屯田收獲息穀雜糧四萬一千餘石，照倉斛時估算，約值銀二萬兩，內該除還農器及標兵興屯行糧犒賞牛價等銀三千兩，實該銀一萬七千兩，并前搜括捐助等銀九千九百九十兩零，共銀兩萬六千九百九十兩零，可充來年屯本。既不動朝廷正項，各屬便可放膽做去，得尺則尺，得寸則寸。幸而大有，固可仰佐軍國之儲糈，即或旱乾水溢，天時人事苦不相謀，亦於公家不致虧損。

此臣區區一念，特告之聖明，祈敕部覆允行，令臣等遵奉施行者也。謹題。

崇禎十年十月十二日

（明）盧象昇《大司馬盧公奏議》卷一一《回奏興屯疏》　本年七月十八日，准兵部咨，開屯以宣大爲式，奉有屢旨，各邊曾否舉行，著該督監撫回奏。等因准此。謹照興屯一事，奉旨責成。臣象昇前此實冒昧創陳，敢不悉其心力。查昨歲經營伊始，通計用軍屯、募開墾、借種具三法，還本之外，得穀四萬三千零。今年除去募開墾一款，專用軍屯，督屬三鎮并十邊道共屯三十萬畝零，而借種具不與焉。此皆册報在案，取有將吏甘結，并地方坐落四至，並不容虛開抵塞者。但邊地瘠磽，又相去零星窵遠，雨暘不一，分數難齊，且亦有被傷於冰雹者。截長補短，約略計之，秋成得穀當在十萬以外。而今歲所用之屯本，即昨年所收之屯息，其或屯本不敷，暫借別項，類皆多方搜括，總於正餉不動秋毫。目前刈穫非遥，八月收成，九月奏報，當滿盤覈以清數，而顆粒歸之公家。此際牛驢仔種器具人工散之各屯，難以縷悉，臣特舉其大端耳。

抑臣草土之身，數月來伏苫凄楚，劇病侵尋，久已不能履畝躬行，爲查邊課屯之舉，惟有檄文手札，朝夕馳行各屬指授叮嚀而已。顧屯有十利，有十梗；有五易，有五難。向來歷疏敷陳，尚未之及，敢再畢其愚。

何謂十利？廣種薄收，愈於不種，利一；邊無棄土，即非窮邊，利二；伍鮮游軍，漸免逃伍，利三；粟日以增，則價日以減，利四；屯中草束，可資戰馬耕牛，利五；官民各有所入，可佐召買之所不敷，利六；邊吏時行阡陌，習知農疇，智慧日生，筋骸日壯，利七；軍與民相習，得寸則寸，得尺則尺，衆志可以成城，利八；因屯而牧，廣事栽植，多畜牛羊、犬彘，雞鳴狗吠之聲達乎四境，使人忘塞上之苦，利九；路堡窮軍，經年缺餉，非逃則斃，無計生全，若屯務舉行，與之行糧以活其命，教之力作以堅其心，利十。

何謂十梗？人情畏難，有得不償失之説，一梗也；庸吏自便，未肯以乘軒策肥親田畯之業，二梗也；貪弁役軍，彼方事事科派，安有餘力助耕公田，三梗也；猾軍患胼胝非其所習，必出怨言，四梗也；豪右侵種，納糧則指爲拋荒，官墾又認爲己業，五梗也；劣生把持，將備等官多不能與之爲難，六梗也；衛所官工於影射，指東話西，四至難明，未免匿肥而報瘠，七梗也；各路各堡，文武多官，有一人不願做，一處不能行者，未免生出浮言，轉滋築舍，八梗也；塞土砂磧，百里之內難得一綫河流，惟水地三倍旱田，即不與民争田，勢必至與民争水，九梗也；屯軍專事耕鋤，難以分身他顧，而功令所在，差操聽點之際，宜加體恤，未必人有同心，十梗也。臣更言其所易：軍有戰守操練之責成，而十抽其二，則易於使；屯有牛驢種具之多費，而官爲措辦，則易於行；地有遠近高下之不同，而酌以時宜，則易於力；將吏有明昧貪廉之别，久暫勞逸之殊，而嚴董率，勤課成，則易於集事；人情有淳頑勤惰之分，虚實誠僞之異，而慎稽查，明賞罰，則易於勸懲。

乃若所難亦有之：邊方十年九旱，一經災祲，籽種全拋，此天時之難；塞上五穀非宜，多係雜糧，布種苟違其性，終鮮刈穫，此地利之難；農歷三時，總以收成爲主，秋高風勁，若胡馬窺邊，宜防收保不及，此人事之難；大凡任事者，必有利害、是非、得失，毁譽隱伏於其內，交伺於其旁，此任勞任怨之難；任事而期於有成，當局猶堪展布，乃從前疑畏易起，日後風波易生，此事前事後之難。

惟勘破其難且梗者，然後力圖其易且利者，天下事不止屯務爲然也。恭繹明旨，以興屯責九邊。臣伏而思之，宣雲昨歲經理一年，故今年稍稍就緒。若各邊屯政方在講求，似當以崇禎十二年爲始，少寬其限，庶便責成。不則冒昧創始者以首事獵名，而繼起經營者以後時蒙罰。

臣滋懼矣，懇惟皇上敕下該部從長確議施行。

崇禎十一年七月二十日

（明）馬文升《馬端肅公奏議》卷一一《清屯田以復舊制疏》 洪惟我太祖高皇帝平定天下之初，法古爲治，首定民田，驗畝起科，以備軍國之用；次定屯田，上納子粒，以給軍士之食。此我朝一代緊要制度，行之萬世而不可廢者也。故工部設屯田一司，專掌屯軍、牛具、犁鏵、耜齒等項。彼時天下衛所軍士，邊方去處，七分下屯，三分守城；腹裏去處，八分下屯，二分守城。雖王府護衛軍人亦照例下屯，每屯軍一名，有撥屯地一百畝者、五十畝者，或三二十畝者。所收子粒内除一十二石准作本軍月糧，仍納餘糧子粒六石上倉，所以各衛所倉廩充實，紅腐相因，而軍士無乏糧之虞。迨我太宗文皇帝，其于屯田尤爲注意，創置紅牌事例，示以激勸良法，册籍明白，無敢欺隱者。

不知始自何年，屯田政廢，册籍無存，上下因循，無官查考，以致衛所官旗勢豪軍民侵占盗賣，十去其五六，屯田有名無實，所以各該衛所軍士月糧有一二年不得關支者。近因災異，該廷臣會議奏准，差給事中御史并户部官一員請敕，前去南北直隸浙江等布政司并兩京會同清查各衛所屯田隨該户部郎中等官王勤等，將清查過在京并在外保定等衛所屯田頃畝及該子粒數目奏行户部，會官計議定奪。臣因看得本官所奏，清出在京在外衛所屯田被人侵占等項共四萬一千餘頃，該徵子粒四十萬八千餘石，中間尚有未能清出者，以其未知某衛所係洪武年間舊設，某衛所係南京并口外調來，一例清查，又多委有司官員踏勘，下人作弊，以此未得其詳，不能清足原額。其南京并南直隸、江西等處衛所屯田，清出者尤少。況今軍士月糧，累歲不得關支，而歸怨於朝廷。勢官豪軍侵占屯田，而久享厚利，軍士嗟怨，人心未平。若不再行查册，設法清理，則占地之家終爲己業，而屯田之制終未得復，將來無所憑據，軍士月糧何從仰給。

事之所重，莫先於此。如蒙乞敕該部一面咨行南京户部，於後湖册庫内檢查洪武、永樂、洪熙年間屯田黄册，一面行查兩京衛所某係舊衛，某係新設，某係各處調來，某衛所幾分下屯，該地若干頃。但係屯田一應事例，通查明白。仍查先差官員已行回報，未足原額數多者，并未經清查去處，各再差官請敕前去，設法清查。若清出七八分去處，不必差官，止請敕巡撫都御史督令都布按三司管屯官員清查，務足原額，方許造册回京。户部候各處清查完日，通行計筭停當，仍仰各該衛所備造文册，户部及都布按三司并該衛所各收一本，仍造黄册一本，齎送南京户部，轉發後湖官庫。如法收貯，每十年一次，照民册事例造繳，庶使册籍明白，將來有所持循，而祖宗舊制不致廢墜矣。

（明）丘濬《大學衍義補》卷一四《治國平天下之要・固邦本・制民之産》 臣按：井田既廢之後，田不在官而在民，是以貧富不均。一時識治體者，咸慨古法之善，而卒無可復之理。於是有限田之議，均田之制，口分世業之法，然皆議之而不果行。行之而不能久，何也？

其爲法雖各有可取，然不免拂人情而不宜於土俗，可以暫而不可以常也，終莫若聽民自便之爲得也。必不得已，創爲之制，必也因其已然之俗，而立爲未然之限。不追咎其既往，而惟限制其將來，庶幾可乎。

臣請斷以一年爲限。如自今年正月以前，其民家所有之田，雖多至百頃，官府亦不之問。惟自今年正月以後，一丁惟許占田一頃。餘數不許過五十畝。於是以丁配田，因而定爲差役之法，丁多田少者，許買足其數；丁田相當，則不許再買，買者没入之。其丁少田多者，在吾未立限之前，不復追咎。自立限以後，惟許其鬻賣。有增買者，併削其所有。民家生子，將成丁者，即許豫買，以俟其成。以田一頃配人一丁，當一夫差役。其田多丁少之家，以田配丁，足數之外，以田二頃視人一丁，當一夫差役，量出雇役之錢。富者出財。田少丁多之家，以丁配田足數之外，以人二丁視田一頃，當一夫差役，量應力役之征。貧者出力。若乃田多人少之處，每丁或餘三五十畝，或至一二頃；人多田少之處，每丁或止四五十畝、七八十畝，隨其多寡，盡其數以分配之。

此外又因而爲仕宦優免之法，因官品崇卑，量爲優免，惟不配丁，納糧如故。其人已死，優及子孫，以寓世禄之意。如京官三品以上，免四頃；五品以上，免三頃；七品以上，二頃；九品以上，一頃。外官則遞減之。無田者，准田免丁。惟不配丁，納糧如故。立爲一定之限，以爲一代之制，名曰配丁田法。既不奪民之所有，則有田者惟恐子孫不多，而無匿丁不報者矣。不惟民有常産，而無甚貧甚富之不均，而官之差役亦有驗丁驗糧之可據矣。行之數十年，官有限制，富者不復買田，興廢無常，而富室不無鬻産，田直日賤，而民産日均。雖井田之制不可猝復，而兼并之患日以漸銷矣。臣愚偶有所見，不知可否，敢以爲獻。惟聖明下其議於有司，俾究竟以聞。

（明）丘濬《大學衍義補》卷三五《治國平天下之要・治國用・屯田》　今承平日久，生齒日繁，天下田價，比諸國初加數十倍。水田惟揚州最賤，陸田惟潁壽爲輕。且地在兩京之間，相距畧等。今天下一家，雖無魏人南征之役，然用其法，以行於今日，亦可賴以少寬民力，省歲漕。其於國用不爲無助。

臣請於淮南一帶湖蕩之間，沮洳之地，蘆葦之場，盡數以爲屯田。遣官循行其地，度地勢高下，測泥塗淺深。召江南無田之民，先度地勢，因宜制便，先開爲大河，闊二三丈者，以通於海。又各開中河八九尺者，以達於大河，又隨處各開小河四五尺者，以達於中河，使水有所洩。然後於其低窪不可耕作之處，浚深以爲湖蕩。及於原近舊湖之處，疏通其水，使有所瀦，或爲隄以限水，或爲堰以蓄水，或爲斗門以放水，俱如江南之制。民之無力者給以食，田成之後，依官田以起科。民之有力者計其庸，田成之後，依民田以出税。六七年間，其所得者恐不減於魏人也。

夫魏人以偏安之國，有外敵之患，猶能兼淮潁而盡田之，其後果賴其用，而有以成其功。矧今盡四海以爲疆，而此地介兩京間，而又爲運道經行之路，有魚鹽之利，有莞蒲之用，古人所謂揚一之地者也。且去大江僅百里許，大江之南民多而田少，居者佃富家之田，爲之奴隸。出者逐什一之利，輕去田里。夫若此者，豈其所欲哉？無可以爲仰事俯育之資，不得已也。

然民性愚而安故常，心多而無定見。儻朝廷頒方尺之詔，遣一介之臣，鼓舞而招徠之，無不成者。既成之後，又於潁壽之間，召民開墾陸田，亦隨地勢以分田，因民力而定税，其功又易於水田者。

考之唐史，上元中，於楚州今淮安。古射陽湖置洪澤屯，於壽州置芍陂屯。厥田沃壤，大獲其利，俱在此地遺跡可考也。

（明）丘濬《大學衍義補》卷三五《治國平天下之要・治國用・屯營之田》　臣按：虞集此策，在當時不曾行。及其末世也，海運不至，而國用不給，謀國者思集之言，於是乎有海口萬户之設。大畧宗之，每年亦得數十萬石，以助國用。吁，亦已晚矣。今國家都於燕，京師之東皆瀕大海，烟火數千里，而居民稠密。當此全安極盛之時，正是居安思危之日。乞將虞集此策，敕下廷臣計議，特委有心計大臣，循行沿海一帶，專任其事。仍令先行閩浙濵海州郡，築隄捍海去處，起取士民之知田事者，前來從行，相視可否，講求利害。處置既定，然後召募丁夫，隨宜相勢，分疆定畔，因其多少，授以官職，一如虞集之策。雖然天下之事，建議者思之非不周，而執事者行之未必力。方集議之時，説者固已謂一有此制，則執事者必以賄成而不可爲。其事遂寢。及至於不得已之際，方用其策，然幾策已失，事勢已去，不可爲矣。嗚呼，豈非後世永鑒哉。

臣嘗聞閩浙人言，大凡瀕海之地多鹹鹵，必得河水以蕩滌之，然後可以成田。故爲海田者，必築隄岸，以攔鹹水之入。疏溝渠，以導淡水之來，然後田可耕也。臣於京東一帶海涯，雖未及行，而嘗泛漳御而下，繇白河以至潞渚，觀其入海之水最大之處，無如直沽。然其直瀉入海，灌溉不多，請於將盡之地，依《禹貢》逆河法，截斷河流，横開長河一帶，收其流而分其水，然後於沮洳盡處築爲長隄，隨處各爲水門，以司啓閉。外以截鹹水，俾其不得入。内以洩淡水，俾其不至漫。

如此，則田可成矣。於凡有淡水入海所在，皆依此法行之。則沿海數千里，無非良田。非獨民資其食，而官亦賴其用。如此，則國家坐享富盛，遠近皆有所資矣。譬則富民之家，東南之運，其別業所出也。濵海之收，其負郭所獲也。其爲國家利益，夫豈細哉。由是而可以寛東南之民，由是而可以壯西北之勢。虞集之言，不見用於當時，而得行於今日，集雖死，不死矣。

（明）葉春及《石洞集》卷二《應詔書・糾官邪・闢土田》　臣嘗讀司馬遷所爲《貨殖傳》，列致富人十數家，具道鹽鹽鐵冶丹穴卮茜之事，與王者埒家不訾津津矣。及叙白圭觀變趨時，若猛獸摯鳥之發，必以李悝務盡地力先之，然後知遷傷切於世，憤其所爲末作濫而本業衰也。故曰本富爲上，末富次之。此豈昧於大較，悦奇勝，惡治生之正道哉。

呰窳之人，負郭千頃，荒蕪不治。持籌執筴，以争刀錐。指計僮奴，扼吭而誅其入。所謂舍萬金之產，而行乞於市也。土田當闢，古今諸儒具有論著。大者在唐鄧汝潁陳蔡許洛荊襄淮楚間，臣未敢論。論畿甸中，古者畿内謂之甸服，粟米總銍，於是而出。所以省輸將，便資給也。

國家建都北平，古爲燕國。燕故諸侯宮闕城郭之壯麗，玉帛會同之輻輳，百官萬民之殷庶，何敢仰望萬一。然自文公以後，立於疆國之間，北迫蠻貉，内措齊晉。又嘗帥師争馳中原，乘勝逐北，翱翔千里之外。此其爲費非微細矣。

蘇秦入燕時，東有朝鮮、遼東，北有林胡、樓煩，西有雲中、九原，南有滹沱、易水，即今畿内東西所至。視昔雖狹，而南有渤海、鉅鹿，至於邯鄲、濮陽。葢兼齊趙之地，長短相互，實亦當之。昔者纖悉，出於其國。而今盡仰江南，非所以富國息民也。蘇秦謂燕足於棗栗支數年，不言秔稻之事，豈非人謀地利，漸乃出哉。臣觀往牒，何承矩耕水田於河北，虞集議海田於京東。托克托大興營田，西自西山，東至遷民鎮，南起保定河間，北抵檀順，皆從司農佃種欣慕之焉。水泉陂塘之跡，門堰捍築之方，召募敎授之法，器具工作之資，蜃蛤粟米之富，燦然可觀也。

按成式，法往智。數歲之後，其效立見。此與轉吴會漕潞渚功，相十利相百矣。窮山澤，計毫毛，取贏萬里而直千里之内。棄而不收，甚可惜也。然出數十萬緡以爲利本，而取息於數不勝數載之遠，非富厚之家不能。貧者一日之入，尚不足一日之用，而何暇思乎其他。蘇轍有言曰：賈人之治産也，將欲有爲，而無以爲資者，不以其所以謀朝夕者爲之也。取諸其不急之處，指鹽鐵等今内帑金有未用者。所謂不急非耶，且富人之出錢也。度其能償，且在旦夕，而後貸之。興水利，闢草萊，亦旦夕可償者也。

雖然事議非難，任難；任非難，用難；用非難，成難矣。天下之人，每病太怯，不敢任事。事偶相值，漫然受命，而不自量。上雖用之，常有輕之之意，及其未成而奪其業。古之君子，先量其身而又要乎其君。君能用之則受命而不辭，不能用之不敢一日苟然以試。而君亦專責之，事終以濟。故足述也，方册遐矣。

成化中，都御史原傑經理鄖陽，不可稱哉。荊襄迤西，沃壤千里，蓬藋蒿萊，實盡其利，藉流民，墾曠土，得户一十二萬。君相委心，豪傑效職，亦千古之概也。今朝廷之上，望治如渴，天下之大，獨無一人可使乎。抑洪武初天下土田八百四十九萬餘頃，至弘治已失其半。近日司農所入，又多詘焉。不耕之田，固不少矣，獨畿内哉。藩府州縣，雖有農官，孰爲朝廷任事者。富強之道，在任用矣。

（明）羅欽順《困知記》卷上《凡八十一章》 井田勢不可復，限田勢未易行。天下之田，雖未能盡均，然亦當求所以處之之術，不然養民之職無時而舉矣。今自兩淮南北，西極漢沔，大率土曠人稀，地有餘地，而江浙之民特爲蕃庶，往往無田可耕。於此有以處之，其所濟亦不少矣。以佚道使民雖勞不怨，學道愛人之君子，豈無念及於此者乎。然漢之晁錯得行其策於塞下，宋之陳靖不得行其説於京西，則係乎上之人明與斷何如耳。

（明）王鏊《震澤長語》卷上《食貨》 國家供三邊之費，最大歲用銀至四五十萬。愚以爲欲省轉運之費，莫若興屯田兵法，取敵一鍾當吾二十鍾，屯田一石可當二十石。今三邊之地固在也，而人以爲不可行，何哉？

按趙充國《屯田之奏》曰：計度臨羌，東至浩亹，羌虜故田及公田，民所未墾可二千頃。又言北邊自敦煌至遼東萬一千五百餘里，故有吏卒數千人，虜不能攻。今留步士萬人屯田，地勢平易，多高山遠望之便，部曲相保。以爲屯田内有亡費之利，外有守禦之備。唐元和中，振武軍饑，宰相李絳請開營田，乃使韓重華爲水陸運使，給耒耜與牛，耕傍便近地，連歲大熟，軍不復饑。又益募人爲十五屯，屯置百三十人而種百頃，各就高爲堡。東起振武，西過雲州，界極於中受降城，秋果倍收，歲省度支錢千三百萬。此又近事之效也，今獨不可行乎？

（明）彭韶《彭惠安集》卷一《奏議》 刑部廣東清吏司郎中等官臣彭韶等謹題爲乞恩分豁地土等事。該户部奏差臣等前去直隸真定府公同會勘，錦衣衛带俸指揮同知周彧等所奏地土緣由，除另行回奏外，臣等再昧死言。伏聞，爲臣以不欺爲本，慮事以大體爲先。昔孟嘗君使馮驩收債於薛，驩以賜諸民。漢景帝遣田叔按梁事，還，悉去獄辭勸，上勿問。計二人之心，豈不欲以順事爲恭哉？顧以大體所在，不敢苟從，是乃所以爲恭也。臣等鄙賤，豈能少希於萬一。然區區懇切之意，誠有望於陛下焉。

且以臣等所勘真定地土言之，真定在堯舜時爲冀州之域，其賦爲第一等，或雜出第二等，説者以爲如周官田一易再易之類。蓋以其地有間一歲一收者，有間二歲一收者，所以賦有不同，則是未嘗逐畝定賦，而一畆必兼數畝之地明矣。我太祖皇帝於洪武二十八年，户部官節該欽奉聖旨：百姓供給繁勞，已有年矣，山東河南民人除已入額田地照舊徵科外，新開荒的田地，不問多少，永遠不要起科，有氣力的儘他種。欽此。欽遵。

宣德六年，本部官又奏：北京八府供給尤多，欽蒙宣宗皇帝准令照例。是祖宗之心即堯舜之心也。以此真定所屬武強等縣新開地土，一向不曾增科，至天順二年，太監韓諒奏討武強縣踏勘，得無糧地五百一頃三十五畝，蒙英宗皇帝欽撥一百頃與韓諒，外有四百餘頃仍舊與民耕種，不曾科糧。是英宗皇帝之心即祖宗之心也。後因廣寧侯家人劉聰等累年攪擾民間，方將前地并韓諒還官地減輕起科，誠出無奈。今周彧又奏求前地，有司不能明白敷奏，再量出無糧地七十餘頃，蓋其地間有多餘故也。

然地雖間有，勢難盡量。臣等不敢欺蔽，請陳其實頃者親詣本縣，見其地有高阜者、有低窪者、有平坦磽薄者，天時不同，地利亦異。且如亢旱，則低處得過而高處全無，水澇則高處或可而低處不熟，沿河者流徙不常，鹻薄者數年一收。截長補短，取彼益此，必須數畝之地僅得一畝之入。是以堯舜行錯法於前，我祖宗許開種於後，良爲此也。

即今彼處人民追賠馬疋、起運糧草，砍柴人夫、京班皂隸等項，一年常有數般差役，以致丁丁皆受役之人，歲歲無空閒之日。所深賴者，顧戀地業，盡力耕種，以取給朝夕而已。今若一畝只量與一畆，餘皆奪爲閑地，則仰事俯育且無所資，其於糧差何暇復計。臣知其非死則徙耳。

自古立國，皆重根本。今真定近在畿内，理宜加厚。此臣等所謂不可盡量者也。而戚里功臣之家，錦衣美食，與國咸休，但能存心忠孝，自然富貴兩全，奚待與民争艱食之利哉。況聖朝卜世無疆，法當垂後，地土有限而求者務多，亦恐終不能有所應付也。臣等到彼，百姓扶老携幼遮道哀告，臣等不覺自失，不忍重擾，取具供結在官外。

伏望陛下遠以堯舜爲心，近以祖宗先帝爲法，所有賞賚之施聖恩區處外，其他地畝乞特憫其祖宗開種艱難，念其子孫衣食所託，量加寬恤。庶幾民間知有生生之樂，沐浴太平，歌頌罔極，則本固邦寧而世臣亦咸休無窮矣。臣等遵奉聖訓，豈敢偏向所向者，祖宗萬世之仁，事關大體而已，不勝犬馬拳拳之至。緣臣等不曾依畝丈量，合當有罪。謹題請旨。

成化五年九月二十二日，欽奉聖旨：這地覆勘明白，朝廷自有處置。這厮每既承差委，却稱不曾丈量，妄引戰國時事自比，但知邀名，不顧方命，好生不知大體。錦衣衛拿來問。欽此。欽遵。

（明）黄訓《名臣經濟録》卷二一《户部・論南京屯田余胤緒》

愚惟屯田之政，古以益軍民，今以厲軍民。載觀諸賢所論，俱可舉行，但恨不得其人耳。

試以愚在户部所經勘屯弊言之。去年三月，承委督儲於南京浦子口，九月，權委會同屯田道御史踏勘江北屯田災傷。按屯田坐落三州九縣，一軍種田五十畆，出糧六石，大約每年總收屯糧十萬餘石，俱赴浦子口應天、横海、龍虎三倉，并和州瀋陽倉上納，以養浦子口、和州十衛官軍操備，爲南京保障也。正德年間，一年尚徵完額，數連積餘，僅充半年支放，未免又將南直隸、浙江、嘉湖等處秋糧兑補，軍民兩困，甚非祖宗舊意也。

蓋屯田皆沿江，東則六合縣至儀真縣，西則江浦縣至無爲州，與浦子口相接。其近山等屯去江亦不遠二三百里，江邊有圩堤，堤内即田，堤外即平地，可以演武種屯。軍人終歲止辦屯糧，更無在京在外雜差。其總理有指揮，分治有千百户，亦無別委。惟管屯一事農暇則演武於各屯所，江上有急，可以爲援，此祖宗寓兵於農之意也。

此舉不率者六七十年矣，管屯軍官强者兼貪，弱者廢事，非惟演武不行，而農具亦欠。塘陂不治，糞穢不積，草萊不除，因之，嘉靖二年大飢，三年大疫，死者流者十之七八。遂使田皆蘆葦，一旦旱潦，束手聽傷。其巡視屯田御史一年一换，不過文移承接，雖欲躬行親理，亦難周遍覈實。浦口監收主事亦一年一换，不過收放而已。至於會同御史踏勘災傷，比時秋末冬初，奏册限迫，但巡歷一次，定别分數，奏册繳部，致期催納者，勢不得不如此也。御史欲奏請三年，嫌於攬權，而人不信主事，欲有所爲，耻於無權，而人不從，故事因循，竟成廢墜。

愚去年自浦子口經滁、和等州縣，至於無爲州，逐圩沿江，周章瞻眺，則今日之告災傷，乞蠲免者難盡責之天也。觀今日太平之時，若爲無事，玩祖宗立法之意，則今日之頽弊，誠可懼也。蓋屯田之政，舉則一歲所入不止十餘萬石，浦口之軍儲足則不必那之於民，以至兩困。

爲今之計，御史主事各三年一代主事，仍憑本部堂上揀精力强健，操守清廉、才識老練者爲之。請敕一道與御史，協同便宜行事，毋得權差，以致了事。三年考滿，本部本院考覈，清理屯田若干，招種軍人若干，徵收秋糧若干，則任專而人信從，責久而事振舉矣。且近年户部又差一員郎中，管理拋荒屯田及坍江者，事雖可集，然必俟屯田御史同行。或至一年未出巡者，御史又將更代，事體掣肘。不過文移往来。今浦子口監收主事，一年之間惟九月權差會同踏災，十月、十一月、十二月收糧，正月至八月事少時，可以兼理前項等事，莊誦仁廟。諭户部尚書夏原吉言：治屯者勿得擅差妨時，切中今弊。若有風力，御史詳察，今日所以屯廢之由并差占逃亡之弊，不徒虚具，則祖宗之意不孤矣。

（明）黄訓《名臣經濟録》卷二一《户部・題為撫恤屯田官軍事方日乾》

一曰召佃。看得，各衛屯種軍餘，近年以来苦於賠補，相繼逃亡，拋下田畆，荒蕪間有暫荒之田易於開墾，非無人領佃也。但以我朝屯法，每軍一名給田五十畆，其田四散，一軍之田或跨數圩，一圩之田又分數處，屯官旗甲不知事體，或有鋤動一二畆者，便率全糧。彼欲兼領，又患窵遠，孰肯貪一二畆之便而任數十畆之勞，圖數畆之利而賠五十畆之税哉。人視荒田畏如蛇蠍，以致荒者日荒，賠者愈賠，患不得息。自非朝廷寛恩停税，設法召佃，則此荒田迄無可耕之期矣。

今南京户科等衙門給事中林士元等官奏，要將拋荒屯田，不拘軍民僧道之家，聽其各擇所便開耕具告，本衙門計畆定税，給帖承佃，免其二年租税，不許管屯官分外科擾，俟三年成熟，方許徵納，深爲有見。蒙本院備劄到職，竊惟前項荒田零坵隔遠，遠則不便於全領，荒則未望其收成，非聽令擇便，則人苦於四散而不肯佃，非量停租税則人憚於賠糧而不敢佃。

即今勘得南京和陽、鎮南等衛，近年拋荒田畆共計三百三十頃九十七畆三分三釐四毫九絲，儘堪耕闢。乞聽本衙門多方招人承佃，不拘全分，隨其所便。開坐畆段告領户由，開墾耕種，佃五畆者納五畆之税，十畆者納十畆之税，非見佃之田，一毫不許妄徵。量寛二年税糧，以爲牛具種子之費，俟三年成效，一體徵納。若成熟之後，雖有新軍、補役、逃户復業，亦不許争告，待十年之後，另爲區處。如無補役、復業之軍，則永爲己業。如是，則承佃之人既不苦於全領，又不患於賠糧，雖一二年間未必有收，亦肯捨力向前以圖長遠之利，近荒之田刻期可熟，税額不患於虧欠矣。

一曰蠲逋。查得南京和陽等衛拖欠嘉靖四年等分屯糧共一萬一千五百石，各衛掌印并管屯官員俱各住俸。至今參照前項屯糧，不係災傷應免之數，各官追徵不完合應住俸。但見今勘得各衛拋荒田地，動經數百餘頃，訪得前項無徵税糧，每年俱係各户包補。如豐成之際猶隱忍代賠，至薄收之年僅可自完本户錢糧，誰肯鬻妻典子爲人賠納。此盖拖欠之由也。

今各官俸糧住支已久，彼拖欠數十者，猶望豐成處置賠足。如南京和陽一衛，欠下五千餘石，縱得豐年亦無賠納之計，各官俸糧再無關支之望矣。今南京户科等衙門給事中林士元等官奏，要將各住過俸糧通行扣筭，抵補嘉靖六年以前拖欠屯糧之數，其有未足，待二年之後財力稍舒補完。蒙本院備劄到職，竊惟各官所住之俸已係在官，今復以之准抵逋糧，揆諸事體恐亦未安。合無照各年分豁災傷事例，查各衛見今勘實坍荒田地若干，所拖屯糧悉爲蠲免。

此外，若有未完的係拖欠，俱照原欠多寡數目分作三分，嚴立程限，先完一分暫准開俸，其餘二分續徵，取通關繳報。如二年之後仍舊住俸，庶幾人心有所遵循，漸次補完。否則，各官之俸可住所欠之糧終不得完，且禄以養廉士人尚資，於此軍職之中求其甘貧守職者不多得也。今俸糧久住，日用無措，未免侵剋屯軍。屯軍既窮，未免復欠子粒，計所虧損仍在正額，不若寛以處之之爲愈也。如蒙乞賜施行，非惟屯官有資生之慶，而屯軍亦無侵擾之虞矣。

一曰薄徵。照得屯田之則有三：曰比較，曰改科，曰新增。比較之田，每畆納糧一斗二升；改科則減其半，每畆五升三合五勺；新增每銀一分六釐，盖又輕矣。看得比較之田，屯軍一名佃五十畆，每歲納糧一十八石，内十二石准作月糧，實納糧六石，豈得爲重。但先朝末年頻歲凶歉，嘉靖三年加以大疫流行，人死過半，以致前項屯田無人耕種。如南京鎮南等衛，坐落江浦等屯，行數十里俱是曠地，葭莽極目，不勝凄凉。此項無徵糧税，所司因循不與區豁，逐年俱係衆户賠補，賠補愈重，逃亡愈多，逃亡愈多，賠補愈重，反復相因，勢不能已。屯政之弊，至此極矣。

今南京户科等衙門給事中林士元等官奏，欲將三則之内一項停免，俟年豐人衆，方議並復。又欲通查三項田地，見種若干頃畆，照常輸納，見荒畆頃若干，姑且停免，以待召佃成效，一體徵收，無非憫時救弊之意也。蒙本院備劄到職，看得，田有常額，額有常税，前三項屯田俱係在册正額，遽欲除豁一項，恐亦有碍。如云將見荒田畝姑且停徵，待召佃成效一體徵收，竊恐法亦未備。盖停徵而不召佃，則徵之停者何時可復；召佃而不設法，則召之佃者何人敢承。

查得嘉靖六年等曾經總督南京糧儲右副都御史杭闗巡視屯田，監察御史唐勳、王世爵等官累次題行，欲通查各衛坍荒田地若干頃畝。坍江者悉與除豁，抛荒者俱作改科。所缺額糧，將各衛新增田内每畝加銀分釐，通融處補，以足原額虧欠之數。酌量事體，似爲可行，訪詢輿情，俱各稱便。

今大約查算勘實各衛坍江田地四十五頃二十一畝一分，委實崩坍，合應除豁。抛荒、比較田地四百七十頃，的係久荒，難於開墾，若非薄税改科，必無願佃之人矣。合無照依都御史杭闗等官所議，將前項坍江田畝悉與除豁，比較、荒田俱減作改科。計缺額糧三千五百餘石，通衛新增田地三千四十八頃，每畝加銀五釐，共加出銀一千五百二十四兩，每糧一石折銀五錢，准補欠額糧米三千四十石。

又查三則之外，有三升三合等項之田。此項田地俱係成熟年久，俱當陞作五升三合五勺，共陞出糧四百七十五石，足以抵補原額，足無虧欠。然後出給曉諭，不拘軍民僧道之家，聽其擇便開坐畝段，俱赴本衙門告領户由，開墾耕種，永爲己業，量寬二年租税。待二年之後，田已成熟，一體徵收。如此，則有力之家貪圖輕税，庶幾出力承佃。

再照中間有等田地坐落和州等屯，荒廢久遠，費力極難，則雖薄徵改科，人未必願佃者，又不可不預爲之計。查得紅牌事例，承佃故軍田地户由，每户不過二分。近年以来，各衛故軍好田，概被軍官户内舍餘侵領，每户領户由十紙二十紙者有之，磽瘠不堪之田，俱著貧軍領佃，賠補糧税，最爲積弊。合無通查各衛户由，每户多領二紙以上，每三紙者著領久荒田一分，務要立限開完回報。如不願開者，即將户由退出，另召有力之人承佃。每三分户由帶領荒田一分，將見得三分熟田而領一分荒田，未有不願承佃者矣。

如此則前項久荒之田俱可耕闢，待十年之後，成熟已久，仍當復作比較，國税可增，人心亦願。如蒙採擇施行，則屯無曠土，軍有餘糧，屯弊庶幾可清矣。

（明）黄訓《名臣經濟録》卷二一《户部・查勘畿内田土疏林俊》

節該欽奉旨諭：順天等八府係是畿内根本重地，祖宗朝累有優恤禁例。近年以来，奸猾無藉之徒，妄將軍民田地指作空閒，設謀投獻，奏改皇莊。管莊官校人等，因而乘機侵奪，藉勢混賴，横征巧取，百般尅害，以致軍民失業，朕深惻然。兹特命爾與山西道監察御史樊繼祖、户部主事張希尹公同查勘。先行撫按衙門選委官員分投查審明白，爾等即便前去，會同各該撫按官照依户部先後題准事理，親詣各府地方，用心覆勘。

凡正德元年以後各項莊田，但有朦朧投獻及額外侵占者，盡數查出，各依擬給主召佃、管莊人員盡數取回。仍著管屯僉事兼帶督理，該徵租税照依原定則例，折收銀錢。原係皇莊者，解部類進；係皇親功臣者，赴部關領，不許自行收受，亦不許佃户人等拖欠。其莊田内有成化、弘治年間奸徒投獻者，一體查勘。

各該府州縣衛所衙門官員人等，文職自知府以下，武職自指揮以下，但有事體相干者，悉聽督委調用。公勤幹濟者從公旌舉。敢有玩法廢事及軍民勢豪人等不服拘管，恃頑沮撓，或奸猾刁徒乘機混賴，或貪官餌賄枉法欺蔽者五品以上并勳戚，指名參奏；六品以下，徑自拏問重治。中間事情，有該載不盡，凡有益於國家，有利於軍民者，悉聽會同從宜議處，輕則徑自施行，重則具奏定奪。

爾受兹委任，須秉公持正，悉心查理，務使積弊盡革，官民兩無虧損。毋得循情畏勢，徒具虚文，自貽咎責。爾其慎之慎之，欽此。

臣等除欽遵外，先爲前事准兵科等衙門關劄，該户部左侍郎秦金等題，查得先爲開讀事。伏覩詔書内一款：京通二倉水次倉、皇城各門京城九門各馬房倉場、各皇莊，但係正德年来額外增添。内臣司禮監照弘治初年例查奏取回，欽此。又該禮科給事中底藴奏爲應詔查處皇莊事，奉聖旨：該部看了来説，欽此。該本部議擬題奉欽依，轉行各該撫按衙門選委官員查勘去後，既而兵部又稱：差管皇莊内臣官校數多，移咨勘報。等因到部。

臣等益加駭慄，竊惟京師者，天下之本，而畿甸者，又京師之輔也。畿甸之民安，則天下之民舉安。歷觀前代之主無不以京師爲重者。我太祖高皇帝以應天等處爲興王之地，特將夏税不時全免。太宗文皇帝建都北平，恪守成憲，撫綏畿甸，安戢人民。列聖相承，益隆無替。

夫何正德年来，奸猾無藉之徒多將畿内民田投獻左右近倖之人，奏爲皇莊。況管莊内臣，又憑城狐社鼠之勢而收租官校。即係設謀投獻之人，出入往来，肆行無忌，千方百計，巧取横征。小民無所措手，有司莫敢誰何。而皇親駙馬功臣人等莊田，亦皆散布其間，乘機侵奪，借勢混賴，往往有之。

幸賴陛下聖明，入繼大統，舉百弊而一掃之，故有前項裁革管莊内臣之詔。有以仰見陛下强本制末，居重馭輕之盛心矣。旬月之間，乃復有此傳奉，復立皇莊，責令私人管理。不意聖政維新之初，乃復有此厲民之漸。伏望陛下垂念畿輔根本重地，將近日傳奉皇莊管店事理收回成命。

又看得查勘事宜干係重大，必須另差科道部屬官員，假以事權，公同查勘，庶幾克濟。等因。題奉聖旨：是，畿内根本重地，祖宗朝屢有優恤禁例。近年以来，奸猾無藉之徒妄將軍民田地指作空閒，設謀投獻，管莊官校人等因而乘機侵奪，藉勢混賴，横征巧取，百般尅害，利歸羣小，怨在朝廷，以致軍民失業，盗賊生發。朕在藩邸已知其弊，覽奏深用惻然，便寫敕差科道部屬官各一員前去，會同巡按御史親詣查勘。但自正德元年以後朦朧投獻及額外侵占的盡行查出，各依擬給主召佃，管莊人員盡數取回，着管屯僉事兼管督理，該徵租税照依原定則例，折收銀錢。原係皇莊的，解部類進；係皇親功臣的，赴部關領，不許自行收受，亦不許佃户人等收受，拖欠不還。欽此。欽遵。

隨該臣等題爲查處田土事，奉聖旨：是，先著撫按衙門選委官員上緊分投，查審明白，你每還去會同各該撫按官親詣覆勘，務使積弊盡革，官民兩無虧損，户部知道，欽此。欽遵。等因到部，備行前来。

臣等除遵奉敕諭，親詣順天等府州縣，會同前巡撫順天等府地方都察院右副都御史李昆，今接管右副都御史孟春，并巡撫保定府地方都察院右副都御史周季鳳，前巡按直隸監察御史王琳、宋鉞，今接管監察御史郭楠，選委官員分投，親詣各該地方，拘集地隣并該圖里老人等，嚴加查勘。

去後續據順天等府經歷司各將委官王槐等查勘過各該州縣原額莊田，并投獻侵占額外軍民地土各頃畝數目，及取具業主召佃人户退認供結、領状緣由，造册呈繳前来。臣等覆勘相同，除將成化等年奸民馮大經等投獻侵占地土，隨將斷給原主管業有罪人犯案行，該府提問，依擬發落，未到者照提歸結。及將查勘過緣由備造文册奏繳外，切照臣等猥以菲材，誤蒙委任。奉命以来，按行八府，閲歷三時，仰布明恩，俯詢民瘼。凡係成化、弘治、正德年間皇莊及皇親功臣莊田，但係奸民投獻、勢要侵占者，逐一盡數查出給主召佃，還官歸民，一切遵照敕旨施行。所據查勘過順天等府地方各項莊田地土，共計二十萬九百一十九頃二十八畝，退斷過侵占民地共計二萬二百二十九頃二十八畝。

數十年来，勢家豪奪隱占之弊，一朝始得清明。數千里内小民流離困踣之苦，一旦稍得甦息。閭閻之下，莫不歡欣鼓舞，歌頌太平。此實恭賴我皇上如天之仁，好生之德，思王業之本，念小民之休。維新之政，莫有大於此者，宗社萬年之基，端在是矣。

而臣等何幸得以此，藉手獻忠於陛下。但臣區區犬馬之忱，尚有進於是者，不敢不極爲陛下陳之，惟陛下俯垂聽焉。

臣等伏聞，農業者，天下之本；土地者，民食之源。古者四民各有常職，而農者居十八九，故衣食易居而民無困苦。故周官太宰以九職任萬民，而首曰三農；大司徒頒職事於邦國都鄙，以登萬民，而一曰稼穡。自古帝王之治天下，蓋莫不以土地農人爲重也。三代之制，不可復已。自秦人廢井田之後，田不在官而在民，是以貧富不均，穀禄不平，一時識治體者罔不興慨。歷代以還，英君賢佐，凡有志於人民愛物者，亦莫不隨時漸爲之制。如限田之議，均田之法，口分世業之制，要皆良法美意，而一時人賴其慶，至今猶可稱述。

洪惟我太祖高皇帝立國之初，檢覈天下官民田土，徵收税糧，具有定額。乃令山東、河南地方額外荒地，任民儘力開墾，永不起科。至我宣宗皇帝，又令北直隸地方比照聖祖山東、河南事例，民間新開荒田，不問多寡，永不起科。至正統六年，則令北直隸開墾荒田，從輕起科，實於祖宗之法，略有背戾。至景皇帝，尋亦追復洪武舊例，再不許額外丈量起科。至今所當遵行，所以然者。

蓋緣北方地土平夷廣衍，中間大半瀉鹵瘠薄之地，葭葦沮洳之場。且地形率多窪下，一遇數日之雨，即成淹没不必霖潦之久，輒有害稼之苦。是以祖宗列聖蓋有見於此，所以有永不起科之例，有不許額外丈量之禁。是以北方人民雖有水潦災傷，猶得隨處耕墾，以幫助糧差，不致坐窘衣食。

夫何近年以来，權倖親暱之臣不知民間疾苦，不知祖宗制度，妄聽奸民投獻，輒自違例奏討，將畿甸州縣人民奉例開墾永業指爲無糧地土，一概奪爲己有。由是公私莊田踰鄉跨邑，小民恒産歲朘月削。至於本等原額徵糧養馬産鹽入站之地，一例混奪。權勢横行，何所控訴，産業既失，糧税猶存。徭役苦於併充，糧草困於重出，饑寒愁苦，日益無聊，展轉流亡，靡所底止，以致强梁者起而爲盜賊，柔善者轉死於溝壑。其巧黠者則或投充勢家莊頭、家人名目，資其勢以轉爲善良之害。或匿入海户、陵户、勇士、校尉等藉，脱免徭役以重困敦本之人。凡所以蹙民命脉、竭民膏血者，百孔千瘡不能枚舉。是豈古今帝王治世之道，是豈祖宗列聖立國之法。

臣等查得各宫莊田，祖宗以来未之有也，惟天順八年以順義縣安樂里板橋村太監吉祥抄没地一處，撥爲宫中莊田，其地原額一十頃一十三畝。初吉祥占過軍民地二十四頃八十七畝，共三十五頃立莊。今次查勘，又占過民地四十頃，見在共七十五頃。此則宫闈莊田之始，而數十年間，侵占之數過於原額已七倍矣。舉此一處，其他可知。

至成化間，惟增寶坻縣王甫營莊田一處，原係會州衛草場，弘治間止增豐潤、新城、雄縣莊田三處。至弘治十八年十月，乃孝廟升遐之後，先帝踐阼之初，一月之間，建立皇莊七處：曰大興縣十里鋪皇莊，曰大王莊皇莊，曰深溝兒皇莊，曰高密店皇莊，曰石婆營皇莊，曰六里屯皇莊，曰土城皇莊。自此之後，設立漸多，而皇莊之名始著。

則其在昌平州則有蘇家口皇莊，在三河縣則有白塔皇莊，在真定寧晋縣則有鋪頭村皇莊、大劉村皇莊，在隆平縣則有大灰窑皇莊，在新河縣則有偎汪莊皇莊，在南宫縣則有南莊村皇莊，此皆正德元年之所設也。

又東安縣則有南葛里皇莊，寶坻縣則有李子沽皇莊，通州則有神樹皇莊，武清縣則有灰蝸口皇莊、王慶陀皇莊，静海縣則有四當口皇莊，此皆正德二年之所設也。

至正德四年，則立大興縣、三里河皇莊二處。正德五年，則立六里屯皇莊二處。正德七年，則立武清尹兒灣、大直沽皇莊二處。正德八年，則立昌平州樓子村皇莊，静海縣衛河兩岸皇莊，青縣孫兒莊皇莊，保定府安州騗馬廟皇莊，清苑縣閻莊社皇莊。正德九年，則又立安肅縣龍化社皇莊。數年之間，設立皇莊，如此之夥，共計占地三萬七千五百九十五頃四十六畝。

然皇莊既立，則有管理之太監，有奏帶之旗校，有跟隨之名下，每處動至三四十人。其初管莊人員出入及裝運租税，俱是自備車輛夫馬，不干有司。正德元年以来，權奸用事，朝政大壞，於是有符驗之請、關文之給。經過州縣，有廪餼之供，有車輛之取，有夫馬之索。其分外生事，巧取財物。又有語言不能盡者。及抵所轄莊田處所，則不免擅作威福，肆行武斷。其甚不靖者，則起蓋房屋，則駕搭橋梁，則擅立關隘，則出給票帖，則私刻關防。凡民間撑駕舟車、牧放牛馬、採捕魚蝦螺蚌莞蒲之利，靡不括取。而隣近田土則展轉築封，堆包打界。

至見畝徵銀，本土豪猾之民投爲莊頭，撥置生事，幫助爲虐，多方掊刻，獲利不貲。輸之宫闈者曾無什之一二，而私入囊橐者蓋不啻什八九矣。是以小民脂膏吮剥無餘，由是人民逃竄而户口消耗，里分減併而糧差愈艱。卒致輦轂之下，生理寡遂，閭閻之間，貧苦到骨。道路嗟怨，邑里蕭條。若使此弊不革，將見數十年後，人民離散，土地日蹙，盜賊蜂起，奸雄藉口，不知朝廷何以爲國。此可爲太息流涕者也。

兹者幸遇皇上天縱仁智，入繼大統，曩在潛邸，已知其弊。即位之初，首下明詔，將管莊人員盡數革回。乃者復采大臣之議，委臣等以查勘前項地土，草萊之下始得披雲霧而覩青天，脱水火而就衽席矣。但伏讀敕旨，猶有曰：係皇莊者，解部類進。臣等竊有疑焉。然未經查勘之前，臣等雖知創設之由、爲害之實，不敢冒爲陛下言之。今以臣等前所披瀝，實出見聞之真，陛下固當惻然於中，亟圖所以處之矣。而況陛下聰明廣覽，蓋已先得於龍潛之日，又有不待臣等諄諄者乎。

臣等竊謂普天之下莫非王土，有若曰百姓足，君孰與不足。且天子藏富於民，今四海九州之貢賦、山林川澤之物産，凡所以納之司農、輸之内帑何者，而非所以奉陛下一人者乎。孟子曰：尊親之至，莫大乎以天下養，又何而非所以奉重闈慈闈四宫者乎。祖宗以来，宫闈一切供奉，自有成規，況九重之内，錦衣玉食，何欲不遂。顧屈萬乘之尊同於匹夫，以侵畎畝之業，辱宮壼之貴，雜於閭閻以争升斗之利，其何以示天下訓後世也哉？且自古人君未嘗有此。漢宣帝嘗以池籞未御幸者假與貧民，漢元帝嘗以公田及苑振業貧民，未聞占民田土以爲皇莊也。

且皇之一字加於帝后之上，爲至尊莫大之稱。今奸佞之徒，假之以侵奪民田，則名其莊曰皇莊，假之以罔求市利，則名其店曰皇店。又其甚者，假以阻壞鹽法，則以所販之鹽名爲皇鹽。即此三事言之，足以傳笑天下，貽譏後世。仰惟陛下躬堯舜之資，舉文武之政，何不一切掃除之乎？若此三者名跡猶存，實足以累陛下大有爲之志，甚非臣等所望於陛下者也。如敕聖慈，俯察愚衷，深惟國本。

乞敕該部查照臣等勘報文册，將在京負郭、大興縣等地方各宮莊田，原不係占奪民田不滿數十頃者，請一切改爲各宮親蠶廠、公桑園等項名額。敕令有司種植桑柘，以備宮中蠶事。蓋古者天子親秉耒以耕，后妃親桑以供郊廟之服。後世漢文帝、景帝皆詔皇后親蠶以供祭服，爲天下先。乃者改元之春，臣等恭覩陛下躬耕籍田，既以身先天下之農矣。

兹者嘉遇皇后殿下配德之初，正位之始，所宜躬履勤儉以率天下。而親蠶之禮實爲我朝百年缺典，誠願陛下大建中興，克配皇祖，特敕禮部詳考《禮經·月令》、《祭統》、《祭義》等篇，斟酌古今，具皇后親蠶儀以進。待明年季春之月，擇日舉行，播告天下。此誠帝王之高致，后妃之盛節，閨門風化之首，而王業之根本也。將其風聲感動，德教流行，男勤於耕，女勤於織，海内富庶之效，不患不文景若矣。而況舉曠代之典，又足以垂萬世之美談也哉。

其餘一應莊田，遠在各府州縣，動以千百頃計者。臣等願陛下一切弛以利民，或盡勸歸户部，造入版籍，令民照舊輸税，以爲在官地土，不必更屬宮闈。然後陛下明降諄切之旨，榜示中外，盡削皇莊及各宮莊田之名，一洗四朝之弊，永永垂百代之休。

萬一以爲宮中常年供用不能頓缺，敢乞著爲定例，令户部每歲進納上供銀兩若干，分進各宮以克支用，却爲光明正大，不傷大體，何必虚受莊田之名，重小民之害，而示天下以自私自小也哉。昔賈誼勸漢文以興起禮樂，而文帝謙讓未遑，千載之下，賢者惜之。臣等仰見陛下聰明仁聖，至性天成，堯舜之事，蓋所優爲。此事甚順而易，特在陛下少留聖意轉移間耳。若舍此不圖，臣等以爲不惟不能免千古之惜，殆恐不能不貽宗社將來無窮之憂。伏願陛下亟召輔弼大臣，相與熟講而力行之，臣等不勝大願。

至於皇親功臣欽賞莊田，臣等復有一得之愚，又敢不重爲陛下言之。查得洪武初年，凡公侯駙馬伯禄米，皆給官田，令量其原定官糧私租之數仍主佃分數收取。至洪武二十五年，令公侯伯禄米皆論功定數，舊賜田還官。竊謂洪武初年，乃聖祖甫定天下，干戈百戰之後，海内人民喪亡略盡，土地有餘。彼時封爲公侯伯者，又皆一時翊運佐命元臣，比與今之戚畹封拜者，萬萬不同。況以有餘之地賜有功之臣，其在聖祖，宜乎大析土壤以施恩賚，亦無不給。胡乃給禄之後而原賜田土，亟令還官，誠以土地乃農業所資，實爲國家之大本，而人君所賴以爲國者也。蓋古之有田禄者，各食其田之所出，以爲世禄。今既官給之禄，奈何又與之田是重出而過制矣。此聖祖之意也。

然功臣之中，勳勞大者至今仍有莊田，不過數家。臣等查得管業已定，侵占亦少。惟是近年以來，皇親侯伯憑藉寵暱，奏討無厭，而朝廷眷顧優降，賜予無節。其所據地土，多是受人投獻，將民間産業奪而有之。如慶陽伯受奸民李政等投獻，奏討慶都、清苑、清河三縣地五千四百餘頃。如長寧伯受奸民魏忠等投獻，奏討景州、東光等縣地一千九百餘頃。如指揮僉事沈傳、吴讓受奸民馬仲名等投獻，奏討滄州、静海縣地六千五百餘頃。以致被害之民搆訟經年，流離失所，甚傷國體，大失羣心。

今臣等仰遵敕旨，既已退給明白，然非賴聖明在上，地方罹害，何有窮已。今雖亟加扶救，而傷殘已多。伏望陛下特敕該部，除功臣家外，將累朝皇親侯伯受賜莊田，據臣等勘報文册，通融數目多寡，定爲中制，量給養贍。其過多者一切裁損，以還之官。要使恩澤適均，將來可繼，不然國家萬萬年無疆之緒，皇親駙馬日見增加，彼此援例，争相希恩，必欲各滿其願。雖盡割畿甸之田，有所不給，是豈可不爲國家久遠慮哉。惟陛下其熟計之。

再照臣等查勘過各項田土數目，並是退給侵牟、開豁荒鹹覈實之數，比與先年妄報投獻奏討原數不同。乞敕該部查照，一以新册爲定，移文所司，出給由票執照，以便徵收。

再照祖宗累朝儘民開墾，永不起科之例，歷年滋久，上下蔽於不知，是以奸民敢於投獻，勢家昧於奏討。及訪得山東、河南等處奉例開墾之地亦多，近年以來，亦有奸猾之徒往往投獻王府及諸勢要之家。其視畿甸之弊，大抵相同。合無伏候敕旨，將皇莊及各皇親莊田大賜處分之後，一併出榜頒示該省地方，仍行撫按衙門一體差官查勘，再乞通行天下。今後再有奸民故違例禁，將民間田產投獻王府及諸勢要之家，占奪至百頃以上者，處以極刑，全家移出化外。如此，則法重而人不敢犯，恩溥而民得安生。

臣等區區忠悃言已盡矣，意已竭矣，所冀陛下丕承祖宗萬年鞏固之基，聿興中興千載熙明之運，念京師根本之重，知小民稼穡之艱，厲精圖治，約己裕民，則太平之治可坐而致矣。臣等冒昧進言，無任隕越，伏惟陛下留神省覽，旨而行之，宗社幸甚，生民幸甚。

（明）陳子龍《明經世文編》卷一七四《秦王二公疏・論皇莊疏秦金》 近傳奉內旨，各官置皇莊及差管各莊官校。臣等聞命，不勝驚疑。夫以萬乘之尊下與匹夫分田，以宮壼之貴下與小民争利，非盛世之事。昔漢高帝令民得故秦苑囿園池，武帝罷養馬苑，昭帝罷中牟苑，均以賜民。下至元帝，亦以三輔公田及苑囿可省者，振業貧民，後世以爲美談。趙宋之君，亦知以京城四面禁圍草地，令開封府告諭百姓，許其耕牧。是前代之主，無不以畿內之民爲重者。我太祖高皇帝以應天等處爲興王之地，夏税秋糧，不時全免。列聖相承此意，有隆無替。

何正德以來，姦猾無藉之徒乘時射利，沽恩冒賞，多將畿內逋逃民田投獻左右近倖之人，而左右近倖不念畿輔重地，獻諂取説，乃遂奏爲皇莊。弊源一開，無有窮極。況管莊内官、收租官校，倶城狐社鼠，侵欺攘奪，爲害萬端，利歸貪狡，怨歸朝廷，爲新政之累不淺。乞差科道部屬官各一員，分詣查勘，自正德以後，係額外侵占者，給還其主管莊人員，盡數取回。

又寶源、吉慶二店，該納課程，弘治以前，係順天府批驗茶引所官攢取受，按季解部進内府，後太監于經奏爲皇店，科取擾害，人皆怨咨。乞將二店課額，依弘治年例行，庶軍民樂業，上下倶利。

（明）陳子龍《明經世文編》卷三五六《徐司冠奏疏・奏為懇乞天恩酌時事備法紀以善臣民以贊聖治事徐陟》 奸民違法，臣惟投獻詭寄，及夥計等項之弊，南京士民往往有之。近來天下府州縣，凡奸民之田，詭寄於官户者，亦甚衆矣。小民或以十分之四五當十分之差，或以十分之六七當十分之差。而此輩安然坐享富實，則包庇者廣耳。不立之法以障狂瀾，則田產將盡歸巨室，而小民之户田稀矣。皇上容復望有當差之民耶，小民若之何而可存活也。

伏望皇上亟念民隱，斷自宸衷，特降德音。令法司衙門，會同户部酌議大小職官等項濫受投獻、詭寄、夥計一應之罪，以蘇積困，以廣我皇上愛養元元之意。若有自首者，姑免其罪，其田聽與小民一體當差，悉將黄白二册改正。如有不首，及本户似前喻利不肯當差者，許里甲人等據實舉首，治以應得之罪，仍將其田入官收租送部，以充邊儲。所司明知故縱者，併治以罪，則小民庶乎可少存萬一矣。

（明）陳子龍《明經世文編》卷三五九《龐中丞摘稿・清理大同屯田疏龐尚鵬》 照得各邊皆與虜爲鄰，而盤據門庭。惟大同爲近，故邊人失業，屯政不脩，至今日極矣。前後建議興復者，無慮千萬言。其間時異勢殊，有難概論。自今觀之，唯清查隱占，均平糧額，開墾拋荒，最爲目前急務。三者既行，則其餘皆不勞而治矣。但憂時慷慨者，或病於勢力之難；厭事苟安者，常溺於因循之弊，此所以日就廢弛而不能振也。臣督同各官，隨事劑量，參以一得之見，非敢浪爲迂談。其間應行事宜，或有與宣府相同者，彼此互載，不嫌同詞。

一、嚴督責以塞弊源。查得該鎮屯田，糧額之輕重不均，豪強之欺隱滋甚，丈量誠不可已也。必須委官沿坵履畝，隨地處分。已經巡按周御史題奉欽依，業有成算，無容議矣。但恐委官難得其人，或聽屬於勢豪，或受欺於左右。綜理無術，百弊叢生，以致伸縮那移，飛詭隱占。其爲害可勝言哉。且軍民雜處，地畝相連，加以王府牧馬草場，將官養廉田地，及隨侍官校，免買民屯。互相參錯，若犬牙然。苟非一體丈量，則指甲爲乙，各相影射，而軍民之弊不可究詰矣。合通行各衛所州縣，督同各該人户，不論軍民隨侍養廉草場等地，每五頃爲一大坵，上插牌橛，明開四至。孰爲民田，何人管業；孰爲屯田，何人見種；孰爲養廉，何人撥給；孰爲隨侍，何人承買。各依畝數，填注姓名。坵内四至，各滲石灰，以防移易增減。仍令分別屯田若干，見種成熟若干，拋荒堪種若干，水衝沙壓若干，各該種草若干。其地畝洪洲寄莊等項，亦皆倣此。委官查照開款，以實丈勘。成熟者照舊承耕，拋荒者設法開墾。水衝沙壓者，明白開除。仍令置立坵單，每坵二幅，前半面圖畫地形，後半面照前牌楔，填寫姓氏，及軍民田地，各項名色，併成熟拋荒數目一送各該掌印官，印鈐收照。一送見委丈量官，臨時磨對，有無異同。每坵擇地多而謹畏老成者，一爲坵長，二爲坵副。責令先將坵內地數丈算明白，互相覺察，填單立楔，聽候委官親臨，公同丈量。仍將地力分別上中下三等九則，以便派徵錢糧。

一、明賞罰以勸開墾。查得各路荒田，何啻萬頃？承佃者疑畏相尋，豈獨困於工力哉。歲事之豐歉無常也，虜騎之出没不測也，差役之徵科難禁也。利不能十一，而害已七八矣。召種雖勤，誰其就之。今惟責成將官，撥軍開墾，務令通力合作。牛具種子，取給於官。每歲秋收，除將子粒補還牛種外，其餘悉計畝均分。直待五年之後，果有成業，然後酌議從輕則徵糧。蓋大同地方，切近邊境。耕稼之業，利鈍難齊。故寧損上益下，以示存恤勸導之意。然此非責成將官，其勢必不能也。

一、議新增以蘇疲困。照得該鎮屯田，除原額已足外，復浪加新增名色。或據册有數，而納糧無人。或地本荒蕪，而糧多賠累，人甚苦之。今查各衛每屯田一分，其間畝數多寡不同。甚有彼此較量，大相懸絶者，則於正額之外，復有新增。此亦未爲無據也。但地本接壤，糧有定額，而水衝沙壓鹹薄不堪者，亦多有之。合無今次丈量明白，即以新增之地，均攤舊管之糧。疆界既明，則欺隱盡革。税斂既薄，則輸納易完。寬一分則民受一分之賜，況連年逋負督責煩苛。徒有新增之名，全無徵收之實。何必駕虛名而滋勞擾哉。至於屯田之外，有所謂地畝洪洲等項名色，皆屯田餘地，糧額甚輕，當爲裒多益寡之法。今據分巡道呈稱，審得地畝等户韓玉吴春等，各願帶種拋荒屯田辦納折色。此亦官民兩利也。

一、酌支放以圖實用。照得該鎮屯糧以給主兵，欽買召買以給客兵。以地方無事徵調少故，邇來客兵之糧常有餘，主兵之糧常不足。以故糴買在倉者，有五六年不及支放倉場之安置，未必如法。官攢之監守，不免侵欺。歲經查盤，日多虧耗，守支之累，有老死他鄉，不能歸骨者。且糧既浥爛，委棄成灰，豈可無變通之法。合將收貯年久者，改給主兵，將應給折色存貯。如有不堪，亦要因時酌量，將屯糧彼此搭配，通融關領，即時補還。此固出陳易新，通變權宜之法。而官攢之守支，亦不至枵腹待盡矣。

一、革偏累以廣報中。查得該鎮召中鹽糧，俱係每年九月中查取時估，定爲一歲常規。至於春夏之時，青黄不接，市價高騰，並不酌量寬減，以致商人坐困，力不能支。且據各商糴買糧料，每銀一兩，該斗行牙行銀二分；每米一石，自市送倉脚夫要脚價米一升，進倉應該耗米二升。又每米一石，搬運倉臺，並曬晾工倉銀六厘，抬斛上灑工食銀五厘，入廒扛脚銀七厘，飯食三厘，墊廒席價銀六厘，大率每米一石，雜項使用費銀八分六厘。料豆之費與米相等，而草束雜用，視官價倍之。及積貯年久，倉場之滲漏，糧料之虧損，查盤問罪，照數追賠。甚有逮繫妻孥，瘐死獄中者。即土商且不能堪命，況遠商乎。據各商執告上草一萬束，自願加納一千束以備虧折。聽官攢守支，則其情可概見矣。至於給銀糴買，僉報商人，受禍尤酷。如李世臣、丁漢臣等控愬無門，飲藥自盡，皆近日事。可爲痛哭流涕者也。民爲邦本，乃歲歲驅逼而荼毒之，彼何辜而死於非命，一至是耶。合無自今以後，各路時估，俱每年分爲四季。城堡有遠近，歲時有豐歉，物價有低昂，先從各該守巡兵備道督同軍衛，有司隨地劑量，按季詳定，然後關白户部管糧郎中，彼此參酌給示通行。仍著立限期，如春夏時估，即限春夏上倉。若延至秋成，即改從秋季時估，以革遷延觀望之弊。其應用斗脚工食等費，皆常規決不能免者。公同會估，即議入數內，無令蹙額包賠。其糧料納完，即隔別委官查盤明白，付官攢守支，並不得與諸商復相關涉，而後禍端可絶也。

一、禁囑託以繩巨奸。照得該鎮專利之徒，所至有之。凡遇開派鹽糧，輒請託鑽求，先投認狀，此賣窩故智也。升斗之粟，不入倉庾，而坐收千金之利。商人受其抑勒，耗費愈多。虧折邊儲，阻壞鹽法，莫此爲甚。合通行各路守巡兵備及本鎮管糧郎中，先期禁絶。凡鹽糧開中，俱於各該地方張掛告示，明開淮鹽若干，蘆鹽若干，時估斗頭若干，聽各商人先赴各倉上納完足，監督通判等官，即出給實收齎投赴部，以憑填給勘合。其糧未入倉，先告認狀者，不得徇情准受，以滋前弊。

（明）陳子龍《明經世文編》卷三九三《王文端公文集・答郜文川論屯田王家屏》　諸老每談邊事，輒言兵當練，田當墾也。安邊長策，誠無踰此。顧練兵墾田，亦非可以旦夕見效。餉不足則兵不可得，練費不具則田不可得墾。今司農廩廩爲國守財，不敢加錙銖於額外。兵多餉少，地曠租微，欲以興事，良亦難矣。近雖稍有給發，不知可少紓待哺之急否？誠及翁在事，藉資乘會，酌定規條，練士開屯，次第修舉，即不敢望邊庾盡滿，行伍皆充。而所謂完一分，抵一分之餉；有一人，得一人之用，固當立見成功耳。惟翁毅然圖之，至祝至祝。

（明）陳子龍《明經世文編》卷三九三《王文端公文集・答蕭岳峰督府王家屏》　今海内窮困已極，而邊方尤甚，所恃以撫恤軍民者，全在將吏，資給儲餉者，全在屯鹽。屯政久隳，鹽引積滯，祖宗之舊法已大壞矣。方當根究弊源，力圖興復。而奸商貪緣漁獵，且藉開荒名色，攘臂邊城。占田既奪農利，占引又奪商利。開荒無實，既壞屯政；中鹽無實，又壞鹽政。若此者可謂有法紀否乎。至今將吏鑽求陞用，禁例甚嚴。向時干請者或陰有庇託，尚不敢陽露其名；或小有營謀，尚不敢大彰其跡。今乃公具姓名，盛行賄賂，內憑城社，外附要津，至求閣部爲之致書，督府爲之咨薦。尅剥軍士，而下不敢言；欺凌司道，而上不敢問。若此者，又可謂有法紀否乎？不佞每念及此，切齒痛心，恨不能少有匡正。而此中根抵之奸，盤固之蠹，如臺下所云云。動相掣肘者，更可恨而不可言矣。憤惋宜如何。臺下公忠正直，知於此輩必有潛消默折之術，因敢略布其私，不意適契臺指也。承諭謹復不盡。

（明）陳子龍《明經世文編》卷四二三《李襄毅集・播州善後事宜疏李化龍》　一、限田制。播土舊民自逆酋芟夷之後，大兵徵討之餘，僅存者十之一二耳。遺棄田地，多無主人。惟册籍不存，疆界莫考。復業之民，往往冒認影占，原少而報多，原瘠而報肥。甚至一人占田一二千畝。尚有異省流徙，假播籍而希冒占者。

夫王者之師，弔民伐罪，罪人既得，孑遺之民自當存恤。顧無知小民，何厭之有。若任其冒占，而不爲限制。不惟告擾紛紛，徒滋多事。恐將來田地闊而人民少，不能成府縣之規。且自應龍在事以來，與奪任意，生殺自由，強凌弱，衆暴寡。凡業厚而田豐者，皆席應龍之寵，而魚肉細民所得也。此輩初用事，後得罪。有逃避他方，至今方出者；有身爲奏民起釁釀禍者；有其身已殲，其家已滅，而一二遠族尚思承產者。誰爲厲階，致此紛擾，卒令天朝以二十萬之師，費百萬之餉。殺人數萬，方得剪定此土宇。而猶令此輩竊據以自封，即應龍地下亦不服矣。

今應將播之舊民，號楊保子者。查果真的，無論原業肥瘠，俱人給田三十畝，上中下攙配均給。若一處皆上田、皆下田者，臨時酌給。大率純下田不得多過一百畝，純上田不得少過二十畝。其原非播民，必不能爲楊保語，亦自易辨。無問其曾否寄住，皆不得妄認。斯詐冒不行，爭競可息。至遺下無主民田，應另行招人承種納糧當差。應龍官莊竝楊兆龍、田一鵬、何漢良等諸擒斬過有名頭人莊田盡數没官。聽三省之民願占籍播州者承種。其領地之人，查照時值，量行上納，以充目下，建立城池、衙門、驛傳諸費。亦定爲限制，平人不過得五十畝，指揮千百户不得過百畝。俱於丈量時定糧定價，令不得那移。州縣官收過絶產價值給付印契，登入循環，聽兵備道稽查，轉報撫按查考。經該官吏，如有乾没，從重治罪。庶定經制之中，又得夫裕財用之意。

（明）談遷《國榷》卷八《太祖洪武十八年》　〔二月〕國子祭酒宋訥上守邊策曰：今海内既安，蠻夷奉貢。惟沙漠胡虜，尚煩聖慮。若置不治，則恐久爲患。若欲窮追遠擊，又恐艱難疲勞。陛下爲聖子神孫計，不過謹備而已。備邊在乎實兵，實兵在乎屯田。漢本始中，匈奴率十餘萬騎而南，趙充國將四萬騎分屯緣邊九郡，單于聞之引去。當時籌畫區分，可以想見。今陛下宜于諸將中選謀勇數人，每以東西五百里爲制，隨其高下，立法分屯。如充國兵數，斟酌損益，率五百里屯一將，布列邊地，遠近首尾相應，耕作以時，訓練有法，遇敵則戰，寇去則耕。此長策也。上嘉納之。

《明實録》永樂二十二年十一月　〔庚寅〕上諭户部尚書夏原吉曰：古寓兵於農而不奪其時，所以民無轉輸之勞，而兵食足。後世莫若于漢之屯田，先帝所立屯種法甚善，蓋用心亦甚至，但後來所司數以徵傜擾之，既失其時，遂無其效，所在儲蓄十不及二三，有事不免勞民轉輸矣。其今天下衛所凡屯田軍士，自今不許擅差防其農務，違者處重法。

《明實録》宣德二年正月　丙申，上命行在户部申明屯田之法，因謂侍臣曰：今海内無事，軍士量留守備，餘悉屯種，所收足以給衣食，則國家可省養兵之費，且軍士平日不習勞苦，遇有徵調畏懼艱難，即思逃避。使之屯種服勞，農隙習武，亦無驕惰之患。我皇祖臨御，深用意於此，勸懲考較，皆有成法，所以食足兵強。然朕以爲立法固善，尤在任用得人，其令兵部移文所司，選老成軍官提督屯田，仍命風憲官以時巡察。

《明實録》宣德八年三月〔癸亥〕山東按察使虞信言：聖朝屯田之政，蓋欲軍有餘糧，民免供餽，誠良法也。比見山東都司衛所管屯官不體上意，私役軍丁，怠廢農務。如濟南衛軍旗總五千六百人，隨營餘丁老幼亦不下千餘人，宣德五年下屯止百九十人，六年四百七十人，七年四百八十人，似此屯田，糧何由積？切恐諸衛皆然。乞敕兵部遣官通行點視，務究其實。徵操運糧備倭凡若干，見在旗軍餘丁老幼凡若干，盡令下屯，仍具名籍。在外送按察司，直隸送巡按御史，歲終如例比較，賞罰如此，則糧可有積，軍無私役。

又言：洪武間都司布政司按察司，視事繁簡，置承差催辦，已有成規。今山東都司既有承差，而又擅取衛所舍人差遣，往往凌辱官員，貪圖賄賂，致令所屬官吏乘此侵削軍糧，市物饋送。乞敕行在都察院轉行各處按察司及巡按御史，禁止聽差舍人。應襲者如例送儒學讀書，非應襲者令依親閑住，凡諸大小事務，止遣承差。如此則舊制不違，軍不被害。上悉從之。

《明實録》正統二年二月 己丑，河南右參政孫原貞奏：陳州項城縣，南抵潁州歸德州鹿邑縣，東抵太和縣，地方數百里，田土膏腴，亡命者多聚居焉。近令占籍，此縣追之則稱占籍於彼，彼州追之則稱占籍於此，互相影射，有違國法。請令各州縣會官分定地界，俾田於此者籍於此，田於彼者籍於彼，有攙雜影射者，罪之。其籍備載丁口，每十家爲甲，互相保知，分隸當地里長，俾供租賦仍行各處，如例區畫，則姦民無所容矣。從之。

《明實録》嘉靖八年六月 癸酉，詹事霍韜等言：臣等奉命修《大明會典》，各該衙門未見送到册籍。未及編纂，臣等先於私家將舊典各書翻閱。竊見洪武初年，天下田土八百四十九萬六千頃有奇。弘治十五年，存額四百二十二萬八千頃有奇，失額四百二十六萬八千頃有奇，是宇内額田，存者半，失者半也。則賦税何從出？國計何從足耶？

臣等備查天下額數，若湖廣額田二百二十萬，今存額二十三萬，失額一百九十六萬。河南額田一百四十四萬，今存額四十一萬，失額一百三萬。此失額極多者也。非撥給於藩府，則欺隱於猾民，或册文之訛誤。不然，何致此極也？若廣東額田二十三萬，今存額七萬，失額十六萬，又不知何故致此也？蓋廣東無藩府撥給，而疆里如舊。非荒據於寇賊，則欺隱於猾民也。由洪武迄弘治，百四十年耳，天下額田已減强半；再數百年，減失不知又何如也！乞敕户部考求洪武初年額田原數，備查弘治十五年失額田數，及今日額田實數，送館稽纂。仍乞特召户部尚書詢之，曰洪武初年，甫脱戰爭，人庶鮮少，田野多蕪，田額宜少也，乃猶墾闢八百萬頃。今奕世承平，人漸生聚，田野盡闢，田額宜多也，乃失額四百萬頃。總國計者，可不究心乎？天下有司，受猾民贓利，爲之欺隱額田，蠹國害民，弊無紀極。明年當造籍册，獻田額數，盍預行法處之乎？

再按天下户口。洪武初年，户一千六十五萬有奇，口六千五十四萬有奇。時甫脱戰爭，户口凋殘，其寡宜也。弘治四年，則承平久矣，户口蕃矣。乃户僅九百一十一萬，視初年減一百五十四萬矣；口僅五千三百三十八萬，視初年減七百一十六萬矣。國初户口宜少而多，承平時户口宜多而少，何也？乞再敕户部覈實洪武、弘治遞年户口原數，及今日户口實數，送館稽纂。俾司國計者，知户口日減，費用日增，而思所以處之也。

再按天下藩府。洪武初年，山西惟封晉府一王，歲支禄米一萬石。今增郡王，鎮國、奉國將軍、中尉而下，共二千八百五十一位，歲支禄米八十七萬有奇，由一萬石增而八十七萬石，則加八十七倍矣。及查山西額田，初年四十一萬頃，弘治十五年，存額三十八萬頃，減額者三萬頃矣。禄米則由一萬石增而八十七萬石，額田則由四十一萬頃減而三十八萬頃。此山西額數也。舉山西而推之天下可也。乞敕禮部，備查洪武初年各省藩封位數幾何，今日位數幾何。户部備查禄米總數，初年幾何，今日幾何，覈實送館稽纂。俾司國計者，知賦税日減，禄米日增，而思所以處之也。

再按天下武職。洪武初年二萬八千餘員，成化五年增至八萬一千餘員。錦衣衛官，洪武初年二百一十一員，今增一千七百餘員。由二萬而八萬，增四倍矣，由二百而一千七百，增八倍矣。夫額田賦入，則由八百萬減而四百萬；軍職員額，則由二萬增至八萬。此成化以前大略也。弘治以後則未之稽也。乞敕兵部，備查洪武間武職大數幾何，今日大數幾何？類爲册帙，送館稽纂。俾司國計者，知額田減一倍，軍職增四倍，而思所以處之也。

再按天下文職。洪武初年，官有定額，故數易稽。今冗員日多，職守日紊，數亦難稽。臣等博考前古，若光武中興，鑒前世官冗之弊，裁省天下四百州縣官，止七千五百餘員，額數極少者也。唐制，文武官一萬八千八百餘員，額數適中者也。宋制，文武官二萬四千餘員，額數極多者也。我朝自成化五年，武職已逾八萬矣，合文職計之，蓋已逾十萬矣。是職員極冗，未有甚於此時者也。乞敕吏部，詳查洪武年間文職幾何，今日冗職幾何，裁革幾何，通文武職員幾何，送館稽纂。俾司國計者，知官愈多，則國愈困，民愈病，而思所以處之也。

再按内臣監局官員。伏讀皇明祖訓，置職甚詳。惟弘治年間，儒臣失考，不及纂述。致我皇祖聖制所以嚴内外之限，慎宫闈之防者，不得知之。乞敕禮部，行司禮監備查洪武年間各監局職掌何如，員數何如，列聖以來欽差事例何如，今日員數何如，送館稽纂。

臣等竊觀《周禮》内臣之職，統之天官。今監局事例，多由禮部。若欽遵祖訓，添修内臣職掌，編列典禮，亦聖朝禮以制治之理也。若刑工二部、都察院，凡累年匠役之制，宫府供需之式，四方料物之準，律令異同之宜，我太祖皇帝有定典在。惟弘治年間，庸臣舞智，更爲新例，陰壞成憲多矣。乞敕廷臣酌議削黜，用訂積年之謬，定天下可行之法，亦萬世太平之幸也。得旨：令各衙門備覈沿革定數，送付史館。

《明實録》嘉靖十二年九月 丙寅，南京太僕寺卿王崇獻等上疏，乞均草場以杜混占。兵部覆言：草場地土，在成化時已有豪勢侵占之患，時則令太僕寺查照誌書圖卷，區别上中下等，凡高阜低窪，止堪牧馬者，聽養馬人户輪管牧放；肥饒可墾者，撥與有力馬户耕種，照依佃種官田事例徵收花利，不拘銀穀，依時估納。如遇災傷逃移及貧乏甚不能具馬者，量與照給，以足正鞍。馬政之外，毋許他用。待後養馬數多，停免耕種，照舊收放，此善制也。其後則有居民得入耕墾之令，又其後則有馬户免科之令；又其後，復有禁民佃牧，違者准屯田論罪之令。於是豪強倚藉養馬，兼併無制，轉佃他人，厚取租利。如今太僕王崇獻所言者矣。

向令舊制常存，馬户佃租不免，則田有定税，而姦豪無幾幸以殖利。居民佃者不禁，則民有定業，而馬户亦無所肆其兼併之謀。此皆妄搖成計，而不慮其後者也。且養馬人户，自有額定丁田，國家牧地，非所可私，故收入其租，以備緩急，此恩之出於分外者也。議者不察，不問貧富，不計豐凶，每逢解俵，概而給之。如此則官自爲買，非復民間孳生解俵之舊矣，宜復今甲之舊。高阜低窪，遞年拋荒者，許除租爲放牧地；其諸肥饒成熟者，無論在軍與民，照依三等則例納租。每解俵百匹，量留銀百兩。其馬多銀少者，則盡數貯庫以備災傷；逃移貧乏甚者之缺餘，皆解太僕如故便。

議上，從之。命會昌侯孫杲充五軍營右哨坐營官，三千營坐司都指揮僉事；趙承序充團營揚威營坐營官，浙江都司僉書署都指揮同知；劉永昌掌四川都司事。

《明實録》嘉靖十一年六月 己卯，户部覆監察御史張惟恕奏：國家屯政，舊最明悉。邇來疆界混冒，册籍不明，田歸豪室，賦累貧軍，大非畫疆分屯之舊宜。及今蠹壞之初，比照民田、黄册事體，令各有司以十年爲率。凡屯田之頃畝，歲入悉籍置之；其有衛所之地相叅入，及軍民私貿易者，即登佃者名於籍，按其地以定賦法，人給一券，以此爲稍入。待十年之後，復行查審，便。上是其言。既而巡按河南御史方鈍亦以爲言，户部因請通行天下，以今歲大造之年，改造實徵小册，各清理查撥，永爲定規。從之。

《明實録》嘉靖三十五年十一月 辛巳，户部議覆巡撫甘都御史楊博所奏屯田事宜：言經略河西，莫先于興復屯田；而屯政所以不舉者，催徵擾之也。種未入土，名已在册，人已在逃矣。請令諸邊臣召民墾闢，永不徵賦，其故嘗徵賦而復荒蕪者，並許佃種，一體蠲免。拋荒地土，任民開墾，永不起科。原係起科，今復荒蕪者，蠲賦十年，邊臣敢有變亂屯法者，巡按御史叅奏處治。

《明實録》隆慶二年十月 〔庚寅〕總理江北屯鹽都御史龐尚鵬條上屯田四事。一開墾拋荒。言屯田之廢田，土地磽薄，人力不齊，招集無方，科求太急也。宜將力不足者，官給牛種，未成業者，寬其租賦。而又信招徠之令，緩役使之勞。立巡省之規，定土田之等，則流移日復，而荒蕪漸開矣！一清理侵占。言屯地膏腴者盡爲官豪所據，宜嚴加清查。重告奸之賞，免自首之罪，而占恡不吐者，處以重刑。一查復原額。言今屯田册籍，名存實亡。蓋由年深户絶，地主屢更，承佃既久，遂爲世業。宜查造原册，沿丘履畝，窮究坐落，審問地隣，參考契券，務足原額。一追徵子粒。言屯田積久，雖由管屯官有侵欺不納之弊，亦由以本衛之官徵本衛之糧，法難行而人心易玩也。宜令各衛所屯粮俱赴州縣完納折色，嚴限解府。折色收貯官倉，聽府委官給散，庶管屯官不得科求，而官軍不得私兑。即遇查盤逋負，侵欺者舉無所逃罪也。部覆，詔如議。

《明實録》隆慶四年七月〔辛未〕巡撫宣府兵部右侍郎王遴奏上清理屯田事宜。一、屯田官地，宜以丈量實數爲主，其他虧少荒蕪之數，盡行除豁，徵粮無過一斗。如田少粮多，則加派地畝足之。一、團種官地，宜悉如屯田則例，一切臣香火新設新召地土，即屯粮所少之數，即不能濟如原額，宜姑存其名，亦以屯田之法行之。一、地畝起科、新增、牧地等項田土，雖軍開墾，亦多所隱占，其數溢於原額，宜總名田地畝，以實徵粮數分爲三，則北路稍減，南路稍增，東、西、中三路如故，仍兼派本折以寬之。一、屯團地畝等粮，自今宜以嘉靖十一年所入一十八萬四千五百三十五石爲准，有虚增者，悉汰除之。一、贍軍地土，乃國初優恤邊卒之意。歲久湮没，或私相買賣，欺隱兹多。宜併入地畝，一例徵粮，以補屯額。一、抛荒地土，宜募民佃作，初年免徵，次年每畝徵黑豆五合，三年以後全徵，每畝黑豆一升而止。仍許爲世業，勿麗軍儲。一、公務馹傳地，所入計銀三千餘兩，以充撫臣公費。自改爲軍餉，而撫臣不得用以饗士軍，興一切安所取給？臣以爲仍舊便。其每畝有徵銀伍分或叁分者，無復改易。户部上其議，得旨允行。

《明實録》萬曆二十一年六月〔辛丑〕户部覆科臣王德完等疏：屯田鹽法日就廢弛，乞推廣免雲南例金德意，將丙丁庫積贏料物朽壞者，聽巡視科道會同本部司屬官逐一清查，暫改折色濟邊。轉那之間，在該庫鮮浥爛之累，在百姓免徵斂之苦，各邊鎮年例藉此稍裕。上以屯田鹽法節經申飭，並未見著實遵行，尔部别無稽查功罪，訪求利弊之法，卻只議減内庫錢糧，所濟幾何。況係御前每月報數欠銷，有何多餘？浥爛屯鹽二政許該地方商民人等徑赴撫按衙門條陳，以憑採擇類奏。

《明實録》天啓二年四月〔己丑〕新陞太僕寺卿兼河南道御史董應舉奉命屯田疏，言：自古屯田，或出將帥，或用召募，將帥則兵即爲農，召募則農亦爲兵，未有分而能成者。況今屯田而安插遼民，是欲藉遼民以屯也。屯於天津至山海，是爲京師擁護左臂也。藉其力以屯，是以賑救當召募，不空費其銀於賑救也。爲京師左臂，是以屯政寓軍令，不别費其銀於募兵也。此何如重務而可以輕任乎？

屯必人與一室，牛種、田器、穀食必，具而後可耕作。千家一敵臺，兵械必具，而後可收保。使錢糧不足以備諸事，臣不敢任也。屯必有分任之官，必有聽用之人，俸糧工食於何取給，然權不能行於郡邑，則勢有阻格，臣亦不敢任也。古之募屯，必月給穀食，待田熟而止，臣切計之，安插一萬敵臺，牛種器具費須七萬，而月給穀食。自今至明夏又須九萬六千，二項已十七萬矣。明夏以後，麥米自給，乃可省此，而子粒猶必待後年夏秋熟，方得計畆輸糧爲關餉。用朝廷先費幾許金錢，而待輸於兩年之後，議者必有齟齬，臣能終其事乎？不能終其事而責臣成功，臣亦不敢任也。

古之屯田，以兵以戍率皆用軍法從事，況今遼民爲人所疑，所屯又在邊鄙，非重法不能制。臣欲十家爲保，保有保長，十保爲聚，聚有聚長，十聚爲連，連有連長，四連爲師，師有師長，而後統以屯田。分司中有作姦藏寇，須用旗牌行法乃可施行，不然臣亦不敢任也。蓋臣屯田，雖非將帥，而迫於危邊，亦須有將帥之權，雖名安插而制約流民，亦須用守邊之法，故立法不得不嚴，權不得不重也。上以條奏屯政甚晰，錢糧事權等項作速議處，以便展布責成。

《明實録》天啓五年三月〔庚戌〕刑科給事中霍維華疏言：目前最急者三事。【略】一曰畿内屯田之滋擾。古者屯田，皆疆場不争之地，未聞割民産以供官屯。且畿南州縣，原無無主無糧之田，屯撫之設，本用以賑遼人，又不欲遼人之坐食内地也，故議置買民田而使之屯。夫民田而膏腴耶，誰肯割己業以畀遼人？斥鹵也，遼人誰肯捐其力於無用之地？當日之爲謀，固已踈矣。未幾遼人已化爲烏有，而屯事猶累於地方。廢弁借捐田以騙官，刁民獻污下以避糧。屯所屯者，既明負州縣之糧而不納；

屯所隱者，又陰躲惟正之供而不輸。且屯官與有司相水火，屯丁與百姓爲仇讎。及田無所出，又多方剥削以買補，甚者仍累及原捐原賣之人爲包完。此之爲屯，固已息不償費，利不補害矣。又從而奪守禦之陸兵，又從而奪海防之水兵，不幾以封疆爲戲乎？宜行各該撫道，查屯撫見田若干，是否堪佃，彙造實數，要見子粒作何徵收，錢糧作何補納，水陸官兵是否止供屯田，不必操練。從長議明，分責各該道府有司，如數徵完，以佐軍需。或專董之屯院，或兼攝於餉臣，庶乎不廢屯亦不病民，不撤兵亦不誤屯，乃爲計之得耳。

《明實録》天啓五年十月〔癸巳〕户部尚書李起元覆餉臣黄運泰條上善後各款：一、議屯本。謂前屯臣董應舉佃種之法，春給本而秋取息，今年應收本利之數，即備爲明年屯本。今餉臣謂屯本收完即繳還，朝廷不必給發，第令屯户自輸其地内之糧，每畝一斗三升，解津交納。坐收屯利，誠爲便計。至各户應納之糧，盡徵本色，以抵召買之數。經徵之官必慎擇廉能，以杜擾害。一、議屯户。舊以所收子粒盡屬屯官收掌，故屯官代餉道買辦遼糧。今令屯户自輸其地内之糧而不領屯本，則所獲子粒在民而不在官。應如餉臣議，令屯户自運津門平價收糴爲便。一、議屯官。謂涿州所入屯利，歲止八九百金，不宜特煩一部郎。今餉臣議令該道於年終查覈明白，行委涿州知州就近管理，而部臣可在離任回部。一、議屯糧。謂屯田子粒與國用原無彼此，所納額糧即取給於所收子粒之内，屯官開荒，既爲朝廷助餉，又爲州縣完糧，正以見其工效，不必更議開銷。合咨餉臣轉行各道申飭。報可。

（清）魏裔介《兼濟堂文集》卷二《奏疏・請停察荒之差疏》　太子太保都察院左都御史加一級臣魏裔介，謹題爲請停察荒之差以休東省之民，以免無益之舉事。臣竊惟藏富於民者，寧邦之要道，搜利無遺者，聚斂之小術。昔漢文帝捐除田税，化行天下。唐用宇文融之言，檢括天下户口田賦，百姓苦之。明定鼎之初，天下土田八百五十萬頃，至萬曆之初，已及二百餘年，弊僞百出。閣臣張居正始建清丈之議，不減額亦不溢賦，期於利民。然不過責成各撫按督率道府州縣，設法丈量。彼時天下田畝有熟無荒，猶且數歲而役畢，非一歲可竟之事也。今天下初定，民之瘡痍未平，呻吟未息，譬猶初飛之鳥，不可拔其羽，初植之木，不可摇其根也。而況東省之民，困於修河，困於拉船，困於驛站，困於防海。漁網之利，亦無所獲。目今大兵徵滇雲者，自南而北，剿海寇者，自北而南，其間供應夫役，轉輸糧草，徵發日需數千，收穫未免失時。官吏奔走，胥蠹侵尅，民之困苦已極，尚堪復擾之耶？然使前此未經開報，則專官往丈，或可增益田賦，乃原任巡撫耿焞開報已盡，言者猶以爲中多虚數，百姓莫之控告也。東省之田，即再加勾考搜括，亦無幾矣。今專官往察，雖有賢者，亦不能無擾民之事，何者調官吏、集耆老、督里保、較尺寸。道里遼濶，差役紛紜，飲食供應，風雨迍邅，果能倕般之巧而鬼神之運乎？不能也，國賦未增而民力已困矣。上無益於國，下無利於民。皇皇者華，遵周道而馳驅，豈所謂詢民疾苦之意耶？故臣愚議以爲察荒御史宜停止不必復差，仍責成山東撫按官督率道府州縣設法丈量，報繳爲便。但能撫恤多方，生聚日繁，荒何患不墾，賦何患不足哉。臣因國用殷繁，前此猶冀多增賦額以濟仰屋，故未及言。今既知其增賦無幾，徒多紛擾，而且見目下山東之民困苦至極也。竊以爲多事不如省事，愛國必先愛民，敢不仰體皇上嘉惠元元之意，敷陳區區之愚。伏冀睿鑒施行。順治十六年七月十三日奉旨：户部議奏。

（清）陸世儀《思辨録輯要》卷一六《治平類》　清丈田畝，極爲地方美事。然往往反爲大害，不特無法，即有法矣，而奉行猶有四難。一則縣官無才，一則里胥作弊，一則豪强横肆，一則小民奸欺。人人可以上下其手，故爲人上者雖極精明，安能分身徧察。所以自古迄今，一聞清丈，則小民如畏兵火，誠難之也。然其要只在縣官得人，晦菴行之於漳泉，剛峯行之於興國，未聞其擾民也。而安石一爲方田，則天下皆震動，奉行不得其人也。豈惟安石方田？即瓊山丈量一事，是時剛峯退休在瓊，事事與地方官斟酌而行，事事皆剛峯爲條例，而上司催督無法，里胥人人作弊，民怨特甚，況其他乎。甚矣，丈量之害之難，居官者不宜不知也。

清丈田畝，莫如行方田。方田即張子厚經界法，安石知其麤而不知其精，知其畧而不知其詳，無怪乎紛紛擾民也。苟得其法，則縣官不必履畝而勘，而吏民自不能欺。吏民即欲朋比爲奸，而其勢自不能混。其法每千步爲大方，方立大標竿，百步爲小方，方立小標竿。大標竿以石爲之，如今之華表；小標竿以木爲之，如今之旗竿，下立兩石足，夾而立之。大標竿常立而不仆，小標竿或立或仆，皆不妨，以下有石足可驗也。立之之法，先須正南北，以針盤準之。如立一標竿於南，則自此以至極北地方，皆依針路竪立直如引繩，不許一毫參差，差則罪其司吏。東西亦如之。如遇山險及江河水道，不可立標竿者，則竟不必立。蓋此處雖不立，而有左右前後之標竿可以相準，故不立亦無礙。張子厚所謂經界則不避山河之險也。標竿既立，則標竿四至之中其田地自有定數。如大標竿之中，千步爲一方，在今法，當田四十一頃六十六畝一百六十步；在古法，當田萬畝。小標竿之中，百步爲一方，在今法，當田四十一畝一十六步；在古法，當田百畝。不用量算已有定額。其間使有山林川澤不毛磽确凹凸不平之處，則令本方業户里老自行公同量算，畫爲方帳，更不許出一方之外。每小方爲一小圖，大方爲一大圖，圖各以名號列之，一縣一郡又爲一總圖。自此以至天下，皆可攢集湊拍，總爲大大圖。不惟田畝里數，可以無差，而地形之方圓曲直，亦可分毫不爽。此古今以來至妙之法。他如吏胥作弊，乃從來通病，獨此法不畏吏胥。蓋吏胥之所以作弊者，以打量田地時，田各有業主，主有貧、有富、有強、有弱，吏胥俱有利害存焉，故雖以嚴刑禁之，而不能必其無弊。今則吏胥惟令竪立標竿，標竿無分爾我，民無所用其賄，吏胥何所行其弊。又打量之後，吏胥有弊，官府覆勘無從指實，必更用打量。其法繁雜，又欺官府多不知算法，故敢於作弊。今則官府覆勘，不勘田數，止勘標竿之準與不準，一望瞭然，凡有目者皆能辨。至如每方中田畝細數，則不用吏胥打量，即於本方之中，擇年老公正者爲方長，而令各田業户自請善量算者，各算本田步口，各書四至。如魚鱗册法，畫圖貼户，攢出步畝總數，獻於官府。其有不合，或相欺隱者，官府爲直之。蓋量田不用吏胥，無所容其奸。各任業主，則業主各有四至，不肯受其欺弊。其有通同作弊者，官府不難覆勘。此法最簡最明，即中才之縣官不難從事。而古今以來，從未有知此法者，無怪乎一聞丈量，則舉天下皆爲驚擾也。

（清）張英《文端集》卷四四《篤素堂文集·雜著·恒産瑣言》　三代而上，田以井授民，二十受田，六十歸田，尺寸之地皆國家所有，民間不得而私之。至秦以後，廢井田，開阡陌，百姓始得私相買賣。然則三代以上，雖至貴鉅富，求數百畝之田貽子及孫不可得也，後世既得而買之矣。以乾坤之大塊，國家之版圖，聽人畫界分疆，立書契，評價直而鬻之，縣官雖有易姓改氏，而田主自若。董江都諸人，亦憤貧者無立椎之地，而富者田連阡陌，欲行限民名田之法，立爲節制，而不果行。其乃祖乃父以一朝之力而竟奄有之，使後人食土之毛，善守而不輕棄，則子孫百世苟不至經變亂，亦斷不能爲他人之所有。嗚呼，深念及此，其可不思所以保之哉。

人家子弟從小便讀《孟子》，每習焉而不察。夫孟子以王佐之才，説齊宣梁惠，議論濶大，志趣高遠。然言病雖多端，用藥止一味，曰有恒産者有恒心而已，曰五畝之宅百畝之田而已，曰富歲子弟多賴而已。重見疊出，一部《孟子》，實落處不過此數條。而終之曰：諸侯之寶三土地。又嘗讀《蘇長公集》，其天才横軼，古今無儔匹，宜若不屑屑生計者。游金山之詩曰：有田不去如江水；游焦山之詩曰：無田不去寧非貪；其題王晋卿烟江疊嶂圖詩，亦曰：不知人間何處有此境，徑欲往買二頃田。可知此老胸中，時時有此一段經畫。生平欲買陽羨之田，至老而其願不償。今人動言才子名士偉丈夫，不事家人生産，究至謀生無策。犯孟子之戒而不悔，豈不深可痛惜哉。天下之物有新則必有故，屋久而頹，衣久而敝，臧獲牛馬服役，久而老且死。當其始重價以購，越十年，而其物非故矣，再越十年，而化爲烏有矣。獨有田之爲物，雖百年千年而常新。即或農力不勤，土敝産薄，一經糞溉則新矣。即或荒蕪草宅，一經懇闢則新矣。多興陂池，則枯者可以使之潤；勤薅荼蓼，則瘠者可以使之肥。亘古及今，無有朽蠹頹壞之慮，逃亡耗缺之憂。嗚呼，是洵可寶也哉。

吾友陸子名遇霖，字洵若，浙江人，今爲歸德別駕。其人通曉事務，以經濟自許。在京師日，常與之過從。一日從容談及謀生，畢竟以何者爲勝。陸子思之良久，曰：予閲世故多矣，典質貿易權子母，斷無久而不弊之理，始雖乍獲厚利，終必化爲子虚，惟田産、房屋二者可持以久遠。以二者較之，房舍又不如田産。何以言之？房産乃向人索租錢，每至歲暮，必有幹僕盛衣帽、著靴諠譁叫號以取之。不償則愬於官長，每至爭訟雀角，甚有以奮鬭窘逼而生禍殃者，稍懦焉則又不可得矣。至田租則不然。子孫雖爲齊民，極單寒懦弱，其僕不過青鞵布襪，手持雨傘，詣佃人之門，而人不敢藐視之。秋穀登場，必先完田主之租，而後分給私債，取其所本有，而非索其所無。與者受者皆可不勞，且力田皆愿民，與市廛商賈之狡健者不同。以此思之，房産殆不如也。予至今有味乎陸子之言。

嘗讀雅頌之詩，而嘆古人之於先疇如此其重也。《楚茨》、《大田》之詩，皆公卿有田禄者。周有世卿，其祖若父之采地，傳諸後人，故曰曾孫。今觀其言，曰我疆我理，曰我田既臧，曰我黍我稷，我倉我庾。農夫愛其曾孫，則曰曾孫不怒；曾孫愛其農夫，則曰：農夫之慶。以至攘饁者之食，而嘗其旨否；剥疆埸之瓜而獻之皇祖。何其民風淳樸，上下相親如此。不止家給人足無分外之謀，而且流風餘韻，有爲善之樂。後人有祖父遺産，正可循隴觀稼，策蹇課耕。雅頌之景如在目前，而乃視爲鄙事，不一留意，抑獨何哉。

今人家子弟，鮮衣怒馬，恒舞酣歌，一裘之費，動至數十金，一席之費，動至數金。不思吾鄉十餘年來穀賤，竭十餘石穀，不足供一筵，竭百餘石穀，不足供一衣，安知農家作苦，終年霑體塗足，豈易得此百石。況且水旱不時，一年收穫不能保諸來年。聞陝西歲饑，一石價至六七兩，今以如玉如珠之物而賤價糶之，以供一裘一席之費，豈不深可懼哉？古人有言：惟土物愛厥心臧，故子弟不可不令其目擊田家之苦。開倉糶穀時，當令其持籌，以壯夫之力不過擔一石，四五壯夫之所擔，僅得價一兩。隨手花費，了不見其形迹，而已倉庾空竭矣。使稍有知覺，當不忍於浪擲。奈何深居簡出，但知飽食暖衣，絶不念物力之可惜，而泥沙委之哉。

天下貨財所積，則時時有水火盗賊之憂，至珍異之物，尤易招尤速禍。草野之人，有十金之積，則不能高枕而卧。獨有田産，不憂水火，不憂盗賊。雖有强暴之人，不能竟奪尺寸，雖有萬鈞之力，亦不能負之而趨，千頃萬頃，可以値萬金之産，不勞一人守護。即有兵燹離亂，背井去鄉，事定歸來，室廬畜聚，一無可問。獨此一塊土，張姓者仍屬張，李姓者仍屬李。芟夷墾闢，仍爲殷實之家。嗚呼，舉天下之物，不足較其堅固，其可不思所以保之哉。

予與四方之人，從容閒談，則必詢其地土物産之所出，以及田里之事。大約田産出息最微，較之商賈不及三四。天下惟山右新安人，善於貿易，彼性至慳嗇，能堅守，他處人斷斷不能，然亦多覆蹶之事。若田産之息，月計不足，歲計有餘，歲計不足，世計有餘。嘗見人家子弟厭田産之生息微而緩，羨貿易之生息速而饒，至鬻産以從事，斷未有不全軍盡没者。余身試如此，見人家如此千百不爽一。無論愚弱者不能行，即聰明强幹者亦行之而必敗，人家子弟萬萬不可錯此著也。

人思取財於人，不若取財於天地。余見放債收息以及典質人之田産者，三年五年得其息，如其所出之數，其人則嘵嘵有詞矣。不然則怨於心，德於色，浸假而並没其本。間有酷貧之士，得數十金，可暫行於一時，稍裕則不能矣。惟地德則不然，薄植之而薄收，厚培之而厚報。或四季而三收，或一歲而再種，中田以種稻麥，旁畦餘隴以植麻菽衣棉之類，有尺寸之壤則必有錙銖之入。故曰地不愛寶此言最有味。始而養其祖父，既而養其子孫。無德色，無倦容，無竭歡盡忠之怨，有日新月盛之美。受之者無愧，怍享之者無他虞。雖多方以取而無罔利之咎，上可以告天地，幽可以對鬼神，不勞心計，不受人忌疾。嗚呼，天下更有物焉能與之比長絜短者哉。

余既言田産之不可鬻，而世之鬻産者，比比而然，聰明者亦多爲之。其根源則必在乎債負，債負之來，由於用度不經，不知量入爲出，至舉息既多，計無所出，不得不鬻累世之産，故不經者，債負之由也。債負者，鬻産之由也。鬻産者，饑寒之由也。欲除鬻産之根，則斷自經費始，居家簡要可久之道，則有陸梭山量入爲出之法。在其法，合計一歲之所入，除完給公家而外，分爲三分，留一分爲歉年不收之用，其二分分爲十二分，一月用一分。若歲常豐收，則是古人耕三餘一之法，値一歲歉，則以一歲所留補給，連歲歉，則以積年所留補給。如此殆無舉債之事。若一歲所入，止給一歲之用，一遇水旱，則産不可保矣。此最目前可見之理，而人不之察。陸梭山之法最詳，即百金之産，亦行此法，使必富饒而後可行，則大誤矣。且其法於十二分又分三十小分，余恐其太煩，故止作十二分。要知古人之意，全在小處節儉，大處之不足，由於小處之不謹，月計之不足，由於每日之用過多也。若能從梭山每月三十分之，更爲稳實。一月之中，飲食應酬宴會稍可節者節之，以此一月之所餘另置一封，以周貧乏、親戚些小之急，更覺心安意適。此專言費用不經，舉債而鬻産之由。此外則有賭博狹斜侈靡，其爲敗壞者無論矣。更有因婚嫁而鬻業者，絶爲可哂。夫有男女，則必有婚嫁，只當以豐年之所積，量力治装，奈何鬻累世仰事俯育之具，以圖一時之華美。豈既婚嫁後，遂可不食而飽，不衣而溫乎？嗚呼，亦愚之甚矣。

吾既極言產之不可鬻矣，雖然守之有道，不可不講不善經理。付之僮僕之手，任其耗蠹，積日累月，沃者變而爲瘠，潤者化而爲枯，稍瘠者化而爲石田。田瘠而畝不減，入少而賦不輕，平時僅可支持，一遇水旱催科，則立槁矣。是田本爲養生之物，變而爲累身之物，且將追怨祖父留此累物以貽子孫。予見此亦不少矣。然則，如之何而可哉？欲無鬻產，當思保產，欲保產，當使盡地利。盡地利之道有二，一在擇莊佃，一在興水利。諺云：良田不如良佃，此最確論。主人雖有氣力心計，佃惰且劣，則田日壞。譬如父母雖愛嬰兒，却付之悍婢之手，豈能知其疾苦乎。良佃之益有三：一在耕種及時，一在培壅有力，一在畜洩有方。古人言：農最重時，早犂一月，有一月之益。故冬最良，春次之。早種一日有一日之益，故晚禾必在秋前一日。至培壅，則古人所云百畝之糞。又云凶年糞其田而不足，《詩》云：荼蓼朽止，黍稷茂止。用力如此，一畝可得兩畝之入，地不加廣，畝不加增，佃有餘而主人亦利矣。畜水用水最有緩急先後，當捄則捄，當待則待，當棄則棄，惟有良農老農知之。劣農之病有三：一在耕稼失時，一在培壅無力，一在畜洩無方。若遇豐稔之年，雨澤應時而降，惰農劣農亦鹵莽收穫，隱藏其害而不覺。一遇旱乾，則彼之優劣立見矣。凶年主人得一石可值兩石，而受此劣佃之害，悔何及哉。人家僮僕管莊務，每喜劣佃，而不喜良佃，良佃則家必殷實有體面，不肯諂媚人。且性必梗直樸野，飲食必節儉，又不聽僮僕之指使。劣佃則必惰而且窮，諂媚僮僕，聽其指使，以任其饕餮。種種情狀不同，此所以性喜劣佃而不喜良佃，至主人之田疇美惡，彼皆不顧。且又甚樂於水旱，則租不能足額，而可以任其高下。此積弊陋習，安可不知。且良佃所居，則屋宇整齊，場圃茂盛，樹木葱鬱，此皆主人僮僕力之所不能及，而良佃自爲之。劣佃則件件反是。此擇莊佃爲第一要務也。禾在田中，以水爲命，諺云：肥田不敵瘦水。雖有膏腴，若水澤不足，則亦等石田矣。江南有塘有堰，古人開一畝之田則必有一畝之水以濟之。後人狃於多雨之年，塘堰都不修治，堰則破壞不畜水，塘則淺且漏不容水。每歲方春時，必有洪雨數次，任其橫流而不收入。夏亢旱，束手無策，仰天長嘆而已。人家僮僕管理莊事，以興塘幾石，修屋幾石，爲開賑時，浮圖合尖之具而已，何嘗有寸土一鍤及於塘堰乎？夫塘宜深且堅固，余曾過江寧南鄉，其田最號沃壤，其塘甚小，不及半畝。詢之土人，知其深且陡，有及二丈者，故可以溉數十畝之田而不匱。吾鄉塘最多，且大有數畝者，有十數畝者。然淺且漏，大雨後亦不滿，稍旱則露底，田待此爲命，其何益之有哉？向後修塘築堰，必躬自閱視。若有雨之年塘猶不滿，其爲滲漏可知，急加培築。大抵劣農之性惰而見識淺陋，每徼倖於歲之多雨，而不爲預備，僮僕既以此開入花賬，又不便向主人再説。一遇亢旱，田禾立槁，日積月累，田瘠莊敝，租入日少，勢必鬻變。此興水利爲第一要務也。若不知務此，而止云保守前業，勢豈能由己哉。

予置田千餘畝，皆苦瘠，非予好瘠田也，不能多辦價值，故寧就瘠田。其膏腴沃壤，則大有力者爲之，余不能也。然細思膏腴之價，數倍於瘠田，遇水旱之時，膏腴亦未嘗不減。若豐稔之年，瘠土亦收，而租倍於膏腴矣。膏腴之所以勝者，鬻時可以得善價，平時度日同此稻穀一石耳，無大差別。且腴田不善經理，不數年變而爲中田，又數年變而爲下田矣。瘠田若善經理，則下田可使之爲中田，中田可使之爲上田。雖不能大變，能高一等。故但視後人之能保與不能保，不在田之瘠與不瘠。況名莊勝業，易爲勢力家所垂涎，子弟鬻田，必先鬻善者。予家祖居田甚瘠，在當時興作盡善，故稱沃壤。四世祖東川公卒時，囑後人葬于宅之左，曰恐爲勢家所奪。由此觀之，當時何嘗非善地，今始成瘠壤耳。惟視人之經理不經理也。嘗見荒瘠之地，見一二土著老農之家，則田疇開闢，陂池修治，禾稼茂鬱，廬舍完好，竹木周布，居然一佳產。其仕宦家之田，則荒敗不可觀而已。汝儕試留心察之。

人家子弟，每年春秋，當自往莊細看，平時無事，亦可策蹇一往，然徒往無益也。第一當知田界。田界不易識也，令老農指視，一次不能記而再三，大約五六次便熟。有疑處便問之，勿以曾經問過嫌於再問，恐被人譏笑，則終身不知矣。第二當察農夫用力之勤惰，耕種之早晚，畜積之厚薄，人畜之多寡，用度之奢儉，善治田以爲優劣。第三當細看塘堰之堅窳淺深，以爲興作。第四察山林樹木之耗長。第五訪稻穀時值之高下，期於真知確見。若聽僮僕之言，深入茅簷，一坐一飯一宿，目不見田疇，足不履阡陌，僮僕糾諸佃人環繞喧嘩，或借種稻，或借食租，或稱塘漏，或稱屋傾。以此恫喝主人，主人爲其所窘，去之惟恐不速，問其疆界則不知，問其孰勤孰惰則不知，問其林木則不知，問其價值則不知。及入城遇朋友，則彼揖之曰：履畝歸矣，此笑之曰：循行阡陌回矣。主人方自謂：吾從村莊來，勞苦勞苦。嗚呼，何益之有哉？此予少年所身歷者，至今悔之。大約人家子弟，最不當以經理田産爲俗事鄙事而避此名，亦不當以爲故事而襲此名。細思此等事，較之持鉢求人，奔走囁嚅，孰得孰失，孰貴孰賤哉？

人家富貴兩字，暫時之榮寵耳。所恃以長子孫者，畢竟是耕讀兩字。子弟有二三千金之産，方能城居，何則？二三千金之産，豐年有百餘金之入，自薪炭蔬菜雞豚魚蝦醯醢之屬，親戚人情應酬宴會之事，種種皆取辦於錢。豐年則穀賤，歉年穀亦不昂，僅可支吾，或能不致狼狽。若千金以下之業，則斷不宜城居矣，何則？居鄉則可以課耕數畝，其租倍入可以供八口，雞豚畜之於柵，蔬菜畜之於圃，魚蝦畜之於澤，薪炭取之於山，可以經旬屢月不用數錢。且鄉居則親戚應酬，寡即偶有客至，亦不過具雞黍。女子力作，可以治紡績，衣布衣，策蹇驢，不必鮮華。凡此皆城居之所不能。且耕且讀，延師訓子，亦甚簡静，囊無餘畜，何致爲盗賊所窺？吾家湖上翁子弟甚得此趣，其所貽不厚，其所度日皆較之城中數千金之産者，更爲豐腴，且山水間優游俯仰，復有自得之樂，而無窘迫之憂。人苦不深察耳。果其讀書有成，策名仕宦，可以城居。則再入城居一二世，而後宜於鄉居，則再往鄉居，鄉城耕讀，相爲循環，可久可大，豈非吉祥善事哉。況且世家之産，在城不過取其額租，其山林湖泊之利，所遺甚多，此亦勢不能兼。若貧而鄉居，尚有遺利可收，不止田租而已，此又不可不知也。

予仕宦人也，止宜知仕宦之事，安能知農田之事。但余與四方英俊交且久，閱歷世故多。五十年來，見人家子弟成敗者不少，鬻田而窮，保田而裕，千人一轍。此予所以諄諄苦口爲汝輩陳説。先大人戊子年析産，予得三百五十餘畝，後甲辰年再析予一百五十餘畝。予戊戌年初析爨，始管莊事，是時吾里田産正當極賤之時。人問曰汝父析産有銀乎？予對曰：但有田耳。問者索然。予時亦曰：田非不佳，但苦急切難售耳。及丁未後，予以公車有稱貸，遂賣甲辰年所析百五十畝。予四十以前，全不知田之可貴，故輕棄如此。後以予在仕宦，又不便向人贖取，至今始悟。析産正妙在無銀，若初年寬裕，性既習慣，一二年後所分既盡，悵悵然失其所恃矣。田之妙，正妙在急切難售，若容易售，則脱手甚輕矣。此予晚年之見，與少年時絶不相同者也。是皆予三折肱之言，其思之毋忽。

（清）張爾岐《蒿庵閒話》卷二　方田法，始於宋神宗景祐時，其後屢行屢罷。至徽宗大觀五年，復行方田，官吏妄增田税，至並不食之山而方之。御史臺受訴，有二百餘畝，方爲二十畝者，有二頃九十六畝，方爲七十畝者，虔州之瑞金是也。有税租一十三錢，增至二貫二百者，有税租二十七錢，增至一貫四百五十者，虔州之會昌是也。民大擾懼，乃遂罷之。其時又以中官楊戩主後苑作，始立公田，以樂尺打量民田，取其贏者入官，別立租課，有宋仁厚之澤盡矣。方田法，用竹繵方量，每面千步立封訖，乃令民於方内，認所種田，竹繵不能引之使長，稍屈稍邪，便虧原數。豪強者各自取盈，則貧弱者不得自有其地矣。且有一段分割三四方内者，奇零衺曲，打算爲難，一聽猾胥之分派，此瑞金之所以有地而無地，會昌之所以無税而有税也。順治己亥，東省行方田法，親見其弊，故知之頗悉。孟子言：方里而井，井九百畝，周以百步爲畝，每里三百六十步方之，當得一千二百九十六畝。自九百畝而外，尚餘三百九十六畝，以爲溝塗遂路之地，則地之不税者多矣。此商鞅之所以鋭意剗除也。

（清）林則徐《林則徐全集·奏摺卷·清理屯田章程摺道光十七年十二月初四日》　奏爲遵旨清理屯田，妥議章程，仰祈聖鑒事：

竊查案准前漕臣朱爲弼咨會具奏籌議漕運事宜案内，條陳各衛屯田，應從嘉慶八年起，查明續有私典屯産若干，無論現運之丁是否原典，現執之户是否原買，酌立年限章程，照依原價贖回，歸船濟運。欽奉諭旨：著有漕各督撫妥議具奏。等因。欽此。當經前督撫臣札飭司道轉行各衛臨屯清理去後。嗣據武昌等六衛守備具詳，各衛軍屯散坐本省四十餘州縣及湖南、江西、安徽等省，周歷清查，道路遼遠，刻難竣事。現在新漕届臨，各有籤運事件，難免顧此失彼之虞，請援照嘉慶八年成案，於道光十七年編審丁産之際，一併查辦，以歸簡便而免煩擾等情。隨經咨准部覆，行令奏明辦理。

臣等伏查屯田爲贍運公産，急應回贖歸屯。惟典賣之丁無力回贖者居多，非該管衛備實力查催，終屬有名無實。第回贖屯田，衛所官雖有逾限不贖處分，僅止罰俸，其失察典賣，並無例議，該備弁無所儆懼，遂敢視爲具文。是清釐屯田首在嚴定備弁處分，俾知自顧考成，不致仍前玩忽，庶已賣者得早歸屯於限内，未賣者亦免私售於將來，查辦可臻實效。兹據藩司糧道議定章程具詳前來。臣等詳加考覈，籌議六條，謹爲我皇上陳之：

一、清查屯田宜責令屯頭户首開報，以免隱漏。查屯田原係贍運而設，其有私相典賣，屯頭户首斷無不知，若屯頭户首匿不稟官，即使事後逐屯清查，難保不有欺隱情弊。應請即由該管衛備暨清軍同知，會同屯坐州縣，著落各軍屯頭户首逐一據實開報，並將坐落頃畝典賣銀數並旗丁買户姓名，造具清册，先行呈繳覈辦。倘有欺隱等弊，照例懲治。

一、典賣屯田宜分别加津回贖，以昭平允。查湖北武昌、武左、黄州、蘄州、襄陽、德安六衛屯田，於乾隆二十四年、三十八年、五十六年及嘉慶八年節届清查，業將查出例後典賣屯田奏准照例加津在案。此次清查，其已加津之産，自毋庸續行查辦。應請自嘉慶八年清屯以後爲始，如運軍有將屯田私行典賣者，無論承典承買，是軍是民，概令本丁照價回贖。價在一百兩以内者勒限一年，百兩以上至三百兩者勒限二年，三百兩以上者勒限三年，務須依限贖竣。如本丁無力，許同船共伍之丁備價贖取，歸船濟運，不得再議加津。倘有措贖之户，照例治罪。

一、同軍代贖宜酌定歸還原價，以免偏抑。查本丁典賣之田無力回贖，責令同船共伍之丁備價贖取，是欲其捐己資以贖公産，自應酌加體恤。應請酌定所贖之田每年應得租息若干，覈計幾年租息足敷原價，先儘贖田之丁將收得租息變價償還贖資，俟償足後，再歸本船濟運，庶無偏抑。若贖田之丁敢於朦混多收，不歸本船，查出倍追，多收租息入官。

一、民人頂種屯田或有出售，宜一併回贖，以符定例。查湖北各衛屯田，本軍因無暇自種，往往頂與民人耕種認租，以濟運費，此與佃户無異，尚屬可行。如頂種之民有私行轉售他人者，應即逐一清釐，照依典賣之例，一併回贖，庶免日久輾轉售賣。並追該民人所得售價，給予贖主。

一、催贖屯田之備弁宜加嚴處分，以儆玩忽。查定例：軍丁回贖屯田，一年限内贖不及十分之二者，將衛所官弁罰俸二年，回贖二分以上者免議，等語。衛官查催不力，由於原定處分太輕，心存慢易。此次立限贖屯，必於限内一律贖竣，自應酌量加嚴。應請將一年内應贖屯田作爲十分計算，如衛所官弁未贖不及一分者免議，一分以上至二分罰俸一年，三分罰俸二年，四分罰俸三年，五分降一級，六分降二級，七分降三級，八分以上革職，俱留任，再各予限一年，戴罪催贖，限内贖竣，准其開復。若限滿仍未贖竣，即照原議處分，分别調用革任。如能於限内十分全贖，或將未届限之田催令回贖者，照例給予議叙。仍以道光十八年爲始，俟一年限滿，查明已未贖分數，開列職名，送部分别議處議叙。如該官弁於年限内遇有事故離任，應照承督未完案件離任官例議結。接任官以到任之日起，照依年限催贖，贖不足數，亦照前例議處。

一、清屯以後，宜責成衛官嚴禁典賣，如有典賣，應予處分，以示懲創。查向來八旗地畝，清查以後，私行典賣予民，失察之地方官例有處分。軍丁私將屯田典賣，衛所官弁並無例議，即屯頭户首亦不加罪，遂致任其紛紛典賣，自應嚴立科條，以截其流。應請自此次清查以後，以道光十八年爲始，如旗丁再有將運田私行典賣予民者，除業主售主均照盗賣官田律治罪外，其失察之衛所官弁，比照地方官失察八旗地畝典賣之例議處，如典賣不止一起，即按起參處。一起罰俸一年，二起罰俸二年，三起、四起罰俸三年，五起降一級，六起、七起降二級，八起、九起降三級，十起革職，俱留任，十起以上，即議以革職離任。屯頭户首按照業主售主應得罪名減等問擬。定於每年封印前，由該管糧道查明揭報，如無典賣，亦即出具印結，分送院司，以備查覈。

以上各條，臣等悉心計議，限回贖以重軍産，嚴處分以專責成，務期旗丁贍運有資，漕務不致貽誤。

是否有當，理合恭摺具奏，伏乞皇上聖鑒，敕部覈議施行。謹奏。

《同治中興奏議約編》卷三《奏荒産宜設法杜弊疏朱澄瀾》 伏讀同治二年十一月，欽奉上諭：著各該督撫於新復各處，督飭各該州縣確切查明實在逆産入官。其荒廢地畝，有原業主者即行給領，尚未查得業主者，即著暫行造册登記，俟業主續歸，再行給還。等因。欽此。仰見我皇上軫念窮黎，無微不至，跪誦之下，淪浹難名。查無主荒田，原應暫爲官地，俟業主續歸時領還，亦必辦理得宜，方能無弊。現飭各督撫妥議章程，自能悉心籌畫。茲就管見，謹擬防弊四條，爲我皇上敬陳之。

一、呈報宜寬予歲時也。各省道途梗塞，文報遲延。若期限過嚴，恐各業主或流落遠方，未能趕到，或逗留僻壤，不易即知，必有因逾期而勢難給領者，且恐長留難詭詐之風。欲除此弊，似不必預定日期。凡業主續歸領田者，俱俟到籍後，限半年内具呈報官，即令里鄰親族或佃户及從前取租人，各取切實保結，並聲明呈報有無遲悞緣由，再由該管官妥速催勘申詳，將田批給各業主存案。不准藉端滋擾，以恤流離。

一、認領難盡憑册契也。外省田畝較多之業主，半係祖産留貽，或且窮鄉窵遠，更多有托人照管者。故地段四址田主每未能盡知，所恃者惟糧户册及買田紅契耳。地方遭兵後，糧册田契類已遺亡，尤恐有同姓者竊獲，頂名揑造者，奪真攫利。欲除此弊，仍不必盡憑册契，惟各取切實保結，並聲明現在有無册契緣由，再由該管官確查後，即行另立册給契，以絶紛争。

一、逆産與非逆産當嚴辨也。逆産例應入官，特恐貪劣各員幸民田入官，爲易於分肥計，將賊所强據，賊所取租及與賊稍有毘連交涉，或毫無瓜葛各荒田詭斷入官，田主不敢自明，必多失業。欲除此弊，惟於逆産入官時，亦各取切實保結，聲明實無誣逆情弊，再由該管官確訪得實，方准永遠入官，庶荒田不敢概行籍没矣。

一、田主與僞田主必密查也。荒田尚無業主，恐有詭充業主者，租户之侵吞，土豪之兼并，均可虞也。官或悮信於前，勢必餙非於後，原主續歸日，其懦弱者畏見官司，每致鳩據鵲巢，莫由分辨。欲除此弊，凡業主領田時，俱令取切實保結，即當時已有原業主者，亦必令聲明實無私占與假冒情弊，再由該管官確驗給收。如有占冒者，從重治罪。庶荒田不致互相竊取矣。

以上四條，除嚴禁吏胥人等毋庸干預擾民外，均責成里鄰親族及各人証切實作保，再嚴飭地方官秉公認真查辦。儻劣員或奸徒有徇隱侵漁把持婪索者，即飭該管上司官查拿懲辦，以儆其餘。並先通行示諭軍民人等知悉，俾不敢營私霸産，預弭刁風。臣愚昧之見可否。請旨飭下各督撫歸入現議章程，一併妥議具奏。伏乞皇太后皇上聖鑒。訓示遵行。謹奏。

（清）賀長齡《皇朝經世文編》卷三〇《户政·賦役·配丁田法辨董以寧》

田有定者也，而丁無定者也。古者計口受田，大約田多於丁，而有萊有易。至後世生齒日盛，而丁率多於田，總不能各配以一頃也明矣。明邱文莊濬，患民貧富不均，議以丁配田，使丁占一頃，即以定差，且欲一年爲限。論者以爲良法，惜其不行，而愚則非之。夫田而既不能授之於官，則凡丁多田少者，非不欲買也，必其欲買而不能者也，而一年之間，欲令買足其數得乎。至丁少田多者，許賣而不許增是已，但彼固連阡累陌，而丁多者又或苦於貧寠，不能各出其貲以易之，但可禁之勿增，其可奪之使減乎。即曰田多者，以二頃視一丁，出錢雇役。田少者，以二丁視一頃，出力當差，亦具通變之法。然必使丁少者所餘之田，與田少者所餘之丁，合一縣計之。適如其數，而後可行也，不則難配也。若隨其多寡以配，不必盡出於一頃乎。以有定之田，配以無定之丁，是一户增丁，即將一縣所配之田數，每歲必爲一易，而後常均也。不則仍非配也，不可行也。況行之數歲，版籍相淆，推排無術。少丁多者，勢必隱匿其丁，而不肯出自有之身，以代勞於甲户矣。而田多丁少者，又樂得僞增其數，以竊保未鬻之田，而徐待之子孫。縱役均而天下之爲貧爲富，終未常均也。亦視田起役，視丁起徭，而毋配焉可矣。欲民之富者速貧，管商勿忍，欲民之貧者忽富，堯舜不能。恐文莊復起，亦難置辨也。

（清）賀長齡《皇朝經世文編》卷三一《户政·賦役·限田論黄中堅》

聖王之治天下也，所以使之各得其所，而無所偏陂不平之患者，非能設爲一切之法以整齊之也，亦因乎時勢之所宜，而善用其補救而已矣。天下之人如此其衆也，其不能有智而無愚，有强而無弱者勢也。智者强者常有餘，愚者弱者常不足，亦其勢然也。夫既已不能無有餘不足之分，則智者不必其欺愚，而愚者自爲智所役。强者不必其凌弱，而弱者自不得不折而入於强。此雖聖人復起，豈能使之均平若一哉？故但使人之智者强者皆兢兢不敢自恣，而愚者亦安爲之愚，弱者亦安爲之弱，而天下固可以長治。

苟鰓鰓焉存抑彼伸此之見，而欲以古人之成法，治今日之民，則其勢必有所不行。昔者井田廢而阡陌開，固亦窮變通久之勢所必至也，而兼併之風遂日以盛。於是董仲舒師丹諸儒，建限田之議，而卒不果行。至元魏口分世業之法，則其法較密，而亦行之有效。説者以爲得井田遺意，而惜其後無踵而行之者。嗚呼，執是説也，幾何而不爲安石之《周禮》耶。吾觀三代盛時，以九職任萬民，自邱陵園廛漆林而外，大率盡歸於井田。每夫受田百畝，餘夫又別受田二十五畝，宜其民之皆有以自養。然其時即有若閑民之轉移執事，待人而食者，且夫鰥寡孤獨廢疾之倫窮於天，游惰不率教之屬窮於己，至不可勝紀也。是貧富之不齊，固自古而已然矣。況積漸以至今日，而安得不富者連阡陌，貧者無立錐也哉。凡事處積重難返之勢，而一旦欲力矯其弊，未有不至於擾民者。

彼口分世業之法，吾謂獨元魏之世可行之耳。蓋北方本土廣人稀，而魏又承十六國從横之後，人民死亡畧盡，其新附之衆，土田皆非其所固有，而户口復可得而數。是以其法可行，要之田無盈縮，而人有衆寡。則更一再傳，而其法當亦不能無弊也。

若夫大江以南，則更有不可行者，非特奪富民之田以予貧民，而以爲不可也。夫憫民之貧無立錐也，而欲奪富民之田以予之，則必人有以予之而後可也。而今之大縣，户不下數萬，苟欲計口而授田，則田少而不足以給，其不可一也。今之承事於官者，率富民也，徵發之令，不及於小民，彼小民竭終歲之力，不過能耕十畝，蓋有見徒隸則必惕息者矣。設與以數畝之田，而責以賦役之事，彼將爲賦役所困，而並不得安其耕，其不可二也。量人量地，斟酌損益，雖得良有司竭力奉行，而亦非期月所可辦。其間奪者已奪，受者未受，國家之財賦力役，將責之何人，其不可三也。至於既行之後，又當鉤考其受田還田，吏胥上下其手，弊孔必且百出，其不可四也。且緩急人所時有，今既官爲之限，則賣償之際，必多窒閡而難通。其弊也勢必富者有多田之實而無其名，貧者有受田之名而無其實，而民之困乃愈甚，其不可五也。故欲以多限之，如綏和之名田無過三十頃，則雖稍可裁抑豪右，而實無補於小民也。欲以少限之，如太和之人受露田四十畝，桑田二十畝，則富者必見怨，而貧者不必見德，不適足以擾民哉。故夫以限田爲良法而欲行之者，皆不審於時勢之説也。吾謂後之君子，留心田制，亦務時其消長，正其版籍，禁其侵欺，而且輕徭薄賦，以與民休息。使富民皆得推恩於貧民，而貧民亦羣知自好而耻犯法，則物各得其所，而天下治矣。何必附會井田，始爲仁政哉。

（清）賀長齡《皇朝經世文編》卷三一《户政・賦役・授田論陳之蘭》

法有可變不可變，不於變之日知之，變有可復不可復，不於復之日知之。文質異尚，子丑殊建，尸夏立而殷坐，禮麻冕而今純，此可變者也。汙尊抔飲，易以金罍兕觥，茅茨土階，易以刻桷丹楹，此變而不可復者也。天下有古今常行之法，不必古今常行。然當其制之，早自樹於不可變，後世而變矣，不可變而變，則可變而亦可復。

昔者先王之馭天下也，探其源而治之，制爲授田法，以闢萬化之門，建一事而三物備焉。田均而苦樂之塗不偏，故天下育也；法立而僥倖之路不開，故天下定也；民安而性情之節不亂，故天下治也。智愚賢不肖不可得而齊，而三物者備，遂人懷敦樸，俗臻醇美。害可委也，仁有所不忍，利可專也，義有所不爲。蓋不待四術崇，八刑糾，而早已陰養其恩愛廉耻、忠信禮讓於畎畝間矣。後世治民，不揣其本，顧欲勤督責，驅而之善，教令揭於日月，刑罰威於雷霆。網益密而俗益敗壞，譬則張弓挾矢以馴鳥獸，不足爲治，反滋其亂。論者顧歸其獄於人心，以爲江河日下，雖堯舜重生，不能砥横流則已，誤。

夫木性直遂，得雨露之潤，日新月盛，至於蔽日干雲而不屈。然而懸崖之下，必無直木，夫豈生而盡不材，有迫之者也。饑寒者，民之懸崖也。千金之子，賞之不竊，非其性獨異，人治生有餘也，治生無賴，而禮義繩之。故上求而下不應，非不應也，心甚欲之而不得取，手足有所急也。自授田法廢，而民無常生之業，天即豐年，能豐之於田之所在，不能豐之於田之所不在。君即薄徵，能薄之於斂之所及，不能薄之於斂之所不及。民既已汲汲皇皇，謀生之計百出矣。苟可以救一朝之死，何所不忍，故恩愛薄而乖離起。苟可以延一日之生，何所不爲，故廉耻輕而慳貪生。苟可以智取，何所不譎，故忠信漓而詐僞出。苟可以力獲，何所不争，故禮讓衰而攘奪起。由是言之，立授田之法，非止教民爲善也，而善焉往；廢授田之法，非止教民爲不善也，而不善焉往。故曰：古今常行之法，不可變也，不可變而變，則可變而亦可復。

論者猥以聖人創法，以利一時，時移而不得反其故。漢唐以來，代有令辟，卒不能復，法與人而亡矣。殊不知萬物無始，聖人無創。玉在石中，人過而不知，良工剖焉，天下見玉矣，不可謂未剖之前無玉也。法在道中，人眊而不察，聖人制焉，天下見法矣，不可謂未制之前無法也。天不亡，法亦不亡，待人而行耳。論者猥以人衆則田不給，奪富人之田，恐其生亂。嗟乎，火鼠不可與語熱，冰蠶不可與語寒。今人不可與復古，皆梏於身之所處，而不能盡物理。

夫亂離久，則戰争酷而人寡，太平久，則生息深而人衆。固常反復相尋，非必古獨凋殘而今獨蕃盛；且人寡則生者亦寡而土曠，人衆則生者亦衆而土闢，雖有饑歲，未聞菽粟告絶，盡填溝壑。天下之田，自足以供天下之人，准於人以酌分田之數，而不必百畝，安在其不給也哉。今之世，富者一而貧者百，此百人者盡悦也。助人爲亂，以去己之所利，愚者不爲，豪强即挾異志，固已有將而無兵矣。且即富人又何嘗不悦，蓄良疇美宅，所以遺後人。然往往祖父繡闥雕甍，肥馬輕狐，餘粟波鄰里，而子孫或茅舍敝褚，每食不飽，猶仰給於他人。甚者及身而墜，若燎毛然，富不可恃以長保。受田於君，奕葉世有之。茲法之行，乃人心所不言而同欲。因民之欲以施惠，用力少而成功速，安在其不可復也。天下之患，莫大於未或爲之而豫斷其不可。未或爲之而預斷其不可，則雖斷斷可爲者，亦將有所不爲。且夫未或爲之，而又何以知其不可也。世疑孔子之道，累世莫殫，相魯三月而大治。使當時不相魯，孔子千載受其誣。子產爲鄭，一年而民怨之，三年而民頌之。假令數月而罷，子產爲酷吏矣。物必以用效其實，事必以試考其歸。輪轅具而勿御，雖以騏驥駕輕車，猶將自止，人立於車上，攬轡執策，不必王良造父，可以致遠。事變何常，操縱在人。人不勝法，則驅天下之人而聽命於法；法不勝人，則挽天下之法而受命於人。誠使一代開創之初，得寡欲知人之君，鑒後世之所以亂，思前世之所以治，一體君民，勵精復古，行之以誠，布之以公。度其地之可耕者，一夫授田若干畝而不必井，今直隸、山東、山西、河南、陝西田無經界，民各自守其業，並無兼併之患，故不必井。復以百里之地，付之一人，其功成而民不擾者，遂使君之。則豪傑皆樂爲之用，可以不殺一人。數年間復見先王之制，則教化易行，禮樂可興，盡人物之性，以輔相天地。恃此具也，而其要在於朝廷得人，朝廷不得人，則撓之者衆而計不定，計定而任事者或藉以便其私，利未興，弊先起。曠日持久，徒以擾民，而迄無成效。故曰：必知人之君也。故養生不必五穀，舍五穀，養生別無長理；治民不必授田，舍授田，治民別無善策。

（清）賀長齡《皇朝經世文編》卷三一《户政·賦役·論折田閻若璩》

按《寶應縣志》載《邑人上田議》曰：竊見直隸各布政司起科則例，有大地小地、上中下地之殊，有一二等至六七等，三四則至數十則之别。不但各司不同，即一司之中，各府各州各縣，亦多互異。蓋地形有高下平陂，土性有沙鹵肥瘠。古人則壤成賦，固不强之使同也。但《賦役全書》内，將各則田地，注明折數者固多，而遺漏未注者，亦復不少。某江南揚州人，即以揚屬論。江都之田一萬七千餘頃，額徵銀五萬餘兩，《全書》幸註明折數矣。高郵田二萬五千餘頃，額徵銀四萬一千餘兩，泰州田九千餘頃，額徵銀四萬四千餘兩。非泰州之田僅高郵三分之一，非泰州之賦重于高郵三倍也，蓋泰州大地，而高郵小地也。又如興化田二萬四千餘頃，額徵銀二萬八千餘兩，寶應田二千餘頃，額徵銀二萬餘兩。非寶應之田僅興化十分之一，非寶應之賦重於興化十倍也，蓋寶應大地，而興化小地也。小地則一畝爲一畝，大地則數畝折一畝。一畝爲一畝，則賦輕；數畝折一畝，則賦重。而《全書》之内，皆未經註明也。竊謂錢糧款項，不可不簡，而田畝大小，尤不可不明，故名曰《簡明新書》。愚讀至此，而不覺有感於吾邑近事也。山陽原額制田，一萬零八百四十二頃八十一畝五分三釐六毫六絲一忽，今折時田四萬六千頃，刊諸易知由單者，班班可考，崇禎及順治間皆然。祇緣《賦役全書》，偶遺今折時田四萬六千頃九字，而河堤使者以爲山陽田有隱漏也。丈量議起，將奪民田四之三以入官，勢甚洶，民執兩易知由單以争，弗省也。賴奉嚴綸，方行停止。予因上考魏襄王時史起曰：魏氏之行田也，以百畝，鄴獨二百畝，是田惡也，此即折數也。《周禮·大司徒》：不易之地家百畝，一易之地家二百畝，再易之地家三百畝。鄭司農註：不易之地歲種之，地美故家百畝，一易之地，休一歲乃復種，地薄故家二百畝，再易之地，休二歲乃復種，地又薄，故家三百畝。如此，則民授田有多寡，而所獲則無不齊，此亦即折數也。

然則折田之制，由來尚矣。後居洞庭山中，討論直隸真定廣平諸志，而後益曉然於今制折田之故。蓋緣明初新罹兵燹，地悉抛荒，太祖有儘著開墾，永不起科之令，由是太平日久，田日加闢。每多無糧，而有糧者苦其不均也，請行清丈，又並洿下鹻薄磽瘠，本無糧者，一概丈出，故原額制田者。明初洪武之定數，不容增損，名曰大地是也。今折時田者，屢次丈量之實數，浮於故額，名曰小地是也。當時良有司恐畝數增多，取駭於上，而貽害於民，乃以大畝該小畝，取合原額之數。此後上行造報，則用大地以投黄册，下行徵派，則用小地以圖均平。是以各縣大地，有小地一畝八分以上折一畝者，有二畝以上折一畝者，有三畝以上折一畝者，有七畝以上折一畝者，有八畝以上折一畝者。折畝之少者，其地猶中中，而折畝之多者，其地殊低薄。又皆合一縣之丈地，投一縣之原額，以攤一縣之原糧，而賦役由之以出。故各縣地之折算，雖有多寡，而賦之分派，則無移易，宜無不均也。山陽田之折也，亦若是而已矣。説者謂起天啓間孫令肇興，通行均丈，以四畝折一畝，私爲惠於邑民。不知孫北人也，亦舉向來北方之例而行之，議其概折無差等則可，議其隱田損上而益下豈可哉。或曰如且清丈較他處最晚，而民食均徭之惠亦最淺，豈忍復有所更變哉。是，則山陽之賦最輕。予又以爲不然。嘗經過保定府新城縣，其土田甲天下，古所謂督亢地，至今禾稼樹藝最勝，而田賦最輕，合計夏税秋糧及草，每畝徵銀五釐五毫足矣。以山陽視之，值米價賤，尚一倍有餘，安在其爲最輕也。且山陽産之腴者，水旱鹹登，不足十分中之一，他若有糧而田荒，或永沉水底者，不可勝數。今不於此等議蠲議減，而偏思所以奪其産，是與不仁之甚者也。嗚呼，果報之説，雖儒者不道，然林機議緩蜀賑，禍至滅門；馬默奏除投海，天賜兒女；王安石議復肉刑，父子冥謫；王僕射請貸饑夫，神報相位。布在傳記，歷歷不誣。漢武帝之横徵，危而不至亡，祇在田賦不加；明懷宗之勤樸，卒無補於危亡，則在屢加田賦。此誠古今治亂之大關也。具以淮揚兩府折田之數，告徐司寇健庵，令纂入一統志中。公曰：是吾心也。因記之。

（清）賀長齡《皇朝經世文編》卷三二《户政・賦役・賈似道公田論林潞》　一日之利，萬世之害，聖人所以惡言利。乃自古小人之誤人家國，必以利進。其始以裕國便民，聳動人主，爲人主者，當國計匱乏之時，驟聞其説，喜而行之，府藏頓盈，公私並給，以爲其言果可用，而不料其禍之至此極也。宋王安石，言利之徒也。神宗時，開邊生事，用兵糜餉。安石創行青苗、助役、均輸諸新法，剥民奉上，四海困窮，而北宋遂轉卒以亡。南宋至淳祐寶祐間，賈似道首創買公田之策，劉良貴、吴勢卿等助之，藉口祖制限田，而實以聚斂困民。敵未壓境，民心潰散，以速其亡，而其流禍且歷宋而元而明，至於今未艾也。

嘗考公田初買之時，以官品計，將官户田産逾限之數，抽三分之一回買以充公田，是猶有抑强嫉富之意也。繼而敷派，除二百畝以下者免，餘各買三分之一，又後而百畝之家亦不免焉。官吏奉行，率以多買爲功，有不勝任者，知臨安府劉良貴輒劾之，追毁出身，永不收叙。平江、嘉興、安吉、常州、鎮江、江陰，買田皆有專官。而包恢在平江，至以肉刑從事；廖邦傑催督常州，害民特甚，至有本無田而以歸併抑買自經者。浙西六郡，買田多至三百餘萬畝，號曰公田。嗚呼，自秦商君廢井田，開阡陌，以至於宋，幾二千年，民俗習之，各田其田，各業其業。祖父以長其子孫，其間雖有多寡廣狹肥瘠之不同，而貧不必忌，富不必藏。今縱不能舉井田復之，反一旦取民間之田，不問可否，强進於公，且從而刻減其價。石租之田，償以十八界會子四十。價錢稍多，則給銀絹各半，更多，則給以度牒告身准直。登仕郎告准二百楮，將仕郎告准千楮，許赴漕試。校尉告准萬楮，承信郎告准萬五千楮，承節郎告准二萬楮，安人告准四千楮，孺人告准二千楮。所得者虚告，所失者實産，雖富民不免於破家失業。夫求國之富不令國有富民可乎哉？然而似道之意，未嘗以爲病民也。假公田以爲號，買之於民，非攘奪也。每歲秋租，特與饒減，有水旱則别議收數，民爲官耕者，照例輸租，非有多取之名也。屈人主之尊以爲田主，田三百五十餘萬畝，歲收可得二三百萬石餘，賦税常額之外，忽增此數，雖天下賢君，未有不顧而樂者。豈知其流毒至於此哉。夫公田之名昉於殷周，其時私田並屬公家，故有授田還田之制，非如似道之買私田爲公田也。買私爲公，則田數有定，盈於公必縮於私，名是實非。又爲立官倉以儲之，分司以主之，官佃以耕之，莊官以督之，比及收租，原額已虧，則取足於田主。或内有磽瘠，及租佃頑惡之類，又從而責换于田主，民産既去，而獲累無窮。比諸白晝摽掠之盗，荼毒閭閻，殆有甚焉。

明太祖起兵江南，定天下，興新政，宜改矣。而銜吴人爲張士誠死守，承元之舊，以此苦之。論者謂明祖開刱太平，豁達大度，反以私怨仇其民。不知似道柄國時，苟不作法於涼，後世人主雖極刻薄寡恩，又豈能創此苛政爲困民計乎。故當明初公田之説，每畝至九斗八升，蘇逋賦至七百九十一萬石。民棄官田而逃者，鄰田一沾足，則執以償其賦，良田皆廢而不耕。宣德間周文襄公巡按江南，始奏減歲四斗一升以上，至一百石者，減作二斗七升，二斗以上至四斗者，減作二斗一升，一斗至二斗者，減作一斗。蘇州一府，獲減課七十餘萬石。其絶户官田，召佃開墾，而薄其賦，照民田例，民命獲甦。然公田之賦雖減，而所減賦仍均攤於民田。凡州縣之公田，其數少者，民田税輕，其數多者，民田税重。故至今浙西田賦輕重錯出，要比浙東爲加浮。蓋似道變法之後四百五十餘年，大害雖除，餘毒未止。古今之法，其宜革而不革者，又豈少哉。

嗚呼，窮則變，變則通，獨利竇一開，難以遏絶。本朝深仁厚澤，漸被四海，前明江西瑞州臨江等賦，多增至十餘萬。蓋因陳友諒降將誤書册籍，以訛傳訛，沿爲定例。而本朝盡豁除之，則浙西田賦，將來必獲減裁無疑也。昔者范忠貞公開府兩浙，欲奏減矣，顧未竟厥施而去。嗚呼，後之來者，其亦體朝廷仁儉至意，舉數百年來未盡革之弊，一旦清之，毋使忠貞遺愛，不獲再見也，然而難矣。

（清）賀長齡《皇朝經世文編》卷三二《户政・賦役・請查田糧影射疏闕名》

按地輸丁，原屬優恤窮民之善意。但直隸、江浙等處田地，多有名爲有地，而其實無租税可收者。其故大略有四：從來置産之家，多係鄉紳富户，其棄田之人，賄通置田家人，將高下錯雜，一概指爲美産。往往以九畝作十畝，或以九畝五六分作十畝。當其富饒之時，無從細察，亦並不覺有代爲納糧之累。及至家業漸貧，必鬻其實在八九分之産。而此一二分之虚地虚糧，無從推去，不得不照户納課。此有地無租之一也。再向日置産之時，原係高下錯雜，今則急而求售，不得不盡鬻其高者，而獨留其下。此下地所入，十年九空，偶有收成，僅足完一年之糧，不足賠九年之累。此有地無租之二也。再有一種棄産之人，原因一時急用，希圖日後取贖。故趙甲之田，賣於錢乙，而户名不即改換，趙甲收錢乙之糧，爲之代完，久之究竟無力取贖，傳及子孫，户名仍在，而趙甲遂爲無田有户，不得不照户納糧。此有地無租之三也。又有一種棄産之人，原係出入衙門，窮困無賴，或係武舉劣衿，身倚護符，既以棄産，仍復希圖包納，於中取利。然其利止於一時，而其累及於子孫，遂有年代久遠，無從推收過户。趙甲之家，有不得不爲錢乙每歲納糧者。此有地無租之四也。至於直隸之順天、保定、河間、永平、宣化五府，多有圈佔之地，其所撥補，大約遠隔數百里不等，而地畝半屬窪下，每年除完糧之外，所餘無幾。應令該撫查明，分爲上中下三則，其上則、中則，按其多寡攤入丁銀；至於下則，及有地無租之人，免其一體均攤。務期糧歸實在有田之人，不得私相影射。如此則無地窮民，與有地無租之窮民，均不致有賠累之苦也。

（清）賀長齡《皇朝經世文編》卷三四《户政・賦役・屯田議沈珩》

今日興屯之難，其害有三：一在軍卒驕惰。夫督兵以屯，而且耕且戍，至勤勞也。今皆婾衣而美食，平時鞭撻民夫，供其役使，一旦令之秋執干戈，春服耒耜，其能安乎。宋陳恕嘗言之，而今更什百倍也。一在清查生事。明時屯衛久廢，民間視同永業，若欲追收，必大煩擾。此蘇軾所以論水利之害也，而清屯殆亦類是。一在牛種擾民。屯地牛種，安能盡給，於是有差借耨夫，州郡括牛之擾。此宋弓箭手諸法之難行也，而今又何能無慮。

然今日興屯之易，其利亦有三：一在耕獲可恃。明代沿邊屯種，每至禾黍登場，輒虞蹂踐。今則萬里奠若金甌，而何勿盈倉之有。一在侵占不行。明時屯地膏腴，每折而入於戚畹豪右之手。今孰不凛凛三尺哉，而何官莊之侵，不可問也。一在掣肘無虞。明時閫帥事權，每憂中制，故興廢不能自由，功罪或以賄取。今文武各行耑制，而何慮乎十羊之牧，一瓢之興也。

雖然利者固誠利，而所謂害者，亦非誠足害者也。今支放耗剋，饘糗單微，若給之以地，酌明制授田輸粟之例，以優裕之，其誰不爭勸者。是驕惰不足慮也。舊屯誠難盡復，然正不必皆清追也。今邊腹多不耕之地，無主之田，以莽曠之棄餘，爲墾荒之官土，庸非利乎？是清查不足煩也。牛種誠難盡給，然正不必皆公帑也。或修鹽政以勸商賈，或縣爵賞以勸富民，或標異格以勸將領，則種糧之備，寧必盡費大農乎。是牛種不足擾也。明乎此則利害較然，而興屯可決矣。

至若因時興利，大抵古今異宜，而不可以成法膠者。一則邊屯之法有異。明之屯邊多在西北，今諸邊固宜修復，然天下大勢，扼吭拊背，而修戰守之備者，當在楚豫之間。晉羊祜、杜預墾田之地，即今之荊襄唐鄧也。若於此地建屯，可以坐制滇蜀，控馭淮南，而吴楚省饋餉之艱，禁旅息奔命之勞矣。二則民屯之法有異。宋之營田置務，如何承矩、歐陽修、陳恕、范仲淹，多在河東、河北、陜西，而成績罕覯者。止於因邊興制，非相地審宜也。今兵民交困，莫若東南。如揚州水田多荒，潁壽陸田多棄。晋鄧艾有淮南北之屯，唐史射陽湖之洪澤屯，壽州之芍陂屯，遺跡俱可考也。宜召江南無田之民，設渠開堤，可以化萑苻爲秔稻，變斥鹵爲膏腴，而東南之民力可甦矣。三則京屯之法有異。元用虞集之策，於京東瀕海數千里，北極遼海，南濱青齊，萑葦沮洳之場，設海口萬户，勸民闢土，得穀數十萬斛，以資國計。今畿輔東西民田，圈授滿旗，農民失職，何不倣元遺制，開水田給旗。而以圈田還民，則萬姓再蘇，而國儲亦充盈矣。四則商屯之法有異。明初召商入粟，止在西邊，以西餉最重也。今則凡有閒田可屯之處，宜聽商擇便興屯於中。以所召募之民爲耕，而酌量出鹽多寡之地，通融支給，則諸鎮之餉廩並充，而鹽政之良規復飭矣。凡若此者，屯政之切當於今，而救時豐國之至計。若其間之節目條貫，次第施焉可也。

（清）賀長齡《皇朝經世文編》卷三四《户政・賦役・屯田議盧紘》

屯田之制，即倣井田遺意而通變行之，即寓兵於農之意。然當時民但知有農，不知有兵，器械自具，糧糗自備，無調發訓練之煩，無輸輓追呼之苦。《易》曰：改邑不改井。井者，聚也，亦相聚爲守之義也。至阡陌既興，古法不可復行，朝廷專立兵制。或驅農以爲兵，經數十年之役而不得罷，或斂農以養兵，竭千萬衆之力而不能供。於是漢唐以來，善爲持久之計者，始有屯田之議。趙充國行之塞下，棗祗行之許下，諸葛武侯行之渭南，此皆爲軍興而設。縱不勞民以養兵，然耕於兹土者，朝而服耒，暮而荷戈。彼莫不曰：我兵也，而非農也，我暫耕此而代兵者也，非久駐此而爲農者也。以此觀之，則兵農之勢，形合而情不得不分，暫合而終不得不分也。明制分立衛所，而兼分屯田，其寔衛所之軍，未必即屯田之民，然民自爲民，軍自爲軍。是又不獨民之與軍，分而爲二，乃民田與屯田，又分而爲二。且並食屯之人，與養軍之屯，又分爲二。此所以雖具軍與屯之名，而終不獲其用者，弊正坐此也。

本朝繼變亂之餘，户口虚耗，地畝荒蕪，憂國者因正供日缺，而倡興屯之議，招集流移，貸之牛種，蠲其額糧，督以專曹，理以屯長。且又告以興屯之意，原以開荒，非以備餉，原以聚民，非以供兵。始初雖有屯名，其後永爲民業。此在立法者不啻三五申令，爲民家諭而户曉焉。然民卒多惶懼不安，有司力驅迫就，始有強而應命者。民非有畏其土之荒而力不能開也，正慮其兵之擾而害不可支也。上則曰：屯以聚民非聚兵，名與古同，而寔不與古同也。民則曰：屯原養兵非養民，實既不爲兵而設，則名何不並屯而亦去也。矧立法之初，乘傳而過者，騷然煩費，至於牛種之支還，籽粒之銷算，田畝之稽查，册籍之呈核，乘除於胥吏之手，即不必其養兵，而害亦有所必至。豈盡出於浮言之搖惑哉？

愚謂招流民以開荒地可也，立監司以理荒田可也，其事但當責成於有司。一歲之中，流民之歸復者幾何人，荒蕪之開墾者幾何畝，勸民牛種，相貸相周者幾何家，蠲其雜税，量輸畝穀，一歲儲而積者幾何石。春作秋成，每一造報，一切胥吏禁勿騷擾。專責有司歲終定爲考成，其民之歸地之墾而粟之積，分數多者定上考而優異之，否則列下考而懲罰之。如此則有司知其關係之重而務盡心，小民無復煩苦之憂而務盡力，當事者並省其經營督責之煩而坐收其成。則不數年之間，流移漸復，荒蕪漸墾，國課漸裕，益上益下，莫便於斯也。且患尤有最甚，而當事未慮及者。郡縣人丁之逃亡，土地之荒蕪，雖申報已久，而蠲免卒未徼恩，則逃亡之人已無，而名未去籍也，荒蕪之地全虚，而課仍入則也。彼死者無論矣，如逃者欲歸，而數年之逋並責，族黨之負並累。如荒者欲開，而前此之荒糧未除，後此之屯租重納，彼小民其能支此數困哉。此愚議必除荒而後荒可開，必免逃而後逃可復，此尤招撫開墾之一大機權。至於察其真逃亡，無以現在而當招撫，察其真荒蕪，無以欺隱而當開墾，則有司不得辭其責矣。

（清）賀長齡《皇朝經世文編》卷三四《户政・賦役・商屯論張宸》

竊惟《大學》：理財之道，第言生之爲之而不言取之，凡以取之之道，已寓於九賦九式之中。自有井區之田，有什一之賦，使外此而言取，則必出於掊克聚斂之所爲。此《大學》之所深戒也。是故有財必始於有土有人。所謂有土有人者，非必開疆廣衆之謂，但使無不耕之田，無不盡之力，而人土乃真有矣。夫使家給人足，而必欲逋上供之賦，受催科之擾，愚未之信也。

今天下幅員既廣，生齒日繁，有土有人，莫盛於今日。而司農懷仰屋之嗟，度支有坐困之歎，議者輒歸咎於逋賦。夫逋賦誠足病，然總計出入之數，即使賦額全完，入數猶不抵出數，則何可不思所以變計也。

愚以爲今天下之計，莫大乎開墾荒田，而開墾荒田，則必使富人爲之。何以言之？國家亦嘗設官置吏議屯田矣，然民屯，則恒產殷足之人必不赴令，而其應募者，必貧民浮户；欲自備牛種，則無其力，欲官爲之備，則無此財。且朝令而夕課效，田未就墾，而考成已迫，於是董其事者，必於鄰近熟田指爲隱占，爲漏税，强取籽粒，以塞期會。由是荒者未熟而熟者先累，國未利而民已困，屯之無效，蓋以此也。言兵屯，則今之滿兵皆禁旅也，勢無久暴原野，胼手胝足之理。而漢兵則汰之又汰，方隅未靖，以之守汛瞭望，尚且不給，而又課之耕屯，無牛種之備，有籽粒之迫。與其勤苦力作，貽後日之追呼，何如坐食縣官，享目前之宴安乎。即使復衛所屯操之設，而現在屯糧，尚煩敲扑，又何力以辦此乎。

故議屯於今日，兵與民俱有所不可，而莫善於使富民爲之。夫所謂富民者，制田里，供賦税，給徭役者也。使其舍現有之業，耘不耕之田，誰則爲之？且責富户，則必議僉報，議遷徙奸徒猾吏，因而作奸求賄，人雖輕去其故鄉，此戀彼割，必致騷然多故。屯未成而害見，又何利之能爲，則有説以處此。

盛王之制，抑逐末以驅之於農，實畿内以固其本。周制，廛人萍人，皆有賦斂，民無職事者，出夫家之征；閭師，凡無職者出夫布。漢承秦弊，募富民實關中，實塞下，又凡有市籍者，禁不得衣絲乘馬，子孫不得爲吏。而唐宋之君，往往較讐鹽鐵，徵榷商賈，以當大半之賦。其制雖非盡善，然抑末作以息農民，猶有近古遺意。其最善者，莫如明初開中之制。明永樂時，下鹽商輸粟於邊之令，每納米二斗五升，給鹽一引，小米每引四斗，復令近邊荒閒田地得自開墾，使爲永業。商人憚轉粟之勞，無不自出財力，招致游民，以事耕作，既有田產之利，遂爲家室之謀。由是守望相助，墩臺保伍不令而具，田日就熟，年穀屢登。至天順成化間，甘肅寧夏粟石直銀二錢，軍國大裕。蓋其時國家之府庫倉廪，僅以給都中，而其餘盡委之商人，無修邊之費，無遠輸之勞，國富而强，職此故也。自成化六年，户部尚書葉淇請更其法，課輸銀於運司，類解户部。雖鹽銀驟增百萬，而轉粟於邊之令既廢，西北商亦徙家於淮以便鹽。千里沃壤，委於草莽，米石直銀五兩。淇故淮人，意獨爲淮商地，且徒見粟石二錢，則以爲二斗五升之米，所直五分，不如納銀二錢五分，有四倍之入也。迨其後而米石五兩，則二錢五分之銀，僅易米五升矣，且有轉運之勞，修邊之費。鹽課雖日增，漕米雖日益，既不能呼應於臨時，勢必至鹽漕之並弊。因緣積漸，以至於貧弱而不可振。明之已事，得失不較著哉。

且夫國用之不足者，以逋賦也，賦之所以日逋者，以民貧也，民之所以日貧者，以漕耗日重也。明萬曆年間，漕規每正耗米百石，加民耗米八石四斗，銀二三兩不等。今則每百石加二三十石矣，外之踢斛淋尖，層層有贈，則不啻三四十石矣。綱司話會有錢，通關小票簁籮會籌有錢，酒飯有錢，約計銀七八錢米一石三四斗，然後可完一石之兑。是官比一石，而民費二石餘也。查《會典》開載：凡運京交倉米一石，給官耗米七八斗，或五六斗不等。又有輕賫銀兩，造船銀兩，夫脚銀兩，短運脚價行月二糧，而旗丁之侵欠者，又歲數十萬。是官徵米二石有餘，方有一石輸京也。州縣徵收耗米，與正米一概編額催比，一體出兑。而私耗又復加倍，是民間有四石之費，國家始有一石之用也。方秋成既畢，官民拮据完漕，春二三月間，漕完甫竣，顧其室中，已無所有。繼而徵比條銀，完納自不能前，完納不前，則棰楚日甚。勢不得不暫救目前之死，買求寬限，賫發差役。胥役知其無策，需索愈甚，雖復嚴懲衙蠹，嚴追侵欠，猶鑽既朽之木，木盡而火不出，亦何益哉。是故漕不減則民不富，民不富則賦必逋，賦必逋則國用必不足。假使民有餘力，可以完納正供，何若而供吏胥之需索。吏胥見民之完納及額，又何釁而事誅求。且民既完矣，無逋額矣，貪官污吏，雖欲挪移侵蝕，又何自而借民欠之名，爲影射之地。數者如環無端，而總由於漕事之壞。故救本澄原，先自漕始。然則爲省漕之計奈何？

曰，莫善於復開中之令，令商人輸納鹽課，易銀而粟。向者鹽課，每引二錢五分，今且增至八九錢矣，則大米二斗五升，不可增至四五斗，小米四斗，不可增至七八斗乎。向者開中於邊，今令納粟於京，京與邊不較近乎？既出於輸粟之途，則必爲墾田之計。向者令耕邊遠荒地，今則大江以北，山東、河南、畿輔近地，在在而有。內地之坦而近，不猶愈於邊北之險而遠乎？由是而商既輸粟，則即以所輸之數量減東南漕兑之額，即以東南所減之額代商盡輸其銀。於是而在官則耗米之費，夫船之費，輕賫之費，行月糧之費，短運腳價之費，侵欠之費，盡可易銀而歸之於公。是商輸一石之粟，國家即有二三金之贏也，若使運粟百萬石，國家即有二三百萬之羨也。在民則私耗之費，綱司話會之費，通關小票之費，篩簸會筭之費，酒飯之費，盡可歸民，計石米民費四倍。是商輸一石之粟，民間即有三四金之省也，商輸粟百萬石，民間即有三四百萬之餘也。國家歲益三四百萬，民間歲省三四百萬，而猶謂逋賦不清，國用不足，必無之事也。

然而變法之始，則亦有道。行鹽之所，如河東險遠，閩廣奧區，地非產米，運涉爲艱，宜令仍舊納銀。若長蘆則近畿之地，於墾田最便。兩淮兩浙產米之地，初年令其買運，繼年便可開荒，無甚苦難也。惟是引課之納，多寡不同。查萬曆年間《會典》，有七八錢一引者，有四五錢一引者，亦宜以現課銀數折而爲米，約銀二錢以內爲大米一斗，若小米則一斗五升。商人舟船具備，即使年年買納，二錢之價，腳耗已裕，況開墾之後，取之田間，輸之近畿乎。是輸銀與輸粟，不大懸殊也。漕運以三四金致石粟，今以二金易石粟，損益不逕庭乎。

或曰：商既輸應納之粟，又令墾未熟之田，貲本將何自出？曰：是又不難。如初年應納米一石，止納九斗，留此一斗，以事田工。計辦課萬金之商，歲應餘銀一千兩，十萬金之商，歲應餘銀一萬兩。以千金萬金而召募游民，葺理房舍，疏通水利，以至牛種耕具，其力易辦。如是而行之三四年，或六七年，田之闢者不知其凡幾矣。田既墾足，方收全課，則貲本自裕也。然額什而輸九，漕額不既虧乎？曰：無虧也。商輸百萬之粟，即折百萬之漕，商輸九十萬之粟，即折九十萬之漕，準此度彼，無虧折也。不虧商，不損國，愚故曰，欲省漕富民，莫大乎復開中之制，而開墾荒地，必使富人爲之也。抑又有說，民間荒田與熟田，畝畛相接。今富商大賈令自占種，保無有凌土著而掩其所有乎。曰：是在乎責成地方之官，先令清丈荒熟地畝，明開四址，明立標準，上書某地荒田若干頃畝，造册送部，召商開種。其不入荒田數中者，一概徵糧。小民懼於商民之奪其田，雖向未升科之熟田，亦應報稅，則隱漏不又清乎。

商既開墾，然後三年升半科，五年升全科，十年之後，賦額盡增。在國則既饒鹽課，復益正供；在商則既獲鹽利，復得恒產，不兩利乎。畿輔近地，在在成熟，百萬人之食，可咄嗟而具。根本強壯，大命以立，至便也。三代食粟，取之王畿五百里之內。堯都冀州，《禹貢》所載，百里納總，二百里銍，三百里秸，四百里粟，五百里米，無不令近者致重者，遠者致輕者。故四方諸侯，僅貢其土物所宜，而不以米粟累之。凡以惜道里費，重勞民也。今商輸近京之粟，而漕事量省，合古宜今，至當也。京師根本之地，富室大家，百無一二，使商人就北耕種，共立家計，無遷徙之擾，而都內以實，居重馭輕，屹然改觀，至盛也。

歷代創始，必有大因大革，以成一代之規。今明之所以盛，與明之所以衰，瞭然在目，不返其盛。而惟弊政之是循，何以垂後乎？惟是行之宜斷，任之須人。前代之用鹽用漕，故事宜晰；今時之孰利孰害，心計宜周。以至水利當興，施行有序，鹽場之積困宜甦，通倉之交納宜肅，酌所餘以補不足，留寬剩以裕張弛，權衡措置，在在宜周。皇上如與心膂大臣，熟計其可，毅然以爲當行，則請縷析言之。

（清）賀長齡《皇朝經世文編》卷三四《户政·賦役·荒田議儲方慶》

宜興之弊，莫荒田若矣。荒田之害，民受之，吏受之，舉宜之民皆受之。民業荒田則稅糧缺，稅糧缺則斃於刑，是民受之也。民力竭矣，敲扑之威，無如之何矣，而考成隨而議其後，是吏受之也。吏以功名爲念，而不遑恤其民，民以死生爲憂，而不遑恤其鄰里親戚，於是攤派賠償之法，取盈一時，而牽引徧於一邑，是舉宜之人皆受之也。嗚呼，一荒田耳，民不保其生，吏不保其位，舉宜之人不保其鄰里親戚，禍莫烈於此矣。可不思救之哉？顧欲詳救害之法，當先明致害之由。

荒田之害，始於宜之亂民，而成於宜之奸民。宜邑西有山有湖，南有山，東有湖，盜賊潛伏至易也。國家初受命時，竊發之奸，在在皆有，而宜尤甚。故濱湖帶山之地，居民失業，而竄於城市，田之荒者以數萬計，而田一荒於兵。順治七八年間，一歲旱而兩歲潦，又有疾疫流行，其中人民死徙，不暇守田園，而田再荒於歲。明季兼併之勢極矣，貧民不得有寸土，縉紳之家連田以數萬計。及國家受天命，豪強皆失勢，而鄉曲奸詐之民起而乘之，禁其鄉之愚民不得耕搢紳之田，以窘辱其子孫，而田三荒於人。夫荒於兵、荒於歲者，天爲之也，無如之何也。荒於人者，人爲之也，可以力制之也。可以力制之而卒莫之制者，類皆有摧抑豪強之念，存於中而不察，斯事之不可一概論也。故二十年間豪強之力盡，而長吏亦身受其害而莫能辭，是亦無可如何者也。然則如之何而後可，曰：上寬之以蠲，下勉之以墾，而已矣。

蠲之道如何，縣請於府，府請於藩臬，藩臬請於督撫，而以聞於朝，如是而已矣。雖然，如是而已乎，縣請於府，府不之信也；府請於藩臬，藩臬不之信也；藩臬請於督撫，督撫不之信也；督撫以聞於朝，朝廷不之信也。府信矣，藩臬信矣，督撫信矣，朝廷信矣，而按數以考其地，勘地以責其費，吏任之乎，民任之乎。民任之，而業荒之民，其鄰於死亡也，近矣。吏任之，而任事之吏，其戒於苛派也，嚴矣。民其如吏何哉，吏其如民何哉。吏與民皆有無可如何之勢，以阻其欲爲而不得爲之機，故有百倍之利。明明在目前，而不敢一出其身以嘗試焉者，爲此也。不特此也，今使朝廷下之督撫，督撫下之藩臬，藩臬下之郡縣，以稽其荒而蠲之，而民亦必不應，何則？今之所爲荒者未必荒，而其荒者又不能以荒告也。宜之荒田，半爲奸民攘利之窟，其寔業荒田者，皆逃亡遷徙，不能自直於長吏之前。今而曰清荒，是破奸民之利也。奸民既懼其敗利，又畏其發奸，每創爲利害不根之説，以震恐業荒之民，使之不敢自言其荒，而奸民因得匿於混淆莫辨之中。故夫業荒之民，無力之民也，冒荒之民，有力之民也。一二有力之民，可以愚千百無力之民，而千百無力之民，勢必轉而爲有力之民之所用，以愚夫不知其弊之縣官。嗚呼，欲官不受其愚也，不亦難乎。愚以爲奸民之所恃在縣官不能履畝而稽耳，破奸民之所恃，然後可以釋愚民之所疑；破奸民之所恃，在於窮極其情而使之無遁形，則數十年之積弊，可以一日除之而無難。故夫蠲荒之道，莫先於核寔，莫急於不憚煩。上官當寬時日之限，以緩責其成功，下吏當竭心計之精，以盡除其夙弊。首報荒，無荒而報者罪之，有荒而不報者亦罪之。次辨荒，荒之僞者宥之，荒之真者免之。次審荒，荒之有業者歸之，荒之無業者誌之，荒之有業而窮困者亦赦之。次用荒，荒之比於山者，責薪蒸，荒之比於水者，責萑葦，取其供賦而已。不毛之土，不在是焉。既辨其荒，又審其業，又資其用，荒可知矣。知之而以聞於朝，其數少而易從，蠲之易也。知之而以核於野，其民無所容奸，而業荒者無不平之心，蠲之當也。

難之者曰：縣官司一邑事，理簿書，奉期會，晨起視事，夕猶不得安寢，奚暇勘荒。荒田連百十頃，其多者以里數計，移此飾彼，舍近趨遠，至易也。一人之心力有限，群奸之欺蔽無窮，盡抉其弊，以別真僞，勢必有所不能。愚謂：宜邑之大患在荒田，荒田不清，吏雖勤於他事，無益也。省獄訟，緩徵輸，並力而謀之，不過數月，而真僞之形判若黑白矣。難之者曰：等荒耳，則均應蠲，奚必辨其有業與無業，奚必辨其孰麗於山而孰濱於水。愚謂：今之亟於議荒者，爲税糧計耳。業主之力足以辨税糧，墾之不難也。麗於山濱於水，可以供税糧，蠲之太過也，是烏得無辨。難之者曰：請於朝而朝不從，則奈何？愚謂：宜之荒田，不能及十萬，辨其僞者，而已及半矣；辨其業主之能勝者，而又去十之二矣；辨其土之足用者，而又去十之一矣。十萬之荒可以二萬計也，二萬之荒，其爲税糧也不過二千，朝廷之於二千毫末耳，奚爲而不蠲。即不蠲，而一歲之中，縣官之於二千，其亦易爲力矣。

或曰：朝廷蠲荒税，可不議墾矣。愚謂：惟蠲而後墾可議也。國家則壤成賦，以佐國用，至不得已而議蠲，爲有司者，不以時勸耕桑，復舊額，非忠臣也。愚故曰：惟蠲而後可以議墾。雖然，使聽民自墾，則墾必無效，何則？彼業荒而遁者，非一日矣。此等客處已久，忘其田園之樂，且有所業，以謀食於異鄉，甚有父死子存，兄終弟在者，其心已不知爲宜人。而況其先之荒田，復何足戀，而返而求其世業也哉。愚謂：墾荒之事，必責之業荒之人，人不復聚，田必不墾。宜邑逃亡之餘，民無生氣。爲長吏者，當先有以鼓舞之，示之以墾荒之利，而不責其目前之收入，而又動之以親戚之情，聯之以宗族之誼，使以漸而歸其故里。如是而猶有甘爲流民就食異地，與夫力不任墾之人，則當按其數而收之於官，官以次理之。或募民墾，或募兵墾，或罰有罪者墾，或汰不急之胥役墾。墾田之人多，石荒之地少，不過數年，宜無荒田矣。

未墾之前有二難，已墾之後有二患。逃亡不歸，一難也；弱民力不任耕種，二難也。已墾之田，即聞於朝，民必畏而復遁；不聞於朝，而奸人起而訐之，一患也。墾荒之人無長久計，輾轉趨利以求其便，則墾者可復荒，而瘠者不復墾，二患也。彼二難者，既籌之於未墾之前矣，則夫已墾之患，可不慮其未然乎。愚謂墾田之始當立報墾之限，限以三年，限以五年，自其初墾之日，而已著其輸税之期於官，奸人何所訐。墾荒之人，授之以田，而著其籍，墾於東者不得移於西，墾於北者不得遷於南，一如世業之有户口，而特寬其糧役，以息其力。遲之數年之後，所寬之期滿，則使爲里甲，以供公上之役。彼即欲不爲久遠計，其可得乎。

（清）賀長齡《皇朝經世文編》卷三四《户政·賦役·勘報開墾虛實疏乾隆五年雅爾圖》 伏查豫省民生疲困，上厪宸衷，臣抵豫以來，仰體皇上子惠元元之盛心，凡一切累民之事，前已具摺奏明，次第釐剔。然前摺所指，尚係累在一時之事，其有貽累於永遠者，莫如前督臣王士俊捏報勸墾一事。以田文鏡之刻薄搜求，設果有如許可墾之地，可陞之糧，豈有尚留餘地，以待王士俊之報出。況上蔡縣勒報墾荒，致成大獄，題案可稽，更屬明証。幸蒙皇上特頒諭旨，以王士俊擾亂紛更，借墾地之虛名，成累民之實害，另簡撫臣徹底查核，並令宣示豫民，咸使聞知。臣聞彼時豫民跪聽恩綸之下，歡聲動地，即今村夫野老，言之猶有感極涕零者。乃接任撫臣富德，未能上體天心，地方有司，又復回護前非，僅將毫無影響者略爲刪除，以致豫省開墾之案。先後經廷臣史貽直、趙殿最論奏從前開墾之地，內有屆乾隆五年應行升科徵糧者。臣適當其時，不敢不慎終圖始，因細閱舊案，遍察輿情，始知從前諸臣所題奏之處，皆未得寔在情形，分晰指明，以致議論紛紜，徒乖政體，無裨民生。今既屆陞科之期，有不得不備陳於皇上之前者。查王士俊所報開墾之地，共有四項，一曰河灘地畝。此項原議灘漲靡定，且酌分籽粒充公，免其陞科，應毋庸置議外。其一曰鹽磏荒地。此項王士俊亦明知其難以墾治，所以原疏內聲明必俟四五年後，勘明地氣果否盡轉，另議陞科。乃富德不加詳察，反稱內有可以經久裕賦者，竟請按年陞科。然此項共僅存地六百頃九畝，爲數甚少，應請俟屆當陞科之年，勘明果否地氣盡轉，另行定議。

其一曰夾荒地，查原疏內稱係零星墾闢，荒熟相雜者。夫小民既知此地可耕，豈有墾治一段，拋荒一段，錯綜間雜之理。蓋緣豫省地土，有一種沃野之地，年年可耕，即《禹貢》所謂厥土惟壤也。又有一種磽瘠之地，樹藝一兩年，則其土無力，不能生發，必另耕一處，將此處培壅一兩年，然後復種。如此更番迭换，始得收穫，即《禹貢》所謂下土墳壚也。前人立法，不分高下等則，一體納糧，止於弓丈之間，准其獨大，以恤民力。《賦役全書》開載弓數，班班可考，俗所謂大弓地是也。乃王士俊即指此項爲夾荒地，勒令普例耕治，捏指爲新墾。是以此項地畝多至七千餘頃，已經陞科納糧在案。臣查此項，若果大爲民累，欣逢堯舜在上，臣亦何敢因循不請減豁。然此地究屬弓丈獨大，小民原有地畝可耕，即每畝報陞分數，亦不失任土作貢之意。況豫民感戴皇上天恩，踴躍輸將，已經數年，不爲苦累，亦無庸再議更張，徒滋勘丈之擾。

其一曰老荒地。此項地畝，即有現屆陞科者在內，夫當時既謂之老荒，則係自古不毛可知。臣思王士俊之才智，非真遠勝於前人。如果自古拋荒之地，王士俊能使之墾治至數千頃之多，則豫民日見其殷富，乃今反見貧疲，此其欺罔已彰明較著。今臣細加查察，多係村頭溝尾，道左墳旁，沙岡水濱，廟墓屋角，或砂礫之區，或確犖之處，皆非人力所能施者。開墾本屬虛名，荒蕪不知凡幾。臣若因循玩視，現在尚未徵糧，猶屬紙上空談，將來一成額賦，便屬閭閻永累矣。是王士俊矯誣於前，而臣遂分過於後。雖通計不過一千五百頃，尚非至多，然豫民當此重困之後，力爲培養，猶恐不能復其元氣，何堪再加剥削。臣之愚悃，萬不能安，用敢分晰陳明，容臣將此項老荒地畝設法清釐。一面令民自首，一面委員抽查，不使有絲毫滋擾。其寔在墾熟者，即按年報陞；果係虛捏，則請旨豁免。嗣後永定章程，不必再言陞科，亦不得復言減豁，庶民心安而元氣復。叨沐皇上浩蕩之恩，寔非淺鮮矣。

（清）賀長齡《皇朝經世文編》卷三五《户政·八旗生計·八旗開墾邊地疏舒赫德》 臣聞治天下之道，在乎由親以及疏，由近以及遠。果能使根本綿固，則枝葉自茂。臣愚以爲，八旗者，國家之根本也。我皇上深見乎此，體列祖愛養旗人之聖心，有可利濟之處，莫不畢舉，兩年於茲，裨益多矣。然以久遠計之，猶未見其可以無慮也。蓋養人之道，在乎因天地自然之利而利之，必使人自爲養，斯可以無不養。如若按人按户，給衣給食，雖一州一縣，尚不能徧，況八旗之衆乎。

我朝定鼎之初，八旗生計頗稱豐厚者，人口無多，房地充足之故也。今百年以來，甚覺窮迫者，房地減於從前，人口加有什伯，兼以俗尚奢侈，不崇節儉，所由生計日消，習尚日下，而無所底止也。夫旗人之所賴以爲生者，惟有房地，別無他項。若房地不充，雖百計以養之，究不過目前之計，終非久遠之謀。我聖祖仁皇帝愛養旗人，不啻父母之於赤子，休養安全，歷數十載，可謂深矣，可謂厚矣。而近年以來，尚至如此，此豈可不亟爲計慮乎。惟是京師房屋，尚可通融，而地畝則昔時所謂近京五百里者，已半屬於民人。前經臣工條奏，動帑收贖，奉旨徐徐辦理。尚未舉行。

臣愚以爲即便舉行，而八旗之人口太多，亦未必盡能有濟。故臣熟思長計，勢不得不變通布置，惟使不聚於一方，庶可並得其利益。苟能收效於日後，何必畏難於目前。

伏思盛京、黑龍江、寧古塔三處，爲我朝興隆之地，土脈沃美，地氣肥厚，聞其間曠處甚多，概可開墾。雖八旗滿洲不可散在他方，而於此根本之地，似不妨遷移居住。且八旗之額兵將及十萬，復有成丁閒散數萬，老穉者不在內。若令分居三處，不惟京城勁旅，原無單弱之虞，而根本重地，更添強壯之卒，事屬兩便。由是合計京師及三處地畝，均勻攤給，務使家有恒產，人有恒心，然後再教以儉樸，返其初風，則根本綿固久遠可計矣。但安土重遷，乃情理之固然，而就易避難，實事勢之所有，遷之之道，必先料理於數年之前。俟三處一切之規模既定，然後於八旗之願往者，及生計極窮者，一一籌其起身安家等事，明白曉諭，厚加賞賜，俾各欣然就道。不知有遷徙之苦，方可不礙於事理。若料理稍不合宜，致有抑勒，或有遺漏，乃徒生一番擾累，轉傷旗人依戀之心，更復何益之有。是在皇上揀派忠厚明幹之大臣，於臨期悉心料理，庶可使之無弊耳。至於預籌之道，請密飭三處將軍等，令其踏勘所屬地方。其爲可墾之處，應得若干地畝，可住若干兵丁，作何建造城堡房舍，有無禽魚水泉之利，逐一審度，據實具奏。俟准行之後，廣募民人，擇地開墾。其無力者，官給牛具籽種，而不遽行陞科。俟地既熟，果有收穫，即動帑建造城堡，以居民人商賈。該將軍量度情勢，如爲其人可以遷往之時，即奏聞動帑，酌定移住人數，一面改造房屋，分定區宇，然後自京派往。俟到彼時，即將所墾之地，按户攤給。或即仍令民人耕種，交租給兵，則旗人不過有一往之勞，而較之在京，已得世世之恒產矣。

更祈皇上仍照舊例，開設公庫，將各省稅務歸併旗員，並將旗地典與民者收贖給還本人。其現存公中收租，每年散給窮人之地，一併分償無地之家。臣請以十年爲期，將前項事件，次第舉行，將見滿洲生計，日增一日，仍復其初。廉耻之風既振，強幹之氣自生，綱紀益張，根本益固，然後更爲因時制宜，則久遠之謀更在於是矣。

（清）賀長齡《皇朝經世文編》卷三五《户政・八旗生計・八旗屯種疏范咸》 竊惟人生所賴以生者衣食，衣食所恃以足者，農桑。故曰一夫不耕，天下必有受其飢者；一婦不織，天下必有受其寒者。舍農桑而謀生計，其不可以持久也，審矣。我國家休養生息，於今百年，户口日繁，生計恒患其絀，而目前所尤宜急籌者，莫若滿洲八旗之恒產。蓋民生有四，各執厥業，士農工商，皆得以自食其力。而旗人所藉以生計者，上則服官，下則披甲，二者皆取給於大官之錢糧。夫國家之經費有定，户口之滋息無涯，於此而欲博施濟衆，雖堯舜猶有所不能也。我皇上御極以來，仁恩普徧，欲使天下無一夫不得其所，滿洲八旗生計，久已上廑宸衷，而恒產至今未定。蓋以內地已乏閒田，而滿漢總歸一視，其間經畫，固有甚難者。考之前代，遼之上京中京，金之北京，元之上都，並在邊外，其地郡縣甚多，建有城郭宫室，遺跡可考。

臣夙夜思維，以今日欲爲滿洲八旗立恒產，惟有沿邊屯田一法。昔趙充國屯兵緣邊九郡，後至金城，上屯田奏，謂有十二利。其大要在張掖、酒泉等郡邊外，繕亭障，浚溝渠。春時人予田二十畝，至四月草生，令游兵護田作。於以收肥饒之利，資捍衛之功，廣積貯之益，省屯兵之費。其初舉朝皆疑之，後竟獲其效。此往事甚著者。

臣竊思近日甘肅等處，開墾已有成效，而安西一鎮，孤懸關外，自鎮以東，應不乏可耕之地，且聞其處，多漢時故城遺址。臣愚昧之見，以爲宜特遣能任事不畏難之大臣，往行周視相度。如果有可以經畫墾種之處，似宜移在京無業旗人，往行屯田，官爲給道里籽種之費，俾設法開墾，緩其陞科，且令三時務農，一時講武。將來西北軍營，不惟可省轉運，抑寓兵於農，邊防抽調，亦甚便也。

如以迤西爲遠，則遼東邊外，原我國家發祥之地，興京一處，似宜建爲都會，擇可墾種之地，派旗人前往駐牧。其餘如永吉州、寧古塔、黑龍江，幅幀不下四五千里，其間地畝或僅設爲牧廠，或且廢爲閒田，亦甚可惜。當此全盛之日，正宜不惜一時之勞，以維億萬年之固。至應如何經畫，如何善後之處，統祈敕下該部及八旗都統，詳細妥議具奏。務使旗人之生計有餘，而邊圉之苞桑永固。此誠因天地自然之利，可爲萬年不拔之基也。

（清）賀長齡《皇朝經世文編》卷三六《户政·農政·農田議張士元》

國家自西南用兵以來，所費不貲；又自辛酉之夏，京畿大水，民困未蘇，饋饟與賑恤兼行，財力固不能不屈矣。當此之時，爲公家長計，使上下俱受其利，而有備無患者，亦惟務本而已矣。蓋漢人所謂地有遺利，民有餘力，以今驗之亦然。使盡墾生穀之土，盡驅游食之民歸農，則國家財力之完富，可計日而俟也。

愚不能周行天下，不知四方治田若何，然以足跡所至，諮訪所及者言之，則天下之田，未有如大江以南之治者。江南本水鄉，雖無古井田之法，而溝洫畎澮，防水寫水之制猶古也。其民雖有游手，然田無不耕者。阡陌之中，春榮菜麥，秋榮禾稻，桑麻茂密，雞犬相聞。方二三千里，幾於尺土必墾，所以公私糧食，常取給於東南一隅也。踰淮而北，過山東、直隸之境，則平原曠野，千里荒蕪，雖有種禾黍者，亦少深耕易耨之功，歲收益薄。而不足之處，又不種桑而種柳棗。其民不出於農畝，則業於商販。其尤無藉者，鬻歌取食，男女年八歲以上，十四五以下，使跕屣鳴弦，伺候客館，而優笑滋多矣。此無他，北方久無溝洫之制，其田專仰雨水，命懸於天，田者少利，則放而之末作耳。

以一方觀之，則天下地力民力之未盡可知也。近聞湖南辰州府，設碉卡八百餘座，募勇丁駐守，使居民均出田畝十分之七，與勇丁耕種自食。麻陽民不願，至於赴京陳訴。是其地有能耕之民，而無可耕之田也。又壬戌春，見京師水災新退，流民散處城内外者以萬億計，其饑且病而死者所在多有也。朝廷設粥煮餅以食之，又出倉米，賤其價以糶之，爲惠甚厚。然使舍業而待朝夕之給，所謂以餓殍之養養之也。何如與之閒田，設法安置，而使之耕乎。夫田少之處，至奪田以耕；田多之處，或棄田不耕，而饑民且置其手足於無所用，則大計可決矣。

其一曰勸農功。語曰：一夫不耕，或受之饑；一女不織，或受之寒。然愚民無所勸則不勤。漢以趙過爲搜粟都尉，教代田人犂之法，二千石遣令長三老力田及里父老善田者，受田器，學耕種養苗狀，自是流民漸還，田野辟而儲積多。今誠下令使州縣長吏，親行課農，以勤惰爲賞罰，召募流亡，申明崇本抑末之教，而多方以誘導之，則游手當日寡，而地利日出矣。其二曰寛賦科。康熙時令郡縣墾荒田，約六年成熟，起科納賦，而畿輔報墾者甚少。蓋北方既無溝洫之制，則新墾之田，旱即成赤土，水即成巨浸。有收無收不可知，而賦科一定，不可復免，所以小民聽其荒蕪而不願墾也。當時陸稼書先生宰靈壽縣，嘗具陳巡撫於公云：與其稽查太嚴，使民畏而不敢耕，何如稍假有司以便宜，使得以熟補荒。因請寛至十年起科。其言極明切，今宜遵而行之也。其三曰權水利。古遂人之法，未能遽行於天下，而穿渠溉田，則代有人焉，若魏史起秦鄭國之類是也。今中原陸地，誠引水以溉之，則久不耕之縵田，其息必倍。如慮今日財力不能及此，則隨地相視，一浦一港，善爲蓄洩，皆足以利田疇，振農甿。或亦如虞伯生京東之議，募富民疏渠，而以其所溉之田多少，爲賞爵之上下。其補官在諸色捐納之先，則民必有願效力者。久之則水利廣矣。由北方推行之，則東南之漕運可寛矣。漕運寛則積穀儲倉，以時斂散，而東南之民，亦受無窮之惠矣。此萬世之利，非僅目前小補之計也。但當行之有序，而需之以歲月耳。

愚又聞之，王者之富，藏之於民。故孔子曰：百姓足，君孰與不足；百姓不足，君孰與足。又曰：不患寡而患不均，不患貧而患不安。自古治天下者，求足用之道，未有舍本務而别開利孔者也。故言農田於理財之日，事似迂遠，而實不易之至理也。

（清）葛士濬《皇朝經世文續編》卷三三《户政·屯墾·上左季高中承論清糧開荒書劉汝璆》

兵興以來，百姓之失業多矣，國家之賦稅缺矣。衢州號爲完善，然而所保者僅一城耳。其四鄉之被害者，不可勝視也。去歲署理金華蒙，蔣方伯詢及芻蕘因亂後情形，未能周悉，未敢以對。嗣今署金衢，嚴道顧道又以清糧之事囑爲擬議，亦未有以對也。迨六月間，蒙大中丞復以清糧開荒之事下問。竊思凋敝之後，復覩昇平，正國家勵精圖治之際，地方守令皆兢兢以國計民生爲念，此甚盛事。

汝璆到浙三年之久，本地情形亦已頗有見聞，若不獻其芻蕘以備採擇，何以對上官，何以對下民乎。是以就其所知略具數條呈請顧道，斟酌可否。不意顧道即據以上達，且感且愧。茲聞大中丞批令再詳悉妥議，務於清釐之中寓恤民之意。所謂仁人之言，其利溥哉。此誠大君子爲國爲民之盛意。不特汝璆之所瞻望，惟恐弗及。凡此地方百姓屬在帡幪，孰不以手加額哉？竊以清糧開荒事，雖二端，實爲一理，固不可離而二之也。夫凡事必察情形，就浙省大概而言，金衢固不同於嘉湖；就金衢而言，衢又不同於金；就衢州而言，西安之與龍江常開亦不可以一概論也。故凡辦事者，章程條目不過舉其大綱，其間因地制宜之道，亦視行之者何如耳，所謂有治人無治法也。請以西安之情形敬爲大中丞陳之。

西安土薄水淺，百姓藉田爲業，非若嘉湖兼有蠶桑之利也。自乾隆四年清丈以來，迄今百數十年，其久而必敝之勢。有胥役分灑加減輕重，傳寫舛謬，而莫能辨者；有若奸民以智欺愚，占田多而收稅少，挽合朋比，售田少而增稅多者；有若忿爭之產重售之業，欺蔽目前，久而始覺者；有若苟免差徭，懼胥吏之需索，以己之業寄於他人者；有若素封子弟，不知稼穡，親黨奴僕蠶食瓜分，田去糧存而茫然不知者；有若巨川蕩潏，溪澗漂流，無田賠糧，而莫知紀極者。此在未遭兵燹以前，固已不可勝；原而既遭兵燹以後，其弊更有出於此數端之外者。則有若素封之家，連阡累陌，亂後而耆老無存，子弟不知生產，徵其稅則尚有十百，而問其家則饑寒交迫，不能圖存者。有若寡婦孤兒，任人欺隱，而莫能過問者。有若絶户所餘，逃民所棄，奸徒因利乘便，田則據爲一己之私，稅則遺爲里甲之害者。有若典押之業無力回贖，豪右有田無稅，安坐而享其成，貧民有稅無田賠糧而重其累者。有若業主未能周知刁佃買耕入己，此問則以爲彼業，彼問則以爲此業者。有若外來游民，十百成羣，欺業主人丁稀少，而恃強霸種者。諸如此類，或究詰而無從，或申訴而無路。輸將之未能踴躍職此之由。由今察之西邑之田，其逐漸開種者已十之五六，即其荒蕪未種者尚有十之四五，而此十之四五中，非盡由於人力之不足，蓋由於產業不清者實居其半也。然則以今日而言，西安之開荒與他邑之全藉招徠者，固判然不同矣。

璆故曰：清糧開荒雖有二事，實爲一理，不可離而二之也。夫所謂不可離而二之者，何也？蓋制賦以地，制地以人，不開荒則賦懸無著固也。然不清糧而但言開荒，則豪强者皆得藉開荒之名以爲侵佔之地，勢必爭競滋起，訟獄繁興，强者獲兼資，弱者無再食，其害將無所底。是欲恤民而反以擾民也。若清而開，則賦既有著，而民亦可以無爭矣。議者或謂現在荒田無數，未開之先無人過問，既開以後，胼胝者習其苦，安坐者享其成，恐開荒者之不甘也。以爲此即不清而開之弊也。若清而開，則自無此弊矣。不然，則開荒者不過費數日之力，而即慮其不甘。彼服先疇之畎畝者，以祖宗數代之積累，一旦而奪以與人，其又誰甘之耶？且夫普天率土之說，特據理而言耳。然王道本乎人情，國家律例亦有人户以籍爲定之條，是土著之與客籍固微有分焉。是故以理而言，則有分土無分民也；以情事而言，則士食舊德之名氏，農服先疇之畎畝也。且此非異視乎外來之民也，亦非不欲招徠也，誠以事必謹始，不得不先清而後開，以爲他日主客相安之計耳。孔子曰：無欲速，欲速則不達。今議者第見開荒之業，而未察不清而開之弊，毋乃近於欲速乎。夫隨清隨開，固亦未嘗不速也。

議者或曰：此就無主之田而言耳。然不清則此以爲無主者，彼以爲有主，未開荒之先視爲無主者，既開之後，則忽又有主，將辯之不勝。其辯毋乃啓民之爭乎。且所謂無主之田，其情形亦不同矣。有業主流亡而親族爲之經管者；有業主流亡，雖現在無人經管，而確知其人之未絶，第一時未能歸者；有確知其爲絶户無人者。汝璆竊以爲，有親族經管者，即責成親族開荒納稅；確知爲絶户者，即當召領，由領種之人開荒納稅。惟現在無人經管而又確知其人之未絶，此等田業，若遽令易主，則既無以泯將來之爭端；若留地以待人，則賦又懸而無著。再四思維，不得已而有暫存諸公之一說。夫所謂暫存諸公者，非謂以此田竟歸諸公也。蓋據現在而言，可以由公召佃，而田不致聽其荒蕪。據後日而言，業生來歸，可以向公呈領，而不致別啓爭競。至數年之後，無人來領，則另行召人領種，無不可矣。然此數端者，非先行清釐則固無由而知也。

故驟而觀之，似乎開荒急而清釐緩；細而察之，則清糧本而開荒末。外本内末，則爭民施奪，是誠不可不深思而熟計之也。璆故曰：開荒清釐，實爲一事，不可離而二之也。是以今日者，百姓聞清糧之說，莫不延頸企踵，願觀德政之成，而胥吏之傑、奸猾之雄，務欲阻撓其事，揭說不根，翕訾異己，是無他故，蓋不清則可以恣其肥己之欲，一清則不得肆其侵佔之謀耳。孔子曰：有國家者不患寡而患不均，不患貧而患不安。若清釐之舉行，則均且安，而荒田不患其不開矣。

伏查康熙年間耿逆之亂，西安龍游同被其災，西安催徵棘手，逋負重疊，無可如何。龍游有盧令者，鋭意爲清糧歸户之法，立科條，明疆界，核名實，抑浮議，甚或舉國非之不顧，卒以告成。於是舊逋以次就緒，而新糧咄嗟立辦，無他，均故也。均則法紀明，争訟息，事簡而功集，民樂而糧完也。後西安令陳公鵬年立舉行清糧之法，而西安百餘年享其樂利，至今民傳誦弗衰，是其前效矣。

璆於他府州縣之情形，未敢周知，若爲西安之賦計，則莫如清糧之舉。今若舉行清丈之法，則西安百四十二莊之錢糧，復何患其有缺額乎。且夫缺額之患，非盡由於荒田也。一由於吏胥欺蔽分灑，奸民假冒侵佔，則人心之弊也。一由於大溪小澗漂流蕩潏，則天災之故也。若所謂荒田者，特兵燹以後未能墾種者耳，而其土固依然無恙也。璆以爲若舉行清丈之法，則不特奸民胥吏之欺蔽假冒，無所施其伎倆，即天災之漂流淹没者，亦不至終歸於缺額也。何也？天地之道此盈而彼絀，有漂流而淹没者，有開而未升者。以開而未升之田與漂流淹没之地相權，其多寡不甚相懸也。若不行清丈，則此無田而賠糧，彼有田而無糧，苦樂不均也。若一行清丈之法，則其漂流淹没者爲之開除，民固感悦。其開墾而未升科者，爲之丈出畝分，給與清單執照，無人更與之争，民亦未嘗不樂從也，以羨補不足。此又清丈一行而無慮缺額之明證也。

議者或謂清丈之舉，功繁而費鉅，曠日而持久，慮其事之難行而取效之不速也。璆謂又無慮此。孟子曰：以佚道使民，雖勞不怨。今以民生切己之事而用民之財力，固未有不願也。其不願者，特恐辦事之吏胥紳董坐食侵欺，而事無實際耳。若使公正之人董其事，而財無浮費，事有成效，小民又何所不願乎？且璆意此辦事之紳董不必他擇也，即取之糧户耳；公正區長不必他擇也，亦即取之糧户耳。同此管業之糧户，其秀而文者爲紳董，其樸而愿者爲公正區長，弓手諸色，此無異以己之財力辦一己之事，而游手無業之人，初不得冒充入局也。至於莊書人，不過令其造册，勾稽書算而已，每日給薪水工食而已，此外無他浮費也，又何所侵漁乎？若曠日一節，此等大事誠非數月之期所可告成。然以此一莊之糧户辦此一莊之事，以彼一莊之糧户辦彼一莊之事，同時并舉，此莊完而彼莊亦必將完。是雖一月辦一莊之事，而兼有數莊之事也。又何慮其曠日持久乎？

故凡不欲清，皆奸民猾吏强有力者阻撓之説也。今倘不清而但使之開，則彼奸民猾吏强有力者固皆獲開荒之利，且以開荒之名應上之令，誠爲得計矣。而無知安分守業之人，其不甘受人欺者，忿争必所不免；其甘受人欺者，則日朘月削，不知其困之伊於胡底，甚至無以謀生，委頓溝壑而莫之救也。豈不痛哉？璆故曰：開荒清糧，實爲一事，不可離而二之也。

大中丞抱裕國裕民之盛心，爲通省紳民之所瞻仰，而十一府七十二州縣之情形不同，大中丞示以大綱，務在國無曠賦，民無曠土而已。至於纖悉之章程條目，或可行於金衢而不可行於嘉湖，或可行於嘉湖而不可行於金衢，似宜責成地方守令及本地紳士，議而行之。若必一一而盡之，安若保無此通彼窒之患乎？汝璆實鮮良法美意，苟有見聞，敢不獻其狂愚之一，得惟大中丞擇焉？倘以爲事在可行，或猶有未盡，呼之庭而教之。幸甚！幸甚！

（清）葛士濬《皇朝經世文續編》卷三三《户政·屯墾·請籌費移屯兼舒國用疏沈桂芬》 竊維我朝定鼎燕都，居重馭輕，八旗禁旅，悉入環衛，每歲糜金錢數百萬兩，以贍其身家，計至深也。無如二百餘年來，户口日繁，縱使軍旅不興、歲入如故，隱銷坐耗，上與下均，岌岌有不可終日之勢。

歷朝謀國諸臣，已逆知經費之難繼與旗人生計之日艱。屢次條奏，實已准行者，如清查入官地畝，分撥拉林地方，移住雙城堡屯田，外官准帶親族隨任，所以調劑之者至矣。而屯邊之法，旋以安土重遷事寢不行，近復准出外謀生而去者寥寥。固由人情憚於跋涉，亦以各旗兵丁之願去者，欲貿易則無本，欲耕種則無具，欲遷徙則無資也。臣官京師時，親見旗民生齒繁庶，不農不商，除仰食錢糧外，別無生生之策。自圜法變，更南漕不繼，一丁所領之糧不敷供一丁之食。其強者悍然爲非，每陷刑網；弱者坐以待斃，轉於溝壑。我皇上視民如傷，四海之内，一夫失所，猶深軫恤。矧以八旗世僕，勳舊子孫，近在輦轂，忍令饑寒顛覆，不爲之計乎？

從來以一人養天下，恒苦其不足，使天下自爲養，常覺其有餘。臣竊以爲今日安插旗人，其上策在移屯邊方，中策則聽往各省而已。夫移屯於豐盈坐享之日，人情孰不好逸而恶勞；移屯於凍餒交迫之秋，人情又莫不辭饑而就飽。此今日移屯一議，較之昔人，事半而功倍也。臣論先言聽往各省之法，即就從前武隆阿英和諸臣所奏而推廣之。無論馬甲、養育兵、閒散，其願出外謀生，赴各廳州縣者，准其徑呈本旗都統前往，照商籍軍籍例編爲旗籍，户婚田土命盗案件歸地方官管理，生子隨時呈報，督撫年終彙咨部，旗緑守戰馬糧及各營將弁，亦令一體考拔，並許用旗籍應府州縣文武試及鄉會試。欲應繙譯試者，照各省駐防例。凡降革休致官弁及舉貢生監，與各省駐防願移者，均聽之。此移之内地，人所樂從，其資給概從其省也。

至若移屯邊防之法，臣請欽派廉幹大員爲屯田大臣，隨帶司員查照舊檔，於奉天吉林一帶及獨石口外紅城子、開平等處，與張家口外之興和、新平等城。昔年富俊、孫家淦諸臣所勘定舊地，歲計可開若干頃，並建造房屋城堡，添製農具牛種及軍裝器械，酌定成規，宅中駐紮，始終經理其事。再由八旗都統剴切勸諭，旗户願移口外者，照道光初移屯雙城堡舊例，由户部當堂發給治裝銀三十兩，沿途官給車馬。到屯後，每户官給房屋四間，農具、牛籽皆備，三時務農之隙講武。刑罰教養之事，皆屯田大臣主之。十年以後，地畝照下則升科，徵收之糧糶運於口内，而積銀於屯所。每年即以屯糧所糶爲次年京旗移屯與屯所各項之用，無事再動庫帑。此移之邊防事極艱難，其資給不得不量從其優者也。然議者必謂口北寒冷，不宜粟麥，饔飧無出，流離遠徙，易傷臣僕依戀之心。不知昔年迭次移居雙城堡及拉林地方旗户，至今長養子孫，稱爲樂土。若非耕種，何以自存？至孫家淦勘地原奏，亦將地方之寒暖，穀種之所宜，與日用之水火煤薪，旗民之相安，蒙古旗廠之無擾，以及山場之可牧，平原之可獵，條分縷晰，非徒託諸空言。況人氣日聚，地氣亦開，天氣即爲日暖，旗人不過一遷徙之勞，永可豐衣足食，較之株守在京，饑寒無策，告貸無門，相去遠矣。臣所謂恤旗民者此也。

議者又必謂邊屯太多，禁軍單薄，恐非强幹弱枝之道。不知聖朝開國之初，人心甫定，不得不藉資勁卒鎮輔京畿。今則薄海黔黎，胥歸天籍。自軍興以來，收復郡縣，殄除渠魁，大都緑營兵勇及蒙古與東三省兵力居多，旗人生長京華，習於豢養，偶有調遣，未聞得力。若令移屯口外，練習風霜，耕種牧營，生資勞苦，氣體必見充實。再能督帥得人，訓練有素，無難上復國初驍健之風。十數年後，環邊之地東西開闢，緜亘不斷，北可震懾强鄰，南亦以拱衛京邑。設有征調，緩急更爲可恃。臣所謂足邊防者此也。

特以移屯諸費，昔年猶以爲難，今日帑藏空虚，更安得此閒款。臣嘗私心計之，八旗現放兵餉，除二成大錢外，實放銀四成。人口嗷嗷，朝不謀夕，各省軍務告蕆，必應循例照八成舊章以裕兵食。竊謂救八旗一時之窮困，其惠小；貽八旗無窮之贍養，其利長。當未減之時而忽議減，其勢逆而難行；迨已減之後而量爲增，其勢順而易節。請於定復八成兵餉之年，暫給六成，酌留二成，每年約可得銀一百餘萬兩。治裝銀兩與房屋種具每户以八十兩計之，加以屯所修城堡製器械及一切費用，每年至少亦可移數千餘户。俟屯田升科後，移屯有資，京旗兵餉仍復八成之舊。如此，則目前經費毋庸另籌，日後正供永無不足。臣所謂舒國用者此也。

昔臣佐理度支，籌之至再，而軍旅方亟，未暇上陳。今雖出爲疆吏，不敢緘默自安。所幸僭僞削平，東南漸臻底定，寰宇民生皆蒙休息，似宜及時預籌本計，勿責旦夕之效，冀開樂利之源，國家億萬載之丕基可於是而益固矣。

（清）陳忠倚《皇朝經世文三編》卷二六《户政・屯墾・黑龍江旗民屯田議李經邦》　三代以上行井田之法，寓兵於農，無所謂屯田。自兵與農分，兵出力以衛民，民出粟以養兵，轉輸千里，勞費過半。如秦人起負海之粟以饟河北三十鍾，僅得一鍾，卒至民貧士餒，公私交困。而後已任事者有鑑於此，不得不議屯。屯田之法始於炎。漢趙充國因轉運維艱，遂於北邊立屯，兵民無擾，當時便之。自是厥後，諸葛武侯行於渭，晉羊祜行於襄陽。而唐郭子儀鎮河中，亦行屯田以滅賊。宋岳武穆、吴玠等皆兼屯田大使。無代不屯，無屯不富。所謂内有無費之利，外有守禦之備者，信莫善於屯田也。

聖清龍興，兵由召募，守禦似無藉於屯，然順治、康熙間有活户屯田、自墾屯田、劬勞屯田、缺丁屯田、世職屯田、尖丁屯田、上本屯田、優䘏屯田諸名目，乾隆以降，一概革除。但此等屯田，本非爲邊防而設，有無原不關輕重。

自泰西互市，北自析津，南至瓊廉泝江而上，直抵重慶險隘之區，盡與我共。故當軸者每以海防、江防爲急，不知歐洲各國志在貨財，不在土地，恫喝要挾，未嘗甘爲戎首。惟俄羅斯土壤於我東北毗連，處處可以入犯，倘從水路，由混同江越黑龍江口以入松花江，可直抵三姓伯都訥等處，則黑龍江非復我有。

今欲係黑龍江而兼顧朝鮮，不外多招勇丁以厚其防。然兵多則餉亦多，與其轉輸以養兵，不若屯田以養兵；與其使兵屯田而給牛給種，所費不貲，不若令該處旂民屯田可以省費。查通肯河爲呼蘭河分支，其地在呼蘭城西北，東南爲混同江，西南爲松花江、嫩江、瑚拉庫河，在東北額伊渾江，在正東一帶地勢平衍，土木沃厚。雖有尼瑪拉巴爾集瑪烏雲和爾冬吉等山，而大河不少，略加疏濬，水利易興，屯田可成。

或疑東北邊省地多沙漠，素稱磽瘠，倘開屯田，適足耗內地之財。經邦以爲此非通論也。伊犁之地，本非膏腴，自左文襄創立屯田，不數年間，金將軍有屯田豐收之摺。屯田之利原不難，計日而待，然則磽瘠之地非地之瘠，寔人之自瘠耳。今苟令通肯河一帶旂民，量地授田，寔其責於佐領，而總其綱於司農。每三人共一屯，每屯定二十畝，每十屯立一長爲勸農官。無器具牛種者，暫撥官帑，俟有秋之後，如數補還。果其勤勞胼胝，三年而後，即以所墾之田畀之，否則墾與他人，必使地無曠土而後已；五年以後，照畝升科，升科則例，雖上上之田視民田之中，中視其下，以次遞推，爲招徠之計。授室家以保其身，編保甲以清其户。一屯既成，造册報部，以便稽核，總數對册起徵。每册須三本，一留屯長，由屯長申佐領，佐領仍留一，而以一申部，以防冒名隱占。除屯長督勸，佐領不時巡察。凡何處可開河渠，何地宜於井灌，何處宜設堤障瀦畜，一一著録施行，補小民耕力之不及。其他瑣瑣，佐領不逞，及則責成屯長，俾有指臂聯絡之勢。一年而總稽，三年而考績，五年而酬庸。佐領之殿最視屯田之興廢，屯長之賞罰視屯衆之勤惰。佐領溺職，司農得而弹之；屯長廢事，佐領得而效之。如是，則賞罰明而事無不舉。

糧餉既裕，然後可徐議練兵。練兵之法，宜仿古時寓兵於農，而略參泰西藏兵之制。西國之兵，平時額數有限，皆寓於農工商之內，一朝有事，可以抽調，專設調兵局以管所寓之兵。男子無論貴賤，年屆二十一歲，皆須出而爲兵。英國以十二年爲限，前七年爲戰兵，五年爲守兵。既爲戰兵之後，期滿散歸，各復本業。或值國家有事，仍可將戰兵之散歸者徵之使出。俾有登陴守禦此等兵士，名曰藏兵，亦曰守兵。十二年後愿再爲兵者，以九年爲限，連前共二十一年。既爲藏兵，每年仍須赴營中隨同操演。藏兵又有頭等、二等、三等之別。初爲戰兵，即須學習各種技藝，演放槍炮，務求精熟。戰兵限滿，退歸復業，爲頭等藏兵，三年限滿，爲二等藏兵，三年爲三等藏兵。其三等藏兵，須敵人在境，方可抽調，即調亦不遠。故英國平時水陸各師統計不過十六萬，一遇戰即增至二百萬。且軍令朝行，兵丁夕至，極爲神速。故能雄視天下。

今通肯河一帶既開民屯，即不妨仿照此法。責成各佐領編定版籍，稽核民數，凡男子自二十歲以後即須編入兵籍，學習各種技藝，三年期滿，退歸復業。每當農隙之時，仍令隨營演練，俾知兵事。若遇戰争，則按籍征調，無分貴賤，均須隨征。並設立武備學堂，俾幼時早爲訓練。誠如是也，不獨可省養兵之費，且可收用兵之效，武略雄才即由此出。至急之時，以民衛民，更爲盡力。豈非一舉而數善備哉？假令旂丁不足，地尚有餘，則當招募站丁以補之。

攷東三省本有臺站，臺有臺丁，站有站丁，今臺丁雖有名無實，而站丁則大站多至六千人，小站亦數百人。此等站丁皆係三藩子孫及其部落，當時三藩討平以後，叛逆子姓暨從逆部落，咸發往該處，貶作站丁，不得赴試，不能捐官，子孫相繼永爲奴隸，以供官府奔走。之後二百餘年來，生齒日繁，約計總數在十萬以上，而生計維艱，難保不伏戎於莽。夫髮逆捻匪，其擾亂蹂躪不減於三藩，而一經蕩平，初無爲奴僕之罰，有反正者且有以官之。三藩罪大惡極，而子孫服役已二百餘年，似可從減免之律。東省將軍苟據情入告，赦其既往，勉其將來，使之開墾荒地，列入民籍，功賞罪罰，以壯軍威，以實邊備。如此而不勤奮圖報者，吾不信也。

至地之不能耕種者，則不妨大興牧務。酥酪爲西人飲食所必需，羊毛駝毛爲織呢織毯之所不可少。美國牛之大者日出乳八百四十兩，即牛乳一項販運出口，每年值洋五萬萬元，足見美國之整頓牧務。黑龍江一帶，或本有牧場，或不乏曠野艸地，宜以畜牧爲名修補爲實，以限戎馬之足。且馬湩駱橐氈氈嗶嘰皆可釀製，行銷中外，收以利權。與屯田相輔而行，則邊陲有備，俄夷亦不敢從而生心矣。

以上數端，皆坐而言者，即可起而行，初非紙上空談者。比苟得人而理，寔力奉行，不辭艱苦，則四五年後，通肯河一帶阡陌宏開，溝渠横縱。昔所謂磽瘠之區者，一變而爲沃壤。俄人雖稱强悍，而見我有恃無恐，又何敢横生釁隙，遽起兵端哉。至於開鋉路，則不妨俟屯田既成，人烟稠密，逐漸推廣，以爲邊備，而永保我億萬年磐石之基也，豈不懿歟。

綜述

《大明令·户令》 凡典賣田土、過割税糧，各州、縣置簿附寫，正官提調收掌，隨即推收年終通行造册解府，毋令産去税存，與民爲害。

（明）楊士奇《東里别集》卷一《即位詔》 一、官民田地舊佃種人户，或全家死亡，或丁力消耗，以致拋荒。有司即與召人耕種，官田准民田例起科。如果無人耕種者，各該納税糧從實取勘開除，毋得灑派拋荒，重爲民患。

《明會典》卷一七《户部·田土》 凡科則陞降。洪武初，令：官田起科，每畝五升三合五勺。民田，每畝三升三合五勺。重租田，每畝八升五合五勺。蘆地，每畝五合三勺四抄。草塌地，每畝三合一勺。没官田，每畝一斗二升。

七年詔：蘇松嘉湖等府田，如每畝起科七斗五升者，減半。

十三年，令減蘇松嘉湖四府重租糧額。舊額田畝科七斗五升，至四斗四升者，減十之二。四斗三升至三斗六升者，減十之一。俱止徵三斗五升，以下，仍舊。

二十六年定：凡各州縣田土，必須開豁各户若干，及條段四至。係官田者，照依官田則例起科。係民田者，照依民田則例徵斂。務要編入黄册，以憑徵收税糧。如有出賣，其買者，聽令增收；賣者，即當過割，不許灑派詭寄。犯者，律有常憲。

又令：凡民間有犯法律，該籍没其家者，田土合拘入官。户部書填勘合，類行各布政司府州縣，將犯人户丁田土房屋召人佃賃，照依没官則例收科。仍將佃户姓名，及田地頃畝、房屋間數，同該科税糧賃錢數目，開報合干上司，轉達本部知數。

永樂三年，令凡開墾官湖作官田，每畝夏税麥二升，秋糧米三斗。

宣德四年詔：各處官田，每畝舊例納糧一斗至四斗者，各減十分之二。四斗一升至一石以上者，各減十分之三。

正統元年，令浙江、直隸、蘇松等處官田，准民田起科。每畝秋糧四斗一升至二石以上者，減作二斗七升。二斗一升以上至四斗者，減作二斗。一斗一升至二斗者，減作一斗。

景泰七年，定浙江嘉湖杭官民田則例。官田每畝科米一石至四斗八升八合，民田每畝科米七斗至五斗三升者，俱每石歲徵平米一石三斗。官田每畝科米四斗至三斗，民田每畝科米四斗至三斗三升者，俱每石歲徵平米一石五斗。官田每畝科米二斗至一斗四合，民田每畝科米二斗七升至一斗者，俱每石歲徵平米一石七斗。官田每畝科米八升至二升，民田每畝科米七升至三升者，俱每石歲徵平米二石二斗。

成化十七年，令各處軍民人等，有情願承佃空閒官地荒田，及山場水洲者，城市官地，每闊一丈，長三丈，歲納米一石；附近城郭好地，闊二丈，長五丈，歲納米一石。山場水洲，俱照舊例起科。

弘治二年，令應天府上元等七縣官田糧每石減耗米二斗五升，民田每畝勸出米二升。鎮江府丹徒縣官田糧每石減耗米二斗二升，民田每畝勸出米二升。丹陽縣官田糧每石減耗米二斗，民田每畝勸出米一升。金壇縣官田糧每石減耗米二斗，民田每畝勸出米一升二合。太平府當塗等三縣官田糧每石減耗米二斗五升，民田每畝勸出米一升。寧國府宣城等六縣官田糧每石減耗米三斗，民田每畝勸出米一升。廣德州並建平縣官田糧每石減耗米二斗，民田每畝勸出米一升五合。

正德三年，令山東濟南府濱州活鹻官民地土一千二百七十八頃，四十畝八分四釐二毫，辦納存留，以足常賦。其餘死鹻官民田土，折納布鈔，以寬民力。

五年奏准：差官丈量後軍都督府葦蕩，果係界至内退灘地畝，照依民田事例起科，辦納子粒。備造黄册一本，奏繳；青册二本，府部查考。

不許一概混占，以致軍民失業。

嘉靖九年令：直隸蘇松常鎮浙江杭嘉湖等府田地科則，只照舊行，不必紛擾。其有將原定則例更改，生奸作弊，通行禁革。

二十年題准：陝西查勘過朝邑縣地方，潼關以西，鳳翔以東，黄河退灘堪以耕種地，二百九十一頃八十三畝六分，令居民照舊領種，收入實徵册内。自嘉靖二十年爲始，每畝起科三升，夏秋中半，上納邊倉，接濟軍餉。

凡開墾荒田。洪武初，令各處人民，先因兵燹遺下田土，他人開墾成熟者，聽爲己業。業主已還，有司於附近荒田撥補。

又令：復業人民，見今丁少而舊田多者，不許依前占護，止許儘力耕墾爲業。見今丁多而舊田少者，有司於附近荒田，驗丁撥付。

三年，令以北方府縣近城荒地，召人開墾。每户十五畝，又給地二畝種菜。有餘力者，不限頃畝，皆免三年租税。

十三年，令各處荒閒田地，許諸人開墾，永爲己業，俱免雜泛差徭。三年後，並依民田起科。

又詔：陝西、河南、山東、北平等布政司，及鳳陽、淮安、揚州、廬州等府，民間田土，許儘力開墾，有司毋得起科。

二十四年，令公侯大官以及民人，不問何處，惟犁到熟田，方許爲主。但是荒田，俱係在官之數。若有餘力，聽其再開。其山場水陸田地，亦照原撥賜則例爲主，不許過分占爲己有。

又令：山東概管農民，務見丁著役，限定田畝，著令耕種。敢有荒蕪田地流移者，全家遷發化外充軍。

二十六年，令開墾荒蕪官田，俱照民田起科。

二十八年，令山東、河南開荒田地，永不起科。

又令：凡民間開墾荒田，從其自首。首實，三年後，官爲收科。仍仰所在官司，每歲開報户部，以憑稽考。

正統三年詔：各處凡有入額納糧田地不堪耕種，另自開墾補數者，有司勘實，不許重復起科。

景泰三年，令浙江等布政司丁多田少之人，開墾田地。若原係税額者，俟三年後，仍納本等税糧。

天順三年，令各處軍民，有新開無額田地，及願佃種荒閒地土者，俱照減輕則例起科。每畝糧三升三合，草一斤，存留本處倉場交收，不許坐派遠運。

成化二十一年，令遼東地方軍舍餘人等，有開墾不係屯田拋荒土地者，上等田每一百畝，納穀一石，豆一石。中等田，納穀一石，豆五斗。

嘉靖六年，令各處板荒積荒拋荒田地，遺下税糧，派民陪納者，所在官司，出榜召募。不拘本府別府，軍民匠竈，儘力墾種。給與由帖，永遠管業，量免税糧。三年以後，照例每畝徵官租，瘠田二斗，肥田三斗，永免起科加耗及一應田土差役。其概縣原陪税糧，即以所徵官租歲報巡撫衙門，照數扣減。

八年，令陝西拋荒田土最多州縣分爲三等，第一等召募墾種，量免税糧三年。第二等許諸人承種，三年之後，方納輕糧，每石照例減納五斗。第三等召民自種，不徵税糧。拋荒不及三分，有附近及本里本甲本户人丁，堪以均派帶種者，勸諭自相資借牛種。極貧無力者，官爲措給。責令開墾，不必勘報。

又令：陝西撫按官，將查勘過西安延慶等府田土，果係拋荒，無人承種者，即召人耕種。官給與牛具種子，不徵税糧。若有水崩沙壓，不堪耕種者，即與除豁。

十三年題准：各處但有拋荒堪種之地，聽召流移小民，或附近軍民耕種。照例免税三年，官給牛具種子，不許科擾。如地主見其開種成熟，復業争種者，許赴官告明，量撥三分之一給主，二分仍聽開荒之人承種，各照畝納糧。十年之上，方行均分。敢有恃強奪占者，官司問罪枷號，仍不准撥給。

三十六年，令拋荒田地，集招土著寄住，及原業人户開墾。每年終，將招過人户，開過荒田，資給過牛種，徵收錢糧數目，具奏查考。

萬曆二年議准：甘州拋荒堪種地畝，見今召人墾種。俟至萬曆六年，量徵租銀一百五兩六錢八分二釐五毫，以准年例。以後永爲定規。

十一年議准：陝西延寧二鎮，丈出荒田。但不在屯田舊額之内者，俱聽軍民隨便領種，永不起科。各邊但有屯餘荒地堪墾者，俱照例行。

凡召佃撥種地土。正統五年，令北直隸府州縣，將富豪軍民人等包耕田地，除原納糧田地外。其餘均撥貧民及衡塌田地人户耕種，照例起科。其貧民典當田宅，年久無錢取贖，及富豪軍民占種逃民田地，待復業之日，照舊斷還原主。

景泰四年，令廣西人民有被蠻賊劫殺遺下田土者，各該有司取勘撥給無田及丁多田少之家承種，二年後照例起科。

弘治二年，令順天等六府入官田土，俱撥與附近無田小民耕種起科，每名不過三十畝。

嘉靖十一年題准：薊州永平一帶沿邊關營拋荒山場地畝，查照册籍，果係有糧，原爲民業者，令附近軍餘承佃，認納民糧。其册籍不載，並原係附近官山官地者，撥給附近正軍耕種，量收輕税，作爲屯田餘地。其建昌等營，裁革鎮守、守備、内臣遺下地土房屋，係占奪者，給還原主，當辦糧差。係官山官地，分給貧軍耕種，量收税價，以充各邊賞勞修理公用。

十三年題准：陝西鎮守太監裁革，原有養廉地一百五十四頃五十七畝四分三釐，並園圃菜地果樹，總計定税科糧，共二千四百六十二石一斗七升七合，行令原佃軍民承種，附入實徵册内，隨民田徵收。税糧折價，以備韓府禄米支用。

十四年題准：將通州新城西南角曬米廠地四頃八十畝召佃，每畝定租銀一錢二分，歲該銀五十七兩六錢。該州依期徵完解部，送太倉銀庫交納。遇通倉修理公廨糧跳等項，呈部支用。其牆垣樹株盜伐損傷，責令佃户陪補。

十五年議准：陝西中護衛河外境外地九頃，糧一百八石。拋荒田二十五頃五十畝，糧三百六石。撫按官召人佃種，每畝徵銀一錢，以備軍儲。

二十一年議准：寧夏鎮近年撥與總兵官東紅花等莊田三頃六十二畝，並革任太監所遺廟兒等灘荒田二頃七十二畝，内副總兵一頃五十畝，游擊將軍一頃二十二畝，俱原係軍餘開墾屯田。行令照數退出，聽巡撫衙門照舊給與軍民人等佃種，辦納糧草。其各邊將官，能使虜騎不敢臨邊住牧，於邊外能自開地者，任其開墾耕種，不在此例。

凡查豁税糧田土。正統四年奏准：浙江、江西、福建並直隸蘇松等府，凡官民田地，有因水塌漲去處，令所在有司逐一丈量。漲出多餘者，給與附近小民承種，照民田則例起科。塌没無田者，悉與開豁税糧。

成化七年，令湖廣河南二布政司流民遺下平川田地，分撥各州縣土户丁多有力及田少之家，承種起科。若深山大谷，新開田土，原係應禁山場者，俱與開豁税糧。

嘉靖十五年詔：各處水塌沙壓等項田地税糧，負累人户陪納，曾經具奏者，撫按官查勘明白，照例除豁。各衛所有釋放軍伍，遺下屯糧負累官旗陪納者，亦與查勘除豁。

又題准：甘肅鎮體勘過水衝沙壓，跌斷溝渠，及隔在境外，甘州前後，永昌、凉州鎮番，莊浪、西寧、古浪等衛所，實屯起科，措辦邊儲田地，共六百七十九頃六畝一分六釐二毫，該糧六千九百五十九石九斗七升四合四勺六抄。照例除豁，以蘇民困。或日後水退，堪以耕種，仍舊召入陸續佃種，以備軍儲。

凡各宫田土。嘉靖八年題准：查勘過豐潤縣仁壽宫餘地，九百一十四頃三十七畝有零。泊南泊北、梁城所東，及水泊餘地，共九百八十頃九十九畝有零。蘆葦地一千三百二十二頃九十三畝有零。行令該縣，俱照原擬輕重則例，徵銀解部，以備邊儲。

又題准：查勘過仁壽、清寧、未央三宫官地六十二處堪種，並蘆葦徵銀不等地，計一萬六千一十五頃四十七畝零，歲該徵租銀三萬七千八百三兩五錢九分零。内仁壽、清寧二宫，比原額勘多銀五千三百九十四兩三錢零。未央宫比原額勘少銀二千六百二十二兩三錢零。各州縣照例徵銀，另批解部收候。係原額者，年終類進。係勘多者，除補未央宫勘少額數外，餘補各宫災免，補湊進用。

二十年議准：順天等府寶坻、豐潤、武清、静海、興濟五縣，水占荒蕪。勘減仁壽、清寧二宫官地銀五千三百四十五兩五錢四分零。將通州大興等州縣原入官備邊勳戚等項地租銀四千一百二十二兩八錢六分五釐七毫六絲七忽改補。及將原勘多餘，備補各宫災免銀二千七百七十一兩九錢八分七釐一毫九絲五微六纖五渺數内摘補外，其餘備補災免銀一千五百四十九兩三錢五釐四毫二絲六忽三微一纖五渺仍存補湊進用。二宫前項水占荒蕪田土，改作入官備邊。候水退，另行召佃，徵銀解部。

又題准：三宮原額，及新改補地土子粒銀兩，自本年爲始，至二十五年止，通借濟邊支用。

萬曆二年奏准：仁壽清寧未央三宮莊田，坐落順天、河間等府，每年額徵子粒銀三萬七千八百三兩五錢九分零。內除未央宮莊田，量撥供奉景陵香火，每年該銀九百八兩九錢五分七釐四毫，實該進銀三萬六千八百九十四兩六錢三分八釐零。前項官莊田地，俱係膏腴。每畝止徵課三分，或二分。坐落各該地方畝數，逐一丈量。將清查出田土，改正過姓名，佃種地畝，應納子粒，備細造册奏繳。仍造青册一樣四本，一送户部，一留屯田御史，餘留該府州縣。以後再有延欠奸豪，該州縣按名徑申屯田御史處治。

凡勳戚寺觀田土。洪武十五年，令天下僧道常住田土，不許典賣。正統十三年，令各處寺觀僧道，除洪武年間置買田土，其有續置者，悉令各州縣有司查照，散還於民。若廢弛寺觀遺下田莊，令各該府州縣踏勘，悉撥與招還無業及丁多田少之民。每户男子二十畝，三丁以上者三十畝。若係官田，照依減輕則例，每畝改科正糧一斗，俱爲官田。如有絶户，仍撥給貧民，不許私自典賣。

景泰三年，令各處寺觀田土，每寺觀量存六十畝爲業，其餘撥與小民佃納税糧。

成化十六年，令福建僧寺及有寺無僧田土，每寺除徵糧，及百畝以下，其多餘田地，給與小民領種。

嘉靖八年，令各撫按官，委官查勘所屬州縣原額税糧內，絶户無徵，并沙壓崩陷若干。就將所在原無糧差寺田，盡數查出，照例起科。遇造黄册，編入里甲，一體納糧當差，以補前數。不許勢豪之家，乘機侵奪。

又令：各撫按官，查有荒廢寺觀，無僧行住持，及遺下田産無人管業者，照彼中時價，召人承買。改名入册，辦納糧差。

九年題准：查勘遇順天、保定、河間、真定、廣平、順德六府所屬通州、大興等六十七州縣，勳戚、內臣、寺觀莊田共四百一十九處，計地四萬四千一百二十五頃四畝七釐八毫五絲七忽一微七塵。除原係官民草場糧地，例該遇給，及雜占、自種、蘆葦等項外，實堪耕種徵銀不等地，二萬八千六百六十五頃二畝九分零。照例每畝徵銀，上則三分，中則二分，中下則一分五釐，下則一分，解部給領。其順天、保定、河間、廣平四府所屬昌平、大興等三十六州縣勳戚等官，開墾置買，不行報官納糧。與旁枝等項應革莊田，并各莊田內，量出多餘地土，及先年查勘還官莊場，同鷹房司革過草場等項，共一百九處，計一萬三千二百八十四頃一十七畝二分六釐九毫五絲五忽五微九塵。除雜占不堪耕種外，堪種徵銀不等地，五千二百六十二頃八十二畝六分一釐二絲七忽七微七塵。另築封界，量地減輕，徵銀解部，轉發太倉銀庫，接濟邊餉。管莊人役，盡數取回。如違，照例問發邊衛充軍。各寺觀莊田亦於佃户內審立莊頭一人，收解該州縣給領，不許僧道自行收租。

十六年題准，福建廢寺遺田，實係抛荒者，召佃納租，依期與民糧帶徵。若係有僧行住持，編入里甲，納糧當差者，俱令照舊管業。

二十一年題准：福建各寺觀田土，已賣者，俱要收入承買人户內，納糧當差。見在者，若盈五頃，抽田一頃；五十頃，抽田十頃，仍給僧道掌管。每畝除糧外，納租銀一錢備賑。不及前數者，勿論。

隆慶二年，令元佑宮季修閲視具奏等規盡行停止，莊田盡數追奪還官。就令原佃人户承種，照依原額，徵納租銀。每歲行承天府委官管收，專備修築堤岸之用。

凡草場牧地。正德十六年，令各馬房倉場監督主事不妨原務。提督該房官旗人等，將原馬房地土，查明頃畝，設立封堆，開挑濠塹，呈部照驗，仍時常踏勘查考。

嘉靖八年題准：查勘過正陽等九門外苜蓿草場地，共一百三頃七十二畝四分七釐二毫三忽八微七塵。除原牧馬水占不堪耕種外，實該堪種地一百頃九十四畝六分四釐二毫七絲一忽八微七塵。內存留四十頃，分爲四總。每總地十頃，把總官一員，軍人三十名，照舊種辦苜蓿，以供內厩喂養。多餘官軍，退回差操。其餘每畝，上則徵銀五分，中則四分，下則三分。歲該銀三百兩八錢三分六釐，召佃徵銀解部，該監不得干預。

又題准：查勘過御馬草場五十七處實在地，共三萬三千三百六十二頃五十九畝零。除雜占水鹻，並存留牧馬外，實該徵解備買草料地二萬五千九百五十六頃七十四畝零。並原備給修理公廨地四百三十頃，俱每畝徵銀三分。除修理公廨銀一千二百九十兩，馬房自行徵收外。草料地銀七萬七千八百七十兩二錢四分零，照例召佃，徵解户部支用。有餘，留備災傷。其歲派北直隸、山東、河南各馬房料草，以後斟酌免派，量減原價，徵銀解部，轉發太倉交納。莊頭佃户，務審編殷實充當，上等官地不過二頃，中等不過一頃五十畝，下等不過一頃，莊頭不過四頃。仍置立印信文簿三本，備開各户種地徵銀數目，一送户部，一送該府，一收貯該州縣，備照查考。

又題准：查勘過東直門裏外，並吴家駝牛房草場實在堪種地，四百六十三頃八十七畝九分七釐三毫四絲七忽，歲該租銀一千六百八十七兩七錢二分四釐二毫五絲一忽四微五纖。蕃牧所徵完解部，給領買補牛隻。西琉璃廠羊房草場空閒地，九頃六十五畝九分九釐六毫一絲四忽，歲該租銀三十兩。司牲司徵完，解光禄寺支用。順義縣北草場東上林苑監良牧署養牲地，二千六百四十頃七十六畝三分五釐七毫九絲九忽九微五塵，並水田九十一畝八分五毫一忽八微，房屋一百三十五間，歲該租銀七千九百四十七兩六錢七分一釐二毫四絲一忽七微八纖五渺。俱上林苑監徵完解部，聽給光禄寺買辦。如有支餘銀兩，候各該地方災傷補給。

又題准：安州等處牧馬草場地一百一十九頃九十畝五分，外鷹房按鷹地九十八頃七十一畝四分。差官丈量，召民佃種。照草場事例，每畝徵銀三分，解部，送太倉銀庫，作正支銷。

又令：興州左、興州右、興州前、遵化、東勝右、忠義中、開平中、寬河、梁城等九衛所，秋青草地畝銀兩，改派大潤庫上納。放支山海、薊州、鎮朔等衛，遇例改選指揮、千百户等官折俸。

十年，令提督屯田御史及各該主事，將各馬房草場地土依原册内頃畝數目，自召佃後爲始，照例徵銀解部，轉送太倉銀庫交收，以備草料支用。若有豪猾不行解納及多占者，問罪。

十三年題准：清查過御馬監並壩大等二十馬房草場及馬神廟香火地五十七處，共地三萬一千五百五十九頃四十九畝零。除雜占地三千一百三十三頃一十六畝零，存留牧馬地一千八百八十四頃五十七畝，修繕馬營地一百三十頃，及大馬往回住牧漷縣草場地一十七頃七十二畝，免南水占地三十六頃外。該户部徵收子粒者，二萬一千七百五十七頃二十四畝零。屬御馬監徵銀修理公廨者，四百三十頃。其餘拋荒鹻薄，未經召佃者，四千一百七十頃六十九畝零。萬曆六年册報，各馬房徵銀地二萬二千四百八十頃五十五畝三分一釐零。户部徵銀地一萬九千七百九頃五十畝零。徵銀四萬六千八百七十九兩一錢四分三釐零。御馬監修理公廨地二千七百七十一頃四畝零。徑自徵銀八千三百一十三兩一錢三分零。

三十二年，令勘過大名、廣平二府牧地，三千一百二十五頃二十一畝七分零。内除拋荒等項，堪種地歲徵銀八千九百三十五兩四錢七釐零。分別夏秋二税，徵解太倉，專備京營馬匹草料。

隆慶六年，令陝西苑馬寺牧地，實有五萬五千三百二十二頃二十六畝一分零。内川地一萬二千一百二十頃零，坡地三萬一千九百三頃零，山地一萬一千三百七頃零，將七苑册開見在馬一萬六百七十四匹，除駒贏一千九百四匹，例不給地。議每騍馬一匹，定給川地一百三十畝。兒騸馬一匹，各給川地五十畝，坡山地五十畝。川地不足苑分，每頃或給坡地一頃五十畝，或給山地二頃抵算。共該除一萬二千三百五十一頃一十九畝二分零。除外，川地五千三百九十二頃零，每頃議徵銀六錢。坡地二萬八千二百八十三頃零，每頃議徵銀四錢。山地九千二百九十四頃零，每頃議徵銀三錢。共徵銀一萬七千三百三十七兩四錢八分零。又將節年另議混互不明，分争不已地土，照例起科，共二千二百五十八頃，該銀九百八十三兩一錢六分零，俱查照徵收，專備軍餉，扣抵固原年例軍餉。

又令：苑馬寺牧地，照依原擬，分别川坡山三等，定擬徵銀數目，立爲定額。每年收解固原兵備道，專備軍餉支用。本部將應發該鎮年例銀内扣除。

凡詭寄投獻等禁例。洪武初令，凡民間賦税，自有常額。諸人不得於諸王、駙王、功勳、大臣及各衙門妄獻田土山場窯冶，遺害於民，違者治罪。

十五年，令各處奸頑之徒，將田地詭寄他人名下者，許受寄之家首告，就賞爲業。

十八年令：將自己田地移坵换段，詭寄他人，及灑派等項，事發到官，全家抄没。若不如此，靠損小民。

正統九年奏准：順天府所屬地土有限，今後公侯駙馬伯等官，在京年久及外夷人員，曾經撥地安插住坐者，不許奏討田地。

天順二年，敕皇親公侯伯文武大臣，不許強占官民田地起蓋房屋，把持行市，侵奪公私之利。事發，坐以重罪。其家人及投託者，悉發邊衛永遠充軍。

成化二年題准：公侯、駙馬、伯，及勳戚、大臣之家，有將官民地土，妄稱空閒，朦朧奏討；及令家人伴當用強侵占者，行移法司。先將抱本奏告人，拏問如律；干礙主使教令人員，奏請拏問，仍追究報地投獻之人。該府州縣官阿附權勢，容令占種，不即具奏者。事發，一體究治。

弘治二年令：皇莊及皇親公侯駙馬伯等官莊田如遇災傷俱令照依民田災傷分數徵收。其各處王府，不許置買田地，霸占民業。

三年奏准：令後如有皇親並權豪勢要之家，奏討地土，非奉旨看了來説，一切立案不行。仍要追究撥置主謀之人，參送問罪。本部仍行都察院，轉行巡視五城及巡按御史，出榜曉諭，禁約軍民人等，敢有投託勢要之家充爲家人，及通同旗校管莊人等，妄將民間地土投獻者，事發，悉照天順並成化十五年欽奉敕旨事例，問發邊衛永遠充軍。

十一年，令今後額辦錢糧田地，不許王府奏討。

十三年題准：凡軍民人等，將爭競不明，並賞過，及民間起科。僧道將寺觀各田地，朦朧投獻王府及內外官勢之家捏契典賣者，投獻之人，問發邊衛永遠充軍，田地給還寺觀及應得之人管業。其受投獻家長並管莊人，參究治罪。山東、河南、北直隸各處空閒地土，祖宗朝俱聽民儘力開種，永不起科。若有占種投獻者，悉照前例問發。

十五年議准：各王府皇親侯伯莊田地土、店肆等項，如有強奪侵占，並管莊人役生事害民，撫按官拏問發遣，應參奏者參奏。

嘉靖六年詔：户部通行各撫按衙門，轉行各司府州縣官，民間田地悉照册籍應當糧差。查出奸弊，即爲究治改正。不許一概丈量改科，自立新法，生事擾民。

又詔：勳戚之家，除欽賜莊田以資養贍外，再不許聽信撥置，將有主之業朦朧陳乞。違者，許本部該科，參究處治。

八年奏准：清查部科道等官，將各該勳戚田土，盡數查出。內有世遠秩降，果係宗派，照舊不動外。若世遠，本房子孫已絕，傍枝影射冒占者，於內量存三分之一，以爲修墳辦祭之資，其餘盡革入官。照例徵銀解部，以備邊餉。其戚畹開墾置買田土，欺隱不行報官者，比照功臣田土律例，一體追斷。

又令：雲南總兵官田土，果係先年給賜者，將正數莊民，計田分户，佃納子粒。如有額外侵占民業，並投獻等項，悉照例退給軍民住種，納糧當差。一應投充影射莊户，嚴加查究。積年極惡，照例發遣。

又議准：受獻田土之人與投獻人，一體永遠充軍。事干勳戚，追究管莊佃僕，永爲定例。

又議准：甘肅各衛所湖場，撫按等官查照節次題准禁革事例，通行本鎮。鎮總副參游守等官，如有相承占據者，即照馬房迷黑二湖，退出還官，一體免罪。如有仍前霸占抗違者，參奏治罪。仍會委各道風力官員，將闔鎮草場，通查坐落遠近四至頃畝。已經給撥者，聽便。或開墾，或採草納糧。其餘盡行給撥衛所官軍，採草牧放。

十一年題准：陝西地方入官莊基地土，如有豪強占種，即令自首還官，賣銀貯庫，認納無主糧差。違者，從重問擬，仍追花利。

十二年，令各撫按官，清查邊江濱海草場，塗田、灘地、山場、湖蕩、蘆洲、沙洲並寺觀田地等，被官豪大户奪占者，不分新舊，入官變賣，積穀以備賑濟。公文到日，限一月以裏，自首退出。敢有執恡，在京官員並在外五品以上官，指名參奏，其餘徑自處治，通行造册奏繳。

二十二年，令各邊鎮守養廉地土，論畝收税，俱貯都司專備總督大臣取用犒賞。如有勢豪占種及官府侵欺者，許其首正，遞年花利，並免追究。違者，從重治罪。

二十四年題准：各王府除欽賜地土不動外，其空閒官田並軍民徵糧地土，敢有私自投獻，捏契典賣者，許被害之人告發。所在官司，即與丈量明白改正，還官給主。投獻之人，照例問發。

三十九年，令宣慰土司越境收種田土。無知軍民互爲投獻者，撫按官將土司查究。軍人目把人等，各照例發遣，田土價銀入官。

四十三年，令河南各王府郡王而下，但有置買民田者，盡數查出，附與原賣各里甲項下，即以佃户的名，編立户籍。凡正雜差役，俱要與平民一體派編。先將查過田糧造册二本，一本啓親王，一留有司，以便稽查。

民間有願將田地賣與宗室者，先將田糧數目報官，以憑附册編差。違者，以投獻論。

隆慶二年，令天下有王府去處，或有儀賓軍校誘引奸豪投獻田宅，及宗室公然借名置買，恃強不納差糧者，有司驗契查實。先將投獻人依律究遣，田宅入官，另給軍民管種輸租，以補各宗禄糧之缺。中有宗室執留占悋，就照民間編納差糧則例，儘數抵扣應得禄糧，方行補給。有司濫受饋遺，阿縱不舉者，撫按糾劾重治。

萬曆十二年題准：昌平州地土，除撥給陵莊果園，及勳戚莊田外，其見係民間耕種者，永爲州民恒産，不許勳戚奏討。

《明會典》卷一八《户部·屯田》 國初兵荒之後，民無定居，耕稼盡廢，糧餉匱乏。初命諸將分屯於龍江等處，後設各衛所，創制屯田。以都司統攝，每軍種田五十畝，爲一分。又或百畝，或七十畝，或三十畝，二十畝不等。軍士三分守城，七分屯種。又有二八四六一九中半等例，皆以田土肥瘠、地方衝緩爲差。又令少壯者守城，老弱者屯種，餘丁多者亦許。其徵收則例，或增減殊數，本折互收。皆因時因地而異云。【略】

凡開立屯田。洪武元年，命諸將分軍屯種於滁、和、廬、鳳地方，開立屯所。京衛旗軍，七分下屯，三分守城。每分田五十畝，設都指揮一員統之。

又置北平都司於北平府，領燕山等衛。復置大寧都司於兀良哈地，各置屯田。以五十畝爲一分，七分屯種，三分守城。受田之制，以五十畝爲中。

十一年，置貴州都司衛所，開設屯堡。

十八年，雲南諸蠻平，增置衛所，開屯戍守，悉以腴田給軍並歸附之衆。二十三年以後，始以千户所建立屯倉，委官收貯。

二十六年，五開蠻平，始設衛所屯種。

永樂二年，以廣西各縣田地開設屯所，撥官軍屯種自食，不納税糧。又營建北京，以五軍都督府，總攝天下屯政，增設衛所。調興州、營州等衛屯軍，拱衛京師，照例七分下屯。

三年，以保定等八府，直隸京師衛所三十七，徙大寧都司於保定府領衛所一十二，各置屯田。是後，兀良哈屯田，捐之朵顔諸胡。薊永一帶，遂爲邊鎮。

景泰六年題准：順聖地土肥饒，築立城堡，撥軍耕種，定爲則例起科。

又議准：沿邊關營城堡附近空閑地土，將見在關營軍士，二分守關，一分屯種。見在守城軍士，一分操練，一分屯種。每名撥田五十畝，委官提督耕種，子粒照例上倉。

凡設官管屯。永樂五年，令浙江、江西、湖廣、廣西、廣東、河南、雲南、四川按察司增置僉事一員，陝西、福建、山東、山西按察司增置僉事二員，盤量屯糧。

宣德二年，令巡按陝西監察御史兼理屯田。

正統二年，添設浙江、福建、陝西等處按察司僉事各一員，提督屯田。

五年，令廣東按察司推委僉事一員，提督屯種。

六年，添設貴州按察司副使一員，提督屯田。

七年，添設湖廣布政司參政一員，按察司副使一員，提督屯田。

八年，令各處按察司原無提督屯田官者，各添設僉事一員。

十年，添設陝西按察司副使一員，專一提督水利及屯田。

十一年，添設山東按察司僉事一員，提督北直隸屯田。

景泰二年，增設山西屯田副使。

三年，令提督南京倉場並巡撫南直隸蘇松等府，及順天北直隸各府都御史兼提督屯種。

四年，添設山東按察司副使一員，監督永平等處收支，兼理屯田。

天順元年，令本部差郎中四員，於宣府、大同、薊州、永平、山海等處，提督糧儲，兼理屯田。

成化五年奏准：鳳陽倉糧，令本部監督英武、飛熊、廣武三衛屯倉主事，就近兼管。

九年題准：行南京都察院差御史一員，巡視南京衛所屯田。南京巡屯御史始此。

十一年，令雲南按察司總督銀場僉事兼理屯田。

十三年，添設雲南按察司副使一員，專管屯田。

二十二年，添設山東按察司僉事一員，專管屯種。

二十三年，裁革山東按察司管屯僉事，仍令巡察海道副使兼理。

弘治三年奏准：河南僉事，奉敕提督直隸、安慶等二十八衛屯種。

正德三年題准：每歲選差御史一員，請敕督理北京並直隸衛所屯種，比較子粒，禁革姦弊，年終更替。北京巡屯御史始此。

嘉靖四年題准：將南昌衛饒州撫州千户所屯田，坐落池州府地方，許令江西屯田僉事帶管。凡詞訟有干屯政者，聽其綜理，仍給關防，以便行事。

八年題准：南京衛所屯田，地方廣闊。巡屯御史周歲不能遍歷。請給敕印，定限以三年爲滿。

又題准：在京並直隸各衛所屯種，照南直隸事例，都察院差委御史一員領敕清查，三年一替。其屯田僉事裁革。

十二年題准：貴州屯田水利二事，責令各該分巡官各照地方管理，提學官不必兼管。

十九年，令清軍御史帶管各省屯田事宜。各該管屯副使、僉事並分守官悉聽節制。

二十四年，令各衛屯田，有管糧通判處，行通判帶管。其無通判處，行各該兵備官帶管。

二十九年，令選風力重臣二員，督理北直隸、山西宣大屯牧。三十八年，令宣大添設同知一員，專管屯政。

隆慶二年，差都御史三員，一督理江南，一督理江北，一督理山西等處各屯政。後罷。

三年，令給宣大兵備守巡敕書，專理屯田，聽巡按御史舉劾。

萬曆元年，令鞏昌府清軍同知，臨洮府管糧通判，各加管屯職銜，分理應隸衛所屯田。

凡屯種徵折。洪武四年詔：河南、山東、陝西、山西、淮安等府屯田，三年後，每畝收租一斗。

二十年，令陝西屯軍，五丁抽一，稅糧照民田例。

又令：屯軍種田五百畝者，歲納糧五十石。

又令：陝西臨洮、岷州、寧夏、洮州、西寧、甘州、莊浪、河州、甘肅、山丹、永昌、凉州等衛軍士屯田，每歲所收穀種外，餘糧以十分之二上倉，給守城軍士。

三十年詔：廣西遷仁屯田所士兵，免納屯糧。

三十五年，始定科則。每軍田一分，正糧十二石，收貯屯倉，聽本軍支用。餘糧十二石，給本衛官軍俸糧。每衛以指揮一員，每所以千户一員提督，都司不時委官督查。年終上倉，並給過子粒數目，造册赴京比較。

永樂二年奏准：屯田所受，每粟穀、糜黍、大麥、蕎、穄各二石，稻穀、蜀秫各二石五斗，穇、稗各三石，並各准米一石。小麥、芝麻與米同。

又令：每軍分田三十畝，計遠近屯堡三百六十七所，以減輕例，徵糧四石。

二十年詔：各都司衛所下屯軍士，其間多有艱難，辦納子粒不敷，除自用十二石外，餘糧免其一半，止納六石。

洪熙元年，令每軍減徵餘糧六石，共正糧一十八石上倉。

宣德十年詔：各都司衛所下屯軍士，正糧子粒一十二石，給軍士用，不必盤量，止徵餘糧六石，於附近軍衛有司官倉交納。

正統元年奏准：陝西旗軍餘丁，所種屯田五十畝之外，每畝納糧五升。

二年，令每軍正糧免上倉，止徵餘糧六石。科則至是始定。

三年，令四川都司衛所屯種水田者，納米；陸地者，納豆。無豆者，抵斗折米。

七年，減延綏等處屯田軍子粒，每百畝歲納六石者，止納四石。

又減陝西行都司屯田子粒，每百畝歲納一十石。

又減延綏等處屯田子粒，每百畝歲納八石。

十年奏准：福州左右中衛，并延平衛屯田，准照民間秋糧事例，每石折銀二錢五分，解京濟邊。

又減陝西行都司等處屯田子粒，歲納八石。

十二年，令開平衛屯軍，餘糧六石，減免一石。

成化六年，令陝西延綏等處屯田，每軍百畝，徵草二束。九年，令榆林以南招募軍民屯田，每一百畝於鄰堡上納子粒六石。

弘治二年題准：成都右等衛屯田，每糧一石折銀二錢六分。布政司貯庫，聽支軍糧。

八年奏准：福建行都司所屬建寧延邵三衛，都司所屬福州左等衛屯田，每石折徵銀二錢五分，解京濟邊。

十一年題准：洪川順聖川地土，每一頃徵糧三石。每分二頃五十畝，共糧七石五斗，照舊徵草十束，於原定倉場上納。願依前例折銀者，聽。

十五年議准：京衛新增地畝，每糧一石折銀二錢。尋議輕減，每畝徵銀一分五釐。在京赴太倉，在外赴附近有司交納，放支官軍月糧。

十六年題准：浙江除昌國衛田畝數多，温州衛田地膏腴外，其餘各衛所屯軍，全納子粒六石者，每年本折中半，每石徵銀二錢五分，附近有司官庫收貯備支。

十七年議准：成都右等衛所屯地，山岡瘠薄，難納本色，每石折銀三錢。

又議准：山東登萊沿海瘠地，照輕科則例，每畝三升三合。

嘉靖八年奏准：浙江爵谿所屯田，並象山縣民帶種本衛中前千户所屯田，照有司秋糧折銀事例，每石徵銀二錢五分。

又令：薊州三十三衛所，先年丈出屯糧餘地，自八年以後，比照通州等衛地畝減徵事例，每畝徵銀一分五釐，解納薊州庫，以備官軍折俸。

又令：遼東各該衛所，除見種屯田，每五十畝辦納屯糧一分外，其餘闕銀糧、様田糧並贍軍、養馬、奏討等項各色，悉與革除。

九年題准：南京各衛新增田，每畝止納銀一分六釐，似爲過輕，令每畝量加五釐。熟田内每畝止納三升三合者，陞科五升三合五勺，以備欠額。新增地畝銀，至是每畝徵銀二分五釐。

十二年議准：福建建寧左右衛屯田，不論舊額新增，會計除殼成化年間實徵本折舊數外，左衛踏出實有開荒田三十六頃五十一畝，該增糧六百一十六石二斗。右衛有開荒田一十五頃三十三畝，該增糧三百一十二石八斗。照例每石折徵銀二錢五分，與同舊額折色解京。其該納本色田糧，仍每石折銀三錢五分，通融給軍。其餘折補，並荒陷不堪，無種無徵糧田，盡行停徵。

二十年議准：查勘過天津等二十衛所，新增地一萬四千五百二十六頃零，除荒鹻水占不堪外，實堪種徵銀不等地六千五百七十四頃二十九畝七分零。該徵租銀九千六百一十兩二錢七釐九毫六絲五忽，照則依期與原額屯糧一併徵納。

三十八年議准：大同屯田，折糧五萬三千五百二十石七斗七升零，原折銀一萬六千七百八十五兩七分零，通融折納，惟期不失原數。其加增銀兩，盡行除豁。

四十四年，勘過真定衛實在地五千一百五十二頃八十六畝六分七釐五毫三絲。其堪種地，每畝徵糧二升五合六勺，徵銀九釐。沙薄下地，每畝徵糧一升三合三勺，徵銀五釐。神武右衛左後前中所，原額軍糧一千五十石六斗六升九合五勺，銀一百六十八兩八錢二分四釐八毫。今丈勘，均徵糧八百八石二斗一升九合二勺八抄九撮七圭，均徵銀四百二十二兩三錢七分八釐。隆慶二年，令宣鎮屯種官地，每畝原徵糧不及一斗者，照舊徵納。如一斗以上者，亦以一斗爲止。其地畝起科，新增牧地等項田土，應徵糧石，酌量定爲三等。除本色照舊，米豆中半折色，照各城堡月糧則例上納。該鎮屯田地畝等糧，以原額爲準，以後虚增糧數，盡行除豁。將來徵收，務及一十八萬四千五百三十五畝之數。

三年議准：將保德所屯糧，照依先年舊規，每石徵銀五錢。永寧州馬房等處屯田，係原額者，照舊徵銀八錢。係新增者，改徵三錢，依期照數完納。

凡督比屯種。洪武三十五年，令各處衛所，每衛委指揮一員，每所委千户一員，提督屯種，年終以上倉並給軍子粒數目，造册赴京比較。各該都司，每歲仍委指揮一員督察，年終同赴京復奏。

又令：各處屯田衛所每軍歲徵正糧一十二石，直隸差御史比較。各都司所屬巡按御史同按察司掌印官比較。年終造册奏繳户部，不及數者，具奏降罰。所收子粒，行御史等官盤查。

永樂二年，令各處衛所凡屯軍一百名以上，委百户一員；三百名以上，委千户一員；五百名以上，委指揮一員提督。不及一百者，亦委百户一員提督。若官員軍餘家人自願耕種者，不拘頃畝，任其開墾，子粒自收，官府不許比較。

三年，更定屯田則例。令各屯置紅牌一面，寫刊於上。每百户所管旗軍一百一十二名，或一百名、七八十名。千户所管十百户，或七百户、五百户、三四百户。指揮所管五千户，或三千户、二千户，總以提調屯田都指揮。所收子粒，多寡不等。除下年種子外，俱照每軍歲用十二石正糧爲法比較。將剩餘並不敷子粒數目，通行計算，定爲賞罰。令按察司、都司並本衛，隔別委官，點閘是實，然後准行。直隸衛所，從巡按御史，並各府委官及本衛隔別委官點閘。歲收子粒，如有稻穀、粟、薥、秫、大麥、蕎麥等項麤糧，俱依數折算細糧。如各軍名下，除存種子並正糧及餘糧外，又有餘剩數，不分多寡，聽各該旗軍自收。不許管屯官員人等巧立名色，因而分用。

宣德五年，令各處屯田、都布按三司，各委官提督。在京並直隸衛所，從巡按御史提督。若有總兵官鎮守去處，亦令提督。

正統三年，令各都司衛所管屯官，三年滿日造冊。二千里以裏者，赴京比較；二千里以外者，從按察司並巡按御史比較。

弘治九年題准：河南各衛，除正操、守關、漕運等項旗軍支糧外，其餘革去月糧，悉令屯種，辦納子粒。一應雜差，俱查餘丁應役，准給口糧。

六年題准：各都司衛所屯田子粒違限，年終不完者，先將都司及衛所管屯並有屯糧官員之家，截日住支俸糧。若經一年之上不完，將都司衛所掌印並按察司管屯官員，一體住俸。

嘉靖十二年議准：各該撫按官，選委指揮千户，催督屯田錢糧。其掌印巡捕領操上運等官，不許朦朧營管侵盜。仍選有司佐貳官一員，協同收支，互相覺察，毋得和同侵尅。其有陞遷去任，申呈撫按交代，方許離任。

二十二年題准：將南贛所屬衛所屯糧，令屯田道派定，呈報御史，行各兵備道就近督徵。

三十一年，令比較屯田官員，見徵子粒有不完三分者，住俸，監併家屬。五分以上者，參問。一年之上不完者，革去見任。侵欺者，比照私役軍人事例，五分以上，降二級；以下，降一級。

萬曆元年題准：各衛所屯糧通限，當年完足。如未完二分以上，管屯官住俸督催，掌印官姑免。未完四分以上，管屯官降俸二級，掌印官住俸，各戴罪督催。未完六分以上，管屯官降二級，革任差操；掌印官降俸二級，戴罪管事。以上住俸降俸等官，俱不許别項差委，致滋規避。通候完至九分以上，住俸者方准開俸，仍將住通日期，查照補支；降俸者准復原俸，止以報完之日爲始。未完八分以上，管屯官降二級，仍調邊衛。係邊衛者，改調極邊衛分，俱帶俸差操。掌印官降二級，革任差操。都司掌印管屯官，總計所屬衛所完欠分數，一體查參。

九年題准：通行各撫按官，以後題參衛所掌印管屯各官，查果屯軍消乏，屯地荒蕪，糧必難完，從實具奏。始准比照有司凋疲地方事例，遞爲減等降罰。

凡撥軍開墾。正統二年，令各處軍職舍人除應襲外，其舍餘及家人女壻無差使者，每五丁朋作一名，委官管領，與閑地四十二畝耕種，照屯田例辦納子粒。

四年，令大同、宣府、遼東、陝西沿邊空閑之處，許官軍户下人丁儘力耕種，免納子粒。

七年，令屯田有自開墾荒地，每畝歲納糧五升三合五勺。

八年題准：廣西桂林等衛所屯田，每軍加給一十畝。如有餘剩田地，即令軍舍及勾補軍旗如數撥給，照例納糧。

九年，令浙江等處屯軍遺下田地儘見在旗軍，撥與屯種。餘剩頃畝，驗官軍户下餘丁有三四丁者，摘撥一丁。丁多者，以是爲率，摘撥下屯。若田地尚有餘剩，官旗軍民願承種者，一體撥與。其拋久積荒須開墾者，待三年成熟之後，俱照例徵收子粒，就於附近官倉交納。候有軍之日，撥軍屯種。

天順元年，令京城附近直隸八府及山東河南等處荒閑田地，及有人佃種無糧差者，撥與所在衛所軍餘，屯種納糧。

弘治四年題准：行四川，令管屯僉事，將官舍占種田地，退出撥與無田軍餘耕種。願認糧者，亦准與查明分數，照例徵收本色，不許徵銀花銷。

正德十五年題准：湖廣各衛所新增田地，以十分爲率，減除三分。其七分，撥軍舍承種納糧。

嘉靖六年詔：各該巡撫督率管屯方面等官，查勘衛所屯田。其官舍軍餘，占種年久故軍之田，仍與領種，代納糧草。如軍見存無田者，即令退還本軍爲業。其領種故軍之田，一人止許一分，一户止許二分，其餘俱令退出。

八年議准：甘肅等處屯田，除見種成熟，不許更换外，今後凡有荒蕪堪種地土，止論人丁。於一衛之内，許令附近有力屯丁告頂。其衛所撥補，務查屯丁住居。先儘本渠分地土，不許隔遠，及將無影地土虛撥，致令包賠糧則。

隆慶二年，令宣大開墾田已成業，每十頃内給將官五十畝，以爲養廉之資。若副參開種不及一百頃，守備以下不及一十頃，參論戒飭。

四年，令各邊有自墾田地，照永樂二年事例，永不起科。如果歲增粟十萬五萬石，自墾至百頃千頃者，重加陞賞。

凡稽查改併。正統十一年，令各處衛所，類造屯田坐落地方四至，頃畝子粒數目文册。一本繳合干上司，一本發該管州縣，以備查考。

弘治十五年奏准：後湖并南京户部及各衛所，俱無屯册。將今次清過屯田，行令管屯官各造册送後湖交收。仍將屯田頃數，刻記碑陰，以圖經久。

十八年，令直隸武平衛屯糧，歸併南直隸管理，其河南屯田册除豁。

正德十年題准：南京衛新增屯地銀，改解南京太倉銀庫，聽給官軍月糧。

十五年題准：每年七月，南京户部預委主事、都察院委御史各一員，會同過江驗看屯田。果有被災去處，即時督同軍衛有司踏勘輕重分數，造册奏請。不許屯軍臨時告災，以圖冒免。

嘉靖十五年議准：給南京屯田户由，每十年一造。

二十四年，令各該管糧郎中主事，嚴督監收委官及倉攢人役，收受完日，填寫循環文簿。季終，送管糧官處倒换稽考。如有插和情弊，事發從重問擬。虧折之數，就令監收委官，及經該官攢人役均陪。其查盤官受賄容隱，一體究治。

四十年題准：山西寧山衛平定所屯田，坐落直隸地方，行直隸屯田御史管理，仍於山西屯田册内開除。

凡處補折抵。嘉靖十一年題准：定遼左等二十五衛所，掌印管屯等官，將關銀樣田參究地畝、賦税，巡撫續選陞官寄籍起科越界等項糧料，改作屯田糧料，補足原額屯糧二十五萬九千九百餘石之數。出給該所印信票帖，付各納糧軍餘，依期赴倉上納。仍行遼東總理郎中，嚴督都司衛所掌印管屯官照數追徵。

十三年題准：廣東廣州左等六十一衛所屯田，如遇借力征守，其該支月糧，每月扣五斗或一石，折抵該納屯糧。

凡侵占禁例。弘治十三年奏准：凡用强占種屯田者，問罪。官調邊衛帶俸差操，旗軍餘丁人等發邊衛充軍，民發口外爲民。凡軍職舍餘，及旗軍餘丁人等，若侵種不係用强，或不及五十畝者，依侵占官田問罪，照常發落。

嘉靖十三年題准：陝西、河南地方，如有屯地，爲軍職及莊浪人等買種代種者，悉照紅牌事例問罪。

《明會典》卷一六三《刑部·律例·户律·田宅·欺隱田糧》 凡欺隱田糧，脱漏版籍者，一畝至五畝，笞四十。每五畝，加一等，罪止杖一百，其田入官。所隱税糧，依數徵納。

若將田土移坵换段，那移等則，以高作下，減瞞糧額，及詭寄田糧，影射差役，并受寄者，罪亦如之。其田改正收科當差。

里長知而不舉，與犯人同罪。

其還鄉復業人民，丁力少而舊田多者，聽從儘力耕種，報官入籍，計田納糧當差。若多餘占田而荒蕪者，三畝至十畝，笞三十。每十畝加一等，罪止杖八十，其田入官。若丁力多而舊田少者，告官，於附近荒田内，驗力撥付耕種。

一、凡宗室置買田產，恃强不納差糧者，有司查實，將管莊人等問罪。仍計算應納差糧多寡，抵扣禄米。若有司阿縱不舉者，聽撫按官參奏重治。

《明會典》卷一六三《刑部·律例·户律·田宅·檢踏災傷田糧》

凡部内有水旱霜雹及蝗蝻爲害，一應災傷田糧，有司官吏應准告而不即受理申報檢踏，及本管上司不與委官覆踏者，各杖八十。若初覆檢踏官吏，不行親詣田所，及雖詣田所，不爲用心從實檢踏，止憑里長甲首朦朧供報，中間以熟作荒，以荒作熟，增減分數，通同作弊，瞞官害民者，各杖一百，罷職役不叙。若致枉有所徵免糧數，計贓重者，坐贓論，里長甲首，各與同罪。受財者，並計贓以枉法從重論。

其檢踏官吏及里長甲首，失於關防，致有不實者，計田十畝以下，免罪。十畝以上至二十畝，笞二十。每二十畝加一等，罪止杖八十。

若人户將成熟田地，移坵换段，冒告災傷者，一畝至五畝，笞四十。每五畝加一等，罪止杖一百。合納稅糧，依數追徵入官。

《明會典》卷一六三《刑部·律例·户律·田宅·功臣田土》　凡功臣之家，除撥賜公田外，但有田土，從管莊人盡數報官，入籍納糧當差。違者，一畝至三畝，杖六十。每三畝加一等，罪止杖一百，徒三年。罪坐管莊之人，其田入官。所隱稅糧，依數徵納。若里長及有司官吏，踏勘不實，及知而不舉者，與同罪；不知者不坐。

《明會典》卷一六三《刑部·律例·户律·田宅·盜賣田宅》　凡盜賣换易及冒認，若虚錢實契典買及侵占他人田宅者，田一畝，屋一間以下，笞五十。每田五畝，屋三間，加一等，罪止杖八十，徒二年。係官者，各加二等。

若強占官民山場湖泊、茶園蘆蕩及金銀銅場鐵冶者，杖一百，流三千里。

若將互争及他人田産，妄作己業，朦朧投獻官豪勢要之人，與者、受者，各杖一百，徒三年。

田産及盜賣過田價，并遞年所得花利，各還官給主。

若功臣初犯，免罪附過；再犯，住支俸給一半；三犯，全不支給；四犯，與庶人同罪。

一、軍民人等將争競不明并賣過及民間起科、僧道將寺觀各田地、若子孫將公共祖墳山地，朦朧投獻王府及内外官豪勢要之家，私捏文契典賣者。投獻之人，問發邊衛永遠充軍，田地給還應得之人及各寺觀，墳山地歸同宗親屬各管業。其受投獻家長并管莊人，參究治罪。山東、河南、北直隸各處空閑地土，祖宗朝俱聽民儘力開種，永不起科。若有占奪投獻者，悉照前例問發。

一、凡用強占種屯田五十畝以上，不納子粒者，問罪，照數追納完日，官調邊衛帶俸差操；旗軍軍丁人等，發邊衛充軍；民發口外爲民。其屯田人等，將屯田典賣與人，至五十畝以上與典主買主各不納子粒者，俱照前問發。若不滿數，及上納子粒不缺，或因無人承種而侵占者，照常發落。管屯等官不行用心清查者，糾奏治罪。

一、西山一帶密邇京師地方，内外官豪勢要之家，私自開窑賣煤、鑿山賣石、立廠燒灰者，問罪，枷號一箇月，發邊衛充軍。干礙内外官員，參奏提問。

一、大同、山西、宣府、延綏、寧夏、遼東、薊州、紫荊、密雲等邊分守、守備、備禦并府州縣官員，禁約該管官旗軍民人等，不許擅自入山，將應禁林木砍伐販賣。違者，問發南方煙瘴衛所充軍。若前項官員有犯，文官革職爲民，武官革職差操。鎮守并副參等官有犯，指實參奏。其經過關隘河道守把官軍容情縱放者，究問治罪。

《明會典》卷一六三《刑部·律例·户律·田宅·盜耕種官民田》

凡盜耕種他人田者，一畝以下，笞三十。每五畝加一等，罪止杖八十。荒田減一等。強者，各加一等。係官者，各又加二等。花利歸官主。

一、成化十年七月十一日，節該欽奉憲宗皇帝聖旨：陝西榆林等處近邊地土，各營堡草場界限明白，敢有那移條款，盜耕草場，及越出邊墻界石種田者，依律問擬，追徵花利完日，軍職降調甘肅衛分差操。軍民係外處者，發榆林衛充軍。係本處者，發甘肅衛充軍。有毁壞邊墻，私出境外者，枷號三箇月發落。欽此。

《明會典》卷一六三《刑部·律例·户律·田宅·荒蕪田地》　凡里長部内，已入籍納糧當差田地，無故荒蕪及應課種桑麻之類而不種者，俱以十分爲率，一分笞二十。每一分加一等，罪止杖八十。縣官各減二等。長官爲首，佐職爲從，人户亦計荒蕪田地及不種桑麻之類，以五分爲率，一分笞二十。每一分加一等，追徵合納稅糧還官。應課種桑棗、黄麻、苧麻、綿花、藍靛、紅花之類，各隨鄉土所宜種植。

《明會典》卷二〇二《工部·屯田清吏司·屯種》　國初以軍食爲重。自内廷及邊境荒閒田土，各衛所撥軍開墾。歲收子粒，爲官軍俸糧，以省餽餉。其耕種器具牛隻，皆給於官。今依職掌開載，其事例，詳見《户部田土》中。

《明會典》卷二〇二《工部·屯田清吏司·開墾》　洪武四年，令四川建昌衛附近田土，先儘軍人，次與小旗、總旗、百户、千户、指揮，屯種自給。其新立蘇州、柏興、會州、梧州等衛，一體俵發。

二十六年定，凡邊防郡縣守禦去處，新立衛分，撥軍開墾荒田屯種。須要計算頃畝數目，及田地肥瘦、人力勤惰，務在不曠征徭，不失軍餉。

嘉靖七年，令陝西、山西、山東、北直隸，沿邊提督巡撫都御史，查革軍伴，退回原衛所，並招輯游民、游僧，編堡定户，以耕邊地。

八年題准：甘肅等邊，凡開墾水地者，不分額內額外，俱照例，三年方行起科。南北山地，聽其儘力開墾，永不起科。各該將領衛所，不必別僉屯丁。將所管步兵，比照涼州定規，查給牛種，委官統領團種。其將領墾田百頃以上者，撫按獎勵。三百頃以上者，奏請擢用。備禦官軍，每年正月初一日上班，願墾田者，分撥永昌、古浪、甘肅、山丹等衛所荒田尤多去處，查給牛種犁鏵，給與本色行糧，即委領班官員，統率團種。領班官能墾田者，照前例獎勵擢用。

十三年題准：陝西河西地方，多有可耕之田，限於境外，無人敢種。通行巡撫等官，查照國初壕牆邊界、築濬高深，可耕之田，儘令開墾。給與牛種，撥人佃種。歲熟，但收牛種原值。應納税糧，緩以年歲，然後量地起科。

二十二年題准：各邊抛荒地土，不拘將帥軍民，開墾成業，即爲己產，永不起科。其舊曾起科，積荒年久者，仍要用力開墾成業。應納子粒，一體蠲免。成熟地土，遞年納糧管業者，照舊耕種徵收，以足邊餉。其有相應修築城堡，撥軍防獲云處，悉聽從宜處置。

（明）張燧《經世挈要》卷一四《屯政・國朝屯法之嚴・不許以屯田軍守城》 宣德元年，陝西都指揮使司奏：所屬近地，凡十四衛所，乞以屯田軍士之半，復還守城。上諭行在兵部尚書張本曰：屯田春種已畢，又令守城，則前功盡棄，勿聽。六年五月，行在兵部尚書許廓奏：應天、和陽二衛，原分調官軍奏回原籍屯田，請取至調用，缺人屯田別選餘丁補之。上曰：屯田軍豈可動？

（明）張燧《經世挈要》卷一四《屯政・國朝屯法之嚴・不許撤屯軍就糧守城》 正統八年，廣東都指揮僉事姚麟奏：沿海東莞等二十四千户所，兵少禦備不敷，請撤原撥二分屯軍就糧守城，以固邊圉。事下户部，言：屯田乃安邊長策，若徇麟言，坐食供餉，非經國至計。請移文廣東，果缺防守，止宜如陝西例，於屯軍丁多之家，摘發正軍守城，以二人供給之，餘丁頂補下屯，務在不失原定分數。違者，從管屯官究治。從之。

（明）張燧《經世挈要》卷一四《屯政・國朝屯法之嚴・不得以備倭廢屯軍》 正統十二年夏四月，廣東備倭指揮杜信言：缺軍守城，恐倭寇登岸，難於防制。請以海南衛南山守御千户所屯軍取回守城，以屯田牛具撥民承種。户部言：倭寇出没，防備有時，屯田法廢，使民經涉海洋以給軍餉，恐非經久至計。本處如果缺軍防守，止宜摘撥正軍守城操備，仍令餘丁如舊屯種，務俾不失原定分數，如故違不遵，從提督屯田風憲官逮治。從之。

（明）張燧《經世挈要》卷一四《屯政・國朝屯法之嚴・屯田不以近京緩》 正統元年，大學士楊士奇等言：在京官軍數多，除操練造作應用外，餘者悉令於北京八府空閑田地屯種。倘遇豐年，必有蓄積，可省南方轉運之費。上命該部議行，於是撥京軍三萬，就近地下屯。

（明）張燧《經世挈要》卷一四《屯政・國朝屯法之嚴・屯田不以衝邊廢》 嘉靖三十五年，大同巡撫楊順以該鎮饑甚，屯軍輸納不前，請損本色之額。部覆：祖宗時，大同額糧至五十萬石，故塞下之粟常充。今邊臣縱不能盡復前額，奈何於本色七分之數復不能守，而又議更耶？夫大同切鄰□抄暴，無時固也。然考之古人，充國嘗屯於金城矣，曹操嘗屯於許下矣。夫強□在前，勢艱而難，田莫如充國；四面應敵急迫而不暇，田莫如操。當時猶且爲之，今大同雖苦□，然出入可預諜，非有倉卒轉戰，朝不謀夕之患也。而頃畝尚存，成規具在。又非若金城、許下，創建於窮荒絶域之所，開墾於干戈擾攘之秋也。但以人懼兵凶，地多廢棄，饒飫者並於豪強，貧寒者困於牛種。當事者不務反本澄源，釐此數弊，而苟且目前之安，此臣之所未解也。乞嚴督順等，毋更紛紛。從之。

（明）張燧《經世挈要》卷一四《屯政・屯田職掌・屯田副使僉事必屯田完方考滿》 天順四年，户部奏：各處管屯副使僉事，職專管屯，及至三年、六年、九年考滿到部，不將該管屯糧已未完結數目開報本部查理，止憑牌册虚文，考作稱職、復任、陞除，以致屯糧負欠，欲移文吏部都察院。今後遇有管屯副使僉事考滿到部，務要將任內該管屯田數目，移文該部查理。如果完結，考作稱職，不則考作平常，俾知所警。從之。

（明）張燧《經世挈要》卷一四《屯政·各省直屯田·鳳陽屯》 夫鳳陽，南自定遠，北抵宿州，三百五六十里間，舊額軍民田地大略相半。今赤地不毛，其高阜處，如定遠、靈璧諸地，歲苦旱災；而大店、任橋、洪塘湖一帶下隰，又患水沴。民既多逃，盜亦時起。宜於鳳陽府添設通判一員，專董其事。先踏勘所荒之地，不論軍民，悉改屯畆。首定其界，次阡陌之，次廬舍之。仍留中都京操班軍數千名，令其偕婦子比屋而居。即以隊分爲居廬，官給牛種，督之開墾。在高阜者，多濬池塘；下隰者，廣爲溝洫。寬其三年之租，比及三年，議收租種。一二年間，可得良田數千頃矣。夫專其官則事權一而殿最易課，定其界則疆域明而紛爭可息，減留班軍則耕作不費招採，官給牛種則畚鍤不勞自辦。山塘蓄水，永無旱魃之虞；原隰導流，自免商羊之患。寬其稅，則軍不畏其賠租；徵其種，則官不憂乎靡費。況農隙可以操練，南北咽喉，既增數千人之護衛，成熟可以多穫；根本重地，又增千萬箱之儲糧，無便於此者。況徐州爲水陸要衝，議者欲設重兵久矣。今宿之去徐，僅一百七八十里而遥，聲勢易通，緩急有濟。是徐州且增一犄角，寧第曰屯田之利而已哉？

（明）張燧《經世挈要》卷一四《屯政·各省直屯田·邊屯》 臨河甘蘭四衛，界在廣羌，地屬荒漠。高者爲坡、爲嶺，非石則砂，下者爲崖，爲川，非砂則水。然而民之糧地，軍之屯田，咸在是焉。且如甘蘭兩衛，地俱在蘭，滿目荒涼，情境堪惻。偶歷西涼諸地，乃見京坻之象盡屬膏沃之區，因而考求。是乃河湟之地，而昔者營平留屯之處也。始知其駐金城而倚江山之險，非屯金城而上便宜之略；益信臨河一郡之地，在昔在今，原皆不可爲屯也。雖然興利利也，除害亦利也。事固有宜損之以爲益，而更其不便以成大便者。達識之士，豈可祇奉功令唯謹，不詳計利害耶？

考《唐志·馬政》始置八坊岐豳涇寧間。其後又以隴西、金城、平涼、天水員廣千里，置八坊爲會計都領，其間善水草腴田皆隸之。然則此故唐時牧地也，而今以爲屯，使軍食之，豈不過哉？然則此屯可議減乎？頗聞古今屯田，皆在塞外及附近畿輔之地。

今近言之，河以西既可議增矣。遠言之，則榆關以外前屯、中屯、錦義諸處，皆豐腴地，可爲屯。而兵多，又可爲墾爲守；木賤，又可爲庾爲倉矣。又順永蘇遵豐潤玉田諸處，其間民田不過十之五，而餘皆爲草場地，糧不當民賦十之三，而差不及焉。蓋先朝所以牧馬者，實皆沃壤，盡被隱占。今誠遣一風力有幹大臣，一一清出，可得糧億萬萬。此奚翅足以補臨蘭缺糧哉。又頃者，永平而東爲□□所殘，戮者、叛者田產在焉，若以清查得出，永爲三輔游兵新設之需，抑又裕如矣。行將可以省遼餉，蠲而與民，豈非久安長治之策哉。

（明）張燧《經世挈要》卷一四《屯政·各省直屯田·廣西土官府屯田》 弘治九月，福建右政使李韶言：廣西府舊有土官知府，後改建流官，所屬皆僰人羅羅。此類野人難化而易制，本府前有乾海，後有平壤，一帶有水利，可開屯田。請於會城廣南衛，量撥二所赴彼守禦，屯田以制之。

（明）徐學聚《國朝典彙》卷九一《户部·田制》 洪武元年正月詔：遣周鑄等一百六十四人，往浙西覈實田畝。上謂中書省曰：兵革之餘，郡縣版籍多亡，田賦之制不能無增損。征斂失中，則百姓咨怨。今欲經理，以清其源，無使過制以病吾民。夫善政在於養民，養民在於寬賦。今遣周鑄等往諸府縣覈實田畝，定其賦稅。此外毋令有所妄擾。復諭鑄等曰：爾經理，第以實聞，無踵襲前弊，妄有增損，曲徇私情，以病吾民。否則，國有常憲。各賜衣帽遣之。

上以中原之地，自兵興以來，田多荒蕪，命省臣議計民授田設官以領之。於是省臣議設司農司，開治所於河南，掌其事。

四年三月詔：臨濠之田，驗丁力計畝給之，不許兼并多占。

八年，陝西僉事虞以文言：嘗巡按漢中，見其民多居深山，遷徙無常，以避徭役。其膏腴水田皆灌莽彌望，莫肯下山開種。蓋因用力勞，而又畝徵其稅，以是不欲下山。今若減其租賦，寬其徭役，使居平野以漸開墾，則田益闢而民有恒產矣。上善其言，詔陝西行省遵行之。

國初各省土田，惟貴州無頃畝册，應辦糧差各於土官下總行認納。

永樂元年五月，敕户部曰：朕即位，首命爾等荒蕪田土無人佃種者，即令所司覈實蠲除其租，庶不貽患於民。爾等略不體朕愛民之心，因循翫愒，視爲虚文。有司拘於歲額，一概徵收。此豈大臣爲君爲民之心？其速下各布政司府州縣，各有荒閒田地無人開墾，即於歲租額内削除。庶幾民免橫擾之苦。

二年十月，安撫江西給事中朱肇言：江西十三府官田租重十倍民田，乞於官田折布，民田輸米，以甦貧民。從之。

八年二月，直隸巡按御史劉煥劾治水蘇湖，左通政趙居任：田多荒蕪，蔽不以聞，惟簡烏程熟田穗繁，其顆粒及三百之上爲秉，稱瑞罔上。宜加誡責。皇太子監國以上之所使，未可擅易，封此章示之，令自省。

十四年七月，除光澤縣荒田二百三十六頃有奇租額。

宣德元年二月，上諭户部尚書夏原吉等曰：前下詔書，令民應有抛荒官田，召人開耕，依民田例起科。近來各處有司多言户部不除舊糧總額，仍復徵收。若果如此，豈不失信。民糧遠運艱難，必致逃避，則田將復荒，卿等宜遵依詔書，無失人心。

五年二月，敕户部曰：各處舊額官田起科不一，租糧既重，農民勿勝。自今年爲始，每田一畝舊額納糧自一斗至四斗者，各減十分之二；自四斗一升至一石以上者，減十分之三，永爲定例。

六年二月，户部奏：查洪武二十八年本部欽奉聖旨：百姓供給繁勞已有年矣。山東河南人民除已入額田地照舊征科外，新開田地不問多寡，永不起科，有力的儘他種。今北京八府供給尤多，繁勞日甚，亦乞比例。詔可之。

三月，上御武英殿，問侍臣曰：古之井田最爲善政，後世何以終不能行？侍臣對曰：自秦開阡陌，富強者得以兼并，遂致因循。上曰：朕惟爲國養民在有實惠，誠能省徭役，薄征斂，重本抑末，便是養民，亦何必拘於古法。

七年三月，敕户部曰：近年百姓税糧遠運艱難，官田糧重，艱難尤甚。自宣德七年爲始，但係官田塘地，税糧不分古額、近額，悉依宣德五年二月二十日恩例減免。中外該管官員不許故違。

正統元年，命浙江嘉湖直隸蘇松等府，官田准民田起科，遞減税糧。從巡撫周忱之言也。蘇州府減秋糧八十餘萬石，別府有差。

天順元年五月，御史楊瑄言：直隸府縣連年水澇，民饑至於相食。河間縣惟一鄉田在高阜，民種小麥，日望收穫。而忠國公石亨令閽者至彼，立標爲界，恃横侵占，知府王儉不恤民怨且阿附之。饒陽縣田地堪耕者僅千餘頃，而太監吉祥家人抑逼有司，令撥與耕，若不嚴加禁革，恐效尤者衆，激變小民。乞命巡按御史覈勘，但有侵占民田，悉令退還，庶幾民獲安生。上曰：民方困於艱食，朕爲之寢食不安，爲大臣在左右者獨不能體朕意乎。楊瑄敢言可嘉。户部其即移文巡按御史覈實以聞。

五年三月，南畿巡撫劉孜在南畿修復周忱廢墜之政，時松江府積荒田四千七百餘頃，皆重額，久廢不耕，税加於見户。孜奏請召民開田，不論原額，肥田畝税米三斗，瘠者二斗，謂之官租，不起科，不加耗。民驩趍之，蕪穢盡開。十二年見户加税皆獲免，又歲積羡米二十萬，以備凶荒。召佃始於忱而成於孜，立法周密，至今行之。松人謂是時秋糧加耗，華亭每石始七斗至四斗五升，上海每石始八斗五升至六斗，金花一兩。初准米三石八斗，其後准四石。至成化六年皆然，又歲二十萬。此荒蕪開闢之效云。

成化六年，巡撫河南户部侍郎原傑奏：彰德、懷慶、河南、南陽、汝寧五府，山多水漫；衛輝一府，沙鹻過半。軍民税糧之外，僅可養生。開封一府地雖平曠，然河□無時。洪武間蒙恩例除長税外，荒地許民耕種，永不起科。景泰時，乃創起科例，致令姦民互相告訐，徵斂日重，民迫於勢，傾家陪納。請如舊例，凡軍民有告訐不起科者，不聽，則可免陪償之患矣。户部覆奏，從之。

弘治八年，大學士徐溥以禄賜所入，於原籍宜興縣倣范仲淹之意，置義田若干畝，歲收租税，以助族人婚葬之費，定爲家規。因言於朝，乞敕户部將所置義田文册，用印鈐記，發本管府縣存照。候造册之年，另以徐義莊爲名立户，造入本里帶管户内。如有侵占争訟者，以官法從事。下户部議，從所請。

嘉靖三年正月，大理卿鄭岳言：臣事陝西道經畿内河南諸處，見太行西倚潼關，東繞懷衛，北極燕薊。其水皆東注，南入於海，盧易滹沱流離漳洺衛心洛瀍，其大也。宜督居民瀕水開田，築隄防以障汎溢，鑿溝渠以通灌溉。其平疇廣土無川澤之利者，量鑿洫澮，或爲陂塘。下通水泉之出，上取雨潦之入。每府增置通判一人，以江左諳水利者居之，督率郡邑專理農事。則數年之後，皆爲沃壤，而水旱不足憂矣。章下户部，侍郎王承裕覆議，從之。乃命各撫按官會同二司隨宜舉行。

七年，詹事霍韜言：洪武初年天下田土八百四十九萬六千頃有奇，弘治十五年存額四百二十二萬八千頃有奇，失額四百二十六萬八千頃有奇。是宇內額田存者半，失者半也。因備查得湖廣額田二百二十萬，今存額二十三萬，河南額田一百四十四萬，今存額四十一萬，廣東額田二十三萬，今存額七萬。此皆欺隱於小民者也。洪武初户一千六十五萬有奇，至弘治四年僅九百一十一萬。洪武初口六千五十四萬有奇，至弘治四年僅五千三百三十八萬。國初宜少而多，承平宜多而少，何也？又按天下藩府，洪武初，山西惟晋府一王，歲支禄一萬石。今增郡王將軍中尉而下共二千八百五十一位，歲支禄米八十七萬有奇，則加八十七倍矣。舉山西而天下可推也。又按天下武職，洪武初，二萬八千餘員，成化五年至八萬一千餘員，增四倍矣。錦衣衛官，洪武初二百一十一員，今一千八百餘員，增八倍矣。户口日減，費用日增，可不思所以處之也。

九年六月，御史郭弘化言：天下土田不及國初之半，乞敕各處撫臣選任監司守令分詣搜括，覈實以聞。下户部看詳，尚書梁材言：事體重巨，乞會群臣集議。從之。已而議上，如弘化所云，從之。

十四年十二月，河南巡撫簡霄疏陳丈量田地，言：田既丈量，則貧民有糧無地者得以免賠償之苦；而富民有地無糧者，難以遂欺隱之私。宜熟議其便，户部覆請通行天下。但有詭寄兼并者，告發改正，不許一概丈量，致生紛擾。

二十一年五月，御史黎循典疏請開墾山東荒田，言：費縣、沂州、郯城、嶧縣、滕縣地方，野有曠土，積逋甚多，宜下所司招撫流移，令復舊業，措處牛具種子。假以歲月，免其征役，使得盡力田事，少裨國課。部覆，從之。

二十八年，户部覆南京御史劉鳳奏：江南田地，其官民名額、輕重、肥瘠，原有等則，歲久弊生。惟當隨宜釐正，剔其奸詭，則田賦何患不均。邇來有司創立意見，一概丈量，通融變納。更變成法，益滋奸蠹，富者轉輕，貧者益重。雖有均田之名，殊無平賦之實，請遵節年明詔，通行禁止。得旨：如議。

三十年四月，淮揚巡按御史趙錦請設憲臣於淮揚徐兖間，招撫□□開墾菑田。上命以都御史往其職守，科條户部，□□以聞。

隆慶□年，應天巡撫林潤勘上御史董堯封所奏丈量出税優免事宜，其略言：蘇常等府田地已經丈量，止按册清理。松江等府未經丈量者，已屬良，有司量其事完有日矣。所謂官藉大户自税者，蓋於各次增設倉廒糧五十石以上者，每年如期上倉，官爲驗收，俟運軍至時，官爲充兑。是漕卒無久候之費而糧長免包賠之患也。所謂優免者，如張承賓言：每畝以三升爲率，糧以品免，田以糧免，法亦甚平，而品級之中，亦非概論。以京論，外任相參，其致仕、閑住與見任等監生、生員、典吏人等，更加斟酌。又丁田有多寡，田畝有饒瘠。其應免之內，當以丁田相准，每丁一名准糧一石，止及其身，無概庇其族人。官田二畝，准民田一畝，山場四畝准民田一畝，皆以實徵良册爲率。户部覆請，從之。

（明）王圻《續文獻通考》卷六《田賦考·圩田》　皇明太祖洪武二十一年四月，嚴諸洪閘制度於各處，復命工部設立管河郎中一員，洪閘要處設主事一員，皆屬於總理河道侍郎，從王休之請也。二十四年正月，築浙東海堤。十二月，命景川侯曹震往四川治道路。震至瀘州，按視有支河通永寧界，乃鑿石削崖，直按其地以通漕運，復闢陸路作驛舍、郵亭、駕橋、立棧。自茂州一道至松潘一道，至貴州以達保寧，通陝西。由是，往來者便之。

成祖永樂元年四月，設溧水縣廣通鎮閘壩，置閘官一員。直隸河州吏目張良興言：州麻澧二湖之田，約五萬餘頃，唐宋時俱係熟田，比歲間有耕者輒爲水渰。乞自本州至含山縣界，增築圩埂三十餘里，以防水澇。從之。

（明）王圻《續文獻通考》卷一四《田賦考·屯田》　皇明國初兵荒之後，民無定居，耕稼盡廢，糧餉匱乏。初命諸衛分軍於龍江等處及邊境荒田，撥軍屯種，歲收子粒，爲官軍俸糧。自是立法漸密，徧於天下。每軍種田五十畝爲一分，或有多寡不等者。大率衛所軍士以三分守城，七分屯種。又有二八、一九、四六、中半等例，皆隨地而異。其耕種器具牛隻皆給於官。

計各處屯田總數

在京錦衣等五十四並後軍都督府，原額屯田共六千三百三十八頃五十一畝零，嘉靖四十一年額五千五十二頃八十五畝零，糧二萬八千二石六斗零。萬曆七年新增並勘出還官首地銀二萬一千七百九十一兩二錢零，鈔五萬六千九百四十貫。

南京錦衣等四十二衛，屯田共九千三百六十八頃七十九畝零，見額屯田二萬二千六百九十六頃六十六畝，糧一十五萬一千五百二十五石七斗，銀一萬二百六十六兩四錢。

中都留守司並所屬衛所及皇陵衛，屯田共七千九百五十三頃七十八畝零。

北直隸衛所原額屯田共一萬六十四頃二十五畝零。嘉靖中，額四萬三千六百四十八頃四十六畝零，糧二十一萬九千七百八十一石五斗零。萬曆中，額新增并勘出首地銀四萬四百六十二兩七錢零，秋青草二十二萬一千四百五十三束，谷草一百八十七束。

南直隸衛所，屯田共二萬七千四十四頃四畝零。嘉靖中，額四萬八千八百一十八頃三十六畝零，糧四十二萬七千四百三十七石五斗零，銀六兩三錢零。

大寧都司衛所，屯田共二千一百二十六頃七十六畝零。

萬全都司衛所，原額屯田一萬九千六十五頃七十二畝零。嘉靖中，額宣府屯田四萬七千八百九十二頃四十七畝，糧一十九萬八千六十一石六斗零。

浙江原額屯田共二千二百七十四頃一十九畝零。嘉靖中，額二千三百九十頃六十畝零，糧六萬八千二百九十六石零。

湖廣原額屯田共一萬一千三百一十五頃二十五畝。嘉靖中，額五萬七百四十九頃七十二畝零，糧三十八萬七千五百四十五石零。

河南原額屯田共三萬六千三百九十頃一十七畝零。嘉靖中，額五萬五千五百九十八頃二十三畝零，糧三十三萬三千五百八十九石。

江西原額屯田共五千六百二十三頃四十一畝零。嘉靖中，額五千四百七十一頃三十八畝零，糧二萬一千五百四十六石零。

陝西原額屯田共四萬二千四百五十六頃七十二畝零。嘉靖中，額一十六萬八千四百四頃四畝零，糧八十二萬三千二百四石六斗零，草折糧一千九百七十二石五斗零，拋荒糧草折銀一百一十九兩五錢零，草二百三十七萬八千五十二束，草價銀二百五十八兩五錢零，地畝糧二千四百六十二石零，地畝銀一萬七百七十九兩四錢零。

廣西原額屯田共五百一十三頃四十畝。嘉靖中，額四千六百一十頃三十四畝六分，糧五萬五千五十四石零。內除民田徵收及荒剗停徵實在田二千九百一十三頃三十七畝，糧三萬四千六百九十五石零。

山東原額屯田共二千六十頃。嘉靖中，額一萬八千四百八十七頃四十九畝零，糧八萬三百四十八石零。

遼東原額屯田共一萬二千三百八十六頃。嘉靖中，額二萬九千一百五十八頃六十六畝零，糧二十五萬三千二百一石。

山西原額屯田一萬二千九百六十三頃八畝零。嘉靖中，額三萬三千七百一十四頃八十八畝，糧一十萬一千九十八石零，租銀一千二十七兩八錢零，草一千二百四十束，折銀一十六兩二錢。

山西行都司，屯田一萬一百一十八頃二十畝零。嘉靖中，額大同鎮屯田二萬八千五百九十頃三十四畝零，糧一十二萬二千四百三十八石零，牛具地一萬二千九百六十六頃二十九畝零，徵銀八千三百二十二兩五錢零。

廣東原額屯田共七十二頃三十三畝零。嘉靖中，額六千三百三十八頃七十九畝零，糧一十五萬一百二十九石零。

四川都司及行都司，屯田六十五萬九千五百四十五頃二十六畝零。嘉靖中，額四萬八千八百四頃一十畝零，花園倉基一千九百三十八畝，糧二十九萬四千三百三十九石零。

福建原額屯田共三千七百七十四頃，又福建行都司并所屬衛所，屯田共一千六百七頃三十七畝。嘉靖中，額二項共八千六百九十三頃二十二畝零，糧一十五萬一千八百四石零。

雲南原額屯田一萬八百七十七頃四十三畝零。嘉靖中，額一百一十一萬七千一百五十四畝零，糧三十八萬九千九百九十二石零。

貴州屯田九千三百三十九頃二十九畝三分一釐八毫。嘉靖中，額三十九萬二千一百一十一畝六分一釐，糧九萬三千八百一十一石七斗四升三合六勺。

屯田則例

太祖洪武三年九月辛卯，中書省臣奏：太原朔州等衛所屯田士卒，官給牛種者，請十税其五。自具牛種者，税其四。上曰：邊軍勞苦，能自給足矣，猶欲取其税乎？勿徵。四年詔：河南、山東、陝西、山西、淮安等屯田，三年後每畝收租一斗。二十年，令陝西屯軍五丁抽一税糧，照民田例。又令：屯軍種田五百畝者，歲納糧五十石。又令：四川建昌衛附近田土，先儘軍人，次與小旗、總旗、百户、千户、指揮，屯種自給。其新立蘇州、栢興、會川、涪州等衛，一體標撥。又令：陝西、臨洮、岷州、寧夏、洮州、西寧、甘州、莊浪、河州、甘肅、山丹、永昌、凉州等衛軍士屯田，每歲所收穀種外，餘糧以十分之二上倉，給守城軍士。五年春正月己酉，詔：今後犯罪當戍兩廣者，俱發臨濠屯田。六年夏四月，太僕寺丞梁埜帖木兒言：黄河迤北寧夏所轄境内，及四川西南至船城東北，至塔灘相去八百里，土田膏沃，舟楫通行。宜命重將鎮之，俾招集流亡，務農屯田，什一取税，兼行中鹽之法，可使軍民足食。從之。十五年五月，士卒饋運渡海有溺死者。上聞，命群臣曰：昔遼左之地，在元爲富庶，至朕即位之二年，元臣來歸，有勸復立遼陽行省者。朕以其地早寒，土曠人稀，不欲建置勞民，但立衛以兵戍之，其糧餉歲輸海上。每聞一夫航海，家人懷訣别之意。然事非獲已，憂在朕心。必至期復命，士卒無虞，心方釋然。近聞有溺死者，朕終夕不寐。爾等其議屯田之法，以圖長久之利。十九年九月，沐英奏：雲南土地甚廣，而荒蕪居多，宜置屯田，令軍士開耕，以備儲蓄。上諭户部曰：屯田之政，可以紓民力，足兵食，邊方之計，莫善於此。趙充國始屯金城，而儲蓄充實，漢享其利。後之有天下者，亦莫能廢。英之是謀，可謂盡心矣。然邊地久荒，榛莽蔽翳，用力實難，宜緩其歲輸之粟，使彼樂於耕作，數年之後徵之可也。二十年冬月，命普定侯陳桓、靖寧侯葉昇往雲南，總制諸軍，就於定邊姚安等處立營屯種，以俟農隙征進。命桓等領兵屯田於畢節等衛。二十一年九月，敕五軍都督府曰：養兵而不病於農者，莫若屯田。今海宇寧謐，邊境無虞，若使兵坐食於農，農必受弊，非長治久安之術。其令天下衛所督兵屯種，庶幾兵農兼務，國用以舒。古之良將若趙充國輩，皆以策勳當時，垂名後世。其藩鎮諸將務在程督，使之盡力於耕作，以足軍儲，則可以繼美於古人矣。爾都督府其申諭之。二十四年四月，上謂後軍都督沐春曰：曩者胡虜近塞，兵衛未立，所以設兵守關。今虜人遠遁，塞外清寧，已置大寧都司及廣寧諸衛，足以守邊。其守關士卒已命撤之，而山海關猶循故事。其七站軍士雖名守關，寔廢屯田養馬。自今一片石等關，每處止存軍士十餘人，譏察逋逃，餘悉令屯田。三十五年，令各處屯田衛所，每軍歲徵正糧一十二石，直隸差御史比較，各都司所屬巡按御史同按察司掌印官比較，年終造册，奏繳户部。不及數者，具奏降罰，所收子粒，行御史等官盤查。

成祖永樂元年十月，命靖安侯王忠，往北京安插屯田軍民，整理屯田。十二月，工部尚書黄福奏：陝西行都司所屬屯田多缺耕牛耕具，合准北京例，官市官牛，給之耕具，於陝西布政司所屬鑄造。悉從之。二年正月，户部尚書郁新言：河南等處管屯都指揮劉瑛等上屯田歲收之數，臣等計之，一人所耕不足自供半歲之食，宜罪之，以警衆。上以法令初行，姑宥之。遂召瑛等諭曰：屯田，軍國之大務，爾等不留心於此，徒坐享禄食。若復役疲民以贍惰卒，則民愈困，兵日惰。蓋畜兵以衛民，豈以兵而困民。汝等宜深思之。若今歲仍復怠惰，耕獲不前，論罪如法，悔無及矣。二年，令各處衛所凡軍一百名以上，委百户一員；三百名以上，委千户一員；五百名以上，委指揮一員提督。若屯軍不及一百名者，不拘頃畝，任其開墾，子粒自收，官府不許比較。二年十一月，上以各處屯田肥瘠不同，所獲亦異，考較之法宜有等差。命各都司摘差官軍，給與牛具、種子耕閒田，視其歲收之數爲例考較，謂之樣田。既而山西太原左衛千户陳淮率軍士來奏：所種樣田，除足各軍歲用之外，每軍仍有餘糧二十三石。於是，上命户部詳定賞例，除官收正糧及種子外，餘糧悉與自用。三年正月，上以天下屯田積穀，寧夏最多，皆總兵何福勤於用心所致，又以福請更定屯田賞罰爲經久計，降敕獎諭。二月，工部尚書宋禮言：山東衛所屯田缺牛耕種，請於太僕寺給之，從之。三年，更定屯田則例，令各屯置紅牌一面，寫刊於上，每百户所管旗軍一百一十二名或一百名七八十名，千户所管十百户或七百户、五百户、三四百户，指揮所管五千户或三千户、二千户，提調屯田。都指揮所收子粒多寡不等，除下年種子外，俱照每歲軍用十二石正糧爲法比較，將剩餘並不敷子粒數目通行計算，定爲賞罰。令按察司都司並本衛隔别委官，點閘是實，然後准行。直隸衛所，從巡按御史並各府委官及本衛隔别委官點閘，歲收子粒如有稻穀粟蕎秫大麥蕎麥等項粗糧，俱依數折筭，細糧如各軍名下除存種子並正糧及餘糧外，又有餘剩數，不分多寡，聽各該旗軍自收。不許管屯官員人等巧立名色，因而分用。五年，浙江、江西、湖廣、廣西、廣東、河南、雲南、四川按察司增置僉事一員，陝西、福建、山東、山西按察司增置僉事二員，盤量屯糧。二十二年冬月，諭户部尚書夏原吉曰：古者寓兵於農，兵食自足，無待轉輸。漢之屯田，猶有古意。先帝立屯種，用心甚至，迨後所司以征擾之，既違農時，遂鮮收穫，以致儲蓄不充，未免轉運。其令天下衛所，凡屯田軍士，自今不許擅差，妨其農務，違者處以重法。

按：軍國之事，備邊爲急；備邊之務，兵食爲先。屯田之法，乃足食足兵之要道，而通商中鹽，則又所以維持屯田於不壞者也。洪永間，純任此法，所以邊圉富強，不煩轉運，而蠲租之詔，無歲無之。後來屯田鹽法漸非其舊，而邊餉不足，軍民俱困矣。是年六月，朝鮮國王李芳遠遣使，送耕牛萬頭至遼東。先是，上欲廣遼東屯田，命禮部遣人索耕牛於朝鮮，至是送至。命户部每一頭酬絹一疋，仍賜王文綺表裡各百疋。敕遼東都司分給屯田。

仁宗洪熙元年六月，宣宗鎮守大同，總兵鄭亨上去年屯田子粒數。上諭夏原吉曰：邊軍屯田，可省轉輸之勞，卿等宜遣人覈實，所積果多，當如例賞之。

宣宗宣德四年五月，兵科給事中戴弁奏：自山海至蘇州守關軍萬人，列營二十二所，操練之外，無他差遣。若稍屯種，亦可寔邊。請取勘營所附近荒田，斟酌分給，且屯且守，實爲兩便。上嘉納之，命户部、兵部各遣官與都督陳景先經理。五年八月，遣吏部郎中趙新、刑部郎中劉澤、榮華、工部郎中張琰、禮部員外郎吴政等經理屯田。先是，尚書黄福請於濟寧以北，衛輝真定以南近河之地，役軍民十萬人屯種，積糧以充國用。上命户部、兵部議。至是，户書郭資、兵書張本等言：於緣河屯田，寔爲便宜。自鳳陽、淮安以北，及山東、河南、北直隸近河二百里內，通舟楫處，擇荒田，驗丁册，令官給以牛，仍支官錢收買農器。如此，則軍民樂於用力。但山東近年旱饑，流民初復故業，官軍亦多有差役，宜先遣官往，同有司按視田地，以俟開墾。上從之。遂遣新等經理，仍命福總其事。既而本等惑於人言：今軍民各有常業，若復分撥點差，未免勞擾。本以聞於上，事竟不行。

按：黄福之言，不但可以屯種雜糧，雖江南之秔稻，亦可植也。山東通濟沁泗沂諸水，河南鑿汝蔡洹息諸渠，陝西濬涇渭漆沮諸流，則西北之田，皆秔稻矣。柰何經畫疆理，既無西門豹、鄭安國之徒，而築舍道旁之言又紛紛也。於是軍國之賦，盡仰給於東南，東南民力烏得而不竭哉。

是年，令各處屯田都布按三司各委官提督。在京並直隸衛所，從巡按御史提督。若有總兵官鎮守去處，亦令提督。六年五月，遣兵部侍郎柴車往山東經理屯田。時巡按御史張勗言：大同地平曠，所種粟麥有收，多爲軍官攙占，小民日困。乞遣官按視占耕者，分與軍民爲便。上命車及御史一人往理之。十年，令巡按陝西監察御史兼理屯田。

（明）王圻《續文獻通考》卷一五《田賦考·屯田》 皇明英宗正統元年奏准：各處屯種，每軍止徵餘糧六石。令陝西旗軍餘丁所種屯田五十畝之外，每畝納糧五升。二年，令各處軍職舍人，除應襲外，及家人女壻無差使者，每五丁朋作一名，委官管領，撥與閒地四十二畝耕種，照屯田例辦納子粒。三年，令各都司衛所管屯官，候三年滿日造册二千里以裏者赴京比較，二千里以外者，從按察司並巡按御史比較。令四川都司衛所屯種水田者納米，陸地者納荳，無荳者抵斗折米。四年，令大同、宣府、遼東、陝西沿邊空閒之處，許官軍户下人丁儘力耕種，免納子粒。六年，添設貴州按察司副使一員，提督屯田。又令：屯田有自開墾荒地，每畝歲納糧五升三合五勺。減延綏等處屯田軍子粒，每百畝歲納六石者，止納四石。減陝西行都司屯田子粒，每百畝歲納一十石。減延綏等處屯田子粒，每百畝歲納八石。八年題准：廣西桂林等衛所屯田，每軍加給一十畝。如有餘剩田地，即令軍舍及勾補軍旗如數撥給，照例納糧。九年，令浙江等處屯軍遺下田地，儘見在旗軍撥與屯種。餘剩頃畝，驗官軍户下餘丁，有三四丁者，摘撥一丁；丁多者，以是爲率，摘撥下屯。若田地尚有餘剩，官旗軍民願承種者，一體撥與。其拋久積荒須開墾者，待三年成熟之後，俱照例徵收子粒，就於附近官倉交納。候有軍之日，撥軍屯種。十年，令南京各衛正軍選操，餘丁屯種，其正糧一十二石，餘糧六石，俱免上倉，供給操軍。其月糧住支，如本軍人丁數少，屯田撥付他軍者，仍支月糧。減陝西行都司等處屯田子粒，歲納八石。十一年，令各處衛所類造屯田坐落地方、四至、頃畝、子粒數目、文冊一本，繳合干上司一本，發該管州縣，以備查考。添設山東按察司僉事一員，提督北直隸屯田。十二年，令開平衛屯軍餘糧六石，減免二石。

景皇帝景泰三年四月，學士商輅上言邊務：訪得口外田地極廣，因先前在京功臣等官將口外附近各城堡膏腴田地占作莊田，其諸空閒田地又被鎮守總兵參將并都指揮等官占爲己業，軍士無近便田地可耕。夫且耕且守，如漢趙充國、諸葛亮、晉羊祜皆有已行之明效。今日守邊之要，莫善於此。若舍屯種之外而欲邊城充實，雖傾府庫之財，竭生民之力，柰軍士數多，歲月久遠，亦難繼矣。事下該司議行。

按：王鏊曰：國家邊費最大，欲省轉運之費，莫若興屯田兵法。取敵一鍾當吾二十鍾，屯田一石可當轉輸二十石。趙充國留田湟中，內有亡費之利，外有守禦之備，卒坐困西羌。唐韓重華營田之利，東起振武，西逾雲州，極於中受降城，歲省錢千三百萬緡。此前事之明效也。今三邊之地固在，而人以爲不可行者，何哉？鏊之此論，誠當今急務也。

是年，又令提督南京倉場并巡撫南直隸蘇松等府及順天、北直隸各府都御史兼提督屯種。四年，添設山東按察司副使一員，監督永平等處收支，兼理屯田。

英宗天順元年，令京城附近直隸八府及山東河南等處荒閒田地，及有人佃種無糧差者，撥與所在衛所軍餘屯種納糧。又令本部差郎中四員於宣府、大同、薊州、永平、山海等處，提督糧儲，兼理屯田。

憲宗成化元年十月，户部奏：景泰末，宣府揔督都御史李秉上言：邊城多空地，而守城諸役外復有閒曠，軍餘請量支宣府官銀買牛，給與耕種，收餘糧，易銀給貧軍，買馬騎操。遂與億萬庫支銀一萬兩，買牛給軍耕種。至天順初，有言勞軍不便者，行都督楊能等會議，俱稱且耕且守，經國遠圖。而大同宣府自罹兵變，人畜蕩盡，幸而朝廷大發帑銀，買牛給軍耕種，邊人稍得聊生。今宣府巡撫葉盛復申奏：先年原買官牛多死，又以餘糧續買給軍耕種，官府不煩督責，軍士不致賠償。此皆官田官牛之效驗。然立法非難，守法爲難。乞申敕守臣恪守，俾久而不廢，庶邊事克濟。上曰：法既善，宜永遵行。

六年，令陝西延綏等處屯田，每軍百畝，徵草二束。九年，令榆林以南招募軍民屯田，每一百畝，於隣堡上納子粒六石。十一年，令雲南按察司總督銀場，僉事兼理屯田。二十三年，裁革山東按察司管屯僉事，仍令巡察海道副使兼理。

孝宗弘治二年題准：成都右等衛屯田，每糧一石折銀二錢六分，布政司貯庫，聽支軍糧。四年題准：行四川令管屯僉事，將官舍占種田地退出，撥與無田軍餘耕種。願認糧者，亦准與查明分數，照例徵收本色，不許徵銀花銷。六年題准：各都司衛所屯田子粒，違限年終不完者，先將都司及衛所管屯并有屯糧官員之家截日住支俸糧。若經一年之上不完，將都司衛所掌印并按察司管屯官員一體住俸。八年議准：南京廣洋等衛，洪武、永樂年間俵散，屯牛無存，每年造報虛冊，科害屯軍，悉令除豁裁革。又奏准：福建行都司所屬建寧延邵、三衛都司所屬福州左等衛屯田，每石折徵銀二錢五分，解京濟邊。十一年題准：洪川順聖川地土，每一頃徵糧三石，每分二頃五十畝，共糧七石五斗，照舊徵草十束，於原定倉場上納。願依前例折銀者，聽。十三年奏准：凡用強占種屯田者，問罪，官調邊衛帶俸差操，旗軍軍丁等發邊衛充軍，民發口外爲民。管屯等官不行用心清查者，糾奏治罪。凡軍職舍餘及旗軍餘丁人等侵種，不係用強，或不及五十畝者，依侵占官田問罪，照常發落。十五年奏准：後湖并南京户部及各衛所，俱無屯冊，將今次清過屯田，行令管屯官各造冊，送後湖交收，仍將屯田頃數刻記碑陰，以圖經久。又議准：京衛新增地畝，每糧一石折銀二錢。尋議輕減，每畝徵銀一分五厘，在京赴太倉，在外赴附近有司交納，放支官軍月糧。十六年題准：浙江除昌國衛田畝數多，溫州衛田地膏腴外，其餘各衛所屯軍全納子粒六石者，每年本折中半，每石徵銀二錢五分。附近有司官庫收貯備支。十七年議准：成都右等衛所屯地，山岡瘠薄，難納本色，每石折銀叁錢。又議准：山東登萊沿海瘠地，照輕科則例，每畝三升三合。

武宗正德三年題准：每歲選差御史一員，請敕督理北京并直隸衛所屯種，比較子粒，禁革奸弊，年終更替。

四年八月，劉瑾既止各邊年例銀兩，又不令商人在邊輸納鹽課，邊儲遂大匱乏。因詢國初如何充足，議者以爲國初屯田修備，故軍食自足，後爲勢家所占，以此軍不自給。瑾遂慨然修舉屯田，分遣御史胡汝礪、周東、楊武、顏頤壽等往各邊丈量屯田，以清出地畝數多及追完積逋者爲能，否則罪之。於是各邊增屯田至數百餘頃，悉令出租。周東在寧夏，與都御史安惟學比較屯糧尤嚴，刑及軍官妻子，人心憤怨。指揮何錦等遂與安化王謀起兵，以誅瑾等爲名，瑾禍始於此矣。

按：鹽法舊令商人上納本色，則商人佃種邊地，不致荒蕪，鹽課有資，屯糧自辦。苟不復鹽法，止清屯田，則邊人無力耕種，子粒仍無從出，適擾貧軍，以釀亂耳。

十年，南京衛新增屯地銀，改解南京太倉銀庫，聽給官軍月糧。十五年題准：每年七月，南京户部預委主事、都察院委御史各一員，會同過江驗看屯田。果有被災去處，即時督同軍衛有司踏勘輕重，分數造册奏請。不許屯軍臨時告災，以圖冒免。又題准：湖廣各衛所新增田地，以十分爲率，減除三分，其七分撥軍舍，承種納糧。

世宗嘉靖四年題准：將南昌衛饒州撫州千户所屯田，坐落池州府地方，許令江西屯田僉事帶管。凡詞訟有乾屯政者，聽其綜理，仍給關防，以便行事。六年，詔：各該巡撫督率管屯方面等官，查勘衛所屯田。其官舍軍餘占種年久，故軍之田仍與領種，代納糧草。如軍見存無田者，即令退還本軍爲業。其領種故軍之田，一人止許一分，一户止許二分，其餘俱令退出。八年題准：甘肅等邊，凡開墾水地者，不分額内額外，俱照例三年方行起科。南北山地，聽其儘力開墾，永不起科。各該將領衛所不必別僉屯丁，將所管步兵比照涼州定規，查給牛種，委官統領團種。其將領墾田百頃以上者，撫按奬勵。三百頃以上者，奏請擢用備禦官軍，每年正月初一日上班。願墾田者，分撥永昌、古浪、甘肅、山丹等衛所荒田尤多去處，查給牛種犁鏵，給與本色行糧，即委領班官員統率團種。領班官能墾田者，照前例奬勵擢用。

又題准：南京衛所屯田，地方廣闊，巡屯御史周歲不能遍歷，請給敕印，定限以三年爲滿。又題准：在京並直隸各衛所屯種，照南直隸事例，都察院差委御史一員，領敕清查，三年一替。其屯田僉事革。又奏准：浙江蘭谿所屯田並象山縣民帶種本衛中前千户所屯田，照有司秋糧折銀事例，每石徵銀二錢五分。又令：薊州三十三衛所，先年丈出屯糧餘地，自八年以後，比照通州等衛地畝減徵事例，每畝徵銀一分五厘，解納薊州庫，以備官軍折俸。又令：遼東各該衛所，除見種屯田每五十畝辦納屯糧一分外，其餘關銀糧、樣田糧，並贍軍、養馬、奏討等項各色，悉與革除。九年題准：南京各衛新增田，每畝止納銀一分五厘，似爲過輕，令每畝量加五厘。熟田内每畝止納三升三合者，升科五升三合五勺，以備欠額。又令：清軍御史帶管各省屯田事宜，各該管屯副使、僉事並分守官，悉聽節制。十一年題准：定遼左等二十五衛所掌印管屯等官，將關銀樣田參究地畝賦税，巡撫續選陞官寄籍起科越界等項糧科，改作屯田糧科，補足原額屯糧二十五萬九千九百餘石之數。出給該所印信票帖，付各納糧軍餘，依期赴倉上納。仍行遼東總理郎中，嚴督都司衛所掌印管屯官，照數追徵。十二年題准：貴州屯田水利二事，責令各該分巡官，各照地方管理。提學官不必兼管。又議准：各該撫按官選委指揮千户，催督屯田錢糧。其掌印巡捕領操上運等官，不許朦朧營管侵盜，仍選有司佐貳官一員，協同收支，互相覺察，毋得和同侵尅。其有陞遷去任，申呈撫按交代，方許離任。又議准：福建建寧左右衛屯田，不論舊額新增會計，除彀成化年間實徵本折舊數外，左衛踏出實有開荒田三十六頃五十一畝，該增糧六百一十六石二斗。右衛有開荒田一十五頃三十三畝，該增糧三百一十二石，八年照例每石折徵銀二錢五分，與同舊額折色解京。其該納本色田糧，仍每石折銀三錢五分，通融給軍。其餘折補並荒陷不堪無種徵糧田，盡行停徵。十三年題准：陝西、河南地方，如有屯地爲軍職及莊浪人等買種代種者，悉照紅牌事例問罪。又題准：廣東廣州左等六十一衛所屯田，如遇借力征守，其該支月糧每月扣五斗或一石，折抵該納屯糧。十四年，令發太倉銀六千兩，與甘肅佃種荒田軍民收買牛隻犁鏵。其牛隻秋成不必收價，責令餵養。如有倒死盜賣，嚴併追補。遇事故頂鬮等項，預將原給牛犁告官，隨田交割。十五年議准：給南京屯田户由每十年一造。二十年議准：查勘過天津等二十衛所，新增地一萬四千五百二十六頃零，除荒鹹水占不堪外，實堪種徵銀不等地六千五百七十四頃二十七畝七分零，該徵租銀九千六百十兩錢七厘，照則依期與原額屯糧一並徵納。二十二年題准：將南贛所屬衛所屯糧，令屯田道派定，呈報御史行各兵備道就近督徵。二十四年，令各衛屯田有管糧通判處，行通判帶管。

其無通判處，行各該兵備官帶管。二十五年，甘肅巡撫楊博，以罕東屬夷，昔爲土魯番所逼，王瓊徙居肅州近郊，久爲民害。乃召其酋長諭曰：若輩居此，計非久遠，吾爲汝圖。白城威虜金塔諸所，皆善水草，可爲世業。皆曰幸甚。乃爲築城堡，遷之遠塞，且五百里積患頓消。博又請修復河西屯田，分濬龍首渠故道，聽民菑畬，寬以十年而後徵租，貸以牛具谷種。人争應令，墾田萬頃。二十九年，令選風力重臣二員，督理北直隸山西宣大屯收。三十一年，令比較屯田官員見徵子粒有不完三分者，住俸。監並家屬五分以上者，參問。一年之上不完者，革去見任。侵欺者，比照私役軍人事例，五分以上降二級，以下降一級。三十八年，令宣大添設同知一員，專管屯政。又議准：大同屯田折糧五萬三千五百二十石七斗七升零，原折銀一萬六千七百八十五兩七分零，通融折納。惟其不失原數，其加增銀兩盡行除豁。四十年題准：山西寧山衛平定所屯田，坐落直隸地方，行直隸屯田御史管理，仍於山西屯田册内開除。四十四年，勘過真定衛實在地五千一百五十二頃八十六畝六分七厘五毫，其堪種地每畝徵糧二升五合六勺，徵銀九厘。沙薄下地每畝徵糧一升三合三勺，徵銀五厘。神武右衛左後前中所，原額軍糧一千五十石六斗六升九合五勺，銀一百六十八兩八錢二分四厘六毫。丈勘均徵糧八百八石二斗一升九合，均徵銀四百二十二兩三錢七分八厘。

穆宗隆慶元年，吏科給事中鄭大經言：薊屯當量地利而定其則，遼屯當改營田而足其額。此興復屯政之大較也。而根本之地，則當輕徭省賦。勞來失業者如額外之徵求，武官之侵剋，禁廠莊田之豪占，宜盡行裁革。從之。陝西都御史楊巍奏：屯田給種徵税，别無差役，不得比民田。詔：蠲之例宜行，各邊如舊輸納。詔可。六月，兵科給事中張齊言：宣府牧馬草場屯田團種等地，往以勳臣内官爲鎮守總兵，各佃種數十頃，收租以充公用。後雖奉旨革回，而占田如故，吏莫敢言，遂以開愚民投獻之端，爲奸人逋逃之藪。請一切清理還官。上令巡按御史查追具奏。如有勢豪私占者以名聞，不得故縱。十月，御史李叔和言：遼東屯田半廢，近行營田之法，撥軍耕種，致行伍空虛，且歲收田租止備修邊工費，而各軍支給糧餉如故，有損無益。蓋此法止可行於河西人少之處，若河東地方人稠，當廣召種之，令授田徵税，悉抵歲餉，以省内輸。簡回壯勇，以實行伍。仍特敕寺道諸臣董之如内地屯田之制。從之。山西巡按周詠奏：陽和、高山二衛，雨雹害稼，請蠲田租。户部覆：各邊屯田原無蠲租之詔，宜將二衛災重者，每石折銀二錢五分。報可。二年，差都御史三員，一督理江南，一督理江北，一督理山西等處各屯政，後罷。又令：宣鎮屯種官地，每畝原徵糧不及一斗者，照舊徵納。如一斗以上者，亦以一斗爲止。其地畝起科新增牧地等項田土，應徵糧石酌量定爲三等。除本色照舊米豆中半折色，照各城堡月糧則例上納，該鎮屯田地畝等糧，以原額爲準。以後虚增糧數，盡行除豁。將來徵收，務足一十八萬四千五百三十五畝之數。又令：宣大開墾田已成業，每十頃内，給將官五十畝，以爲養廉之資。若副參開種不及一百頃，守備以下不及一十頃，參論戒飭。三年議准：將保德所屯糧，照依先年舊規，每石徵糧五錢。永寧州馬房等處屯田，係原額者，照舊徵銀八錢；係新增者，改徵三錢，依期照數完納。又令給宣大兵備守巡敕書，專理屯田，聽巡按御史舉劾。

今上萬曆元年，令鞏昌清軍同知臨洮管糧通判，各加職銜，分理應隸衛所屯田。三年夏，命大臣分督屯田，一往江北，兼山東、河南；一往江南，兼浙湖雲貴；一往河東，兼四川諸所。尋以無功罷之。四年四月，總理巡鹽撫臣龐尚鵬條上甘肅屯田事宜。一、清撥補。言屯丁有力者，多取美田自便，而棄磽瘠者以苦貧弱。宜照近題號紙事例，分别荒熟，酌量丁力，因人授地，因地徵糧，庶無偏累。一、給牛租。言河西一鎮，惟肅州衛有牛種之資，故所墾田獨多。宜倣其法，動支民運折銀以業貧民，責以三年還官而還收其息。以後願得牛種者，即以所收息給之。一、廣屯種。言邊徼閒田，宜責令將官督軍開種，因租爲餉。其餘人户願受田者，召爲土軍，免其賦役，止令防守。一、興水利。言屯田可通水泉者，宜委官修溝渠，以時蓄洩。因循廢阻者，重罪之。一、豁虚糧。言往年清理屯糧，多增虚數，而莊浪西寧之間尤甚，宜查豁以固人心。一、權本折。言西寧穀賤，軍士利於得銀；莊浪穀貴，軍士利於得穀。宜將莊浪年例銀解西寧，而以西寧糧運莊浪，此有無相資兩利之便計也。其輸輓之費，令彼此會通，毋互生嫌疑。一、緩徵科。言極邊荒田力能遠耕者，聽爲世業，毋得徵糧。部覆權：本折一事，宜下撫按議，餘悉如尚鵬言。詔允行之。七月，宣府撫臣王遴奏上清理屯田事宜。一、屯田官地，宜以丈量實數爲主，其他虧少荒蕪之數，盡行除豁，徵糧無過一斗。如田少糧多，則加派地畝糧足之。一、專種官田，宜悉如屯田則例，一切香火新設召佃所少之數，即不能清如原額，宜姑存其名，亦以屯田之法行之。一、地畝起科，新增收地等項田土，雖軍餘開墾，亦多所隱占，故其數溢原額。宜總名曰地畝，以實徵數分糧爲則。北路稍減，南路稍增，東西中三路如故，仍兼派本折以寬之。一、屯團地畝等糧，自今宜以嘉靖十一年所入一十八萬四千五百三十五石爲準，有虚增者，悉汰除之。一、贍軍地土，乃國初優恤邊卒之意，歲久湮没，或私相賣買，欺隱滋多。宜併入地畝，一類徵糧，以補屯額。一、拋荒地土，宜召民佃作，初年免徵，次年每畝徵黑豆五合。三年以後，全徵每畝黑豆一升而止，乃許爲業，勿麗軍儲。一、公務驛傳地，所入計銀三千餘兩，以充撫臣公費。自改爲軍餉，而撫臣不得用以饗士，軍興一切安所取給？臣以爲仍舊便其每畝有徵銀五分或三分，無復改易。户部上其議，得旨允行。是年，龐尚鵬奏清理遼東屯田事：切惟遼東，京師左臂也，一面瀕海，三面與虜隣。惟山海關通一線之路，與内地相接，舟車商賈之人利歲不能十一焉。故上之所以給軍需，下之所以供歲事，舍耕稼之外無他策矣。地多沃壤，鮮賦税，常薄種而廣收，獨其人不習蓄藏，一遇荒年，無路乞糴，輒相繼填溝壑。且先年既改屯軍爲操軍，兵荒相尋，册籍消耗，耕作之徒率歸舍餘，屯軍已盡廢矣。舉千里曠土，皆欲同時興耒耜，其勢能乎。近賴撫臣勞來安集，寬召種之令，人皆翕然就之，始知有生民之樂。但遼河以東人多輻輳，漸可招徠。惟河西地方屯堡蕭然，十室九空。其間附城而居者，復有操備送迎之苦，勸相開墾當爲漸圖。若不因地制宜，曲加存恤，恐歲月遷延，汙萊猶舊。雖有良法亦徒託諸空言而已。臣親歷邊陲，督同各該寺道，從宜計畫，及會同撫按衙門更相考訂，共要其成。乞敕該部再加參酌，如臣言可採，覆請施行。是年，令各邊有自墾田地，照永樂二年事例，永不起科。如果歲增粟十萬五萬石，自墾至百頃千頃者，重加陞賞。

按：漢之屯田止於數郡，宋之屯田止於數路。唐雖有九百九十二所，亦無實效。惟我太祖加意於此，視古最詳，考其跡，則衛所有閒地，即分軍以立屯。非若歷代於軍伍之外，分兵置司者也。考其制，則三分守城，七分屯種。以言其數，則外而遼東一萬二千三百八十六頃，内而極安如浙江者，亦有二千二百七十四頃一十九畝零。推之於南北二京衛所，陝西、山西諸省尤極備焉。則其於所謂數郡、數路、九百九十二所者，又豈足以比之哉。永樂中，令各處衛所，凡屯軍一百以上，委百户一員提督之。其有餘人自願耕種者，不拘頃畝，任其開墾。三四五年之間，又有紅牌一面等例。牛具農器則總於屯漕，細糧子粒則司於户部。至於宣德、正統，每有添設屯田副使僉事之詔。景泰、天順，亦有監督兼理之令。成化十一年、十三年、二十一年，弘治十三年，又令管屯等官用心清查，莫非拳拳於此。然歲久弊生，利偏害出。嘗聞禮部尚書劉定之曰：有屯田之名，無屯田之實，耕種之際鹵莽滅裂，收貯之後侵欺移用。以管屯爲職者，率優游於城市，何嘗有阡陌之巡？以典屯而來者，亦憑信於簿書，何能校倉庫之實？則斯弊也，至今猶未息也。又楊一清論附郭屯地每歸於勢要之家，屯田軍餘有終歲賠糧而不知屯地之所在者。又有曰：貧難壯丁，雖有良田，無牛可耕，無種可布，未免將身佃户，一年傭錢不充一歲之草糧。管屯官員，或將十歲以下幼男報充屯丁，三兩朋合謂之擡糧，則斯弊方今正熾。夫弊極則害深，天下始有不能堪之情，不堪則勢阻天下，始有不可爲之事。何怪於荒蕪之不闢，士卒之不勤，又何望於貯積之豐贍哉？今之當是責者，宜惻然思所以振之矣。又王鏊邊屯論曰：按趙充國屯田之奏曰：計度臨羌，東至浩亹，羌虜故田及公田民所未墾可二千頃，又言北邊自燉煌至遼東一萬一千五百餘里，故有吏卒數千人，虜不能攻。今留步士萬人屯田，地勢平易，多高山遠望之便，部曲相保，以爲屯田。唐元和中，振武軍饑，宰相李絳請營田，乃使韓重華爲水陸運使，給耒耜與牛耕，傍堡便近地方連歲大熟，軍不復饑。又益募人爲十五屯，屯置百三十人而種百頃。各就高爲堡，東起振武，過雲州界，極於中受降城，秋果倍收，歲省度支錢千三百萬。此又近事之效也。今獨不可行乎？【略】

初萬曆元年題准：各衛所屯糧，通限當年完足。如未完二分以上，管屯官住俸，督催掌印官姑免未；完四分以上，管屯官降俸二級，掌印官住俸，各戴罪督催；未完六分以上，管屯官降二級，革任差操；掌印官降俸二級，戴罪管事。以上住俸降俸等官，俱不許别項差委，致滋規避。通候完至九分以上，住俸者方准開俸，仍將住過日期查照補支。降俸者准復原俸，止以報完之日爲始。未完八分以上，管屯官降二級，仍調邊衛。係邊衛者，改調極邊衛分，俱帶俸差操。掌印官降二級，革任差操。都司、掌印、管屯官總計所屬衛所完欠分數，一體查參。九年題准：通行各撫按官，以後題參衛所掌印、管屯各官，查果屯軍消乏，屯地荒蕪，糧必難完，從實具奏，始准比照有司凋疲地方事例，遞爲減等降罰。二十四年二月，直隸蘇州府吳縣武舉徐世昌奏：國家之患，東南莫大於倭奴，西北莫大於胡虜。馭戎之策，至要莫先於練兵，至難莫甚於足食。此今日防邊之患，不可一日不講者也。謹將屯田利國事宜敬陳於後：一曰敕將領分屯以爲士卒之倡。昔趙充國守金城，留屯湟中，而坐困羌胡。郭子儀守河中，躬屯百畝，爲士卒倡。此屯利之明驗也。今主將既屯，則偏裨孰敢不屯；偏裨既屯，則士卒孰敢不屯。如是安往而非金城、河中也。夫將屯而邊方無坐食之卒，其利一也。二曰簡老弱以立久屯之策。夫老弱之軍，既不能戰，又不能守，坐縻糧餉，甚爲耗國。驟然休之，變生不測。簡其老弱者爲屯軍，每年分屯數十畝，即以所獲之粟扣作名糧，以其所餘養其精鋭。如國初之制，三分耕屯，七分戰守，則老弱皆爲有用之兵矣。其利二也。三曰募善耕以教耕種之法。夫北人善於播植而苦於種蒔，故雖有水田之利，皆爲蘆蕩之場。莫若召募江淮之民，教其耕種之法，給其工本，寬其税糧，使軍民雜耕，樂其樂而利其利，安其業而遂其生。由是民思所以報恩，則思所以禦寇，不待上之督責教令，可使制挺以撻之矣。夫教屯而西北軍民各得，其利三也。四曰杜朘尅以消鼓噪之變。夫兵之噪變，非其本心始也。轉輸不繼，則苦於枵腹，既也口糧給散，或苦於朘尅，此變之所由生也。惟屯政行，則不必仰給於上，而枵腹可免，不必給散於下，而朘尅無由。又何變之能生乎？其利四也。五曰積餘糧以免帑藏之費。夫向者劉哱倭儆司馬司農，日夜兢兢，刺心而語，持籌而算，募調征發，僅克有濟。夫所仰給者東南財賦，又遭連年旱潦，十室九空，加賦加徭，税間税架，東南之民力竭矣。以往援之師不能因糧於敵，而竭東南之財，至動内帑之銀。儻倭奴竊發，胡虜跳梁，彼此交征，焉能以有限之財供無窮之費？惟是開屯成，則積儲廣，三年耕可餘一年之食，九年耕可餘三年之食矣。積儲廣，則飛輓者一年可餘金帛數十萬，十年可餘金帛數百萬。如是以西北屯糧給九邊兵將之用，以三吳白糧供朝廷百官之用，以各省漕糧存留以備内外不測之用，庶不加賦而財用自足，不苛征而常變無憂矣。其利五也。六曰清屯政以建久安長治之策。昔成周以農事開國，故成王踐祚，周公首陳《豳風》，良以農事不可緩也，歷世歷年享國長久，重農之效可徵已。我朝制度媲美成周，柰法久弊生，奸民爲梗，屯政之册籍徒存，而豪右之侵漁日甚。其所屯者皆其蓁蕪，其所侵者皆其膏腴，是利在豪右而不在國也。惟在當事者釐弊而更新之，按册而查，履畝而勘，使豪右無所容其奸，積吏無以作其弊。一邊而清田數十萬頃，則九邊而清田數百萬頃矣；一邊若積粟數百萬石，則九邊而積粟數千萬石矣。夫屯政一清而邊儲大饒，其利六也。七曰固屯田而備車戰之法。蓋古者田賦出兵，故周公畫井授田，出革車三百輛，虎賁三千人，而勝如林之衆。其法可稽也，今略彷古制而變易之。每田百畝出戎車數乘，每車一乘用輓卒數人，上設皮革以障矢石，中藏藥矢火器以待戰守，行則載糧器，戰則禦突騎，止則爲營衛，居則爲棲宿。所謂運有足之城，驅不鞭之馬，雖百萬虜騎不能突而前也，雖善射胡人不能貫而傷也。如是，則在我之防既周，在彼之隙難乘。又以騎兵犄角出奇，以步卒扼險設伏，本萬全之道，運不測之謀，可泣頡利於陰山，繫單于於闕下矣。區區醜虜，何足患哉？夫屯政行，得車戰之利。其利七也。八曰植屯樹以限戎馬之馳突。夫西北之地平原曠野，既無河渠溝洫之限，又無山林險阻之扼，一越長城莫之能禦。是以守邊者，但能守堡，不能守野；寇掠者大入大利，小入小利。惟屯政行，略彷周制，畫爲井田，井之外界多植榆柳等樹，取其易茂，井之内界密植梨棗等樹。而又申明條約，立以嚴限，如遵限茂植者，與驅虜同賞；違限惰植者，與縱虜同罰。號令既嚴，賞罰必信，數年之後，遍野成林，可以辨經界，可以限突騎，可以施埋伏，豈非九邊關無窮之利哉？夫屯政行而因以利民禦寇，其利八也。夫此八者，雖非驚世駭俗之見，神輸鬼運之奇，蓋因天地自然之利，而盡裁成輔相之道，復祖宗善美之制，而立國家經久之規。爾是，上可紓當寧匱乏之憂，下可以免枵腹脱巾之變，近可以省内地飛輓之勞，遠可以充邊方積貯之饒矣。

又萬曆二十九年十月十八日，保定巡撫汪應蛟奏：海濱屯田試有成效，酌議留軍併墾，召民兼種，以資兵餉，以永固重地。臣竊見天津葛帖一帶，咸謂此地從來斥鹵不耕種，間有近河滋潤，種蓺豆者，每畝收不過一二斗。臣竊以謂此地無水則鹹，得水則潤。若以閩浙瀕海治地之法行之，穿渠灌水，未必不可爲稻田。而一時文武將吏諸人，無肯應命。至今春始買牛制器，開渠築堤，一時並舉。計葛帖、白塘二處耕種共五千餘畝，內稻二千畝。其糞多力勤者畝收四五石。餘三千畝，或種蔔豆，或旱稻。蔔豆得水灌溉，糞多者亦畝收一二石，惟旱稻竟以鹻立槁。臣近巡歷天津，親詣查勘，據副總兵陳燮稟稱，水稻約可收六千餘石，蔔豆可收四五千石。於是地方軍民始信閩浙治地之法可行於北海，而臣與各官益信斥鹵可盡變爲膏腴也。夫天津當河海咽喉，爲神京牖户，自倭警震隣，開府設鎮，署將增兵，而其地益重。今鯨波雖息，內備未忘，矧中原多事之秋，尤未雨徹桑之日。見在水陸兩營兵尚存四千人，歲費餉六萬餘兩，原無請給內帑，俱加派民間。欲留兵不免於病民，欲恤民無以給兵。臣嘗早夜熟思，惟有屯田可成，斯得足食長策。然召募之兵，非有室家婦子之助，計一夫不過耕種四五畝，即畝收三石，不過六萬石。而可墾荒田連壤接畛，奚啻六七千頃。若盡依今法，爲之開渠以通蓄洩，爲之築堤以防水潦。每千頃各致穀三十萬石，以七千頃計之，可得穀二百萬餘石，非獨天津六萬金之餉可以取給，即以充近鎮之年例，省司農之轉饋，無不可者。且地在三岔河外，海潮上溢，取以灌溉，於河無妨。白塘以下多地，原無糧差；白塘以上爲静海縣，民或五畝十畝而折一畝，糧差不過一分八釐。民願賣則給價，不願則田仍給種，於民情無拂。就中經理得宜，行之久遠，可不謂國家萬世之利哉。惟是地廣則墾治之難，田多則耕種之難。又招徠數千家，而後能任數千頃之地，必羣聚數萬之人，而後能供數十萬畝之耕。如地方千里，爲田五百四十頃，一面濱河，三面開渠，與河水通，深廣各一丈五尺，四面築堤以防水潦，高厚各七尺。又中間溝渠之制，條分縷析，大約用夫六十萬人，而後可以成功。無論北人慵惰，憚於力作，即有南方善耕之人，誰能集衆裹糧，百十爲羣，越數千里以從難成之役。其富商大賈，衣輕乘肥，操奇贏，坐收三倍，又誰肯損數萬金之資以勞形哉。此關地生財之説，雖屢塵廟議，而未睹成績也。臣今爲計，惟有用軍墾田，以田分民。軍能墾而不能盡種，民能種而不必自墾；軍有月種，而無傭值之費；民無勞役，而享可耕之田。然後趨之若流水，應之如赴聲。策無便於此者，然非見在水陸兩營之兵所能獨成也。彼以四千之衆勤力於二萬畝之耕，又三農之餘，無廢其坐作擊刺之條，其操畚鍤而從事於濬築，所就能幾何哉？臣聞天津兩衛官軍，本爲防海而設，後以海上無事，虜騎憑陵，遂調赴薊鎮防守。至萬曆二十年來，倭急則議留，倭緩則議調，旋留旋調，展轉無常。臣不得已而有春秋遞防邊海之議。蓋防邊者，一時之横宜；防海者，實祖宗之額制也。今海波固稱暫寧，薊門亦幸當閑暇。臣請以防海官軍用之於海濱墾地，計左右兩營軍共六千，併水陸兩營之兵，總得萬人。除人各耕種外，每歲開渠築堤，可成田數百頃。一面召募邊地殷實居民及南人有資本者，聽其分領承種，少或五十畝，多不過一二頃，悉令倣照南方取水種稻。本年開耕，姑免起科，以償其牛種器具之費。次年每畝定收稻米五斗，以後永爲世業。其軍兵自種五畝，每名定收稻米一石五斗。其有父兄子弟願領種餘田，聽。各營中軍總哨及天津三衛官舍有率其子弟童僕願領者，聽。總之，多不許過二頃。數年之後，荒地漸闢，各軍兵且屯且練，民間可省養兵之費，重地永資保障之安，邊境狼烽長静。兩營官軍嘗留屯，可也。萬一虜釁可虞，復調春秋遞防，可也。蓋薊保兩鎮原屬一體，薊鎮有儆，保鎮兵馬當不待調召往援。矧薊門與通灣咫尺，可朝發夕至，其在津亦何異於在薊哉？至於米粟漸多，可支邊鎮之年例。民居漸廣，可實海邑之版圖。並一切署置調度事宜，容職次第區畫具奏，非可以一端盡也。先是二十五年春，户部奏覆天津巡撫萬世德題天津開田一事，查山東之長山島、遼東之千家莊，俱係海墩曠地。近因倭儆，撥調軍士且耕且防，不踰年而各獲萬計。又查得天津沿海一帶，節該：科臣戴士衡、徐元正並題膠河水淡，可樹嘉禾，撫按設法招墾，祇因連值兵荒，官無餘餉，民無餘力，坐是因循日久，竟未奏效，合候命下。本部移咨天津海防巡撫都御史，督行各該兵備道，即將各哨上環海荒田地，南自静海，東至直沽、永平等處，並諭遠近軍民人等各自備工本，儘力開種，官給印照，世爲己業。成熟三年之後，方許收税。酌量本地所獲花利，每畝上地納穀一斗，中地六升，下地三升，另項收貯，專備海防餉費。此外，不許別項科擾。如有力大能開墾、鑿池、濬溝、築堤、建閘，並隨便經理，不相牽制。每歲終，撫臣躬親巡督。果有成效，如長山島、千家莊之補助軍餉者，即分別墾田多寡、輸餉厚薄，酌議賞格，徑自舉行。至於有力大能捐本倡率者，另題優叙。庶幾人自勸勉，地闢而糧益增，兵農兼濟，上下相資，計無善於此矣。

（明）陳子龍《明經世文編》卷四六〇《李文節集·九邊屯政考李廷機》　夫邊計最重且亟者，莫之屯政矣。國家九邊之地，肥沃可種者，悉爲屯田。甲楯之所棲，耒耜之所刺，綿亙數千里，於焉耕耨，於焉捍禦。蓋即古寓兵於農之遺。而漢趙充國諸葛亮、晉羊祜、唐郭元振、韓重華諸臣之所嘗收其利者，二百年來聖明憂勤於上，耆碩擘畫於下。將臣經略於外，謀士講求於內。則惟屯政爲孜孜顧其間，或舉或廢，或利或否，非壤地不同，則政之得失異也。何也？

高皇帝憫海運之艱，詔羣臣議屯田法。用宋訥所獻守邊策，立法分屯，布列邊徼，遠近相望，首尾相應。剏制如此，其周也。邊境苟既寧，撤守關士卒，僅僅備譏察外，悉令屯田。致力如此，其壹也。山西沁洲民若干户，願應募受屯，賞以鈔錠分田給之。仍令募本州民。召募如此其廣也。令屯士並樹桑棗柿栗，隨地所宜。士雖不足而足於桑棗柿栗矣。地利如此，其盡也。文皇帝納黃福之請，官爲市牛鑄器。至欲廣屯於遼陽而遣人徵牛於朝鮮。耕具如此，其給也。詔各荒屯空土，毋問土客軍民官舍，盡力開墾，永不起科。恩澤如此，其厚也。謂將領能時時勞問屯士所苦，誰不感奮勤力。軫恤如此，其殷也。以寧夏積穀獨多，降敕諭總兵何福。激勸如此，其明也。仁宗念所司以征徭擾之令，毋擅役妨農。愛養如此，其至也。宣宗初，大同總兵鄭亨上屯田子粒數多，則遣人勘實賞之。論功如此，其核也。提督必選老成，更命風憲官以時巡察。任使如此，其慎也。屯久歲豐，邊士一切用度，多以粟易。於是令户部灌輸貿糴，多至二三十萬石，少亦不下十萬。積貯如此，其豫也。天順中，都御史葉盛巡撫宣府，修復官牛官田法，墾田益廣，積穀益多。以其餘易戰馬千八百匹，修築屯堡七百餘所。興利如此，其鉅也。蓋其立法也周，故人便；其任人也當，故法舉；其與士也優，故士奮；其取利也緩，故利集。

即所稱湟中渭濱涼州振武之事，不啻過之乃其弊也。則有膏腴之地多爲莊田，空閒之區咸歸邊帥，士卒無近田可耕，如商輅所論者矣。有墩堡不修，夷虜輕犯，有可耕之田而不敢耕，士卒疲憊，家無耒耜。有可耕之田而不敢耕，如梁材所疏者矣。有耕種之際，鹵莽滅裂，收貯之後，侵欺移用。以管屯爲職者，優游城市而不見阡陌之巡；以典屯而來者，憑信簿書而不較倉庫之實，如劉定之所議者矣。則有擾之以弗靖，持之以太急。今日覈地，明日徵逋，輒起正德寧夏之變，令地荒儲竭，邊民凋瘵，且叛漢而入胡，如王燁所陳者矣。恬嬉既久，因循弛廢。日復一日，邊境蕭條。沃壤既棄，芟粟不繼。士馬不飽，挖運例銀。所費不貲，而度支亦告匱已。議者或欲令各邊撫臣選廉幹吏闢荒蕪、革豪敚，覈乾没，修亭障，遠斥堠，每歲終以聞。部臣分別上請明示勸戒，或欲召募開墾，及令軍民自種，量徵其稅。或以爲利歸於下，則人樂趨。往時爲邊帥豪户墾種，田不荒蕪而公糴亦便。紛紛清勘，適生厲階。夫與膏土沃田鞠爲茂草，孰若捐以予人。請明詔有能墾種者，悉與爲業，毋有所問。或以爲鹽法折納，商不赴邊，而屯政遂與俱壞。欲復屯政，盍令商輸粟於邊。耕者有所資，積者有所散，而塞下自實。蓋諸議者之指，大都任人廣募，薄征緩取。而鹽法與屯田，相爲維持。鹽法之復，尤不可不亟也。夫欲令農狎其野，穡人成功積豐於垣，士饜於伍，內有亡費之利而外有守圉之備，以裨威生氣，制戎撻虜，其惟屯政哉！作《屯政考》。

（清）查繼佐《罪惟録》志卷一一《屯田志總論》　惜無老康長世，而開治之法不復。王守溪嘗云：屯田一石，可當二十石。鰓鰓爲當事言之，無應者。至明末，邊務糾繁，都司所轄，仍如故額，而迄無一兵之用。是棄田以養無用之兵，一失；無法以飽有用之兵，又一失也。不得已，横加遼餉，幾及七百萬。而又不任土著，召募更移，加以道里之費、安家飭器之費又復不貲，寧不益思守溪之言！按屯田法，善用之，稍可復古寓兵於農遺意。明户兵二部分設，職之者互讐，而輔臣無才者持之。國初額、屯二字，徒屬虛名，即否，中飽耳，噫！

（清）查繼佐《罪惟録》志卷一一《屯田志》　國初，太祖命分屯龍江等處，獨嘉康茂才有成績。既登極，各省議置司農，開治所招流離，户給十五畝，又給蔬地二畝，有餘力不限頃，三年起租。後設各衛所，創制屯田，以都司統攝。每軍種田五十畝爲一分，又或百畝、七十畝、三十、二十畝不等。軍士三分守城，七分屯種，又有二八、四六、一九、中半等例，皆以田土肥瘠地方衝緩爲差。又令少壯者守城，老弱者屯種。餘丁多者亦許徵收，則例或增減殊數，本折互收，皆因時因地而異云。

洪武三年，中書省奏太原、朔州等衛所屯田，例給牛種者，歲十入五，否，十入四。上曰：邊民勞苦，自給足矣，遑税乎？六年，太僕寺丞梁埜先帖木兒言：黃河以北，寧夏所轄，及四川西南至船城，東北至塔灘，宜集流亡農屯，十一稅之，并行中鹽之法。上從之。十五年，上聞海運有溺死者，輒終夕不寐，其議遼東屯田之法。十九年，以沐英奏，置屯田於雲南，且曰：足兵邊方，莫善於此。昔趙充國屯金城而士飽，漢享其利，可如英議。但邊地久荒，宜緩其徵。明年，命普定侯陳桓、靖寧侯葉昇屯田於畢節等衛。二十一年，敕五軍都督府臣曰：兵坐食於民，民困，兵久亦困，其必兵農兼務，國用以舒。二十四年，詔山海關一帶悉令屯田，敕馮勝、傅友德出鋭卒屯戍耀武。永樂元年，命靖安侯王忠往北平安插屯田，整理屯種。工部尚書黃福奏陝西屯田缺牛種耕具，命給之。二年，户部奏河南屯都指揮劉英上數，一人所耕，不足供半歲之食，怠職宜罪。上敕英等：國法畜兵衛民，豈以厲民？若苦疲民以贍惰卒，兵民兩弊，以後法無赦。他日語侍臣：朕藩邸歷見田家粗糲，親勞問之，無不感悦。今管轄屯種，須時時慰察，以得其心，則力自出。三年，總兵何福積穀寧夏盈渥，狥其請，定賞罰，爲經久之計，遂以例刊著紅牌，三年後依例行。及期，又曰：且從輕例。

仁廟初立，諭户書夏原吉曰：洪樂間專勤屯事，以中鹽濟之，所以邊圉富強，不煩轉運。迨後所司以徵徭擾之，兼之鹽法漸非其初，無怪邊餉不足。自今屯田軍士不許擅差，妨其農務，違者重法。洪熙元年，大同總兵鄭亨上屯田子粒數，上曰：屯以省漕，宜令覈實，賞如例。

宣德四年，科臣戴弁奏：山海關至薊州，營軍萬人，可令屯田，且耕且守。上令都督陳景先經理。五年，尚書黃福請於濟寧以北，衛輝、真定以南，役軍民十萬人屯儲，以充國用。上可行，而中格不果。六年，御史張勗言：大同以南平衍地，多爲軍官據佔。上令侍郎柴車出，清還所佔與民。

景泰三年，學士商輅上言：口外田地極廣，初因功臣佔作莊田，其諸空間，又被鎮守總兵、參將、都指揮等官據爲己業，以至軍士無近便田地可耕，守邊最要，莫過於此。下所司議行。自是總督李秉請令軍餘受牛種，屯邊地，餘糧給貧軍賣馬，須億萬庫發牛種銀一萬兩。天順中，都督楊能議必行之，巡撫葉盛以爲官府不煩督責，軍士不致賠償，最便。

成化元年，户部具奏，以立法非難，守法爲難，請果李秉之議。

正德四年，逆瑾擅，既止各邊年例，又不令商人在邊輸納鹽課，邊窮。遣御史胡汝礪清丈屯田，不令勢家侵佔，仍追積逋，完者爲能，否者罪之，比較新舊，酷刑及軍官妻子。人心憤怨，遂有何錦挾寘鐇聲罪逆瑾之事。

嘉靖十三年，科臣董懷奏：屯田不興，其弊有四：胡馬充斥，時不能耕；牛種不給，力不能耕；丁壯亡徙，人無以耕；套爲鹵有，勢不敢耕。管屯者非扣減月糧，則照丁賠補。宜去四弊而屯成。二十六年，山西巡撫楊守謙奏：偏頭老營二所，餘地一千九百餘頃堪屯，內省京運，外嚴防守，必久任責成可行。

至隆慶三年，詔大臣分督屯田，竟無實裨。

天啓五年，兵科王鳴玉議修屯五利，東自山海沿邊，簡弱兵三之一，人與旱地二十畝，准糧九月，可免汰兵減餉之苦，利一；免脚價，利二；穀賤，利三；牛馬可料芻梗，利四；饑寒不迫，人心自奮，利五。列則例以上。

北京錦衣等五十四衛，併後軍都督府，原額屯田六千三百三十八頃五十一畝八分二釐零，見額屯田五千五十二頃八十五畝七分四釐零。嘉靖中清察糧二萬八十二石五斗六升二合零，新增并勘出還官首地銀二萬一千七百九十一兩二錢三分零，鈔五萬六千九百四十貫。

北直隸各衛所，原額屯田一萬六十四頃二十五畝六分八釐，見額屯田四萬三千六百七十八頃四十六畝一分七釐零；糧二十一萬九千七百八十一石五斗七升六合。新增併勘出首地銀四萬四百六十二兩七錢二分二釐零，秋青草二十二萬一千四百五十三束，穀草一百八十七束。

南京錦衣等衛四十二衛，原額屯田九千三百六十八頃七十九畝三分七釐零，見額屯田二萬二千六百九十六頃六十六畝三分五釐，糧一十五萬一千五百二十五石七斗五升四合三勺，銀一萬二百六十六兩四錢八分六釐。

南直隸各衛所，原額屯田七萬七千四十一頃四畝八分零，見額屯田四萬八千八百一十八頃三十六畝一分六釐，糧四十二萬七千四百三十七石五斗二升六合，銀六兩三錢七分五釐。

浙江都司，原額屯田二千二百七十四頃一十九畝六分，見額屯田并地山園池蕩兜漊潭塘灘共二千三百九十頃六十畝九分六釐，糧六萬八千二百九十六石三斗五升一合。

江西都司，原額屯田地五千六百二十三頃四十一畝三分五釐，見額屯田地五千四百七十一頃三十八畝四分三釐，糧二萬一千五百四十六石四斗二升五合。

湖廣都司并留守司、行都司，原額屯田共一萬一千三百一十五頃二十五畝，見額屯田二萬七百四十九頃七十二畝六分一釐，糧共三十八萬七千五百四十五石四斗四升九合。

福建都司并行都司，原額屯田五千三百八十一頃三十七畝，見額屯田八千六百九十三頃二十二畝三分一釐，糧一十五萬一千八百四十石九斗一升四合。

山東都司，原額屯田二千六十頃，見額屯田五萬五千五百九十八頃二十三畝四分八釐，糧三十三萬三千五百八十九石四斗九合零。

廣東都司，原額屯田七十二頃三十二畝七分六釐，見額屯田六千三百三十八頃七十九畝八分八釐，糧一十五萬一百二十九石四斗七升八合。

廣西都司，原額屯田五百一十二頃四十畝，見額屯田四千六百一十頃三十四畝六分，糧五萬五千五十四石三斗四升九合。內除民里徵收及荒剗停徵田，實在屯田二千九百一十三頃三十七畝零，糧三萬四千六百九十五石四斗四升一合。

四川都司并行都司，原額屯田六十五萬九千五百四十五頃二十六畝七分三釐，見額四萬八千八百四頃一十畝三分五釐，花園倉基一千三百九十八所，糧二十九萬四千三百三十九石四斗九升五合零。

山西都司，原額屯田一萬二千九百六十三頃八畝五分五釐，見額山西鎮屯田地三萬三千七百一十四頃八十八畝七分，糧一十萬一千九十八石一斗六升一合，租銀一千二十七兩八錢五釐，草一千二百四十束，折銀一十六兩二錢。

山西行都司，原額屯田一萬一百一十八頃二十畝五分零，見額大同鎮田二萬八千五百九十頃三十四畝四分五釐，糧一十二萬二千四百三十八石一斗五升二合，牛具地一萬二千九百六十六頃二十九畝九分一釐，徵銀八千三百二十二兩五錢一分一釐。

萬金都司，原額屯田一萬九千六十五頃七十二畝六分，見額宣府鎮屯田四萬七千八百九十二頃四十七畝零，糧一十九萬八千六十一石六斗八升三合。

陝西都司并行都司，原額屯田四萬二千四百五十六頃七十二畝三分五釐，見額屯田一十六萬八千四百四頃四畝一分零，草折糧一千九百七十二石五斗五升九合，拋草糧草折銀一百一十九兩五錢八分零，草二百三十七萬八千五十二束，草價銀二百五十八兩五錢九分三釐零，地畝糧二千四百六十二石六斗八升一合，地畝銀一萬七百七十九兩四錢七分六釐。

雲南都司，原額屯田一萬八百七十七頃四十三畝三分，見額屯田一百一十一萬七千一百五十四畝一分八釐，糧三十八萬九千九百九十二石三斗三升三勺。

貴州都司，原額屯田九千三百三十九頃二十九畝三分，見額屯田三十九萬二千一百一十一畝六分一釐，糧九萬三千八百一十一石七斗四升三合零。

遼東都司，原額屯田一萬二千三百八十六頃，見額屯田二萬九千一百五十八頃六十六畝一分零，糧二十五萬三千二百一石三升零。

（清）查繼佐《罪惟録》志卷九《土田志戶口附》 洪武二十六年，丈量京省，總計戶一千六十五萬二千七百八十九，口六千五十四萬五千八百一十二，田土八百五十萬八千六百二十三頃零。

京都應天等十四府四州田土，共一百二十八萬九千二百七十四頃零。浙江五十一萬七千五十一頃零。

江西四十三萬一千一百八十六頃零。北平五十八萬二千四百九頃零。湖廣二百二十萬二千一百七十五頃零。福建一十四萬六千二百十九頃零。山東七十二萬四千三十五頃零。山西四十一萬八千六百四十二頃零。河南一百四十四萬九千四百六十九頃零。陝西三十一萬五千二百五十一頃零。四川一十一萬二千三十二頃零。廣東二十三萬七千三百四十頃零。廣西一十萬二千二百二頃零。

弘治十五年，丈量兩京各省，戶計九百六十九萬一千五百四十八，口計六千一百四十一萬六千七百三十五，田土六百二十二萬八千五十八頃零。雲南、貴州二省原無定册。

萬曆六年丈量，實在田土共七百一萬三千九百七十六頃零，加全遼二十四衛一監，共田三萬八千四百十五頃零。

南北兩直隸共一百二十六萬六千五百十五頃零。浙江四十六萬六千九百六十九頃零。江西四十萬一千一百五十一頃零。湖廣二百二十一萬六千一百九十九頃零。福建一十三萬四千二百二十五頃零。

山東六十一萬七千四百九十八頃零。山西三十六萬八千三十九頃零。河南七十四萬一千五百七十九頃零。陝西二十九萬二千九百二十三頃零。四川一十三萬四千八百二十七頃零。廣東二十五萬六千八百六十五頃零。廣西九萬四千二十頃零。雲南一萬七千九百九十三頃零。貴州除思南、石阡、銅仁、黎平等府，貴州宣慰司，清平、凱里安撫司額無頃畝外，貴陽府平伐長官司、思州鎮遠都匀等府，安順、普安等州，龍里、新添、平越三軍民衛，共五千一百六十六頃零。

（清）查繼佐《罪惟録》志卷九《土田志·各宫官田嘉靖中勘過》

仁壽宫豐潤縣餘地九百一十四頃，泊南泊北梁城所東及水泊餘地，共九百八十頃零，蘆葦地一千三百二十頃零。照輕重則，徵銀解部備邊。仁壽、清寧、未央三宫官地六十處，堪種并蘆葦徵銀□等地，共一萬六千一十五頃零。徵租解部。萬曆二年，准三宫莊田餘未央宫莊田量撥供奉景陵香火外，餘租覆實解部。

（清）查繼佐《罪惟録》志卷九《土田志·勳戚寺觀田土》 洪武十五年，詔天下僧道常住田地不許典賣。正統十三年，各處寺觀，除洪武中原額，凡續置者，悉令還民。其廢寺觀遺田，招還無業及丁多田少之民，不許典賣。景泰三年，令各處寺觀量存六十畝，餘放佃納糧。成化十六年，福建有寺無僧田土，除百畝以下，餘給小民領種。嘉靖八年，各處無糧□□田，勘出照例起科。其有廢寺遺田，定價召人承買。七年，順天等六府、大興等六十七州縣，凡勳戚内臣寺觀莊田，共四百一十九處，計地四萬四千一百二十五頃零，除原占官民草場糧地退還外，所餘實堪耕種徵銀不等地二萬八千六百六十五頃零，照例分四則上、中、中下、下。徵收解部。其有勳戚等官，開墾賣買，不行報告納糧，與傍枝等項應革莊田及莊田餘地，鷹房司草過草場等項，共一百九處，除雜占不堪耕種外，堪種徵銀不等地五千二百六十二頃零，盡行徵解濟邊。各寺觀入官莊田，不許僧道自行收租，另立莊頭徵納。二十一年，福建寺觀田土已賣者，俱令買户納糧，見在盈五頃，抽其一備賑。除糧畝，納租銀一錢。隆慶元年，元祐宫季修閲視具奏等規，盡行停止，莊田盡數還官，爲築堤之用。

（清）查繼佐《罪惟録》志卷九《土田志·牧馬草場嘉靖中勘定》

正陽等九門外苜蓿草場地，除供内厩四十頃，實堪種地一百頃零，御馬草場五十七處，除雜占水鹻并存留牧馬外，實堪耕種地二萬五千九百五十六頃零，并備修公廨地四百三十頃，東直門并吴家駝牛房草場，實在堪種地四百六十三頃零，西琉璃廠羊房草場空地九頃零，順義縣北草場東上林院監良牧署養牲地并水田，共二千六百四十一頃零，安州等處牧馬草場地及鷹房按鷹地，共一百二十八頃零，興州九衛秋青草地，御馬監并壩大等二十馬草場，馬神廟香火地五十七處，共地三萬一千五百五十九頃零，除雜占存留修繕往回住牧免南水占外，實地二萬一千七百五十七頃零，大名、廣平二府牧地，除拋荒等項，堪種租銀八千九百三十五兩，陝西苑馬寺牧地五萬五千三百二十二頃零。内有川皮坡地山地不等。騎贏例不給地，一騍馬給川地一百三十畝，一兒騸各給川地坡山地五十畝，除外川地每頃徵銀六錢，坡地徵銀四錢，山地徵銀三錢，共該銀一萬七千三百三十七兩零。又混互不明地二千二百五十八頃，該銀九百八十三兩零，徵收備餉。凡各處板荒積荒拋荒田土，列朝許民間開墾，租銀則例有差。

王府有莊田，在京王府有養贍及香火地，公主郡主及夫人有賜地，公侯伯有給爵及護墳地，有給賜聖賢後裔及安插夷官諸項，有特賜者，有世守者，有退出者，例不等。

（清）查繼佐《罪惟録》志卷三二《外志·皇莊》 天順八年，憲廟初立，以没入太監曹吉祥地爲宫中莊田，在順義縣安樂里板橋村。皇莊之設立始此。自是東宫亦有莊田。弘治中，一月建立皇莊七處。户部郎中□軫言：天子藏富於民，安得有莊？莊徒厲民，宜給還民。□亦宜革管莊名目，佃種責租，有司併解□□。

正德中，皇莊及皇親功臣各莊田，順天等府内，共三百八十餘所，合計九萬餘頃。按宣廟中，許直隸開墾荒田。正統六年，始令從輕起科，景泰中革。自莊田爲名，諸權倖親暱之輩，投獻奏討□□□□□額七倍矣。皇莊既立，遂有管理太監所帶旗較□□名下多爲掊剋，輸宫闈不二三，入私橐已不啻八九。因以罔求市利，更名皇店，奏討鹽引，名曰皇鹽。

（清）孫承澤《天府廣記》卷一三《户部・屯制》 崇禎十年四月，以孫傳庭爲陝西巡撫，而無額設之兵餉，令自措處。傳庭抵西安，上疏言：博考故牘，洪武年間，每軍額地一頃，歲徵正糧十二石，餘糧十二石，盡行收貯屯倉，以正糧按月支給本軍，以餘糧支給官軍糧俸。餉不煩轉輸而倉廪充實，兵不煩召募而士卒精强。法至善也。至永樂二十年，奉詔減免餘糧六石，然正餘一十八石猶然交倉按支，法尚未壞也。至正統二年以正糧十二石兑給本軍充餉，免納免支，止徵餘糧六石入倉，而屯法大壞矣。至後不知何時復將餘糧六石改爲正糧，一併兑軍免納，而屯糧既不入倉，屯地幾爲私産，莫可究詰矣。陝西省下舊四衛，因檄行西安府推官王鼎鎮清查，除右護衛名隸秦府外，先將左前後三衛各地查明，酌古準今，推情定法，按地起課，即責辦於見今承種之人。每上地一頃徵糧十八石，中地量免三石，下地又免三石，每石折銀七錢，總計三衛共該起課地三千三百二十七頃零，徵銀三萬五千餘兩。寬平易從，無不翕然相安，不呼籲以窘司農，不加派以厲孑遺。疏上，上褒嘉之。

編修吴偉業疏云：臣嘗觀宋之諸臣，慨然以郡縣削弱，欲救其敝。李綱請以三鎮置帥，文天祥請以四閫分都統制。今非常之原，不可驟開，然衛所者，高皇帝所以修郡縣之備也。事久寖微，虚糜孱弱。今宜清餉覈軍，甄别世職，其不任者汰之以授有功。特令大臣典護一省衛所，許其徵辟幕僚，收召義勇，互相唇齒，以壯干掫。時不能用。

（清）孫承澤《春明夢餘録》卷三六《户部・屯田》 萬曆策衡曰：養軍而不困民，法莫善於屯田。國家原額屯田八十九萬二千七百八十九頃餘，今所存六十二萬七千一百九十七頃餘。然增損不一，在南京衛所南北直隸、浙江、湖廣、福建、山西、河南、廣東、廣西、山西萬全、陝西、雲南、遼東則有加於昔，昔爲額二十一萬一千九百四十四，今爲額五十九萬三千九百五十五，共增三十八萬二千一十一。唯在京衛所、江西、四川、貴州則損失舊額，舊爲六十八萬八百四十五，今爲六萬三千二百四十二，共失去六十一萬七千六百零三頃。内四川失六十一萬七百四十一，其最多者矣。

昔之養軍，自京衛而外共一百七十一萬四千二百八十二，今之養軍爲一百二十九萬九千一百九十四。昔之屯糧不可考，今之屯糧爲四百三十三萬五千三百七十五石，爲銀九萬三千六百一十兩。除京衛外，尚有糧四百十五萬五千七百四十八石，爲銀六萬一千五百五十三兩。京衛之軍向亡其籍，考之先臣奏議，大約爲四十餘萬。南衛之軍亦不可考，大約遷鼎以後，爲額一十二萬。而京衛屯田舊額不過六千三百三十八頃，南衛屯田舊額不過九千三百六十八頃，即如舊制，每分五十畝，收正餘糧二十四石，則京衛亦不過三十萬四千二百二十四石，必不能供四十餘萬之衆；即南衛之四十四萬九千六百六十四石，亦不足供十二萬之衆。其取給於饋運也明矣。

若夫外衛則不然，雖曰爲分不等，或百畝，或七八十畝。然以南衛之法准之，每分爲一由，每由田實量嘗有七八十畝，至寡者亦爲六十五畝。則所寬即寬於分之内，而非分有差等也。故《會典》三十五年始定科額，每分正糧十二石，餘糧十二石，科額定則糧可准矣。

屯之衆雖曰三七、四六、二八不等，而大約爲三七。是以三人耕供七人之食也。耕者授粟多，故得十二石；守者授粟寡，分得五石一斗四升。然此數似不足以養。且嘗總計之，外衛昔田八十七萬七千八十三頃，應得一百七十五萬四千一百六十六人耕也，盡驅其軍爲屯軍，亦不可遍，況三七乎？

蓋以四川之屯田爲六十五萬九千五百四十五頃，而軍額不過一萬四千八百二十二，必不能人耕四十五頃之地。今惡其害，已而去其籍，法不可考，姑置此。全蜀則昔額止二十一萬七千五百三十八頃，度其糧尚有一千四十四萬二千八百十四石，除正糧外，尚有五百二十二萬一千四百十二石，軍除三分屯種外，尚當有一百二十萬人，亦非每人四石三斗餘之所能供也。然國初之時，不聞有轉運之粟以養軍，則所以待軍之法、通縮之故俱可想也。今折米之銀大約每石三錢，則今之額減昔之額度不過九十萬，今之軍糧昔一百二十萬之額加不過將十萬。昔何以不加派而自足，今何以西北歲益，年例四百萬，東南歲有募兵之餉派民，徵商借鹽，種種措辦而不給？

竊嘗思之，非法之弊，而行法者之弊也。屯法之壞，一壞於餘糧之免半。洪熙行寬大之政，命免餘糧六石，是捐其半也。是時大臣違道干譽，不能爲經遠之計。夫舉天下之軍籍食於屯，一旦失其半，何以足軍國之需？再壞於正糧之免盤，宣德十年始下此令，正統二年率土行之，不知正糧納官以時給之，可以免貧軍之花費，可以平四時之市價，可以操予奪之大柄。今免其交盤，則正糧爲應得之物，屯產亦遂爲固有之私，典賣迭出，頑鈍叢生，不可收拾，端在於此。屯糧日虧，徵發日甚，不取之此，必取之彼。易欺者民，則倍徵而不以爲苛；難制者軍，遂棄置而不敢問，非法之平也。況取者已竭，亦將爲不可，誰何之人兼軍受其貧，而豪右獨享其利乎。歷朝以來，皆知修屯法之善，卒未有能舉之者，徒以疆界難清，豪強難抑，徵催難整耳。

愚以清疆界，莫如嚴丈量。丈量則寸壤不可隱，故相以丈量犯江南巨室之怒，然國受其利。此左驗也。抑豪強，莫如撫貧弱，奪不應得者與應得之人，則衆心得而禍不熾矣。整催徵，莫如調屯官。今各督其衛，恃爲固有，必一以軍政之法分調賢能，等其繁簡，一有不稱，置之重典，則人人凜凜，不敢刁恣矣。然後復正餘糧二十四石之額，復上倉交盤之制，即以今田等之量其入，可得粟三千一十萬五千四百五十六石，除正糧以食其十之三，尚可得餘糧一千五百五萬二千七百二十八石。今京軍額不過十二萬，南京軍額不滿四萬，盡補天下失伍之額，不過一百四十六萬，除屯軍外，不過九十八萬，餘用其粟大半足以養矣。截長補短，盡取給於此，更不煩轉輸之勞，而歲有兩歲之支。苟足九年之蓄，則繕險治器皆可取給，更以其餘設項備之倉補饑荒之缺。軍有餘食，民無暴取，野無棄土國有積儲。雖井田復興，內政復作，不能過也。但經理之時，向拋荒者未免有牛種開濬之費，在邊外者未免有築堡防禦之勞。然築堡即所以修邊開濬，乃所以永利；牛種之費，止在一時，苟兼行錢法，取之裕如，不足煩當宁之慮也。若夫齊魯宋衛秦晉燕趙之墟，古之膏腴，今爲瘠鄉，民惰土荒，以至於此。因而開濬教導，使如江南無三尺之惰農，無尺寸之棄地。不過五年，可使富足。此愚所囁嚅而未敢深言者也。

（清）孫承澤《春明夢餘録》卷三六《户部·畿輔屯丁》 萬曆中，給事中郝敬疏：臣檢閱章奏，濟陽衛舍餘李大用等一本，奏爲不費官錢，情願效力以報恩養事。大略稱：畿輔附近濟陽等衛屯牧額兵共四十八萬，願以萬人隨行征倭，衆軍自貼糧餉。情辭踴躍，臣心疑之。夫以征戍遠役，不召而自赴，又不費官餉，裹糧從役，必非人情。乃徑瀆天聽，豈好事欺罔若此？旋訪其故，粤自永樂年間我成祖文皇帝靖難功成，剩精兵四十八萬，內將一十二萬選入十二團營，餘三十六萬給賜屯田牧地，種納子粒馬價。分置七十八衛於順天府所屬各州縣地方安插，俱屬三千營統轄，聽調征勦。今二百餘年，生齒繁衍，游手坐食，與民混雜。有司派以馬户撐船運米等役，衆軍以馬户運米應屬民差，脱卸無計。昨者寧夏之役，各餘丁議自備糧隨行征勦，求免前差。未幾寧夏平，議遂寢。

二十五年倭奴告警，李大用等重復申奏。蓋彼以三十六萬之衆止出萬人，是三十六人中抽一丁耳。以三十六萬衆共餉萬人，是三十六家共贍一軍耳。又得概免民差，圖此便利，汲汲上請。據臣所聞，大略如此。此情若果，何憚而不從。今東征師老矣，可勿復用此。惟是遼左空虛，枝梧無策，合無因羣情，爲轉移之計，令該部會同新撫臣李植呼大用等面詰前情，果無别項違礙，即於各衛原籍中，務要每十名抽一名。據三十六萬原數，除六萬作耗外，尚可得壯丁三萬人。擇令廉幹將領官數員統領，前赴遼東住扎，開種屯田。

於存留三十萬中，每十名幫貼屯兵一名牛種廬舍之費，行令所在有司一概免其前項馬户撐船民差。開墾田成，即給本兵爲永業，自耕自餉，彼無征倭險遠之苦，又受田管業，愈欣然樂從之恐後矣。大率每兵一名納墾田二十五畝，內除五畝爲官田，每畝量收子粒五六升，則此三萬人可墾田七十五萬畝，一歲收官田子粒可八千餘石，以備緩急之需。至於畫地經野之法，悉聽該巡撫司道官布置，考其成功。

臣嘗見經略標下有王宗聖者，條陳沿邊井田圖式，又有陳伯懌者，言遼東墾田之利，皆鑿鑿可行。語云狂夫之言，聖人擇焉。若其可用，便當依彷爲之，不可以人廢言也。但各衛兵籍廢壞已久，清覈須嚴，及有餘丁規避民差，依投勢豪者，清查檢舉。此一廉幹兵備官之力，不費帑藏，不煩轉輸，不勞征調。因其願赴之人心，蠲其不急之徭役，一呼而得勝兵三萬，坐收兵食兩利之效。備門庭之警，扶肘腋之危，何憚而久不爲此？

按：明初，宿重兵於畿輔，至四五十萬，不費一粒一芻。及中葉而後，猶有萬人自備糧糗，願効力行間者，後何不振乃爾耶？昔人言祖宗之法，惟祖宗能行之，豈不信然。

（清）孫承澤《春明夢餘録》卷三六《户部·陝西之屯》 崇禎十

年，陝西巡撫孫傳庭疏：竊惟考故牘，洪武年間，每軍額地一頃，歲徵正糧十二石，餘糧十二石，盡行收貯屯倉。以正糧按月支給本軍，以餘糧支給官。軍糧俸餉不煩轉輸，而倉廩充實，兵不煩召募，而士卒精强。法至善也。至永樂二十年，奉詔減免餘糧六石，然正、餘一十八石猶然交倉。按支法尚未壞也。至正統二年，以正糧十二石兑給本軍充餉，免納免支，止徵餘糧六石入倉，而屯法大壞矣。至後，不知何時，復將餘糧六石改爲正糧，一併兑軍免納，而屯糧既不入倉，屯地幾爲私產，莫可究詰矣。

陝西省下舊四衛，因檄行西安府推官王鼎鎮清查，除右護衛名隸秦府外，先將左前後三衛各地查明。酌古準今，推情定法，按地起課，即責辦於見今承種之人，每上地一頃徵糧十八石，中地量免三石，下地又免三石，每石折銀七錢，總計三衛其該起課地三千三百二十七頃零，徵銀三萬五千餘兩。寬平易從，無不翕然相安，不呼籲以窘大農，不加派以厲孑遺。疏上，上褒嘉之。

編修吴偉業疏：臣嘗觀宋之諸臣慨然以郡縣削弱，欲救其敝。李綱請以三鎮置帥，文天祥請以四閫分都統制。今非常之原，不可驟開。然衛所者，高皇帝所以修郡縣之備也。事久寖微，虚糜廢弱。今宜清餉覈軍，甄别世職。其不任者汰之，以授有功，特令大臣典護。一省衛所，許其徵辟幕僚，收召義勇，互相脣齒，以壯干陬，時不能用。

（清）孫承澤《春明夢餘録》卷三六《户部・墾荒》　崇禎七年，户部疏：查得北直、河南、山陝等處，抛荒田土最多。然有額内者，原屬軍民；有額外者，原係曠土，不屬軍民者也。

以額外言之，沙礫斥鹵，其中不無可耕。民間自願開墾，墾之或未畢力，耕之或未獲利，官府隨而起科。此科一起，便無脱理。將來水旱蕪治，尚不可知，目前小獲，永遠包賠。民雖至愚，誰肯自貽伊戚。故明明知其有利，明明棄之額外，難墾全在於此。有如洪武十三年詔：陝西、河南、山東、北平等布政司及鳳陽、淮安、揚州、廬州等府，民間田土許儘力開墾，有司無得起科。又令：山東、河南開荒田地，永不起科。以此募民，堅如金石，信如四時，民未有不應者。此田原係額外，不必起科，但使地無不耕民能藏富，朝廷之利已多。此一議當急行者也。

以額内言之，非軍則民，或逃徙他鄉，或見在無力，田久荒廢，而人不敢耕。即有司募民給帖耕種，成熟未幾，而本主至矣。所在告訐，不奪不休，甚或已無本主而本户争之，已無本户而本管里長總旗争之。又或墾出膏腴，大收花利，則本地豪勢無不人人争之，而開墾者莫必其命，招徠者反受其謗，往往有之。額内難墾，又全在此。有如洪武初令，各處人民先因兵燹遺下田土，他人開墾成熟者，聽爲已業，業主已還，有司於輔近荒田撥補。又令復業人民，見今丁少而舊田多者，不許依前占護，止許儘力耕墾爲業；見今丁多而舊田少者，有司於輔近荒田驗丁撥付。以此募民，堅如金石，信如四時，民又未有不應者。此項原係額内，不畏起科，但使人知恒產，竭力耕耘，官府之糧自辦。此一議當急行者也。

至於清查隱占屯地，宜首正疆界，巡行阡陌，按地畫圖。從某至某有田若干，屬某衛所，係某旗軍管種。只以見在著業爲主，方一里刻一石，記其界址，分其弓口，録其户名，通徧各處。如此清查，而屯之實地、實籍舉在於此，不必問簿書也。比至夏秋成熟，又復巡行，按圖履畝。此某某之屯，果成熟者，曾否納糧完則已，否則立追。果荒蕪者，有無水旱灾則已，否則必究。通徧各處，如此覆覈，而屯之實成、實虧舉在於此，亦不必問簿書也。如此清查覆覈，果係著業而耕種勤、納糧早者，量行獎賞，且獎賞其衛所之官。名在籍中而無力耕種，虚占抛荒者，勒令退出，另召軍民給帖開墾，永爲已業，且罰治其衛所之官。則隱占未有不清，荒蕪未有不墾者矣。不然，屯在阡陌而求之於簿書，屯在山谷而了之於衙署，抄謄册籍，積習相蒙，何時而破。且纔有更端，告訐因之而起，奸豪肆騙良善，人人自危，甚則激變者有之矣。

又查得萬歷七年，山東巡撫趙賢議：青萊登三府海島二十餘處，熟地八千餘畝，令海防官軍往來耕食，免納租税二十餘年。又該巡撫鄭汝璧，請撥登州軍兵，渡海北長山諸島，畫畝耕種，收穫糧食運至郡治，抵充軍餉。三十三年，長蘆巡鹽御史徐元正議：山東島田開墾成熟已計萬餘，今長蘆各場草場沿海一望無際，乞要責成天津道專委分司，徧歷各場，不拘祖地、無主荒地，召募盡力開墾，每頃每年止納課鹽四引有奇，給與印帖，永爲已業。又令墾地之家，抽壯爲兵，聯以保伍，訓以武事，無事兼捕盜賊，有事驅之戎行，俱經本部覆准施行。此則登津往例。今應查責兩處司道，照此處置兵屯，聽其自耕自食。如不能行，則此兵百無一用，斷乎當撤，毋令兩地虛糜新餉歲至二十餘萬也。

古時軍國之需，仰於西北而有餘，今也軍國之需，益以東南而不足。蓋地有遺利，應墾而不墾；民有餘力，宜務而不務。此其本之失也。夫濟兖之地，非古井田之區，三代所倚以給軍國者乎。今荒沙漠漠，彌望邱墟，至於京畿之間亦復如是。而各邊之地可知，已大抵官非其人，理非其要，膏腴之區貪併於巨室，磽确之地荒失於小民，而屯田壞矣。務貪多者失於鹵莽，困賦税者一切抛荒，而農業隳矣。所謂地有遺利，民有餘力，此之謂也。沿邊諸郡宜倣趙充國屯田故事，兼以鼂錯募民耕塞下之議，參酌損益。選京官之識見明達幹望精密者，分督其事，段界圻畫，區析畝分，閲其強壯，優其食給。隨地所宜，務力於農；乘其餘閒，課之騎射。昔韓重華之在唐，釋罪吏耕邊田，歲償官逋四十萬斛。又募人爲屯田，歲省度支千三百萬，軍不病饑，寇不爲害。韓愈稱之以爲兵農兼事，務一而兩得。至於腹内西北諸路，必得如漢之趙過召信臣。國初之陳修，其人者分方經理，相原隰之宜，立旱潦之備，定肥瘠之區，寬税賦之額。居止而作者，使循其舊；流亡而復者，各歸之田。湖蕩之間可以水耕者，則引水鑿渠；高衍之地可以陸種者，則分疆定界，務使人各歸農，農各力田，地各樹藝，藝各得力。天下而不長治久安，未之有也。

宋紹興五年，屯田郎中樊賓言：荊湖江南與兩浙膏腴之田，彌亙數千里，無人可耕，則地有遺利。中原士民扶攜南渡幾千萬人，則人有餘力。若使流寓失業之人，盡田荒閒不耕之田，則地無遺利，人無遺力，以資中興。可見今稱財賦之區者，昔固曠土也。

韓愈謂賦出天下，而江南居十九。以今觀之，浙東西又居江南十九，而蘇松常嘉湖五郡又居兩浙十九也。今國家都燕，歲漕江南米四百餘萬石，以實京師。而此五郡者，幾居江西、湖廣、南直隸之半。自宣德、正統以來，每擇任有心計重臣巡撫其地，蓋以此地朝廷國計所資故也。若不曲爲經理，恐如往昔膏腴仍變爲荒閒。天下事不可言矣。

從來大臣未有不留心民事而可爲大臣者。他不具論，如元相王鶚因懷孟路，勸農官王秉中入朝，即訪問：枋口去路六十里，屬濟源縣，所開水利即今溉田幾何。秉中曰：水舊名古秦渠，蓋魏末司馬孚創脩，至隋盧賁復開治。唐太和間，河陽節度使大加疏導，溉河内河陽温濟武陟五縣民田五千餘頃。宋天聖初，枋堰始壞，至是秉中復爲起廢。又云：初興役時掘地丈餘，得栢枋數十段，稱曰枋口。豈因是得名乎？觀相國亟以民事爲問，而任事者對荅詳明如此，俱可以爲後世法。

（清）孫承澤《春明夢餘録》卷三六《户部·限田》 崇禎庚辰，工部主事李振聲請限田，一品官田十頃，屋百間；二品官田九頃，屋九十間。以是爲差，逾限者，房屋入官，變價充餉，田地入官爲公田。有旨下部議。禮部侍郎蔣德璟出揭駁之，謂：限田起於井田，三代時有井田，故田可限也。自秦而後，經界廢矣。漢董仲舒始建議限田，李翱、元稹、林勳皆祖其説。非不雅志三代，爲抑富扶弱之圖，然皆不見用。惟漢王莽、宋王安石、賈似道三人，力任爲必可行，而皆以擾民致亂。似道至首捐己田萬畝爲倡，其法益峻，其禍益酷。由此思之，法非不善，而井田既湮，勢固不能行也。説者謂：開創之初，户田稀少，土地荒曠，田尚可限。故唐太宗嘗行之，而未幾亦廢。洪武初，北方府縣近城荒地，召人開墾，有餘力者不限頃畝，皆免三年租税，仍免雜泛差徭。又令北平山陝及江北等處，民間田土儘力開墾，不許起科，甚且給以牛種田器。不惟不限，且恐其不能田。大哉！神謨卓冠，千古惟令。履畝丈量爲魚鱗圖册，而嚴詭寄投充之禁，則雖不言限田，而限田之法亦行其中矣。胡公世寧言：立國者不於平定之初復古授田之制，中葉而後安懷成俗而云均田，田未易均也。其説是矣。然平定之初，即欲計畝授田如三代制，而不封建，不井田，總不能久，況中葉之後乎。鄧徵君元錫謂有三難，何者？守令歲月更改，各懷一切，莫慮經久，一難也。豪強兼并，謗讟朋興，二難也。守令不能履畝而較，必寄於吏胥，上下其手，豪右售賕，貧弱抑勒，名曰均田，實滋弊孔。故王莽、王安石、賈以道行之，而亂皆生，今反古之過也。今欲足兵食，莫如務農；欲務農，莫如貴粟。惟在遵守國初重農諸款行之。如北平、山陝、河南、江北諸處，聽民盡力開墾，三年不起科，及課植桑棗、修治農田水利，令府縣官考滿，以農田水利桑棗爲殿最。如此，庶民勸於耕，而粟有三年六年之積，以漸致太平。倘亦捄時之急務乎。

（清）傅維鱗《明書》卷六七《土田志》　史官論曰：古昔黄帝制區宇爲萬國，分奠封守，而畫井經野。肇生民之本業，井田昉焉，以養萬世。其末耜之利教天下，依炎帝而耒，堯首敬天授時，命禹敷土則壤經邦，暨稷播種樹藝五穀，《書》稱：地平天成，萬世永賴。《詩》頌：克配彼天，粒我蒸民。孔子歎之曰：后稷之爲天下烈也。故五材並用，歸修土穀。八政農用，爰寶稼穡。文王卑服，即康功於田功。《豳詩·陳風》誠爰忠利，養老慈幼。食節而事時，蓋農事之間，基乎王化。則知土田者爲天元德，爲民元命。聖王所以奉順天德，養育羣生，理財聚人，守邦之本也。三代貢助徹，名易而實不易。田屬於官，民仰給焉。食其力，輸其賦，上下一體而民鮮困窘。三代蓋得其本矣。自秦合天下以自奉，而乃鬻田以予民，弊益滋，民益困。雖泰和、貞觀力欲復古，而卒不可得。若夫因民之田而税之，不廉其多寡與隨民之有田而税之，而不復問其下中。此商鞅、楊炎之所以開辠於古聖也。明太祖起農畝，親嘗諸艱凶疾阨，尤篤隱加意民艱。故其立法因田爲賦，而製魚鱗圖册，以土田爲主田，各歸其都里履畝而籍之。諸原坂墳衍下隰腴沃瘠鹵之故畢具爲之經，而土田之訟質焉。製黄册以户爲主田，各歸其户而詳其新故移易之數爲之緯，而賦役之法從焉。爲一條鞭之制，田存賦存無遁情。凡民授受，皆赴官税契，蓋不啻在官焉，誠亦屬厥本哉。嗚呼，井田既墮，終不可復。《書》不云乎，民爲邦本。夫王者宜思所以養之，然土田所以養之者也。而使之困征繕，疲奔餽，則以養之者害之。誠繹孟氏之言，則本不搖耳。作《土田志》，而以欽恤民隱之事雜見於兹，亦見王者之於邦本，無易若斯。終以官田、屯田、賜田諸政附見焉，而賦役則詳之於後篇云。

明興，太祖初渡江，即以康茂才爲營田使，諭之曰：比兵亂，隄防頹圮，民廢耕作，而軍用浩殷。理財之道，莫先於務農，故設營田司，命爾此職，巡行隄防水利之事。俾高無患乾，卑不病潦，務以時蓄洩。大抵設官爲民，非以病民。若但使有司餙館傳送迎奔走爲紛擾，無益於民事，則非予付託之意。吴元年，謂中書省臣曰：民困兵革之日久，土地萊蕪，民失業者衆，凋弊甚。太平、應天諸郡，吾渡江開創，供億所先勞之民，其量免田租。已乃復歎曰：吾往在軍中，糧乏，空腹戰，歸得一食，雖粗糲甚甘。今未之嘗忘。吾民新出湯火，作業少而供需百出，其何以堪之？於是又免太平租二年，應天、鎮江租一年。又禁天下種秫令曰：予自創業江左，十有二年，軍國費皆民所自出，民效順輸賦，而科征重困，心甚憫焉。曩因民造酒糜米麥，行禁酒令，而米麥稍平，或頗以爲益。然不塞其源而遏其流，不可得已，令農民今歲其毋得種秫。凡爲此者，欲五穀豐登而價平，吾民得所殖以養生，非有所苦。故令。當是時，張士誠未平，南北未一，上念揮戈灑血之地困劇於四方，蠲恤民業，勤至於此矣。洪武元年正月，詔遣周鑄等一百六十四人往覈田畝。上謂侍臣曰：兵燹後，郡縣版籍多散落，田賦之制不能無增損。征斂失中，則百姓怨咨。今欲經理以清其源，無使過制以病吾民也。夫善政在於養民，養民在於寬賦。今遣周鑄等往郡縣核實田畝，定其賦税，此外勿令有所妄擾。復諭鑄等曰：爾經理第以實聞，無踵襲前弊，妄爲增減，曲徇私情，以災萬姓，否則國有常憲。各厚賜遣之。復設司農司官，開治於河南。嘗行幸鍾山，自獨龍岡步至淳化門，乃騎而入，顧謂侍臣曰：朕不歷農畝者久，適見田者冒烈暑而耘，苦甚。心惻然閔之，不覺步至於此。農爲國本，百需皆所出，而苦辛若是，爲司牧者壹嘗憫念之乎。又嘗祀圜丘，世子從，上命左右導世子行田間，令徧歷農家，觀農所爲居處服食器用者。還謂之曰：汝壹嘗知吾農民之勞苦抵是耶。夫農樹藝五穀，身不離塗泥，手不釋耒耜，祁寒暑雨，終歲勤動，而茅茨草榻，風日不蔽，麤衣糲食，口體不充。國家經費又彼所從出，故令汝壹知之。欲汝居處服御間，常念其勤勞，取用節而無侈心也。二年，上親耕藉田，命皇后率内外命婦蠶北郊，供郊廟衣服如儀。自是歲爲常。是歲，免山東西河南秦隴民田租，下詔曰：朕本淮右布衣，因天下亂，率衆渡江，保民圖治。十四年於今，荷天眷佑。荊楚三吴，外薄環海，悉以底定。重念中國本華夏帝王之所自立，而元人入據，垂及百年，天厭人叛，生民塗炭。是用命將北征，師渡河而齊魯之民讙然來迎，饋餉給軍，不辭千里。朕深憫焉，其何忍復勞？元年免山東租，而苦旱燕都，晋冀困兵革，征斂尤甚於齊魯之民，河南歸附而來，師旅繼往，念未遑加惠。今大軍已北矣，西抵潼關，北界大河，南至唐鄧光息，及秦隴新附者，蠲夏秋額税，稱朕恤民厚下之意焉。又詔曰：朕肇造丕基，鎮江、太平、寧國、廣德爲京師翼郡，師旅之興，供億仰焉。子孫百世，何得忘江左之民？其並免今年田租。自是蠲租之詔屢下，遇災旱徒布席藁，精誠祈禱，不直減膳、撤樂應故類也。退朝還宮，披民籍不釋手，恒接黎耆詢察所疾苦。先是，初即位，詔鰥寡孤獨廢疾及無田產民不能自養者，官爲存恤。民年七十以上，許一丁侍養，免科繇。四年詔：臨濠之田驗丁力計畝給之，不得兼并。五年詔：天下郡縣立養濟院，民不能自生，許入就養，月給米三斗，薪三十斤，冬夏布一匹，小口給三之二。著令若律，而憲綱申飭爲拳拳。先是，上念天下貧民以水火葬傷風化，詔京師相地設漏澤園，天下郡縣擇官田立義塚，凡民無地葬者舉葬之，著於律。八年，陝西僉事虞以文上言：漢中民多山居，而膏腴水田多灌莽，莫肯出山耕墾。蓋以用力勞，又畝徵其稅，是以匿避衆。儻減租寬徭，使民居平野，則田益闢。上善其言，詔天下皆出山墾，蠲其租，成乃科。十九年，詔天下行養老之政。凡八十以上，鄉稱良善，貧無恒業者，月給米五斗，肉五斤，酒三斗。九十加綿絮。有田足自贍者，給酒肉帛絮。其應天、鳳陽二府民八十賜爵社士，九十爵鄉士。天下民八十爵里士，九十爵社士，許冠帶，與縣官均禮，優免其徭役，官歲存問。所給賜委敦篤儒生按月詣其廬禮送之，毋給陳。著爲令。二十年，上念民貧富之不均也，而賦稅復不以實。自古往往以田稅飛灑詭寄之親鄰，佃僕昏賴推那，貽賠賦而貧者益貧。遣國子生武醇等隨所在稅畝多寡定爲九區，區設糧長四人，集耆民履田丈量，圖其田之方圓、曲直、美惡、寬狹若尺丈，書主名及田四至。如魚鱗相比次，彙爲册曰魚鱗圖，册成，上之，而宋季經界之法始行。先是，詔兵興來所在流徙者所棄田，許諸人開墾業之，即田主歸，有司於附近撥給耕作，不聽爭。惟墳墓房舍還故主，不聽占。已，又詔：陝西、河南、山東、北平諸地民間田土，聽所在民盡力耕墾爲永業，弗起科。二十二年，户郎中劉九皋言：古狹鄉民聽遷之寬鄉，欲地無遺利，人無失業也。今北方諸被兵處，田荒居民少，宜徙山東西之民往就耕。上曰：山東多曠土，不必遷，遷山西澤潞民無田者往業之。令耕種，蠲科繇，户給鈔二十錠備農具焉。二十七年，令工部移文天下：課百姓植桑棗，里百户種秧二畝，始同力運柴草燒地，已乃耕，比三燒三耕，已乃種，秧高三尺分植之。五尺闊爲隴，每百户初年課二百株，次年四百株，三年六百株，栽訖具如目報。違者謫戍邊。尋遣監生人材詣天下督吏民修農田水利，而具敕天下諸陂塘湖堰可瀦蓄備乾熯宣洩防霪潦者，各因地修治毋怠，亦勿得妄興工役疲吾民。嘗諭户部曰：古人有言：農桑，衣食之本，然棄本逐末，鮮有救其弊者。先王之世，野無民不耕，室無女不蠶，水旱無虞，饑寒不至。自什一之途開，淫巧繼作，農桑之業多廢，一農執耒百家饗，一女織組百夫衣，欲無貧得乎？繼自今，申明天下四民各守厥業。毋游食，游食者罪。庶民之家，不許衣錦繡，違者罰。庶幾可塞其弊也。上又以海運及防倭造大艦，若油漆棕纜，悉出於民，甚閔之。命於朝陽門外種桐棕漆樹五十萬株資工用，勿賦民。二十八年，詔户部言：百姓供給繁勞有年，山東河南民除入額田地循舊科徵外，新開荒者，無多寡弗起科。有氣力者聽種之。三十二年命天下鄉置一鼓，遇農月，晨鳴鼓皆會，及時力服田。其惰者里老督併之，不率者罰。里老惰不督勸亦罰。先是設孝弟力田科，與鄉會並，其重農田也如此。當其時，湖廣孝感饑，官請設預備倉儲粟以賑，命行人馳驛赴之。謂户部曰：朕常捐内帑付天下耆老，糴粟禦凶荒，誠急民也。若歲饑候奏請而後發，則民饑而死者多矣。其即諭天下有司，遇田歲不登，先發廩賑貸，後乃聞。著爲令。荊蘄災，命户部主事趙初乾往賑，期後。上怒曰：民饑而上不恤，咎在上；吏受命不能宣上德，玩視民死而不救，則吏之罪也。誅之。蓋加意於田之凶如此。

永樂初，制郡邑各置預備倉，官出金糴粟。若民贖罪入粟，收貯備賑貸。擇其地年高篤實人管理之。已，詔天下郡縣於四鄉各置倉，出官鈔糴穀粟備賑。元年，敕户部曰：朕即位首命爾等覈荒田，無人佃種者，實蠲除其租，庶弗貽民於患。乃因循翫愒，不體朕心。而有司拘歲額概徵收，此豈大臣爲君爲民之心。其速下所司覈除之，以免民横擾之苦。時尚書資奏棗強民初復業，適旱蝗饑，流殍者衆，乞覈實賑濟之。上瞿然曰：民困甚，濟之當如救焚拯溺，少緩無及也。今往還覈實，非兩月不可，民命在旦夕，誰能待之。命御史速督官發賑。二年，安撫江西給事中朱肇言：江西官田租重，十倍民田，乞於官田折布，民田輸米。從之。七年，上幸北京，皇太子從，道所經田家，命皇太子入徧觀，令知民艱難。因諭以農事爲王業之所自起，作務本之訓授焉。寧州同知潘正叔言：兖州東昌諸郡縣，土多曠不耕，青登萊諸地民故無田，宜徙丁多者就田之，三年蠲其役，庶地無荒蕪。洛陽知縣姚宏言：縣有水田二千餘畝，歲藝粳，後伊河徙不能灌，成陸種，歲糴粳供輸苦。乞令納麥粟便民，皆從之。敕河南布政使言：朕爲天下主，所務安民。民爲邦本，故每歲遣使者循行郡邑，欲周知民所苦也。近河南饑而有司不以聞，顧往往言歲豐，罔天孰甚焉。此朕任非其人之過，其速令郡縣發粟賑貸。仁宗監國時，赴召過鄒縣，見男女持筐筥盈路劚草根，拾草實，駐馬問所需。對曰：歲饑以爲食。爲惻然，下馬入民舍視之，見民男女老稚皆衣百結不掩體，突釜仆不治。歎息曰：民隱不上達，乃一至此乎。顧中官賜鈔，悉父老前問所苦，具以對，徹尚食賜之。時山東布政使石執中來迎，責之曰：民牧視民窮如此，亦頗動念否。執中對曰：諸被災處，皆奏免今年田租矣。監國曰：民饑且死，尚及征稅耶？蠲有田者，無田者苦饑，奈何？即督郡縣上數，約近地三日，遠五日，發粟賑，毋懼擅發，吾見上自奏也。至京師即以聞，上喜曰：昔范仲淹子猶能舉麥舟濟故舊喪，況吾赤子乎？賑之是也。及登極，詔下言：郡縣水旱缺食，有司即體勘賑濟。其民流徙，田土拋荒者，爲覈實除豁，召別佃，中官田聽照民田例起科。已，奏報上，上謂户尚書原吉曰：土田，民所賴以衣食者也，今所在郡縣奏除豁荒田者衆，豈百姓巧避征徭，相率轉徙歟？抑年饑不足，加以疫癘致死亡也。今吾民何以至於此？繼自今一切科徭，務撙節，毋煩苛。仍令有司凡政令不便者，具條聞之。敕户工部言：農者，生民性命之原，不可失時，國家有不急之役當用人力者，皆俟農隙。前代蓋有不恤農事，而以徭役妨耕作召亂亡者矣，不可不謹。尋以淮徐山東饑，上坐西閣，召大學士士奇等，下詔蠲田租，停官買物料。士奇請曰：皇上恤民窮甚幸。然户工部事也，當召令預聞。上曰：安之。救困窮不可旦暮緩，有司慮國用不足，往往持不決之意牽之，或中尼不行矣。呼中官具楮札，令士奇等就西角樓立書詔。或曰：山東地方千餘里，豈必盡無收？宜差別，毋濫恩。上曰：恤民寧厚，朕爲天下主，寧當與細民計屑屑耶。書畢，即用璽遣使行。已，顧士奇等曰：汝可語户工部，言二省糧，朕悉免之矣。

宣宗宣德初，召户尚書原吉諭之曰：朕念自古帝王，未有不由民之富庶以享太平，亦未有不由民之困窮以致禍亂。是以夙夜祇畏，用圖治理，所冀天時協和，田穀豐茂。今冬春多雪雨，秋似可望。然歲計在春，慮民阽於饑寒，困於徭役，不能盡力田畝。其移文戒郡邑省徭役，勸課農桑，貧不給者，發廩賑貸，毋忽。嘗夏月午朝，退以天暑語侍臣，念農事之勞也。曰：朕九歲時，皇考親書唐聶夷中《鋤禾日當午》詩授之，問曰：解否？對曰：解，詩蓋言農事艱難也。皇考笑而頷之：是是。朕每觸此，未嘗不念及田野，銘於心不忘。今宮車不復返矣，已泣下沾襟。又嘗閱書畫內庫，得趙孟頫所繪《豳風圖》，涣然淵衷，賦豳風圖詩其上。揭便殿壁間，尋作織婦詞，具悉稼穡蠶絲勤勞之隱。而輔臣士奇言：各省田起科不一而賦額重，小民苦之也，蘇州尤甚，幸除豁。上慨然詔畫一下，已復嚴違格之令，申預備倉儲蓄之令。時青州民劉中等二百户詣闕言：永樂中以歲歉流徙至真定棗強，今二十年矣，業成家。今有司追還山東，願附籍棗強便。上曰：彼此皆吾土，獨計民便安，聽附籍，耕田毋追還。而福清民亦詣闕言：光賢里官民田百餘頃，舊堤六百餘丈，海水得有障以田。今堤壞田荒，永樂中得旨修，迄今未興工築，民失業。上覽奏太息曰：陂池堤堰，民所賴以時耕，小民赴訴得自達，甚囏，且苦，既得請，奈何復倚閣慢廢之乎？諭吏部責有司築。尋下令申飭郡縣，凡陂塘閘壩，年久坍塌不能瀦泄，淤塞不能灌溉者，令修築復故。爲豪強占據妨民者，責吐退，具實聞。已詔府州縣官考滿，以農田水利爲殿最，風憲官巡視怠廢者糾劾之。上嘗御武英，與侍臣從容言：古聖王制井田最善，何以後世不能行？侍臣對曰：自阡陌開，兼并者多，遂致因循。若力行亦何難。上曰：爲國養民，在有實惠，誠能省徭役，薄征斂，重本抑末，則養民多矣，何必拘古法也。尋敕户部曰：舊額官田起科多參差，稅重民弗勝。自今爲始，每畝一斗至四斗者減十之二，四斗一升至一石者減十之三，永爲例。當交阯之役，命官於湖廣督軍餉，已請允。上忽召户尚書原吉曰：朕昨思湖廣去歲旱，民艱食，征南餉廣東西近地非乏也。其止勿行。新安知縣陶鎔言：邑在山谷，本瘠土薄收，民多艱食，採拾不自給，獨函驛有儲糧，欲申請待報，而民命在旦夕，輒先發給之，需秋成還官。請伏專擅之罪。上曰：真民牧也。敕褒諭。上嘗謁陵還，遙見田中耕者，以數騎往視之。下馬從容詢其穡事，因取所執耒耜三推之。耕者初不知爲上也，既而左右語之，乃驚拜呼萬歲。上惻然顧侍臣曰：朕三舉已不勝勞，況常事此乎？人恒言勞苦莫如農，信夫。命耕者隨上至營，賜鈔六十錠。已而道途所經農家，悉給如之。上多製憫農詩賜侍臣，懇懇以田事爲念，文多不具載。

正統中，詔：農桑，衣食本源，布政按察司及巡按御史嚴督有司及時勸課民，毋有所惰。有荒棄田不治者，移所在田少丁多民往種之。明當洪宣之際，繼以天順邅難，力民事三宗，恭仁寬恤之令數下，民新脱鋒鏑湯火之苦，守令尚保舉而久任，肅法宇下，役簡賦薄，開荒田不責賦，盡心穡務，老幼厭粱肉，煢獨餘粟布。安堵蓄阜，號稱治平，深山大谷，野無不墾之田矣。

景泰中，淮徐饑，死者相枕藉，山東、河北流民猝至。都御史王竑不待報，亟發廣運倉賑之。近者飼以粥，遠者給之米。力能他就食者爲裝遣，鬻孥爲贖還其人。即空庾六十楹居流民之病者，擇醫四十人分治之，死給棺。窮慮曲當所任使，委曲戒諭出至誠。所全活者甚衆，具疏聞，且待罪。初，流民奏至，上於樓轎上讀之。大驚曰：百姓饑死矣，饑死我百姓矣，其奈何。已，得竑發廩奏，乃大喜。大言曰：好都御史，不然我百姓饑死矣。

天順中，南畿巡撫劉孜修復廢墜，時松江積荒田四千七百餘頃，皆重額，久廢不耕，税加於見户。奏請召民開田，不論原額，肥田畝税三斗，瘠者二斗，謂之官租，不起科。民驩趨之，蕪穢盡開。行之六七年，積羨至二十萬，以備凶荒。上嘉賞之。

成化中，敕布政、按察二司言：國初太平，設預備四倉，所以備儲蓄，備旱潦，爲民賴也。比久廢弛，爾等督同各府州縣官，將原設四倉覈實見在儲蓄有無多寡之數，仍儘各處在官贓贖金，續糴粟備之。有不敷，聽於存留糧内借撥，或於各里上中户内勸助以充。其看守者，以附近里内僉殷實有行止者主之，有通同官吏實收虚放爲侵盗者，論如律。都司督同衛所官於其地分置倉，亦如之。

弘治中，蓄積大抵又寡而盗繁。都御史林俊乞敕省司招民輸貲入粟補散官，及抵罪情輕法重者，聽入贖爲常平本，而募民各以其私立義倉義學義塚，名阜俗三義，得表門示旌。詔如章施行。尋定制：言州縣所儲粟務三年積足，周一歲之食而後已。大都五十里，積粟三萬石，百里積粟五萬石。官儲中程者爲稱職，不及三分而上罰有差，少六分課殿。先是，天順初，御史楊瑄言：直隸連年水潦，民饑相食，河間爲一鄉田在高阜，種小麥將穫，而石亨令閹者立標横占，知府王儉不恤民怨，阿附之。饒陽田堪耕者少，而太監曹吉祥家人逼有司撥與耕。儻不嚴禁，恐生變。上曰：民方困於艱食，朕爲之寢食不安。而在朕左右爲大臣者，不能體朕意若是。瑄敢言可嘉，詔即還其田。至是復申飭焉。而湖廣參議吴世忠言：臣昔任給事中時，嘗具言水利爲農田急務，幸准覆行。及備員湖藩，而所屬陂塘池堰湮塞如故。爲勢家填占迷塞者，在在有之。召里老問之，云：往朝廷重農，州縣以水利爲急，差官清理，歲有修築，而豪强不敢填占，民有所賴。邇年州縣官惟句攝詞訟之爲急，其於塘堰册報，類非覈實，豪强填占，又置不問。雖奉旨行勘，何嘗一至田畝？及亢旱無成，恩旨蠲免而已。先期督徵入官矣。民未沾恩，而國用不足，往往又額外徵之。此獄訟繁興而盗賊多有也。惟皇上念足民之道，莫先於此，守令之職，莫大於此，備敕各布政司循行所屬以前詔書從事。幸甚！上從之。五年，復禁種秫，下令塞造酒之源以裕農食。九年，設蘇、松、常、鎮、湖州五郡所屬地各勸農判丞，尋於直隸、深、趙等七十二州縣及江西、湖廣、河南，各置勸農官。

世宗即位，復禁造酒麴。七年，詹事霍韜言：洪武初，天下田八百四十九萬六千頃有奇，而弘治中存額四百二十二萬千頃有奇，失額至四百二十六萬餘。是天下田存者失者各半也。而御史郭宏化亦言：天下土田不及國初之半，乞敕各處撫按選監司守令，分詣搜括，覈實以聞。而尚書梁材難其事，詔會羣臣議，如宏化言。尋御史黎循典上言：請開墾山東荒田，如沂費嶧滕之間，野多曠土，積逋過多，宜下所司招流移，令業之，措給牛具種子。假以歲月勿征役，使得盡力田事，少裨國課。上善其言。上嘗御西苑豳風亭，召大學士鑾、尚書時及鋐、侍郎言，同觀收穫，諭之曰：農之苦勞見之紙上，不如見之於真。我聖祖嘗有訓曰：衣帛當思織婦之勞，食粟當念農夫之苦。以此觀之，委爲粒粒辛苦也。詔：各處水塌沙壓等地税糧，負累人户賠納，各撫按督有司勘明，即與除豁。自國初魚鱗圖册及黄册清土田及税賦，法甚善，及歲久亡，不可復問。而田多易原主，糧過里都，獨以田從户，而田之所在，不能辨知。於是飛灑詭寄買賣推收爲虚僞，至不可原詰。有地無立錐而籍田踰頃畝者，有田連阡陌而版籍無擔石者，有實鬻田而留虚税者，有有推無收、有收無推者，而民多困窮逃亡多。有黠者因其逃爲昏賴，而糧愈益虛。至嘉靖間極矣，於是憂生民者咸籍籍議丈量。吏尚書桂萼言：北方民少地寬，遷山陝無田之民分耕其地，故稱屯。時屯民僑寓新至，其受地頃畝也狹；社民土著世居之，其分地頃畝也廣。故新地謂之小畝，社地謂之廣畝。此北方之民所甚怨於不均也。天下任土作貢，宜科則較一。而南方鄉分里甲當定稅時，吏舞文受賄，有輕則重則之殊。其在重鄉則下田不免重則，在輕鄉雖上田亦得輕則。又各州縣沙没之產，即因民間所收佃作之租定爲稅糧。此南方之民所甚歎於不均者也。惟北方形勢之家，欲獨享廣畝之社地，不肯爲狹地之屯民分糧。南方形勢之家，欲獨享輕則之田糧，不肯爲重則之里甲均苦。故州縣官欲通行均量，即上下夤緣，多方排沮，故民怨無時而已也。惟陛下以匹夫婦不獲所之心，獨斷於上，召大臣平心會議均之，則絜矩之利，遍於天下，而清嚴田糧詭寄影射書算飛灑之誅。乞令巡守分詣地方督州縣，將飛詭弊源，重者隨田丈量，輕者隨户清理。究首尾之因，度廣狹之則，定高下之科，分肥瘠磽沃之等，均崩灘開墾之數。各將原糧添入原田，歸之原户，而圖都里甲及縣總造册，使甲各收藏，州縣因造大册上之府司户部及南京後湖。俾因户推田，因糧編差，户與田有一定之則，甚便。上善之。而尚書胡世寧亦上言：立國者於平定之初，不能復古授田之制，中葉而後，安定成俗，而云均田，田未易均也。今可議惟江南田賦等則既多，而里胥飛灑之弊繁。江北豪力之家田不輸稅，惟小民原業舊田輸之，而貧富愈不均。宜權救弊之法，通行天下。田畝各以本州縣額稅爲率，田廣狹不均者，各丈量而均一之。其北方土曠收薄，南方江湖沙磧山岡易旱之田，倣古人上田一夫百畝、中二百畝、下三百畝之意，而量寬其畝，或令倍折，亦不爲過。餘履畝丈之，或以變更田賦舊額爲疑，不知田之制賦，視穀入多寡爲差，非可以額拘也。宣德中，因知府況鍾奏減蘇州官田糧額，固未嘗以舊制爲拘矣。昔在聖王仁政之行，必均貧富，惟分井授田之爲急，後世乃有均田限田之法。今既皆不可復，惟核其田賦。俾有田者有稅，無田者無之，毋使富民重貽貧者之累。而猶曰不可，則必富者饜食饕餮，貧者推肌瀝髓，相推於逃亡死徙，而後以爲得歟？當是時吉安、安福縣糧四萬二百一十石，而虛糧乃至七千石有奇，民困甚。鄒守益患之，言於朝，訴於藩泉郡縣，請丈量，立法鱗次挨丈而田卒均。奏上，上嘉之。而河南巡撫簡霄疏請天下丈量田地，以爲田既丈量，則貧民有糧無地者，得以免賠償之苦，而富民有地無糧者，難以遂欺隱之私，宜熟議其便。上以天下有詭寄兼并者，第使首出改正，不然，聽人告發，其丈量滋擾不必行。裕州故阻險，然四衝野多坡坂，地磽确不皆可田種，故俗苦竄，寡畜藏，輕剽數徙。知州安如山白於上，爲丈量。命耆艾董其役，命區長驗區畛，命量人步阡陌，命算人制畝分，精核版籍，因區定畝，因畝準稅。區爲綱，畝爲目，綱以麗目則無漏畝。畝爲母，稅爲子，母以權子則無逋稅。平原曠野膏腴之田一當一，平石岡田二當一，山石岡田三當一，山石陡阪之田四當一，陂池林麓廨宇鋪舍廛市之稅蠲之。田溢稅則從增，稅溢田則從減，咨詢便故，人無遁情。版籍明乃上有定徵，疆土別乃下有定輸。當是時丈量法未甚具，始一二舉行，人望風疑憚，説者難之。時南京御史劉鳳言：江南田地名額輕重肥瘠有定則，歲久弊生，惟當隨宜釐正，剔其奸詭，則田賦自均。乃有司多創立意見，紛紛丈量，通融變納，更易成法。奸蠹益滋，富者轉輕，貧者益重。雖有均田之名，殊無平賦之實。制曰：可，其禁止之。自此丈量不行。

萬曆初，上用蘇臣議，行丈量法，大均天下之田。詔下言：所爲均賦者，用蘇民瘼，非盡地利求增稅也。恩意深篤，一時天下官無敢不舉行丈量法者。撫按官嚴督核，深殿最。其精強敏練撫字忠愛之吏，得因自效。而貪横有司，因藉以逞私横虣。於是諸方田法令，纖悉明具，人習步算，而田賦清者十五六。異時虛糧貽累之弊，少損於昔。其吏罷軟寬縱，若養交賈譽者，多饒豪右，急貧弱。山谷湖蕩之田，歲收下下，以一法概量之，又以一則起科。乃其時自郡縣吏而上，皆程日力趣工役，苟以奉明旨集事爲功。而祭酒王材聞而慨然上言：經界盛事，數百年一逢，而有司鮮真切爲民之心，祇欲速成，以徼虛譽。是聖祖之尺度不足遵，上行之簡書不足畏，獨書算以省力之私，爲一則之説逢之官，昧其良心以欺民，民抑其本心以徇官，取快一時操切之謀，無復異日經久之慮。則是舉也，不如無舉之爲愈也。嗚呼，《書》稱：成賦必則三壤，禮制地征必辨土物。禹任土作貢，至十有三載乃同者，今皆違之，能有行乎。乃知經界之法，郡縣之民，各視其守令賢否爲丈量利病，法固不能以自行也。嗚呼，丈量隱稅，非復限田均田之大政，良有司欲舉行於下，既苦於上下之沮撓而不得行，聖天子欲經制於上，又病於奉行之苟且而不得善。然後知版圖征役，固封建五長之事守，而非所論於郡縣之世也。郡縣之世，惟精擇守令版圖征賦，聽其以利害爲權宜，毋以文法牽。庶夫，嗣是六七十年無議及此者。

崇禎勵精於上，以税畝之不清久矣，毅然下丈量法，事未及行，而天下土崩。【略】

若屯田，蓋以國初兵荒之後，民無定居，耕稼盡廢，饟餉匱之。初命諸將分屯於龍江等處，後設各衛所，創制屯田，以都司統攝。每軍種田百畝、七十畝、五十畝、三十、二十畝不等爲一分，軍士三分，城守七分。屯種又有二八、三七、四六、一九、中半諸例，皆以田土肥瘠地方衝緩爲差。又令少壯者守城，老弱及餘丁屯種而徵收之。例或增減殊數，本折互收，皆因時因地而異焉。太祖洪武三年，中書省臣奏衛所屯田官給牛種者十税五，自備牛種者十税四。上曰：邊軍勞苦，能自給足矣，尚欲取其税乎？詔勿徵，於三年後每畝收租一斗。二十年，令陝西屯軍五丁抽一税，糧照民田。尋令衛所軍士屯田，每歲除所收穀種之外，餘糧以十分之二給守城軍士。已，又詔：今後犯罪當遠戍者，發臨濠屯田。時太僕寺丞梁埜仙帖木兒言：黄河迤北寧夏境内及至四川船城塔灘，相去八百里，土田肥沃，舟楫通行，宜命重將鎮之。俾招集流亡，務農屯田，什一取税，兼行中鹽之法，可使軍民足食。上從之。十五年，士卒饋遼糧，有溺死於海者，上聞惻然，謂侍臣曰：昔遼左之地，在元爲富庶，至朕即位之二年，元臣來歸，有勸復立遼陽行省者，朕以其地早寒，土曠人稀，不欲建置勞民，但立衛所，以兵戍之。其饟歲輸海上，每聞一夫航海，家人懷訣別之意。然事非獲已，憂在朕心，必至期復命，士卒無虞，心方釋然。近聞有溺死者，朕終夕不寐。爾等其議屯田之法，以圖長久計。於是遼東屯田。後沐英請屯田於雲南，上喜曰：屯田之政，不以繇民力，足兵食，邊防之計，莫善於此。趙充國屯金城，漢享其利，後之有天下者，亦莫能廢。英之是謀，可謂盡心矣。然邊地久荒，榛莽蔽翳，用力實難，宜緩其歲輸，使彼樂於耕作。數年之後，徵之未晚。户部可亟行之。已，敕五軍都督府曰：養兵而不病於農者，莫若屯田。今海宇寧謐，邊境無虞，若使兵坐食於農，農必受弊，非長策也。其令天下衛所督兵屯種，庶幾兵農兼務，國用以舒。若漢趙充國策勳當時，垂名來禩，諸將能盡力耕作，以足軍儲，則可以繼美於古人矣。二十四年，上謂後軍都督英曰：曩者胡虜近塞，兵衛未立，所以設兵守關隘也。今敵人遠遁，塞外清寧，而諸軍士名雖守關，實廢屯牧。繼自今每關隘存老幼十餘人譏察，餘悉令屯田。尋設屯田御史察核之，及天下屯田册籍成。上喜，謂侍臣曰：朕養兵百萬，不費民間一粒米，後世若遵守，時釐飭之，何煩饟饋耶。

永樂中，命靖安侯王忠往北京安插屯田軍民，而工尚書黄福奏衛所屯田多缺牛及耕具，命官市牛給之，耕具於各布政司鑄造。二年，户尚書郁新言：有上屯田歲收數者，計一人所耕，不足自供半歲食，宜罪之。上曰：法初行，宥之。遂下詔曰：屯田軍國之大務，諸將不留心於此，徒坐享禄食，若復役疲民以贍惰軍，則民愈困，兵日媮。蓋畜兵以衛民，豈以困民？汝等宜深思之。若復怠，罪不宥。尋定樣田例，有獲多者立賞格。三年，各屯所置紅牌，刊分管耕屯則例明賞罰，而各省皆增察理屯田僉事一員。

仁宗即位，諭尚書原吉曰：古者寓兵於農，兵食兩足，無待轉輸。皇祖立屯田，用心深至。迨後所司以征徭擾之，既違農時，遂鮮收穫，以致儲蓄不充，未免轉運。其令天下衛所凡屯田軍士不得擅差，妨其農務，違者處以重法。

宣德四年，給事中戴弁言：自山海至薊州，守關軍士甚衆，操練之外，無他差遣，並務屯種，可以實邊。請勘附近荒田，斟酌分給，且屯且守。上嘉納之。命户兵部各遣官經理。八年，敕南京守備及巡撫言：各衛所屯田，較其所入之數，以充軍倉，使耕種以時，毋令下人侵擾。

正統初，大學士楊士奇言：國家歲用糧儲浩大，皆仰給江南，軍民轉運，不勝勞苦。況河道難通，少有阻隔，則糧餉不足，實非長久之計。今在京官軍數多，除操練造作外，餘悉令於畿輔空閒地屯種。儻遇豐年，必多蓄積，可省轉輸。此實經久之策。上命撥三萬往屯。上嘗語户部曰：若陝西沿邊皆宿重兵，俱倚食内郡，河南濱陝，多積粟，而諸衛多屯田，慮有名無實。宜命官巡視其廩庾，考較其耕獲，革奸弊，充儲峙。於是命户侍郎焦宏往。

景泰中，學士商輅上言：諸口外田甚廣，其近地膏腴，久爲世勳占作莊田，而空閒者，又復爲鎮守等官占爲己業，軍士無近地可耕。夫且耕且守，如漢趙充國、諸葛亮、晉羊祜，皆有已行之明效。今日守邊之要，莫善於此。若舍屯種之外，而欲邊地充實，雖罄府庫之財，竭生民之力，奈軍士數多，歲月久遠，亦難繼矣。又上言：各邊操守官軍，寡弱艱難。夫寡弱則不能戰，艱難則不能守，衣食不給則壯氣沮喪，安望其能守也。乞選官命往各邊會同都御史，將侵占田地撥與軍士，分爲兩番，六日操守，六日耕種，收成之後，併力備禦。如此則轉輸之費可省，又豈有寡弱艱難之慮哉。上善其言，因敕督撫諸臣覈實舉行，敢有阻壞者繩以法。

成化中，有百户高洪等已用管他務，復乞管屯。上曰：國家倣古屯田之法，用戍卒耕守，蓋寓兵於農之意也。地有定業，官有定員，行之既久，其法漸廢。戍卒多役於私家，子粒不歸於公廩。管屯則有積蓄之利，而無差操之苦。所以啓後來者之覬覦，洪等宜懲。自後軍官不得營兼攝，著爲令。弘治三年，山西屯田被水，災不及三分，例不免糧。上曰：民饑困，方發倉賑，豈可復征，其免之。

至正德初，權璫劉瑾議修屯田，分遣御史胡汝勵、楊武、周東、顏頤壽等，往各邊丈量屯田。以增額及追完積逋者爲能，否則罪之。又命散銀於近邊州縣百姓，買米賠腳耗，運送邊倉。諸御史奉行苛刻，人不聊生。各邊僞增每每至數百頃，悉徵租。而周東在寧夏與都御史安惟學尤嚴酷，至刑及軍官妻女，而屯田且爲怨憤基。

世宗入纘，大學士楊一清復極陳屯弊，曰：廣屯種，補屯丁，給犂種，清乾没，防寇掠，慎委任，明賞罰。上善其言。詔令屯政都御史劉天和協督撫等官力行之。尋以户部言：屯田疆界具有册籍，邇來淆混，田歸豪室，賦累貧軍。宜比照黄册之體，凡屯田歲登籍，人給一券，十年一清釐。上從之。其後大同巡撫詹榮上言：屯田實塞，古人守邊之良法，然地方不盡則粟不積，牛種不具則田不墾。今如宏賜等堡延亙五百餘里，膏腴之地，不下數萬頃，召軍佃作，復其租徭。每至秋各鱗附雲集，誠禦虜一助。上命飭行之，而以市馬銀市牛一年。

萬曆初，御史張齊言：屯田往往爲勳戚内官及鎮守諸官占據，雖奉詔革回而占耕如故，吏莫敢問。遂以開愚民投獻之端，爲奸人逋逃之藪。請一切清理還官。上令巡按御史查追之。先是，太祖立紅牌，屯田不得私買及代種。其後承平日久，册籍湮没，有其數，無其處，而侵奪愈甚。數十年無兵革之事，而屯戍祇爲空名。雖屯御史年一察巡，止問糧之完否，而地畝不曾過而問焉。

崇禎中，有淮陰武舉陳啓新伏闕上言屯事，當上心，立擢爲給事中，而實未嘗一爲飭舉。尋修撰魏藻德應平臺召，極言屯田修復，則邊實不煩内帑。上大喜，乃躐用爲閣學士。未幾國亡，屯田事究不行。

國初原額屯田，共計九十萬三千三百一十三頃九十五畝零。季日見額六十六萬七千二百六十八頃六十八畝零。分計之，則在京錦衣等五十四衛，並後軍都督府，計屯地五千五十二頃八十五畝零。

北直隸各衛所

四萬三千六百四十八頃四十六畝零。南京錦衣等四十二衛，計二萬二千六百九十六頃六十六畝零。中都留守司及皇陵衛，計七千九百五十三頃七十八畝零。浙江都司，計二千三百九十頃六十畝零。江西都司，計五千四百七十一頃三十八畝零。湖廣都司並留守司行都司，共計五萬七百四十九頃七十二畝零。福建都司并行都司，計八千六百九十三頃二十二畝零。山東都司，計一萬八千四百八十七頃四十九畝零。河南都司，計五萬五千五百九十八頃二十三畝零。廣東都司，計六千三百三十八頃七十九畝零。廣西都司，計四千六百一十頃三十四畝零。四川都司並行都司，共計四萬八千八百四頃一十畝零，花園基地十九頃三十八畝。山西都司山西鎮，計三萬三千七百一十四頃八十八畝零。山西行都司大同鎮，計二萬八千五百九十頃三十四畝零，牛具地一萬二千九百六十六頃二十九畝零。萬全都司宣鎮，計四萬七千八百九十二頃四十七畝零。大寧都司，計二千一百二十六頃七十六畝零。陝西都司并行都司，共計一十六萬八千四百四頃四畝零。雲南都司，計一萬一千一百七十一頃五十四畝零。貴州都司，計三千九百二十一頃一十畝零。遼東都司，計一萬九千一百五十八頃六十六畝零。共虧原額二十三萬六千四十五頃二十七畝零矣。

若官田，自明中葉後，貴戚内臣有莊田，已，又有皇莊田，倣宋季公田課程，典以中官。弘治中，户郎中周軫言：天子藏富於民，而成化來立莊曰皇莊，示天下以私，不可。宜盡賦以與民，即不然，革管莊内臣，責有司課租粟解部類進，亦爲猶愈。而景州阜城獻縣民田萬頃，界連東宮莊，管莊內侍欲冒占，民訴於朝，命户員外郎官廉，偕御史錦衣官同往勘。內侍遣人邀之曰：田歸我，講讀官可得也。廉曰：以萬人之命易一官，吾不忍爲也。至其地，徧集居民指故迹明核，卒以所占田盡歸民。同事者難之，廉曰：此户部事，我部官，後患我當之，不以累公。竟得命如章。長寧伯周彧以皇太后弟與真定武強民争莊田，詔刑部郎彭韶往勘實。韶詣田所環視訖，歸自劾言：伏聞爲臣以不欺爲本，慮事以大體爲先。昔孟嘗君使馮驩收債於薛，燔逋券，畢舉以與民。漢景遣田叔按梁獄，叔還燔獄辭，勸上勿復問。計二人之心，豈不欲順上命爲恭哉。顧以爲大體所在，當守義宣德，不敢苟從，以爲是恭之大也。臣鄙賤，豈能少希古人，然區區之意，誠有望陛下。真定在堯舜時，爲冀州之域，賦第一等，或雜出第二等，説者以爲如周官有田一易再易之類。蓋以其地有歲一收，有間歲間二歲而一收者，故賦有不同。世未有逐畝定賦，而一畝必兼數畝之地者明矣。我太祖高皇帝立國，檢覈天下官民田土，徵收税糧有定額，已，乃令山東、河南額外荒田，儘力開墾不起科。宣宗皇帝又令北直隸地方亦比照前例。是祖宗之心，即堯舜之心也。天順二年，太監韓諒奏討武強縣苑地五百頃，而英宗皇帝不許，是英宗皇帝之心，即祖宗之心也。後因廣寧侯家人横放，民不堪擾，將前地並韓諒還官地減輕起科，已出無奈。今周彧又奏求前地，有司不能明白敷奏。以爲地多有餘，請再量出無糧地七十餘頃畀之。臣等親詣田所，見其地有高阜者，有低窪者，有平坦而磽薄者，天時不同，地利亦異。如亢旱則低者有秋，而高者赤地，水澇則高處稍熱，而低爲巨浸。沿河者流溢不常，鹻薄者樹藝不殖，必數畝之地，截長補短，彼此乘除，僅得一畝之入。是以堯舜行錯法於前，我皇祖許開種於後，良爲此也，今武強地方逼近京師，遣賠馬匹，起運糧草砍柴人夫京班皂隸諸項，賦繁役重，爲生已劇。所深賴者，顧戀地業，盡力耕種，以取給旦夕，未忍逃亡。今若計畝丈量，餘盡豪奪歸之外戚，彼安所復計哉。臣知其非死則徙耳。自古立國，皆重京師，爲國根本。今真定近在畿內，理宜加厚。此臣等所謂不可盡量者也。夫戚里功臣之家，錦衣美食，與國同休，但能存心忠厚，自將富貴永保，奚待與民争衣食之利。況聖朝卜世無疆，法當垂久，地土有限而求者無窮，後將何以給之。臣等至彼，百姓扶老攜幼，遮道哀告，不覺自失。不忍重擾，具供執在官外。伏望陛下遠以堯舜爲心，近以祖宗爲法，特賜寬恤。庶民間知有生之樂，沐浴歌詠。本固邦寧，而外戚亦咸休無窮矣。疏上，下詔獄，以廷臣交章論救而免。

其後壽寧侯張鶴齡有河間賜田數百頃，欲併其傍近民田千餘頃得之，而乞均其税於民田之無税者，所賜田乞畝税銀二分。户尚書周經執不可，言：河間地多沮洳，比因連旱，民即退灘地耕之，或稍有收，遇潦輒沒，儻今即加税，將貽無窮之害。且王府賜田，例畝税銀三分，而此獨二分，人皆謂待外戚與宗藩異矣。又憲廟后妃家亦有私與，今賜田比一切奪之，彼無以爲業，又將謂朝廷待張氏與他國戚異矣。屢奏得允。後有以雄縣退灘地獻爲東宫莊者，上感經奏，抵之罪。一時貴戚近幸有陳請，經一裁以法，而上亦慨然俞允。

嘉靖中，給事中底蘊言：正德年來，大猾揑稱湖蕩不耕之地，投近幸勢要具奏建皇莊，比近民田，多所混賴，乞查勘。於是詔給事中夏言等會撫按查覈。奏報言：自天順以來，建皇莊僅止五處，餘皆正德年所增，計爲田二十萬九百一十九頃有奇，占民地計二萬二百二十九頃有奇。厲階起於奸人，欲規盡利以媚朝廷，流弊溢於勢家，欲奪民産以肥私室。在宮闈則中官禁卒緣是四出，而郡縣被其騷擾，在勳戚則豪奴悍僕藉以勒併，而官府莫敢誰何。畿輔軍民，推膚剥髓之患，莫甚於此。實累朝積弊之政，至正德而極也。伏望皇上永念國本，皇莊田租税照原例畝納三分，解部類進，皇親功臣赴闕關領，禁中官宦僕毋得出收受，幸甚。而天子詔下言：農，衣食所出，王政之首務也。各官帶農田銜者，不許營别差委。撫按務督令舉職，循行勸課，其原未設官，委佐貳主之，歲嚴課其殿最。其土田爲水衝沙塞江海坍淤者，節有豁除，所司不能究宣。獨優富家，不及貧弱，加之攤派包賠，細民滋困，其擇廉力官勘覈除豁之。國初畿甸民稀，原奉詔儘力開墾，永不起科。矧今百六七十年，生齒日繁，土畢墾發，寧有荒曠可復請佃。諸勳戚之家，聽奸徒作使朦朧陳乞者，聽户部參究。於是給事中夏言、御史樊繼祖、户主事張希尹，復被命往核察。而給主者，召佃者，還官歸官者，皆遵敕力行之。復上言：各宮莊田，祖宗以來，未之有也。惟天順八年，以順義縣安樂里板橋村抄沒太監曹吉祥地一十頃一十三畝爲中宮莊田，而又占民田六十餘頃，計七十五頃。此則宮闈莊田之始，而數年間侵占，過原額幾至十倍。舉此一處，其他可知。至成化間，增寶坻縣王甫營莊田處。弘治間，增豐潤、新城、雄縣三處。至孝廟升遐之後，武宗踐阼之初，一月之間，建立皇莊七處。如大興縣之十里鋪、深溝兒、高密店、婆婆營、六里屯、土城，皆稱曰皇莊。自此之後，設立漸多，而皇莊之名始著。其在昌平則有蘇家口，而三河之白塔，隆平之大灰窑，新河之仙汪莊，南宫之皇村，此皆正德元年之所設也。又東安之南葛里，寶坻之李子沽，通州之神樹，武清之灰蝸口、王慶坨，静海之衛河岸，青縣之孫兒莊，安州之騸馬廟，清苑之閻莊社，九子村，静海之四當口，此皆二年之所設也。至四年又立大興之三里河二處，五年則立六里屯一處，七年則立武清之尹兒灣、大直沽二處。八年又立昌平之樓年則又立安肅之龍花社。數年之間，建立皇莊，如此之夥，共計地三萬七千五百九十五頃四十六畝。然皇莊既立，則有管理之太監，有奏討之旗校，有跟隨之名色，每處動至三四千人。其初管莊人員出入及裝運租税，俱自備車輛夫馬，不干有司。厥後權奸用事，於是有符驗之請，關文之給。經過之地，有廩餼之供，車輛夫馬之索，其分外生事，巧取民財，又言之不盡者。及所轄莊田處所，又擅作威福，肆行武斷。其甚不靖者，則起房屋，搭橋梁，立關隘，出給票帖，私刻關防。凡民間撑駕牛車，牧養牛馬，採捕魚蝦螺蛤莞蒲之利，靡不括取。而鄰近地土，則展轉移築封堆，包打界址，見畝徵銀。而豪猾無賴，則投爲莊頭，撥置生事，幫助爲虐，多方掊剋，獲利不貲。輸之宫闈者，曾無十之一二，而私入囊槖者，蓋不啻十八九矣。此可爲太息流涕。伏讀前詔旨，猶有云係皇莊者解部類進。臣等竊有疑焉，蓋謂今四海九州之貢賦，山林川澤之物産，凡所以納之司農，輸之内帑，何者而非所以養一人者乎。孟子曰：尊親之至，莫大乎以天下養。又何者而非所以奉重闈慈闈四宫乎。祖宗以來，宫闈一切供用，自有成規，顧可屈萬乘之尊，下同匹夫，以侵畝畝之業，辱宫壼之貴，雜於閭閻，以争升斗之利，其何以示天下訓後世也哉。且皇之一字加於帝后之上，爲至尊莫大之稱。今奸佞之徒，假之以侵奪民田，則名其莊曰皇莊，假之以罔求市利，則名其店曰皇店。又其甚者，加以阻壞鹽法，則所販之鹽名爲皇鹽。即此三言，足以傳笑天下，貽譏後世。仰惟陛下一切掃除，敕該部大臣查照臣等勘報文册，將在京附近地方各宫莊田，原不係占奪民田不滿數十頃者，請改爲各宫親蠶廠、公桑園等名額，令有司種植桑柘，以備宫中蠶事。其餘一應莊田，盡弛以利民，或勒歸户部，造入版籍，令民照舊輸糧，以爲官田。仍榜示中外，盡削皇莊及各宫莊田之名，一洗陋弊，永垂百代之休。議入，上可其奏，而猶未盡革。至季年止存仁壽、清寧、未央三宫官地六十三處，計地一萬六千一十五頃四十七畝零，例定每畝徵銀三分，而皇莊之名及管莊内官俱罷。

若賜田，則初賜以功以親，無定額。後定以凡公主勳臣國戚莊田世遠者，以十分爲率，内儘一處撥給三分，餘七分還官。若爵級已革，餘賸地畝，於三分中留半給與的親承繼人員，以備護墳香火之用，而一半仍入官。或嫡裔傳派五世者遞減，勳臣留二百頃。其戚臣始封本身爲一世，至於曾孫爲五世，以見在官品爲始，以今見留地數爲準。二世者分爲三次遞減，三世者分爲二次遞減，至五世止，留百頃爲世業。如正派已絶，爵級已革，不論地畝多寡，止留地五頃，給旁枝看守墳墓之人，餘召佃，每畝徵銀三分。季年實在坐落北直隸地方有賜田者六十七州縣，共四百一十九處，計土田四萬四千一百二十五頃四畝零。

若草場牧地，則有正陽等九門外苜蓿草場地，計一百三頃七十二畝零。御馬草場五十七處，地計三萬三千三百六十一頃五十九畝零，備修理公廨地四百三十頃，吴家駝牛房地四百六十三頃八十七畝零，琉璃廠羊房草場地九頃六十五畝零，上林苑良牧署養牲地二千六百四十頃七十六畝零，水田九十一畝零，安州等處牧馬草場地一百一十九頃九十畝零，鷹房按鷹地九十八頃七十一畝零，大名等府牧馬地三千一百二十五頃二十一畝零，陝西苑馬司牧地五萬五千三百二十二頃二十六畝，而鹽場諸地不與焉。

若優聖賢後裔，則孔廟田二千頃，顔孟二廟田八十頃。

若給賜夷官，則撥賜河間等處。安插降夷官員，凡都督二百五十畝，都指揮二百畝，指揮一百五十畝，千户及衛鎮撫一百二十畝，百户及所鎮撫各一百畝，原無定額。

若寺觀田土。景泰三年，令量存六十畝爲業，其餘撥與無田小民，佃納税糧。或有寺無僧，入官撥爲民田。而僧道田多願編入里甲納糧當差者，不拘田地多少，聽永遠管業。洪武初，令凡民間賦税，自有常額。諸人不得於諸王駙馬功勳大臣及各衙門妄獻田土山場窑冶，遺害於民，違者治罪。尋令各處奸頑之徒，將田地詭寄他人名下者，許受寄之家首告，就賞爲業。後令將自己田地移坵換段詭寄他人，及灑派等項，事發到官，全家抄没。若不如此，靠損小民。復禁勳戚大臣奏討田地，亦不可強占官民田地起蓋房屋，事發坐以重罪。其撥置家人及投託者遣戍，而受投獻及投獻之罪尤嚴云。

《明史》卷七七《食貨志·田制》　明土田之制，凡二等：曰官田，曰民田。初，官田皆宋、元時入官田地。厥後有還官田，没官田，斷入官田，學田，皇莊，牧馬草場，城壖苜蓿地，牲地，園陵墳地，公占隙地，諸王、公主、勳戚、大臣、内監、寺觀賜乞莊田，百官職田，邊臣養廉田，軍、民、商屯田，通謂之官田。其餘爲民田。

元季喪亂，版籍多亡，田賦無準。明太祖即帝位，遣周鑄等百六十四人，覈浙西田畝，定其賦税。復命户部覈實天下土田。而兩浙富民畏避徭役，大率以田産寄他户，謂之鐵脚詭寄。洪武二十年命國子生武淳等分行州縣，隨糧定區。區設糧長四人，量度田畝方圓，次以字號，悉書主名及田之丈尺，編類爲册，狀如魚鱗，號曰魚鱗圖册。先是，詔天下編黄册，以户爲主，詳具舊管、新收、開除、實在之數爲四柱式。而魚鱗圖册以土田爲主，諸原坂、墳衍、下隰、沃瘠、沙鹵之别畢具。魚鱗册爲經，土田之訟質焉。黄册爲緯，賦役之法定焉。凡質賣田土，備書税糧科則，官爲籍記之，毋令産去税存以爲民害。又以中原田多蕪，命省臣議，計民授田。設司農司，開治河南，掌其事。臨濠之田，驗其丁力，計畝給之，毋許兼并。北方近城地多不治，召民耕，人給十五畝，蔬地二畝，免租三年。每歲中書省奏天下墾田數，少者畝以千計，多者至二十餘萬。官給牛及農具者，乃收其税，額外墾荒者永不起科。二十六年覈天下土田，總八百五十萬七千六百二十三頃，蓋駸駸無棄土矣。

凡田以近郭爲上地，迤遠爲中地、下地。五尺爲步，步二百四十爲畝，畝百爲頃。太祖仍元里社制，河北諸州縣土著者以社分里甲，遷民分屯之地以屯分里甲。社民先占畝廣，屯民新占畝狹，故屯地謂之小畝，社地謂之廣畝。至宣德間，墾荒田永不起科及洿下斥鹵無糧者，皆覈入賦額，數溢於舊。有司乃以大畝當小畝以符舊額，有數畝當一畝者。步尺參差不一，人得以意贏縮，土地不均，未有如北方者。貴州田無頃畝尺籍，悉徵之土官。而諸處土田，日久頗淆亂，與黄册不符。弘治十五年，天下土田止四百二十二萬八千五十八頃，官田視民田得七之一。嘉靖八年，霍韜奉命修《會典》，言：自洪武迄弘治百四十年，天下額田已減強半，而湖廣、河南、廣東失額尤多。非撥給於王府，則欺隱於猾民。廣東無藩府，非欺隱即委棄於寇賊矣。司國計者，可不究心。是時，桂萼、郭弘化、唐龍、簡霄先後疏請覈實田畝，而顧鼎臣請履畝丈量，丈量之議由此起。江西安福、河南裕州首行之，而法未詳具，人多疑憚。其後福建諸州縣，爲經、緯二册，其法頗詳。然率以地爲主，田多者猶得上下其手。神宗初，建昌知府許孚遠爲歸户册，則以田從人，法簡而密矣。萬曆六年，帝用大學士張居正議，天下田畝通行丈量，限三載竣事。用開方法，以徑圍乘除，畸零截補。於是豪猾不得欺隱，里甲免賠累，而小民無虚糧。總計田數七百一萬三千九百七十六頃，視弘治時贏三百萬頃。然居正尚綜核，頗以溢額爲功。有司争改小弓以求田多，或掊克見田以充虚額。北直隸、湖廣、大同、宣府，遂先後按溢額田增賦云。

屯田之制：曰軍屯，曰民屯。太祖初，立民兵萬户府，寓兵於農，其法最善。又令諸將屯兵龍江諸處，惟康茂才績最，乃下令褒之，因以申飭將士。洪武三年，中書省請税太原、朔州屯卒，命勿徵。明年，中書省言：河南、山東、北平、陝西、山西及直隸淮安諸府屯田，凡官給牛種者十税五，自備者十税三。詔且勿徵，三年後畝收租一斗。六年，太僕丞梁埜僊帖木爾言：寧夏境内及四川西南至船城，東北至塔灘，相去八百里，土膏沃，宜招集流亡屯田。從之。是時，遣鄧愈、湯和諸將屯陝西、彰德、汝寧、北平、永平，徙山西真定民屯鳳陽。又因海運餉遼有溺死者，遂益講屯政，天下衛所州縣軍民皆事墾闢矣。

其制，移民就寬鄉，或召募或罪徙者爲民屯，皆領之有司。而軍屯則領之衛所。邊地，三分守城，七分屯種。内地，二分守城，八分屯種。每軍受田五十畝爲一分，給耕牛、農具，教樹植，復租賦，遣官勸輸，誅侵暴之吏。初畝税一斗。三十五年定科則：軍田一分，正糧十二石，貯屯倉，聽本軍自支，餘糧爲本衛所官軍俸糧。永樂初，定屯田官軍賞罰例：歲食米十二石外餘六石爲率，多者賞鈔，缺者罰俸。又以田肥瘠不同，法宜有別，命官軍各種樣田，以其歲收之數相考較。太原左衛千户陳淮所種樣田，每軍餘糧二十三石，帝命重賞之。寧夏總兵何福積穀尤多，賜敕褒美。户部尚書郁新言：湖廣諸衛收糧不一種，請以米爲準。凡粟穀糜黍大麥蕎穄二石，稻穀薥秫二石五斗，穇稗三石，皆準米一石。小麥芝蔴豆與米等。從之，著爲令。

又更定屯守之數。臨邊險要，守多於屯。地僻處及輸糧艱者，屯多於守。屯兵百名委百户，三百名委千户，五百名以上指揮提督之。屯設紅牌，列則例於上。年六十與殘疾及幼者，耕以自食，不限於例。屯軍以公事妨農務者，免徵子粒，且禁衛所差撥。於時，東自遼左，北抵宣、大，西至甘肅，南盡滇、蜀，極於交阯，中原則大河南北，在在興屯矣。宣宗之世，屢覈各屯，以征戍罷耕及官豪勢要占匿者，減餘糧之半。迤北來歸就屯之人，給車牛農器。分遼東各衛屯軍爲三等，丁牛兼者爲上，丁牛有一爲中，俱無者爲下。英宗免軍田正糧歸倉，止徵餘糧六石。後又免沿邊開田官軍子粒，減各邊屯田子粒有差。景帝時，邊方多事，令兵分爲兩番，六日操守，六日耕種。成化初，宣府巡撫葉盛買官牛千八百，并置農具，遣軍屯田，收糧易銀，以補官馬耗損，邊人稱便。

自正統後，屯政稍弛，而屯糧猶存三之二。其後屯田多爲内監、軍官占奪，法盡壞。憲宗之世頗議釐復，而視舊所入，不能什一矣。弘治間，屯糧愈輕，有畝止三升者。沿及正德，遼東屯田較永樂間田贏萬八千餘頃，而糧乃縮四萬六千餘石。初，永樂時，屯田米常溢三之一，常操軍十九萬，以屯軍四萬供之。而受供者又得自耕。邊外軍無月糧，以是邊餉恒足。及是，屯軍多逃死，常操軍止八萬，皆仰給於倉。而邊外數擾，棄不耕。劉瑾擅政，遣官分出丈田責逋。希瑾意者，僞增田數，搜括慘毒，户部侍郎韓福尤急刻。遼卒不堪，脅衆爲亂，撫之乃定。

明初，募鹽商於各邊開中，謂之商屯。迨弘治中，葉淇變法，而開中始壞。諸淮商悉撤業歸，西北商亦多徙家於淮，邊地爲墟，米石直銀五兩，而邊儲枵然矣。世宗時，楊一清復請召商開中，又請倣古募民實塞下之意，招徠隴右、關西民以屯邊。其後周澤、王崇古、林富、陳世輔、王畿、王朝用、唐順之、吴桂芳等争言屯政。而龐尚鵬總理江北鹽屯，尋移九邊，與總督王崇古，先後區畫屯政甚詳。然是時，因循日久，卒鮮實效。給事中管懷理言：屯田不興，其弊有四。疆場戒嚴，一也。牛種不給，二也。丁壯亡徙，三也。田在敵外，四也。如是而管屯者猶欲按籍增賦，非扣月糧，即按丁賠補耳。

屯糧之輕，至弘、正而極，嘉靖中漸增，隆慶間復畝收一斗。然屯丁逃亡者益多。管糧郎中不問屯田有無，月糧止半給。沿邊屯地，或變爲斥鹵、沙磧，糧額不得減。屯田御史又於額外增本折，屯軍益不堪命。萬曆時，計屯田之數六十四萬四千餘頃，視洪武時虧二十四萬九千餘頃，田日減而糧日增，其弊如此。時則山東巡撫鄭汝璧請開登州海北長山諸島田。福建巡撫許孚遠墾閩海壇山田成，復請開南日山、澎湖；又言浙江濱海諸山，若陳錢、金塘、補陀、玉環、南麂，皆可經理。天津巡撫汪應蛟則請於天津興屯。或留中不下，或不久輒廢。熹宗之世，巡按張慎言復議天津屯田。而御史左光斗命管河通判盧觀象大興水田之利，太常少卿董應舉踵而行之。光斗更於河間、天津設屯學，試騎射，爲武生給田百畝。李繼貞巡撫天津，亦力於屯務，然仍歲旱蝗，弗克底成效也。

明時，草場頗多，占奪民業。而爲民厲者，莫如皇莊及諸王、勳戚、中官莊田爲甚。太祖賜勳臣公侯丞相以下莊田，多者百頃，親王莊田千頃。又賜公侯暨武臣公田，又賜百官公田，以其租入充禄。指揮没於陣者皆賜公田。勳臣莊佃，多倚威扞禁，帝召諸臣戒諭之。其後公侯復歲禄，歸賜田於官。

仁、宣之世，乞請漸廣，大臣亦得請没官莊舍。然寧王權請灌城爲庶子耕牧地，帝賜書，援祖制拒之。至英宗時，諸王、外戚、中官所在占官私田，或反誣民占，請案治。比案問得實，帝命還之民者非一。乃下詔禁奪民田及奏請畿内地。然權貴宗室莊田墳塋，或賜或請，不可勝計。御馬太監劉順家人進薊州草場，進獻由此始。宦官之田，則自尹奉、喜寧始。

初，洪熙時，有仁壽宫莊，其後又有清寧、未央宫莊。天順三年，以諸王未出閤，供用浩繁，立東宫、德王、秀王莊田。二王之藩，地仍歸官。憲宗即位，以没入曹吉祥地爲宫中莊田，皇莊之名由此始。其後莊田遍郡縣。給事中齊莊言：天子以四海爲家，何必置立莊田，與貧民較利。弗聽。弘治二年，户部尚書李敏等以災異上言：畿内皇莊有五，共地萬二千八百餘頃；勳戚、中官莊田三百三十有二，共地三萬三千餘頃。管莊官校招集羣小，稱莊頭、伴當，占地土，斂財物，汙婦女。稍與分辨，輒被誣奏。官校執縛，舉家驚惶。民心傷痛入骨，災異所由生。乞革去管莊之人，付小民耕種，畝徵銀三分，充各宫用度。帝命戒飭莊户。又因御史言，罷仁壽宫莊，還之草場，且命凡侵牧地者，悉還其舊。

又定制，獻地王府者戍邊。奉御趙瑄獻雄縣地爲皇莊，户部尚書周經劾其違制，下瑄詔獄。敕諸王輔導官，導王奏請者罪之。然當日奏獻不絶，乞請亦愈繁。徽、興、岐、衡四王，田多至七千餘頃。會昌、建昌、慶雲三侯争田，帝輒賜之。武宗即位，踰月，即建皇莊七，其後增至三百餘處。諸王、外戚求請及奪民田者無算。

世宗初，命給事中夏言等清核皇莊田。言極言皇莊爲厲於民。自是正德以來投獻侵牟之地，頗有給還民者，而宦戚輩復中撓之。户部尚書孫交造皇莊新册，額減於舊。帝命覈先年頃畝數以聞，改稱官地，不復名皇莊，詔所司徵銀解部。然多爲宦寺中飽，積逋至數十萬以爲常。是時，禁勳戚奏討、奸民投獻者，又革王府所請山場湖陂。德王請齊、漢二庶人所遺東昌、兗州閒田，又請白雲等湖，山東巡撫邵錫按新令却之，語甚切。德王争之數四，帝仍從部議，但存藩封初請莊田。其後有奏請者不聽。

又定，凡公主、國公莊田，世遠者存什三。嘉靖三十九年遣御史沈陽清奪隱冒莊田萬六千餘頃。穆宗從御史王廷瞻言，復定世次遞減之限：勳臣五世限田二百頃，戚畹七百頃至七十頃有差。初，世宗時，承天六莊二湖地八千三百餘頃，領以中官，又聽校舍兼并，增八百八十頃，分爲十二莊。至是始領之有司，兼并者還民。又著令宗室買田不輸役者没官，皇親田俱令有司徵之，如勳臣例。雖請乞不乏，而賜額有定，徵收有制，民害少衰止。

神宗賚予過侈，求無不獲。潞王、壽陽公主恩最渥。而福王分封，括河南、山東、湖廣田爲王莊，至四萬頃。羣臣力争，乃減其半。王府官及諸閹丈地徵税，旁午於道，扈養廝役廪食以萬計，漁斂慘毒不忍聞。駕帖捕民，格殺莊佃，所在騷然。給事中官應震、姚宗文等屢疏諫，皆不報。時復更定勳戚莊田世次遞減法，視舊制稍寬。其後應議減者，輒奉詔姑留，不能革也。熹宗時，桂、惠、瑞三王及遂平、寧德二公主莊田，動以萬計，而魏忠賢一門，横賜尤甚。蓋中葉以後，莊田侵奪民業，與國相終云。《食貨志》。

（清）龍文彬《明會要》卷五〇《民政・逃户》 明初，令逃户還本籍，復業，賜復一年。老弱不能歸及不願歸者，令所在著籍，授田輸賦。《食貨志》。

（清）龍文彬《明會要》卷五三《食貨・田制》 洪武元年正月甲申，帝謂中書省臣曰：兵革之餘，郡縣版籍多亡，田賦之制不能無增損。今遣周鑄等往浙西，覈實田畝，定其賦税，無令妄有增擾。《昭代典則》。

三年五月，帝以中原地多荒蕪，命省臣議，計民授田。設司農司，開置河南、臨濠之田，驗其丁力，計畝給之，不得兼并。北方近城地多不治，召民耕種，人給十五畝，蔬地二畝，免租三年。《通典》。

五年，詔：流民復業者各就丁力耕種，毋以舊田爲限。同上。

二十年二月戊子，命國子生武淳等分行州縣，隨糧定區。區設糧長四人，最度田畝方圓，次以字號，悉書主名及田之丈尺，編類爲册，號魚鱗圖册。《食貨志》。

凡典賣田土，過割税糧，各州縣年終通行造册解府，毋令産去税存。《大明令》。

永樂元年，發流罪以下墾北京田。《通典》。

十年以兗州、東昌、定陶等縣，地廣民稀，令青、登、萊諸郡擇丁多者分居耕種，蠲役三年。王圻《通考》。

正統三年，詔：各處凡有人額納糧田地，不堪耕種，另自開墾補數者，有司勘實，不許重起科。《通典》。

四年，奏准：江西、浙江、福建並直隸、蘇、松等府，凡官民田地有因水塌漲去處，令所在有司逐一丈量，給與附近小民承種，照民田起科。塌没無田者，悉與開豁税糧。王圻《通考》。

五年，令北直隸府州縣，將富豪軍民人等包耕田地，除原納糧田地外，其餘均撥貧民及衛塌田地人户耕種，照例起科。其貧民典當田宅，年久無錢取贖，及富豪軍民占種逃民田地，待復業之日，照舊斷還原主。

十三年，令：各處寺觀僧道，除洪武年間置買田土，其有續置者，悉令各州縣有司查照，散還於民。若廢弛寺觀遺下田莊，令該府州縣踏勘，悉撥與招還無業及丁多田少之民。每户男子二十畝，三丁以下者三十畝。若係官田，照依減輕則例，每畝改科正糧一石，俱爲官田。如本户絶，仍撥貧民，不許私自典賣。

景泰二年，令各處寺觀量存六十畝爲業，其餘撥與小民佃種納糧。已上《通典》。

天順二年，敕皇親公侯伯文武大臣，不許強占官民田地起蓋房屋，事發，坐以重罪。其家人及投託者，俱發邊衛，永遠充軍。

又令：各處軍民有新開無額田地，及願佃種荒閒地土者，俱照減輕則例起科。

成化六年，巡視河南户部侍郎原傑奏：洪武間，恩例：除常税，荒地許民耕種，永不起科。景泰間乃刱起科例，至今奸民互相告訐，徵歛日重。請如舊例，凡軍民有告訐不起科者，不聽。已上王圻《考》。

二十一年，令：遼東地方軍人有開墾拋荒土田，分上中下三等起科。《通典》。

洪武二十六年，覈天下土田，總八百五十萬七千六百二十三頃。弘治十五年，天下土田總計四百二十三萬八千五十八頃：內，官田五十九萬八千四百五十六頃，民田三百六十萬九千六百一頃。

弘治二年，令：順天等六府入官田地，俱撥與附近無田小民耕種起科，每名不過三十畝。

嘉靖六年，令：各處板荒、積荒、拋荒田地，不拘本府別府軍、民、匠、竈，儘力耕墾，給與田帖，永遠管業。已上《通典》。

八年，霍韜奉命脩《會典》，言：自洪武迄弘治百四十年，天下額田已減強半，而湖廣、河南、廣東失額尤多。非撥給於王府，則欺隱於猾民。廣東無藩府，非欺隱即委棄於寇賊矣。司國計者，可不究心？是時，桂萼、郭宏化、唐龍、簡霄先後疏請覈實田畝，而顧鼎臣請履畝丈量。丈量之議由此起。江西安福、河南裕州首行之，而法未詳具，人多疑憚。其後福建諸州縣爲經緯二册，其法頗詳；然率以地爲主，田多者猶得上下其手。神宗初，建昌知府許孚遠爲歸户册，則以田從人，法簡而密矣。《食貨志》。

是年，令：陝西拋荒田土最多州縣分爲三等：第一等，召募耕種，量免税銀三年；第二等，許諸人承種，三年後，方納輕糧，每石照例減納五年；第三等，召民自種，不徵税糧。王圻《考》。

十三年，題准：各處但有拋荒堪種之地，聽招流移小民或附近軍民耕種，照例免税三年。如地主見其耕種成熟，復業争種者，許赴官告明，量撥三分之一給主，二分仍聽開荒之人承種。各照畝納糧十年之上，方行均分。敢有恃強奪占者，官司問罪。《通典》。

十七年，詔：各處衛所官舍餘丁人等置買民田，一體坐派糧差，不許抗拒。違者奪田入官。

隆慶元年，巡按御史董堯封奏：查出蘇、松、常、鎮四府，投詭田一百九十九萬五千四百七十畝，花分田三百三十一萬五千六百六十畝。因條上便宜八事。户部酌行。已上王圻《考》。

萬曆八年十一月，閣臣張居正議：天下田畝通行丈量。遂用開方法，以徑圍乘除畸零截補。於是豪猾不得欺隱，里甲免賠累，而小民無虛糧。總計田七百一萬三千九百七十六頃，視孝宗時贏三百萬頃。居正頗以溢額爲功。有司短縮步弓以求田多，或掊克見田以充虛額，後遂按溢額增賦。《三編》。

閣臣沈一貫《山東營田疏》曰：該省六府，大抵地廣民稀，而迆東海上尤多拋荒。請令巡撫得自選廉幹官員，將該省荒蕪土地逐一查覈頃畝的數。多方招致能耕之民，如：江西、福建、浙江、山西及徽、池等處，不問遠近，凡願入籍者悉許報名擇便。官爲之正疆定界、署置安插。凡拋荒、積逋，一切蠲貸，與之更始。或聽和買，或聽分種。其新籍之民則爲編户，排年爲里、爲甲。循阡履畝，勸耕勸織。毋籍爲兵，毋重其課。相生相養，不出數年，可稱天府。《農政全書》。

（清）龍文彬《明會要》卷五三《食貨・屯田》　明太祖初，命諸將於龍江等處屯田。惟康茂才所屯田，穀一萬五千餘石。乃下令褒之，因以申諭將士。《昭代典則》。

洪武四年，中書省言：河南、山東、北平、陝西、山西及直隸、淮安諸府屯田，凡官給牛種者，十税五；自備者，十税三。詔且勿徵，三年後，畝收租一斗。《食貨志》。

是年，徐達請徙山後民一萬七千餘户屯北平，又以沙漠遺民三萬二千餘户屯田北平。凡置屯二百五十四，開田一千三百四十三頃。《通典》。

六年，太僕丞梁額森特穆爾言：寧夏、四川土膏沃，宜招集流亡屯田。從之。明年，命都督僉事王簡往彰德，王誠往濟寧，平章李伯昇往真定，經理屯務。又命鄧愈等諸將，分屯陝西、河南、北平。官吏犯罪，謫鳳陽屯種。民犯流罪者，鳳陽輸作一年，然後屯種。命李善長、朱亮祖、俞通源撫諭諸屯，勸課農事。又因海運餉遼，有溺死者，遂益講屯政。天下衛所、州、縣軍民皆事墾闢。其制：移民就寬鄉，或召募、或罪徙者爲民屯，領之有司，而軍屯則領之衛所。邊地：三分守城，七分耕作；內地：二分守城，八分屯種。人授田五十畝，給牛種，教樹植，復租賦。民以不困，而軍餉益饒。《三編》。

十九年，西平侯沐英鎮雲南，奏：雲南土地荒蕪，宜置屯田，以備儲蓄。乃諭户部曰：邊地久荒，榛莽蔽翳，用力實難。宜緩其歲輸。數年後徵之，可也。英奉詔，自永寧至大理，六十里設一堡，留軍屯田。後景川侯曹震屯田品甸，普定侯陳桓、靖寧侯葉昇屯田定邊、姚安、畢節諸衛。《通典》。

二十一年九月，敕天下衛所屯田，歲得糧五百餘萬石。《三編》。

二十三年，延安侯唐勝宗督貴州各衛屯田。

二十五年八月丁卯，命馮勝、傅友德、帥常昇等分行山西籍民爲軍，屯田於大同東勝，立十六衛。

三十年正月己巳，左都督楊文屯田遼東。已上《本紀》。

建文四年，令：直隸屯田，差御史比較。各都司屯田，巡按御史比較。後改增按察使僉事盤查屯田。或令各省布按三司提督，或令巡按御史提督，或令總兵官鎮守提督，或差户部郎中巡屯。隨時更改，沿革不一。

永樂元年，命靖安侯王忠往北京整理屯田。

二年，定屯田官軍賞罰例：歲食米十二石，外餘六石爲率。多者賞鈔，缺者罰俸。又以田肥瘠不同，法宜有别。命官軍各種樣田，以其歲收之數相考較。太原左衛千户陳淮所種樣田，每軍餘糧二十三石。帝命重賞之。寧夏總兵官何福積穀尤多，賜敕褒美。已上《通典》。

仁宗即位，諭户部尚書夏原吉曰：古寓兵於農，不奪其時。民無轉輸之勞，而兵食足。先帝所立屯種法，甚善。後來所司數以征徭擾之，既失其時，遂無其效。其令天下衛所，凡屯田軍士，自今不許擅差妨農務。違者處重法。《大訓記》。

宣德二年正月，申明屯田之法。令兵部移文所司，選老成軍官提督屯田，仍命風憲官以時巡察。《三編》。

三年四月，給事中戴弁奏：自山海關至薊州，守關軍萬人，操練外無他差遣。若稍屯種，亦可實邊。請取勘營所附近荒田，斟酌分給。且屯且守，實爲兩便。上命户兵二部遣官與都督陳景先經理。《昭代典則》。

五年，工部尚書黄福上言：永樂間，雖營建北京，南討交阯，北征沙漠，資用未嘗乏。比國無大費，而歲用僅給。即不幸有水旱征調，將何以堪？請役操備、營繕軍士十萬人，於濟寧以北，衛輝、真定以東，緣河屯種。初年自食，次年人收五石，三年收倍之。既省京食口糧六十萬石，又省本衛月糧一百二十萬石，歲可得二百八十萬石。帝善之，遣郎中趙新等經理，福總其事。既，有言：軍民各有常業，若復分營田役，未免勞擾。事竟不行。《三編》。

六年二月丁酉，命侍郎羅汝敬督陝西屯田。四月己酉，侍郎柴車經理山西屯田。《本紀》。

正統元年正月，發京軍屯田畿輔。《三編》。

二年，免軍田正糧歸倉，止徵餘糧六石。又免沿邊開田官軍子粒，減各邊屯田子粒有差。《世法録》。

景泰初，學士商輅言：邊外田地極廣。先因在京功臣等將附近各城堡膏腴之產占作莊田，其餘閒田又爲鎮守總兵參將等占爲己業，以致軍士無田可耕。夫且耕且守，如漢趙充國、諸葛亮，晉羊祜，皆有明效。今日守邊之策，莫要於此。下所司議行。同上。

弘治十四年，秦紘總制三邊，見固原迤北，延袤千里，閒田數十萬頃。請各築屯堡，募人屯種。每頃歲賦米五石，可得五十萬石。下詔行之。《三編》。

弘治間，屯糧愈輕，有畝止三升者。沿及正德時，遼東屯田較永樂間，田贏萬八千餘頃，而糧乃縮四萬餘石。初，永樂時，屯田米常溢三之一。常操軍十九萬，以屯軍四萬供之，而受供者又得自耕，邊外軍無月糧，以是邊餉恒足。及是，屯軍多逃死，常操軍止八萬，皆仰給於倉；而邊外數擾，棄不耕。劉瑾擅政，遣官分出丈田責逋。希瑾意者，僞增田數，摎括慘毒；至遼卒脇衆爲亂，撫之乃定。《通典》。

嘉靖時，遼東巡撫李承勛招逋逃三千二百人，開屯田千五百頃。本傳。僉都御史劉天和督甘肅屯政。請以肅州丁壯及山、陝流民於近邊耕牧，且推行於諸邊。奏當興革者十事。田利大興。本傳。宣、大總督翟鵬脩邊牆三百九十餘里，得地一萬四千九百餘頃。募軍千五百人，人給五十畝，省倉儲無算。《本傳》。

大同巡撫詹榮以守邊當積粟，而近邊宏賜諸堡三十一所，延亙五百餘里，闢治之，皆膏腴田，可數十萬頃。乃奏請召軍佃作，復租徭。帝從之。本傳。

給事中管懷理言：屯田不興，其弊有四：疆埸戒嚴，一也；牛種不給，二也；丁壯亡徙，三也；田在敵外，四也。如是，而管屯者猶欲按籍增賦，非扣月糧即按丁賠補耳。《食貨志》。

隆慶二年，令宣、大開墾田已成業，每十頃內給將官五十畝爲養廉之資。若副、參開種不及百頃，守備以下或不及十頃，參論戒飭。四年，令各邊自墾田地，照永樂二年事例，永不起科。如歲增粟十萬、五萬石，自墾至百頃、千頃者，重加陞賞。《世法録》。

萬曆十一年，議准：陝西延、寧二鎮丈出荒田，但不在屯田舊額之內者，俱聽軍民隨便領種，永不起科。各邊但有屯餘荒田堪墾者，俱照例行。王圻《通考》。

時計屯田之數，六十四萬四千餘頃，視洪武時虧二十四萬九千餘頃。田日減而糧日增，其弊如此。時則山東巡撫鄭汝璧請開登州海北長山諸島田；福建巡撫許孚遠墾閩海檀山田成，復請開南日山、澎湖。又言浙江濱海諸山，若陳錢、金塘、補陀、玉環、南麂，皆可經理。《食貨志》。

天津巡撫汪應蛟疏言：天津葛沽一帶，咸言斥鹵不可耕。臣謂地無水則鹹，得水則潤，以閩、浙治地之法行之，未必不可爲稻田。今募民墾田五千餘畝，內：水稻畝收四五石；種薥荳者，得水灌溉，亦畝收二三石；惟旱稻以鹻立涸。始信閩、浙之法可行於北地，而斥鹵可變爲膏腴也。天津屯兵四千，歲費餉六萬，俱斂諸民間。今荒土連封，蒿萊彌野；若開渠置堰，規以爲田，可七千頃。頃，得穀三百萬石。近鎮年例可以兼資，非獨天津之餉取給也。因條畫墾田丁夫及税額多寡以請。得旨允行。《汪應蛟傳》，《通典》。

崇禎時，兵部尚書王洽上言：祖宗養兵百萬，不費朝廷一錢，屯田是也。今遼東、永平、天津、登、萊沿海荒地，及寶坻、香河、豐潤、玉田、三河、順義諸縣，開田百萬頃。元虞集有京東水田之議。本朝萬曆初，總督張佳允、巡撫張國彦行之薊鎮，爲豪右所阻。其後巡撫汪應蛟復行之河間。今已墾者荒，未墾者置不問。遺天施地生之利，而日講生財之術，爲養軍資，不大失策乎？乞敕諸道監司，遵先朝七分防操、三分屯墾之制，實心力行。庶國計有裨，軍食無缺。帝稱善，即命行之。《王洽傳》。

（清）龍文彬《明會要》卷五三《食貨・水利田》 太祖立國之初，以康茂才爲都水營田使，諭之曰：比因喪亂，隄防頽圮，民廢耕耨，故設營田司以脩築隄防，專掌水利。春作方興，慮旱澇不時，其分巡各處，務在蓄洩得宜，毋負付任之意。遂詔所在有司，民以水利條上者，即陳奏。《通典》。

洪武四年，脩復廣西興安縣馬援故所築靈渠三十六陡水，可溉田萬頃。《農政全書》。

八年，命耿炳文濬涇陽洪渠堰，溉涇湯、三原、醴泉、高陵、臨潼田二百餘里。

二十四年，濬定海、鄞二縣東錢湖，灌田數萬頃。已上《河渠志》。

二十七年，諭工部：陂塘湖堰可蓄洩以備旱澇者，皆因地勢脩治之。乃分遣國子生及人才遍詣天下督脩水利。凡開塘堰四萬九百八十七處。《明政統宗》。

三十一年，洪渠堰圮，命耿炳文脩治之。濬渠十萬三千餘丈。《河渠志》。

永樂元年，命夏原吉治蘇、松、嘉興水患。原吉請循禹三江入海故蹟，濬吳淞下流，上接太湖，而度地爲牐，以時蓄洩。從之。事竣，還京師，言：水雖由故道入海，而支流未盡疏洩，非經久計。明年正月，原吉復行浚白茆塘、劉家河、大黄浦。九月，工畢，水洩。蘇、松農田大利。《夏原吉傳》。

二年，諭工部：安徽、蘇、松、浙江、江西、湖廣，凡湖泊卑下、圩岸傾頹，亟督有司治之。

九年，麗水民言：縣有通濟渠，截松陽、遂昌諸溪水入焉。上中下三源，流四十八派，溉田二千餘頃。上源民洩水自利，下源流絶，沙壅渠塞。請脩隄堰如舊。部議從之。

十三年，吴江縣丞李昇言：蘇、松水患，太湖爲急，宜洩其下流。若常熟白茆諸港，崑山千墩等河，長洲十八都港汊，吴縣、無錫近湖河道，皆宜循其故迹，濬而深之。仍脩蔡涇等牐，候潮來往，以時啓閉。則泛溢可免，而民獲耕種之利。從之。

宣德二年，浙江歸安知縣華嵩言：涇陽洪渠堰溉五縣田八千四百餘頃。洪武時，長興侯耿炳文前後脩濬，未久，堰壞。永樂間，老人徐齡言於朝，遣官脩築，會營造不果。乞專命大臣起軍夫協治。從之。

三年，臨海民言：胡、巉諸牐，瀦水灌田。近年牐壞，而金鼇、大浦、湖涞、舉嶼等河，遂皆壅阻。乞爲開築。帝曰：水利急務，使民自訴於朝，此守令不得人耳。命工部即敕郡縣，秋收起工。仍詔天下，凡水利宜興者，有司即舉行，毋緩視。已上《河渠志》。

江南巡撫周忱嘗詣松江相視水利，見嘉定、上海間，沿江生茂草，多淤流。乃濬其上流，使崑山、顧浦諸所水迅流駛下。壅遂盡滌。《周忱傳》。

四年，福清民言：光賢里官民田百餘頃，隄障海水。隄壞已久，田盡荒，永樂中，嘗命脩治，迄今未舉，民不得耕。帝責有司亟治。而諭尚書吴中嚴飭郡邑：陂、池、隄、堰及時脩濬，慢者治以罪。

七年，脩眉州新津通濟堰，堰水出彭山，分十六渠，溉田二萬五千餘畝。

正統四年，寧夏巡撫金濂言：鎮有五渠，資以行溉。今明沙洲七星、漢伯、石灰三渠久塞，請用夫四萬疏濬，溉蕪田千三百餘頃。從之。已上《河渠志》。

五年，從楊士奇言，令天下有司，秋成時脩築圩岸，疏浚陂塘，具實奏聞。俟考滿，以此爲殿最。《明政統宗》。

十四年，浚和州姥鎮河、張家溝井，建牐以溉降福等七十餘圩，及南京諸衛屯田。時范衷知壽昌縣，闢荒田二千六百餘畝，興水利三百四十六渠。《通典》。

景泰四年，雲南總兵官沐璘言：城東有水南流，源發邵甸，會九十九泉爲一，抵松花壩，分爲二支：一繞金馬山麓，入滇池；一從黑窯村流至雲澤橋，亦入滇池。舊於下流築堰，溉軍民田數十萬頃。霖潦無所洩。請令受利之家，自造石牐，啓閉以時。報可。

五年，疏靈寶黎園莊渠通鴻臚澗，溉田萬頃。已上《河渠志》。

七年，尚書孫原貞言：杭州西湖爲勢豪侵占，湖水淺狹，牐石毁壞。今民田無灌溉資。乞敕有司興濬築，禁侵占，以便軍民。從之。

天順二年，脩彭縣萬工堰，灌田千餘頃。

五年，僉事李觀言：涇水出涇陽仲山谷，道高陵，至櫟陽入渭，袤二百餘里。漢開渠溉田，宋、元俱設官主之。今雖有瓠口鄭、白二渠，而隄堰摧決，溝洫壅瀦，民弗蒙利。乃命有司濬之。已上《通典》。

七年，巡撫陝西項忠請疏鄭、白二渠，溉涇陽、醴泉、三原、高陵、臨潼五縣田七萬餘頃。《項忠傳》。

成化十二年，巡按御史許進言：河西十五衛，東起莊浪，西抵肅州，綿亙幾二千里。所資水利，多奪於勢豪。宜設官專理。詔屯田僉事兼之。

十八年，濬雲南東西二溝，自松華壩黑龍潭抵西南柳壩南村，灌田數萬頃。

二十年，修嘉興等六府海田隄岸。特遣京堂官往督之。已上《河渠志》。

弘治七年七月，命工部左侍郎徐貫經理蘇、湖水利。《三編》。

嘉靖中年，吕光洵按吴，奏蘇、松水利五事：廣疏濬以備瀦洩，脩圩岸以固横流，復板牐以防淤塞，量緩急以處工費，重委任以責成功。詔如所議。

二十六年，給事中陳斐請仿江南水田法，開江北溝洫，以袪水患，益歲收。報可。

三十八年，尚書楊博請開宣、大荒田水利。從之。已上《河渠志》。

萬曆四年七月壬寅，遣御史督脩江、浙水利。《本紀》。

十三年三月，以尚寶司少卿徐貞明督治京畿水田。初，貞明爲給事中，嘗請興西北水利，如南人築圩之制，則水利興，水患亦除。時以財匱不能舉。後貞明被謫南行，著《潞水客談》一書，論水利當興者十四事。兵部尚書譚綸見之，謂其議可行。於是貞明召還爲尚寶丞。會巡撫張國彦等方開水利於薊州、永平間，有效。遂加貞明尚寶司少卿兼監察御史，領墾田使，令與撫按等官講求疏濬豬洩之法。貞明先詣永平，募南人爲倡。及明年三月，已墾三萬九千餘畝。又徧歷諸河，周覽水田分合，將大行疏濬。而閹人動戚之占田者，争言不便。乃罷。《三編》。

三十年，保定巡撫汪應蛟言：易水可溉金臺，滹水可溉恒山，溏水可溉中山，滏水可溉襄國。漳水來自鄴下，西門豹嘗用之。瀛海當諸河下流，視江南澤國不異。其他山下之泉，地中之水，所在而有，咸得引以溉田。請通渠築防，量發軍夫，一準南方水田法行之。所部六府，可得田數萬頃，益歲穀千萬石。畿民從此饒給，無旱潦之患。即不幸漕河有梗，亦可改折於南，取羅於北。報可。《汪應蛟傳》。

四十七年，御史左光斗出理屯田，言：北人不知水利，一年而地荒，二年而民徙，三年而地與民盡矣。今欲使旱不爲災，潦不爲害，惟有興水利一法。因條上三因十四議。詔悉允行。水利大興，北人始知藝稻。《左光斗傳》。

天啓元年，御史左光斗用慶蛟策，復天津屯田，令通判盧觀象管理屯田水利。明年，巡按御史張慎言言：自枝河而西，靜海、興濟之間，萬頃沃壤；河之東尚有鹽水沽等處，爲膏腴之田，惜皆蕪廢。今觀象開寇家口以南田三千餘畝，溝洫蘆塘之法，種植疏濬之方，皆具而有法。人何憚而不爲？章下所司。《河渠志》。

屯田都御史董應舉疏：臣近到天津，見汪司農往日開河，舊蹟猶存，可作水田甚多。荒廢不久，開之甚易。一畝農工止用八錢，可得粟三石三斗。久荒者，畝用農工一兩。其挑濬舊河，爲力不多。止挑濬數尺，明年，萬石之糧可必也。《夢餘録》。

（清）龍文彬《明會要》卷五三《食貨·莊田》　洪武十年，賜勳臣公侯丞相以下莊田，多者百頃，親王莊田千頃。又賜公侯暨武臣公田。又賜百官公田，以其租入充禄。指揮没於陣者，皆賜公田。二十四年，公侯復歲禄，歸賜田於官。《食貨志》。

洪熙時，有仁壽宫莊，其後又有清寧、未央宫莊。同上。

天順二年，敕皇親公侯伯文武大臣，不許强占官民田地。違者治以重罪。《世法録》。

憲宗即位，以没入曹吉祥地爲宫中莊田。皇莊之名由此始。其後，莊田遍郡縣。給事中齊莊言：天子以四海爲家，何必置莊田與民争利？弗聽。《食貨志》。

成化四年，禁勳戚請民田。已而慶雲伯周壽求涿州田，壽弟長寧伯彧求武强、武邑田六百餘頃，皆予之。明年，彧又欲於其外籍民田。帝遣官往視，皆民所墾闢輸賦者，因據籍步之，每畝百步，餘没入爲閒田，得七十餘頃。彧不滿，復言於帝，改命郎中彭韶、御史季琮覆視。韶、琮往，不復步田，周視徑歸，上疏自劾曰：真定田，自祖宗時，許民墾種，即爲恒産，除租賦以勸力農。功臣戚里家，與國咸休，豈當與民争尺寸地？臣誠不忍奪小民衣食，附益貴戚。請伏奉使無狀罪。疏入，詔以田歸民。《三編》。

弘治初，户部尚書李敏言：今畿輔皇莊五，爲地萬二千八百餘頃。勳戚中官莊三百三十有二，爲地三萬三千一百餘頃。請盡革莊户，賦民耕，畝概徵銀三分，充各宫用度。無皇莊之名，而有足用之實。時不能用。《李敏傳》。

二年，因御史言，罷仁壽宫莊，還之草場。《食貨志》。

三年，禁宗室勳戚奏請田土。若軍民人等妄自投獻者，發邊衛充軍。《世法録》。

十一年，何孟春奏言：皇莊之始，先朝畿内空閒之地，籍之公家，佃民耕種，而收其入。其地廣狹有定界，其入有定額，非以病於民也。近年，看莊人役罔恤國體，近莊田土，小民衣食之資，横加侵占，求益不已。非九重厚民之意也。昔漢宣帝詔：池籞未御幸者，假與貧民。流民還歸者，假公田種食。今縱不能以假貧民，忍於民衣食租賦所出者，而奪之乎？伏乞陛下敕官往勘皇莊地面，從實丈量，造册繳部。歲收其入，以備經費。若遇水旱，與民田一例開除。既不失本莊之賦，亦不病近莊之民。幾甸之内庶無侵奪之害。疏入，帝從之。《明臣奏議》。

武宗即位，踰月，建皇莊七。其後，增至三百餘處。諸王、外戚求請奪民田者無算。《食貨志》。

世宗初，命夏言、樊繼祖、張希尹等往順天府查勘莊田地土，共二十萬九百一十九頃。又外係先年侵占民者，共二萬二百二十九頃，請各給其主。而宦戚輩復中撓之。《通典》。

嘉靖二年九月丙子，復命户部清覈畿輔莊田。尚書孫交上各宫莊田數，視舊籍不同。帝詰其故。交言：舊數多者，以奏乞投獻，數多妄報也。新數少者，以奉命清覈，田多除豁也。帝命查成化、弘治間原數以聞。《春明夢餘録》。

六年，户部侍郎王軏清勳戚莊田，言宜量等級爲限。尚書梁材奏：成周班禄，有土田。禄由田出，非常禄外復有土田。今勳戚禄已踰分，而陳乞動千萬，請申禁之。自特賜外，量存三之一，以供祀事。帝命並清已賜者，額外侵據，悉還之民。《梁材傳》。

時，中旨：各宫仍置皇莊，遣官校分督。户部侍郎秦金言：西漢盛時，以苑囿賦貧民。今奈何剥民以益上？乞勘正德間額外侵占者，悉歸其主，而盡撤管莊之人。帝從其議。《秦金傳》。

三十九年，遣御史沈陽奪隱冒莊田萬六千餘頃。《食貨志》。

隆慶時，御史王廷瞻言：勳戚莊田太濫。請於初給時，裁量田數，限其世次。爵絶歸官。制可。《王廷瞻傳》。

二年，復定世次遞減之數，勳臣五世限田二百頃，戚畹七百頃至七十頃有差。《食貨志》。

神宗賚予過侈。福王分封，括河南、山東、湖廣田爲王莊，至四萬頃。羣臣力争，乃減其半。熹宗時，桂、惠，瑞三王及遂平、寧國兩公主莊田，動以萬計。蓋中葉以後，莊田侵奪民業，與明相終云。同上。

《新例要覽》卷下《户部新則·灶地不許盗賣四年十月初四日》 内閣交出奉上諭户部，去年莽鵠立奏稱：長蘆灶地久未清查，以致民灶争控不已，請將灶户灘地從前售與民人者，許其回贖。如無力者，仍許現在耕種之民收租納糧，俟原業灶户有力之日再回贖等語。批經九卿議覆准行。近聞當年灶土地轉售於人，其年分久遠，有百餘年者，業主售主多至變更，即有子孫，當時價值多寡，亦俱遺失。或有逃亡等户，更無從查問。以致同姓影響之人彼此争贖，紛紛告訐，寔滋繁擾。若必俟原業灶户有力之日回贖。倘原業之人始終無力，則此項地畝久矣，竟成民地，亦非清查灶地之良法。朕意以爲，不若將灶户賣與民人之地，交易年近，確有寔據，令灶户備價取贖。其餘年久迷失之地，所有争告無憑詞，告該衙門俱行註銷。凡民人所有灶地，嗣後止許賣與灶户，永遠爲業。如有仍轉行典賣與民者，照盗賣官地律治罪。永以爲例。如此，則數年之後，灶地自漸歸於灶户，而無不清之弊矣。爾部即行文，着山東巡撫長蘆巡鹽御史遵照，實力奉行。特諭。

《大清律例》卷九《户律·田宅·欺隱田糧》 凡欺隱田糧，全不報户入册。脱漏版籍者，一應錢糧俱被埋没，故計所隱之田。一畝至五畝，笞四十。每五畝加一等，罪止杖一百。其脱漏之田入官，所隱税糧依畝數、額數、年數總約其數徵納。若將版籍上自己田土移坵方圓成坵。換段坵中所分區段，那移起科等，則以高作下，減瞞糧額及詭寄田糧，詭寄謂詭寄於役過年分並應免人户册籍。影射脱免自己之差役并受寄者，罪亦如之。如欺隱田糧之類。其減額詭寄之田改正坵段，收歸本户起科當差。里長知而不舉，與犯人同罪。其還鄉復業人民丁力少而舊田多者，聽從儘力耕種，報官入籍，計田納糧當差。若多餘占田而荒蕪者，三畝至十畝，笞三十。每十畝加一等，罪止杖八十，其田入官。若丁力多而舊田少者，告官，於附近荒田内驗力撥付耕種。

條例

一、凡宗室置買田產，管莊人恃強不納差糧者，該管官察實，將管莊人等問罪。宗室知而縱容者，交該衙門察議，仍追徵應納差糧。若該管官阿縱不舉者，聽督撫叅奏重治。

一、將自己田地應納錢糧灑派别户者，按數計贓，以枉法論。田地入官，其灑派錢糧，照年分畝數追徵。

一、各處奸頑之徒，將田地詭寄他人名下者，如受寄之家首告，准免罪。

一、各鄉里書飛灑，詭寄税糧二百石以上者，問邊衛充軍。

一、州縣徵收糧米之時，預將各里各甲花户額數的名填定，聯三版串，一給納户執照，一發經承銷册，一存州縣查對。按户徵收，對册完納，即行截給歸農。其未經截給者，即係欠户。該印官查摘追比，若遇有糧無票、有票無糧等情，即係胥吏侵蝕，嚴比治罪。

《大清律例》卷九《户律·田宅·功臣田土》 凡功臣之家，除朝廷撥賜公田免納糧當差外，但有自置田，上從管莊人盡數報官入籍，照額一體納糧當差。違者，計所隱之田，一畝至三畝，杖六十。每三畝加一等，罪止杖一百，徒三年。罪坐管莊之人，其田入官。仍計遞年所隱糧稅，依畝數、年數，額數徵納。若里長及有司官吏阿附踏勘不實，及知而不舉者，與管莊人同罪。不知者不坐。

《大清律例》卷九《户律·田宅·盜賣田宅》　凡盜他人田宅賣，將己不堪田宅换易，及冒認他人田宅作自己者，若虚寫價錢，實立文契典買及侵占他人田宅者，田一畝、屋一間以下，笞五十。每田五畝、屋三間，加一等，罪止杖八十，徒二年。係官田宅者，各加二等。若强占官民山場、湖泊、茶園、蘆蕩及金銀銅錫鐵冶者，不計畝數，杖一百，流三千里。若將互爭不明及他人田産妄作己業，朦朧投獻官豪勢要之人，與者、受者各杖一百，徒三年。盜賣與投獻等項，田産及盜賣過田價，并各項田産中遞年所得花利，各應還官者還官，應給主者給主。若功臣有犯者，照律擬罪，奏請定奪。

條例

一、軍民人等將争競不明并賣過及民間起科，僧道將寺觀各田地，若子孫將公共祖墳山地，朦朧投獻王府及内外官豪勢要之家，私捏文契典賣者，投獻之人問發邊遠充軍，田地給還應得之人。其受投獻家長並管莊人，叅究治罪。直隸各省空閒地土，俱聽民儘力開種，照年限起科。若有占奪投獻者，悉照前例問發。

一、用强占種屯田五十畝以上，不納子粒者，問罪，照數追納。完日，軍發邊衛充軍，民發邊外爲民。其屯田人等將屯田典賣與人，至五十畝以上，與典主、買主各不納子粒者，俱照前問發。若不滿數及上納子粒不缺，或因無人承種而侵占者，照常發落。管屯等官不行用心清查者，叅奏治罪。

一、西山一帶密邇京師地方，如有官豪勢要之家，私自開窑賣煤、鑿山賣石、立廠燒灰者，枷號一箇月，發邊衛充軍。干礙内外官員，叅奏提問。

一、近邊分守武職并府州縣官員，禁約該管軍民人等，不許擅自入山，將應禁林木砍伐販賣。違者，問發雲貴川廣煙瘴稍輕地方充軍。若前項官員有犯，俱革職爲民。鎮守並副叅等官員，有犯，指實叅奏。其經過關隘河道守把官軍，容情縱放者，究問治罪。

一、各省丈量田畝及抑勒首報墾田之事，永行停止。違者，以違制律論。

一、凡子孫盜賣祖遺祀産，至五十畝者，照投獻捏賣祖墳山地例，發邊遠充軍。不及前數，及盜賣義田，應照盜賣官田律治罪。其盜賣歷久宗祠，一間以下，杖七十。每三間加一等，罪止杖一百，徒三年。以上知情謀買之人，各與犯人同罪。房産收回給族長收管，賣價入官。不知者，不坐。其祀産、義田，令勒石報官，或族黨自立議單公據，方准按例治罪。如無公私確據，藉端生事者，照誣告律治罪。

《大清律例》卷九《户律·田宅·任所置買田宅》　凡有司官吏，不得於見任處所置買田宅。違者，笞五十，解任，田宅入官。

條例

一、各關出差官員，不許携帶家眷，多隨奴僕，及任所置優買妾。任滿回部，未經考核，不許擅買田莊市宅，生息放債。如違，交與該部治罪。衙役人等除解餉公事外，私自赴京長接，及以缺額藉口題請展限者，亦交與該部治罪。

一、提督、總兵、副將等官，不許在見任地方置立産業。即丁憂、休致、解退，亦不許入籍居住。或任内置有産業，已經身故及不能回籍者，該督撫具奏請旨定奪。至參將以下等官，任所置有産業，或本身休致解退，或已經身故，子孫留住任所欲入籍者，該地方官報明督撫，准其入籍。

《大清律例》卷九《户律·田宅·典買田宅》　凡典買田宅不税契者，笞五十，仍追契内田宅價錢一半入官。不過割者，一畝至五畝，笞四十。每五畝加一等，罪止杖一百，其不過割之田入官。若將已典賣與人田宅，朦朧重復典賣者，以所得重典賣之價錢計贜，准竊盜論。免刺追價，還後典買之主，田宅從原典買主爲業。若重復典買之人及牙保知其重典賣之情者，與犯人同罪，追價入官。不知者不坐。其所典田宅、園林、碾磨等物，年限已滿，業主備價取贖。若典主託故不肯放贖者，笞四十。限外遞年所得多餘花利追徵給主，仍聽依原價取贖。其年限雖滿，業主無力取贖者，不拘此律。

條例

一、告争家財田産，但係五年之上，并雖未及五年，驗有親族寫立分書已定出賣文約是實者，斷令照舊管業，不許重分再贖，告詞立案不行。

一、凡八旗人員置買産業於各省者，令該員據實首報，交與該督撫按。其産業之多寡，勒限變價歸旗。如有隱匿不首，及首報不實者，該督撫訪查題參，將所置産業入官。其隱匿不首者，照侵占田宅律治罪。首報不實者，按不實之數，亦照侵占律治罪。如地方官扶同徇隱，别經發覺者，照例議處。其未經查出之知府並督撫司道，均照例分别議處。至於查禁以後，仍有違禁置産私相授受者，照將他人田産朦朧投獻官豪勢要律，與者、受者各杖一百，徒三年，産業入官。其託民人出名詭名寄户者，受託之民人，照里長知情隱瞞入官家産計。所隱贓重者，坐贓治罪；受財者，以枉法從重論。地方官失於查察者，照例議處。

一、賣産立有絶賣文契，並未註有找貼字樣者，概不准貼贖。如契未載絶賣字樣，或註定年限回贖者，並聽回贖。若賣主無力回贖，許憑中公估找貼一次，另立絶賣契紙。若買主不願找貼，聽其别賣，歸還原價。倘已經賣絶，契載確鑿，復行告找告贖，及執産動歸原先儘親鄰之説借端指勒希圖短價者，俱照不應重律治罪。

一、八旗官兵人等，有將現銀承買入官人口房産者，即將銀兩先行交部，俟收明銀兩，知照到旗之日，兩翼給與印信執照，報部入册。如有將俸禄錢糧坐扣抵買者，一面咨部坐扣俸餉，一面將人口房産給認買人領去。俟俸餉坐扣完日，再行知會兩翼，給與執照，報部入册。

一、旗丁有將運田私典於人及承典者，均照典買官田律，計畝治罪。該丁革退，其田追出，交與接運新丁典價入官。其旗丁出運之年，將運田租與民人，止許得當年租銀。如有指稱加租立券豫支者，將該丁與出銀租田之人，均照典買官田律減二等治罪，租價入官。

一、凡各省衛所贍運屯田，有典賣與民，許照清釐條議備價回贖。如衙門書識人等，藉稱族丁管船侵占屯田，不歸船濟運者，照侵盗官糧例治罪。若原係民田，與軍無涉，該丁揑控者，將該丁責革另僉。該管官弁不實力稽察，或承查遲延，或互相徇縱，查出，俱交部分别議處。

一、嗣後民間置買産業，如係典契，務於契内註明回贖字樣。如係賣契，亦於契内註明絶賣，永不回贖字樣。其自乾隆十八年定例以前，典賣契載不明之産，如在三十年以内，契無絶賣字樣者，聽其照例分别找贖。若遠在三十年以外，契内雖無絶賣字樣，但未註明回贖者，即以絶産論，概不許找贖。如有混行争告者，均照不應重律治罪。

一、凡州縣官征收田房税契，照征收錢糧例，别設一櫃，令業户親自賫契投税。該州縣即粘司印契尾，給發收執。若業户混交，匪人代投，致被假印誆騙者，照不應重律，杖八十，責令换契重税。倘州縣官不粘司印契尾，侵税入己，照例叅追。該管之道府直隸州知州，分别失察、徇隱，照例議處。

一、凡民間活契典當田房，一概免其納税。其一切賣契，無論是否杜絶，俱令納税。其有先典後賣者，典契既不納税，按照賣契銀兩實數納税。如有隱漏者，照律治罪。

一、民間私項軍田，匿不首報，一畝至五畝，笞四十，每五畝加一等，罪止杖一百。

《大清律例》卷九《户律·田宅·盗耕種官民田》 凡盗耕種他人田園地土者，不告田主。一畝以下笞三十，每五畝加一等，罪止杖八十。荒田減一等。強者，不由田主。各指熟田、荒田言。加一等。係官者，各通盗耕、強耕荒熟言。又加二等，仍追所得花利，官田歸官，民田給主。

條例

一、近邊地土各營堡草場，界限明白，敢有那移條款、盗耕草場及越出邊牆界石種田者，依律問擬，追徵花利。至報完之日，不分軍民，俱發附近衛所充軍。若有毁壞邊牆私出境外者，枷號三箇月發落。

《大清律例》卷九《户律·田宅·荒蕪田地》 凡里長部内已入籍納糧當差，田地無水旱災傷之故荒蕪，及應課種桑麻之類而不種者，計荒蕪不種之田地，俱以十分爲率，一分笞二十。每一分加一等，罪止杖八十。縣官各減里長罪二等，長官爲首，一分減盡無科，二分方笞一十，加至杖六十罪止。佐職爲從。又減長官一等，二分者減盡無科，三分者方笞一十，加至笞五十罪止。人户亦計荒蕪田地及不種桑麻之類，就本户田地，以五分爲率，一分笞二十，每一分加一等。追徵合納税糧還官。應課種桑棗、黄麻、苧麻、棉花、藍靛、紅花之類，各隨鄉土所宜種植。

《理藩院則例》卷一〇《地畝・道光十二年清查科爾沁郡王旗開種庫都力地畝專條》 一、科爾沁庫都力地方所開荒地，東至碩勒合碩，西至姑奈經勒克，南至昌圖，北至庫都力甸子。自清查後，計原招民人一千四百餘户，誤寫界外地畝改移界内民人三百餘户，准其一體種地輸租，於所開地畝挖立封堆，各就附近山崗隨時加高培厚，種成樹木以爲表識。每年由該將軍委員查驗，該扎薩克派員隨同查驗，按年將封堆數目，并有無坍塌挪移之處據實報院。其民數、地數交廳編查，保甲按年一并造册呈報。

一、科爾沁庫都力地方所開荒地，自清查後，定以三十六弓爲一畝，發給民人執照，按則輸租。

一、科爾沁庫都力地方所開荒地，每頃每年交大租制錢五千文，自領地日起五年後起租。每頃每年交小租制錢三百二十文，自領地之日即行起租。充地局公費，每頃交押荒銀十兩，其清查以前原交數目不及十兩者，照數補足。不止十兩者，於大租内坐扣。自清查後，除奏開地畝外，不得再行私招民人收取押荒銀錢，違者各照得受押荒銀錢例治罪。

一、科爾沁庫都力地方所開荒地界内蒙古村屯五十七處，各按户口多寡酌留地界，或二、三里，或六、七里，作爲蒙古牧放種植之所。自清查後，其酌留界内如有原典給民人地畝，將典契追出换給租種合同，令該民人照開荒租額扣足典價，按則輸租。其界外原典給民人地畝，亦一體追出典契换給租種合同，除去押荒銀兩照開荒租額扣足典價，按則輸租，均歸各該屯均匀分用。如地經出典，蒙古有情願備價回贖，及情願回贖一時無力者，均准照喀喇沁土默特典給種地民人地畝例辦理。

一、科爾沁庫都力地方所開荒地内，蒙古回贖典給民人地畝，及無力回贖地畝，自清查後，俟年滿歸地，祇准蒙古自種，或交原佃輸租，不得再行出典另招流民租種，及以錢無利息、地無租價私行定議。如違，即照私招、私墾例治罪，所得租息闔屯均分。

一、科爾沁庫都力地方所開荒地内，免其驅逐之舊住民户。自清查後，將典種蒙古地畝年滿歸地後，准其自屣界内無主閑荒，向地局領取合同，輸租安業。責成該地局計口授田，令其均匀屣佔，仍報該廳轉報該將軍酌定，聽候遵行。

一、科爾沁庫都力地方所開荒地界内，蒙古自種熟地聽其管業，界外民開熟地嚴行封禁。自清查後，如蒙古假自種爲名，復影射招民耕種，及民人仍往私墾者，具照私招、私墾例加等治罪。仍責成該旗每年將有無私招、私墾之處，分别報院，并該將軍衙門備查。

一、科爾沁庫都力地方所開荒地，攬頭名目永行革除。自清查後，如有前在攬頭名下寫地民户，准其報出本名，自向地局交租。其原開寫地數五頃以内，即照丈數給；五頃以外，祇准以五頃爲限，多寫地畝概不准給。即有多交押荒銀兩，亦不准扣抵地租。倘地數在五項以外，查係數人夥寫者，准其分名承領。其夥寫之人係一家父子、兄弟、叔侄，不准分名承領。必查係分居另過者，方准分名承領。

一、科爾沁庫都力地方所開荒地先經出寫地畝、有兩不照會，以一地重復出寫者，准先後寫地之户均匀分種。自清查後，不得援照辦理。

《理藩院則例》卷一〇《地畝・敖汗旗地畝换給印票》 一、敖汗旗除例給該王招民耕種之地，聽其自行辦理外，其餘有案可查所開地畝，蒙古不得將地重復租佃民人，不得將地轉典隱避，由該理事司員及地方官出示曉諭，由該扎薩克照原定押地銀兩租息，會同理事司員、地方官换給扎薩克印票。票内注明地畝四至頃數、民人姓名、籍貫，責成該理事司員、地方官一體記檔，互相稽查。每年令該扎薩克將租息收齊後，會同該理事司員、地方官傳齊蒙古公同放給。其租地民人是否一概領有扎薩克印票，其所收租息分放時有無侵蝕，均令該理事司員、地方官結報都統，仍由都統嚴飭該理事司員、地方官於每年查旗之便，會同該扎薩克嚴查。蒙古有無增租奪佃，民人有無包租霸地，及應行遞籍之民任意潛藏復行逃回等弊，分别出具甘結，申報都統復覈，一并加結報院。

一、敖汗旗民人有抗不换票者，將地撤出，交還蒙古，將該民人遞籍。但有逗留等弊，交地方官嚴拿治罪。

一、敖汗旗蒙古有重復租佃，及圖利尋隙增租奪佃者，准該民人呈明該理事司員、地方官申報都統辦理報院。

一、敖汗旗民人有將承種地畝包攬轉租、潛行隱避者，由地方官嚴拿，將原得銀兩錢文照數追出，交旗存公，於每年分租時，一體均匀分給蒙古，仍將該民人遞籍。如嚴追無力完繳，即由地方官加等治以應得之罪。其私行借貸債目，聽其自行清理，毋庸官爲究辦。

一、敖汗旗民人承種之地如有水冲沙壓不堪耕種者，由理事司員、地方官查勘屬實，將地撤還蒙古，地租裁汰。

一、敖汗旗蒙古有長支民人租息者，於票内注明，作爲押地之項。

一、敖汗旗民人有拖欠蒙古租息者，量其多寡，分限於每年交租時帶交。但有抗租霸地情形，即由該扎薩克將地撤出交還蒙古，另行招佃，將該民人交地方官嚴懲遞籍。倘敢任意潛藏，或復行逃回，即加等治以應得之罪。

一、敖汗旗除有案可查所開地畝外，不得多開一壠，多招一民，如有私開私招，該扎薩克隱匿不報，照私募開墾例治罪。

《理藩院則例》卷一〇《地畝・敖汗旗兑换地畝》　一、敖汗旗老河對岸順坡斯板囊、金哈喇二處已開熟地三十七頃二十七畝五分，種地民人共計攬頭五名，佃户二十五名，此二處地畝均令撩荒，給該旗作爲牧場。將多爾畢他拉之荒地，照已開地畝數目，每畝加三分先行撥給兑换。自嘉慶五年起，勒限二年挪移。此二年内，將原種及指换地畝具令耕種，所得之租作爲遷居之費，待遷移後，其作爲牧場地畝不得再種。其新换地畝仍照原立契紙年份扣清，按數交租，毋許拖欠。令該旗扎薩克等選派旗員收取，報院注册，并移咨該司員查覈。該司員查旗時，公同分給闔旗窮苦蒙古等，以資養贍。將如何散給之處，該旗扎薩克等詳細造册報院備查。倘有私行立字租給民人荒地者，嚴參治罪。

《理藩院則例》卷一〇《地畝・昌圖額爾克地方准其開墾》　一、科爾沁左翼後扎薩克郡王旗額爾克地方，西自遼河起，東至蘇巴爾漢河止一百二十里，北自大平山起，南至柳條邊止五十二里，西至柳條邊十六里，東至柳條邊二十里，准其招民開墾。

《理藩院則例》卷一〇《地畝・熱河都統所屬蒙古開墾地畝》　一、熱河各屬租種蒙古地畝民人，實在户口名册及地畝數目，各該理事司員州縣照造詳細清册一份，送熱河都統衙門存貯。如隱匿不報，將來查出，照私墾例治罪。除已經開墾之地畝外，不准再有私招民人開墾之事。其蒙古地界内所有租給民人開墾之地，實計頃畝若干，亦令各該扎薩克逐細查明，將租地民人姓名造册，移交都統衙門。如不開報，查出亦照私募民人開墾例辦理。該都統將各州縣呈報之册與各扎薩克呈報之册覈對，如有不符，駁查更正，永遠存案，并造册一份咨送理藩院查覈。民人如有退租、頂租等事，隨時報明。該理事司員州縣注册蒙古内有願將空閑牧場開墾者，隨時呈報都統查勘辦理。如有私行招墾者，嚴行參辦，責成理事司員州縣等不時嚴查，勿令再添外來流民。仍責令各鄉保具結，於年終彙册，申送都統衙門查覈報院。

《理藩院則例》卷一〇《地畝・阿拉善額魯特親王旗定遠營等處開墾地畝界址》　一、阿拉善額魯特親王旗與鄂爾多斯杭錦貝子旗牧地，東西以黄河爲界。河東爲鄂爾多斯杭錦貝子旗地，河西爲阿拉善額魯特親王旗地。南北以則布蓋地方爲界，則布蓋以北屬杭錦貝子管，則布蓋以南屬阿拉善親王管。其所管則布蓋以南界内定遠營地方，有久經奏准開墾成熟地一千一百九十頃零六十七畝，由該旗自向民人牧租。其續因原開地内有水冲、沙壓、出城地二百餘頃，請於四至餘地照原開頃數，换出地畝，悉令撩荒，設立堆記封禁。雖有涸復，不准再行私開。每年由駐紥寧夏司員巡查一次，取具該旗并無多墾地畝、容留民人甘結報院。

《理藩院則例》卷一〇《地畝・敖汗旗巴啓爾果勒牧場准該王開墾》　一、敖汗郡王旗東自巴啓爾果勒以西庫蘇爾哈達起，西至伯爾克熟地以東庫倫布哈村之東薩察華山頂止，南自紹海卓博哩察罕蘇巴爾漢熟地界起，北至哈達圖多倫巴爾黨之北松吉納圖山騰吉里克山頂止，種地一千七百八十頃十四畝，起立鄂博，賞給該王招民耕種。每年所得之租以資生計。每年塔飛溝司員查旗之便，查其鄂博外有無開墾之處，報院查覈。

《理藩院則例》卷一〇《地畝・吉林長春二廳所屬蒙古地畝禁止出邊私墾越界私開》　一、吉林、長春二廳所屬郭爾羅斯等處蒙古地畝，除歷經奏定准開之地，准留之民各照原案注明備數、户數准其留民種地外，其餘民不得再招一户，地不得再開一壠。倘有越界私行耕種，出邊私行開墾者，蒙古、民人各照私募開墾例治罪。并由地方官詢明該私開之民人由何關口經過，將該守口官參處。其歷經奏開之地數、民數，仍責成該將軍、正副盟長、地方各官照例巡查，造具清册，分別存案報院。仍於每年年終將封堆有無挪移，地數、民數有無增添之處，報院查覈。其地畝毋庸官徵丁賦。所出租銀，蒙古自行徵收，不得官爲經理。

《理藩院則例》卷一〇《地畝・喀喇沁土默特旗禁止民人折算典當蒙

古地畝》 一、喀喇沁土默特旗種地民人不准以所種蒙古地畝折算蒙古賒欠借貸銀錢，違者各照違制例治罪。其定例以前已經折算之地，統限三年以所得三年地租清還利息，清結後停利。再分限五年以所得五年地租清還本銀。倘地租不敷折算，准其按年遞展，以本利清結爲斷，地歸蒙古。歸地後該民人情願接種，仍令按年按畝納租，不願接種，聽該蒙古自便，永遠禁止折算。

一、喀喇沁土默特旗蒙古地畝不得典給種地民人，違者各照違制例治罪。其定例以前已經出典之地，如蒙古備價回贖，該民人立即交出。倘有勒掯情事，將民人遞籍，贖地原價交旗充公，地歸蒙古。如蒙古一時無力回贖，該民人典種已過三年者，准其再種四年；已過五年者，准其再種三年；已過十年者，准其再種二年，抵銷地價，地歸蒙古。歸地後該民人情願承種，仍令按年按畝納租，不願承種，聽該蒙古自便，永遠禁止出典。

一、喀喇沁土默特旗種地民人不得重價轉典民人舊典蒙古地畝，違者追出地價交旗充公，地歸蒙古，民人遞回原籍。其定例以前已經轉典之地，不計種過年份，准其再種五年，抵銷地價，地歸蒙古，免其私典旗地之罪。歸地後該民人情願承種，仍令按年納租，不願承種，聽該蒙古自便，永遠禁止重價轉典。

一、喀喇沁土默特旗除界內種地民人交納租息之房屋地基外，不得添蓋房間，再招游民。違者均照私募開墾例治罪。

一、喀喇沁土默特旗種地民人應交租糧均限年清年款。其偶遇拖欠一年者，准分作二年帶還。積欠二、三年者，准按分作二年之限遞緩年份帶還。如欠至三年以外逾限不完，將地撤出歸還蒙古，其租息嚴比著追清結後，將該民人遞籍。倘有抗霸等情，加枷號兩個月，滿日遞籍。

《理藩院則例》卷一〇《地畝・昌圖額爾克地租賞給該旗官兵一半》

一、科爾沁左翼後扎薩克郡王旗昌圖額爾克地方所開地畝，每年徵收租息賞給該郡王一半，其餘一半照依郭爾羅斯旗種地之例，合計該旗臺吉、官員、兵丁户口數目均匀賞給。該扎薩克及該通判各出具并無侵蝕甘結報院查覈，其已開四至之外，不准多開一畝，久居之民外，不准增居一民，責成該將軍、盟長等一體遵辦。

（清）嵇璜《清朝通志》卷八二《食貨略・田制》 順治元年，近畿百姓帶地來投者甚多。上特命設爲納銀莊頭，各給繩地，每四十二畝爲一繩。其納蜜葦棉靛等物附焉。計立莊百三十有二，不立莊者仍其户計二百八十有五，分隸內務府鑲黄、正黄、正白三旗，坐落順天、保定、河間、永平、天津、正定、宣化等府州縣。其奉天山海關、古北口、喜峯口，亦命次第設立。旋諭户部清釐近京各州縣無主民田及故明勳戚駙馬公侯伯內監無主莊田，分給諸王勳臣兵丁人等。先行經理疆界，令滿漢分居。於是順天巡按柳寅東上言：無主地與有主地犬牙相錯，勢必滿漢雜處，不惟今日履畝之難，亦恐日後争端互起。莫若先按州縣大小，定用地多寡，使滿洲自住一方，然後稽察無主與有主地畝，互相更换。庶經界分明，疆理各正。乃定圈撥之法，以尚書英俄爾岱董其事。越明年，上以民間田房聽旗人指圈，其間美惡不一，恐官吏瞻情，致居民偏累。乃諭户部務從公速撥，其有不齊者，均平補給之。又命給事中四員、御史四員、户部司官八員，分往各州縣，公同撥給。凡民間墳墓在所圈地內者，許其子孫隨時祭掃。所有應給滿洲與應給民間地畝，令地方官曉示，無妨東作。明年，又定民田被圈者，以各州縣連界地畝撥補，不願他適者，以未圈之民房地均分居住耕種。至其授地分數，初定王、貝勒、貝子、公等於錦州各設莊一所，蓋州各設莊一所，額外各莊均令退出。嗣又定給王、貝勒、貝子、公等大莊，每所地四百二十畝至七百二十畝不等，半莊每所地二百四十至三百六十畝不等，園每所地六十至一百二十畝不等。其內務府總管給園地四十八畝，親王府管領給園地三十六畝，郡王以下府管領給園地三十畝。王以下各官所屬壯丁，亦給地三十六畝，停支口糧。各府給事人員給地各有差。又定副都統以上官，各給園地百八十畝，地六十畝。

四年，定參領以下官各給二名壯丁，地一名三十畝。凡官兵地，以茲爲額。兵則增丁不加，減丁不退。官則陞遷不加，已故革除不退。

五年酌定：親王給園十所，郡王給園七所，每所地一百八十畝。

六年定：襲封王、貝勒、貝子、公等，其祖父所遺園地，除撥給應得之數外，餘地仍留本家。公侯伯各給園三百畝，子二百四十畝，男一百八十畝，都統、尚書、輕車都尉各一百二十畝，副都統、侍郎、騎都尉各六十畝。一等侍衛、護衛、參領各四十二畝，二等侍衛、護衛各三十畝，三等侍衛、護衛、雲騎尉各二十四畝。凡官員致仕者，督撫、布、按、總兵各給園地三十六畝，道員、副將、參將各二十四畝，府州縣游守等官各八十畝。新來壯丁，每名給地三十畝。凡加封王、貝勒、貝子、公等園地悉照本爵撥給。

七年定：給公主園地各三百六十畝，郡主各百八十畝，縣主、郡君、縣君各百五十畝。又酌定給親王園八所，郡王五所，貝勒四所，貝子三所，公二所。每所亦百八十畝。鎮國將軍二百四十畝，輔國將軍百八十畝，奉國將軍百二十畝，奉恩將軍六十畝。嗣後凡初封王、貝勒、貝子、公等，俱照此爲額。其鎮國將軍以下，已給園地者，停給家口糧米。又定，八旗舊壯丁每名撤地六畝，撥給新來壯丁。

十一年，都察院言：滿洲兵丁出征，必需隨帶之人，雖有分土，往往失耕，一遇旱澇，仍需部給口糧。請查壯丁四名以下所得地土，盡數撤出，量加錢糧月米。從之。

康熙二年定：新來佐領給地三十畝，領催地十八畝。尋又設守衛陵寢官員，内大臣給園地九十畝，總管、副管以下各有差。

八年，諭户部：將本年所圈房地悉還民間。按：圈撥之令，順治年間已經停止。嗣後有因旗下退出荒地復行圈補者，有游牧等處投來人丁復行圈撥者，有因圈補時復圈接壤民地者，至是悉以給民。其無地旗人，令於古北口邊外空地撥給耕種。尋以貝勒大臣議奏：張家口、殺虎口、喜峯口、古北口、獨石口、山海關外曠土實多，如宗室官員以下願將壯丁地畝退出，取口外閒地耕種者，令都統給印文咨送，按丁分給。

二十年定：新滿洲來京歸旗者，停給園地。

二十四年議定：各處壯丁及新滿洲應給地畝，令於上三旗、内務府及八旗禮部、光禄寺，丈量餘地撥給，此外又有部寺官莊分隸禮部、光禄寺各衙門以給公用。毋指圈百姓墾荒地。至於内務府莊地，先是量地編爲四等，每莊壯丁十名，立一人爲莊頭，給田一百三十晌，每六畝爲一晌。場園、馬館另給田四晌，房舍牛具皆給焉。至是設爲糧莊，每莊給地三百晌。後又增壯丁爲十五名，其撥給莊頭地土，祇令於各屬退輸租地内匀撥，禁指圈民地。按：内務府官莊糧莊外，有曰豆稭莊、曰半分莊、曰稻莊、曰菜園、曰瓜園、曰果園，又曰蜜户、葦户、棉靛户，俱設壯丁、莊頭，另給莊頭地畝。

雍正二年，以内務府交出餘地及户部所收官地内，撥新城縣一百一十六頃，固安縣一百二十五頃八十畝，制爲井田，選無業旗人，滿洲五十户、蒙古十户、漢軍四十户，每户授田百畝，八百畝爲私田，百畝爲公田，餘地設立村莊，造廬舍四百間，每户給銀五十兩，爲口糧牛種之用。於八旗廢官内，各簡選一人爲領催。

五年，以八旗滿洲蒙古内欠糧及革退官兵無恒業者，發往耕種井田，令管理井田官嚴行約束。其開户人犯法者，給與井田中効力善良之旗人爲佃丁。後又於順天府之霸州及永清縣設立井田。

六年，清查直隸旗地時，以旗民雜處往往互相争佔，議令内務府、宗人府、八旗都統，將旗莊圈賞投充各項地，覈明坐落四至，造具清册，一送户部，一送直隸總督，照式造册鈐印，發各州縣存貯，以便查察。

七年諭：旗人産業，向例不准典賣與民相沿已久，竟有私賣者，從寬免究。飭各旗一一清出請支内庫銀，照原價贖出留在該旗，限一年令原業主取贖。如逾限不贖，不論本旗别旗，准其照價承買。

十二年，以旗地坐落直隸各屬，片段錯落，無由知其確數，議令八旗都統各委參領一人，於農隙時，會同直隸州縣履畝清丈。

十三年，遣官清丈察哈爾東西四旗地畝。又諭：旗人欺隱餘地，俱令自首免罪。又清釐園頭牲丁壯丁人等，私賣當差地畝，照内務府紅册徹底清查。本係官物，均應撤回。如屬私業，不應強撤。

乾隆元年，改井田爲屯莊，以試行十年未見成效，令地方官確查實力耕種者，改爲屯户，每户給田百二十五畝，禁其私典。各屯户身故有子者，准予子補。其無子及緣事歸旗者，原領田房撤出。若守節之婦，仍給養贍田四十畝。

二年，上以旗人生計貧乏者多，令王大臣將入官地畝立爲公産，收租息，按旗分給，以贍貧乏。向例：官用旗地在入官地内動撥，今既立爲公産，未便再行動用。議令直屬有駐防旗人交出在京所受之地，及各莊退出之地，與八旗丈出餘地絶户無人承業地，凡一切當差官項，應得地畝，統於此項動撥。又定：凡工程所用旗地，地方官於興工日清釐畝數，咨明補給。

三年諭：八旗入官地，有原圈官地，有旗人自置之地，若以入官之後概定爲公産，不准民贖，殊非軫念畿輔黎赤之本懷。嗣後，除原圈地外，如係旗人置買民閒者，准照價變賣，將價銀交各旗生息，分給旗人。

四年，八旗大臣議借庫銀，於京城空地蓋造房屋，賞無房人居住，將公産租息陸續補庫。其續收地租作何賞給，别議具奏。上以此項地畝既賞還旗人，仍留公官辦，不但所得地租分散之時勢難均齊，亦恐官收少於私收，分賞衆人無濟於事，仍令八旗官兵量力承買爲業。其承買價銀即交部，以補蓋房之項。著該部會同八旗大臣酌量等第，别定價直，詳明議奏。於是，户部八旗都統分定等第，估計價直，令官兵承買。其價銀限五年交完，有指俸抵買者，亦限五年内坐扣其地價餘銀税。地方官將民典旗地贖回，報部。上諭户部曰：民典旗地，輾轉相授，閱年久遠，已成故業。今遽贖回，必於民閒全無擾累始爲妥協。再，貧乏兵丁食餉有限，無從措價，勢必盡歸富户，則贖地一事恐未必於貧乏旗人有益。著户部行文直隸總督，詳悉妥議。越明年，直隸總督議奏：取贖旗地，百姓不苦於得價還地，實懼其奪田别佃。應令贖地之時，將見在佃户及見出租額造册備案。嗣後，無論何人承買，仍令原佃承種。至民閒有在旗地造房立墳者，只令丈明畝數，照例輸租，不許勒令遷移。又，贖回民田與八旗公産及入官地，不下數千萬畝，應詳察八旗閒散人内有正户正身居家勤儉者，令挈妻子下鄉耕種，按等分給。初種之年，官給牛種房舍之資。又覆議：耕種旗丁，仍令簡選當差。初下鄉屯種時，每户給房四閒，每閒折銀十兩，每名給牛具籽種銀百兩。如承買公産人等，有願令子弟耕種者，亦照此辦理。厥後復屢定典賣公産之禁。

十一年議定：取贖旗地以十年爲率，十年内給原價，十年外減原價十之一。以次按年遞減，至五十年以外，均以半價令原業主取贖。如原業主不願回贖，准各旗官兵照減價認買。是時，八旗公産有未經承買及存退餘絶地計六千四百餘頃，原議酌留千頃爲各案撥補之用，每年官收租息爲數既輕，吏胥遂有包攬浸漁之弊。議令履畝詳勘，量地肥瘠，編設莊頭。地美者，整莊照例給十八頃，半莊給地九頃，瘠薄者，量增。

十八年定：旗下奴僕及開户人典買旗地，限一年内自首，照民典旗地例，分年限減價，官爲歸贖。如原主不能贖，即交内務府作爲公産，賞給貧旗。嗣後，凡民典旗地，俱交該旗作爲公産，歸入此案，賞給貧旗，停止召買。

二十一年諭：八旗另記檔案及養子開户人等，出旗爲民，所有本身田産並許帶往。尋議：旗人契買民田並開墾地畝，係本身私業，准其帶往。至於老圈並典買八旗地畝，仍請動官帑歸贖。又以新滿洲當差人員停止撥地，照地給與租銀。按：嗣後於二十九年，户部奏：各旗遠年得地之新滿洲人等，亦令退地領租。

二十二年，直隸督臣清出候贖旗地一萬四千餘頃，户部因請先行發帑贖回，交八旗都統，照旗地旗租例收租歸帑。又以八旗存退餘絶地照例仍留一千頃撥補官用，餘俱安放莊頭。

二十三年諭：出旗爲民之漢軍，所有舊承種井田、屯田，俱令帶入民籍。

二十七年，户部議：八旗積存地畝，仍請分設莊頭。上以設莊不過三四千頃，所餘尚多，此等皆係老圈旗地，且發帑贖回者十居七八。著交内務府派員經理，俟原帑歸清後，即賞給八旗作爲恒業。其將來如何妥協辦理之處，著户部會同内務府八旗大臣悉心議奏。尋定以三千頃安設莊頭，餘俱賞給八旗。越明年，上以此項田産雖係旗人世業，而傭佃農民耕種日久改歸莊頭，未免失業，遂停分設莊頭之令。

三十六年定：留京當差之新滿洲官兵，以舊撥地畝有照地管業者，仍令自行收租。其退地領租者，仍照原定等次，減半折給。其折租地數，如留京一年内陞轉者，以陞銜計；一年外陞轉者，仍以原銜計。此後再有陞降，不另增減。其租屆期，户部於直省徵解旗租内動款交該旗散給。

四十四年諭：八旗贖回入官老圈地，節經更定，仍准官員兵丁分買。今計畝浩繁，其認買地畝，若離京在數百里外，必致紛紛告假取租，不惟徒費資斧，又啓民人勒掯之端。其地租未定能否全得，反將所得錢糧先行坐扣地價，於旗人生計全無裨益。不如仍令官爲取租解部，分給八旗，賞賚兵丁，交户部八旗均勻分給。

（清）嵇璜《清朝通志》卷九二《食貨略・屯田》　順治元年諭：凡州縣衛所無主荒地，給流民官兵分段屯種。

二年，差御史一員週行巡視，改衛軍爲屯丁。每衛設守備一員，兼管屯田。量設千總、百總，分理衛事。裁故明所設衛指揮、衛副指揮及屯田御史，而以各省巡撫兼理焉。時浙江所屬金鄉等衛有運無屯，杭、寧、温、台、嘉、湖、嚴、衢各衛所有屯帶運，金、處、紹等衛所無屯有運。向來漕船一隻，例派屯田一百五十一畝有奇。至十三年，定屯丁貼運例。其例：凡帶運衛所，照數分派，徵餘田之租，貼無屯衛所。至有屯無運衛所，願承運則照例給田，不願承運則計田徵租，貼無屯衛所。於是屯運始無偏病。

康熙初，投誠兵攜帶家口數倍正兵隨標者，月給餉糧，歲糜八十餘萬。御史蕭震疏：請分給荒地，官給牛種，使之屯田，以足軍儲。又言：蜀黔二省地多人少，宜興屯田之制。令駐一邑之兵即耕其邑之地，駐一鄉之兵即耕其鄉之地，則養兵之費既損而荒田日益加闢。從之。

十五年，令直省督撫檄州縣衛所各官，清釐民地屯地，以杜影射之弊。

雍正二年，以内地無漕運衛所隸歸有司，裁山東、山西、湖廣、江西、江南、浙江、廣東諸省都司。

三年，裁浙江杭州等衛屯千總。時吐魯番歸附，諭令遷入内地。又以安西涼州諸駐防兵屯墾未備，家食頗艱，令不願久住者另募民人頂换，擇宜苗地土分給屯墾。其新募人衆未省耕作，兵三名僱幫夫一名，俟資糧既裕，再移家口永遠駐防。

乾隆二年，新定貴州苗疆督臣張廣泗請將逆苗絶產，安設屯軍。上諭：經理苗疆，原以寧輯地方，並非利其田土，豈忍收其田畝以給内地人衆。不允所請。後經王大臣議請，令實在無人承認絶產賞給屯兵，擇形勝建築堡牆以資捍禦。又甘肅涼州府鎮番縣之柳林湖地，自雍正十二年招集民人屯墾，至是墾地二千三百餘頃。地既遼闊，屯户亦衆，乃設立屯長總甲。

四年，復募農民及官兵餘丁，承種安西口外。屯田所獲糧穀，官收四分，民收六分。餘地任隨開墾。

十二年，准提督拉布敦議：於口外八溝、塔子溝等處設兵屯田。八溝即今熱河之平泉州，塔子溝即今熱河之建昌縣，均於乾隆四十三年新建。

二十一年，募民屯種瓜州。瓜州即今甘肅安西州地。先是，吐魯番爲準噶爾所逼遷居内地瓜州，至是準噶爾平定，復移歸故土，遺成熟地畝二千四十餘頃。總督黄廷桂請招就近民人屯種，每户給田三十畝。

二十四年，陝甘總督楊應琚請每户加墾田三十畝，改屯陞科。

二十六年，應琚又言：安西府淵泉縣之柳溝、布隆吉爾，安西府今改爲安西州，淵泉縣裁。與玉門縣之靖遠、赤金等處，所招屯户生齒漸繁，歲收不足敷養。請於原種屯田外，擇可墾餘地，分給增墾。亦照瓜州例，改屯陞科。

二十七年，甘肅布政使吴紹詩又請於柳林湖屯田，亦照瓜州例，改屯陞科。

三十一年，計直省屯田三十九萬二千七百九十五頃。先是，乾隆十二年諭：各衛所屯田典賣民間者，聽備價歸贖。至四十年，湖南布政使覺羅敦福奏湖南五衛屯田有別伍頂買者，即與同伍無異，應編入原船，按糧承差，仍聽本軍歸贖。如民人頂買而或年遠造房築墓及軍逃地荒另行開墾者，免贖，照舊例貼費當差，其餘概令歸贖。未贖時，將現業按糧貼費以勷運務。並將原議民户典賣屯田編入軍籍之例，改正停止。湖南巡撫陳輝祖亦疏請清出武昌衛典賣屯田，加津贍運。部議：典賣屯田，未必盡係現運之丁，而執業者亦恐非起首承買之户，應加重津貼。從之。

（清）沈書城《則例便覽》卷一七《田宅・開墾荒地》 一、各省荒地，道府、州縣一年内開墾一千、百頃以上，紀録一次。三千、百頃以上，加一級。四千、百頃以上，加一級，紀録一次。六千、百頃以上，加二級。如墾地後有復荒者，將開墾之級紀削去。督撫、布政使罰俸一年。道府、州縣降一、三級，住俸。俱勒限一年，督令開墾，准其開復。限内不墾完者，督撫、布政使降一級，再罰俸一年。道府、州縣降二、三級調用。如前官墾過熟地，後官復荒者，督撫、布政使、道府、州縣亦照此例議處。加級、紀録俱准抵銷。倘有未經開墾，揑報已開，及隱匿熟地稱爲墾田者，州縣革職，道府降四級調用，督撫、布政使降二級，罰俸一年。加級、紀録、卓異，即陞俱不准抵銷。如不照定例年分起科，先期勒徵，或過期不徵，或私減地畝定額徵糧者，州縣革職，道府降三級調用，督撫、布政使降一級留任。如不照所限年分，預詳請徵，或勒民開墾，及以多報少以少報多，或先墾之地重報開墾，及荒熟不分晰明白，或應徵在民錢糧不查出者，州縣降一級調用，上司各罰俸一年。如丈量地畝遲延限期，及丈量之地不明白詳報，檄催又不申詳，併令其監丈，互相推諉者，州縣罰俸一年，該管官罰俸六個月。

一、開墾田畝徵糧全完，取結題報。若遲誤不隨奏銷錢糧具題者，照違限例議處。

（清）沈書城《則例便覽》卷一七《田宅·隱漏地畝》 一、現任文武官員，有頂帶閑散官併休致鄉宦，將熟地或新墾增地，隱一畝以上者，降四級調用。隱十畝以上者，革職。隱一頃以上者，革職治罪，准其折贖，永不敘用。進士、舉人、貢監生員隱一畝以上者，咨部斥革。隱十畝以上者，斥革治罪，准其折贖。隱一頃以上者，斥革治罪，准其折贖，永不敘用。所隱田地入官，所隱錢糧按年行追。州縣官、道員府州將所隱田地不行查出，不及二、五頃者，降四、二級調用。二、五頃以上，革職、降四級調用。督撫、布政使失察隱地不及十頃者，降一級留任。十頃以上，降二級留任，罰俸一年。先有查出隱地，併因墾地加級、紀録准抵，其餘級紀，不准抵銷。其地主已報而州縣不呈報司道府等官，或州縣已經呈報而司道府不詳明督撫，俱照隱地官員例處分。凡官員離任後，如有隱地被接任官查出，其陞遷、降調、休致、告病者，俱照現任官例處分。係革職官員，按地之多寡分別治罪。

（清）沈書城《則例便覽》卷一七《田宅·丈勘報墾地畝》 一、各直省督撫，凡有開墾册報，即另委隔屬賢員履畝丈勘，所墾與所報之數相符，取結送部。勸墾之員，准其議敘。倘丈勘不符，將原報墾官，照以多報少、以少報多例，降一級調用。如委員一時朦混，日後發覺，亦照此例降一級調用。至於山田或先可耕種後因水冲僅存石骨，併濱江濱河之田前經報墾，後因水浸或經坍塌者，於水田六年、旱田十年將届陞科之期，督撫按年委員覆查，果有坍塌更改之處，據實題豁。如有應行改正而互相徇隱者，俱照荒熟地畝不分晰明白例，降一級調用。陞科以後，山田水田或彼冲此長，彼漲此坍，以新長者補冲，以新漲者抵坍。實在冲塌者，即予開除。仍將每年開除抵補細數造册報部。如該地方官不實力奉行，亦照例降一級調用。督撫不題參，罰俸一年。

（清）沈書城《則例便覽》卷一七《田宅·撥補坍漲沙洲地畝》

一、沿河沙漲地畝坍漲，報官勘驗。如此屬淤漲之地，實係彼處坍塌之數，上下對岸顯有形跡可據者，即遴委能員，會同兩邑地方官勘驗，秉公撥補。如地方州縣官不查丈明確，以致坍少補多、坍多補少，舛錯不公者，照官吏不用心從實檢踏律議處。如通同作弊，杖一百，罷職不敘。如失於關防，十畝以下免罪，十畝以上至二十畝笞二十。每二十畝加一等，罪止杖八十。

（清）沈書城《則例便覽》卷一七《田宅·濫給開墾執照》 一、惡衿土棍借開墾名色，將有業户田產串通里甲地隣，朦官給照，地方官濫給者，降一級調用。

（清）沈書城《則例便覽》卷一七《田宅·勸首隱田》 一、州縣官勸首隱田，照勸墾之例，加畝頃一倍。如勸首二百、六百、八百、一千頃以上者，紀録一次、加一級、加一級紀録一次、加二級。如有借勸首名色滋事擾民，及謊報查出隱地累民多徵錢糧者，照捏報開墾例議處。

（清）沈書城《則例便覽》卷一七《田宅·回贖屯田》 一、軍丁回贖屯田，一年限内贖不及十分之二者，衛所官弁罰俸二年。回贖二分以上免議，三分以上照例議敘。倘有捏報回贖，衛所官弁不行查出，降一級調用。各該同知有清軍之責，一併照例議處議敘。

（清）沈書城《則例便覽》卷一七《田宅·飭退屯田》 一、屯田典賣與民，許備價回贖，由衛所移明州縣，飭令民人收價退田。倘地方官不即飭退，照承查遲延例，按違限月日議處。如該丁不即備價，混控退田，及捏報混冒者，將衛弁照例處分。各衙門書識人等有隱佔屯田情弊，該管官均照失察衙役犯贓例議處。

（清）沈書城《則例便覽》卷一七《田宅·徵解屯租津貼銀兩》

一、餘租津貼等銀，有惰徵拖欠者，將該州縣照不作十分之雜項錢糧未完例議處。

乾隆四十八年定例，江西、湖北二省應徵津貼餘租，著令該藩司照正項錢糧按年催解糧道濟運。如經徵各官竝不實力催徵，即照正項錢糧經徵不力分數之例分別議處。

（清）沈書城《則例便覽》卷一七《田宅·直隸營田州縣議敘議處》

一、直隸營田州縣，實力督課，三年著有成效，照水利營田府原議，准照卓異例，不論俸滿即陞。倘有怠忽因循，并將工本以完作欠、以欠作完等弊，即行叅處追賠。并飭各該道府廳州秉公查察，據實詳報。如有濫舉狥庇等情，照例議處。

（清）沈書城《則例便覽》卷一七《田宅・廣東墾種起科》 一、廣東省窮民，赴官報明入山搭寮居住，種麻種靛，山主經官驗准。其官山內除搭寮工作外，令民自行墾種。該督撫相地制宜，分別起科，年底將開墾畝數造册送部。若地方各官有以多報少，勒索情弊，照開墾荒地例議處。如文武各官漫不經心約束，以致窩藏奸宄，勾通匪類等弊，照溺職例革職。通詳之上司均免議。

（清）沈書城《則例便覽》卷一七《田宅・入川開墾》 一、入川開墾之民，原籍地方官給與印照，至川繳送該管地方官稽查。其久住川省、他省之人，欲往他、川省探親者，俱令禀明地方官，給照前往。回日，取所往地方官回文銷照。如無印照，借開墾探親名色混行出入者，許經過地方官查明驅逐。其沿途經過地方官役，或不能稽查，或得賄故縱，或借盤查名色需索貽累者，照例分別議處。該督撫及該管上司不行查叅，亦照例議處。

（清）沈書城《則例便覽》卷一七《田宅・撥地錯誤》 一、官員撥補地畝，不詳查部文原定款項，錯誤撥取，或原定款項有不便撥給情由，不預先詳明，擅與改撥者，俱罰俸一年。若狥情改撥者，將差委部員降三級，隨旗行走。

（清）沈書城《則例便覽》卷一七《田宅・失察旗地私行典賣》

一、八旗地畝，如有私行典賣者，地方官照失於查察例，罰俸一年。若長租與民，至三年以外，以至十餘年者，減一等，罰俸九個月。

（清）沈書城《則例便覽》卷一七《田宅・旗人違禁外省置産》

一、八旗人員置買産業於各省者，令據實首報，各督撫勒限變價回旗。如隱匿不首，及首報不實，照侵占田宅律治罪，所置財産入官。地方官扶同狥隱，降二級調用。未經查出之知府，降一級留任，督撫司道罰俸六個月。至查禁以後，仍有違禁於各省置産，此係雍正十二年例，奉到定例以後，有置買産業者，即係違禁。私相授受，或托民人出名詭名寄户等事，田産入官，照例治罪。失察之地方官，罰俸一年。

（清）沈書城《則例便覽》卷一七《田宅・旗人置買房地納税給照》續纂。一、凡旗員及閑散家人奴僕等置買房地，令呈明該管佐領，在左右兩翼監督衙門納税。如有在大宛二縣投税，請領契尾。該縣私准納税者，均照違制論。該旗官員及該縣俱交部議處，閑散家奴鞭責發落，仍令在監督衙門補税換照。

（清）沈書城《則例便覽》卷一七《田宅・隱匿入官田産》 一、官員凡入官田産隱匿不舉者，革職。未經查出之知府，降一級調用。司道、巡撫罰俸一年、六個月。其令人居住耕種不納租銀者，州縣官降一級調用。該管官罰俸一年。如估價短少，或不候估價部文即賣者，俱罰俸一年，該管官罰俸六個月。

（清）沈書城《則例便覽》卷一七《田宅・田房契價千兩以上申送道府查驗》 一、田房契價在千兩以上者，將契尾粘連原契，按月申送府州查驗。直隸州申送道員查驗，定限十日發還。如州縣不按月申送查驗，及道府、直隸州逾限不行給還，至十日、二十日以上者，罰俸六個月、一年。一月以上者，降一級留任。或道府、直隸州已按期給發，該州縣不即給還業户收執，亦照此例議處。仍令道府、直隸州及該州縣，於契尾上註明呈驗并各給發月日備查，至道府、直隸州查驗不力，仍有私改侵那之處，照州縣侵收契税，道府、直隸州分別狥隱、失察例議處。

（清）沈書城《則例便覽》卷一七《田宅・私置板棍擅責佃户》

一、紳衿私置板棍，擅責佃户，及將佃户婦女佔爲婢妾，地方官失覺察者，照失於查察例，罰俸一年。已經發覺，不行查究，照狥庇例，降三級調用。該管上司不行查出，照不行詳查例，罰俸六個月。如有受財故縱情弊，題叅革職，審擬治罪。

（清）沈書城《則例便覽》卷一七《田宅・清查入官田房什物》

一、虧空貪贓官吏變産追賠，如有官吏侵漁需索，照律治罪。該管上司故爲狥庇，降三級調用。

一、入官田房産業，該管官縱容原主踞佔影射者，革職，各上司降三級調用。如經管胥役佔住侵租，該管官毫無覺察，照縱役婪贓例革職。

一、變價一應什物，俱交與該管官，勒限六個月變賣。如逾限未變，罰俸六個月。二限以後不完，每限罰俸一年。至僻小州縣一千兩以上之産，或無有力之家，及雖係大邑而田房價值至數千兩以上，一時不能即售者，令該督撫酌量定限一年，或分作二年完解。其定限二年者，如有售主先交價銀一半，即令管業。其餘銀兩於次年交清，給與印照。該管官詳明上司，咨部存案。所收銀兩分年解交藩庫，出具庫收送部。如一年限內完解不及該年分數，將地方官罰俸六個月。二年以後不完，每年罰俸一年。限內全完，一千兩一案者，准其紀録一次，以次遞加。

（清）沈書城《則例便覽》卷一七《田宅・苛索多收税羨》　一、各省市集落地税，在城内者，照舊徵收，不許額外需索。在鄉鎮村落者，全行禁革，不得假借名色巧取一文。至民間置買産業，亦不得苛索擾累，多收契羨。如有前項情弊，將違禁多取之員革職治罪。上司不題參，照不揭報劣員例議處。

（清）沈書城《則例便覽》卷一七《田宅・失察屬員侵收契税》

一、州縣、直隸州有侵收契税情弊，將該管府州、道員一併查參。如係狥隱，降三級調用，止於失察，降一級留任。

（清）佚名《治浙成規》卷一《開墾田地嚴禁滋擾四款》　一、新墾荒地給照永爲世業，無許將墾户勒充佃户，及混罰充公。

一、每年奏銷之前，如有新墾，准其陞科，毋庸通省行查勒報取結。

一、新墾之田照例陞科，無許吏胥以隱墾擾民。

一、旱田改作水田，照例陞科，嚴禁以欺隱滋擾。

浙江等處承宣布政使司詳爲申明定例，以廣皇仁憲德，以安農民生計事。竊照聖主念切民依，於墾荒陞科事宜屢頒恩旨，兼蒙俞允部院條奏，法良意美，無微不至。祇因定例年久，案牘殘缺，難免吏胥潛滋弊竇。凡農民盡力田間墾荒成熟者，該州縣等自應詳報陞科，乃並不爲之照例妥辦，非坐以欺隱，即罰充入官，或將墾荒農民勒充佃户，或將定例故違，查丈吹求，以致鄉農畏累，莫敢措手，雖遇有荒土，亦聽其拋棄。此皆州縣書吏有以害之也。歷經本司具詳，俱蒙憲臺隨時批允在案。但因案非通行，恐各屬未盡周知，難免吏胥匿卷滋弊，仍煩案牘。本司謹再分條具詳，仰請憲臺批示通飭，俾各屬有所遵循，實爲恩便。

一、新墾荒地，應請給照永爲世業，無許將墾户勒充佃户，及混罰充公也。查雍正十二年九月，廣東巡撫楊永斌奏稱，民間願墾者衆，而逡巡故卻，因民間惡習，見有承墾者力耕播種以後，即揑稱祖業起而争訟，不奪不止。是承墾之民未享其利，先受其害，孰肯徒費工本。請酌擬新墾之例，等因。經部覆内稱，查雍正元年十月經臣部議覆，如有未墾荒地，勸民開墾，官給執照。欽奉上諭：水田仍以六年，旱田以十年，遵照起科，等因。題覆在案。應請嗣後將現在久荒之地，除有古塚周圍地面四丈不得開墾外，其餘俱任民間願墾者開明界址、土名呈報，地方官親赴勘查。如果有業户，即著墾熟起科。如並無原業，地方官查勘明確，即取具里甲地鄰甘結，先給執照，准其管業，照例起科。但承墾之初，若不定以限期，先行曉諭，仍恐業户居住遠僻，無從周知。應令嗣後凡遇開墾，先行開明土名界址，出示曉諭，定限五個月之内，許業户自行呈明。如逾限並無業户呈報，即給執照，令其承墾管業。俟命下通行各省，等因。奉旨：依議。欽遵各在案。乃景寧縣之油田寺等處廢田，係久荒之産，經農民墾成之後，乃該縣故令黄鈺勒令墾户充當佃户，大爲民累。業經本司詳蒙憲允，遵照定例辦理在案。又黄巖縣瑞巖寺僧田罰充書院，現在駁令遵例辦理。凡無業荒田，例得給照，開墾陞科，永爲世業。乃州縣官聽信書吏慫恿，往往將墾户作爲佃户，勒加租穀，或混罰充公，以致農民畏葸不敢開墾，深爲民累。應請嗣後凡有開墾者，悉照定例陞科。如有將墾户作爲佃户勒收租穀及混罰充公者，即行官參吏處，以示懲儆。

一、每年奏銷之前，如有新墾，准其陞科，毋庸通省行查，勒報取結也。伏查雍正十三年十月初十日奉上諭：各直省勸令開闢荒地以廣種作，俾無曠土，原屬法良意美。然必毫無粉飾，方於民生有益。乃地方有司欲以陞科迎合上司之意，不過將錢糧飛洒，非徒無益而并貽害於百姓。等因。欽遵在案。又雍正十三年十月十八日，由内閣抄出大學士朱軾具奏，田地之丈量首報宜停止也。我國家重熙累洽，生齒日繁，通都巨邑無一隙未耕之土。蓋小民身家衣食之資，皆於是出，斷無任其荒蕪者。其僻遠州縣間有未盡耕種之處，緣山田磽确，旋墾旋荒。又或江岸沙塗東坍西漲，變易無定，是以荒者未盡開墾，而墾者未即報陞，職此故也。至已熟之田，有糧額甚輕者，亦田土磽瘠，數畝不敵腴田一畝，即古者一易再易三易，非欺隱田糧者比也。嗣後若實有可開之荒土，勸民陸續耕種，照例陞科。等因。具奏。經總理事務和碩莊親王等議奏内稱，臣等看得丈量田地一事，地方官奉行不善，瑣屑紛擾，爲自私自利地步。荷蒙世宗憲皇帝洞燭情弊，屢降諭旨，嚴行訓飭，不令舉行，而現在各省已蒙飭令停止，今大學士朱軾所奏，殊屬剴切，應如所請。祈敕下各省督撫，將丈量一事永行停止。若該地方實有可墾之荒地，勸民陸續耕種，照例題報陞科，等因。於雍正十三年十月十六日奉御批：依議速行。欽此。欽遵亦在案。是丈量一事，久奉嚴禁。如有續行墾出者，自應聽其報陞。乃司署舊案內於奏銷之前，或有具稿行查取結，以致通省州縣書役得以乘機舞弊，闔縣票查擾累地方，莫此爲甚。如雲和、長興、安吉等州縣率請違例通縣丈量，假公濟私，得以年年需索，飽其慾壑。無能之牧令，爲書吏所愚，而不自知，實屬溺職。業經本司遵例駁飭在案。應請嗣後奏銷之前，有新陞之地，照例隨時具詳辦理。如無新陞之地，不得令各府州縣違例取結，滋擾地方，致干官參吏處。

一、新墾之田應請照例陞科，無許吏胥以隱墾擾民也。查乾隆五年七月二十六日內閣奉上諭：從來野無曠土，則民食益裕。即使地屬畸零，亦物產所資。民間多闢尺寸之地，即多收升斗之儲。乃往往任其閒曠，不肯致力者，或因報墾則必陞科，或因承種而滋爭訟，以致愚民畏縮不前。朕思各省生齒日繁，地不加廣，窮民資生無策，亦當籌畫變通之計。向聞邊省山多田少之區，其山頭地角閒土尚多，聽其閒棄殊爲可惜。用是特降諭旨，嗣後悉聽該地民夷墾種，免其陞科。俾民有鼓舞之心，而野無荒蕪之壤。其在何等以上，仍應照例陞科，何等以下，永免陞科之處，各省督撫悉心定議具奏。務令民沾實惠，吏鮮阻擾，以副朕子惠元元至意，欽此。嗣經浙省定議，開闢山頭地角不成坵段之荒地，准其永免陞科。其開墾地畝或腴或瘠，已成片段至三畝以上者，照水田六年、旱田十年之例起科。各按年限陞科，照例題報，等因。於乾隆六年五月初二日奉旨：依議。欽此。近據常山縣詳報燈盞坑一案，或係田邊日漸墾闊，或係新墾不及三畝，俱例得免罪。乃該縣違例議擬，業經本司遵例議詳，俱蒙憲臺批允，照例辦理在案，但常山之案未經通行。伏查山頭地角三畝以下，例不陞科，亦不治罪。偶有民間自願完糧，俾得領照永爲世守者，亦聽其便。祇以吏胥勒措難堪，未即呈報陞科，並非有心欺隱。嗣後應聽民自便，總不得以欺隱嚇詐，致干官參吏處。

一、旱田改作水田，應請照例陞科，嚴禁吏胥以欺隱滋擾也。查乾隆五年欽奉上諭：河南巡撫雅爾圖奏稱，豫省地土原有水田、旱田二項，而在旱田之中可改水田者尚多，祇以旱田賦輕，水田賦重，必須題請加賦。小民既費工本，又增糧額，是以因循觀望，等語。朕思水田收穫倍於旱田，若可改種，則易瘠土而爲沃壤，於民間自有裨益。至加增漕科，則爲數無幾，且此係現在輸糧之田畝，非新陞隱匿者可比。嗣後有情願將旱田改作水田者，悉從其便，錢糧仍照原定科則徵收，免其呈報有司改則加賦。但各州縣地形不同，土性迥別，其不便改種者，地方官不得勉強抑勒，以致功難成而事滋擾。可傳諭雅爾圖，令其妥協辦理，以副朕體恤閭閻至意。欽此。查旱田改作水田，例無欺隱治罪之條，乃有民間將旱田改作水田，州縣吏胥輒以欺隱圖詐，致使民生難安。應請嗣後民間將旱田改作水田，有情願照水田改則陞科者，仍應准其改照水田科則詳辦。因浙省久經如此辦理在案，但胥役人等不得以旱田改作水田，輒以欺隱勒詐，以致農民無所措手。

以上四條皆案牘中常有之事，雖經本司詳蒙憲臺隨時批飭駁正，但未經通行，恐各屬未能周知，或致歧誤。自此敘明定例具詳通飭之後，如再有州縣惑於書吏違例擾民者，即行詳揭請參，以除蠹弊。是否允協，理合具詳，伏候憲臺察核批示，以便轉行遵照。除詳撫督憲外，爲此備由呈乞，照詳施行。

乾隆三十八年十月初八日通詳，於十月十五日奉兵部侍郎巡撫浙江部院世管佐領三批，如詳通飭遵照。仍候督部堂批示録報，繳。又於十一月初十日奉宮保尚書閩浙總督部堂世襲一等輕車都尉鍾批，所議切中情弊，仰即通飭遵照，實力妥辦。如再違例擾民，即行詳揭請參。仍候撫部院批示，繳。

（清）佚名《治浙成規》卷三《開墾田地禁收試徵銀米》 浙江等處承宣布政使司爲大蠹弊重等事。嘉慶九年八月初六日奉巡撫部院院批，本司呈詳臨海縣民吳成悌控縣書趙啓耀私徵一案。據台州府提訊吳成悌完納銀米之後，該書趙啓耀即列入試徵款下。訊非私徵侵蝕情事，應如所議完結。至民間開墾田地，於未經入額以前，各州縣間有先收試徵銀米之處。雖屬相沿舊習，究非例應徵解之款。應請一律通行飭禁，以杜浮徵滋訟。詳候核示，等緣由。奉批，如詳飭遵繳書册存等因。奉此，合亟通行飭禁。爲此，仰府官吏文到，立即轉行各州縣遵照。嗣後凡民間開墾田地赴縣呈報後，即飭令入額啓徵。所有試徵銀米，一律飭禁，毋任玩違，致干參咎不貸。凛之，切切。

《兵部處分則例》八旗卷一三《承催・承變入官田宅》　一、將應變之田房產業估價一千兩以内者，限六個月内變完。限内不完者，承辦官罰俸六個月。公罪。再限六個月仍不完者，承辦官罰俸一年。公罪。至一千兩及數千兩以上，一時不能即售者，令該管將軍、都統、副都統等，酌量分作一年或二年完解，仍先將分年完解之處報部存案。如限内完不及所分之數者，將承辦官員查參，罰俸六個月。公罪。一年不完者，罰俸一年。公罪。二年以後不完，每一年罰俸一年。公罪。限内全完一千兩一案者，紀録一次，以次遞加。

《兵部處分則例》八旗卷一三《承催・估報田產不實》　一、拖欠錢糧之人，將田產入官抵項，承查之佐領、驍騎校估價短少，或不候估價部文即賣者，俱罰俸一年。私罪。參領、副參領失察，罰俸六個月。公罪。如估價浮多及開造數目不實者，佐領、驍騎校降一級調用。私罪。參領、副參領失察，罰俸一年。公罪。都統、副都統罰俸六個月。公罪。其報抵之人，將田產數目開報不實者，係官，降一級調用，私罪。無職人鞭八十。私罪。如本人照原典買之價報抵，或有不敷者，令承查之員再行確估，其報抵之人免議。

《兵部處分則例》八旗卷一三《承催・隱匿入官田產》　一、拖欠錢糧之人田產已報入官，佐領、驍騎校隱匿不舉者，革職。私罪。侵蝕入己者，交刑部治罪。失於查出之參領、副參領，降一級調用，公罪。都統、副都統罰俸六個月。公罪。其合人居住耕種不納租銀者，佐領、驍騎校降一級調用。私罪。失察之參領、副參領罰俸一年。公罪。如應入官田產，本家未經交官，佐領、驍騎校通同隱匿者，革職。私罪。侵蝕入己者，交刑部治罪。失察者，佐領、驍騎校降一級調用，公罪。參領、副參領罰俸一年，公罪。都統、副都統罰俸三個月。公罪。

《兵部處分則例》八旗卷一五《田宅・丈量地畝》　一、内外旗員奉委丈量地畝，如有遲延，不將丈量之地明白造册詳報，將遲延之員並不行飭催之上司，俱照事件遲延例議處。例見限期門。其奉委監丈地畝，有互相推諉，不即丈量，以致遲延者，除將該員照事件遲延例議處外，因其推諉再罰俸一年。私罪。

《兵部處分則例》八旗卷一五《田宅・私開地畝》　一、外省旗地，如有旗民人等私行開墾，該旗界官於本年未經查出呈報者，罰俸一年。公罪。一年以上未經查出呈報者，罰俸二年。公罪。三年以上未經查出呈報者，降一級留任。公罪。五年以上未經查出呈報者，降一級調用。公罪。接任官即以接任之日起，按年扣算，照此例議處。如接任官自行查出呈報者，將前官議處，接任官免議。

《兵部處分則例》八旗卷一五《田宅・蒙古容留民人種地》　一、察哈爾八旗地畝，除經户部、理藩院議准民人居住耕種之案，仍照各案議覆事例遵行外，其未經報部准行，私募民人耕種容留居住及越界多墾者，概行禁止。違者，係官，降三級調用。私罪。無職人鞭八十。私罪。該總管等及該管官查出報明部旗者，免議。若失於覺察，將該管官降一級調用。公罪。總管罰俸一年。公罪。倘通同徇隱，別經發覺，將該總管及該管官俱降二級調用。私罪。

《兵部處分則例》八旗卷一五《田宅・典買旗地》　一、贖回民典旗地，或贖或買，照認買公產之例，五年扣交地價。如未扣完，不許轉售。俟地價扣完，許其照例典賣，不許典賣與民人。違者，業主、售主俱交部治罪，地畝、價銀一併追出入官。失察之佐領並該管旗界各員，均罰俸一年，公罪。兼轄官罰俸六個月。公罪。其失察旗人領種地畝私佃民人者，亦照此例議處。

一、官員擅買所部民地者，罰俸三個月。私罪。

一、旗人盜典官地，失察之該管官及旗界官，均降一級留任，公罪。兼轄官罰俸九個月。公罪。

《兵部處分則例》八旗卷一五《田宅・旗人置買房地在翼納税》

一、八旗官員及閒散家奴人等置買房地，概令呈明該管佐領，按旗分在於左右兩翼監督衙門納税過契。如有隱匿旗籍，私向大興、宛平二縣納税，請領契尾者，以違制論。係官，革職。私罪。如係閒散家奴，俱鞭責發落。仍勒令補税換照，並令步軍統領衙門會同順天府尹，不時稽查，察出立即參究。

《兵部處分則例》八旗卷一五《田宅・隱匿地畝》　一、内外旗員將應納錢糧地土私自隱匿，一畝至九畝，降四級調用。私罪。十畝以上，革職。私罪。一頃以上，革職，私罪。杖一百折贖，永不叙用。所隱地畝俱入官，錢糧按年追徵。如自行出首，不拘年限，俱免其處分。自出首之年徵收錢糧，該管官俱免其議處。

《兵部處分則例》八旗卷一五《田宅・禁止長租旗地》　一、旗人將地畝租給民人佃種者，不得過三年。違者，業主及租户俱交刑部治罪。失於查出之該管佐領、驍騎校，俱罰俸六個月。公罪。叅領、副叅領罰俸三個月。公罪。領催照驍騎校處分，折鞭責。

《兵部處分則例》八旗卷一五《田宅・絶户地畝》　一、八旗官兵閒散人等，報出絶户地畝，留給族人親女。若無族人親女，只有親姊親妹及外甥外孫，亦將報出之地畝七分入官，三分留作祭田。如無此等親眷，即撥與家人二名。其地不足三十畝者，全行留作祭田。如報出之地雖多，所留之數亦不得過三十畝。其雖有地畝，並無家人，亦照留給家人地畝之數，交該佐領下可託之人，將每年收取地租代爲祭掃。有將此項地畝私行典賣者，或被查出，或被他人揭告，除將典賣之人從重治罪外，仍將失察之該佐領、驍騎校罰俸一年，公罪。叅領、副叅領罰俸六個月。公罪。地畝另撥人辦理。承管之人如有病故及派出遠差者，該佐領報明該管大臣，另行撥人，仍報户部註册。

《兵部處分則例》八旗卷一五《田宅・隱占房地》　一、分給佐領下人等房産地土，佐領、驍騎校隱占，不即分給，私賃與人取租者，革職。私罪。如驍騎校隱占，佐領失察者，將佐領罰俸一年。公罪。佐領隱占，驍騎校不能查出者，將驍騎校罰俸一年。公罪。

一、佐領、驍騎校等止買壯丁，捏稱并買田産造入檔内者，革職。私罪。

《兵部處分則例》八旗卷一五《田宅・多領房地》　一、佐領、驍騎校謊開人名，多領官房官地，未入己者，降一級調用。私罪。若將房地冒領入己及租賃轉賣與人者，革職治罪，私罪。仍追租價并房地入官。未能查出之叅領、副叅領罰俸一年，公罪。都統、副都統罰俸六個月。公罪。如佐領下人多領、冒領房地，失於詳察者，佐領、驍騎校罰俸一年，公罪。叅領、副叅領罰俸六個月，公罪。都統、副都統罰俸兩個月。公罪。

《兵部處分則例》八旗卷一六《田宅・賞住官房不得私行租典》

一、京城蓋造官房，交八旗大臣查明實無住址之兵丁，賞給居住，造册，交查旗御史稽察。如有因罪革退者，將房撤出，另賞別人。若陞遷及另置房屋不願居住者，聽其自便。值年旗將八旗滿洲、蒙古、漢軍都統、副都統職名開單奏請，每旗各派大臣一員，令其管轄。倘有私行租典與人者，從重治罪。失察之該管佐領、驍騎校罰俸一年。公罪。領催照驍騎校處分折鞭責，叅領等罰俸六個月。公罪。管轄大臣及步軍統領，均罰俸三個月。公罪。該旗大臣及查旗御史，仍將官房並無私行租典倒壞之處，公同出結，送值年旗，於歲底彙奏。

《兵部處分則例》緑營卷一八《田宅・伊犂等處兵丁遣犯屯田收穫多寡官員賞罰》　一、伊犂塔爾巴哈、台烏什古城、吉布庫並哈密所屬蔡把什湖、牛毛湖屯田兵丁，每名收穫細糧至十八石。烏嚕木齊、庫爾喀喇、烏蘇精河、哈喇沙爾、巴里坤屯田兵丁，每名收穫細糧至十五石。哈密所屬塔爾納沁一屯，收穫細糧至十四石以上者，專管千總、把總、外委加一級，兼管官紀録二次，統轄官紀録一次，兵丁賞給一月鹽菜銀兩。如伊犂等處收穫細糧至二十八石，烏嚕木齊等處收穫細糧至二十五石，塔爾納沁收穫細糧至二十四石者，加倍議叙。專管千總、把總、外委加二級，兼管官加一級，統轄官紀録二次，兵丁賞給兩月鹽菜銀兩。塔爾納沁應給鹽菜銀兩者，即給一月口糧。

一、伊犂塔爾巴哈、台烏什古城、吉布庫並哈密所屬蔡巴什湖、牛毛湖屯田兵丁，收穫細糧至十五石，烏嚕木齊、庫爾喀喇、烏蘇精河、哈喇沙爾、巴里坤並塔爾納沁一屯，收穫細糧至十二石者，均功過相抵，毋庸置議。如伊犂等處收穫細糧不及十五石，烏魯木齊等處並塔爾納沁一屯收穫細糧不及十二石者，專管官降一級留任，公罪。外委官革去頂帶，公罪。兵丁量加責處，仍留屯所，兼管官罰俸一年，公罪。統轄官罰俸六個月。公罪。以上降革、留任、罰俸各處分，仍視其次年收穫分數定議。如收穫之數例應議叙者，准其開復，不准叙賞。其收穫之數例應加倍議叙者，准其開復之外，仍照尋常收穫之例議叙。若次年收穫糧石僅止功過相抵，毋庸置議。上年降革留任處分，該員等任内有軍功及屯田議叙所得加級、紀録抵銷者，由該將軍都統等聲明報部，准其題明抵銷完結。如無軍功及屯田議叙加級、紀録可抵者，雖有别項加級、紀録，不准議抵。由該將軍都統等計滿年限，報部題請開復。其上年罰俸處分，如無軍功及屯田議叙紀録抵銷者，即行實罰。如次年收穫糧石復不及十五石、十二石之數，專管官降一級調用，公罪。外委官革退，公罪。兵丁重責，兼管官降一級留任，公罪。統轄官罰俸一年。公罪。至伊犂等處屯田兵丁收穫不及十三石，烏嚕木齊等處並塔爾納沁一屯屯田兵丁收穫不及十石者，專管千總、把總、外委方行責革，公罪。目兵重責，兼管官降一級調用，公罪。統轄官降一級留任。公罪。

一、新疆屯田遣犯，除巴里坤、哈密二處，俱與該處兵丁一例交糧。其勸懲之處，應照屯田兵丁之例辦理外，至伊犂屯田遣犯每名收穫細糧九石，烏嚕木齊遣犯每名收穫細糧六石六斗者，遣犯每名日給白麪半斤，該管各官照屯田兵丁收穫糧石之例減半分别議叙，專管千總、把總、外委紀録二次，兼管官紀録一次。伊犂屯田遣犯收穫十二石，烏嚕木齊遣犯收穫十石者，遣犯每名日給白麪一斤，該管各官照屯田兵丁收穫之例分别議叙，專管千總、把總、外委加一級，兼管官紀録二次，統轄官紀録一次。若伊犂遣犯每名收穫六石以上，烏嚕木齊遣犯每名收穫四石以上者，准其功過相抵。如不及數，遣犯重責，千總、把總、外委罰俸一年，公罪。兼管官罰俸六個月，公罪。統轄官罰俸三個月。公罪。以上罰俸處分，仍視其次年收穫分數定議。如次年收穫之數例應議叙者，准其開復，不准叙賞。其收穫之數例應加倍議叙者，准其開復之外仍照尋常收穫之例議叙。如次年收穫之數僅止功過相抵，毋庸置議。上年罰俸處分，如有軍功及屯田議叙所得紀録抵銷者，由該將軍、都統等聲明報部，准其題明抵銷完結。如無軍功及屯田議叙紀録可抵者，雖有别項紀録，不准議抵。若次年收穫糧石復不及六石、四石之數，專管官降一級留任，公罪。外委官革去頂帶，公罪。兼轄官罰俸一年，公罪。統轄官罰俸六個月。公罪。

《兵部處分則例》緑營卷一八《田宅·科布多屯田官員收穫多寡議叙議處》 一、科布多屯田官員兵丁，收穫糧石在八分以上者，專管官加一級，兼轄官紀録二次，統轄官紀録一次。如收穫糧石不及五分者，專管官降二級留任，公罪。兼轄官罰俸一年，公罪。統轄官罰俸六個月。公罪。其應議抵銷之處，亦照伊犂屯田議處抵銷之例辦理。

《兵部處分則例》緑營卷一八《田宅·烏嚕木齊種地為民人犯限内完糧議叙》 一、烏嚕木齊種地爲民人犯應交糧石，如於每年十月内催促完交者，該管之千總、把總，照屯田多穫糧石之例，加一級。如至年底催完，毋庸置議。若年内不能催完，照不及分數之例，降一級留任。公罪。

《兵部處分則例》緑營卷一八《田宅·回贖屯田》 一、凡軍丁回贖屯田，一年限内贖不及十分之二者，將衛所官弁罰俸二年。公罪。回贖二分以上者，免議。回贖三分以上者，將衛所官弁紀録一次。倘有捏報回贖，衛所官弁未經查出者，降一級調用。公罪。各該同知有清軍之責者，其回贖屯田議叙及失察捏報回贖議處，均移咨吏部，照例辦理。

《兵部處分則例》緑營卷一八《田宅·開墾荒地》 一、衛所各官，一年内勸民開墾荒地五十頃以上者，紀録一次；一百頃以上者，加一級；一百五十頃以上者，加一級，紀録一次；二百頃以上者，加二級。統俟水田六年起科，旱田十年起科，時該總督巡撫取具印結，題請議叙。如有未經開墾，捏報開墾者，衛所官革職。私罪。若開墾後有復荒者，將開墾加級紀録銷去。其開墾荒地不照水田六年起科、旱田十年起科之例，或先期勒徵，或過期不徵，或私減地畝定額錢糧者，衛所官均革職。私罪。若勒民開墾，或將新墾地畝以多報少、以少報多，或將舊墾地畝後又重復捏報開墾，衛所官各降一級調用。私罪。如有荒熟地畝未能分晰明白造報者，亦降一級調用。公罪。將應徵在屯錢糧遺漏，失於查出者，衛所官降一級留任。公罪。

《兵部處分則例》緑營卷一八《田宅·丈量地畝》 一、衛所官奉委丈量地畝，如有遲延，不將丈量之地明白造册詳報，將遲延之員，照事件遲延例議處。例見限期門。其奉委監丈地畝，有互相推諉，不即丈量，以致遲延者，除將該員照事件遲延例議處外，因其推諉再罰俸一年。私罪。

《兵部處分則例》緑營卷一八《田宅·隱匿地畝》 一、衛所地方有武職官員隱匿熟地或新墾地，一畝至九畝，降四級調用；私罪。十畝以上，革職；私罪。一頃以上，革職，私罪。杖一百折贖，永不叙用。武進士、武舉、武生隱地一畝至九畝，黜革；私罪。十畝以上，黜革，私罪。杖一百折贖；一頃以上，黜革，私罪。杖一百折贖，永不叙用。以上隱匿地畝俱入官，錢糧按年追徵。如自行出首，不拘年限，俱免其處分，自出首之年徵收錢糧，該管官亦俱免其處分。

一、衛所官失察隱地至五十畝者，降一級留任；公罪。一頃者，降一級調用；公罪。二頃者，降二級調用；公罪。二頃以上者，降三級調用。公罪。如始初失察，後經自行查出申報者，不拘年限，免其處分。如衛所官離任後，被接任官查出隱地，無論陞遷、降調、休致、告病，俱照現任官處分。其革職衛所官被接任官查出隱地，如有欺隱田糧，仍行治罪。若實係失察，免其議處。

《兵部處分則例》緑營卷一八《田宅・勘報災荒》 一、衛所田地被災，夏災不出六月底，秋災不出九月底，衛所官先將被災情形詳報，該總督巡撫具題。若遲報，逾限半月以内者，罰俸六個月；公罪。一月以内者，罰俸一年；公罪。逾限一月以外者，降一級調用；公罪。逾限二月以外者，降二級調用；公罪。逾限三月以外者，革職。公罪。其被災分數於題報情形之後，衛所官限四十日内查明，造册詳報。如不依限造册詳報，亦照被災逾限例議處。其距省遥遠地方，詳報被災情形及被災分數，俱准扣除程途日期，於文内聲明。如詳報到省在限内，而扣算程途日期尚未逾限者，免其揭參。若到省在限外，而查算應扣之程途亦已逾限者，仍按遲延月日議處。該總督巡撫於題報□内，將該衛所官已未違限程途月日分晰聲明，以憑覈議。

一、凡遇災荒之年，衛所官並不詳報，及將成災報作不成災者，均革職，私罪。永不叙用。其不實心確勘，少報分數者，革職。私罪。如並無被災，妄報饑荒，查有揑詞冒賑侵盜入己者，革職提問。私罪。止係查報失實，罰俸一年。公罪。如止報巡撫不報總督，及報災之時未出具印結，册内不分晰明白者，俱罰俸六個月。公罪。

《兵部處分則例》緑營卷一八《田宅・被災蠲免》 一、衛所田地被災奉蠲錢糧，有已徵在官不留抵次年錢糧，有未徵在官不與扣除蠲免，一概混徵，以圖侵蝕。或於總督巡撫具題之時，先行停徵十分之三，及部覆之後，題定蠲免分數，故將告示遲延不即通行曉諭者，或稱止蠲起運不蠲存留，使小民僅沾其半；或將賑濟災民及蠲免錢糧藉名肥己者，衛所官俱革職題問。私罪。若將蠲免銀兩增多減少，造入册内者，衛所官降二級調用。私罪。或被災之處未經題免之先，誤報册内填入蠲免者，衛所官罰俸一年。公罪。

《兵部處分則例》緑營卷一八《營員稽察搭寮民人》 一、廣東民人入山搭寮耕種食力，該營汛官弁每月撥出兵丁，於所屬山谷巡查一次。遇有未經報官搭寮住宿之人，即送有司審究。如巡查不力，以致該地方窩藏奸匪者，革職留任。公罪。若縱容窩藏者，革職。私罪。至受賄縱容，以致窩藏奸匪，革職提問。私罪。兼轄、統轄官，如屬員巡查不力，失察未經申報者，降一級留任。公罪。如屬員縱容及受賄，兼轄、統轄官失察未經申報者，降二級留任。公罪。至兼轄、統轄官明知徇庇者，降三級調用。私罪。上司自行查出揭報者，免議。

《兵部處分則例》緑營卷一八《田宅・貴州屯户私行典賣屯田》

一、貴州苗疆屯軍人等，將官給屯田私自典賣與人，該衛千總失於覺察者，每一畝罰俸一年。公罪。

《兵部處分則例》緑營卷一八《田宅・貴州屯户越界耕種》 一、貴州苗疆屯户人等越界侵佔苗人田土山場，並砍伐竹木，該衛千總失於覺察者，降一級留任。公罪。如徇縱隱匿不報者，降三級調用。私罪。

（清）王慶雲《石渠餘紀》卷四《紀屯田》 前明衛所之設，以屯養軍，以軍隸衛，唐府兵遺法也。自軍政廢弛，始募民爲兵。於是屯軍專職漕運，無漕之軍，受役不得休息，屯户始大困矣。國初因明之舊，衛所屯田，給軍分佃，罷其雜徭。尋裁指揮，設守備，改衛軍爲屯丁，令無運屯田，同民田一體起科。順治十三年，令浙江各衛有屯無運與無屯有運者，均徵撥貼，而屯困稍蘇。雍正二年，從廷臣請，以内地屯衛悉歸并州縣管轄，裁都司以下官，惟帶運之屯，與邊衛無州縣可歸者，仍舊。初屯丁賣産，有司利其税入，給契令得賣買，既而禁之。屯丁貧不能贖，民間執業已久，於是有加津貼運之令。自國初以來，屢減免各省重額屯糧與其耗羨，而屯田之利病，實與漕運相終始云。若夫墾荒興屯之令，定於世祖入關之始。康熙五年，御史蕭震疏請黔、蜀屯田，略曰：國用不敷之故，由於養兵，以歲費言之，兵餉居其八；以兵餉言之，緑旗又居其八。今黔、蜀地多人少，誠行屯田之制，駐一郡之兵，即耕其郡之地；駐一縣之兵，即耕其縣之地。養兵之費既省，荒田亦可漸闢。下部議行。雍正初令安西兵丁試行屯墾，後又招民於淵泉縣之柳溝、玉門縣之赤金等處，承種屯田。又設甘肅柳林湖屯田。屬涼州鎮番縣。乾隆初，黔苗底定，以絶產給兵屯種。又於直隸口外八溝、塔子溝及甘肅瓜州等處興屯。今案乾隆三十一年各省屯田三十九萬餘頃，屯賦銀七十八萬五千兩，屯糧九百萬七千石有奇。

新疆屯田自準夷回部悉隸版圖，邊防與屯政相爲表裏。東自巴里坤，西至伊犁，北自科布多，南至哈喇沙爾，天山左右水土沃饒，前後墾闢十數萬畝，邊民永無餽饟之勞。其各城回民納糧，以帕特瑪每一帕特瑪，合官石五石三斗。納普爾錢以騰格。每五十普爾爲一騰格，每二騰格爲一兩。疆里及於戎索而計册，待夫重譯，尤古所未聞。曁金川既平，留兵屯戍，僨拉美諾之降番，亦給地，俾安耕鑿焉。

（清）王慶雲《石渠餘紀》卷四《附紀井田》 雍正二年，以新城固安官地三百四十一頃，制爲井田，令無業旗民往耕。自十六歲以上，六十歲以下，各授田百畝，外八分爲私田，中百畝爲公田。造廬舍，給口糧，牛種農具咸備。又設管理勸教以董之，而願往者卒少。五年，議將欠糧及犯法官兵發往井田效力，則視爲徒作之地，操耒耜者，皆非安分食力之人。乾隆元年遂改屯田爲屯莊。《乾隆會典》井田每户原給田百二十五畝，以十二畝五分爲公田，十二畝五分爲室廬，場圃，以百畝爲私田。

（清）王慶雲《石渠餘紀》卷四《附祭田學田》 順治九年賜衍聖公祭田二千一百五十頃，林地十八頃，廟宅基地三頃，各有奇。又賜四氏學學田五十頃，復聖、宗聖、亞聖及先賢仲氏後裔，皆賜祭田、墓田、廟宅。康熙二十四年，給先聖周公祭田五十頃，廣孔林十一頃有奇，先後除其租賦。凡學田，州縣徵其租以待學校之用。初，天下學田三千八百餘頃，至乾隆十八年增至一萬一千五百餘頃。

（清）王慶雲《石渠餘紀》卷四《紀圈地》 順治元年，諭户部曰：我朝定都燕京，期於久遠。凡近京各州縣無主荒田，爾部清釐，分給東來諸王勳臣兵丁人等。蓋非利其土地，以無處安置，故不得已而取之，可令滿漢分居，各理疆界，以杜爭端。於是巡按御史柳寅東條上滿漢分居五便。二年，令民地爲旗人指圈者，速以他處補給，美惡務令均平。十年，停止圈撥，然旗下退出荒地，與游牧投來人丁，皆復行圈補。又有因圈補而並圈接壤民地者，康熙初鼇拜當國，欲以正白旗屯莊給鑲黄旗，而另圈民地給正白旗。户部尚書蘇納海以撥地遲延罪死，總督朱昌祚、巡撫王登聯以撥換地畝旗民困苦上聞，亦逮死。及聖祖親政，乃昭雪之。八年諭：比年以來，復將民間房地圈給旗下，以致民生失業，流離困苦，以後著停。今年所圈房地，俱著退還。並飭部將張家口、山海關等處曠土，換撥各旗耕種，並令新滿洲以官莊餘地撥給，其指圈之地歸民。是爲旗退地畝。旗人不習耕作，又以生齒日繁，始稍稍典賣矣。

雍正初，清查旗地，動内帑贖回。凡不自首與定例後復私賣買者，皆入官爲公產旗地。嘉慶十七年額徵入官旗地三萬七千三百餘頃。時議百姓久爲己業，不苦於得價還田，而懼其奪田别佃，乾隆五年乃定回贖旗地，仍令原佃承種。莊頭土豪無故爭租奪佃者，罪之。凡贖入官地，並抵帑籍没等田，皆徵其租，謂之旗租。嘉慶十一年徵收旗租銀四十萬三千餘兩。自旗人生計日以不足，旗租歲充飫賜。謹案《會典》，近畿之地，各旗王公宗室莊田以頃計者，一萬三千三百有奇。各旗官兵分撥莊田以頃計者，十四萬九百有奇。今載圈田大略於右，而以畿輔官莊牧地旗租附焉。

（清）王慶雲《石渠餘紀》卷四《紅册》 雍正六年，以直屬旗民雜處，時有互爭田土之事，令宗人府、内務府八旗，將各頃地畝坐落四至，造具清册二本，一送户部存案，一送直隸造式，照册鈐印，發各州縣收貯。如有旗民互爭田土，即撥册查勘審結。至十二年又以八旗地畝爲數浩繁，片段錯落，非逐細勘丈，無由知其碻數，令八旗都統各委參領一人，於農隙會同州縣清丈，將餘地及絶户地畝，按照肥瘠酌定租數，交地方官徵解藩庫。

七年諭：八旗地畝原係旗人產業，不准典賣與民，向有定例。今竟有典賣與民者，但相沿已久，著從寬免其私相授受之罪。各旗務將典賣與民之地一一清出，奏請動支内庫銀，照原價贖出。留在各該旗，給限一年，令原業主取贖。如逾限不贖，不論本旗與别旗人，均准其照原價承買。十三年奏准：分别册内册外，應撤不應撤，典契、賣契、紅契、白契，辦理。至撤時又有應追價不應追價，應治罪不應治罪之殊，照内府紅册澈底清釐。乾隆四年至十四年二次官贖八旗地畝。

（清）王慶雲《石渠餘紀》卷四《附不許增租奪佃》 乾隆五年議定

民典旗地，動公項取贖，在百姓不苦於得價還地，實懼其奪田別佃。應令地方官於贖地之時，詢明見在佃種人姓名及見出之租數，造册三本，一存地方官處，一存部備案，一送八旗鈔録備案。嗣後無論何人承買，仍令原佃承種，其租銀照册收取，不得分外需索。如本佃抗欠租銀，許地主呈官別佃；若並未欠租而莊頭土豪無故增租奪種者，審實治罪。再，田主果欲自種，則佃人雖不欠租，亦當退地；若地主並非自種，而捏稱自種別佃者，審實亦量治其罪。乾隆五十六年奏准：人民佃種旗地，其原佃額租本輕，見有別佃情願增租及情願自種者，均由業主自便。從前不增租奪佃之例禁，止。

嘉慶五年，户部奏言：例禁增租奪佃，使富户地棍雖有謀奪之心，無所施其伎倆，窮黎始可安生。自和珅管理户部，將此例奏改。數年以來，旗人及内府莊頭撤地另佃者，實復不少，而賴耕爲食之貧民，一旦失其生計，不免游手爲匪，實於政治民生均有未協，應請改照舊例，禁止增租奪佃，以安貧民而杜壟斷等語。得旨允准，纂入定例通行。

（清）王慶雲《石渠餘紀》卷四《附停設莊頭》 乾隆二十八年諭：上年因八旗回贖旗地至二萬餘頃之多，降旨令户部會同内務府定議，以三四千頃安設莊頭，餘俱賞給八旗作爲恒産。第念此項地畝，雖係旗人世産，見在貧民耕種日久，藉以資生，若改歸莊頭，於傭佃農民未免失業。所有分設莊頭管理之處，不必行其如何按則交租，並酌定章程之處，著軍機大臣會同詳議具奏。旋議定各旗佃户花名，一一填註細册，地方官按名分給執照。照内將邨名地數租銀開寫明白，俾愚民易曉。

又議定：旗地租息，向無寛免之例。應照民糧分數遞減，被災十分免五分，九分者免四分，八分者免二分，七分者免一分，六分以下不作被災分數。

（清）王慶雲《石渠餘紀》卷四《附不准莊頭退换地畝》 乾隆三十二年議准：莊頭官圈地畝内，如有實在薄鹻沙窪不堪耕者，無論新圈舊圈，概不准退换。

三十五年諭：向來内務府所屬莊頭，多有因地畝薄鹻沙窪，呈請退交另换。此等地畝，莊頭久經撥定當差，伊等承充有年，沾被恩惠不少，設或地有肥磽，年有豐歉，即加功墾闢，亦分所當然。乃因有退交之例，動輒藉口瘠淤，紛紛呈請，殊屬非理。而於農氓墾荒爲熟之地，仍得任莊頭等换回。奪民之業，而坐收其利，於情亦未平允。且伊等恃有此例，或與佃户交好，即退出交官，藉減租數；或覬覦上産，而以所報之田捏報求换。種種情弊，皆所不免。嗣後各莊頭所種地畝，概不准其退交。其中果有誤差，不能充當莊頭，即著内務府大臣查勘確實，即與能承種者承當莊頭。

（清）王慶雲《石渠餘紀》卷四《八旗賑務》 順治二年定：八旗澇地，每六畝給米二石。蒙古按口折給，准其沿邊糴米，毋許進口。游牧地每口月給米一斗。六年定：八旗遇災，王以下食俸，官以上俸米，倍給。又定：旗人七歲以上爲一口，六歲以下四歲以上爲半口。十一年，分賑八旗澇地，滿、蒙每佐領下米二百石，漢軍半之。十三年三百石，漢軍仍百石。旱地六畝，米二斛。海户畝一斛。時屢發内帑賑八旗窮兵。十二年二萬兩，十四年十萬兩。

康熙元年定：八旗被水災地六畝給二斛，如舊例。蝗、雹之災減半。三年，八旗莊田災，賑米粟二百餘萬斛。十年，賑八旗屯地米百六十餘萬石。

户部南檔房，每三歲稽八旗之丁數以聞。嘉慶十七年，在京並各省駐防，滿洲二十二萬二千九百六十八，蒙古五萬五千六百三十九，漢軍並内務府及下五旗包衣十四萬三千五百五十四。滿洲、蒙古家人五萬一百六十三，内務並下五旗包衣内監尼堪二萬九千八百九十三。《會典》卷十二末葉。

康熙四十九年正月諭：八旗治生苟且，糜費極多。官兵所給之米，輒行變賣。而銀兩耗去，米價又增，於是衆悔無及。朕每日進膳二次，此外不食別物，煙酒檳榔等物，皆屬無用。衆人於此輒日費幾文，甚者貧而效富，用必求盈。中人之産，不久即罄矣。乃令八旗大臣等善爲化導。

（清）王慶雲《石渠餘紀》卷四《紀牧場》 我朝開基東土，耕牧兼資。世祖入關，從龍者不下四十萬匹，考牧之務，亟矣。乃以近畿墾荒餘地，斥爲牧場，分親王、郡王以里計，分上三旗及正藍旗以數十里計，餘四旗以頃計，亦圈地也。順治六年，始立限制，停止棄地爲廠。康熙三十九年，天津牧地招墾升科者二萬一千餘頃。雍正二年，丈出馬廠並餘地可墾者六萬餘頃，給民耕種。乾隆二十一年，清丈直隸牧場田畝，給民爲永業，改名恩賞官地。時已墾者十一萬五千餘頃，按畝升科。其餘荒地，仍隨時召墾。五十一年，報墾保定駐防之任邱縣牧地五十一頃，於静海縣改撥。五十七年，直隸奏撥寧河七里海官地四十五頃，爲駐防馬廠，污萊闢於内而駼牝蕃於邊，斯爲盡人物之性矣。其各省牧場旁地，自康熙以後，榆林、甘州等處次第召耕，亦無棄地焉。

國初馬廠在邊者，彰武臺邊門外有楊檉木廠，獨石口外有御馬廠，亦曰上都廠。張家口外有禮部牧廠、太僕寺左右翼及八旗牧廠。順治五年又以奉天屯衛地分給八旗畜牧。自乾隆十三年，以大凌河錦州餘地九百餘頃給官兵耕種。三十一年，以太僕寺右翼牧廠二萬三千餘頃招民墾耕。至四十六年和碩莊親王牧地報墾，户部議口外牧場遼闊，近來王公牧放漸稀，流寓小民漸漸聚成邨落，勢難禁其私墾。不若准其耕種升科，作爲有收之土。惟實與游牧毗連者，仍禁私墾。地利漸興，耕與牧固不相妨也。

《户部則例》卷八《田賦・撥補代徵》 一、直隸省撥補隔屬原圈地畝，由官收租散放業户，衹准賣租不准賣地。地租銀兩均由佃户完納，不得奪佃增租。

《户部則例》卷八《田賦・屯田徵租》 一、旗人承種霸州、固安、永清、新城四州縣井田改屯莊田，每户分田壹百貳拾伍畝，歲輸屯穀壹拾貳石伍斗，交該州縣存儲。

一、黑龍江所屬各城公田，齊齊哈爾挑撥壯丁三百二十名、水師營水手二十名開墾耕種，每名歲交額糧貳拾貳石。其新種公田，各丁開墾伊始，每丁一名給籽種貳石，在於各城備公倉内動給。當年減半輸糧，次年按額交納。

一、伊犁滿營屯田種植雜糧，已分田貳萬肆千畝，續分田貳萬餘畝，分授八旗閑散餘丁自行耕種。如有違禁租佃以及私行典賣情弊，將該旗人及典賣之民人一并治罪。

一、伊犁商民墾種地叁萬玖千陸百壹拾捌畝陸分，每年額徵銀壹千玖百捌拾兩玖錢叁分。又户民共種地叁千零叁拾畝，額徵銀壹百伍拾壹兩伍錢。又緑營眷兵分户子弟種地叁千肆百貳拾畝，每畝收小麥捌升捌合玖勺，共額徵小麥叁百零肆石。又安插種地編入民籍户民種地捌拾肆畝，每畝徵糧捌升，共額徵糧陸石柒斗貳升。

一、塔爾巴哈臺屯兵共種地壹萬肆千畝，每年收獲糧石并無定數，約收糧壹萬伍千餘石。商民開墾地叁千叁百玖拾叁畝叁分肆釐，每畝每年交租銀壹錢。

一、阿克蘇兵丁屯種地壹百伍拾畝，每年共收稻穀伍百叁拾餘石。

一、烏什屯兵共種地伍千畝，收糧伍千柒拾餘石零。

一、烏魯木齊商户民人墾種地玖千伍百貳拾伍頃捌畝伍分，每年共應徵糧柒萬肆千玖拾肆石零。

一、吐魯番屯兵種地壹萬肆千柒百畝，每年收糧壹萬壹千陸百餘石。

一、科布多共種屯田拾分，每年約收糧肆千餘石。

一、哈密所屬沁城屯所每年約交糧貳千餘石，蔡把什屯所每年約交穀麥貳千餘石。

一、湖南永綏廳墾荒地壹萬餘畝，歲徵租糧叁千餘石，按年變價歸公。如苗疆均屯田畝遇有山水冲刷應行修復，所需修本銀兩在於前項歸公銀内動支，年終造册報部查覈。

一、四川懋功五屯地方民番屯户一千九百三十户，每户撥給地叁拾畝，每户歲納糧貳斗壹升有奇。内章穀一屯，因餘丁隨缺地畝不敷，將納糧地分出壹千捌拾畝撥給餘丁，免其交納糧石。

一、臺灣東界内已墾埔地壹萬壹千餘甲，内民人租贌之地同番莊田畝，一體免其升科。如有賣斷與民者，即照同安縣下沙科則，按甲計畝徵銀，免其納粟。至集集埔、虎仔坑、三貂、琅嶠等處私墾田畝，俱令立石爲界，照民買番地之例一體升科。巡視臺灣將軍、督撫、提鎮及該處地方官不時巡查，五十三年奏准。如清查後再有越界私墾，即行從重治罪。失察地方文武各官，一體嚴參議處。

一、雲南會澤縣二十三家地方入官夷田柒千柒百玖拾陸畝捌釐，歲徵租米捌百玖拾叁石貳升陸合。除動用外，餘剩租折銀壹百捌拾肆兩壹錢柒分肆釐，照數報解充公，按年造入閑款報銷册内，送部查覈。至前項田畝，官爲招佃，不准佃户私相授受。

一、貴州興義等府廳州縣入官苗田壹千捌百玖拾餘畝，招佃耕種。所收穀石除完納糧賦外，按地畝肥瘠以貳分叁分繳官，歲徵租穀貳千捌石有奇。照夏收中米時值變價支給土弁工食，支給銀數另詳廩禄門。以柒分捌分歸與佃民作牛具籽種之用。

一、貴州省古州、八寨、臺拱、丹江、清江等五廳屬，共安屯軍八千九百三十九户，每户給以上田陸畝，或中田捌畝、下田拾畝，統計上中下三則共官授田陸萬叁千壹百伍拾餘畝。附田山土盡其墾種。所授各軍田畝，官給印照，永執爲業。每年交納米伍千伍百餘石，除支給屯軍工食外，餘俱變價解司充公。該管巡道不時稽查，令承佃屯軍并該管小旗、總旗、百户，於年終出具并無私相出售甘結，投遞該管廳弁、巡道加結申送督撫查覈。倘有辦理不實或互相徇隱，即行分別究參。

一、石峴入官苗田，除分授外尚存低窪水田貳百拾貳畝，旱田肆百玖拾捌畝，責成石峴衛千總招佃耕種。按年份收租穀，除分給佃户一半外，所受租穀照依松桃廳秋成中米價值變獲銀兩，作爲衛千總俸廉、役食并歲修屯堡碉卡一切公用，按年分别造報覈銷。

《户部則例》卷二二《漕運·屯田章程》 一、直隸省屯田貳百柒拾捌頃陸拾肆畝零，額徵津租銀壹千叁百捌拾餘兩，歸各州縣徵收。

一、山東省除德州衛屯田貳千捌百捌拾肆頃零，歸入地丁外，其餘屯田貳千伍百肆拾肆頃柒拾壹畝零，額徵津租銀壹萬陸百玖拾餘兩，歸各衛徵收。

一、浙江省屯田捌百陸頃伍拾肆畝，歸旗丁自行執業。又屯田肆拾頃壹拾伍畝零，額徵津租錢壹千陸百串，歸餘杭縣徵收。

一、浙江省衢、嚴、温、臺各衛所屯田柒百餘頃，額徵津租銀貳萬伍千伍百柒拾兩零，內衢、嚴二所徵銀，按捌捌折覈減，温、臺二衛按柒折覈減，共減去銀柒千零陸拾柒兩零。減剩應徵銀壹萬捌千伍百貳兩零，歸坐落各州縣徵收，同治二年五月并十年奏案。

一、江蘇省屯田捌千伍百拾捌頃壹拾玖畝零，歸旗丁自行執業。又，屯田叁百叁拾捌頃玖拾陸畝零，額徵津租銀捌千捌百叁拾肆兩零，歸各州縣徵收。

一、安徽省屯田叁萬玖千柒百叁拾貳頃叁拾捌畝零，額徵津租銀叁萬柒千貳百叁拾肆兩零，歸各衛徵收，叁萬玖千柒百叁拾壹兩零，歸各州縣徵收。

一、江西省屯田陸千肆拾叁頃伍拾叁畝零，額徵津租銀拾壹萬貳百壹拾叁兩零，歸各州縣徵收。

一、湖北省屯田伍千伍百肆拾陸頃伍拾捌畝零，額徵津租銀叁萬陸千壹百玖拾柒兩零，內武昌衛應徵屯坐宜城、襄陽、鍾祥、棗陽四縣軍屯錢糧壹千捌百玖拾肆兩貳分捌釐，改歸該四縣就近徵解。又，武左衛屯坐京山縣屯糧津租銀伍百壹兩壹錢伍分貳釐，歸京山縣徵解。又，蘄州衛屯坐江西德化、瑞昌二縣民佃租課銀玖百壹拾捌兩貳錢伍分陸釐壹毫，歸德化、瑞昌二縣徵解，餘皆歸各衛徵收。

一、湖南省屯田壹萬壹千壹百陸拾伍頃零，額徵津租銀壹萬貳千陸百玖拾肆兩零，歸各州縣徵收。

一、各衛贍運屯田旗丁，每年應收租籽，責成各省糧道覈明每船應派田數，應得租數，注明坐落地方，刊刻木榜，曉諭衆丁，以便認田收租。

一、每船旗丁凡應領之項，例扣款項若干，應領款項若干，令糧道每年覈明實數，刊刻易知由單，按款臚列，每船給發壹張，統令正身運丁親領，毋任頭伍書吏包領欺壓。

一、各衛原存屯田老册，統歸糧道收管，仍令由道照老册再造一分，鈐蓋糧道騎縫印信，發交各衛，以備僉丁查驗。

一、湖廣省屯田典賣在民者，祇許同船之軍回贖。如不同船之軍取贖，即追給該衛各船資運。

一、湖北省武昌衛歸船屯田貳百貳拾陸畝叁分柒釐，屯地叁拾陸畝伍分，襄陽衛歸船屯產叁拾伍頃叁拾畝肆分伍釐，荆州右衛屯田拾柒畝，歸現運之丁承頂當差，由糧道給照管業。又，武昌衛未歸船屯田壹百柒拾貳畝陸分，屯地叁拾壹畝，荒山、栗山貳畝，襄陽衛屯產伍頃柒拾陸畝肆分柒釐柒毫，荆州衛屯產捌畝陸分叁釐陸毫，沙地貳畝伍分陸釐伍毫，荆州右衛屯產叁拾伍畝伍分，准現運各丁照原估價值承買濟運，其價解交糧道庫內，以爲漕務公用，并將承頂承買各丁花名，按年造册送部。

一、湖北武左衛報墾屯地肆頃貳拾肆畝壹分肆釐有奇，計糧叁拾捌石壹斗柒升叁合壹勺，每石增幫費銀伍錢，共銀壹拾玖兩捌分柒釐。入額徵解濟運。

一、民人租種屯田，該丁或預支數年租銀，立券長租，巧避典當名目者，察出仍照私典軍田例與受一體治罪，租價入官。

一、各省屯田如私典與人及承典者，均照屯買官田律，計律治罪，該丁革退。田畝追出交與接運新丁，原典價銀追出入官。乾隆二十七、三十八、三十九、四十等年，清查屯田案内奏准：各省從前典賣屯田，歷年久遠，免其追價撤回，或令本丁取贖，或議加津濟運。至湖南省係随糧當差内，有別伍軍丁頂買者，承買此船之田，即當此船之差。其典賣在民者，除已造有房屋，墳墓難以遷徙，及軍逃，地荒民人自行出資開墾者，免其回贖，仍照舊貼費當差。其餘典賣地畝，概令照契回贖；未經回贖者，俱令現業按糧貼費，本軍同伍均係無力，并准別户軍户代贖承運。若本丁有未贖之田，不許另置民產，詭避差費。如并無應贖屯田，聽其置買，嗣後各省清出屯田，永禁典賣，違者照例辦理。

《太平天國・天朝田畝制度》　凡一軍典分田二，典刑法二，典錢穀二，典入二，典出二，俱一正一副，即以師帥、旅帥兼攝。當其任者掌其事，不當其事者亦贊其事。凡一軍一切生死黜陟等事，軍帥詳監軍，監軍詳欽命總制，欽命總制次詳將軍、侍衛、指揮、檢點、丞相，丞相稟軍師，軍師奏天王，天王降旨，軍師遵行。功勳等臣世食天禄，其後來歸從者，每軍每家設一人爲伍卒，有警則首領統之爲兵，殺敵捕賊；無事則首領督之爲農，耕田奉尚。

凡田分九等，其田一畝，早晚二季可出一千二百斤者爲尚尚田；可出一千一百斤者爲尚中田；可出一千斤者爲尚下田；可出九百斤者爲中尚田；可出八百斤者爲中中田；可出七百斤者爲中下田；可出六百斤者爲下尚田；可出五百斤者爲下中田；可出四百斤者爲下下田。尚尚田一畝當尚中田一畝一分，當尚下田一畝二分，當中尚田一畝三分五釐，當中中田一畝五分，當中下田一畝七分五釐，當下尚田二畝，當下中田二畝四分，當下下田三畝。

凡分田照人口，不論男婦，算其家口多寡，人多則分多，人寡則分寡，雜以九等，如一家六人，分三人好田，分三人醜田，好醜各一半。

凡天下田天下人同耕，此處不足則遷彼處，彼處不足則遷此處。凡天下田豐荒相通，此處荒，則移彼豐處以賑此荒處，彼處荒，則移此豐處以賑彼荒處，務使天下共享天父上主皇上帝大福，有田同耕，有飯同食，有衣同穿，有錢同使，無處不均匀，無人不飽煖也。

凡男婦每一人自十六歲以尚，受田多踰十五歲以下一半，如十六歲以尚分尚尚田一畝，則十五歲以下減其半，分尚尚田五分，又如十六歲以尚分下下田三畝，則十五歲以下減其半，分下下田一畝五分。

凡天下樹牆下以桑，凡婦蠶績縫衣裳。凡天下每家五母雞，二母彘，無失其時。

凡當收成時，兩司馬督伍長，除足其二十五家每人所食可接新穀外，餘則歸國庫。凡麥荳苧蔴布帛雞犬各物及銀錢亦然。蓋天下皆是天父上主皇上帝一大家，天下人人不受私，物物歸上主，則主有所運用，天下大家處處平匀，人人飽煖矣。此乃天父上主皇上帝特命太平真主救世旨意也。但兩司馬存其錢穀數於簿，上其數於典錢穀及典出入。

凡二十五家中設國庫一，禮拜堂一，兩司馬居之。凡二十五家中所有婚娶彌月喜事俱用國庫，但有限式，不得多用一錢。如一家有婚娶彌月事給錢一千，穀一百斤，通天下皆一式，總要用之有節，以備兵荒。

凡天下婚姻不論財。凡二十五家中陶冶木石等匠俱用伍長及伍卒爲之，農隙治事。凡兩司馬辦其二十五家婚娶吉喜等事，總是祭告天父上主皇上帝，一切舊時歪例盡除。其二十五家中童子俱日至禮拜堂，兩司馬教讀舊遺詔聖書、新遺詔聖書及真命詔旨書焉。

凡禮拜日，伍長各率男婦至禮拜堂，分別男行女行，講聽道理，頌讚祭奠天父上主皇上帝焉。凡二十五家中力農者有賞，惰農者有罰。或各家有争訟，兩造赴兩司馬，兩司馬聽其曲直；不息，則兩司馬挈兩造赴卒長，卒長聽其曲直；不息，則卒長尚其事於旅帥、師帥、典執法及軍帥，軍帥會同典執法判斷之。既成獄辭，軍帥又必尚其事於監軍，監軍次詳總制、將軍、侍衛、指揮、檢點及丞相，丞相稟軍師，軍師奏天王。天王降旨，命軍師、丞相、檢點及典執法等詳核其事無出入，然後軍師、丞相、檢點及典執法等直啓天王主斷。天王乃降旨主斷，或生或死，或予或奪，軍師遵旨處决。

凡天下官民，總遵守十款天條及遵命令，盡忠報國者則爲忠，由卑陞至高，世其官。官或違犯十款天條及逆命令受賄弄弊者則爲奸，由高貶至卑，黜爲農。民能遵條命及力農者則爲賢爲良，或舉或賞；民或違條命及惰農者則爲惡爲頑，或誅或罰。凡天下每歲一舉，以補諸官之缺。舉得其人，保舉者受賞；舉非其人，保舉者受罰。其伍卒民有能遵守條命及力農者，兩司馬則列其行蹟，註其姓名，並自己保舉姓名於卒長；卒長細核其人於本百家中，果實，則詳其人，並保舉姓名於旅帥，旅帥細核其人於本五百家中，果實，則尚其人，並保舉姓名於師帥；師帥實核其人於本二千五百家中，果實，則尚其人，並保舉姓名於軍帥；軍帥總核其人於本軍中，果實，則尚其人，並保舉姓名於監軍；監軍詳總制，總制次詳將軍、侍衛、指揮、檢點、丞相，丞相稟軍師，軍師啓天王。天王降旨，調選天下各軍所舉爲某旗，或師帥，或旅帥，或卒長、兩司馬、伍長。凡濫保舉人者黜爲農。

（清）賀長齡《皇朝經世文編》卷三四《户政·屯田考贛州府志》

屯田之設，即古寓兵於農之義。唐以前衹沿邊有之。漢趙充國因轉運維艱，始於北邊立屯，兵民無擾，當世便之。東漢則置農部都尉，主屯田殖穀，而大河以南尚無有也。唐開軍府，因隙地置營田，天下屯總九百九十二，每屯五十頃。自此各郡有屯田矣。漢之屯田兵耕之，唐之營田募民耕之，雖有屯之名，而田之所出不盡爲兵用。宋則撥令弓箭手種之，而收其租，於是營田有徭役科配。元時各郡皆立屯守禦，耕營田以爲戍，分兵屯民屯爲二。

贛州之屯，亦仍唐宋之營田，不募民耕，發寨兵及宋舊役弓手與抄數漏籍人户，分給之，使耕種。户有可稽，田有可計，其來實始於此。明仍元制，設指揮千户各一人，俾世其職，復分設信豐所千户、會昌所千户。無事爲農，有事爲兵，隱然有充國之遺意焉。至成化間，各省漕糧改民運爲軍運，守禦之丁僉爲領運之丁。其初立法綦嚴，及乎末流，丁多逃亡，田半蕪萊，不得已清丈之，分爲活絶二種。絶田召民開墾，活田仍屬軍産。然先世受田者，習知田之所在，地方無事，租石所入，坐享其成，歷年久遠，子孫生長城市，主佃生疏，以致互相欺詐，百弊叢生，而屯政日淆矣。

國朝兵由召募，守禦無藉於屯。順治間，部議凡無衛所屯丁悉行裁汰。贛撫劉武元題准：將漕船三十隻，令贛衛及信會二所均運。當興革之後，田有爲民佔者；有售之於民，民復售於軍者；有祖父已棄其田，經民開墾成熟，其子孫起而争之者；有屯田與民田相錯，久而民佔爲己業者。蔓引愈長，案積如山，有司遂無從剖斷。先是軍丁運船係衛官經理，康熙九年調衛官押運屯糧，僉運改歸縣管，衛官嫉之，未將鱗册移送，以致屯田無從查攷。

按：屯田之名不一。康熙三年，每船每丁各給三户，每户或百石，或百四五十石不等，一户衹完屯糧銀三兩一錢，輸運之丁臨田收租，自辦漕運，官不徵收解給，名曰活户屯田。自田地抛荒，各丁自備牛工開墾，或召佃開墾，成熟之後報明陞科，均曰自墾屯田。有隨運公田，則係各户於額田之外，置爲領運之丁辦運者。而其中又剔出一户之田，以爲辦軍屯公事者酬勞之費，則曰劬勞屯田也。若額丁逃亡，本户無人，派歸別户濟運者，則曰缺丁屯田。其世職屯田，則以本丁祖父於明季著有軍功。順治六年，命其子孫世襲千總之職，撥給田畝者也。抑或從前原屬荒土，各丁私費工本墾熟，隱報陞科，爲尖丁夾掌。康熙四十年，巡撫謝詳查尖丁之家，有夾掌四五户七八户不等，令其每户還租二十石與墾熟之家，謂之工本。屯田外有優恤屯田，係查出之田撥給各船，存爲優恤軍户孤寡之用。凡此八者，皆屯田也。故辦公優然有餘，贍養無虞不足。雖訐訟繁興，而贛州夙稱富衛。

乾隆二十四年，巡撫阿思哈奏請清查，委員勘丈，田有溢於額之外者，照畝加賦；有缺於額之中者，不減其徵。又於加賦之外，每畝分則加一錢六分八分不等，謂之餘租。而活户自墾之田，皆官徵其租，入屯糧餘租内解司。除給本衛造費外，餘皆撥充江省各幫公費。自是田之所入皆在於官，向所謂劬勞、缺丁、世職、工本、優恤、隨運屯田皆去矣。及後以租賦加重，遇有年歲不調，拖欠累官賠墊。乾隆三十五年，巡撫吴紹詩又題請徹底清查，贛令衛謀悉心擘畫，請之於上，得以除去缺田，而餘田分則遞減，上則徵七分六釐，中則、下則皆四分八釐。有水沖沙壓者，仍准報豁。屯丁雖藉以少舒，然而軍户丁口日繁，入不敷出，貧窘之狀久益難支。以故每届僉運輸將殊費擘畫，則先事圖維，俾得國課常盈，窮簷獲濟，豈非在上者之責任哉。

《六部處分則例》卷一九《田宅·開墾荒地》 一、各省荒地，州縣官勸民開墾，一百頃以上紀録一次，三百頃以上加一級，四百頃以上加一級、紀録一次，六百頃以上加二級。道員府州合計所屬，一年内開墾一千頃以上紀録一次，三千頃以上加一級，四千頃以上加一級、紀録一次，六千頃以上加二級。俟起科時，該督撫取結具題，分別議叙。

一、墾地有復荒者，將道員、府州、州縣官之加級、紀録削去，督撫罰俸六個月，布政使罰俸一年。俱公罪。道員、府州降一級住俸，州縣官降三級住俸，俱勒限一年督令開墾。如一年限内墾完，准其開復。限滿不墾完者，督撫罰俸一年，布政使降一級留任，道員、府州降一級調用，州縣官降三級調用。俱公罪。如前官墾過熟地，後任官有復荒者，督撫、布政使、道員、府州、州縣各官，亦照此例議處。

一、地方荒地未開，捏報已開，及將墾過熟地捏稱新墾者，州縣官革職，私罪。府州降四級調用，道員降三級調用，布政使降二級留任，督撫降一級留任。知情者不准抵銷，不知情者准其抵銷。

一、開墾荒地不照定例年分起科，水田六年起科，旱田十年起科。或先期勒徵，或過期不徵，或私減地畝定額錢糧者，州縣官革職，私罪。府州降三級調用，道員降二級調用，布政使降一級留任，督撫罰俸一年。俱公罪。

一、州縣官開報新墾地畝，以多報少，以少報多，或不將地畝之新舊荒熟分晰明白，以致有預徵漏徵等事者，俱降一級調用。公罪。該管府州罰俸一年，道員罰俸六個月。俱公罪。

一、開墾地畝起科後徵糧全完，該督撫即取結題報，若遲誤不隨奏銷錢糧一同具題者，照錢糧造册遲延例議處。例載盤查門。

《六部處分則例》卷一九《田宅・直隸省查辦荒地考成》 一、直隸省荒官荒民荒地畝原報可墾者一萬一千餘頃，勒限一年内即行陞科。州縣官能於一年限内全行辦結者，准其加二級。如逾限不結，降一級留任，仍戴罪限半年趕辦。若依限完結，開復降留，仍予議叙。如再逾限不完，即照所降之級調用。公罪。

一、原報難墾及未經勘丈荒地七萬六千餘頃，勒限一年召佃試墾。州縣官能於一年限内全行辦竣，數在百頃以内者，准其隨帶加一級。一千頃以内墾至七成以上者，准其隨帶加二級。一萬頃以内墾至六成以上，并一萬頃以外墾至五成以上者，准其隨帶加三級。二萬頃以外墾至四成以上者，准該督出具考語，送部引見。道員、知府、直隸州知州，果能實力督催，統計所屬州縣一年限内，數在百頃以内，全行勘丈召佃試墾，並數在千頃以内墾至七成以上者，准其加一級。萬頃以内墾至六成以上，萬頃以外墾至五成以上者，准其加一級，紀録二次。二萬頃以外墾至四成以上者，准其加二級。如有將開墾之地熟後復荒者，即將該州縣道府等議叙之案註銷。

一、原報難墾及未經勘丈地畝，州縣官召佃試墾一年，限滿，數在百頃以内不及六成者，降職一級。千頃以内不及四成者，降職二級。萬頃以内不及三成，并萬頃以外不及二成者，降一級留任。二萬頃以外不及一成者，降二級留任。如有逾限不丈，及全未墾種者，無論頃數多寡，均革職留任。俱公罪。道員、知府、直隸州知州，如不實力督催，統計所屬州縣地畝數在百頃以内不及六成，千頃以内不及四成者，罰俸六個月。萬頃以内不及三成，萬頃以外不及二成者，罰俸一年。二萬頃以外不及一成者，降一級留任。俱公罪。以上降革、留任、罰俸各員，仍再予限一年，戴罪趕辦。如限内將不及分數墾足者，准其開復。能墾至議叙分數者，除開復處分外，仍准給予議叙。若二年限滿無效，已罰俸六個月者，再罰俸一年。已罰俸一年者，即降一級留任。已降職一級、降職二級者，即改爲降一級、降二級留任。已降級留任者，即照所降之級調用。已革職留任者，革職離任。俱公罪。其有地畝在三萬頃以外者，初次先照二萬頃以外之例議叙議處。如一年限滿，不能辦結，再予限二年，戴罪趕辦。儻三年限滿無效，即照二萬頃以外之例辦理。

一、各項荒地内，有經旗民人等先已私墾成熟者，令各該州縣實力查出，即於當年陞科所有查出地畝，准其併入召墾數内覈計分數。儻前項地内實有水衝沙壓，難以試墾者，亦即繪圖貼説，出具切實印加各結報部，查勘情形，改作蘆洲牧廠。

一、各州縣官以奉文之日起，限令該督，先將起限日期并查丈地畝數目先行報部存案。每届限滿之時，即將各州縣考成分數覈實奏報，並分别詳細造册，咨送吏户二部查辦。

《六部處分則例》卷一九《田宅・丈勘報墾地畝》 一、直省荒地經州縣官册報開墾，該督撫即委隔屬賢員履畝丈勘。如所報與所勘之數不符，係有心隱匿者，將原報官革職。私罪。如失於查出，照以多報少、以少報多例，降一級調用。公罪。若委員朦混丈勘，扶同捏報者，亦革職。私罪。失於查出，降一級調用。公罪。

一、丈量地畝遲延，或將丈量地畝不明白詳報，或勘後不送丈册，檄催又不申詳，或委令監丈互相推諉者，將州縣官俱罰俸一年，私罪。該管府州罰俸六個月。公罪。道光二十七年增修。

《六部處分則例》卷一九《田宅・田畝開除抵補》　一、山田先可耕種，後因水衝僅存石骨，並濱江濱河之田先經報墾，後被水浸或坍塌者，應於水田六年、旱田十年將届陞科之期，該督撫按期委員覆勘取結，題請開除。如有應行改正而互相徇隱者，委員及地方官俱降一級調用。私罪。至陞科以後，山田或彼長此衝，水田或彼漲此塌，應以新長者補衝、新漲者抵塌。其實在衝塌錢糧無著者，即予題豁，仍將每年開除抵補細數造册報部。如該地方官不實力奉行，降一級調用。公罪。督撫不行查參，別經發覺者，罰俸一年。公罪。

一、凡沿江沿河沙洲地畝坍漲，悉令報官勘驗。如此縣淤漲之地實係彼縣坍塌之數，上下對岸顯有形迹可據者，即遴委能員，會同兩邑地方官，據實勘驗，秉公撥補。如委員及地方州縣官不行查丈明確，以致坍少補多、坍多補少，舛錯不公者，照官吏不用心從實檢踏律分別議處。查刑律載有司承委官吏不行親詣田所，及雖詣田所不爲用心從實檢踏，止憑里長甲首朦朧供報，通同作弊，杖一百，罷職不敘。若失於關防，致有不實，計田十畝以下免罪，十畝以上至二十畝笞二十，每二十畝加一等，罪止杖八十。係公罪，俱留職役。

《六部處分則例》卷一九《田宅・隱匿地畝》　一、現任官及在籍官員隱匿熟地，或隱匿新墾地，一畝以上者，降四級調用；十畝以上者，革職；一頃以上者，革職治罪，准其折贖，永不敘用。俱私罪。進士、舉人、貢監生員隱匿一畝以上者，斥革；十畝以上者，斥革治罪，准其折贖；一頃以上者，斥革治罪，准其折贖，永不敘用。俱私罪。所隱田地俱入官，所隱錢糧按年行追。

一、隱匿田地，州縣官不行查出，不及二頃者，降四級調用；二頃以上者，革職。俱公罪。知府、直隸州知州不行查出，不及五頃者，降二級調用；五頃以上者，降四級調用。俱公罪。道員不行查出，不及五頃者，降一級調用；五頃以上者，降三級調用。俱公罪。布政使不行查出，不及十頃者，降一級留任；十頃以上者，降二級留任。俱公罪。督撫不行查出，不及十頃者，罰俸一年；十頃以上者，降一級留任。俱公罪。

一、州縣官能實心勸諭，首出隱田二百頃以上者，紀録一次；六百頃以上者，加一級；八百頃以上者，加一級，紀録一次；一千頃以上者，加二級。如有借勸首隱地名色滋事擾民，及謊報查出隱地累民多徵錢糧者，革職。私罪。

一、官員因不能查出隱地處分，准以查出隱地並墾地議叙之加級紀録抵銷，其餘級紀不准抵銷。

一、地主已將本身隱地呈報州縣，而州縣不呈報司道府州，或州縣已報，而司道府州不申詳督撫者，俱照隱地官員例處分，其原首之地主及呈報官俱免議。

一、督撫以下州縣以上各官離任後，如有隱地被接任官查出，其陞遷、降調、告病、休致者，俱照現任官例處分。其已革職者，俱按其地畝多寡，照律分別治罪。

一、道光十年三月二十四日奉旨：此案伯都訥理事同知文慶，於該處民人玉安等私開荒地隱種千餘畝之多，未經查出，非尋常失察可比，著照部議革職。嗣後如有似此失察私墾地畝之案，即照部議辦理，毋庸票議雙簽，餘依議。欽此。新增。

《六部處分則例》卷一九《田宅・入川開墾》　一、凡入川開墾之民，令原籍地方官給與印照，至川繳送該管地方官，以便稽查。其有久住川省之人，欲往他省探親，或他省之人欲至川省探親者，俱令稟明該地方官，給照前往。回日，取所往之地方官回文銷照。其沿途經過地方官失於稽查，以致並無印照之人混行出入者，照失察無票出口例，降一級調用。公罪。其或得賄縱放，或借盤查名色肆行需索，貽累平民者，俱革職治罪。私罪。該督撫及該管上司不行題參，照不揭參劣員例，分別議處。例載舉劾門。

《六部處分則例》卷一九《田宅・廣東窮民入山開墾》　一、廣東省窮民入山搭寮、取香、砍柴、燒炭等項，令各州縣每寮給牌，遇有遷徙消長，報官添除。儻有窩藏姦宄、勾通匪類者，令寮長報官究治。其入山搭寮居住種麻、種靛者，民山由山主赴官呈驗，方准批佃。官山内除搭寮工作外，令民自行墾種。該督撫相地制宜，分別起科。每年將開墾畝數，於年底造具清册，送部查覈。若地方官有以多報少者，降一級調用，該管上司罰俸一年。俱公罪。如不留心約束，致有窩藏奸宄、勾通匪類等弊，將地方官題參革職。公罪。詳報之上司均免議。

《六部處分則例》卷一九《田宅・入官田産什物》　一、凡入官田産，州縣官隱匿不舉者，革職。私罪。未經查出之府州降一級調用，司道罰俸一年，巡撫罰俸六個月。俱公罪。其或令人居住耕種，不納租銀者，州縣官降一級調用，私罪。府州罰俸一年。公罪。如估價短少，或不候飭估部文，即先變賣者，州縣官罰俸一年，府州罰俸六個月。俱公罪。

一、凡追賠銀兩清查家産之案，該委員會同地方官，令本犯家屬呈明時價，當堂將田房什物分別低昂，公同確估，詳登册記，申報上司，仍令本犯家屬眼同售賣完項。如有官吏侵漁，照侵盜錢糧律治罪。需索者，照枉法贓律治罪。該管上司故爲徇庇者，降三級調用。私罪。若未經查出，府州降一級調用，司道罰俸一年，督撫罰俸六個月。俱公罪。

一、凡田房産業一經入官，即令本犯家屬立將契券呈官出業，該管官眼同原主，秉公估定價值，出示速售。有願買者，給與印照。照内載明不許原主勒索找價字樣，仍令買主出具並無假冒影射甘結存案。如該管官縱容原主佔踞影射者，革職。私罪。上司徇庇者，降三級調用。私罪。若未經查出，照前例議處。

一、地方官吏有將入官田房私自出租，侵蝕租銀者，除照數追賠外，仍照侵盜錢糧律治罪。如經管胥役佔踞侵租，該管官知情縱容，事發，照縱役婪贓例革職。私罪。失於覺察，照失察書役犯贓例議處。例載書役門。

一、應變之田房産業，估價一千兩以内者，限半年内變價。初限不完，罰俸六個月。二限以後不完，每限罰俸一年。俱公罪。至估值一千兩以上之産，或係僻小州縣並無有力之家，及雖係大邑通都，而價值在數千兩以上，一時不能即售者，令該督撫酌量定限一年，或分作二年完解。其定限二年者，如售主先交銀一半，即令其管業，其餘銀兩於次年交清。該管官先將分年完解之處詳明上司，咨部存案。如一年限内完解不及該年分數，將地方官罰俸六個月。二限以後不完，每限罰俸一年。俱公罪。若一千兩之案於限内全完，每案准其紀録一次，銀數多者以次遞加。

一、入官一應什物，限六個月變價。如初限不完，罰俸六個月。二限以後不完，每限罰俸一年。俱公罪。若有竊換等弊，照估價加倍追賠，仍照侵盜錢糧律治罪。

一、承變限期，初參以估價定准之日起扣，二參以初限滿日接扣。

《六部處分則例》卷一九《田宅・稽查旗地》　一、八旗地畝自清查以後，家奴及開户人私典旗地，係乾隆十八年九月清查。民人私典旗地，係乾隆十九年二月清查。如有違例私行典賣與民者，事發，將失察之地方官罰俸一年。公罪。若將旗地長租與民至三年以外者，事發，將失察之地方官罰俸九個月。公罪。

一、民人私墾旗地，地方官不行查出，罰俸一年。公罪。民人隱匿旗地，地方官不行查出，亦罰俸一年。公罪。

《六部處分則例》卷一九《田宅・旗員置買房産》　一、凡旗員及開散家奴人等置買房地，概令呈明該管佐領，各按旗分，在左右兩翼監督衙門納税過契。如有向大興、宛平二縣投税，請領契尾，及該縣私准納税者，均以違制論，將旗員及該縣官俱革職，私罪。開散家奴鞭責發落，仍令在監督衙門補税换照。若該縣官係未經查出者，罰俸一年。公罪。

一、旗員在外省置産，自雍正十二年查禁以後，如仍有託人出口詭名寄户等事，田産入官，照例治罪。失察之地方官罰俸一年。公罪。

《六部處分則例》卷一九《田宅・直隸營田》　一、直隸營田州縣，令該道等勸導查察，如州縣能實力督課，三年之内著有成效出色者，准該管道府廳州據實詳報，由司覈轉保題。不論俸滿，即陞。儻有怠忽因循，並將工本以完作欠，以欠作完等弊，即行揭報參處，著落追賠。如該道府廳州並不秉公查察據實詳報，致有濫舉徇庇等情。該督亦即題參，將濫舉者降二級留任，徇庇者降三級調用。俱私罪。

一、除因公詿誤革職人員情願出資墾田者，准其自備資本墾田開復外，至被參貪婪不法革職擬罪之員，後雖完贓免罪，例應回籍，如有揑稱營田効力，朦混具呈，希圖逗遛原任地方，該司即據呈轉詳，該督撫即據詳轉奏者，均照含糊呈請例，降一級留任。私罪。並將不行查逐之地方州縣及府州道員，均照容留廢官例，分別名數議處。例載歸旗門。

《六部處分則例》卷一九《田宅・稽察棚民》　一、土棍私租山場，招集外來棚民入山開墾，州縣官不即查拏驅逐者，降一級調用，府州降一級留任，道員罰俸一年。俱公罪。其限滿棚民，租契有年限者，以契約爲斷。無年限者，至遲不得過十年，係由户部議定。應飭令退山回籍，地方官按其現未回籍者若干户，一年内能飭退及半者，免其議處。如不及十分之五，將州縣官罰俸一年，府州罰俸六個月，道員罰俸三個月。俱公罪。不及十分之三，將州縣官罰俸二年，府州罰俸九個月，道員罰俸六個月。俱公罪。不及十分之一，將州縣官降一級留任，府州罰俸一年，道員罰俸九個月。俱公罪。仍令該州縣每年將各棚户，分別已滿限未滿限、已回籍未回籍，於年終詳晰造册。由該上司覈明，報部查議。如有玩延不辦，徇隱姑容，並捏報虚數，冀免處分。經該上司查參，將州縣官降一級調用。私罪。

《六部處分則例》卷一九《田宅・撥地錯誤》　一、官員不對閲部檔，支給口糧地畝者，章京等罰俸兩個月，筆帖式等罰俸一個月。俱公罪。

一、官員撥補地畝，不詳查部文原定款項，錯誤撥取，或原定款項有不便撥給情由，並不預先詳明，輒行改撥者，俱罰俸一年。公罪。若徇情改撥者，將差委部員降三級，隨旗行走。私罪。

《六部處分則例》卷一九《田宅・粤西荒地查勘不實》　一、粤西官荒地土，立石定界之後，復有控争地土未清案件，該撫覈實查參，將從前查報不實之州縣官，照荒熟地畝不分晰明白例，降一級調用。公罪。該管上司罰俸一年。公罪。

《六部處分則例》卷一九《田宅・濫給開墾執照》　一、惡衿土棍借開墾名色，將原有業户田産串通里甲地鄰朦官給照，地方官不查明濫給者，降一級調用。公罪。

（清）葛士濬《皇朝經世文續編》卷三三《户政・屯墾・營田總局章程劉蓉》　一、變通舊章以順民情。案查同治二年，前署撫部院張曾將西同二府叛絶各産辦理大概情形具奏。奉旨：此項地畝，與其招佃認墾，不如作爲屯田，可以絶回民之覬覦，兼可節省兵餉，寓兵於農。如能作爲旗兵之産，尤屬合宜。等因。欽此。並經酌議，屯田養兵，係爲經久之計。但陝省軍務正當喫緊，未暇釋械歸農。滿城弁兵日事操練，逆氛未遠，方冀與撫標各營同壯聲威，亦難遽令其出親耒耜，應俟軍務告竣，斟酌辦理。當將酌擬章程飭行在案。查甘省軍務未平，陝省界連要隘，在在宜防。存城滿緑各營，均應勤加操練，以備不虞，屯政斷難興舉。各州縣所報情形不一，均無實效。强者隨意墾種，貧者觀望不前。經理既少良規，窮黎難期安集。與其急圖贍兵，存奢望於閭閻，而餉需莫濟，不若寬以待民，使樂趨乎隴畝，而餉源自充。兹復檢取舊章，詳加核議，併將始終辦法條列分明。牧民者果能實力奉行，不爲莠言所惑妄行，更議行之，必有成效。

一、劃清段落以定地畝。凡丈量田地，先將鄰境、本境有主、無主地界查明，由近及遠，親身周歷。雖偏僻荒遠之區，不得徒令書役勘報。按四鄉各里分别地段，用官定弓步丈量。今之二十五畝即古之百畝，一夫授田以二十五畝爲率。其有一夫之力能種五十畝者，查明實非包攬圖占，准其承領。丈量時，仍以二十五畝爲一段，用大木籤編列字號，標題某里某字第幾段。每五段決一小溝，將土作埂。十段作一大溝，將土作埂。寧可寬其餘地，毋庸計及分釐。其田地左近有閒地，可以搭蓋廬舍者，毋庸另給地段。若無閒地無可居住者，一夫酌給一二畝。丈量分段之外，遇有所餘不及二十五畝者，作爲餘地。如有不願領種多畝，只領餘地，或承種之户有願將界連餘地一並領種者，均於執照内分别註明領種餘地若干畝，併領界連餘地若干畝，均一體按章輸納租糧。

一、授地宜循次序以杜偏枯。丈量之初，既分段落，授地之時，即按標題次序，分别先來後到給領。如有數人同日投結認墾，即按人數分出地段掣籤，不得任其揀擇攙越，以昭公允而免紛争。

一、招墾宜清來歷。無論土著、客民，報明姓氏年貫取具甘保各結，俱准承領。係土著，取具親族保結。係客民，取具同鄉鋪商保結。如隔邑隔省起有印票，查無詭託情弊，准其一體給予執照，按地段次序授田。若勾結多人妄圖自立村寨，不與本鄉聯絡，恐貽土客不安之弊，著不准行。

一、編保甲以資稽查。遠近之民雜處，其閒良莠不能盡悉，保甲之法不惟稽查便易，而且情誼相聯。今於授地之初，既以五家十家分段，即就五家十家擇長，各稽其散户而統於里長。凡里長不必定以百户，只按其里分之大小。如一里僅三四十户或六七十户，均設里長一人。若百户之外，酌人民多寡，設長二三人。其近鎮集户口繁多之地，分東西南北各設一長。凡設長，俱係新招之户，即於新户内選擇。若係新舊錯雜，仍按煙户擇立，只選公正，不分新舊，一體編立，以聯同溝共井之情。里長約束十長，十長約束五長。每歲交租納糧，里長按期催齊，報明地方官，同日交納。一里之中，如有勾結匪徒拖欠租糧等事，惟里長是問。里長有苛索平民、把持地方等事，准同里開列實跡，報官究治，另行擇立。凡里長，半係官人，有緝匪催糧之責，應於授地之外酌給地畝，以獎其勞。所管百户酌給六畝，不及百户酌給三畝，一體納糧。

一、給執照以昭信守。現由總局頒發連三執照，一給認種之户，一存該州縣衙門立案，一繳還總局備查。照内填寫姓名，編號以次給發，不准積壓，致有高下其手之弊。

一、設分局以專責成。各州縣選擇公正明白紳耆二三人，户工書吏各一人，書手一二人，設立分局。將丈量地段頃畝數目暨頒發執照等事，各設印簿，逐日登記明晰，隨時稽考。每月以某幾日收結，當即查明，於次日發給執照。先行出示，毋使遠近之民守候無期。書吏紙筆之費，酌定每畝令認種之民出錢三十文，此外不許索取分文。其設局經費，官爲墊辦。俟於田地交納本租之内，按畝提出二升，以清公用墊款，不得於租外别立名目，向百姓索取。至招種齊全，即行撤局。官紳辦理妥實著有成效，查無别項私弊，准其呈明，由總局核其勞績多寡，詳請獎勵。其有劣紳好民勾通地保書役私相授受刁難苛索，甚或把持地方，阻撓局事，以致田地久荒，糧餉無著，即照棍頭把持例懲辦。地方官申報不實，或借端漁利，一經發覺，亦由總局詳請查辦。

一、定限制以息争端。查前定章程，漢回雜處之地，互相典當，暨與鋪户交易抵押之地，令各州縣勘明，另造清册。漢當回業者，如果文約中證可憑，准其暫行耕種。俟軍務完竣，再行估核賣價，即由當主找足交官，田歸管業。無力找價，即由官核給原當價值，田産入官。其回當漢業，如漢民存有老契，准其繳價贖回。無力繳贖，暫行發佃承種。如無老契，即將田産入官，不准贖取。等語。今詳加復核，應將良回與漢民至今相安無事者，其地田房屋互相典當毋庸查辦外，分别實係叛産、絶産，斟酌辦理。凡屬絶産，如漢當漢業而原主或絶或逃；漢佃漢業，佃存而原主未歸；或原主僅存婦孺，有契據而不能指認，佃户能指認而無契據；又有花名册籍無稽，其人久居鄉井，知其鄰里親族無人，託言契據遺失，妄指田地冒爲己業，或冒認姻親並無確據；或原主希圖省事，俟他人開種後始報復業；又或本係遠鄉隔邑之人，探知該鄉蹂躪之後，遠近人煙斷絶，相與成羣結黨冒稱係該鄉失業之民，冒指田地，互相保結。種種弊混，不勝枚舉，均應立定限制以昭平允。如漢當漢業，其原主親丁已絶，准其找價管業。儻有同族在服制内者，情願繳出當價，取具親族切結，亦准其管業，當主不得與争。其原主逃而未歸者，另行記載，准其暫行耕種，俟扣滿三年，原主不返，無同族服制以内親丁取贖，准其繳價管業。若只係同姓併非宗族，以及異姓之姻親，均不准其繳價管業。其僅存婦孩，有契據而不能指認者，照契内所註地段畝數訪查確實，准其領回招佃。若契紙證據俱無，鄉保鄰佑已絶，僅存婦孺逃歸，確能指認地界，另行記載，准其招佃耕種，不准價賣，俟三年後，實無别故，准其管業。以上各項情由不一，而其應交租糧均應按章輸納，以杜借故取巧之弊。至原主於三年限内歸來，契據人證確切，查係上下兩忙未經播種以前到者，准其接收管業。播種以後到者，俟收穫後始准接收，仍給承種者開墾之資。如蓋有廬舍，均憑中估價給還，不得借口措交。承種者官爲按照上中下則另行核給地畝，更换執照，亦不得以遠近肥磽挑難。其原主或因無資給還，情願另給地畝耕種，取具兩造甘結，將契紙呈官批明蓋印，毋庸另給執照。若三年内原主歸來，確有契據，領還原業承種者已費開墾廬舍之資，而該州縣境内叛絶各産均經招墾有人，此外更無閒地可給，應令兩造憑中估價，或原主補還費用，承種者作爲佃户交租；或承種者有力價買，原主情願收價另置，俱聽其便。凡遠鄉隔邑之人，無契據人證可憑，妄指某地爲本業，雖互具保結，不足憑信，只准照招墾之民一律辦理。凡荒閒地畝，既經分段丈量，其閒或一段數主，或數段一主，無從查考，原主限内歸來，其地尚無人種，查係確有證據，應准其取具切結領還。若已有人承種，其畝數業經劃分，不得因一人紊亂定章。應查原主契據畝數與承種者相當，仍照播種、未播種辦理。其畝數少者，另行給地；多者，先將無人承種者給還，餘仍另行給地補足，不致割裂紛更。至有主之地界，於叛産、絶産之閒丈量之時，串通鄉保吏胥隱匿侵占，無論遠年近月，一經發覺，地畝歸官，追繳歷年應輸租糧，照例一體科罪。以上專指絶産而言。至於實係叛産，例應歸官，毋庸再議。房屋地基以契據爲憑，無契據而有鄉保鄰佑可證，俱准收還。如有隱占當賣及冒認己業起蓋鋪屋，或將曠閒地基平作地畝，均另行記載。儻被原主或旁人舉發，將所蓋房屋不准拆還，仍治以欺隱之罪。餘皆照前辦理。其栽種果木之沙地，照現在同州府辦法，變通折銀。每畝查照糧銀，加倍征收。如糧銀五分，租銀以一錢爲率，按畝給予執照。願爲己業者，令其按畝輸納十年，俱准其永遠管業。

一、定租糧以資軍食。招墾地畝，所以綏輯遺黎，亦借以資軍食。查從前比照嘉慶十三年興安辦理章程，水旱田地分上中下三等起租。邨舍莊基有搭蓋房屋棚廠居住者，照上地起課，正項錢糧另行按照輸納等語。年來各州縣稟報未能畫一，雖係情形不同，其間任聽鄉保吏胥蒙蔽，漫不經心，以至荒地甚多。其未荒者多係豪强估占，流亡者仍無所依。上官勤求安撫之意未能下通，下民亟謀休養之情未能上達。或亦規模未備，致多參差。今無論叛産、絶産，皆屬官地，其酌征租糧，以濟民艱而資國用，自與尋常額征正糧不同。查户部例，水田、旱田起科有六年、十年之别，由官招墾，以田歸佃，次年起科。又雍正六年諭旨：小民甫經安插，公私兼顧爲難，著寬限二年起科等語。陝省軍興以來，倉廒無餘，軍食不足，非曩時充裕可比。兹分别水田、旱田寬立年限，酌定租糧。係水田，初年免其交租，只納正糧，次年每畝上則輸租二斗，中則一斗五升，下則一斗。三四等年，每畝上則輸租二斗五升，中則二斗，下則一斗五升。五六等年，每畝上則輸租三斗五升，中則二斗五升，下則二斗，正糧均照定例輸納。六年以後，合計遞年所輸之租，上則每畝補足五石，中則補足四石，下則補足三石，准其作爲己業，換給契紙，永遠管業。其或不能補足，每歲仍照五六年定章輸納。俟交足石數，正糧無虧，仍許换給契紙，准其永遠管業。係旱田，初年租糧俱免，次年上則輸租一斗，中則七升，下則五升。三四等年，每畝上則輸租一斗三升，中則一斗，下則七升。五六等年，每畝上則輸租二斗，中則一斗五升，下則一斗，正糧均照定例輸納。六年以後，合計所輸之租，上則補足三石，中則補足二石，下則補足一石五斗，准其作爲己業，換給契紙，永遠管業。不能補足，照水田不能補足辦理。北路山多地寒，歲收較薄。其上地照中則輸租，中下地均照下則輸租，正糧仍照例征收，以示區别。如種至三年，願將四五六等年每畝應交之租補足石數，亦准换給契紙，永遠管業。凡認種未及年限，不願種者，准其報明，頂給他人。仍取具里保各結，換給執照。頂種之户，其應交租糧，仍按畝核計，准其按年接算，不必另起年限。村鎮房屋地基有起蓋鋪店房屋者，按所占地，每畝每年輸租二斗，均於五八月交納，不准遲延。仍照六年爲限，其願作爲己業者，每畝補足三石，換給契紙，永遠管業。倘有奸豪將無主房基搭蓋棚舍，或用磚瓦圍砌，或撒種各種糧食，冀圖無主承認冒爲己業。此等詭混最多，尤應實力清查，隨時究辦。

一、勸殷實以廣招徠。地方富紳良賈樂善好施之士，有願捐助牛種，搭蓋棚舍，捐資招墾，出借口糧籽種，薄取利息，或並不取息等情，皆屬勇於爲善。地方官查無市利盤剥私情，即將其捐助若干開具姓名、年歲、有無功名，報局詳請，酌量優獎。

一、明定限以免參差。凡交納租糧，照舊例，俱用京斗。春糧自五月初起截至五月底止，秋糧自八月初起截至八月底止。里長率領佃户裝運，赴常平倉交納，咸長兩縣令赴廣備倉交納。隨到隨收，嚴禁倉書户吏羈延浮收等弊，該管官不得於先期私行支收。散户逾限不交，或交納不清，嚴催里長，不得仍其拖延。每歲征收租糧，照常申報，以憑查核。業主復業，定以三年，應自該地方被擾之日起扣算。招種之民定以六年交納租糧，應自給發執照之日起扣算。各州縣辦理招墾，應自奉到此次新章起至同治五年三月止，趕緊設法招齊，毋得仍前延玩。每月初十以内，將上月招種某處田地若干開報總局稽查。其辦理妥速，或草率了事，或藉故拖延，届期總局開單詳請，分别勸懲。

一、截定章程以防紊亂。查未定新章以前，各州縣招墾丈量，既非親歷，頃畝未必劃清，認種之民，多寡聽其選擇。其認爲己業者，既未深究其由來，只圖目前之征收。舉凡隱冒侵欺中飽等弊，置而不問。此時遽難概令更張。應截定新章之前，已經承種有人者，趕緊清丈，分出地段，先行造具清册，註明某鄉某人於何年月日，認種水旱田地若干畝，有無搭蓋鋪店房屋，占地若干畝，申報總局，酌示遵行。如已奉新章，故意稽延，冀將未經墾種地畝混入已經承種之内，乘便營私，一經委查確實，由總局據實詳究。

（清）葛士濬《皇朝經世文續編》卷三三《户政·屯墾·定嚴屬墾荒章程並招棚民開墾記戴槃》 浙省自兵燹後，田畝久荒，各市鎮悉成焦土，遠近鄉村亦復人煙寥落，連阡累陌一片荊榛。辦理善後事宜，墾荒其第一要務也。

余涖任後，查嚴郡各屬郡田地荒蕪，人民稀少，較他郡情形蹂躪更甚，愍焉憂之。今欲招墾，必須外來之户樂於耕種，墾户日多一日則荒田日少一日，庶糧賦不至久懸。無如外來墾户由江西者，則有衢之荒田可耕。由寧紹來者，則有杭屬之荒田可耕。惟嚴郡居中，止有徽州一路。徽嚴交界地方皆係荒產，斷不肯舍此適彼。惟查有棚民一項，向來以種山爲業，地方農民不與爲伍。自咸豐十年後，粵匪滋擾，棚民僻處深山未受大害，現較農民尚勝一籌。昔日無田可種而不能不種山，今日有田可種而能改種山爲種田，田之出息究勝於山。各棚民非不願種，實不敢種。須設法招之使種，此所以有棚民開墾之議也。

嚴郡收復以來，迄今數載，田既久荒，墾本較大。種山之民聚族於斯，其招墾也尚易，他郡之民遷徙於斯，其招墾也更難。若非明定章程，格外優恤，難期踴躍從事。非特他郡之民裹足不前，即棚民亦多疑畏，竊恐荒田日久不墾，皆成廢地，何以使糧不虚懸哉？

今查各屬田畝，或業户畏完錢糧不肯遽報，或佃户私自墾種不即呈報，其中更有因田畝墾熟假冒誣認，甚則書差舞弊，藉端勒詐，以至日久争執，種種弊端，不一而足。且支河乂港種田者，必資水利，聞開墾各户，本地農民不准取水，所有築堰等費又欲外來之墾户承認，不肯按已種田畝均攤。是必嚴行禁止，以廣招徠。蓋弊既除，而後利可興也。

余閲善後局頒發章程，聲明各屬有不能强同之處，應由地方官隨時隨地酌量稟辦，以期盡美盡善。余不敢謂所擬章程咸臻美善，而因時利導，因地制宜，因人成事，悉心斟酌，謹列膚見四條如左：

一、宜令隨墾隨報也。本地荒田，外來墾種各户，無論本籍、寄籍，須先報明認墾，不准隱匿遲延。近年來田畝荒蕪已久，墾本較大。三年内如有原業主來認，應分租息作爲墾本，不准分租，亦不准遽行收回。俟承種之人稍得利息，三年後再行退還。其有情願來人佃種者，悉聽自便。報墾到縣，不准勒索墾户分文，並准免完錢糧一年，須以原報畝數爲憑。三年内業主承認，既不分租，一年之後應完錢糧即暫令墾户照出。倘未新墾之田，佃户照舊完租，由業主完糧，不在此例。其有私墾而不舉報者，查出作私佔論，庶隱匿不報之弊可除。

一、宜令墾三年後即行執業也。限定年分，須照到縣報墾日期爲憑，扣至三年，方准呈辦。三年後如無業主來認，准墾種各户作爲己業，過户完糧，既得利息，復有恒產，自必踴躍從事。所有溝港取水，本地農民不准阻止。倘有築堰蓄水之事，亦必按畝均攤，毋令墾户多出錢文。庶墾户樂從，而日久争執之風可息。

一、宜令原業主早爲呈報也。荒田有人墾種，如實係自外間回來者，方准照數收回，到籍三月内即須稟報。倘係在籍之户不即行報明，延至日久，俟田已墾熟再行呈報，顯係有意取巧，詢明地鄰，即將所種田畝罰半歸墾户執業。至於業主之親族，不得混行争執，庶業主不敢久匿田畝，可以逐次清釐。

一、宜嚴禁冒認也。荒田墾熟後，本籍奸民固有藉端假冒，甚則衙門書差串出鄉民冒認，藉端勒詐。其實有印契糧串可憑者，自當退還。如無確據，必須本莊地保紳董代爲出結，方准執業。如有非業主前來冒認，並憑空匿造假契，訊明情節，嚴行懲辦。衙門書差勾串勒索，尤爲地方之害，倘有此弊，更應從重治罪。庶墾户無所疑畏，田畝可以漸次耕種。

（清）葛士濬《皇朝經世文續編》卷三四《户政・八旗生計・記武隆阿秀堃八旗生計疏及雙城堡屯田始末孫鼎臣》 我朝八旗以兵政寓民，一馬甲月給銀三兩，護軍四兩，月米皆四斛。於京城内外按旗分給房屋，於近京五百里内圈給地畝，衣租食税，恩至渥也。

雍正中，每旗發帑十萬生息，以爲婚喪之費。乾隆四十四年，户部贖回八旗入官老圈地二萬七千餘頃，責成直隸州縣徵租解部，於年終普賞各兵一月錢糧。嘉慶十年，又節省巡捕營馬乾銀，增養育兵額。十一年，復發帑銀七十萬，交商生息，再增兵額。所以爲旗人謀生養者，無微不至。然歷年既久，生齒繁而衣食絀，列聖時以爲憂。

宣宗登極初元，大學士伯麟奏調劑旗人生計，詔八旗都統、副都統詳議以聞。於是喀什噶爾參贊大臣武隆阿、幫辦大臣秀堃言：直省緑營既有滿官，亦不妨有滿兵，請將各將軍、督撫、提鎮標緑營馬兵，酌分十之五爲旗缺，以駐防八旗馬甲養育兵就近送補。無駐防者，以附近之駐防兵往補。三年補足其額，差操錢糧卹賞與緑營兵同。千總、把總、外委缺出，較其優劣一體拔補。其在各府州縣，照商籍寄籍例編爲旗籍，户婚田土命盗諸務，歸地方官管理。生子隨時呈報，督撫年終彙咨部旗。旗籍子弟願補緑營守戰馬糧，許一體考補，并許應府縣文武試及鄉會試。應繙繹試者，由各省咨送入京。其欲預赴各省候挑兵丁，及自謀生理者，呈明給咨，赴州縣入籍。駐防兵補緑營兵後分滿營兵缺，以其二補本營駐防閒散旗人，以其八調取在京閒散旗人往補，由京旗都統按缺選派，所以應補之缺，截曠銀糧計數支給，爲道里之費，官給車船遞送。其馬甲養育兵願赴駐防者，許辭京缺前往聽補。父撥補而子爲閒散者，得攜其子。子撥補而其父辭缺隨往者，亦聽。兄弟叔姪亦如之。京旗中願隨外任親戚，或願赴各省謀生者，皆呈明都統，給咨齎赴所往之州縣入籍。如此則京外旗人生計充矣。

疏入，上命八旗集議，事格不行。二公由是獲譴。

當昌陵之季年，議開奉天、吉林等處荒地，移駐京旗。於是富俊、松筠迭爲吉林將軍，首尾經畫十餘年，雙城堡之屯始成，他未遑及而二公繼没矣。

先是乾隆閒，御史舒赫德、范咸，户部侍郎梁詩正，請於盛京黑龍江寧古塔沿邊開屯，議者多以爲不便。至嘉慶十一年諭曰：京旗户口日增，生計拮据，乾隆閒以八旗人衆分撥拉林地方，給田墾種，迄今甚享其利。今若將在京閒散陸續資送吉林，以曠地撥給，或自耕，或召佃取租，足資養贍。乃命松筠、富俊與盛京將軍和瑛會勘議行。會吉林將軍賽沖阿奏秋收不豐而止。十九年，富俊爲吉林將軍，乃始奏於雙城堡設中左右三屯，爲移駐京旗之計。雙城堡者，吉林轄境也，南北七十里，東西百三十里。西南爲拉林河，北爲松花江，地勢平衍，土沃泉甘。其地俗以晌計，一日可犁之地爲一晌，大晌十畝，得糧四五石，多者七八石。一石準倉石二石有半。四年十月富俊奏。富俊奏挑派吉林、奉天旗人三千户爲屯丁，官給耕牛、農具、籽種，分中左右三屯爲百二十屯。每屯鑿井二，每井給銀十八兩。每户給蓋窩棚銀四兩，撥荒地九萬數千晌，每丁給地三十晌，先開熟二十晌，五年後徵糧二十石。移駐京旗到日，撥給熟地十五晌，荒地五晌，通二十晌。餘十晌荒熟各半，給屯丁爲恒產，不徵其租。後道光三年，松筠奏，改爲兩户屯丁原分二地六十晌內，照原議荒熟地畝之數，兩户屯丁撥給一户京旗二十晌，各屯丁每户留二十晌爲恒產。每屯屯丁三十户，京旗三十户。中左右三大屯，議移駐京旗三千户，每歲移駐二百户。願移之户十月報部，次年正月起程。每户户部給治裝銀三十兩，本旗津貼銀十五兩，車馬皆官給。到屯後，户給屋四間，皆官建。自道光二年，始移駐二十八户。三年移駐三十一户，四年移駐五十三户，五年移駐七十七户。時墾熟之地已三萬三千一百餘晌。四年容照耆英奏。蓋富松兩公前後數任，始終其事，閱時最久，故規畫倍詳。二公殁，而當事者不能無懈，京旗安土重遷，往者益少。

其後協辦大學士英和猶以爲言，以爲經始維艱，宜推廣以竟成功，而任事無其人矣。方雙城堡之興屯也，富俊欲推其法於伯都訥圍場，以爲募民開墾，可得地二萬餘晌，較雙城堡事半功倍。前後奏至六七上，廷議以雙城堡屯務未竣，且經費不足，不能更及，竟寢其事。而松筠於道光三年任吉林將軍，亦請開養什牧及大凌河馬廠，皆嘉慶十七年故所勘地也。良法美意雖未果施行，而老成謀國之心，條議區處之密，與營平之在金城何異。若夫成功，則豈人之所能爲者哉。

《大清會典事例》卷一七八《户部·屯田·新疆屯田》 新疆屯田。

乾隆二十一年奏准：巴里坤至濟爾瑪台、濟木薩、烏魯木齊羅克倫、瑪納斯、安濟哈雅、精河等處，俱有地畝可資耕種。伊犂附近地方，約有萬人耕種地畝。空格斯、珠勒都斯等處，可耕之地亦多。現在伊犂有回人三千餘名，令巴里坤辦事大臣及甘肅撫臣，派出緑旗兵一百名，委員酌帶籽種農具耕牛，於明年正月內前來，分別按地酌給耕種，俟試看一年，再行辦理。

又諭：回人與額魯特等素如敵讎，若令回人屯種伊犂，或受額魯特等欺陵，轉恐滋事。不若仍令回人各歸原處，令其輸納貢賦，似較妥協。伊犂等處可種之地既多，酌量遣派內地兵民前往屯種，照安西地方之例辦理。既可支給屯兵糧餉，而於鎮守地方更屬有益。

二十二年奏准：吐魯番地方直通伊犂，兼與各處回城聲息相通。即於吐魯番派兵屯種，現在額敏和卓已駐紮此處，尚有闢展地方，地勢寬展，可資屯種。即將所帶緑旗兵丁派令屯田，交與副將督率管轄，並令額敏和卓父子嚴密防範管束，協同辦理。

又奏准：雍正年閒，巴里坤駐紮大臣時，奎素、石人子以至尖山子一帶地方，俱經開墾。茲復勘得尖山子起至奎素一帶百餘里內，從前地畝舊迹俱存，係取用南山之水，共有正渠九道。自山口以外，多滲入沙磧，亦必須木槽接引，方可暢流。其三道河以北，自鏡兒泉三墩起至奎素止，亦有開墾地畝。正渠三道及支渠形迹，荒蕪日久，渠身湮塞。現在工多人少，且工料必須撥運。應於甘涼肅三處，先派種地官兵一千名，於來年正月前往，疏濬水泉，開引渠道。需用工匠物料田器牛隻等項，均由內地辦運。至二三月間土膏萌動，即分布巴里坤駐紮滿兵三千名，緑旗屯田兵一千五百名，於可墾之地翻犂試種。巴里坤一帶氣寒霜早，惟宜青稞。令各兵於青稞外，如糜穀之類，少爲試種。儻或有收，再行加增。其官兵整裝銀兩，照例給發。

又諭：烏魯木齊等處，亦須漸次屯種，接濟兵食。其如何相度水利，測驗土脈，及派兵前往一切口糧牛具籽種等項，豫爲料理之處，著黄廷桂詳悉具奏。

又奏准：吐魯番現在耕種屯田之緑旗兵八百名，移往哈喇沙爾、伊拉里克等處耕種。一面查明吐魯番現種熟地若干頃，此外有無可墾之土，共需兵若干，酌定數目，派出兵丁，辦給籽種器具，遣往吐魯番接種。

二十三年奏准：闢展、魯克察克、吐魯番，除官兵及回人屯種外，因水乏無可開墾。吐魯番西百餘里，通哈喇沙爾、托克遜城水頗充足。再哈喇沙爾通庫車阿克蘇大路，舊係額魯特回人墾種，海都河水甚足，烏魯木齊水亦足用。現於哈喇沙爾派兵二千四百名，烏魯木齊原派兵五百名，增派五百名，托克遜與闢展、魯克察克相近，量增兵五百名，闢展仍派兵四百名，共需兵四千三百名。除現在兵丁外，已移咨黄廷桂，於奏派八千名內，先派三千名，攜帶牛具口糧，前赴魯克察克，於三月前趲到。計需籽種一千六百石有奇，除動用闢展存儲外，移文巴里坤大臣，速爲運送。

又諭：昨因軍需羊隻，道遠多致倒斃。諭永貴等於屯田處所廣爲墾種，以裕軍食。今據永貴定長等奏稱：本年在烏魯木齊、闢展、托克遜、哈喇沙爾等處，共派屯田兵三千六百名，墾地二萬九千二百畝，計布種一千四百餘石，可收穀三萬六百石。較去年吐魯番、闢展之數加增三倍等語。多種地畝，於軍食有益，現派兵數尚覺其少，或伊等計抽調留候成熟，僅得此數耶，抑或難於多得耶。但添派緑旗兵丁，其後隊尚未起程者，多係閒住，不妨暫令乘時布種，再陸續前往。至永貴等辦理屯田，當親往察看，董勸兵丁。其勤於力作，多種地畝，著即量加賞賚，以示鼓勵。

又諭：屯田爲軍食所關，凡墾種地畝，收支穀石，俱宜豫行籌畫。可傳諭永貴等，將現在墾種若干、收糧若干，較去年多增幾倍，足敷兵丁若干人幾日之食，來年亦照此加增，覈計具奏。至平定回部後，屯田兵丁若同征兵撤回，則將來又煩跋涉，自應留住彼處，來年墾種地畝。應添兵丁，或於征兵內酌量存留。伊等口糧，即在現收穀石內支給。但足敷幾月之食，能及收穫之期否，俱著籌酌奏聞。

又奏准：巴里坤至伊犂，分駐官兵屯田，由近及遠，漸以舉行。凡阨塞諸處，一切修建城堡，分別營站，仍聽將軍兆惠辦理。至屯田需用牲隻，現由太僕寺解羊萬頭，極爲充裕。其鑄造農具，秋冬酌量運送。計由巴里坤至烏魯木齊南路一帶，如闢展、托克遜、哈喇沙爾等處，今歲俱已種植。自烏魯木齊以內，察罕烏蘇、穆壘、北路一帶，未設臺站，舊係噶爾藏多爾濟部落，地多砂磧，難於開墾。由穆壘至烏魯木齊一帶，則可墾之地最多。近因哈薩克貿易，派員承辦。並遵旨揀選副將一員，帶兵二百名，管押貨物，乘便遴委道員，同往彈壓。即於經過之處，將曾否開墾地畝及氣候寒暄、土脈肥瘠、水泉多寡，繪圖貼説，再加酌議。

又諭：永貴等奏稱：前與雅爾哈善會商無分進勦屯田，兵丁隨到，即令開墾地畝。續因耕牛農器不能全到，先就闢展等處所有畚鍤，令其開溝築隄。又哈喇沙爾之海都河，水勢湍急，必須渠深岸固，方免衝齧等語。看來今年播種之期，似稍遲誤。但將進勦兵丁後隊截留，人力有餘，或可將烏魯木齊等處俱行墾種。可傳諭永貴等，現在籌議屯田處所，交秋以後成熟穀石若干，來年伊犂等處屯田能以次興作否，並將伊等奏摺録寄黄廷桂閲看，俾得酌量豫備。

又奏准：昌吉距烏魯木齊六十餘里，羅克倫距昌吉四十里，舊係噶爾藏、多爾濟之一千六百餘户游牧，地平水足，有河渠舊址，修理亦易。丈量得昌吉可墾田八萬餘畝，羅克倫可墾田七萬餘畝，應於昌吉、羅克倫各駐兵一千五百名，更番開墾種植，以休地力。

又諭：努三前奏請查勘烏魯木齊屯田，時朕即謂雖爲期尚早，亦當先事籌備。隨諭黄廷桂，來年穆壘、烏魯木齊屯田，派兵七千名，及辦給農工器具。今昌吉等處既又可駐兵三千，可傳諭黄廷桂照數添派兵丁。合之前派七千，即得萬人，爲數雖多，但屯田兵惟取其習於耕作，不必盡皆精壯。黄廷桂宜酌量辦理，如有不便，即停其添派亦可。仍與努三、永貴等會商定議具奏。

又諭：據永貴奏稱，將軍兆惠所議屯田收成分數，每人墾田二十五畝，所收穀石可給八九人之食。詢問官兵等，俱稱必係成熟之地，一家有四五人助力，方如前數。若一人墾田，即盡力不過十四五畝，可食三四人等語。此特據緑旗官兵之飾詞，遂以爲實。不但與兆惠所奏不符，即以内地情形而論，四民之中農居其一，尚能積貯有餘，流通出糶，永貴等豈未聞知。或因初墾之地收成歉薄，若將來由近及遠以漸增加，仍執此定數，安足以給軍食。可傳諭永貴等，加意勸課兵丁，務如農民治田，不留餘力。視其所收分數，再行定議具奏。

又奏：本年闢展等五處屯田兵三千六百名，今届收穫之期，看得地有肥磽，穀分豐歉，米麥合算，通計實屯田二萬二千三百三十五畝，每畝收獲一石九斗至一石四斗不等，共收穀三萬七千三百四十餘石。以去年每畝一石四斗計之，增出五斗至三斗六升不等，共多收六千七十餘石。所收穀石，次年自闢展至哈喇沙爾、烏魯木齊新舊兵丁，又烏魯木齊附近額林哈畢爾噶、羅克倫、昌吉至西托摩楚克等處新兵，共需籽種一千五百二十石，餘穀三萬五千八百二十六石，碾米一萬七千九百十三石，共敷官兵跟役九千一百九十人口糧七箇月有奇。其不足之數，次年所種小麥青稞，六月内即可收穫，以資接濟。奉旨：永貴等所奏闢展等處屯田收穫分數，看來止敷屯兵口糧，其伊犂駐防官兵，仍需籌畫。可傳諭兆惠，遵照節次諭旨辦理。至從前屢諭永貴等確查收成分數，除新舊屯田兵丁外，尚足敷幾千人之食。伊等遲久方奏，微覺難於籌辦，不思内地農民，何以畝有餘糧。蓋由家長善於勸課，且食用撙節，毫無欺隱耳。兵民雖異，其理則同。永貴其悉心經畫，於軍需自有裨益。

二十四年諭：屯田糧石，關繫軍需。定長等所報碾出數目，有較上年加增者，皆承辦之員實心經理所致，著加恩將都司瑪呼等交部議叙。嗣後各處屯田，除收穫較多者，准其奏請議叙外，如較原報之數虧缺無多，著暫行登記，准以下次贏餘抵補。儻再有虧缺，即照所缺之數分別議處，庶承辦各員知所勸懲。可傳諭令其遵照辦理。

又奏准：烏魯木齊增墾屯田，擬於凱旋緑旗官兵内截留五千名，以四千分墾地畝，以一千豫備差遣。明年收穫，即可供伊犂糧餉，俟伊犂屯田又可接續。其巴里坤有屯兵八百名，應將西安提督移往駐紮。此時農具籽種最爲緊要，上年冬月，辦過籽種二萬八千石，運到闢展一萬一千餘石，農具一萬三千副，現存哈密農具六千餘副。今於肅州雇得商駝四百餘隻，將應送烏魯木齊等處農具籽種口糧，按程給值，源源轉運。至耕田牲隻，亦屬要需。甘省各提鎮原有孳生兒騍馬匹，即於此内挑選一二千匹，七八月間送往巴里坤牧放，以備調用。

又奏：烏魯木齊新舊屯田兵一千名，舊兵除差遣外，實屯田兵六百七十四名，種地一萬五千一百餘畝，收麥黍一萬二千二百四十餘石，新兵二百名，種地一千五百餘畝，收麥黍二千二百四十餘石。舊兵所種較上年加倍，其收穫亦如之。

又諭：定長等將本年闢展、托克遜、烏魯木齊、哈喇沙爾、喀喇和卓等處屯田收穫分數具奏，又稱除烏魯木齊外，其他地畝較之初種時，漸覺歉薄等語。此等田畝，雖不能如内地人工糞治，可以常年耕種，但地頗寬敞，彼此遞年互調耕作，自有餘力。著楊應琚會同舒赫德、定長悉心講求，酌議具奏。

又奏准：烏魯木齊屯地兵丁，墾種在二十畝以上而收數多者，官弁議叙。如差繁墾地及數，因被災收數中平，或差繁墾地不及數，又被災傷，以致收數減少，與事故耽延墾地不多，而每畝收數不減者，均予免議。其墾地不及數，收數不大減，及差調以致地畝收數俱少者，將墾收數目註册，留給下年積算扣抵。

二十五年諭：安泰奏稱奉巴里坤緑旗兵可否調往烏魯木齊諭旨，現在烏魯木齊糧石頗屬饒裕，内地所辦農器多在巴里坤，所有兵丁九百名，與其在彼守候，即可調來烏魯木齊屯田等語。烏魯木齊增兵開墾，既有益屯田。而哈薩克貿易往來，昨尚諭派索倫兵數百名駐紮防範。今增調此項兵丁，更足以壯聲威。即照所奏辦理。

又諭：阿桂奏稱伊犂河以南有地名海努克，與固勒扎相隔一日程途，水土沃衍。請於此處先行屯種，相其形勢，分立邨莊等語。所辦甚是，俱依議行。果能實心奮勉，次第辦理，則屯田一事，當録伊經始之功也。至邨莊居住回人，需兵防護，非尋常屯田處所可比。必固其堡寨，勤其瞭望，庶藏匿之瑪哈沁及哈薩克等不敢滋事。至所奏起程以前，派回人修理穆索爾嶺道路，及將來安設臺站，行文舒赫德酌辦等語。從前準噶爾與回人往來，俱由穆索爾嶺一路。今既屯田伊犂，自應時加修理。其酌派回人及安設臺站，俱傳諭舒赫德知之。

又諭：安泰等奏屯田以漸開拓，直通伊犂。自烏魯木齊至羅克倫，擇水土饒裕之地，立四邨莊。每莊屯兵八百餘名，委游擊一員、都司一員，分派雜職等督課耕種等語。所見甚是，可即勉力善爲經理。至設立邨莊，尤宜防範盜賊，不可輕忽。所奏官兵四五千人，間有疾病，乞賞給醫士及藥材等語。著傳諭吴達善於甘肅選良醫二名，並各種藥材，送至烏魯木齊備用。

又諭：伊柱奏稱屯田兵丁已抵伊犂之海努克，現在安設邨堡，修理溝渠等語。看來伊犂屯田俱有舊蹟，將來漸次開拓，更於軍食有裨。著傳諭伊柱，於一切應辦事宜，先時相度，加意奮勉，督策回人盡力耕耘，毋爲偷惰。其地畝數目，收穫情形，可遇便陸續奏聞。

又諭：據阿桂奏稱本年伊犂屯田，以播種計之。上地所穫二十倍，中地所穫十倍，足敷千餘人來年麥熟前之食。將來增墾益多，則需人益衆，並請於關展廢員内遣原任副都統圖克善、劉揚前來效力等語。今年數百回人甫經耕墾，即收穫豐裕，覽奏殊爲欣悦。伊犂地廣，屯田以多爲善。其圖克善等，俱照所請發往。若仍需人承辦，則烏魯木齊效力官員頗多，著一面具奏，一面調遣，亦傳諭烏魯木齊大臣等知之。

又議准：前因進勦回部，關展等處，俱係衝要之地，故屯田以接續口糧，供備調遣。今軍務告竣，所有屯田兵丁，或發往伊犂，或遣歸營伍。應酌議關展等處，某處係屬要地，仍應存留官兵外，其年久老疾之人，遣歸原營，餘俱陸續發往伊犂屯田。至從前所墾地畝，酌量留給兵丁耕種，餘俱賞給本處回人。所有現收糧石，既敷臺站屯田兵丁數年之食，亦即照各處所需之數儲備。每年出陳易新，毋使黴變。

二十六年諭：據定長等奏，烏魯木齊屯田兵丁較常人所食頗多，照例支給尚覺不敷等語。已諭於常數之外，每人日加米麪五合。至伊犂屯田回人，亦與緑旗兵丁同事耕作，自當一體加恩。著傳諭阿桂，將伊等應否加給，或一二年後視其效力如何，再行辦理之處，酌議具奏。

又諭：阿桂奏稱葉爾羌、喀什噶爾、阿克蘇、烏什等城，有舊在伊犂耕種回人二三千名，今聞開設屯田，願來效力者甚多。若添駐回人，即可裁減緑旗兵丁。但該伯克等或以錢糧缺額爲詞，惟停止協助之費，並照派出回人户口減其糧額，則衆皆樂從等語。所奏甚是。伊犂再增回人千餘，生齒更覺繁盛，亦於伊等生計有益。且裁減緑旗兵丁，既省内地之力，而回人田作亦較勝緑旗兵。可將阿桂奏摺録寄舒赫德等閲看，定議具奏。

又奏准：瑪納斯、庫爾喀喇烏蘇、精河等處，在伊犂、烏魯木齊之間，地可屯田。應設立邨堡三處，以次經理。來春先派兵五百名往瑪納斯，以一百名起蓋倉廒房舍，四百名屯田。續派兵五百名往庫爾喀喇烏蘇，即以瑪納斯餘糧辦給。其精河亦照此續辦。再由烏魯木齊至伊犂道遠地廣，若安設臺站，以馬兵五百名往來巡查，則外藩貿易人等觀瞻既肅，於牲隻亦有裨益。今烏魯木齊有索倫兵三百名，來春辦理瑪納斯屯田時，即先派索倫兵五十名同往，分卡巡查。

又奏准：瑪納斯、庫爾喀喇烏蘇、精河三處安設邨莊，駐兵屯田，原以省額林哈畢爾噶一路臺站輓運口糧之力，續因一時難以盡舉，暫停安設臺站。瑪納斯距昌吉、羅克倫不遠，酌派屯田兵二百名。庫爾喀喇烏蘇、精河距伊犂、烏魯木齊俱遠，每邨派兵三百名，每人各墾地十五畝。所需籽種農具駝隻，由烏魯木齊、巴里坤取用。

又奏准：巴里坤有屯田緑旗兵一千名，雖經墾種，而地寒霜早，僅收青稞一種。故屯田兵亦照駐防例支領鹽菜銀兩，兼以粟麥，共需銀五萬二千三百兩有奇。安西兵丁三千餘名，計日遷移，俱係折給糧價，更不需支食青稞。所有屯田兵丁，概行撤回，即將安西兵派出屯田，以節冗食。

又題准：烏魯木齊等屯，每兵收穫糧十一石以上至十四石，官弁議叙。署把總外委兵丁，俱賞給一月鹽菜。

二十七年諭：楊應琚奏請將關展屯田收穫之芝麻菜子分借回人種植，俟收穫後扣還籽種，其餘量爲交官，以抵應輸額賦等語。關展所種芝麻菜子，上年已試有成效，自應借給回人種植，以省運油之費。但回地向未有此，若令其分種，恐非所素習。著傳諭德爾格酌量辦理。或伊等不願承種，即毋庸拘泥該督來咨，勉強從事。再烏魯木齊地畝廣遠，現在開墾三屯，或即於該處播種，以濟日用，亦無不可。並傳諭楊應琚知之。

又諭：達桑阿奏稱玉古爾、庫爾勒回人等，今歲屆升科之期，派員查勘收成分數。據報玉古爾大小麥俱已成熟，共收穫八千一百餘石。庫爾勒所種，因蝗蝻傷損，僅收三百餘石等語。回人所種地畝，俱資灌溉之利，雖不虞旱潦，而蟲鼠爲耗，致成偏災，亦所不免。雖不必盡照内地蠲賑之例辦理，而視其被災分數酌量減免，伊等自感出望外，且實與生計有裨。此次庫爾勒回人等升科伊始，既被偏災，其作何蠲免之處，著速議具奏。將來各城回人所種地畝有成災者，著各該駐紥大臣詳悉查勘收成分數，定議辦理，俾回衆咸知朕軫念新附之意。即其中有捏報災傷希圖免賦者，因此履畝確勘，亦得杜其僥幸之端。著傳諭永貴等知之。

二十九年諭：伊犁田土肥潤，如敷多人耕作，莫若令滿洲官兵分種，既得勤於力農，而於養贍家口，餧養馬匹，均屬有益。著交明瑞查明地畝，俟滿兵到齊住後，酌量分給耕種。欽此。遵旨議奏：附近伊犁二百里以内，可種田地甚多，俟官兵到齊，再行妥議辦理。

三十一年議准：嗣後新疆種地兵丁，每名收穫細糧十一石者，停其議叙。十八石者，照例議叙。二十八石者，加倍議叙。

三十二年議准：新疆塔爾納沁額地六千畝，開墾餘地一千三十畝，按秋收分數，確計所收糧石，儘數報官。種地遣犯應支籽種農具各項，一併覈實，官爲給發。所有地畝正餘名目，概行删除。力薄之地，准其暫行休歇，另開貼近地畝，輪番樹藝，以息地脈。至屯糧所需籽種農具，隨時體察，照例撥給。

四十年議准：嗣後伊犁每兵收穫細糧至十八石，烏魯木齊收至十五石者，官員議叙，兵丁賞給一月鹽菜銀兩。伊犁收穫細糧至二十八石，烏魯木齊收穫至二十五石者，官員加倍議叙，兵丁賞給兩月鹽菜銀兩。伊犁屯田收穫十五石以上，烏魯木齊收穫十二石以上者，均准功過相抵。如不及者，官員議處，兵丁量加責處，仍留屯督種。次年收穫足敷議叙，准其開復，不准叙賞。其收穫之數例應加倍議叙者，照尋常收穫之例議叙。若次年收穫糧石仍不及分數，官員分別議處，兵丁責處。至伊犁屯田兵丁，如收穫不及十三石，烏魯木齊收穫不及十石者，官員分別降革，兵丁重加責處。伊犁屯田遣犯，每名收穫細糧九石，烏魯木齊遣犯，收穫細糧六石六斗者，遣犯每名日給白麪半斤，該管各官照該處屯田兵丁收穫細糧十八石、十五石之例，減半分別議叙。伊犁屯田遣犯收穫十二石，烏魯木齊遣犯收穫十石者，遣犯每名日給白麪一斤，該管各官照該處屯田兵丁收穫細糧十八石、十五石之例，分別議叙。如伊犁遣犯收穫六石以上，烏魯木齊遣犯收穫四石以上者，准其功過相抵。如不及數，遣犯重責，該管官降一級留任，兼管官罰俸一年。其次年收穫成數，分別多寡黜陟之處，悉照屯田兵丁之例辦理。又塔爾巴哈台、烏什、古城、吉布庫察、把什湖、牛毛湖各屯種地兵丁賞罰，官員功過，均照伊犁議定分數一例辦理。其哈喇沙爾、巴里坤，照烏魯木齊分數分別勸懲。塔爾納沁一屯，地勢磽薄，每兵收細糧十四石以上，照伊犁收至十八石之例叙賞。收糧二十四石者，照伊犁收至二十八石之例，加倍叙賞。如收至十二石者，功過相抵。不及十二石者，照伊犁不及十五石之例，官員議處，兵丁量責。收穫不及十石者，悉照伊犁議定之例，官員降革，兵丁重責。該處兵丁向無鹽菜，應賞鹽菜一月者，即給一月口糧。再巴里坤、哈密二處，雖派有遣犯耕種地畝，其收成分數，皆與該處兵丁一例交糧。所有勸懲之處，俱照現定該處兵丁分數一例辦理。

四十三年奏准：伊犁屯田兵丁三千名，俱係陝甘兩省各綠營兵丁内戍守，五年一次更換，給予收使銀兩，每月復給鹽菜銀，甚屬煩費。哈密、巴爾庫勒、烏魯木齊至瑪納斯各處屯田綠營兵丁，已俱改爲攜眷駐防，甚爲妥便。今伊犁屯田綠營兵丁亦應仿照哈密等處攜眷兵丁之例辦理，以期一勞永逸。其該管總兵各員，亦照伊犁現有官員數目出派。伊等既得攜眷永居，不但有裨屯田實效，將來子弟繁多，添設土户，亦復有益邊疆，而各項費用可歸節省。應即移咨陝甘總督，酌量分別移紥。再庫爾喀喇烏蘇屯田綠營兵丁，現在亦係五年一次更換，俟伊犁駐防兵丁辦竣後，再行酌照新定章程一併辦理。

四十五年奏准：伊犁頭起綠營攜眷兵一千五百户内，伊等有情願分户認地墾種者九十一户，擬於所居之綏定城東北並察漢烏蘇東南地方，查勘水泉充足之地，每户撥地三十畝，令其墾種，照例六年升科。並將分户人丁編入民籍，其每户應賞種地農具一分，庫中現存者即爲撥給。無者，飭令伊犂同知照依官價採辦分給。所需籽種，一併賞給。至每户應借房價銀二兩，耕田牛一隻，作價銀八兩，在於官廠内共撥給牛九十一隻，並將麥收以前所需口糧，亦按户分别大小口數借給。所借各項，俟六年升科時，分作三年交庫還項。

四十七年奏准：伊犂屯田兵丁，原由三千兵内派出五百名充當雜差，每年令二千五百名耕田納糧。前曾將緑營兵裁汰，由内地更换三千攜眷兵居住，仍照前以五百名充當雜差，以二千五百名耕田。但伊犂亦屬要疆，兵丁自應演習技藝。此數年間，俱屬豐收，現存糧五十餘萬石，足敷支放三年。每年緑營兵民回子等交納糧米，大約十八萬餘石，除每年支放外，尚餘二萬餘石。應將二千五百名内裁撤一千名操演，以習武備而重邊防。

四十九年議准：烏魯木齊、鎮迪道屬各府州縣，每年民借籽種口糧，於本年秋收後徵收全完，報部銷案。如有未完，飭催徵不力之地方官，如數賠補，並照例分别議處。

五十四年奏准：伊犂緑營兵丁三千名内，派出五百名應付各工及看守庫倉碾磨等差，每年將二千五百名分爲二十五屯，耕田交糧。前曾撤回一千，裁汰十屯，以一千五百名耕田，一千五百名操演。現統計每年所收，以二十四分爲常，可收四萬二千餘石。再撥在緑營屯田爲民罪犯，應交糧米二千餘石，以至回民應交糧九萬六千石，並各倉斛面羨餘三千餘石，一年共得十四萬三千餘石。伊犂一年支放，共需十六萬六千餘石，所有不敷二萬三千餘石，於倉存五十萬餘石糧米内，照數補放外，止存三十萬餘石。應將現在充當各差之一千五百兵丁内，留八百名習技當差，撤出七百名，添設七屯。自次年爲始，令其耕田。照一年二十四分覈算，可得一萬九千餘石。並回民情願增輸之四千石，足敷每年支放糧餉。並將現在所餘倉儲，按年出陳易新，庶無匱乏。

五十七年諭：向來哈密地方所屬屯田，俱於發往伊犂、烏魯木齊兩處遣犯内截留種地。年滿後，再行分别送往原定配所爲民及當差爲奴。但該遣犯等原犯情罪，輕重不同，若不定以區别，則情罪較重之犯俱可就近截留，一經種地年滿，即可僥幸安插爲民，未免啓避重就輕之弊，不足以示懲儆。嗣後該處應留種地遣犯，如原犯情罪本輕者，方准截留。其情罪較重者，概不得截留。

又奏准：北路科布多，西路伊犂、烏魯木齊、吐魯番、巴里坤、烏什、塔爾巴哈台、喀喇沙爾等處布種地畝，每年收糧分數，或有十分以上，亦有僅三四分者，向例均攤合算。如收在八分以上者，將官兵議叙。若在四分以下者，將官兵議處。嗣後將收糧分數，均照各分内收糧分數，分析獎罰。凡十分以上者，官兵奏請議叙。九分者，該處自行酌量獎勵。如在五分以下者，重責。四分以下者，具奏交部議處。其總管官，仍按所管一切地畝總算。如在八分以上者，交部議叙。四分以下者，議處。

嘉慶四年奏准：伊犂屯田緑營兵丁三千名内，以八百名操練當差，以二千二百名耕田交糧。數年以來，均屬豐收。除每年放給官員兵丁外，仍餘一萬餘石，並現在各倉所存共有三十六萬餘石，足敷二年支放。應將現在耕地之二千二百名内，暫撤出四百名專練技勇，以一千八百名耕田，輪換演習，俾得各歸實效。

又覆准：烏什種地屯兵四百名，裁撤一百五十名歸操，其餘二百五十名仍留屯糧。所裁屯兵熟地三千畝，撥給回民耕種，免其交糧，俾回民生計益臻寬裕。

七年奏准：錫伯部落官兵人等專意務農，生計充裕，而伊犂滿洲兵丁六千名駐防年久，户口孳生，家計窮乏。不若令伊等照錫伯之例耕種，其食餉兵丁内，有革去馬甲及前鋒之閒散，或身體孱弱未能當差者，交領隊大臣等，酌選可種地畝，派出三百六十名閒散佃種。俟次年添人耕種之時，再行酌量數目，更换辦理。

又奏：伊犂居住之八旗人等，生齒日繁，曾酌量近水可耕之田，由惠遠、惠寧、兩滿城酌派閒散三百六十名，分地試種，秋收通計尚穫十分有餘。本年兩城秋麥業已播種一千餘石，因即酌派委員，於惠遠城東相度地勢，自伊犂河北岸濬開大渠一道，逶迤數十餘里，儘可引用河水。又於城之西北草湖中，覓得泉水甚旺，設法另開渠道，益資灌溉。新春修築隄岸，廣開支渠。一俟工程完竣，春水暢流，計可澆灌地畝甚廣，即於渠畔揀擇好地，分給惠遠城八旗耕種。其惠寧城八旗，係於該地就近從前緑營裁屯地耕種，原有渠水足資灌溉。兩城種地所需器具等項，酌交各協領，於伊等公設官鋪息銀内動用，三五年内即可全行歸還。惟種地必須牛力，即於官廠內借給惠遠城八旗，每旗牛八十隻，惠寧城八旗，每旗牛四十隻，俾得藉資耕作。所借牛隻儻有倒斃，毋庸撥補，均著落各該旗自行買補，以示限制。奉旨：伊犁駐防滿兵耕種所需器具等項，准其於公設官鋪息銀內動用製備，按限歸款。其應用牛隻，即照所請於官廠內賞借。並責成各該協領督率盡心耕作，以收兵農並習屯守兼資之效。

九年奏准：伊犁綠營兵丁所耕十八屯地畝，又須輪流歇種，覈計倉儲餘糧共有四十餘萬石，足敷支放。現裁撤三屯，照原定十五屯地畝之數辦理。其歇種年限，俟五年期滿，照舊添種。所有撤出三屯兵丁，照例操演，修築垣牆，俾歸實用。

又奏：伊犁錢局設立採銅廠夫，向派遣犯等於哈什河南屯田，以給各夫口食，總須收穫小麥二千石，方足一年之需。惟遣犯不習耕作，大半有名無實。向來伊犁種地回子六千户，每户交糧十六石，通共每年交糧九萬六千石。迨後添墾地畝，又共續增交糧四千石。是六千回户四十餘年生齒倍加，遣屯地畝極多。莫若撥給回子耕作，俾應納官糧，贏餘即可養贍家口。又春稽地方有田二千餘畝，亦准回子耕種，每年所交納小麥二千石，足供銅鉛廠夫口食。所有種地遣犯數十名，歸廠充當苦差，以期便於管束。其內稍有不法，立予嚴懲。奉旨：著照所請，將哈什河南遣屯地畝，改撥伊犁種地之六千回户耕種，仍將本年回子借種額魯特之地一併撥給。其春稽地方有田二千餘畝，亦准回子耕種，每年交納小麥二千石，以供銅鉛廠夫口食。所有撥往之遣犯數十名，即著撤回歸廠當差。

十年具奏：伊犁塔爾奇地方向設水磨一座，係綠營各屯攤撥弁兵輪流應役。該弁兵等由倉領麥，每年磨麪十餘萬斤，以爲出差官兵及各項當差遣犯口食應用。惟新陳相接，不無發變。今官兵等情願各領小麥，自行易麪食用，應裁撤水磨，支放小麥，俾得均霑實惠。此項糧石，本係伊犁回户每年交糧十萬石，每石加納三升斛面餘糧。至嘉慶八年，舊存餘糧儘數支放，所有步甲月支口糧，自九年後，皆於正項糧內支給。年復一年，必致存倉正項虧短。自明年秋收爲始，將裁撤綠營磨麪運麪弁兵分撥各屯，加給耔種耕種，每年共可增交小麥六百石。所有回户交糧，每石既有斛面三升，並令屯工每石加交斛面三升，每年又可增交小麥九百餘石。合之每年回户所交餘糧，計共得四千五百餘石，通計足敷支放惠遠城滿營鳥槍步甲及出差官兵各項差役應領口食一年之需。飭糧餉處按年查明，報部備案。再回户交納，不獨每石加交斛面三升，其每斛足數七十斤外，尚有鼠耗。至綠營各屯交糧，從前止交鼠耗，並無斛面。而其每斛斤秤，竟至不如回糧斤秤足敷支放。今雖增交斛面，其所有不敷斤秤，仍令補交，以足兵食而歸實儲。奉旨：據松筠奏稱裁撤水磨，將綠營磨麪運麪兵丁分撥各屯種地納糧，於官兵等較有裨益。所奏似尚可行。惟令綠營屯工於納糧時一體加交斛面，並補足鼠耗斤秤之處，雖係比照回户一律辦理，但亦需體察綠營各屯是否力能加納，並恐開藉端勒索浮收之弊。保寧在伊犁有年，於該處情形素爲熟悉，著悉心詳覈妥議具奏。欽此。遵旨議定：伊犁塔爾奇地方水磨，准予裁撤。該官兵等情願領麥易麪，暨撤出此項兵丁分撥各屯耕種，每年又可增交小麥六百石，於倉儲更有裨益，均如所奏辦理。至加交斛面餘糧，屯兵等力量未必充裕，不若即於原撤屯兵四百名內，量爲派撥分屯耕種，每年所收糧石自可逐漸加增。不惟官兵口糧足敷支給，而倉儲亦日臻饒裕。嗣後屯兵交糧斤重，照原定每斛七十斤之數交足外，其每石加增斛面三升之處，應毋庸議。

又奉旨：伊犁駐防滿洲兵丁生齒日繁，松筠相度屯地，疏濬泉源，設法制備器具，借給牛隻耕種。兩年以來，試有成效。茲該將軍猶恐滿洲兵丁公同夥種，久而生懈，請照伊犁錫伯營屯種之例，按名分給地畝，各令自耕，永爲世業。係爲旗人生計起見，其事本屬可行。惟是新疆重地，設兵駐防，武備最爲緊要。此項田畝分給官兵，若令其親身力作，有妨操練，轉致技藝日就生疏。至閒散餘丁內老弱殘病者，豈能令其耕作，勢必仍須壯丁幫助。其強健者，一概驅之南畝，自必不能專心練習武藝，即充數入伍，亦難資得力，殊非慎重邊防之道。此事惟在該將軍妥協經理，既使旗人有田可耕，永資養贍，而於新疆重鎮設兵防守事宜，無少窒礙，始爲盡善。至該官兵等將來生計寬裕，家有儲蓄，即不便照錫伯之例停止口糧，亦當將借支款項量爲撙節。

又奏准：伊犁旗屯地畝陸續分給官兵，止交閒散餘丁代爲耕種，斷不令妨武備。至惠遠城需地八萬畝，惠寧城需地四萬畝，惟期兩城駐防滿洲官兵，漸次立有世產。如耕作閒散不敷，仍可雇人佃種。現在渠水既足，飭屯鎮總兵等業將地畝如數辦就，酌量每名放給倉存小麥三石，按限歸款。至於耕種稻田，及傭雇回子一切工本，該協領等以所獲糧石變價辦理。其將來復有贏餘，如何養贍貧乏，設立公倉交糧之處，應視收成多寡，隨年酌辦。俟耕種數年之後，照錫伯立倉儲糧成法辦理。至口糧及借支款項之處，一併再俟察看情形具奏。

二十五年定：伊犁滿營屯田種植雜糧，已分田二萬四千畝，續分田二萬餘畝，分授八旗閒散餘丁自行耕種。如有違禁租佃以及私行典賣情弊，將該旗人及典買之民人一併治罪。

又定：伊犁商民墾種地三萬九千六百一十八畝六分，每年額徵銀一千九百八十兩九錢三分。又户民共種地三千三十畝，額徵銀一百五十一兩五錢。又緑營眷兵分户子弟種地三千四百二十畝，每畝收小麥八升八合九勺，共額徵小麥三百四石。又安插種地編入民籍户民，種地八十四畝，每畝徵糧八升，共額徵糧六石七斗二升。

又定：塔爾巴哈台屯兵，共種地一萬四千畝，每年收糧約一萬五千餘石。商民開墾地三千三百九十三畝三分四釐，每畝每年交租銀一錢。

又定：阿克蘇兵丁，屯種地一百五十畝，每年共收稻穀五百三十餘石。

又定：烏什屯兵，共種地五千畝，收糧五千七十餘石零。

又定：烏魯木齊商户民人墾種地九千五百二十五頃八畝五分，每年共徵糧七萬四千九十四石零。

又定：吐魯番屯兵，種地一萬四千七百畝，每年收糧一萬一千六百餘石。

又定：哈密所屬沁城屯所，每年約交糧二千餘石。蔡把什屯所，每年約交穀麥二千餘石。

道光八年諭：喀什噶爾大河拐一帶空地，前據長齡等奏撥回兵先行試墾，俟有成效，再行添設屯兵。當經降旨，交那彦成詳勘籌辦。茲據查明該處濱臨大河，水源甚遠，本年春閒派撥回兵等播種雜糧，均已一律成熟，交納糧石，著俟明年麥熟，再定歲賦科則。惟防兵專事操練，未便仍派屯田，所有該處空地，著即責成伊薩克廣募無業窮回及情願試墾之人，陸續認種，逐年加增，照額納糧，以期經久。

十二年奏准：屯田招民，必須得人而理。現已委員在喀拉赫伊地方興辦，倡率商户，捐借窮户牛具籽種。俟試種一年後，自道光十四年起，輕定科則，再令按畝納糧。

又諭：玉麟等奏：籌辦伊犁旗地佃種收租，作爲養贍公用，並嚴禁弊端一摺。伊犁土宇寛廣，惠遠城可種地約計六萬畝，巴燕岱可種地約計一萬三千餘畝。該將軍等所請惠遠城分析地畝，租給回民耕種，歲收地租，抵放兵丁口食，節省銀兩，添補孤寡養贍，壯丁差操，俱著照所議辦理。其巴燕岱地畝，得水較難，著該將軍等督同該領隊西朗阿分投履勘，開空水道。俟招佃得租，亦照惠遠城貼補養贍差操，以收實用。並著責成各協領隨時稽查，取具各佐領並無典賣侵肥切結。如有前項情弊，即將該佐領參革治罪，並將該協領嚴參懲辦。

十四年諭：長清等奏，屯田試種有效，請定則升科一摺。巴爾楚克之毛拉巴什賽克三一帶荒地，前經奏准開墾。茲據長清等奏，查明該處統計開田二萬四千餘畝，共招種地民人三百六十餘名。水暢土肥，夏秋二禾，收成均在九分以上。請自十四年起，按畝升科。所辦甚好，著照所請，所有巴爾楚克新墾地畝，准其仿照北路升科則例，及民屯認墾各成案，酌中輕定科則。同喀什噶爾屯田，均自道光十四年起徵，以供兵糈。並著造具新招屯民年歲籍貫認種地畝總數清册，咨部備查。

又諭：長清等奏，查明巴爾楚克、喀什噶爾屯田應升科則，酌定章程辦理。據稱巴爾楚克、喀什噶爾兩處屯田，自開辦以來，設法招徠，認墾之民源源踵至，試種屯民急公嚮義，請自十四年起，納糧升科。惟回疆距口内較遠，茲當創辦之始，止有民人到屯認墾，尚無攜眷而來者。若仿照北路招民開墾成案辦理，每畝糧額輸納八升，科則稍重，未免無所區别，非所以廣招徠而示體恤。所有該處屯田應升科則，著照所請，每畝徵收小麥三升，俾屯民易於輸將，倍加踴躍。該參贊等督飭委辦各員，認真經理，不得於額外浮收。如查有弊端，即行嚴參懲辦。並出示曉諭認墾屯民，廣爲招集。如有内地無業貧民攜眷踵至者，撥給地畝，令其開墾，妥爲安撫。其喀什噶爾屯田，即著該城大臣一體照辦。

又諭：蘇清阿等奏，覆查巴爾楚克等處屯田實在情形，請分别辦理一摺。前因巴爾楚克、喀什噶爾兩處屯田，爲籌邊要務，疊經降旨，令該大臣等體察情形，務須計及久遠，斟酌妥辦。茲據覆查具奏，巴爾楚克屯田原屬荒地，距回莊較遠，與回民毫無妨礙。現於毛拉巴什賽克三引用玉河之水，墾種二萬餘畝，已於本年升科納糧。如於馬尾巴沙虎爾引用渾河之水，則開地益多，招墾愈衆。不惟屯糧可供兵糈，且於邊防有裨。所有該處屯田，著即照舊辦理，毋庸裁撤。

十五年諭：興德等奏，覆查喀什噶爾屯田情形，請照舊興辦一摺。喀什噶爾屯田地畝，據興德等通盤籌畫，悉心體察，無礙回民生計，於邊防實有裨益。著即照舊辦理，毋庸更張。其原招屯民未回籍者，尚有二百三十餘名，俱准照常耕種。其餘屯地，陸續招民認墾。口外地方率多游民，良莠不一，著興德等督率辦理各員稽查約束，務俾各安本業，經久無弊，以收屯田實效。其原换入官叛産地畝，著准其撥給回民耕種，以昭體恤。

二十二年諭：布彦泰奏，籌辦開墾地畝一摺。惠遠城東三顆樹地方，經該將軍親往履勘，派委各員辦理開墾事宜，計可得地三萬餘畝，就本地民户選擇種地輸糧。又阿勒卜斯地方，亦經勘明，計可得地十七萬餘畝，即責成阿奇木伯克等籌計户口之數，酌量勾撥。

二十四年諭：布彦泰等奏，墾復荒地勘估興工一摺。開墾地畝，必先講求水利，來源暢旺，則灌溉有資。現在惠遠城東阿齊烏蘇廢地，據該將軍親往周歷相度，可以墾復十萬餘畝。擬引哈什河之水，以資貫注。將塔什鄂斯坦回莊舊有渠道展寬加深，即接開新渠，引入阿齊烏蘇東界，並閒段酌穵支渠，俾新墾之田便於澆灌。所議均屬合宜。該將軍等即飭承辦各員認真妥辦，務在因地制宜，順流利導，以期經久有益。仍著該將軍等隨時前往查驗督催，毋任稍有怠玩。

光緒九年奏准：新疆一隅，每年兵餉不下七百餘萬。各省關頻年協濟，竭蹶不遑。嗣後應於南北兩路大興屯田，方於餉項有裨。請飭新疆各路統兵大臣，剋期興辦。該管營官，以本營收穫之多寡爲殿最。各統兵大臣，即以各營收穫之多寡定考成。庶幾餉不虛糜，可資補救。如開辦稍有端倪，即爲籌撥款項，續行奏明辦理。

又定興辦屯田章程：一、屯田地方宜豫爲籌畫。一、各營承種地畝宜分任責成。一、農具等項宜分别購買修補。一、收穫糧石宜分别扣抵存儲。一、分别賞罰，以示勸懲。

十年奏准：乾隆嘉慶年間，新疆開辦屯田，久著成效。現在各統兵大臣務當不畏其難，督率將弁，令兵勇於駐營之所揀擇地畝，操完之暇，盡力耕種，以習勤勞。一二年後，收穫豐盈，自可佐餉需之不足。

十六年奏：准伊犁塔勒奇上游屯田八千餘畝，阿齊烏蘇屯五萬四千餘畝，闢里沁、水磨渠迆南、阿齊烏蘇迆北屯地五千餘畝，均交綏定、寧遠兩縣，招户屯墾。又綏定城迆東牛録灣、紅山觜、新舊惠遠城、紅柳灣並城東北一帶，及通惠渠地一萬七千餘畝，稻地通惠渠中渠南渠地九千餘畝，惠寧城引用闢里沁、英霍圖、阿里太圖河水灌溉地三萬五千餘畝，均撥歸旗屯耕種。又奏准：塔城協標漢隊，分隸新疆巡撫管轄，該營屯田事宜，嗣後由該撫辦理。

《大清會典事例》卷一七九《户部・屯田・北路屯田》 北路屯田。康熙五十四年，命於額德爾齊老圖近推河處所，屯田駐兵。令將軍費揚古等與喀爾喀汗王等會議。

又議准：蘇勒圖、喀喇烏蘇、拜達里克河、明愛、察罕、格爾庫爾奇勒、扎卜罕河、察罕廋爾、布拉罕口、烏蘭古木等處，俱可耕種。現在駐兵察罕托輝扎卜罕河、特斯河一帶地方，應撥土默特兵善種地者一千。每旗令台吉塔布囊一人率往屯種，遣大臣一人監管。

又奏准：烏蘭古木在新設汛界之外，地並山坡山溝，不便耕種。其科布多、布延圖、郭勒等處耕種，收穫甚多，應豫備籽粒田器，給予公傅爾丹，率土默特人一千，及出兵歸化城之土默特兵一千，令往耕種。

五十五年議准：土默特人一千，往烏蘭古木等處耕種，所需牛種田器，應令都統穆寨等支帑購買發往。軍前贖罪人等有願耕種者，許其耕種。俟收成後，以米數具奏，酌加議敘。

六十年奏准：遣官兵在烏蘭古木之特里河邊耕種，每麥種一斗，收麥二石有餘。烏蘭古木地暖土肥，來年可以多墾。

六十一年奏准：於烏蘭古木等處平治田畝，開墾溝渠，乘時播種。復派屯種五百官兵，於烏蘭古木等處設立營伍，謹汛防守，乘農事畢，引水入地。來春凍開，及時播種，可以增闢田畝。

又奉旨：據祁里德所奏，在科布多、烏蘭古木等處開墾耕種，因土沃水裕，今年所得麥子，一倍收有六倍。爰請明年添種麥石，及詢問賫呈麥䴸之阿禮等，據云科布多、烏蘭古木地方廣闊，開墾之處頗多，原係額魯特等耕種好地，今應將歉收之茂岱察罕廋爾等處耕種人力，移至科布多、烏蘭古木耕種，可以多收。再種地所用犁鋤鏵子鍬钁等器，每年給發不少，何以一年之間，即俱損壞。鏵鋤鍬钁俱係鐵器，軍前或難於備辦。犁係木器，何地蔑有。若隨伊所請，概行給發，路途遥遠，著人送往，頗費錢糧。再軍前種地人員，稟報所收糧數，一倍有數倍等語。甚不明晰，應照內地或一畝一晌，收得米石若干，如此稟報，方得明晰。其科布多、烏蘭古木地方，添種田畝所給犁鋤鍬钁等物之處，著議政大臣詳加議奏。欽此。遵旨議定：今年種麥多收，來年於科布多、烏蘭古木及坤都倫河諸處可耕之地，以今年所收用爲耔粒增種。儻不足用，更以鄂勒哲依圖、郭勒等處所收糧給予增種。至茂岱察罕廋爾種地歉收，即以所用人力器具，悉移爲科布多、烏蘭古木耕種之用。茂岱察罕廋爾地分與發配罪人開墾。鏵鋤鍬钁諸器，皆須用鐵，行文山西巡撫，令即行製造，購駝付侍讀學士阿禮等攜往。秋收後，以時收儲。所用之犁，軍前有木可造，令伊等自製。更行文將軍傅爾丹等，將開墾地丈量頃畝，計算耔粒，及秋收糧數詳報。今科布多、烏蘭古木有種地兵及駐紮兵五百，值農隙時，令多伐林木，爲修築大城及室廬倉廩之地。

雍正二年諭：喀爾喀地方駐兵年久，每年由京城運送軍糧，路途遥遠，一時不及，恐兵丁至於乏食。鄂爾坤圖拉一帶甚爲寬闊，若開墾屯田，實爲永遠之計。著確議具奏。欽此。遵旨議定：鄂爾坤一帶尚有昔人耕種處，及故渠灌田蹤迹，圖拉等處現有大麥小麥，非不可墾之地。但霜降早晚不一，樹穀宜否不齊，俟擇屯長中十餘人，於明年三月遣往耕種，屆秋收後具奏。

四年諭：前議於鄂爾坤圖拉地方種地時，曾有人奏稱喀爾喀人等未必情願。朕思喀爾喀地方原被噶爾丹抄掠，窮困已極。我皇考聖祖施恩收養，各按伊等品級封爲汗王、貝勒、貝子公、札薩克加以重恩，令食俸禄，數年閒遂至充裕安居。原游牧地方，今復安插戍兵，令其種地，亦係特爲喀爾喀護庇久遠之計。伊等聞之，定各欣喜，有何不願之處。朕曾降此諭旨，今土謝圖汗旺扎爾多爾濟、副將軍王丹津多爾濟等，感戴爲伊等安插兵丁之恩，復因先於額爾得尼招地方開種地畝，穀不甚長，遣人從俄羅斯處尋得與伊地方相宜之穀實，請令按時耕種。又情願幫助耕種之人口糧等因具奏，與朕前旨相符，喀爾喀汗旺扎爾多爾濟、王丹津多爾濟等，實係感激深恩，爲國家竭誠效力之人，殊屬可嘉，著與理藩院議奏。

十年諭：從前應行發遣黑龍江等處罪犯，曾改發扎克拜達里克，彼時所有罪人跟隨官兵守護城垣，竭力捍禦，甚屬可憫。朕已加恩除其罪名，令充緑旗兵丁，入伍效力。續據順承郡王等奏稱，伊等深知感戴朕恩，共思黽勉。可見有罪之人予以自新之路，仍可望其改惡從善。若發黑龍江三姓諸處，不過終身爲人奴僕而已。朕意嗣後將黑龍江等處人犯，遣往北路軍營附近可耕之地，令其開墾效力。在伊身可以努力自新，而於屯種亦甚有益。

十三年奏准：鄂爾坤地雖寬平，然近山高下不一，雖二河環繞，其去水遠者亦不能徧溉，必須引水試看，方可定議。方今積雪徧地，河冰盡堅，其水土之肥瘠與沙石所在難以立驗。且穀種收穫所宜，必俟明年試種後始知。又募民耕種，不能一時遽集，暫於此閒撥緑旗兵一百，守營緑旗步兵二百，家選兵二百，自湖克新至齊爾瑪臺，擇水土佳處開墾，試種小麥、豌豆等。又都統衛董相緯現在察罕托輝開渠，此處引水灌田，及督率兵丁耕種一切，即令董相緯辦理。所需耕牛，給喀爾喀副將軍等銀，令其採買。鋤犁農具等物，察罕廋爾有收存者，即令領取應用。未備者，令户部辦理。其所解送各種耔粒，除所在已有者取用外，餘悉行令歸化城都統由臺遞送。試種一年有效，再據實以土宜何穀，收穫之數若干，堪種田畝可得若干，種地人日用所需若干，器械牛種所需若干，並當於何處築堡以居種地人等，動支何項，一一合計收穫之數，果於國計有益，可行久遠，俟將來詳細確議具奏。

乾隆元年諭：現軍營貯米甚多，足供數年食用。又經通智等運致數萬石，將來彼處駐戍兵丁爲數無多，不必需用如許米石。若收貯日久，恐有黴爛之虞。軍興以來，喀爾喀等頗爲出力，近又習慣粒食，若將軍營所貯之米搭放支給，則米石既不致黴爛，於喀爾喀亦屬有益。再緑旗兵每年種穫新糧，入倉收貯，更可留新出陳。其如何通融辦理之處，著詳細籌議具奏。欽此。遵旨議定：鄂爾坤等處現存米二十萬餘石，中有青稞、麥子、大麥、小黄米二萬餘石。軍營所有將軍大臣官員兵丁以至僕從等，凡五萬餘人，每月需米七千餘石。至五月青草出時，令所撤兵丁起程，又需辦給行糧，自五月至八月共需五萬餘石。開除前項，仍存米十四萬餘石。前議撤兵事宜，應留兵一千五百名，喀爾喀兵及守卡倫兵，並酌支米石。近又議每年夏秋時，用喀爾喀兵三千名於鄂爾坤附近屯駐，亦每月賞給羊價米糧。自將軍以下至僕從等，凡一萬六七千人，一年需米約五萬石。計軍營存米十四萬餘石，再益以通智、范毓馪運致米石，足供四年食用。至每年收穫新糧，入倉存儲，出其陳者，務令不致黴爛。

又奏准：鄂爾坤地界寬廣，大可耕種。若撥兵三千人，人各種二十五畝，計可墾田七百五十頃。以畝收五六斗計算，多可得數萬餘石，少亦二三萬石，現在軍營所存，尚足支數年之用。至數年後所需，令軍營將軍參贊大臣等，按可墾之田詳細定議，更用專官辦理屯務。

二年奏准：鄂爾坤可耕地畝實可給三千人耕種，令軍營綠旗兵六百，並罪人計一千有餘，惟現在遵旨議運軍糧，不必另議添撥兵丁種地。

二十六年諭：額魯特回部蕩平，烏里雅蘇台事務較前甚簡，雖有供應哈薩克來使及照管續貯糧餉，止須酌留官兵，不必多爲駐紥，以省浮費。現在該處所貯糧石雖多，但不豫籌接濟，必又煩內地之力。烏里雅蘇台雖不便屯田，而科布多向屬可耕之地。若令成衮扎布仍駐紥烏里雅蘇台，另派參贊大臣在科布多屯田，數年後將官兵移駐。將來塔爾巴哈台、額爾齊斯等處駐兵，便成掎角之勢。著將烏里雅蘇台現在糧石若干，足敷官兵若干人之食，或裁兵，或折價，又可省出若干，及科布多駐兵屯田之處，詳議具奏。欽此。遵旨議定：派參贊大臣一員領綠旗兵一百名，前往科布多屯田，領喀爾喀兵一百名，以備差遣。本年收穫後，再將喀爾喀等揀選派往，將來積儲日豐，則烏里雅蘇台官兵俱可漸次移紥，以展喀爾喀游牧，與塔爾巴哈台、額爾齊斯互爲掎角。

二十七年議准：上年奏派綠旗兵一百名往科布多屯田，試有成效，再酌量派兵增墾。札薩克圖汗部落公品級札薩克阿喇卜坦屬人，曾於扎卜堪耕種，現在閒散居住，派出二百名，於科布多附近卡倫內耕牧，以裨生計。遇有差務，輪班行走。其月支鹽菜口糧，照屯田綠旗兵例，從烏里雅蘇台月支鹽菜銀九錢，米二斗四升九合。至上年所派一百人，農具多係舊時存儲，殘缺者多，酌爲換給。並青稞籽粒，於播種前送往。

又諭：科布多新開屯田，特派札拉豐阿前往。伊至彼處，即應將一切情形，一面報知將軍，一面具奏。迄今數月，雖將墾田二十頃之處呈報一次，此時地土肥磽，雨澤應時與否，及禾苗若何滋長，並未奏及。伊係參贊大臣副都統，又專辦軍屯事，自應入告。著成衮扎布等傳諭扎拉豐阿，令將前項情形明白具奏。

又諭：據扎拉豐阿奏稱，科布多屯田，約計大小麥收穫在七分以上。惟所種之粟，因氣寒霜早，秀而不實等語。杜爾伯特人等在烏蘭古木耕種，烏梁海人等在布拉罕察罕托輝耕種，俱獲豐收。科布多相距不遠，從前扎哈沁等亦曾開墾，收成尚好。看來此次或播種稍遲，或霜雪早降，又或土性不宜種粟。著傳諭扎拉豐阿詳詢該處舊日居人，酌量辦理。其青稞一種，既係蒙古地方所宜，來年自當廣爲播種，毋致失時。

二十八年議准：科布多屯田已派喀爾喀兵一百名，綠旗兵一百名，試有成效，再於烏里雅蘇台綠旗兵二百名內派撥一百名。其缺額，即以喀爾喀兵丁充補。至所需木石鐵匠人數，修補農具，亦在該處酌派。

五十七年諭：科布多每年種地收糧分數，如攙算獎罰，於勤勉出力之人不能獎勵，而嬾猾之徒更加嬾猾，不肯出力，反仗此又可免罰。嗣後科布多所收分數，照各分內種地收糧分數，分析獎罰。其總管官議叙查議，仍攙算辦理。新疆各處種地收糧分數，俱照此辦理。

又奏准：嗣後科布多種地兵丁收糧分數，不必總算，十分以上者官兵議叙，九分者獎勵，五分以下重責，四分以下議處。總管官總算所管地畝，八分以上議叙，四分以下議處。

嘉慶二十五年定：科布多共種屯田十分，每年約收糧四千餘石。

道光十年諭：科布多每歲應放兵糧，向於屯田所獲糧石內支放。該處蒙古兵人數雖多，不諳耕耘，全賴綠營兵丁教引播種。該大臣因值弁兵換班之期，恐全行更換，有誤屯田。自係實在情形，著照所請，准其將應換弁兵一百六十九員名內，酌留管屯官弁三員，屯兵六十名，以資熟手。俟下屆換防時，將此次所留弁兵全行更換。該大臣即將新到換防官兵，挑撥屯田學習農務。

十四年諭：孝順岱奏科布多屯田緊要，請寬留弁兵，以資熟手一摺。科布多承種屯田弁兵，該大臣因值弁兵換班之期，恐全行更換，該處情形，難以遽易生手，有誤屯田，自應豫爲籌畫。著照所請，准其將此次應换弁兵一百六十六員名內，將上屆留駐兩班弁兵六十三員名全行更换。將現駐一班兵一百名內，酌留六十名，應换官弁六員內，擇其熟悉農務者，暫留三員，教引新换官弁耕種。俟一二年間，教引熟悉，即將該弁等全行撤回。所留兵丁，仍不得過兩班，以符定制。該大臣即將新到换防官兵挑撥學習，嗣後不得藉詞再留。

《大清會典事例》卷一七九《户部・屯田・西路屯田》　康熙五十四年議准：哈密地方可以耕種，令將軍席柱、尚書富寧安，將西吉木、布隆吉爾等處勘明具奏。

五十五年議准：勘明哈密所屬布魯爾、圖古里克接壤之處，並巴里坤、都爾博勒金、哈喇烏蘇及西吉木、達里圖、布隆吉爾附近之上浦下浦等處，俱可耕種。應各令人耕種，給予口糧牛種。再兵丁有願耕種者，亦令耕種。俟收成後，以米數奏請議叙。現在富寧安駐紮肅州，所有肅州附近之西吉木達里圖、布隆吉爾等處，即令富寧安酌量耕種。圖古里克、都爾博勒金、喀喇烏蘇等處耕種之事，令大臣一人管理。又命副都統蘇爾德前往都爾博勒金、圖古里克、喀喇烏蘇屯田。

又奏准：布隆吉爾等處所種田禾，俱可豐收，應造倉廒及收存農器房屋，遣官豫爲修理。

又議准：自嘉峪關至達里圖，可耕之地尚多，肅州之北口外金塔寺地方亦可耕種，應徧行踏勘，募民耕種。並令甘肅陝西文武大臣及地方官捐輸耕種，無論官民，有願以己力耕種者，令前往耕種。俟收穫之後，人民漸集，酌立衛所。

又奏准：肅州迆北可以開墾之處甚多，度量河水所溉田，金塔寺可種三百石。自嘉峪關至西吉木，可種一百三十石，達里圖可種一千一百餘石，方城子等處可種五百餘石。今歲西吉木、達里圖、布隆吉爾三處耕種，已收糧一萬四千餘石。明年諸處應動用正帑，遣官募民耕種。

五十七年議准：侍郎海壽、將軍富寧安，新舊所墾都爾博勒金、圖古里克，及回子札薩克額敏所種塔勒納沁地，所餘青稞悉令備倉收存，令巡撫噶爾圖綽奇充給軍糧。

五十八年奏准：西吉木等三處定設疆界，現經傳集額魯特貝子阿喇卜坦等，會同西吉木等三處官，示以設立疆界情狀。據貝子阿喇卜坦等云，青海人等荷聖主恩甚厚，何惜隙地。地可耕者，聽兵民悉耕之，但留我等游牧處所足矣。按西吉木等三處故爲西喇郭勒蒙古部人游牧所在，兵民先已耕種，其隙地令蒙古人等游牧如故。達里圖地有車臣貝勒屬人，與兵民依水道相雜耕種，以西吉木水源，並淖泥草墩，地不可耕。蒙古人等游牧其間，循水而下，則兵民與貝勒額爾德尼額爾克及貝子阿喇卜坦等屬人，悉在兩岸交錯種地。現於交錯耕種處立界，令不得逾越。

六十年諭：吐魯番現駐官兵，其可種之地甚多。總督鄂海、按察司永泰，著往吐魯番地方種地效力。

雍正元年議准：布隆吉爾駐紮官兵，俸餉由內地轉輸，多費不便。前者赤金衛柳溝所等處，常募人種地。今於每營撥餘丁二百，每丁官給牛二頭，籽種四石，口糧三石。次年給半，三年但給籽種之半，嗣後毋給。其田即爲耕者恒産，無論米麥青稞，計收三石，以爲兵丁月餉。布隆吉爾增設一衛守備，沙州增設一千總，令專管種地事務。布隆吉爾沙州，故蒙古地，赤金衛柳溝所常爲蒙古部人游牧所出入，若官兵撤後，仍聽諸蒙古游牧往來，恐致爭競生事。布隆吉爾南山中隙地頗多，若遣大臣一人，率賢能章京往山中分地居之，庶令內外地界明晰。

二年諭：策妄阿喇布坦來求吐魯番之地，曾諭從前內附諸酋長，令其遷入內地。今將軍穆克登奏，言吐魯番處共有一萬餘人，若但遷首領數人，而不遷其所屬之人，則伊等生計必致艱難。且伊所屬內願移入內者，不下四五千人等語。朕思瓜州沙州地方甚寬，亦必用人耕種。若有願移者，即在此居住，給予一二年養贍，令其耕種。羅布諸爾地方，亦照吐魯番例，有願移來者，亦隨所部酋長一併移來。不願者，仍留本處。

四年議准：寧夏阿拉善山前，勘得自察罕托輝至石觜子一百里，土脈肥潤，籽種易生，其地性較暖，可引之水，如西河、六洋河並古渠大溝黑龍口倒流河、新河、黃泥河、董家河，悉前人引水分水故道。今若更修建渠壩及放水牐，其兩岸可以墾田萬頃。又寧夏東北五十里曰察罕托輝，其地南北延袤百餘里，東西廣四五十里，或二三十里，東界黃河，西至西河，其地平衍，可以開墾。自鄂爾多斯遷後十餘年，民間有私墾者。若令開渠通水，築隄建牐，以時啓閉，用資灌溉，則曠土可盡爲沃壤。今相度地勢，自雙廟墩至六洋河可百餘里，仿漢唐諸渠法，開渠一道，建正牐一，攩水牐、稍牐各一，迎水湃一。又六洋河口近黄河處，亦建正牐、攩水牐、稍牐一，以資蓄洩。又自上泗墩至六洋河岸，東距黄河五里許，築堤一道約長百里，可以永禦黄水，墾田六十餘萬畝。現今總督岳鍾琪赴布隆吉爾相視地勢，令大理寺卿通智同岳鍾琪至察罕托輝等處，照圖驗實，覈議具奏。

七年奉旨：安西屯墾地畝，今年人力既勤，天時復稔，各種糧穀俱獲豐收，朕心深爲慰慶。今查郎阿禁止姦徒興販射利，辦理甚是。惟是飭令民户多餘之穀止許在本處糶賣，尚未妥協。朕思民户贏餘之穀，原期糶價以爲日用之資。若本地糶穀者少，則糶賣未免艱難，不可不爲計及。著該地方官酌量本地情形，不必相強。若有將贏餘之穀情願出糶者，著動支官銀，照時價糴買，存貯公所。明年儻有需用之處，聽辦理軍餉之大臣及該督撫行文支撥。安西現有備用銀兩即可動用採買，再於西安藩庫撥補還項。此朕體恤民户，俾糶穀得價，用度豐裕之至意。著地方官善於奉行，不可勒令糶賣生事滋擾。

八年諭：安西沙州等處招民屯墾，原爲惠養邊民之計。是以累年以來，備極籌畫經營，期其得所。今從雍正六年民户到齊之日，計算至辛亥年，例當輸賦之期。但念小民甫經安插，公私兼顧爲難，著寬期二年，於癸丑年升科。俾民力寬裕，俯仰有資，以副朕格外加恩之至意。

又諭：據寧遠大將軍岳鍾琪奏稱，吐魯番回目額敏和卓屯田種地，恭順效力，甚屬可嘉。朕聞之深爲喜悦，額敏和卓賞緞二十匹，其種地效力之回民賞銀二千兩。著提督紀成斌差遣弁兵，前往吐魯番，會同額敏和卓秉公賞給，以示朕加恩外番之至意。

九年諭：西路兵丁口糧，從前議定，每名日支粟米八合三勺，或炒麪一斤。駐紮之時，本無不足。惟有事行走及對敵之際，晝則追奔攻擊，夜則防範巡查，非駐紮之時可比，恐舊數稍有不敷。嗣後凡遇此等日期，著每名日支粟米一升。其應支炒麪之日，每名日支一斤四兩。俾兵丁等口糧寬裕，以昭朕格外加恩之至意。至分派屯種各兵，耕耘播耨，胼胝爲勞。其耕種之一月内所支口糧，亦照行走攻戰之兵，米麪一體增給。著即傳諭大將軍岳鍾琪等知之。

十年諭：從前署大將軍查郎阿摺奏，請將吐魯番回衆在肅州所屬王子莊安插。經廷議令署總督劉於義等確勘詳查，妥協辦理。朕思回民等輸誠嚮化，自應選給水土饒衍氣候和煦之地，俾得樂業安居。肅州之王子莊水泉甚少，可墾之地不敷回民耕種。查瓜州地土肥饒，水泉滋潤，氣候亦和，與回民原住地方風景相似，且現在開墾，所種之地甚爲寬闊，足資回民耕收。由塔勒納沁遷至瓜州，路不甚遠，可免跋涉之勞。著署總督劉於義、巡撫許容，將吐魯番回衆即於瓜州安插。其築堡造房，給予口糧牛種等項，亦即行估辦，交原任潼商道王全臣料理。再令查郎阿即於軍營派一武職大員，先赴瓜州，會同王全臣悉心妥辦。回衆自塔勒納沁遷移之時，著提督顏清如沿途照看。至瓜州安插事畢，顏清如仍回軍營辦事。

十二年諭：據哈密貝子額敏奏稱，所屬回民等有可種四百石穀之地。現在軍營屯田界内，願將此作爲官地等語。哈密地方悉皆朕土，無俟伊等獻納。且大兵既撤之後，皆可留與哈密，亦斷無因其獻地，另行安置民人之理。但此地現與官地交錯，若不允其所請，照舊令回民耕種，難免互相爭角。儻收爲官地，又係回民生計所資。朕意或另賞伊等地項及牛具籽種，或每歲將應得穀石折給銀兩之處，著署大將軍查郎阿就近察議。

乾隆元年議准：哈密回人每年官給籽種五百石，收穫時納米四千石，每石賞銀一兩。現今大兵既撤，哈密止駐兵五千，從前運到米尚存二十萬石有零。自今年爲始，免令回人納糧。

十二年諭：肅州金塔寺安插吐魯番回子，内有不服水土至於生計艱窘者一百餘户。經大臣等議奏，請移於哈密種地居住。此項回衆，向被準夷陵虐，情願移入内地，迄今二十餘載。因水土不宜，積蓄者少，窮迫者多。若將伊等移於他處，究不能於生計有益。哈密、吐魯番雖部落各異，其教則一，情性相宜。且哈密貝子玉素富，自伊曾祖額貝都拉塔爾罕伯克以來，數世受國家恩澤，竭誠報效，奮勉急公，教養所屬之人，亦屬妥協。現在哈密地方尚有可種餘地，著將安插金塔寺回衆交貝子玉素富，併入伊所屬旗分佐領，加意撫恤，令新舊回衆和好如一。撥給餘田，令其耕種，俾永遠不致失所。將此傳諭貝子玉素富知之。

二十一年諭：黄廷桂奏：據哈密貝子玉素富呈稱，從前哈密回人所種德都摩垓、圖古里克等處地方，仍請賞給耕種等語。哈密回人生齒日繁，現在準噶爾全部底定，毋庸於此等地方更設卡倫。著施恩將德都摩垓、圖古里克地方，仍賞給回人耕種。

又奏准：瓜州回人遷移魯克察克，所遺地畝共計成熟地二萬四百五十畝，就近招民承種，借給籽種，照例於收成後扣除。其糧石仍按官四民六徵收，存儲廳倉，以備供支駐防兵丁口糧。

二十二年奏准：前派兵二百名赴塔勒納沁開墾屯種，從前約有地三千餘畝。自乾隆七年停糧之後，歷今十五六載，渠道淤塞，開空修築，諸費人工，現在上緊開闢，止可種地一千一百畝，布種青稞一百五六十石，餘地俟一二年內漸次修復。

二十六年奏准：肅州威魯堡安插吐魯番回人，現有二百五十户，一千五十餘名口，承種熟地一萬五千三百六十餘畝。户口日增，地畝有限。伊等聞瓜州回人遷回故土，俱各思歸。應准其遷回吐魯番故里，交與該督等酌量附近闢展之吐魯番可以耕牧之地，於今年秋收後遷往。並即於千户珈如拉、百户伊明和卓二人內揀選一員，授爲伯克，以一員副之。其將來賦稅，即由闢展大臣徵收。并沿途照料，毋令失所。

又奏准：威魯堡回人，於八月內遷居吐魯番附近闢展之連木齊木，現有栽屯熟地六千畝。闢展、洋赫兩處，俱有熟地一千餘畝。應令千户珈如拉領前往魯克察克之回衆，住連木齊木，百户伊明和卓領前往闢展之回衆，仍居舊地，按户撥給地畝，如尚不敷，仍有近水之地可以開墾。請將珈如拉、伊明和卓俱授爲五品伯克，將回衆公舉之瑪瑪古爾班呼岱巴爾氏授爲六品副伯克，各居分地，管轄回衆。其應輸租稅，俟成熟後酌定升科。

又諭：楊應琚奏：遷居吐魯番回人現已自肅州起程出關，沿途料理護送等語。前據該督奏將來回人起程後，所遺熟地，肅州民人俱願認墾升科。經軍機大臣議覆，令於回人起程後，丈明確數，按則升科。該督此時自應遵照前奏，確勘妥辦。其從前瓜州回人所遺熟地，現在作何辦理之處，著一併查明具奏。

二十七年議准：闢展屯田兵五百名，裁汰二百四十名，遣回本營。所遺地畝，原派吐魯番伊明和卓所屬六十户住闢展，九十三户住連木齊木。威魯堡珈如拉所屬，六十户住連木齊木，二十七户住洋赫，每户給田五十畝。今酌將伊明和卓人户全歸闢展，珈如拉人户全歸連木齊木，以便約束。仍有餘田三千畝，令素賚瑞派給莽噶里克沙呼里回人墾種。至裁汰兵丁所餘牲隻，量估價值，給予威魯堡回人使用。其各項農具，亦俱作價分給回人，於二年內交納糧石抵銷。

嘉慶十三年諭：塔爾巴哈台屯兵，每年收穫糧石，既不敷支放。而烏魯木齊一帶官兵爲數尚多，且距該處較近，自應量爲調撥。著於烏魯木齊提屬各營撤屯歸操兵內調撥二百名，赴塔爾巴哈台屯種。

道光二年奏准：吐魯番滿營每年徵收地租內，環城陸續開墾地一千五百六十八畝，計收租銀六百二十餘兩。牙木什陸續開墾地七千三百七十六畝，計收租銀七百三十餘兩。

十七年諭：中福奏稱宜禾縣歲需供支滿洲營官兵並過往官兵遣犯等項口糧，及户民春借籽種，共計京石小麥三萬二千九百八十石零，除舊存新收小麥全數備抵外，尚不敷小麥一萬四千九百三十石零，請按時價採買，以備支發等語。因思該處地方寬廣，可耕田畝諒自不少，果能勤於開墾，則該處一歲所入，自可供一歲之用。著該都統體察情形，通盤籌畫，該處地方業經開墾已報升科者若干頃，歲收糧石若干，此外未經開墾尚堪耕種者，確切查勘奏明。飭屬招來，勤加勸課，使地無曠土，田不汙萊。庶歲入之數自增，兵糈之供自足。較之頻年採買，更足以節經費而垂久遠。

二十年諭：烏魯木齊所屬各州縣，報墾地畝經該都統查丈，共計地三萬五千六百九十餘畝，現已招集户民認種。所有宜禾縣從前墾成熟地九千三百三十餘畝，即於本年按則升科。其餘新墾各地，准照例試種三年。自道光二十年起，扣至二十二年，再行升科。

二十四年奏准：甘肅省荒地較多，現各屬履勘完竣，共查出荒熟地一萬九千四百餘頃，又番貢地以段折畝一千五百餘頃，又寧夏鎮馬廠歸公地一百餘頃，俱分別差等，酌量升科。奉諭：甘肅省各項成熟地畝，甫經查獲，未便遽予徵收，著加恩統於道光二十五年再行一律升科。

光緒十二年奏准：躔金一帶地方，不獨爲晋省緊要邊防，實亦中外喫重關鍵，自宜及時籌議屯政，以裕兵食。擬於大同鎮屬額兵內挑兵千名，作爲屯軍。歲需薪費及加練餉乾銀二萬八千餘兩，即由遣撤樹軍餉項八萬四千餘兩內撥用。下餘銀五萬六千餘兩，即作爲屯費，毋庸另籌。如將來屯務得手，屯餉等項均有所出，即將節省樹軍全餉報部備撥。

十三年奏准：烏魯木齊吉布庫地畝，現歸緑營承種，其頭二三等屯，向爲緑營屯地，自遭兵燹，地畝盡荒。光緒三年始招集流亡，給資承墾，迄今陸續增添，已安插百數十户。若以此項地畝撥歸滿營，遷移改撥，徒滋勞費。查古城東灣中渠地屬上中，接引山水澆灌，得地一萬餘畝。如歸各滿營耕種，不敷地畝，可由附近之大板河、西岔撥給，大板河約有地三四千畝，西岔約有地四五千畝。該二處曾有户民墾種，爲數尚少，遷移較易，毋庸將頭二三屯地撥歸滿營。如此辦理，兵民似屬兩便。惟東灣中渠等處地畝，修理各渠，非急切所能蒇事。應請展緩三年，再行屯墾，以紓兵力。

《大清會典事例》卷一七九《户部・屯田・東三省屯田》 嘉慶十九年諭：富俊等奏豫議試墾章程，請先於吉林等處閒散旗人內，揀選屯丁一千名，每丁給銀二十五兩，籽種穀二石。於拉林東南夾信溝地方，每名撥給荒地三十晌，墾種二十晌，留荒十晌。試種三年後，自第四年起，交糧貯倉。十餘年後，移駐京旗蘇拉時，將熟地分給京旗人十五晌，荒五晌。所餘熟地五晌，荒五晌，即給原種屯丁，免其交糧，作爲恒產。並將屯田出入各數，屯丁用款及設官管理章程，開單呈覽。此項試墾地畝，需帑無多，將來開墾成熟後，移駐京旗閒散，與本處旗屯衆丁錯處，易於學耕夥種，不致雇覓流民代耕，啓田爲民占之弊。所議似屬可行。其單內合計十年用銀四萬零五百兩，其試墾之第一年止需銀二萬八千餘兩，即可興辦。著即照富俊等所議，挑選屯丁一千名，由該處備用銀兩內撥給牛價等項，公倉內撥給穀種，如法試墾。

二十年諭：富俊等奏諳勘分荒試墾事竣一摺。拉林西北雙城子一帶，地土沃衍，經富俊親往查勘，派員履丈。現擬每旗設立五屯，共屯丁一千名。一切農具耕牛等項，已分别採買，於本年備齊，明春一律開墾，並據繪圖進呈。朕詳加披覽，所擬闢屯試墾章程尚爲周妥。著照所奏辦理，該將軍等惟當隨時督察，以期漸有成效。

二十三年諭：富俊等奏大凌河馬廠曠地試墾期竣酌擬章程一摺，大凌河牧廠餘地試墾期竣，勘丈於原墾續墾十一萬餘畝外，尚浮多地五千八百餘畝，均地近海濱。其中磽薄沙鹼者多，不能按原議照直隸旗租之例升科。著加恩即照養息牧試墾地畝之例，每畝徵租銀四分，作爲定額。現存已徵穀一千七百八十餘石，准其減價十分之三出糶，價銀解交盛京户部存庫備用。

又諭：富俊奏覈議吉林站丁地畝章程一摺。吉林站丁私將地畝典賣，若將該丁等自墾地畝普行勘丈，每名僅留給十晌，餘俱入官徵租，丁力必驟形竭蹶。著仍照松寧原議，循舊辦理。至查出典賣與民地一萬三千五百六十三晌五畝，著照富俊所議，均勻賞給額設站丁八百五十名，每名十五晌九畝零，即作爲隨缺工食養贍津貼。其當差窮苦站丁，各按典賣之民種滿十年，照該邨屯租地寬減二成，給該丁納租，不准該丁奪地另佃。如民抗不交租，照例撤地交站丁自種。嗣後如再有越界私墾及私相典賣者，丁民俱一體治罪，地價全行入官，以示懲儆。

道光十七年諭：向例雙城堡三屯官兵，由盛京吉林兩省額缺內裁撥派往。定於大封堆外展圈荒地一段，遇有退差兵丁，每名擬給荒地八晌，作爲恒產。其大封堆外圈禁閒荒，係留備將來接濟京旗及本地屯丁之用，相沿已久，何以歷年經手各員少圈多報，私墾之弊顯然。茲據祥康等查明實在情形，並將派查含混具報之員據實絫奏。所有原任協領現以佐領告休之圖薩，並歷任失察之協領、佐領、驍騎校等，均著交部查取職名，分别議處。至私墾地畝之官兵民人等，本應計晌找追花利，惟念該處甫經成熟，尚未收穫，著加恩止將地畝追出拋棄，其花利一概免追，以示體恤。

二十四年諭：前據斌良等奏，籌議調劑雙城堡移駐京旗一摺。當交該部會同各該旗妥議具奏。茲據將籌議章程分析覈議，該處大封堆外圈存荒地，該侍郎等請撥三萬晌，令附近納丁陳民來春開種。惟念此項地畝雇民代墾，或私行租佃，將來必至悉爲流民所據，移駐旗人轉至無地可耕。現在該處附近納丁陳民有無外省流民錯雜其間，應如何設法布置之處，亦未據切實陳明。著經額布悉心訪察，再行妥議，毋使膏腴沃壤任民佃稍有侵欺。尤不可敷衍一時，致京旗仍虞貧窘。所有抽撥甲兵，添設義學及一切未盡事宜，著俟奏到時，另行覈議。欽此。遵旨議定章程：一、近屯荒地八千餘晌，准給三屯屯丁及官兵子弟領種。每晌交京錢五百文，每年共收京錢四千三百餘串，爲賞給工本農具之用。一、未種之地，令屯丁認佃代種。一、到屯京旗，無論貧富，一律調劑。分三月十月分給，五年停止。一、封堆外，除本處陳民均有房屋外，其拉林阿勒楚喀陳民，有至彼墾地者，令自蓋窩棚棲止。一、調劑京旗，准於八里荒租錢撥給，無需另議籌款。一、准於阿勒楚喀等處伐木額兵内抽撥四十缺，歸雙城堡中屯挑選，以資調劑。一、滿漢義學，照舊添設。

同治二年諭：恩合奏稱錦州牧馬之區，名爲西廠，水草豐茂，足敷牧放。此外則廣寧所屬之閭陽驛、小黑山等界，名爲東廠，地勢平坦，内有窪陷，於牧放不甚相宜。若將東廠裁撤，一律開墾，可得田一百萬畝。惟東邊一帶，近有流民在彼私墾，聚集日衆，查辦甚難，請派封疆大員詳酌籌辦等語。閭陽驛、小黑山等界，舊設牧廠。既據恩合奏稱地勢低溼，於牧馬不甚相宜。而大凌河西岸地勢寬廣，即官馬多至一萬餘匹，亦足敷用。即著照該副都統所議，將東廠裁撤，歸併西廠牧放，遵照舊章妥爲經理。其應墾廠地，即照恩合所擬，令盛京六十六佐領下甲兵按名分領，招佃取租。除交升科租銀外，餘資津貼當差。其按年應徵租銀，即責成各該佐領催交造報，以收裕餉便民之效。

七年諭：户部奏吉林請開圍荒宜防流弊，並歷年報墾尚未升科地畝及欠交租項，請飭查追一摺。吉林圍場，原爲長養牲畜，以備狩獵之用。設堆置卡，封禁甚嚴。乃該處游民借開荒之名，偷越禁地，私獵藏牲，斬伐樹木。迨林木牲畜既盡，又復竄而之他。有招佃之虚名，無徵租之實效。數百年封禁之地利，遂至蕩然無存。即如景綸前於咸豐十一年奏稱尚有圍場二十一處，而此次富明阿奏稱該處南北十七八里，東西八十餘里，皆無樹藏牲。其爲游佃偷越，已可概見。此次該將軍辦理開墾事宜，自當嚴防流弊，即著親往履勘，嚴定界限，毋任委員弊混。並將新墾各地造具畝數、四至、佃户花名清册，以及如何挪移卡倫，添設封堆，暨布置員弁逐處巡查各事宜，詳細妥籌，迅行覆奏，以杜弊端。其前任將軍景綸奏請開墾夾信溝涼水泉荒地二十五萬餘晌，現有佃認領徵租者十三萬晌零，未報升科地尚有十二萬晌。續墾之土門子，並省西圍場，阿勒楚喀等處地畝共三十萬晌，應交押荒地捐兩項錢文，共一百二萬餘吊。除交過錢六十二萬餘吊，尚有未交錢四十萬吊。其交過押租地畝，即有佃户認領，何以僅將雙城堡佃户認領地三萬三千一百六十晌遲延不報。至此外未交押租地十一萬餘晌，何以數年之久並不招人承領。著富明阿確切查明，將土門子等處，已交押租之佃户造具清册，迅速送部，並追出歷年地租錢文以充兵餉。其餘土門子等處未交押租，並夾信溝、涼水泉未報升科地畝，即著詳細履勘，予限一年，招佃認領，按晌升科，毋再延宕。儻查有已墾未報及認多報少情弊，並著從嚴叅辦，以昭覈實。

十一年諭：都興阿等奏，旺清門外渾江迆西地段，經都興阿等督飭協領崇善等前往查勘，西自邊柵，東至渾江，南接前查地段，北至哈爾敏河口二蜜等處，共查出坐落六十九處，已墾熟地十萬三千一百餘畝。現已查勘完竣，即著照鳳靉二邊門外奏定章程，於同治十三年起科，以昭畫一。

《清實録》康熙二十三年五月〔甲申〕諭户部：民間田地，久已有旨，永停圈佔。其部存地畝分撥時，或不肖人員借端擾害百姓，圈佔民人良田，以不堪地畝抵换。或地方豪强隱佔存部良田，妄指民人地畝撥給，殊爲可惡。直隸巡撫可嚴察此等情弊，指名糾參，從重治罪。

《清實録》雍正元年四月〔乙亥〕諭户部：朕臨御以來，宵旰憂勤。凡有益於民生者，無不廣爲籌度。因念國家承平日久，生齒殷繁，地土所出僅可贍給，偶遇荒歉，民食維艱。將來户口日滋，何以爲業。惟開墾一事，於百姓最有裨益。但向來開墾之弊，自州縣以至督撫俱需索陋規，致墾荒之費浮於買價，百姓畏縮不前，往往膏腴荒棄，豈不可惜。嗣後各省凡有可墾之處，聽民相度地宜，自墾自報。地方官不得勒索，胥吏亦不得阻撓。至陞科之例，水田仍以六年起科，旱田以十年起科，著爲定例。其府州縣官能勸諭百姓開墾地畝多者，准令議叙。督撫大吏能督率各屬開墾地畝多者，亦准議叙。務使野無曠土，家給人足，以副朕富民阜俗之意。該部即遵諭行。

《大清法規大全·實業部》卷五《墾荒·農工商部通飭勸導商民赴桂墾荒文光緒三十三年□月》接准度支部咨稱：本部會奏廣西巡撫奏變通章程，招商墾荒一摺。於光緒三十三年正月二十三日具奏，奉旨：依議。欽此。鈔録原奏，恭録諭旨知照前來。查原奏内稱，招商而外並應多招農民，無論報墾多少，俱准認領。外洋墾荒，如美洲、非洲等處，向來多用華工，以彼遠適重洋，待遇苛虐，一經墾熟，利歸地主，各省貧民猶復趨之若騖。況以廣西道里之近，升科年限之寬，墾熟即同已業報領，又無荒價。誠以外洋招工之法，實力舉行。分派妥員，會同各省地方官曉諭周知，應無不奔走偕來等語。廣西土壤肥美，地宜稼穡。現經度支部會同本部議奏，准照前撫林紹年奏請，仿照外洋招商開墾辦法，任商人擇定地段，給以照據，寬以升科，實於墾政前途大有裨益。惟事屬創舉，鄉僻小民勢難共喻，自宜廣爲曉示，俾克周知。合行恭録諭旨，附刷原奏，劄行該商會總協理等遵照體察情形，廣爲勸導，俾知朝廷重農實邊、子惠黎元之至意。如有商民願赴該省承墾者，務即隨時報部，以便咨行桂撫查照辦理可也。

紀事

（明）卜世昌《皇明通紀述遺》卷一〇〔嘉靖八年〕四月，户部侍郎王軏言：皇上命臣清查莊田。見勳戚之家，佔據膏腴，跨連郡邑。乞如成周之制，隨其品級而定擬多寡，別其親疎而量爲裁革。其自置田土，不報納糧差者，俱追斷如功臣田土例。上曰：已往田土，亦宜查明。有分外強佔者，俱給原主。自今勳戚大臣，務各安分，以保禄位，不許妄行陳乞。

（明）卜世昌《皇明通紀述遺》卷一一〔嘉靖三十一年〕五月，禮科給事中王鳴言：王府置田有禁，載在《會典》。屬者宗室，廣收民田，爲己私業。而因以勢力把制有司，使不得編差徵税。請行巡按御史嚴查侵占，均派里甲莊田之税，即充本府禄糧。有司阿縱者，罪之。報可。

（明）卜世昌《皇明通紀述遺》卷一一〔嘉靖四十一年〕宣大糧儲霍冀薊州總督楊選，奉旨勘上糧餉，薊州主兵年例不過六七萬，而今則十四五萬矣；客兵不過十數萬，今則三十萬矣。密雲主兵年例不過一二萬，今則七八萬矣；客兵不過八九萬，今則一十二三萬矣。此年例所以愈增而愈不足也。今皇上令本鎮專練主兵，漸減客兵。此誠務本善後之良圖，要在督撫官以篤實行耳。至若主兵日糧全資民運，在河南、山東巡按事煩，則以民運責成巡撫。順天保定巡撫事煩，則以民運責成巡按。其屯田子粒，則以責成屯田御史。各降新敕賜之，重其事權。部覆督催民運屯田，則巡撫、巡按及御史已更新敕。但屯田御史原有專敕，惟河南、山東巡撫中未載，當增入之。上從部議。

（明）陳子龍《明經世文編》卷二一〇《方侍御奏疏·撫恤屯田官軍疏方日乾》 一曰薄徵，照得屯田之則有三：曰比較，曰改科，曰新增。比較之田，每畝納糧一斗二升。改科則減其半，每畝五升三合五勺。新增每畝納銀一分六厘，葢又輕矣。

（明）談遷《國榷》卷三《太祖洪武元年》〔正月〕甲申，遣周鑄等百六十四人覈田浙西，葢版籍多亡，戒勿增損。

（明）談遷《國榷》卷七《太祖洪武十四年》〔二月〕庚寅，覈實天下官田。

（明）談遷《國榷》卷七《太祖洪武十四年》〔十一月〕庚寅，覈天下廢寺田入官。

（明）談遷《國榷》卷七《太祖洪武十五年》〔三月乙卯〕令天下僧道田土不得賣買。

（明）談遷《國榷》卷七《太祖洪武十五年》〔五月〕是月，上聞運卒溺海，語羣臣曰：遼陽早寒，土曠人稀。朕不欲置行省，勞百姓，衛戍之。歲餉海上，非得已也。每聞一夫當航海之行，家人懷訣別之意。近復有溺死者，朕通夕不寐。爾等其議屯田法。

（明）談遷《國榷》卷九《太祖洪武二十一年》〔九月〕丁丑，敕五軍都督府，下令各衛所屯田。

（明）談遷《國榷》卷一〇《太祖洪武二十八年》〔二月〕戊辰，徙青兗登萊濟南民，就東昌開墾閒田。

（明）談遷《國榷》卷一〇《太祖洪武三十年》〔十月〕戊子，以遼餉頗裕，停海運，令本衛屯田自給。

（明）談遷《國榷》卷一一《惠宗建文三年》〔七月〕甲寅，詔限僧道田人五畝，餘賦於民。

（明）談遷《國榷》卷一三《成祖永樂三年》〔三月〕甲寅，定屯田賞罰條例。

（明）談遷《國榷》卷一四《成祖永樂六年》〔八月〕壬午，各屯田務從輕例。

（明）談遷《國榷》卷一五《成祖永樂九年》〔六月〕甲辰，許青登萊流民墾東昌兗州閒田，給牛具種子，三年始租。又農隙并練屯軍。

（明）談遷《國榷》卷七〇《神宗萬曆五年》〔十一月〕是月，令天下度田。國初天下土田八百五十萬頃，至弘治十五年，減二十七萬頃。歲久滋僞，飛詭影射，弊且百出。豪民有田不賦，貧民攤派爲累。民窮逃亡，故額頓減。張居正請料田，凡莊田屯田民田職田蕩地牧地，皆就疆理。無有隱奸。其撓法者，下詔切責。天下奉行凜凜焉。

（明）吕坤《實政録》卷四《民務·清均土地》　州縣之弊，莫甚於差糧；而差糧之奸，皆生於地土。故地土不清，則奸豪遂欺詭之謀，良弱受包賠之累。有司之政，莫如清均急，亦莫如清均難矣。今撮其大畧於左：

一、均丈之法，亦多端矣。舊以沿邱履畝爲詳，余以爲惟沿邱履畝爲拙。即使掌印官步步追隨，尺尺量度，左手操筆，右手執筭，不能清一區。姑以平原之地言之，纆繩之緊鬆，區角之斜正，地勢之高卑，宅園之阻礙，持尺者之前卻，操筆者之增減，執筭者之含糊，報數者之多寡，分區者之出没，平原之地已自難精。況夫山嶺之崎嶇，段落之細碎，形體之參差，而以一令耳目鬬百種之奸頑，未有不窮者。故事有愈密而愈疏者，此類是已。

一、法莫良於自報。自家之地，惟自家知之爲真，所難者，使之實報耳。故惟至公至明之官知均丈，亦惟至嚴至信之官能均丈。令先裁二寸寬、八寸長綿紙條萬餘，印就某里某甲趙甲共地幾十幾頃幾十幾畝幾分，此帖只令里長十排領去，分散有地户人，責令親手自填。不識字者令至親代填，莫令疏人、讎人故意增減。如平日欺隱詭寄，不妨改正，類入本身之下。一寫不實，萬悔難改。又帖告示，挨里順甲，某日某里某里投地數，某日某里某里投地數，務如科場收卷規矩，令十吏監收，大率一日收帖不過十里，仍令本都挨里順甲，每一里一線捻在一處。完日又帖一告示，云：各里老人、里長、排年、書手於某日前赴某處聽審。至期掌印官作牒文一道，赴城隍廟中先誓，自己身家如不秉公持正者云云。次令里老、排、書誓神，如不實報真供者云云。誓神畢，引於寬大處所，掌印官分付云：本里花户地土，本里里長、老人、排年、書手人人盡知，我今未行均丈，先要覈實。每里四人，共卓一張，筆硯一副，將一里地帖盡付與你，要你四人商量細看，且如趙甲地數果實，每人書一是字。你一筆寫定，如果丈量不同，你與犯人同罪。如地畝不實，即於帖上旁書云：共少報地若干。日後查明，與你無累，且有重賞。查訖，唤各里筭手，某里共地若干，又筭概縣共地若干，果否合總，或多若干，或少若干。筭完仍將概縣所報地帖抄謄一册，掌印官赴城隍廟焚之，如行欺詭，自有覺察。此謂人謀鬼謀，百姓與能，爲第一番事，分里分以查大總。

一、下自首之令。凡欺隱田糧者，詭寄地畝者，一人兩名者，買地而不過割者，買地糧多而過割糧少者，俱准首正。以後照數納糧，舊罪免問，舊糧免追。

一、設投櫃之法。凡知人詭隱奸弊而不敢明發者，許詳開事跡，夜間投入櫃中。掌印官五日一開，亦於夜間親自收取。凡見人投櫃，或掌印官開櫃，左右之人俱要迴避，不許窺竊，庶人無所畏忌，而樂於投，奸弊無不得矣。如果被人投訐而默自實報者，掌印官慎無發覺；若本犯依然詭隱而投訐是實者，照告示發落，地賞投訐之人，官給印照，永遠爲業。

一、報地既定，大都可知，又刻備細單一張，爲方格眼，方各二寸，上書某里趙甲上地若干段，中地若干段，下地若干段，共若干頃畝。某地方上地一段，幾十幾畝幾分，東鄰某，西鄰某，南鄰某，北鄰某，格俱照此填，其單印賣，聽其自買。此爲第二番事，分地方以查段落。

一、出告示云，某日本縣先查第一里地土，親自丈量，但少報三分以上者，重打八十，枷號一箇月，全段入官。四鄰有能訐舉得實者，即以訐舉之地充賞，給與印照，永遠爲業。

一、第一里備細單，填完投遞在官，掌印官於地里相近者任點幾段，仍出一牌，云某日本縣親查趙甲某一段、錢乙某一段。先寫牌橛四至，呼唤四鄰伺候，至日，縣官帶扯纆二人，書手二人，筭手二人，親到本段逐一細量。仍令地主步步親自看詳，有無虧誣。但以上作中，以中作下者，加倍增糧。但有少報三分以上者，照告示實行外，仍令犯人帶枷，每丈地土，令之跟隨示衆。但懷懼心者，賄左右而前移。懷讎心者恨地主而後卻。丈量之時掌印官步步跟隨，端端凝視。但有弊態，即加重刑。既用重法，須存慎念，不則有含冤抱屈之民；須用仁術，不則有事勢難盡之法。

一、丈尺有二：國初下屯，以洪武寶鈔比五爲尺，謂之鈔尺，今丈量屯地猶然。嘉靖年間，清丈無糧白地，一體攤糧，部降步弓，比鈔尺差大，謂之區尺。今富豪之家買地，大尺前擴，量人數多，作奸已久。今擬丈屯地用鈔尺，丈民地及軍買民地、王府子粒俱用區尺，其尺各州縣刻尺爲式。誠恐報總之時是吞買之數，填備細單時，自照區尺作弓，寸寸丈量，如有多出，不妨改正。惰慢不丈，只照買數填單，儻掌印官逐一丈出，百口難辭。若用區尺丈明，實填備細，而不自首明白，待填單與初帖相對不同，百口難辭。故尺式不可不預示，官民尺不可不畫一，必如此而後丈量始真。

一、舉大事與動大衆事體相同，夾不得一毫私心，容不得一毫假借。富者以財行，人不肯發；貴者以勢行，人不敢發；衙門人以術行，自不能發。百姓只是掣丈，此三家者，必須徧丈。但有多餘地畝，與初報再報不同者，仕宦除本身難刑外，其同居兄弟子姪，一例枷打游迎，地土入官，仍申准撫按衙門，應參奏者參奏。

一、掣丈之法，先第一里以示嚴，須多丈幾處以示密，既嚴且密，足以令衆。又丈大段欺隱之罰以示悔，如是而民不犯乎，未可必也。民情以爲銳於始者怠於終，第二三里定是苟且，又當掣查幾段遠地。末里更是苟且，定要多掣嚴查。大端掣查百段，而奸欺者必少矣。

一、小心之民，恐懼重法，每段多報三五分，以防掣查不足之數。如果丈出，仍坐原數，虚報多餘，即與除減。

一、丈地除城中關外各有門攤、火夫，不派税糧。官道古墓、祀典廟宇、欽賜塋域、荒堤老溝，凡不堪耕種者，不派税糧外，其餘不分宗室縉紳，宅塋園圃，一體派糧。往見一省丈量，不除墳宅、花園、書房，其省縉紳在都下者大相駭愕，曰：是亦不除乎？試問撫按，此地曾否種田？如何概加糧石？撫按不得已，於縉紳家悉除之。嗟！嗟！可嘆已。園囿宅塋悉與除糧，其誰不廣園囿宅塋哉？不知此糧應加何人之身？人心不明一至於此，我未之前聞也。余於大同親郡王及宗室，查照欽賜勘合除豁，其餘盡與派糧云。

一、派糧之法，各因地畝，有以上中下地三等派糧者，有以金銀銅錫鐵五等派糧者。地既不同，糧難一律，但名色既多，反以滋奸。大端不外五等，其糧每畝以合爲止，勿加勺抄撮圭，即有九九不盡，五等之中總之，下四等至合而止，其餘細零加於上地。若等等畝畝皆有勺抄撮圭，瑣屑煩雜，百姓納糧不省，書手寫造生奸，即令五等皆以合止，概縣錢糧長出十數石，明報上司，歲歲作赤曆小票由帖之用，有何不可？而必欲如此繁雜哉！

一、丈量地土比原額有餘者，將下地糧差攤於額外之地，不得概縣通減額糧。

一、境内有各衛屯田、王府子粒，即弔原册，眼同地主詳記土名四至，盡與除豁。如有不明，即與清查。果係軍屯子粒，決不可庇護吾民，貽後來不決之争。果係吾民地土，便須申呈查勘，事定刻石，除一地二糧之害。往見屯道止知向軍，守道止知向民，此二人者皆可笑也。均之朝廷地土、朝廷赤子，惟公惟實而已，何私之有？

一、貧民砍荒山、斸古嶺，雖有三五畝新開之地，然石根土薄，旱則先枯，澇則雨衝，一時雖有青苗，久後仍成廢棄。只可每年每畝納租一升，充鰥寡孤獨之用，原非正額，決不可攤派糧差，萬一人逃地變，糧累里長包賠。

一、本甲本户如有世荒久逃及老堤古城，河灘水退，從來不在額糧之數者，任民儘力開墾，栽樹種田，務要盡數報官。初三年不起科，第四年以後不拘花利多少，只是納穀三升，薄者二升，並不坐差。州縣給帖，永遠承種，不許里老指稱本里地土，分外索擾及報派正糧，違者重究。如有勢豪之家，縱放牛羊作踐砍伐者，指名陳告，以憑拏問。

一、額糧地土，業主久逃，里長招人承種，如有復業者，前地雖當歸主，但見種田禾仍許承種者全收。如上糞數多，明年仍許分收一半。其所種樹木，係承種者手栽，仍許年年均砍。

一、額糧地土荒閒，先令插立標杆，開寫里鄰、四至、頃畝，掌印官親到地所，踏丈若干頃畝，果否久荒，堪否耕種。如尚可耕種而無人耕種者，官修房屋，給牛種，招人開墾，待其成熟三年，始令納糧。如招人不得者，此地照舊派糧，年年且作拖欠，不許里老包賠。若鹹薄之甚，永不可開，或原係土地，今爲河灘沙壓者，通查概縣，此地若干頃畝，照依區册四至造册，該道將地糧盡數暫豁，概縣每畝加一二釐足矣。此謂衆擎易舉，不可獨累本甲。如果該州縣舊日止完八九分，就將荒逃一二分作爲拖欠，不愈於令奸豪詭寄欺隱抗違者作拖欠乎？若水退地出，當年即坐糧差，作鰥寡孤獨之用。隱匿不報者，照年追糧，地土入官。

一、有等奸民，將歇查地土報作久荒，或將山根老城原不在丈量之數者作爲己地，通同里鄰，開報除豁，指此無糧之地，除彼熟地之糧。掌印官訪出，除將成熟地入官外，扶同之人坐贓問徒。大端此等地土，不能欺鄉約及四鄰也。

一、係軍地者，無民差；納皇糧者，無子粒。近見所屬地土，每告重併差糧，此中必有緣故。至於軍校所買民田，自當辦納民間差糧，不許一概將地賴爲軍裝子粒。違者將軍黄老册查出，地土入官，盡法重治。

《明實録》戊戌二月〔乙亥〕遷元帥康茂才爲營田使兼帳前總制親軍左副都指揮。上諭茂才曰：比因兵亂，堤防頽圮，民廢耕耨。故設營田使以修築堤防，專掌水利。今軍務實殷，用度爲急，理財之道，莫先於農。春作方興，慮旱潦不時，有妨農事，故命爾此職，分巡各處，俾高無患干，卑不病潦，務在蓄泄得宜。大抵設官在民，非以病民。若但使有司增飾館舍，迎送奔走，所至紛擾，無益於民而反害之，非付任之意。

《明實録》癸卯二月 壬申朔，申明將士屯田之令。初，上命諸將分軍於龍江等處屯田。至是，康茂才屯積充牣，他將皆不及。乃不令申諭將士曰：興國之本，在于强兵足食。昔漢武以屯田定西戎，魏武以務農足軍食，定伯興王，莫不由此。自兵興以來，民無寧居，連年饑饉，田地荒蕪。若兵食盡資于民，則民力重困，故令爾將士屯田，且耕且戰。今各處大小將帥，已有分定城鎮。然隨處地利，未能盡墾，數年以來，未見功緒。惟康茂才所屯，得穀一萬五千餘石，以給軍餉，尚餘七千石。以此較彼，地力均而入有多寡，其故何哉？蓋人力有勤惰故耳！自今諸將宜督軍士及時開墾，以收地利，庶幾兵食充足，國有所賴。

《明實録》洪武元年正月〔甲申〕詔遣周鑄等一百六十四人往浙西覈實田畝。謂中書省臣曰：兵革之餘，郡縣版籍多亡。田賦之制不能無增損，徵斂失中，則百姓怨咨。今欲經理，以清其源，無使過制以病吾民。夫善政在於養民，養民在於寬賦。今遣周鑄等往諸府縣覈實田畝，定其賦税，此外無令有所妄擾。復諭鑄等曰：爾經理第以實聞，無踵襲前弊，妄有增損，曲徇私情以病吾民，否則國有常憲。各賜衣帽遣之。

《明實録》洪武三年三月〔丁酉〕鄭州知州蘇琦言時宜三事：其一，國家肇造區宇，西北餘孽未平，關輔、平凉、遼右與夷虜相接，一有警急，調兵轉粟，事難卒辦。請議屯田積粟，以示長久之規。【略】

其三，墾田以實中原。自辛卯河南兵起，天下騷然，兼以元政衰微，將帥凌暴，十年之間，耕桑之地變爲草莽。方今命將出師，廓清天下，若不設法招徠耕種，以實中原，竊慮恐日久國用虚竭。爲今之計，莫若計復業之民墾田外，其餘荒蕪土田，宜責之守令，召誘流移未入籍之民，官給牛種，及時播種。除官種外，與之置倉，中分收受。若遇水旱灾傷，踏驗優免。其守令正官召誘户口有增，開田有成，從巡歷御史、按察司申舉。若田不加闢，民不加多，則覈其罪。如此則中原漸致殷實，少蘇轉運之勞，流移之民亦得以永安田野矣。書奏，上謂中書省臣曰：屯田以守要害，此馭夷狄之長策，李牧、趙充國常用此道，故能有功。至於墾田實地，亦王政之本。但喪亂以來，中原之民久失其業。誠得良守令勸誘耕桑，休養生息，數年之後，可望其成。琦言有可采者，其參酌行之。

《明實録》洪武三年六月〔丁丑〕濟南府知府陳修及司農官上言：北方郡縣近城之地多荒蕪，宜召鄉民無田者墾闢。户率十五畝，又給地二畝與之種蔬，有餘力者不限頃畝，皆免三年租税。其馬驛、巡檢司、急遞鋪應役者，各於本處開墾，無牛者官給之。守禦軍屯遠者，亦移近城。若王國所在，近城存留五里，以備練兵牧馬，餘處悉令開耕。從之。

《明實録》洪武三年六月〔辛巳〕上諭中書省臣曰：蘇、松、嘉、湖、杭五郡，地狹民衆，細民無田以耕，往往逐末利而食不給。臨濠，朕故鄉也，田多未闢，土有遺利。宜令五郡民無田産者往臨濠開種，就以所種田爲己業，官給牛種舟糧以資遣之，仍三年不徵其税。於是徙者凡四千餘户。

《明實録》洪武三年九月〔辛卯〕中書省臣奏：太原、朔州諸處屯，宜徵其歲租以備邊用。弗許。先是，嘗命内外將校量留軍士城守，餘悉屯田。其城守兵月給米一石。屯田者減半。在邊地者減三斗，官給農器牛種。至是，省臣言太原、朔州等衛所屯田士卒官給牛種者，請十税其五，自具牛種者税其四。上曰：邊軍勞苦，能自給足矣，猶欲取其税乎？勿徵。

《明實録》洪武四年三月 〔壬寅〕上以兵革之後，中原民多流亡，臨濠地多閒棄，有力者遂得兼并焉。乃諭中書省臣曰：古者井田之法，計口而授，故民無不授田之家。今臨濠之田，連疆接壤，耕者亦宜驗其丁力，計畝給之，使貧者有所資，富者不得兼并，若兼并之徒多占田以爲己業，而轉令貧民佃種者，罪之。

《明實録》洪武六年四月 〔壬申〕太僕寺丞梁埜仙帖木爾言：黄河迤北寧夏所轄境内，及四川西南至船城、東北至塔灘，相去八百里，土田膏沃，舟楫通行，宜命重將鎮之，俾招集流亡，務農屯田，什一取税，兼行中鹽之法，可使軍民足食。從之。

《明實録》洪武七年正月 〔甲戌〕上以河南、山東、北平雖建置兵衛，偃武連年，士卒懈怠，而兵餉日勞民供，顧謂都督僉事王簡、王誠，平章李伯昇曰：國家治兵，以備不虞，自古賢君皆安不忘危，治不忘亂。今重兵之鎮，惟在北邊。然皆坐食民之租税，將不知教，兵不知習，猝欲用之，豈能濟事？且兵食一出於民，所謂農夫百，養戰士一，若，徒疲民力以供閑卒，非長策也。古人有以兵屯田者，無事則耕，有事則戰，兵得所養而民力不勞，此長治久安之道。然必委任得人，庶不廢事。今命爾簡往彰德，誠往濟寧，伯昇往真定，統理軍政。凡鎮守屯田訓練之務，爾皆專之。

《明實録》洪武八年正月 〔辛巳〕遣衛國公鄧愈、河南侯陸聚往陝西，中山侯湯和、平章李伯昇往彰德、真定，指揮馮俊、孫通、賴鎮往汝寧，李溢、耿孝、黄寧、李青、陳方庸、武興往北平、永平，董兵屯田，開衛戍守。翼日，上至龍江祭告江淮之神，遣行。

《明實録》洪武八年春正月 〔丁丑〕中書省臣奏：山西大同都衛屯田二千六百四十九頃，歲收粟豆九萬九千二百四十餘石。其屯軍月糧，請依陝西屯田之例，月減三斗。上曰：大同苦寒，士卒艱苦，宜優之月糧，且勿減。待次年豐熟，則依例減之。

《明實録》洪武十九年九月 〔庚申〕西平侯林沐英奏：雲南土地甚廣而荒蕪居多，宜置屯令軍士開耕，以備儲待偫。上諭户部臣曰：屯田之政可以紓民力，足兵食，邊防之計莫善於此。趙充國始屯金城而儲蓄充實，漢享其利。後之有天下者亦莫能廢。英之是謀，可謂盡心，有志古人，宜如所言。然邊地久荒，榛莽蔽翳，用力實難，宜緩其歲輸之粟，使彼樂於耕作，數年之後徵之可也。

《明實録》洪武二十年九月 〔乙酉〕陝西都司言：西安府臨潼等縣，屯卒所輸税糧多於民賦，而又與民均科雜役，未免煩困。上是其言。命自今屯卒率五丁選一，編成隊伍，以時屯種。税糧與民田等，雜徭復之。冬月則練習武藝。

《明實録》洪武二十一年九月 〔丁丑〕敕五軍都督府臣曰：養兵而不病農者，莫若屯田。今海宇寧謐，邊境無虞，若但使兵坐食于農，農必受弊，非長治久安之術。其令天下衛所督兵屯種，庶幾兵農兼務，國用以舒。古之良將，若趙充國輩，皆以此策勛當時，垂名後世。其藩鎮諸將，務在程督，使之盡力於耕作，以足軍儲，則可以繼養於古人矣。爾都督府其申諭之。

《明實録》洪武二十一年八月 〔癸丑〕户部郎中劉九臯言：古者狹鄉之民遷於寬鄉，蓋欲地不失利，民有恒業。今河北諸處，自兵後田多荒蕪，居民鮮少。山東、山西之民，自入國朝，生齒日繁，宜令分丁徙居寬閑之地，開種田畝。如此則國賦增而民生遂矣。上諭户部侍郎楊靖曰：山東地廣，民不必遷，山西民衆，宜如其言。於是遷山西澤、潞二州民之無田者，往彰德、真定、臨清、歸德、太康諸處閑曠之地，令自便置屯耕種，免其賦役三年。仍户給鈔二十錠，以備農具。

《明實録》洪武二十一年冬十月 〔丁未〕命五軍都督府更定屯田法，凡衛所係衝要郡會及王府護衛軍士，以十之五屯田，餘衛所以五之四。

《明實録》洪武二十二年十一月 〔丙寅〕上以河南彰德、衛輝、歸德、山東臨清、東昌諸處，土宜桑棗，民少而遺地利。山西民衆而地狹，故多貧。乃命後軍都督僉事李恪等往諭其民：願徙者，驗丁給田。其冒名多占者，罪之。復令工部榜諭。

《明實録》洪武二十五年正月 〔戊子〕上諭五軍都督府臣曰：天下衛所分兵屯種者，咸獲稼穡之利。其令在屯軍士人樹桑棗百株，柿栗胡桃之類，隨地所宜植之，亦足以備歲歉之不給。爾五府其遍行程督之。

《明實録》**洪武二十五年二月**〔庚辰〕户部尚書趙勉言：陝西臨洮、岷州、寧夏、洮州、西寧、蘭州、莊浪、河州、甘肅、山丹、永昌、凉州等衛軍士屯田，每歲所收穀種外，餘糧請以十之二上倉，以給士卒之城守者。上從之。因命天下衛所軍卒，自今以十之七屯種，十之三城守，務盡力開墾，以足軍食。

《明實録》**洪武二十五年二月**〔庚辰〕上以松州、茂州小路崎嶇，民間輸運艱苦，逋逃者多。命本衛軍士三分守禦，七分屯種，其王府護衛以三之二屯種，三之一扈從，以息其民轉運之勞。仍令布政司别設法儹運。且招諭逃亡，使其復業，無重擾之。

《明實録》**洪武二十五年八月**〔丁卯〕上以山西大同等處宜立軍衛屯田守禦。乃諭宋國公馮勝、潁國公傅友德等曰：屯田守邊，今之良法。而寓兵於農，亦古之令制。與其養兵以困民，曷若使民力耕而自衛。爾等宜往山西布政司，集有司耆老，諭以朕意。乃分命開國公常昇、定遠侯王弼、全寧侯孫恪、鳳翔侯張龍、永平侯謝成、江陰侯吴高、會寧侯張温、宣寧侯曹泰、徽先伯桑敬、都督陳俊、蔣義、李勝、馬鑑往平陽府，安慶侯仇正、懷遠侯曹興、安陸侯吴杰、西凉侯濮璵、都督孫彦、謝熊、袁洪、商暠、徐禮、劉德、指揮李茂之往太原等府閲民户。四丁以上者籍其一爲軍，蠲其徭役，分隸各衛，赴大同等處開耕屯田。東勝立五衛，大同在城立五衛，大同迤東立六衛，衛五千六百人。仍戒其各慎乃事，毋擾於民。

《明實録》**洪武二十八年二月**〔戊辰〕山東布政使司言：青、兖、濟南、登、萊五府，民稠地狹，東昌則地廣民稀，雖嘗遷閒民以實之，而地之荒閑者尚多。乞令五府之民，五丁以上田不及一頃，十丁以上田不及二頃，十五丁田不及三頃，並小民無田耕種者，皆令分丁就東昌開墾閒田。庶國無游民，地無曠土，而民食可足也。上可其奏，命户部行之。

《明實録》**洪武二十九年二月**〔甲午〕陝西行都指揮使司都指揮僉事張豫言：今迤西所統邊衛，人稠地狹，供給糧儲，惟借内地轉運。况各衛軍士多由罪謫，既有壯丁代役，而老幼尚同在營蠶食。如將此輩聽於黄河以南直抵陝西以北地曠州縣寄籍屯種。每歲供給正軍，俟三年後與土著軍户一體輸租應役。若軍伍有缺，就於幼丁内選壯者補役爲便。【略】上並從其言，惟老疾無親可依者，令送至京養贍。

《明實録》**洪武三十五年九月**〔戊子〕命五軍都督府移文各都司，令衛所屯田如舊制。衛指揮一人，所千户一人專提調，都指揮督察之，歲終上其所入之數，以課勤怠。

《明實録》**永樂元年四月**〔壬申〕六安衛言：故事，本衛存留守城軍士不及九分之一，餘皆屯田。今存守城者十之八九，然六安地非邊塞，若守者衆，屯者少，則糧餉不給，請如舊例。從之。

《明實録》**永樂元年閏十一月**〔戊午〕刑科都給事中馬禎、山東道監察御史康郁等劾奏都督袁宇：昔鎮雲南，佔據官軍屯田一千餘畝，私役軍民耕種，侵支官屯子粒，擅用軍器顔料。不法之事，非止一端。已爲御史所劾，特蒙寛宥，今袁宇來朝，又不謝恩，乞正其罪。上命宥之，但追其所侵物入官。

《明實録》**永樂元年十二月**〔戊寅〕工部尚書黄福奏：陝西行都司所屬屯田多缺耕牛耕具，合準北京例，官市牛給之，耕具於陝西布政司所屬鑄造。悉從之。

《明實録》**永樂二年正月**〔己未〕户部尚書郁新奏：湖廣諸衛上去年屯田所入租數，例當考較。然所收物不一，今宜以米爲度準之。每粟、穀、糜、黍、大麥、蕎、穄各二石，稻穀、薥、秫各二石五斗，穇稗三石，並各準米一石；小麥、芝蔴、豆並與米等。從之。命著爲令。

《明實録》**永樂二年春正月**〔己巳〕户部尚書郁新言：河南等處管屯都指揮劉英等上屯田歲收之數，臣等計之，一人所耕不足自供半歲之食，皆英等怠惰，不嚴督所致，宜罪之以警衆。上以法令初行，姑有之。遂召英等諭曰：屯田軍國之大務，已驗之良法，爾等不留心如此，徒坐等厚禄何爲？用兵數年，今始得休閒，而民已疲弊，若復役疲弊之民，以贍休閑之卒，爲民者愈困，爲兵者將惰矣。蓋畜兵以衛民，豈以兵困民！汝等宜深思之，用心勤力以督下人，若今歲仍復怠惰，耕獲不及，論罪如法，悔無及矣。

《明實録》**永樂二年二月**〔癸巳〕下令天下都司衛所，屯軍百人以上者，止以百户一人督耕；三百人以上者，千户一人；五百人以上者，指揮一人，毋多曠軍職。其舍人餘丁願耕者，聽。

《明實録》永樂二年夏四月 〔甲午〕更定天下衛所屯田，守城軍士視其地之夷險要僻，以量人之屯守爲多寡。臨邊而險要者，則守多於屯。在内而夷僻者，則屯多於守。地雖險要而運輸難至者，屯亦多於守。

《明實録》永樂二年十一月 〔壬寅〕上以各處屯田肥瘠不同，所獲亦異，可較之法，宜有差等。嘗命各都司摘差官軍給與牛具、種子耕種。閒田視其歲收之數爲例考較，謂之樣田。既而山西太原左衛千户陳淮率軍士來奏，所種樣田除足各軍歲外之用，每軍俱有餘糧二十三石。於是，上命户部詳定賞例：餘糧三十石之上者，賞鈔六錠；二十五石者，五錠；二十石者，四錠；十五石者，三錠；十四石以下不賞。其太原左衛種樣田者，每軍准二十石之上，例賞之。及淮等陛辭，加賜鈔六十錠、衣一襲、綵幣表裏各一，軍賜鈔五錠、絹二疋、布二疋、衣鞋各一，仍各賜鈔二十錠爲道里費。除官收正糧及種子外，餘糧悉與自用。

《明實録》永樂三年春正月 〔壬戌〕命天下衛所，以去年所定屯田賞罰例，用紅牌刊識，永爲遵守。

《明實録》永樂三年三月 〔甲寅〕頒減輕屯田罰例。初，上命户部定屯田賞罰條例，刊著紅牌，俾之遵守。後以士卒勞困未蘇，又新墾荒田，歲收不能如數。復命户部同五軍〔府〕議，於罰例減輕，俟三年後依紅牌考較。至是，尚書郁新等上所議減輕例，大率十減四五。命頒行之。

《明實録》永樂四年四月 〔壬戌〕户部引奏種樣田官軍言：於今種樣田者，每歲終赴京，較其所收多寡而賞罰之。是數人者，更兩歲始至京，雖較其所收當賞，而違令過期，官軍皆當治罪。上曰：收多者當賞其勤，違令者當責其慢，可通計兩歲所收之數，官軍並賞之。若慢令不至，非軍所得專，惟坐其官。

《明實録》永樂六年八月 〔壬午〕户言：舊定屯田賞罰例，已刊著紅牌。繼蒙聖諭以田新開墾，所收不能及數，於罰例減輕，期三年後依紅牌例考較。今以及期，當舉行之。上曰：屯田固重務，若徵收過重，人亦不能堪，仍從輕例。

《明實録》永樂八年九月 〔甲申〕魯王肇煇奏：初之國護衛，給月糧三年，免屯田。今已三年，當罷給糧，屯種自食。乞以六分屯田，四分守城，就給使令。從之。仍免其屯田，考較一年。

《明實録》永樂九年三月 〔乙酉〕鎮守大同江陰侯吴高言：山西行都司屬衛軍士，今或全衛、或十之七八屯種，故操練者少。請留其半操練，以備不虞。上諭兵部臣曰：守備故不可單弱。若兵食不足，亦難與守。宜視其地險夷，制多寡之數。陽和留什之四，天城、朔州留什之三，蔚州留什之二，餘悉令屯種。且耕且守，以爲定制。

《明實録》永樂九年六月 〔甲寅〕北京刑部尚書朱濬等奏：順天、保定、永平等府初置各衛官軍屯種，人給地五十畝，後有陞調改撥等項事故去者，其地悉爲見在官軍占據，或自種，或借賃人種分收子粒。今發至種田民及上林苑監遷民俱無地給種，宜令所司勘覈陞調事故，官軍所遺田地，給與耕種，如例起科爲便。從之。

《明實録》永樂九年九月 〔壬午〕先有屯種軍擊登聞鼓訴，云踰年在京操練，至秋始還，而本衛責徵子粒，實以公事妨耕，告訴不聽。上召衛官責問之曰：得何不體人情而刻薄至此？衛官言：初白之都督府，府必欲追納。遂呈上府所下檄。上召都督府經歷詰之曰：五穀必種而後有獲，豈若汀蕪溪荇不藉人力自生自成乎？且人一人，豈當有兩役。皆不能對。上命刑部臣曰：此輩不恤軍士，爲朝廷斂怨，其治之如律。遂命户部：凡屯田軍以公事妨農務，悉免徵子粒，著爲令。

《明實録》永樂十一年十月 〔癸丑〕上謂行在户部臣曰：先定屯田之法，令天下衛所軍依分數下屯。歲終較其所入多寡以賞罰之。比歲慮地利不齊，姑從減輕例，而人心遂爾因循怠惰。今年但是成熟之地，仍依紅牌所定則例比較。其被水旱灾傷者，從減輕之例。

《明實録》永樂十九年五月 〔庚寅〕交阯總兵官豐城侯李彬言：交阯新附，其地荒遠，不以通餽運。乞依各都司衛所例，分軍屯田，以供糧餉。約一分爲率，度地險易，量事緩急，以爲屯守，徵調之多寡。其各衛土軍，雖隸兵籍，然攻戰之際，心持兩端，往往不得其死力。今議屯田，分數土軍居多，官軍居少，其交州左右中前及鎮夷昌江清化七衛，官軍以一分屯田，九分備徵，守土軍七軍屯田，三分備徵調。交州後衛三江衛市橋千户所，官軍二分屯田，八分備徵，守土軍八分屯田，二分備徵調。屯田每人歲徵稻穀三十五石，又安新平順化三衛，官軍三分屯田，七分備徵；守土軍六分屯田，四分備徵調。演州南靖新安三千户所，官軍全不屯田，土軍三分屯田，七分備徵調。屯軍每人歲徵稻穀十八石。從之。

《明實録》洪熙元年七月〔甲午〕浙江黄巖縣知縣劉道成奏：本縣所屬二十餘都田低下，率多水潦，四十餘都田高，溝港淺隘，恒慮旱乾。舊於海際築閘一十八所，土壩一十餘處，啓閉以時，預防旱潦，後皆頽壞。永樂間，本府增設通判一員，專理農務，重加修理，甚爲民便。此以汰冗員去，而本縣公務益繁，提督不周。兼值連歲洪水海潮衝蕩者，多乞舊仍增設府官一員，專理農事，每歲秋成後，興工修築，庶以便民。從之。

《明實録》洪熙元年八月〔戊辰〕寧化王濟焕奏：本府官軍止有一千户所，今以八分屯田，惟留二分供使令，乞如太原三護衛例，存留一半。從之。

《明實録》洪熙元年十月〔戊子〕行在監察御史李苛奏：山西天城衛鎮守都指揮僉事魏清，私占官軍屯田二頃及役軍士五十餘人於家。罪應杖，當罰役。從之。

《明實録》宣德元年五月〔丁未〕陝西都指揮使司奏：所屬近地凡十四衛所，軍士三之一屯田。其餘守禦。比來守禦軍多有差遣，乞以屯田軍之半復還守城。上諭行在兵部尚書張本曰：屯軍春種已畢，又令守城，則前功盡棄。勿聽。但守城者勿擅差使，得專守可矣。

《明實録》宣德元年十一月〔辛丑〕行在户部奏請差官盤量屯田子粒。上曰：屯田積穀，以助國用、省轉輸，蓋軍國之要務。然水旱灾傷，有非人力所能禦者，若不察此而概徵之，則人受其弊。況農隙之時，屯種軍士又或别有差遣，而灾傷之處，妻子在屯者，衣食猶恐不給，復有徵求，何以聊生？凡今屯田子粒，有收者照舊例盤量，果灾傷無收之處，即與蠲免。

《明實録》宣德四年二月〔乙未〕行在户部尚書郭敦奏：洪武、永樂年間屯田之例：邊境衛所旗軍，三分四分守城，六分七分下屯。腹裏衛所，一分二分守城，八分九分下屯。亦有中半屯守者。都司、布政司、按察司提督，秋成比較，依例賞罰，倉有餘糧。近年各衛所不遵舊例，下屯者或十人、或四五人，雖有屯田之名而無屯田之實。以一衛計之，官軍一年所支俸糧，協以萬計。而屯收子粒止有六十七石或百餘石，軍糧缺少，實由於此。今擬在京在外衛所下屯之數，不問正軍老幼餘丁，必依舊額補數，令其屯種。在外屬衛，令三司委堂上官；在内並直隸衛所，從都察院委御史提督巡視；至秋成依例比較賞罰。庶倉有儲糧，軍無缺食。從之。

《明實録》宣德六年春正月〔乙卯〕巡撫直隸侍郎周忱奏：鎮江民言，本府經歷韓盟爲政公勤，連歲部糧措置有法，小民獲安，糧無虧欠。後爲人誣其受賄，續蒙赦宥，乞復盟原職，以慰民望。又丹徒縣民言，府軍左衛官軍舊於本縣緣江佃種荒地，近年招誘逋逃軍囚，假爲義男女壻，每户或一二十人，恃其強力，占耕民田二千餘畝，税糧不供，甚至相聚爲盗，民受其害。乞敕户部遣人挨捕。上諭行在吏部、户部臣曰：經歷可令復職，占耕民田者，令襄城伯李隆同忱理之，作過者擒送京師。

《明實録》宣德六年三月〔丁丑〕楚王孟烷奏：舊例護衛軍士八分下屯，二分守城，今止存一衛，除老疾亡故女户及諸郡王使用外，止存一千二百人供給本府。乞免屯田。行在户部言：楚王雖一護衛，見有官軍五千二百人，況有餘丁下屯，宜仍舊。上曰：軍士豈應坐食，令使用外，仍以一半下屯。

《明實録》宣德六年九月〔庚辰〕行在工部侍郎羅汝敬言：寧夏等衛屯軍。舊種田一頃，納屯糧一十八石。然一頃之中，地多沙鹻，有名無實。今請開豁，所種田皆肥饒，每五十畝仍令納糧一十八石。甘州一十三衛所亦准此例。内除一十二石充本軍月糧，止以六石上倉。餘丁、官下家人、寄住人等例無關支月糧，宜照屯軍例，以細糧六石輸官。又各衛屯軍，雖嘗給牛，歲久不存，貧者無資可買。其西安等府寄養官牛九千二百餘頭，請給屯軍之貧無牛者。不足，則於寧夏、慶陽等儲官庫支贓罰布絹鈔買補。又寧夏、甘州田土，資水灌溉，有勢力者佔據水道，軍民莫敢與争，多誤耕種。請增除六部或都察院堂上官二員，往業巡視。寧夏、甘州皆請置提舉司；寧夏正提舉司一員，副提舉司二員及吏目一員，司吏二名，典吏四名。甘州正提舉一員，副提舉四員，吏目一員，司吏四名，典吏八名。專掌水利，兼收屯糧，俱屬部院官提督。則屯田不廢，邊儲有積。又寧夏、甘州馬驛、遞鋪夫，俱洪武中囚軍，月支口糧三斗，既不能贍，其所種民地，近年俱依屯田例納糧，愈加貧困。宜於餘丁種田之例，令存月糧自食，少蘇其苦。上命行在户部會官議。於是太子太師郭資、尚書胡濙等議：屯糧、屯牛、減驛夫種田糧皆可準。置提舉司及添除六部、都察院堂上官巡視，請自上裁。上曰：提舉司可置，巡視官不必除。只令御史二人往理其事。

《明實録》宣德六年九月〔辛巳〕行在兵部侍郎柴車言：奉命往山西大同等處按視，田地爲官民占種及空閒者計一千八百九十餘頃，與軍耕種，請依屯田起科。户部言：屯田之例，每軍耕種五十畝，除月糧外，以糧六石上倉。今召軍種田，每五十畝亦令歲納子粒六石於附近倉。上曰：邊地軍民當優之，可更減一石。

《明實録》宣德七年三月〔辛酉〕遼東都司言：諸衛屯種耕牛，初皆買於朝鮮。今牛多死，缺用。遂遣内官昌盛等敕諭朝鮮國王李裪，賜以紵絲紗羅錦帛，令如永樂故事，選牛一萬送遼東都司給軍。仍遣員外郎李顯運絹布五萬匹，償其值。

《明實録》宣德七年九月〔壬戌〕參政沈固上言四事：【略】其三，比來侍郎柴車等取勘官軍所種土地，每頃令納細米一十石。種田納糧，理所當然。臣觀大同邊境，地土鹻薄，若雨暘順時，人工修治，僅得十之三四。人工不修，加以旱澇霜雹，計其所收，不能償種。而況軍士月糧，有妻室者月止七斗，無妻室者月止五斗。家口多者，不令自耕，豈能足食。況先奉太宗皇帝敕諭：軍官及軍下舍人、家人、餘丁自願耕種者，不拘頃畝，隨其開墾，子粒自收，官府不許比較。今田一畝徵糧一斗，比之民糧尤重。若逼迫取之，必致逃逸。乞敕户部，凡各衛官軍，有力耕種者，計其田畝歲納糧數，準作應支俸給，有多餘者仍舊納官；不及本等俸者，如數補給。其旗軍餘丁所種地土應納之糧，給與自食，或三分中減納二分，庶使軍士得遂所養【略】。上曰：所言皆有理，命六部議行之。

《明實録》宣德八年八月〔庚戌〕行在兵部右侍郎柴車奏：遼東各衛屯田軍士，貧富壯弱不均，請分作三等。有丁力牛具者爲一等，有丁無牛，有牛無丁者爲二等，貧難力單者爲三等。以三等附一等之家，借其牛具種子，秋收付還，縱獲豐稔，不許侵索所收。若此，則三四年間，人有贏餘，可以立産業，成家室，免逃竄之患。命行在户部如所言行之。仍遣鴻臚寺少卿張隆常加提督。

《明實録》宣德九年五月〔庚子〕行在户部奏：比者皇陵衛老軍王福言：洪武間旗軍什八守城，什二屯種；永樂中什八屯種，什二守城。歲收子粒，足給軍士月糧。比來都司衛所不守成法，每衛止令一二百人或三五十人屯種。所收子粒，不足給軍，補給於太倉。不惟偷安自便，抑且虚費廪粟。又本處軍民，比因缺食，多以子女質鬻與人。如是不已，必致軍缺其伍，民失其户。今議得旗軍屯田，宜令各衛現在旗軍及今清出老幼，俱如洪武、永樂間例，邊境衛所什三守城，什七屯種。内地衛所什二守城，什八屯種；或分一九屯守，或俱下屯。仍令巡按監察御史、都司、按察司委官督較，務責實效。及行鳳陽、揚州、徐、滁等府州衛所查勘，有因饑荒以子女質鬻與人者，官爲給價贖還。從之。

《明實録》宣德九年十二月〔丙午〕行在户部右侍郎王佐奏：昨户部員外郎羅通言：宣府乃内地，在城三衛一所，又調蔚州諸衛官軍八千餘人操備，士馬衆多，坐費饋餉，未嘗出境巡邏。若長安嶺迤北至獨石新立四堡，皆臨極邊，備禦官軍通計三千三百人，有故者三百五十餘人，不足於用。而糧料供給皆出山西大同等府，山路崎嶇，轉運甚艱。比乏饋餉，又勞京軍儹運。切惟雲州至雕鶚，皆可田之地，官軍私種獲利。請分調宣府現操官軍三千三百餘人於雲州、赤城、雕鶚諸堡。與原調官軍通六千六百人，半以巡哨，半以屯田。軍與田一頃，官給牛具種子，令對名供給。一歲之後，住其月糧。開平、龍門衛所官軍亦用是法。倘遇緩急，則下屯之士亦可調用。庶官府省轉輸之勞，而士卒無勞逸不均之患。臣佐奉命往，與都督譚廣等議之。廣以爲赤城諸堡，地臨極邊，宜增守備；宣府皆是要衝，士卒亦不可少；其屯守對給，猶恐歲有豐歉，亦難預擬。今欲分調宣府官軍，請仍留一千操備，而以一千人於雲州諸堡與舊軍相兼屯守，千三百人於宣府各衛屯種，輸納子粒。乞敕兵部，後有法當充軍者，皆發雲州諸堡屯守。上諭行在兵部尚書王驥曰：赤城諸堡既是極邊，宜以蔚州諸衛軍士在宣府者千五百人益之，留千三百人宣府屯種。雲州諸堡增軍，一如所言。

《明實録》宣德十年十二月〔丙午〕廣西都指揮僉事田真言：洪

武間各衛軍士屯田十分之七，近年徵差逃故者多，遂將餘丁老幼足之。且餘丁遞年供應正軍，復令屯田，實爲重困。乞將老幼如例屯田，餘丁優免。事下行在户部，覆奏，從之。

《明實録》正統元年正月〔庚寅〕少傅兵部尚書兼華蓋殿大學士楊士奇等言：國家歲用糧儲浩大，皆仰給江南，軍民轉運，不勝勞苦。况河道難通，少有阻隔，則糧餉不足，實非長久之計。今在京官軍數多，除操練、造作應用外，餘者悉令於北京八府空閒田地屯種。倘遇豐年，必有蓄積，可省南方轉運之費，此實國家經久長策。上命行在户部、兵部議行。於是進撥京軍三萬，就近地方下屯。

《明實録》正統元年四月〔辛丑〕行在兵部右侍郎徐晞奏：陝西行都司屬衛開種地畝，賦税額重，徵納不完。會同行在户部左侍郎王佐等議，宜將軍餘地畝如民田五升起科，月糧仍舊關給。其屯田正軍該納餘糧六石，餘丁地畝亦科如民田。及大同、宣府邊衛，亦宜如例。事下行在户部，覆奏，從之。

《明實録》正統元年六月〔丙午〕行在户部奏：切見各處屯種衛所下屯軍人百不遺一，生之者少，食之者衆，是致歲用不敷。宜移文各衛，遵洪武、永樂間定制，在邊者三分守城，七分屯種；在内者二分守城，八分屯種。屯軍每名如新例止徵餘糧六石，交納附近官倉。仍命各處總兵、鎮守、巡撫官並都按二司、巡按御史提督比較，庶幾邊有實儲，軍無匱乏。從之。

《明實録》正統五年四月〔庚子〕行在大理寺右少卿李畛奏：北直隸洪武、永樂時人稀，富家隱藏逃户，闢地多而納糧少，故積有餘財而愈富。貧家地少而差役繁，故典賣田宅，産去税存而愈貧。又真定、鉅鹿等府縣，田地多被漳水冲塌，兼爲屯軍所占。乞敕户部委官丈量，現數均給貧屏坍塌地土之家耕種，則貧民少免飢窮，而逃户亦漸還鄉矣。奏下行在户部，言：畛言可行，宜遣官踏勘，仍令豪强毋得占吝復業户田宅，違者治罪。從之。

《明實録》正統六年七月〔己未〕大同參將都指揮同知石亨言：西路操備人馬數多，費用浩大，民間轉輸，不勝勞苦。又軍士家口及置買軍裝，俱仰給月糧。一遇歲歉，不無失所。見得行屯院、净水坪迤西土地廣沃，洪武、永樂間嘗在彼屯耕。乞將大同左右、玉林、雲州四衛軍士除巡邊守城外，通選三千名，每名月減糧三斗，止支五斗，往彼屯耕，各立營堡，隨帶軍器，且耕且守。仍選管隊官員提督。種子牛具，官爲措置。秋成，每軍暫納粗糧六石。後果有成，量加細糧。歲計其費，減一萬八千石，利增一萬八千石，庶使民免轉輸之勞，軍無饑窘之患。奏下行在户部，請令鎮守總兵及巡撫都御使勘議而行。從之。

《明實録》正統八年四月〔甲寅〕減陝西延綏等處屯糧。先是，屯軍一名，納子粒六石，鎮守右僉都御史王翶奏減一石。近因命都督王禎、巡按監察御史王通，選强壯屯軍備冬，又命酌量減免。禎等擬通前減三石五斗，止納二石五斗。户部以減免既多，必勞民遠運，非足邊計。請通減二石，止納四石。從之。

《明實録》正統九年正月〔戊辰〕巡撫遼東監察御史李純奏：遼東各衛隊伍並帶管驛遞鋪、鹽鐵場旗軍下餘丁，除老疾幼少不成丁外，其少壯者五萬四千八十六名；中間有六七丁、八九丁者，耕種自食，多不納糧。乞行遼東都司從實勘數，每軍除與一丁幫助，其餘每三丁摘撥一丁，與田五十畝屯種。年終照例比較子粒，於該倉交納備用。事下户部，請敕提督遼東軍務都察院左副都御史王翶如純所擬而行。從之。

《明實録》正統九年閏七月〔甲申〕户部有待郎焦宏等奏：臣同司禮監左監丞宋文毅等奉命踏勘壩上，大馬房諸處草場，多被内官，内使人等侵占，私役軍士耕種。甚者起蓋寺廟，擅立窑冶，及借與有力之家耕種，以致草場窄狹，馬多瘦損，請正其罪。上曰：朝廷設立馬場，令内官監之，而乃作弊如此，論法當罪，今姑寬貸，令速改過。其内官各賜地一頃，内使、净軍各賜五十畝，已蓋寺廟者勿除，餘悉還官。都察院仍給榜禁約，每歲遣給事中、御史各一員巡視，敢蹈前非者必殺不宥。

《明實録》正統九年八月〔辛酉〕浙江按察司僉事彭貫奏：舊例屯田授之軍者，每畝輸粟五斗。田有餘，授之軍餘及民者，輸亦然。衆多不便，田以荒閑。臣以餘丁非正軍比，民有雜差，又非餘丁比，請遞減之。餘丁畝輸二斗，民畝一斗，其荒田待耕三年後如例徵之，庶軍民兩利，田不荒閑。從之。

《明實録》正統九年十一月〔丁亥〕河南按察司僉事徐朝宗奏：

大寧都司官軍都指揮僉事田禮等八千二百九十五員名，侵占屯地四千一百二十七頃有奇。遞年不輸子粒，會赦不即改正，管屯官匿不以聞，俱合逮治，所收過地利合追還官。上俱宥其罪，止令今後如例徵輸子粒。

《明實録》景泰元年六月〔庚辰〕巡按浙江監察御史包瑛奏：處州地瘠人貧，其中小民或因充軍當匠而廢其世業，或因官吏横徵而克其資財，或因豪右兼併而侵漁其地，或因艱苦借貸而倍出其償，恒産無存，飢寒不免。況富民豪横，無所不至，既奪其産，或不與收糧而徵科如舊，或詭寄他户而避其糧差。激民爲盗，職此之由。請移文鎮守等官覈實，彼處小民田地被豪民侵占及準折私債者，一概追還。大户詭寄别籍者，依律逮問，庶得盗息民安。從之。

《明實録》景泰元年十二月〔己丑〕巡按浙江監察御史黄英言三事：【略】一、各布政司田土，自洪武初差監生分區丈量，遣魚鱗圖本，府、州、縣、里各存一本。今世遠無存。明年例該重造黄册，請仍舉洪武丈量圖本之法，庶田糧得清，小民不困。事下户部，覆奏，詔：没官田地，起科納糧已定，不必更改。添設衙門並丈量田土，命鎮守副都御史軒輗會官體勘以聞。

《明實録》景泰三年五月〔戊申〕户部奏：寧夏總兵官都督同知張泰等言：寧夏軍士貧乏，各屯種田五十畝，歲輸城倉糧六石，屯倉種糧六石，自食糧一十二石，欲將餘糧量減優恤。緣陝西邊餉浩大，若從泰等所請，未免多發邊民饋運。恐各邊仿傚，屯種之成規日廢，糧儲之遠運日艱，請移文鎮守侍郎等官，遵舊例爲便。從之。

《明實録》景泰三年八月〔己丑〕福建按察僉事吕昌奏：各處屯軍老幼殘疾者，俾自種自食，免其納糧。奈管軍頭目或以壯丁報爲幼小，或以精健開爲老疾，意圖免糧，不無蒙蔽。乞令今後老幼殘疾屯軍，俱令守城把門，仍給月糧三斗；屯田改撥耕種，庶不虧損糧餉。從之。

《明實録》景泰三年十二月〔壬辰〕兵部左侍郎、翰林院學士兼左春坊大學士商輅奏：近聞河南開封等府並南直隸鳳陽府等處，今歲水澇，田禾無收，積年在彼逃民俱各轉徙，赴濟寧、臨清各處趂食，動以萬計。有司聞其入境，一切驅逐，不容潛住。緣此等流民轉徙已久，無家可歸，迫而不恤，恐生他變。臣切見畿内順天等八府，所屬一百三十餘州縣儘有空閒拋荒田地，足以居民。乞敕户計議榜諭逃民，有志復業者，即令復業。其無所歸者，聽於八府所屬州縣分住撥田興耕，設法賑恤其口糧種具之類，或暫給官儲，或勸貸富室。俟有收之際，如數追償。詔户部移文河南、山東巡撫等官，斟酌事宜，可行則行。如有窒礙，從其設法處置，但事妥民安，以副朕意。

《明實録》景泰六年八月〔乙酉〕提督山海等關軍務右副都御史李賓奏：永平、山海一帶，關隘相連，軍馬數多，見貯糧料數多。其附近空閒地土約有七八千頃。臣欲趁今無警時月，令現在營關營及守城軍内精壯者留備操守，軟弱者量揀屯種。仍令帶隨身衣甲器械，遇警各守信地，以聽調用。月糧俱暫支給，俟屯田既成，上納子粒，免支月糧。其有大量不盡地土，官軍舍餘有力開墾者，盡力耕種，一體辦納子粒，庶可節省饋運。事下户部，言賓所奏，誠守邊長久之良法，宜準其言。從之。

《明實録》天順三年三月〔甲辰〕詔：各處新增起科並軍民告爭新開無額田地，及願佃種拋荒田土者，其該徵糧草俱於本處存收。從户部奏請也。

《明實録》天順四年三月〔庚寅〕後府帶俸都指揮同知於忠奏：武清、東安二縣空地共五十九頃，乞賜耕種。事下户部言：達官給地舊有定例，都督止得二百五十畝，宜給之如數，餘地令兩縣撥付丁多田少之家耕種起科。從之。

《明實録》天順六年夏四月〔丙子〕命山西沁州及沁源、武鄉二縣小民開墾荒田，照例起科，仍舊管種。時寧河王奏：前地係祖父晋恭王護衛屯田，比因革罷，衛分田亦荒蕪，多被所在小民開種，乞撥賜本府養贍。上命户部勘實以聞，因有是命。

《明實録》成化元年二月〔乙卯〕巡撫湖廣左僉都御史王儉上言八事：【略】一、清理屯種。舊例屯田，腹里衛所，二分操守，八分下屯，邊境衛所，三分操守，七分下屯。近年以來，各都司衛所原行文卷，多有朽爛，間有存者，旋復改洗，以致無籍官旗人等乘機作弊。屯田之制，日就消削。乞敕所司委明正官，親詣屯所查理。其權豪勢要霸種者，悉令退出，撥給新軍並空閒舍餘。如軍少田多，撥所在有力無田軍民，照例起科。精會計之數，嚴侵漁之法，則豪强斂手，而倉廩充矣。疏奏，下所司議之。

《明實録》**成化六年三月**〔壬辰〕詔陝西延綏開屯田。先是，巡撫都御史王鋭言：榆林一帶營堡，原無額設田地，一應糧草，俱以腹里軍民供給，輸運甚艱。請待邊墻築完之後，砦堡已立，行令陝西三司督令營堡委官，通將沿邊田地丈量，分撥官軍耕種。每歲秋收之後，量徵穀草入官。人田百畝，徵草二束；以萬人計之，可得草二百萬數。遇有豐收，有司量其多寡，依時價和糴。行令腹里州縣依此分數徵收價銀，解邊收貯，以備支用。上以其言有理，命户部計議以聞。至是，户部覆奏，從之。

《明實録》**成化十六年十一月**〔壬辰〕户部臣奏：中都留守司副留守芮昂言：鳳陽等八衛一所屯田子粒六萬八千一百餘石，近因軍餘逃亡事故，無從徵輸，往往舉貸及克減軍糧陪納爲常。今管屯指揮董文、張輔、馬英所領軍餘，初無缺乏，而所逋多至三千餘石，凡歷二年不完，顯有侵欺，宜究問示警。臣等議以屯糧年終不完及逾年者，自管屯僉事以下例皆停俸。近因山東災窘，仍復支給。宜行巡按御史逮文等問擬如律，自餘衛所僉書首領并管屯官一體停俸。其逃亡事故各項軍餘，查照撥補。仍行南北直隸各府并浙江等都布按三司，自成化十七年爲始。逋負糧草者，軍衛停俸；有司於停俸外，戴罪枷項催徵。則積弊自消，糧運不逋矣。疏上，從之。

《明實録》**成化十八年閏八月**　丁卯朔，南京留守前衛百户高洪、趙顒、唐愷已用薦管事，後謀管屯田。事覺。兵部言：近例軍政管事官不得輒行調遣，請治洪等罪。仍請通行南京各衛，申明管屯官數，惟全伍下屯諸所如舊。其屯軍百人以上者用百户一人，三百人以上者用千户一人，五百人以上用指揮一人領之。官多無用者，令悉還本衛所。上曰：國家仿古屯田之法，用戍卒耕守，蓋寓兵於農之意也。地之給其人者，各有定業；官之治其事者，亦有定員。行之既久，其法漸廢。戍卒多役於私家，子粒不歸於公廩，管屯者有積蓄之利而無差操之苦，所以啓後來者之謀也。洪等宜加究治。自後當如爾兵部言，官有濫設者，悉退出差操。

《明實録》**成化二十年八月**　庚辰，禁遼東武官役占屯田軍士。總理糧儲户部郎中毛泰奏：遼東軍士舊以二分守城，八分屯種，而今乃反是。其都司衛所官員又調以修築邊墻，致誤農事。乞申永樂三年敕諭屯田官軍紅牌事例，令各衛置紅牌一面，永爲遵守。今後凡有修墻軍務，止以現在一十八萬舍人、餘丁輪番調撥，其屯田軍士不許擅科擅役。户部覆議。上曰：遼東軍餉，誠資屯田，近悉廢弛，其以紅牌條例付鎮守巡撫等官，令即舉行。若有差占屯田者，照私役操軍例降謫不宥。

《明實録》**成化二十二年八月**　甲戌，敕禁太嶽太和山樵採，并復其侵占田地。時本山道士奏：武當山多被民開墾樵採，請賜護敕，并敕所在官司禁治，及撥還民之侵占者。從之。

《明實録》**弘治元年閏正月**〔乙亥〕南京工部請增設主事一員，管鎮江至九江沿江蘆洲。命本部簡司屬一員，奉敕理之，官不必增設。於是工部奏差其屬郎中毛科，賜之敕曰：南京自鎮江至九江一帶，俱有蘆洲。近江州縣并巡檢司每年砍辦本色蘆柴及折收銀兩，解送南京工部燒造買辦應用。已有定額。然洲場年久，坍漲不一，或因淤塞而新生，或因移徙而重出，多被富豪軍民人等占爲己業。又或投獻官豪勢要之家，以一包十，恣意霸占；而舊額洲場，日見侵削。所在有司，因而交通富民，阿順勢要，怠墮不理，甚至不復取蘆於洲，但科民陪償。又有不近大江縣分，原無蘆洲處所，亦一概科取。積弊多端，以致小民受害，連年告訐不已，國課虧少。遇有南京工部燒造修理等項工程緊急，未免拘并各該鋪行窑頭人等揭借應用，累及無辜。今特命爾，不妨司事，提督清理沿江一帶蘆洲，禁約富豪軍民人等及官豪勢要之家强佔侵奪、有司科擾小民之弊。舊額洲場如有坍塌，即將新佃柴課依數凑補，本處舊額理存、或有新生別洲，許令撥補附近坍塌之數。俱要丈量明白，令各該府州縣具造文册，申繳該部及存留本處備照。其餘一應積弊，敕不該載者，悉照本部所奏而行。所在府州縣官員人等，敢有故違不遵，六品以下聽爾徑自提問，五品以上及軍職參奏處治。爾受兹委任，尤須持廉秉公，毋暴毋刻，俾事妥民安，國課不虧，斯爲爾能。如或纖毫不謹，以致擾人壞事，事發，一體治罪不宥。故敕。

《明實録》**弘治二年五月**〔甲申〕巡按直隸監察御史許鋭奏：鎮守守備官多役占屯田正軍，以餘丁屯種，極爲費擾。極爲費擾。請令巡按御史閲糧册，以正軍屯種，餘丁雜差，有役占者聽御史糾舉。【略】從之。

《明實録》**弘治二年九月**　丙辰，禮科給事中孫儒等奏：奉旨清查畿内諸已故太監莊田，中間有轉賣、寄託及佃户自占者。凡二千七百一十八頃有奇。户部請籍之於官，召民佃種。上命不及二十頃者，仍與管業人耕種，準民田例徵糧；二十頃以上者，量除五頃；三十頃以上者，每三十頃遞除五頃，並留與見管業人耕種納糧；不願耕種者聽。餘地并收入官，召人耕種。

《明實録》**弘治五年二月**　壬戌，巡撫雲南都御史張誥，清查各衛司所屯田盗報有司田二萬八千餘畝，仍給還各衛屯種，以復原額。其民田册内照數開豁，仍請令二年一次，行委管屯官員清理盗報者罪，以盗賣官田過者收者，仍各罰米一百石入官。户部覆奏，從之。

《明實録》**弘治六年五月**　〔壬申〕兵部尚書馬文升等應詔言九事：一、清屯田以足兵食。謂軍士月糧出於屯田，洪武時每軍有分屯田百畝者，有三五十畝者，屯軍既不支糧，又納餘糧六石，所以公廩皆有餘積。後軍士數少，徵戍日增，屯軍俱各摘出應役。屯地多爲勢家侵占，或被軍士盗賣。徵糧之數，多不過三分。又如親王初封，俱有三護衛，中間有改調二衛者，有三衛全調者。所遺屯田，當時失於查考，俱被王府並勢家占種。乞差官於南北直隸並浙江等布政司，會本處三司屯田官逐一清查，果衛所無軍，聽舍餘或民人承種，照例納糧以給軍士，不許他費。灾傷地方，暫且不遣。庶軍士困苦得以少蘇。【略】一、安流民以弭後患。謂山東、北直隸比歲荒歉，人民相率流往河南。即今河南又旱，復去之荆襄。土著之家，懲往年流民聚積之患，必不相容，所在官軍又復驅逐，恐生他變。乞敕河南、湖廣巡撫並荆襄撫治流民都御史，密爲關防，優容求食。若倉糧有餘，量加賑濟，不許逼逐。奏入。上曰：所言是。清屯田等八事皆准行。

《明實録》**弘治十五年六月**　癸丑，户部覆奏監察御史車梁所奏：故軍良田多爲鎮守官占種，所遺薄田仍令軍士賠納。宜一一清理，召人耕種。又各處軍民開墾空閒田地，近來爲貴戚豪右請爲己業，糧差仍累舊主，宜將所奏撥田土，驗畝定税。詔從其言。莊田已準管業者已之。

《明實録》**弘治十六年二月**　〔庚戌〕巡撫遼東都御史張鼐陳八事：【略】一、清屯糧。遼東屯地俱在北邊，近年邊墻外盡賊巢。屯軍不敢屯種，糧草每歲包陪。又有馬軍無力者，告爲屯軍免役，官豪勢家乘機侵占。屯軍迫於賠糧，往往逃竄。乞令有地者照舊納糧，無地者暫準停免。待修墻完日興舉屯田，則屯糧不失原額，而軍士不致逃竄矣。一、清隱占。遼東總兵、副總兵、參將、都指揮、千户等官，先年各選驍勇軍士隨從殺賊，久之遂爲家人。其陞調官員，則有帶去軍丁，現在世襲子孫有任參將以下者，一家有十餘姓，一姓有十七八人。又有隱占軍丁從嫁使令者。見今一家，多者二三百丁，俱稱舍餘不當差役。乞降聖旨，榜文曉諭，許隱占之家，限三月以里首官改正免罪，軍丁發回衛所收補；不首者，官每五丁降一級，甚者罷職充軍，軍發沿邊墩臺永遠哨瞭。庶豪官不敢隱占，奸軍不得避役【略】。命下其奏於所司。

《明實録》**弘治十八年六月**　〔乙卯〕初，巡撫都御史史琳以保定等府民間草場租銀太重，奏定輕則：上地，畝銀五分；中，三分；下，二分。至是，金吾等衛請比民間例輸納。從之。

《明實録》**正德二年閏正月**　〔甲戌〕工科給事中馬騤爲清理四川屯田疏四事：一、責成管屯官員，稽考屯糧多寡，以禁侵欺之弊。一、禁治典買屯田，及體察詭寄影射等弊，以足原納之數。一、下屯守城旗軍，舊額各有分數，大概守城者十之二三，下屯者十之七八。近者官吏循情，私相更换。宜申嚴成法，如役占餘丁名數，照例降級，以禁治之。先年欽賜藍國公遺下灌縣等處樣田九百六十八坵，舊令成都五衛正軍領種，納子粒如坵之數。後因軍人種辦之歉，遂至積欠。今丈量原納及增出者計一千五百一十畝，宜如屯田事例，令成都五衛軍人餘舍六十八名，各納種二十二畝。每納子粒六百，歲可常得米四百十一石，以備軍士月糧之需。户部覆奏，從之。

《明實録》**正德二年十月**　辛卯，魏國公徐俌與無錫縣民鄒塾等及妙相院僧爭田，巡按御史曾大有委蘇州府推官甘泉、常州府推官伍文定督無錫縣知縣徐海體究，皆以備奏無實。既而差兵科給事中徐忱、錦衣衛千户屠璋往會巡撫都御史艾璞及大有查勘，忱等復委常州府知府楊二和、通判劉昂、鎮江府知府丘經、長洲縣知縣李珏、吴縣知縣劉恒、宜興縣知縣王鏃、無錫縣知縣馮應奎，至所爭之鄉，履畝體究。鄉民皆云：俌家初無田土，忱等乃斷給僧民。俌復奏，改差大臣勘問。上重命户部左侍郎王佐、司大理寺右少卿王鼎、錦衣衛指揮僉事周賢往勘之。於是佐等具題至彼備查始末，文卷勘合圖籍黄册並無。洪武初，欽賜魏國公莊田文册，僅有備家所收無錫佃户，勘合二紙可據。

又據無錫民許禄等招稱，中山武寧王以收取吳越有功，賜莊一所，在鎮巷口，號徐府莊；又田八十三頃六十畝，在泰伯延祥膠山等鄉；及妙相莊各有佃户管理。武寧王薨，其子襲爵，至永樂初赴鳳陽閑住，田遂荒蕪。塹等各祖父以己業相隣，混收入册。今宜仍斷還本府。備所奏山場並觀燈樓則無實，難以追究。因劾大有輕聽羣訟，偏執己私；璞忱、璋奉命勘事，不悉心研究，擬斷不當，臬等阿附大有，輕信妄供，情已失真；二和等依聽璞等指使，復踵前勘，事愈不明，昂等亦扶同勘報，俱宜究問。上是之。大有等命錦衣衛差官校械繫至京，送鎮撫司鞫問。後璞逮繫獄，具命錦衣衛杖之五十，全家遷海南爲民。浦家原賜莊田，世遠湮没，爲民業矣。許禄者，爲縣吏，以罪罷黜，乃見備導之争理，訟久不決，及瑾專政，浦賂之，故復遣佐等勘處。觀佐等所具獄辭，皆出禄口，而欲連坐前後勘官，遂興大獄。蓋不敢拂瑾之意也。

《明實録》正德二年十月〔乙未〕徐聚興者，洪武中從征有功，歷陞元帥，賜揚州江都縣田共九百一十三畝有奇，世襲萬全左衛指揮使。其後子孫不能守，盡鬻之他人爲業。至是，其裔孫保，聽罷役吏戴義謀，妄指旁近民産四千三百餘頃皆賜田也。疏進爲皇莊。上命户部侍郎王佐等督守備巡按等官踏勘。佐等方勘徐備莊田於無錫，聞是命，復趨江都。既勘畢，具奏：江都概縣田，地大數不及六千頃畝，若如保奏，則所餘無幾，豈堪立縣，其虚妄明矣。蓋聚興原賜田地，俱保父洪立券鬻之，得價數千兩。今止餘瘠地四十八畝，並契外田九十畝，又鬻而未割者一百二十餘畝，則保所獻皇莊之數耳。保固可罪，而義代爲草奏，尤首惡也。詔以保妄獻官民業田，義代寫奏草，罔上害民，情罪可惡。令巡按御史各箠四十，仍枷項三月，滿日併妻子發充雲南瀾滄衛軍。陞佐及大理少卿王鼎，各俸一級；錦衣衛指揮僉事周賢官一級。量出餘地，令給無田民種之，如例起科。前此未有因勘事而加陞者，蓋佐等勘處徐備莊田，能阿瑾意，故有是命。

《明實録》正德三年八月 辛巳，初，憲宗賜惠妃笫錦衣衛百户郭勇靖海縣莊田二所，共二千三百七十八頃五十畝。歲久爲人侵種，屢請差官查勘，訟久未平。至是，勇弟仲良復以爲請。乃命户部署員外郎張鳳玨覆勘爲永業者，一千八百二十八頃六十四畝，爲百户張琮等所侵者，一百四十五頃七十二畝；爲海水淤没者，又若干畝。因劾節委勘官户部員外郎吴紀等十六人、會州衛指揮張經等四人，不行審實，朦朧斷給，以致連年奏擾，俱有罪。户部議覆：有旨，令巡按御史逮琮等五十四人監追占種積年子粒；罰紀等十六人，各米五百石；經等四人，各三百石以贖罪。十六人者，惟按察使黄珂、驛丞李璽、知州刑政見任，餘皆致仕罷黜，且有物故矣。

《明實録》正德四年二月〔甲戌〕弘治初，軍人張允忌、河南鹿邑並直隸亳州之民，所墾河壖地土，頃畝多而官税少也。概指爲河南荒地，獻之徽府。徽府因請爲業，遣户部主事李思仁覈之，得地六千一百九十餘頃，起税二萬四百三十餘石。詔以所税米二千石給王，餘皆輸河南有司。然内有五百五十餘頃爲米一千八百餘石，實直隸王皮溜集之地，而佃者亦亳州之人，册皆混爲鹿邑桑園集之地矣。鹿邑有司徵其税，不服。巡撫官乃奏令輸之鳳陽以充。汝寧府每年坐派之數，其民復怨不便。於是遣郎中方璘覆勘。璘奏報：河南直隸，地界甚明，亳州所負糧，自正德三年爲始，令輸之本州倉以給軍糧，而汝寧府坐派鳳陽倉糧，自當如舊。仍備行各司府州縣改正册籍，以杜復争，而正允妄獻之罪。前後鎮巡撫按司府州縣等官，查勘不明，及失於催併完結者，凡二十四人，俱乞究治。有旨：杖允百，發遣遠充軍。諸官以年遠，且連及者衆，站從輕罰米，見任者百石，罷黜者半之，已死者勿究。

《明實録》正德四年九月〔戊戌〕兵部左侍郎胡汝礪奏覆丈量過公侯伯指揮等官張懋等莊田地共一千八百八十八頃七十餘畝，欲將無糧者照例起科。詔：以公侯伯等官既有常禄，在外莊田徒使利歸佃户家人。即今邊儲缺乏，各官豈無憂國足邊之心？查出地土，宜照例起科，革去管莊人役。各家願自種者聽，不原者撥與附近空閒舍餘種納。還量地利厚薄以定則例，依頃畝糧數以案册。仍令各邊查出地土，視此令行之。

《明實録》正德四年十一月〔己巳〕户部覆：大理寺寺丞楊武，查出大同鎮巡守備等官欽賜草場地正數外，尚佔據七百餘頃。欲令盡歸之官。其不能蓄草者，聽牧放戰馬；宜蓄草者，各該守備等官差人取之備用。有仍前侵占者，從撫按官參究。詔從之，仍令可田者，給軍士佃種起科。

《明實録》**正德五年三月**〔丁丑〕尚寶司卿吴世忠清查薊州等處屯田，奏言：東勝、興州等衛所屯田，多占種盗賣者，田租拖欠終年，積弊已久。若一一置之於法，人情未免不堪。除官豪占種及知情典買不首者，依律究問外，其餘情不得已者，量爲處分，田仍給主，價亦免追。若本主無力，另給附近軍民屯種。如買主不係官豪，情願納糧者聽。惟在税租不失原數耳。其額外查出地土，肥瘠不同，定則納糧，仍立圖册，以息争端。從之。

《明實録》**正德十六年六月**〔乙未〕御史范永鑾言：往者劉瑾、錢寧、江彬相繼擅權，姦民乘隙，多將軍民屯種地土，誣捏荒閒，及官田名色投獻，立爲皇莊。因而蠶食侵占，靡有界限。舊租正額外多方掊剋，苛暴萬狀，畿内八郡，咸被其害。請敕户部差官一切體勘。係民者歸民，係官者歸官。應輸租課，有司代收交納。事竣仍繪圖造册，繳部備照，永杜後姦。詔所司知之。

《明實録》**嘉靖元年十月**〔癸巳〕巡撫大同右副都御史張文錦劾奏陽和大城分守太監李睿報納官草，累軍採運，侵占莊田，役軍耕種，結逆黨黄福添等爲腹心。宜正其罪，別選老成安静者代之。都察院覆議，得旨，戒飭李睿安静行事，黄福添等緝捕治罪。

《明實録》**嘉靖二年九月**〔戊寅〕先是，上以查勘各官莊田數目與舊數不同，下户部覈。尚書孫交等言：舊數之多者，奏討、投獻、虚開、妄報之也；新數之少者，以奉旨清查，退給、除豁也。短少之數，俟年豐將原報低窪地土，查有水退堪種及生産蘆葦者，量徵子粒以補之。得旨：令查成化、弘治間原數以聞。

《明實録》**嘉靖六年八月**〔壬申〕御史郭希愈言：江北岸善崩，凡坍江田地約有四萬二千餘畝，所損歲額，咸取償於民。而江南新漲灘田九萬八千餘畝，漸成沃壤；豪民霸佔争訟，致傷人命，數年不决。前奉明詔，下有司覆勘，不報。宜責南京巡江御史勘理。户部覆請，上命南京巡江御史委有司踏勘。其坍、漲田數相應抵補者，咸通副撥給，以足糧額，餘皆賦民耕之。先已靠佃納糧者，咸與公斷，以杜争訟。

《明實録》**嘉靖七年正月**　丙申，大學士楊一清言：【略】河西糧儲匱乏，士有饑色，馬多瘦損。内地所派，既不足外供，朝廷問發内帑給之，亦不過即糴所在之粟入所在倉廪而已。而境内布種不廣，別無輦致，雖有官銀，無從糴入，以故穀價騰踴，日異月殊。所司往往以銀散之衛所軍餘，令市買納官，責限督並。衆口嗷嗷，怨聲載道。夫處積邊儲，不過糴買、召商二事。今糴買既有弊，惟召商爲最便之法。宜自今定制，凡開中鹽引，務令商人上納本色。邊儲銀兩，除量留以備豐歲折放，亦當召商糴粟，稍憂其值而不苛其收，則應者自衆矣。然欲以本土之所出，供本土之所需，非廣興屯種不可。今者遣官清查塞田，授軍耕作，此誠探本之策，而其故亦不可不講也。何則，正軍充伍，餘丁撥屯，例也。但其中有有軍無餘者，有有軍餘而無力不能耕種者，故屯地多侵没於將領豪右之家，以致屯軍終歲陪糧。有貧丁以田假佃於人者，有田隔遠磽瘠無人願假，不得已終歲傭身以輸糧而不足者。管屯之官，至計十歲以下幼男報充屯丁，叁兩朋合，謂之抬糧。屯事至此，邊人之困，尚忍言哉！故欲廣興屯種，非先補助屯丁不可。按軍士三守城，七屯田例也。今各衛徵操之外，有乘墩、守堡、伏塘等役，即守城且苦之矣，其何有於屯？宜令清軍官查理各衛軍户應繼者，俱選解健丁，仍加帶軍餘一人，户大族衆者二人，與俱詣邊，以補屯卒。使其來則有親屬以爲侣，至則有田業以爲家，庶乎生理相依而逃亡者鮮矣。不然，亦可仿古募民實塞之意，召募隴右關西之民以屯塞下。授地之外，任其開墾，俟三稔乃徵其租，一切徭役皆復之。如此則利可資身，人争向募矣。又考先年屯政修興之時，牛具種子皆爲官物，凡屯軍以年老或選伍代去者，例以牛具種子若干，隨田還官。今盡廢矣。宜仿其法，以萬金買牛及田器，審屯丁係貧窶者，及清解召募初至者，人給牛牝牡者各一只，犁鏵各一具，種子五石。每年所獲，自輸租外，即償原假種子，以備春作更給。至於屯地之埋没者，則聽人首告；占種於官豪者，諭令吐退，而不追其往可也。【略】管屯之官，尤必委任得人。貪婪侵克者罰，三年以上屯糧無負者賞之，五年以上無負及有贏積，薦舉擢用。今日修舉屯政，大要不過如此。若徒以清查催納爲名，而無實心經理之方，臣恐於邊備終無益也。上曰：覽卿奏，具見經國憂邊至意。該部即擬議條例以聞。仍敕王憲、劉天和如所奏用心區畫，身親督課，務底成效。

《明實録》嘉靖七年二月　己未，户部條上大學士楊一清所題屯政事宜：一、廣屯種。言國初以本鎮屯糧供本鎮軍馬，後屯政積馳，屯種不廣，召買無法，故邊方日困，宜行各邊守臣及甘肅屯政都御史，將荒蕪田地，多方開墾。一、補屯丁。今軍伍消乏，屯丁甚寡，宜下清軍官將逃故軍士清解，其有户丁願隨伍者聽。仍召募附近人民及隨伍貧難餘丁，分發屯田，令其耕種納糧，不當別差。空閒田地，聽盡力開墾，俟三年後方徵屯糧。一、給犁種。動支官銀一萬兩，委官收買牛隻種糧，置造犁鏵，審勘貧丁無力者，人給牛牝牡各一頭，犁鏵各一張，種糧五石。所得子粒，先扣屯糧，次扣種糧，餘聽自贍。一、清埋没。行管屯官按籍稽查，有占種者責限投首，免其問罪，將田盡數給主派種。如仍欺隱，事發依律問遣，仍追積侵花利。一、防寇掠。凡遇耕收時，摘撥官軍架梁防守平衍之處，高深壕塹、山徑隘口，設置排柵，嚴明烽堠，小警則拒，大警則避。如將官閉門坐視，被賊蹂虜，以失機論。一、慎委任。擇管屯軍廉勤者推誠任之，庸劣貪婪者亟行黜革。仍將給過牛隻印烙，督令屯户愛養，毋致損傷。一、明賞罰。檢核管屯官，三年以上屯糧無欠，屯户樂業者量賞。五年如前，以勤能旌舉。屯户有能盡力開墾、完納屯糧及鄰伍相保者，亦加犒勞。其怠馳者有罰。議上，詔令屯政者御史劉天和及甘肅巡撫官着實舉行。仍通行各邊一體修舉。

《明實録》嘉靖七年十一月　〔壬戌〕户部議覆户部右侍郎王軏、户部給事中李鶴鳴、監察御史吴淮等奏：勘過御馬監草場五十八處，自公廨所占及監官養贍之外，計實地二萬一千五百七十餘頃，蘆葦地及拋荒草地三千餘頃。歲可徵子粒銀七萬二千兩有奇，各照莊田事例徵銀解部。其召佃人户，定爲差等：上户不得過二頃，中下户漸減之。仍嚴爲界限，以杜争端。【略】詔：如議。自今敢有違例奏請混占侵奪者，所司以實聞，重治不貸。

《明實録》嘉靖八年四月　〔丙子〕國初，南北直隸及各省屯田子粒皆御史查覈。正統間，改在京各衛及北直隸屯田專設僉事管理，列銜山東。至是，户部尚書梁材言：京師畿輔，屯政日馳。蓋由僉事權力不重，皇親勛戚憑藉城社，沮撓百出，勢難管理。自今請裁革僉事，仍專差御史，如南直隸例。詔從之。因命御史，着三年一易。

《明實録》嘉靖九年五月　甲午，陝西道御史郭登庸言：榆林各衛所官，占種屯田，私役軍卒，扣減糧廪，大爲奸利，而納級武官爲尤甚。故今軍士一遭凶年，死者枕籍。請重貪官之罰，罷入粟之例，則宿弊可革，灾變可弭。上深然之，命都察院通行各撫按官榜諭禁革。

《明實録》嘉靖九年十一月　〔己亥〕御史郭弘化奏：天下田土，視國初舊額減半，乞通行清丈及查核户口，以杜包賠兼並之弊。因條清查丈量十四事。詔下户部會官詳議。尚書梁材等言：欲遍量天下土田，恐致驚擾。若官得其人而查理有方，則不必丈量而弊源可究。其所條十四事内，如查處奏討、勘處荒塌、均審編、限優免、定徵收、重責成六事，與律令及部例合，可允行之。仍令撫按督管册官，厚革諸弊政。其積弊而册籍難稽者，斟酌間行丈量。經界既明，緣此會算丁糧，均審里甲糧差，永爲遵守。諸飛詭爲奸利者，許自首免罪。奏上，詔：清理事依擬行，其餘已之，免致紛擾。

《明實録》嘉靖十二年十月　〔乙亥〕户部言：頃者糴穀備賑之令，業已下之有司矣。第各處邊江濱海等地，及毁壞寺觀閒田租賦，不入於縣官，而豪族右室漁以爲利，貧民不得分尺土焉。其餘救患賑貧之道未備，宜下撫按臣分委廉幹之吏，盡入其地，假與無業貧民，量其肥瘠，以定歲入高下。此不煩公家之費，而貧民得有所贍便。得旨：近來各處閒田多被官豪侵奪。有司非惟不禁，而私送市恩，往往有之。今無論新舊田土，撫按官一切清查變賣儲穀，以備災賑。限一月之内，首正免罪，敢有侵匿不與者，在京官員，並在外五品以上官，指名奏治。撫按官狥情阿從，一體治罪。

《明實録》嘉靖十三年閏二月　癸丑，直隸巡按御史王朝用言：屯田舊例，私相買賣者，軍民皆發極邊，價業没官。行之已久，人心帖服。近因清軍御史鮑象賢奏請查覆：屯田止令首正還主，價不入官，人不治罪。遂致軍人不論遠近典賣，及將置買民地逃軍遺業，妄肆告争。夫行法得平，人心始服。請自今退地歸軍者，價必入官，人必治罪，一如舊例。其田仍别給無田軍人。户部覆議，從之。

《明實録》**嘉靖十三年七月** 戊寅，户部覆兵科右給事中祝咏奏興復屯田事宜。言：甘肅屯田，名存實廢。蓋由募軍佃種，則有逃亡之虞；計丁課租，則有賠貱之累。重以將領非時役使，倚法苛求。以故子粒雖增，耕墾未遍。宜責令管屯官員，清查頃畝，分給土著軍丁，量資牛種，令其承佃。應徵子粒，或令徵納，或免徵，半給月糧，以從減支之例。仍戒諭將領禁止科役，庶軍心樂從而屯政可舉。詔如議。

《明實録》**嘉靖二十一年十二月** 〔丁酉〕南京吏科給事中王燁等言：虜患繹騷，邊儲空乏，欲爲久遠之圖，宜寬屯田之徵。凡沿邊地有能佃種者，無論軍民籍貫頃畝，悉與爲業，永不起科。貧者，官司量給種具，仍令游騎巡察，以防侵掠。將官墾土既廣，得多蓄，以養死士。有司定其疆界，治其争盜。撫巡官時加勞問，南京湖廣道御史吴瓊等亦以爲言，且請行各邊商人中鹽者，皆令輸粟，毋得概准折銀。詔俱從之。已，體科都給事中管見疏曰：臣聞祖宗以來，軍士月糧取給山陝諸路，而客兵與賞賜費，皆藉屯鹽之利。其後夷虜日肆，屯田漸荒，而將帥有力者，尚號集家丁與鹽商巨賈，連結堡寨。居常則屯種自營，虜至則闔衆備禦。歲久守臣惡其專利，遂爲厲禁。於是家丁散流，富賈虧損，膏腴之地棄爲虜牧。屯鹽二利俱廢，而邊陲荒落，兵力不振矣。今欲實邊，必興鹽法，欲興鹽法，必復屯田。臣請嚴敕沿邊總督撫按官，令將帥軍民，凡有力者，聽其招集流亡，開墾土田；力不贍者，官給牛具，俾有成業，即爲己産，永不起科。比及三年，鹽法不興，邊境不實，臣未聞也！或謂虜騎蹂躪，雖欲屯種不可得。誠令大司農廣備積貯，時發内帑，將沿邊主客官兵，多方賑濟，更選將帥招徠義勇，虜至俾一大挫去。自是虜必不敢復入，而屯種可興矣。臣又聞全城方畧，無從中制，故得成功。請自今一切籌邊事宜，悉任督撫便宜從事，而二三輔臣，協濟於内。皇上乾剛獨斷，鋭然行之，如是而兵不強，食不足，臣亦未聞也！疏入，上曰：屯田、鹽法，實足邊至計。近因各官建白，阻撓不行，今屯田未可頓復，便敕督撫巡按榜諭地方將帥軍民人等，將各邊堪種地土開墾成業，永不起科。其餘，下該部再議以聞。

《明實録》**嘉靖二十五年十一月** 辛巳，户部議覆巡撫甘肅都御史楊博所奏屯田事宜。言：經略河西，莫先於興復屯田，而屯政所以不舉者，催徵擾之也。種未入土，名已在册，人已在逃矣。請令諸邊臣召民墾闢，永不徵賦。其故嘗徵賦而復荒蕪者，並許佃種，一體蠲免。拋荒地土，任民開墾，永不起科。原係起科，今復荒蕪者，蠲賦十年。邊臣敢有變亂屯法者，巡按御史參奏處治。

《明實録》**嘉靖三十一年八月** 〔丙子〕南直隸屯田御史張鑑條陳便宜：一乞復南京四十二衛教場，徐其屯糧，計一百二十餘石。一、鳳陽守備單弱，乞以九衛所新舊屯軍定革留守，掌印官提督摻練。一、屯田每一分補空丁一名，及時耕種，暇日摻練，免其赴軍赴摻，以示優恤。一、嚴查勢族侵占及冒報升科者，盡没入官，仍撥餘軍屯種。下所司議覆，從之。

《明實録》**嘉靖三十八年五月** 〔甲午〕大同一鎮凡十七衛所，屯糧共十一萬九千餘石。弘治間，員外何文晋議以左右雲川、玉林、威遠、平威、陽和、高山、天城、鎮虜等十衛地土沙磧，其屯糧四萬六千五百餘石並餘衛子粒，每石折徵銀三錢；新增井坪所糧三千石，每石折銀二錢；軍丁王鏞等糧一千一百餘石，每石折銀七錢，共折色糧五萬三千餘石，徵銀共一萬六千餘兩。相沿六十餘年，未嘗更易。至嘉靖三十四年後，節因兵荒，守臣屢請減輕屯糧。户部議覆，定爲本六折四，準之舊制，本色糧不足五千七百餘石。於是管糧郎中每歲於折徵銀内逐項遞加，以中本色六分之數，共加銀至一萬四千餘兩；又於牛具、地畝内增徵草十束，共計草三萬六千餘束，悉依時估徵價。邊人苦之。守臣爲之疏言：雲中、西北極邊，風高土燥，物産最薄。自改折議行，六十年來，屯卒長老子孫且二三世，耳目所習，其徵納數止此耳。夫人情安於故常，駭於創見。彼見先年糧額本折相半，而今改爲四六。原折各有定數，而今加增不已。初議額外加補本色一錢，已非所欲，而又勒令照依時估徵納。原議猶以本色爲重，故欲分別等第，量行改折，而今反於原折陞高一等。輕重懸殊，何怪乎錯愕轉徙而屯地悉爲蒿萊也。管屯官旗，終歲監並，體無完膚，妻子號泣。而主餉之吏方且牽於成約，每當春夏三季，該徵本色之月，先將一半折銀扣除，令其以空文取補，實不蒙惠。將領心知其苦而口不敢言，司道力言其艱而機不由已，則亦付之無可奈何而已。竊嘗過計，以爲邊地與内地不同，而邊氓與内地之氓亦異。强帥悍易於鼓動，故威當施於不測，而恩尤不嫌於過厚。今無故而加一倍之徵，即內地有所不堪！而況邊氓將哉！且所加者歲不過萬餘金，而以此解三軍之體，其爲利害。孰重孰輕，不可不深思而亟處也。請盡罷額外之徵，一應本折悉依弘治年間題準定例。其新增牛具、地畝草，每束止宜折銀一分；計銀三百餘兩，每歲會入主兵項內。所少主兵銀一萬四千餘兩，請每歲同年例銀一並給發。下户部議覆：大同屯糧，國初原額五十餘萬，今裁至十餘萬。就中又止徵本色六分，已爲寬恤。今復稱加賦不便，欲以左右等衛屯糧四萬六千餘石盡復折色舊規。兵荒之際，當權宜聽之，俟豐歲再爲折衷議處。若草束折銀一分太輕，當視時估貴賤減半徵納。詔可。

《明實録》嘉靖三十九年五月〔戊子〕遣御史沈陽、户部郎中張大化清理畿内莊田。陽等還，上清出隱冒莊田之數。應量給者一萬六千二百六十四頃有奇，應入官者二十五百二十九頃八十一畝有奇。其戚畹枝係未遠而嫡派已絶、本身見存而爵級已革、及太監、寺觀自買民地而一免糧差、與歸順達官，先朝給賞住劄地土共一千九百餘頃有奇，俱宜追奪。户部覆請。從之。

《明實録》隆慶元年八月〔癸巳〕宣大總督王之誥言：大同與宣府鄰近，而軍士之苦特甚者，其故有三：夫免屯者，爲其自身屯種，不欲輸官，以其月糧抵補，官免催科之勞，而軍省加耗之費也。然軍士之領屯者無幾，而屯丁之逃故者日多。逃故者之所逋，何與於軍？而管糧郎中期於足額，凡每月軍糧，概從半給。不論有屯無屯，而以一切之法行之，是削軍士之衣食而償屯丁之流亡，一也。今内郡之田，有司往往以荒蕪請蠲租税，而沿邊玉林、雲川、威遠、平虜各鎮屯田之處，比歲苦虜，或變爲鹵鹻，或没爲沙磧，或蕩爲溝壑，乃其額糧獨不得視内郡末減，二也。原額屯田抛荒既多，官軍扣補，力已不勝，而屯田御史又於額外新增本色糧六千七百石百有奇，折色糧一千四百石有奇，草四萬八千束有奇，牛具之銀不與焉。邊民聞之，往往棄産亡去。今新開之地復成污萊，而新增之税遂爲常課。是使國家冒重斂之虚名，而遺邊郡無窮之實禍，三也。今欲足兵足食，先除此三害乃可。户部請下其章於賞軍科臣及撫按管糧官議，從之。

《明實録》隆慶二年八月〔乙未〕先是，湖廣撫按官奏革承祐宮住持，没入莊田八十七頃，以備漢江修堤之用，已得旨允行。至是守備太監張克又奏，稱前田以碑載舊數，乞留徵租進御。户科執奏，租銀以之進用，於國用不加多，以之築堤，則拯萬民之溺，而以保護陵寢。彼此輕重較然，宜如撫按官議。上命遵前旨，聽有司徵收，不得再行奏擾。

《明實録》隆慶二年九月〔甲寅〕户部覆直隸巡按御史周世曾奏，言勳戚莊田佔據已久，今雖奉旨清查，轉因蒙蔽，宜敕各該府衛門備查諸臣世派爵級列狀以聞，容臣等酌議予奪。占恡及容隱不舉者，悉治以罪。詔可。

《明實録》隆慶三年二月〔癸未〕總理九邊屯田僉都御史龐尚鵬條上薊鎮九事。一、屯田私相典賣，隱弊難稽，宜立號紙，開載三款，或見種，或荒蕪，或侵没，按藉可以得之。一、荒田無慮千頃，日下召種之，令苦無應者，宜令所在將領兵備官就近撥軍耕種，將見存犒賞之牛並各郡邑牛種銀分給之。俟三年之後，徵其租入。一、屯地僻遠，原主力不能及者，募人開墾，即給爲業，免其抽軍糧頭各項雜差，仍量地肥磽以定税額，寧從寬假，勿與小民爭升斗之利。其管屯官，亦視召種分數以行勸懲。一、各地有軍逃而爲衛官所隱占者，有私相典賣而埋没者，有勢豪利其膏腴而威逼抵换者，有因其隣近而侵漁兼併者，有承佃年久攘爲世業者，有指稱隙地投獻權門者，宜嚴加查禁。許自首者免罪，有能告者以其田畀之。一、沿邊可耕之地，近爲山水衝壞，或沙石鹻薄，或虜騎出没，或兵馬蹂踐，地荒賦存，責令包納，轉徙流移，皆坐於此。宜覈實蠲除。一、邊屯之糧頭，猶内地糧長也。富者巧避，貧者偏累，宜委兼幹有司，將各衛屯户上中下三則，或獨力爲之，或數家協濟，以充此役。其有庶人在官者，止復其身，不得濫免。一、沿邊民屯之外新闢曠土，雖例得免科，但人力地理不均，爭端漸起，宜履畝均分，務使高下相兼，强者不得漁奪，弱者退無後言。一、九邊地廣俗殊，其屯田事宜，非一人之聞見心力能悉，宜責成督撫諸臣，將利弊興革有得聞見之。素者用心區畫，修舉廢墜，剛實效易臻。一、薊鎮，自嘉靖三十七年始，開中鹽糧，額數徒存，報中甚少。在官則務算錙銖以足額，在商則務規升斗以逐利。又估價者先從州縣，歷兵備管糧衙門，至部堂而後定，每處增其數以待遞減，避嫌觀望，公私兼病。願於估計時，少從寬恤，付之兵備管糧官，免關白部堂以滋煩費。仍酌地理遠近，僦費多寡，務使商有贏餘，乃爲足邊長策。户部覆上其議，得旨允行。

《明實録》萬曆三年六月〔丁亥〕先是，甘肅巡撫楊錦稱撥軍屯墾，中熟可得五萬，大熟可得十萬。既而地無實畝，軍無實籍，徵無實租，弱者賠累，强者侵奪，徒妨差操，無益積貯。續因撫臣廖逢節奏，每軍二十五畝，改徵粟二十石。總督戴才又奏止可徵十五石。至是，户部覆總督石茂華疏議：督令太僕寺卿及屯田同知，將各衛所堡塞屯田逐一備查，除有糧有地有人者給與界至執照外，其無主田地先儘招人承種。如無人承種者，於城操軍内撥給開墾，每軍二十五畝，令其春夏耕種，秋冬差操。每年秋收，責令納粟十一石。所墾田地給與執照，永爲己業。每年終，巡撫衙門將墾過田地、納過數目造册報部，扣抵年例。其寺卿及同知等官，年終督撫分別功過，專本舉劾。奉旨：是。

《明實録》萬曆三年十月〔甲午〕兩廣總督殷正茂題廣東各衛所屯田事宜：爲通省原額官軍凡一十三萬九百有奇，今消耗逃亡已十萬有奇，見在支糧食俸官軍只三萬有奇，添設軍餘不滿七百，而歲支食糧須米三十五萬二千餘石。查計原額屯田七千一百二十四頃有奇，納米一十八萬九千六百二十三石。是以原額之屯，供今日消耗之官軍尚且不足，而必取資於民糧矣，況國初官軍全盛之時乎？則有軍有田之説，或當時經略，詳於九邊而略於邊海未可知也。至於邊海地方，其田非坐近山溪，則枕建鹵海，隔絶零星，括地總算之法有所難行。惟所謂拋荒、遺失等項，要多姦豪隱占之弊，當催督各屬執法清查，不避嫌怨，雖未盡合於原行，而積玩亦可少飭。奉旨：該部知道。

《明實録》萬曆三年十二月〔庚午〕户科都給事中光懋等上疏言：國初額設屯田，所在無幾。今欲復屯田，先清軍額。軍數明而田數明。據册一查，軍不可得而少，則地不可得而縮。又專設屯田僉事及府州僚佐，責其沿丘履畝，一一丈量，視舊額有無，分別肥瘠。俟有定效，管屯官員舉薦超遷。部覆如議，從之。

《明實録》萬曆四年三月〔癸丑〕賜山西糧儲道參政專敕一道，命兼理邊腹屯田，務清軍額，括地畝，復國初舊制。荒地盡數開墾，俟五年成熟後起科。如屯官催徵怠玩，督率失宜，及勢豪占種侵欺，即指名參呈，撫按劾治。

《明實録》萬曆七年正月〔癸酉〕薊遼總督楊兆、巡撫陳道基奏：薊州等衛所關營屯地歲減，屯糧、草束、折色軍餉銀乞行除豁。不許。部覆：奏内屯地所減歲餉八萬八千有奇，但據御史鄭學宗查勘，參政辛應乾覆查之數，止少銀四百餘兩。且自萬曆元年、四年兩經閲視，未曾言及拋荒屯糧，曾不三年，豈應虧餉至此？年來又有增墾糧銀，前項地畝，原非不堪耕種，中間豈無豪民姦猾旗甲欺隱捏報？若遽將欠糧盡豁，則前項拋荒屯地永無開復之期，而侵没詭計終無首正之日矣。於是命查各該屯地，將增墾徵納屯糧三百四十餘石，地畝徵銀六十餘兩，逐年抵補；其拋荒等地共一千五百四十餘頃，行各兵備道嚴督掌屯等官，各率屯軍，設法開墾耕種補納。

《明實録》萬曆七年六月〔辛卯〕户部題：清查南北直隸、山東、陜西各勳戚莊田，有無溢額、脱漏、詭寄，差官履畝丈量，收造應給正數，其餘地子粒，徵銀解部備邊。從之。

《明實録》萬曆八年十月〔庚申〕勘過定國公等莊田，應召佃户收租者，敕布政司官爲徵收，令各爵家人支領，以杜侵佔之弊。其額外應折徵者，解充各府禄糧。

《明實録》萬曆九年四月〔乙巳〕户部郎中粱承學奏稱：查勘過鳳、淮、徐三府所屬，共墾田一萬一千八百六十餘頃，招復三千九百一十六户，男女一萬六千五百一十九名，買牛、建倉等項用銀四萬七千九百四十兩有奇。但原報開田十分，今計止二分；招復人户十分，今查止四分；府州縣治農等官均應參究。部覆分別上請，上以各官捏報招墾虚數，罔上要功，降周守愚二級。餘依擬行。

《明實録》萬曆九年四月〔己未〕户部題稱：順天八府州縣，丈出並首出宫、勳、備邊、牧馬、軍屯等地共二千八百三十五頃有奇，每年該徵銀六千九百二十兩，糧二十四石有奇。及勳戚新舊莊田一萬一千五百五十餘頃，除成國公朱應禎等應照舊管業，其駙馬、戚畹子孫謝文銓等酌議減奪有差。報可。

《明實録》萬曆九年九月〔丁卯〕户部奏：蒲州守禦千户所屯地，坐落臨晉等縣，在山西撫按以本省所轄，不行丈量。在直隸撫按不知坐落地方，又概稱額全免丈。若非明旨着再查明，則一時隱射，遂爲將來之成案而莫可究矣。臣等竊謂屯地犬牙相制，各省直坐落本境者少，跨別境者多；減於原額者少，加於原額者多；宜敕撫按官互勘交查，有過額數多者，照軍民各地當差，姑免入官。庶正額咸復，永無隱射之弊。疏入，允行。

《明實録》萬曆九年九月〔戊寅〕巡按直隸監察御史王國上屯田六議：一、議軍衛額糧。謂屯地有老糧新增之殊，徵收遂有本折輕重之異。然人情避重就輕，不免移新遮舊。宜逐一清丈，將兩項本折搭派，以免偏累。一、議達官地土。謂降夷贍田，具有額數。二百年來，户絶者没於豪右，户蕃者買占民田。宜取國初老册清丈，照品給與。如先朝永不起科例，其有踰額數多者照地當差。一、議查參期限。謂屯田完欠久立，查參憲單，向每隔一年始行，致未徵者軀躭延，已完者侵費，拖欠愈甚。自萬曆十年爲始，每歲定於次年三月查參。一、議丈後餘地。謂屯地荒蕪尚多，丈後，不無續墾。若概拘例停止，是棄良田也。宜聽民開墾，酌量起科，以補荒年蠲免額項。一、議經收。謂屯收一應錢糧，舊以管屯官徵收。私貯乾没，難於查考。宜令衛經歷兼之。一、議冗員。謂京衛一設管屯，即有軍伴煩費。今後惟額多者照舊，米豆不滿百石、銀不足百兩者，管屯官悉行裁革。户部覆：其可行，允之。

《明實録》萬曆十年三月〔丁卯〕户部覆薊遼撫按吴兑、敖鯤題：永、順二府丈量永清縣，多出備邊地五頃四十二畝，及新給奉陽公主地一千頃，共加徵銀六百兩有奇。霸州、文安坐落京營牧馬拋荒地五百五十二頃四十六畝零，原徵銀五百五十二兩有奇。皆九河下稍節年水占，人户逃亡，貽累里屯，應與除豁還官，仍作牧馬草場。其原徵銀，即以今丈出糧銀通融補足，尚餘銀四百六十餘兩，可資邊餉。武清縣坐落備邊地内，有慶陽伯夏臣等原還官地九十七頃七十五畝零，先年清查不明，誤以畝爲頃，以致錢糧無從徵解，應盡豁除。及將參將雷以仁等紀録。從之。

《明實録》萬曆十年六月〔壬子〕屯田御史王國題：清丈過北直隸各州縣軍衛關營共二百七十處，應豁虚增地一千一百四十頃六十七畝有奇，浮銀三千七百四十二兩有奇，浮糧六百五十石有奇。另起科地九千六百七十三頃，增銀五千四百七十二兩有奇，增糧三百三十四石有奇。達官故絶別科備邊地四百四十三頃七十四畝有奇，浮糧五百五十三石有奇，徵銀八百十三兩有奇。定州絶故達軍地四十七頃二十九畝零，銀四十九兩有奇。德州故絶達官地四頃五十三畝，徵銀四兩零。及本部駁查出三河縣原額地三十三畝，實坻縣原額地三頃，改正入額。以丈出餘地，通融起科，堪補豁除前項虚地浮糧及浮銀。及將參政曹子登等、豐潤縣知縣唐思周等各分別優録、罰治。部覆，是之。

《明實録》萬曆十年七月〔辛酉〕應天巡撫孫光祐題：清丈過江南十一府州縣田地山塘四十五萬一千五百八十頃五十餘畝，補足失額者一萬二千一十餘頃，多餘均攤者九千五百四十餘頃。在各衛田地九千八百九十九頃九十餘畝，補足失額者三百二十餘頃，多餘均攤者一千八百六十餘頃。舉節年加損、挪移、紊亂舊科者一歸原額，使徵派均平，士民無累。及縣丞等官曹大埜等紀録，知府閻邦寧等分別罰治。户部覆請，命如其議。

《明實録》萬曆十年七月〔庚辰〕先是，晋府與寧化王府争田，各縣奏。山西撫按辛應乾、劉士忠爲之逐一清丈。其晋府莊田坐落太原等處，實在地七千二百三頃五十畝有奇。寧化府坐落聶營等屯，實在地五百七十五頃五十二畝有奇。其古城、大陵二屯，原係寧化王敕賜祖産，仍令永久管業。部院覆奏，上然之。

《明實録》萬曆十年八月〔庚寅〕鳳陽撫按凌雲翼、姚士觀題：江北境内鳳陽一府清丈出隱田一萬八千二百九十餘頃，除補失額外，剩一萬一千二十餘頃。淮、揚、徐三府清丈出隱田一萬二千二百四十餘頃，除抵補外，尚有沙壓、水灘並水深難丈地四萬九千四百八十餘頃。鳳陽、淮安等衛所清丈出屯地七百一十三頃二十餘畝，除抵補外，尚有水灘、沙壓地三百六十八頃八十餘畝。揚州等衛清丈出地五百七十六頃七十三畝，除抵補外，剩五百五十九頃九十餘畝。遵例通融攤派。年來疊遭災傷，有派無徵，所欠民屯糧，除係漕糧者全徵外，其鳳陽等府倉糧十萬五千一百三十餘石，將本地商税權抵，暫擬停徵；各衛所拋荒灘壓地欠糧二萬七千四百一十餘石，撥給衛所，現在食糧軍士，抵糧一月，聽從佃種，漸次開墾，以寬民力。及將參政舒大猷等叙録，通判郭紹等分別罰治。部覆，上俱從之。

《明實録》**萬曆十一年二月**　〔庚子〕屯田御史王國清查出豐潤、玉田等縣成國公朱應禎退出葦地及民間告墾未入册地，實丈過通徵銀八千有奇，豆一千九百一十一石有奇。永爲定額，俱解備邊。報可。

《明實録》**萬曆十一年二月**　〔戊戌〕户部覆甘肅巡撫王堠、巡按吴定題稱：甘肅鎮地土瘠薄，天氣寒冷，耕種無時。附近力勤者種一歇二，方能收穫；地遠力薄者，三四年方種一次。且屯科二項徵輸，屯重科輕，恒稱偏累，無力耕種，遺累逃竄，屯額漸虧。今次清丈，實在地四萬五千九百九十二頃三十五畝零，定爲地額。無論屯科，概擬一則，分别上中下三等徵輸，共糧二十一萬六千一百八十五石零，定爲糧額。其水退淤出額外抛荒等地，俱聽各軍隨便自行開墾，永不起科。從之。

《明實録》**萬曆十五年五月**　〔癸卯〕户部題：臣惟國家大計在邊儲，而屯田，鹽法則皆邊儲之最要者。近日各邊年例增至三百一十五萬九千四百餘兩，視弘治初且八倍。方今諸虜款貢，疆圉寧謐，欲舉屯額而墾復之，將抛荒屯田，隨宜開墾。至於陜西、寧夏、甘肅等鎮，地方孤遠，果有商人願備工本，赴彼開荒中鹽者，聽其墾種輸納。合通行各邊督撫諸臣，備查原額屯田，今失額抛荒，或額外尚有堪種餘地，盡數清出，限本年十月内，各具數造册。如前地無人承種，有商人願備資本，赴彼開墾者，聽巡撫衙門隨其報認，籍名於官。計墾田之分數爲中鹽之多寡，派籍墾田所入。以資中鹽之費，杜今日占窩之姦。上曰：召商墾田事宜，著該督撫官著實舉行，以濟邊儲。

《明實録》**萬曆十六年二月**　〔丙子〕巡撫陜西都御史王璇會巡按御史姚之讓，請於延、慶二府開墾荒田，以興水利。上嘉其盡心任事，命司道等官着實舉行。

《明實録》**萬曆十六年閏六月**　〔辛丑〕户部題：頃因屯政不修，邊儲日縮，詔各鎮抛荒屯地盡令商人開墾。以中鹽之利，償開墾之勞；以所納之賦，爲實邊之計；法至善也。今册報雖有頃畝，中間恐多虚冒。宜行各鎮將各商墾過處所，逐人逐地查開清細，以存永業。依議行。

《明實録》**萬曆十七年三月**　〔乙卯〕寧夏巡撫梁問孟言：開墾荒田一十萬八千四十一畒，餘丁商人陸續認過外，見在軍士實墾田三萬八百八十二畒一分，三年之内收穫過穀麥等項，除補還借庫並犒賞軍士一萬二千三百八十石零，見在二萬八千一百九十八石零，閲視議以二萬七千石抵充易銀，餘作種糧等項。中間經理農畒之事，實已殫厥心力，其有一二未盡者，一曰覈屯餘領種之實。邇聞已領丁餘將所領之地不行開墾，專務草苗以鬻之商人上納草束，遂使原田復就荒蕪，宜責成該管官覈報。二曰留見在軍種之田。墾荒甚難，三年之間費盡心力纔得成熟，餘丁遂告認領，及領之後聽其生草以蹈前轍，今只用軍六百八十九名，每軍分墾四五十畒，不必招人認領。三曰申永不起科之令。四曰録荒田墾種之官。部覆如議，惟免科一事，本部先議將各商原認淮浙鹽八萬四千五百六十八引，姑令上納鹽糧，其原認荒地二千七百二十畒九分永免起科，即以所入爲上納鹽糧之用，已奉俞旨當照原題事理行。從之。

《明實録》**萬曆十八年二月**　〔乙亥〕先是，都給事中王繼光條上屯政諸事，命户部詳議。至是，户部言：各邊屯政之弊非一：或將官假養廉而侵奪其膏腴之地；或衛官挾本官而占種其逃亡之田。甚至豪右影射，種無糧之屯地；旗甲包納，賠無地之屯糧。而又督理清查，無責成之專官；每歲參罰，盡闒茸之武弁。申飭虚文，未臻實效。議令各該衙門嚴核侵占影射之弊，實逃實荒地畝，查堪種者招撫開墾，撫按官年終奏報。詔如議行。

《明實録》**萬曆十八年五月**　〔辛亥〕户部覆延綏督撫奏議處錢糧五事：一、開墾荒田。言榆林延綏三衛抛荒田地數多，議於各步軍内摘發，每軍二名給地三頃，官給牛種等賣，每歲所獲除償官外，一半充餉一半給軍。一、疏通乞運。言本鎮東路險遠乞運難通。唯有鹽引一節可倚爲命，議於見派各引斗頭務以時估運納，不致拖欠，其客販糴買如有土民勢豪肆行阻滯者，嚴行究問。一、清屯額。言陜西各邊屯政久廢，延綏尤甚，議各抛荒田地召人承佃，不堪種者即爲除豁。一、廣開納。本部見行事例，不拘本省及河南山西鄰近州縣，願納本色者減免腳價赴鎮上納，願納折色者，或於本鎮或於陜西布政司上納，類解該鎮抵充拖欠之數。一、督逋賦。延鎮二府應徵錢糧每多拖欠，宜責令督糧參政於夏秋之交巡歷地方，並管糧郎中嚴爲督催，自知府以下一體參治。衛所屯種責成兵備道，如不及數照民運例參治。詔下部議行。

《明實録》**萬曆二十三年四月**　庚午，户部覆巡撫福建許孚遠清查該省寺田，悉照舊例，四分給僧，六分入官，給僧者止納正糧，八分入官者加徵一錢二分充餉，至歷年隱漏悉清查照例加納，既不重徵病民，又弗容奸匿税，從之。

《明實録》萬曆二十三年八月〔癸亥〕吏科給事中戴士衡奏請量留天津新設水陸兵，令開屯自食。查得附近海防營地方，東西南三面泥膠水淡，可樹嘉禾，督兵開屯，計每人約五十畝。濬古渠以盛水勢，開小渠以通支流，河口建閘以備畜洩；分區聯伍，皆借以牛種農具；擇賢能府佐或運同一員，司其出納；擇千用用千把總數人，分其事任；更選熟知屯、兵機之將，總領屯政而兼訓練。一年而餉可住支，三年而田可盡闢。仍諭富商及附近居民自行開墾，每田五十畝，出兵一人，入册操練，不以徵税擾之。新莊與濟寧、靜海、武清等處閒田俱可成田。又見巡鹽御史徐元正欲招諭竈户開荒，每頃納鹽四引。若竈户開墾，令其出鹽；民户開墾，令其出兵；利相懸而功相濟矣。疏上，户部具覆，詔即與施行。

《明實録》萬曆三十七年九月 丙戌，議修遼屯。時上有修復屯田之命，遼東巡按熊廷弼上其議。大略言：遼地可耕。遼兵八萬，簡十之三，歲屯種可得一百二十萬石，省例銀不下二三十萬。又言：山海、杏山、錦義、廣寧，三岔、遼、沈、開、鐵等處，地多沃而反荒，金、復、海、蓋地頗磽而反墾。議於軍屯則廣給薄科以鼓之，民耕則弛税置堡以便之，官墾則議擢議參以勵之。上曰：自古養兵多取給屯田，我祖宗專以屯政實邊，轉輸甚少。自屯政漸壞，軍餉日增，以致今日庫藏空虛，内外窘急。國家待邊臣，孝滿超遷，三年内遇叙有功勞，輒加陞賞，原自不薄，何以不爲朝廷出力？今屯政一端，已廢壞如此，所修何事。這所奏於邊務有裨，該部便詳細看議奏，通行九邊一體修復。於是户部覆言行之便。其墩堡屯寨月糧犒賞等費約該銀一十二萬兩餘，責成内外措處。上仍命兵工二部各詳細條議來説。

《明實録》萬曆四十三年正月〔甲子〕刑部以場事勘結久稽，乞嚴拏逃犯李師靖解部聽審。得旨，著該撫按官設法嚴拏，務在得獲。乙丑，時福府差承奉往東省丈田，所在擾害，山東巡按趙日亨疏言：東人向苦旱，近苦水，今每畝三分倍踰五分之額，而又以狐假者索之，必至溝殍道殣，且其地半濱海、半聯遼，今中州之窮，搜全楚紛擾，蘆州鹽店之屑瑟，具業衆怨，而適以烏合獸聚者倡之，能必其不揚航操戈與之響應乎。夫田畝不足須丈，界至不明須丈，頃坐派四十四百八十畝零，無尺寸虧也。賴租一萬三千四百五十兩零，無纖毫減也。册籍具明，租户各定，有司征不加少，中使營不加多，乞陛下俯收清丈之命，亟停藩閹之差，每畝三分，遂歲有司徵收，依期解納，一如部議。巡撫錢士完亦極言中使清丈之害。上曰：福府田地既奉有明旨，自行管業，本府差官查丈田地，與册相同者查收外，近有姦民，故將膏腴藏匿，以荒蕪朦朧搪抵，與册互異，豈得不行查丈，不必又來煩瀆。

《明實録》萬曆四十六年正月〔辛巳〕山東巡撫李長庚奏：臣奉敕諭查照近題沿海一帶荒蕪田土，委官清查，招佃墾耕，既有收成，酌編户籍。仍同巡按及屯田各御史稽察司道府州縣官勤惰，以别勸懲。今查得四十四年分共開過額内荒地四千一百八十五頃零，開過額外荒地一百七十六頃三十九畝零。額内者照部文補本省額糧，額外者遵新例。臣與屯臣各分一半，所徵銀穀抵充本省防倭兵餉，經管官員如布政使陳一元、濟南府知府吴一栻等當行部紀録擢用，知縣張毓塘等當量加罰治，庶激勸當而兵餉有資。

《明實録》天啓元年二月 甲辰，户部覆給事中趙時用疏。言：遼餉長久之計，無如屯田。查國初每軍受田五十畝，每年納正糧十二石，收貯屯倉爲本軍支用；納餘糧十二石，以給本衛官軍俸糧。後減半止六石。是立屯之法，令軍自爲養而無京運也。至永樂十年，遼鎮歲收屯糧七十一萬六千一百餘石，以養該鎮官兵九萬餘，京運亦止一萬石而已。其後屯政日廢，荒占日多，至隆慶初，歲收止二十七萬餘石，而京運漸增矣。遼左一鎮如此，而九邊可知。是以先臣馬森奏，歲除民運外，所支太倉三百八十九萬有奇，乃每歲天下所入不足三百七八十萬，而文武俸糧、羽林軍餉凡四十萬不與焉。此九邊所以不支，而臣部七事疏内亦諄諄以修屯爲急也。委應復屯田、省京運，方可長久。然有修舉之人，須用鼓勸之法。臣部昔議道臣有開至五百頃，收穀五千石者準推巡撫之用。如海蓋道靳於中，墾田一千八十二頃，得穀四千三十五石。又如山西雁門道南居益督率知州牛任大開墾五頃八十五畝。俱自行措處，不煩部費。於中已陞巡撫，居益所當紀録以俟優擢。此鼓勸之法也。然用鼓勸之法，須清查拋荒之田。臣部昔議或差科臣，或即令巡關臺臣據額按籍，即有姦弁猾卒轉售於人者，雖更換不常而契券可直窮到底也。即有兼並占竊除去其籍者，而隴畝犁然具有，可履畝丈量也。若夫編户召商中引輸粟之例，科臣議欲漸而復之，誠爲有見。蓋九邊鹽引，其價折粟，納在邊儲，爲邊軍之餉。其餘銀在兩淮則六十萬餘兩，在兩浙則十四萬餘兩，在長蘆則十四萬餘兩，在山東則五萬餘兩，共約百萬有奇，以供九邊京運之半，恐一旦難以盡捐，故餘銀輸粟，必俟扣抵京運而後可。臣猶有説焉，蓋清查鼓勸以便通行，如京東之玉田、河間及涿鹿有宜水利者，如山西宣大有水陸兼半者，其額原未嘗虧減，但民田牧田之類參雜其中，則易爲隱占耳。至於孝終奏效，要在三年起科，扣減以省京運，則修屯始爲實事，而屯政始有實驗。宜行督撫巡各道，決意力行，必以減年例之多寡，爲激勸之高下，過三年不減者，治以怠緩誤邊之罪。上命如議著實行。

《明實録》天啓元年閏二月〔辛卯〕天津舊無議屯者。萬曆三十年，海上倭警設防海軍丁五千餘名。軍有餘閑，民多曠土。於是舊撫臣汪起蛟議於葛沽、何家圈、雙溝、自壙口等處創買閑地一萬五千畝，每軍授田四畝，俾之開墾。買牛置器，濬河開閘，行之二年，歲獲稻值銀八千餘兩，半抵月餉，半以入官變價收貯。初議田盡墾可七千頃餘，歲可得各百萬餘石。嗣因倭平撤兵，已墾之田廢十之七，現存成熟者僅葛沽河五十頃而已。屯田都御史左光斗巡歷其地，河間府管河通判盧觀象條陳營田之利甚悉，且願以身任之；天津兵備道賈之鳳亦以爲可復。光斗因上疏請以賈之鳳加銜久任，改盧觀象爲管理屯田水利通判，俾悉心料理，俟有成效，不次優擢。部覆，從之。

《明實録》天啓三年二月〔甲子〕巡按湖廣監察御史舒榮都言：全楚衛所六十有二，屯糧三十九萬五千有奇。分隸三都司：省城都司所轄二十七萬五千有奇；行都司轄七萬六千九百有奇；興都留守司轄四萬二千有奇。子粒之數，按籍可知，而軍屯概不可問矣。軍之不可問者，以逃亡故絶居十之三，而以失屯因以失伍者强半。祖制以軍墾屯，以屯贍軍。每軍一名占糧六石，計田六十畝，以上中下三等通計之，自種自收，每畝可得穀三石，則六十畝可得百八十石，俯仰有餘。無奈日削月剥，以幾於盡也。蓋有一軍而生三子者，即以六石之糧三分之，軍差亦準於此。久之，三分復折而爲八九分。强者兼人，弱者兼於人，苦於著役，各思他徙。貧軍之田爲富民有，絶軍之田爲軍官有，自是軍屯駸駸化爲烏有矣。欲補軍伍，不復軍業，軍何以堪？欲清屯補伍，徒取諸彼以與此，田主又何以堪？蓋當日之田有典價，遞年有築堤修堰之工力。今之退吐，即田主吞聲，彼無賴之徒，冒頂祖軍之名，横奪平民之産，長此安窮？今民間交易，三十畝之價，可得七八十金，軍田有典無賣，價止二十金以下。田主自種者全饗其利；有本軍占種者每畝納課穀一石；有本軍自納子粒者，意在贖取；有田主代納者，每十畝取糧科各項約輸銀四錢以外；大率一歲所入，贏得十分之八。不强奪其所不願退之田，議令額屯一石，歲出穀二石；計額屯六石，合之得穀一十二石，則以贍一軍有餘。著伍之軍，不必田主正身，或子弟、或義男，但要有膂力有根脚。不堪者聽田主更置，但不更祖軍之名，猶恐異日勾補調撥，爲田主子孫憂，則莫肯承認。穀以三次支給，四月小熟，八月西成，臘月歲畢，如期如數交付著伍，每次於管屯官取注印信收票，田主收執。即本軍力贖取者，還其田【略】章下所司。

《明實録》天啓四年十二月　癸巳，雲南巡撫閔洪學言：沐鎮莊田，臣前疏爭之，一時逆料其言，奉旨不必遽更。今逾一年矣，驛騷更甚。乞命有司徵收，以救此一方民命，仍該鎮徵收，嚴戒員役不許生釁。

《明實録》天啓五年十二月〔乙亥〕鳳陽守備太監劉鎮言：舊制屯田每軍五十畝，歲納夏秋屯糧六石。至嘉靖年間，因倭氛暫增兵餉，每軍二錢一分。原議事平除豁，迄今未除，又加遼餉銀四錢八分。賦重差繁，兼以年來重罹災傷，盜賊群起。又有署户，舊制每名給田五十畝，止供辦皇陵祭品及守值灑掃，並無别項雜差。因世宗之國，鳳、臨等縣幫差，原爲一時權宜，今遂著爲縣民人條編，每丁銀二錢七分，又加遼餉三分。民不堪命，率多逃竄。伏望重念根本重地，將倭餉二錢一分全蠲，遼餉四錢一分減免一半。並將署户行令鳳、臨等縣除去縣民籍貫，發署供辦祭品，永不許捏派雜差。得旨：倭餉准免。遼餉仍舊徵解。署户止宜供辦祭品，守值皇陵，不許復派雜差。

《明實録》天啓六年九月　壬申，先是東廠司禮監太監魏忠賢緝獲徽州犯人吴養春等，命付詔獄。鎮撫司打問題參言：養春之祖守禮霸占黄山木植及山場地畝，積年擅利，並隱匿山地，總計贓銀六十餘萬兩，程夢庚等贓銀十三萬六千兩，俱質對明白。得旨：程夢庚等贓銀十三萬六千兩，本司立限嚴追，吴養春贓銀六十餘萬兩，著行該撫按照數作速追解，其山場木植銀三十餘萬兩，工部即差官會同撫按估計變價解進以助大工，山場地二千四百餘畝，並隱匿山地假以拋荒，地土未入册者查出陞科，不得仍前隱漏。工部請以營繕司主事吕下問董其役，仍給專敕以重事權，山場地畝既歸朝廷，命專責撫按官丈量等則四至，酌定科賦，另疏具題。上從之。

《明實録》天啓六年十月 丙寅，巡按直隸監察御史何廷樞言：各衛屯丁佃種屯地，辦納屯糧，應當屯差，是份内事。乃屯地與民地犬牙相錯，有司概以民差苦之。各丁不勝激憤，謂與其供非份之役，孰若出死力以報朝廷？衛臣方弘瓚有感於中，各衛現户約略不下數十萬，以二十户出一軍，即可得萬餘軍；以三十户餉一軍，即可得萬餘軍之餉。按臣楊春茂亦具疏申請。夫屯兵之苦民差，其事則同；而屯丁之願出軍餉，其意不能盡同。選萬餘軍於數十萬户似易得，然一軍歲餉，最少亦得十二兩，議派於三十户，則每户歲出銀四錢，回較屯田之徵反倍矣。一二富饒之家，借此得免民差，出之似易；而家無寸土，貧苦無賴者甚多，寧能歲辦如許？奉行之官，惟知計户科派，寧知貧富？即知之，寧容分別？此軍一日著伍，此餉不可一日中斷，而屯丁之消長難期，催科之盈縮難定。今畿輔之内，游值災荒，正額屯糧，在在告蠲告折，屯官極稱催督苦難。而此時此勢，復强以丁銀之徵，知其有萬萬不堪者，又何以善後而永無弊乎？章下所司。

《明實録》天啓七年二月 〔己亥〕提督上林苑監太監許臣參土豪侵占地土，挽報馬頭。得旨：良牧署係皇莊地土，姦民乃敢侵占至一頃五十畝，該州官不爲懲治追還，又聽猾胥僉派本署民祝佐等馬頭，違悖祖制，徇私骩法，王四維著削了籍爲民，其土豪楊言、衙役杜文英，俱着錦衣衛，差的當官旗拏解來京，送鎮撫司究問正罪。

《明宣宗寶訓》卷二《惇信》 宣德元年二月庚午，上諭户部尚書夏原吉等曰：前下詔書，令民間應有拋荒官田召人開耕，依民田例起科。近來各處有司多言户部不除舊糧總額，仍復徵收。若果如此，豈不失信？民糧遠運艱難，必致逃避，則田將復荒。卿等宜遵依詔書，無失人心。

《明英宗寶訓》卷一《聽言》 天順元年五月乙酉，廣西道監察御史楊瑄言：直隸府縣連年水澇，民饑至於相食。河間縣惟一鄉田在高阜，民種小麥，日望收穫。而忠國公石亨令閽者至彼立標爲界，恃横侵占。知府王儉不恤民怨，且阿附之。真定府饒陽縣田地堪耕者僅千餘頃，而太監吉祥家人抑逼有司令撥與耕。若不嚴加禁革，恐效尤者衆，激變小民。乞命巡按御史覈勘，但有侵占民田，悉令退還。庶幾民獲安生。

上曰：民方困於艱食，朕爲之寢食不安。爲大臣在左右者，獨不能體朕意乎？楊瑄敢言可嘉。户部其即移文巡按御史，覈實以聞。

《明武宗寶訓》卷二《戒宗室》 正德元年正月庚子，榮王陳乞霸州信安鎮莊田，蓋牧馬草場地也。户部言永樂間設立草場畜育馬匹，以資武備。至成化中，近幸始，陳乞該鎮草場爲莊。以後岐壽二府相沿管業，莫之改正。暨孝宗皇帝留神戎務，差官清理，特敕退還，此不以私恩廢公義也。今榮王之國有期其所，乞宜勿與。

上乃諭王曰：此先帝意也，已之。

《明武宗寶訓》卷二《屯田》 正德元年五月甲辰，先是總督糧儲户部右侍郎陳清、兵科給事中徐忱，各疏言倉庫空虚可慮。户科給事中張文等又極言國用不給，當亟議經制之宜。

上曰：此重事也。户部宜會多官議處，畫一開具以聞。於是尚書韓文會、英國公張懋等條具經制八事，詔是之。仍令户部詳究近年支用日漸增加、多至數倍之由，及運送各邊銀兩已用、未用之數，並可行長策仍議處以聞。文復會懋等言銀兩之用，由於京軍屢出，調度頻繁，山陝饑荒，供億加倍。往者孝廟登極，賞賜悉出内帑，户部止湊銀三十餘萬兩。今則銀一百四十餘萬皆自户部出矣。往者内府成造金册皆取諸内庫，今則户部節進過一萬四千八百餘兩矣。往者户部進内庫銀止備軍官折俸，今則無名賞賜，無益齋醮，皆取而用之矣。此銀費所以日增也。招收投充之匠，傳陞乞陞之官，役占影射之軍，皆夤緣權貴，蠹公營私。或臣下建白而裁革不行，或方行裁革而旋復仍舊，深根滋蔓，潛耗京儲，此冗食所以日增也。光禄寺供應每告不敷，内監局工作畧無停息，至如玉帶蟒衣，一概濫賜，其餘瑣細，不能枚舉。此冗費所以日增也。伏望皇上深懲宿弊，俟諸司查奏至日，應裁革減省停止者，即賜施行。其各邊解送銀兩已用未用數目，及有無冒妄關支之弊，宜行各邊巡按御史備查明白，造册送繳，以憑參究。所謂可行之策，則各處税課司、河泊所、王府舊嘗陳乞爲業者，不論久近，盡取還官。行撫巡等官稽其歲入錢鈔，如例折銀。山場湖陂田土或王國改遷爲人侵占者，盡數查出，召人佃種，如例徵銀。應漁牧者，定則以收其利，俱解部備用。又沿邊屯田廢弛尤甚，禾黍之地盡爲草莽之區，以故倉儲缺乏，輸銀日多，宜敕各邊總制會同巡按及管糧郎中督同巡守管屯等官，清查故有並新增頃畝。除已給軍領種外，其間凡有權豪奪占者，追究改正。荒蕪未種者，立法召人開墾承種，限三年成熟起科。或租額太重，奏請量減。近邊有膏腴可耕之地，亦宜因時酌處，不必拘於禁例而久棄之。又順天、保定等府地方先年賞賜内官莊田，有年久而其人已故，家衆受價典賣或投托勳貴賤隱匿爲業，乞選差科道及本部屬官各一員，會同巡撫查勘原賞頃畝。遵奉先帝敕旨，不及二十頃者仍與見管業之人，三十頃而上，每三十頃遞除五頃與之。佃種如民田例，畝税銀三分，餘地並收入官，令有司招人佃種。各將租銀解部。以上三事，似亦可以少助公家之費。

上曰：然。屯田積穀，乃餉邊上策。漢之趙充國行於金城，唐之韓重華行於振武，其效昭然。可考沿邊及遼東屯田，其擇御史能者分行覈實。然貴臻實效，不可虛應故事。

《明世宗寶訓》卷五《裁恩澤》　嘉靖八年四月甲戌，户部以勳戚家冒濫莊田數多，覆侍郎王軏奏請，申明詔例不許分外奏求。其已經欽賞有成命者，仍與管業。中有世遠秩降或非一派相傳者，量存三之一以爲墓祭之費。餘皆入官以備邊儲。

上然之，因諭曰：已賞田土亦宜查明。有分外強占者，俱給原主，自今勳戚大臣務各安分以保禄位，不許妄行陳乞。

（清）查繼佐《罪惟録》紀卷三《太宗紀》　〔永樂二年八月〕行户口食鹽之法。【略】

敕諭寧夏都督何福，使於諸屯中擇水草便，每築一城，有警，驅牛羊聚畜於中，清其野以待援兵，則寇不能飽去，於屯法最便。

（清）查繼佐《罪惟録》紀卷七《代宗紀》　〔景泰元閏年正月〕都督王全恃戚畹，横奪民田，御史朱瑛廷劾之，有旨還民田。

（清）查繼佐《罪惟録》紀卷一〇《孝宗紀》　弘治三年閏九月，禁藩府請田。

（清）查繼佐《罪惟録》紀卷一二《世宗紀》　〔嘉靖二年春正月〕勘還戚里所占民田。【略】二月，革皇莊名目，仍禁勳戚妄受投獻。

（清）查繼佐《罪惟録》紀卷一二《世宗紀》　〔嘉靖八年〕夏四月，戒諭勳戚不得妄乞莊田，其強占，給原主。

（清）查繼佐《罪惟録》紀卷一三《穆宗紀》　〔隆慶二年〕夏四月，命大臣分督屯田。

《明史》卷一五〇《虞謙傳》　建文中請限僧道田，人無過十畝，餘以均給貧民。從之。永樂初召爲大理寺少卿。時有詔，建文中上言改舊制者悉面陳。謙乃言前事請罪。帝見謙怖，笑曰：此秀才闢老、佛耳。釋弗問。而僧道限田制竟罷。

《明史》卷一七二《孫原貞傳》　〔景泰〕五年冬，疏言：

四方屯軍，率以營繕、轉輸諸役妨耕作。宜簡精鋭實伍，餘悉歸之農。苟增萬人屯，即歲省支倉糧十二萬石，且積餘糧六萬石，兵食豈有不足哉。

今歲漕數百萬石，道路費不貲。如浙江糧軍兑運米，石加耗米七斗，民自運米，石加八斗，其餘計水程遠近加耗。是田不加多，而賦斂實倍，欲民無困，不可得也。況今太倉無十數年之積，脱遇水旱，其何以濟！宜量入爲出，汰冗食浮費。俟倉儲既裕，漸減歲漕數，而民困可蘇也。

臣昔官河南，稽諸逃民籍凡二十餘萬户，悉轉徙南陽、唐、鄧、襄、樊間。羣聚謀生，安保其不爲盜。宜及今年豐，遣近臣循行，督有司籍爲編户，給田業，課農桑，立社學、鄉約、義倉，使敦本務業。生計既定，徐議賦役，庶無他日患。

《明史》卷一七三《石亨傳》　正統初，以獲首功，累遷都指揮僉事。敗敵黄牛坡，獲馬甚衆。三年正月，敵三百餘騎飲馬黄河，亨追擊至官山下，多所斬獲。進都指揮同知。尋充左參將，佐武進伯朱冕守大同。六年上言：邊餉難繼，請分大同左右、玉林、雲川四衛軍，墾浄水坪迤西曠土，官給牛種，可歲增糧萬八千石。明年又言：大同西路屯堡，皆臨極邊。玉林故城去右衛五十里，與東勝單于城接，水草便利。請分軍築壘，防護屯種。詔皆允行。尋以敗敵紅城功，進都指揮使。敵犯延安，追至金山敗之，再遷都督僉事。亨以國制搜將才未廣，請倣漢、唐制，設軍謀宏遠、智識絶倫等科，令人得自陳，試驗擢用，不專保舉。報可。

《明史》卷一八〇《丘弘傳》　丘弘，字寬叔，上杭人。天順末進士。授户科給事中。數陳時政。成化四年春，偕同官上言：洪武、永樂間，以畿輔、山東土曠人稀，詔聽民開墾，永不科税。邇者權豪怙勢，率指爲閒田，朦朧奏乞。如嘉善長公主求文安諸縣地，西天佛子劄實巴求静海縣地，多至數十百頃。夫地踰百頃，古者百家産也。豈可徇一人之私情，而奪百家恒産哉。帝納其言，詔自今請乞，皆不許，著爲令。劄實巴所乞地，竟還之民。弘再遷，至都給事中。

《明史》卷二五六《畢自嚴傳》　給事中汪始亨極論盗屯損餉之弊。自嚴言：相沿已久，難於釐覈。請無論軍種民種，一照民田起科。帝是其議。先是，忠賢亂政，邊餉多缺，自嚴給發如期。又疏言：最耗財者無如客餉。諸鎮年例合三百二十七萬，而客餉居三之一，宜大裁省。其次則有撫賞、召買、修築諸費，皆不可不節。帝褒納之。

（清）王定安《求闕齋弟子記》卷三〇《吏治·屯田》　江蘇安徽克復逾十載，每歲徵收不及原額三分之二。雖經地方官招撫流亡，其間尚多絶産。其因村莊焚燬未遽復業者，亦所在有之。故兩省特多無主之田。同治十年御史黄錫彤，請仿古屯田之法，酌設屯營，選招湘淮兩軍散勇，於沿江一帶開墾，以固江防而復正供。奉上諭：著曾國藩察看情形，悉心妥籌具奏。欽此。十一月公覆疏曰：伏查江皖兩省荒田以安徽爲多，而欲試辦屯田必得千畝無主之田自成片段，不與民田錯雜，方可撥兵開屯，不致生事。當經遴派候補直隸州知州廖獻廷，前赴皖北滁州、泗州、鳳陽、潁州等四府州，逐一查勘。候補直隸州知州蔣志拔前赴皖南太平、寧國、徽州、池州、廣德五府州逐一查勘。此數郡者，皆衆所指爲荒田最多之區也。臣囑以查得千畝整段無主者，即行另單開出。旋據該員等每至一州縣，即會同印官分别荒熟隨地稟報，並於查畢後回省面呈清摺。據廖獻廷所查皖北等處共計二十一州縣，荒熟田地多寡不一。其最少者霍邱縣祇有九十餘頃，太和縣則並無荒田。最多者如宿州，荒田尚有五千七百餘頃，定遠縣荒田尚有一萬一千餘頃。蔣志拔所查皖南等處共計二十三州縣，荒熟田地大致與皖北相捋。惟皖北以頃計，皖南則皆以畝計。除婺源、休寧、黟縣、祁門等處並無荒田外，其最多者如歙縣及建平，均尚有二十六萬餘畝，宣城縣幅員最廣，尚有荒田八十三萬餘畝。以上各屬荒田，若論總數不爲不多，然皆畸零分布，不成片段，從未有大宗荒田截然成阡成陌，可指明疆界者。該田主或遠出未歸尚未承領，或業已承領無力開墾，或開墾之後已熟復荒，其中情形參差不一。荒田與熟田交互錯綜，無主之田復與有主之田互相錯綜，犬牙糾紛，猝難定爲何氏之産。間有荒廢已久無人承認，衆皆指爲無主，而一遇問津試墾者，則又聞風而出争，曰此吾業也，何得冒占。或見官爲開墾，則又紛紛呈請指爲己業，指爲親族之産，無從剖斷。昔年廣德州荒田最多，厥後湖北客民前來開墾。臣與英翰先後派員清查，今查辦已閲四年，而主客争田之案尚轇轕而未已，亦可見無主之田難於迅速定案。類如斯，已至於撥兵開屯，即古者寓兵於農之意，其名甚美，而其實難行。務農爲四民中最苦之事，農夫一年之獲不敵勇丁一月之糧。各營散勇百戰之餘，一旦授田計食，舍鎗礮而親耒耜，置操演而就耕耘，强以力之所難已非情之所願。而又須與土民争有著之業，正恐成效未著，而獄訟繁興，安得處處廣置，委員平屯丁與鄉民之争乎？自古言屯田者，邊陲以趙充國爲最著，中原以棗祗爲最著。充國所屯者，敵境羌中之田也。祇所屯田，當漢末兵亂三十年之後兩界無主之田也。今皖省用兵雖久，而無十年未克復者，荒地雖多而鮮千畝無主名者。此次細加查勘，實難再興屯政。至江蘇未墾之田，以江寧鎮江兩府爲多。江寧七屬官紳，臣常接見。鎮江官紳，臣於巡閲時，亦嘗詢之。俱云雖有荒田，而大段無主者極少，不過數年客民與土著亦次第開墾矣。臣非敢畏難苟安，祇以度勢審時，必無實際，不敢浮慕古法，輕率從事。伏乞聖鑒訓示。疏入報可。而江皖屯田之議不果行。

《世宗憲皇帝硃批諭旨》卷二一五之二《硃批鄂彌達奏摺》　雍正十年六月初九日，署理廣東總督臣鄂彌達謹奏爲安插窮民開墾情形仰祈睿鑒事。竊惟粤東地方，山海交錯，民俗刁悍，貧苦者多。所以小民惟利是圖，每於封禁之礦山潛往偷挖。甚至販私盗竊，毫無顧忌。雖因習尚澆漓，輕蹈法網，亦由無田可耕，無業可守，遂致漸流爲匪。臣抵粤以來，將奉到歷次諭旨刊刻遍示，曉諭勸導，一面嚴飭該地方文武官弁時加巡邏，勿任礦徒聚夥偷挖。旋據各屬覆稱，小民聞有上諭，欣喜觀聽，咸知感激天恩，不敢輕犯，原封硐口無人偷挖。臣隨行查各屬曠土，及實在無業窮民，已據各屬報到二千餘户，正在商酌安插。荷蒙聖主垂念，欽差禮科給事中徐杞偕臣等悉心辦理。隨經科臣徐杞親歷山場，遍行查勘各處礦硐，皆屬封固，硐口蔓草叢生，並無偷挖之事。惟是無業窮民，若不悉心調劑，使其衣食有賴，難保後來不蹈故轍。查肇慶府大官田地方，新設鶴山一縣及附近恩平、開平等縣，現有荒地數萬畝。以之開墾耕種，安插貧民，最爲相宜。臣上年曾委糧驛道陶正中料理新縣城工，兼令查勘荒地。鶴山縣境，現據丈出荒地三萬三千餘畝。查業户耕地百畝，須佃五人。此可安集佃民一千六百餘户。恩平、開平荒地甚多，不止一二萬畝。現今丈出五千餘畝，尚未及四分之一。因該處地廣人稀，雖有藩庫墾荒銀兩，莫肯赴領承墾。臣等諭令有力商民，招集惠潮等處貧民，給以廬舍口糧工本，每安插五家，編甲入籍，即給地百畝。復念各佃遠來托居，雖有可耕之業，仍恐日後予奪，憑由業户不能相安。應爲從長計議。凡業户領田百畝外，並令各佃俱帶領地五畝，與田主一例納糧，永爲該佃世業，田主不得過問。庶佃户稍有餘資，無偏枯之嘆，亦可無逋租之虞。今惠潮二府貧民，就居鶴山耕種入籍者，已有三百餘户。現在陸續依棲，日益增聚，兼聞先到之人安頓得所，無不踴躍趨赴。其各屬未報貧民，亦必陸續報出。容臣等遍查高雷廉等各府州縣可墾荒地，一并丈出，次第設法安插，使窮民皆有恒産，足以資生。不數年間，野無曠土，地無遺利，全粤深山窮谷無復有失業游手之民，風俗淳美，夜户不閉，地方官民均感浩蕩洪恩於無既矣。謹將安插緣由，會同署撫臣楊永斌、科臣徐杞，合詞繕摺奏。

（清）賀長齡《皇朝經世文編》卷三四《户政・賦役・粤東開墾事宜疏雍正五年阿克敦》　伏念盛世户口滋蕃，惟墾荒可以足食。欽奉上諭令督撫悉心勸導，寔力遵行。但粤東勸墾之條屢頒，報墾之數無幾，民多觀望不前者，其故有四：一由豪強之占奪，一由胥吏之需索，一由資本之不敷，一由土瘠而畏日後之陞科。以上四條，百姓之觀望不前者在此。而所以勸導之方亦即在此，勸導之方有五：一定疆界以絶争端，一禁需索以寬民力，一借籽種以助農工，一輕陞科以示優恤，一廣招徠以盡地利。如此則民無觀望不前之心，而報墾者自必接踵而至。更有請者，勸懲之法不可不講也，其要有二：一荒田既墾，其利在民，陞科之後，倘遇歉收，或避税他往，其責成則又在官，故官之勸墾不力者，職由此耳。今宜明示勸懲，如州縣官能勸墾十頃以上者，紀録一次，多者計算加級。倘勸墾不力，廢厥職守，即據寔參處，則官知勸懲矣。一凡富厚有力之家，率先遵奉，以開墾之多寡，分别奬勵。如墾至一頃以上，該地方官給賞花紅。二頃以上，給賞匾額。五頃以上，照終身力田老農例，題請給與八九品頂帶榮身，則民知自奮矣。臣查粤省，在在俱有可耕之土，而惟惠、高、雷、廉四府，荒地更多，復面令各知府詳議。隨據議覆前來，與臣所見無異。臣與署撫臣常賚面商，亦謂於地方有益。謹繕摺具奏，伏乞敕下議覆施行。

（清）賀長齡《皇朝經世文編》卷三四《户政・賦役・條陳廣西墾荒事宜疏李紱》　題爲國家生齒日繁，邊方既庶宜富，敬陳墾荒事宜，以盡地利，以遂民生事。臣伏見本朝深仁厚澤，浹於四海。聖祖皇帝，愛育黎元，太和保合，至六十餘年。天下民人，較之康熙初年不啻加倍，我皇上視民如傷，務農重穀，期與天下共登富庶之休。御極以來，親耕藉田，舉行曠典，恩諭每州縣歲舉老農一人，給與八品頂戴。又命督撫以下，倡率守令勸農，以視虞書六府，周官八政。蓋巍巍乎二帝三王之盛治矣。臣奉命鎮撫廣西，莅任以來，仰體聖心，日以民事爲念。竊思民爲邦本，而食爲民天，民食苟不敷，民生何以遂。廣西古之荒服，土曠人稀，近來生齒漸繁，土宜加闢，而荒蕪尚多。雖勸墾之令日下，陞科之文日上，而民鮮蓋藏。地有餘利者，則墾荒之道有未盡也。臣細思地不加闢其故有六。山谿險峻，猺獞雜處，防範不嚴，則成熟之後，多遭盜割，種植徒勞，一也。民性樸愚，止知濱江有水之地易於稼穡，不知興陂池水利，遂使高原可耕之土棄於草萊，二也。止知水田種稻，不識旱地可種雜糧，三也。水耕火耨，燒荒薙草，古有糞田疇美土疆之法，而粤民不知。每耕薄地二三年後而去之，又歷數年，地力既復，然後再種，致多荒土，四也。出産惟穀，納賦需銀，差徭隨田而起，恐貽後日之累，五也。良懦墾熟，而豪強認占，勢既不敵，官莫爲理，勤而無所，恒有悔心，六也。此墾荒者，所以裏足而莫前也。臣請於屬員中遴選能員，專司其事，相度宜墾之地，移營撥汛。俾有恃無恐，則盜割之患絶矣。或引泉於山，或堰水於河，使旱地皆存灌溉之利，則高下皆可耕矣。多覓農師，分別水旱所宜種者，兼植北方高粱粟米諸種，則高下之土無不宜矣。教以燒荒薙草之法，則瘠土皆沃土矣。親奉恩旨，水田六年陞科，旱地十年陞科。廣宣朝廷浩蕩之恩，寬其弓丈，薄其科則，則差徭可無累矣。可墾之荒，立標招認，定限兩月後開墾。即有豪強，不得再行爭認，則墾者不憂占奪矣。然六者之中，興除利弊，法制猶易，而經費爲難。購宜植之種有費，僱教耕之人有費，爲茅廬以居民有費，興陂塘以蓄水有費，貸牛種有費，給食用農器有費。所墾愈多，所費亦愈多。務使經費有出，然後開墾可行。臣又思之，有可以助開墾之費，而又有益於倉庫之儲者，敬爲皇上陳之。臣自到任後，即將通省銀米穀石，細數稽查，覺廣西積穀過多，共捐穀一百一十七萬餘石。又偏積於四方，深爲未便。據册載九府常平倉穀四十五萬六千石有零，又加桂柳梧南四府，捐穀一百一十七萬八千石有零，又積年本色兵米支放贏餘米十餘萬石，作穀二十餘萬，是共存穀一百八十餘萬石矣。查直省州縣積貯，大縣不過二萬，小縣止貯五千。以中縣計之，每縣存穀萬石，已足備荒。廣西除各土司外，僅六十州縣，存穀六十萬可矣。今數溢百餘萬，又當煙瘴之鄉，每歲出陳易新，則廣西係產米之地，官穀陳蛀，買者恒稀。若永久存貯，則三年而霉，五年而爛，十年而化爲灰塵矣。莫若因開墾之便，將捐穀量借貧民爲牛種飯食，置農器蓋茅廬之資，分作二年補還。出借之穀，先陳後新。借穀之民，五家爲甲，互相保結，則穀石不憂朽蠹，不虞虧折，而開墾之事，得以舉行。官民兩便，莫踰於此。其陂塘水利，費用浩繁，非小民借領穀石可辦。當查勘最急者先行修築，即以臣衙門税羨規禮倡捐，庶費有所出，而事可成矣。伏乞敕部議覆施行。

（清）賀長齡《皇朝經世文編》卷三四《户政・賦役・請開墾沿海沙坦疏孫士毅》　竊惟粤東地方，每歲所產米穀，不敷民食，全賴粤西穀船爲接濟。其故緣粤東山多田少，地接海洋，其爲山占者十之三，其爲水占者又不啻十之四。可耕之土，本屬無幾，而民居繁庶，商賈充盈。就廣州一府而論，需米之多，又數倍於他郡。偶遇粤西穀船稀到，糧價即不免驟昂。臣到任年餘，情形畧悉。向來濱海居民，見有漲出沙地，名曰沙坦，開墾成田，栽種禾稻。寔爲天地自然之美利，海民藉以資生者甚衆。乾隆元年及乾隆七年，前督臣先後條議，請給農民開墾陞科，均荷允准，民情稱便。至乾隆三十七年，尚書裘曰修，驗收直隸永定河工程，聲明近水居民與水爭地之弊。欽奉諭旨，通飭各省督撫，凡有瀕水地面，除已墾者免禁外，嗣後毋許復行佔耕。維時經前督臣李侍堯、撫臣德保奏覆，遂將瀕海坦畝禁墾，不准報承。此粤東沙坦前後開禁之原委也。查自禁墾以後，民間視爲官荒，轉生覬覦。其間良懦者畏事退縮，豪強者任意兼並，始則偷種，繼則搶割。逞兇滋事，皆由此起。徒有當官禁墾之名，寔起百姓爭攘之路。並有商民串通濱海竈丁，巧借開築鹽漏爲名，呈官給照，居然栽種禾稻，並未熬鹽。及被告發，又變爲養竈名色，飾詞搪抵。農民見其有禁有不禁，因此搶案愈多，糾纏不斷。甚至明禁暗墾，民不納賦，而吏則取租。情僞譸張，皆事所有。臣於上年春間，奉命調任粤東，清查積案，體訪輿情，知沙坦原屬無礙水道。查從前李侍堯等禁民墾築原奏，係專指內河出水要區，恐高築隄埝有遏水勢者而言，並非爲大海之濱漲生沙坦有礙水道也。惟未曾分晰周詳，地方官一時誤會，隨將沿海沙坦，一概禁止，幾同因噎廢食。且粤東傍海沙坦，與他省濱水地面，迥不相同。河湖水勢，利其疏暢順流，若任民佔耕，則地勢日狹，自與水道有礙。若大海之濱，洋面寬廣，一望無涯，並不以坦之有無，形其地之寬窄。正望沙洋多漲一分，即民居多增一分衛護，非但無與水爭地之患而已。伏查粤東沿海州縣，皆有沙坦，其近省之南海番禺、東莞、順德、香山、新會六縣爲最多。利之所在，爭趨若騖，與其禁之而陽奉陰違，徒滋訟累，似不如開之而給求養欲，俯順民情。國家休養生息百數十年，嶺表生齒日繁，省會五方雜處，食指尤衆。我皇上念切民依，凡山頭地角，苟利耕耘，無不准令樹藝，惠此羣黎。乃粤東以千百頃無礙水道之沙坦，一旦置爲廢壤，寔爲可惜。又復毫無限制，似禁非禁，不官不私，以致窮民不甘，紛紛結訟，殊非覈寔辦公之道也。臣愚以爲，若將此種沿海無礙沙坦，照舊給民承墾，陞科即以千頃爲計，每歲約可添穀十萬餘石，即毋庸全仗粤西穀船之接濟，裨益民食正復不少。再濱海荒地，若嚴禁開墾，則生計寥落，盜匪易於出沒，沙坦一開，悉成沃壤膏腴之地，無業窮民，俱得搭蓋寮舍，盡力南畝，既可潛消其爲匪之心，地方亦可寧謐矣。

（清）葛士濬《皇朝經世文續編》卷三三《户政·屯墾·籌辦新疆屯墾及清查隱賦各情形疏光緒十三年劉錦棠》　竊照新疆地方幅員遼闊，戈壁之外不乏膏腴，兵燹以來，鞠爲茂草。繼經平定，招集流亡，加意撫綏，興修屯墾。南路廛民繁庶，荒地尚屬無多。北路鎮迪各屬已墾熟地不過十之二三，田賦缺額既多，閭閻亦形彫敝。新招各户率皆貧乏，非由公中酌借成本不足以廣招徠。臣前飭據藩司魏光燾體察情形，悉心籌畫，酌擬章程。每户給地六十畝，由公中借給籽種糧三石，製辦農具銀六兩，修蓋房屋銀八兩，耕牛兩頭，合價銀二十四兩。或父子共作。或兄弟同居，或雇夥結伴，均按照二人爲一户，並月給鹽菜銀一兩八錢，口糧麪九十斤。自春耕起，按八個月計算，通計每户銀糧牽算，約需借給成本銀七十三兩一錢。定限初年還半，次年全繳。設遇歉收，查明酌展。繳本之後，按畝陞科，啓徵額糧，自第三年始徵半，次年全徵。仍倣營田之制，十户派一屯長。如營中什長之制，五十户派一屯正。如營中百長之制，每屯正五名派一委員管理。凡請領成本，督察農工，一切事宜，地方官責之委員，委員責之屯正，屯正責之屯長。仍十户出具連環保結，互相糾察，層層鈐束，以免領本潛逃，耗費曠工，及滋事不法諸弊。其屯正、屯長每名仍准領地六十畝，借給成本一如户民之例。惟每月另給屯正銀四兩，屯長銀二兩，仍按八個月計算，俱免扣還，以示獎勵。前於覆陳安插助墾人犯摺內，逐一聲明在案。茲查迪化縣安插三百六户，奇臺縣安插一百户；昌吉縣安插一百四户，阜康縣安插五十三户，綏來縣安插三百二十户，濟木薩縣丞安插六十六户，呼圖壁巡檢安插七十四户，哈密通判安插四十五户，精河巡檢按插二十二户，總計安插土客一千九十户。除籽種口糧由倉糧項下借發外，共領過成本銀四萬九千八百餘兩，另由公中籌給修渠經費銀四千八百餘兩，均於善後經費項下開支。其舊户中有隱匿正賦者，亦定章飭屬清查，准各户自行首報。即於具報到官之日，按畝陞科，姑寬既往。如不行首報，查出嚴懲，仍追歷年隱賦。已據各屬查報隱糧一千三百四十餘石，均自十二年起徵。此上年定章興辦屯墾，並清查隱賦之各項情形也。惟新疆屯地向資渠水灌溉，亂後渠多壅廢。開辦之初，擇其易於爲力者，先加疏濬，經費尚屬無多。以後續籌安插此款，必須增鉅。現值安插遣犯，需費不貲，即以收回成本周轉。能否招墾民户如上年之數，應俟察看情形酌量籌辦，以期户口日增，荒蕪日闢，賦額日加，漸臻富庶。至南路各屬，亦報新墾地一萬九千餘畝，分年啓徵，均係報明不領墾費。合併聲明除咨部查照外，謹會同陝甘總督臣譚鍾麟恭摺具陳。

（清）葛士濬《皇朝經世文續編》卷三三《户政·屯墾·甘肅墾荒民户請變通入籍應試疏光緒三年左宗棠》　竊臣准甘肅學政臣許應騤咨，開據鞏昌府知府顔士璋稟稱，鞏昌所屬州縣地畝荒蕪，急應廣爲招徠，以資耕墾。惟入籍應試年分，若不稍爲變通，誠恐無人應募。因就領地承糧之多寡，分别入籍報考之次序，開列條款，呈請核辦。前來查該府所陳各情，核與例載，康熙十年題准，安插墾荒武弁永駐入籍，均准應試之例，尚屬相符等因。咨行到臣，當經飭行甘肅藩司核議去後。茲據藩司崇保詳稱，甘省自經兵燹，通省田土率多荒蕪，節經飭令各屬認真清釐，廣爲招墾，限年陞科，以符舊制。今議將各廳州縣招墾新户，就所領之地扣算承糧，在一石以上者，即以領照之日作爲入籍之年，按册内註明之兄弟子姪准其一體應試。領地承糧在四五斗以上者，按册照内註明之本户及子姪，即於下次科試，准其報考領地。承糧在二三斗者，按册照内註明之本户及子孫，俟下次歲試，准其報考，並行文原籍扣考。如無原籍可歸及有違碍事故，仍只准種地承糧，不准應試。俟地方規復，仍照例非入籍二十年不准報考。如此變通辦理，庶廣招徠等情，核與康熙十年題准，安插墾荒武弁永駐入籍納糧當差，其子弟均准考試之例相符。並稱甘省如平慶涇固道屬之各廳州縣，蘭州道屬之狄道、河州、金縣、渭源，鞏秦階道屬之隴西、安定、會寧、秦安、清水兩當，寧夏道屬之寧靈、靈州，鎮迪道屬各州廳州縣，近來招徠墾荒之户，除土著不計外，尚有安插兵勇以及外省商賈流寓之民，均應一體照辦，以昭公普。等情。詳請具奏。前來臣覆核無異，相應請旨飭部議覆。謹會同甘肅學政詹事府少詹事臣許應騤合詞恭摺具奏。

（清）葛士濬《皇朝經世文續編》卷三三《户政·屯墾·派員查丈荒地緣由片光緒四年銘安》　吉林地方遼闊，管轄難周，各處隙地均經流民私墾。奴才銘安前於議奏四條内，擬請查放荒地。嗣復奏明，俟馬賊稍平，次第興辦。均已仰蒙俞允在案。查阿勒楚喀所屬馬延川地方，兩面大山横寛數十里，自北面山口直達南山，亘長二三百里。其中土地沃饒，開墾幾徧。從前以險峻難通，在官兵役從未查禁驅逐，致民人愈聚愈多。近年公舉頭目名宋士信，議立條款，衆民受其約束，均以墾地捕牲爲業，無敢爲匪。各處逃賊，亦無能入其邊境。但該民目等雖未擾害地方，而聲教不通竟同化外。若不妥籌安撫，養癰成患，甚屬可虞。自奴才等派兵搜山，該民目恐干查究，頗有畏心，曾赴統帶吉勝營勇隊副將哈廣和軍前，呈請丈地陞科。彼時奴才以該處民人獷野性成，必須示以兵威，方能服其心志，諭令隨同剿匪贖罪自効。前據署阿勒楚喀副都統富和咨稱，該民目屢立戰功，復請委員查丈地畝，按則陞科等情。前來查馬延川民目宋士信等既無擾害地方情事，亦無爲匪案。據自應一視同仁，乘機化導。又阿克敦城一帶，亦有私墾地畝，前經派員履查。據該旗民各户呈墾領業陞科，並願補交荒價等情。現在賊氛漸息，亦應將私墾地畝查丈陞科，妥籌善後事宜。奴才等現派候選知州書瑞，總辦馬延川地畝事務，督同各員將荒熟各地逐段勘丈。熟地給原墾認領，荒地招民承墾，均即編造户口清册，以憑查核。並派副將哈廣和，督率吉勝營練勇前赴該處，會同書瑞相機撫馭，妥爲辦理。如有抗違不遵者，立即嚴拿懲辦。另派分省補用知縣趙敦誠等，前往阿克敦城一帶，亦將旗民私墾地畝查明造册，均令分別荒熟限年陞科。領地之户自赴公局，由委員按名給照，不准攬頭包領，以杜把持而免争競。先於各該地方張示曉諭，俾令各安生業，聽候委員設局查丈。其應收荒價，俟該委員等察看情形，稟明酌定，再行奏明出示遵辦。至藴梨廠展拓之地，前已奏奉諭旨，准民認領。現在委員不敷分遣，應俟查辦號荒之候選通判王紹元，將號荒換照收捐各事辦竣，即飭就近帶同各員，前赴藴梨廠，會旗勘立封堆。再將所展之地勘丈給照，一切章程亦按此次定章辦理，以期畫一。再奴才銘安另摺請設廠縣各官以資治理，如蒙聖裁允准，將來創葺城池、建立衙署及一切未盡事宜，應設善後局。所有各項經費並查地委員薪水、車價地局費用需項浩繁，尚須另籌鉅款。此次放地所收押荒，請專歸善後局動用。統俟善後辦竣，由奴才等專案奏銷，以免轇轕。

（清）葛士濬《皇朝經世文續編》卷三三《户政・屯墾・屯墾・晋省未墾荒地尚多請寬起徵年限疏光緒八年張之洞》　竊惟爲國家理財之道，莫如核經賦足經賦之道，莫如無曠土闢曠土之道，莫如養民力。若視同秦越，但急催科，土著無力，客民不至，地之不毛，賦於何有？溯查光緒五年查勘荒地，其時上司責令委員及州縣草草蕆事，屬吏迎合意指，往往以荒報熟。其實真正新荒不止所報之數，故至今紛紛呼籲，種種棘手，以後催徵事體爲難，尚多至於當日辦理招墾全不知稼穡艱難，一味操切，一味惜費，有名無實。現飭善後局，查開已報之有主無主荒地未墾者，共一萬頃有奇。緣曩年餓莩過半，流亡不歸，比年雖稍稍來歸，而丁少工昂，蕪深貲薄，復畏賦役之累、契税之徵，相率觀望。查光緒六年三月原奏，查明新荒地畝共二萬二千七十六頃七十畝零。有主者三年開徵，自光緒五年爲始，光緒七年爲滿。無主者四年開徵，自光緒五年爲始，光緒八年爲滿。竊思例定陞科之條，當以開墾之日起限。原奏統自光緒五年爲始，不問其已墾與否，但以三年、四年爲斷，一律陞科辦理，殊未盡善。此時若不亟爲聲明，將從前奏有案各州縣荒地籲請特沛恩綸，則小民怵於催徵期迫，必致仍前裹足。數年以後，寖爲豪民隱占，鄰里侵没。馴至如陝皖江浙已事清查之官吏，無從清缺額之正賦，終於缺。臣博采羣議，今日墾荒之道，惟有先化無主爲有主一法，合無仰懇天恩俯准。晋民困苦開墾艱難，明降諭旨，所有陽曲等五十四州縣荒地，除已墾者仍照光緒五年奏案，分别有主、無主，於光緒八年、九年上忙開徵外，其未墾之一萬一百八十三頃六十四畝零，自此次奉旨之日起，無論有主無主荒地，均以實在開墾之日起，限三年後起徵。臣一面督飭善後局司道，趕緊開造清册送部查核，並嚴飭各該州縣，此等新開荒地陞科以前，概不得派及差徭。其實在無力者，稟明酌給牛種之資，所有給發認墾執照紙筆印紅等費，由局發給，不准需索一文。將來該民人執此印照，即作爲管業契據，無庸另給税契。州縣勸墾數多者優奬，膜視荒蕪者重懲。如此緩其賦役，杜其擾累，資其物力，小民灼見墾荒之有利無害，必將踊躍争趨，競圖占業。一二年間，可盡化無主之地爲有主。田土既有著落，正賦自不終虧。此則稍寬目前之追呼，而實所以裕久長之本計者也。其實係已産者，仍當督飭藩司責成地方官認真稽查，依限起徵，不容里長糧差私收匿報。

（清）葛士濬《皇朝經世文續編》卷三三《户政・屯墾・辦理皖省墾務片光緒九年裕禄》　省皖墾務，臣前與督臣奏明，會委准補江蘇徐州府知府桂中行前往接辦。經該員周歷查勘稟明，先自宣城縣按鄉分團，逐加清理，已將該縣東南兩鄉田畝查清造册。臣查此次清查墾務，惟土民認田一事最爲糾葛。詳查屢議，因令客民認主交租，勢實難行，始有土客買賣之議。蓋自兵燹之後，該處土民百不存一，而外來墾荒客民則十倍於土民，而不止田畝經界變改舊形，客民擇肥而開，務成片段，致有一家而兼昔時數姓之田，數人而分舊日一家之業，紛雜錯亂，莫可究詰。果使現在認田土户皆是當年真正業主，確有契據可憑，則客民無可執爭，在官亦不難判斷。無如現查之田，土民皆以空言指認，毫無証憑，冒混詭託，情僞百出。若但執凡係土民之田即應歸土著爲業之説，萬不足以折服客民。在客民，不遠數千里扶老携幼而來，費數年胼胝之勤，始獲闢成沃壤，孰肯俯首聽命讓而歸諸無據冒認之田主。且以一人而作數家佃，完數姓之租，情非所甘，必致懦弱者棄田轉徙，强梁者搆衅忿争。縱或在官勉强承順，亦必仍前抗欠。土民但有認田之名，而無收租之實；租既無收，糧亦無著，終必課賦虚懸，逋欠催徵，官民交受其累。此令客民認主交租，勢有難行之情形也。衡量時勢，揣度人情，計惟土客買賣一層尚可兩得。其平客民買田以承糧，與土民葛藤永斷，其業可安。當官立據編册，啓徵課賦，亦無由隱匿。而土民賣田得價，別營妥實之田，可免客民刁難延欠之累。如此處置，土客均有裨益。是以酌擬章程，本無轇轕之田不計外，凡有土民指認之田，如查係原主五服以内者，無論有無契據，皆准其承認。其族中或有祭田學田，果係宗祠尚在子弟讀書有人者，取有里隣切結，亦准酌留，以示衿恤。此外每熟田一畝，定以本洋一元四角，熟地七角，荒田三角，荒地二角。通照此價，由墾户承買有主者，價皆給主。無主者，以價歸公。其已經田主認明，墾户立過租約者，不在此次買賣之列，亦不准以現章藉口稟。經臣核准批飭，照議查辦，現在查畢兩鄉善良之民甚屬相安。而土民狡黠之徒□唆訟，以圖漁利，豪强之族挾勢力，而冀兼併，仍不免蠱惑鄉愚，多方煽誘。或於水道要口，或於肥饒田畝，指爲祭田、學田認請酌留。客民因之疑慮，於承買繳價之事觀望抗延，事多阻格。屢經該委員等具稟，臣恐前議尚有未周批令，再加詳察。如有應酌量變通之處，不可固執前章，務期事歸至當。

（清）葛士濬《皇朝經世文續編》卷九四《工政·直隸水利·開築挖壓田地計畝攤撥議林則徐**》** 怡賢親王請設營田疏，臣等更有請者，從來非常之利，言之而不行，行之而不究者，非局外之浮議爲阻，實局中之規畫未周也。臣等恭聆訓旨，凡民間之小屋有礙水道者，加倍賞償。大哉王言，順人情而溥美利，無過於是。伏念濬河、築圩，損數夫之産利千耦之耕，甚而富家百頃俱享平成。貧人數畦偏值挖壓，若概償官價，不惟所費不貲，亦非民情所願。計畝均攤，通融撥抵，視本田畝數加十之二三，其河淀窪地已經成熟報升必須挖掘者，將附近官地照數撥補。如此，則事無中撓，人皆樂從矣。

（清）佚名《晚清洋務運動事類匯鈔·旅昌行轉租大沽地畝案》 美國畢副領事來函敬啓者：

頃據旗昌行商人來署，據稱接得大沽引水人來函，内稱大沽西炮台附近，向有本行置買地畝一段，蓋有房間，引水人居住，四面空地生長蘆草甚密。今因修創碼頭，着人收砍蘆草，不意有炮台武官前來阻擋，不准割收。該引水人即向武官説明，此地係旗昌行置買，應自砍割。過日，遂將蘆草收齊。詎料由炮台來有兵丁多人，即將蘆草搶運一空。等情。請轉飭查辦，前來本副領事想旗昌行因修碼頭自應砍割蘆草，既炮台武官前來阻擋，該引水人説明緣由，何至過日復有兵丁搶運蘆草之事。大約係武官等有不相信此地乃旗昌行之地，是以請煩貴道，即飭知該炮台武弁等知悉，並速將所運蘆草照數送還外，嗣後不准兵勇再有滋擾等事。是所厚望焉。

專此順頌

升祺

十二年八月十二日

覆美國畢副領事函

啓者昨接

來函，内稱旗昌行在大沽西炮台置買地畝一事。本道檢查本署並欽差大臣公署卷宗，均無此案。據飭查天津縣亦無完交地租之案。該行係何年在大沽置買此項地畝，希貴副領事檢查舊卷，並飭該行將原契呈送。貴副領事一併函送本道查核，再行知照辦理可耳。此頌

升祺

八月十三日

美國畢副領事來函

敬覆者昨接
來函，內稱旗昌行在大沽西炮台置買地畝一事，查無卷宗，並飭天津縣查，亦無完交地租之案。該行係何年置買此項地畝，希查舊卷並飭行將原印契呈送查核等情。准此本副領事當即詢問旗昌行商，據云係轉買英國寶順行地段，須在英國領事署查辦。本副領事隨往英國孟領事處詢問。據孟領事談前寶順行置買大沽地畝，彼時本署未立准章，並無存案，只有貴國天津縣印契可憑。惟寶順行轉賣旗昌行，係同治八年三月十九日。本署僅留案英字存查等語。本副領事查此地緣英商寶順行置買，並有印契，不難查辦。復問旗昌行，據云前轉買此地，將原契收來，寄交上海行東處收存。倘要查看，俟由上海要來不悮等情。據此是以請煩
貴道，飭查天津縣卷案核辦可也。此覆順頌
升祺

八月十六日

致美國畢副領事函

覆者十六日接准
來函，以旗昌行大沽地畝係英國寶順行轉租，其地原契現存上海，請檢查卷案等因。本道當將寶順行租地卷宗詳查，該行租地原契載明，或自行蓋造棧房，或另租別人，任由其便。如蓋房，隨納地稅，租主仿照紫竹林例，每年輸納官稅大錢一千五百文，與地主無涉。未蓋房之地，其稅由業主自行輸納等語。因該行歷年並未報明蓋房用地若干，照例納租。同治七年十月，間經通商大臣崇□照會
孟領事，飭催完租。旋據復稱，寶順行實用地蓋房者計十畝九分，應交大錢共六十五千四百文，應令該行交納。惟此地於八年正月已轉租給美國旗昌行，此後應由美國領事辦理等因。嗣亦未據該行報明納租，現在曾否添蓋房屋、佔用地畝，自應詳細查明，以便照例納租。除飭傳該地主詢明界址以便轉行飭遵外，即希
貴副領事迅飭該行，將原契呈交轉送，本署核明辦理。此覆即頌
升祺

八月二十三日

英國孟領事來函

啓者昨日天津縣錢委員來署，所言寶順洋行大沽地畝一事，現在本署繙譯官公出赴煙台，俟回津時再行查辦可也。此布
貴道查照順頌
升祺

八月二十三日

行天津縣札文

札天津縣知悉，照得前經本道面諭，差傳大沽地主鄭鳳書送轅候訊。迄今多日，諒必傳到，合亟札提。札到該縣立即遵照。如果該地主鄭鳳書業經傳到，速即派差押送來轅，以便提訊，毋稍稽延。此札

九月初三日

【略】

行天津縣札文

札天津縣知悉，同治十二年八月十二日准美國畢副領事函，稱大沽西砲台附近向有旗昌行置買地畝一段，蓋有房間，引水人居住，四面空地生長蘆草甚密。因脩創碼頭，著人收砍，有砲台武官前來阻擋，請飭知等因。當經復令查明，該地係何年置買，並將印契送閱。旋准復稱，詢明旗昌行商係轉買英商寶順行地段，原契寄交上海，請查案核辦等因。本道調查縣卷，咸豐十一年英商寶順行租用鄭鳳書地十二頃。契內註明，如蓋房，隨蓋隨納地稅，租主仿照紫竹林例，每畝每年輸官稅大錢一千五百文。未蓋房之地，地稅仍由業主照舊輸納等語。隨差傳原業主鄭鳳書到案訊，據供稱，該地係咸豐十一年間，憑中說合，永租與寶樹堂宋。言明蓋房之地由宋達泉每畝每年交官租制錢一千五百文，其未蓋之地，由監生照舊完粮。復飭據職員宋達泉稟稱，前在寶順行管理買賣，因行東欲在大沽建造棧房，租得鄭鳳書地畝，契內誤寫寶樹堂宋。後將原契退回，換立寶順行租契，照紫竹林租地章程，輸納官稅等情。本道檢查舊卷，寶順行在大沽蓋房用地十畝九分，自同治四年起至七年止，共欠地租制錢六十五千四百文。當經照會英國孟領事轉飭寶順行，迅即完納，旋准照送前來。當經札發該縣查收歸款，並一面照會英國施領事。旗昌行既係轉租英商寶順行大沽地畝，一切應按寶順行舊規辦理。惟未蓋房之地，既言明地粮由業主輸納，其出產應仍歸業主收管，與該行無涉。下餘之地，本道因鄭鳳書地多粮少，已斷令將此地仍歸官荒，作爲可租地界。將來旗昌行如欲蓋

房，亦可佔用，照章納租。其原租竇順行已盖房地十畝九分，應自同治八年起至本年止，按每畝每年制錢一千五百文，共合制錢八十一千七百五十文。飭令完交，以清租賦。茲於十二月十六日，准美國施領事照會，自同治八年旗昌行租竇順行大沽地畝原佔盖房地十畝九分，復又添盖四處。內除一處係目下佔用，未便起租，應歸下年一併納租外，統計連前共佔地十三畝六厘四毫，並囑該行，以後再佔盖地畝，隨盖隨報。今將截至本年止應納地租共制錢八十五千三百五十一文，開具洋文錢票，照送查核等因。本道前因鄭鳳書地多粮少，顯係盜賣官荒。曾經照會施領事，將鄭鳳書下餘之地仍歸官荒，作爲可租地界。今施領事將旗昌行前後佔用地租如數催交，至下餘地畝仍作官荒一節，無並異言。自係無可争辯。隨飭將鄭鳳書傳案訊斷。此項地畝仍歸官荒，當據鄭鳳書供稱，伊每年在縣完納地粮求恩，飭縣除免，並投具甘結前來。本道復查鄭鳳書所呈糧票內，開鄭宏翼錢糧銀一兩八錢七分二厘，鄭可炤錢粮銀五錢九分六厘，二共粮銀二兩四錢六分六厘，爲數甚微。洋商每年應交地租以之抵補，糧額有贏無絀。自應將鄭宏翼等每年應交地粮，准令除免。除詳報欽差閣爵督憲查核，批示立案，並咨大沽協鎮查照外，合將施領事照送洋文錢票及鄭鳳書供結抄单札發。札到，該縣立即遵照飭，將鄭宏翼等名粮除免，並將洋文錢票查收，持取歸補粮額。仍將收到日期申覆備查。此札

計粘抄单一紙，並發洋文錢票一紙，計制錢八十五千三百五十一文。

十二月二十日

《東方雜誌》一九〇八年第五期《實業・東三省總督徐等奏清丈東流圍荒以正經界摺附片並清單》 竊查奉屬東西流水圍荒地畝，經前任將軍先後丈放，分設縣治。惟原定放地辦法係聽民自擇，並非挨段領墾，以致餘賸夾荒任民侵占私墾。在事人員，又不免從中舞弊，勾串折扣所在多有。自光緒二十九年，經墾務大臣廷杰，將西流圍荒覆丈，該圍弊竇爲之一清，民間稱便。惟東流圍地，即東平縣全境，迄未覆丈，其間侵欺隱占殆較西流爲尤甚。近來私墾各户互相競争，狡黠者肆意侵吞，良儒者甘受欺壓，紛紜聚訟，糾葛滋多。每願補交地價，以保永業。據度支司酌擬試辦章程，呈請覆丈。前來臣等查丈放荒地，本爲招徠農民，使之安業。若經界不正隱匿侵漁互相控告，殊非整理農政之道。況西流圍荒既已覆丈，頗洽與情。東流事同一律，自應援案清丈，以息紛争。但能一秉至公，使墾占各户不失原業，補收地價，免究私占，民自樂從，藉可集成鉅款，實於裕課便民兩有裨益。茲將試辦章程繕具清單，恭呈御覽。俟命下之日，臣等即派員設局，次第試辦。再查東流巴勒克圍樹川山荒，前經廷杰撥補，餘賸奏明封禁。現查此項荒田，多堪墾種，未便任其曠廢，應請一併丈放，以厚民生而興地利。謹奏。奉硃批：度支部知道，單片併發。欽此。

再奉屬鳳凰、岫巖、安東、寬甸等四處葦塘山荒，曾經前將軍趙爾巽奏明，派員丈放。旋因承辦員司辦理不善，以致觀望遲延，虛糜局費。臣等到任後，察知情形。又因青黄不接，若按則收價，民力實有未逮，隨飭停緩，以恤民隱。一面將辦理尤爲不善之鄧景臨等參革，以示懲儆。茲查安東葦塘徵税甚微，而隱占居其多數。山荒私墾及曠廢者，該四屬所在多有，且均與朝鮮接壤。從前每因越占，迭次交涉。當此開通商埠，尤慮邊民愚頑，私擅鬻售，清界保權。實未可視爲緩舉，自宜趕緊接辦，以興要政。惟原定地價科則，尚覺煩重，自須略予變通，以期便民易行。臣等悉心酌核，擬請將山荒私占種柞養蠶及開墾成熟者，價分三等，上等每畝改收庫平銀一兩，中等六錢，下等三錢。生荒改爲上等每畝庫平銀五錢，中等三錢，下等一錢五分。葦塘科則改爲二正一耗，與別項糧銀徵數一律。此外仍依前定章程辦理。似此改減，庶於裕課正界之中，仍寓恤民之意。嗣後如有應行變通之處，再由臣等察酌辦理。謹奏。奉硃批：覽。欽此。

謹將清丈東流水圍地試辦章程繕具清單恭呈御覽。

一、東流初放新闢圍荒，隱匿浮地，弊混叢滋。經此次覆丈之後，其有私占額外無課地畝，免其既往，仍准原户補繳地價。照原額地不分等則，每畝徵正課銀二分，耗羨一分。熟地當年起科，荒地四年起科，以裕課賦。

一、熟地援照錦州官莊章程，分三等交價。上等每畝庫平銀二兩一錢，中等一兩四錢，下等七錢。平荒上等每畝庫平銀一兩四錢，中等七錢，下等三錢五分。山荒定爲上等七錢五分，中等五錢，下等二錢五分。鹻窪量予折扣，册内仍滿入繩弓，每地價銀百兩，均加收銀十五兩，以資經費。

一、凡覆丈後，查出侵及夾荒及占墾封留之地，其爲領户原占者，仍准原户繳價認領。其爲佃户私自刨墾者，應歸該佃承領六成，其餘四成歸承佃地户分領。如均無力繳價，招户另放，儘首先呈報之户價領，以杜爭競。

一、額地如已出典，經典户耕種，墾有浮多，如在原典四至以内，先儘原業價領，仍歸典受之户耕種，將來准原業一併回贖。如原業無力交價，准典受者價領，將來回贖，衹准抽贖原典四至以内之地。倘典受之户另在原典四至以外自墾官荒，概歸典受之户承領，與原業無涉，以昭平允。

一、覆丈之初，候委員示期，挨段勘丈。各户應將從前交價領地照據，或典兑契據，一併赴地段呈驗。倘臨期不到，先令地鄰鄉保，將該地指丈註册，予限赴局補領丈單。倘再逾限，撤地另放。

一、丈明一户地畝，即由委員就地填給丈單，註明户名、畝數、四至、坐落，繪具地形。自給單之日起，予限一箇月，持單赴行局清交地價經費等銀，填發大照，並將支單黏附照尾，以昭信守而祛積弊。

一、浮地廣狹不同，自應明定界限。今定以地形方及東西長者，均以西爲浮多，南北長者北爲浮多。如西北有廬墓者，東南爲浮多。又或一地而兼二則者，以次則爲浮多，即按次則收價，以杜取巧。

一、浮地所蓋房屋，仍准該户照舊居住，但將地價按則補繳。所葬墳墓四圍，准留三弓餘地，免其遷移，並免交價。此外浮多按則補交，至原有車道及不堪耕種之窪泡，照舊畫留，亦免補價，以示體恤。

一、從前辦理墾務，設立總行各局，今在東平縣設立清丈行局，由度支司總司稽核，應免專設總局，以節經費。在事員司，如果勤慎廉明，迅速竣事，應准照章擇尤保獎。倘有徇私舞弊，查明分別參處，以資勸懲。

以上各條係屬試辦章程，嗣後如有應行變通之處，再行擬議。

《清實録》乾隆十五年九月〔丁巳〕又諭軍機大臣等：據湖廣總督永興奏稱，湖北新設宜昌、施南二府之鶴峯等州縣，原係改土歸流，幅幀廣闊。近年户口日增，田土日闢，其内地民人認墾者，應令查明，一體升科，等語。任土作貢，國有常經。在開墾地畝，既經成熟，自應照例升科。但鶴峯等州縣，本係土司之地，歸附版圖未久。雖有内地民人赴墾，欲令升科，究與内地不同，必須善爲經理之人，妥協差辦，方不至於滋事。永興莅楚未久，諸事尚未諳練，此事亦非伊所能辦，且不必急遽。俟二三年後，或伊來京陛見時，令會同在京大臣，妥酌定議。或另有陞調可任茲事之人，再行辦理，亦不爲遲。可即傳諭永興知之。

《清實録》乾隆四十三年十二月〔辛巳〕諭：八旗入官地畝，向來原准賣給八旗官兵。嗣因不肖之徒，私行賣與民人，種種滋弊，始令入官取租。現在生齒日繁，八旗人等圈地，俱在京城附近五百里内，數目有限。若仍將此項地畝入官取租，旗人產業，不免日漸短少。嗣後所有入官圈地，加恩仍照舊例，賣給官兵。著都統等嚴密稽查，不許私自賣與民人，以示矜恤八旗之意。

《清實録》乾隆四十四年五月〔庚寅〕軍機大臣等議准：黑龍江將軍傳玉等奏：請將撥派發遣人犯及放出旗奴，另行設立官屯，令其交納糧石一摺。内稱黑龍江地方屢經奉諭，禁止流民棲止，除往來貿易者，並無攜帶家口居住之人。惟節年奉部發遣人犯及放出旗奴所帶子女，漸俱長成，相聯姻戚在各城居住，已有數百名之多。查邊陲之地，積貯糧穀，最爲緊要。應於齊齊哈爾地方增添官屯數處，領催一名，其餘丁口俱載入各城官屯册内以備挑補。至所需農器無庸官爲撥給，所用牛具俱於各城庫貯糧價内撥給。初種之年免其交納，次年交一半，第三年全交。從之。

《清實録》乾隆五十九年九月〔庚子〕諭軍機大臣等：據愛星阿奏：確勘遵化州園地情形，並酌減租價一摺。經内務府大臣覈議具奏，業已准行矣。至遵化州知州，於所屬應交官地租錢，並不按限完繳。經内務府屢次行催，輒稱原佃潛逃，無人承種。迨至委員前往會勘，又有佃種之王耀宗即係該州書辦，是其藉詞延玩，實屬罪無可辭。除所欠園租已令照數賠繳外，著傳諭梁肯堂：嗣後將該州知州李騰蛟停其陞轉，並不准保薦卓異，以示懲儆。至此項園租，既經酌減定額，自不至佃種無人，官項亦易於輸納。務須飭令嚴催早解，毋得仍前任意延宕，致干咎戾。

《清實録》道光十七年五月〔丁丑〕諭軍機大臣等：前因有人奏江蘇省新漲沙地，官產民業轇轕不清，大吏先後查辦互異。曾有旨令陶澍等查明具奏，迄今未據覆奏。現復有人奏稱此項地畝如果有礙水道，自當時加疏濬，禁止開墾。如於水道無礙，應照例聽民承買。若概行退價，事屬紛擾。且入官發佃，輾轉招租，日久恐啓增租奪佃之事，等語。著陶澍等體察情形，悉心籌畫，毋稍回護以清積案。務使民生有益，國課無虧，迅即明定章程，具奏。將此諭令知之。尋奏：請將有礙水道各處禁止墾種，其無礙水道者，照舊聽民承買完課。遇有爭競仍退價歸官佃變，不許訐訟之人承買。下部議，尋奏：江河原不以開墾爲利，則沙洲不得以承買佃民。請飭該督等遵照道光八年奏定章程，新漲沙洲無礙水道者，一律歸官召佃，永杜爭訟壅塞。從之。

《清實録》同治七年八月 〔丁卯〕吉林圍場原爲長養牲畜，以備狩獵之用，設堆置卡，封禁甚嚴。乃該處游民借開墾之名，偷越禁地，私獵藏牲，斬伐樹木，迨林木牲畜既盡，又復竄而之他。有招佃之虛名，無徵租之實效。數百年封禁之地利，遂至蕩然無存。即如景綸前於咸豐十一年奏稱，尚有圍場二十一處，而此次富明阿奏稱該處南北十七八里，東西八十餘里，皆無樹藏牲。其爲游佃偷越，已可概見。此次該將軍辦理開墾事宜，自當嚴防流弊。即著親往履勘，嚴定界限，毋任委員弊混。並將新墾各地造具畝數、四至、佃户花名清册，以及如何那移卡倫，添設封堆，暨布置員弁逐處巡察各事宜，詳細妥籌，迅行覆奏，以杜弊端。其前任將軍景綸奏請開墾夾信溝、涼水泉荒地二十五萬餘晌，現有佃認領徵租者十三萬晌零，未報升科地尚有十二萬晌。續墾之土門子並省西圍場阿勒楚喀等處地畝共三十萬晌，應交押荒地捐兩項錢文共一百二萬餘吊。除交過錢六十二萬餘吊，尚有未交錢四十萬吊。其交過押租地畝，既有佃户認領，何以僅將雙城堡佃户認領地三萬三千一百六十晌零造具花名清册，其餘十四萬八千二百餘晌遲延不報，至此外未交押租地十一萬餘晌何以數年之久，並不招人承領。著富明阿確切查明，將土門子等處已交押租之佃户造具清册，迅速送部，並追出歷年地租錢文，以充兵餉。其餘土門子等處未交押租，並夾信溝、涼水泉未報升科地畝，即著詳細履勘，予限一年，招佃認領，按晌升科，毋再延宕。儻查有已墾未報及認多報少情弊，並著從嚴叅辦，以昭覈實。將此諭令知之。

《清實録》同治八年十一月 丁酉，諭内閣：慶春奏：查明熱河開荒，漸侵正圍，酌擬章程，請將查辦遲延之總管等交部議處一摺。前因熱河圍場地多閒曠，經前任都統瑞麟、麒慶先後分別科則，招佃展墾。乃日久展放，漫無限制，以致侵占正圍，自應查明禁止。所有鑲白旗伊遜川開墾荒地，即著照舊有大卡倫爲界，其河東河西佃墾、私墾地畝，均著飭令一律封禁。並著嚴檄該總管等督修卡倫，建立紅樁，毋令任意展墾。慶春擬於明歲春融後，派原勘各員前往查勘界址，按照科則酌予年限，以次裁撤，並將私墾各户一律驅逐。旗民佃户領地後，陸續侵入山坡溝岔，以及領地以多報少各弊，出示禁止，定以懲罰章程。著庫克吉泰到任後詳細參酌，妥爲辦理。委員員啓泰、王清經慶春派令前赴圍場會同總管壽長督催修卡建樁，乃任意遲延迄未修整，實屬咎無可辭。

《清實録》同治九年十一月 〔乙酉〕又諭。御史鄧慶麟奏：奉天無業流民，私墾荒田，業經派員履勘，會議章程，妥爲安撫。近聞鳳凰城暨沿邊一帶，有冒充流民蒙混影射者，漸至一人揑造數名，報墾數十百頃，不論官禁閒荒、民墾熟地，肆行侵占，原墾貧民轉失故業，盜賊藉以藏身，防兵久不得撤，等語。奉天東邊禁荒，前因流民墾種既久，不忍令其失業，故准就地安撫。若如該御史所奏，是流民未受安撫之恩，豪強轉擅兼並之利，且有馬賊餘黨、伐木匪徒溷跡其中，亟宜認真整頓。著都興阿、額勒和布德椿就邊外地方情形，悉心籌畫，妥爲經理，以期久遠無弊。另片奏，興京地方請添設官員，各專責成，等語。並著都興阿、額勒和布德椿體察情形，會議具奏。原摺片均著鈔給閱看。將此各諭令知之。尋奏：遵查邊地墾荒，均經造册存查，並無冒墾侵占等弊。至流民既多，誠難保無馬賊、土匪溷跡其中。惟有嚴加訪察，隨時懲辦。其添官移鎮各事，應俟地畝查竣起科，邊界劃清界限後，再行奏請辦理。得旨：一切應辦事宜，仍著都興阿等悉心會商，屆時次第興辦。

《清實録》同治九年十二月 〔丁亥〕又諭：前因已革牧長卓金、呈控翼領烏林泰等剋扣銀兩舞弊誣叅，等情。當交都興阿審辦，並因討種地畝、侵占牧廠之革兵張允和赴京投首，復飭解往盛京，歸案審訊。玆據都興阿審明具奏，此案翼領烏林泰、廣榮等，於歷年闌領鹽菜銀兩，濫行開銷，實屬不成事體。牧長廣田、八十五經管帳簿，不能阻止，亦難辭咎。烏林泰、廣榮、廣田、八十五均著先行解任，交盛京刑部再行研訊確供，照例定擬具奏。已革牧長卓金，糾人搶去帳簿，形同無賴，前經奕榕奏叅革職，並非捏叅。至該革員查辦廠地，有無營私情弊，並著盛京刑部一併審訊。革兵張允和討領荒地，竟敢影射侵占，私開四千六百餘畝之多，復於奏准封禁後，私開一千數百畝，尤屬目無法紀。張允和並續行私開地畝之趙廷芝、穆信等，均著交盛京刑部照例科罪懲辦，以儆刁健。卓金、張允和先後呈控烏林泰等偷開廠地，私收黑租各情，究竟有無其事，著錦州副都統於明春親往詳查履勘，奏明辦理。至閉河底荒地，著仍遵前旨，照舊嚴行封禁，寬留界限，不准再議開墾，以重牧廠。

《清實録》光緒六年九月〔辛巳〕又諭：御史英俊奏：黑龍江所屬呼蘭、巴彦蘇蘇等處與外國接壤，地方遼闊，或招旗丁墾荒，或自願遷居者，撥給地畝，既可防邊，亦免膏腴久棄。呼蘭城屬開墾荒地，與現行新章互異，請飭酌改變通章程，各等語。該處是否尚有荒地，可以招墾，著定安酌度情形，奏明辦理。至呼蘭城屬現行墾荒章程，有無弊端，及應否酌量變通之處，並著定安妥籌具奏。原摺片著鈔給閱看，將此諭令知之。

《明清以來蘇州社會史碑刻集·吴長元三縣嚴禁佃户私相頂替屯田碑》　蘇、常州府吴、長洲、元和、金匱縣爲清屯還求清佃等事。乾隆三十年五月三十日，奉蘇州府孔憲牌内開：乾隆三十年五月二十六日奉布政司蘇憲牌内開：乾隆三十年五月十三日准蘇糧道咨開：本年五月初一日奉閣撫部堂莊批朱升道會同本司呈詳，蘇太海鎮各衛屯田聽丁擇佃召種，毋許私相頂贖一案，因各衛屯田類皆散嵌各州縣民田之中，若僅於衛所署前勒碑示禁，各佃實難周知。應請俯如所議，飭行坐落各州縣一體勒石示禁。至鎮江衛乾隆八年呈請通禁短價勒折一案，亦應如所議請，照丹陽縣勒石之案，一體另立一碑，等情由。奉批：如詳，通飭一體勒石各該州縣屯所，永遠遵守，毋許陽奉陰違。取碑摹送查。仍移江糧道、江藩司查明。准太等衛屯田，如有散嵌各邑者，一體通飭照辦。該道並將各丁姓名田租額數，飭速查明造册，通送查□，仍候漕部堂批示，繳，等因。到道，移司，行府。轉飭遵照憲批，將屯田聽丁擇佃召種，毋許佃户私相頂贖一案，一體勒石永禁，毋許陽奉陰違。取碑摹送查，等因。奉此，理合勒石示禁：嗣後坐落境内各都圖屯田，應聽管業衛丁擇佃召種，不許佃户私相頂替，抗欠屯租，永遠遵守，以安屯業，以濟漕運。須至碑者。

乾隆三十三年十月　日立。

《明清以來蘇州社會史碑刻集·蘇州衛嚴禁棍占屯田造房建墳碑》

江南蘇州衛爲棍占屯田事。奉蘇州府正堂馮牌開：江蘇督糧道安行開：查議得衛屬屯田，係旗丁□□□□□，不許運丁私相典賣，豈容佃户造房占踞。緣蘇衛屯田，散處各縣民田之内，竟有佃户私建房屋。其地基雖屬□□□□□屯自該佃，遂得私相典賣，頂替旗丁，春出冬歸。或以租籽無缺，因循容隱。相沿日久，界址混淆，抗欠短租，由此而起。自應設法嚴禁，以杜侵佔□租，貽累漕運。惟是建屋以歷有年，若概拆遷墾熟，必致紛擾，殊多不便。即公估價值，令業丁歸屋，亦難保無經紀□□串同短估，藉端滋累，勢難一律循辦。應請示諭丁佃，將現在屯田歸建房屋，勘明界址。原定額租，著令該佃各按數具結輸租。如有霸佔抗欠，即稟明縣衛，傳同經紀，估價押遷，房歸運業所有。積欠租籽，即令該丁於應給房價内按數扣清，以昭公允。其餘現居屯佃，設遇遷居，隨時告知，業丁或本丁自行給價，或準其另召別佃認租，聽該丁臨時量力而行，總不許佃户私相頂替。至在田間有舊墳，歷係佃户子孫還租，應免置議：嗣後屯田概行嚴禁侵佔，倘再違禁造房築墳，聽該丁隨時稟衛，勒令拆遷，改田還業。如敢典賣、私頂，立即追價入官，與受各治以應得之罪。如此嚴立章程，自不致有霸佔短租之患。倘蒙憲允，即飭該衛出示有屯地方，遍行曉諭，使軍民遵守。並於衛署前，勒石永遵。□碑摹通送查□，並移有屯各縣存案。是否允協？相應擬議詳覆。核示飭遵，等情由。詳奉總漕部院管批：據議立章程，嗣後佃種屯田，嚴禁私行建房築墳，侵佔短租。其舊建房屋，責令查明，按間輸租，等緣由。甚屬妥善。仰即轉飭遵照遍行，出示曉諭，勒石永禁。如再違犯，聽丁隨時稟明嚴究，毋任□□□，等因。到道，行府，轉衛。奉此，合行勒石遵守。須至碑者。

乾隆五十七年六月。

□守備許誠□。

《明清以來蘇州社會史碑刻集·常熟鄒氏隆志堂義莊規條》　江南蘇州府常熟縣儒學呈爲謹遵遺命等事。今將本邑四十七都一圖職監鄒珏擬立鄒氏隆志堂義莊規條造册呈候憲鑒，須至册者。

計開：

一、捐置贍族義田，共一千零三十畝八分八厘八毫二絲五忽，坐落常熟縣南鄉各圖不等字號斗則，共歲收租米一千零五十六石九合五勺，照規贍族。

一、捐設義莊，房屋一所，坐落南四場四十九都三圖祥字號，二斗三升糧基地一十二畝三分。莊祠塾在內。

一、捐設祭田二十八畝八分，坐落南四場四十七都一圖驢特骸垢等號，三斗二升糧田，共歲收租米二十八石八升正。

一、捐設族墓地一畝，坐落南四場四十九都二圖五字號，地名沙湍灣，聽無力人就葬。

一、捐設義墓地二畝一分，坐落南四場四十九都二圖五十字號，地名沙湍灣，聽無力附近里人就葬。以上共捐田地一千零七十五畝八厘八毫二絲五忽。又莊房一所。其契俱已稅過。凡田屋、區圖、字號、斗則、契價、額租，另造細冊，茲不復載。

一、贍族之義，理宜推廣。吾鄒氏全六支始自十五世祖叔瑜公，數百年來族姓蕃衍，如欲遍給，恐所入不敷，難垂久遠。今定自叔瑜公分支鰥寡孤獨之苦貧無依者，照規給發。至耀卿公分支，除鰥寡孤獨外，貧不自給者，五口以上每年給白米八石，五口以下五石，三口以下三石，分四季支領，按季首月初一日持票驗給，春季正月初六日支給，閏月小建不計。後開各項支費，除應給米者，概不給發。

一、義田租息，宜先完國課，後計開銷。每歲收入租米篩搧純凈，除完漕完外，碓百定以九折爲則，貯廒備給。其盈餘白米及二三米糠粞穀頭並收下抵租，別物統行變價入賬，毋許短浮。其應給米石照市斛升斗，銀兩照市用七折串錢，凡銀一兩，給足底大錢七百文，以歸劃一。

一、設遇欠歲，司正副須公同踏看，分別實在分數，毋任催佃捏報，並須籌核一年經費，不敷若干，勸請族中尚義者量力各助，俾支放不拙，是誠族中之幸。如其不能，惟積貯可以弭災。每年白米，除將歲支正數、耗數提出外，所餘白米，入廒安貯。俟積至足敷一年支放後，始出陳易新，則有備無患。然立法雖周，事難預料，或額支無餘，或告助不應，或蓄未一年而猝遇歲祲，只可量入爲出，酌減支給。餘類推。此實事非得已，在族衆應諒苦心，不得妄生攻訐，俟成熟復規，不準借墊遺累。如存一年之外，再有餘資，不得借出並單契抵押等生息，以除荊棘。司正當慎守存貯，知會莊裔。增置莊田附近處絕産，須存實踏訪，的係沃産。如置有名無實之田，查出後照經手人照價墊還，其田即行退出。一切進出，不得用銀錢各票據，以杜檯合、克扣、遺攤諸弊。凡置田一百畝，即同有捐銀米者一並呈明立案，續行勒石。

一、族中例應按口給米者，無論男女，十七歲以上每人日給白米七合；十一歲至十六歲，每人日給五合；四歲至十歲，每人日給三合；三歲以下，不給。女於出嫁日停給。閏月小建，總以日計。近莊者每月初一日支給，正月初六日支給；遠居者四季孟月初一日支給，春季正月初六日支給。届期風雨無阻，持票到莊，經管者註册，挨次給發，加用義莊給訖圖記，不得預支及寄存，以杜非期出入之弊。其票不得遺失。無故遺失，停給一月之米。或典抵他人，及領米不運回家，查出停給一季之米。如老弱病軀，許託信人及親房持票代領。

一、收養異姓子女，及將親生子女出繼外姓者，不給。已嫁女非因守寡無靠歸母家者，不給。

一、生死歸出，應減增人口，均隨時到莊告知事故、世數、名字，司正增除註册。如有遲告冒領，查出即向經領人名下扣除還莊。

一、四窮中如有鰥獨無依者，年至六十，方準入册。寡婦不論年歲，其守節至五十歲，除應給米者外，每日加給薪水銀一分。守寡不終出姓者，不給。孤子自十七歲，自可成立，即行繳票停給。如學生理，族人公保，給與行李資費錢六兩。倘給費而不學生理，在公保人內所領月米扣還歸莊。

一、族中有田産者不給。稍有資本經營者不給。有親房照應者不給。出外者不給。此外不孝不悌、賭博、健訟、酗酒、無賴並僧道、屠户、壯年游惰、蕩費祖基及爲不可言事、自取困窮者，概不準給。後或改革，族人公保，一體支給。

一、族中無力讀書者，自膳至塾就讀。塾師修脯，分六節送，每節六兩。遠居者每年給束脩銀三兩，聽便從師。七歲起至十六歲止。如仍有志功名，從師肄業者，每年給銀六兩，至二十二歲止。領銀而不從師者，停給。如應童子試、縣試，給考費銀一兩，府試二兩，院試三兩，入泮加給十兩，歲科試各給三兩，鄉試十兩，中式加給二十兩，會試給銀四十兩，中式加給三十兩。修脯定節前三日支取。考費臨行支給。如支銀而不赴考、不從師者，查出將應給月米作價扣還。

一、族中有事關風教、例宜請旌，本家無力呈報者，由莊酌給資費。

一、族中力不能嫁娶者，娶婦給銀十兩，嫁女給銀五兩。如單傳年逾四十無後娶妾，給銀十兩。子死而已有孫者不給。娶再醮婦者，不給。

一、族中力不能喪葬者，無論男女，十六歲以上由親信族人報莊查明所故世數、名字，隨時繳票註册，給與棺木一具，風化礦灰五斗，喪葬費銀二兩。如需買葬地，再給銀四兩。十六歲以下，棺木礦灰隨時遞減量給。倘支葬費不葬、支地價不買地者，查出在月米内照數扣除，俟葬後再給月米。至貧甚無後及夭殤者，到莊報名註册，聽葬族墓，塚前立石，刊明第幾世某人，或某人之妻、子女名，給塚石工價錢五百文，挨次連葬，不得攙越。司正副須時加察看，毋任侵佔。每歲春秋，除有後之家聽其自祭外，仍由莊備辦祭品、香燭、紙錠，到塚祭奠焚化，以慰餒魂。每次賞給看塚人銀一錢。祭餘，亦即給與。就葬後，有買地遷葬者，須到莊注除。

一、前無力而給米，後或可自養者，應將月米量除。司事失察濫給，照數賠出還莊。如輔侯公後子孫有貧乏者，同衆一體支給，不得多取。

一、遷虞祖耀卿公墓在稽字號湯家橋西首。又公玠公墓在器字號圩厙東潭角，其昭穴爲輔侯公。又振遠公墓在菀山南澄字號老陸家巷前，其昭穴爲華西公。每歲春祭，定以清明日，秋祭定以十月朔日。先期司監會同本堂子弟預備祭奠應用各物，屆期詣墓祭掃，永不更期。其費統歸祭田租内開銷。

一、義莊内正楹設龕，奉祀創始義莊及承建義莊之人，兩世創承經營集事，重報功也。後楹奉設沛霖曾祖考妣三代神位，重報本也。將來子孫及族中子姓，除司監附祀外，必捐良田百畝以上，或銀二千兩以上，方準附祀。每月朔望，司正率同莊裔族姓，立簿書名，拈香展拜。春秋祭祀，定期二、八兩月朔日，屆期司正整備祭儀、祭品，與祭者同質明將事，風雨無阻。祭畢合同飲福。祭祀經費在莊内正項開銷。此係崇德報功，其各臨事盡敬，不得無故不到。

一、捐入義莊田畝，族中子弟無論支米不支米，概不得租種。至莊祠爲辦公之所，除飲福外，族人不得借居、租賃及宴會紅白等事在内權歇。莊祠中器皿物件一切在内之物，不準借出。如有查出，除原物歸莊外，再照其價議罰充莊公用。司正副通情容隱，即罰酬金。其莊中什物，司事隨時修葺，工價不得浮短。

一、義田各佃，賴彼力作，供我宗支，宜略示優别。凡每年租額全清之佃，每石賞給白米三升。稍有絲毫拖欠，立即送官追究，勿稍姑寬。設遇歉歲，踏看實在情形照邊方分數酌讓。

一、如有新報貧族，即註明册籍，本年不得遽給。必核對家譜世係，確然符合，而又同族中有給實可靠之數人向來與之相識，能立時指出其上代來歷，現在世次者，方準於下年挨序編入領米户籍，照例給發。此係梁溪華氏之法，非創也。如報無依鰥寡孤獨，難於少待者，仍準隨時核給。

一、里中貧老男婦，於冬至後施給棉衣。司事者預爲置備，如果實在赤貧，由住處地鄰報莊，登簿給發。

一、里中無力收殮，乞施棺木者，須由屍屬地鄰報明所故姓名註册，給發其棺，俱在莊内預雇匠工做就數具備用，不得在匠店置辦，以免草率。

一、設義塚一處，坐落南四場四十九都二圖五字號内，聽里中無力者就葬。司事四時躧查，至大寒節内須令做工人加泥封固，不得草率了事。

一、莊内一切屋宇，司正等須歲加修葺，督率工匠不得草率了事，亦不得任意浮費。所須之數，準作正項内開銷。

一、給米設立合同號票。每票板刻兩連，騎縫處留空一行，由司正用筆墨填寫全六支鄒氏，第聽隆志堂擇身家殷實老成練達者爲之總理諸務。司副二，不拘同宗異姓，須由殷實親支舉保，一管收租舂白、一切錢貨；一管完納銀漕、經放錢米。司正副名雖分任，事實互理。各宜秉公辦事。此外需人隨時酌用，量給辛力，第不得人浮於事。

一、義莊收租完漕辦賦等用船隻、支紙張、油燭、飯食一切之費，在出入總簿開銷外，另立便覽細册，隨時隨事登入，使額費易於稽查。如錢米出入檢點稍懈，以致虧缺，司正賠補。司副常時輪住莊房，不得曠誤委咎。看莊夫役，每月朔將前月出入細數送隆志堂司監查覈。新陳交界時，彙造年總册兩套，至十月十五日將一套存司事者協同查覈，一套送司監備查。司正酌定三年交卸，先期將經手一切田租錢糧、出入賬目、支給人户細數、原交各册圖戳、現貯錢米、器皿、莊房裝修等項，無論巨細，彙造總册三套，各具合同、圖書、花押，以憑核對。本日以一套交接辦者照數點收，一套存卸事者處備查，一套送隆志堂司監備查。雖年遠，俱不得遺失。如三年期滿，有功無過，誠實可靠，仍留經管。其人亦當不避嫌怨，不可堅決委卸。如未及三年而辦理不善，即由司監同衆議易，不得拘例延誤司副則按年定奪。司正歲酬白米二十四石，司副歲酬白米十二石，按月支取。若在莊司事之人有應得辛俸，聽司正副酌發。如有爲公出力不與酬銀者，計數而作捐項，勒石以表敦宗裕族之志。

一、糾察莊務，宜設司監一人，由本堂公舉莊裔之殷實可靠者爲之，專司申明條約，稽核出入。倘司正副經畫未周，聽情容隱，或莊裔越分誅求族衆，妄希冒混，一應莊中要務，皆由司監糾之。雖族中尊長，不得干預阻撓。司監六年交卸，先期將莊内簿籍錢米器皿，眼同司正副及莊裔交接辦者檢點明存，無所虧缺，方準交卸。如司正副舞弊，司監失察，以致虧缺，即著司監理償。倘期滿無過，家仍殷實可靠，復留總管，不得堅辭。如不勝任，雖六年内亦準隨時議换。六年無過，將來準附祀莊祠。

以上規條，司監及司正副循照經理，族衆不得干預。即有要事，亦惟訴知司監、司正，會同莊裔，從公理論，勿遽滋事，紊亂成規。至現捐田畝租息，量入爲出。現在可資應用，異日或至不敷，惟冀後之尚義者隨時捐助，尤厚望焉。

農業生產法制部

先秦分部

論說

《商君書・墾令》無宿治，則邪官不及爲私利於民。而百官之情不相稽，則農有餘日；邪官不及爲私利於民，則農不敗。農不敗而有餘日，則草必墾矣。

訾粟而稅，則上壹而民平。上壹則信，信則臣不敢爲邪。民平則慎，慎則難變。上信而官不敢爲邪，民慎而難變，則下不非上，中不苦官。下不非上，中不苦官，則壯民疾農不變。壯民疾農不變，則少民學之不休。少民學之不休，則草必墾矣。

無以外權爵任與官，則民不貴學問，又不賤農。民不貴學則愚，愚則無外交，無外交，則國勉農而不偷。民不賤農，則國安不殆。國安不殆，勉農而不偷，則草必墾矣。

禄厚而稅多食口衆者，敗農者也。則以其食口之數賤而重使之，則辟淫游惰之民無所於食。民無所於食則必農，農則草必墾矣。

使商無得糴，農無得糶。農無得糶，則窳惰之農勉疾。商不得糴，則多歲不加樂。多歲不加樂，則饑歲無裕利。無裕利則商怯，商怯則欲農。窳惰之農勉疾，商欲農，則草必墾矣。

聲服無通於百縣，則民行作不顧，休居不聽。休居不聽，則氣不淫；行作不顧，則意必壹。意壹而氣不淫，則草必墾矣。

無得取庸，則大夫、家長不建繕，愛子不惰食，惰民不窳，而庸民無所於食，是必農。大夫、家長不建繕，則農事不傷。愛子、惰民不窳，則故田不荒。農事不傷，農民益農，則草必墾矣。

廢逆旅，則姦僞、躁心、私交、疑農之民不行。逆旅之民無所於食，則必農，農則草必墾矣。

壹山澤，則惡農、慢惰、倍欲之民無所於食。無所於食，則必農，農則草必墾矣。

貴酒肉之價，重其租，令十倍其樸。然則商賈少，民不能喜酣奭，大臣不爲荒飽。商賈少，則上不費粟。民不能喜酣奭，則農不慢。大臣不荒飽，則國事不稽，主無過舉。上不費粟，民不慢農，則草必墾矣。

重刑而連其罪，則褊急之民不鬭，很剛之民不訟，怠惰之民不游，費資之民不作，巧諛、惡心之民無變也。五民者不生於境內，則草必墾矣。

使民無得擅徙，則誅愚亂農，農民無所於食而必農。愚心躁欲之民壹意，則農民必静。農静、誅愚，則草必墾矣。

均出餘子之使令，以世使之。又高其解舍，令有甬官食，概。不可以辟役，而大官未可必得也，則餘子不游事人，則必農。農則草必墾矣。

國之大臣諸大夫，博聞、辨慧、游居之事，皆無得爲。無得居游於百縣，則農民無所聞變見方。農民無所聞變見方，則知農無從離其故事，而愚農不知，不好學問。愚農不知，不好學問，則務疾農。知農不離其故事，則草必墾矣。

令軍市無有女子。而命其商，令人自給甲兵，使視軍興。又使軍市無得私輸糧者，則姦謀無所於伏盗，輸糧者不私稽，輕惰之民不游軍市。盗糧者無所售，送糧者不私，輕惰之民不游軍市，則農民不淫，國粟不勞，則草必墾矣。

百縣之治一形，則從迂者不敢更其制，過而廢者不能匿其舉。過舉不匿，則官無邪人。迂者不飾，代者不更，則官屬少而民不勞。官無邪則民不敖，民不敖則業不敗。官屬少，徵不煩，民不勞，則農多日。農多日，徵不煩，業不敗，則草必墾矣。

重關市之賦，則農惡商，商有疑惰之心。農惡商，商疑惰，則草必墾矣。

以商之口數，使商令之厮輿徒重者必當名，則農逸而商勞。農逸則良田不荒，商勞則去來送賫之禮，無通於百縣，則農民不饑，行不飾。農民不饑，行不飾，則公作必疾，而私作不荒，則農事必勝。農事必勝，則草必墾矣。

令送糧無取僦，無得反，庸車牛輿重，設必當名。然則往速徠疾，則業不敗農。業不敗農，則草必墾矣。

無得爲罪人請於吏而饟食之，則姦民無主。姦民無主，則爲姦不勉，農民不傷。姦民無樸，則農民不敗。農民不敗，則草必墾矣。

《商君書・算地》 凡世主之患，用兵者不量力，治草萊者不度地。故有地狹而民衆者，民勝其地；地廣而民少者，地勝其民。民勝其地，務開；地勝其民者，事徠。開則行倍。民過地，則國功寡而兵力少；地過民，則山澤財物不爲用。夫棄天物遂民淫者，世主之務過也，而上下事之，故民衆而兵弱，地大而力小。

故爲國任地者，山林居什一，藪澤居什一，谿谷流水居什一，都邑蹊道居什四，此先王之正律也。故爲國分田數，小畝五百，足待一役，此地不任也。方土百里，出戰卒萬人者，數小也。此其墾田，足以食其民；都邑遂路，足以處其民；山林、藪澤、谿谷，足以供其利；藪澤、隄防，足以畜。故兵出糧給而財有餘，兵休民作而畜長足。此所謂任地待役之律也。

今世主有地，方數千里，食不足以待役實倉，而兵爲隣敵，臣故爲世主患之。夫地大而不墾者，與無地同；民衆而不用者，與無民同。故爲國之數，務在墾草；用兵之道，務在壹賞。私利塞於外，則民務屬於農。屬於農則樸，樸則畏令。私賞禁於下，則民力摶於敵。摶於敵則勝。奚以知其然也？夫民之情，樸則生勞而易力，窮則生知而權利。易力則輕死而樂用，權利則畏罰而易苦。易苦則地力盡，樂用則兵力盡。夫治國者，能盡地力而致民死者，名與利交至。

民之性：饑而求食，勞而求佚，苦則索樂，辱則求榮，此民之情也。民之求利，失禮之法；求名，失性之常。奚以論其然也？今夫盜賊上犯君上之所禁，而下失臣子之禮，故名辱而身危，猶不止者，利也。其上世之士，衣不煖膚，食不滿腸，苦其志意，勞其四肢，傷其五臟，而益裕廣耳，非生之常也，而爲之者名也。故曰：名利之所湊，則民道之。主操名利之柄，而能致功名者，數也。聖人審權以操柄，審數以使民。數者，臣主之術，而國之要也。故萬乘失數而不危，臣主失術而不亂者，未之有也。今世主欲辟地治民而不審數，臣欲盡其事而不立術，故國有不服之民，（生）〔主〕有不令之臣。故聖人之爲國也，入令民以屬農，出令民以計戰。夫農，民之所苦。而戰，民之所危也。犯其所苦，行其所危者，計也。故民生則計利，死則慮名。名利之所出，不可不審也。利出於地，則民盡力。名出於戰，則民致死。入使民盡力則草不荒，出使民致死則勝敵。勝敵而草不荒，富彊之功，可坐而致也。

今則不然，世主之所以加務者，皆非國之急也。身有堯舜之行，而功不及湯武之略者，此執柄之罪也。臣請語其過：夫治國舍勢而任說，說則身脩而功寡。故事《詩》、《書》談說之士，則民游而輕其君。事處士則民遠而非其上，事勇士則民競而輕其禁。技藝之士用，則民剽而易徙。商賈之士佚且利，則民緣而議其上。故五民加於國用，則田荒而兵弱。談說之士資在於口，處士資在於意，勇士資在於氣，技藝之士資在於手，商賈之士資在於身。故天下一宅而圜身資。民資重於身，而偏託勢於外。挾重資，歸偏家，堯舜之所難也。故湯武禁之，則功立而名成。聖人非能以世之所易，勝其所難也，必以其所難，勝其所易。故民愚，則知可以勝之；世知，則力可以勝之。臣愚，則易力而難巧；世巧，則易知而難力。故神農教耕而王天下，師其知也。湯武致彊而征諸侯，服其力也。今世巧而民淫，方傚湯武之時，而行神農之事，以隨世禁。故千乘惑亂，此其所加務者，過也。

民之生：度而取長，稱而取重，權而索利。明君慎觀三者，則國治可立，而民能可得。國之所以求民者少，而民之所以避求者多，入使民屬於農，出使民壹於戰，故聖人之治也，多禁以止能，任力以窮詐。兩者偏用，則境內之民壹。民壹則農，農則樸，樸則安居而惡出。故聖人之爲國也，民資藏於地，而偏託危於外。資於地則樸，託危於外則惑。民入則樸，出則惑，故其農勉而戰戢也。民之農勉則資重，戰戢則隣危。資重則不可負而逃，隣危則不歸於無資。歸危外託，狂夫之所不爲也。故聖人之爲國也，觀俗立法則治，察國事本則宜。不觀時俗，不察國本，則其法立而民亂，事劇而功寡。此臣之所謂過也。夫刑者，所以奪禁邪也；而賞者，所以助禁也。羞辱勞苦者，民之所惡也；顯榮佚樂者，民之所務也。故其國刑不可惡，而爵祿不足務也，此亡國之兆也。刑人復漏，則小人辟淫而不苦刑，則徼倖於民上。徼於民上，以利求顯榮之門不一，則君子事勢以成名。小人不避其禁，故刑煩；君子不設其令，則罰行。刑煩而罰行者，國多姦，則富者不能守其財，而貧者不能事其業，田荒而國貧。田荒則民詐生，國貧則上匱賞。故聖人之爲治也，刑人無國位，戮人無官任。刑人有列，則君子下其位。衣錦食肉，則小人冀其利。君子下其位則羞功，小人冀其利則伐姦。故刑戮者，所以止姦也。而官爵者，所以勸功也。今國立爵而民羞之，設刑而民樂之，此蓋法術之患也。故君子操權一，正以立術，立官貴爵以稱之，論榮舉功以任之，則是上下之稱平。上下之稱平，則臣得盡其力，而主得專其柄。

（宋）朱熹《四書章句集注・孟子集注》卷一《梁惠王章句上》 五畝之宅，樹之以桑，五十者可以衣帛矣；雞豚狗彘之畜，無失其時，七十者可以食肉矣；百畝之田，勿奪其時，八口之家可以無飢矣；謹庠序之教，申之以孝悌之義，頒白者不負戴於道路矣。老者衣帛食肉，黎民不飢不寒，然而不王者，未之有也。

注：此言制民之產之法也。趙氏曰：八口之家，次上農夫也。此王政之本，常生之道，故孟子爲齊梁之君各陳之也。楊氏曰：爲天下者，舉斯心加諸彼而已。然雖有仁心仁聞，而民不被其澤者，不行先王之道故也。故以制民之產告之。

《尚書正義》卷九《商書・盤庚上》 若網在綱，有條而不紊。若農服田力穡，乃亦有秋。紊，亂也。穡，耕稼也。下之順上，當如網在綱，各有條理而不亂也。農勤穡則有秋，下承上則有福。紊音問，徐音文。

疏：傳紊亂至有福。正義曰：紊是絲亂，故爲亂也。稼、穡相對，則種之曰稼，斂之曰穡。穡是秋收之名，得爲耕穫摠稱，故云：穡，耕稼。下承上則有福，福謂禄賞。

《尚書正義》卷一六《周書・無逸》 周公曰：嗚呼！君子所其無逸。歎美君子之道，所在念德，其無逸豫。君子且猶然，況王者乎？先知稼穡之艱難，乃逸，則知小人之依。稼穡農夫之艱難，事先知之，乃謀逸豫，則知小人之所依怙。相小人，厥父母勤勞稼穡，厥子乃不知稼穡之艱難，視小人不孝者，其父母躬勤艱難，而子乃不知其勞。相，息亮反。乃逸乃諺。既誕，否則侮厥父母曰：昔之人無聞知。小人之子既不知父母之勞，力爲逸豫游戲，乃叛諺不恭。已欺誕父母，不欺，則輕侮其父母曰：古老之人無所聞知。諺，魚戰反。

疏：周公至聞知。正義曰：周公歎美君子之道以戒王曰：嗚呼！君子之人，所在其無逸豫。君子必先知農人稼穡之艱難，然後乃謀爲逸豫，如是則知小人之所依怙也。視彼小人不孝者，其父母勤勞稼穡，其子乃不知稼穡之艱難，乃爲逸豫游戲，乃叛諺不恭。既爲欺誕父母矣，不欺，則又侮慢其父母曰：昔之人無所聞知。小人與君子如此相反，王宜知其事也。傳歎美至者乎。正義曰：周公意重其事，故歎而爲言。鄭云：嗚呼者，將戒成王，欲求以深感動之。是欲深感成王，故歎美君子之道。君子者，言其可以君正上位，子愛下民，有德則稱之，不限貴賤。君子之人，念德不怠，故所在念德，其無逸豫也。君子且猶然，而況王者乎，言王者日有萬幾，彌復不可逸豫。鄭云：君子止謂在官長者。所，猶處也。君子處位爲政，其無自逸豫也。傳稼穡至依怙。正義曰：民之性命，在於穀食，田作雖苦，不得不爲。寒耕熱耘，沾體塗足，是稼穡爲農夫艱難之事。在上位者，先知稼穡之艱難，乃可謀其逸豫，使家給人足，乃得思慮不勞，是爲謀逸豫也。能知稼穡之艱難，則知小人之所依怙，言小人依怙此稼穡之事，不可不勤勞也。上句言君子當無逸，此言乃謀逸豫者，君子之事，勞心與形。盤于游畋，形之逸也；無爲而治，心之逸也。君子無形逸而有心逸，既知稼穡之艱難，可以謀心逸也。

（清）焦循《孟子正義》卷三《梁惠王上》 今也制民之產，仰不足以事父母，俯不足以畜妻子，樂歲終身苦，凶年不免於死亡，此惟救死而恐不贍，奚暇治禮義哉！【略】

正義曰：趙氏佑《温故録》云：或問明君制民之產，如下五畝之宅云云是也。迨古法既壞，但有奪民之產，未有能制民之產者也。孟子何以於今無異辭？蓋凡古法變易之初，未嘗不託於權時制宜之説，是故齊作內政，晉作轅田，魯作丘甲，用田賦，鄭作丘賦，固皆以爲制民之產也。李悝之盡地力，商鞅之開阡陌，莫不以爲制民之產也。而適使民仰不足以事，俯不足以畜，爲其本不從民起見也。夫彼即不爲民，亦何樂使至此，而不知其必使至此也！爲夫制之非其制也。後世井法，既萬無可復，限民名田之議，亦有不能行，民生田宅，一切皆民自營之，上之人聽其自動自惰，自貧自富，自買自賣於其間，而惟征科之是計，安問所謂制民之產，民亦無取乎上之制，何也？立一法，反增一擾也。宋之營田制置諸使，其已事也。然則善長民者，又將以何爲知本乎？

（清）焦循《孟子正義》卷三《梁惠王上》 五畝之宅，樹之以桑，五十者可以衣帛矣。雞豚狗彘之畜，無失其時，七十者可以食肉矣。百畝之田，勿奪其時，八口之家可以無飢矣。謹庠序之教，申之以孝悌之義，頒白者不負戴於道路矣。老者衣帛食肉，黎民不飢不寒，然而不王者，未之有也。

注：其説與上同。八口之家，次上農夫也。孟子所以重言此者，乃王政之本，常生之道，故爲齊梁之君，各具陳之。當章究義，不嫌其重也。疏：注其説至重也。正義曰：此節與第三章末節同。但彼言數口，此言八口；彼言七十者，此言老者，故趙氏以次上農夫解之。雖隨意立文，然以老者與七十者互明，謂不獨七十，凡六十及八十以上例此也。以八口與數口互明，謂不獨八口，凡九人及七人以下例此也。王政即仁政，常生即恒産，上兩言反其本，至此詳言之，故云王政之本，常生之道也。《列子·天瑞篇》云：常生常化者，無時不生，無時不化。義各異而大指則同。

（清）戴望《管子校正》卷三《五輔》 明王之務，在於強本事，去無用，然後民可使富。本事，謂農桑也。無用，謂末作也。論賢人，用有能，而民可使治。薄税斂，毋苟於民，謂無苟取於民。待以忠愛，而民可使親。三者，霸王之事也。事有本而仁義其要也。今工以巧矣，而民不足於備用者，其悦在玩好，君悦玩好。則民務末作，故備用不足。農以勞矣，而天下饑者。其悦在珍怪，方丈陳於前。方丈陳前，則役用廣，故農勞而不免於饑。女以巧矣，而天下寒者，其悦在文繡。君悦文繡，則女工傷，故天下塞。是故博帶梨，梨博帶以就狹也。梨，割也。大袂列，列大袂以從小。文繡染，染文繡爲純色。刻鏤削，削刻鏤爲純素。雕琢采，采雕琢爲純漫。關幾而不征，幾，察也。但使察非常，而不征賦也。市鄽而不税。鄽，市中置物處。但籍知其數，不税斂。古之良工，不勞其知巧以爲玩好。是故無用之物，守法者不失。或爲無用物，守法者必得而誅之，不使漏失也。

（清）戴望《管子校正》卷三《五輔》 其庶人好耕農而惡飲食，惡費用之飲食。於是財用足，好耕農，故財用足。而飲食、薪菜饒。省費用，則薪菜饒。是故上必寬裕，而有解舍；解，放也。舍，免也。下必聽從，而不疾怨。上下和同，而有禮義。故處安而動威，戰勝而守固，是以一戰而正諸侯。不能爲政者，田疇荒而國邑虚，朝廷兇小人競進，故兇。而官府亂，小人用法故亂。公法廢而私曲行，倉廩虚而囹圄實，賢人退而姦民進。其君子上諂諛而下中正，其士民貴得利而賤武勇，其庶人好飲食而惡耕農，於是財用匱而食飲、薪菜乏。上彌殘苟居上位者小人，故殘賊苟且也。而無解舍，下愈覆鷙而不聽從。覆，察也。鷙，疑也。上既賊苟而不舍，故下伺察而懷疑。鷙，敕吏反。上下交引而不和同，上引不以供御，下引上以恩覆，二俱不得，故不和同也。故處不安而動不威，戰不勝而守不固。是以小者兵挫而地削，大者身死而國亡。故以此觀之，則政不可不慎也。德有六興，義有七體，禮有八經，法有五務，權有三度。所謂六興者何？曰：辟田疇，利壇毛，壇，堂基。修樹蓺，勸士民，勉稼穡，修牆屋。此謂厚其生。上六者，可以厚養其生也。發伏利，利人之事，積久隱伏者，發而用之。輸墆積，墆，貯積也。修道途，便關市，謂所置關市，皆令要便也。慎將宿，將送貨財，必慎止宿。此謂輸之以財。

（清）戴望《管子校正》卷五《八觀》 行其田野，視其耕芸，計其農事，而饑飽之國，可以知也。其耕之不深，芸之不謹，地宜不任，草田多穢，耕者不必肥，荒者不必墝。以人猥計其野，猥。衆也，以人衆之多少計其野之廣狹也。草田多而辟田少者，雖不水旱，饑國之野也。若是而民寡，則不足以守其地；若是而民衆，則國貧民飢。以此遇水旱，則衆散而不收。彼民不足以守者，其城不固。民饑者不可以使戰，衆散而不收，則國爲丘墟。故曰：有地君國，而不務耕芸，寄生之君也。故曰：行其田野，視其耕芸。

（清）戴望《管子校正》卷一七《禁藏》 故主政可往於民，民心可繫於主。謂繫屬於主。夫法之制民也，猶陶之於埴，冶之於金也。人之從法，若埴金之從陶冶也。故審利害之所在，民之去就，如火之於燥溼，水之於高下。火水之就燥下，猶人之就利。夫民之所主，衣與食也。食之所生，水與土也。所以富民有要，食民有率。率三十畝而足於卒歲，歲兼美惡。畝取一石，則人有三十石。果蓏素食當十石，果蓏不以火化而食，故曰素食。糠粃六畜當十石，則人有五十石。布帛麻絲，旁入奇利，未在其中也。奇，餘。言不在五十石之中也。故國有餘藏，民有餘食。每年人有五十石，故藏皆餘也。夫叙鈞者，所以多寡也。叙鈞，謂叙比其均平。權衡者，所以視重輕也。户籍田結者，所以知貧富之不訾也。謂每户置籍，每田結其多少，則貧富不依訾限者可知也。故善者必先知其田，乃知其人，田多則人多，田少則人少。田備然後民可足也。

（清）戴望《管子校正》卷二三《輕重甲》　貧者失其財，是重貧也。農夫失其五穀，是重竭也。故爲人君而不能謹守其山林、菹澤、草萊，不可以立爲天下王。桓公曰：此若言何謂也？管子對曰：山林、菹澤、草萊者，薪蒸之所出，犧牲之所起也。故使民求之，使民藉之，因以給之。私愛之於民，若弟之與兄，子之與父也，然後可以通財交殷也。故請取君之游財而邑里布積之。陽春蠶桑且至，請以給其口食笣曲之彊。若此，則絓絲之籍去分而斂矣。且四方之不至，六時制之。春日傳耜，次日獲麥，次日薄芋，次日樹麻，次日絶菹，次日大雨且至，趣芸壅培。六時制之，臣給至於國都。善者鄉因其輕重，守其委廬，故事至而不妄，然後可以立爲天下王。

管子曰：一農不耕，民或爲之饑。一女不織，民或爲之寒。故事再其本，則無賣其子者。事三其本，則衣食足。事四其本，則正籍給。事五其本，則遠近通，死得藏。今事不能再其本而上之，求焉無止。是使姦涂不可獨行，遺財不可包止，隨之以法，則是下艾。民食三升，則鄉有正食而盗。食二升，則里有正食而盗。食一升，則家有正食而盗。今操不反之事，而食四十倍之粟，而求民之毋失，不可得矣。且君朝令而求夕具，有者出其財，無有者賣其衣屨，農夫糶其五穀，三分賈而去。是君朝令一怒，布帛流越而之天下。君求焉而無止，民無以待之，走亡而棲山阜。持戈之士，顧不見親，家族失而不分，民走於中，而士遁於外，此不待戰而内敗。

管子曰：今爲國有地牧民者，務在四時，守在倉廪。國多財，則遠者來。地辟舉，則民留處。倉廪實，則知禮節。衣食足，則知榮辱。今君躬犂墾田，耕發草土，得其穀矣。民人之食，有人若千步畝之數，然而有餓餒於衢閭者何也？穀有所藏也。今君鑄錢立幣，民通移，人有百十之數，然而民有賣子者何也？財有所並也。故爲人君不能散積聚，調高下，分並財，君雖彊本趣耕，發草立幣而無止，民猶若不足也。

（清）王先謙《荀子集解》卷五《王制篇》　相高下，視肥墝，序五種，高下，原隰也。五種，黍、稷、豆、麻、麥。觀其地所宜而種之。墝，若交反。省農功，省，觀也。觀其勤惰而勸之。謹蓄藏，謹，嚴。以時順修，使農夫樸力而寡能，治田之事也。使農夫敦朴於力穡，禁其它能也。治田，田畯也。郝懿行曰：樸與朴異。樸，木素也。樸力寡能，謂力作樸素，技能寡少，故專治於田事。修火憲，不使非時焚山澤。《月令》二月：無焚山林。鄭注《周禮》憲，表也。主表其刑禁也。養山林藪澤草木魚鼈百索，百索，上所索百物也。郝懿行曰：索者，求也。百物供民，求索皆是。注以索爲上索，非是。王引之曰：百索二字，義不可通，索當爲素，字之誤也。百素即百蔬。《富國篇》曰：葷菜百蔬。《魯語》曰：能殖百穀、百蔬。作素者，借字耳。《月令》曰：取蔬食。《管子·禁藏篇》曰：果蓏素食。是蔬、素古字通。楊望文生義而非其本旨。以時禁發，禁，謂爲之厲禁。發，謂許民采取。使國家足用而財物不屈，虞師之事也。屈，竭也。虞師《周禮》山虞、澤虞也。

（清）王先謙《荀子集解》卷六《富國篇》　兼足天下之道在明分。先謙案：此明分，與上明分使羣同義。掩地表畝，掩地，謂耕田，使土相掩。表，明也。謂明其經界，使有畔也。王引之曰：掩地二字，義不可通。掩，疑撩之譌。《説文》：撩，理也。《廣雅》同。《一切經音義》十四：撩，力條反。《通俗文》云：理亂謂之撩理。今多作料量之料字也。以上《一切經音義》撩地表畝，謂理其地，表其畝也。撩字俗書作撩，與掩相似而誤。楊云：掩地，謂耕田，使土相掩，迂回而難通矣。刺屮殖穀，刺，絶也。屮，古草字。多糞肥田，是農夫衆庶之事也。守時力民，守時，敬授人時。力民，使之疾力。進事長功，進其事業，長其功利。和齊百姓，使人不偷，是將率之事也。將率，猶主領也，若今宰守。俞樾曰：此言足天下之道。前後皆言農事，而此云是將率之事，楊注曲爲之説，未爲得也。蓋古之爲將率者，其平時即州長、黨正之官。《周官·州長職》若國作民而師田行役之事，則帥而致之，掌其戒令與其賞罰。鄭注曰：掌其戒令賞罰，則是於軍因爲師帥。賈疏曰：云因爲師帥者，若衆屬軍吏，别有軍吏掌之，何得還自掌之？故知因爲師帥也。但在鄉爲州長，已管其民，在軍還領己民爲師帥，即是因内政寄軍令也。又《黨正職》注曰：亦於軍因爲旅帥。《旅師職》注曰：亦以軍因爲卒長。以是推之，閭胥即爲兩司馬，比長即爲伍長。《夏官》序官疏曰：閭胥以下雖不言，因爲義可知是也。此云將率即指州長、黨正之屬，從其在軍之名而稱之曰將率，正見内政、軍令之可通。楊注未達斯旨。高者不旱，下者不水，寒暑和節而五穀以時孰，是天下之事也。是天下豐穰之事，非由人力也。王念孫曰：天下之事，當作天之事。不旱不水，寒暑和節，此皆出於天而非人之所能爲，故曰是天之事，正對下文是聖君賢相之事而言。今本天下之下，乃涉上文下者而衍。楊曲爲之説，非。若夫兼而覆之，兼而愛之，兼而制之，歲雖凶敗水旱，使百姓無凍餒之患，則是聖君賢相之事也。盧文弨曰：此下宋本提行，今案當連爲一條。墨子之言，昭昭然爲天下憂不足。王念孫曰：昭昭，小也。《中庸》：今夫天，斯昭昭之多。鄭注：昭昭，猶耿耿，小明也。《淮南・繆稱篇》：昭昭乎小哉。言墨子之所見者小也。故下文曰：夫不足，非天下之公患也，特墨子之私憂過計也。夫不足，非天下之公患也。非公共之患也。特墨子之私憂過計也。今是土之生五穀也，人善治之則畝數盆，一歲而再獲之。蓋當時以盆爲量。《考工記》曰：盆實二鬴。《墨子》曰：子墨子弟子仕於衛而反，子曰：何故反？曰：與我言而不當。曰：待汝以千盆，授我五百盆，故去之。獲，讀爲穫。然後瓜桃棗李一本數以盆鼓，一本，一株也。鼓，量也。《禮記》曰：獻米者操量鼓。數以盆鼓，謂數度以盆量之也。言然後者，謂除五穀之外更有此果實。盧文弨曰：注以盆下亦當有鼓字，各本皆脱。然後葷菜百疏以澤量，葷，辛菜也。疏與蔬同。以澤量，言滿澤也，猶谷量牛馬。然後，義與上同。郝懿行曰：葷菜，亦蔬耳，必别言之者，《士相見禮》：夜侍坐，問夜膳葷，請退可也。鄭注：葷，辛物，蔥薤之屬，食之以止卧。《玉藻》：膳於君，有葷桃茢。注云：葷，薑及辛菜也。然則葷菜先於百蔬，固有説矣。然後六畜禽獸一而剸車，剸與專同。言一獸滿一車。黿鼉、魚鱉、鰌鱣以時别，一而成羣，别，謂生育，與母分别也。以時别，謂不夭其生，使得成遂也。一而成羣，言每一類皆得成羣。然後飛鳥鳧雁若烟海，遠望如烟之覆海，皆言多。然後昆蟲萬物生其間，昆蟲，蚳、螘、蜩、范之屬也。除大物之外，其間又有昆蟲萬物。鄭云：昆，明也。得陽而出，得陰而藏之蟲也。盧文弨曰：注螘字誤，疑本是蟓字。可以相食養者不可勝數也。夫天地之生萬物也，固有餘足以食人矣；麻葛、繭絲、鳥獸之羽毛齒革也，固有餘足以衣人矣。先謙案：宋台州本有衣，去聲三字，各本無。夫有餘不足，非天下之公患也，特墨子之私憂過計也。

（清）孫詒讓《墨子閒詁》卷八《非樂上》 農夫蚤出暮入，耕稼樹藝，多聚叔粟，叔，舊本作升。王云：升當爲叔，叔與菽同。大雅生民篇蓺之荏菽，檀弓啜菽飲水，左氏春秋定元年隕霜殺菽，釋文並作叔。管子戒篇出冬蔥與戎叔，莊子列御寇篇食以芻叔，漢書昭帝紀以叔粟當賦，並與菽同。尚賢篇云蚤出莫入，耕稼樹藝，聚菽粟，是其證也。草書叔、升二形相似。晏子諫篇合升㪷之微以滿倉廩，説苑正諫篇升㪷作菽粟。齊策先生王斗，文選任昉齊竟陵文宣王行狀注引作王叔，漢書古今人表作王升。後漢書周章字次叔，叔或作升。文選左思魏都賦注引張升及論，陳琳答東阿王牋注，作張叔及論，昭七年左傳正義作張叔皮論，皆以字形相似而誤。非命篇多聚升粟，誤與此同。此其分事也；婦人夙興夜寐，紡績織紝，多治麻絲葛緒綑布縿，畢云：綑，舊作細。盧云：當爲綑，與捆同。非命下正作捆縿。鄭君注禮記云縑也，縿讀如綃。王云：縿當爲繰，凡書傳中從喿之字，多變而從參，故繰誤爲縿。集韻綑，織也。綑布繰，猶言綑布帛。説文繰帛如紺色，或曰深繒，從糸喿聲，讀若喿。玉篇子老切。廣雅曰繰謂之縑。檀弓布幕衛也，繰幕魯也。鄭注曰：繰，縑也，繰讀如綃。今本檀弓亦訛作縿。又説文縿，旌旗之游也，從糸參聲，玉篇所銜切，兩字判然不同。案：王説是也。前辭過篇作梱布絹，絹即綃之誤。綑、梱、捆，並稛之俗，詳非命下篇。此其分事也。

綜述

《周禮・地官司徒・山虞》 山虞掌山林之政令，物爲之厲而爲之守禁。仲冬斬陽木，仲夏斬陰木。凡服耜，斬季材，以時入之。令萬民時斬材，有期日。凡邦工入山林而掄材，不禁。春秋之斬木，不入禁。凡竊木者，有刑罰。若祭山林，則爲主，而脩除且蹕。若大田獵，則萊山田之野，及弊田，植虞旗于中，致禽而珥焉。

林衡掌巡林麓之禁令，而平其守，以時計林麓而賞罰之。若斬木材，則受灋于山虞，而掌其政令。

川衡掌巡川澤之禁令，而平其守，以時舍其守，犯禁者執而誅罰之。祭祀、賓客，共川奠。

澤虞掌國澤之政令，爲之厲禁，使其地之人守其財物，以時入之于玉府，頒其餘于萬民。凡祭祀、賓客，共澤物之奠。喪紀，共其葦蒲之事。若大田獵，則萊澤野，及弊田，植虞旌以屬禽。

迹人掌邦田之地政，爲之厲禁而守之。凡田獵者受令焉。禁麛卵者與其毒矢射者。

《呂氏春秋・士容論・上農》 三曰：古先聖王之所以導其民者，先務於農。民農非徒爲地利也，貴其志也。民農則樸，樸則易用，易用則邊境安，主位尊。民農則重，重則少私義，少私義則公法立，力專一。民農則其產復，其產復則重徙，重徙則死處而無二慮。舍本而事末則不令，不令則不可以守，不可以戰。民舍本而事末則其產約，其產約則輕遷徙，輕遷徙，則國家有患，皆有遠志，無有居心。民舍本而事末則好智，好智則多詐，多詐則巧法令，以是爲非，以非爲是。

后稷曰：所以務耕織者，以爲本教也。是故天子親率諸侯耕帝籍田，大夫士皆有功業。是故當時之務，農不見於國，以教民尊地產也。后妃率九嬪蠶於郊，桑於公田。是以春秋冬夏皆有麻枲絲繭之功，以力婦教也。是故丈夫不織而衣，婦人不耕而食，男女貿功，以長生，此聖人之制也。故敬時愛日，非老不休，非疾不息，非死不舍。

上田，夫食九人。下田，夫食五人。可以益，不可以損。一人治之，十人食之，六畜皆在其中矣。此大任地之道也。

故當時之務，不興土功，不作師徒，庶人不冠弁、娶妻、嫁女、享祀，不酒醴聚衆，農不上聞，不敢私籍於庸，爲害於時也。然後制野禁，苟非同姓，農不出御，女不外嫁，以安農也。

野禁有五：地未辟易，不操麻，不出糞。齒年未長，不敢爲園囿。量力不足，不敢渠地而耕。農不敢行賈，不敢爲異事，爲害於時也。

然後制四時之禁：山不敢伐材下木，澤人不敢灰僇，繯網罝罦不敢出於門，罛罟不敢入於淵，澤非舟虞，不敢緣名，爲害其時也。

若民不力田，墨乃家畜，國家難治，三疑乃極，是謂背本反則，失毀其國。凡民自七尺以上，屬諸三官。農攻粟，工攻器，賈攻貨。時事不共，是謂大凶。奪之以土功，是謂稽，不絕憂唯，必喪其秕。奪之以水事，是謂籥，喪以繼樂，四鄰來虛。奪之以兵事，是謂厲，禍因胥歲，不舉銍艾。數奪民時，大饑乃來。野有寢耒，或談或歌，旦則有昏，喪粟甚多。皆知其末，莫知其本真。

《呂氏春秋·士容論·任地》　四曰：后稷曰：子能以窐爲突乎？子能藏其惡而揖之以陰乎？子能使吾士靖而甽浴土乎？子能使保溼安地而處乎？子能使雚夷毋淫乎？子能使子之野盡爲泠風乎？子能使槁數節而莖堅乎？子能使穗大而堅、均乎？子能使粟圜而薄糠乎？子能使米多沃而食之彊乎？無之若何？

凡耕之大方：力者欲柔，柔者欲力。息者欲勞，勞者欲息。棘者欲肥，肥者欲棘。急者欲緩，緩者欲急。溼者欲燥，燥者欲溼。

上田棄畝，下田棄甽。五耕五耨，必審以盡。其深殖之度，陰土必得，大草不生，又無螟蜮。今茲美禾，來茲美麥。是以六尺之耜，所以成畝也；其博八寸，所以成甽也；耨柄尺，此其度也；其耨六寸，所以間稼也。地可使肥，又可使棘。人肥必以澤，使苗堅而地隙；人耨必以旱，使地肥而土緩。

草諯大月。冬至後五旬七日，菖始生，菖者百草之先生者也，於是始耕。孟夏之昔，殺三葉而穫大麥。日至，苦菜死而資生，而樹麻與菽，此告民地寶盡死。凡草生藏日中出，狶首生而麥無葉，而從事於蓄藏，此告民究也。五時見生而樹生，見死而穫死。天下時，地生財，不與民謀。

有年瘞土，無年瘞土。無失民時，無使之治下。知貧富利器，皆時至而作，渴時而止。是以老弱之力可盡起，其用日半，其功可使倍。不知事者，時未至而逆之，時既往而慕之，當時而薄之，使其民而郤之。民既郤，乃以良時慕，此從事之下也。操事則苦，不知高下，民乃逾處。種稑禾不爲稑，種重禾不爲重，是以粟少而失功。

《呂氏春秋·士容論·辯土》　五曰：凡耕之道：必始於壚，爲其寡澤而後枯；必厚其靹爲其唯厚而及；䬞者紝之，堅者耕之，澤其韋內而後之；上田則被其處，下田則盡其汙。無與三盜任地：夫四序參發大甽小畝，爲青魚胠，苗若直獵，地竊之也；既種而無行，耕而不長，則苗相竊也；弗除則蕪，除之則虛，則草竊之也。故去此三盜者，而後粟可多也。

所謂今之耕也，營而無獲者：其蚤者先時，晚者不及時，寒暑不節，稼乃多菑，實。其爲畝也，高而危則澤奪，陂則埒，見風則僠，高培則拔，寒則雕，熱則脩，一時而五六死，故不能爲來。不俱生而俱死，虛稼先死，衆盜乃竊。望之似有餘，就之則虛。農夫知其田之易也，不知其稼之疏而不適也；知其田之際也，不知其稼居地之虛也；不除則蕪，除之則虛，此事之傷也。故晦欲廣以平，甽欲小以清；下得陰，上得陽，然後咸生。

稼欲生於塵，而殖於堅者。慎其種，勿使數，亦無使疏。於其施土，無使不足，亦無使有餘。熟有耰也，必務其培。其耰也植，植者其生也必先。其施土也均，均者其生也必堅。是以晦廣以平，則不喪本莖；生於地者，五分之以地。莖生有行，故遬長；弱不相害，故遬大。衡行必得，縱行必術。正其行，通其風，尖心中央，帥爲泠風。苗，其弱也欲孤，其長也欲相與居，其熟也欲相扶。是故三以爲族，乃多粟。

凡禾之患，不俱生而俱死。是以先生者美米，後生者爲秕。是故其耨也，長其兄而去其弟。樹肥無使扶疏，樹墝不欲專生而族居。肥而扶疏則多秕，墝而專居則多死。不知稼者：其耨也去其兄而養其弟，不收其粟而收其秕，上下不安，則禾多死，厚土則孽不通，薄土則蕃轓而不發。壚埴冥色，剛土柔種，免耕殺匿，使農事得。

（明）楊士奇《歷代名臣奏議》卷一一〇《務農》 周宣王即位，不藉千畝。虢文公諫曰：不可。夫民之大事在農，上帝之粢盛於是乎出，民之蕃庶於是乎生，事之共給於是乎在，和協輯睦於是乎興，財用蕃殖於是乎始，敦厖純固於是乎成。是故，稷爲大官。古者大史順時覛土，覛，視也。陽癉憤盈，土氣震發。癉，厚也。憤，積也。農祥晨正。農祥，房星也。晨正，謂立春之日，晨中於午也。農事之候，故曰農祥。日月底于天廟，底，至也。天廟，營室也。孟春之月，日月皆在營室。土乃脉發。脉，理也。《農書》曰：春土冒撅，陳根可拔，耕者急發。先時九日，大史告稷曰：自今至于初吉，陽氣俱烝，土膏其動，弗震弗渝，脉其滿眚，穀乃不殖。渝，變也。眚，炎也。言陽氣俱升，土膏欲動，當即發動，變寫其氣。不然，則脉滿氣結，更爲災病，穀乃不殖。稷以告王曰：史帥陽官以命我司事。史，太史。陽官，春官。司事，主農事之官也。曰：距今九日，土其俱動。王其祇祓，監農不易。祇，齋戒。祓，除也。王乃使司徒咸戒公卿、百吏、庶民。司空除壇于籍，命農大夫咸戒農用。先時五日，瞽告有協風至。瞽，樂大師，知風聲者。協，和也。風氣和，時候至也。王即齊宮，百官御事，各即其齊三日，王乃淳濯饗醴。淳，沃也。濯，溉也。饗，飲也。謂王沐浴飲醴酒。及期鬱人薦鬯，犧人薦醴。犧人，司尊也。王祼鬯饗醴乃行，祼，溉也。灌鬯飲醴，皆所自香潔。百吏庶民畢從。及藉，后稷監之，膳夫農正陳籍禮，大史贊王，王敬從之。王耕一墢。音鉢。一墢，一耜之墢也。王無偶，以一耜耕。班三之，班，次也。三之，下各三其上也。王一發，公三，卿九，大夫二十七。庶人終于千畝。其后稷省功，大史監之；司徒省民，大師監之。畢。宰夫陳饗，膳宰監之。膳夫贊王，王歆大牢，歆，饗也。班嘗之，庶人終食。是日也，瞽帥、音官以省風土。音官，樂官也。風土，以音律省土風也。廩于籍東南，鍾而藏之。廩，御廩，一名神倉。東南，生長之處。鍾，聚也。謂爲廩以藏王所藉田，以奉粢盛。而時布之于農，稷則徧戒百姓紀農協功，曰：陰陽分布，震雷出滯。土不備墾，辟在司寇。乃命其旅曰徇。農師一之，一之，先往也。農正再之，農正，后稷之佐田畯也。故次農師。后稷三之，后稷，農官之君。故次農正。司空四之，司空，主道路溝洫。故次后稷。司徒五之，司徒省民。故次司空。大保六之，大師七之，大保、大師，天子三公。佐王論道。汜監衆官，不特掌事。故次司徒。大史八之，太史，掌達官府之治，次吹大師。宗伯九之，宗伯，卿官，掌相王之大禮。若王不與祭，則設位。故次大史。王則大徇。大徇，帥公卿大夫親行農也。耨穫亦如之。民用莫不震動，恪恭于農，脩其疆畔，日服其鎛，不解于時。財用不乏，民用和同，是時也。王事唯農是務，無有求利於其官以干農功。求利，謂變易役使，干亂農功。三時務農而一時講武，故征則有成，守則有財。若是，乃能媚於神而和於民矣，則享祀時至，而布施優裕也。今天子欲修先王之緒而棄其大功，匱神之祀而困民之財，將何以求福用民？王弗聽。

《周禮注疏》卷二《天官冢宰・大宰》 以九職任萬民：一曰三農，生九穀；二曰園圃，毓草木；三曰虞衡，作山澤之材；四曰藪牧，養蕃鳥獸；五曰百工，飭化八材；六曰商賈，阜通貨賄；七曰嬪婦，化治絲枲；八曰臣妾，聚斂疏材；九曰閒民，無常職，轉移執事。任，猶傳也。鄭司農云：三農，平地、山、澤也。九穀，黍、稷、秫、稻、麻、大小豆、大小麥。八材，珠曰切，象曰瑳，玉曰琢，石曰磨，木曰刻，金曰鏤，革曰剥，羽曰析。閒民，謂無事業者。轉移爲人執事，若今傭賃也。玄謂三農，原、隰及平地。九穀無秫、大麥，而有粱、苽。樹果蓏曰圃，園其樊也。虞衡，掌山澤之官，主山澤之民者。澤無水曰藪。牧，牧田，在遠郊，皆畜牧之地。行曰商，處曰賈。阜，盛也。金玉曰貨，布帛曰賄。嬪，婦人之美稱也。《堯典》曰：釐降二女嬪于虞。臣妾，男女貧賤之稱。晉惠公卜懷公之生，曰：將生一男一女，男爲人臣，女爲人妾。生而名其男曰圉，女曰妾。及懷公質於秦，妾爲宦女焉。疏材，百草根實可食者。疏不熟曰饉。圃，布古反，又音布。毓，古育字。藪，速苟反。牧，牧養之牧。徐，音目。劉，音茂。蕃，扶元反。飭，音敕。賈，音古，下註同。閒，音閑。秫，音述。瑳，七何反。琢，陟角反。鏤，婁豆反。爲人，于僞反。傭，音容。賃，女鴆反。苽，音瓜，彫胡也，字或作菰。蓏，力果反。樊，如字，又方元反。畜，許又反。又許六反。稱，尺證反，下同。釐，力之反。圉，魚呂反，養馬曰圉。質，豬二反。疏不，色居反，菜也。劉音蘇。饉，其靳反。

疏：以九職至執事。釋曰：此九者，皆是民之職業，故云萬民也。一曰三農，生九穀者，言三農，謂農民於原、隰及平地三處營種，故云三農生九穀也。二曰園圃，毓草木者，此圃，即《載師》所云場圃任園地，謂在田畔樹菜蔬果蓏者，故云毓草木也。三曰虞衡，作山澤之材者，謂在山澤之民，所作事業，材木而已。四曰藪牧，養蕃鳥獸者，謂在藪牧之民事業，使之長養蕃滋飛鳥走獸而已。五曰百工，飭化八材者，謂百種巧作之工，所爲事業，變化八材爲器物飭之而已。飭，勤也，勤力以化八材。六曰商賈，阜通貨賄者，謂商賈之家，所爲事業，通貨賄，使之阜盛。七曰嬪婦，化治絲枲者，嬪婦謂國中婦人有德行者。治理變化絲枲，以爲布帛之等也。八曰臣妾，聚斂疏材者，謂男女貧賤號爲臣妾者，所爲事業，聚斂百草根實而已。九曰閒民，無常職，轉移執事者，其人爲性不營己業，爲閒民而好與人傭賃，非止一家，轉移爲人執事，以此爲業者耳。注任猶，至曰饉。釋曰：云任猶傳也者，傳謂立也，使民之業得立。云：鄭司農云三農，平地、山、澤也者，以其積石曰山，水鍾曰澤，不生九穀，故後鄭不從之也。云九穀，黍、稷、秫、稻、麻、大小豆、大小麥者，此九者，後鄭以爲無秫、大麥而有粱、苽。八材云珠曰切之下，並《爾雅》文，皆是治器用之名也。然今《爾雅》云骨曰切者，蓋司農讀《爾雅》本作珠也。云玄謂三農，原、隰及平地者，《爾雅》高平曰原，下溼曰隰，原及平地可種黍、稷之等，隰中可種稻麥及苽也。云九穀無秫、大麥而有粱、苽者，以秫爲赤粟，與稷黏疎爲異，故去之。大麥所用處少，故亦去之。必知有粱苽者。下《食醫》云，凡膳食之宜，有犬宜粱，魚宜苽，故知有粱苽也。且前七穀之中，依《月令》，麥屬東方，黍屬南方，麻屬西方，豆屬北方，稷屬中央，故知有黍、稷、麻、豆、麥。稻與小豆所用處多，故知有稻、有小豆也。必知有大豆者，《生民》詩云藝之戎菽。戎菽，大豆，后稷之所殖，故知有大豆也。云樹果蓏曰圃，園其樊者，案《漢書·食貨志》云：田中不得有樹，用妨五穀，環廬樹桑麻、菜茹、瓜瓠、果蓏。應劭曰：木曰果，草曰蓏。張晏曰：有核曰果，無核曰蓏。臣瓚曰：木上曰果，地上曰蓏。劭與瓚義同，晏獨異也。

案《載師》云場圃任園地，則圃在園中，故鄭云樹果蓏曰圃，園其樊。是以《詩》云折柳樊圃，謂與圃爲樊，樊，其蕃蔽也。云虞衡，掌山澤之官，主山澤之民者。案《地官》，掌山澤者謂之虞，掌川林者謂之衡，則衡不掌山澤。而云虞衡作山澤者，欲互舉以見山澤兼有川林之材也。鄭既云虞衡掌山澤之官，復云山澤之民者，欲見虞衡是官，非出稅之人，以山澤之民無名號，故借虞衡之官以表其民。所任者，任山澤之萬民。山虞、澤虞之官，非是以任出稅之物，但主山澤之民也。云澤無水曰藪者，《地官·澤虞》云大澤、大藪，藪、澤別言。《詩》云叔在藪，火烈具舉。藪若有水，不得田獵，故知澤無水曰藪也。云牧，牧田，在遠郊，知者，見《載師》云：牧田賞田任遠郊之地。云皆畜牧之地者，謂藪牧皆是畜牧之地。案《載師》職鄭註牧田，畜牧者之家所受田也。非畜牧之地。此解違者，但牧六畜之地無文，鄭約與家人所受田處即有六畜之地，故云在遠郊也。云行曰商，處曰賈者，諸官之下有賈人，無行法，故曰處。《易·復象》曰：至日閉關，商旅不行，是行曰商也。云金玉曰貨者，案《食貨志》，王莽居攝，更作金、銀、龜、貝、錢、布之器，名曰寶貨。是自然之物曰貨也。《聘禮》曰賄用束紡，是人所爲曰賄也。若然，《王制》云錦文珠玉，不粥于市，此商賈得通之在市者，彼據珠玉有錦文者，或彼異代禮也。案《左氏》襄十五年，宋人獻玉于子罕，子罕寘諸其里，使玉人爲之攻之，富，而後使復其所。服氏云富，賣玉得富，是其得粥玉也。云嬪，婦人之美稱也者，此是國中婦人有德行，故稱嬪。引《堯典》釐降二女嬪于虞者，欲見嬪是婦人美稱之義耳。云臣妾，男女貧賤之稱者，或奴戮之餘胤，或背德之質子，晉衛之男女皆是，故引晉惠以釋之也。云晉惠已下，皆《左氏傳》僖十七年：夏，晉大子圉爲質于秦，云惠公之在梁，梁伯妻之。梁嬴孕，過期，卜招父與其子卜之。其子曰：將生一男一女。招曰：然，男爲人臣，女爲人妾。及生，男曰圉，女曰妾。註：養馬曰圉，不聘曰妾。後子圉西質，妾爲官女是也。此鄭與文異者，鄭以義增之也。云疏材，百草根實者，百草或取根，謂若蔆芡之屬；或取實，謂若榛栗之屬，皆是根實可食也。云疏不熟曰饉者，《爾雅》云：穀不熟爲饑，疏不熟爲饉，疏穀皆不熟，則曰大荒。

（唐）徐堅《初學記》卷一四《禮部·籍田》〔叙事〕《說文》

曰：籍田者，天子躬耕，使民如借，故謂之籍。《禮記》曰：天子親耕於南郊，諸侯耕於東郊，以供粢盛。《月令》曰：天子三推，三公五推，卿諸侯九推，庶人終畝。

三推　千畝《禮記》曰：孟春之月，天子親載耒耜，躬耕藉田。天子三推，公五推，卿諸侯九推。《國語》曰：宣王即位，不藉千畝。虢文公諫曰：夫人之大事在農，上帝粢盛，於是乎出，人之蕃庶於是乎生，是以土乃脉發。先時九日。太史告稷曰：陽氣俱蒸，土膏其動，即以告王。王即齋宫，百官御事。王耕一撥，班三之。庶人終乎千畝。王弗聽。師敗於姜戎。**千耦、萬轡繆襄**《籍田賦》曰：詔勾芒使掌歷兮，敕羲仲以農期。儀晨祥而舉趾兮，樂田祖以豳詩。嘉載芟之千耦兮，美振古之如兹。徐爰賦曰：隱千軫以風行，闐萬轡而霧轉。白日麗晷乎桑野，大駕税幸乎疆甽。**事天、祈社**《禮記》曰：昔者天子爲藉千畝，冕而朱紘，躬秉耒。諸侯爲藉百畝，冕而青紘，躬秉耒。以事天地、山川、社稷、先古。以爲醴酪粢盛於是乎取之，敬之至也。《毛詩》曰：載芟，春藉田而祈社稷也。載芟載柞，其耕澤澤，千耦其耘，徂隰徂畛。侯主侯伯，侯亞侯旅，侯彊侯以。**教養致敬**《禮記》曰：耕藉，所以教諸侯之養也。《五經要義》曰天子藉田千畝，以供上帝之粢盛。當孟冬啓蟄，既郊之後，身率公卿、大夫而親耕焉。所以先百姓而致孝敬。**載耜秉耒**《禮記》曰：乃擇元辰，天子親載耒耜，置之車右。公卿、諸侯、大夫躬耕藉田。注云：元辰，蓋郊後吉辰也。耒耜，農器也。又曰：昔者天子爲藉田千畝，冕而朱紘。諸侯藉田百畝，冕而青紘。躬秉耒，以事天地山川社稷。

（宋）王應麟《玉海》卷一八三《食貨·府庫·商六府》　《曲禮》：天子之六府曰：司土、司木、司水、司草、司器、司貨，典司六職。注：此殷時制也。周則皆屬司徒。司土，土均也。司木，山虞也。司水，川衡也。司草，稻人也。司器，角人也。司貨卝人也。《大禹謨》：六府：水、火、金、木、土、穀。

紀　事

《史記》卷六八《商君列傳》　以衛鞅爲左庶長，卒定變法之令。〔略〕民有二男以上不分異者，倍其賦。有軍功者，各以率受上爵。爲私鬭者，各以輕重被刑。大小僇力本業，耕織致粟帛多者，復其身；事末利及怠者，舉以爲收孥。

《禮記·月令》　〔季秋之月〕〔略〕是月也，申嚴號令，命百官貴賤無不務內，以會天地之藏，無有宣出。乃命冢宰，農事備收，舉五穀之要，藏帝藉之收於神倉，祗敬必飭。是月也，霜始降，則百工休。乃命有司曰：寒氣總至，民力不堪，其皆入室。上丁，命樂正入學習吹。是月也，大饗帝，嘗，犧牲告備于天子。合諸侯，制百縣，爲來歲受朔日，與諸侯所税於民輕重之法，貢職之數，以遠近土地所宜爲度，以給郊廟之事，無有所私。是月也，天子乃教於田獵，以習五戎，班馬政。命僕及七騶咸駕，載旌、旐，授車以級，整設于屏外，司徒搢扑，北面誓之。天子乃厲飾，執弓挾矢以獵，命主祠祭禽于四方。是月也，草木黄落，乃伐薪爲炭。蟄蟲咸俯在内，皆墐其户。乃趣獄刑，毋留有罪。

《國語》卷一《周語上》　先時五日，瞽告有協風至，王即齋宫，百官御事，各即其齋三日。王乃淳濯饗醴，及期，鬱人薦鬯，犧人薦醴，王裸鬯，饗醴乃行，百吏、庶民畢從。及籍，后稷監之，膳夫、農正陳籍禮，太史贊王，王敬從之。王耕一墢，班三之，庶民終于千畝。其后，稷省功，太史監之；司徒省民，太師監之；畢，宰夫陳饗，膳宰監之。膳夫贊王，王歆大牢，班嘗之，庶人終食。

《國語》卷二《周語中》　周制有之曰：列樹以表道，立鄙食以守路。國有郊牧，疆有寓望，藪有圃草，囿有林池，所以禦災也。其餘無非穀土，民無懸耜，野無奥草。不奪民時，不蔑民功。有優無匱，有逸無罷。國有班事，縣有序民。今陳國道路不可知，田在草間，功成而不收，民罷於逸樂，是棄先王之法制也。

《國語》卷二《周語中》　單子歸，告王曰：陳侯不有大咎，國必亡。王曰：何故？對曰：夫辰角見而雨畢，天根見而水涸，本見而草木節解，駟見而隕霜，火見而清風戒寒。故先王之教曰：雨畢而除道，水涸而成梁，草木節解而備藏，隕霜而冬裘具，清風至而修城郭宫室。故《夏令》曰：九月除道，十月成梁。其時儆曰：收而場功，待而畚梮，營室之中，土功其始。火之初見，期於司里。此先王所以不用財賄，而廣施德於天下者也。今陳國火朝覿矣，而道路若塞，野場若棄，澤不陂障，川無舟梁，是廢先王之教也。

《國語》卷二《周語中》　定王使單襄公聘於宋。遂假道於陳，以聘於楚。火朝覿矣，道茀不可行，候不在疆，司空不視塗，澤不陂，川不梁，野有庾積，場功未畢，道無列樹，墾田若蓺，饍宰不致餼，司里不授館，國無寄寓，縣無施舍，民將築臺於夏氏。及陳，陳靈公與孔寧、儀行父南冠以如夏氏，留賓不見。

秦漢分部

論說

（漢）賈誼《新書》卷三《瑰瑋》　天下有瑰政於此，子民而民愈貧，衣民而民愈寒，使民樂而民愈苦，使民知而民愈不知避縣網，甚可瑰也。建潭本復不知二字，係衍文，去之。又網字，建本訛作綱，今從潭本。下同。今有瑋術於此，奪民而民益富也，不衣民而民益煖，苦民而民益樂，使民愈愚而民愈不罹縣網。陛下無意少聽其數乎？別本而民愈下有知字，下同。又乎作與。夫雕文刻鏤周用之物繁多，纖微苦窳之器日變而起，民弃完堅而務雕鏤、纖巧，以相競高。句。而務，潭本作之物。作之宂一日，今十日不輕能成，用一歲，今半歲而弊。作之費日挾巧，用之易弊。不耕而多食農人之食，是天下之所以困貧而不足也。故以末予民，民大貧；以本予民，民大富。

黼黻文繡纂組害女工。且夫百人作之，不能衣一人。方且萬里不輕能具，萬里字訛。天下之力，勢安得不寒？世以俗侈相耀，人慕其所不如，悚迫於俗，願其所未至，以相競高，而上非有制度也。今雖刑餘、鬻妾、下賤，衣服得過諸侯，擬天子，是使天下公得冒主而夫人務侈也。冒主務侈，則天下寒而衣服不足矣。故以文繡衣民而民愈寒，以褫民，民必煖而有餘布帛之饒矣。別本作以衣帛褫民，衍衣帛二字。潭本無餘字。夫奇巧末技，商販游食之民，刑佚樂而心縣愆，志苟得而行淫侈，則用不足而蓄積少矣。即遇凶旱，必先困窮迫身，則苦飢甚焉。今敺民而歸之農，皆著於本，則天下各食於力，末技游食之民轉而緣南畝，則民安性勸業而無縣愆之心。則民，潭本作朴一。又性，賈子本作生，別本作心。無苟得之志，行恭儉蓄積而人樂其所矣。故曰：苦民而民益樂也。

世淫侈矣，飾知巧以相詐利者爲知士，敢犯法禁昧大姦者爲識理。故邪人務而日起，姦詐繁而不可止，罪人積下衆多而無時已。君臣相冒，上下無辨，此生於無制度也。今去淫侈之俗，行節儉之術，使車輿有度，衣服、器械各有制數。制數已定，故君臣絶尤而上下分明矣。擅退則讓，上僭者誅，建本退作遏，訛。又上僭作上位僭，衍位字。今皆從潭本。故淫侈不得生，知巧詐謀無爲起，姦邪盜賊自爲止，則民離罪遠矣。知巧詐謀不起，建本脱詐字，潭本有。所謂愚，故曰使愚而民愈不罹縣網。此下有：此四者使君臣相冒，上下無別，天下困貧，姦詐盜賊竝起，罪人蓄積無已者也，故不可不急速救也。三十八字，建、潭本、別本皆有之。案：文義不甚相聯，屬舊有，校者刪去此段，今從之。

（漢）賈誼《新書》卷四《無蓄》　禹有十年之蓄，故免九年之水；湯有十年之積，故勝七歲之旱。夫蓄積者，天下之大命也。苟粟多而財有餘，何嚮而不濟？以攻則取，以守則固，以戰則勝，建、潭本無此句，別本從《漢書》有。懷柔附遠，何招而不至？管子曰：倉廩實知禮節，衣食足知榮辱。民非足也而可治之者，自古及今未之嘗聞。古人曰：一夫不耕，或爲之飢；一婦不織，或爲之寒。生之有時，而用之無節，潭本作無度。則物力必屈。古之爲天下者至悉也，《漢書》作至孅至悉也。孅與纖同。故其蓄積足恃。今背本而以末食者甚衆，是天下之大殘也。今背本而以末食者甚衆十字爲句，《漢書》以作趨。顔師古以趨末分句，非也，建本脱之字，也字別本有，潭本無也字。從生之害者甚盛，是天下之大賊也。汰流淫佚侈靡之俗日以長，是天下之大祟也。文多出後人所增竄。《漢書》云淫侈之俗日日以長，是天下之大賊也，無所謂大祟，故下云殘賊公行，正承上二者而言。無意敷衍，何所取哉。殘賊公行，莫之或止；大命泛敗，莫之振救。泛敗《漢書》作將泛。泛，方勇反，覆也。建、潭本俱訛作貶敗。此下又有何計者也，事情安所取九字，係妄竄，今刪去。生之者甚少而靡之者甚衆，天下之勢，何以不危？漢之爲漢，幾四十歲矣，公私之積，猶可哀痛也。故失時不雨，民且狼顧矣；歲惡不入，請賣爵鬻子。既或聞耳矣。安有爲天下阽危若此，而上不驚者？

世之有饑荒，天下之常也，《漢書》作世之有饑穰，天之行也。禹、湯被之矣。即不幸有方二三千里之旱，國何以相恤？卒然邊境有急，數十百萬之衆，國何以餽之矣？衆上，建本有聚字，潭本聚字在衆字下，皆衍文，今刪。兵旱相乘，潭本作承，與《憂民篇》同。天下大屈，勇力者聚徒而橫擊，建、潭本者、聚二字倒，今從別本。罷夫羸老，罷下，建潭本衍一矣字，作上句結，語，非是。今從別本。易子孫而敲其骨，政法未畢通也，遠方之疑者竝舉而爭起矣。畢、建、潭本竝作必。爲人上者，乃試而圖之，豈將有及乎？此下《漢書》云：今敺民而歸之農，皆著於本。使天下各食其力，末技游食之民轉而緣南畮，則蓄積足而人樂其所矣。一段。方見措置之實，今缺之。則下文所謂富安者，語亦無根，此皆妄人故爲異同，以欺不學者耳。可以爲富安天下，而直以爲此廪廪也，竊爲陛下惜之。《漢書》誼疏止此。今此本下又有：《王制》曰：國無九年之蓄，謂之不足，無六年之蓄謂之急，無三年之蓄國非其國也。其《王制》若此之迫也，陛下柰何不使吏計，所以爲此，可以流涕者又是也。五十九字亦係妄人僞造竄入，書中屢見之。漢文帝使博士等作《王制》，誼未必遽引之，或謂《禮記》中之《王制》非即漢博士所作，亦無左證。上云爲陛下惜之，下又云流涕，鄙陋復沓，乃小兒學語而未能者，今皆刪去。

（漢）桓寬《鹽鐵論》卷一《力耕》　大夫曰：王者塞天財，禁關市，執準守時，以輕重御民。豐年歲登，則儲積以備乏絶；凶年惡歲，則行幣物；流有餘而調不足也。昔禹水湯旱，百姓匱乏，或相假以接衣食。禹以歷山之金，湯以莊山之銅，鑄幣以贖其民，而天下稱仁。往者財用不足，戰士或不得禄，而山東被災，齊、趙大饑，賴均輸之畜，倉廩之積，戰士以奉，饑民以賑。故均輸之物，府庫之財，非所以賈萬民而專奉兵師之用，亦所以賑困乏而備水旱之災也。

文學曰：古者，十一而税，澤梁以時入而無禁，黎民咸被南畝而不失其務。故三年耕而餘一年之蓄，九年耕有三年之蓄。此禹、湯所以備水旱而安百姓也。草萊不闢，田疇不治，雖擅山海之財，通百末之利，猶不能贍也。是以古者尚力務本而種樹繁，躬耕趣時而衣食足，雖累凶年而人不病也。故衣食者民之本，稼穡者民之務也。二者修，則國富而民安也。《詩》云：百室盈止，婦子寧止也。

大夫曰：賢聖治家非一寶，富國非一道。昔管仲以權譎霸，而紀氏以強本亡。使治家養生必於農，則舜不甄陶而伊尹不爲庖。故善爲國者，天下之下我高，天下之輕我重。以末易其本，以虚蕩其實。今山澤之財，均輸之藏，所以御輕重而役諸侯也。汝、漢之金，纖微之貢，所以誘外國而釣胡、羌之寶也。夫中國一端之縵，得匈奴累金之物，而損敵國之用。是以贏驢馲駞，銜尾入塞，驒騱騵馬，盡爲我畜，鼲鼦狐貉，采旃文罽，充於內府，而璧玉珊瑚瑠璃，咸爲國之寶。是則外國之物內流，而利不外泄也。異物內流則國用饒，利不外泄則民用給矣。《詩》曰：百室盈止，婦子寧止。

文學曰：古者，商通物而不豫，工致牢而不僞。故君子耕稼田魚，其實一也。商則長詐，工則飾罵，內懷闚闟而心不怍，是以薄夫欺而敦夫薄。昔桀女樂充宮室，文繡衣裳，故伊尹高逝游薄，而女樂終廢其國。今贏驢之用，不中牛馬之功，鼲貂旃罽，不益錦綈之實。美玉珊瑚出於昆山，珠璣犀象出於桂林，此距漢萬有餘里。計耕桑之功，資財之費，是一物而售百倍其價也，一揖而中萬鍾之粟也。夫上好珍怪，則淫服下流，貴遠方之物，則貨財外充。是以王者不珍無用以節其民，不愛奇貨以富其國。故理民之道，在於節用尚本，分土井田而已。

大夫曰：自京師東西南北，歷山川，經郡國，諸殷富大都，無非街衢五通，商賈之所湊，萬物之所殖者。故聖人因天時，智者因地財，上士取諸人，中士勞其形。長沮、桀溺，無百金之積，蹠蹻之徒，無猗頓之富，宛、周、齊、魯，商遍天下。故乃商賈之富，或累萬金，追利乘羨之所致也。富國何必用本農，足民何必井田也？

文學曰：洪水滔天，而有禹之績，河水泛濫，而有宣房之功。商紂暴虐，而有孟津之謀。天下煩擾，而有乘羨之富。夫上古至治，民樸而貴本，安愉而寡求。當此之時，道路罕行，市朝生草。故耕不強者無以充虚，織不強者無以掩形。雖有湊會之要，陶、宛之術，無所施其巧。自古及今，不施而得報，不勞而有功者，未之有也。

（漢）桓寬《鹽鐵論》卷一《通有》　大夫曰：燕之涿、薊，趙之邯鄲，魏之温軹，韓之滎陽，齊之臨淄，楚之宛、陳，鄭之陽翟，三川之二周，富冠海內，皆爲天下名都，非有助之耕其野而田其地者也，居五諸之衝，跨街衢之路也。故物豐者民衍，宅近市者家富。富在術數，不在勞身；利在勢居，不在力耕也。

文學曰：荆、揚南有桂林之饒，內有江、湖之利，左陵陽之金，右蜀、漢之材，伐木而樹榖，燔萊而播粟，火耕而水耨，地廣而饒材；然民鮆窳偷生，好衣甘食，雖白屋草廬，歌謳鼓琴，日給月單，朝歌暮戚。趙、中山帶大河，纂四通神衢，當天下之蹊，商賈錯於路，諸侯交於道；然民淫好末，侈靡而不務本，田疇不脩，男女矜飾，家無斗筲，鳴琴在室。是以楚、趙之民，均貧而寡富。宋、衛、韓、梁，好本稼穡，編户齊民，無不家衍人給。故利在自惜，不在勢居街衢；富以儉力趣時，不在歲司羽鳩也。

大夫曰：五行：東方木，而丹、章有金銅之山；南方火，而交趾有大海之川；西方金，而蜀、隴有名材之林；北方水，而幽都有積沙之地。此天地所以均有無而通萬物也。今吳、越之竹，隋、唐之材，不可勝用，而曹、衛、梁、宋，采棺轉尸；江、湖之魚，萊、黄之鮐，不可勝食，而鄒、魯、周、韓，藜藿蔬食。天地之利無不贍，而山海之貨無不富也；然百姓匱乏，財用不足，多寡不調，而天下財不散也。

文學曰：古者，采椽不斲，茅茨不翦，衣布褐，飯土硎，鑄金爲鉏，埏埴爲器，工不造奇巧，世不寶不可衣食之物，各安其居，樂其俗，甘其食，便其器。是以遠方之物不交，而昆山之玉不至。今世俗壞而競於淫靡，女極纖微，工極技巧，雕素樸而尚珍怪，鑽山石而求金銀，没深淵求珠璣，設機陷求犀象，張網羅求翡翠，求蠻、貉之物以眩中國，徙邛、筰之貨，致之東海，交萬里之財，曠日費功，無益於用。是以褐夫匹婦，勞罷力屈，而衣食不足也。故王者禁溢利，節漏費。溢利禁則反本，漏費節則民用給。是以生無乏資，死無轉尸也。

大夫曰：古者，宫室有度，輿服以庸；采椽茅茨，非先生之制也。君子節奢刺儉，儉則固。昔孫叔敖相楚，妻不衣帛，馬不秣粟。孔子曰：不可，大儉極下。此《蟋蟀》所爲作也。《管子》曰：不飾宫室，則材木不可勝用，不充庖厨，則禽獸不損其壽。無末利，則本業無所出，無黼黻，則女工不施。故工商梓匠，邦國之用，器械之備也。自古有之，非獨於此。弦高販牛於周，五羖賃車入秦，公輸子以規矩，歐冶以鎔鑄。《語》曰：百工居肆，以致其事。農商交易，以利本末。山居澤處，蓬蒿墝埆，財物流通，有以均之。是以多者不獨衍，少者不獨饉。若各居其處，食其食，則是橘柚不鬻，朐鹵之鹽不出，旃罽不市，而吴、唐之材不用也。

文學曰：孟子云：不違農時，穀不可勝食。蠶麻以時，布帛不可勝衣也。斧斤以時，材木不可勝用。田漁以時，魚肉不可勝食。若則飾宫室，增臺榭，梓匠斲巨爲小，以圓爲方，上成雲氣，下成山林，則材木不足用也。男子去本爲末，雕文刻鏤，以象禽獸，窮物究變，則穀不足食也。婦女飾微治細，以成文章，極伎盡巧，則絲布不足衣也。庖宰烹殺胎卵，煎炙齊和，窮極五味，則魚肉不足食也。當今世，非患禽獸不損，材木不勝，患僭侈之無窮也；非患無旃罽橘柚，患無狹廬糠糟也。

《漢書》卷八五《谷永傳》　諸夏舉兵，萌在民饑饉而吏不卹，興於百姓困而賦斂重，發於下怨離而上不知。《易》曰：屯其膏，小貞吉，大貞凶。傳曰：饑而不損茲謂泰，厥災水，厥咎亡。《訞辭》曰：關動牡飛，辟爲無道，臣爲非，厥咎亂臣謀篡。王者遭衰難之世，有饑饉之災，不損用而大自潤，故凶；百姓困貧無以共求，愁悲怨恨，故水；城關守國之固，固將去焉，故牡飛。往年郡國二十一傷於水災，禾黍不入。今年蠶麥咸惡。百川沸騰，江河溢決，大水泛濫郡國十五有餘。比年喪稼，時過無宿麥。百姓失業流散，羣輩守關。大異較炳如彼，水災浩浩，黎庶窮困如此，宜損常税小自潤之時，而有司奏請加賦，甚繆經義，逆於民心，布怨趨禍之道也。牡飛之狀，殆爲此發。古者穀不登虧膳，災婁至損服，凶年不塈塗，明王之制也。《詩》云：凡民有喪，扶服捄之。《論語》曰：百姓不足，君孰予足？臣願陛下勿許加賦之奏，益減大官、導官、中御府、均官、掌畜、廩犧用度，止尚方、織室、京師郡國工服官發輸造作，以助大司農。流恩廣施，振贍困乏，開關梁，内流民，恣所欲之，以救其急。立春，遣使者循行風俗，宣布聖德，存卹孤寡，問民所苦，勞二千石，敕勸耕桑，毋奪農時，以慰綏元元之心，防塞大姦之隙。諸夏之亂，庶幾可息。

《後漢書》卷四九《王符傳》　《浮侈篇》曰：

王者以四海爲家，兆人爲子。一夫不耕，天下受其飢；一婦不織，天下受其寒。今舉俗舍本農，趨商賈，牛馬車輿，填塞道路，游手爲巧，充盈都邑，務本者少，浮食者衆。商邑翼翼，四方是極。今察洛陽，資末業者什於農夫，虚僞游手什於末業。是則一夫耕，百人食之，一婦桑，百人衣之，以一奉百，孰能供之？天下百郡千縣，市邑萬數，類皆如此。本末不足相供，則民安得不飢寒？飢寒並至，則民安能無姦軌？姦軌繁多，則吏安能無嚴酷？嚴酷數加，則下安能無愁怨？愁怨者多，則咎徵並臻。下民無聊，而上天降灾，則國危矣。

夫貧生於富，弱生於彊，亂生於化，危生於安。是故明王之養民，憂之勞之，教之誨之，慎微防萌，以斷其邪。故《易》美節以制度，不傷財，不害民。《七月》之詩，大小教之，終而復始。由此觀之，人固不可恣也。

今人奢衣服，侈飲食，事口舌而習調欺。或以謀姦合任爲業，或以游博持掩爲事。丁夫不扶犂鋤，而懷丸挾彈，攜手上山遨游，或好取土作丸賣之，外不足禦寇盜，內不足禁鼠雀。或作泥車瓦狗諸戲弄之具，以巧詐小兒，此皆無益也。

《詩》刺不績其麻，市也婆娑。又婦人不修中饋，休其蠶織，而起學巫祝，鼓舞事神，以欺誣細民，熒惑百姓妻女。羸弱疾病之家，懷憂憒憒，易爲恐懼。至使奔走便時，去離正宅，崎嶇路側，風寒所傷，姦人所利，盜賊所中。或增禍重祟，至於死亡，而不知巫所欺誤，反恨事神之晚，此妖妄之甚者也。

《後漢書》卷四《王符傳》　《愛日篇》曰：

國之所以爲國者，以有民也。民之所以爲民者，以有穀也。穀之所以豐殖者，以有民功也。功之所以能建者，以日力也。化國之日舒以長，故其民閑暇而力有餘；亂國之日促以短，故其民困務而力不足。舒長者，非謂羲和安行，乃君明民靜而力有餘也。促短者，非謂分度損減，乃上闇下亂，力不足也。孔子稱既庶則富之，既富乃教之。是故禮義生於富足，盜竊起於貧窮；富足生於寬暇，貧窮起於無日。聖人深知力者民之本，國之基也，故務省徭役，使之愛日。是以堯敕羲和，欽若昊天，敬授民時。明帝時，公車以反支日不受章奏，帝聞而怪曰：民廢農桑，遠來詣闕，而復拘以禁忌，豈爲政之意乎！於是遂蠲其制。（令）〔今〕冤民仰希申訴，而令長以神自畜，百姓廢農桑而趨府廷者，相續道路，非朝餔不得通，非意氣不得見。或連日累月，更相瞻視；或轉請鄰里，饋糧應對。歲功既虧，天下豈無受其飢者乎？

綜述

（宋）呂祖謙《歷代制度詳説》卷一二《馬政·制度》　假馬種與民，漢武帝令民得畜邊，縣官假馬，（母）〔每〕三歲而歸及息什一。後車騎馬乏，縣官錢少，買馬難得，乃著令：令封君以下至三百石吏以上，差出牡馬，天下亭亭有畜字馬，歲課息。

紀事

《漢書》卷四《文帝紀》　〔文帝二年〕春正月丁亥詔曰：夫農天下之本也，其開藉田，朕親率耕以給宗廟粢盛。民讁作縣官及貸種未入、入未備者皆赦之。

〔文帝二年九月〕詔曰：農，天下之大本也，民所恃以生也，而民或不務本而事末，故生不遂。朕憂其然，故今茲親率群臣農以勸之。

《漢書》卷四《文帝紀》　〔文帝十二年三月〕詔曰：道民之路，在於務本。朕親率天下農十年于今，而野不加辟，歲一不登，民有飢色，是從事焉尚寡，而吏未加務也。吾詔書數下，歲勸民種樹而功未興，是吏奉吾詔不勤而勸民不明也。且吾農民甚苦而吏莫之省，將何以勸焉？其賜農民今年租税之半。

《漢書》卷五《景帝紀》　〔景帝後元〕三年春正月，詔曰：農，天下之本也。黄金珠玉，饑不可食，寒不可衣，以爲幣用，不識其終始。間歲或不登，意爲末者衆，農民寡也。其令郡國務勸農桑，益種樹，可得衣食物。吏發民若取庸采黄金珠玉者，坐臧爲盜。二千石聽者，與同罪。

《漢書》卷五八《兒寬傳》　寬既治民，勸農業，緩刑罰，理獄訟，卑體下士，務在於得人心；擇用仁厚士，推情與下，不求名聲，吏民大信愛之。寬表奏開六輔渠，定水令以廣溉田。收租税，時裁闊狹，與民相假貸，以故租多不入。後有軍發，左內史以負租課殿，當免。民聞當免，皆恐失之，大家牛車，小家擔負，輸租繦屬不絶，課更以最。上由此愈奇寬。

《漢書》卷八九《循吏傳·龔遂》　〔龔〕遂見齊俗奢侈，好末技，不田作，乃躬率以儉約，勸民務農桑，令口種一樹榆、百本䪥、五十本葱、一畦韭，家二母彘、五雞。民有帶持刀劍者，使賣劍買牛，賣刀買犢，曰：何爲帶牛佩犢！春夏不得不趨田畝，秋冬課收斂，益蓄果實菱芡。勞來循行，郡中皆有畜積，吏民皆富實。獄訟止息。

《前漢紀》卷九《漢景帝後元二年》 四月詔曰雕文刻鏤，傷農事者也。錦繡纂組，害女功者也。農事傷則饑之本，女功害則寒之原。夫饑寒並至，能不爲非者寡矣。朕親耕，后親桑，以奉宗廟粢盛、祭服，以爲天下先。不受獻，減太官，省徭賦，欲天下務農蠶，常有畜積，以備災害。强無凌弱，衆不暴寡，耆老以壽終，孤幼得遂長。今歲或不登，民食頗寡，其咎安在？或詐爲吏以貨賂爲市，盜奪百姓，侵侮萬民。縣丞、長吏縱姦法與盜，甚無謂也。其令二千石，各修其職，不事官職耗亂者，丞相以聞，請其罪，布告天下，使明知朕意。

魏晉南北朝分部

論說

（唐）歐陽詢《藝文類聚》卷六五《產業部・農》　魏王粲《務本論》曰：古者之理國也，以本爲務。八政之於民也，以食爲首。是以黎民時雍，降福孔嘉也。故仰伺星辰，以審其時；俯耕藉田，以率其力；封祀農稷，以神其事；祈穀報年，以寵其功。設農師以監之，置田畯以董之，黍稷茂則喜而受賞，田不墾則怒而加罰。都不得有游民，室不得有懸耜野積踰冬，奪者無罪；埸功過限，竊者不刑，所以競之於閉藏也。先王藉田以力，任力以夫，議其老幼，度其遠近，種有常時，耘有常節，收有常期，此賞罰之本。種不當時，耘不及節，收不應期者，必加其罰。苗實踰等，必加其賞也。農益地辟，則吏受大賞也。農損地狹，則吏受重罰也。夫火之焚人也，甚於怠農，慎火之力也，輕於耘耔。通邑大都，有嚴令則火稀，無嚴令則燒者數，非賞罰不能濟也。

（唐）歐陽詢《藝文類聚》卷六五《產業部・農》　晉陸機《大田議》曰：臣聞隆古之主，不改法而下治。陵夷之世，不易術而民怠。夫商人逸而利厚，農人勞而報薄。導農以利，則耕夫勤，節商以法，則游子歸。

（北齊）劉晝《劉子》卷三《貴農章》　衣食者，民之本也。民者，國之本也。民恃衣食，猶魚之須水，國之恃民，如人之倚足。魚無水則不得而生，人失足必不可以步，國失民亦不可以治。先王知其如此，而給民衣食，故農祥旦正，辰集娵訾。

　農者，耕種之稱，旦正月祥吉也。農吉之月，謂是正月旦也。陽氣憤盈，土木脉發，天子親耕於東郊，用上亥日。后妃躬桑於北郊，用上巳日。

國非無良農也，而主者親耕，世非無蠶妾也，而后妃躬桑，上可以供宗廟，下可以勸兆民。神農之法曰：丈夫丁壯而不耕，天下有受其饑者；婦人當年而不織，天下有受其寒者。故天子親耕，后妃親織，以爲天下先。是以其耕不強者，無以養其生；其織不力者，無以蓋其形。衣食饒足，姦邪不生。安樂無事，天下和平。智者無以施其策，勇者無以行其威。故衣食爲民之本，而工巧爲其末也。是以雕文刻鏤傷於農事，錦繢綦組害於女工。農事傷則饑之本也，女工害則寒之源也，饑寒並至，而欲禁人爲盜，是揚火而欲並炎，撓水而望其靜，不可得也。衣食足知榮辱，倉廩實知禮節。故建國者必務田蠶之實，棄美麗之華。穀以帛爲珍寶，比珠玉於糞土。何者？珠玉止於虛玩，而穀帛有實用也。假使天下瓦礫悉化爲和璞，砂石皆變爲隋珠，如植水旱之歲，瓊粒之年，則璧不可以禦寒，珠未可以充饑也。雖有奪日之鑑，代月之光，歸於無用也。何異畫爲西施，美而不可悅，刻作桃李，似而不可食也。衣之與食，唯生人之所由，其最急者，食爲本也。霜雪巖巖，苫蓋不可以代裘。

　苫，茆也。言無布帛可衣，唯茆衣蒙蒙者。女人之衣曰蒙，今江東亦呼茅，爲蓋也。

　室如懸磬，草木不可以當糧。故先王制國有九年之儲，可以備非、救灾厄也。堯、湯之時，有十年之蓄，及遭九年洪水，七載大旱，不聞饑饉相望，捐棄溝壑者，蓄積多故也。穀之所以不積者，在於游食者多，而農人少故也。夫螟螣秋生而秋死。

　食苗心曰螟，食節曰螣，食根曰蟊，食葉曰賊，此四蟲皆爲人之灾也。

　一時爲灾，如數年乏食。今一人耕而百人食之，其爲螟螣亦以甚矣。是以先王敬授民時，勸課農桑，省游食之人，減徭役之費，則倉廩充實，頌聲作矣。雖有戎馬之興，水旱之沴，國未嘗有憂，民終無害也。

《北史》卷四七《陽固傳》　宣武廣訪得失，固上讜言表曰：當今之務，宜早正東儲，立師傅以保護，立官司以防衛，以係蒼生之心。攬權衡，親宗室，強幹弱枝，以立萬世之計。舉賢良，黜不肖，使野無遺才，朝無素飡。孜孜萬機，躬勤庶政，使人無謗讟之響。省徭役，薄賦斂，修學官，遵舊章，貴農桑，賤工賈，絶談虛窮微之論，簡桑門無用之費，以救飢寒之苦。然後備器械，修甲兵，習水戰，滅吴會，撰封禪之禮，襲軒、唐之軌，豈不茂哉！

綜　述

《晋書》卷二六《食貨志》〔咸寧〕三年，又詔曰：今年霖雨過差，又有蟲災。潁川、襄城自春以來，略不下種，深以爲慮。主者何以爲百姓計，促處當之。杜預上疏曰：

臣輒思惟，今者水災東南特劇，非但五稼不收，居業并損，下田所在停汙，高地皆多磽塉，此即百姓困窮方在來年。雖詔書切告長吏二千石爲之設計，而不廓開大制，定其趣舍之宜，恐徒文具，所益蓋薄。當今秋夏蔬食之時，而百姓已有不贍，前至冬春，野無青草，則必指仰官穀，以爲生命。此乃一方之大事，不可不豫爲思慮者也。

臣愚謂既以水爲困，當恃魚菜螺蚌，而洪波汎濫，貧弱者終不能得。今者宜大壞兖、豫州東界諸陂，隨其所歸而宣導之。交令饑者盡得水産之饒，百姓不出境界之内，旦暮野食，此目下日給之益也。水去之後，填淤之田，畝收數鍾。至春大種五穀，五穀必豐，此又明年益也。

臣前啓，典牧種牛不供耕駕，至於老不穿鼻者無益於用，而徒有吏士穀草之費，歲送任駕者甚少，尚復不調習，宜大出賣，以易穀及爲賞直。詔曰：孳育之物，不宜減散。事遂停寢。問主者，今典虞右典牧種産牛，大小相通，有四萬五千餘頭。苟不益世用，頭數雖多，其費日廣。古者匹馬匹牛，居則以耕，出則以戰，非如猪羊類也。今徒養宜用之牛，終爲無用之費，甚失事宜。東南以水田爲業，人無牛犢。今既壞陂，可分種牛三萬五千頭，以付二州將吏士庶，使及春耕。穀登之後，頭責三百斛。是爲化無用之費，得運水次，成穀七百萬斛，此又數年後之益也。加以百姓降丘宅土，將來公私之饒乃不可計。其所留好種萬頭，可即令右典牧都尉官屬養之。人多畜少，可並佃牧地，明其考課。此又三魏近甸，歲當復入數十萬斛穀，牛又皆當調習，動可駕用，皆今日之可全者也。

預又言：

諸欲修水田者，皆以火耕水耨爲便。非不爾也，然此事施於新田草萊，與百姓居相絶離者耳。往者東南草創人稀，故得火田之利。自頃户口日增，而陂堨歲決，良田變生蒲葦，人居沮澤之際，水陸失宜，放牧絶種，樹木立枯，皆陂之害也。陂多則土薄水淺，潦不下潤。故每有水雨，輒復横流，延及陸田。言者不思其故，因云此土不可陸種。臣計漢之户口，以驗今之陂處，皆陸業也。其或有舊陂舊堨，則堅完修固，非今所謂當爲人害者也。臣前見尚書胡威啓宜壞陂，其言懇至。臣中者又見宋侯相應遵上便宜，求壞泗陂，徙運道。時下都督、度支共處當，各據所見，不從遵言。臣案遵上事，運道東詣壽春，有舊渠，可不由泗陂。泗陂在遵地界，壞地凡萬三千餘頃，傷敗成業。遵縣領應佃二千六百口，可謂至少，而猶患地狹，不足肆力，此皆水之爲害也。當所共恤，而都督、度支方復執異，非所見之難，直以不同害理也。人心所見既不同，利害之情又有異。軍家之與郡縣，士大夫之與百姓，其意莫有同者，此皆偏其利以忘其害者也。此理之所以未盡，而事之所以多患也。

臣又案，豫州界二度支所領佃者，州郡大軍雜士，凡用水田七千五百餘頃耳，計三年之儲，不過二萬餘頃。以常理言之，無爲多積無用之水，況於今者水澇瓫溢，大爲災害。臣以爲與其失當，寧瀉之不滀。宜發明詔，敕刺史二千石，其漢氏舊陂舊堨及山谷私家小陂，皆當修繕以積水。其諸魏氏以來所造立，及諸因雨决溢蒲葦馬腸陂之類，皆决瀝之。長吏二千石躬親勸功，諸食力之人並一時附功令，比及水凍，得粗枯涸，其所修功實之人皆以俾之。其舊陂堨溝渠當有所補塞者，皆尋求微跡，一如漢時故事，豫爲部分列上，須冬東南休兵交代，各留一月以佐之。夫川瀆有常流，地形有定體，漢氏居人衆多，猶以無患，今因其所患而宣寫之，跡古事以明近，大理顯然，可坐論而得。臣不勝愚意，竊謂最是今日之實益也。

朝廷從之。

（元）馬端臨《文獻通考》卷一七《征榷考・榷酤禁酒》　趙石勒以民始復業，資儲未豐，重制禁釀。行之數年，無復釀者。

致堂胡氏曰：用兵以食爲尤急，故禁酒，爲其糜米穀也。而後世當尚武之時，取利於酒，奪民酤而榷之官，比承平時責利加倍；而軍屯所在，又許之置場自釀，争多競勝，謂足以充軍費、省民力，豈古今世變之異歟！不然，何曹操、石勒能行之，而後之君子不能也？

宋文帝時，揚州大水，主簿沈亮建議禁酒。從之。

後魏明帝正光後，國用不足，有司奏斷百官常給之酒，計一歲所省米五萬三千五十四斛九斗，櫱穀五千九百六十斛，麴三十萬五百九十九斤，其四時郊廟、百神郡祀，依式供營，遠蕃客使，不在斷限。

陳文帝時，虞荔以國用不足，奏立榷酤之科。天嘉二年從之。

（清）朱銘盤《南朝宋會要・食貨・牧政》 孝武即位，中軍參軍周朗上書，令宜募天下使養馬一匹者，蠲一人役，三匹者，除一人爲吏，自此以進，階賞有差，邊亭徼驛，一無發動。本《傳》。孝武孝建三年五月辛酉，制荆、徐、兗、豫、雍、青、冀七州統内家有馬一匹者，蠲復一丁。本《紀》。

紀事

《晉書》卷三《武帝紀》 〔泰始〕五年春正月癸巳，申戒郡國計吏守相令長，務盡地利，禁游食商販。

《晉書》卷三《武帝紀》 〔泰始十年十二月〕，置藉田令。

《晉書》卷二六《食貨志》 元帝爲晉王，課督農功，詔二千石長吏以入穀多少爲殿最。其非宿衛要任，皆宜赴農，使軍各自佃作，即以爲廩。

《晉書》卷二六《食貨志》 太興元年，詔曰：徐、揚二州，土宜三麥，可督令熯地，投秋下種，至夏而熟，繼新故之交，於以周濟，所益甚大。昔漢遣輕車使者汜勝之督三輔種麥，而關中遂穰。勿令後晚。其後頻年麥雖有旱蝗，而爲益猶多。

《宋書》卷五《文帝紀》 〔南朝宋文帝元嘉八年〕閏月庚子，詔曰：自頃農桑惰業，游食者衆，荒萊不闢，督課無聞。一時水旱，便有罄匱，苟不深存務本，豐給靡因。郡守賦政方畿，縣宰親民之主，宜思獎訓，導以良規。咸使肆力，地無遺利，耕蠶樹藝，各盡其力。若有力田殊衆，歲竟條名列上。

《宋書》卷五《文帝紀》 〔南朝宋文帝元嘉二十年〕六月，連雨水。丁亥，詔曰：霖雨彌日，水潦爲患，百姓積儉，易致乏匱。二縣官長及營署部司，各隨統檢實，給其柴米，必使周悉。

秋七月丁酉，揚州刺史始興王濬加中軍將軍，南豫州刺史武陵王駿加撫軍將軍。乙巳，詔曰：比年穀稼傷損，淫亢成災，亦由播殖之宜，尚有未盡。南徐、兗、豫及揚州浙江西屬郡，自今悉督種麥，以助闕乏。速運彭城下邳郡見種，委刺史貸給。徐、豫土多稻田，而民間專務陸作，可符二鎮，履行舊陂，相率修立，並課墾闢，使及來年。凡諸州郡，皆令盡勤地利，勸導播殖，蠶桑麻紵，各盡其方，不得但奉行公文而已。

《宋書》卷五《文帝紀》 〔南朝宋文帝元嘉二十年冬十二月〕壬午，詔曰：國以民爲本，民以食爲天。故一夫輟稼，饑者必及。倉廩既實，禮節以興。自頃在所貧罄，家無宿積。賦役暫偏，則人懷愁墊；歲或不稔，而病乏比室。誠由政德弗孚，以臻斯弊；抑亦耕桑未廣，地利多遺。宰守微化導之方，萌庶忘勤分之義。永言弘濟，明發載懷。雖制令亟下，終莫懲勸，而坐望滋殖，庸可致乎？有司其班宣舊條，務盡敦課。游食之徒，咸令附業，考覈勤惰，行其誅賞，觀察能殿，嚴加黜陟。古者躬耕帝籍，敬供粢盛，仰瞻前王，思遵令典。便可量處千畝，考卜元辰。朕當親率百辟，致禮郊甸，庶幾誠素，將被斯民。

《宋書》卷五《文帝紀》 〔南朝宋文帝元嘉〕二十一年春正月己亥，南徐、南豫州、揚州之浙江西，並禁酒。【略】諸逋債在十九年以前，一切原除。去歲失收者，疇量申減。尤弊之處，遣使就郡縣，隨宜賑卹。凡欲附農，而種糧匱乏者，並加給貸。營千畝諸統司役人，賜布各有差。

《宋書》卷五《文帝紀》 〔南朝宋文帝元嘉二十八年二月〕癸酉，詔曰：玁狁孔熾，難及數州，眷言念之，鑒寐興悼。凶羯痍挫，迸跡遠奔，彫傷之民，宜時振理。凡遭寇賊郡縣，令還復居業，封屍掩骼，賑贍饑流。東作方始，務盡勸課。貸給之宜，事從優厚。其流寓江、淮者，並聽即屬，並蠲復稅調。

《宋書》卷五《文帝紀》 〔南朝宋文帝元嘉〕二十九年春正月甲午，詔曰：經寇六州，居業未立，仍值災滂，饑困荐臻。可速符諸鎮，優量救卹。今農事行興，務盡地利。若須田種，隨宜給之。

《宋書》卷六《孝武帝紀》〔南朝宋孝武大明二年三月〕乙卯，以田農要月，太官停殺牛。

《宋書》卷六《孝武帝紀》〔南朝宋孝武大明三年〕冬十月丁酉，詔曰：古者薦鞠青壇，聿祈多慶，分繭玄郊，以供純服。來歲，可使六宮妃嬪修親桑之禮。

《宋書》卷六《孝武帝紀》〔南朝宋孝武帝大明四年春正月〕乙亥，車駕躬耕藉田。存赦天下。尚方徒繫及逋租宿債，大明元年以前，一皆原除。力田之民，隨才叙用。孝悌義順，賜爵一級。孤老貧疾，人穀十斛。藉田職司，優沾普賚。百姓乏糧種，隨宜貸給。吏宣勸有章者，詳加褒進。

《宋書》卷六《孝武帝紀》〔南朝宋孝武帝大明七年〕九月己卯，詔曰：近炎精亢序，苗稼多傷。今二麥未晚，甘澤頻降，可下東境郡，勤課墾殖。尤弊之家，量貸麥種。

《宋書》卷八《明帝紀》〔南朝宋明帝泰始〕三年春正月庚子，以農役將興，太官停宰牛。

《宋書》卷九《後廢帝紀》〔南朝宋後廢帝元徽〕四年春正月己亥，車駕躬耕籍田，大赦天下。賜力田爵一級；貸貧民糧種。

《梁書》卷三《武帝紀》〔普通四年二月〕乙亥，躬耕籍田。詔曰：夫耕籍之義大矣哉！粢盛由之而興，禮節因之以著，古者哲王咸用此作。眷言八政，致茲千畝，公卿百辟，恪恭其儀，九推畢禮，馨香靡替。兼以風雲叶律，氣象光華，屬覽休辰，思加奬勸。可班下遠近，廣闢良疇，公私甽畝，務盡地利。若欲附農而糧種有乏，亦加貸卹，每使優遍。孝悌力田賜爵一級。預耕之司，剋日勞酒。

《梁書》卷五《元帝紀》〔承聖二年〕三月庚午，詔曰：食乃民天，農爲治本，垂之千載，貽諸百王，莫不敬授民時，躬耕帝籍。是以稼穡爲寶，《周頌》嘉其樂章；禾麥不成，魯史書其方册。秦人有農力之科，漢氏開屯田之利。頃歲屯否，多難荐臻，干戈不戢，我則未暇。廣田之令，無聞於郡國；載師之職，有陋於官方。今元惡殄殲，海内方一，其大庇黔首，庶拯横流。一廛曠務，勞心日仄；一夫廢業，舄鹵無遺。國富刑清，家給民足。其力田之身，在所蠲免。外即宣勒，稱朕意焉。

《陳書》卷六《後主紀》〔太建十四年〕三月辛亥，詔曰：躬推爲勸，義顯前經，力農見賞，事昭往誥。斯乃國儲是資，民命攸屬，豐儉隆替，靡不由之。夫入賦自古，輸藁惟舊，沃饒貴于十金，磽确至於三易，腴埆既異，盈縮不同。詐僞日興，簿書歲改。稻田使者，著自西京，不實峻刑，聞諸東漢。老農懼於祗應，俗吏因以侮文。輟耒成羣，游手爲伍，永言妨蠹，良可太息。今陽和在節，膏澤潤下，宜展春耨，以望秋坻。其有新闢塍甽，進墾蒿萊，廣袤勿得度量，征租悉皆停免。私業久廢，咸許占作，公田荒縱，亦隨肆勤。儻良守教耕，淳民載酒，有茲督課，議以賞擢。外可爲格班下，稱朕意焉。

《南齊書》卷四〇《武十七王傳・竟陵王》建元二年，穆妃薨，去官。仍爲征虜將軍、丹陽尹。開私倉賑屬縣貧民。明年，上表曰：京尹雖居都邑，而境壤兼跨，廣袤周輪，幾將千里。縈原抱隰，其處甚多，舊遏古塘，非唯一所。而民貧業廢，地利久蕪。近啓遣五官殷瀰、典籤劉僧瑗到諸縣循履，得丹陽、溧陽、永世等四縣解，并村耆辭列，堪墾之田，合計荒熟有八千五百五十四頃，脩治塘遏，可用十一萬八千餘夫，一春就功，便可成立。上納之。會遷官，事寢。

《南史》卷七《梁紀》〔南朝梁武帝普通二年〕夏四月乙卯，改作南北郊。丙辰，詔曰：平秩東作，義不在南，前代因襲，有乖禮制。可於震方，縣茲千畝。於是徙藉田於東郊外十五里。

隋唐五代分部

論說

（唐）陸贄《陸宣公文集》卷二〇《請依京兆所請折納事狀》　京兆府先奏：當管蟲食豌豆，全然不收，請據數折納大豆。奉敕：宜依。度支續奏稱：據時估豌豆每斗七十價已上，大豆每斗三十價已下，京兆府所請將大豆替豌豆，望令據估計錢數折納，則冀免損官司者。求瘼救災，國之令典，求瘼在知其所患，救災在恤其所無。只如螟蜮爲殃，豌豆全損，檢覆若非虚謬，地税固合免徵。直道而行，大體斯在，府司折納充數，已爲尅下從權；度支準估計錢，乃是幸災窺利。所得無幾，其傷實多，傷風得財，非謂理道。且豌豆爲物，入用甚微，舊例所支，唯充畜料，準數迴給大豆，諸司誰曰不然？計價剩徵，義將安在？理無所據，事不可從，望依前敕處分，未審可否。

（唐）柳宗元《柳宗元集》卷三九《進農書狀農書三卷》　右伏奉某月日敕，宜以二月一日爲中和節，所司進農書，永以爲恒式者。〔韓曰〕貞元五年正月詔：自今宜以二月一日爲中和節，以代正月晦日，備三令節，内外官司休假一日。宰臣李泌請中和節日令百官進農書，司農獻穜稑之種，王公戚里上春服，士庶以刀尺相問遺，村社作中和酒，祭勾芒以祈年穀。從之。臣伏以平秩東作，《虞書》立制；〔孫曰〕《書·堯典》之文。俶載南畝，周《雅》垂文。〔孫曰〕《周頌·良耜》之詩。此皆奉天時以授人，盡地力而豐食。一作於農食。自陛下惟新令節，益勵農功，既立典於可傳，每陳書而作則。耕鑿之利，敷帝力於嘉謨；稼穡之難，動天心於睿覽。勤勞率下，超邁古先。凡在率土，不勝幸甚。前件農書，謹函封進。謹奏。

（唐）元稹《元稹集》卷二八《策·才識兼茂明於體用策一道》　夫古之所謂銷兵革者，非謂幅裂其旗章，鑠鍊其鋒刃而已也。蓋誠信著於上，則忠孝行於下；富壽立於內，則夷狄和於外。夷狄和則邊鄙之兵息，富壽立則争奪之患銷；争奪之患銷，則和順之心作，和順之心作而禮樂之道興矣。此先王修政、戢兵、興禮樂、富黎人之大略也。陛下必欲責臣以詳究之術，臣又請指事明之。夫食力之不充，雖神農設教，天下不能無餒殍之人矣。是以古之不農而食之者四而已：吏有斷察之明則食之，軍有臨敵之勇則食之，工有便人之巧則食之，商有通物之志則食之。是四者，率皆明者、勇者、巧者、智者之事也。百天下之人，無一二焉。苟不能於此者，不農則不得食，不績則不得衣。人之情，衣食迫於中，則作業興於外，是以游食者恒寡，而務本者恒多，豈強之哉？彼易安而此難及也。今之是事則不然。吏理無考課之明，卒伍廢簡稽之實，百貨極淫巧之工，列肆盡并兼之賈。加以依浮圖者，無去華絶俗之真，而有抗役逃刑之竄；假戎服者，無超乘挽強之勇，而有横擊詬吏之驕。是以十天下之人，九爲游食，蠢朴愚謹不能自遷者，而後依於農。此又非他，彼逸而易安，此勞而難處也。是以游墮之户歲增，而耕桑之賦愈重，曩時之十室共輸而猶不給者，今且聚之於一夫矣。雖有慈惠之長、仁隱之吏，尚不能存，若懫斷擊搏之，則將轉移於溝壑矣。今之課吏者，以賦斂無逋負爲上，第以臣觀之，足陛下之賦者，誠所以害陛下之人耳。若此，則農桑之用既如是，游墮之衆又如此。耕桑之賦重，則戀本之心薄；游墮之户衆，則富庶之道乖。此必然之理也。

今陛下誠能明考課之法，減冗食之徒，絶雕蟲不急之工，罷商賈并兼之業，潔浮圖之行，峻簡稽之書，薄農桑之征，興耕戰之術，則游墮之户盡歸，而戀本之心固矣。戀本之心固，則富庶之教興，而貞觀、開元之盛復矣。若此，則既往之失由前，將來之虞由後，在陛下懲之、戒之、慎之、久之而已。至於主父偃乘七國併吞之後，將分裂而矯推恩，管夷吾當諸侯争奪之時，先詐力而行寓令，皆一時之權術也，豈可謂明白四達，若日月而懸於聖朝哉？臣雖賤庸，尚不敢陳王道於帝皇之日，況權術乎？此臣之所以甚羞也，故不及而詳究言之。

臣伏睹聖策，又見陛下以爲執契則羣下用情，躬親則庶官無黨，以漢元尚儒學而衰盛業，謂光武課吏職而昧通方，以臣思之，皆不然也。夫委之於下而用其情，蓋考績之科廢，而清濁之不充濫也。尚儒術而衰盛業，蓋章句之學興，而經緯之文喪也。課吏職而昧通方，蓋苛察之法行，而會計之期速也。臣請條列而言之。

夫神農之斲耒耜教闢耨，所以墾良田而殖嘉穀也，然而不能遏稂莠之滋焉，其所以待之者，芟夷之而已。堯之闢朝廷擇百揆，而所以殖舜禹而種皋陶也，然而不能遏共工驩兜之逆焉，其所以辨之者，放棄殛誅之而已。神農不以稂莠滋而廢耒耜之用，故能存用器之方；唐堯不以四罪進而奪舜禹之任，故能終任賢之道。若此，則陛下之所顧如何耳，豈可謂任之必不可哉？至於考績之科廢，章句之學興，經緯之道衰，會計之期速，皆當今之極弊也。幸陛下反漢元之事，臣請遽數以終之。

（唐）吴兢《貞觀政要》卷八《務農》　貞觀二年，太宗謂侍臣曰：凡事皆須務本，國以人爲本，人以衣食爲本。凡營衣食，以不失時爲本。夫不失時者，夫，音扶。後同。在人君簡静乃可致耳。若兵弋屢動，土木不息，而欲不奪農時，其可得乎？王珪曰：昔秦皇漢武，外則窮極兵戈，内則崇侈宫室，人力既竭，禍難遂興。難，去聲。彼豈不欲安人乎？失所以安人之道也。亡隋之轍，殷鑒不遠，陛下親承其弊，知所以易之。易，如字。然在初則易，以豉切。終之實難。伏願慎終如始，方盡其美。太宗曰：公言是也。夫安人寧國，惟在於君，君無爲則人樂，音洛。君多欲則人苦。朕所以抑情損欲，剋己自勵耳。

（唐）白居易《白居易集》卷六二《策林・辨水旱之災，明存救之術》　問：狂常雨若，僭常暘若。此言政教失道，必感於天也。又堯之水九年，湯之旱七年，此言陰陽定數，不由於人也。若必繫於政，則盈虚之數徒言；如不由於人，則精誠之禱安用？二義相戾，其誰可從？又問：陰陽不測，水旱無常；將欲均歲功於豐凶，救人命於凍餒；凶歉之歲，何方可以足其食？災危之日，何計可以固其心？將備不虞，必有其要。歷代之術，可明徵焉。

臣聞：水旱之災，有小有大。大者由運，小者由人。由人者，由君上之失道，其災可得而移也。由運者，由陰陽之定數，其災不可得而遷也。然則小大本末，臣粗知之。其小者，或兵戈不戢，軍旅有強暴者；或誅罰不中，刑獄有冤濫者；或小人入用，讒佞有得志者；或君子失位，忠良有放棄者；或男女臣妾，有怨曠者；或鰥寡孤獨，有困死者；或賦斂之法無度焉；或土木之功不時焉。於是乎憂傷之氣，憤怨之誠，積以傷和，變而爲沴。古之君人者，逢一災，偶一異，則收視反聽，察其所由。且思乎軍鎮之中，無乃有縱暴者耶？刑獄之中，無乃有冤濫者耶？權寵之中，無乃有不肖者耶？放棄之中，無乃有忠賢者耶？内外臣妾，無乃有幽怨者耶？天下窮人，無乃有困死者耶？賦入之法，無乃有過厚者耶？土木之功，無乃有屢興者耶？若有一於此，則是政令之失，而天地之譴也。又《洪範》曰：狂常雨若，僭常暘若。言不信不乂，亦水旱應之。然則人君苟能改過塞違，率德修政，勵敬天之志，虔罪己之心；則雖踰月之霖，經時之旱，至誠所感，不能爲災。何則？古人或牧一州，或宰一縣，有暴身致雨者，有救火反風者，有飛蝗去境者：郡邑之長，猶能感通；况王者爲萬乘之尊，居兆人之上，悔過可以動天地，遷善可以感神明。天地神明，尚且不違；而况於水旱風雨蟲蝗者乎？此臣所謂由人，可移之災也。其大者，則唐堯九載之水，殷湯七年之旱是也。夫以堯之大聖，湯之至仁，於時德儉人和，刑清兵偃，上無狂僭之政，下無怨嗟之聲；而卒有浩浩滔天之災，炎炎爛石之沴。非君上之失道，蓋陰陽之定數矣。此臣所謂由運，不可遷之災也。然則聖人不能遷災，能禦災也；不能違時，能輔時也。將在乎廩積有常，仁惠有素；備之以儲蓄，雖凶荒而人無菜色；固之以恩信，雖患難而人無離心。儲蓄者，聚於豐年，散於歉歲。恩信者，行於安日，用於危時。夫如是，則雖陰陽之數不可遷，而水旱之災不能害。故曰：人强勝天。蓋是謂矣。斯亦圖之在早，備之在先；所謂思危於安，防勞於逸。若患至而方備，災成而後圖；則雖聖人，不能救矣。抑臣又聞：古者聖王在上，而下不凍餒者，何哉？非家至日見，衣之食之；蓋能均節其衣食之原也。夫天之道無常，故歲有豐必有凶；地之利有限，故物有盈必有縮。聖王知其必然，於是作錢刀布帛之貨，以時交易之，以時斂散之。所以持豐濟凶，用盈補縮。則衣食之費，穀帛之生，調而均之，不啻足矣。蓋管氏之輕重，李悝之平糴，耿壽昌之常平者，可謂不涸之倉，不竭之府也。故豐稔之歲，則貴糴而以利農人；凶歉之年，則賤糶以活餓殍。若水旱作沴，則資爲九年之蓄；若甲兵或動，則餽爲三軍之糧。上以均天時之豐凶，下以權地利之盈縮。則雖九年之水，七年之旱，不能害其人，危其國矣。至若禳禱之術，凶荒之政，歷代之法，臣粗聞之：則有雩天地以牲牢，禜山川以圭璧，祈土龍於玄寺，舞羣巫於靈壇，徙市修城，貶食徹樂，緩刑省禮，務嗇勸分，殺哀多婚，弛力舍禁：此皆從人之望，隨時之宜，勤恤下之心，表恭天之罰。但可以濟小災小弊，未足以救大危大荒。必欲保邦邑於危，安人心於困，則在乎儲蓄充其腹，恩信結其心而已。蓋羲農唐虞禹湯文武，皆由此途而王也。

（唐）白居易《白居易集》卷六三《策林·息游墮勸農桑，議賦稅，復租庸，罷緡錢，用穀帛》　問：一夫不田，天下有受其餒者。一婦不蠶，天下有受其寒者。斯則人之性命繫焉，國之貧富屬焉。方今人多游心，地有遺力；守本業者，浮而不固；逐末作者，蕩而忘歸。夫然，豈懲戒游墮之法，失其道耶？將敦勸農桑之教，不得其本耶？

臣伏見今之人，捨本業，趨末作者；非惡本而愛末，蓋去無利而就有利也。夫人之蚩蚩趨利者甚矣：苟利之所在，雖水火蹈焉，雖白刃冒焉。故農桑苟有利也，雖日禁之，人亦歸矣，而況於勸之乎？游墮苟無利也，雖日勸之，亦不爲矣，而況於禁之乎？當今游墮者逸而利，農桑者勞而傷。所以傷者，由天下錢刀重而穀帛輕也。所以輕者，由賦斂失其本也。夫賦斂之〔失其〕本者，量桑地以出租，計夫家以出庸；租庸者，穀帛而已。今則穀帛之外，又責之以錢。錢者，桑地不生銅，私家不敢鑄；業於農者，何從得之？至乃吏胥追徵，官限迫蹙，則易其所有，以赴公程。當豐歲，則賤糴半價，不足以充緡錢；遇凶年，則息利倍稱，不足以償逋債。豐凶既若此，爲農者何所望焉？是以商賈大族，乘時射利者，日以富豪。田壟罷人望歲勤力者，日以貧困。勞逸既懸，利病相誘；則農夫之心，盡思釋耒而倚市；織婦之手，皆欲投杼而刺文。至使田卒汙萊，室如懸磬；人力罕施，而地利多鬱；天時虛運，而歲功不成。臣常反覆思之，實由穀帛輕而錢刀重也。夫糴甚貴，錢甚輕，則傷人；糴甚賤，錢甚重，則傷農。農傷則生業不專，人傷則財用不足。故王者平均其貴賤，調節其重輕；使百貨通流，四人交利。然後上無乏用，而下亦阜安。方今天下之錢，日以減耗：或積於國府，或滯於私家。若復日月徵求，歲時輸納；臣恐穀帛之價轉賤，農桑之業轉傷：十年已後，其弊或甚於今日矣。非所謂平均調節之道也。今若量夫家之桑地，計穀帛爲租庸，以石斗登降爲差，以匹丈多少爲等：但書估價，並免稅錢。則任土之利載興，易貨之弊自革。弊革，則務本者致力；利興，趨末者迴心。游手於道途市肆者，可易業於西成；託跡於軍籍釋流者，可返躬於東作：欲其游墮，其可得乎？加以陛下念稼穡之艱難則薄斂，而人足食矣。念紡績之勤苦則省用，而人豐財矣。念異貨之敗度則寡欲，而人著誠矣。念奇器之蕩心則正德，而人歸厚矣。其興利除害也如彼，又修己化人也如此：是必應之如響答，順之如風行。斯所謂下令於流水之源，繫人於包桑之本者矣。欲其游墮，其可得乎？

（唐）白居易《白居易集》卷六三《策林·養動植之物以豐財用，以致麟鳳龜龍》　臣聞：天育物有時，地生財有限；而人之欲無極。以有時有限，奉無極之欲，而法制不生其間，則必物暴殄而財乏用矣。先王惡其及此，故川澤有禁，山野有官；養之以時，取之以道。是以豺獺未祭，罝網不布於野澤；鷹隼未擊，矰弋不施於山林；昆蟲未蟄，不以火田；草木未落，不加斤斧；漁不竭澤；畋不合圍。至於麛卵蚳蝝，五穀百果，不中殺者，皆有常禁。夫然，則禽獸魚鼈，不可勝食矣；財貨器用，不可勝用矣。臣又觀之，豈直若此而已哉？蓋古之聖王，使信及豚魚，仁及草木；鳥獸不狘，胎卵可窺，麟鳳効靈，龜龍爲畜者，亦由此途而致也。

（宋）司馬光《資治通鑑》卷二七〇《唐紀·則天后久視元年》　時屠禁尚未解，禁屠見二百五卷長壽元年。鳳閣舍人全節崔融上言，鳳閣，中書。全節縣，屬齊州，漢、晉之東平陵縣地；後魏曰平陵，屬濟南郡。貞觀十七年，齊王祐反，平陵人不從，更名全節。上，時掌翻。以爲割烹犧牲，弋獵禽獸，聖人著之典禮，不可廢闕。又，江南食魚，河西食肉，一日不可無；富者未革，貧者難堪。況貧賤之人，仰屠爲生，日戮一人，終不能絕，但資恐喝，喝，呼葛翻。徒長姦欺。長，知兩翻。爲政者苟順月令，合禮經，自然物遂其生，人得其性矣。戊午，復開屠禁，復，扶又翻，又音如字。祠祭用牲牢如故。

（清）董誥《全唐文》卷二〇六《姚崇·答捕蝗奏》　庸儒執文，不識通變，凡事有違經而合道者，亦有反道而適權者。昔魏時山東有蝗傷稼，緣小忍不除，致使苗稼總盡，人至相食。後秦時有蝗，禾稼及草木俱盡，牛馬相噉毛。今山東蝗蟲，所在流滿，仍極繁息，實所稀聞。河北、河南，無多貯積，儻不收穫，豈免流離？事繫安危，不可膠柱，縱使除之不盡，猶勝養以成災。陛下好生惡殺，此事請不煩出敕，乞容臣出牒處分。若除不得，臣在身官爵，並請削除。

（清）董誥《全唐文》卷二一九《崔融・斷屠議》 議曰：春生秋殺，天之常道；冬狩夏苗，國之大事。豺祭獸，獺祭魚，自然之理也。一乾豆，二賓客，不易之義也。上自天子，下至庶人，莫不揮其鸞刀，烹之鶴鼎，所以充庖廚。故能幽明感通，人祇輯睦，萬王千帝，殊塗同歸。今若禁屠宰，斷弋獵，三驅莫行，一切不許，便恐違聖人之達訓，紊明王之善經，一不可也。且如江南諸州，乃以魚爲命，河西諸國，以肉爲齋，一朝禁止，百姓勞弊，富者未革，貧者難堪，二不可也。加有貧賤之流，刲割爲事，家業倘失，性命不全。雖復日戮一人，終慮未能總絶，但益恐嚇，惟長奸欺。外有斷屠之名，内誠鼓刀者衆，勢利依倚，請託紛紛，三不可也。雖好生惡殺，是君子之小心，一作恩。而考古會今，非國家之大體。但使順月令，奉天經。造次合禮儀，從容中刑典，自然人得其性，物遂其生，何必改革，方爲盡善？伏惟聖主採擇。謹議。

（清）董誥《全唐文》卷三六一《李蒙・耤田賦》 揉爲耒，剡爲耜，取其象也遠矣。農爲本，食爲天，惟其利也大焉。聖人利器致豐，躬親莫重於稼穡；軌物勵俗，敦勸克厚乎率先。於以奉神祇，昭報之誠達；於以祈社稷，孝享之德宣。則躬耕之義也，從古以然。皇帝勤惟國本，欽若人天。所務惟農，順動而取諸豫；所寶惟穀，時行而應乎乾。洎正月之吉日，將有事乎昊天；列千官於近甸，屯萬騎於遐阡。當是時也，其祭不戒而宿設，其工職競以先後。大禮備兮和樂陳，嗇夫馳兮庶人走。帝乃服葱犗，乘御耦，我疆我理，禮正於三推；必躬必親，義存乎千畝。四輔冢宰，六卿近臣，大夫師長之族，都鄙華裔之人。聖有作兮，萬物咸覩。人胥效兮，天下歸淳。且圖匱者於其豐，防儉者於其逸；有備所以無患，克勤是用終吉。三推之禮廢，則倉廩以之虚；肆眚之恩廢，則簡書以之佚。欽哉欽哉！能事斯畢矣！然則農功可大，農扈允臧；以農爲本兮國有常令，以農率下兮人知向方。亦既奉宗廟，亦既備粢嘗，一人垂訓兮萬國昌。罔有迷於日用，于胥頌美兮聲洋洋。

（清）董誥《全唐文》卷三九七《皇甫璟・諫置勸農判官疏》 璟，開元中官陽翟尉，上疏諫置勸農判官，貶盈川尉。

臣聞智者千慮，或有一失，而愚夫千計，亦有一得。且夫無益之事繁，則不急之務重，不急之務重則役數，役數則人疲，人疲則無聊生矣。是以太上務德，以静爲本，其次化之，以安爲上。但責其疆界，嚴其隄防，山水之餘，即爲見地。何必聚人阡陌，親遣檢量，故奪農時，致令受弊。又因出使之輩，未識大體，所由殊不知陛下愛人至深，務以刻剥爲計。州縣懼罪，據牒即徵，逃亡之家，鄰保代出，鄰保不濟，又便更逃。一作輸。急之則都不謀生，緩之則慮法交及。臣恐逃逸從此更深。至如澄流在源，止沸在火，不可不慎。今之具寮，向逾萬數，蠶食府庫，侵害黎民，國絶數載之儲，家無經月之蓄。雖有厚税，亦不可供，户口逃亡，莫不由此。縱使伊皋申術，管晏陳謀，豈息茲弊？若以此給，將何以堪？雖東海南山，盡爲粟帛，亦恐不足，豈量田税客能周給也？

（清）董誥《全唐文》卷四〇一《廉粲・對春不修鑑判》 丁掌冰，不頒於命士，春不修鑑，而輒秋刷。

宗周布政，漢家舊法。藏冰於陸，自古有之；頒冰於朝，方今靡替。倚那厥職，乃丁是掌。西攀咸鎬，寄甘泉之北宫；東邑鞏洛，入邙山之陰洞。履霜知堅，和翠微而一色；積雪偕湅，岌稜層而流寒。當忝司存，合閑主守，苟違命士，得無常刑。若惟陳迹，良亦異聞。且太歲换韶，盛德在木。上從天子，下際羣公。大給千官，備需累命。青熒片片，光研金鏡之空；鉼瓮峩峩，姿凜玉壺之態。蓋將以蕩清暑，辟炎毒。水晶簾内，飛燕嬌歌而對山，虎鬼盤中，省署永吟而陶酒。時或稽緩，人必其憂。況士不頒冰，闕也；春不修鑑，怠也。秋仍輒刷，非也。三者備矣，夫何言哉？眷言伊丁，請用常典。

（清）董誥《全唐文》卷四〇四《楊暕・對學耕判》 得甲於善耕者學耕種養苗狀後期，里父老罰之云告力牛少無以趨事

惟農望歲，勤穡則稔，彼夫失時，不畜何獲？苟無備於器用，實謂惰於作勞，甲之務分，實亦敦本。同我婦子，歸田畯是司。聞於仲尼，善樊遲學稼。祈養苗之狀，將盡地之力，惟先疇克服，何後期有差？雖畢達餘萌，行春已膏乎陰雨；而不穡招刺，有秋胡取夫斯箱。小懲其宜，往訴誰聽？況犢惟不佩，則爾牛足餘；人有耦耕，則我農可理。竟不趨

乎時澤，固難免乎罪戾。

（清）董誥《全唐文》卷六二一《林濤・對惰農判》　甲有田不耕，被罰三夫税粟，以質劑致人。甲告旅師施惠散利，法司科旅師罪。不伏。

敬授區分，經邦所重；畯農懋力，緯俗攸先。行夏正於東郊，黎元不惑；歌《豳風》於南畝，田畯知勤。逖覽藏書，率由茲典。乙逢昌歷，甲預堯封。玉燭時和，無聞於勸勵；金刀產匱，罕見於籌謀。異楚客之逃名，耕耘不嗣；匪梁嚴之徇節，蕪蔾何施。行有察於農功，遽見徵於屋粟。質劑爰致，投告旅師。施捨未忘，貽刑司敗。采周年之故事，頗叶常規；求聖日之明科，稍乖通典。但以薄言未息，被罰猶嫌，簡乎五辭，詳明八辟，待窮根柢，方寘彝條。

（清）董誥《全唐文》卷六五一《元稹・田中種樹判》　乙於田中種樹，鄰長責其妨五穀，乙乃不伏。

百草麗地，在物雖佳，五稼用天，於人尤急。乙姑勤樹事，頗害農收，列植有昧於環廬，播穡遂妨於終畝。雖椅桐梓漆，或備梓人之材；而黍稷稻粱，宜先后稷之穡。苟虧冒隴，焉用成蹊？縱有念於息陰，豈可侔於望歲。植之場圃，合奉周官，置在田疇，殊乖漢制。既難償責，無或順非。

（清）董誥《全唐文》卷八四八《王澄・請禁不務農桑奏》　陛下御極以來，大稔於此。時無水旱，歲有豐登。所以民去農桑，士思游惰。或機巧以趨利，或宴樂以棄時。且一夫不耕，或受其饑。一婦不織，或受其寒者。而況鄉閭之内，城郭之中，競削錐刀，罔知本末。或鼓舞於村落，或謳歌於市廛，實繁有徒，觸類而長。若非禁止，漸恐滋彰。

（清）董誥《全唐文》卷八五五《梁文贊・請罰惰民奏》　臣竊見諸道州府力及人户，廣置田園，不勤耕稼，惟爲無利，以事末游。臣慮因循，以成漸染。請量爲條教，以塞源流。臣請在官處官吏，搜求此色户民，令出代耕錢納官，以督農務。

（清）董誥《全唐文》卷八五八《李知損・請禁宰耕牛戰馬疏》　臣近自作補闕，擢闕員外，守刑法之司，非諫諍之任。雖越職干議，典制固所不容，而爲臣事君，聞見宜其無隱。臣晚於相國寺内，忽覩聚衆殺病瘦馬，或説奉旨宣賜。臣愚昧所見，竊有感傷。大凡天下耕牛，不可宰殺。有所犯者，罪在無赦。國家切有禁防，蓋以力耕爲用。今之瘦馬，抑有前勞，是皆久歷戰征，備經辛苦，以致筋齒疎尨，飲齕細微，振奮莫能，癈損及此。當於佛寺被衆軍人以布巾蒙其頭，大钁鎚其胸，及刳剥之際，爲觀者所傷。方今時未銷兵，軍非厭馬。木曜方臨於鄭分，鑾輿暫幸於梁園。誠能迴賜與之恩，亦憫傷之旨。矧復京師之内，不同營寨之中。況軍人米糧，無所乏缺。病馬肌肉，不濟烹炮。伏望明敕所司，應有病散令宣賜要者任便餵養，顯示不殺之恩。念羸牛之力耕，猶存令式。恤老馬之苦戰，願立新規。臣謬列清朝，無裨聖運。苟有所見，合具上聞。

（清）董誥《全唐文》卷八六三《陶穀・請禁伐桑棗奏》　竊以稼穡爲生民之天，機杼乃豐財之本。是以金根在御，王者用三推之儀。鞠衣載陳，后妃有躬桑之禮。則知自天子至於庶人，不可斯須忽於農桑也。又司馬遷著書曰：齊魯之間千畝桑，安邑千樹棗，其人與千户侯等。伏見近年以來，所在百姓，皆伐桑爲柴。忘終歲之遠圖，趨一日之小利。既所司不禁，乃積習生常。苟桑柘漸稀，則繒帛須闕，三數年内國用必虧。雖設法課人種桑，且無及也。舊木已伐，新木未成，不知絲緜，欲憑何出？若以下民方困，不可禁之。儻砍伐一空，所在如是。歲或不稔，衣食盡忘。饑凍逼身，須爲羣盜。圖難於易，哲王令猷。作事謀始，有國常務。乞留睿覽，詢訪輔臣。欲望特下明敕，此後不得以桑棗爲柴。官場亦不許受納，州縣城門不令放入，及不得囊私置賣，犯者請加重罪。

（清）董誥《全唐文》卷九五九《叔孫佰・對棄農判》　乙，農家子，棄業從戎，縣令捕而科之。詞云：徵税繁，重餒在其中。苟圖庇身，非棄本也。

三農飭力，九穀是資，田祖報以斯箱，蒸民由其粒食。乙輟耕壠上，擐甲戎行，棄帶經肆力之勤，務投筆徇身之計。遂使經行靡望，委壹笠於中田；尺籍移名，閉蓬門於故里。父耕子播，亦足庇身；君義臣行，如何棄本？而乃昧洪範之先食，決逐嫖姚；黜素王之去兵，輕逃力穡。徒託詞於凍餒，終難逭於刑憲。且縣尹之職，鄉户是司，觀惠化於字人，定否臧於襁負。必也税符大桀，詠減易堯，坐琴堂以素餐，帶墨綬而尸禄。自宜褫服，寧止免冠，待窮兩造之詞，聊舉一隅之説。

（清）董誥《全唐文》卷九六八《闕名・請禁屠牛奏大中二年二月刑部》　牛者，稼穡之資，邦家所重，雖加條約，多有違犯。今後請委州府縣令並録事參軍嚴加捉搦。如有牛主自殺及盜竊殺者，即請准乾元元年二月五日敕，先決六十，然後准法科罪。其本界官吏，嚴加止絶。

（清）董誥《全唐文》卷九七一《闕名・議覆收買京城坊户菜園條例奏長興二年六月河南府》　准敕：京城坊市人户菜園，許人收買。竊慮本主占佃年多，以鬻蔬爲業，固多貧窶，豈辦蓋造？恐資有力，轉傷貧民。

（清）董誥《全唐文》卷九七六《闕名・對仲夏百姓弋獵判》　得鄭州刺史廉範，以仲夏月令百姓弋獵。觀察使糾其違令。云爲苗除害。

網罟之設，有自來矣！犄角之用，其可廢乎？苟利人阜俗，亦違令何咎。廉範榮參建隼，職列褰帷，將布政以頒條，故違經而合道。當仲夏之月，畋以爲苗；居專城之尊，德惟除害。不麛不卵，合取則於《禮經》。以畋以漁，蓋規承於《易象》。且獸之暴物，人何以堪？俾肅肅《兔罝》不忘於詩義，芒芒禹跡，克疆我甫田。雖黎庶勞四體之勤，而畎畝取十千之歲，則原田膴膴，不逢走險之游；稼穡芃芃，豈雜食苹之地？刺史爲政，諒在隨時。觀察所繩，奚將勸善。寘之於理，恐未通途。

（清）董誥《全唐文》卷九七六《闕名・對出畋毀耕者之瓶判》　丁畋於渭表，毀耕者之瓶。訴丁及父爲厲事。

眷彼獵徒，情多禽獸之獲；語茲農者，心惟稼穡之勤。鳴鏑彎弧，適騁麗龜之妙；晨耕夕耒，殊異非熊之師。坐毀重邱之瓶，行取閉門之訴。苟敗其器，宜徵陪償之資；言詈彼尊，有虧耆耋之敬。野人不敏，於義何誅？

（清）董誥《全唐文》卷九七七《闕名・對捕獸判》　設穽獲取獸，而誤陷人。有司按罪。不伏。

山有猛獸，林木不伐。擇肉而食，已假喻於秦君；在物爲患，實有同於周處。所以冥氏張弧，設其穽獲。冀疑蹊在足，李陵無憂於垂餌；檻穽搖尾，張衡絶言於搏翼。人之誤陷，罪亦何加？且啓塞從時，古今明準。若鷹隼未擊，設者誠則匪彝；如鴻鴈已飛，陷入豈可有訟？兩端斯按，一言可蔽。

（清）董誥《全唐文》卷九八三《闕名・對斷屠判》　京兆府申奏敕斷屠，百姓造罪不止，未知合不？聖上德合乾坤，情深惻隱，將廣厚生之道，爰崇去殺之文，受緩禮於前經，懲噬乾於成象。三酈鼓刃，有禁班行；百姓造罪，無令止息。京兆以人多結網，即謂臨河，以皇上之仁深，見寰中之信及論設網之子，即云盡欲求魚；得鑄劍之夫，何必皆緣斷馬？事煩言上，夫復奚疑。

綜述

（唐）長孫無忌等《唐律疏議》卷一三《户婚・不言及妄言部内旱澇霜雹》　諸部内有旱澇霜雹蟲蝗爲害之處，主司應言而不言及妄言者，杖七十。覆檢不以實者，與同罪。若致枉有所徵免，贓重者，坐贓論。

疏議曰：旱謂亢陽，澇謂霖霪，霜謂非時降實，雹謂損物爲災，蟲蝗謂螟螽蝥賊之類。依令：十分損四以上，免租；損六，免租、調；損七以上，課、役俱免。若桑、麻損盡者，各免調。其應損免者，皆主司合言。主司，謂里正以上。里正須言於縣，縣申州，州申省，多者奏聞。其應言不言及妄言者，所由主司杖七十。其有充使覆檢不以實者，與同罪，亦合杖七十。若不實言上，妄有增減，致枉有所徵免者，謂應損而徵，不應損而免，計所枉徵免，贓罪重於杖七十者，坐贓論，罪止徒三年。既是以贓致罪，皆合累倍而斷。

問曰：有應得損免，不與損免，以枉徵之物，或將入己，或用入官，各合何罪？答曰：應得損、免而妄徵，亦準上條妄脱漏增減之罪：入官者，坐贓論；入私者，以枉法論，至死者加役流。

（唐）長孫無忌等《唐律疏議》卷一五《廄庫・牧畜産死失及課不充》　諸牧畜産，準所除外，死、失及課不充者一，牧長及牧子笞三十，三加一等；過杖一百，十加一等，罪止徒三年。羊減三等。餘條羊準此。

疏議曰：《廄牧令》：諸牧雜畜死耗者，每年率一百頭論，駝除七頭，騾除六頭，馬、牛、驢、羖羊除十，白羊除十五。從外蕃新來者，馬、牛、驢、羖羊皆聽除二十，第二年除十五；駝除十四，第二年除十；騾除十二，第二年除九，白羊除二十五，第二年除二十；第三年皆與舊同。準率百頭以下除數，此是年别所除之數，不合更有死、失。及課不充者，應課者，準令：牝馬一百疋，牝牛、驢各一百頭，每年課駒、犢各六十，騾駒減半。馬從外蕃新來者，課駒四十，第二年五十，第三年同舊課。牝駞一百頭，三年内課駒七十；白羊一百口，每年課羔七十口；羖羊一百口，課羔八十口。準此欠數者，爲課不充。除外死、失及課不充者一，牧長及牧子笞三十，三加一等，即是欠二十二，合杖一百；過杖一百，十加一等，計欠七十二，罪止徒三年。羊減三等，欠三以下未有罪，欠四笞十，三口加一等，罪止徒一年半。注云：餘條羊準此。餘條謂養飼不如法之類，但餘條論畜罪名無羊者，並減馬三等，故云準此。

新任不滿一年，而有死、失者，總計一年之内月别應除多少，準折爲罪；若課不充，游牝之時當其檢校者，準數爲罪，不當者不坐。游牝之而致損落者，坐後人。

疏議曰：新任不滿一年，謂任牧尉、牧長、牧子未滿期年，而有死、失。總計一年之内月别應除多少，準折爲罪，謂若騾新從外蕃來，當年聽除十二，即是月别得除一頭。新任三月，除三頭；五月，除五頭。餘畜，一年準當色，應除數準新任，月别折除分數亦準此。若除外死、失，皆準上文得罪。若課不充，游牝之時當其檢校者，準數爲罪，準令：牧馬、駞、牛、驢、羊，牝牡常同羣。其牝馬、驢每年三月游牝，應收飼者，至冬收飼。不當游牝之時，課雖不充，依律不坐。注云游牝之後而致損落者，坐後人，謂雖不當游牝之時檢校，於後損落，仍得其罪。

繫飼死者，各加一等；失者，又加二等。牧尉及監各隨所管牧多少，通計爲罪，仍以長官爲首，佐職爲從。餘官有管牧者，亦準此。

疏議曰：繫飼死者加一等罪，謂應牧繫養之者，收飼理不合死，故加罪一等。雜畜一死笞四十，罪止流二千里。失者，又加二等，以其繫飼不合失落，故加二等。稱又者，明累加，即失一杖六十，罪止流三千里。繫飼羊，亦各減三等。牧尉及監各隨所管牧尉、長，通計爲罪。依令：牧馬、牛，皆百二十爲羣；駞、騾、驢，各以七十頭爲羣；羊，六百二十口爲羣。羣别置牧長一人。率十五長，置尉一人。其監，即不限尉多少。通計之義，已從《户婚》解訖。仍以長官爲首，佐職爲從者，爲羣牧事重，委在長官。死、失及課不充，以監爲首，副監及丞、簿爲從。條言佐職爲從，明主典無罪。注云餘官有管牧者，亦準此，其牧有置監管者，亦有隸州、縣官管者，故云餘官有管牧者，亦準此。

（唐）長孫無忌等《唐律疏議》卷一五《厩庫・驗畜產不實》 諸驗畜產不以實者，一笞四十，三加一等，罪止杖一百。若以故價有增減，贓重者，計所增減，坐贓論；入己者，以盜論。

疏議曰：依《厩牧令》：府内官馬及傳送馬驢，每年皆刺史、折衝、果毅等檢揀。其有老病不堪乘用者，府内官馬更對州官揀定，京兆府管内尚書省揀，隨便貨賣。撿揀者，並須以實，不以實者，一笞四十，三加一等，罪止杖一百。若以撿揀不實之故，令價有增減者，計增減之贓重，坐贓論，謂驗一不實，增三疋一尺及減三疋一尺，各笞五十；每一疋加一等，十疋徒一年，十疋加一等。若因此增減之贓，將入己者，計贓以盜論，仍徵倍贓；監主加二等，一疋以上除名。其中有增減不平之贓，有入己、不入己者，若一處犯，便是一事分爲二罪，罪法不等，即以重法併滿輕法，須將以盜之贓累於坐贓之上科之，其應除、免、倍贓，各盡本法。若驗羊不實，減三等；其增減贓、坐贓及以盜論者，並各依本條，不在羊減三等之例。

（唐）長孫無忌等《唐律疏議》卷一五《厩庫・受官羸病畜產養療不如法》 諸受官羸病畜產，養療不如法，笞三十；以故致死者，一笞四十，三加一等，罪止杖一百。

疏議曰：依《厩牧令》：官畜在道，有羸病不堪前進者，留付隨近州縣養飼療救，粟草及藥官給。而所在官司受之，須養療依法，有不如法者，笞三十。以故致死者，謂養療不如法而致死者，一笞四十，三加一等，罪止杖一百。

（唐）長孫無忌等《唐律疏議》卷一五《厩庫・乘官畜車私馱載》

諸應乘官馬、牛、駞、騾、驢，私馱物不得過十斤，違者，一斤笞十，十斤加一等，罪止杖八十。

疏議曰：應乘官馬、牛、駞、騾、驢者，謂因公得乘傳遞，或是軍行。但因公事而得乘官畜者，私馱物不得過十斤。十斤之外更著者，一斤笞十，十斤加一等，罪止杖八十。

其乘車者，不得過三十斤，違者，五斤笞十，二十斤加一等，罪止徒一年。即從軍征討者，各加二等。

疏議曰：應乘官車，或載官私之物，載限之外，私物不得過三十斤。違者，五斤笞十，二十斤加一等，罪止徒一年。從軍征討者，各加二等，馬、牛以下，車以上，各加常犯二等：馬、牛、駞、驢，七十一斤罪止杖一百；車，二百五斤罪止徒二年。

若數人共馱載者，各從其限爲坐。監當主司知而聽者，併計所知，同私馱載法。

疏議曰：若數人共馱載者，謂乘官畜及車。應得私載物限外，謂畜過十斤，車過三十斤。假有十人，同乘官畜，馱私物各十斤，其中五人數外各過一斤，依律各笞十；三人各過十一斤，各笞二十；二人各過八兩，律云過一斤笞十，今數不滿一斤，依律各無罪。又有十人同車，載私物各三十斤，其中五人數外各過五斤，依律各笞十；三人各過二十五斤，各笞二十；二人各過二斤八兩，依律數不滿，各無罪。其監當主司知情者，併計前畜，總過三十九斤，同私馱法科，合笞四十；車總過一百五斤，同私載法，合杖六十之類。若從軍征討，亦依前各加二等。其有他人寄物，各計一斤以上爲罪，皆同私馱、載法。主當車馬及寄物之人，得罪各等，亦無首從。監當官司知情，準上解。若隨身衣仗應將行者，各在私物斤數之外，不在計限。

（唐）長孫無忌等《唐律疏議》卷一五《廄庫・大祀犧牲養飼不如法》　諸供大祀犧牲，養飼不如法，致有瘦損者，一杖六十，一加一等，罪止杖一百；以故致死者，加一等。

疏議曰：供大祀，犧牲用犢；人帝配之，即加羊豕。其養牲，大祀在滌九旬，中祀三旬，小祀一旬，養飼令肥，不得捶扑，違者，是不如法。致有瘦損者，一杖六十，一加一等，五不如法，罪止杖一百。以故致死者，加罪一等：一死杖七十，五死徒一年。其羊豕雖供人帝，爲配大祀，故得罪與牛皆同。《職制律》：中、小祀遞減二等，餘條中、小祀準此。即中祀養牲不如法，各減大祀二等；小祀不如法，又減中祀二等。

（唐）長孫無忌等《唐律疏議》卷一五《廄庫・乘官畜脊破領穿》

諸乘駕官畜產，而脊破領穿，瘡三寸，笞二十；五寸以上，笞五十。謂圍繞爲寸者。

疏議曰：乘駕官畜，產謂牛、馬、駞、騾、驢。乘騎者脊破，駕用者領穿，瘡三寸，笞二十；五寸以上，笞五十。稱以上者，瘡雖更大，罪亦不加。若是別傷，非乘駕所損，自從傷官畜產之罪，不當此坐。注云謂圍繞爲寸者，便是瘡圍三寸，徑一寸；圍五寸一分，徑一寸七分。雖或方圓，準此爲法，但廉隅不定，皆以圍繞爲寸。

若放飼瘦者，計十分爲坐，一分笞二十，一分加一等；即不滿十者，一笞三十，一加一等。各罪止杖一百。

疏議曰：若將官畜放飼，謂牧監之官及牧子以上令瘦者，計十分爲坐。假令一羣百疋馬，十疋瘦爲一分，合笞二十；一分加一等，九分並瘦，或百疋皆瘦，合杖一百。即不滿十者，一笞三十，一加一等，謂止放八疋，一瘦笞三十；八疋並瘦，更加七等，合杖一百。故云各罪止杖一百。監及牧尉，皆以所管通計爲罪。餘雜畜準數得罪皆準此，羊準例減三等。

（唐）長孫無忌等《唐律疏議》卷一五《廄庫・官馬不調習》　諸官馬乘用不調習者，一疋笞二十，五疋加一等，罪止杖一百。

疏議曰：依《太僕式》：在牧馬，二歲即令調習。每一尉配調習馬人十人，分爲五番上下，每年三月一日上，四月三十日下。又令云：殿中省尚乘，每配習馭調馬，東宮配翼馭調馬，其檢行牧馬之官，聽乘官馬，即令調習。故官馬乘用不調習者，一疋笞二十，五疋加一等，即是四十一疋，罪止杖一百。上臺、東宮供御馬不調習，得罪重於此條，即從《職制律》車馬不調習本條科罪。

（唐）長孫無忌等《唐律疏議》卷一五《廄庫・故殺官私馬牛》　諸故殺官私馬牛者，徒一年半。贓重及殺餘畜產，若傷者，計減價，準盜論，各償所減價；價不減者，笞三十。見血踠跌即爲傷。若傷重五日內致死者，從殺罪。

疏議曰：官私馬牛，爲用處重：牛爲耕稼之本，馬即致遠供軍，故殺者徒一年半。贓重，謂計贓得罪，重於一年半徒。假有殺馬，直十五疋絹，準盜合徒二年，此名贓重。及殺餘畜產，除馬牛之外，並爲餘畜。若傷，謂雖不死，而有損傷。自馬牛及餘畜，各計所減價，準盜論。減價，謂畜產直絹十疋，殺訖，唯直絹兩疋，即減八疋價；或傷止直九疋，是減一疋價。殺減八疋償八疋，傷減一疋償一疋之類，其罪各準盜八疋及一疋而斷。價不減者，謂元直絹十疋，雖有殺傷，評價不減，仍直十疋，止得笞三十罪，無所陪償。注云見血跛跌即爲傷，見血，不限傷處多少，但見血即坐；跛跌，謂雖不見血，骨節差跌亦即爲傷。若傷重，謂所傷處重，五日內致死者，亦從殺罪及償減價。

其誤殺傷者，不坐，但償其減價。主自殺馬牛者，徒一年。

疏議曰：誤殺傷者，謂目所不見，心所不意，或非繫放畜産之所而誤傷殺，或欲殺猛獸而殺傷畜産者，不坐，但償其減價。減價同上解。主自殺馬牛，徒一年；誤殺者，不坐。

（唐）長孫無忌等《唐律疏議》卷一五《廄庫・官私畜毀食官私物》

諸官私畜産，毀食官私之物，登時殺傷者，各減故殺傷三等，償所減價；畜主備所毀。臨時專制亦爲主。餘條準此。

疏議曰：畜産不限官私。或毀食官私之物者，毀謂有所唐突，或觝蹹之類。因其毀食，物主登時即殺傷者，各減前條故殺傷罪三等，若殺馬牛，杖九十；其傷馬牛及殺傷餘畜産，各計所減價，計贓準盜論減三等。如所殺馬牛準所減價，當絹十五疋者，徒二年上減三等，合杖一百，如此計贓得罪重，即從重論。仍各償所減價，畜主備所毀。假有一牛，直上絹五疋，毀食人物，平直上絹兩疋，其物主登時傷殺此牛，出賣直絹三疋，計減二疋，牛主償所損食絹二疋，物主酬所減牛價絹亦二疋之類。注云臨時專制亦爲主，假如甲有馬牛，借乙乘用，有所毀食，即乙合當罪，仍令備償。餘條準此，謂下條犬殺傷他人畜産及畜産觝齧人而應標幟羈絆之類，雖非正主，皆罪在專制之人。

其畜産欲觝齧人而殺傷者，不坐、不償。亦謂登時殺傷者。即絕時，皆爲故殺傷。

疏議曰：其畜産有觝齧人者，若其欲來觝齧人，當即殺傷，不坐、不償。故注云亦謂登時殺傷者。其事絕之後，然始殺傷者，皆依故殺傷之法，仍償減價。畜主亦依法得罪。

（唐）長孫無忌等《唐律疏議》卷一五《廄庫・殺緦麻親馬牛》 諸殺緦麻以上親馬牛者，與主自殺同；殺餘畜者，坐贓論，罪止杖一百。各償其減價。

疏議曰：緦麻以上，謂內外有服者。相殺馬牛，得罪與主自殺同，合徒一年。殺餘畜者，準減價坐贓論，罪止杖一百。準此律文，緦麻以上作傷畜産者，不合得罪；若因傷重，五日內致死，依上條亦同殺法，並償所減價。

問曰：誤殺及故傷緦麻以上親畜産，律無罪名，未知合償減價以否？

答曰：律云：殺緦麻以上親馬牛者，與主自殺同。主傷馬牛及以誤殺，律條無罪；諸親與主同，明各不坐。不坐，即無備償，準例可知，況律條無文，即非償限。牛馬猶故不償，餘畜不償可知。

（唐）長孫無忌等《唐律疏議》卷一五《廄庫・犬傷殺畜産》 諸犬自殺傷他人畜産者，犬主償其減價；餘畜自相殺傷者，償減價之半。即故放令殺傷他人畜産者，各以故殺傷論。

疏議曰：犬性噬齧，或自殺傷他人畜産。犬主償其減價，以犬能噬齧，主須制之，爲主不制，故令償減價。餘畜除犬之外，皆是。自相殺傷者，謂牛相觝殺，馬相蹹死之類。假有甲家牛，觝殺乙家馬，馬本直絹十疋，爲觝殺，估皮肉直絹兩疋，即是減八疋絹，甲償乙絹四疋，是名償減價之半。即故放令殺傷他人畜産者，或犬性好噬豬羊，其牛馬能相觝蹹，而故放者，責其故放，各與故殺傷罪同，謂同上條故殺官私馬牛者，徒一年半。計贓應重，若傷及殺餘畜産者，計減價，準盜論，各償所減價；價不減者，笞三十。兩主放畜産，而鬬有殺傷者，從不應爲重，杖八十，各償所減價。

（唐）長孫無忌等《唐律疏議》卷一五《廄庫・畜産觝蹹齧人》 諸畜産及噬犬有觝蹹齧人，而標幟羈絆不如法，若狂犬不殺者，笞四十；以故殺傷人者，以過失論。若故放令殺傷人者，減鬬殺傷一等。

疏議曰：依《雜令》：畜産觝人者，截兩角；蹹人者，絆足；齧人者，截兩耳。此爲標幟羈絆之法。若不如法，并狂犬本主不殺之者，各笞四十。以不施標幟羈絆及狂犬不殺之故，致殺傷人者，以過失論。過失者，各依其罪從贖法。律無異文，總依凡法，不限尊貴，其贖一也。若本應輕者，聽從本。其故放令殺傷人者，謂知犬及雜畜性能觝蹹及噬齧，而故放者，減鬬殺傷一等。其犯貴賤、尊卑、長幼、親屬等，各依本犯應加減爲罪。其畜産殺傷人，仍作他物傷人，保辜二十日，辜內死者，減鬬殺一等；幸外及他故死者，自依以他物傷人法。假令故放雜畜產，觝蹹及齧殺子孫，於徒一年半上減一等，合徒一年；餘親卑幼，各依本服，於鬭殺傷上減一等。

即被雇療畜產被倩者，同過失法。及無故觸之，而被殺傷者，畜主不坐。

疏議曰：有人被雇療畜產及無故觸人畜產，而被殺傷者，畜主不坐。被雇本是規財，無故謂故自犯觸，如此被殺傷者，畜主不坐。若被倩療畜產被殺傷，依贖法。

（唐）長孫無忌等《唐律疏議》卷一五《廄庫・監主借官奴畜產》

諸監臨主守，以官奴婢及畜產私自借，若借人及借之者，笞五十；計庸重者，以受所監臨財物論。驛驢，加一等。

疏議曰：監臨主守之官，以所監主官奴婢及畜產，私自借，謂身自借用，若轉借他人及借之者，或一人、一畜，但借即笞五十。或借數少而日多，或借數多而日少，計庸重於借罪者，以受所監臨財物論，累贓爲坐。驛驢，加一等，謂借即得杖六十；計庸重，以受所監臨財物論加一等。其車船、碾磑、邸店之類，有私自借，若借人及借之者，亦計庸賃，各與借奴婢、畜產同。律雖無文，所犯相類。《職制律》：監臨之官借所監臨及牛馬駞騾驢、車船、邸店、碾磑，各計庸賃，以受所監臨財物論。計借車船、碾磑之類，理與借畜產不殊，故附此條，準例爲坐。

即借驛馬及借之者，杖一百，五日徒一年；計庸重者，從上法。即驛長私借人馬驢者，各減一等，罪止杖一百。

疏議曰：即私借驛馬及官司借之者，各杖一百，五日徒一年。計庸重者，從上法，謂計驛馬之庸，當上絹八疋，合加一等，徒一年半。即驛長私借人馬驢者，減一等，準令：驛馬驢一給以後，死即驛長陪填。是故，驛長借人驢馬，得罪稍輕。各減一等，謂上文借驛馬驢，加受所監臨財物一等，今驛長借人驢馬各減一等，與受所監臨財物罪同，罪止杖一百。

（唐）長孫無忌等《唐律疏議》卷一五《廄庫・官私畜損食物》 諸放官私畜產，損食官私物者，笞三十；贓重者，坐贓論。失者，減二等。各償所損。若官畜損食官物者，坐而不償。

疏議曰：謂放官私畜產，損食官私之物，損食雖少，即笞三十。若準贓得二疋一尺，合笞四十，是名計贓重者，坐贓論。失者，減二等，謂非故放，因亡逸而損食者，減罪二等。各償所損，既云損食官私之物，或損或食，各令畜主備償。若官畜損食官物，坐而不償。公廨畜產損食當司公廨，即不同私物，亦坐而不償；若損食餘司公廨，並得罪仍備，一準上文。

（唐）長孫無忌等《唐律疏議》卷二七《雜律・食官私田園瓜果》

諸於官私田園，輒食瓜果之類，坐贓論；棄毀者，亦如之；即持去者，準盜論。

疏議曰：瓜果之類，即雜蔬菜等皆是。若於官私田園之內，而輒私食者，坐贓論。其有棄毀之者，計所棄毀，亦同輒食之罪，故云亦如之。持將去者，計贓，準盜論。並徵所費之贓，各還官、主。

主司給與者，加一等。彊持去者，以盜論。主司即言者，不坐。非應食官酒食而食者，亦準此。

疏議曰：當園主司，將瓜果之屬給與人食者，加坐贓罪一等，謂一尺笞三十，一疋加一等。給與將去者，準盜上加一等，一尺杖七十，一疋加一等。強持去者，謂以威若力，強持將去者，以盜論，計贓同真盜之法，其贓倍徵，贓滿五疋者，免官。若監臨主司自強取者，加凡盜罪二等，除名、倍贓並依常律。主司當即言告者，主司不坐。非應食官酒食而輒食者，亦準此，謂輒食者，坐贓論；棄毀者，亦同持去者，準盜論；強持去者，以竊盜論。若主司私持去者，並同監主盜法；若非主司，不因食次而持去者，以盜論。強者，依強盜法。

諸棄毀官私器物及毀伐樹木、稼穡者，準盜論。即亡失及誤毀官物者，各減三等。

疏議曰：棄毀官私器物，謂是雜器、財物，輒有棄擲，毀壞；及毀伐樹木、稼穡者，種之曰稼，斂之曰穡，麥、禾之類：各計贓，準盜論。即亡失及誤毀，謂亡失及誤毀官私器物、樹木、稼穡者，各減故犯三等，謂其贓並備償。若誤毀、失私物，依下條例，償而不坐。

（唐）吕祖謙《歷代制度詳説》卷八 代宗大曆十二年秋，霖損稼。渭南令劉澡稱：縣境苗獨不損。上曰：霖雨溥博，豈特渭南獨無？更命御史朱殷視之，損三千餘頃。上嘆曰：縣令，字人之官，不損猶應言損，乃不仁如是乎？貶澡南浦尉《通鑑》。德宗貞元八年，河南北江淮等州大水，陸贄請遣使賑撫。上曰：聞所損殊少。贄奏曰：流俗多徇諂諛，揣所悅意則侈其言，度所惡聞則小其事，制備失所，常病於斯。又曰：所費者財用，所收者人心。《通鑑》。憲宗元和七年，上謂宰相曰：卿輩屢言淮浙去歲水旱，近有御史自彼還，言不至爲災。李絳封曰：御史欲爲奸諛，以悅上意耳。上曰：國以人爲本，聞有災當急救之，豈可復疑之耶？命速蠲其租。《通鑑》。不賑救，唐太宗謂王珪曰：隋開皇十四年大旱，文帝不許賑給，而令百姓就食山東，比至末年，天下儲積可供五十年。煬帝恃其富饒，侈心無厭，卒亡天下。《通鑑》。

（唐）李林甫等《唐六典》卷七《尚書工部·屯田郎中》 屯田郎中一人，從五品上；漢尚書郎四人，其一人主户口墾田，蓋兼屯田之任也。故氾勝之爲侍郎，教田三輔是也。魏有農部郎曹，晋始置屯田郎中，東晋及宋、齊並左民郎中兼知屯田事，後魏、北齊並置屯田郎中。梁、陳、隋並爲侍郎，亦郎中之任也。煬帝曰屯田郎。後魏、北齊祠部尚書領屯田，陳左户部尚書領屯田，隋則工部尚書領之，皇朝因稱郎中。龍朔二年改爲司田大夫，咸亨元年復故。員外郎一人，從六品上；隋開皇六年置，煬帝改曰承務郎，武德三年改曰員外郎，龍朔、咸亨隨曹改復。主事二人，從九品上。屯田郎中、員外郎掌天下屯田之政令。凡軍、州邊防鎮守轉運不給，則設屯田以益軍儲。其水陸腴瘠，播植地宜，功庸煩省，收率等級，咸取決焉。諸屯分田役力，各有程數。凡營稻一頃，科單功九百四十八日；禾，二百八十三日；大豆，一百九十二日；小豆，一百九十六日；烏麻，一百九十一日；麻，四百八十九日；床黍，二百八十日；麥，一百七十七日；喬麥，一百六十日；藍，五百七十日；蒜，七百二十日；葱，一千一百五十六日；瓜，八百一十八日；蔓青，七百一十八日；苜蓿，二百二十八日。凡天下諸軍、州管屯，總九百九十有二，河東道大同軍四十屯，横野軍四十二屯，雲州三十七屯，朔州三屯，蔚州三屯，嵐州一屯，蒲州五屯。關内道北使二屯，鹽州監牧四屯，太原一屯，長春一十屯，單于三十一屯，定遠四十屯，東城四十五屯，西城二十五屯，勝州一十四屯，會州五屯，鹽池七屯，原州四屯，夏州二屯，豐安二十七屯，中城四十一屯。河南道陳州二十三屯，許州二十二屯，豫州三十五屯，壽州二十七屯。河西道赤水三十六屯，甘州一十九屯，大斗一十六屯，建康一十五屯，肅州七屯，玉門五屯，安西二十屯，疏勒七屯，焉耆七屯，北庭二十屯，伊吾一屯，天山一屯。隴右道渭州四屯，秦州四屯，成州三屯，武州一屯，岷州二屯，軍器四屯，莫門軍六屯，臨洮軍三十屯，河原二十八屯，安人一十一屯，白水十屯，積石一十二屯，富平九屯，平夷八屯，綏和三屯，平戎一屯，河州六屯，鄯州六屯，廓州四屯，蘭州四屯，南使六屯，西使一十屯。河北道幽州五十五屯，清夷一十五屯，北郡六屯，威武一十五屯，静塞二十屯，平川三十四屯，平盧三十五屯，安東一十二屯，長陽使六屯，渝關一十屯。劍南道巂州八屯，松州一屯。開元二十二年，河南道陳、許、豫、壽又置百餘屯；二十五年，敕以爲不便，并長春宫田三百四十餘頃，並令分給貧人。大者五十頃，小者二十頃。凡當屯之中，地有良薄，歲有豐儉，各定爲三等。凡屯皆有屯官、屯副。屯官取前資官、嘗選人、文武散官等强幹善農事，有書判，堪理務者充；屯副取品子及勳官充。六考滿，加一階，聽選；得三上考者，又加一等。

凡在京文武職事官有職分田，一品一十二頃，二品一十頃，三品九頃，四品七頃，五品六頃，六品四頃，七品三頃五十畝，八品二頃五十畝，九品二頃。京兆、河南府及京縣官亦準此。

（唐）李林甫等《唐六典》卷一七《太僕寺·諸牧監》 上牧，監一人，從五品下；【略】副監二人，正六品下；丞二人，正八品上；主簿一人，正九品下。

中牧，監一人，正六品下；副監一人，從六品下；丞一人，從八品上；主簿一人，從九品上。

下牧，監一人，從六品下；副監一人，正七品下；丞一人，正九品上；主簿一人，從九品下。

諸牧監掌羣牧孳課之事。凡馬五千匹爲上監，三千匹已上爲中監，已下爲下監。凡馬、牛之羣以百二十，駞、騾、驢之羣以七十，羊之羣以六百二十，羣有牧長、牧尉。補長，以六品已下子、白丁、雜色人等爲之；補尉，以散官八品已下子爲之。品子八考，白丁十考，隨文、武簡試與資也。

凡馬有左、右監以别其麤良，以數紀爲名，而著其簿籍；細馬之監稱左，麤馬之監稱右。其雜畜牧皆同下監，仍以土地爲其監名。凡馬各以年、名籍之，每歲季夏造。至孟秋，羣牧使以諸監之籍合爲一，諸羣牧别立南使、北使、西使、東使，以分統之。常以仲秋上於寺。

凡馬以季春游牝。《月令》：季春乃合，累牛騰馬，游牝於牧。其駒、犢在牧，三歲别羣。若與本羣同牧，不别給牧人。馬牧牝馬四游五課，駞四游六課，牛、驢三游四課，羊三游四課。【略】其有死耗者，每歲亦以率除

之。凡官畜在牧而亡失者，給程以訪，過日不獲，估而徵之。【略】

凡在牧之馬皆印。

凡每歲進馬麤良有差。使司每歲簡細馬五十匹、敦馬一百匹進之。若諸監之細馬生駒，以其數申所由司次入寺。其四歲以下麤馬，每年簡充諸衛官馬。凡馬牛皮、脯及筋、角之屬，皆納于有司。

每年終，監牧使巡按孳課之數，以功過相除，爲之考課焉。

（唐）李林甫等《唐六典》卷一七《太僕寺・沙苑監》 沙苑監：監一人，從六品下；沙苑在同州。副監一人，正七品下；丞一人，正九品上；主簿一人，從九品下。沙苑監掌牧養隴右諸牧牛、羊，以供其宴會、祭祀及尚食所用，每歲與典牧分月以供之；丞爲之貳。凡屠宰，國忌廢務日、立春前後一日、每月一日、八日、十四日、十五日、十八日、二十三日、二十四日、二十八日、二十九日、三十日，每歲正月、五月、九月皆罷之。諸雜畜及牸羊有孕者，雖非其日月，亦免之。若百司應供者，則以時皆供之。凡羊毛及雜畜皮、角皆具數申送所由焉。□本云：太僕屬官有沙苑監，開元二十三年省。

（唐）李林甫等《唐六典》卷一七《太僕寺・典牧署》 典牧署：令三人，正八品上；《周禮》：牧師下士四人，掌牧馬而頒之。秦、漢太僕屬官有牧師苑令，皆在邊郡。歷魏、晉已下，皆牧監之職。隋太僕寺統典牧署、牛羊署等令、丞，皇朝因之。武德中二人，今加置三人，領主軨、駕士等。丞四人，正九品上；隋置，皇朝因之。武德中三人，今加置四人。監事八人，從九品下。典牧令掌諸牧雜畜給納之事；丞爲之貳。凡羣牧所送羊、犢皆受之，而供於廩犧、尚食之用；諸司合供者，亦如之。

（唐）杜佑《通典》卷二六《職官・諸卿・司農卿》 少皞氏以九鳸爲九農正。鳸，鳥也。鳸有九種，以爲農號，各隨其宜，以教人事。舜攝帝位，命棄爲后稷。周則爲太府下大夫。秦爲理粟內史，掌穀貨。漢景帝更名大農令，武帝太初初，更名大司農。掌九穀六畜之供膳羞者，見《宋志》。《漢書》曰主穀貨。凡郡國諸倉、農監、都水六十五官皆屬焉。毋將崇字君房，爲執金吾。上發武庫兵送董賢及乳母，崇以爲：武庫兵器，天下公用，繕修造作，皆度大司農錢。自乘輿不以給供養，勞賜一出少府，蓋不以本藏給末用，不以人力供私費也。王莽改曰羲和，後更爲納言。後漢大司農掌諸錢穀金帛，鄭弘字巨君，遷大司農，在位一月，料遣諸徒，歲月已過，竟者七百餘人。弘舉吏黃固爲尚書，謂弘曰：舊常一歲不能遣數百人，明府一月而遣且千人，何其多能也？弘曰：不應一人爲多，宜遣萬人爲少。又鄭玄爲大司農，給安車一乘，卒官。又劉據爲大司農，以職事被譴，靈帝召詣尚書，傳呼促步，將加捶撻。尚書令左雄奏曰：九卿位亞三公，行有佩玉之節，動有庠序之儀。孝明永平始加扑罰，非古典也。帝從之，九卿於此始免捶扑。又鄭衆字仲師，徵爲大司農。是時，朝廷議欲改弊農田、鹽鐵事，衆諫以爲不可，詔切責，至被舉劾，衆執之不移。郡國四時上月旦見錢穀簿，其逋未畢，各具別之。邊郡諸官請調度者，皆爲給報，損多益寡，取相給足。初，郡國鹽官、鐵官並屬司農，中興皆屬郡縣。建安中爲大農。魏黃初元年，又改爲司農。大司農桓範出奔，謂曹爽曰：大司農印在吾手，所在得開倉而食。範爲司農，以清省稱。晉初因之，渡江，哀帝末，省司農并都水，孝武復置。宋、齊皆有之。梁司農卿位視散騎常侍，主農功倉廩。陳因之。後魏曰大司農。北齊曰司農寺，有卿、少卿各一人，掌倉市薪米，園池果實。後周有司農上士一人，掌三農、九穀、稼穡之政令，屬大司徒。隋初與北齊同，煬帝置少卿二人。潁川太守趙元淑入朝，會司農不時納諸郡租穀，元淑奏之。煬帝曰：如卿意者，幾時當了？元淑曰：不過十日。即日，拜元淑爲司農卿，納天下租，如言而畢。大唐龍朔二年，改司農爲司稼，咸亨初復舊。卿一人，少卿二人。掌東耕供進耒耜及邦國倉儲之事，領上林、太倉、鉤盾、導官四署。署各有令、丞。

丞：秦曰理粟內史丞，有二人。漢爲大司農丞，亦二人，或謂之中丞。耿壽昌爲大司農中丞，奏設常平倉，給北邊，省轉漕。又桑弘羊爲大司農中丞，管諸計會事。平帝又置大司農部丞十三人，人部一州，勸農桑。後漢司農丞一人，部丞一人。部丞，主帑藏。魏晉因之，銅印黃綬，宋齊以來墨綬。進賢一梁冠，介幘皁衣。後魏、北齊皆有司農丞。隋置五人。大唐六人。

主簿：晉太康中置，自後無聞。梁、陳又有。北齊亦然。大唐因之。

上林署：漢水衡都尉之職，說在《都水篇》。後漢曰上林苑令、丞，主苑中禽獸。頗有人居，皆主之。魏晉因之，江左無聞。宋初復置，隸尚書殿中曹。齊因之。梁、陳屬司農。北齊及隋亦然。大唐因之，有令二人，丞四人，掌諸苑囿、池沼、種植、蔬果、藏冰之事。

太倉署：於《周官》有廩人下大夫、上士。秦官有太倉令、丞。漢因之，屬大司農。後漢令主受郡國傳漕穀，其滎陽敖倉官，中興皆屬河南尹。歷代並有之。晋江左以來，又有東倉、石頭倉，丞各一人。北齊亦然。後周曰司倉下大夫。隋有令二人，丞六人。大唐有令三人，丞二人，掌倉廩出納。

鉤盾署：漢鉤盾令，宦者，典諸近園苑游觀之事，屬少府。後漢亦有之。晋大鴻臚屬官有鉤盾令，自後無聞。北齊如晋制。隋如北齊，令三人，丞十二人。大唐因之，令二人，丞四人，掌薪炭、鵝鴨、藪澤之物。天寶五載九月，侍御史楊釗充木炭使，自後相循，或以京尹，或以户部侍郎爲。

導官署：導，擇。周有舂人。秦漢有令、丞，屬少府。漢東京令、丞主舂御米及作乾糒，糒音備。屬大司農。歷代皆有之。大唐置令二人，丞四人，掌舂碾米麵油燭之事。

苑總監：自隋而置，東西南北各有監及副監。大唐因之，兼有丞、主簿等官，以掌苑内宫館園池之事。

諸倉監：後漢河南尹屬官有滎陽穀倉長、丞。梁司農有左中右三部倉丞，陳因之。隋諸倉各有監官。大唐因之，掌倉廪出納。

司竹監：漢有司竹長、丞。魏晋河南淇園竹各置官守之。後魏有司竹都尉。隋曰司竹監。大唐因之，有監、副監、丞，掌植養園竹之事。

温泉湯監、令：大唐置，掌湯院宇，修整器物，以備供奉。

諸屯監：隋置諸屯監及副監，畿内者隸司農，自外者隸諸州。大唐因之，置監及丞，掌營種屯田、句當功課畜産等事。

騪粟都尉、騪音搜，搜，索也。漢武帝軍官，不常置。又有理粟都尉，以桑弘羊爲之。均輸令、漢有之，後漢省。斡官長、漢有之。如淳曰：斡音管，或作幹。斡，主也。主均輸之事，所謂斡鹽鐵而榷酒酤也。晋灼曰：此竹箭幹之官長也。均輸自有令。顔師古曰：如説近是也。縱作幹讀，當以幹持財貨之事耳，非謂箭幹也。初，斡官屬少府，中屬主爵，後屬大司農。籍田令。掌耕國廟、社稷之田。於周爲甸師。漢文帝初立籍田，置令。漢東京及魏並不置。晋武泰始十年復置，江左省。宋文帝元嘉中，又置。

典農中郎將、典農都尉、典農校尉、並曹公置。晋武帝泰始二年，罷農官爲郡縣，後復有之。隋煬帝罷典農官。勸農謁者。梁武天監九年置，視殿中御史。自騪粟以下，盡屬司農，今並無。

（唐）杜佑《通典》卷四六《禮·吉禮·籍田》　大唐貞觀三年正月二十一日，太宗親祭先農，籍於千畝之甸。初，議籍田方面所在，給事中孔穎達曰：禮，天子籍田於南郊，諸侯於東郊。晋武帝猶於東南。今於城東，不合古禮。太宗曰：禮緣人情，亦何常之有。且《虞書》云平秩東作，已在東矣。又乘青輅、推黛耜者，所以順於春氣。且朕見居少陽之地，田於東郊，蓋其宜也。於是遂定。武后改籍田爲先農壇。神龍初，復改先農壇爲帝社壇。祝欽明奏曰：按《祭法》：王自爲立社曰王社。先儒以爲其社在籍田之中，《詩·載芟篇》序云春籍田而祈社稷是也。具《社稷篇》中。開元二十三年二月，親祀神農於東郊，句芒配。禮畢，躬御耒耜籍於千畝之甸。時有司進儀注：天子三推，公卿九推，庶人終畝。玄宗欲重勸耕籍，遂進耕五十餘步，盡壟乃止。耕畢，輦還齋宫，大赦。侍耕、執牛官皆加級賜帛。其儀備《開元禮》。

（唐）李吉甫《元和郡縣圖志》卷二《嶺南道》　米豆，枝葉似柳，花如烏，豆一種之後，數年收實，《淮南子》云豆之美者有米豆，此是也。《紀勝》雷州。

（唐）李吉甫《元和郡縣圖志》卷三《嶺南道》　犦牛，海康縣其地多牛，項上有骨，大如覆斗，日行三百里，《爾雅》所謂犦牛也。《紀勝》雷州。

（唐）李吉甫《元和郡縣圖志》卷三《關内道》　監牧地，東西約六百里，南北約四百里。天寶十二年，諸監見在馬總三十一萬九千三百八十七匹，内一十三萬三千五百九十八匹課馬。

（唐）李吉甫《元和郡縣圖志》卷四《關内道》　漢渠，在縣南五十里。從漢渠北流四十餘里，始爲千金大陂，其左右又有胡渠、御史、百家等八渠，溉田五百餘頃。

（唐）李吉甫《元和郡縣圖志》卷四《關内道》　賀蘭山，在縣西九十三里。山有樹木青白，望如駮馬，北人呼駮爲賀蘭。其山與河東望雲山形勢相接，迤邐向北，經靈武縣，又西北經保静西，又北經懷遠縣西，又北經定遠城西，又東北抵河，其抵河之處亦名乞伏山，在黄河西，從首至尾，有像月形，南北約長五百餘里，真邊城之鉅防。山之東，河之西，有平田數千頃，可引水溉灌，如盡收地利，足以贍給軍儲也。

（唐）李吉甫《元和郡縣圖志》卷六《河南道》　鴻臚水，過縣北十五里入靈寶界，溉田四百餘頃。

（唐）李吉甫《元和郡縣圖志》卷九《河南道》 荆山堰，在郡城西一百二十二里。梁天監十三年，魏降人王足陳計於武帝，求堰淮水以灌壽陽，引北方童謡曰：荆山爲上格，浮山爲下格，潼、沱爲激溝，并灌鉅野澤。帝遂發徐、陽人，率二十户取五丁以築之，令太子右衛率康絢、左衛將軍昌義之護作，令戰士二十萬人，於鍾離城南起浮山堰，北抵巉石。至十四年四月，堰將合，淮水漂度，輒復決潰。或言江淮多蛟龍，其性惡鐵，於是引東西二冶故鐵器，大則釜鬲，小則鑊鉏，數千萬斤沈於堰所，猶不合，緣淮百里内木石皆盡，負者肩上皆穿，士卒死者十七八。十五年四月，堰乃成，壽陽城戍移頓於八公山。淮水清，人之墳墓皆歷歷見於水底。或謂絢曰：四瀆者，天地所以節宣其氣，不宜久塞。既而昏霧三日，霧解而堰決，殺數萬人，其聲若雷，聞於三百里。水中怪物，隨流而下，或人頭魚身，龍形馬首，殊類詭怪，不可勝言。

（唐）李吉甫《元和郡縣圖志》卷一一《河南道》 濰水故堰，在縣東北四十六里。蓄以爲塘，方二十餘里，溉水田萬頃。

（唐）李吉甫《元和郡縣圖志》卷一三《河東道》 晋澤，在縣西南六里。隋開皇六年，引晋水溉稻田，周迴四十一里。

（唐）李吉甫《元和郡縣圖志》卷二五《江南道》 練湖，在縣北百二十步，周迴四十里。晋時陳敏爲亂，據有江東，務修耕績，令弟諧遏馬林溪以溉雲陽，亦謂之練塘，溉田數百頃。

（唐）李吉甫《元和郡縣圖志》卷三五《嶺南道》 石陂水，在縣東北百五十里。溉田□餘頃。

（宋）宋敏求《唐大詔令集》卷一一一《政事·田農·勸農詔》 有隋道喪，區宇分離，百姓凋殘，弊於兵革。田畝荒廢，飢饉荐臻，黎元無辜，墜於溝壑。朕膺圖馭極，廓清四海，安輯遺民，期於寧濟，勸農務本，蠲其力役。然而邊鄙餘寇，尚或未除，頃年以來戎車屢出，所以農功不至，倉廩未登，永言念此，無忘寤寐。今既風雨順節，苗稼實繁，普天之下，咸同盛茂。五十年來，未嘗有此。萬箱之積，指日可期。時惟溽暑，方資耕耨，廢而不修，歲功將闕，宜從優縱，肆力千畝。其有公私債負，及追徵輸送所至之處，宜勿施行。尋常營造工匠等，事非急要，亦宜停止。見在繫囚，事未決斷，傍引支證，未須追攝，百司常務，並宜且停。内外官人，行署以上，量事分番，皆盡九月三十日。軍機急速及賊盗之事，不在停限。州縣牧宰，明加勸導，咸使戮力，無或失時。務從簡静，以稱朕意。武德六年六月。

（宋）宋敏求《唐大詔令集》卷一一一《政事·田農·置勸農使安撫户口詔》 有國者必以人爲本，固本必以食爲天。先王於是務其三時，前聖所以分其五土。勸農之道，實在於斯。朕撫圖御曆，殆踰一紀，旰食宵衣，勤乎兆庶，故兢兢翼翼，不敢荒寧。頃歲已來，雖稍豐稔，猶恐地有遺利，人多廢業。游食之徒未盡歸，生穀之疇未均墾，以是軫念。臨遣使臣，恤編户之流亡，閱大田之衆寡。至如百姓逃散，良有所由，當天册神功之時，北狄西戎作梗，大軍之後，必有凶年，水旱相仍，逋亡滋甚，自此成弊，至今患之。且違親越鄉，蓋非獲已，暫因規避，旋被兼并。既冒刑綱，復捐産業。客且常懼，歸又無依。積此艱危，遂成流轉。或因人而止，或傭力自資，懷土之思空盈，返本之途莫遂。朕虔荷丕構，子育萬人，立德非宜，而茲弊未革。納隍馭朽，實切於心，既深在予之責，思弘自新之令。其先是逋逃，並容自首。如能服勤壟畝，肆力耕耘，所在閑田，勸其開闢，任逐土宜收税，勿令州縣差科，征役租庸，一皆蠲放。若登時不出，或因此更逃，習俗或然，以爲抵法，是阻我誠信，是紊我大綱。爰及所由，須加嚴憲。且天下風壤，多有不同，地既異宜，俗亦殊習。固當因利興事，不可違人立法。宜令兵部員外郎兼侍御史宇文融、兼充勸農事使，巡按郡邑，安撫户口。所在與官寮及百姓商量，乃至賦役差科於人非便者，並量事處分。續狀聞奏，務令安輯，勿使勞煩。當行賞罰之科，各竭公忠之力。所到之處，宣示百姓，達我勤人之心。開元十二年五月。

（宋）宋敏求《唐大詔令集》卷一一一《政事·田農·勸天下種桑棗制》 敕：《詩》有《豳風》，陳王業也。八月剥棗，以助男功，蠶月條桑，俾修女事。贍人之道，必廣於滋殖；分地之利，非止於耕耘。益之以織紝，雜之以菓實，則寒有所備，儉有所資。如旨蓄之禦冬，豈無衣以卒歲？頃屬多難艱，食必資樹藝，以利於人。庶俾播種之功，用申牧養之化。天下百姓，宜勸課種桑棗，仍每丁每年種桑三十樹。其寄住寄莊，官蔭官家，每一頃地，準一丁例。仍委節度觀察州縣長吏躬親勉率，不得擾人。務令及時，各使知勸。一一勉諭訖，具數奏聞。

（宋）宋敏求《唐大詔令集》卷一一四《政事·雜録·隋代公卿不預義軍者田宅並勿追收詔》 隋政不綱，行止無度，東西馳騁，靡歲獲寧。遂使父子乖離，室家分析。親老絶晨昏之養，嬰孩無撫育之恩，人懷戀本之心，家有望鄉之歎。朕上應靈命，下字黔黎，一物失宜，情深軫悼。思俾惠澤，逮於鰥寡。其隋代公卿已下，爰及民庶，身往江都，家口在此，不預義軍者，所有田宅並勿追收。若困窮糧食交絶，其録名簿，速加賑贍。武德元年七月。

（宋）王溥《唐會要》卷六九《刺史下》 〔元和〕七年四月敕：諸道州府有田户無桑處，每約一畝，種桑兩根。勒縣令專勾當。每年終，委所在長史檢察，量其功課，具殿最聞奏。

《舊唐書》卷一八《宣宗紀》 〔宣宗大中五年春正月甲戌〕敕兩京天下州府，起大中五年正月一日已後，三年内不得殺牛。如郊廟享祀合用者，即以諸畜代。

（宋）王應麟《玉海》卷一七八《食貨·農官·唐農圃監》 《韋雲起傳》：高祖授司農卿。武德初，進上開府判農圃監。見《東都苑類》。

（宋）王應麟《玉海》卷一七八《食貨·農官·唐田正》 《會要》：《舊紀》同。景龍三年八月二日庚寅，敕諸州置司田參軍一員。主農事。唐隆元年七月十九日戊辰，廢開元十五年四月十三日朔方五城，各置田曹參軍一員。知營田。上元二年九月二十一日壬寅，又置並每縣置田正二人。

（宋）王應麟《玉海》卷一七八《食貨·農官·唐勸農使》 《通鑑》：開元十二年六月壬辰，以兵部員外郎宇文融爲勸農使，循行州縣，議定賦役。《宇文融傳》：玄宗以融爲覆田勸農使，擢兵部員外郎，融乃奏慕容琦等二十九人爲勸農判官，分按州縣，括正丘畝。

（元）馬端臨《文獻通考》卷二六《國用考·恤賑》 唐太宗謂黄門侍郎王珪曰：開皇間大旱，隋文帝不許振給，而令百姓就食山東，比至末年，天下儲積可供五十年。煬帝恃其富饒，侈心無厭，卒亡天下。但是，倉庾之積足以備凶年，其餘何用哉！

唐太宗貞觀二年，山東旱，遣使振恤饑民，鬻子者，出金寶贖還之。以後，發常平義倉振恤事，並見《市糴考》，茲不再録。

周顯德六年，淮南饑，上命以米貸之，或曰：民貧，恐不能償。上曰：民猶子也，安有子倒懸而父不爲解者？安責其必償也？

致堂胡氏曰：稱貸所以惠民，亦以病之。惠者紓其目前之急也，病者責其他日之償也。其責償也，或嚴其期，或徵其耗，或取其息，或予之以米而使之歸錢，或貧無可償而督之不置，或胥吏詭貸而徵諸編民。凡此皆民之所甚病也。有司以豐取約予爲術，聚斂之臣以頭會箕斂爲事，大旱而税不蠲，水澇而税不蠲，蝗、蝻、螟、賊而税不蠲。長官督税不登數，則不書課；民户納欠不破産，則不落籍。出於民力尚如此，而況貸於公者，其責償固不遺餘力矣！世宗視民猶子，匡救其乏而不責其必償，仁人之心，王者之政也。

（元）馬端臨《文獻通考》卷八七《郊社考·籍田祭先農》 唐制，皇帝孟春吉亥，饗先農於東郊，親耕於籍田。

太宗貞觀三年正月，親祭先農，籍於千畝之甸。

初，議籍田方面所在，給事中孔穎達曰：《禮》，天子籍田於南郊，諸侯於東郊。晉武帝猶於東郊。今於城東，不合古禮。帝曰：禮緣人情，何常之有？《虞書》云平秩東作，則堯舜敬授人時，已在東矣。又乘青輅，載黛耜者，所以順於春氣，故知合在東方。且朕見居少陽之地，田於東郊，蓋其宜也。於是遂定。自後每歲常令有司行事。

高宗永徽三年正月，親享先農，躬御耒耜，率公卿耕於千畝之甸。

乾封二年正月，行籍田之禮，躬秉耒耜而九推。禮官奏：陛下合三推，上曰：朕以身率下，自當過之，恨不終千畝耳！

初，將耕籍田，閲耒耜，有雕刻文飾者，謂左右曰：田器，農人執之，在於樸素，豈貴文飾乎？乃命撤之。

儀鳳二年，親耕籍田於東郊。

景雲三年，親耕籍田。

武太后改籍田壇爲先農壇。神龍初，復改先農壇爲帝社壇。詳見《社稷門》。

元宗開元二十三年正月，親祀先農。禮畢，降至耕位，侍中執耒，太僕執轡，上謂左右曰：帝籍之禮，古則三推，朕今九推，庶九穀之報也。

遂進耕五十餘步，盡隴乃止。耕畢，還齋宮，大赦，侍耕、執牛官皆加級賜帛。其年十一月，親祀神農於東郊，以后稷配，親耕耒耜而九推焉。

憲宗元和五年，上將行籍田之禮，詔有司詳定儀注。太常言：籍田禮廢，已五十餘年，有司案牘無可檢尋。今據《禮經》及開元、乾元故事，並徵前代沿革，參詳定。敕付所司，未及施行而罷。

（清）董誥《全唐文》卷一《高祖・減用牲牢詔》 國初草創，日不暇給，凡厥禮儀，鮮能盡備。且生人未乂，彫弊日多，至於畜產，思致蕃息。祭祀之本，皆以爲身，窮極事神，有乖正直。殺牛不如禴祭，明德即是馨香。望古推今，祭神一揆。其祭圜丘方澤宗廟以外，並可止用少牢。先用少牢者，宜用特牲。待時和年豐，然後克循常禮。

（清）董誥《全唐文》卷二《高祖・斷屠詔》 有隋失馭，喪亂宏多，民物凋殘，俗化踰侈。耽嗜之族，競逐旨甘；屠宰之家，恣行刳殺。芻豢之畜，靡供肴核之資；胎夭之羣，莫遂蕃滋之性。傷財墮業，職比之繇，斲攘穿窬，因茲未息。《禮》曰：君無故不殺牛，大夫無故不殺羊，士無故不殺犬豕，庶人無故不食珍。非惟務在仁愛，蓋亦示之儉約。方域未寧，尤須節制，凋弊之後，宜先蕃育。豈得恣彼貪暴，殘殄庶類之生，苟循目前，不爲經久之慮。導民之理，有未足乎？其關內諸州，宜斷屠殺。庶六畜滋多，而民庶殷贍。詳思厥衷，更爲條式。

（清）董誥《全唐文》卷七《太宗・耕耤詔》 周宣在位，已墜茲禮。近代以來，彌多所闕。朕祗承大寶，憲章典故。今將履千畝於近郊，復三推於舊制。宜令有司，式遵典禮。二十一日親祭先農，耤於千畝之甸。

（清）董誥《全唐文》卷二五《玄宗・置十道勸農判官制》 人惟邦本，本固邦寧。必在安人，方能固本。永言理道，實獲朕心。思所以康濟黎庶，寵綏華夏，上副宗廟乾坤之寄，下答寓縣貢獻之勤，何嘗不夜分輟寢，日旰忘食。然以眇眇之身，當四海之貴，雖則長想遐邇，不可家至日見。至於宣布政教，安輯逋亡，言念再三，其勤至矣，莫副朕命，實用恧焉。當扆永懷，静言厥緒，豈人流自久，招諭不還，上情靡通於下，衆心罔達於上。求之明發，想見其人。當屬括地使宇文融謁見於延英殿，朕以人必土著，因議逃亡，嘉其忠讜，堪任以事。乃授其田户紀綱，兼委之都縣釐革，便令充使，奉以安人。遂能恤我黎元，克將朕命，發自夏首，及於歲終，巡按所及，歸首百萬。仍聞宣制之日，老幼欣躍，惟令是從，多流淚以感朕心，咸吐誠以荷王命。猶恐朕之薄德，未孚於人，撫字安存，更冀良算。遂命百司長吏，方洲岳牧，僉議廟堂，廣徵異見。羣詞盈於札翰，環省彌於旬日，庶廣朕意，豈以爲勞。稽衆考言，謂斯折衷，欲人必信，期於令行，凡爾司存，勉以遵守。夫食爲人天，富而後教。經教彝體，前哲至言。故平糴行於昔王，義倉加於近代，所以存九年之蓄，收上中之斂。穰賤則農不傷財，災饉則時無菜色，救人活國，其利博哉。今流户大來，玉田載理，敖庾之務，寤寐所懷。其客户所税錢，宜均充所在常平倉用，仍許預付價直，任粟麥兼貯，并舊常平錢粟，並委本道判官勾當處置，使斂散及時，務以矜恤。且分災恤患，州黨之常情，損餘濟闕，親隣之善貸。故木鐸云：徇里胥均功，夜績相從，齊俗以贍。今陽和布澤，丁壯就田，言念鰥惸，事資拯助。宜委使司與州縣商量，勸作農社，貧富相恤，耕耘以時。仍每至雨澤之後，種穫忙月，州縣常務，一切停減，使趨時急於備寇，尺璧賤於寸陰。是則天無虛施，人無遺力。又政在經遠，功惟久著。今逃亡初復，居業未康，循逃户及籍外剩田，猶宜勞徠，理資存撫。其十道分判官，三五年內，使就厥功。令有終始，當道覆闕及須推劾，並以委之。不須廣差餘使，示專其事，不擾於人，政術有能，必行賞罰。其已奏復業歸首，勾當州縣每季一申，不須挾名，致有勞擾。其歸首户，各令新首處與本貫計會年户色役，勿欺隱及其兩處徵科。宣布天下，使明知朕意。

（清）董誥《全唐文》卷二七《玄宗・禁屠殺馬牛驢詔》 自古見其生不食其肉，資其力必報其功。馬牛驢皆能任重致遠，濟人使用，先有處分，不令宰殺。如聞比來尚未全斷，郡牧之內，此弊尤多。自今以後，非祠祭所須，更不得進獻牛馬驢肉。其王公以下，及天下諸州諸軍，宴設及監牧，皆不得輒有殺害。仍令州縣及監牧使諸軍長官切加禁斷，兼委御史隨事糾彈。

（清）董誥《全唐文》卷二七《玄宗・捕蝗詔》 今年蝗蟲暴起，乃是孳生。所繇官司，不早除遏，任蟲成長，閒食田苗，不恤人災，自爲身計。向若信其拘忌，不有指麾，則山東田苗，掃地俱盡。使人等至彼催督，其中猶有推託，以此當委官員責實。若有勤勞用命，保護田苗，須有褒貶，以明得失。前後使人等審定功過，各具所繇州縣長官等姓名聞。此蟲若不盡除，今年還更生子，委使人分州縣會計，勿使遺類。

（清）董誥《全唐文》卷三〇《玄宗・禁妨農詔》　獻歲發生，陽和在候，乃睠甿庶，方就農桑。其力役及不急之務，一切并停。百姓閒有不穩便事須處置者，宜令中書門下與所司，喚取朝集使，審向商量奏聞。

（清）董誥《全唐文》卷三一《玄宗・定屯官叙功詔》　屯官叙功，以歲豐凶爲上下。鎮戍地可耕者，人給十畝以供糧。方春，令屯官巡行，謫作不時者。

（清）董誥《全唐文》卷三二《玄宗・禁採捕詔》　今屬陽和布氣，蠢物懷生，在於含養，必期遂性。如聞滎陽僕射陂、陳留郡蓬池等，採捕極多，傷害甚廣。因循既久，深謂不然。自今已後，特宜禁斷，各委所由長官，嚴加捉搦。輒有違犯者，白身決六十，仍罰重役。官人具名録奏，當別處分。其僕射陂仍改爲廣仁陂，蓬池改爲福源池，庶宏大道之仁，以廣中孚之化。

（清）董誥《全唐文》卷三二《玄宗・禁刈禾充馬藁詔》　農爲政本，食乃人天，必禾稼之及期，遂京坻之厚積。是以愛人存乎重穀，勤政在乎厚生，俗之所資，何急於此。如聞遠近，每至秋中，穀禾熟時，即賣充馬藁。苟求規利之心，殊害生成之性。静言斯弊，實資懲革。自今以後，不得更然。其三京及天下諸郡，並委所繇長官，嚴加捉搦。如非成熟，不得輒刈。犯者，量決四十。仍牓示要路，咸使聞知。

（清）董誥《全唐文》卷三三《玄宗・禁弋獵採捕詔》　陽和布氣，庶類滋長。助天育物，須順發生。宜令諸府郡，至春末已後，無得弋獵採捕，嚴力禁斷，必資杜絶。

（清）董誥《全唐文》卷三四《玄宗・禁屠敕》　五月是齋，舊有常式。六月緣忌，特令斷屠。宜令所司進蔬食，府縣捉搦，勿令屠宰。

（清）董誥《全唐文》卷三四《玄宗・禁驪山樵採敕》　驪山特秀峯巒，俯臨郊甸。上分良位，每洩雲而作雨；下出蒙泉，亦蕩邪而蠲瘵。乃靈仙之攸宅，惟邦國之所瞻。可以列於羣望，紀在咸秩。自今以後，宜禁樵採，量爲封域。稱朕意焉。

（清）董誥《全唐文》卷三六《玄宗・禁地租外徵桑課敕》　如聞河東、河北，官人職田，既納地租，仍收桑課。田樹兼税，人何以堪？自今已後，官人及公廨職田有桑，一切不得更徵私課。

（清）董誥《全唐文》卷三六《玄宗・禁茅山採捕漁獵敕》　敕：江南東道採訪處置使晉陵郡太守董琬，山嶽上疏分野，下鎮方隅，降福祐於人，施雲雨之惠。且茅山神秀，華陽洞天，法教之所源，羣仙之所宅。固望秩之禮，雖有典常；而崇敬之心，宜增精潔。自今已後，茅山中令斷採捕及漁獵。四遠百姓有喫葷血者，不須令入。如有事式申祈禱，當以香藥珍羞，亦不得以牲牢等物。卿與所由，存心檢校。漸寒，卿得平安好。

（清）董誥《全唐文》卷五一《德宗・給百姓耕牛詔》　諸道節度觀察使所進耕牛，委京兆府勘責有地無牛百姓，量其産業，以所進牛均平給賜。其有田五十畝已下人，不在給限。

（清）董誥《全唐文》卷六〇《憲宗・勸種桑詔》　農桑切務，衣食所資。如聞閭里之間，蠶織猶寡，所宜勸課，以利於人。諸道州府有田户無桑處，每檢一畝，令種桑兩根，勒縣令專勾當。每至年終，委所在長吏檢察，量其功具殿最奏聞，兼令兩税使同訪察。其桑仍禁採伐，犯者委長吏重加責科。

（清）董誥《全唐文》卷六〇《憲宗・禁捕狐兔詔》　如聞比來京兆府每及臘日，府縣捕養狐兔，以充進獻，深乖道理。既違天性，又勞人力。自今已後，宜並停。

（清）董誥《全唐文》卷七一《文宗・禁弋獵傷田苗詔》　春夏之交，稼穡方茂，永念東作，其勤如傷。況時屬陽和，令禁麛卵，所以保茲懷生，仁遂物性。如聞京畿之內，及關輔近地，或有豪家，特務弋獵，放縱鷹犬，頗傷田苗。宜令長吏，切加禁察。有敢違令者，捕繫以聞。

（清）董誥《全唐文》卷七三《文宗・優卹旱蝗諸州詔》　門下：朕嗣守丕訓，恭臨大寶，兢兢業業，十有三年，何嘗不惠下以愛人，克己以利物。外無畋游之樂，內絶土木之功。浣衣菲食，宵興夕惕。厚於身者無不去，便於人者無不行。損羣方之厎貢，驅時風於樸素，將以宏祖宗法度，致夷夏雍熙。心雖勞於九垓，道未進於一取，顧惟不德，矍歎方深。

今雖遐邇甫寧，忠良叶志，五兵戢其鋋刃，百姓絶其征行，勤求理道，日冀平泰。而去秋旱蝗所及，稼穡卒痒，哀此蒸人，懼罹艱食。是用順時布令，助煦育之深仁；施惠覃恩，法雨露之殊澤。

其淄、青、兖、海、鄆、曹、濮去秋蟲蝗，害物偏甚。其三道有去年上供錢及斛斗在百姓腹内者，並宜放免。今年夏税上供錢及斛斗亦宜全放，仍以當處常平、義倉斛斗，速加賑救。京兆府諸州府應有蝗蟲米穀貴處，亦宜以常平、義倉及側近官中所貯斛斗，量加賑賜。災旱之餘，撫養尤切，眷茲長吏，必在得人。應遭蝗蟲處刺史，委中書門下精加訪察，如有煩苛暴虐、貪濁懦弱者，即須與替。邦畿之内，徭役殷繁，言念疲人，固資矜恤。京兆府今年夏青苗錢，宜量放一半。應遭蝗蟲及旱損州縣，鄉村百姓，公私債負，一切停徵。至麥熟，即任依前徵理，及準私約計會。其遭蝗蟲及旱損處，準敕添貯義倉，每畝九升斛斗去秋合徵在百姓腹内者，並宜放免。其天下州府貸種糧子在百姓腹内者，更不要徵。閉糴禁錢，爲時之蠹，方將革弊，尤藉通商。其見錢及斛斗，所在方鎮州府，輒不得擅有壅遏，任其交易，必使流行。仍委出使郎官御史及所在度支鹽鐵巡院切加勾當，兼委轉運使設法般運江淮糙米，於河陰積貯，以備節級賑濟。累時以來，水旱時有，方隅郡府，杼柚屢空。厚下所以安人，哀多由其稱物，至於徵斂，亦在寬恤。應方鎮、州府借便度支、鹽鐵、户部錢物斛斗，經五年以上者，並宜放免。天下百姓人吏，欠太和九年以前官錢斛斗，家業蕩盡，無可徵納，囚繫囹圄，動經數年者，亦宜放免。

刑獄之重，人命所懸，將絶冤濫，必資慎恤。京城百司及畿甸見禁囚徒，委中書門下差官疏理，无使冤濫。輦轂之下，法在肅清，奸盗竊發，理難容舍。親仁坊今年五日賊，依前委京兆府左右街使鳳翔、邠、涇、金、商、同、華等州切加捕逐。如獲頭首，準法科斷，其餘支黨，一切不問。

於戲！惟此凶災，是彰菲德，情敢忘於罪己，惠所貴於及人，施令布和，期於蘇息。凡厥臣庶，宜體朕懷，主者施行。

（清）陸心源《唐文拾遺》卷五《德宗・禁採捕敕》 自今已後，每年五月，宜令天下州縣禁斷採捕弋獵，仍令所在斷屠宰，永爲常式。並委州府長吏嚴加捉搦。其應合供陵廟，並依常式。

（清）陸心源《唐文拾遺》卷八《宣宗・禁宰牛制》 爰念農耕，是資牛力。絶其屠宰，須峻科條。天下諸州屠牛，訪聞近日都不遵守。自今已後，切宜禁斷，委所在州府長官并録事忝軍等嚴加捉搦。如有牛主自殺牛并盗竊殺者，宜準乾元元年二月五日敕，先決六十，然後準法科罪。其本管官吏不鈐轄，即委所在長吏節級重加科責，庶令止絶。

（宋）王欽若等《册府元龜》卷九二《帝王部・赦宥》 〔後唐莊宗同光元年〕十月己丑，御崇元殿，降德音曰：【略】理國之道，莫若安民，勸課之規，宜從薄賦，庶遂息肩之願，冀諧鼓腹之謡。應諸道户口，宜竝罷其差役，各務營農。新係殘欠税賦，及諸務懸久，積年課利，及公私債負等，其汴州城内，自收復日已前，竝不在徵理之限，應天下諸道，自壬午年十二月已前竝放。其兵戈蹂躪之地，水旱災沴之鄉，苗稼不登，徵賦既減。應今年經霜旱所損田苗處，檢覆不虚，便據畆隴蠲免。兼北京及河北，先爲妖祲未平，配買征馬，如有未請却官本錢及買馬不迨者，可竝放免。

（清）董誥《全唐文》卷一〇七《後唐明宗・許百姓自鑄農器詔》 富民之道，莫尚於務農；力田之資，必先於利器。器苟不利，民何以安？近聞諸道監冶所賣農器，或大小異同，或形狀輕怯，纔當墾闢，旋致損傷。近百姓秋稼雖登，時物頗賤，既艱難於買置，遂抵犯於條章。苟利錐刀，擅興鑪冶，稍聞彰露，須議誅夷。緩之則贍國不充，急之則殘民轉盛。加以巡檢節級，騷擾鄉閭，但益煩苛，殊非通濟。欲使上不奪山川之利，下皆遂畎畝之宜，務在從長，庶能經久。自今後不計農器、燒器動使諸物，並許百姓逐便自鑄。諸道監冶，除依常年定數鑄辦供軍熟鐵并器物外，只管出生鐵。比已前價，各隨逐處見定高低，每斤一例減十文貨賣。雜使熟鐵，亦任百姓自揀。巡檢節級勾當，賣鐵場官并鋪户等，一切並廢。鄉村百姓，只於係省秋夏田畝上，每畝納農器錢一錢五分足陌，隨秋夏税二時送納去。

（清）董誥《全唐文》卷一〇九《後唐明宗・禁屠牛敕》 訪聞京城坊市軍營，有故犯條流，殺牛賣肉者，仰府縣軍巡，嚴加糾察。如得所犯人，準條科斷。如自死牛，即令貨賣，其肉斤不提過五錢。鄉村死牛，但報本村節級，然後準例納皮。曉示天下州府，準此處分。

（清）董誥《全唐文》卷一一〇《後唐明宗・禁不務農桑敕》 皇王之業，寰海爲家，民不擾而自安，事不紊而易治，皆修遠大，以固雍熙。朕自纂丕圖，每勤庶政，民有耕耘之樂，時無饑饉之災，然猶菲食如初，宵衣若舊，内則仗前後左右，外則委侯伯子男，共削煩苛，同除蠹弊。康澄所奏機巧之事，游惰之徒，所在不無，未能全斷。令仰諸道長吏，詳此曉示村巡，游惰者勸以歸農，機巧者戒其越樣。此外或更有不利於民事，並可嚴行止絶。將使俗無奇技，野絶閒游，爲下有勤力之資，在上無蕩心之事。鄽肆人和之際，何禁謳謠？村閭桑隙之時，無妨歡樂。即須辨認姦惡，不得分外騷擾人户。所切者當輕徭薄賦，不急斂暴徵，民不勸而自勤，財不營而自富。況諸侯勠力，列辟盡忠，皆是腹心，總如魚水，將期混一，永致和平。

（清）董誥《全唐文》卷一一六《晋高祖・停差縣令檢巡河隄敕》 修葺河岸，深護田農。每歲差隄長檢巡，深爲濟要。逐旬遣縣令行看，稍恐煩勞，隄長可差，縣令宜止。

（清）董誥《全唐文》卷一二五《周世宗・太廟及諸祠非親祀不用犢敕》 祭祀尚誠，祝史貴信，非誠與信，何以事神？禴祭重於殺牛，黍稷輕於明德，犧牲之數，具載典經。前代以來，或有增損，宜採酌中之禮，且從貴少之文。起今後祭圜丘方澤社稷，並依舊用犢。太廟及諸祠，宜準上元二年九月二十一日制，並不用犢。如朕親行事，則依常式。

（清）董誥《全唐文》卷一二八《南唐先主李昪・恤農詔》 比者干戈相接，人無定主，地易而弗藝，桑隕而弗蠶，衣食日耗，朕甚憫之。其嚮風面内者，有司計口給食，願耕植者，授之土田，仍復三歲租役。於嘻！仁不異遠，化無泄邇，其務宣流，以稱朕意。

（清）陸心源《唐文拾遺》卷九《後唐莊宗・斷除宰殺馬牛敕》 凡軍人百姓，將牛驢及馬宰殺貨賣，今後切要斷除。如敢故違，便即擒捉。不問職分高低，所在處斬訖奏。其本軍指揮使，若不切□鈐轄，致軍内有人違犯，别處捉獲，亦當取斷。

（清）吴任臣《十國春秋》卷一五《南唐・烈祖紀》 〔昇元三年夏四月癸未〕民三年蓺桑及三千本者，賜帛五十疋，每丁墾田及八十畝者，賜錢二萬，皆五年勿收租税。

（清）吴任臣《十國春秋》卷三六《前蜀・高祖紀》 〔武成三年六月〕下詔勸農桑曰：昔劉先主入蜀，武侯勸其閉關養民，十年而後舉兵，震搖關内。朕以猥眇，托居人上，爰念蒸民久羅干戈之苦，而不暇力於農桑之業。今國家漸寧，民用休息，其郡守縣令務在惠綏，無侵無擾，使我赤子樂於南畝，而有《豳風》、《七月》之詠焉。

紀事

（唐）劉肅《大唐新語》卷二《投諫》 倪若水爲汴州刺史，玄宗嘗遣中官往淮南採捕鵁鶄及諸水禽，上疏諫曰：方今九夏時忙，三農並作，田夫擁耒，蠶婦持桑。而以此時採捕奇禽異鳥，供園池之玩，遠自江嶺，達於京師，力倦擔負，食之以魚肉，間之以稻粱。道路觀者，莫不言陛下賤人而貴鳥。陛下當以鳳凰爲凡鳥，麒麟爲凡獸，則鵁鶄鸂鶒之類，曷足貴也？陛下昔龍潛藩邸，備歷艱危，今氛祲廓清，高居九五，玉帛子女充於後庭，職貢珍奇盈於内府，過此之外，又何求哉？手詔答曰：朕先使人取少雜鳥，其使不識朕意，將鳥稍多。卿具奏之，詞誠忠懇，深稱朕意。卿達識周材，義方敬直，故輟綱轄之重，以處方面之權。果能閑邪存誠，守節彌固，骨鯁忠烈，遇事無隱，言念忠讜，深用喜慰。今賜卿物四十段，用答至言。

（唐）陸贄《陸宣公文集》卷四《賜京畿及同華等州百姓種子賑給貧人詔》 春陽布和，萬物暢茂，實兆庶樂生之日，農夫致力之時。今茲吾人則異於是，迫以荒饉，愁怨無憀，有離去井疆，業於庸保，有乞丐途路，因於死亡。鄉閭依然，煙火斷絶，種餉既乏，農耕不興。若東作愆時，西成何望？爲人父母，得不省憂。雖國計猶虚，公儲未贍，濟人之急，寧俟盈豐。罄其有無，庶拯艱厄。京兆府百姓，並宜賜種子二萬碩，同、華州各賜三千碩，陝、虢兩州賜四千碩，委州長吏即於度支計會請受，差公清仁恤之吏。與縣令親至村閭，隨便給付，仍加勸課，勿失農時。應諸倉所有遠年粟麥，宜令節度更分二萬碩，京兆尹即差官逐便般載，賑賜貧人，先盡鰥寡孤惸目下不濟者，務令均給，全活流庸。嗚呼！朕德之不敷，誠之不感，上帝降格，丁寧厥躬。元元何辜，罹此災害。思欲拯救，未知其方。長人之官，寄任斯重，所宜極慮，與我同憂。勉敷惠和，以育疲瘵，佇聞良術，稱朕意焉。

（唐）陸贄《陸宣公文集》卷四《賑恤諸道將吏百姓等詔》　國之經制，儲畜備災。雖遇凶年，人無菜色。時或弛征散利，務穡勸分，徙有以均無，因豐而補敗，救患之術，抑其次焉。自戎役繁興，兩河尤極，農桑日費，井邑爲墟，丁壯服其干戈，疲羸委於溝壑，傷夷未復，荒饉荐臻。歷河朔而至於太原，自淮沂而被于洛汭，蟲螟爲害。雨澤愆時，稼穡卒癉，烝黎重困，然由徵賦不息、征役未寧。凍餒流離，寄命無所，興言感悼，焚灼于懷。朕聞刑罰失中，虐沴斯作。致咎之本，在予一人，萬姓何辜，遭罹其弊。兢兢惕畏，不敢遑安，庶蠲下土之災，用荅上天之戒。其宣武等軍、宋亳陳州等節度、淄青等州節度、河陽懷州節度、東都畿汝等州節度、潞美軍、澤潞磁邢等州節度、保寧軍節度、成德軍、恒深趙等州節度、易定等州節度，每管各賜米五萬碩，所司即般運，都於楚州分付，各委本道差官受領，賑給將士百姓等，務令均洽，以惠困窮。屬軍費方殷，國儲尚歉，今所賜賑給，其數非多，猶慮孤惸或未周贍，穀價翔貴，何能自資。江淮之間，連歲豐稔，迫於供賦，頗亦傷農。收其有餘，濟彼不足，允孚發斂之術，且叶變通之規。宜令度支於淮南浙江東西等道，量置場加價和糴米三五十萬碩，差官般運於諸道，減價出糶，貴從權便，以利於人。無或勞煩，重予不德。方岳守將，實朕股肱，卹患分憂，與朕同體。宜即遣使，分道宣慰，勞勉將士，省問鄉閭。有可以救歲之凶災，除人之疾苦，各與本道節度使商議，具以聞奏，必精必詳，用稱朕意。

（唐）吴兢《貞觀政要》卷一《政體》　貞觀八年，太宗謂侍臣曰：隋時百姓縱有財物，豈得保此？自朕有天下已來，存心撫養，無有所科差，人人皆得營生，守其資財，即朕所賜。向使朕科喚不已，雖數資賞賜，數，音朔。亦不如不得。魏徵對曰：堯舜在上，百姓亦云耕田而食，鑿井而飲，含哺鼓腹，而云帝何力於其間矣。堯時有老人擊壤於路曰：吾日出而作，日入而息，鑿井而飲，耕田而食，帝何力於我哉？今陛下如此含養，百姓可謂日用而不知。又奏稱：晉文公晉，春秋時國名。文公，晉君，名重耳。出田，遂獸於碭，徒浪切。入大澤，迷不知所出。其中有漁者，文公謂曰：我，若君也，道將安出？我且厚賜若。漁者曰：臣願有獻，文公出澤而受之。於是送出澤。文公曰：今子之所欲教寡人者，何也？願受之。漁者曰：鴻鵠保河海，厭而徙之小澤，則有矰丸之憂。矰，音曾，矢也。黿鼉保深淵，厭而出之淺渚，必有釣射之憂。射，音石。今君出獸碭入至此，何行之太遠也？文公曰：善哉。謂從者記漁者名。從，去聲。漁者曰：君何以名？君尊天事地，敬社稷，保四國，慈愛萬人，薄賦斂，聲去。輕租稅，臣亦與焉。與，去聲。君不尊天不事地，不敬社稷，不固四海，外失禮於諸侯，內逆人心，一國流亡，漁者雖有厚賜，不得保也。遂辭不受。太宗曰：卿言是也。舊本。

（唐）吴兢《貞觀政要》卷八《務農》　貞觀二年，京師旱，蝗蟲大起。太宗入苑視禾，見蝗蟲掇數枚而呪曰：人以穀爲命，而汝食之，是害于百姓。百姓有過，在予一人，爾春有靈，但當蝕我心，無害百姓。將吞之，左右遽諫曰：恐成疾，不可。太宗曰：所冀移災朕躬，何疾之避。遂吞之。自是蝗不復爲災。

（唐）吴兢《貞觀政要》卷八《務農》　貞觀五年，有司上書言：皇太子將行冠禮，冠，去聲。宜用二月爲吉，請追兵以備儀注。太宗曰：今東作方興，恐妨農事。令改用十月。令，平聲。太子少保蕭瑀奏言：準陰陽家，用二月爲勝。太宗曰：陰陽拘忌，朕所不行。若動靜必依陰陽，不顧理義，欲求福祐，其可得乎？若所行皆遵正道，自然常與吉會。且吉凶在人，豈假陰陽拘忌農時甚要？不可蹔失。

（唐）吴兢《貞觀政要》卷八《務農》　貞觀十六年，太宗以天下粟價率計斗直五錢，其尤賤處，計斗直三錢。因謂侍臣曰：國以民爲本，人以食爲命。若禾黍不登，則兆庶非國家所有。既屬豐稔若斯，朕爲億兆人父母，唯欲躬務儉約，必不輒爲奢侈。朕常欲賜天下之人，皆使富貴。今省徭賦，不奪其時，使比屋之人比，音鼻。恣其耕稼，此則富矣。敦行禮讓，使鄉閭之間，少敬長，少，去聲。長，音掌。妻敬夫，此則貴矣。但令天下皆然，令，平聲。朕不聽管絃，不從畋獵，樂在其中矣。

（唐）柳宗元《柳宗元集》卷三九《奏狀·爲京兆府昭應等九縣訴夏苗旱損狀》　右臣謬領京畿，已逾兩月，政術無取，誠懇莫申，遂使兩澤愆時，田苗微損，夙夜兢懼，寢食靡遑。今長安一十四縣，并准常年例全徵。并，一作皆。其昭應等九縣，臣各得狀，並令詳審，各絕隱欺，謹具別狀封進。臣當府夏税，通計約二十九萬石已上，據所損矜免，祇當三萬石有餘。恤人則深，減數非廣。伏以聖慈弘貸，憫念蒸黎，臣忝職司，不敢不奏。無任慚懼之至。謹録奏聞，伏聽敕旨。

（唐）韓愈《韓昌黎文集》卷一〇《順宗實録》　景寅，罷閩中萬安監。先是福建觀察柳冕久不遷，欲立事迹，以求恩寵，乃奏云：閩中，南朝放牧之地，畜羊馬可使孳息。請置監。許之。收境中畜產，令吏牧其中，羊大者不過十斤，馬之良者，估不過數千。不經時輒死，又斂。百姓苦之，遠近以爲笑。至是觀察閻濟美奏罷之。

（唐）白居易《白居易集》卷六七《判・得甲為郃州刺史，正月令人修耒耜。廉使責其失農候。訴云：土地寒》　教有權節，業無易宜。地苟異於寒溫，農則殊於早晚。甲分憂率職，從俗勉人。天時有常，農宜先定。地氣不類，寒則晚成。雖愆揉木之時，未建把草之候。正惟廉使，何昧遺風？

縱稼器之已修，先成焉用？苟土膏之不起，欲速何爲？誠宜嘉乃辨方，豈可詰其行古？循諸《周禮》，修耒雖在於季冬，訓此豳人，於耜未乖於正月。責則迂也，訴之宜哉！

（唐）白居易《白居易集》卷六八《碑誌序記表讚論衡書・錢唐湖石記》　錢唐湖事，刺史要知者四條，具列如左。

錢唐湖一名上湖，周迴三十里。北有石函，南有筧。凡放水溉田：每減一寸，可溉十五餘頃。每一復時，可溉五十餘頃。先須别選公勤軍吏二人：［一人］立於田次，［一人立於湖次］，與本所由田户據頃畝，定日時，量尺寸，節限而放之。若歲旱，百姓請水，須令經州陳狀，刺史自便押帖，所由即日與水；若待狀入司，符下縣，縣帖鄉，鄉差所由，動經旬日，雖得水，而旱田苗無所及也。大抵此州春多雨，夏秋多旱，若隄防如法，蓄洩及時，即瀕湖千餘頃田，無凶年矣。《州圖經》云：湖水溉田五百餘頃，謂係田也。今按水利所及，其公私田，不啻千餘頃也。自錢唐至鹽官界，應溉夾官河田，須放湖入河，從河入田，准鹽鐵使舊法，又須先量河水淺深，待溉田畢，却還本水尺寸。往往旱甚，即湖水不充。今年修築湖堤，高加數尺，水亦隨加，即不啻足矣。脱或不足，即更決臨平湖，添注官河，又有餘矣。雖非澆田時，若官河乾淺，但放湖水添注，可以立通舟船。俗云：決放湖水，不利錢唐縣官。縣官多假他詞，以惑刺史。或云：魚龍無所託。或云：茭菱失其利。且魚龍與生民之命孰急？茭菱與稻粱之利孰多？斷可知矣。又云：放湖即郭内六井無水，亦妄也。且湖底高，井管低，湖中又有泉數十眼，湖耗則泉湧，雖盡竭湖水，而泉用有餘；況前後放湖，終不至竭。而云井無水，謬矣！其郭中六井，李泌相公典郡日所作，甚利於人，與湖相通，中有陰竇，往往堙塞；亦宜數察而通理之：則雖大旱，而井水常足。湖中有無税田，約十數頃：湖淺則田出，湖深則田没。田户多與所由計會，盗洩湖水，以利私田。其石函、南筧，並諸小筧闥，非澆田時，並須封閉築塞，數令巡檢；小有漏泄，罪責所由，即無盗洩之弊矣。又若霖雨三日已上，即往往堤決。須所由巡守，預爲之防。其筧之南，舊有缺岸：若水暴漲，即於缺岸洩之；又不減，兼於石函南筧洩之，防堤潰也。大約水去石函口一尺爲限，過此須泄之。予在郡三年，仍歲逢旱；湖之利害，盡究其由。恐來者要知，故書於石，欲讀者易曉，故不文其言。長慶四年三月十日，杭州刺史白居易記。

《舊唐書》卷一八上《武宗紀》　會昌二年四月敕：勸課種桑，比有敕命，如能增數，每歲申聞。比知並無遵行，恣加翦伐，列於鄽市，賣作薪蒸。自今州縣所由，切宜禁斷。

（宋）李昉等《文苑英華》卷五二四《田農判・軍士營農判》　得丁上書請令軍士自營，農隙而教戰。節度使稱疲兵於隴畝。緩急非可用也。

對

先王教人，必資農本。諸侯振旅，實因事隙。苟法度之不率，豈黔黎之克安。彼丁以阜俗爲心，類夷吾之寓政。節度以疲兵是恤，爽充國之嘉謀。昔楚宋理戎，尚反築耕之士。魏蜀堅壁，猶分上下之軍。方今九服賓王，四夷即序，宜修文以化俗，豈黷武而屯師？既車書之大同，何緩急之爭用？兩端之要，片言可知。

（宋）李昉等《文苑英華》卷五二五《田農門・勞農有闕判》　冬勞農，大酋有闕，主司糾劾。訴稱：六物未備。

對

昔在后稷躬稼，宣王命籍，用天之道，因地之利，率先以勸，敦本斯在。是候春鶊初飛，饁彼南畝，秋蟬已噪，獲乎東皋。順月令以迎猫，佇星迴而合蜡，八政罔忒，九職攸序。搜粟多乎敖廩，典農蓄於京坻，以備荒札，將禦凶饉。而穰田滿溝，豈用淳于之哂？載餚入野，常聞王丹之勞。惟彼大酋，是稱司醞，徒學杜康之藝，有傚儀狄之職。陶器必良，工善其事，火齊式序，職司其憂。和羹既用於鹽梅，合禮必資於麯蘗。六物未備，胡不及言，三農既休，忽此闕禮，使上農空迷於帝力，大酋合寘於國章。

（宋）李昉等《文苑英華》卷五二五《田農門·棄農判》 乙，農家子，棄業從戎，縣令捕而科之。詞云：征税繁重，餒在其中，苟圖庇身，非棄本也？【略】

同前　張叔政

農政之先，戎事之大。乙也業惟田畯，流匪兵家。固當不見異物，豈伊敢有貳事？屬裔夷壓境，殘賊犯邊，誰謂百夫之雄，且懼二吾之税。退惟憂於餒在，進或望於名成。秦楊《漢·貨殖傳》：秦楊以田農而甲一州。之盖一州，非其事也。定遠之游萬里，竊有幕焉。誓捐中野之軀，寧顧西成之業？縣令名當墨綬，志在繭絲。惟一作雖。求化洽之方，奚必禁人之犯。況北虜解辮，西戎屈膝。聖朝偃伯之日，賢相富人之時。已見小康，孰虞多難？是知且耕且戰，荷戈非黷武之夫。足食足兵，釋耒豈惰農之士？欲令科罪，必使正名。

（宋）李昉等《文苑英華》卷五三四《縣令門·夷攻蠻假道判》 夷攻蠻，道由邊邑。麥已熟，或請人皆出穫，宰不許。郡長讓之，云：恐爲不耕者所得。

對　史藏用

善教者爲政有聞，適權者在邦必達。能臨事而當斷，非不詢而作謀。苟或越官，是稱專欲。屬王風不振，霸業衰陵。蠻夷假道於上國，丁壯就功於下土。我承其弊，肆毒宜縱於貪狼，爾無令聞，爲患亦同於蟊賊。思營負户，議發懸門。雖師將入郛，而人未及麥。茂宰施令，黔黎酌心。能操製錦之刀，不紊在綱之網。禮先敦義，政貴有恒。盡地必資於勸分，滌場或存於禁末。我疆有畔，湏務材而訓農；他人越思，豈瘠魯而肥杞。縣大夫之立法，於予何誅？郡符竹之薄言，將子無怨。且人有食色，師非及耕。宜從宣父之存信，不讓荀吴之棄皷，況縣道駢雜，寇衝錯聯，若從穫於或一作域。人，是亂行於田畯。則輕賫者先於望歲，剽刼者多於服勤。革其虛求，亦謂盡善。

同前　魏季龍

大爲之防，自我王度。動不失實，爲爾政方。苟消息之乖宜，諒子惠之無取。相兹邊邑，正曰寇衝。務時訓農，猶温麥而雖盛；勵一作利。兵秣馬，假虞道而方深。實慮欺天之凶，寧顧如雲之稼。或人行險以徼倖，將馮河而請收。縣宰觀變以諮諏，固下關而不許。度其危亂之際，想其争奪之源，恐服田者不得自專，而游手者坐乘其利。則不收不獲，誠虛力穡之功；而惟一惟精，實杜無知之俗。臨下以簡，示人不偷。得仲康馴翟之風，符子賤彈琴之化。何剖竹之虛讓？掩烹鮮之異能。

（宋）李昉等《文苑英華》卷五三九《澤虞傷田苗判》 乙爲虞所司夏苗，乙萊田表地。或告有闕，訴稱：恐傷夏苗，仰正斷。

對

乙爲澤虞，掌於原獸，司其牝牡，職在畋漁。逢有司之夏苗，而猶秉於《周禮》。至於萊田表地，事屬農休；驅豕迎猫，恐爲稼害。何得迷夏令之事，行冬狩之儀。翻罪守官之人，奚勸在公之吏。或者有告，訟則未孚，虞人所陳，辭皆可據。請從審允，寧使厚誣。

（宋）司馬光《資治通鑑》卷一八七《唐紀·高祖武德二年》 秋，七月，初置十二軍，分關内諸府以隸焉，皆取天星爲名，以萬年道爲參旗軍，長安道爲鼓旗軍，富平道爲玄戈軍，醴泉道爲井鉞軍，同州道爲羽林軍，華州道爲騎官軍，寧州道爲折威軍，岐州道爲平道軍，豳州道爲招搖軍，西麟州道爲苑游軍，涇州道爲天紀軍，宣州道爲天節軍。以車騎府統之。每軍將、副各一人，取威名素重者爲之，騎，奇寄翻。將，即亮翻；下同。督以耕戰之務。由是士馬精强，所向無敵。

（宋）司馬光《資治通鑑》卷一八八《唐紀·高祖武德三年》 竇建德攻李商胡，殺之。建德張：德下脱至字。洺州勸課農桑，境内無盜，商旅野宿。

（宋）司馬光《資治通鑑》卷一九二《唐紀·太宗貞觀二年》 關内旱饑，民多賣子以接衣食；己巳，詔出御府金帛爲贖之，歸其父母。爲，于僞翻。庚午，詔以去歲霖雨，今兹旱、蝗，赦天下。詔書略曰：若使年穀豐稔，天下乂安，移災朕身，以存萬國，是所願也，甘心無吝。會所在有雨，民大悅。

（宋）司馬光《資治通鑑》卷一九三《唐紀·太宗貞觀四年》 元年，關中饑，米斗直絹一匹；二年，天下蝗；三年，大水。上勤而撫之，民雖東西就食，未嘗嗟怨。是歲，天下大稔，流散者咸歸鄉里，米斗不過三、四錢，終歲斷死刑纔二十九人。東至于海，南極五嶺，皆外户不閉，斷，丁亂翻。孔穎達曰：外户而不閉者，扉從外闔也；不閉者，不用關閉之也。重門擊柝，本禦暴客，既無盗竊亂賊，則户無俟於閉也；但爲風塵入寢，故設扉耳，無所捍拒，故從外而掩也。行旅不齎糧，取給於道路焉。

（宋）司馬光《資治通鑑》卷一九六《唐紀·太宗貞觀十五年》 乙巳，上謂侍臣曰：朕有二喜一懼。比年豐稔，比，毗至翻。長安斗粟直三、四錢，一喜也；北虜久服，邊鄙無虞，二喜也。治安則驕侈易生，治，直吏翻。易，以豉翻。驕侈則危亡立至，此一懼也。

（宋）司馬光《資治通鑑》卷一九八《唐紀·太宗貞觀二十一年》 上將復伐高麗，復，扶又翻。朝議以爲：高麗依山爲城，攻之不可猝拔。朝，直遥翻。前大駕親征，國人不得耕種，所克之城，悉收其穀，繼以旱災，民太半乏食。今若數遣偏師，更迭擾其疆埸，數，所角翻。更，工衡翻。埸，音亦。使彼疲於奔命，釋耒入堡，耒，盧對翻。數年之間，千里蕭條，則人心自離，鴨緑之北，可不戰而取矣。上從之。

（宋）司馬光《資治通鑑》卷一九九《唐紀·太宗貞觀二十三年》 去冬旱，至是始雨。辛酉，上力疾至顯道門外，赦天下。丁卯，敕太子於金液門聽政。按《唐六典》：城門郎掌京城、皇城、宫殿諸門。明德等門爲京城門，朱雀等門爲皇城門，承天等門爲宫城門，嘉德等門爲宫門，太極等門爲殿門。通内諸門，並同上閤門，顯道、金液，其亦通内諸門之門歟？《圖志》不能盡載耳。

（宋）司馬光《資治通鑑》卷一九九《唐紀·高宗永徽二年》 丙子，上饗太廟；丁亥，饗先農，躬耕藉田。《漢儀》：天子正月親耕藉田，告祠先農。先農即神農也，祠以太牢，百官皆從。唐制，天子以孟冬吉亥享先農，而遂以耕藉。

（宋）司馬光《資治通鑑》卷二一〇《唐紀·高宗乾封元年》 春，正月，上耕藉田，有司進耒耜，加以彫飾。上曰：耒耜農夫所執，豈宜如此之麗！命易之。耒，盧對翻。既而耕之，九推乃止。耕藉之制，《月令》及鄭玄註《周禮》，皆云天子三推，盧植註《禮記》曰：天子耕藉，一發九推耒。此用盧説也。推，吐雷翻。

（宋）司馬光《資治通鑑》卷二一一《唐紀·玄宗開元三年》 山東大蝗，民或於田旁焚香膜拜設祭而不敢殺，姚崇奏遣御史督州縣捕而瘞之。膜，莫胡翻。膜拜，胡禮拜也。瘞，於計翻。《考異》曰：《舊傳》：開元四年，山東蝗大起，崇奏請捕瘞。按《本紀》：三年六月，山東諸州大蝗，姚崇奏差御史下諸道促官吏遣人驅撲焚瘞；從之。是歲，田收有獲，人不甚饑。四年又云，是夏，山東、河南、河北蝗蟲大起，遣使分捕而瘞之。又《實録》，今年十一月，制以間者河南、河北災蝗水潦。明年正月辛未，以右丞倪若水爲汴州刺史。五月敕曰：今年蝗暴，乃是孳生，所由官司不早除遏。信蟲成長，看食田苗，不恤人災，自爲身計。向若信其拘忌，不有指麾，則山東之苗，掃地俱盡。然則三年有蝗，崇令討捕不能盡，明年又有蝗也。今從《本紀》。議者以爲蝗衆多，除不可盡；上亦疑之。崇曰：今蝗滿山東，河南、北之人，流亡殆盡，豈可坐視食苗，曾不救乎！借使除之不盡，猶勝養以成災。上乃從之。盧懷慎以爲殺蝗太多，恐傷和氣。崇曰：昔楚莊吞蛭而愈疾，賈誼《書》曰：楚王食寒菹而得蛭，因遂吞之，腹有疾而不能食。令尹入問疾。曰：吾食菹而得蛭，不行其罪，是法廢而威不立也；譴而誅之，恐監食者皆死，遂吞之。令尹曰：天道無親，唯德是輔。王有仁德，疾不爲傷。王疾果愈。蛭，之日翻。孫叔殺蛇而至福，《説苑》：孫叔敖爲兒時，出游見兩頭蛇，殺而埋之，還家而哭。母問其故。曰：見兩頭蛇，恐死。母曰：蛇安在？曰：聞見兩頭蛇者死，恐人復見，已殺而埋之矣。母曰：毋憂，汝不死矣，吾聞有陰德者天必報以福。奈何不忍於蝗而忍人之飢死乎！若使殺蝗有禍，崇請當之。

（宋）司馬光《資治通鑑》卷二一一《唐紀·玄宗開元四年》 上嘗遣宦官詣江南取鵁鶄、鸂鶒等，鵁，居肴翻。鶄，咨盈翻。鵁鶄似鳧而大腳、高毛冠，水鳥也。《爾雅》曰：鳽，鵁鶄。陸佃《新義》曰：鵁鶄顒視不流，其睛交據，㳬出不流，所謂鵁鶄旋目者也。《爾雅翼》：鳽似鳧而脛高，有毛冠，江東人養之以厭火災，又謂之交精。精，目精也；其目精交也。陸龜蒙曰：鵁鶄，黑襟，青脛，丹爪蠋，色幾及項。鸂，苦奚翻。鶒，耻力翻。鸂鶒，亦水鳥也，毛有五色。陸佃《埤雅》曰：鸂鶒五色，尾有毛如船柂，小於鴨，性食短狐，在山澤中，無復毒氣。故《淮賦》云：鸂鶒尋邪而逐害。此鳥蓋溪中之敕邪逐害者，故以名云。陳昭裕《建州圖經》曰：鸂鶒於水中宿，先少若有敕令也。亦以浮游，雄者左，雌者右，羣伍皆有式度。欲置苑中，使者所至煩擾。道過汴州，倪若水上言：今農桑方急，而羅捕禽鳥以供園池之翫，遠自江、嶺，水陸傳送，食以粱肉。傳，張戀翻。食，祥吏翻。道路觀者，豈不以陛下賤人而貴鳥乎！陛下方當以鳳凰爲凡鳥，麒麟爲凡獸，況鵁鶄、鸂鶒，曷足貴也！上手敕謝若水，賜帛四十段，縱散其鳥。

（宋）司馬光《資治通鑑》卷二一二《唐紀・玄宗開元十年》 先是，緣邊戍兵常六十餘萬，先，悉薦翻。說以時無強寇，奏罷二十餘萬使還農。上以爲疑，說曰：臣久在疆場，具知其情，將帥苟以自衛及役使營私而已。場，音亦。將，即亮翻。帥，所類翻。若禦敵制勝，不必多擁冗卒以妨農務。陛下若以爲疑，臣請以闔門百口保之。上乃從之。

（宋）司馬光《資治通鑑》卷二一二《唐紀・玄宗開元十二年》 春，二月，庚申，以御史中丞宇文融兼户部侍郎。制以所得客户税錢均充所在常平倉本；又委使司與州縣議作勸農社。使司，勸農使司也。使，疏吏翻。使貧富相恤，耕耘以時。

（宋）司馬光《資治通鑑》卷二一七《唐紀・玄宗天寶十三載》 自去歲水旱相繼，關中大饑。楊國忠惡京兆尹李峴不附己，以災沴歸咎於峴，九月，貶長沙太守。惡，烏路翻。沴，音淚。長沙郡，潭州。《舊志》：長沙郡，京師南二千四百四十五里。峴，褘之子也。信安王褘，開元初以軍功有寵於上。褘，吁韋翻。上憂雨傷稼，國忠取禾之善者獻之，曰：雨雖多，不害稼也。上以爲然。扶風太守房琯言所部水災，扶風郡，岐州。國忠使御史推之。宋白曰：唐故事，侍御史各二人，知東西推。又各分京城諸司及諸道州府，爲東西之限；隻日則臺院受事，雙日則殿院受事。又有監察御史出使推按，謂之推事御史。是歲，天下無敢言災者。高力士侍側，上曰：淫雨不已，賈公彦曰：雨三日已上爲淫。卿可盡言。對曰：自陛下以權假宰相，賞罰無章，陰陽失度，臣何敢言！上默然。

（宋）司馬光《資治通鑑》卷二二五《唐紀・代宗大曆十二年》 京兆尹黎幹奏秋霖損稼，韓滉奏幹不實；上命御史按視，丁未，還奏，所損凡三萬餘頃。渭南令劉澡渭南縣，唐初屬華州，時屬雍州。宋白曰：淳緣生《述征記》云：渭南縣，夷狄所置，謂苻、姚也。阿附度支，謂阿附韓滉。度，徒洛翻。稱縣境苗獨不損；御史趙計奏與澡同。上曰：霖雨溥博，豈得渭南獨無！更命御史朱敖視之，損三千餘頃。上歎息久之，曰：縣令，字人之官，不損猶應言損，迺不仁如是乎！貶澡南浦尉，後魏分朐䏰縣置漁泉縣，後周改曰萬川，隋改曰南浦，唐帶萬州。計灃州司户，而不問滉。灃，音禮。滉，呼廣翻。

（宋）司馬光《資治通鑑》卷二二五《唐紀・代宗大曆十三年》 春，正月，辛酉，敕毀白渠支流碾磑以溉田。碾，尼展翻。磑，五對翻，磨也。公輸班作磑，後人又激水爲之，不煩人力，引水激輪，使自旋轉，謂之水磨。史炤曰：碾，磨也。磑，礲也。昇平公主有二磑，入見於上，請存之。見，賢遍翻。上曰：吾欲以利蒼生，汝識吾意，當爲衆先。公主即日毀之。

（宋）司馬光《資治通鑑》卷二三一《唐紀・德宗興元元年》 是歲蝗徧遠近，草木無遺，惟不食稻，大饑，道殣相望。《詩》云：行有死人，尚或殣之。殣，渠吝翻，瘞尸也；又餓殍爲殣。道殣相望，本《左傳》之言。

（宋）司馬光《資治通鑑》卷二三二《唐紀・德宗貞元三年》 上復問泌以復府兵之策。上復，扶又翻。對曰：今歲徵關東卒戍京西者十七萬人，計歲食粟二百四萬斛。今粟斗直百五十，爲錢三百六萬緡。國家比遭饑亂，比，毗至翻。經費不充，就使有錢，亦無粟可糴，未暇議復府兵也。上曰：然則柰何？亟減戍卒歸之，何如？對曰：陛下【章：乙十六行本下下有誠能二字；乙十一行本同；孔本同；張校同。】用臣之言，可以不減戍卒，不擾百姓，糧食皆足，粟麥日賤，府兵亦成。上曰：苟能如是，何爲不用！對曰：此須急爲之，過旬日則不及矣。今吐蕃久居原、會之間，【章：乙十六行本會作蘭；乙十一行本同；退齋校同。】以牛運糧，糧盡，牛無所用，請發左藏惡繒染爲綵纈，藏，徂浪翻。惡繒，積於庫藏年深以致脆惡者。纈，户結翻。撮綵以線結之而後染色，既染則解其結，凡結處皆元色，餘則入染色矣，其色斑斕，謂之纈。因党項以市之，每頭不過二三四匹，計十八萬匹，可致六萬餘頭。又命諸冶鑄農器，糴麥種，種，章勇翻；下其種同。分賜沿邊軍鎮，募戍卒，耕荒田而種之，約明年麥熟倍償其種，其餘據時價五分增一，官爲糴之。爲，于僞翻。來春種禾亦如之。關中土沃而久荒，所收必厚。戍卒獲利，耕者浸多。邊地居人至少，軍士月食官糧，粟麥無所售，其價必賤，名爲增價，實比今歲所減多矣。上曰：善！即命行之。

（宋）司馬光《資治通鑑》卷二三四《唐紀・德宗貞元八年》 河

南、北、江、淮、荆、襄、陳、許等四十餘州大水，溺死者二萬餘人，陸贄請遣使賑撫。上曰：聞所損殊少，溺，奴狄翻。少，詩沼翻。即議優恤，恐生姦欺。贄上奏，其略曰：流俗之弊，多徇諂諛，揣所悦意則侈其言，度所惡聞則小其事，揣，初委翻。度，徒洛翻。惡，烏路翻。制備失所，恒病於斯。制備，謂隨事爲之制而豫備也。恒，户登翻。又曰：所費者財用，所收者人心，苟不失人，何憂乏用！上許爲遣使，爲，于僞翻。而曰：淮西貢賦既闕，不必遣使。贄復上奏，復，扶又翻。以爲：陛下息師含垢，宥彼渠魁，渠，大也。魁，率也。惟兹下人，所宜矜恤。昔秦、晉讎敵，穆公猶救其饑，《左傳》：晉饑，秦輸之粟；秦饑，晉閉之糴；穆公伐晉，執惠公。而晉又饑，穆公復餼之粟，曰：吾怨其君而矜其民。況帝王懷柔萬邦，唯德與義，寧人負我，無我負人。反曹操之言，則有帝王氣象。八月，遣中書舍人京兆奚陟等宣撫諸道水災。

（宋）司馬光《資治通鑑》卷二三七《唐紀·憲宗元和四年》 上以久旱，欲降德音，翰林學士李絳、白居易上言，《考異》曰：《李司空論事》及《居易集》皆有此奏，語雖小異，大指不殊，蓋同上奏耳。以爲欲令實惠及人，無如減其租稅。又言宮人驅使之餘，其數猶廣，事宜省費，物貴徇情。冗食宮中，歲費給賜，則非省費矣。内多怨女，則非徇情矣。又請禁諸道横斂以充進奉。又言嶺南、黔中、福建風俗，多掠良人賣爲奴婢，乞嚴禁止。閏月，己酉，制降天下繫囚，蠲租稅，出宮人，絶進奉，禁掠賣，皆如二人之請。己未，雨。絳表賀曰：乃知憂先於事，故能無憂；先，悉薦翻。事至而憂，無救於事。

（宋）司馬光《資治通鑑》卷二三八《唐紀·憲宗元和七年》 五月，庚申，上謂宰相曰：卿輩屢言淮、浙去歲水旱，近有御史自彼還，言不至爲災，事竟如何？李絳對曰：臣按淮南、浙西、浙東奏狀，皆云水旱，人多流亡，求設法招撫，設爲法制以招撫流亡之民。其意似恐朝廷罪之者，豈肯無災而妄言有災邪！此蓋御史欲爲姦諛以悦上意耳，願得其主名，按致其法。上曰：卿言是也。國以人爲本，聞有災當亟救之，豈可尚復疑之邪！復，扶又翻。朕適者不思，失言耳。命速蠲其租賦。上嘗與宰相論治道於延英殿，治，直吏翻。日旰，暑甚，汗透御服，宰相恐上體倦，求退。上留之曰：朕入禁中，所與處者獨宮人、宦宮耳，故樂與卿等且共談爲理之要，殊不知倦也。爲理，猶言爲治。唐避高宗諱，改治爲理。處，昌吕翻。樂，音洛。

（宋）司馬光《資治通鑑》卷二四九《唐紀·宣宗大中五年》 進士孫樵上言：百姓男耕女織，不自温飽，而羣僧安坐華屋，美衣精饌，饌，雛晥翻，又戀雛翻。率以十户不能養一僧。武宗憤其然，憤其然，猶言憤其如此也。髪十七萬僧，言使長髪復爲齊民也。是天下一百七十萬户始得蘇息也。陛下即位以來，修復廢寺，天下斧斤之聲至今不絶，度僧幾復其舊矣。幾，居依翻。陛下縱不能如武宗除積弊，柰何興之於已廢乎！日者陛下欲脩國東門，諫官上言，遽爲罷役。爲，于僞翻。今所復之寺，豈若東門之急乎？所役之功，豈若東門之勞乎？願早降明詔，僧未復者勿復，寺未脩者勿脩，庶幾百姓猶得以息肩也。秋，七月，中書门下奏：陛下崇奉釋氏，羣下莫不奔走，恐財力有所不逮，因之生事擾人，望委所在長吏量加撙節。撙，慈損翻。所度僧亦委選擇有行業者，行，下孟翻。若容凶粗之人，則更非敬道也。鄉村佛舍，請罷兵日脩。時用兵以復河、湟。從之。

（宋）司馬光《資治通鑑》卷二五二《唐紀·懿宗乾符二年》 秋，七月，蝗自東而西，蔽日，所過赤地。言蝗之多，所過食草木葉及五穀皆盡。京兆尹楊知至奏蝗入京畿，不食稼，皆抱荆棘而死。宰相皆賀。楊國忠以霖雨不害稼，韓晃以霖雨不敗鹽，今楊知至以蝗不食稼抱荆棘而死，唐之臣以蒙蔽人主而成習，其來久矣。

（宋）司馬光《資治通鑑》卷二五三《唐紀·僖宗乾符五年》 詔以東都軍儲不足，貸商旅富人錢穀以供數月之費，仍賜空名殿中侍御史告身五通，監察御史告身十通，有能出家財助國稍多者賜之。時連歲旱、蝗，寇盜充斥，耕桑半廢，租賦不足，内藏虚竭，無所佽助。藏，徂浪翻。佽，音次，亦助也。兵部侍郎、判度支楊嚴三表自陳才短，不能濟辦，【章：十二行本辦下有乞解使務四字；乙十一行本同；孔本同；張校同；退齋校同。】辭極哀切，詔不許。人見美官，誰不欲之，乃有辭而不獲者，可以觀世道矣。

（宋）王讜《唐語林》卷一《政事》 廣德二年，春，三月，敕工部侍郎李栖筠、京兆少尹崔沔拆公主水碾磑十所，通白渠支渠，溉公私田，歲收稻二百萬斛，京城賴之。常年命官皆不果敢，二人不避強禦，故用之。本條不知原出何書。

（宋）宋敏求《唐大詔令集》卷一一一《政事・田農・温彦博等檢行諸州苗稼詔》　蟲霜爲害，風雨不時，政道未康，咎徵斯在。朕祇奉明命，撫育黔黎，愛愍之至，實切懷抱。輕徭薄賦，務在勸農，必望民殷物阜，家給人足。而陰陽不和，氣候乖舛，永言罪己，撫心多愧。河北燕趙之際，山西并潞所管，及蒲虞之郊，豳延以北，或春逢亢旱，秋遇霖淫，或蟊賊成災，嚴凝早降，有致飢饉，慚惕無忘。特宜矜恤，救其疾苦。可令中書侍郎温彦博、尚書右丞魏徵、治書侍御史孫伏伽、檢校中書舍人辛諝等，分往諸州，馳驛檢行。其苗稼不熟之處，使知損耗多少，户口乏糧之家，存問若爲支濟。必須詳細勘當，速以奏聞。待使人還京，量加賑濟。

（清）董誥《全唐文》卷二一《玄宗・春令行赦制》　青春式序，陽和布氣，萬物熙熙，莫不遂其性而嘉其生也。申念愚人，干我王度，日陷坑穽，置之網羅。朕代天理物，爲人父母，眷言囚繫，良增隱惻，豈憲章之尚密，將教道之不明歟？順時行令，抑惟常典，兩京及天下見禁囚，除犯惡逆并造僞闕以前，宜決一百，配流嶺南磧西諸州，其餘一切放免。

（清）董誥《全唐文》卷二七《玄宗・賑恤河南北詔》　德惟善政，政在養人，必將厚生阜俗，利物宏義。朕奉若天命，嗣應王業，思一物失所，以百姓爲心。聞者河北、河南，頗非善熟，人閒糧食，固應乏少。頃雖分遣使臣，已令巡問，猶恐鰥獨不能自存。凡立義倉，用爲歲備。今舊穀向没，新穀未登，蠶月務殷，田家作苦，不有惠恤，其何以安。宜開彼倉儲，時令貸給。況京坻轉積，歲月滋壞，因而變造，爲利宏多。

（清）董誥《全唐文》卷五三《德宗・免京畿積欠詔》　去夏迄秋，頗愆時雨，京畿諸縣，稼穡不登。朕用軫慮，愧爲父母。今宿麥未收，其逋租宿貸六十五萬貫石，宜蠲除之。禮化之本，繁乎京師，副朕憂人，屬於長吏。宜勉務農桑，各安生業，以諭朕懷。

（清）董誥《全唐文》卷六〇《憲宗・停明年耕藉詔》　朕以東郊耤田，禮之重者，爰擇吉亥，用祀先農。上以供粢盛，下以勸稼穡，式展三推之義，敢辭四體之勤。亦既草儀，方將肅事，載思理本，旁采衆詞。以江淮水旱之餘，河朔師旅之後，宜寬物力，以濟烝元。況當三農休息之時，百司供具之費，道塗灑掃，暴露勤勞，惕然在懷，是用中止。雖前有成命，皆已施行。而重煩吾民，則無固必，其來年正月十六日耤田禮宜停。於戲！夫聖人無心，以徇百姓，朕亦虚己，用圖大中。苟事有未宜，則改而求當，凡百卿士，期悉朕懷。

（清）董誥《全唐文》卷一五三《劉思立・諫農時出使表》　臣思立言：　臣伏見河南河北旱儉，敕遣御史中丞崔謐、給事中劉景先分道存問，兼量事賑貸。竊以水旱流行，古今代有，不專示眚，亦以戒盈。伏維天皇德越堯湯，恩隆父母，纔逢殊候，即軫沖襟。但謂聖人隔於九重，不知皇心遍於四海，所以分道出使，量使優矜，曲成賙給，特加存問。誠非愚闇，所合名言。然芻蕘之情，尚有未達，敢獻狂直，乞垂省覽。何者？麥序方秋，蠶功未畢，三時之務，萬姓所先。敕使巡撫，人皆悚忙，忘其家業，冀此天恩，踴躍來迎，必難抑止，集衆既廣，妨廢亦多。加以途程往還，兼之晨夕停止，設遣物去，決不盡還。況宣問須見衆人，賑給須作文簿，少處猶經兩月，多處必更淹延。都計所歷州縣，煩擾不可勝紀。又一使之下，凡有一十六人，並馱所須，總來一馬，無驛之處，須動公私，簡弱取強，非五十匹不可。禁馬之所，求覓甚難。使人欲求，必須預追簡擇。雨後農務，特切常情，暫廢須臾，即虧歲計。每爲一馬，遂勞數家，從此相乘，恐更滋甚。又刺史縣令，委任不輕，准敕即成。合稱明旨，用倉給户，不足爲難。且令賑貸，庶免饑乏。若須出使褒貶，請待秋後閑時。臣備位憲司，不敢不奏。

（清）董誥《全唐文》卷二七六《陸大同・報長吏令巡縣勸□疇判》　南郊有事，北陸已寒。丁不在田，人皆入室。此時勸課，切恐煩勞。

（清）董誥《全唐文》卷二七九《裴漼・諫春旱造寺觀疏》　臣某言：　臣謹案《禮記・春夏月令》曰：無聚大衆，無起大役，不可興土功，恐妨農事。若號令乖度，役使不時，則人加疾疫之危，國有水旱之變。此五行之必應也。今自春及夏，時雨愆期，下人憂心，莫知所出。陛下雖降哀矜之詔，兩都仍有寺觀之作，時旱之應，實此之由。近日已來，雨雖不多，僅得下種。若不勸以農桑，恐棄本者多。故《書》云：雖有鎡基，不如逢時。言在乎時，不可失也。且春令告期，東作方始，正是丁壯就功之日，而土木方興，臣恐所妨尤多，所益尤少。耕夫蠶妾，饑寒之源，故《春秋》莊公三十一年冬不雨，《五行傳》以爲是歲三築臺；僖公二十一年夏大旱，《五行傳》以爲時作南門，勞人興役。陛下每以萬方爲念，睿旨殷勤，安國濟人，防微慮遠。伏願陛下明制，發德音，順天時，副人望。兩京公私營造及諸和市木石等，並請且停，則蒼生幸甚。若農業失時，户口流散，縱寺觀營構，豈救黎元饑寒之弊哉？

（清）董誥《全唐文》卷二八二《王適·對旱令沈巫判》　鄴縣時炎，漳濱地旱，三農務切，百里情殷，方有正於山川，故無遺於祠祀。思月離之澤，南畝徒勤；詠雲漢之詩，西郊不潤。雖土龍矯首，不見朝隮，而石燕斂翼，無聞夜雨。劉感頗學師古，未達隨時，巫人既不假神，河伯又非求婦，天則不雨，女也何辜？遂使睇彼江妃，莫反凌波之步；偶夫精衛，長齊銜石之悲。斯則抑人憑河，事乃非令，違法致罪，理在可疑。

（清）董誥《全唐文》卷五三七《裴度·鑄劍戟爲農器賦以天下無事務農息兵爲韻》　皇帝嗣位之十三載，寰海鏡清，方隅砥平。驅域中盡歸力穡，示天下不復用兵。於是銷鋒鏑而俶載南畝，庤錢鎛而平秩西成。所以殄凶器，降嘉生，收禍亂之根本，致兆庶之豐盈者也。既而清天步，虛武庫，劍鍔銷，戟鋋露。當時出匣，揮獷俗以來賓，今日在鎔，唯良工之所鑄。長鎩倏爾而從革，覃耜忽焉而中度。廢六月之遄征，興三時之盛務。覩乎聚而改煎，欻飛錟而涌煙，從而再造，將分地而用天。宜人之歌，允符於假樂；多稼之頌，式合於大田。若夫弓戈橐戢於寧歲，牛馬放歸於豐年。徒虛語耳，胡可比焉。則知先利其器，欲善其事。俾汙萊之盡闢，由兵革之不試。洪鑪既鍛，失似雪之鋒鋋；緑野載耕，佇如雲之苗穟。昔用之而有所，雖弭之而不棄。矧國家以教令爲車徒，故器械可得而無；以道義爲封域，故戰爭可得而息。由是執帝堯之允恭，復后稷之訓農。理化資於地力，福祥致於天宗。此乃慶自一人，風行九野。建中於上，返本於下。下臣系而稱曰：秦金狄兮未仁，周無射兮非雅。豈若我后之重穀，盡濟羣生於良冶。

（清）董誥《全唐文》卷九〇二《史徵·對屯田佃百姓荒地判》　諸畿縣置屯田，佃百姓荒地。主令復業，請自耕種，屯司不與。縣司執申：若不還他，人即却逃。敬承畿縣，素匪萊田，是中邦之廬伍，爲上農之井賦。日者旄頭失象，狂寇亂華，王師未赫，國人猶恐。是以苟安便地，多出近關。惜三遷之就荒，歎五溝之不樹，人迷可復，土利宜敦。等充國之大開，時欣歲足；類信臣之廣闢，每詠年豐。今乃黎庶重遷，歸還樂土，服先疇之疆畝，守故里之松榆，將持襏襫，願事藨蓘。誠宜饁彼南畝，勞乎東郊。國本必於務農，人安固在循業。永言縣執，何謝屯司！

（清）董誥《全唐文》卷九〇二《薛季連·對田中有樹判》　乙有樹於田中，里人讓之。稱在疆埸。

天官分政，載師任土。必均三壤，以務九農。乙則匪人，其何妄作。將有樹於田畝，誠害稼而傷農。稽諸古經，則有之矣。考以令制，誰曰其然。里人有孚，可以受服。乙也非古，宜乎褫帶。

（清）董誥《全唐文》卷九四六《儀崇哲·對惰農判》　甲有田不耕，被罰三夫稅，粟以質劑致人。甲告旅師施惠散利。法司科旅師罪，不伏。

三推貽訓，昭賁於天田；萬井開規，發揮於地利。故五稼庭碩，成厚下之道，四畛阜滋，得奉上之績。甲圭衡賤彙，農保浮生。青郭無起伏之田，緣野有菑畬之地。爰稽版籍，舊列郊封。匪蠶而衣，著於前誡；不耕而食，豈免後科！且甲異嗇夫，師非田畯。瞻惟惰窳，不勤百畝之勞；空致質劑，未舍三夫之稅。訟旅師之散利，以避罰而尤人。美疑合券以免科，終飾非而爲己。眷兹甲罪，宜峻刑章。惟彼旅師，請從寬典。

《舊五代史》卷一〇一《漢書·隱帝紀》〔乾祐元年三月甲寅〕殿中少監胡崧上言：請禁斫伐桑棗爲薪，城門所由，專加捉搦。從之。

《舊五代史》卷一一三《周書·太祖紀》〔廣順三年〕十一月辛巳，廢共城稻田務，任人佃蒔。

（清）董誥《全唐文》卷一〇一《梁太祖·遣官祈雨詔》　亢陽滋甚，農事已傷，宜令宰臣于兢赴中嶽，杜曉赴西嶽，精切祈禱。其近京靈廟，宜委河南尹，五帝壇風師雨師九宮貴神，委中書各差官祈之。

（清）董誥《全唐文》卷一〇一《梁太祖·令諸州撲蝗詔》　令下諸州，去年有蝗蟲下子處。蓋前冬無雪，今春亢陽，致爲災沴，實傷隴畝。必慮今秋，重困稼穡。自知多在荒陂榛蕪之内，所在長吏，各須分配地界，精加翦撲，以絶根本。

（清）董誥《全唐文》卷一〇八《後唐明宗·祈雪敕》　自秋涉冬，稍愆雨雪。慮傷宿麥，宜令禱祠，分遣朝臣告祠羣望，宜付所司。

（清）董誥《全唐文》卷一〇八《後唐明宗·祈晴敕》　久雨不晴，慮傷農稼，可申命禱祭，仍曉諭天下州府，疏理繫囚，無令寃滯。

（清）董誥《全唐文》卷一一九《晉少帝·答陶穀請禁伐桑棗敕》　陶穀方思豐國，切欲勸農，以貿易於柴薪，多砍伐於桑棗。請行禁絶，宜舉科條，仍付所司。

（清）董誥《全唐文》卷一二二《周太祖·令三京及諸道勸課農桑詔》　宜令三京及諸道州府，委長吏指揮管内人户，勉勤耕稼，廣闢田疇，勿使蒿萊，有廢膏腴之地。務添桑棗，用資種養之方。仍令常切撫綏，不得輒加科役。所貴野無曠土，廬有環桑，致穀帛以豐盈，遂蒸黎之蘇息。

（清）董誥《全唐文》卷一二三《周太祖·令諸道勸課耕桑敕》　農桑之務，衣食所資。一夫不耕，有艱食之慮；一婦不織，有無褐之虞。今氣正陽春，候當生發。宜勤用天之業，將覩望歲之心。應諸道州府長吏，宜勸課耕桑。以豐儲積。編民樂業，仍倍撫綏。

（清）董誥《全唐文》卷一二三《周太祖·令諸道勸課農桑敕》　敕諸道府州吏：六府允修，無先重穀；九扈分職，厥惟勤農。今則東作聿興，西成係望，我有羣后，政在養民。苟不懈於行春，諒倍登於多稼。卿分憂事任，道俗廉平，樹以風聲，靡如草偃。必汙萊之地，並用百廛；游惰之民，咸勤四體。用洽帶牛之化，更彰棲畝之謠，眷倚之懷，寤興斯切。詔到卿可散下管内勸課，鄉縣百姓，依時耕種，栽接桑棗，勿縱游惰，務在精勤。

（清）吴任臣《十國春秋》卷一五《南唐·烈祖紀》　昇元四年春正月，詔罷營造力役，毋妨農事。

宋遼金元分部

論說

（宋）司馬光《司馬温公文集》卷三《章奏・論勸農上殿劄子嘉祐六年上，得旨依》　臣聞食者生民之大本，爲政之首務也。饑饉之世，珠玉金銀等於糞土。惟穀之爲寶，不可一日無也。今國家每下詔書，必以勸農爲先。然而農夫日寡，游手日繁，豈非爲利害所驅邪？今農夫苦身勞力，惡衣糲食，以殖百穀，賦斂萃焉，徭役出焉。歲豐則賤糶以應公上之須，給債家之求；歲凶能流離異鄉，轉死溝壑。如是而欲使夫商賈末作之人，坐漁厚利，鮮衣美食者，轉而緣南晦，斯亦難矣。然則勸農者言也，害農者政也。天下生之者益少，食之者益多，欲穀之無涸得乎哉！爲今之術，勸農莫於重穀，重穀莫如平糴。使諸路轉運使，及州軍長吏，遇豐歲能廣謀糴入。官滿之日，倉庫之實，比於始至，增羨多者賞之。其無水旱之災，益兵之費，而蓄積耗減者黜之。又令民能力田積穀者，不以爲家貲數。如是則穀重而農勸，雖有饑饉，常無流亡盜賊之患矣。今歲河北河東沿邊穀糴至賤，此亦國家所宜留意者也，取進止。

（宋）歐陽修《文忠集》卷一一六《河東奉使奏章・請耕禁地劄子》〔慶曆五年二月〕臣昨奉使河東，相度沿邊經久利害。臣竊見河東之患，患在盡禁沿邊之地不許人耕，而私糴北界斛斗，以爲邊儲。其大害有四。以臣相度，今若募人耕植禁地，則去四大害，而有四大利。河東地形山險，輦運不通。邊地既禁，則沿邊乏食，每歲仰河東一路税賦、和糴、入中，和博斛㪷支往。沿邊人户既阻險遠，不能輦運，遂賫金、銀、絹、銅錢等物，就沿邊貴價私糴北界斛㪷。北界禁民以粟、馬南入我境，其法至死。今邊民冒禁私相交易，時引争鬬，輒相斫射，萬一興訟，遂搆事端。其引惹之患一也。今吾有地不自耕植，而偷糴鄰界之物以仰給，若敵常歲豐及綏法不察，而米過吾界則尚有可望。萬一敵歲不豐，或其與我有隙，頓嚴邊界禁約，而閉糴不通，則我軍遂至乏食。是我師饑飽繫在敵人，其患二也。代州、岢嵐、寧化、火山四州軍，沿邊地既不耕，荒無定主，敵人得以侵占。往時代州陽武寨爲蘇直等争界，訟久不決，卒侵却二三十里。見今寧化軍天池之側，杜思榮等又來争侵，經年未決。岢嵐軍争掘界壕，賴米光濬多方力拒而定。是自空其地，引惹北人歲歲争界，其害三也。禁膏腴之地不耕，而困民之力以遠輸，其害四也。臣謂禁地若耕，則一二歲間，北界斛㪷可以不糴，則邊民無争糴引惹之害；我軍無饑飽在敵之害；沿邊地有定主，無争界之害；邊州自有粟，則内地之民無遠輸之害。是謂去四大害，而有四大利。今四州軍地可二三萬頃，若盡耕之，則其利歲可得三五百萬石。伏望聖慈特下兩府商議。如可施行，則召募耕種税入之法，各有事目，容臣續條陳。取進止。

（宋）余靖《余襄公奏議》卷一四五《宋仁宗慶曆四年》　伏覩去冬十一月敕，頒定天下職田頃畝數目，令三司指揮無職田處，及有職田而頃畝少處，并元標得山石積潦之地不可耕植者，限三年内，檢括官荒田并户絶土地，及五年以上逃田支撥添换，以慶曆四年爲始。斯蓋陛下所以勸群臣、養廉吏之大惠也。然朝廷舉事，當以民爲本，民患未去，官吏何安！而尚紛紛擾之？伏見淮南、江、浙，經春少雨，麥田半損，蝗蝻復生；京西東、荆湖南北、廣南處處盜賊，未盡撲滅；陝西、河東，輦運困苦。且庶民惶惶，失其農業，而長吏以下各營其私，憂民之心有所未至。加之檢括，寧不騷擾？況今來所定頃畝，比於舊數，三倍其多，貪吏因緣，其害甚大。伏乞朝廷特降指揮，舊有職田處，即依慶曆元年已舊制外，其未有職田處，更候三二年，别取朝旨摽撥。

（宋）包拯《包拯集》卷七《請將邢洺州牧馬地給與人户依舊耕佃一》　臣竊見河北漳河淤地，名爲沃壤，而廣平監於邢、洺、趙三州，共占民田約一萬五千餘頃，并是漳河左右良田。每牧馬一匹，占草地一百一十五畝。兼知衛州淇水監每馬一匹，止占地三十一畝。其廣平監剩占八十四畝。兼廣平係兩監，自後停廢一監，三州共約退下草地七千五百餘頃。往歲官司遂令百姓出租課請佃，時年歲深遠，耕爲熟田，就種已成園林，及作父祖丘塋。其佃户共九千三百四十餘户，每年共約出粟八萬七千五百餘石，小麥三萬一千二百餘石，稈草五十五萬六千餘束，絹八百餘匹。昨準群牧司指揮，令逐州作二年盡起遣佃户，却收其地入官。今年限滿，人户全不肯起移。累經鼓司進狀，及三司亦曾論列，不報。訪聞廣平雖再分爲兩監，馬只有五六千匹，不及往時一監之數，亦不銷得此地，枉有廢爲閑田。縱添得馬三二千匹，況元占牧馬一匹之地，比淇水監可就牧三匹，亦未爲闕事。緣河北西路惟漳河南北最是良田，牧馬地已占三分之一，東路又值横隴，商胡決溢，占民田三分之二，乃是河北良田六分，河水馬地已占三分，其餘又多是高柳及澤鹵之地，俾河朔之民，何以存濟？欲乞且令人户依舊耕佃，供納租課。若據一年所得，亦可置數倍鞍馬，公私大利，無甚於此。伏望聖慈體念河北人累值災傷，流亡未復，豈忍更奪其衣食，俾之失所，有傷和氣，無益仁化。又況與國家歲出斛斗萬數，利益不少，經久實爲穩便。伏望出自宸斷，特降指揮。

（宋）包拯《包拯集》卷七《請將邢洺州牧馬地給與人户依舊耕佃二》 臣近爲廣平監牧馬草地，乞令人户依舊佃種，至今未降指揮。竊緣廣平監元係兩監，於邢、洺、趙三州内共占民田一萬五千餘頃。頃由停廢一監，共約退下草地七千五百餘頃，官司令百姓出租課請佃，年歲深遠，耕爲熟田，及作父祖丘壟。其佃户共九千三百四十餘户，每年共約出粟八萬七千餘石，小麥三萬一千餘石，稈草三十五萬餘束，絹八百餘匹。昨準群牧司指揮，令逐州作二年起遣佃户，收地入官。今年限滿，人户全不肯起移。累曾進狀不行。況兩監馬只有五六千匹，不及往時一監之數，亦不銷此地，枉有廢爲閑田。縱添得馬三二千匹，若比淇水監一匹之地，可就牧三匹，甚不闕事。臣前進劄子，見下群牧司相度，必是妄説事端，故要占留。欲乞特出宸斷指揮，令人户依舊耕佃輸納，兼據一年所得，亦可置數倍鞍馬，公私實爲大利。

（宋）范仲淹《范文正集》補編卷一《論職田不可罷天聖八年》 真宗初賜職田，實遵古制，蓋大賚于多士，俾無蠹于生民。無厭之徒，或冒典憲，由濫官之咎，非職田之過。若從而廢罷，則吏困于廉；收而均給，則民受其弊。天下幕職、州縣官、三班使臣俸微禄薄，全藉職田濟贍，其無職田處，持廉之人例皆貧窘。曩時士員尚少，凡得一任，必五六年方有交替，到闕即日差除，復便請給。當時條例未密，士寡廉隅，雖無職田，自可優足。今物貴，與昔不同，替罷之後，守選待闕，動踰二年。官吏衣食不足，廉者復濁，何以治化？天下受弊，必如臣言。乞深加詳軫，不以一時之論，廢經遠之制，天下幸甚！

（宋）范仲淹《范文正奏議》卷上《奏乞罷陝西近裏州軍營田》 臣等竊見陝西昨來興置營田，本欲助邊，以寬民力。除沿邊有空閒膏腴地土處可以開墾外，其近裏州縣官吏不能體朝廷之意，將遠年瘠薄無人請佃逃田，抑勒近鄰人户分種，或令送納租課。又自來人户租佃官莊地土，每畝出課不過一二斗，今亦勒令分種，每畝須收數斗，致貧户輸納不前，州縣追擾，無時暫暇。緣人户自用兵以來，科率勞弊，至于已業，尚多荒廢，實無餘力更及營田。其所出租課，多是抱虚送納。切覩編敕指揮，不得將逃户田土，抑勒親鄰佃蒔，蓋恐害民。況今歲災旱尤甚，理當優恤，不可非理煩擾，使之重困。臣等欲乞特降指揮，應陝西近裏州軍營田，一切廢罷。如元係租佃，即令依舊額出課。如元係遠年瘠薄逃田，舊税額重，無人請佃者，即與減定税額，召人請佃。所貴疲民受賜，歸感睿仁。臣范仲淹，臣韓琦。

（宋）宋祁《景文集》卷二九《又論京東西淮北州軍民間養馬法奏》 河北、陝西、河東出馬之地，民間皆宜蓄馬，而近黔中土兵已多，耕農數少，難行民間養馬之法。伏見京東西緣淮北州軍，地不純熟，馬之種類與北馬小異。若令民間養馬，朝廷緩急，差可濟用。臣今略爲養馬法如下：

一、民間能養馬二匹者，免半丁科率；三匹者，免一丁；五匹者，免三丁。仍州縣不得尋常專擅差借。其有第一等、第二等二户全無丁者，勒養馬三匹；一丁者，勒養馬二匹。其力及一丁養馬户，比有丁養馬户免一半科率。

一、所養馬，州縣爲立籍，許令提點刑獄與知州一歲一閱，以知實數。如有死損，仍委本户置買及數。

一、民間如有力及人户能養馬及十匹以上，其户下科率，十分與免七分。

一、所養馬不得夾帶川濁淮馬至小怯者充數，并須堪任負載者。

（宋）宋祁《景文集》卷二九《又乞養馬劄子》〔皇祐四年〕臣

頃年爲群牧使，其時曾擘畫，欲于諸監市母馬，合見馬共成五七萬匹。一歲大約得駒五萬，不出五年，得二十五萬。就中破死損十分之二，得駒二十萬。于二十萬中，選出負馱馬十分之五，得戰馬十萬匹，以爲中國有此馬，可與敵人相馳逐，使聞風畏威，不敢有窺邊境意。是時西事已定，朝廷求安，便忽略此事。有司指擿臣奏，以爲迂闊，但言放牧之地侵損民間膏腴田疇，有損無益，於是寢廢。且馬者，兵之本，倉卒求之不可得。若無事時歲月孳養，臨事自無闕乏。臣欲乞選左右名臣，議群牧養馬法，收還牧放舊地，多列厩序；檢詳新舊條約，擇取便宜，如臣所請，且爲新制；及罷河東、陝西馬禁，許民間與蕃落自相貨買；及許天下民養馬，敕州縣不得計在貲財之限。其牧馬，臣且以十年爲期，若歲歲孳養，當得二十萬匹，而天下百姓所養馬亦益多。假令西北二邊敢爲風塵，則我兵足馬健，與之角戰，誠不足畏。取進止。

〔帖黄〕今天下馬軍，大率十人無一二人有馬。而所習伎藝，與步兵不同，緩急不堪移充步人使喚。使軍人無馬，是國家虛養此兵，有名無實。

又云臣舊知牧馬數不多，于中選取戰馬，即今數目益少。此事最爲用兵之切務，伏乞朝廷深以爲意。

（宋）宋祁《景文集》卷二九《論養馬劄子》 臣等近知河北孳生諸監馬，例各低小，不堪戰陣。蓋自來馬種雜亂，或翁大母小，或翁小母大，配放時不曾揀別，是致無由生得高大好馬，實恐緩急有誤諸軍分配。昨有判官寇平因點印時曾揀好翁母馬七百餘匹，送淇水第一監，別立群分配放，已準宣命施行。續據都監李知和乞于逐群内揀出五匹大馬，破草養餵好母馬配放，又蒙宣命許依。臣等參詳，逐官各保見用心揀別馬種，然終是未得盡善。今欲乞將孳生監與一例分作二等，其骨格高大，堪充戰陣者，爲上等；骨格低小，有諸色病名者，爲下等。各别立作群分配放，仍令草地相遠，不得交相混雜。如此，必生得駒口格式入等，堪任披帶。至于雜馬，亦自無關用。其自今以後，生得駒子，亦便依此揀別，各歸等第。内上等馬翁，并乞依寇平等奏請，于不配放時破草料上槽養餵。所貴及時游放，不至羸怯。兼臣等主住將諸州上京馬内揀選迭格好翁母馬，小作番次，逐旋差殿侍押赴諸監。如此分開等第，不出三年，必須大改，收得迭格駒口，以備戰陣。取進止。

（宋）文彦博《潞公文集》卷二〇《言青苗錢奏熙寧四年》 臣位忝三公，職當論列。事有所聞，深虧聖政，默而不言，則上負陛下眷倚之重。近日以來，中外喧傳，以諸路散青苗錢，深爲不便。臣比不知本末，今訪知其由，深可驚駭，不近人情，有玷聖化，無甚於此。臣謂此事豈可不達聖聰？皆云朝廷主張，及諸路所差之官承稟風旨，威福州郡，故無有敢言於朝廷者。臣曾見河北轉運司牓開折提舉常平官約束條目云：所散青苗錢，每十户以上結成一保，須第三等以上有物力户充甲頭。此乃是恐向去收納不足，勒令上户填納。又欲散與坊郭人户，其錢不得過抵當家業所直價錢之半。且謂之青苗錢，却支與坊郭户，皆是廣圖利息，不顧道理，茲豈常平散斂之舊法，朝廷救濟之本意？此法於鄉村之民，行之惟舊。夏秋成熟，折還斛㪷絲帛，即謂之舉放。若衹令納本利見錢，即謂之課錢。將新抵舊，遷延歲時，諸般折還，未嘗了足，以其利債負，官司不許受理。今乃官自爲之，從古以來，未嘗有此。豈當聖朝而行此法，殊乖理道。況聞鄉縣之民，有窮迫之甚者，即皆願請錢，一時聊濟窘急，向去必難填償，此乃下民從來常態。州縣既以逋欠，必從散行催督，追呼笞責，何所不至。兼聞諸路州縣之民，猶有積欠税租貸糧，并預支紬絹錢數甚多，將來一併催納，何由取濟？所散官錢，又成積欠。提舉之官，徼冀旌賞，務成功利，剥下媚上，何恤於人？州縣承風，不敢申理。臣恐緣此煩擾，必致興起事端。所有提舉官，乞下本路勘驗事件狀，特行朝典，以戒非理聚斂之臣。《書》曰：商鑑不遠，在夏后之世。臣不敢以遠事證之，且以唐開元末用宇文融、楊慎矜、王鉷等二十餘人，建中初用趙贊、陳京之策，百方裒斂，剥下害民，歸怨於上。當時執政議臣，以姦佞結黨，專以財利媚上，方被寵信，不敢指言其非。惟張説、陸贄苦言之，不蒙聽納，仍遭疏斥，馴致禄山、涇師之亂，鮮不由斯。《禮》云：與其有聚斂之臣，寧有盜臣。信不誣矣。方今朝廷清明，表裏無事，以天下之廣，財賦所入，比之祥符以前，其增有及倍者，亦可謂無遺利矣。若以用度稍乏，自當減節冗費，省罷不急之務，不作無益之事，濟之以儉，示民不奢。百姓自足，君孰與不足？《易》曰：節以制度，不傷財，不害民。此之謂也。夫與治同道罔不興，與亂同事罔不亡。陛下視開元之末與建中之初，所用宇文融、楊慎矜、趙贊、陳京之法，治之道邪？亂之事邪？茲固不言可知，誠可爲聖朝之商鑑。近時以來，中外臣僚上言興利者甚衆，大抵希時倖進，妄作者多，徒自紛紜，必寡成事，伏願一切罷之。惟內外計臣尤須慎選，州縣長吏得忠厚廉良之人，臺閣近臣無險邪朋黨之士，則不治自治，太平可期，陛下可以垂衣端拱而化成矣。臣愚不識忌諱，發於至誠，昧冒以聞，伏增惶懼隕越之至。

（宋）張方平《樂全集》卷二四《論事・論水害修隄防事奏》 竊惟水之爲利害大矣。夫欲捍水患，全地利，非惟開通溝洫，亦當修築隄防。今諸州縣有古之障水基迹往往存者，循而視之，蓋古人之勤民，其用意周矣。頃來因積水言功利者，乃欲決舊障以通壅塞，不慮爲害更廣。乞下有司，凡議水事檢行通塞利害者，必令兼度地形，因高卑之勢，可成隄障之處，爲之增修，導水就下，則中平之田得以稼穡，租税入官，是爲公私之利。其舊隄障，令州縣常爲補築頽缺，無令民得擅隳鑿，斯亦於水之利害一端也。

（宋）陳襄《古靈集》卷三《表奏・論散青苗不便乞住支狀》 臣伏見制置三司條例司奏辟屬官提舉管勾諸路常平廣惠倉俵散青苗錢斛事，其劄子原降指揮，預俵之法，本以爲民，而公家無所利其入。至於斂散之際，亦皆取人之便，而不得抑配。蓋取先王耕斂補助之道也。今來風聞諸路所遣提舉管勾官，多不體認原降指揮，憑藉事權，陵壓州縣。却以青苗之法，取民利息二分；等第之家，不問其願與不願，一例抑配。物論喧然，以爲騷擾。竊緣朝廷之意，本爲小民闕乏，常在於新陳不接之際，倍息舉貸，以取資給，故設青苗預支之法，使農人得以資助耕斂，而兼并不得以乘其急，是欲專以便民，而非有以規其利也明矣。今使者一出，而天下之人皆謂朝廷只以補助之説爲名，而其實專在於取息而已，是豈立法之意哉？苟朝廷之法不然，而使者爲之，致陛下失大惠於民，則辱命之罪莫大焉。宜正典刑以示天下，使中外曉然知陛下孚惠之心，非有取利於百姓可也。如朝廷立法之初，果以爲利，則不特有司之過矣，爲父而榷其子，此漢武之事，非陛下所宜行。不惟不可行，時亦不可。將以惠民，適所以害之也。何以言之？比歲以來，四方多事，河決地震，水潦民饑。陝右有備邊之需，河朔有修城之役，民力凋敝，瘡痍未復。天下無名之斂，所在有之。如聞諸路之民，尚有積年逋負官物，動以萬計，未能輸入，今更以青苗取利，人必不堪。不惟重以困民，適足害其官本。大率小人見利，幸於苟得，既用之後，多不能償，大者須至於逋逃，小者不免於刑辟，此必然之理。臣前謂將以惠民，適所以害之者，此也。臣欲乞早降指揮，下諸路提點刑獄司，更切體量。差去提舉管勾常平錢斛官員，內有生事，擅違朝旨，特與減黜施行。其青苗錢已行支俵者，將來只令隨税送納本錢；如未俵散處，并令罷支。庶不失陷官本錢，及別致騷擾。謹具狀奏聞，伏候敕旨。

（宋）陳襄《古靈集》卷三《表奏・論青苗錢第二狀》 臣近有奏狀，爲諸路俵散青苗錢官員內有生事擾民、擅違朝旨，乞特與減黜；及青苗已行俵散者，只令送納本錢，如未俵散處，并令罷支等事，未蒙朝旨施行。竊詳條例司元降指揮，以常平、廣惠變爲青苗之法，申嚴賞罰，督責州縣，以謹其給納，雖以優民救乏爲名，其實不異民間舉放之事，以漁民取利而已。豈陛下聖明之主所宜爲之？就使國家帑藏空虛，財用不足，亦未至經紀小民，放本取利，事體削弱，如此之甚也。今來訪聞諸路所差官吏，爲見朝廷屬意財利，莫不望風希旨，務爲誅剥，以覬幸酬賞，苟免黜責。或以三分取息，或將陳怯之物，紐作貴價兑換支散，或不以民之貧富，一例抑配，事初如此，其後可知。臣恐法一行，騷動天下，希錐刀之利，失億兆之心，胎禍之端，未必不由茲始。況興事改法，繫國家安危大計，上有公卿謀議，下有臺諫糾繩，豈可只由條例一司獨專其事？置陛下於有過，使黎元之不安，苟利一時，斂怨天下，非細事也。臣欲乞將中外臣僚前後上言常平青苗等不便事件章疏，并臣前狀，降付中書，令與密院一處看詳，定奪可否，及下兩制臣僚，共析利害聞奏。庶陛下得以盡天下之公議，知事體之難行，特賜寢罷，以安人心，謹具狀奏聞，伏候敕旨。

（宋）陳襄《古靈集》卷三《表奏・論青苗錢第三狀》 臣聞臣之事君，有犯無隱。夫犯顔忤旨，以取君父之怒。豈其所欲哉？蓋義有可言而不言，非愛君之道。此臣所以昧死而不敢隱默者也。臣近以青苗之法，騷擾不便，欲乞寢罷，以安人心，未蒙俞旨施行。陛下聖性聰明，固已曉然開悟，但以王安石執議不變，重違其情，物論喧然，不加聽察，事之可者則置而勿問，其不可者則無所不行，豈非條例之司爲自安之計，巧爲飾説，誣罔聖聽？近者韓琦上言，以河北俵散青苗錢，立定貫伯，均與等第人户，比之他路，獨取息三分，顯是提舉之官違例抑配，而朝廷并無黜責。琦之論列，足以知其非便，而特寢不行。吕景以畿縣之民，逋負官物，尚有五十餘萬，不宜更與預支，實虧陷官本，而却令取勘。夫擅行抑配者，既無罪黜，則掊克之吏，無所不至。不忍爲騷擾者，反蒙按劾，則民之司牧，何所措其手足哉？故臣前曰：此法一行，騷動天下。正謂此也。陛下近以司馬光爲樞密副使，中外翕然，皆以陛下知光之言爲是，而悟制置司之爲非。今復遽然罷之者，豈又以光言爲非邪，必以其辭而不受也。然則光之所以不受者，以陛下不行其言爾。知其言而不用，猶可以去，又況有所受命乎？如欲用之，行其言而已矣，何吝而不爲哉？輕進退於大臣，失乎號於天下，非所謂令出弗反之義也。李常職在諫官，既聞中外之議，不敢不言，事雖不實，誠亦得之輿論。況國朝舊制，自許風聞言事，若令以析，是欲使其必去，將以杜言者之口，恐非所以待諫臣之體而廣言路之道也。凡此數事，雖聖慮一時之失，豈非聽者之誤乎？《禮》曰：有所忿懥，則不得其正；有所好樂，則不得其正。亦在陛下追而正之爾。《書》曰改過不吝，湯之德也。自陛下臨政以來，事無過舉，惟用安石，然後有更事之暴，而致興利之非。聖人施爲，自有法度，合於道者取之，不合於道者去之，任天下之群才，取天下之公議，堯舜三王之治，可以指期而至。又何必徇一士之曲議，以貽黎元之患哉？所有制置條例司，如有可行事件，欲乞只歸三司相度施行。青苗之法，早賜停寢，則天下幸甚。謹具狀奏聞，伏候敕旨。

（宋）陳襄《古靈集》卷三《表奏・論青苗錢第四狀》　臣近嘗三次上言，論列青苗之法，乞行寢罷，而陛下未以臣言爲然。臣得待罪於言事之官，凡時政之闕失，近於苛細，猶得斥而言之，顧此一事，最爲害政之大者，苟依違不言，置陛下於有過之地，則臣上負朝廷任使之意，不忠之罪莫大焉。臣觀制置司原降指揮，莫非引經以爲言，而其實貸民以取利，事體削弱，爲天下譏笑。是特爲管仲、商君之術，非陛下之所宜行。臣願陛下爲堯舜之君，以仁義治天下，不願其爲霸主也。昔者伊尹不俾厥后爲堯舜，其心愧耻，若撻於市。是以高宗命説曰：爾尚明保予，罔俾阿衡專美有商。古之人其責難於君如此之備，而又肯逢君以利而爲霸者之術哉？夫所謂霸者，當戰國之時，諸侯之土地皆褊小而不足，上無聖賢之君，下無王者之臣，而外有敵國之患，計出於不獲已而然也。管仲以區區之齊，居於海濱，於是兼魚鹽之利，權重輕之法，假仁義而行譎詐，欲以強國足兵而已。然而不能使其君爲王政，此聖門之所耻言，而曾西所以卑其功烈也。商鞅之事秦也，説其君以強國之術，故變法令，開阡陌，信賞罰，而秦人莫敢不服。然而謂其君不可與入堯舜之道，此正孟軻所謂謂其君不能，賊其君者也。彼二子者，使知以仁義事其君，而行王者之政，其肯苟一時之利，以貽天下萬世之譏哉？臣故曰：霸者蓋國小而力不足，上無聖賢之君，下無王者之臣，而外有敵國之患，計出於不獲已而然也。方今陛下富有中國，廣輪萬里，上有賢聖之君，下有王者之臣，內無強臣敵國之患，外無西戎、北狄之難，凡四海九州之賦入，又足供吾之用，而不爲不足。陛下不於此時與廟堂之臣，坐而論道，以行王政，而反屑屑爲均輸、舉貸之事，臣竊爲陛下惜之。然則今日之弊，在於國家因循，制度未立，而侈用日廣，斯亦不足患矣。陛下但慎選主計之臣，付與利柄，取天下賦入之籍，度縣官調度之數，百用爲之均節，而歸之藝極，則浮費省而財用足，斯可以行王政矣。省徭役，薄賦斂，則天下之農，不釋耒而耕矣；寬關市之征，弛山澤之禁，則天下之商，不藏鏹而行矣；修庠序之教，勸之以孝悌忠信，則天下之民，皆遣其子弟而興於學矣；尊賢而使能，才者進，不才者退，則天下之士，皆勵其德行而爲良吏矣。農有餘粟，商有餘財，民服其教，吏稱其職，然而國不富而政不王者，未之有也。子貢曰：文武之道，未墜於地，在人。賢者識其大者，不賢者識其小者。夫道亦在擇焉而已矣。惟陛下捨乎興利之道，而行乎保民之政，則聖人之治矣。謹具狀奏聞，伏候敕旨。

（宋）陳襄《古靈集》卷三《表奏・論青苗錢第五狀》　臣近以青苗之法，騷民爲害，欲乞寢罷。其制置司立法之誤，中外言者已詳，臣固不復一一論列，上煩聖聽。但以方今天下，生民困弊，財力殫竭，二税之外，更有無名科率，何啻十色有餘，若復俵散青苗錢，實恐民不堪命。陛下以至仁求治，凡欲更張法度，皆以爲民，安有取民脂膏，以爲貸息而謂周公太平已試之法哉？陛下之心必不爲此。然則天下之人，皆知誤陛下者，王安石也。誤安石者，呂惠卿也。以陛之聰明，觀天下之論議，其法利害，固已灼然可知。奈何安石持強辯以熒惑於前，惠卿畫詭謀以陰助於後，加以反覆比周之小人，隨時觀望。平日公論，則舉知其法之非，一揉於利，則又言其法之是。此雖陛下之至聖，不能無惑；雖臣等之至忠，亦不免指爲朋黨也。近者，諫官李常以言事待罪，尚令分析。孫覺以奏對反覆，落職外遷。御史中丞呂公著而下，皆以不職爲言，乞從責降。而臣獨區區未敢以請者，尚冀犬馬之誠，一悟聖意，許以青苗之法，下議百官。如臣等之言非，則甘從遠竄，以戒妄言；如臣等之言是，則安石、惠卿亦允特行貶斥，以謝天下。謹具狀奏聞，伏候敕旨。

（宋）李燾《續資治通鑑長編》太宗雍熙三年七月〔甲午〕國子博士李覺上言：秦、漢以來，民多游蕩，趨末者衆，貧富不均。今井田久廢，復之必難，曠土頗多，闢之爲利。且勸課非不至而尚多閑田，用度非不省而未免收賦，地各有主户，或無田産，富者有彌望之田，貧者無卓錐之地。有力者無田可種，有田者無力可耕。雨露降而歲功不登，寒暑遷而年穀無獲，富者益多畜，貧者無能自存。欲望令天下荒田，本主不能耕佃者，任有力者播種，一歲之後，均輸其租，如此乃王化之本也。

（宋）李燾《續資治通鑑長編》太宗端拱二年夏四月　國子博士李覺上言曰：昔李悝有言曰：糴甚貴傷民，甚賤傷農。民傷則離散，農傷則國貧。故甚貴甚賤，其傷一也。善爲國者，使民無傷而農益勸。所謂民者，謂士工商也。晁錯亦云：欲民務農，在于貴粟。蓋不可使至賤，亦不可使至貴。今王者之都，萬衆所聚，導河渠，達淮海，貫江湖，歲運五百萬斛以資國費。此朝廷之盛，臣庶之福也。近歲以來，都下粟麥至賤，倉庫充牣，露積紅腐，陳陳相因，或以充賞給，斗直十錢，此工賈之利而軍農之不利也。夫軍士妻子不過數口，而月給糧數斛，即其費有餘矣。百萬之衆，所餘既多，游手之民，資以給食，農夫之粟，何所求售？況夫西抵三峽，南極荆湖，包舉江吴，旁達浙石，歷風濤之險，踰歲月之期，始達建安軍，歷楚、泗，泝汴流，以達于京師，其没溺耗損，亦已多矣。凡運米一斛，計其費不啻三百錢，侵耗損折，復在其外。而挽船之夫，彌涉冬夏，離去鄉舍，終老江湖，亦可傷矣。夫其糧之來也至重至艱，官之給也至輕至易，歲之豐儉，不可預期，儻不幸有水旱之虞，卒然有邊境之患，其何以救之？古者有九年之蓄，謂之太平，水旱人無菜色，蓋謂天下之民，皆有九年之蓄，非專謂兵食也。諸軍傔人舊日給米二升，今若月給賦錢三百，人心樂焉。是一斗爲錢五十，計江、淮運米工脚，亦不減此數。望明敕軍中，各從其便，願受錢者，若市價官米斗爲錢二十，即增給十錢，裁足以當工脚之直，而官私獲利。數月之内，米價必增，農民受賜矣。若米價騰踴，即官復給糧，軍人糶其所餘，亦獲善價，此又戎士受賜矣。不十年，官有餘糧，江外之運，亦漸可省也。

（宋）李燾《續資治通鑑長編》真宗景德元年冬十月　群牧判官王曙言：準詔，諸州不堪放馬閒田，召牧户耕種，不許有田輸税户棄業分房請占。又緣浮客户多貧苦乏，應募者少。請依職田例，招主客户種蒔，以沃瘠分爲三等輸課。其州縣官吏使臣，如招得民，依元詔批歷爲勞績。

（宋）李燾《續資治通鑑長編》真宗景德三年二月〔丙子〕權三司使丁謂等言：唐宇文融置勸農判官，檢户口田土僞濫等事，今欲別置，慮益煩擾。而諸州長吏，職當勸農，乃請少卿監、刺史、閤門使已上知州者，并兼管内勸農使，餘及通判并兼勸農事，諸路轉運使、副並兼本路勸農使。

（宋）李燾《續資治通鑑長編》真宗天禧元年五月　屯田員外郎謝商言：伏見去歲蝗蟲爲害，傷食田苗，流行雖繫于天災，除蕩亦由于民力。雖尋遣官吏與令佐焚捕，頗聞弛慢，罕能盡心。或申報稽延，致孽蟲之紛績，或追擾煩併，縱狡吏之誅求，情近幸災，咎由弛職，而又散子在野，未免再生。臣聞堯水爲災，或導之于嶓冢；湯旱作沴，亦禱之于桑林。雖軫宸衷，罔虧聖德，捕蝗之命，歷代有之。深慮曠慢之人，但引災咎，扇惑民衆，更致遷延。所宜及蝻栽蘇，併功撲滅，則冀秋苗無害，其子未生。欲望特降詔命，下去歲災傷州郡，應諸縣有蝗蝻再生之處，本所耆長、壯丁限當日申縣。本縣即時申所屬州軍，立選職官，與令佐同領人夫打捕令盡，並與書歷，理爲勞課。或有貪濁之輩，率斂慢公，望依枉法定斷，仍委本處通判躬親下縣提轄，轉運使副往來覺察。從之。

（宋）李燾《續資治通鑑長編》仁宗天聖四年八月　詔河北轉運使規度以聞。同判洺州王軫獨謂不然。會沿邊監察御史，復奏曰：

渠田起於戰國。魏襄王時，東有全齊，西有強秦，韓、楚在其前，燕、趙居其後，干戈歲動，封疆日蹙，苟不盡其地利，則爲強國所吞。故史起謀曰：魏氏之行田也，以百畝，鄴獨二百畝，是田惡也。漳水在其旁，西門豹亦不知用，請引之以溉鄴，以富魏之河內。臣考觀記傳，但載灘溉之饒，不書疏導之法，惟《相州圖經》稱：天井堰，魏武帝所作，二十里，分十二墱，每墱相去三百步，令互相灌注。故左太冲《魏都賦》云：墱流十二，同流異口。詳此，則古漳水淺不與岸平，必就岸開渠，臨渠作堰，則水流渠內，渠灌田中。蓋爲渠之初，必就高阜，渠行數里，方達平田，若水與岸平，田岸相接，爲渠甚易，溉田不難，則久已開治矣，又豈假臣言而後隱度哉？

臣聞韓欲疲秦，無令東伐，乃俾鄭國説秦鑿渠引涇水，並北山東注洛三百里，欲以溉田。中作而覺，鄭國乃曰：爲韓延數年之命，爲秦建萬世之功。秦以爲然，卒使就渠。夫以強秦之力而鑿一渠，而曰欲疲之。鄭國又云爲韓延數年之命。則是舉秦國之人，役之數年然後成，持此較彼，則史起之引漳水也，豈一朝一夕之功哉？是必歲役萬人，數歲而後獲其利。又鄭國鑿渠，並北山東注洛三百里，則是相高仰之地以爲渠，不與平田接明矣，非若此，則澆溉之利豈能遠及三百里哉？

臣詳王軫所度漳水渠，大率謂水卑岸高，渠已湮塞。軫曰功大，則亦然爾，若云水濁不可以溉，及所作堰遇川溢必復壞，則是軫等不知溉田之方、作堰之法。臣按鄭、白渠之引涇水也，在耀州之雲陽、三原、富平及京兆府之涇陽、高陵、櫟陽六縣，沿渠皆立斗門，多者置四十餘所，以分水勢，其下別開細渠，則水有所分，民無奔注之患。且涇水一石，其泥數斗，故能溉糞禾黍，今言水濁不堪以溉，斯豈軫之不知而自爲知邪？又其作堰之法，皆用大石方四五尺者，錮之以鐵，積於中流，擁爲雙派，其南流爲涇水，其東流爲二渠，故雖駭浪不能壞。若不如此，則是歲輒修治，豈有利哉？故漳水之岸若復渠田，請訪諸雲陽，擇水工十數，就摹古人作堰決渠之法，及觀今人置斗門溉田之方。或雲陽民犯罪當配者，令皆徙相州，教百姓水種陸蒔之利，則謀易成矣。至如北邊本無水田，後徙江南罪人，轉相教語，皆知水利。臣嘗建請命水工詣鄭、白渠觀疏導之制，亦慮磁、相民不知作渠法爾。

又王軫謂：不開舊渠而截河作堰，當役七十五萬餘工，若從渠口穿一丈四尺，當役十三萬餘工。以臣籌之，若渠開二丈四尺，則作堰之工可損半，當併役五十萬工，日役萬人，五旬而罷。依鄭、白渠之法，採岯山之石，取磻陽之木，給黎城之鉄，扼中流，據長岸，資木石之固以爲堰，上爲大渠，疏導別派，沿渠數里，分置斗門，溉餘之水，東入御河，或遇漲溢奔注，則以棧塞渠口。其磁、魏、邢、洺既居下流，隄岸又淺，或餘波可及，別渠可穿，則所謂鄭國在前，白渠起後，又曰首起谷口，尾入櫟陽也。夫如是，復三百年廢迹，溉田數萬頃，雖役萬人，數歲而畢，不足爲勞。且王軫謂開古渠則穿掘民田，況萬金、都領首等渠，尋之無跡。凡溝渠豈有不占民田哉？此雖史起復生，亦不知計之安出？其萬金諸渠亦在田中，但歲久湮没爾。

軫稱：高平渠民有牒訴税籍已重，雖得水以溉，利猶不充。臣所作堰，蓋欲利民，軫乃不思，先議增税，致其憂疑，不願澆溉，斯豈卹民之意？或又以堰成之後，安陽水減，不可勝舟，慮失關市之税。夫以一渠之流，不過減河數分，孰謂舟不通？苟利於民，雖捐征税，其亦末矣。軫不尋今古利害，徒采野人下卒之語，以斟酌三百年廢渠之迹，安能盡其術乎？昔西門豹，賢臣也，史起尚以爲不知用，是不智也。況野人鄙卒能知此耶？傳曰：民可與樂成，不可謀始。若俯從臣議，恢復農功，則禹之疏濬川澤，周之均別廬井，無以加矣。

（宋）李燾《續資治通鑑長編》仁宗嘉祐五年八月　相度牧馬利害所吳奎等上言：自古國馬盛衰，皆以所任得人失人而已。汧、渭之間未嘗無牧，而非子獨能蕃息於周；汧、隴之間未嘗無牧，而張萬歲獨能蕃息於唐，此前世得人之效也。然得人而不久其任，久其任而不使專其事，使得專其事而不臨以賞罰，亦不可以有功。今陝西馬價，多出解鹽，三司所支銀絹，許於陝西轉運司易錢。權轉運副使薛向既掌解鹽，復領陝西財賦，可悉委之移用，仍俾擇空地置監而孳養之。蓋得西方不失其土性，一利也；因未嘗耕墾之地，無傷於民，二利也；因向之才，使久其任而經制之，三利也。又河北有河防塘濼之患，而土多瀉鹵，戎馬所屯，地利不足，諸監牧多在此路，馬又未嘗孳息。若就陝西興監牧，即河北諸監有可存者，悉以西方良馬易其惡種；有可廢者，悉以肥饒之地賦民。於地不足而馬所不宜之處，以肥饒之地賦民，收其課租，以助戎馬之費；於地有餘而馬所宜之處，以未嘗耕墾之地牧馬，而無傷於民，此又利之大者。苟用向，凡舉辟官及論改舊敝，有功則無愛賞，敗事則無憚罰，在於必行。上可其奏。

甲申，命向專領本路監牧及買馬事，仍規度於原渭州、德順軍置場。同州沙苑監、鳳翔府牧地使臣，並委向保薦以聞。

羣牧使歐陽修言：

國馬之制，置自祖宗，歲月既深，官失其守，積習成弊，匪止一時。伏覩詔書，命奎等商度利害，將有更革。臣以謂監牧之設，法制具存，條目既繁，其弊亦衆。若止坐按文籍，就加增損，恐不足以深革弊源。如欲大爲更張，創立制度，則凡於利害，難以遥度。蓋謀於始也不精，則行於後也難久。請詔相度官一人，同臣躬按左右廂監牧。凡土地廣狹，水草善惡，歲時孳牧，吏卒勤惰，以至牝牡種類，各隨所宜，棚井温涼，亦有便否，嚮何以致馬之耗減，今何以得馬之蕃滋，詳究根源，旁采衆議。然後以比日臣僚奏請，參詳審處。與其坐而遥度，倉卒更改，其爲得失不可同日而論也。

臣又竊思，今之馬政皆因唐制，而今馬多少與唐不同者，其利病甚多，不可概舉。至於唐世牧地，皆與馬性相宜，西起隴右、金城、平涼、天水，外暨河曲之野，内則岐、豳、涇、寧，東接銀、夏，又東至於樓煩，此唐養馬之地也。以今考之，或陷没夷狄，或已爲民田，皆不可復得。惟聞今河東路嵐、石之間，山荒甚多，及汾河之側，草地亦廣，其間草軟水甘，最宜養牧，此乃唐樓煩監地也，可以興置一監。臣以謂推迹而求之，則樓煩、元池、天池三監之地，尚冀可得。

又臣往年奉使河東，嘗行威勝以東及遼州、平定軍，見其不耕之地甚多，而河東一路，山川深峻，水草甚佳，其地高寒，必宜馬性。及京西路唐、汝之間，久荒之地，其數甚廣。請下河東、京西轉運使司，遣官訪草地有可以興置監牧，則河北諸監有地不宜馬可行廢罷。

至於估馬一司，利害易見。若國家廣捐金帛，則券馬利厚，來者必多；若有司惜費，則蕃部利薄，馬來寖少。然而招誘之方，事非一體，請遣羣牧司或禮賓院官一人，至邊訪蕃部券馬利害，以此三者參酌商議，庶不倉卒，輕爲改更。

下其奏相度牧馬所，奎等請如修奏。

乃詔選官分詣河北、河南諸監，按牧地肥瘠頃畝，俟得實數，即遣官一人按視。其陝西估馬司，仍委向規度以聞。向乃上言：秦州券馬至京師，計所直并道路之費，一馬當錢數萬，然所入止中雜支，於上等良馬固不可得。請於原渭州、德順軍置場收市，以解鹽交引，募蕃商廣售良馬八千，以三千給沿邊騎軍，五千入羣牧司。有詔從之。

明年，向又言：原渭州、德順軍水洛城及秦州外寨，係蕃部馬所由，必欲詢究利害，宜得涇原、秦鳳兩路帥臣同議，庶諸部承稟。又明年，奎等復列上向所議買馬利害：秦州古渭、永寧寨并原州、德順軍，今悉置場。請自京師歲支銀四萬兩、紬絹七萬五千匹充馬直。銀以二萬兩並紬絹並充邊庫錢，餘闕萬緡，以解鹽鈔并雜支錢給之。詔皆施行。向又言及奎等列上向議，本志以爲六年、七年事，今並附此。

（宋）李燾《續資治通鑑長編》仁宗熙寧九年八月　權判都水監程師孟言：臣昔提點河東刑獄兼河渠事，本路多土山高下，旁有川谷。每春夏大雨，衆水合流，濁如黄河。礬山水俗謂之天河水，可以淤田。絳州正平縣南董村旁有馬壁谷水，勸誘民得錢八百緡，買地開渠，淤瀦田五百餘頃，其餘州縣有天河水及泉源處，亦開渠築堰，皆成沃壤。凡九州二十六縣，共興修田四千二百餘頃，并修復舊田五千八百餘頃，計萬八千餘頃。嘉祐五年畢功，攢成《水利圖經》二卷，付州縣遵行，迨今十七年。近聞南董村田畝舊直三兩千，所收穀五七斗。自灌淤後，其直三倍，所收至三兩石。今權領都水淤田，竊見累歲於京東、西鹹鹵之地，盡成膏腴，爲利極大，尚慮河東路猶有荒瘠之田，可引天河淤溉。乞委都水監選差官往與農田水利司并逐縣令佐檢視，有可淤之處，具頃畝功料以聞，俟修畢，差次酬賞。

（宋）呂祖謙《宋文鑑》卷九三《論・勸農論高錫》　勸農者，古典也，國家歲以舉之。然則勸之道不在勸乎時以耕、時以種、時以收穫也；在于知其病而去之耳。夫農之病者，由乎隳于制度也。制度隳，則下得以僭上。是故宮室無常規，服玩無常色，器用無常宜，飲食無常味。四者偕作，于是奇伎淫巧出焉，浮薄澆詭騁焉。業專于是，貨易于是者，利甚厚于農矣。農雖日勸之，豈有益哉！凡民之情，所急者利。利苟有取，假嚴刑法以毒之，民亦不顧其罪而趨之矣；利苟無取，假垂仁惠以撫之，民亦不知其恩而背之矣。非民愛其罪而惡其恩，蓋所樂者利也。于今之農，其利甚寡。農家之利，田與桑也。田之所出者穀帛。夫以墾之，婦以蠶之，力竭氣衰，方見穀帛。穀帛之價，輕重不常，農家出則其價輕，入則其價重。輕重之弊，起于時也。時底于稔，穀帛多矣，征租不取焉，農乃易其多以赴征租，故有輕而出。時遇于凶，穀帛逋矣，賦斂多取焉？農乃完其逋以供賦斂，故有重而入。稔既輕出，凶又重入，則田桑之人，腹之食、身之衣，亦已懸矣，敢言于利乎！所謂病之深也。且務奇伎淫巧，浮薄澆詭，業專于是者，貨易于是者，不苦于體，不疲于神，皆坐而獲利焉。即如雕一寸之金，鏤一寸之玉，比穀之價有幾也？文一尺之綺，飾一尺之紈，比帛之價幾也？既金玉綺紈與穀帛之價不侔，又無凶稔輕重之弊，食以之具，衣以之餘，以此則誰肯勤于農哉！若使雕鏤不如耕鑿，文飾不如經織，寶穀如金玉，貴帛如綺紈，必見溥天之下，有男皆執于耒耜，有女皆務于杼軸，必無曠土，無游民。何者？衆之利薄，農之利厚也。若欲勸于農，先思去于病；若欲去于病，先思舉于制。制度舉，則俾下無以僭上。上之宮室之規，使下不得宅焉；上之服玩之色，使下不得衣焉；上之品用之宜，使下不得舉焉；上之飲食之味，使下不得薦焉。則奇伎淫巧，浮薄澆詭，業專于是者盡息矣。制度既舉，病自然去。病既去，農不勸而自勸也，何須歲舉古典哉？

（宋）趙汝愚《宋名臣奏議》卷一〇五《財賦門·營屯田·上太宗論塘泊屯田之利何承矩》

〔端拱元年〕臣幼侍先臣關南征行，熟知北邊道路、川原之勢。若于順安寨西開易河蒲口引水東注至海，東西三百餘里，南北五七十里，滋其陂澤，可以築隄貯水爲屯田，以助要害，免蕃騎奔軼。俟期歲間，塘注關南諸泊淀水，播作稻田。其緣邊州軍地臨塘水者，止留壯城軍士，不煩發兵廣戍。收水田以實邊，設險固以防塞。春夏課農，秋冬備寇，縱贍師旅，不失耕耘，不費國用，不勞民力。如此則虜弱我強，彼勞我逸。以強禦弱，以逸待勞，制匈奴之術也。順安已西至西山，道路百里以來，無水田處，亦望遣兵戍，以練其精鋭；擇將領，以去其冗繆。夫邊兵不患寡，患驕慢不肅而不精；邊將不患怯，偏見自賢而無謀；邊備不患寇，患慢防而未葺。若禦得其力，制得其要，何慮乎邊塵不息、邊患不除！且有國有家，以足兵足食爲本，水田之盛，誠可以限戎馬而省轉粟之費，實萬世之利也。

（宋）趙汝愚《宋名臣奏議》卷一〇五《財賦門·勸課·乞授陳靖勸農使論民耕田曠土疏盛梁》

臣昨因行點檢本州户口，尋究簿書，即今公私荒田已及六千一百七十餘頃，秋夏正税全虧一十萬四千八百貫石有餘。初謂州縣之官不能撫綏，致鄉村之俗各暫流亡。前後繼降明敕，不住招呼，其如舊降敕書，只許歸業人户容放一料苗税。蓋緣逃移之日，家資牛畜悉已破除，洎歸復之時，屋木田園例遭毀伐。墾土未觀於稼穡，巡門已聽于征催。乏牛羊雞犬之可陪，無屋舍園林之可戀。故有春歸夏去，秋復冬逃。以今遞年，州縣虛降版簿，計都額則空邁千萬，收實利則全無二三。臣伏見江南轉運使陳靖，昔在先朝，曾陳農事，觀其舉措，頗識淺深。臣欲望特降敕書，委自陳靖先取江南兩浙公私都大荒田逐處頃畝數目，并沿征簿籍逃移人户姓名，且於昇州都置勸農一司，俾於階銜之中授以勸農使額，仍抽諳會田農人吏，攢成都大簿書。況逐處田土高下不同，內有久來逃移，壠畝全成榛莽；亦有近年流散，界址半已荒涼。復有白地平田，全作林菁之利；亦有被山兼水，頗霑柴木之資。以此品量，須分等級。仍乞逐州縣明掛敕牓，曉示諸邑人户，及更委陳靖揀選三五人循良官吏，散往諸州，親諭鄉民。或有大段荒逃軍州，即委陳靖親自往彼，召耆年宿德之輩，與親民守土之官，同就鄉園，少陳酒饌，達君父勸課之意，示朝廷寬大之恩。如人户有元舊莊田久難歸復，或是他人物業素失開耕者，除已有人户占射爲主外，不問有税無税人户，在公在私之家，以至事力僧人、宮觀道侶，並許量其事力請田，計地耕耘。明與減絶舊日税名，剗去當時苗數，變茲曠土，悉作租田。仍許取便耕修，特免三年輸送。貴使修營住舍，畜養猪牛。待其竹木有成，田疇見利，顧室閭而全備，覩稼穡以豐饒，即自窮苦兩忘，饑寒並去，疇肯更思游惰，再樂逋逃？然後每畝秋夏之中，都收二㪷租利，更免諸般配率，舊例差徭。臣所陳勸農之課程，益之則內外有成，損之則公私無害。況江浙所獲之財，自與諸路不同。有航舟可以運輸，有物帛可以變易。待其事成之後，有利歸官之時，即令逐處州軍每納租課，悉令別倉收受。遇凶歲則糴充民食，當豐年則貢作軍需。有餘糧足以濟民，有羨財足以助戰。如江浙成其厚利，則淮甸、荊渚、河北、關西，亦可依此施行。其有施行節目條貫事宜，約束之重輕，勸誘之法式，候諸處取到田段人户都大數目齊整，亦乞降敕與陳靖，與臣討理商量，别作畫一，逐旋條奏。

（宋）楊仲良《通鑑長編紀事本末》卷一一《陳堯叟等建水利墾田之議》〔至道〕二年四月丁酉，皇甫選、何亮等上言先受詔往諸州興水利，按鄭渠元引涇水，自仲山西抵瓠口，併北山東注洛，袤三百餘里，溉田四萬頃，收皆畝一鍾。三白渠亦引涇水，首起谷口，尾入櫟陽，注渭中，袤二百餘里，溉田四千五百頃。兩渠共溉田四萬四千五百頃。今之存者不及二千頃，乃二十二分之一分也。皆由近代改修渠堰，寖隳舊防，失其水利，故灌溉之功絶少于古。臣等先至鄭渠相視，用功最大，並仲山東、西鑿斷崗阜，首尾三百餘里連亘，岸壁隤壞，堙廢已久，度其制置之始，涇河平淺，直入渠口。既年代遥遠，涇河日深，水勢漸下，與渠口相懸，水不能至。峻崖之處，渠岸摧毁，荒廢歲久，實難致力。其三白渠溉涇陽、櫟陽、高陵、雲陽、三原、富平六縣田三千八百五十餘頃，此渠衣食之原也。望令增築堤堰以固護之。舊有斗門一百六十七，以節制其水，皆毁壞，請悉繕治，令用水有準。渠口舊有大石門，謂之洪門，今亦隤圮，若再議興制，則其工甚大。且欲就近度其岸勢，别開渠口，以通水道。歲令渠官行視岸之闕薄，水之淤損，即時繕修疏治之。禁豪民，無令浚渠導水，以擅其利。涇河中舊有石堰，修廣皆百步，捍水雄壯，謂之將軍翣，廢壞已久，基址具在。杜思曾獻議，請興此翣，而功不克就。其後止造木堰，凡用材一千三百餘，數歲出于沿渠之民。涉夏，水潦薦至，渠暴漲，水堰遂壞，漂流散失。至秋，復率民以修葺之，數斂重困，無有止息。欲自今溉田畢，命工拆堰木置于岸側，可充三二歲修堰之用。所役沿渠之民，計田出丁，凡調萬二千人，謂之水利夫。將軍翣可造堰，各有其利，固不憚勞，不煩歲役其人矣。擇能吏專掌其事，置于涇陽縣，以時行視，往復甚便。

又言：鄧、許、陳、潁、蔡、宿、亳七州之地，其公私閑田凡三百五十一處，合二十二萬餘頃，蓋民力不能盡耕。漢魏以來，杜預、召信臣、任峻、司馬宣王、鄧艾等立制，墾闢之地，由南陽界鑿山開嶺，疏導河水，散入唐、鄧、襄三州以溉田。諸處陂塘坊埭，大者長三十里至五十里，闊二丈至八丈，高一丈五尺至二丈。其溝渠大者長五十里至八十里，闊三丈至五丈，深一丈至一丈五尺，可行小舟。臣等周行歷覽，若皆增築陂堰，勞費甚煩。欲望于隄防未壞、可興水利者，先耕二萬餘頃，他處漸圖建置。

（明）楊士奇《歷代名臣奏議》卷三二三《禦邊・請建置方田奏劉平》　仁宗明道二年，劉平自雄州徙知成德軍奏言：臣嚮爲沿邊安撫使，與安撫都監劉志嘗陳備邊之略。臣今徙真定路，由順安、安肅、保定州界，自邊吳淀望趙曠川、長城口，乃契丹出入要害之地，東西不及一百五十里。臣竊恨聖朝七十餘年，守邊之臣，何可勝數，皆不能爲朝廷預設深溝高壘，以爲阨塞。臣聞太宗朝，嘗有請建置方田者。今契丹國多事，兵荒相繼，我乘此以引水植稻爲名，開方田，隨田勝四面穿溝渠，縱廣一丈，深二丈，鱗次交錯，兩溝間屈曲爲徑路，才令通步兵。引曹河、鮑河、雞距泉分注溝中，地高則用水車汲引，灌溉甚便。願以劉志知廣信軍，與楊懷敏共其主事，數年之後，心有成績。

（清）徐松《宋會要輯稿・食貨六五・免役》〔治平四年六月〕先是，三司使韓絳言：臣歷官京西，奉使江南、河北，守藩於陝西、劍南，周訪害農之弊，無甚於差役之法。重者衙前，多致破産，次則州役，亦須厚費。夫田産，人恃以爲生，今竭力營爲，稍致豐足，而役已及之，欲望農人之加多，曠土之加闢，豈可得乎？向聞京東民有父子二丁將爲衙前役者，其父告其子云：吾當求死，使汝曹免凍餒也。遂自經死。又聞江南有嫁其祖母，及老母析居以避役者，此大逆人理，所不忍聞。又鬻田産於官户者，田歸不役之家，而役並增於本等户。其餘戕賊農民，未易遽數。望以臣所陳，下哀痛之詔，令中外臣庶悉具差役利害以聞。委侍從、臺省官集議，考驗古制，裁定其當，使力役無偏重之害。則農民知爲生之利，有樂業之心矣。

（元）胡祗遹《紫山大全集》卷二二《雜著・論農桑水利》一、論人無餘力而貪畎畝之多。《詩》曰：無田甫田，惟莠驕驕。古者一夫受田百畝，步百爲畝，比之二百四十步爲畝，不及其半耳。地非不足，而儉於百畝，大抵一夫之力終歲勤動，無懈無怠，百畝之田猶不能辦。後世貪多而不量力，一夫而兼三四人之勞，加以公私事故廢奪其時，使不得深耕易耨，不順天時，不盡地力，膏腴之地，人力不至，十種而九不收，良以此也。

二、論牛力疲乏寡弱而服兼并之勞。地以深耕熟杷及時則肥，能如是者，牛力耳。古者三牛耕今田之四十畝，牛之芻豆飽足，不妄服勞，壯實肥腯，地所以熟。今以不芻不豆羸老困乏之牛而犂地二百餘畝，不病即死矣。就令不病不死，耕豈能深而杷豈能熟歟？時過而耕，犂入地不一二寸，荒蔓野草不能除去根本，如是而望畝收及於古人，不亦艱哉？

三、論有司奪農時而使不得任南畝。農以時爲先，過時而耕植，力雖能辦，亦必不穫，況力不足耶。今日府州司縣官吏奸弊，無訟而起訟，片言尺紙入官，一言可决者，逗遛遷延半年數月，以至累年而不决。兩人争訟，牽連不干礙人四鄰、親戚、鄉老、主首、大户、見知人數十家，廢業隨衙，時當耕田而不得耕，當種植而不得種植，當耘耨而不得耘耨，當收穫而不得收穫，揭錢舉債以供奸貪之乞取，乞取無厭，不得寧家，所以田畝荒蕪，歲無所入，良可哀痛。雖設巡按察司，略不究問，縱恣虎狼白晝食人，誰其憐之。

四、論種植以鹵莽滅裂而望豐穰。土不加糞，耕不以時，杷不破塊，種每後期，穀麥種子不精粹成熟，不鋤不耘，雖地力膏腴，畝可收兩石者，亦不得四之一。儻不幸雨澤不時，所得不償所費。

五、論不遵古法，怠惰不敏。暵地社種，麥皆團科，種一粒可生五莖；地不殺暵，天寒下種，子一粒止得一莖，所獲懸絶如此。穀宜早種，二月尤佳，穀生兩葉如馬耳便鋤，既遍即再鋤，鋤至三四次，不惟倍收，每粟一斗得米八升，每斗斤重比常米加五。今日農家人力弱，貪多種穀，苗高三四寸才撮苗，苗爲野草荒蕪，不能滋旺叢茂，每科獨莖小穗，勤者再鋤，怠惰者遂廢，所收畝不三五斗，每斗得米五升，半爲糠粃。

六、論勸民務農而不使民知爲農之樂。古人之勸農，春省耕則補不足，秋省斂則助不給，問民之所疾苦而哀憫子育之，愚不能者則款曲細密教道之以法，非不量其力之所不及而督迫鞭撲之。一夫之力而責以當數人之任，聚集期會而反廢時日。官吏雜沓，使民供給酒食之不暇。水旱、風霜、蟲蝗之災不恤不憐。歲不登，家闕食，而賦税如故，虐下欺上，徒取文具。官不得富實之利，私不能免凍餒之苦，棄本逐末，賣田賣牛，流離奔竄，皇皇然無定居。產業丁口衆多不能移徙者，代當逃户差役，日就困苦貧乏。冤苦失職，不可枚數，此其略也。

七、論農家隨俗亦皆奢侈過度而妄費穀帛。匹夫匹婦終歲勤動，歲終所獲除納官奉公之外，不能供半歲之口體。今日男婚女嫁，吉凶慶吊，不稱各家之有無，不問門第之貴賤，例以奢侈華麗相尚，飲食衣服擬於王侯，賤賣有用之穀帛，貴買無用之浮淫，破家壞產，負債終身，不復故業，不償稱貸。農室既空，轉徙逃避，農業亦廢。有司略不禁治，豈不可嘆？

（元）陸文圭《牆東類稿》卷四《策·農桑》 德者，本也；財者，末也。農桑，本也；商賈游民，末也。上之人外本内末，則財不足；下之人棄本逐末，則財不足。是故重在務本，聖人守位，以仁聚人，以財理財，正辭，禁民爲非，以農桑爲急務。人一日不再食則饑，終歲不製衣則寒。饑寒迫於人之肌膚，欲其亡爲奸邪，雖慈母不能保其子，君安能保其民哉？是故導其衣食之源，絶其饑寒之路，民可使富也。自耒耜取諸益而茹毛之風革，自衣裳取諸乾坤而衣皮之俗易。三皇邈矣，制莫詳於《虞》、《周》、《禹貢》。《豳》詩鑿鑿皆精語，三壤成賦，而秷秸粟米供於甸服之内；桑土既蠶，而織文絲枲納于貢篚之中。于耜舉趾，饁婦同於南畝，十月納禾之張本也；采蘩猗桑，筐女遵於微行，九月授衣之收功也。人徒見虞周之民無凍餒之患者，而不知三事以正德居先，六府以脩穀爲主。罰二十五家之里布，以禁游惰；通三十年之國用，以均出入。上不外本而内末，下不棄本而逐末，虞周可謂知生財之道矣。

自時厥後，井田廢，而無土著之民生之者寡矣；封建壞，而去班禄之籍食之者衆矣。徹用其三，而民有殍，爲之不疾矣；徹取其二，而君不足，用之不舒矣。鄒國一叟，懇懇爲時君言者，不過五畝之宅，樹之以桑，百畝之田，勿奪其時而已。此一章凡三見，終始不易，當不奪不厭上下交征之時，而進不饑不寒然而不王之説，安得不以爲田夫野老之俗務，耕奴織婢之鄙談？然仁政之本，莫大乎此。自仁政之説不售戰國，折入於秦，秦爲無道，虐用其民，男子疾耕，不足於糧饟，女子紡織，不足於帷幙。民力不堪，秦亦以是虚其國。漢興，天下草創，百姓思樂息肩。文帝恭儉寬仁，愛人節用。帝親耕耤田，以供粢盛，后親蠶公室，以供祭服，不可謂不務本者。詔令數下，一則曰爲酒醪以靡穀，二則曰纂組以害女紅，不可謂不務本者。然不能使末技游食之民轉而緣南畝，奚止酒靡穀而已；不能禁倡優下賤之人不得爲后飾，奚止害女紅而已。漢之爲漢五六十年，公私之積猶可哀痛。賈誼、晁錯掇拾孟子餘論，復屢屢陳之。誼之言曰：倉廩實而知禮節。一夫不耕，或受之饑；一女不織，或受之寒。生之有時，用之無度，則物力必屈。今背本而趨末者衆，淫侈之俗，日月以長，天下財産安得不蹙。錯之言曰：聖王在上而民不凍饑者，非能耕而食之、織而衣之也，爲開其資財之道也。今地有餘利，民有餘力，生穀之地未盡墾，山澤之利未盡出，游食之民未盡歸農也。二子亦可謂知本之論。然孟子專論王道，二子雜伯者、富強之術，觀者不可不察也。

今南北混并，天下一家，煙火萬里，農桑滿野，昇平之業，視漢有加。然而經制不定，徵斂無藝，賦入雖廣，調度實繁。天時不登，地力有限，加之大官竊禄，小吏侵漁，商賈操市之奇贏，緇黄侵國之經費，困窮失職，貪惰成風，長此安窮，救之無術。設使晁、賈二子復生於今日，亦當苦口進言，而昔所建明有宜於今世者，有司條陳之，以次施行可也。杏花菖葉，東作方興，戴勝鳴鳩，柔桑可採，兹惟時矣。孟子曰：民事不可緩也。惟上人之留意。不然，二月賣新絲，五月糶新穀，將有誦聶夷中之詩者。

（元）張養浩《三事忠告》卷一《勸農》　農之勤惰，一歲之苦樂係焉。其所當爲，有不待勸焉者，時因行治；視其輟工廢業者，切責之，遠近聞之，必知自勵也。常見世之勸農者，先期以告，鳩酒食，候郊原，將迎奔走，絡繹無寧，蓋數日騷然也。至則胥吏、童卒褋然而生威，賂遺徵取，下及雞豚。名爲勸之，其實擾之。名爲優之，其實勞之。嗟夫！勸農之道無他也，勿奪其時而已矣。繁文末節，當爲略之。

（元）蘇天爵《元文類》卷四〇《經世大典序録·農桑》　農桑者，王政之本也，可不重哉！我世祖皇帝從左丞張文謙之請，立司農官，頒農政，化天下以敦本就實之道。老者得其所養，少者有以自力。教之蓄積之方，申之學校之義。牧民之官法其勤惰，風紀之司嚴其體察，歲終以爲殿最。其法可謂至矣。迨夫列聖相承，綸音誕布，必諄諄以勸農爲言，皆所以爲生民之命，而開太平之基者也。今悉著于篇。

（明）楊士奇《歷代名臣奏議》卷二五九《論差役毋妨農時》　元世祖時，東平布衣趙天麟上策曰：臣聞乾下坤上謂之泰，損上益下謂之益。民雖極賤，而存上交之理則安矣；君雖至貴，而盡下合之義則聖矣。民借君以爲心，而鼓動天下之化；君須民以爲用，而充給天下之力。昔宋興役而起澤門之謳，周經始而適子來之願，原其築臺之實一也，下民怨慕，冰炭其殊焉，豈非一失所用之時，而一得之乎？秦發閭左之戍，而海内愁之；衛建楚丘之封，而百姓悦之。究其建城之名一也，下民悲喜，霄壤其異焉，豈非一爲無益之務，而一有益乎？故以逸道使民，勞而不怨，以當理動衆，和而不傷。且爲人上者，百姓之父母也；百姓者，君之赤子也。設或父母凌虐其子，其子雖勉強以從之，然欲其家道之洽和，則不可得也。今國家之於下民，可謂厚矣，竊恐郡縣之官，未奉國家之明法，倘有虐貧凌弱者，可不圖之哉！臣伏見近年詔書有云：自三月初至九月終，凡勞民不急之役，一切停罷。欽此。臣以爲國家之心如天如地，非一言之可盡也。彼在外之有司，因王事之靡盬，多以假借爲名，農務之間，亂起丁役，局天蹐地，無計陳冤，雖曰省之，其實非也。臣又以妨農之役非一，今試略舉一端。頃者會通河路流沙滯水，方春之際，大興徒役，男執鍬畚，女餉飲食，耕者不得以服畝，蠶者不得以伐揚，民之生理甚大而不顧，則處國家之職者果何務哉？此但臣所親見者也。若夫四方之大，似山東者非一，而其役又非一，不亦怨哉！或謂依春秋之法，役冬月之民，則所謂執古禮而不便今，崇虚名而受實禍也。冰雪凝冬，役人多窘，春陽扇暖，易以施功，由是而行之，有何不可乎？臣意非謂此也。春秋之時，井田法在，末民極寡，咸農務功，是以恐妨農而移百役于冬也。今則不然，末民極衆，若又用力役之事而妨其農，則饑寒之苦莫逃矣。臣又以郡縣之中鄉司里正，鉛槧小技，奴隸下材，亦皆驅役良民，莫敢違拒。如或違拒者，一旦科差定役之時，循恩讎以增減之。且差役委鄉司里正，則將安用彼守令哉？此皆小事，敢干天聽者，誠以國家之本莫大於農，而國家之寶無急於力也。伏望陛下居九重之深邃，審百姓之艱難，布告中外，咸使聞知：凡每歲三月至九月，有以勞民不急之事擅起丁役，託假以爲名者，並以違制論；凡三月至九月，有耕耨之田者，役無緩急，不在其限；凡三月至九月，有遠大差役不得已而差煩農家者，有田務之家助資給，無田務之家助人力。凡力役之品次，幸從臣先所獻萬言策内之説，則鄉司里正自不得以擅相欺矣。然而民力役猶未之均，農民猶失其所者，未之有也。

綜　述

（宋）竇儀《宋刑統》卷一三《户婚律·旱澇霜雹蟲蝗》 諸部内有旱澇、霜雹、蟲蝗爲害之處，主司應言而不言，及妄言者，杖七十。覆檢不以實者，與同罪。若致枉有所徵免，贓重者坐贓論。

疏議曰：旱謂亢陽，澇謂霖霪，霜謂非時降實，雹謂損物爲災，蟲蝗謂螟蟲蝥賊之類。依令，十分損四以上免租，損六免租調，釋曰：租調課役具在《賦役令》。損七以上課役俱免。若桑麻損盡者，各免調。其應損免者，皆主司合言。主司謂里正以上，里正須言於縣，縣申州，州申省，多者奏聞。其應言而不言，及妄言者，所由主司杖七十。其有充使覆檢不以實者，與同罪，亦合杖七十。若不以實言上，妄有增減，致枉有所徵免者，謂應損而徵，不應損而免，計所枉徵免，贓罪重於杖七十者，坐贓論，罪止徒三年。既是以贓致罪，皆合累倍而斷。

問曰：有應得損免不與損免，以枉徵之物或將入己，或用入官，各合何罪？

答曰：應得損免而妄徵，亦准上條妄脱漏增減之罪。入官者坐贓論，入私者以枉法論，至死者加役流。

（宋）竇儀《宋刑統》卷一三《户婚律·課農桑》 諸里正依令授人田，課農桑，若應受而不授，應還而不收，應課而不課，如此類違法者，失一事笞四十，一事謂失一事於一人。若於一人失數事，一事失之於數人，皆累爲坐。三事加一等。縣失十事笞三十，二十事加一等。州隨所管縣多少，通計爲罪。州縣各以長官爲首，佐職爲從。各罪止徒一年。故者各加二等。

疏：諸里正依令授人田，課農桑，若應受而不授，應還而不收，應課而不課，如此事類違法者，失一事笞四十。議曰：依《田令》，户内永業田課植桑五十根以上，榆棗各十根以上，土地不宜者，任依鄉法。又條，令應收授之田，每年起十月一日，里正預校勘造簿，縣令總集。應退、應受之人，對共給授。又條，授田先不課役，後課役，先無後少，先貧後富，其里正皆須依令造簿通送及課農桑。若應合受田而不授，應合還公田而不收，應合課田農而不課，應課植桑棗而不植，如此事類違法者，每一事有失，合笞四十。

注云，一事謂失一事於一人。若於一人失數事，及一事失之於數人，皆累爲坐。議曰：一事謂失一事於一人者，假若於一户之上，不課種桑棗爲一事，合笞四十。若於一人失數事，謂於一人之身，應受不授，又不課桑棗，及田疇荒蕪。及一事失之於數人，謂應還不收之類，在於數人之上，皆累而爲坐。

又云，三事加一等。縣失十事笞三十，二十事加一等。州隨所管縣多少，通計爲罪。

議曰：假有里正應課而不課，是一事，應受而不授，是二事，應還而不收，是三事，授田先不課後課，是四事，先少後無，是五事，先富後貧，是六事，田疇荒蕪，是七事，皆累爲坐。其應累者，每三事加一等，即失二十二事，徒一年。縣失者，亦准里正所失，十事笞三十，二十事加一等，一百七十事合徒一年。州隨所管縣多少，通計爲罪，謂管二縣者，失二十事笞三十，失三百四十四事徒一年。其管縣多者，通計各准此。

注云，州縣各以長官爲首，佐職爲從。又云，各罪止徒一年。故者各加二等。議曰：州縣以刺史、縣令爲首，其長官闕，即次官爲首，佐職及判户曹之司爲從。各罪止徒一年，謂州縣長官及里正，各罪止徒一年。故犯者，各加二等，即是一事杖六十，縣十事笞五十，州管二縣者，二十事笞五十，計加亦准此通計爲罪，各罪止徒二年。其州止管一縣者，各減縣罪一等。若有故失，罪法不等者，亦依併滿之法。假如授田等，失七事，合杖六十，又有故犯三事，亦合杖六十，即以故犯三事併爲失十事，科杖七十，其州縣應累併者各准此。

（宋）竇儀《宋刑統》卷一五《厩庫律·牧畜死失及課不充檢驗畜産不以實　養療不如法　官畜官車私馱載》 諸牧畜産准所除外，死失及課不充者，一牧長及牧子笞三十，三加一等，過杖一百，十加一等，罪止徒三年。羊減三等。餘條羊准此。新任不滿一年而有死失者，總計一年之内月別應除多少，准折爲罪。若課不充，游牝之時，當其檢校者，准數爲罪，不當者不坐。游牝之後而致損落者，坐後人。繫飼死者，各加一等，失者又加二等。牧尉及監各隨所管牧多少，通計爲罪，仍以長官爲首，佐職爲從。餘官有管牧者亦准此。

疏：諸牧畜産准所除外，死失及課不充者，一牧長及牧子笞三十，三加一等，過杖一百，十加一等，罪止徒三年。羊減三等。注云，餘條羊准此。議曰：《厩牧令》，諸牧雜畜死耗者，每年率一百頭論，駞除七頭，騾除六頭，馬牛驢羖羊除十，白羊除十五。從外蕃新來者，馬牛驢羖羊皆聽除二十，第二年除十五，駞除十四，第二年除十，騾除十二，第二年除九，白羊除二十五，第二年除二十，第三年皆與舊同，准率百頭以下除數。此是年別所除之數，不合更有死失。及課不充者，應課者，准令牝馬一百匹，牝牛驢各一百頭，每年課駒犢各六十，騾駒減半。馬從外蕃新來者，課駒四十，第二年五十，第三年同舊課。牝駞一百頭，三年內課駒七十，白羊一百口，每年課羔七十口，羖羊一百口，課羔八十口。准此欠數者，爲課不充。除外死失及課不充者，一牧長及牧子笞三十，三加一等，即是欠二十二合杖一百。過杖一百，十加一等，計欠七十二，罪止徒三年。羊減三等，欠三以下未有罪名，欠四笞十，三口加一等，罪止徒一年半。注云，餘條羊准此。餘條謂養飼不如法之類。但餘條皆論畜罪名無羊者，並減馬三等，故云准此。

又云，新任不滿一年而有死失者，總計一年之內月別應除多少，准折爲罪。若課不充，游牝之時，當其檢校者，准數爲罪，不當者不坐。注云，游牝之後而致損落者，坐後人。議曰：新任不滿一年，謂任牧尉、牧長、牧子不滿周年，而有死失，總計一年之內，准折爲罪，謂若騾新從外蕃來，當年聽除十二，即是月別除一頭，新任三月除三頭，五月除五頭，餘畜一年，准當色應除數，准新任月別折除分數亦准此。若除外死失，皆准上文得罪。若課不充，游牝之時，當其檢校者，准數爲罪。准令，牧馬駝牛驢羊，牝牡常同羣，其牡馬驢每年三月游牝，應收飼者，至冬收飼，不當游牝之時，課收雖不充，依律不坐。注云，游牝之後而致損落者，坐後人。謂雖不當游牝之時，檢校於後損落，仍得其罪。

又云，繫飼死者，各加一等，失者又加二等。牧尉及監各隨所管牧多少，通計爲罪，仍以長官爲首，佐職爲從。注云，餘官有管牧者亦准此。議曰：繫飼死者，加一等罪，謂應牧繫養之者，收飼理不合死，故加罪一等。雜畜一死笞四十，罪止流二千里。失者又加二等，以其繫飼不合失落，故加二等。稱又者，明累加，即失一杖六十，罪止流三千里。繫飼羊亦各減三等。牧尉及監，各隨所管牧尉、長，通計爲罪。依令，牧馬牛皆百二十爲羣，駝騾驢皆以七十頭爲羣，羊六百二十口爲羣，羣別立牧長一人，率十五長置尉一人，其監即不限尉多少。通計之義，已從《户婚》解訖。仍以長官爲首，佐職爲從者，爲羣牧事重，委在長官，死失及課不充，以監爲首，副監及丞簿爲從。條言佐職爲從，明主典無罪。注云，餘官有管牧者亦准此。其牧有置監管者，亦有隸州縣官管者，故云餘官有管牧者亦准此。

諸驗畜産不以實者，一笞四十，三加一等，罪止杖一百。若以故價有增減，贓重者，計以增減坐贓論，入己者以盜論。

疏議曰：依《厩牧令》，府內官馬及傳送馬驢，每年皆刺史、折衝、果毅等檢揀，其有老病不堪乘用者，府內官馬更對州官揀定，開封府管內送尚書省揀，隨便貨賣。檢揀者並須以實，不以實者，一笞四十，三加一等，罪止杖一百。若以檢揀不實之故，令價有增減者，計增減之贓重，坐贓論。謂驗一不實，增三匹一尺，及減三匹一尺，各笞五十。每一匹加一等，十匹徒一年，十匹加一等。若因此增減之贓，將入己者，計罪以盜論，仍徵倍贓。監主加二等，一匹以上除名。其間不增減不平之贓，有入己不入己者，若一處犯，便是一事分爲二罪，罪法不等，即以重法併滿輕法，須將以盜之贓累於坐贓之上科之，其應除免、倍贓，各盡本法。若驗羊不實，減三等。其增減贓、坐贓及以盜論者，並各依本條，不在羊減三等之例。

諸受官羸病畜産，養療不如法，笞三十，以故致死者，一笞四十，三加一等，罪止杖一百。

疏議曰：依《厩牧令》，官畜在道，有羸病不堪前進者，留付隨近州縣飼養療救，粟草及藥官給。而所在官司受之，須養療依法，有不如法者，笞三十。以故致死者，謂養療不如法而致死者，一笞四十，三加一等，罪止杖一百。

諸應乘官馬牛駞騾驢，私馱物不得過十斤，違者一斤笞十，十斤加一等，罪止杖八十。其乘車者，不得過三十斤，違者五斤笞十，二十斤加一等，罪止徒一年。即從軍征討者，各加二等。若數人共馱載者，各從其限爲坐。監當主司知而聽者，併計所知，同私馱載法。

疏：諸應乘官馬牛駞騾驢，私馱物不得過十斤，違者一斤笞十，十斤加一等，罪止杖八十。議曰：諸應乘官馬牛駞騾驢者，謂因公得乘傳遞，或是軍行，但因公事而得乘官畜者，私馱物不得過十斤，十斤之外更着者，一斤笞十，十斤加一等，罪止杖八十。

又云，其乘車者，不得過三十斤，違者五斤笞十，二十斤加一等，罪止徒一年。即從軍征討者，各加二等。議曰：應乘官車或載官私之物，載限之外，私物不提過三十斤，違者五斤笞十，二十斤加一等，罪止徒一年。從軍征討者，各加二等，馬牛以下、車以上各加常犯二等，馬牛駞騾驢七十一斤罪止，杖一百，車二百五斤罪止，徒二年。

又云，若數人共馱載者，各從其限爲坐。監當主司知而聽者，併計所知，同私馱載法。議曰：若數人共馱載者，謂乘官畜及車，應得私載物限外，謂畜過十斤，車過三十斤。假有十人同乘官畜，馱私物各十斤，其中五人數外各過一斤，依律各笞十，三人各過十一斤，各笞二十，二人各過八兩，律云過一斤笞十。今載不滿一斤，依律各無罪。又有十人同車，載私物各三十斤，其中五人數外各過五斤，依律各笞十，三人各過二十五斤，各笞二十，二人各過二斤八兩，依律數不滿，各無罪。其監當主司知情者，併計前畜，總過三十九斤，同私馱法科罪，笞四十，車總過一百五斤，同私載法，合杖六十之類。若從軍征討，亦依前各加二等。其有他人寄載，各計一斤以上爲罪，皆同私馱載法。主當車馬及寄物之人，得罪各等，亦無首從。監當官司知情，准上解。若隨身衣仗應將行者，各在私物斤兩之外，不在計限。

（宋）竇儀《宋刑統》卷一五《廐庫律·乘駕損傷官畜官馬不調習》

諸乘駕官畜產，而脊破領穿，瘡三寸笞二十，五寸以上笞五十。謂圍繞爲寸者。若放飼瘦者，計十分爲坐，一分笞二十，一分加一等，即不滿十者，一笞三十，一加一等，各罪止杖一百。

疏：諸乘駕官畜產，而脊破領穿，瘡三寸笞二十，五寸以上笞五十。注云，謂圍繞爲寸者。議曰：乘駕官畜產，謂牛馬駝騾驢。乘騎者脊破，駕用者領穿，瘡三寸笞二十，五寸以上笞五十。稱以上者，瘡雖更大，罪亦不加。若是別傷，非乘駕所損，自從傷官畜產之罪，不當此坐。注云，謂圍繞爲寸者。即是瘡圍三寸，徑一寸，圍五寸一分，徑一寸七分，雖或方圓，准此爲法，但廉隅不定，皆以圍繞爲寸。

又云，若放飼瘦者，計十分爲坐，一分笞二十，一分加一等，即不滿十者，一笞三十，一加一等，各罪止杖一百。議曰：若將官畜放飼，謂牧監之官及牧子以上令瘦者，計十分爲坐。假令一羣（放）百匹馬，十匹瘦爲一分，合笞二十。一分加一等，九分並瘦，或百匹皆瘦，合杖一百。即不滿十者，一笞三十，一加一等，謂止放八匹，一瘦笞三十，八匹並瘦，更加七等，合杖一百，故云各罪止杖一百。監及牧尉，皆以所管通計爲罪。餘雜畜准數得罪，皆准此。羊准例減三等。

諸官馬乘用不調習者，一匹笞二十，五匹加一等，罪止杖一百。

疏議曰：依《太僕式》，在牧馬二歲即令調習，每一尉配調習馬人十人，分爲五番上下，每年三月一日上，四月三十日下。又令云，殿中省尚乘，每配習馭調馬，東宮配翼馭調馬，其檢行牧馬之官，聽乘官馬，即令調習，故官馬乘用不調習者，一匹笞二十，五匹加一等，即是四十一匹罪止，杖一百。上臺、東宮供御馬不調習，得罪重於此條，即從《職制律》車馬不調習本條科罪。

（宋）竇儀《宋刑統》卷一五《廐庫律·故殺誤殺官私馬牛并雜畜》

諸故殺官私馬牛者，徒一年半。贓重及殺餘畜產若傷者，計減價准盜論，各償所減價，價不減者笞三十。見血踠跌即爲傷。若傷重，五日內致死者，從殺罪。其誤殺傷者不坐，但償其減價。主自殺馬牛者，徒一年。

疏：諸故殺官私馬牛者，徒一年半。贓重及殺餘畜產若傷者，計減價准盜論，各償所減價，價不減者笞三十。注云，見血踠跌即爲傷。若傷重，五日內致死者，從殺罪。議曰：官私馬牛，爲用處重，牛爲耕稼之本，馬即致遠供軍，故殺者徒一年半。贓重謂計贓得罪重於一年半徒，假有殺馬直十五匹絹，准盜合徒二年，此名贓重。及殺餘畜產，除馬牛之外，並爲餘畜。若傷，謂雖不死而有損傷。自馬牛及餘畜，各計所減價，准盜論。減價謂畜產直絹十匹，殺訖唯直絹兩匹，即減八匹價。或傷止直九匹，是減一匹價。殺減八匹償八匹，傷減一匹償一匹之類，其罪各准盜八匹及一匹而斷。價不減者，謂元直絹十匹，雖有殺傷，評價不減，仍直十匹，止得笞三十罪，無所陪償。注云，見血踠跌即爲傷。見血不限傷處多少，但見血即坐，踠骨踠跌謂雖不見血，骨節差錯，亦即爲傷。若傷重，謂所傷處重，五日內致死者，亦從殺罪，及償減價。

又云，其誤殺傷者不坐，但償其減價。主自殺馬牛者，徒一年。議曰：誤殺傷者，謂目所不見，心所不意，或非繫放畜產之所，而誤傷殺，或欲殺猛獸而殺傷畜產者，不坐，但償其減價，同上解。主自殺馬牛，徒一年，誤殺者不坐。

諸官私畜產毁食官私之物，登時殺傷者，各減故殺傷三等，償所減價，畜主備所毁。臨時專制亦爲主，餘條准此。其畜產欲觝齧人而殺傷者，不坐不償。亦謂登時殺傷者，即絕時皆爲故殺傷。

疏：諸官私畜產毁食官私之物，登時殺傷者，各減故殺傷三等，償所減價，畜主備所毁。注云，臨時專制亦爲主，餘條准此。議曰：畜產不限官私，或毁食官私之物者，毁謂有所唐突或觝蹹之類，因其毁食，物主登時即殺傷者，各減前條故殺傷罪三等。若殺馬牛杖九十，其傷馬牛及殺傷餘畜產，各計所減價，計贓准盜論，減三等。如所殺馬牛，准所減價當絹十五匹者，徒二年上減三等，各杖一百，如此計贓得罪，重即從重論，仍各償所減價。畜主備所毁，假有一牛直上絹五匹，毁食人物平直上絹兩疋，其物主登時傷殺，此牛出賣，直絹三匹，計減二匹，牛主償所損食絹二匹，物主酬所減牛價絹亦二匹之類。注云，臨時專制亦爲主。假如甲有馬牛，借乙乘用，有所毁食，即乙合當罪，仍令備償。餘條准此，謂下條犬殺傷他人畜，及畜產觝齧人而應標幟、羈絆之類，雖非正主，皆罪在專制之人。

又云，其畜產欲觝齧人而殺傷者，不坐不償。注云，亦謂登時殺傷者，即絕時皆爲故殺傷。議曰：其畜產有觝齧人者，若其欲來觝契人，當即殺傷，不坐不償，故注云亦謂登時殺傷者。其事絕之後，然始殺傷者，皆依故殺傷之法，仍償減價，畜主亦依法得罪。

諸殺緦麻以上親馬牛者，與主自殺同。殺餘畜者，坐贓論，罪止杖一百，各償其減價。

疏議曰：緦麻以上，謂內外有服者，相殺馬牛，得罪與主自殺同，合徒一年。殺餘畜者，准減價坐贓論，罪止杖一百。准此律文，緦麻以上傷畜產者，不合得罪。若因傷重，五日內致死，依上條亦同殺法，並償所減價。

問曰：誤殺及故殺緦麻以上親畜產，律無罪名，未知合償減價以否？

答曰：律云殺緦麻以上親馬牛者，與主自殺同。主傷馬年及以誤殺，律條無罪，諸親與主同，明各不坐，不坐即無備償，准例可知。況律條無文，即非償限。牛馬猶故不償，餘畜不償可知。

臣等參詳，今後故殺官私馬牛者，請決脊杖二十，隨處配役一年放。殺自己馬牛，及故殺官私駞騾驢者，並決脊杖十七放。殺自己駞騾驢者，決臀杖十七放。故殺他人犬者，決臀杖十五放。殺自己犬者，決臀杖十下放。殺惡畜產者，准律處分。

（宋）竇儀《宋刑統》卷一五《厩庫律·犬傷害人畜標幟羈絆畜犬》

諸犬自殺傷他人畜產者，犬主償其減價。餘畜自相殺傷者，償減價之半。即故放令殺傷他人畜產者，各以故殺傷論。

疏議曰：犬者，性能噬齧，或自殺傷他人畜產，犬主償其減價。以犬能噬齧，主須制之，爲主不防制，故令償減價。餘畜，除犬之外皆是，自相殺傷者，謂牛相觝殺，馬相蹹死之類。假有甲家牛觝殺乙家馬，馬本直絹十匹，爲觝殺估皮肉直絹兩匹，即是減八匹絹，甲償乙絹四匹，是名償減價之半。即故放令殺傷他人畜產者，或有犬性好噬猪羊，其牛馬能相觝蹹而故放者，責其故放，各與故殺傷罪同，謂同上條故殺官私馬牛者徒一年半，計贓應重，若傷及殺餘畜產者，計減價准盜論，償所減價，價不減者，笞三十。兩主放畜產而鬬，有殺傷者，從不應爲重，杖八十，各償所減價。

諸畜產及噬犬有觝蹹齧人而標幟、羈絆不如法，若狂犬不殺者，笞四十。以故殺傷人者，以過失論。若故放令殺傷人者，減鬬殺傷一等。即被雇療畜產，被倩者同過失法。及無故觸之而被殺傷者，畜主不坐。

疏：諸畜產及噬犬有觝蹹齧人而標幟、羈絆不如法，若狂犬不殺者，笞四十。以故殺傷人者，以過失論。若故放令殺傷人者，減鬬殺傷一等。議曰：依《雜令》，畜產觝人者，截兩角，蹹人者，絆足，齧人者，截兩耳，此爲標幟、羈絆之法。若不如法，并狂犬本主不殺之者，各笞四十。以不施標幟、羈絆，及狂犬不殺之故，致殺傷人者，以過失論。過失者，各依其罪從贖法，律無異文，總依凡法，不限尊貴，其贖一也。若本應輕者，聽從本。其故放令殺傷人者，謂知犬及雜畜性能觝蹹及噬齧，而故放者，減鬬殺傷一等。其犯貴賤、尊卑、長幼、親屬等，各依本犯應加減爲罪。其畜產殺傷人，仍作他物傷人，保辜二十日。辜內死者，減鬬殺一等，辜外及他故死者，自依以他物傷人法。假令故放雜畜產觝蹹及齧殺子孫，於徒一年半〔上〕減一等，合徒一年。餘親卑幼合依本服，於鬬殺傷上減一等。

又云，即被雇療畜產。注云，被倩者同過失法。又云，及無故觸之而被殺傷者，畜主不坐。議曰：有人被雇療畜產，及無故觸人畜產，而被殺傷者，畜主不坐。被雇本是規財，無故謂故自犯觸，如此被殺傷者，畜主不在坐限。若被倩療畜產被殺傷，依贖法論。

（宋）李燾《續資治通鑑長編》神宗熙寧五年五月

詔開封府界諸縣保甲願養馬者聽，仍令提點司於陝西所買馬除良馬外，選驍騎以上馬給之，歲毋過三千匹。先是，中書與樞密院同進呈保甲養馬事，文彥博曰：此事須經羣牧司相度。上曰：此何與羣牧司事？韓維又新到，只朝廷相度。羣牧司官識見必不能及遠。彥博又言：三代有邱乘出馬，又有國馬，國馬不可少。王安石曰：三代用國馬多以用車故，又有田馬以備田事。今既無田事，即又無用田馬。吴充曰：今法欲令馬死即民間賠備元馬，恐不便。安石曰：今法若不願別買馬，卻但償價錢，別召人買。充曰：亦恐民間少錢。安石曰：此法已令諸縣曉諭，百姓多以爲便，有千五百户投狀。充曰：大抵言情願者皆官吏驅迫。安石曰：若官吏驅迫，即是諸縣等第均敷，今但有千五百户投狀，必非驅迫。彥博曰：如體量和買草，河東和買亦名爲和買，俱不免驅迫。上曰：此即是均敷，均敷即自來驅迫，若非均敷，則非驅迫可知。彥博曰：緣官吏或冀望升擢差遣，故上下相蒙，以強抑爲情願，不可不察也。安石曰：必無此事。近事但有沮壞朝廷法令，即爲衆人所助，朝廷曲示含容；至於奉行朝廷法令，即自爲衆人所窺伺攻沮，朝廷有所聞，亦未常少假貸。如兩浙西路，但聞遏抑訴災傷百姓催迫常平物，初未及究見所聞虛實，便專遣使案察。李瑜、周約議助役事，亦未及推問，便罷其差遣。李瑜罷，在四年十月九日，周約時爲刑憲。如此則但有觀望，不敢應副朝廷。行法之人，無緣敢抑勒百姓以趨赴朝廷所欲興作，若抑勒百姓，即百姓何緣不經待漏出頭、打鼓進狀？經待漏出頭，即陛下理無不知；打鼓進狀，即陛下理無不見。陛下既知見，理無寬貸。官吏不知何苦須要抑勒百姓，爲蒙蔽之事？彥博曰：李瑜、周約尋即牽復。安石曰：瑜、約自爲推究得無罪，自不當絀責。充等又言恐揀卻好馬，兵士怨望。安石亦以爲無害。上曰：此是令保甲養馬，又是揀好馬與保甲，於兵士有何可怨？他日，上批付中書：保甲浮浪無家之人，不得令習武藝。安石曰：武藝絶倫又累作凶慝，若不與收拾，恐生厲階。上曰：可收拾作龍猛之類。安石曰：須隨材等第與收拾。上終慮浮浪人習學武藝爲害，以保甲法不如禁軍法嚴密。安石曰：保甲須漸令嚴密，縱使其間有浮浪凶惡人，不勝良民之衆，即不能爲害。臣近口奏，但未條上，欲令保甲代巡檢兵級上番，日除破飲食外，所餘錢糧各令以武藝等第較取。又分武藝爲三等，災傷已上五分即賑以斛斗，自十五石至五石。若有武藝高彊慮其爲患之人，即才五分災傷已受十五石斛斗，若較取錢糧之餘，一歲又可得五七千；冬閲免體量草夫役，又可得草數千；若更有盜賊追捕，即又得賞錢至厚。如此即有武藝之人，豈肯舍此厚利卻欲作過？即衆不勝寡，不能爲患。至其無藝之人，但當恤其貧困，不憂其能爲彊梗也。若作賊盜，即但爲保衆取賞之資而已，可無慮者。上慮歲久錢糧不給，安石曰：巡檢下六千人，每千人歲約三千貫，是一歲費十八萬貫。今若罷招此六千人，卻以保甲代之，計所用錢糧費十八萬貫尚剩十萬貫。以十萬餘人替六千人，又歲剩錢十萬貫，何至憂不給也。教閲至一二年，便令保正募征行者，六千人必可得，況但要守衛京師而已。若歲歲閲教保丁，又封樁所剩錢十萬貫，則非特畿内守衛日彊，兼亦財有餘積。宗廟社稷之憂，最在於募兵皆天下落魄無賴之人，尚可與之守社稷封疆，況於良民衣食豐足者衆，復何所虞？然此事非陛下躬親庶政，上下無壅，亦行不得。養馬事，向時民間以官馬爲有尾禍祟，豈敢請官馬？今民間争養馬，亦足見朝廷政事粗爲百姓所信，知其後無擾害故也，《易》曰：觀民也，但觀民如此，即我所生可知也。此月二日，又二十二日，并七月五日可考。

（宋）李燾《續資治通鑑長編》神宗熙寧六年八月 養馬法：凡五路義保願養馬者，户一匹，有物力養馬二匹者聽，以監牧見馬給之，或官與其直使自市，毋或強與。府界毋過三千匹，五路毋過五千匹。馬除襲逐盜賊外，不得乘越三百里。在府界者，歲免體量草二百五十束，先給以錢布；在五路者，歲免折變緣納錢。三等已上，十户爲一保；四等、五等，十户爲一社，以待死病補償者。保甲馬斃，即馬主獨償之；社户馬斃，半使社人償之。歲一閲其瘠肥，禁苛留者。凡十有四條，先自府界頒行焉。在五路者，委監司、經略司、州縣更度之。此據本志，因八月二十七日曾布上《養馬條》三卷附見，其日更須考詳。

（宋）李燾《續資治通鑑長編》神宗熙寧八年二月 詔：比令以寬剩錢買田募役，須契勘準災傷等支用，無得妨闕，其價高處罷買。以兩浙路轉運使王庭老言，衢州西安縣買山田價高，用錢十二萬緡，乃足募一縣之役，既放省税，又失免役、牙税官錢；司農寺言，恐不獨兩浙所費如此，欲改法。故有是詔。蘇軾元祐元年四月六日奏議當考。王安石八年四月三日《日録》：安石論給田募役有十餘害，上曰：苟如此，初何以有此議？議者必有所利。翌日，檢初議，乃李承之言募弓手宜如弓箭手爲便，遂作此法，餘無所利。安石曰：只以田募弓箭手，已不如募弓手之便。弓箭手雖選強壯，然即敢足於一家，苟可以爲強壯，則弗卻也。弓手乃選強壯于無方，其所募皆得真強壯者。上乃令廢以田募役法。按：罷以田募役法，在四月十二日，此但詔勿買高價田耳。

（宋）李燾《續資治通鑑長編》神宗熙寧八年二月 河北察訪使曾孝寬言：慶曆八年，嘗詔河北州軍坊郭第三等、鄉村第二等，每户養被甲馬一匹，以備非時官買，乞檢會施行。户馬法始於此。墨史記馬法始於此。朱史簽貼云：先帝做三代寓兵于農意，立保馬法。法未完，遭變。前史官以爲户馬法始於此，實爲妄誕，刪去。朱史但務諂諛，不知史法，《新史》已復存之，今從《新史》。《新紀》云：初行河北户馬法。沈括論中國長技不在馬事，附八月四日。

（宋）謝深甫等《慶元條法事類》卷四九《農桑門·勸農桑》

敕

職制敕

諸緣勸農輒追擾人户者，徒二年。容縱公吏等，與同罪。諸守令勸農輒用妓樂及宴會賓客者，徒一年。

令

職制令

諸守令出郊勸農，每歲用二月十五日。不得因而游翫及多帶公吏、輒用妓樂、宴會賓客。

考課令

諸監司被受勸農手詔，每歲春秋檢舉行下所屬，遇巡歷所至，檢察知州縣令勸農之勤惰，歲終較其尤著者爲優劣等。如未至歲終替移者，牒後官通計。限次年正月終保奏。知州各一員。所部五十縣以上者，縣令各二員；五十縣以下者，各一員。無或不足聽闕。罷任至闕日，具任内已保奏優劣之人以聞。外移准此。

諸知州被受勸農手詔，每歲春秋檢舉行下屬縣，歲終以所部縣令勸農之勤惰，較其尤著者爲優劣等各一員，無即聽闕。歲終申監司。罷任到闕日，具任内考過優劣之人以聞。外移准此。

諸監司每歲同具部内令佐謂任滿者，轉運司管兩路以上，逐路依此供具。添植桑柘，最多最少者一員保奏。以逐官所分堪種地畝計分爲率，即每員添植及五百株以上者，免爲少。

田令

諸監司勸率知州通判，責委令佐分定鄉村，勸誘人户，每歲納地畝人力，以時添植桑柘，不得追擾科校。

賞令

諸有𪉖地縣，令佐能勸誘民户開耕者，先具堪與不堪開耕，看望四至頃畝，報主管官檢察籍記，申州審實，申茶鹽司於他處差官驗訖。內堪者，令開耕。應賞者，候收刈苗稼，量留根，查報茶鹽司，再差官覆視，次第保奏。

諸有𪉖地縣，令佐能勸誘民户開耕、收刈苗稼，計頃應得，減磨勘三年，而數又及一倍者，奏裁。

諸有𪉖地州，主管官能檢察籍記屬縣，勸誘民户開耕、收刈苗稼者，以一州所管縣，通及立定逐等頃數者，依令佐推賞。

（宋）謝深甫等《慶元條法事類》卷四九《農桑門・勸農桑》格

賞格

命官

有𪉖地縣，令佐能勸誘民户開耕、收刈苗稼者，係官荒田有𪉖，召人請佃，開耕收刈苗稼者，亦准此。

三頃，

陞半年名次；

七頃，

陞一年名次；

十頃，

減磨勘一年；

二十頃，

減磨勘二年；

三十頃，

減磨勘三年。

申明

隨敕申明

户婚

隆興二年十二月六日尚書省批狀：勘會紹興六年正月二十八日、八月十一日指揮州縣係官空閑田土，并無主逃田，並拘籍見數，以十莊爲則。每五頃爲一莊，召客户五家相保爲一甲布種。甲內推一名充甲頭，仍以甲頭姓名爲莊名。每莊官給耕牛五具，并合用種子農具。若耕種就緒，係謂增置。莊分各有召到客户，置辦牛具種子，所增田上盡行開耕，每頃各有收到斛斗，比元數不虧，令尉減磨勘二年。令提領營田官勘驗詣實，開具指定保明，申乞朝廷指揮施行。

（宋）謝深甫等《慶元條法事類》卷四九《農桑門・種植林木》敕

職制敕

諸縣丞任滿：任内種植林木虧三分，降半年名次；五分降一半；八分降一資。承務郎以上，展二年磨勘。

賞令

諸縣丞任滿：任内種植林木滋茂，依格推賞。即事功顯著者，所屬監司保奏，乞優與推恩。

雜令

諸軍營坊監馬遞鋪内外有空地者，課種榆柳之類。馬遞鋪委巡轄使臣及本轄節級，餘本轄將校檢校。無將校，委節級。歲終具數申所屬，按親本處應修造者，由請採斫，枝稍賣充修造雜用。以時補足，仍委通判點檢催促。非通判所至處，即委季點或因便官准此點檢。內馬遞鋪點檢訖，仍具數申提舉官。

河渠令

諸緣道路渠堰官林木，隨近官司檢校枯死者，以時栽補，不得斫伐及縱人畜毀損。

格

賞格

命官

縣丞任滿，任內種植林木滋茂：

三萬株：

承務郎以上，

減磨勘一年；

承務郎以下，

古射差遣。

六萬株：

承務郎以上，

減磨勘二年；

承直郎以下

循一資。

九萬株：

承務郎以上，

減磨勘三年；

承直郎以下，

循一資，仍古射差遣一次。

申明

隨敕申明

職制

紹興五年十月六日敕：勘曾種植榆柳林木之類，本爲修築埽岸隄備黄河及官司營繕以充財植，擾壤以來，黄河無修築，官司罷營繕，將縣丞種植榆柳木推賞權罷，候邊事寧息日依舊。

本所看詳：種植林木，依條自合推賞，緣有上件指揮權行住罷。雖後來有州縣保明到種植林木曾經推賞，係是朝廷一時特恩。今後若諸處遇有種植林木，自合遵依紹興五年十月六日指揮施行。

（宋）謝深甫等《慶元條法事類》卷七九《畜産門·總法》 諸官畜死，所在官司差人監剥。估賣錢及皮筋牛角駝骨納州。已腐者瘞之，仍取角骨，駝皮筋骨，附綱上京。限三日報所屬。係駝坊車營致遠務者，仍報尚書兵部，并給公憑，付管押人。

諸馬牛死，報本廂耆鎮，即時驗實開剥。即二日申官，當日注籍。限三十日納筋皮騣尾角。皮角須相連。黑白馬騣尾本處用外，餘逐旋附綱上京。遇災傷，展限十五日。

（宋）謝深甫等《慶元條法事類》卷七九《畜産門·總法》 申明

隨敕申明

衛禁

淳熙四年八月二十七日，樞密院劄子：勘會禁止私販耕牛過界，罪賞非輕。近來依前私販，奉聖旨，令逐路帥司監司守臣嚴行禁止，重立賞錢，許人捕捉。如有一頭透漏過界，其守臣以下取旨重作施行，帥臣監司亦坐失覺察之罪。

淳熙五年六月二十日，樞密院劄子：奉聖旨，今後客人輒以耕牛并以馬負茶過北界者，並從軍法。其知情引領停藏乘之人及透漏州縣吏官公人兵級，並依興販軍須物斷罪。許諸色人告捕。賞錢二千貫，仍補進義校尉，命官轉兩官。其知情停藏同船同行稍工水手能告捕及人力女使告首者，並與免罪，與依諸色人告捕支賞。知通任內能捕獲，與轉兩官。

淳熙八年三月十五日，樞密院勘子勘會，私販耕牛并以耕牛及馬負茶過界，罪賞非下嚴備。訪聞邊界有不畏公法之徒，私竊般販牛馬驢騾前去。其税務多是別作名色收税，通放出界榷場興販。又以驢負物貨爲名，夾帶前去博易。奉聖旨：令逐路帥漕司行下緣邊守臣，嚴行禁戢，毋致透漏，仍仰逐司常切覺察。如有違戾去處，並依累降指揮施行。

慶元元年四月十七日敕：諸路産牛地分，除覺察盗販過淮外，自餘商旅興販，自淮而南者，聽其往來，勿得阻節。州縣違戾，令提刑司按劾以聞。

（宋）謝深甫等《慶元條法事類》卷七九《畜産門·總法》 職制

建炎二年五月三日敕：諸路人户養馬不限數目，官司不得拘籍。仍不許差借和雇。俟其孳生漸盛，聽於所在官司投賣，優還價直。

（宋）謝深甫等《慶元條法事類》卷七九《畜産門·總法》 厩庫

乾道八年四月二十二日，尚書省批狀：諸路轉運司督責州縣，遇有倒死牛，不得折納價錢充縣道使用。如違，從本司按劾施行。

（宋）謝深甫等《慶元條法事類》卷七九《畜産門·養飼官馬》敕

廐庫物

諸官馬失養飼，臕減二分以上者，馬主笞四十。

諸將校走失官馬，若臕減應科校。非自犯者，止坐犯人。

（宋）謝深甫等《慶元條法事類》卷七九《畜産門·養飼官馬》令

斷獄令

諸失養飼官馬應科校者，以諸軍小杖。

廐牧令

【略】

乾道元年四月

諸官馬生駒及一年，赴州呈馬鋪去所屬縣近者，赴縣呈。若生騾駒，送致遠務。五百里外，右估賣。火印訖，給草料四分。未印而母死先給二分。通及三年赴州等驗，依没官馬法給填。馬主各給錢絹。其諸軍願以名下馬駒代馬母者，聽，雖止四尺一寸，久遠堪披帶并諸軍代下馬母齒格堪給。堪者並給諸軍。若馬鋪駒不堪給諸軍者，亦聽充名下馬。其母填本鋪。如無闕填別鋪。錢勿給。病及不堪者准此。

諸官馬每旬赴所屬呈驗，遞馬即每月去州縣遠者，每鋪分兩月。有傷病者，巡轄使臣就鋪驗。

〔隆興元年五月〕諸緣馬政并監收地及租課錢物事，並申尚書兵部。

賞格

諸色人

官馬生駒：

馬每匹給

六十日，

錢一貫；

三年，

錢二貫；

騾每匹給

一年，

錢五百文，

絹半匹。

（宋）謝深甫等《慶元條法事類》卷七九《畜産門·醫料官馬》敕

廐庫敕

諸軍馬非理致死，若傷不堪醫者，馬主杖七十。人力不可制禦，減二等。即急病申不及，并肺黄急黄肺五日內，若十五日外或中結前結死者，杖六十。肺黄急肺黄過五日及中風死者，加二等。即自買及病過三十日，或因未支配前舊患，并改扇馬未解尾前中風死者，並免。

諸獸醫併死馬三匹，杖六十。即專醫馬軍營馬一年內死及三分，准此。併己馬己料斷者，免計數。

令

諸將校走失官馬及死傷，應科校。非自犯者，正坐犯人。

斷獄令

諸官馬因病死應科校者，以諸軍小杖。雖非理死傷而人力不可制禦者，准此。

廐牧令

諸軍馬病，自申報日給草料四分，損日依舊。非臟腑病者全給。謂如失節患眼，皆瘡疥癬之類。

諸軍馬病不堪醫，或十五歲以上不堪披帶者，支馬鋪雙轡者不給，沿溪河或山路鋪。及廂軍將校。禁軍步軍將校，願請換而與廂將校同日者，先給禁軍步軍將校。管內不闕，申轉運司。准此又不闕，或不堪給填，及遞馬老病不堪乘用者，並估價賣。當職官歲首點檢填换。

諸官畜在道寄留者，當職官驗實養療。月者報所屬病損，以臕分具公文給券，遞鋪傳送。仍以起發月日先報。係駝坊車營致遠務者，所寄處於驛料帳收附，給公憑付管押人，赴所屬候到取鈔銷帳。

（宋）謝深甫等《慶元條法事類》卷七九《畜産門·並給官馬》敕

廐庫敕

【略】

諸没官馬給填本州。不闕者，申轉運司，支配轄下州並先禁軍，次廂軍將校。若不堪者，填馬鋪，皆具牝牡毛色齒歲格尺申尚書兵部。又不堪估價，申轉運司審實，聽出賣。

（宋）謝深甫等《慶元條法事類》卷七九《畜産門·官馬帳狀》令

厩牧令

諸官馬每季具帳，即次月十五日以前發赴所屬，本屬類聚，限五日實封申尚書兵部。無所屬者直申。

諸軍下官馬數，每歲州具帳，限次年正月十五日以前申總管司。無總管路及廂軍馬鋪并申轉運司，逐司類聚，限三月以前實封申尚書兵部。轉運司官出巡，主管文字官甲發。

諸官馬不堪應賣者，當職官估價給買，限十日納錢。死馬價錢限三十日。若五日内併死五匹以上，限六十日。縣具數申州，州具單狀申尚書兵部。提舉常平司附帳本司類都數，每半年移於近裏州計綱差人管押，納内藏庫。腳乘縻費，以本色錢充。

（宋）謝深甫等《慶元條法事類》卷七九《畜産門·官馬帳狀》式

厩牧式

季申官馬帳

某州

今具某年某季諸軍馬鋪等官馬若干：

舊管若干：新收死失、見管項，依此開具。

大馬若干：

捧日等若干係四尺五寸以上。

拱聖等若干係四尺四寸。

驍騎等若干係四尺三寸。

龍猛等若干係四尺二寸。

雜使等若干係四尺寸以下。

馬鋪等若干更不開尺寸，駒子准此。

駒子若干

牝馬若干依大馬開。

新收若干；

死失若干應事故開落並具於此項。

見管若干

右件狀如前。謹具申

某司。謹狀

年月　日依常式

（宋）謝深甫等《慶元條法事類》卷七九《畜産門·殺畜産》令

時令

諸畜有孕者，不得殺。州縣及巡尉常切禁止覺察，仍歲首檢舉，條制曉諭。

（宋）謝深甫等《慶元條法事類》卷七九《畜産門·殺畜産》格

賞格

諸色人

告獲殺官私牛，及私自殺者，每頭錢五十貫。一百貫止。

告獲殺官私馬，每匹錢二十貫。一百貫止。

獲馬鋪收得別鋪官馬，隱藏過五日不申官，或雖在限内而殺者，錢三十貫。

（宋）佚名《宋大詔令集》卷一八二《政事·田農·沿河州縣課民種榆柳及所宜之木詔開寶五年正月》　修利隄防，國家之歲事。勸課種蓺，郡縣之政經。繕完未息於科徭，刊伐盧空於林木。如聞但責經費，不思教民，言念于兹，殊乖治體。自今應沿河州縣除舊例種蓺桑麻外，委長吏課民別種榆柳及所宜之木。仍按户籍高卑，定爲五等。第一等歲種五十本，第二等四十本，餘三等依此第而減之。民欲廣種樹者亦自任。其孤、寡、癃病者，不在此例。

（宋）佚名《宋大詔令集》卷一八二《政事·田農·置農師詔太平興國七年閏十二月庚戌》　民爲邦本，食乃民天。常念稼穡之艱難，每慮田園之荒廢，廣興山澤之利，大開衣食之源。既富庶之未臻，蓋勸課之猶闕。宜令諸道州府，應部民有乏種及耕具、人丁，許衆共推擇一人，練土地之宜，明種樹之法，補爲農師。令相視田畝沃瘠及五種所宜，指言某處土田，宜植某物，某家有種，某户闕丁男，某人有耕牛，即令鄉三老、里胥與農師共勸民，分于曠土種蒔，俟歲熟共取其利。爲農師者，常税外免其他役。民家有嗜酒蒱博、怠于農務者，俾農師謹察之。聞於州縣，寘其罪，以警游惰焉。所墾新田，即爲永業，官不取其租。詔到，宜亟行之，無或稽緩。

（宋）佚名《宋大詔令集》卷一八二《政事・田農・京城四面禁圍草地許百姓耕墾畜牧詔天禧元年八月壬申》 朕臨御以來，恭勤自勵。宵旰之暇，固絶於從禽；蠲蠕之微，咸思其遂性。矧自神宗在宥，德化誕敷，每輟畋游，動形勸戒，聿循丕矩，允協重熙。既元命之博臨，益端誠而匪懈，悉罷五方之署，遂除三面之羅。乃眷郊畿，尚存禁約。宣布絲綸之旨，用均樵採之恩。其京城四面禁圍草地，令開封府告諭百姓，許其耕墾畜牧。

（宋）佚名《宋大詔令集》卷一八三《政事・財利・免税農器詔大中祥符六年七月辛丑》 關市之征，所以禁末業。田疇之利，所以勸力耕。豈於稼器之中，亦取耏門之税。

（宋）佚名《宋大詔令集》卷一九二《政事・誡飭・令不得追擾妨農詔景祐元年七月》 仍歲歉飢，民多失職。今秋稼甫登，方事斂穫，毋或追擾，以妨農時。其州縣刑獄須至證逮者，速爲決遣之。

（宋）佚名《宋大詔令集》卷一九八《政事・禁約・禁約民取富人穀麥貸息不得輸倍詔淳化四年七月辛亥》 古者立限田之制，以抑兼并；設常平之倉，用救凶歉。今宇宙至廣，生齒寔繁。阡陌之法，既經界而未定；豪強之族，尚獄市以兼容。累年以來，多稼不稔，蠢茲黎庶，阽於死亡。富者操奇贏之資，貧者輸倍稱之息，歲或小稔，復猶歉然。而横恣之家，責償甚急。什一之税尚未及供，伏臘之資固已皆竭。使細民益困，大田卒萊，國計不能充，地利不盡出，職此之由也。宜令州縣吏，戒里胥鄉老，嚴察部民，有取富人家穀麥，貸息不得輸倍；未輸税，不得先償私負。違者加罪。所在粉壁，揭詔書示之。

（宋）王應麟《玉海》卷一七八《食貨・農官・太平興國農師》 興國七年閏十二月庚戌，詔：民爲邦本，食乃民天。令諸道州府擇練土地之宜，明種植之法者爲農師。《通略》丁酉詔，《實録》庚戌。《大詔令》同。九年五月廢。

（宋）王應麟《玉海》卷一七八《食貨・農官・至道勸農使》 至道二年八月辛酉，以陳靖爲京西勸農使，按行陳、許、襄、鄧等州，勸民墾田。皇甫選、何亮副之。景德三年二月丙子，詔諸路轉運使副、知州、府少卿、監司、刺史以上，並領勸農使。餘知州軍通判，並兼勸農事。天禧四年正月丙子，改諸道提刑爲勸農使副使，兼提點刑獄。凡農田事悉領之。各賜農田敕。十一月乙卯，令以提點刑獄勸農使副爲稱。天聖四年，中書言諸路提轉皆别置勸農司，文移煩擾。三月甲申，詔罷勸農司，而領使如故。《錢彦遠傳》上疏謂：宜置勸農司，以知州爲長官，通判爲佐官，幕職州縣官爲判官。慶曆四年八月辛卯，命參政賈昌朝領天下農田。初范仲淹援唐故事，請以輔臣分領，未有施爲而事寢。

（宋）李攸《宋朝事實》卷一五《耤田》 明道元年十二月，上謂宰臣曰：朕觀古之興王，皆重農桑，以爲厚生之本。朕欲躬耕耤田，庶驅天下游食之民，盡歸南畝。宰臣賀曰：陛下親發德音，躬耕以勸天下之民，皆致治之大本。臣等備位宰輔，不勝慶幸。乃下詔曰：庶政之本，蓋先于農，五禮之經，莫重于祭，所以敦化阜俗，昭孝息民。致理之源，率由兹道。朕祇若靈命，臨拊萬方，守積累之洪基，荷清寧之大德。然賴母儀訓助，衡宰輔成，暨中外之庶官，皆夙夜而勤職。是致九圍静謐，百姓康熙。內惟涼薄之姿，敢怠寅威之戒。圜丘告類，雖屢展于國容，千畝躬耕，尚闕修于古制。念太宗在御之日，行東郊執耒之儀，憲度具存，典章咸備。今欲述先烈，循祖考前規，申命攸司，因時蒇事。恭惟皇太后恢宣聖範，保佑沖人，于兹十年，克成丕業，亦未嘗親詣太室。祗薦嘉羞，伸昭事之誠，答眷懷之祉，復以歲時大順。宮寢肇新，元歷載更，休祥沓應，願兹縟禮，可舉而行。朕則躬稼穡之艱難，勤身而率下，皇太后則謝祖宗之貺祐，精意以告虔，信有合于經彝。庶永光于簡册，爰伸誕告，用示先期。朕以來年二月內，擇日行耤田之禮，兼皇太后自垂簾聽政以來，未曾恭謝宗廟。朕已稟奉慈旨，于耤田前，請皇太后恭謝宗廟。其來年冬至，更不行南郊之禮，所有合行諸般恩賞，並特就耤田，恭謝宗廟禮畢，依南郊例施行。二年二月乙巳，皇太后赴太廟，親享七室，禮成，還宮。案：《宋史》皇太后服袞衣，儀天冠，饗太廟。皇太妃亞獻，皇后終獻。此書所載稍略。御天安殿，發册。上太后尊號，曰應天齊聖，顯功崇德，仁慈保壽皇太后。禮畢。是日上宿天安殿，百官宿齋于朝堂。丙午，宿齋于東郊。日旁有黄雲如龍鳳。丁未，祀神農氏于壇，乃就耕位，執耜行耤田之禮。禮儀使張士遜，奏三推而止。上曰：朕將耕終千畝，以勸天下之力農。士遜固請，乃耕十二步而止。案：《宋史・禮志》，及《本紀》皆不載仁宗耕十二步事，此可補其闕。御親耕壇，公卿以下執耒耤田，令奉種稑之種，司農卿受而灑之，率屬以終其事。還御正陽門，下制曰：朕欽承皇統，遵奉母儀，底定萬邦。勤勞一紀，陽郊嚴配，既屢展于孝思，儲駕躬耕，尚未遵于祖則。是用秩開元之遺事，述端拱之舊章，毖祀農壇，親臨帝耤，復闡之憲古，款清廟以謝成。圭瓚告虔，翬珩從獻，樂崇九奏，禮備三犧。嘉夷夏之駿奔，感神靈之降格，威儀卒獲，福禄來同。可大赦天下云云。宣制畢，百官稱賀，上御天安殿，攝太尉吕夷簡等上尊號曰：睿聖文武，體天法道，仁明孝德皇帝。

（宋）李心傳《建炎以來繫年要録》紹興二年六月　初，命廣西經略司，即韶州撥內帑錢三十萬緡，市戰馬。至是經略司言：比歲不逞之徒，多以金銀市馬，鬻於羣盜，故馬值踴貴。望於大觀格，遞增二分。許之。舊格八等，馬高四尺七寸者，值四十五千；最下高四尺一寸者，值十有三千，其餘以是爲差。於是神武諸軍皆缺馬。乃命經略司以三百騎賜岳飛，二百騎賜張俊。又選千騎赴行在。賜岳飛馬在是日，賜張俊馬在癸丑，買一千匹赴行在在七月癸亥，今併書之。熊克《小麻》云：取馬嶺表，以資軍用，自古未有。今乃得之。案邕州買馬格，乃大觀中所定，建炎亦屢置官。克謂始於紹興，非也。然蠻馬尤駔駿者，在其地或博黄金二十兩，日行四百里。但官價有定數，故不能致此等馬。此據范成大《桂海虞衡志》。

（宋）李心傳《建炎以來繫年要録》紹興二年冬十月　戊子朔，置孳生馬監於饒州，命守臣提領括神武諸軍及郡縣官牧馬隸之，仍選使臣五人專主其事。時言者以爲軍旅之事，馬政爲急，多事以來，國馬爲戎狄所侵。盜賊所有，其在諸軍者無幾。乞講求孳生之利，於江東西擇水草善地，置監以牧之，故有是命。

（宋）李心傳《建炎以來繫年要録》紹興十九年二月　庚辰，上諭輔臣曰：每歲市馬，悉付鎮江王勝軍令養，而未見孳生之數。宜分送諸軍，仍立賞罰。於是歲發川馬二百匹進御，而以四千匹付江上諸軍。鎮江、建康、荆鄂軍七百五十，江、池軍各五百。又以秦馬三千五百付三衙，殿前司千五百，馬步司各千。自是歲爲定例。二十四年十一月庚辰所書，可參考。

（宋）李心傳《建炎以來朝野雜記甲集》卷一八《兵馬・孳生監牧》　自渡江以來，無復國馬。紹興三年冬，始命三省樞密院措置馬監。十月辛卯。後置於饒州，以守倅領之，擇官田爲牧地，復置官提舉，俄亦廢。四年，又置監於臨安之餘、杭及南蕩。四月丙午。十九年夏，詔馬五百匹爲一監，牡一而牝四之。監分四郡，歲産駒三分，及斃二分已上，有賞罰。上嘗謂大臣曰：議者言南地不宜牧馬，朕昨自措置養馬，今方二三年，已得馬數百矣。十三年五月癸亥。先是，川路所置馬歲付鎮江軍中牧養。十九年春，上以未見孳生之數，遂分送江上諸軍，仍立賞罰。正月庚辰。後又置監於郢鄂之間，牡牝千餘，十有餘年，才生三十駒。而又不可用，乃已。故凡國之戰馬，悉仰川秦廣二邊焉。

《宋史》卷一七三《食貨志・農田之制》　自五代以兵戰爲務，條章多闕，周世宗始遣使均括諸州民田。太祖即位，循用其法，建隆以來，命官分詣諸道均田，苛暴失實者輒譴黜。申明周顯德三年之令，課民種樹，定民籍爲五等，第一等種雜樹百，每等減二十爲差，桑棗半之；男女十歲以上種韭一畦，闊一步，長十步；乏井者，鄰伍爲鑿之；令、佐春秋巡視，書其數，秩滿，第其課爲殿最。又詔所在長吏諭民，有能廣植桑棗、墾闢荒田者，止輸舊租；縣令、佐能招徠勸課，致户口增羨、野無曠土者，議賞。諸州各隨風土所宜，量地廣狹，土壤瘠埆不宜種藝者，不須責課。遇豐歲，則諭民謹蓋藏，節費用，以備不虞。民伐桑棗爲薪者罪之：剥桑三工以上，爲首者死，從者流三千里；不滿三工者減死配役，從者徒三年。

太宗太平興國中，兩京、諸路許民共推練土地之宜、明樹藝之法者一人，縣補爲農師，令相視田畝肥瘠及五種所宜，某家有種，某户有丁男，某人有耕牛；即同鄉三老、里胥召集餘夫，分畫曠土，勸令種蒔，候歲熟共取其利。爲農師者蠲税免役。民有飲博怠於農務者，農師謹察之，白州縣論罪，以警游惰。所墾田即爲永業，官不取其租。其後以煩擾罷。初，農時，太宗嘗令取畿內青苗觀之，聽政之次，出示近臣。是歲，畿內菽粟苗皆長數尺。帝顧謂左右曰：朕每念耕稼之勤，苟非兵食所資，固當盡復其租税。

端拱初，親耕籍田，以勸農事。然畿甸民苦税重，兄弟既壯乃析居，其田畝聚税於一家，即棄去；縣歲按所棄地除其租，已而匿他舍，冒名佃作。帝聞而思革其弊，會知封丘縣竇玭言之，乃詔賜緋魚，絹百匹；擢太子中允，知開封府司録事，俾按察京畿諸縣田租。玭專務苛刻以求課最，民實逃亡者，亦搜索於鄰里親戚之家，益造新籍，甚爲勞擾，數月罷之。時州縣之吏多非其人，土地之利不盡出，租税減耗，賦役不均，上下相蒙，積習成敝。乃詔：諸知州、通判具如何均平賦税，招輯流亡，惠恤孤貧，窒塞姦幸，凡民間未便事，限一月附疾置以聞。而比年多稼不登，富者操奇贏之資，貧者取倍稱之息，一或小稔，富家責償愈急，税調未畢，資儲罄然。遂令州縣戒里胥、鄉老察視，有取富民穀麥貲財，出息不得踰倍，未輸税毋得先償私逋，違者罪之。

言者謂江北之民雜植諸穀，江南專種秔稻，雖土風各有所宜，至於參植以防水旱，亦古之制。於是詔江南、兩浙、荆湖、嶺南、福建諸州長吏，勸民益種諸穀，民乏粟、麥、黍、豆種者，於淮北州郡給之；江北諸州，亦令就水廣種秔稻，並免其租。淳化五年，宋、亳數州牛疫，死者過半，官借錢令就江、淮市牛。未至，屬時雨霑足，帝慮其耕稼失時，太子中允武允成獻踏犂，運以人力，即分命祕書丞、直史館陳堯叟等即其州依式製造給民。

凡州縣曠土，許民請佃爲永業，蠲三歲租，三歲外，輸三分之一。官吏勸民墾田，悉書于印紙，以俟旌賞。至道二年，太常博士、直史館陳靖上言：

先王之欲厚生民，莫先於積穀而務農，鹽鐵榷酤斯爲末矣。按天下土田，除江淮、湖湘、兩浙、隴蜀、河東諸路地里敻遠，雖加勸督，未遽獲利。今京畿周環二十三州，幅員數千里，地之墾者十纔二三，税之入者又十無五六。復有匿里舍而稱逃亡，棄耕農而事游惰，賦額歲減，國用不充。

詔書累下，許民復業，蠲其租調，寬以歲時。然鄉縣擾之，每一户歸業，則刺報所由。朝耕尺寸之田，暮入差徭之籍，追胥責問，繼踵而來，雖蒙蠲其常租，實無補於捐瘠。况民之流徙，始由貧困，或避私債，或逃公税。亦既亡遯，則鄉里檢其資財，至於室廬、什器、桑棗、材木，咸計其直，或鄉官用以輸税，或債主取以償逋；生計蕩然，還無所詣，以茲浮蕩，絶意歸耕。

如授以閑曠之田，廣募游惰，誘之耕墾，未計賦租，許令別置版圖，便宜從事；酌民力豐寡、農畝肥磽，均配督課，令其不倦。其逃民歸業，丁口授田，煩碎之事，並取大司農裁決。耕桑之外，令益樹雜木蔬果，孳畜羊犬雞豚。給授桑土，潛擬井田，營造室居，使立保伍，養生送死之具，慶弔問遺之資，並立條制。俟至三五年間，生計成立，即計户定征，量田輸税。若民力不足，官借糴錢，或以市餘糧，或以營耕具。凡此給受，委於司農，比及秋成，乃令償直，依時價折納，以其成數關白户部。

帝覽之喜，令靖條奏以聞。

靖又言：逃民復業及浮客請佃者，委農官勘驗，以給受田土收附版籍，州縣未得議其差役；乏糧種、耕牛者，令司農以官錢給借。其田制爲三品：以膏沃而無水旱之患者爲上品，雖沃壤而有水旱之患、埆瘠而無水旱之慮者爲中品，既埆瘠復患於水旱者爲下品。上田人授百畝，中田百五十畝，下田二百畝，並五年後收其租，亦只計百畝，十收其三。一家有三丁者，請加授田如丁數，五丁者從三丁之制，七丁者給五丁，十丁給七丁；至二十、三十丁者，以十丁爲限。若寛鄉田多，即委農官裁度以賦之。其室廬、蔬韭及桑棗、榆柳種藝之地，每户十丁者給百五十畝，七丁者百畝，五丁者七十畝，三丁者五十畝，不及三丁者三十畝。除桑功五年後計其租，餘悉蠲其課。

宰相吕端謂靖所立田制，多改舊法，又大費資用，以其狀付有司。詔鹽鐵使陳恕等共議，請如靖奏。乃以靖爲京西勸農使，按行陳、許、蔡、潁、襄、鄧、唐、汝等州，勸民墾田，以大理寺丞皇甫選、光禄寺丞何亮副之。選、亮上言功難成，願罷其事。帝志在勉農，猶詔靖經度。未幾，三司以費官錢數多，萬一水旱，恐致散失，事遂寢。

真宗景德初，詔諸州不堪牧馬閑田，依職田例招主客户多方種蒔，以沃瘠分三等輸課。河朔戎寇之後，耕具頗闕，牛多瘠死。二年，內出踏犂式，詔河北轉運使詢於民間，如可用，則官造給之；且令有司議市牛送河北。又以兵罷，民始務農創什器，遂權除生熟鐵渡河之禁。是歲，命權三司使丁謂取户税條敕及臣民所陳農田利害，與鹽鐵判官張若谷、户部判官王曾等參詳删定，成《景德農田敕》五卷，三年正月上之。謂等又取唐開元中宇文融請置勸農判官，檢户口、田土僞濫；且慮別置官煩擾，而諸州長吏職當勸農，乃請少卿監爲刺史、閤門使以上知州者，並兼管內勸農使，餘及通判並兼勸農事，諸路轉運使、副兼本路勸農使。詔可。

大中祥符四年，詔曰：火田之禁，著在《禮經》，山林之間，合順時令。其或昆蟲未蟄，草木猶蕃，輒縱燎原，則傷生類。諸州縣人畬田，並如鄉土舊例，自餘焚燒野草，須十月後方得縱火。其行路野宿人，所在檢察，毋使延燔。帝以江、淮、兩浙稍旱即水田不登，遣使就福建取占城稻三萬斛，分給三路爲種，擇民田高仰者蒔之，蓋旱稻也。內出種法，命轉運使揭榜示民。後又種於玉宸殿，帝與近臣同觀；畢刈，又遣內侍持於朝堂示百官。稻比中國者穗長而無芒，粒差小，不擇地而生。六年，免諸路農器之稅。明年，諸州牛疫，又詔民買賣耕牛勿算；繼令群牧司選醫牛古方，頒之天下。

天禧初，詔諸路自今候登熟方奏豐稔，或已奏豐稔而非時災沴者，即須上聞，違者重置其罪。先是，民訴水旱者，夏以四月，秋以七月，荆湖、淮南、江浙、川峽、廣南水田不得過期，過期者吏勿受；令佐受訴，即分行檢視，白州遣官覆檢，三司定分數蠲稅，亦有朝旨特增免數及應輸者許其倚格，京畿則特遣官覆檢。太祖時，亦或遣官往外州檢視，不爲常制；傷甚，有免覆檢者。至是，又以覆檢煩擾，止遣官就田所閱視，即定蠲數。時久罷畋游，令開封府諭民，京城四面禁圍草地，許其耕牧。二年，詔民有孝弟力田、儲蓄歲計者，長吏倍存恤之。

初，朝議置勸農之名，然無職局。四年，始詔諸路提點刑獄朝臣爲勸農使、使臣爲副使，所至，取民籍視其差等，不如式者懲革之；勸恤農民，以時耕墾，招集逃散，檢括陷稅，凡農田事悉領焉。置局案，鑄印給之。凡奏舉親民之官，悉令條析勸農之績，以爲殿最黜陟。

《宋史》卷一七三《食貨志·農田之制》 哲宗即位，宣仁太后臨朝，首起司馬光爲門下侍郎，委之以政。詔天下臣民皆得以封事言民間疾苦。光抗疏曰：四民之中，惟農最苦，寒耕熱耘，霑體塗足，戴日而作，戴星而息；蠶婦治繭、績麻、紡緯，縷縷而積之，寸寸而成之，其勤極矣。而又水旱、霜雹、蝗蜮間爲之災，幸而收成，公私之債，交爭互奪。穀未離場，帛未下機，已非己有，所食者糠籺而不足，所衣者綈褐而不完。直以世服田畝，不知舍此之外有何可生之路耳。而況聚斂之臣，於租稅之外，巧取百端，以邀功賞。青苗則彊散重斂，給陳納新；免役則刻剝窮民，收養浮食；保甲則勞於非業之作；保馬則困於無益之費，可不念哉！今者濬發德音，使畎畝之民得上封事。雖其言辭鄙雜，皆身受實患，直貢其誠，不可忽也。

初，熙寧六年，立法勸民栽桑，有不趨令，則仿屋粟、里布爲之罰。然長民之吏不能究宣德意，民以爲病。至是，楚丘民胡昌等言其不便，詔罷之，且蠲所負罰金。興平縣抑民田爲牧地，民亦自言，詔悉還之。元祐四年，詔：瀕河州縣，積水冒田。在任官能爲民經畫疏導溝畎，退出良田自百頃至千頃，第賞。【略】

孝宗隆興元年，詔：凡百姓逃棄田宅，出二十年無人歸認者，依户絶法。乾道元年正月，都省言：淮民復業，宜先勸課農桑。令、丞植桑三萬株至六萬株，守、倅部內植二十萬株以上，並論賞有差。二月，三省、樞密院言：歸正人貧乏者散居兩淮，去冬淮民種麥甚廣，逃亡未歸，無人收穫。詔諸郡量口均給，其已歸業者毋例擾之。四年，知鄂州李椿奏：州雖在江南，荒田甚多，請佃者開墾未幾，便起毛稅，度田追呼，不任其擾，旋即逃去。今欲召人請射，免稅三年；三年之後爲世業，三分爲率，輸苗一分，更三年增一分，又三年全輸。歸業者別以荒田給之。又詔楚州給歸正人田及牛具、種糧錢五萬緡。

六年二月，詔曰：朕深惟治不加進，思有以正其本者。今欲均役法，嚴限田，抑游手，務農桑。凡是數者，卿等二三大臣爲朕任之。十有二月，監進奏院李結獻《治田三議》：一曰務本，二曰協力，三曰因時。大略謂：浙西低田恃堤爲固，若堤岸高厚，則水不能入。乞於蘇、湖、常、秀諸州水田塘浦要處，官以錢米貸田主，乘此農隙，作堰增令高闊，則堤成而水不爲患。方此饑饉，俾食其力，因其所利而利之。秋冬旱涸，涇浜斷流，車畎修築，尤爲省力。詔令胡堅常相度以聞。其後，户部以三議切當，但工力浩瀚，欲曉有田之家，各依鄉原畝步出錢米與租田之人，更相修築，庶官無所費，民不告勞。從之。

七年二月，知揚州晁公武奏：朝廷以沿淮荒殘之久，未行租稅，民復業與創户者，雖阡陌相望，然聞之官者十纔二三，咸懼後來稅重。昔晚唐民務稼穡則增其租，故播種少；吳越民墾荒田而不加稅，故無曠土。

望詔兩淮更不增賦，庶民知勸。詔可。十月，司馬伋請勸民種麥，爲來春之計。於是詔江東西、湖南北、淮東西路帥漕，官爲借種及諭大姓假貸農民廣種，依賑濟格推賞，仍上已種頃畝，議賞罰。九年，王之奇奏增定力田賞格，募人開耕荒田，給官告綾紙以備書填，及官會十萬緡充農具等用。以種糧不足，又詔淮東總領所借給稻三萬石。

淳熙五年，詔：湖北佃户開墾荒田，止輸舊税。若包占頃畝，未悉開耕，詔下之日，期以二年，不能徧耕者拘作營田，其增税、剗佃之令勿行。六年五月，提舉浙西常平茶鹽顔師魯奏：設勸課之法，欲重農桑、廣種植也。今鄉民於已田連接閒曠磽确之地，墾成田園，用力甚勤。或以未陳起税，爲人所訟，即以盗耕罪之，何以勸力田哉？止宜實田起税，非特可戢告訐之風，亦見盛世重農之意。詔可。十有一月，臣僚奏：比令諸路帥、漕督守令勸諭種麥，歲上所增頃畝。然土有宜否，湖南一路唯衡、永等數郡宜麥，餘皆文具。望止諭民以時播種，免其歲上增種之數，庶得勸課之實。

七年，復詔兩浙、江、淮、湖南、京西路帥、漕臣督守令勸民種麥，務要增廣。自是每歲如之。八年五月，詔曰：迺者得天之時，蠶麥既登，及命近甸取而視之，則穟短繭薄，非種植風厲之功有所未至歟？朕將稽勤惰而詔賞罰焉。是歲連雨，下田被浸，詔兩浙諸州軍與常平司措置，再借種糧與下户播種，毋致失時。十有一月，輔臣奏：田世雄言，民有麥田，雖墾無種，若貸與貧民，猶可種春麥。臣僚亦言，江、浙旱田雖已耕，亦無麥種。於是詔諸路帥、漕、常平司，以常平麥貸之。

先是，知揚州鄭良嗣言：兩淮民田，廣至包占，多未起税。朝廷累限展首，今限滿適旱，乞更展一年。詔如其請。九年，著作郎袁樞振兩淮還，奏：豪民占田不知其數，二税既免，止輸穀帛之課。力不能墾，則廢爲荒地；他人請佃，則以疆界爲詞，官無稽考。是以野不加闢，户不加多，而郡縣之計益窘。望詔州縣畫疆立券，占田多而輸課少者，隨畝增之；其餘閑田，給與佃人，庶幾流民有可耕之地，而田萊不至多荒。

（明）陳邦瞻《宋史紀事本末》卷三七《王安石變法》〔熙寧五年夏〕（四）〔五〕據《宋史》一五《神宗紀》、《續綱目》、《薛鑑》改。月丙午，行保甲養馬法，詔開封府界諸縣保甲，願牧馬者聽。仍令以陝西所市馬選給之。詔曾布等上其條約，凡陝西五路義勇、保甲願養馬者，户一匹，物力高，願養二匹者聽。皆以監牧見馬給之，或官與其值，令自市。先行於開封府及陝西五路。府界無過三千匹，五路無過五千匹。襲逐盗賊外，乘越三百里者有禁。歲一閲其肥瘠，死病者補償。在府界者，免體量草二百五十束，加給以錢布。在五路者，歲免折變、緣納錢。三等以上十户爲一保，四等以下十户爲一社，以待病斃逋償者。保户馬死，保户獨償；社户馬死，社户半償之。其後遂遍行於諸路。

（清）畢沅《續資治通鑑》卷六九《宋紀·神宗》〔熙寧五年五月丙午〕行保馬法。

王安石始建此議，文彦博、吴充以爲不便，安石持論益堅。乃詔開封府界諸縣保甲，願牧馬者聽，仍令以陝西所市馬選給之。于是曾布等上其條約，凡陝西五路義勇、保甲，願養馬者户一匹，物力高願養馬二匹者聽，皆以監牧見馬給之，或官與其直，令自市。先行於開封府及陝西五路，府界無過三千匹，五路無過五千匹。襲逐盗賊外，乘越三百里者有禁。歲一閲其肥瘠，死病者補償。在府界者，免體量草二百五十束，加給以錢布；在五路者，歲免折變緣納錢。三等以上，十户爲一保，四等以下，十户爲一社，以待病斃補償者。保户馬死，保户獨償；社户馬死，社户半償之。其後遂徧行於諸路。

（清）徐松《宋會要輯稿·食貨一·農田雜録》 真宗咸平二年二月，詔曰：前許民户請佃荒田，未定税賦，如聞拋棄本業，一向請射荒田。宜令兩京、諸路榜壁曉示：應從來無田税者，方許請射，係官荒土及遠年落業荒田候及五年，官中依前敕於十分内定税二分，永遠爲額。如見在莊田土窄，願於側近請射，及舊有莊産，後來逃移，已被别人請佃，礙敕無路歸業者，亦許請射。州縣纔有請射狀，疾速給付，别置籍抄上；逐季聞奏。其官中放收要用土地，及係帳逃户莊園、有主荒田，不得誤有給付。長吏常切安撫，廣務耕種，隨土所宜，趁時栽種，不得輒有攪擾。長吏批上印曆，理爲勞績。如拋本業，抱税東西，改易姓名，妄求請射，此色之人，即押歸本貫勘斷。

《遼史》卷五九《食貨志》 初，皇祖匀德實爲大迭烈府夷離堇，喜稼穡，善畜牧，相地利以教民耕。仲父述瀾爲于越，飭國人樹桑麻，習組織。太祖平諸弟之亂，弭兵輕賦，專意於農。嘗以户口滋繁，糺轄疎遠，分北大濃兀爲二部，程以樹藝，諸部效之。

太宗會同初，將東獵，三剋奏減輜重，疾趨北山取物，以備國用，無害農務。尋詔有司勸農桑，教紡績。以烏古之地水草豐美，命甌昆石烈居之，益以海勒水之善地爲農田。三年，詔以諧里河、臚朐河近地，賜南院歐菫突吕、乙斯勃、北院温納河剌三石烈人，以事耕種。八年，駐蹕赤山，宴從臣，問軍國要務。左右對曰：軍國之務，愛民爲本。民富則兵足，兵足則國強。上深然之。是年，詔徵諸道兵，仍戒敢有傷禾稼者以軍法論。

應曆間，雲州進嘉禾，時謂重農所召。保寧七年，漢有宋兵，使來乞糧，詔賜粟二十萬斛助之。非經費有餘，其能若是？聖宗乾亨五年詔曰：五稼不登，開帑藏而代民税；螟蝗爲災，罷徭役以恤饑貧。統和三年，帝嘗過藁城，見乙室奥隗部下婦人迪輦等黍過熟未穫，遣人助刈。太師韓德讓言：兵後逋民棄業，禾稼棲畝，募人穫之，以半給穫者。政事令室昉亦言，山西諸州給軍興，民力凋敝，田穀多躪於邊兵，請復今年租。六年，霜旱，災民饑，詔三司，舊以税錢折粟，估價不實，其增以利民。又徙吉避寨居民三百户于檀、順、薊三州，擇沃壤，給牛、種穀。十三年，詔諸道置義倉。歲秋，社民隨所穫，户出粟庤倉，社司籍其目。歲儉，發以振民。十五年，詔免南京舊欠義倉粟，仍禁諸軍官非時畋牧妨農。開泰元年，詔曰：朕惟百姓徭役煩重，則多給工價；年穀不登，發倉以貸；田園蕪廢者，則給牛、種以助之。太平初幸燕，燕民以年豐進土產珍異。上禮高年，惠鰥寡，賜酺連日。九年，燕地饑，户部副使王嘉請造船，募習海漕者，移遼東粟餉燕，議者稱道險不便而寢。

興宗即位，遣使閲諸道禾稼。是年，通括户口，詔曰：朕於早歲，習知稼穡。力辦者廣務耕耘，罕聞輸納；家食者全虧種植，多至流亡。宜通檢括，普遂均平。禁諸職官不得擅造酒糜穀；有婚祭者，有司給文字始聽。

《通制條格》卷一六《田令・司農事例》 至元二十九年八月，中書省大司農司呈：臨漳縣達魯花赤太不花解由內，農事、學校、樹株、義糧等數與帳册争差，取到判署官吏有失，照略招伏，當該司吏合行的決。今後親民州縣並提調官，驗争差數目斟酌到罰俸月日。刑部議得，若依大司農司所擬相應。都省准擬。

一、親民州縣官並得替官

壹拾日

諸樹壹千株以下　義糧壹伯碩以下　學校壹拾所以下

半箇月

諸樹壹萬株以下　義糧壹千碩以下　學校壹伯所以下

壹箇月

諸樹壹萬株之上　義糧壹千碩之上　學校壹伯所之上

一、總提調官、路府州官、並首領官，比依給由，並得替官所罰俸鈔，叁分中量罰壹分。

一、其餘該載不盡農事，若有争差，比依上例斟酌責罰。

中統五年八月，欽奉聖旨條畫內一款：諸軍馬營寨及達魯花赤、管民官、權豪勢要人等，不得恣縱頭疋損壞桑棗，踏踐田禾，搔擾百姓。如有違犯之人，除軍馬營寨約會所管頭目斷遣，餘者即仰本處官司就便治罪施行，並勒驗所損田禾桑果分數陪償，及軍馬不得於村坊安下，取要飲食。

至元二十九年七月初五日，欽奉聖旨節該：太祖成吉思皇帝聖旨裏，教頭口喫了田禾的每，教踏踐了田禾的每，專一禁治斷罪過有來。不拜户的田禾根底教喫了的，踏踐了的，猶自斷罪過有來。在前聖旨莫不怠慢了也，麼道。御史臺官人每奏，八忽歹管着的探馬赤每，不好生的整治，交頭口喫了踏踐了田禾，損壞樹木有，麼道奏來。從今已後，依在先聖旨體例裏，不揀是誰，休教喫了田禾，休教踏踐了田禾，休教損壞了樹木。他每刈下的田禾，休教奪要者，休教搔擾百姓者，道了也。這般宣諭了呵，卻有别了聖旨，教喫了田禾的每，教踏踐了田禾的每，教陪償了田禾呵，如有俺每認得的人每呵，咱每根底奏將來者。不認得的人每有呵，那裏有的廉訪司官人每，監察每、城子裏達魯花赤官人每、各投下的頭目每，一處打斷者。

大德二年三月，欽奉聖旨節該：大司農司官人每奏，過往的軍馬、富豪、做買賣人等，頭口不攔當，田禾喫了踏踐了有，桑樹果子樹啊咬折拆了有，城子裏達魯花赤官人每那般不在意禁約有，麼道奏來。從今已後，田禾裏，但是頭口入去喫了，桑樹果木樹斫伐了呵，折拆了呵，城子裏達魯花赤每、總管每就便提調者，依着在先聖旨體例裏教陪償了，要罪過者。這聖旨這般宣諭了呵，城子裏達魯花赤每、總管每〔不〕好生用心禁約呵，覰面皮不教陪償呵，咱每根底奏者。雖這般道了呵，推着田禾無體例勾當休做者，休教人每生受者。

大德十一年五月二十二日，欽奉詔書內一款：民者，國之根本，軍國用度，一切財賦，皆所自出，理宜常加存撫。其經過軍馬、牧養馬駝人等，毋得取要飲食錢物，非理搔擾，縱放頭疋踏踐田禾，囓咬桑棗。所在官司嚴加禁約，違者斷罪陪償。本管頭目有失鈐束，亦仰究治，重者申聞。

至大四年三月，欽奉詔書內一款節該：農桑，衣食之本。仰提調官司申明累降條畫，諄切勸課，務要田疇開闢，桑果增盛，乃爲實效。諸官豪勢要、經過軍馬及昔寶赤、探馬赤喂養馬駝人等，索取飲食草料，縱放頭疋，食踐田禾桑果者，所在官司斷罪陪償。仍仰監察御史、肅政廉訪司常切糾察，考其殿最，以憑黜陟。

至大四年閏七月初五日，中書省李平章奏：昔寶赤、帖滅赤每並怯薛人等，教先去呵，搔擾百姓每踏踐田禾有。百姓没田禾呵，怎生過？咱每無百姓呵，怎生？行飛放的每，咱每根底得甚濟有？李道復，你提調着，休教先去搔擾百姓踏踐田禾者。我的言語麼道皇帝根底明白奏者。麼道唐兀台對鄭尚書、阿禮海牙參議、我根底傳懿旨來，教奏有。奏呵，那般者。麼道聖旨了也。欽此。

《通制條格》卷一六《田令・農桑》 至元九年二月，欽奉聖旨節該：據大司農司奏，自大都隨路州縣城郭周圍，並河渠兩岸，急遞鋪道店側畔，各隨地宜，官民栽植榆柳槐樹，令本處正官提點本地分人護長成樹。係官栽到者，營修堤岸、橋道等用度，百姓自力栽到者，各家使用，似爲官民兩益。准奏。仰隨路委自州縣正官提點，春首栽植，務要生成。仍禁約蒙古、漢軍、探馬赤、權勢諸色人等，不得恣縱頭疋囓咬，亦不得非理斫伐。違者並仰各路達魯花赤、管民官依條治罪，本處官司却不得因而搔擾。

至元二十三年六月十二日，中書省奏：立大司農司的聖旨，奏呵，與者，麼道聖旨有來。又，仲謙那的每行來的條畫，在先也省官人每的印信文字行來。如今條畫根底省家文字裏交行呵，怎生？麼道。奏呵，那般者，麼道聖旨了也。欽此。今將奏奉聖旨定到條畫開立於後

一、諸縣所屬村疃，凡伍拾家立爲壹社，不以是何諸色人等，並行入社，令社衆推舉年高、通曉農事、有兼丁者，立爲社長。如壹村伍拾家以上只爲壹社，增至伯家者另設社長壹員。如不及伍拾家者，與附近村分相併爲壹社。若地遠人稀不能相併者，斟酌各處地面，各村自爲壹社者聽。或叁村或伍村併爲壹社，仍於酌中村內選立社長。官司並不得將社長差占別管餘事，專一照管教勸本社之人務勤農業，不致隋廢。如有不肯聽從教勸之人，籍記姓名，候提點官到彼，對社衆責罰。所立社長，與免本身雜役。年終考較，有成者優賞，怠廢者責罰。仍省會社長，却不得因而搔擾，亦不得率領社衆非理動作聚集，以妨農時。外據其餘聚衆作社者，並行禁斷。若有違犯，從本處官司就便究治。

一、農民每歲種田，有勤謹趁時而作者，懶惰過時而廢者，若不明諭，民多苟且。今後仰社長教諭，各隨風土所宜，須管趁時農作。若宜先種者，儘力先行布種植田，以次各各隨宜布種，必不得已，然後補種晚田瓜菜。仍於地頭道邊各立牌橛，書寫某社某人地段，仰社長時時往來點覰，奬勸誡諭，不致荒蕪。仍仰隄備天旱，有地主户量種區田，有水則近水種之，無水則鑿井。如井深不能種區田者，聽從民便。若有水田之家，不必區種，據區田法度另行發去。仰本路鏤板，多廣印散，諸民若農作動時，不得無故飲會，失悮生計。

一、每丁週歲須要創栽桑棗貳拾株或附宅栽種地桑貳拾株，早供蟻蠶食用。其地不宜栽桑棗，各隨地土所宜，栽種榆柳等樹，亦及貳拾株。若欲栽種雜果者，每丁衮種壹拾株。皆以生成爲定數。（目）〔自〕願多栽者聽。若本主地内栽種已滿，别無餘地可栽者，或有病喪丁數，不在此限。若有上年已栽桑果數目，另行具報，卻不得朦昧報充次年數目。或有死損，從實申說本處官司，申報不實者並行責罰。仍仰隨社布種（首）〔苜〕蓿，初年不須割刈，次年收到種子，轉轉俵散，務要廣種，非止喂養頭疋，亦可接濟饑年。

一、隨路皆有水利，有渠已開而水利未盡其地者，有全未曾開種並創可挑撅者。委本處正官壹員，選知水利人員一同相視，中間別無違礙，許民量力開引。如民力不能者，申覆上司，差提舉河渠官相驗過，官司添力開挑。外據安置水碾磨去處，如遇澆田時月，停住碾磨，澆溉田禾。若是水田澆畢，方許碾磨依舊引水用度，務要各得其用。雖有河渠泉脈，如是地形高阜不能開引者，仰成造水車，官爲應副人匠，驗地里遠近，人户多寡，分置使用。富家能自置材木者，令自置。如貧無材木，官爲買給，已後收成之日，驗使水之家均補還官。若有不知造水車去處，仰申覆上司關樣成造。所據運鹽運糧河道，仰各路從長講究可否，申覆合干部分定奪，利國便民，兩不相妨。

一、近水之家許鑿池養魚並鵝鴨之類，及栽種蓮藕、雞頭、菱角、蒲葦等，以助衣食。如本主無力栽種，召人依例種佃，無致荒閑歇無用。據所出物色，如遇貨賣，有合税者，依例赴務投税，難同自來（辨）〔辦〕課河泊創立課程，以致人民不敢增修。

一、本社内遇有病患兇喪之家不能種蒔者，仰令社衆各備糧飯器具併力耕種，鋤治收刈，俱要依時（辨）〔辦〕集，無致荒廢。其養蠶者亦如之。壹社之中災病多者，兩社併助。外據社衆使用牛隻，若有倒傷，亦仰照依鄉原例均助補買。比及補買以來，併牛助工。如有餘剩牛隻之家，令社衆兩和租賃。

一、應有荒地，除軍馬營盤草地已經上司撥定邊界者並公田外，其餘投下、探馬赤、官豪勢要之家自行冒占年深荒閑地土，從本處官司勘當得實，打量見數，給付附近無地之家耕種爲主。先給貧民，次及餘户。如有争差，申覆上司定奪。外據祖業或立契買到地土，近年銷乏時暫荒閑者，督勒本主立限開耕租佃，須要不致荒蕪。若係自來地薄輪番歇種去處，即仰依例存留歇種地段，亦不得多餘冒占。若有熟地夾間本主未耕荒地，不及壹頃者不在此限，仍督責早爲開耕。

一、每社立義倉，社長主之。如遇豐年收成去處，各家驗口數，每口留粟壹斗，若無粟抵斗，存留雜色物料，以備歉歲就給各人自行食用。官司並不得拘檢借貸動支，經過軍馬亦不得强行取要。社長明置文曆，如欲聚集收頓，或各家頓放，聽從民便。社長與社户從長商議，如法收貯，須要不致損壞。如遇天災兇歲不收去處，或本社内有不收之家，不在存留之限。

一、本社内若有勤務農桑、增置家産、孝友之人，從社長保舉官司，體究得實，申覆上司，量加優恤。若社長與本處官司體究所保不實，亦行責罰。本處官司並不得將勤謹增置到物業添加差役。

一、若有不務本業、游手好閑、不遵父母兄長教令、兇徒惡黨之人，先從社長叮嚀教訓，如是不改，籍記姓名，候提點官到日，對社衆審問是實，於門首大字粉壁書寫不務本業、游惰、兇惡等名稱。如本人知耻改過，從社長保明申官，毁去粉壁。如終是不改，但遇本社合着夫役，替民應當。候悔過自新，方許除籍。

一、今後每社設立學校壹所，擇通曉經書者爲學師，於農隙時月，各令子弟入學。先讀《孝經》、小學，次及《大學》、《論》、《孟》、經、史，務要各知孝悌忠信，敦本抑末。依鄉原例出辦束修。如自願立長學者，聽。若積久學問有成者，申覆上司照驗。

一、若有蟲蝗遺子去處，委各州縣正官壹員，於拾月内專一巡視本管地面。若在熟地，併力翻耕。如在荒陂大野，先行耕圍，籍記地段，禁約諸人不得燒燃荒草，以備來春蟲蝻生發時分，不分明夜，本處正官監視就草燒除。若是荒地窄狹、無草可燒去處，亦仰從長規劃，春首捕除。仍仰更爲多方用心，務要盡絶。若在煎鹽草地内蟲蝻遺子者，申部定奪。

一、若有該載不盡農桑水利於民有益或可預防蝗旱災咎者，各隨方土所宜，量力施行。仍申覆上司照驗。

一、前項農桑水利等事，專委府州司縣長官，不妨本職提點勾當。若有事故，差出以次官提點。如但有違慢沮壞之人，取問是實，約量斷罪。若有恃勢不伏或事重者，申覆上司究治。其提點官不得勾集百姓，仍依時月下村提點，止許將引當該司吏壹名，祗候人壹貳名，毋得因而多將人力，搔擾取受。據每縣年終比附到各社長農事成否等第，開申本管上司通行考較。其本管上司却行開坐所屬州縣提點官勾當成否，編類等第，申覆司農司及申户部照驗。才候任滿，於解由内分（朗）〔明〕開寫排年考較到提點農事功勤廢惰事跡，赴部照勘呈省，欽依見降聖旨比附以爲殿最。提刑按察司更爲體察。

至元二十八年十二月十五日，中書省奏：江南勸課農桑，那裏的路官每親身巡行呵，搔擾百姓有。不教行呵，怎生？麽道。奏呵，與理會的南人每一處商量了説者。麽道聖旨有來。俺衆人與南人每一處商量來，那的每也則這般説有，江南勸課農桑的不教官人提調着呵，百姓每也不怠慢向前有，不教官人每巡行，依時節行文書呵，中也者。麽道説有。俺也那般商量來。麽道。奏呵，那般者，麽道聖旨了也。欽此。

至元二十九年閏六月，欽奉聖旨：宣諭諸路府州司縣達魯花赤、管民官、提點農桑水利官員人等，據中書省奏，在前爲勸農的上頭，各處立着勸農司衙門來，後頭罷了，併入按察司時節，按察司名兒裏與了聖旨來。如今按察司改做肅政廉訪司也，依那體例裏倒换與他每聖旨宣諭，似望各各盡心，早得成就。准奏。仰各道肅政廉訪司照依已降聖旨，巡行勸課，舉察勤惰。隨路若有勤謹官員，仰各路具實跡牒報，巡行勸農官體覆得實，申大司農司呈省聞奏，於銓選時定奪。如文字遲慢，仰廉訪司官即將當該司吏，對提點官就便取招，申大司農司責罰。其各路並府州提點官違慢者，大司農司取招呈省定奪。外據社長委有公謹實效之人，行移巡行勸農官體察得實，申覆大司農司定奪。如有違慢者，仰就便依理責罰黜罷。這般省諭了呵，勸農官吏人等却不得因而取受，看循面情，非理行事。本處官司及不以是何人等，亦不得使氣力搔擾社長，妨奪勸農事務。如違治罪。仍仰肅政廉訪司照依已降聖旨，更爲體察施行。

大德二年九月，中書省御史臺呈：江南行臺咨，各道報到農桑文册，俱係司縣排户取勘栽種數目，自下而上申報文字，所費人力紙札，無非擾民。江南地窄人稠，與中原不同，農民世務本業。擬合欽依聖旨，依時節行文書勸課，免致取勘動摇。兵部議得：既是江南農事行御史臺親行提調，明咨地窄人稠，多爲山水所占，大與中原不同，土著農民世務本業，不須加勸而自能勤力，以盡地利。合准御史臺所擬，依時行文字勸課相應。都省准呈。

大德三年二月初七日，中書省奏：教百姓每謹慎種養栽接的，路府州縣官提調着，依時親身點覷者，廉訪司官也提調點覷者。麽道，司農司聖旨條畫裏這般該着有。這般挨次重併點覷呵，百姓每生受。親臨百姓州縣官點覷，除那的外，路府州官等則依體例提調呵，中也者。説有，似這般言語，在先壹箇人題説，與文書呵，他説的是有，教那般行者。麽道行文書來。係聖旨條畫裏該載的言語。麽道，御史臺司農司官人每俺根底回將文書來。他的言語是有，這般行呵，怎生？商量來奏呵，奉聖旨：那般行者。欽此。

皇慶二年七月二十一日，大司農司奏奉聖旨節該：大都路爲頭五路裏種田的地壹半秋耕，其餘路分聽民儘力秋耕。依着這般行呵，也宜趁天氣未寒時月將陽氣掩在地中，蝗蝻遺下種子也曝曬死，次年種來的苗稼榮旺耐旱。依着這般行呵，秋成豐稔，農事有成效的一般。奏呵，奉聖旨：那般者。依着薛禪皇帝行來的行者。您與省家文書教遍行者。

大德九年二月，欽奉詔書内一款：仲春已後，此農民盡力耕桑之時，其敕有司，非急速之務，慎毋生事煩擾，或有小罪，即與疎决，勿禁繫妨其時。

皇慶二年七月二十一日，大司農司奏：世祖皇帝時分，每年農民種田剥桑時月，若有工役，合倩人夫車牛，本管官司非奉省部明文，等候秋成農隙，方許均科，不妨悞了農種的一般。奏呵，奉聖旨：那般者。您與省家文書教遍行者。

《通制條格》卷一七《賦役・田禾災傷》

至元四年六月，中書省左三部呈：今後田禾如被旱澇災傷，河南至洺衛等路，夏田四月，秋田捌月，其餘路分，夏田伍月，秋田水田，並以捌月爲限，人户經本處陳訴。若次月遇閏者，展限半月。非時災傷，自被災日爲始，限壹月陳訴。限外告得，皆不爲理。都省准呈。

至元十七年九月，中書省據左司呈：民間水旱蟲蝻災傷，慮恐本處官司看徇不實，劄付御史臺行下體覆，其按察司官不行隨時親詣，止差書吏奏差人等，切恐未便。都省議得：各道按察司今後遇有災傷，即摘正官親詣體覆。

至元二十年正月二十一日，中書省奏：迤南貳拾餘處經值旱災道有。已前成吉思皇帝聖旨、哈罕皇帝聖旨，捌月已後不收田禾道呵，不合准。麽道。如今該值災傷去處，冬月至今年正月纔行申到。御史臺官也奏來，如今教省裏差人，與按察司管踏覷去。麽道奏來。俺商量得，如今正是農作動時分，不是催糧檢災時月。除已納到官及徵在主典手者別無定奪，其餘百姓身上未納糧數，權且聽候今年秋田收成時定奪。據管民官每田禾災傷過時不申，及不曾被災妄申免税，並按察司依時不檢踏，這般的，省家、臺家差人取招要罪過呵，怎生？麽道。奏呵，奉聖旨：那般者。欽此。

大德元年五月，中書省江浙行省咨：江南天氣風土，與腹裏俱各不同，稻田叁月布種，肆伍月間插秧，玖月拾月纔方收成。若依腹裏期限，玖月内人户被災，不准申告，百姓無所從出，致使逼迫流移。合無量展限期，秋田不過玖月。非時災傷，依舊壹月爲限。限外申告，並不准理。庶望官民兩便。都省准擬。

大德六年正月二十日，御史臺奏節該：初立臺時分，則教體察來。在後立按察司時分，有水旱災傷田禾不收呵，體覆來。後頭漸漸的不問，大小勾當教俺體覆有，其間多有窒礙，麽道。教監察廉訪司官體覆虚實，行文書有。體覆的緣由是這般，不是新行來的勾當，行了多年也。伴當每道，俺的勾當裏有窒礙，麽道説有。何平章也説，在先是體察來，水旱災傷呵，合體覆，除那的外，合體察，麽道説有。依着伴當每的言語行呵，怎生？奏呵，奉聖旨：那般者。欽此。

皇慶二年九月二十一日，中書省奏：自立按察司已來，田禾不收，水旱災傷，一切教監察御史、按察司官體覆了，合納的教納，合除免的教除免來。在後大德六年完澤篤皇帝時分，臺官人每説，俺體覆的勾當多有，其餘的勾當體察，田禾水旱災傷呵，依先例教體覆的，與省官人每一同商量着奏過定例行了來。今春臺官人每奏過，却教體察者。麽道，俺根底與文書呵，這勾當行了多年有，若不教體覆呵，多有窒礙。麽道，前者夏間皇帝根底奏過，依先體例教體覆，各處行文書來。在後臺官人每却教體察者。麽道又奏了來。俺衆人商量來，田禾水旱等災傷，若不教監察廉訪司體覆呵，管民官通同捏合除免税糧，於勾當多有窒礙。這勾當自世祖皇帝立按察司廉訪司到今，行了肆拾餘年也，不是創行的勾當。麽道臺官人根底也説將去來。如今正是收刈田禾時分，依先例只教他每體覆呵，怎生？奏呵，是行了多年的勾當也，依先例教體覆者。麽道聖旨了也。欽此。

《通制條格》卷二七《雜令・筵會宰馬》 至元三年八月二十一日，中書省欽奉聖旨：禁斷休教殺馬者。大官人每筵席殺馬的，病的委實不中騎坐的，教人做證見驗了殺者。欽此。

《通制條格》卷二八《雜令・闌糴》 至元十二年六月，中書省御史臺呈：濟寧府聶牙兒等狀告，本處田禾不收，別路糴到物斛，各處官司當闌不令出界。户部議擬，取當該官吏不合當闌招伏約量斷罪外，合令各路禁約。都省准擬。

《元典章》卷二《聖政・勸農桑》 至元七年二月，欽奉皇帝聖旨，宣諭諸路府州司縣達魯花赤、管軍官、管民官、諸投下官員、軍民諸色人等：近爲勸課農桑，已嘗遍諭諸路牧民之官與提刑按察司講究到先後合行事理，再命中書省、尚書省參酌衆議，取其便民者，定立條目。特設司農司，勸課農桑，興舉水利。凡滋養栽種者，皆附而行焉。仍分布勸農官及知水利人員，巡行勸課，舉察勤惰。委所在親民長官不妨本職，常爲提點。年終通考農事成否，本管上司類申司農司及户部照驗。任滿之日，於解由内明注此年農桑勤惰，赴部照勘，以爲殿最。提刑按察司更爲體察，期於敦本抑末，功效必成。

至元三十一年四月，欽奉詔書内一款：國用民財，皆本於農。所在官司，欽奉先皇帝累降聖旨，歲時勸課。當耕作時，不急之役，一切停罷，無致妨農。公吏人等非必須差遣者，不得輒令下鄉。仍禁約軍馬不以是何諸色人等，毋得縱放頭疋，食踐損壞桑果田禾，違者斷罪倍還。

大德七年三月初三日，欽奉奉使宣撫詔書内一款：農桑衣食之本，比聞勸農官司率多廢弛，仰依已降條畫，常加勸課，期於有成。

大德十年五月十八日，欽奉整治恤民詔書内一款：農桑，衣食之源，經費從出，責任管民勸課，廉訪司提調。近年往往懈弛，殊失布本裕民之意。仰照依累降條畫，依時勸課，游惰者懲戒。路府州縣不急之役，毋得妨奪農功。

大德十一年十二月，欽奉至大改元詔書内一款：農桑者，國家經賦之源，生民衣食之本。世祖皇帝以來，累降詔條，誡諭勸課，而有司奉行不至，加之軍馬營寨飛放圍獵，喂養馬駝人等縱放頭疋，食踐田禾，損壞樹木，以致農桑隳廢。今後路府州縣達魯花赤、長官常切禁約，若有違犯之人，斷罪陪償，各管頭目有失鈐束，具以名聞。仍依時勸課，務要實效，大司農司年終考其殿最，以憑黜陟。孝悌力田之人，有司申明，量加旌賞；游墮廢弛者，就便懲戒。肅政廉訪司並行糾治。

至大二年九月，欽奉改尚書省詔書内一款：農桑天下之本，比歲游民逐末，害本寔繁。宜令所司依時用心勸課，毋得事虚文。力田農夫，常切存恤。農務未停，不得妄有差擾，以奪其時。違者重治。

至大四年三月十八日，登寶位詔書内一款：農桑衣食之本，仰提調官司申明累降條畫，諄切勸課，務要田疇開闢，桑果增盛，乃爲實效。諸官豪勢要，經過軍馬，及昔寶赤、探馬赤喂養馬駝人等，索取飲食草料，縱放頭疋食踐田禾桑果者，所在官司斷罪陪償。仍仰監察御史、肅政廉訪司常切糾察，考其殿最，以憑黜。

延祐四年閏正月，欽奉建儲詔書内一款：農桑衣食之本，公私歲計出焉。比聞各處農事，正官失於勸課，致有荒廢，甚失重本之意。今後仰各處勸農正官嚴切敦勸，務要耕種以時，田疇開闢，桑棗茂盛。廉訪司所至之處，考其勤惰而舉劾之。

《元典章》卷二《聖政・安黎庶》 大德十年五月十八日，整治政化詔書内一款：喂養馬駝，並經過軍馬營寨權豪勢要人等，恣縱頭疋，食踐田禾桑果樹株者，照依已降聖旨，斷罪陪償。仰各處達魯花赤、長官常加禁約。違者，廉訪司體察究治。

大德十一年五月二十一日，登寶位詔書内一款：民者國之根本，軍國之用度，一切財賦皆所自出，理宜常加存撫。其經過軍馬、牧養馬駝人等，毋得取要飲食錢物，非理搔擾，縱放（馬）〔頭〕疋踏踐田禾，啃咬桑棗。所在官司嚴加禁約，違者斷罪陪償。本管頭目有失鈐束，亦仰究治，重者申聞。

《元典章》卷三《聖政・息徭役》 大德九年六月，欽奉寬恩恤民詔書内一款：仲春已後，此農民儘力耕桑之時，其敕有司，非急〔速〕之務，慎毋生事煩擾。或有小罪，即與疏決，勿禁（係）〔繫〕，妨其農時。

《元典章》卷五《臺綱・内臺・設立憲臺格例》 至元五年七月，欽奉皇帝聖旨：今委塔察兒爲頭行御史臺事，合行條畫，區處于後。**【略】**

一、虫蝻生發飛落，不即打捕申報，及部内有災傷，檢視不實，委監察並行糾察。

《元典章》卷五《臺綱・行臺・行臺體察等例》 至元十四年七月，欽奉聖旨：今南宋平定，委相威爲頭行御史臺〔事〕。所有合行條畫，逐一區處于後。**【略】**

一、蝗蝻生發，官司不即打捕、申報，及申驗災傷不實者，糾察。

《元典章》卷六《臺綱・體察・察司體察等例》 至元六年二月，中書省：欽奉聖旨：教中書省交與提刑按察司條畫者。欽此。省府擬到下項條畫，仰依奉施行。**【略】**

一、勸課農桑事，欽依聖旨，已委各處長官兼管勾當。如不盡心，終無實效，仰究治施行。

《元典章》卷二三《户部・農桑・立司・復立大司農司》 至元十年三月，欽奉聖旨，宣諭府州司縣達魯花赤、管民官、管軍官、管站、人匠、打捕鷹房、僧、道、醫、儒、也里可温、荅失蠻頭目諸色人等：據大司農司奏：設立本司，元交試勾當三年來。今已三年，若交依舊勾當，更不再降聖旨，諸官不肯盡心勾當。准奏。今降聖旨，委大司農司依舊分布勸農官，巡行勸課農桑，興舉水利，舉察勤惰。仰各路大小官員、社長人等，照依已降聖旨條畫，依時用心勸課，興舉一切種養、栽植、桑棗、水利、學校等事，須要成功，具申大司農司及合干部分。如長官有故或闕去處，以次官不得推避，虚閑月日，失誤勸課農桑、興舉水利勾當。任滿交代，官員給付解由上明注交割到農事實跡。如有不完，給由判署官與得替官同罪。按察司依舊體察。如官員到部求仕，仰合干部分照勘解由完備，呈省，行下大司農司取會相同，然後擬注，期於敦本抑末，功效必成。仍仰省部、樞密院、御史臺，各各遍行所轄官司軍民諸色人等，照依已降聖旨條畫施行，不得中間違例沮壞。若有勤謹，栽到桑棗諸果，及開到荒地之人，非奉聖旨，並不得添增差發。如有不肯勤務生業之人，亦仰合屬官司嚴加禁治。又奏：探馬赤等軍户推避不肯入社，又不存留義糧，亦不肯與諸人一體開興水利。如所奏是實呵，這的是衆人有益的勾當，偏您探馬赤軍户每如何不一體入來？聖旨到日，仰探馬赤軍户等官人每省會各村見住處，並行入社，存留義糧，合開水利，與諸人一體施行。

《元典章》卷二三《户部・農桑・立社・勸農立社事理一十五款》 至元二十八年，尚書省：奏奉聖旨節該：將行司農司、勸農司衙門罷了，勸課農桑事理併入按察司。除遵依外，照得中書省先於至元二十三年六月十二日奏過事內一件：奏立大司農司的聖旨，奏呵，與者麼道，聖旨有來。又仲謙那的每行來的條畫，在先他省官人每的印信文字行來。如今條畫根底，省家文字裏交行呵，怎生？麼道，奏呵，那般者。麼道，聖旨了也。欽此。今將聖旨定到條畫，開坐前去，仰依上勸課施行。

一、諸縣所屬村疃，凡五十家立爲一社，不以是何諸色人等，並行立社。令社衆推舉年高、通曉農事、有兼丁者立爲社長。如一村五十家以上，只爲一社。增至百家者，另設社長一員。如不及五十家者，與附近村分相併爲一社。若地遠人稀不能相併者，斟酌各處地面，各村自爲一社者，聽。或三村、五村併爲一社，仍於酌中村內選立社長。官司並不得將社長差占，別管餘事，專一〔照管〕教勸本社之人，務勤農業，不致惰廢。如有不肯聽從勸教之人，籍記姓名，候提點官到彼，對社衆責罰。〔所立社長與免本身雜役，年終考校，有成者優賞，怠廢者責罰。〕仍省會社長，却不得因而搔擾，亦不得率領社衆非理動作聚集，以妨農時。外據其餘聚衆作社者，並行禁斷。若有違犯，從本處官司就便究治。

一、農民每歲種田，有勤謹趁時而作者，懶惰過時而廢者，若不明諭，民多苟且。今後仰社長教諭，各隨風土所宜，須管趁時農作。若宜先種〔者〕，儘力先行布種植田，以次各各隨宜布種，必不得已，然後補種晚田瓜菜。仍於地頭道邊各立牌橛，書寫某社長某人地段。仰社長時時往來點覷，獎謹誡惰，不致荒蕪。仍仰隄備天旱，有地主户量種區田，有水則近水種之，無水則鑿井。如井深不能種區田者，聽從民便。若有水田人家，不必區種。據區田法度，另行發去，仰本路刊板，多廣印散。諸民若農作動時，不得無故飲（食）〔會〕，失誤生計。

一、每丁周歲須要創栽桑、棗二十株，或附宅栽種地桑二十株，早供蟻蠶食用。其地不宜栽桑、棗，各隨地土所宜，栽種榆、柳等樹，亦及二十株。若欲栽種雜果者，每丁（限）〔衮〕種十株，皆以生成爲定數，自願多栽者聽。若本主地内栽種已滿，别無餘地可栽者，或有病喪丁數，不在此限。若有上年已栽桑菓數目，另行具報，却不得朦昧報充次年數目。或有死損，從實申説本處官司。申報不實者，並行責罰。仍仰隨社布種苜蓿，初年不須割刈，次年收到種子，轉轉（分）〔俵〕散，務要廣種，非止喂養頭疋，亦可接濟饑年。

一、隨路皆（以）〔有〕水利，有渠已開而水利未盡其地者，有全未曾開種并創可挑橛者。委本處正官一員，選知水利人員一同相視，中間別無違礙，許民量力開引。如民力不能者，申覆上司，差提舉河渠官相驗過，官司添力開挑。外據安置水碾磨去處，如遇澆田時月，停住碾磨，澆漑田禾。若是水田澆畢，方許碾磨依舊引水用度，務要各得其用。雖有河渠泉脈，如是地形高阜，不能開引者，仰成造水車，官爲應副人匠，驗地里遠近、人户多少分置使用。富家能自置材木者，令自置。如貧無材木，官爲買給，已後收成之日，驗使水之家均補還官。若有不知造水車去處，仰申覆上司，開樣成造。所據運鹽、運糧河道，仰各路從長講究可否，申覆合干部分定奪，利國便民，兩不相妨。

一、近水之家，許鑿池養魚并鵝、鴨之類，及栽種蓮藕、鷄頭、菱角、蒲葦等，以助衣食。如本主無力栽種，召人依例種佃，無致閑歇無用。據所出物色，如遇貨賣，有合税者依例赴務投税，難同自來辦課河泊創立課程，以致人民不敢增修。

一、本社內遇有病患凶喪之家不能種蒔者，仰令社衆各備糧飯器具，併力耕種，鋤治收刈，俱要依時辦集，無致荒廢。其養蠶者，亦如之。一社之中，災病多者，兩社併鋤。外據社衆使用牛隻，若有倒傷，亦仰照依鄉原例均助補買，比及補買以來，併（力）〔牛〕助工。如有餘剩牛隻之家，令社衆兩和租賃。

一、應有荒地，除軍馬營盤草地已經上司撥定邊界者并公田外，其餘投下、探馬赤、官豪勢要之家，自行（占冒）〔冒占〕年深荒閑地土，從本處官司勘當得實，打量見數，給付附近無地之家耕種爲主，先給貧民，次及餘户。如有争差，申覆上司定奪。外據祖業或立契買到地土，近年消乏，時暫荒閑者，督勒本主立限開耕、租佃，須要不致荒蕪。若係自來地薄、輪番歇種去處，即仰依例存留歇種地段，亦不得多餘冒占。若有熟地（失開）〔夾間〕，本主未耕荒地不及一頃者，不在此限，（及）〔仍〕督責早爲開耕。

一、每社立義倉，社長主之。如遇豐年收成去處，各家驗口數每口留粟一斗，若無粟，抵斗存留雜色物料，以備歉歲就給各人自行食用，官司並不得拘檢、借貸、動支，經過軍馬亦不得强行取要。社長明置文曆，如欲聚集收頓，或各家頓放，聽從民便，社長與社户從長商議，如法收貯，須要不致損（害）〔壞〕。如遇天災凶歲不收去處，或本社内有不收之家，不在存留之限。

一、本社〔内〕若有勤務農桑、增置家産孝友之人，從社長保申官司，體究得實，申覆上司，量加優卹。若社長與本處官司體究所保不實，亦行責罰。本處官司並不得將勤謹增置到物業添加差役。

一、若有不務本業、游手好閑、不遵父母兄長教令兇徒惡黨之人，先從社長丁寧教訓。如是不改，籍記姓名，候提點官到日，對社衆審問是實，於門首大字粉壁書寫不務本業，游惰兇惡等名稱。如本人知耻改過，從社長保明申官，毁去粉壁。如〔終〕是不改，但遇本社合着夫役，替民應當。候（能）〔悔過〕自新，方許除籍。

一、今後每社設立學校一所，擇通曉經書者爲學師，於農隙時分各令子弟入學，先讀《孝經》、《小學》，次及《大學》、《論》、《孟》、經、史，務要各知孝悌忠信，敦本抑末。依鄉原例出辦束脩。自願立長學者，聽。若積久學問有成者，申覆上司照驗。

一、若有虫蝗遺子去處，委各州縣正官一員，於十月内專一巡視本管地面。若在熟地，併力番耕。如在荒〔陂大〕野，先行耕圍，籍記地段，禁約諸人不得燒燃荒草，以（免）〔備〕來春虫蝻生發時分，不分明夜，本處正官監視，就草燒除。若是荒地窄狭無草可燒去處，亦仰從長規畫，春首捕除。仍仰更爲多方用心，務要盡絶。若在煎鹽草地内虫蝻遺子者，申部定奪。

一、先降去詢問條畫，並行革去，止依今降條畫施行。

一、若有該載不盡農桑水利，於民有益，或可預防蝗旱災咎者，各隨方土所宜，量力施行，仍申覆上司照驗。

一、前項農桑水利等事，專委府州司縣長官不妨本職提點勾當。若有事故差（去）〔出〕，以次官提點。如或有違慢沮壞之人，取問是實，約量斷罪。如有恃勢不伏或事重者，申覆上司究治。其提點〔官〕不得勾集百姓，仍依時月下村提點，止許將引當該司吏一名、祗侯人一二名，無得因而多將人力，搔擾取受。據每縣年終比附到各社長農事成否等第，開申本管上司，〔通行考較。其本管上司〕却行開坐所管州縣提點官勾當成否，編類等第，申覆司農司及申户部照驗。纔候仕滿，於解由内分明開寫排年考較到提點農事功勤惰廢事跡，赴部照勘呈省，欽依見降聖旨，比附以爲殿最。提刑按察司更爲體察。

《元典章》卷二三《户部・農桑・立社・至元新格二款》 諸社長本爲勸農而設，近年以來，多以差科干擾，大失元立社長之意。今後凡催差辦集，自有里正、主首，其社長使專勸課，凡農事未喻者教之，人力不勤者督之，必使農盡其功，地盡其利。官司有不（復）遵守、妨廢勸農者，從肅政廉訪司究治。

諸州縣官勸農日，社内有游蕩好閑、不務生業、累勸不改者，社長須得對衆舉明，量行懲戒。其社長若年小德薄，不爲衆人信服，即聽詢舉深知農事、高年純謹之人易换。

《元典章》卷二三《户部・農桑・立社・蒙古軍人立社》 至元二十九年閏六月，御史臺奉中書省劄付：樞密院呈：據蒙古都萬户府呈，元准河北河南道按察分司省會，將探馬赤軍人與諸人一體入社，依例勸課事。府司照得先欽奉聖旨節該：干礙軍數文卷，按察司休刷者。除遵依外，府司看詳，按察司爲朝廷腹心耳目，尚然不許知會軍數，蓋爲軍國事可宜密切，所以如此關防。若將本管蒙古軍人却與漢兒民户一同入社，其各處管民官司備知卑府見蒙古軍數。又緣本管蒙古軍人，自來不曾與漢兒民户一同入社，於公不便。若將本管蒙古軍人另行爲社，令見設本管奥魯官一體勸諭農事，似爲相應。具呈照詳事。得此。於至元二十九年三月二十日奏過事内一件：脱（兒）〔完〕不花奏將來有：廉訪司官人每俺根底與文字：省官每奏准，蒙古探馬赤每根底，與漢兒民户一處作社者。麽道，與文字來。俺怎生理會？麽道，説將來有。俺商量來，軍每的數目交他（每）知道的體例無有。麽道，奏呵，休與漢兒民户一處相合者。依着萬户的體例裏另行者。麽道，聖旨了也。欽此。

《元典章》卷二三《户部・農桑・立社・更替社長》 大德三年四月初六日，江西廉訪司：據龍興路牒該，奉行省劄付，准中書省咨，爲設立社長事。先據知事張登仕呈：近爲體覆災傷，到於各處，喚到社長人等，係婦人、小兒。問得該吏稱説，自至元三十年定立社長，經今五年，多有逃亡事故。爲是不曾申舉到官，未經補替。切詳設立社長，勸課農桑，使民知務本，興舉學校，申明孝悌，使彝倫攸叙，糾斥兇頑，檢察非違，使風俗歸厚，皆非細務。今各處社長皆不見年高德劭、通曉農事、爲衆信服之人，大失元立社長初意。乞施行。得此。合牒可照依都省咨文内事理，將年高通曉農事之人立設社長，並不得差占别管餘事，專一勸教本社人民務勤農業，不致惰廢，仍免本身雜役。毋得似前設立不應，并别行差占，妨誤農事。將立定社長姓名牒司。

《元典章》卷二三《户部·農桑·立社·社長不管餘事》 大德六年正月□日，江西湖東道肅政廉訪司承奉行御史臺劄付：准御史臺咨：承奉中書省劄付：翰林侍講學士王中順呈：奉省劄，前來賑濟淮東被風潮災傷人户。當時行省劉左丞、御史臺所委官淮東廉訪司張（簽）〔僉〕事，分頭前去各州縣，審復賑散三箇月糧米。今已俱還楊州，攢造文册，候畢另呈。外，緣卑職元分通州一州，靖海、海門兩縣，最極東邊。下鄉其間，見有勾集人户，編排引審次序支請，盡係社長居前，里正不預。多有年小愚騃之人，草屨赤脛，言語嘲哳。怪而問之，州縣官員同辭而對，目今諸處通例如此。卑職照得初立社長根源，欽奉世祖皇帝聖旨條畫節該：諸州縣所集村疃，凡五十家爲一社，不以是何諸色人等並行入社，令社衆推舉年高諳知農事者爲社長，不得差占别管餘事。又照得欽奉聖旨：隨處百姓，有按察司，有達魯花赤、管民官、社長。似彰德、益都兩處一般反賊每呵，他管什麽？已後似那般有呵，本處達魯花赤、管民官、社長身上要罪過者。欽此。切詳按察司、達魯花赤、管民官下，便列社長，責任非輕。當時又立學師，每社農隙，教誨子弟孝悌忠信，勤身肥家，遷善遠罪，故孟子凡言，王政必以農桑、庠序爲先。國家所行，摘此二事，就委按察廉訪官勸課農桑，勉勵學校，亦此意也。社長、社師，外似迂緩，中實緊切。況兼《至元新格》内一款節該：社長近年多以差科干擾，今後催督辦集自有里正、主首，使專勸農。官司妨廢者，從肅政廉訪司糾彈。社内有游蕩好閑、不務生理、累勸不改者，社長對衆舉明，量示懲（勸）〔戒〕。其年小德薄，不爲衆人信服，即聽推舉易换。諸假托神靈，夜聚明散，凡有司禁治事理，社長每季須〔一〕誡諭，使民知畏，毋陷刑憲。累奉如此。卑職伏思，自中統建元迄於今日，良法美意莫不畢備，但有司奉行不至，事久弊至，社長則别管餘事，社師則廢棄不行。以至如逆賊段丑斯輩，貫穿數州，恣行扇惑，無人盤詰，皆二事廢墮、失其元行之所致也。斯乃賑濟下鄉，親所□見。愚意以爲合行申明舊例，令社長依前勸課農桑，誡飭游蕩，防察奸非，不管餘事，則百姓富。社師依前農隙闡學，教以人倫，不敢犯上，則刑罰清。民富刑清，爲治之本，所見如此，除已移牒肅政廉訪司，照依累奉聖旨糾彈易换外，如其可採，乞賜劄付御史臺，行下諸道，一體施行。得此。照得先據大司農司呈：會驗至元七年二月欽奉聖旨勸農條畫内一款節該：諸縣所屬村疃，凡五十家立爲一社，令社衆推舉年高、通曉農事、有兼丁者，立爲社長。官司並不得差占别管餘事，專一照管教勸本社之人務勤農業。今體知得，府州司縣往往將年小不通農事之人立爲社長，時常差占，有妨勸諭農民，深爲未便。擬合劄付各道廉訪司，行移合屬，將不通曉農事之人盡行革罷。選年高通曉農事者立爲社長，並不得差占别管餘事，專一教勸本社之人，務勤農業，不致墮廢。已於大德二年正月二十五日遍行合屬，依上施行去訖。今據見呈，都省除外，合下，仰照驗，欽依已降聖旨事意施行。

《元典章》卷二三《户部·農桑·勸課·種治農桑法度》 至元十六年三月，行御史臺：據淮西江北道按察司申：照得欽奉聖旨條畫：大兵渡江以來，田野之民不無擾動。今已撫定，宜安本業，仰各處正官歲時勸課，如無成效者糾察。又欽奉聖旨節該：提刑按察司官所至之處，勸課農桑，問民疾苦。欽此。除元行外，又於諸書内採擇到樹桑良法，開坐遍行所屬，督勒社長，勸諭農民，趁時栽種。外，乞照驗。憲臺仰行移所屬，依上施行。

種桑：《齊民要術》：收黑桑椹，以水淘子畦種，常薅令淨，如種葵法。土不得厚，厚即不生。待高一尺，又上糞土一遍。

一、《氾勝之書》曰：四月取椹，著水中淘洗，取子陰乾。每田一畝，用椹子三升、黍三升相合布種。黍、桑俱生，鋤令稀疏。秋後刈倒，候有風，走火燒過。桑至春生，每畝可飼蠶三箔。

一、《務本新書》：畦種：東西掘畦：熟糞和土：（樓）〔耬〕平，下水濕透。然後布椹子，和黍子同種，椹藉黍力易生，又遮日色。仍預於畦南畦西種檾後藉陰遮映夏日。長至三二寸，旱則澆之。十月之後，桑與黍〔皆〕〔稭〕同時刈倒，因風燒過，仍糝糞土蔽灰。來春榮茂，每科自出芽三數箇，留旺者一條，次年移栽。

又一法：春月先於熟地內東西成行，勻稀種穄，將桑椹與蠶沙相和，或炒黍、穀亦可。雨後於穄北單耩或點種。比之搭棚遮日，與黍同種。緣穄陰高密，又透風露，雖種數畝，不甚委曲費力。

地桑：《齊民要術》：桑椹畦種，正月移而栽之。每一坑栽一根，將根坐於泥中，欲疾見工者栽二根。按至坑底，提三五次，根科舒順，頂與坑平，擁周圍熟土令坑滿。次日築實，用虛土封堆，如大鏊子樣，厚五七寸，周圓自成環（成）〔池〕。芽出虛土四五指，每一根止留一二條。澆鋤如法，當年可長五尺餘。次年附根割條葉飼蠶，割過處，每一根盤周圍數芽却出，可留四五條，餘者間去。年年附地割之，根漸旺，桑漸多。

一、《齊民要術》：正月、二月，以鉤杙壓下枝着地。渠條桑生高數寸，壅之，濕則爛。明年正月中，截取栽之。

一、《（仕民）〔士農〕必用》：春氣初透，將地桑傍邊一條稍：頭截了三五寸。地上先兜一渠，可深五指餘，卧條於內，用（拘）〔鉤〕撅子攀釘住，懸空不令（有）〔著〕土。其後芽條向上生，如細（把）〔耙〕齒。橫條上約五寸留一（條）〔芽〕，其餘剥去。至四、五（日）〔月〕間，晴天巳、午，橫條兩邊，取熱（塘）〔溏〕土擁橫條上成壟，橫條即爲卧根。至晚，澆其根科。至秋，其芽條皆爲條身。至十月或次年春分前後，於卧根頭截斷取出土，隨間空處斫斷，如拐子樣。每一根爲一栽。此法，出胤栽子無窮。

移栽：《士農必用》：將畦內種出桑科連根掘出，栽如前法。待桑身長五尺餘，割去梢子，則橫條自長。澆治有功，至秋長大如壯椽。十月內或次年春，可移爲行桑。

《元典章》卷二三《户部·農桑·勸課·提調點覷農桑》　大德三年五月，行御史臺准御史臺咨：奏過事內一件：教百姓每謹慎種養栽接的，路府州縣官提調着，依時親身點覷者。廉訪司官也提調點覷者。麼道，司農司聖旨條畫裏這般該着有。這般挨次重併點覷呵，百姓每生受。親臨百姓的州縣官點覷者。除那的外，路府州官等則依體例提調呵，中也者。説有。似這言語，在先一個人題説與文書呵，他説的是有，教那般行者。麼道，行文書來。係聖旨條畫裏該載的言語麼道，御史臺、司農司官人每，俺根底回將文書來。他的言語是有。這般行呵，怎生？商量來。奏呵，奉聖旨：那般行者。欽此。

《元典章》卷二三《户部·農桑·勸課·農桑》　至大三年二月，尚書省奏奉聖旨：大司農司總挈天下農政，設學校以養人材，積義糧以備凶歲。滋養栽植，興舉水利，賞勤罰（隋）〔惰〕，期於敦本抑末。管民官依時勸課，廉訪司提調，年終通行比較，考其殿最，類申大司農司定奪黜陟，務要實效，無事虛文。所有條畫，開列于後。

一、農桑，國家經賦之源，生民衣食之本。累降詔條勸課，而有司奉行不至。加之軍馬營寨、飛放圍獵、喂養馬駝、牧放係官頭疋人等縱放食踐田禾，損壞樹株，以致農桑墮廢。今後路府州縣達魯花赤、長官常切禁約，若有違犯之人，斷罪陪償，各管頭目有失鈐束，具名以聞。各處和買柴薪，毋令百姓砍斫桑棗送納及街市貨賣，違者斷罪。提調官禁治不嚴，亦行究治。

一、興舉學校，王政所先。蓋自累朝教養不輟，迄今未見成效。今後路府州縣正官、教官，照依累降條畫主領敦勸，廉訪司常加勉勵。務要作成人材，以備擢用。

一、播種當時，雨澤應候，農作方急，官司却行科着人夫，差倩車牛，妨奪農時，致有愆期不能下種。今後人民農作收刈時月，但有一切造作夫役等事，本管官司非奉省部明文，毋得擅將力田農民差倩搔擾，違者廉訪司究治。

一、田間溝渠，勢要之家阻當不得開挑，縱自流通，却行渰没鄰田。各處官司常加曉諭，相地開濬，使水有歸，毋令互相渰没，違者究治。工役大者，申官定奪。

一、秋耕其利甚大，除牧養係官馬駝去處照依元行條畫秋耕一半，其餘去處，隨其風土所宜，聽民儘力秋耕。

一、每社設立社長一名，令社衆推舉年高、有德、通曉農事者充，專一教勸農民務勤農業，不致墮廢。今後路府州縣並不得將社長差占別管餘事，違者當該官吏斷罪，廉訪司常加體究。

一、農民栽植桑棗，今行已久，而有司勸課不至，曠野尚多。是知年例考較，總爲虛數。自今除已栽樹株，以各家空閑地土十分爲率，於二分地內，每丁歲栽桑棗二十株。其地不宜桑棗，各隨風土所宜，願栽榆柳雜果。若多栽者，聽。皆以生成爲數，若有死損，驗數補栽。本年已栽桑果等樹，次年不得朦朧抵數重報。親民官時加點檢勸課，依期造册，申覆本管路、府體覆是實，保結牒呈廉訪司通行體究。若有虛冒，嚴加究治。年終比附殿最，類申大司農司，以憑黜陟。

一、該載不盡事理，照依累降條畫事理施行。

《元典章》卷二三《户部・農桑・勸課・食踐田禾斷例》　至大元年三月，行臺准御史臺咨：承奉中書省劄付：蒙古文字譯該，大德十一年九月二十三日欽奉聖旨：今年百姓每田禾好生不曾收成來。怯薛歹、昔寶赤、諸王駙馬的伴當每、外各枝兒等，食踐田禾，入百姓每的場裏奪要田禾、鷄、米、草、菜、蘿葡，哏欺負百姓每也者。如今省官人每行文書禁約者。這般曉諭了，使氣力奪要田禾、鷄、米、草、菜、蘿葡等物的人每拏住呵，打七十七下，拏住的人根底與賞。麽道，傳聖旨來。欽此。

《元典章》卷二七《户部・錢債・私債・放粟依鄉原例》　至元二十九年十月，御史臺咨：大城縣人户趙琮等告本縣李主簿舉放科粟公事。除另行外，議得：比年以來水旱相仍，闕食之家於豪富舉借餱糧，不以利重，唯得是圖，且救目前之急。自春至秋，每石利息重至一石，輕至五斗。有當年不能歸還，將息通行作本，續倒文契，次年無還，亦如之。有一石還至數倍不能已者。致使貧民准折田宅，典雇兒女，備償不足，良爲可惜，理宜禁斷。呈奉中書省劄付：送（禮）〔户〕部議得：舉借斛粟，合依鄉原例，聽從民便。舉借年月雖多，不過一本一利。如有續倒文契，欽依已降聖旨條畫追斷。都省准擬，仰照驗施行。

《元典章》卷五六《刑部・闌遺・孛蘭奚・孛蘭奚牛發付屯田種養》

至大元年十月，行（臺）〔省〕准中書省咨：來咨：各處拘到孛蘭奚頭疋，别無官破草料，欲行差人管押赴北。緣本省去都四千餘里，誠恐沿路瘦損倒死，徒費衹應，實無所益。况廣東係嶺外邊遠去處，又與江西不同，若不早爲着落，歲月既久，死損更多。擬合責付附近屯田官收養耕種，其餘窵遠路分拘到馬疋、畜産之類，驗彼中時估變賣作鈔，似爲便益。伏請照詳。都省議得：拘收到孛蘭奚頭疋，合從本省依例召主識認，不盡數目，發付屯田種養。咨請依上施行。

《元典章》卷五六《刑部・闌遺・孛蘭奚・孛蘭奚頭疋》　延祐三年九月，行省准中書省咨：來咨：龍興路備新建縣申：鄧仁二於至大元年七月內收到無主水牛牸一頭，節次生下牛犢三頭，因病倒死一頭外，有見在母子牛三頭，責付主首王季青等收養聽候。若擬起解，地遠不便，擬合估價還官。參詳：各處拘收到頭疋，别無屯田耕種處所，若不依價變賣，誠恐死損不便。除將拘收到官頭疋估價變賣外，咨請照驗。准此。送刑部議得：新建縣收到無主水牛三隻，既是别無屯田耕種，合咨行省更爲照勘，如委無主識認，依准本省所擬，估價變賣，起解相應。具呈照詳。得此。議得：上項拘收到官頭疋，難准估賣。都省咨請照驗，更爲召主識認。如無，權令有田之家租用聽候。

《元典章》卷五七《刑部・諸禁・禁宰殺・禁殺羊羔兒例》　至元九年，中書省劄付：四月十一日奉聖旨：中書省官人每根底，你真孛羅言語：大都爲頭漢兒城子裏，羔兒多殺有。麽道。如今不揀阿誰，羔兒休殺者。這聖旨聽得呵，羔兒賣來的人，十個羔兒價（例）〔錢〕，見的人要者。又明知道賣了殺底人，二十個羔兒的價錢，見來的人要者。麽道，聖旨了也。俺上都裏行了榜也。這文書到呵，攛掇各路分裏榜文字行者。欽此。

《元典章》卷五七《刑部・諸禁・禁宰殺・禁休殺母羊》　至元三十年十二月，中書省：先傳奉聖旨：今後母羊休殺者。有呵，官司買了，散與怯薛歹，交孳生者。麽道，聖旨有來。這言語聽呵，别個城子裏將的賣去有。那裏也休殺者。麽道，交行文書呵，怎生？麽道，奏呵，那般者。麽道，聖旨了也。這裏的，用課程錢小母羊買要了，月赤察兒、只兒哈郎根底分付者。窮暴的根底與。麽道，聖旨了也。又海荅兒交奏：老母羊根底，立下證見交殺呵，怎生？麽道，奏呵，那般者。麽道。欽此。

《元典章》卷五七《刑部・諸禁・禁宰殺・宰老病死牛馬》　中書兵刑部：十月初二日，伯木尚書面奉都堂鈞旨：照依上年例，省諭諸人，自十月至十二月，若有老的、病的、不堪（死）〔使〕的馬牛，申捏只、麻速忽相驗宰殺者。奉此。省部照得至元十三年十月十二日大都路申：十一月初六日奏：舊城裏有頭目每，馬和牛老的也有，瘤的也有，病的不堪使用的也有。聖旨休交宰馬牛呵，不敢殺有，枉可惜死了。俺如今商量：交一個好人，一個田地裏相驗的，委是老病不堪使用呵，只交那田地裏宰殺，主人自喫，不交街上賣去。若賣的人，俺的做賊捉拿。這十月、十一月、十二月令宰殺，正月至九月，依聖旨體例休殺。這般呵，怎生？奉聖旨：是也。依着您商量來的那般行者。欽此。府司照得不見委付何人、那個田地裏相驗宰殺，及本路州縣合無一體？省部呈奉都堂鈞旨：送本部，已行委付捏只爲頭，與麻速忽管領。仰大都總管府亦行差委好人一名，與捏只一同管領。每月捏只等收了底皮貨并觔角數目，具呈合干部分，照會八作司。其皮子價錢，依市價，官爲和買。奉此。

《元典章》卷五七《刑部・諸禁・禁宰殺・倒死牛馬里正主首告報過開剥》 大德七年□月，福建宣慰司承奉江浙行省劄付：會驗，中統二年五月內欽奉聖旨節該：凡耕佃備戰，負重致遠，軍民所需，牛馬爲本。往往公私宰殺，以充庖厨貨之物，良可惜也。今後官府上下、公私飲食宴會并屠肆之家，並不得宰殺牛馬。如有違犯者，決杖一百。兩鄰知而不首者，減一等，官司失覺察者，又減一等。若有因病倒死，及老病毁折不堪用者，申報所在官司。若離〔城〕遠窵，於當處里正、主首告報過，方許開剥。仍遍行所屬州縣，常切禁治，毋令違犯。欽此。又欽奉聖旨節該：今後私殺牛馬者，正犯人決杖一百，見於賞捕私宰牛馬例云云至充賞。欽此。已經遍行合屬，欽依施行。今聞知各路州縣管下鄉保農民，凡有倒死水、黄牛隻，不以遠近，須令牛主扛擡赴官相視過，方許開剥。設牛死處所相離州縣遠窵，或登山涉水，陰雨泥濘，必勞人力。比及到官相驗，不下數日。冬月天寒，猶且不宜，何況時暑炎蒸，其肉腐臭不堪食用，及納官牛皮亦是損壞。大抵禁治私牛，本爲弭奸，今則如此，反爲農害，又係違奉聖旨事意，甚爲未便。省府除外，合下，仰照驗行移合屬，今後若有因病倒死，及老病毁折、不堪爲用牛馬，欽依已降聖旨事意，申報所在官司。若離遠窵，於當處里正、主首告報過開剥。仍常禁治諸人，毋得因而宰殺牛馬。如有違犯者，取問是實，依條斷罪施行。

《元典章》卷五七《刑部・諸禁・禁宰殺・賞捕私宰牛馬》 大德七年五月，湖廣行省准中書省咨該：武昌路申一件：宰馬牛，於犯人名下追賞鈔二十五兩。雖有定例，不見遇赦之後追給通例。咨請定奪。送刑部：照得大德六年九月十九日承奉中書省劄付：江西行省咨稟：宰殺牛馬，合無追徵賞錢？本部照得至元八年承奉尚書省劄付：准中書省咨：大司農司呈：去年十二月二十七日奏定事內一件：中都兵馬司説稱：一十三局及城外南人，常是寅夜私宰牛隻。前去捉拿，各局官拒抗不令收捉，更有指攀下賊人，亦不分付本司。照得據買賣牛隻，合赴牛市立契買賣，經由税務，然後成交。今據兵馬司説，俱係寅夜宰殺，又不經由牙税，顯是偷買偷殺。合無中書省裏會諸衙門官員，勾集各管局分頭目，明白省會，先要甘執結？奉聖旨：煞説得是也。教省裏聚會，要了文書，省會了。若有違犯底，定將頭目及犯人重要罪過。欽此。乞照詳事。都省於今月初八日，與尚書省并大司農司官勾集到中都諸局分頭目人等，傳説前項欽奉聖旨，圓議定：今後有私宰馬牛者，犯人決杖一百，仍徵鈔二十五兩付告人充賞。兩鄰知而不首者，決二十七下。本管頭目失覺察，決五十七下。如有見殺馬牛之人，不行告官恐嚇要錢物者，有人告首是實，決杖七十七下，徵鈔二十五兩與告人充賞。若馬牛老病不堪爲用者，除中都在城經由總管府官辨驗得實，附曆印烙訖，方許宰殺，餘經所在官司依上施行。如已病死者，申官驗過，開剥。除已另行聞奏外，請依上禁斷。奉此。本部議得：私殺牛馬犯人，招伏明白，罪若遇免，告首之人賞錢依例追給相應。都省准擬，除外，咨請依上施行。

《元典章》卷五七《刑部・諸禁・禁宰殺・偷宰馬牛》 大德七年九月□日，江西行省准中書省咨：河南省咨：汴梁路申：推官張承務牒：審録得賊人黄佛住、王馬兒等節次偷盗馬牛驢畜，俱各宰殺貨賣。似此賊徒，所犯者多。照得先欽奉聖旨節該：今後有私宰牛馬者，見前例云云至訖，方許宰殺。若禁月宰殺者，一體斷罪。偷盗宰殺者，刺臂，杖一百，依例追徵倍贓。知情窩主人等，減等科罪相應。緣係通例，咨請照驗。准此。送刑部議得：知情窩主人等已有定例外，據偷盗牛馬宰殺罪名，合准行省所擬相應。都省准擬，咨請依上施行。

《元典章》卷五七《刑部・諸禁・禁宰殺・倒死係官牛隻》 大德八年十月，湖廣行省劄付：近爲各處節次解到倒死係官牛隻皮貨、觔角、肉臓價錢，不行開寫是何名項，往往行移照勘，逗遛文繁。爲此，檢照得先據興國路申：廉訪司牒：民間倒死牛隻，除觔角納官外，皮貨聽從民便。爲不曾承准都省明文，移准中書省咨：照得大德（七）〔元〕年五月二十一日御史臺呈：行臺咨：監察御史言：今後倒死牛畜，除觔角依例拘收，皮貨若使納官，中間徵索，實是擾民不便。如遇必用皮貨，官爲和買相應。都省議得：民間倒死牛馬，觔角依例拘收，皮貨聽從民便。請依上施行。省府相度：今後倒死牛隻，除孛蘭奚、斷没等牛，將皮貨、觔角、肉臟價錢解官外，據長生名項，止合依例拘收觔角，着元主補買，務要不失元額。除外，仰依上施行。

《元典章》卷五七《刑部·諸禁·禁宰殺·私宰牛馬》 至大四年二月內，省准尚書省咨：御史臺呈：淮東廉訪司申：水軍萬户府軍人木八剌沙等私宰牛隻。除依例斷罪外，據管軍官牌子頭等有失覺察，不見坐到各各罪名。即係通例，具呈照詳。得此。送據刑部議得：私宰牛馬，本管頭目有失覺察，中統二年欽奉聖旨節該：減犯人罪二等。因病倒死，又（疾）〔老〕病毁折，不堪爲用，〔申報〕所在官司。若離城遠〔窵〕，於當處里正、主首處告報過，方許開剥。至元十四年七月初一日承奉中書省劄付：本管頭目失覺察，內有受宣官員，驗輕重定罪。以此參詳：今後私宰馬牛，本管頭目失覺察者：離城遠窵，罪在鄉村里正、主首；京城并外路城郭，坊正、巷長、各局院親管頭目；軍伍之中，即是牌子頭。若有違犯之人，依例斷罪。所有親民州縣正官并各管官司禁治不嚴者，初犯罰俸半月，再犯罰俸一月，三犯笞決一十七下。如斯，上下畏法，犯禁者少，守法之官不致疑惑。如准所擬，移咨行省，遍行合屬曉諭相應。具呈照詳。都省准擬，咨請依上施行。

《元典章》卷五七《刑部·諸禁·禁宰殺·李萬户宰馬》 延祐三年四月，行臺劄付該：據浙西道申：晋良弼告江陰州李萬户各項違法不公等事。參詳：萬户八撒兒所招各項罪犯，以宰馬爲重，例決一百。却緣所宰馬疋老病，又兼八撒兒係欽受宣命三品人員，宜從合干部分定擬相應。乞照詳。得此。議得：萬户八撒兒所招，不合私宰馬疋筵會罪犯，擬合欽依已降聖旨事意，決杖一百。却緣八撒兒軀口高興兒買契上該寫：馬二十歲，左眼（徵）〔微〕有青盲，别無毁折不堪。宰死之後，妄告因病倒死情罪，即係受宣三品軍官，宜從憲臺區處，唯復令合干部分更爲定擬相應？移准〔御史臺〕咨該：呈奉中書省劄付：送據刑部呈：會驗至元八年正月欽奉聖旨節該：有私宰馬牛者，正犯人決杖一百。若馬牛老病、不堪爲用者，除中都在城經由總管府辨驗得實，附曆印烙訖，方許宰殺，餘經所在官司依上施行。欽此。今承見奉，本部議得：萬户李八撒兒所招，除輕罪外，止據不合於延祐元年二月二十一日，令軀口高興兒用中統鈔陸定五兩，於朱陔處買到赤色騸馬一疋，令軀口高興兒宰殺，請待寧元帥筵會罪犯。雖稱年老，眼（徵）〔微〕有青盲，終非不堪爲用。擬合依例杖斷一百，標附相應。具呈照詳。得此。照得延祐二年十一月二十七日欽奉詔恩釋免，今據見呈，都省仰欽依施行。

《元典章新集至治條例·户部·勸課·農桑·禁約食踐田禾》 延祐四年七月初二日，大司農司：奏過事內一件：俺司農司去年爲大都週迴、并外處放頭疋人每將田禾食踐偷盗了上頭，奏奉聖旨：食踐田禾、偷盗了田禾人每，若拿住呵，交倍償了，要罪過者。麽道，聖旨有來。各怯薛、各枝兒并大都路裏，俺行了文書來。今年大都週迴隨處田禾好生好有。恐怕各枝兒、各怯薛諸色人等牧放頭疋，食踐田禾，啃咬桑菓，斫伐樹枝。今歲比及上位迴還大都，若不嚴行禁約呵，壞了田禾、樹枝一般。俺與省家文書，各怯薛、各枝兒諸色人等若有縱放頭疋食踐、偷盗了田禾，啃咬桑菓等樹，違犯的人每倍償了，依例追斷。有司官不爲用心提調呵，受敕的就便斷罪，受宣的取招，申大司農司聞奏。仍令監察御史嚴加糾察呵，怎生？麽道，奏聖旨：那般者。麽道，聖旨了也。欽此。

《元典章新集至治條例·户部·勸課·農桑·虫蝗生發申報》 大德十一年正月，行御史臺劄付：准御史臺咨：奉中書省劄付：檢會先欽奉聖旨條畫內一款：遇有蝗虫坐落生子去處，委本路正官一員、州縣正官一員，十月一（日）〔月〕專一巡視本管地面。若在熟地，併力翻耕。荒地附近多積荒草，候春首生發，不分明夜，監視燒除，隨即申報上司、本臺官司。停滯日時不報者，治罪降罰。欽此。照得今（後）〔歲〕，各處多有申報虫蝻生發，已行合屬併力捕除。所據飛蝗住落生子去處，欽依已降聖旨條畫，摘差各路正官一員，耆勸合屬正官，親詣督責地方人户翻耕遺子。荒野田土，如委力所不及，如法耕圍，籍記舊有荒草，禁約諸人不得燒燃，來春若有虫蝗生發，就草隨即燒除，毋致復爲災害。取〔本〕處官司重甘結罪文状。都省除外，仰照驗施行。承此。

《元典章新集至治條例・刑部・頭疋・禁宰殺・禁宰馬牛及婚姻筵席品味》　延祐七年□月□日，江西行省准中書省咨：刑部呈：會驗皇慶二年六月初七日承奉中書省劄付：皇慶元年十二月二十一日，八剌脱因左丞奏：薛禪皇帝時分，不交宰馬牛有來云全例。又照得延祐四年十一月初八日承奉中書省劄付：特奉聖旨：近間聽的漢兒百姓將無殘病的馬牛宰喫有。麽道，聽的來。如今恁各處行文書，依在先體例裏交禁者。麽道，聖旨了也。欽此。會驗至元三年八月欽奉聖旨：禁呵，休教殺馬者。大官人筵席，病馬不中騎的，教人做證見驗了殺者。欽此。又照得至元八年中書省與尚書省云私宰馬牛正犯、頭目、鄰佑人等罪名併告人賞例。又照得至元八年欽奉聖旨條畫內云筵會高下品官例。又照得大德八年正月欽奉詔書內一款節該云聘財筵會省約全文。欽此。今體知得內外官員、士庶之家，凡有婚姻慶賀一切筵會，往往宰殺馬牛食用，非惟越分踰禮，誠爲奢侈損物，有違累奉詔旨。擬合遍行合屬，多出榜文，再行禁約相應。具呈照詳。都省咨請依上施行。

《元典章新集至治條例・刑部・頭疋・禁宰殺・宰殺馬牛首從罪例》

延祐七年九月□日，江西行省准中書省咨：江浙省咨：浙東宣慰司呈：備婺州路申：推官李承德咨申：伏覩條例，强切盜賊，鬬毆殺傷，俱以首、從定罪。外據私宰馬牛，正犯人決杖一百，爲從干犯之人不分首、從，一體定罪，似涉不倫。緣事干通例，具呈照詳。本省看詳：如准所言相應。咨請照詳。准此。送據刑部呈：照得皇慶元年二月二十一日承奉中書省劄付：來呈：濮仲仁私宰耕牛，依例斷遣。外據添力下手人陳楊師，若以同宰牛隻論罪，緣本人終非始謀正犯人數，量比濮仲仁減等決杖八十七下相應。得此。准擬。都省仰照驗施行。奉此。今奉前因，本部議得：私宰馬牛，正犯人决杖一百，已有定例。外據爲從扶頭把脚、添力下手干犯人等，擬合比依前例，減等杖斷八十七下。其有元不知情、臨時雇倩者，擬合量情斷罪相應。如蒙准呈，爲例遵守。具呈照詳。得此。都省准擬，咨請依上施行。

《元史》卷九三《食貨志・農桑》　農桑，王政之本也。太祖起朔方，其俗不待蠶而衣，不待耕而食，初無所事焉。世祖即位之初，首詔天下，國以民爲本，民以衣食爲本，衣食以農桑爲本。於是頒《農桑輯要》之書于民，俾民崇本抑末。其睿見英識，與古先帝王無異，豈遼、金所能比哉。

中統元年，命各路宣撫司擇通曉農事者，充隨處勸農官。二年，立勸農司，以陳邃、崔斌等八人爲使。至元七年，立司農司，以左丞張文謙爲卿。司農司之設，專掌農桑水利。仍分布勸農官及知水利者，巡行郡邑，察舉勤惰。所在牧民長官提點農事，歲終第其成否，轉申司農司及户部，秩滿之日，注於解由，户部照之，以爲殿最。又命提刑按察司加體察焉。其法可謂至矣。

是年，又頒農桑之制一十四條，條多不能盡載，載其所可法者：縣邑所屬村疃，凡五十家立一社，擇高年曉農事者一人爲之長。增至百家者，別設長一員。不及五十家者，與近村合爲一社。地遠人稀，不能相合，各自爲社者聽。其合爲社者，仍擇數村之中，立社長官司長以教督農民爲事。凡種田者，立牌橛於田側，書某社某人於其上，社長以時點視勸誡。不率教者，籍其姓名，以授提點官責之。其有不敬父兄及凶惡者，亦然。仍大書其所犯于門，俟其改過自新乃毁，如終歲不改，罰其代充本社夫役。社中有疾病凶喪之家不能耕種者，衆爲合力助之。一社之中災病多者，兩社助之。凡爲長者，復其身，郡縣官不得以社長與科差事。農桑之術，以備旱暵爲先。凡河渠之利，委本處正官一員，以時濬治。或民力不足者，提舉河渠官相其輕重，官爲導之。地高水不能上者，命造水車。貧不能造者，官具材木給之。俟秋成之後，驗使水之家，俾均輸其直。田無水者鑿井，井深不能得水者，聽種區田。其有水田者，不必區種。仍以區田之法，散諸農民。種植之制，每丁歲種桑棗二十株。土性不宜者，聽種榆柳等，其數亦如之。種雜果者，每丁十株，皆以生成爲數，願多種者聽。其無地及有疾者不與。所在官司申報不實者，罪之。仍令各社布種苜蓿，以防饑年。近水之家，又許鑿池養魚并鵝鴨之數，及種蒔蓮藕、雞頭、菱（芡）〔角〕、蒲葦等，以助衣食。凡荒閑之地，悉以付民，先給貧者，次及餘户。每年十月，令州縣正官一員，巡視境內，有蟲蝗遺子之地，多方設法除之。其用心周悉若此，亦仁矣哉。

九年，命勸農官舉察勤惰。於是高唐州官以勤陞秩，河南陝縣尹王仔以惰降職。自是每歲申明其制。十年，令探馬赤隨處入社，與編民等。二十五年，立行大司農司及營田司於江南。二十八年，頒農桑雜令。是年，又以江南長吏勸課擾民，罷其親行之制，命止移文諭之。二十九年，以勸農司併入各道肅政廉訪司，增僉事二員，兼察農事。是年八月，又命提調農桑官帳册有差者，驗數罰俸。故終世祖之世，家給人足。天下爲户凡一千一百六十三萬三千二百八十一，爲口凡五千三百六十五萬四千三百三十七，此其敦本之明效可睹也已。

成宗大德元年，罷妨農之役。十一年，申擾農之禁，力田者有賞，游惰者有罰，縱畜牧損禾稼桑棗者，責其償而後罪之。由是大德之治，幾於至元。然旱暵霖雨之災迭見，饑毀荐臻，民之流移失業者亦已多矣。

武宗至大二年，淮西廉訪僉事苗好謙獻種蒔之法。其説分農民爲三等，上户地一十畝，中户五畝，下户二畝或一畝，皆築垣牆圍之，以時收採桑椹，依法種植。武宗善而行之。其法出《齊民要術》等書，兹不備録。三年，申命大司農總挈天下農政，修明勸課之令，除牧養之地，其餘聽民秋耕。

仁宗皇慶二年，復申秋耕之令，惟大都等五路許耕其半。蓋秋耕之利，掩陽氣於地中，蝗蝻遺種皆爲日所曝死，次年所種，必盛於常禾也。延祐三年，以好謙所至，植桑皆有成效，於是風示諸道，命以爲式。是年十一月，令各社出地，共蒔桑苗，以社長領之，分給各社。四年，又以社桑分給不便，令民各畦種之。法雖屢變，而有司不能悉遵上意，大率視爲具文而已。五年，大司農司臣言：廉訪司所具栽植之數，書于册者，類多不實。觀此，則惰於勸課者，又不獨有司爲然也。致和之後，莫不申明農桑之令。天曆二年，各道廉訪司所察勸官内丘何主簿等凡六人，惰官濮陽裴縣尹等凡四人。其可考者，蓋止於此云。

紀事

（宋）歐陽修《文忠集》卷七九《外制・制敕五十首・勸農敕》

敕：朕惟德之不明，而至於用武，久興師旅，重困黎元。有閔民愛物之心，誰能副予意者；有信賞必罰之令，今將舉而行之。朕言有條，其聽無忽。夫農，天下之本也，凡爲國者莫不務焉。要在節其用則易充，勉其力使不匱。今夫食者甚衆而輸者已殫，勸之不勤而取之仰足。使民盡耕猶不給，而半爲游惰之手；使歲常熟猶恐乏，而多罹水旱之凶。調斂不得已也，而吏之不仁者緣以誅求；賦役自有法也，而政之不明者重爲煩費。農者有幾，害者若兹，欲寬吾民，何可得也？既富而教，豈無術乎？體予兹懷，望爾良吏，自今在官，有能興水利、闢田荒、課農桑、增户口，凡有利農而弗擾者，有司具爲賞格，當議旌酬。其或陂池不修，田野不闢，桑棗不植，户口流亡，慢政隳官，亦行降黜。夫言而不信，法弛於寬，朕久患之，方思革弊。爾毋猶習舊態，慢我新書。此匪虚名，心期責實。凡爲條約，告爾既明，賞吾不欺，罰爾無悔。

（宋）歐陽修《文忠集》卷一〇三《奏議・諫院・論乞止絶河北伐民桑柘劄子》〔慶曆三年〕臣風聞河北、京東諸州軍見修防城器具，民間配率甚多。澶州、濮州地少林木，即今澶州之民爲無木植送納，盡伐桑柘納官。臣謂農桑是生民衣食之源，租調繫國家用度之急，不惟絶其根本，使民無以爲生，至於供出賦租，將來何以取足？臣伏思兵興以來，天下公私匱乏者，殆非邊警爲患，全由官吏壞之。其誅剥疲民，爲國斂怨，蓋由郡縣之吏，不得其人。故臣前後累乞澄汰天下官吏者，蓋備見其弊如此也。今澶州之民驟罹此苦，豈非長吏非才，處事乖繆所致。兼聞澶州民桑已伐及三四十萬株，竊慮他郡盡皆效此，伏乞早賜指揮禁絶。其合用材木，仍乞下轉運司，令相度漸次那容準備。其澶州人户經伐桑者，乞差官檢覆，量多少與權免將來絲綿紬絹之税。竊以軍國所須，出自民力，必欲外禦契丹之患，常須優養河朔之民。若使道路怨嗟，人心離叛，則内外之患，何以枝梧？伏望聖慈特賜留意。取進止。

（宋）文彦博《潞公文集》卷二二《奏議・乞罷河北預顧車牛奏》

〔熙寧七年〕臣勘會本道所管八州内，懷、衛屬河北西路。近累淮西路轉運司牒：準朝旨，逐將下合用大平車一百六十乘并牛畜，於逐將所領軍馬住營州軍，預令民間結保承認，遇兵行日，量支僱錢，隨軍前去。民間聞之，將謂官軍不測，便有舉動，頗亦驚擾。況河北人户例有車牛，乃是民間日用之物。兼逐將所須車牛，其數不多，緩急或僱或差，旦暮可集，不悞軍期。乞更不須預令民間結保承認，免致先有煩擾。取進止。

澶、魏、博州三將合用車牛，東路轉運司並不曾行下逐州，必是別有擘劃，亦恐民間煩擾。若遇兵行，於民間僱倩車牛，人情不敢避免。即未明所出車牛之家，至時更合備人力隨行否？此一事人情所憚，如不用逐家人力隨行，亦乞明降指揮。

（宋）李燾《續資治通鑑長編》太祖建隆二年三月 是春，令長吏課民種植，每縣定民籍爲五等。第一種雜木百，每歲減二十爲差；桑、棗半之。男女十歲以上，人種韭一畦，闊一步，長十步。無井者，鄰伍爲鑿之。令佐以春秋巡視其數；秩滿赴調，有司第其課而爲之殿最。又詔：自今民有逃亡者，本州具户籍頃畝以聞，即檢視之，勿使親鄰代輸其租。

（宋）李燾《續資治通鑑長編》太祖建隆二年閏三月 是春，詔申明周顯德三年之令，課民種植，每縣定民籍爲五等。第一種樸木百，每等減二十爲差，桑棗半之。男女十七以上，人種韭一畦，闊一步，長十步。乏井者，鄰伍爲鑿之。令佐以春秋巡視其數，秩滿赴調，有司第其課而爲之殿最。此據本志在二月，不得其日，今附見閏月後。又詔自今民有逃亡者，本州具户籍頃畝以聞，即檢視之，勿使親鄰代輸其租。此據本志附見，不得其月日也，當考。

（宋）李燾《續資治通鑑長編》太祖建隆三年正月 詔諸州長吏勸課農桑。自後或因歲首，必下此詔。王稱《東都事略》：詔曰：民生在勤，所寶惟穀，先王之明訓也。朕奄宅中夏，爲之司牧，眷乃億兆，期臻庶富。矧農桑之業，爲衣食之原，今陽令在辰，土膏脈起，當播種之云始，慮游惰之尚多，苟力作之不勤，則秋斂之何望？諸州長吏等任居牧守，職司勸課，所宜敦率黎庶，勉勵農功，俾比屋之人，服勞於南畝，三時之務，無失於西成，極其穮蓘之勤，用致茨梁之詠，懋功信賞，國典在焉。

（宋）李燾《續資治通鑑長編》太祖開寶五年正月 己亥，詔自今沿黄、汴、清、御等河州縣，除準舊制種藝桑棗外，委長吏課民别種榆柳及土地所宜之木，仍按户籍上下定爲五等，第一等歲種五十本，第二等以下遞減十本。民欲廣種藝者聽踰本數，有孤寡窮獨者免之。

（宋）李燾《續資治通鑑長編》太祖開寶五年正月 丁酉，禁民鑄鐵爲佛像、浮屠及人物之無用者，上慮愚民多毁農器以徼福，故禁之。

（宋）李燾《續資治通鑑長編》真宗咸平元年七月 先是，有詔諸路課民種桑棗，廣西轉運使陳堯叟上言曰：臣所部諸州，土風本異，田多山石，地少桑蠶，昔云八蠶之綿，諒非五嶺之俗，度其所產，恐在安南。今其民除耕水田外，地利之博者，惟麻苧耳。麻苧所種，與桑柘不殊，既成宿根，旋擢新幹，俟枝葉裁茂，則刈穫是聞，周歲之間，三收其苧，復因其本，十年不衰。始離田疇，即可紡績。然布出之市，每端止售百錢，蓋織者衆而市者少，故地有遺利而民艱資金。臣以國家軍須所急，布帛爲先，因勸諭部民廣植麻苧，以錢鹽折變收市之，未及二年，已得三十七萬餘疋。自朝廷克平交、廣，布帛之供，歲止及萬，較今所得，何止十倍其多。今樹藝之民，相率競勸，杼軸之功，日以滋廣。欲望自今許以所種麻苧頃畝，折桑棗之數，諸縣令佐依例書曆爲課，民以布赴官賣者，免其算税。如此，則布帛上供，泉貨下流，公私交濟，其利甚博。

（宋）李燾《續資治通鑑長編》真宗咸平二年四月 先是，左正言耿望知襄州，建議：襄陽縣有淳河，舊作堤截水入官渠，溉民田三千頃。宜城縣有蠻河，溉田七百頃。又有屯田三百餘頃。請于舊地兼括荒田，置營田上、中、下三務，調夫五百築堤，仍集鄰州兵，每務二百，荆湖市牛七百頭分給之。

（宋）李燾《續資治通鑑長編》真宗景德元年十二月 庚寅，詔河北經寇乏耕牛，商人販鬻者免其税。

（宋）李燾《續資治通鑑長編》真宗大中祥符元年正月 羣牧制置使言：京城坊、監馬病，即送養馬務，素無賞罸之格，以故廢惰多死，愈者百無三四。自今請勒本坊、監養療，歲終籍數，以爲殿最。又請刻印醫馬諸方并牧法，頒示坊、監及諸軍。從之。

（宋）李燾《續資治通鑑長編》真宗天禧三年九月 三司使李士衡言：京師每歲所用材植，並令陝西州軍給錢配買，農民重費，逋欠尤多。請自今聽民採斫入中，官置場納之，給以文引。詔可，仍悉蠲所逋欠。

（宋）李燾《續資治通鑑長編》仁宗天聖四年四月 是月，免諸州軍犁具税錢。時高郵軍民買犁具，而税務令民納錢，本軍以爲言，故有是命。此據《會要》。

（宋）李燾《續資治通鑑長編》仁宗皇祐元年四月 丁亥，右司諫錢彦遠上勸農疏曰：農爲國家急務，所以順天養財，禦水旱，備疆埸之本原也。唐開元户八百九十餘萬，而定墾田一千四百三十餘萬頃。今國家户七百三十餘萬，而定墾田二百一十五萬餘頃，其間逃廢之田，不下三十餘萬頃，是田疇不闢，而游手多也。勸課其可不興乎！本朝轉運使、提點刑獄、知州、通判，皆帶勸農之職，拜敕結銜，正在督課，而徒有虚文，無勸導之實。謂宜置勸農司，以知州爲長官，通判爲佐官，舉清強幕職、州縣官爲判官，先以墾田頃畝及户口數、陂塘、山澤、溝洫、桑柘著之於籍，然後委勸農官設法勸課，除害興利，俟歲終農隙，轉運司考較而賞罰之。上嘉納焉。錢彦遠，上勸農疏，《實録》不載。據《會要》乃四月二十六日，今别取附見。《政要》云，仁宗覽疏曰：堯、舜、三代皆以爲治天下之本，其令依此必行賞罰，庶幾海内家給人足。然卒不見行此，今但云上嘉納焉。

（宋）李燾《續資治通鑑長編》仁宗皇祐五年十二月　左司諫賈黯建言：天下無事，年穀豐熟，則民人安樂，父子相保。一遇水旱，則流離死亡，捐棄道路。發倉廪以賑之則糴不給，課粟富人則力不贍，轉輸千里則不及事，移民就穀則遠近交困。朝廷之臣，郡縣之吏，倉卒不知所出，則民饑而死者已過半矣。夫水旱之災，雖堯、湯有所不免，今不思所以備災之術，而歲幸年穀之熟，則是求出於堯、湯之所不可必者也。臣嘗讀隋史，見所謂立民社義倉者，取之以時而藏之於民，下足以備凶災，而上實無所利焉。願倣隋制，詔天下州軍，遇年穀豐熟，立法勸課畜積以備災。此孟子所謂樂歲粒米狼戾，多取之而不爲虐者也，況取之以爲民耶！下其説司農寺，且命李兑與黯合議以聞。乃下諸路度可否，而以爲可行者纔四路，餘或謂賦税之外兩重供輸，或謂恐招盗賊，或謂已有常平足以贍給，或謂置倉煩擾。

於是黯復上奏曰：臣嘗判尚書刑部，見天下歲斷死刑多至四千餘人，其間盗賊率十七八。原其所自，蓋愚民既迫於饑寒，又因之水旱，枉陷重辟。故臣請立民社義倉，以備凶歲。今諸路所陳，類皆妄議。若謂賦税之外兩重供輸，則義倉之意，乃教民儲積以備水旱，官爲立法，非以自利，行之既久，民必樂輸。若謂恐招盗賊，則盗賊利在輕貨，不在粟麥，今鄉村富室有貯粟數萬石者，亦不聞有劫掠之虞。且盗賊之起，本由貧困。臣建此議，欲使民有貯積，雖遇水旱，不憂乏絶，則人人自愛而重犯法，此正銷除盗賊之原也。若謂已有常平足以贍給，則常平之設，蓋以準平穀價，使無甚貴甚賤之傷。或遇凶饑，發以賑救，則既已失其本意，而常平之費，又出公帑，方今國用頗乏，所畜不厚。近歲非無常平，而小有水旱，輒流離餓莩，起爲盗賊，則是常平果不足仰以賑給也。若謂置倉廪，斂材木，恐爲煩擾，則臣聞以佚道使民，雖勞不怨。義倉之設，本爲百姓，曉諭誠至，約束誠謹，則下民雖愚，宜無所憚。況今州縣修治郵傳驛舍，皆斂於民，豈於義倉，獨畏煩擾？人情可與樂成，不可與謀始，如臣言可采，願自朝廷斷而行之。然當時牽於衆論，終不果行。

（宋）李燾《續資治通鑑長編》神宗熙寧三年四月　乙酉，條例司言：青苗錢以半爲夏料，半爲秋料，使倉儲不空，以備非常。然今諸路農時早晚，夏秋所獲多少，及民間所須緩急，所有不同，恐不可爲一定之法。欲令有司因民緩急，量入爲出，各隨其時，不拘以數。詔諸路轉運、開封府界掉點、提舉常平倉司，約定歲散青苗錢可以實散若干數目聞奏。

（宋）李燾《續資治通鑑長編》神宗熙寧三年十月　陝西宣撫司言：官私比乏良馬，蓋以官價賤，乞應買馬州軍增價市之。于是詔：惟騍馬不增外，其秦渭原州、德順軍見買大馬，增價有差，如價高，商人不願中官者，聽民間收買。

（宋）李燾《續資治通鑑長編》神宗熙寧四年四月　司農寺言：開封府界諸縣民歲納役錢，其鄉村第四等已下並免，如非單丁，即與第五等輪差壯丁。從之。他日，上與王安石言：第四等助役錢可惜直放了，不若使種桑，而役錢得免。安石曰：桑者，將使人人種之。若須第四等免役錢而後種，則種者有限矣。但當令保長及保正督課使種，不種，則保長及保正糾舉罰錢，入糾者而爲官司所糾，則并保正出罰。如此，則人人皆種桑如課，不須免役錢也。役錢一事，可以獎保甲習武藝。五月十六日、十月一日、七年正月十三日。

（宋）李燾《續資治通鑑長編》神宗元豐五年九月　詔：户馬法以屋契錢爲物力，用住宅計者元契三千緡，房錢計者二千緡，各養一馬。其住宅、房錢相兼者，以分數紐折。五月五日、八月七日當考。

（宋）李燾《續資治通鑑長編》神宗元豐六年六月　上批：牧馬重事，經始之際，非左右近臣專總其政，隨事奏稟，付之有司，未易營辦。自今霧澤陂牧馬所造法，且於畿内置十監，俟其就緒，推廣諸路施行。可差樞密都承旨張誠一、副都承旨張山甫專提舉經度制置牧馬條畫，奏稟施行。依五路保甲例，權不隸尚書駕部及太僕寺。有當自朝廷處分者，樞密院施行。

（宋）**李燾《續資治通鑑長編》神宗元豐七年四月**　丁卯，提舉京西路保馬司言：體問上等户私馬有三兩匹者，願盡印爲保馬，乞許養至三匹。除役錢、保内巡宿、催税甲頭等依元法減免外，以所養馬每匹各聽次丁一人，準法公私罪杖非侵損於人者用贖。從之，京東路準此。五年二月五日丁巳，霍翔陳請已移入七年二月八日。

（宋）**李燾《續資治通鑑長編》神宗元豐七年十二月**　戊寅，同管勾京西路保馬呂公雅言：有官之家，守官在外，止出助錢，不均，乞令養馬。兵部欲令有同居親屬自佃田產者，依餘户養馬。從之。

（宋）**李燾《續資治通鑑長編》神宗元豐八年二月**　丁丑，詔開封府界三路保甲所養官馬生駒，不赴官等量私自市若藏買，并引領牙保及所轄人，各減盜及貿易官馬法一等，許人告，賞錢二十千。

（宋）**李燾《續資治通鑑長編》神宗元豐八年四月**　又詔：京東、京西路甲養馬法，元定年限極寬，民間易以應辦，而有司不務循守，妄有陳請，期限迫急，遂致騷擾。先帝已嘗降手詔詰責約束，至今猶不能奉行。其兩路保馬，宜令並依元降年限收買，其剩買過數目，並以充次年分之數。

（宋）**李燾《續資治通鑑長編》神宗元豐八年六月**　同提舉經度制置牧馬事、樞密副都承旨曹誦奏：伏見朝廷用崇儀副使温從吉法，創置孳生馬監，迨今二年，得駒數少，而馬之死損、轉送愈多，慮合更加討論。乞詔御史臺兵察官，取索自置監已來文字，會校利害，限半月以聞。《密記》六月十二日事，八月二十六日行遣。

（宋）**李燾《續資治通鑑長編》神宗元豐八年八月**　會校牧馬利害所言：會校到提舉制置牧馬司元奏置孳生監，每年約生駒五分，自置監至今，收駒不滿一分四釐。二年間，死損馬已過五分，并轉送又及一分。已上較之，所收自不足以償死損之數。會校委見害多利少。詔：府界新置牧馬監并提舉經度制置牧馬司並罷。應合分撥、措置事件令兵部條畫以聞。見在馬已經配放并未離母駒，撥與同州沙苑監。未經配放已離母駒，撥與太僕寺。令逐路保甲司，指揮保甲更不教騎；借到户馬並私馬，并給還主；支到官馬，均配諸軍填闕。提舉經度制置牧馬司、樞密都承旨張誠一罰銅二十斤，差知潞州。崇儀副使温從吉降一官。從吉，始建議創置孳生馬監者也。曹誦六月十二日建議，乞會校。二月十五日，遣官按行陝西、河東路。

（宋）**王得臣《麈史》卷下《雜志》**　元憲宋公留守西都，同年爲河南令，好述利便，以農家藝麥費耕耨，改用長錐刺地下種，以一畝試之，自旦至暮不能遍。又值蝗災，科民畜一雞云：不惟去蝗之害，亦可字養。令民悉呈所畜雞，既集，紛然而鬭，莫能間止，邑前百姓喧闐塞路，共觀鬭雞而罷。

（宋）**熊克《中興小紀》卷一四**　〔紹興三年四月癸酉〕上又謂宰執曰：監司守令，皆有勸農之名，未聞勸農之實。呂頤浩曰：漢力田與孝悌同科，以重農事也。上曰：觀文帝詔，足知當時重農事矣。席益曰：大觀政和間，亦嘗舉行勸農事。而吏不以實應，徒爲文具。至有追集農夫物，留累日以待守令之行阡陌者。今當令縣，縣行勞來之實。上然之。

（宋）**熊克《中興小紀》卷三八**　〔紹興二十八年〕十二月，淮南漕臣魏安行言：淮東多閒田。今誘民以耕，宜借之口糧，次給農器，定爲分數，俟見利還官，仍立賞格。如招到一百家，有官人充部押官，無官人補進勇副尉。五百家，有官人充部押官，無官人補承信郎。依效用補官法，理爲實任。丙寅，詔從之。安行，鄱陽人也。

（宋）**熊克《中興小紀》卷四〇**　〔紹興三十二年春正月〕時江東提舉常平官洪適因上殿言：江鄉之民，以旱荒而徙淮甸，比遭敵騎之擾，復還故鄉，所棄之產，已爲官司估賣。形勢之家，買者十不償一。佃者量納租課，無補於官，有害於民。乞斷自紹興二十八年以後，州縣所賣逃產，許元業人子孫，以元估價就贖，專委提舉常平官覺察。從之。

（宋）**李心傳《建炎以來繫年要録》建炎元年六月**　詔：文臣許養馬一匹，餘官吏士民之有馬者，並赴官委守，令籍爲三等，以常平封樁錢償其直。馬高四尺六尺爲上等，率直百千餘，以是爲差。有田之家則折其税，僧道則以度牒取償，限半月籍定。有隱寄者以違制論。每買及百匹，則守倅、令佐遷一官。不及者等第推賞。應諸軍團練以五人爲伍。伍有長；五伍爲甲，甲有正。四甲爲隊，五隊爲部，皆有二將。五部爲軍，有正副統率。據此以一千二百五十人爲軍。凡招軍，量增例物。其白身充募者全給，潰兵降盜及他軍改刺者半之。陝西六路仍聽支諸司錢，及截川綱金銀。如有良家子願備弓馬從軍者，依敢勇法月給錢米。應天下官吏寺觀民户願以私財助國者，聽於所在送納，等第推恩。仍令當職官勸誘，而憲臣總之。然後解赴行在，皆用李綱請也。右諫議大夫宋齊愈入對：論招軍買馬，勸民出財助國非是。時庶事草創，就置三省於行宮門內。尚書虞部員外郎張浚夜過齊愈於省中，見其方執籌布算，問之。齊愈笑曰：李丞相今上三議。李公素有名譽，其建明乃爾。浚問之故。則曰：胡可爲也？今西北之馬不可得，獨江、淮之南而馬不可用。括民之財，豈可盡極。至於兵數，若郡增二千，則歲責千萬緡以養。今豈堪此？齊愈將極論之。浚曰：不可。齊愈愕然曰：何也？浚曰：宰相不勝任，論去之，諫官職也。豈有身爲相未幾上三事，而公盡力駁之。彼獨不恚且怨。齊愈不樂，曰：吾固爲其有虛名，第欲論此三事。聊扶持之。是日執政奏事退，齊愈入對。出過省門，執浚手曰：適上向者之章，上甚喜。浚援手曰：公受禍自此始矣！此據張栻私記。《日厤》六月癸未。齊愈罷諫議大夫，送御史臺根勘，乃在李綱上三議之前。恐誤。

（宋）李心傳《建炎以來繫年要録》紹興三年正月 壬午，起居郎趙思誠試中書舍人，秘書少監洪炎守中書舍人，直徽猷閣知桂州，許中奉詔市戰馬。得千四百匹，而弱不堪用。上命降中二官，樞密院因請即雍州置買馬司。馬必四尺二寸以上，每百匹爲一綱。令帥臣提舉收買，選見任官管押，毋得差峒丁土丁。其沿路諸軍，毋得截留。自是歲得千匹。雖道斃者半，然於治軍亦非小補。今年二月辛卯李預事可參考。

（宋）李心傳《建炎以來繫年要録》紹興三年七月 甲戌，右朝請大夫郄漸提舉饒州孳生監牧公事。漸入辭，言今西北之馬，浸已衰耗，朝廷取馬於邕管，置監於鄱陽，乃軍政之急務。聞東南民間養馬亦多，乞下諸路令民間，以甚好馬輸官。二十匹補進義校尉，等而上之，至百匹爲五等，次第補授。朝論恐其擾民，乃止。漸以八月庚子入見，今併附此。

（宋）李心傳《建炎以來繫年要録》紹興五年十月 詔川陝宣撫副使邵溥、同提舉買馬官趙開措置，即永康軍威茂州置場，以茶博馬，俟就緒日起綱赴行在。其後開言：三郡蕃部，自來不係產馬地分。兼威、茂山路險惡，仍隔繩橋。既無馬路，且去成都最近。所以道路更不開廣，令人馬通行。兼威州後蕃，有路接連熙河蕃部，切恐茶貨轉至後蕃，踏開生路，引惹邊事。溥因言：探報慕容洧常有窺伺疊宕州，侵犯川蜀之意，雖未委虛實，不可不過爲隄備。議遂寢。溥以明年二月丙寅奏至。

（宋）李心傳《建炎以來繫年要録》紹興十三年五月 庚申，上諭大臣曰：人言南北不宜牧馬，昨朕自創行，雖所養不多，方二三年，已得駒數百。此後不患不蕃，與自川、廣市來，病不堪乘，而沿路所費不少。計之，一匹自省數百千。秦檜曰：儉以足用，寬以愛民，《魯頌》專言牧馬。上又曰：國家自有故事，京城門外便有孳生監。每言所得甚多，祖宗用意可見也。奏事退，遂即射殿引馬，召輔臣同觀之。熊克《小厤》在癸巳，蓋誤。

（宋）李心傳《建炎以來繫年要録》紹興十三年五月 甲子，秦檜奏牧馬事。上曰：此事在乎得人。朕初令楊忠憫管馬五十匹，忠憫不理會得。牧養一年之間，死損俱盡。後得張建壽付之，更無死損，以此知全在得人。不惟養馬，凡事皆如此，得人則無事不濟矣。時建壽以武德大夫領貴州刺史，於是遷右武大夫忠州團練使。建壽遷官。據程敦厚《外制集》附入，《日厤》無之。秘書少監秦熺權尚書禮部侍郎。

（宋）李心傳《建炎以來繫年要録》紹興十五年八月 左朝散大夫知南康軍張元禮乞免牛税一年。上曰：天下之物，不當税者甚衆，如牛米柴麪之類是也。秦檜曰：去歲浙中艱食，陛下令不收米税，故江西客販俱來，所全活者不可勝計。元禮，侯官人也。熊克《小厤》附此事於九月丙辰，恐誤。

（宋）李心傳《建炎以來繫年要録》紹興二十年十一月 癸巳，大理評事黄子淳面對，乞將州縣耕牛科於民者，悉行出賣，所租斛斗一切蠲免。詔户部看詳。

（宋）李心傳《建炎以來繫年要録》紹興二十六年四月 詔京西淮南販買耕牛，與免税二年，用三省請也。上曰：關市之征，本以抑商賈。如米麪，民間日用之物，豈可收税？今耕牛亦猶是也。然恐專欄輩巧爲名取之，可令監司守臣察其違戾者，當寘於法。

（宋）李心傳《建炎以來繫年要録》紹興二十九年十二月 初，上命淮南、京西師漕司講究兩淮、荆襄，使無曠土以聞。直敷文閣新淮東轉運副使魏安行乞募民力田，其法曰：身勸民墾田及七十五頃者，補副尉；五百家者，補承信郎；大率每招一户，墾田三十畝，賞錢四千。自是等而上之。已仕者遞遷有差；諸軍所汰官兵願耕者，予三月俸，牛種廬舍，皆從官貸；滿五年仍償其田，並爲永業，仍免十年租。從之。三十年三月癸未所書。

（宋）李心傳《建炎以來朝野雜記甲集》卷三《典禮・親耕》 親耕紹興十五年，詔舉行之。太師秦檜爲耕耤使，禮官張柄，請耕耤使乘金根車，先詣壇所。從之。後檜不敢乘而止。正月五日，上服衮冕，親饗先農於東郊，牲用少牢，配以后稷。禮畢，易通天冠，絳紗袍，詣親耕位宫，架樂作，上親耕九推乃止。遂登親耕壇，命宰執使相侍從。兩省臺諫行五推九推之禮，庶人終千畝焉。時太常丞王湛者。又請皇后，就禁中親蠶，不果行。司農寺主簿宋敦樸，因請令守令以歲中春，出郊勞農，至今遂爲故事。

（宋）留正《皇宋中興兩朝聖政》卷五六《孝宗皇帝・耕租牛免充家力》〔淳熙五年十一月〕丁丑，進呈王希、吕繳奏浙間州縣推排物力，至於牛畜，亦或不遺。舊法即無將舍屋耕牛紐充作家業等第之文，送敕令所看詳，人户租賃牛畜，雖係營運取利，緣亦便於貧民。欲依所奏將應民户耕牛租牛，依紹興三年五月六日指揮，並與免充家力，行下諸路州縣遵守施行。上曰：國以農爲本，農以牛爲命，牛多則耕鑿者廣，豈可指爲家力，因而科擾？可令檢坐紹興指揮，申嚴行下監司常切覺察。如有違戾，按劾聞奏。

（宋）程顥 程頤《二程集・河南程氏文集》卷一二《墓誌、家傳、祭文・先公太中家傳》 授知徐州沛縣事。會久雨，平原出水，穀既不登，晚種不入，民無卒歲具。公謂：俟可耕而種，則時已過矣。乃募富家，得豆數千石以貸民，使布之水中，水未盡涸而甲已露矣。是年，遂不艱食。

《宋史》卷一《太祖紀》〔建隆三年春正月甲戌〕，詔郡國長吏勸民播種。

《宋史》卷六《真宗紀》〔咸平二年閏三月〕丙午，詔江、浙饑民入城池漁採勿禁。

《宋史》卷八《真宗紀》〔大中祥符六年秋七月〕癸卯，詔天下勿税農器。

《宋史》卷八《真宗紀》〔大中祥符八年〕七月丙辰，以諸州牛疫免牛税一年。

《宋史》卷八《真宗紀》〔天禧元年八月〕戊寅，免牛税一年。

《宋史》卷九《仁宗紀》〔天聖八年三月乙亥〕詔河北被水州縣毋税牛。

《宋史》卷一〇《仁宗紀》〔景祐二年十二月〕丙子，詔長吏能導民修水利闢荒田者賞之。

《宋史》卷一五《神宗紀》〔熙寧八年八月〕癸巳，募民捕蝗易粟，苗損者償之，仍復其賦。

《宋史》卷三一《高宗紀》〔紹興二十七年三月〕甲午，除耕牛税。

（明）張四維《名公書判清明集》卷一四《懲惡門・宰牛・屠牛于廟》 國家三歲始殺一牛，餘外别無殺牛之條。使神其有知，其肯歆此祭乎。云云。

（明）張四維《名公書判清明集》卷一四《懲惡門・宰牛・宰牛當盡法施行》 牛之爲物，耕稼所資，舉天下之人，得以含哺鼓腹，左餐右鬻，仰以事父母，俯以育妻子者，皆其力也。朝廷以其有功於生人甚大，故不以他畜產待之，特嚴宰殺之禁。當職起身田間，親見其服勤耒耜之苦，尤不忍其無罪而就死地。是以於到任之初，首先開坐條法，備榜曉示。將謂民間已知警畏，不敢犯於有司，而數日已來，聞諸道途之言，自界首以至近境，店肆之間，公然鬻賣，遂密切遣人緝捉，及至捕獲，原來不但在郊關之外，而城市之中亦復滔滔皆是。小人之無忌憚，一至於此。

（明）陳邦瞻《宋史紀事本末》卷一七《太宗致治》 端拱元年春正月乙亥，親耕耤田。

（明）陳邦瞻《宋史紀事本末》卷一〇〇《蒙古立國之制》 〔景定〕二年（辛酉、一二六一）夏四月，蒙古主命宣撫司官勸農桑，抑游惰。

（清）畢沅《續資治通鑑》卷一一《宋紀・太宗》 〔太平興國七年

五月〕癸丑，詔諸州長吏：今粟麥將登，宜及時儲蓄。其告諭鄉民，常歲所入，不得以食犬彘及多爲酒醪。嫁娶喪葬之具，並從簡儉，少年無賴輩相聚蒱博飲酒者，鄰里共執送官。

（清）畢沅《續資治通鑑》卷三〇《宋紀·真宗》〔大中祥符六年〕初，知濱州吕夷簡上言，請免河北農器税，帝曰：務穡勸耕，古之道也，豈獨河北哉！癸卯，詔諸路勿税農器。尋命夷簡提點兩浙路刑獄。

（宋）李燾《建炎以來繫年要録》建炎元年六月　詔：文臣許養馬一匹，餘官吏士民有馬者並赴官，委守令籍爲三等，以常平封樁錢償其直。馬高四尺六尺〔寸〕爲上等，率直百千，餘以是爲差。有田之家則折其税，僧道俱以度牒取償。限半月籍定，有隱寄者，以違制論。買及百匹，則守倅、令佐遷一官，不及者等第推賞。

（清）徐松《宋會要輯稿·刑法二·禁約》〔淳熙四年〕八月二十七日，詔：累降指揮，立法禁止私販耕牛過界。如聞近來邊界多有客旅依前私販，顯是沿邊州軍奉行滅裂。自今如有一頭透漏過界，因事發覺，其守臣以下取旨重作施行，帥臣、監司亦坐以失覺察之罪。

（清）徐松《宋會要輯稿·刑法二·禁約》〔淳熙五年〕七月十二日，濠州言：隆興元年二月十三日敕，興販耕牛過界罪賞，與乾道編類指揮不同。緣本州乃是極邊，慮奉行牴牾不便。詔自今興販過淮，知情、引領、停藏、負載之人並透漏去處，賞罰並依隆興元年五月九日膘膠過淮已得指揮，令户部遍牒兩淮州軍遵守。

《遼史》卷四《太宗紀》〔會同九年〕秋七月辛亥，詔徵諸道兵，敢傷禾稼者，以軍法論。

《遼史》卷一二《聖宗紀》〔統和七年正月〕己亥，禁部從伐民桑梓。**【略】**

三月，壬午，禁芻牧傷禾稼。

《遼史》卷一三《聖宗紀》〔統和十年〕八月癸亥，觀稼，仍遣使分閲苗稼。

《遼史》卷一三《聖宗紀》〔統和十三年正月〕庚申，詔諸道勸農。

《遼史》卷一三《聖宗紀》〔統和十五年正月〕庚辰，詔諸道勸民種樹。

《遼史》卷一六《聖宗紀》〔開泰八年六月〕癸卯，弛大擺山猿嶺採木之禁。

《遼史》卷二五《道宗紀》〔大安四年五月〕丙寅，禁挾私引水犯田。

《遼史》卷二六《道宗紀》〔壽隆六年〕三月甲申，弛朔州山林之禁。

《金史》卷三《太宗紀》〔天會七年二月〕甲戌，詔禁醫巫閭山遼代山陵樵采。

《金史》卷三《太宗紀》〔天會九年〕五月丙午，分遣使者諸路勸農。

《金史》卷四《熙宗紀》〔天眷元年〕三月庚寅，以禁苑隙地分給百姓。

《金史》卷六《世宗紀》〔大定六年五月〕壬戌，詔將幸銀山，諸扈從軍士賜錢五萬貫，有敢損苗稼者，並償之。

《金史》卷六《世宗紀》〔大定八年七月己卯〕上諭點校司曰：沿路禾稼甚佳，其扈從人少有蹂踐，則當汝罪。

《金史》卷六《世宗紀》〔大定十年七月〕乙巳，敕扈從人縱畜牧蹂踐禾稼者，杖之，仍償其值。

《金史》卷八《世宗紀》〔大定二十一年正月壬子〕上聞山東、大名等路猛安謀克之民，驕縱奢侈，不事耕稼。詔遣閲實，計口授地，必令自耕，地有餘而力不贍者，方許招人租佃，仍禁農時飲酒。

《金史》卷一〇《章宗紀》〔明昌五年〕二月丁酉，初定長吏勸課能否賞罰格。

《金史》卷一一《章宗紀》〔泰和元年六月〕己亥，用尚書省言，申明舊制，猛安謀克户每田四十畝樹桑一畝，毁樹木者有禁，鬻地土者有刑。

《金史》卷一一《章宗紀》〔泰和二年〕六月辛卯，諭尚書省，諸路禾稼及雨多寡，令州郡以聞。

《金史》卷一二《章宗紀》〔泰和八年二月〕庚申，諭有司曰：

方農作時，雖在禁地亦令耕種。

（元）王惲《秋澗集》卷六二《勸農文》　切惟民生之本在農，農之本在田；衣之本在蠶，蠶之本在桑；耕犂把種之本在牛，耘鋤收穫之本在人；人之本在勤，勤之本在於盡地利。人事之勤，地利之盡，一本於官吏之勸課。夫田功既盡，縱罹水旱，尚有所得。仰事俯畜，迺克匡生。穡事不勤，雖直豐穰，終無所穫。賦稅饑寒，將何以濟？由是而觀，克勤者身之寶，自惰者家之殃，此勸課所云急也。提刑按察司欽奉聖旨，所至勸課農桑，使職近緣巡歷，考照簿書，其耕播栽植之事，勤惰勸率之方，大抵虛文，多失實効。勸農之官，長民之吏，安得不任其責？況今春首，農事方作，巡行勸勉，適在茲時。仰所在有司，照依已降條畫，遍歷鄉村，奉宣聖天子德意，敦諭社長、耆老人等了，隨事推行，因利而利，察其勤惰而懲勸之。所有事條，開列如後：

一、如田多荒蕪者，立限墾闢，以廣種蒔。其有年深塉薄者，教之上糞，使土肉肥厚，以助生氣，自然根本壯實，雖遇水旱，終有收成。若無閑田，此最良法。

一、穀麥美種，苟不成熟，不如稊稗，切須勤鋤功到，去草培根。豈不聞鋤頭有雨，可耐旱乾。結穗既繁，米粒又復精壯，此必然理也。

一、一麥可敵三秋，尤當致力以盡地宜，如夏翻之田勝於秋耕，概欋之方，數多爲上。既是土壤深熟，自然苗實結秀。比之功少者，收穫自倍。

一、所在水利，常令修葺，毋得因循廢棄。倘遇旱乾，獨沾豐潤，是地利偏惠一方，人力可不加謹。又兼此係朝廷最重之事，切當用意仰體至懷。

一、桑麻之務，衣服所資，切須多方栽種，趁時科蒔。自然氣脈全盛，葉厚稭長，飼蠶績縷，皆得其用。又栽桑之法，務要坑坎深闊，蓋桑根柔弱，不能入堅，又不宜拳曲難舒。根既易行，三年之後，即可採摘。

一、蠶利最博，養育寔難，如浴連生蟻，初飼成眠，以至上簇，必須遵依蠶書，一切如法，可收倍利。嘗聞山東農家因之致富者，皆自絲蠶。旬月之勞，可不勉勵。

一、耕犂之功，全藉牛畜，須管多存蒭豆，牧飼得所，不致羸弱，以盡耕作。其或引重服勞，使長有餘力。若有羸老不堪者，切須戒殺心，擅行屠宰。

一、鷄豚鵝鴨之屬，菜果瓠芋之類，皆可養人，務須多畜廣種，用之接闕，不爲無補。故古人有言，菜不熟曰饉，豈爲細事。

一、時至物成，罷亞壠畝，更加併力收斂，以防風雨損壞，有失歲計，不惟盡廢前功，一飯到口，自行暴棄，良爲可惜！

一、古人蓄積最爲急務。故國無九年之蓄，國非其國也。如平陽、太原兩路，例有蓄積，往往山下饑荒，鮮聞山上失所。近日官設義倉，正爲此也。蓄積之事，其可後哉！

一、織紝紡績，責在女工。可諭家長，戒其慵惰，嚴立程限，造成端疋，以備粧着。蓋非鳥獸，必須温暖，可禦冬寒，若無衣褐，何以終歲？

一、或有頑不率教，惰農自安，背本趨末，敗壞淳風，朋游群飲稱曰事情，釀酒屠牲指爲口願，田務方集，耽樂城市，其或別生事端，遭值官司，父兄親戚，理須營救，豈止破壞家產，田產轉成荒廢，此等切當禁止，毋得輕犯。

一、有孝悌力田爲衆表率，汝等舉明到官優加寬卹，如有浮泛雜役可除者，即爲蠲免，以勸餘人。

據已上事條，仰社長、耆老人等，各於當社時時開陳，隨事推行，因利而利，察其勤惰而勸懲之。不致因循苟且，徒文具而已，庶可以仰副朝廷愛養元元、務農重穀之本意也。除已暗行體察，不如教者須議，省諭各令通知。

《元史》卷一五《世祖紀》　〔至元二十五年正月癸丑〕詔：行大司農司、各道勸農屯田司，巡行勸課，舉察勤惰，歲具府、州、縣勸農官實迹，以爲殿最。路經歷官、縣尹以下並聽裁決。或怙勢作威侵官害農者，從提刑按察司究治。

《元史》卷八二《選舉志·銓法》　〔至元二十三年〕詔：勸課農桑，克勤奉職者，以次陞獎。其怠於事者，笞罷之。

（清）孫承澤《元朝典故編年考》卷四《專官勸農》　〔至元二十四年〕是年詔：行大司農各道勸農營田司，巡行勸課，舉察勤惰，歲具府州縣勸農官實跡，以爲殿最。諸路經歷、縣尹官以下，並聽裁決。或怙勢作威，侵官害農者，從提刑按察司究治。又募民能耕江南曠土及曠公田者，免差役三年，輸租免三分之一。

（清）孫承澤《元朝典故編年考》卷四《頒農桑雜令》　至元二十八年詔：班農桑雜令，每村以五十家立一社，擇高年曉農事爲長。增至百家，別設長一人。不及五十家者，與別村合社。地遠不能合者，聽自立社，專掌教督。農民凡種田者，立牌橛於田，側書某社某人於上，社長以時點視。勸戒不率教者，籍其姓名，以授提點官行罰，仍大書所犯於門，候改過除之。不改則罰。其代充本社夫役，社中有喪病不能耕種者，合衆力助之。一社災病多者，兩社均助。浚河渠以防旱嘆，地高者造水車，貧不能造者，官給材木。田無水者，穿井，井深不能得水者，聽種區田。又每丁課種棗二十本，雜果十本，土性不宜者，種榆柳等。其數以生成爲率，願多種者，聽。其無地及有疾者，不與。各社種苜蓿以防饑。近水之家，許鑿池養魚，牧鵞鴨，蒔蓮藕、菱芡、蒲葦，以助衣食。荒閒之地，悉以付民。每年十月，合州縣正官一員巡視。有蝗蝻遺子者，設法除之。

《〔雍正〕處州府志》卷一七《勸農文葉峴》　〔延祐四年〕歲丁巳二月望日，邑長官出東郊，召父老，飲之酒而告之曰：勸農，吾職也。力農，爾事也。當職以實意爲爾農勸，爾農當以實意受勸，卻不是應故事，爲一場話説而去。嘗記大儒徽國朱文公守郡日，以《孝經·庶人》一章，句句解釋，勸諭百姓。後來參政真文忠典藩，亦以此章作一段勸農文。蓋緣爾農生長阡陌，雖知書不深，至于《孝經》，卻是從孩提遍誦讀，孰不通習？當職輒從朱、真二大儒遺意，將庶人章四句系以韻語，庶幾爾農易爲解曉，歸語子弟，仔細誦習，毋怠毋忽：

因天之道，春宜深畊，夏宜數耘。天道有常，民生在勤。孰早孰晚，及時種蒔。某陂某渠，及時濬治。東作既勤，西成可望。勿惰勿偷，豐年有象。

因地之利，高田宜黍，下田宜稌。禾麻菽麥，罔俾曠土。是土可種，是種有獲。毋爲游惰，而怠力作。修而疆畝，飭其耒耜。能盡人事，斯獲地利。

謹身節用，循理畏法，常務謹飭。省費嗇用，常思愛惜。莫鬬莫狠，鬬狠罹災。莫飲莫博，飲博壞材。爾身克謹，善名所歸。爾能用節，起家之基。

以養父母，五常百行，惟孝爲先。愛義父母，必敬必虔。昆季宗族，兄弟同氣。常務和睦，勿生乖異。周有典賢，漢有舉孝。歸語子弟，爾訓爾教！

（清）畢沅《續資治通鑑》卷一八三《元紀·世祖》　〔至元十四年五月〕辛亥，以河南、山東水旱，除河泊課，聽民自漁。

（清）畢沅《續資治通鑑》卷一八五《元紀·世祖》　〔至元十九年四月乙巳〕弛西山薪炭禁。

（清）畢沅《續資治通鑑》卷一九〇《元紀·世祖》　〔至元二十九年六月〕詔廉訪司巡行，勸課農桑。【略】

〔九月〕癸酉，沙、瓜二州民徙甘州，詔于甘肅兩界畫地使耕，無力者則給以牛具、農器。

（清）畢沅《續資治通鑑》卷一九一《元紀·世祖》　〔至元三十一年十二月〕戊戌，禁侵擾農桑者。

（清）畢沅《續資治通鑑》卷一九五《元紀·成宗》　〔大德八年正月己未〕弛山場、河泊之禁，聽民采捕。

（清）畢沅《續資治通鑑》卷一九六《元紀·武宗》　〔至大二年正月〕丙申，詔天下弛山澤之禁。

（清）畢沅《續資治通鑑》卷一九七《元紀·武宗》　〔至大三年十月壬申〕詔諭大司農司勸課農桑。

（清）畢沅《續資治通鑑》卷一九八《元紀·仁宗》　〔皇慶二年三月丙辰〕詔敦諭勸課農桑。

〔七月乙酉〕敕：守令勸課農桑，勤者升遷，怠者黜降。著爲令。

藝文

（宋）范仲淹《范文正集》別集卷三《稼穡惟寶賦王者崇本，民食為貴》　資時者稼穡，務本者惟王。顧民食而可貴，爲國寶而允臧。田疇播殖之時，豈慚種玉。倉廩豐登之際，寧讓滿堂。稽彼前賢，垂諸大雅，謂養民而可取，必重穀而無捨。惟農是務，誠天下之本歟；以實爲名，表物中之貴者。耒耜无廢，黍稷是崇。每訓耕耘之績，如敦追琢之功。闢五土之時，披沙豈異；載千箱之處，照乘攸同。蓋以順彼天時，美兹政本。觀艱難而有穫，稱瓌奇而何損。年多膏澤，連城之價可期，瑞有嘉禾，希代之姿奚遠？是知寶金璧者，兄棄於聖人；寶稼穡者，克濟於生民。得之則九年利用，闕之則百姓食貧。多既如雲，寧愧白虹之氣，祈於元日，似求赤水之珍。其或剖巨蚌以勞心，攻他山而竭力。在寒暑則非民之服，在饑饉則非民之食。徒聞賈禍之辱，莫見作甘之德。曷若我東作可嘉，西成不忒。既堅既好，亞父欲碎而何能？如京如坻，季子比多而莫得。念兹在兹，百王不移。此盈疇而是貴，彼韞櫝而何爲？見三時之有倫，如分三品；與四民之共給，胡畏四知？今國家崇后稷之功，廣神農之道。既豐年以爲瑞，蓋惟穀而是寶。故能富庶之風告成穹昊。

明清分部

論說

（明）解縉《文毅集》卷一《奏疏·太平十策》 九曰務農。農者天下之本，而食者民之天。故蓄積多而備先具，兵荒水旱誠不足憂也。及今天下豐歲，正宜於天下要害之處，每歲積糧若干，民樂近輸而國受長久之利。計之善者也。一、每一里設田畯一人，以今之耆宿爲之專。一、巡察以警勤惰，以《農桑集要》等書教之。一、先將《農桑集要》、《齊民要術》及《樹藝水利》等書類聚考訂，頒行天下，令各家通曉。一、義倉之法，宜悉講求。即令天下民自建，立則雖有水旱不足憂矣。

（明）高啓《鳧藻集》卷五《雜著·勸農文》 春雨布澤，東作伊始。太守躬駕于郊，以敦本厚俗之道勸爾民職也。然不欲廣引舊談，姑以今日之事直相告語，爾民其敬聽之。夫上立法以衛民，民出力以供上，古今常理也。皇上翦除暴亂，開建太平，使爾民得脱鋒鏑，操耒耜以安畎畝之中。又念稼穡之艱，每歲親耕籍田，復召父老廷對宣諭，唯恐爾民荒逸惰游，以陷于罪，德甚厚也。近者兼并之家不能體上此意，或肆侵剥，使爾民有委棄其業者。情雖可矜，然輕去田里，以乏父母之養，闕公上之賦，其責亦何所歸哉？故願爾民相告於鄉，令去者歸，居者安，修爾隄防，浚爾溝洫，力不足則相周，器不備則相假，各勸播植，以待有秋，毋坐失其時，貽後悔也。更能毋作姦，毋逐末，毋好飲博，毋事鬬訟，毋弗順於父兄，毋或干於鄉里，家給人足，禮作義修，以無愧於泰伯過化之邦，豈不美歟！太守雖老按堵觀俗，以行賞黜，爾民宜相與勉焉。

（明）盧象昇《大司馬盧公奏議》卷八《請停禁止樵採疏》 臣竊見宣大、山西各邊，一墻之外，樹木陰森，草薪茂密。而墻以内則童山赭土，一望平沙，束草三分，擔柴百錢，如此其貴也。昨冬自出居庸關，即詢之宣鎮沿邊軍民，何不出口樵採？曰有禁。再詢之邊堡將備，何不出口樵採？曰有禁。及抵陽和，見臣衙門設有樵採木牌，其來舊矣。標營將士與附近居民，每月出口數次，皆負薪曳木以歸，地方稱便焉。查宣禁始於崇禎七八等年，蓋向來任宣者慮軍民出口不便，故特閉之，然亦未奉明旨。乃不旋踵而□入，遠近皆莫之知，是一墻之隔，邊口之閉，止自障其耳目爾。夫祖制，邊墻之下多留暗門，政如人身之有孔竅。人身不因風邪易入而閉塞其五官，且風邪亦不從五官入也。陽和城隘新增標旅五千，苦無棲止。臣爲之建造營房千間，計需大小木植二三萬根，皆採之口外，經月而辦，亦可省公帑二千餘金。況乎邊堡貧軍每月出口四五次，所得薪木便值銀二三錢，即謂之活命之膏可矣。是故樵採之便有五：資貧乏之生，一也；壯軍民之膽，二也；城堡修築，就近取材，不糜公帑，三也；出口人多，可佐哨丁之所不及，四也；使邊外無長林豐草到處爲□人駐牧之場，五也。此事雖小，頗有關係，不敢不上告聖明，或一體允行，或尚須部酌，統惟睿鑑施行。瑾題。

崇禎十年閏四月初十日

（明）吕坤《實政録》卷二《民務·小民生計附山東歡栽種語》 流傳俗語最有深意，事業謂之生理，勤者謂之做活，懶者謂之没營生。或謂做生活，言奔走營運，則生活安逸，惰慢則死亡也。所屬軍民，如士農工商，各有生理者，不宜苟且支吾，務令敏興事，責成功外，又除七十以上老人，七歲以下小兒，聽令安閒外，其餘自朝至暮，各責一種營生。即不能爲，每日必稽其所爲，不止身有所執，業成於勤，而心無所蕩，不流於着四民之業，豈可偷一日之安？鄉約於本甲，家長於卑幼，人人各授以常業，而掛搭之徒衆。爲四民者十五，既多緩心而怠事；不爲四民者十五，盡游手以耗農。至於僧道、山人、倡優、劇戲，皆二帝三王之世所無，乃有作名利不如閒之詩者，可誅也。

《大誥·再明游食》一篇，極重游民之罪，甚者一月不務生理，送赴京來，以除民患。賢有司有志於小民之依乎？當日誦《無逸》之篇，以察乃民務，皆各安生理，始爲稱職矣。【略】

地方水利可資灌溉田者，土民盡資之矣。惟是河深地高，運以水車，其車有法，僅如大車之費，關中多有之。斜斗旋轉，大率如取水於井者樣，濱河有司，當求其式。至於掘井一節，在山西尤要。此中土高常旱，即使百畝之田作二十井，所占纔一畝耳。一時之費雖多，百年之利永賴。平陽州縣作井頗多，而太原之地更高，似不見有。昔有一令，勸民掘井，每井給穀五斗，時值旱年，邑人賴之。州縣長吏肯一董督乎？

民不樹桑，何以飼蠶？古者，天子后妃，諸侯夫人皆親蠶繅，而歷日年神方位屬蠶者三。太原地方飼蠶甚少，州縣衛所衙門先出告示，責令所屬軍民五月半催畦桑椹，六月半催壓桑條，仍先期示以親查，不奉令者重責。又正當栽種時，掌印官掣籤，親自帶二三人下鄉，查驗是否全活，量行賞勸。抽查責治一二次，則衆自知警，而爭相栽種矣。甚不可委甲長及佐貳首領查看，以致煩擾。

（明）丘濬《大學衍義補》卷一五〇《治國平天下之要・馭外蕃・守邊固圉之略》　臣又竊有一見，請於邊關一帶，東起山海，以次而西。於其近邊内地，隨其地之廣狹險易，沿山種樹。一以備柴炭之用，一以爲邊塞之蔽。於以限虜人之馳騎，於以爲官軍之伏地。每山阜之側，平衍之地，隨其地勢高下曲折，種植榆柳，或三五十里或七八十里。若其地係是民産，官府即于其近便地撥與草場及官地如數還之。其不願得地者，給以時價，除其租税。又先行下法司，遇有犯罪，例應罰贖者，定爲則例。徒三年者種樹若干，二年者若干，杖笞以下，以次遞減，照依繕工司運水和炭事例，就俾專業。種植之人，當官領價，認種某樹若干。長短大小皆爲之度，以必成爲效。有枯損者，仍責其賠。其所種之木，必相去丈許，行列破縫，參錯蔽虧，使虜馬不得直馳。官軍可以設伏。仍行委所在軍衛有司，設法看守，委官巡視，歲遣御史一員督察之。不許作踐砍伐，違者治以重罪。待其五七年茂盛之後，歲遣一官，採其支條以爲薪炭之用。如此則國用因之以舒，民困因之以解，而邊徼亦因之以壯固矣。

（明）田汝成《炎徼紀聞》卷二《斷藤峽》　五曰：清狼田以正疆界。天順、成化間，左江盜起，黎首潰亡，遺棄田土，鞠爲墟莽。其後興師勦平，民漸復業，而殘兇漏網，尚肆憑陵，諸民苦之，告欲借兵自衛。官司議允，招取歸德思恩等處狼家，徙潯護守。就以絶户田土給之，納糧免差。年代漸久，生黨日繁，兼引類招朋，雜居民里。有司因循，稽考無法，原額之外，各狼私置亦混狼田。奸猾吏民又以逃亡産業，招狼住種，或將見户田税詭寄狼名，射影差役，土官岑邦佐又占奪而擅賣之，所以民田日削，民差日重，非當時立法意也。宜選廉幹官員專理其事，清查册額，履畝丈量，立石四隅。或以樹木谿澗爲之疆界，刊榜曉示，以防變更。備書方册。每米一石，甲首則科米五斗，均徭則編米五斗，册内狼丁雖已物故，傳之子孫，而原招姓名永不更改。自置私田，及承佃絶業，原非册内開載者，遇造黄册，俱附註本甲，名爲畸零。狼户與民一體糧差，不許推除别甲。其現在狼丁，編爲保長保甲，屬之武靖千户所管束調遣，十年一造册籍，以便清查。庶田糧不虧，兵伍可足。

（明）鄧士龍《國朝典故》卷三九《立齋閒録・處士高巍上時事》

一、墾荒田。臣讀《豳風》、《七月》之時，見周公拳拳以農桑爲念者，蓋農桑者衣食之本，生民之命，教化之源也，有國家者誠不可以緩。夫不耕則無粟，不蠶則無衣，豈非衣食之本乎？無食則饑，無衣則寒，豈非生民之命乎？禮義出於富足，盜賊出於貧窮，豈非教化之源乎？臣觀河南、山東、北平數千里沃壤之土，自兵燹以來盡化爲榛莽之墟。土著之民流離，軍伍百不存一。地廣民稀，開闢之無方，展轉於臣心久矣。今欲變曠野爲沃土，蓋有三策焉。一則當下明詔，頒告鄰境布政司，末設游食之民，示以開墾之田，各取地方，順便兩處。有司各立文簿，去者，審其所往；來者，根其所從。官給子種牛隻，蠲免三年之税，使之盡力開墾。此一法也。二則凡官吏軍民人等，全家遷發化外者，不必照依荒田去處，限以畝數，使之自備牛隻子種，料時科徵，此又一法也。三則我國家承平日久，干戈無黷武之勞，走馬有糞革之用。當廣設屯所，使之三時務農，一時講武。又當内立司農之官，外設田畯之屬，使之巡行郊野，督責勸勉。殆見四野無曠土之譏，千疇有多稼之美矣。

二、抑末役。今天下之人民，務本者少，逐末者多。爲何？蓋因務農之家，地有租，丁有役，三時力農，一時輸納，終歲憂勤，舉家勞苦，或遇薄斂之歲，俯仰有不足者矣。今爲商賈者，坐列街市，日登壟斷，窺時去取，賤買貴賣，獲十分之利，納分毫之税，何益於國家用度哉？彼則乘堅策肥，冬温夏清，妻孥無勞身之苦，飲食有兼羞之膳，四時有適體之服，終歲優游而無糧草督責之患，是以逐末者多也。昔周時，宅不毛者有里布；漢時，不種桑麻者不能衣綿絹，是以或罰之，或辱之，使長務本也。今欲使逐末之務本，荒田之盡闢，當輕税糧以恤農民，重税課以抑商賈。如此，不遲三五年間，逐末游食之民不待督責勸勉，自轉遷於南畝矣。

（明）王守仁《王文成全書》卷九《別録・奏疏・陳言邊務疏》 何謂屯田以給食？臣惟兵以食爲主，無食是無兵也。邊關轉輸，水陸千里，踣頓損棄，十而致一。故兵法曰：國之貧於師者遠輸，遠輸則百姓貧。近師貴賣，貴賣則百姓財竭。此之謂也。今之京軍既不堪戰陣，又使無事坐食，以益邊困。是與敵爲謀也。三邊戍卒以戰守，不暇耕農，誠使京軍分屯其地，給種授器，待其秋成，使之各食其力。寇至，則授甲歸屯，遥爲聲勢，以相犄角。寇去仍復其業，因以其暇，繕完虜所拆毁邊墻亭堡，以遏衝突。如此，雖未能盡給塞下之食，亦可以少息輸餽矣。此誠以逸待勞之道，王師出於萬全之長策也。

（明）孫旬《皇明疏鈔》卷三八《財用・議定全陝屯田以足兵食事潘潢》 臣惟隆古兵制皆寓於農，故國無養兵之費，官無供邊之勞，久安長治有由然也。後世惟唐之府兵最爲近古。我朝屯田，寔倣府兵之制，然法久弊生，祖宗良法美意，寖以墜失。臣昔任陝西糧斛副使，職司錢穀，講求屯田，頗得梗概。及任提學副使巡，歷八郡三邊，周爰咨詢，因得悉其詳。款鉤其肯綮，又以考校之暇，弔取屯田地畝實徵諸册，磨筭會計，著爲屯田議。亦嘗呼召諸軍面與商確，又得悉其衣食之資，俯仰之計。數年以來，頗得其情。諸軍亦日夜引領，冀此法之行。但臣職司學校，不與錢穀，邇來虜賊屢行大舉入寇延慶。備禦之計，必先兵食。而內帑所積，連年爲宣、大、山西請發已多，恐難支給。獨有興舉屯田，乃當今急務。矧全陝地方袤廣，田多膏沃，昔人所謂沃野千里者，正今屯田之區。而漢沔金完諸處，尤爲腴厚。若委任得人，查照興舉，使屯田之利皆歸於軍，一舉而兵食足矣。臣嘗稽屯田紅牌事例，因窺我祖宗法意，大都各衛軍人七分屯種三分城操。屯種者，除月糧十二石外，餘米上倉以及城操者，是十人之田養十五人也。其後邊事漸興，軍多備邊，屯種遂廢，乃因地徵糧百畝，及給於軍則人十二石，是二十人之田始養十人也。於是田始不足，乃借支民糧，又不足也，乃爲折色。名雖折支，實乾没之耳。故折色行而軍始貧，糧借而民始困。祖宗屯田之法，至此弊矣。夫國初，餘米上倉，倉在各屯，名曰屯頭倉。屯軍收穫輸納，無搬運守候之費。操軍支糧，亦近便簡易，無有侵牟欺隱之弊。及徵糧於官倉，乃在府州會城，去屯遂遠，有至數百里者。又立催糧旗甲知數人，役軍人赴倉支糧，往返益遠。於是搬運守候之費，侵牟欺隱之弊百出。雖二十人之田，不能養六七人，乃始仰給內帑。頃者邊事逾多，請乞頻仍，雖內帑亦不能給，則其弊極矣。今臣所議屯田法，因軍人以支納爲害，即其百畝之業立爲簡易之條，軍既不納糧於官，官亦不給糧於軍。可復祖宗屯種之制，合唐府兵之法，而在官之省什三，在軍之利什七。雖不能十人之田養十五人，亦庶幾十人之田養十人矣。比今二十人之田養六七人者，其利蓋倍蓰也。臣嘗呼老校退察其疾苦，咨其衣食。皆曰：軍之納糧於官，大率十五六斗始納一石。其支糧於官，則一石止得二三斗。今得此百畝之田，無追呼逼勒之擾，稱貸附益之費，自種一二十畝，可得花利六七石。餘八十餘畝佃人，分糧可得二十餘石，少亦不下十七八石。是常有二十餘石之利，衣食有賴，俯仰無慮矣。故曰：在軍之利什七。又嘗取支糧文册，計之八斗者，歲支九石六斗；六斗者，歲支七石二斗。今議一軍，止免納糧六石，合八斗。六斗計之二軍，共省四石八斗。二萬軍，可省四萬八千石。故曰：在官之省什三。此皆於支納之間，節其搬運守候之費，革其侵牟欺隱之弊。奪諸豪猾奸宄之手，而歸之官與軍者也。議自西安左等四衛始，計四衛見在屯田二萬七千餘頃，見在軍一萬八千餘名。每人該田一頃，常餘田九千餘頃。除指揮千百户及儀衛司旗校、無地軍人并馬料支給外，尚可剩田五千餘頃。以陝西見行地圖頂軍法募之，可得軍五千餘人，計全陝屯田不下百萬餘石。以此法推之，再因地致宜，可增軍數萬，少不下二萬。此皆不煩帑資，不借民糧而得之者。然軍復家給人足，可使之樂於赴邊而無逃亡之患。故曰：一舉而兵食可足也。臣竊見屯田僉事職銜曰提督屯種，又伏覩屯田敕旨曰督率官軍餘丁及時耕種，勿令游惰致有荒蕪，是此官之設，原以耕種爲職，不以催科爲急。今乃追併逋負敲朴並施，害及妻子，禍至雞豚，如徵租税。然不知糧將以養軍，先以病軍，使之騷然，喪失樂生之心，亦將安用屯田哉？故臣所議之法，除去其害而其詳開具如左。然此因陝西地方袤廣，故爲此規。至於山西地土狹隘，東西不過數百里，而山石居半，通計一省之田不足當陝西一衛，有難用此議者。若夫宣、大之邊，田土久荒，則宜用營田法。臣已於偏頭、老營地間得荒田，東西百里，南北二十五里。除山石外，大約可得田五六千頃。已經案行雁門、岢嵐兵備副使□璽、張鎬會同議勘，及委保德、河曲知州知縣等官王朝珍、齊恩等丈量撥給。候丈撥完日，另行請給牛具種子，給與偏頭、老營二所官軍耕種。并另上營田議外，伏望皇上軫念全陝地方重遭虜患，急缺兵糧。臣愚講求此法，先後七年於兹。敕下户部再加查議。如果可行，乞行陝西總督、巡撫官勘酌舉行，庶兵食可足，邊圉可固。臣區區狗馬之心，亦少盡圖報之萬一矣。

（明）陳子龍《明經世文編》卷二五四《趙文肅公文集・三幾九弊三勢疏趙貞吉》 六曰：莊場擾害之甚。民之資生者田地，公家之取給者賦税，論治者言之矣。井田難復，限田難行。均田未必能舉職，養民者其可無善處之道乎。今以北言，東起遼陽，西盡甘凉，平原沃野，可做江南水田之法。以南言，東自淮南，西抵漢沔，土曠人稀，可召種江浙無田之民。從中或免起科，或輕傜役，而又畫以溝塍畎澮，俾公私有界，旱潦有備，亦佚道使民一良法。顧莫有議行者，去王道遠矣。人恒言古者民養于上，後世聽其自養，今不獨聽焉。併其所謂養者奪之，如勳戚莊田，内官莊子，宗藩寄莊是也。夫王者四海爲富，普天皆土，何在于莊，至勳戚有券，内官有供，宗藩有禄，乃又別置莊場，或奪民開墾已成之業，或侵民成熟已種之租，或致令傜役重併，糧草賠納，或希圖冒免糧差，虐勢所及，擾及官府，害及良善，莫敢誰向。宜差風力科道官清查，或給還民，或令當差。更酌之以革弊繇漸，行法以嚴之道。此重農安民一務歟。

（明）陳子龍《明經世文編》卷二八八《薛方山文集・策對薛應旂》

今夫貧生于不足，不足生于不農。今之不農其過，蓋不在民而在官矣。官之過有四：邊鎮之臣，不欲復塞下之田，一也。鬻鹽之司，不用藳粟而用銀，二也。水利之監，因循度日，秩滿則遷，三也。行法之吏弛屠牛之禁而不綱，四也。夫四者，官之逭也。四逭相尋于天下，而欲望其興利闢田，無其期矣。田不闢而望民之無飢，是卻行而求及前人也。夫今之塞下，獨非古之塞下乎。文帝用賈誼積貯之説，嘗募民爲田。是以施行有序，坐致富強。今議者曰：邊地不可使種禾麥，恐胡人乘之而牧馬。吁！此與懲噎廢食者何異？夫趙充國耕金城，隋耕朔方。他如代郡、許下，屢聞沃壤，彼皆爲之于師旅之間。我顧不能復之于治平之後乎？舍近利而不圖敝政，宜無大于此者矣。漢興以來，邊郡轉輸，率三十鍾而致一石。自漢文用晁錯之計，寔粟邊郡，是以不煩轉運而儲蓄日增。今主鬻鹽之議者曰：粟貴徵粟，粟賤徵銀。若是者，利固不全歸于商，然亦何嘗歸于國。殆亦弗思甚矣。蓋國初酬估甚厚，故邊商競至。類多占籍治農以竢開中，故商有貴粟之風，軍有益屯之漸，乃公私兩利之策也。今展轉折閲而商利日微，運糴益勞，而邊餉愈匱，豈非大可哀痛者乎？若夫大江以北，畿輔以南，淮海維揚，汶泗淄澠之間，斥鹵之區，可墾之地，無慮數百萬頃。誠使廟堂之上，少加之意，別立農官，以分領之。治其水，配其牛，則變斥鹵爲沃壤，理有必然者。夫天下之事，成于謀斷，而敗于因循。昔者西門豹，固賢于治鄴矣，然導漳水以溉河内，顧必待于史起者，豈其智之不起若哉？豹固以爲先民未之爲，而不知其可以有爲也。今之時，有能爲起者則天下之富強，將不出淮海汶泗之外而致之矣。

（明）陳子龍《明經世文編》卷四三五《沈蛟門集・墾田東省疏沈一貫》 臣聞軍國之需，最先足食，生財之道，貴在聚民。頃因倭氛飈起，海防戒嚴，皇上俯采輿言，創設天津、登萊巡撫，以圖戰守。更責内地巡撫，計處兵食器械，以資接濟。今山東巡撫缺，特允以尹應元往整飭之，事似可計日矣。臣查其舊敕，山東巡撫，原有營田一事，後亦具文而不行。今日時務，特宜重此。臣請敕書内，特許便宜。則可望山東一省，不請户部，不派小民，而自裕其海防之資。臣惟山東古齊魯地，春秋時管仲擁魚鹽之利，通財積貨，獨稱富強。至今舉臂勝事，無不服籍。輔其君桓公，尊王室攘夷狄，爲五霸首。延至漢時，尚稱十二之國。餉饋關中，冠帶天下，何其雄也。乃今則廑廑裁自給，而司農之所以奏京師餉九邊者，悉仰之江南。該省甫一防海，輒告不足。求盈于内帑，借資于兩浙。甘棄沃饒，坐視匱乏，此豈無土哉，無人故耳，有人則有土而有財矣。該省六府，大抵地廣民稀，而迤東海上，尤多抛荒。謂宜修管子之法。管子曰：凡有地牧民者，務在四時守倉廩。國多財則遠者來，地辟舉則民留處。今日之事，宜令巡撫得自選廉幹官員，將該省荒蕪地土逐一查覈頃畝的數，多方招致能畊之民。如江西、浙江、福建、山西及徽池等處，不問遠近，凡願入籍者，悉許報名擇便。官爲之正疆定界，署置安插，辨其衍沃原隰之宜，以生五穀六畜之利。必嚴輯土人而告戒之，毋阻毋爭。凡拋荒租逋一切蠲貸，與之更始，或聽和買，或聽分種。其新籍之民則爲之編户排年，爲里爲甲，循阡履畝，勸耕勸織，禁絶苛暴，罷免追呼，止奢僭以養其淳樸之性，興禮讓以厚其親睦之俗。以錢穀爲市，使輕民無所覬覦，貪吏無所漁獵。或又聽其寄學應舉，量增解額，以作興之。聽其試武科、充吏役、納粟官，以榮進之。毋籍爲兵，以駭其心；毋重其課，以竭其財。有恩造於新附，而無侵損於土著。務令相安相信相生相養。既有餘力，又爲之淘濬溝渠，内接漕流以輕其車馬負擔之力，使四方輻輳於其間。米多價平，則鳴吠相應，不煩遠輸，而獲利已多。海渠交通，則商賈坌來。魚鹽四出，而其利益廣。不出數年，可稱天府。即不能如齊桓雄九合之師，而本地自稱富庶，亦足以省司農請發之煩，免百姓加派之苦，紓九重東顧之憂，增環海長城之重矣。第有司安循常而憚改作，居民席世業而患分授，必且曰地皆主籍，原無拋棄，田皆耰鋤，曾何荒蕪，而不知東人之習爲惰農也已久。即所謂主籍耕鋤者，悉鹵莽滅裂而與荒蕪正等耳。高允有言：方百里，田三萬七千頃。若勸之，則畝益三升，不勸則畝損三升，乃百里損益之率，爲粟三百二十萬斛，況其廣者乎。東土之貨棄於地，東人之力藏於身，安能如新集者，勤而相勸，以復周漢之齊魯哉？是事也，宜專責巡撫之擔任，而令巡按以時稽察之，且重司道之選。如近日楊鎬之在遼東，霍鵬之在肅州，皆以墾田聞。豈乏其人？可令召舉而用之以爲率，且精有司之選。如先年中其學趙蛟、楊果輩，皆勤敏精干。治邑如家者，豈乏其人？宜不限科貢異流，而器使之以爲長，又且明勸懲之典，有績則加官久任以優之。一有朘削不廉，或溺職不舉，如鋤苗之莠，不時畫法以處之。又且鋤豪右之梗，若有造作流言，破敗成事，可令搜捕時處重典，不必别立農官就府縣見職，可以責任。不許别請錢糧，就本省倉庫可以通融。事本不難，得人即易。蓋擁千里之地，而患寡與貧者，政不立也。有千里之寄，而不獲展試者，任不專也。數年前鄭汝璧巡撫此地，有其志矣，而被流言以去，美業不終，臣甚惜之。今尹應元之才，何難於此，第恐委任之不專，便宜之不假耳。皇上奮誅島夷，海内皆喁喁嚮風，樂趨王事。況招狹鄉之民，以就寬鄉。人心所欲，因民之利而利，事亦不勞。管仲之事功，雖不足以爲天下士大夫願，而姑取救時，亦當有奮然而任者。且聞江北畿南，可墾甚多，又不特山東爲然也。以此風之，利可益開矣。

（明）陳子龍《明經世文編》卷四六二《綸扉奏稿·條陳要務疏葉向高》

一、安遼民。臣觀邊臣奏報遼民避難入關者至二百餘萬，彼其倉皇奔走，既不能有所挾持，即有微貲，亦隨手立盡。糊口之計既窮，走險之謀必起，自來流民爲亂，殷鑒昭然。及今不爲處置，悔將無及。臣聞自天津至山海關一帶，曠地甚多，處處可以屯種。御史左光斗言：曾少試其端，即得穀數千石。今宜倣古屯田之意，分布逃民，量給資本，使之力耕。二三年後，可變荒蕪爲成熟，亦可聯保甲爲戎行。固國家無窮之利也。然須專官督理，方有成績。乞敕吏部擇廷臣中慷慨有爲，實心任事者，加以憲職，專任營田。其分理各官，聽其自舉，所需錢粮，須爲議處。即捐二三十萬金，亦勝于坐觀其亂，爲費更不貲也。至山東登萊一帶遼民，亦有數萬，併責成撫按官一體布散安插，以消亂萌。此實今日第一之急務耳。

《明實録》洪武十九年四月　壬寅，敕户部曰：古先哲王之時，其民有四，曰士農工商，皆專其業。所以國無游民，人安物阜，而致治雍雍也。朕有天下，務俾農盡力畎畝，士篤於仁義，商賈以通有無，工技專於藝業。所以然者，蓋欲各安其生也。然農或怠於耕作，士或隳於修行，工賈或流於游惰。豈朕不能申明舊章而致然與？抑污染胡俗尚未革歟？然則，民食何由而足，教化何由而興也！爾户部即榜諭天下，其令四民務在各守本業，醫卜者、土著不得遠游。凡出入作息，鄉鄰必互知之。其有不事生業而游惰，及舍匿他境游民者，皆遷之遠方。

《明實録》永樂十年六月　甲戌，敕户部臣曰：朕爲天下主，所務安民而已。民者，國之本。一民不得其所，朕之責也。故每歲遣人巡行郡邑，凡歲之豐歉，民之休戚，欲周知也。近者河南民飢，有司不以聞，而往往有言穀豐者，若此欺罔，獲罪于天，此亦朕任，非其人之過。其速令河南發粟賑民。凡郡縣及朝廷所遣官，目擊民難不言者，悉追下獄。

《明實録》永樂十一年九月　〔壬午〕上謂行在户部臣曰：近山東蝗生，有司坐視不問，及朝廷知之，遣人督捕，則已滋蔓矣。此豈牧民者之道？其令各郡縣每歲春至驚蟄之時，即遣人巡視境内，但有害稼若蝗蝻之類，及其初發即設法捕之，或蟲蝗有遺種，亦須尋究盡除。如因循不行，府州縣官悉罪之。若布政司、按察司失於提督，同罪。其各處衛所，令兵部一體移文，使遵行之。

《明實録》正德九年十月〔壬辰〕户部議覆督理陝西糧餉，右侍郎馮清建言備邊事宜：一、甘肅地多肥美，虜寇侵擾，農事不修。宜令守臣嚴督軍民，及時播種，量出官軍防護。去城遠者，爲之築立團莊，守望應援。其灌溉皆資南山、河泉諸水，宜責管屯等官往來巡視，嚴曲防之禁，使耕者樂業。一、官軍患病三月以上，停支俸糧；納級者止支軍功實職俸糧，此舊制也。令多冒濫，宜并軍旗。老疾之不堪差操者，夜不收之；額外濫充者，逃軍之子及乞養幼男，妄告紀録食糧者，一體查革，以省浪費。一、甘肅流民歲久奠居，雖有出銀之徭，殊非良法。宜行守臣清查造册，量給官地，人二十五畝，照例納糧，免其銀差。一、各邊站軍驛馬，俱有供應定例，先年偶因役煩不繼，借用官司草料，遂因爲例，宜改正，無令妄費邊儲。議入，皆允行之。

《明實録》正德十一年十一月〔癸巳〕巡撫湖廣都御史秦金奏言：湖廣地方大水，加以征苗用兵，錢糧缺乏。乞請淮鹽十萬引，并借該解户部備邊事例銀三萬四千四百餘兩，以濟目前之急及停徵被災州縣錢糧。查復各王府奏討山場湖蕩税課局、河泊所諸項課税，仍擬還官以備郡王以下禄米。其湖廣省城各處鹽商湊集，仍炤先年舊規，俱赴武昌府掛號，每舡納銀二兩或三兩，入官貯庫。按季類解布政司，以備不虞支用。户部議覆：從之。

《明實録》嘉靖十一年三月〔庚午〕江西巡撫胡璉奏：言該省田少人多，糧繁差重，每遇造册年分，埋没影射，姦宄百出。所在州縣虚糧日增，多者萬計，少亦不下數千百石。其他詭寄親識，潛認糧差，飛洒都圖，零分升合，猶細故也。揆厥所由，皆由圖册苟簡，格式不一，以滋多弊。且如册中所載田地山塘，有都圖而無土名，甚至併都圖無之。税糧有升斗而無正耗科則，甚至併升斗無之；田地有開除，不註出賣主名；税糧有收，不註承買主名；沿訛襲舛，查覈無從，改竄那移，靡所不可。此虚糧之孔穴也。臣愚謂宜總括羣分，畫一格式，如田山地塘，必註都圖土名，他日户有逃絶，產固可查，税粮必注，正耗科則。他日田有更遷，粮固不易開除，必注某人出賣，使難除捏新，收必注某人承買，使難頂冒。由是詭寄飛洒，諸弊皆可釐正，虚粮包賠之害可除而逃亡可復矣。

《明實録》嘉靖十一年九月〔辛未〕户部尚書許讚等應詔陳言六事：一、小民田賦正額外，附餘包補之數，往往十倍常供，坐是益困。至於商賈司鹽法者，既取之以餘鹽，又取之以預借，又抽之以夾帶，又加增常價，留難掣放，其苦尤甚。今宜秋糧夏税，軍需物料之類，俱令花户上納，不得委之里書，各鹽場税課一遵舊制。諸前所言額外之徵，悉罷之。有司爲民害者，許撫按守巡官不時以名聞，亟褫其職。一、江南富民皆不樂爲糧長，以糧額多而轉運包賠之爲累也。今僉編糧長，宜視其田宅厚薄，人力强弱，分上中下三户而定其差等。論役使之繁簡，而派其供應。按年代之久近，而疏其先後。每五六年清審更替，則豪猾不得以苟免，權勢不得以脱漏，而疲弱不至於久累矣。一、内府本色折色物料，每銀一千兩則給扛解銀一百二十兩。管解者賄求吏典增減文移，如京價貴而原派少，則曰每行徵銀若干；原派多而京價少，則曰原徵本色若干領銀，而後或於本地及附近、出產地方市買物料至京，又投托攬頭以時估上納，而餘銀盡爲所乾没矣。或京價過高，則棄批不完，告取幫價，必足其欲而後已。此在湖廣爲甚，而各省亦時有之。獨山東、河南有布政司總部官，每歲遂得羡銀四五千兩。但二省地近，遠者難以一律。自今南直隸、江西、浙江、湖廣派扛解銀，不得過六十。廣東、廣西、福建、四川不得過八十。各州縣徵銀納府，府縣官簡富民以時估置買物料，仍赴府辨驗封識。如本色者批内即云某物若干斤，每斤原徵銀若干，共銀若干，餘銀若干。折色亦如之。然後赴布政司撫按掛號，類解各本色送内府。各庫折色及扣剩解解，送太倉完納，給與批關。其折色以備召商扣剩，以備補本省及本府縣不足之數。如果太多，則於下年減泒以蘇民困，而領解者無所容其奸矣。一、今大造黄册之時，將消乏里分節年賣出，詭寄無徵糧米，取司府文册一一清查，見在里分若干，以一年計之，各里田糧必均平如一。以十年計之，各甲田糧必均平如一。或遇十年輪當里甲，凡夫馬鋪陳什物屬有司吏用者，務從省約，定擬價直，令當年里長甲首人户出辦。其起運解京者不論。當年零欠，通派概州縣田糧出辦，不得更坐人丁，州縣官亦不得先期催徵，以滋侵漁。一、折納京儲之例，或宜於北方舟楫不通之處，而南方則非所宜；或可行之下江米貴之所，而上江則爲不便。蓋湖廣、江西、江北地方，舟楫可通中，米價不至翔貴。且每石有折銀七八錢者，有一兩者，參差不齊。令既下，而民盡以米變賣，非其所願也。自今奏報災傷，必曰某項可蠲免，某項可折價，某項可本色。折價者，及時徵銀；本色者，及時徵米，毋使米賤之地失徵本色，坐損京儲。一、邇來邊方多故，按伏徵調之費，輒請給於內帑，有一疏而乞銀將及二百萬者。腹裏報災多不以實，甚者已徵在官，亦云蠲免，徒爲貪官汚吏之資；而又請內帑抵補，舛謬甚矣。宜令各邊鎮明烽堠，謹瞭望，使人得耕耘，以興舉屯田之利，平居無事。不得以按伏兵馬爲名，糜費芻餉。內郡有司勘災，毋過期失實賑濟，許發所在倉庫錢糧，毋得概乞京運。疏入，上以其深切時弊，悉允行之。

《明實録》**隆慶四年六月** 乙卯，大學士陳以勤疏言：【略】一、重農穀。臣聞宣德、成化間嘗命各省、府、州、縣增設參政佐貳等官，專治農事，及預備倉糴穀賑濟，所爲愛惘元元，計安四海之道甚備。奈何法久玩弛，從政者視爲迂闊而不談。頃米田多汙萊，室無餘蓄，歲稍不登，狼顧莫救。弱者轉死溝壑，強者奮臂爲盜，甚非細故也。請責成各該巡撫令查原設參政有無，俱坐委一員，仍以屯田水利僉事，增其職掌，共領農事。府州縣除掌印外，其佐貳官，亦各查原設有無，即委定一員分理。當無事時，兩司官分行郡縣，閱視荒關，陂塘渠堰，蓄洩有具。及届農期，則趣有司躬臨疆畔，勉其穡事。有牛種不敷者，官量給與。如此，則農夫日服其鎛，而逋亡者鮮矣！若積穀一節，近日申明甚嚴，但有司多視罰鍰之入爲己應得，往往取充私囊，不肯盡以糴買。或偶因他事，罰穀貯食，不過十之一二，徒應文耳。及遇年饑民困，倉穀告竭，然後皇皇請處，卒無以相恤。請倣隋唐義倉遺法，及登耗斂散之數，稽驗收掌之，宜仍敕吏部于大臣中采其高識遠見能爲國立事者爲户部侍郎，居中調度，如古兼判大司農故事。以總攝各巡撫等官，歲加黜陟，行之數年，可望廩庾皆滿，家給人足。水旱盜賊，不足爲虞。富安天下之衡也。再照農穀之事，至爲繁細，一慮不周，及致擾害于民。臣愚心能知之，口且不能悉數之，况能徧以疏舉。若天博詢詳議，期于事體，精密可爲萬世長利，是在該部臣留意而已！上曰：覽卿疏，深切治理，具見忠猷。其下該部議行。

《明實録》**萬曆十七年七月** 丙辰，南京禮科給事中朱維藩言：南京各衛軍儲有本折之分，故支放亦有兼搭之令。自萬曆十五年，米價騰湧，專放本色，是一年而支兩年之用矣。所存幾何？既十五、十六兩年，解者不及十三，十七年猶未可知，大都又視十六年而減耳！南京內城三山門直溯江流，舟船如織，而今已湮塞。各府倉糧悉由水道運進，今盡失其舊舍舟而徒費不可言。臣以爲在倉糧則宜會計其數足支幾年，少則分投督催，又不敷則於豐足處收糴。在河渠則由城外以達城隅，責成所司作速挑濬。章下户、工二部，户覆：各府未完糧米，除見災緩徵外，餘嚴督徵解。工覆：河渠淤塞，責成都水司及應天府水利官查勘設處。俱允。

《明實録》**萬曆二十一年正月** 〔甲戌〕户部覆總督三邊都御史葉夢熊條陳四事：一、酌鹽引。減原欠鹽糧，每銀一錢納糧一斗，每銀一分納草一束，其新增一十萬引，通行均派各商勒完，俱填入二十一年勘合。二、修水利。修葺舊渠灌溉屯田，役軍每日給銀一分五釐，借支軍餉。三、造器械。謂應用料銀四千八百餘兩，工匠計日共銀幾三千兩。四、計兵餉。寧鎮蕩平見糧俱盡，議催南京户部銀二十萬兩，并二十一年年例市本馬價預支等項。從之。

户部覆甘肅巡撫田樂疏：甘肅地方孤懸千里，恃強兵足食，全在廣儲。一、清屯糧，嚴豪猾之積逋。二、濬水利，設專官以責成。三、墾荒土，免田壤之永科，禁官豪之占奪。至請復本色，向因本鎮環隸河外，爲挽輸不易，始改徵折色，止緣浹歲以來疊罹災荒，以致拖欠之數多至四十八萬有餘。臣等先曾題奉欽依，今陝西撫臣加意督催，無分秦越，若使以民運之負欠發帑金以給補，非特內財有限，亦恐外輸益拖。請命本部移咨陝西、甘肅各巡撫，將沙井莊浪一帶附近臨鞏州縣地方者改運本色，依限盡完，不許欠缺，以後年分悉照此行。從之。

《明實録》**天啓五年二月** 〔庚子〕户科給事中沈應時疏言：今日財匱計詘，太倉之粟不足本年之支，關上截漕併接濟毛帥，總約截去三十五萬。儻無變計而專恃截漕，若至截無可截，此不但部臣之憂，而關撫亦宜爲部臣憂者也。無已惟有廣屯可濟其窮，近如副都御史董應舉督理屯田，兩年間用屯本二萬六千三百兩，得利六萬四千兩，尚存屯本以爲後資。又如趙率教以武弁督屯，據報舊歲屯種至今年入倉鎮屬總數大約八萬有餘，可見大屯則大利，小屯則小利。今關外議進取，何若兼議且耕且守之爲兩得乎？誠專委有司相其土宜，凡有可耕去處定，不必有買田之費，官給與牛種、農器，令其開墾屯種，俾有餘粟可充軍儲，不惟截漕可減粟多價賤，亦可以折色配支。就如改解南糧一節，萬不得已，須早爲計處，運費妥確，以便遵行。各處府州縣奉有歲積之法以備賑濟，具列考成計其所積分數以分殿最，宜敕撫按盡法清查，令倉廪陳陳相因。儻遇軫恤災，民不待帑發於上，有司第奉皇上德音而霑惠無窮矣。此宜申飭各省直遵照通行者也。疏下該部，酌議具覆。

（清）陸世儀《思辨録輯要》卷一一《修齊類》 予向讀《區田法》，而異之以爲播種之中既有此妙法，古人何不悉以之教民，又民間何以竟不傳此法，嘗疑不決。及讀《元史》，見元時嘗以此法下之民間，教民如法耕種，民卒不應。又特遣耑官分督，究竟迄無成功。未審教督者非人耶，抑此法終不可行也。予嘗欲親試之而未暇，今歲既親田事，將以此法徧商之老農，且以語陳子，言夏亦令試其事，庶可得其實也。今備録此法於後。

區田説曰：地一畝濶一十五步，每步五尺，計七十五尺，每一行占地一尺五寸，該分五十行。長一十六步，計八十尺，每行一尺五寸，該分五十四行。長濶相乘通二千七百區，空一行種一行，於所種行内隔一區種一區，除隔空外，可種六百七十五區，每區深一尺。用熟糞一升與區土相和，布穀勻覆，以手按實，令土種相着。苗出看稀稠存留，鋤不厭頻，旱則澆灌，結子時鋤土深壅其根，以防大風搖擺。古人以此布種，每區收穀一斗。每畝可收六十六石，今人學種可減半計。又《氾勝之書》及《務本書》謂湯有七年之旱，伊尹作爲區田，教民糞種，負水澆稼，諸山陵、傾阪及高丘城上皆可爲之大麥、山藥、芋子、大小豆，俱可如式課種。又曰向年壬辰、戊戌饑歉之際，但依此法種之，皆免饑餒。此已試之明效也。若果爾，似又無不可爲者。王禎曰：古人區種之法本爲濟旱，惟近家瀕水爲上，其種不必牛犁，但鍬钁墾劚，便於貧難。大率一家五口可種一畝，男子兼作，婦人童稺量力分工，定爲課業，各務精勤，用省工倍，田少收多。按此云近家瀕水，則丘陵城阪之地必不可種矣。又聞常州鎮江田甚高仰，而土性受水，每農夫轉水一日則可停二三日，太倉土性獨不然，其高仰之地遇旱日必打水二遍，若地則全不受水，未可一概論也。

賈思曰：區田以糞氣爲美，不必皆良田，又不耕旁地，庶盡地力。蓋區種不先治地，即荒地爲之也。又曰區中生草拔之，區間草以剗剗之，若苗長不能用鋤，則以鉤鐮比地刈其草穢。又曰兖州刺史劉仁之，昔在洛陽於宅田七十步之地域爲區田，收粟三十六石，然則一畝之收有過百石矣。

徐玄扈曰：區收一斗，畝六十六石，即區田一畝可食二十許人矣。蓋古今斗斛絶異。《周禮》：食一豆肉，飲一豆酒，中人之食也。孔明每食不過數升，而仲達以爲食少事煩。若如今斗，則中人豈能頓盡？孔明數升已自不少，廉頗五斗過於太多，計今之畝若斗，則每畝可收數石，可食兩人以下耳。見文學張弘言：有糞種壅法，即今常種稻田，亦可得穀畝二十餘斛也。

按區田之法云：田一畝可收穀六十六石許計，今穀一石大約得米四斗，六十六石穀則當得米二十六石四斗也。田法積步二百四十爲一畝，今得二十六石四斗米，是約每步得米一斗一升也。今江南種田法，每人蒔秧六稞，相去八寸，則一步之地當得稞六十餘。刈穫之日，每人刈稻一行爲六稞，又一行共十二稞爲一鋪。收束之日，或二鋪三鋪四鋪五鋪爲一束不等，二鋪爲上，三鋪爲中，四五鋪爲下。今以三鋪言每地一步約可得禾二束，每禾一束得米五合，二束共得米一升，一畝二百四十步，當得禾四百八十束，米二石四斗。其二鋪者每步約得禾兩束半，米一升五合，一畝該得米三石六斗之數。今江南湖蕩間膏腴去處，地闢工修者大約如此。其餘常田大約三鋪爲束者得一石五六，二鋪爲束者得二石五六。此地力薄，亦種藝不得法也。

蒔秧之法：每人蒔一行，每行横蒔六稞，每稞相去八寸，此定法也。今田家或互相换工，或唤人代蒔，包蒔奸人偷力，多將秧稞蒔開，每稞相去或至一尺外及尺許不等者，則一畝地幾減秧稞大半，收穫鮮少，半由於此，不可不知。吾聞婁東鄉舊有富人善種田，蒔秧之日酒飯極豐。其蒔法：每人俱以繩約，使不過五寸，故其田秧稞密而分行整，收穫亦倍。則蒔秧法亦宜講也。又聞江鄉有秧纏以竹爲之，以約蒔秧者，即此意。

予欲以區田語鄉人，詢其可否，恐鄉人以爲書本中語，駭而不信。乃言曰：近有自湖廣來者，云彼處種田，有區種法，畝可得米二十石許。果否？因以其術詳告之。鄉人曰：理或有此，吾卿有種芋者，其法近此。因言種芋法：先掘地爲區，每區深闊各三尺許，熟糞壅之，每區種芋一株，漸鋤土壅，芋既成，每區得芋若干斤，每斤得金若干，計每畝約得金四十兩許。即此法也。則區田似亦可行。予又問：種芋得利如此，今人家何不多種？曰：工力甚費，人不耐煩。然則區田之法不行，亦工力費而人不耐煩也歟！然當賦役煩重之世，苟能躬耕四五畝，即可爲一家數口之養，此莫大之樂，又何工力煩費之足憂乎？

予聞東鄉有撮穀法，種必倍收，而人每不肯種，又不能多種。予問其詳，云：撮穀有二難，一則耘鋤難，二則易酣、不能耐風潮也。蓋撮穀之法，先耕地，車水浸田，然後下種，以三指撮穀種下之，約五六寸一撮。如蒔秧狀，撮畢，以足徐退，復撮如初。足從水中行，水微蕩漾，則穀種不定，多四散不能成稞簇，故不便耘鋤。又根出浮面，入土不深，稞長大，上實下虛，故易酣且不耐風雨也。以此知區田之法之善，隔區分種，則下種有地，不必足立水中，以手按實，則無蕩漾之患；苗出看稀稠存留，則無耘鋤之艱，漸耨隴草以壅其根，則根深蒂固，無酣側之虞而耐風與旱。以此徵之，區田之倍收必矣。人何不畧倣此意而小試之？

撮穀區田之倍收有故，蓋秧不移種，元氣未洩也。今田家蒔秧先一日拔秧，浸水中或一宿或再宿不等，甚者或經三四宿而後始蒔。蒔之時，抛擲堆垛，畧不少惜。蒔後，遇赤日則黄萎，數日而後始醒。蓋秧之元氣洩盡矣。其值陰雨而易醒者，則稻必勝。早蒔之勝於晚蒔。亦以過小暑則氣漸熱，秧難遽醒也。由此觀之，同一蒔也，醒之難，易猶係禾之善否，而況移種之分乎。

看來秧性亦太耐磨折。今草木之類，必賤種乃易植，其貴種則移，種之頃百方調護，猶多萎死，秧則不然。其拔也，信手速拔，畧不顧惜，抛折堆垛，棄置累日。其蒔也，兩指夾之插入水土，縱横欹斜，未嘗壅治，然及其既成，猶能每畝收三四石。使壅護愛惜，曲盡其道如區田諸法，所獲過倍，亦何足疑？乃今人習於苟簡，惟務欲速，終不肯加功加力，至誣古法以爲必不可用。吾末如之何也已矣。古人云鹵莽而耕，滅裂而穫，此言豈欺我哉？但野人愚而固，未可以言語争，有心者能躬行以率之，則庶幾矣。

秧苗入土深則難出秧，根入土不深則難久，故農人於播種之始，則撒秧於一處，以浮灰輕蓋之，既長則另分而插蒔，所以順其淺深之性也。是亦可謂得其術矣。然孰若區田之法，不用移植而盡淺深之宜，爲尤得其術哉。亢倉子曰稼欲産於塵而植於堅，淺深之謂也。

凡秧行最宜整蒔，秧最不宜速，速則秧行亂矣，亂則疏密失宜，難於耘鋤，且不通風。吕不韋作《吕覽》言農事甚悉，其《辨土篇》曰：衡行必得，縱行必術，正其行，通其風，禾心中央，帥爲冷風。正此意也。乃知古人之於農事，其用心至矣。

漢武帝使趙過爲搜粟都尉，過能爲代田，其耕耘下種田器皆有便巧，一歲之收，常過縵田畝一斛以上，用力少而得穀多。按：代田即古后稷法。一畝三甽，歲代其處，故曰代田。后稷以二耜爲耦，廣尺深尺（田）〔曰〕甽，甽長終畝。一畝三甽，一夫三百甽，而播種於甽中。苗生葉以上，稍耨隴草，因隤其土以附苗根。故《詩》曰：或耘或耔，黍稷儗儗。耘，除草也。耔，附根也。言苗稍壯，每耨輒附根，比盛暑，隴盡甽平則根深，而能耐風與旱，故儗儗而盛。縵田，平田也。謂如今之田晦不爲甽，漫漫然，故曰縵田。此大約如區田而簡易過之。然曰過縵田每畝一斛以上，則亦不過畧勝而已。區田數倍之説，恐未必也。

趙過代田之法，其簡易遠過區田。蓋區田之法必用鍬钁墾掘，有牛犁不能用，其勞一；必擔水澆灌，有車戽不能用，其勞二。且隔行種行，田去其半，於所種行内，隔區種區，則半之中又去其半，田且存四之一矣。以四之一之田而得粟欲數十倍於縵田，雖有良法恐不及此。今欲以代田之法參區田之意，更斟酌今農治田之方而用之。凡未下種之初，先令民以牛犁治田甽，甽深一尺、廣二尺，長終其畝，畝間爲隴，隴廣一尺，積甽中之土於隴上。一畝之地闊十五步，步當六尺，十五步得九十尺，當爲甽，隴三十道。甽之首爲横溝，以通灌輸。夫甽隴分則牛犁用矣，衡溝通則車戽便矣，甽廣於隴則田無棄地矣。乃令民治糞，糞之法各以其土之所宜及時播種。播種之法一如區田，先以水灌溝，使土少蘇，平其塊壘，乃徐播種，以手按實。蓋之以灰，而微潤之。苗出，耘之如法，使其中爲四行，行相去五寸，間可容鋤。生葉以上，乃漸耨隴草，隤土以附之。其應下壅及應閣水復水，俱依今農法試之，當必有驗。

耘苗法，《吕覽・辨土篇》最詳。其言曰：苗，其弱也欲孤，其長也欲相與居，其熟也欲相扶，孤謂相懸去如孤也，相與居則漸近矣，相扶則叢立如軋蓋。初時耘之，使稀則後來長開方有地步，否則根軋而不實矣。又曰：三以爲族，禾乃多粟。大約耘苗當存三莖爲一簇，其傍相去五寸，此爲要法。今蒔秧者亦大約三四莖一蒔。《吕覽》又曰：凡禾之患，不俱生而俱死，是以先生者美米，後生者爲粃，是故其耨也，長其兄而去其弟。謂存其長大而去其弱小者也。若弱小者不去，則長大者亦因之而多粃矣。又曰：樹肥無使扶疏，樹磽不欲專生而族居，肥而扶疏則多粃，磽而專生則多死。盖肥磽之地，其禾根株易盛，故立苗欲稀，不然則氣鬱而不展，故多粃。磽确之地，其苗根株難盛，故欲相援以立，不然則氣弱而不能自存，故多死。《吕覽》之言亦精矣。予嘗行田間，見溝間有禾長，茂特盛於他禾。顧問之，曰：此秧之餘未遑，他蒔者也。予曰：長茂如此，他日收穫亦必倍他禾。鄉人曰：不然，雖長而軋，他日盖多粃耳。此即《吕覽》肥而扶疏則多粃之説也。使如長兄去弟之法，則何至聽其多粃哉。

今人不種區田者，一則不知其法，一則工力費，一則江南水田田中冬夏積水，不便開溝分甽。惟高田可分甽，則又有不便者。高田冬必種麥。麥至夏至方收穫，若區田，則清明、穀雨之時已將播種，其開溝分甽須於冬春之間畢工，是因穀而廢麥，區田所以紛不可行也。然予於此又有一説，今人欲種早花或早稻，則冬間便荒地不種二麥。其言曰：雖少却一熟，然地力總在内，不較輸也。早稻早花之穫不及區田，然農人猶能舍彼就此，况區田乎。故吾以爲農人能分早花、早稻之田以種區田，亦庶幾兩得矣。

種區田又有兩便之法。凡農家種稻。先於清明時治地爲秧田，俟小滿前後分蒔，其種秧之田亦拔起再蒔。今何不寄種秧於區田，當播種時分其田十之二三，開甽如前法，俟苗長揷蒔之際，則分其餘秧以蒔他田。在區田則以當耘耔，在常田則以當播種，是誠兩便。

農家種稻最苦耘鋤，蓋耘鋤之時正當溽暑，又苗禾已長，人行其中，暑氣蒸鬱，大不堪耐。故農耘鋤，多在清早，日稍中即起，或有竟不耘鋤者。區田費耘，故人尤畏。然吾又有説於此，常田耘鋤，多在暑中者。以蒔時故晏也。若區田不用插蒔，則苗長自速。大約常田揷蒔之時，區田已將耘鋤矣。何暑之有？至於鋤土壅根，則今種棉之家日暴於田，不以爲苦而不鋤，區田隴高，足不濡水，與鋤棉同，亦何憚而不爲哉！

稻熟時，予往觀刈穫，見田傍一禾甚長，高衆禾約尺。餘顧問之，佃曰：此予偶遺一粒穀，未嘗糞治，今秀實如此，亦甚奇。予因數其穗，得二百餘粟。時衆禾遍數皆九十餘粟，是禾不啻倍之。因思此禾蓋未嘗移種，元氣未洩故也。然偶遺田旁，不糞不耘，纖毫未加人力，其稍壯碩者，特以得全於天耳。使如前法，盡種植之宜，其穗之長茂堅好，又豈特如斯已信乎。樹藝之法，不可不講也。

（清）賀長齡《皇朝經世文編》卷三六《户政・農政・説糞張海珊》

凡田有厚薄，土有肥磽，皆緣糞氣爲美惡。糞以柔之無疆檻，糞以壅之無輕㬠，薄使厚，過使和，糞之利益宏哉。凡糞載於《周禮》，雜見於諸家種植之書。糞之類或以馬骨牛羊豬麋鹿，或以禽獸毛羽，或以腐藁，以敗葉，以枯朽根荄，或以繅蛹汁，以溝瀆泥，或以人溲，及牛豕溲，其類猥且賾。凡人溲爲大糞，餘爲雜糞。苗糞爲蠶豆爲大麥，草糞爲翹蕘陵苕，爲苜蓿，爲苔華。江南水田冷，宜火糞，江淮迤北宜苗糞。凡制糞多術，有踏糞法，有窖糞法，有蒸法，有釀法，有煨有煮，而煮尚矣。凡置糞處，或爲池，或爲厠。懼其露也，爲之屋，懼其滲也，爲之磚檻。凡用糞有時與法，用之未種先曰墊底，用之既種後曰接力。不得其時與其法，則枝葉茂而實不繁，糞過多則峻熱而殺物。凡糞具，有畚有帚，有杴有杋有瓢杯。載糞有划船，有下澤車。嘗試論之，人莫不生於至穢，搆精爲人，蒸腐爲物，積刀貝爲富賈，饜肥甘爲大官，水至清則無魚，人至清則無福。精液化人，穀化精液，土化穀，糞化土。異哉！文之所以從異者以此。凡糞蟲，有蠦，有蛣蜣。

（清）賀長齡《皇朝經世文編》卷三六《户政・農政・敬陳農桑四務疏尹會一》

竊衣食爲生民之至計，農桑實務本之良圖。我皇上軫念民依，重農貴粟，特頒諭旨，明示勸課之方，復命廷臣詳籌教稼之法。臣伏讀綸音，遵照部議，業已飭令各屬，隨地制宜，因民利導，設立老農，興修水利，實力奉行。惟是臣生長田間，頗知農務，謹就豫省情形，悉心籌畫，謬抒管見，敬爲我皇上陳之：一、天時之宜乘也。凡物之生長，必有其候，故農時以勿違爲先，而力田以早種爲主。蓋早種則先得土氣，根株深固，發生必盛，收成必倍。今豫省百姓，罔知節候，往往有時宜播種而未舉耜者，有時宜耘耔而始播種者，既失天時，遂違物性。臣查播麥之期，務在白露，如天氣尚暖，當于白露十日後種之。種高粱，當臨清明節。種早穀，當臨穀雨節。種棉花，當在春末夏初。豆子晚穀，則于五月刈麥之後，在麥地播種。蕎麥於中伏以內，芝蔴多種於棉花地旁。即有氣候不同，寒暄各異之處，要必按時下種，不可遲緩。應令地方官刊刻告示，遍户曉諭，並責令老農督率勸勉。仍欽遵聖諭，州縣官不拘時日，輕騎減從，親往各鄉查勘。如逾時而未耕未種者，即詢明緣由，面加訓飭。倘有工本不足者，許老農開具名結，借以倉穀，秋後照例還倉。則天時無失，而耕種得宜，庶百穀繁昌，收穫自豐矣。一、人力之宜盡也。南方種田一畝，所獲以石計，北方種地一畝，所獲以斗計。非盡南智而北拙，南勤而北惰，南沃而北瘠也。蓋南方地窄人稠，一夫所耕，不過十畝，多則二十畝，力聚而功專，故所獲甚厚。北方地土遼闊，農民惟圖廣種，一夫所耕，自七八十畝，以至百畝不等，意以多種則多收，不知地多則糞土不能厚壅，而地力薄矣。工作不能遍及，而人事疎矣。是以小户自耕己地，種少而常得豐收，佃户受地承耕，種多而收成較薄。應令地方官勸諭田主，多招佃户，量力授田，每佃所種，不得過二十畝。至耘耔之法，又須去草務盡，培壅甚厚，犂則以三覆爲率，糞則以加倍爲準，鉏則以四次爲常。棉花又不厭多鉏，則地少力專，佃户既獲豐收，田主自享其利。且分多種之田以給無田之人，則游民亦少。仍飭地方官善於奉行，不得強抑勒派，以滋擾累。一、樹藝之宜廣也。夫木之佳者，以桑爲尚，其餘如棗、梨、桃、杏、榆、柳、椿、杜等，均堪利用。臣查豫省地方，每多鹹鹻飛沙之地，小民因難以墾種，大半荒棄。不知鹽鹻之地，挖去三尺，必無鹹味，飛沙之地，挖去三尺，必有濕氣。而村尾溝頭，籬邊屋角，隙地頗多，雖不可播種五穀者，未始不可栽植樹木。似應令地方官，責成鄉耆保長，廣爲勸諭，就所宜之木，隨處種植，加意培養。如鄉耆保長，有能於一年之內，勸民種桑五百株，梨棗等樹一千株者，據實册報，印官給以花紅。三年內能每年添種如前數者，給匾獎勵，則地無曠土，而利賴更溥矣。一、女工之宜勤也。竊以蠶桑之利，固屬無窮，而布疋之需，爲用尤廣。查江南蘇、松兩郡，最爲繁庶，而貧乏之民，得以俯仰有資者，不在絲而在布。女子七八歲以上，即能紡絮，十二三歲，即能織布，一日之經營，儘足以供一人之用度而有餘。今棉花產自豫省，而商賈販於江南，則以豫省之民曠廢女工故也。臣愚以爲寸絲之直，可以買尺布，衣布之人，百倍於衣絲，且織布易而織絲難。教以難者，或未必其率從，教以易者，庶可冀其就業。但豫省未嘗不織布，而家有機杼者，百不得一。應令地方官，曉諭有力之家，或多造機杼，貸於織布之户，量取賃直；或將無礙公項，可以動支打造者，令其報名給領，俟一年之後，繳還原項。並廣諭婦女，凡牌甲之內，有一家織布者，即令同甲做效。行之久而比户連村，無不各勤紡織，似亦推廣蠶桑之一道也。以上四條，臣仰體我皇上重農務本，富民足食之至意，竊就豫省地方，董率官民，措施辦理。但臣知識淺陋，是否有當，伏乞訓示。

（清）賀長齡《皇朝經世文編》卷三六《户政・農政・勸農三策疏乾隆二年張允隨》 奏爲請酌定考課，獎勸補助之規，以裨農政事。竊惟足食爲民生之本計，教養爲王政之先圖。綸音疊沛，無時不軫念農功，興懷勸相。曉諭督撫大吏，講求水利，而以農桑本務，倡課百姓爲先。至州縣之能勸民墾種者，非有大過，毋輕劾去，以期勸課有成。大哉王言！誠二帝三王之用心，而萬世兆民所永賴者也。臣奉到上諭，悉心體貼，除滇省水利另摺奏聞外，似覺尚有可以推廣善治者，敬爲我皇上陳之：查勸課農桑，固州縣之責，而州縣政務殷繁，不能遍及。是以部議仿照《周禮》遂地之制，量設數人，以司董成，誠農政之先務。但思州縣牧令，熟諳農功者少，似宜定爲規條，示以準的，俾選擇之始，既有以察其能否，考課之時，亦有以驗其勤惰。臣請定十則：一曰筋力勤健，二曰婦子協力，三曰耕牛肥壯，四曰農器充鋭，五曰籽種精良，六曰相土植宜，七曰灌溉深透，八曰耘耨以時，九曰糞壅寬餘，十曰場圃潔治。以上十條，以十得八九者爲上農，酌量州縣土田之多寡，村落之遠近，即于上農之內，選擇老成謹厚之人，專司教導於井里之中，晨夕聚處之際。勤者勸之益勤，惰者勉之勿惰，逐末者引之以務本，游手者教之以學稼，不許干預他事。至農人雖終歲勤動，而其功力之齊，則全在春耕、夏種、秋收之日，牧令政務雖繁，而一歲之中，要當竭此數旬之心力，以勸農事。如每歲二三月間，東作方興，州縣親行履畝一次，則耕犁之勤惰，可得大概矣。四五月間，插蒔方殷，再行履畝一次，則栽種之勤惰，可得大概矣。九十月間，穡事告成，再行履畝一次，則農功之勤惰，可得其全矣。勤者獎賞之，惰者誡飭之，老農教導無效者，則另選以代之。如州縣奉行不力，督撫司道府爲之稽察而申飭之。如此，爲牧令者，既克盡其勸課，亦不致滋擾閭閻，則用力少而收功溥矣。其餘月日，恪遵訓旨，凡值公事之暇，即巡歷鄉村，所至之處，詢疾苦而課農桑，獎善良而懲頑梗，則上下之情通，而提撕易入，不難合四境如一室矣。至部議所定，量加獎賞之例，固所以答老農教導之勞，而鼓農力作之氣。但查州縣既多，老農亦衆，若動帑賞給，則國家經費有定，若僅地方官捐給，則牧令中急公之員，固不乏人，而庸謹者不無苟簡從事，則獎賞之典將成具文。又當斟酌一法，以爲風勵斯民之具。伏查遂師之制重於成周，力田之科隆於漢代，而國家現行鄉飲酒之禮，凡鄉民之年高而淳謹者，得推爲介賓，民間深以爲榮。今老農雖未足與於此選，然果能率民以服先疇，若有成效，亦有司所當禮貌者也。臣請畧倣其意，於每歲秋成之後，州縣查其所管鄉村，如果地闢民勤，穀豐物阜，則爲之備花紅酒醴，設席公所，進而觴之，併用鼓樂導之以出，使耕鑿之儔見農民之細，而長吏親爲優禮。其觀感興起之忱，有油然而生者矣。至於貧乏之民，堯舜之世，所不能無，故先王有省耕省斂之典，即有補不足助不給之恩。倘課農之法既備，勸農之典復隆，而工本艱難，自當更籌補助之典，俾得及時栽種。查各屬社倉穀石，原係春借秋還，而常平倉穀，每年出陳易新，亦得詳明動借。然皆於青黃不接之時，以之接濟民食，安能復作籽種。臣查社倉，係社長經理出入，例應加息還倉，應聽民間自行借給外，請將常平倉穀于出陳易新之外，另立借給籽種名目。在存七數內，再行酌借一二分，俾民間共知其爲作種之項。令州縣官春夏巡行畎畝之時，查係實在無種窮民，即擇倉內堪爲籽種之新穀，酌動借給，令其作種。其力稍能自備，及吏胥皂役人等，不得捏冒濫借，務使貧民得沾實惠。秋成照數還倉，照例不許加息。其或偶有水旱不齊，緩至次年交倉，一轉移間，而貧民既得乘時布種，復得免重利借貸之苦，則且咸受裁成輔相之愷澤于無窮矣。

（清）賀長齡《皇朝經世文編》卷三六《户政・農政・論閩省務本節用書郭起元》　某閩人也，竊願言閩事。閩地二千餘里，原隰饒沃，山田有泉滋潤，力耕之原足給全閩之食。無如始闢地者。多植茶蠟麻苧藍靛糖蔗離支柑橘青子荔奴之屬，耗地已三之一，其物猶足供食用也。今則煙草之植，耗地十之六七。原煙出自西北邊外，謂可以驅寒耳。今則遍於東南，飲煙者無間暑寒，爲用與食鹽等，而又勝之。閩中更甚，煙葉之雨露入地，則地苦而穀蔬不生，無益於人，而害於嘉種如此。閩田既去七八，所種秔稻菽麥，亦寥寥耳。由是仰食于江浙臺灣建延，米艘自海來者，有風濤魚龍之險。自建延下者，灘石犖确，水潦不時，往往阻滯。而江浙官吏，又輒禁洋遏糶。故閭閻時時乏食，執事發令移文採買，而境內可以無饑矣。竊念古者建國，君民不待食於疆外。閩地耗於植煙，既嚴其禁，然小民不知大計，終以烟草爲利，久且復植，秔稌火耕水耨，沾塗胼胝，用力甚勞。海民習魚鹽蠃蛤之利者，冒險取之，逸獲而利饒，故惰於耕耘，不知民惟耕耘，則氣樸而質固，習勤而善生。古稱孝弟始于力田者，良不誣也！今惟飭長吏率三老諭衆民以重農務本之益，俾通曉自悟，漸革其俗，斯阜成盈寧之效可幾也。執事敷教以來，士多經明行修，今又開設書院義學，宜乎孝友睦姻任恤者，所在皆是。然而士民仰事俯育，兼資乎物力，孟子曰：菽粟如水火，而民焉有不仁者乎。今户口日蕃，而地不加增，民以日貧者，人與土贏詘之勢異也。一人之食，十人食之，則必饑矣。一人之衣，十人衣之，則必寒矣。爲今之圖，亦惟節儉以濟其不足，誠令中人之家去肥甘而麤糲之，一人之食可飽數人，易羅紈而布絮之，一人之衣可燠數人。此雖民間纖嗇之務，而登耗安危之機寓焉。福、興、泉、漳四郡，用物侈靡，無論其他，即冠帶衣履間，動與吳閶杭越競勝，不知彼地之膏腴，此方之瘠薄，財力之難以支也久矣。伏望飭吏設禁轉移之，衣食足而民仁，乃自然之效也。仰祈垂鑒而採納之，幸甚。

（清）賀長齡《皇朝經世文編》卷三六《户政・農政・農書張履祥》　桐鄉田地相匹，蠶桑利厚，東而嘉善平湖海鹽，西而歸安烏程，俱田多地少。農事隨鄉，地之利爲博，多種田不如多治地。蓋吾鄉田不宜牛耕，用人力最難，又田壅多，工亦多，地工省，壅亦省，田工俱忙，地工俱閑，田赴時急，地赴時緩，田憂水旱，地不憂水旱，俗云千日田頭，一日地頭是已。况田極熟，米每畝三石，春花一石有半，然間有之，大約其三石爲常耳。下路湖田有畝收四五石者，田寬而土滋也。吾鄉田溢土淺，故止收此。地得葉盛者，一畝可養蠶十數筐，少亦四五筐，最下二三筐。若二三筐者，即有豆二熟。米賤絲貴時，則蠶一筐，即可當一畝之息矣。米甚貴，絲甚賤，尚足與田相準。雖久荒之地，收梅豆一石，晚豆一石。近來豆價貴，亦抵田息，而工費之省，不啻倍之。况又稍稍有葉乎？但田荒一年熟，地荒三年熟，人情欲速，治地多不盡力，其或地遠者，力有所不及耳。俗云：種桑三年，采葉一世，未嘗不一勞永逸也。弗思耳，治地農叟有言：禾歷三時，故稈三節，麥歷四時，故稈四節。種稻必使三時氣足，種麥必使四時氣足，則收成厚。吾鄉種田，多在夏至後，秋盡而收，所歷二時而已。種麥，多在立冬後，至夏至而收，所歷三時而已。欲禾歷三時，麥歷四時，胡可得焉？惟有下秧極早，可補事力之不逮。穀雨浸種，立夏前下穀，稍備春氣，至插青之日，秧老而苗易長，且耐風日，所謂秧好半年田也。中秋前，下麥子於高地，獲稻畢，移秧于田，使備秋氣。雖遇霖雨妨場功，過小雪以種無傷也。人但知夏前秧之好，而不知所以好之故在得春氣備三時也。知種麥之多收，而不知所以多收之故在得秋氣備四時也。湖州無春熟，種田早，收穫遲，即米多於吾鄉。北方無水田，麥即廣熟，非獨地燥，歷時多，能盡其性也。况早麥又有幾善，墾溝揪溝便於早，早則脱水而堎燥，力暇而溝深，溝益深則土益厚，早則經霜雪而土疏，麥根深而勝壅，根益深則苗益肥，收成必倍。燥土疏溝深，又爲將來種稻之利，凡事利必兼利，害必兼害，惰農苦種麥之勞，耽撮子之逸，甘心薄收，甚至失時，春花絶望，愚矣哉！稻秧、麥秧。

漢文帝詔：歲勸民種樹。管子云：一年之計樹穀，十年之計樹木。吾里無山，土亦罕曠，然能于地隙水濱，種植良材百株，三十年後可得百金以外。若種樹成林，大小相替，材木可無乏用矣。每年芟其繁枝，可以爲薪，各以地之所宜，則桐鄉椿梓榆檀皆上木也。紹興祁氏，資送其女，費至千金，人怪其厚。祁曰：吾費不過十金耳。人益駭，問其故，曰：于女生之年，山中人，包種杉秧萬株，株費一厘，女十六七而嫁，杉木大小，每株值價一錢，則嫁資裕如矣。此雖山林與平野不同，然智可通也。

農事不理，則不知稼穡之艱難，休其蠶織，則不知衣服之所自。《豳風》陳王業之本，七月八章，只曲詳衣食二字。《孟子》七篇，言王政之要，莫先於田里樹畜。今日言及，輙笑爲鄙陋，是以廉耻不立，俗不長厚。然既治田桑，即必須兼治圃。古者民淳俗樸，瓜瓠俱在疆場，今不能然，則編籬爲圃，一以養生以禦盗俗。籬用槿易成，然實寡用而不固，不若間以枳橘，雜以五茄皮枸杞。三物有刺，可禦暴客，其實又皆可食而有用。其成雖須十年五年，然久而愈密。籬下偏種萱花，自生自長，花開隨采以晒，亦蔬之輔佐也。園中菜果瓜蒲，惟其所植每地一畝，十口之家四時之蔬，可不出户而皆給矣。古人場圃同地，秋收則築堅圃地爲場，以納禾稼，至來春則又耕治之，以種菜茹。此意湖州鄉間，往往見之。吾鄉殊不然也。場惟收成時一用，三時廢棄而已，圃則更闢一處，不得已則于桑下種菜。謂菜不害桑也。其實種菜之地，桑枝不茂，此不特地力之不盡，亦見人工偷惰，無足取也。古人規制無大小，俱有法度，何不遵而行之？編籬。

嘗論基址墳墓，各宜思糧之所出，墳旁種芋茂，便可取薪。基址寬曠，則前植榆槐桐梓，後種竹木，旁治圃，中庭植果木。凡可取爲祭祀賓客親戚饋問之用，即省市辦金錢。中庭之樹，莫善於梅棗香圓橙橘茱萸之類，莫不善於桃李杏柿之類。蓋物之易潰不能藏畜，吾所不取。

農事大綱有三，道惟在豫。一、疆界宜正也。田地賦役之所起，我不可以侵人，亦不可使人侵我。本讓畔之意，與其以我侵人，毋寧使人侵我。語曰：終身讓路，不枉百步，終身讓畔，不失一段。若地段田角，與人相間，彼此便利，則兑换可也。一、溝渠宜濬也。田功水利，一方有一方之蓄洩，一區有一區之蓄洩，一畝亦有一畝之蓄洩，漏而不知塞，壅而不知疏，日積月累，愈久而力愈難，燥濕不得其宜，工費多而收較薄矣。其事係一家者，固宜相度開濬，即事非一家，利病均受者，亦當集衆修治，不可觀望推却，萌私己之心。且思大禹平治九州水土，興萬世之利，何鄉黨中被一夫涓滴之澤乎。若乃占公爲私，損人益己，自非人之所爲矣。一、塍岸宜修築也。吾鄉視海寧爲下，既不憂旱，視歸安爲高，亦不憂水。圩岸雖不甚重，然不時爲修築，則地虞攤塌，田患漏洩，積久滋弊，恒至疆界失其舊所，田塍地脚，草根盤踞，所損亦復不少。宜於農隙之月，趁晴清理修治，則省忙工。若閒時蹉失，到插種收成之後，便無及矣。至於墳墓居址，以及道路橋樑，凡屬己所當爲，雖于農務無關，亦當乘隙料理，非度外可置也。田功

種田地利最薄，然能化無用爲有用，不種田地力最省，然必至化有用爲無用。何以言之？人畜之糞，與竈灰脚泥，無用也，一入田地，便將化爲布帛菽粟，即細而桑釘稻草，無非家所必需之物。殘羹剩飯，以至米汁酒渣，上以食人，下以食畜，莫不各有生息。至於大者，勤則善心生，愛土物，厥心臧，又勿論已。筋力有用也，逸則脆弱，丁口有用也，閒則虚靡。金錢粟帛有用也，薪油耗之，酒漿耗之，瓜蔬又耗之，麻縷絲枲亦耗之，儉者耗三之一，奢者過之。至其甚者，男習惰游，女休蠶織，長傲誨淫，又勿論已。賈子曰：治天下至纖至悉也。此言雖大，可以喻小，人能綜其大綱，復不厭纖悉，家政其庶理乎？農事纖悉。

吾里田地，上農夫一人，止能治十畝，故田多者輒佃人耕植而收其租。又人稠地密，不易得田，故貧者賃田以耕，亦其勢也。嘗讀《孟子》曰：諸侯之寶三，土地、人民、政事，士庶之家亦如此。家法政事也，田産土地也，僱工人及佃户，人民也。佃户終歲勤動，祁寒暑雨，吾安坐而收其半，賦役之外，豐年所餘，猶及三之二，不爲薄矣。而俗每存不足之意，任撲者額外誅求，脚尖斛面之類，必欲取盈。此何理耶？且思朝廷一布寬恤之詔，百畝之家所益幾何？而歡傳萬口，下加征之令，百畝之家所損幾何。而怨咨載道，豈非民力不可竭乎？大凡田所坐落，平日決宜躬履畎畝，識其肥瘠，計其寬隘，及泥蕩水路，莫不畫圖詳記。及佃户受田之日，宜至其室家，熟其鄉里，察其勤惰，計其丁口，慎擇其勤而良者，人衆而心一者任之。收租之日，則加意寬恤，僕人積弊，極力革除。至於凶災争訟疾病死喪，及煢獨貧厄，總宜教其不知，而恤其不及，須令情誼相關，如一家之人可也。近見富家巨室，田主深居不出，足不及田疇，面不識佃户，一任紀綱僕所爲，至有盗賣其産，變易區畝而不知者。侵没租入，將熟作荒，退善良之佃，任與刁黠，種種弊端，不一而足。坐使生計匱索，虚糧積累，以致破家亡身，無不由此。或乃恃目前之豪横，陵虐窮民，小者勒其酒食，大者逼其錢財妻子，寘之獄訟，出爾反爾，可畏哉！佃户

西鄉女工，大概織綿紬素絹，績苧麻黄草以成布疋。東鄉女工，或雜農桑，或治紡績。若吾鄉女工，則以紡織木棉，與養蠶作綿爲主。隨其鄉土，各有資息以佐其夫。女工勤者其家必興，女工游惰其家必落。夫婦女所業，不過麻枲繭絲之屬，勤惰所係，似于家道甚微。然勤則百務俱興，惰則百務俱廢。故曰：家貧思賢妻，國亂思良相。資其輔佐，勢實相等也。且如匹夫匹婦，男治田地可十畝，女養蠶可十筐，日成布可二疋，或紡棉紗八兩，寧復憂饑寒乎。刺繡淫巧，在所當戒。女工。

凡事各有成法，行法在人，其人存則其政舉，其人亡則其政息。家政亦加之。歸安茅氏，農事爲遠近最，吾邑莊氏，治桑亦爲上七區首，今皆廢棄。一者由天，荒亂而盗起也；一則由人，膏粱之久，不習稼穡艱難也。司馬温公居洛，有田三頃，躬親庶務，不舍晝夜。劉忠宣公教子讀書，兼力農，曰：困之將以益之。宴安害人，游閒廢事，古之人無不懼之。今農書所載者，法也。苟非其人，法不虚行。行法之要，一曰忠信，一曰精勤。忠信以待人，則人無不盡之心，精勤以立事，則事無不成之勢，要之忠信本也。《衛詩》星言夙駕，税于桑田，言勸課之勤也，而終之以秉心塞淵，騋牝三千，言其操心誠實而淵深，故雖畜馬之衆，亦至於三千也。農桑之務用天之道，資人之力，興地之利，最是至誠無僞。百穀草木，用一分心力，輒有一分成效，失一時栽培，即見一時荒落，我不能欺彼，彼亦不欺我，却不似末世人情，作僞難處也。然與世人相交，農終易處。以僱工而言，口惠無實即離心生，夙興夜寐即朝氣作。俗曰：作工之人要三好，銀色好，飲食好，相與好。作家之人要三早，起身早，煮飯早，洗脚早。三好以結其心，三早以出其力，無有不濟，推之事事，殆一轍也。習勤。

人言耕讀不能相兼，非也。人只坐無所事事，閒蕩過日，及妄求非分，營營朝夕。看得讀書是人事外事，又爲文字章句之家，窮年累歲而不得休息，故以耕爲俗末勞苦不可堪之事，患其分心。若專勤農桑，以供賦役，給衣食而絶妄爲，以其餘閒，讀書修身，儘優游也。農功有時，多則半年。諺云：農夫半年閑，況此半年之中，一月未嘗無幾日之暇，一日未嘗無幾刻之息，以是開卷誦習，講求義理，不已多乎。竊謂心逸日休，

誠莫過此。

（清）賀長齡《皇朝經世文編》卷三七《户政・農政・請海疆禾棉兼種疏乾隆四十年高晋》 竊照大江以南，江寧、鎮江、常州、蘇州府屬地方，土多沃壤，民習耕種，且能手藝營生，衣食足資利賴。惟松江府太倉州海門廳通州竝所屬之各縣，逼近海濱，率以沙漲之地，宜種棉花，是以種花者多，而種稻者少，每年口食，全賴客商販運，以致糧價常貴，無所底止。臣思衣食竝重，種棉花雖可織布成衣，然而一日不再食則饑，是饑之較寒則又食重於衣矣。臣從前閱兵，兩次往來於松江、太倉、通州地方，留心體察，竝詢之地方府廳州縣，究其種棉而不種稻之故，竝非沙土不宜於稻，蓋緣種棉費力少而獲利多，種稻工本重而獲利輕。小民惟利是圖，積染成風，官吏視以爲常，亦皆習而不察。以現在各廳州縣農田計之，每村莊知務本種稻者，不過十分之二三，圖利種棉者，則有十分之七八。又究其所以種稻多費工本之故，則因田閒支河汊港淤塞者多，艱于車水，工本不無多費。臣曾諄飭府廳州縣，勸諭地方紳士鄉農，照業食佃力之例，將凡有淤塞溝洫，次第開挖。竝剴切出示，使知食重於衣，多種稻而少種棉。官民固知爲根本之計，未嘗不計及於此。無如官無考成，民惟圖利，奉行未免有名無實。即如崇明一縣，向因本地多種棉花，不種糧食，准其招商赴上江有漕聚米之區，採買運濟。乾隆二十年以前，臣在安徽布政使任内，核計崇商買米之數，不過二十餘萬石，近則遞年加增，已買至三十餘萬石。此即生齒日繁，本地糧食不足之明驗矣。臣再四思維，竝于過蘇時，又與撫臣兩司，面爲講求臨民之道，固應好其所好，而食爲民天，又不可不謀其久遠之計。各州縣雖有常平社倉，以備緩急，而水旱無常，一旦歉收，本地既無積蓄，倉糧有限，又將何以爲繼。此沿海沙地，急應改棉種稻，以裕民食者也。但立法不善，非特無益，轉恐累民，惟有寬其限期，善爲化導，使民自知務本，漸臻饒裕，以享盛世昇平之福，斯爲盡善。臣請嗣後以三年爲限，責成松江、太倉、海門、通州，各府廳州縣地方官，將應開溝渠竝淤塞支河汊港，多方設法，照業食佃力之例，次第勸民開濬深通，以收水利之益。然後勸諭紳士百姓，凡田土在一頃以下者，應聽其便，若在一頃以上者，只許種棉一半，其餘一半改種稻田，士民之遵行者獎勉之，抗違者教戒之。府廳州縣，果能視民如子，實心實力，認真督辦，道府隨時稽察，如有成效，詳報督撫核實，特疏保薦，以獎循吏。倘或虛應故事，奉行不力，甚至假手胥役，藉端滋擾者，以闒茸溺職糾參。如此，寬以限期，則民無擾累，官有責成，將見本地之產糧日多，不專藉于外來商販，似于海疆民食，大有裨益矣。

（清）賀長齡《皇朝經世文編》卷三七《户政・農政・倡種桑樹檄乾隆二十二年陳宏謀》 陝省蠶政久廢，連年以來，官爲倡率，民間知所效法，漸次振興。除省城現設蠶館，發給工本，收賣零繭零絲，以供織紃，此外三原鳳翔，亦設館局，引誘學習外，其餘各屬民間漸多養蠶。計期四十日，即可收功。大概皆知養蠶之有利，奈老桑枯没，新桑無多，雖欲養蠶，苦無桑葉。此時惟有勸種桑株，處處有桑，則處處可以養蠶，桑多則養蠶必多，此情理之曉然可見者也。但民間既苦種桑無地，又苦桑秧難得，全在官司設法購種，聽民間赴官領取桑秧，庶可廣爲種植。官司中亦有不諳種桑者，除將種桑事宜開單，及金鎖關以北，冷不宜蠶，毋庸議外，仰司官吏速飭西同鳳漢邠乾興商各屬，乘此小滿節前，購覓桑子，布種桑秧。桑秧既成，即於境内城壕隙地，移栽桑株，並曉諭各鄉，赴縣領回桑秧，隨處栽植。今年種桑，二年之後，即可摘葉養蠶。或官爲養蠶，以示效法，或令民摘葉自養，總以境内多一株桑樹，即可多養蠶筐，多一養蠶之家，即有一家得蠶之利。有絲原可賣錢，原不必家家學織也。地方官費此心思，覓人養蠶，以爲衆民倡，所得之絲，原可出賣，縱初行無甚利息，所虧亦甚有限，身任地方，定能不吝此須，加意率作，以爲小民開衣食之源。行之既久，始而種桑者漸多，繼而養蠶者漸多，其利漸周，其種桑養蠶，自必愈衆。將來溯厥先事之人，利澤何等久遠。倘各屬仍前奉行故事，惟以現在勸諭種桑養蠶等語混覆，或一味迫切，強民養蠶，而不買桑養蠶，或地方有桑，而誣稱無桑可買，或差役四處採取民間野桑，不肯給錢收買，或止覆稱現在遵奉買桑養蠶，而其實原未買桑養蠶者，別經查出，定行嚴參。再興安一州，界鄰川楚，地候原非寒冷，山阿水涯，自多可以種桑之處，現在緊鄰之洋縣、城固兩縣，種桑養蠶，絲利最多，何以興安獨不相宜。應行該州，再爲悉心確查，一面照辦，一面回覆，毋狃前見，坐失美利也。

（清）賀長齡《皇朝經世文編》卷三七《户政・農政・勸種桑樹檄乾

隆十六年陳宏謀》　陝省向不種桑，本院近年自于省城設立蠶局，買桑養蠶，並飭鳳翔府等處，一體設局養蠶。誘民興利，民間漸知仿效養蠶。各處出絲不少。省城織局，招集南方機匠，織成秦緞、秦土紬、秦綿紬、秦綾、秦縑紗，年年供進貢之用。近已通行遠近，本地民人學習，皆能織各色紬緞，正須按續勸行，方可推廣加多。惟有多種桑樹，庶幾到處有桑，即到處可以養蠶，桑多則蠶絲亦多。絲多則紬緞亦多，本部院近日循行渭河南北，及盩厔地方，經過鄉村，樹木叢茂，滿目陰翳，除棗柿樹而外，樸樹甚多。如謂地不宜桑，豈有可以種植樸樹，獨不可以種植桑樹之理。與其種無用之樸樹，何如種有用之桑樹。如謂種後人偷斫伐，豈有不偷斫樸樹，獨偷斫桑樹之理。况村堡溝濠地頭屋角一隙之地，皆可種桑，竝非必須平原片段方可種桑，致礙蔬穀之利也。桑樹既可多種，則蠶事正可推廣。仰布政司官吏，除金鎖關以北，鄜延榆綏，各屬地不宜樹，種植難成，毋庸勸行外，其餘各府各縣，務令地方官，巡歷所至，勸諭民間種植桑樹。舊有之桑，各官保護培植，不可戕伐。有偷伐桑樹者，加倍究處。現在省城蠶局，及鳳翔府每年佈種桑秧，聽人赴領，各該州縣或亦廣布桑秧，聽民人領回種植，或赴省城、鳳翔領回，分散民間。其鼓舞勸誘之法，當將已種成之桑樹加以獎勵，種而未成者不必過問。每年官於城中設局養蠶，出示民間。凡有桑樹，或估價摘葉，或聽民人摘葉赴局，官即酌量給以價值，俾民人知家有桑樹，年年可以賣錢。路上野桑，亦可摘葉賣錢，自必愛惜舊桑，廣栽新桑。地方官每年買桑養蠶，不無所費，所得之絲，仍然有用，雖有虧折，亦不甚多。地方官果肯有心爲民，興此大利，每年即有所費，當亦不必吝惜，所得之絲，只須禀知，不必將絲送驗。倘民間有養蠶得繭，而不能繅絲者，亦許賣給於官。官買此繭，亦可繅絲，同歸有用。如此則種桑既可得利，養蠶賣繭亦可得利，有絲而或賣或織，更可得利，小民層層得利之處，即官司層層引誘之法，不必刑驅勢迫，自必鼓舞樂從矣。現在局中匠多機多，如各屬養蠶，得絲甚多，意欲織紬緞者，亦可赴局，覓人教習，或令人赴局學習。地方官一面身先倡率，一面設法鼓舞，因勢利導，自不患桑樹之不多，蠶織之不廣也。本部院年來勸行蠶桑，祇于省城設立蠶局織局，爲倡導引誘之計，未敢徒事文告，繩以官法。今事將就緒，觀成有機，地方官民亦皆知陝省蠶事可興。故此通行爲廣種桑樹，多多養蠶之計，各屬各隨心力，次第舉行，積少可以成多，由近可以及遠，月計不足，歲計有餘，果肯推行有效，不没其所長，毋再以爲迂濶而忽之。

（清）賀長齡《皇朝經世文編》卷三七《户政·農政·桑蠶説李拔》

聖天子加意農桑，每歲必親蠶，收入供御，蠶桑之利，遍於天下。閩中天氣和暖，理宜蠶桑，徒以難於創始，大利遂秘予蜀人也。習蠶利來，閩歷、守二郡曾於署内試養良絲厚繭，俱有成效，信乎閩之宜蠶也。顧欲養蠶，必先樹桑。桑之種類不一，一名壓桑，春初取桑枝大者長二三尺許，横壓土中，上掩肥土，約厚二寸，半月後萌芽漸長，三四月後可四五尺，次年立春前後，翦開移於他處，二三年即成拱，葉可飼蠶矣。一名子桑，乃桑椹所種，四月取黑桑椹揉碎，用糞灰和土，種入地寸許，一月發芽，三四月可長二尺許，再逾年種，種四五年始成樹，仍結子。惟葉稍薄，然任砍伐，枝可爲薪，取葉又甚易，養蠶者利之。而吴越之間，每取壓桑條，移接子桑，其葉更美。一名花桑，亦由種子而成，其葉與壓桑相似，但有花無實，與子桑異，不可多得。湖州所種皆小桑，蜀中多大桑，此種桑之異法也。養蠶之法：立春日，取蠶種置地上，或草間，使受春氣，隨置温暖處，日以爲常。越十餘日，自出小蠶如蟻蠕動，視其多寡，用雞翎掃下，每日一次，各爲一處，以免參差。初生盛以筐，藉以紙，先用柘葉食之。如無柘用桑亦可，每日喂三次。天氣晴暖，約七日即當初眠，眠則蠶不食，漸藏葉下，視眠者過半，即暫停，無與食。伺蠶蜕，大半起，而後食之。初與食不可多，多則傷食病死，漸長漸多。筐不能容，移于曲箔，蜀中呼爲簟，二三日一次攤開令稀，掃去蠶糞，以利其氣。蠶性喜温暖，宜向陽潔浄，毋使近陰暗，及污穢惡臭。犯則蠶瘟，故蠶婦不近喪門，不食蒜韭，良有由也。初眠後約七日而再眠，又七日而三眠，停食俱如初眠時。三眠蠶長寸許，蜀中呼爲大眠，謂過此則不復眠也。蠶既三眠，食葉有聲如雨，投之立盡，每日三食，夜則燃燈照之，蜀中名爲催老蠶，則舉家忙也。約食廿三四次，蠶即老不復食，置蔟上，令作繭，漸多不勝摘，則多置葉其上，而覆以草，如鞠梗竹枝之類。蠶老者次第而上，其前後亦不甚相遠。如遇天冷，下置火温之，四五日便成黄白二繭。各取歸筐中，黄者繅爲黄絲，白者繅爲白絲。繅絲之法，大釜沸水，入繭一升，攬出絲頭，置一木長徑釜上立三柱，置二小車，長五寸，徑二寸，下鑽竹管各一，抽絲頭由竹管出，繞小車周匝而後引入大車。車制寬尺六寸，徑四尺五寸，前輊後軒，後二柱架車前，二小柱作機納絲，二竹鈎下分爲二行上大車。每運車則機隨車往來，疾徐如意，每抽繭，絲盡則蛹出，不盡者再攬而抽之。有不上頭者，名水繭去之，破頭者入水即沉，鎮以石，毋令再起亂絲。每次添繭半斤，佳者煮繭三斗，可得絲二斤，即宜下架軸作一束如繩，挽其末如髻，即可貿。川中每斤價自八九錢至一兩不等，惟其時耳。川中又有水絲，取法與火絲畧同，惟煮繭取頭後，即下冷水盆中繅之，與火絲小異，色光而細，可作綾緞經線，然取之較少，故價稍貴。聞湖州蠶皆火絲，每年桑重生，復養蠶，故有頭蠶二蠶之別。此蜀中所無也。蜀中牆下樹桑，宅內養蠶，以爲常業。蠶初生每重二錢，長大可滿一簟，簟長丈二，寬五尺，編竹爲之，屋中立四柱，柱下有十齒，作架盛簟掛上，可容五簟，養蠶家多者，二百簟，少者亦十餘簟。每簟可得絲一斤，若得絲二百斤，則小康之家也。又蠶初生至成絲時，僅四十日，獲利最速，其糞可飼豕，水可肥田，柴可炊爨，故人皆寶之。每蠶熟置酒相賀，又擇其繭之佳者爲種出蛾，分雌雄配對，半日分開，承以綿紙，令下子滿紙，收貯爲來歲計。其出蛾遺繭，可製棉綢，並無棄物。婦工女紅以助男耕，心無外用，風俗可淳，豈不休哉！吾閔閩民之昧厚利窮生計，而莫爲之所也，作是説以導之。

（清）賀長齡《皇朝經世文編》卷三七《户政・農政・種棉説李拔》

天生萬物以爲人用，草花蟲殼，可爲衣被，冰繭火蠶，皆可爲絲，吉貝娑羅，皆可爲布。然出產不常，組織非易，閭閻往往難之。求其取多用宏，價廉工省，貴賤咸宜，貧富皆便者，惟棉花爲最。上古未有棉，漢後始入中國，流傳遂廣，世蒙其休。我皇上念切民依，留心耕織，温飽之利，遍於天下。予嘗北至幽燕，南抵楚粵，東游江淮，西極秦隴，足跡所經，無不衣棉之人，無不宜棉之土。八口之家，種棉一畦，歲獲百斤，無憂號寒，市肆所鬻，每斤不逾百錢，得之甚易，服之無斁，婦子熙熙，如登春臺，有由然也。閩中地號炎海，天氣温暖，土脈疎潤，最宜種植，而棉花絶少出產，購自江浙，價常加倍。又其甚者，男子惟捕蜃蛤，女子不解織紝，寸絲尺布，皆須外市。苟非素封，欲不歎無衣也得乎。乾隆己卯，予守福寧郡，怪而問之，或云土地非宜。予疑之，因於署內隙地試種，歲入甚富，及調福州，屢試有效，然後知閩地宜棉而不棉者，非地之過也，開先無人，而種植之道不講也。謹爲粗舉其略，俾謀生者取焉。棉樹挺生，葉如蒼耳，高二三尺，性喜燥惡濕，宜種山坡沙磧間，或地平，則四面掘小溝以洩雨水。水聚則葉雖茂不花，即花亦鮮實，或搖落無餘。每歲春三月，取花子入土中，數日即生，非其種者，鋤而去之，每株相離約尺許，毋使太密，鋤三次。長尺許即開黄花，花謝結實如桃，又十餘日，實開棉出，拾而存之，自下而上，綿綿不絶。自五六月至九十月方止，有頭花中花尾花之制，故蜀中土俗以砍花柴爲農功畢也。花既得，用車繳之，去其子，彈爲棉，紡線織布，即可爲被服。夫使農民有佐種植之利，而工商無衣貴布之累，則未有如廣興木棉之得計者也。民之欲自謀生，與司牧之欲爲民謀者，其尚審而行之。

（清）賀長齡《皇朝經世文編》卷三七《户政・農政・勸襄民種桑説三則周凱》　農桑者，天下之大命也。一夫不耕則民饑，一女不織則民寒，民饑民寒，强者爲非而罹於法，弱者貧且死，自古爲然，獨襄云乎哉。余守襄陽二載，見民之於耕，不遺餘力，崇山峻嶺，尺寸開闢。其不宜黍稷者，藝薯芋雜以爲食，而民之貧猶是，豈力之不出於身與，抑貨之或棄於地也？《孟子》曰：五畝之宅，樹牆下以桑，五十者可以衣帛。《史記》：齊魯千畝桑，其人與千户侯等，未見有桑陰十畝者。夫桑以飼蠶，無桑則無蠶矣。農之於耕，竭終歲之勞，一熟再熟，所入可計，而有水旱之慮，蠶則數月之工，婦女之事，無水旱之虞，利與稼穡等。且農按畝計税，有什一之征，而桑無征，爾襄民何憚而不爲也？栽桑之地，不妨稼穡，牆角畦稜，道旁場圃，閑隙之地皆可栽。一家栽十五桑，計得葉若干，飼蠶若干，獲繭若干，以絲以帛，以供一家之需，餘可以易財粟。桑宜野亦宜山，桑之葉可以蠶，桑之實可以酒，桑之木可以爲薪，桑之皮可以爲紙。鄰近荆豫皆有桑，爾襄民亦何慮而不爲也？而余猶懼民之難於圖始也。《管子》曰：十年之計樹木，利在十年後，而先棄工費於今日，是利未入而已費。今予先從遠方購小桑八百餘，栽之萬山之下，大堤之上，示以栽種接壓之法。蓋桑之爲類不一，宜接宜壓，而葉始肥，任爾民采其枝條接壓之，爾襄民又何樂而不爲也？昔者范純仁知襄城，課民種桑，張詠治崇陽，拔茶種桑，沈瑀爲建德令，一丁種十五桑。余何敢與古人比，但見爾民之牆角、畦稜、道旁、場圃閒隙之地有大利焉，而不知取也，故爲説以勸之，爾何忍使他木之蕭蕭濯濯者佔爾栽桑之地也？

或者曰：蠶桑之利，宜東南，不宜西北。遂疑襄陽近西北，非桑所宜。不知《禹貢》兗州曰桑土既蠶，青州曰厥篚檿絲，檿山桑也。他州如揚徐東南，《禹貢》亦僅曰厥篚織貝，厥篚元纖縞而已。考之《詩·豳風》蠶月條桑，《唐風》集于苞桑，《秦風》止于桑，桑者閑閑詠于魏，鳲鳩在桑詠于曹，説于桑田詠于衛。按古今疆域計之，冀荆豫梁雍皆宜桑，利不獨東南也。且襄陽古稱南國，南屬荆，北屬豫，介荆豫之交。荆州厥篚元纁璣組，豫州厥篚纖纊，纊細綿也，纁絳幣，組綬屬，皆絲所織。不桑不蠶，其何以織？昔北燕馮跋下書令百姓種桑，遼無桑，慕容廆通晋，求種江南，而平川有桑息。張天錫歸晋，稱北方之美，桑椹甘香。燕皆處西北，且曰：桑爲有生之本，利盡西北矣，何獨東南？其尤足爲襄陽明證者。《先賢傳》載司馬德操躬采桑後園，龐士元助之。《齊書》載韓係伯桑陰妨他地遷界，鄰人愧謝。此三子皆襄陽人，則襄之宜桑必矣。或者曰：橘踰淮爲枳，非木之性，遷地勿良。按《農書》，荆桑多椹，魯桑少椹。《禹貢》厥篚檿絲註：魯桑宜飼大蠶，荆桑宜飼小蠶，則荆自有桑，與魯桑並著。《襄陽志》載物産，桑及山桑素絹，穀城之廟灘有絹，南漳之東鞏有絲，接壤當陽之河溶，有河溶絹，天門有天門絹，荆有荆綢。爾庶民試則而效之，加以壓接壅溉之法，安見其變爲枳耶？或者曰：襄有木棉之利，與蠶桑匹。按木棉古吉貝，樹高丈餘，今之所藝者草本木棉，《群芳譜》所謂班枝花也，可爲絮，爲布。絮與帛同功。《禮》童子不裘不帛，帛煖恐損幼者筋骨，七十非帛不煖，言老者非帛不足衛其筋骨也。爾既知織木棉以爲布矣，曷不織繭絲以爲衣乎？況藝木棉以畝計，侵稼穡之地，有芟柞之工水潦之慮，桑則樹之牆角、畦稜、道旁、場圃閒隙之地，較木棉爲尤便。且爾既有木棉之利矣，益以蠶桑，其利不更溥哉？爾襄民何其未之思也？

余非僅與爾民言利也，余甚憫襄之婦女，無以專其執業，而壹其心志也。婦人無事，以蠶織爲事，士庶人之妻，親蠶以衣其夫，餘力足以自食而心始貞。比者余行效野，見貧民婦女，操耰鋤雜耕耦，心竊異之，謂《詩》言饁不言耕也。乃未幾而婦訟其夫矣，未幾而夫訟其婦矣，襄多婦女拐逃搶嫁買休賣休之案。婦人不再斬。斬衰爲其夫服。今襄之戒雞鳴，矢栢舟者，蓋亦有人，其不止於再醮者，比比然也！娶者不以爲非，嫁者不以爲恥，羞惡之心，人皆有之，豈其心之殊人哉？夫亦無業之可專，無志之可壹，而力不足以自食也，不桑故也。《周禮》：宅不毛者出里布。毛，桑麻之屬，典婦功之職，專授女工之事，秋獻功，辨其苦良。謂婦女不親絲枲，則耽于逸樂，而淫邪易生。《閭師》：不蠶者不帛，與不耕者祭無盛同罰，謂不親其事，即不得用其物，抑之使不得齊於儕人之禮，恥之也。聖王之所以設官分職，不惜委曲繁重而爲民謀者，誠以農桑者養民之生，即以正民之心也。凡人勞則思，思則善心生，逸則淫，淫則惡心生。勞者多富，逸者多貧，富則禮義之心生，貧則姦盗之心生，無恒産因無恒心，而放辟邪侈，無不爲矣。今襄之明禮義者，不必盡出於富，而其爲盗賊姦邪者，及抵於法，無不諉咎於貧。推其致貧之由，則恒産恒心，勞逸之論，間不容寸。《管子》曰：倉廩實而知禮節，衣食足而知榮辱。揚子曰：男子畝，女子桑，習其耳目而定其心思，嫻其道藝而世其家業，無非以道率民，其尤深於家塾黨庠之爲教乎。知農桑之利如彼，不農不桑之害如此，自古迄今，曾無二理。襄之民亦何憚而不爲也？

（清）賀長齡《皇朝經世文編》卷三七《户政·農政·勸種橡養蠶示 宋如林》

照得本司等莅任以來，訪察黔省地固瘠薄，民多拮据。推原其故，由於素不講求養生之道，則地利不能盡收，而民情又耽安逸，無怪乎日給不暇者多矣。查遵義府屬，自乾隆年間，前府陳守，來守是郡，知有橡樹，即青棡樹，可以飼蠶，有蠶即可取絲，有絲即可織紬，隨覓橡子，教民樹藝，並教以養蠶取絲之法。故至今日，遵義蠶紬，盛行於世，利甚溥也。他處間有種植青棡樹，惟取以燒炭，並不養蠶，且樹亦無多。若將不宜五穀之山地，一律種橡養蠶，則民間男婦，皆有恒業，其中獲利，不獨遵義一府矣。查種育之法，其樹有二：一名青棡，葉薄；一名槲櫟，葉厚。其子俱房生，實如小棗。植法：于秋末冬初收子，不令近火，冬月將子窖於土內，常澆水滋潤，逢春發芽。無論地之肥瘠，均可種植，三年即可養蠶。春季葉經蠶食，次年仍養春蠶，或養秋蠶亦可，須隔一季。四五年後可伐其本，新芽叢發，又可養蠶。其春秋二季養蠶，及取絲之法，各有不同。一得其法，殊不爲難，端在地方官首爲之勸諭也。此時種樹飼蠶，大率皆知，更非從前陳守之創始者可比。惟收買橡子，必須價本。如令民間自備資斧，遠處收覓，亦勢有所難。茲本司籌辦經費，委員前赴遵義定番一帶，採買橡子，收貯在省。各府廳州縣，酌量多寡，赴省領回，散之民間，勸諭居民，無論山頭地角，廣爲種植。二三年後，即可成樹。俟至可以養蠶之日，由地方官查明申報，仍由省收買蠶繭，散之民間，令其蓄養於樹。凡收買橡子蠶繭，無須民間資本，不過自食其力而已。至種橡育蠶之法，現在刊刻條款，先發各府廳州縣，隨同橡子，分給居民。及將來散給蠶繭，均交各學教官，率同鄉約地保分散，絲毫不經胥吏之手，以期實惠及民。自成繭之日，務宜繅絲售賣，蓋售絲之利倍於售繭也。爲此諭仰闔省軍民人等知悉，爾等於耕作之外，更宜盡力蠶絲。俟橡子及條款發到，該管衙門，即向教官及鄉地處請領，如法照辦。凡書役人等不許經手，以副本司籌裕民食之至意。

（清）賀長齡《皇朝經世文編》卷三七《户政·農政·種樹説俞森》

余聞之百歲樹德，十歲樹木，故安邑千樹棗，燕秦千樹栗，渭川千畝竹，其人皆與千户侯等。今豫州歷經闖賊焚掠，人希土曠，雖蓊翳成林之處，不可謂無，然極目平原，往往而是。嘗召土人問之，椅桐梓漆無不具也，桑柘榛栗無不宜也。棗二歲而實，五歲而得一石，柿五歲而實，十歲而得三石，榆莢一歲而盈丈，柳枝五歲而合圍，土壤之沃如此，是此地樹木之效尚不須十年也。乃熟察四郊，家無儲積，室鮮完廬，豈此邦之民盡屬蚩蚩，抑有司無以導之也。余嘗註種樹之效，其利有八，上之人不肯盡心者，其弊有三，下之人相視不前者，其源有二也。何謂八利？一畝之地樹穀，得二石足矣，一畝之地而樹木，所入不數十石乎，其利一。歲有水旱，菽麥易傷，榛柿栗棗，不俱殘也，年豐販易，歲凶療饑，其利二。貧人無薪，至拾馬糞，掘草根，種樹則落其實而取其材，何憂無樵蘇之具，其利三。造屋無木，土塹覆草，久雨屋頹，率多露處，種樹則上可建樓居，下不同土隅，其利四。樹少則生無以爲器具，死無以無爲棺槨，種樹則材木不可勝用，其利五。豫土不堅，瀕河善潰，若栽柳列樹，根枝糾結，護堤牢固，何處可衝，其利六。五畝之宅，樹之以桑，宅不毛者有里布，今汴州四野之桑，高大沃若，若比户皆桑，大講蠶務，其利七。五行之用，不剋不生，今樹木稀少，木不剋土，土性輕颺，人物麤猛。若樹木繁多，則土不飛騰，人還秀飭，其利八。有此八利而上下恬熙玩日愒月，則三弊不除，而二源不擴也。何謂三弊？在上之人以簿書期會之不遑，常恐因所緩而悞所急，一也。貪婪者每借事而生端，謹慎者每安常而襲故，二也。凡民可與樂成，難與慮始，未蒙章甫之歌，先致靡裘之謗，三也。至於民間，或有廣種之舉，工師求大木，通國皆無，而一家獨有，此禍之媒也，一也。鄰右盡蓬蒿，而果實離離，雖折柳樊圃，亦射之的矣，二也。此所爲二源不擴也。此非上之人不顧三弊，擴清二源，則利不可得也。一里之內，而種樹者止一家，一邑之內，而種樹者止一里，則利少而害多，不得不顧慮也。若盡一邑而悉種焉，則利廣矣，盡一郡而悉種焉，則利更廣矣，闔省而悉種焉，則其爲利尤廣矣，而何慮禍之獨鍾乎？闔省者，一邑之積也。夫地道敏樹，最易者無如棗柿榆柳。柳樹宜於冬月，棗柿與榆，宜於三月，棗柿之實，可以備荒，榆柳之本，可以造屋，枝條可以供薪。使衆邑之中，各有賢令長下一令曰：户無分上下，一家種棗三十株，柿三十株，榆柳各百株。能逾格多種，及廣栽雜樹者旌之，不如令者罰無赦。閱三年之後，人不告荒，十年之後，户皆寧處，八利將無不見矣。所慮者但申文告而不稽察其弊，徒文具而無利濟之實耳。爲邑長者，下令之後常以時巡行郊野，則人人驚動，毋敢荒怠矣。語曰：樹德莫如滋，使數十百年之後，諸父老食以得飽，居以得安，指此參天蔽日者，以告子孫曰：某樹某樹，皆某令君之所視其灌溉者也。其德不既滋乎。故詳具委曲，申告諸公，知不以余言爲迂，必爲投袂而起矣。

（清）賀長齡《皇朝經世文編》卷三七《户政·農政·種雜糧廣樹植狀陳宏謀》

滇省地方，跬步皆山，沃壤原少，而山确之區，不能處處種植，即低下之區，亦不能年年種植。總因小民狃於積習，不知廣積糞土，不知栽植雜糧，誠爲可惜也。節奉憲檄通飭各屬，勸民廣種雜糧，本司亦復再四指明開導，以資民食。前據羅次縣任令以羅民不曉栽種旱糧，任聽地畝抛荒，又不識釀糞之法，情願自備牛種，將百姓所不種之田，雇人耕種，照工分麥，又築茅置棚於郊外，圈牛猪以示釀糞之法，庶使羅民見而倣效等情。本司當以種植積糞，事切農功，應如所請，並通行所屬，一體遵照。此外如山嶺土坯，連草帶土，晒乾火化，拌入糞土，皆可肥田。又如通衢大路，傍開小溝，添入雜車樹皮，日受牛馬踐踏之水，既便行人，尤可積糞。其餘山箐嶺窪村傍隙地，均可照此行之。至於馱載牛馬，往來打野之處，旁挖小池，就近將牛宿糞草掃入，亦可積糞。茲據羅次縣知縣張應鈞，詳稱羅民從前亦知積糞種地，但民性疲懶，率多曠棄。嗣經前任導以置設欄圈，多蓄豬牛，以便積糞之法，百姓習之已久，數年以來，所種雜糧，俱已勃然。卑職到任，仍復率由成規，不時勸諭。邇來羅邑旱地，漸無曠土，農人積糞，總無遺棄，瘦薄地土，種無不收，頗有成效，轉報查核等語。是前詳積糞之法，頗有成效，似應通行各屬，督率農民，各就土宜，廣行積糞，以裨種植者也。抑本司更有請者，滇南承平日久，生齒浩繁，加以在在廠井，一人之耕，不足以供數人之食，非盡地力之已竭，實由人力之未勤。有水之處可以種稻穀，無水之處可以種雜糧。雜糧之中，有春莜冬莜，燕麥小麥，蠶豆黃豆，鼠豆青稞等物。滇民終年所食，皆資此物。此外尚有董萗野菜蘿蔔蕷薯等物，隨處可以種植，荒月亦可療饑。再滇中本係山區，叢岡復箐，草木繁茂，柴薪自來充裕，乃因竈井需柴，廠局需炭，旦旦而伐，幾於舉目童山，薪炭漸已艱貴，即草根樹皮，幾爲民間難得之物矣。滇中四望，山嶺有不能種植糧食之地，斷無不能種植樹木之處，且原係崇林密箐，今始斬伐殆盡，正當復行栽種。總由性耽疲玩，僅計目前，不圖久遠。將來日復一日，柴薪艱貴，窮民之苦，又在於茲。凡此種植之法，均宜與積糞並行不悖。近已節奉敕旨通行，然民情固難於圖始，地方官亦恒視爲瑣屑。若非專其責成，設法勸懲，仍未必有益。伏讀上諭天下親民之官，莫如州縣，州縣之事，莫切於勤察民生，而務教養之實政。有事則在縣辦理，無事則巡歷鄉村，所至之處，詢民疾苦，課民農桑，宣布教化，崇本抑末，善良者加之獎勵，頑梗者予以威懲，遇有爭角細事，就地剖斷，以省差拘守候之苦。如此從容歲月，始可收循良之實效，不愧爲民之父母。大哉王言！其訓迪夫州縣者切，期望夫州縣者專，而所以爲民謀衣食之源者，誠無微之不晰也。今所議積糞種植，實爲滇民切要之務，請通行各屬，於因公出入之便，循行勸課之時，就其地土情形，勸以開溝積糞。遇有閒曠地土，即傳所在居民，詢其所以歷來不種植之由，考其可以種植之物。無水者尋水導流，無種者借本代覓，有主之地聽其自種，無主之地許其認種。既種之後時爲稽查，毋使廢棄。阻撓偷竊者，嚴加究處，並責成老農鄉保頭人，各于所管村寨，日夕勸諭。惰棄者量爲懲處，勤力者格外獎勵。並以所管村寨之種植多寡，定老農鄉保頭人之功過，年底分別勸懲，但不必差役查拿，至茲擾累。地方官事實册內，歲以爲考，務使已行未效者，接續舉行，未行者亦復推廣舉行。俾四境之土俗物宜，時懸官長心目之間，司牧之早作夜思，不越小民身家之計，月計雖云不足，歲計自已有餘，可以破疲玩之積習，即可以基無窮之樂利矣。

（清）葛士濬《皇朝經世文續編》卷九四《工政·直隸水利·勸課獎勵議林則徐》 雍正二年，諭直隸督撫等官：朕惟撫養元元之道，足用爲先。朕自臨御以來，無刻不廑念民依重農務本業，已三令五申矣。但我國家休養生息數十年來，户口日繁，而土地止有此數，非率天下農民竭力耕耘，兼收倍穫，欲家室盈寧，必不可得。《周官》所載巡稼之官不一而足，又有保介、田畯、日在、田閒，皆爲課農設也。今課農雖無專官，然自督撫以下，孰不兼此任也？其各督率有司，悉心相勸，並不時諮訪疾苦，有絲毫妨於農業者，必爲除去。仍於每鄉中擇一二老農之勤勞作苦者，優其獎賞以示鼓勵。如此則農民知勸而惰者可化爲勤矣。再舍旁田畔以及荒山不可耕種之處，量度土宜，種植樹木桑柘，可以飼蠶，棗栗可以佐食，柏桐可以資用，即榛楛雜木亦可以供炊爨。其令有司督率指畫，課令種植，仍嚴禁非時之斧斤、牛羊之踐踏、奸徒之盜竊，亦爲民利不小。至孳養牲畜，如北方之羊、南方之彘，牧養如法，乳字以時，於生計不無稗益。總之，小民至愚，經營衣食非不迫切，而於目前自然之利反多忽略，所賴親民之官委曲周詳，多方勸導，庶使踴躍爭先，人力無遺，而地利始盡。不惟民生可厚，風俗亦可轉移。爾督撫等官，各體朝廷愛民之意，實心奉行，儻視爲具文，苟且塗飾，或反以擾民，則尤其不可也！

明徐貞明《潞水客談》設得牧養斯民者，擇其勢順功敏之處，募願就之民經略其端，以示倡率之機，使民灼然知水利之可興，則必有競勸而爭先者。庶令不煩而事自集，至若不費公帑，不煩募民，而田功自舉者。邊地屯田以餉軍，其道有三：倡力耕之機，定賞功之制，廣世職之法而已。內地墾田以阜民，其道有三：優復業之民，立力田之科，開贖罪之條而已。

袁黄《皇都水利書》開田賞功，論元泰定中，虞集進言京師之東聽富民欲得官者授以地，官定其畔以爲限。能以萬夫耕者，授以萬夫之田爲萬夫長，千夫、百夫，亦如之。三年後視其成，以次漸征之。五年有積蓄，命以官就所儲給以禄。十年不廢，得以世襲。如軍官之法。至正間，脱脱略仿集，議於江南募能種水田及修築圍堰之人各一千名爲農師，降空名敕牒十二道，能募百人者授正九品，二百人者正八品，三百人者從七品，就令管領所募之人。嘉靖中，秦鼇言：畿輔之地，水土沃饒，乞選江浙之士爲之長吏，仍又仿行古者孝弟力田之科，有能率衆墾田萬畝者，授其官；其千畝者，亦如之。果能勸課有法，不吝超遷，則三數年後，必有萬倉之積矣。

徐光啓《農政全書・墾田疏》：墾荒足食，萬世永利，而且不煩官帑，招徠之法，計非武功世職，如虞集所言，不可惟集言世襲如軍官之法。所擬不管事，不升轉，不出征，空名而已。田在爵在，去其田，隨去其爵，即世襲又空名也。但恐空銜人未樂趨，故必以空銜爲根著，而又使得入籍登進以爲勸。

《大清會典》康熙四十三年，天津附近荒棄地畝開墾一萬畝以爲水田，行令各省巡撫，將閩、粤、江南等處水耕之人出示招徠，計口授田，給與牛種。

許承宣《西北水利議》：國家廣開事例，以佐軍需。今次第底定，將停事例以澄叙官方矣。何不即用見開之例，於西北各省，每縣增設農田官，此日之品級與他時升轉皆得比縣令，而以其捐納之數募耕夫庤錢鎛，買犢儲種，并償民之棄熟田爲水道者。

怡賢親王《請設營田疏》：小民可與樂成，難與慮始。請擇沿河濱海施功容易之地，設營田專官，經畫疆理，召募南方老農，課導耕種。其有力之家率先遵奉者，圩田一頃以上，分别旌賞。有能出資代人營治者，民則優旌，官則議叙，仍歲收十分之一歸還原本。至各屬官田約數萬頃，請首先舉行，爲農民倡率。其濬流圩岸以及瀦水節水引水戽水之法，一一酌量地勢，次第興修。一年成田，二年小稔，三年粒米狼戾。小民覩水田收穫之豐饒，自必鼓舞趨效，將凡可通水之處，無非多稼之鄉矣。

户部議覆大學士朱軾條奏：一、自營己田者，照田畝多寡，給與九品以上、五品以下頂帶，以示優旌。一、効力營田者，應酌量工程難易、頃畝多寡，分别録用。一、罣誤降革之員，効力營田者，准其開復。一、流徒以上人犯効力營田者，准減等。

臣則徐謹案：《魏書》高允曰：方一里則爲田三頃七十畝，方百里則三萬七千畝。若勸之則畝益三升，不勸則畝損三升，方百里損益之率爲粟二百二十三萬斛。況以天下之廣乎？旨哉斯言，其著勸農之利可謂約而達矣。然此就已成之田言之，若治旱田爲水田，易雜糧爲稻米，畝益至一石以外，則勸課之功其益愈大而其效愈廣。伏讀《大清會典》載：國朝墾荒自助牛種寬徵賦而外，有懸爵賞以勵招徠之條。區畫周詳，務使野無曠土。惟民爲邦本，食爲民天，課之勤故獎之至也。今營成之後，地方官既各視多寡以爲考成，民閒自營者驗明成熟有效，按頃畝分别等差，給予優獎。又佐之以議叙之典、贖罪之條，如此則勸率既至，鼓舞自生。數年後，倍入之獲目驗，而身習美利，所在民自趨之，不待勸而無不勸矣。

（清）葛士濬《皇朝經世文續編》卷九四《工政・直隸水利・禁擾累議林則徐》

雍正元年諭户部：朕臨御以來，宵旰憂勤，凡有益於民生者，無不廣爲籌度。因念國家承平日久，生齒殷繁，地土所出僅可贍給，偶遇荒歉，民食惟艱。將來户口日滋，何以爲業？惟開墾一事於百姓最有裨益。但向來開墾之弊，自州縣以至督撫俱需索陋規，致墾荒之費浮於買價，百姓畏縮不前，往往膏腴荒棄，豈不可惜？嗣後各省，凡有可墾之處，聽民相度地宜，自墾自報，地方官不得勒索，胥吏亦不得阻撓。至升科之例，水田仍以六年起科，旱田以十年起科，著永爲定例。其府州縣官能勸諭百姓開墾地畝多者，准令議叙。督撫大吏能督率各屬開墾地畝多者，亦准議叙，務使野無曠土，家給人足，以副朕富民阜俗之意。

五年諭内閣：修舉水利、種植樹木等事，原爲利濟民生，必須詳諭勸導，令其鼓舞從事，方有裨益，不得繩之以法。若地方官員因關繫考成，督課嚴急，則小民轉受其擾矣。著直隸學臣轉飭教職各官，切加曉諭，不時勸課，使小民踴躍興作。若地方官員怠忽，不加勸導，或有逼勒過嚴者，著學臣稽察奏報。三絡巡察御史亦著善於勸導，悉心稽察，如地方官有奉行不善之處，即據實奏聞。

六年諭：凡興修河渠等事，朕意本欲惠養斯民，爲地方永賴之利，乃差往人員等奉行不善，轉爲閭閻之擾。前聞直隸工員內，有因營田拔去民間已種豇豆之事，因諭令怡親王確查。今據參案文中不行曉諭於事，先乃將已成之禾稼逼令拋棄，違理妄行，顯欲阻撓政事，非無心錯誤可比。該巡察御史苗壽、陶正中何以不行查參，梁文中所犯既實，不必交與該督再審，著革職，於工所枷號示衆。其所毀壞豇豆，著即於梁文中名下照數追賠。

李光地飭興水利牒：此事原爲百姓籌謀，非如欽工上差諸務期會徵發，隨以督責也。該府州縣履歷民間，務要減省，徒從隻馬單車勞問父老，詢以農事，不得騷動閭閻，費民一草。胥役有藉此作一名色驚擾編氓者，立斃杖下。

臣則徐謹案：爲國不患無任事之人，而患有僨事之人。任事者方興利以救弊，僨事者即因利而弊滋。故曰：利不百不興，害不百不去，誠慎之也。今興治水田，爲西北百姓建無窮之利，民間自營之產，人自耕之，人自享之，賦税不增，租典由便，有利無害者也。特恐創行之始，或急於見功，奉行不善，或假手胥吏，生事滋擾，甚或違理妄行，藉以阻撓政事。如雍正六年上諭處革之梁文中，其人者將養民之政反爲優民之事，此端一開，浮議乘隙而生，必至懲羹吹齏，因噎廢食。是在承辦各官，毋急近功，毋執偏見，虛心諮訪，善言勸導，毋令書役得以藉手，庶杜漸防微之慮周，而善作善成之效可期也。

（清）葛士濬《皇朝經世文續編》卷九四《工政·直隸水利·懲阻撓議林則徐》

《宋史·食貨志》何承矩知雄州，大作稻田，以足食於雄莫、霸州、平戎、順安等軍。興堰六百里，置斗門，引淀水灌溉。初年種晚稻，值霜不成，取江東早稻種之，八月稻熟。初，承矩建議，阻之者頗衆，既晚稻不成，羣議愈甚，事幾爲罷。至是，承矩載稻穗數車，遣吏送闕下，議者乃息。

國朝怡賢親王請設營田疏，浮議之惑民，其説有二：一曰北方土性不宜稻也。凡種植之宜因地燥溼，未聞有南北之分，即今玉田、豐潤、滿城、涿州以及廣平、正定所屬不乏水田，何嘗歲歲成熟乎？一曰北方之水暴漲則溢，旋退則涸，能爲害不能爲利也。夫山谷之源泉不竭，滄海之潮汐日至，長河大澤之流遇旱未嘗盡涸也，況陂塘之儲有備無息乎？

藍鼎元《論北直水利書》：夫人情公私不一，安保其必無異議，惟在鋭意舉行，不爲浮言搖惑而已矣。今所慮者或謂南北異宜，水田必不宜於北方。此甚不然。永平、薊州、玉田、豐潤漠漠春疇，深耕易耨者何物乎。或謂北地無水，雨集則溝澮洪濤，雨過則萬壑焦枯。雖有河不能得河之利，此可以閘壩隄防，蘊其勢，使河中常常有水，而因時啓閉，使旱潦不能爲害者也。或謂北方無實土，水流沙潰，隄岸不能堅固，朝成河而暮淤陸，此則當費經營耳。然黃河兩岸一概浮沙，以葦承泥，亦能捍禦，誠不惜工力疏濬加深，以治黃之法堆砌兩岸，而渠水不類黃强，則一勞永逸，未嘗不可恃也？

柴潮生《水利救荒疏》或曰：北土高燥，不宜種稻也。土性沙鹻，水入即滲也。挖掘民地易起怨聲也。且前朝徐貞明行之而敗，怡賢親王與大學士朱軾之經營亦垂成而坐廢，可爲明鑒也。臣請又一一言之。九土之種異宜，未聞稻非冀州之產，見今玉田、豐潤秔稻油油，且今第爲之興水利耳，可稻可禾聽從民便，不疑者一也。土性沙鹻是誠有之，不過數處耳，豈徧地皆沙鹻乎？且即使沙鹻而多一行水之道，究比聽其衝溢者猶愈，不疑者二也。若以溝渠爲損地，尤非知農事者。今使十畝之地損一畝以蓄水，而九畝倍收，與十畝之田皆薄收，孰利？況損者又予撥還，不疑者三也。至於前人之屢行屢罷，此亦有由徐貞明有幹濟之才，所言亦百世之利。其時王之棟參劾，出於奄人勳戚之意，其疏亦第言滹沱不可開耳，未嘗言水田不可行也。但其募南人開墾，即以地予之，又許占籍。左光斗之屯學亦然。是奪北人之田而又塞其功名之路，其致人言也宜矣。至營田四局成績具在，公論難誣，當日効力差員不無奉行未善，所以賢王一没，遂過而廢之，非深識長算者之所出也。況非常之原，黎民所懼所貴持久乃可有功。秦人開鄭白之渠利及百世，而當時至欲殺水工鄭國。漢河東太守番係引汾水灌田，河渠數徙田者不能償種，至唐長孫昶復鑿之。畝收十石。凡始事難，成事易，賡續以終之則是，中道而棄之則非，不疑者四也。

宜兆熊、劉師恕奏：有唐縣劣生于超等揑造將來加糧名色，恐嚇愚民，將去歲已經具結，情願營種之稻田，不許加功，以致羣相觀望。經知縣臧珣再三開諭，而于超等反赴臣衙門具辭執抗不遵，當即咨革嚴究。此等劣衿劣監造言阻撓，理合奏聞、容臣等酌量情罪。嚴行究擬，懲一警百，庶知所畏懼而善政可收實效矣。奉硃批：所處甚是。案内人犯審明後，當嚴懲之，他處亦勤加察訪。如有此類不法之徒，斷不可寬縱，以長刁風。又奏：磁州東西二閘，去年議定五日一次啓閉，水利均平，實屬至善。茲當啓放之期，有吏員沈國連、刁民顧成法等率衆阻撓，當飭該府州將首惡拏解，並宣布聖意，水利務在均平，豈容獨霸？隨據稱沈國連已拏監禁，顧成法畏罪脱逃，現在嚴緝，而邨民俱各帖然聽從啓放。除飭緝顧成法嚴究外，其附和邨愚分别省宥，以廣皇仁。奉硃批：直隸此等强横之風豈可不力爲革除？沈國連當嚴擬具題，顧成法嚴緝務獲，其附和邨愚概予從寬發落。卿等若能如此，不事姑息，大振委靡，則歷年之頽風何難挽回。須力行不倦，毋偶爲此一二事以取信於朕，隨復懈弛也。朕之或褒或貶，亦只據一事論一事，就一時論一時耳。勉之。

臣則徐謹案：天下事當積重難返之後，萬不得已而思變通，幸而就理萬世之利也。然北米充倉，南漕改折，國家歲省經費萬萬，民間歲省浮費萬萬，此皆自畫穴中剔出、陋規中芟除者。則舉行之日浮議阻撓，必且百出。如前明宏治間，濬大通河，漕船已達大通橋，節省金錢無算。而張鶴齡等因失專利，造黑眚之説以阻壞之。夫成功尚可壞，况未成乎？徐貞明初上水利議格不行，遲之十年，重以蘇瓚、徐待、王敬民、申時行諸人之力僅得一試，無何蜚語潜入。王之棟一疏敗之而有餘，舉事者何其難，撓事者又何其易也。今聖謨樞贊，一德一心，詢謀既定，無慮異議之滋，而小人之浮言梗阻勢亦在所不免，要之簧鼓不足聽而刁健不可長，是在卓然不惑處之有道而已。

（清）陳忠倚《皇朝經世文三編》卷二八《户政・屯墾・墾荒鄭觀應》

中國伊古以來以農桑爲本，内治之道首在勸農，阡陌廣開，閭閻日富，似於耕作墾荒之事我行我法，得以自用其長矣。以天下大勢論之，東南多水，農功素勤，水利農田宛存古意，故漕米百萬上貢天庾，然地狹人稠，民力將竭。西北多旱，民情素惰，偷安視息，收成之豐歉一聽之於天，土曠人稀，未墾之荒土荒田以億萬頃計。如東北之吉林、黑龍江，正北之熱河、河套，西北之科布多，新疆南北兩路之羅布淖爾等處，緜亘千里，一望無邊，土著不識耕耘，地利終於廢棄。外如西南川滇桂粤之邊境及廣東之瓊州、東南之臺灣内山各處，榛蕪未闢，遺利尚多，疆吏漠不關心，動爲外人侵佔，而内地烟户過密，生齒日蕃，土地之所生幾幾乎不能自養。古聖王處此，其裒多益寡，酌盈劑虚者必有其道矣。比年大開海禁，閩粤之蒸庶出洋謀生者寔繁有徒，以致南洋各埠、新舊金山、英、美、西、葡各國設立苛例，杜絶華人。在彼者亦逼作苦工，流離困辱。中國之邊境苦無人以實之，而忍聽吾民之逼迫羈棲飄零海外。竊以爲非計也。夫有人有土，有土有財，自古已然。于今爲烈，混同江東二千里之地徒以無人開墾，廣遠荒涼，置同甌脱，故俄人不費一兵、不折一矢，泰然而竊據之，而東三省之邊防日棘。使當日者有十萬華民耕牧其地，則俄人不敢過問，國家永保邊陲，何至重煩朝廷之東顧哉？乃今之言邊防者，汲汲然言選將，言練兵，言籌餉，言製器，而不能言移民墾荒以實其地，誰與我守此疆圉，而防人侵軼乎。千里饋糧，士有饑色，雖有精兵名將。又豈能不飲不食，枵腹荷戈，以與敵争此土乎？故墾荒一事，不知者以爲老生之常談，知者以爲切時之要策也。謂宜通飭邊疆督撫，將沿邊荒地派員探測，先正經界，詳細丈量，必躬必親，毋許疏漏，繪圖貼説，詳細奏聞，然后綜計。一夫百畝，招募内地閒民携家前往，籽糧牛種官給以貲，舍宇堤防官助其力。附近各省通力合作，歲籌閒款，移粟移民，邊帥撫恤招徠，勒以軍法。四五年後，酌量升科，三時務農，一時講武，仿屯田舊制，設官分治，或將軍流以下各犯，分别遠近，酌給資斧，准其携眷遠行，以實邊塞，則且可驅莠以化良矣。此其間有數利焉。内地貧民免迫饑寒流爲盜賊，一利也。邊陲要地自開遺利，免啓戎心，二利也。他日敵人侵軼，我疆邊民各保身家，人自爲戰，三利也。比年整頓海防，餉力已竭，安有餘力以顧邊防？如此則兵出于民，餉生于地，四利也。沿海貧民即可移墾台灣、瓊州各處，何必遠適海外爲人輕藐欺陵，五利也。林文忠之言曰：泰西各國不足慮也，終爲中國大患者，其俄羅斯乎。近日俄人費萬萬帑金以修西伯利亞之鐵路，陰謀詭計行道皆知，而中國惟西北一邊空虚最甚，自吉林、黑龍江袤延以達於西藏三萬餘里，安能日日應敵，處處設防？除此移民實邊，更無善策。而功非旦夕所能竟，事非晷刻所可成，非朝野上下間一德一心得人而理，期以廿載不能收安邊克敵之功，曲突徙薪，今日已恨其晚矣。若之何苟且因循，坐使萬里疆陲他日束手而失之强敵也。

（清）陳忠倚《皇朝經世文三編》卷三四《户政・養民・農功鄭觀應》

古之言曰：上農夫食九人，其次食七人，最下食五人。同此土田，同此樹藝，而收穫之多寡迥乎不同者，農功之勤惰爲之也。故水潦出於天，肥磽判於地，而人力之所至，實足以補天地之缺陷，而使之平。昔英國挪佛一郡本屬不毛，後察其土宜偏種蘿蔔，大獲其利。伊里島田卑溼，嗣用機器竭其水，土脈遂肥。撒里司平原之地既枯且薄，自以鳥糞培壅，百穀無不勃茂，猶是田也而物產數倍，是無異一畝之田變爲數畝之用，反磽确爲沃壤，化瘠土爲良田，地利之關乎人力概可知矣。且地之肥瘠何常之有，萬里中原溝渠湮廢，粟麥而外，物產無多，地之肥者變而瘠矣。揚州之賦上下，今則畎澮縱横，桑麻翳薈，神京廪給，悉仰南方地之瘠者變而肥矣。三古農書不可考已，今所傳者如《齊民要術》、《農桑輯要》、《農政全書》亦多精要，大抵文人學士博覽所資，而犂雲鋤雨之儔，何能家喻而户曉？况勞農勸相虚有其文，補助巡游今無其事，民亦因循簡陋，聊畢此生。蓋官民之相去遠矣。泰西農政皆設農部，總攬大綱，各省設農藝博覽會一所，集各方物產，用考農功，與化學諸家詳察地利，各隨土性種其所宜，每歲收成自百穀而外，花木菓蔬以至牛羊畜牧胥入會，考察優劣，擇尤異者獎以銀幣，用旌其能。至牲畜受病若何施治，穀蝨木蠹若何豫防，復備數等田様，備各種汽車，事事講求不遺餘力。先考土性原質，次辨物產所宜，徐及澆溉糞壅，諸法務欲各盡地利，各極人工，所以物產贏餘，昔獲其一，今且倍蓰，十百而未已也。西人考察植物，所必需者曰燐，曰鈣，曰鉀。燐爲陰火，出於骨殖之内，而鳥糞所含尤多。鈣則石灰是已，如螺蚌之壳及數種土石均能化合。而鉀則水草所生，如稻藁茶蓼之屬。考驗精密，而糞壅之法無微不至，無物不生。邇有用電之法，無論草木菓蔬，入以電氣，萌芽既速，長成更易，則早寒之地嚴霜不慮其摧殘，温和之鄉一歲何止於三熟。是誠巧奪天功矣。其尤妙者，農部有專官，農功有專學，朝得一法，暮已徧行於民間，何國有良規，則互相仿效，必底於成而後已。民心之不明，以官牖之，民力之不足，以官輔之，民情之不便，以官除之。此所以千耦其耘，比户可封也。然而良法不可不行，佳種尤不可不揀。地屬高亢則宜多種赤米，赤米即紅霞米，松江謂之金城稻，色紅性硬，最爲耐旱，四月佈種，七月即收。今北地多有種之者。若卑溼之田則宜種耐水之稻，稻之利下溼者爲稌，稌種有黏有不黏，黏者爲糯，又謂之秫，不黏者爲秔。《氾勝之》云：三月種秔，四月種秫。最爲耐水暹羅稻田，一至夏間有黄水由海中來，水深一尺，苗長一尺，水深一丈，苗長一丈，水退之後倍穫豐收。此低田之所宜也。其餘花菓草木皆當審察土宜，於隙地廣行栽種。如牛羊犬豕之屬，皆當因地制宜，教以牧畜，庶使地無遺利，人有蓋藏。惟小民可與樂成，難與圖始，非得賢牧，令盡心民事以教導而倡率之，未易遽有成效也。稽古帝王之設地官司徒之職，實兼教養。孔子策衛曰：富之教之。其時爲邑宰者，勸農課耕著有成效，近世鮮有留心農事者。惟泰西尚有古風，爲民上者，見我所無之物，或有其物而美不如人，必窮究其所以然，故效法於人，蕲勝於人。年來意大利、法蘭西、印度、錫蘭所種絲茶，反浸浸乎勝於中國。曩有寧波税務司康必達，見我養蠶未善，不能醫蠶之病，往往失收，曾請華人到外國學習，盡得其法，并購備機器，欲在滬仿行。格於當道未准，其機器尚存格致院中。今粤東有肄業西學者留心植物之理，曾於香山試種鶯粟，與印度所產之味無殊，猶恐植物新法未精。尚欲游學歐洲，講求新法，返國試辦；惟恐當道不能保護，反爲之阻遏，是以躊躇未果。我國似宜專派户部侍郎一員，綜理農事，參仿西法以復古初。委員赴泰西各國，講求樹藝、農桑、養蠶、牧畜、機器、耕種、化瘠爲腴一切善法，泐爲專書，必簡必賅，使人易曉。每省派藩臬道府之幹練者一員，爲水利農田使，責成各牧令於到任數月後，務將本管土田肥瘠若何，農功勤惰若何，何利應興，何弊應革，招徠墾闢，董勸經營，定何章程，作何布置，决不得假手胥役，生事擾民，亦不准故事奉行，敷衍塞責。如果行之有效，開闢利源，使本境居民日臻富庶，本管道府查驗得實，乃得保以卓異，予以升遷。僅僅折獄催科，祇得謂之循分供職，苟借此需索供應，騷擾閭閻，别經發覺，革職之外，仍重治其罪。重賞嚴罰，以興事勸功，天下之民其有豸矣。蓋天生民而立之君，朝廷之設官以爲民也。今之悍然，民上者其視民之去來生死，如秦人視越人之肥瘠，然何怪天下流亡滿目，盗賊載途也？以農爲經、以商爲緯，本末備具，鉅細畢賅，是即强兵富國之先聲，治國平天下之樞紐也。日鰓鰓然憂貧患寡，奚爲哉？

或云年來英商集鉅款，招人開墾於般島，欲圖厚利。俄國移民開墾西北，其志不小。我國與彼屬毗連之地，亦亟宜造鐵路，守以重兵，仿古人屯田之法。凡於沙漠之區開河種樹，山谷閒地徧牧牛羊，取其毳以織呢絨氈毯。東南邊界則教以樹棉、種桑、繅絲、製茶之法，務使野無曠土，農不失時，則出貨愈多，銷路自廣。而且東南各省皆宜樹棉，西北各省更宜牧畜。棉花爲紡織所必需，除種土棉外，更須試種洋棉。洋錦以美國南海島種爲最佳，西人嘗用此花一磅紡絲長至一千尺，是爲上品。大概土棉質硬絲短，不能織極細之布，洋棉質軟絲長，經機器不致中斷，所織之布細紉異常。余嘗刊有《美國種植棉花法》一書分送鄉人，並購美國花子在滬栽種，確較土花絲長。惟其性畏寒，一見霜則葉隕花枯，必須考究天氣、水土相宜之處，方可播種。附誌之以告留心種植者。

《美國農務報》云：畜糞穢物之類宜爲田料者，因其多含植物之質。此質有多種利益：一、作田土之爛木渣盖。凡田土多缺此質，而爛木渣爛草渣之類在田中漸而朽腐，發出熱氣，又挽留淡氣之雜質，免其飛遁而散。此事常爲化學家製造田料者所蒙蔽，使人不知其大用而銷彼所造之貨也。一、令田土鬆浮易耕，又引濕氣以潤田。一、於朽腐之際能吸空中之淡氣而成雜質，使助植物之生。因此宜將穢物與多淡氣之物同落於田，以收彼所放淡氣之雜，不致其有所損耗。糞灰穢物含各種辟他利亞細微之蟲，甚否則不能發酵而朽腐也。人原未盡知璧他利亞在田土之中作何舉動，但得其發酵之功，已足稱大用矣。以各事即穢物爲田料之功效，農人宜知之。凡穢物與別種速力之田料相和而下田，能令田浮潤可觀，以致所種之物根深蒂固而吸各料也。其最可嘉之處，以其所含之植物質久而化爲爛木渣，此事爲前人所輕視者，久用之自見其功之大矣。

（清）陳忠倚《皇朝經世文三編》卷三五《户政・養民・禁栽罌粟策　楊毓煇》　嗟乎！洋藥之流毒也至矣，盡矣，蔑以加矣。雖婦人小子，亦知其爲害甚烈矣。考洋藥初入中國，有西班牙船數艘停泊廣東口門之外，串通奸民，誘人吃食。其後遂有焚船致釁之變，迨至烟禁。既開洋藥之入口者日衆，每歲贏中國之銀錢不下二千萬，雖天地爲爐，陰陽爲炭，亦不足鼓鑄以供其朘削，以致中國五十年來貧瘠益甚。然溯其初，不過閩粵富貴人吃之也。今則大不然矣，上而公卿大夫，中而士農工商，下而至於輿臺僕役，其不吃烟者，十無三四。即以上海一隅論之，土棧烟館多至萬餘家，則食煙者之多可知也。設此後再一籌莫展，其害將有不可勝言者矣。觀乎此，則罌粟之種未始非奪回洋人之利以返中國之舉也，然在老成謀國者以爲罌粟必當禁，否則必將播種日盛，與民食有妨。其意不可謂不深要，亦因噎廢食之見也。試思招商局、電報局之初設也，人心惶惶，多有欲阻之者？謂輪船行則民船無人顧問，電報行則信局無利可圖，甚非利國便民之舉。今則輪船盛行矣，而民船何害？電報通達矣，而信局何傷？且非特無害。十數年來，奪洋人之利不可以數計矣，利國便民爲何如也。以此觀之，則罌粟不必禁也。非惟不必禁，亦不可禁，禁則土漿日少，洋藥居奇矣。果欲其杜塞漏卮，無害穀產，則尤有妙策在。今試擬一綱四目以備採擇施行。一曰宜擇地以廣種植也。查內地之種罌粟者亦多矣，雲南、四川、山西、山東、河南、浙江等省皆有所產，而川土尤爲著名。更有謂雲南之土性熱，較勝於印度之土性寒者，故人亦多樂吃之。即以此數省而觀，既足以稍奪西商之利，特以罌粟之種不開，故猶未能暢行此漏卮，所以終不能塞也。且罌粟之禁，原防有害穀者也。然內則關陝襄鄧皆耕地也，而皆荒而蕪之，何爲也？外則朔方五原雲代遼西皆沃田也，而又委而曠之，何意也？與其以有用之地而皆棄之爲無用，何若弛罌粟之禁而使天下廣爲種植，反可以杜塞漏卮也，擬諸奏準：許民間廣種罌粟，但須擇不宜五穀之地。若向之穀田，仍禁之，使不得種，斯可矣。中國倘能如此講求，則土藥蒸蒸而日上，而又事半功倍，質美價廉，人必爭之而恐後，不數年，洋藥必無人復問。既無害於穀產而又杜塞乎漏卮，所謂一舉而兩得者此也。此不過宜種罌粟之大綱耳，若夫開種之法以及無害穀產、杜塞漏卮所應分辨之事，猶有四目，謹次於下：一曰擇種地以編清册也。世之謂罌粟當禁者，大抵恐罌粟盛行後，向之穀田皆變爲烟地矣。今欲使烟自爲烟，穀自爲穀，決不至於相礙者，則猶有妙策在，曰編清册以查之而已。其事當責重地方官，先將闔邑土地遍查一番，其有與穀種不甚相宜以及素無人種者，皆編諸册，申詳上憲，由上憲奏請，即以此項土地種烟。且亦有可變通者，即如山西張家口外越宣化縣一帶，土田頗廣而其地寒，凡種植皆不見出色，不如將此種土地亦准種罌粟，而其獲利反饒。但欲種烟者，須先報知地方官其地在某董某圖，然後由地方官親臨查驗，核諸清册。果係已經奏准種烟之地，即俯如所請，否則不准。苟有不稟明私種以及種穀之地而亦攙種者，查出除重罰外，並立案不准其復買田，由是罰一儆百。而但於可種烟之地種烟，當種穀之地仍種穀，則穀産無害而漏卮亦可塞焉。此其策之所當用者也。一曰開井塘以溥水利也。古者稻人所掌，以瀦蓄水，以防止水，以列舍水，故雖大旱猶得無虞。自秦以來，溝洫盡廢，一遇旱遂諉之於天，嘗見乾旱之時天久不雨，有井塘之家尚有以養禾苗數日不枯，比天雨則苗勃然，無井塘之家未雨而苗已先枯，可見井塘之不可缺也。而烟地亦何獨不然？爲今之計，須嚴定章程，凡欲報名種烟者，須多開井塘，以其有餘分潤穀田之不足，第宜相地勢爲之，或因窪下，或因近山之麓，疏鑿既成，即供公用，凡穀田之無井塘以及有井塘而不敷用者，皆許其來汲，予取予求，不得阻止。至疏鑿器具，亦不可不講求。查西洋有起重、挖泥、開河、築隄、鑿石各機器，不妨相約公購，或向洋行租借，亦可或由官買安置局中，凡種烟者准來租借則尤妙，計可省人工而又程功速。果能如此講求，苟或大旱，非特烟地無慮，即穀田亦得分潤而無枯槁之虞，是不惟無害於穀産，而且有益於穀産也，則誠相得益彰之道也。一曰輕釐税以保利權也。泰西各國凡他國貨物進品，必加重税，或取什一，或取一半，更由徵至倍蓰者。至本國之貨，必輕其税釐，使其價值日低，消路日旺，而外國貨不得與相抗。此蓋保護土産之微權也。今中國不然，凡洋貨之進口者，值百抽五，載入約章，而於土産反層層設卡，處處抽釐，以致利權反爲洋人所奪，良可慨也。故爲今之計，欲杜塞漏卮，則釐税尤不可不輕者也。顧或者謂輕土藥税，不如重洋藥税，雖洋藥之税本較他物爲重，今不妨再加四五成，税既重，價亦昂，則消場必滯，而土藥乃可以遍行天下。此其計亦甚深，不知此刻約章久定，萬難更改，苟欲加重，各國必攘臂而起，以背約爲言，此必不可行之策也。惟有輕土藥之税，俾其成本日賤，價值日低，則人必舍洋藥而趨土藥，而漏卮亦可以稍輕。蓋輕中即所以抑西庇華，乃可以敵彼也。且當罌粟弛禁之初，其税尤當輕而益輕，俾人人樂以趨之。迨至種有成效，所産日廣，而釐税不妨再加。惟至重不得與洋藥同，使吸烟者貪其便宜，不復再搆洋藥，則操縱之道得焉矣。一曰一行價以抑洋藥也。土藥價賤，洋藥價貴，人往往捨賤而就貴者，大都惑於土藥味薄？不及洋藥味厚之言也。不知此皆耳食之談，不足信也。試思今之洋商，往往自内地採辦土藥攙和洋藥之中，用法製就，並無異味。爲此者以賤攙貴，冀獲厚利。西人工於心計，如此奈何吾華人反創爲厚薄之説，甘以利權讓他人也。或有鑒於此弊，議欲禁洋藥之售以興土藥，而吾謂洋藥之售不必禁也。且即欲禁之，於内地猶易爲力。若通商各埠必多掣肘難行，亦不可行之策也。但須嚴定章程，以一行價，不拘土藥、洋藥，每隻只准售若干烟膏，每兩若干，各埠皆當遵行，不得私行增漲。每埠設稽查土藥委員各數員，將土行烟舖字號住址註明簿記，每日輪流私查暗訪。如有私增價目及串通洋人作弊者，查出立將該店查封，所存貨物一概充公，並將店主逐出境外，不准逗留，則洋藥不禁而自禁矣。蓋洋藥成本貴，勢不能與土藥同售，洋藥必須加價乃可乃行，價既定一律，欲私自增漲，而又失本，誰復貿貿然而爲之哉？此所謂不禁之禁也。認真如是，數月後而漏卮猶不塞者，吾不信也。以上數端皆無害穀産、杜塞漏卮之要策也。是故清册編，井塘開，而土藥不雜於麥田，則穀産必無所礙矣，釐税輕，行價一，而洋藥不得以抗衡，則漏卮亦可以塞矣。豈非利國便民一大關鍵哉？

顧或者不察，謂鴉片病國而害民尤甚於豺虎，必拔其本，絶其流，用嚴刑峻法以禁之，而後可以杜塞漏卮，無害穀産。其立説非不正也。然不知禁烟之議，亦既老生常談，禁之而不得其法，適足以擾民，何利民之有？且使我禁内而不禁外，則根株未絶，萌蘖潛生，上之禁令亡懸，下之販運自若。如譚序初，中丞之禁於蘇是也。若我禁内而不禁外，則嚴以絶之，斥而遠之，後效雖未可料，大局實有堪虞。如林文忠公禁於粤是也，是亦可謂兩窮之術矣。惟有種罌粟以收利權，行之數年必有成效。或俟土藥盛行後，洋烟無復進口者，再設法議禁，而其權在我，尚易爲功。總之以今之，時勢觀之則種烟之策寔勝於禁烟之爲不啻百倍，是在有識者自能辨之也。

（清）陳忠倚《皇朝經世文三編》卷三五《户政·養民·中外養蠶得失異同楊毓煇》 王者治世，蠶桑與農田並重。夫所謂蠶桑者，近之可以爲彰身之具，遠之可以爲富國之資，所由合中外古今而莫不致力於其際者也。但古今養蠶之法亦甚繁矣。《通鑑》稱黄帝元妃螺祖西陵氏始教民蠶，以供衣服，由是民無皴瘃，後世祀爲先蠶，特其法遠而無徵矣。而

《祭義》稱古者天子諸侯必有公桑蠶室，近川而爲之，築宫仞有三尺，棘牆而外閉之。及大昕之日，使入蠶於蠶室，奉種浴於川，桑於公桑，風戾以飼之。此其法寔爲萬世養蠶之祖，而蠶絲之收成有無不旺也。《天官書》正月上甲風從東來，宜蠶。《吴録》南陽郡一歲蠶八織。《淮南子》原蠶一歲再登。《唐書》益州蠶三孰，青州蠶四孰。《農書》荆桑薄而勁，所飼之蠶其絲堅韌；魯桑葉厚多津，所飼之蠶其絲光澤。以上觀之，則古之養蠶家皆收成日旺。而論其養繭之術，不外乎蠶未生而浴種，蠶既生而風戾，兢兢業業，凡事不敢疎忽而已。此皆古時養蠶之法也。至於今而法亦大備矣，除致富奇書及一切蠶書所載擇種、生蟻、下蟻、分胎、頭眠、停眠、大眠、善育等項，人皆知之，毋庸勦説外，有所謂飼蠶者，如蠶卵初生，飼以嫩葉，日易數箔，漸長漸增，不可稍閒，且每日飼有定數，不使飢飽不匀而蠶必興旺是也。有所謂察蠶者，如蠶有病必隨時察之，見其身有細黑點形如椒末，即揀而去之，另易佳種，則不至傳染他户而收成必旺是也。有所謂育蠶者，如選種之時，參用日本蠶紙，俟化蛾時，配以中國之蛾，牝牡相合，則生子更爲盡美是也。然以吾觀之，尤宜取西法繅絲烘蠶之術，蓋用機器以繅絲則絲一經汽水泡製，莫不質細而色柔矣。用煖爐以烘繭，則繭可經久而不壞，不致好絲而忽亂矣，誠上策也。至於養蠶之盛，首推中華，而所出貨之美質之佳亦冠五大洲之上。乃西人久已垂涎其利，近則各國皆已創行，而意大利、法蘭西講求尤切，皆買中國蠶種桑秧以求有繅之法，論其利病得失。雖非與中國迥不相同，而實亦大異。蓋中國動拘成迹。事事必則古稱先，不敢越古人範圍一步，故一切養蠶之法皆未見日異月新，西人則喜新而厭故，以爲前人成法譬如糟粕之粗，於是一切養法皆推陳出新，用能蒸蒸而日上。此中西所以不能無異同也。即如破繭亂絲，中國向皆視爲棄物，養蠶家不甚置意也。前有西人創造機器，專收一切亂絲破蠶，繅成佳絲，且以之織繒絹，倍覺新麗，斯真能化腐朽爲神奇矣。此則中西物質同而功用異也。中國育蠶皆以桑，西北一带亦多有以柘樹及橡樹者。攷橡樹蒙古最多，故西人名之爲蒙古橡。近來關東牛莊等處，即以橡飼蠶，但土人謂爲小青棡，又謂爲大青棡柳等名，以之餵野蠶，所出之絲頗佳，聞泰西近時亦多法之，前曾有法、意之客由中西旋將蠶子带往本國，即飼以橡，而蠶質更堅。此則中西法製異而養育同也。法、意之客見《益智録》蠶之性喜燥，不喜濕，過於濕則病。近今泰西於養蠶之法皆歸農政會、格致會，以資考究，且於各項事宜皆不敢畧，故其蠶室既不失之燥，亦不失之濕，而蠶遂繁碩無匹。中國亦有蠶室，然於比等利弊皆不甚求，故蠶往往染病，甚至於功本盡抛也。此則中西趨向同而精粗異也。即以此數端而觀，亦可見中西蠶務之異同大畧矣。至若出口之貨，本以絲爲大宗，歲獲外洋之資不可以數計，苟能日有起色，未始非富國之助也。惟以蠶務爲重者，首推江浙，然弊端亦未能盡除也。今試舉所聞者約畧陳之，以備採擇施行。即如種桑未廣，一弊也。考桑之類甚繁，如女桑、野桑、雞桑、檿桑、白桑、種桑等，名目甚多，惟種桑之絲質潤而柔，衣被天下，誠能擴而充之，其美利當有不勝言者。今者農家隙地半多荒棄，松屬種桑尤稀，故鄉間蠶絲往往不能多出。昔沈仲復中丞觀察上海，頒發種桑十二説，今果由官創辦，依法施行，並諭鄉民去盡山畔水涯一切草木，專以種桑，則蠶務必當日旺。且俟蠶市既畢，其桑猶可售於藥肆。或以飼羊爲利甚溥，當無不樂從者也。又如養具不精，二弊也。查從前作經之絲，由上海運往各國者各七里絲，皆由雙林、烏鎮、菱湖、南潯、新市所出。其後養蠶日盛，蠶室林立，過爲擁擠，一切器具又不精潔，遂至蠶病盛行，不數年收成遂日見其少。即如本處所需絲斤以製各物，尚向各處購買。以此而觀，即可見中國蠶絲日衰之弊也。故欲挽其弊，非房屋器具人功，皆須精潔不可也。又如烘房未建，三弊也。今之養蠶家亦漸知烘蠶之利矣，惟猶未能廣行，要其中有數善在焉，蓋新收之繭數日不繅，則蛹爲蛾，破繭而出，而好絲變爲亂絲矣。若用烘房烘之，蛹雖僵而不腐，而破蠶亂絲亦可免。若此者能久藏以待繅，雖歷久而不壞也。又如機器未用，四弊也。今之繅絲皆用繅車，不知繅車甚緩，且每村衹有二三架，倘新出之繭經數日不繅，即化蛾破繭而出，是以八口之家僅能育蠶數斤，蓋繅車之不足恃也久矣。如用機器，則向之育蠶四斤者今可育蠶八斤，向之出絲五斤者今可出絲十斤，且所製之絲尤覺柔潤，價值亦可加增。此所謂事半而功倍也。以上皆弊端之宜除者也。然欲除其弊，非設立公所不爲功。查西洋皆有養蠶公院，其利益甚宏。即若法蘭西未設公院之先，當咸豐三年所出之絲爲二千六百萬吉羅，後來年減一年，至同治四年，僅出四百萬吉羅，皆以未精講求之故。自後公院既設，精益求精，同治七八年，所出之絲遂多至一千四百萬吉羅，迄今年年加贈，不復少減，則公院之利蓋可知也。今果設立公院，延請精於蠶務者，以教生徒盡心格致，凡蠶之何以生育，何以無病，何以壯長，何以蕃滋，所出之絲何以有粗細、韌脆，何以有光潔、暗滯，其餘所應分講之事甚多，皆宜隨時考究，既有成效，然後廣佈四方，使養蠶家皆知效法。數年後，則蠶絲日旺，蠶務日精，凡種桑、養具、烘房、機器之美利必遍行於天下。其有不上以富國、下以強民，以追往古之隆，以冠地球之上哉！

（清）陳忠倚《皇朝經世文三編》卷三五《户政・養民・勸諭陝甘通省栽種樹木示陶模》 勸諭各屬廣種樹木預弭灾祲而興地利事，照得《周禮》重虞衡之職，《孟子》論斧斤以時，自古體國經野，樹藝與農工並重。近來東西洋各國，無不講求林政爲致富之一策。蓋樹木繁滋，有六利焉。山岡斜倚，坡陀迴環，古時層層有樹，根枝盤互，連絡百草，天然成籬，凝留沙土，不隨雨水而下。後世山木伐盡，泥沙塞川，不獨黄流横溢，雖小川如灞滻諸水，亦多淤塞潰决。故種樹於山坡可以免沙壓而減水害，一利也。平原旱地大半荒廢，生氣毫無，泉源日窒。若有密樹，則根深柢固，能收取山氣，互相灌輸，由近及遠，土脉漸通。故種樹於瘠土可以化瘠爲沃，引導泉流，二利也。炎日重蒸，易成旱暵，惟樹葉披拂空中，能呼吸上下之氣，故塞外沙漠無樹不雨，終年樹密之區恒多時雨，衡以格致之理。種樹於曠野，可以接洽霄壤，調和雨澤，三利也。赤地童山陰陽隔閡，其民多病而弱，惟樹木之性收穢氣，吐清氣，扶疎匝地，潤澤長滋。種樹徧於僻壤荒村，可以上迓天和，驅疫癘而養民病，四利也。山峻地寒陰障騰起，雨變爲雹，傷敗嘉禾，然雹隨風至，勢必斜行。凡田連阡陌者，每隔數畝商同種樹成一長排，可以阻風勢而禦水雹，機礮日奇飛空懸炸，各國深知城郭無用，皆撤燬垣墻，掘溝種樹，環繞數重，以代堅壁，叢林高矗，混目迷形，測準易乖飛丸多阻。可以設險而禦彈，五利也。安邑種棗，富比列侯，襄陽收橘，歲易多縑。試觀《貨殖》一篇，大率羨稱千樹，與其博錙銖於異地，何若蒔桑麻於故鄉，六利也。以故中外通人籌富國之策，首推樹藝。去年御史華煇奏稱，開利源以種植爲大端，有能增種至五萬株以上者，官給獎賞，有無故伐樹一株者，罰種兩株，富民罰錢一千文。曾奉部咨，通行在案。惟小民昧於遠圖，每謂樹能害田，因噎廢食，甚至不能播穀之荒地亦任其廢棄，不思酌量種樹，以博無窮之利。本部堂目擊其弊，心實傷之。除通飭各廳州縣遵照辦理外，應再通行勸諭。凡各屬紳耆鄉民講求樹藝有力者種佳果美材，無力者種尋常易生之樹。凡磽确地宜松柏，潮鹻地宜椿杞白楊，山坡地宜榆槐棗杏之類，各就土性，辨其所宜。除自有地土外，能將無主官荒各地開種各項樹木者，准其報明本管地方官立案，作爲永業，免納糧銀。其有主荒地，自此次勸諭後，應勒令本主隨時種植。如遲至五年尚未種植者，即以無主論。有人取以種植者，聽，勿許舊時地主出而阻撓。各該地紳民務須實力講求，以興美利，毋負本部堂諄諄教誨至意。

（清）陳忠倚《皇朝經世文三編》卷三五《户政・養民・種稻之法水旱之備宜如何而後可許克勤》 蓋聞唐堯之世洪水九年，殷湯之朝旱乾七祀，自是以來，水旱偏灾，無代無之。而其爲患之輕重，恒視乎備者之得失。竊嘗籌備之之道，必先辨其稻之種，而復講求乎古今樹蓺之法，而後民食充足，水旱之灾可以有備無患。曷言乎辨稻之種？稻種不一，中外各殊，《隋書》婆登國有月熟之稻。《抱朴子》南海晋安有種九熟之稻，一歲九登。若天竺土溽，稻歲四熟。見《唐書・西域傳》。交趾稻夏熟，冬又熟，一歲再種。見《文選・〈吴都賦〉注》及《初學記》引《異物志》。此其種稻之各異。或疑今無其種，或又謂南方地熱，不能行諸内地，皆非也。郭義恭《廣志》云：稻有蓋下白，正月種。五月穫，穫其莖，根復生，九月復熟，此其再熟，爲一本兩刈。今雖無其種，然古之所謂再熟者，要非一本兩刈之謂也。據《水經注》：任延守九真，始教耕犂，俗化交土，風行象林，白田種白穀，七月火作，十月登熟；赤田種赤穀，十二月作，四月登熟。所謂兩熟之稻也，《温水篇》注。道元説兩熟之稻既異畝而異種，又謂無月不秀，即月熟之稻，亦由乎穜稑之早晚，而非一種。由此言之，月熟之稻不必婆登，四熟之稻何須天竺。試思欽州地暖，無月不收，其種名曰月禾。周去非《嶺外代答》云：正二月種者曰早禾，至四月五月收；三月四月種者曰晚早禾，至六月七月收；五月六月種者曰晚禾，至八月九月收。而欽陽七洞中七八月始種早禾，九月十月始種晚禾，十一月十二月又種，名曰月禾。欽州近在廣東，何必婆登之國乃有月熟之稻乎？儋耳種早稻，名曰山禾，其粒大而香，其收三四熟。見顧岕海《槎餘録》。今儋州即儋耳地。四熟之稻又不必天竺有之也。不惟此也，翁氏兆溱至臺灣，見其稻穫而再熟。蓋鳳山居臺地之極南，地氣更暖，無嚴寒之時，所以冬月即種而三月早穫焉。是則再熟之稻不必交趾。今時臺灣即有之，然猶得曰遠在海外也。則試言海內閩廣之稻歲收再熟，一畝之中時有早晚兩種，見《農田餘話》則是再熟之種閩廣多有之矣，然猶得曰此尚濱海也。則試言內地安慶桐城，山田氣暖而再熟，饒州圍田高而湖田低，亦有早晚之兩熟。見程氏瑶田《九穀考》。李彥章云：今湖南、湖北、安徽、江西、廣東、廣西、福建等省，皆有兩熟稻。見《江南催耕課稻編》及劉氏楚楨先生《釋穀》然則再熟之稻不惟濱海有之，而內地亦有之矣。且夫域外之種可移種於海濱，可復移於內地。其事更有可證者。宋真宗時，遣使占城，得稻二十石以種於福建後，又就福建取種而移於江淮兩浙是也。事具《湘山野録》及《宋史·食貨志》。抑南方地熱，稻歲再熟，人皆知之矣，而不知北方地寒，今亦有再熟之種。伏讀聖祖御製《幾暇格物編》云：豐澤園中有水田數道，布玉田穀種，歲至九月始刈穫登場，一日巡行阡陌，時方六月下旬，穀穗方穎，忽見一科高出衆稻之上，實已堅好，因收藏其種，待來年驗其成熟之早否，明歲六月時此種果先熟，從此生生不已，歲取十千。四十餘年以來，內膳所進皆此米也。其米色微紅而粒長，氣香而味腴，以其産自苑田故名御稻。米一歲兩種，亦能成兩熟。口外種稻，至白露前後數天不能成熟，惟此種可以白露前後收割，故山莊稻田所收，每歲避暑用之，尚有贏餘。曾頒給其種與江浙督撫織造，令民間種之，聞兩省頗有此米，未廣傳也。南方氣暖，其熟必早於北地，當夏秋之交，麥禾不接，得此早稻，利民非小。若更一歲兩種，則畝有倍石之收，將來蓋藏漸可充實矣。謹按：此種一歲再熟，今亦稱爲玉堂米，即玉田之轉音，乃米中之最貴，始生上苑，繼行江浙，則口外之種尤可以行諸內地也。其北地早寒，則糞壅之中又有補救之術，或以石，或以硫黃，或以紅砒，皆所以助地之暖，而兼獲其殺蟲之效者也。若夫《齊民要術》引《廣志》曰：南方有蟬鳴稻，五月熟。按此與早黍，名蟬鳴黍五月熟者同名。五一作七，疑誤。青芋稻六月熟，白漢一漠。稻七月熟。此三稻大而且長，蓋亦月熟稻之類也。合以上海之带犁回五月熟，各省之秈米六七月熟，浙東之早稻八月熟，而紅廣秈又於九十月熟，則自十一月至四月，內地雖無此月熟之稻，而自五月以至十月，要未嘗無此月熟之種也。且林文忠之撫吴也，嘗取楚省之種發高郵種之，三十日即熟，果以此種先後種之，則九熟月熟之稻何難再見於今乎？

（清）陳忠倚《皇朝經世文三編》卷三五《户政·養民·飼蠶法則鍾天緯》

古時蠶桑之利皆在《禹貢》、青、兖、雍、荆之域，未嘗及今之吴越也。乃天道日移，地球漸至南熱而北冷，故北方田地日荒，南方草木日闢，遂使蠶絲之利亦利於南而不利於北，此豈盡關人力之勤惰哉？正因地氣轉移，人力亦無所施耳。蓋凡有蠶之地，必在距赤帶南北各三十度之間，方能繁碩。若過冷過熱之地，均不相宜，收成必難日旺。中國惟江浙二省爲最盛，遂以絲爲出口之大宗，斷非外國所能及也。西國自古無絲，至羅馬時始有，由波斯販往者，彼時富國皆以中國爲極珍之品，價值兼金。自海禁一開，絲之出口日旺，法人首仿中國之法，聘中國蠶婦，教以種桑、浴蠶之法，不數年，凡意大里、西班牙均知育蠶之法矣。至今法之里昂城爲絲蠶薈卒之區，紡織機杼不下十萬家，所織綢緞燦爛奪目，每尺值金錢一磅，遍銷於歐洲各國。歐絲不足，始買中國絲助之。惟二十年前，正産絲極旺之時，而蠶忽遘病，比户傳染，蠶種幾滅，幸經格致家巴斯陟考求其故，用顯微鏡細察蠶身，始知身有微粒，形如椒末，遂名爲椒瘟。凡蠶患此病者，或未繭而殭，或吐絲無力，縱或作繭，亦甚薄弱，比好蠶且輕一半，蛾之傳種病，亦輾轉相傳，綿延不絶。不數年，歐洲蠶種將無遺類矣。巴斯陟因擇無病之蠶，始令其化蛾傳子。蠶絲之收成大旺，其後意大里亦仿此法。在蒙伯葉城設養蠶公院，考求飼蠶之法，而日本近亦效之。印度且派人赴意，法學習。統觀于各國，講求蠶絲之利，當自謂青出於藍矣，而不知仍不脱中法之巢臼也。查中國宋時陳旉所撰之《農書》後，附《秦湛蠶書》一卷，元世祖頒發《農桑輯要》等書，皆原原本本殫見洽聞於防病傳種等法，何嘗不先言之其法。凡蠶室及桑葉均不宜濕，濕則蠶易生瘟，治法：以浮萍剉碎攙入桑末飼之。其傳種之蠶，必擇肥大而強有力者，食葉兼倍，則無病可知。別爲一室養之，俟脱繭後，令其蛾雌雄相配，則生子必佳，而絲之收成必旺矣。此豈非西人今日所奪胎之法乎，未可以得魚忘筌而自詡爲獨得之秘也，惟用顯微鏡察視其形狀，此則西人之長技，彼善於此耳。然而天下之新理日出不窮，以格致之理推之，當更有駕乎西人之上者。請得而效其説：蓋天下之物，無論飛潛動植，凡異類相合，則其生愈繁，猶化學中之愛力電氣之攝力，同類相合則其生不盛，人類亦然。故同姓爲婚，古垂厲禁，西人亦謂以血脉相通之人配合，夫婦生子多患癲癇。中國禁中表爲婚，亦知此意，以此推之，可通其理於育蠶。如取中國之蛾與日本之蛾牝牡配合，則必生子愈強，吐絲亦愈盛。又如齊豫間有野蠶，另是一種，專食槲葉，結繭枝上，大如鷄蛋，蛹即在繭中度冬，至次年夏始破繭而出。若將此種野蠶帶至南方，至暮春時烘煖，與湖蠶一同破繭，取兩種蛾彼此交合，則傳種必碩大而繁。又如西洋各國蠶紙行過熱帶，雖隆冬亦蠕蠕而出，其蠶繭亦化爲蛾，若由美國、加拿大繞道三十度以北，帶至中國，與湖蠶一同育蠶破繭，令牡蛾與牝蛾彼此交合，則蠶種亦必愈佳。此則發中國前人所未發，並爲西洋新法所未詳，似可設法試之。如以野桑之根接以家桑之榦，則葉大而肥。凡樹木之經兩種相接者，無不皆然，更可爲一證。誠能於江浙兩省産絲之地，極力講求整頓，務盡其傳種育子，飼蠶察病，烘繭繅絲諸法，則育蠶愈廣，産絲愈佳，永爲中國無窮之利，而不患他人之攙奪矣。

《東方雜誌》一九〇八年第四期《實業·考驗土宜以興農利説》録丁未十一月初五日津報

天下之大利在農，農者，國民養命之根源，國家致富之原料也。我國地大物博，自古以農戰立國。周有天下，《豳風》、《月令》實開王化之基，故其時草人化分土宜，稻人講求水利，以及遂人、遂師等職，罔不以教稼爲先。西京之富，殆有由矣。今則幅員日廣，擅天府之上腴，而又地居温帶，百物殷阜，爲環球各國所不及，誠能研究新法，提倡改良，物産日豐，地利日闢，則農戰優勝，商戰有資，何難無敵於天下？而乃患貧患弱，岌岌不可終日者，無他，農政廢弛，而生利之數終不敵於分利也。朝廷有鑒於此，迭下明詔，飭各省督撫率屬興農。農工商部近又奏定《商會簡章》，通行天下，實力興辦，並稱興農之要義有三：曰開通智識，曰改良種植，曰聯合社會，大旨不外乎教導新法。獨是農學新法，條理紛繁，從何入手，斯固切要之問題，而急待解決者也。竊謂天演之公例，適者而後生存，實爲種植家所莫能外。今中國農務受病之原，在乎不明土性，不辨土質，任何籽種不適土宜，安有蕃滋之理？故欲提倡新法，當以考驗土宜，爲入手第一要著。顧今之言土宜者，或謂下濕宜稻，或謂高亢宜麥，或謂黄河以南無不宜茶，或謂黄河以北無不宜桑，要皆虚擬其表面也。苟以格致之理法，辨别土質之内容，無論黄河南北，延袤數省，即同在一省，細至一村，土質亦有高下之殊，宜於菽者或不宜於粱，宜於麥者或不宜於稻，是則非本新法考驗不爲功也。今夫考驗之要義有三，請證以農學新法，分晰論之：

第一考驗土性

有定者土之形性，無定者土之肥磽。欲使轉磽而爲肥，則必先察形性所宜，加以補助之料，俾土中滋養各質，足供植物之所需。故農學之初階，應以考驗土性爲第一要領也。本化學以言土性，厥有四綱：甲：生長質泥。此類土之成分，多爲生長質組合而成，故其性最爲腴美，蓋天下膏腴之土也。乙：矽養$_2$質泥。土内成分大半爲矽養$_2$質，矽養$_2$者石英也，質言之即沙土，故較生長質泥爲次焉。丙：鋁質泥。此類土性膠粘，土之成分多爲鋁$_2$養$_3$及$_2$矽養$_2$，即膠泥組合而成。丁灰石泥。海濱之土多爲鈣炭養$_3$，即灰石組合而成，其性頗肥。是爲天下四大土，而以土之形性類别區分，更有順餒和感之殊，純陗重輕之異。講求農法者，不可不知也。蓋多含雜質者曰順土，不受糞壅者曰餒土，四時可種者曰和土，百物遂生者曰感土，無砂礫而匀如細紛者曰純土，有砂礫而觸之生鋒者曰陗土，膠泥多者曰膠土，亦曰重土，又稱強土。爲其重滯而難耕也，沙泥多者曰沙土，亦稱輕土，爲其輕鬆而易墾也。他如植物質過多者曰殭土，含水性過度者曰冷土，以及火山土草煤泥，即植物土。蚤土、淺土，莫不各異其形性。知爲何性，而種宜何物，則適者無不生存矣。故講種植學者，不可不先明土性。

每二考驗土質

從來土質有豐嗇，豐者何由而豐，嗇者何由而嗇，豐者何以一變而爲嗇，嗇者何以一變而爲豐。此無他，淡氣與灰質之作用，爲之默化潛移也。蓋地力之厚、物産之饒，無不由於淡氣之滋培，與灰質之長養。如淡灰二質之多寡，實與土質之肥磽有一定之比例。惟純淡氣不易多得，格致家對於壅土，遂用鈉養淡養$_5$磺養$_3$淡輕$_3$，及含淡之海島鳥糞，以代淡氣之用，土脉無不肥沃，物産無不蕃生。灰質則大别有八：曰矽養$_2$，曰鉀$_2$養，曰硫磺，曰鈉$_2$養，曰緑氣，曰燐酸，曰鈣養，曰鎂養。淡氣與此八質，皆爲植物組成之原料，土中若缺乏其質，則植物不得其食，何由壯長而豐收。即如每英地一畝，種植小麥，可收三十布旭。一布旭約合中國三斗有奇。而其根棄共重四千九百五十八磅，內有淡氣四十八磅，灰質一百七十二磅，可見植物之體質以灰淡爲最要之成分。土中之灰淡二質，必足供給其所需，方有相長相生之效。故欲知土質之肥瘠，必先驗灰淡之盛衰，其次則輕養等質，亦必足以分配，乃能相得益彰。獨鋁二養三膠土中多有此質。爲植物所不取，鐵質所取亦微，是以考驗土質之中有鋁養鐵養者，非所重也，且肥土之與瘠土所含之質，多寡不同，肥土一驗而知爲肥，瘠土一驗而知爲瘠。如以土質百分而論，其中肥美之生長質，肥土中有十三分五五，而瘠土僅有二釐六毫。又鹽強酸內之消化質，肥土中有七分九一，而瘠土僅有四釐五毫八絲，獨至不消化之質及有損害於物產者，肥土有七十九分二六，瘠土多至九十九分二八。此其所以肥瘠迥異也。其他消化有益之質，無不肥地多而瘠地少。如鉀二養質，肥土有一釐六毫，而瘠土僅一毫一絲。硫養三質，肥土有一釐四毫，而瘠土僅一毫五絲。此皆消化之質，足以長養植物者，而瘠土不及肥土之多也。今試將肥瘠土內所含消化諸質多寡細數，列表以明之。表以分爲首位，如鉀二養〇一六，即一釐六毫，餘類推。

消化諸質	肥土中百分之數	瘠土中百分之數
鉀二養	〇一六毫	〇〇一一絲
燐二養五即無水燐酸	〇二五	〇〇〇八
硫養三即無水硫強酸	〇一四	〇〇一五
鎂養	〇五三	〇〇四六
鈣養即石灰	〇一七	〇〇九四
炭養	〇一二	〇〇三八
綠氣	〇〇四	〇〇一四
鈉養鋁養鐵養等質	五七八	〇二三二

觀此表可見消化各質，瘠土皆不及肥土之多，然而土中之各質莫要於分配均勻，故不但無消化之質，必成瘠薄之壤。即有消化之質，而不敵損害之質，土脈亦不能沃饒。如土中無鎂養鉀養，則鈣養雖多，亦屬缺陷，甚且鹽多而成鹵地，鐵多而成磽田，酸多而成确土，烏可不加考驗哉？

第三考驗土面

今使有同一之土質，而土性之高下並同，比及下種而後，萌長之遲速竟異，收穫之豐歉尤殊，此則地面之關係利害故也。查地脈之最瘠薄者，莫甚於純一之砂土。蓋純砂土面，有砂礫而無膠泥，爲矽養所化合，無植物之食質，水亦不易存積，故不能生殖物產，而爲無用之土。欲變無用爲有用，當先分佈青礞。俾礞質腐爛於砂中，則土脈賴以滋培，方可供植物之吸食，是爲墾治砂地之第一良法。土面尤賴有淡氣，田園之上面九寸有淡氣十分至十五分，草地之上面九寸有淡氣二十分至二十五分，方爲有用之土，否則雖有消化各質，而土脈必不能調和。然其尤要者，在乎水利平均。苟土面積水不易下注，便成瘠薄之區。蓋停積宿水於地面，最有害於植物，而空氣亦不能深入，地氣自不能流通。其水之下注過速，而土面易於乾涸者，病亦相同。是故土面之與水利最有密切之關係。《周禮》稻人下地以瀦蓄水，以防止水，以溝蕩水，以遂均水，以列舍水，以澮瀉水，實有精義存乎其間。蓋水爲輕養二氣，實萬物養命之源，故土質百分中必有水五分至九分，是爲普通之中數。然土面之形性迥異，即受水之多寡各殊。如粗石土受水即乾，細沙土遇水即洩，淤泥土積水久存，苟不辨其吸水之量，而以多量之水灌入少量之土，則無益而有損。更以少量之水施諸多量之土，則徒勞而無功。故格致家考驗各土吸水之量，平均以百分計，則灰土需八十五分，膠土需四十分，重膠土需六十一分，灰石沙需二十九分，石英沙需二十五分，雜土需五十二分，重雜土需五十一分，沙泥雜土需八十九分，獨草煤土多至一百八十分，必如其量而資以水利，物產乃克豐收。此誠講求農務最宜注意者也。若夫氣候之關係，則以溫帶圈內爲最良。我中國在北緯二十三度有半，故能溫和適度，物產豐饒，以視寒帶之國日光少而極寒，沙漠之區熱候多而無雨者，利害何啻天淵。縱西北極邊，不無陰寒沍結。然使用化學之熱力，亦可培壅地面，而使變瘠爲肥。是在相度地勢而爲之耳，安有棄地哉？

總而論之，以上三者，考驗土宜之原理略具於斯矣。若夫普通考驗之法，揭其要義，則又大旨有三。首在察其土性，有吸水之能力，而潤燥適得其平。蓋肥土之性既能使水澤上升，復能使水泉分溢，水雖有就下之性，而土有如髮之管，吸其水常使平升，故能潤燥適宜，種植蕃茂。此其要一。土中所含之生長質及消化質多寡，悉有定率。如銖兩之悉稱，即有不消化之質，而壅以化學之料，斯變爲消化之性，足供植物之取求。此其要二。土中若肥質缺乏，則當詳加考驗，並可補以人功。如於考驗之初，知其土所食何質爲多，即種以相宜之植物，則物產自無不豐。若其缺乏之質，爲植物所必需者，應即壅以化學肥料。如植物以鎂養爲組織之原料，而土中實缺鎂養，則用鎂養之肥料以培之，植物以鉀養爲必要之供給，而土中實無鉀養，則用鉀養之肥料以壅之，乃能補救陰陽之缺陷焉。此其要三。本此三要以興農功，則同一地畝而其生利之數，必倍蓰於尋常。然後神州沃壤乃真可以農戰立國，用植商戰之基矣，豈非富強之先務哉？

綜述

《大誥・水災不實》　有司牧民，水旱災傷，是爲急務。自朕即位以來，各處水旱災傷，蟲蝻生發，民人告災，有司多不准理。及至准理，通同無藉頑民以荒作熟，以熟作荒。以荒作熟，小民愈覺艱辛；以熟作荒，無藉頑民以爲得志，孰不知天災人禍至有日矣。嗚呼！君子、小人得有司之位者，當災傷之際，君子所以難爲，小人易爲。云何？君子受理，被頑所誣，所以受與不受者兩難哉，蓋由頑民致是。小人徑理，以其賄賂行焉，誣上虐下，竟不爲畏。且如高郵州民有水災，朕令進士詣踏。未至災所，其有司民人即以災冊至。進士謂曰：未曾沿坵履畝，先進是冊，爲何？曰：馬前冊。嗚呼！民有不淳者，其同知劉牧不才尤甚。若允馬前冊以進，更徵與顏色交談，馬前冊爲實哉，賄賂公行矣。其進士不諾，必欲親詣災所。其同知劉牧與頑民議，將已熟禾稼盡行剷去，引水灌其地，若此者若干頃畝。嗚呼！所以君子未敢受理者，爲此也。同知劉牧易爲受理者，亦爲此也。

《大誥三編・農吏》　今後諸衙門官，凡有公事，能書者，務必喚首領官於前，或親口聲説，首領官著筆，或親筆自稿，照行移格式爲之，然後農吏謄真，署押發放。吏本黏連卷宗，點檢新舊，驗看遲速，知數目之精，未嘗公事主謀在乎吏。今往往正官、首領官憑吏立意，施行其事，未有不墮於殺身者也。此時姦貪猾吏已行不用，惟以農人役之。凡百公事，若吏無贓私，一切字樣差訛，與稿不同，乃吏謄真之罪。設若與稿相同，主意乖違，罪坐官長，吏並不干。

《明會典》卷一七《户部・農桑》　國初農桑之政，勸課耕植，具有成法。初皆責成有司，歲久政弛，乃稍添官專理。其例具後。凡課種。國初令天下農民，凡有田五畝至十畝者，栽桑麻木綿各半畝。十畝以上者，倍之。田多者，以是爲差。有司親臨督視，惰者有罰。不種桑者，使出絹一疋。不種麻者，使出麻布一疋。不種木綿者，使出綿布一疋。洪武元年奏准：桑麻科徵之額，麻每畝八兩，木綿每畝四兩。栽桑者，四年以後有成，始徵其租。四年，令各府州縣行移提調官，常用心勸諭農民，趁時種植。仍將種過桑麻等項田畝，計科絲綿等項，分豁舊有新收數目開報。十八年議：農桑起科太重，百姓艱難，令今後以定數爲額，聽從種植，不必起科。二十一年，令河南山東農民中，有等懶惰不肯勤務農業，朝廷已嘗差人督併耕種。今出號令，此後止是各該里分老人勸督。每村置鼓一面，凡遇農種時月，五更擂鼓，衆人聞鼓下田。該管老人點閘，若有懶惰不下田者，許老人責決，務要嚴切。督併見丁著業，毋容惰夫游食。若是老人不肯勤督，農民窮窘爲非，犯法到官，本鄉老人有罪。二十五年，令鳳陽、滁州、廬州、和州，每户種桑二百株，棗二百株，柿二百株。二十六年定，凡民間一應桑株，各照彼處官司原定則例，起科絲綿等物。其絲綿每歲照例折絹，俱以十八兩爲則，折絹一疋。所司差人類解到部，劄付承運庫收納，以備賞賜支用。其樹株果價等項，並皆照例徵收錢鈔。除彼處存留支用外，其餘錢鈔，一體類解户部，行移該庫交收。仍將存用數目，出給印信通關，具本入遞奏繳。本部查領附卷作數。其進納絹疋錢鈔一節，俱照依後項金科課程條款，一體施行。二十七年，令天下百姓務要多栽桑棗。每一里，種二畝秧。每一百户內，共出人力挑運柴草燒地，耕過再燒，耕燒三遍下種。待秧高三尺，然後分栽。每五尺闊一壟，每一户初年二百株，次年四百株，三年六百株。栽種過數目，造册回奏。違者，發雲南金齒充軍。此條舊見工部，今載此。正統八年，令各處不出蠶絲處所，每絹一疋折銀五錢，解京支用。

凡設官勸農。宣德二年，添設浙江錢塘、仁和、海寧、新城、昌化、嘉興、海鹽、崇德八縣縣丞各一員，治農。成化元年，添設河南山東等布政司參政各一員，所屬各府同知一員，職專提督人民栽種耕耘，又預備倉糧糴買勸借。九年，添設蘇松常鎮湖五府通判，並所屬長洲等縣縣丞各一員，勸農。十年，添設山東布政司參政一員，專理勸農。十一年，添設直隸祁、安、滄、冀、深、趙州判官各一員，平谷、滿城、容城、完、雄、深、澤、束鹿、高陽、新安、河間、獻、阜城、肅寧、任丘、東光、故城、南皮、慶雲、真定、井陘、獲鹿、元氏、靈壽、藁城、欒城、無極、平山、阜平、南宮、新河、棗強、武邑、饒陽、安平、武強、柏鄉、隆平、高邑、臨城、贊皇、寧晋、衡水、沙河、南和、平鄉、廣宗、任、唐山、鉅鹿、內丘、永年、曲周、肥鄉、雞澤、廣平、邯鄲、成安、威、元城、大名、南樂、魏、清豐、內黄、濬、滑、長垣縣主簿各一員，江西南昌、新建、豐城、進賢、建昌、臨川、崇仁、樂安、新喻、新淦、廬陵、吉水、永新、泰和、永豐、安福、新昌、鄱陽、樂平、餘干縣主簿各一員，湖廣沔陽、荆門二州判官各一員，黄岡、麻城、江陵、監利、棗陽、衡山、安仁、慈利縣主簿各一員，河南光州判官一員，尉氏、滎澤、商水、夏邑、新野、淅川、新安、西平、信陽、確山、新蔡、息縣主簿各一員，應天府溧陽、溧水二縣主簿各一員，俱勸農。十九年，添設山西布政司參政一員，專理農務。二十一年，添設海泰二州判官各一員，鹽城、沭陽、贛榆縣主簿各一員勸農。弘治十七年，裁革山東提督勸農參政。正德元年，裁革湖廣衡州府安仁縣勸農主簿。嘉靖六年詔：江南等處，各該撫按官，通行所屬府州縣，原設有治農官處，不許營幹別差。責令著實修舉本等職業，專一循行勸課。原無官處，定委佐貳官一員帶管。果有實效，具奏旌擢。如或因循廢職，作罷軟，罷黜。十二年議准：南直隸撫按官，於淮揚二府，定委佐貳官一員，帶管開墾荒田，招撫鹽徒歸農。十五年，添設直隸淮安府通判一員，治農兼管水利。十八年，添設浙江湖州府通判一員，住劄所屬烏鎮地方，分理詞訟，追徵錢糧，弭捕盜賊，兼管治農、水利。二十三年，添設鳳陽府通判一員，治農。并責令淮安、徐州督農官，於各州縣鄉社，分設農耆等役，開治荒地，招撫逃民。

（明）徐學聚《國朝典彙》卷九二《户部·農桑》 戊戌二月，太祖以秦淮翼水軍元帥康茂才爲都水營田使，諭之曰：比因兵亂，隄防頹圮，民廢耕耨，故設營田司以修築隄防，專掌水利。今軍務實殷，用度爲急。理財之道，莫先於農。春作方興，慮旱澇不時，有妨農事。故命爾此職，分巡各處。俾高無患乾，卑不病澇，務在蓄洩得宜。大抵設官爲民，若但使有司增飾館舍，迎送奔走，所至紛擾，無益於民，而反害之，非付任之意。

洪武元年，上下令，凡農民田五畝至十畝者，栽桑麻木綿各半畝。十畝以上，倍之。其田多者，率以是爲差。有司親臨督勸，惰不如令者，有罰。不種桑，使出絹一疋；不種麻及木綿，出麻布、綿布各一疋。

二年五月，上幸鍾山，歸由獨龍岡步至淳化門。始騎而入。謂侍臣曰：朕久不歷農畝。適見田者冒暑而耘。甚苦。因憫其勞。徒步不覺至此。農爲國本，百需皆其所出。彼辛勤若是，爲之司牧者亦嘗憫念之乎。且均爲人耳，身處富貴，不知貧賤之艱難，古人常以爲戒。夫衣帛當思織女之勤，食粟當念耕夫之苦。朕故不覺惻然於心也。

五年五月，上以久旱爲慮，宫中自后妃而下皆蔬食，是夜大雨。

十八年九月，上諭户部曰：人皆言農桑衣食之本，然棄本逐末，鮮有救其弊者。先王之世，野無不耕之民，室無不蠶之女，水旱無虞，饑寒不至。自什一之塗開，奇巧之技作，而後農桑之業廢。一農執耒而百家待食，一女自織而百夫待衣，欲人無貧，得乎？朕思足食在於禁末作，足衣在於禁華靡。爾宜申明天下，四民各守其業，不許游食，庶民之家不許衣錦繡，庶幾可以絶其弊也。

二十四年二月，命種桐棕漆樹於朝陽門外鍾山之陽。時以海運及防倭戰船，所有油漆棕纜悉出於民，爲費浩繁，故有是命。凡種桐棕漆樹五十餘萬株，歲收以資工用，資民間供應。

按南京漆園設百户二員，甲軍百餘名，椶園百户一員，甲軍百餘，俱三年撥人匠採取，不過二百斤。桐園百户二員，甲軍二百四十名，每年採取，得油止百五十斤。

二十五年正月，命五軍都督府程督天下衛所在屯軍人樹桑棗柿栗胡桃之類。

二十七年三月，上謂工部曰：人之常情安於所忽，飽則志饑，暖則志寒，不思爲備，一旦卒遇凶荒，則茫然無措。朕深知民艱，百計以勸督之，俾其咸得飽暖。比年以來，時歲頗豐，民庶給足，田里皆安，若可以無憂也。然預防之計不可一日而忘，爾工部其諭民間，但有隙地，皆令種植桑棗，且授以種植之法。又令益種綿花，率蠲其稅，歲終具數以聞。

十二月，諭户部，自二十六年以後栽種桑棗菓樹，與二十七年以後新墾田地俱不起科。

二十八年，上朝罷，與侍臣論民間事，曰：四民之業莫勞於農，終歲勤動，稍得休息。時和歲豐，數口之家猶可足食，不幸水旱，年穀不登，則舉家饑困。朕一食一衣則念稼穡機杼之勤。爾等居有廣夏，乘有肥馬，衣有文繡，食有膏粱，當念民勞。大抵百姓足而後國富，百姓逸而後國安。未有民困窮而國富安者。爾等其思佐朕裕民之道，庶幾食禄無愧。

二十九年五月，上以湖廣諸郡宜桑而種之者少，命於淮安府及徐州取桑種二十石，遣人送至辰沅靖全道永寶慶衡州等處，各給一石，使其民種之。

三十一年正月，上以山東河南民多惰於農事，以致衣食不給，乃遣人材分詣各縣督其耕種。仍命籍其丁男所種田地與所收穀菽之數來聞。

永樂元年正月，命寶源局鑄農器給山東等處被兵之民。十年六月，山西左布政周璟言：平陽榮河太原交城捕蝗已絶。命巡撫御史驗之。

九月，浙江治水通政趙居任言：蘇松等六府自春及夏。雨暘不愆，民樂耕作，比之往歲實爲豐年。上謂户部尚書夏原吉等曰：兩京供億多出於此，比年水旱相繼，民罹饑寒，朕深憂之。居任爲人雖頗廉勤，然好佞上而不恤下，斯言殆未可信，宜遣人驗視，毋爲所欺。

十七年，上北征，聞軍士有取民田穀飼馬者，責之曰：農民終歲勤勞以供國用。汝獨不念耶？兵行之際，芻粟一給於官，又敢虐取諸民，立命斬之以徇。

上出視圜丘，太子從行，上因命左右導之，偏歷農家，觀其居處飲食器用。還謂之曰：農惟樹五穀，身不離畎畝，手不釋耒耜，終歲勤動不得休息，其所居不過茅茨草榻，所服不過練裳布衣，所飲食不過菜羹糲飯。而國家經費皆其所出，故令汝知之。凡一居處服用之間必念農之勞，取之有制，用之有節，使之不苦於饑寒。若復加之橫斂，則民不勝其苦矣。

洪熙元年，上諭户部曰：農者，生民衣食之原，耕耘收穫不可失時。自今一切不急之役，有當用人力者，皆俟農隙。前代蓋有不恤農事，而以徭役妨耕作，召亂亡者矣，不可不謹。

宣德元年，上嘗召户部夏原吉，諭之曰：朕念自古國家未有不由民之富庶以享太平，亦未有不由民之困窮以致禍亂。是以夙夜祇畏，用圖政理，所冀天時協和，年穀豐熟。去冬多雪，今春益以雨澤，似覺秋來可望。然一歲之計在春，尚慮小民阽於饑寒，困於徭役，不能盡力農畝。其移文戒飭郡邑，省徵徭，勸課農桑，貧乏不給者發倉廩賑貸之。

四月午朝還，上語侍臣曰：天氣尚炎，正農夫耕耘之時。因誦聶夷中鋤禾日當午之詩，且曰：吾每誦此，未嘗不念農夫。又曰：朕八九歲讀書，皇考臨視，親舉筆寫是詩以示，且問曰：解否？對曰：稼穡艱難在此也。皇考笑而頷之，自是常教以農事銘於心，不敢忘。今宮車不復還矣。言已淚下如注。

二年二月，通政司進各處雨澤奏本，上覽之，顧謂侍臣曰：祖宗愛民之心，保民之道，於斯可見。前世人主有民之休咎藐不聞者，豈是久安長治之道？我國家自太祖皇帝令天下有司月奏雨澤，世世相承爲成憲。歲之豐歉，民之休戚，靡不周知，其慮深矣。

三年，常州府進秈米，且言：今歲雨暘順調，田穀茂盛。上謂尚書胡濙曰：今年各處多奏水災，深慮百姓艱食，常州獨言豐稔，頗慰朕心。濙對曰：陛下愛民常願豐稔，聖心所欲，天必從之。上曰：天果從之，豈有他處水潦之患。亦是爲善未至，不能格天也。今朕與卿等更當勉之。

民有建言朝政當以重農爲首務者，上曰：此言有理，國家重農則百姓得盡力，天下富庶。古之重農莫如周，后稷以教民稼穡開國，公劉克篤前烈，文王時耕者九一，武王重民食，周公述《豳風》以戒成王，備言農事。當時民用阜成，治協泰和。周以下莫如西漢，高帝因賈人以抑其末，文帝二十餘年勤勤以勸農免租詔有司，武帝雖以土木兵戈勞民，至其末年亦知勸農作以休息民。至於元成之間，朝廷固有乖闕，而百姓安業自若，天下富庶幾二百年。成周享國過於夏商，王莽篡漢，終以民心不忘而復之。養民之功大矣。朕於斯事寢食未嘗忘也。

四年九月，時有建言洪武中命天下栽種桑棗，今民之無知者砍伐殆盡，存者亦多枯瘁，有司不督民更栽，以致民無所貲。乞令郡縣督民，以時栽種，仍遣官巡視。上曰：古人宅不毛者，有里布祖宗養民意甚至。

爾户部其申明舊令，務求成效，毋事虚文。

五年二月，罷採木之役。上諭侍臣曰：爲國之道，農事最急。今國家無大營繕，當東作之時，而工部採運木植未已，豈不妨廢農業。遂命書敕諭尚書李友直等：凡已採之木，隨處堆積，軍夫悉罷遣歸農。

三月，上以清明謁二陵，畢，駐蹕陵下，是日雨，上召少傅楊士奇等從容語曰：諺云：一歲之計在春，去冬少雪，今春雨亦未洽。朕昨觀田隴間尚未有耕種者，心爲之憂。今雨連日皆霢霂不驟，遠邇霑雨，甚慰民望。士奇等對曰：惟皇上憂民一念不已，天必昭應。

上謁二陵還，道中遥見耕者，以數騎往視之，下馬從容詢其稼穡之事，因取所執耒耜三推。耕者初不知爲上也，既而中官語之，乃驚羅拜呼萬歲。上顧謂侍臣曰：朕三舉耒，已不勝勞，況常事此乎。人恒言勞苦莫如農，信矣。命耕者隨至營人賜鈔六十錠。已而道途所經農家，悉賜鈔如之。

九月，巡撫侍郎成均奏蘇松嘉湖等府，春夏雨澤調均，至六月禾皆茂盛，秋成有望。上謂侍臣曰：朕所憂者四□旱澇，況蘇松諸郡，國用所資，今其地雨澤及時，良快朕心，但未知他處何如耳。

六年二月，賜侍臣《喜雨詩》，敕曰：國家所重者農事也，兹值萬物發育之時，甘雨霑足。秋成之望實肇於此。予心喜悦。特出内膳以宴卿等。並賦詩一章賜之。尚益勵翼予躬，以共亮天工云。宣廟憫農事多載御製類。

七年九月，順天府尹李庸言：所屬州縣舊有桑棗，近年砍伐殆盡，請令州縣每里擇耆老一人勸督栽種，官常點視。從之。

景泰中，户部奏京城居民徇利逐末，屠宰耕牛，上命御史兵馬捕問，追牛給貧民耕種。

二年十一月，參贊宣府都御史李秉奏請銀三萬兩買牛給貧乏軍民耕田，秋成償其價。從之。

成化五年正月，禁種秫，下令以塞造酒之源。

九年十一月，添設蘇松常鎮湖州五府，並所屬縣勸農通判、縣丞各一員。尋復添設北直隸深、趙、平谷等七十二州縣，江西南昌新建等二十縣，湖廣沔陽、黄岡等十州縣，河南光州、尉氏等十三州縣，各州判、縣丞一員，專理勸農。

嘉靖元年，禁京師民造酒，淮安民造麯，以户部言其糜費五穀，致米價騰貴也。

九年五月，給事中王聘請令天下郡縣各置一官專理農事，仍敕巡撫及二司官以時巡省。部覆得旨：治農官不必添設，惟令撫按各行所屬。委官管理，務順民情，毋有所擾。

十年八月，上諭尚書李時曰：西苑工俱告完，朕今日往視收穫，以觀農事之終。卿可偕大學士鑾、尚書鋐、侍郎言同觀之。上御豳風亭召見諸臣，復曰：兹當秋成之期，與卿等同觀收穫。時對曰：皇上務農重本，自足以風勵天下。觀穫畢，復召諸臣諭曰：農之苦勞，見於紙上，不如見之於真。我聖祖嘗有訓曰：衣帛當思織婦之勞，食粟當念農夫之苦。以此觀之，委爲粒粒辛苦也。時等復曰：自古帝王身親農事，未有如我皇上者，真所謂知稼穡之艱難也。上命賜諸臣宴。

（明）楊士奇《東里别集》卷一《郊祀覃恩詔》 一、農桑衣食之本，學校風化之原，有司宜加勸課，在内從巡按御史，在外從按察司巡督，毋爲虚文，務臻實效。

（清）龍文彬《明會要》卷五三《食貨·勸農桑》 洪武元年，楊思義爲户部尚書，以農桑積儲爲急。請令民間皆植桑麻，四年始徵其税。不種桑者輸絹，不種麻者輸布，如《周官》里布法。詔可。《思義傳》。

五年十二月，敕中書，令有司今後考課，必書農桑學校之績。《憲章録》。

八年八月己亥，敕李善長等勸督農事。《大政記》。

十四年，上加意重本抑末。下令：農民之家，許穿紬紗絹布。商賈之家，止許穿布。農民之家，但有一人爲商賈者，亦不許穿紬紗。《農政全書》。

十八年九月，諭户部曰：人皆言農桑衣食之本，然業本必先於黜末。自什一之塗開，奇巧之技作，於是一農執耒而百家待食，一女躬織而百夫待衣，欲民之毋貧得乎？朕思足食在於禁末作，足衣在於禁華靡。宜令天下四民各守其業，不許游食。庶民之家，不許衣錦繡。《大訓記》。

二十五年，令鳳陽、滁州、廬州、和州每户種桑二百株、棗二百株、柹二百株。《世法録》。

二十七年三月庚戌，課民樹桑、棗、木棉。《本紀》。

二十九年五月，給桑種於湖廣諸郡。《明政統宗》。

西平侯沐英在滇，簡守令，課農桑。《沐英傳》。

三十一年正月乙丑，上以山東、河南多惰於農事，詔户部遣所舉人才，分詣各郡縣，督民耕種。具籍所種田地與歲收穀粟之數以聞。《明政統宗》。

永樂元年，命寶源局鑄農器給山東諸被兵處，徵耕牛於朝鮮，分給遼東諸屯士。謂户部曰：近因兵戈蝗旱，民流徙廢業。不及今勸相使盡力南畝，將不免有失所者。其遣人督勸，毋忽。《農政全書》。

二年，諭户部曰：今春時和，東作方興。宜申明教術，勸課農桑。《授時通考》。

四年六月，諭廣東布政司：自今番夷入貢，如值農務之時，其方物並於南雄收儲。俟十一月農隙，令運赴南安。著爲令。《世法録》。

十一年九月壬午，詔：郡縣官每歲春初，行視境內，蝗蝻害稼，即捕絶之。不如詔者，並罪其布、按二司。《本紀》。

宣德二年四月，設江南勸農官。《大政記》。

四年九月，申明栽種桑棗之令。同上。

五年三月，帝奉太后謁陵歸，見道中耕者，取耒三推，顧侍臣曰：朕三推已不勝勞，況吾民終歲勤動乎？命賜所過農民鈔。《本紀》。

四月，命侍郎成均督江南農務。《大政記》。

六年二月，改江南治農官爲催糧官，其正官仍督農務。同上。

七年，命揭《豳風圖》於殿壁。嘗夏日午朝退，咏聶夷中鋤禾日當午句，謂侍臣曰：吾每誦此，未嘗不念農人。帝又嘗以所賦《織婦詞》示侍臣，以見蠶事之勞苦。《三編》。

十年十一月，令都、布二司嚴督所司種桑棗。《大政記》。

英宗初，山西參政王來言：郡縣官不以農桑爲務，致民多游惰，田日荒閒。租税無出，累及良民。宜擇守長賢者，以課農爲職。其荒田，令附近之家通力合作，供租之外，聽其均分。原主復業則還之。蠶桑可裨本業者，聽其規畫。仍令提學風憲官督之，庶人知務本。從之。《王來傳》。

正統九年七月，申明種桑棗法。《大政記》。

張需爲霸州知州，見州民游食者衆。每里置簿，列男女大小口數，計其耕桑樹畜，爲設方略。暇復躬自巡視，分别勸懲。於是民皆勤力，州以饒富。《三編》。

景泰二年二月癸巳，詔畿內及山東巡撫官舉廉能吏，專司勸農。授民荒田，貸牛種。《本紀》。

四年十月庚寅，詔天下鎮守巡撫官督課農桑。同上。

成化時，姜洪除盧氏知縣，單騎勸農桑。本傳。

九年七月，復設江南勸農官。《大政記》。

十一月，添設各府州縣判、丞官，專司勸農。《明政統宗》。

十年五月，增順天、永平府州縣勸農官。十月，增山東勸農參政一員。《大政紀》。

正德時，泰和知縣陸震親行鄉落，勸課農桑。本傳。

泗州知州汪應軫，因土瘠民貧，不知農桑。應軫勸之耕，買桑植之，募江南女工教以繅蠶織作。由是民足衣食。本傳。

嘉靖時，台州知府羅僑歲時循行阡陌，課農桑。本傳。

六年，諭令各該巡撫所屬官帶農田銜者，不許營别差務，督令舉職，循行勸課。其原未設官者，委佐貳主之。歲嚴課其殿最。《農政全書》。

萬曆十年四月戊子朔，諭禮部：令民及時農桑，勿事游惰。《本紀》。

陳幼學爲確山知縣，墾萊田八百餘頃，給貧民牛五百餘頭。里婦不能紡者，授紡車八百餘輛。栽桑榆諸樹三萬八千餘株。調繁中牟，給貧民牛種、貧婦紡具，倍於確山。《循吏本傳》。

《新例要覽・工部新例・種柳葦議叙二年十月》 一、附近印河文武官弁，於山東、江南、河南沿河地方官地內，果有能各出己資，捐栽柳秧成活五千株者，紀録一次；成活一萬株者，紀録二次；成活一萬五千株者，紀録三次；成活二萬株者，准加一級。種葦一頃者，紀録一次；二頃者，紀録二次；三頃者，紀録三次；四頃者，准加一級。其殷實之民栽柳二萬株，種葦四頃者，准其頂帶榮身。仍令該督撫轉飭印河文武官弁及殷實之民，每年於冬末春初廣爲栽種，於次年春末夏初查驗栽種成活數目，造册送部查明，分别議叙。倘印河文武官弁希圖議叙，將民地指爲官地，栽植柳葦，有累居民者，該督撫即行題參，交與該部從重治罪。奉旨：依議。

《大清律例》卷九《户律・田宅・擅食田園瓜果》　凡於他人田園擅食瓜果之類，坐贓論。計所食之物價，一兩以下笞一十，二兩笞二十，計兩加等，罪止杖六十，徒一年。棄毁者，罪亦如之。其擅將挾去及食之者，係官田園瓜果，若官造酒食者，加二等。照擅食他人罪加二等。主守之人給與，及知而不舉者與同罪。若主守私自將去者，並以監守自盜論。至四十兩，問雜犯，准徒五年。

《大清律例》卷九《户律・田宅・檢踏災傷田糧》　凡部内有水旱霜雹，及蝗蝻爲害，一應災傷應減免之田糧，有司官吏應准告而不即受理申報上司親行檢踏，及本管上司不與委官覆踏者，各杖八十。若初覆檢踏，有司承委官吏不行親詣田所，及雖詣田所不爲用心從實檢踏，止憑里長甲首朦朧供報，中間以熟作荒，以荒作熟，增減分數，通同作弊，瞞官害民者，各杖一百，罷職役不叙。若致枉有所徵免，有災傷當免而徵，曰枉徵，無災傷當徵而免曰枉免。糧數計贓重者坐贓論。枉有所徵免糧數，自奏准後發覺，謂之贓，故罪重於杖一百，並坐贓論。里長甲首各與同罪，受財官吏里甲受財檢踏，開報不實，以致枉有徵免。者，並計贓以枉法從重論。其檢踏官吏及里長甲首，原未受財，止失於關防，至使荒熟分數有不實者，計不實之田十畝以下免罪，十畝以上至二十畝笞二十。每二十畝加一等，罪止杖八十。官吏係公罪，俱留職役。若人户將成熟田地移坵换段冒告災傷者，計所冒之田一畝至五畝笞四十，每五畝加一等，罪止杖一百。其冒免之田合納税糧依額數追徵入官。

條例

一、天下有司凡遇歲饑，先發倉廩賑貸，然後具奏請旨寬恤。

一、凡夏災不出六月底，秋災不出九月底，先以被災情形題報。其被災分數，按限勘明續報。愈限者，交該部議處。

一、州縣詳報被災情形，查勘分數，遵照題定四十日限期辦理。其距省遥遠地方，准照交代之例扣算程途日期。如逾限，照例題參，交部議處。

一、賑濟被災饑民以及蠲免錢糧，州縣官有侵蝕肥己等弊，致民不沾實惠者，照貪官例革職拏問。督撫布政司道府等官不行稽察者，俱革職。

一、凡有蝗蝻之處，文武大小官員率領多人公同及時捕捉，務期全净。其雇募人夫，每名計日酌給銀數分以爲飯食之資，許其報明督撫，據實銷算。果能立時撲滅，督撫具題，照例議叙。如延蔓爲害，必根究蝗蝻起於何地，及所到之處該管地方官玩忽從事者，交部照例治罪，并將該督撫一并議處。

一、凡遇蠲免錢糧之年，將所免錢糧分作十分，以七分免業户，三分免佃户。雍正十三年十二月内欽奉上諭：蠲免之典業户邀恩者居多，彼無業貧民終歲勤動，按產輸糧，未被國家之恩澤，欲照所蠲之數，履畝除租，繩以官法，則勢有不能。其令所在有司善爲勸諭各業户，酌量寬減佃户之租，不必限定分數，使耕作貧民有餘糧以贍妻子。若有素封業户能善體此意，加惠佃户者，則酌量獎賞之。其不願者，聽之，亦不得勉强從事。特諭。

一、凡遇歉收之歲，貧士與貧民一體賑恤。

一、遇有恩詔豁免錢糧，其漕項蘆課學租雜税各項，俱入豁免之内。地方官違者，以違制論。入己者，以侵盗論。

一、凡有蠲免，俱以奉旨之日爲始。其奉旨之後，部文未到之前，有已輸在官者，准作次年正賦，永著爲令。如官吏朦混隱匿，即照侵盗錢糧律治罪。

一、凡開墾水田六年，旱田十年，將届陞科之期，該督撫委員復加履畝丈勘。果有坍塌冲漲，或成磽确者，概免陞科。違者，以官吏不用心從實檢踏律治罪。

一、直省地方被災十分者，蠲免錢糧七分；被災九分者，免六分；八分者，免四分；七分者，免二分；六分者，免一分。

一、直省地方有被災五分者，亦准蠲免錢糧十分之一。永爲定例。

一、凡各省地方被災不及五分，有奉旨及督撫題請緩徵者，於次年麥熟後，只令催徵舊欠。其本年錢糧，准於九月後催徵。若深冬方得雨雪，及積水退者，緩至次年秋收催徵。如被災八分、九分、十分者，將該年緩徵錢糧，俱分作三年帶徵。被災五分、六分、七分者，分作二年帶徵，以紓民力。

一、凡被災地方米船過關，果係前往售賣，免其納税，給予印票，責令到境之日呈送該地方官鈐蓋印信，回空查銷。如有免税米船偷運别省，並未到被災地方先行糶賣者，將寬免之税加倍追出，仍照違制律治罪。

一、各直省遇有災告之年，該督撫將清理刑獄之處奏聞請旨。

一、江海河湖居民猝被水災，該地方官一面通報各該管上司，一面赴被災處所驗看明確，照例酌量賑濟，不得濡遲時日。

一、凡沿河沙洲地畝被冲坍塌，即令業户報官勘明註册，遇有淤漲亦即報官查丈，照原報之數撥補。此外多餘漲地，不許霸占。如從前未經報坍，不准撥給。至隔江遠户，果係報坍有案，即將多餘漲地秉公撥補。若坍户數多，按照報坍先後，以次照撥。倘補足之外尚有餘地，許召無業窮民認墾，官給印照。仍令各屬按數造報，統俟五年大丈再行履勘，造册送部，以定陞除。其報坍報漲在兩縣接壤之處者，委員會同兩邑地方官，據實勘驗，秉公撥補。如有私行霸占，將淤洲入官，該户照盜耕官田律治罪。地方官不查丈明確，以致撥補舛錯，查出照官吏不用心從實檢踏律，分别議處。

《大清律例》卷九《户律・田宅・棄毁器物稼穡等》 凡故意棄毁人器物，及毁伐樹木稼穡者，計所棄毁之物即爲贓，准竊盜論，照竊盜定罪。免刺。罪止杖一百，流三千里。官物加准竊盜贓上二等。若遺失及誤毁官物者，各於官物加二等上減三等。凡棄毁、遺失、誤毁並驗數追償還官給主。若遺失誤毁私物者，償而不坐罪。若毁人墳塋内碑碣石獸者，杖八十。毁人神主者，杖九十。若毁損人房屋墻垣之類者，計合用修造雇工錢坐贓論。一兩以下笞二十，罪止杖一百，徒三年。各令修立。官屋加二等。誤毁者但令修立，不坐罪。

條例

一、凡廣收麥石肆行踹麴，大開燒鍋者，杖一百，枷號兩箇月。地方官員失察，交部分别處分，如官吏賄縱等弊，照枉法計贓論罪。

《兵部處分則例》緑營卷九《營私・勒索縱丁》 一、運官抗不赴兑次，及赴次恣意勒索尖丁，毆打糧官，並縱容旗丁在兑争索斛面酒席，譟辱官長，沿途阻壓行船，毆辱官員，兇斃民命，俱革職究擬。私罪。其隨幫官領押回空停泊數里，不賑催趲，縱容旗丁毆打官兵，亦一體革職治罪。私罪。

《兵部處分則例》緑營卷一八《協捕蝗蝻議叙議處》 一、武職員弁專汛地方，遇有蝗蝻生發，毋庸查究來蹤，即就現有飛蝗之處，如能迅速協捕，應時撲滅者，該總督巡撫確查具題，紀録一次。其未能及早合力協捕，以致長翅飛騰，貽害田稼者，專汛官降二級調用。公罪。該管上司不速催撲捕者，兼轄官降二級留任，公罪。統轄官降一級留任，公罪。提督總兵罰俸一年。公罪。若專汛兼統各官明知，不行查明申報提督總兵者，各降三級調用。私罪。提督總兵不移會總督巡撫題参者，降二級調用。私罪。

一、衛所官員奉委協捕蝗蝻，未能實力撲捕，以致養成翅翼爲害禾稼者，照州縣官例革職。公罪。

《兵部處分則例》八旗卷一三《承催・收參賞罰》 盛京、吉林、寧古塔等處，散票收參事宜，該將軍副都統等嚴飭所屬協領章京，並辦理參局事務之員，嚴行稽查。收參之時，務須加意選擇。送京之參，總以七成爲度，渣末泡丁止准三成。如人參選至八成者，承辦官員等紀録一次，九成者紀録二次，九成以上者加一級。不及七成者，承辦官員等罰俸六個月。公罪。僅止六成者，罰俸一年。公罪。五成者，罰俸二年。公罪。四成者，降一級留任。公罪。三成者，革職留任。公罪。其承辦之員應議降級留任者，將該將軍副都統罰俸六個月。公罪。承辦之員，應議革職留任者，將該將軍副都統罰俸一年。公罪。

《兵部處分則例》八旗卷一三《承催・違例栽種參苗》 一、吉林等處承辦參務官員，並不遵照章程，致有違例加添，刨夫栽種參苗等弊者，罰俸一年。私罪。將軍、副都統失於查禁，罰俸六個月。公罪。

（清）王又槐《錢穀備要》卷九《江省捕蝗事宜》 安藩魏秦安撫準飭議牌開蝗蝻所生其端有二：一係魚蝦遺子所化。凡諸水涯澤畔，均有魚蝦遺卵，遇冬乾涸，留集草叢，如春水盛大，則漫漬濡化爲蝦、爲魚游泳而去矣。若水勢微弱，漫不及草，則濕熱鬱蒸，化而爲蝻，越數日即生翅成蝗，此魚蝦遺子之所化也。一則飛蝗孳種所滋。凡飛蝗停止處所，必生子入土。其生之地必擇高亢黑土，以尾錐入，深不及寸，一生九十九子，先後各有一蛆一引一推，使之深入。春氣發動，則轉頭向上，先後一蛆一引一堆，擁之使出。迨經出土，二蛆皆斃。其九十九子萌孽滋長，而形如蟻，旋即如蠅，數日內即生翅爲飛蝗，高颺延蔓，爲害甚巨。此孽子之所滋也。蝗性畏雪，若冬雪頻降，便入土深厚，春水而出，土深力乏，悉死水中。設或雪力微溥，一經蠢動，捕治甚難。應乘此冬時設法搜除。凡係水濱澤畔衰草之區，勸民刈挖，不特多得此水草可供炊爨，且使魚蝦遺子盡克掃除，免遺蝗害，有裨民生。至蝗虫產生之地形既高亢，土復壚黑，且地上有孔竅數如蜂房，尋覓甚易。若地方官等悉心督率，多張示諭，給以錢文，又勸令無業窮民挨查，徧掘荒原僻徑水灘山陬，在在搜尋，務勿遺漏。州縣印官責成該管府州，直隸州責成道員，嚴加督率。其佐雜教職，亦令分頭派定稽查，于飛蝗落過處所，尤宜加意搜尋挖掘。其勤敏者詳請記功，懈弛者詳請記過。至于鄉民應照條畧出示業佃各户，如本人地土本人搜查，無人管業者，連界產佃搜尋。水滋山陬，人跡罕到之處，該地鄉保僱夫搜查。如該鄉保實力勸募。搜挖多而無滋擾，該印官賞給花紅。諉避不力者，查明責處。其挖未出土米粒大蝻子，不得攙和砂土。照詳定舊例，三冬閒暇之時，挖得蝻子一斗者，交官給銀二錢。至鄉保所僱夫役，每日每名給米一升，折大制錢八文。天氣寒肅，挖出蝻子諒不易于腐壞，所出之多寡不同，不便定積蝻數目報驗，似應每半月積數若干，即解該管道府驗明，并通報查考。該府道驗明，即用柴草焚毁。每蝻子一斗，約須柴一束，或草二束。其應動各項銀兩，于本年耗羨項下動支，同本年捕蝗銀兩，一并報銷。乾隆九年督院尹安撫準批准。

安撫魏批藩司李詳覆泗州營都司張，于乾隆九年捕蝗開銷公費緣由通飭各營。嗣後捕蝗但聽文職撥夫，武員只應撥兵協捕，不得混僱夫役，以杜冒銷等因。

安藩高議詳撲捕蝗蝻一切人夫飯食，收買蝻子等項，例于耗羨內動支。安省向經詳定，每夫一名日給米一升，或折銀一分。收買成形跳躍者，每斗給錢二十文。長翅飛騰者，每斗給錢四十文。挖掘未出土米粒蝻子，每斗給錢四百文，或銀五錢。燒蝗每柴一束，准銷銀一分，每草一束，准銷銀五釐，歷年報銷有案。但未定有撲捕日期，人夫名數限制。查下江成例，生蝻處所定限三日內撲盡，每處人夫最多不得過五百名，請自本年爲始，凡安屬各州縣報生蝗蝻各處，以該處具報之日起，限三日內撲捕净盡。如逾三日之限，非係報後撲捕不力，即係初生未能隨時報捕，以致蔓延長大，難于撲打。應着落該州縣捐給飯食，集夫撲盡，不准開銷，以示炯戒。至生蝻無多之處，每處人夫以百名爲限。其零星廣闊之處，最多亦不得過一百五十名，仍照原報村莊按日按數分別開定，不許于原報村莊之外，另立地名開報。責成該管道府州縣，就近稽察，以杜虛冒，事竣核實，加結請領。其餘夫工折價收買柴草各數，悉照向例報銷。再耗羨章程常例之外，有必須動用之款，例應奏明動用。今捕蝗公費，係屬必需，應否先行奏明動支，俟各屬册報齊全，再行核實，咨銷等因。

乾隆十七年八月。

安撫張　批准嗣後如有捺遲時日具報，及捏分地名開銷情弊，即嚴行查叅，仍將捕蝗公費實係必需緣由，另叙簡詳請奏。

安藩高　稟通飭各屬于鄉保之外，另選誠實強幹之人，專司查捕蝗蝻事宜，庶事有責成，益昭慎重。且蝗孽未生之時，既已慎密搜查，既萌之後，亦得迅速撲捕，實于地方農田大有裨益，理合酌議，規條稟呈。

一、蝗蝻生發，爲害甚巨，必須派人查察，以專責成。應令州縣衛官，于鄉保之外，慎選誠實勤幹之人，酌令地方之遠近，田畝之多寡，分定村數管理。無論山陬水陸，人迹罕到之處，即令派出之人周歷徧查，往來無間。一有蝻子萌動，立時報官撲捕。或鄰境接壤之地，設有生發，亦即一體稟報。此項人役所司之事，于農田最關緊要，即擬名農長以便查點呼唤。

一、蝻孽既萌，愚民罔知利害，惟恐殘踏己田，匿不報官，釀患之中莫甚于此。今既設有專人稽查，應令據實隨時稟報，不許隱諱。各該地方官，恪遵成例，如遇損傷禾稼，計其所值，詳明動項給價，不得有名無實，致虧小民，有干叅咎。

一、農民見有蝻子萌動，立時報官，一面協同鄉保僱撥人夫晝夜撲打，務期尅日净盡。仍赴各處輪查，并將已滅之地，不時查察，以防續生。其自撲捕之日起，至撲盡之日止，農長既有撥夫督率之責，應優給夫價二名，以資口食。統歸夫役項下開銷。

一、農長周流查察，若無官爲稽考，恐其怠惰偷安。向來蝗蝻生發，捕除多在夏月，而防範搜查須在春氣發動之時，挖除遺種又或延至秋冬。每年二月以後，八月以前，均屬最要之時。請飭地方官，各置木籌，註明農長姓名，及所管村莊，周流巡視。查至一處，即令該地鄉保書押爲記。一遍已畢，即赴該州縣衙門，將查過情形禀報，總限十日換籌一次，庶有查考，不致曠誤。

一、農長巡查周到，遇有蝻孽萌動，隨時報官捕除，不致長發爲患者，每年于農隙之時，地方官查明，給與花紅酒醴獎賞。如有怠玩，不行巡查，以致生蝗爲患，或鄉保地主呈報，或別經印委各官查出，即嚴加懲處，革退另换。

一、農長兩年一次更换，以均勞逸。如兩年期滿，無過，地方官給匾鼓舞。如查察捕除實著勤勞者，該地方官詳明道府，給匾獎勵。仍報院司存案，並列名申明亭旌善坊以示優獎。乾隆十八年五月十八日，奉署江督鄂批准。

蘇藩常　循例詳明准銷舊案，如捕蝗日期，每處不得過三日，每日僱夫最多不得過五百名，每名日給米一升，折給錢十文。收買蝗蝻，每斗給錢二十文。收買蝻種，每升給錢十文。至協捕委員，如係該府縣自行飭委者，例不支給飯食。若奉各院司道調委者，應于司庫耗羡銀內，按員支給盤費銀十兩。此皆向來報銷之舊例。至于每夜夫工，及動用柴薪等項，例不准銷，不容浮冒。所有今歲撲捕蝗蝻之各屬，用過公項，自應即令照例查辦，據實造册，并出具並無捏冒察出甘罪印結，並取協辦委員不敢扶同甘罪甘結，由府覆核加結，皇道加結，送司彙核，轉造報銷，分别詳請。咨奏等因。乾隆二十三年十二月，蘇撫陳批准。

（清）王又槐《錢穀備要》卷九《安徽捕蝗事宜乾隆二十五年》　乾隆十六年閏五月初八日，奉上諭：今歲雨暘時若，入夏以來，田禾暢茂，西成可望有收。近據直隸總督方觀承奏報，河間縣之西里門，及程各莊等處，有飛蝗自東而來，雖稱地方員弁合力搜捕，已應時撲滅，但所在州縣，不可不預爲防範杜絶。蓋蝗蝻最爲田禾之害，當其始生，本不難于撲滅。捕蝗之令，亦已再四申明。但農家恐其踐踏苗稼，往往各懷觀望，以致滋生繁衍，勢不可遏。雖愚民慮不及遠，護惜己之田禾，而不慮貽害他人。然先受向隅之苦，亦人情所必有。朕思計其所損苗稼，官爲賞給，以償之。且向有以米易蝗之法，若倣而行之，凡因捕蝗踐傷田禾，所在有司查明所損之數，酌量分晰，給與價值，則農民無所顧惜，盡力搜捕，較之蝗災已成，始行撲滅者，難易殊矣。該部即速行之。各省督撫令其通飭所屬州縣實力奉行，永除災害，以承天庥。欽此。

又乾隆十八年七月十九日，奉上諭：州縣捕蝗不力，既有革職拿問之定例，又有不申報上司者革職之例，一事而多設科條，適足滋弊。即堂司官或知奉法，而吏胥之相引條例。上下其手，被議者或重或輕，分滋詭議。年來直隸查參捕蝗不力之案，辦理多未畫一，即其証也。至州縣捕蝗需用兵役、民夫，併换易收買蝻子，自有費用。其勤民急公者，或不費而事已濟。而錙銖是較，玩視民瘼者多，往往藉口無力捐辦。現在各省尋常事件，尚得動公辦理，似此要務，何以轉不動支公項。朕謂捕蝗不力，必應遵照皇考世宗憲皇帝諭旨，重治其罪，不可姑息。而費用則應准其動公。嗣後州縣官，遇有蝗蝻，不早撲除，以致長翅飛騰，貽害苗稼者，均革職拿問。著爲令。其有用費無多，自行捐辦，而實能去害利稼者，該督撫據實奏請議叙。其已動公項，而仍致滋害傷稼者，奏請着賠。又今歲江南各屬蝻孽萌生，雖經該督撫具奏，乃從未將地方官據實題參，豈非庇下而期遠。着該督撫明白回奏。

欽此。

户部謹奏爲敬陳芻蕘，仰祈睿鑒事。該臣等議得。京畿道監察御史史條奏撲捕蝗蝻八條一摺，于乾隆二十四年十月二十七日奏，本日奉旨：依議。

欽此。一、北地農夫于近山濱水之區，土田瘠薄，每種二三年，即停犂一年，以畜地脉。其停犂之歲，葑草叢生，不異野坡，此等地畝，每易生蝻。應于二三月上膏既動，農務未忙，州縣同佐雜教職分巡阡陌，責地主將土犂轉。其蝗蝻遺子之地，一併令其翻犂，則蝻子即可消滅，既培地利，並弭災患。

一、捕蝗之法，歷有成條。鍋煮火焚，可施于少，而不能施于多。柳枝掃箒，可施于蠕動之時，而不能施于蹤跳之候。布牆網絡，可施于偏隅，而不能施于大塊。惟敝履釘于木棍之上，應手而擊，最見功效。然必地方官平日無事之時，將各項器具，按村莊查驗，務必堅固可用，貯于公處，臨用自有成效。若未備于平日，臨時豈能猝辦？即可辦，恐多朽小之物，臨用豈能有功？

一、生蝻之處如近田畔，或去道不遠即度地挑濬長壕，深可四五尺，廣三四尺。掘起之土，堆置壕之對面，是爲外禦。壕口宜陡直，使蝻跳入，不能復出。三面密布人夫，如打圍狀，各執響竹柳枝，徐徐進步，同聲喊逐，視蝻力乏，人聲俱寂，稍停再進，引至壕口，竭力合圍，即用壕邊堆積之土掩埋之。如當田中生發，零星錯落，不成片段，即隨地掘坎驅而納之，亦屬省便。第驅除不分多寡，用力不分先後，則雜亂無序，必致蔓延。

一、捕蝗之法，最要在五更蝗聚禾梢，露浸翅軟，不能飛起，用手攏之，或以筲箕拷之，傾入布囊，致之于死，此爲上策。又午間交對，不能飛起，于此時捕之，亦事半功倍。蝗于夜間望見火光必飛，捕應于隴旁隙地多掘深壕，壕內積薪。舉火俟其向撲而焚，最易有功。飛蝗見樹木成林，或旌旗森列，即翔而不下，農家多用長竿掛紅白衣裙及紙旗之類，譁然而逐，蝗即不下。又每水一桶，入蔴油三四兩，用笤灑向禾巔，蝗即不食。

一、捕蝗蝻如捕盜，當不分疆界滅此朝食。若鄰封州縣報有蝗蝻，即星馳協捕，毋得膜視。地方官于通報蝗蝻文內，即聲明其鄉鄰近某州縣，徑移協捕。並將鄰封到境日期，續報備查。如有遲延推諉者，即叅處。

（清）王又槐《錢穀備要》卷九《安省捕挖蝗蝻章程》 一、蝗蝻爲害最烈，定例必根究起於何地，不將蝻子即時撲滅之地方官革職拿問。若蝗虫所到之地，該地方官不盡力撲滅，又或藉口鄰境飛來，希圖卸罪者，均革職拿問，并將道府一併議處。如文武大小官員率領多人，公同立時撲滅者，准紀録一次。

一、預防蝗患，前已議定，分地設立農長，耑司其事。令地方官置備木籌責令巡查，一有萌生隨即報官捕除。查其勤勞者，給與花紅酒醴匾額；怠惰者責懲。兩年一次更换。以均勞逸。有願接充者，亦准報明，准其接充。各屬應實力遵行，以期杜患于未然。

一、蝻子之生計有二種，一係低窪之地，及濱河過水之區，魚蝦遺子留集草叢，次年遇水浸漬仍成魚蝦，水浸不及，受春夏濕熱鬱蒸之氣，則化爲蝻子。一係飛蝗停落所遺。蝗至起翅，腹中子已盈滿，滿則腹脹，不得不下。其性喜燥惡濕，下子多在山脚土岡堅實地內，以尾錐土，深不及寸，一生必九十九子。

一、州縣每年秋間，應預飭農長、鄉保、地主人等，查明所管內低窪聚水，及曾經過水，並飛蝗停落處所，逐一標記。並將土名地段造册報官，俟冬晴水涸時，將澤草盡行砍除，可作柴薪肥料。如草不可用，則縱火就地焚之，或將草根鋤去，使魚蝦遺子盡消，以除蝻孽。其飛蝗生子之處，地上必有孔竅，或如蜂窠，如線香洞。未經雨雪，虫孔易尋，應實力搜挖。挖得形如累黍貫串成毬者即是。并于挖盡處，亦逐一標記，以便交春尋看。春間看過無子，初夏仍當再看一次，以防遺漏。

一、蝗性羣飛羣落，生子多聚一處。更聞每年五六月間，地脉鬆濕，天氣炎蒸，入土蝻子旬日便能生發，較春末秋初更速。惟七八月間遺子，一交寒露，百虫咸伏。其子在土，但能直下不能旁行，一日三寸，三日九寸，入土尺餘，伏而不動。必至次年驚蟄後，始漸次舉發。交春看上年標記挖過飛蝗停落處，或堅實地內有鬆土浮泥墳起，內有小穴者，即屬遺孽所在。又蝻性畏雪，有雪深一尺，蝻入一丈之語。若其地頻得雪壓，蝻子入土深厚，交春土深力乏，求出不能，始斃于穴內。

一、冬末春初，尚在農隙，搜挖蝻子，責成正在此時。如本人地土本人搜挖，無人管業者，連界農佃搜挖。水澨山陬，人蹟罕到之處，易于疎懈，應僱夫搜挖。俱令該處農長，秉公派僱。每夫十名內點夫頭一名，地分段落，夫分班次，交令管領農長督率農佃人夫填籌報官插標記認挖，得蝻子天寒不即腐爛，飭令揀去砂土，可以積斗領價，毋得派勒短發，虛應故事，以至遺孽自悮。

一、蝻至出土跳躍，計日即可生翅成蝗，捕捉不宜刻緩。地方文武，應一面專差通報，一面督率佐襍教職千把等官，分頭率領兵役、農長、鄉保、地主、農佃并速多僱人夫，竭力捕捉。其捕捉之法，先擇地挖溝，深闊三四尺，長數丈，每丈再挖一深坑，多貯柴草。各兵役人夫鄉民，携帝掃箒舊鞋草鞋皮鞋底，簸箕薄板等物，將蝗赶打掃入坑溝，即用柴草烈火焚燒。恐溝底之蝗多不即死，或先于溝內燃火，始行驅入。溝之對面，預豎門扇板片布篷等項。仍于溝對面站立多人，手執掃箒，遇蝗跳躍過溝，即行掃入溝內焚燒，務期盡净。焚過之後，將坑溝填土築實，仍插標記，認具結通報。又蝗性立秋前行向西南，立秋後行向東北，捕捉時應相時順勢挖溝。

一、蝗初生翅尚軟弱，不能奮飛，即翅硬之蝗，遇太陽高，亦多潛伏草根。應于每夜三更後，及清農飲露水濕沾翅，或日午雌雄相配之時，上緊赶打入溝焚燒。一説蝗翅沾露，必于卯辰二時出大路，或地頭向陽晒晾，此時正可捕捉。又蝗性見火即聚，三更後于溝內燃火，光出溝上，蝗俱投入，可以盡滅。慎勿失時，以致飛颺害人，而兼自害也。

一、飛蝗在空，人力難施，應于來路之後去路之前，向空多放鳥鎗花炮鳴鑼，及用長竿縫綴布幅向空搖動，前後吶喊，務使驚落，照前法捕捉除害。切勿縱令飛去，自謂得計，終遭嚴譴。州縣文武一聞鄰境生有飛蝗，即帶領人夫，毋分疆界，齊至蝗落處所，帮同捕捉。此不但爲人，兼且爲己。或飛出外境，即飛關彼地，文武一體接捕。凡飛蝗入境，地主即報鄉保農長立即報官。有不報，或報而遲延者，俱行重責。其查報迅速者，該州縣酌量給賞。如印官公出，即報吏目典史會營往捕，一面通報，一面飛報印官回任辦理。

一、蝗災多在夏秋，維時稼穡盈疇，愚民恐報官撲捕，損及田禾，多相率諱匿。地方官應將乾隆十六年奉到捕蝗踐傷田禾，令有司查明所損之數，酌量分晰，給與價值之諭旨，預期多張告示，遍行曉諭。則凡在地主農佃人等，皆知所損禾稼，官爲給償，自無所顧忌。所償價值數目項款，應臨時詳請憲示。

一、捕挖蝗蝻器具，如鍬鋤、簸箕、口袋、掃箒、舊鞋、板片、門扇等物，農家所有，可令自用借用，事畢歸還。其鳥鎗、銅鑼俱營兵民壯所有臨時飭令帶備。惟綴布幅長竿，應官預爲捐製，散交農長收領，便于立時取用。

一、挖蝻捕蝗，應于適中之地，或擇附近寺廟公所設廠，每廠派官一員住宿，分地專管。佐雜不敷，兼派教職，將廠員銜名通報查考。州縣文武，再派兵役數名，隨官督率農長鄉保人夫等，赶緊挖捕。并委親信家屬，在廠收買蝻子，給發錢米。再派誠實吏書一名，登記賬目，廠員不得擅作威服，亦不得委靡怠惰。印官周流往來各廠，加意督察。所收蝗蝻或灰醃，或滷浸，或煮熟，存貯廠內，每半月一次送道府直隸州查驗。驗畢，或搗爛，或焚燒滅跡。所屬地方生有蝗蝻，道府州并于議處，自必不時親往稽查，更可就近看驗。惟挖蝻在冬春之交，捕蝗多在夏令，人夫日夜不得休息，而又當嚴寒酷熱之時，縱得錢米，亦難謀食。廠內宜代爲煮粥飯，或備饅首麵饝等物，更于所僱夫內量點數名，運送薑湯凉水以濟其飢渴。毋論挖蝻捕蝗，總宜照前撫憲陳檄飭僱夫收買，兩者並行，以收實效。

一、安省捕挖蝗蝻，向例每夫一名日給米一升，每處每日最多者，不得過五百名。挖掘未出土之蝻子，照向例酌減，每斗給銀二錢。已出土跳躍成形，及長翅飛騰者，每斗給錢貳拾文。每草壹束，價銀伍釐，每柴壹束，價銀壹分。每日每處，柴不得過壹百束，草不得過二百束，俱于該年存公耗羨項下動支。事竣，造具册結，由該管道府州核實，加結送司，彙請報銷。又乾隆十八年定例，州縣撲捕蝗蝻，其有所費無多，自行捐辦，而實能去害利稼者，奏請議叙。其已動公項，而仍致滋害傷稼者，奏請着賠。凡一應錢米，俱令廠員會同散給，以杜虛捏扣尅，更防兵役農長鄉保人等串同滋弊。

一、蝗蝻萌動，先後不一，一州一邑之內，或有數處，難保處處撲净。即一處今日捕完，亦難保明後日不再續發。即果一孽不留，此心亦未敢遽放。况夫役等積十日半月之勞，率多倦怠。兼之廠員勤惰不一，農長鄉保人夫奸良不等，印官督察偶疎易墮、捏報奸術。近例動項而仍致滋害者，應奏請着賠，萬一結報盡净之後，又有萌動，毋論在境或飛出鄰境，總之該地文武撲滅不净之咎，俱不能辭，迨至文武廠員並懼衆處，又成賠項，悔無及矣。凡境內遇有蝗蝻，不特挖捕時，應上緊趕辦，即撲盡之後，或責成原官，或更易廠員，仍當督率農長人等不時巡邏查看。印官務必逐處親探，萬勿以公事已竣，遽虧此一簣之功也。

一、捍禦蝗蝻，原有耑司之神劉猛將軍專事捍蝗，血食已久，各地方素有忠正衛民捍災之神，又俱例有耑祭，平日務宜敬謹祭祀，以邀格饗。臨時更應虔禱，以祈默助。

以上二十六條，畧舉大概，其間因地制宜，隨時變通，是在臨事分別詳辦。地方牧令，留心民事，更能隨地隨時博採先哲名言，詳詢者農鄉長，考致患之由，得捕治之法。經理于事先，俾災孽不生，嘉禾無害，以補此册所不及，則更盡善盡美矣。

（清）王又槐《錢穀備要》卷九《布牆捕圖説》 裁白布二段，寛二尺二三寸，長一丈一尺，聯爲一幅，横披作牆。又于牆根添布半幅備用，兩頭各縫一木杆，中間分置三杆，相去二尺五寸零一。牆共有五杆，竿頭加以鐵尖。用時扎地作眼，然後以木竿插入穩立不動。其牆根下幅之布軟，鋪在地，隨取土石壓住，不使有縫。蓋因蝻子體小，乘隙即逃，全賴半幅軟布圍障固密，始得便于捕捉。此牆排立，可方可圓，大小隨施，長短任意。每兩牆相接之處，用夫抱住，免致欹斜。遇有轉移，隨機應變，妙用難以具述。

盡查蝻子在立秋以前行向西南，立秋以後行向東北，夾道之口，順時朝向，各有所宜。又如七八月間，田未成列，根株之間有蝻子生發，難以撲捕。查蝻子夜間沾濕露水，必于卯辰二刻羣出大路，或地頭向陽晒晾，乘此用牆圍住，捕捉甚便。

以上事宜十條，及圖説四條，捕蝗之法已極詳盡。如果官民遵照奉行，自可永除虫孽。至應如何約束書役，不致擾累閭閻，及如何因地變通，不徒拘泥成法，是在實力奉公之賢牧令，並實心督率之賢太守矣。倘視爲空談，玩泄從事，官叅役處，本部院斷不稍寛也。勉之，慎之。

（清）王慶雲《石渠餘紀》卷四《紀勸墾》 順治六年令州縣以勸墾多寡爲優劣，道府以督催勤惰爲殿最，嚴限年之令。於是報墾者漸多。又慮官吏有捏報攤派之弊，康熙四年停限年之令。七年御史徐旭齡上墾荒三弊，言皆切中，然限年卒不可行。十年令士民墾地二十頃，試其文藝，通者以縣丞用；百頃以知縣用。又展升科之年以勸之。饔正間勸農之詔屢下，各邊外皆以次招墾。乾隆初編纂《授時通考》。五年有零星地土永免升科之論。初，猶限以畝數，至十一年，以廣東高、雷、廉等府所墾荒地本非沃壤，十八年以瓊州海外瘠區，三十一年以滇省山頭地角尚有曠土，皆聽民耕種，不限畝數，概免升科。不特無催科之擾，而並免查勘之煩。地無遺利，人有餘力，於戲！可不思誰之賜歟！

（清）葛士濬《皇朝經世文續編》卷三四《户政・八旗生計・請禁作踐妨農稟光緒八年上范邑尊秦榮光》 竊生等籍隸治下，耕讀兼資，穡事艱難，知之最悉。兵燹餘生，仰荷聖恩，減賦方冀，民困漸蘇，效臻富庶。無如歲屢歉收，民間寅食卯糧，財力大絀。本年五六月間，風雨過多，棉禾多被淹死，平田旱歎無收。惟一二高田，或可指望少獲，然計鋤耘工本，較常倍費。此後官糧私債，深慮入不敷出，共切躊躇。乃近來地方風氣最多煙賭子弟、游手無賴，動輒魚肉鄉農，作踐田畝。弱儒善良勢力不敵，告訴無門，飲恨吞聲，匪伊朝夕矣。生等目擊情形，不忍坐視，或並身受其害，心實不甘。爲亟條列八款，逐一開陳，上塵鈞鑒。

一、棉花開時鄉農必遲捉一二日，養使力足，則色白衣重，售價可豐。今不論月明黑夜，每被偷捉一空，俗名捉露水花。田宅隔離較遠者，被害尤甚。此宜禁者一也。

一、棉花自十月後賸有零星小朵，鄉間舊俗，一聽地方孤寡採之，本業户不復與較，俗名捉落花，亦古者遺秉滯穗意也。近乃未至重陽，强壯男婦，十百成羣，硬行採摘，並及青鈴，冒充捉落花，此宜禁者二也。

一、近浦諸田中高四低，俗號坍岡，但宜植棉。邇緣木棉價賤銷滯，間有翻梗者。然挑高填低，資本倍大。今於稻始熟時，乘夜偷割其穗，動輒盈畝，狼戾實多，此宜禁者三也。

一、棉萁拔後，有資本者，圖歇地力，任草生田，俗名早荒地，然特十中一二分耳。下户貧農多種荳麥，籍接青黄。今有縱牧牛羊，名食荒田之草，實并荳麥而盡齧之。既冬種之徒抛，復夏糧之無着，窮擔生計，頓絶其半。此宜禁者四也。

一、植棉之田每於低塍或腰溝間雜種赤緑黄豆、芝麻等物，均民食所需也。今於將熟之時，縱令潑婦頑童，連根拔取，實不堪食，止可爲柴，於己無益，於人已損。此宜禁者五也。

一、水濱蘆荻，在官河則蘆課有征，在池漊亦凖田起賦，自應由該糧户承管。近乃春芽始生，便多無籍閒民四出痛砟賣充牛食，始及道旁岸上，繼并全灘而蕩滌之，名曰砍青柴，公然白晝作賊，莫敢誰何。此宜禁者六也。

一、鷄鴨本民間常畜，然五母雙雛，要有數限。近有不耕之夫，多畜此物，動以百計，不如圈束縱啄鄰田，無論棉禾荳麥，自苗至實，逐節受害。此宜禁者七也。

一、繡壤相錯，田形多類犬牙，然曲折循塗，顯判此疆爾界。今則貧便捷者，不但度阡越陌，甚至横騖別趨，蹂躪鄰田，罔知妨害。偶與理論，一味恃蠻，反肆毆詈。此宜禁者八也。

以上八款，均係作踐妨農實在情形，生等伏思王政以足食爲先，民生以務農爲本，無論棉穀二種田產大宗，不準私偷硬捉，即荳麥雜糧，亦藉佐民食用。今縱牲畜啄齕，便屬率獸食人。至葭蘆之性，一年砍青，數年不茂，故《禮》垂方長不折之經，《詩》著敦仵勿踐之詠。今縱非時妄砟。在彼之獲利無幾，而此之所喪實多，暴殄天物，此亦其一。生等伏乞恩準，徧諭四鄉，立將前項情事，嚴行永禁。如有犯者，許該農業會同地保捆送到案，從重責處。庶於重農貴粟之中，兼寓扶弱抑强之政矣。

（清）葛士濬《皇朝經世文續編》卷三八《户政·荒政·恤民示光緒十年于蔭霖》　現在天氣亢旱，經久不雨，北鄉禾稼大受厥傷，皆由本道府率屬無狀，不能整肅吏治，下恤民艱所致。茲擬現行八條，以期爲吾民略紓積鬱，速解倒懸。此外應行事宜尚多，有須查明及密飭辦理，並須訪拏重懲者，本道府亦即次第舉行，不敢少怠，冀以上迓天和，稍蘇吾民之積困焉耳。八例列左：

一、散牛價值，一概寬免，牛隻仍照舊輪用，違者指告拏辦。春間觀察委員至湖南買牛千餘隻，散給四鄉，約以挨户輪用，俟冬季攤繳牛價。

一、土費二限展至十月二十日爲止，爲吾民大荒之後，力有不逮，特此格外從寬體恤。

一、保正進局，局中書差有苛索見面禮、裁券費、看錢費，並簽差、汛差、清書、總書、脱役諸費名目，均屬大干法紀，即行一概禁革諸弊，出示勒碑。

一、禁卒凌虐卡禁犯人，私勒規費，至有快樂床椅私刑諸名目，一概嚴飭裁革。違者，經犯人告發，立置禁卒於死鋪堂站班。攔輿打杵等費，一概示禁。大班堂役轎夫有勒索，准被索人無論道府縣衙門鳴鼓喊冤。

一、南門外布行、糧米行攙和小錢最爲苦累，貧民並外來船隻販賣私錢，並干例禁，均出示禁止。如有指告姓名，起獲私錢得實者，酌予賞賜。

一、屠宰耕牛前已示禁，近聞違禁私宰如故，飭汛員同紳保等嚴密查拏，拏獲者有賞，受賄隱庇者，與私宰同罪。再祈雨期内，禁止屠宰，聞有勾通差役私賣等弊，實屬膽玩，准行指告示懲。

一、煙館之禁即差役索詐之處。着以後仿十家牌之法，鄰右不舉者連坐，告實者有賞。草市及各汛煙館，飭城内查街委員並汛官一律仿照禁止。

一、北關哨夫膽敢收小船已免之税，俟查明嚴辦。如再遇有索錢之事，即到關委員喊告，必予重懲。

《六部處分則例》卷二三《關市·參課考成》　一、吉林寧古塔、伯都訥、阿勒楚喀三姓地方，并盛京所屬之遼陽、錦州、寧遠、金州、復州、岫巖廳、義州、開原、興京、鳳凰城、牛莊、廣寧、鐵嶺、蓋州、承德等十五城，散放參票均作十分覈計，承辦官短放不及一分者，罰俸六個月；一分以上，罰俸一年；二分以上，降一級留任；三分以上，降二級留任；四分以上，降三級留任；五分以上者，降一級調用。俱公罪。若該管之將軍、副都統等，不行查催，致各城有短放三分以上者，罰俸六個月，四分以上者，罰俸一年，五分以上者，降一級調用。俱公罪。

一、承放參票官員能實心經理，一年限内足額，並無短少者，紀録二次。至次年又能足額者，加一級。若次年後能連年足額者，即每年給與加一級。

一、尋蹤章京見有偷刨人參人蹤蹟，不即追拏，明知故縱者，革職。私罪。其興京等處門吏筆帖式，見有偷刨之人，俱應追拏送部。如力不能拏，即應告知尋蹤章京追緝。若知而放出，或見蹤不追，又不轉告者，將門吏筆帖式斥革。私罪。至奉票採取官參、松子、蜂蜜之人，於額外多帶人夫，該門吏筆帖式等知而放出，不即追拏者，亦照此例斥革。私罪。

一、奴僕偷刨人參，係由其主差去，或知情而巧供不知者，係官俱革職。私罪。

一、承領參票官設攬頭先令局員同地方官出具切實保結，其素行詭譎之徒不准濫保。如所保之人，於承攬後有隱漏逃逸情事，將原保官照濫給牙帖例降一級調用。公罪。

一、嚴查秧參，責成該將軍副都統，並奉天府府尹，令該地方文武官弁不時嚴密稽查，出具並無私種印結，呈報後，該將軍等復派委員弁分投查勘。如有偷種情弊，將失於查禁之地方官降三級調用。公罪。知情縱容者，革職治罪。私罪。其派往查勘之員，未能查出，亦降三級調用。公罪。

若瞻徇容隱，亦革職治罪。私罪。該將軍等能自行查出，免其處分。儻被人告發，降三級留任。公罪。

一、官參到局，先令局員認看，儻有秧參攙雜，查係何界何人所交，即將該地方官及派往查勘之員，稟明將軍等參處。仍由該將軍、副都統、府尹、欽派侍郎公同挑選足額，各報各界，分包黏貼印花，派員解京。

一、官參到京，復由該管大臣逐加遴選。如再挑出秧參，不論斤兩多寡，查係何界所種，即將該地方官及派往查勘官，并局員等參奏，俱革職提問。將軍、副都統、府尹及欽派侍郎，均降三級調用。俱公罪。

一、官參到京，以挑中六成爲度，選至七成者，將承辦官員等紀録一次。八成者，紀録二次。九成者，加一級。儻挑選不及六成，將承辦官員等，罰俸六個月。不及五成，罰俸一年。不及四成，罰俸二年。不及三成，降一級留任。不及一成，革職留任。俱公罪。

《大清會典事例》卷一六八《户部・田賦・勸課農桑》 國初定：低田種稻黍秫穄麻，高阜種粟穀。又定：縱馬食人田禾者，牧長牧副等，各鞭責，照所踐穀數追賠。

順治八年題准：農民力耕，甚賴牛力，有屠宰耕牛者，照律治罪。十二年覆准：民閒樹植以補耕穫，地方官加意勸課，如私伐他人樹株者，按律治罪。十五年覆准，桑柘榆柳，令民隨地種植，以資財用。十七年覆准：設立里社，令民或二三十家、四五十家聚居，每遇農時，有死喪疾病者，協力耕助。

康熙十年覆准：民閒農桑，令督撫嚴飭有司，加意督課，毋誤農時，毋廢桑麻。十三年覆准：王以下不得因行獵蹂躪人田禾。違者，分別察議，每地六畝，追銀三兩，給償地主。

雍正元年恩詔：直省府州縣衛所農民，果有勤於耕種，務本力作者，令該地方官不時加獎，以示鼓勵。

二年諭：國家休養生息，數十年來，户口日繁，而土地止有此數，非率天下農民竭力耕耘，兼收倍穫，欲家室盈寧，必不可得。《周官》所載巡稼之官，不一而足，又有保介田畯，日在田閒，皆爲課農設也。今課農雖無專官，然自督撫以下，孰不兼此任。其各督率所司悉心相勸，並不時咨訪疾苦。有絲毫妨於農業者，必爲除去。仍於每鄉中擇一二老農之勤勞作苦者，優其獎賞，以示鼓勵。再舍旁田畔，以及荒山不可耕種之處，度量土宜，種植樹木。桑柘可以飼蠶，棗栗可以佐食，柏桐可以資用，即榛楛雜木亦足以供炊爨。其令有司課令種植。仍嚴禁非時之斧斤，牛羊之踐踏，姦徒之盗竊。至孳養牲畜，如北方之羊，南方之彘，牧養如法，乳字以時，於生計不無裨益。所賴親民之官，委曲周詳，多方勸導，庶踴躍爭先，人力無遺，而地利可盡。不惟民生可厚，風俗亦可還淳。該督撫等各體朕惓惓愛民之意，實力奉行。又諭：農民勤勞作苦，手胼足胝，以供租賦，養父母育妻子，雖榮寵非其所慕，而獎賞要當有加。其令州縣有司擇老農之勤勞儉樸，身無過犯者，歲舉一人，給以八品頂戴榮身。又議准：督撫率府州縣官舉行勸農，春至勸耕，秋至勸斂，如有輕視民，隱不實力奉行者，照例議處。

四年議准：直省設立先農壇耤田，每歲仲春亥日，督撫及府州縣衛所等官，率所屬耆老農夫，恭祭先農之神。其耕耤，照九卿行九推之禮。

五年議准：直隷州縣閒曠之地，令相其土宜，各種薪果。如各處河隄栽種柳樹，陂塘淀澤，許種菱藕，蓄養魚鳧。其地宜桑麻者，尤當勤於栽種。令地方官察其勤惰，分別獎懲。又諭：修舉水利，種植樹木等事，原爲利濟民生，必須詳諭勸導，令其鼓舞從事，不得繩之以法。如地方官因關繫考成，督課嚴急，奉行不善，該管官即據實奏聞。又諭：米穀爲養命之寶，既賴之以生，則當加愛惜，資之者衆，尤當隨時撙節。各省地土，其不可以種植五穀之處，不妨種他物以取利。其可以種植五穀之處，則當視之如寶，勤加墾治，樹藝菽粟。安可舍本逐末，棄膏腴之沃壤，而變爲果木之場，廢饔飱之恒産，以倖圖贏餘之利乎。至於煙葉一種，於人生日用毫無裨益，而種植必擇肥饒善地，尤爲妨農之甚者也。惟在良有司諄切勸諭，俾小民醒悟，知稼穡爲身命之所關，非此不能生活，而其他皆不足恃，則羣情踴躍，皆盡力於南畝矣。朕生平愛惜米穀，每食之時，雖顆粒不肯拋棄。以朕玉食萬方，豈慮天庚之不給，而所以如此撙節愛惜者，實出於天性自然之敬慎，並不由於勉強。且以米穀乃上天所賜以生養萬民者，朕既爲億萬生民計，不敢輕忽天貺。爾等紳衿百姓，獨不自爲一身一家之計乎。若果加意愛惜，隨時撙節，則天必頻頻賜賚，長享盈寧之福。若資情縱欲，暴殄天物，則必上干天怒，水旱災祲之事，皆所不免。

又聞江西廣西地方，竟有以米穀飼養豚豕者。以上天之所賜，小民終歲勤苦之所獲，爲豢養物類之用，豈不干天和而輕民命乎？朕所以惓惓訓諭者，惟期天下之人，專務本業，以杜浮靡，愛惜物力，以圖久遠。思之思之，毋忽朕言。

八年諭：農事貴乎及時，二月土膏初動，三月即爲播穀之期，直隸已得雨二次，何以遲延觀望，直待四月下旬，方始播種？儻小民怠惰偷安，爲民父母者，則當開導勸課。使之踴躍趨事於南畝。又籽種牛力或有不敷，則當留心體察，設法相助，不致有後時之歎，況雨澤之遲早有無，非人所能豫料。假若霖雨愆期，徬徨觀望，則從前之怠惰遲延。豈非小民自誤生計、自荒恒產耶？或如西北寒冷之鄉，布穀不宜太早，又當一論。若畿輔可以早種之地，又當甘雨既零之時，而乃袖手逍遥，以待時雨之再沛，此皆愚民習於懶惰。而地方有司又不以民事爲念，漠然不加董率之故。著該督傳朕諭旨，通行申飭。儻再有牧民之官，輕視農事，不實心化導，任百姓之悠悠忽忽，有誤播種之期者，必從重議處。

乾隆二年諭：天下土地不爲不廣，民人不爲不衆。以今之民，耕今之地，使皆盡力焉，則儲蓄有備，水旱無虞。乃民之逐末者多，而地之棄置者亦有之，縱云從事耕耘，而黍高稻下之宜，水耨火耕之異，南人尚多不諳，北民率置不講。此非牧民者之責。抑誰之責歟？朕欲驅天下之民，使皆盡力南畝，而其責則在督撫牧令，必身先化導，毋欲速以不達，毋繁擾而滋事，將使逐末者漸少，奢靡者知戒，蓄積者知勸。督撫即以此定牧令之短長，朕即以此課督撫之優劣。至北五省之民，於耕耘之術，更爲疏略。其應如何勸戒百姓，或延訪南人之習農者以教導之，牧令有能勸民墾種，一歲得穀若何，三歲所儲若何，視其多寡爲激勸。非奇貪異酷極昏極庸者，毋輕率劾去，使久於其任，則與民相親，而勸課有成，著該部會同九卿詳悉定議。欽此。遵旨議定：仿照《周禮》遂師之制，於鄉民之中擇熟諳農務、素行勤儉、爲閭閻信服者，每一州縣量設數人，董率勸戒。地方官考績之法，必寛以歲月。庶久道化成，而無欲速不達之弊。如勸戒有方，境内地闢民勤、穀豐物阜，該督撫於三年之後，據實題報，官則交部議叙，老農量加獎賞。儻有教導無方，强勸滋擾，以及希圖獎賞，揑詞妄報者，指名題參。又諭：自古致治以養民爲本，而養民之道，必使興利防患，水旱無虞，方能使蓋藏充裕，緩急可資。是以川澤陂塘溝渠隄岸，凡有關於農事，務籌畫於平時，期蓄洩得宜，潦則有疏導之力，旱則資灌溉之利。非諉之天時豐歉之適然，而以臨時拯恤爲可塞責也。朕御極以來，宵旰憂勤，惟小民之依，是咨是詢，前後諭旨諄復再三。但化導自在有司，而督率則由大吏，該督撫有司，務體朕恫瘝乃身之意，刻刻以民生利賴爲先圖，一切水旱事宜，悉心講究。應行修舉者，即行修舉。或勸導百姓自爲經理，如工程重大，應動用帑項者，即行奏聞，妥協辦理，興利去害，俾旱潦不侵，倉箱有慶，以副朕惠愛黎元至意。

三年諭：據河南巡撫奏稱，種樹爲天地自然之利，臣經欽奉諭旨，隨飭地方官爲方勸諭：桑柘榆柳棗梨桃杏，各就土性所宜，隨處種植。一年之内，成活之樹，共計百九十一萬有餘等語。朕御極以來，軫念民依，於勸農教稼之外，更令地方有司化導小民，時勤樹植，以收地利，以益民生。今覽該撫所奏，是豫省一年之内，已種樹百餘萬之多。朕思中州接壤畿輔，爲南北往來之衝，並未聞有教民種植，滋事繁擾之處，安見豫省之法，不可仿行於他省耶？至五穀乃民命所關，國家設立倉儲，原以濟小民之緩急。但倉儲有限，而人數繁多，是在督撫大員董率州縣官，勤勤懇懇，勸勉化導，俾百姓各盡力於南畝，野無曠土，户無游民。縱不能如古人耕九餘三，亦必令有所儲蓄，以備不虞，則克盡牧民之本圖矣。儻襲取虚文，不求實政，或且刑驅勢迫，使閭閻未受蓋藏之益，而已受煩苛之擾。此又國法之所不貸者。可將此傳諭各督撫善體朕心，勉力爲之。

七年諭：《周禮》太宰以九職任萬民，一曰三農生九穀，二曰園圃毓草木，三曰虞衡作山澤之材，四曰藪牧養蕃鳥獸。其爲天下萬世籌贍足之計者，不獨以農事爲先務，而兼修園圃虞衡藪牧之政。故因地之利，任圃以樹事，任牧以畜事，任衡以山事，任虞以澤事。使山林川澤邱陵之民，得享山林川澤邱陵之利。夫制田里，教樹畜，岐周之善政。管敬仲亦云：積於不涸之倉者，務五穀也。藏於不竭之府者，養桑麻育六畜也。如果園圃虞衡藪牧之職，以次修舉，於民生日用，不無裨益。國家承平日久，生齒日繁，凡資生養贍之源，不可不爲急講。夫小民趨利如騖，亦豈甘爲惰窳，舉山林川澤天地自然之利，委爲棄壤哉。良以疏闢之初，豪强既羣起而爭。管業之後，姦民又多方戕賊。地方有司，每視爲資產細故，不爲申理。此所以寧荒其業耳。督撫大吏，身任地方，所當因地制宜，及時經理。其已經開墾成產者，加意保護。或荒墟榛壤，以及積水所匯，有可疏鬮者，多方相度籌畫，俾地無遺利，民無餘力，以成經久優裕之良法。至於竭澤焚林，並山澤樹畜，一切侵盜等事，應行禁飭申理之處，轉飭地方官實力奉行，該督撫不時稽查。務令從容辦理，以期實效。毋致絲毫滋擾，尤毋得日久因循，以仰副朕惠養斯民之至意。

八年議准：民間種煙一事，廢可耕之地，營無益以妨農功，向來原有例禁。且種煙之地，多係肥饒，自應通行禁止。惟城堡以內閒隙之地，可以聽其種植。城外則近城奇零菜園，願分種煙者，亦可不必示禁。其野外山隰土田阡陌相連，宜於蔬穀之處，一概不許種煙。凡向來種煙之地，應令改種蔬穀。又諭：朕維養民之本，莫要於務農。州縣考成，固應用是爲殿最，而向來功令不專以此課吏者，因其事甚樸，無可炫長，其跡似迂，驟難見效。又或上司之查勘難周，有司之條教易飾，不似催科聽斷捕盜等事之顯而有據也。督撫察吏，每於此等本計，轉視爲老生常談，漠焉不甚加意，以致州縣之吏，趨承風旨，專以簿書期會爲先，而農事反居其後。不知爲治之道，本舉而末自隨之。如果南畝西疇，人無餘力，于耜舉趾，日無暇時，則心志自多淳樸，風俗自鮮囂陵。人知急公，而閭閻無待追呼矣。人知畏法，而盜賊因以浸息矣。本計既端，末事亦次第就理。如此則州縣之考成，似疏而實密。即督撫之查覈，可簡而不煩，日計不足月計有餘，民生大有裨益，即治道亦漸致郅隆。若夫朝令夕申，意非不美，束縛馳驟，適以擾民。爲督撫者，當善體朕意，毋視爲具文，毋事於塗飾，誠以實心化導其屬，俾屬吏亦實心勸課其民，庶幾野無游惰之風，家有蓋藏之樂。朕以此訓示督撫，業已至再至三，不啻耳提面命。復降此諭，實願與天下共敦本計，故不厭其言之重而辭之復也。各省督撫其共勉之。

九年題准：直隸天津、河間各屬，土性宜棗，種植最多。深冀亦產桃梨，至於榆柳楊樹之類，河窪鹼地，各有所宜。今民間於邨頭屋角，地畝四至，隨宜廣種，始足以資利益。如有旗地可種樹木之處，廣令該管各官，勸諭旗人，亦可多爲栽種。

二十三年諭：吉亥耤畝，所重劭農，黛耜青箱，畚鎛蓑笠，咸寓知民疾苦之意。而設棚懸綵以庇風雨，義無取焉。吾民涼雨犁而赤日耘，雖襏襫之尚艱，豈炎溼之能避。且片時用而過期撤，所費不啻數百金。是中人數十家之產也，其飭除之。

四十一年議准：民間農桑，責在有司，勸課果著成績，三年後准予議敘。不實心者，以溺職論。其勤耕務本之農民，該管官時加獎勵，每一州縣，量設老農數人，以爲董率。每三年查舉老農之勤勞儉樸無過犯者一人，給予八品頂戴，以榮其身。濫舉者，議處。又諭：江南、山東、河南等省所屬濱河地畝，荒廢頗多，今已逐經涸出，正應及早墾種。其未經涸出者，更宜加意設法疏洩，及時補種，以收地利。乘此民力稍裕之時，地方有司多方勸諭，務使野無曠土，方爲無忝厥職。

五十八年諭：朕恭閱聖祖仁皇帝實録，康熙四十九年，民數二千三百三十一萬二千二百餘名口。因查上年各省奏報民數，共三萬七百四十六萬七千二百餘名口，較之康熙年間，計增入十五倍有奇。我國家承天眷佑，百餘年太平天下，化澤涵濡，休養生息，承平日久，版籍益增，天下户口之數，較昔多至十餘倍。以一人耕種而供十數人之食，蓋藏已不能如前充裕。且民户既日益繁多，則廬舍所占田土不啻倍蓰。生之者寡，食之者衆，於閭閻生計，誠有關繫。若再因歲時屢豐，粒米狼戾，民情游惰，田畝荒蕪，勢必致日食不繼，益形拮据，朕甚憂之。猶幸朕臨御以來，闢土開疆，幅員日廓，小民皆得開墾邊外地土，藉以暫謀口食，然爲之計及久遠，終須野無曠土，家有贏糧，方可户慶盈寧，收耕九餘三之效。各省督撫及有牧民之責者，務當隨時勸諭，剴切化導，俾皆儉樸成風，服勤稼穡，惜物力而盡地利，共享昇平之福。毋得相競奢靡，習於怠惰，用副朕愛養黎元諄諄教誡至意。

五十九年諭：塔爾巴哈台察哈爾人等，生計維艱，無產業牲畜者多。今雖稍爲耕種地畝，設無力接續短欠，置立牲畜，究屬不能豐足。著施恩於彼處房地租銀内，每年賞銀七百七十餘兩，以爲接續短欠，置立牲畜，以示憐恤察哈爾臣僕之意。

道光三年諭：毛式郇奏疏消積潦以衛民生一摺，本年直隸雨水較多，災區甚廣，現當水勢漸次消落，亟應乘時疏洩，以利農田。著蔣攸銛飭令各屬，於查辦賑户之便，確估各鄉邨地方，將涸出地畝，勸令趕種秋麥，毋致失時。至低窪處所，當於空隙之處，相度地勢，勸諭各業户挑溝宣洩，同力疏消，俾水有所歸。即此時未能播種，來年尚可補種春麥。若因循坐待，一至冬令冰寒，更難施力。春融後又復積潦沮洳，無從藝植，於籌備民食，殊無裨益。該督務飭知各州縣，總須體察情形，妥爲曉諭，斷不可過事張皇，轉滋擾累也。

十七年奏准：山東登、萊、青三府屬多山，其平衍處閒有種桑，而飼養野蠶。別有一種梓欐樹，亦名槲葉，將蠶放置樹閒，收繭取絲，獲利甚廣。其餘各府州民向勤蠶桑，現已飭廣行栽植。

二十三年諭：訥爾經額奏遵查直隸地方難以興舉屯政水田一摺。據稱天津至山海關一帶，户口殷繁，地無遺利。其無人開墾之處，乃沿海鹼灘，潮水鹹澀，不足以資灌溉。屯田之法，勢難舉行。至全省水利之説，歷經試墾水田，屢興屢廢，總由南北水土異宜，民多未便。而開源疏泊建牐修塘，一切工費，皆需重帑，未敢以有用之項，輕議試行。惟地高處旱，地窪處潦，但在地方官於境內溝洫，及時疏通，以期有備。或開鑿井泉，以車戽水，亦足裨益田功等語。所奏自係實在情形，均著照議辦理。至省南民閒用水車汲井溉田，需費不多，最爲利便。現據該督照式製造，發交各府州，著即諄飭各屬，廣爲勸導，實力奉行。如有民閒不知此法，即於頒發式樣後，勸令按井製車，試行灌溉。其始未免惜費憚勞，如行之有效，互相傳造，於農功必有裨益。用副朕敦本重農之至意。

同治二年諭：各省州縣，被賊盤踞多年，其土著之賊，及句結入夥者，所有逆産，自宜查明入官。至附近賊匪邨莊淪爲賊産者，亦應勘明給還原主，以恤流氓。著各該督撫於新復各處，督飭各該州縣，確切查明實在逆産入官。其荒廢地畝有原業主者，即行給領。尚未查得業主者，即著暫行造册登記。將此兩項地畝，仿照山東召墾章程，分別酌給難民降衆，量爲耕種，以資衣食。俟業主續歸，再行給還。所有一切事宜，並著各該督撫妥議章程，慎選廉明守令，妥爲經理。不准假手吏胥，致滋紛擾抑勒諸弊。

八年諭：軍興以來，人民流徙，田地荒蕪。其現經克復地方，小民亟宜復業。乃田疇或占於豪強，猝難認領，舊賦或虧於官長，恐迫追呼。種種困苦情形，殊堪矜憫。著各直省督撫，於從前被兵現經收復地方，慎選賢良牧令，責令加意拊循。流亡有歸業者，爲之清還田産，緩其逋租，假以籽種之貲。俾有歸農之樂。務使兵燹餘生，各安舊業，以恤民艱而固根本。

《大清會典事例》卷一六八《户部・田賦・稽查種植》 道光十九年諭：梁章鉅奏查禁栽種罌粟章程一摺。內地栽種罌粟，煎熬煙土必，應逐年實力稽查，方足以除積弊。據該撫議立章程具奏，著照所請，嗣後每年冬初，先由道府頒發嚴禁告示，並令和府廳州縣仿照保甲按户編查，給予門牌，註明並無栽種罌粟煎熬販賣之人。取具十家連環保結，責成保鄰墟長隨時稽查。如十家內有違例私種，或租給客民栽種，著准其首告，給予獎賞。儻知情不首，即著將九家並地保墟長一併究治。每年限二月、八月查辦兩次，由該廳州縣加具印結，賫送道府。該管府道或親身巡查，或委員抽查，加結申報。儻查辦不實，即著分別嚴揭特參，獲犯從重懲辦。並著該撫及藩臬兩司，遇有因公出省之便，隨時認真查察。總期實力奉行，除弊務盡，斷不可稍爲鬆懈，仍致有名無實。

同治四年諭：沈桂芬奏請嚴禁種植罌粟等語。三農畎畝服勞以生九穀，自宜專務稼穡，藉爲仰事俯畜之資。乃近年以來，山西人民多以種植罌粟爲業，始而山坡地角，偶爾試栽，繼且沃壤腴田，種植殆徧，遂致産米愈少，糧價增昂。設遇收成歉薄之年，民閒儲蓄毫無，奚由得食？著沈桂芬即行刊刻告示，將種植罌粟嚴行禁止。並著各直省督撫通飭所屬，一律嚴禁，俾小民服田力穡，共慶有秋。庶豐年有倉箱之積，歉歲無匱乏之虞，於國計民生均有裨益。

十一年諭：民閒栽種罌粟，本干例禁，現在陝甘地方，瘡痍甫復，耕墾無多，民倉軍糧，猶虞不繼，亟應講求農務，以冀豐盈。即著左宗棠嚴飭各地方官，申明定例，悉行禁止。如有民閒貪利私自種植者，即於根苗初發時，飭令盡行拔除。並嚴禁丁差，不准藉端擾索。儻有不肖官吏，仍敢故違例禁，按畝收費，即著照枉法贓嚴叅治罪。其煙土來自外省者，著一律嚴查，不准入境，以期净絶根株。各直省亦宜一體嚴禁，有犯必懲，毋使有妨民食。

十三年諭：栽種罌粟，例禁綦嚴。據袁承業奏稱，山西大同汾州代州尚知禁約，其餘州縣多未遵行等語。著山西巡撫分別飭屬確實勘明，即行剴切曉諭，嚴禁栽種。此等惡習，恐他省亦所不免，並著各直省督撫通飭所屬，隨時認真稽察，無論已種未種，一律嚴行申禁。

光緒七年諭：栽種罌粟之害，有妨民食，始於甘肅，延及陝西、山西，近復江蘇、河南、山東等省亦有漸行栽種者。小民貪利忘害，僅顧目前，勢必至膏腴之產，盡種無用之物，於百姓生計，大有關礙。前曾嚴行申禁，著各該督撫迅飭各地方官，再行剴切曉諭，一體禁止。儻有不法匪徒故意抗違，即治以應得之罪。各州縣官，如不能認真辦理，任令吏胥飾詞蒙蔽，並著各該管上司，從嚴參辦，毋稍徇隱。

八年奏准：山西地方所種罌粟，一律禁止。

《理藩院則例》卷八《獎懲·大凌河牧群三年覈辦》 一、內扎薩克旗分牧放大凌河孳生馬匹，每届三年年終，將孳生倒斃現存各數目，查明報院覈辦彙奏。若三年內牧放馬匹十分中孳生一分者，毋庸議叙。孳生至二三分者，將該扎薩克記録一次，協理臺吉等由本旗存公牲畜內各賞給牲畜五頭。若十分中虧缺不及一分者，將該扎薩克罰俸半年，協理臺吉等各罰牲畜五頭存公。虧缺一分以上至二分者，將該扎薩克罰俸一年，協理臺吉等各罰一九牲畜。虧缺二分以上者，計其分數議處。虧缺馬匹，俱著落該扎薩克、協理臺吉等照數賠補。

《理藩院則例》卷八《獎懲·查驗烏里雅蘇臺牧群》 一、烏里雅蘇臺牧放駝馬，三年一次查驗。駝每一年每十隻駝內孳生駝二隻，馬每三年每十匹馬內孳生馬五匹，并無倒斃者，將該管之蒙古王公臺吉等各給記録二次。其牧放駝群之官員等，各賞給小彭緞一匹。兵丁各賞給三梭布二匹，茶二塊，烟五包。如有倒斃者，不給記録賞項外，仍著落該管之王公等賠補。其王公記録由院議給，其官員兵丁賞項由該將軍辦給，咨報户部覈銷。

《理藩院則例》卷一〇《地畝·封禁牧場挖立封堆》 一、蒙古各旗封禁牧場，各于界址處挖立封堆，造具印册存案。該扎薩克每歲親查一次，加結報院。如有私開侵占者，照例治罪。

《東方雜誌》一九〇四年第三期《實業·各省農桑彙誌》 北京 南苑荒地招人承墾，原定領價甚賤，現有墾熟者，地價比當時約加三倍，除去工本，仍有利益。

山東 即墨素無種桑者，以未知種桑之利也。邑人楊生友晋曾客湖州，旋里極言桑利之溥，特捐資設局收買桑秧，種植畝許，今且移栽城濠兩岸云。濱州江秀芒大令因境內田畝多含鹹質，不宜五穀，而種樹亦可獲利，乃於聽訟時見有案輕宜薄責者，罰令種桑棗楊柳等樹若干，藉以贖罪。

江蘇 江寧派辦處司道派委朱大令錫甲專辦蠶桑公所，已於城內勘得荒地六百餘方擬即築牆造屋種桑飼蠶，並栽種各項果木，名曰江南蠶桑樹藝公所。蘇城農務局設於南園南禪寺，近已訂定章程，招令紳商領地墾種，一年以內不取地租，二年以後方始升科，並另購桑秧給種。現擬先行委員赴浙采辦桑株，以備發給栽種。

安徽 安慶府桂太守慨捐廉俸，購到湖桑數千株，示諭居民赴府領種。並自編養蠶要訣，分給種桑養蠶之家。

浙江 聶中丞札行餘杭、新昌、嵊縣三邑，設立考驗蠶種官局，每蠶紙一張，提取驗費錢四十文。

福建 福州居民多從事於實業，南臺太平行商劉某曾集股鳩資，在下江尚幹一帶栽種桑樹百二十萬株云。

湖南 黔陽縣徐大令刱設農務公司，以墾荒種植爲主。現已集股開辦，並自行捐廉及酌提地方閒款以資應用。

法人不得有所窺伺矣。

如上所言，鐵路情形，可備知之。夫中國之以富庶著稱者久矣，其人民之衆，甲於全球，物產蕃昌，所在皆是。予嘗游歷中國，循行隴陌，見其北方多麥，南方多稻，而深山幽谷則煤鐵鑛苗隨在而有。且所勝於他國者，以農工數多，種植製造之用足以自給故也。今則交通漸久，聞見漸改。若貨物之轉運，旅客之往來，率以汽船火車，而不全恃人力。有心時務者宜考其故矣。

《東方雜誌》一九〇八年第五期《實業·熱河都統延奏陳辦理蒙墾情形摺》 竊光緒三十三年八月十七日，承准軍機大臣字寄奉上諭：徐世昌奏覆東三省內蒙墾務情形預籌辦法一摺，著廷杰誠勳按照所陳，分別派員查勘。仍著徐世昌咨商，該都統等妥籌興辦。原摺著鈔給廷杰誠勳閱看，將此各諭令知之。欽此。遵旨，寄信前來，仰見朝廷軫念邊陲，興利殖民之至意，欽佩莫名。伏維近來時勢艱虞，談防務者必以經營蒙地，開闢蒙荒爲主義。熱河所屬昭烏達卓索圖兩盟十七旗，幅員寥闊，袤延二三千里。其散處於黄河以北者，則有昭烏達盟之巴林左右兩翼，阿魯科爾沁東西札魯特等三旗，氣候土宜均占優勝之地位。若不及時圖維，著手愈難。此原奏所謂經營蒙地，宜從墾荒辦起。開墾蒙荒，東西宜從巴林辦起，誠爲扼要之論。惟是籌辦墾務，法不一端，而形勢之異同，蒙情之向背，有不可不詳察者。東西各國殖民墾荒，如英之於坎拿大，日本之於北海道類，皆無主廢地，一經招墾，歲收所入盡歸國家，足以給殖民闢地一切之數。設是以開辦之初，凡牛犂籽種房舍器物，絲毫悉由公家置備，故各國興業補助費有多至數千萬者。事前雖屬糜費，事後不難取償。中國沿邊各營多屬盟地，分茅胙土二百餘年，與無主之業産可以隨意占有者不同。主權雖屬國家，土地仍歸自有。今既責令報墾，押荒錢糧不能不分半酌給。公家徒擲大宗之款，以組織一切，事後仍無取償之期。此在國家全盛之時，財力或僅能支，而非所論於今日。漢加天下之賦，以開拓窮荒，而海内大耗；宋竭内帑之財，以營治西夏，而國力頓虧，亦前事之可爲殷鑒者也。奴才之愚，以爲就已成之款，辦未成之事則易。就未成之款，辦未成之事則難。若如原奏所云，爲通盤合籌之法，則必特派大員預籌鉅款，重之以區畫之任，濟之以財賦之權。竊恐經費浩繁，既非剋期所能集事。地段寥闊，亦非計日可以開通。不若各就地方情形，以目前之款辦目前之事，得尺則尺，得寸則寸，收效較爲切實。是以奴才自上年丙午勸辦蒙荒以來即以招領爲宗旨。其未墾也，則妥爲勸諭。凡里數寬廣，地畝多寡，皆令地方自行報効，並不强爲索取。其既墾也，則嚴定章程，凡繩丈長短、土地肥磽，皆依一定準則，不准任意高下。又爲奏請多留餘地，俾資牧養，少收押荒，以廣招徠。計自去今丁未兩年，先後據各旗王公貝勒等指報荒地，如敖漢旗之九道彎，上臺昭烏達盟之巴林左右兩旗，阿魯科爾沁東西札魯特三旗，業經奏明，設局開放。而卓索圖盟之東土默特小庫倫奈曼各旗，亦均派員勸導，尚無端緒。綜計可放之地與各旗面積此較，亦不過十分之三四，然已大費周折。良以蒙人狃於游牧，雖知墾荒之利，終懷失地之疑。惟有因勢利導，逐漸擴充，不敢過事操切。一切丈地招領，皆略仿綏遠城墾荒辦法，酌量變通，以期盡善。開辦經費，先由庫款撥墊，將來即於荒價項下作正開銷。其建築廬舍，購買籽種，仍照向來墾荒成例，由領户等自行籌畫，不由官府給費。所有測繪地形，區別道路，以及擇勘城鎮各基，均責成各局員預爲布置，一俟辦理有緒，擬先設立縣治，派員試辦，以順蒙情。此皆現在辦理之實在情形。大抵招民開墾之法，與移民開墾之法不同。移墾則創始難，而所費多，招墾則創始易而爲費省移。墾非通盤合籌，預計成數，不能見諸實行。招墾則度地因時，逐漸經營，自可漸臻成效。非不知墾荒宗旨不在籌款，然非款則無以集事。一經開放，凡設官置署，練兵籌餉，以及添巡警，設學校，立公司，皆地面上應有之施設。此數端者，均非無米所能炊也。當此度支奇絀，既不敢請領部款，重累司農，熱河貧瘠情形與奉天不同，就地自籌尤非易易，籌思至再，似覺目前辦法只能因地制宜，暫主招墾，以爲徐圖擴充之計。謹奏。奉硃批：該衙門知道。欽此。

《東方雜誌》一九〇八年第五期《實業・農工商部奏籌辦農會酌擬簡明章程摺章程附》 竊上年丙午臣部奏定職掌事宜，第四條内開組合農會等語，本年丁未五月間，直隸保定府設立農務總會，由臣部奏准，並飭各省一律仿辦在案。中國地大物博，治本於農。《管子・輕重》諸篇，史公《貨殖列傳》於樹藝畜牧言之頗詳，自士農分途而農業益衰，非先具提綱挈領之規，無以收脈貫絡通之效。農會之設，實爲整理農業之樞紐。綜厥要義，約有三端：曰開通智識，曰改良種植，曰聯合社會。農民襏襫南畝，囿於見聞，粗通文義者，百不得一。農會立，則勸導演説，聰明以瀹，於振興實業之中，啓教育普及之漸，利一。農民墨守成法，動憂土滿，未經墾闢者無論已，即已治之地，亦或溉糞無術，擇種未良，貨棄於地而不收，力放於人而不舉。農會立，則博稽新法，日事改良，究草人土化之精微，課計然金穰之實效，利二。農民情閡勢涣，貲力薄弱，往往淤其溝洫，蕪其隰岸，一遇旱潦，委諸天運。農會立，則團結一氣，共圖公益，有所興作，合羣力羣策以謀，無爾界此疆之别，利三。惟立法固貴因時，而興利必先防弊。入手之初，倍宜審慎。臣等愚見，以爲此項農會，經營伊始，必民不驚而吏不擾，乃可相與有成。所有開辦需用經費，應先於地方善舉款中，酌撥成數，以爲倡率。其餘聽入會人員酌量分别捐助，不准向農民妄加苛派，致滋擾累。成立以後，辦理會務，總以互結團體，共圖公益爲宗旨。開支各款概從儉約，所有宴會等費，應令一律删除，以節糜費。不必援照商會程式，方與農事性質相合。臣部職司提倡自應研求盡善，以植基礎。謹本斯意酌擬農會簡明章程二十三條，繕具清單，恭呈御覽。如蒙俞允，即由臣部刊刻頒行，俾資遵守。至各省情形不同，風尚互異，應由各該地方官於籌設農會時，邀集士民，公同擬訂便宜辦事規則，具報臣部查覈。冀推行之盡利，俾俯順夫輿情，庶幾人盡力田，副聖朝勸稼勗農之至意。地不愛寶，立中國商通工化之初基，此項章程，將來或有增改之處，仍當體察情形，隨時奏明辦理。謹奏。奉旨：依議。欽此。

謹將酌擬農會簡明章程繕具清單，恭呈御覽。

第一條，臣部綜司農政，自以籌辦農會爲整理農業之樞紐。第二條，各省應於省城地方設立農務總會，於府廳州縣酌設分會，其餘鄉鎮村落市集等處並應次第酌設分所。第三條，農務總會派總理一員，協理一員，分會派總理一員，應於該會董事中公舉稟部札派。第四條，農會董事概以公舉爲定，總會約自二十員至五十員爲率，分會約自十員至三十員爲率分所酌設董事至多不得過五員。第五條，董事資格如下：一、創辦農業卓著成效者，或研究農學能發明新理者。二、在該地方富有田業，爲一方巨擘者。三、或該地方土著，或游宦流寓該地方已屆五年，熟諳情形，年在三旬以外者。四、其人聲望爲該處士民推重居多數者，平昔顧全公益，勇於爲義者。第六條，總協理董事均以一年爲任滿之期，先期三月再行公舉，仍以得占多數爲主，舉定稟部察奪。第七條，農會經費應於本地公款中酌量撥助。入會各員，分會員、會友兩等擔任會費，惟不准向農民苛派，轉滋擾累。第八條，農會開支概從儉約，不准有宴會酬應各名目，以節糜費。仍將按年支款，造册報部查核。第九條，農會定期會議，須按照《商律會議通例》辦理，概從多數决議。第十條，總會地方應設農業學堂一所，農事試驗場一區，造就人才，分任地方農務，以挈各分會分所之綱領。第十一條，分會分所地方應設農事半日學堂一區，農事演説會場一所，招集附近農民，授以農學大意，以開風氣。第十二條，農會成立後，應就該地方境內土宜物産，切實調查，研究改良辦法，列表報部備核。第十三條，農會於各該境内有應修水利，應墾荒地，均准其擬具辦法，條陳臣部核奪。第十四條，各分會分所應將境內所有春稔秋收情形，米穀糧食市價，隨時報明總會，列表彙報臣部。第十五條，遇有旱澇荒歉，應由該分會分所於未成災以前，將詳情報明總會，會商地方官統籌辦法，並報部核奪。第十六條，凡一切蠶桑紡織、森林畜牧、水産漁業各項事宜，農會均可酌量地方情形，隨時條陳臣部，次第興辦。第十七條，農會辦理各事，均應集衆公議，務順輿情不，得抑勒强迫，轉失臣部勸農宗旨。第十八條，農會議辦事件，均應與本省地方官接洽一切共爲維持。第十九條，農民或被勢豪侵奪，致有寃抑，該總協理體察屬實，可向地方衙門秉公伸訴。事情重大者，并准稟部核辦。惟不得藉端把持，致有狥私袒庇情事。第二十條，其有闡明農學，創製農具，改良農産，編譯農書者，均准各該農會報部察核，酌予獎勵。第二十一條，總協理董事各員，其允孚衆望辦有成效者，臣部自必擇尤給奬。如有罔利舞弊，借公肥私者，或爲人舉發，或經臣部覺察，立予參辦不貸。第二十二條，臣部酌定大概辦法，以爲準則。其各省設立農會時，應准其因地制宜，詳定辦事規，則稟部核奪。總以無背此項定章爲斷。第二十三條，此項章程將來或有應行增損之處，由臣部隨時體察情形，奏明辦理。

紀事

（明）清波逸叟《折獄明珠》卷四《禁約式·禁田禾》 夫國以民爲本，本固則邦寧。民以食爲天，食足則信孚。此農事至重，王政之首務也。切照本鄉居民稠密，別無經營，惟資耕種以充歲計。是以既殫東作，庶有望于西成。茲當禾苗盛長之時，不許縱放牛馬踐傷，鵝鴨踹食。各家務要守固關闌。爰自某月某日會衆議約。以後倘有無藉，不依條約者，照例懲罰。如有抗拒不遵，定行呈首，衆力攻之。以一科十。縱肆不悛，依法行擬，示衆週知，必敬必戒。故諭。殫，竭也。西成，秋成也。悛，改也。諭，曉諭也。

（明）余繼登《典故紀聞》卷五 上元典史隋吉言：農民中有一夫一婦者，當耕種時，或不幸夫病，而婦給湯藥，農務既廢，田亦隨荒。及病且愈，則時已過矣。上無以供國賦，下無以養室家。請令小民或二十家或四五十家團爲一社，每遇農時有疾病，則一社協力助其耕耘，庶田不荒蕪，民無饑窘。太祖善其言，諭户部臣曰：古者風俗淳厚，民相親睦，貧窮患難，親戚相救，婚姻死喪，鄰保相助。近世教化不行，風俗頽敝，鄉鄰親戚，不相周卹。甚者強凌弱，衆暴寡，富吞貧，大失忠厚之道。朕今置民百户爲里，一里之間，有貧有富，凡遇婚姻死喪疾病患難，富者助財，貧者助力，民豈有窮苦急迫之憂？又如春秋耕穫之時，一家無力，百家貸之，推此以往，百姓安有不親睦者乎？爾户部以此意諭民知之。

（明）談遷《國榷》卷四《太祖洪武三年》〔六月〕濟南知府陳脩及司農官言：北土荒蕪，招鄉民墾十五畝，給二畝蔬之，皆免科三年。其馬驛、巡檢司、急遞鋪役人各墾田給牛種。從之。

（明）談遷《國榷》卷六《太祖洪武八年》〔二月〕庚申，命刑部尚書劉惟謙申明馬政。諭曰：馬政，國家所重，昔漢初一馬百金，天子不能具鈞駟。及武帝時，阡陌成羣，遂能北伐。唐初得隋馬三千，及張萬福爲太僕，至七十餘萬。此非官得其人，馬政修舉故耶？爾其申明馬政，有不如令者，罪之。

（明）談遷《國榷》卷八《太祖洪武十九年》〔六月〕癸丑，給糧長賦役册籍之費。

（明）談遷《國榷》卷八《太祖洪武二十年》〔二月〕戊子，浙直進魚鱗圖册。初，分遣國子生武淳等履畝繪圖。

（明）談遷《國榷》卷八《太祖洪武二十年》〔二月〕徙民墾成都蕪田。

（明）談遷《國榷》卷一〇《太祖洪武二十七年》〔十二月〕令民團社互耕種。

（明）談遷《國榷》卷一〇《太祖洪武二十九年》〔十月〕抽選屯田壯士更代。

（明）談遷《國榷》卷一〇《太祖洪武三十年》〔二月〕遷江西貧民于武陵等縣耕種。

（明）談遷《國榷》卷一〇《太祖洪武三十年》〔五月〕丙寅，徙山西民墾山東曠土，給復四年。

（明）談遷《國榷》卷一〇《太祖洪武三十一年》正月己酉朔，乙丑，諭户部督山東河南民屯種，仍籍其耕穫之數以聞。

（明）談遷《國榷》卷一三《成祖永樂元年》〔二月〕丙子，綏輝縣官牛之價。

（明）談遷《國榷》卷一四《成祖永樂四年》〔閏七月〕戊辰，申見丁著業之禁。

（明）談遷《國榷》卷一四《成祖永樂六年》六月寅戌朔，庚辰，停北京諸郡買辦。招流民，免賦役三年。

（明）談遷《國榷》卷一五《成祖永樂十年》〔八月〕敕北京提督牧馬官，課卒孳生及數者，人賞鈔五錠。牧養失時，罪不貸。

（明）談遷《國榷》卷一五《成祖永樂十一年》〔七月〕壬辰，敕交趾布政司及守令，宜輕徭薄賦，勸課農桑，善綏新附之民。

《明實録》乙巳年六月　乙卯，下令：凡農民田五畝至十畝者，栽桑、麻、木綿各半畝，十畝以上者倍之。其田多者，率以是爲差。有司親臨督勸，惰不如令者有罰。不種桑，使出絹一疋；不種麻及木綿，使出麻布、綿布各一疋。

《明實録》丙午年二月　是月，下令禁種糯。其略曰：余自創業江左，十有二年，德薄才菲，懼弗勝任，但以軍國之費，不免科徵於民，而吾民効順，樂於輸賦，固爲可喜。然竭力畎畝，所出有限，而取之過重，心甚憫焉。故凡有益於民者，必力行而又申告之。曩以民間造酒醴，糜費米麥，故行禁酒之令。今春米麥價稍平，予以爲頗有益於民，然不塞其源而欲遏其流不可也。其令農民今歲無得種糯，以塞造酒之源。欲使五穀豐積而價平，吾民得所養，以樂其生，庶幾養民之實也。

《明實録》洪武十六年九月　甲辰，敕諭户部曰：數年以來頗致豐稔，聞民間尚有衣食不足者，其政何也。豈徭役繁重而致然歟？抑吏緣爲姦而病吾民歟？今歲豐而民猶如此，使有荒歉又將何如？四民之中，惟農最苦，有終歲勤動而不得食者。其令有司務加存撫，有非法苛刻者，重罪之。

《明實録》洪武十七年九月　〔丙辰〕監察御史王常奏：廬州府同知李順祖以官倉廳爲架閣庫，知事趙謙賣驢於民，多取其直。上曰：御史居風憲，當持大體，乃摭拾小事如是耶？皆勿問。

《明實録》永樂十二年二月　庚申，有自陝西來者，言鳳翔隴州民饑。上諭行在户部臣曰：水旱世恒有之，國家廣儲積正以備民之急。朕數詔有司恤民，今乃坐視其饑寒不言。亟令監察御史發廩濟之，並按問其坐視不言者罪。

《明實録》宣德元年十二月　〔甲申〕行在户部奏：各處軍衛去年屯種子粒皆已盤，糧有餘當賞，不足當罰，請悉如舊例。上曰：卿等宜嚴加比較，必得其實，庶幾賞罰足以懲勸。

《明實録》宣德六年六月　〔丙辰〕建昌府知府陳鼎奏：荆府承奉蕭韶強占民家池塘土地，護衛指揮文斌縱軍牧馬傷民田稼，又生事縶搏捶辱軍民，掠取財物。上諭都御史顧佐曰：朝廷待王以禮，王亦安分守藩。凡此害民，皆小人之罪，百姓未知，歸怨于王，王之令德悉爲所累。其取詔至鞠之，令江西按察司執斌治之。凡所侵奪百姓者，即令退還，禾稼計畝給償。遂遣敕諭王，使知小人之罪。

《明實録》宣德七年五月　〔辛未〕山東按察僉事李瑒奏：廣寧前屯衛及新設寧遠衛，軍士缺食，無牛耕種，乞運糧賑濟，且乞哨守外免其餘差役優卹之。又乞敕遼東都司於附近衛所官軍之家畜牛多者，暫令借耕，俟官牛至日還之。時已命行在户部於永平府運糧一萬石，給寧遠廣寧二衛，餘皆從所奏。

《明實録》正統十三年六月　丙子，巡按河南監察御史奏：開封府及汝陽縣蝗，有禿鶖萬餘下食之，蝗因盡絶，禾稼無損，秋成可期。上以鳥能除民患，恐有捕者，命禁之。

《明實録》景泰三年九月　〔癸卯〕復設直隸松江府管糧通判，華亭縣縣丞、主簿，上海縣縣丞各一員。甲辰，户部奏：南京錦衣等衛，屯田旗軍多在應天並直隸廬州、滁州等處地方屯種，遞年奪占民田，不納子粒，及直隸蘇州、建陽等衛所屯軍亦如之。乞敕南京提督倉場，都察院右副都御史軒輗兼管南京各衛屯種，巡撫蘇州等處，本部右侍郎李敏兼管蘇州等衛屯種。如例催徵比較，如有奪占者，就行懲治。從之。

《明實録》景泰七年十月　〔丁巳〕申嚴京城内外屠牛之禁。

《明實録》天順六年十二月　〔丙戌〕錦衣衛奏：捕獲違禁屠牛人四十六人，共殺牛二千八百四十餘頭。詔每人追牛一百頭，完日罪之。

《明實録》成化六年五月　辛卯，禮科給事中張賓言：荆襄流民，皆各處被災，公私急迫而來者也。與其驅除之于既來之後，孰若禁止之于未來之先。禁止之方，要在暫免賦税而已。今各處奏報災傷，户部必覆勘而後停免。勘實之命未報，而徵斂之期已急。況又水旱相仍，衣食不給，是致結群聚黨，携老扶幼，以求生路。荆襄多空地，所以爲流民之淵藪也。及今不爲區處，則他日恐有意外之變。請敕該部，于凡奏報災傷之處，差官往勘得實，即與停免，則民蒙實惠，而可預止其逃移之心矣。事下户部覆奏。從之。

《明實録》成化十二年十二月　〔癸巳〕户科左給事中等官張海等，查盤遼東邊糧還，言定邊左等衛二十一倉，見在銀糴買米豆陳浥數多，因劾其管糧並巡撫等官罪皆當治。下户部，以爲欲行巡撫遼東都御史督同山東二司管糧官，以堪用米豆照舊放支，陳浥者量數追陪外，原經管糧參政陳儼、參議尹淳、副使陳相、僉事張珩，宜行都察院轉行巡按史提問。其先年巡撫右副都御史彭誼已致仕，合請進止。上曰：應追糧數，令巡撫諸司查實追完，儼等并誼，令本處巡按御史逮問。其大同、宣府、甘肅、寧夏、延綏并蘇州諸處糧料銀，俱選差公正給事中、御史各一員查盤，具實以聞，無容襲弊。仍悉以敕書付之。

《明實録》弘治四年三月　〔癸未〕停都察院右副都御史張錦俸二月，以先任巡撫宣府時糧草浥爛，爲給事中胡金等所劾也。

《明實録》弘治十八年二月　〔辛未〕户部覆議漕運巡撫等官所言事宜：一、京通二倉曬米場基，欲甃以甎，庶雨後不以淖妨，可免運卒久候之苦。今宜令運卒自明年爲始，帶運張家灣諸廠敝甎，隨糧轉送，聽總督官傭匠甃砌；其費於折收蘆葦方版銀内給之。不必限年，以漸繕完乃止。一、涿鹿等衛屯田之在順天保定等府，涿州固安等縣者，多低下沙鹻之地，正統中差官踏勘，畝十折一，徵子粒一斗二升。近年差官清查，額外新增地土，畝徵銀二分四釐。雖視本色爲輕，然多非可耕之地。宜如都御史周季麟所奏，止徵銀一分五釐。在京者，納太倉銀庫；在外者，納所在有司官庫。遇放官軍月糧，依時直間月支給，他衛准此。從之。

《明實録》正德三年十一月　壬戌，户部言：浙江災傷重大，已經守臣覆勘，宜於充軍米内量折三十萬石，南京米内量折十萬石，石徵銀五錢，各差官解貯。俟米賤時月，依價收糴，或折放官軍。其極貧應賑人户，准將貯庫贓罰銀兩，並預備倉糧兼支，務使饑民得沾實惠。從之。

《明實録》**正德八年二月** 癸卯，御史周倫言：邇來南北直隸、山東、河南、四川、江西等處，爲賊殘破，人民流徙，土地荒蕪，雖蠲租之詔屢下，而京邊之税有常，何從辦納？乞敕撫按官查逃亡人户，所遺地畝，分給有力者耕種，代輸其税，俟逃亡者復業，仍歸之。庶國税不乏。又言：各處問刑贖罪紙米價，多所侵漁。乞令天下問刑衙門，今後全徵本色，貯之倉庫，以備荒。户部覆議，皆從之。

《明實録》**正德十六年六月** 〔乙未〕户部覆本部主事張浮甫處置馬草疏：言馬房草場地土之數目，錢糧之出納，俱不經本部查考，以致滋弊。今冗差内官，既奉詔裁革，宜令本部該管主事將各牧地通行清查，每馬房量留數項，以爲曬晾馬匹之用；其餘俱令軍民佃種。畝徵銀三分，候秋成時照依時估召買草荳。議上，從之。戊戌，敕巡撫江西都察院右副都御史鄭岳賑恤被災地方。江西自宸濠之亂，又值大水，歲比不登，民多流亡。正德間守臣以狀聞户部，請遣兩京堂上官一員前去撫恤，議入，不報。上登極，始下其議，户部以該省被災經年，遣官恐益緩，請遂敕撫臣行之，故有是命。

《明實録》**正德十六年六月** 〔己酉〕革真定等府抽印木植内臣。山西筏木由滹泥河東販，舊制于真定府設税課司，十取其一。該府委通判一員監收之。歲終，内官監差官印烙，委官運納通州張家灣磚廠，以爲常。正德間始差太監抽分，遂税及柴炭魚菜，民不堪其擾。巡按御史宋鉞請遵詔裁革，且極言太監租臣姦狀。工部覆奏，得旨：抽分太監裁革，該府委官監收，一如舊例。

《明實録》**嘉靖元年正月** 丙寅，户部奏：上林苑監嘉蔬等署，添設内官，虐使菜户，奸利不法。請復舊制，以文職提調，便。上切責僉書監工等官，數其蠹政害民罪狀，姑令改圖，再犯不宥，且命有缺勿補。

《明實録》**嘉靖十二年八月** 〔乙未〕嘉靖九年十二月以前各處軍民人等拖欠，除王府禄糧仍舊催徵外，其餘税糧、子粒、草束、農桑、人丁、絲綿、門攤、商税、户口、食鹽、米鈔諸色課程，鹽課、魚課等項，除已徵在庫及已經解户人等，收受者詔書到日，各撫按官作速分投差官查明，截數起解原定衙門交割，各造册奏繳查考。其未經收受者，盡數蠲免。敢有將已徵捏作未徵，侵欺盜用者，許諸人首告拏問重治。一、嘉靖十三年税糧内除漕運糧斛四百萬石外，其餘不分起存，以十分爲率，俱免五分，以甦軍民困苦。一、山東、河南、南北直隸，各該牧馬草場，子粒、租銀，連年災傷，以十分爲率，自十三年以前各免五分，以甦民困。

《明實録》**嘉靖十四年十二月** 〔戊子〕先是，河南以田賦不均請行丈量之法，既而民有來言不便者，而朝議亦以爲紛更成法，無益於民。有詔：田賦悉從舊額，毋得輕變。至是，河南巡撫簡霄言：日既丈量，則貧民有糧無地者，得以免賠償之苦；而富民有地無糧者，無以遂欺隱之計。宜熟議其便，除未經丈量者照舊徵派外，其餘丈量已定，悉從新制。中間若有富民增糧過多，屢行愬告者，委官查勘處豁，或將欺隱田地量爲均派，或將減瞞等則量加增加，或將輕折錢糧量移抵補，務使貧富適均，不至偏累。庶於國法人情兩便也。户部覆從其議，請通行天下，撫按官自但有詭寄兼併發者，從公勘處，隨事改正，不許一概丈量，致生勞擾，詔從之。

《明實録》**嘉靖二十一年十月** 〔丁丑朔〕南贛巡撫李顯、福建巡按徐宗魯奏，清查寺觀田地，還官召賣，並追收租課、花利、紙贖銀二十九萬有奇，次第解運，以濟國儲。自後凡授獻撥給典賣者，各以律論。寺觀田過五頃以上者，每畝課納租銀一錢入官。詔可。

《明實録》**嘉靖二十四年七月** 〔壬戌〕是日，頒詔天下，浙江等處十三布政司，並南北直隸府州縣，嘉靖二十五年，分除漕運四百萬石，並解運錢糧，照舊徵兑起運，其餘夏税、秋糧、馬草、農桑、人丁、絲絹、布疋、絲綿、花絨、屯田、莊田、牧馬、草場、子粒及甲丁二庫銅漆銀硃等料，不分存留起運，以十分爲率，俱免三分。四川、湖廣、貴州出産大木，小民搬伐運送，勞苦尤甚，免四分以蘇民困；其二十三年以前起解錢糧，侵欺事發者，限三月以裏完穫，批單照常釋放。一、各處逃亡人户，流離他方，情願復業者，除免差役二年，里長不許勾擾；其山東、淮揚、鳳陽等處拋荒田土數多，許諸人告官承種，仍免糧差三年；三年之後，如果成熟，方讒量納輕糧。各州縣官有能招撫流民復業，及開墾荒田數多者，撫按官保薦擢用。一、各處軍民田糧，如有詭寄飛灑、移坵换段等弊，以致田糧不均，靠損小民者，許被害人户具告撫按兩司，即與委官踏勘丈量，明白糧歸姦詭人户辦納，不許姦猾之徒捏生事端。將一縣一府田地，不分有無規避，一概均丈，以滋姦弊。所在官司亦不許輕易聽從，以致騷擾小民。違者從重究治。

《明實録》嘉靖二十四年十月　庚戌，巡撫陝西右僉都御史柯相奏：天下田糧飛詭脱漏，弊孔甚多。請敕專官清查，以益國賦。章下户部，覆言：諸省類多災傷，遽行清查，未免勞民；且俟年豐議處。得旨：田糧欺隱積弊，有告發或查出者，如律論治，毋得變亂舊法，輕議均丈，生事擾民。

《明實録》嘉靖三十八年七月　〔庚午〕總督尚書楊博言：宣大荒田水利，宜加意開濬，仍照旱田舊額徵税，以勸民業。其上花園等處修築墩臺三十座，借用客兵銀六百兩有奇，宜行户部給還。報可。

《明實録》嘉靖四十年五月　〔癸亥〕巡按山西御史温如璋修陳屯田六事。一、宣大兩鎮屯糧不下三十餘萬，但令分巡官兼理□不能周，宜特設屯田僉事一員，專董其事。一、山西屯糧散□，各省事屬遥制，侵没難稽，宜將各省郡縣有山西屯田者，掌印等官俱聽山西屯田憲臣鈐束考察。一、直隸寧山、平定衛所屯糧原屬直隸屯田御史管轄，惟公署設在山西境内，宜專屬直隸爲便。一、各衛所屯糧宜責成有司與民糧同徵，如遇陞任考滿，一體查覈，不得專屬武臣。一、近日荒田開墾者抽丁着伍，人懷疑畏，棄業逃移，宜罷其令。一、屯田有水衝沙壓及虜寇相薄者，原額子粒悉與除免。户部議覆，從之。

《明實録》嘉靖四十一年十一月　〔壬戌〕巡撫山東都御史張鑑言：臣任山東叅政，時行縣督徵，見滕、嶧、沂、費、郯城、泗水、蒙陰等處，荒田彌望，欲求所以開墾之策，時值旱蝗，未敢言也。兹歲適告稔，而臣復當其時，敢陳開墾數事。一、滕嶧之間，荒地固多飛詭，不少真僞混襍，併累小民，宜嚴立法禁，丈量各州縣地土，以熟地本等糧差仍歸熟地之家，不得飛詭，以累良善。一、可耕荒地，非假之數年，難望有秋。今竈突未黔，官票已至，見徵甫畢，舊負復來，是使逃民永無復業之日也。宜令丈量之時，以可開荒田分爲一等，招民耕種，免其三年賦役並蠲除先年積欠，以招徠之。其鹻爛炒磧，不堪耕耨者，分爲一等，悉心從長計處，毋損舊額，而亦毋使小民偏受其累。一、無著荒地，人户逃移，既久故絶，必多宜聽本處及□近州縣軍民隨意耕墾，免其三年糧差，其本地故所欠租悉與蠲除，有司與里甲勿復拘擾。一、滕、嶧等縣諸窮民以身爲傭，每三日僅得牛耕一日，或手自耕地，終歲勤勞，不得一飽，宜于流民復業之時，量給該府州縣無礙官銀爲居食田器牛種之需，不足復發二司並各守巡道無礙官銀佐之。户部覆奏。上是其議，命鑑悉心幹理務期成效。

《明實録》嘉靖四十四年三月　〔己酉〕巡撫遼東都御史王之誥條陳開墾荒田八事。一、議工力。其法以田九百頃爲率，用二千四百人，把總二十四員，總委官六員，將各營見在步軍六千四十餘名更番撥用。二議牛具。每牛一具，種田一頃。五十畝牧者一人，耕者三人。其牧者給草料，免其雜差，惟耕時隨牛下田，與三人同力合作。令總委等官不時查驗草料，其牛具即於原議修城銀給之。三議種子。計田九百頃，用種子二千四十石，或□或荳，隨地所宜，即於上年收穫内動支。四議車輛。登場日用車一百八十輛裝運，每輛銀二兩，除已造完三十兩餘者，宜於廣寧馬市税銀内支用。五議供費。每營開田一百五十頃，軍夫四百名，委官五員，約工百日，該費口糧六百一十五石，牛百具，該荳七百五十石，草萬束，俱於本田收穫糧草動支。六議草稭。每種田九百頃，存積柴草，除谷草荳稭留以飼牛，稭一歲所得，可以變賣銀千兩，買補牛具農器。七議倉廒。各城倉廒倒榻，宜將夫丁銀兩及今春次第修理，除收貯屯鹽二糧外，餘倉悉收營田子粒。八專責成。宜將河西營田行接管都御史、河東營田行巡按御史五相督責各道並大小將領以實舉行，其奉行不力及因循誤事者歲終查明參究，仍乞敕接管都御史協心共濟，以圖成效。疏下户部議覆，俱從之。

《明實録》隆慶四年四月　〔己亥〕總理鹽屯都御史龐尚鵬條上甘肅屯田事宜。其一，清撥補。言屯丁有力者多趣美田自便，而棄磽埆者以苦貧弱，宜照近題號紙事例，分別荒熟，酌量丁力，因人授地，因地徵糧，庶無偏累。一給牛種。言河西一鎮，惟肅州衛有牛種之資故，故墾田獨多，宜倣其法，動支民運，折銀以業。貧民責以三年還官，而徵收其息。以後願得牛種者，即以所收息給之。一廣屯種。言邊徼開田，宜責令將官督軍開種，因租爲餉，其餘人户，願受田者召爲土軍，免其賦役，止令防守。一興水利。言屯田可通水泉者，宜委官修治溝渠，以時蓄洩。因循沮廢者，重罪之。一豁虛糧。言往清理屯糧，多增虛數，而莊浪、西寧之間尤甚，宜悉查豁以固人心。一權本折。言西寧穀賤，軍士利于得銀。莊浪穀貴，軍士利于得穀。宜將莊浪年例銀解西寧，而以西寧糧運莊浪，此有無相資，兩利之便計也。其輸輓之費，令彼此會通，毋互生嫌異。一緩徵科。言極邊荒田，力能遠耕者，聽爲世業，毋得徵糧。部覆：權本折一事，宜下撫按議狀，餘如尚鵬言，詔允行之。

《明實録》萬曆四年十一月〔甲辰〕南京户部右侍郎汪宗伊條議八事：一、禁過派，凡南京倉糧水兑款正耗並席竹、驢脚等項悉照題准事例坐派，糧里不得過收，解官不得科索。一、時徵解。夏秋收成時，小民可以辦納無分南糧漕運分批起解，毋得因循。一、定米色。查照土宜定其米色，明載批文，糧里以此起解，倉司照此驗收。一、嚴稽查。炤帶徵見徵數目給與文簿，按季填注完欠，則奸頑不得侵欺。一、嚴部運。總部非府佐貳，部運非縣佐貳，該司府不得違例轉文，糧長姓名、糧石即填註部運批內，不得另給。一、議虧折。每廒放盡，即行監收查盤。如正耗虧至二百石以上者，官攢責限均陪，仍送法司問罪。一、議罪贖。凡首領縣佐代府佐貳總部，及巡驛河泊陰醫等官代州縣佐貳部運，俱以違例論。夏税絹麥違至五月，倉糧違至九月，俱以違限論。每批止問一名，凡計量銀米，添名加罰，俱一切停止。一、專責成。本部監收主事四員，原有官房四所，以便監督，曠而不居，因之損壞。宜量支折席銀兩稍加修葺以居之。仍前不住公館者，參奏。户部言，其有裨國政。從之。

《明實録》萬曆五年二月〔辛酉〕直隸巡按御史孫成名條上屯田五議。一、均地糧，毋分額地、餘地，以肥瘠分爲三等，通融均攤，無虧常數。一、定徵例。一、嚴批限。一、時監收。一、廣開墾。部覆允行。

《明實録》萬曆六年七月〔壬子〕南京貴州道試御史王廷禩條陳：當此東作之時，宜令有司勞勸流民悉報復業，游惰悉驅耕作。田地荒蕪者令民開墾，堰塘湮塞者到處疏濬。其或凶年，錢糧不能盡完，尤要斟酌緩急，毋專事催料，妄連無辜賠納。其各地方建立社倉，以備荒歉。或勸富民量力輸納，或令徒流等罪情犯稍輕，願輸納者，有司申請，准令輸免。每社擇殷實公正社長，司其出納，官給印薄稽察。得旨。

《明實録》萬曆十五年十一月〔辛卯〕詔：河道隄防，節年修築不堅，以致衝決。該管官五年内者，巡撫奪俸三月，道官降俸一級，内養病致仕者不許推用，見論劾者從重議處，餘年遠者姑免究。

《明實録》萬曆十九年十月〔乙卯〕閲視薊昌等處，右通政穆來輔同督：撫巡關諸臣奏稱：各屬荒地以十分爲率，盡數開墾者，紀録一半以上獎賞，無開墾者罰治。又各衛屯糧將前年拖欠併本年錢糧完至八九分以上者，遵例免議，仍令三月内報完。部覆允之。

《明實録》萬曆十九年十二月 乙亥，户部覆閲臣王世楊等會奏：延綏地方砂磧，召商墾荒，輸粟給引，商多不願。且屯多荒蕪，俱因屯丁未復，苦累未除，稽查未嚴三弊所致。合行該道，明諭見在屯户，開將逃丁查照勾還，撥與原産，官給牛種，至秋成量收補還。仍嚴查荒熟田地，無使苦累一概混徵。其管屯官不許親身下屯，守操官不許差人下鄉，一應科擾無名積弊，痛除嚴革。俱依議行。

《明太祖寶訓》卷三《勤民》 洪武二十二年四月己亥，命湖杭温台蘇松諸郡民無田者，許令往淮河迤南滁和等處就耕。官給鈔户三十錠，使備農具，免其賦役三年。

太祖諭户部尚書楊靖曰：朕思兩浙民衆地狹，故務本者少，而事末者多。苟遇歲歉，民即不給。其移無田者於有田處就耕，庶田不荒蕪，民無游食。靖對曰：去年陛下念澤潞百姓衣食不足，令往彰德、真定就耕。今歲豐足，民受其利。

太祖曰：國家欲使百姓衣食足給，不過因其利而利之。然在處置得宜，毋使有司侵擾之也。

《明太祖寶訓》卷三《勤民》 洪武二十三年四月庚子，武定侯郭英奏：魯王墳塋成，惟享堂周垣未備，請築之。

太祖謂工部尚書秦逵曰：事有不急者，毋用勞民也。方當耕種之時，而英請築堂垣，此豈使民以時之道？英，武人，不學，惟知築垣爲急，而不知奪農時爲重也。遂止之。

《明太祖寶訓》卷三《勤民》 洪武二十七年三月庚戌，命天下種桑棗。太祖謂工部臣曰：人之常情，安於所忽。飽即忘饑，暖即忘寒。不思爲備，一旦卒遇凶荒，則茫然無措。朕深知民艱，百計以勸督之，俾其咸得飽暖。比年以來，時歲頗豐，民庶給足，田里皆安。若可以無憂也。然預防之計，不可一日而忘。爾工部其諭民間，但有隙地皆令種植桑棗，或遇凶歉，可爲衣食之助。

《明太祖寶訓》卷四《仁政》　丙午五月壬午，太祖還自濠州，諭中書省臣曰：吾昨往濠州，所經州縣，見百姓稀少，田野荒蕪。由兵興以來，人民死亡，或流徙他郡，不得以歸鄉里。骨肉離散，生業蕩盡，此輩寧怨嗟。怨嗟之起，皆足以傷和氣。爾中書其命有司徧加體訪，俾各鄉土仍復舊業，以遂生息，庶幾斯民不致失所。

《明太宗寶訓》卷二《卹民》　〔永樂元年〕三月辛丑，南陽鄧州官牛疫死者多。有司責民償，甚急，民貧至有鬻男女以償者。事聞。

上怒甚，曰：孔子聞廄焚，問傷人否，不問馬。蓋爲人貴於畜。今以人易牛，何其不仁？況畜牛本以爲民，今乃毒民如此。命有司牛死者悉免償，民所鬻男女償牛者官贖還之。仍命法司治有司不奏而擅責民償之罪。

《明太宗寶訓》卷二《卹民》　四月乙丑，賜書楚王楨曰：所奏府中欲脩造。兄於賢弟，豈有吝惜意？但天下初定，衆心未安，勞困未甦，兼旱蝗相仍，民苦寒餒，安養休息，方在此時。故即位之初，首詔天下不急之務悉停罷。今後宮爲建文所焚，東宮亦拆毁，皆未敢興造。賢弟幸體斯意。府中宮室損壞者，姑用護衛之人隨時脩葺。俟民安歲豐，然後量撥軍民爲之。如此，公私兩利矣。

《明仁宗寶訓》卷一《重農》　洪熙元年正月丁酉，密雲中衛舊城坍塌七百餘里，奏請修築。

上曰：今東作將興，未可以妨農事。姑俟秋成。

《明仁宗寶訓》卷一《重農》　〔洪熙元年〕四月壬子，魯王肇煇奏：本府居室損漏，欲令護衛官軍修理，請停今歲護衛屯田，免其子粒。賜書答曰：屯田，國之大政，皇祖皇考制爲萬世不易之法。兄初即位，豈可遽違以詢賢弟之請？且詔書已定，獨於賢弟更之，衆其謂何？況子粒仍充本衛軍糧，於王府固自有益也。居室損漏者，可俟農隙修之。

《明仁宗寶訓》卷一《重農》　永樂二十二年十一月甲戌，上諭户部尚書夏原吉等曰：農者，生民衣食之原。耕耘收穫不可失時。自今一切不急之役，有當用人力者，皆俟農隙。前代蓋有不恤農事而以徭役妨耕作召亂亡者矣，不可不謹。

《明仁宗寶訓》卷二《地利》　永樂二十二年九月乙亥，上以京師人衆而蕘薪往往取給千數百里外，命工部弛西山樵採之禁。尚書李慶奏曰：盍惟聽官府採用。上曰：古山林川澤皆與民共。雖虞衡之禁，取之有時，用之有節，其實亦爲民守，非公家專有之。京師軍民數百萬家，薪非出山，何所取給？人君於民，有父母之道。苟可惠民，皆當施之，況山澤天地所産以利民者？其居庸關以東與天壽山相接，宜禁樵採，餘勿禁。

《明宣宗寶訓》卷二《仁政》　宣德七年九月癸亥，順天府尹李庸言：所屬州縣舊有桑棗，近年砍伐殆盡。請令州縣每里擇耆老一人勸督栽種，官常點視。

上諭行在户部臣曰：桑棗，生民衣食之計。洪武間遣官專督種植，今有司略不加意。前屢有言者，已命爾申明舊令，至今未有實效。其即移文天下郡縣，督民栽種。違者究治。

《明宣宗寶訓》卷二《恤民》　宣德元年三月丁未，上以春雨頻降，召行在户部尚書夏原吉等諭之曰：朕初承大統，政化未洽，念自古國家未有不由民之富庶以享太平，亦未有不由民之困窮以致禍亂。是以夙夜祇畏，用圖政理，所冀天時協和，年穀豐熟。去年冬多雪，今春益以雨澤，似覺秋成可望。然一歲之計在春，尚慮小民阽於饑寒，困於徭役，不能盡力農畝。其移文戒飭郡邑均徵徭役，勸課農桑，貧乏不給者，發倉廩賑貸之。

《明宣德寶訓》卷二《重農》　宣德三年四月戊午，民有建言朝政當以重農爲首務者。上顧謂侍臣曰：此言有理。國家重農，則百姓得盡力，天下富庶。古之重農，莫如周后稷以教民稼穡。開國公劉，克篤前烈。文王時，耕者九一。武王重民食，周公述《豳風》以戒成王，備言農事。當時民用阜成，治協泰和。周以下莫如西漢高帝，困賈人以抑其末。文帝二十餘年，勤勤以勸農免租詔有司。武帝雖以土木兵戈勞民，至其末年亦知勸農作以休息民。至於元成之間，朝政固有乖闕，而百姓安業自若，天下富庶幾二百年。成周享國，過於夏商。王莽篡漢，終以民心不忘而復之。養民之功大矣。朕於斯事，蓋寢食未嘗忘也。

《明宣宗寶訓》卷二《重農》 宣德七年九月庚辰，上視朝罷御便殿，問侍臣曰：民何事最苦？侍臣曰：四民之中，農最苦。

上曰：朕固知之。朕嘗歷田野，見織婦採桑育蠶，繅絲製帛，累寸而後成匹，亦甚勞苦。侍臣曰：惟陛下明聖，知民之艱難及此。已而上出所，賦織婦詞一篇，以示左右臣曰：朕非好爲詞章。昔真西山有言：農桑，衣食本。爲君者當詔儒臣，以農夫紅女耕蠶勞勤之狀作爲歌詩，使人誦於前，又繪爲圖，揭於宮掖，布之戚里，使皆知民事之艱，衣食之所自。朕所以賦此也。

《明宣宗寶訓》卷三《弛利》 宣德元年三月丙辰，行在禮部奏：錦衣衛力士寧直言，山西中條山產膽礬，乞令有司採進。

上曰：膽礬何切於用？使民耕則有粟充饑，桑則有帛禦寒。礬如山積，何益饑寒乎？小人之言不足聽也。古之人君惟欲民富，凡山澤之利皆弛其禁。若礬可利民，聽其自採。

《明宣宗寶訓》卷三《弛利》 宣德九年六月甲戌，行在工部尚書吳中言：湖廣及山西蔚州產木，山場宜禁民採伐。

上曰：卿爲國計，意甚厚。但山林川澤之利，古者與民共之，今不必屑屑其已之。

《明史》卷一六《武宗紀》 〔正德十四年〕五月己亥，詔山東、山西、陝西、河南、湖廣流民歸業者，官給廩食、廬舍、牛種，復五年。

《明史》卷一八《世宗紀》 〔嘉靖〕二十四年春二月戊申，詔流民復業，予牛種，開墾閒田者給復十年。

（清）賀長齡《皇朝經世文編》卷四五《户政·荒政·捕蝗説沈受宏》

康熙十一年江南大蝗，七月入蘇州，有以蝗爲神，而不敢捕者。予聞之曰：甚矣其惑也。夫蝗，天之所以災民也。天雖災，即不使民之救災乎？天生之，民殺之，所以救災也。《詩》曰：去其螟螣，及其蟊賊，無害我田穉。田祖有神，秉畀炎火。此殺蝗之義也。《春秋》曰螟曰螽曰蝝，皆是物也。《春秋》紀災而不紀治，故不言捕。《周禮·司寇》刑官之職，庶氏掌除毒蠱，翦氏掌除蠹物，蟈氏掌除鼃黽，壺涿氏掌去水蟲。凡爲除之法皆具，毒蠱蠹物鼃黽水蟲皆可除而去，蝗獨不可去乎？爲害小而去，爲害大而不去，周公不爾也。開元中山東大蝗，民不敢殺，拜祭之，姚崇遣御史督州縣捕之。當是時議者曰：蝗多，除不可盡。崇曰：除之不盡，猶勝養以成災。盧懷慎曰：殺蝗多，恐傷和氣。崇曰：奈何不忍於蝗而忍民之饑死？殺蝗有禍，崇請當之。其後復大蝗，姚崇又命捕之。當是時，倪若水曰：禳災當以德，劉聰嘗捕埋之，爲害益甚。崇曰：聰僞主，德不勝妖，聖朝妖不勝德。因敕使者察捕蝗勤惰以聞，由是不至大饑。自古捕蝗之力未有如崇者也，然不聞有禍，卒亦不至大饑。考之史，其書蝗災者，草木爲之消蝕，人民爲之亡竄，爲害曷可勝道，然皆不聞其捕蝗也。不捕，則宜其害之至於此也，則坐視其害而不捕，毋寧捕之而害至乎。夫天之生蝗猶天之生盜賊也，盜賊之患，常甚於蝗，王者執法，將盡力而誅之，無俾其横行而莫之制，而顧怯於捕蝗乎。且水旱蝗，皆天之災也，蝗不敢捕，苟遇水將不爲泄乎，旱將不爲灌乎，人有奇疾，不藥將殺其身，或告之曰：子之疾天也，藥之恐有天殃，則遂信其言乎？甚矣人之惑也。考之於經，證之於史，察於理之當然，宜捕乎不宜捕乎。明天子，賢宰相，皆捕蝗以除害，而不以爲非。乃怵於愚迂不足聽信之言，多見其不察於理也。作捕蝗説以喻之。

（清）賀長齡《皇朝經世文編》卷四五《户政·荒政·捕蝗記馬源》

康熙五十四年乙未，桐大饑，邑侯祖公秉圭設賑，至春末，饑者皆有起色矣。而邑東南濱江之地，接踵以蝻告。緣去歲蝗所過遺種土中，及四月中旬，蝻生遍野，厚尺餘，居民顧麥禾在田，相望駭愕，至號泣，疾赴愬於公。公星馳莅其境，督民剿捕，身自著草笠芒鞋，衣便衣，行沮洳中，杖其不力者。而捐穀以酬效力者，量所撲蝻子以斗，如其數盡易之，日百十石。蝻之生者日滋，於是問計於縣佐李君。李君前佐蒲台，捕蝗有成績，遂以其法出教於民，循而用之，甫廿餘日而蝗滅，濱江之民慶更生，通邑皆嘖嘖歎異。予聞叩其法，李君曰：蝻所生大率在蘆渚麥畦間，撲之先渚而後畦，俟刈麥畢未晚，毋爲先蹂躪已成之麥。在蘆渚者植竹爲柵，四周之，薙其蘆，以縺蓋更番擊之可盡。然此爲蝻生旬日内者言耳，既逾旬便能躍尺許外，法當分地爲隊，隊役夫五十人，環渚斬蘆爲一衖，三面以夫守。前掘溝，長率三四丈，上闊尺七寸，下二尺五寸，深一尺，兩面修令平，溝底距三尺餘，掘一坎。然後伐其蘆，自後達之溝邊，乃呼三面守者合驅之，鳴金以趨之，蝻躍至溝而墜，厚以土掩之。其蘆渚之深廣者，距溝遠，難盡驅之入，掘兩溝則費工，法於中間所掘溝爲二面濠，先驅其一面盡，續從對面驅之，畢入溝而後瘞。其驅之也宜徐，急則旁入。溝所勿容人立，見人則奔回。蝻出十六七日生半翅，其行如水之流，將食田禾矣。如前以竹柵堵兩旁，於中埋蘇缸，向其來之路，蝻行自入於缸中，可以布袋收之。分隊之法，每隊夫五十，領以亭長鄉三老吏卒等四五人，探蘆中有蝻處，立長竿布旗以表之，爲一圍，次第施治。日限其捕十圍，雖不能殄絶，餘十之一二，定不能便盛。如撲之散去，至夜定還聚一所，次日又撲之，即絶矣。又曰：蝻子之行也，恒東向。其壯而飛也，能浮水面，渡河渠。其首尾各有一蛆，生十八日而飛，又十八日而遺子九十有九，蛆旋食之而死。蝻之生在白露前者，不久即斃，無遺患，過白露而遺子，則來春始生，土人宜各誌其處，思所以預防之。至翅成而飛，則無撲滅之法，惟聽農人之驅逐。自守其疆，則不免以隣爲壑耳，予聞之而慨然也。《春秋》於宣公十五年，書曰冬蝝生，傳曰幸之也，注謂蝝冬生而不成螽，未爲物害，故喜而書。愚謂此聖人謹小慎微之旨，雖不成災，而猶書示警，非以爲幸也。假令生當耕耘之日，不知其憂悚當何如。或以其微小而忽之，毫末不折，將尋斧柯，縱以唐宗之呑食，姚相之詔捕，而南畝之罹其害者已多矣。余故感吾邑令佐兩公勤民之厚意，又喜其立法詳而欲垂於後世也。是以記。

（清）賀長齡《皇朝經世文編》卷四五《户政・荒政・除蝗記陸世儀》

蝗之爲災，其害甚大，然所至之處，有食有不食，雖田在一處，而截然若有界限，是蓋有神焉主之，非漫然而爲災也。然所謂神者，非蝗之自爲神也，又非有神焉，爲蝗之長，而率之來率之往，或食或不食也。蝗之爲物，蟲焉耳，其種類多，其滋生速，其所過赤地而無餘，則其爲氣盛，而其關係民生之利害也深，地方之災祥也大。是故所至之處，必有神焉主之。是神也，非外來之神，即本處之山川城隍里社厲壇之鬼神也。神奉上帝之命以守此土，則一方之吉凶豐歉，神必主之。故夫蝗之去蝗之來，蝗之食與不食，神皆有責焉。此方之民，而爲孝弟慈良，敦樸節儉，不應受氣數之厄，則神必佑之，而蝗不爲災。此方之民，而爲不孝不弟不慈不良，不敦樸節儉，應受氣數之厄，則神必不佑，而蝗以肆害。抑或風俗有不齊，善惡有不類，氣數有不一，則神必分別而勸懲之，而蝗於是有或至或不至，或食或不食之分。是蓋冥冥之中，皆有一前定之理焉，不可以苟免也。雖然，人之於人，尚許其改過而自新，乃天之於人，其仁愛何如者，寧視其災害戕食，而不許其改過自新乎？顧改過自新之道有實有文，而又有曲體鬼神之情，殄滅袪除之法。何謂實？反身修德遷善改過是也。何謂文？陳牲牢設酒醴是也。何謂曲體鬼神之情，殄滅袪除之法，蓋鬼神之於民，其愛護之意，雖深且切，乃鬼神不能自爲袪除殄滅，必假手於人焉。所謂天視自我民視，天聽自我民聽也。故古之捕蝗，有呼噪鳴金鼓，揭竿爲旗，以驅逐之者，有設坑焚火捲掃瘞埋以殄除之者，皆所謂曲體鬼神之情也。今人之於蝗，俱畏懼束手，設祭演劇，而不知反身修德，祛除殄滅之道，是謂得其一而未得其二。故愚以爲今之欲除蝗害者，凡官民士大夫，皆當齋祓洗心，各於其所應禱之神，潔粢盛，豐牢醴，精虔告祝，務期改過遷善，以實心實意祈神佑。而仿古捕蝗之法，於各鄉有蝗處所，祀神於壇，壇旁設坎，坎設燎火。火不厭盛，坎不厭多，令老壯婦孺，操響器，揚旗幡，噪呼驅撲，蝗有赴火及聚坎旁者，是神之靈之所拘也。所謂田祖有神，秉畀炎火者也，則捲掃而瘞埋之。處處如此，即不能盡除，亦可漸滅。苟或不然，束手坐待，姑望其轉而之他，是謂不仁。畏蝗如虎，不敢驅撲，是謂無勇。日生月息，不惟養禍於目前，而且遺禍於來歲，是謂不智。當此三空四盡之時，蓄積毫無，稅糧不免，吾不知其何底止也。

蝗最易滋息，二十日即生，生即交，交即復生，秋各遺種於地，不值雪則明年復起，故爲害最烈。小民無知，驚爲神鬼，不敢撲滅，故即以神道曉之，雖曰權道，實至理也。

鎮江一郡，凡蝗所過處，悉生小蝗，即春秋所謂蝝也。凡禾稻經其喙，雖秀出者亦壞。然尚未解飛，鴨能食之。鴨群數百入稻畦中，蝝頃刻盡，亦江南捕蝝一法也。

是年冬大雪深尺，民間皆舉手相慶，至次年蝗復生，蓋岩石之下有覆藏，而雪所不及者，不能殺也。四月中淫雨浹旬，蝗遂爛盡，以此知久雨亦能殺蝗也。自記。

（清）胡林翼《胡林翼奏議》卷一三《乞緩徵被災各屬本年漕糧疏十二月初三日》 竊照道光二十七年，準户部咨：嗣後蠲緩漕糧，於地丁摺外另行具摺候旨遵辦等因；在案。查湖北省本年自夏徂秋，雨澤稀少，各屬高阜田禾，暵乾黃萎，被旱較廣；又江河水漲，以致低窪田地被淹，除最重之襄陽、德安二府本已受旱成災，復因襄陽縣、隨州均有土匪滋擾，光化、穀城、棗陽、均州、宜城、南漳、安陸、隨州、雲夢、應山、應城各州縣，或切近賊氛，辦理防勦；或間被賊擾，民情瘠苦；茲更遷徙流離，應一律將錢漕緩徵，以紓民困。又武昌府屬之江夏縣，漢陽府屬之漢陽縣，被水受旱，兼因賊擾過甚，應納錢漕，另摺奏懇豁免。並武昌府屬之武昌、咸寧、嘉魚、蒲圻、崇陽、通城、興國、大冶、通山，黃州府屬之黃岡、蘄水、蘄州、黃梅、廣濟等州縣，或迭被賊擾，或尚爲賊踞；應俟楚境肅清，彙於全省善後案內查辦；鄖陽、宜昌、施南三府，得雨較早，無礙收成；興山縣雖有水患，已在收成之後，且旋即涸退，毋庸查辦外；所有前據黃安、黃陂、孝感、麻城、羅田、漢川、沔陽、鍾祥、京山、潛江、天門、江陵、公安、石首、監利、松滋、枝江、荊門等州縣，或因受旱，或因被水，或因水旱頻仍，陸續稟報，均飭據印委各員，馳赴各州縣地方，勘明被淹受旱情形，分別輕重，議請蠲緩銀米，開造區圖村莊名册，經該管道府核轉，由藩司馬秀儒、署糧道張曜孫具詳請奏前來；臣等覆加查核，本年被水受旱田地，僅黃陂、孝感、沔陽、黃安等四州縣，勘明成災；其餘各屬，均屬勘不成災；至被水各屬，內有監利縣積淹及江陵監利二縣挖厭田地，應完糟糧，係於道光二年、十年先後奏奉諭旨，準其緩徵；現尚未能復業，應仍照案計緩；所有勘明黃陂、孝感、沔陽、黃安四州縣成災，及勘不成災各州縣，被水受災各田地，或係低窪，水漲即淹；或處高阜，難以灌溉；除擬豁免蠲緩錢糧南米等項另行具摺辦理外；合無仰懇天恩，準將受旱成災七分之黃陂縣麻老宋等二百二十九會，孝感縣尚義等一百二十會；成災六分之沔陽州張家、七里等四百一垸；並勘不成災之孝感縣觀善、尚文等八十二會，羅田縣平奉多三鄉，栗子昌等六十區，潛江縣楊湖、崔家等七十七垸，天門縣關廟、多多、廬埠、左腦、老獅、黑市、花台、二郎、西隄等垸內較重之區，江陵縣洪化橋、龍隄等三百五十一垸，公安縣毛一、赴一等二十四里，石首縣一都、九嶺等三十六坊垸，監利縣永固、六合等二百四十六垸，並頻年積淹之崇林等三十七垸，松滋縣中二等八都甲，荊門州七里等二百七十四區，各應徵本年糟糧，均緩至來年秋後；成災者分限兩年帶徵；未成災者，統限一年帶徵。至咸豐三、四、五等年，應行蠲緩糟糧，因鄂垣迭陷，文案被焚，前已奏明，俟楚省肅清後，勒限辦理；是以本年被災各屬，僅就本年水旱輕重情形，分別辦理；所有議請緩徵糟糧緣由，理合恭摺具奏，伏乞皇上聖鑒訓示。

再、此案係因武漢軍務緊急，司道相距均遠，又兼襄陽隨州匪徒滋事，竄擾無常各屬文報，道路梗塞，駁查往返，實難供限彙齊辦理，例限已逾，災務重大，謹飛章由驛五百里馳奏，合併陳明。

（清）胡林翼《胡林翼奏議》卷一三《乞蠲緩各屬本年應徵錢糧各項疏十二月初三日》 竊照湖北省本年自夏徂秋，雨澤稀少，各屬高阜田禾，暵乾黃萎，被旱較廣；又江河水漲，以致低窪田地被淹，先後接據該州縣稟報，均經批行藩司，移飭該管道府，督同印委各員，周歷查勘；並將查明受旱安撫大概情形，奏明在案；除最重之襄陽、德安二府，本已受旱成災，復因襄陽縣、隨州均有匪徒滋擾，光化、穀城、棗陽、均州、宜城、南漳、安陸、随州、雲夢、應山、應城各州縣，或近切賊氛，辦理防勦；或間被賊擾，民情本屬瘠苦，茲更遷徙流離，應將錢漕一律緩征。又武昌府屬之江夏縣，漢陽府屬之漢陽縣，被水受旱，兼之賊擾過甚，請將本年錢漕，一律豁免，以紓民困；現已另摺奏懇恩施，並武昌府屬之武昌、咸寧、嘉魚、蒲圻、崇陽、通城、興國、大冶、通山，黃州府屬之黃岡、蘄水、蘄州、黃梅、廣濟等州縣，迭被賊擾，應俟全楚肅清，彙入全省善後案內查辦；鄖陽、宜昌、施南三府，得雨較早，無礙收成；興山縣雖有水患，已在收成之後，且旋即涸退，毋庸查辦外；所有前據黃安、黃陂、孝感、麻城、羅田、漢川、沔陽、鍾祥、京山、潛江、天門、江陵、公安、石首、監利、松滋，枝江、荊門等州縣，或因受旱，或因被水，或因水旱頻仍，陸續稟報，均經委員馳往，會同勘明，由該管道府議稟；除各屬稟內可以照常征收之處，仍即催征，並天門縣多多等十六垸，盧埠、左腦等十七垸，老獅、黑市等八十四垸，花臺二郎等三十三垸，西隄等十九垸，內有收田地照常征收外；實勘得黃安縣受旱日久，西北二鄉之東煙等二十六會，成災十分；東南二鄉之松溪等二十四會，成災七分；黃陂縣麻老宋等共二百二十九會，成災七分；孝戚縣尚義等一百二十會，成災七分。又沔陽州，本屬水鄉，向不畏旱，邇年因鍾祥縣獅子口潰口，因屢年賊擾未築，致水勢下注，加以本年夏秋之間，雨水不多，湖河皆涸，受旱之甚，從來未有，實勘得張家、七里等共四百一垸，成災六分；其餘受旱被淹各州縣，均勘不成災，所有應納本年銀米、隄閘、河費、蘆課、閘丁、租餉等項，請分別蠲緩，以紓民力等情；開列垸區村莊名摺，由藩司馬秀儒、署糧道張曜孫議詳請奏前來；臣等伏查州縣如遇水旱災傷，例應勘明成災分數，將被災軍民，分別撫賑蠲緩；惟庫藏支絀異常，軍餉不繼，實難籌辦撫賑，前已奏明，通飭被災各州縣，勸諭殷實富户，各就災區，隨地周濟，妥籌安撫；已據各該州縣稟報遵辦；是災民糊口有資，不致流離失所，毋庸動項撫賑；第成災之區，顆粒無收，困苦異常，實堪憫惻；其勘不成災各處，亦皆耕穫失時，收成歉薄，且逼近賊氛之地，辦理團練堵勦，按田捐費，民力頗形拮据，自應分別豁免蠲緩銀米，以廣皇仁，而示體恤。除擬緩本年漕糧，現已另摺請旨外；合無仰懇天恩俯準，將成災十分之黄安縣西北二鄉，例得蠲免銀米十分之七；成災七分之東南二鄉，例得蠲免十分之二者；念該處屢次越境勦賊，民力窘艱萬分，連蠲牘本年新賦銀米，全併豁免。成災七分之黄陂縣麻老宋等二百二十九會，孝感縣之尚義等一百二十會，應征本年銀米，各照例蠲免二分。成災六分之沔陽州張家七里等共四百一垸，應征本年銀米照例蠲免一分；蠲牘銀米及例不併免漕米，並孝感勘不成災之覩善尚文等八十二會。又逼近賊氛，並受旱被淹較重之麻城縣東北鄉七十三區，羅田縣平鄉、粟子坳、等多鄉，下臺寺、奉鄉、七里牌等六十區，漢川縣喝城等三十三垸畈，鍾祥縣蕭家店、龍山觀、楊林寺一百九十村莊，京山縣高家、鴨山等一百一十七團，潛江縣楊湖、崔家等七十八垸，天門縣闞廟、多多，盧埠、左腦、老獅、黑市、花臺、二郎、西隄等各垸內較重之區，江陵縣洪化橋、龍隄等三百五十一垸，公安縣毛一、赴一等二十里，石首縣一都，九嶺等四十一坊垸，監利縣永固等並頻年積淹之崇林等二百三十五垸，松滋縣中二等八都甲，枝江縣上百里等二十洲垸，荆門州七里等二百七十四區，各應征本年新賦、錢粮、南米、隄閘、河費、閘丁、租餉等項，一併緩至來年秋後；成災者分限兩年帶征，未成災者統限一年帶征。又受旱被淹次重之漢川縣花林、甲廠等十四畈垸，潛江縣之鄉東等十一垸，監利縣之張家等三十五垸，松滋縣之下三等四都甲，各應征本年南米，照常征收，請將本年新賦銀兩緩至來年秋後，限一年帶征。又公安縣之赴一等四里，監利縣之六合等四十八垸，各應征本年新賦銀兩，照常征收，請將本年南米，緩至來年秋後，限一年帶征。其有武昌等衛被水受旱已未成災軍田，應蠲緩銀米，均照屯坐各州等一律辦理。再漢川、江陵、公安、石首、監利等五縣，本年壓征咸豐五年蘆課，或因被水，蘆根浸泡腐爛；或因乾旱太甚，蘆葦未能長發；所有壓征銀兩，一併緩至來年秋後，限一年帶征。又本年被災各屬內，有咸豐三、四、五等年並節年因災緩征銀米。本年應復請展緩之處，並本年新賦照常征收之處，有因收成稍薄，請將帶征銀米遞援者；因咸豐三、四、五等年，應行蠲緩銀米，楚北省垣，迭次失陷，文案被焚，未經查辦，前已奏明；俟楚境肅清，勒限辦理；是以本年被災各屬，僅就本年水旱輕重情形，分別蠲緩之處辦理；其有應請遞展，並征新賦而請遞緩帶征者；應請如前奏，俟楚境肅清查辦；除飭取被災各屬災分頃畝册結，照例題報外；所有勘明受旱被水成災分數，及勘不成災輕重情形，擬請分別豁免蠲緩錢糧南米等項緣由；理合恭摺具奏，伏乞皇上聖鑒訓示。再此案係因武漢軍務緊急，司道相距均遠，又兼襄陽隨州匪徒滋事，竄擾無常，各屬文報，道路梗塞，駁查往返，實難依限彙齊辦理，例限已逾，災務重大，謹飛章由驛五百里馳奏，合併陳明。

謹按：此疏於十二月十八日接奉旨準。

再，江夏漢陽二縣，本年受旱情形，原次於襄陽德安等府；惟二縣爲武漢首邑，賊匪久踞，蹂躪較他處更甚，遷徙流離，農業多荒，直至本年三四月間，始陸續旋里播種，又值旱災，秋成失望，低窪之處，復被水淹，實屬困苦異常，而同鄉士民，恨賊滋擾，義憤常伸，六七月以來，官軍長圍困賊，修築壕壘，悉皆踴躍從公，甚資其力，以息戰士，雖酷暑烈日，無一告勞，猶復力辦團練，堵勦竄匪；昨於武漢克復後，綑獻僞丞相僞檢點將軍數逆首解營訊明正法，不使罪惡昭著之犯，倖逃羅網；其幫同官軍隨地圍拏臨陣殲斃之賊，不下二千餘名，是該二縣士民，於顛覆流離之餘，益矢同仇敵愾之志；實屬深明大義，允宜渥沛恩施，用示體恤，而昭激勸！合無仰懇天恩俯準將江夏漢陽二縣，應納咸豐六年錢粮漕南二米等項，一併豁免，以廣皇仁，而蘇民困。其有咸豐三、四、五等年因賊滋擾，並水旱歉收，應行查辦蠲緩各款，仍照前奏，俟楚北全境肅清，再行辦理。是否有當？理合附片具奏。

謹按：此片於十二月十八日接奉旨準。

再，漢川縣屬官軍立營挖壕，不及栽插地畝，前經臣官文示諭，蠲免上下忙錢粮，其新溝至曹家河一帶，踐踏各處，蠲免上忙錢粮，以示體恤在案；嗣據代理漢川縣知縣曹福增詳稱：該縣向來完納地丁章程，户柱應完二錢以上者，方剖上下忙分完；其一錢及一錢有餘之户，歸上忙全完；一錢以下及分釐小户，統歸下忙完納；今僅免本年上忙，該小户未免虚邀惠澤，應請免分上下忙，一概歸入上忙造報蠲免，俾貧苦小民，均沾實惠等情；造具蠲免户柱銀米數目清册，由藩司馬秀儒署糧道張曜孫詳請附奏前來；臣等覆核無異，合無仰懇天恩俯準，將漢川縣因立營挖壕，不及栽插地畝之田正秀等一百二十四户，應納本年正銀二十四兩七錢七分一釐四毫，悉予豁免；又新溝至曹家河一帶，因踐踏之大户吳延等一百三十四户，應納本年上忙一半，銀二十三兩一錢三分九釐五毫，悉予豁免；其餘下忙一半，與南米均歸下忙照常啓徵。又小户周月明等一百四十三户歸入上忙，共免銀六兩五錢四分六釐九毫。又更名錢粮漁銀之大户張意元趁二十一户，應納本年上忙一半，銀一兩一錢三分二釐四毫，悉予豁免；其餘下忙一半銀兩，仍歸下忙照常啓徵。又更名錢粮漁銀之小户胡之邦等七十户，歸入上忙，共免銀三兩六錢一分二釐九毫。又蘆課錢粮，例不分上下忙完納之，張光璽等四十八户，共銀四兩三錢一分八釐六毫，亦悉予豁免。總共免銀六十四兩五錢二分一釐七毫。又並田正秀一百二十四户内南米三石一斗六升九合五勺，理合附片具奏，伏乞聖鑒訓示。

（清）胡林翼《胡林翼奏議》卷一三《查勘襄陽德安府屬災歉情形乞緩徵錢糧各項疏十二月初三日》　竊照湖北各屬咸豐六年自夏徂秋，暵乾日久，受旱情形，襄陽、德安、安陸三府爲首重；安陸一府，間有濱臨河地方，尚足稍資補溉，已照各屬稟報，彙入應蠲應緩應徵案内彙辦外；所有襄陽德安二府各屬，先已分别輕重，將應行徵緩之處，具稟到司，係屬照例辦理；惟襄陽隨州地方，均有匪徒滋事，穀城、光化、均州亦被波及；鄰屬居民，或逼近賊氛，流離播徙；或猝不及防，已被搶擾；又或互相團練，自衛村莊；富者出資，貧者出力；蓋藏之家，亦因此隨時散發；小民當旱魃爲虐之後，秋收失望，本已困苦顛連；兹復兵燹驚惶，難安農業，失所貧民，悍者藉口被災，勾結爲匪；懦者轉移遷避，覓食四方；體察情形，糧賦勢難徵收；雖各屬稟報，原有酌量可徵之處，該地方官亦因軍餉支絀，不敢不覈實稟明；惟德郡五屬，若據各屬稟報，分别蠲緩，應徵銀米，數已無多；襄郡七屬，若據襄陽、宜城、南漳各縣稟報，應緩之數已多於應徵之數；棗陽、均州、光化、穀城則賊匪散竄，勦捕喫緊，防堵正殷，鄉民大半播遷；各州縣自稟報被旱之後，雖續報得雨；而節候已遲，補種不及；各地方官多帶領兵勇防勦，未能確勘覆稟；現當緩輯災黎之際，必須以安貧爲保富之策；臣等悉心籌議，以上二府，現在情勢，亦難開徵，且與其有收徵之名，可徵者仍屬寥寥；不若一律展緩，以示體恤。據藩司馬秀儒、署糧道張曜孫具詳前來，合無仰懇天恩俯準，將德安府屬之安陸、隨州、雲夢、應城、應山，襄陽府屬之襄陽、宜城、棗陽、南漳、光化、穀城、均州各縣，應徵本年錢漕，除上忙地丁已徵在庫者，先飭各屬勒限開摺報明以杜侵漁外；其未徵銀兩，一律緩至咸豐七年秋後帶徵，仍俟勦辦事竣，將應行蠲免豁免之處，照例勘定成災分數，另行題報；其屯坐各屬軍田，亦一律照辦，庶幾被脅窮黎，咸知解散，各鄉團練，更奮辛勤；仍嚴密查訪，如有不肖官吏，私徵苦累，立即嚴參治罪，總期實惠及民，以仰副聖主痌瘝在抱，垂念民瘼之至意；除應行賑撫事宜，已經奏明勸諭殷實富户，各就災區，或酌借米穀雜糧，或分次平糶；現在全行緩徵，則有餘之家，更可勸令貸濟貧民；是於緩徵之中，兼寓賑恤，仍督令地方官妥辦外；所有襄陽德安二郡錢糧，擬請一律緩征緣由，理合恭摺馳奏。

（清）胡林翼《胡林翼奏議》卷四三《請分别蠲緩各州縣新舊錢糧等項疏十二月初四日》　竊照楚北素稱澤國，地勢低窪，咸豐十年，夏秋水漲，濱江各屬，田地多被漫淹，並有缺雨受旱之處；又荆宜兩府，入夏以來，陰雨連朝，川江水漲異常，歸州漫及城根；東湖縣水浸入城，江陵、松滋、公安、石首、監利等縣，民隄漫潰，各縣附近都垸，並枝江、宜都二縣，近水田地，亦俱被淹；公安縣水高城牆丈餘，闔邑被淹，江湖連成一片；又襄河、漢水陡長二丈餘尺；天門縣屬之紅沙廟、峰口頭兩隄，漫潰成口，垸田被淹，並灌入沔陽州之通順河隄，帶淹各垸，雲夢縣聯升會民隄，漫刷成口，附近各會，與漢川縣低窪各垸，均被帶淹。據各該州縣先後稟報，均飭道府親勘加結詳辦，並經臣等專摺馳奏各在案，茲據該管道府稟報，除歸州、東湖、宜都三州縣地勢較高，水退尚早，無誤秋成，毋庸查辦外；實勘得公安縣東一等三十二里，申梓等三洲，本年夏汛異漲，闔境被淹，全隄漫潰，城內水深丈餘，及八九尺不等，現在低窪之處，尚未涸出，探量水深五六尺，秋收失望，民情極爲困苦，成災十分；又沔陽州梅公等一百二十七垸，居通城等湖腹內，夏秋江水陡漲，衝潰垸隄，各垸被淹，現值冬令，水深數尺，難期補種，情形極重，成災五分；又十一墩等八十三垸，夏汎均被帶淹，雖不致成災，而積水未消，情形較重；又金馬等一百九十一垸，入秋以來，陰雨過多，收成歉薄，情形較輕；嘉魚縣廣賢等八里，暨九洲、九屯，本年水勢較大，被淹日久，秋收歉薄，情形較輕；漢陽縣白釜池等八區，地勢最低，本年被淹較早，均屬一片汪洋，情形較重；又菱角湖等八區，久沈釜底，台頭等十八區，沿河傍湖，秋深水勢未退，情形次重；程家山等十三區，被淹後間有涸復，尚可補種，情形較輕；漢川縣喝城等三十五垸畈，因上游河水迭次漲發隄潰，水退甚緩，秋成失望，情形較重；又竹筒等十二垸畈，地勢稍高，前被漫淹，現漸涸出補種，情形較輕；黃陂縣牛湖等二十五社，夏初漫淹，秋汛復漲，水勢未退，難期補種，情形較重；又夏家嘴等二百零四社，歷被賊擾，又因大旱之後，民間元氣未復，情形較輕；孝感縣尚文等四十五社，地勢較低，夏間山水陡發，被淹後涸復補種，又尚義等一百五十七社，因秋後缺雨，收成歉薄，情形均屬較輕；黃梅縣金林等三十五鎮，歷被賊擾，本年被水帶淹，民力拮据，情形较輕；鍾祥縣河鄉楊林等二十村莊，湖鄉鐵牛埂等二十六村莊，頻年積淹，本年夏秋復被淹没，情形較重；又河鄉南湖等三十村莊，塘港等五村莊，又湖鄉龍山觀等七十六村莊，董家壋等五村莊，本年被淹後，涸復補種，收成歉薄，情形較輕；京山縣吴集等二十五團，頻年積淹，本年山水漲發，積水無從宣洩，已涸之區，沙厚泥深，亦難翻種，情形較重；又水田湖等十團，羅漢寺等六團，被淹後，涸復補種，收成歉薄，情形較輕；潛江縣文葱等十二垸，泥伏、崔家等六十六垸，本年夏秋，被雨潰淹，收成歉薄，情形較輕；天門縣田灣等三十六垸，漳潑等八垸，因襄河紅沙廟隄潰，致被淹没，又沈湖等三十七垸，內最低之一百四十一甲，係頻年淹漬，本年又復被淹，情形較重；沈湖等三十七垸內，較高之九十一甲，被潰後涸復補種，又未經被淹被漬各垸，多係節年緩徵之區，本年收成又形歉薄，情形均屬較輕；雲夢縣永保等四會，夏秋襄南二水，同時併漲，從下游涓口倒灌，致聯升民隄潰漫，被淹情形較重；江陵縣王家等五十一垸，下長洋等三十一垸，地勢最低，因潛江縣屬之羅家剅潰口，水勢倒灌，被淹無從宣洩，情形較重；南湖中洲等七十二垸，吴家橋等二垸，頻年積淹，本年襄水復漲，積水難消，情形次重；東洲等十七垸，象湖等三垸，麻家等三十一垸，被淹後現雖涸復，收成究屬歉薄，情形較輕；石首縣一都等三十一坊垸，本年夏汛異漲，致被淹没，現仍水深數尺，情形較重；九嶺等三十坊垸，係上年被淹之區，元氣未復，情形較輕；監利縣崇林等一百五十三垸，越子等三十二垸，內未涸各區，頻年積淹，本年江隄漫潰，水勢內注，無從消洩，情形較重；其越子等三十二垸內，已涸各區，補種稍遲，收成歉薄，情形較輕；松滋縣中二等十二都，內未涸各區，並一所等八所，因下游江陵縣隄潰倒灌，難以消洩，情形較重；其中二等十二都內已涸各區，補種歉收，情形較輕；枝江縣青夾等十七洲垸，地最低窪，夏秋被水淹没，間有衝坍沙壓，情形較重；長太等十垸，沙溪坪等四區，被淹後涸復補種，情形較輕；荆門州馬下二等三圖內江家灣等十區，馬上三等十圖內，萬家嶺等二十一區，夏間襄水泛漲，被淹日久，未能補種，情形較重；馬下一等十二圖內晏公廟等三十四區，地勢稍高，被淹後涸復較早，情形較輕；又江夏縣城廂內外之崇通、稍水等屯，並漢陽居仁、由義、崇信三坊，房屋被賊燬盡，居民雖漸次歸來，而大廈基址，多係荒蕪，又羅田縣栗子坳等六十區，迭遭賊擾，元氣未復，又廣濟縣泰東、永東、靈東等三鄉，道光二十八九等年，大水潰隄，該三鄉之石牌崗、汪家蓬、黃花蓬各處田地，或衝坍成河，或沙壓五六尺不等，黃梅縣潘興口費楊邱三圩，嚴家洲等處民田，並毗連蘄州衛屯坐該縣黃鳳鳴、許登雲二處屯地，逼臨大江，道光三年、十一年兩次汛漲，江隄衝潰，各該處田地，逐漸坍塌殆盡，餘地復被沙壓，該二縣額徵，咸豐九年，民賦、屯餉、漕費、蘆課等款銀米，均經按年奏請，緩征在案；本年各該處軍民，迭赴院司，以田地坍没，沙壓頻年，糧賦無出，困苦異常，呈請長緩。委據黄州府知府周炳鑑親詣該二縣勘明結報，各該處沙壓田地，實係一片白沙，瀰望無際，難以翻挑；其隄佔挖廢民地，並無欺隱，衝塌地畝，水深數丈，亦未淤復，無從啓徵。以上公安、沔陽、嘉魚、漢陽、漢川、黄陂、孝感、黄梅、鍾祥、京山、潛江、天門、雲夢、江陵、石首、監利、松滋、枝江、荆門等十九州縣，内公安縣東一等三十二里，申梓等三洲，並沔陽州梅公等一百二十七垸，被水成災，餘俱勘不成災，係屬被淹受旱，積淹歉收，並屯坐各衛軍田輕重情形相同，暨江夏、漢陽二縣，房屋基址多係荒蕪，羅田縣賊擾，元氣未復，廣濟、黄梅二縣，及蘄州衛屯坐該縣民屯田地，坍塌挖廢沙壓，委無捏飾情弊；由升任藩司嚴樹森，兼署糧道唐訓方酌擬分別，蠲緩展緩新舊錢糧南米會詳請奏前來。臣等伏查州縣遇有水旱災傷，例應勘明分數，分別撫賑蠲緩，如不成災，亦請緩徵遞展。本年湖北各州縣，祇公安縣全境被淹，成災十分，沔陽州成災五分，例應撫賑；惟現值庫藏支絀，軍餉不繼，實難籌辦；已飭諄勸紳富，就地賑濟，好爲安撫，俾免失所。其應徵錢糧等項，同勘不成災各屬，應征各款，若責令照常完納，民力實有未逮；除請緩漕糧另摺請旨外，合無仰懇天恩俯準，將成災十分之公安縣東一等三十二里，申梓等三洲，應徵十年錢糧、南米、屯餉、蘆課等項，照例蠲免七分，蠲賸銀米，一併緩至十一年秋後，分限三年帶徵；成災五分之沔陽州梅公等一百二十七垸，應徵十年錢糧南米照例蠲免一分，蠲賸銀米，一併緩至十一年秋後，分限兩年帶徵；勘不成災被淹較重之沔陽州十一墩等八十三垸畈，漢陽縣白釜池等八區，漢川縣喝城等三十五垸，黄陂縣牛湖等二十五社，鍾祥縣河鄉楊林等二十村莊，湖鄉鐵牛埂等二十六村莊，京山縣吴集等二十五團，天門縣田灣等三十六垸，淖撥等八垸，沈湖等三十七垸内，最低之一百四十一甲，雲夢縣永保等四會，江陵縣王家等五十一垸，下長洋等三十一垸，石首縣一都等三十一坊垸，監利縣崇林等一百五十三垸，越子等三十二垸内未涸各區；松滋縣中二等十二都内未涸各區，並一所等八所，枝江縣青夾等十七洲垸，荆門州馬下二等三圖，内江家灣等十區，馬上三等十圖，内萬家嶺等二十一區，各應徵十年新賦、錢糧、南米、蘆課、隄閘、河費、閑丁、租餉等項，一併緩至十一年秋後，限一年帶徵；其各屬原緩舊欠各項除雲夢縣七、八兩年帶徵，六、七兩年銀米，仍應照常徵解外；該縣九年帶徵，六年同各州縣，原緩六、七、八、九等年銀米及蘆課隄閘各款，分別遞展一年帶徵；又次重之漢陽縣菱角湖等八區，台頭等十八區，江陵縣南湖、中洲等七十二垸，吴家橋等二垸，除十年南米照常徵收外；請將應徵十年新賦、錢糧、蘆課、隄閘、河費、閑丁、租餉等項，一併緩至十一年秋後，限一年帶徵；其應帶徵九年緩徵銀米蘆課隄費等項，展至十二年秋後，限一年帶徵；原緩六、七、八等年銀米蘆課隄費等項，請俟九年緩徵銀米徵齊後，再按最先年分遞年帶徵；較輕之沔陽州金馬等一百九十一垸，嘉魚縣廣賢等八里，暨九洲九屯，漢陽縣程家山等十三區，漢川縣竹筒等十二垸畈，黄陂縣夏家嘴等二百零四社，孝感縣被淹之尚文等四十五社，及受旱之尚義等百五十七社，黄梅縣金林等三十五鎮，鍾祥縣河鄉南湖等三十村莊，塘港等五村莊，並湖鄉龍山觀等七十六村莊，董家墻等五村莊；京山縣水田湖等十團，羅漢寺等六團，潛江縣文葱等十二垸，泥伏、崔家等六十六垸；天門縣沈湖等三十七垸内較高之九十一甲，江陵縣東洲等十七垸，象湖等三垸，麻家等三十一垸；石首縣九嶺等三十坊垸，監利縣越子等三十二垸内已涸各區；松滋縣中二等十二都内已涸各區，枝江縣長太等十垸，沙溪坪等四區，荆門州馬下一等十二團内之晏公廟等三十四區，各應徵十年新賦、錢糧、南米等項，及孝感縣尚文等十九社，原緩子年錢糧，並京山縣水田湖等八團羅漢寺等六團，已經啓徵原緩六、七、八等年錢糧，照常帶徵，請將各屬六年起應行帶徵銀米，及蘆課隄閘各款，分別遞展一年帶徵；天門縣未經被淹被漬各垸，原緩六、七、八等年銀米同石首縣沙湖垸三四甲，原緩九年銀米等款，均展至十一年秋後分別遞年帶徵，各屬五年以前，有無遞緩帶徵之項，應照奏案，俟清查完竣，另行查辦。至武昌等衛軍田，應徵應緩銀兩，均照屯坐各州縣一律辦理；又江夏縣崇通稍水等屯，應徵十年分楚課正銀三百五十八兩四錢一釐，請緩至十一年秋後帶徵，未完帶徵九年分正銀三百五十八兩四錢一釐，同八年分原緩銀兩，一併遞展一年；漢陽縣居仁、由義、崇信各坊，應徵十年門攤地課銀兩，應請照額先徵一半，其餘一半銀兩，亦請展至十一年秋後帶徵，八九兩年所緩銀兩，並請遞展一年；羅田縣栗子坳等六十區，被擾之後，元氣未復，本年應帶原緩六年錢糧漕南二米，仍請緩至十一年秋後再行啓徵；又廣濟縣泰東、永東、靈東等三鄉，水衝沙壓上、中、下則田地應徵民賦錢糧正耗銀一千八百六十九兩六分四釐，漕米二百七十八石九斗三升二合五勺，耗米二十七石八斗九升三合三勺，南米四百三十五石八斗五升五合六勺，耗米四十三石五斗八升六合六勺；黄梅縣潘興口費楊邱三圩嚴家洲等處，水衝沙壓，挖廢田地，應徵民賦正耗錢糧銀七百九兩六錢九分，南折驢脚隨漕錢糧正耗銀二百一兩八錢八分九釐，漕米五十六石一斗二合一勺，耗来五石六斗一升二勺，蘄州衛屯坐黄梅縣境，黄鳳鳴、許登雲二處，水衝沙壓中則屯地應徵屯餉，正耗銀八十兩七錢八分六釐，軍安正耗銀一十兩八錢四分二釐，幫費銀一百七兩九錢七分六釐，加津銀三十兩一錢八分二釐，請自咸豐十年爲始，並廣濟縣未完原緩咸豐八九兩年舊欠銀米，暨黄梅縣蘄州衛未完八年錢漕，及原緩九年舊欠銀米，一併準其展緩；俟各軍民力能翻墾，及淤復之日，再行啓徵，以廣皇仁，而紓民力。除被淹成災州縣，及廣濟、黄梅二縣，並蘄州衛衝坍沙壓各民屯田地，飭取頃畝册結，另行題送外；所有勘明公安、沔陽二州縣被淹成災分數，暨嘉魚等州縣，被淹受旱勘不成災，輕重情形，分别蠲緩新舊銀米緣由，理合恭摺，由驛具奏；伏乞皇上聖鑒訓示。

再，臣等與司道因恐情形不確，往返駁查，至再至三；並因臣胡林翼督師皖邊，堵勦逆匪，是以奏報稍遲，合併陳明。

（清）葛士濬《皇朝經世文續編》卷九九《工政·各省水利·奏開河種桑捐廉辦竣片林肇元**》**　臣查都匀府河水實爲沅水之源，由清江徑沅水而入楚之洪江，舊屬苗疆，不受舟楫。雍正七年前大學士雲貴督臣鄂爾泰題請開濬，僅可容舠，日久沙石淤塞，阻礙如故。中有龍王洞，兩岸崔嵦，壁立萬仞。山左巨石倒壓，横踞江心，驚波駭浪，民苗勉力夾舟争流，每致覆没，畏而絶迹，土産各貨無可懋遷，民貧且困。臣於上年十一月奏明附省試種蠶桑，都匀開治河道後即捐廉銀二千五百兩交署。都匀府知府鄒元吉率同都匀府經歷李煒，在籍紳士四川補用知縣莫啓崙，於上年十二月興工開濬，挑河鑿石，役夫數百名，冒雪督修。至本年三月工竣，計自都匀城南起至龍王洞以下之下司止，共二百餘里，一律平治。現在民苗運貨行舟往來無礙。鄒元吉現卸事旋省，臣又面詢情形，與報驗相符。至附省試種蠶桑，臣亦於上年十月捐廉銀一千兩派員赴川，採辦蘖秧十三萬餘株，於本年正月到黔，檄發貴陽府所屬州縣及安順府屬清鎮縣百姓領種。秋初派員查看，生植者約有五六成，擬今冬仍採秧補種，以厚民生。所有微臣前奏開河種桑，現經捐廉辦竣緣由，謹謹附片具陳。

《東方雜誌》一九〇五年第七期《實業·裕餉原摺》　竊維富國之道首重養民，而養民尤以開荒招墾振興農務爲當務之急。奉省地大物博，曠土甚多，業經奴才先後奏請開放大凌河東西流水及各處蒙荒等地，均係就本有官荒查丈清釐，招户領種。故當此税捐奇絀之際，所有歷年軍餉暨教案賠款各要需，幸能勉强支持，實皆取給於此，而於民間則仍擾累毫無，是墾荒爲籌款養民第一善策。現在查得錦州府屬右屯衛塔門等處，試墾及海退河淤各地，均有未經納課餘荒，當即遴派候選同知王賡颺、留奉試用縣丞薛景後前往會同旗民地方官確實查勘去後，兹據查明，該處協領衙門册載試墾續墾各地，除歷次報銷外，現實納糧地十七萬一千三百零七畝有奇。查其所以報銷之由，則多因河水漲發，沖没田地，以致不保課賦迭經報銷。然水過地涸，漸變膏腴，毘連佃户因而私墾成熟者亦復不少。現經親赴地所，逐段履勘，除試墾續墾升科納糧與夫沙包鹹斥不堪耕種各地不計外，綜核該處試墾續墾已經報銷，及海退河淤，尚有可墾地六百餘方。體察本地民情，參考輿論，僉以備價認領爲幸，一聞派員丈放既往不追，無不鼓舞歡欣，争先報領。若就此時查丈清楚，化私爲公，俾得永遠執業。既能籌款，又可便民等情，呈請核辦前來。奴才覆查此項地畝雖經報銷糧課，而小民私墾彼此展佔，日多一日動致纏訟不休，與其任人侵假，徒滋流弊，何如及時丈放，庶使地無曠廢，賦無虚懸？統計可得地十餘萬畝，若准招佃，計畝收價，按年徵租，於進款不無稗益，而於百姓尤得久安生業，永免争端，實一舉而數善備焉。兹謹酌擬辦法四條，繕具清單，恭呈御覽，飭部立案施行。謹奏。奉硃批：户部知道，單併發。欽此。

謹將丈放札薩克公旗荒地，仿照札薩克圖成案變通辦理章程，繕具清單恭呈御覽。

計開。一、此項荒地係仿照札薩克圖成案辦理，所有晌畝數目，仍以二百八十八弓爲一畝，十畝爲一晌。每毛荒一晌扣作七畝收價升科，凡遇河泡水窪鹹場石田不堪耕種者，由得踰限以示限制。一、開放之初，尚未設有地方官，而荒事辦竣，尚需時日，所有荒段内一切詞訟照章，仍由行局秉公訊辦。倘遇命盗重案，就近移送新設洮南府訊擬詳辦，以昭慎重。一、該旗地曠人稀，久爲盗賊出没淵藪。現在丈地收款，在在須兵保護彈壓始免疏虞。仍飭仿照王旗成案，招募馬隊八十名，派弁管帶，聽候行局調遣。所支薪餉，即由所收荒價作正開銷。一、該旗距新設之洮南府二三百里，其間夙鮮人迹，現在丈撥荒地數百人所需食用，不得不設法運送。仍飭仿照王旗成案，於沿途設站轉運，兼令遞送公文。並於省城設立蒙荒總局。一、所遴員專司稽核收支一切案牘，至各員弁書役應支薪水車價，均照札薩克圖王旗章程辦理。奉硃批：覽。欽此。

《東方雜誌》一九〇八年第五期《實業・農工商部奏陳歷年辦理棉業情形並擬現在辦法摺》 竊臣部於本年正月十一日接准軍機大臣字寄，奉上諭：近年紗布進口日多，民間紡織漸至失業，著農工商部考察各國棉花種類，種植成法，編集圖説，並優定獎勵種植章程，頒行各省，認真提倡。未頒章以前，著各督撫先行勸辦，如有成效，應令將所産棉花送部查驗，准其奏請優獎，等因。欽此。欽遵，寄信前來。臣等伏查棉業一項，向爲土貨大宗，自各國棉貨日益精良，未免相形見絀。比年關册所載進口各種棉紗布疋絨貨等項，歲值銀至一萬五千餘萬兩，漏巵之鉅，深可駭歎。臣部開辦以來，首以整頓上貨爲要義，棉業一端，尤深致意，於三十年四月間通咨各出使大臣調查各國商務暨棉業情形，於三十一年二月間札飭上海等處商會，傳知各商整頓棉業清釐積弊，於三十二年二月間通咨各省調查全國棉産種類暨歲收總額以備稽核，各在案。查各省産棉之區，以江蘇之通州、海門崇明、太倉、寶山等處爲最盛，通海歲産約一百三十餘萬石，崇明、太倉、寶山等處歲産約八九百萬石。此外如順天之涿州、薊州、武清、良鄉各屬，山西之蒲州、解州、絳州各屬，河南之安陽、洛陽、靈寶、鄧州各屬，湖北之德安、黄州、漢陽各屬，安徽之懷寧、灊山、太湖、宿松各屬，雖産額多寡不一，而於種棉製棉之法大都因仍舊習，未能力求精進。迭經臣部通飭整頓，並采譯美利堅種棉法，日本紡績規約，札行各商會，統籌改良辦法。一面提倡工業獎勵織品，於紡紗織布各公司呈部註册立案者，罔不優加保護，擇尤彙獎，以期風氣漸開，爲自保利權之計。此臣部歷年辦理棉業之情形也。此次欽奉諭旨通飭整頓，亟應欽遵辦理。臣等通盤籌畫，提綱挈領，擬分調查、提倡、保護三期，辦法刻先從調查人手，除通咨各出使大臣，轉飭商務隨員，詳查該國棉花種類種植成法，并選購種子繪圖貼説，迅寄臣部彙核外，一面由臣部擬訂表式，通咨各省，將全境棉業情形再行詳晰調查，遵式列表。各省所屬地方土性宜棉者若干處，業經産棉者若干畝，歲收平均之數畝得若干，量以何屬爲最多，以何區爲最良，以何種爲最嘉。以及歷年穰歉分數衰旺原由，及所出紗布歲額若干，行銷能否暢旺，比較洋紗洋布良楛優劣差别若何，即由各商務議員商務總分各會，分别考核彙報。臣部續行遴派農科專門人員，分往各省，測驗天度之寒燠，審察土性之燥溼，辨别種類之良窳，采用泰西農學家選子交種、培肥料、去害蟲諸法，集訊鄉農實行試驗。務令人人知棉業爲大利所在。其業經産棉地方，固當研究改良，競求進步。即未經種棉之區，亦諭令相土之宜，量爲試種，以興地利。西北諸行省土性高燥，地本宜棉，尤宜加意提倡，廣闢利源。一俟辦有頭緒，再由臣部通咨各省招商設立紡織工廠，訪購新式機器，改良織品。務求精美，期與各國紗布棉花相埒。其出棉産地以及行銷處所，並通飭地方官妥爲保護，以資獎勸謹奏。奉旨：知道了。欽此。

《清實録》雍正五年五月 〔己未，上諭〕四民之業，士之外，農爲最貴。凡士工商賈，皆賴食於農，以故農爲天下本務，而工商皆末也。

水利法制部

先秦分部

綜　述

《禮記・月令》〔季春之月〕是月也，命司空曰：時雨將降，下水上騰，循行國邑，周視原野，修利隄防，道達溝瀆，開通道路，毋有障塞。

《禮記・月令》〔孟秋之月〕是月也，農乃登穀，天子嘗新。先薦寢廟，命百官始收斂。完隄防，謹壅塞，以備水潦。修宮室，壞垣牆，補城郭。

《周禮注疏》卷一五《地官司徒・遂人》　凡治野，夫間有遂，遂上有徑。十夫有溝，溝上有畛。百夫有洫，洫上有涂。千夫有澮，澮上有道。萬夫有川，川上有路，以達于畿。十夫，二鄰之田。百夫，一酇之田。千夫，二鄙之田。萬夫，四縣之田。遂、溝、洫、澮，皆所以通水于川也。遂，廣深各二尺，溝倍之，洫倍溝。澮，廣二尋，深二仞。徑、畛、涂、道、路，皆所以通車徒於國都也。徑容牛馬，畛容大車，涂容乘車一軌，道容二軌，路容三軌。都之野涂與環涂同，可也。萬夫者，方三十三里少半里，九而方一同。以南畝圖之，則遂從溝橫，洫從澮橫，九澮而川，周其外焉。去山陵、林麓、川澤、溝瀆、城郭、宮室、涂巷三分之制，其餘如此，以至于畿，則中雖有都鄙，遂人盡主其地。畛，之忍反，劉音真。洫，況域反。澮，古外反。乘，繩證反。從，子容反，下同。去，起呂反。盡，津忍反。

疏：凡治至于畿。釋曰：遂人所掌，即六遂之中爲溝洫之法。遂地在郊外田野之中，故云凡治野。云夫間有遂已下五溝所以通水入川，五涂所以通道向都及國城也。注十夫至其地。釋曰：云十夫，二鄰之田已下，以遂之中有鄰、里、酇、鄙、縣、遂，故十夫以下還以鄰、酇、鄙、縣地當之。鄭知遂廣深各二尺，溝倍之，洫倍溝，澮廣二尋深二仞者，此雖溝洫法，與井田異制，其遂、溝、洫、澮廣深亦與井田溝澮廣深同，故鄭還約《匠人》井田之法而言也。鄭知徑容牛馬之等義如此者，此從川上有路差之，凡道皆有三塗，川上之路則容三軌、道容二軌、塗容一軌，軌皆廣八尺。其畛差小，可容大車一軌，軌廣八尺。自然徑不容車軌，而容牛馬及人之步徑，是以《春秋》有牽牛蹊，蹊即徑也。云都之野涂與環涂同，可也者，案《匠人》云環涂以爲諸侯經涂，野涂以爲都經涂。鄭注云：經亦謂城中道，諸侯環涂五軌，其野涂及都環涂皆三軌。彼注亦與此注同，皆以爲都之野涂與環涂同。依《內則》云：道有三涂，男子由右，女子由左，車從中央，是以鄭鄰解川上之路及都之野涂，皆容三軌也。云萬夫者，方三十三里少半里者，此解經萬夫有川之意。從西北隅北畔至東頭有十洫，一洫百夫，十洫千夫，千夫萬步，萬步有三十三里百步，百步是少半里，以九澮揔而言之，則萬夫矣，故言萬夫者三十三里少半里矣。云九而方一同者，案《匠人》云廣尺深尺謂之甽，以至方百里爲同，同間廣二尋，深二仞。彼井田法，溝澮稀少而云同。此雖溝洫法，溝澮稠多，與彼井田相準擬而言也。云以南晦圖之，遂從溝橫、洫從澮橫，九澮而川，周其外焉者，案《詩》有今適南畝，又云南東其畝，故以南畝圖之。其田南北細分者，是一行隔爲一夫，十夫則於首爲橫溝。十溝即百夫，於東畔爲南北之洫。十洫則於南畔爲橫澮，九澮則於四畔爲大川。此川亦人造，雖無丈尺之數，蓋亦倍澮耳。此川與《匠人》澮水所注川者異，彼百里之間一川，謂大川也。云去山林之等，其餘如此者，鄭注《載師》，亦以此等三分去一，皆大判而言之耳。是以田之法，一成九百夫，亦三分去一，以其餘通計出稅，故每云三百家也。云以至于畿，則中雖有都鄙，遂人盡主其地者，遂人主六遂，與司徒主六鄉同，唯在二百里以內。今經云以達于畿，明畿以內之中雖有都鄙作井田之法，遂人亦盡主其地，明不可細主井田，尚主公邑之中爲溝洫之法，與鄉遂人盡主之可知也。

（唐）唐順之《稗編》卷一九《溝洫辨・鄭樵》　《遂人》云：十夫有溝，百夫有洫，千夫有澮，萬夫有川。若按文讀，則一同之地，有九萬夫，當得九川，而川澮溝洫不幾太多歟。《匠人》云井間有溝，成間有洫，同間有澮。若按文讀，則一同之地惟有一澮，不幾太少歟。鄭氏求其說而不得，注《遂人》則曰此鄉遂法，以千夫萬夫爲制。注《匠人》則曰此畿內之采地制，井田異於鄉遂及公邑。尋考鄭意以二處不同，故謂鄉遂制田不用井畫，惟以夫地爲溝洫法，采地制田則以田畫而爲井田法，是以遂人匠人制田之法，分而爲二矣。求之於經則無明文詳考，《匠人》、《遂人》所載溝洫制度無不相合，何用立爲異說，分制田而爲二。但講求《周禮》者未精耳。今畫爲圖以示之，匠人之制，舉大概而言，遂人之制，舉一端而言，無不合者。一成之地九百夫，一孔一井，井中有一溝。

直，一列九，九井計九箇溝。橫，通一洫。直。是十夫之地有一溝，百夫之地有一洫，九百夫之地有九洫，而爲一成之地。若一同之地有百成九萬夫，一孔爲一成，中有九洫。直。橫一列九，十成計九十洫。直通一大澮。橫。橫九澮而兩川周其外，是謂九萬夫之地。合而言之，成間有洫，是一成有九洫，同間有澮，是一同有九澮。匠人、遂人之制無不相合，周家井田之法通行於天下，未嘗有鄉遂采地之異。但遂人以一直言之。故曰以達於畿，匠人以四方言之。故止一同耳。而溝洫井田之制未嘗有異也。

《周禮》得此段打破采地制井田異於鄉遂及公邑之疑，然後《周禮》得爲全書，至出賦法又當以貢助徹爲正。

（清）顧炎武《日知録》卷一〇《治地》 古先王之治地也，無棄地而亦不盡地。田間之涂九軌，有餘道矣。遺山澤之分秋水多得有所休息，有餘水矣。是以功易立而難壞，年計不足而世計有餘。後之人一以急迫之心爲之。商鞅决裂阡陌，而中原之疆理蕩然。宋政和以後，圍湖占江，而東南之水利亦塞。於是十年之中，荒恒六七，而較其所得，反不及於前人。子曰：無欲速，無見小利。夫欲行井地之法，則必自此二言始矣。

（唐）杜佑《通典》卷二《食貨・水利田》 魏文侯使李悝作盡地力之教，以爲地方百里，提封九萬頃，除山澤邑居參分去一，爲田六百萬畝。理田勤謹則畝益三斗，不勤則損亦如之。地方百里之增減，輒爲粟百八十萬石。必雜五種，以備災害。力耕數耘，收穫如寇盜之至。謂促遽之甚，恐爲風雨損之。還廬樹桑，還，遶也。菜茹有畦，瓜瓠果蓏，木實曰果，草實曰蓏。茹，所食之菜。畦，區也。殖於疆場。至曾孫襄王，以史起爲鄴令，起進曰：魏氏之行田也以百畝，賦田之法，一夫百畝。鄴獨二百畝，是田惡也。漳水在其旁，西門豹爲鄴令不知用，是不知也。於是，遂引漳水溉鄴，以富魏之河内。民歌之曰：鄴有賢令兮爲史公，决漳水兮灌鄴旁，終古潟鹵兮生稻粱。潟鹵，即斥鹵也，鹵，鹹苦也，謂鹹鹵之地。《史記》云西門豹引漳水溉鄴，誤。

其後，韓聞秦之好興事，欲疲之，無令東伐。乃使水工鄭國閒説秦，令鑿涇水，自仲山西抵瓠口爲渠，並蒲浪反北山，東注洛，三百餘里，欲以溉田。中作而覺，秦欲殺國，國曰：始臣爲閒，然渠成亦秦之利也。秦以爲然，卒使就渠。渠就，用注填閼之水，溉澤鹵之地四萬餘頃，收皆畝一鍾。於是關中爲沃野，無凶年，命曰鄭國渠。閼讀與淤同。

紀　事

《春秋左傳・襄公三十年》 子產使都鄙有章，國都及邊鄙車服尊卑，各有分部。分，扶運反。上下有服，公卿大夫，服不相踰。田有封洫，封，疆也。洫，溝也。洫，況域反。疆，居良反。廬井有伍。廬，舍也。九夫爲井。使五家相保。

《史記》卷二九《河渠書》 自是之後，滎陽下引河東南爲鴻溝，以通宋、鄭、陳、蔡、曹、衛，與濟、汝、淮、泗會。于楚，西方則通渠漢水、雲夢之野，東方則通（鴻）溝江淮之閒。於吴，則通渠三江、五湖。於齊，則通菑濟之閒。於蜀，蜀守冰鑿離碓，辟沫水之害，穿二江成都之中。此渠皆可行舟，有餘則用溉浸，百姓饗其利。至于所過，往往引其水益用溉田疇之渠，以萬億計，然莫足數也。

西門豹引漳水溉鄴，以富魏之河内。

而韓聞秦之好興事，欲罷之，毋令東伐，乃使水工鄭國閒說秦，令鑿涇水自中山西邸瓠口爲渠，並北山東注洛三百餘里，欲以溉田。中作而覺，秦欲殺鄭國。鄭國曰：始臣爲閒，然渠成亦秦之利也。秦以爲然，卒使就渠。渠就，用注填閼之水，溉澤鹵之地四萬餘頃，收皆畝一鍾。於是關中爲沃野，無凶年，秦以富彊，卒并諸侯，因命曰鄭國渠。

《史記》卷一二六《滑稽列傳》 西門豹即發民鑿十二渠，引河水灌民田，田皆溉。當其時，民治渠少煩苦，不欲也。豹曰：民可以樂成，不可與慮始。今父老子弟雖患苦我，然百歲後期令父老子孫思我言。至今皆得水利，民人以給足富。十二渠經絶馳道，到漢之立，而長吏以爲十二渠橋絶馳道，相比近，不可。欲合渠水，且至馳道合三渠爲一橋。鄴民人父老不肯聽長吏，以爲西門君所爲也，賢君之法式不可更也。長吏終聽置之。故西門豹爲鄴令，名聞天下，澤流後世，無絶已時，幾可謂非賢大夫哉！

秦漢分部

綜　述

〔漢〕劉安《淮南子》卷五《時則訓》　〔季春之月〕命司空，時雨將降，下水上騰，循行國邑，周視原野，修利隄防，導通溝瀆，達路除道，從國始，至境止。【略】

〔孟秋之月〕命百官，始收斂，完隄防，謹障塞，以備水潦，修城郭，繕宮室。毋以封侯，立大官，行重幣，出大使。

〔唐〕杜佑《通典》卷二《食貨·水利田》　秦平天下，以李冰爲蜀守，冰壅江水作堋，部用反。穿二江成都中，雙過郡下，以通舟船，因以溉灌諸郡，於是蜀沃野千里，號爲陸海。

漢文帝以文翁爲蜀郡太守，穿煎澳口，溉灌繁田千七百頃，人獲其饒。

武帝元光中，大司農鄭當時言：引渭穿渠，起長安，並南山下，至河三百餘里。渠下民田萬餘頃，又可得以溉田，益肥關中之地，得穀。天子以爲然，令齊水工徐伯表，巡行表記之。悉發卒數萬人穿漕渠，三歲而通。渠下民頗得以溉田矣。

其後，河東守番係請穿渠引汾溉皮氏、汾陰下，引河溉汾陰、蒲坂下，皮氏，今龍門縣地，屬絳郡。汾陰，今寶鼎縣地。蒲坂，今河東縣地。並屬河東郡。度可得五千頃。五千頃故盡河壖棄地，民茭牧其中耳，今溉田之，度可得穀二百萬石以上。天子以爲然，發卒數萬人作渠田。數歲，河移徙，渠不利，則田者不能償種。久之，河東渠田廢，與越人，令少府以爲稍入。時越人有徙者，以田與之，其租稅入少府也。稍，漸也。其入未多，故謂之稍。

其後莊熊羆言：臨晉民即今馮翊縣也。願穿洛以溉重泉以東萬餘頃重泉在今馮翊郡界，今有乾坑，即熊羆之所穿渠。故惡地。誠得水，可令畝十石。於是爲發卒萬餘人穿渠，自徵音懲引洛水至商顏下。徵在馮翊，即今郡之澄城縣。商顏，今馮翊縣界。岸善崩，洛水岸。乃鑿井，深者四十餘丈。往往爲井，井下相通行水。水頹以絶商顏，下流曰頹。東至山嶺十餘里間。井渠之開自此始。穿渠得龍骨，故名曰龍首渠。作之十餘歲，渠頗通，猶未得其饒。

是時，用事者爭言水利。朔方、西河、河西、酒泉皆引河及川谷以溉田。而關中輔渠、靈軹引諸水，汝南、九江引淮，東海引鉅定，澤名。泰山下引汶水，皆穿渠爲溉田，各萬餘頃。佗小渠陂山通道，不可勝言。

自鄭國渠起，至元鼎六年，百三十六歲，而倪寬爲左內史，奏請穿鑿六輔渠，在鄭國渠之裏，今尚謂之輔渠，亦曰六渠。以益溉鄭國傍高仰之田。素不得鄭國之溉灌者，仰謂上向。帝曰：農，天下之本也。泉流灌寖，所以育五穀也。左、右內史地，名山川原甚衆，細民未知其利，故爲通溝瀆，畜陂澤，所以備旱也。今內史稻田租挈重，不與郡同，租挈，收田租之約令。郡謂四方諸郡。其議減。令吏民勉農，盡地利，平徭行水，勿使失時。平徭者，均齊渠堰之力役，謂俱得水之利。

後十六歲，趙中大夫白公此時無公爵，蓋相呼尊老之稱也。復奏穿渠，引涇水，首起谷口，尾入櫟音藥陽，谷口，今雲陽縣治谷是。注渭中，袤二百里，溉田四千五百餘頃，因名曰白渠。民得其饒，歌之曰：田於何所？池陽、谷口。鄭國在前，白渠起後。鄭國興於秦時，故云前也。舉鍤爲雲，決渠爲雨。鍤，鍬。涇水一石，其泥數斗。且溉且糞，長我禾黍。水停淤泥，可以當糞。衣食京師，億萬之口。言此兩渠饒也。

元帝建昭中，邵信臣爲南陽太守，於穰縣理南六十里造鉗盧陂，累石爲隄，傍開六石門以節水勢。澤中有鉗盧王池，因以爲名。用廣溉灌，歲歲增多，至三萬頃，人得其利。及後漢杜詩爲太守，復修其業。時歌之曰：前有邵父，後有杜母。

後漢章帝建初中，王景爲廬江太守。郡部安豐縣有楚孫叔敖所起芍陂，先是荒廢，景重修之，境內豐給。其陂徑百里，灌田萬頃。今壽春郡安豐縣界。

順帝永和五年，馬臻爲會稽太守，始立鏡湖，築塘周迴三百十里，灌田九千餘頃，至今人獲其利。

紀事

《史記》卷二九《河渠書》　是時鄭當時爲大農，言曰：異時關東漕粟從渭中上，度六月而罷，而漕水道九百餘里，時有難處。引渭穿渠起長安，並南山下，至河三百餘里，徑，易漕，度可令三月罷；而渠下民田萬餘頃，又可得以溉田：此損漕省卒，而益肥關中之地，得穀。天子以爲然，令齊人水工徐伯表，悉發卒數萬人穿漕渠，三歲而通。通，以漕，大便利。其後漕稍多，而渠下之民頗得以溉田矣。

《漢書》卷二九《溝洫志》　自鄭國渠起，至元鼎六年，百三十六歲，而兒寬爲左內史，奏請穿鑿六輔渠，以益溉鄭國傍高卬之田。上曰：農，天下之本也。泉流灌寖，所以育五穀也。左、右內史地，名山川原甚衆，細民未知其利，故爲通溝瀆，畜陂澤，所以備旱也。今內史稻田租挈重，不與郡同，其議減。令吏民勉農，盡地利，平繇行水，勿使失時。

《漢書》卷二九《溝洫志》　其後嚴熊言：臨晋民願穿洛以溉重泉以東萬餘頃故惡地。誠即得水，可令畝十石。於是爲發卒萬人穿渠，自徵引洛水至商顔下。岸善崩，乃鑿井，深者四十餘丈。往往爲井，井下相通行水。水隤以絶商顔，東至山領十餘里間。井渠之生自此始。穿得龍骨，故名曰龍首渠。作之十餘歲，渠頗通，猶未得其饒。

《漢書》卷五八《兒寬傳》　寬表奏開六輔渠，定水令，以廣溉田。

《漢書》卷八九《循吏傳·召信臣》　信臣爲人勤力有方略，好爲民興利，務在富之。躬勸耕農，出入阡陌，止舍離鄉亭，稀有安居時。行視郡中水泉，開通溝瀆，起水門提閼凡數十處，以廣溉灌，歲歲增加，多至三萬頃。民得其利，畜積有餘。信臣爲民作均水約束，刻石立於田畔，以防分爭。

《後漢書》卷四《孝和帝紀》　十年春三月壬戌，詔曰：隄防溝渠，所以順助地理，通利壅塞。今廢慢懈弛，不以爲負。刺史、二千石其隨宜疏導。勿因緣妄發，以爲煩擾，將顯行其罰。

《後漢書》卷五《孝安帝紀》　〔元初二年二月〕辛酉，詔三輔、河內、河東、上黨、趙國、太原各修理舊渠，通利水道，以溉公私田疇。

《後漢書》卷五《孝安帝紀》　〔元初〕三年春正月甲戌，修理太原舊溝渠，溉灌官私田。

（清）王先謙《漢書補注》卷八九《循吏傳》　信臣爲民作均水約束。師古曰：言用之有次第也。補注：沈欽韓曰：《長安志》涇渠圖制云：立三限閘以分水，立斗門以均水。凡用水，先令斗吏入狀，官給申帖，方許開斗。自十月一日放水，至六月遇漲水歇渠，七月往罷。每夫一名溉夏秋田二頃六十畝，仍驗其工。給水行水之序，須自下而上晝夜相繼，不以公田越次霖潦輟功。此均水之法也。

魏晉南北朝分部

綜述

《晉書》卷二六《食貨志》 嘉平四年，關中饑，宣帝表徙冀州農夫五千人佃上邽，興京兆、天水、南安鹽池，以益軍實。青龍元年，開成國渠，自陳倉至槐里築臨晉陂，引汧洛溉舄鹵之地三千餘頃，國以充實焉。正始四年，宣帝又督諸軍伐吴將諸葛恪，焚其積聚，恪棄城遁走。帝因欲廣田積穀，爲兼并之計，乃使鄧艾行陳、項以東，至壽春地。艾以爲田良水少，不足以盡地利，宜開河渠，可以大積軍糧，又通運漕之道。乃著濟河論以喻其指。又以爲昔破黄巾，因爲屯田，積穀許都，以制四方。今三隅已定，事在淮南。每大軍征舉，運兵過半，功費巨億，以爲大役。陳蔡之間，土下田良，可省許昌左右諸稻田，并水東下。令淮北二萬人、淮南三萬人分休，且佃且守。水豐，常收三倍於西，計除衆費，歲完五百萬斛以爲軍資。六七年間，可積三千萬餘斛於淮土，此則十萬之衆五年食也。以此乘敵，無不克矣。宣帝善之，皆如艾計施行。遂北臨淮水，自鍾離而南横石以西，盡沘水四百餘里，五里置一營，營六十人，且佃且守。兼修廣淮陽、百尺二渠，上引河流，下通淮潁，大治諸陂於潁南、潁北，穿渠三百餘里，溉田二萬頃，淮南、淮北皆相連接。自壽春到京師，農官兵田，雞犬之聲，阡陌相屬。每東南有事，大軍出征，汎舟而下，達于江淮，資食有儲，而無水害，艾所建也。

（唐）杜佑《通典》卷二《食貨·水利田》 晉武帝咸寧元年，詔曰：今年霖雨過差，又有蝗災。潁川、襄城，自春以來，略不下種，深以爲慮。主者何以爲百姓計。當陽侯杜元凱上疏曰：臣輒思惟，今者水災，東南特劇，非但五穀不收，居業并損。下田所在渟汙，高地皆多墝埆，百姓困窮，方在來年。雖詔書切告長吏二千石爲之設計，而不廓開大制，定其趣舍之宜，恐徒文具，所益蓋薄。當今秋夏蔬食之時，而百姓已有不贍，前至冬春，野無青草，則必指仰官穀，以爲生命。此乃一方之大事，不可不早爲思慮。臣愚謂既以水爲田，當恃魚菜螺蚌，而洪波汎濫，貧弱者終不能得。今者宜大壞兖及荆河州東界兖州東界，今濟陽、濟陰、東平、魯郡之閒。荆河州東界，今汝南、汝陰、譙郡之閒也。諸陂，隨其所歸而宣導之。令饑者盡得水産之饒，百姓不出境界之内，朝暮野食，此目下日給之益也。水去之後，填淤之田，畝收數鍾。至春大種五穀，五穀必豐，此又明年之益也。杜君又言：諸欲修水田者，皆以火耕水耨爲便，非不爾也。然此施於新田草萊，與百姓居相絶離者耳。往者東南草創人稀，故得火田之利。頃來户口日增，而陂堰歲決，良田變生蒲葦，人居沮澤之際，水陸失宜，放牧絶種，樹木立枯，皆陂之害也。陂多則土薄水淺，潦不下潤。故每有水雨，輒復横流，延及陸田。言者不思其故，因云此土不可陸種。臣計漢之户口，以驗今之陂處，皆陸業也。其或有舊堰，則堅完修固，非今所謂當爲人害也。臣見尚書胡威啓宜壞陂，其言懇至。臣又見宋漢侯相應遵上便宜，求壞泗陂，徙運道。時下都督度支共處當，各據所見，不從遵言。臣按遵上事，運道東詣壽春，有舊渠，可不由泗陂出。泗陂在彼地界，壞地凡萬三千餘頃，傷敗成業。遵縣領應佃二千六百口，可謂至少，而猶患地狹，不足肆力，此皆水之爲害也。當所共卹，而都督度支方復執異，非所見之難，直以不同害理也。人心所見既不同，利害之情又有異，軍家之與郡縣，士大夫之與百姓，其意莫有同者，此皆偏其利以忘其害，此理之所以未盡，而事之所以多患也。臣又按，荆河州界中度支所領佃者，州郡大軍雜士，凡用水田七千五百餘頃耳。計三年之儲，不過二萬餘頃。以常理言之，無爲多積無用之水。況於今者水潦瓮溢，大爲災害，臣以爲宜發明詔，飭刺史二千石，漢氏舊堰及山谷私家小陂，皆當修繕以積水。其諸魏氏以來所造立及諸因雨决溢蒲葦馬腸陂之類，皆決瀝之。長吏二千石躬先勸功，諸食力之人並一時附功令，比及水凍，得粗枯涸。其所修功實之人，皆以俾之。其舊陂堰溝渠當有所補塞者，比尋求微跡，一如漢時故事，早爲部分列上，須冬閒東南休兵交代，各留一月以佐之。夫川瀆有常流，地形有定體，漢氏居人衆多，猶以無患，今因其所患而宣瀉之，跡古事以明近，大理昭然，可坐論而得。臣不勝愚意，竊謂最是今日之實益也。朝廷從之。

東晉張闓音開。爲晉陵內史，時所部四縣並以旱失田，闓乃立曲阿新豐塘，今丹陽郡丹陽縣界。溉田八百餘頃，每歲豐稔。葛洪爲其頌，乃徵入拜大司農。

宋文帝元嘉七年，劉義欣爲荊河刺史，鎮壽陽。今壽春郡也。于時土境荒毀，百姓離散。義欣綱維補緝，隨宜經理。芍陂良田萬頃，隄堰久壞，秋夏常苦旱。義欣遣諮議參軍殷肅循行修理，有舊溝引淠匹詣反。水入陂，淠，水名，在汝南。伐木開榛，水得通涇，由是遂豐稔。

後魏刁雍爲薄骨律鎮將，至鎮，上表曰：富平西三十里，薄骨律鎮，今靈武郡。富平，今迴樂縣。有艾山，南北二十六里，東西四十五里，鑿以通河，似禹舊跡。其兩岸作溉田大渠，廣十餘步，山南引水入此渠中。計昔時高於河水不過一丈，河水激急，沙土漂流。今日此渠高於河水二丈三尺，又河水侵射，往往崩頹。渠既高懸，水不得上，雖復諸處按舊引水，水亦難求。今艾山北，河中有洲渚，水分爲二。西河小狹，水廣百四十步。臣今請入來年正月，於河西高渠之北八里，分河之下五里，平地鑿渠，廣十五步，深五尺，築其兩岸，令高一丈。北行四十里，還入古之高渠，即修高渠而北，復八十里，合百二十里，大有良田。計用四千人，四十日功，渠得成就。所欲鑿新渠口，河下五尺，水不得入。今求從小河東南岸斜斷到西北岸，計長二百七十步，廣十步，高二丈，絶斷小河。二十日功，計得成畢，合計用功六十日。小河之水盡入新渠，水則充足，溉官私田四萬餘頃。旬日之間，則水一遍，水凡四溉，穀得成實。從之，公私獲其利。

裴延儁爲幽州刺史，范陽郡有舊督亢渠，徑五十里。漁陽燕郡有故戾陵諸堰，廣袤三十里。皆廢毀多時，莫能修復，水旱不調，人多饑餒。延儁自度水形營造，未幾而就，溉田萬餘頃，爲利十倍。

紀事

《三國志》卷一五《魏志·劉馥傳》 馥既受命，單馬造合肥空城，建立州治，南懷緒等，皆安集之，貢獻相繼。數年中恩化大行，百姓樂其政，流民越江山而歸者以萬數。於是聚諸生，立學校，廣屯田，興治芍陂及（茹）〔茄〕陂、七門、吳塘諸堨以溉稻田，官民有畜。又高爲城壘，多積木石，編作草苫數千萬枚，益貯魚膏數千斛，爲戰守備。

《晉書》卷三四《杜預傳》 預以天下雖安，忘戰必危，勤於講武，修立泮宮，江漢懷德，化被萬里。攻破山夷，錯置屯營，分據要害之地，以固維持之勢。又修邵信臣遺跡，激用滍淯諸水以浸原田萬餘頃，分疆刊石，使有定分，公私同利。衆庶賴之，號曰杜父。舊水道唯沔漢達江陵千數百里，北無通路。又巴丘湖，沅湘之會，表裏山川，實爲險固，荊蠻之所恃也。預乃開楊口，起夏水達巴陵千餘里，內瀉長江之險，外通零桂之漕。南土歌之曰：後世無叛由杜翁，孰識智名與勇功。

《晉書》卷四七《傅玄傳》 〔泰始四年，以爲御史中丞。時頗有水旱之災，玄復上疏曰：〕其三曰：以魏初未留意於水事，先帝統百揆，分河堤爲四部，并本凡五謁者，以水功至大，與農事並興，非一人所周故也。今謁者一人之力，行天下諸水，無時得徧。伏見河堤謁者車誼不知水勢，轉爲他職，更選知水者代之。可分爲五部，使各精其方宜。

《晉書》卷一一三《苻堅載記》 堅以關中水旱不時，議依鄭白故事，發其王侯已下及豪望富室僮隸三萬人，開涇水上源，鑿山起堤，通渠引瀆，以溉岡鹵之田。及春而成，百姓賴其利。以涼州新附，復租賦一年。爲父後者賜爵一級，孝悌力田爵二級，孤寡高年穀帛有差，女子百户牛酒，大酺三日。

《魏書》卷七下《高祖紀》 〔太和十二年春正月〕五月丁酉，詔六鎮、雲中、河西及關內六郡，各修水田，通渠溉灌。

《魏書》卷七下《高祖紀》 〔太和十三年秋七月〕戊子，詔諸州鎮有水田之處，各通溉灌，遣匠者所在指授。

《北齊書》卷二二《李愍傳》 愍於州內開立陂渠，溉稻千餘頃，公私賴之。

《周書》卷五《武帝紀》 〔保定〕二年春正月壬寅，初於蒲州開河渠，同州開龍首渠，以廣灌溉。

《周書》卷二〇《賀蘭祥傳》 太祖以涇渭溉灌之處，渠堰廢毀，乃命祥脩造富平堰，開渠引水，東注於洛。功用既畢，民獲其利。

隋唐五代分部

論說

（清）董誥《全唐文》卷二四六《李嶠・為水潦災異陳情表》　臣嶠言：臣聞明主程才，先求於稱職；忠臣効用，務於於量己，然後庶官無廢，百度以康。若使假鳳登朝，真龍不馭，將緣鶴之鼎，方憂於折足；和鸞之駕，必誡於傾輈：豈徒鍾鼓生襖，蠻夷起笑而已？臣瓶筲賤器，駑蹇輕姿，同鼯鼠之五伎不成，異飛鴻之六翮兼備，遭逢幸會，累叨階級。陛下降非常之澤，垂不次之恩，昇之冢司，握九流之銓管；委以樞近，參萬機之損益。傅說作舟之命，徒奉箴規；仲山補衮之談，曾微答効。致令衡鏡失序，紀綱不張，官僚日增，府庫歲減。謬職之謗，或譏於畫武續貂；敗官之尤，有議於諠盧吠鵲。下生朝野之蠹，上悖陰陽之和：水潦爲災，慮深於昏墊；黎氓失稔，憂在於溝壑。軫皇情於南面，墜國庾於西成，虧燮理之節，失平分之度。推其咎戾，實在微臣。昔者堯逢阻饑，而四岳咨訪；漢遇災異，而三公策免。舉遺才而求俊乂，退不肖而清庶官：厥有由來，著於古昔。臣緝熙莫効，尸曠無成，以擁腫之凡材，抱支離之痼疾。久懷致寇之禄，猶帶妨官之綬，靦目而視，不遑自安。是用啓處慚惶，寢興誡惕，思解鵜鶘之服，願辭鵷鷺之行，庶得保愚公之廬，避賢者之路，以寧衆口之囂謗，以答三靈之譴咎：則物情朝序，誰不謂宜？昔干木辭弟，恒思衛生；營平寢瘵，不忘憂國。當今兵戎未靜，費務方多，人庶空虛，官僚苟且，不可不深爲防慮，妙思政術。臣銜恩佩德，念咎慙榮，雖智和無聞，自甘於罷黜，而庸短所見，猶樂於輸畫。不勝區區之意，謹昧死陳利害事一封，幸當明主不諱之朝，敢効愚臣無隱之節。倘蒙赦其狂直，收其固陋，乃冀有益纖芥，効添山海。無任悚懼懇誠之至，謹詣朝堂奉表陳請以聞。

（清）董誥《全唐文》卷二七一《寇泚・對開渠判》　岐州刺史馬回奏開渠與人相假貸，歲課不時入。執事以爲勞無成，將議裁貶。

蒲密之化，鄭白之饒，溝洫可以立人，秦漢斯焉定霸。《豳風》載陳於王業，瓠口深著於甿謠。故典農中郎明濟河於興廢，搜粟都尉定邦國於錙銖，眷彼循良，義存俯企。馬回中和踐化，右翊班條，以爲鄴下墱流，功成於舄鹵。南陽疏畝，富埒於京坻，雖開鑿方勤，而清閒每就，假多慙於邵父，終有協於倪公。儻秋蟀春鶊，人樂疲於力役；杏花菖葉，農靡闕於耕桑。輸税若先時，菽粟何妨殷積？詳刑議獄，詎曰攸宜。

綜述

（唐）杜佑《通典》卷二七《職官・諸卿・都水使者》　隋開皇三年，廢都水臺入司農。十三年，復置。仁壽元年，改臺爲監，更名使者亦爲監。煬帝又改爲使者，尋又爲監，加置少監，又改監及少監並爲令，領舟檝、河渠二署。

（宋）王欽若等《册府元龜》卷四九七《邦計部・河渠》　隋高祖開皇二年三月，開河渠引杜陽水於三時原，以李詢爲都官尚書領太僕元暉督其役，溉舄鹵之地數千頃，民賴其利。

四年，詔曰：京邑所居，五方輻輳，重關四塞，水陸艱難。大河之流，波瀾東注，百川海瀆，萬里交通。雖三門之下，或有危慮，但發自小平，陸運至陝，還從河水，入渭川，無反上流，控引汾晋，舟車來去，爲益殊廣。而渭川大小水力無常，流淺沙深，即成阻閡，計其途遠，數百而已，動移氣序，不能往復，汎舟之役，人亦告勞。朕君臨區寓，興利除害，公私之弊，情所愍之。故東發潼關，西引渭水，因藉人力，開通漕渠，量事計功，易可成就。已令工匠巡歷渠道，觀地理之宜，審終久之義，一得開鑿，萬代無毁。可使官及私家方舟巨舫，晨昏運漕，沿泝不停，旬日之功，堪有億萬。誠知時當炎暑，動致疲勞。然不有暫勞，安能永逸。宣告人民，知朕意焉。初帝每憂轉運不給，柱國于仲文請決渭水開渠漕，帝然之，使仲文摠其事。又命郭衍爲開渠漕大監，與宇文愷部率水工鑿渠，引渭水，經大興城，臣欽若等曰即長安城也。北東至於潼關，漕運四百餘里，關內賴之名曰富民渠，一云廣通渠。

五年九月，改鮑陂曰桂陂，灞水曰滋水。

七年四月，於揚州開山陽瀆以通漕運。

十五年六月，詔鑿底柱。

盧賁爲懷州刺史，決沁水東注名曰利民渠，又派入温縣名曰温潤渠，以溉舄鹵，民賴其利。

煬帝以仁壽四年七月即位，十一月丙申發丁男數十萬掘塹，自龍門東接長平、汲郡，抵臨清關，渡河，至浚儀、襄城，達於上雒，以置關防。

大業元年三月，發河南諸郡男女百餘萬，開通濟渠。自西苑引谷雒水達於河，自板渚引河達於淮。

四年正月乙巳，詔發河北諸郡男女百餘萬開永濟渠，引沁水，南達於河，北通涿郡。

閻毗爲起部郎，煬帝將興遼東之役，自雒口開渠達涿郡，以通漕，毗督其役。

（唐）杜佑《通典》卷二《食貨·水利田》 大唐貞觀十八年，李襲稱爲揚州大都府長史，乃引雷陂水，又築句城塘，以溉田八百餘頃，百姓獲其利。徵拜太府卿，人至今賴之。

永徽六年，雍州長史長孫祥奏言：往日鄭、白渠溉田四萬餘頃，今爲富商大賈競造碾磑，堰遏費水，渠流梗澀，止溉一萬許頃。請修營此渠，以便百姓。至於鹹鹵，亦堪爲水田。高宗曰：疏導渠流，使通溉灌，濟汲炎旱，應大利益。太尉無忌對曰：白渠水帶泥淤，灌田益其肥美。又渠水發源本高，向下枝分極衆。若使流至同州，則水饒足。比爲碾磑用水，洩渠水隨入滑，加以壅遏耗竭，所以得利遂少。於是遣祥等分檢渠上碾磑，皆毁之。至大曆中，水田纔得六千二百餘頃。

（唐）杜佑《通典》卷二七《職官·諸卿·都水使者》 大唐武德八年，置都水臺，後復爲都水署，置令，隸將作。貞觀中，復爲都水監，置使者。龍朔二年，改都水使者爲司津監丞，咸亨元年復舊。光宅元年，改都水監爲水衡，置都尉；神龍元年，復爲都水監，置使者二人，分總其事，不屬將作，領舟檝、河渠二署。

丞：漢有水衡丞五人，亦有都水丞。後漢、晋初都水使者有參軍二人，蓋亦丞之職任。宋因之。梁大舟卿有丞。陳因之。後魏、北齊又曰參軍。隋曰都水丞。大唐二人。

主簿：晋水衡都尉有之，爲左、右、前、後、中五水衡令，悉皆有之。梁大舟卿亦有之。至隋又置，大唐因之。

舟檝署令：漢主爵中尉屬官有都船令丞，水衡都尉有檝櫂令丞。晋曰船曹吏。齊曰官船典軍。後周曰舟中士。隋爲舟檝署令、丞。大唐因之，令、丞各一人。

河渠署：隋煬帝置，令、丞各一人。大唐因之。

（唐）李吉甫《元和郡縣圖志》卷一《關内道》 涇水，在縣西南二十五里。初，鄭國分涇水置鄭渠，後倪寬又穿六輔渠，今此縣與三原界六道小渠，猶有存者。謹按：秦始皇元年，韓聞秦好興事，欲疲之，乃使水工鄭國間説，令鑿涇水自仲山西邸瓠口爲渠，東注洛，三百餘里，欲以溉田。中作而覺，秦欲殺國。國曰：始臣爲間，然渠成亦秦之利。秦以爲然，卒使就渠。既成，溉舄鹵之地四萬餘頃，收皆畝一鍾。關中無凶年，命爲鄭國渠。後至漢武帝元鼎六年，一百三十六歲，倪寬爲左内史，又奏請穿六輔渠，以益溉鄭渠旁高卬之田。後十六歲，趙中大夫白公又奏穿涇水注渭中，溉田四千餘頃，人得其饒而歌之。大唐永徽六年，雍州長史長孫祥奏言：往日鄭白渠溉田四萬餘頃，今爲富僧大賈，競造碾磑，止溉一萬許頃。於是高宗令分檢渠上碾磑，皆毁撤之。未幾，所毁皆復。廣德二年，臣吉甫先臣文獻公爲工部侍郎，復陳其弊，代宗亦命先臣拆去私碾磑七十餘所。歲餘，先臣出牧常州，私制如初。至大曆中，利所及纔六千二百餘頃。

（唐）李吉甫《元和郡縣圖志》卷二《關内道》 通靈陂，在縣北四里二百三十步。開元初，姜師度爲刺史，引洛水及堰黄河以灌之，種稻田二千餘頃。

（唐）李吉甫《元和郡縣圖志》卷五《河南道》 汴渠，在縣南二百五十步，亦名莨蕩渠。禹塞滎澤，開渠以通淮、泗。後漢初，汴河決壞，明帝永平中命王景脩渠築堤，十里立一水門，令更相注，洄無復潰漏之患。自宋武北征之後，復皆堙塞。隋煬帝大業元年更令開導，名通濟渠，自洛陽西苑引穀、洛水達於河，自板渚引河入汴口，又從大梁之東引汴水入於泗，達於淮，自江都宮入於海。亦謂之御河，河畔築御道，樹之以柳，煬帝巡幸，乘龍舟而往江都。自揚、益、湘南至交、廣、閩中等州，公家運漕，私行商旅，舳艫相繼。隋氏作之雖勞，後代實受其利焉。

（唐）李吉甫《元和郡縣圖志》卷一一《河南道》 瓠子河，上承黄河。《漢書》武帝時，河決瓠子，東南注鉅野，通於淮、泗。上使汲黯鄭當時興人徒塞之，輒復壞。是時武安侯田蚡奉邑食鄃，鄃在河北，河決而南，則鄃無水災。乃言江、河之決皆天事，非易以人力塞之，乃不復塞。後二十餘歲，歲比不登，梁、楚尤甚。上使汲人、郭昌率卒數萬人塞瓠子決河，沈白馬玉璧，自將軍以下皆負薪，下淇園之竹以爲楗。上悼功之不成，乃作歌於是，卒塞瓠子，築宮於其上，名曰宣房。其後王尊爲東郡太守，河水盛溢，泛浸瓠子金隄，尊躬率佐吏民，沈白馬，祀水神，親執玉璧，使巫策祝，請以身填金隄。水盛隄壞，吏民皆奔走，尊立不動，而水漸退。

（宋）王欽若等《册府元龜》卷四九七《邦計部·河渠》 唐高祖武德六年，寧民令顔旭開渠引南山水入京城，至石門谷有温泉湧出。

七年同州治中雲得臣開渠，自龍門引黄河，溉灌六千餘頃。

八年，水部郎中姜行本請於隴州開五節堰，引水以通運漕，詔許之。

高宗永徽元年，薛大鼎爲滄州刺史，州界有無棣河，隋末填廢。大鼎奏開之，引魚鹽於海，百姓歌之曰：新河得通舟楫利，直達滄海魚鹽至。昔日徒行今騁駟，美哉薛公德滂被。大鼎，又以州界卑下，遂決長蘆及彰衡等三河分泄夏潦，境内無復水災。

楚王靈龜永徽中爲魏州刺史，開永濟渠入新市控引，商旅百姓利之。

裴行方永徽中爲撿校幽州都督，引瀘溝水廣開稻田數千頃，百姓賴以豐給。

咸亨三年，於岐州陳倉縣東南開渠，引渭水入昇原渠，通船栰京故城。京故城，即故長安城，漢惠帝所築，在今大興城之西北苑中。

則天大足元年六月，於東都立德坊南穿新潭，安置諸州租船。

中宗神龍三年，滄州刺史姜師度於薊州之北漲水爲溝，以備契丹之寇。又約舊渠傍海穿漕，號爲平虜渠，以備海南運糧。

玄宗開元二年，河南尹李傑奏河汴之交有梁公堰，年久堰破，江淮運不通。傑調發汴鄭丁夫以濬之，省功速就，公私深以爲利，刻石水濵，以紀其績。

八年九月，詔曰：昔史起溉漳之策，鄭國鑿涇之利，自兹厥後，聲塵缺然。同州刺史姜師度，識洞於微，智研未兆。匪躬之節，所懷必罄；奉公之道，知無不爲。頃職大農，首開溝洫。歲功猶昧，物議紛如。緣其忠款可嘉，委任仍舊。暫停九列之重，假以六條之察。白藏過半，績用斯多。食乃人天，農爲政本。朕故兹巡省，不憚祁寒，將申勸卹之懷，恃冒風霜之弊。今原田彌望，畎澮連屬，繇來榛棘之所，遍爲秔稻之川，倉庾有京坻之饒，關輔致甽畬之潤。本營此地，欲平人民，百姓未閑，三農虚棄，以官令開發，冀令遞相教誘，功既成矣，思與之共。其屯田内先有百姓挂籍之地，比來召作主，亦量准頃畝割還。其官屯熟田，如同州有貧下欠地之户，自辨工力能營種者，准數給付，餘地且依前官取。師度以功特加金紫光禄大夫，賜帛三百疋。

十年六月，博州黄河隄壞，湍涆洋溢，不可禁止。詔博州刺史李畬、冀州刺史裴子餘、趙州刺史柳儒乘傳旁午分理，兼命按察使蕭嵩總其事。

十五年正月，令將作大匠范安及簡較鄭州河口斗門。先是，雒陽人劉宗器上言請塞汜水舊汴河口，於下流滎澤界開梁公堰，置斗門，以通淮汴，拜佐衞帥府胄漕。至是，新渠塞，行舟不通，貶宗器焉。安及遂發河南府懷鄭汴滑三萬人疏決，兼舊河口，旬日而畢。

十六年正月，以魏州刺史宇文融兼撿挍汴州刺史，依前充河南北溝渠隄堰涉九河使。融上請言《禹貢》九河舊道，興役甚多事竟不就。

二十七年，河南採訪使、汴州刺史齊澣以江淮漕運經淮水波濤有沉損，遂開廣濟渠，下流自泗州虹縣至楚州淮陰縣北十八里，合於淮。而踰時畢功，既而以水淺急行旅艱險，旋即停廢，却繇舊河。

二十八年九月，魏刺史盧暉開通濟渠，自石灰窠引流至州城而西却注魏橋。

二十九年，陝州刺史李齊物避三門河路淺急，於其北鑿石渠通運船，爲漫流，河泥旋填淤塞，不可漕而止。天寶元年，命陝郡太守韋堅引灌水開廣運於望春亭之東，以通河渭。京兆尹韓朝宗又分渭水，入自金門，置潭於西市西街以貯材木。

二年三月，帝幸望春樓觀新潭，會羣臣張樂，既暮旋宮，帝覩舟楫之利甚勤，乃詔曰：古之善政，貴於足食。將欲富國，必先利人。朕於關輔之間，尤資殷贍。比來輸轉未免艱辛，故致此潭，以通漕運，萬代之利，一朝而成。將久懷於永圖，豈苟求於縱觀。其陝郡太守韋堅，始終撿挍，夙夜勤勞。賞於有功，則惟常典。宜特與三品及三品京官兼太守，其判官等即量與改轉。仍委韋堅具名録奏，應役人夫各酬庸直，兼放今年地租。且起運初畢，舟楫已通，其押運綱既涉遠途，又能先至，各賜一中上考。船夫等共賜錢二千貫，以充宴樂。

三載，韋堅開漕河，自苑西引渭水，因古渠，至華陰入渭，引永豐倉及三門倉米以給京師，名曰廣運潭。以堅爲天下轉運使。灞滻二水通會於漕渠。

代宗廣德二年三月，以太子賓客劉宴兼御史大夫，充東都河南江淮已來轉運使。仍與河南副元帥計議開決汴河。

永泰二年九月，帝御安福門樓觀新開漕渠。初京兆尹黎幹以京城木炭價重，具以利便陳於帝前，請自南山谷口鑿渠，通於城內至薦福寺東街，北抵景風延喜門入于苑，濶八尺深一丈，以運木炭。至是，幹潛貯舸船檝師以爲水戲，冀悦於帝，久之竟無成功。

大曆十二年，京兆尹黎幹奏曰：臣得畿内百姓連狀，陳涇水爲碾磑擁隔不得溉田，請決開鄭白支渠，復秦漢水道，以溉陸田，收數倍之利。乃詔發使簡覆不許碾磑妨農。幹又奏請脩六門堰，許之。

十三年正月，壞京畿白渠磑八十餘所，以妨奪農業也。帝思致理之本，務於養人，以田農者，生民之原，苦於不足。碾磑者興利之業，主於并兼。遂發使行其損益之由，僉以爲正渠無害支渠有損，乃命府縣凡支渠磑一切罷之。先是，大曆初李栖筠爲工部侍郎，時關中沃野千里。舊資鄭白二渠，爲豪家貴戚壅隔上流，置私碾百餘所以收末利，農夫所得十奪六七。栖筠舉奏其弊，悉毁折之，人大賴焉，公望充積。又一云，帝以是年有詔毁除白渠水支流碾磑以妨民溉田。昇平有脂粉磑兩輪，所司未敢毁撤。公主見代宗訴之，帝謂主曰：吾行此詔，蓋爲蒼生耳。爾豈不識我意耶。可爲衆率先。公主即日命毁，由是勢門碾磑八十餘所皆毁之。

德宗建中元年正月，浚豐州之陵陽渠。時楊炎爲相，議開陵陽渠，發京畿人於西域就役，閭里騷擾。炎不習邊事，請於豐州屯田，人頗苦之。時京兆尹嚴郢嘗從事朔方，曉其利害，乃具五城舊屯及兵募倉儲等數，奏曰：案舊屯沃饒之地，今十不耕一，若力可墾闢，不俟浚渠。其諸屯水利可種之田甚廣，蓋功力不及，因致荒廢。今若發兩京關輔人，於豐州浚渠營田，徒擾兆庶，必無其利。臣不敢遠引他事，請以内園植稻明之。上秦地膏腴田稱第一，其内園丁皆京兆人，於當處營田，月一替，其易可見。然每人月給錢八千，糧食在外，内園丁猶僦募不占奏令府司集事。計一丁歲當錢九百六十、米七斛二斗，計所僦丁三百，每歲合給錢二萬八千八百貫，米二千一百六十斛。不知歲終收獲幾何？臣計所得不補所費。況二千餘里，發人出塞屯田，一歲方替，其糧穀從太原轉餉，運直至多。又每人須給錢六百三十、米七斛二斗，私出資費，數又倍之。據所收必不登本，而關輔之人，不免流散。是虚畿甸而無益軍儲天寶已前屯田事殊。臣至愚不敢不熟計，惟當審察疏奏。不報。郢又上書奏曰：伏以五城舊屯，其數至廣，臣前已揭名聞奏訖。其五城軍士，若以今日所運開渠之糧，貸諸城官田，至冬輸之。又以所送開渠功直布帛，先給田者，至冬令據時估輸穀。如此，即關輔免於徵發，五城豐厚，力農闢田，比之浚渠，十倍之利也。時炎方用事，郢議不省，卒開陵陽渠，而竟棄之。

貞元七年八月，夏州開延化渠，引烏水入庫狄澤，溉田二百餘頃。十三年，引龍首渠水自通化門入至太清宮前。

于頔貞元中爲湖州刺史，因行縣至長城方山下，有水曰西湖，南朝疏鑿，溉田三千頃，歲久堙廢。頔命設隄塘以復之，歲獲秔稻蒲魚之利，人賴以濟。

李景畧貞元中爲豐州刺史，西受降城使，鑿感應永清二渠，溉田數百頃，公私利焉。

憲宗元和三年正月，鹽鐵使李巽奏江淮堰埭，頃年李錡在浙西奏屬本道，今請却歸本司。從之。六月，巽又上言江淮公私堰埭因循權置者二十二所並罷之。

六年五月，京兆尹奏准敕差右神策子弟穿淘洨渠功，并造斗門，及買渠地價請官中與磑户分出。

八年三月，常州刺史孟簡開漕古孟瀆，長四十一里，得沃壤四千餘頃。

五月，以神策軍士脩城南之洨渠。

十二月，魏博觀察使田弘正奏准，詔開衛州黎陽縣古黃河道，從鄭滑觀察使薛平之請也。先是，滑州歲多水災，其城西去黃河二里，每夏雨漲溢，則浸壞城郭，水及羊馬之半平。詢諸將吏，得古河道於衛州黎陽縣界，遣從事裴弘泰以水患告於弘正，請開古河用分水力。弘正遂與平皆上聞，詔許之，乃於鄭滑兩郡徵役萬人鑿古河。南北長十四里，東西濶六十步，深一丈七尺，引舊河以注新河，滑人遂無水患。詔褒美平，仍加弘泰、弘正官，以奬監作之功焉。

是月，鹽鐵使王播進供陳許琵琶溝年三運圖。先是，中官李重秀奉命視之，還言可以通漕至堰城下北潁口，水運千里而近。及帝覽圖，詔韓弘發卒以通汴河，於是船勝三百石者皆得入潁。

十四年五月，御史臺奏：據山南東南東道觀察使孟簡狀奏稱，得復州刺史許志雍狀，請於復、郢二州界内脩築鄭敬古隄兼塞斷鸕鷀港，壅截界水開地，有利於當道。又據荆南觀察使裴武奏稱，山南東道築堤及塞鸕鷀港有害於當道。敕：江漢分流，各有港路，兩界但合論此，不合勞人築堤。今水潦爲虞，則慮先及低下。其鸕鷀港，宜令孟簡即與決開。其師子港塞來年月深久，更委兩道計會詳盡本末事理。

李聽元和中爲靈武節度使，境内有光禄渠廢塞歲久，將議屯田。詔聽復開舊渠，溉田千餘頃，至今賴之。穆宗長慶二年八月，鹽鐵轉運使王播進新開潁口圖一軸。温造長慶中自起居舍人出爲朗州刺史，至則開復鄉渠九十七里，溉田二千頃，郡人名渠曰右使渠。

敬宗寶曆元年十二月，河陽節度使崔弘禮上言，於秦渠下闢荒田二百頃，歲收粟二萬斛，從寶曆二年減去度支所給數。

二年正月，鹽鐵轉運使上言：揚州城内管河通江淮漕運，或時遇旱淺即行李艱難，舳艫接連擁積，成弊動經旬朔，不及程期，非唯供輸是憂，兼亦商旅難濟。今請從羅城南閶門古七里港開河渠，向東屈曲，取禪智寺橋東通舊管河長一十九里。其所役工價，並於當使方圓羨餘支遣。從之。

七月，敕鄠縣渼陂宜令尚食使收管，不得令雜入採補。其水任百姓溉灌平原等三鄉稻田，仍勿奪磑碾之用。文宗大和元年六月，命中使付京兆府，宜令脩高陵界白渠斗門，任百姓取水溉田。

十一月，京兆府奏准，御史中丞温造等，奏脩醴泉富平等十縣渠堰斗門等准貞元初以京兆少尹郭隆充渠堰使於，涇陽縣衆善寺置院往來勾當。今請差少尹韋文恪充渠堰使，便令自揀擇清強官三人專令巡撿脩造。從之。

二年閏三月，京兆府奏准内出樣造水車訖，時鄭白渠既役，又命江南徵造水車匠，帝於禁中親指準，乃分賜畿内諸縣，令依樣制造，以廣溉種。

四年十二月，鹽鐵轉運使王涯奏請開揚州南郭外七里港别爲河，以通漕運及商賈舟船。東北至禪智寺橋東四里，復與河合，約長十九里，用功十五餘萬。從之。五年六月己卯，陳許節度使高瑀奏脩築許州繞城城水堤及開渠溝，周迴一百八十里畢工。

王起大和中鎮襄陽脩淇堰以灌田，一境利之。

僖宗光啓元年三月，詔曰：食乃人天，農爲國本。兵荒益久，漕輓不通。而關中鄭白兩渠，古今同利，四萬頃沃饒之業，億兆人衣食之源。比者權豪競相占奪，堰高磑下，足明棄水之由。稻浸秔澆，乃見侵田之害。今因流散，尚可經營，宜委京兆尹選強幹僚屬巡行鄉里，逐便相度，兼利公私。或署職特置使名，假之權寵；或力田遞升科級，許免征徭，因務勸公，冀能兼蓄，亦宜速具聞奏。

（宋）王溥《唐會要》卷八九《疏鑿利人》　武德元年，長孫操除陝東道行臺金部郎中，遂自陝東引水入城，以代井汲，百姓賴之。

七年四月九日，同州治中雲得臣，開渠，自龍門引黃河，溉田六千餘頃。

貞觀十一年，揚州大都督府長史李襲譽，以江都俗好商賈，不事農業，譽乃引雷陂水，又築勾城塘，溉田八百餘頃，百姓獲其利。

大歷四年五月十五日敕，涇堰監先廢，宜令卻置。

十二年，京兆尹黎幹開決鄭白二水支渠，及稻田磑碾，復秦漢水道，以溉陸田。

建中元年四月，宰相楊炎不習邊事，請于豐州置屯田，發關輔民開陵陽渠，人頗苦之。京兆尹嚴郢，常從事朔方，曉其利害，乃奏五城舊屯，及兵募倉儲等數，奏曰：按舊屯沃饒之地，今十不畊一，若力可墾闢，不俟浚渠。其諸屯水利，可種之田甚廣，蓋功力不及，因致荒廢。今若發兩京關輔民，于豐州浚泉營田，徒擾兆庶，必無其利。臣不敢遠引他事，請以內園植稻明之。其秦地膏腴田稱第一，其內園丁皆京兆人，于當處營田，月一替，其易可見。然每人月給錢八千，糧食在外，內園丁猶僦募不占，奏令府司集事。計一丁一歲當錢九百六十、米七斛二㪷，計所僦丁三百，每歲合給錢二萬八千八百貫，米二千一百六十斛。不知歲終收獲幾何。臣計所得，不補所費。況二千餘里，發人出屯田，一歲方替，其糧穀從太原轉餉漕運，價值至多。又每歲人須給錢六百三十、米七斛二斗，私出資費，數又倍之。據其所收，必不登本，而關輔之民，不免流散，是虛擾畿甸，而無益軍儲，與天寶以前屯田事殊。臣至愚，不敢不熟計，惟當省察。疏奏不報，郢又上奏曰，伏以五城舊屯，其數至廣，臣前挾名聞奏訖，其五城軍士，若以今日所運，開渠之糧，貸諸城官田，至冬輸之。又以所送開渠功直布帛，先給田者，至冬令據時估輸穀。如此，則關輔免於徵發，五城豐厚，力農闢田，比之浚渠，十倍利也。郢奏不省，卒開陵陽渠，而竟棄之。

貞元四年六月二十六日，涇陽縣三白渠限口，京兆尹鄭叔則奏：六縣分水之處，實爲要害，請準諸堰例，置監及丁夫守當。敕旨：依。

八年三月，嗣曹王皋爲荆南節度使觀察，先是，江陵東北七十里，廢田旁漢古堤，壞決凡二處，每夏則爲浸溢。皋使命塞之，廣良田五千頃，畝收一鍾。又規江南廢洲爲廬舍，架江爲二橋。流人自占者，二千餘户。自荆至樂鄉，凡二百餘里，旅舍鄉聚，凡十數，大者皆數百家。楚俗佻薄，舊不鑿井，悉飲陂澤，乃令合錢鑿井，人以爲便。

十三年七月，詔曰：昆明池俯近都城，蒲魚所產，宜令京兆尹韓皋充使修堰。

十六年十一月，以東渭橋納給使徐班，兼白渠漕渠及昇原城國等渠堰使。

元和八年，孟簡爲常州刺史，開漕古孟瀆，長四十里，得沃壤四千餘頃，觀察使舉其課，遂就賜金紫焉。

其年四月，以神策軍士修城南之洨渠。

其年十二月，魏博觀察使田宏正奏：準詔開衛州黎陽縣古黄河道，從鄭滑節度使薛平之請也。先是，滑州多水災，其城西去黄河二里，每夏漲溢，則浸壞城郭，水及羊馬城之半。平詢諸將吏，得古河道於衛州黎陽縣界，遣從事裴宏泰以水患告於宏正，請開古河，用分水力。宏正遂與平皆上聞，詔許之。乃於鄭滑兩郡，徵徒萬人，鑿古河，南北長十四里，東西闊六十步，深一丈七尺，決舊河以注新河，遂無水患。詔並褒美焉。

十三年，湖州刺史于頔，復長城縣方山之西湖，西湖南朝疏鑿，溉田三十頃，歲久堰廢，至是復之。秔稻蒲魚之利，賴以濟。

長慶二年，温造爲朗州刺史，奏開復鄉渠九十七里，溉田二千頃，郡人利之，名爲右史渠。至太和五年七月，造復爲河陽節度使，奏浚懷州古渠枋口堰，役功四萬，溉濟源河內温武陟四縣田五千頃。

四年七月，詔疏靈州特進渠，置營田六百頃。

大曆二年二月，以詔應令劉仁師充修渠堰副使。初，仁師爲高陵令，上言三白渠可利者遠，而涇陽獨有之，條理上聞，其弊遂革，關中大賴焉。

其年三月，內出水車樣，令京兆府造水車，散給沿鄭白渠百姓，以溉水田。

（宋）王欽若等《册府元龜》卷四九七《邦計部・河渠》 梁太祖開平二年春正月，荆州奏開白小河，此河環遶州郭以導大江，近年壅塞，舟楫不通，是時疏之，頗爲民便，運漕商賈之利復如曩歲。

後唐莊宗同光二年四月癸酉，蔡州朱勍奏開淘雒河到故雒城。七月甲辰，右監門衛上將軍婁繼英督汴滑兵士修酸棗縣堤，連年河水溺曹濮故也。

三年正月壬子，青州符習承命左役徒修酸棗縣堯堤。初僞廷決此堤引河水東注至於鄆濮，以限我軍。自是民罹水患，帝先遣婁繼英領諸軍修塞，尋而復壞，乃命習以濟厥功。

二月，雒京奏朱殷修築月波隄畢功，引水入新開河。三月己亥，西京奏制置三白渠起置營田務一十一，壬寅，符習奏修堯堤水口畢。

七月丁未，鄴都副留守張憲奏御河漲溢，慮漂溺城池，已於石灰窯口開故河道以分水勢。

四年七月乙卯，汴州孔循奏汴河汎漲，恐漂没城河，已於城西城東權開壕口，引水入古河。

五年正月，租庸使奏鄴都差夫一萬五千，於衛州界修河堤，又於宋州創㪷門。

明宗天成三年正月，陳州奏開潁河。

四年十二月，庚申，修滑河北岸，宣差左衛上將軍李承約祭之。

張敬詢爲滑州節度使，長興初敬詢以河水連年溢堤，乃自酸棗縣界至濮州廣隄防一丈五尺，東西二百里。

長興三年三月，幽州奏重開府東南河路一百五十里，濶九十步。以通漕運。

五月，幽州進呈新開東南河路圖，自王馬口至淤口長一百六十五里，濶六十五步，深一丈二尺，可勝漕船千石。

四年二月，辛酉，濮州進重修堤圖，備載沿河地理名，帝指示行臺砦麻石砦德勝南北城鐵邱。帝愀然興歎曰：吾佐先朝，定天下於此，堤塢間大小數百戰，時事如昨，奄忽十年，遽閲此圖，令人悲歎。又指一丘阜曰此吾擐甲之臺也。

是年四月，靈武奏開渠白河引黄河水入大城溉田。

末帝清泰元年七月，河中言取去秋草七千圍堙塞堤堰。

晋高祖天福二年九月，判詳定院梁文矩奏，以前汴州陽武縣主簿左墀進策十七條，可行者有四。其一，請於黄河夾岸防秋水暴漲，差上户充堤長，一年一替，委本縣令十日一巡。如怯弱處不早處治，旋令修補，致臨時渝決，有害秋苗，既失王租，俱爲墮事。堤長、刺史、縣令勒停。敕曰：修葺河岸，深護田農，每歲差堤長檢巡深爲濟要，逐旬遣縣令看行，稍恐煩勞。堤長可差縣令宜止。

三年二月，楊光遠進黄河衝注水勢圖。

六年九月，前鄴都皇城使張延美進表陳利便，請開淘相州界天平渠通濟運，從之。仍委自往計度。

七年三月己未，宋州節度安彦威奏到滑州修河堤時，以瓠子河漲溢，詔彦威督諸道軍民，自豕韋之北築堰數十里，給私財以犒民，民無散者，竟止其害，鄆曹濮賴之，以功加邠國公。詔於河決之地建碑立廟。

四月，詔曰：近年以來，大河頻決，漂盪人户，妨廢農桑，言念蒸黎，因兹凋弊。凡居牧守，皆委山河，既已在封巡，所宜專切。起今後宜令沿河廣晋開封府尹逐處觀察防禦使刺史等並兼河堤使名額，任便差選職員，分擘勾當，有堤堰薄怯水勢衝注處，預先計度，不得臨時失於防護。

漢隱帝乾祐二年，有補闕盧振上言：臣伏見汴河兩岸，堤堰不牢，每年潰決，正當農時，勞民功役。以臣愚管，沿汴水有故河道陂澤處，置立㪷門，水漲溢時，以分其勢，即澇歲無漂沫之患，旱年獲澆溉之饒，庶幾編甿差免勞役。

三年，遣前棣州刺史周景殷河陰淘杼汴口，又令鄭州疏引郭西水入中牟渠以增蔡水漕運。

李欽明爲司勳員外郎，是年欽明言：臣伏以百姓轉食餽運，舟車之利，苦樂相懸。臣竊見蔡水嘗有漕運，多是括借舟船，破溺者棄在水邊，不許修葺，又不給付。以臣愚見，乞容陳、許、蔡三州人户製造舟船，不用括取，以備差僱。水路可至合流鎮及陳州蔡水，未及水匱十數里，水小岸狹，或時乾淺。臣伏請開決汴水，取定力禪院西一半並港穿大城向南至㪷門，可費三五千工。自水匱蔡水，路纔五六里。水勢便於開決，陳蔡漕運，必倍嘗年，私下往來，更豐財貨。此之利便，實益轉輸。

周太祖廣順三年正月辛未，詔樞密使王峻巡視河堤，峻請行故，從之。

三月，澶州言，天福十一年黄河自觀城縣界楚里材堤決，東北經臨黄、觀城兩縣隔絶村鄉人户。今觀城在河北，隔三村在河南，今臨黄在河南，隔八村在河北。官吏節級徵督賦租，取路於州橋迂曲僅數百里，每事多違程限。其兩縣所隔村鄉，擬迴换管，係所冀便，於徵督修堙補堤岸河流復故兩縣仍舊收管。從之。

五月，遣客省副使齊藏珍等三人簡視魚池常樂驛原武河堤。

六月，鄭州夫一千五百人修原武河堤，宿州言遣虎犍廂主何徽率兵往靈河修堤。

八月，淄州臨河鎮淄水決鄒平，長山人四千堙塞。是月，河陰新堤壞三百步，遣中使於贊往相度修治。

九月，滑州白重贊言臣自部署堙塞六名鎮河堤。

世宗顯德元年，十一月戊戌，命宰臣李穀往鄆齊管內相度修築河堤。

二年三月壬午，李穀治河堤迴見。先是河水自楊劉北至博州界一百二十里連歲東岸而爲派者十有二焉，復匯爲大澤，漫漫數百里又東北壞古堤而出，注齊棣淄青，至于海澨。壞民廬舍，占民良田，殆不可勝計。流民但收野稗捕魚而食，朝廷連年命使視之，無敢議其工者。帝嗟東民之病，故命輔相親督其事。凡役徒六萬，三十日而罷。

四年四月，詔疏汴水一派北入於五丈河，又東北達於濟。至是，齊魯之舟楫亦達於京師矣。

紀事

（唐）劉餗《隋唐嘉話》卷下　隋煬帝鑿汴河，自製《水調歌》。

（唐）劉肅《大唐新語》卷四《政體第八》　韋景駿爲肥鄉令，縣界漳水，連年泛濫。景駿審其地勢，增築隄防，遂無水患，至今賴焉。時河北大饑，景駿躬自巡撫貧弱，人吏立碑，以紀其德。

（唐）劉肅《大唐新語》卷四《政體第八》　薛大鼎爲滄州刺史，界內先有棣河，隋末填塞，大鼎奏聞開之，引魚鹽於海。百姓歌曰：新河得通舟檝利，直至滄海魚鹽至。昔日徒行今騁駟，美哉薛公德滂被。大鼎又決長盧及漳衡等三河，分洩夏潦，境內無復水害。

（唐）劉肅《大唐新語》卷四《政體第八》　司農卿姜師度明於川途，善於溝洫，嘗於薊北約魏帝舊渠，傍海新創，號曰平虜渠，以避海難，餽運利焉。時太史令傅孝忠明於玄象，京師爲之語曰：傅孝忠兩眼窺天，姜師度一心看地。言其思穿鑿之利也。

（宋）李昉等《文苑英華》卷五二五《無溝樹判》　得甲掌事所司劾無溝樹之固云：任其財器，何用勞人。

對

庶官司局，共爲藏事，各守爾典，無廢厥職。苟政令之或乖，將會計而焉取？甲理從邦教，位列遂師，甸稍縣都，宜分地域，封疆畎畝，不奪人時。而乃闕四井之菑畬，廢五溝之種蓺。女桑不樹，見戴勝之徒飛；夫田無征，望竊脂而何啄。既莫喜於田畯，又非成於稽人。尚阻農功，孰供兵器？焉見不勞而逸，無業而居。雖有愛人之詞，難恕失官之罪。

（宋）李昉等《文苑英華》卷五二六《修隄請種樹判》　乙修隄畢，復請種樹，功價。有司以爲不急之務，乙固請營繕。令諸侯水隄內不得造小隄及人居，其隄內外各五步并隄上種榆、柳、雜樹，若隄內窄狹地種，擬充隄堰之用。

對

善防既畢，固合程功，柔木載施，亦將補敗。丁之亟請，誰謂過求？隱椎之役雖終，列樹之思尚切。有司見阻，無備實難。苟愒養材之資，蓋非長利；遠求爲揵之用，豈不重勞。當有取於繕完，顧何煩於藝植。且十年可待，五步足徵，防在未萌，著之先甲。因而致用，庶無瓠子之災。言之不從，恐類匏瓜之繫。

（宋）李昉等《文苑英華》卷五二七《修河隄不溉田判》　乙主河隄，郡守詰其不以溉田。詞云：亦有以據。

對　唐南華

長河千里，聖主一清。漢帝宣防，猶負薪於瓠子；王尊東郡，尚堅立以安人。所以河公不仁，時聞泛濫；主司有事，每見堤防，蓋刼略於石門，亦摧殺其水怒。傳以客土，將全其邑居；聚之淇竹，實捄以昏墊。常流不弛於正道，泗野寧浮於翳桑。諒巡植之爲功，奚褰帷而見詰。必人同鄭白，食我京師，或且溉而有餘，何屯膏而不作？均夫鄴令，招不智於漳河；異彼武安，頓遺利於鄃邑。良能沃野，義在隨時。請據河渠之書，無違溝洫之志。

（宋）李昉等《文苑英華》卷五二七《無夫修隄堰判》　河南諸州申無夫修理堤堰，請與之平價，仍免外徭。省司以爲與平價則官無所供，免外徭則公事廢闕，不之許，州訴人實阻饑，恐不及冬成，至春復桃花水爲害。

對　元承先

備預不虞，古來善策，隨事興理，今亦宜然。於廓長河，邈界中國，來萬理之外，歷數州之間。滎光載浮，竹箭長下。千里作曲，呈瑞馬以出圖；三日成霖，或迷牛而爲害。永言諸郡，夾河之壖，堯水屢逢，媧灰未正。疑作當止淮南子女媧籍廬灰以止洪水。俾太守沉馬，空竭精誠；將軍負薪，猶勞太息。則必土功展事，金堤爰起，匪用齊人之力，孰免爲魚之歎。恭聞漢事，以蠲六月之傜，大哉聖朝，實平百姓之價。公家之事，知無不爲，苟利於人，胡爲不可？省司所見，未窒盈庭之辭；州訴宜從，可塞如川之口。

同前　　郭尚温

使人以時，不奪農務，前王令典，歷代通規。頃屬月離畢星，天作霖雨，緣河諸郡，水害方殷。王尊之祭徒誠，陽侯之怒無息，是隳堤堰，乃請修營。動衆興功，雖不違於九月，免傜酬直，或大優於百姓。握蘭則兩停俱廢，恐未得於隨時；剖竹則二事兼全，一作行。亦頗同於太過。況頻遭墊溺，人實阻饑。若不冬成，必貽春慮。理湏折衷，事遣合宜。則丞相無壞陂之九，將軍免負薪之苦。

同前　　劉閏

邦寧本固，《書》稱經理之方。慮始樂成，《易》著變通之義。且河分南北，境控青徐，壤雜下田，土爲上賦。荐逢堯水，乍闕殷儲，感發於中，思索其極。順時令，庀工徒，版築爰興，堤防互設。崛然特起，同斷岸之孤標；的爾殊形，狀屯田一作雲。之錯峙。期於永逸，汔用小康，望免外傜，式酬平價。州將當撫循之寄，顧瞻黔黎；省司應出納之權，愛存府庫。俱爲奉國，咸是循公，探源若混其淄澠，究理頗别於涇渭。何則？雖言營造，本資其井田，徒謂繕修，未起於桑梓。力常有限，傜或可蠲，役靡踰時，價無宜給。是則上省勞費，人忘阻饑，無闕於農，不僣于素。縱使堤疎瓠子，不復興歌，浪起桃花，誰能爲害。

同前　　孟楚瑗

五材並用，水德靈長；八卦裁成，坎宫流潤。銀河有飄查之浪，金堤苦懸米之憂。《漢書》以溝洫興謠，《史記》乃河渠發詠。疏導得理，編甿以寧。眷彼諸州，是稱修葺。堤堰縱横，匏子湏切，黎人阻饑，匏瓜莫食。遠申蘭署，庶救梅林，何高見之不同，而平價之無給。夫則非人莫可，人則非食罔存。數日暫勞，猶宜不許；累旬重役，焉可闕如。官供尚且云無，私備奚能取濟。況國家無事，主是唐堯；河内有倉，吏非汲黯。但使準格興役，何必申省拘文？公課自有常程，令式寧無舊例？免傜請價，義竊感焉。

（宋）李昉等《文苑英華》卷五二八《稍溝判》　甲通稍溝三十里，主者按興役不申，甲云：水漱之不合申，

對　　鄭昭

先生之制，廬井有伍，爰自澮畎，達以溝洫，拯下人之墊溺，變彼汾之沮洳。故河渠式脩，焕馬遷之典；衡漳既導，美夏禹之績。今甲之所施，用酌前訓，不資穿鑿，坐看通引。顧源流之所觸，望平疇之有藝。況承兹水漱，罔殫衆庸；同史起之利人，類王尊之濟物。遂使苞蕭發詠，無浸彼之虞；汾澮興言，多流惡之美。既稱裨益，聞此損費。自可旌其殊效，勸彼異能，豈宜按以不申，加之底戾？但刑期不僣，令著明文。役且不滿千夫，法難從於五罪。既不合上請，郎宜原宥。

同前　　湯履水

甲義恤菑畬，志殷溝洫，懼襄陵之荐及，稍孽攸通，稽濬川之前聞，源流遂遠。當以崇朝其雨，高岸爲谷，無勞役之事，濟稼穡之艱。里則斯遥，功則其倍，涇泥是沃，俄分數斗之謠；韓工已成，良開萬代之利。歲自便稔，邦由是臧。異東西之見分，寧嗟别思；殊劉項之有割，是悦昌期。漱而不傜，足以嘉尚，决而非役，奚用申爲？粉署將繩，恐涉察泉之義；白圭思復，宜從因水之詞。

（宋）李昉等《文苑英華》卷五二八《陂防判》　甲秉權決去陂水，人相傳云：有兩鵠言陂當復。甲以惑衆云：飯我豆食羹芋，魁科不伏罪。

對

秉國之權，非賢奚可。因人所利，君子不奪，甲爲政者，異於是乎？以爲畜水不流，竭之何害。豈知舊防是要，罷之或損。且川浸藪澤，殖物於是乎生；蒲魚稻粱，爲利於是乎博。濟人理國，職此之由，潰塘涸源，過孰斯甚。蓋藏或寡，純固則盈。割鱻厭粱，空思於舊貫；飯豆一作菽。煮芋，奚取於託一作訛。言。愚謂截以既陂，政可遵於夏訓；廢而興謗，事無取於漢臣。此則有過能改，彼當内訟自直。無徃不復，傳者何傷？聊以抒憂，未爲惑衆。甲自不典，人無匪彝輙欲笞之，末由也已。

同前　　樊晦

開物議制，興化優人，務先適時，權貴合道。甲爲正典，欲遵救弊，

映其澤障，成我井疆。冀茨梁有作，薦褎無嫌；何已日未乎，率籲斯戚。然在釐變俗，必觀習土，與其芋羹豆食，黃鵠興謠，曷若池陽谷口，白渠作頌。自邑告命，當反古以順今；代天救人，奚愎衆而從己。謂莫益或擊，須移轍知方，戍既無終，往何難復。雖聞言不信，將降戾乎齊甿；而有怨是叢，請懲忿於鞭朴。

同前　　任璆

紐金曳組，賢不兼利，決水窒陂，權曷由己？伊甲開甿洗務，無聞史起之功；鳩藪牧皋，習爲翟進之理。俾初汪萬頃，隱長天而不見；載翔千仞，下高風而有言。評其放紛，涸將必復，而草木震色，猶失其潤。況舄鹵偏溉，孰不思肥。寄黃鵠而遺音，實躋鳴而猶美。且受羹舍菽，利不天來；委訟宿糧，事資陂漲。今奪衆水，不及私恩，是曰殘人，何以富俗？更收威也，能無辭乎？與其秉權以求利，曷若秉祿以自馭？請遏其清訕之流，罔愆我宜鱗之所。

同前　　裴昪

天生五材，水善利物。且溉且糞，長我黍禾；爲隄爲防，制爲畜泄。甲秉國鈞軸，作人父母，可興以利除害，仍舊貫以從時。豈宜違俗變常歸疑作師。乃心而改作？使或者相駭，訛言不懲，託黃鵠以興詞，冀洪波之必復。烏鳴亳社，抑有前聞；后言魏榆，斯無可採。昔田疇是闢，歌鄭鄉之遺愛；今羹芋興謠，嗟漢臣之不軌。緬想翟公之策，安可效諸？竊詳甯越之鞭，非其罪也。

同前　　于季重

政在利農，人惟守業，順其事者，莫不胥悦；變其舊者，曾是興謠。惟甲國均是秉，具瞻斯重，永言溝洫，而新見謀。水旱不愆，資燮理而成化；人天可望，冀敦勸而有秋。然則南陽之陂，自滮池而爲睦澤，鄰傍之水，因舄鹵而作膏腴。是汎是流，俯雲雨之攸潤；我疆我理，棲豆芋之餘糧。方進不忘於前蹤，白公且同於斯類。此則有益於國，專利而行，未可式禮苟愆，更從人欲。陂兮當復，聽乃興言，惑衆論咎，責則何甚。黃鵠既聞於師古，焉敢定刑；丹筆亦有於無稽，終宜伏念。寘之理也，誰曰是乎。

（宋）李昉等《文苑英華》卷五二八《毀濯龍泉判》

輿人毀濯龍泉，或失其利，楊氏因形勝興廢業，邑人訴勞役不伏事。

對

因興立功，就敗成罰，天之所壞，人莫能支。泉既稱於濯龍，歌未開於黃鵠，是爲廢墜，匪克脩平，則當程以土功，議其遠邇，同夫鄴令，舄鹵更生其稻粱；媲彼秦人，荷鍤能降其雲雨。若乃虞藪澤之利，述形勝之由，非曰子來，驚一作敬。乎慮始。無有猶可，見作傳。勿對其庸。

同前　　李翥

秦起曲江之沼，漢興濯龍之泉。或因山壅流，或平地出水。皆導達溝瀆，脩利隄防。竭役費財，窮侈極麗。今國家罷苑囿燕游之所，爲農桑禾黍之場。浸彼稻粱，實我箱庚。事失業廢，其何可知。楊氏用因其資，大興其利。非直務盡地利，蓋亦誘人歸本。我疆我理，既叶農夫之慶；載勞載役，徒使邑人有言。

同前　　裴春卿

水德利物，在乎泉源。農功以時，資於灌沃。必欲壅畜無泄，將以源防有用。輿人何者？輒起訟於漚菅；揚氏不爭，更有興於負鍤。詎謝王尊之堰，重開方進之陂，既以樂成，何徵役本。

同前　　蘇令問

濯龍之奧，泉源交屬，楊氏因形以利物，輿人捨舊以謀新。且《河渠》列於八方，《溝洫》陳於十志，類百工之居肆，同五行之廢一。提封既設，潤下是資，宜命水工，鳩諸藪澤。以文無害，雖訟何傷？邑中之黔，實興我役，汝南之鵠，亦著人謠。物之常情，難與適變，同源異口，史起尊其前；刊后表界，信臣旌於後。苟利於物，何恤於言？既無稽於簡乎，終有慙於割斷。待資閱實，方定刑名。

同前　　房密

澤國之政，川衡是恤。止以瀦防，均之溝遂。畜彼雨施，錯其水物。將廢業之不脩，豈分地之爲利？雖輿人之訟，中則可毀；而兩鵠之謠，處聞當復。候天時而潤澤，成我濯龍；灌秋水於涘涯，誰其辨馬？與人爲利，其利則深；仍舊爲功，其功益一作蓋。寡。勞雖是憚，訟則有孚。何者？伍其田疇，初結怨於東里；遵彼溉灌，終見美於西門。乃謀始而獲九，方樂成而久次。此而爲罪，夫何勸能。

同前　　屈突湑

道達溝瀆，濬利川源，允符禮經，克茂邦政。啓塞苟失，艱荒荐臻，惟彼濯龍，稱善利物。不貴離畢之澤，惟俟決渠之降，奚其毁敗，詎潤溝塍。遂使彼黍離離，竟無成於東作，我稷翼翼，豈有收於南畝。而上膺帝澤，下虧甿業，伊輿人之是除，同漢相之斯廢。楊氏以量彼地勢，度滋土宜，興繼絶業，如何不可？既月長而日引，亦暫勞而永逸。邑人之訴，稍乖常典。此而不罰，誰謂其宜。

（宋）李昉等《文苑英華》卷五二八《開渠判》　岐州刺史馬回奏開渠與人相假貸，歲課不時入。執事以爲勞無成，將議裁貶。

對

蒲密之化，鄭白之饒，溝洫可以立人，秦漢斯焉定霸。《豳風》載陳於王業，瓠口深著於甿謠。故典農中郎明濟河於興廢，搜粟都尉定邦國於錙銖，春彼循良，義存俯企。馬回中和踐化，右翊班條，以爲鄴下墱都俊切。流，功成於寫鹵；南陽疏畝，富埒於京坻。雖開鑿方勤，而清閑每就，假多慙於邵父，終有協於倪公。儻秋蟬春鶊，人樂疲於力役，杏花菖葉，農靡闕於耕桑。輸税若或先時，菽粟何妨殷積？詳刑議獄，詎曰攸宜。

（宋）李昉等《文苑英華》卷五二八《清白二渠判》　得清白二渠，交口不著斗門堰，府司科高陵令罪，云：是二月一日以前。

對

清白二渠，其來自遠，善利萬物，聞諸古昔。故疏溝若雨，荷鍤如雲，利彼秦坰，興功鄭白。雖鑿鑿南畝，人歌日出之功；而翹望西成，不假月離之潤。所以每加脩葺，式建隄防，各有司存。標諸令式，高陵令以遷鶯入仕，翔鸞布德，宣風百里，早副天心。管轄二渠，正當交口，欲加門堰，諒有前規，即此經營，非無往例。但以金堤柳色，未變新枝；王琯葭灰，尚飄春雪。節未逾於二月，事不越於三章，府局論辜。竊以未可，欲加罪也，其如詞乎。

同前

溝洫之宜，隄防是急，惟禹盡力，乃安生人。自鄭渠來興，秦壤增利，清白相映，雲天並開，稻粱交陰，雨汗俱發。東風適降，南畝初勤，曉波猶微，春脩未遽。縣令以恤人從術，計役乘閑，雖蟄户驚飛，方期伐木，而斗門議立，且恐勞人。未爲瓠子之決，欲后桃花之水，府司按職，體要俱懷，聽風俗於初聞，謂絃歌於未理。誠以溉灌無闕，經營有圖，豈乖蒲宰之明，當寬柳惠之黜，情存審慎，可適隨時。

同前

三輔名區，千里奧壤，決渠爲雨，荷鍤成雲。衣食之源，見資於畎畝；桑麻之地，實賴於溝渠。故隱於金椎，沉之石揵，見《漢書》作插，非。用防飄梗，爰備墊流。縣令職在字人，化兼馴翟，用遵常式或未成規。良以秋潦未收，且疑於瓠子；春流詎泛，未慮於桃花。脩葺既非後時，府科何其速耳。請從按記，愚謂合宜。

同前　　劉仲宜

殷俗富人，實惟稼穡，分疆列土，必假溝渠。白公入秦，卒興涇水之利；史起居魏，大引河流之溢。信衣食之是資，知珠玉之非貴，理宜順時役築，作制隄防。惟彼高陵，地稱三輔，瞻言沃壤，良由二渠。完謹苟虧，畜洩乖用，必貽罪戾，何以逃刑？且如雨畢除道，既候於天時，水涸成渠，再編於月令。斗門不設，交渠未脩，功雖闕於千金，時靡過於二月。遽即科殿，恐爽廉平，請從矜釋，謂合通典。

同前　　薛霽

導水東流，百川歸海，甘泉北對，二渠交錯。灌注不息，黔黎資上善之功；奔瀉無窮，生靈得下潤之廣。鄭國創業，白公繼焉。秦兼十倍之資，韓得數年之力。決渠降雨，不待商羊之歌；荷鍤成雲，寧假飛龍之氣。理合克奉時令，謹塞隄防，水潦盛昌，懼有奔突。桃花泛溢，增脩及二月之前；瓠子無疑作興。謠，流潤安四人之業。縣宰絃歌緝化，鸞雉添祥。雷震一時，風行百里。遵乎令典，誠未失時；見彼章程，不罹其咎。有詞難罰，無濫斯人。

同前　　劉晋

作利生人，實資水德，至於泛溢，或以災成。故立彼隄，存夫令式，雖墨綬爲化，不願於勞人，而黄潦或湧，益深於害物。況作事謀始，合用於農隙，啓塞隨時，豈待於春仲。論事乃拙於爲政，語對何聞於有司？堰既不立於千金，刑亦安疑於兩壁。郡侯所詰，然案科條。

（宋）李昉等《文苑英華》卷五四〇《引漏水判》 得甲引漏水於衡渠之下，乙告違法，甲云：是金龍口吐，轉注入渠。法司以爲虚妄，科不應爲。不伏。

對

七曜成文，二儀不測，聖人造理，璿衡有用。爲魯侯之金鏤，胳合鬼神；窺漢史之銅渾，有探造化。圭撮不謬，玉節斯調。晝夜必盡其規，天地莫逃其筭。登臺視朔，覩雲物之必書；拂琯移灰，識權衡之有度。惟甲名當典刻，職在挈壺，望朱雁之在時，見金龍之吐水。雨霧時降，波結霜盤之中；晷刻相仍，流泄衡渠之下。在金徒之昧職，徵玉典而可刑。不應爲而匪爲，甲無過也；不應告而輒告，乙有罪焉。請從罰杖之科，以明抱箭之士。

《舊五代史》卷四三《唐書·明宗紀》 〔長興三年二月丙辰〕詔罷城南稻田務，以其所費多而所收少，欲復其水利，資于民間碾磑故也。

（宋）王溥《五代會要》卷二七《疏鑿利人》 周顯德五年十一月，以尚書司勳郎中何幼冲爲關西渠堰使，命於雍、耀二州界疏涇水以溉田。

宋遼金元分部

論説

（宋）范仲淹《范文正集》卷九《上呂相公并呈中丞諮目知蘇州時》

某諮目再拜上僕射相公。伏蒙回賜鈞翰，又訪以疏導積水之事，何巖廊之上而意及畎畝，是伊尹耻一物不獲之心也。天下幸甚。

某連蹇之人，常欲省事，及觀民患，不忍自安。去年姑蘇之水，踰秋不退。計司議之於上，窮俗語之於下。某爲民之長，豈敢曲沮焉？然初未甚曉，惑於羣説。及按而視之，究而思之，則了然可照。令得一二以陳焉，願垂鈞造，審而勿倦，則浮議自破，斯民之福也。

姑蘇四郊略平，窊而爲湖者，十之二三。西南之澤尤大，謂之太湖，納數郡之水。湖東一派濬入于海，謂之松江。積雨之時，湖溢而江壅，横没諸邑。雖北壓揚子江而東抵巨浸，河渠至多，堙塞已久，莫能分其勢矣。惟松江退落，漫流始下。或一歲大水，久而未耗，來年暑雨，復爲沴焉。人必荐饑，可不經畫？今疏導者，不惟使東南入於松江，又使西北入於揚子之與海也。其利在此。夫水之爲物，蓄而停之，何爲而不害？決而流之，何爲而不利？

或曰：江水已高，不納此流。某謂不然。江海所以爲百谷王者，以其善下之，豈獨不下於此耶？江流或高，則必滔滔旁來，豈復姑蘇之有乎？矧今開畎之處，下流不息，亦明驗矣。

或曰：日有潮來，水安得下？某謂不然。大江長淮無不潮也。來之時刻少，而退之時刻多。故大江長淮會天下之水，畢能歸于海也。

或曰：沙因潮至，數年復塞，豈人力之可支。某謂不然。新導之河，必設諸閘，常時扃之，禦其來潮，沙不能塞也。每春理其閘外，工減數倍矣。旱歲亦扃之，駐水溉田，可救熯涸之災。潦歲則啓之，疏積水之患。

或謂開畎之役，重勞民力。某謂不然。東南之田，所植惟稻。大水一至，秋無他望。災沴之後，必有疾疫乘其羸，十不救一，謂之天災，實由饑耳。如能使民以時，導達溝瀆，保其稼穡，俾百姓不饑而死，曷爲其勞哉？民勤而生，不亦愈於惰而死者乎？

或謂力役之際，大費軍食。某謂不然。姑蘇歲納苗米三十四萬斛，官私之糴又不下數百萬斛。去秋蠲放者三十萬，官私之糴無復有焉。如豐穰之歲，春役萬人，人食三升，一月而罷，用米九千石耳。荒歉之歲，日以五升，召民爲役，因而賑濟，一月而罷，用米萬五千石耳。量此之出，較彼之入，孰爲費軍食哉？

或謂陂澤之田，動成渺瀰，導川而無益也。某謂不然。吴中之田，非水不殖，減之使淺，則可播種，非必決而涸之，然後爲功也。昨開五河，洩去積水，今歲平和，秋望七八。積而未去者，猶有二三，未能播殖。復請增理數道，以分其流，使不停壅，縱遇大水，其去必速，而無來歲之患矣。又松江一曲，號曰盤龍港，父老傳云，出水尤利。如總數道而開之，災必大減。蘇、秀間有秋之半，利已大矣。

畎澮之事，職在郡縣，不時開導，刺史、縣令之職也。然今之世，有所興作，横議先至。非朝廷主之，則無功而有毁。守土之人，恐無建事之意矣！蘇、常、湖、秀，膏腴千里，國之倉庾也。浙漕之任及數郡之守，宜擇精心盡力之吏，不可以尋常資格而授。恐功利不至，重爲朝廷之憂，且失東南之利也。某已具此聞于相府，仰惟中丞有憂天下之心，爲亦留意於此焉。干冒威重，卑情不任惶懼之至！

（明）楊士奇《歷代名臣奏議》卷二四九《上鄭白渠利害疏梁鼎》

〔至道元年一月〕案舊史，鄭渠元引涇水，自仲山西抵瓠口，並北山東注洛，三百餘里，溉田四萬頃，畝收一鍾。白渠亦引涇水，起谷口，入櫟陽，注渭水，長二百餘里，溉田四千五百頃。兩渠溉田凡四萬四千五百頃，今所存者不及二千頃，皆近代改修渠堰，浸隳舊防，繇是灌溉之利絶少于古矣。鄭渠難爲興工，今請遣使先詣三白渠行視，復修舊迹。

（清）徐松《宋會要輯稿·食貨六一·水利雜録》〔慶曆四年〕十月，權發遣户部判官公事燕度言：竊聞關中水利，古人所以富國。近年亦有臣僚擘畫澆灌者，然州縣鮮能訪尋水勢，疚心農務，是致頻年亢旱，屢遭飢饉，百姓流移，軍儲不集。近華州渭南知縣曹公望嘗引敷水溉田甚廣，民間頗稱利便，卻聞有人爲妨私家水磨，遂訟於官。雖州縣不行，然慮陝西水勢可以疏引澆灌去處不少，似此盡爲豪勢之家占爲碾磑之利，而州縣厭見乎訟，不敢盡心計畫。欲乞特下陝西都轉運司，如州縣能以水利澆溉民田廣闊者，應是妨滯公私碾磑池沼諸般課利，並須停廢，不得爭占。州縣仍不得受理。

（清）徐松《宋會要輯稿・食貨六一・水利雜録》　至和元年八月二十日，光州仙居縣令田淵言：竊見江淮民田，十分之中八九種稻，春中遇雨，則耕耨布種，常宜霑潤，盛夏稍愆雨澤，則其苗衰薄，所收微尠。惟是陂塘，有修築堅固，蓄水高廣，則下所灌田，不以旱沴，無不厚收。訪聞民間不肯協力乘閑修作，雖私有文約，愚頑之民多不聽從。興工之（之）時，難爲糾率。或矜強恃猾，抑卑凌弱。或只令幼小應數，而坐俟其利。似此之類，十居其半。及用水之際，爭來引注。是以勞費不均，多起鬬訟。勤力懦善之家，常受其弊。故不能專志特力，用工興修，是致因循，極有遺利。竊見京畿及京東、京西等路，每歲初春差夫多爲民田所（興）〔與〕逐縣差官部押，或支移三五百里外工役，罕有虚歲。伏知江淮並不點差夫役，當農隙之際，一向安閑，比之北地，實爲優幸。其民於自己所利，亦不能勤力治生，暫勞永逸，誠宜勸率。若非官爲拘督，因時興作，則私下雖有期會，無由糾集，所興之工，獲水之利，十未得其一二。欲乞諸路，凡有陂塘湖港，可以溉田之處，今後令逐縣將元籍所管及不曾供報之處，逐一拘收。每年預先檢計工料，各具折合，係使水人户各有田段畝數，據實户遠近，各備工料。候至春初，本縣定日如差夫例，點集入役。仍逐處立團頭陂長，監催本州差逐縣官點檢部轄。候畢，責干係人結罪供狀。仍別差官覆檢料例，並視差夫條約。後雖完固，亦須每歲計度合添工料，補疊隄防，高厚則積水深廣，獲利愈博。其久來湮塞遺跡及地勢合有可以創制陂塘之處，令逐處檢踏，聽人户所願，經官申述。亦即相度，依例興修。其有陂塘乾淺退出灘地，卻爲接連之家侵占，經久妄冒，便作己田攔占，不令依舊修作，多起訟端，官司不爲研窮。今後須仰定奪，雖經歲深，亦不得占獲。若向去添疊水勢，過於舊跡，亦當損少利衆。其有水侵之地，即令檢量，據數比撲，量減二稅。及新創陂塘之處，若有水面侵卻，不係使水之人田土，亦乞準前例所差團頭陂長，於上等户内如差夫隊頭例選差，仍給文帖，令董其役。或遇大雨，即率衆户防守，遇愆亢使水，須衆議同開決，自上及下，均勻溉灌，不得壅障。所產魚蛤蒲葦蓮芡之類，須秋成方得采捕。乞明立條約，若是盜決隄防，情理重者，嚴寘之法。

（元）蘇天爵《元文類》卷五〇《知太史院事郭公行狀・議水利》

中統三年，張忠宣公薦公習知水利，且巧思絶人，蒙賜見上都便殿。公面陳水利六事：其一，中都舊漕河，東至通州，權以玉泉水引入行舟，歲可省僦車錢六萬緡。通州以南，於藺榆河口徑直開引，由蒙村跳梁務至（□州）〔楊村〕還河，以避浮鷄淘盤淺風浪遠轉之患。其二，順德達活泉開入城中，分爲三渠，引出城東，灌溉其地。其三，順德澧河東至古任城，失其故道，没民田一千三百餘頃。此水開修成河，其田即可耕種。其河自小王村經滹沱，合入御河，通行舟楫。其四，磁州東北滏、漳二水合流處開引，由滏陽、邯鄲、洺州、永年下經鷄澤，合入澧河，其間可溉田三千餘頃。其五，懷、孟沁河雖已澆溉，尚有漏堰餘水，東與丹河餘水相合，開引東流，至武陟縣北，合入御河，其間亦可溉田二千餘頃。〔其六，黄河自孟州西開引，少分一渠，經由新、舊孟州中間，順河古岸下，至温縣南復入大河，其間亦可溉田二千餘頃。〕每奏一事，上輒曰：當務者此人，真不爲素餐矣。即授提舉諸路河渠。

（元）陸文圭《牆東類稿》卷三《策問・水利》　問：海於天地間，爲物最鉅，幅員萬里。東、南、北皆距海而止，惟西海未有考，或以瀚海、青海當之，是與？否與？登萊之市，青紅變滅，信有之與？四明之巖，光彩現相，信有之與？蓬萊之山，在何許與？尾閭之泄，在何地與？黑水、西夷之水，入于南海，《禹貢》可詳與？雲帆杭稻之轉，來自東吴，唐詩可考與？使節之崎嶇，饟道之艱險，至元以來嘗行之矣。古道荆棘，不知幾年，蠻商海賈、長年三老所不能知也，創而開之者誰與？姑以耳目所接言之，西浙之蘇、杭，東浙之台、明、温，越，皆瀕海也，魚鹽之所出，職貢之所有，其利不貲。秦漢時，自會稽以南，以爲不毛之地，不牧之民，何歟？陰陽氣數，盈虚消息，亦有時歟？《宋史》載蘇公軾守杭，杭本江海之地，水泉鹹苦，於是濬茅山之河以受江潮，濬鹽橋之河以受湖水，民獲其利。然此特導江湖之水耳，未聞滄海之爲患也。考之圖誌，青白沙鎮前後，洋街、坦頭、沙坑，皆海之漲地也。自鹽官之邑，北至秀之海鹽，昔有以堤捍海，今水利不脩，龍宮失職，井邑民居，盡爲所貪，囓齕之勢未已，何以禦之歟？祈禳有術歟？厭勝有方歟？隄防用人力與？消長委天數與？朝廷有道，宰輔賢明，百神受職，行見玄冥退舍，川后静波矣！或者過慮，試相與籌之，毋徒曰土克水。

綜述

（宋）竇儀《宋刑統》卷二七《雜律·不修隄防盗决隄防》 諸不修隄防，及修而失時者，主司杖七十。毀害人家，漂失財物者，坐贓論，減五等。以故殺傷人者，減鬭殺傷罪三等。謂水流漂害於人，即人自涉而死者非。即水雨過常，非人力所防者勿論。其津濟之處，應造橋航，及應置船栰，而不造置，及擅移橋濟者，杖七十，停廢行人者，杖一百。

疏：諸不修隄防，及修而失時者，主司杖七十。毀害人家，漂失財物者，坐贓論，減五等。以故殺傷人者，減鬭殺傷罪三等。注云，謂水流漂害於人，即人自涉而死者非。又云，即水雨過常，非人力所防者勿論。議曰：依《營繕令》，近河及大水有隄防之處，刺史、縣令以時檢校。若須修理，每秋收訖，量功多少，差人夫修理。若暴水汎溢，損壞隄防，交爲人患者，先即修營，不拘時限。若有損壞，當時不即修補，或修而失時者，主司杖七十。毀害人家，謂因不修補，及修而失時，爲水毀害人家。漂失財物者，坐贓論，減五等，謂失十匹杖六十，罪止杖一百。若失衆人之物，亦合倍論。以故殺傷人者，減鬭殺傷罪三等，謂殺人者徒二年半，折一支者徒一年半之類。注云，謂水流漂害於人，謂由不修理隄防而損害人家，及行旅被水漂流，而致死傷者。即人自涉而死者非，所司不坐。即水雨過常，非人力所防者，無罪。

又云，其津濟之處，應造橋航，及應置船栰，而不造置，及擅移橋濟者，杖七十，停廢行人者杖一百。議曰：津濟之處，應造橋航，謂河津濟渡之處，應造橋及航者，編舟作栰，及應置舟船，及須以竹木爲栰以渡行人，而不造置，及擅移橋梁濟渡之所者，各杖七十。停廢行人，謂不造橋航，及不置船栰，並擅移橋濟，停廢行人者，杖一百。

諸盗决隄防者，杖一百。謂盗水以供私用，若爲官檢校，雖供官用亦是。若毀害人家，及漂失財物，贓重者，坐贓論。以故殺傷人者，減鬭殺傷罪一等。若通水入人家，致毀害者，亦如之。其故决隄防者，徒三年。漂失贓重者，准盗論。以故殺傷人者，以故殺傷論。

疏：諸盗决隄防者，杖一百。注云，謂盗水以供私用，若爲官檢校，雖供官用亦是。又云，若毀害人家，及漂失財物，贓重者，坐贓論。以故殺傷人者，減鬭殺傷罪一等。若通水入人家，致毀害者，亦如之。議曰：有人盗决隄防，取水供用，無問公私，各杖一百。故注云，謂盗水以供私用，若爲官檢校，雖供官用亦同。水若爲官，即是公坐。若毀害人家，謂因盗水汎溢，以害人家，漂失財物，計贓罪重於杖一百者，即計所失財物坐贓論，謂十匹徒一年，十匹加一等。以故殺傷人，謂以决水之故殺傷者，減鬭殺傷罪一等。若通水入人家，致毀害殺傷者，一同盗决之罪，故云亦如之。

又云，其故决隄防者，徒三年。漂失贓重者，准盗論。以故殺傷人者，以故殺傷論。議曰：上文盗水，因有殺傷，此云故决隄防者。謂非因盗水，或挾嫌隙，或恐水漂流自損之類，而故决之者，徒三年。漂失之贓，重於徒三年，謂漂失人三十匹贓者，准盗論，合流二千里。若失衆人之物，亦合倍論。以决隄防之故，而殺傷人者，以故殺傷論，謂殺人者合斬，折人一支流二千里之類。上例殺傷人減鬭殺傷罪一等，有殺傷畜産，償減價，餘條准此。今以故殺傷論，其殺傷畜産，明償減價。下條水火損敗，故犯者徵償。

臣等參詳，今後盗决隄防，致漂溺殺人，或衝注卻舍屋、田苗、積聚之物，害及一十家以上者，頭首處死，從減一等。溺殺三人，或害及百家上者，以元謀人及同行人並處死。如是盗决水小，隄堰不足以害衆，及被驅率者，准律處分。

（宋）謝深甫等《慶元條法事類》卷四九《農桑門·農田水利》 令

田令

諸雨水過常而瀦積爲害及於道路有妨者，令、佐監督導决，水大者，州差官計度，仍申監司。若功役稍衆，轉運司應副并差官同本州相度，行訖，具應用財力及導决次第申尚書本部。【略】

諸江河、山野、陂澤、湖塘、池濼之利與衆共者，不得禁止及請佃、承買，監司常切覺察，如許人請佃、承買，并犯人糾劾以聞。河道不得築堰或束狹以利種植。即瀦水之地，衆共溉田者，官司仍明立界至，注籍。

請佃及買者，追地利入官。【略】

河渠令

諸以水溉田，皆從下始，仍先稻後陸。若渠堰應修者，先役用水之家，其碾磑之類壅水於公私有害者，除之。

（宋）李心傳《建炎以來繫年要録》紹興十二年六月 初，興元府有六堰，引褒水溉民田至數千頃，故漢中地極膏腴。兵興以來，歲久弗治，至是帥臣武當軍節度使兼川陝宣撫使都統制楊政率衆修復。偶夏水堤決，政親往督役，其後堰成，歲省漕運二十餘萬石。又漢江水數至城下，政仍作長堤捍之，水遂趨南岸，咸賴以安。

（宋）李心傳《建炎以來繫年要録》紹興二十三年十月 丁丑，户部侍郎徐宗説言：宣州太平州圩田爲水所壞，乞委司農寺丞兼權户部郎官鍾世明前去措置。從之。其後世明言：宣州化成、惠民二圩，蕪湖縣萬春、陶新、政和、獨山、永興、保成、咸寶、保勝、保豐、衍惠十圩，當塗縣廣濟一圩。每圩長者數十里，用工數百萬計，乞以常平錢米貸民修築。亦從之。先是宣州大水，其流泛溢至太平州。凡太平境内沿湖諸圩，悉爲衝决。會溧陽縣丞龔鋈以修圩之策獻於秦檜，檜乃以幹辦府丁禩爲江東副總管，往集其事。至是繼命世明，又以鋈爲本路提舉司屬官，俾視其工役。既而知當塗縣張津謂被水農民流徙過半，若令自修，力不能辦。遂用其説，共興長埂，周迴百八十里，包諸小圩。未幾，成。然鋈所役夫萬計，人之死者甚衆。先是臨安府守臣曹泳薦監激酒庫龔釜於檜，使掌平江府、秀州莊產。釜既改秩，即令權監六部門，又創立點檢人使程頓爲名，出使二郡。鋈、釜因徧詣田所相視，有瘠薄者，即追售田之人，勒償元值，民甚苦之。鋈、釜皆鑒弟。津，宜春人也。

（宋）熊克《中興小紀》卷三〇 甲申，宰執奏言者所論監禁事。上曰：古今事異。今國用仰給煑海者十之八九，豈可捐以與人？散利，雖王者之政，然使人專利，亦非政之善也。吴王濞之亂，漢實使之。使濞不專煑海之利，雖欲爲亂得乎？ 初興元府有六堰，引褒水溉民田至數千頃，故漢中地極膏腴。兵興以來，歲久弗治，堰壞而田多荒。至是帥臣武當軍節度使兼川陝宣撫司都統制楊政率衆修復。偶夏水堤決，政親往督役。其後堰成，歲省漕計二千餘萬石。又漢江水數至城下，政仍作長堰捍之，水遂趨南岸，城賴以安。

（宋）熊克《中興小紀》卷三五 先是，夏間宣州大水，其流泛溢至太平州太平境内。沿湖諸墟，悉爲衝决。是冬，詔遣太府寺丞鍾世明，至州相視脩築。守臣直秘閣洪楫，集屬邑共議。知當塗縣事張津，謂被水農民，流徙過半。若令逐墟自脩，力不能辦。遂用其説，共興長埂。週迴一百八十里，包諸小墟，未幾成。然自此小墟埂盡廢，一遇水決，則通被其害。故農民屢請於官，欲各興中埂以防患焉。

（宋）熊克《中興小紀》卷三八 初，大理寺丞環周言：臨安平江，湖秀低田多爲水浸。蓋緣諸水併歸太湖，湖水分爲二派，東南一派，由松江注之海，東北一派，由諸浦注之江。其諸浦中惟白茅浦最大，今爲淤塞。望令有司於農隙開決，俾北派流通。實四州無窮之利。詔漕臣措置。既而轉運副使趙子潚、知平江府蔣燦言：太湖者，數州之巨浸。而獨洩以松江之一川，宜其勢有所不逮。是以昔人於常熟之北，開二十四浦，流而導之楊子江。又於崑山之東，開一十二浦，分而納之海。凡三十六浦。後爲潮汐沙積，而開江之卒亦廢，於是民田有渰没之憂。天聖間，漕臣張綸嘗於常熟、崑山各開衆浦。景祐間，郡守范仲淹亦親至海浦，浚開五河。政和間，提舉官趙霖又開三十餘浦。此見於已行者也。今諸浦堙塞，又非前比，總計用工三百三十餘萬，錢三十三萬餘貫，米十萬餘石。緣平江積水已兩月未退，望速行之。己巳，詔監察御史任古覆視。既而古至平江，言常熟五浦通江，委是快便。若依子潚所請，以五千人爲率，來歲正月入役，月餘可畢。又言平江四縣，舊有開江兵二千人，今乞止於常熟、崑山兩縣各招填百人。從之。燦，晋陵人。古，定陶人。

《宋史》卷一七三《食貨志·天下墾田》 神宗熙寧元年，襄州宜城令朱紘復修木渠，溉田六千頃，詔遷一官。權京西轉運使謝景温言：在法，請田户五年内科役皆免。今汝州四縣客户，不一二年便爲舊户糾抉，與之同役，因此即又逃竄，田土荒萊。欲乞置墾田務，差官專領，籍四縣荒田，召人請射。更不以其人隸屬諸縣版籍，須五年乃撥附，則五年内自無差科。如招及千户以上者，優奬。詔不置務，餘從所請。

明年，分遣諸路常平官，使專領農田水利。吏民能知土地種植之法，陂塘、圩埒、堤堰、溝洫利害者，皆得自言；行之有效，隨功利大小酬賞。民占荒逃田若歸業者，責相保任，逃税者保任爲輸之。已行新法縣分，田土頃畝、川港陂塘之類，令、佐受代，具墾闢開修之數授諸代者，令照籍有實乃代。

中書議勸民栽桑。帝曰：農桑，衣食之本。民不敢自力者，正以州縣約以爲貲，升其户等耳。宜申條禁。於是司農寺請立法，先行之開封，視可行，頒於天下。民種桑柘毋得增賦。安肅廣信順安軍、保州，令民即其地植桑榆或所宜木，因可限閡戎馬。官計其活茂多寡，得差減在户租數，活不及數者罰，責之補種。

興修水利田，起熙寧三年至九年，府界及諸路凡一萬七百九十三處，爲田三十六萬一千一百七十八頃有奇。神宗元豐元年，詔開廢田，興水利，民力不能給役者，貸以常平錢穀，京西南路流民買耕牛者免征。五年，都水使者范子淵奏：自大名抵乾寧，跨十五州，河徙地凡七千頃，乞募人耕種。從之。【略】

大抵南渡後水田之利，富於中原，故水利大興。而諸籍没田募民耕者，皆仍私租舊額，每失之重，輸納之際，公私事例迥殊。私租額重而納輕，承佃猶可；公租額重而納重，則佃不堪命。州縣胥吏與倉庾百執事之人，皆得爲侵漁之道於耕者也。季世金人乍和乍戰，戰則軍需浩繁，和則歲幣重大，國用常苦不繼，於是因民苦官租之重，命有司括賣官田以給用。其初弛其力役以誘之，其終不免於抑配，此官田之弊也。嘉定以後，又有所謂安邊所田，收其租以助歲幣。至其將亡，又限民名田，買其限外所有，謂之公田。初議欲省和糴以紓民力，而其弊極多，其租尤重，宋亡，遺患猶不息也。凡水田、官田之法，公田見於史者，彙其始末而悉載于篇，有足鑒者焉。

紹興元年，詔宣州、太平州守臣修圩。二年，以修圩錢米及貸民種糧，並於宣州常平義倉米撥借。三年，定州縣圩田租額充軍儲。建康府永豐圩租米，歲以三萬石爲額。圩四至相去皆五六十里，有田九百五十餘頃，近歲墾田不及三之一。至是，始立額。

五年，江東帥臣李光言：明、越之境，皆有陂湖，大抵湖高於田，田又高於江、海。旱則放湖水溉田，澇則決田水入海，故無水旱之災。本朝慶曆、嘉祐間，始有盜湖爲田者，其禁甚嚴。政和以來，創爲應奉，始廢湖爲田。自是兩州之民，歲被水旱之患。餘姚、上虞每縣收租不過數千斛，而所失民田常賦，動以萬計。莫若先罷兩邑湖田。其會稽之鑑湖、鄞之廣德湖、蕭山之湘湖等處尚多，望詔漕臣盡廢之。其江東、西圩田，蘇、秀圍田，令監司守令條上。於是詔諸路漕臣議之。其後議者雖稱合廢，竟仍其舊。

初，五代馬氏於潭州東二十里，因諸山之泉，築堤瀦水，號曰龜塘，溉田萬頃。其後堤壞，歲旱，民皆阻飢。七年，守臣吕頤浩始募民修復，以廣耕稼。十六年，知袁州張成己言：江西良田，多占山岡，望委守令講陂塘灌溉之利。其後比部員外郎李泳言，淮西高原處舊有陂塘，請給錢米，以時修濬。知江陰軍蔣及祖亦請濬治本軍五卸溝以洩水，修復横河支渠以溉旱。乃並詔諸路常平司行之，每季以施行聞。

二十三年，諫議大夫史才言：浙西民田最廣，而平時無甚害者，太湖之利也。近年瀕湖之地，多爲兵卒侵據，累土增高，長堤彌望，名曰壩田。旱則據之以溉，而民田不沾其利；澇則遠近泛濫，不得入湖，而民田盡没。望盡復太湖舊迹，使軍民各安，田疇均利。從之。二十四年，大理寺丞周環言：臨安、平江、湖、秀四州下田，多爲積水所浸。緣溪山諸水併歸太湖，自太湖分二派：東南一派由松江入于海，東北一派由諸浦注之江。其沿江泄水，惟白茅一浦最大。今泥沙淤塞，宜决浦故道，俾水勢分派流暢，實四州無窮之利。詔兩浙漕臣視之。

二十八年，兩浙轉運副使趙子潚、知平江府蔣璨言：太湖者，數州之巨浸，而獨洩以松江之一川，宜其勢有所不逮。是以昔人於常熟之北開二十四浦，疏而導之江；又於崑山之東開一十二浦，分而納之海。三十六浦後爲潮汐沙積，而開江之卒亦廢，於是民田有淹没之患。天聖間，漕臣張綸嘗於常熟、崑山各開衆浦；景祐間，郡守范仲淹亦親至海浦，濬開五河；政和間提舉官趙霖復嘗開濬。今諸浦湮塞，又非前比，計用工三百三十餘萬，錢三十三萬餘緡，米十萬餘斛。於是詔監察御史任古復視之。既而古至平江言：常熟五浦通江誠便，若依所請，以五千功，月餘可畢。詔以激賞庫錢、平江府上供米如數給之。二十九年，子潚又言：父老稱福山塘與丁涇地勢等，若不濬福山塘，則水必倒注于丁涇。乃命併濬之。

隆興二年八月，詔：江、浙水利，久不講修，勢家圍田，堙塞流水。諸州守臣按視以聞。於是知湖州鄭作肅、知宣州許尹、知秀州姚憲、知常州劉唐稽並乞開圍田，濬港瀆。詔湖州委朱夏卿，秀州委曾愔，平江府委陳彌作，常州、江陰軍委葉謙亨，宣州、太平州委沈樞措置。九月，刑部侍郎吴芾言：昨守紹興，嘗請開鑑湖廢田二百七十頃，復湖之舊，水無泛溢，民田九千餘頃，悉獲倍收。今尚有低田二萬餘畝，本亦湖也，百姓交佃，畝直纔兩三緡。欲官給其半，盡廢其田，去其租。户部請符浙東常平司同紹興府守臣審細標遷。從之。

乾道二年四月，詔漕臣王炎開浙西勢家新圍田：草蕩、荷蕩、菱蕩及陂湖溪港岸際旋築塍畦、圍裹耕種者，所至守令同共措置。炎既開諸圍田，凡租户貸主家種糧債負，並奏蠲之。六月，知秀州孫大雅代還，言：州有柘湖、澱山湖、當湖、陳湖，支港相貫，西北可入于江，東南可達于海。旁海農家作壩以却鹹潮，雖利及一方，而水患實害鄰郡；設疏導之，則又害及旁海之田。若於諸港浦置牐啓閉，不惟可以洩水，而旱亦獲利。然工力稍大，欲率大姓出錢，下户出力，於農隙修治之。於是以兩浙轉運副使姜詵與守臣視之，詵尋與秀常州、平江府、江陰軍條上利便。詔：秀州華亭縣張涇牐并澱山東北通陂塘港淺處，俟今年十一月興修；江陰軍、常州蔡涇牐及申港，明年春興修；利港俟休役一年興修；平江府姑緩之。三年三月，詵使還，奏：開濬畢功，通洩積水，久浸民田露出塍岸。臣已諭民趁時耕種。恐下户闕本，良田復荒，望令浙西常平司貸給種糧。又奏措置、提督、監修等官知江陰軍徐藏等減磨勘年有差。

四年，以彭州守臣梁介修復三縣一十餘堰，灌溉之利及於鄰邦，詔介直祕閣、利路轉運判官。七年，王炎言：興元府山河堰世傳漢蕭、曹所作。本朝嘉祐中，提舉史炤上堰法，獲降敕書刻石堰上。紹興以來，户口凋疏，堰事荒廢，遂委知興元府吴拱修復，發卒萬人助役。宣撫司及安撫、都統司共用錢三萬一千餘緡，盡修六堰，濬大小渠六十五里，凡溉南鄭、褒城田二十三萬三千畝有奇。詔獎諭拱。

九年，户部侍郎兼樞密都承旨葉衡言：奉詔覈實寧國府、太平州圩岸，内寧國府惠民、化成舊圩四十餘里，新築九里餘；太平州黄池鎮福定圩周四十餘里，延福等五十四圩周一百五十餘里，包圍諸圩在内，蕪湖縣圩周二百九十餘里，通當塗圩共四百八十餘里。並高廣堅緻，瀕水一岸種植榆柳，足捍風濤，詢之農民，實爲永利。於是詔獎諭判寧國府魏王愷，略曰：大江之壖，其地廣袤，使水之蓄洩不病而皆爲膏腴者，圩之爲利也。然水土闕齧，從昔善壞。卿耑修稼政，巨防屹然，有懷勤止，深用歎嘉。

九年八月，臣僚言江西連年荒旱，不能預興水利爲之備。於是乃降詔曰：朕惟旱乾、水溢之災，堯、湯盛時，有不能免。民未告病者，備先具也。豫章諸郡縣，但阡陌近水者，苗秀而實；高卬之地，雨不時至，苗輒就槁。意水利不修，失所以爲旱備乎？唐韋丹爲江西觀察使，治陂塘五百九十八所，灌田萬二千頃。此特施之一道，其利如此，矧天下至廣也。農爲生之本也，泉流灌溉，所以毓五穀也。今諸道名山，川原甚衆，民未知其利。然則通溝瀆，豬陂澤，監司、守令，顧非其職歟？其爲朕相丘陵原隰之宜，勉農桑，盡地利，平繇行水，勿使失時。雖有豐凶，而力田者不至拱手受弊，亦天人相因之理也。朕將即勤惰而寓賞罰焉。

淳熙二年，兩浙轉運判官陳峴言：昨奉詔徧走平江府、常州、江陰軍，諭民併力開濬利港諸處，並已畢功。始欲官給錢米，歲不下數萬，今皆百姓相率效力而成。詔常熟知縣劉穎特增一秩，餘論賞有差。三年，賜皇子判明州魏王愷詔曰：陂湖川澤之利，或通或塞，存乎其人。四明爲州實治鄞，鄞之鄉東西凡十四，而錢湖之水實溉其東之七。吏惰不虔，葑茭蕪翳，利失其舊，農人病焉。卿臨是邦，乃能講求利便而濬治之，遂使並湖七鄉之田，無異時旱乾之患，其爲澤豈淺哉。剡奏徹聞，不忘嘉歎。

十年，大理寺丞張抑言：陂澤湖塘，水則資之瀦洩，旱則資之灌溉。近者浙西豪宗，每遇旱歲，占湖爲田，築爲長堤，中植榆柳，外捍茭蘆，於是舊爲田者，始隔水之出入。蘇、湖、常、秀昔有水患，今多旱災，蓋出於此。乞責縣令毋給據，尉警捕，監司覺察。有圍裹者，以違制論；給據與失察者，併坐之。既而漕臣錢沖之請每圍立石以識之，共一千四百八十九所，令諸郡遵守焉。

紹熙二年，詔守令到任半年後，具水源湮塞合開修處以聞；任滿日，以興修水利圖進，擇其勞效著明者賞之。慶元二年，户部尚書袁說友等言：浙西圍田相望，皆千百畝，陂塘漊瀆，悉爲田疇，有水則無地可瀦，有旱則無水可戽。不嚴禁之，後將益甚，無復稔歲矣。嘉泰元年，以大理司直留佑賢、宗正寺主簿李澄措置，自淳熙十一年立石之後，凡官民圍裏者盡開之。又令知縣並以點檢圍田事入銜，每歲三四月，同尉點檢有無姦民圍裏狀，上于州，州聞于朝。三年遣官審視，及委臺諫察之。二年二月，佑賢、澄使還，奏追毁臨安、平江、嘉興、湖、常開掘户元給佃據。三月，右正言施康年言：近屬貴戚不體九重愛民之心，止爲一家營私之計，公然投牒以沮成法，乞戒飭；自今有陳狀者，指名奏劾，必罰無赦。開禧二年，以淮農流移，無田可耕，詔兩浙州縣已開圍田，許元主復圍，專召淮農租種。嘉定三年，臣僚言：竊聞豪民巨室並緣爲姦，加倍圍裏，又影射包占水蕩，有妨農民灌溉。於是復詔浙西提舉司俟農隙開掘。七年，復臨安府西湖舊界，盡蠲歲增租錢。十七年，臣僚言：越之鑑湖，溉田幾半會稽，興化之木蘭陂，民田萬頃，歲飲其澤。今官豪侵占，填淤益狹。宜戒有司每歲省視，厚其瀦蓄，去其壅底，毋容侵占，以妨灌溉。皆次第行之。

（清）徐松《宋會要輯稿・食貨七・水利上》　太宗至道元年正月五日，度支判官梁鼎、陳堯叟言：乞興三白渠及南陽、陳、（穎）〔潁〕、壽春、沛郡、襄陽水田，復邵信臣、鄧艾、羊祜之制，以廣農作。詔光禄寺丞何亮等經度之。【略】

五月，知懷州許衮上言：蒙差奉職張致與臣相度開畎河水，澆溉人户田苗並官竹園。田：原作佃，據本書食貨六之九〇改。臣等相度，所有令狐管水磨兩盤，寔是每年配率民户於丹河作堰，功料至大，百姓甚困敝，欲望特行停廢。其上汜河下流水磨兩盤且乞仍舊差人勾當，出辦元額一半錢銀。其官竹園依時流溉外，沿河人户乞令鄉村春夏澆田自上流使水，秋冬澆田自下流使水，如違，乞以盜決堤防條科罪。或百姓自辦開畎，廣作陂塘，亦聽取便。今據河内縣里正申超等分析到緣河兩岸使水二十村，二百二十五户，澆得田土約六百八十餘頃，並屬省竹園在內。帝謂宰相等曰：川谷通流，澆溉畎畝，乃農田之急務也。豈可以水磨微細課入妨百姓之利哉？其水磨依奏廢兩盤，見存留者亦與減放一半課額。餘水則引入官地，用灌園竹，勿使荒廢。

真宗咸平六年三月，以大理寺丞黄宗旦通判潁州，從京西轉運使查道之舉。宗旦先上潁川諸路陂塘荒地計千五百餘頃，可募民耕佃，因命宗旦經度之。其民自占者三百二十餘家，朝廷欲終其事，適會道舉奏，遂就命之。

景德元年正月，北面都鈐轄閻承翰言：自定州開渠至蒲陰縣東約六十二里，引水入沙河，東經邊吴泊入界河，可通行舟楫，計其二役並圖畫來上。帝謂侍臣曰：承翰以開導此河不惟易致資糧，兼可播種其旁，引水灌溉，以助軍食，且設險以限戎馬，亦邊防之利也。宜可其奏。

四月十四日，閻承翰言：自嘉山引徐河水經定州東入沙河，其新開河北官司已開田種稻，其旁隙地，欲募人耕墾。從之。

大中祥符五年九月，帝曰：保州興置稻田，地里漸廣，知州高尹到彼，並不具興修次第聞奏。可密諭尹，令常用心興置，興：原作界，據本書食貨六一之九〇改。仍逐月件析以聞。其稻田務兵士或聞數目無多，宜令樞密院量與增差。

天禧元年六月十一日，知昇州丁謂言：城北有後湖，因旱，百姓請佃，計七十六頃，納租五百五十餘貫。納：原作紐，據《長編》卷九〇及本書食貨六一之九〇改。今請依前畜水，種植菱蓮，或遇亢旱，決以溉田。決：原作次，據本書食貨六一之九〇改。仍用蒲魚之利，旁濟饑民。望量遣軍士開修，其租錢特與減放。從之。

十二日，詔：明州城外濠地及慈溪、鄞縣陂湖所納課額永除之，許民溉田疇，採菱芡。

二年十二月，都官員外郎張若谷言：宣州化城圩水陸地八百八十餘頃，歲納租米二萬四千餘碩，見屬永陽鎮監税使臣勾當，未得整肅。望置一使臣專領其事。從之。

四年五月，淮南勸農使王貫之等導海州界石闥堰水入漣水軍溉民田；知濠州定遠縣太子中舍江澤率部民修古塘堰，貯水溉田，民獲其利。詔並獎之，仍令代還日考課引對。因諭諸路勸農司，應塘堰可以利民者，准此繕修。

七月，詔：江淮南舊有陂塘，民請佃二十年以内者，並許仍舊修畎，自今不許請佃。內已種苗者，俟收獲畢修作；二十年以上者，依舊爲主。

仁宗天聖四年八月，仁宗：原無，據本書食貨六一之九一補。監察御史王沿上相州開河渠引水溉民田利害，詔候修護黄河畢日，規畫之。沿奏云：渠田起於戰國魏襄王時，東有全齊，西有強秦，韓、魏在其前，燕、趙居其後，干戈歲動，封疆日蹙，苟不盡其地利，則爲強國所吞。故史起獻其謀曰：魏氏之行田也以百畝，鄴獨二百畝，是田惡也。漳水在其旁，西門豹爲鄴令，請引之以溉鄴，溉：原作鄴，據《長編》卷一〇四及本書食貨六一之九一改。以當魏之河內。臣徧觀史傳，但載溉灌之饒，不書疏導之法。唯本州圖經稱有天井堰者，本州：《長編》卷一〇四作相州。魏武帝所作。二十里分十二重墱，每墱相去三百步，令互相灌注。故左太沖《魏都賦》云：墱流十二，同源異口。詳此則古來漳水本淺，不與岸平，須就岸以開渠，復臨渠而作堰，則水流渠內，渠灌田中。蓋爲渠之初，必就高處，渠行數里，方達平田。若水與岸平田接，爲渠甚易，溉田不難，則自國初以來，庸常之人已能開之也矣，又豈假臣之瞽言而後隱度哉！臣按《史記》云：韓聞秦之好興事，欲疲之，無令東伐，乃俾水工鄭國説秦，令鑿渠，引涇水並北山東注洛三百里，欲以溉田。中作而覺，鄭國乃曰：爲韓延數年之命，爲秦建萬世之功。秦以爲然，卒使就渠。夫以強秦之力，鑿一渠有何艱哉，韓人乃云欲疲之，鄭國又云爲韓延數年之命，則是舉秦國之人而疲之數年，然後能成之。今若持此較彼，則史起之引漳水，豈止一朝一夕之功哉？是必歲役萬人，數歲而獲其利。又鄭國鑿渠，並北山東注洛三百里，則是爲渠之初，須就高處，本不與平田相接，亦已明矣。若與平田相接，則澆灌之利，豈能遠及三百里哉？臣詳王軫、房中正等相度漳渠事狀，大抵云水卑岸高，渠已湮塞，若作堰開渠，其功甚大，則亦然矣。若云渠堰雖成，其水渾濁，不堪溉田，及所作之堰，若遇川隘之時，必復衝壞，則是軫等不知溉田之方、作堰之法。臣按鄭白渠之引涇水也，今在耀州之雲陽、三原、富平及京兆府之江陽、高陵、櫟陽六縣，陽：原作楊，據《長編》卷一〇四、本書食貨六一之九二改。緣渠皆立斗門，多者至四千餘所，以分水勢。其下別開小渠，小：原作水，據本書食貨六一之九二改。又《長編》卷一〇四作細，義同。方以溉田，則水有所分，民無奔注之患。且其水最濁，故稱涇水一石，其泥數斗，溉糞禾黍。《長編》卷一〇四於溉字前有故能二字，疑是。今反言其水渾濁，今：原作令，據本書食貨六一之九二及《長編》卷一〇四改。不堪溉田，斯豈非不知而爲知者耶？又其作堰之法，或云皆用大石方四五尺者，錮之以鐵，積之如陵，積之如陵：《長編》卷一〇四作積於中流。岐彼中流，擁爲雙派，其南流者乃爲涇水，其東注者乃是二渠，故雖駭浪不能壞，古人苟不如此，則年年修渠，年年：原作年，據本書食貨六一之九二補。歲歲作堰，百姓豈有利哉！今漳水之畔若復渠田，乞朝廷勘會雲陽縣若有上件渠堰斗門，即乞精擇水工十餘人徧詣彼處，徧：原作偏，據本書食貨六一之九二改。模古人作堰開渠之法，觀今人置斗門溉田之方，及命雲陽民自今犯罪當配者，皆徙相州，徙：原作從，據《長編》卷一〇四改。教百姓水種六蒔之利，則其謀易成矣。矣：原無，據《長編》卷一〇四補。至如北邊，北：原作此，據本書食貨六一之九二及《長編》卷一〇四改。本無水田，自徙江南罪人於彼，後來皆知水利。臣昨於正月內上疏，乞命水工往鄭白渠，觀彼疏導之制，往衡漳之上鑿而引之，蓋亦慮磁、相之民不知作渠法耳。又詳王軫稱，若不開舊渠而截河作堰，當役七十五萬餘工，若從渠口開深一丈四尺，當役十三萬餘工。以臣籌之，若渠開二丈四尺，則作堰之功可損半，當併役五十萬工，日萬人，役五旬而罷。若擇水工有計智，依鄭白渠作堰之法，采岯山之石，采：原作來，據本書食貨六一之九二改。取磻陽之木，給黎城之鐵，扼中流，據長岸，資木石之固，作其堰焉，上開大渠，可成別派。沿渠數里，分置斗門，漸及平田，必獲澆溉之饒。水東入御河，或遇川溢之時，則於元渠之口下板以塞之，以防奔注之患。其磁、魏、邢、洛既居下流，堤岸又淺，或餘波可及，或別渠可穿，則所謂鄭國在前，白渠起後，又且首起穀口，尾入櫟陽之類也。夫如是，則復三百年廢跡，溉數萬頃良田，雖役萬人，數歲而畢，亦不足爲勞矣。又詳王軫稱，若開古渠，則掘卻民田，而其萬金、都領等尋之無跡者。大凡開溝渠，豈有不犯民田哉！若不犯民田而能開之者，雖史起復生，亦不知計之安出。其萬金等渠水之無跡者，蓋本田之中，歲也堙没。又詳王軫稱高平渠據百姓狀稱：税賦已重，雖得水出，利不得，乞不修堰。檢會臣昨言乞於安陽水次作堰，不以遠近，百姓並許引水溉灌，蓋欲春夏旱時澆救二十村民田。今軫曾不思先議增税致人憂疑，不思：原作不是思，增税二字原無，據本書食貨六一之九二、《長編》卷一〇四刪補。不顧灌溉，斯豈恤民之旨哉！又以堰成之後，安陽水少，行舟不得，虧卻税額。夫以一渠之流，不過減本河數分之水，安患舟不浮哉？

苟有利民，雖虧稅，其亦末矣。臣載觀軫等事狀，似不以古今利害，徒采村落小民、壕寨軍將之語，以斟酌三百年廢渠之跡，其能盡其術乎？昔西門豹賢臣也，史起尚以爲不知，用是不智也，況野人鄙卒之屬，能盡知乎？《傳》曰：夫民可與樂成，不可與謀始。又曰：可使由之，不可使知之。今國家生民富庶，區夏乂安，有陶唐擊壤之風，無戰國交兵之事，猶乃俯從鄙議，恢復農工，此蓋丕闡皇猷，紹隆治本，雖大禹之疏濬川澤，周人之均別廬井，亦無以加矣。

景祐元年十一月二十一日，三司、户部副使王沿言：磁、相、邢、趙州已南州軍澆灌去處，人户種蒔稻田，勘會西山一帶州軍即目開修，甚有地窪。竊緣逐處少得稻種，乞下衛州於種田務支借二百碩，與人户種蒔，收成日依元數送納。從之。

慶曆三年十一月七日，曆：原作歷，據本書食貨六一之九三改。詔：訪聞江南舊有圩田能禦水旱，並兩浙地卑，常多水災，雖有隄防，大半隳廢；及京東、西亦有積潦之地，舊常開決溝河，今罷役數年，漸已堙塞，復將爲患。宜令江淮、兩浙、荊湖、京東、京西路轉運司轄下州軍圩田並河渠隄堰、陂塘之類合行開修去處，選官計工料，每歲於二月間未農作時興役，半月即罷。仍具逐處開修功績並所獲利濟大小事狀保明聞奏，功績：原無，據本書食貨六一之九三補。當議等第酬獎。內有係災傷人户，即不得一例差夫搔擾。如吏民有知農桑可興廢利害，許經運司陳述，件析利害，畫時選官相度。如委利濟，亦即施行。

四年正月二十八日，詔：陂塘圩田之類，及逐處隄堰河渠可備水患者，或能創置開決，或也遠廢壞堙塞卻能興復，或前人已興功未成，後來接續了畢者，仰逐處勘會功料大小、所利廣狹以聞。

十月，權發遣户部判官公事燕度言：竊聞關中水利，聞：原脫，據本書食貨六一之九三補。古人所以富國，近來亦有臣僚擘畫澆灌者。然州縣鮮能訪尋水勢，疚心農務，是致頻年亢旱，屢遭饑饉，百姓流移，軍儲不集。近華州渭南知縣曹公望嘗引敷水，溉田甚廣，民間頗稱利便。卻聞有人爲妨私家水磨，人：原作妨，據本書食貨六一之九三改。遂訟於官。雖州縣不行，然水勢可以疏引澆溉去處不少，似此盡爲豪勢之家占爲碾磑之利，而州厭見乎訟，乎：原作年，據本書食貨六一之九三改。不敢盡心計畫。欲乞特下陝西都轉運司，如州縣能以水利澆溉民田廣闊者，如：原作令，據本書食貨六一之九三改。應是妨滯公私碾磑池沿諸般課利，是：原作私，據本書食貨六一之九三改。並須停廢，不得爭占，州縣仍不得受理。詔三司詳定，尋移陝西都轉運司就近相其利害。於是本司言：度擘畫委是經也之利。從之。

五年九月二十八日，兩浙提點刑獄宋純等言：乞應在官有能擘劃開修水利，並須先具所見利害於畫地圖，申本屬州軍及轉運或提刑司。委是本司於部下選官親詣地所相度，如寔合行開修，經也利濟，詢問鄉耆，詢問：原作荊門，據本書食貨六一之九三改。審取詣寔，差官具保明結罪申轉運、提刑司體量允當，提：原作所，據本書食貨六一之九三改。方下本屬州軍計夫料、餉糧，設法勸誘租利人户情願出備。仍依元敕於未農作時興役半月，不得非時差擾。候畢，具元擘畫官吏依近詔保明施行。如官吏敢擅開修，不預申本屬，不得理爲勞績，及出給公據保明，仍勘事端施行。從之，仍詔今後委寔有功效，詔：原作照，據本書食貨六一之九三改。並只理爲勞績。

皇祐元年正月二十五日，兩浙轉運司言：知越州餘姚縣謝景初申，當縣陂湖三十一所，並係衆户植利蔭田。內二十一所見於圖經，其間有被形勢豪強人户請射作田納租課，後來遂廢水利去處。雖累有詔敕及赦令，山澤陂湖不得占固，即無明言不得請射營種，及無簿籍拘管，所以官司因循請託，或致受納賂遺，令形勢豪強人户請射作田，以起納租稅爲名，收作己業，民田蔭溉之利，其弊不細。請下本屬，明置簿籍拘管，永爲衆户蔭溉之利。今後更〔不〕得以起納租稅爲名，輒行請射。如違，其所請人及所給官司重行朝典。本司欲依謝景初所請，明置簿籍拘管陂湖，永充衆户貯水蔭田，更不許以起納租稅爲名請射。仍令知縣常行檢察，如違，其所請頭主及給付官司各乞嚴行勘斷奏聞。事下三司，三司相度：乞今後江淮、兩浙、荊湖路州軍如有陂湖，明置簿籍拘管，永爲衆户貯水蔭田，更不許人户以起納租稅爲名輒行請射。仍令知縣常行檢察，如違，其所請人及所給付官司各重寘於法。從之。

至和元年八月二十日，光州仙居縣令田淵言：竊見江淮民田十分之中，八、九種稻，春中遇雨，則耕耨布種常宜霑潤，盛夏稍愆雨澤，則其苗衰薄，所收微尠。惟是陂塘有修築堅固、蓄水高廣，則下所灌田不以旱沴，無不厚收。訪聞民間不肯協力乘閑修作，雖私有文約，愚頑之民多不聽從，興工之時，難爲糾率，或矜強恃猾，抑卑凌弱，或只令幼小應數，而坐俟其利。似此之類，十居其半。及用水之際，争來引注，是以勞費不均，多起鬬訟。勤力懦善之家受其弊，故不能專志特力，用工興修，是致因循，極有遺利。竊見京畿及京東、京西等路每歲初春差夫，多爲民田所興，逐縣差官部押，或支移三五百里外，工役罕有虚歲。伏知江淮並不點差夫役，當農隙之際，一向安閑，比之北地，寔爲優幸。其民於自己所利，亦不能勤力治生，力：原作户，據本書食貨六一之九四改。暫勞永逸，誠宜勸率。若非官爲拘督，因時興作，則私下雖有期會，無由糾集，所興之工，獲水之利十未得其一二。欲乞諸路凡有陂塘湖港可以溉田之處，今後令逐縣將元籍所管及不曾供報之處逐一拘收，每年預先檢討工料，各具析合係使水人户各有田段畝數，析：原作折，據本書食貨六一之九四改。據寔户遠近各備工料，候至初春，本縣定日如差夫例，點集入役。仍逐處立團頭陂長監催，本州差逐縣官點檢部轄。候畢，責干係人結罪供狀，狀：原作報，據本書食貨六一之九四改。仍別差官覆檢料例，並視差夫條約。後雖完固，亦須每歲計度合添工料，補疊隄防高厚，則積水深廣，獲利愈博。其久來堙塞遺跡，及地勢合有可以創置陂塘之處，令逐處檢踏，聽人户所願，經官申述，亦即相度，依例興修。其有陂塘乾淺退出灘地，卻爲接連之家侵占，經也妄冒，便作己田欄占，不令依舊修作，多起訟端，官司不爲研窮。今後須仰定奪，雖經歲深，亦不得占護。若向去添疊水勢，過於舊跡；亦當損少利衆。其有水侵之地，即令檢量，據數比樸，量減二稅。及新創陂塘之處，若有水面侵卻不係使水之人田土，亦乞准前例。所差團頭陂長於上等户内如差夫隊頭例選差，仍給文貼，令董其役。其遇大雨，即率衆户防守；遇愆亢使水，須衆議同開決，自上及下均勻灌溉，不得壅障。所產魚蛤、蒲葦、蓮芡之類，須秋成方得採捕。乞明立條約，若是盗決隄防，情理重者，嚴寘之法。詔下三司施行。

嘉祐五年五月，知秀州羅拯言：乞今後諸處湖塘及運河邊田土不得更令諸色人及官員請射，塘：原作廣，據本書食貨六一之九五改。如有私冒侵占耕作，並以違制論。仍不以年歲遠近，令追理所得租課入官。追：原作道，據本書食貨六一之九五改。詔都水監相度以聞。監司看詳：蓋緣逐路轉運司及州縣並不檢條約舉行，是致豪勢人將衆户蓄水陂湖請射，量出租税，有妨旱歲溉救民田。今欲乞下逐路轉運司，依羅拯所請施行。如違，乞以違制科罪。從之。

七月六日，羅拯言：昨差往兩浙路相度均定茶租，竊見諸處係官湖塘並運河邊田土，塘：原作廣，據本書食貨六一之九五改。多被權要之家請射及鄰近鄉民侵占汙澱，種作成田，或量出租課入官，其寔微薄，卻致湖塘漸成湮廢，有妨灌溉民田；並運河因茲淺澀，阻滯官司舟船。如越州鑑湖自東漢時興修，著在圖籍，周回三百餘里，灌田數萬餘頃，甚爲越人之利甚大。近歲爲貪黷之輩以權勢干請，假託姓名，占射殆遍。欲乞今後諸處湖塘及運河邊田土，不得更令請射。如有私冒侵占耕作，並科違制之罪；仍不以年歲遠近，令追理所得租課入官。從之。【略】

英宗治平三年十一月，都水監言：勘會諸處陂澤，本是停蓄水潦，近年京畿諸路州縣例多水患。詳究其因，究：原作見，據本書食貨六一之九六改。蓋爲豪勢人户耕犂高阜處土木，侵疊陂澤之地，爲田於其間，官司並不檢察。或量起税賦請射，廣占耕種，致每年大雨時行之際，大：原作火，據本書食貨六一之九六改。陂澤填塞，無以容蓄，遂致泛溢，頗爲民患。不制其漸，則盡爲民患。欲乞應天下州縣及京畿陂澤之類，皆不得請射，明立界址，逐季舉行。令地分鄉耆覺察，不得容縱人户侵耕。許諸色人陳告，每畝支賞錢三千，以犯事人家財充。仍不以年歲遠近，並令追理所得地利入官。如違，其請射人並所給官司及侵耕之人，並科違制之罪。從之。以上《國朝會要》。

治平四年五月神宗即位未改元。京西南路安撫使郭申錫等使：原作司，據本書食貨六一之九六改。言：知唐州高賦在任，興建水利，墾闢荒田，户口日增，日：原脱，據本書食貨六一之九六改。民獲安便。詔賦再任，如更能興置水利，招添人户，開廣閑田，仰轉運司畫析保明以聞，析：原作祈，據本書食貨六一之九六改。當議特與陞陟。陟：原作步，據本書食貨六一之九六改。【略】

神宗元豐元年四月十九日，詔興水利，聽民户貸常平錢穀。詳見農田門。

六月七日，京東路體量安撫黃廉言：本路被水後，乞敕有司檢計溝河，候豐熟，令所屬調丁夫濬治。梁山、張澤兩濼累歲填淤，浸損民田，亦乞自下流濬至濱州。從之。開濬溝河，令都水監遣官同轉運司檢視工料。

十四日，詔：聞近畿路有苦雨處，令開封府界提點司督諸縣開畎積水，具退出民田次第以聞。京東、西路州軍委轉運司施行。

三年七月十二日，詔：前永興軍等路察訪使李承之、前知司農寺丞莊岳，莊岳：《長編》卷三〇六作莊公岳。前提舉常平倉沈披、蔡朦，蔡：原作察，據本書食貨六一之一〇三及《長編》卷三〇六改。轉運判官章楶、楊蟠，各展磨勘三年，展：原作碾，據本書食貨六一之一〇三及《長編》卷三〇六改。提點刑獄李南公、轉運使趙瞻展二年，前轉運使張誂、楚建中各贖銅二十斤。坐保明修永興洪口不當也。

六年十二月二十一日，尚書户部狀：新權提舉成都府路常平等事韓玠言：唐州泌陽縣界馬仁陂遺利，乞下京西南路提舉司相度。從之。

七年三月三十日，知相州（蒲）〔滿〕中行言：林慮縣南修合澗河水，以濟民用，功既及人。有孟兒等村鑿井取水十年，村：原作料，據本書食貨六一之一〇三、《長編》卷三四四改。百八十尺不及泉，民以爲勞而無功，寧遠行汲水。以初奉朝旨，未敢罷。詔罷之。

徽宗崇寧三年十月二十三日，臣僚言：元豐官制：水部掌川瀆河渠凡水政，詳立法之意，非徒爲穿塞開導、修舉目前而已，天下水利凡當興修者，皆在所掌。宜發明之，以告於上，在今尤急。如浙右積水比連，震澤泛溢，滸浸田廬，未有歸宿。此類利害，最宜講明，而未之及者也。願申飭水部及當職官，推廣元豐修明水政，凡當興修，悉究利害，條具以聞。從之。

大觀四年十月一日，户部言：提舉兩浙路常平司奏，乞詔諸路常平司，專委守令詢考古跡，應瀦水之地，立堤防之限，置籍拘管，俾公私無得侵占。凡民田不近水處，略倣《周官》遂人、稻人溝防之制，使合衆力而爲之。看詳：欲下諸路提舉司詳此，丁寧州縣常切檢舉相度，依詳敕條施行。從之。

政和元年三月十四日，詔：近因陳仲宜等言：諸路湖濼、池塘、陂澤緣供贍學費，增收遺利，縱許豪富有力之家薄輸課利占固，專據其利，馴致貧窶細民頓失採取蓮荷、蒲藕、菱芡、魚鱉、蝦蜆、螺蚌之類，不能糊口營生。若非供納厚利於豪户，則無繇肯放漁採。兼遇時雨稍愆，即成災傷，蠲除租課，遺棄地利，因被阻饑。推究始終，爲患頗大，理合改更。令檢會行下諸路。先是，荆湖北路提點刑獄公事陳仲宜奏：本路州縣將也來衆共灌溉食利陂湖，一概比附坊場，令人户買撲收錢，以助學費，致妨人户灌溉及細民食利，爲害不細。已牒諸州並提舉學事司依法改正施行去訖。竊慮諸州不便施行，望降睿旨。又提舉淮南西路常平等事李西美奏：蘄州等處沿江湖池不少，自來係衆人採取，小民所賴。向緣縣學支費，令人户請佃出課，欲依已得指揮改正。故有是詔。【略】

宣和元年二月十四日，臣僚言：訪聞江淮、荆漢間荒瘠彌望，率古人一畝十鍾之地，其提閼水門溝澮之跡迤邐猶存，而郡縣恬不以爲意。近絳州百姓吕平等詣御史台披訴，乞開濬熙寧舊渠，以廣浸灌，情願加税一等。則是近世陂池之利且廢矣，世：原脱，據本書食貨六一之一〇六補。何暇議復古哉！欲詔常平使者，有興修水利功效明白，則亟以名聞，特與褒除，以勵能者。從之。

三月二十三日，詔直祕閣提舉兩浙路常平趙霖降兩官，以增修水利不當故也。

六月七日，詔：比遣趙霖措置興修吴浙水利，霖召募被水艱食之民，凡役工二百七十八萬二千四百有奇，開一江一港四浦五十八瀆，已見成績。霖可陞職一等，仍復所降兩官。其後十月十日，詔趙霖差辟到水利官屬，具等第職位姓名聞奏，當優與推賞。

八月二十四日，提舉專切措置水利農田所奏：奏：原脱，據本書食貨六一之一〇六補。浙西諸縣各有陂湖溝港、涇洪湖濼，自來蓄水灌溉，及官私舟船往還。今欲就委打量官遍詣鄉村檢踏，應有似此去處，打量並見丈尺四至著望，用大石碑雕鎸地名、碑：原作牌，據本書食貨六一之一〇六改。丈尺四至，以千字文爲號，於界省分明摽識。仍曉示地分食利人户常切照管，管：原脱，據本書食貨六一之一〇六補。無令損動、堙塞請占，縣別置簿拘收。縣尉遇下鄉檢察，如有堙塞，即時開濬。從之。【略】

哲宗元祐六年閏八月四日，按此哲宗元祐六年閏八月四日及其下元符元年二月十六日條，當移於前，置元豐七年三月三十日條後。知杭州林希言：太湖積水未退，爲蘇湖大患。乞專委監司躬詣瀕海泄水處相度開決，庶使積水漸退，民田復出，流移歸業。詔左朝奉郎邵光與本路監司同導積水。

元符元年二月十六日，工部言：河北屯田司令塘水深淺季申尚書工部。今後塘泊州軍率於孟月保明所管地分塘水增減尺寸，逕報屯田司。候到，差官檢覆，本司於仲月審察詣實保奏，仍具申本部。從之。

欽宗靖康元年三月一日，臣僚言：東南地瀕江海，舊有陂湖蓄水，以備旱歲。近年以來，盡廢爲田，澇則水爲之增益，旱則無灌溉之利，而湖之爲田亦旱矣。民既承佃，無復可脱，租税悉歸御前，而漕司暗虧常賦多至數百萬斛，至：原作致，據本書食貨六一之一〇七改。而民之失業者衆矣。乞盡罷東南廢湖爲田者，復以爲湖。詔令逐路轉運常平司計度以聞。

高宗紹興元年九月七日，三省言：宣州、太平州圩田歲入租課浩瀚，近緣賊馬蹂踐，緣：原作緩，據本書食貨六一之一〇七改。掘破圩岸，及佃户逃亡未歸，荒閑甚多。詔令逐州守臣將缺壞圩岸疾速措置，如法修治。人户耕種内合用工料，用：原脱，據本書食貨六一之一〇七補。並見佃貧乏無力人户，並許取撥常平錢米量行應副，及借貸支使。

二年正月一日，詔：宣州太平州見修治圩田，逐州當職官能趁時興修了當，將來收租税及，選人改合入官，京官轉一官，更減二年磨勘。如過期違慢，仰提刑司具名按劾，官取旨重行勒停，人吏決配。【略】

三年三月二十九日，紹興府上虞令趙不搖言：本縣所管夏蓋等湖一十三處，自廢湖爲田，租米皆屬御前，省税即隸户部。官吏知有湖田數千碩之利，而不知奪此水利，檢放省税，歲乃至萬碩。建炎以後，湖租盡入户部，然未之廢，廢之誠便。吏部侍郎李光言：一方利病，莫甚於湖田。大抵湖高於田，又高於江海，水少則泄湖水入田，水多則泄田水入湖，故無水旱之歲、荒廢之田也。自政和以來，樓異知明州，王仲嶷知越州，内交權臣，專務應奉，將兩郡陂湖廢爲田，澇則增溢不已，旱則無灌溉之利，而湖之爲田亦旱矣，百姓失業者不可勝計。望下轉運司比較自興湖以來所失常賦，與湖田所得孰多孰少，檢會祖宗條法，應東南郡自政和以來以湖爲田者，復以爲湖。詔户部、工部看詳。本部言：昨據紹興府上虞縣丘襄等狀稱：靖康元年三月内降指揮，盡罷東南廢湖爲田者，復以爲湖，令逐路轉運等司同共相度利害聞奏。乞先次廢罷本縣夏蓋湖田，遂行下兩浙提刑司施行。去後雖據本司申到因依聞奏，當時緣未見靖康間轉運司曾如何相度具奏，有無畫到指揮，再下提刑司從長相度，申部未到。詔令張守限三日相度，具經也的確利害以聞。【略】

六年九月二十三日，温州進士張顧言：今歲旱凶，逮此窮冬，民食已艱，惟水利一事可行於此時。今已孟春農隙，乘民乏食，乏：原作之，據本書食貨六一之一〇九改。仍興是役，用以振之，一舉而兩得。本州委瑞安縣主簿同張顧前去集善鄉陶山湖，勸率豪户情願出備穀米，給散貧乏人，同共修築陂塘，蓄水灌溉，因便賑濟小民千餘家，各免饑乏，功效尤著。緣此以近及遠，互相依倣之人頗衆，貧民賴以兼濟。望朝廷特行推賞。顧召赴行在都堂審察。

七年三月十九日，兩浙西路安撫制置大使兼知臨安府吕顧浩言：五代時，馬氏名犯廟諱據湖南潭州東二十里，馬氏：本書食貨六一之〇九作僞楚馬殷，當爲原書底本文字。因諸山之泉築堤瀦水，號曰龜塘，灌溉公私一萬餘頃，惠民一方。其後堤堰廢壞，經百餘年，有失修治。去年旱災，民皆失食。臣募雇饑民修成堤岸，以爲久遠之利。今來栽插是時，欲令安撫司於潭州摘挪數百人併力栽插，數：原無，據本書食貨六一之一〇九補。及將來芟除蒿草。詔令劉洪道疾速措置施行。

五月十二日，詔：臨安府餘杭縣南、北湖依舊存留，灌溉民田等用，不許輒便出賣。

十七日，尚書右仆射、都督諸路軍馬張浚言：勘會興元府、洋州所管渠堰，澆溉民田數目浩瀚，昨自兵火之後，例皆隳壞。今吴玠遣發將兵及委知興元府王俊、知洋州楊從義部押官兵同共修葺，並已就緒。望賜獎諭，並乞降黄暨撫勞將兵。從之。

二十三日，給事中兼直學士院胡世將言：吴玠等能憂國恤民，發戲下之衆以興渠堰，廣灌溉之用，爲富國強兵之資，寬疲瘵遠輸之急，其體國之忠，有足嘉者。臣謂宜因以風厲將帥，使咸知朝廷之意，各務究心興修水利，措畫營田，以省餽運而寬民力。欲望將今來降詔敕牓文，令有司行下諸大帥及統兵官等照會，將王俊、楊從義等特賜旌賞，以爲忠勞之勸。從之。

八年十一月二日，御史蕭振言：乞詔親民之官各詢境内之地，某鄉某里凡係陂塘堰埭，民田共取水利去處，咸籍而記之。若從官中追集修治，則慮致搔擾。不若隨其土著，分委土豪，使均敷民田近水之家出財穀工料，於農隙之際修焉，縣官董其大概而已。仍於縣官罷任之日，書所興修水利若干於印紙，量加旌賞，以勸來者。詔令户部行下諸路常平司，委守臣措置興修以聞。

九年正月二十一日，利州路提刑司言：保明到王俊、楊從義、田晟修葺興元府、洋州兩處修到渠堰溉田所增苗税，乞依已降指揮旌賞施行。詔：吴玠令學士院降詔獎諭，餘各與轉一官，依條回授。

（清）徐松《宋會要輯稿·食貨八·水利下》　孝宗紹興三十二年未改元十一月二十九日，參知政事、督視湖北京西路軍馬汪澈言：相視襄陽有二渠，一曰長渠，一曰木渠，皆古來水利播殖去處。大約長渠溉田七千頃，大：原作人，據本書食貨六一之一一六改。木渠溉田三千頃，其間陂池灌浸，脈絡交通，土皆膏腴。自兵火後，悉已堙廢。嘗差委湖北運判吕擢、京西運判姚岳親至其地計度。今且先治長渠，凡築堰開渠，可用二萬工，並合要牛具、種糧等，就委兩路運司措置，不令絲毫擾民。長渠纔成，或募民之在邊者，或取軍中之老弱者，雜耕其中，來秋穀熟，量度收租，以充軍儲，既省饋運，又可安集流亡。乞以措置京西營田司爲名，令姚岳兼領。從之。其後乾道九年十二月二十三日，權京西路轉運判官胡仰復言：長、木二渠之利，數內靈溪水見流白馬堰，係鄂州都統制司營田莊，水亦通。惟是白馬陂以東石子山、木眼山合渠去處頗多損壞，日復一日，必皆湮塞。今若隨宜興修，可以立見成效。欲望下荊鄂都統制司，令同本司差官行視二渠，隨宜開遍。詔户、兵、工部看詳，各部欲下鄂州都統制、京西安撫、轉運司、襄陽府同共疾速相度施行。從之。【略】

〔隆興元年〕六月十二日，工部尚書兼侍讀張闡等言：竊見近降指揮，將紹興府鑑湖田、明州廣德湖田盡賣。二湖元灌溉民田浩瀚，後緣民間侵種，種：本書食貨六一之一一六作耕。遂作圩田。今若一概出賣，竊恐於民間別有所妨。如紹興府鑑湖曾立石碑，應深溝大港，並永遠存留，以充灌溉。今欲乞專委紹興府、明州守臣討論利害詣寔，方可出賣。從之。

二年八月五日，詔：浙江水利久不講修，積雨無所鍾洩，重爲秋稾之害。可令逐州守臣考按古跡及見今淤塞去處，條具措置聞奏。九月四日，集英殿修撰、知宣州許尹奏：本州有童圩，寔係創興，委是堙塞水流去處。今欲依舊開決作湖，以爲民利。詔令本路轉運司相度，如有壅塞，候秋收畢措置開決。原收字下衍後字，據本書食貨六一之一一六刪。

十二日，詔江東浙西監司郡守：朕嗣服以來，求民之瘼，比緣江東浙右俱被水災，思拯民於愁孅，寤寐不忘。卿等既分外臺之寄，皆爲共理之良，宜究乃心，各揚爾職。能於所部講明田事，預爲陂塘渠堰，防患未然，使顯效著於將來者，朕當不次親擢；其或但爲文具，尚畏權勢，無益於備患，徒擾於庶民，國有典刑，朕必不赦。

乾道元年正月十四日，知徽州吕廣問條奏農田水利：諸塘堨合輪知首之人充，雖田少不該，亦均給水利，不得阻障。若鄉例私約輪充，於官簿內開説充知首人；盡賣田業、新得產家雖合充，止輪當末名，不得越次，仍批官簿照會。諸塘堨係衆利害，蓄水救田，本縣於農隙之時，告示知首及同食水利人均備人夫，併力修作。塘堨下合承水利田產人户典賣者，並依資次承水。如係買税户塘堨水，亦申官注籍。注：原作江，據本書食貨六一之一一七改。塘堨水上流既足，如障塞，公然占奪，不從州縣約束者取旨。形勢之家將新置田產卻在舊堨之上占截水利，似此去處，縣官即時除拆。若舊堨不容修築，衆定利害，務從民便。若兩堨用水已足，不放流者，亦仰官司禁約。甽堨兩岸或被水衝陷隔岸，漲出沙田，止許被水人承佃，被：原作便，據本書食貨六一之二七改。不得田鄰爭占。甽堨所在合留水門，若不妨阻舟船，或擅毀拆，並追勘斷。約束未盡，如別有私約，並仰知首自陳添入。若舊例已定，不得創改。有合增事件，並聞官，始許行用。從之。【略】

《方域志》：壽皇〔帝聖〕〔聖帝〕隆興元年十一月二十四日，知紹興府吴芾言：鑑湖之廣，周回三百五十有八里，環山三十六源之水注流其中。自漢永和五年，會稾太守馬臻爲之，溉會稾山陰縣之田九千餘頃。至於國初，八百餘年，民受其利。歲月寖遠，濬治不時，日以堙廢，瀕湖之民侵耕爲田。熙寧間，盜而田者九百餘頃。朝廷嘗委前廬州觀察推官江衍經度其宜，凡爲田者兩存之。乃立石碑爲界，內者爲田、外者爲湖，申嚴約束。政和末，爲郡守者務爲應奉之計，遂建議廢湖爲田，賦輸入於京師。自是姦民私占，無所忌憚，江衍所立石碑之外爲田者又一百六十五頃七畝有奇，而湖湮廢盡矣。今欲開鑿，合用工四百九十萬七千九百餘。欲望申嚴約束，今後每於農隙接續興工。仍乞敕旨本路提舉常平官並本府守臣各兼提舉開湖道，判令丞簿各兼主管開湖，庶得上下協力。昔錢氏以臨安府西湖有灌田之利，嘗專置撩湖兵士千人以爲便。今欲移壯城一百人備撩漉浚治之役，許本府辟差強干大小使臣一員，以巡轄鑑湖，堤岸爲名。從之。其後苪任刑部侍郎，復奏：自開鑑湖溉廢田一百七十頃，復湖之舊，又修治斗門堰閘十三所。夏秋以來，時雨雖多，亦無泛濫之患。民田九千餘頃悉獲倍收，其爲利較然可見。勘會旁近低田不過二萬畝，欲從官司量給其直之半，而盡廢（田其）〔其田〕，將江衍元立禁碑別定界止，則堤岸自然永無盜決之虞。從之。

隆興二年八月六日，臣僚言：大江之南海濱有三十六浦，洩浙西陂湖之水入於海，浙西因無水患。近歲浦港淤塞甚多，且有力之家圍田支闕。紹興二十八年，朝廷差趙子潚措置開濬，未及興工，改用任古，比子潚所計十減八九，議者非之，今歲果然。三十六浦實有四等：如茜涇、下張、崔黃、四七、了浦、掘浦、溪浦、金涇八所爲最要；如六鶴、楊浦、千步涇、甘草、六河、高浦、司馬浦、東浦九所又其次也；如浪港、參浦、五嶽、川沙、顧遥、野兒、西陳、水門、溏浦、黃鶯、耿涇、丸浦、唐浦、石幢、鄔溝、北浦十六所，又其次也；如白茆、福山、許浦三所，不大淤塞。欲望睿旨選官，先次商浙西水勢，將三十六浦擇要切處科計工役，盡理開濬，諸州守臣考按古跡及條具堙塞河港以聞。其後兩浙路轉運判官陳彌作言：奉旨平江府躬至常熟、崑山兩縣考利病。常熟之浦二十有四，皆北入於江；崑山之浦十有二，東入於海。蓋以太湖、震澤居其上流，昔人患松江之不能勝，欲使衆流涇得其歸故也。諸浦之興，始於天禧，成於景祐。逮政和間，稍已堙廢。夫瀦水則今之塘湖是也，瀉水則今諸浦是也。識者皆知開浦之利，不但今日，特以工費甚廣，不敢輕議。今若併舉大役，慮歉歲民無餘力，官無羨儲，及致勞擾。擇其宜先者九十浦，而其緩急又半之。興工之月，仍乞以緩急爲先後之序。常熟縣最要二浦：曰許浦，曰白茆浦，總計工役爲錢十萬五千三百四十八緡，米四萬五千四百四十六石。次二浦：曰崔浦、黃泗浦，總計工役爲錢七萬六千六百八十二緡，米二萬三千三百四石。崑山縣最要三浦：茜涇、下張、七了浦，（計共）〔總計〕工役爲錢七萬一千四百七十二緡，米二萬一千四百四十一石；次三浦、川沙、楊林、掘浦，總計工役爲錢二萬二千二百緡，米六千六百六十石。詔平江府守臣沈度覈實，如委當開掘，即具省減工料聞奏。【略】

乾道元年正月十四日，敷文閣待制、知建康府張孝祥言：溧水縣銀林至東壩約陸行十五餘里，中隔五堰，東通溧陽、宜興兩縣入太湖，古道尚存，歷歷可考。按《圖經》云：昔吴王闔閭伐楚，以伍相舉兵，因開此瀆，以通漕運。此道堙塞也矣，宣和間，嘗委發運司同本府審度利害。議者以謂東西湖水高低不等，若開此河，西湖之水流入東湖，則蘇、常被害。又云土石堅硬，不通開鑿。是時頗疑此説，遂即舊河開井丈餘，探知工力可以穿鑿，即會計貲糧，方欲興工，偶靖康多事，因而止役。今宣和間所開土井尚存，則土石堅硬之説，已不然矣。此河從古有之，既入太湖，當自松江順流入海，則蘇、常被害之説，亦未爲得。紹興以來，朝廷屢委本路漕司相度利害，村民往往憚於興作，加其地多，以車腳往來，牙儈所得甚厚，使舟船通行，即黨輩失利，故立異説以惑亂上下。況銀林至東壩，每春水泛漲，舊河亦可通百料之舟。方今駐蹕錢塘，若此河可開，不唯川廣、荊湖、江淮諸路綱運減省水腳，且免涉大江數百里風濤、寇盜之患。詔令汪徹依張孝祥所具便宜，限半月措（定）〔置〕以聞。其後徹移通判張維行視。維言：若開五堰，恐大江泛濫，無以御之，蘇、常受害。奏聞，遂寢。【略】

三年十一月十五日，紹興府言：轄下蕭山縣西興鎮通江兩閘，近年爲江沙壅塞，舟楫不通，募人自西興至大江疏成沙河二十里，並開浚閘裏運河十三里，通便綱運，民旅皆利。既通之後，復恐潮水不定，仍有填淤之患，並本府通江六堰綱運至多，謂宜措置，爲經也便利。欲乞於本府合差注指使員數差一員，以專開撩西興沙河繫銜，庶永遠爲一方舟楫之利。本府額管捍江兵士二百人，今欲撥差五十名，專充開撩沙浦，不得泛雜差使。仍從本府措置起立營屋居止，遇有微小拆毀處，即時開撩，歷常令通濟。歷：疑誤。從之。

四年十二月二十六日，臣僚言：蕭山縣民裴詠等屢經御史臺訴百姓汪彦等將湘湖爲田千餘畝，以獻總管李顯忠。若果以湘湖爲田，侵漁不已，湖當盡廢，湖廢，則九鄉萬衆之產一遇旱乾，何以灌溉？苗即就槁。欲乞令紹興府差官行視，若委以湘湖爲田，則給民，復以爲湖，非湘湖則勿問。從之。

五年二月七日，權發遣臨安府周（鑑）〔淙〕言：西湖水面惟務深闊，不容填溢，並引入城內諸井，一城汲用，尤在涓潔。今相度，欲增置撩湖軍兵，以百人爲額，專委錢塘縣尉並壕塞官一員，於銜內帶主管看湖，專一管轄軍兵開撩。仍乞除德壽宮外，自今並不許有力之家種植菱茭，及因而加占，增疊堤岸。或有違戾，依蘇軾任內申請，以違制論。從之。

九月六日，權知明州張津言：轄下東錢湖容受七十二溪，方圓廣闊八百頃，傍山爲固，疊石爲塘，合八十里。自唐天寶三年，縣令南金開廣之。皇朝天禧元年，郡守李夷唐重修之。中有四閘七堰，凡遇旱涸，開閘放水，灌溉七鄉民田計五十四萬畝。雖甚亢旱，亦無災傷。昨因豪民於湖塘淺岸漸次加占，種植茭荷，障塞湖水。紹興十八年，雖曾檢舉約束，盡罷請佃，歲久，茭根蔓延，滲塞水脈，致妨蓄水。兼塘岸間有低塌去處，若不開淘修築，不惟侵失水利，兼恐塘埂相繼摧毀。欲望下本州，候農隙之際，趁時開鑿，因得土修治埂岸，寔爲兩便。從之。其後本州言：行視湖濱，緣所用丁夫浩瀚，見樁錢米殊闕不支。竊見東錢湖自有湖以來，到今雖遇大旱，不闕灌溉。自前雖時復野生茭草，諸鄉百姓至二三月間便採割貨賣，飼食耕牛。近年因兩寨水軍牧馬，盡籠有之，刈割失時，以致根蔓積爲厚葑。今若依舊許百姓二三月間茭草發生之時任便採刈，八九月以後無用水之時，縱乾湖水，令百姓牧放踐踏，即茭葑逐軍自壞，軍：疑誤。經也淨盡，官中可無大費，誠爲便利。兼環湖皆出倚山爲岸，岸非山處殆不能半，外民田率低下，雨澤稍多，湖面漲溢，輒時決放。至今諸堰有所謂則水石者，言水過此則須開閘破堰，放泄湖水，可見岸下足以瀦蓄。今欲度量，將所樁錢米先修堤防。堤防既高，水自瀦蓄。水勢既深，雖茭葑未除，亦不爲害。詔開東錢湖前旨不行，所樁錢米，令本州修築堤岸。

七年七月二十四日，詔兩浙漕臣沈度專一措置修築練湖。先是，臣僚上言：鎮江府丹陽練湖，按《圖經》：幅員四十里，納長山諸水，漕運資之。故古語云：湖水寸，渠水尺。在唐時，法禁甚嚴，盜決者罪比殺人。本朝猶踵其法，爾後浸緩其禁以惠民。然修築嚴甚，春夏多雨之際，瀦蓄盈滿，夏秋雖無雨，漕渠或淺，但泄湖水一寸，則爲河一尺矣。故夾岡亦未始有膠舟之患，公私兩便焉。兵火以後，多廢不治，堤岸圮缺，春夏不能貯水。強家因而專利，耕以爲田。歲月既久，其害滋廣。官司雖時稱開濬浦築，徒爲文具而已。侵耕浸多，加以淤澱，夏秋乏雨之際，視湖如掌，啓板至十餘，纔能泄入河，猶不能大有所濟，況民田邪？由此公私兩病矣。伏望特降睿旨，令本路轉運若提舉官日下與府縣長吏躬親相視，按塘興國初之舊，於貯水委有利害，必嘗開掘者若干，公心詳度利害，檢計工料，保明以聞。然後遣一郎官或御史復案之，候農隙興工，務使易成而難毀。仍參酌中制，立爲盜決侵耕之法，著於令，責長吏以奉行必定，庶幾練湖漸復其舊，民田獲灌溉之利，漕渠無淺涸之患。【略】

八年六月二日，直敷文閣、權發遣（西路兩浙）〔兩浙西路〕提點刑獄公事、提舉河渠公事王淮言：竊見姑蘇號曰平江，言江流至此而平也。平則勢緩，緩則易壅，非泄而入海，則不能無潦水之患。《書》言三江既入，震澤底定。臣嘗考三江入海之由，不可詳據，姑以耳目所接，鄰於海而易泄者，惟秀之青龍港、蘇之許浦、白茆，與夫琴川、百家涇，皆泄入海之道也。今秀之青龍港固自若，所不必論，而蘇之百家涇、琴川、白茆或存或廢，未可遽復。惟常熟之許浦，流之最下者，沙石填壅，其淺者既夷而爲平陸，而其深者亦不過尋丈，舟行則膠，流集必遏。曩者朝廷嘗命憲臣相視而開導之，工役既衆，暫而遂止。然法有不便於彼而於此甚便者，事有不行於前而於茲爲可行者，惟因人之力而用之，則役省，因人之利而導之，則樂從。力半工倍，莫甚於此。且今之許浦，水軍屯駐在焉，連營列壘，不下萬計。誠於此時命主將以提其綱，命縣官以佐其費，秋冬之交，防托之暇日，率其卒伍，沿許浦一帶疏而通之，浚而深之，使江海之流相接，而又立爲犒賞，隨所治之多寡爲之等差，則貪者先之，懦者隨焉，持久之效可旬日辦也。豈惟浙西之民可無水潦之患，亦彼屯駐者之利也。其地里之遠近，流委之曲折，地勢之高卑，經理之始末，當命有司別條具焉，惟冀陛下留神，幸甚。

（清）嵇璜《續通典》卷四《食貨・水利田》　金章宗明昌五年，言事者謂郡縣有河者可開渠，引以溉田，詔下州郡。中都路言安肅、定興二縣可引河溉田四十餘畝。詔命行之。其時傅慎微權陝西諸路轉運使，復修三白龍首等渠以溉田，募民屯種。盧庸爲定平令，治舊堰，引涇水溉田，民賴其利。六年，定制，縣官任内有能興水利田及百頃以上者，陞本等首注除。穆昆所管屯田，能創增三十頃以上，賞銀絹二十兩疋，其租税止從陸田。承安二年，敕放白蓮潭東牐水與百姓溉田。三年，命勿毀高梁河閘，從民灌溉。泰和三年，遣官行視中都田禾水澤分數。八年，詔諸路按察司規畫水田，部官謂：水田之利甚大，沿河通作渠，如平陽掘井種田俱可灌溉。比年邳、沂近河布種豆麥，無水則鑿井灌之，計六百餘頃，比之陸田所收數倍。以此較之，他境無不可行者。遂令轉運司因出計點，就令審察，若諸路按察使因勸農之便按問開河或掘井如何爲便，規畫具申，以俟興作。宣宗貞祐三年，諭尚書省，歲旱議弛諸處碾磑，以其水溉民田。又禁隨朝職官奪民碾磑以自營利。四年，言事者程淵言：碭山諸縣陂湖，水至則畦爲稻田，水退種麥，則所收倍於陸地。宜募人佃之，官取三之一，歲可得十萬石。詔從之。興定五年，南陽令李國瑞創開水田三百餘頃，詔陞職二等，仍録其最狀徧諭諸道。其冬，議興水田。省奏：漢召信臣於南陽灌溉三萬頃。魏賈逵堰汝水爲新陂，通運二百餘里，人謂之賈侯渠。鄧艾修淮陽、百尺二渠，通淮、潁、大治諸陂於潁之南，穿渠三百餘里，溉田二萬頃。今河南郡縣多古所開水田之地，收獲多於陸地數倍。敕令分治户部按行州郡，有可開者誘民赴功，其租止依陸田，不復添徵，仍以官賞給之。陝西除三白渠設官外，亦宜視例施行。元光元年正月，遣户部郎中楊大有詣京東、西、南三路開水田。

《元典章》卷二三《户部·農桑·勸課·農桑》〔至大三年二月〕

一田間溝渠，勢要之家阻當，不得開挑。縱自流通，却行渰没隣田。各處官司常加曉諭，相地開濬使水歸，毋令互相渰没，違者究治，工役大者，申官定奪。

（清）陳揆《虞邑遺文録》卷四《水利書》 江浙錢糧數倍各省，取辦之本多出農田。蘇、湖、常、秀四路，田土高下不等。田之得糧十分爲率，低田七分，高田三分。故謂天下之利莫大於水田，水田之美無過於浙右。五代之末，吴越錢王獨居東南，專饗此利，經營修治，頗爲周詳，國家之資，實基於此。宋范文正公嘗論於朝曰：江南圩田每一圩方數十里，中有河渠，外有門牐，旱則開牐，引江水之利，潦則閉牐，拒江水之害，旱潦不及，爲農美利。浙西地卑，常苦水沴，雖有河渠可以通海，惟時開導，則潮泥不得而湮之；雖有隄塘可以禦患，惟時修固，則無摧壞。嘗訪高年云，曩時兩浙未納土時，蘇州有營田軍四都，共七八千人。又有撩清夫之名，專爲田事，導河築隄，以減水患。於時歲熟，民間錢五十文糴米一石。自歸宋之後，江南不稔則取之浙右，浙右不稔則取之淮南，故慢於農政，不復修舉，江南圩田，浙西河塘，大半隳壞，失東南之大利。今江浙之米，石不下一貫文，比之當時，其貴十倍，而民不得不困，國不得不虛矣。此范公夙昔之論也。謹按三州，太湖三萬六千頃，西北有荆溪、宣、歙、蕪湖、宜興、溧陽、溧水、江東數郡之水，西南有天目、富陽、分水、湖州、杭州諸山諸溪分注之水，宗會瀦聚於湖，由震澤、吴江、長橋東入松江、青龍江而入海。古制，通泄水勢，自有源委。故溧陽之上有五堰，以節宣、歙、金陵、九陽江之水，宜興之下有百瀆，以疏荆溪所受諸水：皆源也，而久不治。江陰而東，置運河一十四瀆，泄東水以入江；宜興而西，置夾苧、干與、塘口、大吴等瀆，泄西水以入運河：皆委也，亦久不治。震澤固吐納衆水者也，源之不治，既無以殺其來之勢；委之不治，又無以導其去之方：是納而不吐也，水如之何不爲患也！吴江長橋舊址，斷續通長四十里，南北相亘，並以木橋立柱，通徹湖水入江。每有西風、西北風，湍決太湖，水過橋下，源源混混，不舍晝夜，由江入海。以此三江水源勢大，日夜衝洗，渾潮沙泥，隨水東流，不能停積。曩時，非不能運石築隄若今日之固，蓋自古沿革，因地之險，故作此數十里之橋，以泄太湖都會之水，衝激三江之潮淤也。今則以長橋舊址累石成隄，比之昔日雖爲堅固，便於徒行，而橋門窄狹，不能通徹湖水。前都水監又於石隄下作小洞門一百五處出水，然水勢既分，又且淺澀，不能通泄太湖奔衝之水，塘岸之東又有占種、菱荷、陂塘障礙，以致上流細緩，難以衝激。每日隨潮沙泥日積月累，淤塞三江，致令水勢支分派析，轉於東北，迤邐流入崑山塘等處，由太倉劉家港一二處港浦入海。竊思以太湖蓄聚數郡山溪晝夜奔注都會之水，求泄於一二浦漵而入海，則浙西數郡之田，每遇澇歲，惡得而不爲水廢也？考之《禹貢》：三江既入，震澤底定。故知泄具區之水亦由江而入海，然而猶慮潮沙淤塞。江之南北爲縱浦五十餘條以通於江，浦之東西爲橫浦以分其勢，棋布於江之左右。每日潮之入江，得兩旁縱浦以分其來勢，潮退入海，得兩旁橫浦衝其淤泥，不致停積，水勢順流，未嘗之濫。歸附之初，田無巨浸，歲有豐穰。至元二十四年之後，因太湖水源有阻，江水勢緩，潮泥積漸淤淺。又以江口河沙匯揹至趙屯浦，相連七十餘里，地勢塗漲，日漸高平。此所謂海變桑田也，即非人力可勝。前都水監開挑所漲江面，置牐節水，此欲以人力勝天，終非經久利益良法。何者？古今之地勢不同，天人之氣運莫勝，豈可以今之地勢而執行古之法？豈可以區區人力而勝天也？且如見置牐三處，本意潮來則拒入江之水，潮退則放江水決潮。殊不知江水之源築塞，水勢細緩，內水外水高低無幾，牐之相去地勢不遠，決放之水不長，既澀且緩，又烏能衝激潮沙而不積於江也？施之常年，初無損益，設遇澇歲，覬其傾泄江湖巨浸，則見其不能。此所謂徐行拯溺、緩步救焚也。今欲亟復古制，建置沿海堽身堽門，旱歲潴水，澇則放水，再行開挑吴松江、青龍江以泄水，則非惟事大體重，動衆勞民，抑且地勢不齊，人力不能勝天，恐不集事。文英嘗究思至元十四年間，海舟巨艦每自吴松江、青龍江取道，直抵平江城東葑門灣泊。商販海運船户黄千户等，於葑門墅里涇置立修造海船場塢，往來無阻。此時江水通流，滔滔入海，故太湖數郡之水有所通泄，雖遇天雨霖霪，不致積潦害田。海者百川之宗，水有所歸則不泛濫。善觀水者，必識其源流可也。又嘗經行太倉、劉家港、吴松江之左右，登高眺遠，隨流尋源。爲今之計，莫若因水勢之所趣，順其性而疏導之，則易於成效。劉家港南有一大港，名曰南石橋，近年天然深闊，且通劉家港。見有船户楊千户、范千户等三五千料海船於此灣泊，正係太倉、嘉定南北之間，於中正過堽身，西南通橫塘、郭澤、張涇以至夏駕浦、奣子港，入吴松江。水深處相去約三五十里，中間通連小港，即目水淺，間有迂迴窄狹，若使疏浚深闊，可行數百料海船，直抵葑門，則太湖泄水一大路也。又有鹽鐵塘一帶，南北相貫，跨涉崑山、嘉定、常熟三州，從東北通連杜漕、橫塘、白茅浦塘、茜涇入海，西接芝塘、直塘、昆城湖、華蕩、練塘。所瀦常州界連河諸處之水，及婁門官瀆、陽城湖所接太湖之水爲芝塘，橋門窄狹，多有權豪、僧寺、田莊、彊覇、富户將自己田圩得便，河港填塞，鄣遏通流水路。及吴松江通連橫塘。諸處涇港淺淤盤折。若能開浚濶深，亦太湖泄水之一大路也。自松江下口北遶崑山、常熟抵江陰界，約三百餘里，有港浦六十餘條。在崑山則爲八尺涇、花浦涇，在常熟則爲福山東橫塘，有港四十九條。北及浦、下田浦、掘浦、上夾浦、練祈、桃源、顧涇、六岳、採桃、穿沙、下張、新漕、茜涇、楊林、七了、郎港、北浦、尹公、甘草塘、相陳涇、淺涇、湴涇、吴泗、鐺脚、下六河、黄浜、沙營、白茅、金涇、高浦、許浦、塢溝、千步、耿涇、新涇、崔浦、水門、鰻鯙、吴涇、高涇、西陽、新涇、陳浦、張涇、胡涇、奚浦、黄泗諸港浦，皆係西南泄水入海之大路也。文英令棄吴松江東南塗漲之地，姑置勿論，而專意於江之東北劉家港、白茅浦等處，追尋水脈，開浚入海者。蓋劉家港即右婁江，三江既入，此其一也。謂之入者，入於海也。近年潮汛，東朝水深港闊，每歲數百萬糧艘宗會於此。三吴東北泄水之尾閭，斯所謂順天之時，隨地之宜，因民之所利而利之者也。更有東南松江，不漲可通諸浦，及東北沿海一帶，如所謂耿涇、福山、東西橫塘、吴泗、許浦、千步涇、奚浦、黄泗浦等處，可以通海港浦，正古制泄水之要津，農田之大本。今則淤淺，亦須從宜開浚疏通，以泄水勢。入海有歸，則浙間數郡可無積水遺患，縱遇澇水，亦不致巨浸。惟開浚之法，付之有司，例將有田之家差夫動擾，猶爲未便。蓋浙間當户年來消耗，實不稱名。乞從省府差委諳通地理水利官員，諸沿海各處追究相視舊通浦港江海合該挑浚港浦，具數計工，深闊定式，畫圖貼説，擬議申聞。或都水監分官前來，或選省府能官，於浙間富户內，不以是何户計，勸率百十家，斟酌遠近，功績巨細，照捨糧賑濟饑民例，優以官禄，擬定功績品級。令其自備工食，如式開浚，迄其成功，考其等第，如工役輕省者酌量優敘，工力浩繁、功績重大者優以一官，激勸勉勵，庶幾勞而無怨，擾不及衆。假如凶年，勸令富户捐糧賑濟，不過捄一處一歲之災，尚優以官。今若推此恩例，成此東南之利，則可弭浙西數郡久遠之災，寧不偉歟！外有吴江石隄，亦須相視遠近，將見有橋門添闊浚深。及將一切富彊填塞水路，照依舊址，開挑疏通，決放水源，由吴松江深處，入夏駕浦及新浚港浦入海。似此經治之後，更須都水監差官按行，嚴督各州縣每歲疏浚隄防，則使水利經久不廢。或委行省官一員提調水政，庶得專司守職，敦篤事嚴。

免得有司樂歲則苟且玩視，以爲常程，設遇澇歲，則手足無措，敗事傷農。《詩》所謂徹桑土於未雨者，此也。水利有成，則樂歲相仍，國家之海運無虧，生民免罹昏墊，國富民安，誠非小補。

紀事

（宋）李心傳《建炎以來繫年要録》紹興五年閏二月 戊申，以雨雪放公私僦錢五日。寶文閣待制新知湖州李光言：明越之境，地濱江海，水易泄而多旱。故自漢、唐以來，皆有陂湖灌溉之利。大抵湖高於田，田又高於江。每旱則放湖水溉田，澇則决田入海。故無水旱之災，凶荒之歲也。本朝慶厤、嘉祐間，民始有盗湖爲田者。三司使切責漕臣，其禁甚嚴。圖經石刻，備載其事。宣和以來，創爲應奉，始廢湖爲田。自是兩州之民，歲被水旱之患。臣自壬子歲入朝，首論兹害。蒙朝旨先取會餘姚、上虞兩邑廢置利害。縣司供具自廢湖以來，所得租課，每縣不過數千斛，而所失民田常賦，動以萬計。遂蒙獨罷兩邑湖田。其會稽之鑑湖，鄞之廣德湖，蕭山之湘湖等處，其類尚多。州縣官往往利爲圭田，頑猾之民，因而獻計，侵耕盗種。上下相蒙，未肯盡行廢罷。臣謂二浙每歲秋穀，大數不下百五十萬斛。蘇、湖、明、越，其數大半。朝廷經費之源，實本於此。伏望聖慈專委漕臣，乘此暇豫之時，徧行羣邑。延問父老，考究漢唐之遺制，檢舉祖宗之成法。應明、越湖田盡行廢罷。內有積生茭葑淺澱去處，許於農隙量差食利户旋行開撩。稍假歲月，盡復爲湖。非徒實利有以及民，亦以仰副陛下勤恤勸戒之意。其諸路如江東、西圩田，蘇、秀圍田，各有未盡利害。望因此東作之時，徧下路監司守令，條具以聞。毋爲文具。詔諸路漕臣躬親前去相度利害，限半月申尚書省。

（宋）李心傳《建炎以來繫年要録》紹興二十二年八月 丙寅，宰執進呈比部員外郎李泳面對劄子，論淮西田疇高原去處，舊有陂塘，以資灌溉。今墾闢雖廣而未究水利。若使民户自行開濬，切恐方集之人，有傷其力。望詔有司，俾於農隙官給錢米，以濬治之。上曰：聞諸郡陂湖蓄水去處，如紹興及淮南，往往爲民侵占，雖目前州郡獲利，恐二三年後，無水溉田，即爲害不細矣。泳所奏，可下本路常平司措置。

（宋）李心傳《建炎以來繫年要録》紹興二十三年七月 庚戌，右諫議大夫史才言：浙西民田最廣，而平時無甚害之憂者，太湖之利也。數年以來，瀕湖之地，多爲軍下兵卒侵據爲田，擅利妨農，其害甚大。隊伍既衆，易於施工。累土增高，長堤彌望，名曰壩田。旱則據之以溉，而民田不沾其利；水則遠近汎濫，不得入於湖，而民田盡没矣。欲望委本路監司，躬行究治，盡復太湖舊迹，使軍民各安其職，田疇盡蒙其利。從之

（宋）李心傳《建炎以來繫年要録》紹興二十八年九月 初，右奉議郎環周以大理寺面對。論太湖地低，杭、秀、蘇、湖四州民田多爲水浸，請復導諸浦分注諸江。詔兩浙漕臣按視。至是轉運副使趙子潚、敷文閣待制知平江府蔣璨等言：太湖者，數州之巨浸，而獨泄以松江之一川，宜其勢有所不逮。是以昔人于常熟之北，開二十四浦，疏而導之揚子江。又于崑山之東，開一十二浦，分而納之海。三十六浦後爲潮汐沙積，而開江之卒亦廢，於是民田有淹没之憂。天聖間，漕臣張綸嘗於常熟、崑山各開衆浦。景祐間，郡守范仲淹亦親至海浦，浚開五河。政和間，提舉官趙霖又開三十餘浦，此見於已行者也。今諸浦湮塞，又非前比。統計用工三百三十餘萬，錢三十三萬餘貫，米十萬餘石，緣平江積水已兩月未退，望速行之。乃詔監察御史任古、本路提點刑獄公事徐康覆視。既而古至平江，又言：常熟五浦通江，委是快便。若依子潚所請，以五千人爲率，來歲正月入役，月餘可畢。又言：平江四縣，舊有開江兵三千人。今乞止於常熟、崑山兩縣各招填百人。從之。既遂出御前激賞庫錢，平江府供米如其數，用正月庚申興工。環周建請，在紹興二十四年九月乙丑。

（宋）李心傳《建炎以來朝野雜記甲集》卷八《雜事·陳子長築紹熙堰》 兩淮土沃而多曠，土人且耕且種，不待耘耔，而其收十倍。浙民每於秋熟，以小舟載其家之淮上，爲淮民穫田，主僅收十五，他皆爲浙人得之，以舟載所得而歸。有張拐腿者，淮東土豪也，其家歲收穀十七萬斛。金人兵入，執得之，問以江南虛實。張不肯言，遂臠其兩股無餘，終不以告，乃舍之。後既退師，張亦不死，淮民因謂之拐腿云。紹熙末，陳子長損之，提舉淮東常平，經淮田多沮洳，因築堤數百里捍之，得良田數百萬頃。事聞，錫名紹熙堰，子長除直秘閣淮東轉運判官。朝廷念淮民，至於捐其税。

（宋）留正《皇宋中興兩朝聖政》卷六二《孝宗皇帝・禁販交盐入界》〔淳熙十二年正月〕户部言明州申鄞縣東錢湖積蓄潤水溉田五十餘萬畝，昨緣茭草延蔓，侵耗湖水，奉旨支降錢米開淘。茭葑堆積沿湖山灣灤去處，遂成葑地。先係資教院僧承佃，墾成田三百餘畝。切恐人户以增租承佃爲名，填疊增廣，有妨積水。乞將上件沿湖葑地，不許人户請佃，仍舊開掘爲湖，庶免向後堙塞之患。詔勾昌泰躬親前去，相視開掘。

（宋）留正《皇宋中興兩朝聖政》卷六二《孝宗皇帝・許以河水灌田》〔淳熙十二年〕夏四月丙辰，進呈户部勘當，知鎮江府耿秉奏，如遇亢旱，聽民車河水。上曰：河水豈可不令百姓灌田？王淮等奏：尋常人使來時恐水淺，所以不聽人户車水。上曰：稼穡事大，可依耿秉所請。

（宋）熊克《中興小紀》卷二一　初，鎮江府吕城夾岡地勢高，久不雨則水淺，而漕舟艱。至是，兩浙轉運使向子諲取唐韋損劉晏考覈狀，建言欲置斗門二石磋，一以復舊迹，度費萬緡，庶爲水利。詔從之。子諲又請於德勝橋置倉和糴，因以平價，且免腳乘欠折。每上江糧運至鎮江，冬則候潮閘，占舟而坊，坊摺運綱，兵亦復侵耗，乞置倉以轉般爲名，諸路綱至，即令卸納。從之。

（宋）熊克《中興小紀》卷三三　時京西謀師以慶遠軍節度使張澄爲之。是月，澄至襄陽府，襄陽地平，當江漢之衝，環以大隄，歲久爲水所圯。澄始相葺之，度民不可勞，而江夏諸將私田占籍境内者，倍於編户。澄乃諭使出力脩隄，皆欣然聽命。既成，比舊增高週迴數十里，民蒙其利。

（宋）熊克《中興小紀》卷三五　前知池州黄子游言：農田水利，所係甚重。望飭諸路提舉官俾建塘陂，以備旱暵。丁巳，上謂宰執曰：須常平官得人，若監司用心，事無不濟。近時監司多端坐不出。提點刑獄，職在平反，尤當徧臨所部，宜戒飭之。

《宋史》卷三三一《程師孟傳》　徙河東路。晋地多土山，旁接川谷，春夏大雨，水濁如黄河，俗謂之天河，可溉灌。師孟出錢開渠築堰，淤良田萬八千頃，裒其事爲《水利圖經》，頒之州縣。爲度支判官，知洪州，積石爲江隄，浚章溝，揭北牐以節水升降，後無水患。

明清分部

論説

（明）姚文灝《浙西水利書》卷下《今書・何布政宜水利策略》 竊惟水利乃民事之最大者，有志於養民者，必先究心於此也。夫天地以生物爲心，天之意寧不欲雨暘時若以成百穀以養萬民。然而氣運不齊，不能無水旱之災，是以人猶有所憾也。食天禄而亮天工者，誠能於水利而盡心焉。使旱澇有備，百穀用成，則人自無憾於天地矣。斯非《易》所謂裁成天地之道，輔相天地之宜，《中庸》所謂贊天地之化育者哉。蓋水利興修，則不必散府庫之財，而民自受莫大之惠，不惟當時之民受惠，而後世之民亦無不受其惠也。若水利非民事之大，則孔子之於神禹何獨以盡力溝洫而贊之乎。吾每巡行兩浙，聞有知水利者未嘗不從容延訪，蓋已得其大概。但其中有宜於此而不宜於彼，宜於彼而不宜於此者，又在乎斟酌而行之也。一、修築圍岸，苦於無土，若圍外河水淺狹，即將外河車乾取土；若外河深濶，則將圍内溝洫車乾取土。是皆一舉兩得之術也。一、凡圍内有徑塍者，遇澇易於車戽，是以常年有收。其無徑塍者，遇澇難於車戽，是以常年無收。宜諭令田户，凡大圍有田三四百畝者，須築徑塍一條；五六百畝者，須築徑塍二條；七八百畝以上者，皆如數增築可也。一、圍岸四畔，或土脈虚浮，外水滲入，晝雖車乾，夜復漲溢者，宜於岸塍中心開掘一槽，深及外河之底，隨篙河泥填及一半，俟其稍乾，用杵築令堅實。又復篙泥築滿，則水無自而入矣。又有圍岸因鰍鱓窟穴，或樹根朽爛，遂成漏洞者，亦依前法築之。若田中有泉水爲害者，可用磚灰圍砌泉口，如井欄樣，則泉不能漫散矣。又法将泉口掘作深坎，用大缸覆之，却以江土圍築缸上，而泉亦不能出矣。一、高田去河遼遠無水可車者，須於田内計畝開塘。如田一畝開塘一分，有田二畝開塘二分，其三畝四畝以上各宜依數開之，庶可防旱。或有愚民吝惜不肯将田開塘者，可以善言諭之曰：爾有田二畝，若将二分開塘，則彼一畝八分更不憂旱，年年有收。是所費者小，而所利者大。若惜此二分之田，不以開塘，則彼二畝旱即無收。是所惜者小，而所害者大。古人寧捐膏腴之産，而廣溝洫之制者，爲此故也。以此善言諭之，彼豈不樂從乎。一、開浚溝渠，修築圍岸，所以爲民也。或有頑民惰農飾爲巧詞，告稱頻年水旱田禾無收，米價方貴，民食缺乏，民困未蘇，不能用工，乞待年穀頗登，米價頗賤，民食頗足，民困頗蘇之時爲之者，可以善言諭之曰：正爲頻年水旱，是以開浚修築以防旱澇，使田禾由此而得收，米價由此而得賤，民食由此而得足，民困由此而得蘇。況古人有言，不一勞者不久逸，不暫費者不永寧。今若又不興修水利，則田禾何由而收，米價何由而賤，民食何由而足，民困何由而蘇。譬如有一貧民無他産業，止是與人傭工求取錢米度日，偶然一日不能傭工不曾求得錢米，已是饑餓一日。若明日忍饑急去傭工，則明日便有錢米便可得食。若因今日饑餓不去勉彊傭工，則明日又是忍饑，終無錢米可用，饑過數日必死。以此善言諭之，彼豈不樂從乎。

（明）歸有光《震川先生集》卷三《水利論》 吴地痺下，水之所都，爲民利害尤劇。治之者皆莫得其源委。禹之故迹，其廢久矣。

吴東北邊境，環以江海，中瀦太湖。自湖州諸溪從天目山西北宣州諸山谿水所奔注，而從吴江過甫里，經華亭青龍江以入海。蓋太湖之廣三萬六千頃，入海之道，獨有一路，所謂吴淞江者，顧江自湖口距海不遠，有潮泥填淤反土之患。湖田膏腴，往往爲民所圍占，而與水争尺寸之利，所以松江日隘。昔人不循其本，沿流逐末，取目前之小快，別鑿港浦，以求一時之利，而松江之勢日失。所以沿至今日，僅與支流無辨，或至指大于股，海口遂至湮塞。此豈非治水之過與？

蓋宋揚州刺史王濬以松江滬瀆壅噎不利，欲從武康紵谿爲渠浛，直達於海，穿鑿之端自此始。夫以江之湮塞，宜從其湮塞者而治之；不此之務，而别求他道，所以治之愈力而失之愈遠也。太倉公爲人治疾，所診期決死生，而或有不驗者，以爲不當飲藥針灸而飲藥針灸，則先期而死。後之治水者，與其飲藥針灸何以異？孟子曰：天下之言性也，則故而已矣。故者以利爲本。禹之行水，行其所無事也。欲圖天下之大功，而不知行其所無事，其害有不可勝言者。嗟夫，近世之論，徒區區于三十六浦間，或有及于松江，亦不過疏導目前壅滯，如浚蟠龍、白鶴匯之類，未見能曠然修禹之跡者。

宜興單鍔著書，爲蘇子瞻所稱。然欲修五堰，開夾苧干瀆以截西來之水，使不入太湖。殊不知揚州藪澤，天所以瀦東南之水也，今以人力遏之。夫水爲民之害，亦爲民之利，就使太湖乾枯，于民豈爲利哉？太史公稱河菑衍溢，害中國也尤甚，唯是爲務。禹治四海之水，而獨以河爲務。余以爲治吴之水，宜專力於松江。松江既治，則太湖之水東下，而餘水不勞餘力矣。

或曰：《禹貢》三江既入，震澤底定。吴地尚有婁江、東江，與淞江爲三，震澤所以入海，非一江也。曰：張守節《史記正義》云：一江西南上太湖，爲淞江；一江東南上至白蜆湖，爲東江；一江東北下，曰婁江。本言二水皆松江之所分流。《水經》所謂長瀆歷湖口，東則淞江出焉，江水奇分，謂之三江口者也。而非《禹貢》之三江。大抵説三江者不一，惟郭景純以爲岷江、浙江、松江爲近。蓋經特紀揚州之水，今之揚子江、錢塘江、松江，並在揚州之境，書以告成功。而松江由震澤入海，經蓋未之及也。

由此觀之，則松江獨承太湖之水，故古書江、湖通謂之笠澤。要其源近，不可比儗揚子江，而深闊當與相雄長。范蠡云：吴之與越，三江環之。夫環吴、越之境，非岷江、浙江、松江而何？則古三江並稱無疑。故治松江，則吴中必無白水之患；而從其旁鉤引以溉田，無不治之田矣。然治松江必令闊深，水勢洪壯與揚子江埒，而後可以言復禹之跡也。此文崑山、常熟二本後半大異。細觀之，崑山爲優，今從之。

（明）歸有光《震川先生集》卷三《水利後論》 單鍔以吴江堤横截江流，而岸東江尾茭蘆叢生，泥沙漲塞；欲開茭蘆之地，遷沙村之民，運去漲土，鑿堤岸千橋走水，而於下流開白蜆安亭江，使湖水由華亭青龍入海。雖知松江之要，而不識《禹貢》之三江，其所建白，猶未卓然；所以欲截西水，壅太湖之上流也。蘇軾有言：欲松江不塞，必盡徙吴江一縣之民。此論殆非鍔之所及。今不鐫去堤岸，而直爲千橋，亦守常之論耳。

崇寧二年，宗正丞徐確提舉常平，考《禹貢》三江之説，以爲太湖東注，松江正在下流，請自封家渡古江開淘至大通浦，直徹海口。當時惟確欲復古道，然確爲三江之説，今亦不可得而考。

元泰定二年，都水監任仁發開江，自黄浦口至新洋江，江面財闊十五丈。仁發稱：古者江狹處猶廣二里。然二里，即江之湮已久矣。自宋元嘉中，滬瀆已壅噎，至此何啻千年？郟氏云：吴松古道，可敵千浦。又江旁縱浦，郟氏自言小時猶見其闊二十五丈，則江之廣可知。故古江蟠屈如龍形。蓋江自太湖來源不遠，面勢既廣，若徑直，則又易泄，而湖水不能蓄聚，所以迂迴其塗。使如今江之淺狹，何用蟠屈如此。

余家安亭，在松江上，求所謂安亭江者，了不可見。而江南有大盈浦，北有顧浦，土人亦有三江口之稱。江口有渡，問之百歲老人，云：往時南北渡一日往來僅一二迴。可知古江之廣也。本朝都御史崔恭鑿新道，自大盈浦東至吴淞江巡檢司，又自新涇西南蒲滙塘入江，自曹家河直鑿平地至新場江，面廣十四丈。夫以郟氏所見之浦，尚有二十五丈，而都水所開江面，財及當時之浦。至本朝之開江，廼十四丈。則興工造事，以今方古，日就卑微，安能復見禹當時之江哉？

漢賈讓論治河，欲北徙冀州之民當水衝者，決黎陽遮害亭，放河北入海，當敗壞城郭田廬冢墓以萬數。以爲大禹治水，山陵當路者毀之，墮斷天地之性，此廼人功所造，何足言也？若惜區區漲沙茭蘆之地，雖歲歲開浦，而支本不正，水終横行。今自嘉靖以來，歲多旱而少水，愚民以爲自今不復見白水之患。余嘗聞正德五年秋，雨七日夜，吴中遂成巨浸。設使如漢建始間，霖雨三十日，將如之何？天災流行，國家代有。一遇水潦，吾民必有魚鼈之憂矣。

或曰：今獨開一江，則其餘溪港當盡廢耶？曰：禹決九川，距四海，浚畎澮距川。江流既正，則隨其所在，可鉤引以溉田畝。且江流浩大，其勢不能不漫溢。如今之小江，尚有勦娘江分四五里而合者。則夫奇分而旁出，古婁江、東江之跡，或當自見。且如劉家港，元時海運千艘所聚，至今爲入海大道。而上海之黄浦，勢尤洶湧，豈能廢之？但本支尊大，則支庶莫不得所矣。

（明）張瀚《皇明疏議輯略》卷三四《開引河水以濟會通疏金景輝》

自古有天下必轉輸天下賦税聚之京畿，充足國計，以固根本；召四方商旅會於都邑，以通貿易。如漢之鄭當時、王安世，唐之田弘正。元之郭守敬輩，皆能興水利通漕渠者。逮我太宗皇帝建立京師，首命大臣疏會通河、開靖江浦，增修各閘疏鑿二洪，以通漕販。仍於京城內外置倉廒以貯天下糧儲，建塌房以畜四方客貨，富實京師以開萬世太平之基。近來河道淺阻，轉輸稽遲。天順七年，朝廷恐妨國計，仍命都御史王竑總督漕運，委臣河南以聽巡撫賈銓提督開疏黃沁二河，分水灌注運河，即今徐呂二洪，下至清河一帶，河道通行無阻矣。惟安山北至臨清衛河至直沽俱各水少，而德州武城等處淺阻船隻不下千百餘艘。又訪山東河南及大名等府，起運京糧，亦因河淺，俱赴畿內買納。況商販少至，以致京師米麥翔貴，物貨騰湧。且畿內耕穫有限而四方買糴無窮，幸值歲豐民食尚乏，倘遇凶荒將何以賴？陸贄有云：財用之在關中者與儲之帑藏者，有急而需，一朝可得。今畿內之地正當充實豈容虛耗。矧南京進貢馬快船隻，亦皆阻誤，不可不慮。考得安山北至臨清二百五十餘里，止有汶水。春時雨少，泉脉微細，以致淺澀。其汴梁城北陳橋，原有黃河故道，其河北由長垣縣大岡河，經曹州至鉅野安興墓巡檢司地界，出會通河，合汶水通臨清，每秋水漲，有船往來。止是陳橋迤西三十餘里，淺狹水小，時月不得通流。若開挑深闊，亦可分引河沁二水，以通運河。如此則徐州臨清兩河，均得河沁之濟，而衛河亦增。且開封長垣曹鄆等處稅糧，俱免陸輓。又江淮民船亦可由徐州小浮橋，達陳橋至臨清，得免濟寧一帶閘座擠塞留滯之弊，甚爲便利。伏乞聖明留意甚幸。

（明）張瀚《皇明疏議輯略》卷三四《蘇松水利疏夏元吉》 上以蘇松水患爲憂，命臣時往疏治。八月遣都御史俞吉齎水利集以賜臣。元吉講究拯治之法，但臣奉職不稱重貽宵肝之憂，夙夜驚惕，惟勤咨訪。欽承聖諭愧感交集，臣與共事官屬及諳曉水利者，參考輿論，頗得梗概。蓋浙西諸郡，蘇松最居下流。太湖綿亙數百里，受納杭、湖、宣、歙諸州溪澗之水，散注澱山等湖，以入三江。頃爲浦港湮塞，滙流漲溢，傷害苗稼。拯治之法要在浚滌吴松江諸浦，導其壅塞以入于海。但吴松江延袤二百五十餘里，廣一百五十餘丈，西接太湖，東通大海，前代屢浚屢塞，不能經久。自下江長橋至夏駕浦，約一百二十餘里，雖云通流，多有淺狹之處。自夏駕浦抵上海縣南蹌浦口，一百三十餘里，潮沙漸漲，已成平陸。欲即開浚，工費浩大，且灩沙游泥，浮泛動盪，難以施工。臣等相視得劉家港即古婁江，徑通大海，常熟之白茅港徑入大江，皆係大川，水流迅急。宜浚吴松江南北兩岸安亭等浦港，以引太湖諸水入劉家、白茅二港，使直注江海。又松江大黄浦，乃通吴松江要道，今下流壅遏難流。傍有范家浜至南蹌浦口，可徑達海，宜浚令深闊，上接大黄浦，以達迎湖之水，此即《禹貢》三江入海之迹。每時水涸之時，修築圩岸，以禦暴流。於此，則事功可成，於民爲便也。

（明）張瀚《皇明疏議輯略》卷三四《治河議宋濂》 比歲河決不治，上深憂之，乃下丞相會廷臣議。濂則以中原之地，平曠夷衍，無洞庭、彭蠡以爲之滙，故河常横潰爲患。其勢非多爲之委以殺其流，未可以力勝，何也？河源自吐番朵甘思西鄙方七八十里，有泉百餘泓，若天之列宿。然曰火敦腦兒，譯言星宿海也。自海之西腦兒二澤又東流爲赤賓河。而赤里出之水，由西合忽闌之水，南合也里木之水，復至自東南，於是其流漸大，曰脱可尼，譯云黄河也。河之東行，又歧爲九派，曰也孫幹，論譯云九渡也。水尚清淺可涉。又東約行五百里始寖渾濁，而其流益大。朵甘思東北鄙有大山，四時皆積雪，曰耳麻莫不剌，又曰騰乞里塔，譯云崑崙也。自九度東行可三千里，崑崙之南又東流過闊即、闊隄二地，至哈喇别里赤與納鄰哈剌河合乞兒、馬出二水，乃折流轉西，至崑崙北，既復折而東北流至貴德州，其地名亦赤里。自崑崙至此不啻三千里之遠。又約行三百里，至積石。從積石上距星宿海盍六千七百有餘里矣。其本也既遠，其注也必怒。故神禹導河，自積石歷龍門，南到華陰，東下底柱及孟津洛汭，至於大伾而下，灑爲二渠，北載之高地，過降水至于文陸，播爲九河，趨碣石入於渤海。然自禹之後，無水患者已七百七十餘年。此無他，水之流分而其勢自平也。周定王時，河徙砱礫，始改其故道，九河之迹漸至湮塞。至漢文時，決酸棗東潰金隄。孝武時，決瓠子，東南鉅野，通于淮泗，汎郡十六，害及梁楚。此無他，河之流不分，而其勢益横也。逮乎宣房之築導河北行二渠，復禹故迹。其後入流屯氏，諸河復入于千乘縣德棣等河，復播爲八，而八十年又無水患矣。及成帝時，屯氏河塞，又決於館陶及東郡金堤，泛濫兖豫入平原千乘濟南，凡灌四郡三十二縣。由是而觀，則河之分不分而其利害昭然，又可覩已。自漢至唐，平決不常，難以悉議。至于宋時河又南決，南渡之後遂由彭城合汴泗東南以入淮，而向之故道又失矣。夫以數千里湍悍難治之河，而欲使一淮以疏其怒勢，萬萬無此理也。方今河破金堤，輸曹、鄆地幾千里悉爲臣浸，民生墊溺，比古爲尤甚。莫若浚入舊淮河，使其水流復于故道，然後導入新濟河，分其半水，使之北流，以殺其力，則河之患可平矣。譬猶百人爲一隊，則力全莫敢與争鋒。若以百分而爲十，則頓損，又以十各分爲一，則全屈矣。治河之要，孰踰于此。然而開闢之初，洪水泛濫于天下，禹出而治之，始田地中行耳。蓋財成天地之化，必資人工而後就。或者不知，遂以河決歸于天，未易以人力強塞，此迂儒之曲説，最能僨事者也。

（明）張瀚《皇明疏議輯略》卷三四《定計謨以祛河患疏徐恪》

臣謹按《地誌》黄河舊在汴城北四十里，東經虞城縣，下達山東濟寧州。洪武二十四年，決武原縣黑羊山，東經汴城北五里，又南至項城縣入淮，而故道遂淤。正統十三年，決於張秋之沙灣，東流入海。又決滎澤縣，東經汴城，歷睢陽，自亳入淮。景泰七年，始塞沙灣之缺，而張秋運道復完。以後河勢南趨，而汴城之新河又淤。弘治二年以來，漸徙而北，又決金龍口等處，直趨張秋，横衝衛河，長奔入海，而汴城南之新河又淤。百餘年間，遷徙數四，千里之内，散逸彌漫，似非人力所能支持。乃者上廑聖衷，軫念運道之阻艱，生民之魚鼈，特敕本院右副都御史劉大夏前來修理，功雖略施，力猶未竟。不意伏流潰溢遂爾中止。或者以黄陵岡之塞口不合，張秋之護堤復壞，遂謂河不可治，運道不可復至有爲海運之説者。臣嘗歷考史傳，黄河之患，古今有之。而惟漠瓠子之決，其患尤甚，其功尤難，二十餘年塞之不效。當時貴臣田蚡又以封邑之私倡爲不可塞之説，厥後武帝躬勞萬乘，臨決河，沉璧馬，籲神祇，又令將軍以下親負薪土，卒塞決口，起築宣防河。在武帝時不過爲數郡之害，雖不塞可也，而武帝必塞之。若夫今日之患，關係運道之通塞，尤事之不可已者，烏可以噎而廢食哉。且黄陵岡口不可塞者，非終不可塞也，顧以修築隄防之功多，疏濬分殺之功少，河身淺隘，水無所容，故其湍悍之勢不可遽回耳。議者以滎澤縣孫家渡口舊河，東經朱仙鎮，下至項城縣南頓，猶有涓涓之流，計其淤淺之處，僅二百餘里，必須多役人夫疏濬深廣，使之由泗入淮，以殺上流之勢。又以黄陵岡賈魯舊河，南經曹縣梁進口，下通歸德州丁家道口，足以分殺水勢，訖能成功。今觀梁進口以南則滔滔無阻，以北則淤澱將平，計其功力之施僅八十餘里。今春雖嘗用功，未得竟力，必須再役人夫疏濬深廣，使之由徐入淮，以殺下流之勢。水勢既殺，則決口可塞，運道可完。但既疏之後，不能保其不復淤，既塞之後不能保其不復決，論事者必從而訾其後。故任事之臣未免畏及首尾，而不敢竟其策也。以今觀之，百年運道，穩於履陸，一夫之牽，挽過於六贏之驅馳。一旦阻絶，則舍逸就勞，出易入難，民力必有大不堪者。計其所費，比之今日之修河，又不知其幾萬倍也。況成大事者不惜小費，就遠圖者不計近功，要之不可不先恤民也。昔勝國時，東南財賦俱由海運，其於河道無甚相關，及賈魯建治河之策内，降中統鈔一百八十四萬五千六百三十六錠，凡傭工物料衣糧醫藥賑濟之需，皆賴以給，故魯無區畫之費，而河患以平。今國家漕運既由張秋，比之勝國尤爲重要。興此大役，其得已乎。且合用椿草鐵石船埽等料，並傭工口糧，動以萬億，所在倉庫既多空虚，内帑錢糧又難輕動，如此大費，將何取給。若不早爲之處，誠恐又似今年徒勞無益。臣於去冬十二月，嘗以治河五法缺一不可，工料口糧皆當預備，又以水勢不殺則塞決難成，塞決難成則運道有阻，欲照景泰年間張秋塞決事例，借撥九江等處鈔關荆州等處抽分料銀各數萬兩，運發劉大夏收用。歷懇具陳，不爲無據。寥寥數月，未蒙議行。今自五月以來，水益泛濫，決口日深，運道日阻，所幸水勢趨南，十有七八，萬一盡徙而北，計將安施？雖已側聞廷議，未悉其詳。臣每北顧，心竊憂之，雖在疎遠，不敢自外。所有愚見，合再偕陳。伏望斷自宸衷，參以國是，檢臣前奏，早賜裁處。如以迂遠不切時宜，更乞深念國計，俯恤民艱，但係應起人夫，今年税糧不分河南、山東、直隸，每名量免二石，以充口糧之需。小民聞之，必將感念聖德，歌詠載途，而趨事赴工無難色矣。且役夫十萬，日費浩繁，所免税糧不過二十萬石。幸而成功，實乃萬世之利。以今日天下之大，國計之重，何惜此二十萬之税不一慰安人心哉。仍乞再敕劉大夏專理其事，合用錢糧悉聽計處，户工二部力與贊襄，俾凡椿草等料，得預爲計。臣雖庸劣，亦當仰體聖意，少竭心思，待今八月以後秋水稍落，再行相度利害，斟酌緩急，與劉大夏議處，起倩人夫，各從近便。如孫家渡口至南頓河道俱起倩河南開封等處人夫，黄陵岡至梁進口河道俱起倩山東兖州府人夫，各分工疏濬，比之舊河務加深廣，使能容受。所謂椿草等料，尤宜多備。如黄陵岡塞口人夫於開封大名二府相兼起倩，張秋塞口人夫於東昌等處起倩，各刻期興工，併力築塞。官吏軍民中有負智能善扼塞者，悉聽取用，俾罄巧思，竝屈群策。用功人夫加意撫恤，不亟不徐，勿傷其身。遇有疾病，撥醫調治。人心懽悦，則用功必力，毋計日月必求成功。小有僨敗，毋輒沮挫。誠以今日治河，國家大計，事至難處，功至難成，其可易而視之哉。乞敕廷臣議處而行必求萬全，幸甚。

（明）張瀚《皇明疏議輯略》卷三四《重開通惠河疏王軏》 臣竊思水陸轉運，其勞逸省費，較然甚明。況陳鋭等多累朝漕運名臣，言必不妄。臣因考之《元史》至元二十九年，都水監郭守敬建言疏鑿通州通惠河，引水置閘。興工之日，世祖命丞相以下皆親操畚鍤爲之倡。置閘之處，往往於地中得舊時磚木，時人爲之咸服。船既通行，公私兩便。先時通州至大都五十里，陸輓官糧，每歲若干萬，民不勝其瘁，至是皆罷之。自是漕運無轉船之勞，而一代事功卒歸於守敬焉。及考金水海子白浮甕山諸志，典籍昭然而可據，蹤跡尚在而可尋。何獨至於我朝，必欲置閘河於無用，費脚價而不惜哉。臣又恐有風水家之説，因訪之上源，見諸陵無損；遡其末流，又於都城無害。且源頭活水，運亦流不運亦流，初不因運之行止而爲河之開塞，水之盈涸。此理甚明，足破群惑。況通流等八閘，閘石見存，無事於增補，閘夫見在，無事於復僉，閘官見任，無事於重設。近年營建大木，皆由此河直達通惠，滔滔無阻。參將王佐曾舉而行之，特易易耳。但每至垂成，輒復中止者，祇爲權勢之車輛罔利之牙税不便所阻。臣又考之《元史》漕運糧儲，南來諸物，商賈舟楫，皆由通惠河直達海子登岸，未聞灣民饑餒。況今止通糧運，其官私貨物仍舊亦未爲全絶其利源也。臣常竊料，閘運一年可省脚價銀十餘萬兩。今當民窮財盡之時，於國計不爲無補。臣幾欲具疏上聞，猶恐識見未真，料理未周，不果。繼而見在京各衛，因往通州關糧或被官吏冒支，或被行伍騙匿，或子姪過用空手而回，或陰雨連晴放遲而費如斯之屬深爲隱憂。臣因考之漢唐都關中，宋都河南，皆由汴由渭直達京師，未聞有貯國儲於五十里之外者。我朝通倉，其初如徐德等倉故事，只有神武中衛小倉，以後因漕運稽遲，暫將京儲收貯通倉，以待轉般。因循苟且，歲月既久，遂爲三七定例。嗣是莫之能改，遂使一帶官軍不沾實惠。又欲且疏上聞未果。然此特其利害之小者耳。臣近聞究運邊糧備防邊關寨堡，險隘遠近，以防不虞，因知密雲等處皆有間道可通。若使姦細爲之向道，輕騎疾馳，旋日可至。或據倉廒或肆燒毁，國儲一空，則京師坐困矣。雖有言者，但以閘運省費爲言，而卒莫有以先代之故事間道之危機，爲陛下告者。是宜陛下信之不專，行之不決也。語曰人無遠慮必有近憂，傳曰成大事者不謀於衆，惟陛下留神省察，謀之二三元老。乞敕令巡倉御史會同工部管閘修倉主事兼理閘運，閘板見存，脩補借之各廠，少有疏濬。並其他用度量支脩倉餘剩巡倉贓罰，並所省脚價民財民力，亦不妄費。大運京糧，姑聽陸路自進，且令覓船僱人略運百萬以試之。如果可行，就將省下銀兩，蓋房造船築堤展河，次第舉行。所謂三七通糧，漸撥京師。自二八一九而全輸矣，興國家無窮之利，杜意外不測之虞。所謂富國強兵，殆一舉而兩得之矣。臣愚又以漕運糧儲國家大計，容受之多車不如船，陰雨之行陸不如水舟車並進，脚價倍省，此閘河之所以不可廢也。自大通橋起，至通州白河止，閘壩規模具在，稍加修濬，必可通行。前代君臣尚能興舉其事，舳艫直抵海子。今之閘運止於船剥，而復屢行屢止者，固由勢要奸徒罔利所阻，亦由地形漸高，流沙淤塞。自大通橋至白河僅四十里，其地形高下相去六丈有餘。使其不計多費錢糧，大興工役，開深七丈，再加廣闊，水勢就下，通引白河，則運糧大船直達京城，而諸閘可以不用，固永久之利也。但功程浩大，切近都城，不敢輕議。爲今之計，只應照循舊規，修濬河閘。

（明）張瀚《皇明疏議輯略》卷三四《理河事宜疏周用》 臣近日査到山東兖州府濟寧州見行文卷，一爲開墾荒田以蘇民困，一爲效愚忠、興農功、廣聖心以隆聖化。又一爲專責任，墾荒田，正民習，以固國本。俱該户部題奉欽依轉行山東布政司各府州縣開墾荒田，自嘉靖八年以來，累經有行，稽諸文案未見成功。臣竊念以爲治河墾田事實相因，水不治則田不可治，田治則水當益治，事相表裏。若欲爲之，莫如古人所謂溝洫者爾。

古今稱聖人之治水者，必曰大禹。禹治水之功莫大於河，自告厥成功，至周定王五年河徙砱礫中間自龍門至於碣石入海，不爲中國害者蓋一千七百年。然禹之治水莫備於《禹貢》，則皆紀其成功也。而禹之自言，則曰予決九川，距四海，濬畎澮距川。至孔子稱禹又曰：盡力乎溝洫。夫以聖人之所爲遺于萬世而不泯，固宜不可名言。而禹之自言與孔子之稱之者，惟曰濬畎澮，曰盡力乎溝洫。然則歷千七百年而河不爲中國害者，實大禹盡力溝洫之賜。故自禹至殷盤庚，而稱五遷厥邦以避河圮溝洫蓋小壞矣，圮猶未徙也。至周定王時而河徙，則溝洫加壞矣，徙猶未決也。至秦廢井田開阡陌，溝洫掃地矣。秦祚不延，及漢而河決酸棗決瓠子決則甚矣。歷漢而唐而宋元，河徙河決不可勝紀。今年治河費若干萬，明年治河費若干萬，大略塞之而已矣，溝洫之政無聞焉。自今黄河言之，每歲冬春之間，自西北演迤而來，固亦未見大害。逮乎夏秋霖潦時至，吐洩不及，震盪衝激，於斯爲甚者。考之前代傳記，黄河徙決於夏月者十之六七，秋月十之四五，冬月蓋無幾焉，此其證也。夫以數千里之黄河挾五六月之霖潦，建瓴而下，乃僅以河南開封府蘭陽縣以南之渦河與直隸徐州沛縣百數里之間拘而委之於淮，其不至於横流潰决者，實僥萬一之幸也。

夫今之黄河古之黄河也，其自今陝西西寧至山西河津，所謂積石龍門，合涇渭汭漆沮汾泌，及伊洛瀍澗諸名川之水，與納每歲五六月之霖潦，古與今亦無少異也。何獨大禹則能使之安於東北之故道，歷千百年而不變，而後世曾不能保之於數十年之久。此其由於阡陌之壞，溝洫之不修者，較然甚明。仰惟陛下臨御以來，愛養元元無所不至，故於乞墾荒田之疏屢蒙俞允，則於今日啓修溝洫之政，以繼神禹地平天成萬世永賴之功。臣愚實有望焉。且黄河所以有徙决之變者無他，特以未入于海，霖潦無所容也。溝洫之爲用，説者曰備旱潦而已。其用以備旱潦者，容水而已。故自溝洫至于海，其爲容水一也。夫天下之水莫大於河，天下有溝洫，天下皆容水之地，黄河何所不容？天下皆修溝洫，天下皆治水之人，黄河何所不治？水無不治則荒田何所不墾，一舉而興天下之大利，平天下之大患。以是爲政，又何所不可。

臣竊見河南府州縣密邇黄河，親被衝決，民間田地決裂破壞不成壠畝，耕者不得種，種者不得收，加以額辦税糧催科如故，中土之民困於河患實不聊生。至於運河以東山東濟南、東昌、兖州三府州縣地方，雖有汶沂洸泗等河，然與民間田地支節脉絡不相貫通，每年太山徂徠諸山，水發漫爲巨浸，潰决城郭，漂没廬舍，亦與河南河患相同。或不幸而值旱暵，又竝無自來修繕陂塘渠堰蓄水以待雨澤，遂致齊魯之間一望赤地蝗蝻四起，草穀俱盡。東西南北横五千里，天災流行，此皆溝洫不修之故也。若使溝洫既修，則豈惟山東、河南得以衣食，四遠流移之民，孰不願復業墾田以圖飽暖。昔也招之不來，今也麾之不去，民利於此，安得不興。

臣惟善救時者在乎得其大綱，善復古者不必拘於陳跡，所謂修溝洫者非謂一一如古，亦惟各因水勢地勢之相因，隨其縱横曲直。但令自高而下，自小而大，自近而遠，盈科而進委之於海而已。然遠謀不可以倖致，美功不容以雜施，溝洫之政歷千百年莫能舉行，究其所由，夫豈無故。孔子曰無欲速無見小利。凡厥事功，古今半途而廢者率由於此。臣愚以爲欲修溝洫之政，雖曰不拘陳跡，然時異勢殊，變而通之，不能無所事事。今略舉其大綱，若正疆里以稽工程，若集人力以助夫役，若蠲荒糧以復流移，若專委任以責成功，若持定論以察群議。其諸條目未敢覼縷，議定之後，循其次第，毋以欲速而輒更張，毋因小利而生沮撓。治河裕民之計無出於此。所謂正疆里以稽工程。夫古之溝洫者即後世之渠也，但有大小之不同。溝洫之政必先正疆里。合而言之，則疆里爲大渠，溝洫爲中渠、爲小渠。不先疆里，則規模不立，脉絡不貫，將來彼此相病。然有一府一縣一鄉之疆，合行司府州縣通融規畫，定立界限，由鄉而縣而府，以達之各府。一縣之中先因通流畫爲大渠，多者五六少者三四。次因頃畝畫爲中渠、爲小渠。因而計其工程之難易，土壤之生熟，夫役之多寡，錢糧之盈縮，期會之先後。均爲三年，大略初年疏大渠會於諸河，次年疏中渠達於大渠，又次年疏小渠達於中渠。其淺深廣狹各因水勢，其縱横曲直各因地勢。中間卑窪特甚不通轉輸去處，用水平打量疏爲塘塹，出於溝洫之間，水滂則趨平，旱乾則節蓄。經畫既定，造成疆里圖册上下如式施行，責其成效可也。所謂集人力以助夫役者，大約施功之時大渠用官夫，小渠用民夫。官夫專開水道，以爲之經；民夫各治其田，以爲之緯。仍令州縣各計用官夫若干民夫若干。然興工之始，百姓生理未復，須以民夫從官夫。其官夫於召募之外，若賑濟放免之類，俱合從宜區處。竊見問刑衙門充軍人犯依例發遣所在有之，但隨解隨逃，各該衛所官旗通同侵盗月糧，會赦方住，赦後又復問發。積至幾年，天下衛所食糧軍犯莫紀其數。況今會計如王府禄糧亦且告乏，卻容此等潛形竊食，實爲虚靡。今欲爲此乞行附近河南、山東、直隸各問刑衙門，除奉特旨並免死充軍外，其餘少倣宋人民屯之法，隸其名於河南山東各衛所，而以其人屬之有司。責令以官夫開渠，並墾除糧荒田，自給口糧，三年之後量徵屯糧。若會赦不願還鄉，聽其爲民，前田永爲世業。又如河南、山東各該司府州縣問擬徒罪，發配人犯多是賣放，亦合除賊盜並與杖罪情願納贖人犯，俱令以官夫開渠，各隨所犯輕重，徒罪以里計，杖罪以丈計。則軍犯得免衛所陵虐，且省軍儲，徒罪得以力役充贖，亦不廢法。至於漕河夫役，山東獨當其衝，編僉特爲繁重。比年以來，財力俱敝，大約原額均徭編銀肆萬玖百餘兩。該夫役壹萬肆千貳百餘名，約計僱役該銀一十三萬四千六百餘兩。若如往年河道有事之時，又須召募應役，工食銀兩無從措置。即今河患稍寧，臣謹遵敕諭便宜行事，擬欲節省財力以備不虞。已經議減夫役共計四萬四千八百八十餘兩，量徵椿草折色又減空役之外，椿草合柴等銀共計一萬五百餘兩，又減舊役銀約計三萬四千五百餘兩。皆以求寬民力各得盡力，於田畝，以爲溝洫之助。此外若再得清驛傳應付之濫，卹税糧陪貱之苦，議養馬積習之弊，裁里甲浮靡之費，省民壯團操之擾。其餘凡節省民力量可以寬假一二年者，當事諸臣皆相與推廣德意一一舉行，則溝洫之政斷可修復。溝洫既成，豈止可以平河患、興民利。萬一地方有警，盜賊相顧，不敢横奔，則推其餘力又可以禦戎馬。又推其法於諸邊，因修古人分兵屯田之法，使耕者雜於居民之間，又不惟可以省餉饋。溝疊相因，所在皆是，是謂寓武備於農功，資人和於地利者也。所謂蠲荒糧以復流移者。

切見凡近黄河一帶地方，自來旱潦無備，百姓税糧無辦，多致逃亡。遺下税糧差徭，又復責令見户包陪，輾轉（貼）〔貽〕害十室九空，將來未見底止。臣聞成化年間河道侍郎王恕因裏河旱荒奏奉蠲免。今欲開墾荒田，沿河州縣積年逋欠，若復照舊追徵，百姓終無復業之期。乞通行查理遠年錢糧，若係小民逋欠，悉與停免，及將見在積荒田糧覈實開除，則四外流移窮民指望衣食顧戀鄉土，必然日漸復業，荒田自然日漸開墾。又思往年治河徐有貞、劉大夏前來任事，或蒙大發浙江等布政司銀兩，或乞發鈔關抽分銀兩以備支費。又近年兵部侍郎王以旂奉命治河，支費官銀亦幾至十萬兩以上。諸臣固皆因黄河徙決有此經費，然亦莫非因民之財救民之患。今欲修復溝洫，必須大費人力。合無就於近年蠲糧數内通融扣補僱募工食，准作各户辦納，略如宋臣范仲淹以官糧募饑民修水利之法。官司惠而不費，百姓勞而不怨。將來溝洫修復，則下足民食，上給公賦，皆將沛然有餘，比之因河水徙決臨時驅無辜之民，傾不貲之費，興再三不得已之役，徼萬一不可必之功者，其爲力既易，其收功甚遠，利害相懸何啻十倍。唐臣陸贄所謂小損所以致大益，暫薄所以成永厚者也。

又若專委任以責成功者，益溝洫之政，如前所陳荒糧既蠲人力以集，若無其人專任其責，將來無始無終，祇是虚應故事。今事權專重，無如撫巡乞敕督同布按二司委行守巡兵備屯田管河等官，分駐各府州縣地方，謹按造成疆里圖册工程月日次第舉行。府州縣按月稽考，守巡按季稽考，巡按稽考一年之成，巡撫稽考三年之成。其新任州縣並到任一年以上者，俱聽撫按官覈實，會同總理河道官保舉，方得行取陞遷。然後事有定法，人有定志，成功可期也。

又若持定論以察群議，臣惟黄河徙決不常，捍禦之策人自爲説。自今會通河之外，或謂引沁河自懷慶府武陟縣郭村，至南直隸徐州，出沛縣以濟二洪。或謂自開封府祥符縣迤北開鑿七十里通衛河運船出淮，從鳳陽府泗州亳州入衛河。或謂自開封府城北陳橋迤西開鑿三十餘里，引沁河通運船，自徐州達陳橋，出會通河。或謂於衛輝府置倉運船，由渦河經汴梁達陽武，陸輓七十里，貯倉由衛河轉運。其説不一，蓋皆博采人言以求弘濟。然每計其開鑿建置工役，所費率不下幾十萬。即令運道既設，其建立衙門，增置官員，創造閘壩，編僉夫役，必須一如會通河之制。則工力浩繁，何以支持。往年工部侍郎劉天和奉命治河通當群議方興，天和專意修復，自來運道竟復其舊。至於海道之議已經奉有明旨，不必妄議生擾，永宜欽遵。臣恐將來黄河徙決不常，或者不得已復建此議。臣則以爲海運誠不敢輕議，惟有倣海運之意而爲之，一如鹽商之法，通計漕運每石所費增價，設法召商。若得其人，似亦可行。若以涉險不如就安，則莫若舉元人虞集之議，於遼東等處召募墾田。若得其人，似亦可行。若又以圖遠不如就近，則莫若循祖宗以來山東、河南開荒田地永不起科事例，舉此以足百姓，因以足國，尤爲切近。況北直隸地方實多膏腴田土，若加開墾之力，内地軍民不勝其利。伏覩成化年間特令添設祁安滄冀平谷滿城三十七州縣勸農官員，實以居重馭輕之地舉此裕民足國之策。孔子曰：百姓足君孰與不足。雖古人致國有十年之積，其道亦不外此。夫國有十年之積，萬一漕渠梗塞，率飽食之民假日月以從事宜有餘力。故以海運而視遼東，則當舍危而就安。以遼東而視山東、河南，則當舍遠而就近。以北直隸而視山東、河南，則又當以先內而後外。自內而外，自近而遠，使四海九州之民飽食暖衣，以培億萬年太平之基，實在於此。至其修舉之法，臣反覆思之，其不越乎溝洫之政。伏乞聖明留意焉。

（明）朱吾弼等《皇明留臺奏議》卷一六《請遣大臣治河疏陳堂》

臣聞明天之道者必驗於人，應天之變者當以其實，是故古之明王遇災而懼，隨事格天。而卒保治安於無虞者良有以也。臣頃見彗星見於西南，彌月不滅。考之往牒災應謂主大兵，謂主大水，或應之一年之遠，或應之數月之近。臣愚以爲兵無大於邊防，水無大於河患。邇來虜王効順邊境稍寧，雖有可虞，然猶諉之曰未形。臣愚亦已列名同官御史林應訓等疏末，以勸皇上戒備之矣。若黃河之水東橫西決，散爲洪流，自徐邳以下以至淮之南北不啻千里，流離漂没莫可勝數。居無尺椽，食無半穗，上阻運道，下墊民生，斯不謂之已形者哉。然而當事者一切付之無可奈何，無有持一長策可據以爲疏理者。

臣愚以爲今日治河之難者有五，曰事權不專也，羣策不一也，利害不審也，錢糧阻格也，功罪不核也。何以知其然也？國家以理漕屬之漕司，以治河屬之河道，俱以都御史重職奉璽書行事，豈非使之各盡其職業，無有推諉，無有阻撓，以共成國計哉。乃邇年來輒因河之不治，遂以漕司而責之天妃閘以北，於河道而責之天妃閘以南，畫地既分，遂成彼己。一設官也而或去或留，一決口也而或築或否，以致有司下吏彼此觀望，迄無成功。無論今日即自臣有知識以來，漕艘遲緩不曰漕艘而曰河道梗阻，河道梗阻不曰河道而曰漕艘稽遲。彼此相推，而卒莫有引咎自反者，大都然也。頃者朝廷鋭情國計，舉漕糧四百萬石通限正月以裏過淮。懸重法以繩之，然後僅免黃河伏發之候而可保無事。今又以淮之南北分信地矣，近雖部議欲以河道都御史仍照敕書行事，而撫屬地方水患又聽漕運都御史從宜料理，言非相悖而行不免於牽制者。即有不治如今日之患不止，則當責之誰哉。

且黃河之與淮河，其流雖二，其爲運道相維繫貫通者則一。未有黃不治而可以治淮，亦未有淮治而黃可以無事者也。今之議者爲黃河計，曰築崔鎮口矣。今聞崔鎮而上至於邳州一帶，決者不下一二百處，大者百餘丈，小者亦三四十丈，何可勝築也。即築之，又何保其不復決也。曰復老黃河矣，然引黃河東流，將必引淮逆爲北向，而後可以與黃會而全運道。竊恐非水之性勢難成功，益退而壅決於宿邳之間，不可爲也。曰挑正河矣。然河之決也由下無所歸，故上有所壅。今河無入海之路，雖使河身日濬，奚益哉。爲淮河計者曰，築高家堰，則工費不貲束手無策。曰築高寶黃浦等堤，則隨築隨決漫不可支。欲引淮泗而入之江，則江上流也，而海爲下，海近而江遠，高寶之間所經興鹽等縣，皆爲入海之路，豈能盡隄防之，而使必逆而南哉。兼之草灣海口淤毁如故，遂使河身日高，黃河日漲，不圖爲疏導之計，而惟築堤以防之。將見堤之高也有窮，而水之高也無限，其勢必內灌而並泗水以趨。於黃淮一日不治，則淮之人一日不安枕，此定勢也。以是數者積時累日坐觀其大敗決裂而不可救，此何以哉。

臣愚以爲天下之事有利必有害，未有有其利而無其害者，擇其利多而害少者爲之則可矣。漕渠古無有也，自漢唐以來宜莫如劉晏。然史稱晏盡得運之利與害各有四。當時即盡以漕事委晏，使晏得盡其才，固未嘗以利而諱害，亦未嘗以害病利也。今之司河漕者能如晏自按行浮淮泗達於汴入於河，循循底柱硤石觀三門遺跡而至河陰鞏洛，視前人宇文愷等之所爲者乎。每藉口必曰神河，而皆付之曰不可治，又曰神禹而不能治。不知今之人有能三年於外者乎，三過其門而不入乎，胼手胝足而不勝勞瘁者乎？大抵治河者委於治河之官，故事行勘一聽之於郡縣佐貳。彼以河爲職，遂見黃之害而不見淮之害，見黃之利，而不見淮之利，不知淮利而黃亦未嘗不利，淮害而黃亦未有不受其害者。其治淮者輒委之郡縣之守令，彼以守土爲職，其所見又復然，如之何而不互相持衡莫決也。然有可諉者曰：下之人異議耳。自古師行糧從，雖有巧婦未有無米而可以議炊者。今淮揚之間，自隆慶三年以至今日之巨浸，真堯之所謂九年之水矣。土地所產既無一毛之入，而河漕工費動稱鉅萬，當事者復屢內帑而不之請，豈所謂通達國體者哉。夫有非常之事者必有非常之工，非常之工非非常之財不可濟也。國家二百年餘河神亦可謂効職矣，以至今日始有此變，非如曩時之猶可以安常襲故者。近者淮揚撫按諸臣疏請賑濟僅借留一二萬金爲災民計，而猶格於部議，安望其能請內帑百萬以濟大工哉。臣知其不能也。夫人臣爲國家守財，非徒能守其財之難，而善用其財之難。今之户部錢糧曰濟邊急矣，不知邊猶人之肩臂，而淮揚之地則腹心也，運道則咽喉也。今之工部錢糧曰上用急矣，不知百姓足君孰與不足，百姓不足君孰與足。有若之言，固似孔子者，二部大臣豈以百姓爲可緩，而視身之咽喉腹心不若肩臂哉。彼河漕二臣目擊河工之急也，欲裁其費，則用小而不可爲，欲大其施則力限而不能爲。即如崔鎮口與高寶堤之築塞，皆傅希摯與吳桂芳之所自以爲必不可已者，而亦苦於措處之無，及東搜西括莫可支持，他可知也。

臣愚以爲今日司國計者皆過也，錢糧既已不敷，而國家之待河漕二臣輒復以次序遷，無所責成。其殫心竭力鞠躬盡瘁者，秩不加陞，坐視如故者，罪不加罰，率皆三年之內僥倖無事，相繼棄去，何怪乎河患之日甚一日哉。即如傅希摯彼自以爲實心任事者，三年考滿不聞查核功罪。其在於今經理漸熟河患方殷，而又以陝西巡撫行矣。使繼此而李世達者又復然。臣慮河之患無已時也。

夫是數者展轉相尋，因循苟安，以致今日輒於星象上廑聖衷。臣待罪言官，何敢一日安哉。臣聞惜小費者不足與成大功，守拘攣者不足與觀昭曠。漢武帝稱雄才大略矣，瓠子河決至投璧親祀，公卿負薪。宋仁宗稱令主矣，汴河數決，災民棲御廓聚國社憂形於色，至輟儒臣司馬光講筵三往勘之。即如先朝徐有貞之築張秋，朱衡之築夏鎮，皆以大臣而成功者。假令二三君者與國朝列聖皆苟安故常，是使河之患在漢宋者不知何如，而張秋徐沛今尚無底止也。

臣愚反覆思惟，以爲國家今日河漕計，莫如特遣大臣集廷臣惟議有才望者，或見任户工二部侍郎，或嘗有事於河道熟知水勢地利不鹵莽者，會同新任河道都御史李世達、見任漕運都御史吳桂芳，協力共理。重之璽書，定之期限，河平之日照舊分職管理，則庶幾乎目前，可以一事權，可以定羣策，可以審利害，可以酌錢糧，可以據功罪，而俟命於朝廷以行賞罰。夫自成大功幹大業者豈因循掣肘者之所能辦哉。

今河漕二臣敕書曰便宜，部議亦曰便宜，而卒不能破格一努力而爲之者，終爲文法所拘而不敢自越也。語曰役不大興害不能已，又曰不一勞者不久逸。臣愚以爲誠遣大臣則視河與漕無分彼此，視黃與淮無分胡越。勢可便漕而不便於河不爲也，勢可便黃而不便於淮不爲也。河道之臣齟齬，則以漕運之所宜遷就者通之而使不涉於忌嫌。漕運之臣牴牾，則以河道之所宜委曲者導之而使相忘乎彼己。腹心臂指脉理貫通，無相滯礙，無相阻扼，其有狥私害公病人利己者，輒得以其理直之而請命於陛下，然後可以惟其事之所欲爲而能有濟。臣故曰可以一事權。

誠遣大臣則崔鎮口之應否築塞，老黃河之應否開復，宿邳一帶正河之應否挑濬，高家堰之有無關繫，淮泗扃鑰高寶等堤之能否阻遏横流，淮泗入江果否順水之性而無所礙，草灣海口何以成功而無補於目前，或疏濬或築塞能否可以並舉而後取效。折衷議論，舉衆説而量其長短。如不出是數者而可以黃淮兼濟，則力主其説而在於必行。如是數者而皆無益於黃淮久遠之計，則博採輿論而務爲究竟，必得夫事機之肯綮可以措手然後已。臣故曰可以一羣策。

誠遣大臣則必循行河道，考察地形，往復江淮河南山東直隸之間，備詳要害。何者爲枝流，何者爲正道，何以遏其狂瀾，何爲適其本性。是非利害皆屬之於一人，淮南淮北皆視之如一體，郡邑長吏與夫佐貳治河之屬，皆如四肢手足之率相爲用而不相背。利在於河者多而漕者少，則從其計多者而不以爲私圖。害在於淮者少而黃者多，則從其害少者而不以爲嫁禍。利一害百，毋以害掩利。害一利百，毋以利冒害。不拂於人情，不撓於衆口。臣故曰可以審利害。

誠遣大臣則奉命而往，以陛下之心爲心，如陛下之親行耳聞目擊確有可據，一手一足一木一石之力所不能辦者，皆得以請命於朝，而無所窒礙。內而視户工之臣相爲一體，外而視河漕之臣相爲一家。陛下既擇人而用之，亦能以大臣之心爲心，聽其便宜行事，大破故常。利必期於大興而不惜小費，害必期於盡去而無惑人言。其有事在兩可，勢不兩全，利害相關，勞費難度者，亦可以詣闕借籌，稟授方略，而期於共濟永賴。臣故曰可以酌錢糧。

誠遣大臣則請命而行事竣而返，功有底績之期，事有責成之日。河漕二都御史而下，以至於百司庶府卑官小吏，苟有一毫之竪立効勞國事者，皆得以其功而叙録，奏議陞賞。其或因循搪塞，苟安目前，及浪費不貲闒茸罔效者，亦得以其罪而奏聞處治。一如沿邊重鎮，或年終奏報，或三年類報，使人心鼓舞於獎勸激勵之中而唯吾所聽命，然後羣力可協而百工可成。臣故曰可以據公罪而俟命於朝廷以行賞罰。

夫由前觀之，而今日河之爲患如此，由後觀之，而異日河之庶幾如此。陛下何靳於一官之命，而使運道民生日復一日，無平成之期哉。且陛下御極以來軫念國計，每虞運道艱阻嘗議開泇河矣，議開膠河矣，議復海運矣。計亦不下百萬，而猶限於勢力之不可能，民命之不可保。今皆報罷而使河渠復漲塞如故。陛下何不以泇河、膠河之費而借貲於河淮故道，猶不失其常策哉。

説者以擇人爲難，臣又以爲不然。夫堯之知人猶必失鯀而後禹。若慮諸臣之有負任使而寘之不問，是因噎廢食之説也。借使所遣大臣名位與河漕二臣不相上下，才識與河漕二臣不相優劣，而朝廷顓使鼓舞自新之下，則河漕諸臣之耳目心志皆爲之丕振，而思以自奮，寧復尋常之苟安已哉。昔唐之淮西久不能下，李愬諸將非不可以計日成功者，乃裴度在廷獨曰臣出而諸將爭功，則元濟就擒矣。自古成功建業其所鼓舞之機類如此。臣誠願皇上之治淮南北，如唐之克復淮西，而特遣大臣如裴度之効職也。如蒙敕下户工二部擬議上請，則庶幾河患可息，運道無虞，民生國計皆非小補。雖有星象之異，亦不能爲之災矣。

（明）朱吾弼等《皇明留臺奏議》卷一六《酌議治河疏陳邦科萬曆二十三年五月上》 臣惟黄河猶人身之腸胃，祖陵其腹心，運道其咽喉，而生靈赤子皆肌膚也。水之患常相因而治之術常相妨，其關係並切而勢不能以並濟。夫黄河俱匯數千里山澤之水交會於清河一口而出，高寶湖畜數百里山溪之水由瓜儀閘口而出勢不能容，故黄決徐邳淮壅泗城湖齧運堤，此地勢使然也。然幸而雨暘時若，歲無霖潦，或暫潦旋霽或此漲彼消，猶可支持。惟夫淹霖數十日，積潦數千里，黄淮同漲，湖河並高，卒不能消，故障之愈激遏之愈奔，此天時使然也。臣見河臣潘季馴十餘年間固堤來水，藉水刷沙，其所以禦平時地勢之水患者，可謂竭盡心力，亦不可謂無左驗矣。而至於治天時之水患，則滯而未能通也。臣請效其愚而聖明洞察焉。夫平時河不甚漲，恐支流奪河，故築堤束水以刷沙見誠卓矣。豈有河流飽漲，且踰隄而越之，猶患水力之不全而日隆其堤以與暴漲爭。欲堤之不横潰，何可得乎。此雖鎔金爲石，冶鐵爲土，寸寸設版築，時時議修防，臣知堤之不能保也。故堤不可恃，水不可障，一時諸臣異人同詞矣。其法惟當出淤疏滯亦未易言焉。何也？周家橋之開以洩淮誠爲便捷，且小分大合異流同歸於祖陵，風氣亦未爲反背。惟是高寶一路湖堤終恐不支，張福堤之裁可消紓淮出之路，而恐黄流倒注反爲淮阻。淮不殺泗患必不除，而淮水下流必無可殺之勢，徙遷州治則祖陵四面漂泊，剥膚之憂更切，蜂起之議猶存。臣愚謂欲除泗害，須殺淮之上流，如瓦埠河者可開也。據地方諸臣勘議，一云瓦埠河開可分上流之半，直以功費浩大未敢輕議。若謂淮合閭泗諸山水而後盛，則豈有淮源上流合數千里諸山之水反不盛乎。臣知瓦埠河開而淮必可殺也。淮勢少殺，不衝激祖陵而州城尚未乾出則遷州之説可行矣。臣愚謂除黄害須殺黄之下流，如三義季泰等壩可多開也。查徐州以下築堤不啻幾千萬丈，僅設四壩。黄水驟漲溢縷堤，而入遥堤壩少不能宣洩。且南岸復築格堤停瀦横流不得通達，以致騰沸尤屬無謂。惟應於縷堤多置石壩，高以五七尺爲度，遥堤量增壩口竟與地平，使水渴則來刷淤不致奪河，水漲則聽其經洩。而又疏濬灌口入海之路，使水有所歸，則黄不崩潰。黄平而淮之出口亦無梗矣。臣愚謂欲禦湖患當殺湖之支流，如撫臣所議，挑濬灣頭廟灣等處三工不可緩也。據稱東工挑濬已完，而南北通江通海兩工竟爾寢閣，徒時一線之堤焉能障水。惟應於湖堤一帶照前多設壩口宣洩，而壩北黄堤宜淺，止合足行糧艘爲度。又查照原議，挑濬三工着實舉行，使壩口之水歸江歸海，則運道民居鹽場俱免患矣。至於通濟閘宜修復車盤啓閉舊規，以免黄流南注，因而阻淮。事理誠切，若能設法建閘正令通淮，勿合入黄，既殺淮勢又免黄淤，尤爲良便。其上雷陳公等五塘近爲佃占淤溝，雖非昔時之舊，若能深加挑濬，不可謂無蓄洩之利也。大抵水以江海爲壑，自無泛濫之虞。如治中溝之疾，法必宜瀉。增堤以障之，是服胃以填胸，裁堤以緩之，亦潰腸以滿腹，不導歸江海以瀉之，患必不弭，理也，亦勢也。

伏乞敕下該部，查臣言有萬分一可採，亟行問河科臣總河撫按諸臣酌議上請，則河道幸甚。臣愚幸甚。臣猶有獻焉，成大工者不惜小費，不暫勞者不永逸。如臣所議工程諸臣曾亦議而未決，或舉而未竟，皆苦於費無從出耳。往歲吴越之災，蘇松之水，皆蒙皇上軫念元元，發南京户部銀數十萬兩施賑興工。今祖陵爲萬萬年基本，及淮揚百萬之生靈，京儲四百萬之漕道，鹽場六十萬之國課，其關係何如重者。更乞皇上敕行勘議諸臣通查應舉工費，若於河道錢糧僅支若干者，不足之數乞允發帑銀以濟其急，使諸臣不致詘於財力，或遷就近易之圖以遺久遠之利。則歲歲修築之勞可免，而千百載平成之績可奏矣。臣無任激切屏營之至。

（明）朱吾弼等《皇明留臺奏議》卷一六《請河流分洩疏陳煃》

臣本庸愚叨令寶應，荷蒙皇上不以臣爲不肖，簡拔留臺，風聞言事，是臣職也。矧親見者乎，臣竊見淮揚累歲災沴頻仍，其在近年水患尤慘，民之受害而不聊生也至矣，不可復加矣。如近議周橋開通已久，每歲重運甫完，通濟開閉後，一應官民船隻徑行，是周橋未嘗不開也。頃伏覩明旨，將周家橋等處作速疏濬，業有成命，臣何容喙顧。臣愚以爲此舉非細故也，中外之臣多知不便而未有肯爲國家極言其利害者。何哉？其說有三：一曰重祖陵，二曰畏聖怒，三曰無奇策。

夫自古無不患之河，第未患及祖陵耳。祖陵爲國家萬世命脉，關係甚鉅。若運道鹽場雖于國計桑田廬室縱切民生，尤其小者也。故泗民告急，每以祖陵爲言，持論甚大。因鋭意于周橋之開，而有不可復止之勢，固非可以一人口舌諍也。此所以罕敢言者一也。

皇上仁孝天植尊祖敬宗，必不忍陵寢有一朝之溺，一聞按臣繪圖以報赫然震怒，愆溺職之臣，專勘河之役，頒祭告之典。一念孝思，何如切至，必奏功旦夕而後即安。苟非開濬周橋等處則未易以紓目前之急，而于聖明無當也。此所以罕敢言者二也。

江河淮濟名爲四瀆。瀆者，獨也，以其獨入于海也。自宋以前，河自入海，尤能爲患。今以一淮而受全河，蓋合二瀆而爲一也。況淮水遠來不下數千里，兼一路諸山之水，同出清口，而復以強河捍之勿得縱出，此實祖陵受患之源也。祖陵之患不能遽解，皇上之憂不能遽釋，而勘河之命又不敢久稽，則不得不信開周橋爲得策矣。今中外明知不便，而詰以他策，又無甚出奇以取勝。此所以罕敢言者三也。

衆人不敢言而臣獨敢言哉。臣寶應舊令也，知而不言，言責之謂何？即同事臣工相視而指臣曰：渠非蒞茲土者乎。昔聞條有河議矣，今奚爲默默耶。八寶士民相聚而議臣曰：渠非袵席我者乎，昔嘗視由已溺矣，今奚爲默默耶。故見事而阻撓臣誠不敢，後事而緘默臣必不敢。

臣無論遠事，近舉二十一年淮水從南堰漫溢，驟奔東南，高寶邵伯決堤五十餘處，此尤溢出之水貽害已如是矣。若大闢周橋而以高寶爲壑，則其害何如。蓋周橋勢高，淮水陵下，疾若建瓴，瀰漫則汪洋停蓄，卒然不能入江達海。西駕洪□狂瀾，東擊一線之堤，非屹然金城之固也，動缺三十五丈或百十餘丈，高寶興泰鹽之民欲不爲魚鱉不可得也。故人情僉謂不便。即勘河科臣所慮梗運道，傷民產，損鹽場者，得其概矣。第云分洩淮水，一由子嬰溝入廣洋湖達海，一由董灣閘直達涇河從射陽湖入海，百里而遥，何途之從，而遽達于海。且與射陽湖皆無畔岸，周圍渰佔民田，水行至此不復可瀦，畢竟汎溢四出，仍爲民患耳。昔宋儒朱熹有言禹之治水只是從低處下手，下面之水盡行，則上面之水漸淺。由斯以談，欲得上流之消洩，必先下流之流通明矣。試自興鹽迤東擇其便利之所，如曰塗河石礎口廖家港等處，條爲數河分門出海。然後從下流而上，將高郵北界開清水溝，寶應南界開子嬰溝，山陽東北開涇河口，濬其壅淤，闢其窄隘，使河身深廣中有所受，不至溢出，而洪波不及于舊，下有所洩，不至停積，而餘水易達於海。如是則興鹽泰之水有所歸宿，而高寶之水次第東行矣。如是則汜光諸湖可令虛腹，而武家墩周家橋之水容納有地矣。倘慮西來水多，一時宣洩不及，再於瓜洲十壩開十閘口，儀真五壩開五閘口，灣頭閘旁增置一閘令入通泰鹽河，則分洩之路既多，潰決之患可免。水不爲災，而沉田可出，濱湖沿海之民尚亦利乎。

然專藉此爲祖陵計，臣尤以爲治標之説也，而抑有害焉。察其本出清口，會河入海，而能拒強河之不內灌者，以全力勝也。如周家橋大開，淮水大洩，勢分力弱，難以控河。使河有知尚不能禁之躡其後，河無情物也，淮退一尺，無論疏濁流益淤清口有時汎濫衍溢安知不逆行乎。雖聖明在御，河伯效靈，萬萬無南徙之患。然此亦事變之或然而將來之不可測者也。爲祖陵計者可恃有利無害而莫之慎耶。科臣之疏亦云周家橋業已洩水，俟水涸則無事開矣，味斯言也。倘亦有慎重之意乎。何者？河強淮弱，水勢固然，治法亦異，不得不慎也。治弱者利用合，治強者利用分，禹之導河嘗分一爲九以殺其洶湧之勢，此萬世治水法也。宋濂亦曰：夫以數千里湍悍難治之河，而欲使一淮以疏其怒，萬無此理。分其半以殺其力，則河患可平。味宋氏之言而求大禹之故，則分殺河流已棄之道自不難復也。如近日五港口之議計可疏黄以導淮，急宜相度以舉事，務令強者主分，弱者主合。分則勢減而不至于扼淮，合則力全而不至爲河扼。于是大闢清口盡去積沙，俾淮流徹底而出，借淮之清減黄之濁。即清口以下海口以上，累年汚積沖刷必多，二瀆將爲安流，而祖陵長保無事矣。凡此必於分黄得之淮固不必淮治也。此其於開周橋相比之論，孰爲標，孰爲本，孰爲利而害多，孰爲有利而無害哉。但目前之害已見，而當圖將來之害未至而叵測，故急于治標者又不可不治其本也。

至于興非常之役必有非常之費，即工費不貲，不妨據實題請。臣伏聞皇上往年憫齊梁淮北之災，嘗不惜巨費，出諸宫中而賑之，至今稱爲盛事。今河工浩大百倍頒賑之需，而祖陵被渰，尤非災民之比。臣知皇上必有以成此巨功矣。天下後世樂觀厥成者，皆仰知皇上護陵寢以培根本，以安先靈，至孝也。禮二瀆以昭祈禱，以格神明，至敬也。奠民居，復民業，水鄉海濱咸獲嘉祉，至仁也。固漕堤全鹽竈運務邊儲各有攸賴，至計也。是一舉而休烈顯乎當世，聲施浹于無窮，臣知皇上必有以成此巨功矣。

大都天下事知之非難，難在成之而已。臣尤恐當事諸臣，或甲是乙非而惑于築舍，或遠嫌避怨而甘于模棱，或虞功未必成而因循月日，或惜費無所出而計効目前，以致陵泗久渰，蹈前人之覆轍。或使強河爲患，如臣愚之杞憂。彼時即以罪前人者，罪之無及己。臣顧不厭煩瀆。期于計萬全而圖永賴也。倘可採擇，伏望敕下工部轉行會勘諸臣查議施行，以爲治河萬分有一之助。臣愚不勝惓惓之至。

（明）張文炎《國朝名公經濟文鈔》卷九《三吴水利議俞允文》

國家之本政莫重於財賦，財賦莫重於蘇州。蘇州歲運之米四百萬石，是國家倉庾也。而財賦皆出於水田。昔司馬遷云吴有三江五湖之利，而宋趙霖又云天下之地膏腴莫過於水田，水田之利莫盛於蘇州。吴越王錢氏有國百年，唯長興一歲失稔享利甚饒。比後頻遭旱潦，屬者大水數縣匯成巨浸，千斛之舟皆縱横取路，罕辨涯涘。百姓嬎踣萬狀，莫能圖畫。田薄民貧，國賦每至空乏不繼。古今利害相懸若此，何哉。蓋蘇州地既低下，而東北瀕海之地特高，浙西六州之水皆流注太湖，積水泛濫，如貯盤盂，謂之澤國。禹穿三江，導太湖之水乘入於海，而水始定。今三江唯松江洩水爲徑，後世以太湖之水獨洩於一江，其勢有所不逮。故於常熟開二十四浦，北達楊子，又於崑山開十二浦，疏松江之水，東入於海，民間私港又不可勝數。由是高田引以灌溉，低田賴以決洩。至於瀕海之田雖高，日懼鹹潮之害，因作堰壩裏水不得外流，而渾潮日積，諸浦漸湮。法宜盡決堰壩，近海置閘，隨潮啓閉，使有泄無入，閘内港浦常得通流，閘外淤沙亦近易爲力。若堰壩既決，浦閘既修，苟非厚築圩岸，一遇大水，湖水隨風往來，則壞岸低田與水漫漶，此築圩裏岸之法尤爲最要。范公仲淹云修圍、浚河、置閘三者如鼎足，缺一不可。故錢氏偏據一方專心田事，蘇州有營田軍四部共七八千人，又有潦清之夫，是其享利之饒，豈非人事之修乎。蘇公軾云浙西水旱乃人事不修之積，正此謂也。今洩水要處吴淞白茆等諸浦，大半湮塞，閘廢圍壞，水害日滋。未死之民饑寒失業，而部使猶相踵追徵，以至田事輒以國用窘之，格沮不行。是使地無可耕之田，民有失業之怨，賦亦奚從而？出嘗考永樂二年户部尚書夏公元吉奉檄開浚，其功最著。其後正德十年，又命工部侍郎李公充嗣重加濬治，水害暫息。時三法未備，終非經久之莢。爲今計者，誠宜朝廷不惜浩費，博選幹臣推原水利，相度事宜，舉行三法，置官精理。以至盡力之吏必令越次推遷，則人知沮勸，建功必多。朝廷無宵旰之憂，而長有東南之利。誠治安之策也。

（明）張文炎《國朝名公經濟文鈔》卷九《西北水利議徐貞明》

徐子徵入諫，垣居無何以罪逐。客有唁於潞水之湄者，見徐子屏居野寺中，讀書意適，無懟色，則數徐子曰：子以外吏，一朝列侍從之班，際聖明在上，固希世之遘也。魯不能卑節馴行，效尺寸以圖報塞，廼抱釁而往，將自棄於明時。且子嘗欲乞身以奉菽水，使子亟成其志，寧有今日哉。奔走竄逐間，負國恩而違親養，忠孝兩無當也。予竊爲子悲之。

徐子聞言零涙緣纓，坐客而與之語曰：客之數予，予則悲矣。客亦惡知予哉。予始待罪垣中，首疏西北水利事，水衡當事者，迂其言，置不省。予乃撫膺而嘆曰，當今經國訏謨，其大且急，孰有過於西北水利者乎。雖然概而行之，則效遠而難臻；驟而行之，則事駭而未信。蓋西北皆可行也。盍先之於畿輔，畿輔諸郡皆可行也。盍先之於京東永平之地，京東永平之地皆可行也。盍先之於近山瀕海之地，近山瀕海之地皆可行也。盍先之數井以示可行之端，則效近而易臻，事狎而人信。又恐其難於遥度也，則又裹糧屬二三解事者，走永平瀕海近山之境，相度而經略之。既得其水土之宜，疆理之詳，始信其事之必可行，而猶冀其言之獲售也。欲再疏以請，草具將上，適與罪會，使予得罪稍緩，則疏必再上。或庶幾其言之獲售，使予不欲再疏以售其言，則乞養以退，當在始疏報罷之時，寧濡忍以及罪譴，負國恩而違親養。誠如客言，予則悲矣。客亦惡知予哉。

客曰：予聞天下事，諫官皆得言之。今天子鋭意化理，子職諫數月，即水利報罷，寧無崇論谹議可以動聽而中當事者之指，迺諟諟焉惟冀水利之復行，亦左矣。且子謂經國訏謨，其大且急，莫有過於西北水利。則又予之所未解也。

徐子曰：禹功茂矣。而濬畎距川，迺其盡力而終身者。騶孟談王，田里樹蓄，厥惟先務。客惡得以水利而左之，予將爲客悉其利。

夫雨暘在天，而時其蓄洩以待旱潦者，人也。迺西北之地，旱則赤地千里，潦則洪流萬頃。惟寄命於天以幸其雨暘時若，庶幾樂歲無饑耳。此可以常恃哉？惟水利興而後旱潦有備，其利一也。

神京北鞏，財賦取給於東南。忠於謀國者，鏡勝國之往事，懷杞人之隱憂，尚有出於河流外者，惟興水利。而西北儲蓄，近取常裕，視東南爲外府可也。中人之治生，必有附居常稔之田，始可以安土而無饑。迺國家全盛之勢，據上游以控六合，獨待哺於東南，近廢可耕之田，遠資難繼之餉，豈計之全哉？今運蚤而積久，儲蓄信有賴矣。然運蚤而收之不及其熟，有浥損之患。久積而散之恒過其期，有紅腐之憂。水利既興，則田疇之間，要皆倉庾之積，其利二也。

東南轉輸，每以數石而致一石，民力竭矣。而國計所賴，欲暫紓之而未能也。惟西北有一石之入，則東南省數石之輸。所入漸富，則所省漸多。先則改折之法可行，久則蠲租之詔可下。東南民力，庶幾獲甦。其利三也。

昔禹播河入海，而溝洫之修，尤盡力焉。固以利民，亦以分殺支流而不以助河之虐，河之無患，溝洫其本也。周定王以後，溝洫漸廢，而河患種種矣。今河自關中以入中原，合涇渭漆沮汾泌伊洛瀍澗及丹沁諸川，數千里之水。當夏秋霖潦之時，諸川所經，無一溝一澮，可以停注，曠野洪流，盡入諸川，其勢既盛。而諸川又會入於河流，則河流安得不盛。流盛則其性自悍急，性悍則遷徙自不常，固勢所必至也。今誠自沿河諸郡邑，訪求古人故渠廢堰，師其意不泥其跡，疏爲溝澮，引納支流，使霖潦不致汎溢於諸川。則並河居民得利水成田，而河流漸殺，河患可弭矣。其利四也。

古人之畫地而國也，曰我疆我理，南東其畝。既順土而宜民，亦設險而禦侮也。晋之邀齊也，若必曰盡東其畝，以爲戎車之利。晋之利，齊之害也。今西北之地，平原千里，寇騎得以長驅。若使溝澮盡舉，則田野之間，皆金湯之險。而田間植以榆柳棗栗，既資民用，又可以設伏而避敵。其利五也。

往者劉六劉七之亂，持竿一呼，從者數萬，則游惰歸之也。蓋業農者縻其田里，惟游惰之民，輕去鄉土而易於爲亂。今西北之境，土曠而民游，識者常惴惴焉。誠使水利興則曠土可墾，而游民有所歸。消釁彌亂，深且遠矣。其利六也。

東南之境，生齒日繁，地苦不勝其民，而民皆不安其土。迺西北蓬蒿之野，常疾耕而不能徧。蘇子謂，聚則争於不足之中，散則棄於有餘之外。其不均固如此也。今若招撫南人，修水利以耕西北之田，則民均而田亦均矣。其利七也。

東南多漏役之民，而西北罹重繇之苦，則以南之賦繁而役減，北之賦省而繇重也。使田墾而民聚，民聚則賦增，而北繇可輕。其利八也。

沿邊諸境，有轉輸不能至者，招商以代輸。蓋有數頃之田，困於一商，遂棄業以他徙，其有曲避轉輸之苦者，則私以折色充軍。商得苟安，軍無宿儲，即承平勿論，設有烽警，何以待之。惟近邊田墾，轉輸不煩。其利九也。

屯田之成熟者，多屬隱占，久則難稽矣。然亦不必稽也。西北非無田之爲患，而不墾之爲患。彼既墾而熟矣，何必歸官，始爲國家之利哉。惟自其荒蕪不理者，召募墾之，則新屯固種種也。兵之壯悍者既心耻於負鋤，而其羸弱者又力疲於荷戈。驅兵爲農，勢固難行，惟募之爲農，而簡之爲兵，則心安而力奮，屯政無不舉矣。今天下浮户依富家以爲佃客者何限，募而集之，可立致也。募農以修水利，修水利以舉屯政。其利十也。

塞上之卒土著者少，不得已而有募軍，則居行給餉，爲費不貲。又不得已而有班軍，則春秋遞往，疲於奔命。又不得已而按籍勾補，解檄方登，逃亡旋報，閭閻重困，行伍又虛。若近塞水利既修，屯政大舉，田墾而人聚，人聚而兵足，可以省遠募之費，可以蘇班戍之勞，可以停勾補之苦。其利十有一也。

宗祿勢將難繼，咸切憂之，而莫肯任其議。將以難遺後人，而後之難更有甚於今日，此不可不亟爲之圖也。世有勇於建議者，則曰裁其祿弛其禁而已。夫不資之以謀生而徒曰裁其祿，則饑寒者孰恤。不定之以安居而徒曰弛其禁，則流離者孰依。我聖天子睦族展親之仁，必不忍其至是也。昔范文正以兩府祿入，尚能廣義田以廩族人。矧以國家之大，而不能使天潢之派，皆飽食而安居乎。今西北之地，曠土彌望於其間。擇人所棄者官爲墾闢，分井而田，如中尉以下，量歲祿之意，授田若干，使得安居而食其土。其後支庶漸繁，田不再授。蓋既授之以田，開其治生之端，彼知田不再授，則皆及其始授之時，勤儉明農於其間，以歲食之餘，漸墾田而擴產，爲長子孫之計。其雄桀者不失爲富家翁，即庸拙者亦可以依田力穡。其與坐食多餒，散處失所者，相去遠矣。其利十有二也。

昔之有志者，嘗欲倣井田之遺意，授民之產，而借其時之不可，痛豪強之兼并，限民之田而恨其勢之難行。今若於西北空閑之地，修舉水利，則倣古井田亦可也，限民名田亦可也。古昔養民之政，以漸可舉。其利十有三也。

古者以井畫地，度地居民，比閭族黨，井自爲界。民不可多得尺寸之地，而地亦不可多得一介之民，民與地適相均也。今通都大邑之民，踵接肩摩，而爭繁習靡，多梗化而敗俗。其爭少習朴者，惟寥廓之鄉爲然。今若畫井居民裒益其多寡，使民與地均如古比閭族黨之意，則教化可興，而俗尚自美。其利十有四也。

客曰：信如子言水之利溥矣，西北皆可行，獨先於京東者何居？

徐子曰：京東輔郡而薊又重鎮，固股肱神京，緩急所必須者。矧今地負山控海，負山則泉深而土澤，控海則潮淤而壤沃，利水尤易易也。予所屬二三解事者，蓋遍歷山海之境，閱兩月而返，披圖出示如指諸掌也，爲言諸州邑泉從地湧一決而通水與田平，一引而至，比比皆然。姑摘其土膏腴而人曠棄即可修舉以兆其端者，自西歷東如密雲縣之燕樂莊，平峪縣之水峪寺及龍家務莊，三河縣之唐會莊順慶屯地皆其著者。薊州城北則有黃厓營，城西則有白馬泉鎮國莊，城東則有馬伸橋夾林河而下，城南則有別山鋪及夾陰流河而下至於陰流淀疏渠皆田也。遵化西南平安城夾運河而下及沙河鋪地方，又鐵廠湧珠湖以下至韭菜溝上素河下素河百餘里，夾河皆可成田。遷安縣北徐流營山下，湧出五泉，合流入桃林河。又三里橋湧泉流出灤河，又蚕姑廟湧泉成河，與灤河相接，夾河皆可田之地。盧龍縣燕河營湧泉成河，及營東五泉湧漫四出，至張家莊撫寧縣西臺頭營河流亦自燕河營湧泉而來，皆可田。自西以東如豐潤縣南則大寨及刺榆坨史家河大王莊之地，東則榛子鎮，西則鴉洪橋，夾河五十餘里皆可田。玉田縣清莊塢導河可田，後湖莊疏湖可田，三里屯及大泉小泉引泉可田。其間有民所不業之地，有屯地，有牧馬草地。屯草之地屬於官，官爲闢其蕪而收其利不難也。至於民不業者召民業之官爲助其力，何至連阡以棄鞠爲茂草乎。至於瀕海可田，則自水道沽關黑崖子墩起，至開平衛南宋家營之地，東西度之百餘里，南北度之百八十里，皆隸豐潤，其地與吳越瀕海之沃區相等。今萑葦彌望而繫名於勢族，然葦之利微，即勢族亦無厚入於其間也。若如吳越人田而耕之，則利十倍於葦。即捐其一以與勢族，使不失其舊，入勢家亦何憾焉。昔虞文靖公之議東極遼海，南濱青徐，瀕海皆可田之地。今豐潤實其中境，欲舉其議而行之，茲非其先當致力者乎。蓋先之京東數處以兆其端，而京東之地皆可漸而行也。先之京東以兆其端，而畿內而列郡皆可漸而行也。先之畿內列郡，而西北之地皆可漸而行也。在邊陲則先之薊鎮，而諸鎮皆可漸而行也。至於瀕海則先之豐潤，而遼海以東、青徐以南皆可漸而行也。夫事有小用則宜大則，局而不通，大用則宜小則，窘而難布，茲其試之一井究之天下無不利者。事有旦夕，計功而遠，猷不存積久考成而近效難覩。茲其暫之歲收久之永賴無不利者，特端之於京東數處，因而推之西北，一歲開其始，十年究其成，而萬世席其利矣。

客曰：西北之人歲苦水害，柰何利之？且彼宿苦其害，而子驟言其利，其不信亦何異乎？

徐子曰：嗟乎！水在天壤間，本以利人非以害之也。惟不利斯爲害矣。人實貽之而咎水，可乎？蓋聚之則害而散之則利，棄之則害而用之則利。如血之在人身流貫於肢節而潤澤其肌膚，一有壅注則上而爲癰下而爲痔。又或溢出於口鼻，而因以殘其軀，遂曰血之於人害也，亦舛矣。今之咎水之害者，即山川之委原未悉。胡不引人身觀之也。古昔盛時，列國分布，畫井而田，甽達於溝，溝達於洫，洫達於澮，澮達於川，縱横因其地勢，以取利於水。今西北皆其故疆也，豈古以爲利而今以爲害乎？且東南之民争涓流於尺寸之間，何者？彼固利之也。謂水利於南而獨爲北害，此必無之理也。

客曰：南北均利水矣，而北之視南亦有難易乎？

徐子曰：北易。客迺咤曰：子固好奇，甚言北之利於水耳，烏得而稱北易也。

徐子曰：客何異子言哉。南方之民披簑而耕，抱濕而穫，蓋恒與雨相值也。長夏苗將立槁，則訟風伯而祝雨師，盼盼焉以一沾濡爲快，迺西北之雨多於長夏而耕穫之時少雨，其易於南，天時則然也。西北地曠而水夷，稍一疏引，水即爲利。東南之地高下相懸，有轉水於數仞之深者，再日不雨則桔槔之聲徹於郊原。竭人力以資灌溉，苦且難，地勢使然也。考之古昔甽深尺許，遂深二尺，溝深四尺，洫深八尺，澮深二仞而已，未有如東南轉水於數仞之深者。至如京東山之湧泉溢地而出，河之支流等地而平，其於西北尤爲易易也。東南瀕海，歲多潮患，蓋海之勢趍於東南也。遼海以及青徐有海之饒而鮮潮之患，其難易又彰彰矣。柰何目爲萑葦之場，而棄之不田乎。予謂北易蓋亦有據而言之也。

客曰：南北水利修廢頓殊，亦有由乎？徐子曰：水利修廢由於人之聚散，而旋轉之機上實握之。西北在三代盛時，溝洫時修，農功畢舉。厥後魏史起引漳水溉鄴，鄴以富。秦開鄭國渠溉舄鹵之地，四萬餘頃，關中爲沃野，秦以富强。至漢文翁溉灌繁田千七百頃，而蜀饒。白公穿渠引經水溉田，田四千五百餘頃，而民以饒富。馬援引洮水種秔稻，而狄道並塞之民得以樂業。虞詡復三郡激河浚渠爲屯田，而省内郡之費。蓋三代之時溝洫遍於列國，水之爲利也。宏魏秦國擅其利，文翁以下諸子人興其利。水之爲利也，專然皆在西北之境。若東南稱水利者，在漢以前惟馬臻開鑑湖而已，他未有聞也。及五胡之亂，中原生齒漸耗，從晉室而東徙者謂之僑人，久則安其土而樂其生，西北民散而東南利興，非細故也。即如東南之饒，三吴稱最，在《禹貢》揚州之域，厥土塗泥，厥田下下而已。漢之時亦一澤國耳，惟晉室既東，民日聚而利漸興，然其財賦亦未至於今日之盛也。至五代時，錢鏐竊據以稱饒，及南宋偏安以致富，則民益聚利益興，而財賦遂甲於天下矣。嘗考宋紹興五年，屯田郎中樊賓言荆湖江南與兩浙膏腴之田，彌亙數千里，無人可耕，則地有遺利。中原士民扶攜南渡幾千萬人，則人有餘力。若使流寓失業之人盡田荒閒不耕之田，則地無遺利，人無遺力，以資中興。由此觀之，則宋室方南之時，東南尚有曠棄之田。及其季年，人多而田少，豪右擅陂湖以自殖，地利盡而民不聊生者，聚故也。東南地利盡而西北曠廢厥有由哉。今國家當全盛之時，兵戈不試者二百餘年，西北生齒日漸繁夥，而東南之民争附於輦轂之下，誠勞來安集於其間，則民聚而利無不興矣。即畫井而溝洫之，亦不難也。矧秦漢以下其興利而足民者，獨不能尋其跡師其意而行之乎。何至待哺於江南也。彼其竊據稱饒偏安致富者，亦不得已耳。迺今國家奚賴焉，其機固在一旋轉間也。

客曰：西北利水，吾固知其舊矣。然吾聞懷慶紀守嘗因丹沁支流疏渠成田，民頗利之，紀去而田亦隨廢。又如真定楊中丞之家居也，亦嘗募南人緣水墾田，歲入甚饒。及滹沱旁決，桑田之變，祇瞬息間耳。豈久廢之餘，固難卒舉者乎。

徐子曰：是所謂廢食於噎，非通論也。夫利水之法，高則開渠，卑則築圍，急則激取，緩則疏引。其最下者，遂以爲受水之區，因其勢不可强也。然其致力當先於水之源，源則流微而易御，田漸成則水漸殺，水無汎溢之虞，田無衝激之患。彼懷慶當丹沁之下流，而真定尤滹沱所必衝者也，安能久而無患哉。蓋不先於其源之故也。嘗考桑乾水發於渾源州，經保安之境，則自懷來夾山而下，至盧溝橋狼窩地方，衝溢爲患，漫至彰義門。先朝屢經修築，爲費不貲。今保安境上，聞有用土牛逼水成田者，恐亦不能久而無患也。若督責有人，多方招募，使桑乾上流，皆引成田，則豈惟保安之田，恃以無患。而懷來以下，水患亦殺矣。予又嘗物色瀛海之間，如元城窪、羅家灣窪、郝家莊窪、高橋鋪窪、章家橋窪，皆連阡黑壤，廢爲水區，非不可田。顧以下流受黑洋等九河之水，非先致力於水源，未可徼利旦夕，而終貽水患也。

客曰：子論甚悉。然世之疑而不遽行者，亦有説焉。一難於得人，二憚於費財，三畏於勞民，四忌於任怨，五狃於變習，子亦不可不察也。

徐子曰：微子言，予亦籌之。夫畏事者，既因循而不理，喜事者又輕率而罔功，固矣得人之難也。是必有經略之功，而無紛更之擾，使利興而民不知則善矣。世固有能任之者，亦不如宋人專以勸農之名，亦不如今制責以水利之職。蓋勸農而興水利牧養斯民之首務也。今若另設勸農，而水利又有專職，則若於牧養斯民之外，增勸農水利一事，彼之號爲牧養斯民者又將何爲耶？今之開府持節與藩臬守令，皆以牧養斯民也。勸農水利責將誰諉，惟於開府持節者得人以擇藩臬，以擇守令，久任而責成之，殿最繫焉，利興而民不知者，可坐而致也。世之言費者，吾惑焉。夫捐數萬金之費於春，而收數萬石之穫於秋，費於帑而償於田，此庸人操十一之利者尚甘心焉。魯謂善於謀國者，而顧以費爲憚乎？且始爲而穫繼，是有興即以所穫者爲資漸而廣焉，不煩再費也。畏於勞民，雖蘇文忠公嘗有是論。文忠公之言曰：天下久旱，民物滋息，四方遺利皆略盡矣。今欲鑿空尋訪水利，所謂即鹿無虞，豈惟徒勞，必大煩擾。所在追集老少相視可否，吏卒所過雞犬一空。審如文公之言，民信勞矣。予謂不必於牧養斯民之外而專設勸農水利者，亦恐其喜事勞民，如文忠公之言也。誠得牧養斯民者，擇其勢順而功省之處，暫出官帑，募願就之民經略其端，以示倡率之機，使民灼然知水利可興，則必有競勸而争先者，庶令不煩而事自集。若概以水利役民，使貧民苦於追呼妨其生業，而富家反擅其利。予嘗見水利使者檄下諸邑閱治水利，輒飽吏胥之橐而害及閭左，此文忠公所以極論而深嘆也。怨生有二，妨小民之業怨隱而害深，奪豪右之利怨顯而謗速。既不概以水利役民，民無追呼之擾，怨不叢於小民矣。而豪右之利亦國家之利也，何必奪之。《周禮》使世禄地主之有力者，與其廣潴鉅野之可以利民者，曰主以利得民，曰藪以富得民，彼小民欲自利而力有所不逮，官爲倡率，豪右從而競勸於其間，則借豪右之力以廣小民之利，固主與藪之遺意也，方欲藉之。矧曰奪乎此，何以任怨爲也。

北之治田也逸，南之治田也勞，彼其以惰心而乘之以逸習，卒而驅之，宜有未從者。然彼之鹵莽，而耕亦鹵莽而穫所入固微也。以南之勞治北之田，則一畝之入倍於數畝，而旱潦可以無憂。誠一驅之，其嗜利之心必潛易，其好逸之習且相率而爲逸者以其習之故然，比閭族黨皆然也。官爲倡率，有能争先力田者稍優異之，則皆恥於逸而趨於勞矣。昔張全義起於群盜，其尹河南也，當喪亂之後白骨蔽地，荆棘彌望，居民不滿百户。全義擇人以修屯政，招徠農户，流民漸歸，遠近趨之如市。全義爲政寬簡，出見田疇美者輒下馬與僚佐共觀之，召田主勞以酒食。有蠶麥善收者，或親至其家，悉呼出老幼賜以茶綵衣物。民間言張公不喜聲伎，見之未嘗笑，獨見佳麥良蠶則笑耳。有田荒蕪者，則集衆杖之。或訴以乏人牛，則召鄰里責之曰：彼乏人牛，何不助之？由是鄰里相助，比户有積蓄。在洛四十年，遂成富庶。蓋其勸農力本生聚教誨，變荒墟爲富壤，非偶然也。誠使西北牧養斯民者，能以全義之心爲心，未有狃於故習而不變者，不一曰倡率而遂曰習之難變可乎？

夫得人而任，捐公帑以募就役之民，宜怨讟不生隋習可變，而田功畢舉矣。廼若不費公帑，不煩募民，而田功自舉者，予又得而熟籌焉。邊地屯田以餉軍也，其道有三，倡力耕之機定賞功之典廣世職之法而已。內地墾田以阜民也，其道有三，優復業之人，立力田之科，開贖罪之條而已。蓋大將固偏裨卒伍所望而趨也，今諸邊沃土多大將養廉之地，使大將肯以其地畫井以田以率，偏裨卒伍無不響應而競耕者。昔郭子儀因河中軍嘗乏食，廼自耕一畝，將校以是爲差，於是士卒皆不勸而耕，是歲河中野無曠土，軍有餘糧。昔宋廖給事中剛，亦嘗首陳是説也。將卒捐生而赴敵者，冀以功而獲賞也。今若計田行賞，又如廖給事所謂執耒之安方之操戈之危，豈不特易？此賞一行，萬頃不難得者，信然矣。今富民得納貲以列武弁，職冗而軍政無裨也。若倣虞文靖公之意，聽富民欲得官者，能以萬夫耕，則爲萬夫之長，千夫百夫亦如之。先試以虛銜，緩其征科，俟其田入既饒，積蓄漸充，則命以官而量征其税。就所征者給以禄佩之印綬，得世其官，練集其耕夫，以寓兵於其間，真良法也。

民之流離棄其業而畏不敢復，蓋瘡痍未起，科督又嚴，甚則舉其宿負者而取盈焉，此宜上有以招徠之，蠲其負，寬其征，時其賑貸，則流離兢復，荒蕪漸墾矣。漢之盛時，孝悌力田同科，蓋務本重農以寓勸率之微權也。今若定爲之制，有能於荒蕪之鄉墾田而井者，田得自業而輸其税於官，官因稅而稽田，因田而定等。上者如納粟待銓，次者遥授散職，又其次者補胥吏而役於官，則力田者兢起矣。贖罪有條，借貪墨以行私者何限也。使令罪而有力者捐貲墾田，官課其墾田之費與贖罪相當，則歸其田而收其稅。即無力宜遠配者，亦得近屬於田畝之間，以力墾田而贖其罪。此固法行而人亦樂從也。倘舉數者而行之，屯田可興，墾田可多，又何必費出公帑，而役煩募民哉。

客曰：就子數説，尚有可疑者。捐生而獲邊賞，積汗馬之勳而獲世職，欲以田畝之勞並之可乎？力田贖罪，田固彼之田也，稅入幾何，恐無以足經費，而佐司農之急談何容易。子更籌之。

徐子曰：審時度勢，各有攸當也。敵刃既接軍功爲先，邊烽稍寧屯政急矣。倘屯政舉而邊地墾，食足兵強，虜來而應之有勝算，虜去而守之有長策，又何軍功之足美乎。若徒尚軍功，則忽內修而啓外釁，非國家之福也。且邊人之剽悍者勇於赴敵，其椎魯者樂於力田，各以其長邀上之賞，又何妨焉。今邊地久蕪，師不宿飽，非懸殊格亦何望屯政之修乎。即兵興之時，轉餉勤勞，亦得與對疊者論功，客何疑之。

至於世職之法？所繫於今日之邊務者，尤非小也。今之武弁能因世閥以樹功名者，固亦有之。然其間困乏孱弱僅存者種種矣。惟其先世汗馬之勞，不忍遽廢則可耳，欲藉以練卒而應敵必不能也。彼富民欲得官者，能以萬夫耕，則其財力智識已出於萬人之上；能以千百人耕者，亦出於千百人之上。其財力智識既足以爲主帥之倚用，使之部耕夫以爲勝卒，又皆其衣食安養者，心附而力倍，其與今之武弁困乏孱弱剥羸卒以自肥，固天壤懸也。子孫席其世業，亦不至於遽替。即有替者，又必有財力智識之人代其業而繼其官。邊圉之間，轉弱爲強，茲其大端矣。

瀕海之地，國初皆設墩臺分戍瞭守，以備南倭。今草頭沽關及水道沽關以至於新橋海口、赤洋海口等處，遺址尚存，日漸圮廢。遐想國初設墩分戍，固將備倭，亦以南北勢懸，使瀕海墩戍連絡於其間，則內地有梗此路可通，又防微慮遠之深意也。惟其初設墩戍稀少，冀後漸增。然無田可耕，則墩戍漸廢，勢必至也。今若於瀕海闢田，以世職之法屯駐於其間，久之田益闢而人益聚，則海上爲樂土，瀕海有通道。即內地有梗，南北不至懸隔，於國初設墩分戍之意固相成也。

國家分兵而屯，授之以田，統於衛所之官，法非不詳，然久則田隱占而屯亦漸廢。蓋田授於官兵，非己業也。惟富民得官屯駐，則其田固己業，子孫相承稽覈自詳，無隱占之患，蓋井田而寓封建之意也。夫富民捐己之貲闢荒區以輸稅，養耕夫以寓兵，其利於國者多矣。就其所入給以祿，朝廷御之以虛名，使之世其職而守其業，有增課之饒，無養兵之費。又何靳而不與乎？彼即汗馬之勳者，祿入兵費，皆仰給於縣官，歲糜而無補，安可以此例論也。今民間子弟入胄監者，例得輸三百五十金，若使力田者於荒蕪之野墾田三百五十畝，得比輸三百五十金者而同科，則國家一時雖未得三百五十金之入，而歲收三百五十畝之稅。歲歲積之，其得更倍。諺謂千鏹而家藏不若銖兩而時入。此尤易曉也。田少而殺，與贖罪而入者，即是可推也。

若恐力田可同於輸金，則必有僞增田畝以欺上，或始而墾旋而廢，難以一一稽之，則又不然。夫民間始繫名於胄監距其入銓得官之時，多者三十年少亦不下二十年，所墾之田歲入官稅，總而計之，當不止於三百五十金。彼既墾田，歲以其田之入而輸官不難也，亦何樂於僞田增稅歲以厲己乎。即有田僞而稅負者，有司將時稽而除其名，彼亦何利焉。

若謂國用方詘，經費之內歲少三之一，必賴開納以紓其急，不能徐徐以待歲稅之入，則亦思之未詳也。蓋經費之廣，由於各邊主客兵餉所費爲多。若各邊屯政漸舉，則經費自省。況力田者得以田自利，而歲稅又取足於田之所入，其從之固易。則力田而應者，比今輸金之人必且數倍。其願輸金者仍輸金，不因此而廢彼，二者並行，國用又何患焉。行之積久，田闢而稅廣，費省而用足，則力田之科與輸金者皆可漸罷，又不必商盈詘於財賄，酌多寡於開納也。

客曰：勝國都燕且百年，虞文靖公之議格焉未行，我國家定鼎於茲又二百年矣。通漕理財紛然建議，而西北水利未聞舉其議而行者，子何惓惓於今日也？

徐子曰：勝國往事已無足論，虞文靖公之言既不獲售於泰定可爲之時，及季年東南有梗，思其言倣其意，設海口萬户已無救於元事矣。可勝慨哉。今國家承平既久，竭東南之力尚不足以裕西北之儲。幸外夷之款貢修內地之水利，千載一時，不可失也。若駭然而圖之，其將及乎。此子之所以惓惓也。

客曰：時信可行矣，然子方以罪逐，宜引咎緘晦，庶幾補過。廼又鼓舌談國家之大計，非所謂位卑而言高者乎？是益其罪也。

徐子愀然曰：子何言葵藿在崖谷之陰見日則傾者，植性之定也。人臣居江湖之遠，憂時益切者，秉義之常也。苟裨國計，即閭閻尚得言之，矧予固聖天子所嘗置諸左右而責以獻納者，安敢以一出遂自遠哉。且與客談而私識焉，又何罪也。

客於是起而嘆曰：嗟乎，子去矣。其有味於子之言而冀其復行者，予日望之。

徐子曰：是非予所敢知也。然予曩上疏報罷，大司馬譚公惜予言未行，公又自言久歷塞上深知其必可行也。王開府寓書於予，肯身任其事，戚元戎欲減南兵之願農者，惟開府是用。蓋往時塞上少南人，今南人應募而至者成市，其方待募而未收，與募退而不願還者，皆可驅之爲農，即數千人呼吸而集也。夫開府抱濟時之略，而元戎有銷兵之心，廼大司馬公又握石畫於其間，即予去二三同志多是予言。倘有再疏以請者，西北水利庶其興乎。惟國是裨奚，必言之自予也。予曩冀言行遲回未去，適罹茲罪。客謂負國恩而違親養，予亦何以自解。倘人有舉其言而行者，予因得以効其區區。又或予之罪狀久而稍紓，將陳情以遂其私，力耕以奉老，親歌詠太平，竊比於擊壤之遺民，豈不幸與。客意良厚，予將黽勉於君親間，以無忘客之大賜。談已，客散，徐子挐舟南去。

（明）張國維《吳中水利全書》卷一五《公移·王時和上達民艱請興水利詳崇禎二年》 直隸蘇州府爲民生日蹙重地可憂，懇採末議以甦極困，以興永利事。准本府知府王時和關，前事關開，蘇郡繁華冠天下，財賦甲東南，不意兆姓顛連析肉見骨，若更狃於故常而不加察，視爲膜外而不加恤，謂民命何，謂國本何？職嘗反覆考求，其概有四：一曰重賦之困，二曰加派之困，三曰蠲停無實惠，四曰水利不疏瀹。夫蘇田計畝刈穫僅盈儋石，半入公家，半存私室，此猶以豐稔論也。倘有一二分災，則民僅贏其三矣。倘有五分災，則粟盡歸於官矣。設遇全災，則國賦難蠲，惟鬻妻孥變廬舍以賠償矣。富者焉得不流離，而貧者何計以免死耶。然三吳十歲而九災者，非獨上天罹虐，困此一方，抑人事未修，蓄洩之無備也。蓋其地負海襟湖，其形如釜，具區三萬六千頃，西滙宣歙苕霅荆潤諸水，三江淤塞下流不通，有所受而無所歸。霪雨不三日而阡陌皆成巨浸，苗稼盡飽魚腹。東南澤國，何歲無經旬之雨，欲無災也，得乎？夫三江既入震澤底定，載在《禹貢》，開濬之及時不待智者而後決也。邇歲廷臣先後具疏，部臣陳懋德亦曾言之，荷聖明垂意。而論者似泥於經費之浩繁，然職歷考往年疏導故牘，及採詢今時父老，約略所需金錢不過二十萬緡。而蘇屬歲供本折幾三百萬，即以災年一分之逋欠即足當此畚鍤之經營。況吳淞白茆諸港一開，將垂百年永利，而松常諸府利亦不小。我聖主何靳此涓滴，不爲吳民拯飢溺耶。夫均賦於蘇州均之最急者也，治水於吳下治之最急者也。伏乞疏題請旨允行，則東南萬姓頂戴皇恩，不獨畎畝有賴，貢賦亦常充矣。

（明）陳子龍《明經世文編》卷四《王忠文公集·錢清江浮橋記王禕》 錢清江，古名浦陽江，俗名小江，在山陰東北五十里江北則蕭山境也。《禹貢》三江既入，韋昭注，三江者，松江、錢塘江、浦陽江也。《十道志》云，婺州浦江，一名浦陽江，江之導源，實出於此。北流一百二十里入諸暨溪，又東北流谿峽山直入臨浦灣，以達於海。《十三州志》云，江水至會稽，與浙江合，自臨浦南通浦陽江，亦謂谿臨浦而北，則達浙江而入海也。而酈道元《水經注》云，浦陽江導源烏傷，東逕諸暨，東流南屈，又東回北轉逕剡縣。又云浦陽江東北逕始寧，又云東逕上虞烏傷，今義烏浦江，乃其故地。謂之導源信矣。始寧即上虞，剡縣今嵊縣，信如其言。以爲東回北轉，則是自山陰會稽泝曹娥江谿上虞至嵊縣也。非也。又云，餘暨之南，餘姚西北浙江與浦陽江同歸海，餘暨即諸暨，距餘姚二百餘里。謂餘姚西北浙江入海，亦非也。又云臨平江上通浦江，下注浙江，臨平在浙江之西，其源殊別。謂浦陽江與之通尤非也。道元之論，以謂東南地卑，萬流所湊，故川舊瀆，難以取悉。道元北人，故叙江南諸水皆又未嘗身履浙江以東，故其誤如此。案《地理志》，柯水東北徑永興東與浙江合，謂之浦陽江，永興即蕭山。而山陰北二十里有柯橋，其下爲柯水，注於江。然則浦陽江發源浦江，徑諸暨入臨浦，而後合柯水，谿蕭山以達於浙江，而爲海。古今不易也。其復名錢清者，後漢劉寵作守，郡中大化，及去山陰，有五六老叟人賫百錢送寵。寵爲人選一大錢受之，尋投諸江，故後人因名江曰錢清今俗唯稱錢清，而不復道其爲浦陽者，地因人而着也。江自臨浦而東若干里，是爲柯水所注，即所謂錢清。其地控驛道，而江流至是勢以益大。又潮汐之所經，操舟而渡，動致覆溺，舊有浮橋，比舟爲樑，以濟不通。而近歲廢不治，厲深濟盈，涉者告病。至正十七年秋，寧夏吴君以憲臺行軍都鎮撫分鎮蕭山山陰兩縣，覩橋之廢，慨然嘆曰，是不亦有司之缺失歟。亟命裒民户之義助，斥公帑之羡儲，計其物力，度程而新作之。凡爲舟十有二，上架板皮相屬以爲樑，其長三百有六十尺，廣十有七尺，聯之以鐵絙，絙如橋之長。而維其兩端於南北堤，使樑常比，而樑常屬與波濤相上下，雖水湍悍，而往來者固無虞，人莫不以爲利也。

橋成，衆欲書其事於石，以永君惠，而又以文屬之禕，古者宸角見而雨畢，則除道。天根見而水涸，則成樑。橋樑之修，有司之常事耳。今會稽憲臺治所號稱會府，而錢清當四會之冲，橋以濟人，厥係斯重，乃皆坐視其廢，曾弗之顧，君方挈兵民二枋以護臺治，威望素着。而且以惠利及物爲先務，故茲橋以廢爲成，有所不難。夫焉可以有司之常事例論乎。是故門關道路，廬館舟樑，修除以時，非直爲觀美也，凡以通國野，敬賓旅，恤老幼，遷有無，實三代爲政之法，而《周官》又謹着之，當時覘陳議鄭，皆不越是，而近世亦有以驛傳橋道觀人者。今君之於橋役，不以諉之有司，而汲汲力成之，其可謂善爲政矣。君名買裹古思，字善卿，起家進士，調紹興録事司達魯花赤，今擢江東建康道肅政廉訪司經歷，仍留鎮山陰蕭山云。

（明）陳子龍《明經世文編》卷一七《楊文敏公文集·重建孟瀆河閘記楊榮》 君子之立政，有可以益國而利乎民者，知無不爲，爲之有力，雖疲民力而民忘其勞，耗其財而民不自恤。苟或役於非所當務，則謗怨隨之，其能留聲當旹爲利後世者幾希。孔子曰：擇可勞而勞之，又誰怨。孟子曰：以佚道使民，雖勞不怨。其信然矣乎。

工部侍郎廬陵周君忱，奉命巡撫蘇常諸郡，常之武進。故有孟瀆河閘，以通東南漕運，及商販之舟，且溉傍近田數千頃，歲久閘壞，公私病焉。常守莫君愚，圖改作之，以役費繁重，弗敢專，謀於周君，議以克合。遂發往歲節省税賦浮費，以市財僦工礱石姑蘇洞庭山，而舟致之，郡民皆歡忻趨事。作於舊址之南丈餘，其下先錯列巨木戈，貫以長松，而後寘石焉。東西石甃，縱以丈計，爲十有六，崇以丈計，爲二百五。中廣視縱當八之一，南北爲雁翅狀，以殺水勢，中夾木石鑿以納懸板而上下之。經始於宣德八年九月，而畢工於是年之冬，用徒匠以日計，二萬三千七百六十。木以株計，八千九百。石以丈計，三千五百。灰以斤計，二十二萬。磚以片計，十有二萬。始終董其役者，知縣朱恕劾勞爲多者，耆民惲昶，閘成而獲利如故。莫君以爲苟無記，述則後世莫知所自，遂因通判張齡來京請記於予。予述圖志，兩浙運河貫郡城西行三十里，歷犇牛吕城二埧以達京口，舟行既艱。而河小不足以通巨艦，唐元和中，刺史孟簡始令開北河。自奔牛北行七十里，至河莊鎮入楊子江，舟無巨細，皆得徑達於江。此河通，則漕舟出江者速，而運事及期，其所係非細故也。而免過埧之勞，第其水上引運河，源遠不能常續，下仰江潮，去來不能常存。簡於是置閘河莊，爲之節制，使人以時啓閉，其利益博，其惠之在人，可謂深且久矣。人以其姓名河，謂之孟瀆。又謂之孟子故閘，亦以孟瀆爲稱閘廢民失其利，今得周莫二君子，協謀而更置之，二君子之惠足以繼簡，而流於無窮，是可尚也。

（明）陳子龍《明經世文編》卷一七《楊文敏公文集·固安堤記楊榮》 天下之難治者，莫踰於水，而治水之先者，尤莫踰京師。故大禹之迹，首在冀州，豈以水之利害，所係者大，而帝畿之内，宜慎其防，以爲宏遠之圖也歟。盧溝之河，發源太原之天池，伏流至朔州馬邑從雷山之陽，發爲渾泉，而爲桑干河，雁門應州雲中山西諸水皆會焉。愈遠益大，過懷來，行兩山間，拘束齟齬而不得肆。至京城西四十里石經山之東，地勢平而土脈疏，冲激震盪，遷徙弗常。後魏都督河北道諸軍事建成侯劉靖，及子平鄉侯弘，築戾陵堰以防之，水患以息。後人思其功，謂之劉師堰，歷世既久，水勢漸更。下流十五里，距盧溝不遠，有曰狼窩口，時復冲決，漫流而東，浸没田盧，民弗安業。聖朝建北京，視河爲襟帶。永樂間屢嘗修築，輒復頹圮。今聖天子嗣位，命工部侍郎李庸、内官監少監亶山義山王任厥事，復命太監阮公安、少保工部尚書吴公中總其事。且敕其務存堅久，勿爲苟且，庶幾暫勞永逸。羣公效命，材謀具濟，經始於正統元年冬，畢工於二年夏。凡用工匠二萬餘，月給糧餉以萬計，累石重甃，培植加厚，崇二丈三尺，廣如之，延袤百六十五丈，視昔益堅。既告成，賜名固安堤，命置守護者二十家，建神祠於上，有司以時修祠禮。凡督事者，悉賜鈔幣以勞之。其視築戾陵堰，役費加倍，而堅實亦過之。仰惟聖明至德，蟠際穹壤，而於京畿益圖鞏固，以寧濟斯民於千萬年。諸公亦能同寅協恭，用成厥功，蓋可久可固而利益於世者不小，皆所當書。

（明）陳子龍《明經世文編》卷四〇《楊大司農奏疏·通惠河舊道事宜疏楊鼎》 看得通州至京城四十餘里，古有通惠河故道，石閘尚存，永樂間曾於此河搬運大木，以此度之，船亦可行。先年曾奏欲於此河積水船運，又有議欲於三里河從張家灣煙墩橋以西，疏挑二十里，灣泊糧船以避水患者。二事俱未施行。今此河道通流，其水約深二尺，不勞疏挑，惟用閘蓄水，令運糧衛所，每船二十五只。造一剥船，自備米袋，挨次剥運，如此則運士得省脚費而困憊少蘇矣。

今蒙命臣等同參將袁佑等親詣昌平縣元人引水去處，及宛平大興通州地方三里河各河道。因土命公訪求元時故道，故回奏云云本二疏，今各爲一將行船故迹，逐一踏勘，及據《元史》並各閘見樹碑文所載事疏稽考回奏。看得閘河原有舊閘二十四座，以通水道。元時宮闕尚在東北但元時水在宮墻外，船得進入城内海子灣泊。今水從皇城中金水河流出，難循故道行船，須用從宜改圖。除元人舊引昌平東南山白浮泉水往西逆流，徑過祖宗山陵，恐於地里不宜，及一畝泉水，經過白羊口山溝，雨水冲截，俱難導引外。及勘得城南三里河，至張家灣運河口，袤延六十餘里，舊無河源。正統間因修城壕，作壩蓄水，慮恐雨多水溢，故於正陽橋東南低窪處，開通壕口以泄其水，始有三里河名。自壕口三里至八里，始接渾河舊渠，兩岸多人家廬舍墳墓。流向十里迤南，全接舊河流入張家灣白河。其水深處止有二三尺，淺處一尺餘，闊處僅丈餘，窄處未及一丈。今若用此河行船，凡河身窄狹淤淺處，必用浚深開闊。凡遇人家房垣墳，所必須拆毁那移。且以今寬處一丈計之，水深二尺，若散於五丈之寛止深四寸，况春夏天旱，泉脈易干，流水更少，糧船剥運，俱難行使。兼且沿河堤岸，高者必須鏟削，低者缺者必須增築填塞。又有走沙，急湍處俱要創閘，派夫修挑。倘水少，又須增引别處水來相濟。若引西湖之水，則自河口迤西直至西河堤岸，未免添置閘座。若引草橋之水，必須於大祀壇邊一路創鑿溝渠，亦恐有礙。况其源又止出彰義門外玉匠局等處，馬跑等地泉，亦不深遠。大抵此河天旱則淤壅淺澀，雨潦則漫散衝突，徒勞人力，卒難成功，决不可開。况元人開此，曾用金口之水，其勢洶涌，冲没民舍，船不能行，卒爲廢河。此乃不可行之明驗也。

今會勘得玉泉龍泉及月兒柳沙等泉諸水，其源皆出於西北一帶山麓，堪以導引，匯於西湖，見今大半流出清河。若從西湖源頭，將分水青龍閘閉住，引至玉泉諸水，從高樑河量其分數。一半仍從皇城金水河流出，其餘從都城外壕，流轉通會，流於正陽門東城壕。再將泄入三里河水閘住，並入大通橋閘河，隨時開閉。天旱水小，則閉閘潴水，短運剥船；雨潦水大，則開閘泄水，放行大舟。况河道閘座見成，不用增造，官吏閘夫見有，不須添設。臣等勘時曾將慶豐平津通流等閘下板七葉剥船已驗可行。若板下至官定水，則其船亦可通行，止是閘座河渠，間有决壞淤淺處，要逐加修浚，較之欲創三里河，工程甚省。况前元開創此河，漕運七八十年，公私便宜，後來廢弛。今若復興，今此河亦僅通剥船耳，則舟楫得以環城灣泊，糧儲得以近倉上納。在内食糧官軍，得以就近關給。通州該上糧儲，又得運來都城。與夫天下百官之朝覲，四方外夷之貢獻，其行李方物，皆得直抵都城下。若此事舉行，實天意暢快，人心歡悦，足以壯觀我聖朝京師萬萬年太平之氣象也。伏望聖明早賜裁處，乞敕各該衙門會計物料，量撥官匠，並各營見摻官軍人等，自山西玉泉一帶，並都城周圍壕土斬，及大通橋直抵通州張家灣一路河道，分工逐一修浚。如此則不惟省一時糧運之脚價，實足以垂萬世無窮之利益矣。

（明）陳子龍《明經世文編》卷四六《項襄毅公集·涇陽廣惠渠記項忠》 書載六府，以水爲先，渠堰之修，正欲興水利以足民食。故予於鄭白渠不得不因其壞，而謀衆重修，加意而開廣之也。按《志》鄭白渠，在涇陽縣北七十里仲山下，原有古迹。洪堰一所，分閘涇水，以溉田畝，自秦而下，鑿者不一，故渠名亦因而六變，惟鄭白渠獨加顯焉。其曰鄭國渠者，蓋六國時，韓苦秦害，乃使水工鄭國，説秦鑿涇水溉田故名鄭。曰白公渠者，蓋漢涇河被水冲低，水不能入渠。大始二年，趙中大夫白公穿渠，引涇水首起谷口，尾入櫟陽注渭中溉田，故名白。謂之六輔渠者，漢兒寬爲左内史，請穿六輔渠以益溉鄭國傍高之田，遂名。謂之豐利渠者，宋大觀中，召開石渠疏涇水入渠者五尺，下與白公渠相會，工畢而賜名焉。迨元至大元年，涇河又低，水不能入渠，監察御史王琚又於上流接開石渠，故名爲王御史溝，又名新溝。

然此六渠也，歷代澆灌醴泉、涇陽、三原、高陵、臨潼、櫟陽、雲陽、富平八邑，田土多寡不一。鄭國四萬餘頃，每畝收一鍾，漢萬二千七百餘頃，宋二萬五千七十□頃，至新渠莫詳其數，而世以爲利者若此。元後至於今，河底低深，渠道高仰，水不通流，廢弛湮塞，幾百年矣。予昔忝臬司之長，今叨巡撫之寄，歷官久此，竊思茲渠能仍舊迹而疏通之，則前人之功，庶保其復續，而今之爲利，得不同於昔邪。遂詢謀僉同，而具實以聞，上可其奏，命下之日，予檄醴泉等六邑，蒙水利人户，於彼就役之。先以右布政使楊公璇董其事，未克成而昇任去，復以右布政使婁公良右、參政張公用瀚、餘公子俊、按察副使郭公紀、左參議李公奎繼之，務畢其功，有底於成，然後渠通水行，功克就緒矣。考之疆界，不異於昔。計今溉田，有司則八千二十二頃八十餘畝，西安三衛屯田，則二百八十九頃五十餘畝，每畝收穀三四鍾。在古頃畝狹，今頃畝寬，比舊田畝葢減其數，穀視昔有加者，得非民有欺隱，畝有闊狹，抑古今水有消長，或因兵燹坑阜之不齊與。是皆未可知也。急則慮軍民弗堪，在繼政者，賦不加增，徐細考焉。

今渠成，二司諸公屬予取名，爲文以紀其實。嘗聞前人相視斯渠，其説有三：一曰盡修渠堰之利，二曰復置板閘之防，三曰開通出土之便。今渠修矣，土通矣，但板閘之防，不可不加意焉。葢駱駝灣百餘步，渠身兩壁開鑿砌口二道，當時設此，恐遇涇水暴漲，及洪堰倒塌之時，即下此閘，以備濁水淤澱，渠道平流。一閘在退水槽近下十步，渠身兩壁，亦有砌口四道。葢住罷澆田之後，水既無用，遂閉此閘，退水還河。又當河漲之時，或洶涌之浪，不能猝下，或已下而散漫用防不虞。此皆古人良法，不可廢而不講。今二司又將各閘移修，以時開閉，則濁泥不得入渠，疏通之功，可以減半。迨今而後，雖天不雨，而有濛雨之休，雖地不利，而有得利之美，隨所意用，自無不足，則吾軍民之仰賴，何可既邪。故名曰廣惠。後之繼政者，時加修葺可保悠久，否則予不敢知也。

（明）陳子龍《明經世文編》卷五四《李西涯文集・岳州府新築永濟堤記李東陽》

文華遒老大有昌黎之風，岳州府城北十五里，有磯曰城陵，當川廣雲貴之沖。官所置有驛，有巡檢司，有虎運河泊二所。凡朝所遣使，有事於西南諸藩，牧伯而下，方巡歲代。及執事役夫之宣教布令，商賈民庶之往來，岳實楚之要胥此焉集其爲地至要也。顧其西，則長江奔流，沖嚙無定。東則白石翟家，二湖所匯，地勢卑墊。每夏秋際，洞庭江漢與二湖合，浩盪掀播，茫無畔涯，舟行則多限風濤，或累信宿，陸行則巡山歷澗，迂迴三十餘里，艱阻萬狀，人甚苦之。前知岳州府眉山吴侯行驗，欲築堤構橋，以得代弗果。福清戴侯某繼守，始就二湖口，構木爲樑，頗利病涉，但冬置春設，歲費煩擾，利與勞不相直。成化癸卯，弋陽李君文明知府事，事既就緒，乃命築土爲堤，長四千丈，廣二丈，緣地勢爲平，高者七八尺，堤成名曰永濟。傍夾樹柳二萬，以固積壤。又鑿巨石於華容之層山，爲橋二於舊所置樑處，廣二丈，高倍半，用意作古文長五倍之下可容舟。橋成，名其南與堤同，其北曰廣通。復慮水漲，則舟不能出入，乃仿規運河，甃石爲閘，於二橋之北。廣五丈，高丈有二尺之加高之三尺架木樑以通車馬。建亭列室以爲官屬迎侯之地，而堤之事始備。葢始於甲辰十月，越一年丙午某月，爲工二十有七萬，金三千餘兩而成。初城陵居民，與水高下，依山並磯以附市集，至是乃募民俾自占堤築土架屋，市貨咸湊，烟火相接，户累數百，無復有轉徙慮。堤東隰地，舊爲萑荻之區者，恃其障蔽，漸可耕藝以頃計者，要其成可至數百云。夫堤堰之制，起於中古，所以障蔽水患，爲田壤計，鮮有專爲道涂設者。然民之生，夷險勞逸，亦惟所在而爲之利，獨田也哉。城陵之險，惟道涂最急。今易水爲陸，縮遠爲近，就平夷而脱危阻，其利可知也。甚者變槎居爲市集，化棄地爲膏沃，又昔之所未有者。葢一舉而數利兼焉。古稱更舊政者，好土功者不可不聞此言，不十倍利則不必興，有如是役，亦可以興矣。且其費必公出，工必傭致，慮定而事動，期克而功集，改聽易視，而民不知，微李侯之賢，其曷克臻茲哉。堤以永濟名者，自唐已有之，今名存實廢，不可復考。是堤也吴侯之志，戴侯略施之，李侯寔大成之。嗣是以往，如數侯者，異時而同志，則斯名也，其亦可以稱情矣乎。

（明）陳子龍《明經世文編》卷五四《李西涯文集・宿州符離橋月河記李東陽》

自公本議欲自東平□興濟鑿數小河，引水入大清河，交古黄河，以入海，後格不行，若從此議，惟無獨受之患，利有十倍於小河月河者。

宿州符離橋月河者，户部左侍郎白公所辟，以殺河勢者也。蓋自弘治二年秋河決原武支流爲三，其二決封丘金龍口，漫於祥符長垣下曹濮，冲張秋長堤。其一出中牟下尉氏，其一泛濫於蘭陽儀封考城歸德以至於宿。瀰衍四出，不由故道，禾盡没，民溺死者甚衆。守臣聞於朝，詔廷臣舉可任兹責者。公自南京兵部改命兹職，至則金龍已塞，因堤而南之，又導中牟之派於淮。然河之大者未泄也，復舉兵部郎中婁君性於南京，會於宿遷。諮議既協，徧視原隰，得廢渠於小河口，東與泗接。詢諸耆民，咸曰，引汴而通之，則河勢可殺。退而稽據典籍，得之《書》曰，灉沮會同，《傳》曰灉即汴，沮即睢。今睢尚名州，而宿有睢寧驛，淮亦有睢寧縣。弘治七年，劉忠宣寨張秋堤亦浚廢河，自陳留至歸德，分爲二，其一即小河口也，則知小河之爲睢也。遂浚而西抵歸德飲馬池諸口，以受汴。中經符離橋，見其庳不能檣舟，且水爲所厄，故横不可制。乃爲月河於橋南禹廟之下，長三百八十丈，廣十三丈，深二丈五尺。既又以其地當驛涂，爲機於樑，水涸則設以通輿馬。又病河勢多曲，徑其折而疏之，爲月河者十月四，爲丈殆萬餘。又緣河爲堤七百里，塞決口三十六，論者每憂淮不能分河之勢，由是汴入睢，睢入泗，泗入淮，以達於海，復古故道。梁宋之地，没於河者復爲良田，植藝交作，貿易駢集，固小河之利，亦月河泄之也。凡河之費，取於邊儲之價，及有司之藏。夫取於近州衛之籍，而是河也用銀五百兩，夫三千五百人，量地授役，廩食發息，老弱者稍節其力，病則遣之歸，而責代其家，若其夫之長，工始於三年五月望日，至八月望而成。嗚呼！河之爲患，自古有之，漢以後決無常時，治法亦異。子由已先此而論矣。蓋有塞有浚有疏，而疏之説勝國朝凡四決，後爲張秋都御史徐公有貞治之，有撓其議者，此語可□曰不能塞河而顧開之邪。使者至徐出示二壺，一竅五竅者各一，注而瀉之，則五竅者先涸。使歸而議決此白公之所親聞者也。金龍之決，山東以爲憂，地勢不同如此而河南復慮其塞。兩議之弗定亦久矣。白公既從塞議，於是培增汴堤，又疏其下流，如所謂月河者。故兩省之民咸宜之，疏之效亦明甚矣哉。使繼公而治者，修廢達滯，類觸而葺之，河之患可以終息。漢之白公，不得專一渠之利矣。

公名昂，武進人，丁丑進士，今爲刑部左侍郎。

（明）陳子龍《明經世文編》卷五四《李西涯文集·重修呂梁洪記李東陽》

徐州有二洪，一以州名，一以山名。山名者曰呂梁，呂梁之爲洪有二，上下相距可五里。蓋河之下流與濟水會於徐，以達於淮。國家定都北方，東南漕運，歲百餘萬艘使船，來往無虚日。民船賈舶，多不可籍數率此焉道。此其喉襟最要地也。洪石獰惡廉利，虎踞劍擢，陽搤陰齟，中僅可下上，水勢爲所束不得肆，則激爲飛流，怒爲奔浪哮吼喧哄，見者皆駭愕失度。巨纜弦引進，不得寸尺乘流而放，瞥掠瞬送迅不復措手，其囏如此。鉛山費君仲玉以工部主事督水利，於徐顧而嘆曰，此可以人謀勝也。乃循行洪北，見其支流水所泄處，舊閼以束藁，水至則蕩爲浮梗以去。州縣所具藁，歲至二十五萬，以錢輸者加十有三，而恒病不足。則又嘆曰，謀之不臧勞無益也。乃白諸部長及總漕都御史張公瓚、平江伯陳公鋭，聚徒給廩，輦塊石植壤，迭爲長堤百六十有五丈，廣五尺，而崇不過五尺。水小則迫之歸洪，河用不涸，大則縱之使漫流其上。又於堤西築二十餘丈，以殺湍悍，而堤得以不嚙。又觀於東堤叢石間，民困牽挽，足不能良步，乃畚瓦礫實其窪隙，外以石甃之，爲丈四百二十有奇。又東則甃爲長衢，爲丈七百九十。而樑於衢上者三以析牽挽之纏而行者因以爲利。呂梁之洪，歷數千萬年，而十去五六。君於是有奇績焉。然問其役，則洪夫之餘力。問其費所出，則歲課之羸財。問其食所由致，則剩載之餘粟。而自以經畫佐之，未嘗責辦於有司，勸假於漕士，及往來之商民。而所奏減藁束歲十餘萬，民錢至三十餘萬，功倍而費益省，可謂難矣。初君自成化庚子，越三年而成西堤任滿當代，民交章借君。又三年而東堤成，君既報政，遷武選員外郎。

吾友華容劉國紀，亦與君有夙昔，及知徐州，觀君所營作，嘆其績不可以無述，請予記。予復聞於君從子翰林修撰子充者爲詳，乃爲説曰：天地之道必賴乎財成輔相，然後可以利乎民。故唐虞置虞官而益掌山澤，佐禹治水。《周禮》以中土爲川師，掌川澤之名，辨其物與其利害，其爲制不可詳，而其職固在也。今漕河所經，各有分職，要害之地，則委郎官以總之，利害因革，惟其所任，然不過水道之疏塞。如所謂溝逆地泐水屬不理孫者，則浚滌之而已矣，修治之而已矣。若長慮倍力，去險爲夷，因害以爲利者，詎不甚難矣哉。君名瑄，仲玉其字。

（明）陳子龍《明經世文編》卷五四《李西涯文集・安平鎮減水石壩記李東陽》　文正論水之文甚多，此篇奉敕特撰，且劉忠宣之迹在焉，故尤爲詳盡，其後河變不一，疏塞異勢，或向之所是而爲今之所非者，不可一概定也。

弘治初，河徙汴北，分爲二支。其一東下張秋鎮，入漕河，與汶水合而北行。六年霖雨大溢，決其東岸，截流徑趨，奪汶以入於海，而漕河中竭，南北道阻。上既命都察院右副都御史臣劉大夏治厥事，復命内官監太監臣李興、平江伯臣陳鋭，總督山東兵民夫，往共治之，僉議胥協疏塞並舉。乃於上流西岸，疏爲月河三里許，塞決口九十餘丈，而漕始復通。詳明又上則疏賈魯河、孫家渡、塞荊隆口、黄陵岡，築兩長堤，蹙水南下，由徐淮故道。又議以爲兩堤綿亘甚遠，河或失守，必復至張秋，爲漕河憂，乃相地於舊決之南一里，用近世減水壩之制，植木爲杙，中實磚石，上爲衡木，着以厚板。又上墁以巨石屈鐵以鍵之，液稬以塡之。壩成，廣袤皆十五丈。又其上甃石爲竇五槩而涂之，槩可引鑽，竇可通水，俾水溢則稍殺冲嚙，水涸則漕河獲存。庶幾役不重費，而功可保。工既告畢，上更命鎮名爲安平，賜興歲祿二十四石，加鋭太保兼太子太傅，增歲祿二百石，遷大夏爲左副都御史。又命工部伐石，敕内閣臣爲文，各紀功迹臣，東陽當記茲壩之成。

臣竊考之，治水之法疏與塞而已矣。塞之説不見於經，中古以降，堤堰議起，往往亦以爲利。宋學士嘗曰河在中原，無洞庭彭蠡以爲匯，勢必常潰，可殺其流，不可以力勝，甚言塞之不宜，利與害相值，必較多寡以爲重輕。若毆役土石，當水之怒，費多而利寡，此古人所深戒。惟水勢未迫，後患尚未形，周思豫制，以爲之備，則障之利，亦不可誣。況茲壩者，勢若爲障，而實疏之，顧其疏不至漏，障不至激，去水之害以成其利，暫勞而永逸。費雖不能無，而用則博矣。撥之善溝者水漱之，善防者水淫之，云者不亦兼而有之乎。易象財成，書陳修和，君出其令，臣宣其力，雖小大勞逸不同，同是道也。今聖天子勤民思理，重饋餉，憫流墊，宵衣而南顧者累歲，非二三臣之賢，其孰克副之。當決之未塞也，水勢冲激，深莫可測，每一舟至，百夫弗能勝，則人船俱没，卷埽築堰，垂成輒敗，千金之費，累日之功，卒然失之，若未始有者。羣議喧哄，皆欲棄而弗終，改而他圖。葢方御患不暇，而何豫備之有。及臣職就工，而地靈順軌不逆性以制物不後天以違時，而又從容優格以圖可久之利，銷未然之患，誠事會之不可失者也。然則鑒往轍之覆，而思成功之籍，修廢補罅，以期不墜庸詎，非有司者之責哉。

嗚呼！天下之事，莫患乎可以爲而不爲，彼宦成之怠，交成之諉，遺智餘力而莫爲盡，未有不貽後日之悔者。獨水也哉，亦自得立言之體人無於水監當於民監，斯言也亦可以喻大矣。唐韋丹築扞江提竇以疏漲，詔刻碑紀功，着在國史。臣不文謹書此爲明命，按工始於乙卯春二月，畢於夏四月。凡用夫萬六千，巨石萬有奇，钃者倍之，巨木三千，小者倍十而五，鐵爲斤萬一千，他物稱之。分董是役者，山東左參政張縉，今擢右通政，仍領河事；按察司僉事廖中遷副使，都指揮僉事丁全，進署同知。文武吏士進秩增祿者若干人，皆刻其名氏於後云。

（明）陳子龍《明經世文編》卷七九《劉忠宣集・議疏黄河築決口狀劉大夏》　時河決楊家金龍等口，東冲張秋，命公治之。議得河南山東兩直隸地方，西南高阜，東北低下，黄河大勢，日漸東注，究其下流，俱妨運道。雖該上源分殺，終是勢力浩大，較之漕渠，數十餘倍，縱有堤防，豈能容受。若不早圖，恐難善後。其河南所決孫家口、楊家口等處，勢若建瓴，皆無築塞之理。欲於下流修治，緣水勢已逼，尤難爲力。惟看得山東河南與直隸大名府交界地方，黄陵岡南北古堤，十存七八，賈魯舊河，尚未泄水。必須修整前項堤防，築塞東注河口，盡將河流疏道南去，使下徐沛，由淮入海。水經州縣，御患堤防，俱令隨處整理，庶幾漕河可保無虞，民患足爲有備。仍於朝神明南北各造滾水石壩一條，俱長三四十丈，中砌石隗一條，擬長十四五里，雖有小費，可圖經久。若黄陵岡等處堤防，委任得人，可以長遠，仍照舊疏導汶水，接濟運河。萬一河流東決，壩可以泄河流之漲，堤可以御河流之冲。倘或夏秋水漲之時，南邊石壩逼近上流河口，船隻不便往來，則於賈魯河或雙河口，徑達張秋北上，以免濟寧一帶閘河，尤爲利便。

臣等仰知皇上洞見黄河遷徙之害，深爲國計民生之憂。凡智力所及，不敢不盡。但欲興舉此等工役，未免勞民傷財。今山東等處荒歉之餘，公私匱乏，人夫尚可起倩，財用無從取辦。况好逸惡勞者，怨謗易興，聽聲躡影者，議論難據。如蒙乞敕户兵二部，會同在廷羣臣，從長議處，斟酌前項工程，於理應否興止。倘以臣言可採，則其事宜速舉，其買辦木石等項銀兩，應於何處取用，應用匠作等項口糧，該於何處支給。或此外别有治河長策，可以不費財力，逐一處分明白定奪，行令臣等遵守施行。

（明）陳子龍《明經世文編》卷八〇《白康敏公奏疏·論河道疏白昂》　臣奉敕修治張秋決河，由淮河相度水勢，至於河南中牟等縣，見其上源決口，水入南岸者十之三，入北岸者十之七。南決者自中牟縣楊橋等處，至於祥符縣界，析爲二支，一經尉氏等縣，合潁水下涂山，入於淮。一經通許等縣，入渦河，下荆山，入於淮。又一支自歸德州通鳳陽之亳縣，亦合渦河入於淮。北決者，自原武經陽武祥符封丘蘭陽儀封考城諸縣，其一支決入金龍等口，至山東曹州等處，冲入張秋運河。去冬水消沙積，決口已淤，因並爲一大支，由祥符之翟家口，合泌河出丁家道口等處，俱下徐州，此河流南北分行之大勢也。臣以爲合潁渦二水而入於淮者，其間各有灘磧，水脈頗微，宜疏浚以殺河勢。合沁水而入於徐者，則以河道淺隘，不能容受，方有漂没之虞。况上流金龍等口，雖幸暫淤，久將復決，宜於北流所經七縣，築爲堤岸，以衛張秋。

（明）陳子龍《明經世文編》卷一一〇《王文恪公文集·送劉世熙任四川僉憲序王鏊》　弘治二年，蜀中旱饑，廵撫右僉都御史丘鼐，言蜀以富饒稱，前代迄今，地非異也。蓋人事未修焉耳。竊見成都有都江大堰，鑿自秦守李冰，所溉郫灌温江崇寧雙流崇慶新津，新都眉州彭山，沃野數千萬頃。其後豪家，稍規小利，堰流堤坊，水失故道，蜀人始病於旱。臣嘗按行地勢，自非高山，皆可治陂塘堤堰，旱則灌澇則泄，爲蜀人無窮之利。今山東淛江南直隸，皆設官治水利，蓋任之專，則宜有成功。於是詔刑部員外郎姑蘇劉君世熙，昇按察僉事以往。吾於君之行，獨有感也。往昔關中大饑，人相食，於是陸輦荆襄水漕汴渭，百方拯之，而秦人死者過半矣。夫秦天下强國也，辨論極確，秦時豈必無旱，旱而無捄，天下且起而攻之，則秦之亡久矣。蓋當時井田雖廢，溝洫尚存，而鄭國渠秦所賴以富强。其後鄭當時兒寬白公，皆嘗爲渠，至於今廢久矣。其遺迹亦往往有存焉，因而浚之，其功宜易。而議者輒以爲不可復也，劉世熙居吴，吴有白茆港者，三吴之水，由以入海，海潮日至，淤爲沃壤，民遂占爲田，或廬其上。於是吴中多水患。議者以白茆一浚，三州均利，迄今百年未聞有任其事。蓋有任其事者，而浮議輒興，行且復止。夫欲享其利，則安得辭其勞，欲有其功，則安得辭其謗。於戲！天下之事，其率類此乎。此吾之所感也，請以爲君贈。

（明）陳子龍《明經世文編》卷一一〇《王文恪公文集·安平鎮治水功完之碑王鏊》　皇明建都燕薊，歲漕東南以給都下，會通河實國家氣脈，而張秋又南北之喉咽。景泰四年河決張秋，故武功伯徐有貞治之，旋復故道。弘治二年，河勢北徙，六年夏遂決黄陵岡，潰張秋堤，奪汶水以入海。張秋上下渺瀰際天，東昌臨清，河流幾絶，前後遣官治之績用弗成，上乃命右副都御史劉大夏往莅。時訛言沸騰，謂河不可治，治之只勞且費，或謂河不必治，宜復前元海運，或謂陸挽雖勞無虞。上復命太監李興、平江伯陳鋭，同往莅之。時夏且半，漕集張秋，帆檣鱗次，財貨山委，決口奔猛，戒莫敢越。或賈勇先發，至則戰掉失度，人船没，鋭等聚謀，始於上流開月河，長可三里，軼決口屬之河。於是舳艫相銜，順流畢發，歡聲載道。事聞，璽書奬勵，乃始議築黄陵岡之缺。初大梁之北，爲沁河東南流入徐，西爲黄河，東流入淮。其後黄河，忽溢入沁，合流以北，遂決黄陵岡，以及張秋。鋭等議，不治上流，則決口不可塞，於是浚河自孫家渡，七十餘里，由陳潁以入於淮。又浚河自中牟扶溝陳潁二十餘里，由宿遷以達於淮。又浚賈魯舊河四十餘里，由漕以出於徐。於時向東水且落槽，乃於張秋兩岸東西築臺，立表貫索，網聯巨艦，穴而窒之，實以土牛。至決口去，窒艦沉，壓以大埽，合且復決，隨決隨築。吏戒丁勵，畚閘如雲，連晝夜不息，水乃由月河以北，決既塞，繚以石堤，隱然如虹，輔以滉柱，森然如星。又於上流作減水壩，又浚南旺湖諸泉源，又堤河三百餘里，漕道復通。役始於六年之夏，其冬告成，用軍民凡四萬餘人，鐵爲斤一萬九千有奇，竹木二萬七千，薪爲束六十三萬，刍二百二十萬。佽其役者，通政司張縉，山東按察副使廖中，都指揮丁全，同知劉福通判王文，臣鋭臣大夏，以其事聞，上遣使慰勞，令作廟於其上，賜額曰顯惠神祠，鎮曰安平鎮，命臣某記其事。

（明）陳子龍《明經世文編》卷一二三《凌溪先生集·贈郡倅盧君治水成功序朱應登》　寶應江淮間一要衝也，湖水渟滀，長堤委屬。南接秦郵甓胡匯焉布護漫汗，不可殫紀，北人於淮，則淮水所經也。夏潦時至，徐泗之水，挾河流而東入淮。淮不能容，勢益怒，且汨而南行，故潴者日以溢焉。堤故有斗門，凡十橋，橋絶馳道，水溢，則東注之海，分渠灌民田。田皆溉，可得百萬餘頃。爲政者時其蓄泄啓閉之節，則漕寡不運之舟，農鮮不沃之利，倉廩無不積之儲，商舶靡不通之貨，是故東南之具區也。正德丁丑夏六月，堤圮於水，水來漂汲，溺其人民，蕩覆廬舍數十里，壞官民舟亦數百艘。自丁丑達巳夕，又二歲，復大水，歲因以不登。於是上下始怦怦然告急矣。廵撫大都憲臧公疏於朝，亟請發内帑治之，事下有司議。會都水郎中蔣君以職莅是邦，只載厥事，而郡倅盧君廷哲寔董其役，經始相成，有專職焉。乃發淮揚軍民築土障閼，以丁計者三千五百，括諸府庫及鈔關所貯錢充其費，以鏹計者七萬，日給粟以斛計者萬有奇，監工官自百户而下，以員計者二十五，匠氏以名計者百。乃伐石於鄰境之山，而致者匪難，乃附上於經行之舟，而運者不匱，乃陶甓於寛閑之皋，而搏者寖廣，乃揵木於窪泗之曲，而梓人獻材。百工既和，交臂受事，既六閲月，大功始就焉。於是潰者以湮，圮者以興，隘者以廣，而激者湍者蕩嚙者以安。於是居者以嬉，行者以游，負者以息，而耕者蓺者芟牧者樹藝者以蕃。邑之士大夫長老者，積患之餘，拭覩兹美且欣盧君之績有成也，征予言贈之應登郡人也。其欣戚之情，視衆鈞焉，乃作而嘆曰：甚哉水之羨溢爲患也，其所從來者舊矣。昔禹抑洪水，漢塞宣防，而史氏必書，紀成功也。下此則西門豹鑿鄴河之流，鄴父老以爲賢君。召信臣浚南陽之渠，百姓號之召父。是皆爲民興利者焉。夫爲民興利者，固民之所與也。今盧君起明經之家，而參郡牧之司，出環堵之室，而任斯民之重，始逡逡若不能，一旦臨大患，興大役，以身膺之，順運安行，不動氣貌，無惴恐以爲之先，無德色以爲之後。考其所施，而程其所至，豈豹與信臣可相軒輊邪。即二子之功，在於開溝瀆利溉田也已，未聞其能通輓漕之艘，建國家之利，兼而有之也。故比事考成，在盧君尤多，而吾民之德之也，視鄴與南陽民，當益倍之，何古今人之相遠哉。然則盧君之名，且與兹堤永久矣。《詩》云蔽芾甘棠，勿剪勿伐，召伯所茇。抑安知後之視今，寧謂余言之非蔽芾也。

（明）陳子龍《明經世文編》卷一五〇《鄭少谷集·福清縣復祥符陂記鄭善夫》　嘉靖元年春正月，福清縣復築祥符陂，夏四月陂成，始興水利也。閩八郡其四袛海民之半鹽魚以生，福清土益鹵，海益患，其田下下，不蓄粟積，而蓄人故四人外給。閩土狹而人衆，故恒資於外地恒十之七八焉。宋祥符中，令郎簡相地可田者得五十頃而餘，相水可潴者得三十里而餘。於是乎疏請截江而堤，廢民居百，浚達而渠之。引源於石湖之嶺，導而界江，潴奔殺悍，東抵於旗，西臨於玉融，南循於五馬，北極於玉屏之隩。所夸遵義永福永東西文興凡五區，轉瘠鉬鹵，田化而上，以始自祥符故曰祥符陂，葢噩乎其浸也。洪武二十三年，陂決文興，潮殺稼，越正統七年，邑丞陸忠復之。正德十三年，陂決南臺大娘垠，潮復殺稼，民至是大敝。明年海虞陳侯逅來，又二年，下令於邑中曰：余爾牧也，忍視爾敝敝，今與爾復而陂。以簿楊俊受稽畫，曰：而往監之，凡田頃出十夫，十頃出百夫，約畝受力，駢力宣勤，沉以巨冲，實以沙黄。由是荷鍤執畚，四人云至，量日齊工，乃湮乃防，田畯報程，餫夫走饟，甫三月而告成績。由是變腴敷膏，侯氣執成，江有恒流，歲遂大有。繼自今即有炎嘯罔攸患。由是黧老黄孺呼抃歡躍，舉曰陂之悠悠，樂只有秋，微侯之載，齊民其亡。瘳由是某某來致衆情，請永憲於石。水利裨荒政者也，程伯子之上元，朱晦翁之浙東，塞決堤，起涇堰，古則王政也，而時慢之。侯今之舉，無軼代論世哉。侯起甲科，令海邑，毅斷神察，大宜厥官，此其政之一也。余知侯，故樂叙其績云。

（明）陳子龍《明經世文編》卷一八四《王司馬奏疏·處河患恤民窮以裨治道疏王軏》　恭惟聖朝建都於西北，而轉漕於東南，運道自南而達北，黄河自西而趨東，非假黄河之支流，則運道淺澀而難行。但冲決過甚，則運道反被淤塞。利運道者莫大於黄河，害運道者亦莫大於黄河。河勢遷徙無常，有非人力所能强治者，然避高趨下之性未嘗異也。爲國計者，苟不盡心竭力，而爲之於可爲之時，壅遏以違其性，逼迫以激其怒，及霖潦浹旬，必致横决肆出，而遺患於地方矣。善治水者因其性，順其勢而導之，則用力少而爲利多；不善治者，或鑿自私之智，或泥已往之迹，不察水性之宜，而欲强挽其不可回之勢，决無可成之理。又不若不治而聽其自然之爲愈也。故臣愚以爲今日之工，但當疏浚其流於下，防遏其源於上，使不至於大爲害耳。

謹按黄河支流分入運道者，大略有六。若六道分流，水勢減殺而不怒，豈至爲患。但從來治河各官，因循度日，自渦河之源塞，則河徙而北，並出小黄河溜溝等處，而淮安徐州受其害。曾不數年前，三四處支流盡塞，而河益北，並出飛雲橋，則豐沛鞠爲巨浸，而金溝一帶，運道淤矣。此則河勢漸徙而北之驗也。幸此數處東西俱山，溢出之水，尚可因之以濟事。如今歲金溝之運道雖塞，而昭陽湖實通舟楫是也，若不先時并力預爲之計，是時河移而北故憂其入海，今則□同河益徙而北，東南無山可恃，徑奔入海，則安平鎮故道可虞也。衝突之勢，則單縣谷亭百萬生靈之命可念也。萬一或出於此，濟寧之北臨清之南，運道諸水俱被混帶入海，糧運何由可通。臣愚以爲六道分流之勢，當擇其可爲者而導引之，使分於南，庶幾來可免冲決大患。此則下流不可不疏浚者也。然則保豐沛單縣谷亭一帶居民，以須築堤以障其西北。況此數處，俱有舊堤可因，爲役稍易，在上既無溢出之水，其下自無淤没之患矣。此則上流不可不堤防者也。若金溝運河，必欲復故道，不若就湖之爲便。就湖之中，但恐沙隨而至，識者以爲不若於湖之東，引水梵爲運道，建閘以節水下，自留城以達沙河爲尤便。其地脈水性之順否，閘壩之因革，又在治河各官臨時相度，不可執一而廢百也。然大役之興，爲費不貲。切慮河南山東徐沛之民，自遭流賊肆毒之後，饑饉薦臻，窮困已極。臣目見挑淺夫役，身無完衣，面有菜色，立於水中，歲無休日，正身十有二三，極爲可憫，包當十有六七，重收役錢，而令老弱搪塞，是又徒費民財而無實效。延引日月，工何由成。若再起大衆，以竭其力，派物料以賈其財，輸納不前，敲樸必慘，民心一失，其爲患又有甚於河者。

臣誠至愚，深爲宗社憂之。沿途但遇士夫，及地方耆老人等，備細諮詢，咸言必得官銀數十萬兩，使人夫出於雇役，物料悉由官買，則河患民窮，兩得其濟。臣切惟我皇上仁覆憫下，蓋之如天，若捐銀數十萬兩，可以消河患，而救困窮，必無所惜。但府庫有限，費用無窮，切恐無以給之。臣備員留都，熟知江南鹽價涌貴，而淮鹽沮格不行，多由巡鹽掣鹽各官上下相承，以避謗保官爲念，不肯赤心通商裕國。臣愚欲望皇上另敕新任總理河道大臣，督同巡鹽御史，整理鹽法，聽其便宜，多方區畫，務俾商竈兩便，官民俱利。除正額照舊外，但係措置餘利，悉聽本官於治河項下支用。凡治河大小各官，但求事妥民安，自有無窮令聞。皇上日月之明必蒙昭鑒，決非浮言所能惑動，不必過爲遠嫌自全之計以失事機之會。蓋近年積弊，大小臣僚，肯任事任怨者少。故臣願天語丁寧，戒諭各官，庶幾得其盡力。臣之所言，未敢必其可行，但目見運道淤塞可憂，而三處窮民失所，尤可深憂，偶有所見，不敢隱默。

（明）陳子龍《明經世文編》卷二八六《蕭同野集・治運河議蕭端蒙》

夫治河之議，人人殊旨，約而言之，則有數端。趨便易者則曰治諸泉以浚其源，覩末流者則曰開鑿二洪之石以緩其勢，狃近利者則曰挽黄河以益漕，矜小惠者則曰制轉運以紓困。殊方異勢，固難遥度觀變察微可以理覩，得失成敗，蓋得而言之矣。夫治泉治洪，二者雖非下策，亦戾遠圖，有之固足以爲利，舍之亦未見其害。所謂平時救弊之方，非今日濟急之要也。若興轉運必興屯田乃可，若夫既興轉運即廢運河，治河之費雖省，輸挽之費尤奢，長運之卒雖寬，轉運之民卒癉。況京師之地，素稱瘠土，衣食百貨，仰給東南，漕河既廢，商賈不通，畿甸之民，坐受其困。借使國利而民不便，猶不當冒然爲之。況公私兩困，上下俱病者乎。河性剽疾，遷徙不常，往歲決張秋，決侯家渡，殫力浚塞，始復故道，曾未數年，奔潰再出，今又南徙渦河矣。縱能挽復使北，然所費公私緡錢不下數百萬，而丁夫力役，大略相當。假使年來再決，將鳩財孱役復挽之乎。竊恐河決無已，雖空國之賦，不足以當之也。況河性利於潤下，大智先於無事，自瓠子既決之後，河之日南亦非本性，日復一日，大率漸南。以今渦河較之，禹道已踰千里，所謂江河之變，日趍於下也，豈能復逆挽之哉。夫昔之決張秋爲北徙，北則挽而之南也順而易。今之決野鷄岡爲南徙，南則挽之而北也逆而難。此理灼然，人所共見，故以爲宜罷挽河之役，縱之南流，稍加堤防，令不至害民而已。固不可以有限之財，興必不可成之役也。歐陽子曰，智者之於事，有所不能，則必較其利害之輕重，擇其害少而利多者爲之，尤愈於利少而害多。嗟夫。爲今之計，其惟引沁矣乎。沁自武陟即並於湖，今宜塞其故道，導之入漕，歷曹州由舊分水處出永通閘，以達於二洪，然後於其下流樹柵立埭，置堰增閘以節之。非惟利多害少，庶可一勞永佚。誠能不惑浮言，不惜小費，釋挽河之財力，以轉移於此，則勞同而功必倍矣。夫沁水一通，漕河自利，而黄河既却衆流，其勢自殺。是上之足以足國，下之足以利民，近之足以除河之患，遠之足以貽萬世之利。三策弗掩，四善咸集，斯蓋允賴之良謀，平成之上策也，故竊以爲引沁便。謹議。

（明）陳子龍《明經世文編》卷二八六《蕭同野集·漕河策蕭端蒙》

自古之漕有三，曰河，曰陸，曰海。然各因時以制宜，量勢以制便，要在通利而已。夫漢都長安，唐都關中，阻河據渭，以東臨齊魯荆吴，其輓輸爲稍易。宋都洛陽，汴水旁及四達之地也，其輓輸爲最易。元都燕京，去江南極遠而漳御江淮，勢不相屬，其輓輸爲稍難。故運道易者，則河陸致輸，難者則浮海入貢。何哉，其勢然也。我太祖高皇帝嘗以七十萬石餉遼東，成祖文皇帝初年，以七十萬石至北京，亦由海以達也。至十三年，工部尚書宋禮發丁夫十餘萬疏鑿會通河，運道通利乃始轉餉河漕，罷絶海運矣。於是百八十年來輓輸之卒，千里踵接，湖湘江淮之征，萬艘雲集，軍無覆溺之虞，倉有儲積之富，猗與休哉，誠千萬世大利也。而議者或欲習海運以復舊，或欲疏膠萊新河以並漕，何哉？蓋京師天下腹心也，郡縣猶支體也，運漕猶咽喉也，故積貯者，生民之大命也，轉輸者，朝廷之急務也。即一旦或有意外之虞，沙滯金龍之口，河浮原武之涯，則泗沂洸汶之流，皆不足恃，而清濟之間，爲咽喉之梗矣。浚治不及施其巧，排決不及展其功，將何賴以善其後與。夫海運由安東循靈山，歷陳家之島，邊岸而來，則觸浮勞之險，放舟大洋，入黑水，夾延真曰蓬，經芝芣沙門，則蹈萬里濤湍之害未易輕涉也。其故道雖在，閑習雖便，亦未可以輕議也。今以朝廷之力歲治一運道尚不能給，况兼兩運道乎。此新河之説所以行而識者欲耕西北之水田爲國家萬年之利也，此新河之議，所以廑執事之慮也。夫新河南自麻灣，北至海倉，其間相距者，才三百餘里耳，非遠若漾海數千里之阻也。下款三沙之洋，上接三山之渤，海濤流入，其勢自然。若非引汶絶濟，强決細流，以畜注也，此固元人之所爲經理而未成者也。然究其所難鑿者，獨馬家壕之石底耳。今馬壕聞已浚渠矣，壅塞者通而建八閘以相漕引矣。九穴之湖，張魯白現諸水，已決引而經流矣。江淮商貨，已達麻灣之處矣。是垂成之功，可乘之勢也。昔丘浚謂會通河蓋天假元人之力，爲我國家之用，斯新河也，又非元人爲我經略之前驅與。不然，何向之疏鑿未通者，今始有成功之漸也。嘗考我朝初浚會通河，工部尚書宋禮、刑部侍郎金純，矢忠畢能，積數年之勞，動數十萬之衆，經數百里之地，而運道始達。然不以爲勞者，誠惟國家之急而建萬世之功也。今新河有易乘之勢，當垂成之漸，較之用力，勞逸相去蓋遠，而省費寛民，必又倍之。是誠利漕之一策也。宜專任大臣殫忠竭謀，親履小竺之山，度形相勢，慮遠邇，量事宜，計廣狹，訪其成事，循其故迹，浚淤塞之途，通渤海之波，時啓閉之候，補其未備，緝其未成，道路既通，南北相屬。然後使沿海便道諸郡悉從此轉輸，而郡路不便海者，則泝會通河以入。如此，是無放洋之患，絶風礁之險，省牽率之勞，而又收徑達之利。兩道並進，諸路畢集，且以減輓漕之卒，省耗折之糧，即一路卒遇有虞，而運道固未阻矣。此萬世無患之道也。或者有曰緣俗而爲治者利必倍，尋常而制政者民必聽，方今海内和平，水泉洋溢，譬之人身血脈周流，罔有間阻，是以方國之珍，九州島之賦，來則鱗次羽集，去則鳥舉獸散，沛然順利矣。乃復陳新河之策，古人所未籌，前哲所不論也，何其謬與。是不然，蓋聞之深計者不慮始而慮終，長筭者不慮近而慮遠。楊子曰爲可爲於可爲之時則從，爲不可爲於不可爲之時則無功。昔漢元光中，鄭當時引渭穿渠，起長安並南山，下至河以絶渭道中渡之難。永平中王景發卒數十萬治汴渠堤，起滎陽至海口千餘里，以分河汴之流，故不計穿引之勞，以尋河渭之便者，鄭當時之勛也，不憚千里之役，以疏河汴之勢者，王景之能也。當時稱便，後世利之。夫新河在膠萊之間，其地脈固相屬也，靈山小竺之崖，邊海之處，而運輸之故道也，海倉之口，直沽之近境也。由天津直沽以泊新河，固燕齊轉販之熟途也。今開浚者已及三百里，所未通者數十里之泥沙耳，非必起滎陽海口千里之役也，非若自長安傍南山穿渭之難也。而轉輸甚易，漕挽爲便。昔丘浚申海運之説，謂河運雖通，人挽如故，海道雖險，而省減十倍。若新河成，則省減尤多，而永無海患。此又識者所以過計，而申其議也。若必尋常而守之，是漢謂渠無用穿，而滎陽海口，治堤之卒不足發矣。夫利者聖智之所必趨也，患者賢哲之所必計者也，見利而動，慮患而防，所以成大業而裕後世之大猷也。故會通河者，經遠之大利也，新河者權宜之一策也。此業一定，而世世可無患矣，庸弗議乎。

《明實録》萬曆六年六月　〔己巳〕總理河漕都察院右都御史潘季馴條陳治理六事。一曰塞決口以挽正河，二曰築隄防以杜潰決，三曰復閘壩以防外河，四曰創滚水壩以固隄岸，五曰止濬海工程以免糜費，六曰寢老黄河之議以仍利涉。部覆如議。有旨：治河事宜，既經河漕諸臣會議停當，著他著實行。各該經委分任人員如有玩愒推諉，虚費財力者，不時拏問參治。

《明實録》萬曆六年七月　〔壬子〕工部覆總河都御史潘季馴等奏：河工浩大，須多官分督。往年一逢陞遷，竟自代去，以致錢糧不明，勤惰莫稽。今後凡有陞調，留待工完，將經手錢糧併其勤惰稽查明白，方許離任。至若分部司屬奉有專敕，而有司視之蔑如，動有掣肘，今後除地方守巡各有專職，自行督責外，凡供事河工者，俱聽分司責成。如有玩愒不遵，該上司參奏。有旨：河工事重，必須委任責成。以後該管河官暫停陞調，候河工完日，分别賞罰。委官賢否，但以該管河道官爲主，别道不得干預。

《明實録》萬曆三十一年二月　〔己丑〕吏部言總河曾如春疏河工切要三事：一、示激勸，見任河工州縣正官着實分别舉刺。一、明職掌，河上委官專以該管河道爲主，别道不得干預。一、設贊畫二員，比來征事例。從之。

庚子，户部題：本部錢糧出入之數，税糧、馬草、農桑、鹽鈔爲正課，實入太倉者三百七十餘萬，事例：贖鍰缺班爲雜課，實太倉者將一百萬，合此二者始足當每歲四百五十餘萬之出。乃各省直遇事輒議題留改納，自外入者額内日求其減，自内出者額外日求其增。況絨段隸在司空，優恤隸之司馬，賑荒自有積穀，軍餉自有存留，邊儲自有民運。朝廷每一事設有一事之錢糧，乃有司怠緩而不徵，豪猾乾没而莫問。乞明旨申飭，自三十一年爲始，凡遇地方有事，即照額派本項錢糧内自行區處，不得輕題留改，其前此借用錢糧俱要上緊補完。從之。

户部又題：二十九年分各省直運司未完并未解未到京邊錢糧，尚該九十二萬五千四百餘兩，乞明旨申飭，轉行各省直撫按司府各官作速徵完起解。并二十六、七、八等年未完錢糧，一併督催。俱限今年三月以裡到部，以便給發。從之。

《明實録》萬曆三十四年九月　辛未，河道總督曹時聘以朱旺決口既塞疏聞，因條議十事：一、移置專道。一、增設河官。一、創築隄防。一、建立鋪廠。一、分别賞罰。一、久任責成。一、申明職掌。一、嚴禁那借。一、議處河夫。一、除豁占田。工部覆如議。上諭：部臣連歲公帑民力俱竭於河上，役不可再，宜懷永圖。既稱大壩已成，全河東注必便，蓋出中路方保無虞。趁此秋涸，將一應南北隄岸儘力修築，屹如山峙，自然水得所歸，方堪永賴。所議十事俱依擬。朝廷不惜恩賞，亦不事姑息。可即行與河上諸臣知之。

（清）賀長齡《皇朝經世文編》卷三六《户政・農政・陝省農田水利牧畜疏畢沅乾隆四十七年》　竊臣接准部咨，欽奉上諭，以原任刑部侍郎任克溥前後條陳各事宜，皆關係士習民風官方吏治，現在有無似此未經整頓者，著大學士九卿科道，及各督撫直攄所見，據實奏聞，欽此。臣跪讀之下，仰見我皇上整飭官方，勤求民隱，睿慮旁周。竊惟國家大計，不過民生吏治二端，而建官之本意，則以勤民爲主，勤民之要，終以足食爲先。百餘年來，生齒日繁，而天地生財，只有此數，是以民間逐末，日事營求，不過此絀彼贏，生計所資，終未優裕。臣覼覽載籍，竊見民生衣食之源，大率農民爲要，畜牧次之，因土之宜而盡民之力，以收自然之利。其在西北等省施之，尤當而易行。即如陝西，古稱四塞雄封，地大物博，唐虞以來，厥田稱上。迨及成周，尤以稼穡爲重，《豳風》、《無逸》所陳，至今猶可想見其遺意。惟司牧者，以其事無近功，不復爲之措意，以致小民失業者多，往往流爲惰窳。臣載撫關中，先後十有餘年，郡邑巡行所至，竊見漢中興安商州各府州屬，延亘南山，水土饒益。邇年楚蜀隴豫，無籍窮黎，扶老幼携，前來開墾者甚衆。但疆里綿邈，高原下隰，閑曠尚多。近者山南一帶，添設府廳佐貳等官，以資控制，將來擬即令其詳加相度，廣勸耕屯，以無業之民，而辟可耕之土。若成熟後，按夫計畝，全活自多。即如乾隆四十三四等年，兩湖偶被灾祲，小民流徙，絡繹前來。臣彼時閲兵漢南，目擊情形，督率有司，妥爲安插，分令就地開荒，男婦不下十餘萬人，俱得安然樂業，遂成土著。此地利之宜開墾者一也。

至西安同州鳳翔三府，邠乾二州，沃野千里，實爲陸海奧區。臣近加體察，民間耕讀相半，素鮮蓋藏，殷實之户，十不得一。緣其平時所恃，不過農田，而秦中地厚水深，山澤之氣不通，每有恒暘之咎。夫黄河爲數省患，惟寧夏一府，引水灌田，五邑並蒙其利。涇陽龍洞一渠，爲關內膏腴之最，秦漢至今，民沾渥澤，前因年久淤塞，灌田僅一萬餘畝。臣因奏請重加疏濬，今已灌田十萬有餘。可知民間利病，果能悉心經理，未有不收其美利者。伏思關右大川，如涇渭灞滻灃滈潦潏河洛漆沮汧汭等水，流長源遠，若能就近疏引，築堰開渠，到處可行水利。無如司事者，意計所在，既不與民瘼相關，小民心知其利，又復道謀築室，不潰于成，即向來本有渠道地方，亦多廢而不舉，以致泥滓淤積，水流旁溢，大者逼窄，小者斷流，是以偶值暵乾，便成荒歉。臣現擬督率司道，飭查各屬，將境內形勢，高下川原，細加量度，何處可以開渠幾條，其渠可以灌田幾畝，其舊時所有渠堰，向日灌田若干，現在灌田若干，一一據實具報。倘有不敷挹注者，當即爲之籌酌，或勸民自爲疏濬，或酌借公項，代爲辦理，則以時蓄洩，自無水旱之虞，而瘠土變爲良田，三農自獲倍收之利。況三秦爲中土上游，大川半在其地，若分爲溝洫，蓄作陂池，則入黄之水，其勢並可少殺，于事理不無裨益。此水利之宜疏蓄者二也。

他如省北延安榆林二府，以綏德鄜州地多砂礫，每以邊境高寒，雨澤少愆，西成即憂歉薄。臣竊見古來雲中北地五原上郡諸處，畜牧爲天下饒，至以谷量牛馬。即唐時開元年間隴右牧政考成，不過數年，馬至四十三萬，牛至五萬，羊至二十八萬。兹者地土依然，水草猶在，倘能經畫得宜，安知今不如古。臣於七月間巡防所至，見沿邊水草，尚爲豐茂，若飭令各屬有司，詢問鄉堡，每邑計其成數情形，畜牧者約有若干人，駝馬牛羊約需若干匹。由府彙報到司，酌籌間款購買，分給民間，令其試養。並雇覓善於長養之人，教民喂飼，每屬酌派佐雜等官，查核經理。候次年孳生後，除交還官項外，餘即賞給本人，以爲資本。嗣是孳生羊群十取其一，馬駝牛十五取其一，其餘除資本外，聽民自爲販賣。則邊民生計，可望漸臻饒裕。其腹地沿山傍水，如終南太白汧渭沙苑之間，係歷代畜牧之場，亦可徐徐籌辦。倘數年後果有成效，將來新羌各路，屯兵民户，俱可倣而行之，令其耕作與畜牧相兼。緣耕作所入，只敷本户供支，畜牧工本無多，而休養蕃息，日見充盈，則民力漸裕，兵力愈強，實邊土無窮之利。此畜牧之宜講求者三也。

至州縣爲親民之官，所關最要，得其人則一邑之民享其利，不得其人則一邑之民受其害。如病在貪酷，則日事誅求，而良善難安生業。病在因循，則聽從胥吏，而閭里鮮得安居。其中稍有才具者，又復以酬應爲能，不以地方爲事。此等病民之官，又當隨時釐剔，大示懲創。再一州一縣，大者不過數百里而遥，近有在任數年，而四鄉未嘗一至者，所謂司牧者謂何？臣現擬飭屬，嗣後於本境四鄉，或一歲之內，或一季之內，務須輕車從，周遍歷行，按查保甲，稽查游惰。如有利病所關，應行應革事宜，具稟上官，以便隨時查辦。至春秋祈報，宣講聖諭，朔望行香，雖係事屬儀文，然小民日事觀瞻，自有隱相維係之故，故下情易於上達，而匪僻難以潛滋。編氓目見耳聞，共知法紀所在，未始不可化莠爲良。地方郡吏，皆當實力奉行，不得以爲無關考成，視爲具文。以上各件，若就目前而論，雖無小效近功，然月計不足，歲計有餘，行之既久，則户慶盈寧，人歌樂利，官方士習未有不蒸蒸日上者。至大吏爲閤屬視效所關，自當以聖主愛民之心爲心，以足民之事爲事，損上益下，潔己奉公，董率監司牧守，講求實政，化導士民，俾衣食足而知禮義。此臣等守土之責，尤所當隨事隨時，共相勖勵者也。

（清）賀長齡《皇朝經世文編》卷三六《户政・農政・請減穀價興水利疏乾隆十二年趙青藜》 我皇上軫念民依，以所在穀價昂貴，再三求審盈絀之理，裕流通之源。特頒諭旨，令暫停隣省採買，及捐監收米之例，酌緩急而藏富於民，猶且淵衷若谷。着大學士九卿詳議。臣竊以爲今日穀價之貴，實由漸積使然。蓋其驟貴也，或因歲歉，或因採買，而及其採買既過，歉歲復熟，價非不稍減。然以視從前未貴時之原價，固已略浮其值矣。如此經三五次起落，三五次浮積，而視原價固已大相懸絶矣，日貴一日，年貴一年，習以成常，誰肯率先以減者。況現在官糶定例，適足爲商賈居奇之藉，查定例，大荒減價一錢，中荒五分，尋常出易，即不准減，此無論商屯把持，胥役需索，而庫平庫色，民不勝其誅求也。造册給票，照票給米，民不勝其守候也。任發任領，以官爲政，米之良否，民不得而揀擇也。又糶米之數，人不得過五斗，即以極減之一錢計之，爲銀不過五分。此五分者，足敵其誅求乎，足償其守候乎？民無所利，觀望不前，而官欲速其售，商乃得通胥役以巧行其屯，穀之昂貴，愈成牢不可破之局。奉行之不善，所當急議通變者此也。臣愚以爲宜酌改定例，不妨多減，以創率先之路，破積貴之局。而議者必曰，徒以利奸屯也。不知減價既多，則民之趨買者必衆，趨既衆則其自爲稽察者必嚴，商屯必無所容其掩飾，而受國家浩蕩之澤者，莫非待哺之民矣。乃議者或曰，減多糶多，如缺倉額何？而臣愚以爲減糶而價平，價平而糶穀之項，即可就本地秋收時買補，不憂其缺也。抑臣更有請者，臣查雍正年間，直隸營田水利，每歲穀入不下數十萬石，比年以來，幾成故事，漸就廢弛，以致穀入多不如前，臣甚惜之。臣請諭令直隸督臣，查明從前營田處所，就現在已成田畝，造一清册，從長經理，應修復者修復，應興舉者興舉。總以屬之州縣，及統轄之道府，分別勸懲，無喜事，無畏難，寬爲之期，而務收實效焉。雖水利事宜，非臣之明所能詳悉。而營成一處得一處之益，營成一畝亦得一畝之益。考《禹貢》揚州之域，田惟下下，荆州之域，田惟下中，今所稱產米鄉者，乃在湖廣江西二省，是甯非西北之水失其道，而地失其利之明驗乎。且西北佃田，廣種薄收，人以頃計。所以然者，以水潦難齊，而工本恐棄於無用也。誠興水利以善蓄洩，使旱乾水溢，不得爲災，則深耕易耨，而佃人且以畝計，至多亦以畝之十計。是一頃之地可多容六七佃户，失業之民可漸驅以歸於農，而游手者寡矣。再查直隸一省，旗民居多，若任業主以董莊頭，任莊頭以率散佃，其爲力尤易，而爲法尤簡。至於大工，力難責之民人者，令地方官詳明督撫估計，請帑興修，以所入租穀，按年扣還。第恐畏難而奉行不實耳。古來大工大役，多以行所無事而成，以本地官勸本地民，興本地水利，即有會同之處，而以效役之民，視之猶其本地父母，不患不聽。故臣以爲屬之州縣及統轄之道府而已足也。至一切規畫營田，定例應有可遵，特其多差官役，往來道路，則臣所謂喜事之適以滋擾，而大不可者也。臣請皇上廣集衆議，斷自宸衷，一意舉行，縱無近功之可圖，實爲萬世所利賴。蓄水滋灌溉，而土壤膏沃，穀入豐盈，久之即東南輓運可省，何至穀價昂貴，上煩聖慮。若止暫停隣省採買，收捐監穀，保無穀不加貴足矣。欲減價就平，臣有以知其不能。微特臣而已，即定議之大臣，恐亦不能保其必減也。何者？積漸之勢已成，難可卒返耳。且監穀既停，將來遇有需穀之處，乃向隣近採買，價必加昂。而旋停旋買，抑豈我皇上從長妥計之諭旨哉。蓋理財足民，無過開源節流之道，而增糶減糶，依然良法美意之初。雖減價以糶，御史李清芳曾以上請，群臣業經議駁，而第以官糶不減，則穀價終不得而平。價不平，則終無以仰慰宵旰之憂勤，又何敢以駁議僉同，遂爲緘默，不披瀝愚忱于聖明之前也。

（清）賀長齡《皇朝經世文編》卷三六《户政・農政・請水利責成佐貳疏乾隆六年陳宏謀》　竊惟耕鑿乃衣食之源，而水利實農田要務。江西一省，所屬郡縣，非濱江帶湖，即環山逼嶺，近湖之地，勢與水平，民間築有圩堤閘壩，以資捍衛。地以内之民田廬舍，烟火萬家，每遇水發，全仗圩堤閘壩，周圍堅固，始保無虞，一有沖漫，均遭淹害。此以圩堤閘壩防水之害者也。近山之地，高下崎零，開墾田地，既防沖決之爲患，又苦灌溉之無資。惟有修砌陂塘堰圳，水至可資防禦，水少可資灌溉，此又以陂塘堰圳防水之害，而即資水之利者也。江西水利大段不外此二者。而年歲之豐歉，亦即關係於此二者矣。向例于農隙時，撫臣行令各地方官，將舊築圩堤，派夫修葺，年底將完固緣由，造册報部存案。止就南昌瑞州臨江饒州南康九江贛州等府，所屬之十有餘縣，年年報部有案者，彙册開報。而近山逼嶺地方，一切陂塘堰圳，均不在開報勘修之例。即此數府中，除所報圩堤而外，亦尚有續修未修之圩堤閘壩。總因地方官向無承修保固之責，視爲泛常，不親勘督修。其間民力之勤惰，出夫之多寡，圩堤之堅否，地方官既未親臨查勘，無人督率，奸頑田户，每推諉不前，不但應修而未修者，延挨觀望，即已經派修者，亦不過虛堆浮土，掩飾一時，隨修隨傾，難資捍禦，以致驟遭大水，尺土不保，全圩受淹。一處沖決，闔境罹害。現據士民，以民間情願修圩築圳，請官督修主持，以免阻撓等詞，紛紛具呈。則江省之圩堤堰圳，夫力雖出於民，督率不可無官也明矣。臣查地方縣令，身膺民社，水利農田，本其專責，但每年農工畢後，正值徵漕開訟之際，勢難親身前往各鄉勘修。而各處應修之處，無官爲之督率，未免心力不齊，強弱不一，動多阻撓爭執，控告不休之事。惟各縣均有縣丞一官，本屬閑曹，並無專管職掌，原應佐理縣務。此等圩堤堰圳，乃民生要務，正宜委令辦理。臣蒞藩司任時，正屆農隙之時，曾經詳明通飭各屬，委令縣丞各員，分頭勘修，但係一時詳行之事。若不定以責成，永遠遵守，仍致始勤終怠，難收實效。臣請將江西一省縣丞，均加水利銜，凡有修築圩堤閘壩陂塘堰圳等項工程，俱專責各該縣縣丞查勘督修。間有並無縣丞之屬，即委典史巡檢，各按本管地段查勘督修。每年九月以後，農隙之時，各該縣丞等官，輕騎減從，親詣各鄉確勘，將應修圩等項，查照向例，督率圩長民夫，合力修築，薄者培之，卑者增之。圩長徇私怠玩，田户恃強抗違者，該委員即可就近分別懲治。統限歲底修竣，造册移縣。該縣察實，加具印結，轉申彙册報部查核。其有向無圩堤等項，查勘情形，或應築堤建閘，或應修砌塘圳等類，及向曾築有工程，或年久坍塌過甚者，亦即督令該地民夫，合力修築。如工程浩大，關係永遠水利，而民力不支，難以派修者，應請循照從前奏明事例，動支鹽規充公銀兩，給發興修。各該員三年之内，果皆實力督修，並無沖決被水等事，遇有保舉陞用，將承辦水利如何，列入事實獎薦，以示鼓勵。倘有扶同捏飾，以及借端需索，擾累鄉民等弊，分别參究。自此之後，除猝遇異常大水，非人力能施，毋容議外，如止尋常雨水，而有圩有壩田地工程，修築不堅，致有沖漫受淹者，將各該委員及知縣一併題參，分别議處。如此則責成既專，修築以時，各官咸知境内有不容玩視之工程，小民亦知境内有不容推諉之工程。上下官民，交相勸勉，水利興而農田得收實效矣。

（清）賀長齡《皇朝經世文編》卷四三《户政·荒政·請安流民興水利疏任啓運》　伏見江南淮徐鳳潁地方，水患異常，皇上憂勞特甚。其賑卹也，既動用常平倉，又動用封貯備公銀百數十萬，又將癸亥運京漕糧酌留，又借浙江永濟二倉，又將山東留漕撥濟，又諭河南、山東、江西、湖廣，饑民入境，隨地安插留養，動用該處常平倉，計口均給。體恤之忱，無所不至。而二月上諭陂塘溝洫之類，宜加意講求，俾除其害而收其益，已先事豫見。及七月上諭兩江歷被水災，皆不善宣洩容納所致，務救目前之災荒，永除將來之水患，神明洞燭，誠堯舜憂民之盛心也。皇上中和在躬，參贊位育，何以有是水災？臣反覆思之，知天所大啓必與之以大憂，堯舜非有洚水，無以彰千古之大聖，禹稷不假成平，無以顯千古之大功。蓋愚民可與樂成，難與慮始，暱目前之安而與計後日之久，未有能從者也。故天欲爲一朝開至治，必震動其民而後可，因民之所甚苦，因民之所甚順而爲之。古語曰聖人不能爲時而能乘時，豈非因禍而爲福，轉敗而爲功？固有待於大聖人哉。

臣江南人也，常歷淮徐，涉黄河以至京，又由直隸之真定保安，抵山西之太原大同，見沿黄河之地多苦水。而自直隸北境及山西，大抵土廣而人稀。江南二百四十步爲畝，山西千步爲畝，而田之歲入，不及江南之什一。竊嘗怪之，謂江浙爲《禹貢》揚州之域，所稱厥田下下者也。而今蘇杭饒沃甲天下。真定保安太原大同，皆《禹貢》冀州之域，所稱厥賦上上者也，而今盡成磽確。則以江浙之溝洫修，而民之耕耘亦盡其法，北土之溝洫不修，而號爲農者，亦鹵莽滅裂而不盡其道也。孔子稱禹之功曰，盡力乎溝洫，禹自序其績曰，浚畎澮距川，決川距海。畎者，田間水道，深廣盈尺耳。溝倍之，洫又倍之，澮則巨矣，川則多藉溪谷大水爲之，或高阜盡用人力開闢者，若史所稱鄭渠白渠亦是也五。蓋五穀之性無不藉水以滋，不特秫稻爲然，即麻黍菽麥宜燥，亦未有久旱而不槁者也。故一區之中，亦必有畝有畎，畝以植穀，畎以利水。雨則由畎而溝而澮以達之川，旱則由川戽之而澮而溝而升畎以滋其畝。故川者，宣洩容納之大區也。今北土數千百里，無一溝洫，即所樹藝，亦無畎畝之分。當其旱，則立而槁，或數日雨，又浸而萎矣，此其害在田疇。而自雍冀以逮淮徐，數千里之水，悉注于一黄河，而河與漕亦受其病。河吏值水之盛，恐河之決，不得不稍有所洩，以殺其怒。而濱河之地，亦因浸而屢告荒。然後知禹之兩言，千古治田之要，亦千古治河之要也。議者或謂遷南民以開北土，庶南無人稠田少之憂，北無土廣人稀之患。但安土重遷，人之常情，孰肯舍鄉墓之安，而就磽確之地。即有願者，而道路之費，牛種之給，于何資焉。而今適有鳳潁徐淮之水，其民四散遷流，河南、山東、湖廣、江西既可安插，直隸、山西何不可安插？且湖廣江西亦苦人多田少，何如直隸山西田多人少之可安插乎？此正因天因地之大時也。今被災州縣，極重自十月開賑，次重十一月，次十二月開賑，或六月至一月爲差，欽差及兩江督撫大臣，皆日夜焦勞，以稱明旨。但流民未盡歸，災民未可藝。臣愚以爲可因此時諭民，願以其家遷者，具明家口男女之數報官，給引使遷。所過地方如旨所諭，動用該處常平倉，計口日給，自真定以北凡可留之地，有卑下者，即使開浚，如江南開土方法，計工給食，以成大渠。大邑可安插千口，小邑半之，官從優。凡地之無糧者，聽民自占，於公項給牛種之資，至三年外，酌納租糧，使爲永業。

流民既定，徐募蘇杭常鎮民之精于農者，略如古力田之科，使爲田師，教民畎畝種植之詳。大抵一畝之渠，可濟十畝之旱潦，而五穀之入必豐。豐則民豔之，而願爲溝洫者必日衆，此轉瘠土爲沃壤之大機也。其民欲復業而不肯遠遷者，則因今尚無可藝之地，先使大臣相古黄河入海。及今海口爲黄河所宜宣洩之處，集民廣爲開浚，計工日給其直，甯優毋刻，寓役於賑。蓋饑民不可使之群集而無所爲，群聚則鬱蒸之氣生，無所聊賴則言不及義而行險儌幸之計作。此又爲民防患於未然，而即爲黄河他日之容納宣洩計者也。在《易》上經十二卦爲否，下經十二卦爲益。先儒謂泰否初變爲損益，損以持泰，益以救否，故益之四自坤而上，曰利用爲依遷國，言遷乃爲民之依。初自乾而下，曰利用爲大作，言可因是時立大功也。《彖》曰，凡益之道，與時偕行。則因今之時爲賑荒計，並爲溝洫河渠計，不亦可乎。夫爲流民計安全，一時之便計也。爲北土計灌溉，爲黄河計蓄洩，亦百年之長計也。我皇上爲堯舜之君，如神之志氣，有開必先，自督撫卿貳以下，大小臣工，必有能實心任事者。伏惟皇上用乾之斷，體天之行，兼集群策群力而善行之。幸甚。

（清）賀長齡《皇朝經世文編》卷四三《户政·荒政·水利備旱疏晏斯盛》 竊上年秋旱，荷蒙皇上蠲賑兼施，多方拯救，百萬生靈，得度荒歲。今年麥收之後，指望西成，乃零星微雨，終不霑足，秋禾又恐失收。夫爲日甚長，必當思補救之策，而謀生有道，豈均爲坐食之人。現在通行曉諭，飛飭各屬，於緊要水陸衝衢運販之所，嚴禁出境糶賣，至躧麯燒鍋，銷耗糧食者，尤干禁例，更行嚴查，執法重究。其存積之家，有需必糶易者，地方官即動平糶米價買存，併採聽東豫江廣二麥豐收之處，更廣爲採買，以資接濟。此目前最要之務也。

再本月中旬，雨不霑足，早稻固難獲收，然下旬霑足，尚有晚稻可種，倘五月不能霑足，則六七月内，一經微雨，即可盡種雜糧。雜糧之中，秫種小米菉豆蕎麥，尤爲易植。而蕎麥一件，八九月内，尚可佈種，秋霜稍遲，俱可豐收。無如南方熟於水田，忽視雜糧，不知一有歉象必須改種。若能隨地遍播，毋令空土，雖所收稍薄，亦大足接濟。現在通行勸諭改種，并請動銀前往江廣，購買菉豆蕎麥，回南借糶，以資種籽之不足。此亦目前最要之務也。

再江北各州縣，地方磽瘠，風俗不醇，每多游手游食之人，樂歲貪於廣種薄收，凶年則空穴而走，百十成群，易於習非滋事。計惟大興工作，俾朝夕所入厚於賑糧，人必争趨，顯以開數十百年之利益，默以收數十百萬之丁壯，尤要務也。查上年臣有開築陂塘壩堰之請，擇其輕而易舉者，略已興舉。如滁州之黄慶圩，全椒之張邑等圩，壽州之蔡城塘，鳳陽縣之山河，臨淮縣之鹿塘，定遠縣之响水壩等處，先後竣工，頗見裨益。然皆偏隅小補，尚未能廣有沾溉也。考聖祖皇帝時，河臣靳輔有請開鳳陽溝田一疏，甚有條理，急切可行。其略曰，致治之道，首在足民。足民有道，不在請賑蠲租，而在因民之力，且鳳陽廣袤，過於蘇松。蘇松地方三百里，財賦甲天下，鳳陽地方五百里，而貢税不及蘇州什一。雖地力有肥磽，詎應懸絶如此。蘇松擅水利，小港支河，所在而是，旱既有資，澇復有洩，雖雨暘稍愆，率不爲患。大江以北，盡失溝洫之舊，稍遇水旱，即同石田。今欲田無曠土，歲無凶年，莫如力行溝田之法。溝田者古井田遺意也，然井田自畝至澮，淺深廣狹，法制繁重，溝田但鑿一溝，修浚甚易。其法以十畝爲一畤，二十畤爲一溝，以地三畝有奇，爲二十畤中之經界。二十畤之外，圍以深溝，溝道廣一丈八尺，溝廣一丈二尺，深七尺五寸。開溝之土，即累溝道之上，使溝道高於田五尺，溝低於田七尺五寸，視溝道深一丈二尺五寸。澇則以田内之水車放溝中，旱則以溝中之水車灌田内，其利甚溥。疏方下部舉行，而有事閩滇，其議遂寢。今按疏内所言，雖專及鳳陽一郡，而已全舉江北大勢。鳳潁二府，有淮水爲之經，而汝潁濡睢渦汴溮淝諸水，絡繹其間。廬州一府，以巢湖爲之委，而大江山河通其流。至若合肥一縣，地多高阜，亦可鑿池，以廣瀦蓄，以備旱乾，皆大可爲之區也。是以壽州有孫叔敖之蹟，舒城存頡羹侯之遺，則知水利之修誠非創舉。此外六安一州，本係山城，而東西南北四鄉，多有塘堰舊跡，久經湮廢。至若泗州所屬，居淮下流，滁州所屬，亦多溪壑，并可一例修治。但徒事小修，不見大效，若得如淮揚水利，大發帑金，委令諳熟水利之員，董集民力，大加鑿治，貧民既有所資藉，而利濟亦可久遠。此又將來最要之務也。

（清）賀長齡《皇朝經世文編》卷九七《工政·河防·治河論裘曰修》

天下有一定之法，可以定不定，無一定之法，不可以定有定。是故天象難定也，置閏與差而歲定；鐘律難定也，有中秬黍而黃鐘定；河之遷徙難定也，有大禹疏浚之法而河定。難者曰，河宜北不宜南，禹之擅功，以導之歸北，非徒以疏與浚也。予曰不然，河雖濁水，性固就下也，可以北，不必於北，可以南，不必於南。奚以明其然也。自有天地，即有河，陶唐以前，蓋不知其幾千萬年也。其北耶南耶，不可得而知也。及九載之績弗成，禹相度治之，適經於北，遂導於北。然而禹第疏之浚之而已，既不能必後人遵其法，即不能必後之河常北也。抑聞之酈道元云，禹塞淫水於滎陽，引河通淮泗濟水，分河東南流。則當時已不盡北。至商仲丁河決商邱，則分睢入淮以歸海矣。河亶甲決囂，則又分潁以入淮矣。武乙浚偃師，則且分汝以入淮矣。然則自禹導河，七百餘年後，河且數南，固不獨周定王五年河始南徙也。議者弗深考，輒曰南歸非性，不亦陋哉。

曰河道既不別於南北，圖説稱由徐揚歸海，河自順其自然者何也？曰此以南北地勢知之，非可以人力強也。且自禹迄今，河道之歸海者四，北大陸，北之南渤海，東之北千乘，東之南安東。西漢及周宋以來，河患劇矣，然溢而北者，不過信都。而北決而南者，北之南館陶，又其南頓邱，又其南濮陽，又其南定陶，每決則南徙，然則河之所欲趨者可知矣。禹之導河也，澶相以北，有西山以障之，有九河以殺之，故河安於北，九河塞而河乃南遷。今誠祖禹之法，河雖由南歸海可也，違禹之法，合萬餘里之水，匯於一以委之河，雖由北歸海，患未已也。今不求法之一定，而嘵嘵於南北之異道，亦見其闇於理而昧於勢矣。

或曰：往年朱家海坍，淮揚被害，議者欲通河入沁，合衛歸北，以圖復禹故道，此誠禦災之良策也。而子以南歸爲可，毋乃貽譏於識者乎？予曰然，子以爲河在南，淮揚被害，河在北，而恩冀德滄深瀛之間，獨不被害乎。淮陽被害，則導之北，恩冀等州被害，將又導之南乎。夫冀兗土疏，河之淤墊，北易於南，河之衝決爲害，北更甚於南。商周無論已，西漢而後，決溢何可勝數。其甚者，如漢元光之泛郡十六，鴻嘉之灌縣邑三十一，敗官亭民舍四萬餘所。周顯德之大決楊劉，宋乾德之水被七州，熙寧之灌郡縣四十五。非其被害之尤慘者乎。且衛至德州東北，卑窄甚矣，自康熙四十五年，引漳入衛，漳汶合而衛不能容。議者現謂鮑家嘴諸水所會，旁邑堪虞，若復益之以河，吾見其害之什伯于漢周宋也。雖加寬深之功，無解暴決之患。非河獨異於北，葢冀兗之土使然也。

曰然則河可南，將永合淮以歸海乎？曰此正宋元後河之大患也。河可南，特不可合淮耳。清口不可合，而上游分流於淮，亦不可也。何以明之？河所經必淤，河淤已難治矣，又兼治所經之淤，不重難乎。是故分於潁，則陳州項城太和阜陽潁上之民危；分於渦，則亳州蒙城懷遠之民危；分於睢，則蕭宿靈璧睢寧虹泗盱眙之民危。或至洪澤溢，高堰決，則江北淮南盡危。故曰雖分流於淮，猶不可也，況合淮乎？葢嘗熟計而諦思之，安東海州沭陽之境，有南北二股河焉，即昔之石濩湖也。西距沭陽，東逼東海，約三萬四千五百餘頃。其黃河東歸之正道乎，誠由清河北境，導河達湖，由湖東鹽河左開數支河，以播於海。上溯九河八河之遺法，是所謂疏也。由是歲浚之爲常。又由下游而上游，闢徐豫之河身，令二三十里至七八里不等，廣其旁，使水漲有所容，深其中，使水落足以通舟，河其永有所歸而無泛溢之患乎。因湖而功力省，別淮而清濁分。其詳別具於策。

（清）賀長齡《皇朝經世文編》卷九七《工政·河防·治河説徐乾學》

古之言治河者衆矣，河既善徙，決無常處，治之亦無常法，在因其時，相其地，審其勢，以爲之便宜。而非可以數見之成言，已湮之故蹟，謀其實效也。古之善言河者，莫如漢之賈讓，元之賈魯。今觀其前後三策，僅可施之北河，與今日東南之勢大異。即明宋濂之説，浚淮導濟，南北分行，亦非今日運道所宜。若徐有貞之治水閘疏水渠，其説專主乎疏，謂一淮不足以受全河也。劉大夏之堤荆隆鎮安平，其功特著乎塞，謂取全河而注之一淮也，與今之所患，河不入淮，其勢又不相侔矣。今朝廷之上，不惜以重費鳩工，而河臣仔肩於下，勒限受事，庶幾底績可期。然善後有策，豈無説以處此乎。

請以今日之黃河論之。歲修有防矣，搶築有備矣，遙堤縷堤，在在相望矣。乃一逢潰決，制禦莫施，數年以來，屢見於宿遷桃源之境。此地去海甚近，而每多衝決，非海口之淤爲之乎？自白洋以東，向之河身廣爲一二里者，今止以數丈計。即新開引河，力爲利導，而河性不趨，則雲梯關之壅塞非一日矣。論者曰：堤防既立，水必歸槽，藉以衝刷海口，可不浚自開。然沙壅日久，土堅且厚，即决已塞，而欲用水攻沙，正恐下流難達，其勢必將别潰。是必雲梯關之工，與桃宿决口並舉，而逆河入海之遺意，庶乎無失也。

請以今日之淮論之。淮以上爲七十二溪，爲洪澤。淮以下爲白馬汜光諸湖，中立一堤障使東指，所恃者惟高堰耳。高堰一傾，清水潭數决，致淮揚二郡，巨浸累年。今高堰修築已成，淮水宜静向東行。而清口之流，淺隘如故，懼淮水之復入諸河，是必大闢清口與高堰一工，彼此相濟而後可以無虞也。

請以今日運河論之。運河以内，有淺涸之虞，必取給于山左諸泉。而昔之水櫃，如馬踏高柳等湖，今成平陸，一遇旱乾，必有淺阻。是五湖舊蹟，不可不講也。運河以外，有衝擊之虞，如曹單金魚諸縣，南臨大河，惟賴太行古堤障之。今河勢不東，慮其北走，聞曹單以西，掃灣而北，漸逼館陶，是張秋之决，曾見於順治間者，不可不預爲之防也。

請以今日黄淮之交論之。清口以南有清江埔，其北有清河縣，其東有徐家溝雲梯關，而黄淮交會之要地，全繫於清口。今清江浦外漲沙長及數里，水力不足以刷之，是必别建一工，開引河于厚沙之中，然後東行之勢可復也。

請以今日黄運之交論之。運河之口，必達黄河，而黄河一漲，必入運河，濁流倒衝，不入旋淤。如直河董口駱馬諸道，數遷數淤，其明驗矣。今既别開皁河，安可不爲之長計乎。聞昔之茶城，有鎮口三閘，今之清江有道濟三閘，皆防黄水之溢入耳。宜倣其遺制，立啓閉法以截黄流。即於閘外數里，立每歲冬春大挑法，以爲常。不然，而黄漲必淤，紛紛遷改，終無益也。故曰異代之法不可以治今日之河。此河之治，不可以爲彼河之法，時爲之，地爲之，勢爲之矣。安敢以膠柱之見，築舍之謀，取舊日之陳言，輕爲借箸哉。

（清）葛士濬《皇朝經世文續編》卷三四《户政・八旗生計・請飭籌款開井疏夏同善**》** 竊惟東南多水，西北多旱，地勢然也。補救之方，自宜於西北廣興水利而開井灌田，尤水利之爲力易而見效速者。臣曾任順天學政，伏覩畿南各屬土地平曠，苦乏水利以資灌溉。惟順德定州間有以井灌田者，詢之居民，以昔之官斯土者力爲區畫，故至今猶食其利。餘則歲之豐凶悉聽諸天，不能以人力稍爲挽救。督臣李鴻章莅任以來，屢次檄飭各府州縣勸民開井，而應者寥寥，固州縣官之奉行不力，亦由民閒瘠苦無力及此故也。今皇上憫念災區兼及直隸河間府屬飭查蠲緩撫恤事宜，待變之民胥有更生之慶矣。惟賑濟者一時之惠也，水利者可久之規也。查河間一帶地皆宜井，挖至二三丈即可得水。當此亢旱爲災，鴻嗷偏野，倘於蠲緩撫恤之外，另籌款項給令開井，既益以餬口之資，並予以灌田之利，維彼窮黎有不樂於從事者乎。臣嘗問諸鄉農，云土井易圮，磚井費大，惟下磚上土之井可用數年，需費五六千文。將來加磚其上，仍與磚井無異。今擬籌銀四萬兩，易制錢六萬千文，每井給制錢五千，可開一萬二千井。以一井溉地十畝計之，可溉地十二萬畝。以每畝產糧一萬計之，可得糧二十四萬石。夫以四萬金得二十四萬糧，已逾十倍之利。况井養不窮，又不僅爲目前計也。擬請恩旨飭下户部籌撥銀四萬兩，令李鴻章分撥被災各州縣給民開井，並飭地方官實心經理，遴選公正紳耆分董其事，毋得假手吏胥以杜侵漁。庶款不虚糜，民沾實惠，既補賑需之不足，並使田功之可興，似於濟賑利農兩有裨益。

（清）葛士濬《皇朝經世文續編》卷九四《工政・直隸水利・請定天津水田章程疏崇厚**》** 竊維水利爲農桑之本，田疇乃衣食之源。直隸拱衛神京，瀕河濱海，溯自宋元明以來何承矩、虞集、徐貞明、汪應蛟、左光斗諸人講求水利，曾於京東京南及天津河閒府等處先後試墾水田。我朝雍正年閒，直隸大水，恰賢親王周歷畿輔，大興水利，開墾稻田六千餘頃。閲今百數十年，漸有荒廢。而沿河州縣尚多種植秔稻永享其利，士民慨其遺蹤，至今稱道。咸豐年間，欽差大臣親王僧格林沁督兵大沽海口，以海河兩岸舊有水田日久廢棄，倡勸捐資，在於鹹水沽營田三千五百四十畝葛沽營田七百五十畝，挑溝建閘，引用海河潮水以資灌溉，就地招集農民發給資本認種。其時臣隨辦海防，親見相度規畫，遂使斥滷之區成爲沃壤。今已四載，歲獲有秋，於是附近鄉民咸知水田之利。即有泥沽等村自行開墾稻田多頃，聞風興起，確有成效。上年夏間，僧格林沁將前開稻田奏請諭旨交直隸督臣派員經理，臣飭委天津海防同知姚經陛就近經理在案。臣覆查水田藝稻其利甚溥，自北直鮮田疇之利，致運粟於南方果能不憚煩勞，不計近功，因地之宜，順水之勢，相機營治，則開得一畝即得一畝之益，洵於國計民生實有關係。臣往來海口，嘗見沿河荒地一望無際，高者爲茂草，窪者爲沮洳，荒而不治，深爲可惜。查大沽協都司鄧啓元，前於僧格林沁創開稻田之時，即係該都司隨同勘辦情形熟悉。臣復派該都司前往，將前開地畝現在情形詳細履勘。茲據鄧啓元、姚經陞面稟，前開地三千五百四十畝，近年有佃認種者二千七百九十畝。此外地畝因地勢高下不一，距水遠近不同，收成未能一律，佃户賠累難支，因而佃逃地荒。該委員等詳細查勘，其中尚堪招佃承種者二百四十畝，餘五百一十畝非滲漏不能儲水即鹽鹹不能滋長，實由地勢使然。尚非耕耨不力，必得添開進水溝一道，則前項荒地留有二百畝可以招佃承種，並於溝旁荒地可開闢七百五十畝，一律引水種植，共計收復並新開地一千餘畝。俾已成之田尚不致仍復廢棄，而水利可推廣。至各該散佃除咸豐九年所募者，經僧格林沁給與資本外，其新招之佃並現議開墾之地佃户，均應發給資本春借秋還，歲以爲常，俾得及時播種。並擬購屋十數間，以資安碾囤米之用。統計建築橋閘挑開溝渠並佃户資本，置房價值，共約需京錢一萬五千七百餘吊，秋後仍可繳還，永遠作爲籽種資本之用。查天津道庫歷年收存租米變價，據該道李同文聲稱，除因公用外尚存銀一千五百餘兩，又上年新收租米約可變價銀二千兩，以之儘數動用，現計不敷一千四百餘兩，擬在於洋藥釐捐項下暫時借墊，俟收有租米糶價即行還款，至僧格林沁原定開墾章程，每地一畝初年交租米三升三合，次年五升，三年一斗八升，俱按海口市斛交收，此後永以爲例，並無增減。又每地一畝五分交稻草一束，計重五十斤。現在各地啓征租數應即照例辦理。惟據各佃聲稱，地土有肥磽即收成有豐歉，每年秋禾登場，除交租米所餘無多，不敷一分人工之用，賠累難支，懇請量爲減租。臣詳加體察，除葛沽稻田係交營兵承種，原定每畝交租一斗二升本不爲多，且土脈肥饒收成豐稔，毋庸置議外，其鹹水沽地各佃多係力作貧民，若不稍事變通，竊恐佃户逃避，使已熟之田荒而不治。應照原定租數改爲每畝收倉斛一斗八升，則較之海口市斗已有減少。至總佃副佃所種之地，應交租庫酌免十分之三以示體恤而免藉口。臣爲力保已成水田，並增廣水利起見，如蒙俞允，臣即飭天津道督飭該員等責成總佃招募誠實農民認種。一面將應修各工趕緊照估妥辦。嗣後稻田收穫租米，除變價發給資種，並歸還借墊，暨歲修溝隄外，所餘稻米即仿照義倉社倉之例，由天津道妥爲經理存儲，以答皇仁而垂永久。

（清）葛士濬《皇朝經世文續編》卷九九《工政·各省水利·覆陳廣東水利議徐賡陛》 竊查治廣東之水與北省異，北省之水患在無隄，而廣東之水則患在多隄。治廣東之水又與各省異，各省之水患在害多而利少，治廣東之水患在利多而害即因之。乾隆以前，廣東初無水患也，迨其後海口日淤沙，田日多。嘉慶以來，上游各縣乃屢決不已，民受其害。於是議之者有開新興河以殺水勢之説，有盡拆石壩刨去沙田之説，有量爲限制嚴禁新築之説。卑職博訪周諮，竊以爲上二説皆決不可行，而嚴禁新築亦有應行詳審之處。請畢愚説，惟裁察焉。開新興河，昔年估價在千萬以上，今細爲推勘，聞亦當八百萬，則經費不足。其不可一也。勢太高水性湍急，既開之後，其歸槽與否仍未可知。且違《周禮》逆地泐之訓，則成效難。必其不可二也。據區懋林、馮志超諸説，謂挨西山畔有行潦坑渠爲舊時分流之迹，然考之《水經》及歷代地志，鬱豚諸水皆由今日四會以下入海，實無新興分流之迹，則古事無徵。其不可三也。此開新興河之説固不待再計，而知其不可也。若盡拆石壩刨去沙田，誠如憲札所云，既涉煩擾，亦非人情。且去下游膏腴之地以保上游磽确之田，啓豪右之紛争，違民生之樂利。此又不待計而知其不可也。惟憲札所云以現在起墾成田者定爲限制，嗣後即永遠禁止添築石壩基圍，自是酌中辦法，有利無弊，經國遠謨，至爲欽佩。然卑職再四揣量，覺此中仍有難焉者。何則？

唐以前西江之水自四會入海，今則四會以下沃野千里無復故迹矣。即唐時南海神廟猶在大海之中，故刺史往祭闔府爲之諫止，今則獵德以下河道淺窄，士女游觀扁舟徑渡矣。蓋滄海之變桑田，天道固難逆覩而因利以順天下，聖言已著經文，既不能禁海水之成田，即難棄沙田而不墾。且海水之衝刷靡常，此刷彼淤，則此税不能不減，彼税不得不增。水挾沙行，緣岸而止，一年積二三分厚之泥沙，百年即高一二丈厚之田地。即如嘉慶間先登堡前陳軍涌之沙坦九十餘畝，屢以有礙水道，不准承墾，而其後因洛口沙衝決遂將新沙撥抵，誠以溢坦既生，墾與不墾固無異也。惟其立壩閉水强築成田者，則在所必禁。宜令有司以時巡察，遇有違犯，即毀拆之。牧令玩愒不舉者，並加糾治。而議者多有以委員歲巡武職偵伺紳士攻訐之説進者。竊以爲整頓之始，固必藉明幹委員會同州縣逐一履勘，繪成圖册，永遠立案以杜將來，至若分以責成，著爲令典，則日久生弊，亦屬可虞。夫親民之官莫如牧令，日與民習，則疾痛痾癢自覺相關。即遇中材亦不過漫不經心，頹廢職守，要不至於因循之外別生營骫之端。若稽查特設專員，則賢否恐難一致，萬一視爲成例，科取陋規，則一如今日查禁燒鍋、查禁私鑄，徒成文具，無裨事機。至營汛武職本籍者多，其中假公濟私，因緣射利，弊難縷數，豈易防閑。士民攻許之風本爲薄俗，因而導之，政體謂何。且恐陽以訐人，陰以利己，豪强兼并，貧弱流離。粤東豪宗已不可制，若再假之以權，必至更張其勢。哀此惸獨何以聊生。昔明臣潘季馴云治河者無一勞永逸之功，但當收補偏救弊之效，亦無新奇可喜之説，但當守安常處順之規。此固治水之要言，而在廣東尤爲恰合也。向來廣東之水有白鵝潭以渟蓄之，有獅子洋以宣洩之，千百年來絶無水患，亦無永定河之有任縣寧晋二泊，大江之有洞庭鄱陽兩湖也。今則鵝潭之心漸成淤澱，而獅子洋面亦較舊爲窄，故上有飛來羚羊兩峽以束之，而下無極寬之海口以洩之，潰決頻仍，未必不由於此。則疏通尾閭最爲扼要。第欲濬海口尤虞自決藩籬。天津吴淞近皆不議開濬，老成謀國別有崇論卓識，主持其間乎。廣東情事雖强，稍不同。然今之海口猶足以限峨舸大艦，則舊蹟或未可宣通，新淤或轉成天塹，天時人事殆有未可預知者。愚以爲禁新築之外，固別無他法。而禁新築之中，亦惟責成州縣禁其人力之强爲者而已。若夫政貴有恒，令勿惟反，是尤在慎選牧令惠養黎元。民無疾視其上之心，斯下有捷於影響之效，親賢人遠小人，所以除壅蔽也。顧民碞持大體所以培本原也。此固卑職等牧令微員所當相爲自勉已。愚謬之見無補高深，明問下垂率臆以對。是否有當，恭候憲裁。

綜述

（明）王直《抑菴文後集》卷三《記・常州府重建黄田閘記》　水之有閘，所以時啓閉，謹蓄泄，通舟楫之去來，資田疇之灌溉，其爲利大矣。然唯仁民愛物之君子，斯能因其利而利之。不然則怠惰縱弛，苟目前之安，忽經久之利，其爲民病，豈小哉。予於黄田閘之重建而知其用心之厚也。常州江陰城北黄田港，引江潮貫城中，而出於南門，凡二十里。會夏港之蔡涇以達于運河，實舟楫走集之地，附郭良田數千頃皆賴其灌溉。港因潮之消長爲淺深，長則溢，消則涸。溢則舟通而足以溉田，涸則田不得受利而舟膠且敗者有矣。唐長慶中，李德裕觀察浙西，始建閘於城北。潮長即啓以行舟，消即閉以蓄水，人賴其利。歷歲滋久，繕治不繼，日就頹毁。自洪武丙子以來，人失利也久矣。前之爲郡縣者數十人，莫有少概於心者。宣德中，工部郎中桂林莫侯愚被簡拔來爲郡，上賜璽書，俾興利除害。侯詢知其事，歎曰：此亦利害之大者也。今田利漕舟皆賴此，其可後乎？然以始至不暇爲，久之政通民和，即具奏其事。上命巡撫侍郎周忱經度之。周公廬陵人，忠以奉國，仁以惠民。而侯與之協議，重建于舊址南五丈許以避水之衝。念役重費殷，不忍賦於下，公常廣儲蓄以備災，度可支數十年，欲稍發所備米市材僦工，一切不以煩民，計其費以聞。詔可之，乃命通判邵武張侯齡董其役，然諸調度皆出周公，買石洞庭山，礱琢而後致之。凡用石工五十人，木工十人，金工五人，土工十人，役夫二千五百人，石四萬五千尺，木二萬一千一百根，磚三十萬一千箇，石灰四十石，鐵一萬一千斤，食米二千九百石，經始於正統元年八月，而以其年十月成。自是歲獲大穰，舟行無害，耕夫揖徒商人估客鼓舞而贊誦焉。郡中父老皆大喜曰：茲閘之建，吾郡襟抱嚴固，風氣完復，吾民其永有利哉。

（明）徐學聚《國朝典彙》卷一九一《工部・水利》　洪武元年李相知和州，以南鄉銅城堰牐廢日久，堰下之田皆沃壤，而民不得耕，東門石牐傾圮貫城河填塞，皆爲民病。乃吊其父老訓諭，集衆修浚之，度工計材，俾父老之習事者董其役。未幾二牐皆成，時其啓閉，以禁旱澇。堰堤周迴二百餘里，田得常稔。貫城之河東西凡千餘步，舟楫便之，民賴其利。

四年正月，修治興安縣靈渠。興安屬桂林府，其水出海洋山。自秦開桂林象郡鑿渠興安分，爲湘漓二水，建三十六陟甃石爲閘，以防水泄。漢馬援嘗修築之，故世傳爲援所立。歲久堤岸圮壞，至是始修治之，水可溉田萬頃。西安府城中皆鹻鹵水不可飲，曹國公李文忠以爲言，乃命府官役工鑿渠甃石，引龍首渠水入城中縈繞民舍，始得甘飲各甜水渠。

八年十月，涇陽縣洪渠堰歲久壅塞，不通灌溉，命長興侯耿炳文督工濬之，涇陽高陵等五縣之田大獲其利。

十四年六月，海鹽捍海塘成。

十七年三月，江夏侯周德興請決荆州嶽山壩以通水利，從之。自是得溉田增官田，租四千三百餘石。

二十四年正月築浙東海堤。

二十六年，定凡各處閘壩陂池引水可灌田畝以利農民者，務要時常整理疏濬。如有河水橫流泛濫，損壞房屋田地禾稼者，須要設法隄防止遏。或所司呈稟，或人民告訴，即便定奪奏聞。若隸各布政司者，照會各司直隸者劄付各府州，或差官直抵處所踏勘丈尺闊狹，度量用工多寡。若本處人民足完其事，就便差遣。倘有不敷，著令鄰近縣分添助人力。所用木石等項，於官見有去處支用，或發遣人夫於附近山場採取，務在農隙之時興工，毋妨民業。如水患急於害民，其功可卒成者，隨時修築，以禦其患。

二十七年，遣國子生及人才分詣天下郡縣督修水利。諭之曰：耕稼衣食之源，民生之所資。而時有旱澇，故不可以無備。成周之時，井田之制行，有瀦防溝遂之法，雖遇旱澇，民不爲病。秦廢井田，溝洫之制盡壞，議者遂因川澤之勢引水以溉田，而水利之設興矣。朕嘗令天下修治水利，有司不以時奉行，致令民受其患。今遣爾等往各郡縣集吏民乘農隙相其宜。凡陂塘湖堰可瀦畜以備旱熯宣洩以防霖潦者，皆宜因其地勢修治之，毋妄興工役，掊克吾民。衆皆頓首受命，給道里費而行。

永樂元年，河州吏目張良興言州麻澧二湖之田約五萬餘頃，唐宋時俱係熟田，比歲間有耕者，輒爲水渰，乞自本州至含山縣界，增築圩埂三十餘里以防水澇。從之。

四月，命户部尚書夏原吉治水江南。時嘉興蘇松諸郡頻年水患，屢敕有司督治，訖無成績，故有是命。

六月，上以久雨，謂户部侍郎古朴曰：蘇松嘉湖四郡水必泛溢，宜速遣人視之。遂命侍郎李文郁往佐夏原吉相度水田量免今年租稅。

八月，上以蘇松水患爲憂，遣都御史俞士吉賫《水利集》賜夏原吉，使講究極治之法。原吉上奏：臣與共事官屬及諸曉水利者，參考輿論，得其梗概。蓋浙西諸郡，蘇松最居下流。嘉、湖、常三郡土田下者少，高者多，環以太湖，綿亙五百餘里。納杭、湖、宣、歙諸州之水，散注澱山等湖，以入三泖。頃爲浦港湮塞，匯流漲溢。拯治之法要在濬滌吴淞諸浦港，泄其壅遏以入於海。按吴淞江舊袤二百餘里，廣百五十餘丈，西接太湖，東通大海，前代屢疏導之。然當潮汐之衝，沙泥淤積，屢濬屢塞，不能經久。自吴江長橋至下界浦，約二十餘里，雖云疏通，實多窄淺。即下界浦抵上海南蹌浦口，可百三十餘里，沙草□□已成平陸，工費浩大，難以施功。臣等相視得嘉定之劉家港即古婁江，常熟之白茆港，皆係大川，水流峻急。宜濬吴淞江南北兩岸、安亭等浦港，以引太湖諸水入劉家、白茆二港，使直注江海。又松江之大盈浦乃通吴淞要衝，今下流壅塞難即疏濬。旁有范家濱，至黄浦口蹌浦口可經達海。宜濬令深闊。上接大盈浦以達泖湖之水，此即《禹貢》三江入海之跡。俟既開通，相度地勢，各置石閘，以時啓閉。每歲水涸之時，修築圩岸以禦暴流。上從之。役夫凡十餘萬。原吉布衣徒步，日夜經畫，盛暑揮蓋去曰：衆赤體暴日中，吾何忍於是。水洩農田大利。浙江赭山風潮衝決萬四百餘步，壞田四十萬頃，命工部遣官修築。

二年，夏原吉自蘇松還，言水雖由故道入海，舊河港未盡疏通，非經久計。上命原吉復往，副以大理少卿袁復。

五月，詔工部分遣官乘傳往浙江、江西、湖廣、安慶、蘇松等府，遇湖泊窪下、圩岸頹圮，程督有司修築。

七年，令海子橋至西湖一路水道，差辦事官十員，給與行糧，往來巡察，不許作踐。

八年八月，修寶應縣塘岸八十里。

十二月，吴江縣言石塘古路連年土石坍塌、橋梁斷壞，請及時修理。敕通政趙居任督理之。

九年正月，上虞縣請改置通明壩於鄭鑑山爲便。從之。

楊州府奏高郵州鹽城北家溝塘岸三十里，及張家溝等處塘岸，因水衝決，乞發丁夫修治。皇太子令工部覈實修築。

十年九月，黄梅縣耆民言，江水泛溢，圩岸坍塌，傷民田千八百二十餘頃，請闔郡丁夫修築。從之。

十月，平江伯陳瑄築楊州海門縣捍湖堤岸萬八千餘丈。

十二月，華容縣言，水決安津等隄四十六處，傷民禾稼功大難成，命發旁縣民併力修之。

宣德三年二月，臨海縣民奏：本縣舊有胡巉諸閘積水灌田，比因大水壞閘，而金鰲大浦湖淶舉嶼等河遂皆壅塞。或遇天旱禾稼不收，糧稅多欠乞爲開築。上曰：水利爲政急務，使民自訴於朝，此守令不得人爾。工部即下郡縣令秋收發民用工。仍行天下，凡水利當興者，命有司即行，不許坐視。

四年五月，福清縣民奏：縣之光賢里官民田百餘頃，舊堤六百餘丈以障海水，因堤壞田荒。永樂中縣民嘗奏請築堤，工部移文令農隙用工，至今有司未曾興築，民不得耕。上命工部責有司修築。因諭尚書吳中曰：陂池堤堰，民賴其利，外無賢守令舉其政。爾宜申飭郡縣，務及時修濬，慢令者罪之。

五年十二月，巡撫浙江侍郎成鈞奏：海鹽縣民言縣並海，舊置石嵌土岸延袤二千四百四十餘丈備海患。比因風潮衝激，壞者一千一百餘丈。有司雖常修築，然舊石爲水所囓，皆刓弊無廉隅，暫用累砌，終不堅固。今議於舊岸内別砌石岸，而存其舊以爲外障，庶可久遠。乞如洪武中令嘉興湖州嚴州紹興等府，發夫匠協助爲便。上從之。此浙中海塘興工之始。

七年，陝西參政楊善言：西安諸府州歲運糧餉赴甘州、涼州、山丹、永昌諸衛，皆經平涼府隆德縣六盤山蟼蜇嶺，山澗陡絶人力艱難。開城縣舊有路經迭烈孫黄河平坦徑直抵甘州諸衛，近五百餘里。洪武中官置渡船平涼撥軍操濟人以爲便，既乃罷之。今請如舊開通以利民。上命陝西三司覆實，皆以爲宜。仍命布政司給官錢造八舟，平涼鞏昌二府擇善水者操之，每舟十二人，俱隸迭烈孫巡檢司。

九月，蘇州知府況鍾言：蘇松嘉湖之地其湖有六：曰太湖，曰澱山，曰楊城，曰昆承，曰沙湖，曰尚湖，聯屬廣袤，凡三千餘里。其水東南出嘉定吴淞江，東出昆山劉家港。東北出常熟白茆港。永樂初，朝廷命尚書夏原吉督理疏濬，水不爲患，民獲有秋。年久淤塞不通，一遇久雨遂成巨浸，田皆没溺。乞仍遣大臣督各府縣官，於農隙時發民疏濬，則一方永賴矣。上命周忱與鍾計工力多寡難易以聞。

正統二年正月，令天下有司秋成時修築圩岸，疏濬陂塘，以便農作。具疏繳報，俟考滿以憑黜陟。

景泰六年七月，加督撫蘇松等處侍郎李敏爲户部尚書，專總督糧儲。初，大水淹浸田禾經久不退，會知府汪滸議當開濬白茆等塘以洩之。滸躬往常熟縣相視，時久不疏濬，壅成隄堰，近民耄倪皆卧泣堤上以求免，言一開濬則堰下之田亦就浸矣。滸不强之挑濬青墩浦横歷塘共五六十里以通白茆塘，鑿開三堰約三里餘引水通鮎魚口中。其海口汙塞漫以叢葦，仍挑去約千餘畝，于是水得歸海。

天順三年三月，吴松江舊設撈清夫，天旱則開門隨潮引清水灌田，大水則泄之以防渰没。後漸廢弛，八十年沿江之民歲遭淫潦。至是巡撫崔恭親詣其地相度督工挑濬。分江爲三段，崑山縣自夏口界至白鶴江挑四千六百七十丈，上海縣自白鶴江至卞家渡挑四千六十七丈，嘉定縣自卞家渡至莊家涇挑五千五百六十七丈江深一丈四尺，面闊十丈二尺，底闊四丈，出舊江一萬三千七百一丈。又浚曹家溝蒲匯塘新涇大營浦諸水，至今爲利，民因目漕港爲都臺浦，以識不忘云。

成化元年，關中水泉斥鹵宋有龍首渠，歲久湮廢，居民病之。巡撫都御史項忠奏開之渠餘三十里。涇陽鄭白渠亦久廢，奏募工疏通，於平地則度勢高卑而穿渠，遇嚴石則聚火鎔鑠而穿竇，不二年而成，名曰廣惠渠，凡灌田七萬頃。

七年九月，風潮衝決錢塘江岸洪水沸盈，自近江以至山陰、會稽、蕭山、上虞、乍浦、瀝海、錢清諸處，民居田産皆爲渰没。守臣以聞，事下工部，尚書王復等覆奏：永樂年間浙江堤岸爲潮水衝塌，嘗遣官齎香祝祭江神，及命大臣治水築堤以除民害。乞如永樂事例。上命工部侍郎李顒往。

十年奏准：京城水關去處每座蓋火鋪一，設立通水器具，於該衙門撥軍二名看守，遇雨過即令打撈疏通。其各廠大小□□水塘河漕，每年二月令地方兵馬通行疏濬，看廠官員不許阻當。

十八年三月，雲南巡撫吴誠奏：雲南東西二溝之水發源松華壩黑龍潭，溉田數萬頃，每歲修築之費皆給官錢。今御史樊奏不許動支，而水利不可廢，請以都司所收公田租給之。上曰：水利有司急務，況雲南邊方，蓄積甚寡，使田被水，患豈惟民食不給，而軍需亦無從出矣。用官物以預爲隄防有何不可。其亟行之。

弘治六年二月，河南參政朱瑄建言：河南府有伊洛二渠，彰德府有高平萬全二渠，懷慶府有廣濟渠方口堰，南陽府有召公等渠，汝寧府有桃坡等堰，許州有棗祗河渠，苟盡人力，可蘇民困。白巡撫徐恪以聞，敕瑄專其事，因隨宜濬通，置閘啓閉。凡王府屯官之兼并，豪右碾磨之侵據，悉釐正之。五府一州田得灌溉，旱熯有備。

七年九月，敕工部侍郎徐貫濬吴淞白茅港以泄積水。時費無所出，巡撫何鑑請以充軍諸費充役，又以治其地即役其地之人，分地程工分工賦糧，使官賴民之力，民受官之濟。用米二十八萬石，人二十五萬衆，不以爲勞費，不旬月厥工告成。

是年，濬吴江長橋諸茭蘆之地，導太湖之水散入澱山、陽城、昆承等湖。而開吴淞并大石、趙屯等浦口，澱山湖水由吴淞江以達於海。開白茆港并白魚洪、鮎魚口等處，洩昆承湖水，以注於江。開七浦、鹽鐵等塘，洩陽城湖水，以注於海。開湖州漊涇，洩天目諸山之水，自西南入於太湖。開常州百瀆，洩荆溪之水，自西北入於太湖。開各斗門，洩運河之水，由江陰以入於江。

十六年三月，順天巡撫洪鍾奏創浮橋於通州以利病涉。

正德七年三月，總督三邊張泰請疏西郊故道以興水利。從之。

十五年八月，時臺臣言東南財賦甲天下，水利久廢，詔大學士梁儲等議，僉請下巡撫工部尚書李充嗣親巡視奏奪。充嗣受命莅其地，尋訪淤塞故道，多爲世家所據力，任衆怨無毫髮，假借不逞者爲謗語上騰冀陰沮其事，朝議復難之。充嗣即建白：臣考《禹貢》水道所歸之由，相地形高下之殊。并正統中周忱治濬舊跡，則功無不可成者。但恐成功之後不能無疑臣者耳。時論是之。

十六年三月，李充嗣既建白得旨，由是盡心所事，不辭煩苦。凡椿木畚插給賞顧直之需取諸屬帑羨餘，委廉能官分幹一毫不干於民。謂水之枝節多岐，而白茆港吴淞一派最大，首興事焉，自經始至迄工凡三閲月，而諸水旋亦就緒，人悦於趨，赴無怨心。

命官發軍民夫六十餘萬，起常熟東倉至雙廟，濬白茆港故道一萬三千八百二十餘丈。起雙廟至海口，改鑿新河三千五百五十餘丈。又築尚湖、昆承、陽城等湖支河十九道，吴淞江下流六千三百三十餘丈。并吴江長橋大石趙屯大盈道褐等四浦，常州烏涇等瀆六十三，桃花等港市河等河各四，湖州大錢小梅等河及漊港七十二，俾上原下委遞相容洩。

遣工部尚書一員巡撫應天等府地方興修蘇松七府水利，浙江管水利僉事聽其節制。尋設郎中二員於白茆港吴淞江分理開濬。

嘉靖四年，總漕胡鋭言山陽寶應高郵江都臨白馬甓社邵伯黄山諸湖亙數百里。兼天長西山諸水，時溢衝堤壞舟，宜立隄防，建平水木石閘以便疏洩。

五年，先是總漕陳鳳梧以蘇松諸郡地濱大湖，水利興廢關係尤重，疏乞仍添設工部官管理。部議謂先設郎中專管水利，近以民困停止工役議罷，已備行浙江管屯僉事兼管，而巡撫總其大綱。宜仍咨鳳梧督同僉事蔡乾督，併通判判官主簿分屬管理，庶事有專責官無濫設。上曰：僉事專管水利，若果得人盡心幹理，何必添設。巡撫宜督率各官勤修厥職。蔡乾若才力未能辦此，更調别用。

六年，濬丹陽至京口諸處淤淺，令運船避孟瀆風濤之險。

十年七月，巡按直隸御史胡體乾疏言：吴中水利疏治之策有六，曰開洩水之川，浚容水之湖，殺上流之勢，決下流之壅，挑潮漲之沙，立治田之規。又須專設督理之官，如通政何棟、副使陳文沛昔治水吴中，才稱幹濟，宜當擢任。報聞。

二十年六月，給事中李鳳來等奏：國家專設水利官員，凡以爲民。邇來夤緣别差，視民間水旱略不加意。乞敕工部行撫按官嚴加禁治，務及時講求，多方濬築，俾溝洫相通，旱澇有備。無得别有差委，以分其力。如有勢豪侵占利己損人，即行禁革。工部議復。從之。

二十四年，詔濬臧村以溉金壇，澡港以溉武進，艾祁、通波以溉青浦，顧浦、吴塘以溉嘉定。又濬大瓦等浦以溉崑山之東，許浦等塘以溉常熟之北。凡岡壠支河湮塞不治者，皆濬之深廣，使復其舊。

九月，詔建橋於玻璃河。工部尚書甘爲霖以財力不支，請行開納事例，通查各省無礙官銀及變賣大興隆寺基銀，一體解赴工所。上允之。付所司議處，乃命鑄總視工程關防給爲霖，鑄管理工程關防給工部郎中劉動。凡取用各處帑銀三十餘萬兩，内欽助銀九萬三千八百兩。

二十五年，應天巡撫歐陽必進言修濬蘇松水利，乞議處財用添設管工郎中。上從部議，以東南連年災傷，修濬事宜，惟令彼處撫按官嚴督，所司相宜舉行，水利郎中不必增設。

三十六年十月，盧溝橋工成，詔太監李遵陞一級，侍郎雷禮陞右都御史，郎中汪一中、員外劉湜、主事朱裳各陞一級。鎮遠侯顧寰，都御史鄭曉、鄭炯，府尹黄懋，官御史張九功、陳道基，主事徐用光、李鍵、臧繼芳、姚紹祖各賞賚有差。

四十年七月，應天巡撫方廉言：蘇松常鎮四郡水利甲於天下，宜備查應修之處分別工程難易，以次興工。河夫銀兩編征追補如故。仍請復設水利通判，敕兵備憲臣往來督課之。部議允行。

四十一年八月，盧溝西南堤壞，命工部尚書雷禮往視。禮還，上修築事宜，言盧溝橋東南有大河從麗園莊入直沽下海，沙泥淤塞十餘里。稍東有岔河從固安入直沽下海，地勢稍高。宜先疏濬大河，令水歸故道，然後繕築長堤。其決口地卑土浮，水深流急，人力難施。而西岸有故堤約長八百丈，宜按遺址繕築。仍委幹局官九人分爲九區，併力責成。又橋東西岸甃石不堅，當俟決隄功完之日加工繕治。上命侍郎吕光洵督其役，仍令禮月一往視。既而工完，賞禮等銀幣。禮因言河工係發內帑，請撰文勒石以昭聖蹟。命大學士袁煒撰文記之。

隆慶二年，命有司重濬吴淞江白茆塘，從撫臣海瑞奏也。

瑞因請量留各處贓罰漕糧二十萬石，折銀濟工。有旨：聽其動支蘇松常及杭嘉湖贓罰銀，餘不許。

浙江巡撫谷中虚言：浙西蘇松諸郡之水其源皆出天目諸山，本自聯絡。今巡鹽御史兼理蘇松水利，而不及浙江水利，僉事能行於浙江不能行於直隸，非專管督理難責成功。宜敕巡鹽御史兼理浙直水利，在浙江督水利道，在直隸督兵備道，各隨宜修濬，以防水潦之虞。工部請從其議。報可。

以洪水爲患，命總理河道翁大立祭大河大濟之神，鳳陽巡撫趙孔昭祭大江大淮之神，山東巡撫姜廷頤祭東嶽泰山東鎮沂山之神，浙江巡撫谷中虚祭東海南鎮會稽之神，保定巡撫朱大器祭北嶽恒山之神。

五年，詔通修吴淞江白茆塘丹陽縣練湖隄岸悉令完固。

六年，特降敕書，以東南水利專責成巡撫。

（明）陳子龍《明經世文編》卷八九《屠康僖公集・重修海塘記》屠勳

東南惟海事爲重，海鹽海塘之設，所以禦潮汐之往來，捍波濤之嚙蝕。斯塘一圮，民爲墊溺，所係甚大也。海塘舊名太平塘，在縣東一里，今僅半里。洪武年間潮汐汎圮故岸，朝家屢命臣工，修築石塘計二千三百七十丈餘。永樂三年，仍爲風潮圮毁，命通政等官按治，動調蘇松等九府修築堅完，歲久復頹。宣德年間巡撫侍郎周忱命工增培土石，其患稍息。正統九年秋潮大作，圮甚，廼于裏岸重築新塘。景泰五年，因舊址廣狹鳩工役夫撤舊更新，外砌大石，內實瓦礫，其工爲省，建立真武龍王祠于塘上。成化八年風潮大作，所築石塘，悉皆傾圮。二祠亦不存，數年之功爲之埽地，相視修理，仍用舊石疊砌，粗完而已。至成化十三四年，風潮連作，塘復傾圮，時有提刑副使楊瑄者，修築照鄞縣荆公塘式幫材豎砌，內用碎石土瓦填實頗能殺勢。歲久風潮塘之存者，十無一三。弘治年間，予爲大理少卿，不忍民之墊溺，官之匪人事之無法爲費不貲，出民膏血，顧不逞之徒，攬替誤事。今年運石明年運石，人無休息，今日修塘，明日修塘，迄無成功。是修一海塘而二三海塘也。上疏極言海塘之弊，孝宗皇帝可之，特下工部議行修築，募工督理。下施木樁，上加巨石，縱横交疊，內外收縮，厚築土防。通計重築塘，南自藍田塘，北至丫叉塘，以丈計者，凡九百餘，居民可賴矣。朝廷注意東南水利，簡任河東韓君士賢通判吾郡，專司水利，而海塘其大患也，韓君殫厥心力，講求沿海利病，詢察舊制得失，上考數千年海塘衝突之所，下究數百里海塘建置之形，歷歷如指諸掌，躬循周覽。説者謂惟所修卧羊坡者爲得法，即鄞縣荆公塘之制也。閱三十年而始衝圮，視諸作爲堅久。後有爲疊砌者，舉不能及，周悉處置，大率一如荆公塘之式。因海之勢，順地之宜，經始于正德八年癸酉，落成于九年甲戌，不閱期而工訖。贊之者今海鹽令朱君寔昌也。爲費四千有奇，石六萬四千，椿木二萬六千，石匠一萬二千，夫三萬九百，視昔之費，十省八九。自教場塘迤逦而周，一百四十丈，翁家塘土塘，皆六百五十丈，丫叉塘二千三百餘丈，澉浦塘一千三百餘丈。他如龍王塘、談家塘，又數千丈，塘高二丈八尺，疊石一十八層，視昔之工，十加六七，無侈觀，無浪費，民不告勞，財歸實用，厥功既成，海爲安流矣。

《續文獻通考》卷三《田賦考・水利田》　明太祖初立國，設營田司專掌水利。

戊戌二月，遷元帥康茂才爲都水營田使，諭之曰：比因兵亂，隄防頽圮，民廢耕耨，故設營田司以修築隄防，專掌水利。春作方興，慮旱澇不時，其分巡各處，務在蓄洩得宜，毋負付任之意。

詔所在有司：民以水利條上者即陳奏。

臣等謹按：此詔以通民隱而開利源，即宋神宗令吏民能知土地種植之法，陂塘圩埠堤堰溝洫之利害者，皆得自言之遺意也。自永樂至正統，如當塗民請修慈湖，和州民請修銅城閘之類，史不絕書。迨景泰之世，國事倥偬，英宗復辟後，事遂不見於史册矣。

洪武元年，修和州銅城堰閘周圍二百餘里。

至成祖永樂初，既修含山崇義堰，和州民請修銅城閘，上抵巢湖下通揚子江，圩岸七十餘處。其吏目張良興又言：水滸麻澧二湖田五萬餘頃，宜築圩埂起桃花橋訖含山界三十里。從之。宣宗宣德八年又修之。

四年，修興安靈渠。

渠水發海陽山，秦時鑿溉田萬頃，馬援葺之後圮，至是始復爲陡渠者三十六。中有分水塘，横築石埭分南北渠，埭上疊石如鱗以防衝溢。二十九年上，以軍興命御史嚴震直燒鑿陡澗之石以通餉道，撤石增埭。水迫無所洩，盡趨北渠，南渠淺澀而民失其利。至成祖永樂二年，乃修復如舊。

八年，命長興侯耿炳文浚涇陽洪渠堰，溉涇陽三原醴皋高陵臨潼田二百餘里。

至三十一年，堰圮，復命炳文修治之，且浚渠十萬三千餘丈。其後宣德二年，歸安知縣華嵩言涇陽洪渠堰溉五縣田八千四百餘頃，炳文前後所修已壞。永樂間老人徐齡言於朝遣官修築，會營造不果，乞專命大臣起軍夫協治。從之。

十七年，決荆州嶽山壩以灌民田。

二十四年，浚定海鄞二縣東錢湖，灌田數萬頃。

二十七年八月，遣國子監生分行天下，督吏民修水利。

時諭工部，陂塘湖堰可蓄洩以備旱澇者，皆因地勢修治之。乃分遣國子生及人材徧詣天下督修水利，凡開塘堰四萬九百八十七處。

《明史·河渠志》曰：嗣後有所興築，或役本境，或資鄰封，或支官料，或採山場，或農隙鳩工，或隨時集事，或遣大臣董成，終明世水政屢修。

成祖永樂元年四月，命户部尚書夏原吉治蘇松嘉湖水患。

原吉上奏：浙西諸郡，蘇州、松江最居下流，嘉、湖、常三郡土田下者少，高者多，環以太湖，綿亙五百餘里。納杭、湖、宣、歙諸州之水，散注澱山等湖，以入三泖。頃浦港堙塞，匯流漲溢傷害苗稼。拯治之法，要在浚滌吳淞諸浦，泄其壅遏。嘉定之劉家港，常熟之白茆港，皆係大川，水流峻急。宜浚吳淞江南北兩岸、安亭等浦港，引太湖諸水入劉家、白茆二港，使直注江海。又松江之大盈浦，大盈浦，《河渠志》作大黄浦。乃通吳淞要衝，今下流壅塞，難即疏浚。旁有范家浜，至黄浦口踰浦口，黄浦口、踰浦口，《河渠志》作南倉浦口。可徑達海，宜浚令深闊。上接大盈浦，以達泖湖之水，此皆《禹貢》三江入海之跡。候既開通，相度地勢，各置石閘，以時啓閉。每歲水涸之時，修築圩岸，以禦暴流。帝從其言。明年九月畢功，農田大利。至十三年，從吳江縣丞李昇言，又浚太湖近湖河道，修蔡涇等閘。宣宗宣德六年，教諭唐敏言：常熟耿涇塘，南接梅里，通昆承湖，北達大江。洪武中，浚以溉田。今壅阻，請疏導。從之。七年九月，蘇州知府況鍾上言：蘇、松、嘉、湖之地其湖有六，曰太湖，曰龐山，曰陽城，曰沙湖，曰昆承，曰尚湖，聯屬廣袤凡三千餘里。永樂初，原吉疏浚，年久淤塞，一遇久雨，遂成巨浸，田皆没溺。乞仍遣大臣督各官於農隙時發民疏浚，一方永賴。帝命巡撫周忱與鍾計工力多寡難易以聞。

忱久任江南，事無不舉，常詣松江相視水利。見嘉定上海間沿江生茂草，多淤流，乃浚其上流，使昆山顧浦諸所水迅流駛，下壅遂盡滌。暇時以匹馬往來江上，見者不知其爲巡撫也。又言吳淞江畔有沙塗柴場百五十頃，水草茂盛，蟲蝝多生其中，請募民開墾，可以足國課消蟲災。又言應天鎮江太平寧國諸府，舊有石臼等湖，其中溝港歲辦魚課，其外平圩淺灘聽民放牧孳畜，採掘菱藕，不許種耕，故山溪水漲有所宣洩。近者富豪築圩田遏湖水，每遇泛溢，害即及民。宜悉禁革。又言溧水永豐圩周圍八十餘里，舊築埂壩，農甚利，今頽敗，請葺治。時並從之。

至憲宗成化十四年，都御史牟俸言直隸蘇松與浙西各府頻年旱澇，緣周環太湖乃東南最窪地，而蘇松尤最下之衝，故每逢積雨衆水奔潰，湖泖漲漫渰没無際。按太湖即古震澤，上納嘉、湖、宣、歙諸州之水，下通婁東吴淞三江之流。東江今不復見，婁淞入海故跡具存。其地勢與常熟福山白茆二塘俱能導太湖入江海，使民無墊溺而土可耕種。歷代開浚，具有成法。本朝亦常命官修治，不得其要，而濱湖豪家盡將淤灘栽蒔爲利。治水官不悉利害，率於泄處置石梁壅土爲道。或慮盜船往來，則釘木爲栅，以致水道堙塞，公私交病。請擇大臣深知水利者專理之，設提督水利分司一員，隨時修理，則水勢疏通，東南厚利也。詔倖兼領水利，聽所修築，功成乃專設分司。

是年，命修灊山懷寧等陂堰。

又修高要青岐、羅婆圩、平遥廣濟渠，築和州保大等圩百二十餘里，蓄水陡門九。浚昌邑河渠五所。

二年，諭工部：安徽、蘇松、浙江、江西、湖廣凡湖泊卑下，圩岸頃頹，亟督有司治之。

是年，又修泰興沿江圩岸、六合瓜步等屯，黄巖混水等十五閘、六陡門，香山竹徑水陂。又以當塗民言慈湖瀕江，上通宣、歙，東抵丹陽湖，西接蕪湖。久雨浸淫，潮漲傷農，宜遣勘修築。遂從其請，降是諭。至四年修築宣城十九圩，豐城穆湖圩岸，溧水决圩，懷寧斗潭河、彭灘圩岸，吉水劉家塘、雲陂，江都劉家圩港。新建石頭岡圩岸。五年，又築高要銀岡、金山等潰堤，溉田五百餘頃。八年修丹陽練湖塘，南陵野塘圩、蚌蕩壩。九年修安福丁陂等塘堰，安仁饒家陂、壽光堤，安陸京山景陵圩，長洲至嘉興泄水洞百三十一處，監利車水堤四千四百餘丈，高安華陂屯陂堤。築仁和黄濠塘岸三百餘丈，孫家圍塘二十餘里。浚灘縣於丹河、定襄故渠六十三里，引滹沱水灌田六百餘頃。又修麗水縣通濟渠堤堰上中下三源，流四十八派，溉田二千餘頃。十年築新會圩岸二千餘丈。十一年修蕪湖陶辛政和二圩，應天新河圩岸，天長福勝、戚家莊二塘。十二年修鳳陽安豐塘水門十六座。十三年修南京羽林右衛刁家圩屯田堤。十七年浚蕭山境内河渠四十五里，溉田萬頃。二十一年修嘉定抵松江潮圮圩岸五千餘丈，又修文水常稔渠灌田。

宣宗宣德三年，詔天下凡水利當興者，有司即舉行，毋緩視。

是年，既修灌縣都江等堰四十四。又臨海民言：胡巉諸閘瀦水灌田，近年閘壞而金龍、大浦、湖涞、舉嶼等河遂皆壅阻，乞爲開築。帝曰：水利急務，使民自訴于朝，此守令不得人爾。命工部即飭郡縣秋收起工。且詔天下：凡水利有司皆即興舉。時巡按江西御史許勝又言：南昌瑞河兩岸低窪，多良田。洪武間修築圩岸，水不爲患。永樂間改修，近皆圮壞。乞敕有司募夫修理。又中書舍人陸伯倫言：常熟七浦塘東西百里，灌常熟崑山田，歲租二十餘萬石，乞聽民自浚之。皆詔可。至四年，以潛江民言：蚌湖、陽湖皆臨襄河，水漲岸決，害荊州三衛、荊門、江陵諸州縣官民屯田無筭。發軍民築治之。福清民言：光賢里官民田百餘頃，障海堤壞，田久荒。永樂中嘗命修治，迨今未舉，民不得耕。帝責有司亟治，而諭尚書吴中嚴飭郡邑，陂池堤堰及時修浚，慢者治以罪。六年修瀏陽、廣濟諸縣堤堰。七年修眉州新津通濟堰。分十六渠，溉田二萬五千餘畝。八年葺湖廣偏橋衛高陂石洞，修安陽廣惠等渠，磁州滏陽河、五爪濟民渠。

九年，毁蘇、松民私築堤堰。

臣等謹按：宣宗一從唐敏之言，再納況鍾之策，蘇松水利靡弗修舉，而獨于私築之堤堰毅然毁之者，葢蘇松當衆流之衝，水方趨下，一有壅遏，則泛濫四出。故田圍圩岸之置，非其所者皆足以妨水道也。不然周忱撫蘇于茲四載矣，苟非灼見其害，亦安忍去民之利乎。

英宗正統五年正月，令天下有司秋成時修築圩岸，疏浚陂塘，以便農作。仍具數繳報，俟考滿以憑黜陟。

先是，三年疏泰興順德鄉三渠，引湖溉田，通潞州永禄等渠二十八道于漳河。四年寧夏巡撫金濂言：鎮有五渠，資以行溉，今鳴沙洲七星、漢伯、石灰三渠久塞。請用夫四萬疏浚，溉蕪田一千三百餘頃。從之。至是，又命天下具報修築疏浚等數。至六年築蕪湖陶辛圩新埂，又浚高郵子嬰溝，減水陰洞以濟旱澇。八年修弋陽官陂三所。九年浚無錫里谷諸河，東南接蘇州苑山湖塘，北通揚子江，西接新興河，引水灌田。都御史陳鎰言：朝邑多沙鹻，難耕。縣治洛河，與渭水通，請穿渠灌之。詔可。又開海陽縣隆津等溝，引長溪水溉田。浚長樂之嚴湖及張塘等涵港，以備旱溢。十二年，以紹興東小江，南通諸暨七十二湖，西通錢塘江，久雨水溢害田，發丁夫疏之。十三年，以雲南鄧川州民田與大理衛屯田接壤，湖畔積雨壅沙，禾苗渰没，命州衛軍民疏治。十四年，浚和州姥鎮河張家溝，並建閘以溉降福等七十餘圩，及南京諸衛屯田。時范衷知壽昌縣闢荒田二千六百畝，興水利三百四十六區。

嚴訥《論水利圩圖》略曰：今天下以墾田當司農鉅供者，蘇松爲最。蘇松介在湖海，厥土塗泥利害以水。圩岸者所以隄水而田，即《周禮》稻人、匠人所掌塗防是也。田甚下溼岸則陡立如城，而河流猶出其上，或咫隙莫禦而田且没矣。其田或最高去水遠而不及溉者，則又終古潟鹵。惟在上下壤之閒，土厚水深，則號膏腴，以其得水蓄洩可爲旱澇備。而所謂能蓄洩者，以有圩岸耳。歲苦旱，則河之水續桔槔而上以入于田，河不龜坼，田不乏溉。歲澇，則戽水出于河，而岸障之。自三江道湮，疏浚失宜，恒雨注積而無從尾閭也。水裹于岸寸許，而膏腴汨爲巨浸，不能與下溼者論良瘠。惟修築之，卑令高，缺令補，廢令興，薄令培而厚，浮令杵而堅，斯得圩岸之利矣。

景帝景泰四年，雲南滇池造石閘。

總兵官沐璘言：城東有水南流，源發邵甸，會九十九泉爲一，抵松花壩分爲二支：一繞金馬山麓，入滇池；一從黑窯村流至雲澤橋，亦入滇池。舊于下流築堰，溉軍民田數十萬頃，霖潦無所洩。請令受利之家，自造石閘，啓閉以時。報可。至英宗天順十八年，又浚雲南東西二溝，自松華壩黑龍潭抵西南柳壩南村，灌田數萬頃。

五年，疏靈寶黎園莊渠，通鴻臚澗，溉田萬頃。

七年，浚杭州西湖。

尚書孫原貞言：西湖舊有二閘，近皆傾圮，湖遂淤塞，民田無灌溉資。乞敕有司興浚，禁勢豪侵占以利軍民。從之。至憲宗成化十一年，又浚錢塘門故渠左屬湧金門建橋閘，以蓄湖水。二十年楊瑄爲浙江按察使，西湖舊可溉諸縣田四十六萬頃，時湮塞過半，瑄請浚之。功未竟而卒。孝宗弘治十八年又浚之。

英宗天順二年，修彭縣萬工堰，灌田千餘頃。

七年十月，浚涇陽縣鄭白故渠。

先是，五年僉事李觀言：涇水出涇陽仲山谷，道高陵，至櫟陽入渭，袤二百里。漢開渠溉田，宋、元俱設官主之。今雖有瓠口鄭白二渠，而堤堰摧決，溝洫壅潴，民弗蒙利。是年，乃命有司浚之。至八年，都御史項忠言：瓠口鄭白二渠，引涇水溉田數萬頃，至元猶溉八千頃。日久渠淺，利因以廢。宣德初，遣官修鑿，畝收三四石。無何復塞，渠旁之田，遇旱爲赤地。涇陽、醴泉、三原、高陵皆患苦之。昨請于涇水上源龍潭左側疏浚，訖舊渠口，尋以照例停止。今宜畢其役。西安城西井泉鹹苦，飲者輒病。龍首渠引水七十里，修築不易，且利止及城東。西南皂河去城一舍許，可鑿，令引水與龍首渠會，則居民盡利。從之。

憲宗成化十年，廷臣會議，江浦北城圩古溝，北通滁河浦子口；城東黑水泉古溝，南入大江。二溝相望，岡壠中截。宜鑿通成河，旱引澇洩。從之。

十二年，詔河西屯田官兼理十五衛水利。

至孝宗弘治七年，浚南京天、潮二河，備軍衛屯田水利。正德十五年，又浚滁和六合諸水，以利江北屯田。

二十年，修嘉興等六府海田堤岸。

是時張瑄爲廣東布政使，修陂塘圩岸四千六百。雍泰知吴縣，太湖漲没田千頃，作堤爲民利，稱雍公堤。至武宗正德時，蔡德祐爲山東副使分巡遼陽，闢濱海圩田數萬頃，稱蔡公田云。

孝宗弘治元年，許以新佃蘆洲補舊額課。奏准沿江一帶廬洲有曾告承佃而舊額洲蕩坍塌者，即將新佃柴課依數湊補本處舊額。或有新生別洲，許令撥補附近坍塌不敷之數。嘉靖二十七年令一應蘆洲除洪武永樂時賜功臣僧道者不動外，餘悉委官丈量，召民承佃。

《春明夢餘録》載計曹條議曰：議者欲清南京太僕寺所隸草場地六十萬頃，出佃價一兩可得銀六千萬，此事之不能者也。自馬草均泒于田畝，民間已忘其事，故江北尚有名目，而其田本賤，值不過數錢，豈能頓增一兩。江南田貴易增，而竟莫可辨析。苟欲增其價必致攤泒，是教之亂也。愚以蘆洲一項可以此意行之。今沿江一帶田之利微，洲之利重，故洲必歸于豪勢。兩豪相爭，累年不止。衹以不煩佃價辦課輕微，而影射易滋，故不惜身命而爭之耳。今得爲之令曰：某處某洲若干畝，每畝納價若干，不論業主他户，能納者聽。既納後，永爲主世業，舊業主不得爭。

民縱出佃價，其利尚浮于田，必争先而納。舊業主家能辦者，惟恐失其利，亦必競納不煩催督，而可以得無限之資。計蘆政分司所轄見爲畝三百三萬三千九百二十四，如往年少試于如皋等處，每畝納四五錢不等，民無不樂從。則分等量入，亦不下六七十萬。若能命一幹官嚴爲丈量，度其隱蔽不啻一倍。上而川蜀亦可倣行，數百萬之利在一使者得入耳。事集民樂，又何患焉。

七年七月，命工部侍郎徐貫經理蘇杭水利。

明年四月告成。貫上言：東南財賦所出，而水患爲多。永樂初，命夏原吉浚治，以吴淞江灩沙浮蕩，未克施工。逮今九十餘年，港浦愈塞。復開吴臣督官行視，浚吴江長橋，導太湖散入澱山、陽城、昆承等湖泖。復開吴淞江並大石、趙屯等浦，洩澱山湖水，由吴淞江以達於海。開白茆港白魚洪鮎魚口，洩昆承湖水，由白茆港以注于江。開斜堰、七鋪、鹽鐵等塘，洩陽城湖水由七丫港以達于海。下流疏通，不復壅塞。乃開湖州之漊涇，洩西湖、天目、安吉諸山之水，自西南入太湖。開常州之百瀆，洩溧陽、鎮江、練湖之水，自西北入太湖。又開諸陡門，洩漕河之水，由江陰以入于大江。上流亦通，不復湮滯。是役凡修浚河、涇、港、瀆、湖、塘、陡門、堤岸百十五道，役夫二十餘萬，東南水患少息。至世宗嘉靖元年，蘇松水道復爲勢家所據，巡撫李充嗣復浚之，穿新渠，巨浦支流，罔不灌注。詔嘉其勞，賚以銀幣。二十四年，吕光洵按吴復奏蘇松水利五事。一曰廣疏浚以備瀦洩。三吴澤國，西南受太湖諸澤，水勢尤卑。東北際海，岡隴之地，視西南特高。高苦旱，卑苦澇。昔人于下流疏爲塘浦，導諸湖水北入江，東入海，又引江潮流衍於岡隴外。瀦洩有法，水旱無患。比來縱浦横塘，多堙不治，惟黄浦、劉河二江頗通。然太湖之水源多勢盛，二江不足以洩之。岡隴支河又多壅絶，無以資灌溉。于是高下俱病，歲常告災。宜先度要害，于澱山等茭蘆地，導太湖水散入陽城、昆承、三泖等湖。又開吴淞江及大石、趙屯等浦，洩澱山之水以達于海。浚白茆鮎魚諸口，洩昆承之水以注于江。開七浦、鹽鐵等塘，洩陽城之水以達于江。又導田間之水，悉入小浦，以納大浦，使流者皆有所歸，瀦者皆有所洩。則下流之地治，而澇無所憂矣。乃浚艾祁、通波以溉青浦，浚顧浦、吴塘以溉嘉定，浚太瓦等浦以溉崑山之東，浚許浦等塘以溉常熟之北，浚臧村等港以溉金壇，浚澡港等河以溉武進。凡岡隴支河湮塞不治者，皆浚之深廣，使復其舊。則上流之地亦治，而旱無所憂矣。此三吴水利之經也。一曰修圩岸以固横流。蘇松常鎮東南下流，而蘇松又常鎮下流，易瀦難洩。雖導河浚浦引注江海，而秋霖泛漲，風濤相薄，則河浦之水逆行田間，衝齧爲患。宋轉運使王純臣嘗令蘇、湖作田塍禦水，民甚便之。司農丞郟亶亦云：治河以治田爲本。故老皆云，前二三十年，民間足食，因餘力治圩岸，田益完美。近皆空乏，無暇修繕，故田圩漸壞，歲多水災。合敕所在官司專治圩岸。岸高則田自固，雖有霖澇不能爲害。且足制諸湖之水咸歸河浦中，則不待決洩，自然湍流。而岡隴之地，亦因江水稍高，又得畝引以資灌溉，不特利于低田而已。一曰復板閘以防淤澱。河浦之水皆自平原流入江海，水漫湖急，以故沙隨浪湧，其勢易淤。昔人權其便宜，去江海十里許夾流爲閘，隨潮啓閉，以禦淤沙。歲旱則長閉以蓄其流，歲澇則長啓以宣其溢，所謂置閘有三利，蓋謂此也。近多堙塞，惟常熟福山閘尚存。故老以爲河浦入海之地，誠皆置閘，自可歷久不壅。詔悉如議。三十八年，巡撫翁大立又請造吴江白茆七浦等閘。從之。四十二年，又從給事中張憲臣言，浚蘇、松、常、嘉、湖五郡支河。四十五年，參政凌雲翼請專設御史督蘇松水利，詔巡鹽御史兼之。穆宗隆慶三年，巡撫海瑞又浚吴淞江諸處。神宗萬曆四年，巡撫宋儀望又請設水利僉事，部議遣御史董之。六年，又浚長橋黄浦等處。八年，設水利副使。至萬曆末，給事中歸子顧言宋時吴淞江闊九里，元末淤塞，正統間周忱立表江心疏而浚之，崔恭、徐貫、李充嗣、海瑞相繼浚者凡五。迄今四十餘年，廢而不講。宜使江闊水駛塘浦支河分流四達。疏入，留中。巡按薛貞復請行之，下部議而未允。至熹宗天啓中，巡撫周啓元復請浚吴淞白茆。莊烈帝崇禎初，員外郎蔡懋德、巡撫李待問皆以爲請。久之巡撫張國維請疏吴江長橋七十二洪，及九里石塘諸洞。御史李謨復請浚吴淞白茆。俱下部議，未能行也。

馮應京《經世實用編》曰：潘鳳梧有言水利微妙通知者少，自非殫思熟見，鮮能究其源委。試舉嘉湖，餘可類推。湖州之圩低，其港常闊，人憚于增外，僅修其內，故水益闊易衝，而湖州多淹。崇桐之土高，其港常窄，人憚于開外，日爲填出，故水益窄易涸，而崇桐多乾。此言蓋與光洵議互相發云。

開靈州金積山河口渠灌田給軍民佃種。

從巡撫王珣請也。珣又言：寧夏古渠三道，東漢中唐並通，惟西一渠漢唐舊跡俱堙，宜發卒浚鑿。亦從之。時兩畿及山東、河南、浙江民饑，兵科給事中吴世忠請興水利，命議行之。其後世忠爲湖廣參議，復上言：臣任給事中時具言水利爲農田急務，幸准覆行。及備員湖藩，而所屬陂塘池堰湮塞如故，爲豪家填占迷失者在在有之。有塘寬千百餘畝，無勺水可資。召里老咨問，云往時朝廷重農，州縣以水利爲急，差官清理，歲有修築。于時豪强不敢填占，民以實保結，故雖亢旱而農田有救，百姓有所賴。邇年州縣官惟勾攝詞訟爲急，其餘塘堰册報，類非覆實，豪强填占又置不問。雖奉勘合行視，特科索里户供應而去，曷嘗一至郊野，見所謂陂塘渠堰爲何若哉？及亢旱無收，有旨蠲免，則已先期督徵入官，民未沾惠，而國用不足，往往又額外科征之。此訟獄所以日繁，而盜賊滋有也。

《經世實用編》曰：洪武時未嘗特爲農事設專官，人盡農官也。以農桑責之郡縣，以屯種責之衛所。非農事修舉，不得注上考。蓋設官分職，原以爲民，舍此更何事哉。嗣後增設府州縣勸農佐貳，設屯田水利臬臣，又或特遣重臣。諸牧民之長，其賢者亦或體上愛養之意，不然者且見以爲既有專官而已，可以弛其擔也。古者天子巡狩，入其疆土，地闢田野治則有慶，荒蕪不治則有讓。近世設按察司察此務也，分巡御史巡此務也，今則徒爲具文而已。旌舉守令何曾稱某守某令興過若干水利，勸過若干農桑哉。此吴世忠所以痛切言之，而霍韜又請以資之巡按御史也。

世宗嘉靖二十五年，甘肅巡撫楊博鑿龍首諸渠。

至三十八年，博總督宣大又請通宣大荒田水利薄其租。

時又有張岳知廉州府，督民墾棄地，教以桔槔運水。湯紹恩知紹興府，山陰會稽蕭山三邑之水匯三江口入海，潮汐日至，良田盡爲巨浸。紹恩建閘三十有八，築石堤四百餘丈，刻水則石閘以時啓閉，自是方數百里無水患。徐九思治張秋河道，漕河與鹽河近而不相接，漕水溢則泛濫爲田患。九思築減水橋于沙灣，俾二水相通，漕水溢有所洩而不侵田，少則有所限而不至于涸。工成遂爲永利。龐嵩爲應天治中，江寧縣葛仙永豐二鄉頻遭水患，居民止存七户。嵩爲治堤築防，得田三千六百畝，立惠民莊，四召貧民佃之。瞿晟知廣平府，鑿長渠三百里引水爲四閘，得田數十萬畝。至神宗萬曆時，陳邦瞻爲河南布政使，開水田千頃。陳幼學爲中牟令，縣有大澤積水占膏腴地二十餘里。幼學疏爲河者五十七，爲渠者百三十九，俱引入小清河，民大獲利。大莊諸里多水，爲築堤十三道障之。

二十六年，給事中陳斐請仿江南水田法，開江北溝，以祛水患，益歲收報可。

穆宗隆慶四年，左都御史葛守禮請畿内浚治溝洫以備旱澇。從之。

先是，世宗嘉靖三年，大理卿鄭岳言：臣勘視陝西，道經畿内，河南見太行，西倚潼關，東繞懷衛，北及燕冀，水皆東注南入于海。盧易滹沱琉璃漳洺衛沁洛瀍其大也，宜令瀕水開田築隄鑿渠。平疇無水者，量浚畎澮，或爲陂塘下通水泉，上蓄雨潦。數年之後，皆爲沃壤。此經國至計也。又汪鋐奏興水利，請敕各巡撫都御史訪求古人已行水利遺跡，嚴督司府州縣衛所官隨宜興修。必使山川原野開有溝以導水，無壅遏之患；有防以止水，無決壞之憂；有潴以蓄水，無散逸之虞。則旱不能爲災，澇不能爲虐。昔唐虞三代時皆建都西北，未嘗仰給東南。而春秋之世，如山東、山西、陝西、河南皆爲列國之地。當其時干戈擾擾，一國之賦自足以供一國之用，未嘗取給于他邦，良以溝洫之制尚存，故旱澇有備耳。至是守禮以畿輔内地勢窪下，河道堙塞，遇潦則千里爲壑，請倣古井田之制，浚治溝洫，使旱澇有備。章下有司。

神宗萬曆十三年三月，以尚寶司少卿徐貞明督治京畿水田。

貞明爲給事中時，上水利議，謂神京雄據上游，兵食宜取之畿甸。今皆仰給東南，軍船夫役之費，常以數石致一石，東南之力竭矣。又河流多變，運道多梗，竊有隱憂。聞陝西、河南故渠廢堰在在有之，山東諸泉引之，率可成田。而畿輔諸郡或支河所經，或澗泉自出，皆足以資灌溉。北人未習水利，惟苦水害，不知水害未除，正由水利未興也。蓋水聚之則爲害，散之則爲利，今順天真定河間諸郡桑麻之區半爲沮洳，由上流十五河之水惟洩于貓兒一灣。欲其不氾濫而壅塞，勢不能也。今誠于上流疏渠浚溝，引之灌田，以殺水勢。下流多開支河，以泄横流。其淀之最下者留以瀦水，稍高者皆如南人築圩之制，則水利興水患亦除矣。至于永平灤州抵滄州慶雲地，皆萑葦土實膏腴。元虞集欲于京東濱海地築塘捍水，以成稻田，若仿集意招徠南人，俾之耕藝北起遼海南濱青齊皆良田也。俟有成績，次及河南、山東、陝西，庶東南轉漕可減，西北儲蓄常充，國計永無絀矣。事下所司朝議，以水田勞民請俟異日，事遂寢。既而貞明以事謫官，著《潞水客譚》一書，論水利當興者十四條。至是，順天巡撫張國彦、副使顧養謙行之，蘇州永平豐潤玉田皆有效。于是給事中王敬民薦貞明，乃進少卿，賜敕勘水利。貞明因疏請郡縣有司，以墾田勤惰爲殿最。地宜稻者以漸勸率，宜黍宜粟者如故，不遽責其成。召募南人，給衣食農具，俾以一教十，能墾田百畝以上即爲世業子弟，得寄籍入學。其卓有明效者，倣古孝弟力田科，量授鄉遂都鄙之長。墾荒無力者，貸以穀，秋成還官。旱澇則免。郡縣民壯役止三月，使疏河芟草，而墾田則募專工。帝悉從之。乃先治京東州邑，命兼監察御史，領墾田使，有司撓者劾治。自九月至明年二月，已墾至三萬九千餘畝。又遍歷諸河窮源竟委，將大行疏浚。而奄人勳戚之占閒田爲業者，恐水利興而已失其利，爲蜚語聞于帝。帝御史王之棟，畿輔人也，遂言水利必不可行，且陳開滹沱不便者十二。帝入其言，欲罪諸建議者。大學士申時行言：墾田興利而反謂之害民，爲此説者其故有二。北方民游惰好閒，憚于力作，水田有耕耨之勞，胼胝之苦，不便一也。貴勢有力家侵占甚多，不待耕作，坐收蘆葦薪芻之利；若開墾成田，歸于業户，隸于有司，則已利盡失，不便二也。然以國家大計較之，不便者小，而便者大。惟在斟酌地勢，體察人情，沙鹻不必盡開，黍麥無煩改作，應用夫役，必官募之，不拂民情，不失地利，乃謀國長策耳。于是貞明得無罪，而水田事終罷。

《大學衍義補》曰國家都于燕，京師之東皆瀕大海，嘗聞閩浙人言，大凡瀕海之地多鹹鹵，必得河水以蕩滌之，然後可以成田。故爲海田者必築隄岸以闌鹹水之入，疏溝渠以導淡水之來，然後田可耕也。臣于京東一帶海涯雖未及行，而嘗泛漳御而下，由白河以至潞渚，觀其入海之水，最大之處無如直沽。然其直深入海，灌溉不多。請于將盡之地，依《禹貢》逆河法，截斷河流橫開長河一帶收其流而分其水，然後于沮洳盡處築爲長隄，隨處各爲水門，以司啓閉。外以截鹹水，俾其不得入，內以洩淡水，俾其不至漫。如此，則田可成矣。于凡有淡水入海所在，皆依此法行之，則沿海數千里無非良田。非獨民資其食，而官亦賴其用。如此則國家坐享富盛，遠近皆有所資，其爲利益夫豈細哉。

徐貞明《潞水客談略》曰西北之地，旱則赤地千里，澇則洪流萬頃。惟雨暘時若，庶樂歲無饑，此可常恃哉。惟水利興而後旱澇有備。利一。中人治生必有常稔之田，以國家之全盛，獨待哺于東南，豈計之得哉。水利興則餘糧棲畝皆倉庾之積。利二。東南轉輸，其費數倍。若西北有一石之入，則東南省數石之輸，久則蠲租之詔可下，東南民力庶幾稍甦。利三。西北無溝洫，故河水橫流，而民居多没。修復水田，則可分河流殺水患。利四。西北地平曠，寇騎得以長驅。若溝洫盡皋，則田野皆金湯。利五。游民輕去鄉土，易于爲□。水利興，則業農者依田里，而游民有所歸。利六。招南人以耕西北之田，則民均而田亦均。利七。東南多漏役之民，西北罹重徭之苦。以南賦繁而役減，北賦省而徭重也。使田墾而民聚，則賦增而北徭可減。利八。沿邊諸鎮有積貯，轉輸不煩。利九。天下浮户依富豪爲佃客者何限？募之爲農，而簡之爲兵，屯政無不舉矣。利十。塞上之卒土著者少，屯政舉則兵自足，可以省遠募之費，甦班戍之勞，停攝勾之苦。利十一。宗禄浩繁，勢將難繼，今自中尉以下量禄之田，使自食其土爲長子孫計，則宗禄可減。利十二。修復水利，則倣古井田，可限民名田，而自昔養民之政漸可舉行。利十三。民與地均，可倣古比閭族黨之制，而教化漸興，風俗自美。利十四也。

三十年，保定巡撫汪應蛟請大興水利田。

初，應蛟巡撫天津，見葛沽白塘諸田盡爲汙萊，詢之土人，咸言斥鹵不可耕。應蛟念地無水則鹹，得水則潤。若營作水田，當必有利。乃募民墾田五十畝，爲水田者十之四畝，收至四五石，田利大興。至是，移保定，又疏請廣興水利，言：臣境內諸川易水可以溉金臺，滹水可以溉恒山，溏水可以溉中山，滏水可以溉襄國。漳水來自鄴下，西門豹嘗用之瀛海，當諸河下流，視江南澤國不異。其他山下之泉，地中之水，所在而有，咸得引以溉田。請通渠築防，量發軍夫，一準南方水田之法行之。所部六府可得田數萬頃，歲益穀千萬石，畿民從此饒裕，無旱澇之患。即不幸漕河有梗，亦可改折于南，取糴于北。工部尚書楊一魁亟稱其議。報可。

時御史左光斗出理屯田，亦言北人不知水利，一年而地荒，二年而民徙，三年而地與民盡矣。今欲使旱不爲災，澇不爲害，惟有興水利一法。因條上三因十四議曰：因天之時，因地之利，因人之情。曰議浚川，議疏渠，議引流，議設壩，議建閘，議設陂，議相地，議築塘，議招徠，議擇人，議擇將，議屯兵，議力田設科，議富民拜爵。其法昭然具備，詔悉允行。水利大行，北人始知藝稻。

莊烈帝崇禎二年，兵部侍郎申用懋言：永平灤河諸水逶迤寬衍，可疏渠以防旱潦，山陂隙地便栽種，宜令有司相地察源，爲民興利。從之。

（明）王圻《續文獻通考》卷九《田賦考·治河群議》 按黃河自星宿海踰崑崙，經積石，過臨洮，出龍門，抵潼關，而注于孟津，安然恬瀾也。過虎牢而奔豫徐之境，乃不安故道，屢遷徙爲害者，其故有四。北土高燥而堅，南土卑濕而疏，一也。在北之時容納猶少，至南而名川三百，支川三千，皆會于河，勢益宏放下流不能容。二也。北有崇山疊嶂爲限，南則千里夷曠無一堤防。三也。水濁而多泥沙易于停積，積之稍久，勢必旁囓。四也。治之之法，在漢賈讓有三策，上者徙其旁民，不與爭尺寸之利，然可行于昔，不可行于今，何也？彼時所慮者止冀州耳，今歷青兗豫徐之境，皆爲冀州，安得盡徙。且所徙空地，河未必決，而盜賊聚爲淵藪，則害更甚於河。故讓之上策今爲迂議。其次謂多穿漕渠。然愚以爲此可使之緩于決，不可使之必無決，可行于未決之先。若既決之後，勢亦何及。不過用其下策，堤以塞之耳。旋塞旋壞，旋壞旋塞，即非計乎？要亦無可柰何者。蓋河之決也，不在旦夕，而亦有其漸。察其衝激之所從，而預爲之備可也。千丈之堤，壞于蟻穴，況水勢有增減，潮候有疾徐。常爲之偵視防守，稍有可虞，旋加修治。是雖支吾一時，而亦未爲失策。醫家之法，緩則治其本，急則治其標。夫治水亦猶是耳。今將歷朝疏議附載于後。

元余闕曰：中原之地，平曠夷衍，無洞庭、彭蠡以爲之匯，故河嘗橫潰爲患，其勢非多爲之委以殺其流，未可以力勝也。故禹之治河，自大伾而下則析爲三渠，大陸而下則播爲九河。然後河之大有所瀉，其力有所分，而患可平也。此禹治河之道也。自周定王時河始南徙，訖于漢，而河之故道失矣。故西京時受害特甚。雖以武帝之才，乘文景富庶之業，而一瓠子之微，終不能塞，而付之無可柰何。自瓠子再決而其流爲屯氏諸河，其後河入千乘，而德棣之河又播爲八。漢人指以爲太史馬頰者是。其委之多河之大有所瀉而力有所分，大抵偶合于禹所治河者。由是而東都至唐河不爲害者千數百年。至宋時，河又南決，南渡時又東南以入于淮。以河之大且力，惟一淮以爲之委，無以瀉而分之。故今之河患與武帝時無異。自宋南渡至元始二百年，而河旋北，乃其勢然也。建議者以爲當築堤起曹，南訖嘉祥，東西二百里，以障河之北流，則漸可圖以道之使南。廟堂從之，非以南爲壑也。其慮以爲河既北，則會通之漕廢。予則以爲河北，而會通之漕不廢，何也？漕以汶而不以河也。河北則汶水必微，微則吾有制而相之，亦可以舟，可以漕。《書》所謂浮于汶達于河者是也。蓋欲防鉅野而使河不妄行，俟河復千乘，然後相水之宜而修治之耳。

國朝丘氏濬曰：中國之水非一，而黃河爲大。其源遠而高，其流大而疾，其質渾而濁，其爲患于中國也，視諸水爲甚焉。本朝洪武二十四年，河決原武之黑陽山，壽州正陽鎮，全入於淮，而故道遂淤。正統十三年又決滎陽至懷遠東北而入于淮。今以一淮而受大黃河之全，蓋合二瀆而爲一也。自宋以前，河自入海，尚能爲並河州郡之害。況今河淮合一，而清口又合沁泗沂三水以同歸於淮也哉。且我朝建國幽燕，漕東南之粟以實京師，必由濟博之境，則河決不可使之東流，一決而東則漕渠乾涸，歲運不繼，其害非獨在民生，且移之國計矣。國家誠能不惜棄地，不惜動民，合小而成大，棄少以就多，權度其得失之孰急，乘除其利害之孰甚，擇任心膂之臣委以便宜之權。俾其沿河流相地勢，於其下流迤東之地，擇其便利之所，就其汙下之處，條爲數河，以分水勢。又於所條支河之傍地堪種稻之處，依江南法創爲圩田，多作水門引水以資灌溉，分勢自然消減。然從下流而上，於河身之中去其淤沙，或推而蕩滌之，或挑而開通之，使河身益深足以容水。如是則中有所受，不至於溢出，而河之流不及於陸；下有所納，不至於束隘，而河之委易達於海。如是而又委任得人，規置有法，積以歲月，因時制宜，隨見長智，則害日除而利日興。河南淮右之民庶其有瘳，請於所開之河，偶值民居，則官給以地而償其室廬；偶損民業，則官倍其償而免其租稅。或與之價值，或助之工作，或徙之寬閒之鄉，或撥與新懇之田，亦何怨之有哉。矧今鳳陽帝鄉園陵所在，其所關係尤大，伏惟聖明留意。

鄭氏曉曰：洪武二十四年河決源武黑洋山，東經汴城北五里又南至項城入淮，而故道遂淤。正統十三年決張秋沙灣東流入海，又決滎澤，東經汴城，歷睢陽，自亳入淮。景泰七年始塞沙灣，而張秋運道復完。自後河勢南趨，而汴城之新河又淤。弘治二年以後漸徙而北，又北決金龍口等處，直趨張秋，橫衝會通河，奔流入海，而汴城南之新河又淤。命副都御史劉大夏治之，施功未竟，伏流潰溢。人皆言黄陵岡塞口不合，張秋護堤復壞，河不可治，運道不可復。且有爲海運之説者。蓋滎澤孫家渡口舊河東經朱仙鎮，下至項城南頓，猶有河流淤淺，僅二百餘里。若多役夫力，疏濬深廣，使由泗入淮，可殺上流之勢。黄陵岡賈魯舊河，南經曹縣梁進口，下通歸德丁家道口，足以分殺水勢。然梁進口以南滔滔無阻，以北淤澱將平，計其功力僅八十里。若多役夫力，疏濬深廣，使由徐入淮，可殺下流之勢。水勢既殺，則決口可塞，運道可完矣。

萬氏表云：黄河自野雞岡而下分爲二股，其自東南渦河而行者，則爲河身。其自孫繼口出徐州小浮橋者，則爲支流。然皆併合于淮以入海。是故黄河入海舍淮無他道也。如嘉靖庚子二洪水涸，漕舟並阻，議者謂黄河改流，愚則曰非也。夫河流遷改，宜必有漫溢之處。計今水道，惟渦河孫繼口耳。今孫繼口之出徐州者既淤，則當泛溢于東南之渦河。而渦河之水，迄今亦微，至可截以壩也，斷可識矣。蓋自清河以至徐沛，地勢隆擁節高一節，如往年黄河盛溢之時，則上漫濟寧，其魯橋諸閘皆爲渰没，而淮水亦幾浸城。後水勢少降，則自魚臺以出谷亭，再降則由飛雲橋以出沛縣，而淮水亦以次漸小。又降而出徐州小浮橋，則淮水亦漸平矣。近年黄河之水日微，故小浮橋之水淤塞，宿遷桃源二小河亦塞。今淮安河口合流入海之處，可以褰裳而涉也。此徐水之通塞，實本于黄河之贏縮，豈關于河之改流哉。

按嘉靖間，總河道都御史劉天和，統論黄河遷徙不常之由。言天下之水，凡禹所治率有定趨，惟河獨否。蓋嘗周詢廣視，歷考前聞，而始得之。其原有六焉：河水至濁，下流束隘停阻則淤，中道水散流緩則淤，河流委曲則淤，伏秋暴漲則淤，一也。從西北極高之地建瓴而下，流極湍悍，隄防不能禦，二也。易淤故河底常高，今於開封境測其中流，冬春深僅丈餘，夏秋亦不過二丈餘，水行地上，無長江之淵深，三也。傍無湖陂之停瀦，四也。孟津而下，地極平衍，無群山之束隘，五也。中州南北悉河故道，土雜泥沙善崩易決，六也。是以西北每有異常之水，河必驟盈，盈則決。每決必瀰漫橫流，久之，深者成渠以漸成河，淺者淤澱以漸成岸。即幸河道通直，下流無阻，近數十年，否則數年之後，河底兩岸悉以漸而高。或遇驟漲，雖河亦自不容於不徙矣。此則黄河善決遷徙不常之情狀也。故神禹不能慮其後，自漢而下畢智殫力以從事卒莫有效者，勢不能也。史稱周定王時河始南徙，竊意禹之治河。自大伾而下播爲九河，是棄數百里地爲受水之區。初無隄防以約束之，其間衝決遷改，雖禹之世，要自不常，惟使北向歸諸海而已。故三代之史略而不書，非若今之民濱水而居，室廬稼穡其上，一有湛溺即稱大害。治水者亦惟隨河曲折，築堤捲埽以障之。一值衝決，億萬財力付之烏有。古今相去不亦大相遠耶。甚者宋元之間喜功生事，妄興大役，其北也強排之而南，其南也強排之而北。曾不旋踵而或淤或決，民勞財費，國隨以衰，可畏也已。惟我聖朝建都上游，運道所繫，至黄河北徙則不容於不塞矣。時異世殊，要之各有攸當爾。且古今論治河者，多倣禹九河之法，謂下流必疏支河，如之而後水患可息。嘗循故道歷今河流，疑有未盡然者，蓋禹引河經大伾兩山之間極高之地而下，乃疏爲九河，水流極其湍迅，而後可久無患。今河經中州平陸，夏秋洪流誠可分爲八九，若冬春之間，或值久旱，即爲安流，深不盈丈，廣僅丈許，如分爲九不即淤邪。況南經鳳泗園陵，北妨兗冀運道，河之所洩惟徐邳之間爾。復多阻山，治之倍難，與古大異。然則下流分爲三四支河亦足矣，不必泥古法也。漢賈讓治河三策，古今稱之。其上策，放河使北入海，是即禹之故智也。今妨運道，已不可行。其中策，謂據堅地作石堤開水門，旱則開東方下門溉冀州，水則開西方高門分爲流。然自漢至今千數百年，盡中州大名之境，率爲河所淤泥沙填委無復堅地。而河流不常，與水門每不相值。或併水門而衝決淤漫之，濬治無已，所溉之地一再歲而高矣。西方地高，水安可往，使讓復作，或亦不可行矣。丘文莊謂古今無出此策，蓋未經歷非定論也。惟宋任伯雨曰河流混濁，淤沙相半，流行既久，迤邐淤澱，久而必決者，勢或北而東，或東而北，安可以人力制哉。爲今之策，正宜因其所向，寬立隄防，約攔水勢，使不至大段漫流爾。此則治水者所當審也。古者河北流，伊洛汴汜不入河，惟沁衛淇潼之水過大伾而北始入焉，故河之勢猶減。今則伊洛沁汴汜諸水舉入之矣，中州安得無河患邪。將道沁入衛歟，衛輝宗藩已因水患奏塞上流矣。且臨清下至天津，河道甚狹，頻年已苦衝決，不可復益以水。惟汶泉之水遇旱則微，匯水諸湖以淤而狹，運舟恒苦淺澀。若於武陟境内沁河横建滚水石壩，於東岸開三斗門，引沁自源武陽武北界大堤之外經延津縣南，循大堤而東，至長垣界入黄河舊衝張秋故道，又東至曹州境舊分水處，北向張秋之道，則大加疏濬，俾出永通閘入運河。旱則沁水盡東，全濟運河，澇則半由滚水壩仍歸黄河。是運河增一汶，爲永遠無窮之利，黄河亦可少殺矣。而況沁則易於節制不亦大愈於引黄河邪。但大勞未艾，民力方屈，運道方幸疏通，曷敢以輕議也。國朝治河司運，惟宋司空禮、陳平江瑄經理之功爲大。然惟導汶濬淤，建閘通運，不復引河。雖景泰、弘治間黄河自至，徐武功有貞、白康敏昂、劉忠宣大夏，亦皆强排力塞之而後已，不復資以濟運。蓋其至則衝決，去則淤填，修治之工無時可已，而運舟運卒之衝淤爲害尤大。且遷徙不常，害多利少，群公誠有見於此矣。嘉靖甲午冬十月，黄河從趙皮寨南徙，運道淤阻，時議者有引黄河濬閘河，二説莫能決，余甚憂之。廼相度二河道里遠近，工役巨細，權利害輕重而折衷之。引黄河濬淤幾四百里，既深且廣，其遠其費倍於濬閘河。計非數月可完，京師公私仰給乏絶，兼之故道難復縱復。將即淤濬河修閘之費卒不可免，是以其勞貽後人也。況所濟魯橋下至黄家閘，百七十里爾。自魯橋北至臨清五百里間。則猶資汶水諸泉，初無預於黄河也。廼始決策，濬河修閘，惟將來天旱泉微，運舟不免淺閣，是慮歐陽修有言：智者之於事有所不能必，則較其利害之輕重，擇其害少而利多者爲之，猶愈於害多而利少。余取法焉。然則欲爲國家運道建萬世之利，惟引沁爲愈爾。

按黄河爲中國患害也，自古記之。昔者禹未導山洪水汎濫於天下者九年，禹始出而治之，乃别九州，陂九澤，度九山，引河東入於海，然後水患盡去，地平天成。是時頌禹者第知爲一時治水之功，不知實萬世治河之法。愚嘗按黄河圖，河從星宿海西北來，出一巨澤二巨澤。數折而至崑崙，河勢尚不甚大，聞所在土人抱革橐騎能過之。河上多高山大陵遞相夾抱，行入麻哈地。麻哈者，番名，亦耳麻不剌。其山高峻非常，綿亙五百餘里，河隨山足東流，至積石入中國，遶西寧，過臨洮，其間則有嗚沙嶺，有寧夏山夾之。由寧夏流轉，達地八百餘里，過豐州西受降城，過大同路雲中南内州，東勝州與黑河合而南流，是即所謂河套也。及至靈寶縣，河觸太行山，轉轄石，其間則有三門七津砥柱，又有禹廟在，或者即禹導山通河處。夾岸岸高山，而河行山中，至沔池，至孟津，至河南府，至温縣，岸無山，山盡矣。其在河南府即有北邙山，亦僅僅障南岸，北岸殊無山。至武陟，水則有洛河、伊河、沁河來合，河勢始盛大。而又有汜水者合之，河益無賴。其在河陰雖有廣武山，山亦僅在南岸，北岸亦無山，俱不能夾束，以故河流至武陟則汎濫，亦河必然之勢也。

又黄河茶城而上，以無山夾束，故多潰決。由茶城以下，南岸始有洞山、九里山、雲龍山，北岸則有子房山，夾河入徐，故徐州獨無潰決，但有泛漲，以兩山夾輔之力也。予嘗曰：徐州河狹，又兩山夾之，徐州其直河之喉吭乎。河出徐州，過清涼寺，其在南岸雖有半戈山、羊山當之，北岸復無山故不能觸南岸，直北趨下，衝爲距山，連汪蘆塘、落馬、黄墩、周湖、柳湖諸河，河皆在邳境，故邳州往往受其害。河善泛亦以北岸無山夾故也。邳州由落馬湖至水晶湖，中間凡九曲。水晶河至清河甚近，過清河則淮水會黄之路，黄淮合而下雲梯關入大海，河淮之事畢矣。夫河之初出潼關入河南也，數數爲地方患，所在地方亦往往以塞决殺流，築堤壩、建閘埽爲事，河務具備。故堤上自木欒店，下止廟道口，蜿蜒千數百里，屈曲重復，蓋見河勢洶湧，故從平地築堤，用堤助岸以夾河，防其暴漲。又以河水横衝敗岸，則用埽捲以當其衝。又自築堤外，仍置閘減水以殺其勢，以爲决口不塞則内地淤，急流不殺則泛愈急，是堤埽自不得不爲之所也。及堤之又不能遏，埽之又不能殺，决者自決，衝者自衝，於是當事者又以堤埽無益於衝决，將欲舍堤埽不用而議開支河矣，議復老黄河故道矣，議開新河濟運舍黄河而不由矣議，開膠萊河通復海運矣。其議亦可謂衆多，其慮亦可謂周悉矣。議開支河者，謂黄河入淮之道舊有三，一自中牟至荆山，合長淮之水，曰渦河。一自開封府經葛岡小壩丁家道口馬牧集鴛鴦口，至徐州出小浮橋，曰汴河。一自小壩經歸德城南飲馬池，至文家集，經夏邑至宿遷，曰白河。弘治間黄河變遷，渦、白河，二道淤塞，全河東下，故徐邳獨受其害。今若復引水通渦白河，則水勢自分，河不得獨爲徐邳害矣。議復老黄河故道者，在徐州以上，欲自河陰原武懷孟之間，審視地形引河水注於衛河，至于臨清天津，不惟徐邳水勢可殺其半，而京師亦可助其形勢也。如冬春水平，漕舟則由江入津，泝流至于河陰，順流至于衛河，沿臨清而至天津。如夏秋水迅，則仍由徐沛達于臨清，至於天津。是一舉而得兩運道矣。在徐州以下謂清河縣之大津口，即老黄河故道也，其小清口即今淮水所出之清口也。欲議復七十里故道，後又慮魚溝鐵線溝葉家口陰陽口地勢卑窪，諸决之水漫流至此，築堤鉅費，且恐難保。故其説旋議而旋罷。其議開新河者，議欲自泇口鎮鑿新河以通運避黄河之險。河自馬家橋至直河出口，計二百三十餘里。其説復旋議而旋罷。其欲自徐州子房山梁山至馬家橋，上下開新河八十里，置舊河於堤外，使黄河出口之地並不相及，吕梁徐州二洪之險並可遠避，一議也。其欲自昭陽湖東起汪家口直抵留城一百四十餘里，開河入運，一議也。其欲開膠萊河通復海運者，循嘉靖十五年山東道副使王公憲所開膠萊河舊議河之南口，起麻灣北口至海倉，中間相距三百三十五里。兩口舊皆貯潮水常足，不假濬者二百餘里，濬者一百三十餘里。疏濬之内有分水嶺，聞其地河形至今在。但其下多磵砢石水微細，使極力開鑿止三十里遠耳。如河成，我江漕由淮安清江浦，歷新壩馬家濠而來，計良便前，是以海運爲險罷海運者，以馬家壕未通，漕舟出大洋故也。今馬家壕既通，我舟即不必由大洋，直由小海中行舟自不險，然後由麻灣海倉二口徑抵天津直沽，豈非便道乎。夫舟自清江浦口至天津路，凡二千六百里，其中由河行者八百里，由海者八百里。海行既由小海，不由大洋，非若昔元人海運之遠。又所歷有劉家島、蓬萊島，黑水成山大洋甚險。後王公以陞去，事遂寢，此又一議也。復有爲淮安計者，欲濬草灣以分河入海，不令直犯淮城。後以河流入海，舊無阻塞，卒不議濬。此皆爲運道計大略又如此也。國家自會通河成，借河入運，雖得其力，亦受其害。不然彼河自爲河耳。夫河害之在梁宋，其地多浮上虚沙，既無堅山壁岸爲之障，又無長淵深湖爲之貯，不得不日夜講求堤壩，經營捲埽也。河害之在徐邳，仍少有山，又有湖，又去海口漸近，海口則可濬，河身則可疏。又得淮水合而衝海口，海口必日闊而日深。又有堤壩而爲之障，河自歸河而沙不壅。且高家堰又築，而高寶既免泛浸之虞。歸仁集又築，而泗州復享奠平之利，河謂無患可矣。柰何又復有决，我又復有搆帑金人力所費不貲。是河恐未見有息肩之時也。今若果得長策善畫，令河有岸而不得衝，水常歸而不得泛，用一年之勞可保數十年之安，捐數十萬之費可收數百年之利，宜莫如先審河岸，次審河勢。河岸堅則身直，河身直流不屈曲則河自不淤。夫安得有長山而爲之岸，堅土而爲之障？設使有之，無論小小衝决潰泛，即使有前代洪流大浸，自足禁當此禹導山治水可法也。所以禹蹟如龍門壺口徐州洪至今存未嘗變，以有山爲之岸，岸堅水不能如何也。今果能於徐邳以下履地而擇之，測水而引之，假令得長山而爲之河岸乎。有則早移河於山下，使水行山足河安流直東射而入于海，其旁河郡縣土地可永免昏墊，魚鱉可永不生郊矣。予尤有深長之思。又不但慮徐邳泛决，誠恐漕河萬一决壞，則我四百萬漕將安輓之京師不無緩急矣。又謂膠萊河之説至今行可也，所聞前是議罷者，以王千壩三十里地高，人力難施，故廢之。余嘗躬臨相度，原係平地，雖名分水嶺、視他處稍高丈許，非崇山峻嶺也。此河一濬可以達直沽，漕舟入麻灣海倉，乃設重兵屯守膠萊海次，屹然爲一巨鎮，專意衛漕舟防海寇爲務。如此則可通漕便，誠國家萬萬世無窮之利也。至如泇河子房山又其次矣。

（明）張國維《吴中水利全書》卷一一《誥命》　洪武二十六年，上諭都察院：凡各處閘壩陂堰引水可灌田畝以利農民者，務要時常整理疏濬。如有河水積流泛溢，損壞房屋田地禾稼者，須要設法隄防止遏。或所司呈禀，或人民告訴，即便定奪奏聞。若隸各布政司者，照會各司，直隸者劄付各府州縣。或差官直抵處所踏勘丈尺濶狹，度量用工多寡。若本處人民足完其事，就便差遣。倘有不敷，著令鄰近縣分添助人力。所用木石等項，於官銀見有去處支用。或發遣人夫於附近山場採取，務在農隙之時興工，毋妨民業。如水患急於害民，其功可卒成者，隨時修築以禦其患。

（明）張國維《吴中水利全書》卷一一《誥命》　洪武三十一年，欽頒教民榜文一款：一、民間或有某水可以灌溉田苗，某水爲害可以隄防，某河壅塞可以疏通，其當里老人會集踏看丈量見數，計較合用人工，併如何修築，如何疏通，定畫計策畫圖貼説，赴京來奏，以憑爲民興利除害。

（明）張國維《吴中水利全書》卷一一《誥命》　洪武三十二年，上諭工部：凡圩壩堰陂塘仰該府州縣提調官常川體勘，境内應有圩岸壩堰坍缺，陂塘溝渠壅塞，務要趂時修築堅完，疏濬流通，以備旱潦。毋致失時，有傷禾稼，及因而擾害於民。

（清）傅維鱗《明書》卷六九《河漕志》 史官論曰：水之爲水，古今相去倍蓰。古棄水，今就水，古因水，今遏水。古水汜濫，避其害，今水衝決，丁其害，墮其利，欲用水而尤欲避焉。是以囏也。言治水者始於禹，禹隨山濬川，而於導河獨詳。司馬遷謂河菑衍溢，害中國也尤甚。信夫至於九川疏，九澤灑，而元圭已告成矣。當是時，天子都冀方，冀東西南皆距河，轉輸利，故《禹貢》兗、青沿濟以達河，徐、揚浮淮、泗以入河。荆逾洛、豫浮洛以達河，雍、梁咸會渭以亂河，以底河爲至。而《禹貢》總銍秸服粟米皆取足於王畿五百里内，蓋其會風俗醇樸用度省，卿大夫食采，而兵寓於封井，無爲事漕。厥後分畫之制詳，田間有遂，通於溝，十夫之溝通於洫。洫通於澮，澮通於川，川通於濟、洛、汝、泗、淮、江以達於海。故畛廣四尺，涂八尺，道二仞，路四仞，而封樹之。皆水坊也，無所事隄。有瀦以蓄，有坊以止，有溝以蕩，有遂以均，有列以舍，皆水治也，無所事渠。溝深四尺，洫八尺，澮二仞，川四仞，淺容舠航，深受舟楫，以濟不通，尤無所事漕。畿疆封築，取諸農隙，旱蓄潦洩，任諸農功。卒然有急，移用其民，以救其時事，取諸力徵，故土不隄而固，水不渠而灑，河由地中行，蓋不勞而定也，亦無爲事河矣。其後引河爲鴻溝，通渠於沔、漢。於吴浚渠、三江、五湖，於齊疏淄、濟，於蜀鑿離碓，往往利饟舟溉田。然漢、唐、宋皆漕於河，河第見利多，其害也不過壞民田廬，而國之命脈不與焉。故言治河者，猶以爲政事之一端。元都幽燕，仰漕粟東南，始重漕與河。而尚海運居其半，漂溺所不恤，苟且以終。雖有疏瀹，可聊計也。至於明，治水無遺法，用水無遺功，防水無遺力。因元都，勢必因元漕。且北方田瘠收薄，除輸正糧無餘物，而國家百費，歲億萬，不得不賴漕。明人之言曰：漕爲國家命脈所關，三月不至，則君相憂。六月不至，則都人啼。一歲不至，則國有不可言者。需漕固不重歟！資漕者河，而毒漕者亦河。藉河之水以肥漕，怵河之溢以病漕，則又重需河。或障阻，或疏鑿，或分殺，總爲漕計也。障阻則又需隄，疏鑿分殺則需渠，古之無所於事，而明皆上下憂勞，日惴惴焉。則漕與河者，明之大利大害也，豈特前代僅僅政事一端耶。作《河漕志》，而以水利附焉。

明太祖定鼎金陵，爲東南財賦之所會，引江帶湖，舳艫尾銜鱗次進，故其時帑藏充溢，蠲租之詔歲下，而軍國之用沛然。猶下詔言民間租税，水陸漕輓輸京師，大艱難。其設法轉運，務利便，無重困吾民。置京畿漕運司，以龔魯、薛祥爲漕運使。十四年，罷太宗擇天下形勝，都燕爲京師。去江南遠，百司庶府，衛士編氓，一仰漕於東南。

永樂初，運道一由海達直沽，險；一由淮入河，踰陽武入於衛，由衛入白河，抵通州。運兼水陸，爲勞費艱。五年，户部會官言：北京合用饟餉，盡河北税糧子粒，並河所漕粟，不足供，需海運乃濟。而運船少，歲運不過五六十萬石。且未設漕官督理，事權不一，請於蘇州太倉設海道都運使，其中擇文武公幹者，以充。銜視布政使，轄衛所諸海運船，並出海官運，時檢理如法。太宗重其事，下部詳覆。而濟寧州同知潘叔正言元自須城縣安山西南行，由壽張東北至東昌，又西北抵臨清，三百八十五里，引汶絶濟，屬之衛，即今御河也。建閘三十有一，以時蓄洩，名會通河。時河初開，岸狹水淺，不能負重載，歲不過運數萬石，故終元之世，倚海運爲重。洪武中，會通河故道猶存，迨河決原武，漫安山湖而南，而會通之跡始湮。今海險陸費，而會通河故道淤者三之一，宜可濬以漕，漕成而南北之運通，則無窮利也。於是天子命工尚書宋禮、刑侍郎金純、都督周長董其事，發山東六郡丁夫十有六萬五千，役二十旬，蠲租百十萬石濬之。而御史許堪言，古海豐故河漕汶以運，道猶存，宜可疏，屬之衛。而老人白英畫以爲元導汶入洸出濟寧，而陽穀、渭上、東平之間，地高圩數丈，南旺之間，水淺涸膠舟，舟不任重載，固其理也。今築壩於東平州之戴村，抑汶水無東流，令盡入南旺湖。南旺者運河之脊也，得全汶而湖廣深，宜可漕。於是疏衛河達海豐古河，而築壩抑汶水入南旺。至南旺而中分，分十之四南流於屬徐，分十之六北流達臨清，相地勢高下，層築閘以啓閉蓄洩。自分水至臨清地降九十尺，爲閘十有七而達於漳御。自分水至沽頭地降百十有六尺，爲閘二十一而達於河、淮。設清江衛河工提舉司。其中創造運船五百艘，已運至三千艘，以轉輸底平倉。闊受載不深，於度淺易脱，得水僅六拏而足，六拏者三尺也。

先是瀋陽衛卒唐順言，衛源出衛輝太行山下，其流自縣北經衛輝城旁，抵直沽南，距河陸程僅五十里許。誠開衛距河百步，置倉廒，受東南方運粟，便。上大然之。及會通既道，淮浦底而南北運通，無事廞貯。是時河歲爲變，部侍郎張信言，祥符縣中有黃河故道，岸與今河平，宜可濬，大發卒濬之，仍命尚書禮總其役。而工部主事藺芳言：天下之水，惟河爲大，故水患亦惟河爲急。今於中灤導河分流，使由故道北入海，免河南民於昏墊，誠萬世之利。然緣河新築護岸，埽座用蒲絙泥草，勢不能完安。臣愚以爲編大木成囤，如豚圈然。置之水，以椿木錠其中，實以石腳，而橫木貫椿表，屬之隄，便。從之。河以分而安。

初平江伯陳瑄督海運，會通河既浚，海運罷不用，命瑄理漕河事。瑄疏清江浦引水由管家湖入鴨陳口達淮，避河、淮風濤之險。浚瓜州、儀真二壩，祛潮港之湮。鑿徐、吕二洪之巨石，平水怒，行沛縣招陽、濟寧南旺、高郵甓社諸湖，築長隄以蓄巨瀦。開泰州白塔河以通大江，鑿高郵渠四十里以便舟楫。自淮抵臨清，增閘四十七，以便蓄洩。自淮至通州，濱河置廬舍五百六十八所，居卒。以治淺，緣河隄種樹鑿井，以待暍者。置倉於淮安、徐州、臨清、通州，以便轉輸。諸四千里數十年漕河事宜，皆瑄所經綜周慮而力圖之。至於今是賴。

初制蘇州並山東兖州民税糧輸濟寧倉，河南、山東糧輸臨清倉，各交收，而沿江諸府州縣糧並輸淮，浙南直隸衛所官軍於淮安運抵徐，京衛軍於徐州運抵德，各置倉收囤。而山東河南軍於德州運抵通入上輸太倉，曰支運。一歲四運，蓋軍民各半。而江西、湖廣、浙江及蘇、湖諸郡距京師遠，民不習河事，而漕河有洪閘淺凍風濤之阻，多失陷。往復動經歲年，勞費於正糧數倍。且以轉漕故失農月，苦甚。用侍郎恍、平江伯瑄議，令民運淮安、瓜州，補給腳價，給搬淺費，給耗，給蘆蓆費兑與軍。而直隸各省軍，各於附近水次領兑。成化中，復用都御史滕昭言，罷瓜淮兑運，令裏河官軍顧江船，於江南水次交兑，民加過江耗，視遠近爲差，而淮、徐、臨、德四倉支運之糧，皆就水次兑之，軍爲改兑。如《賦役志》所詳數，計用漕船一萬一千七百七十五艘，官軍一十二萬一千五百餘員名，而遮洋船五百二十七艘，皆造於清江衛河提舉司及原衛所。設官董督之，總督漕運都御史一人，駐淮安。理刑刑部主事二人，亦駐淮安。管廠工部主事二人，駐清江浦。監倉户部主事四人，分駐淮、臨、徐、德。管河工部郎中二人，一駐安平鎮，分理濟寧以北，一駐高郵，分理濟寧以南。管洪工部主事二人，一駐徐州洪，一駐吕梁洪。後又設管閘工部主事二人，一駐沛縣，一駐濟寧。管泉工部主事一人，駐寧陽。提舉二人，一駐清江浦，一駐臨清，儹運糧儲。鎮守地方總兵官一人，協同漕運參將一人，皆駐淮安。而又時差户部主事赴監兑分轉，衛所官軍把總十二人押撥運軍。而又爲之明職掌，嚴科條，懸賞格，限時日，厚優恤，疏迴空，乃轉輸無底滯，而國儲以饒。蓋倚漕爲命，而漕河跨江絶淮，經河越濟，兼四瀆之水爲漕用。其在京師者，蘆溝河出山北代州，滹沱河出真定西山，白河出胡地，經密雲，合大通、榆、渾諸河，至直沽入海。而故元時用太史郭守敬言，導昌平白浮村神山諸泉，過雙塔、榆河，合一畝、玉泉諸水，入城匯積水潭，出崇文門，從東折而南，至通州入白河。長百六十四里，十里一置閘以便漕，曰通惠河。有積水在禁城北，名海子。經大内，海出啓閉，當以時請，又諸閘久廢，不以漕。東南爲玉河，河出河南輝縣百門泉，西北經臨清下直沽入海，蓋運道所從也。沁河出山西沁源縣，經太行山麓，至原武黑洋，與河汴而東。又南爲汶、泗，泗出泗水，沂出曲阜，洸出寧陽。又汶初出萊蕪，從濟水西北流入海，乃與沂、泗、洸合而入南旺。南旺湖周迴可百五十里所，中爲二長隄，而設斗門外畜水，曰水櫃。而兖州、濟南、青、泰山七十二泉俱道汶、沂入焉。又南爲昭陽湖，湖在滕、沛間，納薛河及諸縣水以漕，乃至於河。歷徐、吕二洪而東，亂淮入邗溝。邗溝南臨江，北抵淮，無泉源，獨蓄高郵、邵伯、寶應諸地水爲湖。湖皆有石隄，而本畫漕河謨者，獨衛與河爲水道，餘皆疏泉引流爲之，故常淺。遇亢陽，泉流細縮，行頗艱。又抑河使不得北流，而河數決溢齧漕爲憂。故疏鑿修築，專之水部司，而以河道都御史一人總其事。

宣德初，詔尚書黄福與平江伯瑄計漕事，福上言：濟寧以北，衛輝、真定以南，近河地宜役軍民十萬人屯田積穀，以省漕，下行在户兵部議。於是尚書資本言：鳳陽、淮安以北，及山東、河南北、直隸近河地多腴。宜於河旁二百里内，擇荒閑田，以五萬頃爲率，發附近軍民五萬人，官給牛種農器以耕。從之。乃選官經屯田，即命福董理焉。已尼不行。天順初，都督徐恭奏漕淤，命都御史崔恭理其事。大役軍夫數萬，而儀真以北乃通。弘治中，以工侍郎李燧往視山東漕河，燧言：堽之壩勿毁，洸河之塞毋通，浚泉疏水，則漕利可通。東省民多德之，而漕亦無誤。

嘉靖中，漕復梗，刑尚書世寧言，宜役夫開鑿新渠，而言者嘖嘖，議遂寢。若夫河，自宋熙寧中決澶淵曹村，北流斷而南徙，東匯於梁山濼，灑爲二。一合南清河入於淮，一合北清河，爲濟水故道，入於海。蓋河與淮合始於此，然勢分而不專。金之亡也，河始決開封城北衛州，入渦河以合淮。元之亡也，決河南，決汴、陳、許，決杞，而用都水使賈魯議，塞北河，疏南河，興大役而河益南。洪武中，決陽武東，經開封城北五里，又南行至於項城，經潁州、潁上，東抵壽州正陽鎮，而全入於淮。永樂中，徙從故道。正統十三年，決張秋，河灣東流入於海。又決滎陽，東過開封之西，歷睢陽，自亳入於淮。

景泰中，又決張秋，治久無功，遣都御史徐有貞往治之。有貞行汶、濟，踰衛及沁，循河道濮、范，往來相度者久之。上疏言：臣聞治水有三，要在知天時地利人事而已。蓋河自雍而豫，出險即夷，水勢既肆。又由豫而兗，土疏而水益横流，於是決而奪濟、汶入海之路以去，諸水從之。故隄隤渠淤，潦溢旱涸，此漕途之所由阻也。今欲驟堙之，則隤者益潰，淤者益淤。請先疏其水，水勢平乃治決。決止，多方建閘壩，以時節宣，無溢涸而後河可得而安。時有撓其議者，曰，不能塞河令不爲患，顧開之令爲患耶。上遣中使即問，有貞出二壺，一竅五竅者各一，均注水而並瀉之，五竅者先涸，於是使者曉然知疏策之爲良也。歸報命而議定。於是有貞作治水閘，疏水渠，渠起張秋金隄，西南行九里至濮陽濼，經博陵、壽張、沙河，至東西影塘，又沿李崔至蓮花池大豬潭，乃踰范暨濮。又上而西數百里，經澶淵接河、沁矣。有貞曰：河水過則害微，乃利，乃節其過而導其微，趨於平。既成，賜渠名廣濟，閘名通源。凡河流之旁，有不順者堰之。堰有九，長袤皆至萬丈，架濤截流，柵木絡竹，實之石而鍵以鐵。曰，合土木火金，平水性也。又作放水閘於東昌龍灣、魏灣。閘有八，度水盈過丈則洩，皆通古河以入海。上制其原，下放其流，既節且宣，用平水道焉。

先是學士宋濂曾有言：夫以數千里湍悍難治之河，而欲以一淮疏其怒，萬無是理。今河破金隄，踰曹鄆，地幾千里，悉爲巨浸，民生墊溺，比古尤甚。若浚入舊黄河，使水復故道，然後導入新濟河，分其半使北流，以殺其力，譬之百人爲隊，則力全而鋒莫攖。若百分爲十，則頓損，十分爲一，則全屈矣。亦一壺五竅之意也。

當是時，蠲瀕河民牧馬庸役，以專力河防，役丁夫五萬八千，又事不中制，役以有成。及弘治中，河決原武，支爲三，其一決封邱金龍口，漫祥符、長垣而下，趨張秋，衝衛通河，而奔放於海。一出中牟，下尉氏，一溢蘭陽、儀封、考城、歸德至宿州，瀰漫四出不可禁。議者至請遷河南行省避其害，布政使徐恪持不可而止。命户部侍郎白昂往治之。昂舉兵部郎婁性往協治，乃築陽武長隄，防張秋、中牟之決以入淮，濬宿州古汴河以達泗。自小河西抵歸德飲食池，經符離而南，皆濬令深廣。又疏月河十餘，以殺其勢。塞決口三十六，由是河入淮，汴入睢，睢入泗，泗入淮，以達海，而水患以寧。昂又以爲河南入淮非正道，恐卒不能容，乃復自魚臺歷德州至吴橋，修古長隄。又自東平北至興濟，鑿小河十二道，引水入大清河及古黄河以入海。蓋東北分治而主疏。

七年，河復決金龍，潰張秋隄，奪汶水以入海，蓋東昌、臨清流幾絶，畢注於張秋。當是時，洶洶謂河不可復，宜復河海運，而朝議弗是也。命太監李興平、江伯鋭同都御史劉大夏督治之。時河流湍悍甚，決口闊九十餘丈。大夏行視之，曰：是下流未可治，治上流。先導之南行，且築長隄以防大名山東之患。候河頗循軌，而後決可塞也。於是發丁夫數萬，濬賈魯舊河四十餘里，由漕出徐以殺水，濬孫家渡，開新河七十餘里，導使南行，由中牟至潁以入淮。又濬四府營淤河，由陳留至歸德，灑爲二。一由宿遷，一由亳，渦入於淮。於是沿張秋兩岸，東西築臺，立表貫索，網聯巨艦，冗而窒之，實以土。至決口，去窒沈艦，壓以大埽，合且復決，隨決隨築，連晝夜不息，決乃塞。繚以石隄，隱如長虹，輔以滉柱，森如列星。又起河南胙城，經滑、長垣、東明、曹、單諸縣，下盡徐州，作長隄亙三百六十里，而漕道復通。役歷三時，用軍民夫十二萬餘人，鐵一萬九千斤有奇，竹木薪芻無算，於是張秋之決始塞，賜名安平鎮。

而是時學士邱濬著論言：《禮》曰：四瀆視諸侯，瀆之言獨也，江、淮、河、濟以瀆名，謂其力能獨入於海，故重之也。宋而上，河專入海，尚能爲並河州郡患，況河、淮合一，而清口又合沁、泗、沂而同歸於淮哉。獨運河道濟博之境，則河決不可使之北，以擇股肱心膂大臣，委以便宜，俾於水勢下流迤東之地，擇利便汙下之處，條爲數河，以分其勢。又於支河之旁，宜秔稻之地，依江南法，創圩田，多張水門，引水以溉灌。候水勢減，然後泝下流而上，或疏或濬，使河身深廣，足以容水，則中有所受，而河之波不溢於平陸。下有所納，而河之委不病於東隘。河南、淮右之民，庶有瘳乎。夫自開封以南，至於鳳陽，膏腴之地，歲爲河濟沒，何止數十萬頃。今縱於迤東之地，開爲數河，所費者田不過數萬頃，又皆濱海斥鹵之地，比較利害，孰爲多少，宜有以權此矣。而學士張元禎亦言：今黄河以北，多存舊身，若因開爲數支，以達平原，抵直沽，即可引以灌溉，而殺其直奔安平之勢。然兩水未作，河流細小，即引溉固無從也。

正德中，尚書胡世寧上言：沁水故自紅荆口分一道，流六十里通於衛，近始湮，是河因沁可通衛也。且黄河距衛河不遠，宜可濬使分。而嘉靖約議者，欲引河自蘭陽注宿遷殺其勢。僉事霍韜與少僉事方獻夫私憂之。議以爲水溢徐沛，猶有徐吕二洪爲東捍。而東北諸山，連亙如列垣，即爲患猶有所底極，若引而注宿遷，則鳳陽、歸德皆平地，勢不可復禁禦。若不先疏運河，沿昭陽湖畔築長隄，張水門以蓄洩，即運道無阻也。以問山東僉事江良材，而良材具爲言，通河於衛有三便。古黄河自孟津至懷慶東北入於海，今衛河自衛輝及至臨清、天津入於海，則猶古黄河道也。三代前，黄河東北入海，宇内全氣隨而鍾於雍、冀、齊、魯之郊。漢時，河決頓邱，遂漸南徙。隋煬帝引河入汴，引汴入淮。至宋熙寧，而河遂南，宇内全氣，因遂遷轉。唐無幽燕，六朝南宋偏安江左，而元遂統有天下，亦氣幾使然也。我太宗皇帝定鼎神京，宇内全氣，又自南而北，張秋之決殆天意。今莫若於河陰、原武、懷孟之間，審視地勢，導河使入衛，以達於臨清天津，不惟徐、沛之患可息，而京師形勝，所壯百倍。此其爲便者一。元漕舟涉江入淮，至於封邱，陸運自淇門入於衛，達於京師。今導河注衛，冬春水平，漕由江入淮，泝流至於河陰，順流達衛。夏秋水迅，仍由徐、沛以達臨清，是一舉而得兩運道也。此其爲便者二。又河西沃壤，若得人力盡闢而耕之，三邊軍餉，可不漕而裕。而自臨清以北至京師，修其溝洫，擇良有司任之，不惟可備旱澇，兼亦可捍戎馬，而河南北直隸郡縣，轉羸瘠爲富強。夫水流行於地，猶血之流行於人身也。血在人身，調理中節，則潤毛髮，澤肌膚，或調理乖方，注下爲痔瘺，直上則髮膚燥槁，則身爲之尫。今黄河自西域來，萬里注徐、沛而横放，猶血注於下而痔瘺也。今疏之達衛，猶上運於肢體，沿河州郡，疏爲溝洫，旱灌潦洩，以興民利，猶血澤於皮膚。又自陝西緣邊，修秦、漢故跡，築爲邊牆，堰爲陂瀦，外捍衛而内灌溉，殺徐、沛上流之勢，又功及全陝，猶血運於頭顱，而毛髮亦潤也。此其爲利者三。韜大然其畫。具疏上。

而侍郎黄綰方赴召，道經豐、徐，見河災敗漕甚，則疏言：臣嘗考堪輿家言，兩山夾流，中必有水，兩水夾流，中必有山。南條與中條相夾之水，長江是也，中條與北條相夾之水，黄河是也。其間地勢，必兩高中窪，水乃由焉。所謂水由地中行是也。禹疏治河，而八百年無患，水得其道而已。戰國開阡陌，廢溝洫，而平陸之土，漸不可田。不免作渠以灌田，鑿河以通漕。作渠者必引水自高阜，方能跨原陸以成其利，通漕者必從旁穿決，方能灌河渠以足其用。況砥柱而下，多衝擊兩岸而行，岸善崩而淤泥下積，河流上高，於是爲隄防以障之。今洛陽河隄，卬高於汴城，豈一朝夕之故哉。今豐、沛、徐、淮，陰雨連旬，千里爲沼，室廬穀土，皆爲洪波。國家喉襟之地，至於此極，不疏導別行，害無已時，而疏治之非順其性不可。夫川瀆有常流，地形有定體，非得其自然，不足以順其性。必於兖、冀間，即中條北條交合之處，尋自然兩高中下之形，浚使北流，自直沽入海，庶水由地中行，可永免河下諸路生民墊溺之患，每歲河防夫役之苦，雖不求禹跡，而固禹之跡也，智之大者也。若泛聽典籍人言，恐積淤日久，反成高陸，而禹跡終不可得矣。或謂黄河雖爲豐、沛患，亦爲漕利，不知漕河發源，皆自山東，不資於河南旺馬場、樊村、安山諸湖。但封浚泉源，修築隄岸，疏湖中積沙，以深蓄湖水，則湖外長溝、馬房，南至釣兒口，北至安山，固古所謂巨野，宋所謂梁山泊也。地形窪下，較湖水低甚，改漕河經焉，可免濟寧高原淺徙之艱，則漕亦何賴於河哉。於謨議至深，爲自然之符。其後都御史劉天和議以爲河水來則激射，至必衝決，退乃填淤，引河，而漕。議者比之引狼兵以除内寇，誠切喻也。故先朝名臣，經理河道，寧其瀦汶，不敢引河。且於河岸築隄捲埽，歲費以數萬計，誠防河北徙故也。惟汶水之流，遇旱則涸，匯水諸湖，以淤而狹，引河之議，或亦慮此。然國計所繫，當圖萬全，無已寧引沁之爲愈耳。蓋勞費正等，而限於斗門。澇則縱之，俾南入河，旱則約之，俾東入運。易於節制之爲萬全也。事皆須後。蓋嘉靖初，河決魚臺、谷亭，決單縣，至十三年而廟道口淤，役丁夫十四萬三千九百人濬之，四閱月而成。而河忽由趙皮寨向亳、泗奔河口，而谷亭之流遂絶。秋冬忽復決河南夏邑，開數口東北流，經蕭縣入徐，下二洪，而趙皮寨之決俄塞。嗣是歲有決溢，而所由無常，迨季年而蕭、碭、徐、邳之間，漂城郭人民，爲菑也劇甚。決而南，鳳陽、泗州，迫陵寢，接歸德、虞城，適河、汴下流之中，爲天下根本。抑而北，會通漕渠，又天下咽喉。引而東，則淮河交注，宿遷清河，猥受其下流，爲墊溢無極。歲漕舟往往更歲乃卒事，率三石而致一石。於是議者始紛紛議開膠河復海運事矣。

先是成化中，大學士邱濬讀《元史》，見海運之利，議興復，説者沿踵。而修撰羅洪先乃訪求其道里島嶼，自閩開洋歷楊子、登、萊，以至天津，諸道里島嶼，若風雨雲日之占驗畢具爲成書，以爲坦乎可見之行也。隆慶末，開膠萊河，議下，山東右布政使王宗沐以爲必不可復。而海運有十二利，徑可通。巡撫都御史梁夢龍大然之，投袂起行海上歷視，列疏上。萬歷初，宗沐以都御史督漕運撫鳳陽，於是具三説以進，曰：唐人都秦，右據岷、涼，左通河、渭，是險可依而水未通利也。有險則天寶、興元乘其便，無水則會昌、大中受其貧。宋人都梁，背負大河，面接淮、汴，是水通利而無險可依也。有水則景德、元祐享其安，無險則宣和、靖康受其病。若國家都燕，則北有居庸、醫巫閭以爲城，而南通天津以爲池。金湯之固，天造地設，以拱衛神京，而海道不通，是太平之遺慮也。此天下大勢一。夫三門天下之險也，唐人裴耀卿、劉晏輩，百計經營之不廢者，都關中故也。若都燕，則既受河與海矣。河一自安山涉汶、濟，即今之會通河。一自温入汴入衛，而俱會於天津。然終元之世，未嘗事河而專海者，彼以陋夷紛擾，終歲用兵，固無暇於河也。彼又以爲河亦有不如海利者，入閘則兩舟難並，是不可速也。魚貫逆遡，一舟壞則連觸數十舟俱壞，是不可避也。一夫大呼，萬櫓皆停，腰脊咽喉之譬。先臣邱濬言之，是不可忽也。若主於河而協以海，自可萬無慮。故都燕之受海，猶憑左臂從腋下而取物也，不可棄也。此都燕專勢二。黄河西來，禹故道雖不可考，然不過自三門而東出天津入於海，是腹雖稍南，而首尾則東西相衡而歸諸北也。乃今直南入淮，而去歲決從閻家口出支河近符離、靈璧，又幾於正南。夫河自西北而抵東南，其爲途益遠，而合諸水益多。如去年之漂流，中外大小臣工聞之有不變色者乎。夫既不能不變色於河之梗，而又不能無難色於海之通，則計將安出。此目前急勢三也。風波天數，臣亦何能逆睹其必無，然以爲趨避占候，使其不爽，當不足以妨大計。且語有之曰，天不滿西北，地不滿東南。東南之海，天下之水之委也。渤海極天，則迴避靡地，近南水煖，則蛟龍窟居。元海運之有敗，以其起太倉、嘉定遞而北也。若自淮安而東，由登、萊泊天津，則原名北海，中多島嶼可以避風。又其地高而多石，蛟龍有往來而無窟宅，即以舟與米行於其間，因以曠遠而取速，而標記島嶼以避患，名雖同於無人，利實專其便易。佐河運之缺，計無便於此者。於是海運行。

而都御史于湛言：海運之法，作俑於秦，效尤於元，祖宗已棄之策，三代以前未聞也。邱濬曾計漂溺之米，而不計漂溺之人，故以海運爲便。而不知者又雷同附和之，不知米漂而載米之舟，駕舟之卒，管卒之官，能獨免乎。考《元史》至元二十八年，海運溺米二十四萬五千六百有奇。至大二年，溺米二十萬九千六百有奇。而濬之策曰：每舟載米千石，用卒二十人，則歲溺而死者，殆五六千人。此元人之所以忍於華人也。奈何華人亦忍於華哉。會再運三百艘中七艘壞而罷。夫《禹貢》刊滌，功止達河。九畿蕃荒，服惟薄海。則海固古聖王之所不用者也，而使以饟運之故，乃驅人與米，果魚龍之腹。而以一歲數千百命與漕較多寡而欲行之，憂人之君相，殆難言難言之矣。又廢垂百年，事未習而難安。顧燕爲京師，獨議漕。夫漕爲國家命，而經絡中國二千餘里之水以爲漕，則漕其員官也。古之治河者，順其性，今乃不敢令河北流，日築隄捲埽，歲費以億計。防河北徙，如防寇戎然，計獨在保漕。都御史馬卿有言：脱京師六月無漕者困矣，何暇及遠。盍姑爲紓目前計乎？蓋其慮也，嘉靖末，河塞新集，而南流阻，再塞龐家屯，而全河北徙，不可漕。於是都御史朱衡以工尚書屬治河。衡念以爲國運通與河相值，宜獨因河勢而利導之。今河直秦溝，宜因秦溝開新河以漕。而廷議以爲河湍悍，以秦溝兼數河之任，恐不溢而北，即溢而東，又抵極而反於西南，是以沛與魚臺爲壑也。幸故道滅未久，宜可濬，而從上原開支河以殺水，便。新河三難，不可爲也。

下覆議。於是衡復上議，言：河固悍難暴洩，然使不直境山而北出，將一聽沙淤之所爲。即出徐州南，而二洪益壯，亟爲敗。今幸出秦溝，直境山南五里所，雖兼受數河之任，猶爲有束隘，而河流得益駛疾，此爲國家於河不治，而已得其大。即夏秋水猥盛極反，亦不能出新河西隄外，而昭陽湖受之，水得游蕩休焉。獨何言爲壑也。今欲開支河，起新集至兩河口，無論漫無河形者二百五十餘里，創作深廣，難。即有河形，如郭貫樓至龍溝，滅未久，稱易濬者，亦已盡淤。先臣所謂撮沙如聚米，挑淤如劃脂者也。且河之所舍，誰能強之，不如因河所欲注開之，合決河深川之文，而增卑培薄，事西隄以固魚、沛，便。於是新河就而西隄亦成。

萬歷初，黃河復決崔鎮，決龍窩、周營，分決白洋河，越歸仁集䦨泗州，而河勢遂北。淮水破高家堰，溢山陽、高郵、寶慶、興鹽諸州縣，清口阻，而淮勢遂東。河、淮分決，流沙淤溢雲梯關，入海之路大阻，淮安墊焉。蓋災甚矣，議者洶洶，謂諸決口當毋塞，開支河以殺水，而主濬海口以通之。督漕右都御史潘季馴行相視，議以爲海口固潮汐之所從來往也，隨濬隨淤，何可濬。惟導河歸之海，則以水治水，導河即以濬海也。然河未易以人力導，惟繕固隄防，使無旁決，水入地益深，則治防即以導河也。今河決上流，固宜疏，今下流決也，欲疾赴海而害祛，豈不疏哉。築堰復岐分之，即水力益弱，宜入海之滋不利也。於是由平江伯瑄故畫，築隄起清江浦，沿鉢池山起武家墩，經大小澗，至阜寧湖，以捍淮東侵。築隄起清江浦，沿鉢池山柳浦灣迤東，以制河南溢，慮河內衡閘而蝕漕也。嚴五壩啓閉，獨以待漕艘解船如法。故它官民船並盤壩，禁干閘者，於是自徐抵淮亙六百餘里，皆畚埴土膠泥，築南北兩隄，蜿蜒相望，如常山來峙，以束水。諸縷隄迫河者，畢展築，兩崖地窪下者，各增築。原隄短蹙，防護未周者，連接築，培薄增高，譬重門以待暴，增纘以禦寒。即有異常泛濫之水，縷隄不支，至遥隄而極隄，蓄瀦者寬，勢固不能潰而出也。於是淮畢趨清口，會大河入於海，海口不濬而深通。蓋自宋禮陳瑄開運河後，漕渠遂爲國家經，荒度代有，皆補苴其罅漏，蒙遺業，因故策，使適無蝕漕而止，勢固不能度漕渠，發長畫，爲國家遠慮者，亦其理也。至南河，則萬歷初督河左侍郎萬恭請築徐、吕起至宿遷張林鋪，又徐州北至恭城，分長四百里，三月而成，而與督漕都御史王宗沐會疏言：黃河之汛，與潮汐等。三月清明水，高僅數尺，不害運。四月麥黃水，亦高止數尺，不害運。惟自五月至秋九月爲伏秋水，多至數尺，高者丈餘，此運舟之所必避也。使歲運從四月前盡過徐吕二洪，而閘河先肅清以待事，令不與怒河值，則河豈能爲之患哉。顧河臣能使河之安，而不能使運之早，漕臣能必運之入河，而不能必運之早入河也。宜督江以南各省糧儲道早運輸，以漕御史驗覈，限四月前舟盡過徐洪。臣等得按程殿最之。其三月過洪者，以上勞叙，四月者次之，至五月者罰，而遇伏秋水漂流者重擬，則爲河亦所以爲漕也。奏可。於是漕船不與河泛溢值，而河壯時無憂漕，河落得相所決爲防以保漕，而歲運畢如期抵京師，京師米直平，不翔踴。

未幾，復決高郵城南敵樓之北，及寶應之黃浦。郎中張譽督塞之，隄下掘得龍骨長丈，建脱龍亭。而是年都御史李世達濬汜、光等越河三十六里，以避湖險，賜名宏濟。

十四年，決范家口，水灌灌城，全河幾奪。又決天妃壩，而福興衛淤。特遣給事中常居敬築范口石隄，而河復故。尋決劉醫隄，河南徙，居敬督塞，加築遥隄長二千七百餘丈。而荆隆口又決，復築隄二千九十丈。

先是山東汶、泗清流，勢必假道茶城出口會黃。自嘉靖末以來，每爲逆流倒灌稽運艘，乃建古洪内華閘避黃淤。然黃水發則與閘平，淤塞甚遠，自閘建而運稍通，而開泇後豫行挑濬以濟。於是都御史潘季馴復築泗城邵伯湖諸隄，長至九千餘丈，而諸衝決稍堅矣。其後河大漲，清口沙墊阻遏，淮水不能東下，於是挾上源阜陵諸湖，與山溪之水，暴侵祖陵，泗城淳没。又決高郵中隄諸十餘處，於是總河都御史楊一魁與給事中張企程會上言分黃導泊，乃開挑源黃壩新河，分洩河水入海，以抑河之強。導淮，闢清口沙，建武家墩涇河閘，及高良澗子嬰溝渚減水閘，以洩淮水。一由岔河下涇河，一由草子湖下子嬰溝，悉通廣洋入海。復恐淮水宣洩不及，南注各湖爲患，於是浚高郵之茆塘，通邵伯湖，開金家灣，下芒稻河入江，以疏淮漲，而各州縣乃可得而粒食矣。厥後河復大決單縣之黃堌口，溢永城、夏邑，經宿州，出宿遷入大河，乃半由徐州，入舊河濟運，而二洪竭。於是濬李家口以挽黃流，河成尋淤。復開李吉口，疏徐、邳運河，而漕艘終濡滯。黃堌口者，乃賈魯舊開處也。先是河決事聞，朝廷奪總河大司空舒應龍官，而以楊一魁代之。一魁以河雖南，而一半猶自舊河下徐州，足濟運，棄不治。其後劉東星守故議，而河溢南，李吉口淤甚，北流絶，東星第開一小河引水下徐濟運，而旋亦淤。若是者三年，而彭城、呂梁之間，古所謂懸水三千仞者，可褰裳而涉矣。於是江、淮間建六閘河中，節宣濟、汶之水以通漕，而運往往後期。其後濬寶帶河而漕後大通，挑邵伯越而湖險可避。尋決而塞，塞而復決者屢屢。

萬曆三十二年，總河尚書李化龍以爲黄浸綘道，漕事可虞。於是大挑泇河，起自夏鎮，訖直口，拓二百六十餘里，以避黄河之險。改李家港，以遠河淤，開王市諸處，以離湖險。中鑿郗山，以展河渠。建良城諸閘，以節宣水利。費僅二十萬，而泇之運大行。未幾，工侍郎曹時聘大挑朱旺，發河南、山東、直隷丁夫數十萬人，開六萬丈，而河復回故道。計費八十萬。當是時，皆其地州縣官分地而濬，急於竣事，多私派夫，民怨苦，河垂成而徐之上尚八九里未及濬。而蘇莊之隄土單薄，河水忽自地中穿入新渠，震撼東下，不待放水也，流至未開處，稍梗塞，水遂汎濫。雖魚、沛、單、濟、金鄉之水，悉歸大河，而識者終惜其未盡善。其後決狼矢，出白洋而溢，都御史劉士忠開引水而復故。尋復決狼矢，入泇河，出直口會黄，而侍郎王佐等屢塞之，而仍復故。

天啓中，決靈璧，由永姬湖出白洋，仍與黄會，故道遂湮涸矣。方事築浚，而淫雨浹旬，黄、淮暴漲，而山陽之裏河，則決王公祠諸處，外河則決安樂鄉諸處，清河則決龍王廟諸處，匯成巨浸。而知府宋統殷、知縣練國事等力塞之。嗣是河決大龍口，而徐、邳、靈、睢黄河併淤，呂梁城南隅陷，上下百五十里成平陸。明年，郎中金元嘉大挑故道，而重運無梗，或築露觔石隄，或築高郵中隄，或建李家港之尾閘，或挑會濟祠之正河，而運至不阻。然其時邊事大壞，其治河之貲，悉移於邊，而遂置河事於不講。此南河之溢，修南河之力，百倍於北焉。大約漕河之道，南盡瓜、儀，北通燕、冀，其間自昌平神山泉諸水，貫都城，至通州入白河者，大通河也。自通州至直沽，會衛水入海者，白水也。自臨清至直沽，會白河入海者，衛水也。自汶上、南旺分水河口，其分而北流，經張秋至臨清以會衛，其分而南流，至濟寧會泗、沂、洸者，汶水也。自濟寧東北以上，合流而來，出天井閘，與汶合，南流至南陽，出夏鎮，每歲三月開彭壩入泇，出直口入黄，以濟重運。入泇至九月，至彭壩，由呂公堂濟回空，由浮州大浮橋入黄南下者，泗、洸、沂並山東諸泉水也。自直河口至清口者，黄河水也。自清口通淮南至儀真、瓜洲者，淮湖諸水。屯漕之大端也。而中國泉源以千數，獨河爲宗。前代窮河源，治河，河分疏開鑿不具論。大約入中國，歷蘭州朔方，轉河東，南抵蒲、潼，始出三門、析津，歷孟津、虎牢而東，奔放平壤，吞納諸小水以千百數，勢益雄大。其本遠而注必怒，固其所也。

夫天下山川之大者，存乎南北兩戒。河源自北紀之首，循雍州北徼，達華陰，與地絡相會，並行而西，至太行之曲，分而西，與涇、渭、濟相表裏，爲北河。江源自南紀之首，循梁州南徼，達華陽，與地絡相會，並行而東，及荆山之陽，分而東，與淮、漢相表裏，爲南河。於中導地脈一也。獨江在中國爲陰，水泉所從出者，多行不數百里，輒深廣不可涉。又性善洄瀦，故江永漢廣。兼匯澤湖湘之莽瀁，而善容其險而不爲敗者，勢也。惟河在中國，左陽而性勁。又北地土厚，水泉少，故河當水落伏槽時，行萬千餘里之水，其河身僅與東南川江數百里之水等，其淺者可涉，曾不足爲害。而秋水時至，挾六七月之淫潦，盡天下西北大半之水，並入河，助爲勢，湍悍迅猛，旁激直射，漫漶於平土，而僅以開封、大名、魚臺、徐、沛數郡委之。而土中夷曠無崇山巨磯爲之防，無洞庭、彭蠡大湖爲之匯，又無古溝洫澮川，封植坊庸爲之奠方，二三千里古聲名文物之地，數蒙其患而莫之勝救也。亦豈足深怪哉。顧宋都汴，藉河以衛京，明都燕，藉河以利漕。若令河北流與衛會入於海，勢易易。念以爲漕渠中斷，歲運不繼，將爲國計憂，必隄使南而後安，漕安而河勢愈激，被災愈廣，費用愈多。而河之費且與國運俱。此河之大較也。北方之水，惟滹沱勝源出太行之西北，經靈壽、真定、晋州、深州、武強等處東入海。

嘉靖中，深州城西河身淤，衝岸二十餘里，河東北溢没獻縣田不可勝計，民奏訴。旨下勘覈，委官苟避，顧而即覈，而河所淤爲膏壤爲大、抑撓阻之民以墊溺。御史王廷相疏請敕工部都察院會撫按官，先豁除民租，拯流移。次計工挑濬，復古河，洩泛漲，沿故隄，隨宜牐築爲固防。當是時議者苦河爲敗，因欲興農工，分疏灌田，以殺水勢。而且藉藉言水利焉。而貴溪徐員明言：當今經國訏謨其大且急，孰有過於西北水利。然西北須先之於畿輔，畿輔諸郡皆可行也，盍先之於京東永平之地。京東永平之地可行，盍先之於近山瀕海之地。近山瀕海之地可行，盍先之數井，以示可行之端。夫獨先京東者何者？蓋京東輔郡，而薊又重鎮，固股肱神京，緩急所必須者。矧其地負山控海，負山則泉深而土澤，控海則潮淤而壤沃，利水尤易易也。今自西歷東，如密雲之燕樂莊，平谷之水峪寺、龍家務，三河之唐會莊、順慶屯，皆其著者。薊州城北則有黄厓營，西則有白馬泉，東則有馬伸橋、夾林河，南則有別山鋪及夾陰流河而下，至於陰流淀，疏渠皆田也。遵化西南平安城，循運河而下及沙河，又鐵廠湧珠湖以下至韭菜溝，上下素河百餘里，兩岸皆可成田。遷安北徐流營山下五泉湧合，流入桃林河，又三里橋泉出灤河，經鼉姑灣，皆可田。盧龍之燕河營，湧泉成河，及營東五泉，湧漫四出，至張莊撫寧之西臺頭營河流亦自燕河營湧泉而來，皆可田。自西以東，如豐潤縣南，則大寨及剌榆坨、史家河之地，東則榛子鎮，西則鴉洪橋，夾河五十餘里，皆可田。玉田之青莊塢，導河可田。後湖莊疏湖可田。三里屯及大小泉，引泉可田。其間有民所不業之地，有屯地，有牧馬。屯牧之地屬於官，官闢之，民不業者，召民業之，官爲經畫。至於瀕海可田，自水道沽闌黑崖子墩起，至開平衛南宋家營之地，東西度之百餘里，南北百八十里，皆隸豐潤，地與吴、越瀕海之沃區等。今萑葦彌望，而繫名於勢豪。若田之，則利十倍於葦。昔虞集議，東極遼海，南濱青、徐，瀕海皆可田之地。今豐潤實其中境，非其先當致力者乎。然水利修廢，由於人之聚散，而旋轉之機，上實握之。西北在三代盛時，溝洫時修，農功畢舉。厥後魏史起引漳水溉鄴，鄴以富。秦開鄭國渠，溉舄鹵之地四萬餘頃，關中爲沃野，秦以富強。至漢文翁既灌繁田千七百頃，而蜀饒。白公穿渠引涇水，溉田四千五百餘頃，而民以裕。馬援引洮水種秔稻，而狄道並塞之民，得以樂業。虞詡復三郡，激河浚渠爲屯田，而省内郡之費。蓋古時溝洫遍於列國，水之爲利也宏。魏、秦國擅其利，文翁以下諸人，人興其利，則水之爲利也甚專。是論雖鑿鑿，而其實北方之水，夏無雨則涸，土雖厚不能瀦，旋蓄旋涸不能久，稻秔棄故多棄水。而東南之言水利者不一人，水多而土泥塗，故可疏可蓄可田。其大者莫如吴淞。【略】

方報下時，原吉晝夜行經度，疏濬築捍身先、勞故功成。後總督官急功，自七年冬訖明年春責成功，乃無何而塞，則後事蓍鏡也。天順中，一疏吴淞江。弘治中，一疏白茆。蓋三江時疏濬，而後注江入湖之道乃通。至崇禎中，盡天下之財力事邊陲，不暇於河，復天亢旱無時雨，北方流大者纖，小者竭，運艘不以時至，廟堂憂之。而監生沈方揚抗章言海運便，上是其説，予户部郎。於是藉勢出横行海上，議官議軍，招水手，徵木料造船，民以騷震。至數年，而東南之粟，竟無一粒自海上至京師者。

（清）查繼佐《罪惟録》志卷一三《河渠志總論》　神禹治河似易，所急平土居民而已。是時，吴楚尚不通中國，無所爲漕。夏都中州，以河患遷避有之，或不全以爲漕也。總之，三代以前，所需饋運有限，一于去水，未嘗用水。至後世則避害而兼且興利。元會通開，中原涓滴皆萬姓脂膏矣。入明則濟漕兼保陵寢，故難之又難。記曰水由地中行，是處之以其位。後世水由地上行，是已非其位，不得不百計防之，防之而百難併□之□由地中，利于分，分則□勢迤以東而害息。疏九利則治□也由地上，利於合，合則勢迅，則無淤而易通。故□□□北必東之勢不甚拂，辭開封，未免強東而南，地勢高下不一，所爲曲防者無不至。一處決，正流必緩。緩則淤，淤則河體漸高，水由地上行，□自來也。則後世百神禹生，萬不能使水復由地中，只有□其地上之行而不漫之地上也。尚書季馴嘗以水決，獨排濬河之議，堅請築堤。又爲遥堤，河乃益急，浮沙隨水争入海，不濬而通，此以水治水之法也。顧堤河多喜遥直而惡逼曲，不知遥者利守堤，而不利深河，逼者利深河，而不利守堤，曲者多費而束河則便宜，直者省費而束河則不足，太遥則漫流而河身必墊，太直則水溢而河身必淤，是貴因勢而權宜之。山東、河南于黄河之北，大堤若阜，起修武，迄沛縣之窐子頭，亙五百餘里，曰泰黄堤。後循曹、單、豐、沛爲縷水堤二百里。泰黄以縷水爲膚，縷水以泰黄爲骨，可以安瀾。下此則防之更急，而四防之中，風防尤要。風防者，捆把附岸，不必入土，隨風蕩激，而岸以固，此以柔制剛之法，治水者宜知之。洪武時，使監生人才分行天下，興修水利，先京師數處，而列郡次之；邊先薊州，而諸鎮次之；瀕海先豐潤，而遼陽以東青徐以南又次之，此有明治水之始。至隆慶中，有云興水利以限戎□□□。而趙浚如又云：北鹵、漕河、宗藩三大害，兼資水利□□□專以善漕，猶小之乎論河矣。

（清）查繼佐《罪惟録》志卷一三《河渠志》

黄河源出吐蕃朵甘思之西，有泉百餘泓，方可七八十里，粲若列星，謂之星宿海，彝言火敦腦兒海。流五七里，彝言阿剌腦兒。東行一程，名赤賓河。又二三程，有水南來，名亦里赤。又三四程，有二水南來，一名忽闌乜里犁赤賓，始名黄河，清駛可渡。又一二程，爲九度河，廣六七里。又四五程，水始濁。土人抱革囊或乘馬過，亦有衆舟傅革以濟。過此漸深不可測。而所爲崑崙，即大雪山，在朵甘思之東北。河行一二程，至崑崙，又南四五程，彝名哈剌利里赤兒。西行五六程，有水西南來，名細黄河。又二程，有水南來，名乞兒馬出，合流入河。北行，又東行，迤又十五程，至貴德州，隸河州，元所置吐蕃宣慰司也。又四五程，名積石。又五程，至河州安鄉關；一程，至打羅坑。又一程，有南來洮水合。一程，至蘭州，至鳴河州。過應吉里州，正東行，至寧夏南，又東行，至東勝州，稱河套，凡九折云。自星宿至積石，總六千七百餘里。自龍門西河，禹時可通貢道于西北入陝，今不可行。

洪武元年，河决曹州。二十四年，河决原武，賈魯河淤。

永樂九年，尚書宋禮復濬元會通河，自濟寧至臨清，三百八十里。復濬沙河。

正統十三年，全河潰，徙决滎陽，東過開封，經陳留亳入渦口，又經蒙城至懷遠，東北入淮；又决張秋入海。

景泰四年，都御史徐有貞言：河自雍而豫，出險即夷；又由豫而兖，土疏，水益横，遂奪濟汶入海之路以去。漕阻，請先疏水，水平、然後治决，决止疏渠，起張秋金堤，西南行至影塘。渠成，賜名廣濟。河流之傍，堰有九，又作放水閘，既節且宣，用平水道。復于開封金龍口、銅瓦廂等處開渠二十里，引河水濟運。

天順六年，河决開封。

成化四年，修徐州外洪三道。十六年，甃吕梁洪石堤。洪在徐州東六十里。

弘治二年，河决原武，支流爲三：一入開封金龍口，趨張秋，衝會通通海；一出中牟，下尉氏；一溢蘭陽等縣，至宿州，幾遷省治。侍郎白昂塞决口三十六，于是河入淮，汴入睢，睢入泗，泗復入淮，達海。五年，河决金龍口，潰黄陵岡，再犯張秋，奪汶水入海。都御史劉大夏言：下流未可治，治上流。先導之南行，築長堤以防大名、山東之患。復修賈魯河四十里，由曹出徐，以殺水勢。復開新河七十餘里，導河入潁至淮。又濬四府營淤河，由陳留至歸德，灑爲上河，一由符離出宿遷，一由亳河會於淮。作堤，起河南胙城，下盡徐州，亘三百六十里，即今大行堤也，用民夫十二萬，賜名安樂鎮。

正德四年，河决曹沛，治，弗績。七年，都御史劉愷築大堤，自魏家灣起，亘八十里。都御史趙璜復續三十里。八年，曹縣决。

嘉靖五年，河溢，没豐縣，縣徙華山避之。命御史戴金濬淤道。六年，河决曹、單、城武等縣。明年，河决，淤廟道口三十餘里。都御史盛應期役夫九萬八千，弗績。又明年，河徙魚臺穀亭，舟行閘面。九年，河决塌場口，衝穀亭。十三年，河淤廟道口，河臣劉天和役民夫十四萬，弗績，河反决數口。既開復二洪涸阻，本年秋冬，河忽出小浮橋，濟二閘之涸。十九年，河决，二洪告匱，濬李景高口，旋亦淤。二十六年，河决曹縣，都御史詹瀚堤之。三十二年，河决房村，淤三十里。都御史曾鈞治之，役民夫五萬六千，凡兩月。三十七年，新集淤，凡二百五十餘里，河亂流，分六股，由運河至徐入洪，又分一股由碭山散五小股，從小浮入洪。如是五年，河以分瀉，反安行。四十四年，河决華山，尚書朱衡開昭陽湖東之新河，役夫九萬一千，凡八月，堤成，一百四十一里。明年河决沛縣，衡復同潘季馴築城東堤五十餘里。

隆慶元年，河衝濁鷄爪溝，從徐入洪，三河口淤。隨開支河，殺薛沙二水，置閘增堤。三年，秋漲海嘯，徐邳豐沛，河乃大患。時開回回墓河以洩波水，仍濬鴻溝廢渠六十里，滕沛利之。四年，河决睢寧數口，季馴治復故道。六年，河决栲栳灣，朱衡及侍郎萬恭築徐吕兩岸堤，各長三百七十里。又徐州北至茶城，兩岸堤各長三十里，三月成。

萬曆元年，河决房村，築堤自窪子頭至秦溝口七十里，接古北堤，徐沛又加遥堤，河安。二年，决邳。七年，季馴築高家堰堤六十里，塞崔鎮等缺一百三十餘處，築徐睢邳宿桃清兩岸及馬廠坡堤，共五萬七千餘丈、復築碭山、豐縣二壩，河不得北徙。築徐沛豐碭縷堤一百四十餘里，建崔鎮徐昇等四減水壩，以固河防。十四年，河决范家口，水灌淮城，全河幾奪。又决天妃壩，福興淤。明年、復决劉獸醫口十餘處，科臣常居敬節治之。十七年，塞荆陸口河決及沁河決。廿一年，河決單縣之黄淌口，又決魏家舍等處大小二十八口，次第塞之。明年，黄水大漲，清口沙墊，淮阻不東。二十三年，開桃源黄壩新河，洩黄入海，以抑其淫。二十五年，河大決單縣，二洪涸。尚書楊一魁大濬李吉口，同官劉東星繼之，建閘節宣，河通。三十年，河決蒙墻，商永没，水噴洪澤，有關陵麓。治垂成而單縣之蘇莊又決，勒塞之，弗績。復決延夏鎮，横衝運道。河臣李化龍大濬泇河二百六十里。漕泇，避黄險。三十三年，河臣曹時聘大開朱旺，由堅城集至徐州小浮橋，長六萬丈，費帑八十餘萬。工垂成，而蘇莊堤上單薄，河未幾忽從地下穿入新渠，遂横溢。幸大勢定，魚沛單濟金鄉之水終歸大河。三十九年，河決狼矢。明年，決徐州三山，灌睢寧等處。河臣劉士忠檄部臣胡大山、道臣袁應泰連塞之。四十二年，河決靈壁縣陳鋪，幸入秋，淤平，河復故。四十四年，河復決狼矢，開武河等口洩水，溜平，決口淤，復故。尋又決陶家店張家灣，亦幸決口淤，復故。

天啓元年，河南睥沙堽決，河臣王佐塞之。尋又決靈壁雙溝黄浦。三年，河決徐州青田大龍口，徐邳靈睢，黄河並淤，吕梁城南隅陷沙，高平地丈許，雙溝決口亦淤，上下一百五十里盡成平陸，次第塞之。

漕河

漕河北通燕冀，南盡瓜儀。在北自昌平縣神山泉等水，由西山貫都城，東至通州，入白河，曰大通河。自通州而南至直沽，會衛水，曰白水。南自臨清而北至直沽，會白河入海者曰衛水。自汾上縣之南旺，分水河口，分而北流，經張秋至臨清，則會衛水，分而南流，至濟寧天井閘，會泗沂洸三水，曰汶水。自濟寧州城東北以上合流至天井，與汶合，南流至南陽，出夏鎮，每年三月開彭壩入泇河，出直口，通黄以濟重運入泇。至九月，閉壩，由吕公堂，濟回空，由徐州大浮橋入黄南下者，泗沂洸三水，并山東諸泉也。自直河口至清口者，黄河水也。自清口至淮，南通瓜儀入江者，淮湖諸水也。

大通河

源自昌平，匯於積水潭，由大通橋，凡一百六十四里，至通州。元至正中，郭守敬鑿，亦名潞河。

白河

源自密雲縣霧虞山南流經通州，會榆河、渾河諸水，至直沽，通運道。

衛河

源自輝縣蘇門山百門泉，東北流，會淇漳諸水，凡千里，始至臨清。又北通德州、滄州等處，凡千餘里，始至直沽。

汶河

源有三：一自萊蕪縣之原山；一自汶縣之寨子村；一自泰山之陽仙臺嶺。三水至静封鎮始合，謂之大汶口。經泰安州寧陽縣，又分爲二：一自東平州戴村鎮西南流，至汶上縣，會白馬河、鵝河，凡八十里，建分水龍王廟，南北分流。一自寧陽縣西南流，合泗沂，凡一百餘里，至濟寧，合分水南流之汶。

泇河

引泗合沂，流爲大川，久淤，萬曆二十一年，開韓莊中心溝，鑿礓避石，通澎河水道入黄，泇口始闢。二十五年，河決黄堌，二洪告涸，復鑿良城候遷莊及萬莊，由黄泥至宿遷董家溝，以試行運，泇脈始通。三十年，復開泇，起自夏鎮，迄於直口，亘二百六十里，避黄河險三百餘里。定例每三月開泇，九月開泇，開吕壩，令回空由黄。

泗河

源出泗水縣陪尾山，四泉並發，西流過汴莊，始合爲一。又西至兖州，與曲阜之沂水合，南會洸河，通濟寧天水閘。

汴河

源出滎陽縣西三皇山，東經開封，又東合蔡水，過蕭縣，至徐州，與泗水合。

淮河

源出河南桐柏山，由河南省會合溱洧汝穎七十二涇之水，東經鳳泗，稍北趨淮，經安東入海。其自徐邳經清河而南者，山東泗沂諸水，淮所受支河也。

洸河

源自寧陽縣堽城，西經濟寧，與泗合，抵天井。

沂河

源有二：一出曲阜之尼山，西南與泗水合，總稱泗水。一出沂水縣，會蒙陰諸水，與尼山之汝合流至邳，入淮。

會通河

即元舊運河，自濟寧北至臨清三百八十里是也。衛水不南，河水不北，獨賴汶泗沂洸諸水合勢。洪武中，河決原武，漫過安山湖，而會通淤。永樂中，尚書宋禮用老人白英計，築壩戴家村，橫亘五里，水勿東流，令盡出南旺，分流爲二：四分往南，接漁臺塌場口，達徐沛；六分往北，達臨清，陽武之陸運罷。北至安民山，入新河，地降九十尺，閘十七。南至沽頭，地降百十有六尺，閘二十有一，天井爲脊。

漳河

源出西之長子，曰濁漳。及樂平，曰清漳。經臨清，分流至館陶，與衛河合，入漕。

滹沱河

源出大鐵山，自代郡鹵城東經獻縣單家橋，至清縣南岔河口，入運河，合流至天津入海。天順、弘治每發夫修渠。

膠萊新河

元海運自淮安入海，循涯而行，至靈山之東浮山。滂山之西，有薛島、陳島，水內伏有島石如橋，號槐子口橋，嵯峨錯出，最險難越。不得已，放洋三沙黑水，踰登州東北，又西北抵萊州海倉，然後就直沽以達天津。按薛島之西，有山曰小竺，兩峯夾峙，中有石岡，曰馬壕。馬壕之北，即麻灣，又稍北即新河，又西北即海倉。麻灣抵海倉三百三十里。元欲鑿馬灣，遇石而止。嘉靖中，海道王獻嘗于元舊鑿處迤西七丈許鑿之。初土石相半，下則皆石，又下，石頑如鐵，以火煅之，沃以水，立爐。海波流匯，麻灣渠成，亘十四里，廣六七丈，深半之。乃濬新河，爲閘凡九，以時蓄洩。蓋自淮安穿馬壕以抵直沽，一千五百里，越諸險無患。按馬壕長三里有餘，自安東衛海船至靈山衛馬壕，約二百餘里，有宿港二十餘口。若淮安逕達雲梯關，經東海山，有守禦千户等所，與元未通馬壕絶殊。

內新河

丘店至丁家道口四十餘里，通運舊河，開此以免二洪淺澗之患，以殺歸睢濟没之害，以防壽春王陵。

沁河

西發綿山，北通丹水，本以濟洪，而春則並淺，夏秋並漲，何所藉沁？因自郭村口引沁水一道，經封丘儀封下接李景高口，亘二百二十八里，使黄沁合流，直達二洪，可以濟洪。

齊魯諸泉

泉源一百七十六處，散在泰安諸州汶上等縣。先，兖州府專設官閘同知一員，久之廢。

蘆溝河

源出代州，常虞泛溢。宣德、弘治中修理。

薊州河

國初，海運遮洋船至薊。弘治中，軍夫萬人鑿河，免四十里海運之險。

徐吕二洪

二洪爲運河要害。徐洪亂石峭立，凡百餘步，故又名百步洪。上下二洪，相去七里，而徐洪在徐州東南六十里。永樂十二年，平江伯陳暄濬洪口，建閘。正統七年，洪水迅急，壞舟，用參將湯節議，于徐洪之上，堰水歸月河，又閘以積水勢。成化二年，鑿石利行。明年，甃石脩外洪三道。十六年，復甃吕梁洪石堤。萬曆六年，修堤，自徐抵淮六百里，運道復。

淮安水道

永樂元年，尚書郁新治漕，用淮安輕舟，送沙河，轉運黄河。十三年，建淮安五壩，分五德爲號，仁義在新城東門，禮智信在城西門。防清口淤，則用此二道入淮。十四年，陳瑄濬沙河，置閘，通舟，逆水行六十里。成化七年，築壩清浦，未幾，閘通。嘉靖六年，總理河道章拯言：零陸縣北岔河一道，通飲馬池，至文家集，又經夏邑，至宿州等離橋，出宿遷小河口趙皮寨，凡二百餘里，宜濬。繪圖上，可之。十二年，香河縣忽開新河一道，長百七十丈，廣五十一丈。隆慶三年六月，總河翁大立繪河患十二圖，附以五可慮，議濬徐州子房山梁山至埉山八十里。六年，工部朱衡建防河守堤法，定五月十五日上堤，九月十五日下堤，自徐州至小河三百七十里，用夫二千七百有奇，允行。萬曆初，開揚家廟至文華寺七十里，而淮之正河淤。三年，淮漂千里，砌泗陵堤二百二十六丈，築邵公堤高家堰，防淮水之東。自隆慶中堰廢，淮水自黄浦口决入爲害，至是四年，堰成，一萬八百餘丈，淮復從清口合黄水入海，而黄浦安。修五壩，并開菊花潭，以洩三城之水。挑淮安正河，修鹽城石䃮海口，以疏下流入海之路。五年，築山陽運隄，自板閘至黄浦，亘七十里。閉通濟閘，建興文閘，及修新莊等閘。築清浦南堤，以禦湖水。加河岸以禦黄淮。加清江閘以便運舟牽挽。剏板閘漕堤，南北新舊接。尋又遷通濟閘于淮之甘羅城南，以納淮水，故道無不盡復。又築堰，起武家樓至阜寧湖，捍淮之東噏。仍築堤，起清江浦迤以東，制河逸。六年，築高家堰堤六十餘里，復築歸化集堤四十餘里，專以鞏固陵寢，節用民夫數十萬。二十二年，上源阜頭諸湖暴漲，侵祖陵，泗城淤没。明年，建涇河等諸閘，以洩淮水，使不驟溢，俱通廣洋湖以入海。四十五年，築黄浦閘，下南岸迤五十餘里。明年，復築北岸，工亦如之。天啓三年，山陽外河决數處，次第塞之，河安。海門知縣嚴爾珪築閘城東南李梢港之尾，旱潦有備。

高寶湖

洪武九年，修高郵寶應湖堤六十里。宣德七年，築高寶、氾光、白馬諸湖長堤，以度牽道。弘治二年，開複堤于高郵堤東，以防覆溺之患，亘四十餘里，賜名康濟河。十六年，築寶應湖險處月河，如康濟故事。嘉靖三年，建閘十于寶應高郵之間，殺水勢。嘉靖十七年，修寶應堤。萬曆四年，築高郵西湖老堤四十里，由圈田改挑康濟月河，并築中堤，漕運賴之。六年，砌寶應八淺石堤八十五丈。八年，高寶河决，塞之，掘得龍骨，建蜕龍亭。十二年，築高郵東堤，濬寶應、氾光等月河三十六里，賜名弘濟。十七年，修邵伯湖石堤，尋又塞李景高口决，加築遥堤。十九年，塞邵伯湖淳家灣决，復塞高郵中堤决。二十一年，决西老石堤及寶應六淺灣堤，又决高良澗二十二口，次第塞之。二十三年，塞高郵中堤之决，復濬高郵茅塘港以通邵伯，開金家灣以通芒稻河入江以疏淮漲。二十八年，濬邵伯月河及界首鎮月河，置閘，避湖險。四十一年，開寶應弘濟月河，又建西堤。四十七年，修高郵西門窐巷口。天啓元年，濬界首淤。二年，修高郵西堤。明年，河湖大漲，高寶等處上河，俱由興化五場入海，幸海水阻閘，不致泛濫。

揚州瓜儀水道

洪武十六年，儀真重建清江閘、惠橋腰閘、南門裏潮閘，蓄洩通漕。宣德七年，開揚州白塔河，置四閘，糧艘自常州西北孟瀆河入江，入白塔，至灣頭通漕，省瓜州盤壩之費。正統四年，仍從瓜壩過船。景泰六年，大濬揚州水道。成化三年，定濬瓜儀二港之例。弘治四年，發丁夫萬人，濬灣頭。十六年，修復五塘。嘉靖六年，置瓜口閘于瓜州。七年，置閘儀真之三汊河。隆慶四年，復建瓜洲閘，開渠六里，五驄船始得下壩。萬曆二十五年，開揚州寶帶新河。天啓元年，濬江都三汊河。明年，修興化丁溪等五閘。

大江

江自岷峨至嘉定州，大渡河諸水會。至叙州、重慶，而馬湖、嘉陵、黔江諸水會。隨入峽迤東，則岳陽、洞庭、鄂渚、巴漢諸水會。至九江，則江西鄱陽諸水會。至南畿，則淝水淮西諸水會。東入海。

太湖

湖週五百里有奇，三萬六千頃。山在西北十四，而馬跡最大。在東四十有一，而包山最大。在東南十七，而莫釐最大。地跨蘇、湖、常三府，源自宣歙以東富陽以北，俱從荆溪之百瀆、長興之二十四瀆、湖州之三十六瀆、吴江之七十二瀆爲吐納。其導湖入海者，在吴江震澤湖等十口，吴縣鮎魚等八口，無錫直湖港等六口，武進之戚墅、宜興之横塘之五口，總入三江，東流三百六十里，尤爲緊要。而三江久失故道，東江不可跡，吴淞淤，獨婁江尚在。其別出常熟一支，爲白茅港，初最迅急，後亦淤。總之，濬長橋百瀆五六所之壅，散入陽城、昆承、三泖諸湖，又濬吴淞、婁江并大石、趙屯等數十大浦，及白泖、許浦、七鴉、福山等塘港，爲治湖要義。永樂中，詔鑿夏家浦，濬范家浜，引吴淞入海。正統中，巡撫周忱修治吴淞。天順中，巡撫崔恭濬大盈浦，出吴淞。弘治中，僉事伍性復濬吴淞中段，及顧惠趙屯浦。又侍郎徐貫治吴淞，自帆歸浦至分莊七十餘里。嘉靖元年，李充治開吴淞四千丈。隆慶中，巡撫海瑞浚王渡至宋家橋口七十里。今起吴江長橋二百八里，入海處爲滬瀆江。

海塘

海內金山，舊有康王城址，海塘在其外，後没海，內遷。唐初，始築今捍海塘，起嘉定吳淞海□，南抵上海界，凡一萬七千七百四十八丈，高一丈七尺，面闊二丈，址倍之。天順中，海溢。成化中，三溢，俱漂人口。天啓六年，海溢，漂人口數萬，壞廬屋無計，海寧縣漫不及者數板。

海運水道自登至遼

明初，海運起登州衛，自新河海口，西北六十里宿沙門島，又正北一百二十里至砣磯島，又正北六十里至欽木仁島，又北六十里至南半洋，二十里至北半洋，又五百里中有宿處六，爲雙島、羊頭、窪黄、洋川、平島、和尚島，至遼東鐵山旅順，共計八百二十里。

常鎮運道

正統初，武進縣之奔牛呂城，設爲壩閘，漕船由京口出江。景泰中，壩閘頽廢，從蔡涇孟瀆出江，往往舟壞。天順中，復故道，增五閘。

《明史》卷八三《河渠・黄河上》 黄河，自唐以前，皆北入海。宋熙寧中，始分趨東南，一合泗入淮，一合濟入海。金明昌中，北流絶，全河皆入淮。元潰溢不時，至正中受害尤甚，濟寧、曹、鄆間，漂没千餘里。賈魯爲總制，導使南，匯淮入海。

明洪武元年決曹州雙河口，入魚臺。徐達方北征，乃開塌場口，引河入泗以濟運，而徙曹州治於安陵。塌場者，濟寧以西、耐牢坡以南直抵魚臺南陽道也。八年，河決開封太黄寺堤。詔河南參政安然發民夫三萬人塞之。十四年決原武、祥符、中牟，有司請興築。帝以爲天災，令護舊堤而已。十五年春，決朝邑。七月決滎澤、陽武。十七年決開封東月堤，自陳橋至陳留横流數十里。又決杞縣，入巴河。遣官塞河，蠲被災租稅。二十二年，河没儀封，徙其治於白樓村。二十三年春，決歸德州東南鳳池口，逕夏邑、永城。發興武等十衛士卒，與歸德民併力築之。罪有司不以聞者。其秋，決開封西華諸縣，漂没民舍。遣使振萬五千七百餘户。二十四年四月，河水暴溢，決原武黑洋山，東經開封城北五里，又東南由陳州、項城、太和、潁州、潁上，東至壽州正陽鎮，全入於淮。而賈魯河故道遂淤。又由舊曹州、鄆城兩河口漫東平之安山，元會通河亦淤。明年復決陽武，氾陳州、中牟、原武、封丘、祥符、蘭陽、陳留、通許、太康、扶溝、杞十一州縣，有司具圖以聞。發民丁及安吉等十七衛軍士修築。其冬，大寒，役遂罷。三十年八月決開封，城三面受水。詔改作倉庫於滎陽高阜，以備不虞。冬，蔡河徙陳州。先是，河決，由開封北東行，至是下流淤，又決而之南。

永樂三年，河決温縣堤四十丈，濟、澇二水交溢，淹民田四十餘里，命修堤防。四年修陽武黄河決岸。八年秋，河決開封，壞城二百餘丈。民被患者萬四千餘户，没田七千五百餘頃。帝以國家藩屏地，特遣侍郎張信往視。信言：祥符魚王口至中灤下二十餘里，有舊黄河岸，與今河面平。濬而通之，使循故道，則水勢可殺。因繪圖以進。時尚書宋禮、侍郎金純方開會通河。帝乃發民丁十萬，命興安伯徐亨、侍郎蔣廷瓚偕純相治，併令禮總其役。九年七月，河復故道，自封丘金龍口，下魚臺塌場，會汶水，經徐、呂二洪南入於淮。是時，會通河已開，黄河與之合，漕道大通，遂議罷海運，而河南水患亦稍息。已而決陽武中鹽堤，漫中牟、祥符、尉氏。工部主事藺芳按視，言：堤當急流之衝，夏秋泛漲，勢不可驟殺。宜捲土樹樁以資捍禦，無令重爲民患而已。又言：中灤導河分流，使由故道北入海，誠萬世利。但緣河堤埽，止用蒲繩泥草，不能持久。宜編木爲囤，填石其中，則水可殺，堤可固。詔皆從其議。十四年決開封州縣十四，經懷遠，由渦河入於淮。二十年，工部以開封土城堤數潰，請濬其東故道。報可。

宣德元年霪雨，溢開封州縣十。三年，以河患，徙靈州千户所於城東。六年從河南布政使言，濬祥符抵儀封黄陵岡淤道四百五十里。是時，金龍口漸淤，而河復屢溢開封。十年從御史李懋言，濬金龍口。

正統二年築陽武、原武、滎澤決岸。又決濮州、范縣。三年，河復決陽武及邳州，灌魚臺、金鄉、嘉祥。越數年，又決金龍口、陽穀堤及張家黑龍廟口，而徐、呂二洪亦漸淺，太黄寺巴河分水處，水脈微細。十三年方從都督同知武興言，發卒疏濬。而陳留水夏漲，決金村堤及黑潭南岸。築垂竣，復決。其秋，新鄉八柳樹口亦決，漫曹、濮，抵東昌，衝張秋，潰壽張沙灣，壞運道，東入海。徐、呂二洪遂淺澀。命工部侍郎王永和往理其事。永和至山東，修沙灣未成，以冬寒停役。且言河決自衛輝，宜敕河南守臣修塞。帝切責之，令山東三司築沙灣，趣永和塞河南八柳樹，疏金龍口，使河由故道。明年正月，河復決聊城。至三月，永和濬黑洋山西灣，引其水由太黃寺以資運河。修築沙灣堤大半，而不敢盡塞，置分水閘，設三空放水，自大清河入海。且設分水閘二空於沙灣西岸，以泄上流，而請停八柳樹工。從之。是時，河勢方橫溢，而分流大清，不耑向徐、吕。徐、吕益膠淺，且自臨清以南，運道艱阻。

景泰二年特敕山東、河南巡撫都御史洪英、王暹協力合治，務令水歸漕河。暹言：黃河自陝州以西，有山峽，不能爲害；陝州以東，則地勢平緩，水易泛溢，故爲害甚多。洪武二十四年改流，從汴梁北五里許，由鳳陽入淮者爲大黃河。其支流出徐州以南者爲小黃河，以通漕運。自正統十三年以來，河復故道，從黑洋山後徑趨沙灣入海，但存小黃河從徐州出。岸高水低，隨濬隨塞，以是徐州之南不得飽水。臣自黑洋山東南抵徐州，督河南三司疏濬。臨清以南，請以責英。未幾，給事中張文質劾暹、英治水無績，請引塌場水濟徐、吕二洪，濬潘家渡以北支流，殺沙灣水勢。且開沙灣浮橋以西河口，築閘引水，以灌臨清，而别命官以責其成。詔不允，仍命暹、英調度。

時議者謂：沙灣以南地高，水不得南入運河。請引耐牢坡水以灌運，而勿使經沙灣，别開河以避其衝決之勢。或又言：引耐牢坡水南去，則自此以北枯澀矣。甚者言：沙灣水湍急，石鐵沉下若羽，非人力可爲。宜設齋醮符咒以禳之。帝心甚憂念，命工部尚書石璞往治，而加河神封號。

璞至，濬黑洋山至徐州以通漕，而沙灣決口如故。乃命中官黎賢、阮洛，御史彭誼協治。璞等築石堤於沙灣，以禦決河，開月河二，引水以益運河，且殺其決勢。三年五月，河流漸微細，沙灣堤始成。乃加璞太子太保，而於黑洋山、沙灣建河神二新廟，歲春秋二祭。六月，大雨浹旬，復決沙灣北岸，掣運河之水以東，近河地皆没。命英督有司修築。復敕中官黎賢、武良，工部侍郎趙榮往治。四年正月，河復決新塞口之南，詔復加河神封號。至四月，決口乃塞。五月，大雷雨，復決沙灣北岸，掣運河水入鹽河，漕舟盡阻。帝復命璞往。乃鑿一河，長三里，以避決口，上下通運河，而決口亦築壩截之，令新河、運河俱可行舟。工畢奏聞。帝恐不能久，令璞且留處置，而命諭德徐有貞爲僉都御史耑治沙灣。

時河南水患方甚，原武、西華皆遷縣治以避水。巡撫暹言：黃河舊從開封北轉流東南入淮，不爲害。自正統十三年改流爲二。一自新鄉八柳樹，由故道東經延津、封丘入沙灣。一決滎澤，漫流原武，抵開封、祥符、扶溝、通許、洧川、尉氏、臨潁、郾城、陳州、商水、西華、項城、太康。没田數十萬頃，而開封患特甚。雖嘗築大小堤於城西，皆三十餘里，然沙土易壞，隨築隨決，小堤已没，大堤復壞其半。請起軍民夫協築，以防後患。帝可其奏。太僕少卿黄仕儁亦言：河分兩派，一自滎澤南流入項城，一自新鄉八柳樹北流，入張秋會通河，並經六七州縣，約二千餘里。民皆蕩析離居，而有司猶徵其稅。乞敕所司覆視免徵。帝亦可其奏。巡撫河南御史張瀾又言：原武黃河東岸嘗開二河，合黑洋山舊河道引水濟徐、吕。今河改決而北，二河淤塞不通，恐徐、吕乏水，必妨漕運，黑洋山北，河流稍紆迴，請因決口改挑一河以接舊道，灌徐、吕。帝亦從之。

有貞至沙灣，上治河三策：一置水閘門。臣聞水之性可使通流，不可使堙塞。禹鑿龍門，闢伊闕，爲疏導計也。故漢武堙瓠子終弗成功，漢明疏汴河踰年著績。今談治水者甚衆，獨樂浪王景所述制水門之法可取。蓋沙灣地土皆沙，易致坍決，故作壩作閘皆非善計。請依景法損益其間，置閘門於水，而實其底，令高常水五尺。小則拘之以濟運，大則疏之使趨海，則有通流之利，無堙塞之患矣。一開分水河。凡水勢大者宜分，小者宜合。今黃河勢大恒衝決，運河勢小恒乾淺，必分黃水合運河，則有利無害。請度黃河可分之地，開廣濟河一道，下穿濮陽、博陵及舊沙河二十餘里，上連東、西影塘及小嶺等地又數十餘里，其内則有古大金堤可倚以爲固，其外有八百里梁山泊可恃以爲泄。至新置二閘亦頗堅牢，可以宣節，使黃河水大不至泛溢爲害，小亦不至乾淺以阻漕運。其一挑深運河。帝諭有貞，如其議行之。

有貞乃踰濟、汶，沿衛、沁，循大河，道濮、范，相度地形水勢，上言：河自雍而豫，出險固而之夷斥，水勢既肆。由豫而兖，土益疎，水益肆。而沙灣之東，所謂大洪口者，適當其衝，於是決焉，而奪濟、汶入海之路以去。諸水從之而洩，堤以潰，渠以淤，澇則溢，旱則涸，漕道由此阻。然驟而堰之，則潰者益潰，淤者益淤。今請先疏其水，水勢平乃治其決，決止乃濬其淤。於是設渠以疏之，起張秋金堤之首，西南行九里至濮陽濼，又九里至博陵陂，又六里至壽張之沙河，又八里至東、西影塘，又十有五里至白嶺灣，又三里至李隼，凡五十里。由李隼而上二十里至竹口蓮花池，又三十里至大伾潭，乃踰范暨濮，又上而西，凡數百里，經澶淵以接河、沁，築九堰以禦河流旁出者，長各萬丈，實之石而鍵以鐵。六年七月，功成，賜渠名廣濟。沙灣之決垂十年，至是始塞。亦會黄河南流入淮，有貞乃克奏功。凡費木鐵竹石累數萬，夫五萬八千有奇，工五百五十餘日。自此河水北出濟漕，而阿、鄄、曹、鄆間田出沮洳者，百數十萬頃。乃濬漕渠，由沙灣北至臨清，南抵濟寧，復建八閘於東昌，用王景制水門法以平水道，而山東河患息矣。

七年夏，河南大雨，河決開封、河南、彰德。其秋，畿輔、山東大雨，諸水並溢，高地丈餘，堤岸多衝決。仍敕有貞修築。未幾，事竣，還京入見。獎勞甚至，擢副都御史。

天順元年修祥符護城大堤。五年七月，河決汴梁土城，又決磚城，城中水丈餘，壞官民舍過半。周王府宫人及諸守土官皆乘舟筏以避，軍民溺死無算。襄城亦決縣城。命工部侍郎薛遠往視，恤災户，蠲田租，公廨民居以次修理。明年二月，開祥符曹家溜，河勢稍平。

七年春，河南布政司照磨金景輝考滿至京，上言：國初，黄河在封丘，後徙康王馬頭，去城北三十里，復有二支河：一由沙門注運河，一由金龍口達徐、吕入海。正統戊辰，決滎澤，轉趨城南，并流入淮，舊河、支河俱堙，漕河因而淺澀。景泰癸酉，因水迫城，築堤四十里，勞費過甚，而水發輒潰，然尚未至決城壕爲人害也。至天順辛巳，水暴至，土城磚城並圮，七郡財力所築之堤，俱委諸無用，人心惶惶，未知所底。夫河不循故道，併流入淮，是爲妄行。今急宜疏導以殺其勢。若止委之一淮，而以堤防爲長策，恐開封終爲魚鼈之區。乞敕部檄所司，先疏金龍口寬闊以接漕河，然後相度舊河或别求泄水之地，挑濬以平水患，爲經久計。命如其説行之。

成化七年命王恕爲工部侍郎，奉敕總理河道。總河侍郎之設，自恕始也。時黄河不爲患，恕耑力漕河而已。

十四年，河決開封，壞護城堤五十丈。巡撫河南都御史李衍言：河南累有河患，皆下流壅塞所致。宜疏開封西南新城地，下抵梁家淺舊河口七里壅塞，以洩杏花營上流。又自八角河口直抵南頓，分導散漫，以免祥符、鄢陵、睢、陳、歸德之災。乃敕衍酌行之。明年正月遷滎澤縣治以避水，而開封堤不久即塞。

弘治二年五月，河決開封及金龍口，入張秋運河，又決埽頭五所入沁。郡邑多被害，汴梁尤甚，議者至請遷開封城以避其患。布政司徐恪持不可，乃止。命所司大發卒築之。九月命白昂爲户部侍郎，修治河道，賜以特敕，令會山東、河南、北直隸三巡撫，自上源決口至運河，相機修築。

三年正月，昂上言：臣自淮河相度水勢，抵河南中牟等縣，見上源決口，水入南岸者十三，入北岸者十七。南決者，自中牟楊橋至祥符界析爲二支：一經尉氏等縣，合潁水，下塗山，入於淮；一經通許等縣，入渦河，下荆山，入於淮。又一支自歸德州通鳳陽之亳縣，亦合渦河入於淮。北決者，自原武經陽武、祥符、封丘、蘭陽、儀封、考城，其一支決入金龍等口，至山東曹州，衝入張秋漕河。去冬，水消沙積，決口已淤，因併爲一大支，由祥符翟家口合沁河，出丁家道口，下徐州。此河流南北分行大勢也。合潁、渦二水入淮者，各有灘磧，水脈頗微，宜疏濬以殺河勢。合沁水入徐者，則以河道淺隘不能受，方有漂没之虞。況上流金龍諸口雖暫淤，久將復決，宜於北流所經七縣，築爲堤岸，以衞張秋。但原敕治山東、河南、北直隸，而南直隸淮、徐境，實河所經行要地，尚無所統。於是，併以命昂。

昂舉郎中婁性協治，乃役夫二十五萬，築陽武長堤，以防張秋。引中牟決河出滎澤陽橋以達淮，濬宿州古汴河以入泗，又濬睢河自歸德飲馬池，經符離橋至宿遷以會漕河，上築長堤，下修減水閘。又疏月河十餘以洩水，塞決口三十六，使河流入汴，汴入睢，睢入泗，泗入淮，以達海。水患稍寧。昂又以河南入淮非正道，恐卒不能容，復於魚臺、德州、吴橋修古長堤；又自東平北至興濟鑿小河十二道，入大清河及古黄河以入海。河口各建石堰，以時啓閉。蓋南北分治，而東南則以疏爲主云。

六年二月以劉大夏爲副都御史，治張秋決河。先是，河決張秋戴家廟，掣漕河與汶水合而北行，遣工部侍郎陳政督治。政言：河之故道有二：一在滎澤孫家渡口，經朱仙鎮直抵陳州；一在歸德州飲馬池，與亳州地相屬。舊俱入淮，今已淤塞，因致上流衝激，勢盡北趨。自祥符孫家口、楊家口、車船口，蘭陽銅瓦厢决爲數道，俱入運河。於是張秋上下勢甚危急，自堂邑至濟寧堤岸多崩圮，而戴家廟減水閘淺隘不能洩水，亦有衝决。請濬舊河以殺上流之勢，塞决河以防下流之患。政方漸次修舉，未幾卒官。帝深以爲憂，命廷臣會薦才識堪任者。僉舉大夏，遂賜敕以往。

十二月，巡按河南御史涂昇言：黄河爲患，南决病河南，北决病山東。昔漢决酸棗，復决瓠子；宋决館陶，復决澶州；元决汴梁，復决蒲口。然漢都關中，宋都大梁，河决爲患，不過瀕河數郡而已。今京師專藉會通河歲漕粟數百萬石，河决而北，則大爲漕憂。臣博采輿論，治河之策有四：

一曰疏濬。滎、鄭之東，五河之西，飲馬、白露等河皆黄河由渦入淮之故道。其後南流日久，或河口以淤高不洩，或河身狹隘難容，水勢無所分殺，遂泛濫北决。今惟躧上流東南之故道，相度疏濬，則正流歸道，餘波就壑，下流無奔潰之害，北岸無衝决之患矣。二曰扼塞。既殺水勢於東南，必須築堤岸於西北。黄陵岡上下舊堤缺壞，當度下流東北形勢，去水遠近，補築無遺，排障百川悉歸東南，由淮入海，則張秋無患，而漕河可保矣。三曰用人，薦河南僉事張鼐。四曰久任，則請專信大夏，且於歸德或東昌建公廨，令居中裁决也。帝以爲然。

七年五月命太監李興、平江伯陳鋭往同大夏共治張秋。十二月築塞張秋决口工成。初，河流湍悍，决口闊九十餘丈，大夏行視之，曰：是下流未可治，當治上流。於是即决口西南開越河三里許，使糧運可濟，乃濬儀封黄陵岡南賈魯舊河四十餘里，由曹出徐，以殺水勢。又濬孫家渡口，别鑿新河七十餘里，導使南行，由中牟、潁川東入淮。又濬祥符四府營淤河，由陳留至歸德分爲二。一由宿遷小河口，一由亳渦河，俱會於淮。然後沿張秋兩岸，東西築臺，立表貫索，聯巨艦穴而窒之，實以土。至决口，去窒沉艦，壓以大埽，且合且决，隨决隨築，連晝夜不息。决既塞，繚以石堤，隱若長虹功乃成。帝遣行人齎羊酒往勞之，改張秋名爲安平鎮。

大夏等言：安平鎮决口已塞，河下流北入東昌、臨清至天津入海，運道已通，然必築黄陵岡河口，導河上流南下徐、淮，庶可爲運道久安之計。廷議如其言。乃以八年正月築塞黄陵岡及荆隆等口七處，旬有五日而畢。蓋黄陵岡居安平鎮之上流，其廣九十餘丈，荆隆等口又居黄陵岡之上流，其廣四百三十餘丈。河流至此寬漫奔放，皆喉襟重地。諸口既塞，於是上流河勢復歸蘭陽、考城，分流逕徐州、歸德、宿遷，南入運河，會淮水，東注於海，南流故道以復。而大名府之長堤，起胙城，歷滑縣、長垣、東明、曹州、曹縣抵虞城，凡三百六十里。其西南荆隆等口新堤起于家店，歷銅瓦厢、東橋抵小宋集，凡百六十里。大小二堤相翼，而石壩俱培築堅厚，潰决之患於是息矣。帝以黄陵岡河口功成，敕建黄河神祠以鎮之，賜額曰昭應。其秋，召大夏等還京。荆隆即金龍也。

十一年，河决歸德。管河工部員外郎謝緝言：黄河一支，先自徐州城東小浮橋流入漕河，南抵邳州、宿遷。今黄河上流於歸德州小壩子等處衝决，與黄河别支會流，經宿州、睢寧，由宿遷小河口流入漕河。於是小河口北抵徐州水流漸細，河道淺阻。且徐、吕二洪，惟賴沁水接濟，自沁源、河内、歸德至徐州小浮橋流出，雖與黄河異源，而比年河、沁之流合而爲一。今黄河自歸德南决，恐牽引沁水俱往南流，則徐、吕二洪必至淺阻。請亟塞歸德决口，遏黄水入徐以濟漕，而挑沁水之淤，使入徐以濟徐、吕，則水深廣而漕便利矣。帝從其請。

未幾，河南管河副使張鼐言：臣嘗請修築侯家潭口决河，以濟徐、吕二洪。今自六月以來，河流四溢，潭口决齧彌深，工費浩大，卒難成功。臣嘗行視水勢，荆隆口堤内舊河通賈魯河，由丁家道口下徐、淮，其迹尚在。若於上源武陟木欒店别鑿一渠，下接荆隆口舊河，俟河流南遷，則引之入渠，庶沛然之勢可接二洪，而糧運無所阻矣。帝爲下其議於總漕都御史李蕙。

越二歲，兖州知府龔弘上言：副使鼐見河勢南行，欲自荆隆口分沁水入賈魯河，又自歸德西王牌口上下分水亦入賈魯河，俱由丁家道口入徐州。但今秋水從王牌口東行，不由丁家口而南，顧逆流東北至黄陵岡，又自曹縣入單，南連虞城。乞令守臣亟建疏濬修築之策。於是河南巡撫都御史鄭齡言：徐、吕二洪藉河、沁二水合流東下，以相接濟。今丁家道口上下河决堤岸者十有二處，共闊三百餘丈，而河淤三十餘里。上源奔放，則曹、單受害，而安平可虞；下流散溢，則蕭、碭被患，而漕流有阻。

濬築誠急務也。部覆從之，乃修丁家口上下堤岸。

初，黄河自原武、滎陽分而爲三：一自亳州、鳳陽至清河口，通淮入海；一自歸德州過丁家道口，抵徐州小浮橋；一自窪泥河過黄陵岡，亦抵徐州小浮橋，即賈魯河也。迨河決黄陵岡，犯張秋，北流奪漕，劉大夏往塞之，仍出清河口。十八年，河忽北徙三百里，至宿遷小河口。正德三年又北徙三百里，至徐州小浮橋。四年六月又北徙一百二十里，至沛縣飛雲橋，俱入漕河。

是時，南河故道淤塞，水惟北趨，單、豐之間河窄水溢，決黄陵岡、尚家等口，曹、單田廬多没，至圍豐縣城郭，兩岸闊百餘里。督漕及山東鎮巡官恐經鉅野、陽穀故道，則奪濟寧、安平運河，各陳所見以請。議未定。明年九月，河復衝黄陵岡，入賈魯河，汎溢横流，直抵豐、沛。御史林茂達亦以北決安平鎮爲虞，而請濬儀封、考城上流故道，引河南流以分其勢，然後塞決口，築故堤。

工部侍郎崔巖奉命修理黄河，濬祥符董盆口、滎澤孫家渡，又濬賈魯河及亳州故河各數十里，且築長垣諸縣決口及曹縣外堤、梁靖決口。功未就而驟雨，堤潰。巖上疏言：河勢衝蕩益甚，且流入王子河，亦河故道，若非上流多殺水勢，決口恐難卒塞。莫若於曹、單、豐、沛增築堤防，毋令北徙，庶可護漕。且請别命大臣知水利者共議。於是帝責巖治河無方，而以侍郎李堂代之。堂言：蘭陽、儀封、考城故道淤塞，故河流俱入賈魯河，經黄陵岡至曹縣，決梁靖、楊家二口。侍郎巖亦嘗修濬，緣地高河澱，隨濬隨淤，水殺不多，而決口又難築塞。今觀梁靖以下地勢最卑，故衆流奔注成河，直抵沛縣，藉令其口築成，而容受全流無地，必致迴激黄陵岡堤岸，而運道妨矣。至河流故道，堙者不可復疏，請起大名三春柳至沛縣飛雲橋，築堤三百餘里，以障河北徙。從之。六年二月，功未竣，堂言：陳橋集、銅瓦廂俱應增築，請設副使一人耑理。會河南盜起，召堂還京，命姑已其不急者。遂委其事於副使，而堤役由此罷。

八年六月，河復決黄陵岡。部議以其地界大名、山東、河南，守土官事權不一，請耑遣重臣，乃命管河副都御史劉愷兼理其事。愷奏，率衆祭告河神，越二日，河已南徙。尚書李鐩因請祭河，且賜愷羊酒。愷於治河束手無策，特歸功於神。曹、單間被害日甚。

世宗初，總河副都御史龔弘言：黄河自正德初載，變遷不常，日漸北徙。大河之水合成一派，歸入黄陵岡前乃折而南，出徐州以入運河。黄陵岡初築三埽，先已決去其二，懼山、陜諸水横發，加以霖潦，決而趨張秋，復由故道入海。臣嘗築堤，起長垣，由黄陵岡抵山東楊家口，延袤二百餘里。今擬距堤十里許再築一堤，延袤高廣如之。即河水溢舊堤，流至十里外，性緩勢平，可無大決。從之。自黄陵岡決，開封以南無河患，而河北徐、沛諸州縣河徙不常。

嘉靖五年，督漕都御史高友璣請濬山東賈魯河、河南鴛鴦口，分洩水勢，毋偏害一方。部議恐害山東、河南，不允。其冬，以章拯爲工部侍郎兼僉都御史治河。

先是，大學士費宏言：河入汴梁以東分爲三支，雖有衝決，可無大害。正德末，渦河等河日就淤淺，黄河大股南趨之勢既無所殺，乃從蘭陽、考城、曹、濮奔赴沛縣飛雲橋及徐州之溜溝，悉入漕河，泛溢瀰漫，此前數年河患也。近者，沙河至沛縣浮沙湧塞，官民舟楫悉取道昭陽湖。春夏之交，湖面淺涸，運道必阻，渦河等河必宜亟濬。御史戴金言：黄河入淮之道有三：自中牟至荆山合長淮曰渦河；自開封經葛岡小壩、丁家道口、馬牧集鴛鴦口至徐州小浮橋口曰汴河；自小壩經歸德城南飲馬池抵文家集，經夏邑至宿遷曰白河。弘治間，渦、白上源堙塞，而徐州獨受其害。宜自小壩至宿遷小河併賈魯河、鴛鴦口、文家集壅塞之處，盡行疏通，則趨淮之水不止一道，而徐州水患殺矣。御史劉欒言：曹縣梁靖口南岸，舊有賈魯河，南至武家口十三里，黄沙淤平，必宜開濬。武家口下至馬牧集鴛鴦口百十七里，即小黄河舊通徐州故道，水尚不涸，亦宜疏通。督漕總兵官楊宏亦請疏歸德小壩、丁家道口、亳州渦河、宿遷小河。友璣及拯亦屢以爲言。俱下工部議，以爲濬賈魯故道，開渦河上源，功大難成，未可輕舉。但議築堤障水，俾入正河而已。

是年，黄河上流驟溢，東北至沛縣廟道口，截運河，注雞鳴臺口，入昭陽湖。汶、泗南下之水從而東，而河之出飛雲橋者漫而北，淤數十里，河水没豐縣，徙治避之。

明年，拯言：滎澤北孫家渡、蘭陽北趙皮寨，皆可引水南流，但二河通渦，東入淮，又東至鳳陽長淮衛，經壽春王諸園寢，爲患叵測。惟寧陵北岔河一道，通飲馬池，抵文家集，又經夏邑至宿州符離橋，出宿遷小河口，自趙皮寨至文家集，凡二百餘里，濬而通之，水勢易殺，而園寢無患。乃爲圖説以聞。命刻期舉工。而河決曹，單，城武楊家、梁靖二口、吴士舉莊，衝入雞鳴臺，奪運河，沛地淤填七八里，糧艘阻不進。御史吴仲以聞，因劾拯不能辨河事，乞擇能者往代。其冬，以盛應期爲總督河道右都御史。

是時，光禄少卿黄綰、詹事霍韜、左都御史胡世寧、兵部尚書李承勛各獻治河之議。綰言：

漕河資山東泉水，不必資黄河，莫若濬兖、冀間兩高中低之地，道河使北，至直沽入海。

韜言：

議者欲引河自蘭陽注宿遷。夫水溢徐、沛，猶有二洪爲之束捍，東北諸山亙列如垣，有所底極，若道蘭陽，則歸德、鳳陽平地千里，河勢奔放，數郡皆壑，患不獨徐、沛矣。按衛河自衛輝汲縣至天津入海，猶古黄河也。今宜於河陰、原武、懷、孟間，審視地形，引河水注於衛河，至臨清、天津，則徐、沛水勢可殺其半。且元人漕舟涉江入淮，至封丘北，陸運百八十里至淇門，入御河達京師。御河即衛河也。今導河注衛，冬春泝衛河沿臨清至天津，夏秋則由徐、沛，此一舉而運道兩得也。

世寧言：

河自汴以來，南分二道：一出汴城西滎澤，經中牟、陳、潁，至壽州入淮；一出汴城東祥符，經陳留、亳州，至懷遠入淮。其東南一道自歸德、宿州，經虹縣、睢寧，至宿遷出。其東分五道：一自長垣、曹、鄆至陽穀出；一自曹州雙河口至魚臺塌場口出；一自儀封、歸德至徐州小浮橋出；一自沛縣南飛雲橋出；一自徐、沛之中境山、北溜溝出。六道皆入漕河，而南會於淮。今諸道皆塞，惟沛縣一道僅存。合流則水勢既大，河身亦狹不能容，故溢出爲患。近又漫入昭陽湖，以致流緩沙壅。宜因故道而分其勢，汴西則濬孫家渡抵壽州以殺上流，汴東南出懷遠、宿遷及正東小浮橋、溜溝諸道，各宜擇其利便者，開濬一道，以洩下流。或修武城南廢堤，抵豐、單接沛北廟道口，以防北流。此皆治河急務也。至爲運道計，則當於湖東滕、沛、魚臺、鄒縣間獨山、新安社地別鑿一渠，南接留城，北接沙河，不過百餘里。厚築西岸以爲湖障，令水不得漫，而以一湖爲河流散漫之區，乃上策也。

承勛言：

黄河入運支流有六。自渦河源塞，則北出小黄河、溜溝等處，不數年諸處皆塞，北併出飛雲橋，於是豐、沛受患，而金溝運道遂淤。然幸東面皆山，猶有所障，故昭陽湖得通舟。若益徙而北，則徑奔入海，安平鎮故道可慮，單縣、穀亭百萬生靈之命可虞。又益北，則自濟寧至臨清運道諸水俱相隨入海，運何由通？臣愚以爲相六道分流之勢，導引使南，可免衝決，此下流不可不疏濬也。欲保豐、沛、單縣、穀亭之民，必因舊堤築之，堤其西北使毋溢出，此上流不可不堤防也。

其論昭陽湖東引水爲運道，與世寧同。乃下總督大臣會議。

七年正月，應期奏上，如世寧策，請於昭陽湖東改爲運河。會河決，淤廟道口三十餘里，乃別遣官濬趙皮寨，孫家渡，南、北溜溝以殺上流，隄武城迤西至沛縣南，以防北潰。會旱災修省，言者請罷新河之役，乃召應期還京，以工部侍郎潘希曾代。希曾抵官，言：邇因趙皮寨開濬未通，疏孫家渡口以殺河勢，請敕河南巡撫潘塤督管河副使，刻期成功。帝從其奏。希曾又言：漕渠廟道口以下忽淤數十里者，由決河西來橫衝口上，并掣閘河之水東入昭陽湖，致閘水不南，而飛雲橋之水時復北漫故也。今宜於濟、沛間加築東堤，以遏入湖之路，更築西堤以防黄河之衝，則水不散緩，而廟道口可永無淤塞之虞。帝亦從之。

八年六月，單、豐、沛三縣長堤成。九年五月，孫家渡河堤成。逾月，河決曹縣。一自胡村寺東，東南至賈家壩入古黄河，由丁家道口至小浮橋入運河。一自胡村寺東北，分二支：一東南經虞城至碭山，合古黄河出徐州；一東北經單縣長堤抵魚臺，漫爲坡水，傍穀亭入運河。單、豐、沛三縣長堤障之，不爲害。希曾上言：黄由歸德至徐入漕，故道也。永樂間，濬開封支河達魚臺入漕以濟淺。自弘治時，黄河改由單、豐出沛之飛雲橋，而歸德故道始塞，魚臺支河亦塞。今全河復其故道，則患害已遠，支流達於魚臺，則淺涸無虞，此漕運之利，國家之福也。帝悦，下所司知之，乃召希曾還京。自是，豐、沛漸無患，而魚臺數溢。

十一年，總河僉都御史戴時宗請委魚臺爲受水之地，言：河東北岸與運道鄰。惟西南流者，一由孫家渡出壽州，一由渦河口出懷遠，一由趙皮寨出桃源，一由梁靖口出徐州小浮橋。往年四道俱塞，全河南奔，故豐、沛、曹、單、魚臺以次受害。今患獨鍾於魚臺，宜棄以受水，因而道之，使入昭陽湖，過新開河，出留城、金溝、境山，乃易爲力。至塞河四道，惟渦河經祖陵，未敢輕舉，其三支河頗存故迹，宜乘魚臺壅塞，令開封河夫捲埽填堤，逼使河水分流，則魚臺水勢漸減，俟水落畢工，并前三河共爲四道，以分洩之，河患可已。

明年，都御史朱裳代時宗，條上治河二事，大略言：三大支河宜開如時宗計，而請塞梁靖口迤東由魚臺入運河之岔口，以捍黃河，則穀亭鎮迤南二百餘里淤者可濬，是謂塞黃河之口以開運河。黃河自穀亭轉入運河，順流而南，二日抵徐州，徐州逆流而北，四日乃抵穀亭，黃水之利莫大於此。恐河流北趨，或由魚臺、金鄉、濟寧漫安平鎮，則運河堤岸衝決；或三支一有壅淤，則穀亭南運河亦且衝決。宜繕築堤岸，束黃入運，是謂借黃河之水以資運河。詔裳相度處置。

十三年正月，裳復言：

今梁靖口、趙皮寨已通，孫家渡方濬。惟渦河一支，因趙皮寨下流睢州野雞岡淤正河五十餘里，漫於平地，注入渦河。宜挑濬深廣，引導漫水歸入正河，而於睢州張見口築長堤至歸德郭村，凡百餘里，以防汎溢。更時疏梁靖口下流，且挑儀封月河入之，達於小浮橋，則北岸水勢殺矣。

夫河過魚臺，其流漸北，將有越濟寧、趨安平、東入於海之漸。嘗議塞岔河之口以安運河，而水勢洶湧，恐難遽塞。塞亦不能無橫決，黃陵岡、李居莊諸處不能無患。徐州迤上至魯橋泥沙停滯，山東諸泉水微，運道必澀。請創築城武至濟寧縷水大堤百五十餘里，以防北溢。而自魯橋至沛縣東堤百五十餘里修築堅厚，固之以石。自魚臺至穀亭開通淤河，引水入漕，以殺魚臺、城武之患，此順水之性不與水争地者也。

孫家渡、渦河二支俱出懷遠，會淮流至鳳陽，經皇陵及壽春王陵至泗州，經祖陵。皇陵地高無慮，祖陵則三面距河，壽春王陵尤迫近。祖陵宜築土堤，壽春王陵宜砌石岸，然事體重大，不敢輕舉也。清江浦口正當黃、淮會合之衝，二河水漲漫入河口，以致淤塞滯運。宜濬深廣而又築堤，以防水漲，築壩以護行舟，皆不可緩，往時，淮水獨流入海，而海口又有套流，安東上下又有澗河、馬邏諸港以分水入海。今黃河匯入於淮，水勢已非其舊，而諸港套俱已堙塞，不能速洩，下壅上溢，梗塞運道。宜將溝港次第開濬，海口套沙，多置龍爪船往來爬盪，以廣入海之路，此所謂殺其下流者也。

河出魚臺雖借以利漕，然未有數十年不變者也。一旦他徙，則徐、沛必涸。宜大濬山東諸泉以匯於汶河，則徐、沛之渠不患乾涸，雖岔河口塞亦無虞矣。

工部覆如其議，帝允行之。未幾，裳憂去，命劉天和爲總河副都御史，代裳。

是歲，河決趙皮寨入淮，穀亭流絶，廟道口復淤。天和役夫十四萬濬之。已而，河忽自夏邑大丘、回村等集衝數口，轉向東北，流經蕭縣，下徐州小浮橋。天和言：黃河自魚、沛入漕河，運舟通利者數十年，而淤塞河道、廢壞閘座、阻隔泉流、衝廣河身，爲害亦大。今黃河既改衝從虞城、蕭、碭，下小浮橋，而榆林集、侯家林二河分流入運者，俱淤塞斷流，利去而害獨存。宜濬魯橋至徐州二百餘里之淤塞。制可。

十四年從天和言，自曹縣梁靖口東岔河口築壓口縷水堤，復築曹縣八里灣至單縣侯家林長堤各一道。是年冬，天和條上治河數事，中言：魯橋至沛縣東堤，舊議築石以禦橫流，今黃河既南徙，可不必築。孫家渡自正統時全河從此南徙，弘治間淤塞，屢開屢淤，卒不能通。今趙皮寨河日漸衝廣，若再開渡口，併入渦河，不惟二洪水澀，恐亦有陵寢之虞，宜仍其舊勿治。舊議祥符盤石、蘭陽銅瓦廂、考城蔡家口各添築月堤。臣以爲黃河之當防者惟北岸爲重，當擇其去河遠者大堤中堤各一道，修補完築，使北岸七八百里間聯屬高厚，則前勘應築諸堤舉在其中，皆可罷不築。帝亦從之。

十五年，督漕都御史周金言：自嘉靖六年後，河流益南，其一由渦河直下長淮，而梁靖口、趙皮寨二支各入清河，匯於新莊閘，遂灌裏河。水退沙存，日就淤塞。故老皆言河自汴來本濁，而渦、淮、泗清，新莊閘正當二水之口，河、淮既合，昔之爲沛縣患者，今移淮安矣。因請於新莊更置一渠，立閘以資蓄洩。從之。

十六年冬從總河副都御史丁湛言，開地丘店、野雞岡諸口上流四十餘里，由桃源集、丁家道口入舊黃河，截渦河水入河濟洪。十八年，總河都御史胡纘宗開考城孫繼口、孫禄口黃河支流，以殺歸、睢水患，且灌徐、呂，因於二口築長堤，及修築馬牧集決口。

二十年五月命兵部侍郎王以旂督理河道，協總河副都御史郭持平計議。先一歲，黃河南徙，決野雞岡，由渦河經亳州入淮，舊決口俱塞。其由孫繼口及考城至丁家道口，虞城入徐、呂者，亦僅十之二。持平久治弗效，降俸戴罪。以旂至，上言：國初，漕河惟通諸泉及汶、泗，黃河勢猛水濁，遷徙不常，故徐有貞、白昂、劉大夏力排之，不資以濟運也。今幸黃河南徙，諸閘復舊，宜濬山東諸泉入野雞岡新開河道，以濟徐、呂；而築長堤沛縣以南，聚水如閘河制，務利漕運而已。明年春，持平請濬孫繼口及扈運口、李景高口三河，使東由蕭、碭入徐濟運。其秋，從以旂言，於孫繼口外別開一渠洩水，以濟徐、呂。凡八月，三口工成，以旂、持平皆被獎，遂召以旂還。未幾，李景高口復淤。

先是，河決豐縣，遷縣治於華山，久之始復其故治。河決孟津、夏邑，皆遷其城。及野雞岡之決也，鳳陽沿淮州縣多水患，乃議徙五河、蒙城避之。而臨淮當祖陵形勝不可徙，乃用巡按御史賈太亨言，敕河撫二臣亟濬碭山河道，引入二洪，以殺南注之勢。

二十六年秋，河決曹縣，水入城二尺，漫金鄉、魚臺、定陶、城武，衝穀亭。總河都御史詹瀚請於趙皮寨諸口多穿支河，以分水勢。詔可。

三十一年九月，河決徐州房村集至邳州新安，運道淤阻五十里。總河副都御史曾鈞上治河方略，乃濬房村至雙溝、曲頭，築徐州高廟至邳州沂河。又言：劉伶臺至赤晏廟凡八十里，乃黃河下流，淤沙壅塞，疏濬宜先。次則草灣老黃河口，衝激淹没安東一縣，亦當急築，更築長堤磯嘴以備衝激。又三里溝新河口視舊口水高六尺，開舊口有沙淤之患，而爲害稍輕；開新口未免淹没之虞，而漕舟頗便。宜暫閉新口，建置閘座，且增築高家堰長堤，而新莊諸閘甃石以遏横流。帝命侍郎吴鵬振災户，而悉從鈞奏。

三里溝新河者，督漕都御史應檟以先年開清河口通黃河之水以濟運。今黃河入海，下流澗口、安東俱漲塞，河流壅而漸高，瀉入清河口，沙停易淤，屢濬屢塞。溝在淮水下流黃河未合之上，故閉清河口而開之，使船由通濟橋遡溝出淮，以達黃河者也。

時濬徐、邳將訖工，一夕，水湧復淤。帝用嚴嵩言，遣官祭河神。而鵬、鈞復共奏請急築濬草灣、劉伶臺，建閘三里溝，迎納泗水清流；且於徐州以上至開封濬支河一二，令水分殺。其冬，漕河工竣，進鈞秩侍郎。

三十七年七月，曹縣新集淤。新集地接梁靖口，歷夏邑、丁家道口、馬牧集、韓家道口、司家道口至蕭縣薊門出小浮橋，此賈魯河故道也。自河患亟，別開支河出小河以殺水勢，而本河漸澀。至是遂決，趨東北段家口，析而爲六，曰大溜溝、小溜溝、秦溝、濁河、胭脂溝、飛雲橋，俱由運河至徐洪。又分一支由碭山堅城集下郭貫樓，析而爲五，曰龍溝、母河、梁樓溝、楊氏溝、胡店溝，亦由小浮橋會徐洪，而新集至小浮橋故道二百五十餘里遂淤不可復矣。自後，河忽東忽西，靡有定向，水得分瀉者數年，不至壅潰。然分多勢弱，淺者僅二尺，識者知其必淤。

至四十四年七月，河決沛縣，上下二百餘里運道俱淤。全河逆流，自沙河至徐州以北，至曹縣棠林集而下，北分二支：南流者遶沛縣戚山楊家集，入秦溝至徐；北流者遶豐縣華山東北由三教堂出飛雲橋。又分而爲十三支，或横絶，或逆流入漕河，至湖陵城口，散漫湖坡，達於徐州，浩渺無際，而河變極矣。乃命朱衡爲工部尚書兼理河漕，又以潘季馴爲僉都御史總理河道。明年二月，復遣工科給事中何起鳴往勘河工。

衡巡行決口，舊渠已成陸，而盛應期所鑿新河故跡尚在，地高，河決至昭陽湖不能復東，乃定計開濬。而季馴則以新河土淺泉湧，勞費不貲，留城以上故道初淤可復也。由是二人有隙。起鳴至沛，還，上言：舊河之難復有五。黃河全徙必殺上流，新集、龐家屯、趙家圈皆上流也。以不貲之財，投於河流已棄之故道，勢必不能，一也。自留城至沛，莽爲巨浸，無所施工，二也。横亙數十里，褰裳無路，十萬之衆何所棲身，三也。挑濬則淖陷，築岸則無土，且南塞則北奔，四也。夏秋淫潦，難保不淤，五也。新河開鑿費省，且可絶後來潰決之患。宜用衡言開新河，而兼採季馴言，不全棄舊河。廷臣議定，衡乃決開新河。

時季馴持復故道之議，廷臣又多以爲然。遂勘議新集、郭貫樓諸上源地。衡言：

河出境山以北，則閘河淤；出徐州以南，則二洪涸；惟出境山至小浮橋四十餘里間，乃兩利而無害。自黄河横流，碭山郭貫樓支河皆已淤塞，改從華山分爲南北二支：南出秦溝，正在境山南五里許，運河可資其利；惟北出沛縣西及飛雲橋，逆上魚臺，爲患甚大。

朝廷不忍民罹水災，拳拳故道，命勘上源。但臣參考地形有五不可。自新集至兩河口皆平原高阜，無尺寸故道可因，郭貫樓抵龍溝頗有河形，又係新淤，無可駐足，其不可一也。黄河所經，鮮不爲患，由新集則商、虞、夏邑受之，由郭貫樓則蕭、碭受之，今改復故道，則魚、沛之禍復移蕭、碭，其不可二也。河西注華山，勢若建瓴，欲從中鑿渠，挽水南向，必當築壩横截，遏其東奔，於狂瀾巨浸之中，築壩數里，爲力甚難，其不可三也。役夫三十萬，曠日持久，騷動三省，其不可四也。大役踵興，工費數百萬，一有不繼，前功盡隳，其不可五也。惟當開廣秦溝，使下流通行，修築南岸長堤以防奔潰，可以甦魚、沛昏墊之民。

從之。衡乃開魚臺南陽抵沛縣留城百四十餘里，而濬舊河自留城以下，抵境山、茶城五十餘里，由此與黄河會。又築馬家橋堤三萬五千二百八十丈，石堤三十里，遏河之出飛雲橋者，趨秦溝以入洪。於是黄水不東侵，漕道通而沛流斷矣。方工未成，河復決沛縣，敗馬家橋堤。論者交章請罷衡。未幾，工竣。帝大喜，賦詩四章志喜，以示在直諸臣。

隆慶元年五月加衡太子少保。始河之決也，支流散漫遍陸地，既而南趨濁河。迨新河成，則盡趨秦溝，而南北諸支河悉併流焉。然河勢益大漲。三年七月決沛縣，自考城、虞城、曹、單、豐、沛抵徐州俱受其害，茶城淤塞，漕船阻邳州不能進。已雖少通，而黄河水横溢沛地，秦溝、濁河口淤沙旋疏旋壅。朱衡已召還，工部及總河都御史翁大立皆請於梁山之南別開一河以漕，避秦溝、濁河之險，後所謂泇河者也。詔令相度地勢，未果行。

四年秋，黄河暴至，茶城復淤，而山東沙、薛、汶、泗諸水驟溢，決仲家淺運道，由梁山出戚家港，合於黄河。大立復請因其勢而濬之。是時，淮水亦大溢，自泰山廟至七里溝淤十餘里，而水從諸家溝傍出，至清河縣河南鎮以合於黄河。大立又言：開新莊閘以通回船，復陳瑄故道，則淮可無虞。獨黄河在睢寧、宿遷之間遷徙未知所定，泗州陵寢可虞。請濬古睢河，由宿遷歷宿州，出小浮橋以洩二洪之水。且規復清河、魚溝分河一道，下草灣，以免衝激之患，則南北運道庶幾可保。時大立已内遷，方受代，而季馴以都御史復起總理河道。部議令區畫。

九月，河復決邳州，自睢寧白浪淺至宿遷小河口，淤百八十里，糧艘阻不進。大立言：比來河患不在山東、河南、豐、沛，而專在徐、邳，故先欲開泇河口以遠河勢、開蕭縣河以殺河流者，正謂浮沙壅聚，河面增高，爲異日慮耳。今秋水洊至，横溢爲災。權宜之計，在棄故道而就新衝；經久之策，在開泇河以避洪水。乞決擇於二者。部議主塞決口，而令大立條利害以聞。大立遂以開泇口、就新衝、復故道三策並進，且言其利害各相參。會罷去，策未決，而季馴則主復故道。

時茶城至吕梁，黄水爲兩崖所束，不能下，又不得決。至五年四月，乃自靈璧雙溝而下，北決三口，南決八口，支流散溢，大勢下睢寧出小河，而匙頭灣八十里正河悉淤。季馴役丁夫五萬，盡塞十一口，且濬匙頭灣，築縷堤三萬餘丈，匙頭灣故道以復。旋以漕船行新溜中，多漂没，季馴罷去。

六年春復命尚書衡經理河工，以兵部侍郎萬恭總理河道。二人至，罷泇河議，專事徐、邳河，修築長堤，自徐州至宿遷小河口三百七十里，併繕豐、沛大黄堤，正河安流，運道大通。衡乃上言：河南屢被河患，大爲堤防，今幸有數十年之安者，以防守嚴而備禦素也。徐、邳爲糧運正道，既多方以築之，則宜多方以守之。請用夫每里十人以防，三里一鋪，四鋪一老人巡視。伏秋水發時，五月十五日上堤，九月十五日下堤，願攜家居住者聽。詔如議。六月，徐、邳河堤工竣，遂命衡回部，賞衡及總理河道都御史萬恭等銀幣有差。

是歲，御史吴從憲言：淮安而上清河而下，正淮、泗、河、海衝流之會。河潦内出，海潮逆流，停蓄移時，沙泥旋聚，以故日就壅塞。宜以春夏時濬治，則下流疏暢，汎溢自平。帝即命衡與漕臣勘議。而督理河道署郎中事陳應薦挑空海口新河，長十里有奇，濶五丈五尺，深一丈七尺，用夫六千四百餘人。

衡之被召將還也，上疏言：國家治河，不過濬淺、築堤二策。濬淺之法，或爬或滂，或逼水而衝，或引水而避，此可人力勝者。然茶城與淮水會則在清河，茶城、清河無水不淺。蓋二水互爲勝負，黃河水勝則壅沙而淤，及其消也，淮漕水勝，則衝沙而通。水力蓋居七八，非專用人力也。築堤則有截水、縷水之異，截水可施於閘河，不可施於黃河。蓋黃河湍悍，挾川潦之勢，何堅不瑕，安可以一堤當之。縷水則兩岸築堤，不使旁潰，始得遂其就下入海之性。蓋以順爲治，非以人力勝水性，故至今百五六十年爲永賴焉。清河之淺，應視茶城，遇黃河漲落時，輒挑河、潢，導淮水衝刷，雖遇漲而塞，必遇落而通，無足慮也。惟清江浦水勢最弱，出口處所適與黃河相值。宜於黃水盛發時，嚴閉各閘，毋使沙淤。若海口則自隆慶三年海嘯，壅水倒灌低窪之地，積瀦難洩。宜時加疏濬，毋使積塞。至築黃河兩岸堤，第當縷水，不得以攔截爲名。疏上，報聞而已。

《明史》卷八四《河渠・黃河下》　萬曆元年，河決房村，築堤窪子頭至秦溝口。明年，給事中鄭岳言：運道自茶城至淮安五百餘里，自嘉靖四十四年河水大發，淮口出水之際，海沙漸淤，今且高與山等。自淮而上，河流不迅，泥水愈淤。於是邳州淺，房村決，呂、梁二洪平，茶城倒流，皆坐此也。今不治海口之沙，乃日築徐、沛間堤岸，桃、宿而下，聽其所之。民之爲魚，未有已時也。因獻宋李公義、王令圖濬川爬法。命河臣勘奏，從其所言。而是年秋，淮、河並溢。明年八月，河決碭山及邵家口、曹家莊、韓登家口而北，淮亦決高家堰而東，徐、邳、淮南北漂沒千里。自此桃、清上下河道淤塞，漕艘梗阻者數年，淮、揚多水患矣。總河都御史傅希摯改築碭山月堤，暫留三口爲洩水之路。其冬，並塞之。

四年二月，督漕侍郎吴桂芳言：淮、揚洪潦奔衝，蓋緣海濱汊港久堙，入海止雲梯一徑，致海擁橫沙，河流汎溢，而鹽、安、高、寶不可收拾。國家轉運，惟知急漕，而不暇急民，故朝廷設官，亦主治河，而不知治海。請設水利僉事一員，專疏海道，審度地利，如草灣及老黃河皆可趨海，何必專事雲梯哉？帝優詔報可。

桂芳復言：黃水抵清河與淮合流，經清江浦外河，東至草灣，又折而西南，過淮安、新城外河，轉入安東縣前，直下雲梯關入海。近年關口多壅，河流日淺，惟草灣地低下，黃河衝決，駸駸欲奪安東入海，以縣治所關，屢決屢塞。去歲，草灣迤東自決一口，宜於決口之西開挑新口，以迎埽灣之溜，而於金城至五港岸築堤束水。語云：救一路哭，不當復計一家哭。今淮、揚、鳳、泗、邳、徐不啻一路矣。安東自衆流匯圍，祇文廟、縣署僅存椽瓦，其勢垂陷，不如委之，以拯全淮。帝不欲棄安東，而命開草灣如所請。八月，工竣，長萬一千一百餘丈，塞決口二十二，役夫四萬四千。帝以海口開濬，水患漸平，賚桂芳等有差。

未幾，河決韋家樓，又決沛縣縷水堤，豐、曹二縣長堤，豐、沛、徐州、睢寧、金鄉、魚臺、單、曹田廬漂溺無算，河流齧宿遷城。帝從桂芳請，遷縣治、築土城避之。於是御史陳世寶請復老黃河故道，言：河自桃源三義鎮歷清河縣北，至大河口會淮入海。運道自淮安天妃廟亂淮而下，十里至大河口，從三義鎮出口向桃源大河而去，凡七十餘里，是爲老黃河。至嘉靖初，三義鎮口淤，而黃河改趨清河縣南與淮會，自此運道不由大河口而徑由清河北上矣。近者，崔鎮屢決，河勢漸趨故道。若仍開三義鎮口引河入清河北，或令出大河口與淮流合，或從清河西別開一河，引淮出河上游，則運道無恐，而淮、泗之水不爲黃流所漲。部覆允行。

桂芳言：淮水向經清河會黃河趨海。自去秋河決崔鎮，清江正河淤澱，淮口梗塞。於是淮弱河強，不能奪草灣入海之途，而全淮南徙，橫灌山陽、高、寶間，向來湖水不踰五尺，堤僅七尺，今堤加丈二，而水更過之。宜急護湖堤以殺水勢。部議以爲必淮有所歸，而後堤可保，請令桂芳等熟計。報可。

開河、護堤二說未定，而河復決崔鎮，宿、沛、清、桃兩岸多壞，黃河日淤墊，淮水爲河所迫，徙而南，時五年八月也。希摯議塞決口，束水歸漕。桂芳欲衝刷成河，以爲老黃河入海之路。帝令急塞決口，而俟水勢稍定，乃從桂芳言。時給事中湯聘尹議導淮入江以避黃，會桂芳言：黃水向老黃河故道而去，下奔如駛，淮遂乘虛湧入清口故道，淮、揚水勢漸消。部議行勘，以河、淮既合，乃寢其議。

管理南河工部郎中施天麟言：淮、泗之水不下清口而下山陽，從黃浦口入海。浦口不能盡洩，浸淫高、寶邵伯諸湖，而湖堤盡沒，則以淮、泗本不入湖，而今入湖故也。淮、泗之入湖者，又緣清口向未淤塞，而今淤塞故也。清口之淤塞者，又緣黃河淤塞日高，淮水不得不讓河而南徙也。蓋淮水併力敵黃，勝負或亦相半，自高家堰廢壞，而清口內通濟橋、朱家等口淮水內灌，於是淮、泗之力分，而黃河得以全力制其敝，此清口所以獨淤於今歲也。下流既淤，則上流不得不決。

每歲糧艘以四五月畢運，而堤以六七月壞。水發之時不能爲力，水落之後方圖堵塞。甫及春初，運事又迫，僅完堤工，於河身無與。河身不挑則來年益高。上流之決，必及於徐、吕，而不止於邳、遷；下流之涸，將盡乎邳、遷，而不止於清、桃。須不惜一年糧運，不惜數萬帑藏，開挑正河，寬限責成，乃爲一勞永逸。

至高家堰、朱家等口，宜及時築塞，使淮、泗併力足以敵黃，則淮水之故道可復，高、寶之大患可減。若興、鹽海口堙塞，亦宜大加疏濬。而湖堤多建減水大閘，堤下多開支河。要未有不先黃河而可以治淮，亦未有不疏通淮水而可以固堤者也。

事下河漕諸臣會議。

淮之出清口也，以黃水由老黃河奔注，而老黃河久淤，未幾復塞，淮水仍漲溢。給事中劉鉉請亟開通海口，而簡大臣會同河漕諸臣往治。乃命桂芳爲工部尚書兼理河漕，而裁總河都御史官。桂芳甫受命而卒。

六年夏，潘季馴代。時給事中李淶請多濬海口，以導衆水之歸。給事中王道成則請塞崔鎮決口，築桃、宿長堤，修理高家堰，開復老黃河。並下河臣議。季馴與督漕侍郎江一麟相度水勢，言：

海口自雲梯關四套以下，闊七八里至十餘里，深三四丈。欲別議開鑿，必須深闊相類，方可注放，工力甚難。且未至海口，乾地猶可施工，其將入海之地，潮汐往來，與舊口等耳。舊口皆係積沙，人力雖不可濬，水力自能衝刷，海無可濬之理。惟當導河歸海，則以水治水，即濬海之策也。河亦非可以人力導，惟當繕治堤防，俾無旁決，則水由地中，沙隨水去，即導河之策也。

頻年以來，日以繕堤爲事，顧卑薄而不能支，迫近而不能容，雜以浮沙而不能久。是以河決崔鎮，水多北潰，爲無堤也。淮決高家堰、黃浦口，水多東潰，堤弗固也。不咎制之未備，而咎築堤爲下策，豈通論哉！上流既旁潰，又岐下流而分之，其趨雲梯入海口者，譬猶強弩之末耳。水勢益分則力益弱，安能導積沙以注海。

故今日濬海急務，必先塞決以導河，尤當固堤以杜決，而欲堤之不決，必真土而勿雜浮沙，高厚而勿惜鉅費，讓遠而勿與爭地，則堤乃可固也。沿河堤固，而崔鎮口塞，則黃不旁決而衝漕力專。高家堰築，朱家口塞，則淮不旁決而會黃力專。淮、黃既合，自有控海之勢。又懼其分而力弱也，必暫塞清江浦河，而嚴司啓閉以防其內奔。姑置草灣河，而專復雲梯以還其故道。仍接築淮安新城長堤，以防其末流。使黃、淮力全，涓滴悉趨於海，則力強且專，下流之積沙自去，海不濬而闢，河不挑而深，所謂固堤即以導河，導河即以濬海也。

又言：

黃水入徐，歷邳、宿、桃、清，至清口會淮而東入海。淮水自洛及鳳，歷盱、泗，至清口會河而東入海。此兩河故道也。元漕江南粟，則由揚州直北廟灣入海，未嘗遡淮。陳瑄始堤管家諸湖，通淮爲運道。慮淮水漲溢，則築高家堰堤以捍之，起武家墩，經大、小澗至阜寧湖，而淮不東侵。又慮黃河漲溢，則堤新城北以捍之，起清江浦，沿鉢池山、柳浦灣迤東，而黃不南侵。

其後，堤岸漸傾，水從高堰決入，淮郡遂同魚鼈。而當事者未考其故，謂海口壅閉，宜亟穿支渠。詎知草灣一開，西橋以上正河遂至淤阻。夫新河闊二十餘丈，深僅丈許，較故道僅三十之一，豈能受全河之水？下流既壅，上流自潰，此崔鎮諸口所由決也。今新河復塞，故河漸已通流，雖深闊未及原河十一，而兩河全下，沙隨水刷，欲其全復河身不難也。河身既復，闊者七八里，狹亦不下三四百丈，滔滔東下，何水不容？匪惟不必別鑿他所，即草灣亦可置勿濬矣。

故爲今計，惟修復陳瑄故蹟，高築南北兩堤，以斷兩河之內灌，則淮、揚昏墊可免。塞黃浦口，築寶應堤，濬東關等淺，修五閘，復五壩，則淮南運道無虞。堅塞桃源以下崔鎮口諸決，則全河可歸故道。黃、淮既無旁決，並驅入海，則沙隨水刷，海口自復，而桃、清淺阻，又不足言。此以水治水之法也。若夫爬撈之説，僅可行諸閘河，前人屢試無功，徒費工料。

於是條上六議：曰塞決口以挽正河，曰築堤防以杜潰決，曰復閘壩以防外河，曰創滾水壩以固堤岸，曰止濬海工程以省糜費，曰寢開老黃河之議以仍利涉。帝悉從其請。

七年十月，兩河工成，賚季馴、一麟銀幣，而遣給事中尹瑾勘實。八年春進季馴太子太保工部尚書，廕一子。一麟等遷擢有差。是役也，築高家堰堤六十餘里，歸仁集堤四十餘里，柳浦灣堤東西七十餘里，塞崔鎮等決口百三十，築徐、睢、邳、宿、桃、清兩岸遥堤五萬六千餘丈，碭、豐大壩各一道，徐、沛、豐、碭縷堤百四十餘里，建崔鎮、徐昇、季泰、三義減水石壩四座，遷通濟閘於甘羅城南，淮、揚間堤壩無不修築，費帑金五十六萬有奇。其秋擢季馴南京兵部尚書。季馴又請復新集至小浮橋故道，給事中王道成、河南巡撫周鑑等不可而止。自桂芳、季馴時罷總河不設，其後但以督漕兼理河道。高堰初築，清口方暢，流連數年，河道無大患。

至十五年，封丘、偃師、東明、長垣屢被衝決。大學士申時行言：河所決地在三省，守臣畫地分修，易推委。河道未大壞，不必設都御史，宜遣風力老成給事中一人行河。乃命工科都給事中常居敬往。居敬請修築大社集東至白茅集長堤百里。從之。

初，黄河由徐州小浮橋入運，其河深且近洪，能刷洪以深河，利於運道。後漸徙沛縣飛雲橋及徐州大、小溜溝。至嘉靖末，決邵家口，出秦溝，由濁河口入運，河淺，迫茶城，茶城歲淤，運道數害。萬曆五年冬，河復南趨，出小浮橋故道，未幾復堙。潘季馴之塞崔鎮也，厚築堤岸，束水歸漕。嗣後水發，河臣輒加堤，而河身日高矣。於是督漕僉都御史楊一魁欲復黄河故道，請自歸德以下丁家道口濬至石將軍廟，令河仍自小浮橋出。又言：善治水者，以疏不以障。年來堤上加堤，水高凌空，不啻過顙。濱河城郭，決水可灌。宜測河身深淺，隨處挑濬，而於黄河分流故道，設減水石門以洩暴漲。給事中王士性則請復老黄河故道。大略言：

自徐而下，河身日高，而爲堤以束之，堤與徐州城等。束益急，流益迅，委全力於淮而淮不任。故昔之黄、淮合，今黄強而淮益縮，不復合矣。黄強而一啓天妃、通濟諸閘，則灌運河如建瓴。高、寶一梗，江南之運坐廢。淮縮則退而侵泗。爲祖陵計，不得不建石堤護之。堤增河益高，根本大可虞也。河至清河凡四折而後入海。淮安、高寶、鹽、興數百萬生靈之命託之一丸泥，決則盡成魚蝦矣。

紛紛之議，有欲增堤泗州者，有欲開顔家、灌口、永濟三河，南甃高家堰、北築滚水壩者。總不如復河故道，爲一勞永逸之計也。河故道由三義鎮達葉家衝與淮合，在清河縣北别有濟運河，在縣南蓋支河耳。河強奪支河，直趨縣南，而自棄北流之道，然河形固在也。自桃源至瓦子灘凡九十里，窪下不耕，無室廬墳墓之礙，雖開河費鉅，而故道一復，爲利無窮。

議皆未定。居敬及御史喬璧星皆請復專設總理大臣。乃復命潘季馴爲右都御史總督河道。

時帝從居敬言，罷老黄河議，而季馴抵官，言：新集故道，故老言銅幫鐵底，當開，但歲儉費繁，未能遽行。又言：黄水濁而強，汶、泗清且弱，交會茶城。伏秋黄水發，則倒灌入漕，沙停而淤，勢所必至。然黄水一落，漕即從之，沙隨水去，不濬自通，縱有淺阻，不過旬日。往時建古洪、内華二閘，黄漲則閉閘以遏濁流，黄退則啓閘以縱泉水。近者居敬復增建鎮口閘，去河愈近，則吐納愈易。但當嚴閘禁如清江浦三閘之法，則河渠永賴矣。帝方委季馴，即從其言，罷故道之議。未幾，水患益甚。

十七年六月，黄水暴漲，決獸醫口月堤，漫李景高口新堤，衝入夏鎮内河，壞田廬，没人民無算。十月，決口塞。十八年，大溢，徐州水積城中者踰年。衆議遷城改河。季馴濬魁山支河以通之，起蘇伯湖至小河口，積水乃消。十九年九月，泗州大水，州治淹三尺，居民沉溺十九，浸及祖陵。而山陽復河決，江都、邵伯又因湖水下注，田廬浸傷。工部尚書曾同亨上其事，議者紛起。乃命工科給事中張貞觀往泗州勘視水勢，而從給事中楊其休言，放季馴歸，用舒應龍爲工部尚書總督河道。

二十年三月，季馴將去，條上辨惑者六事，力言河不兩行，新河不當開，支渠不當濬。又著書曰《河防一覽》，大旨在築堤障河，束水歸漕；築堰障淮，逼淮注黄。以清刷濁，沙隨水去。合則流急，急則蕩滌而河深；分則流緩，緩則停滯而沙積。上流既急，則海口自闢而無待於開。其治堤之法，有縷堤以束其流，有遥堤以寬其勢，有滚水壩以洩其怒。法甚詳，言甚辨。然當是時，水勢横潰，徐、泗、淮、揚間無歲不受患，祖陵被水。季馴謂當自消，已而不驗。於是季馴言詘，而分黄導淮之議由此起矣。

貞觀抵泗州言：臣謁祖陵，見泗城如水上浮盂，盂中之水復滿。祖陵自神路至三橋、丹墀，無一不被水。且高堰危如累卵，又高、寶隱禍也。今欲洩淮，當以闢海口積沙爲第一義。然洩淮不若殺黄，而殺黄於淮流之既合，不若殺於未合。但殺於既合者與運無妨，殺於未合者與運稍礙。别標本，究利害，必當殺於未合之先。至於廣入海之途，則自鮑家口、黄家營至魚溝、金城左右，地勢頗下，似當因而利導之。貞觀又會應龍及總漕陳于陛等言：淮、黄同趨者惟海，而淮之由黄達海者惟清口。自海沙開濬無期，因而河身日高；自河流倒灌無已，因而清口日塞。以致淮水上浸祖陵，漫及高、寶，而興、泰運堤亦衝決矣。今議闢清口沙，且分黄河之流於清口上流十里地，去口不遠，不至爲運道梗。分於上，復合於下，則衝海之力專。合必於草灣之下，恐其復衝正河，爲淮城患也。塞鮑家口、黄家營二決，恐横衝新河，散溢無歸。兩岸俱堤，則東北清、沭、海、安窪下地不虞潰決。計費凡三十六萬有奇。若海口之塞，則潮汐莫窺其涯，難施畚鍤。惟淮、黄合流東下，河身滌而漸深，海口刷而漸闢，亦事理之可必者。帝悉從其請。乃議於清口上流北岸，開腰鋪支河達於草灣。

既而淮水自決張福堤。直隸巡按彭應參言：祖陵度可無虞，且方東備倭警，宜暫停河工。部議令河臣熟計。應龍、貞觀言：爲祖陵久遠計，支河實必不容已之工，請候明春倭警寧息舉行。其事遂寢。

二十一年春，貞觀報命，議開歸、徐達小河口，以救徐、邳之溢；導濁河入小浮橋故道，以紓鎮口之患。下總河會官集議，未定。五月，大雨，河決單縣黄堌口，一由徐州出小浮橋，一由舊河達鎮口閘。邳城陷水中，高、寶諸湖堤決口無算。明年，湖堤盡築塞，而黄水大漲，清口沙墊，淮水不能東下，於是挾上源阜陵諸湖與山溪之水，暴浸祖陵，泗城淹没。二十三年，又決高郵中堤及高家堰、高良澗，而水患益急矣。

先是，御史陳邦科言：固堤束水未收刷沙之利，而反致衝決。法當用濬，其方有三。冬春水涸，令沿河淺夫乘時撈淺，則沙不停而去，一也。官民船往來，船尾悉繫鈀犁，乘風搜滌，則沙不寧而去，二也。倣水磨、水碓之法，置爲木機，乘水滾盪，則沙不留而去，三也。至淮必不可不會黄，故高堰斷不可棄。湖溢必傷堤，故周家橋潰處斷不可開。已棄之道必淤滿，故老黄河、草灣等處斷不可復。疏下所司議。户部郎中華存禮則請復黄河故道，并濬草灣。而是時，腰鋪猶未開，工部侍郎沈節甫言：復黄河未可輕議，至諸策皆第補偏救弊而已，宜概停罷。乃召應龍還工部，時二十二年九月也。

既而給事中吴應明言：先因黄河遷徙無常，設遥、縷二堤束水歸漕，及水過沙停，河身日高，徐、邳以下居民盡在水底。今清口外則黄流阻遏，清口内則淤沙横截，强河横灌上流約百里許，淮水僅出沙上之浮流，而瀦蓄於盱、泗者遂爲祖陵患矣。張貞觀所議腰鋪支河歸之草灣，或從清河南岸别開小河至駱家營、馬廠等地，出會大河，建閘啓閉，一遇運淺，即行此河，亦策之便者。至治泗水，則有議開老子山，引淮水入江者。宜置閘以時啓閉，拆張福堤而堤清口，使河水無南向。部議下河漕諸臣會勘。直隸巡按牛應元因謁祖陵，目擊河患，繪圖以進，因上疏言：

黄高淮壅，起於嘉靖末年河臣鑿徐、吕二洪巨石，而沙日停，河身日高，潰決由此起。當事者計無復之，兩岸築長堤以束，曰縷堤。縷堤復決，更於數里外築重堤以防，曰遥堤。雖歲決歲補，而莫可誰何矣。

黄、淮交會，本自清河北二十里駱家營，折而東至大河口會淮，所稱老黄河是也。陳瑄以其迂曲，從駱家營開一支河，爲見今河道，而老黄河淤矣。萬曆間，復開草灣支河，黄舍故道而趨，以致清口交會之地，二水相持，淮不勝黄，則竄入各閘口，淮安士民於各閘口築一土埂以防之。嗣後黄、淮暴漲，水退沙停，清口遂淤，今稱門限沙是也。當事者不思挑門限沙，乃傍土埂築高堰，横亙六十里，置全淮正流之口不事，復將從旁入黄之張福口一并築堤塞之，遂倒流而爲泗陵患矣。前歲，科臣貞觀議闢門限沙，裁張福堤，其所重又在支河腰鋪之開。

總之，全口淤沙未盡挑闢，即腰鋪工成，淮水未能出也。况下流鮑、王諸口已決，難以施工。豈若復黄河故道，盡闢清口淤沙之爲要乎？且疏上流，不若科臣應明所議，就草灣下流濬諸決口，俾由安東歸五港，或於周家橋量爲疏通，而急塞黄堌口，挑蕭、碭渠道，濬符離淺阻。至宿遷小河爲淮水入黄正路，急宜挑闢，使有所歸。

應龍言：張福堤已決百餘丈，清口方挑沙，而腰鋪之開尤不可廢。工部侍郎沈思孝因言：老黄河自三義鎮至葉家衝僅八千餘丈，河形尚存。

宜亟開濬，則河分爲二，一從故道抵顏家河入海，一從清口會淮，患當自弭。請遣風力科臣一人，與河漕諸臣定畫一之計。乃命禮科給事中張企程往勘。而以水患累年，迄無成畫，遷延糜費，罷應龍職爲民，常居敬、張貞觀、彭應參等皆譴責有差。

御史高舉請疏周家橋，裁張福堤，闢門限沙，建滾水石壩於周家橋、大小澗口、武家墩、緑楊溝上下，而壩外濬河築岸，使行地中。改塘埂十二閘爲壩，灌閘外十二河，以闢入海之路。濬芒稻河，且多建濱江水閘，以廣入江之途。然海口日壅，則河沙日積，河身日高，而淮亦不能安流。有灌口者，視諸口頗大，而近日所決蔣家、鮑家、畀家三口直與相射，宜挑濬成河，俾由此入海。工部主事樊兆程亦議闢海口，而言：舊海口決不可濬，當自鮑家營至五港口挑濬成河，令從灌口入海。俱下工部。請并委企程勘議。

是時，總河工部尚書楊一魁被論，乞罷，因言：清口宜濬，黄河故道宜復，高堰不必修，石堤不必砌，減水閘壩不必用。帝不允辭，而詔以盡心任事。御史夏之臣則言：海口沙不可劈，草灣河不必濬，腰鋪新河四十里不必開，雲梯關不必闢，惟當急開高堰，以救祖陵。且言：歷年以來，高良澗土堤每遇伏秋即衝決，大澗口石堤每遇洶湧即崩潰。是高堰在，爲高、寶之利小；而高堰決，則爲高、寶之害大也。孰若明議而明開之，使知趨避乎？給事中黄運泰則又言：黄河下流未洩，而遽開高堰，周橋以洩淮水，則淮流南下，黄必乘之，高、寶間盡爲沼，而運道月河必衝决矣。不如濬五港口，達灌口門，以入於海之爲得也。詔并行勘議。

企程乃上言：前此河不爲陵患，自隆慶末年高、寶、淮、揚告急，當事狃於目前，清口既淤，又築高堰以遏之，堤張福以東之，障全淮之水與黄角勝，不虞其勢不敵也。迨後甃石加築，壅塞愈堅，舉七十二溪之水匯於泗者，僅留數丈一口出之，出者什一，停者什九。河身日高，流日壅，淮日益不得出，而瀦蓄日益深，安得不倒流旁溢爲泗陵患乎？今議疏淮以安陵，疏黄以導淮者，言人人殊。而謂高堰當決者，臣以爲屏翰淮、揚，殆不可少。莫若於其南五十里開周家橋注草子湖，大加開濬，一由金家灣入芒稻河注之江，一由子嬰溝入廣洋湖達之海，則淮水上流半有宣洩矣。於其北十五里開武家墩，注永濟河，由窰灣閘出口直達涇河，從射陽湖入海，則淮水下流半有歸宿矣。此急救祖陵第一義也。會是時，祖陵積水稍退，一魁以聞，帝大悦，仍諭諸臣急協議宣洩。

於是企程、一魁共議欲分殺黄流以縱淮，別疏海口以導黄。而督漕尚書褚鈇則以江北歲祲，民不堪大役，欲先洩淮而徐議分黄。御史應元折衷其說，言：導淮勢便而功易，分黄功大而利遠。顧河臣所請亦第六十八萬金，國家亦何靳於此？御史陳煃嘗令寶應，慮周家橋既開，則以高郵、邵伯爲壑，運道、民產、鹽場交受其害，上疏争之，語甚激，大旨，分黄爲先，而淮不必深治。且欲多開入海之路，令高、寶諸湖之水皆東，而後周家橋、武家墩之水可注。而淮安知府馬化龍復進分黄五難之說。潁州兵備道李弘道又謂宜開高堰。鈇遂據以上聞。給事中林熙春駁之，言：淮猶昔日之淮，而河非昔日之河。先是河身未高，而淮尚安流，今則河身既高，而淮受倒灌，此導淮固以爲淮，分黄亦以爲淮。工部乃覆奏云：先議開腰鋪支河以分黄流，以倭儆、災傷停寢，遂貽今日之患。今黄家壩分黄之工若復沮格，淮壅爲害，誰職其咎？請令治河諸臣導淮分黄，亟行興舉。報可。

二十四年八月，一魁興工未竣，復條上分淮導黄事宜十事。十月，河工告成，直隸巡按御史蔣春芳以聞，復條上善後事宜十六事。乃賞賚一魁等有差。是役也，役夫二十萬，開桃源黄河壩新河，起黄家嘴，至安東五港、灌口，長三百餘里，分洩黄水入海，以抑黄强。闢清口沙七里，建武家墩、高良澗、周家橋石閘，洩淮水三道入海，且引其支流入江。於是泗陵水患平，而淮、揚安矣。

然是時，一魁專力桃、清、淮、泗間，而上流單縣黄堌口之決，以爲不必塞。鈇及春芳皆請塞之。給事中李應策言：漕臣主運，河臣主工，各自爲見。宜再令析議。一魁言：黄堌口一支由虞城、夏邑接碭山、蕭縣、宿州至宿遷，出白洋河，一小支分蕭縣兩河口，出徐州小浮橋，相距不滿四十里。當疏濬與正河會，更通鎮口閘裏湖之水，與小浮橋一水會，則黄堌口不必塞，而運道無滯矣。從之。於是議濬小浮橋、沂河口、小河口以濟徐、邳運道，以洩碭、蕭漫流，培歸仁堤以護陵寢。

是時，徐、邳復見清、泗運道不利，鈇終以爲憂。二十五年正月，復極言黄堌口不塞，則全河南徙，害且立見。議者亦多恐下齧歸仁，爲二陵患。三月，小浮橋等口工垂竣，一魁言：

運道通利，河徙不相妨，已有明驗。惟議者以祖陵爲慮，請徵往事折之。洪武二十四年，河决原武，東南至壽州入淮。永樂九年，河北入魚臺。未幾，復南决，由渦河經懷遠入淮。時兩河合流，歷鳳、泗以出清口，未聞爲祖陵患。正統十三年，河北衝張秋。景泰中，徐有貞塞之，復由渦河入淮。弘治二年，河又北衝，白昂、劉大夏塞之，復南流，一由中牟至潁、壽，一由亳州至渦河入淮，一由宿遷小河口會泗。全河大勢縱横潁、亳、鳳、泗間，下溢符離、睢、宿，未聞爲祖陵慮，亦不聞堤及歸仁也。

正德三年後，河漸北徙，由小浮橋、飛雲橋、穀亭三道入漕，盡趨徐、邳，出二洪，運道雖濟，而泛溢實甚。嘉靖十一年，朱裳始有渦河一支中經鳳陽祖陵未敢輕舉之説。然當時，猶時濬祥符之董盆口、寧陵之五里鋪、滎澤之孫家渡、蘭陽之趙皮寨，又或决睢州之地丘店、界牌口、野雞岡，寧陵之楊村鋪，俱入舊河，從亳、鳳入淮，南流未絶，亦何嘗爲祖陵患。

嘉靖二十五年後，南流故道始盡塞，或由秦溝入漕，或由濁河入漕。五十年來全河盡出徐、邳，奪泗入淮。而當事者方認客作主，日築堤而窘之，以致河流日壅，淮不敵黄，退而内潴，遂貽盱、泗祖陵之患。此實由内水之停壅，不由外水之衝射也。萬曆七年，潘季馴始慮黄流倒灌小河、白洋等口，挾諸河水衝射祖陵，乃作歸仁堤爲保障計，復張大其説，謂祖陵命脈全賴此堤。習聞其説者，遂疑黄堌之决，下齧歸仁，不知黄堌一决，下流易洩，必無上灌之虞。況今小河不日竣工，引河復歸故道，去歸仁益遠，奚煩過計爲？

報可。

一魁既開小浮橋，築義安山，濬小河口，引武沂泉濟運。及是年四月，河復大决黄堌口，溢夏邑、永城，由宿州符離橋出宿遷新河口入大河，其半由徐州入舊河濟運。上源水枯，而義安東水横壩復衝二十餘丈，小浮橋水脈微細，二洪告涸，運道阻澀。一魁因議挑黄堌口迤上埽灣、淤嘴二處，且大挑其下李吉口北下濁河，救小浮橋上流數十里之涸。復上言：

黄河南旋至韓家道、盤岔河、丁家莊，俱岸闊百丈，深踰二丈，乃銅幫鐵底故道也。至劉家窪，始强半南流，得山西坡、永涸湖以爲壑，出溪口入符離河，亦故道也。惟徐、邳運道淺涸，所以首議開小浮橋，再加挑闢，必大爲運道之利。乃欲自黄堌挽回全河，必須挑四百里淤高之河身，築三百里南岸之長堤，不惟所費不貲，竊恐後患無已。御史楊光訓等亦議挑埽灣直渠，展濟濁河，及築山西坡歸仁堤，與一魁合，獨鈇異議。

帝命從一魁言。

一魁復言：歸仁在西北，泗州在東南，相距百九十里，中隔重岡疊嶂。且歸仁之北有白洋河、朱家溝、周家溝、胡家溝、小河口洩入運河，勢如建瓴，即無歸仁，祖陵無足慮。濁河淤墊，高出地上，曹、單間闊一二百丈，深二三丈，尚不免横流，徐、邳間僅百丈，深止丈餘，徐西有淺至二三尺者，而夏、永、韓家道口至符離，河闊深視曹、單，避高就下，水之本性，河流所棄，自古難復。且運河本藉山東諸泉，不資黄水，惟當倣正統間二洪南北口建閘之制，於鎮口之下，大浮橋之上，吕梁之下洪，邳州之沙坊，各建石閘，節宣汶、泗，而以小浮橋、沂河口二水助之，更於鎮口西築壩截黄，開唐家口而注之龍溝，會小浮橋入運，以杜灌淤鎮口之害，實萬全計也。報可。

二十六年春，從楊光訓等議，撤鈇，命一魁兼管漕運。六月，召一魁掌部事，命劉東星爲工部侍郎，總理河漕。

二十七年春，東星上言：河自商、虞而下，由丁家道口抵韓家道口、趙家圈、石將軍廟、兩河口，出小浮橋下二洪，乃賈魯故道也。自元及我朝行之甚利。嘉靖三十七年，北徙濁河，而此河遂淤。潘季馴議復開之，以工費浩繁而止。今河東决黄堌，由韓家道口至趙家圈百餘里，衝刷成河，即季馴議復之故道也。由趙家圈至兩河口，直接三仙臺新渠，長僅四十里，募夫五萬濬之，踰月當竣，而大挑運河，小挑濁河，俱可節省。惟李吉口故道嘗挑復淤，去冬已挑數里，前功難棄，然至鎮口三百里而遥，不若趙家圈至兩河口四十里而近。況大浮橋已建閘蓄汶、泗之水，則鎮口濟運亦無藉黄流。報可。十月，功成，加東星工部尚書，一魁及餘官賞賚有差。

初，給事中楊廷蘭因黄堌之决，請開泇河，給事中楊應文亦主其説。

既而直隸巡按御史佴祺復言之。東星既開趙家圈，復採衆説，鑿泇河，以地多沙石，工未就而東星病。河既南徙，李吉口淤澱日高，北流遂絶，而趙家圈亦日就淤塞，徐、邳間三百里，河水尺餘，糧艘阻塞。

二十九年秋，工科給事中張問達疏論之。會開、歸大水，河漲商丘，決蕭家口，全河盡南注。河身變爲平沙，商賈舟膠沙上。南岸蒙墻寺忽徙置北岸，商、虞多被淹没，河勢盡趨東南，而黄堌斷流。河南巡撫曾如春以聞，曰：此河徙，非決也。問達復言：蕭家口在黄堌上流，未有商舟不能行於蕭家口而能行於黄堌以東者，運艘大可慮。帝從其言，方命東星勘議，而東星卒矣。問達復言：運道之壞，一因黄堌口之決，不早杜塞；更因幷力泇河，以致趙家圈淤塞斷流，河身日高，河水日淺，而蕭家口遂決，全河奔潰入淮，勢及陵寢。東星已逝，宜急補河臣，早定長策。大學士沈一貫、給事中桂有根皆趣簡河臣。

御史高舉獻三策。請濬黄堌口以下舊河，引黄水注之東，遂塞黄堌口，而遏其南，俟舊河衝刷深，則幷塞新決之口。其二則請開泇河及膠萊河，而言河漕不宜幷於一人，當選擇分任其事。江北巡按御史吴崇禮則請自蒙墻寺西北黄河灣曲之所，開濬直河，引水東流。且濬李吉口至堅城集淤道三十餘里，而盡塞黄堌以南決口，使河流盡歸正漕。工部尚書一魁酌舉崇禮之議，以開直河、塞黄堌口、濬淤道爲正策，而以泇河爲旁策，膠萊爲備策。帝命急挑舊河，塞決口，且兼挑泇河以備用。下山東撫按勘視膠萊河。

三十年春，一魁覆河撫如春疏言：黄河勢趨邳、宿，請築汴堤自歸德至靈、虹，以障南徙。且疏小河口，使黄流盡歸之，則瀰漫自消，祖陵可無患。帝嘉納之。已而言者再疏攻一魁。帝以一魁不塞黄堌口，致衝祖陵，斥爲民。復用崇禮議，分設河漕二臣，命如春爲工部侍郎，總理河道。如春議開虞城王家口，挽全河東歸，須費六十萬。

三十一年春，山東巡撫黄克纘言：王家口爲蒙墻上源，上流既達，則下流不可旁洩，宜遂塞蒙墻口。從之。時蒙墻決口廣八十餘丈，如春所開新河未及其半，塞而注之，慮不任受。有獻策者言：河流既回，勢若雷霆，藉其勢衝之，淺者可深也。如春遂令放水，水皆泥沙，流少緩，旋淤。夏四月，水暴漲，衝魚、單、豐、沛間，如春以憂卒。乃命李化龍爲工部侍郎，代其任。

給事中宋一韓言：黄河故道已復，陵、運無虞。決口懼難塞，宜深濬堅城以上淺阻，而增築徐、邳兩岸，使下流有所容，則舊河可塞。給事中孟成己言：塞舊河急，而濬新河尤急。化龍甫至，河大決單縣蘇家莊及曹縣縷堤，又決沛縣四鋪口太行堤，灌昭陽湖，入夏鎮，横衝運道。化龍議開泇河，屬之邳州直河，以避河險。給事中侯慶遠因言：泇河成，則他工可徐圖，第毋縱河入淮。淮利則洪澤水減，而陵自安矣。

三十二年正月，部覆化龍疏，大略言：河自歸德而下，合運入海，其路有三：由蘭陽道考城，至李吉口，過堅城集，入六座樓，出茶城而向徐、邳，是名濁河，爲中路；由曹、單經豐、沛，出飛雲橋，汎昭陽湖，入龍塘，出秦溝而向徐、邳，是名銀河，爲北路；由潘家口過司家道口，至何家堤，經符離，道睢寧，入宿遷，由小河口入運，是名符離河，爲南路。南路近陵，北路近運，惟中路既遠於陵，且可濟運，前河臣興役未竣，而河形尚在。因奏開泇有六善。帝從其議。

工部尚書姚繼可言：黄河衝徙，河臣議於堅城集以上開渠引河，使下流疏通，復分六座樓、苑家樓二路殺其水勢，既可移豐、沛之患，又不至沼碭山之城。開泇分黄，兩工幷舉，乞速發帑以濟。允之。八月，化龍奏分水河成。事具《泇河志》中。加化龍太子少保兵部尚書。會化龍丁艱候代，命曹時聘爲工部侍郎，總理河道。是秋，河決豐縣，由昭陽湖穿李家港口，出鎮口，上灌南陽，而單縣決口復潰，魚臺、濟寧間平地成湖。

三十三年春，化龍言：豐之失，由巡守不嚴，單之失，由下埽不早，而皆由蘇家莊之決。南直、山東相推諉，請各罰防河守臣。至年來緩堤防而急挑濬，堤壞水溢，不咎守堤之不力，惟委濬河之不深。夫河北岸自曹縣以下無入張秋之路，南岸自虞城以下無入淮之路，惟由徐、邳達鎮口爲運道。故河北決曹、鄆、豐、沛間，則由昭陽湖出李家口，而運道溢；南決虞、夏、徐、邳間，則由小河口及白洋河，而運道涸。今泇河既成，起直河至夏鎮，與黄河隔絶，山東、直隸間，河不能制運道之命。獨朱旺口以上，決單則單沼，決曹則曹魚，及豐、沛、徐、邳、魚、碭皆命懸一線堤防，何可緩也。至中州荆隆口、銅瓦廂皆入張秋之路，孫家渡、野雞岡、蒙墻寺皆入淮之路，一不守，則北壞運，南犯陵，其害甚大。請西自開、歸，東至徐、邳，無不守之地，上自司道，下至府縣，無不守之人，庶幾可息河患。乃敕時聘申飭焉。

其秋，時聘言：自蘇莊一決，全河北注者三年。初泛豐、沛，繼沼單、魚，陳燦之塞不成，南陽之堤盡壞。今且上灌全濟，旁侵運道矣。臣親詣曹、單，上視王家口新築之壩，下視朱旺口北潰之流，知河之大可憂者三，而機之不可失者二。河決行堤，泛溢平地，昭陽日墊，下流日淤，水出李家口者日漸微緩，勢不得不退而上溢。溢於南，則孫家渡、野雞岡皆入淮故道，毋謂蒙墻已塞，而無憂於陵。溢於北，則芝麻莊、荆隆口皆入張秋故道，毋謂加役已成，而無憂於運。且南之夏、商，北之曹、濮，其地益卑，其禍益烈，其挽回益不易，毋謂災止魚、濟，而無憂於民。顧自王家口以達朱旺，新導之河在焉。疏其下流以出小浮橋，則三百里長河暢流，機可乘者一。自徐而下，清黄並行，沙隨水刷，此數十年所未有，因而導水歸徐，容受有地，機可乘者二。臣與諸臣熟計，河之中路有南北二支：北出濁河，嘗再疏再壅；惟南出小浮橋，地形卑下，其勢甚順，度長三萬丈有奇，估銀八十萬兩。公儲虚耗，乞多方處給。疏上留中。時聘乃大挑朱旺口。十一月興工，用夫五十萬。三十四年四月，工成，自朱旺達小浮橋延袤百七十里，渠廣堤厚，河歸故道。

六月，河決蕭縣郭煖樓人字口，北支至茶城、鎮口。三十五年，決單縣。三十九年六月，決徐州狼矢溝。四十年九月，決徐州三山，衝縷堤二百八十丈，遥堤百七十餘丈，梨林鋪以下二十里正河悉爲平陸，邳、睢河水耗竭。總河都御史劉士忠開韓家壩外小渠引水，由是壩以東始通舟楫。四十二年，決靈璧陳鋪。四十四年五月，復決狼矢溝，由蛤鰻、周柳諸湖入泇河，出直口，復與黄會。六月，決開封陶家店、張家灣，由會城大堤下陳留，入亳州渦河。四十七年九月，決陽武脾沙堽，由封丘、曹、單至考城，復入舊河。時朝政日弛，河臣奏報多不省。四十二年，劉士忠卒，總河閲三年不補。四十六年閏四月，始命工部侍郎王佐督河道。河防日以廢壞，當事者不能有爲。

天啓元年，河決靈璧雙溝、黄鋪，由永姬湖出白洋、小河口，仍與黄會，故道湮涸。總河侍郎陳道亨役夫築塞。時淮安霪雨連旬，黄、淮暴漲數尺，而山陽裏外河及清河決口匯成巨浸，水灌淮城，民蟻城以居，舟行街市。久之始塞。三年，決徐州青田大龍口，徐、邳、靈、睢河並淤，吕梁城南隅陷，沙高平地丈許，雙溝決口亦滿，上下百五十里悉成平陸。四年六月，決徐州魁山堤，東北灌州城，城中水深一丈三尺，一自南門至雲龍山西北大安橋入石狗湖，一由舊支河南流至鄧二莊，歷租溝東南以達小河，出白洋，仍與黄會。徐民苦淹溺，議集貲遷城。給事中陸文獻上徐城不可遷六議。而勢不得已，遂遷州治於雲龍，河事置不講矣。六年七月，河決淮安，逆入駱馬湖，灌邳、宿。

崇禎二年春，河決曹縣十四鋪口。四月，決睢寧，至七月中，城盡圮。總河侍郎李若星請遷城避之，而開邳州壩洩水入故道，且塞曹家口匙頭灣，逼水北注，以減睢寧之患。從之。四年夏，河決原武湖村鋪，又決封丘荆隆口，敗曹縣塔兒灣大行堤。六月黄、淮交漲，海口壅塞，河決建義諸口，下灌興化、鹽城，水深二丈，村落盡漂没。逡巡踰年，始議築塞。興工未幾，伏秋水發，黄、淮奔注，興、鹽爲壑，而海潮復逆衝，壞范公堤。軍民及商竈户死者無算，少壯轉徙，丐江、儀、通、泰間，盜賊千百嘯聚。至六年，鹽城民徐瑞等言其狀。帝憫之，命議罰河曹官。而是時，總河朱光祚方議開高堰三閘。淮、揚在朝者合疏言：建義諸口未塞，民田盡沉水底。三閘一開，高、寶諸邑蕩爲湖海，而漕糧鹽課皆害矣。高堰建閘始於萬曆二十三年，未幾全塞。今高堰日壞，方當急議修築，可輕言開濬乎？帝是其言，事遂寢。又從御史吴振纓請，修宿、寧上下西北舊堤，以捍歸仁。七年二月，建義決口工成，賜督漕尚書楊一鵬、總河尚書劉榮嗣銀幣。

八年九月，榮嗣得罪。初，榮嗣以駱馬湖運道潰淤，創挽河之議，起宿遷至徐州，别鑿新河，分黄水注其中，以通漕運。計工二百餘里，金錢五十萬。而其所鑿邳州上下，悉黄河故道，濬尺許，其下皆沙，挑掘成河，經宿沙落，河坎復平，如此者數四。迨引黄水入其中，波流迅急，沙隨水下，率淤淺不可以舟。及漕舟將至，而駱馬湖之潰決適平，舟人皆不願由新河。榮嗣自往督之，欲繩以軍法。有入者輒苦淤淺，弁卒多怨。巡漕御史倪于義劾其欺罔誤工，南京給事中曹景參復重劾之，逮問，坐贓，父子皆瘐死。郎中胡璉分工獨多，亦坐死。其後駱馬湖復潰，舟行新河，無不思滎嗣功者。

當是時，河患日棘，而帝又重法懲下，李若星以修濬不力罷官，朱光祚以建義蘇嘴決口逮繫。六年之中，河臣三易。給事中王家彥嘗切言之。光祚亦竟瘐死。而繼滎嗣者周鼎修泇利運頗有功，在事五年，竟坐漕舟阻淺，用故決河防例，遣戍煙瘴。給事中沈允培、刑部侍郎惠世揚、總河侍郎張國維各疏請寬之，乃獲宥免云。

十五年，流賊圍開封久，守臣謀引黄河灌之。賊偵知，預爲備。乘水漲，令其黨決河灌城，民盡溺死。總河侍郎張國維方奉詔赴京，奏其狀。山東巡撫王永吉上言：黄河決汴城，直走睢陽，東南注鄢陵、鹿邑，必害亳、泗，侵祖陵，而邳、宿運河必涸。帝令總河侍郎黄希憲急往捍禦，希憲以身居濟寧不能攝汴，請特設重臣督理。命工部侍郎周堪賡督修汴河。

十六年二月，堪賡上言：河之決口有二：一爲朱家寨，寬二里許，居河下流，水面寬而水勢緩；一爲馬家口，寬一里餘，居河上流，水勢猛，深不可測。兩口相距三十里，至汴堤之外，合爲一流，決一大口，直衝汴城以去，而河之故道則涸爲平地。怒濤千頃，工力難施，必廣濬舊渠，遠數十里，分殺水勢，然後畚鍤可措。顧築濬並舉，需夫三萬。河北荒旱，兗西兵火，竭力以供，不滿萬人，河南萬死一生之餘，未審能應募否？是不得不借助於撫鎮之兵也。乃敕兵部速議，而令堪賡刻期興工。至四月，塞朱家寨決口，修堤四百餘丈。馬家口工未就，忽衝東岸，諸埽盡漂没。堪賡請停東岸而專事西岸。帝令急竣工。

六月，堪賡言：馬家決口百二十丈，兩岸皆築四之一，中間七十餘丈，水深流急，難以措手，請俟霜降後興工。已而言：五月伏水大漲，故道沙灘壅涸者刷深數丈，河之大勢盡歸於東，運道已通，陵園無恙。疏甫上，決口再潰。帝趣鳩工，未奏績而明亡。

《明史》卷八五《河渠・運河上》〔萬曆〕三十二年，總河侍郎李化龍始大開泇河，自直河至李家港二百六十餘里，盡避黄河之險。化龍憂去，總河侍郎曹時聘終其事，疏敘泇河之功，言：舒應龍創開韓家莊以洩湖水，而路始通。劉東星大開良城、侯家莊以試行運，而路漸廣。李化龍上開李家港，鑿都水石，下開直河口，挑田家莊，殫力經營，行運過半，而路始開，故臣得接踵告竣。因條上善後六事，運道由此大通。其後，每年三月開泇河壩，由直河口進，九月開召公壩入黄河，糧艘及官民船悉以爲準。

四十四年，巡漕御史朱堦請修復泉湖，言：宋禮築壩戴村，奪二汶入海之路，灌以成河，復導洙、泗、洸、沂諸水以佐之。汶雖率衆流出全力以奉漕，然行遠而竭，已自難支。至南旺，又分其四以南迎淮，六以北赴衛，力分益薄。況此水夏秋則漲，冬春而涸，無雨即夏秋亦涸。禮逆慮其不可恃，乃於沿河昭陽、南旺、馬踏、蜀山、安山諸湖設立斗門，名曰水櫃。漕河水漲，則瀦其溢出者於湖，水消則決而注之漕。積泄有法，盜決有罪，故旱澇恃以無恐。及歲久禁弛，湖淺可耕，多爲勢豪所占，昭陽一湖已作藩田。比來山東半年不雨，泉欲斷流，按圖而索水櫃，茫無知者。乞敕河臣清核，亟築堤壩斗門以廣蓄儲。帝從其請。

方議濬泉湖，而河決徐州狼矢溝，由蛤鰻諸湖入泇河，出直口，運船迎溜艱險。督漕侍郎陳荐開武河等口，洩水平溜。後二年，決口長淤沙，河始復故道。總河侍郎王佐加築月壩以障之。至泰昌元年冬，佐言：諸湖水櫃已復，安山湖且復五十五里，誠可利漕。請以水櫃之廢興爲河官殿最。從之。

《明史》卷八六《河渠・運河下》嘉靖六年，御史吴仲言：通惠河屢經修復，皆爲權勢所撓。顧通流等八閘遺跡俱存，因而成之，爲力甚易，歲可省車費貲二十餘萬。且歷代漕運皆達京師，未有貯國儲於五十里外者。帝心以爲然，命侍郎王軏、何詔及仲偕相度。軏等言：大通橋地形高白河六丈餘，若濬至七丈，引白河達京城，諸閘可盡罷，然未易議也。計獨濬治河閘，但通流閘在通州舊城中，經二水門，南浦、土橋、廣利三閘皆闤闠衢市，不便轉輓。惟白河濱舊小河廢壩西，不一里至堰水小壩，宜修築之，使通普濟閘，可省四閘兩關轉搬力。而尚書桂萼言不便，請改修三里河。帝下其疏於大學士楊一清、張璁。一清言：因舊閘行轉搬法，省運軍勞費，宜斷行之。璁亦言：此一勞永逸之計，萼所論費廣功難。帝乃却萼議。

明年六月，仲報河成，因疏五事，言：大通橋至通州石壩，地勢高四丈，流沙易淤，宜時加濬治。管河主事宜專委任，毋令兼他務。官吏、閘夫以罷運裁減，宜復舊額。慶豐上閘、平津中閘今已不用，宜改建通州西水關外。剥船造費及遞歲修艌，俱宜酌處。帝以先朝屢勘行未即功，仲等四閱月工成，詔予賞，悉從其所請。仲又請留督工郎中何棟專理其事，爲經久計。從之。九年擢棟右通政，仍管通惠河道。是時，仲出爲處州知府，進所編《通惠河志》。帝命送史館，採入《會典》，且頒工部刊行。自此漕艘直達京師，迄於明末。人思仲德，建祠通州祀之。

《明史》卷八八《河渠·直省水利》 三代疆理水土之制甚詳。自井田廢，溝遂堙，水常不得其治，於是穿鑿渠塘井陂，以資灌溉。明初，太祖詔所在有司，民以水利條上者，即陳奏。越二十七年，特諭工部，陂塘湖堰可蓄洩以備旱潦者，皆因其地勢修治之。乃分遣國子生及人材，徧詣天下，督修水利。明年冬，郡邑交奏。凡開塘堰四萬九百八十七處，其恤民者至矣。嗣後有所興築，或役本境，或資鄰封，或支官料，或採山場，或農隙鳩工，或隨時集事，或遣大臣董成。終明世水政屢修，可具列云。

洪武元年修和州銅城堰閘，周迴二百餘里。四年修興安靈渠，爲陡渠者三十六。渠水發海陽山，秦時鑿，溉田萬頃。馬援葺之，後圮。至是始復。六年發松江、嘉興民夫二萬開上海胡家港，自海口至漕涇千二百餘丈，以通海船。且濬海鹽澉浦。八年開登州蓬萊閣河。命耿炳文濬涇陽洪渠堰，溉涇陽、三原、醴泉、高陵、臨潼田二百餘里。九年修彭州都江堰。十二年，李文忠言：陝西病鹹鹵，請穿渠城中，遥引龍首渠東注。從其請，甃以石。十四年築海鹽海塘。十七年築磁州漳河決堤。決荆州嶽山壩以灌民田。十九年築長樂海堤。二十三年修崇明、海門決堤二萬三千九百餘丈，役夫二十五萬人。四川永寧宣慰使言：所轄水道百九十灘，江門大灘八十二，皆被石塞。詔景川侯曹震往疏之。二十四年修臨海横山嶺水閘，寧海、奉化海堤四千三百餘丈。築上虞海堤四千丈，改建石閘。濬定海、鄞二縣東錢湖，灌田數萬頃。二十五年鑿溧陽銀墅東壩河道，由十字港抵沙子河胭脂壩四千三百餘丈，役夫三十五萬九千餘人。二十七年濬山陽支家河。鬱林州民言：州南北二江相去二十餘里，乞鑿通，設石陡諸閘。從之。二十九年修築河南洛堤。復興安靈渠。時尚書唐鐸以軍興至其地，圖渠狀以聞。請濬深廣，通官舟以餉軍。命御史嚴震直燒鑿陡澗之石，餉道果通。三十一年，洪渠堰圮，復命耿炳文修治之。且濬渠十萬三千餘丈。建文四年疏吴淞江。

永樂元年修安陸京山漢水塌岸，章丘漯河東堤，高密、濰決岸，安陽河堤，福山護城決堤，浙江赭山江塘，餘干龍窟壩塘岸，臨潁褚河決口，濰縣白浪河堤，潛山、懷寧陂堰，高要青岐、羅婆圩，通州徐竈、食利等港，平遥廣濟渠，句容楊家港、王旱圩等堤，肇慶、鳳翔遥頭岡決岸，南陽高家、屯頭二堰及沙、澧等河堤，夏縣古河決口三十餘里。修築和州保大等圩百二十餘里，蓄水陡門九。濬昌邑河渠五所，鑿嘉定小横瀝以通秦、趙二涇，濬崑山葫蘆等河。

命夏原吉治蘇、松、嘉興水患，濬華亭、上海運鹽河，金山衞閘及漕涇分水港。原吉言：浙西諸郡，蘇、松最居下流，嘉、湖、常頗高，環以太湖，綿亙五百里。納杭、湖、宣、歙溪澗之水，散注澱山諸湖，以入三泖。頃爲浦港堙塞，漲溢害稼。拯治之法，在濬吴淞諸浦。按吴淞江袤二百餘里，廣百五十餘丈，西接太湖，東通海，前代常疏之。然當潮汐之衝，旋疏旋塞。自吴江長橋抵下界浦，百二十餘里，水流雖通，實多窄淺。從浦抵上海南倉浦口，百三十餘里，潮汐淤塞，已成平陸，灩沙游泥，難以施工。嘉定劉家港即古婁江，徑入海，常熟白茆港徑入江，皆廣川急流。宜疏吴淞南北兩岸、安亭等浦，引太湖諸水入劉家、白茆二港，使其勢分。松江大黄浦乃通吴淞要道，今下流遏塞難濬。旁有范家浜，至南倉浦口徑達海。宜濬深濶，上接大黄浦，達泖湖之水，庶幾復《禹貢》三江入海之舊。水道既通，乃相地勢，各置石閘，以時啓閉。每歲水涸時，預修圩岸，以防暴流，則水患可息。帝命發民丁開濬。原吉晝夜徒步，以身先之，功遂成。

二年修泰州河塘萬八千丈，興化南北堤、泰興沿江圩岸、六合瓜步等屯。濬丹徒通潮舊江，又修象山茭湖塘岸，海康、徐聞二縣那隱坡、調黎等港堤岸，黄巖混水等十五閘、六陡門，孟津河堤，分宜湖塘，武陟馬田堤岸，香山竹徑水陂，復興安分水塘。興安有江，源出海陽山。江中横築石埭，分南北渠，溉民田甚溥。埭上疊石如鱗，以防衝溢。嚴震直撤石增埭，水迫無所洩，衝塘岸，盡趨北渠，南渠淺澀，民失利。至是修復如舊。

海門民請發淮安、蘇、常民丁協修張墩港、東明港百餘里潰堤。帝曰：三郡民方苦水患，不可重勞。遣官行視，以揚州民協築之。當塗民言：慈湖瀕江，上通宣、歙，東抵丹陽湖，西接蕪湖。久雨浸淫，潮漲傷農，宜遣勘修築。帝從其請，且諭工部，安、徽、蘇、松、浙江、江西、湖廣凡湖泊卑下，圩岸傾頹，亟督有司治之。夏原吉復奉命治水蘇、松，盡通舊河港。又濬蘇州千墩浦、致和塘、安亭、顧浦、陸皎浦、尤涇、黃涇共二萬九千餘丈，松江大黃浦、赤雁浦、范家浜共萬二千丈，以通太湖下流。

先是，修含山崇義堰。未幾，和州民言：銅城閘上抵巢湖，下通揚子江，決圩岸七十餘處，乞修治。其吏目張良興又言：水淹麻、澧二湖田五萬餘頃。宜築圩埂，起桃花橋，訖含山界三十里。俱從之。

三年修上虞曹娥江壩埂，溫縣馱塢村堤堰四千餘丈，南海衛蓮塘、四會縣鴉鵲水等堤岸，無爲州周興等鄉及鷹揚衛烏江屯江岸。築昌黎及歷城小清河決堤，應天新河口北岸，從大勝關抵江東驛三千三百丈。濬海州北舊河，上通高橋，下接臨洪場及山陽運鹽河十八里。

四年修築宣城十九圩，豐城稼湖圩岸，石首臨江萬石堤，溧水決圩。修懷寧斗潭河、彭灘圩岸，順天固安，保定荆岱，樂亭魯家套、社河口、吉水劉家塘、雲陂，江都劉家圩港。築湖廣廣濟武家穴等江岸。新建石頭岡圩岸、江浦沿江堤。開泰州運鹽河、普定秦潼河、西溪南儀阡三處河口，導流興化、鹽城界入海。濬常熟福山塘三十六里。

五年修長洲、吳江、崑山、華亭、錢塘、仁和、嘉興堤岸，餘姚南湖壩，築高要銀岡、金山等潰堤，溉田五百餘頃。治杭州江岸之淪者。六年濬浙江平陽縣河。七年修安陸州渲馬灘決岸、海鹽石堤，築泰興攔江堤三千九百餘丈。且濬大港北淤河，抵縣南，出大江，四千五百餘丈。八年修丹陽練湖塘，汝陽汝河堤岸，南陵野塘圩、蚌蕩壩，松滋張家坑、何家洲堤岸，平度州濰水、浮糠河決口百十二，堤堰八千餘丈，吳江石塘官路橋梁。

九年修安福丁陂等塘堰，安仁饒家陂、壽光堤，安陸京山景陵圩岸，長樂官塘，長洲至嘉興石土塘橋路七十餘里，泄水洞百三十一處，監利車水堤四千四百餘丈，高安華陂屯陂堤，仁和、海寧、海鹽土石塘岸萬餘丈。築沂州沭河口決岸，并瀹沭陽沭河。築直隸新城張村等口決堤，仁和黃濠塘岸三百餘丈，孫家圍塘岸二十餘里。濬濰縣干丹河、定襄故渠六十三里，引滹沱水灌田六百餘頃。疏福山官渠，濬江陰青陽河道，鄒平白條溝河三十餘里。

麗水民言：縣有通濟渠，截松陽、遂昌諸溪水入焉。上、中、下三源，流四十八派，溉田二千餘頃。上源民洩水自利，下源流絕，沙壅渠塞。請修堤堰如舊。部議從之。齊東知縣張昇言：小清河洪水衝決，淹沒諸鹽場及青州田。請濬上流，修長堤，使水行故道。皇太子遣官經理之。鄜州民言：洛水橫決而西，衝塌州城東北隅。請濬故道，循州東山麓南流。從之。

十年修浙江平陽捍潮堤岸，黃梅臨江決岸百二十餘里，海門捍潮堤百三十里。築新會圩岸二千餘丈，獻縣、饒陽恭儉等岸，安丘紅河決岸，安州直亭等河決口八十九，華容、安津等堤決口四十六。濬上海蟠龍江、濰縣白浪河。北京行太僕卿楊砥言：吳橋、東光、興濟、交河及天津等衛屯田，雨水決堤傷稼。德州良店驛東南二十五里有黃河故道，與州南土河通。穿渠置閘，分殺水勢，大爲民便。命侍郎藺芳往理之。

十一年修蕪湖陶辛、政和二圩，保定、文安二縣河口決岸五十四，應天新河圩岸，天長福勝、戚家莊二塘，滎澤大濱河堤。濬崑山太平河。十二年修鳳陽安豐塘水門十六座及牛角壩、新倉舖場岸，武陟郭村、馬曲堤岸，聊城龍灣河，濮州紅船口，范縣曹村河堤岸。築三河決堤。濬海州官河二百四十里。解州民言：臨晋涑水河逆流，決姚暹渠堰，入砂地，淹民田，將及鹽池。尋又言：硝池水溢，決豁口，入鹽池。以涑水渠、姚暹渠併流，故命官修築如其請。

十三年修興濟決岸、南京羽林右衛刁家圩屯田堤。吳江縣丞李昇言：蘇、松水患，太湖爲甚，急宜洩其下流。若常熟白茆諸港，崑山千墩等河，長洲十八都港汊，吳縣、無錫近湖河道，皆宜循其故迹，濬而深之。仍修蔡涇等閘，候潮來往，以時啓閉。則泛濫可免，而民獲耕種之利。從之。十五年修固安孫家口及臨漳固塚堤岸。十六年修魏縣決岸。

十七年，蕭山民言：境內河渠四十五里，溉田萬頃，比年淤塞。乞疏濬，仍置閘錢清小江壩東，庶旱潦無憂。山東新城民言：縣東鄭黃溝源出淄川，下流壅沮，霖潦妨農。陳家莊南有乾河，上與溝接，下通烏江，乞濬治。並從之。十八年，海寧諸縣民言：潮没海塘二千六百餘丈，延及吴家等壩。通政岳福亦言：仁和、海寧壞長降等壩，淪海千五百餘丈。東岸赭山、巖門山、蜀山舊有海道，淤絶久，故西岸潮愈猛。乞以軍民修築。並從之。明年修海寧等縣塘岸。

二十一年修嘉定抵松江潮圮圩岸五千餘丈、交阯順化衛決堤百餘丈。文水民言：文谷山常稔渠分引文谷河流，袤三十餘里，灌田。今河潰洩水。從其奏，葺治之。二十二年修臨海廣濟河閘。

洪熙元年修黄巖濱海閘壩。視永樂初，增府判一員，專其事。修獻縣、饒陽恭儉堤及窯堤口。

宣德二年，浙江歸安知縣華嵩言：涇陽洪渠堰溉五縣田八千四百餘頃。洪武時，長興侯耿炳文前後修濬，未久堰壞。永樂間，老人徐齡言於朝，遣官修築，會營造不果。乞專命大臣起軍夫協治。從之。三年修灌縣都江等堰四十四。臨海民言：胡巉諸閘瀦水灌田，近年閘壞而金鼈、大浦、湖淶、舉嶼等河遂皆壅阻，乞爲開築。帝曰：水利急務，使民自訴於朝，此守令不得人爾。命工部即飭郡縣秋收起工。仍詔天下：凡水利當興者，有司即舉行，毋緩視。

巡按江西御史許勝言：南昌瑞河兩岸低窪，多良田。洪武間修築，水不爲患。比年水溢，岸圮二十餘處。豐城安沙繩灣圩岸三千六百餘丈，永樂間水衝，改修百三十餘丈。近者久雨，江漲堤壞。乞敕有司募夫修理。中書舍人陸伯倫言：常熟七浦塘東西百里，灌常熟、崑山田，歲租二十餘萬石。乞聽民自濬之。皆詔可。

四年修獻縣柳林口堤岸。潛江民言：蚌湖、陽湖皆臨襄河，水漲岸決，害荆州三衛、荆門、江陵諸州縣官民屯田無算。乞發軍民築治。從之。福清民言：光賢里官民田百餘頃，堤障海水。堤壞久，田盡荒。永樂中，嘗命修治，迄今未舉，民不得耕。帝責有司亟治，而諭尚書吴中嚴飭郡邑，陂池堤堰及時修濬，慢者治以罪。

五年，巡撫侍郎成均言：海鹽去海二里，石嵌土岸二千四百餘丈，水齧其石，皆已刓敝。議築新石於岸内，而存其舊者以爲外障。乞如洪武中令嘉、嚴、紹三府協夫舉工。從之。

六年修瀏陽、廣濟諸縣堤堰，豐城西北臨江石堤及西南七圩壩，石首臨江三堤。濬餘姚舊河池。巡撫侍郎周忱言：溧水永豐圩周圍八十餘里，環以丹陽、石臼諸湖。舊築埂壩，通陟門石塔，農甚利之。今頽敗，請葺治。教諭唐敏言：常熟耿涇塘，南接梅里，通昆承湖，北達大江。洪武中，濬以溉田。今壅阻，請疏導。並從之。

七年修眉州新津通濟堰。堰水出彭山，分十六渠，溉田二萬五千餘畝。河東鹽運使言：鹽池近地姚暹河，流入五星湖轉黄流河，兩岸窪下。比歲雨溢水漲，衝至解州。浪益急，遂潰南岸，没民田三十餘里，鹽池護堤皆壞。復因下流涑水河高，壅淤逆流，姚暹以決。乞起民夫疏瀹。從之。

蘇州知府況鍾言：蘇、松、嘉、湖湖有六，曰太湖、龐山、陽城、沙湖、昆承、尚湖。永樂初，夏原吉濬導，今復淤。乞遣大臣疏濬。乃命周忱與鍾治之。是歲，汾河驟溢，敗太原堤。鎮守都司李謙、巡按御史徐傑以便宜修治，然後馳奏。帝嘉奬之。

八年葺湖廣偏橋衛高陂石洞，完縣南關舊河。復和州銅城堰閘。修安陽廣惠等渠，磁州滏陽河、五爪濟民渠。九年修江陵枝江沿江堤岸。築薊州決岸。毁蘇、松民私築堤堰。十年築海鹽潮決海塘千五百餘丈。主事沈中言：山陰西小江，上通金、嚴，下接三江海口，引諸暨、浦江、義烏諸湖水以通舟。江口近淤，宜築臨浦戚堰障諸湖水，俾仍出小江。詔部覆奪。

正統元年修吉安沿江堤。築海陽、登雲、都雲、步村等決堤。濬陝西西安灞橋河。二年築蠡縣王家等決口。修新會鸞臺山至瓦塘浦頽岸，江陵、松滋、公安、石首、潛江、監利近江決堤。又修湖廣老龍堤，以爲漢水所潰也。三年疏泰興順德鄉三渠，引湖溉田；潞州永禄等溝渠二十八道，通於漳河。四年修容城杜村口堤。設正陽門外減水河，并疏城内溝渠。荆州民言：城西江水高城十餘丈，霖潦壞堤，水即灌城。請先事修治。寧夏巡撫都御史金濂言：鎮有五渠，資以行溉，今明沙州七星、漢伯、石灰三渠久塞。請用夫四萬疏濬，溉蕪田千三百餘頃。並從之。

五年修太湖堤，海鹽海岸，南京上中下新河及濟川衛新江口防水堤，漷縣、南宫諸堤。築順天、河間及容城杜村口、郎家口決堤。塞海寧蠣巖決堤口。濬鹽城伍祐、新興二場運河。初，溧水有鎮臼廣通，其西固城湖入大江，東則三塔堰河入太湖。中間相距十五里，洪武中鑿以通舟。縣地稍窪，而湖納寧國、廣德諸水，遇潦即溢，乃築壩於鎮以禦之，而堰水不能至壩下。是歲，改築壩於葉家橋。胭脂河者，溧水入秦淮道也。蘇、松船皆由以達，沙石壅塞，因并濬之。山陽涇河壩，上接漕河，下達鹽城，舊置絞關以通舟，歲久且敝，又恐盜洩水利，遂築塞河口。是歲，從民請，修壩并復絞關。

六年造宣武門東城河南岸橋。修江米巷玉河橋及堤，并濬京城西南河。築豐城沙月諸河堤、蕪湖陶辛圩新埂。濬海寧官河及花塘河、硤石橋塘河，築瓦石堰二所。疏南京江洲，殺其水勢，以便修築塌岸。高郵知州韓簡言：官河上下二閘皆圮，河亦不通，且子嬰溝塞，減水陰洞閉，致旱澇無所濟。俱乞濬治。詔部覈實以行。

七年修江西廣昌江岸、蕭山長山浦海塘、彭山通濟堰。築南京浦子口、大勝關堤，九江及武昌臨江塌岸。濬江陵、荆門、潛江淤沙三十餘里。八年修蘭溪卸橋浦口堤，弋陽官陂三所。濬南京城河。

九年修德州耿家灣等堤岸，杞縣離溝堤。築容城杜村堤決口。易上虞菱湖土壩爲石閘。挑無錫里谷、蘇塘、華港、上村、李走馬塘諸河，東南接蘇州苑山湖塘，北通揚子江，西接新興河，引水灌田。濬杞縣牛墓岡舊河，武進太平、永興二河。疏海鹽永安河，茶市院新涇、陶涇塘諸河。都御史陳鎰言：朝邑多沙鹻，難耕。縣治洛河，與渭水通，請穿渠灌之。新安民言：城南長溝河，西通徐、漕二水，東連雄縣直沽，沙土淤塞，請發丁夫疏濬。海陽民蕭瑤言：縣有長溪，源出山麓，流抵海口，周袤潮郡，故登隆等都俱置溝通溉。惟隆津等都陸野絶水，歲旱無所賴。乞開溝如登隆。長樂民劉彦梁言：嚴湖二十餘里，南接稠菴溪，西通倒流溪，可備旱溢。又有張塘涵、塘前涵、大塘涵、陳塘港，其利如嚴湖。乞令有司疏濬。廣濟民言：縣與鄰邑黄梅，歲運糧三萬石於望牛墩。小車盤剥，不堪其勞。連城湖港廖家口有溝抵墩前，淤淺不能行船。請與黄梅合力濬通，以便水運。並從之。

十一年修洞庭湖堤。築登州河岸。濬通州金沙場八里河，以通運渠。任丘民言：凌城港去縣二十五里，內有定安橋河，北十八里通流，東七里沙塞。宜疏通與港相接，入直沽張家灣。巡撫周忱言：應天、鎮江、太平、寧國諸府，舊有石臼等湖。其中溝港，歲辦魚課。其外平圩淺灘，聽民牧放孳畜，採掘菱藕，不許種耕。故山溪水漲，有所宣洩。近者富豪築圩田，遏湖水，每遇泛溢，害即及民，宜悉禁革。並從之。

十二年疏平度州大灣口河道，荆州公安門外河，以便公安、石首諸縣輸納。浙江聽選官王信言：紹興東小江，南通諸暨七十二湖，西通錢塘江。近爲潮水湧塞，江與田平，舟不能行，久雨水溢，鄰田輒受其害。乞發丁夫疏濬。從之。

十三年築寧夏漢、唐壩決口。疏山西涑水河、南海縣通海泉源。鑿宣府城濠，引城北山水入南城大河。湖廣五開衛言：衛與苗接，山路峻險。去衛三十里有水通靖州江，亂石沙灘，請疏以便輸運。雲南鄧川州言：本州民田與大理衛屯田接壤湖畔，每歲雨水沙土壅淤，禾苗淹没。乞命州衛軍民疏治。並從之。

十四年濬南海潘埇堤岸，置水閘。和州民言：州有姥鎮河，上通麻、灃二湖，下接牛屯大河，長七十里許，廣八丈。又有張家溝，連銅城閘，通大江，長減姥鎮之半，廣如之，灌溉降福等七十餘圩及南京諸衛屯田。近年河潰閘圮，率皆淤塞。請興役疏濬，仍於姥鎮、豐山嘴、葉公坡各建閘以備旱澇。從之。

景泰元年築丹陽甘露等壩。二年修玉河東西堤。濬安定門東城河，永嘉三十六都河，常熟顧新塘，南至當湖，北至揚子江。三年修泰和信豐堤。築延安、綏德決河，綿州西岔河通江堤岸。濬常熟七浦塘，劍州海子。疏孟瀆河浜涇十一。工部言：海鹽石塘十八里，潮水衝決，浮土修築，不能久。詔別築石塘捍之。

四年濬江陰順塘河十餘里，東接永利倉大河，西通夏港及揚子江。雲南總兵官沐璘言：城東有水南流，源發邵甸，會九十九泉爲一，抵松花壩分爲二支：一繞金馬山麓，入滇池；一從黑窯村流至雲澤橋，亦入滇池。舊於下流築堰，溉軍民田數十萬頃，霖潦無所洩。請令受利之家，自造石閘，啓閉以時。報可。五年疏靈寶黎園莊渠，通鴻濾澗，溉田萬頃。六年濬華容杜預渠，通運船入江，避洞庭險。修容城白溝河杜村口、固安楊家等口決堤。

七年，尚書孫原貞言：杭州西湖舊有二閘，近皆傾圮，湖遂淤塞。

按宋蘇軾云：杭本江海故地，水泉鹹苦。自唐李泌引湖水入城爲六井，然後井邑日富，不可許人佃種。周淙亦言：西湖貴深濶。因招兵二百，專一撈湖。其後，豪户復請佃，湖日益填塞，大旱水涸。詔郡守趙與𥲅開濬，芰荷茭蕩悉去，杭民以利。此前代經理西湖大略也。其後，勢豪侵占無已，湖小淺狹，閘石毀壞。今民田無灌溉資，官河亦澀阻。乞敕有司興濬，禁侵占以利軍民。從之。

天順二年修彭縣萬工堰，灌田千餘頃。五年，僉事李觀言：涇水出涇陽仲山谷，道高陵，至櫟陽入渭，袤二百里。漢開渠溉田，宋、元俱設官主之。今雖有瓠口鄭、白二渠，而堤堰摧決，溝洫壅潴，民弗蒙利。乃命有司濬之。

八年，永平民言：漆河遶城西南流入海，城趾皆石，故水不能決。其餘則沙土易潰，前人於東北築土堤，西南甓岸。今歲久日塌，宜作堤於東流，橫以激之，使合西流，庶無蕩析患。都御史項忠言：涇陽之瓠口鄭、白二渠，引涇水溉田數萬頃，至元猶溉八千頃。其後，渠日淺，利因以廢。宣德初，遣官修鑿，畝收四三石。無何復塞，渠旁之田，遇旱爲赤地。涇陽、醴泉、三原、高陵皆患苦之。昨請於涇水上源龍潭左側疏濬，訖舊渠口，尋以詔例停止。今宜畢其役。西安城西井泉鹹苦，飲者輒病。龍首渠引水七十里，修築不易，且利止及城東。西南皂河去城一舍許，可鑿，令引水與龍首渠會，則居民盡利。邳州知州孟琳言：榆行諸社俱臨沂河，久雨岸崩二十八處，低田盡淹。乞與修築。並從之。

成化二年修壽州安豐塘。四年疏石州城河。六年修平湖周家涇及獨山海塘。七年，潮決錢塘江岸及山陰、會稽、蕭山、上虞，乍浦、瀝海二所，錢清諸場。命侍郎李顒修築。八年，堤襄陽決岸。十年，廷臣會議，江浦北城圩古溝，北通滁河浦子口；城東黑水泉古溝，南入大江。二溝相望，岡壠中截。宜鑿通成河，旱引澇洩。從之。

十一年濬杭州錢塘門故渠，左屬涌金門，建橋閘以蓄湖水。巡撫都御史牟俸言：山東小清河，上接濟南趵突諸泉，下通樂安沿海高家港鹽場。大清河，上接東平坎河諸泉，下通濱州海豐、利津，沿海富國鹽場。淤塞，苦盤剥，雨水又患淹没。勸農參政唐濵濬河造閘，請令兼治水利。詔可。

十二年，巡按御史許進言：河西十五衛，東起莊浪，西抵肅州，綿亘幾二千里，所資水利多奪於勢豪。宜設官專理。詔屯田僉事兼之。

十四年，俸言：直隸蘇、松與浙西各府，頻年旱澇，緣周環太湖，乃東南最窪地，而蘇、松尤最下之衝。故每逢積雨，衆水奔潰，湖泖漲漫，淹没無際。按太湖即古震澤，上納嘉、湖、宣、歙諸州之水，下通婁、東、吴淞三江之流，東江今不復見，婁、淞入海故跡具存。其地勢與常熟福山、白茆二塘俱能導太湖入江海，使民無墊溺，而土可耕種，歷代開濬具有成法。本朝亦常命官修治，不得其要。而濱湖豪家盡將淤灘栽葑爲利。治水官不悉利害，率於泄處置石梁，壅土爲道，或慮盜船往來，則釘木爲柵。以致水道堙塞，公私交病。請擇大臣深知水利者專理之，設提督水利分司一員隨時修理，則水勢疏通，東南厚利也。帝即令俸兼領水利，聽所濬築。功成，乃專設分司。

十五年修南京内外河道。十八年濬雲南東西二溝，自松華壩黑龍潭抵西南柳壩南村，灌田數萬頃。修居庸關水關、城券及隘口水門四十九，樓舖、墩臺百二。二十年修嘉興等六府海田堤岸，特選京堂官往督之。二十二年濬南京中下二新河。

弘治三年，從巡撫都御史丘鼐言，設官專領灌縣都江堰。六年敕撫民參政朱瑄濬河南伊、洛，彰德高平、萬金，懷慶廣濟，南陽召公等渠，汝寧桃陂等堰。

七年濬南京天、潮二河，備軍衛屯田水利。七月命侍郎徐貫與都御史何鑑經理浙西水利。明年四月告成。貫初奉命，奏以主事祝萃自隨。萃乘小舟究悉源委。貫乃令蘇州通判張旻疏各河港水，潴之大壩。旋開白茆港沙面，乘潮退，決大壩水衝激之，沙泥刷盡。潮水蕩激，日益闊深，水達海無阻。又令浙江參政周季麟修嘉興舊堤三十餘里，易之以石，增繕湖州長興堤岸七十餘里。貫乃上言：東南財賦所出，而水患爲多。永樂初，命夏原吉疏濬。時以吴淞江灩沙浮蕩，未克施工。迨今九十餘年，港浦愈塞。臣督官行視，濬吴江長橋，導太湖散入澱山、陽城、昆承等湖泖。復開吴淞江並大石、趙屯等浦，洩澱山湖水，由吴淞江以達於海。開白茆港白魚洪、鮎魚口，洩昆承湖水，由白茆港以注於江。開斜堰、七舖、鹽鐵等塘，洩陽城湖水，由七丫港以達於海。下流疏通，不復壅塞。乃開湖州之漊涇，洩西湖、天目、安吉諸山之水，自西南入於太湖。開常州之百瀆，洩溧陽、鎮江、練湖之水，自西北入於太湖。又開諸陡門，洩漕河之水，由江陰以入於大江。上流亦通，不復堙滯。是役也，修濬河、港、涇、瀆、湖、塘、陡門、堤岸百三十五道，役夫二十餘萬，祝萃之功多焉。

巡撫都御史王珣言：寧夏古渠三道，東漢、中唐並通。惟西一渠傍山，長三百餘里，廣二十餘丈，兩岸危峻，漢、唐舊跡俱堙。宜發卒濬鑿，引水下流。即以土築東岸，建營堡屯兵以遏寇衝。請帑銀三萬兩，并靈州六年鹽課，以給其費。又請於靈州金積山河口，開渠灌田，給軍民佃種。並從之。

十八年修築常熟塘壩，自尚湖口抵江，及黃、泗等浦，新莊等沙三十餘處。濬杭州西湖。

正德七年修廣平滏陽河口堤岸。十四年濬南京新江口右河。十五年，御史成英言：應天等衛屯田在江北滁、和、六合者，地勢低，屢爲水敗。從金城港抵濁河達烏江三十餘里，因舊跡濬之，則水勢洩而屯田利。詔可。

嘉靖元年築濬東鹿、肥鄉、獻、魏堤渠。初，蘇、松水道盡爲勢家所據。巡撫李充嗣畫水爲井地，示開鑿法，户占一區，計工刻日。造濬川爬，用巨筏數百，曳木齒，隨潮進退，擊汰泥沙。置小艇百餘，尾鐵帚以導之。濬故道，穿新渠，巨浦支流，罔不灌注。帝嘉其勞，賚以銀幣。二年修德勝門東、朝陽門北城垣河道，築儀真、江都官塘五區。

十年，工部郎中陸時雍言：良鄉盧溝河，涿州琉璃、胡良二河，新城、雄縣白溝河，河間沙河，青縣滹沱河，下流皆淤。宜以時濬，使達於海。詔巡撫議之。

十一年，太僕卿何棟勘畿封河患有二。一論滹沱河。其一言：真定鴨、沙、磁三河，俱發源五臺。會諸支水，抵唐河藺家圈，合流入河間。東南經任丘、霸州、天津入海，此故道也。河間東南高，東北下，故水決藺家口，而肅寧、新安皆罹其害。宜築決口，濬故道。涿州胡良河，自拒馬分流，至州東入渾河。良鄉琉璃河，發源磁家務，潛入地中，至良鄉東入渾河。比者渾河壅塞，二河不流。然下流淤沙僅四五里，請亟濬之。部覆允行。

郎中徐元祉受命振災，上言：河本以洩水，今反下壅；淀本以瀦水，今反上溢。故畿輔常苦水，順天利害相半，真定利多於害，保定害多於利，河間全受其害。弘、正間，嘗築長堤，排決口，旋即潰敗。今惟疏濬可施，其策凡六。一濬本河，俾河身寬邃。九河自山西來者，南合滹沱而不侵真定諸郡，北合白溝而不侵保定諸郡。此第一義也。一濬支河。令九河之流，經大清河，從紫城口入；經文都村，從涅槃口入；經白洋淀，從藺家口入；經章哥窪，從楊村河入。直遂以納細流，水力分矣。一濬決河。九河安流時，本支二河可受，遇漲則岸口四衝。宜每衝量存一口，復濬令合成一渠，以殺湍急，備淫溢。一濬淀河。令淀淀相通，達於本支二河，使下有所洩。一濬淤河。九河東逝，悉由故道，高者下，下者通。占據曲防者，抵罪。一濬下河。九河一出青縣，一出丁字沽，二流相匯於苑家口。故施工必自苑家口始，漸有成效，然後次第舉行，庶減諸郡水害。帝嘉納之。

明年，香河郭家莊自開新河一道，長百七十丈，闊五十丈，近舊河十里餘。詔河官亟繕治。

十三年，巡撫都御史周金言：藺家圈決口，塞之則東溢，病河間；不塞則東流漸淤，病保定。宜存決口而濬廣新河，使水東北平流，無壅涸患。從之。

二十四年濬南京後湖。初，胡體乾按吴，以松江泛溢，進六策：曰開川，曰濬湖，曰殺上流之勢，曰決下流之壅，曰排潮漲之沙，曰立治田之規。是年，吕光洵按吴，復奏蘇、松水利五事：

一曰廣疏濬以備瀦洩。三吴澤國，西南受太湖諸澤，水勢尤卑。東北際海，岡隴之地，視西南特高。高苦旱，卑苦澇。昔人於下流疏爲塘浦，導諸湖水北入江，東入海，又引江潮流衍於岡隴外。瀦洩有法，水旱無患。比來縱浦橫塘，多堙不治，惟黄浦、劉河二江頗通。然太湖之水源多勢盛，二江不足以洩之。岡隴支河又多壅絶，無以資灌溉。於是高下俱病，歲常告災。宜先度要害，於澱山等茭蘆地，導太湖水散入陽城、昆承、三泖等湖。又開吴淞江及大石、趙屯等浦，洩澱山之水以達於海。濬白茆、鮎魚諸口，洩昆承之水以注於江。開七浦、鹽鐵等塘，洩陽城之水以達於江。又導田間之水，悉入小浦，以納大浦，使流者皆有所歸，瀦者皆有所洩。則下流之地治，而澇無所憂矣。乃濬艾祁、通波以溉青浦，濬顧浦、吴塘以溉嘉定，濬大瓦等浦以溉崑山之東，濬許浦等塘以溉常熟之北，濬臧村等港以溉金壇，濬澡港等河以溉武進。凡隴岡支河堙塞不治者，皆濬之深廣，使復其舊。則上流之地亦治，而旱無所憂矣。此三吴水利之經也。

一曰修圩岸以固横流。蘇、松、常、鎮東南下流，而蘇、松又常、鎮下流，易瀦難洩。雖導河濬浦引注江海，而秋霖泛漲，風濤相薄，則河浦之水逆行田間，衝齧爲患。宋轉運使王純臣嘗令蘇、湖作田塍禦水，民甚便之。司農丞郟亶亦云：治河以治田爲本。故老皆云，前二三十年，民間足食，因餘力治圩岸，田益完美。近皆空乏，無暇修繕，故田圩漸壞，歲多水灾。合敕所在官司專治圩岸。岸高則田自固，雖有霖澇不能爲害。且足制諸湖之水咸歸河浦中，則不待决洩，自然湍流。而岡隴之地，亦因江水稍高，又得畝引以資灌溉，不特利於低田而已。

一曰復板閘以防淤澱。河浦之水皆自平原流入江海，水慢潮急，以故沙隨浪湧，其勢易淤。昔人權其便宜，去江海十里許夾流爲閘，隨潮啓閉，以禦淤沙。歲旱則長閉以蓄其流，歲澇則長啓以宣其溢，所謂置閘有三利，蓋謂此也。近多堙塞，惟常熟福山閘尚存。故老以爲河浦入海之地，誠皆置閘，自可歷久不壅。

一曰量緩急以處工費。

一曰重委任以責成功。

詔悉如議。光洵因請專委巡撫歐陽必進。從之。二十六年，給事中陳斐請仿江南水田法，開江北溝洫，以祛水患，益歲收。報可。

三十八年，總督尚書楊博請開宣、大荒田水利。從之。巡撫都御史翁大立言：東吴水利，自震澤濬源以注江，三江導流以入海，而蘇州三十六浦，松江八匯，毘陵十四瀆，共以節宣旱澇。近因倭寇衝突，汊港之交，率多釘柵築堤以爲捍禦，因致水流停瀦，淤滓日積。渠道之間，仰高成阜。且具區湖泖，並水而居者雜蒔茭蘆，積泥成蕩，民間又多自起圩岸。上流日微，水勢日殺。黄浦、婁江之水又爲舟師所居，下流亦淤。海潮無力，水利難興，民田漸磽。宜於吴淞、白茆、七浦等處造成石閘，啓閉以時。挑鎮江、常州漕河深廣，使輸輓無阻，公私之利也。詔可。

四十二年，給事中張憲臣言：蘇、松、常、嘉、湖五郡水患疊見。請濬支河，通潮水；築圩岸，禦湍流。其白茆港、劉家河、七浦、楊林及凡河渠河蕩壅淤沮洳者，悉宜疏導。帝以江南久苦倭患，民不宜重勞，令酌濬支河而已。四十五年，參政凌雲翼請專設御史督蘇、松水利。詔巡鹽御史兼之。

隆慶三年開湖廣竹筒河以洩漢江。巡撫都御史海瑞疏吴淞江下流上海淤地萬四千丈有奇。江面舊三十丈，增開十五丈，自黄渡至宋家橋長八十里。明年春，瑞言：三吴入海之道，南止吴淞，北止白茆，中止劉河。劉河通達無滯，吴淞方在挑疏。土人請開白茆，計濬五千餘丈，役夫百六十四萬餘。又言：吴淞役垂竣，惟東西二壩未開。父老皆言崑山夏駕口、吴江長橋、長洲寶帶橋、吴縣胥口及凡可通流下吴淞者，逐一挑畢，方可開壩。並從之。是年築海鹽海塘。越四年，從巡撫侍郎徐栻議，復開海鹽秦駐山，南至澉浦舊河。

萬曆二年築荆州采穴，承天泗港、謝家灣諸决堤口。復築荆、岳等府及松滋諸縣老垸堤。

四年，巡撫都御史宋儀望言：三吴水勢，東南自嘉、秀沿海而北，皆趨松江，循黄浦入海；西北自常、鎮沿江而東，皆趨江陰、常熟。其中太湖瀦蓄，匯爲巨浸，流注龐山、瀆墅、澱山、三泖，陽城諸湖。乃開浦引湖，北經常熟七浦、白茆諸港入於江，東北經崑山、太倉穿劉家河，東南通吴淞江、黄浦，各入於海。諸水聯絡，四面環護，中如仰盂。杭、嘉、湖、常、鎮勢繞四隅，蘇州居中，松江爲諸水所受，最居下。乞專設水利僉事以裨國計。部議遣御史董之。

六年，巡撫都御史胡執禮請先濬吴淞江長橋、黄浦。先是，巡按御史林應訓言：

蘇、松水利在開吴淞江中段，以通入海之勢。太湖入海，其道有三：東北由劉河，即古婁江故道；東南由大黄浦，即古東江遺意；其中爲吴淞江，經崑山、嘉定、青浦、上海，乃太湖正脈。今劉河、黄浦皆通，而中江獨塞者，蓋江流與海潮遇，海潮渾濁，賴江水迅滌之。劉河獨受巴、陽諸湖，又有新洋江、夏駕浦從旁以注；大黄浦總會杭、嘉之水，又有澱山、泖蕩從上而灌。是以流皆清駛，足以敵潮，不能淤也。

惟吳淞江源出長橋、石塘下，經龐山、九里二湖而入。今長橋、石塘已堙，龐山、九里復爲灘漲，其來已微。又有新洋江、夏駕浦掣其水以入劉河，勢乃益弱，不能勝海潮洶湧之勢而滌濁渾之流，日積月累，淤塞僅留一綫。水失故道，時致淫濫。支河小港，亦復壅滯。舊熟之田，半成荒畝。

前都御史海瑞力破羣議，挑自上海江口宋家橋至嘉定艾祁八十里，幸尚通流。自艾祁至崑山慢水港六十餘里，則俱漲灘，急宜開濬，計淺九千五百餘丈，闊二十丈。此江一開，太湖直入於海，濱江諸渠得以引流灌田，青浦積荒之區俱可開墾成熟矣。

並從之。至是，工成。應訓又言：

吳江縣治居太湖正東，湖水由此下吳淞達海。宋時運道所經，畏風阻險，乃建長橋、石塘以通牽挽。長橋百三十丈，爲洞六十有二。石塘小則有竇，大則有橋，內外浦涇縱橫貫穿，皆爲洩水計也。石塘涇竇半淤，長橋內外俱圮，僅一二洞門通水。若不疏濬，雖開吳淞下流，終無益也。宜開龐山湖口，由長橋抵吳家港。則湖有所洩，江有所歸，源盛流長，爲利大矣。

松江大黃浦西南受杭、嘉之水，西北受澱、泖諸蕩之水，總會於浦，而秀州塘、山涇港諸處實黃浦來源也。澱山湖入黃浦道漸多淤淺，宜爲疏瀹。而自黃浦、橫潦、洙涇，經秀州塘入南泖，至山涇港等處，萬四千餘丈，待濬尤急。

他如蘇之茜涇、楊林、白茆、七浦諸港，松之蒲匯、官紹諸塘，常、鎮之澡港、九曲諸河，并宜設法開導，次第修舉。

八年又言：

蘇、松諸郡幹河支港凡數百，大則洩水入海，次則通湖達江，小則引流灌田。今吳淞江、白茆塘、秀州塘、蒲匯塘、孟瀆河、舜河、青暘港俱已告成，支河數十，宜盡開濬。

俱從其請。

久之，用儀望議，特設蘇、松水利副使，以許應逵領之。乃濬吳淞八十餘里，築塘九十餘處，開新河百二十三道，濬內河百三十九道，築上海李家洪老鴉嘴海岸十八里，發帑金二十萬。應逵以其半訖工。三十七、八年間，霪雨浸溢，水患日熾。越數年，給事中歸子顧言：宋時，吳淞江闊九里。元末淤塞。正統間，周忱立表江心，疏而濬之。崔恭、徐貫、李充嗣、海瑞相繼濬者凡五，迄今四十餘年，廢而不講。宜使江闊水駛，塘浦支河分流四達。疏入留中。巡按御史薛貞復請行之，下部議而未行。至天啓中，巡撫都御史周起元復請濬吳淞、白茆。崇禎初，員外郎蔡懋德、巡撫都御史李待問皆以爲請。久之，巡撫都御史張國維請疏吳江長橋七十二谼及九里、石塘諸洞。御史李謨復請濬吳淞、白茆。俱下部議，未能行也。

十年，增築雄縣橫堤八里，禦滹沱暴漲。

十三年，以尚寶少卿徐貞明兼御史，領墾田使。貞明爲給事中，嘗請興西北水利如南人圩田之制，引水成田。工部覆議：畿輔諸郡邑，以上流十五河之水洩於貓兒一灣，海口又極束隘，故所在橫流。必多開支河，挑濬海口，而後水勢可平，疏濬可施。然役大費繁，而今以民勞財匱，方務省事，請罷其議。乃已。後貞明謫官，著《潞水客譚》一書，論水利當興者十四條。時巡撫張國彥、副使顧養謙方開水利於薊、永有效，於是給事中王敬民薦貞明，特召還，賜敕勘水利。貞明乃先治京東州邑，如密雲燕樂莊，平谷水峪寺、龍家務莊，三河塘會莊、順慶屯地。薊州城北黃厓營，城西白馬泉、鎮國莊，城東馬伸橋，夾林河而下別山舖，夾陰流河而下至於陰流。遵化平安城，夾運河而下沙河舖西，城南鐵廠、湧珠湖以下韭菜溝、上素河、下素河百餘里。豐潤之南，則大寨、剌榆坨、史家河、大王莊，東則榛子鎮，西則鴉紅橋，夾河五十餘里。玉田青莊塢、後湖莊、三里屯及大泉、小泉，至於瀕海之地，自水道沽關、黑巖子墩至開平衛南宋家營，東西百餘里，南北百八十里。墾田三萬九千餘畝。至真定將治滹沱近堧地，御史王之棟言：滹沱非人力可治，徒耗財擾民。帝入其言，欲罪諸建議者。申時行言：墾田興利謂之害民，議甚舛。顧爲此說者，其故有二。北方民游惰好閑，憚於力作，水田有耕耨之勞，胼胝之苦，不便一也。貴勢有力家侵占甚多，不待耕作，坐收蘆葦薪芻之利；若開墾成田，歸於業户，隸於有司，則已利盡失，不便二也。然以國家大計較之，不便者小，而便者大。惟在斟酌地勢，體察人情，沙鹻不必盡開，黍麥無煩改作，應用夫役，必官募之，不拂民情，不失地利，乃謀國長策耳。於是貞明得無罪，而水田事終罷。

巡撫都御史梁問孟築横城堡邊牆，慮寧夏有黄河患，請堤西岔河，障水東流。從之。十九年，尚寶丞周弘禴言：寧夏河東有漢、秦二壩，請依河西漢、唐壩築以石，於渠外疏大渠一道，北達鴛鴦諸湖。詔可。

二十三年，黄、淮漲溢，淮、揚昏墊。議者多請開高家堰以分淮。寶應知縣陳煃爲御史，慮高堰既開，害民産鹽場，請自興、鹽迤東，疏白塗河、石磋口、廖家港爲數河，分門出海；然後從下而上，濬清水、子嬰二溝，且多開瓜、儀閘口以洩水。給事中祝世禄亦言：議者欲放淮從廣陽、射陽二湖入海。廣陽闊僅八里，射陽僅二十五丈，名爲湖，實河也。且離海三百里，迂迴淺窄，高、寶七州縣水惟此一線宣洩之，又使淮注焉，田廬鹽場，必無幸矣。廣陽湖東有大湖，方廣六十里，湖北口有舊官河，自官蕩至鹽城石磋口，通海僅五十三里，此導淮入海一便也。下部及河漕官議，俱格不行。既而總河尚書楊一魁言：黄水倒灌，正以海口爲阻。分黄工就，則石磋口、廖家港、白駒場海口，金灣、芒稻諸河，急宜開刷。乃命如議行之。

三十年，保定巡撫都御史汪應蛟言：易水可溉金臺，滹水可溉恒山，溏水可溉中山，滏水可溉襄國，漳水可溉鄴下，而瀛海當衆河下流，故號河中，視江南澤國不異。至於山下之泉，地中之水，所在皆有，宜各設壩建閘，通渠築堤，高者自灌，下則車汲。用南方水田法，六郡之内，得水田數萬頃，畿民從此饒，永無旱澇之患。不幸濱河有梗，亦可改折於南，取糴於北。此國家無窮利也。報可。應蛟乃於天津葛沽、何家圈、雙溝、白塘，令防海軍丁屯種，人授田四畝，共種五千餘畝，水稻二千畝，收多，因上言：墾地七千頃，歲可得穀二百餘萬石，此行之而效者也。

是年，真定知府郭勉濬大鳴、小鳴泉四十餘穴，溉田千頃。邢臺達活、野狐二泉流爲牛尾河，百泉流爲澧河，建二十一閘二堤，灌田五百餘頃。

天啓元年，御史左光斗用應蛟策，復天津屯田，令通判盧觀象管理屯田水利。明年，巡按御史張慎言言：自枝河而西，静海、興濟之間，萬頃沃壤。河之東，尚有鹽水沽等處爲膏腴之田，惜皆蕪廢。今觀象開寇家口以南田三千餘畝，溝洫蘆塘之法，種植疏濬之方，皆具而有法，人何憚而不爲。大抵開種之法有五。一官種。謂牛、種、器具、耕作、雇募皆出於官，而官亦盡收其田之入也。一佃種。謂民願墾而無力，其牛、種、器具仰給於官，待納稼之時，官十而取其四也。一民種。佃之有力者，自認開墾若干，迨開荒既熟，較數歲之中以爲常，十一而取是也。一軍種。即令海防營軍種葛沽之田，人耕四畝，收二石，緣有行、月糧，故收租重也。一屯種。祖宗衛軍有屯田，或五十畝，或百畝。軍爲屯種者，歲入十七於官，即以所入爲官軍歲支之用。國初兵農之善制也。四法已行，惟屯種則今日兵與軍分，而屯僅存其名。當選各衛之屯餘，墾津門之沃土，如官種法行之。章下所司，命太僕卿董應舉管天津至山海屯田，規畫數年，開田十八萬畝，積穀無算。

崇禎二年，兵部侍郎申用懋言：永平灤河諸水，逶迤寬衍，可疏渠以防旱潦。山坡隙地，便栽種。宜令有司相地察源，爲民興利。從之。

（明）清波逸叟《折獄明珠》卷二《分條珥語·水利類》 霸塞水利，虎踞坑生。錢糧國脉，水利民命。占碣潭以作碓，惟知專利壞溝壑，而營私不順人情。截生民之命脉，壞黎庶之膏脂。水利灌溉青苗。田賦爲重。一人霸塞，禍及百家。

《新例要覽·工部·水利營田五年二月》 一、新開堤岸工程有關河工之處，如有貽悮，應將州縣與該管道員照例分别議處。仍查明著落賠修。各州縣官將所管水利營田頃畝數目，實在有無修廢，於每年終逐一造册申報該管河道查核。如該管州縣官不能經理修濬，以致河道溝洫淤塞坍塌，已開水田有荒廢者，應照墾地後復荒之例，將州縣降三級住俸，該管道官降一級住俸，俱勒限一年督令疏濬開墾。限内開完者，准其開復。不完，州縣降三級調用，道官降一級調用。如該州縣規避處分，造報不實，應照溺職例議處。該管道官狥隱不行揭報，該督撫不行題參者，俱應照狥庇例議處。奉旨：依議。

（清）葛士濬《皇朝經世文續編》卷三六《户政·農政·重修懋功屯利民渠記强望泰》 曩讀《永壽縣志》知城在山巔，居民悉以弗能鑿井爲苦。宋嘉祐中，吕公大防爲令於城北八里分水嶺鑿山爲渠，引水入城，百姓德之，名渠曰吕公泉，曰惠民。厥後金太和元至大間，主簿邢珣邑人甚器之，先後疏濬，其利至今不息。余心識之，惜未親往其地以爲憾。道光己丑春三月，余由成都水利同知奉憲檄量移懋功，入其境，見重山複嶺無半里平坦可劚水田，心已憂吾民之食。比至署，見城距山腰，竊以爲與永壽縣無以異，即詢民取水遠近。民曰：地高難掘，雖百仞不及泉，城内外千餘家率下山汲水，人荷馬馱，憊也甚矣。余聞之又復憂吾民之飲，即欲師吕公故智，以甫抵任，公務蝟集未遑也。踰歲庚寅春三月，以清釐之暇訟簡民和，乃聚農商謀之曰：父老苦遠汲久矣，愚履勘城南三十餘里山之陰有泉一泓水勢滃然，前人引之以供汲，今雖渠壞溝淤，盍衆疏之以繼前軌。衆曰：奈山勢紆折，民力瘠苦何。余曰：聞堪輿家言，凡龍轉處必有泉，此紆折者即龍轉也。若令决渠，必滲清液。况明明源頭活水，是烏可舍其易而難是圖。爰首捐銀二十五兩，懋功屯務鄭捐銀十兩，益以農商所醵銀四十兩，付公正著聞之約民董其事。而教之曰：爾尚仍舊貫，順其旁而流通之。其或厓壁斷絶，則架木槽以聯屬之，使之陽達城内，暨城外新街場，俾各砌兩池以時蓄洩，上池便人汲，下池便畜飲。始於三月二十日，至五月竣事，則見數十年苦無涓滴者今則挹注徧城郭矣。諸父老請爲記以勒貞珉，俾後之人悉顛末。余曰否否。昔吕公永壽縣渠，以瓦筒聯屬八九里，上覆以土，俾水潛行入城内，當日之費鉅，故後日之流長。今日論重修，比之吕公則不可，比之邢公或庶幾，然亦如蹄涔於河海，奚必記。若夫擴而大之，使如吕公之再三疏濬，則不能不望後之守此土與生此鄉之賢者，此又不可無説以豫屬之，是則余樂爲記之之意也夫。

紀事

（明）鄧士龍《國朝典故》卷四八《天順日録》 霸州守張需，長於治民。先佐鄭州，有聲。渠有淤者，廢水田數十年，守相繼者莫能疏。需甫至，守言及此，憚於動衆。需往相之，曰：若得人若干，三日可畢。守怪以爲妄。需乃聚人得其數，各帶器物，分量尺數，争效其力，三日遂畢。守往視之，大驚，以爲有神助。洎守霸，見其民游食者多，每里置一簿，列其户，每户各報男女大小數口，派其合種粟、麥、桑、棗，紡績之具、雞豚之數，徧曉示之。暇則下鄉，至其户簿驗之，缺者罰之。於是民皆勤力，無游惰者，不二年，俱有恒産，生理日滋。蓋以生道使人，其易如此。後以覲禮至京，遂受旌異之典。尋畿内蝗作，捕之有法，吏部侍郎魏公巡至其郡，異之，下其法於諸郡，人皆便之。有牧馬者擾其民，需笞之，領牧者譖於宦官王振，捕之下獄，捶箠幾至於死，竟謫戍邊城，人咸惜之而莫能救也。

《明實録》永樂五年秋七月 〔丁卯〕都察院奏：海運官軍其舟被風膠淺淪没，所運糧米合當追陪，仍治其罪。上曰：海濤險惡，舟膠淺必壞，官軍得免溺死矣，幸矣。豈當仍治失糧之罪？悉釋不問。

《明實録》弘治三年三月 〔戊午〕陞刑部員外郎劉杲爲四川按察司僉事，提督水利。先是，巡撫都御史丘鼒言：成都府灌縣舊有都江大堰，乃漢李冰所築溉民田者，其利甚愽，後爲居民所侵占，日以湮塞，乞增設憲臣一員，專領其事，俾隨處修築陂塘堤堰，以時蓄泄，庶舊規可復，地利不廢。工部覆奏，從之。賜杲敕曰：成都府灌縣地方，舊有（江都）〔都江〕大堰，近年以來，多被官校人等創造碾磨，或私開小渠决水捕魚，以致淤塞水利，旱傷田禾。及本省所屬州縣，平曠地土數多，隨處皆可修築塘堰蓄水灌田。兹特命爾提督成都府佐貳官，並郫灌等州縣各衛所官，將都江堰以時疏濬修砌，嚴加禁約。勢要官校旗軍人等不許似前侵占阻塞，仍督同各州縣衛所撫民捕盗管屯等官相兼管理，相度地方興舉水利，務臻實效，無事虚文。敢有不遵約束，沮壞水利之人，拏問如律。應參奏者，奏請處治，毋得因而科擾，有損無益，致人嗟怨，如違，罪不輕宥，故敕。

《明實録》天順八年三月 〔乙卯〕詔：一、民以農爲本，有司時加勸督，所陂塘宜用修築，以備旱澇。至于耕牛所賴尤重，不許軍民宰殺買賣，如有犯者，枷號半年，依律問罪。若有司縱容私宰，一體治罪不饒。一、自天順元年以來，抄没入官田地，許令所在軍民耕種，照例起科。一、各處小民，有因衣食不給流移他鄉者，詔書到日各還本土。有司務要加意撫恤，無牛具種子房屋者，即與設法措辦，俾遂生業。仍免糧草一年，離泛差役三年，違者許巡撫巡按官究治。一、在京在外有游手好閒不務生業者，所在有司即便記其姓名，省令各務生業，如不改者重加懲治。其孤者，殘疾不能生業者，即便收入養濟院，照例給與衣糧，毋令失街乞食，違者罪之。一、上林苑監養牲人户，自天順七年十二月以前，一應虧欠倒死等項牲口頭畜，悉皆蠲免。一、朝廷憫念小民，凡事減省，今後不差人出外買辦採辦物件，有司不許仍前指，以均徭公用爲名，科斂銀兩。及因小故罰取財物，因而尅落入己。其司府州縣官員，亦不許額外多僉皂隷，侵漁小民。但有違者，許巡撫巡按官體訪參奏，治以重罪。一、各處衛所，軍士月糧多被該管官員通同有司納户作弊，虚出通開，致令倉廪空虚。及有糧在倉又假以公用爲名，扣除尅減，以致軍士不得全支眷瞻。今後敢有仍前作弊扣減者，許巡撫巡按及按察司官參奏拏問，治以重罪。

《明實録》弘治六年十月〔戊辰〕巡撫河南都御史徐恪奏：河南府有伊、洛二渠，彰德府有高平、萬金二渠，懷慶府有廣濟渠及方口堰，許州有棗祇河渠，南陽府有召公等渠，汝寧府有桃陂等堰。其他故渠廢堰在在有之，濬治之功，灌溉之利，故老相傳，舊志所載，不可誣也。雖行分守等官疏導，然事非專難以責成，請敕布政司撫民參政朱瑄專領其事。從之。賜瑄敕曰：邇者官奏河南郡縣踰時不雨，輒赤地相望，流移載道，水利一事所當預圖。其河南等府，伊洛等渠，歲久湮蕪，多被王府屯營侵塞，及勢要之家占作碾磨，雖已行令分守分巡官提督修舉，然百責攸歸，未免顧此失彼，且更代不一，難以責成。以爾素有才謀，不避（難）〔艱〕險，可委專理。爾其親詣前項渠堰，再行酌量時宜以次興舉。合用木石等料，於各該田多有力之家從公勸諭。或别爲措置，量起所在附近軍民人夫相兼整理，選委的當官員人等提調，務臻實效，無事虚文。原置閘處，仍舊置立，以時啓閉。仍將得利之家地土頃畝逐一勘明，籍記在官。遇旱則官爲斟酌驗畝分水以杜（分）〔紛〕争。以後堙塞就令得利軍民併工開濬，有潰決之處亦就培築隄防，務圖經久。其豪强軍民敢有仍前截水，安置碾磨，占作稻田者，依律究問故敕。

《明實録》嘉靖三十二年正月〔戊寅〕先是，大學士嚴嵩等言：徐邳等十七州縣連被水患，民饑剽劫，吏不能禁，恐生他變。乞命户部給發餘鹽銀兩及徐淮等倉存留糧米，選差大臣出賑，仍令工部行巡撫及河道官急將黄河下流設法疏濬，令水歸故道，百姓有廬室田畝可依，得以安堵。上從其言，命河道都御史曾鈞、漕運都御史連鑛作速勘處以聞。至是，鈞等奏謂：留伶臺至赤晏廟，凡八十里，乃黄河下流，頃爲游沙壅塞，以致奔潰，此是疏濬所最先者。次則草灣老黄河口，衝決滰没安東一縣，亦當急築。既成之後，宜築長堤磯嘴以備衝擊。又三里溝新河口，此舊口水高六尺，若開舊口，雖有沙淤之患，而爲害稍輕。若開新口，未免淹没之虞，而漕舟頗便。宜將新口暫閉，建置閘座，及將高家堰增築長堤，原建新莊等閘，加石修砌，以遏横流。但挑築工料計銀十三萬九百餘兩，乞發維揚滸墅二鈔關並蕪抗二抽分銀兩解用。工部覆護從之。已命發淮徐倉粟麥四萬石，運司餘鹽銀五萬兩，遣刑部右侍郎吴鵬往賑之。

《明實録》萬曆七年三月〔庚寅〕巡按直隷御史陳世寶條陳治河策約。一、移建管河官衙舍要害之地，責其晝夜防守。一、添設新堤堰。夫役河工雖已垂成，但遥縷二堤，已逾千里，高家堰之堤凡六十里，柳浦灣補舊增新，將百餘里。而黄鋪八淺地雖咫尺，反稱緊要。若非集夫密守，則盗決、水決可虞。宜增夫額，晝地築居，乃爲勝算。一、添設管堤官吏。高家堰、柳浦灣於淮安最稱緊要，今修築告竣，但二堤俱屬荒僻，姦商漏税，利其有達楊州，每行盗決。宜增設大使官一員，專督衆役，使之同居堤上密防。一、增築富遷縣遥堤。宿邊縷河雖有堤岸，而侍丘諸湖尚未修築遥堤。儻伏秋河漲，必漕水患。乘時修築，誠不可緩。一、暫寬歸移民錢糧。民遭水患流移者半，幸水去田出，漸爲歸計，但恐居處未遑而舊逋即追，開墾未熟而新課復徵。夫損金治河以爲民也，今水患漸平，而顧以逋負阻絶歸路乎？一、乞廣築役賞勞，於工食外動支河工羡銀量行犒賞。奏上，命酌議覆行。

《明實録》萬曆十二年十月丁未，湖廣道御史徐待言，尚寶司司丞徐貞明所條陳沿邊水利墾田事宜，户部覆：畿輔沿邊之兵，恒苦食之難給，而一帶空地，多稱沃壤，向因北人不諳水利，以致抛荒淤積無慮千萬頃。先御史蘇酇，今御史徐待，俱議破格招恤。所謂撤流民之禁四事尤鑿鑿可見之行，信能舉行，不惟轉輸省而兵食可足，亦溝渠密而戎馬可限，合咨各撫臣選南人諳識水利，專委司道官多方講求，許南來游食之民自備資本，任力開墾，永不起科。有司官員開墾數多，即行分别獎爲超擢，仍不得責以期限差人騷擾。如有奸民指託勢豪轉相隱匿，及阻撓不法者，訪拏究治。每年終覈實具奏，以憑獎勸。從之。

《明實録》萬曆二十二年正月〔丙午〕給事中桂有根言：河工僱額月給銀一兩，是以供事者少。儻增額廣募，自可計日告成。至如性義嶺當兖徐之交，河臣舒應龍議開渠洩昭陽等湖以免金魚各縣之淪没，杜運河隄岸之衝決。令撫按速行勘報，以數萬金量增僱直，則興工隨以寓賑。部覆從之。

《明實録》萬曆三十年四月〔壬寅〕工部尚書姚維可以河患孔棘，工費爲艱，請即簡。臣累疏，命九卿科道計議百萬之費作何處辦，其間濬河築隄建閘一十九萬之數，户部協濟三分之一，先年成例具在，并乞申諭刻期舉行。報可。

《明實録》萬曆三十一年正月〔乙酉〕户部覆總河魯如春條陳河上切要事宜二款：一、儲薪米。將濱河一帶州縣動穀碾米運赴工所，以備治河人夫食用。蘆草秫稭徑行附近有司先發官銀，照依時值採辦。一、議蠲恤。查僉派河夫，州縣各將本年存留錢糧酌量蠲免，其二十八年以前，帶徵係未徵在民者，准三十一年停徵一年，以寬民力。至于漕河挑河築堤之地，既屬小民恒産，悉聽河臣會同該省撫按劑量安插，毋致失所。上曰：省直屢遭河患，今工作繁興，夫役重多，百姓辦納艱難，著各官加意撫恤接濟，俾令鼓舞趨事。

《明實録》萬曆三十三年三月　己卯，直隸撫按言：淮安府安東縣地方，爲黄淮二瀆入海之路，嘉靖以來，草灣衝決，海套沙淤，僉欲廢其縣治，因歲額貢生，無所附着，止議歸併里甲，永折漕糧而已。第查江北永折事例，如泗州、興化皆折五錢，今安東荒瘠尤甚，且連被重災，而户部議折七錢，實難完辦。乞照例通以五錢折解。下户部覆議，該縣雖稱疲敝，較之豐沛節被河患者尚爲有間，姑准三十二年暫折五錢，向後仍以七錢永折，不得議減。從之。

《明實録》天啓六年六月〔戊子〕山東道御史袁鯨題：頃見巡漕御史徐卿伯疏言：丹陽練湖水利被豪勢侵占，業奉旨清查還官追租正法矣。第臣原丹陽令也，佃田抵餉，臣任内事也。舟陽湊集舟車疲苦特甚，每年額編遼餉一萬一千二十六兩九錢二分，即歲徵不缺而已，難堪命矣。臣查上下練湖二處，上練湖延袤數十里，先年建閘瀦水以防冬涸，後改春運，水盈無所須閘，以十之六七瀦水，以十之二三爲田，亦天地自然之利也。沿岸一帶陸續詳佃共得八千三百一十三畝，每畝上田納價一兩，中者八錢，前後共得七千五百二兩六錢一分。後復撈括湖税等銀三千五百二十四兩，共湊抵三年分額餉一萬一千有奇。乞未加泒於民，每年所得租銀於本驛加馬四匹，加支應銀三百兩，請立循環簿，不許妄入公費，此練湖成田之始末也。自臣離任之後，間水利蕩然非舊，乞將豪强倚勢無帖侵占者，盡數追租正法，而居民帖内正佃者，令繳帖還官，抑或兑繳加價以助大工，俱非臣愚所敢擅議也。得旨：這豪强侵占的，著遵前旨還官正法。小民納銀給帖承佃的，仍著計畝加價助工。

《明宣宗寶訓》卷二《勤民》　宣德三年二月壬午，浙江臨海縣民奏：本縣舊有胡逸諸閘積水灌田，比因大水壞閘，而金鰲大浦湖涞舉嶼等河遂皆壅塞。或遇天旱，禾稼不收，糧税多欠，乞爲開築。上曰：水利爲政急務，使民自訴於朝，此守令不得人。爾工部即下郡縣，令秋收發民用工。仍行天下，凡水利當興者，命有司即行，不許坐視。

《明史》卷二四四《左光斗傳》　出理屯田，言：北人不知水利，一年而地荒，二年而民徙，三年而地與民盡矣。今欲使旱不爲災，澇不爲害，惟有興水利一法。因條上三因十四議：曰因天之時，因地之利，因人之情；曰議濬川，議疏渠，議引流，議設壩，議建閘，議設陂，議相地，議築塘，議招徠，議擇人，議擇將，議兵屯，議力田設科，議富民拜爵。其法犁然具備，詔悉允行。水利大興，北人始知藝稻。鄒元標嘗曰：三十年前，都人不知稻草何物，今所在皆稻，種水田利也。

自然保護法制部

先秦分部

論說

（宋）朱熹《四書章句集注·孟子集注》卷一《梁惠王章句上》 不違農時，穀不可勝食也；數罟不入洿池，魚鼈不可勝食也；斧斤以時入山林，材木不可勝用也。穀與魚鼈不可勝食，材木不可勝用，是使民養生喪死無憾也。養生喪死無憾，王道之始也。【略】農時，謂春耕夏耘秋收之時。凡有興作，不違此時，至冬乃役之也。不可勝食，言多也。數，密也。罟，網也。洿，窊下之地，水所聚也。古者網罟必用四寸之目，魚不滿尺，市不得粥，人不得食。山林川澤，與民共之，而有厲禁。草木零落，然後斧斤入焉。此皆爲治之初，法制未備，且因天地自然之利，而撙節愛養之事也。然飲食宫室所以養生，祭祀棺槨所以送死，皆民所急而不可無者。今皆有以資之，則人無所恨矣。王道以得民心爲本，故以此爲王道之始。

（清）焦循《孟子正義》卷二《梁惠王上》 不違農時，穀不可勝食也。數罟不入洿池，魚鼈不可勝食也。斧斤以時入山林，材木不可勝用也。【略】正義曰：《禮記·王制》云：草木零落，然後入山林。《毛詩·小雅》魚麗于罶，傳云：太平而後，微物衆多，取之有時，用之有道，則物莫不多矣。古者草木不折，不操斧斤，不入山林。翟氏灝《考異》云：《鹽鐵論·通有章》引《孟子》曰：不違農時，穀不可勝食。蠶麻以時，布帛不可勝衣也。斧斤以時入，材木不可勝用。佃魚以時，魚肉不可勝食。《荀子·王制篇》云：春耕夏耘，秋收冬藏，四者不失時，故五穀不絶，而百姓有餘食也。網罟毒藥不入澤，洿池淵沼，謹其時禁，故魚鼈優多，而百姓有餘用也。斬伐長養，不失其時，故山林不童，而百姓有餘材也。《逸周書·大聚解》云：禹之禁：春三月，山林不登斧斤，以成草木之長。夏三月，州澤不入網罟，以成魚鼈之長。且以并農力，執成男女之功。夫然，則有生而不失其宜。孟荀之言，並本如此。

（清）戴望《管子校正》卷一四《水利》 地者萬物之本原，諸生之根菀也，菀，囿城也。美惡賢不肖愚俊之所生也。謂生於地。水者，地之血氣。如筋脈之通流者也。言水材美具備，其潤澤若氣，以支持於地若筋，分流地上若脈也。故曰水具材也。言水材美具備。何以知其然也？曰：夫水淖弱以清，而好灑人之惡，仁也。淖，和也。惡，垢穢也。視之黑而白，精也。視其色雖黑，及揮揚之則白。如此者，精也。量之不可使概，至滿而止，正也。以意量之，則多少不可以概。注於器，滿則止，不可加剩。如此者，正也。唯無不流，至平而止，義也。方圓邪曲，無所不流，平則止，不可增高。如此者，義也。人皆赴高，己獨赴下，卑也。卑也者，道之室，王者之器也。道以卑爲室，王以卑爲器也。而水以爲都居。都，聚也。水聚居於下，卑也。準也者，五量之宗也。水可爲平準，五量取則焉，故爲五量之宗也。素也者，五色之質也。無色謂之素，水雖無色，五色不得不成，故爲五色質也。淡也者，五味之中也。無味謂之淡水，雖無味，五味不得不平也，故爲五味中也。是以水者萬物之準也。萬物取平焉，故曰準也。諸生之淡也，能濟諸生以適中，故曰淡也。違非得失之質也。得亦自水生焉，失亦自水生焉，故爲得失之質。是以無不滿無不居也，集於天地，雨從天降，而亦有河漢，故水集於天地。而藏於萬物，動植之物，皆含液也。產於金石，揀金於水，山石之穴，或有溜泉焉。集於諸生，諸合生類，皆得水而長之。故曰水神。莫不有水焉，不知其所，故謂之神也。集於草木，根得其度，得其生之度。華得其數，得其榮落之數。實得其量。得其生熟之量。鳥獸得之，形體肥大，羽毛豐茂，文理明著。萬物莫不盡其幾，幾，謂從無以適有也。反其常者，常，謂長育之常數也。水之內度適也。內度，謂潛潤之度也。夫玉之所貴者，九德出焉。夫玉溫潤以澤，仁也。鄰以理者，知也。鄰，近也。玉文相適近理，各自通，如此知也。堅而不蹙，義也。蹙，屈聚也，如此義也。廉而不劌，行也。鮮而不垢，潔也。折而不撓，勇也。瑕適皆見，精也。瑕適，玉病也。以其精神，故不掩瑕適。茂華光澤，並通而不相陵，容也。叩之，其音清搏徹遠，純而不殺，辭也。象古君子之辭也。是以人主貴之，藏以爲寶，剖以爲符瑞，九德出焉。大主所以寶而藏之，爲符瑞九德之故。人，水也。男女精氣合，而水流形。陰陽交感，流布成形也。三月如咀，咀者何，曰五味。五味者何，咀咀，口和嚼之。謂三月之胚渾初凝，類口所嚼食也。曰五藏。五味出於五藏後也。酸主脾，鹹主肺，辛主腎，苦主肝，甘主心。五藏已具，而後生肉，脾生隔。隔在脾上也。肺生骨，腎生腦，肝生革，革，皮膚也。心生肉。五肉已具，而後發爲九竅。脾發爲鼻，肝發爲目，腎發爲耳，肺發爲竅。五月而成，十月而生，生而目視耳聽心慮。目之所以視，非特山陵之見也，察於荒忽。耳之所聽，非特雷鼓之聞也，察於淑湫。心之所慮，非特知於麤麤也，察於微眇。故修要之精，言精思是理修要妙之精也。是以水集於玉，而九德出焉，凝蹇而爲人，蹇，停也。言精液凝停則爲人也。而九竅五慮出焉。五慮，謂耳目鼻口心也。此乃其精也。九竅五慮，是身之精。精麤濁蹇，能存而不能亡者也。謂人之稟氣麤濁而蹇，但能存而不能亡也。伏闇能存而能亡者，蓍龜與龍是也。言龜龍稟氣微眇，悠遠而暗冥，故能存亡而爲變化也。龜生於水，發之於火，謂卜者以火鑽灼之。於是爲萬物先爲禍福正。謂龜得水火之靈，故先知於萬物，識禍福之正也。龍生於水，被五色而游，故神。得水不測之靈故神。欲小則化如蠶蠋，蠋，藿中蟲。欲大則藏於天下，言能隱覆天下。欲尚則凌於雲氣，尚，上也。欲下則入於深泉。變化無日，隨時而變，不期於日。上下無時，謂之神龜與龍，伏闇能存而能亡者也。或世見。謂下谷不徙水不絕之地。或世不見者，謂涸川水有時而絕。生蟡與慶忌。世見生慶忌，世不見生蟡也。故涸澤數百歲，谷之不徙，水之不絕者生慶忌。謂涸澤之中，有谷有水，谷不徙而水不絕也。慶忌者，其狀若人，其長四寸，衣黃衣，冠黃冠，戴黃蓋，乘小馬，好疾馳。以其名呼之，可使千里外一日反報，此涸澤之精也。涸川之精者，生於蟡。蟡者一頭而兩身，其形若蛇，其長八尺，以其名呼之，可以取魚鼈，此涸川水之精也。是以水之精麤濁蹇能存而不能亡者，生人與玉，伏闇能存而亡者，蓍龜與龍。或世見，或不見者，蟡與慶忌，故人皆服之，謂服用水。而管子則之。言管子獨能知水法則也。人皆有之，莫不有水。而管子以之。以，用也。言管子獨能用水也。是故具者何也，水是也。言水無理不具也。萬物莫不以生，得水以生。唯知其託者能爲之正具者，水是也。託，依也。能知水理之所依者，能正於萬物，故理之具者水也。故曰，水者何也，萬物之本原也，諸生之宗室也。美惡賢不肖愚俊之所產也。何以知其然也？夫齊之水道，躁而復故。其民貪麤而好勇。以水道迴復，故令人貪。以其躁速，故令人麤勇也。楚之水，淖弱而清，故其民輕果而賊。以其淖弱故輕佚。清則明察，故人果賊也。越之水，濁重而洎，故其民愚疾而垢。洎，浸也。濁重故愚。浸則多所漸入，故疾垢也。秦之水泔最而稽，淤滯而雜。最，絕也。稽，停留也。謂秦水絕甘而味停留。又泥淤沈滯，與水相雜也。故其民貪戾罔而好事。以其泔而稽，故貪戾。以其滯雜，故誣而好事。齊晉之水，枯旱而運，淤滯而雜。齊晉，謂齊之西而晉之東。枯旱，謂其水慘澀而無光也。故其民諂諛葆詐，巧佞而好利。以其運，故諂諛。以其枯旱，故葆詐。以其淤雜，故巧佞而好利。燕之水，萃下而弱，沈滯而雜，故其民愚戇而好貞，輕疾而易死。沈故愚戇而好貞，萃雜故輕疾而易死也。宋之水，輕勁而清。故其民閒易而好正。輕故易清，勁故好正也。是以聖人之化世也，其解在水。言解人之邪正，嘗水而知。故水一則人心正，一，謂不雜。水清則民心易，一則欲不汚，人心既一，故欲不汚穢。民心易則行無邪。易直則無邪也。是以聖人之治於世也，不人告也，不户說也，其樞在水。樞主運轉者也，言欲轉化於人，但則水之理。故曰其樞在水也。

（清）戴望《管子校正》卷二三《地數》 上有丹沙者，下有黃金。上有慈石者，下有銅金。上有陵石者，下有鉛錫赤銅。上有赭者，下有鐵。此山之見榮者也。苟山之見其榮者，君謹封而祭之，距封十里而爲一壇，是則使乘者下行，行者趨。若犯令者罪死不赦，然則與折取之遠矣。

下有銅金，《路史》作下有赤銅青金。上有陵石者，《御覽・地部三》引作綠石，《珍寶部九》引作陵石。與今本同。

（清）王先謙《荀子集解》卷五《王制》 草木榮華滋碩之時，則斧斤不入山林，不夭其生，不絕其長也。黿鼉魚鱉鰌鱣孕別之時。別謂生育與母分別也。《國語》里革諫魯宣公曰：魚方別孕。韋昭曰：自別於雄而懷子也。罔罟毒藥不入澤，不夭其生，不絕其長也。毒藥，毒魚之藥，《周禮》雍氏禁澤之沈者也。春耕夏耘，秋收冬藏，四者不失時，故五穀不絕而百姓有餘食也。汙池淵沼川澤，謹其時禁，汙，停水之處。謹，嚴也。故魚鼈優多而百姓有餘用也。用謂食足之外可用貿易。斬伐養長不失其時，故山林不童而百姓有餘材也。

綜述

《逸周書・大聚解三十九》 旦聞禹之禁：春三月，山林不登斧，以成草木之長。夏三月，川澤不入網罟，以成魚鱉之長。且以并農力，執成男女之功。

《周禮注疏》卷一六《地官司徒・山虞》　山虞，掌山林之政令，物爲之厲而爲之守禁。物爲之厲，每物有蕃界也。爲之守禁，爲守者設禁令也。守者，謂其地之民占伐林木者也。鄭司農云：厲，遮列守之。爲守者，于僞反，下爲久同。

疏：山虞掌至守禁。釋曰：案下文，林自有衡官掌之，今《山虞》兼云林者，彼林是竹木生平地者，林衡掌之。此山林并云者，自是山内之林，即山虞兼掌之。註物爲至守之。釋曰：但山内林木、金玉、錫石、禽獸，所有不同，每物各有藩界，設禁亦不同。云守者，謂其地之民占伐林木者也者，案下《澤虞職》云使其地之人守其財物，以時入之于玉府，頒其餘于萬民。彼是其地之民占取澤物者守之，明此山虞所守亦然。是以此下文亦令萬民時斬材，有期日，明是守山林之人也。

仲冬斬陽木，仲夏斬陰木。鄭司農云：陽木，春夏生者。陰木，秋冬生者，若松柏之屬。玄謂陽木，生山南者；陰木，生山北者。冬斬陽，夏斬陰，堅濡調。濡，戚如究反，又音柔。

疏：註鄭司至濡調。釋曰：先鄭云陽木春夏生者。陰木秋冬生者，若松柏之屬，後鄭不從，以爲山南爲陽木，北爲陰木者。案《月令》，十一月日短至，伐木取竹箭。竹箭秋冬生，不用仲夏斬之，故知先鄭之義非也。

凡服耜，斬季材，以時入之。季猶穉也。服與耜宜用穉材，尚柔忍也。服，牝服，車之材。忍，音刃。

疏：凡服至入之。釋曰：服謂牝服，即車平較，皆有鑿孔，以軨子貫之，故謂之牝服也。耜謂耒耜，隨曲長六尺六寸，車人所造者。二木皆須堅刃，故斬季材少木爲之。云時入者，以其須堅，故須依上文仲冬、仲夏之時也。

令萬民時斬材，有期日。時斬材，斬材之時也。有期日，入出有日數，爲久盡物。

疏：令萬至期日。釋曰：案《禮記・王制》云：草木零落，然後入山林。彼據萬民伐木之時，謂十月之中。此云萬民時斬材，亦謂十月時。註時至盡物。釋曰：鄭云時斬材，斬材之時也者，正在十月也。云有期日，入出有日數，爲久盡物者，經直云有期日，鄭云有日數，蓋當有日數多少，但無文，不知幾日爲限也。

凡邦工入山林而掄材，不禁。掄猶擇也。不禁者山林，國之有不拘日也。掄，魯門反，又音倫。拘，音俱，本亦作佝，音同。

疏：凡邦至不禁。釋曰：上文云仲冬斬陽木，仲夏斬陰木，彼據堅刃之極時。但國家須材，不要在仲冬、仲夏，故此邦工入山林不禁。又不言時節，須即取足之故也。註掄猶至日也。釋曰：此對萬民不得非時入，入又有日數。

春秋之斬木不入禁。非冬夏之時，不得入所禁之中斬木也。斬四野之木可。

疏：註非冬至木可。釋曰：上經云邦工入山林不禁，此又云春秋之斬木不入禁，與上違者，上文據國家使工取擇木，故非冬夏亦得入山林。此據萬民取木，故十月入山，春秋之斬木不入禁，故鄭云斬四野之木可。雖斬四野木，至於三月，不得伐桑柘，故《月令》季春云無伐桑柘，彼註：愛蠶食也。

凡竊木者，有刑罰。竊，盜也。

疏：凡竊至刑罰。釋曰：此謂非萬民入山之時，而民盜山林之木，與之以刑罰。

若祭山林，則爲主，而脩除且蹕。爲主，主辨護之也。脩除，治道路、場壇。壇，徒丹反，或音襌。

疏：若祭至且蹕。釋曰：此山林在畿内王國四方，各依四時而祭。云則爲主者，謂主當祭事者也。而脩除者，謂掃除糞灑。云且蹕者，且復蹕止行人也。註爲主至場壇。釋曰：云爲主，主辨護之也者，案：《中候・握河紀》堯受《河圖》云：帝立壇，磬折西向，禹進迎，舜、契陪位，稷辨護。註云：辨護者，供時用，相禮儀。則此云辨護者，亦謂共時用相禮儀者也。云脩除，治道路場壇者，案《守祧職》云其廟則有司脩除之。鄭云：有司恒主脩除。謂掃除糞灑。場謂墠，即除地之處。壇，神位之所也。

若大田獵，則萊山田之野，及弊田，植虞旗于中，致禽而珥焉。萊，除其草萊也。弊田，田者止也。植猶樹也。田上樹旗，令獲者皆致其禽而校其耳，以知獲數也。山虞有旗，以其主山，得畫熊虎，其仞數則短也。鄭司農云：珥者，取禽左耳，以效功也。《大司馬職》曰：獲者取左耳。植，時力反，又音值。珥，如志反，又音耳。

疏：若大至珥焉。釋曰：言大田獵者，謂王親行。若田在山，則山虞芟萊草木於可陳之處，故云萊山田之野。又及弊田，植虞旗于中，使民得禽牲者望見之，致禽於其所。而珥焉，珥當爲衈，謂輸禽者割取左耳以效功也。註萊除至左耳。釋曰：云萊，除其草萊也者，謂於防南擬教戰之處芟去草萊。南北二百五十步，東西步數雖未聞，廣狹可容六軍，三三而居一偏耳。云山虞有旗，以其主山，得畫熊虎，其仞數則短也者，案《司常》云：師都建旗，大夫建物。此山虞是士，不建物而建旗者，以其主山，山多熊虎，故得有旗。《禮緯》：旌旗之杠，天子九仞，諸侯七仞，大夫五仞，士三仞。若軍吏是卿大夫，則杠長五仞。今山虞是士，雖有熊虎爲旗，仞數則短，宜三仞。必取左耳者，以其聽鄉任左，故皆取左耳也。

《周禮注疏》卷一六《地官司徒·林衡》

林衡，掌巡林麓之禁令而平其守，平其守者，平其地之民，守林麓之部分。麓，音鹿。分，扶問反，下同。

疏：林衡至其守。釋曰：此林衡兼麓者，以《爾雅》山足曰麓，雖連於山，山虞不掌，以麓上有林，故屬林衡也。註平其至部分。釋曰：經直言平其守，明不平其税而平均其守而已，故云平其地之民。守林麓之部分，謂部伍有多少遠近之分也。

以時計林麓而賞罰之。計林麓者，計其守之功也。林麓蕃茂，民不盜竊則有賞，不則罰之。蕃，扶袁反。

疏：以時至罰之。釋曰：此時考校而計林麓以行賞罰者，林衡之官既平民之守，護林麓，而會計民有功者賞之，損麓之財者罰之，故註云不則罰之也。

若斬木材，則受灋于山虞，而掌其政令。法，萬民入出時日之期。

疏：若斬至政令。釋曰：上山虞官尊，故設之，是以此林衡若斬木材，期於虞邊受焉。註法萬至之期。釋曰：案《山虞》云仲冬、仲夏及春秋，是時之期；號令萬民斬材有期日，是日之期也。

《周禮注疏》卷一六《地官司徒·川衡》

川衡，掌巡川澤之禁令，而平其守，以時舍其守，犯禁者執而誅罰之。舍其守者，時案視守者，於其舍申戒之。

疏：川衡至罰之。釋曰：川，註瀆者皆是也。水鍾曰澤，澤與川不同官，今川衡兼云澤者，澤與川連者，則川衡兼掌之。謂若濟水溢爲滎澤，滎澤則與濟連，則管濟川者兼滎澤掌之，如此之類皆是。註舍其至戒之。釋曰：此舍其守，謂川衡之官，時復巡行所守之民，當案視其所守人當於其舍申重戒敕之也。

祭祀、賓客，共川奠。川奠，籩豆之實，魚、鱐、蜃、蛤之屬。奠，音電，下同。鱐，所留反。蜃，上忍反。蛤，古答反。

疏：註川奠至之屬。釋曰：鄭此註皆據《醢人》及《籩人》而言。案《籩人職》云：朝事之籩，有麷蕡、白黑形鹽、膴鮑魚鱐。《醢人》云：饋食之豆有蜃醢、蠯醢。蜃蠯是蛤，則魚鱐及蜃皆川中所生之物，故引爲證川奠也。言之屬者，具有蠃醢，亦是川奠，故云之屬。

《周禮注疏》卷一六《地官司徒·澤虞》

澤虞，掌國澤之政令，爲之厲禁。使其地之人守其財物，以時入之于玉府，頒其餘于萬民。其地之人占取澤物者，因以部分使守之。以時入之于玉府，謂皮角珠貝也。入之以當邦賦，然後得取其餘以自爲也。入出亦有時日之期。當，丁浪反，後文皆同。爲，于僞反，下註同。

疏：澤虞至萬民。擇曰：案上《山虞》、《林衡》、《川衡》皆不言國，獨《澤虞》云國澤者，周公設經，二虞二衡，文有不同，皆是互見爲義故也。此《澤虞》云：以時入之于玉府，頒其餘于萬民。亦據中所出，入玉府者多，故特言之，無妨山虞、川衡之等亦入玉府，亦是互見其義也。註其地至之期。釋曰：以時入之于玉府者，但萬民入澤，雖無正文，案《王制》獺祭魚，然後虞人入澤梁；草木零落，然後入山林，則萬民入澤可同時。云謂皮角珠貝也者，澤中所出，無過此四物。皮謂犀皮；角，麋角、犀角；珠出於蚌蛤，蚌蛤在澤，其具亦出澤水，故知之也。云出入亦有時日之期者，亦如《山虞職》所云也。

凡祭祀、賓客，共澤物之奠。澤物之奠，亦籩豆之實，芹茆蔆芡之屬。芹，音勤。茆，音卯。蔆，音陵。芡，音儉。

疏：註澤物至之屬。釋曰：案《籩人職》，加籩之實有蔆芡，朝事之豆有茆菹，加豆之實有芹菹，是皆澤中所出，故引證澤物之奠也。言之屬者，兼有深蒲、昌本之等，故云之屬。

喪紀，共其葦蒲之事。葦以闉壙，蒲以爲席。

疏：註葦以至爲席。釋曰：蒲以爲席者，謂抗席，及《禮記》云虞卒哭，苄翦不納者是也。

若大田獵，則萊澤野，及弊田，植虞旌以屬禽。屬禽，猶致禽而珥焉。澤虞有旌，以其主澤，澤鳥所集，故得註析羽。

疏：若大至屬禽。釋曰：萊所田之野，一如山虞之職也。註屬禽至析羽。釋曰：云屬禽猶致禽者，案《山虞》致禽之義，謂輸之於公，當致之於虞旗之中，而珥焉以效功。此云屬禽者，謂百姓致禽訖，虞人屬聚之，別其等類，每禽取三十焉。若然，則致禽與屬不同。而鄭云屬禽猶致禽者，鄭欲明《山虞》、《澤虞》文皆不足，故互見爲義。彼此有其事，故云屬禽猶致禽而珥焉。云澤虞有旌，以其主澤，澤鳥所集，故得註析羽者，以澤是鳥之所集，故得建析羽之旌。

《禮記正義》卷一七《月令》 〔孟冬之月〕是月也，乃命水虞、漁師收水泉池澤之賦，毋或敢侵削衆庶兆民，以爲天子取怨于下。其有若此者，行罪無赦。因盛德在水，收其稅。

《禮記正義》卷一七《月令》 〔仲冬之月〕天子命有司【略】山林藪澤，有能取蔬食田獵禽獸者，野虞教道之。其有相侵奪者，罪之不赦。務收斂野物也。大澤曰藪，草木之實爲蔬食。藪，素口反。道音導。

疏：註大澤至蔬食。正義曰：按鄭註《周禮》：水鍾曰澤，水希曰藪。今言大澤曰藪者，以有水之處謂之澤，旁無水之處謂之藪。草木之實爲蔬食者，《爾雅》云：蔬不孰爲饉。蔬謂菜蔬，以其麄蔬，經言蔬食，故爲草木實也。山林蔬食，榛栗之屬。藪澤蔬食，菱芡之屬。

（漢）劉向《說苑》卷一五《指武》 文王欲伐崇，先宣言曰：余聞崇侯虎蔑侮父兄，不敬長老，聽獄不中，分財不均，百姓力盡，不得衣食，余將來征之，唯爲民。乃伐崇，令毋殺人，毋壞室，毋填井，毋伐樹木，毋動六畜。有不如令者，死無赦。崇人聞之，因請降。

（清）孫星衍《孔子集語》卷二《孝本》 夫子曰：伐一木，殺一獸，不以其時，非孝也。

（清）孫希旦《禮記集解》卷五《曲禮下》 國君春田不圍澤，大夫不掩羣，士不取麛卵。

鄭氏曰：生乳之時，重傷其類。孔氏曰：國君，諸侯也。春時萬物產孕，不欲多傷殺，故不合圍繞取也。羣，謂禽獸共聚也。羣聚則多，不可掩取之。麛是鹿子，凡獸子亦得通名。卵，鳥卵也。春方乳長，故不得取也。方氏慤曰：圍澤掩羣，四時之田所同禁，特以春言之者，孕乳之時尤在所禁故也。馬氏晞孟曰：《王制》天子不合圍，諸侯不掩羣，諸侯會王田獵之禮也。國君不圍澤，大夫不掩羣，諸侯在國田獵之禮也。

（清）孫希旦《禮記集解》卷一二《王制》 獺祭魚，然後虞人入澤梁；豺祭獸，然後田獵；鳩化爲鷹，然後設罻羅；草木零落，然後入山林。昆蟲未蟄，不以火田，不麛、不卵，不殺胎，不殀夭，不覆巢。

鄭氏曰：取物必順時候也。梁，絶水取魚者。昆，明也。明蟲者，得陽而生，得陰而藏。不麛、不卵，不殺胎，不殀夭者，重傷未成物也。殀，斷殺也。少長曰夭。覆，敗也。孔氏曰：《月令》正月：獺祭魚。《孝經緯》云獸蟄伏，獺祭魚，則十月中也。是獺一歲再祭魚。此獺祭魚，然後虞人入澤梁，謂十月時。《月令》九月：豺乃祭獸。《夏小正》十月豺祭獸，則是九月末十月初也。然後田獵，百姓可以田獵也。《月令》二月鷹化爲鳩，則八月鳩化爲鷹。《說文》云：罻，捕鳥網也。《爾雅》云：鳥罟謂之羅。《月令》季秋：草木黄落。其零落芟折則在十月，此時官民總取材木。若依時取者，則《山虞》云仲冬斬陽木，仲夏斬陰木，不在零落之時。昆蟲未蟄，謂未十月時。十月則得火田，《司馬職》云春火弊。從十月以後至仲春，皆得火田也。不麛不卵之等，春時特甚，其實四時皆然。愚謂獺祭魚未必有二時，《月令》、《孝經緯》各據所聞言之耳。《月令》季冬命漁師始漁，《國語》里革云古者大寒降，土蟄發，水虞於是乎講罛、罶，則虞人入澤梁在冬時，此獺祭魚自當謂十月也。《周禮・鼈人》秋獻龜魚，乃魚之伏於土中，籍而得之者，非網罟之所取也。《司裘》：仲秋獻良裘，王乃行羽物。《羅氏》仲春羅春鳥，行羽物，鄭氏云：仲春鷹化爲鳩，仲秋鳩化爲鷹，順其始殺與其將止，而大班羽物，則自仲秋迄乎仲春皆得羅鳥也。自天子諸侯無事，歲三田至此，明田獵之禮。

紀事

《春秋左傳正義・昭公二十年》 然則若之何？對曰：不可爲也：言非誅祝、史所能治。僭，子念反，下僭令同。嫚，武諫反。山林之木，衡鹿守之；澤之萑蒲，舟鮫守之；藪之薪蒸，虞候守之；海之鹽、蜃，祈望守之。衡鹿、舟鮫、虞候、祈望，皆官名也。言公專守山澤之利，不與民共。萑音丸。鮫音交。藪，素口反。蒸，之丞反。麄曰薪，細曰蒸。蜃，市軫反。

疏：註衡鹿至民共。正義曰：《周禮》，司徒之屬，有林衡之官，掌巡林麓之禁。鄭玄云：衡，平也。平林麓之大小及所生者。竹木生平地曰林，山足曰麓。此置衡鹿之官，守山林之木，是其宜也。舟是行水之器，鮫是大魚之名。澤中有水有魚，故以舟鮫爲官名也。《周禮》山澤之官皆名爲虞，每大澤大藪，中士四人。鄭玄云，虞，度也。度知山之大小及所生者。澤，水所鍾也，水希曰藪。則藪是少水之澤，立官使之候望，故以虞候爲名也。海是水之大神，有時祈望祭之，因以祈望爲主海之官也。此皆齊自立名，故與《周禮》不同。山澤之利當與民共之，言公立此官，使之守掌，專山澤之利，不與民共，故鬼神怒而加病也。

縣鄙之人，入從其政；偪介之關，暴征其私；介，隔也。迫近國都之關。言邊鄙既入服政役，又爲近關所征税相暴，奪其私物。其政，如字，一音征。偪，彼力反。介音界。近，附近之近。

疏：註介隔至私物。正義曰：《聘禮》及竟謁關人，鄭玄云：古者竟上爲關。又《周禮・司關》註云關，界上之門。然則禮之正法，國之竟界之上乃有關耳，自竟至國更無關也。齊於竟內更復置關，不與常禮同，以隔外內，故註介爲隔也。迫近國都爲關，以隔邊鄙之人。縣鄙之人入從國之政役，近關又征税，奪其私物而使民困也。

承嗣大夫，强易其賄。承嗣大夫，世位者。强，其丈反。賄，呼罪反。布常無藝，藝，法制也。言布政無法制。

疏：布常無藝。正義曰：布其尋常之政，無準藝。

《國語・周語上》 厲王説榮夷公，芮良夫曰：王室其將卑乎！夫榮公好專利而不知大難。夫利，百物之所生也，天地之所載也，而或專之，其害多矣。天地百物，皆將取焉，胡可專也？所怒甚多，而不備大難，以是教王，王能久乎？夫王人者，將導利而布之上下者也，使神人百物無不得其極，猶日怵惕，懼怨之來也。故頌曰：思文后稷，克配彼天。立我蒸民，莫匪爾極。大雅曰：陳錫載周。是不布利而懼難乎？故能載周，以至于今。今王學專利，其可乎？匹夫專利，猶謂之盜，王而行之，其歸鮮矣。榮公若用，周必敗。既，榮公爲卿士，諸侯不享，王流于彘。

秦漢分部

紀事

《漢書》卷四《文帝紀》〔文帝十二年詔曰〕吾詔書數下，歲勸民種樹，而功未興，是吏奉吾詔不勤，而勸民不明也。

《漢書》卷五《景帝紀》〔景帝後元〕三年春正月，詔曰：農，天下之本也。黄金珠玉，飢不可食，寒不可衣，以爲幣用，不識其終始。間歲或不登，意爲末者衆，農民寡也。其令郡國務勸農桑，益種樹，可得衣食物。

《漢書》卷六《武帝紀》〔元封元年〕春正月，行幸緱氏。詔曰：朕用事華山，至於中嶽，獲駮麃，見夏后啓母石。翌日親登嵩高，御史乘屬，在廟旁吏卒咸聞呼萬歲者三。登禮罔不答。其令祠官加增太室祠，禁無伐其草木。

《漢書》卷八《宣帝紀》〔宣帝元康三年〕夏六月，詔曰：前年夏，神爵集雍。今春，五色鳥以萬數飛過屬縣，翱翔而舞，欲集未下。其令三輔毋得以春夏擿巢探卵，彈射飛鳥。具爲令。

《漢書》卷七二《貢禹傳》今漢家鑄錢，及諸鐵官皆置吏卒徒，攻山取銅鐵，一歲功十萬人已上，中農食七人，是七十萬人常受其飢也。鑿地數百丈，銷陰氣之精，地臧空虚，不能含氣出雲，斬伐林木亡有時禁，水旱之災未必不繇此也。

《後漢書》卷三八《法雄傳》雄乃移書屬縣曰：凡虎狼之在山林，猶人之居城市。古者至化之世，猛獸不擾，皆由恩信寬澤，仁及飛走。太守雖不德，敢忘斯義。記到，其毁壞檻穽，不得妄捕山林。

《後漢書》卷四九《王符傳》夫山林不能給野火，江海不能實漏巵，皆所宜禁也。

魏晉南北朝分部

紀事

《宋書》卷六《孝武帝紀》〔大明二年閏十二月〕庚子，詔曰：夫山處巖居，不以魚鼈爲禮。頃歲多虞，軍調繁切，違方設賦，本濟一時，而主者玩習，遂爲常典。杶榦瑶琨，任土作貢，積羽羣輕，終致深弊。永言弘革，無替朕心。凡寰衛貢職，山淵採捕，皆當詳辨産殖，考順歲時，勿使牽課虚懸，睽忤氣序。庶簡約之風，有孚於品性；惠敏之訓，無漏於幽仄。

《宋書》卷八《明帝紀》〔南朝宋明帝泰始三年〕八月丁酉，詔曰：古者衡虞置制，蝝蚳不收；川澤産育，登器進御。所以繁阜民財，養遂生德。頃商販逐末，競早争新，折未實之菓，收豪家之利，籠非膳之翼，爲戲童之資。豈所以還風尚本，捐華務實。宜修道布仁，以革斯蠹。自今鱗介羽毛，肴核衆品，非時月可採，器味所須，可一皆禁斷，嚴爲科制。

《北齊書》卷四《文宣帝紀》〔北齊文宣帝天保〕九年春二月丁亥，降罪人。己丑，詔限仲冬一月燎野，不得他時行火，損昆虫草木。

（清）朱銘盤《南朝宋會要・凶禮・捕採》 文帝元嘉三十年七月辛酉，詔水陸捕採，各順時月。

考武大明二年閏月庚子，詔山淵採捕，考順歲時。

隋唐五代分部

論説

（唐）白居易《白居易集》卷六三《養動植之物以豐財用，以致麟鳳龜龍》 臣聞：天育物有時，地生財有限；而人之欲無極。以有時有限，奉無極之欲，而法制不生其間，則必物暴殄而財乏用矣。先王惡其及此，故川澤有禁，山野有官；養之以時，取之以道。是以豺獺未祭，置網不布於野澤；鷹隼未擊，矰弋不施於山林；昆蟲未蟄，不以火田；草木未落，不加斤斧；漁不竭澤；畋不合圍。至於麛卵蚳蝝，五穀百果，不中殺者，皆有常禁。夫然，則禽獸魚鼈，不可勝食矣；財貨器用，不可勝用矣。臣又觀之，豈直若此而已哉？蓋古之聖王，使信及豚魚，仁及草木；鳥獸不狘，胎卵可窺，麟鳳効靈，龜龍爲畜者，亦由此途而致也。

（清）董誥《全唐文》卷七九〇《蘇滌·宣宗謚議》 議曰：伏以皇天平分，盛王全用。施雷雨之廣澤，則庶物生成；務恩威之至仁，則四海亭育。遂使含靈受泰，觸類知懷。美謚大名，固當稱謂。伏惟大行皇帝爰自盤維，膺茲九五。行越今古，仁被黔黎。孝惟生知，略不代出。以天下爲己任，視宇內於掌中。坐朝而不問風霜，弭亂而不悕府帑。動惟思古，慮必歸周。聞善若驚，去疾務盡。前王之美事，列聖之令典，必擴而行之。加以講信修睦，任賢興能。思念勳庸，則發淩煙之彩繪；敦序友于，則置雍和之宴錫。俯閲才彦，則命法官諫官之次對；愛憫生育，則禁三月五月之採捕。一物之不得其宜，納隍在慮；四方之稍有未泰，降食爲心。命將則千里坐知，指縱則三邊克定。是以人並爲便，物得自安。加以西平羌戎，南殄蠻寇。三州七關之地，坦然無虞；四鎮際海之甿，晏然自静。然後賑廩恤人，蠲農命使。遠無不肅，邇無不安。姦宄戢心，權豪屏息。京輦絶桴鼓之響，邊陲無烽燧之虞。可謂超三躋五，度契踰繩者也。故有識曰佇其云亭，齊人已臻於仁壽。不享堯運，不升軒雲。豈獨唐俗有喪考之悲，杞人懷崩天之怨而已。

（清）董誥《全唐文》卷八六三《陶穀·請禁伐桑棗奏》 竊以稼穡爲生民之天，機杼乃豐財之本。是以金根在御，王者用三推之儀。鞠衣載陳，后妃有躬桑之禮。則知自天子至於庶人，不可斯須忽於農桑也。又司馬遷著書曰：齊魯之間千畝桑，安邑千樹棗，其人與千户侯等。伏見近年以來，所在百姓，皆伐桑爲柴。忘終歲之遠圖，趨一日之小利。既所司不禁，乃積習生常。苟桑柘漸稀，則繒帛須闕。三數年內，國用必虧。雖設法課人種桑，且無及也。舊木已伐，新木未成。不知絲綿，欲憑何出。若以下民方困，不可禁之。儻砍伐一空，所在如是。歲或不稔，衣食盡忘。饑凍逼身，須爲羣盜。圖難於易，哲王令猷。作事謀始，有國常務。乞留眷覽，詢訪輔臣。欲望特下明敕，此後不得以桑棗爲柴。官場亦不許受納，州縣城門不令放入，及不得囊私置賣。犯者請加重罪。

（清）董誥《全唐文》卷九六七《闕名·請禁伐桑奏會昌二年五月天德軍》 回紇族帳侵擾部內，敕勸課種桑，比有敕命，如能增數，每歲申聞。比知並無遵行，恣加翦伐，列於廛市，賣作薪蒸。自今州縣所由，切宜禁斷！

（清）董誥《全唐文》卷九八五《闕名·對採木判》 終南山下人每至冬中於山北採木，縣以斬伐非時禁斷，人云山南險遠，終不可行。節彼南山，森乎灌木。百工爰度，庶人斯採。厲禁攸施，妄掄材而必制。操斧以進，何斬伐之乖宜。斬陽蓋取乎陰時，伐陰須在乎陽月。古訓則爾，今令惟宜。若斷彼良輈，剡乎服耜，考工有典，諒亦難違。儻華路載馳，析薪負荷，藍縷是阻。巖險何階，隨時之宜，蓋取諸此。

綜述

（唐）長孫無忌等《唐律疏議》卷二七《雜律·非時燒田野》 諸失火及非時燒田野者，笞五十；非時，謂二月一日以後、十月三十日以前。若鄉土異宜者，依鄉法。延燒人舍宅及財物者，杖八十；贓重者，坐贓論減三等；殺傷人者，減鬬殺傷二等。

疏議曰：失火，謂失火有所燒，及不依令文節制而非時燒田野者，笞五十。其於當家之内失火者，皆罪失火之人。注云非時，謂二月一日以後、十月三十日以前。若鄉土異宜者，依鄉法，謂北地霜早，南土晚寒，風土亦既異宜，各須收穫總了，放火時節不可一準令文，故云各依鄉法。延燒人舍宅及財物者，各杖八十。贓重者，謂計贓得罪重於杖八十，坐贓論減三等。準贓二十疋以上，即從贓科。殺傷人者，減鬬殺傷罪二等，謂燒殺人者，失火及燒田之人減死二等，合徒三年；不合償死者，從本殺傷罪減。其贓若損衆家之物者，併累亦倍論。

其行道燃火不滅，而致延燒者，各減一等。

（唐）李林甫等《唐六典》卷七《尚書工部・虞部郎中》 虞部郎中一，從從五品上。【略】梁、陳爲侍郎。後魏、北齊並有虞曹郎中，後周冬官有虞部下大夫一人，隋虞部侍郎，煬帝但曰虞部郎。梁、陳、後魏、北齊並祠部尚書領之，隋工部尚書領之，皇朝因焉。武德三年加中字。龍朔二年改爲司虞大夫，咸亨元年復故。員外郎一人，從六品上；後周依《周官》，有山虞、澤虞中士，蓋今虞部員外郎之任也。隋開皇六年置，煬帝改曰承務郎，皇朝復改爲虞部員外郎。龍朔、咸亨隨曹改復。主事二人，從九品上。

虞部郎中、員外郎掌天下虞衡、山澤之事，而辨其時禁。凡採捕、畋獵，必以其時。冬、春之交，水蟲孕育，捕魚之器，不施川澤；春、夏之交，陸禽孕育，餧獸之藥，不入原野；夏苗之盛，不得蹂藉；秋實之登，不得焚燎。若虎豹豺狼之害，則不拘其時，聽爲檻穽，獲則賞之，大小有差。諸有猛獸處，聽作檻穽、射窠等，得即於官，每一賞絹四匹；殺豹及狼，每一賞絹一匹。若在牧監内獲豺，亦每一賞一匹。子各半匹。凡京兆、河南二都，其近爲四郊，三百里不得弋獵、採捕。每年五月、正月、九月皆禁屠殺、採捕。凡五嶽及名山能蘊靈產異，興雲致雨，有利於人者，皆禁其樵採，時禱祭焉。

凡殿中、太僕所管閑廐馬，兩都皆五百里供其芻藁。其關内、隴右、西使、北使、南使諸牧監馬、牛、駞、羊皆貯藁及茭草。高原藁支七年，茭草支四年；平地藁支五年，茭草支三年；下土藁支四年，茭草支二年。其柴炭、木橦進内及供百官、蕃客，並於農隙納之。

《舊唐書》卷三七《五行志》 中宗女安樂公主，有尚方織成毛裙，合百鳥毛，正看爲一色，旁看爲一色，日中爲一色，影中爲一色，百鳥之狀，並見裙中。凡造兩腰，一獻韋氏，計價百萬。又令尚方取百獸毛爲韉面，視之各見本獸形。韋后又集鳥毛爲韉面。安樂初出降武延秀，蜀川獻單絲碧羅籠裙，縷金爲花鳥，細如絲髮，鳥子大如黍米，眼鼻嘴甲俱成，明目者方見之。自安樂公主作毛裙，百官之家多效之。江嶺奇禽異獸毛羽，採之殆盡。開元初，姚、宋執政，屢以奢靡爲諫，玄宗悉命宮中出奇服，焚之於殿廷，不許士庶服錦繡珠翠之服。自是採捕漸息，風教日淳。

《舊唐書》卷四三《職官志》 虞部郎中一員，從五品上。龍朔司虞大夫。員外郎一員，從六品上。主事二人，從九品上。令史四人，書令史九人，掌固四人。郎中、員外郎之職，掌京城街巷種植，山澤苑囿，草木薪炭，供頓田獵之事。凡採捕漁獵，必以其時。凡京兆、河南二都，其近爲四郊，三百里皆不得弋獵採捕。殿中、太僕所管閑廐馬，兩都皆五百里内供其芻藁。其關内、隴右、西使、南使諸牧監馬牛駞羊，皆貯藁及茭草。其柴炭木橦進内及供百官蕃客，並於農隙納之。

《新唐書》卷四六《百官志》 虞部郎中、員外郎，各一人，掌京都衢衖、苑囿、山澤草木及百官蕃客時蔬薪炭供頓、畋獵之事。每歲春，以户小兒、户婢仗内蒔種溉灌，冬則謹其蒙覆。凡郊祠神壇、五岳名山，樵採、芻牧皆有禁，距壝三十步外得耕種，春夏不伐木。京兆、河南府三百里内，正月、五月、九月禁弋獵。山澤有實可供用者，以聞。

（宋）宋敏求《唐大詔令集》卷六六《典禮・封禪・斷屠及漁獵採捕敕》 敕：自古明王，仁及萬物。今助天孳育，方欲告成。其緣祭祀及在路供頓，犧牲餼牢，禮不可闕。除此之外，天下諸州，令並斷屠及漁獵採捕。駕回至京，任依常式。

（宋）宋敏求《唐大詔令集》卷六七《典禮・南郊・以旱停南郊敕》 今年郊畿亢旱，自夏訖冬，以陰陽之久有錯違，懼粢盛之未能豐潔。祖宗上帝，鑒臨左右，德馨未達，暢焉在懷。改龜薦誠，以俟祥歲。詳酌典禮，亦謂合宜。其來年南郊宜停。太和年。

（清）董誥《全唐文》卷二九《玄宗・將封泰山斷屠詔》 自古明王，仁及萬物。今助天孳育，方將告成。其緣祀祭，及在路供頓，犧牲餼牢，禮不可闕。除此之外，天下諸州，並令斷屠，及漁獵採捕。駕迴至京，都依常式。

（清）董誥《全唐文》卷三二《玄宗・禁戈獵詔》　永言亭育，仁慈爲本，况乎春令，義叶發坐。其天下弋獵採捕，宜明舉舊章，嚴加禁斷。宣布中外，令知朕意。

（清）董誥《全唐文》卷三二《玄宗・禁採捕詔》　今屬陽和布氣，蠢物懷生，在於含養，必期遂性。如聞滎陽僕射陂陳留郡蓬池等，採捕極多，傷害甚廣。因循既久，深謂不然。自今已後，特宜禁斷，各委所由長官，嚴加捉搦。輒有違犯者，白身決六十，仍罰重役；官人具名録奏，當別處分。其僕射陂仍改爲廣仁陂，蓬池改爲福源池，庶宏大道之仁，以廣中孚之化。

（清）董誥《全唐文》卷三三《玄宗・禁弋獵採捕詔》　陽和布氣，庶類滋長。助天育物，須順發生。宜令諸府郡，至春末已後，無得弋獵採捕，嚴力禁斷，必資杜絶。

（清）董誥《全唐文》卷六〇《憲宗・禁捕狐兔詔》　如聞比來京兆府每及臘日，府縣捕養狐兔，以充進獻。深乖道理，既違天性，又勞人力，自今已後宜並停。

（清）董誥《全唐文》卷七一《文宗・禁弋獵傷田苗詔》　春夏之交，稼穡方茂，永念東作，其勤如傷。况時屬陽和，令禁麛卵，所以保茲懷生，仁遂物性。如聞京畿之内，及關輔近地，或有豪家，特務弋獵，放縱鷹犬，頗傷田苗。宜令長吏，切加禁察。有敢違令者，捕繫以聞。

（清）董誥《全唐文》卷七三《文宗・彗星見修省詔》　韶陽御辰，生氣方盛，思全物類，以順天時。内外五坊，凡有籠養鷹鷂及鷄鴨狐兔等，悉宜放之。起今月一日至五月三十日，禁京師畿内採捕禽獸，羅網水蟲，以遂生成，永爲定制委臺府及本軍本司切加禁止。

（清）董誥《全唐文》卷八五《懿宗・夏令推恩德音》　去年德音赦令，條流事件極多，貴其普及生靈，惠沾寰宇。尚聞所在未盡施行，今重舉明，俾無留滯。宜令天下長吏差清強判官專勾當，切更分明檢舉，一一據事節施行訖奏聞，如更因循，必行朝典。其所差判官，仍速具名銜分析聞奏。好生之德，宜及禽魚，卵育之時，須加條制。舊敕每年起三月一日至五月末，不許採捕水蟲禽鳥，雖有敕禁，尚恐因循。宜令臺府并諸軍司，每及時禁之月，更嚴提撕，勿使違犯。儉德之修，聖賢所重。近日俗多澆靡，時尚矜誇。朕常慕素風，斯遵儉制，去年赦文之内，已曾明有指揮，所宜克副朕心，用誡奢僭。東川每年進蜜浸荔枝，道路遥遠，勞費至多。自今已後，宜令停進。布告中外，稱朕意焉。主者施行。

（清）陸心源《唐文拾遺》卷二《中宗皇帝・禁擒捕鳥雀敕》　鳥雀昆蟲之屬，不得擒捕，以求贖生。犯者先決三十。宜令金吾及縣市司嚴加禁斷。

（清）董誥《全唐文》卷一一一《後唐明宗・每年二月初禁止弋獵敕》　春夏之交，長育是務，眷彼含靈之類，方資亭育之功。先有條流，解放彈鷹隼。自此凡羅網射生，並諸弋獵之具，比至春初，並宜止絶。如有違犯，仰隨處官吏，便科違詔之罪。起今後，每年至於二月初，便依此敕，曉示中外，蓋循舊制，重布新規，宣諭萬邦，永爲常式。

紀事

（唐）吴兢《貞觀政要》卷一〇《論畋獵》　貞觀十四年，太宗幸同州今仍舊隸陝西。沙苑，親格猛獸，復晨出夜還。音旋，後同。特進魏徵奏言：臣聞《書》美文王不敢盤于游田，《周書》曰：文王不敢盤于游田以庶邦惟正之供。《傳》述虞箴稱夷羿以爲戒。傳，去聲。《左傳》魏絳告晋侯曰：昔虞人之箴曰，在帝夷羿冒於原獸。虞箴如是，可不懲乎。昔漢文臨峻坂欲馳下，袁盎楚人，漢文帝時爲中郎將。攬轡曰：聖主不乘危，乘，平聲。不徼幸。今陛下騁六飛馬名。馳不測之山，如有馬驚車敗，陛下縱欲自輕，奈高廟何？文帝從霸陵上欲西馳下峻坂，袁盎諫，帝曰：將軍怯邪？盎曰：臣聞千金之子不垂堂，百金之子不倚衡。云云。帝乃止。孝武好格猛獸，好去聲，後同。相如進諫，力稱烏獲，秦武王力士，舉龍文鼎者。捷言慶忌。吴王僚之子，射能捷矢。人誠有之，獸亦宜然。猝遇逸材之獸，駭不存之地，雖烏獲逢蒙之伎，逄音龐。逄蒙，古之善射者。不得用，而枯木朽株盡爲難矣。雖萬全而無患，然而本非天子所宜。事見首章注。孝元帝郊泰畤，郊祀之壇曰畤。因留射獵。薛廣德字長卿，沛郡人。時爲長信少府御史大夫。稱竊見關東困極，百姓離災。今日撞亡秦之鍾，歌鄭衛之樂，士卒暴露。從官勞倦，從去聲。欲安宗廟社稷，何憑河暴虎，未之戒也。臣竊思此數帝，心豈木石，獨不好馳騁之樂，音洛，後同。而割情屈己從臣下之言者，志存爲國，爲去聲，後同。不爲身也。臣伏聞車駕近出親格猛獸，晨往夜還，以萬乘之尊闇行荒野，踐深林，涉豐草，甚非萬全之計。願陛下割私情之娱，罷格獸之樂，上爲宗廟社稷，下慰群寮兆庶。太宗曰：昨日之事，偶屬塵昏，非故然也。自今深用爲誡。

（唐）吴兢《貞觀政要》卷一〇《論畋獵》　貞觀十四年，冬十月，太宗將幸櫟陽，櫟音藥。櫟陽，今爲咸寧縣，屬奉元路。游畋。縣丞劉仁軌字正則，汴州人，初爲陳倉尉，部人魯寧爲折衝都尉。豪縱犯法縣莫敢屈，仁軌榜殺之。太宗召詰責，仁軌曰：寧辱臣，臣故殺之。帝以爲剛直，擢咸陽丞，累遷給事中。武后時拜僕射。以收獲未畢，非人君順動之時，詣行所上表切諫，太宗遂罷獵。擢拜仁軌新安令。

《舊唐書》卷一一《代宗紀》　〔乾元九年〕三月丙午，禁畿内漁獵採捕，自正月至五月晦，永爲常式。

《新唐書》卷三《高宗紀》　閏五月丁卯，禁作簺捕魚、營圈取獸者。

《新唐書》卷二〇九《酷吏傳・周利貞》　周利貞者，亡其系。武后時調錢塘尉，時禁捕魚，州刺史飯蔬。利貞忽饋佳魚，刺史不受，利貞曰：此闌魚，公何疑？問其故，答曰：適見漁者，禽不獲，而有魚焉，闌得之。刺史大笑。

（宋）李昉等《文苑英華》卷五三九《仲夏百姓弋獵判》　得鄭州刺史廉範以仲夏月令百姓弋獵，觀察使糾其違令，云爲苗除害。

對

網罟之設，有自來矣，掎角之用，其可廢乎。苟利人阜俗，亦違令何咎。廉範棨綮，建隼，職列，褰帷，將布政以頒條，故違經而合道。當仲夏之月，畋以爲苗，居專城之尊，德惟除害，不麛不卵，合取則於《禮經》；以畋以漁，蓋規承於《易・象》。且獸之暴物，人何以堪。俾肅肅兔罝，不忘於《詩》義，芒芒禹跡，克疆我甫田。雖黎庶勞四體之勤，而畎畝取十千之歲，則原田膴膴，不逢走險之游；稼穡芃芃，豈雜食華之地。刺史爲政，諒在隨時，觀察所繩，奚將勸善，寘之于理，恐未通途。

（宋）李昉等《文苑英華》卷五三九《招虞人以弓不進判》　甲畋于效招虞人以弓不進。法司劾辭以守官。

對

林麓藪澤，以畋以漁，農牧衡虞，是糾是禁。禮無變俗，政在守官。甲獨于何，不臧厥訓。雖弦弧或進，足以表微；而皮冠不懸，無聞受一作爰令。法司順護成德，舉以爲非，君子正直於人，躂之無怒。可否之理，居然易知。

（宋）李昉等《文苑英華》卷五三九《中郎率家僮出畋判》　中郎高牟，率家僮出畋晚歸滋水。長因醉使酒呵止，云違敕出畋。牟云：今既斷酒，豈宜帶酒忿。競詣金吾。

對

高牟早承亭育，夙效款誠，背牛加之絶壤，奉鷹揚之峻秩。屬以葉下黄山，草排册浦，歷非熊之舊徑，徇逐兔之荒游。既而獲已多乎，言指霸陵之路，日云暮矣，果逢廷一作醉尉之呵。類寬饒之發狂，焉知去就；同季布之飲酒，豈辨尊卑。既蚌鷸而相持，乃齊楚之俱失，則獵雖有禁，文不繫於蕃官；酒乃停沽，限未拘於自飲。若其因酒入罪，豈非釀具招刑？以獵爲違，則是移轅獲戾。彼此俱無本罪，論告皆失正途，既詣金吾之司，須寘正條之典。但告雖不當，狀匪構虚，不可從敕反科，宜以不應寘罪，待知官蔭，方定刑名。

（宋）李昉等《文苑英華》卷五三九《用毒矢而射判》　乙用毒矢而射，迹人禁之，云貴其必獲。

對

大獸小獸，各有攸處，敦弓潔矢，隨利而行。爰俾迹人，職斯厲禁，用捨必由其令，左右無乃失宜。苟封毒而重傷，雖省括而何狩。況今物遂蕃茂，政和鍾律，四靈雜襲，百瑞同休。彼何人斯，虧我王化，禁之可也，多訴奚爲。

（宋）李昉等《文苑英華》卷五三九《畋獵三品判》　景畋獵三品，自稱有功，所統斷爲強暴天物，且違時禁。景詣三司，訴持法不中。

對

大易立象，以畋以漁，明君順人，有典有則。用能遵彼蒐狩奉于蒸嘗。景何人斯，祇若王命。弧矢之利，未聞貫於兩會。籩豆之宜，遽見論於三品。斷暴天物，幾於深文，張皇己功，何道自汰。且因貳而濟，刑可小懲。欲一以窮，禮一作傳云奚獲，徒爲薄訴，豈不多慙。

（宋）李昉等《文苑英華》卷五三九《覆車罝罘判》　京兆申鄠社間，有覆車罝罘。縣悉焚之，百姓訴財失業。府責縣以貧人弊政。縣訴云：此並犯禁之具，若不毀除，是誘人於陷阱也。

對

惟聖開物，以仁興化。無麛無卵，覃率土而知方；以畋以漁，在王畿而愈一作逾。禁。所以中綸式降，野揭恒書。雖鷹隼之已飛，猶尉羅之不入。一作人澤。且政惟通變，豈傷財以害人。作爲網罟，蓋備物而致用。況今庶類蕃殖，蒐田有時，祝遵殷后之辭，俗卜文王之囿。必也專司牝牡，晋臣有誡於虞箴，如或不施林逵，蜀土何妨於釀具，俱焚見及。罝罘若在於崑岡，弊政攸加，縣法誠傷於鄠社。伊府之責，允得其中。

（宋）李昉等《文苑英華》卷五三九《金吾不辨夜判》　金吾不辨夜，草止者不慎。左巡使舉劾。訴云：五月教茇舍，自有所由。不伏。

對

國有振旅？畋且順時，將利武人之貞，是明司馬之法。惟彼茇舍，掌夜於軍。器械儼陳，防困獸於奔北；名號明立，與衆人爲司南。指事既取於隨時，應命亦同於影響。金吾不辨，舉劾謂何？自爲警夜之司，寧分驅獸之命。周亞夫營細柳，制敵宜遵；李將軍過霸亭，宵行何禁。左巡使糾非其罪，黜以抵尤。草止者職司無他，孰爲不慎。請從夏卿之教，無舉秋官之典。

（宋）李昉等《文苑英華》卷五三九《不饁獸於郊判》　得大畋所司不饁獸於郊，御史詰之，甲云將頒禽也。

對

設彼大畋，陳其盛禮，車徒畢備，鐃鼓皆作。三發三刺，無差於進退；大獸小獸，爰及於公私。既而獲耳之校未施，驅逆之儀方罷。所司莅職，舊典攸著，何饁祭之云廢，乃頒禽而是先？宗伯守官，實虧於古制。主吏問罪，雅符於通職。以茲見詰，理合無辭。

（宋）李昉等《文苑英華》卷五四三《採木》　終南山下，每至冬中，於山北採木，縣以斬一作砍。伐非時，皆欲禁斷。人云：山南險遠，終一作皆。不可行。

對

節彼南山，森乎灌木，百工爰度，庶人斯採。厲禁攸施，妄掄材而必制；操斧以進，何斬伐之乖宜。斬陽盖一作即。取乎陰時，伐陰須在乎陽月，古訓則爾，今令惟宜。若斷彼良輈，剡乎服耜，考工有典，諒亦難違。儻華路載馳，折薪負荷，藍縷是阻，巖險何階。隨時之宜，蓋取諸此。

（宋）李昉等《文苑英華》卷五四七《殺鳥獸》　今有過而殺傷鳥獸者，甲以人成之。

對

大羅以往，禮猶因襲，豢龍斯廢，法亦罕聞。自我化及豚魚，仁霑草木。放楚王之鵠，不咎使乎；驚梁君之鷹，豈誅行者。獸育豐草，鳥棲平林，一角以瑞於昌期，九苞載叶於仁義。瞻言過者，豈得傷乎必也。百獸異倫，六禽殊類，稻粱空費，庖厨未供，遇而見傷，亦何矜其非政。捨而勿問，庶得令其惟新。一作令其惟新。甲以人成，恐乖中典，欽哉惟恤，寧失不經。

（宋）李昉等《文苑英華》卷五四七《射猿判》　戊至景乘舟來峽，射猿中之。黜其職。景不伏。

對

沉沉長江，巖巖峻峻，波瀾澳日，嶺嶂横雲。路出東吳，即是三聲之地；途危西蜀，還尋萬里之橋。顧惟彼景，在茲于役。乘流振檝，方從赤馬之游；滿月彎弧，遂落玄猿之影。雖同養由之妙，終致桓公之黥，於人則事乖親愛，在獸則理切肝腸。彼或可傷，此可辭黜。

《舊五代史》卷一〇一《漢書・隱帝紀》　〔乾祐元年秋七月〕丙辰，以久旱，幸道宮、佛寺禱雨，是日大澍。開封府言，陽武、雍丘、襄邑三縣，蝗爲鸛鴿聚食，詔禁捕鸛鴿。

宋遼金元分部

綜　述

（宋）竇儀《宋刑統》卷二七《雜律·失火倉庫内不得然火　非時燒田野　故燒公私舍宅蠶簇（五穀財物）積聚（田苗）見火不告不救　水火有所損敗》

諸於山陵兆域内失火者，徒二年。延燒林木者，流二千里。殺傷人者，減鬭殺傷一等。其在外失火而延燒者，各減一等。餘條在外失火准此。

疏議曰：山陵道已釋訖，兆域者，鄧展云：除地爲塋，將有形兆。韋昭曰：兆，域也。起土爲塋域。《孝經》曰：卜其宅兆而安厝之。然山陵兆域之所，皆有宿衛之人，而於此内失火者，徒二年。延燒兆域内林木者，流二千里。殺傷人者，減鬭殺傷一等。其在外失火，謂於兆域外失火，延燒兆域内及林木者，各減一等。謂延燒兆域内徒二年上減一等，若延燒林木者，流二千里上減一等。注云，餘條在外失火准此，餘條謂庫藏以下諸條，因在外失火延燒者，各減於内失火一等。

諸庫藏及倉内皆不得然火，違者徒一年。

疏議曰：凡官庫藏及敖倉内有舍者，皆不得然火，違者徒一年。

諸失火及非時燒田野者，笞五十。非時謂二月一日以後，十月三十日以前。若鄉土異宜者，依鄉法。延燒人舍宅及財物者，杖八十。贓重者，坐贓論，減三等。殺傷人者，減鬭殺傷二等。其行道然火不滅，而致延燒者，各減一等。

疏：諸失火及非時燒田野者，笞五十。注云，非時謂二月一日以後，十月三十日以前。若鄉土異宜者，依鄉法。又云，延燒人舍宅及財物者，杖八十。贓重者，坐贓論，減三等。殺傷人者，減鬭殺傷二等。議曰：失火謂失火有所燒，及不依令文節制，而非時燒田野者，笞五十。其於當家之内失火者，皆罪失火之人。注云，非時謂二月一日以後，十月三十日以前。若鄉土異宜者，依鄉法。謂北地霜早，南土晚寒，風土亦既異宜，各須收穫總了，放火時節不可一准令文，故云各依鄉法。延燒人舍宅及財物者，各杖八十。贓重者，謂計贓得罪重於杖八十，坐贓論，減三等，准贓二十四以上，即從贓科。殺傷人者，減鬭殺傷罪二等，謂燒殺人者，失火及燒田之人減死二等，合徒三年。不合償死者，從本殺傷罪減其贓。若損衆家之物者，併累亦倍論。

又云，其行道然火不滅，而致延燒者，各減一等。議曰：人在行路之上，或須然火，事了發去，皆須滅之。若不撲滅，而致延燒他人林木、舍宅、財物，或殺傷人者，各減上文罪一等。謂延燒贓少者，杖八十上減一等，贓重者，坐贓上減四等，罪止徒一年，殺傷人者，減鬭殺傷三等，故云各減一等。

准：户部式，諸荒田有桑棗之處，皆不得放火。

諸於官府廨院及倉庫内失火者，徒二年。在宫内加二等。廟社内亦同。損害贓重者，坐贓論。殺傷人者，減鬭殺傷一等。延燒廟及宫闕者絞，社減一等。

疏議曰：若有人於内外官府、公廨院宇之中，及倉庫内失火者，徒二年。宫内加二等。宫内謂殿門外有禁門，其内並是，若失火者，徒三年。注云，廟社内亦同。謂於宗廟及太社院内失火，亦徒三年。損害贓重者，謂因失火延燒，有所損害財物，計贓重於徒二年者，即准坐贓科之。謂燒官府廨内財物，計贓五十四，合徒三年。若因火有殺傷人者，減鬭殺傷罪一等，謂殺人者流三千里，傷人折二支徒三年。若殺傷畜産，不合從上條稱減鬭殺傷一等，償減價，自從水火損敗，誤失不償。延燒廟及宫闕者絞，社減一等，流三千里。

諸故燒官府廨舍，及私家舍宅若財物者，徒三年。贓滿五匹，流二千里，十匹絞。殺傷人者，以故殺傷論。

疏議曰：凡官府廨宇，及私家舍宅，無問舍宇大小，並及財物多少，但故燒者，徒三年。計贓滿五匹，流二千里，贓滿十匹者絞。殺傷人者，以故殺傷論，謂因放火而殺人者斬，傷人折一支者流二千里之類。若對主故燒，非積聚延燒之物，只同棄毁人財物論。

准：唐元和三年五月四日敕，失火燒櫡子及屋一間兩間，並柴草等，不至驚動者，請不科責。燒屋三間以上，及燒鄰家，失火人常行杖當處決十五放。其合受科決人，如有品秩及應官，請決家人。如百姓老小，家人病患小弱，不堪科決，并品秩及應官無家人、作人者，並請量事科罰。或讎嫌潛肆燒爇，有情狀巨蠹，推問得實，所燒舍屋，不限多少，請決痛杖一頓處死。第十九亦有故燒人屋舍、財物條。

臣等參詳，今後有故燒人屋舍、蠶簇及五穀財物積聚者，首處死，隨從者決脊杖二十。

諸見火起，應告不告，應救不救，減失火罪二等。謂從本失罪減。其守衛宮殿、倉庫及掌囚者，皆不得離所守救火，違者杖一百。

疏議曰：見火起燒公私廨宇、舍宅、財物者，並須告見在及鄰近之人共救。若不告不救，減失火罪二等。謂若於官府廨宇內及倉庫，從徒二年上減二等，合徒一年。若於宮及廟社內，從徒三年上減二等，徒二年。若於私家，從笞五十上減二等，笞三十。故注云，從本失罪減，明即不從延燒減之。其守衛宮殿、倉庫及掌囚者，雖見火起，並不得離所守救火，違者杖一百。雖見火起不告，亦不合罪。

諸水火有所損敗，故犯者徵償，誤失者不償。

疏議曰：水火有所損敗，謂上諸條稱水火損敗得罪之處，故犯者徵償。若故決隄防，通水入人家，若故燒官府廨舍及私家舍宅、財物，有所損敗之類，各徵償。其稱失火之處，及不修隄防而致損害之類，各不償。

（宋）謝深甫等《慶元條法事類》卷四九《農桑門·農田水利》 諸州雨雪過常或愆亢，提舉常平司體量。次月申尚書户部。

（宋）謝深甫等《慶元條法事類》卷七九《畜産門·採捕屠宰》 敕

雜敕

諸畜有孕而輒殺，及鳥獸雛卵之類，春夏之月謂二月至四月終。輒採捕及製造採捕之具貨賣者，各杖八十。謂羅網彈弓黏竿弩子之類。廂耆巡察人縱容者，與同罪。

（宋）佚名《宋大詔令集》卷一八二《政事·田農·令十月後方得焚燒野草詔大中祥符四年八月丙午》 火田之禁，著在禮經，山林之間，合順時令。其或昆蟲未蟄，草木猶蕃，輒縱燎原，則傷生類。式遵舊制，以著常科。諸路州縣畬田，並如鄉土舊例外，自餘焚燒野草，並須十月後方得縱火。其行路野宿人，所在檢校，無使延燔。

（宋）佚名《宋大詔令集》卷一九八《政事·禁約·禁採捕詔建隆二年二月己卯》 王者稽古臨民，順時布政，屬陽春在候，品彙咸亨，鳥獸蟲魚，俾各安於物性。置罘羅網，宜不出於國門，庶無胎卵之傷，用助陰陽之氣。其禁民無得採捕蟲魚，彈射飛鳥，仍永爲定式。每歲有司具申明之。

（宋）佚名《宋大詔令集》卷一九八《政事·禁約·禁砍伐桑棗建隆三年九月》 桑棗之利，衣食所資，用濟公私，豈宜剪伐，如聞百姓斫伐桑棗爲樵薪者，其令州縣禁止之。

（宋）佚名《宋大詔令集》卷一九八《政事·禁約·二月至九月禁捕獵詔太平興國三年四月丙辰》 方春陽和之時，鳥獸孳育，民或捕取以食，甚傷生理，而逆時令。自宜禁民二月至九月，無得捕獵，及持竿挾彈，探巢摘卵。州縣吏嚴飭里胥，伺察擒捕，重寘其罪。仍令州縣于要害處粉壁，揭詔書示之。

（宋）李燾《續資治通鑑長編》太宗太平興國三年四月 丙辰，令民二月至九月無得採捕蟲魚、彈射飛鳥，違者重寘其罪。與建隆二年二月詔書略同，犯者有刑，爲不同耳。

（元）馬端臨《文獻通考》卷四《田賦考·歷代田賦之制》 又命課民種樹，每縣定民籍爲五等，第一等種雜樹百，每等減二十爲差，桑棗半之。令佐春秋巡視。宣州言州境無隙地，種蒔慮不應詔旨，乃令諸州隨風土廣狹，不宜課藝者不須責課。太平興國二年，又禁伐桑棗爲薪。

（清）嵇璜《續通志》卷一五一《刑法略·放生附》 宋真宗景德三年，詔牛羊司：畜有孳乳者，放牧勿殺。大中祥符三年，禁方春射獵，每歲春夏，所在長吏申明此旨。天禧四年，判杭州王欽若奏以西湖爲放生池，禁捕魚鳥。

《通制條格》卷二七《雜令·禁捕禿鶖》 大德三年七月十八日，中書省奏：揚州淮安管着地面裏生了蝗蟲呵，正打的其間，伍阡有餘禿鶖飛將來，不怕打蝗蟲人每，喫得蝗蟲飽呵，却吐了再喫，飛呵，一處飛起來，教翅打落，都喫了有。與將圖子來有，看了圖子奏呵，百姓每道是。麼（有）〔道〕聖旨有呵，自來不曾聽得這般勾當，皇帝洪福也者，這般說有。奏呵，奉聖旨：您行文書，這飛禽行休打捕者。好生禁了者。欽此。

《通制條格》卷二七《雜令·賣鷹鶻》 至元五年十二月，中書省右三部呈：真定路打捕總管府捉獲貨賣兔鶻角鷹人等。都省奏奉聖旨：有海青呵，休教貨賣，送將來者。其餘鷹鶻不須禁斷。欽此。

至元二十七年九月三十日，尚書省奏：帖木兒平章説將來，這裏的官人每爲自己的勾當，推着上位鋪馬裏送鷹鶻皂鷹去有，這裏的站生受的其間裏，不教送去呵，怎生？前者壹起鋪馬裏送皂鷹的，當着不曾教送來，今後送鷹鷂來的，怎生呵是？麼道說將來有。奏呵，當的是也。今後休教送將來者。麼道聖旨了也。欽此。

《通制條格》卷二七《雜令·禁捕天鵝》　皇慶元年十二月二十三日，中書省奏：迤南天鵝、鷀、鴰、鶻、雁、鴨依在先例禁了，休教打捕有，麼道，不花、即列等奏過，俺根底與了文書。在先止禁打捕天鵝、鷀、鴰、鴨來，其餘雁、鴨等在前不曾禁有。如今只依在前只禁打捕天鵝、鷀、鴰等，別個的不禁呵，怎生？奏呵，江南百姓食用雁、鴨，養喉嗉急有，都禁了呵，他百姓每食用甚麼？只禁打捕鶻鶻，國語借音□，天鵝，鷀、鴰的者。麼道聖旨了也。欽此。

《通制條格》卷二七《雜令·捕白花蛇》　延祐元年十月，中書省御史臺呈：江北道廉訪司申，羅田縣白花蛇傷人害畜，如蒙貢餘之外許令擊除，免致滋多，於民便益。都省議得：羅田縣山谷生畜白花毒蛇，近因禁捕，以致滋多，傷人害畜。今後除每歲額貢依例辦納，餘從民便。

《通制條格》卷二八《雜令·野火》　大德六年八月，中書省刑部呈：河間路申備同知李奉訓關，切詳守牧之官，所責至重，豈得專一巡禁野火。若令場官與各縣提點正官一同用心巡禁關防，如有火起去處，各官一體當罪，似望盡心。本部約會户部官一同定擬得：所辦鹽課，乃國之大利。煎辦之原，竈草爲先。所以蒙朝廷累降聖旨，委自管民正官專一關防禁治，無令野火燒燃。其管民官、運司遞互相推，於事未便。擬合欽依已降聖旨，委自管民正官，專一關防禁治。每年八月盡間，於煎鹽竈草周圍依例寬治火道，及令運司提調場官人等時復巡歷草場，如有野火生發，隨即舉申理問。自九月爲始，場官催督竈户併力打刈合用煎鹽竈草。比至年終，須要搬運到竈，如法積垛，亦於周圍寬治火場，以備春煎。如違期不辦，不將竈草搬運到竈，或已到竈並火道已裏胤火燒燃，場官竈户陪償當罪。火道之外，巡禁不嚴，及不依期治打火道，到有野火生發，延胤竈草，管民官當罪。所據哈剌赤、貴赤、探馬赤觧人每失火一節，既明里欽奉聖旨專一巡禁，如此等之人違犯，無問火道內外，明里當罪。都省議得：火道已裏，如竈户與諸色人等相參住坐，似難專責場官。若有胤燒竈草，檢究明白，除依上陪償當罪外，竈户罪在場官，其餘諸色人等責在管民官員。餘准部擬。

《通制條格》卷二八《雜令·圍獵》　中統三年十月，欽奉聖旨：道與中書省忽魯不花爲頭官員，聖旨到日，照依舊來體例，中都四面各伍伯里地內，除打捕人户依年例合納皮貨的野物打捕外，禁約不以是何人等，不得飛放打捕鷄兔。這地面裏頭若有養鷹鷂飛放的人每，飛放的心有呵，咱每根底問了，教靠着咱每飛放也者。這般省諭了呵，咱的言語別了的，不有罪過那甚麼。

至元二十六年十二月二十八日，尚書省奏：伯顏阿丁與文書，檀州等處山後的禁地面裏，劉得成等人每爲殺了野物的上頭，拿着問呵，招了也。麼道有。俺尋思得，他每待依着聖旨體例裏斷没說了。俺那人每根底問呵，他每說，今年爲不曾收田禾的上頭，閑食，譬如餓死麼道，將禁的野物殺喫來道來。待斷没呵，他每約有貳拾箇牛有來。將那牛待斷没了呵，後頭怎生養活喉嗉急，麼道。奏呵，休斷没者。禁約呵，爲這般上頭。麼道聖旨了也。欽此。

至元二十八年八月二十七日，中書省奏：咸平府那裏每這幾年田禾不曾收來。百姓每生受的其間，野物的不教禁約，教養百姓每喉嗉急呵，怎生？麼道，那裏的宣慰司官人每說將來有。俺商量得，依他每言語不教禁約呵，怎生？商量來，麼道。奏呵，那裏的怎生禁約來？自正月至七月，爲野物的皮子肉歹，更爲懷羔兒的上頭，普例禁約有。除那的外，教採打食者。完澤，你這些箇省不得那甚麼？聖旨了也。欽此。

至元二十八年十一月二十二日，御史臺奏：武平路廉訪司官人每說將來，今年田禾不收百姓饑餓有。在前灤河迤東採打野物呵休禁斷，灤河迤西打圍的禁斷者，麼道聖旨有來。如今他每河那壁城子所管的地面都禁斷有。麼道說將來。俺和貴赤明安一處説話來，河西裏依舊禁斷，河東裏教百姓每採捕野物呵，怎生？麼道。奏呵，索甚麼那般道，都交採打者，麼道聖旨有呵。再奏，没界畔呵，侵將這壁廂來去也，交分了地面呵，怎生？奏呵，那般者，麼道。懷羔兒時分休教採打者。他每根底教省得者，麼道聖旨了也。欽此。

至元三十年五月十一日，中書省奏：樂實宣慰司所轄的益都府、濟南府、般陽路、寧海州、泰安州、東平府等柒箇城子有。這柒處野物禁有，田地相隣直至蠻子田地哏寬有。那裏有的憨合納思、阿陳圍場，壹年呵，也遍不得惹箇地面有。如今這裏差將人去和樂實等宣慰司家官人每一處，憨哈納思、阿陳等打圍的每根底，斟量標撥與了他每地面，其餘地面不教禁約，教與窮暴忍饑的百姓每養喉嗉急。麼道。奏呵，不索尋思，那般者，有一句言語好生嚴切説將去，更行文書者。依在先聖旨體例裏，正月爲頭懷羔時分，河西每，憨哈納思、阿陳每、漢兒人每，不揀誰休圍場者。那其間裏圍場呵，肉瘦，皮子蟲蛀，可惜了。性命無濟有，野物呵也盡了去也。憨哈納思等與漢兒人每遞相察者。九月十月十一月這三箇月圍場者，除這三箇月外休圍場者。河西每根底，阿陳每根底，斟酌標撥與了圍場地面，其餘的休禁者。聖旨了也。欽此。

至大四年三月，欽奉詔書内一款：百姓於禁地内打捕野物者，仰管圍場官與各處有司一同斷罪，毋得似前斷没家產。欽此。

皇慶元年五月初七日，御史臺奏：脱忽思海迷失大王晋寧路地面裏去年農種時月圍獵來，合止當，麼道本道廉訪司官人每説將來，今後農種時月裏休圍獵者，麼道脱忽思海迷失根底説將去呵，怎生？奏呵，那般者。説將去者。今後圍獵呵，十月初頭圍獵者。麼道聖旨了也。欽此。

皇慶元年十二月十四日，中書省奏：八兒赤、養豹子的、養皂鷹的、兀里養罕等，依着世祖皇帝時分行來的例，將着家小圍場者，麼道聖旨懿旨有來。文書裏照呵，世祖皇帝時分曾無將引家小圍場的，不見有將着家小曾圍場來，麼道他每言語裏這般説有。奏呵，口説的言語怎生？打圍場呵，索甚要家小擾民有？休教將引家小行者。麼道聖旨了也。欽此。

《元典章》卷三八《兵部・捕獵・違例・禁地圍場奴告主者為良》

至元七年六月，尚書刑部承奉尚書省劄付該：准中書省咨：

欽奉聖旨：今後禁地内除狼、虎、野狐外，如有圍獵底人，若奴婢首告出來，斷爲良者。欽此。

《元典章》卷三八《兵部・捕獵・違例・蒙古軍圍獵不斷鞍馬》 至元七年九月，尚書省：

據刑部呈：順天路申：捉獲禁地内圍獵俺赤官人下達達脱忽赤三人，斷訖罪犯，奪到馬疋、弓箭、衣服等。乞發落事。省府照得，近爲河間路興濟縣武主簿拏獲蒙古軍人塔剌海、伯眼察兒等六人禁地内射死野鷄五箇，欽依聖旨，行下樞密院歸斷。回據本院呈：照得至元三年十二月十八日奏奉聖旨：軍人圍場，休要馬疋、衣服、弓箭，教打者。欽此。未審犯人馬疋、衣服，合無奪要。移准中書省咨：如塔剌海等六人委係蒙古軍人，欽依已降聖旨事意，除馬疋、衣服、弓箭免追外，據罪犯，依理歸斷施行。省府除外，仰照驗，如脱忽赤三人委係蒙古軍人，欽依聖旨事意，將斷到馬疋、衣服等物回付各人收管施行。

《元典章》卷三八《兵部・捕獵・違例・禁地打野物》 元貞三年正月，御史臺咨：

奉中書省劄付該：准都省議得：今後禁地内私打野物之人，巡警官親獲者，約會有司歸斷。諸人告指，月日懸遠，別無顯跡，准擬革撥。承此。本臺照得即係爲例事理，咨請依上施行。

又

至大四年三月十八日，登寶位詔書内一款：

百姓禁地内打捕野物者，仰管圍場官與各處有司一同斷罪，毋得似前斷没家產。

《元典章》卷三八《兵部・捕獵・違例・禁治打捕月日》 大德元年二月十八日，欽奉聖旨節該：

昔兒哈剌教奏：在前，春裏、夏裏，不揀是誰，休打捕者。麼道，薛禪皇帝行了聖旨來。如今外前的百姓每哏打捕野物有。麼道，奏來。在前正月爲懷羔兒時分，至七月二十日，休打捕者。打捕呵，肉瘦，皮子不成用，可惜了性命。野物出了踏踐田禾。麼道，依在先行了的聖旨體例，如今正月初一日爲頭，至七月二十日，不揀是誰休打捕者。打捕的人每有罪過者。道來，聖旨。欽此。

《元典章》卷三八《兵部・捕獵・違例・禁治打捕兔兒》 大德元年五月十八日，欽奉聖旨：

大都週迴外前有底城子等處，打捕着兔兒，街上賣的多有。麼道，説有。咱每飛放行時分，比在前哏希少了有。如今自大都八百里以裏，休打捕兔兒者。打捕鷹房子每，許令交飛放道來的人每，於各各標撥到的地面裏，合打捕的時分，打捕者。除這的每外，不揀是誰，休打捕者。既這般宣諭了呵，八百里以裏打捕兔兒的人每，有罪過者。道來，聖旨。鷄兒年三月十八日，荅蘭不剌有時分寫來。

紀事

（宋）李燾《續資治通鑑長編》太祖建隆二年二月　令民二月至九月無提採捕蟲魚，彈射飛鳥，有司歲申明之。

（宋）李燾《續資治通鑑長編》真宗大中祥符三年二月　己亥，詔每歲春夏，令所在長吏申禁民間彈射、置網獵捕之具。

（宋）李燾《續資治通鑑長編》真宗大中祥符四年十二月　上封者言京城殺禽鳥、水族以供食饌，其數甚廣，有傷生理，望賜條約。上曰：如聞内庭及皇親諸縣市此物者尤衆，可令入内内侍省、内東門司嚴加約束，庶乎自内形外，使民知禁也。

（宋）李燾《續資治通鑑長編》真宗天禧三年十月　己亥，禁京師民賣殺鳥獸藥。

（宋）李心傳《建炎以來繫年要録》紹興六年四月　辛酉，詔四川制置大使司禁止採伐禁山林木。蜀三面被邊，綿亙四百里，山溪險阻，林木障蔽。祖宗時，封禁甚備。前一日，太常博士李弼直面對，論頃歲以來，一切廢弛。加以軍興而製器械，運糧而造船筏，自近及遠，所採殆盡。異時障蔽之地，乃四通八達，輔臣進呈。上曰：如河東黑松林，祖宗時所以嚴禁採伐者，正爲藉此爲阻，以屏捍外夷耳。異日營繕，爲一時游觀之美，遂使邊境蕩然，更無阻隔。折彦質曰：此皆臣下不言之罪。

（宋）陳耆卿《赤城志》卷三九《古放生池》　在臨海縣之海際陳大建中僧智顗，見居民以滬魚爲業，綿亘四百里，遂以所得施利買民田爲之。事聞，詔禁採捕，國子祭酒徐孝克爲之記，今廢久矣。

（宋）祝穆《古今事文類聚後集》卷五〇《蟲豸類・緑衣乞命》　某朝皇帝尚食將供蝦蟆充御膳，上忽夢緑衣人數百乞貸命，後方悟其爲蝦蟆，因禁採捕。或云蝦蟆能食蝗蟲，故禁採捕。此事不記何書當考。

《宋史》卷八《真宗紀》　〔天禧元年八月〕丁丑，禁採狨。

《宋史》卷三〇《高宗紀》　〔紹興二十年二月〕庚戌，禁民春月捕鳥獸。

《宋史》卷三一《高宗紀》　〔紹興二十三年九月〕庚子，禁採鹿胎。

《宋史》卷六五《五行志》　〔紹興〕二十三年，士庶家競以胎鹿皮製婦人冠，山民採捕胎鹿無遺。時去宣和未遠，婦人服飾猶集翠羽爲之，近服妖也。二十七年，交阯貢翠羽數百，命焚之通衢，立法以禁。

《宋史》卷二九七《曹修古傳》　修古奏言：日官所定，希旨悦上，未足爲信。今罰舜臣等，其事甚小，然恐人人自此畏避，佞媚取容，以災爲福，天變不告，所損至大。禁中以翡翠羽爲服玩，詔市於南越。修古以謂重傷物命，且真宗時嘗禁採狨毛，故事未遠。命罷之。

（清）畢沅《續資治通鑑》卷二《宋紀・太祖》　〔建隆二年二月〕禁民二月至九月無得采捕彈射，著爲令。

《金史》卷八《世宗紀》　〔二十五年十月〕甲子，禁上京等路大雪及含胎時採捕。**【略】**十一月庚辰朔，詔曰：豺未祭獸，不許採捕。冬月，雪尺以上，不許用網及速撒海，恐盡獸類。

《金史》卷九六《路伯達傳》　上問羣臣曰：方今何道使民務本業、廣儲蓄？伯達對曰：布德流化，必自近始。請罷畿内採獵之禁，廣農郊以示敦本，輕幣重穀，去奢長儉，遵月令開籍田以率先天下，如是而農不勸，粟不廣者未之有也。是時，採捕禁嚴，自京畿至真定、滄、冀，北及飛狐，數百里内皆爲禁地，民有盜殺狐兔者有罪，故伯達及之。

《元史》卷七《世祖紀》　〔九年冬十月〕己亥，敕自七月至十一月終聽捕獵，餘月禁之。

《元史》卷一三《世祖紀》　〔二十二年秋七月〕癸酉，詔禁捕獵。

《元史》卷一五《世祖紀》　〔二十五年春正月〕戊戌，大赦。敕弛遼陽漁獵之禁，惟毋殺孕獸。

《元史》卷一五《世祖紀》　〔二十五年三月〕甲午，禁捕鹿羔。

《元史》卷二〇《成宗紀》　〔三年秋七月〕丙申，揚州、淮安屬縣蝗，在地者爲鶖啄食，飛者以翅擊死，詔禁捕鶖。

《元史》卷二八《英宗紀》　〔二年三月〕辛未，禁捕天鵝，違者籍其家。

明清分部

論說

（明）馬文升《端肅奏議》卷七《禁伐邊山林以資保障事》　職方清吏司案呈，切惟帝王之有天下，禦外侮，固賴乎兵威之盛，亦藉乎山川之險。故周漢都關中，得四塞之固，而國祚綿延；趙宋都汴京，無險阻之利，而敵寇憑陵。仰惟太祖高皇帝，龍飛淮甸，奄有萬方，定鼎金陵，統馭夷夏，其於四方之險無所不飭，而於北敵尤注意焉。故於甘肅、大同、宣府、大寧、遼東俱設都指揮使司，并於寧夏設立數衛，以屯重兵。又建封肅慶代谷寧遼等王，以爲第一藩籬。其寧夏有賀蘭山，黄河之險，復自偏頭鴈門紫荆歷居庸湖河川喜峰口，直至山海關一帶，延袤數千餘里，山勢高險，林木茂密，人馬不通，實爲第二藩籬。而居庸關迤東，又命太傅魏國公徐達修理數年，尤爲完固，封疆之險，非前代之所能及。迨我太宗文皇帝肅清内難，纉紹鴻圖，以爲金陵雖古帝王之州，終是偏居一隅，河北之地，切近外夷，精兵健馬，甲於天下，若非建都，難保無虞。乃遷都北平，三面而制天下，且易於控制外方，神謀睿筭，亦深且遠矣。永樂宣德正統年間，邊山樹木無敢輕易砍伐，而外夷亦不敢輕犯。自成化年來，在京風俗奢侈，官民之家争起第宅，木植價貴，所以大同宣府窺利之徒，官員之家，專販筏木，往往僱覔彼處軍民，糾衆入山，將應禁樹木任意砍伐。中間鎮守分守等官，或徼福而起蓋淫祠，或貽後而修造私宅，或修蓋不急衙門，或饋送親戚勢要，動輒私役官軍入山砍木，牛拖人拽，艱苦萬狀，怨聲盈途，莫敢控訴。其本處取用者，不知其幾何，販運來京者，一年之間豈止百十餘萬。且大木一株，必數十年方可長成，今以數十年生成之木，供官私砍伐之用，即今伐之十去其六七，再待數十年山林必爲之一空矣。萬一外寇深入，將何以禦？是自失其險阻，而撤其藩籬也。静言思之實可寒心。本部雖嘗節次奏准，請給聖旨榜文，發去沿邊，張掛曉諭，禁約軍民人等。犯者俱發烟瘴地面充軍。但立法在乎上，而行法在乎人。今鎮守等官已既縱人採取，何以禁約軍民？年復一年，誤事非細。案呈到部，仰惟我國家遷都北平，密邇邊境，綏靖之道，固賴乎邊兵，亦藉乎山險。山險之要，林木爲先。居庸關左右山後林木，實乃天險，爲我藩籬，近年以來，砍伐過半，各該守臣既不行禁約，又縱人採取。倘年久山空，萬一有警，將何以禦？伏望皇上以邊患爲慮，以險阻爲念，乞降敕大同、山西、宣府、延綏、寧夏、遼東、薊州、紫荆、密雲等處鎮守等項太監覃平、孫振、劉正、陸闇、張睿、屈進、韋朗、田亮，奉御羅能，總兵官神英、馬儀、劉福、陳輝、李俊、李杲，參将熊岡、王志，都指揮張原，巡撫都御史侯恂、楊謐、張敷華、劉忠、韓文、張岫、魏富、張琳，并天壽山守備太監主定都指揮解端，各思上報朝廷之恩，下副委任之重，照查本部節次奏准事例，各行所屬分守守備備禦等官，并各府州縣掌印官員，各要嚴加禁約該管官旗軍民人等，俱不許擅自入山，將應禁林木砍伐販賣。違者取問如律，俱照榜例，押發南方烟瘴衛所充軍。其分守守備備禦，并府州縣官員，敢有私役軍民人等砍伐山木，或起蓋官私房屋，或饋送勢要之人，或令子弟赴京販賣者，事發參問畢日，軍職俱降二級，發回原衛所都司，終身帶俸差操，不許管軍管事。文職俱降邊遠叙用。鎮守并副叅等官，違例擅令軍人或縱居民砍伐山木者，聽彼處巡撫巡按并在京科道官指實劾奏，治以重罪。若巡撫巡按知而不舉，一體究治，仍於應禁林木山口伐木經過河道，參要去處，差委能幹官軍守把。除内外官司奉有明文，修理營造，筏運官木并小木柴炭，查驗明白，照舊通放外，其餘私自販賣等項大木經過，即便拿送。合干上司依律究問，筏木盡數入官。敢有容情縱放者，事發俱問受財枉法贓罪，庶法令嚴明，而山林不致其砍伐，險阻不失，而京師實資其保障。緣係請敕沿邊守臣嚴飭險阻以保障京師事理，未敢擅便，謹題請旨。

（清）賀長齡《皇朝經世文編》卷三八《户政·農政·請嚴池塘改田之禁疏楊錫紱》　竊惟民生資乎穀食，而粳稻則維賴水以生，計自播種以至成熟，無一日可以缺水，故《周禮》遂人治野之法，制其地而溝封之。廣四尺曰溝，八尺曰洫，廣二尋深二仞曰澮。百里之間爲澮者一，爲洫者百，爲溝者萬，捐膏腴之地以爲溝洫，誠以蓄洩有時，則旱不得爲患，所棄者小，所利者大也。後世阡陌既開，溝洫雖廢，然陂澤池塘，實與田畝相依倚，近水則腴，遠水則瘠，所在皆然。湖南濱臨洞庭，各屬多就湖濱築堤墾田，與水争地，常有衝决漫溢之憂。經前撫臣蔣溥，題請湖濱荒地，禁民築墾在案。此外各屬，非近江近湖之田，皆藉池塘以爲灌溉，塘池水足，則夏秋久晴，亦挹注有資，乃自滋生日繁，荒土盡闢。愚民昧于遠計，往往廢水利而圖田工，不獨大江大湖之濱，及數里數頃之湖蕩，日漸築墾，盡失舊跡。即自己輸糧管業數畝之塘，亦培土改田，一灣之澗亦截流種稻。彼徒狃于雨暘時若之歲，以塘爲無用，不知偶值旱潦，已所得不償所失。即本年湘陰武陵等邑，各有偏災，此皆濱臨洞庭，而去湖稍遠，即水無接濟。臣確加查訪，皆由塘多改田之故。又溪澗之水遠近取資，若徒恃己業截墾爲田，則上溢下漫，無不受累。現在各屬訟案糾紛，大半由此，往往争阻鬭毆，釀成人命。此弊不獨湖南，大約東南各省，無處不然。水利日廢，腴產漸變爲瘠，實爲民生之患。查乾隆九年，浙江布政司潘思榘，請禁侵佔官湖，止指湖蕩官地而言，若民業塘池，尚未議及。臣愚以爲國家生齒日繁，地土固日闢而廣，而至於關係水利之蓄洩，則仍當以地予水，而後水不爲害，田亦受益。但小民無知，不能遠慮，而地方官因田糧較塘糧加重，以改則陞科，爲勸墾之功，遂俱貪目前之小利，而忘經久之大害。臣思從前已經改墾之田，逐一清釐，固恐滋擾。若自今以往，嚴行禁止，於東南各省，甚爲有益。應請皇上敕下各省督撫，轉飭地方官，將池塘陂澤蓄洩之利，明白諄切曉諭，凡地關蓄水及出水者，俱不許自倚己業，改墾爲田。其有現在因墾争訟者，令地方官親自勘明，但有礙水利，即不許報墾。此後如刁民有不報官，私將塘池改墾爲田者，查出重懲，仍予改正。地方官有聽民混將塘池改墾田畝，希圖陞科微利，擴爲勸墾政績者，查出參處。如此，庶溝洫之遺意不致盡廢，而田功得水利而倍益矣。

（清）賀長齡《皇朝經世文編》卷三八《户政・農政・查覆封閉山林事宜狀牛運震》　查保護山林，蔭泉護雪，資以培地脈而益農功，洵體國經野之至道，亦仁民愛物之良法，自宜遵照奉行也。祇緣卑縣地高風寒，民間日用，柴炭是其急務。前因柴炭昂貴，卑職不揣冒昧，酌請分别開禁在案。今奉憲檄，飭令查明妥議具報。伏查卑縣東路阿埧一帶之昌靈山，林木頗屬暢茂，其處地勢高阜，並無河渠，亦鮮泉源，即民間需用之水，率由水窖漬注汲飲。若使林木益密，則積雪愈深，一值春融雪消，不惟資以潤澤土膏，亦可以濟民間挹取之用。況該處薪草煤炭出産頗多，即使封閉山林，亦無妨於爨火。應請永行封禁，未便輕議開採。再有北路鎮羌岔口以西，四臺以東等山，曾經剿番焚燒之餘，祇存小叢短樹。該處傍河依渠，率皆民間播種田畝，亦賴冬雪深厚，而後春水暢流，方長之叢木。可惜田禾之灌溉攸賴，似應酌量封禁，以爲儲蓄水利之計。至於四臺以西之沙金溝先密寺棋子棹子等山，均係曠土草地，並無關於民田，且長林森茂，樹木叢雜，附近居民，多以樵牧爲業。應聽本地居民，隨便採伐，燒造柴炭，售賣度日，以爲謀生之資，並供本地爨烟之用。惟是外來商民，操持贏利，雇衆入山，鋸板燒炭，亦不可漫無稽查。仍應先令赴縣領照，酌定株數，限以日期，以示節制。庶山木叢發，取之以節，不致肆行斬伐，濯濯一空也。再查土司管轄地方，經卑職移准土司，覆稱該管西山連城一帶，自旁卜浪峽以至東耳閣隆寺，附近土民田地，兼有引渠轉磨之用，均關水利。再有細溝栢蹬溝，該處居民，汲飲頗艱，亦賴松根積雪淌水爲用，應請遵照封禁，定期開採。至於茨兒溝腦乾溝腦七個嶺克岔嶺，以及四臺以西之先密寺棋子棹子等山，土漢交錯地方，山木茂密，均無關於水利，仍應聽民採取，燒造柴炭，以便利用。亦應附請照依所議，分别辦理。如此立定章程，遵照查禁，則護林覆雪既有益於田苗，而分别開採即百姓日用之需又不致於缺乏，庶幾邊鄙黎氓，永享利賴於無窮矣。

綜述

《明會典》卷一九一《工部・採捕・禁令》　凡採捕禁令。洪武二十六年定，凡歷代帝王、忠臣烈士、先聖先賢、名山嶽鎮神祇，凡有德澤於民者，皆建廟立祠，因時致祭，各有禁約。設官掌管，時常點視，不許軍民於內作踐褻瀆。其有荒蕪蘆蕩山場去處，如遇官府營造、取用竹木蘆柴等項，須要臨時定奪禁約。設若官無所用，聽民採取。

《明史》卷七二《職官志》　虞衡典山澤採捕、陶冶之事。凡鳥獸之肉、皮革、骨角、羽毛，可以供祭祀、賓客、膳羞之需，禮器、軍實之用，歲下諸司採捕。水課禽十八、獸十二，陸課獸十八、禽十二，皆以其時。冬春之交，罝罛不施川澤；春夏之交，毒藥不施原野。苗盛禁蹂躪，穀登禁焚燎。若害獸，聽爲陷穽獲之，賞有差。凡諸陵山麓，不得入斧斤、開窯冶、置墓墳。凡帝王、聖賢、忠義、名山、岳鎮、陵墓、祠廟有功德於民者，禁樵牧。凡山場、園林之利，聽民取而薄征之。凡軍裝、兵械，下所司造，同兵部省之，必程其堅緻。凡陶甄之事，有歲供，有暫供，有停減，籍其數，會其入，毋輕毀以費民。凡諸冶，飭其材，審其模範，付有司。錢必準銖兩，進於內府而頒之。牌符、火器，鑄於內府，禁其以法式洩於外。凡顔料，非其土產不以征。

《工部則例》卷一五《物料・興京封禁山場官木不准開採》 道光二年欽奉上諭：松箖奏請封禁官木場一摺。興京鏡泉溝官木山場向係撥給千丁，以備陵工歲修之用。茲據松箖查明，該處距福陵道途較遠，輓運維艱，且成材樹株甚爲稀少，著照該將軍所議出示封禁，不准私行開採。并嚴飭地方官隨時稽察，務須實力奉行，不可有名無實日久懈弛，以昭慎重。欽此。

紀事

《江西通志》卷一〇《山川四》 放生池舊因汝水爲之，《豫章詩話》云唐末邕州蔡大夫遷撫州刺史，游汝水，放生，禁採捕。有人乘小舟釣其上，蔡使人捕之。釣者爲詩云：投却長竿卷却絲，手攜蓑笠獻新詩，臨川太守清如鏡，不是漁人下釣時。宋州守朱正辭始即吳陂莊之南塘，爲之置斗門以均蓄洩。